U0808484

本书由以下项目资助

国家“十三五” 重点研发计划“西北典型地区节水与生态修复技术集成提升与规模示范”
(2016YFC0402900)

国家自然科学基金重大研究计划“黑河流域生态-水文过程集成研究”重点项目
“水权框架下黑河流域治理的水文-生态-经济过程耦合与演化”
(91125018)

国家社科基金青年项目“晚清以来祁连山—河西走廊水环境演化与社会变迁研究”
(18CZ068)

甘肃省社科规划重点招标课题“甘肃黄河文化保护、传承与弘扬的战略定位和实施体系研究”
(20ZD014)

国家出版基金项目
NATIONAL PUBLICATION FOUNDATION

"十三五"国家重点出版物出版规划项目

黑河流域生态-水文过程集成研究

河西走廊水利史文献类编·黑河卷

（四）

张景平　王忠静　陈乐道　吴居善　主编

科学出版社　龍門書局

北京

内 容 简 介

《河西走廊水利史文献类编·黑河卷》是“黑河流域生态-水文过程集成研究”丛书的组成部分。本书收录方志、游记与考察报告、民国工程计划书、民国报刊、民国档案、中华人民共和国时期档案、民间收藏水利史资料等7类历史文献，涉及历史时期黑河流域水系变迁、水利建设、水利管理、水利纠纷与水利文化等方面的各类一手资料。

本书既可作为原始史料，供历史学、水科学、环境学、经济学、社会学等相关学科研究者使用，亦可为流域水资源开发管理与社会经济发展提供必要的参考。

图书在版编目(CIP)数据

河西走廊水利史文献类编. 黑河卷（全四册）/ 张景平等主编. —北京：龙门书局，2020. 11

（黑河流域生态-水文过程集成研究）

“十三五”国家重点出版物出版规划项目　国家出版基金项目

ISBN 978-7-5088-5803-6

Ⅰ. ①河…　Ⅱ. ①张…　Ⅲ. ①河西走廊-水利史　Ⅳ. ①TV-092

中国版本图书馆CIP数据核字（2020）第178947号

责任编辑：李晓娟 / 责任校对：樊雅琼
责任印制：肖　兴 / 封面设计：黄华斌

科学出版社　龍門書局　出版
北京东黄城根北街16号
邮政编码：100717
http://www.sciencep.com

中国科学院印刷厂　印刷
科学出版社发行　各地新华书店经销

*

2020年11月第　一　版　开本：787×1092　1/16
2020年11月第一次印刷　印张：127 1/4　插页：2
字数：3 090 000

定价：1890.00元（全四册）

（如有印装质量问题，我社负责调换）

《黑河流域生态-水文过程集成研究》编委会

主　编　程国栋

副主编　傅伯杰　宋长青　肖洪浪　李秀彬

编　委　（按姓氏笔画排序）

于静洁　王　建　王　毅　王忠静

王彦辉　邓祥征　延晓冬　刘世荣

刘俊国　安黎哲　苏培玺　李　双

李　新　李小雁　杨大文　杨文娟

肖生春　肖笃宁　吴炳方　冷疏影

张大伟　张甘霖　张廷军　周成虎

郑　一　郑元润　郑春苗　胡晓农

柳钦火　贺缠生　贾　立　夏　军

柴育成　徐宗学　康绍忠　尉永平

颉耀文　蒋晓辉　谢正辉　熊　喆

《河西走廊水利史文献类编·黑河卷》

编纂委员会

主　　任　王忠静　卢琼华　谢继忠

委　　员　赵国强　杨永生　崔云胜　张景平

　　　　　陈乐道　吴居善　梁永芳　郑　航

主　　编　张景平　王忠静　陈乐道　吴居善

参与编纂单位

主持单位　清华大学

　　　　　甘肃省档案馆

合作单位　河西学院

　　　　　张掖市档案馆

总　　序

20 世纪后半叶以来，陆地表层系统研究成为地球系统中重要的研究领域。流域是自然界的基本单元，又具有陆地表层系统所有的复杂性，是适合于开展陆地表层地球系统科学实践的绝佳单元，流域科学是流域尺度上的地球系统科学。流域内，水是主线。水资源短缺所引发的生产、生活和生态等问题引起国际社会的高度重视；与此同时，以流域为研究对象的流域科学也日益受到关注，研究的重点逐渐转向以流域为单元的生态–水文过程集成研究。

我国的内陆河流域占全国陆地面积 1/3，集中分布在西北干旱区。水资源短缺、生态环境恶化问题日益严峻，引起政府和学术界的极大关注。十几年来，国家先后投入巨资进行生态环境治理，缓解经济社会发展的水资源需求与生态环境保护间日益激化的矛盾。水资源是联系经济发展和生态环境建设的纽带，理解水资源问题是解决水与生态之间矛盾的核心。面对区域发展对科学的需求和学科自身发展的需要，开展内陆河流域生态–水文过程集成研究，旨在从水–生态–经济的角度为管好水、用好水提供科学依据。

国家自然科学基金重大研究计划，是为了利于集成不同学科背景、不同学术思想和不同层次的项目，形成具有统一目标的项目群，给予相对长期的资助；重大研究计划坚持在顶层设计下自由申请，针对核心科学问题，以提高我国基础研究在具有重要科学意义的研究方向上的自主创新、源头创新能力。流域生态–水文过程集成研究面临认识复杂系统、实现尺度转换和模拟人–自然系统协同演进等困难，这些困难的核心是方法论的困难。为了解决这些困难，更好地理解和预测流域复杂系统的行为，同时服务于流域可持续发展，国家自然科学基金 2010 年度重大研究计划“黑河流域生态–水文过程集成研究”（以下简称黑河计划）启动，执行期为 2011~2018 年。

该重大研究计划以我国黑河流域为典型研究区，从系统论思维角度出发，探讨我国干旱区内陆河流域生态–水–经济的相互联系。通过黑河计划集成研究，建立我国内陆河流域科学观测–试验、数据–模拟研究平台，认识内陆河流域生态系统与水文系统相互作用的过程和机理，提高内陆河流域水–生态–经济系统演变的综合分析与预测预报能力，为国家内陆河流域水安全、生态安全以及经济的可持续发展提供基础理论和科技支撑，形成干旱区内陆河流域研究的方法、技术体系，使我国流域生态水文研究进入国际先进行列。

为实现上述科学目标，黑河计划集中多学科的队伍和研究手段，建立了联结观测、试验、模拟、情景分析以及决策支持等科学研究各个环节的“以水为中心的过程模拟集成研究平台”。该平台以流域为单元，以生态–水文过程的分布式模拟为核心，重视生态、大气、水文及人文等过程特征尺度的数据转换和同化以及不确定性问题的处理。按模型驱动数据集、参数数据集及验证数据集建设的要求，布设野外地面观测和遥感观测，开展典型流域的地空同步实验。依托该平台，围绕以下四个方面的核心科学问题开展交叉研究：①干旱环境下植物水分利用效率及其对水分胁迫的适应机制；②地表–地下水相互作用机理及其生态水文效应；③不同尺度生态–水文过程机理与尺度转换方法；④气候变化和人类活动影响下流域生态–水文过程的响应机制。

黑河计划强化顶层设计，突出集成特点；在充分发挥指导专家组作用的基础上特邀项目跟踪专家，实施过程管理；建立数据平台，推动数据共享；对有创新苗头的项目和关键项目给予延续资助，培养新的生长点；重视学术交流，开展“国际集成”。完成的项目，涵盖了地球科学的地理学、地质学、地球化学、大气科学以及生命科学的植物学、生态学、微生物学、分子生物学等学科与研究领域，充分体现了重大研究计划多学科、交叉与融合的协同攻关特色。

经过连续八年的攻关，黑河计划在生态水文观测科学数据、流域生态–水文过程耦合机理、地表水–地下水耦合模型、植物对水分胁迫的适应机制、绿洲系统的水资源利用效率、荒漠植被的生态需水及气候变化和人类活动对水资源演变的影响机制等方面，都取得了突破性的进展，正在搭起整体和还原方法之间的桥梁，构建起一个兼顾硬集成和软集成，既考虑自然系统又考虑人文系统，并在实践上可操作的研究方法体系，同时产出了一批国际瞩目的研究成果，在国际同行中产生了较大的影响。

该系列丛书就是在这些成果的基础上，进一步集成、凝练、提升形成的。

作为地学领域中第一个内陆河方面的国家自然科学基金重大研究计划，黑河计划不仅培育了一支致力于中国内陆河流域环境和生态科学研究队伍，取得了丰硕的科研成果，也探索出了与这一新型科研组织形式相适应的管理模式。这要感谢黑河计划各项目组、科学指导与评估专家组及为此付出辛勤劳动的管理团队。在此，谨向他们表示诚挚的谢意！

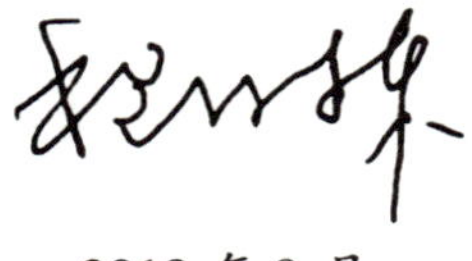

2018 年 9 月

叙　记

《河西走廊水利史文献类编·黑河卷》既是“黑河流域生态-水文过程集成研究”丛书的组成部分，也是“河西走廊水利史文献类编”丛书的第二部成果，其篇幅在两大丛书中都是最巨大的。为方便读者阅读与使用这一文献整理成果，编者在此谨对黑河流域水利开发的历史与现状进行简要介绍，并对本书编纂缘起与经过等相关问题略做说明。

一

黑河是我国第二大内陆河，流域跨青海、甘肃、内蒙古三省区。黑河干流上游分为二源。西源野牛沟发源于青海省祁连县八一冰川，东源八宝河发源于青海省门源县景阳岭。二源在祁连县城所在地八宝镇西北汇合后，在黄藏寺附近流入甘肃省境内，向东北方切穿祁连山脉中的走廊南山，经肃南裕固族自治县境，出莺落峡进入河西走廊。其后，黑河干流北流至张掖市甘州区乌江镇一带，山丹河及其支流从山丹、民乐县汇入黑河；干流继续经临泽、高台二县，左岸相继有沙河、梨园河（又称响山河）、摆浪河等支流汇入，至正义峡转向北流并切穿合黎山。其后，黑河干流经大墩门进入甘肃省金塔县境内，转向东北流，又称弱水。在金塔县鼎新镇一带接纳自酒泉、嘉峪关流来的第一大支流讨赖河，至狼心山附近，进入内蒙古自治区额济纳旗境内，又称额济纳河，分为东、西二河，分别注入东居延海（又称苏古淖尔）与西居延海（又称嘎顺淖尔）。黑河干流全长 821 公里，在上游山区形成的径流总量 15.8 亿立方米。其中，莺落峡以上为上游，莺落峡与正义峡之间为中游，正义峡以下为下游。

黑河流域在西、东、东南三个方向分别与石羊河流域、疏勒河流域、黄河流域相邻，北部与蒙古国接壤。黑河流域总面积约 14.29 万平方公里。其中，青海省 1.04 万平方公里，甘肃省 6.18 万平方公里，内蒙古自治区约 7.07 万平方公里。黑河支流众多，除较大的山丹河、沙河、梨园河、摆浪河、讨赖河以外，还有马蹄河、海潮河、酥油口河等不与干流发生直接水力联系的大量浅山短流。全流域中集水面积大于 100 平方公里的河流有 18 条，地表径流量大于 1000 万立方米的河流有 24 条。其中，中游地区灌溉发达，渠网、塘坝、水库密布，干支流河道的渠系化特征十分明显。

黑河流域在整体上属于温带大陆性气候。南部祁连山区海拔 2600—3200 米，年平均气温 2.0—1.5℃，年降水量在 200 毫米以上，最高达 700 毫米，相对湿度约 60%，蒸发量约 700 毫米，气候冷凉，但相对湿润。高山区现代冰川普遍发育，宽阔河谷多高山草甸，有较丰富的森林资源，是流域主要的产流区。中部河西走廊平原区平均海拔 1500 米左右，年平均气温 2.8—7.6℃，降水量由东部的 250 毫米向西部递减为 50 毫米以下，蒸发量则由东向西递增，自2000毫米以下增至4000毫米以上，光热资源丰富，日照时间长达3000—4000小时，绿洲、戈壁、沙丘渐次分布。黑河流域下游额济纳平原平均海拔1000米左右，年平均气温8.9℃，年降水量35毫米，年日照时间最高可达3600小时，是中国日照最多的地区之一，流沙戈壁与湿地湖泊并存。

黑河水系的历史演化较为复杂。环境科学的有关研究表明，地质时期，黑河流域水量充沛，古居延海面积巨大，更有径流从居延海盆地东北方向溢出并深入蒙古高原，最东可到达呼伦贝尔盆地。后伴随青藏高原不断隆起，阻挡季风进入内陆，流域气候日益干旱，径流量逐渐减少，黑河干流长度缩短，居延海变为尾闾湖。进入历史时期，人类活动对于流域环境的塑造不断强化，加之流域气候存在周期性变化，下游居延海面积盈缩，中游绿洲分布格局亦处于动态过程。20世纪后半叶，全球工业化迅猛推进，导致全球气候变化加剧，黑河流域社会经济快速发展，导致祁连山局部生态破坏，大量水资源在中游被消耗甚至浪费，直接引发黑河诸支流与干流相继失去水力联系，进入下游的水量不断减少，西居延海和东居延海先后于1961年、1992年干枯，引发严重的生态问题。自2000年开始，由国务院统一部署的黑河干流水量调度工作启动，黑河干流开始根据制度安排向下游定期、定量输水。经过持续努力，黑河下游生态明显改善。2017年10月东居延海水面恢复至66.3平方公里，为近一百年来最大面积。

黑河流域自古以来即处于沟通中原与西域、内蒙古高原与青藏高原的十字路口位置，战略地位十分重要。黑河流域是当前中国重要的生态功能区、中国制种农业的主要基地之一、历史文化资源的富集区与重要的旅游目的地。具体而言，上游的祁连山脉是中国西北最重要的水源涵养区之一，中游的河西走廊中部绿洲是中国著名的灌溉农业区、中国最大的玉米制种基地与“丝绸之路”经济带上的重要通道，下游的居延海地区是中国防治沙漠化与抑制沙尘暴的桥头堡之一。兰新铁路、兰新铁路第二双线、临哈铁路、连霍高速公路（G30）、京新高速公路（G7）呈东西向横贯流域，交通便利。流域总人口133.8万（2016年），包含汉、蒙、藏、回、裕固等诸多民族，其中90%以上分布在中游地区。黑河流域的主要城市都在甘肃省，有张掖市、酒泉市、嘉峪关市；县级城市有青海省祁连县，甘肃省肃南裕固族自治县、山丹县、民乐县、临泽县、高台县、金塔县，内蒙古自治区额济纳旗。黑河流域拥有张掖大佛寺、肃南马蹄寺石窟与文殊山石窟、汉长城、明长城、黑城、骆驼城、魏晋壁画墓等重要文物古迹，以及祁连县卓尔山、张掖丹霞地貌、山丹军马场、额济纳与金塔胡杨林等著名风景区。此外，著名的酒泉卫星发射基地亦位于黑河干流附近。

需要特别说明的是，黑河第一大支流讨赖河流域因流域面积大，水量较大，且社会经济格局自成一体，在水利事业中通常被视为独立流域，“河西走廊水利史文献类编”丛书独立安排《讨赖河卷》，已于2016年由科学出版社出版。因此，《河西走廊水利史文献类编·黑河卷》刊布史料涉及的地理范围，包括黑河干流流域及除讨赖河外的全部支流流域。

二

以《史记》为代表的传世文献记载，黑河流域的大规模开发始于公元前 2 世纪汉武帝对河西走廊的征服活动。考古发掘则显示，从新石器时代直到青铜时代，黑河流域一直有先民从事规模化的生产活动。考古挖掘提供的证据显示，黑河流域存在分属马家窑文化马厂类型与四坝文化类型的考古遗址，农业生产在这些考古文化的经济生活中占有决定性的地位。位于黑河流域东部山丹河流域的民乐县东灰山遗址曾发现距今 4000 年左右的小麦、大麦、高粱、粟和稷五种农作物碳化籽粒以及石磨、石镰等石质农具，证明黑河流域是我国最早引种小麦这一外来作物的区域。畜牧业方面，东灰山遗址等出土大量羊、猪等家畜骨殖，黑河流域的祁连山山前草原以及下游居延海一带自古就是肥美牧场，在战国时代处于乌孙、月氏两大游牧部族的结合部，存在较发达的游牧经济。在手工业特别是在青铜冶炼方面，黑河流域是中亚、印度青铜冶炼技术传入中原的重要通道。近年来新挖掘的张掖西城驿遗址显示，黑河流域在距今 4100—3600 年已经存在较大规模的青铜冶炼基地，呈现出较高的社会分工水平。这些考古文化中，必然有与水资源开发相关的内容，故《尚书·夏书·禹贡》中有关大禹“导弱水，至于合黎，余波入于流沙”的记载虽系上古传说，未必没有实际映射的历史事实。

西汉王朝设立河西四郡后，今日黑河流域在彼时主要属于张掖郡管辖。与郡县设立相伴随的是大规模的人口迁移。故两汉时期，黑河流域掀起了第一个水利开发高潮，《汉书·地理志》记载，张掖觻得县附近有千金渠，可能就是中游地区的骨干灌溉工程。又据学界对居延汉简的研究，当时在下游居延海地区亦有规模庞大的农业开发，并设有隶属大司农的“都水”及其统辖下的各种水利职官、“河渠卒”等数量庞大的水利人员。同时，畜牧业在流域内部也占有重要地位。祁连山山前草原水草丰美，众所周知的匈奴歌谣中的“失我祁连山，使我六畜不蕃息”，应是指今黑河流域的大马营草原而言。太史公谓凉州“畜牧为天下饶”，黑河流域实为中心。

公元 4 世纪初，中原地区因所谓“五胡乱华”而再次陷入大动乱时，包括黑河流域在内的河西走廊却在其后一个世纪的时间内保持了相对的安定与繁荣，成为中国北方保存汉、晋文明成果的最主要区域，其人才与文化储备为后世隋唐帝国重建大一统做出了重要贡献。公元 301—439 年，黑河流域先后为前凉、前秦、后凉、北凉等政权占据。其中，北凉政权为世居黑河之畔的匈奴别部卢水胡建立。大量西迁避难的中原民众迁入黑河流域，农牧业进一步发展，居于青海湟水流域的南凉秃发部经常越过祁连山，到张掖一带抢割庄稼，抄掠牲畜，证明黑河流域是农牧产品丰饶的膏腴之地。

公元 589 年，隋王朝统一全国，各地经济普遍发展，户口数量与粮食产量都有很大提升。公元 609 年，隋炀帝亲自巡视河西，在黑河流域的焉支山下大会西域各国首领与商贾，成为流域历史中一件重要的国际外交与贸易事件。唐王朝建立后，一直十分重视黑河流域的经济开发特别是农业的建设。唐前期，甘州人口稀少，劳动力资源极为匮乏，尚有大量未获开辟的土地，故陈子昂极力建议向甘州大量移民，大兴水利。至 8 世纪中叶的唐玄宗时期，包括黑河流域在内的河西走廊已经成为一个粮食产量极高的地区。当帝国都城所在的关中平原遭遇饥荒时，往往将河西生产的富余粮食陆运至灵州（今宁夏灵武）一带，装船沿黄河、渭河进入关中。唐代黑河流域的畜牧业仍然保持兴旺，在吐蕃对唐的几次偷袭中，劫夺甘州牲畜都是吐蕃的目的之一。

公元755年，“安史之乱”爆发，唐帝国由盛转衰；在此后数个世纪中，中原王朝失去对河西走廊的控制，黑河流域先后为吐蕃、回鹘占领。由于这两个政权都具有不同程度的游牧属性，黑河流域的农业开发衰落。公元11世纪，西夏占领黑河流域后，开始大力发展农业，并在居延海附近进行垦殖。元朝时期，在河西走廊设立甘肃等处行中书省（甘肃行省），黑河流域为其中心。因皇室崇尚藏传佛教，西藏高僧常常沿黑河经居延前往蒙古草原深处的哈拉和林，故朝廷比较重视对黑河流域的开发。其时，甘州、肃州（今酒泉市肃州区）、亦集乃（今额济纳旗黑城遗址）等城市都十分繁荣，马可·波罗在其游记中对此进行了特别的赞扬。另一位意大利修士鄂多立克则在游记中提到，甘肃行省是“世界上第二个最好的省”，出产大量粮食，其中最主要的作物是粟。马可·波罗与鄂多立克都提到，甘州、肃州南部的祁连山区盛产大黄，是黑河流域重要的输出商品。

1372年，明王朝占领河西，在肃州城西修筑嘉峪关，并以此作为帝国直接控制区的西北门户，黑河流域遂成为明王朝版图中的西北极边之区。为缩短军事防线，明王朝放弃了黑河下游广大地区，集中力量在黑河中游地区开发屯田，并以军、民双轨制的方式引入农业移民。明代黑河流域在河西走廊的贸易地位较为突出，由于边境的收缩与贸易政策的调整，肃州、甘州成为明帝国在西北方面的两个最重要口岸，新疆与中亚、西亚商人的许多贸易活动被指定在这两座城市中进行。15世纪上半叶，帖木儿帝国君主沙哈鲁派遣使团前往北京，沿途经过许多大城市，但所撰写的行纪材料只对甘州、肃州这两座城市中的市场进行了特别记载，通过许多细节描述盛赞这些市场规模宏大，管理有序，并认为这两座城市所能提供物资种类的丰富程度令人吃惊。

今日黑河中游地区灌溉系统的骨架自明代开始形成，主要渠道的沿革可追溯至明初，包括复杂的山地引水系统、泉水贮存系统以及平原渡槽系统。流域中游形成东部的山丹-民乐绿洲、中部的张掖绿洲、西部的高台-临泽绿洲三大灌溉农业区，人口缓慢增长。清代，在维持明代基本灌溉格局的基础上，对老渠系加密、改建，提高了老垦区的水资源利用率，形成了当时甘肃境内唯一的大面积稻作农业区；同时在下游大举屯田，使得流域人口在整个18世纪中后期快速增长，从1730年前后的不足10万人增加到1810年前后的60万人以上。这一时期，黑河流域历史上第一次出现了因局部人口过剩而向新疆等地输出移民的状况。人口的快速增殖导致了耕地面积的迅速扩大，祁连山山前草场以及高台等地的盐碱地、沼泽地都被开垦。至19世纪初期，流域耕地总面积已超过200万亩。其中，三分之二集中在黑河干流中游的张掖、山丹、民乐、临泽、高台等地。当时甘肃巡抚以区域平均土地单产为依据，将田赋等级自高至低依次定为“金、银、铜、铁”四等，甘州等地被定为“金”等，后世所谓“金张掖”之名即从此处得来。

灌溉面积的扩大造成了灌溉高峰时期流域水资源的紧张。早在康熙五十四年（1715年），镇彝堡农民阎如岳等人已经开始向当局请愿，要求在黑河流域诸县之间“均分水

利”。雍正四年（1726年），川陕总督岳钟琪在一份奏折中承认，每年夏初灌溉高峰，黑河正义峡以下已经没有径流通过。康熙、雍正之际，两任川陕总督年羹尧、岳钟琪对此事极为重视，多次亲自实地考察，或派员督办。在此前后，著名的黑河均水制度出台，其核心是每年芒种前十日寅时起至芒种当日卯时，高台镇江渠以上河段全线闭口，其间由高台镇彝五堡与更下游的毛目、双树墩灌区独享水源。其中，高台镇彝五堡使用七天，毛目、双树墩灌区使用三天，由驻军监督实施。这一制度的核心是，以独占灌溉时间为单位，规定了灌溉高峰期流域中、下游之间各自的水权配额，其灵感明显来源于流域广泛存在的轮灌制度。同时，县级行政区在水权博弈中居于主体地位。在将“时间”作为水权计算主要依据的同时，将“水量”作为水权的重要补充计算方法。雍正、乾隆之际，作为生产军粮的屯田灌区，黑河中游的三清渠取得了闭口期。经过长时间的完善，到民国时期，黑河流域已形成一套以“均水制”为核心的复杂水权制度，并“制造”出一种“阎如岳康熙告状，年羹尧雍正均水”的经典论述，某些具体的制度安排一直沿用至今。

19世纪60年代，中国大地内忧外患。各种战乱给黑河流域社会经济造成了毁灭性破坏，使得流域人口大量损失。晚清、民国时期的黑河流域绝非一个正常的、有着光明前途的区域社会，而是处处呈现着一种凋敝、衰落的景象。沉重的赋役负担、鸦片泛滥等造成了严重的社会危机，整个社会趋于贫困化。著名记者范长江用《金张掖脱了金帽子》这样的标题来描述张掖，其文字对流域社会经济状况有着犀利敏锐的洞察：“要论张掖的街道，……并不见得很差”，但“没有裤子穿的朋友太多了，十四五岁以下的小孩，十之七八没有裤子”。直至1949年中华人民共和国成立后，黑河流域的社会经济才步入快速发展的轨道，水利事业也获得了长足发展。

三

长期以来，历史时期黑河流域的水资源开发问题在屯田史、边疆开发史以及历史地理相关学科框架下得到前辈学者的专门讨论。既有研究在两个方向取得了较高水平的研究成果：一是利用汉简资料对汉代水利制度的研究，二是综合运用中国第一历史档案馆藏清代档案与地方志材料对清代屯田水利的研究。然而，在水利社会史领域与水利环境史领域，黑河流域的相关研究步履维艰。其中原因复杂，与河西走廊其他流域一样，“微观”文献的匮乏无疑是重要的阻碍因素。

《河西走廊水利史文献类编·黑河卷》编纂自2014年8月正式启动。编者首先对黑河流域水利史文献的“家底”进行了约一年的系统摸底调查，认为要在碑刻等金石材料与渠册等民间文书的搜集方面达到岭南、江南、山陕的水平，完全不可能。这是近廿以来黑河流域相对落后的社会发展水平所致，更是干旱区水利社会的特性所定。因此，《河西走廊水利史文献类编·黑河卷》在基本继承《河西走廊水利史文献类编·讨赖河卷》编写思路的前提下，将重点放在档案材料的整理上。《河西走廊水利史文献类编·黑河卷》所收录档案以张掖市档案局藏民国档案、甘肃省档案局藏民国档案为主，兼收部分酒泉市档案局藏民国档案。特别是张掖市档案局藏民国档案，多数尚未完成编目，未向公众开放，其史料价值十分珍贵。黑河流域民国水利档案中保留的历史信息，在细节的丰富、内容的多样方面居河西走廊之冠，就是在全国范围内也是不遑多让的，完全可以胜任社会史、环境史、经济史等研究领域的史料需求。其中，不仅涉及民国水利史本身，更有不少可回溯至清代，而这些清代史料的原始载体本身已经消失，故其史料学价值更加凸显。

近年来，史料的出版刊布特别是数字化进程明显加快，这对我们搜集整理干旱区水利文献提出了新的要求。编者认为，在维持基本全面的史料框架基础上，应更加自觉地把精力集中于独家、一手文献的整理刊布上，可以通过数据库检索、阅读的文献一般不再收录。因此，与《河西走廊水利史文献类编·讨赖河卷》相比，《河西走廊水利史文献类编·黑河卷》缩小了民国报刊类文献的取材范围，所收录都是不见于各类数据库或有独特价值者；取消了读者已经可以较容易觅得的清代奏折类文献单元。明清到达黑河流域的知名人士甚多，其文集中未有直接、正面记录水利问题者；但大量一般性的河流水利描述，如李渔甘州诸诗，皆可在古籍数据库中觅得，故取消私家著述类文献单元。黑河流域水利碑刻录文散见于方志、档案者大大超过了讨赖河流域，但没有一座原碑刻存留，因此不再另设碑刻类文献单元。编者曾在流域进行过数次较大规模的口述史采访，但所得信息之丰富、准确、详赡，未能超过档案文献提供的范围，故取消。1949 年后，各种档案资料统一合并为中华人民共和国时期档案文献单元，以五六十年代文献为主。根据《河西走廊水利史文献类编·讨赖河卷》出版后的读者意见，取消文史资料类文献单元，增设民间收藏水利文献单元。

《河西走廊水利史文献类编·黑河卷》的编纂过程得到了各有关方面的大力支持。甘肃省档案局作为本书牵头单位之一，依据双方协议开放了相关档案的刊布授权，并在时任甘肃省委副秘书长兼甘肃省档案局局长赵国强同志的亲自关心下，积极协调有关部门完成了开放权限审核，甘肃省档案馆馆长卢琼华同志以及各相关处室领导在档案整理中给予了宝贵支持。本书合作单位河西学院历史文化与旅游学院动员学生完成了近 1/4 档案的初录工作，更创造各种生活方面的便利条件，使编纂人员在繁重枯燥的工作中倍感温暖。中共张掖市委常委、宣传部部长李润强同志多次过问编纂情况并提供了宝贵支持。张掖市档案馆两任馆长梁永芳同志、吴居善同志以极为高远的文化眼光，保证了张掖市档案馆藏民国档案对课题组的开放。酒泉市人大副秘书长杨永生先生提供了有关民间收藏水利文献的重要线索。2018 年 1 月和 2019 年 3 月，编者邀请相关专家、领导，对本书先后进行了初稿审查和定稿审查，北京大学韩茂莉教授，清华大学仲伟民教授、梅雪芹教授，中国人民大学夏明方教授，北京师范大学徐宗学教授，南开大学王利华教授，山西大学胡英泽教授以及原水利部办公厅主任顾浩教授、水利部宣教中心纪委书记王乃岳研究员、中国水利学会副秘书长吴伯健教授级高级工程师等专家、领导先后莅临指导，对于本书的编纂提出了大量意见与建议。在此，谨向所有关心、支持《河西走廊水利史文献类编·黑河卷》编纂的各位专家、各位领导、各位同仁表示诚挚的感谢。

清华大学土木水利学院副院长王忠静教授作为《河西走廊水利史文献类编·黑河卷》

编纂委员会主任与主编，一直为黑河流域水利史文献的搜集整理提供完全经费保障，并对编纂过程给予全面指导。甘肃省档案馆馆长卢琼华同志作为本书编纂委员会主任，对于本书的编纂工作尤其是民国档案部分的整理提供了各种支持。河西学院历史文化与旅游学院院长谢继忠教授作为本书编纂委员会主任，参与制定了本书体例，并具体组织了书中部分文献的初录工作。《河西走廊水利史文献类编·黑河卷》的编纂框架制定、史料甄别筛选、重点文献录入和全书统稿工作，由本书第一主编张景平完成。其中，主要工作系张景平在清华大学土木水利学院水利水电工程系从事博士后研究时完成，少量收尾工作系2019年3月调任兰州大学历史文化学院研究员后完成。甘肃省档案馆开发利用处处长陈乐道研究馆员、张掖市档案馆馆长吴居善同志作为本书主编，也为本书的编纂尤其是民国档案部分的整理做了许多具体工作。

在《河西走廊水利史文献类编·黑河卷》的编纂工作中，东莞理工学院郑航副教授、西北师范大学王新春副教授、厦门大学王炳文助理教授，曾在清华大学土木水利学院水利水电工程系攻读博士学位的朱金峰、郑志磊、蒋光昱、徐国胤、张子雄诸君，都给予了不同形式的宝贵帮助。兰州大学的马艳艳、毛建荣同学，西北师范大学的常美玲、陈妙、陈晓娜、董静贤、杲立亮、郜荟慧、郭永霞、李雅婕、李霞、柳文武、马元军、王丽晓、王瑞雪、王恩博、许凌馨、于增秀、赵琪伟、周雪娇、周玮等同学，河西学院的高璐、高文虔、贾永翔、祁才中、唐瑞、王明、王亚楠、徐迪先、张烨等同学在不同阶段先后承担了部分档案的馆内数字化、部分原始文献的录入等工作。在此，向这些同仁致以诚挚的感谢。

《河西走廊水利史文献类编·黑河卷》是王忠静教授主持的国家自然科学基金重大研究计划重点项目“水权框架下黑河流域治理的水文-生态-经济过程耦合与演化”（91125018）的重要成果。2019年，《河西走廊水利史文献类编·黑河卷》作为“黑河流域生态-水文过程集成研究”丛书中的一部重要专著，列入国家出版基金项目。为了保持与“黑河流域生态-水文过程集成研究”丛书的一致性，《河西走廊水利史文献类编·黑河卷》整体内容在沿袭“河西走廊水利史文献类编”丛书基本风格与规范的基础上做了一些调整，删去了“河西走廊水利史文献类编”丛书编纂指导委员会名单①、丛书主编署

---

① “河西走廊水利史文献类编”丛书编纂指导委员会

主　任　雷志栋　刘昌明

顾　问　（按姓名笔划排序）

王　浩　王光谦　张建云　张楚汉
陈志恺　胡四一　顾浚臣　康绍忠
程国栋　傅伯杰

委　员　（按姓名笔划排序）

马俊亚　王乃昂　王利华　王希隆
王忠静　厉　声　田　澍　朱诗鳌
仲伟民　李并成　杨诗秀　辛德勇
张国刚　周魁一　郑炳林　钞晓鸿
袁　林　夏明方　梅雪芹　韩茂莉
谭徐明

名①、丛书总序以及本书附录等内容，同时根据有关政策规定未保留有关可能引发争议的地图等信息，留待日后修订再版时予以补全。

本书索引收录流域重要河流渠道名称，便于读者检索有关信息。

张景平代表本书编纂委员会执笔于金城诚意斋

2020年6月16日

① “河西走廊水利史文献类编”丛书主编　王忠静　张国刚

凡　例

尽可能多地保留原始文献信息，是《河西走廊水利史文献类编·黑河卷》编纂过程中的第一原则。故本书对于原始文献内容一般不予改动，以期最大限度地保留原貌。但因为本书所收录原始文献时间跨度大，类型差异明显，为保证内部统一并符合当今出版规范，经编者与出版方反复协商，本书在许多具体细节方面进行了类型化处理，分别阐述如下。

一、关于文献录文与编者按的问题。对原始史料的录文构成本书绝对主体，同时以脚注形式加编者按。文献录文依照历史文献学一般原则进行。对于字迹难以辨认的内容，用方框代替。出现大量缺页、污损和删节时，用编者按说明。

二、关于原文献中的繁体字、异体字问题。原文献多采用繁体字书写，其中不乏异体字。对于繁体字，本书都直接改为简体字。对于异体字，除人名保留外，本书都直接改为正体字。

三、关于原文献中词汇的不统一、不规范问题。本书所收录文献不但有文言、白话，还有口语化的方言。许多词汇存在两种甚至更多的书写方式，如“彻查”又作“澈查”，“干打实塞”又作“干挞实塞”。对于一些专用名词，民国时期与当今的表达方式不同，如在某些文献中，“海拔”又作“拔海”，等等。人名方面的差异亦大，因旧时乡村社会中文盲比例极高，故许多呈文、诉状中，姓名书写极为随意；两个相近的姓名，有时难以判定：究竟是同一人姓名之误写，还是不同的两个人。地名方面的问题：首先，表现为音近字异，如“大都麻河”又作“大堵麻河”，“昔喇渠”又作“西腊渠”；其次，表现为历史文献地名不符合今日规范，如“内蒙古自治区”不应简化为“内蒙”，但在20世纪50、60年代文献中，“内蒙”相当普遍。上述这些不统一、不规范不但出现在不同文献之间，而且在同一文献内部亦颇有参差。这种不统一、不规范，本身就是重要的历史现象，不应以今责古。故编者对于此类问题皆照录，不刻意统一、规范。

四、关于原文献中的数字形式问题。原文献中数字形式极为复杂。在序号方面，原文献有阿拉伯数字，带圈、带括号的阿拉伯数字和小写、大写汉字数字，带括号的汉字数字等多种类型，且层级运用不统一。在表示量的数字书写方面，亦存在多种书写方式。假设有数字1,740.1，也会写作1740.1、一千七百四十点一、一七四〇点一等。上述各种形式的数字，在全书中皆有出现。对此，编者不做整体统一，基本维持原貌。但为避免读者误会，对同一文献内部易造成理解混乱的地方酌情进行调整。

五、关于原文献中的标点问题。原文献多数没有标点，少数有标点者亦与当今使用规范存在较大差别。编者在整理中，一律使用规范的标点符号进行断句，以逗号、句号为主，对疑问句用问号，对层次关系明显的语句必要时用分号。尽量不使用省略号、破折号、感叹号、冒号、括号，此五类符号出现，若未作注说明，皆为原文自带。断句时亦不轻易使用引号，书中出现者多数为原文自带。编者主动使用引号的情况，集中于民国档案文献中标识公文多层嵌套式结构。由于前人在引用书名、文献时多不规范，多数直接加书名号，如《书》系《尚书》，《汉志》系《汉书 · 地理志》。但遇到以“汉地理志”指代《汉书 · 地理志》这样较罕见的简称时，为避免误会，标作“汉《地理志》”，而非《汉地理志》，读者可根据上下文意判断。

六、关于计量单位使用方面的问题。原文献类型多样，形成年代不同，计量单位使用比较复杂，如中国传统的尺、寸、亩、石、斗、斤、两等，英制的英寸、英尺、马力等，公制的米、千米、千克、千瓦等，皆有使用。具体书写时，同一种计量单位存在不同的书写方式，如“英寸”又作“吋”，“毫米”又作“公厘”，“千米”又作“公里”“km”，等等。同一文件内部，亦未能完全一致，对此均维持文献原貌。

七、关于各级标题问题。本书所收录各种类型的原文献标题层级很多，表现方式差异很大，排列分散，影响到阅读效果，故全书统一了各级标题的基本层级，同时保留了原文献各种标题的多样性。为了保持相似文献标题的一致性，有时会省略一级标题。如本书中的诗文标题按三级标题设置，部分内容省略二级标题；档案类文献按三级标题设置，部分内容省略二级标题。

八、关于原文献正文的字体、字号等体例问题。原文献多数为手写，字体复杂，但普遍存在以不同字体、字号区别不同类型内容的现象，也存在大量传统书写格式。在整理中，对绝大多数正文字体统一为宋体，字号统一为五号，但遇古籍中某些起注释、提示、补充作用的小号字以及民国档案中的处理意见，为便于读者区分，改用楷体。排版方面，一律按当前通行的横排标准处理。对于传统书写格式中表尊敬的转行、提格等形式，表谦逊的小号字、侧写等形式，本书未予保留。将夹批、眉批、双行注释等内容改作脚注，并以“原注”表示，或在编者按中介绍其原形态。

九、关于表格的问题。本书涉及表格类型比较复杂，形态差异极大。编者本着尽量接近原始文献形态的原则，按照“黑河流域生态-水文过程集成研究”丛书统一表格版式进行微调，保留其数据、内容的历史原貌。

十、关于民国纪年问题。本书收录史料中涉及的民国纪年书写方式不尽统一。如“中华民国××年”，也会写作“民国××年”、“××年”、“民××”等。其中，“××”之书写形式，亦有汉字数字、阿拉伯数字两种形式。“二十”也会写作“廿”，“三十”也会写作卅。编者对此皆维持现状，读者可根据上下文判断其具体含义。

十一、关于各单元本类文献提要及原始文献作者、整理者信息的问题。各单元本类文献提要的编写目的主要是介绍文献的保存、流传、版本等信息，对整理中遇到的主要问题进行说明。为与各种原始文献区分，本类文献提要中的文字排仿宋体。各种原始文献的作者、整理者信息，已在本类文献提要中说明的，原始文献中不再显示；本类文献提要未予

说明的，在原始文献脚注中以编者按显示；档案文献中，不论原文件是否有具体署名，均在命名中体现责任人。

十二、关于历史文献中的时代局限以及不符合当前出版规定的问题。由于时代局限，历史文献中有极个别文字，存在地域歧视、特定历史条件下的意识形态痕迹、对兄弟民族的不公正态度、宗教矛盾等问题，为符合当前出版规定，编者进行了遮蔽处理，并在遮蔽处以编者按形式注明。对于遮蔽处涉及关键时间与事件节点以致影响阅读的内容，以规范语言转述其重要信息。

十三、部分民国文献对时任官吏颇有谀辞，不尽符合历史事实，但考虑到维持原文献的完整性，未予删改。

十四、本书索引为流域重要河流渠道名索引，但“黑河”因贯穿全书，不再收录。

目　　录

壹　方志类文献

贰　游记与考察报告类文献

叁 民国工程文献

肆 民国报刊文献

伍　民国档案文献

上

中

下

陆　中华人民共和国时期档案文献

柒　民间收藏水利文献

下

张掖县水利档

张掖县长就呈覆本县水利农官职权事宜给甘肃省民政厅的呈文

1932 年 10 月 27 日　　甘 15-13-264

呈为呈附覆事：

案奉钧厅第□号指令，职县呈赉八月政务工作报告表祈鉴核由一案，内开“查农官一职，其沿革及现在职权如何、有无薪给、是否由县府委任，着专案呈报备查”等因，奉此，除将气候栏嗣后遵照逐日填报外，遵查属县原分五十四渠，每渠置水官一人，以资春冬两季挑修河道、疏浚水利，系由各渠民众自行择举通晓水利声望素孚者，呈保到县，由县府给委以专责成，俗名曰“水利农官”，专办水利渠道事宜，并无薪俸。理合具文呈覆厅长电鉴查核，实为公便。谨呈甘肃省民政厅厅长林。

张掖县县长张仞千

中华民国二十一年十月二十七日

甘肃省政府就呈覆水利农官系民众自行择举并无薪津事给张掖县政府的指令

1932 年 11 月 4 日　　甘 15-13-264

指令第 3010 号

张掖县政府：

呈查。案称该县农官系民众自行择举、请由县府给委、专办水利渠道等情，准朱赞饬旧例□。现在政府于水利异常注重，该县农官尤通晓水利情形，务须力谋改良办法，以弭旱灾而增加生产。仰即转饬知照。此令。

甘肃省政府

中华民国二十一年十一月四日

代理临泽县长就转呈沙河渠民张汝彬等控告张掖县沤波渠民杨兴儒等逞刁行凶劫水等情的呈文给甘肃民政厅长的咨文

1933 年 5 月 21 日　　甘 15-13-280

咨请张掖县经呈省政府转呈钧厅谨呈甘肃省民政厅厅长林、呈为据情转呈事：

案据职县沙河渠公民代表张汝彬、汪鸿儒、罗焕章、梁克宽、丁蔼玉、汪世延等诉称

"为逞刁行凶纠众劫水，恳祈依法惩办，以惩恶类而维水利事：窃查沤波渠土劣杨兴儒、李资林、杨兴德、李资荣、张维明、李明得、吴铁匠、蔡延刚、李长文、王加礼、李永寿、陈麻爷等，迭次结党劫我渠水，防不胜防，以至禾稼稿枯，受害无穷。于本年夏历四月初间，该渠恶豪将我渠水抢夺尽净、下流干涸，斯时适逢大军过境，无水冲饮，韩旅长见此情状、访查得悉，遂即令张、临两县县长严加制止偷水使勿再犯，并面命沙河公安局李分局长常为勘查，倘再有复抢情事，当报告司令部以军法从事、绝不姑宽等因在案。讵料该渠土劣胆大妄为，不遵韩旅长命令，于本月十七日纠众百余人，富有将我渠红沙河段抢破，行凶滋闹。我渠巡水夫数名见势不佳，刻即潜匿逃回，喊报公安局李局长，即时率警前往勘查，当经捉获看坝水贼十余人，侦讯明确，俱供劫水事实。本拟从速押送县府，惟恐该渠恶豪途中截抢，故尔逗留两天，于二十日押水贼来沙。行至牛泉凹，果然匪徒百余众蜂拥前来，势若奔马、行同盗匪。一言未了，各人手执凶器，迎面乱打，顷刻间把李局长及警士三人均已打倒在地，首如齑粉、身无完肤，受此惨苦，令人酸辛。我渠水夫见彼众退走，随即将李局长等抬回调治，斯数人之生死存亡尚不敢保。是夜，又复将红沙河决破，并将看水夫打散，凡一切应用什物行李衣服食料及铣锅等项全数抢掠一空，惟账房放火焚烧，又以恶语相侵，百般辱侮。伏思处此青天白日旗帜之下，有是土劣匪类目无法纪、任意刁横，似此决水抢劫纵火行凶，种种不法行为，后患何堪设想？由是恳祈钧府电鉴作主，转详上呈军事长官，依法严惩以儆刁恶，并定条规、变方遵守，以维水利施行。谨呈被告人张掖县沤波渠民杨兴伦、李资林、李资荣、杨兴德、蔡延刚、李明得、李长文、王加礼、李永寿、陈麻爷、关铁匠、李更子"等情，据此，除咨请张掖县速将被告等提案鲜送来府，并经呈省政府核办外，理合据情具文，转呈钧厅电鉴核，以重水利，实为公便。

代理临泽县县长谢璧文（印）

中华民国二十二年五月二十一日

甘肃省民政厅长就该县呈报沙河渠民张汝彬等呈张掖县沤波渠民杨兴儒等逞刁行凶纠众劫水事给临泽县长的指令

1933 年 6 月 3 日　　甘 15-13-280

甘肃省民政厅指令第二〇一一号

令临泽县县长谢璧文：

呈报沙河渠民张汝彬等"呈张掖县沤波渠民杨兴儒等逞刁行凶纠众劫水等情请转呈鉴报由"，呈备查。各县水利向有成规，务饬会同张掖县长切实遵循旧章和平处理，不得稍有紊乱、致干法纪。仰即知照并候省政府核示祗遵。此令。

甘肃省民政厅厅长林（印）

中华民国二十二年六月三日

甘肃省主席就临泽县呈报该县民众张汝彬等呈诉张掖民杨兴伦等逞凶劫水一案给甘肃省民政厅的指令

1933 年 6 月 6 日　　甘 15-13-280

甘肃省政府法字第二四八一号

令民政厅：

为令立案传临泽县县长谢璧文呈称"入原文"等情，呈悉。查该杨兴伦等逞凶劫水实属不法，仰候函达高等法院查接办理，亦令钧民政厅派员详细查昭，拟定条规以咨遵守而遏衅端可也。此并分列外，合亟令仰该厅遵即，从速派员详细查昭，妥拟条规具报为要。此令。

甘肃省政府主席邵力子

中华民国二十二年六月六日

甘肃省民政厅长就令饬建设厅会同派员详查临泽民众张汝彬等呈诉张掖县民杨兴儒等逞凶劫水案给甘肃省政府的呈文

1933 年 6 月 12 日　　甘 15-13-280

甘肃省民政厅呈第五八四号

呈甘肃省省政府：

案本钧府法字第二四八一号训令"入原文"等因，奉此，遵查水利一事向隶建设厅主管，兹奉前因，拟请钧府令饬建设厅主稿，会同本厅派员详细查昭具拟具办法具复，以清权隅而昭旧任。是否省书，理合具文。

甘肃省民政厅厅长林（印）

中华民国二十二年六月十二日

甘肃省建设厅就协助民政厅会查临泽张汝彬等诉张掖民杨兴伦事给委员权少文的委令

1933 年 6 月 28 日　　甘 15-13-280

甘肃省建设厅委令第 1387 号

令委员权少文：

为令委事。案奉省政府法字第五五号训令，内开"入原令"等因，奉此，合亟令委该员刻将此案详查明确，妥拟条规、具文呈报，以准核转，切之。此令。

甘肃省建设厅厅长刘（印）

中华民国二十二年六月二十八日

张掖第四区上沤波村民众代表张钦铭等为罗兴荣霸夺水利恳查办事给甘肃省民政厅厅长的呈文

1933 年 7 月 22 日　　甘 15-13-280

谨呈甘肃省政府民政厅林厅长钧启：

呈为挟势逞刁、辣手毒害，背案灭理、霸夺水利事。窃临泽县沙河村公民罗兴章、罗焕章、王鸿儒、张树功、山蕴玉、张永寿、张永昌、潘寿安等，妄捏逞刁行凶、得步抢水各情，将本村公民张钦铭、张九世、周天成、马梓林、王槐清等抢先具控钧座案下，旋蒙批饬本县长澈查核办，公民等本应俯首静候处裁，曷敢强行越俎哓渎。惟查事出捏造妄词、冤恨不白，故不得不将此实情为我仁明厅长缕细陈之、查本村与该村连界，本村灌田之水，乃在本县黑河源流，而该村灌田之水系在伊县香山口源流，此事先世分配遗传多年，历有成案。至乾隆年间，因平征新疆军队往来住占沙河驿，奈香山口水源遥远、饮马不便，邑侯王公由本村河源引水以为饮马沟，其流余之水该村乘便接引灌田。年复一年，本村未曾御阻，是以让成老例。后将驿改移本县所属之沙井驿，其沟未毁，于是两相致起争水事端。又至乾隆五十四年，当今邑侯杨公洞澈内情，谓其一渠灌引二源之水，情理不合，遂即息讼，在本县黑河口木厂庙暨中龙王庙立案判碑，以为防绝后世之争端，有录碑文为证。其一“夫沙河渠非明时设立之渠，原日设立沙河驿站饮马之沟，取引沤波渠下流无用之水，彼将水接引灌溉后改移沙井驿，其沟未毁，与乾隆五十四年间从黄沙坡三岔口通入沤波渠之水各任其源，然彼之水利实系香山口浇灌，存案巡抚，今与黑河取引水利一渠二源，殊属不合，是以谨记”；其二“夫沙河渠非明时设立之渠，原系张掖设立沙河驿，以在香山口饮马朝去午来、午去晚来，于乾隆十九年口外军需过往甚急，饮马不便，乃邑侯王公便引沤波渠内下流无用之水，以便饮马，彼将水接引浇灌。后来改移沙井驿，其沟未毁，至乾隆五十四年两相互与争讼，邑侯杨公查其彼之水利是系抚寻香山口通引，今又在张掖黑河取水，一渠二原、接脉两地，殊属不合，为此特记，以昭后世、永远不朽”等情。不意年沿日久，人心不古。该村民众灭丧天良，远背谬行，屡次结伙成群，恣意刁行抢夺民水，每年将本村人民掳打无常，被其殴亡者已近十余人。其先年不叙外，于二十年将梁生元打死；比及该伊狼心不足、凌弱恃强，养恶为奸、得步进步，于去岁又将本村之马与存殴死，起诉第五高等法院，案现未了。谁知该伊惨无人道、藐视法纲，以人命为戏物、以法律为玩具，又于本年四月间逞众将本村巡视水坪之人夫十二人暨驮口食之驴骡五头掳掠而去，公民等令人追寻，孰意该伊谲计多端、心怀叵测，各持枪刀暗伏红沙河三渠渠口，俟追至此，猛扑混斗、所追未回，又被打伤五人，该伊亦伤三人。不料该伊挟势诬赖，假称民等将伊村巡官殴打，并赖抢来伊之枪刀牛羊等物，捏词抢先将公民等具控本县县长，尚未经解决；突然乘民不防，又将本村民众掳去三十三人、送案羁押二十八人，其无踪迹之侯家财、王有娃子等五人，尚现不知如何下落；正经本县县长澈查之际，乃伊意欲毒害本村民众、争霸水权之目的，捏造雌黄，继又抢控上宪。查两相灌田各有水源，所属之境各有界限，本村夫名巡视水坪，并未与该村寻往交涉，亦未与巡官特以仇恨，而既有争夺水利之端无碍于巡官相干，亦不挨巡官镇息，而或有专权至为以排解足矣，何得不分泾渭、持枪暴行，立逼生死、从恶殃民如此。且伊手持枪刀、跨乘马匹，公民等以空手步履、于中得胜抢劫，宁有是理？近来本村灾旱频繁，加之各款叠派，人民苦累、十室九空，目下尚无生活之路，屡被该村霸水陷害，为实含冤满腹，呼天不应、吁地不灵，现又被其捏词抢控，则本村人民皆仰望其由此定能见出青天之白日也。事出背案灭理、抢夺水利各缘由，用是不揣冒昧，只得联名具诉，伏乞厅长案下鉴核作主，施仁慈之婆心、念好生之大德，澈底查明虚实，依照成案判令该沙河渠仍在香山口使水，并将掳去之人夫及驴骡如数令归齐全，治罪抢夺陷害、以伸万民之冤而舌蜉蚁之命，则公民等深感鸿恩于生生世世矣，实为公私两便。

张掖第四区上沤波村民众代表 张钦铭（印） 杨兴儒 李生禄（印）
马梓林 张九世（印） 周天成
张锐铭（印） 王世华（印） 魏加成（印）
张发荣（印） 张登德 马宗玉（印）
杨兴德 张世林 马天元（印）
蔡延纲 张维明 汪会元（印）
李滋荣 王槐清（印） 杜永贵（印）
蔡 虎 蒋发科 梁 生

中华民国二十二年七月廿二日

甘肃省民政厅长就张钦铭等呈控临泽县沙河村公民罗兴章霸夺水利事给张掖县第四区上沤波村民众代表张钦铭的批示

1933 年 7 月 25 日　　甘 15-13-280

甘肃省民政厅批示第八八号

张掖县第四区上沤波村民众代表张钦铭等：

原具呈人张掖县第四区上沤波村民众代表张钦铭呈“为临泽县沙河村公民罗兴章等霸夺水利请查办由”呈悉。查此案前奉省政府令开“据临泽县县长谢璧文呈转‘该县民张汝彬等呈诉张掖县民杨兴儒等逞凶劫水一案，令厅派员查昭具报’等因，并校该谢县长还呈到厅”事，同前由，当即会同建设厅令委权少文前往澈查在案，尚未呈复前来。兹据前情，应候该委员查复至日，再行核夺知照。此批。

甘肃省民政厅厅长朱（印）

中华民国二十二年七月二十五日

甘肃省民政厅长及建设厅长就据呈复彻查沙河渠张汝彬等呈控沤波渠杨兴伦等纠众劫水案给张掖临泽查案委员的指令

1934 年 2 月 12 日　　甘 15-13-280

甘肃省民政建设指令第一九八二号

令张掖临泽查案委员权少文：

今张掖、临泽查案委员权少文呈一件“呈复澈查沙河渠公民代表张汝彬等呈报沤波渠土劣杨兴伦逞刁行凶劫水一案情形请电鉴备查”由呈悉，将解决办法专文呈报核办。报告乃隶查前事省府第三〇二号委令内开“为令委为案事甘肃省政府法字第五五号训令内开‘为令到及案校临泽县县长谢璧文呈称案按职县沙河渠公民代表张汝彬等诉为张掖县沤波渠土劣杨兴儒等逞刁行凶，纠众劫水，恳能依法严办，以维水利。转请电鉴核办等情’。除函达高等法院查核办理，合到令仰该厅，遵即会同民政厅派员详查昭确，安拟条规，具报核夺”，尾开“合亟令委该员刻将此案详查明确，妥拟条规、具文呈报，以准核转，切之”等因，奉此，委员遵于去岁十二月间启程前往澈查，所有行程经过及澈查情形并随时请示者，业经先及奉省电令，并随时节呈在案。谨收本案起因原委及曩昔历史经过，并收来解决办法，撰拟《张临水利案调查报告书》一本，凡为九事，是否有当，理合具文呈请钧厅鉴核、以为公便。附《张临水利调查报告书》一份[①]。

甘肃省民政厅厅长　朱（印）

甘肃省建设厅厅长　许（印）

中华民国二十三年二月十二日

甘肃省民政厅长及建设厅长就解决张临水案事给张临查案委员的指令

1934 年 5 月 8 日　　甘 15-13-280

甘肃省政府建设厅指令第三三八〇号

令委员权少文：

“呈报谨将本案原委及经过及将来解决办法拟《张临水利案调查报告书》请鉴核由”，呈暨报告书均悉。查所拟纠纷解决案例是否可行，除令张掖临泽两县长会商具复以凭核转外，令行仰叩委员知。此令。

民政厅厅长　朱（印）

建设厅厅长　许（印）

中华民国二十三年五月八日

---

① 编者按：《张临水利调查报告书》未见。

甘肃省民政厅长及建设厅长就解决张临水案事给张掖县长、临泽县长的训令

1934 年 5 月 8 日　　甘 15-13-280

甘肃省政府建设厅训令第三三八一号

令张掖临泽县县长邵永庆、谢璧文：

案查“临泽县沙河渠民张汝彬等呈诉张掖县沤波渠民杨兴需等，逞刁行凶，纠众劫水，恳祈依法严惩以维水利”一案，前奉省政府令行到，应当即会委权少文前往查复在案。兹据该委员呈报本案原委及经过，并将来解决办法请鉴核施行等情，到应据此查所拟解决纠纷办法是否可行，合行荐抄原办法，令仰该县专遵，会同临泽、张掖县县长克日会商，具复以凭核办此令。计抄为解决纠纷办法一份。①

民政厅长朱　建设厅长许

中华民国二十三年五月八日

临泽县长就解决张临水案条文应加修订事给甘肃省主席及民政厅建设厅长的呈文

1934 年 8 月 18 日　　甘 15-13-280

谨呈甘肃省政府主席兼民政厅厅长、建设厅厅长许：

钧府建字第三三八一号训令“案查临泽县沙河渠民张汝彬等‘呈诉张掖县沤波渠民杨兴儒等逞刁行凶、纠众劫水，恳依法严辨以维水利’案，前奉省政府令行到厅，当即会委权少文前往查复在案，兹据该委员呈复本案原委及经过，并将来解决办法请鉴核施行等情到厅。据此，查所拟解决纠纷办法，是否可行，合行抄发原办法，令仰该县长遵即会同张掖县县长，刻日会商具复，以凭核办。切切。此令”等因，计抄发纠纷解决办法一纸，奉此，县长遵即照抄令发权委员解决办法一纸，于六月三日，备文咨请张掖县长择一相当地点，定期集会，商决斯案。讵料张掖县长延缓月余，仍照原文咨回，请由职县定期会商，比即定于七月二十四日，在沙河镇齐会，县长届时亲往沙河，传齐此间公民，静候二日，未见彼方一人到来。旋接来函，谓“黑河水势暴涨，不能利涉，拟三五日内水势稍息定即趋赴沙河，会同解决水案”等语，县长又静候十余日，复来函内称“沤波渠公民，不愿到沙河，今假定黑河口为会集地，派王宝贤按时往”云云。当查黑河口距临泽远，且与沙河渠本身无关，揆厥彼方形径，似无诚意遵规了结。且本年夏间，沤波渠民强挖渠水，较往岁尤甚，并于六月二十九日来众破渠劫水，除凶毁沙河水夫数名外，又将蒋万朝、蒋永华二水夫绑去，迄未放回，屡经去函交涉，亦高置不理，

---

① 编者按：解决办法未见。

是此案若无严厉处置，则后患终无已时。至于权委员所拟解决斯案规条，均系根据历年陈案，原无不合之理；惟与沙河公民一再讨论，不过对于权委员所拟条规内第四条与第一项在平庙子分水口处安放平木，及第六条红沙河一带沿渠栽树以免洪水冲溃两点，认为有修改之必要。其原因只在平庙子两渠分水处，河身宽至数十百丈，水经之处，忽东忽西，非人力所可限制，若以安放平木为解决水流标准，殊非事实所能为。又红沙河一带，纯系沙石硗瘠之底，草尚不孳，树木断难成活，倘将安放平木栽树载入规条以内，一遇山洪暴发，将平木冲毁，渠沿横溃，反因此以遗沤波渠民之口实，则争端更无底止。是四六两条文，应请钧座俯赐修改以臻完善者也，再有进者，沤波渠自刁绅陆鉴、张维铭等，于民国二十年劫水赖命一案发生后，以偷水为能事，毫不畏忌，沙河渠被害损失，民不堪命，张掖县府，偏庇拖延，不稍究办，案逾悬而逾大、害逾遗而逾深，倘长此无解决良方，则沙河三渠千数百户之众，将无立足生存之望，用特据实沥陈，务乞钧座迅予令行张掖县长秉公澈究，严惩凶徒，追赔损失，并将权委员所拟条文，即赐改正，令发张临两县勒石悬禁，永使恪遵毋违，则纠纷立解，后患可遏矣。当否之处，理合具文呈请电核示遵，实为公便。

临泽县县长蔡支华

中华民国二十三年八月十八日

甘肃省民政厅就临泽县长要求修订张临水案条文事给建设厅的咨文

1934 年 8 月 28 日　　甘 15-13-280

甘肃省民政厅咨第一一三三号

甘肃省民政厅咨甘肃省建设厅：

案据临泽县县长蔡文华呈称“案查钧府建字第三三八一号训令开‘实为公便’”等情，据此，此案拖延日久，自应迅速解决，以免再生枝节，相应咨请贵厅查照核办，主稿会饬，为荐此咨。

甘肃省民政厅

中华民国二十三年八月二十八日

甘肃省民政厅长与建设厅长就张临水案条文确应修订给张掖临泽县长的训令

1934 年 9 月 8 日　　甘 15-13-280

令张掖临泽县县长廖万选、蔡支华：

查临泽县沙河渠公民张汝彬等呈诉张掖县沤波渠公民杨兴儒逞凶劫水一案，前经饬据调查委员权少文详细查复并拟具解决纠纷办法到厅随即抄发原办法，会令临泽张掖两县长会商具复核办在案，据临泽县长呈复称“查权委员饬拟办法内第四条‘在平庙子分水口居安放平木’及第六条‘向沙河一带沿渠栽树以免洪水冲溃’两点均欠妥当，盖平庙子雨渠分水居，河身宽至数十百丈，水经之处，忽东忽西，非人力所可限制，若以安放平木为解决水流标准，殊非事实所能为。又红沙河一带，纯系沙石硗瘠之底，草尚不孳，树木断难成活，倘将安放平木栽树载入规条以内，一遇山洪暴发，将平木冲毁，渠沿横溃，反医此以遗沤波渠民之口实，则争端更无底止，为此恳请赐予修改以臻完善”等情，尚属实情，自应准予修改，仍由该两县长参酌当地情形，会拟修改条文呈复核定。除分令临泽张掖县长外，合行令仰该县长遵照办理，具后为要。

民政厅厅长　朱（印）

建设厅厅长　许（印）

中华民国二十三年九月八日

甘肃省建设厅长就修订张临水案条文事给甘肃省政府的咨文

1934 年 9 月 11 日　　甘 15-13-280

甘肃省建设厅咨字第五六六号

甘肃省建设厅咨甘肃省政府：

“贵厅第一一三三号咨‘据临泽县长呈复权委员拟定解决张临水利纠纷办法，应略加修正’等情，请核办主稿会饬”等由，准此，相应叙拟会稿二件咨请查核，署判掷还，以便缮发为荷。此咨。

附送会稿二件[①]

甘肃省建设厅厅长许显时（印）

中华民国二十三年九月十一日

张掖县长就奉令遵办张掖沤波渠及临泽沙河渠水利争讼事给甘肃省民政厅长的呈文

1934 年 9 月 9 日　　甘 15-13-280

谨呈甘肃省民政厅厅长朱：

钧厅暨建设厅建字第三三八一号训令“案查临泽县沙河渠民张汝彬等‘呈诉张掖县沤波渠民杨兴儒等逞刁行凶纠众劫水，恳请依法严办以维水利’一案，前奉省政府令行到厅，当即会委权少文前往查覆在案，兹据该委员呈覆本案原委及经过，并将来解决办法请鉴核施等情到厅，据此，查所拟解决纠纷办法，是否可行，合行抄发原办法，令仰该县长遵即会同张掖县县长，刻日会商具复，以凭核办。切切。此令”等因，计抄纠纷解决办法一份到县，奉此，县长遵即详读权委员原定办法，原以解决纠纷、杜绝纠纷，立法不为不善，当即咨询临泽县长订期会商办理，并一面令行县属第四区区长范文理召集素谙水利及与本案关系人等，按照本渠水利情形、参以奉发办法，各方是否适宜、遵

① 编者按：附送会稿二件未见。

守有无滞碍，详为讨论具覆。去后，嗣据该区长范文理呈“据沤波渠民众佥称权委员原定办法虽属保守沙河渠固有之权利、杜绝沤波渠偷掘之风气，但在事实上此项办法，只适宜于沙河、无益于沤波。缘以沤波渠地面辽阔，在张掖承粮一千八百余石，而渠水缺乏、不足浇灌；至沙河渠地面较小，在临泽承粮只有六百石，而渠水宽裕，不时泛滥。论理两渠各有界限，论势两渠苦乐不均。且查沙河渠身居高、沤波渠身较低，沙河遇有渠水泛溢，横冲沤波渠两岸崩溃，渠水漫溢，以致沤波上下两渠屡次代人受害，损失何可限量？此次权委员订拟办法，究于沤波并无滴水之惠，实于沙河又增坚固之堤，即如办法第三条内载‘由鹰嘴崖至平庙子一段渠工，东岸由沤波渠修理，西岸由沙河渠修理’等语，此在理势固当如斯办理。但查平庙子东岸，本系软砂泥质，一经水冲、势易溃裂。命以沤波修理，沤波固无可辞，唯在实际上，沤波时有劳动之工程，沙河永无修理之事实，苦乐不均，此条似欠公允。又查第四条内载‘两渠分水口宽窄深浅，乃按放平木从新修理’等语，查考两渠分水口丈尺数目，与办法所载宽窄深浅两不相数，而渠水又属横冲奔激，平木不能安放，此条似不宜。窃以本案已经委员查定章则，民众曷敢违反定案？只以水利命脉攸关，故敢冒昧直陈，伏祈鉴核转呈”等请，据此，县长覆查此案始终原委，实因沤波渠地大粮多、连年天旱水缺，以其沙河近在伊尔，渠水充溢，迫出救荒之策，故有掘水之举，爰是因水滋事，连年争讼。去岁驻军韩旅长为两渠水利永绝争讼、息事宁人起见，当时约会两县县长及召集两渠水利当事人等齐集张掖农会，并同凉州第三法院委查此案检查官刘蒋吾及旅部参谋长汪秉信，公开会议，决定沙河渠由闸子庙开掘闸口，让给沤波渠长流水一生口，并由两县公拟水利规则永远遵守，以之议决在案。维时沙河渠迫于公论、勉强应允，惟是沤波渠因其沙河殴毙沤波人夫，连带命案关系，且以让水闸口仅如升大，嫌水单薄，不肯承认，因而议案未经成立。此次县长奉令前因，一面咨会临泽县长约期商议去后，嗣因黑河陡涨、碍难过渡，又以要公羁身、不克前往，只得委派府职员王宝贤前往会办。不图沤波渠当事人等以去岁同在沙河会议，此案几被沙河民众恃众凶殴，是以此次不敢再往沙河，至沙河民众又各执定沙河地点、不肯前来沤波，县长折准定拟，以其黑河口为两县适中、当初发生此案地点，复又重订会期。无如沙河方面仍执前议，不愿越渡沙河一步，只得饬令职员王宝贤前赴沙河，会集临泽县毕姓科长和衷共议，乃据该科长面称，彼方只知遵守权委员办理十八条，此外再无商议之余地，是以讫无结果。县长考察两渠情形，证以舆论人言，所有沤波渠陈述上项各节，委系实在情形，与其连年争水酿事，似不若稍予变通，以彼之盈、济此之虚，在彼即可息事宁人，在此亦可保全命脉。是否之处，不敢擅议，除呈建设厅外，所有奉令办理此案情形，理合会具图说，据实呈覆钧厅电鉴查核。至于如何办理之处，伏祈指令示遵，实为公便。

代理张掖县县长廖万选（印）

中华民国二十三年九月九日

甘肃省民政厅就张掖临泽水利争讼事给甘肃省建设厅的咨文

1934 年 9 月 20 日　　甘 15-13-280

甘肃省民政厅咨第一三五七号

甘肃省民政厅咨建设厅：

案据张掖县县长廖万远呈复奉令该县沤波渠及临泽县遵办该县沤波渠及临泽县沙河渠水利争讼一案等情到厅，并附图说一张。据此案张临两县长呈复情形均有理由，各执一词，究应如何办理方能迅速解决，除将图说存查外相应咨请贵厅查照核办，主稿会饬，案经分呈不再重叙合并声明此咨。

甘肃省民政厅

中华民国二十三年九月二十日

甘肃省建设厅就核办张掖县长呈请变通办理沤波沙河两渠水利争讼事给甘肃省民政厅的咨文

1934 年 10 月 4 日　　甘 15-13-280

甘肃省建设厅咨建字第六〇〇号

甘肃省建设厅咨甘肃省民政厅：

贵厅咨据张掖县长呈复遵办沤波沙河两渠水利争讼一案请予变通办理等情，咨请核办会饬等由，准此，查此案前据临泽县长呈复以权委员所拟解决纠纷办法，应予略加修正等情，当经令饬临泽张掖两县长迅速参酌当地情形，会拟修正条文呈核在案。自应会令饬催该两县长遵照前令迅速会同办理具复，以凭核夺，兹经叙拟会稿二件，相应咨送贵厅查核，如荷赞同，即希署判掷还，以便缮发为荷。此咨。

附送会稿两件[①]

甘肃省建设厅厅长许显时

中华民国二十三年十月四日

甘肃省民政厅及建设厅就沤波渠与沙河渠水利争讼一案仍遵照前令克日会商妥善办法事给张掖县长及临泽县长的指令

1934 年 10 月 2 日　　甘 15-13-280

甘肃省政府民政、建设厅指令第六〇九八号

令张掖县县长廖万远：

"呈复遂办沤波渠与沙河渠水利争讼一案请核示"由呈悉。查此案前接临泽县长呈复

① 编者按：附送会稿二件未见。

以权委员所拟解决纠纷办法应略加修正条文为节，当经令行该县长参酌当地情形，会同妥拟修正条文，呈请查夺在案，兹核呈拟变通办理，以息争端等情，限令行临泽县长知照外，仰仍遵照前令，克日会拟修正条文，呈候核夺，勿延切。此令。

甘肃省政府民政、建设厅指令第六〇九九号

令临泽县长蔡支华：

呈复关于解决沤波渠与沙河渠水利纠纷一案，拟请酌予变通办理，以息争端，等情。校此，查此案前据该县长呈复，以权委员所拟办法，应予略加修证为节，当经令饬张掖县长会同该县长，参酌当地情形，拟具修正条文呈接在案，兹校前情，除指令仍遵前令迅速会同办理外，令行抄法原呈暨渠图为一份，令仰遵照克日会同妥拟办法，呈候核夺，勿延切。此令。

附抄发张掖县长原呈意见渠图。

中华民国二十三年十月二日

临泽县长就张临两县水利纠纷一案会商无结果事给甘肃省民政厅及建设厅的呈文

1934 年 12 月 1 日　　甘 15-13-280

谨呈甘肃省政府民政、建设厅厅长朱、许：

呈为复请核办结案事。案奉钧两厅会令第六零九九号“据张掖县长呈复遵办沤波渠与沙河渠水利争讼案，令催遵照前令，刻日会商妥善办法具复核夺”由内开“案据张掖县长廖万选呈复关于解决沤波渠与沙河渠水利纠纷一案拟请酌予变通办理以息争端等情，据此，查此案前据该县长呈复，以权委员所拟办法应予略加修正各节，当经令张掖县长会同该县长参酌当地情形，拟具修正条文呈核在案，兹据前情，除指令仍遵前令迅速会同办理外，合行抄发原呈暨渠图各一份令仰遵照，克日会同妥拟办法，呈候核夺，勿延切”等因，附抄发张掖县长原呈一件、渠图一张。奉此，查此案缠讼多年，屡起凶端，自权委员屡勘会商后，仍无相当结果。而本年夏间，沤波渠民劫水行凶，反变本加厉；沙河渠受无限痛苦与损失，县府方面，终属无可如何。兹次奉到上项训令时，又派委员到张掖县府作严重之交涉。据闻廖县长万选复呈内虽有偏袒之词，然口头上尚有公道之意。惟沤波渠公民人等，坚持护水等非分妄念，故以种种刁难之条件，希拟拖延搁案，好作来年劫挖余地，屡次差传，均避抚不到，以致毫无集商解决之望。但以实际上言之，沙河渠之水自身不敷浇灌，且有数处亩年年受旱，焉有再将不敷浇灌之水让与邻渠之理？计自十九年沤波渠公民陆监等聚众夺水以来，沙河损失动辄数万，民众哀鸣诉苦之词状如鳞高。权委员检阅三百余年档案文规，及详查历年变方争闹之实际情形，始不忍据作让水之建议，所据解决斯案纠纷规条，悉系根据陈案事实，自无畸重畸轻之嫌；而廖县长呈内以沤波渠盗水为救荒，似认为正当之举动，竟以息事宁人之根据，而作护水之主张。试问世之办理盗案者，不予盗贼以相当之处分，反欲令失主分一部分财产与盗贼，借以息事宁人，有是理乎？是廖县长之主张，实无异奖励盗贼也，职未敢赞同。总之，此案任其推延，则后患将无底止，应请钧两厅依据法律参酌实情，将权委员所拟办法拟予修正，通令强制实行，并严惩沤波渠刁劣祸首陆监等，追赔沙河渠历年被害所受之损失，庶悬案立结、后患永遏矣。是否有当，理合具文复请鉴核裁夺，迅赐施行，实为官民两便。

临泽县县长蔡支华（印）

中华民国二十三年十二月一日

甘肃省民政厅就临泽县长呈为张临两县沤波沙河两渠水利纠纷一案会商仍无结果请修正权委员所拟办法并严惩祸首事给甘肃省建设厅的咨文

1934 年 12 月 13 日　　甘 15-13-280

甘肃省民政厅咨第一六六一号

甘肃省民政厅咨建设厅：

案据临泽县县长蔡支华呈称"案本钧两厅会令第六零九九号据张掖县县长廖万远呈复，入原文正，实为官民两便"等情，据此，查此案应归贵厅。该县长所称是否可行，相应据法咨请，查照核办，主稿会饬为荷。此咨。

甘肃省民政厅厅长朱（印）

中华民国二一三年十二月十三日

张掖县五区六闸村民众代表李业资等就呈为侵占荒地强霸水利恳公查辨事给甘肃省民政厅的呈文

1932 年 9 月 19 日　　甘 15-13-281

谨呈甘肃省政府民政厅厅长林：

具呈下情恳恩人李业资、任学中、谢怀玉、刘增寿等，年各不同，系张掖县第五区元丰下村六闸为侵占荒地、强霸水利、各处逞刁伤害民命，吁恳霁鉴垂怜作主，俯准究办以儆奸谋压迫事。窃缘民等六闸原日浇灌者，系属泉水，业已代湮年远、立有水案遵循，毫无争竞之端。讵有五闸民人徐天和、徐天谟、徐天禧生性狡诈，素行不轨。该闸历年以来所浇灌者，系黑河口之山水，俗名号水是也，对于民等之泉水概不沾染。不意人心叵测、逆理肇衅，乃因本年天道亢旱，河水淤细，该徐天和等利令智昏、贪如封豕，私在民等荒滩之上开地一段，既无粮草，又无水源，理宜望天而食，应无争夺民等泉水之必要。而乃生今反古、紊乱渠章，陡敢不通知民等，纠众排挖新沟一道，突将民等之泉水夺霸而去，浇灌侵占之荒滩。合闸之户民不约而同、一致愤恨，群起将渠等所挑之新沟登时填平。该徐天和等稍有良心，定当抚衷自责、痛改前非，相安无事、方为正当。乃敢鼓不风之波、健无名之讼，竟控沙成国，将民等诬控县案。旋蒙派员勘验数次，均以公道难泯，谓该徐天和等无理取闹，咎有应得。不料有五区区长王九渊与民等素有睚眦之嫌，竟为虎作伥、暗进谗言，最后县长被其蛊惑，随经堂讯数次，即不追本穷源、彻底澄清，又不询问渠规闸例，只是听一面之词，判令民等“将泉水让给徐天和等，靠东崖使用一股”等因，堂判之下，民等手足无措。伏思南山可移、水案不可改，况民等本村户民每年所种着多系稻田，水利稍有间断则田苗蒿枯，即不免被旱成灾，是以民等一再折辨，决难遵判而行，谁知县长早被眩惑，始而胁迫，继则大言恫吓，终致危词严刑加之无辜，弗准民等置喙。民等自度在此迅雷严雹之下，曷敢撄鳞犯制，亦惟俯首隐忍，徒唤莫可奈何而已。庸知该徐天和等，既有区长为护身之符、又有张县长委屈偏袒，遂恬不知羞、愈演愈厉，竟明目张胆，公然率领多人蜂拥而至，除在东崖下开沟二道外，复在西岸旁开沟一道，意欲将民等之泉水完全掠夺以为己用，迫逼民等实无活生之路矣。思维再四，无法可展。前经呈控旅长麾下，蒙恩佥同原呈，批令农务整委会主持公道、秉公调处。昨经委员将两造传集到场，查询一过，按照渠规旧例，该徐天和应无争竞民等泉水之理，如果此宗泉水被其争夺，则以有用之水，不免置之于无用之地，公共解决，着令两造照旧各使各水以释纠纷，和息斯案。判出之下，该徐天和自知理亏，业已当会认可，情愿具结和解、以清讼累。岂知该恶等口蜜腹剑，反覆无常，仍敢阳奉阴违，除拒不到会具结和息外，乃又散布流言，声称伊将民等“已经呈控省政府、不久即蒙调案开审矣，旅部农会其奈我何”等语。民等闻言不胜骇异。查该徐天和等惯用控词诬控、先发制人之术，民等午夜焦灼，事关水利、民命有伤，迫不得已，寻觅无奈铺保。谨将此案已往从前经过之实在情形，匍匐上诉，仰恳厅长辕下恫瘝在抱、民瘼关怀，选准就近委员勘验，自不难水落石出、真相立见。然后谁是谁非、依法惩治，以重水利而救民命，恕免侵占荒滩、强霸水利，则民等合村之老稚得有活生之路，均沾鸿慈于生生世世矣。

原呈　李业资　任学忠　谢怀玉
铺保　系甘城小南街资铺
被呈　徐天和　徐天谟　徐天禧
民国二十一年九月

甘肃省民政厅就委令张掖县公安局长朱志和密查徐天和等侵占荒地强霸水利事给张掖县五区六闸民众代表的批示及给张掖县公安局长的委任令

1932年9月11日　甘15-13-281

批示第二二〇号

批示张掖民李业资等：

“呈诉徐天和等侵占荒地强霸水利、恳乞查办”由据呈，是否属实，仰候委员澈查具复核夺，此批。

委任令第九〇九号

令张掖县公安局长朱志和为令委事：

案据“张掖县五区六闸民李业资等呈‘徐天和等侵占荒地、强霸水利，恳乞查办’到厅。据此，除批示据呈各节是否属实，仰候委员澈查，具复核夺，此批”印发外，合抄发原呈，令仰该局长遵照，即刻依照所呈各节，秘密详细查明，据实呈复，以凭核办，慎勿瞻徇，切切。此令。计抄发原呈一纸。

甘肃省民政厅厅长林（印）

中华民国二十一年九月十一日

张掖县公安局就调查李业资等呈诉徐天和等侵占荒地强霸水利事给甘肃省民政厅的呈文

1932 年 10 月 29 日　　甘 15-13-281

谨呈甘肃省民政厅厅长林：

呈为呈复事。案奉钧厅第九四九号委任令内开"为令委事。案据'张掖县五区六闸民李业资等呈"徐天和等侵占荒地、强霸水利，恳乞查办"到厅。据此，除批示据呈各节是否属实，仰候委员澈查具复核夺，此批'印发外，合抄发原呈，令仰该局长遵照，即刻依照所呈各节，秘密详细查明、据实呈复，以凭核办，慎勿瞻徇，切切。此令"等因，奉此，遵即于月之十六日，前往元丰下村详细调查六闸民李业资等与五闸民徐天和等争执水利事，兹将实地调查造报钧厅垂鉴。该区水利原先划分甚为周密，本无争端之可能，因今年亢旱以致浇灌缺乏。该地有自临泽东南来之黑水，亦名新水，系黑水之河水分流。该水至北区元丰下村一闸域内，转流西北，每值春夏之间，山巅雪水灌溉便利。一、二、三、五各闸沿近河边之上游，全靠是水之利。六七两闸位置于黑水之西岸，接五闸之下流，二三两闸在黑水之东岸，余者在黑水之西岸。六七两闸用五六两闸间之泉水，以为灌溉。五闸耕地宽阔，土地硗瘠且旱，人口较寡，六闸适与之相反，农产物以五谷为主，全靠泉水之灌溉。原本六闸公开上廿二道水沟引流泉水，今年亢旱、五闸挖开一沟，横冲旧有二沟而过。引水沟头开在原有二沟之上端，截引泉水以为灌溉五闸田地，两闸争执之点全在乎此。五闸西岸所用之水，按先前水利分配，实不能干预该泉水。因六闸不能得到山水灌溉之故，所以泉水属诸六闸引用；至七闸位置在六闸之西北隅，亦靠此泉水为灌溉。五闸今年所开之西沟，县长判准五闸有分月泉水之权利，六闸不服，俟呈至旅部，经批由农会议处，已判照水利旧案，判处五闸月山水、不得干预泉水，六闸无山水、全用泉水，五闸又不肯具结，此是判决之经过也。东岸有荒地约二顷，本属三闸之地，三闸人寡，无力耕种，五闸未得三闸之允许，即行开垦，并开掘二条水沟，引用新河之水。新河在春、夏之间，虽有水，但上流各段设沟截引，至下游已形无水矣。该五闸所引之三条沟，正是无水可引之处。不过该二沟源头附近之东崖，河身河沿约十余米达之宽、百米达之长，苔藓水草满播其间，遇亢旱之际略加掘开，即有水向外流出。此处所有之水，先前并未引用灌田，东岸二沟本于六闸所有之泉水无涉，为因与西岸一沟同时开掘之故，所以为牵连，今该二沟业已埋塞。至该荒地五闸开垦，将来三闸可否让其耕种、不致发生问题，尚未可知。兹谨将调查结果并绘图一幅①，理合具文呈复钧长电鉴核夺。

张掖县公安局长朱志和（印）
民国二十一年十一月二十九日

甘肃省民政厅就张掖县公安局长呈复查昭李业资等呈诉徐天和等侵占荒地强霸水利事给张掖县公安局长及张掖县长的指令

1932 年 11 月 9 日　　甘 15-13-281

指令第三〇九一号

令张掖县公安局局长朱志和：

“呈复委查李业资等呈诉徐天和等侵占荒地强霸水利一案请电鉴核夺由”呈图均悉。核阅所查各节尚属详昭，除令行张掖县长传案讯办外，仰叩知照，此令。图转发。

训令第一三〇〇号

令张掖县县长：

为令行事。案查前据该县五区六闸民李业资等呈诉“徐天和等侵占荒地强霸水利，恳乞查办”等情到厅。经令委该县公安局局长朱志和详细查复，去后兹据复称“遵即十月十六日前往元礼下村”等情呈附图一纸，据此，细核所查五闸挖开一沟、横冲旧有二沟而过，引水沟头开在原有二沟之上端，截引泉水本系损人利已，无怪六闸人民阻止滋闹。合亟令仰该县长即将两造李业资、任学忠、谢怀玉、刘增寿、徐天和、徐天谟、徐天禧等票传到案，分别严加处分，新开之沟已填平者自可免办，未填平者勒令填筑，永远不准再开，所有水利一切仍照旧章办理，不得稍有紊乱、致滋争端。至东岸三闸原有荒地，应责成三闸民众开垦，如三闸人民无此权利，不妨令五闸人民领垦，俾免久荒而尽地利，仍将办理情形呈复核夺，切速。此令。

甘肃省民政厅厅长林（印）
中华民国二十一年十一月九日

张掖县五区六闸民众代表李业资等呈为夺霸未遂屡谋陷害恳另委查办事给甘肃省民政厅长的呈文

1933 年 1 月 10 日　　甘 15-13-281

谨呈甘肃省政府民政厅厅长林钧鉴：

覆呈垦恩人李业资、任学忠、谢怀玉、刘增寿、李业英，年址前呈，为夺霸未遂、屡谋陷害，调查不明、偏情捏复，仰恳天恩，破格鸿施，另委贤员，确实侦查，依法以绳，庶昭公道，迅赐结案清累事。缘有五闸刁民徐天谟、徐天和、徐天禧、徐天佑等，

① 编者按：原图未见。

前因生今反古、紊乱渠章，既侵占民等所有之荒滩一段，又开挖新沟一道，夺霸民等千百年旧有之泉水浸灌荒滩，致使民等之田苗被旱成灾，迫不得已起诉县案。乃前任张县长仞千不谙水利之规章，竟听信谗言，不能主持公道，一味压迫厍事，判令民等将泉水每月让分该徐天谟等浇灌三天，堂判之下，民等以判断不明，实难遵循，当即依法上控，冀伸冤抑，旋蒙宪恩批示，“令张掖县政府查明情形、呈复核办”等因，奉批之下，所有此案内中轇輵情形，前已迭次呈明在案，理应静候查复之日，以凭发落，曷敢干冒天威？但自奉批之后，又发生无限波折，委系赫冤难明，不得不剀切陈之、庶免蒙蔽。查县政府奉到调查此案明令之际，前任张县长尚未离任，虽有嫌疑，究竟无瑕可乘，亦惟派员协同农会委员前往查勘一过。其侵占荒滩尚有原谅之处，惟泉水一节，按照水案执照，业已人过几辈、世隔数朝，确系民等应有，概无伊等争夺之必要。即询及邻闸老稚妇孺，均皆一口同音、毫无异议。该徐天谟理屈辞穷，竟目无法纪，率领恶伙多人，愈进愈厉，除在东崖下开沟两道外，又在西岸边开沟一道，意欲将民等之泉水尽数夺霸而去。民等闻知，刻即喊控县案，仍然将沟填平。于是张县长以伊等所为非法、碍难判断，复令农会和息此事。当经农会各委员以公道难泯，评处得荒滩垒石为界，双方各占一半；至于泉水，仍照旧章归民等浇灌。该徐天谟等只可望天而食，即不然亦可使山水聊为接济灌溉可耳，何得蔓讼、耽误农业？如此评议，伊等业经当场认可，情愿和解此案，旋又要求暂缓数日再为呈复销案等语。各委员不知诡诈，亦已许可。不料该徐天谟等诡怪陆离、奇想天开，陡敢无法无天、巧施毒计，暗暗赂买尹闸户民郭荣华之子新庄保活活打死，移尸于沟侧安排就局，要与民等栽赖，声称此人是民等殴毙，乃借人命大题，喊告在县。而张县长借此为由发挥前隙，遂不容民等置喙，指定死者是民等殴毙，威逼胁制、罗织无辜。民等皮肉受苦，既遭缧绁之灾，又招不白之冤，最后人言啧啧，咸抱不平。张县长耳有所闻，始停审讯，判令民等与徐天谟等两造各出大洋四十元交给尸主郭荣华，暂作死者衣棺殡葬之费，俟后凶手访出，再行核办。比及民等将洋交讫，而郭荣华因徐天谟等拒出命价并所判之大洋四十元，方将其子受徐天谟等之愚弄、舍命争水，及如何讲定命价、被伊等暗伤致命并移尸栽赖之情由和盘托出，将徐天谟揭告县府。斯时正值张县长卸任之际，又徐天谟等伸手遮天，竟将此案推置不理，致使郭荣华呼救无门，人财两空，不但生者不能甘心、即死者亦难瞑目，其惨苦黑暗曷其有极。更可骇者，新任县长邵，下车伊始、注重水利，仍前派员协同农会委员将水利侦查明确，实系民等年湮代远所浇之水，应无徐姓等争夺之理，照此呈复、方为正当。忽有刘委员长昨是今非，当面主持公道、暗中袒护隐饰、捏情偏复，词称“此宗泉水评令民等，每十日让给伊等浇灌三日”为辞，捏复县案、转呈宪辕，希图以讹传讹，陷民等冤沉海底，永无活生之路矣。况前者张县长判令民等每月让伊等浇灌三天，民等以南山可移、成案不可改，如果让给些须，将见张掖五十四渠均皆有所借口、而因水利紊乱渠章酿成巨案者接踵而至矣。所以民等之头可断，而志不可夺，决意涓滴不让。今该委员长每月评处让给九天，民等并未到场，遽然捏复，其中情弊昭然若揭。事出陷害，民命有伤，是以不顾忌讳、哀泣覆呈签恳仁慈厅长辕下，鸿恩三锡、澈查澄清，俯准另委贤员确实侦查，自不难水落石出、真相立见，然后实究虚坐、无枉无纵，以彰公道，则沾再造之仁于生生世世矣。恭候批示祇遵。

原呈　李业资　任学忠　刘增寿　谢怀玉　李业英

被呈　徐天谟　徐天和　徐天禧　徐天佑

民国二十二年元月

甘肃省民政厅就张掖县长遵照先令处理徐天和等夺坝未遂事给张掖五区六闸民众代表的批示

1934 年 1 月 16 日　　甘 15-13-281

甘肃省民政厅批示第五六号

批示张掖县民李业资：

复具呈人李业资“呈诉徐天和等夺霸未遂屡谋陷害，恳委贤员查办”由呈悉。查此案，前据该民等呈诉到厅，当即令委张掖县公安局局长朱志和澈查并批示该民等知照在案。旋据朱局长查照情形，并附实图一纸，据此复经检发原图，令行张掖县长票传两造到案，分别讯昭处分。去后尚未据该县长□□□复前案，兹前情□□□再令行张掖县长迅速□□□外，仰复至。

训令第一九二号

令张掖县县长邵勇庆：

为令行事。案据该县民李业资“呈诉徐天和等夺霸未遂屡谋陷害，恳为贤员查办”等情，据此案，前该民等呈诉□□□厅□□□发原图，将委员查复情形，令行张掖县长将两造票传到案，分别讯昭处分。迄今月余，当未呈复。是兹据请，合亟抄发原呈，令仰该县长遵照先令来令各节迅速办理，呈复以凭核夺，毋再延搁致咎，切速。此令。计抄发原呈一纸。

甘肃省民政厅厅长林（印）

中华民国二十三年一月十六日

甘肃省民政厅就不受理张掖县元丰村呈事给当事人的批示

1933 年 2 月 3 日　　甘 15-13-281

批示第七〇号

批示张掖县元丰村：

原具呈张掖县第五区呈悉。来呈既来署名盖章，又来粘贴印花，取具铺保手续不合，碍随受理，仰叩知照。此批。

甘肃省民政厅

中华民国二十二年二月三日

代理张掖县长就遵照先令
处理徐天和等夺坝未遂事给甘肃省民政厅的呈文

日期不详　　甘 15-13-281

甘肃省民政厅：

呈为据情呈复事。案查接管卷内咨交“案据县属第五区元丰村五闸民众徐天和等以霸水填沟、行凶致命等情，具诉六闸民众刘增寿等”一案，□□□两造开庭研讯。正侦讯间，旋奉钧厅第一三零零号训令□□查职县“第五区六□□□民李□□□呈□□□等侵占荒地，强霸水利一案，令即澈查呈复核夺”等因，计发图一纸，奉此。县长遵即令委农会会长杨学程、第五区区长王九渊、职府第三科主任兰秀峰会同查覆。去后旋据该会长等呈“据为呈覆事。案奉钧府委令，内开案查‘接管卷内移交案据第五区元丰村五闸民人徐天和等以霸水填沟行凶致命等情，将刘增寿等具诉本府及甘肃省政府，当经开庭审讯，两造均各坚执一词，迄未清□□□再令委五区区长、本府兰主任等遵照□□□办理，刻即前往该村将水利人命逐一调查确□□□报澈□□□事关上诉要□□□切切。此令’等因，奉此，主任、会长、区长等，遵即前往该村，实地调查得小黑河□□□荒滩一段，地势平衍，南至南沟、北至李业资掘挖地煤之处，西至黑河沿、东至阿薛村。其土宜可以开垦。循河沿而上有泉水一沟，即该两造所争之水是也，彼此均无确凿证据。惟此泉水可宜导引而上，以之开垦此滩，不无裨益。又查六闸地方处于下流，虽河之西□□□一处，然道远□□□浇灌，依主任、会长、区长等之见，再四将两造所□□□将东边□□□其余即日由李业资六闸断截浇灌，五闸徐天和等不得有偷挖情□□□徐天和等可分与李业资等三分之一，即在依靠李业资北边掘挖地煤之处勘量分给。□□□之子，因争水利身死究竟，五六两闸各执一说，漫无实据。既经张县长判令各出洋四十元，六闸业已如数交过，五闸亦当如数交付，事后还须五闸念其因公殒命，从优超荐，以慰亡魂，所有奉查各缘由，理合具交呈覆鉴核谨呈”等情，据此，县长查核无异，理合据情□□□厅长电鉴查核□□□。计呈赍图一纸。

代理张掖县县长邵永庆（印）

甘肃省民政厅就该县呈复元丰村民徐天和等具诉刘增寿等霸水事
给张掖县政府的指令

1933 年 2 月 3 日　　甘 15-13-281

指令第六五四号

指令张掖县政府：

张掖县县长邵永庆“呈复元丰村民徐天和具诉刘增寿等霸水填沟一案请鉴核祇遵”由，呈图均悉。细核该县农会会长等查据此案情形，大致尚属妥协，惟两造是否允促，来呈并未提及；“从尽查核”，每以四字了之，未免忽略，仰连传集全案人证、秉公讯昭，取具道随呈复察夺，毋稍会糊，是至为要。

甘肃省民政厅厅长林
中华民国二十二年二月三日

张掖元丰村民郭荣华就张掖县属第五区元丰村五闸民为草菅人命事给甘肃省民政厅厅长的呈文

1933年1月20日　　甘15-13-281

谨呈甘肃省政府民政厅厅长：

□□□天恩垂怜作主，提前法办，以儆朋□伤害□□□冤沉海底事。缘有本闸刁民徐天谟、徐天和、徐天禧、徐天佑，前于二十一年古四月间因开荒滩，无故生端，夺霸六闸民人李业资等之泉水，两造涉诉县案。虽蒙审讯数次，究竟未曾结束。迨后互相上控宪辕，蒙批令饬县政府查办呈复核夺等因，正值县府派员协同农会委员查验明确、私下处息之间，乃该徐天谟等生性狡黠、诡诈多端，出其不意，率众开挖新沟数道，攘夺该李业资等之泉水，借资浇灌□□□地不□□□该伊等将沟填平，以致徐天谟等借此为由，设就毒计，遂于古九月二十六日晚间亲将民子新庄保胁迫唤去，明为挖沟，暗则逞毒辣之手段，活活打死在沟侧，意图好肉生疮、陷害无辜，勒与六闸李姓等栽赖人命。比及次日民闻知子死，向渠询问缘由，该刁等直言不讳，当众与民许给田地两桩、下种籽约有三石之谱，又许给大洋二百元，再许事后公共将民养老送终等语。民生性憨厚，信以为实，于是该刁等偕同民将李发滋等□□□民子确系伊等殴毙，致陷伊等数人既遭严刑峻法，血肉横飞之苦，又受缧绁之灾□□□不忍目睹，后经前县长张判令两造各出大洋四十元，暂作民子殡葬之资，俟后将凶手缉获时，再为判断等因，堂判之下，该李业资等之洋如数交到民手，惟徐天谟等之洋屡催罔应、分毫不出。伏思该刁等为争夺六闸之泉水，平空将民子活活打死，仅此四十元尚不肯慨然交付，则前许之田地、大洋、赡养，毫无希望明矣。况民两老夫妇全靠此子苦耕食力、度过光阴，□□□于非命使民夫妇二人，何以终其余年？且杀人者偿命，此固一定不移之理，民虽愚昧□□□非草木，焉能坐令别人李代桃僵，身受无妄之累乎，民午夜焦灼，天良难泯，前经据情泣诉县案，不知如何竟置不理，似此阴毒险狠、暗谋伤害，其行为殆如猛兽中之穷奇、毒螫中之虺蝎，是诚天地不容，神人共殛、罪无可逃矣。倘不上诉惩办，非但死者不能瞑目，即生者亦难甘心。若词内有一字虚妄，民愿具断头甘结，自领反坐之罪。事出非法，极惨极冤，无奈哀泣上陈，伏乞仁慈厅长案下，恺悌居心、恻隐关怀，或准调省法办，或准就近委员审判，无论如何之处，统希鸿施、逾格迅赐究治，以免吞舟漏网而慰幽魂，则阴德万代、静候批示，祇遵施行。

原呈　郭荣华　现住甘城西街协兴成米铺内
被呈　徐天谟　徐天和　徐天禧　徐天佑
干证死尸　郭新庄保
民国二十二年元□□□

甘肃省民政厅厅长就郭荣华呈为五闸民草菅人命事给张掖县元丰村村民郭荣华及张掖县县长的批示

1933 年 2 月 25 日　　甘 15-13-281

批示一〇〇号

送张掖县元丰村民郭荣华：

原具呈人张掖县第五区元丰村民郭荣华"呈为草菅人命、赫冤难明，恳恩作主法办"由呈悉。查此事前据该县邵县长呈复李业资呈诉徐天和侵占荒地强霸水利案内有该民之□□□水利身死，经张前县长判令各□□□洋四十元□□□农务会会长等查处情形□□□提及，业经令行□□□复在案前兹据前□□□案讯办，条令行邵县长□□□迅速秉公讯结，具复查夺外，仰叩之照，此批。

训令第四三三号

令张掖县县长邵永庆：

为令行事案据元丰村之闸民郭荣华□□□恳作主办法等□□□合并抄发原□□□人证迅速秉公讯结，具复察夺□□□事关命案，勿稍瞻循，切速，此令。计抄发原呈一纸。

甘肃省民政厅厅长林（印）

中华民国二十二年二月二十五日

张掖元丰村五闸争水事件的甘结

日期不详　　甘 15-13-281

议呈甘肃省民政厅厅长林：

呈为呈复事。案奉钧厅第四三三号训令□□□为令行事案据□□□村之闸民郭荣华呈为草菅人命、赫冤难明，恳恩作主□□□迅速秉公讯结，具复査夺事关命案，勿稍瞻循□□□遵即传集此案一干人证，开庭依法审讯□□□省政府指令判断每十日内着□□□人命，查前次因争水斗殴起于公义□□□未指出真正凶手。业已判令五六□□□出洋四十九元，六闸出洋一十元如此判决，两造诚心递服兹□□□一并随文呈实钧厅电鉴查核，俯准销案，实为公便。计呈赍甘结二纸。

代理张掖县县长邵永庆

民国二十二年

附件一：

具遵结人徐天和、徐天谟、徐天佑等，年各不同，系元丰村五闸民，令具到县长案□□□闸民任学儒、李发英、任天礼、刘增寿、谢怀玉、谢怀金等乃因水利□□□县长审讯判断，六闸使水七天，小的五闸使水三天，两造遵照省政府指令判结，均各情愿承认。

其与郭荣华断超洋五十元，小的五闸纳洋四十元、六闸洋十元，不得反悔，各具甘结了案此判等因奉判之下，小的遵判悦服再不反悔，倘有反悔，愿甘罪戾。所具遵结是实。

日具结人　徐天和　徐天谟　徐天佑

民国二十二年四月

附件二：

具甘结人任学儒、李发英、任天礼、刘增寿、谢怀玉、谢怀金，年址在案，为遵判具结息讼完案事。缘小的等前以水利纠纷为状诉徐天和等在案，已蒙县长当堂判令小的所使之水源归给该五闸徐天和等使水三天，而小的应浇水七天，并判令小的等倾心遵判并无不悦，倘复若有反悔情事，小的愿甘领罪。

日具结人　谢怀玉　任天礼　任学儒

李发英　刘增寿　谢怀金

民国二十二年四月

甘肃省民政厅长就呈复讯结元礼村民徐天和等水利及人命事给张掖县长的指令

1933年4月22日　　甘15-13-281

指令第一三三〇号

令张掖县县长邵永庆：

“呈复讯结元礼村民徐天和等水利及人命一案各情形仰诉鉴核”由，呈暨附件均悉。细核判断情形□□□年既经两造遵服，应准销案，仰叩知照，并□□□知照此令，附件存。

甘肃省民政厅厅长林（印）

中华民国二十二年四月二十二日

张掖有本乡第六保民众代表袁积璋等关于调处水利纠纷不力以求重新解决事给甘肃省政府及临时参议会的呈文

1945年3月26日　　甘14-02-298

呈为辩诉水利情形以免覆盆之冤事：

窃民等籍居张掖县有本乡第六保（更名渠），乃因水利与第五保（阿薛渠）上三闸杨翠林等缠讼多年，终未结案。于民国三十二年上诉，甘肃省政府在案，旋蒙省政府委令督粮团第五组杨处长视察此案，于亥月江日履渠勘查，并未记录亦未详细调查，民等在公馆静候，又为讯问两造。不意杨处长去后，奉到张掖县政府布告内开“案奉甘肃省政府建二亥字第一零五四号训令内开略云‘（一）袁家涝池之遂归阿薛渠使用，黑水在更名渠口筑坝增加水量，由更名渠使用；（二）更名渠筑坝与阿薛渠搭渡槽同时进行’”等语，民等备聆下，不胜惊骇之至。伏思水关命脉，今以勘查未详、是非不明，遽然分水定案，与民等大有关系、碍难遵命。谨将坝不能筑、水不能分及勘查不明、从中蒙蔽各情形，不揣冒昧合缕陈如左，恳祈钧会鉴核：

（一）杨处长勘查此案贤劳钦佩，适有县政府建设科长陶积铎从中假祸蒙蔽杨处长集瀛，张县长怀琨偏听杨翠林一面之词，不让民等多言，以致勘查不详。

（二）查张掖全县五十四渠，分山泉二水。山水各有水口，泉水各有水源，绝对不能紊乱。如更名渠素称泉水渠坝，收拾零星泉水为源，以袁家涝地位紧要。先年从涝地上面虎家地湾等处淘泉水，使水归入涝地。光绪卅年，黑水东来、泉源湮没，将此地扯成大河，名曰新黑河，是以无泉可淘。涝地之水很小，已有受旱之虞，若果将涝地之水分给他人少数，民等不足灌溉，将熟地变为荒地，粮款无着、民生无赖，又且田赋等则列为一等，则负担甚重，足见荒业流亡而无底止矣。

（三）查黑水在更名渠口筑坝增加水量委实不妥，该渠口之处三四月间多少无水，至五六月时黑水暴发，水势澎湃、万分不能筑坝，其技术、材料纵由公家协助，人夫由两造负担，亦是劳民伤财、妄费心力耳。

（四）查更名渠全长三十余里，上有官闸一道，即杨翠林等使用中，有金家闸等八处均在更名渠分水，民等在下游使水，户口一百七十八户，人丁二千三百余口，种地六千八百余亩，即无人分争已感不足灌田之苦，决无分水之理由。

（五）查杨翠林等住址陈家墩，户口八九家，人丁不满百口，均系殷实之家，原有熟地八百余亩，半浇阿薛渠上三闸之水、半浇更名渠官闸之水，足资养生之用，并非借开垦而生活也。

（六）查杨翠林所开之荒，于民国十六年有杨兆甲始行开荒争水，与元丰渠、更名渠先后涉讼，结果并未增益陈家墩之水源，以此了事。延至卅二年，不意杨翠林借由丈地均水之公令，乘机而行，又借以阿薛渠为名上宪钧座，以为两渠争持，饬令在黑河筑坝，增加水量与陈家墩分水，两有裨益，足征爱民之热烈。殊不知以羊易牛、剜肉医疮而顾此失彼也。

该杨翠林等诈讹水源，本上各种情形，据实辩诉。综而言之，水关命脉、衣食攸赖。头颅可断，水源决不能分；彩礼靡费，黑河决不能筑坝。民等若不辩诉，难免覆盆之冤。理合呈请钧会电鉴作主，核准提议保持固有水利，免在黑河筑坝，以杜靡费而安民生，解纠纷而免讼累，是为公德两便。民等不胜迫切待命之至矣。谨呈甘肃省政府、临时参议会。

张掖有本乡第六保民众代表　袁积璋（印）　蒋怀金（印）　刘祥林（印）
周宗奇（印）　袁生祥（印）　蒋鹏年（印）
袁生滋（印）　刘柏林（印）　周宗清（印）
袁国柄（印）　蒋怀璞（印）　周国纲（印）
蒋兴正（印）　王九鼎（印）　李春荣（印）
朱耀霞（印）

甘肃省政府就关于调处更名渠水利纠纷事给甘肃省临时参议会的咨文及附件①

时间不详　　甘 14-2-298

……更名渠不服杨处长处理，遂于三十三年酉月三十一日召集地方各机关首长及双方代表开会商讨解决办法，佥认适当，记录在卷，请检核到府，当即指准备查。复经饬据甘肃水利林牧公司函送处理意见，请“转饬领款备料，以便明春施工”等情，当电饬转各县渠民众遵照办理，具报各在案，究竟如何办理，迄未据复。兹准前由，除再电饬张掖县政府照办外，相应抄同原记录及处理意见书各一份，咨请查照为荷。此咨甘肃省临时参议会。

附送记录及意见书各一份。

主席　谷正伦（印）

建设厅厅长　张心一（印）

附件一

张掖县政府会同地方各机关解决阿薛渠更名渠水利纠纷会议记录

（一）时间：三十三年十月卅一日

（二）地点：县政府会议室

（三）出席者：何　让　夏建寅　孙述舜　刘澄　谭其芳　余炳元　左凰岐　黄元吉　臧多学　袁士鉴

阿薛渠代表：杨翠林　陈增吉　杨自和

更名渠代表：周文治　袁生锦　袁生梓　李生春

记录：袁士鉴

主席：何　让

甲、报告事项

更名渠与阿薛渠水利纠纷历年经过缠讼情形及省府判决执行办法。

乙、讨论事项

1. 袁家大池水由更名、阿薛两渠平均使用；
2. 更名渠渠口筑坝材料由工作站协助石料，由更名渠按三十四年二月底运齐；
3. 阿薛渠修搭渡槽材料应即日准备，由县政府定期下坪；
4. 将会同地方党团士绅解决，经过呈报省政府核办。

丙、散会

① 编者按：此文件缺首页。

附件二

处理张掖县阿薛渠更名渠争水利纠纷案意见书

张掖县阿薛渠上三闸自民二十一年与更名渠争夺袁家大池水源，历经十余年之诉讼，尚无结果，致田地荒芜六百余亩。三十二年十一月杨处长集瀛奉令澈查处理，决定袁家大池之水归阿薛渠使用，在黑河更名渠口筑坝增加水量，由更名渠使用。三十三年九月，张厅长心一曾往覆查指示测录水源流量，倘有余可酌分两渠使用。本站自白露起按节施测，经四次之测录，平均流量为0.2秒公方，春季泉水较小，折半计平均流量为0.1秒公方，以之平均分配，阿薛渠尚能敷用，更名渠水量虽稍有减少，然在该渠黑河渠口筑坝增加水量足可弥补。三十三年十月三十一日，张掖县政府召集党团士绅会商解决办法，根据本站测录决定袁家大池之水，阿薛渠与更名渠平分，经本站十一月测量后拟定整理办法如后：

（一）更名渠黑河渠筑拦河坝一道；

（二）更名渠口筑木质进水闸一座；

（三）距更名渠口二七五公尺处筑木质退水闸一座；

（四）在阿薛渠跨越更名渠以上100公尺处筑木质分水闸一座，黑河系砂砾河床水流甚清，防沙设备可以省略。各项建筑所需材料遵照省政府指示，由本站辅助料款六万零九百元，由各该渠于三十四年二月底前备齐并出夫兴修，三月兴工当月竣工。

此项办法既可解决争水纠纷，复可供阿薛渠六百余市亩之熟荒得以耕种。

三十三年十一月二十日编

张掖县长就第九保大古浪二村民众郭善庆等
呈诉叶春新等强多浇水利损伤农业事给龙首乡公所及民众代表的批令

1946年日期不详　　张4-59

令龙首乡公所：

案据该乡第九保大古浪二村民众郭善庆等“呈诉叶春新等强拖橙槽多浇水利损伤农业，祈依法惩办”等情到府，除批示外，令行抄荐原呈，令仰该乡长遵照速即澈查，明确核实并照凭核夺为要。此令。附抄原呈一份。

县长黄某某

具呈人龙首乡九保民人郭善庆等：

呈件“为呈报叶春新等强夺水利妨害农民乞查办”由呈悉。候令龙首乡公所查明具复，□行核夺。仰即知照，此批。

县长黄某某

张掖县龙首乡公所及民众代表郭善庆等就呈诉叶春新等强多浇水利损伤农业事给张掖县县长的呈文

1946 年 7 月 24 日　　张 4–59

具告人郭善庆、郭善颜年各不同，系张掖龙首乡大古浪二村九保民，距城十五里，为强拖橙槽夺浇水利，损伤农业事：

缘查民一闸分为四沟，为莲沟、大沟、小闸、橙槽沟。查民系橙槽沟使水，于本年五月二十九日挨民浇水，谁知有一闸恶民叶春兴、闫登高等率领人等强将民之橙槽拖破，害民不得浇水灌田。延至六月十九日，有应挨民四轮之水，民将填运土而打槽预备浇苗，谁知被该恶久惯欺民，反将民之土填强拖，将伊等田苗浇灌，又将所剩之水放流北河而流，反将民之秋田二十余亩受旱，无水而浇，实难忍受，损伤农业有碍粮款，生命难全。似此被该恶依势欺弱、强拖橙槽，反而将民具首，农会会长未查分明，令民修打橙槽，无法可施，为此具告伏乞县长电鉴作主、委员查验，令该恶与民修打橙槽、赔偿损失，以维水利而顾粮款，以证强拖。谨呈张掖县政府县长黄。

具告人　郭善庆　郭善颜

被告人　叶春新　闫登高　杨舆孝　韩生永　陈　连　孙兴发　刘德禄　陈　俊　常兴仁　杨多财

民国三十五年七月

处理意见：

令该管乡长迅即彻查明确具复核查（分别批令）。

张掖县建设科就大古浪渠渠身被冲断事给张掖县长的呈文

1946 年日期不详　　张 4–59

查大古浪渠渠身被水冲断，影响秋水，兹据该渠水利委员马生林等“呈请另开渠口，经过小满新村荒地，恐该村不许、双方引发冲突，恳祈派员勘察处理”一案到府，拟请派指导员甄作朴即日前办理报核，可否，敬祈钧示。谨呈县长黄。

建设科

张掖县政府就大古浪渠渠身被冲断事给张掖水利工程队的咨文

日期不详　　张 4–59

案据本县大古浪渠水利委员马生林等呈称，入原文，等情，据此除批示外相应函请贵队查照，派员会同本府勘测，并希见复为前。此致张掖水利工程队。

张掖县长就大古浪渠渠身被冲断事的批文

1946 年 8 月 21 日　　张 4-59

建（35）未字第 739 号

具呈人大古浪渠水利委员马生林等本月十五日呈一件“为呈请会勘另开新渠以救民生”由呈及图件均悉。除函水利工程队派员会勘设计外，仰即知照，此批。

县长黄

张掖大古浪渠水利委员会及民众代表就大古浪渠渠身被冲断事给张掖县长的呈文

1946 年 8 月 15 日　　张 4-59

张掖县政府县长黄钧鉴：

窃查于古六月内河水爆发，已将大古浪渠冲崩，经已征夫修堵完固。又至十五日，洪水复又发涨，又将河身冲破一百余丈，无法加修，因河高水低，悬梁高吊，水不易通，正值浇灌田禾之际，秋禾被旱成灾，地如焦土、惨状甚怜，无法设施，一年生计毫无希望。亢旱不了，人民无有立足之地。经民一再计划，所有冲断河身难以修复，拟从小满新村荒芜地界不碍农田之处，另改新河一道，积极挑修、以资灌田而资救济，恐其小满新村人民不许，改修难免发生争端，若不设计建修，全渠农民遭受灾患，除分呈水利工作站、参议会、青年团会勘外，理合具略图一份，电请钧座电鉴即予派员前往，速为划勘，即日挑修，以便通水以济灾民，敬候批示。待命之至为祷。印附图一纸。

张掖大古浪渠水利委员　马生林

掌渠　王炳文

号主　卢安国　张登寅　王学宝

民众代表　赵　昇　任延年　韩玉林　杨兴孝　祁长兴

姚文锦　祁文锦　李永廷　马福德　朱登廷等叩

处理意见：

批，函水利工程队会勘设计。

张掖县县长就大古浪渠渠身被冲断事给指导员的政府训令

1946 年 8 月 23 日　　张 4-59

建（35）未字第 765 号

令本府指导员甄作朴：

案据本县大古浪渠水利员马生林等呈称，入录，等情，据此令补令仰该员遵照会同党团、参议会勘察，详实具报凭核为要。此令。

县长黄

张掖县指导员就勘察大古浪渠被水冲断渠身及另开新渠地点事给张掖县长的呈文

1946 年 8 月 23 日　　张 4-59

窃职奉钧座（765）号训令，饬“会同党团、参议会，勘察大古浪渠被水冲断渠身，及另开新渠地点详实具报核办”等因，奉此，遵于本月二十二日会同青年团干事长王家彦、县农会会长王九龄等前往该渠口详细勘察，谨将实情，分呈于后：

一、古浪渠位于盈科渠并行，渠口附近一段，现被盈科渠水冲断，形成盈科渠渠身隔断古浪渠水源，砂石修筑较为困难。

二、古浪渠民众拟开新渠地点，系小满新渠荒地，约开挖一里，即可仍归古浪渠内，经征求该荒地地主李冉芳意见，允许古浪渠开挖新渠，“应由该渠酌出损失费、以免苦累”等语，已嘱双方按照地方情形，会同商议开渠所占地亩价格呈报县府核示后，即行开挖，理合签请钧座示核。谨呈县长黄。

职甄作朴

张掖县政府就大古浪渠被冲断另引水事给龙首乡公所训令

1946 年　张 4-59

建（36）西字第 1504 号

令龙首乡乡长常胜：

案据该乡大古浪渠民众马生林等十一人呈称，入原呈，等情，本府查该渠改道事宜前经本府派员查勘后，已面嘱准予按照地方情形会同商议开渠所占地亩，□核呈府核示，该民并未遵办。除批示外，合行令仰该乡长遵照召集两造当事人商洽办理报核为要。此令。

县长黄

张掖县政府就大古浪渠被冲断另引水事给大古浪渠民众代表的批示

1946 年　　张 4-59

建（35）西字第 1505 号

具呈人马生林等十一人：

本月五日呈一件“呈请另改渠道引水灌田祈鉴核示遵”由呈悉。查该渠改道事宜前经本府派员查勘，后已面嘱双方按照地方情形会同商议，开渠所经地亩，□核呈府核办。该民并未遵办，除饬该管仰乡长常胜召集两造当事人商洽办理报核外，仰予遵照。此批。

县长黄

张掖县大古浪渠水利员马生林及民众代表韩玉林就为改渠引水以济民生事给张掖县县长的呈文

1946 年　　张 4–59

张掖县县长：

窃查大古浪渠河口早已破烂，水不易通，人民连遭旱灾。前次计划拟从河口小满新村荒地改修新河一段计长一百五十丈，避免破渠，仍然引入本渠以利通水，不至受旱，又不碍民田一举两便，业已绘图，呈请改修。并经钧府派甄科员协同青年团、农会查勘在案，迄今月余终无解决，刻下急待调夫挑河，若不积极改修预浇，冬水延至明春，旱象又成，人民实不聊生。春耕无望，人民难以立足。趁此天暖，尚勘挑修，准备征夫，一旦天寒难以着手。除申明龙首乡公所监视外，为此呈请县长电鉴作主、查阅前卷，派员划定界限、调夫动工，一面令行龙首乡长与小满新渠绅耆商洽即日改进，以免误期而救民生，实为公便，敬候指令，待命之至。谨呈张掖县政府县长黄。

具呈人张掖大古浪通渠水利员　马生林

渠主　王作林

三□□主　喻多冰　李兴林　李荣廷

农民代表　韩玉林　赵　昇　姚文锦

祁长兴　刘桃林　朱希贡

张掖县政府就平彝乡第五保民众李天福等呈诉王三英等率众破坏水坪事给平彝乡乡长的训令

1946 年 7 月 17 日　　张 4–59

建（35）午第 145 号

令平彝乡乡长王保年：

案处该乡第五保民众李天福等六人“呈诉王三英等六人率众破坏水坪，恳请责令修理，以免秋水失望”等情到府，除批示外，合亟抄发原呈一件，令仰该乡长遵照澈查具复，以凭核办为要。

县长黄

张掖县政府就平彝乡第五保民众代表李天福等六人呈诉王三英等六人率众破坏水坪事给平彝乡五保民众代表的批示

1946 年 7 月 18 日　　张 4–59

建（35）午第 167 号

具呈人平彝乡五保民众李天福等本年七月二十八日呈一件“为呈诉王三英等率众破坏

水坪垦祈鉴核迅办”由呈悉，仰候令该管乡长澈查具复，再行核办，仰即知照。此批。

县长

张掖县平彝乡第五保民众代表李天福等六人就王三英等六人率众破坏水坪事给张掖县县长的呈文

1946 年　　张 4-59

具复呈人闻国礼、李天福、康文明、史文禄、吕水清、闻国才等系张掖平彝乡第五保新沟民众代表，为覆呈讯辨认行水利而维民生事：

缘查于五月初，闻氏等水坪被王三英等率众偷挖而去，□□水利将被告王三英等具告在案。蒙县长派罗督练员查验明确，实系被该偷挖，至令未□□蒙县长发表，案已空悬。但民等高沟沿坝名约南沿沟，全指靠水坪浇水灌田，今被偷挖，水不通行，田禾受旱成为灾区。民等沙淤之地，民众苦累，倘不覆呈修理，水坪水不通行，秋水失望，仍受其旱。如何了局，事关水利、民命有伤，情延万急，只得覆呈伏乞。县长冰鉴作主，施恻隐之心，发慈悲之德，维持陈案，逾格施恩，准予将该各被告提案讯办，令该被告修理水坪、庶免害民，依法治罪而正偷挖，庶儆效尤，谨呈张掖县长何。

具复呈人　闻国礼　李天福

康文明　史文禄

吕水清　闻国才

被呈人　王三英　李全秀

刘积寿　王家禧

张老四　张九成

张掖县建设科就平彝乡第五保民众代表李天福等六人就王三英等六人率众破坏水坪事给张掖县长的呈文

1946 年 6 月 7 日　　张 4-59

兹查得平彝乡五保新沟坝民众闻国礼等控告小四号王三英等率众强挖闸口水利一案：

查新沟之田，历年以石岗敦之泉水浇灌田地。至民三十二年，因泉水枯涸、不够灌溉，查报前县长张怀昆由县府及水利工作站、新沟四号等会同下坪，由黑河大满渠之下流分水三寸浇灌田地，并于三二年下坪完竣。而新沟之泉水忽有忽无，故只三十四年秋季由该闸口来水一次，因坪高并将渠旁之田致成泛滥，其原因系未按水利工作站工程师之测点下闸。而今黑河水小不够浇灌，故小四号旱灾奇重。该小四号为水畅流计，因率众将坪挖去。新沟今年泉水足以够用，似亦不需此水，现时亦不必下坪。俟十三日水流完时，于十五日在小四号各水利人员及绅士等开会检讨下坪之事，开会后新沟及小四号再会同来府备案。谨呈。

职骆义景

张掖县平彝乡第五保民众代表李天福等六人就王三英等六人率众破坏水坪事给张掖县县长的呈文

1946 年 6 月 1 日　　张 4-59

具报人闻国礼、李天福、康文明、史文禄等系张掖平彝乡第五保新沟坝民众，为强挖闸口妨害水利恳恩查勘事：

窃缘查民等按例以在小四号总口，每季分水三寸，以照三寸之水而安闸口，由水利工作站暨水利员同仁寿村治水号主监视下立水坪，至为公平，并不紊乱秩序，以行水利而浇灌田亩。不料仁寿村治水号主王三英与民等蓄积私恨，把持水利，而又串通李金秀、张老四等朋比为奸、主谋定计，为彼害此、不念民难，借众欺民。于古历五月初一日民等正值浇水之期，不料王三英等纠众逞凶，率领夫名六十多人，手持木棒，将民等看闸常开元等大人用绳绑住，将民等闸口挖坏，将水坪强抬而去，将水打入伊口。民等田地七百余亩，晒旱而毙。查该仁寿村田地完全浇过，民等新沟坝之水被该夺去，未得水珠，可恶已极，民众怨声腾沸。田禾受旱、民命有伤，将来官粮无法上纳，势有倒悬之危，是属依势殃民、强挖闸口，妨害水利、损人利已，害民无生之路，冤屈已极。无奈具告，伏乞县长电怜做主、提讯治办，派调员查勘、以明虚伪，赔偿损失而救民生庶儆强夺。谨呈张掖县代理县长杨。

具告人　闻国礼　李天福　史文禄
吕永清　闻国才　康文学
康文玉　郭增寿　高文秀
闻国发　任大才　张三德
郭永寿　郭长寿　吴福忠
康永盛　刘兴福

被告人　王三英　张九成　王家禧
李金秀　张老四　刘积守

民国三十五年六月一日

张掖县洞子渠渠民大会开会记录

1947 年 12 月 15 日　　张 4-76

时间：民国三十六年古十二月初四日下午一时

地点：龙首乡第二保国民学校大礼堂

出席者：甄汉佐　苗夏青　杨克栋　吴邦仁　余学贤　王玉和　周国泰　杨仲玉
毛兴才　司正纲　白珠金　吴可荣　秦克定　张兴仁　周国栋　徐长泰
何永昌　张全法　赵振侯　吴守忠　韩兴洪　朱生荣　刘　明　王兴儒
李原青　刘得盛　徐伏泰　李溢棋　白绪金　唐自有　吴邦上　孔宗孝
张祥林　吴邦本　李沛和　吴国同　武吉珠　张伏寅　李要才　孔宗祥

张堂林　邹连登　朱满金　李芝茂　甄殿臣　周国伏　朱生孔　张有金
李要洪　贾成彪　吴邦洪　吴邦典　杨满池　张明学　王殿才　侯伏明
刘汉寅　彭近智　张有明　吴邦荣　武登第　周治京　尚如成　王　荣
李溢坎　康学忠　任尉洪

主席：王希儒（印）

记录：甄汉佐（印）

甲、行礼如仪

乙、报告事项

主席报告，最近本渠水利委员吴进忠业已由县府准予解职已来，今由本渠人民推选公正人员一名，以资接替，办理水利事项。

丙、讨论事项

1. 周国栋提议：本渠此次开会宜先提倡兴利除弊，将以往各项渠例应保存的、应取消的予以分别讨论，以资改良案。

决议：通过。

2. 杨仲玉提议：本渠水利委员之待遇应予调整，改为每年押夫两名，以免滥折夫名案。

决议：通过。

3. 王玉和提议：水利员待遇应核减为押夫一名，以省夫名案。

决议：否决。

4. 李溢棋提议：本渠每逢春、秋两季献牲之时，所送水利员之羊头、羊皮等项，应一律取消，以杜流弊案。

决议：通过。

5. 白珠金提议：本渠每年春、秋两季散夫之时，所送水利员之干面、黄米理宜取消，而减轻渠号主负担案。

决议：通过。

6. 吴邦荣提议：本渠每年春、秋两季开水之时，召请通渠领袖会餐之酒席理宜取消，以资节流案。

决议：通过。

7. 武登第提议：本渠吴氏水面水应予取消，而免妨害通渠水利案。

决议：俟办法定好，再行调整。

8. 吴邦上提议：本渠公私伙夫每乘夫名上河之时，舞弊翻工，卖工取利，应宜取缔，以免舞弊案。

决议：通过。

9. 余学贤提议：本渠正水利员押夫两名，副水利员押夫一名，以资养廉案。

决议：通过。

10. 李原青提议：前任水利员每年押夫三名，今既改为两名，所余一名应如何办理案。

决议：余在上号垫公。

11. 甄汉佐提议：本渠上号有耆老夫一名、锅夫一名、水利员押余夫一名，共计三名。应归入上号五分差，折为口粮夫公用。在每年核差时，减低差价，而免累民事。

决议：通过。

12. 杨仲玉提议：上号余夫三名，宜先于三十七年渠工开始时，先月此夫折项，买锅一口公用，余之款垫五分差公用，以昭公允案。

决议：通过。

13. 刘德盛提议：本渠香火地及县学田地，以往每年出款少数，以垫通渠差内公用。今宜改良办法，另定规章，而利渠政案。

决议：通过。

14. 余学贤提议：香火地及县学田地，应出夫两名下河工作，增加人力案。

决议：减为出夫一名，折为实物，通渠垫公，以免后患。

15. 余学贤提议：水面水自三十七年元月一日起，应出夫一名，折为实物，通渠垫公，以昭公允案。

决议：通过。

16. 甄汉佐提议：本渠世袭水利农官吴氏，今虽辞职，但其先祖在洞子渠大有功德，今后继任水利委员，仍照历年成规致祭，其礼仪不得改变，并将祭物送交嫡派子孙享受，以志纪念案。

决议：通过。

17. 吴邦仁提议：水面水今后如何使水案。

决议：仍照原来成规，在上、中、下三号昼夜内使用浇灌。

18. 甄汉佐提议：本渠水面水，理应出夫一名下河工作，但因纪念吴氏先祖功德，暂缓三年，以示崇敬，三年后，再行核办案。

决议：通过。

19. 余学贤提议：本渠官房服役小娃子六一名，理宜取消下夫到河工作案。

决议：上号大沟十一昼夜，沙路槽一带，因水利困难，每受旱灾。今宜将大沟十一昼夜之完全昼夜水利渠与沙路槽人民使用浇灌，出夫一名下河工作，不得改变。

20. 苗夏青提议：上、中两号共计六沟，每沟应推水利员候选人一名，以便选举案。

决议：上号新沿两沟推一人，二大两沟推一人，中号沿大两沟推一人，共计三人。

21. 余学贤提议：本渠成例，上、中、下三号共使水十八昼夜。下号新近出夫四名，多使水一昼夜，中号亦再出夫四名，多使水一昼夜，以利灌溉案。

决议：保留。

22. 周国泰提议：本渠此次选举水利员，宜如何办理案。

决议：投票选举，以得票最多者为当选。

23. 李原青提议：此次票选所出票数，宜按昼夜计算，每昼夜出票一张。上号四十四昼夜，中号十九昼夜，共计六十三昼夜，香火地、水面水各一昼夜，共六十五昼夜。应出选票六十五张，以昭公允案。

决议：通过，并以各昼夜头为选举代表人。

24. 赵振侯提议：推武夺元、秦克定，推李溢坤、余学贤，推毛兴财三人为候选人。

决议：通过。

25. 余学贤提议：上号应再补加候选人两名，以资竞选案。

决议：通过。

26. 余学贤提议：推刘效向为补充候选人。

决议：通过。

27. 周国泰提议：推吴凤鸣为补充候选人。

决议：通过。

28. 甄汉佐提议：宜将此次会议记录呈请乡公所，转请县政府派员及乡长来渠公开票选案。

决议：通过。

29. 韩兴洪提议：此次票选水利员投票处宜设在本乡第二保国民学校大礼堂举行，以便上、中两号人民参观案。

决议：通过。

30. 余学贤提议：应规定水利员选举日期，以便选举案。

决议：定于古十二月二十日选举。

31. 徐福泰提议：将上号新沿二大四沟十一昼夜水利总集在一起，由石坡沿承十一昼夜，人民及沙路槽人民平均分配使用水利，以资灌溉，而免纠纷案。

决议：通过。

32. 孔宗孝提议：本渠下号已推出副水利员，上、中两号应推选正水利委员，以昭公允，而垂永久案。

决议：上、中两号永久选出正水利员，下号永久推出副水利员，以均权利而息纷争。

33. 李溢坎提议：应规定水利委员充任期限，而免滥权案。

决议：正副水利委员任期均定三年。

34. 吴守忠提议：本渠水利委员之产生，永久按定期票选，不得以其他方式更变之或紊乱之，而垂永久案。

决议：永远照行，不许更变。

丁、临时动议

周治岐提议：前年渠民大会通过香火地及县学田地出夫一名下河工作一案。今由该两地人民公请本人及周国栋为代表，同上、中、下号渠号主及水利委员，会同商办香火地、县学田地每年与上房垫上石炭三石，将柴夫一名下河工作，以增加人力，而改良历来不良陋规案。

决议：由当场水利员、渠号主决定，两方写立字据二张，各执一张，以便永为证。

张掖县平彝乡民众代表就李长泰等为妨害水利侵吞公款依势压迫紊乱渠规事给张掖县长的呈文

1947 年 4 月 10 日　　张 4–77

张掖县政府县长：

李长泰、王治邦、陈发泰、陈尚斌、王积□、刘典业、何及第、李玉、于典邦、王开河、何玉成、王生智、于汉佐等为妨害水利、侵吞公款，依势压迫紊乱渠规事。五六闸所种田地紧靠北山甘新公路，以在南山黑河口使水、通水之河道尽是沙漠，河道遥远至百里之外，实大满渠之下号也。水利员张成年自三十一年任责以来，预先打破前任郝水利员成立水利书昼夜时刻碑文一座，贻害民众，水利昼夜章程至三十三年才同会议。私通小满渠张姓，将我渠岸上修盖磨楼一座，在河身以内起□坝三尺余高，水大将河沿冲破，贻害民众。水利不能灌溉，又不同会议，将小满渠头二号利沟挪在民渠之内。头二号与利沟下来水坪一尺二寸余，该张成年于我渠内与利沟下口一尺六寸，多下口四寸。民家各闸，每岁九十五石粮，该张成年自任责以来大肆诈欺、唯利是图，以致人民大失所望。侵吞磨楼清油，折收利沟夫，各水大磨磨楼拦坝聚水、冲破渠岸，水小利沟长流不闭，吸收我渠之水。五六两闸、河道遥远，不能灌溉，大受影响。又侵吞□夫小麦九石三斗、木车一辆、毛羊两只、猪一只、木柜一座、人夫一十三百名以上，麦子人夫物品，均被该员吞入私囊。似此瞒官舞弊，□利殃民，为此具告县长案下，乞情作主、依法惩办，保全民生。

原呈人　李长泰　王治邦
陈发泰　陈尚斌
王积□　刘典业
何及第　李　玉
于典邦　王开河
何玉成　王生智
于汉佐
被呈人　张成年

张掖县政府就平彝乡水利专员张成年及民众王学敏等阻碍大满渠事给张成年的指令

1947 年　　张 4-77

王学敏、源又怀、李长泰等本年三月八日“呈以王朝贤、王学敏、陈又林等阻挠上渠妨害水利一渠，祈鉴核示遵”由、“为呈张成年破坏渠规、折夫收贿、亏赔水利一案，祈鉴核示遵”由，呈悉。查该渠水利纠纷事，令副水利专员张学尧负责促办水利纠纷，而后本府派员核查，具复缘由，即行核办。此批。

张掖县长就大满渠下号副水利委员张学尧暂时代理水利委员的训令

1947 年　　张 4-77

令大满渠下号副水利委员张学尧：

案据该渠水利委员张成年及民众王朝贤、王学敏、陈文林、李兵泰等互相呈诉破坏渠规、妨害水利一案，各具情形到府。除由本府派员彻查究办并批示外，合令仰该委员暂行负责、妥为处置，不得延误为要。

县长杨

张掖县政府就委派张学尧暂时负责水利事务并令张成年移交相关物品给平彝乡公所的训令

1947 年 2 月 28 日　　张 4-77

建（36）寅□

案据该乡大满渠下号民众“呈诉水利委员张成年以渠夫折收小麦中饱私囊有碍梁渠事贻误农业”等情，呈诉到府，当即派干员前往彻查、核办在案。由本府派副水利委员张学尧专行负责、督饬治理渠水，并令张成年将经手铁锨等工具及参计账项、有关水利现□呈缴该公所会报，合行令仰该乡公所遵照接收清楚，并将该副水利委员具领报查为要。此令。

县长杨

张掖县建设科长就答复张成年张学尧等互讼事的草稿

1947 年　　张 4-77

建（36）寅字第 0327 号

具呈人张成年、陈相林、宋秀林等本年三月六、八、十二、十七日“呈为呈诉张学尧、郝永年、王朝贤等阻挠渠事侮辱水利委员张成年、并□□收回，派副水利委员张学尧负责办理渠事一案，祈查核示遵”由，各呈均涉渠事，核实如下：（一）双方互诉有碍春水，延误春耕。本府为顾及春耕起见。令副水利委员张学尧暂行督饬治理渠事、免误春水，并未派该员为水利委员，仍应恪遵法令，晓谕民众、迅即起夫挑渠；（二）渠方雇佣成伤者，事关刑事，向法院起诉，有案静候；（三）本县正在调查处理□□。遵照示批。

具呈人张学尧、郝永年、王朝贤等本年三月七、十七日“呈诉张成年以渠夫折收小麦侵入私囊、贻误挑渠，使民受灾一案，祈鉴核查示遵”由，各呈钧鉴核查示如下：（一）张成年以渠事折收小麦侵入私囊，贻误渠事，若调查确实，自当依法查办。（二）挑渠事宜在即，仍着副水利委员张学尧，例行督饬治理渠务、免误农事。（三）各闸民众迅即起夫，免误水时。（四）政府改正查究本渠处理办法，督令饬遵。（五）呈诉有案，静候法院拍判决，不致极端，□干重惩为要。

张掖县建设科就处理平彝乡大满渠水利委员与民众互相呈诉事给张掖县长的呈文

1947 年 3 月 11 日　　张 4-77

县长杨：

案据平彝乡大满渠下号水利委员张成年及民众陈文林、张九成、宋九林等呈诉郝文元、王朝贤、李长泰等以侮辱张成年阻挠渠事妨害水利，又据郝永年、李长泰、王朝贤等呈诉张成年借公肥己中饱私囊、以渠夫折收小麦贻误渠事等情，经派本府指导员许嘉祥彻查。去后兹据报称，张成年以挑渠河夫□收小麦，实属实情，并取获□小麦证据二纸。王朝贤等辱骂张成年亦属实情等情。再查双方各互诉情事，以张成年身为民众表率，各项开支应以明朗化是为合理。但该员以征调民夫□收小麦，侵入私囊影响渠事，既不合理又不合法，兹将处理办法分陈于后：

（一）修渠事宜在速办。该乡乡长王保年转令各闸起夫，由副水利委员张学尧暂行督饬挑渠，免误农事。

（二）张成年既有取获折夫收价证据，拟即先行停职，传集双方到府对峙核算财目，依法究办。

（三）水利委员一职着饬该乡另选报请核委。

（四）据农会理事长加具意见"先令张成年、张学尧二人权治水利，俟将民众呈诉各案查确后再定夺；或令饬渠、号主暂司水利以免双方争执"等情，查此案前据双方呈诉到府，当即以顾及春水在急，暂令副水利委员张学尧暂任挑渠，并无派该员暂代水利委员，应转饬各闸晓谕民众，从速起夫挑渠、免误水利。本案候令处理。

（五）双方殴斗成伤者，有关刑事，批示向法院起诉可也。

以上五项，敬祈鉴核。

建设科

三月十一日

张掖县建设科就调查平彝乡大满渠水利委员与民众互相呈诉事给张掖县县长的呈文

1947 年 3 月 18 日　　张 4–77

县长杨：

窃职奉令调查平彝乡大满渠水利委员张成年及民众王学敏等互诉阻挠渠事、妨害水利一案，职当即前往当渠各闸详细调查。据一般民众言说，张于水利闸渠有功，呈诉折收民夫一节亦属有因，不过生活程度过高，比之前次旧例较为高收，此系实情。又查王朝贤辱骂张成年亦属实情。再查李长泰、王治邦等诉殴打一案，在龙祖宫提议渠事、互相斗殴亦甚，业已两相呈诉法院，在案听候核办。职意现在修渠事急、关乎春耕，两相阻挠、有碍水利。不若张成年开渠有功、治水有年，与张学尧一同上河修治渠道，俟渠道修好，再将张成年折收民夫各节协同地方绅耆核算账目，以清手续。是否有当，合理签请鉴核示遵。谨呈。

职　许嘉祥

民国三十六年三月十八日

张掖县平彝乡民众控诉水利委员张学尧折收民夫的甘结与证明

1947 年 3 月 13 日　　张 4–77

具甘结人王国扶，年三十四，系平彝南闸人，为证明折收夫名侵吞小麦由：

本渠水利委员张成年于三十四年多折扣民夫一千七百九十九天，又折扣肉猪一口、羊二只，其成年孙子张金□亦随折夫名二百五十三天。又在三十五年，张成年又折扣夫名三百三十天，每夫每天折收小麦□甘□，共折收民夫小麦二十五石九斗，又侵吞公用小麦二十二斗。

具证明人　王国扶

民国三十六年三月十三日

具证明人大满渠副水利副水利员张学尧为证明私用公粮事：

窃查大满渠水利员张成年于民国三十一年九月间收本渠民夫小麦七石，由该员私吞，谨具证明是实。

具证明人副水利委员　张学尧

民国三十六年三月

张掖县平彝乡李长泰等就大满渠水利委张成年贪污伤害事给张掖县长的呈文

1947 年 3 月　　张 4–77

张掖县政府县长杨：

具告人平彝乡民众李长泰、王治邦、王绩义、刘典业、何及第、李玉成、于典邦等年各不同，为拒不算账、殴打伤害事情。因于昨乃因渠主发启，传集民众在龙祖宫提议水利渠事，并算水利员张成年之账目。谁知该员心怀鬼蜮，暗中捣弄刁民张延林、宋世祥、张学禹、张学尧、张金□等率领伊父子多人，不惟不思算账，反各持树栽、木棒、如狼似虎，恃刁行凶、殴打伤害，打伤王生汉、于兴邦，二人身体带伤为证，幸有人多、未遭毒手。况该张成年屡常把持公事、欺压地方，前钻当老农、侵吞官粮，拘押追吐、贪心不足。迨至远年，该恶复又钻当水利员，依势压迫、折收夫名，并勒折小麦、尽人私囊，肥己殃民。种种劣迹、殊甚痛恨，屡催算账，生端逞刁如此。该恶未抚欺辱，反而暗中唆使刁民张延林等毒打伤害，事出凶恶、无法无天，情实可恶，难以容忍。为此具告，伏乞县长做主，恩准验伤、提案严办，依法惩治、按律治罪，以儆逞刁而保全生命。

具告人　李长泰　李玉成
王治邦　王绩义
王开河　何玉成
王生芝　刘兴业
于汉佐　何及第

被告人　张成年　张金□
陈文林　张延林
宋世祥　张学尧
张学禹

受伤人　王生汉　于兴邦

民国三十六年三月

张掖县平彝乡杨增禄等就处理大满渠水利委员张成年贪污伤害事给张掖县长的呈文

1947 年 3 月 12 日　　张 4–77

张掖县县长杨：

具复呈人平彝乡第五、六保民众杨增禄、玮天寅、郝永年、蔡文昌等，年各不同，为拒不算账、殴打欺辱，性命难全事。缘于昨日本渠渠主发起民众，以在龙祖宫讨论水利公事，不料被该水利员张成年暗中主谋，使令刁民张延林等率领张成年父子并户民几十余人如狼似虎，特刁逞凶，各持树栽、木棒殴打杨兴义、郝文光、王朝贤，身体带伤为证，幸有多人，未遭毒害，性命难全。况查该员钻当水利员，折收误夫小麦，余数私入囊中，肥己殃民、贪心不足，蛇欲吞象、狼狈为奸。似此该员不知理屈，暗令刁民张延林等殴打欺辱，欲谋拒违不算，情实难容。若不复呈，本渠民性命难全。伏思无法，为此复呈，伏乞县长垂谅做主、验伤提审，依法治罪、保全性命，令该张成年清算账目，追吐折收以维民生，而正殴打欺辱妨害，以儆效尤，谨呈。

复呈人　杨增禄　韩天寅
　　　　郝永年　蔡文昌
被呈人　张成年　张延林
　　　　张勤俭　宋世祥
　　　　陈文林　张学禹
受伤人　杨兴义　王朝贤
　　　　郝文光

民国三十六年三月十二日

张掖县平彝乡陈尚斌等就处理大满渠水利委员张成年贪污伤害事给张掖县长的呈文

1947 年 3 月 17 日　　张 4–77

张掖县县长杨：

具告人陈尚斌、陈发泰，年各不同，系张掖平彝乡大满渠下号六闸民众代表，为贪污案请求依法究办、保全民生事。情因水利员者，为渠夫之领袖、万民之代表，应如何克己奉公，方不负民众推举之意。今该张成年自任责以来，大肆诈欺、唯利是图，以致人民大失所望。查自民国三十一年起迨至三十四年，统计该水利员收去违渠夫名之麦子九石二斗，又收去渠夫之木车一辆、红木坛一个、毛羊两头、肉猪一口，又折去人夫一千两百余名。以上麦子、物品、人夫价，均被该水利员侵吞入囊，安享乐哉。夫以水利员吃钱卖法，对于水利灌溉势必遭受影响，何可待言？更有请者，该水利员既然借公贪污罪，有应得伊之孙张清□假虎之威，空中取利，折去人夫八百四十名，侵入私囊。似此瞒官舞弊、图利殃民，若非严加究办，不足以儆效尤而快人心。伏乞县长案前，请求侦查、依法治罪，而维民艰、百室沾威。谨呈。

具告人　陈尚斌　陈发泰
被告人　张成年　张清□
证人　张学尧　王朝贤
民国三十六年三月十七日

张掖县平彝乡薛成良等就处理平彝乡大满渠水利委员张成年贪污事给张掖县县长的呈文

1947 年　　张 4–77

张掖县县长杨：

具告人罗文锦、郝文元、杨多武，年各不同，系张掖平彝乡大满渠下号六闸民众代表，为贪污案请求依法究办、保全民生事。情因水利员者，为渠夫之领袖、万民之代表，应如何克己奉公，方不负民众推举之意。今该张成年自任责以来，大肆诈欺、唯利是图，以致人民大失所望。查自民国三十一年起迨至三十四年，统计该水利员收去违渠夫名之麦子九石二斗，又收去渠夫之木车一辆、红木坛一个、毛羊两头、肉猪一口，又折去人夫一千两百余名。以上麦子、物品、人夫价，均被该水利员侵吞入囊，安享乐哉。夫以水利员吃钱卖法，对于水利灌溉势必遭受影响，何可待言？更有请者，该水利员既然借公贪污罪，有应得伊之孙张清□假虎之威，空中取利，折去人夫八百四十名，侵入私囊。似此瞒官舞弊、图利殃民，若非严加究办，不足以儆效尤而快人心。伏乞县长案前，请求侦查、依法治罪，而维民艰、百室沾威。谨呈。

具告人　薛成良　王泽隆
被告人　张成年　张清□
证人　张学尧　王朝贤

张掖县平彝乡赵尧福等就处理大满渠水利委员张成年贪污伤害事给张掖县长的呈文

1947 年 3 月 17 日　　张 4–77

张掖县县长杨：

具告人赵尧福、刘典成、陈典义，年各不同，系张掖平彝乡大满渠下号六闸民众代表，为贪污案请求依法究办、保全民生事。情因水利员者，为渠夫之领袖、万民之代表，应如何克己奉公，方不负民众推举之意。今该张成年自任责以来，大肆诈欺、唯利是图，以致人民大失所望。查自民国三十一年起迨至三十四年，统计该水利员收去违渠夫名之麦子九石二斗，又收去渠夫之木车一辆、红木坛一个、毛羊两头、肉猪一口，又折去人夫一千两百余名。以上麦子、物品、人夫价，均被该水利员侵吞入囊，安享乐哉。夫以水利员吃钱卖法，对于水利灌溉势必遭受影响，何可待言？更有请者，该水利员既然借公贪污罪，有应得伊之孙张清□假虎之威，空中取利，折去人夫八百四十名，侵入私囊。似此瞒官舞弊、图利殃民，若非严加究办，不足以儆效尤而快人心。伏乞县长案前，请求侦查、依法治罪，而维民艰、百室沾威。谨呈。

具告人　赵尧福　陈典义　刘典成

被告人　张成年　张清□

证人　张学尧　王朝贤

民国三十六年三月十七日

张掖县平彝乡韩天寅等就处理大满渠水利委员张成年贪污伤害事给张掖县长的呈文

1947 年 3 月 17 日　　张 4-77

张掖县县长杨：

具告人韩天寅、韩天科、盛金海，年各不同，系张掖平彝乡大满渠下号六闸民众代表，为贪污案请求依法究办、保全民生事。情因水利员者，为渠夫之领袖、万民之代表，应如何克己奉公，方不负民众推举之意。今该张成年自任责以来，大肆诈欺、唯利是图，以致人民大失所望。查自民国三十一年起迨至三十四年，统计该水利员收去违渠夫名之麦子九石二斗，又收去渠夫之木车一辆、红木坛一个、毛羊两头、肉猪一口，又折去人夫一千两百余名。以上麦子、物品、人夫价，均被该水利员侵吞入囊，安享乐哉。夫以水利员吃钱卖法，对于水利灌溉势必遭受影响，何可待言？更有请者，该水利员既然借公贪污罪，有应得伊之孙张清□假虎之威，空中取利，折去人夫八百四十名，侵入私囊。似此瞒官舞弊、图利殃民，若非严加究办，不足以儆效尤而快人心。伏乞县长案前，请求侦查、依法治罪，而维民艰、百室沾威。谨呈。

具告人　韩天寅　韩天科

被告人　张成年　张清□

证人　张学尧　王朝贤

民国三十六年三月十七日

张掖县平彝乡赵连胜等就处理平彝乡大满渠水利委员张成年贪污事给张掖县长的呈文

1947 年 3 月 17 日　　张 4-77

张掖县县长杨：

具告人赵连胜、蔡长贵、杨兴义，年各不同，系张掖平彝乡大满渠下号六闸民众代表，为贪污案请求依法究办、保全民生事。情因水利员者，为渠夫之领袖、万民之代表，应如何克己奉公，方不负民众推举之意。今该张成年自任责以来，大肆诈欺、唯利是图，以致人民大失所望。查自民国三十一年起迨至三十四年，统计该水利员收去违渠夫名之麦子九石二斗，又收去渠夫之木车一辆、红木坛一个、毛羊两头、肉猪一口，又折去人夫一千两百余名。以上麦子、物品、人夫价，均被该水利员侵吞入囊，安享乐哉。夫以水利员吃钱卖法，对于水利灌溉势必遭受影响，何可待言？更有请者，该水利员既然借公贪污罪，有应得伊之孙张清□假虎之威，空中取利，折去人夫八百四十名，侵入私囊。似此瞒官舞弊、图利殃民，若非严加究办，不足以儆效尤而快人心。伏乞县长案前，请求侦查、依法治罪，而维民艰、百室沾威。谨呈。

具告人　赵连胜　蔡长贵

被告人　张成年　张清□

证人　张学尧　王朝贤

民国三十六年三月十七日

张掖县平彝乡陈文林等指控王朝贤等欺辱首领妨害水利给张掖县长的呈文

1947 年　　张 4-77

张掖县政府县长杨：

具声明书人陈文林、张延林、王才德、王登蓉、宋蕙林、王宗政、王学敏、韩绩功、雷万溢、张怀秀、薛守仁、周文隆、宋世昌、王文彩、李笔桓、张九成、宋世催、宋德光、张学勤、刑天锐、杨学礼、李荣锦、王安国、王材林、王俊德、王作谟、王登贤。陈得宝、杨正荣、陈珍林、杨虎林、杨正华、王自兴、陈得礼、王化同、张崇年、张丕基、张文善、张俊卿等年各不同，系大满渠下号平彝南北张、永、宋、王、陈、沿关、小寨九闸绅耆民众等，为阻挠公事、欺辱首领，妨害水利、破坏渠规事。窃查大满下水利委员自任职以来，勤奋卓著、声望素卓，并无不正当之行为。兹于三月三日召集各闸各号之绅耆民众等齐集公所，开常年会议，择定日期起夫上河，以资修理渠工正事。尚未议决，讵有两闸之刁民王朝贤、张大福、蔡成贵、杨增禄逞刁妄为，任性欺辱，除口出不逊之言，将水利委员张成年百般欺辱外，又欲占地撒野，谋为不执。查该恶等素行为不端，种地寥寥无几，此次肇事之由，系因该恶等折压人夫、捣乱工事而起。目下耕种伊始、春水在即，今此恶阻滞公事、不能推行，则延误水利、有碍民生，贻害非小事，除非法可恶已极，只得联名声明，伏乞钧座鉴核，迅赐拘案严办、以重水利而正渠规，则九闸幸利赖之。谨呈。

具声明书人　陈文林　张延林　王才德　王登蓉　宋蕙林　王宗政　王学敏　韩绩功

雷万溢　张怀秀　薛守仁　周文隆　宋世昌　王文彩　李笔桓　张九成

宋世催　宋德光　张学勤　刑天锐　杨学礼　李荣锦　王安国　王材林

王俊德　王作谟　王登贤　陈得宝　杨正荣　陈珍林　杨虎林　杨正华

王自兴　陈得礼　王化同　张崇年　张丕基　张文善　张俊卿

被声请人　王朝贤　杨增禄　张大福　蔡长贵

张掖县平彝乡民众代表杨增禄等就处理平彝乡大满渠水利委员张成年贪污事给张掖县长的呈文

1947 年　　张 4-77

张掖县县长杨：

具诉人平彝乡大满下号民众代表杨增禄、郝永年、韩天寅、蔡文昌为恃势剥民、依公肥己事。窃有本处水利员张成年，赋性阴险、为人刁诈，于民国十七年钻充本渠老农、侵折官粮，被押在班，旋由县府将该保之人传案，勒令将伊所吞之粮分均垫交以后，始将此案了结。至三十一年，该员贪心不足、肆行活动，又复钻营，充本渠水利员。任事以来折收误夫麦子一十二石，三十四年折收河夫一千二百余天、每天折麦五升，又折麦子二石三斗，又收去三坝木车一辆、毛羊二只、肉猪一口，又押收拉马夫三百三十天，又木柜一个、梁柱一付，均被该员私行运去家中肥己。再三十五年，又折收利沟看□夫小麦五斗五升。查本渠开修之初，并无利沟□□□种侵食。人民不堪当，于去年据情呈诉水案。该员央请黄会长、李老夫子等拦解，承认清算各手账目。岂知该员日哄月推、拒不清算，转瞬又逢上河之祭，若不呈诉清算，该员仍行如前、剥削侵吞人民，何堪设想。事关贪污，若不呈诉彻查严办，何以安良？是以呈诉，伏乞县长案下怜民疾病，□差□府，赐提案查讯，以恤民难而正侵吞。谨呈。

呈诉人　杨增禄　郝永年　韩天寅

被呈诉人　张成年

证人　王朝贤

张掖县平彝乡民众代表陈文林等指控张学尧等欺辱首领妨害水利给张掖县长的呈文

1947 年 3 月 17 日　　张 4-77

张掖县县长杨：

复呈恳恩人陈文林、王财德、宋世昌、王宗政、宋蕙林年各不同，系大满渠下号九闸民众，为妨害水利有碍民生仰恳鸿恩主张公道、迅赐审讯，祛莠培良以维渠务事。缘民等昨以阻挠公事、侮辱首领，将王朝贤、郝文元、李长泰等呈控在案，兹奉分批内开“呈悉。查该渠水利进行事宜，除暂令副水利委员张学尧负责办理外，至水利纠纷本府派员彻查，具复后再行核办，此批”等因，奉批之下理应遵循，曷敢烦渎？但查该张学尧地居上流，每年私开荒地甚多。一旦身负治水专责，难保不无私见、废公截霸水利之现况。该员才不堪职，民等九闸决不□服，拟议治水事宜暂由渠号主老人等权行办理，一俟诉讼结束、再行定夺。且该张学尧从前一手经理建修龙祖宫并戏楼一座，入款数百万元之巨，此款皆由民脂民膏中所积，迄今年余之久，所有账目及手续尚未交代清楚，民众等已起诉法庭查办矣。今若暂令张学尧负责治水，则人心不服，深恐酿出意外之虞，悔之何及？事出水利，关系甚重，理当联名复呈，伏乞钧座电鉴查核，俯准收回副水利委员负责办理之命令，以符民意，免生事端，实深感激。谨呈。

复呈人 陈文林 宋蕙林 王材林 张崇年 杨亚华
宋相林 刑天锐 张学勤 宋世和 杨宪林
王财德 王俊德 陈尚连 陈珍林 陈宗绪
王登荣 张文善 宋发林 张延林 王凯德
王颖德 王宗政 宋是祥 王登贤 陈宗俭
王安国 张亚基 王学敏 张俊卿 王兴国
被呈人 张学尧 李长泰 王朝贤 郝文元
民国三十六年三月十七日

张掖县平彝乡陈柏林等就郝永年等捣乱水利影响春播事给张掖县县长的呈文

1947 年 3 月 13 日　　张 4–77

张掖县政府县长杨：

……等竟敢私见废公①，一味捣乱，我等以理解释，不料该民等不由分说，恃横厮打，仍阻止公事不能进行。按旧历，每逢惊蛰已过，齐集公所摆酒商议，起夫上河、修理渠道。目下春水在即，各闸民众向职等要水浇灌、以资下种，该民等似此阻挠公事，侮辱领袖、耽误渠工，春水不能浇灌，碍难播种。查水利系农民之命脉攸关，上供国事、下给衣食，是为重要。事出非法，理合据情声明，伏乞县长鉴核，迅赐拘案惩办以重水利而正渠规，则十四闸民众幸利赖之。谨呈。

原声明人 陈柏林 宋秀林
被声明人 郝永年 郝文元 郝文明 韩天寅
王朝贤 张天福 杨增禄 蔡长贵
民国三十六年三月十三日

张掖县平彝乡民众代表王俊德等就郝文元等捣乱水利事给张掖县县长的呈文

1947 年 3 月 12 日　　张 4–77

张掖县政府县长杨：

具呈人王俊德、陈文林、王财德、张延林、宋世昌、张崇年等，各不同年，系大满渠下宋、王、陈、小寨、沿关、张、永各闸民，务农，为当恶行凶、逞刁欺殴，惩请法办以

① 编者按：此处页面有残损。

儆效尤而重水利事。窃缘民等大满下统名大五号，实系十四闸，因于本年三月三日由本渠水利委员张成年按照渠规召集渠号主并各闸之绅耆、老者等，齐集公所于常年会议，并起夫上河修理渠道之事宜。讵有两闸之土豪郝文元、郝文明、郝永年、韩天寅、于兴邦暗中作俑，不良分子王朝贤、杨增禄、蔡长贵等阻挠公事妨害水利，并且口出恶言，侮辱水利委员，以致公事不能推行，日前已由张成年起诉钧府，并由各闸人民申请严办在案。但目下惊蛰已过，春水在迫，倘若延缓，日久无人负责起夫挑渠、筑堤延误水利，有碍春耕、贻害非浅。适有渠号主传请各闸当事之人集公所商议起夫治水、以资浇灌，比及民等到场之时，乃该郝文元兄弟四人并韩天寅、杨增禄、王朝贤、李长泰、于兴邦等竟敢私见废公，一味捣乱，民等以理解释，不料该恶等不由分说，各持木棒逞凶毒殴，打伤宋寿林之头部、宋世祥之面门，现有伤痕可查。又张延林被其足踢拳打、腹内痛疼，而且衣襟撕破，有乡长王保年、绅士王荣林眼见，足资证明。查水利系农民之命脉攸关，上顾国赋公款、下给衣食需用，何等重要。今该恶等阻挠公事、妨害水利，并且逞刁欺殴打伤害之人身体，事出非法、实难忍受，无奈具呈，伏乞县长案下，电鉴作主、检验伤痕，迅赐拘集，开庭审讯、依法惩治，以儆刁恶而重纪律，则民等感恩无已。谨呈。

原呈人 王俊德 陈文林 王财德 张崇年
宋世昌 张延林 王财林 王自全
宋蕙林 王登荣 宋德先 张亚基
陈宗鉴 刑天说 李肇恒 杨珍荣
宋世凯 杨亚华 杨宪林 陈珍林
王宗政 王安国 沈玉文 张学勤
宋发林 张俊卿 朱九林 宋秀林
王用禄 张文善 宋廿祥 巨德恒
杨增禄 王更贤

被呈人 郝文元 郝文明 郝文广 郝文耀
郝永年 韩天寅 于兴邦 蔡长贵

证人 王保年 王荣林

受伤人 宋世祥 张延年

民国三十六年三月十二日

张掖县农会呈

民国三十六年三月二十一日

张掖县农会就处理平彝乡大满渠妨碍水利事给张掖县政府的呈文

1947 年　　张 4-77

案据平彝乡大满渠下号宋、王、陈、张、永、沿关、小寨、三坝、平彝南北民人陈文林、王俊德、宋世昌等三十八人申请书称“为阻挠渠务妨害水利，恳请核转依法解决以儆效尤而正渠规事。查本年农历二月十二日，由本渠水利委员张成年在龙祖宫召集渠号主及绅董、民家开水利常年会议，定期起夫上河、修理渠工。会议已成将届散会之际，谁有二闸之地痞王朝贤、张大福、杨增禄、蔡长贵等，案受该闸刁民李长泰之挑唆，竟敢有意肇衅、逞刁欺辱，简直出口不逊之言，将水利委员张成年百般言辱，实令人难堪。当经该员起诉县府，继有各闸绅董、民众等申请法办在案，旋经渠号主以为有此纠纷一时不能平息，深恐耽误水利、有碍春耕，贻害非浅。复于农历二月十七日，仍传集各闸之绅董、民众等，开会讨论治水之事，是日并有平彝乡长王保年、绅士王荣林临场监视究竟。正事尚未提议，不料有李长泰、于兴邦、郝文元、郝文明兄弟四人等同恶相济，故意捣乱，竟敢于会场之中突然暴动、厉声喝打，互相斗殴，以致宋寿林、张延林、宋世祥各自受伤，已另案提起刑事诉讼、法庭查办矣。查张成年生性诚笃，办事耿直而且通晓渠规，谙练水利。自负责治水以来，经多年尽力沟恤、任劳任怨，其奔波干旋、设法开渠，功绩卓著、莫不昭然在人耳目之间，是以通渠之人有口皆碑。此次身遭凌辱，出人意料之外，惟有静候政府将谋孽不良分子从严惩办，仍令该员负责治水，以资熟手而恰舆情，方为正当。乃于昨日忽奉县政府批示，内开“暂时令副水利委员张学尧负责办理，至水利纠纷本府派员彻查具复后，再行核办”等因，奉批之下，人情汹涌、众议沸腾，几乎发生意外之事。端查该张学尧生性浮躁、办事荒唐，实不足以代表治渠。况该员地居上流、每年私开荒地极多，凡挨水之际、强霸浇灌，以致人人切齿、咸抱不平。且本渠共计大差二十四名，按差该伊只有九分，一旦身任治水专责，则擅作威福、苦害乡民，在所不免。将来本渠水利之前途，实有不堪设想之虞。谚云“服药于未病之先，消毒于不匮之日”，与其反悔之于后、曷若防备之于前。事关水利，攸关生民之命脉，不觉言之烦而辞之赘，是以联名申请，伏乞钧鉴查核恩准，据情函转县府收回暂令张学尧办理水利之命令，以免发生其他之纠纷，庶重水利而维民生，则民等九闸感激无极”等情，据此，查此案前以郝文元等与水利委员张成年以水利涉讼具控在案，钧府批示暂令副水利委员张学尧负责办理，于是双方致起讼端。本会以春耕在即、水利吃重、刻难延缓，经于本月十五日召集两造当事人等到会、秉公调解。关于郝文元等控告张成年以水利涉讼，有无贪污情形，应候钧府查办。惟张学尧暂办水利，而宋、王、陈各寨民人陈文林、王俊德等又生反感。本会为慎重起见，召集全渠绅农按照二十四名水差，每一名推代表一人，用表决方式测验之结果，不服张学尧办水利者占多数。本会经调查，结果该渠首尾上三闸及五六闸民人不服张成年而服张学尧，但中号宋、王、陈、张、永各闸等民人不服张学尧而服张成年，于是本会加具意见如下：（一）以水利为重、讼争次之，而令张成年、张学尧权治水利两月，俟将民众申诉各情查确后再行定夺。（二）令饬渠号主暂办水利，以免双方争执。除具意见外，并据前情理，合具文呈报钧府鉴核。谨呈张掖县县长杨。

甘肃省张掖县农会理事长张积镛

张掖县建设科就处理平彝乡大满渠水利纠纷事给张掖县政府的呈文

1947 年 3 月 21 日　　张 4-77

案查平彝乡大满沟下号水利委员张成年及民众陈文林、张九成、宋九林等呈诉郝文元、王朝贤、李长奉寻以侮辱张成年，阻挠渠事、妨害水利；又据郝永年、韩天寅、李长泰、王朝贤等呈诉张成年借公肥己、中饱私囊，以渠夫折收小麦、贻误渠事各等情，经派本府指导员许嘉祥彻查，去后兹据报称“张成年以挑渠河夫折收小麦实属实情，并取获折收小麦证据二纸；王朝贤辱骂张成年亦属实情”等情，再查双方各呈互诉，以张成年身为民众表率，各项开支应以明朗化，是为合理；但该员以征调渠夫折收小麦，侵入私囊，影响渠事，既不合理，又不合法。兹将处理办法公陈于后：（一）修渠事宜在急速，饬该乡乡长王保年转令各闸起夫，由副水利委员张学尧暂行督饬挑渠，免误农事。（二）张成年既有取获折夫收价证据，拟即先行停职，传集双方到府对峙，核算账目、依法究办。（三）水利委员一职着饬该乡另选报请接委员。（四）双方殴斗成伤着，事关刑事，拟批示向法院起诉可也。以上五项敬祈。谨呈县长杨。

建设科敏签

张掖县平彝乡民众代表宋蕙林等就张学尧贪污捣乱水利事给张掖县县长的呈文

1947 年　　张 4–77

为元恶大憝妨害民生、恳请彻究以明是非、而免蒙蔽事：

窃查民等昨以营私舞弊、鱼肉乡里等情，将张学尧呈控在案迄已多日，未蒙传讯。顷奉批示内第二项内开“挑渠事宜在急，仍着副水利委员张学尧暂行督饬治理渠务，免误农事”等因，奉批之下、不胜骇异。查此案虽经钧府未曾传讯，但事关贪污，已由民等提起刑事诉讼状，具诉于张掖地方法院检察处法办在案。昨经传唤两造开庭侦查一次，由检察官着令被告张学尧“觅取二百万元之商号保证书，一俟将证人传到，当庭复讯，以凭判决”等因，查该张学尧即有发生刑事之诉讼，何能仍着令该员治理渠务？况水利之事于五日前已由渠、号主老人掌管，等起夫上河、修理渠道去矣。该张学尧，上渠民九闸等绝不认可。且该员贪污各点，确有证据，谨述如下：（一）张学尧辅修龙祖宫并戏楼一座，所有人夫车辆麦草，除由各闸之户民担负外，又按差派国币数十万元。现有派条存证。又各据上有伊之名单可查。此外，又折压河夫四十余名，共收小麦三十余石。该员当刑庭直认不讳。（二）张学尧家近新河，每年河沿上之芦苇草完全被伊割去，又陆续将护河柳株砍伐、变价侵归中饱，再河沿上之草割去一半、牧兰牲畜一半，有新河号主陈发兴足资证明。似此种种弊端，究非贪污而何？查龙祖宫并戏楼，原系旧有，不过因地基潮湿、墙垣崩裂，木料并未有损坏之处，只平垫地種、聊为葺补而已，安得用款如此之巨？其中情形显而易见。该张学尧如果稍知自爱，定当早经清理账目，将手续交代清楚矣。乃竟有意拖延、于中取事，欲将手续湮没无闻，不但将三十四年之账未算，即三十五年之账抗不交代。殊不知该员派收之款及折夫之麦，皆由民脂中所出，焉能安然作罢？事出两歧，民命有伤，只得复呈伏乞县长案下电鉴作主，俯准开庭亲讯、彻查澄清，追吐吞款、以明是非，依法惩戒、庶儆欺罔，则感激无上。谨呈张掖县政府县长杨。

原呈人　宋蕙林　王财德　陈珍林　刑天锐　张文善　宋德先　王才林
被呈人　张学尧

张掖县平彝乡民众代表宋德先等就张学尧贪污捣乱水利事给张掖县县长的呈文

1947 年　　张 4-77

告状人宋德先、王材林、张文善、陈珍林、王安国、宋蕙林、刑天锐、王登云，年各不同，系大满渠下号宋、王、陈、张、永、沿关、小寨、三坝、平彝南北民众，为营私舞弊，鱼肉乡里，恳请法办以儆贪污而维民生事：

缘有本渠副水利委员张学尧，自协助办理渠务以来，始尚勤勉、从公勤劳。至民国三十四年建修龙祖宫并戏楼一座，对于应用之人夫车辆及收入支出之款，均系该员一手经理，遂妄自尊大、肆行恶忌，除按差向户民派收国币一百数十万元外，折夫四十余名约计收去小麦五十余石，均有账可凭。去岁工程告竣之时，民等催促清算账目，该员竟然置若罔闻，抗不清查此项，款资皆由户民脂膏中所积，大多数被其侵略入于私囊。再该张学尧家近河，除每年将新河沿上之芦苇扫除侵归外，又陆续将护河之柳砍伐而去，变价掠归中饱；又每年收来之沙枣亦归私有，此外折压人夫弊端不可枚举。查年来农民之担负十倍于前，委系民穷财竭、十室九空，农村宣告破产。该张学尧如果稍有人心，宜廉洁自矢、清算账目。涓滴入公方为正当，况该员家道殷实、富甲一方，非贫乏者可比。安得假公济私、苛削民财若此之甚，究非贪污而何事？除非法实难隐忍，无奈联名具控，伏乞钧鉴查核、垂恤民艰，恩准拘集质讯，令饬清算账目、究追侵吞之款，并将芦苇、河柳、沙枣等物，全数追吐以除积弊，而以儆将来、庶安闾阎、实深感激。谨呈张掖县政府县长杨。

原告人　宋德先　王材林　张文书　陈珍林　王安国　宋蕙林　刑天锐　王登云
被告人　张学尧

张掖县政府就平彝乡大满渠水利纠纷事的问询记录

1947 年　　张 4-77

唤李长泰入座。

问：姓名、年龄、住址？

答：李长泰，四十八，平彝乡四保，务农。

问：张成年如何成为水利委员？

答：卅一年民众推选为府加委。

问：水利委员负什么责？

答：监修渠口，督浇水利。
问：你们浇水，他负责么？
答：以前有，但石碑损坏后没有。张成年浇水，他开挑某闸。
问：石碑怎么损坏的？
答：淘泉损坏的，亦无认下人。
问：磨楼？
答：张著鉴私修沟渠，出四十斤清油，卅三年修的。
问：小满渠利沟有多少水份？
答：每石粮三寸四，只三百四十石粮，长流不闭。
问：你们五闸出多少夫？
答：五名。
问：他们交下夫民情形，你知道吗？
答：我知道不详细，张成年知道。
问：你们薪费按什么派？
答：渠号主经手，不与农民相干。
问：渠上夫民何人经手？
答：夫民到渠农发点使。
问：你告张成年侵吞小麦，几石，什么粮？
答：我们夫民三十一年有误夫，渠号主清理九石，交有张成乞、张学尧，卖了七石。
问：他们卖麦？
答：他以前具结。
问：有一辆木车？
答：六闸王永太木车清出的。
问：有毛羊两只？
答：亦是六闸清理出的，六闸陈生年的。
问：木柜一个呢？
答：是前任郝永年的。
问：人夫一千二百名？
答：张成年折收两千多名，除他折收外，他折收误夫一千二百名。
问：他折收花户，有证据么？
答：我们五闸能问出，其他地方不好办出。
问：折收花户，每名夫多少钱？
答：不一定，每名折收四斤不等。
问：他每年上河一毕，公布过没有？
答：没有公布过，他把能□出，清算才明白。
问：毛羊，张成年承认一只，再一只是什么人的？

答：毛羊南闸张纬登一只。

郝永年　韩天寅　李长泰

唤张成年入座。

问：姓名、年龄、住址、职业？

答：张成年，六十一，平彝乡七保大满渠下号大五号，水利委员。

问：你是哪年充当水利委员？

答：三十一年四月为府委派。

问：大满渠大五号多少地？

答：二千五百多亩。

问：你当水利委员，办什么了？

答：每年春季督修水渠。

问：浇水的责任，你办么？

答：水以列渠各闸，有各闸负责，我再不负责。

问：你们的渠口在什么地方？

答：黑河口。

问：你前任水利委员是谁？

答：郝永年。

问：以前有个石碑呢？

答：上年民众拉推了。

问：拉碑你在场吗？

答：我没在。我若在，碑不推拉。

问：你们渠上修了磨楼吗？

答：张著鉴私自修的。

问：你们大五号沟小满渠水利哪年立的？

答：民国二十二年。

问：小满头二号水坪怎么分？

答：小满头每有石粮三尺四寸。

问：小满利沟用多少水？

答：他按两千四百石粮使水。

问：你们差夫怎么出？

答：每名差八个民夫。

问：你充当水利委员，修理多少渠？

答：每年建修，雨水广大。

问：你派民夫，有账吗？

答：老人、渠主设过没不知，我在没有设过。

问：小满磨楼每年出交多少清油？

答：每年六十斤，小满三十斤，我们本渠三十斤。

问：这油做什么用了？

答：上渠，在渠上已公垫公用了。

问：□□□□？

答：我们在渠上用了，每年记帐，还有副委员张学尧都知道。

问：你每年怎么清算，有记录吗？

答：每年十月间下渠，同众头人清算，并我家亦有会议记录。

问：这九石麦子，你收去了？

答：这麦子七石是渠主去卖了，结账了。每石粮二十六元，将款垫付粮租，去过会用了。

问：过会时的渠长是谁呢？

答：我提倡大众酬神，十五闸民众都有。

问：过会都去什么人？

答：过会我亦忘记了。

问：这是七石，还有二石做什么用了？

答：这一石二斗拉来卖了，垫牛王家用了。

问：你们没有这麦子过会？

答：没有再计划。

问：本来呢？

答：王永泰误夫。

问：公场在什么地方放？

答：本应在龙祖宫，因庙上道人耳声恐其遗失。

问：□□□□

答：小猪一口，一只羊，我顶了十五斤肉。

问：你开过会议？

答：三十五年开会议，渠主都知道。

问：有什么手续？

答：没有手续。

问：你折收一千二百名夫呢？

答：我没有收过。

问：还有木柜一个呢？

答：我以前同张学尧说过，我用了，以后修理，我出木料。

问：你告王朝贤，是怎么情形？

答：诬骂我，召集开常年会，王朝贤诬骂一顿。

问：诬骂你，提出案诉证人。

答：王才林、王均德。

张成年

处理意见：

张成年供认折收民工小麦八石二斗、石轮大车一辆、羊一只、猪一口，挪用渠内公物木柜一个不讳，并供称上项物件除木柜在渠家使用，石轮大车在渠家□□放外，均以公填公。拟调阅公议坝公会议记录，并添变卖小麦人及弟王玉法、羊主陈□等、猪主王永泰等到案对质，并传张学尧到案侦讯贪污部分，再传有关人证，评询查核。

张掖县参议会就平彝乡大满渠民众代表杨增禄等呈水利专员张成年贪污损伤水利事给张掖县政府的公函

1947 年 3 月 14 日　　张 4–77

张掖县政府：

案据平彝乡大满下号民众代表杨增禄、郝永年、韩天寅等四人呈称“为恃势剥民、以公肥己事：窃缘有本渠水利员张成年赋性阴险、为人刁诈，于民国十七年钻充本渠粮台农官，侵吞官粮、被押在班，旋由县府保人传案，勒令将伊所吞之粮分匀垫交，致使人民代受株累，垫交后始此案了解。迨至三十一年，该员旧技复施、肆行活动，复营充本渠水利员。任事以后，折收农夫麦子一十二石。三十四年秋季，折收河夫一千五百余天，又折麦子二石三斗。又收六闸木车一辆、毛羊二支、肉猪一口，又押收拉马夫三百三十天，又收木柜一个、梁柱一付，均被该员私行运去家中肥怀己。再有三十五年，折收利沟看口夫麦子五斗，查本渠修之初并无利沟，于去年该员私受其贿、新开利沟，致使人民受其损失、该员享其温福。种种侵蚀，人民不堪其苦，于去年据请呈诉水案。该员央请黄会长、李老夫子等拦解，承认清算各年账目，日哄月推、拒不清算。转瞬又值上河之际，若不呈诉清算该员，仍行如前剥削侵吞人民，何堪设想？事关贪污，若不呈诉彻查严办，将何以安民心？是以呈诉，伏乞议长案下做主，怜民疾病、如在怀抱，俯赐传案查讯，以恤民艰而儆侵吞”等情，据此，相应函请贵府查照，彻查究办，并速另派水利员接办渠务，免耽误农田并希见复为荷。此致张掖县政府。

议长　何学颜

副议长　雷增光

张掖县平彝乡民众代表杨多儒等就张成年等捣乱水利事给张掖县县长的呈文

1947 年 4 月 11 日　　张 4–77

杨多儒、王泽隆等为损坏碑文、紊乱渠规，侵吞公款、依势压迫事：

情因张成年自三十一年充当水利员以来，打破前任郝水利员成立昼夜碑文一座，害民众水利章程大乱。又不同民众会议，私通张姓修盖水磨楼子一座，在民河内起拦坝三尺余高；又不同民众会议，将小满渠利沟口下在民渠之内，况尹在头号二号下坪一尺二寸，该张成年与利沟下坪口一尺六寸，多下坪口四寸。民等每九十五石粮出人夫八名，该利沟三百六十石粮亦出人夫八名，民等二十天浇水一轮，而利沟长流不闭。该员侵吞磨楼子清油，折收利沟人夫。大水磨楼子高有三尺，淤水不行，将河沿拉破，小水被利沟口吸去，不能灌溉田苗，侵吞渠夫老斗麦子九石二斗、木车一辆、作麦子二石、毛羊二只、肉猪一口、木柜一座、人夫一千二百名，以上麦子、人夫、物品均被该员侵吞入囊。似此瞒官舞弊、图利殃民，苦害不堪。为此具告，伏乞县长案下作主，依法惩办、保全民生，沾恩不浅矣。谨呈张掖县县长杨。

原呈人　杨多儒　韩天寅　巨得恒　王泽隆
被呈人　张成年

民国三十六年四月十一日

张掖大满渠水利专员张成年就被诬告贪污损伤水利事给张掖县县长的呈文

1947 年　　张 4–77

为诡怪陆离、肆行欺辱，恳请彻查法办以维国法水规各节事：

窃缘李长泰等换□□诬将民呈控在案，适蒙堂讯一次，因两造各执一次，未曾判结。民理应静候复讯，曷敢烦读？但查该李长泰等朋比为奸，除提出民国三十一年已同十五闸之众人署名盖章、业经算过之账，昧良纠缠外，乃又愈演愈厉，竟持出假造之条据，声称折压该闸之民人何世平、刘兴业、韩积功之河夫等语。民闻言不胜惊骇，查如果民有折夫情事，应由民出给条据、方为有效，焉有该何世平自出条据之理？且本年度之河夫，系由渠号主负责管理，民并未干预。其捕风捉影、剜肉生疮，情状昭然若揭。况该李长泰等所控三十一年民侵吞小麦七石数斗一事，此项小麦系渠主王德玉变价在龙祖宫颂经建醮，费用已讫。再王寨、宋寨之小麦一石二斗，系小差沈玉文出卖交付牛王宫之布施矣。此二项有王德玉、沈玉文二人足资证明。至于小猪一口、小羊一只，有王宗元、张瑞林经手，确□可证，乃□诬被民侵蚀，何其诬枉之甚！其阴谋险狠、血口喷人，亘彰然矣，请将此内有关三人何世平等添传到案、当面对质，则是非立判、皂白分明矣，事出栽赖、名誉有伤，无奈披沥覆呈，诚恳县长案下奉镜高悬、犀独照奸，恩准添传何世平归案、逐组侦查，自不难水落石出、真情立见。然后实究虚坐、无枉无纵，以彰公道而肃法纪，则民感激无极。谨呈张掖县县长杨。

原呈人　张成年
被呈人　李长泰　王治邦
赵兄福　郝文元
陈发泰　何及第
薛戍良
证人　王德玉　沈玉文

张掖县法院就票传平彝乡大满渠水利纠纷涉案人员给张掖县长的报告

1947 年　　张 4–77

奉钧府令，平彝乡原告李长泰、郝永年、韩天寅等，被告人张成年、宋世昌等，原被告到案，理合报告。谨呈县长鉴核施行。

张掖县张廷彦就张成年等不再滋事给张掖县长的保状

1947 年 6 月 4 日　　张 4-77

具保状人张廷彦，住甘泉巷三十三号，今保到县长案下：

情因有张成年、陈文林二人因案涉讼，顷蒙堂讯，令饬该二人“自此以后再不准滋事”等因，奉示之下该二人，情愿遵照指示，各即再不生事，倘有违犯之情形，由保人负其完全责任，所具保状是实。谨呈张掖县县长杨。

具保人　张廷彦

被保人　张成年　陈文林

民国三十六年四月

张掖县政府就张成年等被控贪污损害水利事的侦讯笔录

1947 年 4 月 19 日　　张 4-77

原告：李长泰、郝永年、韩天寅

被告：张成年、张延年、陈文林

传：张学尧、何及第、王德玉、张勤俭、王才德、李兆元、王朝贤

唤李长泰入庭。

问：姓名、年龄、住址、职业？

答：李长泰，四十八，平彝乡第四保，务农。

问：你负责水利责任吗？

答：我没有负责水利责任。

问：张成年是你们告的吗？

答：是我们告他的。

问：为什么事告他的？

答：治水不公。卅一年以前郝永年治水，龙祖宫立有石碑，大沟各闸号灌水日期均匀，明毫无紊乱。自张成年接办以来，石碑损坏。再有浇水日期昼夜，由张成年开散水帖，有岁不公。

问：这石碑是不是张成年损坏的？

答：亦不知道什么人打破损坏的。

问：你们的渠名是什么名称。

答：大沟渠王下号。

问：你们上下多少粮？利沟多少粮？

答：小满渠头二千九百石粮，我们上下号二千零二十石，我们下十五闸。

问：你们取水浇田是什么时候？

答：春季起夫上河，水利员督催挑渠，立夏前开口放水浇田。

问：修理多少日期？

答：四十五天。夏天再有水大拉破渠坝，险时起夫抢修。

问：你告他张成年侵吞什么麦子呢？

答：上渠误夫，卅二年清算九石交张成年、张学尧，由何及第家拉去卖了七石。

问：利沟出多少夫民，你们上下号出交多少夫？

答：利沟上自六十石粮，出夫民八谷，我们九十石粮，亦出八谷，云利沟是张成年未通知民众，泉就开的，河泉日是小满头号。

问：这磨楼是哪年修的，每年出多少钱，作什么用？

答：亦是张成年私自允许修的，水势涨大，闸被拉坏，我们受害，每年出的清油，张成年私自用了。利沟常流不闭。

问：利沟渠口多大？

答：原日渠口一尺二寸，现在一尺六寸。

问：利沟水原日是在什么渠内浇水呢？

答：原日小满渠须水没劣开的我河。

问：磨楼什么人修的？

答：张著鉴修的。

问：你告折收多少夫民？

答：一千二百名夫，每名夫折收麦三四升不等。

问：一千二百名折收多少麦子？

答：九石多。

问：再有什么？

答：王永泰□夫有木车一辆，陈生元□一□□，毛羊二支。

问：现在渠口挑开了没有？

答：挑开了。

问：再没有什么了？

答：昨天张成年主谋派了五十多名人上河打张学尧，张学尧跑了，未找着。

唤郝永年。

问：姓名、年龄、住址？

答：郝永年，六十岁，大满渠。

问：你告张成年的？

答：是的。

问：你听李长泰说的话对不对？

答：就是一样的话。

问：你有什么意见？

答：他把浇水的石碑打破，浇水紊乱。

问：这石碑何人立的？

答：我兄郝岳垂立的。

问：渠挑开了没有？

答：挑开了。

唤韩天寅到座。

问：姓名、年龄、住址、职业？

答：韩天寅　五十岁。

问：你听他二人告张成年说的话对不对。

答：都是一样对的。

问：再有什么？

答：就是昨天张年成派几十夫上渠打张学尧。

问：来的民众有去的人吗？

答：宋会林去来的，还有杨学礼。

唤宋会林。

问：你叫什么名？

答：宋会林。

问：你昨天上渠做什么去了？

答：我没上渠。

问：你打张学尧，为什么唤你去的？

答：我没去过，不知道。

唤杨学礼。

问：你叫什么？

答：杨学礼。

问：你昨天渠上做什么的？

答：我没上过渠。

问：谁叫你打张学尧的？

答：我没上渠，他说有证人，传来对质。

问：你们今天没人传你，你来做什么？

答：我听发词了。

唤张学尧入座。

问：你在渠挑渠，渠有多少夫。

答：现在一万卅多名。

问：你下来，谁领上挑渠？

答：渠主、号主带领督修。

问：你告张成年吗？

答：是我告的。

问：你告他什么？

答：昨天张成年主派五六十人上渠打我，有会农□吓退。

问：你为什么修龙祖宫不算账？

答：账目都交张成年了。

问：你为什么在沿河放牛收割芦苇，打收沙枣？

答：放牛四个小牛，收割麦子，我每年出钱，沙枣有□□□□[①]二人经受。

唤何及第到座。

问：姓名、年龄、住址、职业？

答：三十八岁。

问：你家寄放了多少麦子？

答：卅二年寄放□石。

问：是什么麦子？

答：误夫清算石的。

问：麦子呢？

答：张成年、张学尧来卖给我了，每斗二十七元。

问：只放了麦子。

答：放了几天，就卖了。

唤王得玉到座。

问：你叫什么名字？

答王得玉。

问：张成年折收误夫麦子多少？

答：七石多。

问：卖了吗？

答：卖了，龙祖宫过会酬神用了。

问：什么时期？

答：卅二年七月。

唤王朝贤。

问：你叫什么名字？

答：王朝贤，五十五岁。

问：你知道什么了？

答：他收去误夫麦子二石三斗，猪一口，毛羊二支，王永泰木车一辆。

问：猪、羊、木车是什么人吗？

答：木车是王永泰，猪杨生元的，羊韩天寅的。

问：李长泰告宋世祥干什么呢？

答：殴打王朝贤。

问：宋世祥是你的什么人？

答：同族孙子。

问：你告张学尧怎么了？

答：张学尧他把河沿上放牛，把芦苇他割去了，还有一石多沙枣都拿去了。

---

① 编者按：此四字模糊，未可识。

问：□会林，你是□□成来了？

答：曾桑传案，我来听。

问：你告的谁？

答：张学尧。

问：你告他，为什么？

答：他修龙祖宫，未算账。

问：再有什么呢？

答：□子沙李，他都拜去了。

问：你唤什么名字？

答：王安国。

问：你告张学尧，为什么？

答：建修龙祖宫，卅四年七月，每名大差派四□四斗麦子，人夫都派出，他抚不再账，就问沿岸小沙枣一石，都栽他手去了。

问：再有什么呢？

答：再没有什么了。

问：你们谁传你们去呢？

答：没人传。

问：张成年他们听传，你们不务农，为什么来？做什么呢？

答：用水利呢，我们来听。

唤张成年列座。

问：你就是张成年吗？

答：张成年。

问：他们告你，你折收民夫一千二百名。

答：我没有折收过，他们陷害我的。

问：以前嘱咐你们两相调解，为什么不遵？

答：他们独告，不遵调解。

问：你收去九石多麦子，有这事呢？

答：龙祖宫酬神用七石，一石二斗或牛王宫过会用了。

问：木车有这事？

答：卅四年在渠上顶款，在我家寄放。

问：你拉去杨桂贤、张登□羊二只。

答：杨桂贤一只，张登□没有。

问：猪是谁的？

答：小猪一口，我顶猪肉渠主。

问：利沟开渠，你每十五闸通知吗？

答：开会议办的。

问：你有记录吗？

答：我们没有官记录，各渠都去的人。
问：利沟口一尺二寸，为什么用一尺六寸？
答：政府有命令，陶□长、水利工作站、农会都在场办，还有科长。
问：你在开就利沟，同民众知晓？
答：大沟渠员农官、王农官、张农官知道。
问：利沟出交少数夫民。
答：四十名。
问：大五号？
答：十一名。
问：昨天你使几十人抓张学尧去吗？
答：我没有。
问：水磨修理，每年出多少油？
答：每出六十斤公用。
问：在什么地方公用？
答：上渠、挑渠，在渠公用的。

李长泰　张成年　张延龄　王安国　王朝贤
杨学礼　宋会林　何及第　张勤艰　郝永年
陈文林　蔡得贤　王德玉　张学尧　韩天寅

甘肃省第六区专员就郭长寿等呈诉张登科妨害水利事给张掖县长的代电

1947 年 6 月　　张 4–77

张掖县政府：

案据该县平彝乡第五保农民郭长寿等呈诉“张登科等背据填闸、妨害水利，恳请查办”等情到署。查水利问题至为重要，务必妥慎解决、以弭纠纷。该民等所呈如属实情，着由该县长负责切实处理报核。兹将原呈随文抄发，仰即遵办为要。

专员兼司令王维墉二（36）巳

中华民国三十六年六月

张掖县民众代表郭长寿等就呈诉张登科妨害水利事给甘肃省第六区的呈文

1947 年 5 月　　张 4–77

具呈下情恳恩人郭长寿、吕永清、闻国才等年各不同，系张掖县平彝乡第五保新沟坝民，业农，为背据填闸、妨害水利，愿恳鸿恩、轸恤民艰，迅赐设法解救以资灌溉而活生命事：

窃查民等新沟坝原日浇灌者系沙岗墩之泉水。讵知民国三十二年，因天道亢旱、地气干燥，此水突然干涸，以致被旱成灾，户民受制不浅。遂由公众议决投入大满下小号一河使水，即请该号水利员张登科、前平彝乡长李克成并四号之代表及渠众等二十余人制备酒席，同场商酌妥帖，允许民等在尹河内开口下坪，按粮分水。所有应出人夫并差款等项，均各从优应付。随时书立水案合同字据两纸署名盖章，两造各执一张，永远遵循。乃自三十三年浇灌至三十五年，春间偶因雨雪不时、河水淤细，该号众等不守信用，公然将民等之坪木拆毁，不令民等浇灌，致使民等已种之麦苗晒成枯蒿、未种者遍地焦赤，将户民终岁之勤劳尽归于虚乌。不但粮草公款无着，即衣食需用亦无法维持矣。虽然，而粮草公款催追急迫，立逼卖车卖牛者有之、典当衣物者有之，甚而鬻子卖妻，其惨苦情形言之，不禁声泪俱下。民等刻即呈请县府查办在案，乃竟延时日、终无归宿。民等迭次呈催，始蒙县府、乡公所调解，经乡长屡次传唤，该张登科同张有山等十人均皆抗不到场。民等仍旧据情复呈县长，复经延商多日，仍又批令乡公所□□□□□□，闻言不胜骇异。查水利关乎生计、命脉攸关，上供国赋、下给衣食，岂得漠视不理。况民世就沟坝，原有田地二百数十余亩、额粮十数石。自清丈地亩以来，竟丈成六百九十余亩，则粮草不言而喻较前增加数倍。目下小满已过、芒种将近，倘再延缓，则田地荒芜、鞠为茂草犹小焉者耳，而民等同村数十家之生命实难保存矣。势逼如此，无奈匍匐呈明，敢乞钧座恫怜在抱、恻隐关怀，恩准提前拯救、平均水利以苏涸鲋而解倒悬，则民众骨肉感恩戴德、于生二世矣。临呈不胜迫切之至。谨呈甘肃省第六区专员王。

原呈人　郭长寿　吕永清　闻国才　李天福
郭增寿　闻国岁　康文学　闻国礼
被呈人　张登科　张有山　张进学　王家喜
李瑞珍　王三英　赵文林　杨生清
赵育满　蔺正家

证物、合同水案字据附

民国三十六年五月

张掖县政府就处理张登科等妨害水利事给平彝乡长王保年的训令

1947 年　　张 4-77

令平彝乡长王保年：

甘肃省第六渠行督察员王保年私令公署二（36）巳字第一四零三号代电饬“郭长寿等呈诉张登科等妨害水利一案切实处理报核”等因，奉此，查此案前经呈诉，本府建（36）寅字第 12 号令抄农会会长，仰该员查处并具报在案，尚未呈复处理情况，实际延缓。奉电，再令仰该乡长遵照，三日内处理详赡，仍报府凭核为要。此令。

县长杨

张掖县政府就处理平彝乡新沟坝水利纠纷事给小四号渠水利委员及平彝乡乡长的训令

1947 年 4 月 8 日　　张 4–77

建（36）卯字第 0999 号

令小四号渠水利委员张登科、平彝乡乡长王宝年：

案据该乡新渠沟坝民众郭长寿、吕永清等“呈请维持原案，平均水利并恳传迅小四号渠水利委员张登科到案，令饬遵照前立合约水案，开口下坪以资救济”等情，经本府传集两造侦讯，郭长寿等供称“以新沟坝原赖沙岗墩泉水灌田，至卅二年沙岗墩泉水以天旱干涸竭，求设法救济。经本府派员会同平彝乡长召集小四号渠水利委员长商议妥协，准由小四号渠内使水。至去年不知何故，该小四号渠长张进学等不许使水”等情，据水利委员张登科所称亦与原告所称相符。惟小四号渠长不许使水原因，据张登科供称，因新沟坝民与小四号渠长有口角之争。遂引起阻水问题，别无他故。具以上论断，本案内幕并不重大，合令行仰该水利员、乡长会同平彝乡长王保年、小四号水利委员张登科召集双方当事人，秉公调解，俾仍维持原渠，使水仍旧，将此情形具报为要。此令。

县长杨

张掖县政府就该乡速报处理郭长寿与张登科水利纠纷事给平彝乡长的指令

1947 年 7 月 27 日　　张 4–77

建（36）午字第 2473 号

平彝乡王乡长鉴查：

前奉六区专署二（36）文代电。饬查本县平彝乡第五保新沟坝农民郭长寿等，呈诉张登科等背据填闸、妨害水利一案。经本府以建（36）巳字第（1947）号训令，仰该乡长遵照，限三日内将该案处理情形具报，逾期已久，迄未按报□□延缓，合再电仰该乡长于电到即日内速将处理，详传具报为要。

县长杨建（36）午印

甘肃省第六区专员就催促办理平彝乡民郭长寿呈诉张登科等妨害水利事给张掖县长的代电

1947 年 7 月 22 日　　张 4–77

建午字第 5258 号

张掖杨县长：

案查前据该平彝乡第五保农民郭长寿等呈诉张登科等妨害水利一案前往本署，以二（36）巳字第（1403）号代电饬切实处理，现逾时已久，迄未到拟究遵办情形，仰逗详复、以凭核夺。

专员兼司令王维墉二（36）午谏（印）

张掖县建设科就并案调查郭长寿呈请维持水利原案事给张掖县长的意见

1947 年 4 月 22 日　　张 4-77

建签字第 036 号

谨呈张掖县长杨：

据平彝乡新沟坝民众郭长寿、吕永清等十人“呈请维持原案，平均水利并且传讯小四渠水利委员张登科到案，令饬遵照前立合同水案、开口下坪以资救济”一案。查此案前据该民等呈诉以“新沟坝民卅二一年侵入小四渠一河使水，当时宴请该渠水利委员张登科四名代表及渠众等同商妥协议，立有合同，水渠字据两造各执一张，并议每年应出水夫三名”等情形，此案本府未曾呈核有案。本案业已于本月十六日出票，传讯拟仍并案讯明详情后，再行处理。可否，敬祈钧令。谨呈县长杨。

张掖县陈开周等就呈请维持原案事给张掖县县长的呈文

1947 年 6 月 24 日　　张 4-77

查此案前据该民等呈诉到府经令饬平彝乡乡长处理，并具报在案。尚未呈报前来究竟如何处理，由该乡长具实呈报后，再夺所拟可否签请。谨呈县长杨。

陈开周

张掖县参议会就平彝乡五保农民郭长寿等十人申请维持原案平均水利事给张掖县政府的咨文

1947 年 3 月 17 日　　张 4-77

咨第 361 号

案据平彝乡五保农民郭长寿、吕水清、康文学等十人申请书称“为无水浇灌，有碍民生，恳请水鉴维持原案平均水利，以资救济，而活生命事：窃查民等新沟坝原有田地二百数十余亩，承粮十数余石，历年以来浇灌田苗，全靠沙岗墩之泉水。讵至民三十一年，清丈地亩之时，将民等原有之地丈成六百九十余亩，较前增加两倍，而粮草亦复增加。事关功令，亦惟徒唤奈何而已。不意灾自天降，人所难料，乃于三十二年沙墩渠泉水，突然涸枯，以致被旱成灾，户民终岁之勤劳尽归虚乌。不但衣食无着，即粮草公款亦无所出，立逼户民卖牛卖车、典当衣物，甚而鬻子质妻完纳国赋者所在皆是。似此种种惨苦言之，不禁声泪俱下。民等再四商量，别无生路，惟有投入大满下小四号较为得计。于是请同该渠水利委员张登科、四号代表及渠长等数十人同场商酌妥协，许民等与该号一河使水，当即书立水案合同字据。两造各执一张存查，议定每年民等应出黑河口下河人夫一名，连同□

河筑堤之夫统计三名。民等惟命是遵，遂由该渠当事之人与民等下坪开口、借资浇灌，再无异议。乃自三十三年开始浇水起至三十五年浇灌苗水之际，偶因雨泽愆期、河水淤细，该渠之人公然将民等之坪木拆毁、口岸填闭，不令民等浇灌，致使民等已种之麦苗晒成枯蒿、未种者遍地焦赤，其害苦不堪言。旋经民等迭次呈请县府维持原案、平均水利在案，乃竟迁延时日，终无归宿。伏思水利系生民之命脉攸关，上供国赋、下给衣食，何等重要，岂可漠视不理？况目下清明已过、春水在即，倘再延缓，不惟田地荒芜，而粮草公款无所指靠，即民等合村十数余家之性命亦难保存矣。事出危机、民命有为，除呈请县府核办外，理合具文声请，伏恳饥溺萦怀，对于小民攖心之请，莫不急为缓颊、俯赐体恤民难，据情函转县府及传该渠水利委员张登科到案，令饬迅速照旧开口下坪，与民等一河使水，以苏涸鲋而救危亡，庶重水利，如蒙洪恩，则民等生死感恩戴德。谨呈”等情，据此相应函请贵府查照核办为核。此致张掖县政府。

张掖县政府议长何学颜　副议长雷增光

张掖县政府就无水浇灌有碍民生恳请水临维持原案事的问询记录

1947 年 4 月 17 日　　张 4–77

该原被告齐传到案为要。

原告：郭长寿、吕水清。

被告：张登科。

中华民国三十六年四月十七日

询问笔录

问：你们办业有什么？

答：写立合同字据。

问：你浇小四号的水，你为小四号付义务吗？

答：我们出夫四名渠。

问：哪年办的？

答：卅二年胄问办的。

问：你们由哪年浇水到哪年未浇水呢？

答：卅二年、卅三四年浇、卅五年把我们的水枰损坏，再未浇过。

问：他把渠口水枰拉坏，你为什么不告呢？

答：我们告下派县督负责调查。

问：现在小四号为什么不让你们浇水？

答：他况里河浇水，不让我们浇。

问：埋经水枰什么人？

答：张附学、□正山、王三英、李金秀。

询问笔录

问：姓名、年龄、住址？

答：郭长寿，卅七，平彝乡七保。
问：新渠坝多少地？放纳多少粮？
答：二万几十亩地，纳粮十石多。
问：你们以前浇的何处水？
答：泉水，卅一年泉干，没再浇水。
问：大满小四号的，他就让你浇吗？
答：我们邀请政府谕令，有关人员督办的。
问：卅一年写立合同，都用过什么人？
答：□庙陶科长、农会科长、水利工作站科长、□□科长、小四号渠人。
问：你们办理有什么？
答：写立合同字据。
问：你浇小四号的水，你小四号尽义务吗？
答：我们出夫四麦渠。
问：哪年办的？
答：卅二年尾办的。
问：你们由哪年浇水到哪年未浇水呢？
答：卅二年、卅三四年浇，卅五年把我们的水枰损坏，再未浇过。
问：他把渠口水枰拉坏，你为什么不告呢？
答：我们告下派县督负责调查。
问：现在小四号为什么不让你们浇水？
答：他况里河浇水，不让我们浇。
问：埋经水枰什么人？
答：张附学、□正山、王三英、李金秀。
问：埋水枰以没，你让他们小四号交涉过没有？
答：把坪拉过，我们向他交涉，尹说字据为造，我们才进城，告诉的。
问：你说话实在吗？
答：实在的。

郭长寿　吕永清

问：姓名、年龄、住址？
答：张登科，六二，平彝乡二保小四号水利委员。
问：你当水利委员几年了？
答：七年了。
问：新沟坝说卅一年商办在小四号浇水实在吗？
答：都是实在的。
问：既经商办浇水，为什么埋坪不要他们浇水？
答：我是负里间口治水以下浇水由小四号西田渠长负责埋坪。
问：你的小四号？

答：账过学□正国。

问：你的意思，叫新沟坝浇水吗？

答：亦应误浇水新沟坝亦永粮七八百石，以前我们同办的，写立字据合同。

张登科

甘肃省政府就张掖县参议会提案修建黑河口龙坝事给张掖县政府的指令

1948 年 8 月 16 日　　张 4–96

甘肃省政府指令建水三（37）未第□□□□号

张掖县杨县长：

本年七月十日张二（37）午字第二五八九号呈件均悉。关于河西水利，已由水利部甘肃河西水利工程处拟有整个进行计划，除函河西水利工程处特加注意外，仰知照。

主席郭

处理意见：

□函复查照。

张掖县政府就专呈张掖县参议会提案事给甘肃省主席的公函

1948 年 7 月 10 日　　张 4–96

张三（37）午字第 2589 号

甘肃省政府主席郭：

呈准本县参议会□参秘二（37）午字第一九九号函送二届三次大会第十三号提案“□□□省府提建议于□建修黑河口龙坝，增加水量由”。查此案关系本县农田水利甚大，应予彻底建修以重永久而兴水利。抄呈原提案一件，谨慎核示。

附件原提案（提案第 13 号）：

提案人：王荣材、杨自廉。

连署人：雷增光、杨景春。

主文：建议县府呈请省府拨发专款建修黑河口龙坝以资增加水量而利生产案。

理由：查黑河口十四渠分水处于每年春季必建修龙坝一次，所用材料系石沙和枝草等物，虽费多数人力建修完成，但不耐用，一经大水流来，即被推倒，河水乱流，田苗受旱，兹为一劳永逸计，拟请县府转请水利机构贷款设计建筑新式水坝而减少人民直接间接之损失。

意见：

（1）函请县府聘用水利工程师测量设计建筑。

（2）款项呈请省府拨发，如不足时再由十四渠筹集。

大会决议：修正通过，函请县府办理。

处理意见：

谨□□□□。

张掖县政府就函复呈建修黑河口龙坝一案办理情形事给张掖县参议会的公函

1948 年　　张 4-96

张三（37）午字第 2590 号

张掖县参议会：

转参秘二（37）午字第一九九号函送第一三号提案敬悉。已转请省府核示矣，希查照为荷。

县长杨

张掖县政府就函复呈请省府核示修建黑河□龙坝一案情形事给张掖县参议会的公函

1948 年　　张 4-96

张三（37）未字 6415 号

张掖县参议会：

查前准案令张参秘二（37）午字第一九九号函□转请省府拨荐专物建修本县黑河□龙坝□。经呈示省政府水三（37）未字第二九二九号令示，查关于河西水利已由水利部甘肃河西水利工程处拟有整个进行计划除函河西水利工程处特加注意外仰知照。函复查照为荷。

县长杨

民国三十七年八月二十九日

张掖县参议会就建议县府令饬各渠水利员于立夏前半月开口而利农田灌溉事给张掖县政府的提案

1948 年　　张 4-96

张参秘二（38）卯字第一四二一号函送二届六次大会提案（提案第 20 号）

提案人：王荣林。

连署人：杨景春、任松年、甄汉佐、许桂林、左宝珠、董钤、刘澄。

主文：建议县府令饬各渠水利员于立夏前半月开口而利农田灌溉案。

理由：

（一）各渠水利员向以旧习惯为例，不照规定时间督修河工，而耽误开口，影响苗水。

（二）不照旧例规定夫名下河作工。

（三）以上各项弊端不除，致于每年夏苗灌溉时常闹水利纠纷，农民无形中受人为之旱灾。

意见：

（一）政府应派专人严厉督工按时开口。

（二）政府应随时会同参议会抽点各渠下河人夫。

（三）分别照办并复□□电各渠水利员照遵办并复。

大会决议：

函请县府召集水利督导团及各渠水利员商讨决定。

临泽县政府就电请响应建修梨园口蓄水池库以利民生给张掖县政府的代电

1948 年 2 月 12 日　　张 4–97

□字第 0030 号

张掖县政府公鉴：

查本县响山河发源于祁连山内，流经本县宣威、沙河、昭武三乡注入黑河，为黑河流域主要支流之一。惜河细水小，仅足本县应用，惟至秋冬二季，雪水融化、水量甚大，然已过农时、任其流注，无法利用。倘在该河中游梨园口附近兴建蓄水库一座，不仅对本县农田灌溉大有裨益，即张掖、高台、鼎新、金塔等县亦可均沾水利、调剂灾里。上年经呈准省府派工程师莅县勘察，在本县梨园口适宜建修，呈经水利部核准后即可开工。兹复经本县参议会建议嘱“呈请省府早日开工建修，并咨邻封县份一致主张”等由，过府，除呈请省府核示并分电外，相应电请查照惠予响应、一致主张，以利民生为荷。

临泽县政府建（37）丑字贺印

中华民国三十七年二月二十日

处理意见：

拟复并呈请省府准由张、临两县共同使用。

张掖县政府就为配合临泽县建修梨园口蓄水库事给张掖县参议会及临泽县政府的公函

1948 年 3 月 6 日　　张 4–96

公函三（37）寅字第□号　民国三十七年三月六日

张掖县参议会：

案准临泽县政府建（37）丑字第□号代电开，入原文，等由，准此，除函外相应函请贵会查照核议见复为□。此致。

张掖县政府

临泽县政府：

案准贵县建（37）丑字第（0030）号代电嘱响应建修梨园口蓄水库以利民生，省府一致主张修复等由，准此，除函饬本县参议会核议外，相应函复，查照为□。此致临泽县政府。

县长杨

张掖县参议会就盈科乡下七周王上闸民众代表王安德等七人称水利不足灌溉恳请增加昼夜事给张掖县政府的公函

1948 年 3 月 15 日　　张 4-96

张参秘二（37）寅字第 110 号

案据盈科乡下七周王上闸民众代表王安德等七人呈称“窃缘张掖黑河水利各有口界、各有昼夜，毋相紊乱。如我盈科渠下七者地居渠尾，自昔规定水利昼夜例如下七五昼夜、上八三昼夜、四工三昼夜、三工长安逢月之大建五昼夜、小建四昼夜，周而复始、轮流浇灌，共计昼夜一十五天，挨浇一轮。乃代表等周王上闸，犹居下七各闸之末尾，其所以规定五昼夜者，因下七地处下游，正所谓南山取水而北山用，距离水源有一百二十里，且经过地点有三十六沙滩、七十二拐弯，其多两昼夜者名曰润河。或逢水利微细之时，常两昼夜尚不能见，较之上八、四工三昼夜实相同而不相异也。近数年来代表等周王上闸屡被旱灾，钧会有案可稽，谅亦早在见闻之中，以致民生凋敝、农村破产，上无国赋可供，下无衣食可资，困苦已达极点，农村何由增加□□，揆度缘由皆水利不足故耳。代表等再三筹思，无法可相，若非增加昼夜，则民众实无再生之路。且增加昼夜系取之于盈科渠而用之于盈科渠，与他渠并无挂碍。现值国家调整水利为民造福。素稔钧会改进农村建设，对于地方水利尤属当务之急，是以具情联名上陈，并祈参加意见函转县府开会讨论，酌量增加昼夜，以足浇灌而示体恤，实为功德两便等情”，据此，相应函请贵府查照核办为荷。此致张掖县政府。

议长　杨自廉

副议长　雷增光

处理意见：

三移水利督导团办并复。

民国三十七年三月十二日

张掖县下七周王上闸民众代表王安德等就呈请水利不足浇灌失期恳祈增加昼夜事给张掖县县长的呈文

1948 年　　张 4-96

呈为呈请水利不足、浇灌失期恳祈增加昼夜，以示体恤事：

窃缘张掖黑河水利各有口界、各有昼夜，毋相紊乱。如我盈科渠下七者地居渠尾，自昔规定水利昼夜例如下七五昼夜、上八三昼夜、四工三昼夜、三工长安逢月之大建五昼夜、小建四昼夜，周而复始、轮流浇灌，共计昼夜一十五天，挨浇一轮。乃代表等周王上闸，犹居下七各闸之末尾，其所以规定五昼夜者，因下七地处下游，正所谓南山取水而北山用，距离水源有一百二十里，且经过地点有三十六沙滩、七十二拐弯，其多两昼夜者名曰润河。或逢水利微细之时，常两昼夜尚不能见，较之上八、四工三昼夜实相同而不相异也。近数年来代表等周王上闸屡被旱灾，钧府有案可稽，谅亦早在见闻之中，以致民生凋敝、农村破产，上无国赋可供，下无衣食可资，困苦已达极点，缘由皆水利不足故耳。代表等再三筹思，无法可相，若非增加昼夜，则民众实无再生之路。且增加昼夜系取之于盈科渠而用之于盈科渠，与他渠并无挂碍。现值国家调整水利为民造福，素稔我县长恫□在抱、恻隐为怀，下车伊始即以调查水利为庶政之首位，足见爱民之至意，唯此不揣冒昧，具情上陈伏乞钧府电鉴核夺，俯准恩施格外，迅予召开水利商讨大会酌量增加昼夜以足灌溉，而示体恤。临呈神驰，不胜迫切，待命之至。谨呈张掖县县长、水利督导团团长杨。

下七周王上闸民众代表　王安德　李亨元　王忠诚　王槐秀

王得名　王在中　王九秀

中华民国三十七年

张掖县政府就下七周王上闸民众代表王安德等就呈请水利不足浇灌失期恳祈增加昼夜事给盈科渠水利委员王登魁的训令及批示

1948年3月　　张4-96

张掖县政府训令三（37）寅字第1009号

令盈科渠水利委员王登魁：

案准本县参议会□参秘二（37）寅字第二零号“□□处盈科下七周王上闸代表王安德等呈以水利不足请增加昼夜一案，希查照核办”由，准此，经移交本县水利督导团，务令□决议令盈科渠农遵照□下七周王上闸水不呈府，由盈科全渠匀水浇灌等语□录□令，除函批外，合行令仰该员遵照办理为要。此令。

县长杨

张掖县政府水利督导团批示（37）寅字第一二二九号

具呈人盈科下七周王上闸代表王安德二十七人呈一件“呈请召开水利大会酌量增加昼夜由”呈悉，经提交本团第二次团务会议决议，令盈科农□□下七周王上闸水□呈府着由盈科全渠匀水浇灌等语□录□□，除令饬□水利委员王登魁遵照办理外，令行批示，仰即知照。此批。

中华民国三十七年三月

县长兼团长杨

张掖县参议会就盈科渠下七沈上民众代表陈嘉瑞等七人呈为水利不足浇灌失期恳祈增加昼夜以解民困事给张掖县政府的公函

1948年3月　　张4-96

张参秘二（37）寅字第121号

张掖县政府：

案据盈科渠下七沈上民众代表陈嘉瑞、金资练、金宝善、王兴国等七人呈称“窃缘张掖黑河水利各有口界、各有昼夜，毋相紊乱。如我盈科渠下七者地居渠尾，自昔规定水利昼夜例如下七五昼夜、上八三昼夜、四工三昼夜、三工长安逢月之大建五昼夜、小建四昼夜，周而复始、轮流浇灌，共计昼夜一十五天，挨浇一轮。乃代表等沈上闸，犹居下七各闸之末尾，其所以规定五昼夜者，因下七地处下游，正所谓南山取水而北山用，距离水源有一百二十里，且经过地点有三十六沙滩、七十二拐弯，其多两昼夜者名曰润河。或逢水利微细之时，常两昼夜尚不能见，较之上八、四工三昼夜实相同而不相异也。近数年来代表等沈上闸屡被旱灾，钧府有案可稽，谅亦早在见闻之中，以致民生凋敝、农村破产，上无国赋可供，下无衣食可资，困苦已达极点，缘由皆水利不足故耳。代表等再三筹思，无法可相，若非增加昼夜，则民众实无再生之路。且增加昼夜系取之于盈科渠而用之于盈科渠，与他渠并无挂碍。现值国家调整水利为民造福，素稔钧会改进农村建设水利对于地方水利，尤属当务之急，是以具情联名上陈，并祈参加意见函转县府开会讨论，酌量增加昼夜，以足浇灌而示体恤，实为功德两便”等情，据此相应函请。贵府查照于开水利会议时提会讨论为荷。此致张掖县政府。

议长　杨自廉

副议长　雷增光

处理意见：

查案复。

张掖县参议会就盈科乡第五保李发甲等八人呈为地多水少水利不均呈祈会勘早为调整案请查照核办事给张掖县政府的公函

1948 年 3 月 24 日　　张 4-96

张参秘二（37）寅字第 122 号

案据盈科乡第五保上八村下老农民李发甲、李增荣、范学智等八人呈称窃查老君闸早年一口使水，分为上老、下老。旧日上老承粮一百八十石，应浇水二昼夜；下老承粮一百三十石，计地一千二百亩，应浇水一昼夜。自田赋土地清测后，将民之下老碱潮、湖滩、崖湾、荒滩不毛之地完全丈为地亩，按地承粮纳款，比较旧地增出一千二百亩，连同旧地二千四百亩多出一倍。目下上老承田粮一百三十石、仍浇水二昼夜，民之下老田粮为一百四十石、地为二千四百亩，仍然浇水一昼夜，势必地多水少不浇灌，似此情况大有不公。但查下老末尾下坝距河甚远、迭受亢旱，比如去年无水浇灌，实成灾患，有卷可稽。农民十空九丢，叫苦连天、惨不忍闻，户民纷纷流离、苦不堪言。若不早为调整、按地平水，今岁又遭灾患、难以立足，情出特殊，除分呈救济外，为此早为呈请钧座电鉴允准，转函县政府会同王水利员并参议会派员查勘，按地分水，以彰公允，而利民生，谨呈”等情，据此，相应函请贵府查照核办为荷。此致张掖县政府。

议长　杨自廉

副议长　雷增光

处理意见：

查案复。

民国三十七年三月二十四日

张掖县盈科乡第五保上八村下老民众代表李发甲等为地多水少水利不均请乞会勘早为调整免受灾患事给张掖县县长的呈文

1948 年 3 月　　张 4-96

张掖县县长：

案据盈科乡第五保上八村下老农民李发甲、李增荣、范学智等八人呈称“窃查老君闸早年一口使水，分为上老、下老。旧日上老承粮一百八十石，应浇水二昼夜；下老承粮一百三十石，计地一千二百亩，应浇水一昼夜。自田赋土地清测后，将民之下老碱潮、湖滩、崖湾、荒滩不毛之地完全丈为地亩，按地承粮纳款，比较旧地增出一千二百亩，连同旧地二千四百亩多出一倍。目下上老承田粮一百三十石、仍浇水二昼夜。民之下老田粮为一百四十石、地为二千四百亩，仍然浇水一昼夜，势必地多水少不浇灌。似此情况大有不公。但查下老末尾下坝距河甚远、迭受亢旱，比如去年无水浇灌，实成灾患，有卷可稽。农民十空九丢，叫苦连天、惨不忍闻，户民纷纷流离、苦不堪言。若不早为调整、按地平水，今岁又遭灾患、难以立足，情出特殊，除分呈救济外，为此早为呈请钧府电鉴，允准派员会同参议会王水利员查勘情况，按地分水，以彰公允，而利民生，静候批示待命之至。谨呈张掖县政府县长杨。

具呈人　盈科乡第五保上八村下老农民　李发甲　李增贵　范学智

崔多寿　王化贵　王兴德

李发旺　王有林

中华民国三一七年三月

处理意见：

令盈科农官暂□照□□办理为下老水不足，而上老水有余时，着由上老匀水浇灌。

张掖县政府就函复办理李发甲等呈请增加昼夜事给张掖县参议会的公函

1948 年 3 月　　张 4-96

张掖县政府公函三（37）寅字第 1301 号

张掖县参议会：

案准贵会张参秘（33）寅字第 1213 号公函照拨盈科乡陈嘉瑞、李发甲等呈报“地多水少不足浇灌、恳请增加昼夜”等情，嘱查照核办等由，准此，查此案前由该民等分别呈报到府，业经提交本县水利督导团第二次团务会议议决“令盈科渠王水利委员□周王等闸水不足时，着由盈科全渠通匀浇灌”等语记录在卷，业已依照决议案令饬该渠水利委员王登魁遵办，并分别批示各该代表等知照，□案准函前由，相应函复查照为前。此致张掖县参议会。

县长杨

中华民国三十七年三月三十日

张掖县政府就盈科第五保上八村下老农民李发甲等八人呈以该下老粮多水少不足灌溉请按地分水事给盈科渠水利委员王登魁的训令

1948 年 3 月　　张 4-96

三（37）寅字第 1030 号

令盈科渠水利委员王登魁：

案拟盈科第五保上八村下老农民李发甲等八人“呈以该下老粮多水少、不足灌溉，请按地分水等情，拟此经移交本县水利督导团团务会议决议，令盈科渠农□仍照成例办理。如下老水不足，而上老有余时，着由上老匀水浇灌”等语记录在卷，除批示外，合行令仰该员遵照办理为要。此令。

张掖县政府

张掖县政府就盈科第五保上八村下老农民李发甲等八人呈以该下老粮多水少不足灌溉请按地分水事给具呈人的批示

1948 年 3 月　　张 4-96

三（37）寅字第 1030 号

具呈人盈科上八村下老李发甲等八人呈一件“呈请粮多水少，按照地亩均水”由呈悉。此案经移交本县水利督导团团务会议决议“令盈科渠王水利委员仍按成例办理，如下老水不足，而上老水有余时，着由上老匀水浇灌”等语记录在卷，令盈科渠王水利委员登魁遵照外，合行批示知照。此批。

县长杨

中华民国三十七年三月

张掖县政府就转发沈下闸代表张兴让等就呈请增加昼夜事给张掖县水利督导团的呈文

1948 年　　张 4-96

案据本县盈科渠沈下闸代表张兴让等“呈请增加昼夜以舒浇灌而裕民生”等情到府，除批示外，相应抄送原呈一件，希即查照办理，见复为荷。此致张掖县水利督导团。附抄送原呈一件。

附原呈：

呈为呈请增加昼夜以舒浇灌而裕民生事：

窃缘张掖黑河水利各有口界、各有昼夜，毋相紊乱。如我盈科渠下七者地居渠尾，自昔规定水利昼夜例如下七五昼夜、上八三昼夜、四工三昼夜、三工长安逢月之大建五昼夜、小建四昼夜，周而复始、轮流浇灌，共计昼夜一十五天，挨浇一轮。乃代表等沈下闸，犹居下七各闸之末尾，其所以规定五昼夜者，因下七地处下游，正所谓南山取水而北山用，距离水源有一百二十里，且经过地点有三十六沙滩、七十二拐弯，其多两昼夜者名曰润河。或逢水利微细之时，常两昼夜尚不能见，较之上八、四工三昼夜实相同而不相异也。近数年来代表等沈下闸屡被旱灾，钧府有案可稽，谅亦早在见闻之中，以致民生凋敝、农村破产，上无国赋可供，下无衣食可资，困苦已达极点，缘由皆水利不足故耳。代表等再三筹思，无法可相，若非增加昼夜，则民众实无再生之路。且增加昼夜系取之于盈科渠而用之于盈科渠，与他渠并无挂碍。现值国家调整水利为民造福，素稔我县长恻隐为怀，下车伊始即以调查水利为庶政之首位，足见爱民之至意，唯此不揣冒昧，具情上陈伏乞钧府电鉴核夺，俯准恩施格外，迅予召开水利商讨大会酌量增加昼夜以足灌溉，而示体恤，临呈神驰不胜迫切待命之至。谨呈张掖县县长、水利督导团团长杨。

处理意见：

令盈科渠农官为沈家闸上闸有渠水准通匀着沈下浇灌，并□团务会议商讨办法。

张掖水利督导团就盈科沈下闸代表张兴让等呈请增加浇水昼夜事给盈科渠水利委员王登魁的训令

1948 年　　张 4–97

张掖县政府训令三（37）寅字第 1014 号

令盈科渠水利委员王登魁：

案据盈科沈下闸代表张兴让等呈请增加浇水昼夜一案，经提交本团第二次团务会议决议“令盈科渠农官遵照，如沈家上闸有余，水利准通匀着沈下浇灌”等语记录在卷，除批示外，合行令仰该员遵照办理为要。此令。

县长兼团长杨

张掖县水利督导团就盈科沈下闸代表张兴让等呈请增加浇水昼夜事给具呈人的批示

1948 年 3 月 20 日　　张 4–97

张掖县政府批示三（37）寅字第 1215 号

具呈人盈科渠沈下代表张兴让等呈一件“呈请增加浇水昼夜”由呈悉。经提交本团第二次团务会议决议“令盈科渠王水利员遵照如沈家上闸有余，水利准通匀着沈下浇灌”等语记录在卷，除令饬王水利委员登魁遵照办理外，合行批示仰即知照，此批。

县长兼团长杨

中华民国三十七年三月

张掖县盈科乡沈上闸代表王多文等就呈请增加浇水昼夜事给张掖县水利督导团的呈文

1948 年 3 月　　张 4–97

呈为呈请水利不足、浇灌失期恳祈增加昼夜以解民困事：

窃缘张掖黑河水利各有口界，各有昼夜，毋相紊乱。如我盈科渠下七者地居渠尾，旬昔规定水利昼夜例为下七五昼夜、上八三昼夜、四上三昼夜、三工长安逢月之大建五昼夜、小建四昼夜，周而复始，轮流浇灌，共计昼夜一十五天，挨浇一轮。乃代表等沈下闸犹居下七各闸之末尾，其所以规定五昼夜者因下七地处下游，正所谓南山取水而北山用，距离水源有一百二十里写远经过地点有三十六沙滩七十二拐弯，其多两昼夜者名曰润河。或逢水利微细之时常两昼夜尚不能见水，较之上八四公三昼夜实相同而不相异也，近数年来代表等沈上闸屡被旱干之灾有案可稽，谅亦早在见闻之中，以致民生凋敝，农村破产，上无国赋可供，下无衣食可资，困苦已达极点，缘由皆水利不足之故耳。代表等再三筹思，无法可想，若非增加昼夜，则民众实无再生之路，且增加昼夜系取之于盈科渠而用之于盈科渠，与他渠并无瓜葛，现值国家调整水利为民造福。素稔我县长恻隐为怀、下车伊始，即以调查水利为庶政之首位，足见爱民之至意，唯此不揣冒昧，胪情上陈恳祈钧府电鉴核夺，俯准恩施再造召开水利商讨大会，准予酌量增加昼夜，以足浇灌而体恤农艰，则一闸幸甚一渠幸甚。谨呈张掖县县长、水利督导团团长杨。

盈科下七沈上民众代表　王多文　陈嘉谋　陈嘉瑞

王兴国　金资练　沈得录

中华民国三十七年三月

处理意见：

令盈科农官为沈上水不足时着由该渠全渠匀水浇灌。

张掖县政府就据转呈增加水量祈鉴核事给盈科乡公所的指令

1948 年 4 月 5 日　　张 4–97

张掖县政府指令三（37）卯字第 1522 号

令盈科乡公所：

（37）卯字第零三四号呈一件“为据情转呈增加水量由”呈悉。查此案前据该民等呈请到府经提交经本县水利督导团第二次团务会议议决“令盈科渠王水利员，如各该闸水不足时，着由该渠全渠匀水浇灌等语”记录在卷，以令饬遵办并批示该等知照，合行令仰即知照为要。此令。

县长杨

中华民国三十七年四月五日

张掖县盈科乡公所就转呈下七各闸请求续长昼夜增加水量事给张掖县长的呈文

1948 年 4 月 3 日　　张 4–97

张掖县盈科乡公所（33）卯字第零三四号

张掖县政府：

案据职乡盈科乡下七三组民众代表刘永锡、王多文、王兴荣等三十八人呈称“为地广河细、水量不足，恳祈续长昼夜以救民生事。窃缘民等下七者系盈科渠之末尾，自昔厘定水利以粮数之多寡定昼夜之多寡，即如下七五昼夜、上八三昼夜、四上三昼夜、三工长安逢月之大建五昼夜小建四昼夜，周而复始，轮流浇灌，共计昼夜一十五天方挨一轮。至于民等下七特浇五昼夜者，因地处盈科渠各工之末，又距黑河水源有一百二十里之遥，所以古人美其名曰‘润河’，或逢水利微细有两昼夜，尚不能见水以致实浇之水不过三昼夜而已。较之上八、四工各工似相同无相异。试思地广粮多，位列渠尾之下七而昼夜如此之少，所以历年被旱竟在此而不在彼也。遂令民众精疲力竭、十室九空、贷种而耕者，已经水利缺乏，其田犹不足，则国赋何由而供，衣食何由而足，种种惨状，钧所有案可稽，谅亦早归洞鉴之中。民等欲延长昼夜，亦调整盈科渠水利之一也。但昼夜一经延长犹人之于饮食，饱餐则能耐饥、多饮则能耐渴。素稔我乡长关怀桑梓、热心公义，对于各保水利建设、农村改善尤属不遗余力。民等下七屡被干旱之灾，思维无法，情出不已，为此不揣冒渎，资联名呈陈请，伏乞钧所电鉴核夺恩准，据情函请县府，以便延长昼夜而恤民生，实为公便”等情。据此，查该民等所称情即属实，事关水利未便擅专，理合据情转请钧府电鉴核夺并祈示遵。谨呈。

张掖县盈科乡公所

中华民国三十七年四月三日

处理意见：

提水利督导会议讨论办法。

张掖县盈科乡下七三组民众代表杨文儒等就请地广河细水量不足恳祈延长昼夜以救民生事给张掖县政府县长的呈文

1948 年 3 月　　张 4–97

张掖县政府县长、水利督导团团长杨：

呈为呈请地广河细水量不足，恳祈延长昼夜以救民生事。窃缘民等下七者系盈科渠之末尾，自昔厘定水利以粮数之多寡定昼夜之多寡，即如下七五昼夜、上八四工各三昼夜、三工长安逢月大建五昼夜小建四昼夜，由下而上，周而复始，共计昼夜一十五天，方挨一轮。至于民等下七特浇五昼夜者，因地处盈科渠各工之末，又距黑河水源有一百二十里之遥，所以古人美其名曰润河，或逢水利微细有两昼夜，尚不能见水以致实浇之水不过三昼夜而已，较之上八四工各工似相同无相异。试思地广粮多，位列渠尾之下七而昼夜如此之少，所以历年被旱竟在此而不在彼也，遂令民众精疲力竭、十室九空、贷种而耕者，以经水利缺乏，其田犹不足，则国赋何由而供，衣食何由而足，种种惨状，有案可稽，谅亦早归洞鉴之中，民等欲延长昼夜，亦调整盈科渠水利之一也。且昼夜一经延长，犹人之于饮食，饱餐则能耐饥、多饮则能耐渴。素稔我县长恻隐居心、民瘼为怀，对于各渠水利建设、农村改善尤属不遗余力，民等下七屡被旱干之灾，思维无法，情出不已，为此不揣冒渎，联名陈情伏乞。钧府电鉴核夺恩准延长昼夜，俾水量充足以恤民生，临呈神驰，不胜迫切，待命之至。谨呈张掖县政府县长、水利督导团团长杨。

下七三组民众 杨文儒 王多文 周青年 刘永兴
王兴荣 王积福 高兴俭 纪国志
徐涌泉 张天明 陈嘉瑞 金得仁
戴积荣 祁 金 谢建基 李亨元
傅得昌 何正广 金得明 于天河
李良秀 高万贞 王毓鹏 高多寿
金资练 刘希文 沈得闲 张兴让
王得名 何学道 刘学勤 刘尚德
张志诚 杜正诗 于文治 刘多寿

民国三十七年三月

张掖县参议会就盈科渠下七上八民众代表施生林等呈请调剂水利用济民生事给张掖县长的公函

1948 年 8 月 16 日　　张 4–96

张参秘二（37）寅字第 125 号

张掖县政府：

案据本县盈科渠下七上八民众代表施生林等六人呈称“呈为呈请调剂水利用济民生事。窃维土地能以生长、水利能以资养。不有土也，何以植其本而茂其枝；不有水也，何以披其华而启其秀。是知水利与土地相依为命者也。《禹贡》载平治水工，《国典》尚清丈土地，裕国用厚民生，莫水利若也。顾清丈土地原为平均地权，而土地既以田赋为平均，乃水利当以田赋为依断。古云粮有寸合、水有时刻，良有以也。查本渠分有长安三工、四工，下七、上八之五村。下七连同润河水一昼夜，共浇水五昼夜。长安三工共浇水五昼夜、四工浇水三昼夜、上八浇水三昼夜，共计十六天轮流一次，比及长安三工、四工之水每多形其有余，而下七上八之水每多感其不足，旱象时成、无岁不见。揆厥其因，原以经界不正、分配未尽适宜。又其我处之土旷人稀，历来招垦之地居多，自当不敷所用，兹经清丈明确、按亩计科，既已负担国家之田赋税款，胡能不受相当之水利，俾其利用原生资润泽而大丰美也。又查长安三工承纳田赋一千一百一十石，其享受水利五昼夜，而下七承纳田赋一千二百二十余石，除润河水一昼夜、实享水利四昼夜。乃四工村承纳田赋八百一十八石五斗，其享受水利三昼夜，而我上八承纳田赋一千一百三十石有零，亦享受水利三昼夜。用以比较，无怪乎旱潦不均。值此增加生产之际，胡能不注亘水利以期得其平允，而常使被旱荒芜、弃其利哉？此时旱象已成、田禾憔悴，生命所系、实难缄默，理合具情呈请钧会电鉴，俯准函请县府按照田赋平均水利、同沾惠泽，免受旱虞，是深感德，临呈不胜迫切，待命之至”等情，据此相应函请贵府查照核办为荷。此致张掖县政府。

议长　杨自廉

副议长　雷增光

处理意见：

查案复。

张掖县政府就盈科渠下七上八村民众代表施生林等呈请调剂水利用济民生事给具呈人的批示

1948 年 3 月　　张 4-96

三（37）寅字第 1006 号

具呈人盈科渠下七上八村代表施生林等六人呈一件“呈请按照田赋平均水利”由呈悉。查按照田赋均水一案，已准本县参议会提案，☐☐令饬各渠水利员调查具报中，俟调查报完毕后再行统筹办理，仰即知照。此批。

县长杨

中华民国三十七年三月二十四日

张掖县盈科渠下七上八村民众代表施生林等就呈请调剂水利用济民生事给张掖县政府的呈文

1948 年 3 月　　张 4-96

呈为呈请调剂水利用济民生事：

窃维土地能以生长、水利能以资养。不有土也，何以植其本而茂其枝；不有水也，何以披其华而启其秀。是知水利与土地相依为命者也。《禹贡》载平治水工，《国典》尚清丈土地，裕国用厚民生，莫水利若也。顾清丈土地原为平均地权，而土地既以田赋决平均，乃水利当以田赋为依断。古云粮有寸合、水有时刻，良有以也。查本渠分有长安三工、四工，下七、上八之五村。下七连同润河水一昼夜，共浇水五昼夜。长安三工共浇水五昼夜、四工浇水三昼夜、上八浇水三昼夜，共计十六天轮流一次，比及长安三工、四工之水每多形其有余，而下七上八之水每多感其不足，旱象时成、无岁不见。揆厥其因，原以经界不正、分配未尽适宜。又其我处之土旷人稀，历来招垦之地居多，自当不敷所用，兹经清丈明确、按亩计科，既已负担国家之田赋税款，胡能不受相当之水利，俾其利用原生资润泽而大丰美也。又查长安三工承纳田赋一千一百一十石，其享受水利五昼夜，而下七承纳田赋一千二百二十余石，除润河水一昼夜、实享水利四昼夜。乃四工村承纳田赋八百一十八石五斗，其享受水利三昼夜，而我上八承纳田赋一千一百三十石有零，亦享受水利三昼夜。用以比较，无怪乎旱潦不均。值此增加生产之际，胡能不注重水利以期得其平允，而常使被旱荒芜、弃其利哉？此时旱象已成、田禾憔悴，生命所系、实难缄默，理合具情呈请我县长电鉴，俯准按照田赋平均水利、同沾惠泽，免受旱虞，是深感德，临呈不胜迫切，待命之至。谨呈张掖县政府县长杨。

盈科渠下七上八村代表　施生林　满志清　刘永玺
万　元　王多文　刘　生
中华民国三十七年

处理意见（一）：

俟并参议会提案办理。

处理意见（二）：

移水利督导团核办。

张掖县政府就函复调剂水利下七上八水利情形希查照由事给张掖县参议会的公函

1948 年 3 月 30 日　　张 4-96

张掖县政府公函三（37）寅字第 1418 号

张掖县参议会：

案准贵会张参秘二（33）寅字第 1255 号公函以盈科渠下七上八村民众施生林等“呈请调剂水利用济民生等情，请查照核办”等由，准此，查此案前经该民等呈请到府经提交本县水利督导团第二次团务会议议决“令盈科渠王水利委员为该村□□，着由该渠全渠匀水浇灌”等语记录在卷，已令饬遵办并批示该民等知照，□由案准函前相应函复查照为前。此致张掖县参议会。

县长杨
中华民国三十七年四月

张掖县长就令饬该乡长勒令张殿恒负责办理水利事给平彝乡公所的训令

1948 年　　张 4-96

张掖县政府训令三（37）寅字第 0931 号

平彝乡公所：

案据该乡第一保民荣丕显等呈报“号主张殿恒破坏渠规，推延水利，有碍春耕，恳请令饬负责办理”等情到府，除批示外，合行抄发原呈一件，令仰该乡长遵照勒令负责办理。如再故违，即收该号主张殿恒送府以凭核办为要。此令。

县长杨

张掖县政府就据报张殿恒破坏渠规恳请办理一案仰知照由事给张掖县第一保民荣丕显等的批示

1948 年 3 月　　张 4–96

张掖县政府批示三（37）寅字第 0932 号

具呈人张掖县第一保民荣丕显等大十月一日呈一件：为呈报号主张殿恒破坏渠规推延水利恳请令饬负责由。呈悉除令饬该□乡公所勒令号主张殿恒负责办理外，仰即知照。此批。

县长杨

中华民国三十七年三月九日

张掖县平彝乡第一保民荣丕显就为破坏渠规推延水利恳祈作主饬令事给张掖县政府的呈文

1948 年 3 月　　张 4–96

张掖县政府：

窃查平彝乡第一保一部分田地灌溉之水利，来自山丹，系山丹河二十一坝，原实左粮右水，承纳本县田赋粮一百余石，每月挨水一次。又本坝号主率领所属小甲到丹取水，且本坝每年水利事务，由所出号主负其全责。因其号主责任重大，一年一任，其担任方法自来均以种田地之多寡轮流担任。因其号主责任亢繁，本坝共业户无论在水利与田地方面并予以优先权利，本年号主按诸成例与地方情形应由本坝业户张殿恒担任。不料经众议论，将号主之事卸于张殿恒之后，竟推延塞责，地方人民再三相劝，该号主仍是置之不理。目下春水上地多日，无人主持水权，已成混乱状态，若再延缓无人负责，本坝春耕将成问题，上关国赋、下害民生。因出无奈，理合具文呈请恳祈钧府电鉴作主，将该号主传府惩戒，饬令使其负责以利渠事，实为德便。谨呈张掖县县政府杨。

原呈人平彝乡第一保民　荣丕显　王三杰　黄多年

王三英　王九寿　黄兴基

宋振法　侯建栋　徐旺春

王家顼　刘青年　王得臣

被呈人　张殿恒

中华民国三十七年三月

处理意见：

三讯令平彝乡长负责，如下回故违送府□。

张掖县政府就加官渠水利员杨增福呈请转饬大官渠准予扒推河工事给大官渠水利员陈殿威的训令

1948 年 4 月 13 日　　张 4-97

三（37）卯字第 1643 号

令大官渠水利员陈殿威：

案据加官渠水利员杨增福“呈请转饬大满渠准予扒推河工”等情，据此，查此案前经令饬该员遵照调解办法，□案□令仍未遵行，实属不合，再令仰该员遵照前令规定，切实遵行，并将扒做情形报府核查为要。

县长杨

中华民国三十七年四月

张掖县永利乡加官渠水利员杨增福就为报请赐令以免玩害事情因水利一案事给张掖县县长的呈文

1948 年 4 月 13 日　　张 4-97

张掖县县长：

报请人永利乡加官渠水利员杨增福为报请赐令以免玩害事。情因水利一案，业已呈报钧府鉴核，允准饬令大官渠水利员陈殿威与本渠公民扒做河工，岂料该民阳奉阴违、与民生枝，反将河工屡阻不扒、妨害水利有碍。伏思无法，有本渠各号闸沟地亩水粮夫民册开□检后具报，伏乞钧府电鉴垂怜作主，速即赐发命令，饬令大满渠水利员准予与民照旧扒摊河工，以维水利而示体恤。谨呈张掖县县长杨。

附呈地亩夫名册一本。

呈报人永利乡加官渠水利员杨增福

民国三十七年四月

处理意见：

请开存候汇办并令大官渠水利员准予扒摊河工。

附：张掖县永利乡加官渠各号闸沟地亩、水量时刻、挑渠夫名数目册。

渠名	号名	闸名	沟名	地亩数	水量时刻	应出河工夫名	备改
加官渠	下号	王府闸	小沟	壹佰肆拾叁亩陆分肆厘	自寅时起至辰时止	壹名半	
			下沙沟	贰佰壹拾柒亩	自巳时起至未时止	贰名	
			上沙沟	壹佰捌拾壹亩	自申时起至戌时止	壹名半	
			高家沟	贰佰柒拾伍亩陆分	自亥时起至辰时半止	贰名	
		南闸	上下南沟	陆佰伍拾柒亩	自辰时半起至翌日巳时止	叁名半	
		北闸	余家沟	叁百叁拾伍亩捌分玖厘	自午时半起至丑时半止	贰名半	

续表

渠名	号名	闸名	沟名	地亩数	水量时刻	应出河工夫名	备改
			柳条沟	肆佰伍拾壹亩柒分	自丑时半起至亥时止	叁名	
			毛家沟	陆佰壹拾壹亩肆分叁厘	自亥时起至翌日丑时止	叁名半	
		城兜闸	城兜沟	玖佰肆拾壹亩	自寅时起至第三日丑时止	陆名半	
	中号	张大闸	张大沟	壹仟双零肆拾伍亩捌分	自寅时起至第三日酉时止	伍名半	
		尤家闸	下尤家沟	叁百叁拾贰亩伍分	自戌时半起至辰时半止	贰名	
			上尤家沟	叁百陆拾柒亩	自辰时半起至丑时止	贰名半	
		塔兜闸	塔兜沟	壹仟壹佰叁拾叁亩	自寅时起至第三日丑时止	陆名	
	上号	三闸	梁站沟	伍佰壹拾壹亩贰分	自寅时起至戌时止	叁名半	
			葫芦沟	肆佰叁拾叁亩	自亥时起至未时止	贰名半	
		二闸	赵家沟	叁百零捌亩捌分	自申时起至子时止	贰名	
			大闸沟	肆佰捌拾叁亩伍分	自丑时起至戌时半止	贰名半	
			上下沙沟	柒佰捌拾捌亩伍分	自戌时半起至翌日子时止	肆名	
		头闸	野西洞子沟	柒佰叁拾玖亩贰分	自丑时半起至翌日丑时止	肆名半	
			石河沟	贰佰捌拾捌亩叁分			

共计：叁号、拾闸、贰拾沟、壹万零壹佰捌拾壹亩捌分肆厘、十七昼夜、陆拾壹名。

附记：

一、地亩数均按清丈数目登记。

二、水量时刻自每年立夏日寅时从下号尾起轮浇至立冬日至。

三、本渠河工夫陆拾名伙夫壹名。

四、上号石河沟原系河边荒地□水□夫自清丈后列入数内应即加入以便均水。

五、通渠按十七昼夜轮浇一次每日夜以十二时计算。

加官渠水利员杨增福

中华民国三十七年四月

张掖县政府就水利员缪亨呈诉不出夫妨害水利事给具呈人的批示

1948 年 4 月 14 日　　张 4-97

三（37）卯字第 1108 号

具呈人缪亨呈一件“呈报石生秀等□六□各请传办”由呈悉。查该民自称水利员，究系□据本府□案可稽转请□办□□夫各一节，应由现任水利员呈报核夺，仰即知照，此批。

县长杨

中华民国三十七年四月

张掖下沤渠水利员缪亨就不出夫以致妨害水利工作事给张掖县政府的呈文

1948年4月14日　　张4-97

为呈报□欠夫妨害水利事：

窃查本渠夫各自起夫补修渠坝，迄今两周有余，有本渠民人石生秀、师槐、缪克俭、朱宗玉、朱积秀、赵兴国、朱宗仁、马兴禄等拒不出夫，以致妨害水利工作，碍难进行，为此具文呈请钧府鉴核，准传府追办、以维水利，实为公便。谨呈张掖县县长杨。

下沤渠水利员　缪　亨

□欠夫各姓名附列于后　师　槐　缪克俭　朱宗玉　朱积秀　赵兴国

朱宗仁　马兴禄　赵克福　师　清

民国三十七年三月

处理意见（一）：

查案缪亨是否为下沤波水利员，既各该渠有水利员，该缪亨为何称□□是沤波渠总水利员？详查批示。

处理意见（二）：

水利员中并无该员姓名，擅称水利员名义报告，应予不理。

张掖县政府就据平彝乡第三保民众孟翔鸣等呈称王希文等妨害水利及派警协护事给平彝乡公所及具呈人的训令

1948年5月4日　　张4-97

三（37）卯字第2041号

平彝乡公所：

据该乡第三保民众孟翔鸣等“呈诉王希文等妨害水利请赐方法执行”，此案经照三（37）卯字第（1912）号训令饬该乡专查处在案，除批示外，再仰并□速具报。

三（37）卯字第2049号

平彝乡大平村孟翔鸣等：

本月二十六日呈悉。该案已受，着平彝乡公所召集地方公证人□□□查处矣。仰即知照。

县长杨

张掖平彝乡太平村民众孟翔鸣就称王希文等妨害水利及派警协护事给张掖县县长的呈文

1948年4月　　张4-97

张掖县县长：

呈为呈请执行水利以应时需而免荒废事。窃查民等昨以妨害水利等情具告王希文等一案，已蒙钧府建设科长履行查验，并绘具被损图样、当庭讯明。该被告等行为非法，遂即拘留在案。查该羁押被告等取保出外，仍不通行水利，致害民等。以最近日期计算，则安种春水尚有八昼夜，目下时期迫近，如再耽延，未免失种，所有民等一般贫小业户，均赖目前春水应时安种，不胜惶恐之至，为再披沥呈请钧府电鉴作主、从权维持，速赐解决方法、派警协护，务期执行，俾资灌溉以免□置而重水利，实感德便。谨呈张掖县长杨。

被呈人　王希文　马纸德　马兴义
杨得贵　王开检　徐文详
孟登魁　杨满林　马聚详
张掖平彝乡太平村民众　孟翔鸣　杨生新　杨兆林
杨冲详　周永兴　杨资林
杨珍林　黄玉才　杨生瑞
杨池林　杨申林　杨提林
民国三十七年四月二十六日

处理意见（一）：

速令平彝乡长查□具报。

处理意见（二）：

并批示知照。

张掖县新丰乡新丰渠水利员陈国玺等就抗不出夫妨害渠规一案请求依法究办事给张掖县政府的呈文

1948 年 3 月　　张 4–97

张掖县政府：

具报告人陈国玺、曹吉玉、王毓秀等，年各不同，系新丰乡　新丰渠水利员。渠主距城五十里，为抗不出夫、妨害渠规一案，请求依法究办，令其出夫而免欺抗事。查农人耕田、水利为本，上关国课、下济民生，所有本渠春季上河每年挑渠上坝皆赖民夫做工，此系挨门之差，假若河上少去一人、将工做不到者，而水不能通行，将来田苗荒旱、农人备受水利影响。乃有本渠户民王吉荣、魏进孝、高应清、贾文林等四人刁横已极，自从去年以来对于春季、秋季上河人夫抗不前去做工。本年春秋人夫，均已上河、已经几天，公民去传几次，该民等置之不理、抗不出夫。若不请求究办，该民等任意推延耽误水利工作、妨害渠规，为此报告伏乞县长钧鉴作主，俯准传讯请求究办、令其出夫，以免耆抗而维公务施行。谨呈张掖县政府县长杨。

报告人　陈国玺　曹吉玉
王毓秀
被告　王吉荣　魏进孝
高应清　贾文林
民国三十七年三月

张掖县新丰乡新丰渠水利员陈国玺等就撤销抗不出夫妨害渠规一案事给张掖县政府的呈文

1948 年 4 月　　张 4–97

张掖县县长：

具撤销状人陈国玺、曹吉玉、王毓秀等，年各不同，为请求撤销原案事。情因陈国玺等报告王吉荣、贾文林、魏进孝、高应清等抗不出夫等情一案，令蒙钧府票传之间，乃有本渠民人将此案拦解，已经和平解决。该被告等自知理屈，将所欠之人夫已经上河做工，为此请求撤销，伏乞县长案下电鉴。请求撤销以了此案施行。谨呈张掖县政府县长杨。

撤销人　陈国玺　曹吉玉
王毓秀
被告　王吉荣　魏进孝
高应清　贾文林
民国三十七年四月

甘肃省第六区专员就呈复查加官渠水利员杨增福呈诉大官渠水利员陈广威出夫不够一案给张掖县政府的公函

1948 年 10 月 15 日　　张 4–97

武二水西字第 3587 号

张掖县政府：

水法三（37）申字第六八六四号呈暨附件均悉。除牌示该民知照外，准予备查。

专员兼司令张作谋

张掖县政府就常永发呈诉周廷选妨害水利事给张掖县水利督导团的公函

1948 年 11 月 13 日　　张 4–97

张三（37）戌字第 3696 号

张掖县水利督导团：

据本县水利中号民众常永发等“呈诉周廷选等少做河工、妨害水利、结伙伤害请求查办”等情一案，除批示外、伤害部分向法院呈诉外，相应抄送原呈一份。函请查照办理。

张掖县政府

处理意见：

拟派团员前往勘察后召集两造商决。

张掖县永利中号民众代表常永发等就为妨害水利结伙伤害请求验伤侦察事给张掖县县长的呈文

1948 年　　张 4–97

张掖县县长：

为妨害水利、结伙伤害请求验伤侦查究办事。窃查永利通渠按之四五六出夫、按之三四七浇水，自古至今毫无紊乱。以守渠规矩之知，该下三闸避轻躲重，不能按照尺丈工口进行，故以少做，比及下三闸应出夫十六名、应做工二丈四尺，该伊只做一丈四尺、少做一丈，从中舞弊、经已查获，当同盈科渠大掌管实地查验。钧府电鉴票传、验伤侦查，依法究治、以儆强暴，并祈判令按之田赋平均水利，用中绳测量做工，以除积弊，而免发生事端、以均苦乐，便利民生。谨呈张掖县政府县长杨。

告诉人永利中号民众　常永发　陈学仁

张掖县永利中号民众代表常永发周廷选等就永利下号等为妨害水利结伙伤害请求验伤侦察事给张掖县县长的呈文

1948 年 11 月 8 日　　张 4–97

张掖县政府：

为妨害水利结伙伤害请求验伤侦查究办事。窃查永利通渠按之四五六出夫、按之三四七浇水，自古至今毫无紊乱。以守渠规矩之知，该下三闸避轻躲重，不能按照尺丈工口进行，故以少做，比及下三闸应出夫十六名、应做工二丈四尺，该伊只做一丈四尺，少做一丈，从中舞弊，经已查获。当同盈科渠大掌管实地查验，确已短少一丈。岂知该号号主雷万有并刁徒任俊、李长寅等不讲道理，两造打架，无故生端，将告诉人之中号任洪德乱打一顿、用草绳拴去，被下号民用铣把乱打乱殴，两腿成伤、不能行动。比系夫头赵芳岩、丁义、曾定国、郭有山行凶滋闹，继有赵元、李国礼、孔福林等率众打闹，妨害自由。但查下号人多势众，乃因看口人赵建恺过去声名狼藉，在谕论河工之时业已取缔，再不准上渠，免遭事端，从九月二十四日包拦别人河夫、拒不下工。告诉人至九月二十九日欠夫一名，该伊从中弄舌、主谋定奸，即与中号找事生枝，受之凌辱、不及细述，反将告诉人之号主骂回，解散人夫、贻误河工、破坏渠规，又复斗骂不安、谁肯甘受？而且渠主周廷选不主公道，如下号打工一尺、即与中号打工一尺五寸，更属非法。按之本渠成例，每主做工一尺五寸不能短少，忽今苦乐不均、难以支持，如果常常如此，关于水利定受影响。似此捣乱水利、结伙行凶，压制人民、绝难甘服。为此告诉钧府电鉴，票专验伤侦查、依法究治，以禁强暴，并祈判令按之田赋平均水利，用中绳测量做工，以除积弊，而免发生事端，以均苦乐，便利民生。谨呈张掖县政府县长杨。

告诉人永利中号民众　常永发　陈学仁　臧兴让
田春玉　任贺林　王兆魁
周文治　陈学诗　王乐年
王建有　余积仓

被告人永利下号　周廷选　雷万有　赵芳岩
丁　义　治长祭　任　俊
李长寅　曾定国　郭有山
李国化　孔福林

民国三十七年十一月八日

张掖县政府就永利下号等为妨害水利结伙伤害请求验伤侦察事的批令

1948年6月　　张4-97

查此案关系水利，拟即传两造讯，照实情核夺。

张掖县政府

民国三十七年六月二十六日

处理意见：

令该管乡公所调查具报。

民国三十七年六月二十八日

张掖县王镜清就因各号主不能按规定起夫事给张掖县长的保条

1948年10月27日　　张4-97

查此案昨由渠主王积敖称“因各号主不能按规定起夫，伊不敢负责，刻由号主范登丹、□□申照每号短交夫二名，系渠主命令□□□，拟着号主上渠督工，就欠夫六名仍责□□□王积敖取保交齐，令则即行受理，以儆刁□□□□座之需答报，核示县长案下”。加官渠被告人王永泰、傅沛林、范登丹三人随传随到，若不到者，由保人负其完全责任，具保是实。

原保人　王镜清

住址　中正西街门牌□号

民国三十七年十月二十八日

张掖县加官渠水利员陈殿威等就为拒夫不出妨害河工请求票提押办以儆效尤事给张掖县政府的呈文

1948 年 10 月 23 日　　张 4–97

张掖县政府：

窃查加官、大官渠一河使水，共同挑河。如今春大官渠出夫一百二十名、加官渠出夫六十名，如数出齐。现在秋季挑渠，以备明春灌田，而大官渠河夫一百二十名如数出齐，惟加官渠应出六十名，实出五十四名，尚短六名。乃该渠渠主王积敖漫不经心，坚拒不出，势必效尤成风，妨碍水利工作，为此呈请钧府电鉴票提王积敖押办以儆拒□。谨呈张掖县政府县长杨。

具呈人大官渠水利员　陈殿威

渠主　陈葆志

号主　陈　秀　胡守义　陈积新代陈玉兴　陈吉新

民国三十七年十月二十二日

处理意见：

□关修渠急务，拟即速传。

十月二十三日

张掖县政府传加官渠渠主王积敖的问询记录

1948 年 10 月 5 日　　张 4–97

速传加官渠渠主王积敖，范登丹、傅沛林、王永泰三人来府候讯为要。

张巡官

十月五日

王积敖，六十九，加官渠渠主。

问：你们加官渠出了多少夫？

答：出了五十四名夫，众人再不出了。

问：哪个众人不出？

答：渠里众人都不出。

问：哪号短出夫呢？

答：上号、中号、下号每号短出夫二名计，上号主范登丹，中号主傅沛林，下号主王永泰。

问：短的六名夫，你能负责交齐吗？

答：我负不住责任。

王积敖

处理意见（一）：

讯据渠主王积敖供称，该加官渠尚短出渠夫六名，系各上中下三号各欠二名，拟收王积敖暂行受押，□□传各号主来府记办。

十月二十六日

处理意见（二）：

着该王积敖取保，速收该渠欠夫出清，以照公允，无庸添传。

张掖县加官渠上中下号号主范登丹等就出夫修渠的呈文

1948 年 10 月 27 日　　张 4–97

张掖县长：

查加官渠共出挑河人夫六十名。内上号应出夫一十八名、出十六名，尚短二名；中号应出夫一十六名，出十四名，短二名；下号应出夫二十六名，出二十四名，尚短二名。以上通渠短夫六名，乃系渠主王积敖所发布命令不曾调齐，又不负责其中，与号主无干，为此申明县长电鉴，允准勒令渠主王积敖征夫以示儆戒。谨呈县长杨。

具申明人加官渠上中下号号主　范登丹　傅沛林　王永泰

民国三十七年十月二十七日

张掖县永利乡加官渠民众代表冯进生等就避重躲轻苦乐不均短少河夫妨害水利事给张掖县政府的呈文

1948 年 10 月 30 日　　张 4–97

张掖县政府：

告为避重躲轻、苦乐不均、短少河夫、妨害水利，请求讯办。窃查加官、大官渠原系一口，使水按之，工口扒夫，向年以来共出人夫二百名，内大官渠出夫一百四十名，加官渠出夫六十名，自古至今，毫无紊乱，遵守渠规，共同挑河。迨至上年该大官渠负责人捣乱渠规，不守信用，所出人夫一百四十名，只出一百二十名，尚少二十名，信口狡赖坚抗不出。比及加官渠应出人夫六十名悉数出够，人皆共知，犹如去年秋季出夫五十六名、公垫柴夫四名，今岁春季如数出齐，一名不短，至本年秋季，加官渠应出夫六十名尚短六名，公垫柴夫按二牌出夫一名，共出五十四名。此柴夫无人陪垫、无力公雇，以致短少六名。按之加官、大官渠工口而论，加官渠挑修七工办、大官渠挑修一十七工办，所有大官渠月上出夫一百二十名参差不齐，甚至不够一百名，因何他渠不能齐集，专为审查加官渠短夫？似乎不平不均，每受欺害，反而又将渠主王积敖报告管押在案、枉受其累。似此破坏水利，以大欺小、压制小渠，实难忍受，危害地方，真实苦乐不均，痛苦难言，民不聊生。为此联名告诉钧府电鉴，解除人民痛苦、主张公道，票传审讯。判令大官渠照旧出夫一百四十名，勿令短少，民之加官渠亦照旧出夫六十名，决不短少，以彰公道而利水利。谨呈张掖县政府县长杨。

原告诉人永利乡加官渠民众　冯进生　孔兴邦　范进魁
王　荣　王积敖　郭万义
张　荣　郭万元　朱自贵
李　沛
被告人大官渠水利员　陈殿威
渠主　陈宝志
号主　胡守义　陈巨新
陈　秀　陈永寿
民国三十七年十月三十日

张掖永利乡第九保保长邵文肃就拆存小北门外桥工木料捌拾根经令饬送城事给张掖县政府的呈文

1948 年 10 月 13 日　　张 4-97

张掖县政府：

案奉钧府（37）卯字第（1499）号训令“查该保前拆存小北门外桥工木料捌拾根，经令饬送城在案，刻复据该保代表任松年等十一人呈请‘将该项木料拨给中心学校四十根、四善桥二十根、官沟桥二十根，备据修建所需’等情，据此，经核尚可，除批示准如所请办理外，合行令仰该保长遵照，并将破坏各桥梁一律修妥具报查验为要，此令”等因，奉此，遵将职保所属前拆存小北门外桥工木料八十根拨给中心学校四十根、四善桥二十根、官沟桥二十根。建修其间所用不足，多用一十一根。职保国民校修做桌凳一十二套，所用木料七根，共计五十八根。下余二十二根，现中心校取用外，将小北门外修筑桥梁及中心校、保校完全费用情形，理合具文呈请钧府鉴核准予备案查办，是为公便施行。谨呈张掖县政府县长杨。

附呈人夫牛车清册一本。①

张掖永利乡第九保保长　邵文肃
中华民国三十七年十月十二日

处理意见：

核□取□报核。

① 编者按：清册未见。

甘肃省第六区就新丰乡十保农民贾俊生呈诉郭自祥等聚众行凶妨害治安事给张掖县政府的训令

1947 年 6 月 4 日　　张 4–110

武二（38）巳字第 125 号

张掖县政府：

兹检发该县新丰乡十保农民贾俊生“呈诉郭自祥等聚众行凶妨害治安”等情原呈一件，仰该县彻查具报凭夺。本案限一周内呈复，原呈办毕缴还。即查前讯办案呈复。

民国三十六年六月四日

处理意见：

查前案呈复。

张掖县政府就新丰乡贾俊生呈诉郭自祥等聚众行凶一案给甘肃省第六区的代电

1949 年 6 月 15 日　　张 4–110

张三（38）巳字第 2259 号

甘肃省第六区专员傅：

武二（38）巳字第一二五号训令来至查此案前据该民等互呈县府，经传讯两造共称贾俊生偷浇东三号水属实，而东五号民众郭自祥等侮辱贾俊生一节，亦承认不讳，因双方各有非是，已当庭谕饬两造和平息讼，嗣后照例轮浇，不□再发生上项情□，结束互弃。电复鉴核备查实核。

附件缴原呈一件。①

张掖县县长杨

民国三十八年六月十五日

甘肃省第六区就新丰乡贾俊生呈诉郭自祥等聚众行凶案处理给张掖县政府的批答

1949 年 6 月 20 日　　张 4–110

张掖县政府：

张三（38）巳字第二二五九号代电暨附件均悉。本案既经该县谕饬，两造和平息讼，准予备查。附件存。

---

① 编者按：原呈未见。

附原案抄查。

甘肃省第六区专员傅

民国三十八年六月二十日

张掖县新丰乡水利专员就新丰乡十保水利纠纷案给张掖县长的报告

1949 年 5 月 19 日　　张 4-110

钧票传新丰乡十保原告贾俊德被告郭自祥、魏富贵、陈希贤、杨文才、李永信、陈资林、杨兴福遗水陷害一案，已经传到，理合报告县长鉴核施行。

三科□□签

五月十九日

张掖县新丰乡十保东头号贾俊德等就郭自祥等遗水陷害聚伙朋谋持粪侮辱挖苗聚堆事给张掖县政府的呈文

1949 年 5 月 15 日　　张 4-110

为遗水陷害、聚伙朋谋，持粪侮辱、挖苗聚堆事：

缘于本年农历四月十五日，有东五号之水，不知是谁捣下，从民之沟经过，民只浇田苗三亩。讵知五号刁民李永信等狼狈为奸，手持锄掘铁铣等器，将水打去，反而蹲至地内将青苗挖损一亩，妨害权利。十六日，民前赴沙河，未在家中，该被告等又率领四五十人，形同土匪，将民庄围住，水泄不通，鸡犬遭殃，人口不宁，警惶不定。至十七日民回来，正待请人调解赔偿伊等之水，该被告等又复似如狼似虎、蜂拥而来，民以在地上行走，视其被告之形觉事不美，民骑至驴上舍身逃命，该等随后追赶，不觉已至宋家围庄。舍身入内，迹至墙上高有数丈。该被告等将门碰开，上至庄上，将民捉用绳捆缚抬起，往下直扔，口出之语将民拖死、不如鸡犬。经有李文华、曾正等亦与该等下话，未有扔下，反而将民拉至五号庙上，非刑拷打，遍体成伤，性命难存。民思祸从天降，已打足矣，据料魏福贵、魏福义，郭自□等，手挖大便，抹至民之嘴上及面部、头部，均已抹遍，侮辱不堪，可恶极点。似此被告等聚伙逞刁、挖损青苗，妨害农业、持粪侮良，目无法纪，除告法院外，为此具呈县长，电鉴允准票提讯办以儆聚伙逞刁，保全田苗，以分曲直。谨呈张掖县县长杨。

原呈人　新丰乡十保东头号民　贾俊德

被呈人　郭自祥　魏福贵　魏福义　魏福寿　魏福保　陈希贤　陈希顺　杨文才
　　　　杨兴福　李永禄　李永信　李永有　郭自满　杨兴同　陈资林　杨文汉

证人　李文祥　李文华　曾　正

民国三十八年五月十五日

处理意见：

传讯。

张掖县新丰乡十保东头号贾天寿等就贾俊德妨害水利事给张掖县政府的呈文

1949 年 5 月 19 日　　张 4-110

因本年入夏以来，雨水稀少、田苗亢旱，本渠例规按照昼夜使水、轮流挨值，以昭公允而资灌溉。乃有刁民贾俊德不顾公道、任其乱闹，破坏水规、不尽民情，有意欺压弱民，无人敢言，反而结气欺害，实在不公，迄今无奈。该刁民系居东头号，素称地方恶霸，强悍非常，于古四月十五日正挨民等东五号浇水之期，该贾俊德率领贾恒德、其子贾天寿，父子三人将看水坝之人强打一顿，把沟坝挖决，浇灌田地十余亩，下剩之水遗流于空滩间洼，致民等夏禾约百亩有余，未得浇灌，所受损失，殊非浅鲜。民等将伊找到公庙相与理论，而该不容分说，恶言不逊，肆行谩骂，反以侮辱，向法庭诬告，似此抢夺水利，利己损人，妨害农村，不顾公共，实为民等仇敌，现在河干涸，田苗槁枯，民等多属贫寒小户，五内如焚，夏田旱死，秋收何望，影响生活问题甚大，除向法院提起民形诉讼外，理合呈请钧府电鉴核办而维水权实感德便。谨呈张掖县政府县长杨。

原告人新丰乡第十保民　杨文才　杨文俊　杨兴元　王加贤　杨兴德　李　恺　李永寿　魏伏贵　陈希贤　李永信

被告人　贾天寿　贾恒德　贾俊德

住址小西街行军巷十三号

民国三十八年五月十九日

处理意见（一）：

张掖县新丰乡临波渠第十保状子，令该渠水利员调查具报并拟。

处理意见（二）：

传讯。

张掖县政府关于新丰乡贾俊德贾天寿水利纠纷事的批示

1949 年 5 月 21 日　　张 4-110

贾俊德，五十二，新丰乡十保，农。

郭自祥，三十八，新丰乡十保，农。

曹正，三十五，新丰乡，农。

李永兴，三十八，新丰乡，农。

讯得“贾俊德偷浇东五号水为时一个，东五号民众郭自祥等六十余人追捕贾俊德至宋家囤庄，殴打侮辱”各等情，均属实在。偷水殴侮，两造各持非是，且偷水尚少，应以错抵错，双方免予究办，已当庭谕饬两造遵照，嗣后浇水应遵守渠规，如违应严惩办。另关伤害都作据供，昨至法院审判，有案应予不理，由法院判决可□。此批。

为拟

五月二十一日

张掖县政府就贾天寿等抢夺水利妨害农业事的问讯记录

1949 年　　张 4–110

贾俊德，五十二，新丰乡十保，务农。

问：你告李永信，为何？

答：为浇水，他们把我的田苗挖了。

问：十五日是否挨你浇水。

答：不挨。

问：不挨你浇水，为什么你要浇水？

答：因为五号的水收沟冲断，水浇到我的沟了，我随便浇了三亩地。

问：他们打你没有？

答：郭自祥、魏福义、魏富贵领了五十余人把我的庄子围住，把我打了一顿，又拿大粪污我。

问：他们把你打伤了没有？

答：有伤，法院已经验过了。

贾俊德

郭自祥，三十八，新丰乡，务农。

问：为什么你领打贾俊德呢？

答：我们没有打。

问：为什么围宋家囤庄呢？

答：他跑到宋家囤庄了，我们就到宋家囤庄找他。

问：你们找着了？

答：找着了。

问：你们是哪个渠？

答：临波渠。

问：事情发生以后，通知你们的蔡农官没有？

答：没通知。

问：你们把他找到庙上，怎么办？

答：我们就写了个报告，报到乡公所里了。

问：你为什么挖他田苗呢？

答：没有挖。

问：他浇了多少地？

答：浇了壹拾亩。

问：你到他地上去了没有？

答：没有去地上。

郭自祥

李荣兴，三十八，新丰乡，务农。
问：你是不是五号看水的？
答：是的。
问：你们多少人看的？
答：我们十几个人看的。
问：十五日是谁看水？
答：是我看。
问：你看水，为什么教人挖了？
答：他们去把我打了一顿，又把水挖了。
问：他浇了多少地？
答：壹拾贰亩，浇了一个多时辰。
问：你们众人去地上没有？
答：去五十余人。
问：你们众人去的时候拿什么东西？
答：什么都没有拿。
问：你们去挖他的田苗了没有？
答：没有挖。

李荣兴

曹正，二十三，新丰乡，务农。
问：郭自祥与贾俊德打架的事情，你知道吗？
答：我知道，他们人多，都拿的木条子打。
问：贾俊德偷水的事情，你知道吗？
答：不知道。

曹正

张掖县政府就平彝南北闸民众张鸿韶等呈请均水救济事给大沟渠下号水利员张学尧的训令

1949年5月　张4-110

训令张三（38）辰字第2018号

大沟渠下号水利员张学尧：

按平彝南北两闸民众代表张鸿韶等八人呈报“轮水期已过，所浇田苗仅有十分之三，尚有十分之七滴水未见，请转饬水利员张学尧均水救济”等情到府。除批示外，仰该员遵照秉公妥慎处理，并具报查核为要。

附抄发原呈一件。

县长杨

民国三十八年五月

张掖县政府就按系民等呈请令饬水利员张学尧均水救济事给平彝南北闸民众代表张鸿韶等的批示

1949 年 5 月　　张 4-110

批示张三（38）辰字第 2019 号

平彝南北闸民众代表张鸿韶等：

本月二十二日呈悉已令饬该管渠水利员张学尧妥慎办理矣仰知照。

县长杨

民国三十八年五月

张掖县平彝南北闸民众代表张鸿韶等就呈请令饬大满下号水利员张学尧速设法匀水补浇头轮苗水以免成灾田事给张掖县政府的呈文

1949 年 5 月 19 日　　张 4-110

具呈人平彝乡平彝南北闸民众代表张鸿韶、王国辅、韩登高等为呈请令饬大满下号水利员张学尧速设法匀水，补浇平彝南北闸头轮苗水，以免成灾由：

查大满下号历年以来之渠，例按三十四名夫差平均水份，所需夫名亦按差负担，以规定二十四天浇水一轮，每名夫差均摊水份一昼夜。且本闸系属渠尾，距离远穷，地势高，沿尽属沙滩，历年屡受旱灾。因本闸当差四名，应扒水份四昼夜。本年短扒四时，并有立夏前之谷雨水，历年规定，见水扒水，各闸轮浇。惟本年水利员张学尧紊乱水份，心怀偏袒，将谷雨水在黑河未开口之前扒给本闸，致守干河，未曾见水，惟有该水利员所属之闸尽已浇灌。又于农历四月十四日轮至本闸，头轮苗水恰逢猛细，又未浸灌，每十亩只浇三亩，所剩头水田苗，足达七成以上。近因其他各闸头水均已浇过，又将轮至二水，若不设法救济本闸头水，如挨至二轮水之时，以致难免成灾，尚不足论，唯恐影响国赋，将无法完纳。为此本代表等不忍束手坐视，理合具文呈请。钧府电鉴令饬大满下号水利员张学尧速予设法匀水，以资补浇平彝南北闸头水，以救生命，俾免成灾，实为德便。谨呈张掖县政府县长杨。

平彝南北闸民众代表　张鸿韶　张增元

王国辅　雷万锦

张兆华　王文选

韩登高　韩登殿

中华民国三十八年五月

张掖县政府就该乡十保民杨文才等呈诉李文祥盗窃水利事给新丰乡公所的训令

1949 年 5 月　　张 4–110

训令张三（38）辰字第 2021 号

新丰乡公所：

据该乡第十保民杨文才等呈诉“李文祥盗窃水利妨害农业请核办”等情到府，除批示外兹抄发原呈一件，仰该乡长遵照详细调查秉公处理，并收查处情情具报查核为要。

附抄发原呈一件。

县长杨

民国三十八年五月

张掖县政府就呈诉李文祥盗窃水利请查办案事给具呈人的批示

1949 年 5 月　　张 4–110

批示张三（38）辰字第 2021 号

新丰乡第十保民杨文才等：

本月二十二日呈悉，已令饬该管公所查处，仰即知照。

县长杨

民国三十八年五月

张掖县新丰乡第十保民李永寿等就李文祥为盗窃水利妨害农业事给张掖县政府的呈文

1949 年 5 月 20 日　　张 4–110

情因本年自入夏以来，雨水稀少，田苗亢旱，本渠例规按照昼夜轮流使水挨值，以服公允，而资灌溉。乃有刁民李文祥系居东头号，在民等东五号之沟口居住，素称地方盗水之人，强悍之非常。尤其本年天久不雨，田苗无法可灌，于古四月十七日正挨民等东五号浇水之期，该李文祥竟将水道偷掘、浇灌田十余亩，下剩之水遗流于空滩间洼，致民等夏禾约有百余之地，未得浇灌，而东五号民等所受损失，殊非残鲜。民等将伊找到公庙，相与理论，而该不容分说，恶言不逊，肆行谩骂，反以侮辱，向法庭诬告。似此盗窃水利，利己损人，妨害农村，不顾公共，实为民等仇敌，现在河渠干涸，田苗槁枯。民等五内如焚，夏田旱死，秋收何望，影响生活问题甚大，事关重要，理合具文呈请。钧府电鉴核办以儆暴横而维水规，实感德便。谨呈张掖县政府县长杨。

原告人新丰乡第十保民　李永寿　杨文才
魏伏贡　陈希贤
被告人　李文祥
民国三十八年五月二十日

张掖县政府就该乡五保民王朝贤等呈诉张学尧等填沟旱苗事给平彝乡公所的训令

1949 年 5 月　　张 4–110

张掖县政府训令张三（38）辰字第 2023 号

平彝乡公所：

据该乡第五保蒋家闸民王朝贤等“呈诉张学尧等填沟旱苗断绝水利，妨害民生请求派员查勘”等情到府。除批示外，合行抄发原呈一件，仰该乡长遵照秉公查处并具报核夺为要。附抄发原呈一件。

县长杨
民国三十八年五月

张掖县政府就呈诉张学尧填沟旱苗请派员勘察事给平彝乡第五保蒋家闸民王朝贤等的批示

1949 年 5 月　　张 4–110

张掖县政府批示张三（38）辰字第 2023 号

平彝乡第五保蒋家闸民王朝贤等：

本月二十三日呈悉已令饬该管乡公所查处在案仰即知照。

县长杨
民国三十八年五月

张掖县平彝乡五保蒋家闸民等就呈诉张学尧填为填沟旱苗断绝水利妨害民生请求查勘事给张掖县政府的急电

1949 年 5 月 23 日　　张 4–110

查民蒋家闸地处沙漠，只有户民一十余户，地瘠民贫、逃户最多。乃因水利不兴，连年受旱，民不聊生，不能立足。查本闸荒芜遍野，凡有水量具入沙窝，不易上地，去年受旱，实受下寨子开荒夺水影响。今年恐其受旱，民等拟在开挖公荒地方另挑旧水沟，费用一百五十名人夫挑修完竣，定于古五月一日辰时引水浇田，以顾民生。讵知有下寨子老者张学尧、张九同、郝文耀、蔡长尧、郝其、赵良珠等似狼如虎，率领八九十人齐力上前，将民之水沟填平，立逼田苗亢旱，民不聊生，实在绝断水利，难以生存。为此紧急报告县长电鉴，允准派员到地查勘即令开沟引水以，顾头水并□拘提法办以儆刁野。谨呈县长杨。

原报告人平彝乡五保蒋家闸民　王朝贤　张大福　王怀堂　蒋青山

被告　张学尧　张九同　郝文耀　郝　其

蔡长尧　赵良珠

民国三十八年五月二十三日

张掖县政府就永丰乡溢源渠民众代表郭鸿庵等呈报水利缺乏田苗旱枯请设法均水救济事给张掖县政府警长及水利员的训令

1949 年 5 月 28 日　　张 4-110

张三（38）辰字第 2056 号

本府警长董得珠、溢源渠水利员王文锦：

据永丰乡溢源渠民众代表郭鸿庵等“呈报水利缺乏，田苗旱枯，请设法均水救济”等情到府。查此案前经本县长在黑河口面谕，该渠水利员王文锦均给该渠救济□昼夜，先浇头水田苗在案。仰该警长、员即刻前往会同该渠水利员王文锦、本府警长董得珠依照本县长前决定办法均浇为要。

县长杨

民国三十八年五月

张掖县永丰乡第一保溢源渠民众代表郭建增等就水利缺乏田苗旱枯事给张掖县政府的呈文

1949 年 5 月 26 日　　张 4-110

张掖县政府：

呈为呈报永丰乡第一保溢源渠民众代表郭建增、李树林、郭鸿庵、王学训等为呈报水利缺乏、田苗旱枯事。窃查民渠自夏季开口以来，迄今点水未见，青苗风吹日旱、如似燃火，又其下年度人民生活难以维持，以及田赋征收亦难完纳、无法可想。特联名恳祈钧府电鉴作主、设法平均水利、补助灾旱，安慰民心而住潜逃，以便本年度田赋征收及人民之生计，实为公私两便施行。谨呈张掖县政府县长杨。

民众代表　郭建增　于树林　郭鸿庵　于学训　王　聘　刘永久

第一保保长　杨复新

中华民国三十八年古四月

处理意见：

即找代表一人来府询问详情后，决定派员查照详情，由附近渠内匀浇。

五月二十六日

张掖县政府就函复给大满渠小五号匀水情形事给张掖县参议会的公函

1949 年 6 月 16 日　　张 4-110

张三（38）巳字第 2237 号

张掖县参议会：

张参秘二（38）辰字第〇二三六号公函敬悉。查此案前据该民等呈报到府，经派本府第三科科长陈开周于五月二十八日在大有乡公所召集大满新、平顺、马子渠各水利员及小五号公民黄毓亨等开会议决，由大满新渠匀水四昼夜、平顺渠匀水四昼夜、马子渠匀水二昼夜，共计匀该小五号全河水壹拾昼夜浇灌在渠。函复查照为荷。

县长杨

民国三十八年六月

张掖县参议会就大满渠小五号公民张登科等十四人呈以水量较小田苗枯旱请求挪借昼夜以资救济事给张掖县政府的公函

1949 年 5 月 30 日　　张 4-110

张参秘（38）辰字第 0236 号

张掖县政府：

据本县大满渠小五号公民张登科、李克成、王学禹、成多学、黄兴成等十四人呈称"一、查本渠为大渠最末之渠，且沙漠过多，近年来以气候寒冷关系，水甚微细、连年荒旱，钧会谅深明悉。本年头轮苗水未见点滴，因苗小而不觉旱，人心尚安。二、目前田苗急切需水灌溉，二轮虽然见水，但水量较小，而浇过成分不及十分之二，具余未浇麦苗约在三千亩之谱试将旱枯群情惶恐，喁喁求救。三、本渠大满新、平顺渠南五闸及邻渠马子渠苗水均已浇清，恳祈钧会会同县府准将各渠负水利专责人员召集洽商，挪借昼夜以资救济，则全渠户民感德无涯矣"等情。函请贵府速即召集有关各渠水利员商讨匀浇，以资救济为荷。

议长　雷增光

副议长　管彤善

民国三十八年五月三十日

处理意见：

一、依据上次借水会议决定照复。

二、该渠水利已通匀浇灌，函复查照。

张掖县政府就刘福龄呈诉陈增积等截霸水利事给有本乡公所的训令

1949 年 6 月　　张 4-110

张三（38）巳字第□□□号

令有本乡公所：

据该乡第六保更名东民众刘福龄等“呈诉陈增积等截霸水利妨害农业请依法惩办”等情到府。除批示外，自抄发原呈一件，令该乡长遵照详细调查、秉公处理，并收处理情形具报查核为要。

附抄发原呈一件。

县长胡

民国三十八年六月

张掖县政府就刘福龄呈诉陈增积等截霸水利事给第六保民众代表刘福林等的批示

1949 年 6 月　　张 4-110

张三（38）巳字第□□□号

有本乡第六保民众刘福林等：

本月十四日呈悉已令饬有本乡公所调处在紧仰即知照。

县长胡

民国三十八年六月

张掖县有本乡第六保民众代表刘福龄等就陈增积等截霸水利妨害农业事给张掖县政府的呈文

1949 年 6 月 16 日　　张 4-110

具状人刘福龄、袁积璋、杨林甲、蒋兴运、袁生祥、周文锦等，年各不同，系有本乡第六保农民，呈为截霸水利、妨害农业事。窃查阿薛渠民人陈增积等与民等因水利纠纷互相涉讼十数年之久，前经法院函令农会调解，已经查明情形，评处“该陈增积等每月在官闸使水两昼夜，令行借阿薛渠开流之水与民等以水抵水、以息纠纷”等情，处评之下，函转法院有案可查。讵于昨日该陈增积等愈出愈奇、有意肇衅，竟敢明目张胆在民等之渠内筑坝两条，并任意开挖沟道、引水灌田，将民堵水之坝立逼冲破，以致民渠无水。此等损人利己、妨害水利，本渠民众实难隐忍，当即将该伊新开之沟道填平，查水利系民生之命脉攸关，上供国赋、下给衣食，何等重要，该陈增积等何得视为儿戏，恣意妄行。况该民与阿薛渠另有水源争夺，民等之水者只有数家而已，乃竟生今反古、坏乱渠规，不惟于理法不合，且于民生大有妨害。事关水利、迫不得已，只得具呈伏乞钧鉴查核。准予传案质询、依法惩办，以儆刁恶而重水利，则阖渠民众感激无涯矣。谨呈张掖县政府县长杨。

原告人　袁积璋　袁生祥　刘福龄
蒋兴运　杨林甲　周文锦
被告　陈增积　袁克明　杨自和
苗春英　陈增义
民国三十八年六月

张掖县政府就呈报该渠被冲请示遵事给大古浪渠水利员赵升的指令

1949 年 7 月 11 日　　张 4-110

第 0264 号□三（38）午字

大古浪渠水利员赵升：

本年七月七日呈悉。已电饬大满下至小满一二三号及小满新各水利员加工修复在案。所有该渠冲坏部分，应由该员负责趱赶，调本渠民工修复以利浇灌，仰遵照。

县长胡
民国三十八年七月十一日

张掖县政府就加工修复渠道以利浇灌事给小满等渠水利员的指令

1949 年 7 月 11 日　　张 4-110

发文第 0265 号□三（38）午字

小满一二号水利员王福元、大满下号水利员张学尧、小满三号水利员党兆年、小满新渠水利员张宝健：

据大古浪渠水利员赵升报称“于古历六月初七日河水暴发，□有大满、小满等渠水破堤冲入大古浪渠，冲毁渠堤十余丈，请即设法整修，以利浇灌”等情到府。查该员身负全渠水利之责，对山洪□□未及前加防范，以致冲毁本渠□□□各渠需加急□□□已有冲毁渠堤，准先由该员星夜加工赶速修复，呈报修复情形专案报府，以凭派员查案为要。

县长胡
民国三十八年七月八日

张掖县大古浪通渠水利员赵升就洪水淹堤每受损失申述竟见请令防治免受影响事给张掖县政府的呈文

1949 年 7 月 7 日　　张 4-110

张掖县政府：

查古历六月七日填降猛雨，河水暴发，所有大满渠下号并小满渠、小满新渠各河之水，冲崩流入本渠河内，故将本渠河堤拉崩十余丈、深有一丈有余。推原祸始，实因该渠等河身过小、不能容量，又因该渠等事先不经防治，亦不切实修筑，以致本渠每受该渠重大影响，迄已四年之久，旋修旋冲，实属苦累不堪、不胜防范。查本渠自古六月七日河堤被崩之后，河水顿形干涸，正值浇灌之际，无水入河，将何以修理，而因工程浩大，劳民伤财固所不免。但一误不可再误，如不积极分别赶修，目前浇水急如星火，又加秋雨连、洪水再发，谁为之咎？特先声明，建议办法速趁此各渠河干之际，分令各该渠水利员即日拨夫各负其责，赶将河堤切实大加挑修，务使各河容纳增加、水分平衡，可免疏虞。自经呈明修复之后，如果再有同类情事发生者，各该渠应负赔偿损失之责，以儆将来而免独累。爰此将本渠所受毗连各渠冲崩影响情况，详为预先呈请钧府电鉴核备，并分令大满渠下号水利员张学尧、小满渠三号水利员党兆年、小满渠头二号水利员王福元、小满新渠水利员张宝健等大加整理，规定期限，各自负责挑修河堤，以防再受冲崩之患，节省人力物力，巩固基础，免遭无谓灾害，临呈不胜惶恐，□切待命之至，鹄候指令祗遵。谨呈张掖县政府县长胡。

张掖大古浪通渠水利员　赵升

中华民国三十八年七月七日

处理意见：

即分别电饬赶修并指令遵办。

张掖县长就大满渠下五号多旱麦苗尚在三千亩以上应设法匀水救济事给建设科第三科科长的手令

1949 年 5 月 27 日　　张 4-110

第三科陈科长：

据报大满渠下五号多旱麦苗尚在三千亩以上，亟待设法救济。查大满新南五闸王顺渠、马子渠等处首水业浇清，应由各该渠匀借水六昼夜以资救济，除分令刘水利员、曹水利员、丁水利员、张水利员遵照匀借外，仰该员前往监视匀浇为要。此令本府第三科陈科长。

县长杨

民国三十八年五月十七日

张掖县长就拟大满渠下五号多旱麦苗尚在三千亩以上亟待设法救济事给各渠水利员的手令

1949 年 5 月 27 日　　张 4–110

据报大满渠小五号因本年渠水微细，以致头轮苗水均未□刻间□旱麦苗在三千亩以上，现该号民众惶恐异常，亟待设法救济。兹查大满新平顺渠南五闸及马子渠等处苗水等业已浇清，即由上列各渠闸匀水六昼夜，以资救济，除□本府第三科陈科长前来□□匀借外，仰该水利员遵照，赶速照办为要。此令大满上号水利员曹均、大满新水利员刘应龙、平顺渠水利员丁积□、马子渠水利员张积功。

县长杨

三十八年五月十七日

张掖县大满渠小五号公民张登科等就大满渠下五号多旱麦苗尚在三千亩以上亟待设法救济事给张掖县政府的呈文

1949 年 5 月 25 日　　张 4–110

查本渠为大满渠最末之渠，且沙漠过多，近年来以气候寒冷关系，水甚微细，连年荒旱，钧府谅深明悉。本年头轮竟未见水，因苗小而不觉旱，人心尚安。目前田苗急切需水灌溉，二轮虽然见水，但水量较小，而浇过成分不及十分之二，其余未浇麦苗约在三千亩之谱，势将旱枯，群情惶恐异常，喁喁求救。本渠大满新、平丰渠、男五闸及邻渠马子渠苗水均已浇清，恳祈钧府电鉴准将各渠负水利专责人员召集洽商挪借昼夜，以资救济，则全渠户民感德无涯矣。谨呈张掖县县长杨。

大满渠小五号公民　张登科　李克成　黄毓亨
成多学　黄兴成　刘生年
王得成　王学禹　王家禧
李福珍　张有山　杨生虎
王叙诗　孟翔鸣

中华民国三十八年五月二十五日

处理意见：

即定期召集商讨。

张掖县警长张保就平彝乡八保水利纠纷撤销事给张掖县县长的报告

1949 年 5 月 18 日　　张 4–110

钧票传平彝乡八保原告韩有礼，被告吴国珍、刘正儒、荆六一、陈日朋逞刁夺水一案，前往去传，经有薛守义、王荣林、王保年三人调解，双方情愿撤销，理合被告，理当具报鉴核。此致县长杨。

警长张保
五月十八日

张掖县警署就平彝族乡八保户民韩有礼等呈供吴国珍逞刁夺水一案给双方的传票

1949年5月1日　　张4-110

为票作传事：

案据本县平彝族乡八保户民韩有礼等呈供吴国珍逞刁夺水一案，前往传送提，限二日内齐往到案。

原告　韩有礼
被告　吴国珍　陈日朋　刘正儒　荆六一
担保人　林好昌　魏本珍　魏群珍
民国三十八年五月一日

张掖县平彝乡八保齐家头号农民韩有礼就吴国珍等讹诈浇水请求提讯事给张掖县县长的呈文

1949年5月20日　　张4-110

窃查民居住齐家头号，至四月十四日应挨二号之水，民并无浇伊之水，亦无行迹不明来历。忽有二号甲长吴国珍、陈日朋等率领十余人手持榆条，如狼似虎，不分皂白，无故生枝，将民用草绳拴缚，百般毒打。幸有治水组长林好昌等解劝，生命不保，似此讹诈浇水妨害行动自由，强暴极已，目无法纪，实在结伙行凶，扰害间阎，情出可恨。为此告诉伏乞。钧府电鉴允准拘提凶手依法究办以儆刁野。谨呈县长杨。

原告平彝乡八保齐家头号农民　韩有礼
被告　吴国珍　陈日朋　刘正儒
张福明　陈日恺　刘德芳
吴马蹄　陈日洪　吴松年
证人　林组长　魏本珍　魏科珍
魏守珍
民国三十八年五月十二日

张掖县平彝乡八保齐家头号农民韩有礼撤销控告二号吴国珍等给张掖县长的请示

1949年5月　　张4-110

具撤销人平彝乡八保齐家头号农民韩有礼情因浇水控告二号吴国珍、刘正儒、荆六

一、陈悦朋在案，兹经薛守义、王荣林、王保年等调解结束，双方同意撤销并情愿撤销，实为感便。谨呈张掖县县长杨。

具撤销人　韩有礼　吴国珍　刘正儒　荆六一　陈悦朋

中华民国三十八年五月

张掖县警士马正林就平彝乡八保水利纠纷撤销事给张掖县县长的报告

1949 年 5 月 18 日　　张 4–110

奉票传唤平彝乡三保原被告马守祥、杨满林等九名及关系人邢好得等四名，查此该案业经该地多人从中和解，两造情愿了案撤销，理合检同撤销呈请鉴核。谨呈县长杨。

附呈撤销一纸。

警士马正林呈

五月十八日

处理意见：

陈科长迅签。

张掖县杨满林等就请撤销原案以息争端事给张掖县县长的呈文

1949 年 4 月 21 日　　张 4–110

为呈请撤销原案以息争端事，窃民以结伙行凶情节将马守祥控告在案，兹以双方情愿和息，私下以和平调处矣息事端，是以恳祈钧座准予撤销，以免纠缠，是为恩便。谨呈张掖县政府县长杨。

原告人　杨满林

被告人　马守祥

中华民国三十八年四月二十一日

张掖县长就平彝乡三保农民马守祥等呈供杨满林等妄为行凶一案给双方的传票

1949 年 5 月 16 日　　张 4–110

为票传事案据本县平彝乡三保农民马守祥等呈供，杨满林等妄为行凶一案前往传提，限二日内，齐往到紧为要。

原告：马守祥

被告：杨满林　杨书林　杨平林　杨桂林　杨得秋　杨老二　杨李氏　杨保

关系人：邢好得　马成骏　李恒禧　马成彪

县长

民国三十八年五月十六日

张掖县长就平彝乡三保农民杨平林等呈供马守祥等结伙行凶一案给双方的传票

1949 年 5 月 16 日　　张 4-110

为票传事。案据本县平彝乡三保农民杨平林等呈供马守祥等结伙行凶一案，前往传提，限二日内，齐往到紧为要。

原告：杨平林　杨满林

被告：马守祥　马增祥　马得祥　郝福德　马成虎

关系人：梁登甲　祁兴□　杨得敖　杨兰林

县长

民国三十八年五月十六日

张掖县平彝乡三保民马守祥就呈杨满林等谋害欺辱事给张掖县县长的呈文

1949 年 5 月 18 日　　张 4-110

呈为自种伤痕、谋害欺辱事：

窃有本保保长杨满林因办事不利，由钧府撤职在案。乃该保长利欲熏心，仍照常任事，故于本月十七日民至浇水沟沿看视，该保长亦适至其前，即双方喧话，并询以山水与本保民人多给时刻（多点香三柱），究竟是否公议。该保长即表不满，更出凶言，复向前将民撕打后即行回家，旋即带领父子男女八人，手持木棒齐集民之门前，直欲进庭行凶。民进前劝解，反将其父亲父叔持棒打伤、自种伤害，如有不实，有邢好德、马成骏、李恒禧、马成彪为证。当日适有军民合作站催草料人员到达，该保保长领向民截交夫草，但民应担之数早经交清。昨日早该保长复将民之皮衣两件擅行拿去，并将牛车强套拉拽来城。如此种种行凶欺辱，令人发指，凡有人心者，安能忍受？是以恳祈钧府电鉴作主，以惩妄为行凶、以保民之安全，则民感德无量矣。谨呈张掖县政府县长杨。

原呈人平彝乡第三保民　马守祥

被呈人平彝乡第三保民　杨满林　杨书林

杨平林　杨桂林

杨得秋　杨老二

杨李氏　杨保保

证人　邢好得　马成骏

李恒禧　马成彪

中华民国三十八年古四月十八日

处理意见：

传讯。

张掖县平彝乡三保太平堡民杨平林等就为结伙行凶抢夺水利妨害民生请乞发票传讯事给张掖县政府的呈文

1949 年 5 月 14 日　　张 4-110

为结伙行凶、抢夺水利妨害民生请乞发票传讯事：

窃查本保水利，向年按之水帖灌溉。每受亢旱之灾、不敷浇灌，按照旧例于本年二月二日召集绅民庶士农民集公商讨，利于浇灌、按沟均浇最为公道，不致紊乱。又公推治水人四名，专司均水之责。乃有刁徒不遵决案，于四月十七日不挨马守祥等浇水，该伊目的破坏众议，竟敢强夺乱浇，妨害秩序。讵知马守祥、郝树德、马增祥、马德祥、马成虎等聚伙三十余人，各持棒棍、逞刁行凶，独霸水利，无法制止，经由保长杨满林上前排解，不但不接受，反而将保长用绳捆缚，用棒殴伤，又将杨保长拴至马守祥家中柱上，百般毒殴，苦打成招，任意侮辱，继将保长之父杨得秋等打伤甚重，头部有伤、血流不止、昏迷不醒，遭受其毒，不醒人事，刻下行凶霸道，打闹不安，妨害秩序，形同强盗，横暴极点。时值戒严时期，何能容其反动分子持械闹事，有碍治安，为此紧急报告钧府电鉴，即日派警制止闹事，并拘传凶手到案审办，以儆刁野而利民生。谨呈张掖县县长兼军法官杨。

原告人平彝乡三保太平堡民　杨平林　杨满林
被告人　马守祥　马增祥
马德祥　郝树德
马成虎
受伤人　杨得秋　杨得茂
证人　梁登甲　祁兴□
杨得敖　杨兰林
民国三十八年五月十四日

张掖县警长就平彝乡一保原告刘介年等被告李保堂拒当水差一案已传到事给张掖县长的报告

1949 年 5 月 27 日　　张 4-110

钧票传平彝乡一保原告刘介年、刘忠年，被告李保堂拒当水差一案已经传到，理合报告县长鉴核施行。三陈科长证签。

警长张宝匚
五月二十七日

张掖县警署就平彝一保民刘介年等呈供李宝堂等拒当水差一案给双方的传票

1949 年 5 月 2 日　　张 4–110

为票传事案据本县平彝一保民刘介年等呈供李宝堂等拒当水差一案前往传提，限三日内，齐往到紧为要。

原告：刘介年　刘忠年

被告：李宝堂

民国三十八年五月二日

处理意见：

右经警许兴德执行。

张掖县平彝乡一保仁寿村民刘介年等就李宝堂拒抗水差延误不接又不遵乡公所调处耽延水利事给张掖县长的呈文

1949 年 5 月 1 日　　张 4–110

窃查烧酒沟闸治水差甲轮流挨当，不能紊乱。本沟六分差按五名轮当，如民于民国三十一年充当一次，又于去岁三十七年充当一次。今年三十八年，应挨李宝堂接办以资负责，据知该伊奸计百出，拒违不接，恐其耽延水利，当即具告在案。顷奉钧府张三（38）卯字第一五一九号批示“已电平彝乡公所严饬李宝堂接办在案，仰即知照”等因，奉此，经乡公所传集双方调处。乃该李宝堂信口横狡，仍拒不接。又不遵乡长调解、刁恶多端，反而串通各户逼令民摆设酒席，希□浪费。又复起户骚闹、任其生端，刻下立待浇水，拒抗不办，有碍水利。除由乡公所呈复外，为此再为告诉县长电鉴允准，即求票提李宝堂究办，以儆拒抗而利民生。谨呈张掖县县长杨。

原告平彝乡一保仁寿村民　刘介年　刘忠年

被告　李宝堂

民国三十八年五月一日

张掖县平彝乡一保仁寿村民申作善等就刘忠年抗不当差意图扰赖反以差务情形控告李宝堂事给张掖县长的呈文

1949 年　　张 4–110

窃查本保烧酒沟，从古迄今即共立差六份。第一份为王祺年；第二份为黄兴基；第三份为钟家份，第四为梁家份，均由刘介年担任；第五份为李宝堂；第六份申迁。上至沟首，赶至沟尾，止一次，屡推轮流担任，每逢六年充当一次。该刘忠年共有差两份，即连任两年，历有年关，已为成案。迨至三十二年，该民即扰赖不当，将李保堂控告于保长，当经保长及地方人士调解，仍由该民依照成例充当，迄今六年又轮至该民。两年差役而仅当一年，又扰赖不担，并于本年将内将李宝堂呈诉于保长及乡长，结果仍以该民不得破坏渠规，仍照成案充当差役。而该民不服，又控告第五份差民李宝堂在案。公民等均系本沟及差份内户民，为维成案、免予破坏渠规起见，是时联名具情，恳祈钧府鉴核，准予勒命刘忠年照例当差以维成案而免紊乱为祷。谨呈张掖县政府县长杨。

原祈人平彝乡第一保民　申作善　李宝堂

王祺年　黄多年

黄兴基　杨兴敖

申迁音

被告人　刘忠年　刘介年

张掖县政府就平彝乡仁寿村民刘忠年与李宝堂因水利当差互控事的审理意见

1949 年 5 月 18 日　　张 4-110

刘介年，三十二，平彝，农。

刘忠年，四十四，平彝，农。

李宝堂，六十六，平彝，农。

王祺年，三十二，平彝，农。

黄兴基，四十四，平彝，农。

讯得该烧酒沟水差共六名，挨次轮当。情因第四号失业于三号，遂以三四号合并充当。该刘介年系属三号，依例应当水差二年。但据李宝堂等供称，为水差时曾于三十二年经地方调解，仍由刘介年充当二年，现刘介年坚不认可，以调解时仅当一年，两造坚持一词，据法判定拟着双方取保，再传前调解人张九江证明后强制执行。

处理意见：

如拟。

张掖县政府对平彝乡刘介年等的问询记录

1949 年 5 月 18 日　　张 4-110

姓名刘介年，三十二岁，平彝乡，务农。

问：你告李宝堂为何？

答：为水差的事，他抗不接当水差。

问：你们是什么沟？几年挨当一次水差。

答：我们是烧酒沟，四年挨当一次水差。

问：你们当水差有什么报据？

答：我们有账（在堂已阅过了）。

问：你在哪一年当差？
答：我在去年当的。
问：你们的水差现在谁当着呢？
答：谁也没有当。
问：你们账是什么时候的？
答：光绪五年的。

刘介年

王祺年，三十二岁，平彝乡，务农。
问：你们当差报据，什么时候当呢？
答：我们报据旧账立的份事，当着呢。
问：你们有几个份子？
答：我们共有六个份子。
问：头份子是谁当来？
答：王祺年三十五年当过了。
问：二份子是谁当来？
答：黄兴基三十六年当过了。
问：三份子是挨谁当？
答：刘介年三十七年当过了。
问：四份子是挨谁当？
答：四份子仍挨刘介年，就是三十八年的。
问：第五份挨谁当？
答：李宝堂应挨三十九年①当。

王祺年

李宝堂，六十六岁，平彝乡一保，务农。
问：水差今年是否挨你当？
答：不挨我当，挨着第三份当着呢。
问：你是第几份水差里面？
答：我在第五份水差里面。

李宝堂

张掖县平彝乡刘介年就李宝堂抗不当差意图扰赖的甘结

1949年5月18日　　张4-110

今具到县长案下：

兹因民去年当差一年，今年李宝堂坚抗不接，此案于三十二年由保长张九俭评令三十

① 编者按：此处指1950年。

二年当差二年，以后每年当差一年，而今李宝堂应挨水差，延抗不办，为此具结。如果查有不实行为，甘愿受处分，所具甘结事实。

具甘结人平彝乡一保民刘介年
民国三十八年五月十八日

处理意见：
准保。

张掖县平彝乡李宝堂就刘介年抗不当差意图扰的甘结

1949 年 5 月 18 日　　张 4–110

今具到县长案下：

查民国三十二年本沟应当水差评令刘介年（保长张九俭）每轮应当差二年，民每应当差一年，今年并去年应由刘介年充当至下年，民再行接办。民情愿具结，如果查出有不确行为，甘愿受处分，所具甘结事实。

具甘结人平彝乡一保民李宝堂
民国三十八年五月十八日

处理意见：
准保。

张掖县民刘太年就平彝乡一保民刘介年因与李宝堂涉讼管押在班情愿承保听候调查如有堂讯之处随传随到的保证

1949 年 5 月 18 日　　张 4–110

今保到县长案下：

兹有平彝乡一保民人刘介年，因与李宝堂涉讼管押在班。今民情愿承保、听候调查。如有堂讯之处，随传随到。倘若不到，或有避躲情事，惟保人是问。所具保状事实。

原保人　刘太年住甘泉巷门牌号
被保人　刘介年住平彝乡一保
民国三十八年五月十八日

张掖县民黄新成就平彝乡一保民人李宝堂因与刘介年涉讼管押在班情愿承保听候调查如有堂讯之处随传随到事的保证

1949 年 5 月 18 日　　张 4–110

今保到县长案下兹有平彝乡一保民人刘介年因拒不当差，将李宝堂具告管押在案。今民情愿承保李宝堂下去听候调查，如有堂讯之处，随传随到，倘若不到，或有避躲情事，惟保人是问。所具保状事实。

原保人黄兴成住甘谷水小学校内
被保人李宝堂
民国三十八年五月十八日

张掖县政府就召开借水会议商讨救济大满渠小五号旱苗事给各水利员的通知

1949年5月18日　　张4–110

大满上号水利员曹均、大满新渠水利员刘应龙、顺渠水利员丁积善、大满渠小五号公民张登科等十七人：

兹定于本月二十八日上午十时在大有乡公所召开借水会议商讨救济大满渠小五号旱苗事宜，除分别通知外，仰该员公民等准时参加商讨为要。

张掖县政府
五月二十七日

张掖大小满堡农林畜牧概况调查报告

1944年11月14日　　张4–35

本所①为谋发展河西农林业起见，将来拟在张掖大小满堡地方办理生产农场以求各种作物及畜牧质量之改进，而达增加后方生产之目的。惟创办之先，必须对于该地之自然环境、农作制度、作物及畜牧各方面实际情况详加调查，借供将来工作之参考。缘此，正国于三十三年八月十一日奉令前往调查，于十一月初返所，计时三月，兹将调查所得陈述如次。

壹、自然环境

大小满堡位于张掖县城西南，距城三十里。东南毗连飞机场，有公路可达，西至黑河二十余里，南至祁连山麓约七十里。地势较高，气候寒冷，与城附近之乌江堡等产稻区域相较，差异远甚。土质属黏性，且碱甚重，土层极薄，唯灌溉水源尚称便利，但水量时感不足，且多数沟渠年久失修，亟待整理。兹将自然环境各要点分述如下：

一、气候

1. 温度　张掖城区之温度根据甘肃省水利林牧公司河西张掖工作站民国三十二年度气象记载，七月温度最高，计二十三点四摄氏度，正月最低，计零下十摄氏度，大小满堡地势较高，且以无气象记载，想较此当略低也。

2. 雨量　张掖之雨量，异常缺乏，根据水利林牧公司河西张掖工作站民国三十二年气象记载，八月份雨量最多，即四十五点三毫米，其他如十月份竟无雨量记载，十一月份

① 编者按："本所"所指不详。

为零点四毫米，全年雨量极少超过一百五十毫米。

3. 霜期　大小满堡普遍无霜期约为四个月，据当地老农面告，约为农历四月二十日至八月十五日前数日，惟本年农历七月二十四日即已降霜。

4. 灾害　每年麦禾正在抽穗时，如在阴雨之后，热风当自东南而来，麦旱多伏倒，籽实因之不能充实饱满，影响产量颇大。冰雹亦时偶有之，每隔三五年当有一次。

二、土壤

大小满堡土壤，均属黏性壤土，各种作物播种后，禾苗颇难出齐。如一遇雨，则地皮结成一层硬块，芽苗不能出土生长，须即刻灌水，否则仍需再度播种。二层极薄，因无测土器具，故即用尺沿新开渠河（该渠为大小满堡分界处，自大满堡营房起至邓农官钧羊场止约五里），共测表土二十八处，土层最薄者为八寸，最厚者为五尺二寸，平均为二尺四寸六分，表土下即为石层。

三、水利

大小满堡灌溉水源均出自黑河。大满堡地区属大满渠四渠之大满新渠之丰收闸，小满堡地区属小满渠深沟闸，该两地区每隔半月轮流灌水一次，如垦地亩过多时，则轮流灌溉，日期须延长数日，实际上水量时感不足，且沟渠多已冲毁，故目前地尚有地约四百亩未能灌溉。

贰、农作制度

大小满堡之土地，自民国以来属于大满堡者，一向无人耕种，至民国七八年时农民间有租种者，但面积甚小。至小满堡之地亩，直至民国十二年仍有孙姓在惜字宫附近耕种，嗣以课税太重，无法维持生活，终至逃走。此后大小满堡之田亩，遂荒弃无人耕种矣。至民国二十七年，有第一百师军队驻防该地，二十八年以一营人开始垦种，二十九年又加一营人住小满堡。最初一二年以地太薄，及农具肥料畜力之缺失，收获甚少。二十九年青海马主席送该师耕牛一百余头，该师复自养骡马二十余匹，以备拉用肥料与耕种田亩之用。此外不足之畜力，均由县府代为征派，三十年收获成绩略佳。三十一年，该师奉令调防青海，由省府派员接收，其时肥料均已运至田中，故当年租给农民耕种之收获量尚佳。翌年（三十二年）肥料来源缺乏，租种者因之减少。兹将该地地亩房舍数量及本年（三十三年）耕种分列如下。

一、房舍

大满堡原报营房、仓房、车棚为二百间。一百师开拔时，全部门窗，坑板拆除殆尽，仅余空架及水磨一座而已。小满堡原报营房马棚为一百六十一间，门窗俱无，已由乡公所将木架拆尽，墙垣亦均倒塌。刻仅大满堡有骑兵三十团，通信连及机枪连驻扎。

二、树木

过去第一百师，曾于沟渠两旁植有杨柳，省府接收时，计大满堡有五三四九株，小满堡有二三九株，直径约二三寸不等，惟近年损坏不少。

三、地亩数量

大满堡据原报为一〇八九亩，田赋处清丈为一四百亩，但清丈潦草，地形多不符实。据曹农官等谈，昔日粮根约为一三百亩，小满堡据报为一三二二亩，清丈结果为二千亩以上，原因与大满堡同，据老农谈约为一七百余亩。故实际上两处，共计约有三千亩之谱，除小满堡拨与农校五百亩，大满堡借与农林部祁连山林管处五百亩不计外，另加最近拨给本所四九六点四一亩，现共计有垦地两千五百余亩。

四、本年实验垦种及收获情形

本年三月底河西区农林实验场奉令试垦大小满堡荒地，由万群场长负责办理，以时间匆促及人力畜力之缺失，仅垦种三百亩，分配亩数计，小麦三十亩，胡麻二百二十亩（以播种后缺苗者约二十亩，故只能以二百亩计）糜子计播种七十亩，但为马牛踏食约六亩，收获量计：小麦六石（甘州斗），约合市石一五石九斗五升，胡麻为二十八石七斗（甘州斗）约合市石七十石六斗三升，糜子为一二石九斗（甘州斗），约合市石三十四石三斗八升，以上各项收获共计一二〇点九六石（市斗），每亩平均产量约合四市斗。本年度依据县田粮处已送三十三年度征购征借粮约计六十余市石，如须缴纳是项粮款，则绝对不能归还省府所贷之款，兹将耕作及收获步骤说明如下。

1. 耕犁　张掖普通耕作方法，最好于收割后即耕犁一次，十余日后再犁一次，旋即耙平，冬初复用石磙磙平，以备明春播种，如系糜谷，则多于收割后灌溉冬水，次年再浇水播种，本年度大满堡垦种之三百亩地，以时间迫促，灌水后立即施肥耕种，当时幸赖县府代为征雇民间牛只使用，否则更不及赶种。

2. 施肥与播种　当地普通习惯，未耕犁前将粪扬散地中，每亩约施肥料六车至十车，每车约价三百元，脚力尚未在内，但在大小满堡肥料问题极感严重，以距城太远，购运异常困难，且当地附近并无草原，饲畜造粪亦难办到。故本年所施肥料仅有麦田三十亩之一九九车。糜子七十亩之三五八车，关于作物播种量，种麦三十亩即用麦种二石四斗二升五合（甘州斗），胡麻种二百二十亩用种子四石七斗二升五合（甘州斗），糜子种七十亩，计用种子一石七斗五升（甘州斗），苜蓿种地一块用种子一斗。

3. 中耕灌溉除草　当地播种方法，均用散播。故麦子、胡麻、糜子、荞麦等均不中耕，在第一次灌水后即行除草，每亩除草工作，约需短工六工。谷子、马铃薯亦于灌溉后即行除草，每亩共需短工六名，惟尚须中耕二次、稀苗一次，每亩约需工三名。故除播种收获外，每亩共计需短工九工。再者各种作物，灌溉次数为：麦子、糜子、荞麦、马铃薯四次，胡麻灌溉三次，可每日只可灌溉地三十亩至四十亩，但须视土壤干湿而定。

4. 收获　本年度以播种时期迫促，故阳历四月十五日麦子始播种完毕、五月二十五日胡麻播种完竣、六月二十八日糜子种完。九月十八日收割麦子三十亩计一百十七捆，共收获麦子六石（甘州斗），九月十日收割胡麻二百亩计七十余车共收获二十八石七斗九升五合（甘州斗），十月十二日糜子七十亩割完收获十二石九斗。

5. 粮食市价　关于张掖食粮市价，时涨时跌，价格无定，兹将城内本年十月间粮食市价，列表如左，单位为甘州石。

名称	白米	麦子	胡麻	糜子	谷子	蚕豆	荞麦	马铃薯
价格/元	6500	3000	4500	1700	1500	2000	1500	300

以上为农民主要食粮，而每市石折合甘州石三斗七升六合。

叁、牲畜饲养情形

大小满堡之农家多视其种地多寡而定。饲养家畜之头数，普通耕种百亩者，喂马骡各一头，驴二三头，牛大小八九头，其中可供役用者必须六头，每对牛年可耕地三十余亩，山羊绵羊二三十头，猪四五头，鸡十余只，以备造粪之用。此外并饲有鸽子数十至数百羽，并为建造鸽楼，亦为造粪之用。当地荒地颇多，除生长水蓬、蒿子、骆驼蓬外，其他如禾本科草类则颇稀少，故农民所饲之牛羊，多于庄稼收割前（约阳历八月）由山中（距大小满堡约百余里）赶回家中，俾使牛马服役耕作，羊则遍地寻食收割后之残余草叶。至翌年正月时，家中所贮之草业吃尽后，即须赶送山中二家坪及黑老汉藏民所在地，委托番民代为放牧，羊每年每头给麦子二升及水草费国币十元、每头黄牛麦子六升，马骡牛每头麦子一甘斗，另给槽头费（即水草费）每头叶子一升。寄养牲畜山中所出之肥粪均归番民所有，多售给农民，每车约三百元，拉运费不在内。

复次，大小满堡距祁连山草原，远者达一百五十里如大小碰及红庙子等地，而最近者亦有一百里如二家坪、黑老汉等族所在地。该处草质不佳，且草原面积过小，东西长仅二十余里，南北约宽十余里，又以冬日大小满堡附近所有之牛羊尽放牧该地，每年春季牛羊，因营养不良，而倒毙者颇多，此盖草原不足使然，当无从议。据估计该地最多可放马一千头，牛二千头，羊约一万头，如增多畜数，实乃不可能之事。

肆、荒芜原因

一、自然环境欠佳

大小满堡之水地，每亩仅值国币一百五十元至二百元。某次曾到一农家访问，据称有二十亩地去年送给邻居，本年尚有十亩尽力设法奉送，但无人乐于接受。以气候寒冷、无霜期仅四个月，作物一年一季仍不能充分生长故，收获量不多，此荒芜之主因也。

二、农民经营破产

值此生活日渐高涨时期，农民根本无购买能力，大小满堡地广人稀，人工物价昂贵，农民既乏人力又缺少畜力肥料与农具，深耕易耨，根本无法办到，故庄稼收成极低。

三、农民入不敷出

大小满堡之土地，既受自然环境之限制，农民等无力善为经营，冀其多量收获，自难如愿。且农民负担粮款杂捐等款项亦为数不赀，而贫农更受大户之重利盘剥。故当地农民十之九无法生活，逃亡者时有之，职是故也，总之我西北大好荒地甚多，岂仅大小满堡之数千亩？切盼政府当局切实注意，拟定十年或二十年远大计划，宽筹经营费办理，并利用机器大量垦殖，使地尽其力，减少耕作成本，则增加生产改善农民生活之目的，庶可期矣。

伍、经营大小满堡建议办法

大小满堡之荒地，除本所调查之熟荒外，其他荒地亦为数不少。因土壤不佳、肥料缺乏，畜力农具高贵。如照普通农家制度经营，则绝无利益可图。且河西荒地，遍地皆是，如不切实设计开垦利用，则大好土地听其荒芜，良可慨惜。但解决土地利用，使地尽其力乃百年大事，非一朝一夕所能有成，爰建经营办法五项如次：

一、移民垦种

由各地招收勤苦农民数十家，移住垦地，关于其衣食住及垦地畜力农具肥料等由政府投资统筹办理，并作合理之分配，时期定为五年或十年。至将来农民能自立后再分年还款，并完纳粮税，最后将土地权归农民自有，以达民生主义“耕者有其田”之目的。

二、军队垦种

值此工价高贵时期，借用军队组织及利用其人力试办垦殖，由政府投资，拟具整个计划并由政府统筹办理，使垦种军队，自食其力，节省军费开支，并可奠定战后寓兵于农之基础。

三、租佃农民垦种

三十一、二两年，一百师奉令移防后，即将大小满堡一部分土地租佃农民垦种。以仅纳租佃粮，故农民尚愿耕种。如采用此项办法，应由政府长期详订租佃办法，以免地力耗尽无人佃种。

四、设立研究实验场

由政府投资，正式设立研究实验场，聘请专门技术人员负责研究实验工作，其目的在改良土壤并研究实验，化学肥料与农具改进及耐旱耐寒等作物习性及栽培方法，以作将来河西荒地垦殖之表证，此项工作非一朝一夕所能促成，须筹有固定经费，详拟五年至十年工作计划。

五、设立合作经济农场

在地广人稀之河西，应对于劳力之节省应特别注意。如所收不敷所出，则其结果农民必走上逃亡之途，大小满堡之农民劳苦终岁，每年辛勤所得尚不能获一饱暖，废弃田园必然之结果。然欲节省劳力增加生产，则对于原有之农作制度势非改革不可。闻新疆乌苏里农场有耕犁机、播种机、收割机、打谷机等，此种新式农具如合理运用，效力颇佳，似可由政府投资，详拟计划购运试用。将来如有成效，可组织农民参加合作经营，不特可以增加生产改善农民生活，且对于河西大好荒地，亦可尽量开发矣。

梁正国

三十三年十一月十四日

甘肃省第六区就处理张掖新丰乡马宗锐等呈诉该县沙河渠民王永清等妨害水利事给临泽县政府的代电

1946年5月8日　　张3-76

甘肃省第六区二辰字第422号

临泽县政府览：

案查前据张掖新丰乡民众代表马宗锐等“呈诉该县沙河渠民王永清等妨害水利一案，业经查核，于四月廿三日以二卯字第三五九号梗代电抄发原呈，电令该县会商张掖县处理在案。兹复据该马宗锐等呈称‘呈为勒令拆修橙槽、拒绝原流窟窿，请求澈查以通水利而便灌溉’各情，业经呈请钧府鉴核查办在案，旋蒙于古三月十六日派员会同党团参议会，民呈请省府建设处郭督导员并各机关人员亲莅橙槽、详加勘查，该橙槽下查有明时原流窟窿三个，而靠西边者系长方形，长约五寸、宽约四寸下。中间者系正方形，长宽各一尺一寸。靠东边者系长方形，长约九寸、宽约四寸。而窟窿俱用胡麻秆堵塞 点滴未流，遂细澈查清楚，确属事实。值此春耕之期，苗水口水急待需要。而该沙河渠总甲王永清等，日每派人在窟窿下看守严密，未流一滴，以致民渠人民既而安苗失水、而口水颇感困难，若不呈请最近通流而维渠民，实无生活之路。再三维思，惟有理合再催，具文呈请钧座鉴核，俯准提案讯办，最近拆取堵塞窟窿以通水利，而便食耕，则民等不胜铭感五内矣，谨呈”等情，除批示并分行张掖外，合行电仰该县遵照前令迅速办理报查为要。

专员兼保安司令王维墉二（35）辰齐（印）

处理意见：

迅将本案办理情形呈复。

五月十六日（印）

临泽县沙河乡长鲁璠就水利渠长王永清呈请令饬巴吉渠预为修筑橙槽以便修筑本渠渠堤事给临泽县政府的呈文

1946 年 3 月 10 日　　张 3-76

沙河乡寅字第 373 号

临泽县县长钟：

案据乡属沙河渠水利渠长王永清呈称“为呈请转呈咨请转饬修筑渠堤而利水利事。窃查本渠在张掖巴吉渠七号北寨橙槽处之渠堤年久破坏，经本渠本年第一次水利会议决议‘于本年清明节前动工修筑渠堤，并于事先通知该渠水利渠长督饬该号浇水户民届期预先将橙槽修好，以便修筑渠堤’等语记录在案。刻届春暖，立待修筑水渠之际，理合具文呈请乡长鉴核，转呈县政府转咨张掖县政府，并咨新丰乡公所令饬巴吉渠渠长预为修筑橙槽，以便届时修筑本渠渠堤，而利水利。谨呈”等情，据此，除函请张掖县属新丰乡公所转饬该渠迅即按规修筑外，理合具文转呈钧府鉴核，函转张掖县政府转饬照办，而免有误。谨呈临泽县政府县长钟。

沙河乡长　鲁璠（印）

处理意见：

准函张掖县办理。

三月十三日（印）

沙河乡乡长鲁璠就沙河渠水利渠长王永清转呈县政府转咨张掖县政府令饬该渠渠长如期拆修江淮渠橙槽以便修筑渠堤事给临泽县政府的呈文

1946 年 3 月 10 日　　张 3-76

沙寅字第 373 号

为据情转呈乡属请鉴核转咨由：

案据乡属沙河渠水利渠长王永清呈称“呈请转呈咨请张掖县政府令饬江淮渠拆修橙

槽，以便整修渠堤，而免溢水事。窃查本渠在张掖江淮渠橙槽之处，北渠岸年久破坏，每值大加修筑，非将江淮橙槽拆修、不能着手修筑渠堤。经本渠第一次水利会议决议‘于本年清明节前动工修筑该处渠堤，并函请该渠渠长预为拆去橙槽，俾便届时修筑’等语记录在案，当即函请江淮渠陈渠长查照办理见覆。去后迄今两月未见答复，刻值挑修水渠，动工在即，惟有具文呈请乡长鉴核，转呈县政府转咨张掖县政府饬令新丰乡转饬江淮渠长如期拆修，以便修筑渠堤，而利水利谨呈”等情，据此，查该渠长所称各节均属实在，除函请张掖县属新丰乡公所转饬拆修外，理合具文转呈钧府鉴核，函转张掖县政府转饬该渠如期拆修而免有误。谨呈临泽县政府县长钟。

乡长　鲁璠（印）

处理意见：

准函张掖县转饬拆修，以便筑堤。

三月十三日（印）

临泽县政府就请饬属新丰乡巴吉江淮两渠预为修筑渠堤预拆橙槽给张掖县政府的公函

1946 年 3 月 24 日　　张 3-76

临泽县政府建（35）寅字第 134 号

张掖县政府：

案据本县沙河乡乡长鲁璠呈称“案据，入原呈，而免有误”等情，据此。正核办间，复据该乡长呈称“案据，入 373 号，而免有误”各等情，据此，经查该乡长所称各节均属实在，事关本县人民生活并定以增粮食，相应烦请贵府查照，迅予令饬新丰乡巴吉、江淮两渠渠长预为拆修，以便筑堤，而利兴修为荷。此致张掖县政府。

县长钟

三月廿二日

沙河乡乡长鲁璠就修堤以及修筑江淮渠橙槽渠案各情形事给临泽县政府的呈文

1946 年 3 月 28 日　　张 3-76

沙寅字第 402 号

案据沙河水利渠长王永清呈称“案奉钧所沙寅字第三七五号训令开：案奉县政府（35）寅字第一三号训令开‘案奉甘肃省政府建二水（35）子字第四四号训令，为防止洪灾，□预备修防料物，及时培修各河流堤坝一案，尾开，令仰该渠长遵照勘查河流堤□，如有损坏，即行从速尽力培修，以利民生，并将办理情形具报汇转为要’等因，奉此，查本渠最大工程渠堤，如东西河沙墙子、红沙河、北寨儿、长坝等处渠堤于本年立夏前先后事修筑。沙墙子、东西河二处渠堤至红沙河、北寨儿两处渠堤工程浩大，另拟计划修筑。此外尚有小堤坝如白土台子上下、牛泉凹、三棵树、新墩子、胡墩子、老树湾、长坝、闸子庙、长坝、红柳园子等处，统计合算，工程浩大，于本年集合民夫不能全部竣工，只暂为补修通水，已于本年提交第一、二两次水利会议，决议分期逐年从新建筑。惟查张掖江淮渠橙槽北岸渠堤破坏溢水，非积极修理不可。再如巴吉渠修搭橙槽一事，系属该渠修理，业已呈请转饬修理在案。兹奉前因，理合将培修渠堤要隘及办理情形具文呈覆钧所鉴核备查，以凭汇报谨呈”等情，据此理合具文转呈钧府鉴核备查。谨呈临泽县政府县长钟。

沙河乡乡长鲁璠（印）

处理意见：

备查。

三月卅一日（印）

张掖县政府就函复已饬本县新丰乡巴吉江淮两渠遵照修筑事给临泽县政府的公函

1946年4月19日　　张3-76

张掖县政府建（35）卯字第3958号

临泽县政府：

案准贵府建（35）寅字第一三四号函“以据沙河乡乡长鲁璠呈请函转饬属新丰乡巴吉、江淮两渠预为修筑渠堤过槽，以利水利，嘱查照见复”等由，准此，除令饬新丰乡巴吉、江淮两渠民众遵照办理外，相应函复查照为荷。此致临泽县政府。

县长何让

处理意见：

查照存案。迅饬沙河乡公所□□。

四月廿九日（印）

临泽县政府就转张掖县府饬属新丰乡巴吉江淮两渠预为修筑渠堤过槽以利沙河渠水利等情一案沙河乡乡长鲁璠的训令

1946年5月6日　　张3-76

临泽县政府建（35）辰字第430号

令沙河乡乡长鲁璠：

案查前据该乡长呈请函转张掖县府饬属新丰乡巴吉、江淮两渠预为修筑渠堤过槽，以利沙河渠水利等情一案，兹准张掖县政府建（35）卯字第3958号函复“饬新丰乡巴吉、江淮两渠遵照修筑，希查照为荷”，准此，合行令仰该乡长遵照转饬沙河渠水利渠长知照为要。此令。

县长钟（印）

五月五日

张掖县政府就新丰乡江淮渠民马宗锐等呈诉贵治沙河渠民汪永清等妨害水利事给临泽县政府的公函

1946年5月1日　　张3-76

张掖县政府建（35）辰字第4133号

临泽县政府钟县长勋鉴：

案奉甘肃省第六区行政督专员兼保安司令公署二（35）卯梗代电开"案据该县新丰乡复兴保民众代表马宗锐等五人'呈诉临泽沙河渠水利总甲汪永清等三人妨害水利、恳祈澈查'等情到署，究竟实情如何，除批示并分令临泽县政府会办外，合行抄发原呈，电仰该县会同临泽县处理为要"等因，附抄发原呈一份，奉此，除本府派指导员甄作朴于本月八日前往该渠查勘外，相应电请查照派员届时到达该处会同处理为荷。

张掖县政府建（35）辰□（印）

处理意见：

手令沙河乡公所派员会查□□。

五月三日（印）

临泽县政府就会同张掖县政府派员共同和平处理水利纠纷事给沙河乡长的手令

1946年5月5日　　张3-76

令沙河乡乡长鲁璠：

案准张掖县政府建（35）辰东代电开"案奉甘肃省第六区□□□入原文□□为荷□□"等由，准此。除函复外，合行令仰该乡长于本月八日前往该处会同张掖县政府派员查照□案和平处理，并将处理情形具报备查为要。右令沙河乡乡长鲁璠遵照。

县长钟（印）

五月五日

临泽县政府就嘱派员会同处理新丰乡江淮渠民呈诉本县沙河渠汪永清等妨害水利事给张掖县政府的公函

1946年5月6日　　张3-76

临泽县政府建（35）辰字第427号

张掖县政府：

案准贵府建（34）第4133号东代电嘱派员会同处理新丰乡江淮渠民呈诉本县沙河渠汪永清等妨害水利一案等由，准此。除派沙河乡乡长鲁璠刻即前往该处会同处理外，相应函复查照为荷。此致张掖县政府。

县长钟

临泽县张抡选鲁璠就勘查江淮渠民众马宗锐呈诉沙河渠水利总甲汪永清等妨害水利事给临泽县政府的报告

1946 年 5 月 10 日　　张 3–76

本月七日奉钧座手令“饬即前往张掖新丰乡复兴保，会同张掖县政府派员，勘查江淮渠民众马宗锐呈诉沙河渠水利总甲汪永清等妨害水利一案”等因，奉此，职遵即于本月八日抵沙河于九日早到达该保，会同张掖县政府甄指导员作朴并沙河渠渠众潘永福、汪逢源，江淮渠渠众代表马宗棠、曹兴华、李兴甲等莅渠查勘，兹谨将经查各情分点列陈于下：

（一）查张掖江淮渠系取响山河之水，渠身自南而北，在沙河渠之上穿搭橙槽而行。沙河渠系取黑河之水，渠身自东而西，在江淮渠橙槽之下直流而通，各行各水，两无干涉。

（二）查江淮渠在沙河渠之上所搭橙槽东西宽一丈零五寸，但江淮渠在橙槽南端之渠身宽七尺八寸，在橙槽北尾十丈以内之渠身被该渠之民逐年掘成宽度一丈四尺五寸、深度四尺二寸之深坑，在十丈以外渠身宽度仍系七尺八寸，以该江淮渠渠身宽度与橙槽宽度相较，复以江淮渠地势高度与沙河渠相测，并未妨害江淮渠之水利。

（三）查沙河渠身南北宽度一丈五尺，水面至渠底深三尺，以沙河渠身宽度水量深度与江淮渠橙槽之宽高度相较，则有塞淤沙河渠水之畅流，实有妨碍沙河渠水利之处。

（四）查沙河渠在橙槽下之北渠堤（即江淮渠橙槽流水之北口）系用石条砌筑，此渠堤之北根现已被江淮渠之民掘挖深坑，兼之堤上有橙槽之瀑布水浸噬，堤南则有渠水浸泡，并有橙槽柴木石土之压力下压，以致此段渠堤倾颓破坏，而橙槽之宽高尺量亦随之降落。每值夏末秋初，山洪暴发，此渠堤受水冲损更尤甚焉，急有建修之必要。

（五）查于五月九日早会同张掖县政府甄指导员作朴查勘时，据沙河渠看水夫民蒋登恒等同渠众潘永福等面称“于五月八日上午六时有江淮渠长李兴茂同甄指导员率民众数十人前来橙槽下，情势凶猛，恃众强迫用铁杠木棒将我北渠堤石条撬开数处，全部水溢伊渠，当时我等看水夫二人寡不能制，遂赴红沙河调来看堤人夫三十名抢修，以破坏甚巨，无法修补，暂用麦草塞堵，至晚始可塞住”等语，当即双方会同勘查。该江淮渠橙槽南之上游渠内干涸，而橙槽北之渠内流水行迹尚在，橙槽下渠堤之石条破坏有痕，用草塞堵。当即询问江淮渠民曹兴华、李兴甲等为何强挖渠堤，该曹兴华等供认不讳，昨日撬破渠堤系试验放水，并请当时与该渠在此堤取一斗口或一洞子，言词强硬，一唱百和。该众内突有两名夫自动跳下渠内，仍强行破堤，沙河渠之夫上前去阻，势将冲突，双方令警士制止。旋即返该江淮渠保公所路过巡视，该渠灌田颇多，比及至保该江淮渠民曹兴华等以无理要求仍取洞口，沙河渠民等据云有昔建修橙槽，在清乾隆时涉讼石碑两座。详细查阅碑文，并无开缝留洞词语，今亦无开洞行迹。惟碑文内节云“该渠各使各水，两无相涉”，而该江淮渠民既无凭案，无故兴讼，显然窃取水利，殊与成案不符，于理亦有未当。查水利关乎民生，职等未敢擅专，兹将查得以上实情并抄缮原碑文二纸一并具文呈报钧座鉴核。谨呈县长钟。

附抄呈碑文二纸。

职　张抡选（印）

鲁　璠（印）

处理意见（一）：

交戴雇员先抄附件，邢科员□原卷送函并速拟稿。

五月十三日（印）

处理意见（二）：

转函张掖县政府严饬江淮渠负责人准守旧规，不得偷窃渠水，并禁止无端肇事。

五月十二日（印）

附碑文一：

饬委事乾隆四十五年八月初七日准（奉）特授甘肃甘州府正堂加二级纪录二次钟□（牌）开，乾隆四十五年七月二十九日蒙钦命甘肃整饬分守甘凉兵备道兼管水利□传事务加三级纪录三次王宪牌，本年七月二十二日准特授甘肃等处承宣布政使司布政使随带加一级纪录三次王宪牌，本年七月二十二日准兵部尚书兼都查员都御使总督陕甘等处地方军务兼理粮饷并兼管甘肃巡抚事兼理茶马勒批，据安肃、甘凉二道详称“案奉宪台檄开，据张掖县江淮渠民人王进贵等控告抚□厅沙河接济渠民人蒋琢等闭塞石缝漏水一案到院。查沙河渠石缝漏水前据甘州府勘明，非江淮渠民人所应得，由藩司详议各使各水，各修各渠，漏缝仍听接济渠民堵塞，业经批饬遵照在案。今王进贵复行控争，查江淮渠身从前是否接济渠之水，现在控争之石缝漏水是否江淮渠民人畜食用必需，有无碍接济渠之水利，屡断何以屡翻，必须确切勘明，详加妥议，以杜争端。为此仰该道照牌事理文到，即会同甘凉、安肃道前往该处率同抚□厅张掖县查明节次断案，传集两渠首事详加履勘，秉公讯断、拟议详细，务期两造输服，不致复起讼端”等因，蒙此，职道等遵于六月十九日至沙河堡会齐，调查此案原卷，并提集两造，率同甘州府钟守赴江淮接济两渠交会处，所勘得江淮渠系取响山河之水自南流，在接济渠身穿搭橙槽而过，沙河接济渠系取黑河之水自东西流，在江淮渠橙槽之下过水。各行各水，两不相妨，详加履勘，并无接济渠傍旧开水沟及单有水洞行迹，其接济渠身已用石条砌筑坚固，亦无漏缝。查勘毕，随讯据原告王进贵、李守满、葛儒、陈栋等同供：“小的们是江淮渠民，江淮渠本名蓿巍渠，古来沙河渠都使响山河水，后因他们另开接济渠，用黑河水穿断江淮渠身，所以小的们另开小沟，分水使用。乾隆六七年间，他们更把小沟堵塞，后来又把洞口石缝的水也都困塞，以致小的们□渠人畜日用的水没有了，屡次在督宪大人上告，小的们拿抄案是明季天启年间盘石营民米万良讨开小沟的执照，所有原来印照经前任杜县长主追缴了，只求恩断。”讯据被告蒋琢、张大志等供“小的们先人自备人力工本，加增水粮二十八石零，万历二十四年告开新渠一道，名为接济渠，彼时江淮渠并无出夫帮同修筑，原与彼无涉，现有康熙五十三年甘州卫所给红牌可凭。乾隆六年，江淮渠民人孙国珍们偷挖渠水，经前任甘山道武同本府李勘明，断令各修各渠，各使各水，出示晓谕，永不许，孙国珍们援引故纸告争，嗣后又蒙杜县主追照杖责，取具遵结。至十九、二十八等年，他们又屡次偷挖渠水，蒙历任府厅县讯明责惩断案，历历可据。又于乾隆四十二年，王进贵们偷挖渠水，控称漏水名色，屡次控告所以小的们把渠岸重新修砌的，只求查案审断。”随查□蒋琢等折呈，康熙五十三年甘州卫所给红牌内开东海渠、旱兀喇渠、通济渠分使新开渠水，并无稽藏渠使水时刻，户民又诘问王进贵等：“据你们供称，沙河新开接济渠，改破江淮渠地亩，所以许开小沟分使渠水。今红牌上既无尔等稽藏渠使水时刻，户民还有何凭据。”又据王进贵等供“接济渠改破小的们地亩，分使渠水，只有前任杜县主追缴明季执照，别无凭据”各等情，据此，该安肃道奎、甘凉道王等会看得张掖县江淮渠与抚□接济渠控告水利之案，溯至乾隆六七年以来，结讼几三十载，江淮渠民人以本不应得之水，妄生觊觎，常肆偷挖，旋断亦复旋翻，屡讼终归屡屈。从前指称小沟，既无行迹，现今修严漏缝，并断葛藤，所有节年，历任道府县讯勘定请谳，缘有业经备载。乾隆四十三年，该府两次勘断，藩司覆议具详，奉宪批结各案内矣。今江淮渠民王进贵等覆以接济渠民蒋琢等闭塞石缝漏水，有妨食用等情赴宪辕翻控，职道等奉委赴甘，秉公勘讯，二渠各有水源，一则自南而北，一则自东而西，渠流本自。然其接济渠原系万历年间沙河堡民人呈官给照，自出工力独开，彼时江淮渠之民并未协修，此后江淮渠之民岂能分润？详阅旧卷原委，此水实非所应得，究其所以哓哓不休者，只因执有天启年间渠民米万良讨开小沟一照，内有“长泓一□、邻亩可沃”之言，即指为向年开沟分水凭据。然自乾隆六年前县讯断时，已称细查并无沟道行迹，案据随经前令□照查销，仅留抄白故纸，其抄白内前断开，载沙河渠自备人工开渠，原为子孙计，岂能分润旁人。米万良等不施□□之劳，惟攻窃浇之术，刁讼夺脉，他人凿而辄起分之，实欲不耕而饱，数语极为明晰，则后断所云“长泓一□、邻亩可沃”，不应留此调停之语。无怪乾隆七年，前署府李守断案内称，此照判语游移，不足以成信谳也。至沙河民人所执万历二十四年间开渠印照，虽均属明朝故纸，而所呈出康熙五十三年甘州卫所给均水红牌则系本朝禀据，牌内印文确凿，备载万历年间新渠一道接济沙河堡之东海、通济、旱兀喇三渠，将各该渠使水时刻受水户民修渠夫数详细胪列。如果江淮渠早有小沟分水之说，则彼时亦应将稽藏渠户民人夫水刻同入红牌，何以独无开载？是接济渠水与江淮渠无涉，更属显然。从前各府县历次审讯，以偷水科断并非偏袒，质之王进贵等亦俯首无词。原其叠次翻控，因小沟既不能争，而□洞斗口亦毫无据，故改求石缝漏水，不过借现在人畜食用为名，以作将来偷挖张本。其实漏缝之水所得无多，毋论该渠地亩自由响山河水按期轮流可灌溉，就令本渠缺水，长借涓涓漏缝，亦复何益苗禾？若人畜食用，则凿井开窖，俱可别筹，岂宜仰给邻渠余润？此该府钟守勘详，所以由沙河民各修各渠，自难禁阻，况江淮渠既不得分使接济渠水，其漏水亦非该渠所应得，今渠身业已修砌完固，不便断令疏通漏缝。留此葛藤，致起争端之议，而藩司亦照议覆准，详奉宪批结案也。此案应请，仍照藩司前详，各使各水、各修各渠，其漏缝既经接济渠民堵塞，毋庸另议。至王进贵与此案兴讼为首，屡次妄控，旋断旋翻，实属刁健，仍应请将王进贵照不应重律杖八十、折责三十板，枷号一个月示众，俾各渠知所惩戒，以遏刁风。俟奉批示到日，饬县照拟发落，并由道府发给执照，饬令该厅县于各渠口勒石存记，永远遵守，以息讼端。绿奉委审，职道等未敢擅专，是否允协，理合会详□奉发详册原词一并呈赍宪台鉴核示遵，蒙批据详。勘讯接济渠与江淮渠无涉，江淮渠不得分使接济渠水，其漏水亦非该渠所应得，议请各使各水，各修各渠，并有道府发给执照，仍于各渠口勒石存记，永远遵守，以息讼端，甚属允当，仰兰州布政司转饬照办其王进贵，亦即照拟饬县发落可也，此缴原详呈词等因到司咨道，由府转行到厅（县）奉此，合行抄录详批给发沙河渠士庶蒋琢、张大志、李元、刘文昌、张廷等遵照勒石，永远遵奉施行。乾隆四十五年九月十五日勒石。

附碑文二①：

……兼管驿站事务，加三级纪录，五次觉罗承为疏通水利，勒石存记，以垂久远事，乾隆四十三年七月二十四日准特授甘州府正堂钟关于乾隆四十三年七月十五日蒙甘肃布政司王批查此案，乾隆四十二年十二月内据张掖县江淮渠民王进贵等，沙河渠接济渠民汪希贤等为强霸水利，闭塞洞口等情，具控宪案，蒙批查勘详议，嗣经移会抚□厅，会同张掖县查勘得，张掖县属江淮渠系取响山河之水，自南而北，在沙河接济渠之上穿搭橙槽而行，沙河接济渠系取黑河之水，自东而西，在江淮渠橙槽之下直流而通，各行各水，两无干涉，并无在接济渠内另开小沟，以及水洞形迹，亦无案卷可凭，遂即备叙历年断案详覆，蒙批如详转饬立案，仍令勒石存记，以垂永远，如再缠讼，即行拿究，此缴原词，图贴抄文粮串备存，等因，奉此，转饬抚□厅张掖县在案，正在遵照办理间，缘江淮渠民王进贵等复赴督宪辕门，控告奉檄饬令会同该厅县等核查，将确议详嗣经卑府行该厅县□□□……据原告江淮渠民王进贵、陈栋、王义、李守满等被告，接济渠民汪希贤、张寅、张茂等两造口供确查渠道水利情形，并历年勘断案卷，其沙河接济渠在万历年间该渠有备人工，加增正粮，告开新渠与江淮渠各有渠道，两不相涉，江淮渠所称在接济渠内留有小沟水道之处，□查渠身，即无沟道形迹，又无案卷可凭，自应钧断，未便翻案，其王进贵等藐视法纪，妄争水利，是以旋结旋捏，殊属刁徒，王进贵是为此案舆讼状头，予以杖责示警，其余陈栋等从宽免究，仍取具两造照旧各使各水，遵依附卷勒石存记，但是否允协，理合将查询过缘由录供详情宪台俯赐电核，批示饬遵在案，旋奉督宪批饬，如详转饬□案等因，相应遵照断案勒石存记，以垂永久云尔。乾隆四十三年岁次戊戌菊月中浣望五日穀旦立。

甘肃省第六区就张掖新丰乡民众代表马宗锐等呈诉该县沙河渠民王永清等妨害水利事给临泽县政府的代电

1946 年 4 月 23 日　　张 3–76

甘肃省第六区卯字第 359 号

临泽县政府览：

案据张掖新丰乡复兴镇保民众代表马宗锐等五人，呈诉该县沙河渠（水利总甲）汪永清等三人妨害水利□新澈查等情到□，究应实情如何，除批示并分令张掖县政府会办外，

① 编者按：此处案卷有破损。

合行抄发原呈电仰该县会商张掖县处理为要。

专员兼司令　王维墉

秘书　丁振华代行

二（35）卯梗印

处理意见：

查此案业已令委沙河乡长到渠会同张掖县委员双方民众和平处理。

五月四日（印）

附原呈：

呈为勒令拆修橙槽，拒绝原流窟窿、影响本渠水利，妨害群众民生，请求澈底详查，俯准拒绝拆修，保留原流窟窿，以通水利而救□□事：

窃查新丰乡复兴保属之江淮渠□来使水于祁连响山河，由南而北，以直达到水极不调顺，食耕问题当感困难，素称极贫极苦之渠，人所共知。而查得原日人少地稀，水利或有不足，尚能敷衍，而现在大量后所耕之地亩，约有五千四百余亩承粮，实在一百七十余石，乃人民之负担尤重，及其生活确艰情形与水利关系极关重要，而水利殊难抛弃。乃有临泽县沙河渠始在响山河使水时因驿马饮水不便，继则黑河口使水，于是先有饮马沟□□接济渠，而该□□流水自东而西，完全经过江淮渠之地基，以致改断□地压坟地基，实所显然，而在渠之交点之间，民渠搭橙槽使水，该伊渠修置石条四道，许给民渠在石条下留窟窿一道，永远任□浇便，以表地基之忧年久。讵意自民国二十五年，□□□□[①]，已将民渠龙□卷宗被焚尽失，该沙河渠闻此消息后，遂将窟窿流水阻霸，有时民渠尚能便浇，有时用胡麻杆阻滞，故近年来民受此影响□确难罄述，一般人民食耕无着，东跑西窜者为数不少。民等拟在争论起见，乃该沙河渠总甲汪永清、渠主陈天茂、王重德等，于本年元月二十五日投来公函一件，略称“于清明节以前该江淮渠预先拆过橙槽而言高修三尺，以便本渠修堤”等语，查民渠原修橙槽尚未破□，并未妨碍该渠，而民贫财尽、伤劳不及，该沙河渠总甲汪永清怀心不善，意图拆坏民渠橙槽，拒绝原留窟窿，阻滞我渠水利，妨害群众民生，显然昭著，如此不然，历年来尔我两渠未多起发纠纷，偏本年该沙河渠水利何过不去哉，况该沙河渠一地三水，既有东海渠等便浇，有沙河渠使水，更有巴吉渠还水常流，自沙河渠开流后数百年，该渠人民水利上未感困难，而民渠由此既浇不上黑河流水，又浇不上该渠所给之地基□□，旱荒无常，赤贫无□，人民拟逃跑者比比皆是。值此宪政开始之期，首重开河渠以展国计、浇农田以裕民生，政府早有明文昭示，人所共知。而该沙河渠不惟宜当□水利，而竟然拒绝原流窟窿，影响国计民生，实匪浅鲜。民再三惟思，惟有理合具文呈请钧座电鉴作主，俯准澈查，拒绝沙河渠拆修橙槽，保留我渠原留窟窿，以展水利，而纾民困，实为公德两便。谨呈甘肃省政府第六区官员公署官员王。

原呈张掖县新丰渠复兴保属之江淮渠民众代表人　马宗锐　曹兴荣　宋尚行

马宗棠　李兴芳

被呈临泽县沙河渠水利总甲　陈天茂　汪永清　王重德

---

① 编者按：为符合当今有关出版规定，此处略去数字。原文指红西路军征战河西事。

临泽县沙河渠渠民蓝一新等就申诉张掖县江淮渠渠长李兴茂等强争水利霸决渠堤懒修渠坝诬控舆讼事给临泽县政府的呈文

1946 年 5 月 23 日　　张 3-76

具呈人临泽县沙河渠民众蓝一新、罗兴章、张树德等为强争水利、霸决渠堤，懒修渠坝，诬控舆讼事：

窃缘有张掖县属江淮渠民马宗锐等五人，将我渠水利总甲汪永清、陈天茂等三人以妨害水利等情呈控专员公署，旋蒙令饬张临两县政府澈查处理。顷蒙两县府派员于五月九日莅两渠交会处查勘完毕，以事出诬控，又于未会勘前单独率众，恃势霸决我渠渠堤，紊乱成案，有害民命，民等亦系受水之户，闻讯之余，忍无可忍，实难缄默，兹谨将我渠沿革及沙河、江淮两渠地势，□昔涉讼石刊，以及目今强争水利，霸决渠堤诸要务分别胪晰陈之：

（一）沙河渠沿革　查我沙河堡原有东海、通济、早兀喇三渠在响山河使水，因渠水不足浇灌，于明朝万历三年呈请上宪批准动工，先民自备人力工本，并增加水粮。迨至万历二十四年方可竣工，时历二十二载，告开新渠一道，名曰接济渠，在黑河口使水，世世相传，迄今三百五十年之久，现简称之曰沙河渠，并蒙上宪颁发开渠文照，及康熙年间颁发受水户民姓名时刻红牌各存查。

（二）沙河、江淮两渠地势　查沙河接济渠系取黑河之水，渠身自东而西，在江淮渠橙槽之下直流而通，灌田二万余亩，江淮渠系取响山河之水，自南而北，在沙河接济渠之上穿搭橙槽而过，灌田二三千亩，各有水源，各开渠口，各行各水，两不相妨。

（三）沙河渠渠身与江淮渠橙槽高度数　查沙河渠渠身在橙槽东边，宽度一丈五尺左右，水面至渠底深度计四尺余，橙槽西边渠身之宽深度与东边渠身宽度相同，惟江淮渠在我沙河渠上所搭之橙槽南北宽一丈二尺余，橙槽底南北所架之梁木平线至渠底深三尺余，以致我渠之水被橙槽淤塞，水不畅流，时发决堤之患，确妨我渠水利，拟由江淮渠积极改建橙槽宽高度，我渠砌修橙槽之下北渠堤，以免决堤损水，而利水利。

（四）江淮渠橙槽北尾下之沙河渠北渠堤　查我沙河渠在江淮渠橙槽之北渠堤，原有石条砌筑坚固，并无漏缝，后因江淮渠民人屡次在此堤前偷挖渠水，致起纠葛，于清乾隆年间有该渠先民王进贵等迭次舆讼，希图分润，蔓讼多年，叠经上宪查明结案，判令勒石存记，永远遵守，查石碑内节开：江淮渠民人以本不应得之水，妄生觊觎，常肆偷挖，现今修严漏缝，并断葛藤，接济渠与江淮渠无涉，江淮渠不得分使接济渠水，其漏缝亦非该渠所应得，议请各使各水，各修各渠，并有道府发给执照，仍于各渠口勒石存记，永远遵守，以息讼端。甚属允当。自结案迄今，已历一百八十年之久，其间不数年即行将橙槽渠堤同时培修一次，两相接洽，未起纠纷，近于民国十八年，橙槽与渠堤同时拆修一次，至二十三年，我渠橙槽下之北渠堤倾斜，该渠懒修橙槽，我渠不能拆建渠堤，恐有溢水之患，乃于无法中在此堤背后重砌筑石条夹石墩二十四枚，以固渠堤，不料该渠于二十五年秋季，乘时局之变，单独拆修橙槽，将重砌石墩石条全被偷窃，转运无踪，又将渠堤石条向我渠内移，以致宽度减少，翌年夏季修渠时知觉，即向伊渠当事人交涉，答云目下材料困难，容俟下年仍行照建，屡催屡推，延缓至今，本年奉层峰令培修渠堤，以合法手续，曾于本年元月二十四日除直接函达该渠查照预备材料外，复呈请沙河乡公所转呈临泽县政府转咨张掖县政府令饬建修在案，去后，旋准张掖县政府函覆令饬江淮渠遵照建修矣，但为时已多，终未见该渠建修橙槽，亦未见只字或一语答覆。

（五）催建橙槽，懒癖修筑　查我渠于本年二月二十四日呈请临泽县政府转咨张掖县政府正在饬建橙槽间，该江淮渠民人马宗锐等觊觎成性，心怀诈谋，不惟不修橙槽，反而捏词以妨害伊之水利，将我渠水利总甲汪永清等三人诬控于专员公署，希图狡赖水利，顷蒙张临两县政府定期派员会同勘查处理，孰知临泽县政府派员未及到达该渠时，而张掖县政府所派之指导员甄作朴已于五月七日先抵该渠户民家宿住，即于八日早六时单独行动，率同江淮渠刁民李兴茂、曹兴华、马宗明、马宗锐、李兴甲纠众数十人，涌奔橙槽下即将我渠北渠堤之石堤，以铁杠木棒强行决破，我渠在此是虽设有看水夫二人，亦无力阻挡，堤决数处，渠水尽溢，伊渠并派多人留守，我渠看水夫二人遂往上游二十里之红沙河堤调来看水夫三十余名，即行补修，因石堤决坏数处，用沙土堵修，水即冲去，遂又购麦草填塞决破之处，及至修住时，已下午六时矣。该渠刁民等如此举动，赖有甄指导员单独率领，纠众占势，霸决渠堤，抢夺水利，逞刁横行，实属目无法纪，受此损失，我渠户民少灌田苗一百余亩，拟请追赔损失，并祈饬修橙槽，以畅渠水，而免妨害我渠水利。

（六）张临两县政府派员会同勘查　查临泽县政府派员鲁璠、张抡选率我渠绅耆潘永福、汪逢源等于五月九日早六时到达该渠，与张掖县政府所派甄指导员接头后，即时会同赴橙槽下勘查，民等将江淮渠刁民等于八日抢决渠堤，霸占水利，各情事面报两县政府委员，眼看清楚，决痕犹在，复勘该渠流水行迹，以及灌浇田亩，确属实在，两县委员讯情调处间，该渠刁民群中有马宗棠者，出首争持，无凭无据，哓舌不休，我渠绅耆依据乾隆年间两渠涉讼结案碑文可考，我渠此次并无妨害该渠水利之处，该马宗棠仍空口辩白不已，以致未能调处，案悬各归。查该马宗棠籍隶张掖沤波渠西三号，为该地著名恶霸，不过与江淮渠同辖一乡，并非江淮渠世民，以前曾充乡长，现时闲居惯使地痞手段，弃其正妻，携带情妇，游荡各地，主唆是非，包揽词讼，招摇诓骗，无所不为，人皆共知，以此事实证明，该马宗棠为此案主唆人，拟请治以主唆之咎，以儆效尤，而遏讼萌。

（七）奉命结案勒石碑文　查我沙河渠于清乾隆年间与江淮渠民王进贵等强霸水利等情一案，涉讼三十载，经层峰查明判断结案，勒石碑记二座，现尚保存，谨录原文附呈，恳祈核查。以上所陈各点事实确凿，而水利关系民命至深且巨，民等生长斯土，赖水生活，既被该刁民捏词妄控，又受无理霸决渠堤，以致妨害水利，实难容忍，惟有联名将一切事实具文呈请钧府电鉴核夺，饬照成案，各修各渠，各使各水，并祈依法惩处，追赔损失，以维水利，而救民命，临呈迫切，不胜待命之至。谨呈临泽县政府县长钟。

原申诉人　蓝一新（印）　罗兴章（印）　张树德（印）　张永寿（印）　潘永福（印）
张永昌（印）　汪永清（印）　顾长龄（印）　陈天茂（印）　王重德（印）
汪逢源（印）　顾允惠（印）　张汝彬（印）　尹文治（印）　罗万杰（印）
何若惠（印）　张永珍（印）　何若明（印）

被诉人　李兴茂　曹兴华　马宗明　马宗锐　李兴甲

率刁决堤人　甄作朴

主唆人　马宗棠

中华民国三十五年五月二十三日

处理意见：

已经和解，原件存查。

六月三日（印）

临泽县政府就电复查办张掖江淮渠与属县沙河渠水利纠纷经过事给甘肃省政府的代电

1946 年 6 月 27 日　　张 3–76

临泽县政府建（35）巳字第 932 号

兰州甘肃省政府主席谷钧鉴：

案奉钧府建二水（35）辰字第（2482）号训令以“饬办张掖江淮渠民众马宗棠呈请制止拆修橙槽”暨建二水（卅五）辰字第（2890）号训令“复据张掖新丰乡江淮渠民马宗棠等呈诉本县沙河渠水利总甲汪永清堵塞水洞各案仰饬查办报核”各等因，奉此，遵查此案。前奉六区专署电令后，即派本府指导员张抡选、沙河乡乡长鲁璠前往肇事地点，并会同张掖县政府指导员甄作朴洽商查处，将处理情形以建（35）辰字第六七八号梗代电呈报六区专署备查去后，旋奉六区专署电派孙视察来县会同张掖临泽两县县长前往调处，经召集两渠民众，调解结果，双方民众代表均愿息讼和解等等，兹奉前令，理合谨将此案查办经过详情并抄和解状一纸，一并随电附呈，谨请鉴核备查为祷。

附赍和解状一纸。

临泽县县长钟卯建（35）巳感（印）

六月廿五日

甘肃省政府就转张掖县江淮渠民众马宗棠呈请制止拆修橙槽事给临泽县政府的训令

1946 年 5 月 10 日　　张 3–76

甘肃省政府建二水（35）辰字第 9482 号

令临泽县政府：

据张掖县新丰乡复兴保属之江淮渠民众代表马宗棠等五人本年四月二十六日呈“以该

县沙河渠总甲汪永清等勒令拆修橙槽，拒绝原流窟窿，致影响本渠水利，妨害群众利益，请求澈查制止，以通水流，而利民生”等情，除批示并分令外，合亟抄发原呈，令仰该县长会同张掖县长并就近邀同河西水利工程总队第四分队秉公查办报夺。此令。

附抄原呈一件。

主席　谷正伦

建设厅厅长　张心一

处理意见：

呈发办理经过情形，附件存案。

五月廿二日

附原呈：

呈为勒令拆修橙槽，拒绝原流窟窿，影响本渠水利，妨害群众民生，请求澈底详查，俯准拒绝拆修，保留原流窟窿，以通水利，而利民生事：

窃查本乡复兴保属之江淮渠□来使水于祁连响山河，由南而北，以直达到水极不调顺，食耕问题，常感困难，素称极贫极苦之渠，人所共知。而查得原日人少地稀，水利或省不足，尚能敷衍，而现在丈量大地后，所耕之地亩约有五千四百余亩承粮，实在一百三十余石乃人民之负担尤重，及其生活维艰情形与水利关系极关重要，而水利殊难抛弃。乃有临泽县沙河渠始在响山河使水，时因驿马引水不便，继在黑河口使水，于是先有饮马沟，后有接济渠，再有沙河渠。而该渠流水自东而西，完全经过江淮渠之地基，以致改断田地坟茔地基，实所显然。而在渠之交点之间，民渠搭橙槽使水，该伊渠从地下使水，因占民地基甚巨，受害非浅，乃橙槽下该伊渠修置石条四道，许给民渠在石条下留窟窿三道，永远□便浇使，□表地基之说，历有年久□□。自民国二十五年□□□□[①]，已将民渠龙□卷宗被焚尽失，乃该沙河渠闻此消息后，遂将窟窿流水阻霸，有时民渠尚能便浇，有时勒用胡麻秆阻滞，故近年来民渠受此影响，毕难罄述一般，人民食耕无着，东跑西窜者，为数不少，民等拟在争论起见，乃该沙河渠水利总甲汪永清，渠主陈天茂、王重德等于本年元月二十五日投来公函一件，略称于清明节以前，该伊江淮渠预先拆过橙槽，而言高修三尺，以便本渠修堤等语。查民渠原修橙槽尚未破烂，并未妨碍该渠水利，而民贫财尽，伤劳不及，该沙河渠总甲汪永清等怀心不善，意图拆坏民渠橙槽，拒绝原留窟窿，阻滞我渠水利，妨害群众民生，显然昭著，如此不然，历年来尔我两渠水利未多起发纠纷，而偏本渠该沙河渠水利所过不去哉？况该沙河渠一地三水，既有东海等渠便浇，尤有沙河渠使水，更有巴吉等渠遗水常流，自沙河渠开流后数百年，该渠人民水利上未感困难，而民渠由此后，即浇不上黑河口流水，又浇不上该渠所给之地基水流，旱荒无常，赤贫无聊，人民拟逃跑者，比比皆是。值此宪政开始之期，首重开河渠以展国计，浇农田以裕民生，政府早有明文昭示，人所共知，而该沙河渠不惟宜当，变通水利，而竟然拒绝原流窟窿，影响国计民生，实匪浅鲜，民再三维思，惟有理合具文，呈请钧座电鉴作主，俯准澈

① 编者按：为符合当今有关出版规定，此处略去数字。原文指红西路军征战河西走廊事。

查，拒绝沙河渠拆修橙槽，保留我渠原流窟窿，以通水利，而济民困，实为公德两便，谨呈甘肃省政府主席谷。

张掖新丰乡复兴保属之江淮渠民众代表　马宗锐　曹兴荣　宋尚行
马宗棠　李兴芳
被呈临泽县沙河乡总甲　汪永清　王重德　陈天茂
中华民国三十五年四月二十六日

甘肃省政府就张掖县新丰乡复兴保属江淮渠民代表马宗棠呈诉该县沙河渠水利总甲汪永清堵塞水洞事给临泽县政府的训令

1946 年 5 月 28 日　　张 3-76

甘肃省政府建二水（卅五）辰字第 2890 号

令临泽县政府：

据张掖县新丰乡复兴保属之江淮渠民众代表马宗棠等"呈以该县沙河沟水利总甲汪永清等堵塞江淮渠水洞，致灌溉失望，生活难维，请速查办"等情，查此案前据该民等呈报到府，业于五月十日以建二水（35）辰字第（2482）号训令饬查办具报在案，兹据前情，除批示并分令外，合行抄发原呈，令仰仍遵照前令并办报查。此令。

附抄原呈一件。

主席　谷正伦
建设厅厅长　张心一

处理意见：

应将办理情形查案呈覆。

六月十二日（印）

附原呈：

呈为阻霸水利，旱望云霓，灌溉无法，赤贫无依，请求勘查平均水利、借便灌溉而纾民困事：

窃查民以食为天，农以水为本，民无食自散，田无水自枯，乃水利与人民衣食问题极关重要，上峰无不体念。查我江淮渠系在祁连响山河使水，该山素称火山、不易降水，每年旱魃为虐，民望云霓者，素为常事。或遇丰年，天赐早雨，渠水尚能注流几天安苗，雨水将能安住？如有凶年，不降时雨，石河崩裂，口水无着，安苗无依，虽有江淮渠之名义，而无常流水之实际。以故地方人民旱遭如常，十种九去者，不仅一二，而赤贫无聊、东跑西窜者有之，遭饥馑者有之、遗荒田者更有之，几无人烟之举，尤无农村可言，早经破烂，无法维持。如此情况水利影响者，比比皆是。而一般刁遗荒地，抛外良田守依，历百年来，多赖临泽渠沙河渠所给之地基水济助灌溉乃五十九家尚能将就生活，自请民渠世代相传之地基水永远便浇，不致发有流离失所，哀鸿遍野之象。现孰□本年沙河渠总甲汪永清、陈天茂、王重德等，竟然将沙河渠原留给江淮渠注流地基水洞三个公然用胡麻秆堵塞，点滴未流，而民渠既不能安苗，尤无泉灌溉失望，生活难维。况沙河渠一地三水，既有东海、通济等渠（响山河）使水，又有沙河渠（黑河口）水源，更有巴吉、小□喇等渠遗水，概被沙河渠全浇，乃沙河渠水源长流，毫无感困，奈何阻霸水利，垄断水权，已逼民渠人民无锥之地，刻间急待需水利，天不降雨，河渠干流，而民渠人民盼水如命，无策设想，偷生无路，呼吁无门。再三维思，惟有理合具文，呈请钧座□□在抱，仁德为怀，俯准勘查，饬沙河渠速予□给地基水源，平均水利，俾便灌溉，而维民生，实为公德两便，谨呈甘肃省政府主席谷。

张掖县新丰乡复兴保属之江淮渠民众代表　马宗棠　曹兴荣　宋尚行

马宗锐　李兴芳

被呈临泽县沙河渠水利总甲　陈天茂　汪永清　王重德

甘肃省第六区就张掖江淮与该县沙河渠水利纠纷事给临泽县政府的代电

1946 年 6 月　　张 3–76

甘肃省第六区二巳字第 489 号

临泽县政府：

本年五月二十三日建辰字第六七八号梗字代电及附件均悉，查本案已派本署视察孙振林前往会勘处理，仰即遵照商办为要。

专员及保安司令　王维墉

二（35）辰江印

处理意见（一）：

遵照商办。

六月十六日（印）代

处理意见（二）：

查案速将调解详情呈报。

六月十七日（印）

沙河渠与江淮渠水利纠纷和解书及临泽县政府的批示

1946 年 5 月 30 日　　张 3–76

立和解状人沙河渠代表罗兴章、张永寿、张树德、潘永福，江淮渠代表马宗棠、马宗锐、曹兴荣、陈天佑，兹因拆修橙槽，双方发生误会。顷蒙六区专员公署视察孙会同临泽县县长钟、张掖县政府秘书杨于本年五月三十日莅临两渠交点处勘查，兹经双方代表一再洽商，沙河渠代表爰本“利他爱群”、“已饥已溺”之精神，遵从视察、县长秘书等之劝导，除双方仍须遵照乾隆四十三、四十五两年所定之水规碑文外，在春冬二季由双方负责人洽商，酌放口水，以供江淮渠人畜饮料。此系情义通融，不得举此成为定例，如遇水小时，江淮渠不得借词要求让水，沙河渠北渠堤仍照春秋二季修理，江淮渠亦不得□□阻挠，以免引起无谓纠纷。经此和解后，双方代表及民众彼此仍修旧好，不再涉讼，所具和解状是实。

沙河渠民众代表　罗兴章（印）　张永寿（印）
张树德（印）　潘永福（印）
汪永清（印）
江淮渠民众代表　马宗棠（印）　曹兴荣（印）
马宗锐（印）　陈天佑（印）
宋尚行（印）
中华民国三十五年五月三十日

处理意见：

和解情形，呈报省府与专署。

六月三日（印）

临泽县政府就呈报处理张掖江淮渠并属县沙河渠水利纠纷事给甘肃省第六区的呈文

1946 年 6 月 27 日　　张 3-76

临泽县政府建（35）巳字第 931 号

甘肃省第六区行政督察专员兼保安司令王：

案奉钧署二（35）辰江代电，饬派视察孙振林会勘处理张掖江淮渠与属县沙河渠水利纠纷一案，业由孙视察会同县长及张掖县政府杨秘书前往调处，经两造民众双方情愿息讼□结，理合将调处情形并照缮和解状一纸随文呈报钧署鉴核备查，谨呈甘肃省第六区行政督察专员兼保安司令王。

附呈和解状一纸。

县长钟（印）
六月十五日

张掖县政府就请县长会同解决沙河江淮两渠水利纠纷案给临泽县政府的电报及临泽县政府的批示

1946 年 5 月 27 日　　张 3-76

钟县长：

密。六区专员公署派孙视察振林于辰宥抵张，特定于辰日前往沙河、江淮两渠处理水利纠纷案，特电请贵县长届时亲临该渠处会同解决，以结悬案为荷。

张掖县长何让建辰感

五月廿七日

处理意见：

知照。

五月廿九日（印）

临泽县政府就张掖江淮渠与县属沙河渠水利纠纷业经和解事给甘肃省政府的代电

1946 年 7 月 5 日　　张 3-76

临泽县政府建（35）午字第 1004 号

甘肃省政府主席谷钧鉴：

奉建二水（35）巳字第三四零九号训令，附抄发县属沙河渠与张掖江淮渠互诉妨害水利原呈二件，饬查办报核等因，奉此，遵查此案，业经县长亲莅该渠会同六区专署孙视察振林、张掖县政府秘书杨曦，召集两渠民众和解结案，并将办理情形及和解状业于六月二十七日以建（35）巳字第九三二号感代电呈报在案，兹奉前因，理合电请鉴核备查。

临泽县县长钟叩建（35）午（印）

甘肃省政府就张掖及该县民互诉妨害水利事给临泽县政府的训令

1946 年 6 月 19 日　　张 3-76

甘肃省政府建二水（35）巳字第 3409 号

令临泽县政府：

据张掖县新丰乡复兴保属之江淮渠民众代表马宗棠等马代电，以临泽沙河渠总甲汪永清等不服查处，恳请平均水利，借便灌溉，复据该县沙河渠民众蓝一新等本年五月二十三日呈诉张掖江淮渠渠长李兴茂，民人马宗锐等强争水利，霸决渠堤，懒修渠坝，诬控舆公，请查办各等情，查此案迭据张掖县江淮渠民众呈诉到府，并迭经令饬查办在案，兹据前情，除批示并分令张掖县政府外，合再抄发原呈，令仰遵照前令各令并案查办报核为要，此令。

附抄发原呈二件。

主席　谷正伦

建设厅厅长　张心一

处理意见（一）：

遵照。

七月一日（印）

处理意见（二）：

电复此案已经和解，并以建（35）巳字第九三二号呈报在案。

七月二日（印）

处理意见（三）：

此案业已和解，并将和解情形报查在案，再查案呈复。

七月三日（印）

甘肃省政府就张掖江淮与该县沙河渠水利纠纷和解情形准销案事给临泽县政府的指令

1946年7月23日　　张3–77

甘肃省政府建二水（35）午字第4314号

令临泽县政府：

本年六月二十七日建（35）巳字第九三二号感代电及七月五日建（35）巳字第一〇〇四号缴代电各一件“电复张掖江淮渠与县属沙河渠水利纠纷，业经和解附呈和解状请鉴核由”，两代电暨附件均悉。既经和解准予销案。此令。

主席　谷正伦

建设厅厅长　张心一

甘肃省第六区行政督察专员兼保安司令公署就查复张掖新丰乡江淮渠民众代表马宗棠等控汪永清等妨害水利事给临泽县政府的代电及临泽县政府的批示

1946年7月15日　　张3–77

甘肃省第六区二午字第581号

临泽县政府：

案查前据张掖新丰乡江淮渠民众代表马宗棠等五人呈诉该县沙河渠水利总甲汪永清等三人妨害水利一案，早经本署派视察孙振林前往张掖会同该县县政府处理具报在案，兹据该员签呈略称：遵于五月二十九日前往张掖新丰乡复兴保江渠淮、沙河渠水利纠纷地点会同张掖县政府杨秘书曦、临泽钟县长天石及两造代表马宗棠、罗兴章等临渠勘查，经指导，双方进行洽商，于六月一日□最后协议，双方同意维持旧规，使用洞口漏水，至开放洞口日期，由双方按照需要，随时洽商办理，永息争端，并由双方出据和解状三纸，除二份分别交由张掖临泽两县府在案外，理合将处理情形连同和解状一纸，江淮、沙河两渠橙槽勘查图一纸，一并签请鉴核等情，附和解状、勘查图各一纸，据此，除分行张掖外，合行电仰该县依照和解办法严格执行，永息纠纷，并将遵办情形报查为要。

专员兼保安司令王维墉二（35）午鱼（印）

处理意见：

遵办。

六月十八日

临泽县政府就函复转饬沙河渠负责人遵照调处放水情形事给张掖县政府的公函

1946 年 9 月 24 日　　张 3-77

临泽县政府建（35）申字第 1989 号

张掖县政府：

案准贵县建（35）申字第 1042 号函：嘱转知沙河渠负责人遵照调处放水并希见覆等由，准此，本府已以建（35）申字第号令饬该渠负责人遵照调处放水，相应函复即希查照为荷，此致张掖县政府。

县长钟代（印）

九月廿日

临泽县政府就令转饬该渠与江淮渠水利一案遵照调处放水令仰遵照办理事给沙河渠渠长汪永清的训令

1946 年 9 月 24 日　　张 3-77

临泽县政府建（35）申字第 1990 号

令沙河渠渠长汪永清：

案准张掖县政府建（35）申字第 1042 号公函开“入原文”等由，准此，合行令仰该渠长遵照调处放水，免生纠纷为要！此令。

县长钟（印）

九月廿日

临泽县政府就县沙河渠长呈称合约时间未到便酌放人畜饮料事给张掖县政府的公函

1946 年 11 月 11 日　　张 3-77

临泽县政府建（35）戌字第 2318 号

张掖县政府：

案查前准贵府建（35）申字第（1042）号函“嘱转饬沙河渠负责人遵照调处放水，希见复”等由，准此，本府已以建（35）申字第一九九〇号令饬该渠遵照办理去后，兹据该渠十月二十日呈称“合行令仰该渠长遵照调处放水，免生纠纷为要，此令，等因，奉此，查沙河与江淮渠各有渠口，各修各渠云云。谨呈”等情，据此，相应函复贵府查照为荷。此致张掖县政府。

县长钟代（印）

十一月八日

张掖县政府就为函请转知沙河渠负责人遵照调处放水事给临泽县政府的公函及临泽县政府的批示

1946 年 9 月 12 日　　张 3-77

张掖县政府建（35）申字第 1042 号

临泽县政府钟县长：

案据本县新丰乡江淮渠民众马宗锐、宋尚行等呈称“令饬张临两县备案，严饬沙河、江淮两渠遵照和解上列之水及沙河口头上允许水切实遵行开放水洞，以便饮浇，而济民困事。案查民等前“呈控临泽沙河渠借拆修橙槽名誉，堵塞原流水洞，妨害我渠水利，影响群众民生，请求澈查，饬放水洞以便水利，而纾民生”各情，业经迭请钧府派员澈查处理各在案去后，来员查处，两造各执一词，未蒙了解。旋于国历五月二十八日，恩蒙专座派孙视察员（振林）抵县，会同张掖杨秘书（曦）、临泽钟县长（天石），即于三十日均各前往该渠起事地点详加勘查，查得沙河渠与江淮渠渡槽下深三尺四寸，留有流水洞一个（正方形），长宽各一尺一寸，有旧流水痕迹，业经会查，确属是实。孙视察员及两县县长深明大义，不忍扩大纠纷，遂在当地召集两造人等劝导调处，判饬沙河渠与江淮渠春冬两季开放水洞，便于食浇，已具和解之上，惟夏季水虽无公开列，而沙河渠负责人对专署孙视察员及两县县长业经许可，在于江淮渠挨水期内开放水洞一次（每三十二天开放十二天），尚有专署魏主任（周福）、县府教科周科长（世魁）从中为证，而沙河渠口头上许可放水亦确属事实，民自当遵命签押了局。谁料沙河渠负责人汪永清等签竣后推翻允诺，定期仍不开放水洞。民窃思水利上关国赋，下系民命，并豁免每年发生水利纠纷起见，只得理合具文，呈请钧府鉴核，俯准转上令饬张临两县备案，严饬沙河、江淮两渠，依照和解上列之水及沙河渠口头上许可水切实遵行，开放水洞，而济民困，实为公德两便”等情到府。查此案曾于本年五月三十日由六区专署派孙视察会同本府前秘书杨曦暨贵县长，召集双方代表决定在春冬二季，由双方负责人洽商酌放人畜饮水，沙河渠堤仍照旧于春秋二季修理，并经双方代表具结销案，并分呈备核在案，除批示外，相应函请查照转知该渠负责人遵照调处放水，并希见复为荷，此致临泽县政府钟县长。

县长黄治安

处理意见：

查案令饬沙河渠渠长遵照调处办法放水并函复。

九月十九日代（印）

临泽县沙河渠渠长汪永清就呈复张掖江淮渠卖水沾利并遵守合约情形事给临泽县政府的呈文及临泽县政府的批示

1946 年 7 月 8 日　　张 3-77

临泽县政府县长钟：

为呈覆事。案奉钧府建（35）巳字第九三九号训令开“查该渠于江淮渠水利纠纷一案，经本县长会同专署视察及张掖县政府秘书莅勘办结，双方订立合约，永息讼端在案，兹接孙视察来函该渠迄今尚未给口水，似有不合，应即遵照所订合约，酌给口水，并将办理情形仰速具报凭核为要，此令”等因，奉此，遵查合约内酌放口水之期，系春冬二季。但现届夏季，春季之期已过，冬季之期未届，复查合约，目令并无放口水之规约，碍难实施。况六月一日会勘结案后，于六月三日（农历五月初四）即挨江淮渠时刻之水，适响山河骤涨，该渠水流盈渠，禾苗均已灌完，尚有余水，卖给张掖沤波渠西头号之户灌田，所得水租三十五万元，风声皆大，人所共知。而黑河之水仍旧未涨，我渠水小，自尚不能顾及灌田，何能分水顾人，兹奉前因，兹将该渠水利事实，以及遵守合约情形，理合具文，呈覆钧府鉴核备查，实为公便。谨呈临泽县政府县长钟。

沙河渠渠长　汪永清（印）

中华民国三十五年七月八日

处理意见：

查案转报。

七月十三日（印）

临泽县沙河渠长汪永清就张掖江淮渠无理要求酌放渠水以供人畜饮料给临泽县政府的呈文及临泽县政府的批示

1946 年 10 月 20 日　　张 3–77

临泽县政府县长钟：

为呈覆江淮渠民马宗锐等无理要求，定约时期未到，未便酌放人畜饮水事。本年十月一日奉钧府建（35）申字第一九九零号训令开“案准张掖县政府建（35）申字第一零四二号公函开‘案据本县新丰乡江淮渠民众马宗锐、宋尚行等呈称令饬张临两县备案严饬沙河、江淮两渠遵照和解上列之水及沙河渠口头上允许水，切实遵行，开放水洞，以便饮浇，而济民困一案，尾开等情到府，卷查此案曾于本年五月三十日由六区专署派孙视察，会同本府前秘书杨曦暨贵县长召集双方代表，决定在春冬二季由双方负责人洽商酌放人畜饮水，沙河渠堤仍照旧于春秋二季修理，并经双方代表具结销案，并分呈备核在案，除批示外，相应函请查照转知该渠负责人遵照调处放水，并希见覆为荷’等由，准此，合行令仰该渠长遵照调处放水，免生纠纷为要，此令”等因，奉此，查沙河与江淮渠各有渠口，各修各渠，各使各水，两无相妨，历经数百年，兹于本年，我沙河渠拟修补江淮渠橙槽下北渠堤，该江淮渠民人马宗锐等，懒修渠堤，觊觎我渠之水，捏词诬控舆讼，强争水利，实系借词狡赖，无凭无据，我渠存有清朝乾隆年间石碑可考。本年夏，经专署孙视察员会同张掖县政府杨秘书暨钧座莅勘后，双方和解，除双方仍须遵照乾隆年间碑文外，于春冬二季，由双方负责人洽商酌放水，以供江淮渠人畜饮料，此系情意通融，不得举此成为定例，如遇水小时，江淮渠不得借词要求让水，沙河渠北渠堤仍照春秋二季修理等语，列书和解状内，而今正值秋季，该江淮渠民马宗锐等借词冒陈，分水浇田，殊与事实不符，显然故意舆讼。况查该江淮渠内，现有大水畅行，而我沙河渠现值浇灌安种之地，渠水微小，不足浇灌，调征民夫百名正在挑修渠堤中，何有余润分给邻渠乎，兼之冬令未届，查照和解规约，未便放给江淮渠人畜饮水，兹奉前因，理合具文呈覆钧府鉴核，以凭转覆，实为公便。谨呈临泽县政府县长钟。

沙河乡沙河渠渠长汪永清（印）

中华民国三十五年十月二十日

处理意见：

查案函转张掖县政府。

十月卅日（印）

临泽县政府就敦促沙河渠渠长汪永清按合约酌给江淮渠人民用水并将办理情形具报事的训令

1946年6月27日　张3-77

临泽县政府建（35）巳字第939号

令沙河渠渠长汪永清：

查该渠于江淮渠水利纠纷一案，经本县长会同专署视察及张掖县政府秘书莅勘办结，双方订立合约，永息讼端在案。兹接孙视察来函，该渠尚未放给口水，似有不合，应即遵照所订合约□口水，并将办理情形即速具报凭核为要。此令。

县长钟（印）

六月二十六日

临泽县建设科就饬沙河渠汪永清对于江淮渠人民遵照所订合约酌给用水事的处理意见

1946年6月14日　张3-77

饬沙河渠汪永清对于江淮渠人民遵照所订合酌给用水，并将办理情形具报凭核。速件。

建设科

六月十四日

临泽县沙河渠民众蓝一新等就强争水利霸决渠堤懒修渠坝诬控舆讼事给甘肃省政府的呈文

1946年5月23日　张3-77

具呈人临泽县沙河渠民众蓝一新、罗兴章、张树德等为强争水利，霸决渠堤，懒修渠坝，诬控舆讼事：

窃缘有张掖县属江淮渠民马宗锐等五人，将我渠水利总甲汪永清、陈天茂等三人以妨害水利等情呈控专员公署在案，旋蒙令饬张临两县政府澈查处理，顷蒙两县府派员于五月九日莅两渠交会处查勘完毕，以事出诬控，又于未会勘前单独率众，恃势霸决我渠渠堤，紊乱成案，有害民命，民等亦系受水之户，闻讯之余，忍无可忍，实难缄默，兹谨将我渠沿革及沙河、江淮两渠地势、往昔涉讼石刊以及目今强争水利，霸决渠堤诸要务分别胪晰陈之：

（一）沙河渠沿革：查我沙河堡原有东海、通济、旱兀喇三渠在响山河使水，因渠水不足浇灌，于明朝万历三年呈请上宪批准动工，先民自备人力工本，并增加水粮。迨至万历二十四年方可竣工，时历二十二载，告开新渠一道，名曰接济渠，在黑河口使水，世世相传，迄今三百五十年之久，现简称之曰沙河渠，并蒙上宪颁发受水户民姓名时刻红牌各存查。

（二）沙河、江淮两渠地势　查沙河接济渠系取黑河之水，渠身自东而西，在江淮渠橙槽之下直流而通，灌田二万余亩，江淮渠系取响山之水，自南而北，在沙河接济渠之上穿搭橙槽而过，灌田二三千亩，各有水源，各开渠口，各行各水，两不相妨。

（三）沙河渠渠身与江淮渠橙槽高度数　查沙河渠渠身在橙槽东边，宽度计一丈五尺左右，水面至渠底深度计四尺余，橙槽西边渠身之宽深度与东边渠身宽度相同，惟江淮渠在我沙河渠上所搭之橙槽南北宽一丈二尺余，橙槽底南北所架之梁木平线之渠底深三尺余，以致我渠之水被橙槽淤塞，水不畅流，时发决堤之患，确妨我渠水利，拟由江淮渠积极改建橙槽宽高度，我渠砌修橙槽下之北渠堤，以免决堤损水，而利水利。

（四）江淮渠橙槽北尾下之沙河渠北渠堤　查我沙河渠在江淮渠橙槽下之北渠堤，原有石条砌筑坚固，并无漏缝，后因江淮渠民人屡次在此堤偷挖渠水，致起纠葛，于清乾隆年间有该渠先民王进贵等迭次舆讼，希图分润，蔓讼多年，叠经上宪查明结案，判令勒石存记，永远遵守，查石碑内节开：“江淮渠民人以本不应得之水，妄生觊觎，常肆偷挖，现今修严漏缝，并断葛藤，接济渠与江淮渠无涉，江淮渠不得分使接济渠水，其漏水亦非该渠所应得，议请各使各水，各修各渠，并有道府发给执照，仍于各渠口勒石存记，永远遵守，以息讼端，甚属允当。”自结案迄今，已历一百八十年之久，其间不数年即行将橙槽渠堤同时培修一次，两相接洽，未起纠纷，近于民国十八年，橙槽与渠堤同时拆修一次，至二十三年，我渠橙槽下之北渠堤倾斜，该渠懒修橙槽，我渠不能拆建渠堤，恐有溢水之患，乃于无法中在此堤背后重砌筑石条夹石墩二十四枚，以固渠堤。不料该渠于二十五年秋季，乘时局之变，单独拆修橙槽，将重砌石条石墩全被偷窃，转运无踪，又将渠堤石条向我渠内移，建以致宽度减少，翌年夏季修渠时知觉，即向伊渠当事人交涉，答云目下材料困难，容俟下年仍行照建，屡催屡推，延缓至今，本年奉层峰令培修渠堤，以合法手续，曾于本年元月二十四日除直接函达该渠查照预备材料定期建修外，复呈请沙河乡公所转呈临泽县政府转咨张掖县政府令饬建修在案，去后，旋准张掖县政府函覆令饬江淮渠遵照建修矣，但为时已多，终未见该渠建修橙槽，亦未见只字或一语答覆。

（五）催建橙槽，懒癖修筑　查我渠于本年二月二十四日呈请临泽县政府转咨张掖县政府正在饬建橙槽间，该江淮渠民人马宗锐等觊觎成性，心怀诈谋，不惟不修橙槽，反而捏词以妨害伊之水利，将我渠水利总甲汪永清等三人诬控于专员公署，希图狡赖水利，顷蒙张临两县政府定期派员会同勘查处理，孰知临泽县政府派员未及到达该渠时，而张掖县政府所派之指导员甄作朴已于五月七日先抵该渠户民家宿住，即于八日早六时单独行动，率同江淮渠刁民李兴茂、曹兴华、马宗明、马宗锐、李兴甲纠众数十人，涌奔橙槽下即将我渠北渠堤之石堤，以铁杠木棒强行决破，我渠在此堤虽设有看水夫二人，亦无力阻挡，堤决数处，渠水尽溢，伊渠并派多人留守，我渠看水夫二人遂往上游二十里之红沙河堤调来看水夫三十余名，即行补修，因石堤决坏数处，用沙土堵修，水即冲去，遂又购麦草填塞决破之处，及至修住时，已下午六时矣。该渠刁民等如此暴动，赖有甄指导员单独率领，纠众占势，霸决渠堤，抢夺水利，逞刁横行，实属目无法纪，受此损失，我渠户民少灌田苗一百余亩，拟请追赔损失，并祈饬修橙槽，以畅渠水，而免妨害我渠水利。

（六）张临两县政府派员会同勘查　查临泽县政府派员鲁璠、张□选率我渠绅耆潘永福、汪逢源等于五月九日早六时到达该渠，与张掖县政府所派甄指导员接头后，即时会同赴橙槽下勘查，民等将江淮渠刁民等于八日抢决渠堤，霸占水利，各情事面报两县政府委员，眼看清楚，决痕犹在，复勘该渠流水行迹，以及灌浇田苗，确属实在，两县委员讯情调处间，该渠刁民群中有马宗棠者，出首争持，无凭无据，哓舌不休，我渠绅耆依据乾隆年间两渠涉讼结案碑文可考，我渠此次并无妨害该渠水利之处，该马宗棠仍空口辩白不已，以致未能调处，案悬各归。查该马宗棠籍隶张掖沤波渠西三号，为该地著名恶霸，不过与江淮渠同辖一乡，并非江淮渠世民，以前曾充乡长，现时闲居惯使地痞手段，弃其正妻，携带情妇，游荡各地，主唆是非，包揽词讼，招摇诓骗，无所不为，人皆共知，以此事实证明，该马宗棠为此案主唆人，拟请治以主唆之咎，以儆效尤，而遏讼萌。

（七）奉命结案勒石　查我沙河渠于清乾隆年间与江淮渠民王进贵等强霸水利等情一案，涉讼三十载，经层峰查明判断结案，勒石碑记二座，现尚保存，谨录原文附呈，恳祈核查。以上所陈各点事实确凿，而水利关系民命至深且巨，民等生长斯土，赖水生活，既被该刁民捏词妄控，又受无理霸决渠堤，以致妨害水利，实难容忍，惟有联名将一切事实具文呈请钧府电鉴核夺，饬照成案，各修各渠，各使各水，并祈依法惩处，追赔损失，以维水利，而救民命，临呈迫切，不胜待命之至。谨呈甘肃省政府主席谷。

原申诉人　蓝一新　罗兴章　张树德
张永寿　潘永福　张永昌
汪永清　顾长龄　陈天茂
王重德　张汝彬　顾允惠
汪逢源　罗万杰　尹文治
何若惠　张永珍　何若明
被诉人　李兴茂　曹兴华　马宗明
马宗锐　李兴甲
率刁决堤人　甄作朴
主唆人　马宗棠
中华民国三十五年五月二十三日

甘肃省政府就临泽县呈报三清渠另开渠口有碍该县小新渠之水利一案给甘肃省第七区的训令

1944 年 3 月 18 日　　张 3-89

建二寅 1799 号

第七区行政督察专员何昌荣：

据临泽县政府本年二月二十八日建字第 183 号呈称“案据本县小新渠民众代表魏好品春二十二人呈称‘呈为条陈意见以备采择而顾双方利益，事窃查高台三清渠于前清雍正三年借小新渠渠口以资灌溉，迄今三百余年，其间虽屡生枝节，于小新渠水利无甚过大之害，民众方面亦无忧恐过甚之举，顷闻高台三清渠因堤防不周，渠口被水泛溢冲破，另辟新渠由张掖林牧公司测量队着手测量，时经二周，势在必举将来是否妨害小新渠水利、或经小新渠弱小水利不顾之处以及两渠原委关系缕细条陈，伏察鉴：

（一）查高台三清渠于雍正三年间在黑河南岸□□下口当时小新渠上下两号灌田二千余亩，竟有宽三尺许之渠身以资灌溉，三清渠渠众见得小新渠实有利用之必要，遂与小新渠渠众双方磋商，三清渠出夫一百六十名，小新渠出夫十六名，取得同意，两渠合为一口，宽劈深挖，上流之水由小新渠灌溉，资余尾水仍归三清渠内，上下两号镶有两闸，所有关于水利主权遂渐操之三清渠渠众之手，近数年来该渠人心大变，屡欺凌贱渠借端□讼小新渠渠，渠上下两闸由七尺放至丈余。民国二十六年又利用地方驻军威势，将上下两闸底下尺余小新渠上号之地，因地势过高渐受荒旱，以其众不敌大小悬殊，虽受荒旱，无可奈何，今者三清渠另辟新渠，脱离压迫之束绊，亦为民众所欢喜。但三清渠借口之□小新渠渠口是属完整的而无破坏，由之借釜造饭，今将破釜置之不理或将破釜还人，揆诸公道，殊有未合此其应请注意者一也。

（二）三清渠既有另辟新渠之决心，应将原借小新渠渠口修理完整完璧归赵，不得损人利己，此其应注意者二也。

（三）小新渠地居上游，地势过高，土属流沙，三清渠另辟新渠不得有破坏小新渠渠身或妨害水利之处。

以上申述各点均应恳祈钧座审鉴，俯准转呈省府核察，□沾思德两便矣。谨呈’等情，据此，本府为避免纠纷双方兼顾计谨拟具意见如下：

（一）小新渠住居高台县，属三清渠之上游，两渠共用一口，因小新渠地势过高，常有乏水之虞，如上年三清渠渠岸冲毁，三清渠受旱仅半，小新渠普遍受旱，如三清渠另辟新口，则小新渠将成一片荒丘。

（二）三清渠张家□工程修复所费较今辟新口□工当在三倍以上，况两渠合力经营自易为力，三清渠另辟新口成功与否尚难逆料，而小新渠修复张家□即倾合渠人力物力亦难望其成功，所谓大厦将倾，独木难支。

（三）三清渠先年开渠时上游是借用小新渠，彼时渠身完整，今三清渠另辟新口，将破坏之渠还诸小新渠，揆诸公道似欠平允，三清渠即另辟新口，则将旧口修竣完璧归赵方为合理。

（四）三清渠另辟新口势必从临泽渠下穿过，则穿洞问题不能不详加研究，稍一疏忽则于临泽水利疏通大有妨害。

以上四点均系县长亲莅勘察情形，兹据前情理合具文呈请钧府电鉴核办实为公便”等情，据此合行令仰该专员于研究解决三清渠水利工程时参考为要。此令。

主席　谷正伦

民国三十三年四月十二日

张掖大有乡小满渠三号民众代表闫作武等就呈覆水利不均仍照旧章以资平均而免偏枯事给甘肃省政府的呈文

1947 年　甘 38-1-93

甘肃省政府钧启：

呈为呈覆水利不均，仍照旧章以资平均而免偏枯事。窃因水利之事业经呈请在案，县府委派农会会长张督学等前往小满头二两号坪口闭水，民号泡地播种，会同各号人民遂一勘查新旧二河，详加访问、亲自指点，考察渠流远近、渗漏沙漠。勘查清楚，民灌浇头轮苗水快到，恐延期旱晒，不能平定，并绘具详图。举其理由分述如下：

一、小满通渠使水利有年矣。迨至道光年间，有头二号民人乔万年等搅乱渠规、截霸水利，三号民人宋培恒等上省控诉，在案平定水利仍照旧章，按其粮石多寡分配昼夜使水，小满头二两号使水七昼夜，民三号使水十四昼夜，平定水利安守苦耕。

二、迨至民国十九年，有大满渠水利员郝丰年心想挑使新河从小满渠投入使水，同小满头二捣乱渠规，挑使新河民等不愿投入起夫填垫。那时有马仲英驻防张地，私委县长彭富，该县长性质菲伪，不守政府秩序、私受贿赂，拷打分渠、完案具结。民等不愿判决，将民羁押月余亦未承受了案，无法从新河使水。

三、自新河分平使水，民号十年九旱，分水三岔，民渠坪口以在中间，水从西边流去，民平纡水澄沙，水势滴漏不够灌溉。大满渠下号流水十分之六、利沟流水十分之一、民平流水十分之三，尤其大满渠上号各闸尾水通流下号河内民河流去有寸之水。

四、旧河使水，干打湿塞，轮流不乱，头二三号共计使水二十一天一轮，从下而上轮流灌溉。小满通渠唇齿相连如指臂，不惟历史悠远，关系极深，当古分渠划界，按其地势交通以重天然。

五、小满通渠流落距里远近而言，头二两号以在黑河口上游，头至二号十五里较远，二号至三号六十五里，大小沙漠共三十五里。该号平川大河使水十二天一轮，民号沙漠渗漏水，势流上退下，上沿不行，三十余天浇水一轮。

六、当经田赋地籍处清丈地亩而言，小满头二号约丈一万六千余亩，民号约丈一万五千余亩。按田赋而言，该号以列二等三则、二等二则上粮三升有零，民号以列一等二则、一等三则上粮七升有零。民思有地就有粮，有粮就有水，按其粮石多寡地亩比较亦应平均水利，苦乐不均水旱成灾妨害民生。政府收粮纳赋，逾期短欠，影响之巨，不堪设想。

右列六条均系实在极为明白之情形，理合绘具详图，一并具文呈请钧座明鉴万里洞查秋毫，平定水利仍照旧章而慰民望。若不早查水利，恐头轮苗水旱晒不胜待命之至。谨呈甘肃省主席郭。

附呈小满通渠地势详图一份。

具呈人张掖大有乡小满渠三号民众代表　闫作武　党兆年

贺登龙　张鉴明

马登瀛　宋登瀛

民国三十六年四月□日

处理意见：

经查本件兹无前案，拟令张掖县政府查办报核，□查前案，咸□长查案面报。

甘肃省主席与甘肃省水利局长就该县小满渠三号民众呈为水利不均仍照旧章事给张掖县政府及具呈人的训令和批示

1947年5月6日　　甘38–1–93

建水（卅六）卯辰字第3069号

令张掖县政府：

据该县大有乡小满渠三号民众代表贺登龙等"呈为水利不均，仍照旧章以资平均而免偏枯，兹称已由该府派农会会长张督学等前往小满头、二两号勘查清楚"等情，除批示外，合行抄发原呈，令仰遵照妥为查办报核此令。

附抄发原呈一件。

甘肃省主席　郭

水利局长　黄

具呈人张掖县大有乡小满渠三号民众代表贺登龙等：

本年四月呈府"呈为水利不均仍照旧章以资平均而免偏枯"由呈件均悉，已令张掖县政府查办报核矣。此批。

甘肃省主席　郭

水利局长　黄

张掖县长就为呈报平均小满三号水利情形祈鉴备查事给甘肃省主席的呈文

1947年5月24日发　　甘38–1–93

建（36）辰字第1367号

甘肃省主席：

案奉钧府建（36）辰字第三零六九号训令，以据本县大有乡小满三号民众代表贺登龙等"呈为水利不均恳请仍照旧章平均使水，仰遵照妥为查办报夺"等因，附发原呈一份，奉此，遵查此案。前据该民等呈诉到府，经于本月七日提交本县水利委员会议决“小满渠永利沟应合并头二号使水，利沟于三十三年所开水口一尺四寸增并于小满三号使水。该小满渠头、二、三各号均按田赋数额比照每年派夫挑渠”等语记录在卷，并已分别批令该渠各乡遵照，并派员监开渠口在案。奉令前因，理合具文呈复钧府鉴核备查。谨呈甘肃省主席郭。

张掖县县长杨慕震

处理意见：

核准备查，并牌示该民等知照。

甘肃省主席就据张掖县府呈报平均小满三号水利情形事给张掖县政府与贺登龙等的指令及牌示

1947 年 6 月 8 日　　甘 38-1-93

指令建二巳字第 3879 号

令张掖县政府：

本年五月二十四日建辰字第一三六七号“呈□□呈报平均小满三号水利情形请核备”由，呈悉。准予备查并牌示贺登龙等知照矣。此令。

甘肃省主席郭

牌示建二巳字第 3899 号

前发张掖县大有乡小满三号民众代表贺登龙等“呈请仍照旧章平均用水等情”一案到府，经令行张掖县政府妥办报夺，并批示知照各在案。兹发呈复节称“并已分别批令该渠各乡遵照，并派员监开渠口在案”等情除准予备查外，合行牌示知照。此示。

甘肃省主席郭

张掖县政府就甘肃师管区农场与张掖大古浪渠争水事给甘肃省主席的呈文

1947 年 7 月 10 日发　甘 38-1-93

建（36）午字第 2167 号

甘肃省主席：

案准甘肃师管区司令部参机字第三零九号巳微参机代电“据张掖农场办事处呈报本县县民常兴珍等因放水灌溉地亩，击伤该场班长李占龙，嘱彻查惩究见复”等由，准此，正办理间，又准本县县参议会函据本县小满新渠人民常兴珍等三十二人呈诉“甘肃师管区张掖农场办事处班长李占龙不遵水规，依势越渠强行挖水破坏沟堤，以致田禾干枯民不聊生，嘱查照从速制止，以维水规而安民生，借免事态扩大”等由，并据该受害民人常兴珍等以同由径呈到府，当以案关军民，发生水利纠纷，自应审慎澈查妥处以息事端。经令饬龙首乡乡长苏永丰澈查具复，去后旋据该乡长呈报，节称“查师管区农场所种之地亩，系属于本乡第十保大古浪渠高沟闸。按照渠规，该场耕种地亩应在大古浪渠使水灌田，自属合法合理。但该场班长李占龙以大古浪渠水期已尽，乃妙想天开、不遵水规，私行依势越渠，在小满新渠大路闸挖口放水。该常兴珍以水为民命，该李占龙无理抢水，遂与理论，进而口角，旋该班长自知理屈，遂弃铁铣而返，并声言约集士兵再来放水”等语。至于常兴珍等击伤李占龙一节，更非事实等情。县长为慎重计，下乡巡视，亲往发生纠纷地区澈查，该乡长呈复各节均属实在。查本县本年入夏以来因天旱水流微细，各乡地亩以水量不足，田禾干枯而无收益者到处皆有。师管区农场地亩既在大古浪渠高沟闸，自应依水规在该渠灌水。该班长李占龙越渠在小满新渠大路闸私行开口放水，显与水规有违，属民常兴珍等以伤及该民等利益出而制止及理论，自属合法正当。再查师管区农场在本县垦荒，其地址多与民地相连，为期军民相处情感融洽、边防民生兼顾计，经迭与师管区农场负责人商谈，军民双方均应遵守水规、放水灌地，以致纠纷顿生、咎由谁启，事实至为显著。准函前由除分函外，理合将此案经过情形呈请钧府鉴核转令师管区转饬查明制止，并饬遵守水规，以睦军民情感而免再生纠纷为祷。谨呈甘肃省主席郭。

张掖县县长　杨慕震

处理意见（一）：

电军管区请封饬，遵照可代。

处理意见（二）：

如拟。

甘肃省政府就甘肃师管区农场与张掖大古浪渠争水事给甘肃军管区司令部及张掖县政府的代电和指令

1947 年 7 月 31 日　　甘 38–1–93

代电建水（36）午字第 50160 号

甘肃军管区司令部公鉴：

案据张掖县政府本年七月十日呈称“案准甘肃师管区，入原文，而免再生纠纷为祷”等情，除指令外，特电请查照，严饬切实制止并须依照水规灌溉，免再滋事，仍希见复为荷。

甘肃省政府建水（36）午（印）

指令建水（36）午字第 50160 号

令张掖县政府：

本年七月十日建（36）午字第（2167）号呈一件“为准函澈查惩处县民常兴珍等因争水殴伤士兵李占龙情形，请特饬制止”由呈悉。已电请军管区司令部转饬切实制止矣。仰即转照。此令。

省主席　郭

水利局长　黄

甘肃省军管区司令部就复已饬甘肃师管区查办制止据报再行电达外悉查照事给甘肃省政府的代电

1947年8月13日　　甘38-1-93

（卅六）管法未字第2988号

甘肃省政府：

本年七月三十一日建水（卅六）午字第五〇八〇号代电敬悉。除饬甘肃师管区查办本案肇事人、并切实制止张掖农场以后不得发生同样事件，具报再行电达外，相应先后查照为荷。

甘肃军管区司令部管法（卅六）未（印）

处理意见（一）：

如拟。

处理意见（二）：

拟交水利局，照案封知。

甘肃省主席及水利局长关于已饬甘肃师管区制止张掖农场强挖渠水一案给张掖县政府的训令

1947年8月22日　　甘38-1-93

训令建水（36）未字第5562号

令张掖县政府：

前据该府呈报甘肃师管区司令部函“为该县民常兴珍等因放水灌地，击伤张掖农场班长李占龙及小满渠人民常兴珍等，呈诉班长李占龙不遵水规、依势挖渠一案，请饬师管区查明制止，遵守水规”等情，经电甘肃师管区司令部转饬切实制止，并须依照水规灌溉。去后，兹准本年八月七日代电“已饬甘肃师管区查办本案肇事人，并切实制止张掖农场以后不得发生同样事件矣”等由，合行令仰知照。此令。

甘肃省主席　郭

水利局长　黄

甘肃省政府就为具呈报水利委员会成立日期准予备查事给鼎新县政府的指令

1947年　　甘38-1-14

指令建水（36）寅字第10号

令鼎新县政府：

卅六年三月五日鼎建（36）寅字第（42）号呈一件“为呈报本县水利委员会于三月一日正式成立，请鉴核备查”由呈，悉准予备查。此令。

民国三十六年廿六日发

高台临泽鼎新水利档

甘肃省民政厅西路查案委员叶启勋就密查高台县下五堡民武自光等电禀鼎新县长张维贤违背定章刁夺水利事给甘肃省民政厅的呈文

1932 年 8 月 6 日　　甘 15-13-275

钧厅第二〇三号令节开“案奉甘肃省政府令开‘据高台县下五堡农民武自光等电禀鼎新县县长张维贤违背定章，刁夺水利，枉法酷刑，残虐人道，纵容警兵苛索钱财、打伤首领，受意跟随、放赌抽头，苛罚高民，敝堡水利未沾，田禾干旱，迫令具结，瞒上欺下，弁毛水案，妨害民生’等情一案，饬即按照电禀各节，不动声色，澈底密查，详细具覆，以凭核议转呈，毋得稍有瞻徇为要。此令”等因。奉此。视察员遵即驰往，于七月三十日行抵高台，旋至花墙、盐池暨上下五堡等处，不动声色，详细密查，查电禀“鼎新县长张维贤违背定章，刁夺水利”等情一案。查该处水利即黑河之水。黑河源出山丹，即《禹贡》弱水之东源，下流经东乐城，北会洪水至甘州。又会西源张掖河，经临泽、高台以至鼎新，入于流沙。鼎新处黑河下游，水势已弱，每逢天旱，下游各地则失灌溉，高、临两县系处上游，昔年往往以破渠偷水启衅，辄酿命案。自前清乾嘉间，规定每年芒种前十日水归高台县之盐池、花墙、上五堡、下五堡、河西、正义、长双等七堡灌溉七日，鼎新之双树二屯灌溉三日，并各县各渠口均系寅闭卯开，届期由肃州兵备巡河道亲履高、临各渠口，监视封闭，派夫看守。诚所谓黄蜡封口，点水不滴。民国成立后，鼎新县长每年奉文代行巡河职权，于芒种前十日，带领水利乡约、差甲等，依照成案巡行十日。期后，高、临各渠口一律开放导流入渠，人民仍旧灌田。如是则各处田禾亦不致干旱。迄今二百余年，犹循此成案，不得稍有活动。民国初年，鼎新某知事以当年天旱水少，不特鼎新无水灌溉，即上游之上下五堡等处亦极缺乏，以故勒令上游各堡具结，只许浇田、不许灌湖。自是每年具结，亦沿成定例。本年芒种前天旱水瘦，高、临各渠口虽按时封闭，然河水较往年迟一日或半日始达上、下五堡各渠。惟闻花墙堡民众云：“该处地土系含有碱性之沙质壤土，田禾灌溉后，逾时又需将余水引退田旁之草湖，否则无益，反淹伤田苗。”下五堡人民亦有以田内之余水放入草湖者，故下游之正义堡以该两堡有违灌湖成案，报告于巡河之鼎新县长张维贤，当将该花墙堡村长武自光、村副王万发、下五堡村民寇仲千等一并传至高台县西关行台，略施棍责，令即具结，不再灌湖。该县长并无违背定章、刁夺水利情事。并查上项七堡夏田正在收割，均有七八分之收成，与上游高、临各处亦相埒，惟秋田似稍干旱，与本案无涉。至原电禀称“该堡水利未沾、田禾干旱，与夫放纵随从警兵苛索钱财”等情事尽属子虚乌有。再原禀人下五堡农民武自光，查系花墙堡被责之村长。合并陈明所有奉委查明下五堡农民武自光等电禀“鼎新县长违背定章、刁夺水利”各情形，理合据实呈报钧厅鉴核转呈，实为公便。谨呈甘肃省民政厅厅长林。

视察员叶启勋（印）

中华民国二十一年八月六日

甘肃省民政厅科长王秉桢就查明高台县民武自光电禀鼎新县长违背定章刁夺水利事给甘肃省政府的呈文

1932年8月18日　　甘15-13-275

呈为呈覆事案查前奉：

钧府第七七二号训令开“据高台县下五堡农民武自光等电称‘鼎新县长违背定章、刁夺水利、纵容警兵、苛索钱财’一案，令厅派员澈查具覆”等因，嗣奉钧府第一〇一五号训令开“据鼎新县县长张维贤巧电称‘风闻高台县农民武自光等捏控水利’一案，系伊等违章，用特电明，并据鼎新民众代表孙天秩等电称‘高台下五堡武自光破坏水规一案，恳饬高台县赔偿’各等情，令厅并案查复”各等因，奉此，当经先后令委本厅西路查案委员叶启勋一并澈查具复。去后，并据该委员呈称原文等情。据此查农民武自光破坏水案，私灌草湖，原经被控受责，怀恨在心，遂捏辞电禀。本应从严惩处，姑念愚民无知，拟酌情从宽免究。鼎新县县长张维贤有监查巡水之责，本期利于民生，自难调于众口，现经查明并无违背定章、苛索钱财情事。又经调省，拟请销案，毋庸置议。计有在令查明此案，暨拟办各缘由是否有当，理合备文呈请钧府鉴核示遵。谨呈甘肃省政府。

科长王秉桢（印）

中华民国二十一年八月十八日

鼎新县长就均水回府日期及办理各缘由给甘肃省民政厅的呈文

1932年6月13日　　甘15-13-275

呈为呈报事：

案奉钧厅委令遵照成案，赴高均水。业将高台县属之正义、五堡禾苗灌足情形及鼎双二屯照例均水到渠日期，分别呈报各在案。县长于六月八日差竣，昼夜兼程回府。查得县属双树村禾苗均已浇沟灌足，惟鼎新屯禾苗浇过只有十分之六七，至高台属之五堡上游红山、奉化、临河等村，不但夏、秋二禾浇沟灌足，又将草湖全行灌溉，汪洋成海，以致下游水势减少，仍较去年尤多。然水势甚猛，又将双树村沟沿冲断，走漏失水，钻入流沙，耽延多时。职是之故，因此鼎新屯未得灌足。县长回府沿途调查，有县属沙井子，尚有缓流未息之水宽约一丈有余，深五六寸不等。县长俯思宝贵之水，停留待涸甚为可惜，测想推水促其急流方法，以尽人事而重水利。赶至双树村，即派警团官兵四员名，率领民夫四十名，各执木耙，前往连夜推水，以催紧流。据称以人力集合之水长约三四十里，宽有二丈有余，深一尺二寸，水到渠成，足资灌溉。讵料将水推至金沙湾地方，节节水干。察其原因，钻入无情流沙，真乃天数，非人力可能抗拒也。再每年芒种前赴高台分水，系是遵照成案办理。历任县长俟候十日水沟呈报了事，对于利害漠不关心。县长因近年以来荒旱频仍，对于水利，极形注意。调查历年卷载，如下游禾苗未浇，不准浇灌草湖，立有定案。无如日久玩生，阳奉阴违。每逢均水，正义、五堡浇灌草湖成为惯例。如水大时，鼎、双二屯侥幸灌足，否则下游受旱。县长赴高台时路经五堡，每至一处，点验人夫毕，令其该堡村长管渠，具十日以内，先将禾苗灌溉，不许浇灌秋田以及草湖切结在案。对各村头人、民夫演说水利要政，严厉警告，千言万语，舌敝唇焦，万不可推翻铁案，违反水归，违者以妨害水利论罪。五堡各湖，县长亲诣履勘湖中有无积水，有水者面积多寡，深浅若干；干湖者面积若干，分别注明结内，以备考查，而免朦混。及抵高台西关店中，设均水办公处，应日时将三十六道渠口一律封闭。各渠口分派人夫，昼夜常川看守，以防偷漏。所有民夫一百八十余名，固定驻防警团、约甲人等二十余人，上、下游各分两班轮流梭巡。况且苦口晓谕利害，不准从中舞弊。但系所带警团、书差人等，均各束身自爱，惟命是从。县长防患于未然计，正在派员覆查有无浇泡草湖情事。旋据正义村禀称："五堡属之红山、奉化二村除将禾苗、秋田灌足，又泡草湖，截河堵坝，不放下流。"呈诉前来，县长即便差传该二村村长周从文、寇仲谦及受教唆之民骆俊邦、鲁九井、管渠李才、蔺永智等拘案，一面派人查勘临河河西各村，均是损人利己。违反水规之徒。即将各该村人等传来讯明，供认不讳。依照成例，违反水规，立毙杖下，或按情节枷号严责。如按照现今条例，以妨害水利治罪，查五堡民众刁悍异常，竟敢利诱贫民百余人前来要挟释放犯水村长。经县长婉言开导，令其安分守法，未生若何问题。县长详加审慎，为息事宁人计，以行政处分将灌湖各犯分别薄责，暂行拘留，以防两造聚众争斗，窃恐酿成大事，俾免永结仇怨，而保全该被告人之罪名，是以开诚布公，处理完案。和平解决，两造翕服，令"其被告当堂赔礼道歉，言归于好，以息讼端，并永远不许违反水规及浇泡草湖，切结"在案。又据调查湖水委员陈铭报称"临河村更将草湖灌沟，竟成湖海。有该村长王万发，自知情虚，心怀叵测，贿赂大洋六元。该员颇知利害，将该犯连洋一并呈送带案。经县长鞫讯供认不虚，处理完结。时即将原洋六元函送高台临时赈务会，以济贫民，索取收条附卷。该犯水人王万发实触二罪，俱发之罪，姑念愚民无知，从宽责惩了案。亦取具永远不许违反水规，浇泡草湖，违则以妨害水利治罪，切结亦在案。"所有红山、奉化临河河西各村犯水人等一律开释完案，又查五堡管渠蒋英、蔺永智等夜则公然聚赌，昼则有误公要，经密查报告抓获到案。县长拟将该管渠二人各责一千①。该管渠等俯首认咎，情愿各认罚洋一十元，布告周知，以符财政公开之原则，所有原洋分别讲给巡河查水出力之警团，以靖赌风，而示鼓励。甚至在事民夫滋事懈怠者，亦已分别惩办矣。县长在未赴高以前因劳咯血，兼之体虚疝气，不能移转。此次办理张、临、高、鼎四县均水事宜关系重大，不得不力疾从公，牺牲精神，在所不惜。本具天良，拼命工作，更希望高台五堡及鼎、双二屯以及黑河两岸均要浇沟灌足，以遂初衷。上可以负钧命、下可以体舆情，只以

① 编者按：此处有眉批："下有'罚洋一十'之文，以情推之，此处'一千'应为'一十'之误，盖小民焉有一千之洋以供罚？"

无情流沙吸收均水，以致人力不能抗拒，使民众不得均沾。所有均水事竣，回府日期及一切办理事实各缘由，理合具文呈报，鉴核备案。谨呈甘肃省政府民政厅厅长林。

鼎新县县长兼均水委员张维贤

民国二十一年六月十三日

鼎新县八村民众代表孙天秩等就高台下五堡民武自光等破坏铁案事给甘肃省民政厅的电报

1932 年 6 月 18 日　　甘 15-13-275

中国电报局华文来报钞发

肃州局来第 121 号

省政府邵主席、民政厅林厅长钧鉴：

高台下五堡武自光、寇仲谦、蔺永恭等破坏铁案，浇灌秋田及草湖，致均水不能下流，鼎、双二屯田禾干旱十分之五。恳请令行高台县照例饬其赔偿以重水利而保民命。乞示遵。

鼎新县八村民众代表孙天秩、芮盈、杜德、郭正家等咸仰

民国二十一年六月十八日

鼎新县长张维贤就武自光等捏控水利及聚赌等事给肃州局的电报

1932 年 6 月 18 日　　甘 15-13-275

中国电报局华文来报钞发

肃州局来第 125 号

邵主席、林厅长钧鉴：

风闻高台县农民武自光等捏控水利一案，实系伊等刁悍，违章浇灌草湖被控。经县长遵照成案惩处，并未违背定章。聚赌乃系该堡管渠所为，亦已罚办，警兵实未苛索，田禾浇沟灌足，均有切结于元日详报矣。诚恐远道失闻，用特电明。

鼎新县长张维贤叩巧（印）

民国二十一年六月十八日

甘肃省民政厅就高台县民武自光等捏控水利并均水情形事给鼎新县长等的指令

1932 年 7 月 2 日　　甘 15-13-275

第 677 号指令

令鼎新县县长张维贤：

巧电“呈报高台县农民武自光等捏控水利、呈报均水回府日期及办理各情形一案，请

鉴核”由。巧电暨呈均悉。据称武自光捏控水利及办理均水各节究系如何情由，仰候委员查明具复再行核夺。回府如期准予备查。此令。

厅长林

民国二十一年七月二日

甘肃省民政厅就鼎新县民众代表孙天秩等电禀高台武自光等破坏水利事给鼎新县八村民众代表孙天秩等的批文

1932 年 7 月 2 日　　甘 15-13-275

批第 96 号

令鼎新县八村民众代表孙天秩等：

原具禀人鼎新县民众代表孙天秩等咸电禀称“高台下五堡农民武自光等破坏铁案、浇灌秋田、草湖，请饬高台县照例赔偿”由，咸电禀悉。据称各节是否属实，仰候委员查明具复，再行核办。此批。

厅长林

民国二十一年七月二日

甘肃省民政厅就委员叶启勋查西路各县案件并查复鼎新县因水利互控事给本厅西路查案委员叶启勋的训令

1932 年 7 月 2 日　　甘 15-13-275

训令第 385 号

本厅西路查案委员叶启勋：

令本厅调查西路各县案件委员叶启勋为令行事。案据鼎新县长张维贤巧电称“风闻高台县农民武自光等捏控水利一案，实系伊等刁悍，违章浇灌草湖被控。经县长遵照成案惩处，并未违背定章。聚赌乃系该堡管渠所为，亦已罚办，警兵实未苛索，田禾浇沟灌足，均有切案。于元日详报矣。诚恐远道失闻，用特电明”等情，并据鼎新县八村民众代表孙天秩、芮盈、杜德、郭正家等咸电称“高台下五堡武自光、寇仲谦、蔺永恭等破坏铁案，浇灌秋田及草湖，致均水不能下流，鼎、双二屯田禾干旱十分之五。恳请令行高台县照例饬其赔偿，以重水利而保民命。乞示遵”各等情，据此核办见复。据称“该县县长张维贤呈报办理均水各缘由，暨回府日期准予鉴核”等情，前来查此案。前又由省府鉴核高台下五堡农民武自光等电禀“令厅查复”等因，当经令委该员，便道查复在案。兹据前情、该官民诉称各节，究系如何情由。虽恳悬揣指令并批示外。合几抄发原呈。令仰该员遵即并入前案内。逐一澈查具复，以凭核夺。勿稍瞻徇，为覆。此令。

厅长林

民国二十一年七月二日

甘肃省政府就鼎新县及该县公民孙天秩等陈武自光等捏控水利事给鼎新县政府的训令

1932 年 6 月 29 日　　甘 15-13-275

甘肃省政府训令秘字第 1015 号

为令经等案：

据鼎新县县长张维贤巧电称“兰州邵主席、林厅长钧鉴：风闻高台县农民武自光等捏控水利一案实系伊等刁悍，违章浇灌草湖被控。经县长遵照成案惩处，并未违背定章。聚赌乃系该堡管渠所为，亦已罚办，警兵实未苛索，田禾浇沟灌足，均有切结，于元日详报矣。诚恐道远失闻，用特电明”，□核办间，又复该县八村民众代表孙天秩、芮盈、杜德、郭正家等咸电称“兰州省政府邵主席、民政厅林厅长钧鉴：高台下五堡武自光、寇仲谦、蔺永恭等破坏铁案，浇灌秋田及草湖，致均水不能下流，鼎、双二屯田禾干旱十分之五。恳请令行高台县照例饬其赔偿，以重水利而保民命，乞示尊各”等情。据此派电复，分合亟令仰该厅遵照并案查核办理，饬遵并具报查考。此令。

主席邵力子

中华民国二十一年六月二十九日

处理意见：

训令叶委员，并入前案，查复封呈。

六月三十日

甘肃省民政厅就复查武自光等捏控水利事给本厅西路查案委员叶启勋的训令

1932 年 7 月 4 日　　甘 15-13-275

训令第 400 号

令本厅委员西路各县查案委员叶启勋为令行事：

案奉甘肃省政府秘字第一一五号训令“据鼎新县县长张维贤巧电称高台县县农民武自光等捏控水利一案。实系伊等违章，用特电明”等情。并据鼎新县民众代表孙天秩等咸电称“高台下五堡武自光等破坏铁案，浇灌秋田、草湖，致水不能下流，恳饬高台县赔偿’等情。令厅并案查复”等因。奉此。查此案前据该官民迳电并据该县长详呈到厅，当经抄发原呈，一并令行该员查复在案。兹奉前因，合亟令仰该员遵即并入前案，认真查复，以凭转呈，毋稍瞻徇为要。此令。

厅长林

中华民国二十一年七月四日

甘肃省民政厅西路查案委员叶启勋就密查临泽县民王天玉等呈为官吏串通诈索民财事给甘肃省民政厅的呈文

1932年7月31日　　甘15-13-275

呈省政府呈为呈覆事：

窃视察员前奉钧厅第203号委令内开"为令委密查事"。案奉甘肃省政府秘字第131号训令开"案据临泽县民王天玉等呈'为官吏串通诈索民财'一案。除原文有案省烦不录外，尾开合亟抄发临泽县民原禀一件，令仰该员遵即由民勤查案之便，顺道前往该县。按照原呈各节，不动声色，逐一澈查。密查详细，具覆以凭核议转呈，毋得稍有瞻徇为要，此令"等因，计抄发临泽县饥民原呈一件。奉此。视察员遵即由民勤驰往，与本月二十七日行抵临泽县境，继附各村暨城关各处，不动声色，详细调查。

查原呈称"催款员夏姓，每逢催款，先索私款。私囊既饱，所催之公款即可缓办。差甲办款不齐者，押在捕班，每夜查管押大洋五六元，有烟瘾者，令要烟灯费"等情一节，查据各区村长及民众所云"周县长为人老练，颇有经验，对于用人一途，甚为注意。该催款员夏姓曾赴第一、第三两区各村催款一二次，语言严厉，各该区村有以款项不齐，畏其锁押，贿送三四元，借以缓办之说。"询之各村长，并无一人具道实情，至云差甲办款不齐，押在捕班及索管押等费，尽属子虚乌有。并查周县长以该夏性情浮躁，已于阴历三月间开革回籍。

又原呈称"周县长对于词讼，不问是非，先将原被押入捕班，列举农民刘佩兰与杨玉平等一案，数月未结各"等情一节。查刘佩兰即刘佩言前充地方差甲，以催办公款认真，又稍有弊端，是以该杨玉平、贾汉章、杨生耀等挟恨在心，遂与本年阴历正月十六日，乘地方开会演剧，当会责骂，而刘佩言亦不相让。该杨玉平等即以粪汁秽物涂抹刘佩言，以故刘佩言起诉县府。一面杨玉平等即以"刘佩言侵吞公款六百元"等情互诉到案。旋经传讯，所有杨玉平所诉刘佩言侵吞公款等情既无实据，又不能一一指明。至刘佩言所诉"当众陵辱以粪秽涂抹，众供确凿，周县长以该杨玉平等八人有犯刑事罪名，本欲照律科处，嗣以乡愚无知，共处罚金二百五十元，复派员查得刘佩言，经收花户各款不无稍有含混之处，亦罚金四十元，一并充作赈济饥民之需。而杨玉平等经人保出，只交罚金一百元，旋即前赴甘州又在旅部呈诉翻案。当经韩旅长丞公传齐该当事人等，发交张掖公安局审讯侦查，亦未能明其真相，嗣以周县长因事前赴甘州，韩旅长又将案内贾汉章、杨生耀等交周县长带县了结。而杨玉平惟恐周县长以上控负气，至今避不到案，是以迄今数月案实未结。又原呈称收发杨、何二人，勾通捕班，任意押人之说，惟收发何姓即郝吉亭，或云有任意管押行为，前经周县长查觉其他轻微嫌疑即经开除回籍。

又原呈称"账房送礼费已过两千元，公安局户口册洋三百元，均于区长交正款是先行扣除，不出收条"等情一节。查县府账房即公安局长陈选元兼办，访之民众，莫之或知，询之各区长咸云该兼账房，并无收有何礼行为。惟前有各区绅，以欢迎驻军营长暨委员等项费用，系向县府账房借用银洋若干，由各区长等分摊承还一事，是原呈所称不无原因。

至户口册洋三百元一层，惟据第三区白区长所云，曾为该局长交付此项银六十元，如果各区俱出次数，以五区计之当系三百元，自无疑义。但询之其他各区区长佥云“曾无交付此款”云云。并查该公安局长陈选元，前已请假回皋兰省亲。又本案原告王天玉、于正心等密询民众，无一或知其人。

合并陈明所有奉委密查临泽县民王天玉等呈为官吏串通诈索民财各情形，理合据实，呈报钧厅鉴核转呈，实为公便。谨呈甘肃省民政厅厅长林。

视察员叶启勋

民国二十一年七月三十一日

甘肃省民政厅就查访临泽县民王天玉呈控官吏串通诈索民财事给甘肃省政府的呈文

1932 年 8 月 12 日　　甘 15-13-275

甘肃省政府呈第 158 号

呈为呈覆事：

案查前奉钧府密字第 731 号训令开“按临泽县民王天玉等呈称官吏串通诈索民财请派员查照一案，令仰查照具覆”等因，此当仰令委本厅视察员密查民勤案件委员叶启勋便道查复。去后，兹按该员呈称“遵核于七月二十七日，入原文”等情。据此查催款员夏姓私索管押费、烟灯费并催款先索私款暨收发杨、何二人，勾通捕班，任意押人各节。既经查属子虚，且夏姓、何姓又早经该县长开革回籍。至账房收礼洋两千元一事，既经查系误会并无其事。兼公安局收户口册洋三百元，既经查照第三区交付六十元，祈雨各区并未呈交，且公安局长业经本厅撤换，拟请一律从宽免究。惟该县长处罚杨玉平等，暨刘佩言二百九十元，事前既未请示，事后又未呈报，殊属不合。且对于刘佩言等互控一案数月未结，致招物议，实属有□阙职。拟请将该县长周秉乙记过一次，以示薄惩。既有奉令查照此案，暨拟办各缘由是否有当。理合呈覆钧府鉴核示遵。谨呈甘肃省政府。

厅长林

中华民国二十一年八月十二日

甘肃省主席就查明高台县民武自光等电禀鼎新县张县长并无违法情事准为拟销案免议事给民政厅的指令

1932 年 8 月 30 日　　甘 15-13-275

甘肃省政府指令

令民政厅：

呈一件“复奉令委员查明高台县民武自光等电禀鼎新县民孙天秩水利互控一案，即拟办各缘由，请鉴核”由呈悉。此案既据派员查明，并无违法情形，自应准如拟销案，免于置议。除牌示外，仰即知照，此令。

主席邵力子

民国二十一年八月三十日

处理意见：

封饬高台县政府查照。

九月一日

鼎新县公民代表李自仁等就县长尹尚谦借事生端破坏水利事给甘肃省政府的呈文

1939 年 7 月 8 日　　甘 15-12-219

兰州朱主席钧鉴查鼎新县长尹尚谦借事生端，破坏水利恳祈澈查惩办，以维水规而救灾黎事：

窃维双城□□□□村位居黑河下游，为瘠苦博硗之区。北连蒙界地尽沙漠地势干燥，终年无雨，芒种前后全赖均水灌溉。窃查全县均水定有例案，每届均水全县自上而下自屯而耕，自内而外，顺序灌溉，不得紊乱水规。幸而今夏雨赐时。若均水期内稍得发水水量比往年稍大。不料尹县长病不往，坐守县府，全不查禁，反将均水于金塔县之狭营村□□□□□□□□□□①旱，至今夏木干枯失收，民不聊生。而该县长自被民众控告，本村亦为参加，但均水将到之时，该县长并流言不与本村开放。幸而民众盼望云朵甚切，随起夫来城，请示放水，将放下未逮上地。该县长复又给狭营村灌溉，势如夺去饭碗一般，该村借系县府手谕“昏夜将本村所架之坝口决断，并将春水之夫打散，而且将人夫衣服、铁铣一并抢去”。如去年均水开放之时，该村民众将保卫园丁公合成军匪撕碎，事后呈请究办，该县长置若罔闻。年复一年，均水失时，几乎成祸端。幸而有头人镇压，始各无事。今夏复蹈前辙，以致夏木干旱，未得灌溉自定例而论。每届均水先由屯地而后科地，其次水有余剩时，屯科足，伊始得开口是其成案。该县长故意与民为难，因嫌嫉，后有意忧延，致害人民生计。为父母官者，何得无慈忔之心，顿生畛域之念，歧视之想，由此可见。该县长毫无顾念地方之意，反而破坏水利致民于死地，该县长一日不去鼎民一日不安。现在本村民众群起与狭营村争门沉事由该县长而起，恐将让成巨祸，代表等位参头人，不得不将详情电呈钧座派员勘查，以安民心。谨电奉恳核夺，以维水规，而救灾黎，则本村民众不胜感恩待命之至。鼎新县双城村公民代表李自仁、杨兆元、李发能、公学诗等叩有。……②谨呈甘肃省政府主席朱钧鉴。

鼎新县双城村公民代表呈

民国二十八年七月八日

---

① 编者按：此处原文档漫漶，不可识。

② 编者按：此处原文档残缺。

甘肃省政府就民李自仁等呈控该县长借事生端破坏水利派查惩办事给第七区专署等的训令

1939 年 7 月 15 日　　甘 15-12-219

民一午字第 1125 号训令

第七区专署、鼎新双城村李自仁等：

案据鼎新县公民代表李自仁等有代电"为县长尹尚谦借事生端，破坏水利，乞请澈查惩办"等情。查该县长尹尚谦前据"该县李贤等以搜括民膏，滥派浮收"等情呈报到府，业经令饬该专署查明具复在案。兹据前情，除批示饬令丞抄原呈，令仰并案查复。此令。计抄原呈一件。

民国二十八年七月十五日

处理意见：

呈悉已令饬该管专员，分署查复，仰知照，此批。

蒋元菜（监印）

七月十六日

鼎新县李贤芮等就前控尹尚谦贪案经专署报实日久恳祈早换以维现状事给第七区专员等的呈文

1939 年 7 月 23 日　　甘 15-12-219

分送兰州朱主席、民政厅长钧鉴：

前往控尹尚谦贪案经专署报实日久。伊于五日晚微服出城，不知因公晋省、畏罪潜逃。迄今县政悬殊，民等寄肃日久，恳祈早换，以维现状，敬奉电遵不胜感幸之至。

李贤芮盈帮叩

民国二十八年七月二十三日

处理意见：

本件速办。

七月二十四日

甘肃省政府就鼎新民众与县长互控事给第七区专员的代电

1939 年 7 月 23 日　　甘 15-12-219

民一午字第 425 号代电

第七区专署酒泉曹专员：

顷据鼎新县民李贤芮电称"前控尹县长贪污案云云至不胜感戴之至"等情，查此案前据该民等"以搜括民膏、滥派浮收，请查办"暨该县长电呈"土劣李贤勾结众人，煽惑民众，拟拿办”等情，先后呈抄到府，业经迭令，详查在案。并据前情，令再次催遵照先，今令兹速并案澈查具报，以凭核办为要。

蒋元棻（监印）

民国二十八年七月二十三日

甘肃省第七区就查获鼎新县人民李贤称尹县长贪污案事给甘肃省政府的呈文

1939 年 7 月 31 日　　甘 15-12-219

专一午字第 147 号

甘肃省第七区行政督察专员公署呈：

案奉钧府民一字第 942 号训令“据鼎新县长尹尚谦电‘以土劣李贤芮开会煽惑民众，意在破坏兵役违抗粮款，请严格拿办’一案。令饬并案密查具复，以凭核办”等因，奉此，遵即秘密调查，李贤芮并未在乡勾结多人开会煽惑民众及一切不法行为。揆诸情形，不外因该民呈控该县长搜括民膏、滥派浮收一案，故而挟嫌捏报，不问事实之有无，竟以“意在”二字希图罗织而便报复。司民社者宅心如此，尚堪问乎？在该县长请假来兰，而竟擅自东下，其为蓄意脱逃无疑。前经代电呈明在案。至其控案已查明属实，具文呈覆，拟请将该县长尹尚谦撤职查办，并勒令回县办理交代。奉令前因，理合将查获情形，具文呈请钧府鉴核示遵。谨呈甘肃省政府主席朱。

甘肃省第七区行政督察专员　曹启文

副司令　周景浚代行

民国二十八年七月三十一日

临泽县昭武乡第一保民田讲善等就西腊渠将河水改通南岸事给临泽县政府的甘结

1946 年 9 月 5 日　　张 3-76

具结人田讲善、刘盛怀具到县长案下：

情因有西腊渠向河南改修，河水经过葫芦渠、鸭翅渠等，民愿将该西腊渠河水改通南岸，再无反悔之意。惟破坏葫芦渠、鸭翅渠等渠口，民等绝不敢负责。所具甘结是实，谨呈临泽县县长钟。

具结人昭武乡第一保民田讲善（印）、刘盛怀（印）

中华民国三十五年九月五日

处理意见：

转饬明沙保，改水道时注意二渠（葫芦、鸭翅）之渠口免受损害。

九月六日（印）

临泽县板桥乡第一保民代表就河道变化请求改修渠道事给临泽县政府的呈文

1946 年 8 月　　张 3–76

临泽县县长：

窃查本保附近黑河田地，近数年来每逢河水涨发，地被冲跌，虽经户民竭力御妨，奈黑水原系流沙，护此失被，以致冲跌田地，不可胜计。究其原因，实由水倾北岸、无法遏止，昨经召开保民大会公议，拟预夏禾收刈后征集民夫，从黑河滩中挑挖，引水向南，以免地再被跌。计征集人夫三百名，一来复内，定能成功。但本保河南对界系昭武乡第一保地域，诚恐该保出而阻挡。伏查民等拟定引水界线系在河滩之中，与该保毫无伤损，若不积极修改，本保之地，年复一年河跌殆尽，户民不为沟壑，定遭饿莩，何有生存之地？无奈工程浩大，一保民力有限，实难成功，为此联名呈请钧座电鉴，俯准饬令昭武乡第一保勿得阻碍，并乞饬本乡征集义务劳动人夫三百名，以便挑挖，实为公便顶德。谨呈临泽县政府县长钟。

板桥乡第一保乡民代表　贾维善（印）　周积和（印）

保长　周敏和（印）

中华民国三十五年八月

处理意见（一）：

饬昭武第一保推派代表三人来府面询后再行动工。

处理意见（二）：

改道事属一保，应由该保民起夫修筑。

八月卅一日（印）

临泽县政府就呈请改引黑河水道事给板桥乡第一保民代表贾维善等和保长周敏和的批示

1946 年 9 月 18 日　　张 3–76

临泽县政府建（35）申字第 1893 号

批板桥乡第一保民代表贾维善等、保长周敏和：

八月廿三日呈一件“为呈请改引黑河水道”由呈悉，准予改修，应注意葫芦、鸭翅二渠渠口免受损害。至改道事属一保，应由该保自行起夫修筑，批示遵照为要。此批。

县长钟

临泽县政府就本县板桥乡昔喇渠水利办事处呈请拨款兴修渡槽给甘肃省政府的呈文

1946 年 5 月 30 日　酒 3–76　P17　　张 3–76

临泽县政府建（36）辰字第 0281 号

甘肃省主席郭：

案据本县板桥乡昔喇渠水利办事处五月十三日呈称"入原文"等情，据此，查该处橙槽，关系水利至大，理合具文呈请鉴核，俯准拨款兴修，以增农产，而利民生，谨呈甘肃省政府主席郭。

县长

五月廿三日（印）

甘肃省政府就临泽县小鲁渠民白光昌等呈请高台丰稔渠王敬祖修理高橙槽事给临泽县政府的训令

1947 年 4 月 10 日　　张 3–47

甘肃省政府建水（36）卯字第 2406 号

临泽县政府：

据该县小鲁渠民白光昌等呈请饬"高台丰稔渠王敬祖修理高橙槽"一案，令仰遵照由。据该渠小鲁渠民白光昌等，本年三月二十六日呈称"呈为推翻老案妨害水利"事。查临泽渠所属双泉村旧有水渠一道，名曰小鲁渠，开自明朝末年，地势甚高，自南而北。迨至清朝乾隆年间，有高台县人民开挖新渠一道，各为丰稔渠自东向西水道相交，随将小鲁渠挖切两段，水道断绝，不能通行。并挖坏民田二百余亩。当时双方舆讼不休，相争结案，由丰稔渠负责人在挖断之处修搭水槽一座，名曰"高橙槽"。水道通行，各无妨害，每年开水之前修理一次，至冬闭水之后，丰稔渠负责人自行将木板木架全数拆去，以防乞丐攀坏。历年照案，尚无纠葛，并立有水利碑记可查。迨民国三十三年开水之前，由丰稔渠人民请求水利工程师指导改修下部，在水全用石条修成，可谓坚固。经久而上部通水之槽，仍利用旧日木板凑成，两边钉立木柱橙槽，码头尽用土筏累玉。遂于三十四年□地气上潮，上部码头之土筏倾颓，立柱被盗攀拆二根，木板四散，不能通水。当时民等一再呈请"临泽县政府转请高台县长令饬'丰稔渠水利委员王敬祖、李长才等负责修理'，而王敬祖等以全部工程皆被民等拆毁画净"等情，呈控于高台县政府及钧府在案，并水利工程师等处永远不予修理。该王敬祖捏造事实，借词栽赖，希图脱身，推翻老案，后经高台丁县长、临泽黄县长、张掖工作站谭主任亲往会查，查得实在情形。由临泽县政府令示民等谓"问题并不严重，槽之码头及底部均完整如旧，上部水板四散，置于槽中，两傍立柱短少二根，显系被盗拆毁，由谭主任筹款一万元交临泽县黄县长派员修理。此次修复约不保三年，三年后由钧府饬"水利林牧公司转令张掖工作站，将橙槽一律改为石质，以资经久”等因。此槽复修后，已过三年，况上部木板均系多年之旧板，即有腐朽之可能，上部码头土筏亦将颓散。民等实居小鲁渠渠尾，此槽与全渠人民无关住户不满。蒙灌田禾，均以高橙槽为要口，如高橙槽倒坏，水线既断，民等无生之路矣。情出无法，只得具文恳祈钧府鉴核，俯准令行高台县长转饬丰稔渠水利委员王敬祖、李长才等修理，并令水利林牧公司张掖工作站指导，以维水利”等情。查此案前据高台县政府呈“以小鲁渠人民不遵已核定保护办法，故意破坏橙槽，请转饬切实执行”等情到府。业于三十五年六月六日，以建二水（35）巳字第（3085）号训令，饬遵在案。兹据前情除批示外，仍仰遵照前令切实执行，报查为要。此令。

主席　郭寄峤

民国三十六年四月十日

处理意见：

批示转发。

四月二十一日

甘肃省政府就给临泽小鲁渠民呈请高台丰稔渠修理高橙槽事给临泽县政府的训令

1947年6月13日　　张3-47

甘肃省政府建水（36）巳字第4012号

临泽县政府：

据该县小鲁渠民众白光昌等呈为橙槽腐朽请饬丰稔渠负责修理一案遵办由。据该县小鲁渠民众白光昌等，本年五月二十三日呈“为该渠过水橙槽已经腐朽，上部码头之土筏不时倾颓，槽中之水大丰漏于丰稔渠，以致该民等田禾浇灌大受影响。恳请维持老案，严饬丰稔渠负责修理”等情。查关于该渠过水橙槽，前据本府水利专员崔崇桂拟具解除纠纷意见五项，其中第三项“年内木渡槽若有损坏，修理情事由小鲁渠备料，丰稔渠备工，以尽应尽之义务”，经于三十四年八月十日以建二水五六二八号□代电饬遵办在案。兹据前情，除批示外，合行抄发原呈，令仰遵照。迳洽高台县政府仍遵前电办理具报。此令。

附抄发原呈。

主席　郭寄峤

民国三十六年六月十三日

处理意见：

函洽高台县府转饬遵办。

七月四日

临泽县小鲁渠民白光昌等就高台丰稳渠王敬祖修理高橙槽事给甘肃省政府的呈文

1947 年　　张 3–47

为呈复事：

查小鲁渠被高台县丰稳渠人民挖断，双方定立老案，由该渠修搭过水橙槽，详细情形前已呈明在案。奉此，以此案前据高台县政府呈报到府，业经令饬“该管临泽县政府遵办在案。兹据前情，除令饬外，仰仍恪遵已核定保护办法，切实维护，勿得任意阻扰为要”等因。奉此，查民等自三十四年奉到保护办法后，时加看管，小心保护，并无任意阻扰情事。惟查过水槽均系多年旧板，已经腐朽，上部码头之土筏不时倾颓，槽中之水大丰漏于丰稳渠，以致民等田禾浇灌大受影响。昨奉临泽县政府建（36）辰字第〇五三一号训令“案奉钧府建水（36）卯字第二七八四号训令饬‘以县水利规章务须照旧办理，不准稍有变更，以免发生纠纷’等因。查民等与丰稳渠定立修理高橙槽多年之水利老案，业被该渠人民捏造事实，呈请推翻该渠人民已认为高橙槽之好坏与彼再无关系。民等追讨此案，惊骇异常，查此槽工程浩大，建修不易，以民等二十余户之穷农，即倾家荡产亦无力负担。该渠渠坝浩大，名称八大浩渠。夫数百名负担修建，当然容易，况老案不得更动，政府早有明文规定，该之水为农民命脉，民等水道断绝，田禾旱枯，生活无望，若不在设法修理，惟有死路一条。迫于无法，只得恳钧座电鉴，准予维持水利老案，严饬“丰稳渠负责修理”，以全政府威信，而救蚁命。民等愿负永远保护责任，不胜祈祷待命之事。谨呈甘肃省政府主席郭。

临泽县小鲁渠民众　白光昌　倪尚兴　刘莫　白奉贞

民国三十六年五月二十三日

甘肃省政府就制止小鲁渠人民滋生枝节以维水利给临泽县政府的训令

1946 年 6 月 6 日　　张 3–47

甘肃省政府建二（卅五）巳字第 30265 号

临泽县政府：

据高台县政府电请令饬临泽县政府制止小鲁渠人民滋生枝节以维水利一案，令仰遵照由。据高台县政府本年五月二十日辰号代电称“本月十三日，案据本县丰稳渠农民代表高成秀、李长财、权玉廷、王敬祖等呈称‘以临泽县小鲁渠人民白丰利、白光昌、刘英、倪尚信、王兴位等希图恢复积弊，致将上年经钧府水专员崔崇桂，会同张掖水利工作站谭主任其芳等监修完竣之高橙槽（小鲁渠渡水槽跨越丰稳渠）故意破坏。并将丰稳渠承办水利人员呈控临泽县府，霸押渠长张得禄，勒令出钱帮工具结恢复前弊。对于上年钧府核定保护办法置之不理，且最可虑者，小鲁渠人民白丰利等声称‘如不仍照旧例修复，则将丰稔渠立即填塞，断绝流水等等无法无理之举。而临泽县政府迁就该渠民意，毫不加以制止，伏恩际此荷奇重之秋，渠道关系人民生命与国家赋税，至为重要。似此无端仇视，借故蹂躏，万难忍默。势出迫切，祗得恳请钧府转呈省政府迅转临泽县府严惩刁民，以杜纠纷，而遏后患’等情。据此，查该渠渡槽历年以来，每届开放春水之前，照例修筑一次，但春修冬折，形成积弊洊，至高、临两县人民互相仇视，屡起纷争，往往酿成灾害。迨至三十三年春，本府有于弊害丛生，曾经商洽张掖水利工作站筹拨工款三万四千四百元，并派工程师监修蒇事，其工程巩固据之可以三十三年不毁。惟至三十四年春，小鲁渠人民将槽拆毁，呈请临泽县府勒令丰稔渠修复，而丰稔渠人民以事属人害，抗不修理。至大月间，经本府商洽崔水利专员崇桂，会同张掖水利工作站谭主任其芳及临泽黄县长、正副议长等查勘，结果由水利工作站拨款一万元，责成小鲁渠受益农户修复后，并由崔专员拟具改善保护办法，呈奉钧府建二水（34）未字第五六七八号□代电，核准转饬临泽县政府，依照上年核定保护办法，切实督促小鲁渠人民遵守，以免别生枝节，俾维水利，无任至祷”等情。查此案前据本府水利专员崔荣桂三十四年七月七日午□代电，报告解决高台丰稔渠与临泽小鲁渠高橙槽水利纠纷，并具意见，请采择施行到府。业经核准于同年八月十日以建二水未号代电饬遵照办理在案。兹据前情，除指令外，合行令仰遵照前令转饬小鲁渠人民恪遵核定保护办法，勿得阻挠。并将办理情形报查为要。此令。

主席　谷正伦

建设厅厅长　张心一

民国三十五年六月六日

处理意见：

转饬小鲁渠民众遵照省府核定办法，守渠用水，勿再阻扰。

六月十六日

甘肃省政府等就小鲁渠民破坏高橙槽建筑工程给临泽县政府的训令

1945 年 6 月 9 日　　张 3-47

甘肃省政府建二水（34）巳字第 3941 号

临泽县政府：

据报小鲁渠人民破坏高橙槽建筑工程等情令仰查办报核由。据报“高台丰稔渠之高橙槽（即临泽小鲁渠渡水槽之一），每年于立夏前修搭一度。修搭时因封闭丰稔渠口（不闭渠口有水，不易修搭），以故丰稔渠负责首人，必于事先备执向小鲁渠首人商洽。历时既久，弊窦丛生，如商洽欠周，往往丛生横闹，酿成旱灾。上年经张掖水利工作站派员勘查后，拨助工程费三万四千四百元，并请工程师监修，具有二十余年之坚固性。乃本年四月间该小鲁渠人民竟将此项建筑破坏，橙槽木石材料折毁大半，以致高临两县人民互起争端”等情。如果所报不虚，该小鲁渠人民大属非是，合行令仰该县长迅速认真查办，具报凭核。此令。

主席　谷正伦

民国三十四年六月九日

处理意见：

查明具报核。

六月二十三日

俟将该渡槽修复后转报。

六月二十六日

甘肃省政府就解决高台丰稳渠与临泽小鲁渠高橙槽水利纠纷事给临泽县政府的代电

1945 年 8 月 10 日　　张 3-47

甘肃省政府 5626 号

临泽黄县长：

据报解决高台丰稳渠与临泽小鲁渠高橙槽水利纠纷，拟具意见仰遵办由。本年七月八日建（三十四）午字第二七六号午□代电悉。案据本府水利专员崔崇桂本年七月七日午虞代电称"查七区高台县之渠道，自黑河引水经过六区临泽县境，此计有三清渠、柔远渠、丰稳渠、站家渠等四渠，临泽各渠大抵有东而西，高台各渠大抵由东北而向西南。高台居下游，临泽在上游，其向穿筋过脉，交叉横渡，此不一而是。故表面上高、临两县似觉相需甚殷，而事实上彼此民众仇视反烈。拨厥原因，在临泽方面则以高台假道开渠，应具以下事上态度。在高台方面则以地远沟深，时感运物为劳之愤慨，以心理之相反，致纠纷以时起。如临泽县跨越高台丰稳渠之小鲁渠高橙槽，即其一例。该橙槽之流水虽系小鲁渠受益，而每年修理，完全由丰稳渠负责。推其先辈创例之始，不过以地大人多之丰稳渠为代修理，原不为苦，且可维系两县情感。迨年沿远，则弊窦丛生，陋规滋出，两地人民感情日劣。此项橙槽坏，亦需修，不怪亦修，甚至物未必坏，而人必使之坏，费巨事繁，年且加重。张掖水利工作站，为免除上项纠纷，曾于民国卅二年拟具意见图书，责由受益之小鲁渠领款兴修，该渠拒未接受。延至三十三年芒种节前，由该站补助工料费三万四千四百元，并派工程师为之设计指导，责由丰稳渠出民夫三百名、大车三百于辆，改修为石条码头，木质渡槽一座。按该站核计公私所费不下三十万元，费大工坚。想不至经年即坏，但槽虽修理坚固，而高、临两县原案未曾变更。本年五月二十日，丰稳渠水利专员王敬祖等即以此项橙槽被人拆坏，请为解决，呈报职处及高台县府。同时小鲁渠民众应以丰稳渠民众不为循例修复橙槽，呈报临泽县府。该两县府以事有旧例，仍查案责令丰稳民再为修复。丰稳渠民以事属为人放怪，且以张掖工作站为证，坚不为修，且又以改革积习，杜绝后患及各种隐弊，于六月二日呈报职处，请求澈查，并为解决前来。六月八日，职同张掖水利工作站谭主任其芳、临泽黄县长治安及县参议会白、高两议长亲往勘查，则实际情形并不严重。槽之码头及底部均完整如旧，且能照常通水，惟上部木板被拆四散，置于槽中，两傍立柱及槽内插鞘石各缺少两根，显系被盗故意拆毁。而到场双方民众各是其词，均不负修复责任。为贯彻解决纠纷起见，曾商得谭主任同意拨款一万元，委托临泽黄县长代为购料雇工，除将被毁立柱插鞘等件修复原状外，并添置横梁二根，上铺人行木板三块，俱以铁钉定固，由临泽县指定小鲁渠使水附近户民三家负责保管，而此轩然大波始将平息。惟目下争端虽告结束，将来纠纷仍须预防。其防止方法，设令高、临两县府订定，彼此县民仍不遵服。兹由职就实际情形，提供报除此案纠纷意见：（1）此次修复后，约可保固三年，三年后由钧府饬水利林牧公司转令张掖水利工作站，将槽底、槽梆一律改为石质，以资经久；（2）渡槽看管由小鲁渠受益农户负责，其有故图破坏，此看管人□送请临泽县府惩办；（3）三年内木渡槽若有损坏，修理情事由小鲁渠备料、丰稔渠备工，以尽各尽之义务；（4）渠槽宽深各度，均以现有度数为准，不得□为变动，以享其各享之权利；（5）由钧府令由高、临两县民意机□及党”。

民国三十四年八月十日

处理意见：

遵办。

治安

八月二十七日

甘肃省政府就解决高台丰稔渠与临泽小鲁渠高橙槽水利纠纷事给高台县政府的代电

1945年8月10日　　张3-47

高台丁县长：

案据本府水利专员崔崇桂，本年七月七日午虞代电称“查七区高台县之渠道，自黑河引水经过六区临泽县境者，计有三清渠、柔远渠、丰稔渠、站家渠等四渠。临泽各渠大抵由东而西，高台各渠大抵由东北而向西南，高台据下游，临泽在上游，其间穿筋过脉，交叉横渡者，不一而足。故表面上高、临两县似觉相需甚殷，而事实上彼此民众，仇视反烈。揆厥原因，在临泽方面，则以高台假道开渠，应具以下事上之态度。在高台方面，则以地远沟深，时感运物为劳之愤慨，以心理之相反，致纠纷以时起。如临泽县跨越高台丰稔渠之小鲁渠高橙槽即其一例，该橙槽之流水虽系小鲁渠受益，而每年修理，完全由丰稔渠负责，推其先辈创例之始，不过以地大人多之丰稔渠为代表修理。原不为苦，且可维繫两县情感。迨年沿远，则弊窦丛生，陋规洊出，两地人民情感日劣。此项橙槽坏不须修，不坏亦修，甚至物未必坏，而人必使之坏。费巨事繁，年且加重。张掖水利工作站为免除上项纠纷，曾于民国三十二年拟具意见图书，责由受益之小鲁渠领款兴修，该渠拒未接受。迨至三十三年芒种节前，由该站补助工料费三万四千四百元，并派工程师为之设计指导，责由丰稔渠出民夫三百余名、大车三百余辆，改修为石条码头、木质渡槽一座。按该站核计公私所费，不下三十万元，费大工坚。想不至终年即坏，但槽虽修理坚固，而高、临两县府原案未曾变更。本年五月二十日，丰稔渠水利委员王敬祖等，即以此项橙槽被人拆坏，请为解决呈报职处及高台县政府，同时小鲁渠民众亦以丰稔渠民众不为循例修复橙槽呈报临泽县府。该两县以时有旧例，仍查案责令丰稔渠民再为修复，丰稔渠民以事属为人故坏，且以张掖工作站为证，坚不为修。且又以改革积习，杜绝后患及各种隐弊，于六月二日声报职处，请求澈查，并为解决前来。六月八日，职同张掖水利工作站谭主任其芳、临泽黄县长治安及县参议会白、高两议长亲往勘查，则实际情形并不严重，槽之码头及底部均完整如旧，且能照常通水。惟上部木板被拆四块，置于槽中，两旁立柱及槽内插鞘亦各缺少两根，显条被盗，故意拆毁。而到场双方民众各是其词，均不负修复责任。为贯澈解决纠纷起见，曾商得谭主任同意拨款一万元委托临泽黄县长代为购料雇工，除将被毁立柱插鞘等件修复原状外。并添置横梁二根，上铺人行木板三块，俱以铁钉定固，由临泽指定小鲁渠使水附近户民三家。负责保管，而此轩然大波始得平息。惟目下争情虽告结束，将来纠纷仍须预防。其防止方法设令高、临两县府订定，彼此县民仍不遵照。兹由职就实际情形提供根除此案纠纷意见：（1）此次修复后，约可保固三年，三年后由钧府饬水利林牧公司转令张掖水利工作站将槽底、槽梆一律改为石质，以资经久；（2）渡槽看管由小鲁渠受益农户负责，其有故图破坏者，看管人得送请临泽县府惩办；（3）三年内木渡槽若有损坏情形，由小鲁渠备料丰稔渠备工，以尽各尽之义务；（4）渠槽宽深各度，均以现有度数为准，不得□为变动，以享其各享之权利；（5）由钧府令由高、临两县民意机□及党”。

民国三十四年八月十日

甘肃省河西水利专员就前往临泽小鲁渠与高台丰稔渠交会渡槽事给临泽县政府的代电

1945 年 5 月 20 日　　张 3-47

临泽县政府黄县长台鉴：

为请于本月二十二日前往临泽小鲁渠与高台丰稔渠交会渡槽，会同勘查由：

案据高台县丰稔渠水利委员王敬祖、李长才等呈报“临泽县小鲁渠民王兴渭、白鹤高等原呈云‘呈为临泽小鲁渠农户欺迫邻民，重修高橙槽，伏乞钧处依法裁判，以除陋规’事。窃民等灌水之渠身，系小鲁渠橙槽下通流，不知何时留遗陋规。每年春季开水之时，该渠迫令本渠夫役购买木料，替伊修理橙槽，稍不承该渠之意，必暗地决拆本渠渠堤，以致本渠往年受过之害，书难尽述。现蒙政府积极改善水利，剔除积习，彼此一律平等，不容仇目相加。去年蒙省府派令水利工程站改善两渠陈规，彼此不准加害。并发给法票四万五千元为该渠建修橙槽一面，令本渠供给支车辆起运木料，并代觅雇石木工人，计费本渠发票十六万余元，两项共计二十余万元。蒙工程处渠竣之际，当面分示，以后务须将前陋规除却，异日橙槽好坏应由小鲁渠自己建修，与本渠无干。迄今始经年余，该渠民众贪心萌发，将橙槽暗地折毁，死灰又燃，意将欺迫本渠代为复修橙槽。实属可恨已极，是以呈请钧处鉴核，函通临泽县政府，依法规定去年新案，以除旧习。则本渠感恩于无极矣。谨呈”等情。据此，查此案敝专员昨过贵府时，贵县长亦曾提及，兹据呈称殊难遽信，拟于本月二十二日，弊专员亲往该地勘查，特电约贵县长亦于其日前往会查，以为将来办理此案之参考为要。

专员崔崇桂（印）

民国三十四年五月二十日

处理意见：

查照。

五月二十二日

拟存查。本案县长业经会勘查。

五月二十三日

甘肃水利林牧公司张掖工作站就解决小鲁渠、丰稳渠高渡漕水利纠纷事给临泽县政府的公函

1945 年 3 月 25 日　　张 3–47

为函达解决小鲁渠、丰稳渠高渡漕水利纠纷办法，并汇复修复费一万元，请查收见复由：

查临泽县小鲁渠，跨越高台丰稳渠之高渡漕，原来跨度四公尺，草坏码头高四公尺半，不但丰稳渠渠水受束不能畅流，且工程甚大，时虞冲毁，漕断渠破，两渠灌溉均受影响。该渡槽向例由丰稳渠负责每年修复一次，因属异区两县之故，纠纷常起，耗费亦巨。本站为免除纠纷，畅通水利，曾于三十二年五月二日拟定三二张字第四十号整理意见书，责由承办，但该渠拒不接受。三十二年十二月二十九日，重编三三张字第十五号整理意见书，责由丰稳渠修复。当于三十三年六月芒种节均水期间，由丰稳渠出夫三百余名、大车三百余辆，改修为条石码头、木质渡漕，板厚一公寸，跨度六公尺。本站补助工料款三万四千四百元，连同丰稳渠之人力及输力，折合当时价值，不下五十万元，费力殊大。工程亦复坚固逾恒，竣工时并三次招集两渠代表说明，经本站整理之后，希望双方负责保护，倘无故意损坏，可保三年不用修理。如此纠纷得以解除，裨益灌溉，两渠均受其利。但据丰稳渠代表一再函称“今春高渡漕又被拆毁，小鲁渠仍沿旧习，令该渠修补。该渠以动用国币修复之渡漕，被人故意拆毁，拒绝修复。因此发生争执，久争不决，本主任乃□□□八口，敦请河西水利专员崔崇桂，会同贵县长及白、高两议长前往详查。实际情形并不严重，码头之坚固仍旧，渡漕底部完整如初，仍能照常通水，惟上部木板被拆卸四块，置于漕中，两旁立柱缺少两根，中间插销亦缺少两根，显系被盗□，故意破坏，而非工程本身之不坚固所致。为贯澈解除纠纷政策，此次渡漕被无知人民故意毁坏，不予深究。关于修复责任，商得崔专员同意，由本站拨款一万元，请贵政府代为购买立柱、插销各二根，修复原状。并铁钉五斤、人行板三块、横梁二根，以资加固，而便行人。并请代雇木工办

理，经此修复之后，可保三年。至管理办法，已商得贵县长同意，饬令小鲁渠使水户民三家，负责就近看管，当不□再有被盗之虞。嗣后木渡漕腐朽，再事修理责任，亦商得崔专员同意，请其拟定办法，呈请贵政府核夺，转令两渠遵照。至修复费一万元，已于本月十二日由省行□上，请查收见覆为荷。此致临泽县政府。

三任　谭其芳（印）

民国三十四年三月二十五日

处理意见：

赵科长负责经修。拟令临泽渠代表马永洵等转饬地主刘光仁等，并由该代表负责造名册具领。

治安

六月二十日

甘肃水利林牧公司张掖工作站就勘查曹家夹滩搭渡槽跨越丰稔渠事给高台县政府的公函

1945 年 6 月 13 日　　张 3–47

张字第二二九号

函达勘查曹家夹滩搭渡槽跨越丰稔渠意见由：

准贵政府三十四年六月七日建（34）巳字第 931 号函“以灌溉曹家夹滩地亩，搭渡漕跨越丰稔渠，有无妨害，嘱派员会勘”等由。本月八日本主任曾陪同贵县长，白、高两议长及河西水利专员崔崇桂前往勘查验，经会商意见如次：（一）为灌溉学田，加固学校基础，应予资助；（二）据曹家□统面称，渡漕早已制就，应准架设；（三）渡漕地点应在曹家屯庄以西，丰稔渠北岸，草滩宽广之处，以保两渠安全。以上三点己告丰稔渠委员□余建遵照，勿得阻挠。除商请崔专员于搭渡漕时再往勘定，确实地点外。并请其拟定约章，呈请省政府核夺，转令两渠遵守，以免日后发生纠纷。相应函请查照办理为荷。此致临泽县政府。

主任　谭其芳（印）

民国三十四年六月十三日

处理意见：

查照并令仁□校知照。

六月十五日

如拟。

六月二十一日

高台县政府就丰稔渠呈报小鲁渠人民折毁高橙槽事给临泽县政府的公函

1945 年 5 月 4 日　　张 3–47

高台县政府建（34）辰字第 1166 号

为据本县丰稔渠水利委员呈报“该渠高橙槽已被小鲁渠人民折毁”一案，函请查照办理，并希见覆由：

本年四月二十五日案据本县丰稔渠水利委员王敬祖、李长才等呈称“以该渠上年经水利林牧公司指派工程师，监修完竣之高橙槽（即小鲁渠渡水槽），于本年春间暗被贵县小鲁渠人民折毁，胁迫该渠修复，呈恳转请贵府令饬小鲁渠人民自行修搭，以张公道，俾维水利”等情。据此当经派员前往勘查。去后，据报“是项橙槽被折毁”等语。查该渠橙槽历年以来，每届开放春水之先，修筑一次，但春修冬折，已成积习，以故高临民众每年发生争端，往往酿成。

民国三十四年五月四日

处理意见：

拟准派员切实查明再办。

派鲁指导员前往实勘鉴报。

查小鲁渠渡水槽纯系朽坏，并非人民折毁。本□拟仍函覆迅转渠长郭瑞林□□修复，以维水利。

五月七日

临泽县政府就勘查丰稔渠呈报渡槽被毁情形给高台县政府的公函

1945 年 5 月 10 日　　张 3–47

第 507 号

准函据“丰稔渠呈报渡槽被毁情形，经查确因朽坏，仍请查照迅饬照案填修”由：

业准贵府建（34）辰字第 1166 号公函“以据丰稔渠水利委员呈报‘两渠渡槽暗被小鲁渠人民折毁，胁迫该渠修复，请转饬小鲁渠人民自行修复，以张公道□嘱查照见复’等由。当经派本府指导员鲁□切实查勘，以明真相。去后。兹据报称“入原报告”等情。查该渡槽每年□修滋□端，确属实情。上年水利工作站工程师监修以后，具有三十年不毁之坚固性。具是贵府体恤民情，永息纷争之□意。惟□查该槽所费工料情形，证诸所拨工款三万四千四百元之数，似难打到三十年不毁之可能。自小鲁渠人民对于该渠渡槽攸关，渠民秋收农弱，函为费巨，何忍睛拆毁，引起事端，贻误时机。”揆该情理，该丰稔渠委员所称各节，仍非事实。自宜报据原案，仍饬照旧火速填修。如能经由贵府会同本府派员监修□水利，而以垂永久，尤为上策。准函前由，相应据情，转请查照，即希迅饬丰稔渠负责填修，以维原案。并仰见复为荷。此致高台县政府。

县长黄

民国三十四年五月十日

白光昌等就小鲁渠与丰稔渠民因水道渡槽互讼事给临泽县政府的呈文

1945 年 4 月　　张 3-47

呈为违抗旧规妨害水利事：

缘蓼泉镇所属双泉村旧有水渠一道，名曰小鲁渠。开自明朝末年，地势甚高，自南而北。迨至清朝乾隆年间，高台县民众开辟新渠，名曰丰稔渠，自东而西。水道相交，随将本渠挖切两段，水线断绝，不能通行，当时双方舆讼不休。相争结果，伊渠民众负责与本渠挖断之处，修搭水槽一架，水道通行，各无妨碍。年年开水之前修理一次，互立水案可查。历年照案，尚无纠葛。迨至上年开水之前，该渠民众请求水利工程师改石条，下月石条镶成，上用木板搭槽，两边钉立木桩。去冬天寒，木桩被乞丐盗拔烧烤，木板离散，水不能通。该渠渠民郭瑞林借词不修，以致本渠不能浇灌。刻下开水在即，势难延缓，该渠长言词强硬，狡赖不修。查该渠长现住本县仁德村北丰稔渠庙。理合，谨将原情具文恳祈钧座电鉴作主，俯准饬警将郭瑞林传案讯夺、严令修理，以利浇溉、而维旧规。实沾恩德无涯矣。谨呈临泽县县长黄。

原呈　白光昌（印）　王维珍（印）

白奉利（印）　王兴位（印）

刘　英（印）　倪学堂（干）

被呈　郭瑞林

中华民国三十四年四月

处理意见：

建设科函知郭瑞林到府面询，再夺。

四月三十日

临泽县政府就修理丰稔渠与本县小鲁渠水道相交之渡漕事给高台县政府的代电

1945 年 5 月 5 日　　张 3-47

高台丁县长亿非兄：

贵县丰稔渠与本县小鲁渠水道相交之渡漕，例由丰稔渠负责修复。现渡漕拆毁，小鲁渠刻需放水，请饬丰稔渠长火速来县商洽。

弟黄治安（印）

民国三十四年五月五日

小鲁渠民众白奉利等就本渠与丰稔渠修搭高橙槽水利问题给临泽县政府的呈文

1945 年 5 月 2 日　　张 3-47

为呈复事查本渠与丰稔渠修搭高橙槽水利问题，民等业将原情始末呈请办理在案。惟该渠负责人诈术多端，言词荒谬，屡受欺骗，不胜枚举。详查该渠宽三丈有奇，经过本村全部当初开挖之时，共计挖坏民等良田二百余亩。该渠两岸亦皆为民等良田，每年挖渠渠夫践踏田苗在二十亩左右。此皆民等深受而痛忍之者，所受之害，实难罄述。如去年五月间，该渠水势汹涌，将渠岸冲毁，淹没民等田苗五十余亩。此皆过去实情，而该渠负责人郭瑞林，将挖断水道之橙槽，狡赖不修理，与理何通？惟该渠开水业已旬日，本渠立待浇灌，民等焦急万分。只得具文恳钧座电鉴，俯准严饬郭瑞林克日修搭水槽。实沾恩德再造矣。谨呈临泽县政府县长黄。

原呈小鲁渠民众　白奉利（印）　刘　英（印）

王兴位（印）　王维珍（印）

白光昌（印）　倪尚德（印）

民国三十四年五月二日

处理意见：

拟派警传郭瑞林来府商办。

五月三日

电高台县政府，速令渠首郭瑞林，负责修复涵槽。

五月四日

鲁璠就小鲁渠高橙槽破坏高台丰稳渠不修事给高台县政府的报告

1945 年 5 月 8 日　　张 3–47

报告：

窃职于本月七日奉钧座交查“小鲁渠高橙槽破坏、高台丰稳渠不修”一案等因。遵即于七日下午前往该渠，会同当地保甲长及有关民众勘查。兹将经过情形分呈于后：

甲、调查经过情形

一、查小鲁渠高橙槽之修搭，按照渠存有乾隆八年四月初一日古碑，内载小鲁渠高地坡在早，而高台县丰稳渠开渠在迟。当时开挖冀高地坡，户民互定合同，注明丰稳渠自备木料，负责每年在清明前搭修一次。并随时派夫两名巡修。(合同被失)

二、查询小鲁渠年老人称“丰稳渠原日所搭橙槽处，渠身宽八尺、深一丈二尺，高橙槽身长一丈二尺，流水深四尺五寸，宽四尺五寸，两头用一丈五尺高、一尺二寸大木柱四个，做为木架。并在橙槽两侧，架设一尺宽之木板，以供行人走道。”现在丰稳渠身宽一丈八尺，渠底至橙槽底一丈六尺，所搭橙槽身长两丈、宽四尺、深三尺二寸，木架仅用方圆三寸大木料□做。利用旧有三寸厚木板改做橙槽，既不妥当，又不坚固。

三、所谓高台丰稳渠，上年五月间经工程师用石条建修，具有三十年不毁之坚固性。查该橙槽虽经工程师用石条包修码头石墩，而内中仍用土筏填装。尤其码头石墩常在水中淹没，完全为保护该渠，而高橙槽左右仍用土筏填镶。每年冬春水退沟涸，土筏干燥，所建工程容易破坏，所称若何坚固，并非事实。

四、查该橙槽两边码头纯系土筏修筑。自冬至春，往来行人多，将土筏踏碎，因而木架露出，易于坏塌。并非使水户民有意破坏。

五、查该橙槽使水户民仅有二十家，灌田计三百零数亩，地势北高南低（橙槽在南）。目前户民用水在即，亟待修筑，以利灌溉，若再延缓，则影响秋收不小。

乙、实施办法

一、该水橙槽工程修筑简陋，遂致容易破坏。拟仍函高台丰稔渠，按照约定旧规，刻速派夫补修，以免户民受旱，而维原案。

二、丰稔渠身即经改宽，应将水槽亦同时改宽，方为合适。拟函请“由该渠负责，按照渠身宽度，从新修搭二丈六尺长之橙槽，以两端镶入沟内，方能坚固。”木槽深度四尺五寸、宽四尺二寸，两旁宜用石条筑成，木槽板应做五寸厚、一尺五寸宽，阴阳合缝做成，以免漏水。木架宜用五寸大木料做成，并用铁钉钉牢，以求坚固耐久。橙槽两侧做一尺宽行人走木两块，以利交通。

三、原函所谓上年度经工程师监修，已呈“报省府备案”等语。查既经呈报省府，但此此案有关本县水利，并未函本府备查，况橙槽码头两边，纯用土筏修筑，并非永久工程。应由丰稔渠每年开水前照例修竣，以息讼端。

四、高台县政府来函，□谓“曾派员勘查，该橙槽系使水户民自行拆毁”等。经职切实调查，并非事实。右项理合，报告钧座鉴核。谨呈县长黄。

职　鲁播呈（印）

民国三十四年五月八日于办公厅

处理意见：

速据情转函高台县政府，饬该渠员□填修，免滋事端，而为原案。

五月八日

高台县政府就丰稔渠代表前往修筑小鲁渠高橙槽给临泽县政府的代电

1945 年 5 月 23 日　　张 3-47

高台县政府建（34）辰字第 1230 号

临泽黄县长治安勋鉴：

建（34）辰电嘱转饬“丰稔渠代表前往修筑小鲁渠高橙槽”一案奉悉。查此案，本府业据丰稔渠农呈报情形，于本年五月四日以建辰字第（1166）号函请查照，核办在案。准电前由，相应覆请查照，为荷。

弟丁乍能建（34）辰印

民国三十四年五月二十三日

处理意见：

存。

五月二十五日

小鲁渠民众代表就丰稔渠挖断本渠通水渠道及遵照旧案修搭橙槽事给临泽县政府的呈文

1945 年 5 月 22 日　　张 3-47

查高台县丰稔渠，当新开时，挖断本渠通水详情及遵照旧案修搭橙槽起因，民等业已将经过实情先后呈明。并蒙钧座派鲁指导员勘查，函转高台县府令饬照案搭修橙槽，以维原案各在案。迄今二十多日，该渠负责人视若罔闻，并未前来修理。目下快要闭水，本渠田苗尚未灌溉，影响秋收良非浅鲜。居民异常惊惶，民等以二十余家，居民人力单薄。该渠以八大号之众欺压弱小，深知不能与丰稔渠负责人既已不遵前案。民等迫于无法，惟有以必死决心，将挖断之处用石土填满，以便通水，是否可行？伏乞钧座鉴核示遵。谨呈临泽县县长黄。

小鲁渠渠民　白奉利（印）　倪尚德（印）　王维珍
刘　泰（印）　白光昌（押）　王兴位
倪尚兴（印）

民国三十四年五月二十二日

处理意见：

高台丰稔渠已承认修搭，仰仍停□修搭，仰即知照。

五月二十三日

抄高台县府函批示，知照。

五月二十八日

高台县政府就丰稔渠水利委员速往修搭高橙槽以维原案事给临泽县政府的公函

1945 年 5 月 18 日　　张 3-47

高台县政府建（34）辰字第 1344 号

本年五月十四日，案准贵府建（34）辰字第五零七号函“嘱迅饬丰稔渠水利委员速往修搭高橙槽，以维原案”等由。准此自应照办，除饬该渠水利委员等速即前往修搭外，相应覆请查照为荷！此致临泽县政府。

县长丁作能（印）

民国三十四年五月十八日

处理意见：

知照。

五月二十二日

拟转饬小鲁渠保长告知户民知照。

五月二十四日

临泽县政府就小鲁渠民众代表白奉利等呈请高台丰稳渠修搭高橙槽迅速修筑以利通水事给白奉利等的批示

1945 年 5 月 31 日　　张 3-47

临泽县政府 844 号

批小鲁渠民白奉利等

案准高台县政府公函批示“小鲁渠民白奉利”等仰即知照由：

本年五月二十三日，呈请“高台丰稳渠修搭高橙槽迅速修筑，以利通水”由呈悉。所称各节，正在核办间。旋据高台县政府建（34）辰字第一三四四号公函开“本年五月十四日，入原文，查照为荷”等由。准此，合亟批示该民等知照！此批。

县长黄

民国三十四年五月三十一日

小鲁渠民众代表白奉利就丰稳渠水利委员速往修搭高橙槽事给临泽县政府的呈文

1945 年 6 月 1 日　　张 3-47

呈窃民等奉钧府批示内开“呈悉所称各节正在核办间，旋据高台县府建（34）辰字第一三四四号函开‘本年五月十四日案准贵府建辰字第五〇七号，嘱迅饬丰稳渠水利委员速往修搭高橙槽，以维原案’等由。准此自应照办，除饬‘该渠水利委员等速即前往修搭外，覆请查照为荷’等由。准此，合亟批示该民等知照”等因。奉此，查丰稳渠始终未将挖断橙槽修搭，水不通行。民等田苗大多旱枯，本年秋收大为失望。将后田赋，如何完纳，民等异常惊惶。目下渠口闭水已过六日，该渠以八犬号之众，依势抗违不理，实属目无法纪。民等人力单薄，无法设施。只得再恳钧座电鉴，怜念下民，准予将该渠负责人郭瑞林传案（郭瑞林常在人德村北丰稳渠庙）强迫修搭，以维原案。不胜馨香，祈祷待命之至。谨呈临泽县县长黄。

小鲁渠民众　白奉利（印）　倪尚德（印）

刘　泰（印）　白光昌（印）

刘　英（印）　王兴位（印）

民国三十四年六月一日

临泽县政府就速催丰稳渠修搭高橙槽事给武威专员呈文

1945 年 6 月 6 日　　张 3-47

临泽县政府二（34）辰 972 号

电复“本县水利情形，其它各渠尚无问题，惟小鲁渠所建渡槽已毁，时起纠纷”请鉴核由：

武威专员兼司令王钧鉴：案奉钧署二（34）辰字第□□号文代电“附抄发甘肃水

利林牧公司二十三年度，河西旧渠临时修理工程，工竣放水概况表及承办甘肃省河西农田水利工程，三十三年度各渠站全年工作汇编总报告。饬□查实际情形具报备核”等因。奉此，查表列其他各渠刻下尚无大问题，惟小鲁渠所建渡槽现已毁坏不堪，水道阻碍小鲁渠民大有受旱之虑。是槽按旧规，应由高台丰稔渠民修搭，该渠民众经工程人员代修之后借词延缓。因之纠纷时期，迄未解决，除函请高台县府转饬速建修外。理合，电覆鉴核。

临泽县长黄建（34）巳□（印）

民国三十四年六月六日

小鲁渠民众代表白奉利等就丰稔渠修搭高橙槽及以后愿负保护责任事给临泽县政府的呈文

1945 年 6 月 12 日　　张 3–47

查小鲁渠修搭高橙槽问题，蒙钧座于本月八日亲往勘查，并当面词示“以后保护责任，由民等负担。补修费款向水利工程站请领，所用人力，仍由丰稔渠担负”等情。民等异常钦服，惟该渠民众诈术多端，智谋过人，借词永远脱离关系，便是惟一企图。民等即一着手便难解脱，现时该槽费力不多，即能通水。惟恳不久几年，木板朽坏，以民等人力单薄不能负担得起，恳祈钧座电鉴，令该渠出力修补，以后保护责任民等愿负。曷胜迫切待命之至。谨呈临泽县县长黄。

小鲁渠民　白奉利（印）　刘　英（印）

倪尚德（印）　白光昌（印）

王兴位（印）　刘　泰（印）

民国三十四年六月十二日

处理意见：

以后问题，业由河西水利专员崔崇桂决定办法，请示。

六月十二日

呈请省府核办。

六月十三日

临泽县建设科就小鲁渠高渡槽修筑及以后保护事给临泽县政府的公函

1945 年 6 月 9 日　　张 3–47

小鲁渠高渡槽损坏部分，由水利林牧公司张掖工作站修复。布告该渠附件，居民加意保护。

令小鲁民刘万贵、白鹤年、白顺利负责保护该渠高渡槽。

建设科（印）

民国三十四年六月九日

临泽县政府就损坏渡槽由张掖工作站修复及今后加意保护事给小鲁渠的布告

1945 年 6 月 9 日　　张 3–47

临泽县政府建（34）巳字第 1078 号

为布告小鲁渠居民高渡槽已由水利林牧公司修复，今后应加意保护由：

查小鲁渠高渡槽损坏部，本县长业已会同河西水利专员崔崇桂、张掖水利工作站谭主任亲莅该地查勘，损坏部分由张掖工作站修复。合照布告该渠附件，居民今后应加意保护。如查有任意损坏情事发生，定予严办不贷。仰各民遵。

县长黄

民国三十四年六月九日

临泽县政府就勘查曹夹滩搭渡漕跨越丰稳渠事给蓼泉镇仁德保国民学校的训令

1945 年 6 月 21 日　　张 3–47

临泽县政府□（34）巳字第 1153 号

准函勘查曹夹滩搭渡漕跨越丰稳渠意见仰知照由：

令蓼泉镇仁德保国民学校：

案准甘肃水利牧公司张掖工作站，（□）张字第 229 号函开，入原文，等由。准此合行，令仰该校知照。此令。

县长黄

秘书文（代行）

民国三十四年六月二十一日

临泽县政府就小鲁渠民等负责保护高渡槽事给小鲁渠民刘英等的训令

1945 年 6 月 13 日　　张 3–47

临泽县政府建（34）巳字第 1077 号

令仰该民等负责保护小鲁渠高渡槽由：

令小鲁渠民刘英、白奉利、白光昌、王兴位：

查小鲁渠高渡槽之破坏，业由本县长会同河西水利专员崔崇桂、张掖水利工作站谭主任亲莅该地查勘，张掖工作站修复。仰该民等今后负责保护，免使再有损坏为要。此令。

县长黄

民国三十四年六月十三日

临泽县政府就修筑小鲁渠高渡槽及今后保护事给甘肃省政府的代电

1945 年 7 月 4 日　　张 3–47

临泽县政府建（34）午字第 1276 号

□□甘肃省政府主席谷钧鉴

电复查为小鲁渠高渡槽情形呈报由：

案奉钧府建二水（34）巳字第 3941 号训令“饬查高台丰稔渠之高渡槽拆毁情形，具报凭核”等因。奉此遵查此案，本年六月八日县长，会同张掖水利工作站谭主任、河西水利崔专员前往详查，石料坚固□，旧槽板完整如初，惟上部木板朽坏四块，立柱插销多缺一根。经勘查后，张掖水利工作站补拨工程费一万元，嘱本府代买木板、铁钉补修”等由前来。当即派本府建设科长赵文□，代雇人工木料兴修。已于七月三日修复原状，除函复并布告附近居民加意保护外，理合将查办情形电覆鉴核。

临泽县长黄建（34）午（印）

民国三十四年七月四日

临泽县政府代修高渡槽事给甘肃水利林牧公司张掖工作站的代电

1945 年 7 月 5 日　　张 3–47

临泽县政府建（34）午字第 1275 号

甘肃水利林牧公司张掖工作站公鉴

电复“代修高渡槽情形”请查照由：

案准贵站 34 张字第二三〇号公函“嘱代买立柱、插销各二根，铁钉五斤，人行板三块，横梁二根，修复小鲁渠高渡槽。并修复费一万元希整份□□”等由。准此修复费如数收讫，当即派本府建设科长赵文□代雇木工□、买铁钉、木料。已于七月三日修复，并令附近居民加意保护。相应复请查照，并希派员查验为荷。

县长黄建（34）午（印）

民国三十四年七月五日

临泽县政府就高台丰稔渠、临泽小鲁渠高渡槽水利纠纷解决办法事给临泽县参议会等的公函

1945 年 9 月 5 日　　张 3–47

临泽县政府建（34）申字第 1932 号

为奉省府电转饬“遵办高台丰稔渠、临泽小鲁渠高渡槽水利纠纷解决办法”一案，函请查照由：

案奉甘肃省政府建二水字第 5628 号灰代电“为据水利专员崔崇桂（代电略）称‘为

防止临泽小鲁渠跨渡高台丰稳渠渡槽纠纷’一案。特提供意见五项，转饬遵办’”等因。遵查原案第五项“由临高两县民意机关及党团机关，各劝本县人民应以共存共荣精神，合作互助，不得再有仇视态度”极合理。除分函外，相应函请贵会、部、处查照为荷。此致临泽县参议会□□□。

县长黄

民国三十四年九月五日

临泽县政府就转办小鲁渠渡槽防止纠纷事给甘肃省政府的代电

1945 年 9 月 1 日　　张 3–47

临泽县政府建（34）申字第 1931 号

甘肃省政府主席谷钧鉴

为电覆“转办小鲁渠渡槽防止纠纷”一案，谨电核备由：

建二水未字第 5628 号灰代电奉悉。除该橙槽朽坏部分，收到张掖水利工作站一万元，已饬赵科长文□经手修复外。遵即依照提供意见，布告小鲁渠受益农民遵照，并分照县参会及党团查照。兹奉前因，理合将办理情形谨电核备。

临泽县县长黄建（34）申（印）

民国三十四年九月一日

处理意见：

橙槽修复情形，已于七月八日呈报。

治安

九月五日

临泽县政府就修筑小鲁渠损坏渡槽解决两县纠纷的意见给小鲁渠人民的布告

1945 年 9 月 6 日　　张 3–47

临泽县政府未字第 1933 号

案奉甘肃省政府建二水未字第 5628 号灰代电节开“案据本府水利专员崔崇桂本年七月七日虞代电称‘临泽县小鲁渠，跨越高台丰稳渠高渡，每年修理由高台丰稳渠代修。年代久远，弊窦丛生。此次橙槽损坏，水利林牧公司张掖工作站为防止今后两县纠纷，兹就实际情形，提供意见：（一）此次修复后，约可保固三年，三年后由钧府饬水利林牧公司转令张掖水利工作站将槽底、槽梆一律改为石质，以资经久；（二）渡槽看管由小鲁渠受益农户负责，其有故图破坏者，看管人得送请临泽县府惩办；（三）三年内木渡槽若有损坏，修理情事由小鲁渠备料、丰稳渠备工，以尽其各尽之义务；（四）渠槽宽深各度均以现有度数为准，不得意为变动，以享其各享之权利’等情。经核所拟该渠水利纠纷意见，尚属可行，应即施行，除分电外，仰遵照办理具报”等因。奉此，除遵照并分函外，合亟布告该渠民众一体周知。此布。

县长黄

民国三十四年九月六日

处理意见：

实贴小鲁渠勿损。

九月六日

高台县政府就省府核定处理小鲁渠渡槽纠纷代电一份给临泽县政府的公函

1946 年 5 月 30 日　　张 3–47

高台县政府建（35）辰字第 651 号

函送省府核定处理小鲁渠渡槽纠纷代电一份请查照办理由：

查本县丰稔渠农户代表高成秀等呈诉“小鲁渠农户白丰利等破坏渡槽，希图恢复废弊，妨害水利”等情一案。本府业于五月十七日以建（35）辰字第五八一号辰条代电，转请查照在案。兹为谋澈底解除双方纠葛起见，合将三十四年八月二十八日案奉甘肃省政府建二水（34）未字第五六二八号未灰代电照抄一份，随函寄。请查收。并希依照规定严格执行，以维水利，至纫公谊。此致临泽县政府。

附寄：照抄代电一份。

县长　冯周人

民国三十五年五月三十日

处理意见：

查照办理，附件妥存。

转饬小鲁渠渠长遵照实行。

六月六日

高台县政府就修筑小鲁渠渡槽以决两县人民争端事给临泽县政府的代电

1946 年 5 月 20 日　　张 3–47

高台县政府建（35）辰字第 511 号

临泽县政府钟县长天石勋鉴：

本月十三日，案据本县丰稔渠农户代表高成秀、李长财、权玉廷、王敬祖等呈称“以贵治小鲁渠户民白丰利、白光昌、刘英、倪尚信、王兴位等希图恢复积弊，又将上年经省府水利专员崔崇桂，会同张掖水利工作站谭主任其芳及黄县长等监修完竣之高橙槽（即小鲁渠渡水槽），故意破坏。并将该渠负责人员呈控贵府，要求勒令帮工出钱。旋将渠长张登禄羁押多日，令其具结，恢复前例。似此无端仇视，借故蹂躏，恳请核办”等情。据此查该渠渡槽，过去每届开放春水之前，照例修筑一次。春修冬折，形成积弊。洊至高临两县人民，互相仇视，屡起纷争，往往酿成灾害。迨至三十三年，本府有见于弊害丛生，曾经商洽张掖水利工作站筹拨工款，并派工程师监修竣事，其工程巩固据云具有三十年不毁之坚久性。但事未经年，该渠渡槽又被破坏。呈请贵府勒令丰稔渠修复，而丰稔渠人民以事属人害，抗不修理。至六月间，经省府水利专员崔崇桂，会同张掖水利工作站主任谭其芳及贵县黄县长、正副议长等勘查后，由张掖工作站拨款一万元，责成小鲁渠受益农户修复，并由崔专员参酌实际情形。拟具保护办法，呈奉省府建二水（34）未字第五六七八号灰代电“核准分饬遵守”在案。兹据前情，相应电请查照，至希严饬小鲁渠人民遵照核定办法，切实保护，以免发生枝节，俾维水利，实纫公谊。

弟冯周人建（35）辰□印

民国三十四年五月二一日

处理意见：

会同冯县长实地勘查后再行决定。

五月二十六日

临泽县政府就小鲁渠民众白光昌等呈为橙槽腐朽请饬丰稔渠负责修理事给高台县政府的公函

1947年7月8日　　张3-47

临泽县政府建（36）午字第0240号

奉省令以据小鲁渠民众白光昌等呈“为橙槽腐朽请饬丰稔渠负责修理”一案，函请查照为理见复由：

案奉甘肃省政府建水（36）巳字第（4012）号训令，入原文，等因。奉此，相应照抄原呈一件。函请贵府查照办理见覆为荷。此致高台县政府。

县长杨

民国三十六年七月八日

临泽县政府就小鲁渠与丰稔渠就修筑渡槽纠纷事给高台县政府的代电

1948年4月17日　　张3-47

临泽县政府三（37）卯字第〇一〇一号

高台县政府公鉴：

案据本县小鲁渠民众白光昌等八人呈称，入原呈，等情。据此相应电请贵县转饬该渠负责人补修，并见覆为荷。

临泽县政府三（37）卯筱印

县长（印）

民国三十四年四月十二日

小鲁渠民众刘泰等就令丰稳渠修理高橙槽以维水利老案事给临泽县政府的呈文

1948 年 4 月　　张 3–47

呈为呈请函转高台县政府转令丰稳渠修理高橙槽以维水利老案事：

查县属小鲁渠，开自明朝万历年间，由南而北，渠行最高。至康熙年间有高台县人民新开渠一道，名曰丰稳渠，自东至西。经过本村水道相交之处，将小鲁渠渠身挖切两段，不能通水。当时双方舆讼数年不休，经官订立水利老案。由该渠在挖断之处修搭通水橙槽一座，名曰“高橙槽”。上用木板作成，沙毡铺底，黄蜡灌缝，下用土筏木棍压垫。每年开水之前，由该渠自行修搭，至冬闭水后，由该渠将木板拆取，以防乞丐攀偷。双方同意商订水利老案，嗣后历年照案，尚无异议。迄至三十三年夏，由该渠会同水利工程师将橙槽下部用石条修成，上部仍用旧木板作就，两岸码头皆用土筏凑成，该渠自以为再不修理。迨至去年，两岸码头倾颓，木板腐朽，不能通水。民等一再呈请省政府令饬补修，转奉指令以各遵成案办理。现值春修时期，恳祈钧座鉴核，函转高台县政府，令饬该渠负责人遵照水利老案，即予补修，以重水利老案。谨呈临泽县县长杨。

小鲁渠民众　刘　泰（印）　刘　英（印）
白光昌（印）　倪尚兴（印）
王兴位（印）　倪尚德（印）
白奉祯（印）　刘孝先（印）
中华民国三十七年四月

处理意见：

函转高台县府饬令该渠负责人补修，并见覆。

四月八日

高台县政府就丰稳渠负责人补修高橙槽以维水利事给临泽县政府的公函

1948 年 5 月 7 日　　张 3–47

高台县政府三（37）辰字第 1166 号

临泽县政府

为函复转饬丰稳渠负责人补修高橙槽以维水利一案希查照由：

一、本年四月二十九日三（37）第〇一〇一号卯筱代电嘱转饬本县丰稳渠负责人修理高橙槽一案；

二、已令饬该渠水利人员遵办具报；

三、覆请查照。

县长　冯周人

民国三十七年五月七日

处理意见：

转知小鲁渠民众白光昌等知照。

五月十四日

临泽县政府就转知小鲁渠高橙槽顷准高台县政府函已转饬丰稔渠补修事给小鲁渠民众白光昌等的通知

1948 年 5 月 28 日　　张 3–47

临泽县政府三（37）辰字第 0554 号

为“转知小鲁渠高橙槽，顷准高台县政府函已转饬丰稔渠补修”仰知照由：

案查前据民等呈请“转函高台县政府，令饬‘该县丰稔渠负责人补修高橙槽’一案。顷准，该县函覆已令饬该渠水利人员遵办，覆请查照”等由到府，合行通知该民等知照。右通知蓼泉镇小鲁渠民众白光昌等。

县长汤

民国三十七年五月二十八日

临泽县昭武乡长就昭武乡民众代表田发丰等请补修渠道事给临泽县长的呈文

1946 年 4 月 22 日　　张 4–59

案据昭武乡正德保民田发丰等十二人呈请补修渠道一案，查该下流渠道经过沙漠，每逢流水一轮，必须挑沟一次。经年受旱，固属实情，补修渠道，亦为积极工作，但所请是否妨害上号水利，似应派员详查，后再行核夺，究应如何办理，伏乞钧裁。谨呈县长钟。

职　张榆选

临泽县昭武乡民众代表田发丰等就请补修渠道事给临泽县县长的呈文

1946 年 4 月 15 日　　张 4–59

为呈请补修渠道以利灌溉祈请鉴核备查事：

窃民等世居九眼渠务农为生，而本渠分为四号九沟之名，民等地处下流，历年受干旱。尤加现实负担太重，民等若不自图改进，恐人民将有流离失所之虞。民等自原有油房坡之沟狭窄、水道淤塞，特有本沟户民齐集商议深挖宽挑，毫无妨害他沟水利地亩之弊，但恐有少数土劣出而阻挠，理合具文呈请钧府电鉴俯准做主，并祈派员监修，以防不测而利灌溉。祗候示遵，实沾恩德两便。谨呈临泽县政府县长钟。

昭武乡正德保户民　田发丰　王学义　李登举
曹懋经　郭盈仓　何宗礼
曹常经　张正昇　曹天生
蒋万金　李椿荣　牛德仁
中华民国三十五年四月

处理意见：

建设科核办。

定宁渠民代表黄登典等为偷灌渠水妨害民生事给高台县政府的呈文

1947 年　　　张 2-402

电鉴轸念民艰，准予传讯、严加惩办、以儆效尤。并惩判令赔偿损失，俾重水利而维民生事：

窃□敝渠绵亘三十余里，经过柔远、常明两乡，所辖数保境界。在敝渠渠面搭有彼保□水□□□多，其他不妨碍渠水畅流。□□论性有常明乡属站北保交纳新□，民众王三华等，在敝渠渠面搭有过水□□□□架设之时，伊等即蓄就偷灌敝渠水之心。遂将□□搭低，紧靠水甚至碍水畅流，并多开口，缝冀其渠之水，能流入伊之□□。往年伊等反常，浇渠水□水分充足，不感秋水困难，故不以为然，□混□之□意。本年□□亢旱，渠水缺乏，本保田地被旱，转水远数百余□。本月初四五日，该伊即偷灌敝渠之水。因挨该伊之轮水，其漕内流有伊应使转开渠之水，本渠之水由口□灌入混合流行。本□夫名，曾经察觉，以伊锥偷灌敝渠之水，而沟内又流有伊使之轮水，而相狡赖未曾搗□。岂知该王三华偷灌敝渠之水，督以为常□，转告该伊轮水以过。□□水利例干沟湿轮轮水□过沟而无水，该□□将敝渠之水偷从□□口缝内流入浇灌伊之田地。本保民众见其渠水骤小，即刻派夫沿渠巡视及至伊之□□口。该王三华尚复，不经意将敝渠之水偷灌过伊地，公私有序。其他偷浇□尚未查出，□往与伊□水规理论。熟料该伊□□地方恶棍欺抗不理，伏思水乃人民命脉，本保田地尚多被旱。兹该伊竟敢利己害人，偷灌敝渠之水，良仁何在。理法□宕，且因该伊偷灌敝渠之水，致本保田地□军□尚多。目下受旱人民属此一发千钧之际，实难坐待，其□是以不□冒昧。具文呈请钧座，轸念民艰、准予传讯、严加惩办、以儆效尤，并惩判令赔偿损失。俾重水利而维民生。如蒙俯允，则本保民众均沾感鸿恩再造矣。谨呈孙长鸿。

原呈定宁渠民代表　黄登典　王立校　王□统
王丕业　张万秀　王敦勤
姜义新　王立宝　张王贺
郭长泰　刘培孝　孙延北
被呈人　王三华
民国三十六年

高台县政府就依照各渠水利成规强制执行以增生产而重军粮民食事给常明乡公所的训令及原呈一件

1947 年 4 月 11 日　　　张 2-402

建（36）卯字第 212 号

令常明乡公所：

本年三月二十四日案准：本县参议会高参秘（33）寅字第四九号函“送首届第六次大会提议‘依照各渠水利成规，强制执行，以增生产而重军粮民食’一案。祝认真执行，以儆效尤而准水利”等由。附送提案一份。准此自应认真办理，除在城市通衢及各乡，希告周知并呈报备案外，合行抄录原案，随令附发。仰该乡遵照，迅即转所属各渠负责人员，一体凛遵。切。

此令。

附发原提案一件。

函请县政府依照各渠水利成规强制执行以增生产而重军粮民食：

查本县各渠水利成规，自明末清初由政府征询地方水利老、农、绅、耆等意见，多方研究订完成规。迄今历数百年共用，遵守从未变更。近年以来各渠有狡黠不肖分子，希图自私自利，破坏水利城规。折扣修渠，夫名者有之逃避。应负责任者亦有之，□不履行关检水利，本身应尽义务者更有之。似此妨害水利，有碍农田收益。况民国二十二年中央规定地方自治指导纲领，中关检自治事项，亦列举典办或改良水利一项，后又在各省成立水利林牧公司，各县设置水利工作站，专办水利。最近政府在建设西北计划中，迹以水利为第一，足证政府注重水利。但新水规未经成立以前，仍请维持原有水利成规，以免农田受旱影响军粮民食。

民国三十六年四月十一日

处理意见：

函请县政府依照各渠原有成规，认真执行，以儆□□而重水利。

四月十二日

常明乡定安保保长等就常明乡站南保民赵延瑞等将水引入该渠冲破沟岸淹没道路事给高台县政府的呈文

1947 年 9 月　　　张 2-402

呈为呈报事：

窃查常明乡站南保长赵延瑞等，将该渠渠水流入本渠，冲破沟岸流入定平保。保长张乐善，该渠水拉破水洞子，灌溉小渠，淹没大路。敝村近几日来奉令保护县道大路，不料昨日天降大雨，猛然敝渠之水高涨，流入小沟，将堡子周围灌溉淹没大路成为水患之灾，路道阻碍，东西来往车马、行人交通运输更加不便。累催该保置之不理，以致敝村受累不浅，无法保护道路，只得具文呈请。钧座鉴核备查，俯准令饬站南、定平两保保长，塞闭洞口，以免敝村受累。实为公便。

原呈人常明乡定安、定宁保保长　张万秀　王立宝　李国元

被呈人常明乡站南、定平保保长　赵延瑞　张乐善

民国三十六年九月

处理意见：

准予令饬站南、定平二保□□闲调。

六月十日

高台县政府就站家渠水利负责人员挖豁渠尾以免积水漫淹田路事给常明乡公所的指令

1948 年 3 月 15 日　　　张 2-416

三（37）寅字第 567 号

令常明乡公所：

本月十日呈一件，转请令饬“站家渠水利负责人员，挖豁渠尾，以免积水漫淹田路，请鉴核由”呈悉。应准照办，除饬站家渠水利渠长朱建浩于本年查修水渠时切实督导修浚外。仰即知照。

此令。

县长　冯周人

民国三十七年三月十五日

处理意见：

知照。

三月二十五日

临泽县政府就何永源等六人冒充代表滥用公权请传案讯究并撤销成议事给昭武乡九眼渠民众祁天锡等三十六人的批示

1948 年 11 月 29 日　　张 3-125

临泽县政府戊字第 1308 号

据呈“何永源等六人冒充代表滥用公权请传案讯究并撤销成议”一案仰转照由：

昭武乡九眼渠民众代表祁天锡等三十六人：

1. 十一月十七日呈悉。
2. 查本案，系奉命执行省府决定，并经会议通过。
3. 仰即体念国父民生主义之博爱精神，捐除己见遵照勿违。

县长袁

县长代（印）

民国三十七年十一月二十五日

临泽县政府就解决该渠与九眼渠五眼渠水利纠纷事给昭武乡九眼渠五眼两渠水利办事处的训令

1948 年 12 月 4 日　　张 3-125

临泽县政府亥字第 1332 号

为令知解决该渠水利纠纷情形由

昭武乡九五眼两渠水利办事处（分别缮列）：

1. 查“关于解决该渠与九、五眼渠水利纠纷情形”一案，经呈奉甘肃省政府十一月十九日水三（37）戌字第（3442）号指令开，入原文。

2. 除分令九五眼渠外。

3. 仰即知照。

县长　袁

县长代（印）

民国三十七年十二月三日

职员尹书元就十一月一日召开的九眼渠五眼渠均水会议及水利纠纷决议给临泽县县长袁第锐的呈文

1948 年 12 月 6 日　　张 3-125

1. 查十一月一日召开之九、五眼渠均水会议，当会通过之均水议定书共有七项。所有各该渠代表均已签名接受，除分令九五眼渠水利办事处知照，并报省府备查在案。

2. 顷奉省府十一月十九日水三（37）戌字第三四四二号指令尾开“本府核定六项办法，亟应同时进行，不应分期办理，尤以一、二、三、五项为先要”等因。业于十二月四日以三（37）亥字第一三三二号训令饬遵照。

3. 至该民等所称“兹经决议该渠即日掏挖泉源，改修渠道及柳家闸。该渠各工程完整系再挑新渠业经记录在案□□□□[①]”等语，纯系自引虚构控选，实与会议记录不符。

4. 该民所称“传案严究，以准原议”一节，碍难办理。

5. 五眼渠新开浇水渠线工程是否开工？拟令五眼渠水利办事处呈报，以便派员监督办理。

6. 拟批示九眼渠民众，对五眼渠兴工事宜勿得阻挠，否则以违抗省府命令严办。

---

① 编者按：此处原文档漫漶，不可识。

7. 兹检呈原卷一份，请鉴核。

谨呈县长袁。

职　尹书元（印）

民国三十七年十二月六日

处理意见：

如拟。

十二月七日

昭武乡九眼渠民众祁天锡等三十六人就本渠与五眼渠水利纠纷事给临泽县政府的呈文

1948 年 12 月　　张 3-125

呈为不遵会议，依势强行，恳请传究事：

查“本渠与五眼渠水利纠纷”一案，前经县府召开解决会议，遵照省府核准六项办法施行。兹经决议，该渠即日掏挖泉源改修渠道及柳家闸。该渠各工程完整后，再挑新渠业经记录在案。而该渠代表樊集凤等，不遵会议依势逞强，将该渠泉源各工程，均未举动直行率夫挑渠，篾视会议，欺压本渠。诚恳钧座传案严究，以维原议，而息争端是感。谨呈临泽县政府县长袁。

九眼渠代表　何永源（印）　祁天锡（印）　祁居正（印）

王学义（印）　郭盈仓（印）　祁天舜

李椿荣（印）　田发丰（印）　张正升（印）

李应霭（印）　李应虎（印）　祁利德（印）

曹懋经（印）　曹常经（印）　祁殷林（印）

田士英（印）　田树有（印）　田发盛（印）

刘天理（印）　牛文林（印）　庄文彩（印）

祁宗义（印）　柳兆丰（印）　蒋万金（印）

祁令德（印）　田树庭（印）　王育彬（印）

庄玉中（印）　祁九德（印）　李登举（印）

张九臣（印）　柳兆盛（印）

民国三十七十二月

处理意见：

关于九、五眼渠均水事宜，顷奉省府水三（37）戌字第三四四二号指令“应同时进行，不应分期办理”。该民等所呈各节，碍难办理，并仰对五眼渠兴工事宜勿得阻挠，否则以违抗省府命令严处。拟批示知照。

十二月六日

临泽县政府就五眼渠不遵会议依势强行恳乞传究事给昭武乡九眼渠民众田士英等的批示

1948 年 12 月 10 日　　张 3-125

临泽县政府亥字第 1364 号

昭武乡九眼渠民众田士英等

据报“五眼渠不遵会议依势强行恳乞传究”一案仰知照由：

1. 十二月三日呈悉。

2. 查十一月一日召开之九、五眼渠均水会议，当会通过之均水议定书，共有七项。所有各该渠代表均已签名同意，除分令九、五眼渠水利办事处，知照外，并报省府备查在案。

3. 顷奉省府十一月十九日水三（37）戌字第三四四二号指令尾开“本府核定六项办法，亟应同时进行，不应分期办理，尤以一、二、三、五项为先要”等因。业于十二月四日以三（37）亥字第一三三二号训令，分别令饬该渠遵照在案。

4. 兹据该民等呈称“经会决议五眼渠即日掏挖泉源，改修渠道。俟该渠各工程完整后，再挑新渠，业经记录在卷”等语。纯系自行虚构控选，实与会议记录不符。所请传案严究，以维原议一节，碍难办理。

5. 仰□遵政府命令，对五眼渠新开渠道兴工事宜，勿再阻挠，否则以违抗政府命令严办。

县长袁（印）

民国三十七年十二月十日

五眼渠民众代表李祯荣等就请钧府派员监视指导开掘渠道以免发生纠纷事给临泽县政府的呈文

1948 年 12 月 10 日　　张 3-125

为约就定期开掘渠道，恳请钧府派员监视指导，以免发生纠纷事：

情因五眼渠与九眼渠水利纠纷一案，于十一月一日已蒙县长，会同王视察，并全县水利委员会及九、五两渠民众代表，召开水利会议。当会议决“该九眼渠之水，每十日之内给民渠灌溉两天”，到会委员及两渠代表俱各签名，双方情愿”等语及解决办法，业已记录在案。复蒙钧座函达水利工程处，前来勘验水道，测定渠线早已竣工。民等全保酌议定于本月十五日意欲兴工开掘，俯思民力薄微，诚恐发生意外。理合，具文呈请县长电鉴作主，俯准派员监视开渠，以免再生纠纷。实沾德便。谨呈临泽县县长袁。

呈恳人五眼渠民众代表　李祯荣（印）　熊华国（印）　樊集凤（印）　李国正（印）
王家齐（印）　朱培鸿（印）　张　荣（印）　田树国（印）

民国三十七年十二月十日

处理意见：

派尹科长前往，应□五眼渠改修工程同时开工，否则不予批准。

十二月十一日

临泽县政府就派员监视开掘新渠事给昭武乡民众代表樊集凤等的批示

1948 年 12 月 13 日　　张 3-125

临泽县政府亥字第 137 号

昭武乡五眼渠民众代表樊集凤、熊华国等：

1. 十二月十日呈悉。

2. 查五眼渠各项工作，前奉省府十一月十九日水三（37）戌字第三四四二号指令尾开“本府核定六项办法亟应同时进行，不应分期办理，尤以一、二、三、五项为先要”等因。业于十二月四日以三（37）亥字第一三三二号训令饬该渠遵照在案。

3. 兹据该民等报称“定于本月十五日兴工挖掘新渠，而对该渠本身各项改修工程，并未同时开工进行，实与省令违背。所请派员监视”一节，未便照准。

4. 仰恪遵省令规定，对五眼渠各项改修工程定期同时开工，并另案呈报，以便派员前往监督办理。否倘发生其他枝节，由该民等自行负责。

县长（印）

民国三十七年十二月十三日

处理意见（批眉）：

最速件。

十二月十三日

此件拟派专差送达该渠。

第锐

十二月十三日

临泽县政府就九五眼渠水利工程办理情形给甘肃省第六区的公函

1948 年 12 月 14 日　　张 3-125

临泽县政府亥字第□□号

甘肃省第六区专员、公署专员张

为呈覆奉省府指示对九五眼渠水利工程办理情形请核备由：

1. 钧署十二月四日武二水亥字第四三二八号代电奉悉。

2. 查本案前奉省府十一月十九日水三（37）戌字第三四四二号指令，业于十二月四日以三（37）亥字第一三三二号训令，分别转饬九五眼渠水利办事处，切实遵办在案。

3. 兹奉前电，除再严饬各该渠负责人恪遵指示，对各项工程定期同时兴工，报由本府派员督促办理。并拟届时由县长亲往参加。

4. 请鉴核备查。

县长（印）

民国三十七年十二月十四日

临泽县政府就九眼渠恪遵省府指示办理勿再烦渎给昭武乡九眼渠水利办事处的训令

1948 年 12 月 14 日　　张 3-125

临泽县政府亥字第 1475 号

昭武乡九眼渠水利办事处

为令饬该渠恪遵省府指示办理勿再烦渎仰遵照由：

1. 查关于九五眼渠水利纠纷解决办法及省府指示各点，迭经本府令饬遵照在案。兹复奉甘肃省第六区专员公署武二水（37）亥字第四三二八号代电“以该渠代表曹懋经、祁天锡、何永源等对本案递呈持有异议，已驳斥在案”等因。

2. 查该渠负责人等不能深明大义，不遵政府命令，屡持异议。殊属顽固愚昧，应予申斥。倘再烦渎，即以阻挠水利，危害民生，依法严办。

3. 仰遵照，并晓谕全渠各户民知照。

县长袁（印）

民国三十七年十二月十四日

临泽县政府就前往该乡第六保视察九五眼渠均水新渠口事给昭武乡公所的训令

1948 年 12 月 22 日　　张 3-125

临泽县政府亥字第 1495 号

昭武乡公所：

1. 本县长定于本月二十七日，前往该乡第六保视察九五眼渠均水新渠口。仰该乡长通知两渠负责代表人，届时在广屯堡听候训示。

2. 仰知照并转饬知照。

县长袁（印）

民国三十七年十二月二十二日

处理意见：

速件。

十二月二十二日

临泽县政府就将九、五眼渠水利勘查改于元月九日前往事给昭武乡公所和九、五眼渠水利办事处的训令

1948 年 12 月 27 日　　张 3-125

临泽县政府亥字第 1531 号

昭武乡公所，九、五眼渠水利办事处

为令知九、五眼渠水利勘查改于元月九日前往由：

1. 查九、五眼渠水利勘查，原定于本月廿七日前往。兹以本县长赴张掖参加冬防会议，特改定于三十八年一月九日前往。

2. 仰知照，并转饬九、五眼渠通传该渠水利办事处各负责人知照。

县长袁代（印）

民国三十七年十二月二十七日

临泽县政府就五眼渠东、西沙滩及王家男庄子划界问题给昭武乡祁乡长的训令

1949 年 1 月 3 日　　张 3-125

临泽县政府子字第 005 号

昭武乡祁乡长

速传五眼渠东、西沙滩代表来府询话由：

1. 五眼渠东、西沙滩及王家男庄子，划界问题，立待解决。
2. 仰速传该地代表熊华国、田□□、王世国等，于本月五日来府面讯一切。

县长袁

县长（印）

民国三十八年一月三日

九眼渠民众就请放归何永源事给临泽县政府的声明书

1948 年 12 月 31 日　　张 3-125

为声明事：

窃查本渠之户民何永源，于本月十四日县府差警票传，被押看守所。渠众亦不知是何因由。迄今十余天，加以冰雪时期，众等亦难忍受。思之该民素昔品端公正之士，亦无恶外之行为，他自本县毕后又在张掖中校肄业数年。曾在八二军服务书记十余年，自退伍回来时，责任本保国民学校校长数年。前尤充任昭武乡副乡长年余，则各方亦未闻其不正情端。只于目下常在家，坐务农督工耕作，渠民亦未闻其嫌，并不知其非伪，□不知该民作何种无道之事。若有非伪弊端为本渠众等是问。渠众念惜系一渠之民，不忍袖手坐视。只得理合，具文声明实事，恳请钧府电鉴作主，恩准释放。实为德便。谨呈临泽县政府县长袁。

声请人九眼渠民　柳兆丰（印）　田发丰（印）　王学义（印）　祁天锡（印）
李应艾（印）　祁居正（印）　李春云（印）　祁天舜（印）
曹云生（印）　田士英（印）　蒋万金（印）　李应华（印）
王学明（印）　祁天铎（印）　祁如德（印）　李丕勤（印）
何万德（印）　李登举（印）　曹懋经（印）　柳兆盛（印）
田树棠（印）　祁殷林（印）　李桂云（印）　刘天理（印）
何宗礼（印）　田树庭（印）　曹天诗（印）　许兴祥（印）
祁宗镒（印）　祁天祥（印）　祁九德（印）　牛得仁（印）
祁德林（印）　张正升（印）　曹常经（印）　张九臣（印）
田树有（印）　祁利德（印）　鲁明元（印）　庄玉中（印）
袁定基（印）　庄文彩（印）　曹天芝（印）　李万千（印）
牛文林（印）　祁居贤（印）　田法盛（印）　牛吉仁（印）

民国三十七年十二月三十一日

处理意见：

不准。

箓锐

一月三日

临泽县政府就请释放何永源事给昭武乡九眼渠民柳兆丰等人的批示

1949 年 1 月 6 日　　张 3–125

临泽县政府子字第 0006 号

昭武乡九眼渠民柳兆丰等

据请释放何永源一案仰知照由：

1. 十七年十二月三十一日呈悉。
2. 所请不准仰知照。

县长袁

县长（印）

民国三十八年一月三日

临泽县政府就九眼渠五眼渠开渠典礼事给九眼渠五眼渠及昭武乡公所的公函

1949 年 1 月 3 日　　张 3–125

1. 九、五眼渠开渠典礼，定九日正午十二时举行。
2. 分别令九、五眼渠及昭武乡公所遵照。
3. 届时如有借端滋事，阻扰进行者，当场严办。
4. 由自卫队选派士兵五名，携带长枪及木板五块；警察队派警士五人，携带绳索五条，随同本人前往备用。

箓锐

民国三十八年一月三日

临泽县政府就九五眼渠开渠典礼事给昭武乡公所等的训令

1949 年 1 月 3 日　　张 3–125

临泽县政府□字□号

昭武乡祁乡长、九眼渠水利办事处、五眼渠水利办事处：

1. 九、五眼渠开渠典礼定本月九日正午十二时举行，本县长亲往参加。
2. 届时如有借端滋事，阻扰进行者，当场严办。
3. 仰遵照届时亲往参加会同办理并预为准备一切为要，通知该渠各负责代表一律参加会同办理。

县长袁（印）

民国三十八年一月三日

临泽县政府就九五眼渠开渠典礼事给手令

1948 年　　张 3–125

1. 九五眼渠开渠典礼定于本月九日正午十二时举行，本县长亲往参加。

2. 届时如有借端滋事，阻扰进行者，当场严办。

3. 由自卫队选派士兵五名，携带长枪及木板五块，警察队派警士五人，携带绳索五条，随同本人前往备用。

4. 除分别令饬九五眼渠及昭武乡公所遵照外。

5. 仰遵照。

右令自卫队何队长、警察队罗警□。

县长代（印）

民国三十八年一月六日于县政府

尹书元就重申前案以维泉源事给临泽县政府的呈文

1948 年　　张 3–125

1. 此案本府已□府可查，拟批示该民□□□□□□□□[①]府核验，并给具详示，以凭办理。如过去建筑界墩，尚有遗迹可寻，更可认为有力之证。□拟分令沙河、昭武两乡公所派员核查。拟具具体解决办法，报府核定后施行。

2. □□□□[②]，解决以前，为保护九眼渠水源计，拟令□□乡公所□饬蓝宋村保长晓谕户民，禁止在泉源□□开垦地，免生纠纷。

3. 以上所拟可否之处请核示。谨呈县长袁。

职　尹书元（印）

民国三十七年十二月九日

处理意见：

如拟。

第锐

十二月十日

秦学敏就重申前案以维泉源奉示详查签核事给临泽县政府的呈文

1948 年 12 月　　张 3–125

窃因九眼渠民众王学义等呈“为重申前案以维泉源奉示详查签核”等因。职于三十五

---

① 编者按：此处原文档漫漶，不可识。

② 编者按：此处原文档漫漶，不可识。

年一月，间接管档案以前，经黄前县长，协同各科室，将档案室内各种卷宗清理编号分类列册，并无是项卷宗。再查二十五年以前卷宗经□□窜扰本县，已焚毁无余。理合具文呈报。

职　秦学敏（印）

民国三十七年十二月

处理意见：

既无前卷可查，拟仍交三科拟□签核。

十二月八日

如拟。

第锐

十二月九日

九眼渠民众何永源等就重申前案以维泉源事给临泽县政府的呈文

1948 年　　张 3–125

为重申前案以维泉源事：

查本渠水脉发源于南湖，泉源有九，故名九眼渠。历年水势涓广，丰灌有余。自民国十几年来，有沙河蓝宋村村民张居家等偷开荒地，逐年增加，致将本渠泉源累经压闭，是以水势渐□□□□[1]在县。经前县长胡公亲履查勘，建筑界墩，划定区线，并□□□□□□□□□[2]复开。不意该村人民，存心不公，竞相值产，后行开垦，不但□□□□□□□□□[3]渠泉源周围全行耕种，将四周泉源压塞无存。本渠所属三保，共地万亩，全依此水为生，实不容所害。俯恳钧座电鉴，重申前案，固定界线。以保泉源而维水利，德莫大焉。谨呈临泽县政府县长袁。

九眼渠众民	何永源（印）	王学义（印）	曹懋经（印）	田发丰（印）
	张正升（印）	祁居正（印）	李应虎（印）	李登举（印）
	田树庭（印）	祁天锡（印）	柳兆丰（印）	田士英（印）
	庄文彩（印）	田树有（印）	王育彬（印）	□□□（印）
	李椿荣（印）	蒋万金（印）	张九臣（印）	曹常经（印）
	庄玉中（印）	李桂荣（印）	祁利德（印）	郭盈仓（印）

处理意见：

胡县长，系民国十七年任职本县。当时水利案卷，目前是否存在，拟交秦管卷员查签。

拟交秦管卷员详查签核。

一二月六日

① 编者按：此处原文档漫漶，不可识。
② 编者按：此处原文档漫漶，不可识。
③ 编者按：此处原文档漫漶，不可识。

临泽县政府就重申前案固定界线以保泉源给九眼渠民众代表王学义等的批示

1948年12月24日　　张3-125

临泽县政府亥字第1321号

昭武乡九眼渠民众代表王学义等

据请“重申前案固定界线以保泉源”一案仰知照由：

1. □□□□□□□□□[1]悉。

2. 查本府二十五年以前卷宗，因□□窜扰，盘踞县城已焚毁，□□本案□无卷可查。兹为妥慎处理起见，已分令昭武、沙河两乡公所，派员定期实地勘查在案。

3. 该民等应将过去持有证据，报府核验，并给具详核，以凭办理。如过去建筑界墩，尚有遗迹可寻，更可认为有利之证据。

4. 仰知照。

县长袁（印）

民国三十七年十二月二十四日

临泽县政府就派员会同勘查九眼渠泉源并拟具解决办法报府核定施行事给沙河昭武两乡公所的训令

1948年12月24日　　张3-125

临泽县政府亥字第1321号

沙河、昭武两乡公所

令饬“派员会同勘查九眼渠泉源，并拟具解决办法，报府核定施行，仰遵办具”由：

1. □□□□[2]眼渠民众代表王学义等二十六人，呈请“重申前案，固定界线以准泉源”一案。

2. 查本府二十五年以前卷宗，经□□窜扰，盘踞县城已焚毁。□□本案已□卷可查，除批示该民等将过去持有证据，报府核验，并给具详核，以凭核办外。

3. 兹为妥慎解决起见，应由沙河、昭武两乡公所，约定日期，派员会同实地勘查，拟具具体解决办法，报府核定施行。如过去建筑界墩尚有遗迹可寻，更可认为有力之证据。

4. 在本案未澈底解决以前，为保护九眼渠水源计，应由沙河乡公所转饬蓝宋村保长晓谕户民，严禁在泉源□□，开垦荒地，免生纠纷。

5. □□□□□[3]一件，仰遵照办理具报凭核。

---

① 编者按：此处原文档漫漶，不可识。

② 编者按：此处原文档漫漶，不可识。

③ 编者按：此处原文档漫漶，不可识。

6. 本件已分令昭武、沙河乡公所。

县长袁（印）

民国三十七年十二月十四日

九眼渠水利办事处就派员协同勘划界线以保水源事给临泽县政府的公函

1949 年 4 月 20 日　　张 3-125

九水卯字第 1 号

临泽县政府县长袁

为“呈请勘划界线以保水源，请鉴核”由：

1. □□□□①二十四日奉乡公所转发钧府子字第（0048）号训令，并定于二十六日前往……②

2. □□□□□□③即在南湖恭候，而沙河乡公所不特无人参加，且该蓝宋村保甲、公所及有关人士，多不知此。是以未能勘划延格至今，殊属有慢政令。

3. 查该村人士，不但不遵政府明令，且存心妨害本渠水利。自春耕以来，故将荒地之芜土，顺势倒于泉内，闭塞泉源，为数不少。现有新倒土痕塞录为证，言之痛心，视之酸鼻，不但有伤天理，且亏政府提倡水利之苦衷。俯恳派员视查严斥，并即划界以保水源。钧座之功德，可与九眼渠泉源，并记同垂于千古不朽。

4. 请鉴核做主祗候令遵。

民国三十八年四月二十日

处理意见：

派尹科长会同乡渠人员前往划勘。

第锐

四月二十六日

沙河乡明麦渠水利主任魏铎臣就呈请辞职另委贤员事给临泽县政府的呈文

1948 年 3 月 25 日　　张 3-125

呈为呈请辞职另委贤员事：

窃查缘于民国三十五年八月间，蒙前任钟县长任内，重新改组复兴水利，将职推选为水利主任，整理渠规将近办理一年。渠身修挖便利，以资容流灌溉。至去年秋季，不料有本渠劣绅闵文蔚捏造谣言，惑众民心，破坏职之名誉，捣乱规程。现值春动，正在起夫修渠之际，职欲不呈请辞责，诚恐有贻误渠事起见，惟有理合，具文呈请钧府电鉴俯准辞

---

① 编者按：此处原文档漫漶，不可识。

② 编者按：此处原文档残缺。

③ 编者按：此处原文档漫漶，不可识。

责，另委妥员，重新调理水规，以免贻误渠事。实沾德便。谨呈临泽县政府县长杨。

具辞状人沙河乡明麦渠水利主任魏铎臣（印）

民国三十七年三月二十五日

处理意见：

饬明麦渠水利委员会，另行推选报府核委。

□仍任劳任怨，推行水务为要。

三月二十八日

沙河乡明麦渠水利主任魏铎臣就呈请辞职另委贤员事给临泽县水利办公处处长的呈文

1948年3月25日　　张3-125

呈为呈请辞职另委贤员事：

窃查缘于民国三十五年八月间，蒙前任钟县长任内重新改组复兴水利，将职推选为水利主任，整理渠规将近办理一年。渠身修挖便利，以资灌溉，容流顺利。至去年秋季，不料有本渠劣绅闵文蔚捏造谣言，惑众民心，破坏职之名誉，捣乱水利规程。现值春动，正在起夫修渠之际，职欲不呈请辞责，诚恐有贻误渠事起见，惟有理合，具文呈请钧处电鉴俯准辞责，另委妥员，重新调理水规，以免贻误渠事。实沾德便。谨呈临泽县水利办公处处长杨、罗。

具辞状人沙河乡明麦渠水利主任　魏铎臣（印）

中华民国三十七年三月二十五日

临泽县沙河乡公所就本乡明麦渠水利办事处补修渠堤及请求款数详细表给临泽县政府的公函

1948年9月19日　　张3-125

沙民申字第5号

临泽县政府

为转报“本乡明麦渠水利办事处补修渠堤及请求款数详细表”请核示由：

1. 奉三（37）巳字第零五九二号代电饬“将本乡所属各渠堤应补修之处，详细列表报府，以凭转请拨款兴修”一案。

2. 据本乡所属明麦渠水利办事处具报，渠堤破坏，急待修理之段及所需款项，详细附表一份，经查属实。

3. 转请核示。

沙河乡乡长　张树德（印）

民国三十七年九月十九日

处理意见：

拟指复由该渠受益农民自行筹款兴修。

九月二十二日

如拟。

第锐

九月二十四日

临泽县明麦渠水利办事处补修渠堤及请求款项数目详表	应补修地点	庙湾子	窑洞子	官坝
	所修堤长	250 丈	50 丈	50 丈
	所需款数	20 亿元	10 亿元	10 亿元
	备注			

临泽县政府就明麦渠补修渠堤请求拨款事给沙河乡公所的指令

1948 年 9 月 24 日　　张 3–125

临泽县政府申字第 887 号

沙河乡公所

据报“明麦渠补修渠堤请求拨款”一案仰知照由：

……①

民国三十七年九月二十四日

甘肃省政府就临泽县五眼渠及九眼渠民众代表互呈水利纠纷事给临泽县政府的训令

1948 年 4 月　　张 3–126

甘肃省政府水三（37）卯字第 2625 号

临泽县杨县长

据“该县昭武乡五眼渠及九眼渠民众代表互呈水利纠纷”一案，仰迅遵前令办理报核由：

1. 据该县昭武乡五泉保民众代表李祯荣等呈“为与九眼渠水利不均”一案。请速平均，以便灌溉。复据九眼渠民众代表田发丰等呈请“仍保持原状，以免受累各”等情。

2. 查本案前据五眼渠民众代表李祯荣等呈，同前情，经于本年三月二日以水二（37）寅字第一五五五号训令“该府秉公拟具均水办法，呈候核定实行”在案。

① 编者按：此处原文档残缺。

3. 兹据前情合，再抄发原呈，仰迅遵前令办理报核。

主席　郭寄峤

民国三十七年四月

处理意见：

查案呈覆。

五月四日

甘肃省政府就五泉保民呈诉王学义阻碍水利事给临泽县政府的训令及临泽县政府的批示

1948 年 3 月 3 日　　张 3–126

甘肃省政府水二寅字第 1555 号

临泽县政府

据该县昭武乡五泉保民呈诉王学义阻碍水利一案，仰秉公拟具均水办法，呈核由：

据该县昭武乡五泉保民众代表李祯荣等，本年二月廿日呈诉“王学义等阻碍水利，恳请澈查均水”等情。除批示外，合行检发原呈。令仰遵照，秉公拟具均水办法，呈候核定施行。

此令。

附检发原呈一件。

主席　郭寄峤

委员□秘书长宜中代拆代行

中华民国三十七年三月三日

处理意见：

尉主任办理。

三月十五日

临泽县昭武乡五泉保民众代表李祯荣等就杨乡长为故意偏袒阻碍水利事给甘肃省政府的呈文

1948 年 2 月 27 日　　张 3–126

具呈人临泽县昭武乡五泉保民李祯荣等为故意偏袒，阻碍水利，恳恩澈查，以资均水而维民生事：

民等五眼渠与九眼渠泉同发源于南湖，地壤相接，水量悬殊。五眼渠泉位居东南，地势高峻，泉眼较少，水量自小。九眼渠位居西北，地势低下，泉眼较多，水量自大。窃因水性喜于下流，由上而下顺流而去，由下而上势固不能。九眼渠以下游水量逐年增大，民等之渠出于上游，不但水量日益减少，即或水量时有所涨，亦惟顺逐渐而下，地势使然也。民等于民国三十五年，钟前县长任内具呈恳乞均水，以资灌溉。钟县长亲履两渠发源之处，实地勘查外，又函请甘肃水利林木公司张掖工作站派员澈量水量多寡。卒蒙该站派尚工程员勘澈，明确九眼渠之流量 1.60 秒立方公尺，可灌地一万六千市亩；民渠流量 0.29 秒立方公尺，可灌地两千九百市亩，函达县府例案可考。且查九眼渠以一万六千亩地之水，仅灌实有之地七千余亩，所有其余九千多亩地之水，尽量放入沙漠荒滩。民渠有地九千余亩，仅以两千九百亩地之水灌溉，所剩无水灌溉之地七千余亩尽成荒芜。民等正在进行之中，忽而钟县长卸职。自杨县长居敬莅任以来，将民等水利要案　不闻不问。去岁夏间，民等披沥□陈堂讯数次，毫无结果。所有工程师测量图案视为具文。民等处此凶荒之岁，地亩荒芜，无法生活。实逼处此，民等复又哀恳呼□本县党团参议会及水利委员会，请求县长秉公均水。当时水利委员会主张两个办法：一个办法将九、五眼渠两渠之水合而为一，共同使用；一个办法着九眼泉水超溢之水分与民等五眼泉渠四昼夜。似此办不但党团参议会及地方绅耆一律通过，二者之中由九眼渠择认其一，即该渠之民有大多数亦愿将水让给五眼渠三天。乃杨县长不知何心，游意模棱，竟不表决。除会议无效外，适有九眼渠劣绅王学义当会羞辱“工程师徇情受贿，澈量不实”等语。民等当场同党团参议会及水利委员会质问凭证，该王学义信口雌黄，含糊吱唔，既不能指出证人，又不能提出证物。民等当即起诉法庭，所有经过侮辱工程师各节，应由当场党团参议会、水利委员会及县政府共同作证。除党团证明在案外，而杨县长不但不证，且将民等横骂威胁，直若仁仇。似此情形，足见该杨县长与王学义□缘情通，故意偏袒，阻碍水利，情节显然。查平均地权，平均水利，宪法规定，早有明文，按地均水，例案可考，且有张掖工作站派员澈量明确。复经地方党团参议会协议办法，将彼超溢之水与其闲流置之无用，不若平均分润，彼以无用之水救济民等有用之田，与彼无损，民等受赐，有何争论。况国以民为本，民以水为命，该被告等忍心害理，戕我生命，以有用之水流为无用，忍心使民等以有用之地变为无用，实属妨害民生主义，阻碍宪法规定。民等若再迟迟不即恳乞早均，二百□男女、一千二百余丁惟有一死，转于沟壑而已。势不得已，如可奈何，只得冒死□陈，将经过一切下情，具呈哀恳伏乞主席电鉴做主，俯准委派公正干员澈底查办，以均水利，而维民生。感激恩德，如同二天矣。谨呈甘肃省政府主席郭。

临泽县昭武乡五泉保民众代表　李祯荣（印）　熊华国（印）
蒋法生（印）　向士林（印）
张　荣（印）　刘得新（印）
宋培鸿（印）　刘峻德（印）
王家齐（印）　向其才（印）
向其利（印）　柳兴本（印）
樊严林（印）　王世国（印）
临泽县沙河镇商保（印）
被呈人　王学义　何宗理　田树生
民国三十七年二月二十日

临泽县昭武乡五泉保民众代表就为水利不均灌田无资恳恩秉公平均事给临泽县政府的呈文

1948 年 7 月 8 日　　张 3-126

具呈人临泽县昭武乡五泉保民众代表李祯荣等为水利不均灌田无资，恳恩秉公平均以便灌溉而维民生事：

窃民渠与九眼渠灌溉农田均浇泉水发源一处，地壤相接，水量悬殊。九眼渠泉眼位居西北，地势低下，水量日益增大。民渠位居东南，地势高峻，水量日益减小。因此水利不均，迭经涉讼数年之久。前经钟前县长，函请甘肃水利林牧公司张掖工作站派员实地测量，九眼渠流量 1.60 秒立方公尺，足可灌地一万六千市亩，五眼渠流量 0.29 秒立方公尺，可灌地二千九百市亩。旋钟前县长奉掉，杨前县长任内召开水利委员会，拟具均水办法，呈报省府及六区专员公署核示。民等奉到省府批示内开“已令钧府秉公查办呈核”，又奉专署批示内开“均水部分，庶民生计所关，刻不容缓，应饬该县依照决案从速妥拟均水办法，呈请核定后严格执行。”又于六月九日奉到钧府三（37）巳字第零六三一号通知内开“一、案查该渠与九眼渠水利纠纷一案，经本府拟具均水办法呈报”去后，兹奉甘肃省政府水三（37）辰字第 2207 号指令开“（一）本年四月八日建水（37）卯字第零二六九号卯检代电暨附件，并三（37）辰字第零三二二号辰□代电均悉。（二）现订办法未尽妥善，已电河西工程处转饬张掖工程区派员勘测。候该处拟具计划再夺。（三）仰知照”等因。奉此，窃民等奉到通知，游经月余，未蒙工程区来县测量。但查民等五眼渠所有田地八千多亩，而所有之水由工程师实地测量，只能浇灌二千余亩，其他所有六千亩之地无水灌溉。而九眼渠实有之地七千余亩，测量其水，足可灌溉一万六千余亩，除浇过实有之地七千亩外，尚有超溢九千余亩地之水听其间流，□□确凿，毫无疑义。彼以有用之水弃之无用之地，民等以有用之田变为无用，彼以无用之水灌溉民渠有用之田。在彼既无妨害，民等则免干旱，于公于私，两有裨益，有何容而不予更何乐而不为。素念钧座□□在抱饥溺为怀，俯准函催张掖工程区，速即派员来县勘测，刻速平均，以便灌溉，而救民命。感激恩德，永矢弗设矣。谨呈临泽县政府县长袁。

临泽县昭武乡五泉保民众代表　李祯荣（印）　蒋法生（印）　张　荣（印）
熊华国（印）　王家齐（印）　向士林（印）

民国三十七年七月八日

处理意见：

本案前经本府函请张掖工程区，迅速派员来显测量在案。惟迄未见派员来县，拟仍函催莅县勘测，并批示知照。

七月十三日

如拟。

七月十六日

甘肃省政府就河西工程处张掖工程区拟具该县九五眼渠纠纷解决办法及查勘报告书给临泽县政府的训令

1948 年 9 月 29 日　　张 3-126

甘肃省政府水三（37）申字第 3200 号

临泽县袁县长

抄发河西工程处张掖工程区拟具该县九五眼渠纠纷解决办法及查勘报告书仰遵照办理由：

1. 前据该府呈赍“该县九五眼渠水利纠纷均水办法”一案，经该未尽妥善□，电请水利部甘肃河西水利工程处转饬张掖工程区派员勘测，另拟计划。去后，兹准河西水利工程处移送张掖工程区查勘报告书及拟具解决纠纷办法到府。

2. 经核所拟解决纠纷办法可行。兹抄发原报告书及解决纠纷办法各一份，仰遵照召集双方负责人，依照解决办法，将第五条改归部分订约，其余各项迳洽张掖工程区并即督导自筹速办法。仍将办理情形报查。

3. 本案并分令六区专署派员参加。

三席郭寄峤

民国三十七年九月二十九日

附解决临泽县九五眼渠水利纠纷办法：

1. 五眼渠即时，自行兴工，淘浚现有泉源，以增流率，并将渠道裁弯取直，柳家湖分水闸可拆除，以增渠水流速。柳家湖分水闸可向该渠上游引水灌田。

2. 第（一）项办法所举出之工程完备后，应即由该渠受益田户，集工兴修截水沟、轮水沟各一道，以增加水量。并商请水利部河西水利工程处张掖工程区派员指导完成之。

3. 五眼渠应规定每年春季之岁修工程，以配合以上两项办法，庶可使泉渠维持久远。

4. 五眼渠之水规，应加参正务□水量依田亩多少之比例分配。水权不得自由买卖，则水多田少、水少田多之不均现象，即可免除。

5. 五眼渠所灌东、西沙滩及王家南庄子一带之田地共 1990.34 亩，应改归九眼渠引水灌溉。

6. 九眼渠水多田少，应节省用水加开荒地。

处理意见：

1. 拟定期召开水利委员会，并通知昭武乡长及九五眼渠负责人，会商解决。

2. 函请张掖工程区，派员指导。

十月十二日

甘肃省第六区行专员就处理九眼渠五眼渠水利纠纷经过情形并拟具均水办法给临泽县政府的代电

1948 年 6 月　　张 3-126

武二水巳支第 1856 号

临泽县政府

拟电报“处理九五眼渠水利纠纷经过情形，并拟具均水办法”一案仰遵照由：

一、该县建水（37）卯字零二六九号俭代电，经呈奉省政府水三（37）辰字二二〇四号指令开“（一）本年五月十三武二水（37）辰字一五五二号代电暨附件均悉。（二）本案已据该县政府卯俭代电‘前经核现定办法未尽妥善，业电河西水利工程处转饬张掖工程区派员动测，候该处拟具计划再夺指复知照’在案。（三）仰知照。”

二、仰该县遵照。

专员兼司令张作谋

民国三十七年六月

处理意见：

遵照。

六月二十六日

临泽县政府就会同宣威乡水利委员会订立德安渠与丰安渠水利会约事给宣威乡公所的代电

1948 年 6 月 17 日　　张 3-126

临泽县政府巳字第〇六五〇号

宣威乡公所

电饬“会同该乡水利委员会，订立德安渠与丰安渠水利会约”仰遵办具报由：

1. 查“该乡德安渠与丰安渠，本年因水利纠纷，致发生命案”一节。除由本府另案处理外，仰遵会同西威渠李渠长及该乡水利委员会，迅将德安渠与丰安渠水利纠纷，依照过去成例，订立合约，以期永久遵照。

2. 仰遵办并将订立合约，报府备查。

县长杨（印）

民国三十七年六月十七日

处理意见（批眉）：

速要件。

六月十七日

临泽县政府就宣威乡迅报德安丰安两渠水利纠纷解决办法事给宣威乡公所的训令

1948 年 8 月 13 日　　张 3–126

临泽县政府未字第 414 号

宣威乡公所

为令饬“该乡迅报德安、丰安两渠水利纠纷解决办法”由：

1. 查该乡德安、丰安两渠水利纠纷解决办法，前曾以三（37）午字第 53 号暨法（39）午字第（263）号指令饬“将解决情形及该渠水规部分”专案呈报。惟历时已久，尚未据报。

2. 仰会同水利委员康明省等，将该两渠水利纠纷解决办法及水利规章迅予专案报府备查。

县长袁（印）

民国三十七年八月十三日

处理意见（批眉）：

速要件。

八月十五日

临泽县政府就解决九眼渠五眼渠分水纠纷案的两次会议记录

1948 年 1 月 7 日　　张 3–126

第一次会议记录

时间：中华民国三十七年一月七日下午三时

地点：县府会议室

出席者：罗增华　罗兴章　□　□　李国正　向其亨　田树国　李顼荣　何永源　祁天锡　张正生　刘元柱　田士英　赵毓瑗　李正品　杨居敬　向士林　樊集凤　王家齐　蒋发生　何万法　田发茂　李应元　王学义　尹书元

主席：杨居敬

记录：尹书元

开会如仪：

（甲）报告事项。

一、主席报告——水利问题关系民生至巨。此次九眼渠与五眼渠因水利发生纠纷，希望大家诚恳研讨，期根本解决。

二、五眼渠代表向其亨报告——（1）九、五眼渠原系同源，因以后地势关系，九眼渠水渐大，五眼渠水渐小，时有受旱情形；（2）根据测量结果九眼渠水量能灌田一万六千余亩，五眼渠水量仅够灌千余亩，应将剩余之水约给本渠，以求公平。

三、九眼渠代表何永源报告——九眼渠水量过去虽大有余水，上年因与野猪湾均水关系，余水仅足野猪湾应用，并□余水五眼渠要求绝难承认。

四、九眼渠代表祁天锡报告——五眼渠原浇一部山水。彼等因懒惰关系，将山水放□，且目前该渠水利弊端甚多，浇灌不公平。故有旱灾，本渠靠沙漠田亩亦有受旱情形。

五、罗议长报告——九眼渠如有条件可当会提出，本会绝以互惠公平原则，使双方均得利益，不能薄此厚彼，损人利己。

（乙）暂时休会。

第二次会议记录

时间：中华民国三十七年一月八日下午二时

地点：同前

出席人数：共二十八人（各渠代表同前）

主席、记录：同前

一、主席提出解决办法及意见：

1. 五眼渠兴工修浚泉源及渠道；2. 五眼渠可向□□渠加工取水；3. 改良五眼渠水规，使公平浇灌，□流弊发生及不均现象；4. 在九眼渠轮流浇水日期以外，让与五眼渠若干日，以示互惠；5. 函请水利专家再从新详细测量，以科学方法解决双方困难；6. 由县府及水利委员会拟具办法，呈请省府核定后，照命令执行。

二、讨论事项：

主席提议：九眼渠民众对于水利工程处，过去测量结果发生疑义，本案应如□□决请公决案。

决议：由水利委员会呈请省政府转函河西水利工程队，派员会同两渠代表从新测量，提出解决办法，专家呈请上峰核办。

三、散会。

民国三十七年一月七日到八日

临泽县政府给向士林等的传票

1948 年 3 月 16 日　　张 3-126

受送达人：

向士林　刘□□　熊□国　刘□新　李祯荣　张荣

送达人　刘宗舜（印）

民国三十七年三月十六日

临泽县政府给向其才等的传票

1948 年 3 月 16 日　　张 3-126

受送达人：

向其才　宋培鸿　向其利　柳兴本　王家齐　樊□材　蒋法生　王世国

送达人　刘宗舜（印）

中华民国三十七年三月十六日

临泽县政府对李祯荣、蒋法生、张荣的询问笔录

1948 年　　张 3-126

姓名：李祯荣。年龄：七十岁。籍贯：五泉村。住址、职业。

问：你们向省府报过公文吗？

答：向省府报过。

问：报公文，几个人？

答：十四人。

问：对渠公文负责吗？

答：负责。

问：向省府报公文，为的什么事？

答：为的五、九两渠水利事宜。

问：你的公文里边写的什么事，公文何人缮写？

答：到甘州去，是蒋法生请何代书写的。

问：公文是自己去写，还是众人推举的？

答：众人推举去写。

问：公文写出，代书念了未念？

答：念了一遍，对里边话句未听懂。

姓名：蒋法生。年龄：七十岁。籍贯：五泉村。地址、职业。

问：写公文，你到张掖渠么？

答：我与李祯荣去的，公文是大南街何代书写的。

问：公文写出，他读给你们听了没有？

答：□□□□□□①。

问：□□□□②道吗？

答：不知道。

问：公文是何代书写的，有底稿么？

答：底稿在张掖，未带。

问：公文由何处发的？

答：在张掖发的。

问：向省府报公文，为的什么意思？

答：向省府报公文，为的平均水利。

姓名：张荣。年龄：六十七岁。籍贯：五泉村。地址、职业。

---

① 编者按：此处原文档漫漶，不可识。

② 编者按：此处原文档漫漶，不可识。

问：报公文，你知道么？
答：报公文，知道。
问：报公文，名章是何人盖的？
答：蒋法生拿去盖的。
蒋法生、李祯荣
问：你在司法上告王学义，呈公文为的什么？
答：王学义说我们与水利工程师会同作弊测量。
问：在司法上告，过堂问什么情形？
答：并未结案，党团参在司法处并未证□。
问：你们水利案叫省府解决，还是请县府办理？
答：□□□我们的父母□，叫县长□解决。
问：公文写错了么？
答：承认公文写错，自己改过。
问：你们说的话实在不实在？
答：实实在在情形。

蒋法生（手印） 李祯荣（手印） 张 荣（手印）
民国三十七年三月二十日

临泽县政府召开水利委员会的通知

1948 年 3 月 25 日 张 3-126

□□□日上午十时，在县府会议室召开水利委员会务，希台端届时出席参加为荷。
此致。

罗委员兴章（代知）	罗委员仲英（知）	曹委员菊庭（知）	马委员永□（知）
赵委员毓瑗（知）	白委员映一	杨委员含新	李干事长（代知）
申委员元龙（代知）	康委员□有	贾委员谦善（知）	闫委员兴云（知）

临泽县政府
民国三十七年三月二十五日

临泽县昭武乡九眼渠民众代表王正芝等就申明九眼渠水利原由事给甘肃省政府的呈文

1948 年 4 月 14 日 张 3-126

呈为申明九眼渠水利原由，祈请钧府鉴核以作明证事：

缘民等于四月四日，蒙王视察员票传堂讯，方详其五泉村控“民于本渠分水灌田”等语。窃查民九眼渠所分三保五号九沟之名，并计三保户民共计原有地八千七百余亩。因民国二十年人民屡起争讼，经王前县长亲履渠勘查，以按地平均水利每千亩轮灌溉一昼夜，时期一轮七日。因野沟湾距离上号渠尾十余之里（即马家岗子柳家东沟沿沟），又间隔沙漠之遥远，况每年各沟尾水之地田苗旱枯不少，又于卅五年本渠皆□旱。沿沟及野沟湾两号人民合力将沟宽辟深挖，上沟各起争端，经钟前县长亲莅查明确定，按八天一轮上号灌田四日，即挨下号仍灌四日，并有案可考，毫无余水可弃。更因各沟荒塘甚多水量，缺乏人民，无法可垦，而五眼渠村民向其恒、李国正、田树国出而控词扬饰，蒙蔽官厅，与民争夺水利，以欲利己损人。况该村原日耕地六七千亩之谱，而五泉村水量比民渠之水量充足，因该渠民好逸恶劳，一致年久，泉涌出淤泥，沉积闭塞，未掘泉眼，水量减少。先年更有响山口（即沙河渠）之水利常流灌溉，若天雨降多犹大，沙河山水完全辅助浇田。但人民垦荒非少，即借词尾水之地受旱。该村人民向其恒等数人，非为民众设计，实为从中渔利，以欲利己损人，勾结一二地痞流氓，搗乱水利而不顾及公道。民等皆为地方安宁计，亦为民生计。谨将详情上述申明，并绘本渠支流图样一纸，以并呈赍。是以不揣冒昧，理合，具文呈明钧府鉴核，俯准保持原状，以免万民受累，而息讼端。实感恩德两便。谨呈甘肃省政府主席郭。附呈九眼渠支流详图一纸。

昭武乡九眼渠民众代表　王正芝　李登举　祁合德　李应霭

祁天锡　田发丰　曹懋经　柳蔚林

民国三十七年四月十四日

临泽县昭武乡五泉保民众代表王家齐等就水利不均灌田无资事给甘肃省政府的呈文

1948 年 4 月　　张 3-126

呈为水利不均，灌田无资，恳恩令催秉公平均，以便灌溉而救民命事：

窃民等五眼渠与九眼渠水利不均，已经测量应予平均。该渠抗违，迄不遵办。民等昨复呈请钧府。兹奉，批示，已令“县府秉公查办呈核”等因。顷蒙六区行政专署派员前来调查，前经工程师测量经过以及民渠水量短少，灌田不足实在情形，呈报在案。但查民等五眼渠所有田地八千多亩，而所有之水，由工程师实地测量，只能灌溉二千余亩，其他所有五千多亩无水灌溉。而九眼渠所有田地七千余亩，测量其水足可灌溉一万六千多亩之地，尚有超溢闲流之水，□卷确凿，毫无疑义。曾蒙上峰令其平均，无如该渠抗不遵办，以致去岁干旱成灾，田禾歉收，所有老弱辗转沟壑，不能聊生，死为饿莩者，不可胜数。按工程师测定水量，九眼渠所出之水足灌田地一万六千亩，而该渠仅有田地七千余亩，除浇过外超溢之水尚可浇地九千多亩。民等五眼渠测得水量只能浇地二千余亩，而实有田地八千多亩，除浇过二千亩外，其余六千多亩之地点滴无水。该九眼渠以超溢之水按地平均浇过民渠无水之地六千多亩，而超溢之水尚可灌田三千多亩，在彼既无妨害，民等又非侵略，地壤相接，两有福利，且彼以无用之水救济无穷人命，又何乐而不为。兹届播种浇水之际，倘稍延误，不即平均，势必民渠无水可浇，又将二百余户老弱残民仰屋，嗷嗷坐以待毙矣。情急时迫，惟有哀泣仰恳主席体恤曲怜，俯准令催临泽县府刻速平均，以便灌溉，而救民命。感激恩德，生生世世，永矢弗矣。为此具呈俯候训示，祇遵施行。谨呈甘肃省政府主席郭。

具呈人临泽县昭武乡五泉保民众代表　王家齐　蒋法生　李祯荣　刘峻德

向士林　张　荣　宋培鸿　向其才

民国三十七年四月

临泽县政府就本县九眼渠五眼渠水利纠纷案业经具报事给甘肃省政府的电报

1948 年 5 月 10 日　　张 3-126

临泽县政府辰字第 0321 号

甘肃省政府主席郭钧鉴

为电复“本县九眼渠五眼渠水利纠纷案业经具报”在案请核备由：

案奉水三（37）卯字第二〇二五号训令“以校本县昭武乡五眼渠及九眼渠民众代表互呈‘水利纠纷’一案，抄发原呈饬‘速遵前令办理报核’”等因。遵照。查本案经过详情，业以建水（37）卯字第〇二六九号□代电“具报并拟具均水办法呈核”在案。奉令前因谨电核备份□□。

县长杨三（37）辰灰（印）

民国三十七年五月十日

甘肃省第六区张专员就调查李祯荣等诉王学义等阻碍水利的视察报告给临泽县政府的训令

1948 年 4 月 23 日　　张 3-126

武二水卯字第 1263 号

临泽县政府

据视察报告“调查李祯荣等诉王学义等阻碍水利”一案仰遵照办理由：

一、据该乡昭武乡五泉保民李祯荣等呈诉“王学义等阻碍水利、该县长故意偏袒”等情一案。经饬据本署视察王政查报称“奉令下临泽县昭武乡五泉保农民李祯荣等呈控‘该县县长杨居敬故意偏袒、阻碍水利’一案。饬澈查具报”等因。遵即驰往勘查，缘为该县昭武乡有九、五眼两渠，出自泉水发源一地。该乡五泉等保居民浇灌农田，全赖于斯，视同命脉。只以九眼渠地势倾斜，较五眼渠地势为低，水性就下，致五眼渠水量日渐减小，该渠人民乃有失均衡，于前年钟前县长任内呈请匀水。经该县函请甘肃水利林牧公司张掖工作站派员实地查勘，九眼渠流量为 0.60 秒立方公尺，可灌地一万六千余亩，五眼渠流量为 0.29 秒立方公尺，可灌地七千余亩。但现实有灌地五眼渠较九眼渠为多，极不公允。旋钟前县长奉调，杨县长接事后，以水利案件关系民生，对此极为重视。经派秘书王万纪，会同县参会申副议长及建设科邢科员等先后分别查勘，以冀合理解决。唯因双方坚持甚力，不肯相让，事遂迁延。本年元月七、八两日经召开水利委员会议（由县府党□参会及地方公正士绅），决议“呈请省府转函河西水利工程队重新勘测，提出解决办法，呈请上峰核办”。旋奉甘肃省□府水二（37）寅字第（1555）号训令“饬秉公拟具均水办法，呈候核定施行”。复于本年三月二十五日第三次水利会议，议决‘遵照省令拟具均水办法，呈报省府核示施行。其要点为：（一）五眼渠东、西沙滩及南庄子一带，划与九眼渠引水灌田，以节五眼渠水量。（二）两渠合并，再按实际需要分水，庶不致旱潦相殊。（三）采取上次会议原拟办法：1. 五眼渠兴工修浚泉源及渠道；2. 五眼渠可向沙河渠加工取水；3. 改良水规，使公平浇灌，无流弊发生及不均现象；4. 在九眼渠轮流浇灌日期以外，让与五眼渠若干日，以示互惠。”查上项原则系该县水利委员会议，穷数日之工夫研讨决定，缜密周详，尚称妥帖，已在呈请省府核示施行中。原告所控杨县长对水利要案不闻不问，游移模棱，将让水议案竟不表决及偏袒阻碍水利各节，与事不符，尽属诬妄。似此任意诋毁长官，虚构诬陷，实属谬率，应予法办，以儆效尤。至均水部分，庶民生机所关，刻不容缓。应饬该乡依照决案，从速妥拟均水办法，呈请核定后，严格执行。俾免苦乐不均，而致缠讼，是否有当？理合，检同原件及笔录报请核示。

二、除牌示原呈人外，合行令仰该县遵照办理为要。

专员兼司令张作谋

民国三十七年四月二十三日

处理意见：

此案已报存查。

五月三日

查案复。

五月四日

昭武乡九眼渠民众代表田发丰等就申明九眼渠水利原由祈请钧会鉴核以作明证事给临泽县政府的申明书

1948 年 4 月 14 日　　张 3-126

呈为申明九眼渠水利原由祈请钧府鉴核以作明证事：

缘民等于四月四日，蒙王视察员票传堂讯“方详其五泉村控民于本渠分水灌田”等语，窃查民九眼渠所分三保五号九沟之名，并计三保户民共计原有地八千七百余亩。因民国二十年人民，屡起争讼，经王前县长亲履渠勘查，以按地平均水利，每千亩田轮流灌溉一昼夜，一轮七日。因野沟湾距上号渠尾十余之里（即马家岗子、柳家、东沟、沿沟）又间隔沙漠之遥远，况每年各沟尾水之地，田苗旱枯不少。又于三十五年本渠皆旱，沿沟及野沟湾两号人民合力将沟宽辟深挖，上沟各起争端。经钟前县长亲莅查明，确定按八天一轮，上号灌田四日，即挨下号仍灌四日，并有案可考，毫无余水可弃。更因各沟荒塘甚多，水量缺乏，人民无法可垦。而五眼渠村民向其恒、李国正、田树国等出而控词扬饰，蒙蔽官听，与民争夺水利，以欲利己损人。况该村原日耕地六七千亩之谱，而五泉村水量比民渠之水量充足。因该渠民众好逸恶劳，一致年久，泉涌出淤泥，沉积闭塞，未掘泉眼，水量减少。先年更有响山口（即沙河渠）之水常流灌溉，若天雨降多尤大，沙河山水完全补助浇田。但人民垦荒非少，即借词尾水之地受旱。该村人民向其恒等数人非为民众设计，实为从中渔利，勾结一二地痞流氓，捣乱水利，而不顾及公道。民等皆为地方安宁计，亦为民生计。谨将详情上述申明，并绘本渠支流图样一纸，以并呈赍。实以不揣冒昧，理合，具文呈明钧府鉴核，俯准派员勘查，永远保持原状，以免万民受累而息讼端。实感恩便。谨呈临泽县政府县长杨。

附呈九眼渠支流详图一纸。

昭武乡九眼渠民众代表　田发丰（印）　田士英（印）
祁天锡（印）　王正之（印）
祁会林（印）　李登举（印）
柳蔚林（印）　祁合德（印）
曹懋经（印）　祁利德（印）
何宗理（印）　李应霭（印）
民国三十七年四月十四日

处理意见：

提水利委员会研讨参政。

四月二十六日

昭武乡九眼渠民众代表田发丰等就申明九眼渠水利原由祈请钧会鉴核以作明证事给临泽县水利委员会的申明书

1948 年 4 月 14 日　　张 3-126

呈为申明九眼渠水利原由祈请钧会鉴核以作明证事：

缘民等于四月四日蒙王视察员票传堂讯“方详其五泉村控民于本渠分水灌田”等语，窃查民九眼渠所分三保五号九沟之名，并计三保户民共计原有地八千七百余亩。因民国二十年本渠水利不均，人民屡起争讼。经王前县长亲履渠勘查，以按地平均水利，每千亩田轮流灌溉一昼夜，时期一轮七日。因野沟湾距上号渠尾十余之里（即马家岗子、柳家、东沟、沿沟），又间隔沙漠之遥远，况每年各沟尾水之地，田苗旱枯不少。又于三十五年本渠皆旱，沿沟及野沟湾两号人民合力将沟宽辟深挖，上沟各起争端。经钟前县长亲莅查明，确定按八天一轮，上号灌田四日，即挨下号仍灌四日，并有案可考，毫无余水可弃。更因各沟荒塘甚多，因水量缺乏，人民无法可垦。而五眼渠村民人向其恒、李国正、田树国等出而控词扬饰，蒙蔽官听，与民争夺水利，以欲利己损人。况该村原日耕地六七千亩之谱，而五泉村水量比民渠之水量充足。因该渠民众好逸恶劳，一致年久，泉涌出淤泥，沉积闭塞，未掘泉眼，水量减少。先年更有响山口（即沙河渠）之水，常流灌溉，若天雨降多尤大，沙河山水完全补助浇田。但人民垦荒非少，即借词尾水之地受旱，该村人民向其恒等数人非为民众设计，实为从中渔利，勾结民渠一、二地痞流氓，捣乱水利，而不顾及公道。民等皆为地方安宁计，亦为民生计。谨将详情上述申明，并绘本渠支流图样一纸，以并呈赍。实以不揣冒昧，理合具文呈明钧会鉴核，俯准派员勘查，永远保持原状，以免万民受累，而息讼端。实感恩德两便。谨呈临泽县水利委员会主任委员杨。

附呈九眼渠支流详图一纸。

昭武乡九眼渠民众代表 田发丰（印） 祁天锡（印）
田一英（印） 登 举（印）
祁会林（印） 王正之（印）
曹懋经（印） 柳蔚林（印）
祁利德（印） 祁合德（印）
何宗理（印） 李应霱（印）
民国三十七年四月十四日

处理意见：

并案办理。

四月二十六日

临泽县政府就申明该渠水利实情呈请维持原案事给昭武乡九眼渠民众代表田发丰等的批示

1948 年 5 月 6 日　　张 3-126

临泽县政府辰字第 0439 号

昭武乡九眼渠民众代表田发丰等十二人

按“申明该渠水利实情呈请维持原案”一案批示知照由：

四月十六日呈一件“为申明九眼渠水利实情，并请维持原案，请鉴核由”呈悉。查本案，业经本府呈请省府核示在案，仰候上峰指示。可也。此批。

县长杨（印）

中华民国三十七年五月六日

临泽县政府就处理九眼渠五眼渠水利纠纷经过情形及均水办法给兰州主席郭及武威专员张的代电

1948 年 4 月 28 日　　张 3-126

临泽县政府建水卯字第 0269 号

兰州主席郭、武威专员张钧鉴

为电报处理九五眼渠水利纠纷经过情形，并拟具均水办法请核示由：

案奉钧、省府三月三日水二（37）寅字第一五五五号训令“以据本县昭武乡五泉保民众代表李祯荣等呈诉‘该乡九眼渠民王学义等阻碍水利，请澈查均水’一案。抄发原呈，饬遵照秉公拟具均水办法，呈候核定施行”等因。遵查五眼渠与九眼渠同发源于沙河乡蓝宋村北面之草湖内，泉源相距约二里之遥。惟五眼渠泉源位于东南，地势高峻，九眼渠泉源位于西北，地势低洼，于五眼渠者约二丈有余。以是五眼渠又多于九眼渠，此为众所周知之事实，故两渠人民为均水问题常起纠纷。三十五年夏，本府函请甘肃水利林牧公司张掖工作站，派员勘测两渠水量。根据测量结果，九眼渠流量 1.60 立方公尺，可灌地一万六千余亩，五眼渠流量 0.29 秒立方公尺，可灌地两千九百余亩。目前该两渠实有地亩经上年测量统计结果，九眼渠实有耕地七千余亩，五眼渠实有耕地九千余亩，以现有之地与现有之水比较，一则有余，一则不足。如果加以合理分配，则两渠水利问题均可解决，而纠纷亦可消除。上年九月及十一月间，本府曾派高级职员，会同参议会代表及该□乡长□度，前往各渠实地勘察，冀能和平解决。惟以两渠人民，意见纷歧，未得解决。复于本年元月七日及三月二十五日，召开全县水利委员会时，召集两渠代表，说明本案实际情形，晓以大义。本互惠公平原则，当众提出解决办法□项，使双方认可，以结悬案。惟以九眼渠民众，借口该渠上、下游地亩中隔沙漠，亦有干旱。复以该渠本身上年与野沟湾均水关系，水量仅足下游灌溉并无余水。对五眼渠要求均水一节绝南承认，并对前水利工作站测量结果发生疑义，请求至本年立夏时从新测量，以求真确等情。本府为顾及实情，速结悬案起见，经与地方各界及水利委员会研讨，结果咸认九眼渠并无正当理由，对五眼渠历年收旱灾情确有均水之必要。提出解决办法六项，与会全体一致通过，俟呈报钧府、署核准后即可施行。至该民等所称“县长到任以来，对水利要案，不闻不问，并庇护九眼渠各节”，显与事实不符。兹经专署、钧署派王视察莅县传讯原、被两边，结果该民等亦承认过失。奉令前因，谨将处理九、五眼渠水利纠纷经过详情，连同两渠地势□及本府拟具均水办发，一并赍请鉴核示遵。附赍□一份，均水办法意见一份。

临泽县长杨建水卯俭印

民国三十七年四月二十八日

附均水办法：

五眼渠属东、西沙滩及王家南庄子一带，划与九眼渠引水灌田，以节五眼渠水量。

九、五眼两渠泉源出自一地，以地势倾斜，故九眼渠水大，五眼渠水小。若两渠相合，再按实际需要分水，庶不致旱潦相殊。

以上数电俟钧府、署核准后，即可施行。至两渠相合，平均灌水之渠道，或九眼渠让与五眼渠若干日，引水之渠道，俟上项办法核准后，即函请河西水利工程总队派员勘测后，即开工兴修。

附注：

1. 五眼渠之水规目前系按时刻浇灌，不分昼夜，不避风雨。

2. 九眼渠之水规，目前系按小沟道次序轮流浇灌。计上游四天，下游四天，平均八天浇水一次，如遇夜间或风雨时，均不浇灌，任水自流。

3. 五泉保之东、西沙滩及王家南庄子一带田地，以前系引用九眼渠水灌田，后以沟道干涸填塞，即改用五眼渠之水。现以五眼渠水量过少，该处田亩多属荒旱。

甘肃省第六区行政督察专员就处理九眼渠五眼渠水利纠纷经过情形并拟具均水办法给临泽县政府的训令

1948 年 5 月 13 日　　张 3–126

武二水辰字第 1553 号

临泽县政府

据电报“处理九、五眼渠水利纠纷经过情形并拟具均水办法”一案仰知照由：

1. 建水（37）卯字第〇二六九号俭代电及附件均悉。

2. 查所拟均水办法当属允当，除拟情转请省府核示，另令饬遵照外，仰知照。

专员兼司令　张作谋

秘书　朱令炎代行

民国三十七年五月十三日

处理意见：

知照，并转五眼渠民众知照。

五月二十九日

临泽县政府就王家齐等呈请与九眼渠均水事给昭武乡第五保民王家齐等的通知

1948 年 6 月 1 日　　张 3–126

临泽县政府辰字第〇五八〇号：

案查前据该民等呈请与九眼渠均水一案。经本府拟具均水办法，分呈去后。兹奉甘肃省第六区行政督察专员公署，五二水辰字第 1553 号批□开，入原文，等因。会行通知该民等知照，又通知昭武乡第五保民王家齐等。

县长杨

民国三十七年六月一日

甘肃省政府就处理九五眼渠水利纠纷事给临泽县政府的指令

1948 年 5 月 25 日　　张 3–126

甘肃省政府水三（37）辰字第 2207 号

临泽县杨县长

拟电报“处理九、五眼渠水利纠纷情形”仰知照由：

1. 本年四月二十八日，建水（37）卯字第〇二六九号卯俭代电暨附件并三（37）辰字第〇三二二号辰灰代电均悉。

2. 现订办法未尽妥善，已电河西工程处转饬张掖工程区派员勘测，候该处拟具计划再夺。

3. 仰知照。

主席郭寄峤

民国三十七年五月二十五日

处理意见：

转五眼渠民众知照，并函张掖工程区速派员来县勘测。

六月□日

临泽县政府就处理九五眼渠水利纠纷情形给五眼渠民众代表王家齐等的通知

1948 年 6 月 9 日　　张 3-126

临泽县政府巳字第〇六三一号

昭武乡五眼渠民众代表王家齐等

为奉令“通知该渠水利纠纷”一案指示情形，仰知照由：

1. 案查该渠与九眼渠水利纠纷一案，经本府拟具均水办法，呈报。去后，兹奉甘肃省政府水三（37）辰字第 2207 号指令开，入原文，等因。

2. 除函催张掖工程区速予派员来县勘测外，仰知照。

县长杨

民国三十七年六月九日

临泽县政府就派员到临泽县勘测九眼渠五眼渠以解水利纠纷事给水利部河西水利工程处张掖工程区的公函

1948 年 6 月 9 日　　张 3-126

临泽县政府巳字第〇六七一号

水利部河西水利工程处张掖工程区

函请“派员来县勘测本县九、五眼渠水利纠纷情形”由：

1. 查本县昭武乡九眼渠与五眼渠，因水利发生纠纷。前经本府派员勘查，并拟具均水办法，呈报省府核示。去后，兹奉甘肃省政府水三（37）辰字第 2207 号指令开，入原文，等因。

2. 请查照速予派员来县勘测，以结悬案，而利民生为荷。

县长杨

民国三十七年六月九日

临泽县沙河渠水利总甲及民众代表就盈科大满渠水利员倡在黑河各渠口安置水平事给张掖县杨县长的呈文

1948 年 4 月　　张 3-129

沙水（37）卯字第□□□号

呈请转函张掖县政府，查询盈科大满渠水利员倡在黑河各渠口安置水平，各项疑点希分别见复请核转由：

顷据本渠本年上渠督修渠坝水利渠主王克强函称“本年古二月二十三日，接到张掖沤波渠派差转送来盈科大满渠水利员传单内开‘定于古二月二十四日在龙祖宫开会，商议各渠造地亩粮石花名清册。如有不到者，以当水利团之责’等语。本人以事关水利，即于古二月二十四日如期到龙祖宫参加会议，开会时有大满渠□农官发言，要在各渠口下水平，或呈粮数或造地亩等语。本人向□农官发表申明，本渠刻下碍难办理。因地籍整理处尚在统计地籍中，详确数目尚未公布，赋额亦未规定，各项尚仍照旧推行。呈地亩报粮额，现无依据，尚望缓期，再作办法。而□农官又云‘此事亦由不得大众，请督导团指示’等语，散会时□农官强迫大家在记录盖章，特为函告查照”等由。查安置水平，系非援有旧规，从新倡举，事先又未征求大众意见，更未依照法定程序进行。似非所宜，事关水利要案，何得一己私见轻举忽视，乱规滋扰。兹得疑问要点，分别胪列陈之，伏祈鉴核转函张掖县政府查询，逐点予以分别复示。

（一）水利督导团之设立，究于何年何月设立。抑系中央所设或省政府所设，或六区专署所设。原传单内仅书水利团，上面未冠以中央省区等字样，不便识别，应请复示。

（二）水利督导团，究系由何人或何团体组织而成，事先未接到成立公启及公函。内容如何，未得而晓。请抄送该团组织规程及办事细则各一份，俾便查考。

（三）在黑河总口各渠安置水平，系请何主管机关立案批准，事先未经各渠水利首领会议通过，现时又未奉政府明令指示，碍难照办，应请复示。

（四）查黑河口使水各渠、系属张临两县所辖，是否呈请两县县政府会查办理，或再转请上级行政机关核准章则，派员监视安置，以合法定，而免发生意外纠纷，应请复示。

（五）查黑河口系流山水，并无正常水量。水势时涨时落，水平应由何人负长期保守责任，应请复示。

（六）水平安置之尺度与水量分配之测量，究系请由工程师或测量队规划，抑系各渠推出技术人才测划，应请复示。

（七）查黑河口各渠渠口，昔按粮石分开尺度使水，相沿千余年之久，各渠援遵规例实行，并无流□及妨碍之处，以过程中实情察之则无安置水平之必要。

（八）安置水平，系拟用何种经久耐固之材料修建，抑系用洋灰而砌或以机制水泥。在此战乱时期，此种材料价格过高，兼之运输颇感困难，需款过巨。究立如何筹集，若由户民负担，值此民穷财尽，国家多事之秋，未免劳民伤财，况征集无法，应请复示筹集方案。

查上陈各点，为免紊乱水规，致生纠纷起见，特为具文呈请钧府鉴核，转函张掖县政府逐点查询，予以分别指示，实为公便。谨呈张掖县政府县长杨。

沙河渠水利总甲罗万杰（印）

民众代表　汪永清（印）　罗与章（印）　张永寿（印）

张汝彬（印）　丁永志（印）　顾长龄（印）

汪逢源（印）　张　作（印）　岩克顺（印）

中华民国三十七年四月

处理意见：

准函转张掖县政府查照办理，□□批□饬□照□□。

四月

张掖县政府就水利督导团组织情形及各渠水利调整实事给沙河渠水利办事处的公函

1948年5月4日　　张3-129

三（37）辰字第2043号

沙河渠水利办事处

函复“本县水利督导团组织情形及各渠水利调整事实”希查照由：

三（37）卯字第零一一六号代电敬悉。本县水利督导团情形如次：1. 为督导各渠工程及调解水利纠纷起见，特联合本县党团三农会及各渠水利委员组织水利督导团，并呈报省府备查在案；2. 经团务会议决定为求各渠水利平允，计先有各渠水利委员将各渠实有地亩水量数目及应出夫各等项详查列报，以备参改；3. 黑河下坪一项因事关全县及邻县水利问题，尚在调查实况中；4. 本县水利督导团仅负本县各渠水利促进事宜，有关邻县水利问题发生时仍得另案商办。希查照转饬知照。

县长杨本宸

民国三十七年五月四日

处理意见：

转饬沙河渠水利办事处知照。

五月四日

临泽县政府就魏铎□辞职事给明麦渠水利办事处的指令

1948年4月8日　　张3-126

临泽县政府卯字第〇二六九号

沙河明麦渠水利办事处主任魏铎□

核该员呈请辞职一案指令知照由：

三月三十日呈一件“呈请辞职另委贤员由”□仰仍任劳任怨，推行水务为要。

□□□令。

县长杨

民国三十七年四月八日

甘肃省政府就河西水利工程处送昔喇渠高崖子山洪渡槽设计图事给临泽县政府的训令

1948 年 7 月 17 日　　张 3-127

水二（37）午字 2596 号

临泽县袁县长

准河西水利工程处电“送昔喇渠高崖子山洪渡槽设计图”仰自行设法办理由：

1. 前据该府建（36）辰齐代电“以准该县参议会，请勘修昔喇渠高崖子等处石橙槽”一案。经电河西水利工程处勘测，去后，兹准该处本年七月十三日电送设计图二份，到府。

2. 兹本年度河西水利专款有限且，经本行政院指定工程，该橙槽工程本年度实无款可拨。

3. 检荐原设计图二份。仰自行筹款兴办。

4. 为需技术指导，并仰径洽河西水利工程处张掖工程区派员办理。

主席　郭寄峤

民国三十七年七月十七日

处理意见：

函参议会并，令板桥乡昔喇渠水利办事处知照。

设计图，拟函寄张掖工程区，请其估计需用材料价款及工款总数（办毕仍索回附卷）。

如需款无多，即由本县自行筹款办理，否则留至明年再继续呈请省府办理。最好是依照原图，绘制二份存卷，以防原图遗失无所依照。为拟办理。

七月二十八日

临泽县政府就奉令建修昔喇渠高崖子石橙槽工程费自行设法筹划事给临泽县参议会的公函

1948 年 8 月 5 日　　张 3-127

三（37）未字第 89 号，民国三十七年八月五日

县参议会

为“奉令建修昔喇渠高崖子石橙槽，工程费自行设法筹划”一案请查照曰：

奉甘肃省政府水二（37）午字第二五九六号训令开，入原文。除设计图函送张掖工程区，估计需用材料价款及工款总数。倘需款无多，即由本县筹款自办，否则拟留至明年再行呈请补助。并令板桥乡昔喇渠水利办事处知照外。相应函请查照为荷。

县长　袁第锐

民国三十七年八月五日

甘肃省政府就昔喇渠高崖子筹建石渡槽工程费由受益民众公摊办事给临泽县政府的指令

1948 年 9 月 8 日　　张 3-127

水二（37）申字第 3068 号

临泽县袁县长

据“请将昔喇渠高崖子筹建石渡槽工程费，列入三十八年省预算内”一案，仰仍由受益民众公摊办理由：

1. 本年八月二十六日三（37）未字第二四三号代电悉。仍应由受益民众公摊，建修时迳洽河西水利工程处张掖工程区派员指导办理。

2. 仰遵照。

主席　郭寄峤

民国三十七年九月八日

处理意见：

查案□。

第锐

九月十八日

水利部甘肃河西水利工程总队就昔喇渠高崖子筹建石渡槽工程费由受益民众公摊事给临泽县政府的代电

1948 年 9 月 12 日　　张 3-127

三（37）申字第 354 号

临泽县袁县长

准电“将昔喇渠高崖子筹建石渡槽工程费，列入三十八年水利工程费预算内”一案仍请由受益民众公摊由：

1. 本月八月二十二日三（37）未字第一三代电悉。

2. 仍请由受益民众公摊建修，由本处指导技术，较为迅捷。若列预算辗转请款，恐于事无济，徒迫时日也。

3. 请查照。

民国三十七年九月十二日

处理意见：

拟并省府九月八日水二（37）申字第二〇六八号指令，转参议会及昔喇渠水利办事处。

日期不详

临泽县政府就昔喇渠山洪渡槽工程费仍由该渠受益民众公摊办理事给临泽县参议会的公函

1948 年 9 月 20 日　　张 3–127

三（37）申字第 199 号

临泽县参议会

为“奉令昔喇渠山洪渡槽工程费仍由该渠受益民众公摊办理”请查照由：

1. 查关于本县板桥乡昔喇渠高崖子等处，山洪石渡槽工程费，因数字庞大，前往本府呈“请省府及河西水利工程处列入三十八年度省预算内，拨款兴修”一案。

2. 兹奉甘肃省政府九月八日水二（37）申字第三〇六八号指令开，入原文。又水利部甘肃河西水利工程处九月十二日工（37）申字第三五四号代电开，入原文。

3. 除令知昔喇渠水利办事处遵照外。

4. 请查照。

县长袁第锐

民国三十七年九月二十二日

临泽县政府就昔喇渠山洪渡槽工程费仍由该渠受益民众公摊办理事给板桥乡昔喇渠水利办事处的训令

1948 年 9 月 20 日　　张 3–127

三（37）申字第 83 号

板桥乡昔喇渠水利办事处

为“奉令该渠高崖子等处山洪渡槽工程费，仍由该渠受益民众摊办理”一案仰遵照由：

1. 查该渠高崖子等处山洪渡槽工程费，前以数字庞大，经本府呈“请省府及河西水利工程处列入三十八年度省预算内，拨款兴修”一案。

2. 兹奉省政府九月八日水二（37）申字第三〇六一号指令开，入原文。又水利部甘肃河西水利工程处九月十三日工（37）申字第三五四代电，入原文。

3. 除函转县参议会查照外。

4. 仰遵照办理。

县长袁第锐

民国三十七年九月二十二日

临泽县政府就送昔喇渠高崖子山洪渡槽设计图给河西水利工程处张掖工程区的指令

1948 年 8 月 5 日　　张 3-127

河西水利工程处张掖工程区

为函送“昔喇渠高崖子山洪渡槽设计图”请查照，估计需用材料价款及工款总数由：

奉甘肃省政府本年七月十七日水二（37）午字第二五九六号训令开，入原文。兹随函检送原设计图二份（办毕即退还以便存案备查）请查照，惠予估计需用材料价款及工款总数，并希见复，以便筹款办理为荷。

附设计图二份。

县长袁第锐

民国三十七年八月五日

临泽县政府就奉令勘修该渠石橙槽需用款项自行设法筹集事给板桥乡昔喇渠水利办事处的训令

1948 年 8 月 5 日　　张 3-127

□□□

板桥乡昔喇渠水利办事处

为“奉令勘修该渠石橙槽需用款项自行设法筹集”仰知照由：

奉甘肃省政府本年七月十七日水二（37）午字第二五九六号训令开，入原文。除设计图函送张掖工程区，估计需用材料价款及工款总数，以便按照本县经济力量，斟酌办理。并函复县参议会查照外，仰即知照。

县长袁第锐

民国三十七年八月五日

临泽县政府建议呈请上峰拨款兴修渠堤事给临泽县参议会的公函

1948 年 8 月 18 日　　张 3-127

三（37）未字第 108 号

临泽县参议会

为函复“贵会建议呈请上峰拨款兴修渠堤”一案办理情形，请查照由：

1. 案查前准贵会二届三次大会建议“本府呈请上峰拨款兴修昔喇、左集、西威等渠堤”一案。

2. □□□□□□□□□□①德，随同贵会观光团，前往各乡实地勘查。并以三（37）巳字第0592号训令饬“各乡镇公所派员，会同协助办理”在案。

3. 兹据报称“以时间仓卒，未能详细勘查，且以各渠工程浩大，应请由水利专门技术人员勘测，以求实际”等情。

4. 查关于本县昔喇渠等渠水利工程，前奉省府水二（37）卯字第1894号指令“以本年水利专款尚未核定，府以政府财力困难，无法实施，应予缓办”等因。顷复奉水二（37）午字第2596号训令“以本年度河西水利专款有限，目前实无款可拨，饬由本县自行设法筹款兴办”等由。

5. 除将本县各项水利工程，留至明年再行专案呈请省府及河西水利工程处，派工程师勘测设计拨款兴修外，请查照。

县长　袁第锐

民国三十七年八月十八日

临泽县政府就兴修昔喇渠高崖子等处石渡槽工程费列入三十八年度省预算事给甘肃省政府的公函

1948年8月18日　　张3-127

□□□□□②

甘肃省政府主席郭

为电请□兴修昔喇渠高崖子等处石渡槽工程费，列入三十八年度省预算内，以利兴工请鉴核由：

案查前奉钧府水二（37）午字第二五九六号训令奉悉。

经检同原设计图，函请河西水利工程处张掖工程区估计所需材料价款暨工款总数。去后，旋准该区本年八月九日张（37）未字第二一号函送该渡槽工程费预算表过府。经查表内所列工程费总数六万三千五百九十元（系按二十六年底物价估列），依照目前物价指数五十万倍估计，为数约在四百亿以上。本县因本年天气干旱，农产歉收，地方财力有限，此项庞大工程费，实无法负担。

电请鉴核俯准将此项工程费列入三十八年省预算内，由河西水利工程处兴修，以利民生。

县长　袁第锐

民国三十七年八月十八日

---

① 编者按：此处原文档漫漶，不可识。

② 编者按：此处原文档漫漶，不可识。

临泽县政府就兴修昔喇渠高崖子等处石渡槽工程费列入三十八年度水利工程费预算事给河西水利工程处的代电

1948 年 8 月 23 日　　张 3-127

□□□□□①

河西水利工程处

为电请将兴修昔喇渠高崖子等处石渡槽工程费，列入三十八年度水利工程费预算内，由贵处派员技术人员协助兴修，请查照见复由：

1. 案查前奉甘肃省政府水二（37）午字第二五九六号训令，附发昔喇渠高崖子山洪渡槽设计图，饬“由本县自行设法筹款兴办，所需技术指导，又径洽贵处张掖工程区派员协助办理”一案。

2. 经检同原设计图，函请贵处张掖工程区，估计所需材料价款暨工款总数。去后，旋准该区本年八月九日张（37）未字第二一号函复“该渡槽工程费预算表”过府。经查表内所列工程费总数为六万三千五百九十元（系按二十六年底物价估列），依照目前物价指数五十万倍，估计为数约在四百亿以上。本县因本年天气干旱农产歉收，地方财力有限，此项庞大工程费，实无法负担。

3. 电请查照准将此项工程费列入三十八年水利工程费预算内，并由贵处派员负责兴修，以利民生。

县长袁第锐

民国三十七年八月二十三日

临泽县政府就河西水利工程处张掖工程区函复估计兴修该渠昔喇渠石渡槽工程费预算事给临泽县参议会等的代电

1948 年 8 月　　张 3-127

□□□□□②

县参议会、板桥乡昔喇渠水利办事处

为准河西水利工程处张掖工程区函复，估计兴修该渠昔喇渠石渡槽工程费预算情形请查照由：

1. 准河西水利工程处张掖工程区张（37）未字第二一号公函开，入原文。

2. 查该表所列渡槽共计九个，预算工程费总数六万三千五百九十元（系按二十六年底物价估列）。依照目前物价指数五十万倍，估计为数约在四百亿以上。本县财力有限，此项庞大工程费，实无法担负。除呈请省府列入三十八年度省预算，由河西水利工程处兴

① 编者按：此处原文档漫漶，不可识。

② 编者按：此处原文档漫漶，不可识。

修，以顾实际，而利民生外，电请查照为荷。仰知照。

县长袁第锐

民国三十七年八月□□

明德村公民杨仓新等就推选刘佩颜崇仁水利主任事给平川乡实乡长的呈文

1948 年 12 月 29 日　　张 3-127

为呈报备案加委事：

窃缘本村水利事项曩由总甲主办，厥后总甲制度取消，乃设首席保长办理。各目虽殊，职责则同。兹于本年冬至节，经保民会议将首席保长名义取消，改设水利主任一员，以资承办而符名实。并经当众推选刘佩颜充任。查该员在地方服务百姓有年，颇著劳绩，委以斯职定能胜任。理合具文呈请钧所电鉴备查，俯予加委，以专责成，实为公便。谨呈平川乡乡长窦。

明德村公民　杨仓新（印）　张肇普（印）　杨佩鼎（印）

张明文（印）　刘积宽（印）　贾永怀（印）

张生宪（印）　李玉瑞（印）　王希贵（印）

贾登年（印）　杨泰新（印）　刘不德（印）

刘佩芳（印）　采生俊（印）

民国三十七年十二月二十九日

临泽县政府就五眼渠另改渠道事给昭武乡五眼渠水利办事处的训令

1948 年 10 月 11 日　　张 2-291

临泽县政府西字第 971 号

昭武乡五眼渠水利办事处

为令饬“该渠另改渠道”一案，仰转照由：

1. 案查该渠民众代表樊集凤等前呈“转请另改渠道”一案。谨以三（37）申字第一八一号公函“请高台马尾湖水库工程处派员来县指导”去后。

2. 兹准水利部河西水利工程处张掖工程区张（37）申字第三三号公函□，入原文。

3. 仰该渠知照，先行赶作改善渠道为要。

县长袁

民国三十七年十月十一日

临泽县昭武乡九眼渠五眼渠查勘报告书

1948 年 8 月　　张 2-291

一、总述

1. 形势

九、五眼渠之水源均系泉水，同出自沙河乡蓝宋村之草湖。草湖在甘新公路里程碑551之北侧，约半公里处，地当梨园河山麓灌溉区之末端。泉源与山麓区耕地紧接，地下水源旺盛，地势由南而北渐次降下，该两渠灌田16,000余市亩。

2. 九、五眼渠之现况

渠名	流率/(公方/秒)	灌溉面积/市亩	泉源现况	渠道现况	用水情况
五眼渠	0.124	8552.0	泉眼太高，年久失修，多已湮没。	1. 渠道弯曲甚多，几无6公尺长之平整渠道，水草密生。 2. 距泉源约1.5公里之柳家湖，分水闸闸底太高，渠坡遂小，水流滞塞。	田多水少，年有旱荒。
九眼渠	0.884	7999.7	泉眼甚低，出水极旺盛。	渠水流速甚快，泉源多因水流冲刷日渐淘深。	水充足，间有引水灌湖以长牧草者。

注：灌溉面积系根据县府之统计数字，见附表（略）。

九眼渠水量充足，而五眼渠则时生荒旱，故而纠纷多端。目前五眼渠之水权，可自由买卖，以致发生不均现象，于是纠纷甚益。

3. 地质

九、五眼渠之泉源出处，系一已干涸之草湖。该湖因地下水接近地面，间忽有地下水露头，故地面较低处呈沼泽状态。地表面有腐质土一层，色黑味臭，尚杂有蚌壳。故断定其前期为木草丰盛之湖地，疑殆无疑问。又该湖南端，紧接梨园河山麓灌溉区，此部为泉水灌溉区。窥其形势，该湖当梨园河冲积扇之边缘，故此处地下水来自梨园河毫无疑义。且泉水之盛衰，恒视梨园河水流率之大小为定，亦为有力之明证。

4. 农作概况

该地农作概况亦如河西各地，然夏日以小麦为主，秋以糜谷为主，间有棉作，果园亦多。农家手工纺织业极为普遍，农村经济情况比较良好。

5. 历史

据当地人谈五眼渠开辟较早，初期水极旺足，及至九眼渠出现后，九眼渠水量日大，而五眼渠水量逐渐减少。但两渠开辟之确切年代则无从考借。

二、计划

6. 计划概要

九眼渠水旺流急，现有田亩用水充足而有余，无须加工修治。而五眼渠及泉若不及早加工修，治势必湮没。故本计划针对五眼渠之现况，举出治理之大要三端，兹分述于后。

（1）拆除柳家湖分水闸。该闸离泉源约1.5公里，因灌溉田亩较高，故闸底亦高，遂造成挖制点使渠坡减小，水流不畅，以致渠内水草丛生。流速与水草相因相成，形成目前之恶劣情况。今者治本之道首为加大渠坡，故柳家湖水闸必须拆除。该闸所灌田亩，可另开新渠一段，向上游引水，当无问题。

（2）渠道裁弯取直。目前之五眼渠，迂回曲折，几无六七尺长之平直渠道，损失坡度极大。今将旧渠裁弯取直，则渠坡定可增大2—3倍。此项办法工简利大，最宜先行。

（3）深浚旧泉增开新泉。旧有泉眼年久失修，复因渠流不畅，将届湮没，极宜即时浚修，宽辟深挖，以增水量。

于旧泉眼之东侧，可新开东西走向之截水沟一道，深2.5公尺，底宽1.0公尺，边坡1.5∶1，长300公尺。按当前旧泉之出水情况，当可增加流率0.1—0.15公方/秒。

总计该泉现有流率为0.124公方/秒，浚修旧泉可增流率0.02公方/秒，增开截水沟可增流率0.11，共可得流率0.254公方/秒，则供给6,500市亩之灌溉用水当无问题（该渠原有灌溉面积8,500余亩，其中2,000亩应划归九眼渠灌溉）。

7. 施工方式及步骤

此项工程全部，系挖土方，极易办理。故拟由张掖工程区派员，指导该渠受益田户集工完成。此事曾与当地人士恳切商谈，但因与会者人数极少，仅表赞同，未商定具体办法。似非由县府及当地水利委员会督促倡导，方可成事。

施工程序谨按该渠现况，田多荒芜，民力微薄，拟分别缓急，分两期完成较为妥善。兹列表如下。

期别	工程名称	开工日期	完成日期	工作天数	理由及利益
第一期	拆除柳家湖水闸	1948年9月	1948年10月	40	不误农田用水
	渠道裁弯取直	20开始	月底完成	40	利用农闲工作
	浚修旧泉	—	—	40	
第二期	新开截水沟及输水沟	1949年4月1日	1949年5月15日	45	

三、预算

8. □修工程

第一期工程轻而易举。拟列为本年□修工程，由民工自行完成之。仅需派员决定渠线，故不列入估算内。

9. 增开水源工程

第二期工程截水沟挖3,562.5土方，输水沟挖4,906.5土方，合计8,469土方。因系征工完成，故又不计价。

四、增益

10. 五眼渠因水量不足，田多荒旱，今水量增大，则所有熟荒无需加工，即可变为良田。而全部工程约仅挖方二万公方，且地势有利，水源丰足，故举办后利益之大，自不待言。

五、结论

11. 结论

五眼渠因水量不足，故有与九眼渠争水之纠纷发生。今就本计划实施以后，五眼渠水既足用，则纠纷必于无形中消除。且以该地形势有利，最宜于兴办大规模之地下引水工程。今先举办简单之整修工程，俾便详细研究察地下水之情况，以为将来从事大规模工程之准备，亦未当不为有利之措施也。

水利部甘肃河西水利工程处

民国三十七年八月

临泽县政府就发九眼渠五眼渠水利纠纷解决办法及均水议定书给昭武乡公所等的训令

1948 年 11 月 2 日　　张 2-291

临泽县政府戌字第 1174 号

昭武乡公所、九眼渠水利办事处、五眼渠水利办事处：

为令"发九眼渠五眼渠水利纠纷解决办法"等件仰遵照由：

1. 奉甘肃省政府九月二十九日水三（37）申字第三二〇〇号训令"抄发河西工程处张掖工程区，拟具本县九、五渠纠纷解决办法及查勘报告书。饬遵照办理"复奉武威之区专署武二水（37）西艳电"派视察王政前来参加，会同办理各"等因。

2. 查专署视察王政于十月三十一日到达本县，本府即于十一月一日召集九、五眼渠双方负责代表、昭武乡乡长及本县水利委员会各委员，在本府开会解决。经会议结果"已将省令解决办法第五条，该归部分通过"，并当会决定"均水议定书"。上项所有，各该渠代表均愿接受，并全体署名。除五眼渠兴工淘浚泉源、改修渠道等工程，由该渠于本年冬水期间，积极征工办理，并将水规从新定报府核定后，公布施行外。

3. 兹将省令"解决临泽县九、五眼渠水利纠纷办法"及此次会议决定之"临泽县九、五眼渠均水议定书"，随令各抄发一份。

4. 仰遵照办理。

县长袁

民国三十七年十一月二日

处理意见（批眉）：

要件。

应另办文，函请张掖区派员勘测新开渠道工程。

第锐

十一月五日

五眼渠民众代表王家齐等就五眼渠民与九眼渠水利纠纷事给临泽县政府的呈文

1948 年 11 月 9 日　　张 2-291

为呈请函达事：

窃因五眼渠民与九眼渠水利纠纷一案，业蒙钧府会议解决。该九眼渠每十日之内给五眼渠灌溉二昼夜，此实县长再造之恩赐，民之幸福也。然则虽说有水，惜乎沟道不通，倘再迟延，愈渐天寒地冻，实难挖掘。民等只得联名呈请县长，电鉴函达水利工程师派员前来勘测指导，以便开沟。实沾德便。谨呈临泽县县长袁。

呈请人五眼渠民众代表　王家齐（印）　向士林（印）

柳兴铎（印）　田树善（印）

蒋万勤（印）　刘得生（印）

柳兴栋（印）　田兴儒（印）

民国三十七年十一月九日

处理意见：

拟准，再函张掖工程区即速派员来县勘测，并批示知照。

如拟。

第锐

十一月九日

临泽县政府就函请水利工程处派员勘测渠道事给五眼渠民众代表王家齐等的批示

1948 年 11 月 10 日　　张 2-291

临泽县政府戌字第 1223 号

昭武乡五眼渠民众代表王家齐等

据呈“函请水利工程处派员勘测渠道”一案，仰知照由：

1. 十一月九日呈悉。
2. 已函河西水利工程处张掖工程区派员来县勘测。
3. 仰知照，并预为准备一切。

县长袁（印）

民国三十七年十一月十日

临泽县政府就请派员莅县勘测渠道事给河西水利工程处张掖工程区的公函

1948 年 11 月 10 日　　张 2-291

临泽县政府戌字第 320 号

河西水利工程处张掖工程区

函请派员莅县勘测渠道请查照由：

1. 查关于本县五眼渠东、西沙滩及王家南庄子一带田地，改归九眼渠灌水。及其新开渠道工程一案。前于十一月五日，以三（37）戌字第三一三号公函“请贵区派员莅县勘测”在案。

2. 兹复据五眼渠民众代表王家齐等八人呈称，入原文。

3. 请查照惠予即速派员前来勘测，以利进行为荷。

县长（印）

民国三十七年十一月十日

临泽县政府就昭武乡九眼渠民众代表祁夫锡等呈请另行召开会议事的批示

1948 年 11 月 13 日　　张 2-291

临泽县政府戌字第 1228 号

昭武乡九眼渠民众代表祁夫锡等二十二人

据呈请“另行召开会议”一案仰知照由：

1. 本年十一月九日呈悉。

2. 兹核示□□：（1）该民等如对省府训令尚有不了解之处，兹抄发省府原令及附件各一件，仰遵照；（2）均水部分，系遵照省令办理，并经会议通过，不容变更；（3）重行召开会议□此必要；（4）果有难言之隐，可推代表一人来府面陈。

3. 仰知照。

县长（印）

民国三十七年十一月十三日

处理意见（批眉）：

此件发交昭武乡公所转。

十一月十五日

昭武乡五泉保民众樊集凤等就函请水利工程区届时派员前来指导浚渠开源事给临泽县政府的呈文

1948 年 9 月 8 日　　张 2-291

为呈请函请水利工程区届时派员前来指导浚渠开源事：

查昭武乡五泉渠，前有高台马尾湖水库工程处吴工程师亲至泉源勘察后，建议另改渠道，新浚泉源，可能增加水量，民等甚为赞成。今召开保民大会决定“从古八月十五日（即国历九月十七日）起开工，另改渠道，新浚渠源。理合，具文呈请钧座鉴核，俯准函请水利工程区届时派员前来指导。实沾德便。谨呈临泽县县长袁。

呈请人昭武乡五泉保民众代表　樊集凤（印）　向其贞（印）　张应忠（印）

向其才（印）　李贞荣（印）　樊村林（印）

樊增盛（印）　熊高山（印）　宋丕鸿（印）

李国正（印）　田生贵（印）　刘德新（印）

张　荣（印）　刘峻德（印）　向其有（印）

王世桂（印）

民国三十七年九月八日

处理意见：

转函高台马尾湖水库工程处，届时派员来县，前往该渠指导，并批示。知照。

九月十一日

临泽县政府就转给昭武乡请派员来县指导开渠事的批示

1948 年 9 月 14 日　　张 2–291

临泽县政府申字第 771 号

昭武乡五泉保民众代表樊集凤等

据呈“转请派员来县指导开渠”一案批示，知照由：

1. 九月八日呈悉。
2. 已转函高台马尾湖水库工程处届时派员来县，前往该渠指导办理。
3. 仰知照。

县长袁（印）

民国三十七年九月十四日

处理意见（批眉）：

速件。

九月十五日

临泽县政府就派员来县指导五眼渠改修渠道事给高台马尾湖水库工程处的公函

1948 年 9 月 14 日　　张 2–291

临泽县政府申字第 181 号

高台马尾湖水库工程处

函请“派员来县指导五眼渠改修渠道”一案由：

1. 本月八日据本县昭武乡五泉保民众代表樊集凤等呈称，入原文。
2. 请查照，届时惠予派员来县，前往该渠指导办理为荷。

县长袁（印）

民国三十七年九月十四日

处理意见（批眉）：

速件。

九月十五日

高台马尾湖水库工程处就派员赴渠指导新渠开建事给临泽县政府县长的公函

1948 年 9 月 20 日　　张 2–291

贵府公函敬悉。五眼渠即时兴工，弟闻之欣甚。刻因弟前查勘后，撰定之治理办法三项，呈呈局核示，尚未奉到覆令。又以工区人员均在工程处内，赶修马尾湖工程，更分配两队出外测量，故不克即时派人前去协助，一俟短期内测量完备，当即着人前去。惟即时去人与否？并不影响五眼渠之工进。按五眼渠之治理，分四步进行：即淘浚现有泉眼，渠道裁弯取直，改良柳家湖水闸，及加开截水沟四步。在工区派员未到达前，请先着负责人督导民工，将现有之泉眼悉数宽掘辟挖，并将水渠裁弯取直，水渠□以直线利。该两项工作请先赶办。关于改良柳家湖水闸及加开截水沟事，派员到达后，再行着手。如此既不影响工进，后可按步完成之，为妥宜之策。又三清渠上之小新渠石渡槽事，目前黄局长表示该工程应由三清渠备料，无论木石，处方仅负责指导。顷□周主任函请，已通知三清渠受益田民矣。谨此奉闻，即向公祺。

弟吴尚贤上

民国三十七年九月二十日

处理意见：

转三科办并函复。

第锐

九月二十五日

临泽县政府就五眼渠先行疏浚泉源并改修渠道事给昭武乡五眼渠水利办事处的训令

1948 年 10 月 8 日　　张 2-291

临泽县政府西字第 970 号

昭武乡五眼渠水利办事处

为令“该渠先行疏浚泉源并改修渠道”仰遵办由：

1. 案查关于该渠与九眼渠均水纠纷一案，前曾由本府派员，会同高台马尾湖水库工程处吴工程师，前往实地勘查，并请该处就近派员来县指导兴工在案。

2. 兹接吴工程师九月二十日函称（顷接贵府公函，入原文，之为妥宜之策）等语，除函覆外。

3. 仰该渠遵照，督饬民工先行疏浚泉源，并改修渠道为要。

县长袁（印）

民国三十七年十月八日

临泽县政府就督饬三清渠兴修小新渠石渡槽事给高台县政府的公函

1948 年 10 月 11 日　　张 2-291

临泽县政府西字第 223 号

高台县政府

为函请督饬三清渠兴修小新渠石渡槽由：

1. 查关于三清渠上之小新渠石渡槽，依照三十三年原订合约，应由三清渠负责兴修石涵洞，以欺永久。以所建临时木渡槽，时经四年，木料腐朽，漏水甚烈，影响小新渠浇溉。并经贵县马尾湖水库工程处派员勘查属实，惟迭经函催，迄未建修，除请省府核办外。

2. 请查照督饬三清渠，迅予筹款兴修，以利小新渠水利，而准两县人民感情。并希见覆为荷。

县长袁（印）

民国三十七年一月十一日

临泽县政府就请速派员来县参加解决水利纠纷事给第六区专署的电报

1948 年 10 月 14 日　　张 2-291

为电请速派员来县参加解决水利纠纷由：

武威专员张钧鉴□密，案奉省府水三（37）申字第（3200）号训令“抄发本县九五眼渠水利纠纷解决办法，饬召集双方负责人会商解决，并由均署派员参加”等因。兹定戌东开会，特电请速派员来县指示办理。

职　袁三（37）酉□印

县长（印）

民国三十七年十月十四日

昭武乡五眼渠水利办事处就召开九五眼渠双方负责人会商解决水利纠纷会议日期给临泽县政府的请示

1948 年 10 月 14 日　　张 2-291

查本案既请武威专署及张掖工程区，派员来县指导。对□所拟会期（酉马）是否适当？拟请县长裁夺。

昭武乡五眼渠水利办事处

民国三十七年十月十四日

批示：

改为戌东。

第锐

十月十四日

临泽县政府就治理五眼渠四步办法给吴尚贤的信件

1948 年 10 月 8 日　　张 2-291

尚贤仁兄工程师勋鉴：

奉手书承示，治理五眼渠四步办法，至深感佩。除饬该渠负责人，按步先浚泉源并取直渠道外，所有改良水闸及开水沟等技术工程，一俟上峰核准，仍希提前派员来县指导，俾竟全功，不胜翘企。至三清渠上之小新渠石渡槽一案，蒙兄及周主任向黄司长建议“应由三清渠备料兴工”，并蒙周主任已通知“三清渠受益田民知照此种公□”主张，实令本县人民感激不尽。如兄有□尚祈就近与冯县长及三清渠负责人接洽，及早见诸实施，以维两县人民感情，是所至祷。□此奉后顺愿勋祺。

弟袁

民国三十七年十月八日

临泽县政府就定期召开水利委员会解决九五眼渠水利纠纷并请派员指导事给水利部河西水利工程处张掖工程区的公函

1948 年 10 月 23 日　　张 2-291

临泽县政府西字 3075 号

水利部河西水利工程处张掖工程区

为定期召开水利委员会，解决九五眼渠水利纠纷，函请派员指导由：

1. 案奉甘肃省政府水三（37）申字第三二〇〇号训令开，入原文。

2. 本府定于十一月一日，召开全县水利委员会。除通知各委员及九五眼渠负责人参加会商解决，并电请六区专署派员来县指示。

3. 函请贵处派员届时莅县指导，为荷。

县长袁（印）

民国三十七年十月十四日

临泽县政府就开水利委员会以便会商解决九五渠水利纠纷事的通知

1948 年 10 月 23 日　　张 2-291

临泽县政府西字第 7076 号

案奉省府本年九月二十九日水三（37）申字第三二〇〇号训令“抄发河西水利工程处张掖工程区，拟具九、五眼渠水利纠纷解决办法，暨查勘报告书各一件，饬遵办”等因。兹定于十一月一日，召开水利委员会，以便会商解决。除电请六区专署并函张掖工程区届时派员莅县指导外，务希台端届时出席参加为荷。

罗副主任委员增华　白委员元初　高委员季良

赵委员毓瑗　杨委员含新　马委员子良

曹委员菊廷　何委员天民　李委员正品

闫委员子龙　贾委员谦善　康委员明有

李委员国正　王委员学义　窦委员天祁

县长兼主任委员袁

民国三十七年十月二十三日

甘肃省第六区专员张作谋就先行准备修新渠道将兴工呈报事给临泽县政府的代电

1948 年 10 月 15 日　　张 2–291

武二水西字第 3580 号

临泽县政府：

1. 奉省府水三（37）申字第（3200）号训令，抄发河西水利工程处张掖工程区，拟具该乡九、五眼渠纠纷解决办法及查勘报告书。饬遵照派员，会同该县政府召集双方负责人，依照解决办法速办。

2. 仰该县府先行准备，并自行决定兴工日期呈报，以便派员前往督办。

专员兼司令张作谋

民国三十七年十月十五日

处理意见：

如拟。

十月二十二日

拟电覆本县定十一月一日开会，请专署派员参加。

十月二十八日

临泽县政府就解决九、五眼渠水利纠纷案并在开会决定后兴工事给第六区专署的电报

1948 年 10 月 22 日　　张 2–291

三（37）酉回 97 号

武威专员张作谋，本月 15 日武二水（37）酉（3580）代电奉悉。九、五眼渠水利纠纷案，似应于开会决定后兴工为妥。本县定戌东开会，经以酉删电呈报在案。特再电请，届时派员来县参加为祷。

职　袁县长（印）

民国三十七年十月二十二日

临泽县政府收到来自武威派视察员王政参加会议的电报

1948 年 10 月 30 日　　张 2–291

收电 29 号自武威

临泽县：

密。三（37）酉回电悉。本署已派视察王政于酉戌前往该县参加。仰知照专署武二水

（37）酉艳电。

民国三十七年十月三十日

处理意见：

转三科即速筹备。

第锐

十月三十日

临泽县政府就召开水利委员会事给参会人员的通知

1948年10月14日　　张2-291

兹定于本月十一月一日，开水利委员会，商讨解决九、五眼渠水利纠纷案。除通知各委员参加外，仰该渠负责人等（乡长），准时来县参加为要。右通知：

九眼渠代表：田发丰　柳蔚林　祁天锡　田士英
李登举　曹茂径　李应霭　祁会林
祁居正　王学义　何之漳

五眼渠代表：王家齐　李祯荣　熊华国　蒋法生
张　荣　向士林　樊集凤　李国正

昭武乡乡长

（盖本府条戳）启

县长（印）

民国三十七年十月十四日

临泽县政府就召开水利委员会事给参会人员的通知

1948年11月1日　　张2-291

本日下午一时，召开水利委员会，解决九、五眼渠水利纠纷事宜。务希台瑞届时出席参加为荷。通知：

罗副主任委员增华　白委员元初　高委员季良　罗委员宪吾
申委员之龙　马委员子良　赵委员毓瑗　杨委员含新
闫委员子龙　窦委员泽民　李委员正品　何委员天民
曹委员菊廷　贾委员谦善　康委员明有　樊参议员集凤
张乡长之元（由祁主任干事代表）　李委员国正　王委员学义

九、五眼渠各代表

启

民国三十七年十一月一日

临泽县政府就召开水利会议事给参会人员的通知

1948 年 10 月 31 日　　张 2-291

关于九、五眼渠水利纠纷案□□□□□[①]现专员公署已派王视察，到县参加。仰各该渠代表，务于本日下午前来县城，以便明日上午开会为要。通知：

九眼渠代表	王学义（印）	田发丰	祁居正（印）	田士莫（印）
	李登举（印）	祁会林（印）	柳蔚林（印）	李应爱
	祁天锡（印）	何永源（印）	曹茂径	
五眼渠代表	樊集凤	李祯荣（印）	李国正（印）	熊华国（印）
	向士林（印）	张　荣（印）	王家齐	

民国三十七年十月三十一日

处理意见（批眉）：

要件。派专警催传。

十月三十一日

第六区专员公署视察王等就解决九眼渠、五眼渠均水会议情形及均水议定书给甘肃省政府与第六区专员公署的呈文

1948 年 11 月 3 日　　张 2-291

临泽县政府戌字第 381 号

甘肃省政府主席郭、第六区专员公署专员张

呈报“解决九、五眼渠均水会议情形及均水议定书”请鉴核由：

1. 奉省钧府九月二十九日水三（37）申字第三二〇〇号训令“抄发河西工程处张掖工程区，拟具本县九、五眼渠纷纠解决办法及查勘报告书，饬遵照办理”。复奉钧署，六区专署武二水（37）酉艳电“派视察王政前来参加督导办理”等因。

2. 王视察于十月三十一日到达本县，本府即于十一月一日会同召集九、五眼渠双方负责代表、昭武乡乡长及本县水利委员会各委员，在本府开会解决。除将本案往过详情及省令、解决办法、查勘报告书，当会宣读并由王视察□切开导外，经会议结果已将原解决办法第五条改归部分顺利通过，并决定均水办法七项。所有各该渠代表均愿接受，并全体署名。除五眼渠淘浚泉源、改修渠道等工程，由该渠于本年冬水期间积极兴工办理外。

3. 谨将解决办案经过详情，连同九五眼渠均水议定书，随文一并呈赍。

4. 请鉴核备查。

临泽县县长袁

民国三十七年十一月三日

---

① 编者按：此处原文档漫漶，不可识。

临泽县政府等就水利会议解决九眼渠五眼渠水利纠纷情形的均水议定书

1948 年 11 月 2 日　　张 2–291

一、本县九眼渠、五眼渠以后，关于均水方面事宜悉。以本议定书之规定办理之。

二、五眼渠东、西沙滩及王家南庄子一带田地一千九百九十亩零三分四厘，改归九眼渠灌水。其办法即在九眼渠原有灌水分配之八天（上号四天，下号四天）以外，均给该五眼渠东、西沙滩及王家南庄子一带地区灌水两天。共计为每十日轮流灌溉一次。

三、东、西沙滩及王家南庄子田地改灌九眼渠之水，所需另开渠口地点，由县府函请河西工程处张掖工程区派员，会同本府及两渠代表勘定，办理之。

四、五眼渠水规，应遵照省令及此次会议决定，另行改订呈报本府备查，并由本府布告。凡经新水规公布后，所有过去买卖水权契约一律无效，倘嗣后再有买卖情事发生，准由人民检举，从严惩办。

五、五眼渠东、西沙滩及王家南庄子与九眼渠界限及该区户籍是否改归九眼渠问题，由本府定期派员勘画，并举行公民投票，听取该处人民意见决定。

六、东、西沙滩与王家南庄子一带，应灌用九眼渠水之一千九百九十亩三分四厘区域，应由本府派员勘画确定。今后□沧户籍改归与否，该处人民均应与九眼渠人民，同样负担该渠水利方面各项义务。

七、本议定书，经以下各方代表当场签署即日生效。

九眼渠代表　何永源　田发丰　田士美
祁居正　王学义　柳兆盛
李懋径　李登举　何宗礼
五眼渠代表　樊集凤　李国正　樊增盛
向士林　向其才　张应敬
熊华国　王登仁　李祯荣
水利委员会委员　何天民　贾谦善　罗增华
李正品　罗□□　曹菊廷
六区专署　王　政
临泽县县府　袁第锐
武威六区专署视察　王（印）
临泽县县长　袁（印）
民国三十七年十一月二日

临泽县政府就派员莅县勘测五眼渠改归灌水区域新开渠道工程给河西水利工程处张掖工程区的公函

1948 年 11 月 5 日　　张 2-291

临泽县政府戌字第 313 号

河西水利工程处张掖工程区

为函请贵区派员莅县勘测五眼渠改归灌水区域新开渠道工程由：

1. 查本县前奉省令"关于会商解决九五眼渠水利纠纷"一案，曾于十月二十三日以三（37）酉字第三〇七五号公函"请贵区于本月一日派员莅县指导"在案。

2. 本月一日开会时，贵区未派员莅县指导，惟以六区专署派视察王政于十月三十一日到县督导办理。本府把握时机，即照原定日期开会，所有本县水利委员会各委员及九、五眼渠双方负责代表均出席参加。经会议结果，已将省令，原解决办法第五条改归部分，顺利通过，并决定均水议定书七项。均经各该渠代表全体签名接受。

3. 惟查议定书内第三项，五眼渠东、西沙滩及王家南庄子一带田地，改灌九眼渠之水，其所需另开渠口地点及渠道工程，系属技术事宜，当经会议决定仍请贵区派员，会同本府及两渠代表勘定办理。再五眼渠柳家湖分水闸拆除后，该处向上游到水灌田之渠口、渠道工程亦经另行勘测。

4. 除开会情形及均水议定书，另案呈报省府及六区专署备查外。

5. 请贵区查照派员莅县勘测，五眼渠改归灌水区域新开渠道工程，并希之覆为荷。

县长袁

民国三十七年十一月五日

临泽县参议会就解决九眼渠、五眼渠水利纠纷办法给临泽县政府的公函

1948 年 11 月 16 日　　张 2-291

泽参戌字第 334 号

临泽县政府

函请"九、五眼渠水利"一案请查照办理由：

1. 据本县昭武乡九眼渠民众祁天锡、祁天舜、田树荆、曹常经等二十四人呈称"昨开九五眼渠水利纠纷解决会议，恳请将解决办法挽留。经新定期召开以兵筹解决妥善办法，以服省令而妥民生事。查本渠昨参加开会各代表，事前既未通知开会意义，与民众之不深明二渠水利之利害，冒然当会通许。五眼渠灌水之大失代表民众之望。且县府传谕，系召开解决水利纠纷会议，一张传票又张传票，自应遵照。会议程序本照省府指令，提出合理合法之理由，当会讨论，而省府来令只指六项办法尚属可行，并未决定第五项直接施行。该代表等不在六项原办法内，求合法合理的解决，而直以第五项通许。本渠民众冤不

甘心，且此中尚有重大难言之隐，除另选代表呼吁外，特急恳钧座恤念水利关系重大，另行定期召开。民等颔遵守省府来令，并本工程师计划方针，以求合理合法解决，实不敢有违公令。

2. 函请查照办理。

议长　罗兴章

民国三十七年十一月十六日

处理意见：

本府系本省令办理，不容变更，已按呈送行批复矣。

第锐

十一月十七日

九眼渠民众李应华等就何永源等冒充代表滥用共权事给临泽县政府的呈文

1948年11月17日　　张2-291

呈为冒充代表，滥用共权，恳传究事：

查“本渠与五眼渠水利纠纷”一案，前经均府召集开会，有何永源等六人未经众选直行代表出席。致将本渠数千余口之水利生命不发言，奉送与五眼渠。回忆本渠泉水之来源，痛心愤恨，怒发冲冠。且此事实关数千余口之生命，绝不能由少数人滥用众民之生命权。俯恳将该代表传案讯究，并撤销成议。是感谨呈临泽县政府县长兼水利主任袁。

原呈人九眼渠代表　李应华（印）　曹天生（印）　祁令德（印）　祁顺德（印）
祁殷林（印）　祁天铎（印）　李椿荣（印）　郭盈仓（印）
祁天舜（印）　祁天锅（印）　何宗保（印）　祁利德（印）
牛文林（印）　牛俊仁（印）　李应虎（印）　何万德（印）
祁天尧（印）　田树棠（印）　张正升（印）　祁居礼（印）
鲁明元（印）　许兴祥（印）　王育实（印）　曹常经（印）
牛伏章（印）　蒋万金（印）　曹天和（印）　曹天合（印）
祁德林（印）　李应霭（印）　祁九德（印）　庄文彩（印）
柳兆丰（印）　张九臣（印）　牛茂仁（印）　牛成章（印）

被呈人　何永源　田发丰　柳兆盛　王学义　祁居正　何宗礼　李登举　曹懋经

中华民国三十七年十一月十七日

处理意见：

本府系奉命批□省府决定，仰体念国父民生主义之博爱精神，捐除己见，遵照勿违。

第锐

十一月十七日

临泽县政府收到兰州的电请专员就近处理事的电报

1948 年 5 月 17 日　　张 2–291

收电 01155 号自兰州

临泽县：

密。辰鱼电悉，已电请专员就近处理省政府建五辰巧印。拟候□专员处理。

民国三十七年五月十七日

临泽县政府收到派员前往处理事的电报

1948 年 5 月 21 日　　张 3–124

收电 01255 号自兰州

临泽县：

密。辰文电悉鱼　电报到已以盐电饬张专员处理。兹电吴尚贤前往临时指导，并仰□洽省府建五辰巧印。附原电稿并交三科核办。

第锐

民国三十七年五月二十一日

临泽县政府就九眼渠五眼渠水利纠纷一案办理情形给临泽县参议会的公函

1948 年 11 月 25 日　　张 2–291

临泽县政府戌字第 349 号

临泽县参议会

为函覆九五眼渠水利纠纷一案办理情形请查照由：

1. 准贵会本年十一月十六日参戌字第三三四号公函敬悉。
2. 查此案本府，系奉省令办理，并经会议通过，不容变更。已据呈径□批复矣。
3. 函复查照。

县长袁代（印）

民国三十七年十一月二十五日

甘肃省政府就解决九眼渠五眼渠均水情形给临泽县的指令

1948 年 11 月 19 日　　张 3–125

甘肃省政府水二戌字第 3442 号

临泽县袁县长

据报解决九五眼渠均水情形仰知照由：

1. 本年十一月三日三（37）戌字第三八一号呈件均悉。

2. 准予□□，并据该县九眼渠水利办事处电称“九五眼渠水利纠纷会议，县长偏怙参议员樊集凤之言，抛弃山水，强将本渠水划分该渠。钧府所核六项办法，县长不容分期遵行。斥诉本渠代表太为强制，电恳复测量该渠山水之量”。

3. 除将赍到均水议定书批示并核。来电所称山水谅系上游各渠尾水及梨园河径流，前者间有微量流水注入五眼渠，但不能切合时效，后者于沙河附近，非在秋洪时期□滴水不可引，故雨者均不足恃。本府核定六项办法一、二、三项为增加五眼渠水源；第四项为改善五眼渠均水制度，以收经济利用之效；第五项（五眼渠所灌东、西沙滩及王家南庄子一带之田地共一九九〇市亩，应改归九眼渠引灌）。本统筹增加生产，顾忌公平均水之原则，□分九眼渠部分余水，以济五眼渠目下严重之旱荒；第六项为九眼渠除增灌五眼渠属地一九九〇市亩外，尚有余水可以增垦，应节省用水，以资增产。上述六项办法，亟应同时进行，不应分期办理，尤以一、二、三、五项为先要，饬知照外。

4. 仰知照。

主席郭寄峤

民国三十七年十一月十九日

处理意见：

拟转九、五两渠知照。

如拟。

十二月三日

甘肃省政府就九眼渠民王学义等呈樊集凤不遵法令独占水份事给临泽县政府的训令

1948 年 12 月 31 日　　张 3–125

甘肃省政府水三（37）亥字第 3628 号

临泽县袁县长

据该县九眼渠民王学义等呈为“樊集凤不遵法令独占水份”一案，仰遵照前令办理由：

1. 据该县九眼渠民众王学义等呈称“呈为目无政府，抗违法令，俯恳查究事。查本渠与五眼渠水利纠纷，前经县府召开解决会议，并遵照省府所令六项办法依次施行。首先令五眼渠即时自行兴工淘浚泉源，并将渠道裁弯取直，柳家湖分水闸拆除，向上游引水灌溉。俟前三项工程完毕后，即由该渠收益田户兴修截水沟及输水沟各一道，以增水量等言。此系主席遵省府来令，提交大会，当会决议记录在卷。而樊集凤以参议员之势，目无政府，不遵法令，将以上各工程，意恶劳动，毫不举行，越章枉为，依势横行，直接率划渠道至在分水，希备不劳而得。本渠地处草湖，所有食水灌田，全依此水为命。而该樊集凤势压本渠，不遵政府明令，不求合理方式，情曲政府，直行控告手段，希图强占水份。本渠数万民众，不但于心不甘，于情于理于法实属不合。俯恳钧座电鉴查究，以维护此政府之权，而维法纪之尊严是感。”

2. 查本案前拟改府呈赍“九、五眼渠均水议定书”经于本年十一月十九日以水三

(37) 戌字第三四四二号指令准予备查。并拟九眼渠水利办事处 电“以该县长偏情参议员樊集凤之言，不遵法令办理”等情，亦经核实在案。

3. 兹拟前情除批示外，仰仍遵照前令办理并将所控参议员樊集凤不遵法令办理情形，查报凭核。

主席　郭寄峤

民国三十七年十二月三十一日

处理意见：

拟将详情呈覆之。

日期不详

甘肃省第六区专员就眼渠代表何永源等对九眼渠五眼渠纠纷解决办法有异议事给临泽县政府的代电

1948 年 12 月 4 日　　张 3-125

武二水亥字第 4328 号

临泽县政府

据呈报“解决九、五眼渠均水会议”情形仰遵办由：

1. 三（37）戌字第三八一号呈件均悉。

2. 本案经呈奉省府水三（37）戌字第三四四二号指令开“准予备查。并据临泽九眼渠水利办事处电称查九五眼渠水利纠纷会议，县长偏情参议员樊集凤之言，抛弃山水，强将本渠水划分该渠。钧府所核六项办法，县长不容分期遵行，斥诉本渠代表太为强利，电恳复查该渠山水之量”。除将赍到均水议定书批示并核，来电所称水山谅系上游各渠尾。

3. 九眼渠代表曾懋经、祁天锡、何永源等，对本案逆呈持有异议。除遵照省府指示批示知照外，仰该县遵照省府指示办理具报。

专员兼司令　张作谋

民国三十七年十二月四日

处理意见：

省府指令，已分令九、五眼渠水利办事处遵照在案。拟将办理情形呈覆。

十二月十日

如拟，并将九眼渠水利办事处负责人严加申斥，如再烦□，即以阻扰水利，危害民生，依法严办。

第锐

十二月十一日

鼎新县人民代表联名就剔除屯科陋习一律浇灌均水事给甘肃省主席郭的呈文

1947 年 7 月 30 日　　甘 38-1-114

具呈为鼎新县上西乡济急保人民代表张积善、李贤，中兴乡东升保代表张文明、葛正金，西静保代表殷丰年、王汉儒，双城保代表芮盈、李自仁等联名呈请实现剔除屯科陋习、一律浇灌均水恳祈电鉴作主，准予不分彼此、一律浇灌，以昭公允由：

缘鼎、高两县均水办法，自逊清雍正年间。当时四保尚未垦就，故未加入。随成毛、双二屯之均水陋习，相沿至今。查屯田于民国十八年一律改为民地，科地人民曾帮巨款。代表等于民国三十二年春"以全县负担按保均摊，不分旱地水田。至均水期间，决分屯科，不稍提携"等语呈请上峰剔除屯科陋习、一律浇灌均水，去后。即于本年六月十四日，奉专署专二已字第三四四号批示内开"据查该县浇灌均水，仅有屯先后科之别，并无科地不得浇灌之例。惟科地民众所有与高台分水所需工料使费，迄今并未分担，以致未能平均分水。现值政府清查地亩，办水利之际，自应重加调整，另订水规。除令该县县府，切实整顿外，仰静候该县政府饬遵可也。此批"等由。奉此，当即静候示遵，旋由县府召集屯、科代表多人，以"不分屯科平匀水利"等语，取具和平切结有案可稽。时因官民不和，以致地方兴革事宜诸多停滞。近两年以来，四保未见滴点均水分润，而屯科沿习尚存事实。查土地早已清丈完竣，配赋时又按水田分配实行有年。四保科地仍未均水例案，若不能剔除屯科陋习，则科地应按旱田配粮较为公允，是以收益少而配赋多，水分无而担负同，以致四保科地人民饥寒交迫、苦不堪言。代表等以屯科地位悬殊，再难忍受。特再沥血，呈请钧府鉴核，俯准澈底剔除屯科陋习、一律浇灌均水。至感□祷，并祈示遵。谨呈甘肃省主席郭。

上西乡济急保民众代表　李　贤　张积善　蒋宗诰
中兴乡东昇保人民代表　葛正金　张文明　余得昌
西静保人民代表　王汉儒　殷丰年　蔺兴荣
双城保人民代表　李自仁　芮　盈　李应庚
民国三十六年七月十四日

处理意见：

如拟。抄原水利事。

七月二十六日

拟令鼎新张县长查复凭夺，并批。

万里
七月三十日

甘肃省政府就鼎新县上西乡等处民呈请剔除屯科陋习一律浇灌均水事给鼎新县府的训令

1948 年　　甘 38-1-114

建水（36）未字第 5347 号训令

令鼎新县长：

据该县上西乡济急保人民代表张积善等、中兴乡东昇保代表张文明等、西静保代表殷丰年等、双城保代表芮盈等，本年七月十四日呈请“剔除屯科陋习、一律浇灌”等情。除批示外，合行抄发原呈。令仰查照具报，以凭核夺。此令。

附抄发原呈一件。

具呈人鼎新县上西乡济急保民众代表　张积善

中兴乡东昇保人民代表　张文明

西静保人民代表　殷丰年

双城保人民代表　芮　盈等

主席　郭

民国三十七年

处理意见：

本年七月十四日呈一件，呈请剔除屯科陋习一律浇灌均水由。

呈悉。已令鼎新张县长查后凭夺矣。此批。

日期不详

鼎新县上西乡第四保人民代表张积善等就实现剔除屯科陋习一律浇灌均水事给甘肃省主席的呈文

1948 年 4 月　　甘 38-1-114

呈为鼎新县上西乡第四保人民代表张积善、李贤，中兴乡第五保代表张文明、葛正金、余得昌、仲俊，第六保代表殷丰年、王汉儒，第七保代表芮盈、李自仁等联名呈请实现剔除屯科陋习、一律浇灌均水，恳祈电鉴作主，准予不分彼此、一律浇灌以昭公允事：

缘四保向称科地一居鼎新上游、三居下游，每逢芒种，即前均水时期，四保照例封闭渠口不得浇灌之恶习，相沿至今。近年民等“以水利均沾，剔除屯科积习”等语，再四呈“请各上峰剔除”各在案，迄未实现。去年秋季，民等“又以剔除屯科陋习水利均沾各情形”呈请在案。旋奉省府批示，即由县府查复核夺。又在案而前张县长忍蹈屯科纠纷祸辙，忽视此案，又未实现。但因失灌均水，而受之夏禾遭旱，收益无几，秋禾遭霜，禾粒无收之惨苦影响，实难言寓。上半年田赋已鬻妻卖子，全力交纳。今流离塞途之家，并日难炊之户，痛苦实难言。视民等即居科地，订赋时反照水田订赋，而地方一切粮款，应负仍平均分担，又无屯重科轻之可言。民等以内乱未平之际，再思忍受至今。但本年再不平均浇灌均水，不但田赋成为问题，而地方一切负担，决再不能平均分担。现值均水之前夕，只得具呈详情，再行恳请钧座电鉴作主，速予设法平均均水水利，以除屯科陋习，借昭公允。是所盼祷之至，并祈示遵。谨呈甘肃省政府主席郭。

鼎新县上西乡第四保人民代表　张积善　丁吉礼　李　贤　蒋中诰
中兴乡第五保人民代表　张文明　余得昌　葛正金　仲　俊
第六保人民代表　殷丰年　李万光　王汉儒　蔺兴荣
第七保人民代表　芮　盈　李应庚　李自仁　芮正邦
民国三十七年四月

甘肃省政府就鼎新县上西乡中兴乡民众代表等呈请实现剔除屯科陋习一律浇灌均水事给鼎新县政府训令

1948 年 5 月 27 日　　　甘 38-1-114

水三（37）辰字第 2226 号训令

鼎新县陈县长：

据该县上西乡第四保人民代表张积善等，中兴乡第五、六、七保代表张文明等本年四月呈请“实现剔除屯科陋习、一律浇灌均水”。查本案前据三十六年七月十四日据该民等呈阅。兹情经同年八月十三日，以建水（36）未字第五三四七号训令“该府查照具后，以凭核夺”在案。远未据后。合再县发原呈，仰仍悉照前令，迅即查照报凭核夺。本案已批示该代表等。

主席郭

民国三十七年五月二十七日

处理意见：

鼎新县上西乡第四保，中兴乡第五、六、七保人民代表张积善、张文明、般丰年、芮盈等，本年四月呈悉。已令鼎新县政府查照具后以凭核□矣。仰知照。

日期不详

鼎新陈世光就济急保水差张积善等截阻均水破坏水利事给主席郭的呈文

1948 年 6 月 18 日　　　甘 38-1-114

兰州主席郭×：

密。据大渠渠长张永寿报告“济急保水差张积善、议□长何希万、王忠孝等截阻均水、破坏水利”等情。当即派员调查。该民等有提前聚众破坏水规、妨害公务各罪嫌，职恐酿成事端，先行将该民等拘押在案。究应如何处理？谨电鉴核示遵。

职陈世光叩巳文印

民国三十七年六月十八日

处理意见：

查核办。

寄峤

查鼎新议长胡生儒、副议长仲希其。

送鼎新县法庭依法办理。

万里

六月十九日

鼎新县政府就如何处理济急保民截浇均水破坏水利事给甘肃省政府的呈文

1948 年 6 月 18 日　　　甘 38–1–114

甘肃省鼎新县政府鼎三建（37）巳字第 889 号代电

甘肃省政府主席郭：

一、据大渠渠长张永寿报告“济急保水差张积善，保长何希万、王忠孝等截浇均水破坏水利”等情。

二、当即派员调查，该民等确有提前聚众破坏水规、妨害公务各罪嫌。

三、职恐酿成事端，先行将该民等拘押在案。究应如何处理？谨电鉴核示遵。

代理鼎新县县长　陈世光

民国三十七年六月十八日

处理意见：

□□案。

六月三十日

高台县政府就水权登记费征收标准事给常明乡公所的训令

1947 年 3 月 18 日　　　张 2–416

三（37）寅字第 615 号

令常明乡公所：

查水权登记费征收标准。经呈奉甘肃省政府水三（37）寅字〇一五三指令开“据该府呈请核示水权登记费标准”一案，并经电鉴水利局，本年二月十一日兼代电开“若查水权登记应征各项费用，□高标准，□水利委员曾于三十五年十二月间呈奉行政院□京四字第二二七五号指令‘准予提高五十语’。当时并经行政院，通令‘各省市政府遵照各在案。兹准前电相应抄同水利权登记费，提高五十倍征收。对照表复请查照为荷’等由。合行抄发对照表，令仰遵照”等因。奉此除分令合行抄发原表一份，仰该乡镇长遵照迅即督饬所属各渠负责人员来府办登记费，绩以重水权为要。此令。

县长　冯周人

民国三十六年三月十八日

处理意见：

转饬所属各渠负责人员，来县府办理登记手续。

三月二十四日

临时用水执照费	临时使用权登记费	阅览费	抄录费	水权状费	水权移转变更清减登记费	水权登记费	收费□□	水权登记费提高五十倍征收对照表
50	100–300	5	10	100	同右	100–300	原定征收额	
2500	5000–15000	250	500	5000	同右	5000–15000	提高五十倍征收额	
							备考	

高台县政府就指导定宁渠首人选派代表依期建修纳新号渡水槽事给常明盛乡长的训令

1948 年 7 月 9 日　　张 2–416

三（37）卯字第 857 号

常明乡长盛友聪

为会饬“指导定宁渠首人选派代表，依期建修纳新号渡水槽”一案仰遵照由：

1. 据该乡纳新号民众代表闫文浩、蒋玉汉等呈“以本渠跨越定宁渠之渡水槽，上年奉令建修时，比因灌溉冬水后，天寒地冻，无法施工，未曾修竣。现以春暖解冻，渠民等拟于农历三月初四日开工，恳请届时派员莅场依照成案监视建修，以维水利”一案。

2. 应由该乡长指导定宁渠受益农户，推选熟练水规之人士三人或五人，定于本月十三日（农历三月初五日），率往工地，会同本府派员，依照成案监视修竣。

3. 本案已饬纳新号代表，先行拆除破废材料，听候监修。

4. 仰即遵照依限赶办，准时到达。

县长　冯周人

民国三十七年七月九日

处理意见：

遵办。

四月十二日

甘肃省政府就会同临泽小鲁渠高橙槽修理事给高台县政府的指令

1949 年 5 月 17 日　　张 2–343

建五（38）辰字第 1812 号

高台县冯县长

据呈复“会同临泽小鲁渠高橙槽修理情形”仰遵照指令办理由：

1. 本年五月五日三（38）辰字第九六一号呈件均悉。

2. 会商决议“本年暂行更换木板一块”情形，准予备查。函“以后修理或改建石质工程，请由本府拨款办理”一节，查河西水利专款，历年均未按照预算拨列，本府亦无款可拨。且该项渡槽系属局部人民受益，其费用应由受益暨有关者负担。但于本年四月十八日以水二（38）□字第三九七五号训令饬遵在案，应仍遵照前令，会商自行筹款办理。

3. 兹并据临泽县政府，本年五月三日呈请“仍由该县丰稔渠负责修理，未便，由该县小鲁渠负担工款”等情。除指令本年暂行更换木板一块，应照会商决议案办理。□以后修理或改建石质工程，仍由两县会商自行筹款办理外，并仰知照。

主席　郭寄峤

建设厅厅长　骆力学

民国三十八年五月十七日

处理意见：

饬丰稔渠水利渠长遵照。

周人

五月二十四日

高台县政府就指示会同临泽小鲁渠高橙槽修理事给丰稔渠水利渠长权虞廷等的训令

1949 年 5 月 26 日　　张 2–343

三（38）辰字第 1203 号

丰稔渠水利渠长权虞廷、郭禄林

为奉令“指示会同临泽小鲁渠高橙槽修理情形”一案，仰知照由：

1. 查“奉令会办临泽小鲁渠高橙槽修理情形”，经呈奉甘肃省政府建五（38）辰字第一八一二号指令“（1）本年五月五日三（38）辰字第九六一号呈件均悉。（2）入原文。（3）□□□□□[①]”知照。

2. 仰该渠长遵照，并转各水董一体知照。

县长　冯周人

民国三十八年五月二十六日

甘肃省政府就丰稔渠修理小鲁渠渡槽事给高台县政府的训令

1949 年 4 月 18 日　　张 2–343

水二（38）印字第 3975 号

高台县冯县长

据临泽县政府请令“该县丰稔渠修理小鲁渠渡槽”一案，仰会商筹款办理由：

1. 据临泽县政府本年四月四日呈称：“一、案据本县小鲁渠民众代表曰光昌等八人，

① 编者按：此处原文档漫漶，不可识。

本年三月十四日呈称‘为呈请函转高台县政府，令饬丰稳渠修理高橙槽，以维水利成案事’。本县属小鲁渠开自明朝万历年间，渠线由南而北。至清朝年间有高台人民新开渠一道名曰‘丰稔渠’，渠线自东而西。水道相交之处将小鲁渠挖切两段，不能通水。当时双方兴讼数年不休，经两县县官订立水利成案。有该渠在挖断之处修□□□□□[①]名曰‘高橙槽’，只用木板作成沙毡，铺底黄蜡灌缝□□□□□□□□□[②]，有该渠自行修理。春修冬拆，开水□□□□□[③]，该渠派夫二名巡查，以防冲倒，双方同意订立成案。历年照旧相案□□。迄至三十三年开水前，有该渠呈请水利工程师将橙槽下部，用石条修成，而上部仍用旧板作就，两岸码头皆用土筏压制，嗣后该渠自以为再不修理。至三十四年橙槽木柱被乞儿偷攀两个，木板四散不能通水。民等一再呈请临泽县前任黄县长函转高台县政府令饬‘该渠照案修理’，当经高临两县县长及水利工作站谭主任其芳亲临查实，新订水利案件呈报甘肃省政府核准。并有临泽县政府俯察有案，其案如下：（1）自三十三年修复后约可保固三年，三年后由省政府令饬水利林牧公司转令□□工作站，将槽底槽帮一律改为石质，以资经久。（2）三年内若有损坏情事，由小鲁渠备料，丰稳渠备工。查此槽修复后，已经经过四年，下部石槽，去年已经颓倒四散，该渠并未照案修理，本年再若不修，影响全部工程非浅。民等只得具情呈报钧府鉴核函转高台县，令饬‘该渠备工速修’，并请转报省政府令饬‘水利工作站督导一律改修石质。民等不胜祈祷，待命之至。谨呈’等情一案。二、若该民等所称各节均属实情□□□□□[④]。三、复鉴核俯准令饬‘高台县政府转饬丰稔渠刻速征工修理’，并请钧府令饬‘水利工作站派员督导以维水利’”。

2. 查临泽县之小鲁渠，跨该县之丰稔渠渡槽□□，已有多年。三十三年曾由前甘肃水利林牧公司张掖工程站，拨款建为石台木槽。又因木槽被窃损坏，双方争执，复由张掖工程站拨款修复，并订定解决办法五项，经本府核准施行在案。其中第一条为自三十三年修复后，约可保固三年。三年后由省府饬“水利林牧公司转令张掖水利工程站，将槽底槽梆一律改为石质以资经久”等情。查河西水利专款，历年均未依照预算拨列，本府亦无款可拨。且该项渡槽系属局部人民受益，其费用应由受益暨有关者负担。

3. 仰由该府会同临泽县政府，召集该县丰稔渠负责人与小鲁渠负责人，会商自行筹款办理。至技术方面，已电请河西水利工程处张掖工程区派员指导，并仰遵洽办理，仍将办理情形复查。

4. 本案已指令临泽县政府给办。

主席　郭寄峤

委员兼委员长　丁宜中代拆代行

民国三十八年四月十八日

---

① 编者按：此处原文档漫漶，不可识。

② 编者按：此处原文档漫漶，不可识。

③ 编者按：此处原文档漫漶，不可识。

④ 编者按：此处原文档漫漶，不可识。

处理意见：

定期派员前往临泽县府，会同召集丰稔小鲁两渠负责人，商筹工款。并函张掖水利工程区同时派员勘查，估计工程数量，以利进行。并将筹办情形呈复核查。

四月二十六日

高台县政府就遵令会办临泽县小鲁渠高橙槽修理事给甘肃省政府的呈文

1949 年 5 月 5 日　　张 2-343

三（38）辰字第 961 号

甘肃省政府主席郭

为呈复“遵令会办临泽县小鲁渠高橙槽修理情形”一案，请钧鉴核查由：

1. 本年四月十八日水二（38）卯字第三九七五号训令奉悉。

2. 遵即分函张掖水利工程区及临泽县政府，拟定四月二十九日会商办理。同时令派本府科长范立贤，会同周工程师颂，率领丰稔渠水利渠长权虞廷等，准时前往临泽商办。之后旋据范科长报告，查该橙槽南梆上层木板北段损坏，长约三市尺，厚二市寸，其余材料均属完整。当同周工程师，前往临泽县政府，由袁县长主持召集小鲁渠民众代表白光昌等及丰稔渠水利人员开会商讨，决议“本年暂行更换木板一块，由张掖水利工程处派员监修，所需工料由高台丰稔渠负担五分之四，小鲁渠负担五分之一。至以后修理或改建石质工程，由临、高两县政府呈请省政府拨款办理”等情。附呈会议记录一份，到府。兹谨抄会议记录一份，随文附赍。

3. 请钧鉴核查。

县长　冯周人

民国三十八年五月五日

临泽县政府就丰稔渠修理本县小鲁渠高橙槽以维水利事给高台县政府的公函

1949 年 4 月 22 日　　张 2-343

三（38）卯字第 0110 号

高台县政府

为函催迅饬“丰稔渠修理本县小鲁渠高橙槽，以维水利”请查照办理由：

1. 案据本县小鲁渠民众代表白光昌等八人本年四月十九日呈称“为呈请出票传案，勒令照案修理高橙槽，以维水利成案事”。查本渠高橙槽之修理及成案详情，民等业经呈请函转高台县政府，令饬“丰稔渠照案修理”在案。目前该渠渠夫转眼挖至渠口，从槽经过，并未照案修理，橙槽码头业已颓塌不堪。该渠于立夏前十日（四月二一四日）即予开水，水若开渠，更难修理。该渠办水人员故意破坏成案，违抗政府法令。况水利成案绝对守旧，政府早有明文规定。民等迫于无法，只得具文呈请钧府鉴核，准予将该渠办水人员出票传案，限期照案修理，以维水利成案（该渠办水人员现住县属蓼泉镇仁德保丰稔渠庙）。

2. 查此案前以三（38）卯字第〇〇九二号公函请查照办理在案，迄未见复。

3. 兹据前情，除就近票传丰稔渠办水人员来府证明。务于开水前，限期修理，并呈请省府核示外。

4. 请查照办理，并希见复为荷。

县长　袁第锐

民国三十八年四月二十二日

处理意见：

遵照省府指示，派员前往临泽县政府，会商办理。

周人

四月二十三日

临泽县政府就丰稔渠于立夏前将小鲁渠高橙槽修理完善以维水利事给高台县政府的公函

1949年4月27日　　张2-343

三（38）卯字第0115号

高台县政府

为函请贵府速饬“丰稔渠于立夏前，将小鲁渠高橙槽修理完善，以维水利，并希见复”由：

1. 查“关于贵县丰稔渠依照旧规修理本县小鲁渠高橙槽”一案，前曾以三（38）卯字第〇〇九二号及第〇一一〇号公函请查照迅饬该渠办理在案，迄未见复。

2. 经于本月二十二日就近票传小鲁渠代表白光昌及丰稔渠渠长权余亭等到府询问结果，据小鲁渠白光昌供称“本渠高橙槽依照过去成案，历由高台丰稔渠修理。惟自三十四年修理后，迄今四年，再未补修。现渡槽木板已腐朽一块，有漏水之虞，且南岸码头亦已倾颓。虽经民等事前通知，但高台丰稔渠办水人员置之不理，本渠开水在立夏日（五月六日），倘于开水前不能修好，本渠就要受旱”等语。

3. 复讯据丰稔渠全余亭供称“本渠开水在四月二十三日，关于修理小鲁渠高橙槽一案。过去成案确有本渠负责，但本年并未奉本县县政府命令，故未修理。现渡槽木板虽然腐朽一块，并由二寸宽漏缝一条，南岸码头亦略有倾斜，本渠情愿出夫将码头修好，至于更换渡槽木板一节。我们办水人员不敢决定，应俟召集全渠代表，开会商讨后，方能答复”等语。

4. 查小鲁渠高橙槽水利纠纷一案。前奉甘肃省政府三十四年八月十日建二水未字第五六二八号代电尾开“（1）此次修复后，约可保固三年。三年后由省府饬水利林牧公司，转令张掖水利工程站，将槽底、槽梆一律改为石质，以资经久。（2）渡槽看管，由小鲁渠受益农户负责。其有故意破坏者，看管人得送请临泽县府惩办。（3）三年内木渡槽若有损坏修理情事，由小鲁渠备料，丰稔渠备工，以尽其各尽之义务。（4）渠槽宽、深各度，均以现有度数为准，不得意为变动，以享其各享之权利”等因。现已逾三年，水利工作站并未将渡槽一律改为石质。且损坏木板一块，系自然腐朽，应乃照旧章，由丰稔渠负责修理。况渡槽与码头彼此有连带关系，若丰稔渠仅愿补修码头，而不愿补修渡槽，显系避重就轻，借词推诿。

5. 又前奉省府三十六年四月二十四日建水（36）卯字第二七八四号训令略开“河西水利工程在十二年计划未完成以前，所有各县水利规章务须咸依城规，照旧办理，不准稍有更张，以免发生纠纷，而免农田受旱”等因。小鲁渠高橙槽在未改修石橙槽以前，自应仍照城规，由高台丰稔渠修理，不能推卸责任。如仅顾及本身利益，而不顾及他人灾害，实非共存共荣与互助合作应有之态度。

6. 兹为顾及小鲁渠水利，并维系两县人民感情起见，除由本府派员会同丰稔渠办水人员先将码头修好，丰稔渠开会结束外。

7. 请查照迅饬丰稔渠，于立夏前五日（五月一日），将小鲁渠高橙槽腐朽木板，更换补修完善，以维水利而便灌溉，并希见复为荷。

县长 袁第锐

民国三十八年四月二十七日

处理意见：

并案办理。

五月三日

临泽县政府就丰稔渠速修小鲁渠高橙槽事给高台县政府的公函

1949 年 4 月 28 日　　张 2-343

三（38）卯字第 0117 号

高台县政府

函请贵府转饬“丰稔渠速修小鲁渠高橙槽”由：

1. 查关于贵县丰稔渠修理本县小鲁渠高橙槽一案。经派本府苗圃主任杜尔昌监修。去后，兹据报称“（一）奉令‘前往蓼泉镇胜利保，监督高台丰稔渠办水人员，修理小鲁渠高橙槽两岸码头，并勘查渡槽木板损坏情形’一案。（二）高台丰稔渠办水人员，业于本月二十三日，率领渠夫将该橙槽东南码头倒倾处修补完善。其余各码头亦略加整修，至木渡槽东边槽梆最上层木板一块，有长约八市尺，宽约六市寸之处，已腐朽破坏不能盛水。（三）请鉴核俯准转函高台县政府，令饬丰稔渠办水人员刻速更换木板，以便渠水流通，而利小鲁渠灌溉。”

2. 查此案迭经本府函请办理在案，迄未准复。

3. 请查照迅饬丰稔渠，于立夏前修理完竣，以维水利。并希见复为荷。

县长袁第锐

民国三十八年四月二十八日

处理意见：

查该橙槽破坏工程，业于四月二十九日，派员前往临泽县府，召集受益有关人士，会议决定修理方式。刻正修复中。并案复查。

五月四日

临泽县政府就会同解决补修小鲁渠高橙槽会议记录一份给高台县政府的公函

1949 年 5 月 5 日　　张 2-343

四（38）辰字第 0128 号

高台县政府

为函送“会同解决补修小鲁渠高橙槽会议记录一份”请查照由：

1. 贵府四月二十八日（38）卯字第九二〇号公函敬悉。

2. 当于四月三十日，会同贵府范科长与张掖工程区周主任召集小鲁、丰稔两渠负责人，在本府开会解决。经会议结果“本年暂更换渡槽木板一块，所需工料由丰稔渠负担五分之四，小鲁渠负担五分之一。以后无论补修或改建石质工程，由两县呈请省政府拨款办理”等语。通过记录在卷。

3. 除呈报省府并令小鲁渠遵照外，兹随函抄送会议记录一份。

4. 请查照办理为荷。

附会议记录一份。

县长袁第锐

民国三十八年五月五日

处理意见：

小鲁渠高橙槽，本年更换木板一块。业经依照会议决定方式修竣，呈报省府核查在案。附卷。

五月九日

高台县政府就整修渡槽事给临泽县政府的公函

1949 年 4 月 24 日　　张 2-343

三（38）卯字第 920 号

临泽县政府袁县长

为函复“会同召集小鲁、丰稔两渠负责人，商筹工款修理高橙槽破坏工程”一案请查照由：

1. 本年四月九日案准贵府三（38）卯字第〇〇九二号公函：“据以鲁渠民众代表白光昌等呈请‘令饬丰稔渠民众修理高橙槽破坏工程以维水利’一案，正拟办间，旋奉甘肃省政府水二（38）卯字第三九七五号训令‘案同前由略，以该橙槽系属局部人民受益，其修理费用，应由受益暨有关者负担’。饬令‘同贵府召集丰稔渠及小鲁渠负责人会商自行筹款办理’。至技术方面已电请‘河西水利工程处张掖工程区派员指导’。同时据丰稔渠水利渠长权虞廷等呈称‘以小鲁渠白光昌等借高橙槽破坏为由，肇事兴讼’等情到府，兹照抄原呈随函附寄。”

2. 查贵治小鲁渠橙槽破坏，关系该局水利，呈为迫切，应即从速修理。本府为顾及农田灌溉起见，兹派本府科长范立贤，率同丰稔渠负责人员，拟于五月三日前往贵府洽商办理由。

3. 复请查照，至希召集小鲁渠负责人员准时到场，以利进行。

4. 本案除饬“丰稔渠负责人员遵照依期前往参加商讨外，并函河西水利工程处张掖工程区届时派员勘查，予以技术指导”。

县长冯

民国三十八年四月二十四日

高台县政府就派范立贤会同召集丰稔小鲁渠负责人商筹工款修理高橙槽事给本府第三科科长范立贤的派令

1949 年　　张 2-343

三（38）卯字第 921 号

本府第三科科长范立贤

为“派令该员依期前往临泽县府，会同召集丰稔、小鲁渠负责人，商筹工款修理高橙槽”一案，仰遵照办理由：

1. 案准临泽县政府三（38）卯字第〇〇九二号公函：“以据临泽、小鲁渠民众代表白光昌等呈请‘令饬丰稔渠民众修理高橙槽破坏工程，以维水利’一案。旋奉甘肃省政府水二（38）卯字第三九七五号训令‘以饬会同临泽县政府，召集丰稔渠及小鲁渠负责人，会商自行筹款修理’。兹检同原卷随令附发。”

2. 仰于本月二十九日，率同丰稔渠水利渠长等，前往临泽县政府，遵照省府核定原则，会商办理，并将办理情形具报核查。

3. 本案除谕饬丰稔渠负责人员遵照外，并函临泽县政府暨河西水利工程处张掖工程区查照办理矣。

民国三十八年

高台县政府就函请派员勘查临泽小鲁渠高橙槽破坏工程事给河西水利工程处张掖工程区的公函

1949 年　　张 2-343

三（38）卯字第 922 号

河西水利工程处张掖工程区周主任

为奉令函请派员勘查临泽小鲁渠高橙槽破坏工程一案，希查照办理由：

1. 案准临泽县政府三（38）卯字第〇〇九二号公函“以据临泽、小鲁渠民众代表白光昌等呈请‘令饬丰稔渠民众修理高橙槽破坏工程以维水利’一案。旋奉甘肃省政府水二（38）卯字第三九七五号训令‘饬会同临泽县政府召集丰稔、小鲁两渠负责人会商自行筹款修理。至技术方面已电请贵区派员指导’等因，兹照抄原件随函附寄。”

2. 本府为顾及农田灌溉起见，定于本月二十九日，派员率同本县丰稔渠水利渠长等，前往临泽县政府会商办理。拟请派员会同前往勘查，随时估计工程数量。以便筹备，俾利进行。

3. 函请查照，至希派员届时来府，会同前往办理

4. 本案已饬丰稔渠负责人员，依期前往参加，并函临泽县政府查照办理。

民国三十八年

鼎新县政府就严惩常丰渠水差张生文以示儆戒而维水政事给高台县政府的公函

1949 年 5 月 26 日　　张 2–343

鼎高水（38）辰字第一号

高台县冯县长

函请严惩常丰渠水差张生文，以示儆戒，而维水政由：

查贵属常丰渠水差张生文迄今尚未到城，以致应办事项停顿，影响非浅，殊有不合。相应函请贵府训予派警提案惩办，以示儆戒，而维水政。为祷。

鼎新县县长陈世光（印）

民国三十八年五月二十六日

处理意见：

照办。

五月三十日

并案传办。

周人

五月三十一日

高台县政府就派员前往临泽县会商筹款修建小鲁渠高橙槽事给丰稔渠权渠长的谕令

1949 年 4 月 28 日　　张 2–343

三（38）卯字第 923 号

丰稔渠权渠长等

为谕饬“随同本府派员前往临泽县，会商筹款修建小鲁渠高橙槽”一案仰遵照由：

1. 案准临泽县政府三（38）卯字第九二号公函“以据临泽小鲁渠民众代表白光昌等呈请‘令饬丰稔渠民众修理高橙槽以维水利’一案。正拟办间，旋奉甘肃省政府水二（38）卯字第三九七五号训令‘案同前由’，兹照抄原令随谕附发。”

2. 本府定于本月二十九日（农历四月初三日）派员前往临泽县政府，会商筹款，从

事建修。

3. 仰该渠长等随同本府人员准时前往，并仰遵照省府核定原则洽商办理。

4. 本案已函临泽县政府及张掖水利工程区查照。

县长　冯周人

民国三十八年四月二十八日

临泽县政府就丰稔渠修理小鲁渠高橙槽以维水利事给高台县政府的公函

1949 年 4 月 4 日　　张 2-343

三（38）卯字第〇〇九二号

高台县政府

据请“转请贵府令饬丰稔渠修理本县小鲁渠高橙槽，以维水利”请查照办理见复由：

1. 案据本县小鲁渠民众代表白光昌等八人，本年三月十四日呈称“为呈请函转高台县政府，令饬‘丰稔渠修理高橙槽以维水利成案事’。查县属小鲁渠开自明朝万历年间，渠线由南而北，迨至清朝康熙年间，有高台人民新开渠一道，名曰丰稔渠，渠线自东至西。水道相交之处将小鲁渠挖切两段，不能通水。当时双方兴讼数年不休，经两县县官订立水利成案，有该渠在挖断之处修塔过水橙槽一架，名曰高橙槽。只用木板作成，沙毡铺底，黄蜡灌缝，下用木棍土筏压垫，每年有该渠自行修理。春修冬拆，开水之后，并有该渠派夫二名巡查以防冲倒。双方同意订立成案，历年照旧相安无事。迄至三十三年开水前，有该渠呈请水利工程师将橙槽下部用石条修成，而上部仍用旧板作就，两岸码头皆用土筏压，嗣后该渠自以为再不修理。至三十四年，橙槽木柱被乞儿偷拏两个，木板四散不能通水。民等一再呈请‘临泽县前任黄县长函转高台县政府令饬该渠照案修理，高、临两县县长及水利工作站谭主任其芳亲临查实，新订水利案件，呈报甘肃省政府核准。并有临泽县政府布告有案，其案如下：（1）自三十三年修复后约可保固三年，三年后由省政府令饬水利林牧公司转令张掖工作站将槽帮、槽底，一律改为石质，以资经久。（2）三年内若有损坏情事，由小鲁渠备料，丰稔渠备工，查此槽修复后，已经过四年，下部石条去年已经颓倒四散，该渠并未照案修理。本年再若不修，影响全部工程非浅。民等只得具情呈报钧府鉴核，函转高台县政府令饬该渠备工速修。并请转报省政府令饬水利工作站督导一律改修石质。民等不胜祈祷，待命之至。谨呈”等情一案。

2. 查该民等所称各节，均属实情，除呈请省政府核示外。

3. 请查照令饬丰稔渠刻速征工修理，以维水利并希见复为荷。

县长　袁第锐

秘书　仁益三代行

民国三十八年四月四日

处理意见：

饬丰稔渠民众，速征民工前往修理，并复。

四月二十一日

高台县政府就召开水利会议设法灌溉田不受旱田苗以资救济事给丰稔渠水利渠长权虞廷等的谕令

1949 年 6 月 2 日　　张 2-343

三（38）巳字第 1257 号

丰稔渠水利渠长权虞廷、郭长禄

为令饬迅即召开水利会议，设法灌溉田不受旱田苗，以资救济，并将办理情形具报核查：

1. 本年五月二十六日，丰下吴农户王文彩、陈永定、张登禄、田树岐等呈诉“丰上号陈锡珠等屡次截轮水，破坏水程，以致田苗亢旱，请依法处治”等情到府。

2. 兹抄原呈一件随令附发。

3. 仰该渠长遵照，迅即召开水利会议。文到三日内，将上、下游被旱田苗，妥议救济办法，以便开口救济灌溉。并具报核查。

县长冯

民国三十八年六月二日

王文彩等就丰上号霸据上游破坏水程截浇轮水事给高台县政府的报告

1949 年 5 月 26 日　　张 2-343

为丰上号霸据上游，破坏水程，屡屡截浇轮水事：

查“民号”为丰稔渠上四号之叔名曰“丰、上、中、下”四号，每四日一轮夜水，即“丰上号一夜，上号岔及丰岔号一夜，丰上中上一夜，丰上中下一夜”，轮流浇灌，历有陈规。自本年夏开轮起，已过三轮，每逢民号轮水，该丰上号多不遵水程。虽经民等往返巡查，该号倚渠洞居在优点，名为照例关闭洞口，其实不尽量开放，即为照规，屡次必强开多数洞口浇灌稻田。因渠身过长，民等即轮流巡查，顾此失彼无法制止。并且立夏前三天，照例上四号共同使用，亦被该号腰截，以致民号田苗受旱者，不知凡几。而该号稻田之水，则任情浇放。于农历四月二十七日，逢民号第四次末轮夜水，民等因本年气候亢旱，而又届闭口末轮，户民多人前往巡查，该号自知有己，不顾一切任性开放各洞口，不特置规例于儿戏，即钧府法令，亦视同牛毛。目下民等田禾多旱枯成灾，老幼将何生存，只得报告县长案下，电鉴作主，依法处置。则民等均沾再生之德矣。谨呈高台县政府县长冯。

原告　王文彩（印）　张登禄（印）

陈永定（印）　田树岐（印）

被告　陈锡珠　陈锡光　高吉珍

孟学礼　孟应天

民国三十八年五月二十六日

处理意见：

并案，令饬许镇长速调复批示，知照。

五月二十八日

高台县政府就请维持水利成规旧例以杜纠纷事给丰稔渠丰上号农户高才等的批文

1949 年 6 月 21 日　　张 2-343

三（38）巳字第 435 号

丰稔渠丰上号农户高才、于锦元等：

为据呈请“维持水利成规旧例以杜纠纷”一案批答遵照由：

1. 本年六月十三日呈一件“为声请维持水利成规旧例，以资灌溉，杜绝纠纷，请钧鉴核办”一案。

2. 当经传集丰上号首人高成修、候维义、候良恒、孟学仁、孟启□、于转运、郭禄林、郭瑞林，丰岔号首人陈永涛、杨震、吴九□、吴九明、等来府讯。据异口司声以丰上号南四道洞口，在使夜水时依照旧例，即上号岔及丰号岔如有夜水，其间就不能堵闭南四洞口，随流灌溉。若计论一定之规程，事关全渠问题，暂难解决”等语。

3. 仰该民等遵照旧例，使水灌溉，勿违为要。

县长　冯周人

民国三十八年六月二十一日

丰上号民众高才等就维持水利成规旧例事给高台县政府的声请书

1949 年 6 月　　张 2-343

呈为“声请维持水利成规旧例，伏乞钧府电鉴，俯赐□案，以杜纠纷”事：

缘民等高、孟、于、张四族，所有耕地，以丰稔渠支渠丰上号岔内之四个洞沟灌溉，名曰“四个高沟”。虽民等所有水份与陈永涛等同一时日，而二岔管辖使水各异。民等地属丰上号，该等地属丰岔号，是二个闸口相并平开，隔堤分流。彼此所有水份原不相混，四个高沟是随在上号岔。前该等暇禾受旱萎枯，县长垂怜，急予紧急措施，民等四个高沟塞闭，民等竭诚恪遵，极表赞同，一致闭水下流，由该号灌溉，雇活夏禾。民等恐其今后该号如若遇旱，即来塞闭民等四个高沟，而为开例，是以伏乞县长电鉴，谕饬该号仍照旧规使水，勿认紧急措施，而为开例，以维水规，而杜纷争。谨呈高台县长冯。

具声请人丰上号民　高　才（手印）　孟崇林（手印）

孟崇举（手印）　于锦元（手印）

张天有（手印）　高　明（手印）

张永举（手印）　于才运（手印）

丰岔号首领　陈永涛　杨　震　吴九□　吴九明

丰上号首领　高成修　候维义　候良亨　孟学仁

孟启□　于转运　郭瑞林　郭禄林

民国三十八年六月

处理意见：

传各该号首人，订正使水成例，批示遵守。

六月十三日

调解丰稳渠丰上号与丰岔号水利纠纷的笔录

1949年6月16日　　张2-343

丰上号首人：

高成修（五十九岁）。

候维义（六十岁）。

候良恒（四十一岁）。

孟学仁（五十一岁）。

孟启□（五十八）。

于转运（四十八岁）。

郭瑞林（四十岁）。

丰上号四洞口农户：

高才（四十八岁）。

于锦元（三十六岁）。

丰岔号首人：

陈永涛（四十一岁）。

杨震（四十六岁）。

吴九明（四十七岁）。

向上号沟南四道洞口使水，究竟随同某个单位？

上号首人候维义等声称“过去使夜水时，如果上号岔及岔号使水的时候，就不堵闭南四号洞口”。至论一定规程，这是关系全渠使夜水的问题，现在尚难解决。

民国三十八年六月十六日

高台县长就丰上民等呈使水时间过少不敷灌溉请增加使水时间事给丰稳渠水利渠长权虞廷的指令

1949年6月14日　　张2-343

三（38）巳字第1372号

丰稳渠水利渠长权虞廷、郭禄龄。

为据丰上、丰下、西湾子民众代表殷多有等呈“为派给使水时间过少，不敷灌溉，请令饬依照实际情况，增加使水时间，资灌溉亢旱禾苗”一案，仰秉公办理由：

本月九日，据丰稳渠丰下、上丰、下下、西湾子民众代表殷多有、丁□新、殷永昌等呈“为派给使水时间过少，不敷灌溉田苗，请转饬本渠水利渠长，依照实际情况，增加使水时间，以资灌溉而救禾苗”等情到府。

兹抄原呈一件，随令附发。

该渠长依照实际情况秉公办理，以下游田苗不使受旱为原则，并将处理情形报府核查。

县长　冯周人

民国三十八年六月十四日

丰下号等民众代表就使水时间过少不敷灌溉请增加使水时间事给高台县政府的呈文

1949 年 6 月　　张 2–343

为派给使水时间过少，不敷灌溉田苗，恳祈钧座饬令本渠水利渠长权虞廷等，依照实际情况，增加使水时间，以资灌溉而救禾苗事：

窃民等位居丰稔渠尾号，以渠口甚远，十年九旱，以本年亢旱万急。民等曾于上月二十九日，联名呈请钧府饬令渠长权虞廷等秉公处理在案。迨后经该渠长召集八六号人士酌议“暂行打破寅时闭口、酉时开放成案，定为昼夜巡流，任何各号不须开放洞口”。查本渠原日水规，自上至下，每次使水时间，共计二十日。上六号以位居上游，定时为六日，下两号及西湾子位居下游，定时间为十四日，此案相沿近三百年，从未更易。惟此次该渠长分配使水时间，未曾按照原日时间多寡分配。查上六号原时间为六日，此次竟分配为六日六夜，下两号原时间为十四日，此次竟派为五日四夜。似此则较过去时间悬殊更甚，下两号之田禾，实难浇灌，且于时之分配亦属欠公。恳祈钧座，赐念尾号残黎。饬令水利渠长权虞廷等。依照实际情形办理，不胜感戴之至。谨呈高台县政府县长冯。

丰下下号代表　丁万新　权立国

丰下上号代表　殷多有　靳贵年

西湾子代表　殷永昌　王全民

民国三十八年六月

处理意见：

令丰稔渠水利渠长秉公办理。

六月九日

高台县政府就本县丰稔渠水利渠长呈请追缴补修渡槽费用事给临泽县政府的公函

1949 年 7 月 21 日　　张 2–343

三（38）午字第 1678 号

临泽县刘县长

为据“本县丰稔渠水利渠长呈请追缴补修渡槽费用”一案，函请查照见复由：

1. 据本县丰稔渠水利渠长权虞廷、郭禄龄呈称“以贵县小鲁渠户民白光昌抗欺，不付修理高渡槽木料价，请派警追交，以昭公允，而维水利成规”等情到府。

2. 查小鲁渠高渡槽破坏工程，曾于本年四月三十日，遵照省府水二（38）卯字第三九七五号训令规定“经派本府第三科长范立贤，率领负责人员，会同张掖工程区周主任开会议决‘本年暂行更换渡槽木板一块，由张掖工程区派员督导办理。所需工料由高台丰稳渠负担五分之四，小鲁渠负担五分之一’。并准贵府四（38）辰字第〇一二八号公函，附送会议记录一份，案同前由”。本府业以三（38）辰字第九六一号，呈报请省府备查。兹照抄原呈一件，随函附寄。函请查照，惠予追缴小麦二市升，以息纠纷，并希见复。

县长　冯周人

民国三十八年七月二十一日

丰稳渠水利就救济丰稳渠下游各号田苗旱毙议定暂行使水规程事给高台县政府的呈文

1949 年 6 月 10 日　　张 2-343

高台县政府县长冯

为救济丰稳渠下游各号田苗旱毙，议定暂行使水规程呈报备查由：

1. 三（38）辰字第一二二五号谕敬悉。

2. 遵即召开水利会议，为救济下游田苗旱毙起见，暂行打破寅时闭口，酉时开放成案。经众决议：丰上号及丰分岔号为两天两夜，丰中上及丰中下号为两天两夜，丰下中上及丰下中下为两天两夜，丰下上号为两天两夜。西湾子为两天两夜，丰下下号为三天三夜，共为十三昼夜。并经全渠人士通过。敬请备查。

丰稳渠水利渠渠长　权虞廷　郭禄龄

民国三十八年六月十日

处理意见：

备查。

六月十三日

高台县政府就洽领补修临泽小鲁渠高渡槽工科小麦事给丰稳渠水利渠长权虞廷的谕令

1949 年 8 月 6 日　　张 2-343

三（38）未字第 1780 号

丰稳渠水利渠长权虞廷、郭禄林

为饬知“洽领补修临泽小鲁渠高渡槽工科小麦”由：

本年七月十二日，据该民等呈请“转函临泽县政府，追交补修小鲁渠渡槽工料小麦”一案。

本府当以三（38）午字第一六七八号函，转临泽县政府查照办理。去后，兹准临三（38）午字第三〇四号函复“已令饬该县蓼泉镇公所转饬小鲁渠照付”等由到府。

仰即前往临泽蓼泉镇公所小鲁渠给领，并报府核查。

县长　冯周人

民国三十八年八月六日

临泽县政府就交补修本县小鲁渠高渡槽工料费事给高台县政府的公函

1949 年 7 月 26 日　　张 2-343

临二（38）午字第三〇四号

高台县政府

准函追交补修本县小鲁渠高渡槽工料费一案复请查照由：

1. 贵府三（38）午字第（1678）号公函敬悉。
2. 当即令饬本县蓼泉镇公所转饬小鲁渠经洽照办。
3. 复请查照。

县长　刘呈兹

民国三十八年七月二十六日

处理意见：

转饬丰稔渠水利渠长知照。

八月三日

高台县丰稔渠水利渠长权虞廷就补修临泽县小鲁渠高渡槽事给高台县政府呈文

1949 年 4 月 27 日　　张 2-343

高台县政府县长冯：

查本丰稔渠位于临泽县境，自开渠迄今，该渠小鲁渠人即以本渠假道开渠，时具以上待下之心理。当本渠先辈，时为维双方情感计，该渠之高橙槽，每十五年由本渠代为施修，其间偶有损坏，则由该渠自行补修。迨后人心不古，时起纠纷。缘于民国三十三年冬，由张掖水利工作站谭主任其芳勘查，于三十四年拨款购料修理。并于是年九月十日，奉钧府建（34）申字第二五七七号训令以奉省府令内载“三年内小鲁渠高渡槽若有损坏情事，由小鲁渠备料，丰稔渠备工，以尽其各尽之义务。渠槽宽、深各度均以现有度数为准，不得意为变动。三年后由省府饬水利林牧公司转令张掖水利工作站将橙槽底、梆一律改为石质，以资经久”。本渠于本年开水时，由小鲁渠白光昌等借高橙槽码头及木板损坏为由，将本渠水利渠董桑兴基呈控于临泽县府。后经堂讯将桑兴基管押，并责成小鲁渠白光昌等，指定土筏地点，由本丰稔渠备工运修，双方将高橙槽码头修竣，所有损坏木板一块，该小鲁渠不备木料，迄未经修。当兹浚渠引水灌溉禾苗时期，请转临泽县府将管押渠董桑兴基释放，以兴渠工免误水利。恳祈转函临泽县政府依照规定，仍由小鲁渠备料，丰稔渠备工。

高台县丰稔渠水利渠长　权虞廷　郭禄龄

民国三十八年四月二十七日

处理意见：

并案函转临泽县政府查照办理，并嘱将押水董桑兴基先行释放。

周人

四月二十八日

高台县政府就丰上号高才等诉陈永涛等擅闭洞口破坏水规事给警察队长的命令

1949 年 6 月 6 日　　张 2-343

据第三科签呈"以据丰上号高才等'呈诉陈永涛等擅闭洞口，破坏水规'，请派警一名，前往将原、被告传府诉办"等情，应准照办。仰饬警□学谦，刻即前往办理。限六月八日上午十一时以前回府，不得延误。右令警察队长。

县长冯周人

民国三十八年六月六日

职王燕萍就丰下中上农户李正本呈诉丰下下户民殷尚俊之弟为诬赖浇水失手殴打事给高台县政府的呈文

1949 年 5 月 19 日　　张 2-343

本月十八日，奉钧座批文"丰下中上农户李正本呈诉丰下下户民殷尚俊之弟，为诬赖浇水，失手殴打"一案。职遵即前往该村，召集案内证人李长才、郇通、吴学忠、吴兴基等履地查勘。缘李正本之菜地约有一分地内微潮，视其沟道流水形迹，非十七日内所浇，并有李长才等证明，亦非十七日内所浇。至所称"苛去吴生才小麦二老斗"，因无确凿凭证，殊难置信。谨将查勘情形，签请钧鉴核夺！谨呈县长冯。

职　王燕萍（印）

民国三十八年五月十九日

处理意见：

殷尚俊之弟（尚林）□□借端行凶，实属无法，着集来罚办。

五月二十八日

丰稔渠丰下下等代表丁万新等就灌溉不均田苗枯旱事给高台县政府的呈文

1949 年 5 月　　张 2-343

为灌溉不均，田苗枯旱，恳祈钧座迅饬本渠渠长，于开河口时准予自下轮流灌溉，并依照成例，加派夜水，以救禾苗事：

窃本渠位居临泽县境□分八号，民等位居下号，年年亢旱。县民咸知成案，又系寅时闭口，酉时开放，以渠口窎远，虽有轮水灌溉之章则，而水未及赶到，则已又至开放时矣。若当两水广盛之年尚可免强灌溉，无如本年天久不下雨，地质亢旱，禾苗自入夏迄今滴水未见。炎炎长日，民心焦灼。查本渠上六号位居上游，已占获先行灌溉之优越享受，民等位居下游不啻形成向隅，禾苗几行亢旱枯死。同一本渠之人民，上、下灌溉之悬殊，竟然过甚。若此揆诸情理，岂谓均允？是以联名恳祈钧座，轸念下两号之灾黎，迅饬本渠渠长权虞廷、郭禄龄，于开河口时先行自下轮流灌溉，并予以加派夜，水以救禾苗。实沾德便□□□。谨呈高台县政府县长冯。

丰稔渠丰下下代表　丁万新　权三国

西湾子代表　殷永昌　王全民

丰下上代表　靳贵年　王言忌

中华民国三十八年五月

李恺等就王治坤等共同逞凶殴击重伤事给高台县政府的呈文

1949 年 5 月　　张 2-343

为共同逞凶，殴击重伤，伏乞电鉴俯准拘案，依法处罪，以维人权、而章法纪事：

查现俟本渠丰下下号之轮水，因本渠渠规历年以来，无论任何号之轮水，均以寅闭酉开为水规。民因于国历五月二十三日酉时，将洞口开放灌溉浇田，突有本号丰上中上恶霸王治坤、王治恺、王治昌、张保哇等无理强挖民之水坝。因之洞子由民扯闭，由民灌溉田苗不让该等挖断水坝，因此遂起口角。该等齐吓，手持木挺、铁铣逞凶，将民身体殴伤多处，并抢去铁铣。致伤痕部分已经司法处督员验明，附有验伤单。兹该被告不惟反水规，而且逞凶殴打，致受重创。似此情形，该恶等实属目无法纪，触犯刑法。是以呈请县长电鉴，俯予传案，依法严征，以儆刁恶。并祁追还铁铣，以伸法纪而保人权。谨呈高台县政府县长冯。

原告　李恺（住丰上中上号）

被告　王治坤　王治恺

王治昌　张保哇

证人　李　兴　陈永存

民国三十八年五月

处理意见：

准予传案讯办。

周人

五月二十五日

附：验伤单

<table>
<tr><td rowspan="4">□验官
检验员</td><td rowspan="4">右伤实用</td><td>肢指部</td><td>胸腹部</td><td>头面部</td><td rowspan="4">验得受伤人李恺，男，年二十五岁，高台人，住丰上中上号，农</td></tr>
<tr><td>右腿用木器打伤四处，青紫色，周长两寸五分，右脚腕木器打伤一处，皮破血流，周围一寸，左腿木器打伤三处，青紫色，周长各三寸。</td><td></td><td></td></tr>
<tr><td>阴阳部</td><td>背臀部</td><td>肩头部</td></tr>
<tr><td></td><td>脊背用木器打伤二处，紫，周长三寸，后腰木器打伤两处，紫红色，周长两寸。</td><td></td></tr>
</table>

丰下中上户民李振本等就殷尚林之弟逞凶殴击重伤并以浇水诬告民受冤事给高台县政府的呈文

1949 年 5 月　　张 2-343

呈为民未浇水，诬赖受冤，恳祈县长鉴核，俯准派员勘查实情，以分实虚，予以将该丰下下王某（系殷尚钧之弟）拘案依究惩，以维水利事：

情因敝渠浇水之期，以寅闭酉开。缘于本月十六日晚，民使水小沟内，有一点潮水，自上流至地头，水已无有流入菜地，约有一间地大，沟内再不见水。至十七日午后，有丰下下殷尚钧之弟人夫二十余名，巡查渠水，言说“民使水沟内，尚有水迹，菜地亦湿”，不分皂白，持手恶打，扯破衣服，并将民菜地踏踩无菜。不但诬赖，反将吴生才老斗麦二斗苛去，又打伤伊之工人。该等又扯开洞口放水中脏，且民十六日晚浇灌水已过，酉时何能犯水，十七日绝无浇地，地内皆干，水从何来？似此受冤，民难甘忍。为此，呈请钧鉴俯准将丰下下殷尚钧之弟，迅赐差提，依法严惩。并祁派员查验，而免受诬，实为公便。谨呈高台县政府县长冯。

原呈人丰下中上户民　李振本

被呈人丰下下　殷尚林之四弟

证人　李长才　郇　通　吴学忠　吴兴基

民国三十八年五月

处理意见：

呈悉。□请派员履地查验灌水形迹，表证诬赖一案。查该渠水规寅闭酉开，迄今逾时五日，究系何日灌溉似难□利，仰候传案讯办。

王科长□□速前往勘查核夺。

五月十八日

高才等就陈永涛等滥用职权越境施行管辖破坏陈规旧例事给高台县政府的呈文

1949 年 5 月　　张 2-343

呈为越境管辖，擅闭洞口、□□水规、破坏成例，请求县长俯赐法办，以维权益，而儆刁狡事：

缘民等高、孟、于、张四族，所有耕地，以丰稔渠支渠丰上号岔内之四个洞沟灌溉，名曰“四个高沟”。虽民等所有水份，时与被告陈永涛等同在一时，而二岔管辖使水所有权各异。民等地属丰上号，该等地属丰岔号，系二个闸口，名“上号岔、岔号岔”。两岔闸口相并平开，隔堤分流，彼此原不相混。四个高沟是在上号岔之渠身开洞，各自使水，遵守成规旧例。孰意农历四月二十九日，该被告陈永涛等，突率夫前来属村，仅将民等所有四个沟洞关闭，致民等所有坏苗夏禾，未见点滴之水。查上号岔不仅民等四个洞口，而所浇耕地亦不独是民等四姓所有。该等欺弱惧强，仅将民等四个洞口关闭，恃人多势众，只不许民等四沟使水。况民等地属丰上号保管辖，该等系丰岔号保头人，竟敢滥用职权，越境施行管辖，破坏陈规旧例。民等情难甘忍，伏乞县长电情作主，传案法办，以维水规，而儆刁狡。实无任屏营，恳祷鸿慈大德之至。谨呈高台县县长冯。

原告　高　才（印）　孟崇林（手印）　孟崇举（手印）
于锦元（手印）　张天有（手印）　高　明（手印）
张永举（手印）　于才运（手印）（住丰上号）

被告　陈永涛　吴九□　杨　震　吴九明（住丰岔号）

证人　孟应建

民国三十八年五月

陈永定等就上游不按水程屡次截浇轮水以致民等田苗旱枯事给高台县政府的呈文

1949 年 5 月 24 日　　张 2-343

为上游不按水程，屡次截浇轮水，以致民等田苗旱枯，报告钧府依法处制而溥水利均沛事：

查民号界丰上渠之次上下四号，五日一轮夜水，即丰上号两夜，丰岔号一夜。民等及丰岔号户民，次则丰上中上一夜，丰上中下一夜，是为四号五夜轮水，按次使用。于农历四月十六日夜，为民号第一次轮水之期，丰上号仍不按成规，竟将民号轮水，以势居上游，强行将该号附岔（名曰上号岔）开放使用。并且该号又另开四洞口，以致民等之例规夜水竟成干轮。尤以为偶尔如是，不料于二十一日夜逢民号轮水，该号复如前次并不遵规。继至昨日（二十六日夜）该号变本加厉，各洞口尽量开放，民等田苗全数旱枯，况遵照成规禁止优越。钧府早有明令公布，该号仍漠视法令，破坏成规，民等田苗旱枯，生命难存。只得报告钧府电鉴依法处制。则民等感大德于再造矣。谨呈高台县政府县长冯。

原告　陈永定（手印）　吴九明（手印）

杨　震（手印）　李万统（手印）

杨　松（印）

被告　陈锡珠　高成修　侯良亨

民国三十八年五月二十四日

处理意见：

派杜科员详查核夺。

周人

五月二十四日

高台丰稔渠水利渠长权虞廷等就小鲁渠违反诺言不付修理高橙槽木料价事给高台县政府的呈文

1949 年 5 月　　张 2-343

为违反诺言抗欺，不付修理高橙槽木料价，恳祈钧府准予派警追交，以昭公允，而维水利成规事：

情因于本年四月间，属渠兴临渠小鲁渠民白光昌等，因修理该渠渡槽事，发生争执。曾蒙钧府派员，会同临泽县府勘查，处理结果“修理高橙槽需用木料及民工暂由两渠担负，属渠认五分之四，该渠认五分之一”。业经双方承认，各无异言记录有案。属渠遵即邀请水利工程处周工程师履地勘修，并由双方派员监筑前项工程藏事，共需用木料老斗小麦一石，该渠应分担二分之老斗小麦二斗。迄今催讨阅月，该渠推延不付颗粒。虽需费无几，然而事关水利成规，万难忽视。是以具情呈请钧府电鉴，准予派警追交，以重水规而维权益，实为公便。谨呈高台县县长冯。

高台丰稔渠水利渠长　权虞廷（手印）

郭禄龄（手印）

中华民国三十八年五月

处理意见：

函临泽县政府追缴批示。

周人

七月十二日

常丰渠头首领徐自谦就巡水案详情事给高台县政府的声明

1949 年 6 月　　张 2-343

为声明巡水案详情事：

查芒种前十日，高、鼎分水之巡水案。常丰渠原随正□堡，水案内列正、常丰共人夫四十名，应负担支应鼎新县麦、豆二分，正□出夫三十六名，常丰四名，自废清雍正年间年将军订案。而至民国三十三年，因人夫及支应鼎新县费用之担负，两相发生讼事。丁前县长召集两村头人，恩予调解，从新立案。正义村出夫二十五名，属村增出民夫十一名，共十五名，各自恪遵，每年依新案出夫。此后正义村又与属村订立和约，每年常丰于巡水前交付正义村豌豆四斗，再不管支应鼎新县一切化费，而息讼争。本年正义新变花样，造具巡水出夫各村总甲名册，意欲结束花费帐后，平均分担。属村总甲送下豌豆，依成案催齐人夫来城□，至点过夫名，照例回村。正义生事无故，而报告属村总甲擅行离去，拘案羁押□办。查相传原案，正义总甲侍候鼎新县驻县随从役使，属村总甲率夫□来城至点过夫名后，即行回村不再侍候，是以详述案情。即乞县长电鉴，俯赐函请鼎新县□免处分属村总甲张生文，以维水案，而顺与情。属村实沾公德不浅矣。谨呈高台县县长冯。

具声明人常丰渠头首领　徐自谦（印）

民国三十八年六月

处理意见：

摘转鼎新县府，嗣后均水时，制止正义保负责，遵守成例。着常丰渠出夫十五名外，勿再牵扯常丰渠负责坐候县城，免滋纷扰。并令四维乡公所分转知照。

六月十三日

甘肃省政府就高台县请拨款修筑四维乡拦水堤坝事给高台县政府的指令

1949 年 3 月 12 日　　张 2-344

水三（38）寅字第 3862 号

高台县冯县长

据请“拨款修筑四维乡拦水堤坝”一案，仰饬受益地户自行集资办理由：

1. 本年三月一日三（38）寅字第四二五号呈件均悉。

2. 值兹政府度支浩繁，财力维艰之际，无款可拨。

3. 该项拦水堤坝，仰饬由受益地户自行集资办理。如需技术协助，可就近商情马尾湖水库工程处办理。

主席　郭寄峤

民国三十八年三月十二日

处理意见：

令四维乡公所转知，并于附近保内酌征义务劳动民工，协助抢险，具报核查。

三月二十八日

高台县政府就四维乡临河保保长张登云请拨款修筑四维乡拦水堤坝事给甘肃省政府的呈文

1949年3月1日　　张2-344

三（38）寅字第425号

甘肃省政府主席郭

据本县四维乡临河保保长张登云等呈为“河水冲地请转钧府拨款修筑护栏栅，以重农田”一案，请钧鉴核示由：

1. 本年元月二十九日，案据本县四维乡临河保保长张登云，张登泽，户民谈兴丰、王维敬、谈文章、张登甲等呈“为河水冲泛田地，请求转呈钧府拨款修栅作坊，以免水患而重农田”等情一案。

2. 查该处田亩，毗连河畔，被河水冲泛情属实在。拟请核拨工款建修栏栅，以资补救。兹照录原呈一件，随文附赍。

3. 请钧鉴核示。

县长　冯周人

民国三十八年三月一日

高台县政府就征义务劳动民工车辆抢修临河保河水冲刷拦水坝工程事给四维乡赵乡长的代电

1949年5月11日　　张2-344

一三（38）辰字第1018号

四维乡赵乡长

代电饬“速征召义务劳动民工、车辆，抢修临河保河水冲刷拦水坝工程，并请修筑情形具报核转”由：

1. 本年元月二十九日，案据该乡临河保户民张登云、张登泽等呈“为河水冲泛农田水渠，救力不逮，请转省政府拨款修栅作坊，以资救护”等情一案。本府当以三（38）寅字第四二五号，呈请省府核办查后，旋奉水三（38）寅字第三八六二号指令略。以政府度支浩繁，财力维艰，饬“由当地人民自力集资办理，具报核查”。

2. 该保河水防泛工程，据本府科长范立贤报告“系因河水主流分散，一流倾向南岸，河□附近水渠、庄田时常冲泛，情势殊为。但修理防泛工程尚属简单，如在河水分流据点，修筑拦水坝一段，即可防止水患。惟以该地居民甚少，自力有限”等情到府。

3. 仰该乡长遵照，迅即参酌工程。统筹征召义务劳动民工、车辆，集力修堵，并限于本月二十五日以前，督修完成，详报核转。

县长　冯周人

民国三十八年五月十日

高台县政府就筹备双套马车一辆依限来府以便派员前往黑河上游监视均水事给四维乡赵乡长训令

1949 年 5 月 19 日　　张 2-344

一三（38）辰字第□□□号

四维乡赵乡长

为会饬“筹备双套马车一辆，依限来府，以便派员前往黑河上游监视均水”一案仰即遵办由：

1. 奉甘肃省政府水二（38）卯字第四〇二〇号训令“以张、临、高、鼎等县芒种节前十日均水之期，瞬属饬会同各该县长循例妥慎办理”一案。

2. 查芒种节前十日，即国历五月二十七日，仰转饬“该乡受益各渠负责人筹备双套马车一辆，务于前一日（五月二十六日）到达本府，以便派员前往黑河上游监视均水事宜。”

3. 仰恪遵办理慎毋延误。

县长冯

民国三十八年五月十九日

高台县政府就切实遵守各渠水规给东西城门等民众的布告与训令

1949 年 5 月 17 日　　张 2-344

法三（38）辰字第 1118 号

东西城门、大什字、西市场、南华村、各乡镇长

布告人民切实遵守各渠水规，倘有侵夺他人之水利情事，定即严惩由：

1. 为令饬“转告所属人民，切实遵守各渠水规，倘有侵夺他人之水利情事，定即严惩”一案仰即遵办由。查农田水利关系国计民生，本县各渠水规成例，早经订自百余年前。历甘五会，莫不凛恪遵守，罔敢稍有破坏。惟近年以来，每当农田需水之际，倘遇天旱水少，往年有少数农人只顾一己利益、不明大义，制造事端。□然破坏成规，原来利用优越地势，侵夺他人水利之地，以致发生纠纷，妨害下游。现值倡导加倍生产之时，对于此种非法行动，亟应澈底纠正，严予涤除。

2. 本府为顾大多数人民之利益，以期普遍增加生产起见，自布告张贴之日起。决不容许少数不良分子破坏渠规，侵夺水利。嗣后倘有不按渠规例定时间使水灌田，仍利用优越地势侵夺他人权益情事，一经发觉，定以妨害水利从严查究，决不姑宽。若有煽动群众聚众滋事等，即按破坏水规，以军法惩处。

3. 除分令各乡镇长转饬人民一体遵守外，令行布告，仰众周知。

4. 除布告周知外，仰即转饬所属各保甲长劝告人民一体遵行。

县长冯代

民国三十八年五月十七日

四维乡第一保民常永祥等就暂停修水库俟均水后加征补足事给高台县政府的呈文

1949 年 5 月　　张 2-344

为渠堤工程浩大，无法修葺，叩乞钧长案下电鉴作主，准予停修水库，以恤民艰事：

窃四维乡第一保（十坝村）民常永祥等，因为敝村仅有两甲地，地处沙漠沟渠，工程浩大，每年兴渠集夫二十名。现在水库支夫者人夫十名，车夫两名，计能以挖沟者，只有八人，全是衰弱。民村渠身二十华里之遥，在沙漠之中，经过者十余里矣。朝挖夕没，过风则毕。时届忙种节，照例闭口。民等即要准备挖沟，以待均水毕时流水灌，本系民村自头水浇过，业经两日有余，渠中点水未滴。原因沟被沙没，无人兴渠。值此田苗立待需水之际，迫于无奈，思之再四，只有具文呈恳钧座鉴核，准予呈请俯念民艰，暂停半月，以便兴渠引水灌溉。俟均水后再补水库之夫，则民实沾德便矣。谨呈高台县政府县长冯。

具呈人四维乡第一保（十坝村）民　常永祥（印）　常永仁（印）

常正安（印）　常正福（印）

民国三十八年五月

处理意见：

准函工程处查照，并饬四维乡赵乡长即洽工程处，将十坝村民夫、车辆暂予停工十日，俾便修渠道以维灌溉，但均水期满后，得加工补员。

五月二十二日

高台县政府就郑文昭等截夺水利事给警察队长的命令及涉案人员的传单

1949 年 5 月 24 日　　张 2-344

据本府第三科签呈“以据张下中中户民呈请‘郑文昭等截夺水利’一案，请派警一名，前往该渠着将郑文昭、超福寿拘府惩办”等情。应准照办，仰饬警赵□峰克即前往办理。限五月二十二日下午四时以前回府，不得延误。右令警察队长。

计传：

郑福文　郑三清　郑重杰　郑大志　刘宗唐　郑炳□　郑安福

县长　冯周人

民国三十八年五月二十四日

四维乡永远保户民代表张贤铭等就鼎新县府警士勒索未遂诬呈故犯水规企图报复事给高台县政府的呈文

1949 年 6 月　　张 2-344

为“鼎新县府警士勒索未遂，诬呈故犯水规，企图报复情形”一案。提请钧鉴俯赐作主，并祈转函鼎新县详查以分皂白事：

窃渠位居黑河下游，址在四维乡属永远保夹长城。历逢高、鼎两县均水期间，本渠谨遵成规灌溉，不敢越法一点。兹于□月二十九日，适逢本渠用水期内，有该县巡水警士，康万喜□作威福，另外勒索未遂，羞恼成怒，诬栽本渠不遵水规，浪泡草湖等情。本渠户民一名，抓城严办，借资恫吓。民等以事出□造咨询，该警自知理屈，将被抓户民放回，系为实情。非本渠集众殴夺，□云殴夺伤痕何在？至藤□布尺一节，纯系该警勒索之词。查该警责在追水，来往□居无定所，何将布尺随身携带，于此显见，诬委是实。为此呈请钧座电鉴俯赐作主，并祈转函依法严惩该警，诬妄为祷。谨呈高台县政府县长冯。

具呈人四维乡永远保户民代表　张贤铭（手印）

杜正保（手印）

张天喜（手印）

中华民国三十八年六月

四维乡永远保民众代表张贤铭等就巡水警与民众争执事具甘结

1949 年 6 月　　张 2–344

为具甘结人高台四维乡永远保夹长城民众代表张贤铭等：

情因本年度均水期间，于五月二十九日以河水猛涨致将渠堤冲溃一段，渠夫正在抢修之际，被巡水警康万喜查觉，即将渠夫一名以破坏水规名义带送县城惩办。民夫无识群起相阻，而康警士遂以“渠夫抢去土布四尺，藤□一条，马鞭一个”等情报告到案。旋蒙高台县政府票传讯究，由两县政府、第三科科长及均水有关人员会商，和平了案。代表等除听候高台县政府处分，并不负责赔偿布尺等物外。嗣后绝对严饬渠民，恪遵成规，切实获渠使水。倘有违犯情事，愿受严厉之处分。所具甘结是实。谨呈高台县县长冯、鼎新县县长陈。

民国三十八年六月

处理意见：

存查。

六月六日

四维乡赵乡长就本乡夹长城户民不遵水规灌溉草湖并打伤巡警事给高台县政府的呈文

1949 年 6 月 5 日　　张 2–344

四（38）巳字第二四号

高台县政府县长冯

为呈复“本乡夹长城户民不遵水规灌溉草湖并打伤巡警”一案由：

1. 六月二日令奉悉。

遵命前往该夹长城，召集地方保甲长及看渠民夫等，开诚调查。以据该村当事人声称“曾于上月二十五日，已派民夫二十名，前往渠口看护。专待巡水降临，弗料至二十七日始入口，渠水顿见汹涌，偶而不慎，竟将渠沿冲倒，灌溉马莲滩，不满二亩，正在修筑中。忽来鼎新巡水人员二人，手持马棒，将看渠民夫漫打四散，独民夫一人捉获。窃小民等系知水案严厉，不敢冒犯，且所灌马莲滩，乃系红山保属地，非我夹长城湖耶。值此将人带走后，民思水利为大众所享，何能一人负罪。遂跟至八坝村民将强捉去之人挡回，并无抢夺布尺及马棒等物。借查民夫皆为顺民，岂敢有辱公务人员之理。所述实情，决无虚饰”等语。

2. 上述各情经查属实，惟巡水人员，逢人便打一节，其因夹长城户民，业已犯水，深恐严惩，故以畏罪逃避。见巡水者即手足无措，逃之一空。鼎新巡警见者即捕，逢着重责。并经秘密调查，并无抢夺什物。奉令前因，理合，备文呈复。

3. 敬祈鉴核备查。

高台县四维乡乡长　赵兴隆（印）

民国三十八年六月五日

处理意见：

摘转鼎新县政府查照。

六月六日

四维乡就陆军工兵第七团第六连开去石方工期满返酒开具的证明

1949 年　　张 2-344

兹有陆军工兵第七团第六连，今在本保开取石方，工作期满返酒。对于本保一切手续，概行清妥，无得异言。特给此证。

四维乡第五保长　闫文煜（印）

四维乡第五保代表　葛兴成（印）　杨丰霖（印）

队长　罗占魁（印）

民国三十八年

四维乡七坝村保长张百铭就渡船破烂交通断绝事给高台县政府的呈文

1949 年 4 月　　张 2-344

呈为渡船破烂、交通断绝，恳乞钧府电鉴，俯赐筹发物资，并准向殷实大户捐募实物，以资新做渡船恢复交通事：

窃小村渡船破烂不能使用，来往行人，裸体冒险涉水而过，不善泅水者，必遭灭顶之险，发生惨案。惟查现四维乡河北各村，对传达政令交纳补给实物等，不便诸多。值此政令冗繁，且瞬届夏令。黑河为时令河，入夏势必山洪不时暴发，若无渡船，妨害要政之处颇多。村民拟重新做渡船，购置材料，铁价昂贵，曾经预计，需费过巨，荒□小村，实难擎举。用是伏乞钧府，电请恩准请求之处。万惟小村民众沾感鸿恩大德，而来往行人易感公德不朽矣。谨呈高台县县长冯。

具呈人四维乡七坝村保长　张百铭（印）

中华民国三十八年四月

高台县政府就常明乡站南保民徐长康等控柔远乡贞号民闫顺义夺浇轮水事给柔远乡方乡长的训令

1949 年 6 月 23 日　　张 2-344

三（38）巳字第 1452 号

柔远乡方乡长

据常明乡站南保户民徐长康等呈控“该乡贞号户民闫顺义夺浇轮水”一案，仰即查明具报核办由：

1. 本年六月二十日，据常明乡站南保户名徐长康等呈控“该乡贞号户民闫顺义夺浇轮水，请查核办”等情到府。

2. 兹抄原呈一件，随令附发。

3. 仰该乡长迅将闫顺义嵌闸高低情形及发生纠纷症结，详查具报，以凭核办。

县长　冯周人

民国三十八年六月二十三日

常明乡站南保民徐长康等就柔远乡贞号民闫顺义夺浇轮水事给高台县政府的呈文

1949 年 6 月　　张 2-344

呈为富豪渠居上游，依富恃势、夺浇轮水，以致夏禾旱枯，民不聊生。恳乞钧鉴作主，俯准将该被告闫顺义提案依法严惩，以儆效尤，并祈将本年正粮六石又余，勒令该被告承纳地亩归公，以轻负担，而全贱命事：

情因敝号原属常明乡站南保，计地一百又零粮赋六石有余，土性憔燥，多逢干旱。因本年使水之际，敝号应有开垦水一天，不许别号浇灌，渠章有年。不料柔远乡贞号富豪闫顺义渠口以在上游，倚势高嵌二闸，逢水被截，以致敝号夏水未灌，苗旦似枯，全系坏地。该地已竟浇过，麦田出穗。惟敝号麦长三四寸，绝无收益之可能，民不聊生。恐惶不安，经蒙钧府派方督征员及王科员勘查，随将敝号干旱枯苗携带在案。情出迫切，只得具文呈请县长电鉴，俯准将被告闫顺义提案，依法严惩，以儆效尤。予以勒令被告承纳本年度粮赋差款地亩归公，以轻负担，而全贱命，实为公便。谨呈高台县政府县长兼处长冯。

原呈人常明乡站南保民众　徐长康　徐长□

徐长庚　徐长测

被呈人贞号　闫顺义

民国三十八年六月

高台县政府就常明乡第六保保长顾生模侵吞公粮传案讯究事给警察队长及涉案人员的命令

1949 年 3 月 4 日　　张 2-344

据第三科签呈以常明乡第六保保长顾生模侵吞公粮传案讯究。

请派警名前往常明乡六保，传顾生模、王初文来府讯办一案等情。应准照办，仰饬警王鉴刻即前往办理。限三月五日下午二时以前回府，不得延误。右令警察队长。

添传王如献、王三仓、王三谦、王经文。

冯周人

民国三十八年三月四日

高台县政府就常明乡第六保保长顾生模侵吞公粮案的侦查笔录

1949 年 3 月 7 日　　张 2-344

顾生模、年昌岁。

问：你是常明乡第六保保长么？

答：是。

问：上年修马尾湖水库，你们保□共作了□二十民工？

答：民工三百九十四个车夫，共八十一车夫（拉土），拉运料石车辆共十七车。

问：民夫工粮，你领了多少？

答：连同车夫一十二石四斗。

问：此项工粮你发给民工了吗？

答：发给了。

问：你是怎么发给的？

答：我同乡民代表王在文、地方首人盛锡旺，同中按人夫每天七□，车夫每天一升□□（老升）发清的。

王正文，年□□岁。

问：你在马尾湖作工了吗？

答：作人夫五天，车夫三天。

问：你领了多少工粮？

答：工粮，因保长说有手续，颗粒尚未领到。对于此次拉石头车辆一天，至昨日才发给金圆四十元。

问：保长顾生模，是项车夫是几时领的？

答：是上年古腊月三十日领到的。

问：你为何现在才发呢？

答：因领到的是大票，无法调换，故延至昨日（即三十八年三月六日）。

宣化保现任保长顾生模（手印） 户民王工文（手印）

民国三十八年三月七日

高台县政府就常明乡第六保保长顾生模侵吞公粮案的第二次侦查笔录

1949 年 3 月 9 日　　张 2-344

王为献孙：（王连文，民工十天，车三天）三十岁。

王三仓：（民工五天，车三天）五十七岁。

王三谦：（民工十天，车三天）五十六岁。

王金文：（民工七天，车三天）五十二岁。

问：王三仓等你们的工粮领到了没有？

答：我们的工粮，因有保长的手续，我们大家情愿□保长留作保办公处花费，及交杂粮，并未领到。

问：你们保里的车辆、人夫有不出的人没有？

答：没有不出工、不出车的人。

王连文（手印） 王三仓（手印）

王三谦（手印） 王金文（手印）

民国三十八年三月九日

常明乡定平保保长孙多福就将逃回石匠送回工地事具甘结

1949 年 2 月　　张 2-344

具甘结人常明乡定平保保长孙多福今具到科长案下：

情因有本保石匠工人孙成春、孙贵年二人，自元月十二日，有石匠杨丕槐找到马尾湖工地作工。迄今二十余日并未归家，以后倘若回来，由保甲长负完全责任，送到工地，所具甘结是实。高台县政府第三科科长范。

民国三十八年二月

高台县参议会就祁连乡暖泉新沟渠民盛宗善等为上坝截水下坝干旱请另开渠道事给高台县政府的公函

1949 年 5 月 25 日　　张 2-344

高参秘字（38）辰字第 140 号

高台县政府

据情函转“本县祁连乡暖泉新沟渠民盛宗善等为上坝截水，下坝干旱，请另改渠岔，以免受旱”一案，请查照办理见复由：

1. 案据本县祁连乡暖泉新沟渠民盛宗善等称“为上坝截水，下坝干旱，请在大沟南另改渠岔，以免受旱”一案。

2. 查该民等所称各节是否实在？本会未悉底蕴，除批示该民等静候核外，相应照抄原呈一件，随文附送。

3. 请查照核办见复。

议长　王占科

副议长　杜梓枬

民国三十八年五月二十五日

处理意见：

此案已票传原、被人等，听候侦查在案。俟讯明后，如有勘查之必要者，函复派员会同办理。

五月二十八日

祁连乡暖泉新沟渠民盛宗善等就盛常远等截水事给高台县参议会的原呈

1949 年 5 月　　张 2-344

为呈请转呈上坝截水下坝干旱，破坏水利，恳乞钧会鉴核，准予转呈县府予以将上坝盛常远、盛长发拘案依法严惩，并祈在大渠以南，另改渠岔，派员查验，而维水利事：

窃查敝坝系新沟渠，原分上、下二坝，每坝以十五分水浇之，每月自浇水一天半时辰，若挨满坝可浇三天。上坝小口十数余道，逢水田由上流下，屡被上坝截去。而下坝照水不见，该坝不但截水浇过，放水入河，亦不于下坝下流，故意破坏。因去年八月间，上坝截浇敝坝之水，经杜前乡长罚伊等老麦十八石，办理渠事，迄今未给。去秋水被上坝截住，下坝干旱未浇。今春下坝土性干燥，不能埋种者，十有八九，十种九旱，民不聊生。现在浇水又旱。据实呈请钧会电鉴，俯准转呈县长电鉴作主。准予将上坝被告盛常远、盛长发等拘案，依法惩办，以儆不法，并祈派员查验旱情，予以大渠以南另改渠岔，而维水利，免再截浇，水分仍旧。实为公便。谨呈高台县参议会议长王、副议长杜。

原呈人祁连乡暖泉新沟渠民　盛宗善　吴登寅　赵万科

盛见英　李天才　李发四

李万年

被呈人上坝民　盛常远　盛长发　盛万惠

盛安邦　盛永仁　盛万隆

民国三十八年五月

高台县政府就指导各渠农户推选水利渠长事给建康镇许镇长的指令

1949 年 6 月 16 日　　张 2-344

三（38）巳字第 1007 号

建康镇许镇长

为据报“指导各渠农户推选水利渠长”一案指令遵照由：

1. 本年三月三十一日建（38）寅字第五九号呈悉。

2. 准予备查。

3. 兹委任盛尚德、吴开文二人，为三清渠水利渠长，张维刚为五坝渠水利渠长。王占鳌为六坝渠水利渠长，郭禄龄为丰稔渠水利渠长，委任状随令附发。

4. 仰即转饬祗领。

县长冯

民国三十八年六月十六日

高台县政府就盛尚德等任水利渠长的委任状

1949 年 6 月 11 日　　张 2-344

秘人三（38）巳字第□□□号

兹委任盛尚德、吴开文二人为三清渠水利渠长，张维刚为五坝渠水利渠长，王占鳌为六坝渠水利渠长，郭禄林为丰稔渠水利渠长。此状。

县长　冯周人

民国三十八年六月十一日

高台县建康镇公所就本镇各渠负责人姓名请核查事给高台县政府的呈文

1949 年 3 月 31 日　　张 2-344

建（38）寅字第三九号

高台县政府县长冯

呈报本镇各渠负责人姓名请核查：

1. 三（38）卯字第六零四号训令奉悉。

2. 查本镇所属各渠渠长，业经人民分别选出。计三清渠盛尚德为渠长，吴开文为副渠长、五坝渠张维刚为渠长，六坝渠王占鳌为渠长。其丰稔渠系采委员制，核于规定不符，且大部负责人，均在下游，本所不便擅自处理，祈另案饬办。

3. 恭祈核查。

建康镇镇长许正荣（印）

民国三十八年三月三十一日

处理意见：

准予备查。

四月二日

高台县政府就建康镇五、六坝村人民为水利致起纠纷事给高台县水利委员会的公函

1949 年 5 月 2 日　　张 2-344

三（38）巳字第□□□号

高台县水利委员会王副主任委员

建康镇五、六坝村人民为水利致起纠纷一案，希查照请□并希见复：

1. 本年五月二十五日，据建康镇六坝村民众代表孙季良等呈控“五坝村民人张振伦

等堵塞沟道，放水灌泡草湖，以致田苗受旱，请依照严惩，并令其恢复旧有渠道，赔偿其受旱之粮赋”等情到府。

2. 查此案，经传讯双方首人各持意见，未获结果。兹检阅原卷，随函附送。

3. 函请查照，亟希惠予评□义以息纷争。并将处理结果情形，连同原卷，一并见复。

县长　冯周人

中华民国三十八年五月二日

高台县政府就建康镇五六坝村人民为水利致起纠纷事给高台县水利委员会的公函

1949 年 5 月 23 日　　张 2-344

三（38）巳字第 1451 号

高台县水利委员王副主任委员

函送六坝村民众代表孙季良等呈诉“五坝村农户柔朝栋偷挖渠堤”一案，请查照处理并希见复由：

1. 本年六月十八日，据六坝村民众代表孙季良等呈诉“五坝村农户柔朝栋偷挖渠堤，请求法办”等情到府。

2. 兹检同原卷随函附送。

3. 函请查照，惠予议处，以息讼争。

县长冯周人

民国三十八年五月二十三日

高台县政府就建康镇第五保农户许嘉才等控于来运等截夺轮水事给建康镇许镇长的训令

1949 年 5 月 31 日　　张 2-344

三（38）巳字第□□□号

建康镇许镇长

为据该镇第五保农户许嘉才等呈诉“于来运等截夺轮水”一案，仰秉公处理，并将办理情形具报核查：

本年五月二十五日，案据建康镇第五保农户代表许嘉才等呈诉“于来运等截夺轮水，灌泡稻田，呈请法办”等情到府。

兹照抄原呈一件，随令附发。

仰该镇民召集该渠有关农户代表，会商救济办法，以资济灌被旱田禾。并将处理情形具报核查。

县长冯

中华民国三十八年五月三十一日

杜职员就建康镇第五保民许加才与于来运因开洞灌稻致受旱灾涉讼事给高台县长政府呈文

1949 年 5 月 27 日　　张 2-344

奉钧府批交建康镇第五保民许加才等呈诉“于来运等以开洞灌稻致受旱灾，饬职前往开导上流人民先行救济旱麦”一案。查被告田苗确系亢旱奇重，自下种后，一水未灌者颇多。经职一再对上游人民讲诉下游受旱情形，务要将水放下，惟上游人民决不允许，虽经交涉一日，下游仍然未曾灌溉。当时被告意见以此次轮水已经过去，惟□开口（因口被鼎新关闭）后可否？由政府作主先灌下游旱苗。至于所诉被告种稻需用水量过多及呈请□□□□□□①水程一节，事关农田水利，未便擅自处理，谨将□□□□□□②。

职　杜永泰（印）

民国三十八年五月二十七日

处理意见：

令饬建康镇许镇长，召集该渠有关单位农户代表，会商救济办法，灌溉被旱田禾。并将处理情形，具报核查，并批示。

五月二十八日

建康镇第五保农民许加财等就上游于来运等开洞引水灌稻致下游禾苗受旱给高台县政府的呈文

1949 年 5 月 20 日　　张 2-344

为禾苗被旱生活无着，恶痞每日开洞引水灌稻，致民等受旱惨重，伏乞钧鉴派员澈查拯救蚁命事：

窃民等地亩属于丰稔渠大渠支流之丰上号岔尾一带，因年来渠水奇缺，岔尾一带禾苗，迄今未见点滴之水。所有轮水，悉被上游恶痞于来运、于官运、于全运、郭瑞林、郭长诞等依地居上游之势，日夜截灌稻地以内。尤其稻地一亩所需水量，若灌麦田二十亩尚且有余，该痞等不顾公理，不分旱涝，屡年如此，民等屡年受害。又如本年而言，该恶等稻田一片水面汪洋，不待民等呈述，一见便知，需水之多。经民等屡年商议定立章程，上下按地使水，该恶屡年破坏，声称“上游者有水浇稻，下游者无水灌田，旱死与我何干”。惟查国赋差役挖渠堵坝，皆系按地平匀负担，该恶等依地居上游之势，灌稻七八十亩，致民等受旱惨重，田禾均被旱枯，如再长此，民等生活被陷于绝境。伏乞钧鉴，施恩格外，准予法办该恶等。并饬议定岔沟一带水利章程而救蚁命。则民等感恩戴德，万世不朽矣。

---

① 编者按：此处原文档漫漶，不可识。

② 编者按：此处原文档漫漶，不可识。

谨呈高台县政府县长冯。

具呈人建康镇第五保农民　许加财（手印）　郭绿林（手印）
许　明（手印）　郭朝仁（手印）
郭朝文（手印）　于生运（手印）
于　斌（手印）　许　义（手印）
米德福（手印）　银　璋（手印）
于保运（手印）　孟朝贵（手印）
孟朝全（手印）　彭大财（手印）
彭建明（手印）　吴大成（手印）
吴□成（手印）　郭朝甫（手印）
于喜运（手印）　郭均洪（手印）

被呈人　于来运　于官运　于全运　郭长诞　郭瑞林

民国三十八年五月二十日

高台县政府就二坝渠民众呈请严惩王添福侵夺水利派警传讯涉案人员事给警察队长的命令

1949 年 5 月 24 日　　张 2–344

据本府第三科签呈“以据二坝渠民众呈请严惩王添福侵夺水利，请派警一名前往该渠，将原、被告王积惠等传府讯办”等情。应准照办，仰饬警□□刻即前往办理。限五月二十五日下午四时以前回府，不得延误。右令警察队长。

计传：

王添福　王添兴　王得礼
王得先　王得才　王陈氏
王李氏　王张氏　王吉中
王吉信　王吉旺　王吉会
王吉福　王维杰　王维俊

添传：

邱贵林

县长　冯周人

民国三十八年五月二十四日

王得新等控王积惠等因挖沟损伤棉田致遭缚绑事的侦查笔录

1949 年 5 月 30 日　　张 2–344

原告人：王得信（三十二，住六坝）、王陈氏（五十二，即原告人之母）、王李氏（二十八，即原告人之妻）

问：王添信。

答：因被王积惠为浇水，将我的地内挖沟，把棉花挖了。我因拒挡，他把我的母亲及妻绑打一番，并用污粪灌入口内，请求法办。

问：证人王得先（三十七，住六坝）、王张氏（三十，即王得福之妻）。

答：绑打王得信之母妻时，我未在场，我从地上回来才见绑着三个女人，即王张氏、王陈氏、王李氏。我当即说情放开的。

问：被告人王积惠（四十一）。

答：我因买来田文国的坟地约一亩，去年开成耕地的，去年种了一年。忽于本年他将原有的沟道填了，我把他告到保公所，尚未解决。

问：□□□□□□①

答：我因浇水在急，我将填了的沟搅开了。

问：□□□□□□②

答：我恐怕他们行凶，我将她们绑了。

民国三十八年五月三十日

六坝保公所就王得新等控王吉会等因挖沟损伤棉田致遭缚绑事给高台县政府的呈文

1949 年　　张 2-344

据六坝村户民王得新、王陈氏等呈诉“王吉会等因挖沟损伤棉田，致遭缚绑”等情一案。奉谕侦讯，据原告王张氏、王陈氏、王李氏，异口同声，以被告王吉会曾买货附近田姓坟地一块，上年开成耕地，向无使水沟道，就在附近原告所有之沟中使水。原告以此小沟是自己通融之私沟，恐被被告侵夺，本年□即将该沟填了。已播种棉花，被告因用水在急，随即开复该沟致滋纠纷。为防止原告人行凶起见，故将王陈氏缚绑。惟据原告人声称“被缚后，又被王吉会率领家丁，利用污粪灌辱”等语。经查王陈氏胸部棉衣上，尚有污秽痕迹，而被告人王吉会无论挖沟有无受业权，但用污粪辱人，似属不合。业经受押在案。拟派员实地勘查该沟地形，及产权之所有，再行审理，当否。敬祈钧鉴核示。谨呈县长冯。附呈原卷一宗。

民国三十八年

第三科就王得新等控王吉会等因挖沟损伤棉田致遭缚绑事给高台县政府的呈文

1949 年 6 月 3 日　　张 2-344

查六坝村户民王得新等呈诉“王吉会等因挖沟损坏棉田”等情一案。呈奉核示，派员

① 编者按：此处原文档有残缺。

② 编者按：此处原文档有残缺。

勘查挖沟地形及产权等因。拟派科员王燕萍前往勘查具报，当否？敬祈钧鉴核夺。谨呈县长冯。

第三科（印）谨签
民国三十八年六月三日

处理意见：

照派。

周人
六月三日

王陈氏等就王吉会等因挖沟损伤棉田致遭缚绑事给高台县政府的呈文

1949 年　　张 2-344

呈为依财人众压孤事：

窃民地毗连田姓坟地一丘，有王吉会等买去开辟为田。亦无水份渠口，强从民地兴渠，更加民田高五六尺，水势紧涨，掘落高田，再占水道。思此损失甚巨，民即前往阻挡。有横徒王吉会等率亲兄弟六人，儿子数人用绳将民手足被绑，拿大小便满乳抹。媳听此言，即前去护婆，亦被饱打一顿。连民照样行刑，呼天不应，叫地无门，不幸有族侄媳前来讲公道说：“不从你地兴渠，偏从他人的地中兴，并拿污秽辱人，是何理由？”又冲怒伊性，又拿铁锨打了几下，亦用绳绑住。似此蛮横刁恶之徒，目无法纪，则恶无由遏绝，民实无路行矣。仰乞县府县长电鉴俯准，将被告王吉会、王吉中等八人提案究惩，以儆横恶，而免欺辱，实为公便。谨呈高台县政府县长冯。

原呈人　王门陈氏（手印）
王得新（手印）
王李氏（手印）
被呈人　王吉（明、信、中、川、会、福）
王维（杰、俊）
证明人　王得先　王得福
中华民国三十八年

王燕萍就所查得王得新等控王吉会等因挖沟损伤棉田致遭缚绑事给高台县政府的呈文

1949 年 6 月 9 日　　张 2-344

窃职奉命查勘六坝村王得新等呈诉“王吉会等因挖沟损伤棉田”一案。遵于本月八日，前往该处，召集双方人证邱贵林、王得礼、王得才、田上国等，履地详勘。查王得新棉田以南相连王得福之地，以北相连王得贵之地，王得新使水沟西，则有王吉会之地，而王吉会买获田姓坟地，适在王得新、王得福之地界以南地势低洼。据王得新面述

“伊之棉田与王得福之地，当初原来一块，后因分家，当中加埂为界，为谋王得福浇水之便，由棉田两端挖开小沟，以便通水，此沟产权属于私有”等语。但王得礼、王得才、田上国等所云“此沟系原来旧有之沟道，历年已久，决不承认其为私有在”，并云“上年王吉会坟地秋禾亦由此沟浇灌”。惟据邱贵林证明“此沟系为王得新之私有，并王吉会以污粪辱人，确系实在”等语。仅将勘查情形，附呈地形略图一纸，祈钧鉴核夺。谨呈县长冯。

职　王燕萍（印）

民国三十八年六月九日

处理意见：

存查。再传原、被两告人等来府讯办。

六月十日

王得新就王吉会偷浇渠水倚势欺人事给高台县政府的呈文

1949年6月　　张2-344

为目无法纪，偷挖田苗、强浇渠水。恳乞钧鉴作主，俯准派员勘查、以分曲直、予以究惩事：

窃因被告“王吉会月前为偷浇渠水倚势欺人”一案，经蒙钧座讯究，管押被告王吉会在案。不料日昨深夜暗里又将民自渠偷挖使水，不但欺人，反而蔑视功令。且查被告之田，原系坟墓之地，自今尚无渠形，硬要诬赖民渠浇灌，居意破坏水利，妨害田地，似此欺人，民难甘忍。为此呈请县长电鉴作主，俯准派员勘查，提讯地邻，以资证明，俾免诬赖。实为公便。谨呈高台县政府县长冯。

呈请人河北六坝户民　王得新（手印）

被呈人　王吉会

证人　王得仙　王得福　邱贵林

民国三十八年六月

范立贤就派王燕萍查王得新就王吉会偷浇渠水倚势欺人事给高台县政府的呈文

1949年6月14日　　张2-344

查六坝村民王得兴等呈诉“王吉会因挖沟使水损坏棉田”一案。业派王科员查报，复经讯明。兹为杜绝纠纷起见，拟再派王科员燕萍，前往该村，会同保长徐开国等秉公调处，以资结案。当否，敬祈钧鉴核示。谨呈县长冯。附呈原卷一宗。

职范立贤谨呈

民国三一八年六月十四日

处理意见：

本案已经过多日，该员应速往，秉公调处，将引水问题解决，以息讼累。

六月十四日

王燕萍就调处王德新控王吉会因挖沟使水事给高台县政府的呈文

1949 年 6 月 16 日　　张 2-344

职奉谕调处王德新呈诉“王吉会因挖沟使水”一案。遵于本月十六日，前往会同该管保长徐开国及双方人证邱贵林、王得礼、王德福、王得才等，同众调解。将王得新被填沟道，恢复原态。并由王吉会出给王得新小麦二老斗，双方悦服，愿为和解了案。谨将调处情形。签请钧鉴核夺。谨呈县长冯。

职　王燕萍（印）

民国三十八年六月十六日

处理意见：

查此案调处情形尚属公允，准予完案。拟将被押王吉会即行开释，当否。祈示。

准开释。

周人

六月十九日

徐永庆控王均儒偷浇号水事的侦查笔录

1949 年 6 月 6 日　　张 2-344

原告：徐永庆（四二岁）、徐长策（六十岁）、徐永海（三十一岁）

被告：王均儒（二八岁）、王重儒、闫顺义（五四岁）、闫顺旺（四十岁）

问：徐永庆。

答：我们柔远渠分元亨利贞四号每九日轮水一次，由四号使过八天，其余一天由柔南岔（在元亨号一带），柔北岔上（在贞号下），柔北岔下（在陈□塞子附近）使用。其余沟道一律不准开口。

问：王均儒。

答：我们使水时系五月初五日，寅时以前并未使他们的。

民国三十八年六月六日

证明人王得才等就王得新控王吉会等挖渠使水情形给高台县政府的呈文

1949 年 6 月　　张 2-344

呈为证明已作人证声息沟道仍如旧事：

窃缘有地方中山村及建十三保户民王得兴、王吉会等二人，双方因有自己地方旧历，使水小沟一道，历年迄至如今，上下通行，两情服输，以灌禾苗。兹于日前，该二人一时未慎，互相争起愚昧之情，空行短见。该王得兴妙想天开，信义勒章，随即将该二人使水山沟一道，立见折断。于公理，大有妨害生产禾苗，反而将王言惠呈控在案。民以地方乡邻，姑念户族一时失缺，水利旧规，坐视不认，原为用是证明。呈请钧座电令，俯赐准予饬令王得兴等将该旧有使水沟道，仍修如旧，以免紊乱沟道水利规章。况前蒙县府公布，施知地方各渠沟道，一律照旧，不得改造勒行。而今日该王得新，首出违法勒行造沟。事出如此之举，于国法且能溪容，尤敢竟在地方□恶势力，欺压人证，凭信不端，任意妄为。具情属实，理合，具证呈明县长青天电核作主，俯赐准予依法究办，以除勒行，而正风化，免生紊乱水利规章。实沾公便。谨呈高台县政府县长冯。

具证明人民：王得文（手印）　王得文（手印）

王得礼（手印）　王得贵（手印）

王得先（手印）

被证人：王得兴　王吉惠　全

中华民国三十八年六月

王积惠等王得新等填塞沟道侵夺水利持横逞凶无法遏止事给高台县政府的呈文

1949 年 5 月　　张 2-344

状为填塞沟道，侵夺水利，持横逞凶，无法遏止事：

缘有本方地痞被诉人王得福、王得兴等心术不良，素挟私嫌。爰以民之耕地，与该等之地二块对头毗连，有一使水小沟挟值阡陌其中。忽于日前，民使水灌溉，不料该等竟将此沟填塞滞阻，禾苗不能浇灌，请属旱魃为虐，受其损失，何勘设想。该等借调寻□，昨民为禾苗需水迫切，即将此沟自行挖开通水浇灌，当时该等□使其母妻数人前来撒泼撞头，将民百般辱骂，扬言此沟有碍，不许民挖通浇水。民视该等行为，形势凶状，阻挠水利，情似借故中命，陷害于人。民只得忍气吞声，未敢相拼。民邀众概以理论，该等毫不遵循，居心狼毒，企图狡赖。民伏思此沟历年旧有，兹遭妨害，侵夺水利，实难甘忍。用是恳乞县长电鉴，俯赐传讯严惩，以维水利，而儆刁狡。实沾公便矣。谨呈高台县政府县长冯。

原呈人　建康镇第十三保户民　王积惠

被呈人　王得福　王得兴

证人　王得礼　王得先　王得文

民国三十八年五月

五坝村户民濮于龙等恳求释放本村水利总甲张振伦事给高台县政府的呈文

1949 年 5 月 30 日　　张 2-344

为恳求释放本村水利总甲张振伦。因前水利纠纷，经蒙羁押多日。兹以该民零仃孤独，家中农业本村渠事，具由该民一身主持，昔难弃置。自管押后，该民之老母年逾七旬，现患重病，乏人调治。似此该民母子相依为命，情在急处。如是该民农业，悉行废弛，概可想见。尤且本村水渠，每年闭口后，循踏旧规，势必征集民工，复行修浚，以利开渠后畅流灌溉，以济全民之渴望。业经渠口闭封期限迫近，亟待该民赶办起见，民等不忍坐视，恐误水利大计，责无旁贷。为此联名□陈苦衷，恳祈钧座电请，俯念浚渠。该民供职水利，实属重视，恩准释放，以利民生。实无任恳道，待命之至。谨呈高台县政府县长冯。

具恳恩人　五坝村户民　濮于龙（印）　于中矩（印）　宋子恒（印）
武希贵（印）　王重邦（印）　张兴福（印）
宋朝栋（手印）王俊德（手印）
李文祺（手印）张兴邦（手印）

民国三十八年五月三十日

处理意见：

并案保外候讯。

周人

六月九日

本城西街商号复兴成为张振伦事具保状

1949 年 5 月 30 日　　张 2-344

谨具保条人本城西街商号复兴成今保到县长案下：

情有五坝村户民张振伦，因水利涉讼，蒙押多日，本号愿祈释外居住，随传就到。倘有逃避及不法情事，本号当负完全责任。谨具保条是实。谨呈高台县政府县长冯。

具保条人商号（印）

被保人　张振伦

民国三十八年五月三十日

本城西街商号复兴成为张振伦水利纠葛事具保状

1949 年 6 月 7 日　　张 2-344

具保条人本城西街商号复兴成今保到钧府案下：

情有五坝渠水利纠葛，羁押总甲张振伦业经多日。近有该民母亲染患重病，命在旦夕，无人调治。本报人情关友谊，不忍袖手坐视，愿祈保释返家调治一切，随传就到。倘有逃避情形，保人当负完全责任所具保条是实。谨呈高台县政府县长冯。

具保条人本城西街商号　复兴成（印）

被保人五坝渠总甲　张振伦

民国三十八年六月七日

处理意见：

并案保外，候讯。

周人

六月九日

滕尚伦就查验各渠填闸支尾事给高台县政府的报告

1949 年 6 月 10 日　　张 2-344

奉钧座面谕“于本月九日下午六时，前往五坝户民王得才门首，会同五六坝管渠，查验各渠填闸支尾”一案。

职遵即率警，会同六坝渠长王占傲、五坝渠长张维網，前往六坝渠口及闸口调查。据六坝渠长王占傲声称“此次将五坝渠尾填闸十一处”。详查结果系五坝渠尾堆闸属实，又据五坝张渠长声称“以往年成例多堆闸三处”，该渠多闸之故系上月水量缺乏。

据六坝王渠长口称“五坝上月将水尚未流通六坝渠，该五坝将水放至渠口草湖及沙窝内”。查以上各点无法证实，五坝坚称否认。

本月份水，五坝渠水势较盛六坝渠水势较低，各该二渠及各支渠尾，均能灌溉。谨将查验情形报请。钧座鉴核。谨呈县长冯。

职　滕尚伦（印）

民国三十八年六月十日于警察队

处理意见：

交第三科并案办理。

周人

九月十一日

王积惠等就王得新控民挖渠浇水后经范科长传讯不分皂白将民管押事给高台县政府的声请书

1949 年 6 月　　张 2-344

为声请身受幽禁，清浊未办究抑不白，请求县长电鉴，俯赐澈查以明是非，依法处分，民罪当应得事

缘因民前呈诉“本方刁徒王得福、王得兴二人，填塞耕地使水沟道，意图侵夺水利。致民夏禾未润，旱魃肆虐”等情一案。原以民田浇灌头水，彼时该等狼狈为奸，暗里填塞行水小沟一段。民不知底蕴，即当即挖取通水。该等唆其母妻前来阻挠，并与民泼死逞凶，民只得婉言遏止，恐遭险陷，忍其言辱，未敢强拼。只得具呈依法究办，有案可稽。日前经蒙范科长传讯，据该王得福等口供，荒谬挟嫌、肆诬狡词成录。经民声办理由概不采纳，又不传询人证。民愚昧无知，身犯何罪，未蒙宣告，管押警察所。民伏思使水沟历年成旧，民之地赋粮按亩均纳，并非荒滩，曾能无沟，免遭不白。委系情难甘忍，只得请求钧座电请，赐究办释

放，民身出幽禁，以分皂白，而维民生。实沾公便矣。谨呈高台县政府县长冯。

具声请人建康镇十三保户　民王积惠（手印）

被声请人　王得福　王得兴

证人　王得礼　王得才　王得先

民国三十八年六月

建康镇第十保等保长就协助物资制造新船以资济渡事给高台县政府的呈文

1949 年 3 月　　张 2-344

呈为呈恳协助物资制造新船，以资济渡事：

查六坝乡，为黑河渡口之中心，所需船只极为重要。今旧有之船，已不堪用，拟另造新船。而地方困苦，连年歉收，所需物资力有未及。预计所需工料各费，当在小麦五十老石有奇，加之时当空竭，非独力可举。而物在必需，仰屋无策，伏恳县长设法筹助一部，以便购置材料，兴工制造。实感德便。谨呈高台县政府县长冯。

建康镇第十（五、四、三）保保长　陈占嵩（印）

徐开国（印）

田德鳌（印）

民国三十八年三月

处理意见：

可查旧案筹助一部分或留提下次会议决定，再批。

三月七日

呈悉。本县各渡口船只，均系各该地方□济渡民众自行筹制。且二坝渡河木船并非全县民众普遍受益，若由本府摊派，全县负担十万船费，不但有欠公允，并恐各渡口群起援例请求。虽免将来发生争执，所请碍难照准。此批。

周人

三月八日

杜永泰就陈锡珠等截浇轮水以致下游亢旱事给高台县政府的呈文

1949 年 5 月 25 日　　张 2-344

奉钧座批交建康镇民陈永□等报告“陈锡珠等截浇轮水以致下游亢旱，饬职详查核夺”一案。经查原告地区，均受旱田苗二百余亩，被告境内因地区辽阔，时间有限，不克逐一查勘。惟查八里铺药园一带，其受旱地亩寥寥无几，谨见到大约十余亩。经职勘查后，即召集原、被两造述说勘查实情及灌溉办法。据被告高成修称“昨日总□设法以救下游灾歉”。正讨论办法中，有该保保民代表侯□列来，言及“均水，事关该处大众事宜，个人绝不能作主，以致大家观查”。经职再四说明未获结果，被告陈锡珠□良□托故未到。祈核夺。

职　杜永泰（印）

民国三十八年五月二十五日

处理意见：

传被告讯办。

周人

五月二十五日

甘肃省第七区专员就督饬积极兴建小新渠渡槽事给高台县政府的代电

1949 年 5 月 24 日　　张 2-345

二（38）辰字第 1198 号

高台县县长

令该县督饬积极兴建小新渠渡槽由：

1. 三（38）辰字第 1090 号代电悉。

2. 查兴建临泽县小新渠石渡槽工程，事关两县人民生活情感，仰即督饬积极兴建，限期完成。具报备查。

专员兼司令可取代行

民国三十八年五月二十四日

处理意见：

饬三清渠代表，从速筹备，并将饬办情形呈覆。

五月二十五日

高台县政府就该三清渠民众代表张汉儒为呈以建修渡槽请拨水利贷款事给第七区专署的代电

1949 年 5 月 16 日　　张 2-345

一二三（38）辰字第 1090 号代电

甘肃省第七区行政督察专员兼保安司令王

代电呈覆饬“该三清渠民众代表张汉儒，为呈以建修渡槽请拨水利贷款”一案请钧鉴核查由：

1. 本年三月十日二（38）寅字第 657 号代电暨附奉悉。

2. 查三清渠人民建修临泽县小新渠石渡槽工程，经呈奉甘肃省政府水田三卯鱼电准本县□□存粮内，免息拨贷小麦八百市石，麦收后负责收回归会”等因。本府当以三（38）辰字第 947 号训令转饬“该渠代表张汉儒等组织受理□备，从速开采料石，以利建修”在案。

3. 复请钧鉴核察。

县长冯

民国三十八年五月十六日

高台县政府就函请专员知道张汉儒等从速开采料石以便建修小新渠渡槽事给高台马尾湖水库工程处的公函

1949年　　张2-345

三（38）辰字第□□□号

高台马尾湖水库工程处施处长

为"函请专员知道三清渠民众代表张汉儒等，从速开采料石，以便建修临泽小新渠渡槽"一案希查照见覆由：

1. 本年元月十二日，案奉甘肃省政府水二（37）亥字第3648号训令"附发建修临泽小新渠石渡槽工程设计图样一份，饬转三清渠负责人迅即备料，按图赶修。至技术方面由贵处负责办理"一案等因。三清渠人民力有不逮，经呈奉甘肃省政府水田三卯鱼电准"由本县□会存粮内，拨贷小麦八百市石，麦收后负责收回归会"等因。本府业以三（38）辰字第947号训令转饬"该渠代表张汉儒等，从速其领，并积极筹备料石"在案。

2. 函请查照，至希惠予派员指导筹备，并盼见覆。

县长冯

民国三十八年

甘肃省第七区专员就张汉儒等呈以建修渡槽民力不逮祈转核拨水利贷款事给高台县政府的代电

1949年3月10日　　张2-345

二（38）字第657号

高台县冯县长

据该县三清渠区民代表张汉儒等呈"以建修渡槽，民力不逮，祈转核拨水利贷款"仰核议具覆由：

1. 据该县三清渠渠民代表张汉儒等二十人呈"以建修渡槽，民力不逮，恳祈转请省府核拨水利贷款"等情到署。

2. 兹抄发原呈乙件。

3. 仰该县迅即按照实情，对于工料各方详加核议，具覆凭夺为要。

4. 查该渠代表所称"工料数字按照设计图标核尚相符，已转报首府核办"呈覆。

专员兼司令　王维墉

民国三十八年三月十日

王锦兴等就建修渡槽民力不逮恳转请省府核拨水利贷款以资补助事给第七区专署的呈文

1949 年 3 月　　张 2-345

钧座电鉴俯赐转请省府核拨水利贷款，以资补助，俾竟全功事：

窃代表等于本年元月十八日接奉高台县政府三（38）子字第一一九号谕饬“依工程图表，速筹材料，以备春暖建修临泽小新渠渡槽”一案。查该区渡槽原建需料薄不巩固，既经水浸日晒，槽道木料大部破坏。近年来每每用水之期，必得准备大量材料，守地补修，一旦失慎，不惟本渠数万亩农田，遭受旱灾，即临泽小新渠人民亦受株连之害。代表等为谋奠定水利基础，免除一切纠纷起见。自应设法筹备，从事建修。曾经召集各单位民众代表开会，几度讨论进行，惟依表列材料数量，最低估计如拱旋石二一七公方，每方包括开采整理工资小麦五市石，计一百石五斗。料石九六八公方，每方二资小麦市石五斗，计四三五石六斗。块石四十公方每方，工资小麦四市石，计一百六十石。白灰四千二百七十公斤，每百斤工本费小麦六市斗，计二十五石二斗。木料四十二根，每根五市斗，计二十一石。除洋灰暂不计算外，实需工料费小麦七百五十石零三斗。再拉运材料输力计拱旋石需用六车 651 辆，料石 2967 辆，块石 1200 辆，卵石 750 辆，碎石 9810 辆，白灰 53 辆，河沙 135 辆，木料 84 辆，除其他运输不计外，实需 16865 辆车。大渠民共有五保，男女 7839 人，兼之过去水利不调，渠民积债累累。近年以来均虽节衣缩食，然对债务总未偿清。兹负偌大工程费用，实为挟山超海，力虽克胜，无如小新渠渡槽，基础破坏，不堪补修。倘不积极设法建修，势必影响水利，复遭饥馑。此忧焦万状之际，只有代表全渠人民，恳祈钧座电鉴，俯赐垂念民艰，迅予主持转请省府核拨水利贷款或公粮，俾利筹备，早观功成。如蒙喻允，则全渠人民感戴仁慧，永无涯矣。谨呈甘肃省第七区行政督察专员兼保安司令王维墉。

王锦兴　张富国　苗万新
白成本　郭复业　王先德
罗春云　盛尚德　张汉儒
张成玉　鲍鸿章　吴承业
王三重　陈天明　张登国
许文宗　方志元　褚积德
王国翰

民国三十八年三月

高台县政府就三清渠民众代表张汉儒等申请建修临泽小新渠渡槽事给第七区专署的呈文

1949 年 3 月 28 日　　张 2-345

三（38）字第 664 号
第七区行政督察专员兼保安司令王
为呈覆“三清渠民众代表张汉儒等申请建修临泽小新渠渡槽”一案请鉴核由：

1. 本年三月十日二（38）寅字第 657 号代电奉悉。

2. 该代表张汉儒等所称各乡工料费用数量，按照核定工程设计图，标核尚相符。业以三（38）寅字第 543 号呈转报省政府核办在案。

3. 请钧鉴核查。

高台县县长　冯周人
秘书　梁植代行
民国三十八年三月二十八日

临泽县政府就高台县三清渠办水人砍伐树苗处理情形给高台县政府的公函

1949 年 5 月 6 日　　张 2-345

四（38）辰字第 0129 号
高台县政府
为函知“贵县三清渠办水人，砍伐树苗处理情形”请查照由：

1. 案据本县蓼泉镇公所，四月二十四日呈报“以贵县三清渠办水人员罗科云，率夫砍伐该渠大桥以南靠公路未成年小柳树五棵，请核办”一案。经本府派员调查，并传府讯明，属实。

2. 查该渠以南树木，均系本县栽植，具有防沙及保护堤岸功用。且系未成年小树，不应砍伐。依照本县护林处罚办法规定，本应将罗科云拘留十日，并罚小麦五市石，以示惩戒。前贵府范科长来府，解决水利事宜，经面商结果“为维系两县感情起见，姑念初犯不予深切追究，除将罗科云即予开释外，惟三清渠附近所植树木地权系属本县，以后仍应由本府负责保管，不准任何人砍伐。并经三清渠民吴开文具结”在案。

3. 特请查照为荷。

县长　袁第锐
民国三十八年五月六日

处理意见：

转饬三清渠民众知照。并覆。

五月六日

临泽县政府就第一保偿还雇佣民夫防堵三清渠水患垫付工料费事给高台县政府的公函

1949 年 7 月 26 日　　张 2-345

临三（38）午字第 302 号

高台县政府

据本县蓼泉镇公所呈“以第一保雇佣民夫，防堵三清渠水患，垫付工料费，应由该渠偿还”请查照见覆由：

1. 案据本县蓼泉镇公所，本年七月二十二日蓼（38）午字第（79）号呈称：“一、据镇属第一保保长马维发报告称‘（1）查高台三清渠属本保地界一段，于昨晚渠堤北岸溃决，水势浇涌洪流向北，深恐淹没民房。保长即行雇佣民夫 40 名，共行修筑复原，共计雇佣民夫工资小麦老斗一石二斗，无法垫付。（2）谨请钧座鉴核，俯准迅予转请县府，将该渠负责人传府，追偿本保雇用民夫工资，俾便支付。并请饬监修渠堤，以免今后复有水患之虞。’二、查该保长所称属实。三、谨请鉴核俯准，将该三清渠负责人传府追偿该保雇佣民夫工资。并饬坚筑渠堤，以免水患伏乞禾遵。”

2. 请查照，惠予令饬三清渠照办。并监修渠堤，以免将来再有水患发生。仍希见覆为荷。

县长　袁第锐

民国三十八年七月二十六日

处理意见：

令三清渠受理覆迅，即发动民工，务将该渠堤整修坚固。随时送洽该保，偿付抢修工资小麦，并将办理情形具报。并函覆。

日期不详

临泽县政府就三清渠民众代表筹备修筑临泽小新渠石渡槽事给高台马尾湖水库工程处的公函

1949 年 2 月 16 日　　张 2-345

三（38）子字第 328 号

高台马尾湖水库工程处关□专

为函复特饬“三清渠民众代表筹备修筑临泽小新渠石渡槽”一案请查照：

1. 高库字第五六号公函敬悉。

2. 查“修筑临泽小新渠石渡槽”一案。曾专甘肃省政府水二（37）□字第 3643 号训令饬转“三清渠负责人，迅即备料，赶速按图修筑”等因。本府业以三（38）子字第 119 号谕饬“三清渠民众代表张汉儒等。从速设法筹料修筑”。一俟筹由成数，即复请查照。

县长　冯周人

民国三十八年二月一六日

高台马尾湖水库工程处就修建小新渠石渡槽事给高台县政府的公函

1949 年 1 月 14 日　　张 2-345

高库字第五六号

高台县政府

为函达“修建小新渠石渡槽”一案，请即依图备料，并请将开工日期，早日见通知，以便派员协助修建由：

1. 奉甘肃省政府水二（37）亥字第 3643 号训令略开“（1）查高台三清渠，为临泽小新渠修筑石渡槽工程。兹由水利局设计渡槽图样一份。（2）除令高台县政府转饬三清渠负责人按图修筑外，合行检发图样一份。仰遵照。予以技术上之协助指导，仍将办理情形报查”等因。

2. 请转饬三清渠，即依图备料外，并将开工日期，早日通知，以便派员协助修建。希查照。

民国三十八年一月十四日

处理意见：

已饬三清渠民众代表张汉儒等，从速设法筹料在案。以俟筹由成数，即行决定施工日期。函覆办理。

日期不详

高台县政府就张汉儒等筹建小新渠渡槽民力不逮请钧府核据水利贷款事给甘肃省主席的呈文

1949 年 3 月 12 日　　张 2-345

三（38）寅字第 543 号

甘肃省政府主席郭

为据本县三清渠民众代表张汉儒等呈覆筹建小新渠渡槽民力不逮，请求钧府核据水利贷款，以资辅助一案，请钧鉴核办示遵由：

1. 本年元月十日案据钧府水二（37）亥字第三六四八号训令“附发筹建临泽小新渠石质渡槽设计图表，饬速遵办具报”一案。

2. 遵即令饬“三清渠民众代表张汉儒、鲍鸿章等迅即筹备材料，以备本年转暖施工。”去后，兹据该代表等联名呈覆“以筹建小新渠石质渡槽工程所需款甚巨，呈请转请钧府核据水利贷款以资辅助，俾竟全功”等情到府。

3. 查该渠民众张汉儒等所称情节系属确实。拟请由本县田赋征实，项下免息拨贷小麦八百市石，以资协助，于本年秋后全数归会。谨将原呈随文附赉。

4. 请钧鉴核示。

县长　冯周人

民国三十八年三月十二日

王维杰等就建修渡槽民力不逮恳转请省府核拨水利贷款以资补助事给高台县政府的呈文

1949 年 3 月 12 日　　张 2-345

钧座鉴核转请省府核拨水利贷款以资辅助，俾竟全功事：

窃代表等于本年元月十八日接奉钧府三（38）子字第一一九号谕饬“依工程图表，速筹材料，以备春暖建修临泽小新渠渡槽”一案。查该渠渡槽，原建需料薄不巩固，既经水浸日晒，槽道木料大部破坏。近年来每届用水之期，必得筹备大量材料，守地补修，一旦失慎，不惟本渠数万敞农田遭受旱灾，即临泽小新渠人民亦受株连之害。代表等为谋奠定水利基础，免除一切纠纷起见。自应设法筹备，从事建修。曾经召集各单位民众代表开会，几度讨论进行，惟依表列材料数量，最低估计，如拱旋石 217 公方，每包括开采整理工资小麦五市石，计 108 石 5 斗。料石 968 公方，每方工资小麦 4 市石 5 斗，计 435 石 6 斗。块石 40 公方，每方工资小麦 4 市石，计 160 石。白灰 4270 公斤，每百斤工本费小麦 6 市斗，计 25 石 2 斗。木料 42 根，每根 5 市斗，计 21 石。除洋灰暂不计算外，实需工料费小麦 750 石 3 斗。再拉运材料输力，计拱旋石需用大车 65 一辆，料石 2967 辆，块石 1200 辆，卵石 750 辆，碎石 9,810 辆，白灰 512 辆，河沙 135 辆，木料 84 辆，除其他运输不计外，实需 16,865 车夫。渠民共有五保，男女 7,839 人，兼之过去水利不调，渠民积债累累。近年来均虽节衣缩食，然对债务总未偿清。兹负偌大工程费用，实为挟山超海，力虽克胜，无如小新渠渡槽，基础破坏，不堪补修。倘不积极设法建修，势必影响水利，复遭饥馑。此忧焦万状之际，只有代表全渠人民，恳祈钧座电鉴，俯赐垂念民艰，迅予主持转请省府核拨水利贷款或公粮，俾利筹备。早观厥成，如蒙喻允，则全渠人民感戴仁慈，永无涯矣。谨呈高台县政府县长冯。

三清渠渠民代表　王维杰　需文宗　张富国　白成本
罗春云　吴承业　鲍鸿章　陈天明
张汉儒　王先德　郭复业　张成玉
王三重　褚积德　方志允　王锦兴
盛尚德　王国翰　张登国　苗万新
民国三十八年三月十二日

高台县政府就整修临泽小新渠木渡槽破坏工程以维本年通水事给三清渠民众代表张汉儒等的训令

1949 年 4 月 27 日　　张 2-345

三（38）卯字第 9243 号

三清渠民众代表张汉儒等

为令饬“整修临泽小新渠木渡槽破坏工程，以维本年通水”一案由：

1. 本年四月十三日，案准水利部甘肃河西水利工程处张掖工程处张工（38）卯字第六号公函“以整修临泽小新渠渡槽，据三清渠代表呈请补助工款，以利进行”等情。本区已签请河西水利工程处，按照前拟木渡槽计划，所需工款估计小麦全数补助，以便改建石质渡槽。刻正在兰详估麦数中，嘱转饬“三清渠民众，先将现时木槽酌加修理，以维本年通水”等由到府。

2. 仰该代表等迅即征工备料，务将临泽小新渠现时木渡槽补修完整，以维通水。慎勿延忽为要。

县长冯

民国三十八年四月二十七日

高台县政府就整修临泽小新渠木渡槽破坏工程以维本年通水事给临泽县政府的公函

1949 年 4 月 27 日　　张 2-345

三（38）辰字第 746 号

临泽县政府袁县长

为督修小新渠渡槽以维水利一案函请查照转饬渠民知照由：

1. 本年四月十三日，案准水利部甘肃河西水利工程处张掖工程区张工（38）卯字第六号公函“以整临泽小新渠渡槽工程，据三清渠代表呈请补助工款，以利进行”一案。本渠已签请河西水利工程处，按照拟木渡槽计划，所需工款估计小麦全数补助，以便改建石质渡槽。刻正在兰详估麦数中，嘱转饬“三清渠民众，先将现时木槽酌加修理，以维本年通水”等由到府。

2. 本府业经令饬“三清渠代表张汉儒等迅即筹备工料，务将小新渠现时木渡槽补修完整，以维水利。刻正加紧补修中。”

3. 函请查照惠予转知。

县长冯

民国三十八年四月二十七日

高台县政府就三清渠代表整修小新渠渡槽事给甘肃河西水利工程处张掖工程区的公函

1949 年 4 月 27 日　　张 2-345

公函三（38）辰字第 946 号

水利部甘肃河西水利工程处张掖工程区周主任

函覆转饬三清渠代表整修小新渠渡槽一案请查照由：

1. 本年四月十二日张工（38）卯字第六号公函奉悉。

2. 已饬三清渠代表张汉儒等，筹备工料，迅即前往小新渠渡槽开始整修。刻正加紧修理中。

3. 复请查照。

县长　冯周人

民国三十八年四月二十七日

处理意见：

本案已函临泽县政府转饬小新渠民知照。

四月二十七日

水利部甘肃河西水利工程处张掖工程区就派工前往修整小新渠现时木渡槽事给高台县政府的公函

1949 年 4 月 12 日　　张 2-345

张工（38）卯字第 6 号

高台县政府

函请转饬三清渠渠民派工，前往修整小新渠现时木渡槽，以维本年通水由：

1. 查整修临泽小新渠渡槽事，前据贵县三清渠代表等呈“请酌予补修工款，以利进行”。本区已签请河西水利工程处，拟请按照前拟木渡槽计划，所需工款小麦若干，全数补助，以便彼等改建石渡槽。刻正在兰详估麦数中。

2. 现值用水期将临，在石渡槽未能从事改建前，转饬三清渠民即日派工前往，将现时木渡槽酌加修整，维持通水。以免临泽方面再事催促。

3. 函请查照。

主任　周颂

民国三十八年四月十二日

处理意见：

饬三清渠民代表遵办，并函临泽县政府查照，转知小新渠民。

四月十三日

高台县政府就三清渠民众代表张汉儒等从田粮处林来领粮并筹备各项材料事给县田粮处的代电

1949 年　　张 2-345

三（38）辰字第 9217 号

1. 水田三卯鱼电奉悉。

2. 遵即转饬三清渠民众代表张汉儒等，径向本县田粮处，洽取小麦八百市石。并饬积极筹备各项材料，同时函达本县田粮处，随时发放。以期早告厥成。

3. 复请钧鉴核查。

县长　冯周人

民国三十八年

高台县政府就接洽工程人员协助技术指导建修小新渠渡槽事给张汉儒等的训令

1949 年　　张 2-345

三（38）辰字第□□□号

三清渠民众代表张汉儒、鲍鸿章、罗□云、张富国、王三重等

为令饬前往马尾湖水库工程处，接洽工程人员协助技术指导，从速开槽料石，以便建修小新渠渡槽，仰即遵照办理由：

1. 查建修临泽小新渠石渡槽工程函，应开始筹备。关于技术指导方面，案奉甘肃省政府水二（37）亥字第三六四八号训令已饬马尾湖水库工程处协助办理在案。

2. 除函请马尾湖水库工程处查照，随石派员知道外，仰该代表等遵照，迅即前往该处接洽办理。并将筹备情形随时报核。

县长　冯周人

民国三十八年

高台县政府就筹建小新渠渡槽呈请拨贷小麦事给三清渠民众代表张汉儒等的训令

1949 年 5 月 3 日　　张 2-345

三（38）辰字第 947 号

三清渠民众代表张汉儒等

为令知“筹建小新渠渡槽呈请拨贷小麦”一案，仰即遵照办理由：

1. 本年三月七日，案据该代表等呈覆“以筹建临泽小新渠渡槽民力不逮，请求转呈核拨无息小麦”一案。经呈奉甘肃省政府水田三卯鱼电“准由本县处会存粮内，免息拨贷小麦八百市石，麦收后负责收回归会”等因到府。

2. 仰该代表等，从速组办□□□，径向田粮处洽领。并依工程悉表，积极筹备材料，毋得延误。

3. 本案已函本县田粮处查照。

县长冯

民国三十八年五月三日

高台县政府就拨贷三清渠民众筹建临泽小新渠渡槽小麦事给高台县田粮处的公函

1949 年 5 月 3 日　　张 2-345

三（38）辰字第 947 号

高台县田粮处兼副处长冯

函为“奉会拨贷三清渠民众筹建临泽小新渠渡槽小麦”一案，请查照由：

1. 本年三月七日，案据本县三清渠代表张汉儒等为呈称“以筹建临泽小新渠渡槽，

民力不逮，请求核拨粮款，以利建修”一案。经呈奉甘肃省政府水田三卯鱼电“准由本县处会存粮内，免息拨贷小麦八百市石，麦收后负责收回归会”等因到府。

2. 令饬三清渠民众代表迳兴洽领外，至希随时发放，以利筹建，实昭公允。

3. 函请查照。

民国三十八年五月三日

高台县政府就鲍鸿章辞卸三清渠水渠受理处长职务事给三清渠水渠受理处鲍鸿章批答

1949 年 6 月 14 日　　张 2-345

三（38）巳字第 1373 号

三清渠水渠受理处鲍鸿章

据呈“请辞卸三清渠水渠受理处长职务”一案，仰遵照由：

1. 本年六月五日呈悉。

2. 该员既因身病不能服务，仰由该渠受益农户中选择素具热心公益之人士二人，呈候核派。

3. 仰即遵照办理。

县长　冯周人

民国三十八年六月十四日

鲍鸿章就身体欠佳请辞职事给高台县政府的呈文

1949 年 6 月 3 日　　张 2-345

垂爱委充三清渠水渠管理处处长职务以来，深惧弗胜，只以矢勤矢慎冀报称于万一。无如贱躯濡染残疾，医药罔效，加以能力薄弱，历时数载，毫无建白，抚躬自问，自惭弥殷。兹以本渠筹建临泽小新渠渡槽工程浩大，荷业。钧座轸念民艰，吁请上峰拨贷仓粮，使此艰巨工程获以稳定之基础。职生长斯土，尤应奋竭智能，以供驱策。惟职恙造致命，不堪滥竽斯职。谨特呈悉。鉴核俯赐准予辞职，无任感祷。谨呈高台县县长冯。

三清渠水渠管理处处长　鲍鸿章

民国三十八年六月三日

处理意见：

该员既因身病，不能服务。仰由该渠受益农户，选择素具热心公益之人士二人，呈候核派。批答。

六月三日

高台县政府就三清渠办水人员砍伐临泽县城附近渠畔树木事给三清渠民众代表张汉儒等的训令

1949 年 5 月 16 日　　张 2-345

三（38）辰字第 1098 号

三清渠民众代表张汉儒等

为准函饬知“该渠办水人员砍伐临泽县城附近渠畔树木情形”切实注意由：

1. 案准临泽县政府四（38）辰字第 0129 号公函“（一）案据本县廖泉镇公所，入全文，（三）特请查照”等由到府。

2. 仰该代表等遵照。嗣后对于临泽县城东大桥附近树木，不得任意砍伐，免生事端。

3. 本案已函覆临泽县政府查照。

县长冯

民国三十八年五月十六日

高台县政府就令饬三清渠代表嗣后不得砍伐县城东大桥附近渠旁树木事给临泽县政府的公函

1949 年 5 月 16 日　　张 2-345

三（38）辰字第□□□号

临泽县政府袁县长

为函覆“令饬三清渠代表，嗣后不得砍伐县城东大桥附近渠旁树木”一案，请查照由：

1. 本年五月六日四（38）辰字第 0129 号公函敬悉。

2. 查贵县城郊东大桥附近树木，关系风景，应予制止砍伐。已令饬“三清渠民众代表张汉儒、鲍鸿章、张富国、罗云等遵照，并转渠民一体知照”在案。

3. 复请查照。

县长冯

民国三十八年五月十六日

高台县政府就锡示料石体积尺度以便督工开采事给高台马尾湖水库工程处的公函

1949 年 6 月 15 日　　张 2-345

三（38）巳字第 1401 号

高台马尾湖水库工程处施处长

为函请赐示料石体积、尺度，以便督工开采一案，希查照见覆由：

1. 建修临泽小新渠渡槽工程。本府业经策动三清渠民众代表，积极筹备材料，刻已包工开采料石。兹以石工王治福等请求“指示料石体积，以便依式开采，俾免将来大而清荒困难，小而不堪供用”等语。

2. 兹据检各项工程图表，随函附寄。

3. 请将表列各种石料体积、尺度，惠予分别迅示。并将原图表送还，以利督导。
4. 函请查照见覆。

县长　冯周人

民国三十八年六月十五日

三清渠代表张汉儒等就石工观望不前拒不参加开采料事给高台县政府的呈文

1949 年 6 月 16 日　　张 2-345

呈为石工观望不前，拒不参加开采料石事：

情因本渠筹建小新渠渡槽所需石料，代表等奉令之下，当即觅工，援照马尾湖工程处发价标准包工开采。惟据石工王治福等声称“近由马尾湖工毕返家之工人，迭经邀约，袖手旁观，抗不参加，以致开石工作，无法进行。附送石工名单一纸，请转呈钧府派警传唤，以利开采”等语。同时由河西水利工程区周工程师面饬“代表等从速筹备材料，提前完成，否则伊即不负指导之责”等语。兹谨抄录石工名单一纸，随文呈请钧座鉴核，俯准派警分别传唤，以利筹备。实感德便。谨呈高台县县长冯。

附呈石工名单一纸。

三清渠代表　张汉儒　张富国　吴开文
张登国　王三重　张成玉
苗万新　刘得兴　罗春云
王维杰

民国三十八年六月十六日

附石工名单：

建康镇三保曹家湾	雷英前
五坝村	郭天有　濮文盛　雷兴旺
六坝村	张好学　陈开兴
渠口堡	陈兴茂
柔远乡南湾	张□升　徐美朋　朱登全
西八里堡	程永民　程文德　李国会
镇远驿	王见善
台子寺	王登全
常明乡乐善保	许吕荣　许占桂　许占钧　许立业　许立治　许占伏
空平保	孙成春　孙桂年
永礼保	盛主寅　盛尚礼
黑水保	李登□
罗乡河西保	梁天芝
正义保	陈国□　陈国伏
祁连乡昭重保	周学才　周洪道　杨得茂　元山子
	贾伏年　贾尚中　盛开□　李顺才

民国三一八年六月十六日

处理意见：

准予派警分别传唤。

六月十六日

高台县政府就代借工具建修小新渠渡槽事给高台马尾湖水库工程处的公函

1949 年 6 月 18 日　　张 2-345

三（38）巳字第 1427 号

高台马尾湖水库工程处

为据情“函转代借工具，建修小新渠渡槽”一案，希查照：

1. 本月十六日，据本县三清渠代表张汉儒等呈称“以建修临泽小新渠渡槽工程，业经包工开采石料。惟石工转需铁撬棍及洋钩等工具，为限制民力无法购置，请函转马尾湖水库工程处借给大铁棍三根，洋钩二把，八磅硾两个，用毕后如有损耗，按照差折斤数负责赔偿”等情到府。

2. 用特函，请查照惠予借给备用，并希见覆。

民国三十八年六月十八日

高台县政府就函转马尾湖工程处洽借石工转需工具事给三清渠民民众代表张汉儒的批答

1949 年 5 月 16 日　　张 2-345

三（38）巳字第号

三清渠代表张汉儒等

为饬知“函转马尾湖工程处洽借石工转需工具”一案，仰知照由：

1. 本年六月十六日呈悉。

2. 已函转马尾湖水库工程，需洽借工具，俟见覆另案饬知。

3. 仰即知照。

县长冯

民国三十八年五月十六日

高台县政府就三清渠呈请减免马尾湖民夫以利筹建渡槽事给三清渠民众代表张汉儒等的批答

1949 年 6 月 21 日　　张 2-345

三（38）巳字第 1490 号

三清渠民众代表张汉儒等

为据“呈请减免马尾湖民夫，以利筹建渡槽”一案，批示知照由：

1. 本年六月十日，案据该代表等呈“以该渠人民筹建临泽小新渠渡槽，工程浩大，请减免马尾湖作工民夫，以利进行用纾民艰”一案。

2. 查建修马尾湖水库民夫之增减，石关工程期限。当经提交第三十三次县政会议决议“现以该项工程限期迫促，为避免纷扰加紧完工起见，对于请减民夫一节，毋庸置疑”等语，记录在卷。

3. 仰该代表等转告渠民，共体时艰，勉力进行，以竟全功。

县长冯

民国三十八年六月二十一日

高台县政府就三清渠代表声请减免马尾湖作工民夫事给建康镇许镇长的指令

1949 年 6 月 21 日　　张 2–345

三（38）巳字第□□□号

建康镇许镇长

据转呈“三清渠代表声请减免马尾湖作工民夫”一案，指令知照由：

1. 本年六月十一日建（38）巳字第一三四号呈悉。

2. 查建修马尾湖水库民夫之增减，事关工程期限。当经提交第三十三次县政会议决议“现以该项工程期限延迟，为避免纷扰，加紧完工起见，对于请减民夫一节，毋庸置疑”等语，记录在卷。

3. 仰即遵照，并转饬三清渠人民知照。

县长　冯周人

民国三十八年六月二十一日

高台县政府就鲍鸿章因病呈请辞职事的指令

1949 年 7 月 14 日　　张 2–345

三（38）午字第 1609 号

三清渠水渠管理处长鲍鸿章

为据该员因病呈请辞职一案指令遵照由：

1. 本年六月三十日呈悉。

2. 该员因病呈请辞职，应予照准遗缺派陈毓桁接替。

3. 仰即知照。

县长冯

民国三十八年七月十四日

高台县政府就派陈毓桁代理三清渠水渠管理处处长的训令

1949 年 7 月 14 日　　张 2–345

三（38）午字第 1370 号

三清渠水渠管理处处长陈毓珩

为令派该员代理三清渠水渠受理处处长，仰将到职日期，并于具履历报府核查：

1. 本年六月二十日，案据三清渠水渠受理处处长鲍鸿章呈称“筑建临泽小新渠渡槽工程浩大，员身患残疾，不堪胜任，呈请辞职”等情到府。

2. 查该员因病辞职，应予照准，兹派该员接替。

3. 随文附发任令一件，仰将交接情形，连同履历具报备查。

4. 仰即遵照。

县长冯周人

民国三十八年七月十四日

鲍鸿章就选择素具热心公益之人士任水渠管理处长职务事给高台县政府的呈文

1949 年 6 月 20 日　　张 2–345

呈为呈覆事：

窃奉钧府三（38）巳字第一三七三号指令“饬由本渠受益农户中，选择素具热心公益之人士，呈候核派”等因。奉此，遵查陈毓珩、罗春云、白善本三人，以往对于本渠兴办事物，均很热心，竭力赞助。并对本渠实际情形，亦属熟练，堪任水渠管理处长职务。合理报请钧座电鉴，俯准遴派，俾专责成，以便筹建渡槽工程。实感德便。谨呈高台县县长冯。

高台三清渠水渠管理处处长　鲍鸿章

民国三十八年六月二十日

高台县三清渠水渠管理处处长陈毓珩就接事日期并赍履历表两份给高台县政府的呈文

1949 年 7 月 26 日　　张 2–345

高三（38）午字第一号

高台县县长冯

为呈报接事日期，并赍履历表两份，请核查由：

1. 本年七月高日秘人三（38）午字第一六一零号训令，暨附发派令奉悉。

2. 遵于本月十九日接洽任事，谨将履历表二份，随文呈赍。

3. 请钧鉴核查。

4. 准予备查，并转报省府核查，指令知照。

高台县三清渠水利管理处处长陈毓珩

民国三十八年七月二十六日

附甘肃省高台县三清渠水渠管理处处长履历表：

姓名：陈毓珩

性别：男

别号：楚实

年龄：三十七岁

籍贯：高台

通讯地点：城内东街门牌三号

出身：甘肃省立兰州乡村师范高中毕业

经历：曾任平凉、山丹、高台等县电信局主任

民国三十八年

高台县政府就三清渠民众代表呈请制止上游人民挖沟破渠事给临泽县政府的公函

1949 年 7 月 23 日　　张 2-345

三（38）午字第 1697 号

临泽县政府刘县长

为据三清渠民众代表呈请“制止上游人民挖沟破渠”一案，函请查照由：

1. 本年七月十九日，案据本县三清渠民众代表张汉儒等呈称“以贵治昭武乡属尚义村户民罗增恒等挖新渠线，破坏水利，呈请迅予制止”等情到府。

2. 兹抄送原呈一件。

3. 函请查照，至希查明从严制止，以维原始形态，免滋纠纷。并希见覆。

县长冯周人

民国三十八年七月二十三日

附原呈一件：

函转临泽县政府从严制止该民等毋得任意挖渠，免兹纠纷事：

呈为依地使势挖断渠线破坏水利事。窃查本渠开挖新线，系经甘肃水利林牧公司张掖工作站测量，渠口开设于临泽县城以东之西沙河畔。一渠线经临泽昭武乡属之尚义村一带（渠口据此约一公里半），地质沙层渠堤，纯系民工修筑。每遇天险降雨，必得大量人夫昼、夜看护，因地势险恶，渠民时虑冲溃，经常派夫巡逻。二该地居民罗增恒等

近年来对于本渠民夫往往不让行走，屡被毒殴，即在上年抢去民夫铁铣六张，迭经呈请，钧府追索，迄未讨回。代表等因路途遥远，只得忍声吞受。惟于过来该罗增恒等凶猛愈时，相毁坏本渠。竟于渠线危险地带（即该民村庄附近）由南而北，新挖放水沟道，横贯渠线，即将本渠割为两段，致使渠民无法维护。当经本渠水利人员前往拦阻，乃该罗增恒率领全□及该村人丁，声势凶勇，无法可敌。事出无奈，只得恳钧座电鉴作主，俯乞转咨临泽县政府，迅予采取有效方法，制止该民等任意挖掘，以维水利。临呈迫切，无任待命祈祷之至，谨呈高台县县长冯。

三清渠民众代表　张汉儒　张登国
王维杰　许企德
罗春荣　王三重
张成玉　李生隆
方兴财　张富国
民国三十八年七月十八日

高台县政府就组成三清渠水渠管理处给甘肃省政府的代电

1949 年 8 月 3 日　　张 2-345

秘人三（38）未字第 1752 号

甘肃省政府主席郭

代电呈报组成三清渠水渠管理处一案，并赍处长履历表一份，请钧鉴核查由：

1. 查本县三清渠人民，建修临泽小新渠渡槽工程。经饬“三清渠代表从速筹备材料，去后，具报所需拱旋石二百一十七公方。业已包工，自本年六月二十日起，依照工程师指示标准开采料石。惟祁连、合黎两山相聚工地百余华里，境内缺乏座料石厂，开采困难”等情。前未考察主要因素，较近山地材料困难，固属实情。但无受理机备，负责督导，亦为开石工作，不能发生效力之症结。

2. 本府为促进该项工程，早日厥成及加强护渠工作，免滋纠纷起见。遵照钧府三十六年元月二十七日建二水（36）子字第 586 号指令核示“委派三清渠农户陈毓珩代理水渠受理处处长职务，并饬依照附发规程组成该渠受理处，以资推进建修渡槽工程及保护渠有各建筑物”在案。

3. 兹据该处高三（38）午字第一号呈覆“遵于七月十九日组织成立，并赍履历表二份。请鉴核”等情。据此，谨检该员履历表一份，随电附赍。

4. 请钧鉴核查。

县长　冯周人
民国三十八年八月三日

高台县政府就三清渠偿还雇佣民夫工资小麦并监修渠程事给三清渠水渠管理处陈处长的训令

1949 年 8 月 6 日　　张 2-345

三（38）未字第 1779 号

三清渠水渠受理处陈处长

为准函转饬追交一案，复“三清渠偿还雇佣民夫工资小麦，并监修渠程，以免水患”一案，仰遂照办理由：

1. 本月三日，案据临泽县政府临三（38）午字第三零二号公函“以据蓼泉镇第一保保长马维□报称：（一）高台三清渠属本保地界一段，于昨晚渠堤北岸溃决，水势汹涌向北洪流。当即雇佣民夫四十名修筑复原，雇佣民夫工资小麦老斗一石二斗，无法垫付。（二）请函转高台乡政府该渠负责人传府追债，俾便开支，并令饬监修渠堤，以免复有水患，复查照办理”等由到府。

2. 仰该处专遵照，迅即发动民工，将该段渠堤整修完固，随时径向该保偿付抢修工资小麦。并将办理情形。具报核查。

县长冯

民国三十八年八月六日

高台县政府就三清渠偿还雇佣民夫工资小麦并监修渠程事给临泽县政府的公函

1949 年 8 月　　张 2-345

三（38）未字第□□□号

临泽县政府刘县长

为函复“追债函复三清渠堤溃决，雇佣民夫工资小麦，并令其监修渠堤”一案，希查照由：

1. 本年七月二十六日临三（38）午字第三零二号公函呈悉。

2. 当即令饬“三清渠水渠管理处遵照办理”在案。

3. 复请查照。

县长　冯周人

民国三十八年八月

高台县政府就派警迅传石工事给警察队长的命令

1949 年 6 月 22 日　　张 2-345

据第三科签呈“以传唤石工，开采小新渠石料，请派警名前往各乡镇迅传石工来将”

等情。据准县仰饬令刻即前往办理，限六月二十五日下午三时以前回府，不得有误。右令警察队长。

县长　冯周人

民国三十八年六月二十二日

高台马尾湖水库工程处就派周工程师颂就近指导小新渠渡槽工程事给高台县政府的公函

1949 年 5 月 23 日　　张 2-345

高库字（38）辰字第□□□号

高台冯县长

为函复周工程师颂就近指导小新渠渡槽工程由：

1. 三十八年五月十六日贵府三（38）辰字第（1090）号函敬悉。
2. 小新渠石渡槽工程，由周工程师颂指导办理。
3. 函请查照为荷。

处长　施彭龄

民国三十八年五月二十三日

处理意见：

附卷面告三清渠代表知照。

县长　冯周人

五月二十四日

高台县政府就定宁渠民众黄登典等控站北保纳新号户民王三华偷灌渠水妨害民生事给常明乡公社的训令

1947 年 6 月 18 日　　张 2-402

高台县政府建（36）巳字第 1330 号

令常明乡公社：

本月十三日，业据定宁渠民众黄登典等呈控“站北保纳新号户民王三华偷灌渠水妨害民生，并请严加惩办，判令赔偿俾重水利”等情。据此，合行抄荐原呈一件，令仰该乡长遵此查办。并将查办情形，随时具报为要。此令。附发原呈原件。

县长冯

民国三十六年六月十八日

定宁渠代表黄登典等为王三华等偷灌渠水妨害民生事给高台县政府的呈文

1947 年　　张 2-402

电鉴轸念民生艰难，准予传讯，严加惩办，以儆效尤，并惩判令赔偿损失，但重水利而维民生事：

窃缘敝渠绵亘三十余里，经过柔远、常明两乡。即转敝保境界，在敝渠渠面搭有过水□□□□①架颇多。伊等即蓄偷灌敝渠水之心，遂将□□搭低，紧靠水面，甚至碍水畅流，并多细缝，冀其敝渠之水能流入伊之渠道。往年伊等反常浇渠水，□水分充足不盛缺水困难，故不以为然，会混过之讵意。本年适值亢旱，渠水缺乏，本保田地被旱，此□□数百余亩。本月初四五日，该伊即偷灌敝渠之水，因挨该伊之轮水，其漕内流有伊应使转开渠之水，本渠之水由口□灌入，混合流行。本保夫民曾经查觉，以伊虽偷灌敝渠之水而沟内又流有伊使之轮水，而相狡赖未曾□□。岂知该王三华偷灌敝渠之水，习以为常，□转告该伊轮水已过我县水利例干沟湿轮，轮水挨过沟而无水。该伊等将敝渠之水，偷从□□口缝内，流入浇灌伊之田地。本保民众见其渠水骤小，即刻派夫沿渠巡视，及至伊之田地。该王三华尚复不经意将敝渠之水偷灌进伊地，公私有序，其他偷浇地尚未查出。曾经与伊以水规理论，熟料该伊人为地方恶棍，欺抗不理。伏思水乃人民命脉，本保田地尚多被旱，兹该伊竟敢利己害人偷灌敝渠之水，良仁何在，理法岂容。且因该伊偷灌敝渠之水，致本保田地被旱，此尚多且下受旱人民处，此一发千钧之际，实难坐待其毙，是以不揣冒昧，具文呈请。钧座重鉴轸念民艰，准予传讯严加惩办，以儆效尤。并怒判令赔偿损失，俾重水利，而维民生。如此□俯允，则本位民众均沾感鸿恩再造矣。谨呈县长冯。

原呈人定宁渠代表　黄登典　王立校　王世统
王丕业　张万秀　王敦勳
姜义新　王立□　张五宝
郭长泰　刘培孝　孙延北
被呈人　王三华
民国三十六年

高台县政府给常明乡公所的训令

1947 年 4 月 11 日　　张 2-402

建（33）卯字第 712 号

令常明乡公社：

本年三月二十四日案准：本县参议会高参秘（33）寅字第 49 号令转送首届第六次大

① 编者按：此处原文档漫漶，不可识。

会，提议“依照各渠水利成规，强制执行，以增生产，而重军需民食。业经认真执行，以儆刁横而维水利”等由。附送提案一份。准此自应认真办理，除在城市通行及各乡布告周知，并呈报备案外，合行抄录原案，随令附荐。仰该乡长遵照，迅即转所属各渠负责人员，一体凛遵。切。此令。附发原提案一件。

县长　冯周人

民国三十六年四月十一日

附函请县政府依照各渠水利成规，强制执行，以增生产，而重军需民食案：

查本县各渠水利成规，自明末清初，由政府征询地方水利老农绅耆等竟见，多方研究订定成规。迄今历数百年，共同守从未变更。近年以来各渠有狡黠不肖分子，希图自私自利，破坏水利成规。折扣修渠，夫名者有之逃避，应负责任者有之抗，不义行罔顾水利，本身应尽义务者更有之。似此妨害水利，有碍农田收益。况民国二十二年，中央规定地方自治指导纲领中，关于自治事项亦列举兴办或改良水利一项，后又在各省成立水利林牧公司，各县设置水利工作站，专办水利。最近政府在建设西北计划中亦以水利为第一，足证政府注重水利。但新水规未经成立以前，仍请维持原有水利水规，以免农田受旱，影响军需民食。函请县政府依照各渠原有成规认真执行以儆刁横而重水利。

常明乡站南定平保保长赵廷瑞等就站南定平二保塞闭洞口以免敝村受累事给常明盛乡长的呈文

1947 年 9 月 30 日　　张 2-402

呈准予令饬站南定平二保保长塞闭洞口，以免敝村受累，实为公便。

呈为呈报事：

窃查常明乡站南保保长赵廷瑞等，将该渠渠水流入本渠冲破沟岸，流入定平保。保长张乐善该渠水拉破水洞子，灌溉小渠，淹没大路。敝村近几日来，奉令保护县道大路，不料昨日天降大雨，猛然敝渠之水高涨流入小沟，将堡子周围灌溉，淹没大路，成为水患之灾。路道阻碍，东、西来往车马、行人，交通运输更加不便。催，该保置之不理，以致敝村受累不浅，无法保护道路。只得具文呈请钧座鉴核备查，俯准令饬站南、定平两保保长塞闭洞口，以免敝村受累，实为公便。谨呈常明乡乡长盛。

被呈人常明乡站南定平保保长　赵廷瑞　张乐善

民国三十六年九月三十日

临泽县政府就呈赍办理小型农田水利工程成果简报表给甘肃省政府的呈文

1945 年 11 月 19 日　　张 3-89

建（34）戌字第 2575 号

为呈赍办理小型农田水利工程成果简报表一份，请鉴核案转由：

案奉钧府建四（34）酉字第 6728 号训令饬“填报办理小型农田水利工程成果简报表，

以凭汇转”等因。奉此遵即依式填就。理合呈赍钧府鉴核汇转。谨呈甘肃省政府主席谷。

附呈赍办理小型农田水利工程成果简报表一份。

代理临泽县县长 黄治安

民国三十四年十一月十九日

处理意见：

核明汇办。

十一月二一日

临泽县参议会就请审议通过黑河渡口木船修补费预算书事给临泽县政府的公函

1947 年 6 月 12 日 张 3–91

临参秘（36）巳字第 5211 号

案准贵府建（36）巳字第 0211 号公函略开“为函送黑河渡口木船修补费预算书一份，请审议过府饬遵”等由。附预算提案各一份。准此，当经本会审议，可照原决议办理，相应函覆贵府，查照办理为荷。此致临泽县县长杨。

议长 高增贵

副议长 闫兴云

民国三十六年六月十二日

附为补修黑河平川渡口木船工料费三百一十五万元究应如何分担案：

前据平川乡杨乡长效天提议“补修黑河渡口木船，以利航行”一案。经由县政府会议决议“照成案办，并咨请参议会审复通过”在案。兹据平川乡报称“此补修费，过去平、板二乡分担百分之五十五，蓼泉镇百分之十五，宣、昭、沙三乡各分担百分之十，按比照过去成例，平、板二乡各分担八十六万六千二百五十元，蓼泉镇应负担四十七万二千五百元，宣昭沙三乡各分担三十一万五千元”等情，究应如何办理，请公决案。

各乡镇应分担此项工料费，除平川乡已垫支不交县府外，其余各乡镇应统于本月二十五日前，呈缴县府，以便转发。

决议：

照原案通过。

建设科

案据沙河乡呈请“前令配征补修黑河平川渡口木船资费三十一万五千元，准予过督地区筹担，以昭公允”等情。究应如何办理，请公决案。

案据沙河乡公所沙（36）申字第 208 号呈（附原件）。

决议：

仍照成案提示办理。

建设科

民国三十六年六月十二日

临泽县政府就函送黑河渡口木船修补费预算请审核事给临泽县参议会的公函

1947 年 6 月 18 日　　张 3-91

建 36 巳字第 0211 号

为函送黑河渡口木船修补费预算请审核由：

案据平川乡乡长杨效天提议“请筹款修造黑河渡口木船，以利交通”一案。当经提交本年第三次县政会议，决议“照成案办理”等语，记录在卷。相应照抄原提案及预算各一份，函请查照，审核过府，以便饬遵为荷。此致。临泽县参议会。附送原提案及预算各一份。

附：筹款补修黑河渡口木船以利交通案

查黑河渡口木船历久失修，船床已破不能行渡，每逢盛夏河水暴涨，一旦木船停渡，往来行旅颇感艰困。社建国第一口号下交通建设原则上，实有积极筹款补修黑河渡船之必要。

补修木船工料，按照现时市价估计，可筹国币三百一十五万元。

补修费，应该按旧例平、板两乡六成，蓼、昭、沙、宣四乡镇四成配筹。

补修费，各乡镇均限六月二十日以前交到，目前提早赶修费用，暂先由平板两乡设法借垫。

组织黑河渡口木船保管委员会，招工负责补修。

决议：

照成案办理。

提案人平川乡乡长　杨效天

连署人板桥乡乡长　翟存文

补修船只买物花费市价估计如下。

白杨树	2 株	计开国币 240,000.00
熟铁	60 斤	计开国币 360,000.00
清油	100 斤	计开国币 240,000.00
麻	90 斤	计开国币 360,000.00
石灰	2 石	计开国币 180,000.00
土子老底	6 斤	计开国币 288,000.00
桐梓油	6 斤	计开国币 60,000.00
铁匠工资		计开国币 360,000.00
木匠工资	150 天	计开国币 450,000.00
画匠		计开国币 172,000.00
工人伙食	料工不□	计开国币 440,000.00
以上投费项合计		国币 3,150,000.00

县长　杨居敬

民国三十六年六月三十日

临泽县政府就筹款建修黑河渡口木船事给平川乡公所的训令

1947 年 7 月 22 日　　张 3–91

建（36）午字第 0910 号

令平川乡公所：

案查前据该乡提议“筹款着三百一十五万元，建修黑河渡口木船’一案。经咨送参议会审议，去后，兹准泽参秘（36）巳字第五四一号咨复“照成案办理”等由。准此查此项补修，过去各乡镇如何分担，兹准前由，合行令仰该乡长遵照，即查报过去办理情形，以凭核办为要。此令。

县长　杨启敬

民国三十六年七月二十二日

临泽县平川乡公所就分配决议筹款补修渡船事给临泽县政府的呈文

1947 年 7 月 22 日　　张 3–91

平（36）午字第六七号

呈为分配决议筹款补修渡船事：

查黑河平川渡口筹款补修破烂木船，业经前由职乡拟具计划，提请县政会议决议通过，按照旧例筹款补修在案，现值工料价张前拟补修计划恐难期修完竣，目下黑河水武夏涨，行旅颇感困难，除招工设计补修并推请地方公证人士负责监工外，理合具文呈请，钧府鉴核俯准分配筹款以资补修。谨呈临泽县政府县长杨。

平川乡乡长　杨效天

民国三十六年七月二十二日

处理意见：

指复速将过去办理情形呈报，以凭分转饬筹集。

七月二十二日

临泽县平川乡公所就拟具补修木船费分担事给临泽县政府的呈文

1947 年 8 月 15 日　　张 3–91

平（36）未字第 030 号

为呈报拟具补修木船费分担情形请鉴核配筹由：

案奉钧府建（36）午字第零九一零号训令开“案查前据该乡提议‘筹款三百一十五万，建修黑河渡口木船’一案。经送参议会审议去后，兹准泽参秘（36）巳字第五四一号咨复‘可照成案办理’等由。准此查此项补修费过去各乡镇如何分担，兹准前由，合行令仰该乡长遵照，刻即查报过去办理情形，以凭核办为要。此令”等因。奉此，遵查黑河平川渡口木船过去之新造及补修，出于热心公益事业人士之义举劝捐或由地方违反水规之罚款凑合，向无合法筹款方式。在三十四年度黄前县长时，由乡民代表会推选代表雷占鳌，负责监修、补修费。呈准钧府按照乡镇实际情形，分别筹助。当时除平、板两乡分担百分之五十五，蓼泉镇分担百分之十五外，其沙、宣、昭三乡各分担百分之十。奉令前因，兹谨将本年度核准补修费三百一十五万元，拟具工料筹款分担计划。理合，具实呈报钧府鉴核，俯准配筹，并乞示遵。谨呈临泽县政府县长杨。附拟具补修费分担计划一份。

平川乡乡长　杨效天

民国三十六年八月十五日

附平川渡口木船补费分担计划。

核准补修费：3,150,000 元。

平、板两乡各分担数（渡口当该两乡交通要衙）：

(3,150,000 元×55÷100)÷2＝1,732,500÷2＝866,250 元。

廖泉镇分担数：

(3,150,000 元×15÷100)＝472,500 元。

宣、沙、昭三乡各分担数：

(3,150,000 元×3÷100)÷3＝31,500 元。

民国三十六年八月十五日

处理意见：

提本月十九日县政会议决议。

令饬各乡镇，将应交款，限八月二十日前呈缴来府，以便转发。

八月十五日

临泽县政府就电饬催该乡镇筹交补修船费事给平川乡公所的代电

1947 年 8 月 22 日　　张 3-91

建（36）未字第 1192 号

令平川乡公所

为电饬催该乡镇筹交补修船费由：

沙河、板桥、宣威、昭武乡、廖泉镇公所，案据平川乡公所平（36）未字第 070 号呈请“筹发补修黑河平川渡口木船，以便航行”一案。经提交本年本府第五次县政会议，决议“照原案通过”等语，记录在卷。查该乡镇应负担。令仰遵照于本月底以前，将款呈缴于本府，以便转发为要。

附建（36）未三十一即附发提案一件。

沙河三十一万五千元。

昭武三十一万五千元。

宣威三十一万五千元。

板桥八十六万二千二百五十元。

昭武三十一万五千元。

廖泉镇四十七万二千五百元。

县长　杨居敬

民国三十六年八月二十二日

临泽县平川乡公所就呈报分配渡船补修费期早动工事给临泽县政府的呈文

1947 年 9 月 12 日　　张 3-91

平（36）申字第 092 号

为呈报分配渡船补修费期早动工请鉴核示遵由：

顷奉钧座本月四日手令内开“平川乡黑河渡船，限即日内动工。如有延误，惟该乡长是问”等因。奉此，遵查职乡渡船，应筹补修费，前以平（36）未字第 070 号拟具分担报表呈核，并经钧府提交第六次县政会议“照原案决议分配各”在案。际此河水秋涨，急需渡船以利交通，除由职先行借垫。现款径向张掖托购，补修材料，遵限动工赶修外。理合，具文报请钧府鉴核，俯准照原提案分配筹款，以期速成。谨呈临泽县政府县长杨。

平川乡乡长　杨效天

民国三十六年九月十二日

处理意见：

派警前往各乡镇催收前令交专项补修费，以便支付。

九月十三日

临泽县政府就拨款项补修黑河平川渡口木船而利航行事给平川乡公所的代电

1947 年 9 月 16 日　　张 3-91

建（36）申字第 1268 号

沙河、宣威、板桥、昭武乡、廖泉镇公所，案据平川乡平（36）申字第 092 号呈请“拨款项补修黑河平川渡口木船，而利航行”等情。据此查此项该乡（镇）应负担补修费，经以建（36）未字第（1198）号代电饬“遵照于八月底将款呈缴”在案后，再电佳仰于文到日，刻即将款呈缴本府，以便转发兴工。勿再拖延为要。

县长　杨居敬

秘书　王□□代行建（36）申□（印）

民国三十六年九月十六日

临泽县政府就按成案筹缴款项事给沙河乡公所的代电

1947 年 9 月 27 日　　张 3–91

建（36）申字第 1352 号

沙河乡王乡长沙（36）申字第二零八号呈“委经提交第六次县政会议，决议仍照成案筹缴”等语，记录在卷。合行电仰遵照。

县长　杨居敬秘

秘书　王□□代行建（36）申□（印）

民国三十六年九月二十七日

临泽县沙河乡公所就应过渡地区筹担分担补修黑河平川渡口木船费事给临泽县政府的呈文

1949 年 9 月 19 日　　张 3–91

为呈覆本乡应分担补修黑河平川渡口木船费，准予过渡地区筹担以昭公允由：

钧府建（36）未字第二九二号代电开“该乡应分担补修黑河平川渡口木船费三十一万五千元，令仰遵照。于本月底以前，如数呈缴转发为要”等因。奉此，经函请本乡乡民代表会审核，去后。准乡民代表会沙（36）申字第五号覆函开“本乡分担补修黑河平川渡口木船费三十一万五千元”一案，经提交第一次乡民代表会议，决议“平川渡口之船，无关国家交通，并无成案，本乡碍难筹担，函覆乡公所转请由过渡地区筹担等语，记录在案。相应函覆查照为荷。此致”等由。准此理合具文呈覆钧府鉴核，准予过渡地区筹担，以昭公允。谨呈临泽县政府县长杨。

沙河乡乡长　王裕民

民国三十六年九月十六日

处理意见：

提县政会议解决。

九月十六日

临泽县政府就分配到的修船费用筹款数给廖泉镇公所的指令

1947 年 11 月 15 日　　张 3–91

建（36）戌字第 1502 号

令蓼泉镇公所：

十一月十二日呈一件，为准“本镇真名代表会公函，□次配抽修船费先筹款数，请鉴核函遵”由呈悉。仍饬勉力等足全数缴付，免发，仰印遵照。

此令。

民国三十六年十一月十五日

临泽县蓼泉镇公所就此次配筹修船费先筹半数事给临泽县政府的呈文

1947 年 11 月 11 日　　张 3–91

民（36）戌字第 666 号

为准本镇镇民代表会公函“此次配筹修船费先筹半数”请鉴核示遵由：

案准本镇镇民代表会蓼代（36）酉字第二一号公函开“奉令本镇应配筹修船费四十七万二千五百元，已呈请县府核发修船详细预算。已将上项预算奉到在案，相应函请贵会查照见覆为核”等由。准此，经提交本会临时参议，决议“系是船实属补修，按各保配额配筹半数等语，曾经记录在案。相应函请贵所查照办理为荷，此致”等由。准此，理合具文呈请钧府鉴核，并析示遵，俾便遵行。谨呈临泽县政府县长杨。

蓼泉镇镇长　鲁璠

民国三十六年十一月十一日

处理意见：

仍饬勉力筹集全数缴府，凭发为要。

十一月十一日

临泽县政府就分水事给平川乡公所的代电

1947 年 4 月 25 日　　张 3–108

建（36）卯字第 0203 号

平川乡公所：

奉第七区行政督察专员兼保安司令王二（36）卯文代电开“案奉主席郭建水（36）卯□电开据安西池县长电准参议会，本年因农历闰二月分水时，□兴耕日期相□约二十天，请将分水规程规划。如今□农历在四月前，有□月者提前半月分水，特电希按实际需要，修正执行众亟”等因。除分行外，合行电仰该县遵照报查。除分行外，仰该乡遵办，具报凭为要。

县长　杨居敬

民国三十六年四月二十五日

临泽县政府就按照成案封闭渠口以资分水灌溉事给平川乡公所的代电

1947 年 4 月 26 日　　张 3–108

令平川乡公所：

案准鼎新县县政府鼎建（36）辰字第 122 号公函开“查本年度鼎、高两县芒种节前十日，守水事宜，是否仍照成案办理。本府曾以鼎建（36）卯字第 340 号铣字代电呈请‘甘肃省政府暨本届专署核示，去后为奉复电准照历年成案办理具报’等因。奉此。自应遵从，惟查六月六日为芒种，应于五月二十七日寅时初刻，封闭张、临、高各县渠口，以资分水灌溉。高台正义五保及本县之毛、双二屯，届时即请速派干警，严饬各该渠水差及保甲人等遵照，切实办理。敝县长定于五月十八日，率领员警轿伕等，由鼎起程，请第七区专署派员会办外，相应函请贵府查照切实为荷”等由。准此，除分令外，合行令仰该乡长刻即转饬应闭各渠，遵照成案，按时封闭为要。此令。

县长　杨居敬

民国三十六年四月二十六日

临泽县政府就集款建修水磨水碾以利民生平川乡公所的训令

1947 年 4 月 23 日　　张 3–108

建（36）卯字第 028 号

令平川乡公所：

顷准县参议会，函送第六区大会□□参议□□□与□□第建议“集款建修水磨水碾，以利民生”一案。□□□□会后，案奉经本府拟具建修计划，令饬各县乡遵旧筹办在案。兹准前□□分令外，合行仰发原建议案一件，令催发乡，切实遵照前令。合令办理，勿得拖延为要。不成，仍将理办情形报兹为要。此令。

附抄发原建议案一件。

县长　杨居敬

附为建议县府在本县□修水渠木碾以利民生案：

查本县地处遭浇□□，原案发□□□，于各项实□□呈文，不□改进，如稻之安□，□麻之干涸，麦之□□，谷之□□，□皮之□□等等，均无水磨水碾之便利。若□□请之□□五□渠、九亩渠及经过本县之黑河等处□之冬夏不干之长流水，定能建修水碾，若不督饬□□。窃思用更无法改进，究竟应是发之处，拟请大会办决议。

1. 府招人□□□地□，呈请集发建修。
2. 由公共执行，择定地点，呈请拨款建修。
3. 由县府令饬各乡镇集款建修，作为乡镇造产。
4. 无论在何处建修水磨水碾，以不妨害水利为原则。

决议：

照原案提付讨论。

提案人　罗兴章

连署人　李　□　康明□　贾□□　田□□

处理意见：

照原案通过。

四月二十三日

甘肃省临泽县政府就三十五年度办理小型农田水利工程成果简报表给甘肃省政府的代电

1947 年 4 月 16 日　　张 3-110

第四科建（36）卯字第 0019 号

电赍三十五年度办理小型农田水利工程成果简报表请鉴核由：

兰州甘肃省政府主席郭钧鉴，案奉钧府建四（36）寅字第 7034 号训令“附发三十五年度各县办理小型农田水利成果简报表一份，饬将本县年度办理成果依式查填报核”等因。奉此，查本县上年度先后利用义务劳动，征工整修昔喇及明麦二渠堤岸，均已完成。兹将办理成果，依式查填报表一份。理合，电赍鉴核。临泽县县长杨居敬建（36）卯铣叩附呈三十五年度办理小型农田水利工程成果简报表一份。□文。

县长　杨居敬

民国三十六年四月十六日

第七区专员就临泽小新渠于均水期间照例封闭事鼎新县政府的代电

1947 年 3 月 10 日　　张 3-111

公署专二（36）寅字第 113 号代电

临泽小新渠于均水期间照例封闭等因，电仰知照由：

鼎新张县长览鼎秘（36）寅征电悉“查高台三清渠拟定分水办法”一案。前奉省府电令会同办理，业将议定办法暨会议记录等件呈赍到署，正核办间复据该县长鼎高建会（35）由字第 1474 号令请“于均水期间，将临泽小新渠照例闭口”等情。经于平以专二（35）申字第（753）（754）号代电“转呈省府核示”。去后，于上年十一月奉省府建二水（35）戌字第 6697 号指令开“代电暨……为要。此令”等因。奉此合行电仰一并知照为要。

专员兼司令刘钧鉴专二（36）交（印）

民国三十六年三月十日

甘肃省政府据就临泽县小新渠于均水期间闭口成案事给第七区专署的指令

1947 年 4 月 14 日　　张 3-111

建水（36）卯字第 2355 号指令

令第七区行政督察员公署：

三十六年三月十九日专二（36）寅字第（140）号代电一件“为电复临泽小新渠于均水期间闭口成案情形”请鉴核由”代电悉。准予备查，并已令饬临泽县政府遵照矣。仰即知照。此令。

民国三十六年四月十四日

第七区专署就本年均水期近是否仍照成案办理事给鼎新县政府的代电

1947年4月24日　　张3-111

专二（36）卯字第226号代电

鼎新张县长：

览本年四月十六日鼎建（36）卯字第340号代电悉"仰仍遵照历年成案办理"。电复遵照。

专员兼司令刘钧鉴专二（36）卯□（印）

民国三十六年四月二十四日

鼎新县政府就本年均水期间督小新渠循例闭渠口十日事给临泽县政府的代电

1947年4月26日　　张3-111

急，酒泉甘肃省第七区行政督察专员兼保安司令刘钧鉴：

查高台三清渠，原系借用临泽小新渠口拓辟渠道，合流灌溉。前年三清渠另开渠口一道，而该小新渠原仅灌田两千余亩，现仍沿用过去灌溉两万余亩之渠道使水，实属虚耗水量，影响下游各渠之农田灌溉。兹当本年均水期近，迭准本县参议会暨县农会，请求转呈上峰令饬临泽县政府，届时督饬小新渠农民循例封闭渠口十日，以资救济下游各渠农田免遭旱灾。前来经查，临泽小新渠向未封闭渠口，确属于三清渠合流使水之关系，现三清渠既已另开渠口，分流使水，自应循照县省府明令核准之高台县新开三清渠芒种节前十日与正义五堡暨鼎新毛、双二屯分水办法第七条之规定，届时予以封闭，永维水规"。除分电外，理合，先期陈明伏乞迅赐转请省府严饬临泽县政府，届时负责执行，以免纠纷而重民生。临电不胜盼祷之至。

试署鼎新县县长张应麒叩鼎建（36）卯宥（印）

民国三十六年四月二十六日

甘肃七区专署就在本年均水期间循例封闭小新渠口十日给临泽县政府的代电

1947年5月1日　　张3-111

专二（36）辰第244号代电

鼎新张县长览

据电请转请省府令饬临泽县政府在本年均水期间循例封闭小新渠口十日一案，电复知照由：

本年四月二十六日，鼎建（36）卯字第371号代电悉"查临泽小新渠，于高、鼎等县，芒种节前均水期间闭口"一案，前奉省府准予照办，并转饬该县知照。各□案□临泽县政府呈请"省府不闭渠口"。复奉令将该情由复凭核，经以专二（36）寅□代电呈复去后，案奉省府本年四月七日建水（36）卯字第2355号指令开"代电，知照"等□。除应期电请省府令饬临泽县政府，会同讯行外，合行电仰知照。

专员兼司令刘钧鉴专二（36）辰（江）（印）

民国三十六年五月一日

甘肃省参议会就兴修临泽县小新渠下闸旧沟涵洞及不闭渠口以利灌溉事的决议案

日期不详　　张 3-111

提字 22 号

咨请省府依照成议，兴修临泽县小新渠下闸旧沟涵洞及不闭渠口以利灌溉案：

查高台三清渠之修筑，与临泽小新渠水利，有密切关系。在兴修时，临泽民人一再交涉争持，并由六区专署何专员主持，与三清渠订约，以免利此害彼，畸形发展。并由何专员发表意见，准修钢骨水泥涵洞两座，并立合同呈报备案。事未逾年，临泽渠涵洞修竣后，对小新渠涵洞为能如约履行。高台县长听信三清渠一面之词，暂搭木质渡槽，上年一再呈请省府饬令三清渠履约修洞，终无结果。该木槽年内已破坏不堪，本渠沙田千余亩将有荒旱之灾。非但因军粮及各项农民负担毫无着落，而民食落空，将有冻馁之危险。上年三清渠通水后，小新渠民众依据历年不闭渠口成案，呈请省府核示，已奉准办理。终以三清渠竭力争持，未见实行。而七区专署又变更者，令威信何在？公理何存？应请主持公道，履行成议。咨请省府切实执行双方契约，以免失平，影响民生。

提案人　鲁玲

连署人　郭孔厚　和保箤　王桂中　刘肇华　强镇英　巩保初

日期不详

甘肃省政府就小新渠闭口及提请兴修小新渠涵洞事给临泽县政府的代电

1947 年 6 月 27 日　　张 3-111

建水（36）巳字第 4341 号代电

据临泽县政府电报小新渠闭口情形，并准省参议会咨送鲁参议员，提请兴修该渠涵洞一案，仰遵照由：

酒泉刘专员据临泽县政府巳征代电称“查奉令封闭小新渠口”一案，经于上月二十七日，会同七区专署刘视察景廉、高台冯县长周人、鼎新张县长应麒，亲往该渠渠口，执行封闭命令。惟该渠民众以为打破二百余年之成例，端倪一开，永受影响。目睹高台、鼎新民夫非常众多，县府事前声言，非闭不可以为，人力不可抵抗，相率逃避，表示抗议，是日终未完成任务。翌日即派本府建设科长臧成浚前往召集该渠负责人等，多方劝导，以期尊令闭口。熟料该渠民夫百余人纷纷攘攘，不惟不听命令，反以渠长有服从命令之意，将其投掷水中以示抗议，并表明舍生争水之用度。幸被警察和衣入水抢救，得保无虞。此事发生后，职以奉行命令责无旁贷。又复召集该渠渠长及民众代表，谆谆劝诫，责以大义。

并令蓼泉、昭武两乡镇长，会同警察勒令于三十日始行封闭渠口，双方尚未滋事。本年分水幸告结束，查该渠在与三清渠合用之渠道中，仅占十分之一之渠口，且因橙槽迄未修成，水量微小，该渠地亩头水尚未普遍浇灌。此为实际困难之所在，据例衡情，似无闭口之可能。除已会衔电报外，谨将经过详情，报请鉴核备查等情。并准本省参议会，本年六月十一日咨送第四次大会鲁参议员提咨“请本府依昭成议，兴修临泽小新渠下闸旧渠涵洞，及不闭口以利灌溉”一案，嘱办理见复”等由。除分别指令咨复，及渡□工程，电请河西水利工程总队办理外，特电抄发原提案，仰即遵照。迭电并案，会商妥拟永久分水办法，呈核省府。附抄原提案一件。

建水巳（印）

民国三十六年六月二十七日

鼎新县政府就临泽县于本年均水期间封闭小新渠事给甘肃省第七区专署的代电

1948 年 4 月 27 日　　张 3–136

鼎三建（33）卯字第 516 号

为电请令饬临泽县政府，在本年均水期间，督饬所属小新渠农民循例，封闭渠口十日，以维下游灌溉由：

1. 查高台三清渠，原系借用临泽小新渠口拓辟渠道，合流灌溉。前年三清渠另开渠口一道，而该小新渠原仅灌田二十余亩，现仍沿用过去两万余亩之渠道使水。实属虚耗水巨甚，影响下游各渠之农田灌溉。兹当本年均水期近，迭准本县参议会暨农会请求转呈上峰，令饬临泽县政府，届时督饬小新渠农民循例，封闭渠口十日，以资救济下游各渠农田，免遭旱灾。前来经查，临泽小新渠向未封闭渠口，确属与三清渠合流使水之关系，现三清渠既已另开渠口分流使水，自应遵照。省府明令核准之高台县新开之三清渠芒种节前十日，与正谊五堡，暨鼎新毛、双二屯，分水永久办法第七条之规定，届时予以封闭，永维水规。

除分电外，理合。呈明伏乞钧座迅赐，主张严饬临泽县政府，届时负责严格执行，以免纠纷，而重民生。

代理鼎新县县长　陈世光

民国三十七年四月二十七日

处理意见：

转令□视并案会办。

四月二十七日

第七区专员就鼎新县均水期间严令制止掘渠灌溉事给鼎新县政府的代电

1948 年 4 月 22 日　　张 1–136

为鼎新县均水期间严令制止掘渠灌溉由：

1. 据鼎新县政府三建（37）卯字第（441）号，以该县均水期近，诏电饬“沿途各县，制止民众掘渠灌溉，免生纠纷”。

2. 除函复外，希届时严令制止，以重水利。

专员兼司令　王维墉

民国三十七年四月二十二日

鼎新县政府就均水期间高张临等县制止沿途民众掘渠灌湖事给甘肃省第七区专署的代电

1948 年 4 月 16 日　　张 3-136

鼎三建（37）卯字第（14）号

为本县均水期近，请电饬高、张、临等县，提前制止沿途民众掘渠灌湖，免生纠纷，以重水利由：

查本县历年于芒种节前十日，由县长奉令带领民夫亲往高、张、临等县，会同各该县县长循例分水，灌溉高、鼎农田，早已垂为铁案。兹查，此案关系本县民生极为重要，去岁并由钧署派员会同办理，更显郑重。惟过去每在均水期内，各该县沿途民众偷掘渠口，灌泡草湖，习以为常。屡因此事发生纠纷，以致本县农产灌溉不足，大受影响。本年均水期近，自应仍照成案办理。恭请钧鉴，并准于本年均水以前，分别电饬高台、张掖、临泽等县县长，届时严令沿途民众坚闭渠口，毋再偷泡草湖，减少下游水量。俾我边远小县普沾水利。

代理鼎新县县长陈世光

民国三十七年四月十六日

临泽县政府就张掖县政府在大官等渠架桥事给沙河乡沙河渠等的训令

1949 年 5 月 7 日　　张 3-156

四（38）辰字第 716 号

沙河乡沙河渠、明麦渠水利办事处

为准张掖县政府要在大官等渠架桥一案情形，仰知照由：

1. 查该渠前请函转张掖政府令饬大官等渠停止搭桥运沙一案，经函准张掖县政府张三（36）卯字第 1303 号代电开，入原文。

2. 查二十八年，张掖先开之会议决，该渠是否派代表参加合同，内右手渠代表人姓，被本府并年案，可查照。随令附发原合同一纸。

3. 仰知照呈要，以凭核办。

县长　袁第锐

民国三十八年五月七日

甘肃省政府等就规定征收公荒收租区域事给临泽县政府的训令

1949 年 6 月 7 日　　张 3-156

财四（38）巳字第□号

临泽县政府

为规定征收公荒收租区域令仰遵照：

1. 奉文下本省三十八年行政会议，决议："以公荒收租，择有山荒草地较广之畜牧区域，先行试办，其余各地一律缓办。"

2. 查本省各县局多属地广人稀，公有山荒草地甚多，大都□滋事。游牧者乃利用三十八年一律征收公荒收租，三十七年为减轻民员，通饬豁免停征。本年度恢复征收，系为增裕地方财源，因地制宜。

3. 兹依本年行政会议，决议案规定："将利用公有山荒草地畜牧较广之直辖区第 169 区，为征收公荒收租区域，利用公有山荒草地畜牧较少之第 2348 区，由各县局斟酌实际情形，办理具报。"

4. 除分令外，合行令仰遵照。

主席　郭寄峤

财政厅厅长　李子欣

委员　寇永书兼代

民国三十八年六月七日

临泽县政府就昔刺渠水利干事努力工作勿得辞职事给板桥乡乡长贾谦善的指令

1949 年 2 月 22 日　　张 3-156

三（38）丑字第 0244 号

板桥乡乡长贾谦善

据呈请"昔刺渠水利干事努力工作，勿得辞职"一案，仰知照由：

1. 本年一月二十八日板建（38）子字第 43 号呈悉。

2. 仰该乡长转令该渠水利办事处，根据该渠多数民意呈复，再行核夺。

县长　袁第锐

民国三十八年二月二十二日

临泽县板桥乡公所就昔刺渠水利干事仍努力工作勿得辞职事给临泽县政府的呈文

1949年1月28日　　张3-156

板建（38）子字第43号

临泽县政府县长袁

为呈请饬“昔刺渠水利干事仍努力工作，勿得辞职”请示遵由：

案据本乡昔刺渠水利办事处呈称，查本渠灌溉一、二、三、四保　共分为三号，每号公举渠长一人负责，按昼夜轮流浇灌。至年终照陈规旧例，渠长必须更换。奈以啃喇渠工程破坏不堪，每年夏、秋两季山洪暴发，将渠堤冲断，屡修屡破，劳民伤财。以是历年户民多受干旱之苦，究其原因，实由渠务不整之故。二、三十五年经钟前县长亲莅勘查，召开水利委员会议依照水利条例，组设水利办事处，公推水利干事三人。念合作，此二年来，宽辟深挖，渠堤修筑巩固，水通流通，未遭山洪灾害，灌溉均匀，户民未受旱魃之苦。现值年终，一般投机分子，扬言仍照旧历，更换水利干事，各干事纷纷向水利办事处呈请辞职，未获照准。兹为革除旧习，继续完成任务，俾资各员专责，而免遭受干旱起见。拟请分别令饬水利办事处转知各水利干事贾维善、张林呈、何永成等振兴水利，仍努力工作，勿得听凭辞卸，以失众望。可否之处。请鉴核示遵。

板桥乡乡长　贾谦善

民国三十八年一月二十八日

处理意见：

核准，令饬该渠水利办事处转知各县水利干事，仍供原职。并指复。

令指复□，令饬该渠水利办事交根据该渠多数民意详复再举。

一月二十八日

临泽县政府就委派鸭翅渠水利委员事给昭武乡公所的指令

1949年3月9日　　张3-156

三（38）寅字第（352）号

昭武乡公所

据请委派鸭翅渠水利委员一案，仰知照由：

1. 昭建（38）丑字第19号呈悉。
2. 准予分别委派，派令随众。
3. 仰转发指派，并将到职日期报查。

县长　袁第锐

民国三十八年三月九日

临泽县政府就张裕民为昭武乡鸭翅渠水利委员会委员 申文就为水利办事处主任副主任的派令

1949 年 3 月 9 日　　张 3-156

三（35）寅字第 0363 号

张裕民等七八、申文就等二八：

1. 兹派该呈“为昭武乡鸭翅渠水利委员会委员、水利办事处主任副主任”。
2. 仰知照。

县长　袁第锐

民国三十八年三月九日

临泽县昭武乡公所就本乡鸭翅渠水利办事处改组事给临泽县政府的呈文

1949 年 2 月 25 日　　张 3-156

昭建（38）丑字第 19 号

临泽县县长袁

为转呈本乡鸭翅渠水利办事处改组情形请鉴核备查由：

1. 据本乡鸭翅渠水利办事处水（38）丑字第一号呈称“（一）本乡鸭翅渠水利委员会已届满，依照旧章应予改组。经于元月二十日票选张裕民、李永茂、李茂才、王树寿、刘长贵、靳则朝、刘自正等七人为委员。（二）元月二十八日召开水利委员会成立大会，并公推申元龙为水利主任、张裕民为副主任，即日交接到会办公。（三）请鉴核转报县府备查，并颁发派令。”
2. 请鉴核备查，并颁发派令。

昭武乡乡长　祁天舜

民国三十八年二月二十五日

处理意见：

拟准委派。

二月二十五日

临泽县政府就王字齐等人为本县昭武乡五眼渠水利委员会正副主任委员的派令

1949 年 3 月 21 日　　张 3-156

秘三（38）寅字第 0375 号

王字齐等十二人：

兹派该员为本县昭武乡五眼渠水利委员会主任委员、副主任委员、委员。

仰知照。

主任委员　王字齐

副主任委员　李自正　田树国

委员　樊集凤　熊华国　□　荣

　　刘得新　李積荣　向士□

　　王兰仁　向其贞　向其才

民国三十八年三月二十一日

临泽县参议会就审议黑河渡口木船维修预算事给临泽县政府的公函

1949 年 7 月 8 日　　张 3-156

临泽县政府

函覆审议黑河渡口木船维修预算一案，请查照由：

1. 准贵府三县辰字第 0148 号公呈“附送筹款新秀黑河渡口木船预算书一份，嘱查照审议见复”。

2. 经提交本会第二届七次大会审议决议照原预算数目通过等语，记录在卷。

3. 覆请查照办理为荷。

议长　罗兴章

民国三十八年七月八日

临泽县政府就补筹修造黑河渡船物资事给平川乡公所的指令

1949 年 7 月 18 日　　张 3-156

临三（38）干字第 217 号

平川乡公所

据补筹修造黑河渡船物资一案指令知照由：

1. 本案□□□日平（38）午字第（0169）号呈悉。

2. 查此案前经提交本年第四次县政会议，决议“照旧案办理，预算小麦减为老石三十万石，送参议会审议”。并准该会三月八日泽参秘午字第（459）号公函“已照原预算数目通过”等由。

3. 业已照成案，令配各乡镇，限本月府筹缴在案。

4. 兹为顾目前急需，仰即先行设法督修，从速完成，以利交通为要。

县长　刘呈兹

民国三十八年七月十八日

临泽县政府就筹集黑河渡口木船工料费事给平川乡公所的训令

1949 年 7 月 18 日　　张 3-156

临三（38）干字第 218 号

各乡镇长（平川□令）

令饬“筹集黑河渡口木船工料费”一案，仰遵办由：

1. 前据平川乡乡长窦占一提议“请筹款兴修黑河渡口木船”一案，当经提交本年第四次县政会议，决议“照旧案办理，预算小麦减为老石三五石，送参议会审议”等语。呈准改回七月八日泽参秘午字第（459）号公函“已照原预算数目审议通过”在案。

2. 查此案依照成案，该乡应分担小麦□石□斗，仰遵照于本月底以前照数递交平川乡公社领取，据报查。

县长　刘呈兹

民国三十八年七月十八日

附：各乡镇分配款项表。

平川	35 石×55÷100＝19.25 石
蓼泉	35 石×15÷100＝5.25 石
宣昭沙	35 石×10÷100＝3.5 石

临泽县平川乡公所就补筹修造黑河渡船物资以便新修而利交通事给临泽县政府的呈文

1949 年 7 月 14 日　　张 3-156

临泽县政府

为呈报补筹修造黑河渡船物资，以便新修而利交通由：

1. 本所前以黑河渡船年久失修破坏不能行驶，于本年度召开第三次县政会议时，拟具提案“提请大会由六乡镇酌情补筹物资，打造新船，业获通过”在案。

2. 经钧府□项决议，函参议会审议核去后，历时三月之久，未奉明令指示。刻下河水时有暴涨，交通阻隔，耽误要公，甚非所宜。尤其时届严冬，影响南北交通，来往苦难更大。

3. 谨具上情，报请鉴核函参议会及早审议，分别令饬“补筹造船物资，以便修造，而利交通。”

平川乡乡长　窦占一

民国三十八年七月十四日

临泽县平川乡公所就统筹新修黑河渡船花费事给临泽县参议会的提案

1949 年 4 月 26 日　　张 3–156

统筹新修黑河渡船花费由：

查黑河原有渡船一双，已历十余年，破烂不堪，渡驶有碍。南北交通，兵行新修，共需老斗小麦数量分别列表一份。随后提请大会统筹，以资新修，而利交通。由六乡镇平均负担统筹实物。

决议：

照旧案办理，预算减为三十五石，并送参会。

提案人平川乡乡长　窦占一

民国三十八年四月二十六日

临泽县政府就在张掖大官等渠架桥事给张掖县政府的公函

1949 年 4 月 20 日　　张 3–156

张三（38）卯字第 1605 号

函复“本县大官等渠架桥”一案情形，希查照转知由：

1. 三（38）卯字第 0108 号公函敬悉。

2. 查此，前于民国二十八年古三月十七日，由各渠代表会同中证人等会议决定“在每年挑渠之时，准由加大官渠在城北沤、波两渠上架木桥四座，以利转运沙石”等语。并书立字据，存案可查。

3. 准函前由相应照抄原合同一份，函复查照。并请转饬贵治浊河、明麦两渠代表，仍遵照旧案办理，勿故意滋事为荷！

民国三十八年四月二十日

处理意见：

拟转令沙河、明麦两渠知照。

四月二十日

临泽县政府就请张掖县政府令饬所属大官等渠停止在沙河渠上搭桥事给张掖县政府的公函

1949 年 4 月 20 日　　张 3–156

三（38）卯字第 0108 号

张掖县政府

为据情“函转贵县令饬所属大官等渠停止在沙河渠上搭桥”由：

1. 案据本县沙河渠户民汪永清等八人呈称，入原文。

2. 请查照令饬贵治大官等渠，各守旧规，停止搭桥及越渠堆积沙石，免生纠纷。并希见覆为荷。

县长　袁第锐

民国三十八年四月二十日

临泽县政府就汪永清等呈请转张掖县政府制止大官等渠搭桥运沙事给沙河渠民汪永清等的批答

1949 年 4 月 20 日　　张 3-156

三（38）卯字第 0572 号

沙河渠民汪永清等

据呈请“函转张掖县政府制止大官等渠搭桥运沙”一案，批答知照由：

1. 本年四月十四日呈悉。
2. 准予函转张掖县政府，令饬该渠停止搭桥及越渠堆积沙石。
3. 仰知照。

县长

民国三十八年四月二十日

汪永清等就呈请转函张掖县政府制止大官等渠搭桥运沙事给临泽县政府的呈文

1949 年 4 月 15 日　　张 3-156

为呈请转函张掖县政府，令饬所属大官、永利、城北等渠挑挖渠身、运送沙石、各守旧规，以免妨害水利事：

窃缘几在张掖黑河口鹰嘴崖下使水各渠，每年值立夏前挑挖渠身时，各挑各渠运堆沙石，各守地界不□互有越渠紊乱侵占地界，致妨水利情事。各自遵守，相沿成规，年代久远。各渠承办水利，故人人尽皆知。不料近闻黑河口使水之张掖县大官、永利、城北等渠不守旧规，拟在我渠口上搭桥，越渠运送沙石，堆积于我渠西岸上流之处。自知利己不顾损人，查我渠西岸维系空间河滩，如该大官等渠，将沙石越渠堆积于此，一经洪水暴发，因水力过猛，将堆积沙石冲塞我渠之口，以致妨碍我渠水利。复查该大官等渠，往昔挑挖渠时，所有沙石各顺各渠渠身运送于各该渠下游之地难，遇洪水冲刷，沙石均被水冲流河中，并无妨害本渠及他渠之处。事出妨害水利，除本渠户民多数自动前往渠口阻止外。惟有联名钧府电鉴，俯准迅予转函张掖县政府，令饬所属大官、永利、城北各渠，各守旧规，停止搭桥越渠，以免妨害水利。谨呈临泽县政府县长袁。

临泽县沙河渠户民　汪永清　张树德

顾长龄　王裕民

张永寿　丁永志

顾允惠　张永昌

民国三十八年四月十五日

处理意见：

拟函转张掖县政府，令饬制止。并批答。

四月十五日

临泽县卸任袁县长就本县境内经省拨款完成之小型水利工程现状及四道省道县市公路现状表两份给新任县长的咨文

1949 年 6 月 19 日　　张 3-172

三交（38）巳字第 18 号

新任临泽县长刘

为咨送“本县境内经省拨款完成之小型水利工程现状及四道省道县市公路现状，交代表二份，请查照见覆由：

1. 兹据本县境内，经省派拨款协助完成小型水利工程现状及四道省道县市公路现状，缮造交代表二份，随文附送。

2. 咨请查照，见覆为荷。

卸任临泽县长　袁第锐

民国三十八年六月十九日

附：临泽县境内经省派员拨款协助完成之小型水利工程现状交代表（截至三十八年六月）。

工程名称	小新渠跨越三清渠渡槽	临泽渠跨越三清渠渡槽
制料	木料	石料
兴修年月	三十四年五月	三一四年五月
地点	廖泉镇仁和保崔家崖	廖泉镇和平保刘家□□
长度	约四丈	约四丈五尺
工程现状	完好	完好

附：临泽县境内国道省道及省市公路现状交代表（民国三十八年六月止）。

项别	道路名称	长度里程	起止地点	桥梁现状	路面现状	备考
国道	甘新公路	45 里	沙河至高台	完好	完好	路基
县道	实沙路	40 里	县城至沙河	完好	完好	沙土筑
县道	□高路	40 里	县城至高台	完好	完好	沙土筑
县道	蓼宣路	30 里	廖泉至宣威	完好	完好	沙土筑
县道	蓼昭路	30 里	廖泉至昭武	完好	完好	沙土筑
县道	蓼平路	6 里	廖泉至平川	完好	完好	沙土筑
县道	平板路	34 里	平川至板桥	完好	完好	沙土筑
县道	昭板路	6 里	昭武至板桥	完好	完好	沙土筑
县道	沙宣路	35 里	沙河至宣威	完好	完好	沙土筑

卸任县长袁第锐

临泽县政府就补筹修造黑河渡船物资给平川乡公所的指令

1949 年 7 月 18 日　　张 3-195

临三（38）午字第 217 号

平川乡公所

据呈“补筹修造黑河渡船物资”一案，指令照由：

1. 本年七月十四日平（38）午字第 016 号呈悉。

2. 查此案，前经提交本年第四次县政会议，决议“照旧案办理，预算小麦减为老石三十五石，送参议会审议”。并准该会七月八日泽参秘午字第 459 号公函“已照原预算数目通过”等由。

3. 业已照成案，令配各乡镇限本月底筹缴在案。计蓼泉镇负担小麦五五升，沙河、昭武、宣威三乡各负担小麦三石五斗，板桥乡与该乡各负担五六斗二升五合。

4. 兹为顾目前急需，仰即先行设法督修，从速究成，以利交通为要。

5. 速仰应对赶修，以利交通。

县长　刘呈兹

民国三十八年七月十八日

临泽县平川乡公所就修造黑河渡船而利南北交通事给临泽县政府的呈文

1949 年 7 月 14 日　　张 3-195

午（38）午字第 0167 号

临泽县政府

为呈报“修造黑河渡船，而利南北交通”由：

1. 本所前“以黑河渡船年久失修，破烂不能行驶”案，提请大会由六仰□□□“补筹物资以打造新船，业获通过”在案。

2. 经钧府将呈□决议函参议会审核。去后，历时三月未，奉令指示刻下河水时分异□涨，交通阻隔，误要公甚，非所□□。现时届严冬结冰冻困，南北交通困难极大。

3. 谨具上情，报请审核函参议会及早审议，令饬分别补筹造船物资，以便修造，而利交通。

乡长　贾清强

民国三十八年七月十四日

临泽县平川乡公所就配筹新修黑河渡船物资事给乡属各保的代电

1949 年 7 月 21 日　　张 3-195

平（38）平字第 0177 号

乡属各保：

为电饬配筹新修黑河渡船物资一案，仰遵办由。呈县府临三（38）平字第（2117）

号指令开：（1）本年七月十四日平（38）平字第（0169）伟呈委补筹修造黑河渡船物资一案，指令知照。（2）查此案，前经提交第四次县政会议，决议‘照旧案办理，预算□减为二十五老石，送参议会审议”。并准该令七月八日函开，已照原预算□数通过。（3）业已照成案，令配各乡限本月底，□案□□各乡，负担老斗麦九石五斗三升五合。兹据各保田赋数额，平均分配筹计。该保应配筹修船老石□斗□升□合，限本月底如数结交以资修，而利交通。仰遵照办理。

平川乡乡长　贾清强

民国三十八年七月二十一日

附：各保分配筹修新船物资表。

保别	合计
第一保	配老斗麦三石五斗三升
第二、三保	配老斗麦三石九斗六升
第四保	配老斗麦九斗八升
第五保	配老斗麦三石三升
昭法保	配老斗麦七斗三升
仁秘田	配老斗麦四斗五升

附：修船应需材料表。

物资名称	数量	实值价格
大杨树	10 棵	每棵合计 6 石
铁	300 斤	32 石
毛麻	300 斤	2 石 4 斗
清油	340 斤	3 石 3 斗
石灰	5 斗	4 斗 8 升
木匠口食工资	35 石	
铁匠口食工资	3 石 5 斗	
桐梓油	10 斤	3 石 5 斗

临泽县政府就各乡镇保整修道路桥梁以利交通事给平川乡公所的训令

1949 年 7 月 18 日　　张 3-195

临六（38）午字第 219 号

平川乡公所

准县参会“建议各乡镇保整修道路桥梁，以利交通”案，仰切实查办曰：

1. 准临泽县参议会临参午字第（465）号公函开“一、查本会二届七次大会罗参议员增华提议‘建议县府严令各乡镇保，切实保护道路桥梁，以利交通’一案。二、当经提交大会讨论决议‘照原案通过函请县府办理’等语，记录在卷。三、兹照抄原提案一份，请查照办理见覆”。

2. 兹随令照抄原提案一份，仰遵照切实办理，并将办理情形具报。

3. 本案已分行各乡镇公所。

4. 遵办具报。

县长　刘呈兹

民国三十八年七月十八日

附建议县府严令各乡镇保切实保护道路桥梁以利交通案的提案：

查保护道路、桥梁、渠堤、涵洞事属公德亦系私德。惟查各乡保无知户民，对于公、私两德多不注意，常有偷挖桥梁、涵洞、渠堤，或灌溉农田之余在路面上任意放水，以致泥泞裹足，行旅不便。非特公、私两德有愧，抑且妨碍交通不浅。职是之故，特提此案，建议令饬所属切实保护以利交通。

（一）不准户民在路上任意放水，远者由县府议处。

（二）由县府令饬各乡镇保，整修道路、桥梁、渠堤、涵洞。

提案人　罗增华

连署人　窦大祁　杨应第　雷兴基

临泽县政府就开会商讨五眼渠底下水工程施工事宜给平川乡乡长的通知

1949 年 8 月 16 日　　张 3-195

临三（38）未字第 465 号

平川乡贾乡长

为定于本月二十四日上午十时，在本府开会商讨五眼渠底下水工程施工事宜，仰准时参加由：

1. 兹定于本月二十四日上午十时，在本府开会商讨五眼渠地下水工程施工事宜。

2. 除分行外，仰遵照。并转饬所属各渠水利主任一或渠长，一准出席参加，不得有误为要。

3. 通知本乡所属各渠负责人准时参加。

县长　刘呈兹

民国三十八年八月十六日

临泽县平川乡公所就临泽县政府开会商讨五眼渠底下水工程施工事宜给平川乡第三渠水利渠长姚宗成等的通知

1949 年 8 月 19 日　　张 3-195

□平（38）未字第 0222 号

二、三、四渠渠长姚宗成、刘开文、杨振新

饬令转知于本二十四日上午十时，到县府参加水利会议由：

1. 临泽县府临三（38）未字第（465）号通知开“（1）前重拾本月二十四日上午十

时，于本府开会商讨五眼渠地下水工程施工事宜。（2）拟遂照并转饬一□□各渠水利渠长，准时出席参加，不得有误。

2. 余分别转外，饬希该渠长知照，准时出席参加勿误。

乡长　贾清强

民国三十八年八月十九日

临泽县平川乡公所就遵照成例封闭渠口事给平川乡四坝渠渠长杨振新等的代电

1949 年 5 月 21 日　　张 3-195

□（38）辰字第 0115 号

四坝渠渠长杨振新、三坝渠渠长刘开文、二坝渠渠长姚宗成

奉令遵照成例封闭渠口一案希知照由：

1. 奉县府三（38）辰字第 0787 号训令开“（一）曾奉省府令，查张临高鼎等县芒种节前十天分水期届，仰各该县长循例妥办。（二）仰□各渠负责人，拟照芒种十天□五月二十八日一分水成案，切实按规封闭渠口。

2. 希遵照于农历四月三十日，依成案□行□按规封闭渠口，并严防偷□者□，免滋纷争。

乡长　窦占一

民国三十八年五月二十一日

临泽县政府参议会就议员罗兴章建议县府健全水利机构事给临泽县政府的公函

1948 年 8 月 26 日　　张 3-211

泽参未字第 257 号

临泽县政府：

函送本会二届四次大会决议案，请查照办理见复由。查本会二届四次大会罗议长兴章提议“建议县府健全水利机构”一案，经提会议决“照原提案通过”等语，记录在卷。兹照抄原提案一份，请查照办理见复。

议长　罗兴章

副议长　申元新

民国三十七年八月二十六日

临泽县参议会就罗兴章所提建议县府健全水利机备事的决议案

1948 年 8 月 26 日　　张 3-211

罗议长兴章提议：建议县府健全水利机备案。

审查意见：拟提大会通过。

决议：

照审查意见通过，并函请县府办理。

民国三十七年八月二十六日

临泽县参议会议员罗兴章建议县府健全水利机构事的提案原呈

1948 年 8 月 26 日　　张 3-211

建议县府健全水利机构案：

本县各乡镇、保水利渠规，系沿旧例，多依各地环境及实际需要，自行订定施行。名目繁多，颇不一致，即办理水利之机备亦多紊乱。地方政府无案可查，以致纠纷迭出，调解费时，实有健全划一之必要。

办法：

1. 由县府订定水利规程，令饬各渠遵照施行。
2. 各地水利机备名称一律划一，并纳入行政管理。
3. 其负责人员之待遇及办公费，应有规定，不得随意滥收滥支。

提案人　罗兴章

连署人　窦天祁　王友仁

民国三十七年八月二十六日

临泽县政府就请查照审议本县各水渠管理办法及水利办事处组织通行事给临泽县参议会的公函

1948 年 10 月 26 日　　张 3-211

三（37）西字第 28□□号

临泽县参议会

为函送“本县各水渠管理办法及水利办事处组织通行，请查照审议见复”由：

1. 案准专会泽参未字第 257 号代电“建议本府健全水利机备一案，嘱查照办理见伏”等由。又本府八月二十二日召开知□座谈会时。参议会建议“本县各水利渠应有统一管理办法”等语。

2. 兹依据省级有关水利各项法令，据本县实际需要情形，拟订“临泽县属各水利渠管理办法”及“临泽县各渠水利办事处组织通行”各□随函附送。

3. 请查照审议见复，以便公饬施行。

县长　袁第锐

民国三十七年十月二十六日

附：临泽县各渠水利办事处组织通行：

第一条　本通则依据省级有关水利规程法令及县级各水利渠管理办法第二条规定订定之。

第二条　本县为适应地方需要，健全水利机备，改良渠规，振兴全县水利起见，各乡水利渠得设置水利办事处，其名称为“临泽县某某乡（镇）某某渠水利办事处”。

第三条　各渠水利办事处之任务如左：

关于渠内水利志管理事项。

关于水渠之修渠疏沟事项。

关于水渠之开口事项。

关于水利□□之处理事项。

关于水利纠纷之排解事项。

关于水旱水灾之预防事项。

编拟水利改进□农计划事项。

关于县政府交办之水利事项。

关于水利工程管筹集保管开之报饬事项。

其他有关水利事项。

第四条　各渠水利办事处设主任及副主任各一人，干事三人至五人，渠丁五人至九人。均按各渠实际情形酌量增减，并补助津贴。

第五条　各渠水利办事处主任、副主任及干事，均全渠民众推选渠内年高、德长、众望、身体强健、无不良嗜好及曾有水利经验，热心渠务之公正人士冲任之。渠丁由主任自行挑选身体强健，私德健全之户民充任之。

第六条　各渠水利办事处主任、副主任及干事，任期均为一年，连选得连任之。

第七条　各渠水利办事处，每月开会一次，必要时得令开临时会议，均有主任召集之。开会时须通知所在地，保长乡民代表及地方有关人士列席参加。

第八条　各渠水利办事处主任，应执行前条任务，并综理渠内一切事物，监督指挥所属职员。副主任辅助主任处理事务，主任如有特殊事故时，由副主任代理之。

第九条　各渠水利办事处，如有重大事故，所在地保长应尽力协助。

第十条　各渠水利办事处得设左列各股：

一、第一股：张丽总务财务会计印信及其他不属各股事宜。

二、第二股：张丽勘察设计文书等事宜。

三、第三股：张丽公务督导验收考察等事宜。

第十一条　前条各股得设股长一人，由主任就县事中制定之。

第十二条　各渠水利办事处经费及工程费等，由全渠受益民众负担，并以合理方法筹摊（按县或按地）。

第十三条　各渠水利办事处，可酌实际需要另行组设水董会或顾问，聘请地方专职、丰富具有水利专技及由领导能力职人士。主任之以备咨询。

第十四条　各渠水利办事处主任、副主任、干事及水董、顾问等，均证呈报县政府委派。

第十五条　各渠水利办事处图记印、信，呈请县政府经办。

第十六条　本通则如有未尽事宜，得提交县政会议或全县水利委员会修改之。

第十七条　本通则经送参议会审议通过后，命令公布施行。

县长

附《临泽县属各水利渠管理办法》。

一、本府为统一水利行政之处理及水利事业之兴办各水渠实况，健全水利机构，改良渠规，便利管理起见，特订定《临泽县属各水利渠管理办法》，以下简称本办法。

二、本县各乡镇水渠应组织水利办事处，其名称为“临泽县某某乡某某渠水利办事处”，其组织通行另订。

三、本县各水利渠办事处成立后，应将成立日期及负责人员姓名造册，报府备查。并由本府分别委派，刊发图记，以资遵守。其文曰“临泽县某某乡某某渠水利办事处图记”，其大小及式样，仿照保合作社图记。

四、各水利渠负责人，应推举各该旧□□城内之年高、德长、素孚众望、身体健强、无不良嗜好，并具有相当学识或水利经验之人充任之。

五、各水利渠办事处，应受本府及所在地乡、镇公所之监督指挥。

六、各水利渠应从新依本办法钦定，从新订定水利规章。经由地方代表通过，并公布考异，该专案呈报本府备查，否则即为无效。

七、各水利渠应向本府，依法办理水权农地，否则助□为参敌，并依法处罚。

八、各水利渠应将渠口、渠尾重要支渠、闸、堤及流亡区域水量长度，灌溉亩数等详细列表，并会图，呈报本府备查。

九、各水利渠昔年挑挖渠道或抢修堤、闸人夫，应按田乡及地亩多寡由各该灌溉区域内受益农民平均出夫，不得按门派、户派或其他不公平之陋规办理，以昭公允。

十、各水利渠应将每年应征渠夫、堤夫人数，报府择定，不得随意增、减，致发生纠纷。

十一、各水利渠每年春、秋二季挖渠工程，或修架渠堤、堰、闸工程，均应将开工、完工办理经过详情，连同费用公款，一律呈报本府备查。

十二、各水利渠为有特殊工程，办法自办时，应专案呈请本府转请省府或水利部甘肃河西水利工程处，派员勘测，携款兴修。

十三、各水利渠每年需用公款数，负责人员薪津、食宿等，均应于事前呈报本府批准，并于年底列册报府备查，并公布周知。

十四、各水利渠养护工程，应分为平时养护、岁修工程、防止河水汛滥及临时特别修理四项。

十五、各水利渠干渠及大支渠桥闸涵洞堤渠等巨大工程应有各渠水利办事处统筹负责于春季农间或停水期间修理至小支渠修理工程由各小支渠附近受益农民自己办理之。

十六、各水利渠重要建筑物，及险要地点，应分段经常派人巡查看守。如有损坏迹象，应随时派工抢修，免生意外扩大。

十七、各水利渠每年冬季，吸秋季河水汛滥期间，应即停水或开启退水闸，以策安合复生。□害为遇山洪暴发、阴雨连绵时，更应注意。

十八、各水渠两侧及堤坝沿岸，均应逐年植树、养草，以期巩固。

十九、各水渠两旁一公尺以内，应禁止通行车马、放牧牲畜、掩埋尸体、种植田禾，以及偷盖房屋挖掘取土等事。为有故违者，以妨害水利，送府惩办。

二十、各水利渠如有某项工程出险，或渠身漏水时，应即派工抢修，不得观望不理，或推及少数负责人员，以免灾害扩大。

二十一、各水利渠每年应开会一次，召集地方有关人员，商讨全年应兴应革事宜。

二十二、各水利渠负责人员待遇及工程费，均应由受益农民以合理方法，依地亩或□头多寡专摊，并公开通用，不得有押夫、押坝等陋规。

二十三、各水利渠如有因公共利益应办事项，除要乡、镇、保长协助时，当地乡、镇、保长应切实协助，不得推延或阻止。

二十四、……①交通或阻塞其沟渠北道时，应代为重新建选桥梁、涵洞或渡槽等建筑物，并负担其所需养护费用。

二十五、各水利渠经过私人土地，致私人受有损害，是应酌量赔尝其损失，或收□其土地。当能即时恢复原状，并无损害，则不在此限。

二十六、各水利渠灌溉剩余之水，应由规定之退水道或排水沟□入渠，不得排于道路，或不再需灌水之农民田内，否则惩办负责人。

二十七、各水利渠农民浇水灌田时，应派人看守，至适可而止。如有弃之不理，任水自流，妨害交通者，依法惩办。

二十八、各水利渠受益农民，浇水灌田用水量，及轮灌周期，应依地亩多寡及农物实际情形，按时或按地妥为规定。不得随意紊乱，或延用陋规，以致利益不均。

二十九、各水利渠支渠引水口及各段农田灌溉田亩，用水次序应俟渠水流至渠尾后，自渠尾下流顺次推至渠首。

三十、各水利渠受益农田每年灌水次数，应自开渠后，由下而上先灌渠地亩。头水浇过后，在一次浇灌二水等，为有案乱者，即可议处。

三十一、各之渠及受益农田，在轮流灌水期间，遇有特殊原因，渠水中断，致应灌溉地亩，未得完全灌水者，应于渠道修复时接前补灌之。

三十二、各水利渠堤底、渠岸及重要闸坝区域内，栽种之席、号、芰、草、杨、柳等，有防止风浪及巩固堤岸之功效者，无论公有、私有均不得任意采伐，违者从严惩办。但经本府或各渠水利办事处核准允许者，不在此限。

三十三、毁坏水利建筑物或渠道渠岸者，除限令修复外，并依法处罚，致生公共危险

---

① 编者按：此处原文档残缺。

者，依刑法治罪。

三十四、未得本府之许可，而私开河道渠道，或私塞河道、渠道者，除限令回复或严饬外，并依法处罚。致生公共危险者，依刑法治罪。

三十五、各水利渠私人纠纷，应由各渠水利办事处或所在地乡公所、保办公处调解，如有重大事故或渠与渠间发生纠纷时，应报本府依法处理解决，不得私自聚众滋事，发生意外，否则即惩办各渠负责人及首谋人。

三十六、各水利渠除工程费及应需办公费外，不得另立条目，额外向渠内农民摊派款项。各水利办事处负责人员，除应得规定津贴外，亦不得另向渠内农民索取报酬，违则惩办。

三十七、各水利渠应尽量厉行节约，不得有酬神唱戏等陋规，以免增加人民无谓负担。

三十八、各水利渠办事处负责人员及渠丁待遇，以实物津贴。职员每人年薪不得超过小麦二十市石，渠丁每人年薪不得超过小麦五市石。

三十九、各水利渠办事处，应由一定办公地点，或利用庙宇改修，加以布置。

四十、各水利渠负责办事人员，如有工作勤劳或对水渠管理、养护工作卓有成绩者，经报本府查办属实，应予适当之奖励，其有特殊贡献或功劳者，得呈请当府或中央给奖。

四十一、各水利渠负责办事人员、渠夫、渠丁等，如有不切实遂照规定执行，徇私偏袒不遵指挥，给该工作者，得视其情节轻重予以处分，处罚办法应呈准，布告周知共同遵守。

四十二、本办法经送县参议会通过后，以命令公布施行，并报省府备查。

四十三、本办法如有未尽事宜，得提交县政会议或全县水利委员会修正后，仍按前条四十二之规定施行。

县长

临泽县政府就补聘康明有等三人仍为本县水利委员并通知解决德安丰安渠水利纠纷事给宣威乡缪乡长的指令

1948 年 7 月 1 日　　张 3-211

三（37）午字第 53 号

宣威乡缪乡长

据呈“补聘康明有等三人仍为本县水利委员，并通知解决德安丰安渠水利纠纷一案由：

1. 本年六月十四日签呈悉。
2. 准“补聘康明有等仍为本县水利委员，并通知就近解决该乡丰安德安两渠水利纠纷”。
3. 除通知该委员等查照外。
4. 仰知照。定期会同办理，迅予解决，并将处理情形报府备查。

县长　袁第锐

民国三十七年七月一日

临泽县政府给台端等为本县水利委员会委员的函聘

1948 年 6 月 1 日　　张 3-211

三（37）午字第 34 号

1. 兹聘台端为本县水利委员会委员。
2. 以致康先生明有、富先生兴基、李先生泽。

县长兼主任委员　袁箓锐

民国三十七年六月一日

平川乡第五保保长陈积善就私放水利委员并报告建修庙宇账目清算列册事给临泽县政府的呈文

1948 年 4 月 22 日　　张 3-277

呈以报告建修庙宇账目清算列册，分别呈报核转为报告事：

查本保户民刘玉成被人控告在案，奉令遵即查就。经查结果，刘姓聚赌抽头，并获有床凳为证，足证实事，阻碍水利，私放水利委员，影响通尾渠水。能动工开挖，实有比事，至于建修庙宇一节，至今尚未结算账目。理合报请钧座鉴核。

平川乡第五保保长　陈积善

民国三十七年四月二十二日

平川乡第五保保长陈积善等就督率民工开挖通渠尾事出具的证明

1948 年 4 月 19 日　　张 3-277

为出具证明事：

民于去岁，奉令督率夫民开挖通尾渠，并奉县长手谕，限冻冰之日完成任务。奉令后即便亲往新建保，召集耆众商讨动工开挖事宜。惟刘玉成当时从中捣乱，大喊叫骂，把全局骂散，无形中使开渠大计，阻挠不能进行，特此证明。

证明人　刘维恒　陈积善

民国三十七年四月十九日

刘自武等就刘玉成集众聚赌抽头殴民事的证明

1948 年 4 月 19 日　　张 3-277

为出具证明事：

窃查刘玉成，于今春在民家庄内有空地一块，阳光充足，气候温暖。惟刘姓看准是地，不经主人同意，召集赌众在此聚赌抽头，已有数日。后经民通知，不许再放，刘姓置之不理。民无法，只得将要赌所用之桌凳锁于房内。刘姓心意不足，强要桌凳，民终未给付。刘姓率子将民重打不饶，后经人调和始饶民命。刻下桌凳还存屋内，准备起诉，特此证明。

证明人　刘自武　刘自成　刘自福

民国三十七年四月十九日

临泽县政府就冯多福等控刘玉成贪图众利破坏水规事给平川乡公所的训令

1948 年 4 月 23 日　　张 3-277

临泽县政府训令：

按据该乡第五保民众冯多福等呈“以刘玉成贪图众利，破坏水规，目无法纪，独霸一切，私放爪牙，苛民自肥，请法办”等情到府。合函县原呈，令仰该乡长转呈详报，以凭核办。此令。

附抄原呈一件。

县长　杨居敬

民国三十七年四月二十三日

附原呈：

兹呈以刘玉成贪图众利，破坏水规，目无法纪，独霸一切，私放爪牙，苛民自肥，请法办事”。查刘玉成，系平川乡第五保人，初年失一子，目不识丁，租□基案，富贵满门。该民环境优越，常为地方首领，因以目无法纪，独霸一切。是保三坝渠渠水远吊灌溉①……

临泽县平川乡公所就冯多福等控刘玉成贪图众利破坏水规事给平川乡第五保保长的训令

1948 年 4 月 28 日　　张 3-277

平（37）卯字第 0110 号

令第五保保长：

案奉县政府法（37）卯字第 0376 号训令开“案据本乡第五保民众冯多福等呈‘以刘玉成贪图众利，破坏水规，目无法纪，横霸一切，私放苛民自肥，请法办’等情。据此合亟抄发原呈，合仰该乡长彻查详报，以资核办”等因。奉此，合亟简抄原呈，各乡交于后，令仰该保长彻查详报□□徇私。并将获放赌具一如床板桌凳，刻速交后，以凭核转。此案关于地方治安，勿延为要。

附简抄原呈一件。

乡长

民国三十七年四月二十八日

---

① 编者按：此件后部残缺。

附简抄原呈一件：

①……三坝渠口水远，调下面灌溉困难。去岁本保民众觉得呈请县府协助开挖通尾渠，经府派员勘查后，并令本渠渠长刘维恒定期完成任务。惟该民从中捣乱，促使工程不能顺利进行，以致停顿，使百年大计变为泡影。私派水利干事捣乱地方规章。假借政府名义，经常在家聚赌抽头，引诱一般农民变为无业游民。假借□帝名义，横霸一切，私行按地摊粮，照户捐款，苛去老斗小麦七十三斗五升。

原呈人　冯多福　李生云

李玉成　刘自祯

临泽县政府就迅查该乡民冯多福等呈控刘玉成不法事给平川乡公所的代电

1948 年 8 月 30 日　　张 3–277

法（37）未字第 603 号

平川乡公所

为电催迅查该乡民冯多福等呈控刘玉成不法一案由：

1. 查该乡第五保保民冯多福、李玉成、李生荣、刘自祯等呈控“刘玉成贪图重利，破坏水规案”。

2. 当经杨前县长，依法（37）卯字第 0376 号令饬该乡查报，并依法（37）辰字第 0560 号训令催报各在案。迄今日久，未据查复。兹因清理县案合，再电催。

3. 仰于电□日即□彻查具报凭核。

县长　袁第锐

民国三十七年八月三十日

临泽县政府就调解朱学勤之子被水淹没事给平川乡公所的指令

1948 年 8 月 27 日　　张 3–277

法（□）未字第 530 号

平川乡公所

该乡调解朱学勤之子被水淹没一案准备查由：

1. 本年八月十五日（39）未字第 0231 号呈均悉。

2. 查该乡朱学勤之子朱毛狗，为吕文彬牧羊被水淹毙，既经调解一案，准予备查。

3. 惟该乡以后处理呈文，应写全衔“某某乡乡长某某”并仰知照。

县长　袁第锐

民国三十八年八月二十七日

① 编者按：此件前部残缺。

临泽县平川乡公所就朱毛狗自己不慎洗澡殒命事给临泽县政府的呈文

1948 年 8 月 15 日　　张 3-277

平（37）未字第 0231 号

临泽县政府

为呈报自己不慎洗澡殒命请呈核备查由：

1. 案据本乡第一保保长赵永浩声称“窃查本保户民吕文彬，雇第二保户民朱荣勤之子朱毛狗牧羊，现年十七岁。于本月十三日□早，应天热石□，雇主得知在三坝渠洗澡，一时自不小心，遂致淹殁。理合呈报县所核查”等情。

2. 查本所于据报后，即派员前往会同该保保长及该子家属到场调解，经家长同意将尸体掩埋。

3. 前已买棺陈殓，于本日埋葬。至调解结果为文具报。理合谨将以上情形先行报请审核备查。

平川乡长

民国三十七年八月十五日

临泽县平川乡公所就朱学勤之子淹殁调解情形请查核派员监视掩埋尸体事给临泽县政府的呈文

1948 年 8 月 16 日　　张 3-277

平（37）未字第 0232 号

临泽县政府

为呈报朱学勤之子淹殁调解情形，请查核派员监视掩埋由：

1. 查本乡第一保户民朱学勤之子朱毛狗，为吕文彬牧羊，因天气炎热至三坝渠洗澡，自己不慎殁水溺死命一案。

2. 兹查是项情形，本所经召集该殁者家族及雇主等到场调解，各念及该子家境清贫，母情悲苦。有雇主吕文彬出小麦□市石，葬埋费伍佰万元，已经户族多数同意。惟朱学□、朱学□二人，从中阻挠，致调解无效，尸体不能掩埋。在此热天陈放于道路，则臭气熏鼻，有碍公共卫生。

3. 请即派员前来，协同监视掩埋尸体，以利公共卫生，而安幽魂便行旅。葬后情形另文具报。

乡长

民国三十七年八月十六日

甘肃省政府就准水利部电复高台县政府核示水权登记费标准事给高台县政府的训令

1948 年 3 月 3 日　　张 2-289

甘肃省政府水三（37）寅字第（01553）号训令

令高台县政府：

前据该府呈请“核示水权登记费标准”一案，兹经电准水利部本年二月七日鱼代电开“查水权登记所需各项费用提高标准。前水利委员会曾于三十五年十二月间，呈奉行政院节京四字第二二七五号指令准予提高五十倍当时并经行政院通令各省市政府遵照各专案。兹准前电，相应抄同水权登记费提高五十倍征收对照表，复请查照为荷”等由。合行抄发对照表，令仰遵照。此令。

附抄发原对照表一份，随文。

主席　郭寄峤

民国三十七年三月三日

甘肃省政府就准水利部代电调查本年灌溉工程兹检发调查表式给高台县政府的训令

1948 年 3 月 25 日　　张 2-289

甘肃省政府统水（37）寅字第 1696 号训令

高台县政府：

一、准水利部政二皓代电“嘱调查本省灌溉及水利两种工程”。

二、水利工程，除由本府函请有关机关调查外，兹检发灌溉工程调查表，仰速调查具报。

主席　郭寄峤

民国三十七年三月二十三日

高台县政府就填水利工程调查表式情形给甘肃省政府主席的代电

1948 年 4 月 30 日　　张 2-289

三（37）□字第 1083 号代电

甘肃省政府主席郭：

一、本年三月二十五日统水（37）寅字第一六九六号训令，暨附表均奉悉。

二、本县农田均由黑河及□□浪河流开渠灌溉，关于□□井筑塘蓄水，仅能供给饮食之用。除督导各渠水利人员修浚渠坝，彻底取缔陋规弊害，以维农田灌溉外，现酌地方实际情形，无法举办其他水利工程。

三、奉发灌溉工程调查表式，无从查填。

四、请鉴核备查。

县长　冯周人

民国三十七年四月三十日

甘肃省政府就其所报灌溉工程调查表无从查填核与实际情形不合给高台县政府的指令

1948 年 5 月 13 日　　张 2-289

甘肃省政府水一（37）辰字第 2123 号指令

高台冯县长：

一、本年五月一日三（37）辰字第一〇八三号电悉。

二、前令调查者，仅灌溉工程并非水利工程，来文所称“灌溉工程无从调查”一节，核与该县实际情形不合。

三、应遵前令，从速调查具报。

四、仰遵照。

主席　郭寄峤

民国三十七年五月十三日

高台县政府就依式查填本县灌溉工程调查表给甘肃省政府的呈文

1948 年 9 月 9 日　　张 2-289

三（37）申字第 2598 号

甘肃省政府主席郭：

一、本年五月一日水一（37）辰字第一二二三号指令奉悉。

二、遵即依式查填本县灌溉工程表一份，随文呈赍。

三、请钧鉴核查。

县长　冯周人

民国三十七年九月九日

甘肃省政府据赍灌溉工程调查表给高台县冯县长的指令

1948 年 9 月 20 日　　张 2-289

甘肃省政府水一（37）申字第 3143 号指令

高台县冯县长：

一、本年九月八日三（37）申字第二五九八号呈及附件均悉。

二、准予备查。

主席　郭寄峤

民国三十七年九月二十日

甘肃省政府就准水利部办理本年河堤修防工程事给高台县政府的指令

1948 年 3 月 25 日　　张 2-289

水二（37）寅字第 1007 号

高台县政府：

准水利部本年三月十日寅□□代电“查江河堤防之安危，关系国计民生，至重且巨，亟应未雨绸缪，力求巩固。历年修守事宜，均经电请查照办理”在案。本年度各河流堤埝，应趁此枯水时期，普遍勘测培修完固。一面种草、植树，以资保护。所有防汛料物，并应预储充裕，以应汛期需要。除令饬本部所属各流域机关注意办理，并分电外。相应电请查照，饬属办理，见复为荷。仰遵照注意办理。

主席　郭寄峤

民国三十七年三月二十五日

处理意见：

遵照指示各点，切实注意办理。

三月二十一日

甘肃省政府就高台县本年挖掘水平沟工作即速完成事给高台县政府的指令

1948 年 8 月 13 日　　张 2-289

建四（37）未字第 5076 号

高台县政府：

一、查水土保持，为各县市局建设事业之中心工作。本年度规定平均每户挖掘水平沟一百立方公尺。

二、现值秋季，是项工作应即速完成。

三、除分令外，仰切实督促办理。于事藏列表报核。

主席　郭寄峤

建设厅长　骆力学

民国三一七年八月十三日

处理意见：

呈复本县地理实际情形，并不需要挖掘水平沟，拟请缓办，以免浪费□□。

日期不详

高台政府就高台县因地势平坦不需要挖掘水平沟事给甘肃省政府的呈文

1948 年 8 月 13 日　　张 2-289

三（37）未字第 2915 号

甘肃省政府主席郭：

一、本年八月十三日建四（三十七）未字第五〇七六号训令奉悉。

二、查本县地势平坦，一般耕地悉由水渠灌溉，尚不需要挖掘水平沟。复固建修马尾湖水库，民力不逮，是项工作拟请准予缓办。

三、请钧鉴核查。

县长　冯周人

民国三十七年八月十三日

甘肃省主席就高台县报本年均水情形准予备案事给高台县长的电令

1949 年 6 月　　张 2-340

建五（38）巳

高台县冯县长：

建五（38）巳辰感电悉，准予备查。本案已分令七区专署鼎新、临泽县政府。辰感电稿徙未变科。

主席　郭

建设处处长　骆力学

中华民国三十八年六月

甘肃省政府就张掖等四县本年芒种前十天分水妥慎办理事给高台县长的训令

1948 年　　张 2-340

高台县冯县长：

查张掖、临泽、高台、鼎新等县，芒种前十天分水之期瞬届（按本年芒种节系六月六前日，前十天后五月二十八日）。仰道□属时，会同各系县长，循例妥填办理具报。本案已分令七区专署派员令办。

处理意见：

遵照成案，速饬各渠依期封闭。

高台县长就严饬渠负责人员于芒种前十日一律封闭渠口堵水下流事给各渠长的训令

1949 年 5 月　　张 2-340

三（38）辰字第□□□号

各渠水利渠长：

甘肃省政府水利（38）□字第四〇二〇号训令，以张掖、临泽、高台、鼎新等县芒种节前十天分水之期瞬届，饬遵照时令，同各位县长循例妥怯办理具报一案。查黑河两岸上游各渠，按照成案，每年芒种节前十日应将渠口一律封闭，放水下游以灌高台正义五堡及鼎新双、毛二屯等盂禾苗，十日期满，仍行开放。六月六日等芒种节检前十日（五月二十七日）寅时起，一律封闭。期间若有私行偷按，或截堵中流、濩泡草湖，以及迟闭早开等情况发生，定予严惩不贷。仰各该渠负责人员一律遵行。

三清渠　丰稔渠　站家渠　新开渠　城北渠　纳凌渠

乐善渠　永丰渠　定宁渠　黑站家渠　镇江渠

五坝渠　六坝渠　七坝渠　八坝渠　十坝渠

高台县长冯

中华民国三十八年五月

鼎新县长就本年鼎新高台两县均水依照成案慎重办理并请鼎力协助事给高台县长的公函

1949 年 5 月 8 日　　张 2-340

鼎三建（38）辰字第 778 号

高台县政府：

查本年均水期近，景昔各例早已垂为铁案。惟查三清渠及小渲渠，均应遵照历次会议决定办法，及上峰核准指示办理。兹六月六日为芒种节，应于五月二十七日寅时初刻封闭张、临、高各县渠口，以资灌溉高台所属正义五堡及鼎新禾田。届时，请选派轮警□饬各该渠水差及保甲长人员，恪遵以生成案，慎重办理。本县定于五月二十七日，率同员警民伕天鼎起程。此案除电请省政府及专署外，相应函请查照，事关水利要政，务希鼎力协助为祷。

中华民国三十八年五月八日

第七区专员就采取合作方式积极兴办水利工程解决水利问题事给高台县长的训令

1949 年 5 月 7 日　　张 2-340

二（38）辰二第 1069 号

高台县长冯：

查本省卅八年度行政会议，本署对水利提出解决办法五项：

（一）请省府筹发巨款，将各县已满□计划之水利工程，迅速兴修，以关水源；（二）重理旧渠，调查水规，以解决纠纷；（三）派遣工程人员勘修党河、黑河、鸳鸯池水库闸门，□□及昌马大坝，以利灌溉；（四）各县亦可以合作方式发动社员浚泉开渠；（五）积极截引地下水等案。

兹奉省府训示节要如下：

（一）诸河为水利规定，均已分别勘测，并□有整个计划，如公款有着，当逐步实施；（二）整理旧渠工程，派□派附财力□如原提案，督饬各县受益人以合作方式办理；（三）党河、黑河及昌马大坝均已由河西水利工程处□有计划候款实施；（四）各县以合作方式发动社员浚泉开渠，颇属妥当，应督饬迅速办理；（五）截引地下水工程，各县以合作方式发动兴办技术问题，本府可派员指导。

仰即遵照办理。

专员及司令　王维墉

民国三十八年五月七日

批示：

分令各乡镇遵照。

高台县长就采取合作方式积极兴办水利工程事给各乡镇长的电令

1949 年 5 月 3 日　　张 2–340

三（38）巳字第 1265 号

各乡镇长：

□□第七区行政督察专员令公众二（38）辰字第一〇六九号电开“查旧三十八年度行政会议，本□对水利提出解决办法五项，仰遵照办理”等因一案。除分令外，仰即遵照。

县长冯

中华民国三十八年五月三日

第七区专员就填报泛温调查表给高台县长的训令

1949 年 8 月 9 日　　张 2–340

二（38）未字第 1821 号

高台冯县长：

曾奉国防部本年七月十三日代电“（一）查河川湖泊泛滥，影响军事至大，本部亟需是项详细资料参照；（二）请饬主管水利机□及专保公署，详确查明辖区泛滥事情，按附表每周填报一次。”兹抄发泛滥调查表一份，仰每周填报一份，俾便备转。

专员及司令　王维墉

处理意见：

依照填报，一周嗣后如未发生泛滥情事者，每周可备文声报一次便可转。

泛滥调查样表

1948 年　　张 2-340

年月日：

呈报单位：

泛滥河川名称及泛滥点：

一般概况：

水位：各时期水位须注记历年来最高最低水位。

泛滥河川（湖泊）概况：

河川诸元：流量、流水含沙量、水深、河床状况。

堤岸状况：修筑沿革、长度、宽度，各时期水位，每堤案高度之差量，修筑材料及强度。

泛滥原因：

泛滥情形：

泛滥地区：本处注明浸水淹漫地区、开始泛滥时期，又记区须详确勘查，并附详图。

泛滥对居民生活影响：被淹没及浸水地区村落农田，及居民逃亡之情形。

泛滥对防空交通影响：泛滥时，水毁桥梁路基和伤之详细情形．对陆空交通妨碍程度，及过区、汜区之难易。

平时防理情形：该管泛区之水利及平时防修之概况。

防泛工作：

抢救概况及办法：员工、材料数量及征集、善后工作之展开，根据泛期及工作计划预定之完成时期。

附记：注记泛区治安情形，及泛滥对军事之影响。

第二次呈报时仅将有变动者填之。

高台县长就本县尚未发生泛滥河川及湖泊免予填表事给第七区王专员的代电

1949 年 8 月 15 日　　张 2-340

三（38）未字第　号

甘肃省第七区行政督察专员兼保安司令王：

本年八月九日二（38）未字第一二一号训令及附表奉悉。查黑河在本县境内，东边临泽县界，西至正义峡，约长五十公里。经历年冲刷，河道深阔，纵有山洪暴发，亦无溢泛之虞。其次摆浪河，以祁连山积雪为水源，灌溉农田时成水量不足，亦无泛溢情事。以致奉领表式，无法填报，□请免予按图填表。请钧鉴核查。

县长冯、秘书

中华民国三十八年八月十五日

高台县长就派员前往夹长城洽商慎勿滋起事端事的训令

1948 年　　张 2-340

查上月三十一日案准，鼎新县政府水（38）辰字第二号公函“以该夹长城乡人民，不遵水规、灌泡草湖，兼打伤巡警，抢去□□等□，将该地保长郑文明、水差泰世福等传案严办”等由。正拟办间，兹据夹长城户民未咸称“鼎新巡水人员逢人便打，驱散户民阻扰灌溉等”奉到，除将郑文明等派警传□动办外，仰该乡来迅派主任韩高前往夹长城，洽商鼎新巡水人员，慎勿滋端，并将详情查明报样为要。右令曰该乡赵乡长。

县长冯

鼎新县长就请依法严惩永远保水犯以维水规事给高台县长的电报

1948 年　　张 2-340

高台县政府冯县长：

本月三十日，据本县查水警士康万喜等报告称“窃警奉命前往巡查高属上下堡渠口，于本月二十九日下午五时，至永远保所属夹长城，查得该渠不遵水规，尽量灌泡湖。警即将该渠破坏水规水犯随带一名，行至九坝，天晚就宿该处，意欲天晓进城，本日八时随带水犯来城。熟料行至中途，永来人夫三十余人手持木棍将警等打散，身受重伤，夺去水犯并抢去绳布肆匹藤棍一根、马鞭子一个，此为具情呈报，钧座依法严办，以维水规。查此项水规历有年，该渠任意泡湖影响下游甚巨，相应函请依法严惩，以维水规，并希见复为荷。

鼎新县长　陈世光

柔远乡长就许兴让当选柔远乡渠长请委任事给高台县长的呈文

1948 年 5 月 7 日　　张 2-340

柔（38）辰字第 47 号

高台县政府县长冯：

据柔远渠首人贺万宗、王道全、权致中、方吉贵呈备本渠，奉令于五月十七日选举许兴让为渠长请委任一案。查该民资历甚合，尚能支持水利，请鉴核加委以专责成。

柔远乡乡长　方新民

中华民国三十八年五月七日

处理意见：

准予，加委指令稿。

高台县长就指导各渠农户推选水利渠长并委任事

1949 年 6 月 11 日　　张 2–340

三（38）巳字第 1360 号

本年五月十九日柔（38）辰字第四七号呈悉。准予委任许兴让为柔远渠水利渠长，朱廷诰为站家渠水利渠长，権虞廷为丰稔渠水利渠长，委任状随令附发。

高台县长就该乡成德保民张贵年等呈控谢正和破坏水规仰查办报核事给柔远乡长的训令

1949 年 7 月 6 日　　张 2–340

训令三（38）午字第□□□号

柔远乡方乡长：

本月二日，据该乡成生保户民张贵年等呈控"谢正和破坏水规、截浇豆田，呈请提案主办"等情到府。兹将原呈一件随令附发，仰该乡长遵照迅即查办报核。

縣长　冯周人

中华民国三十八年七月六日

柔远乡成德保民张贵年等就保民谢正和破坏水程使各田受旱望查办事给高台县长的呈文

1949 年 6 月　　张 2–340

钧座电核做主，准予提案详查，以儆夺浇田苗事：

窃因民等世居柔远乡成德保，查本保之夏禾也已浇灌完竣，则秋苗谷田正在浇灌之时。公众议决，众齐浇谷田后，再浇豆田，以免秋禾受旱。查有本保之民谢正和不遵众议，破坏水程，依沟口在上，截夺强浇豆田，以致民等秋禾谷田半数受旱，就有死枯之情形。此种不抢天良，情难甘忍，势出迫切具定，呈请县长电核做主，准予提案查办，以儆横期，定沾恩便。谨呈高台县长冯。

具呈人　张贵年　杜正本

谢位邦　杜发祥

被呈人　谢正和

民国三十八年六月

高台县长就派警前往办理南岔农户呈诉朱占成截夺水利事给警察队长的命令

1949年5月18日　　张2-340

据本府第三科签呈"以据站南岔农户呈诉朱占成等，截夺水利、请求法办"等情一案，请派警一名前往朱家沙坡及永清保，将朱占成传到等情，应准照办。朱占喜、薛翼周等到府讯办，即饬警之杨生者刻即前往办理，限大十月十九日上午时以前回府，不得延误。右令警察队长。

县长　冯周人

民国三十八年五月十八日

柔远乡保民就芒种前水渠灌溉派警巡视事给高台县长的呈文

1949年5月27日　　张2-340

高台县政府冯县长：

本渠历年旧规，每年於芒种前十天，由鼎新、高台、临泽三县会同闭水关口，唯本渠成规，湃水以尺码为度，水量大则渠岸溃崩，水量减少则灌溉不足，又且渠身远为起止约一百五十余华里。由上游按日轮流至下游则尾号水量大减，因上游有不肖之徒，往往不按成规，开口偷水甚移以，民等为滋扰息讼事端起见，恳乞钧座准予派警二名前往各号逐日巡视十天，以利灌溉。

柔远渠水利渠长就派员会同验水以利灌溉事给高台县长的呈文

1948年　　张2-340

高台县政府冯县长：

查本县于每年农历芒种节前十日，由高、鼎两县依照成案会验渠水之例。本年验水时期转瞬即屈（五月二十七日），自应遵照成规，呈请恳祈钧座电请，如期前往、会同查验、以利灌溉，而增生涯，不胜企祷。

柔远渠水利渠长　许兴让

水董　舒国仕　杨法科　方大连

李有儒　孙培能

柔远乡长就处理柔北岔夏禾济灌情形事给高台县长的电报

日期不详　　张2-340

高台县冯县长：

钧座六月七日手令奉悉。遵于本月八日，亲往第十五保召集贞号首领孙丕祖、刘□国及柔北岔户民代表徐长康、徐永度商议救济办法，贞号首领经听剀切劝导，允许柔北岔二九日早八时灌溉该渠，水流甚旺，业已如期浇过。谨将救济柔北岔夏禾灌溉情形，备文呈报，请鉴核备查。

柔远乡长方新明

处理意见：

准予备查。

柔远乡长就元和保大小水差之产生及辛苦花费筹支办法事给高台县长的呈文

1949 年 4 月 11 日　　张 2-340

柔（38）卯字第 34 号

高台县冯县长：

据元和保保长贺增禄呈称“本保近年以来，大小水差争□满坝，不顾户民灌溉，兹於本年三月二日召开保民大会。经决定拟就元号村大小水差之产生，及辛苦花费筹支办法一份，随文呈赍，请鉴核备查示遵”，查该保所拟办法尚合实际需要，理合检同原办法一份，备文转呈。请鉴核备案。

柔远乡乡长方新明

民国三十八年四月十一日

冯处理意见：

详合饬知。

柔远乡民丁贵伦等就乡民丁万新等捣乱渠规抢夺轮水事的呈文

1949 年 5 月　　张 2-340

电鉴做主，准予传案追究，以法惩治，俾维渠规，而苏民命事：

窃民等住址柔远乡民权保，属下下号。缘因农历四月二十三日，为民等应挨轮水之期，依诸本渠成例，民等洞口上游之各洞口应完全塞闭，俾水下流而资浇灌民等之田。孰意有上游洞口之地主恶豪丁万新，纠合刁民丁万溢、丁万珠、丁尚滋等九人，并率同工人十数人，为图个人之利益，损害民等之生产，以人广势大，强将该等使水之洞口扯开，将民等应使之轮水，抢夺灌溉伊等之田苗。民等以水为农民之命，向伊理询，岂止该等以强欺弱，毫不讲理，并喝众动武，民无可奈何，只得由伊强浇水，以致民等下游田苗滴水未见，完全系属坏地以渠规例。民等应有轮水一天，兹被该等抢去，何异乌有。窃思图以民为本，以食为天，水乃农民之命，且政府每年灌溉田苗之时，一再布告　晓谕恪遵历年议定渠规，不得为个人之利益而损害他人之生业。兹该丁万新等竟然并遵法令，胆敢纠众以位居上游之便，强开洞口，抢夺民等应挨轮水毫无滴水，下游田苗悉数被旱，不惟本年民等□且粮赋，赖何完纳，似此情势形同杀民之生命者，无情出迫切之。仰呈请钧座电鉴作主，准予传案训究，以法惩治，以俾维水规而苏蚁命。谨呈。

原呈人　丁贵伦　王绳祖　丁宝人　丁炳伦　丁有伦

被呈人　丁万新　丁尚滋　丁尚德　丁成世　丁尚陆

中华民国三十八年五月

处理意见：

令柔远乡公即迅即查明，秉公调处具报核查。

民权保民丁贵伦就丁尚滋等不遵水规为报复毒殴水长事给高台县长的呈文

1948 年 5 月　　张 2-340

电鉴做主，准予传记，依法严惩，以仲法益，而儆刁横事：

窃民住址民权保岂下下，依照成例，每年田苗灌水之际，由□、王、丁三姓公举渠治巡水水长一人，轮流充任，上年为丁万珠。本年开水之时，该被告即万方营求预谋连任，但不惟不挨该被告，且该被告素为人鄙视，上年并偷卖渠水，故未被举。后遂举民充任，该即不满。本月二十三日挨民轮号水，曾往渠沿巡视，惟本渠成例，各洞口寅闭□开，若到毕时即行开闭。民巡视本号上游洞口，待时开放比至界，洞口已经到时，有王全民即将洞口开放。孰意该被告以未被举为水长之故，蓄意报复，假词兴王姓有故，未曾到时开放洞口，民理论未及，该等手执木棒将民毒殴，若非王全民调解，民命极有危险。查该等素为地方无赖刁蛮成性，若不请求惩治，不足以儆将来，水规难以维持。是以具文呈请钧座电鉴做主，准予传讯依法严办，以伸法益，而儆刁蛮。谨呈高台县政府县长冯。

原呈　丁贵伦

被呈　丁尚滋　丁万珠

人证　王全民

中华民国三十八年五月

柔远乡丰盛保民李振本撤销因使水与镇远保户民发生斗殴事给高台县长的呈文

1949 年 5 月　　张 2-340

为撤销事：

窃民於本月二十三日，因使水与柔远乡镇远保户民殷上均之弟发生斗殴，并呈报钧府，派员勘查在案。昨经丰稔渠水利负责人邀集，原被两造秉公调解，该殷上均之弟，嗣后甘愿按照成规使水，不再与民发生争执。民亦甘愿撤销，以了斯案。为此复请钧府电鉴，准予撤销，以了斯案，实为德便。谨呈高台县政府县长冯。

据撤销人柔远乡丰盛保户民　李振本

中华民国三十八年五月

郭树茂等就本村民李楷与王志崇和解息讼撤销原案事给高台县长的呈文

1949 年 5 月　　张 2-340

具解息讼撤销原案事：

窃因本村民李楷，因为争水浇灌田禾一案，蒙恩票传讯之际，民不忍坐视，从中说和双方，俱各情愿、和睦撤销、各务正业、两方再无反悔，免慢农工生产。以后两方如有反复之情，惟撤销和解人是问。理合呈请县长鉴核，准予撤销原案，实为公便。谨呈高台县政府县长冯。

和解人　郭树茂　贺丰年

原呈　李　楷

被呈　王志崇

民国三十八年五月

柔远乡信利保民王毓文等就该保长王国杰侵吞食粮诡谋陷害事给高台县长的呈文

1949 年 4 月　　张 2-340

钧鉴做主，准予提案追办，以儆弊害事：

因民等于去年农历七月间，奉谕应派人夫前赴临河村修渠，水龙站做工三月之久，天寒放假回家，又奉谕条各工人食粮前往临泽县领讫。查本保保长王国杰派车将工人食粮领回，计粮二十七石余，将粮领回后，亦不与工人分配，又不指明私入己囊，不理。据此。至此，民等又奉谕令仍然前往水龙站做工，民等均无口粮兼又困月告贷无门，定难动身，书夜愁思，唯恐贻误要公，不敢违抗。具定呈请县长电核作主，准予提案、严追食粮、以顾要公、定沾恩便。谨呈高台县政府县长冯。

具呈人　王毓文　薛发秀　王建能

被呈人　王国杰

民国三十八年四月

高台县长就柔远乡田禾干旱迅速磋商灌溉事给柔远乡长的指示

1948 年　　张 2-340

据该乡第十五保柔北岔户民代表徐长康、徐永渡等五人呈称“该村夏禾全部干旱，恳祈派员查勘救济”等情。前来查农田水利事关民生国计，亟应救济灌溉，除派员勘查外，仰各乡长迅即合计柔远渠渠长及各单位首人，共同商议通融办法，能速济灌。倘各单位首人如有无理阻挠情事，准即按名具报，并将给水日期先行报查，以凭派员监视。事关要涉，慎勿稍延为要。右令柔远乡方乡长。

冯县长令

高台县长就派警处理柔远乡徐常成控告王均儒夺水事给警察队长的命令

1949 年 2 月 6 日　　张 2–340

据本府第三科签呈“以按柔远乡徐常成，呈请惩办王均儒数夺轮水，特派警一名前往，将原被告传府讯究”等情事，应准照办。仰警刻即前往办理，限二月六日下午六时以前回府，不得延误。右令警察队长。

县长　冯周人

柔远渠柔北岔户民代表徐常度就柔远乡贞号民王均儒等在上游屡次截夺下游轮水致民等夏禾干旱事给高台县长的呈文

1949 年 4 月　　张 2–340

呈为依在上游，屡次截夺下游轮水，致民等夏禾坏苗干旱，屡佑预备播种，秋禾田亩，未见滴水、无法施种，恳乞县长电鉴，据案法办并恳予派员屡勘，设法拯救，以安民命事：

窃查柔远渠原系灌溉屯田而开，后因开垦屯田逐渐增多，立订元、亨、利、身四号。柔北岔上一个单头，九日一轮，每号各使水一天，开垦水一天，周而复始，不得紊乱。民等柔北岔上，原系开垦洞口，在柔远渠尾，共灌溉屯田（开垦）九十余亩，纳屯粮老斗小麦二四斗，并每年给贞号总甲老斗小麦二石四斗，名曰春备钱。至改屯为民后，民等仍照成规旧例，出纳正粮春备钱。三十一年清丈土地，原有九十亩，开垦共丈为一百三十余亩，自开渠迄今，随粮赋一再变更，而备前是照旧交纳，并未开变。缘因民等地属柔远渠住在站南岔辖境，户籍编为常明乡站南保，被告王均儒、王重儒等系柔远渠贞号恶痞，居住民等备之上游。该等所有地亩原以柔远渠支渠贞号济灌溉，近年该等因地高低，浇灌不易，借民等所有开耕备灌溉，在□设闸二座，以期于堵满水，历上高地，彼此从未发生争执。孰意本年入夏，气候甚寒，黑河未发生山洪，各渠皆在受旱之中，开水之首一轮水就被该等截夺，第（二）三两轮，该等又堵浇，致民等坏苗。夏禾三轮，未见点滴之水，指望此次关闭各渠口，属渠验水之内少一天开垦水，救济顾活。被告竟敢藐视钧府严禁破坏水规之布告，副施截夺轮水惯技，破坏成规旧例，日昨（农历五月初五日）应挨民等所有开垦水份，该恶痞王均儒、王重儒率领十余人，头人闫义率领身为校长之子闫立中及人夫十余人，各持锐棍，利用二闸，先截夺轮水灌溉，继示威者堵路，断绝交通，持会拼命。柔北岔上之徐寅中等四人打伤，恐遭毒手毙命，未敢纷争由该浇灌。惟查民等所有夏禾尽皆坏苗，被旱萎枯十之三四，立待此水救济，此水又被该等截夺，禾苗完全旱枯，预备播种秋禾之地亦未见点水，而致荒芜。民等生计无望，实难存活，缄默难安，叩乞县长电鉴做主，附赐依法严惩，判令永纳一百三十亩田赋，并赔偿损失。再乞恩予设法救济，以活民命。谨呈高台县县长冯。

原告柔远渠柔北岔上受益农户代表　徐常度　徐常成　徐常策　徐永海

被打伤人　徐寅中　徐长虎　徐永海　徐常策

被告柔远乡贞号人　王均儒　王重儒

闫顺祥　义明齐　闫立中

民国三十八年四月

处理意见：

传案讯究。

站家渠站南岔民众代表赵开财等就朱占成等恶痞公然聚众截夺轮水事给高台县长的呈文

1949 年 5 月　　张 2-340

县长电鉴俯仰即予派警拘案依法严办，微以儆百以维水规事：

缘属村所有耕地四千余亩，以站家渠灌溉。自开渠议立站上下上、站上中（下中上）、站下中（下中上）、站（南北）岔、王马湾，五大号，六小号，共有洞口九十余道，水程十日一轮，周而复始，不得以上截下，紊乱成规旧例。法良意美，全渠受益农户，各自恪遵。世守此规。农历四月十七日申时，挨属村水，应灌溉至十九日寅时，计两夜一昼，属村名站南岔地居下游，朱家沙坡恶痞朱占成，三多村恶痞胡占君，水清村恶痞王万虎、王万兴、薛翼周、李成有等依其地居上游，损人利己，不顾公理，视水规为无物，截夺轮水总惯技，公然聚众，各持铁棍赶回属村守闭该三村洞口人夫，洞口完全大开，拼命夺去应挨属村所有一昼两夜轮水，灌溉三村耕地，致属村夏禾未见点滴之水。查该恶痞等，如果旱年，即发动乡愚指挥，依上截下，力为抗拒，屡试此行，未入法纪，乡愚均得夺水，该恶痞等一呼百诺。如骤成讼，该恶痞等独身出首，承忍受罚，即向浇水地亩派收财务，名曰犯水钱。该等在村名利双收，今又施惯技，意图发财，若不请求依法严办该等，属村地处下游，上游十余洞口均效此行，国赋民生不堪设想，用是叩恳县长电情做主，依法严惩该等，征一儆百，勒令赔偿两千亩损失，以儆效尤，而维水规，属村全民恰感公德，如同二生矣。谨呈高台县县长冯。

具呈人　站家渠站南岔受益农户代表　赵开财　徐常康　李三义等

被告　朱占成　朱占喜　胡占会　王万虎　王万兴　胡开朝等

处理意见：

王科副前往勘查，如诉实，即将被告等交警带府法办。

民国三十八年五月

就奉命查勘截夺常明乡站南岔轮水具体情形事给高台县长的呈文

1949 年 5 月 18 日　　张 2-340

窃本月十七日，奉命查勘站上中上及站上中中截夺常明乡站南岔轮水一案。同警察队警长李占魁前往该处，会同管渠薛芳履地查勘。计站上中上共浇地约四十二亩，站上中中共浇地约六十九亩，共浇田禾一百一十余亩。附截水浇灌田禾花名清单一纸，请均等鉴夺。谨呈县长冯。

处理意见：

传票押办。

五月十六日

侦 查 笔 录

1949 年 5 月 19 日　　张 2-340

本年水案：

李三义大九案、赵开财五三案、徐常康四二案、徐常宗三二案、赵焕女四三案等。

问：徐长康。

答：我们□朱占成量，因古四月十七日应挨本号轮水，有朱家沙坡朱占成等他们联合该号众人乱扯洞口，以致本号田禾受旱，同时有三多村朱占□，永清保王万虎等大肆劫夺，以致本号田苗受旱。

问：朱占成三三案。

答；我们在十七、十八日并未扯洞浇水，是十九日，他们的轮水期满时才浇的。

问：胡开朝。

答：十八日有胡大永浇地，他们（指站南岔办水的）说了三斗蒲食（小麦）。我浇的地是十九日浇的。

问：胡占□五一案。

答：我并未扯水浇地，扯水的事，我不知道。

问：王万云三大案。

答：我是十九日浇一块菜地。

问：王万兴四二案。

答：扯洞浇水的事，我不知道。

问：李成名二四案。

答：我是十九日浇了一块胡□□□。

问：薛义周。

答：我只浇了一块大豆地。

王万虎等就为恳请核减罚款并保释触犯水规民户事给高台县长的呈文

1949 年 5 月　　张 2-340

为恳请核减罚款，附准保释事：

窃民等于本月十七日浇灌站南岔水，分触犯水规，昨奉钧府建设科范科长通知“科罚民等小麦五老石，饬限交案”等因，民等本应竭力交案，惟以此次所浇田禾遭旱，将要枯死，夏禾几近无望，是以冒胆故犯，并以现值□月等食粮尚成无着，对于此项罚款无力缴纳，用特恳祈钧鉴，俯赐恩予减轻并祈准将被押人保释在外，不胜沾感之至。谨呈高台县政府县长冯。

恳请人　王万虎　薛翼周　朱占成　李成有　胡开朝

民国三十八年五月

站家渠民众代表赵俊业等就站南岔呈诉本站渠轮水和解事给高台县长的呈文

1948 年　　张 2-340

具和解人站家渠五大号民众代表朱廷诰等，因为站南岔呈诉本渠站上中下、上中等号扯浇水、轮水一案。而民等坐视不忍，会同五大号首领变方说合再无异议，请所具和解是实。谨呈高台县政府县长冯。

具和解人　站家渠民众代表　赵俊业　郑玉文　朱廷诰

范永年　徐长康等

民国三十八年五月

处理意见：

本案被告等借上游地形之利，抢夺轮水，使下游□□田禾受害匪浅，为此证交。准其和息，不但有纵容被告□□且无以儆戒其他各渠。拟□□宽罚该被告等小麦五老石，以示惩而戒，将来可召□□□钧转。

站上中民胡开朝等就轮水期间发生争讼调停和解事给高台县长的呈文

1949 年 5 月　　张 2-340

具甘结人站家渠站上中（下上中）三单户民朱占成、胡开朝等□□□县长案下：

情因有站南岔轮水期间，民等扯拉属号上下洞口□□水，以致发生争讼在案。昨经民等邀请本渠渠长朱廷诰、上号首人殷朝甲、雷耀彬、郑王文、王善堂、胡大荣、徐廷祚，站北岔首人范永年秉公调处，和解了案。惟站南岔地据下游该号首人赵骏业等，恐后民等在踏前辙复生讼，□□调解人有朱占成等甘头具结。□各守使□□派挨次轮使，同后□号上下。三单若再有意扯拉洞口情事者，即依□年□本渠呈报县府转呈省府修正水利规程第五条末段规定，为害人甘愿负赔偿被旱田亩产量相等损失，特此具结备案事实。谨呈高台县政府县长冯。

具结人站上中（下上中）三单户民　胡开朝　王万魁　薛翼周
朱占成　王万兴　胡占会
李成有

民国三十八年五月

处理意见：

备查。

刘光明等就担保建康镇西街商民刘光明事给高台县长的呈文

1949 年 5 月 20 日　　张 2-340

县长案下关押王万新因犯水程，害连在内该家事肖□子女糊口困难。加之正在使水之际，恳乞钧座电鉴，大施恻俯，祈准予担保在外，听候连传速到，商民负起全责，实德便矣。谨呈高台县县长冯。

具保人　刘光明
被保人　王万新
民国三十八年五月二十日

高台县商会代收柔远乡朱占成等的水利捐麦

1949 年 5 月 21 日　　张 2-340

代收到柔远乡朱占成、薛翼周、王万虎、李成友、胡开朝水利捐麦贰老石。

高台县商会
民国三十八年五月二十一日

站家渠民郑轮文等就截断轮水紊乱水规事给高台县长的呈文

1949 年　　张 2-340

呈为寅夜截轮水，紊乱水规事：

缘民等站家渠共有五大号六小号，自立夏开始十一日轮，周而复始，不得以上截下，紊乱成规旧例。民等站下中中，于农历四月二十三日午时接应灌溉至次日寅时，民村上游站上中下，视水规如无物，竟然敢半夜赶回民等派守该号洞口人夫，大开洞口，截夺民等所有轮水，灌溉伊等稻田，损人利己，不顾公理，致民等夏禾未见点滴之水。今民等前往该号跟流水痕迹履勘，结果共查获浇灌民等所有轮水稻田七块（约计十余亩）。民等找认地主，该村民人指系警察队所有稻田。该队是否在该村种有稻田，民等不明实况，该村亦有水日，上游者截浇将如之何。民等揣想警察队绝无十余亩稻田，既有绝不紊乱水规，绝不能依在上游截夺应挨他号之水份，顾系该号己田是地痞所为。用是具情伏乞县长电鉴做主，派员履勘查办，以儆刁狡，而维水规，民等沾感大德不浅矣。谨呈高台县县长冯。

具呈人站家渠站下中中民　郑轮文　郑三清

郑重业　刘宗唐

郑安福

民国三十八年五月

处理意见：

派员，前往查勘。

就奉命查勘站上中上截夺站下中中轮水浇灌稻田事给高台县长的呈文

1949 年 5 月 23 日　　张 2-340

窃于本日，奉命查勘站上中上截夺站下中中轮水，浇灌稻田一案。司警察队警士殷其贤前往履地查勘，所浇稻田共七块内，有警察队稻田四块。据该警声称于古四月二十二日下午六时所浇，共于三块，有郑文照稻田贰块约五亩，赵福寿稻田一块约一亩，确系截夺站下中中二十三日轮水所浇。被站下中中巡水人查觉时，该郑文照将水放入警察队稻田内，意图避祸，谨查勘情形所签请钧鉴核夺，谨呈县长冯。

处理意见：

传郑文照等讯明惩办。

民国三十八年五月二十三日

站南岔民赵开财等就严请惩办恶痞截夺轮水事给高台县长的呈文

1949 年 5 月　　张 2-340

县长电鉴，俯赐派警拘案，依法严惩，并请勒令赔偿损失，以儆效尤，而维水规事：

窃查本村位居站家渠渠尾，渠身全长六十余里，共计洞口九十余个，水程十日一轮，自站上上至本村皆系干流，实流不得拉扯洞口，任意紊乱。自农历四月十一日申时，应挨本村轮水共计时开二夜一昼。以本村地居下游，有站上中上恶痞朱维福、张兴福、王万堂，站□□恶痞王开国、尤兴亮、王万德、李成川、胡多有、胡维全耕地一百余亩，因该等为遮饰本村查询起见，又将使水撒入纳凌渠上项浇灌地亩及撒水形迹，昨经钧府派建设科王科员亲视察在案。以该恶痞等图谋，显然减绝本村人民非但一千九百余亩未浇水之耕地，收益不堪设想，即将来之国赋更无法承纳，目下若不请求依法严惩，赔偿损失，其他各号均以效尤成风，本村人民生计势破，该恶痞等断送殆尽。为此叩请县长怜念尾号人民痛苦，准予派警拘案，依法严办该恶痞等，并恳勒令赔偿一千九百余亩被旱损失，则全村人民感恩戴德于再生再世矣。

原呈人站南岔户民　赵开财　李三义　徐长康　赵焕文　闫丰民　徐常尊　方为道　赵俊业　孙得邦

被呈人　张兴福　朱维福　王万堂　李成川　胡维全　王开国　尤兴亮　王万德　胡多有

中华民国三十八年五月

处理意见：

准予传案究办。

高台县柔远乡□号村九小水差之产生暨辛苦花费筹支办法

1948 年　　张 2–340

第一条　本村依据本保第三次保民大会第一项决议定订之。

第二条　本号大小水差之产生，仍缘照旧例，将全号列为上中下三单大差，由上而下每三年循环一次，差换某单，即有集单首领共同负责荐举粮单较大之户民。小差每年每单举荐一人，均先密交，三单首领、本保乡民代表共同商议后，提交保民大会决议，但得出席户民过半数之同意，即为有效。

第三条　本号大小水差均以义务听为原则，种地者，挖渠灌水者当差家家门上过，权利义务按地均，但大差一人得筹给辛苦费老斗小麦四石，小差三人每年筹给辛苦费老斗小麦贰石，分春秋两季两次付清，凡渠上一切伙食费用杂款等，均由大差一人垫支，不得私向户民勒索分文。如有违犯本规定者，经户民检举获得确实证据后，即予加倍处罚。

第四条　大小水差任期均已一年为限，每年冬至日前后，即可率备结账。送差年终卸责，次年亦不许享受作份（押沟押坝）。

第五条　本沟坝民户车辆得按大中小三等粮户平均摊派，由大差负责出条盖章，通知如有贻误抚出等情，即刻名提交保民大会议处，而大差亦不得浮摊多叫折价肥已，如有上项情形发生，一经户民检举查实后定予处分。

第六条　春沟帝桌仍有大差员负责办理，以□□为限，仅□□□□车头免请。秋后使费席酒仍照上列数目。

第七条　每年春季大小差接事后，每三十一天沟帮老斗小麦一斗，柴草三百斤，秋季摊取使费小麦每天沟以四合为原则，但至多不得超过六合。

第八条　本号挖沟时使用伙夫一名，由旧有伙头沟应支所有食用花费等，大小水差及全号户民不予帮助。

第九条　本办法如有未尽事宜，得呈请乡公所修改之。

第十条　本办法自呈准之日实施。

高台县长就勘查县立中学门前水渠改移沟口地点事的公函

1949 年 3 月　　张 2–340

公函三（38）寅字第□□□号

本月十一日案据，查本县初级中学呈称“以该校门前第二道林之中坝沟，极将沟口开设临清明庙土台左侧”一案。查该校门前改移沟口工作，实事必为，应准照办。兹为重视水利起见，业往通知该沟受益农户王生竣、邪文恒等空□本月十七日，查勘移口地点，用□□请发端，□□□□前往该地点于技术指寻。希查照办理。

县长冯

高台县长就呈请改移该校门前中坝沟以利渠水事高台县立中学校长的指令

1949 年 3 月　　张 2–340

指令稿四三（38）寅字第 179 号

高台县立中学郭校长：

本年三月九日高中（38）寅字第一九号呈悉。差该校门前中坝沟桥身，拟改建於清明庙土台附近一节，应予照办，并於清明节前修建完整。但桥身水□务须仿照上游大桥尺度，以免妨碍渠水。量至中坝沟移口改道事宜，挨地表解冻时，从事兴修。仰遵照办理。

县长冯

中华民国三十八年三月二十一日

高台县立中学校长就改移中坝沟以利建筑具体情形事给高台县长的呈文

1949 年 3 月　　张 2–340

高中（38）寅 19 号

查本校校门遵照钧座指示，伸至第一道桥之末端，所有接连之第二道桥身，既妨碍围墙建筑，在管理上亦影响上流水源。第二道渠身即中坝沟拟请改道，由纳渥渠北面清明庙土台左侧作起点，仍将本校原架木桥改移彼处，以符该沟原始形态。本年立夏前，挑挖水道之期转瞬即届，务请钧座传集该沟水利人员，以人文兴水利之关系，嘱其预为准备，如期改移，两有裨益。

高台县立初级中学校长郭长壛

中华民国三十八年三月

县长冯处理意见：

召集中坝沟受益农户代表石文明、王生竣等本府面谈。

高台县长就办理县中门前中坝沟移口情形并希勉劝民众以利进行事给高台县参议会的公函

1949 年 4 月 29 日　　张 2-340

公函稿四三（38）卯字第 92 号

高台县参议会：

本年四月二日高参秘（38）卯字第 92 号公函获悉。查县中门前，中坝沟口移至下游距离不过百步，是为利用沟道阔广场面。本府为重视水利起见，业经函请马尾湖水库工程处张工程师测量，该沟移口下游并不影响水利，正拟办间，旋据该沟受益农户石文明等二十四人呈称该案因前由，当将实际情形批示该民等知照在案。复请查照，至希勉劝该民等，务应明晓大义，慎勿墨守陋习，徒滋纷扰，以利进行。

县长冯

中华民国三十八年四月二十九日

高台县参议会就柔远乡民呈为县中指定下移洞口硬逼填沟等情形事给高台县长的公函

1949 年 4 月 2 日　　张 2-340

案据本县柔远乡中坝沟户民石文民等二十五人呈称“为县中指定下移洞口之处，地质松缓，实难筑堤，制上下移洞口，以活民命”一案。查此案事关民生水利，曾批文二届六次大会研讨后，在为函转办理。兹据该渠农户石文明等呈称“为县中派警掯制移洞，硬逼填沟，顾乞拯救蚁命”各等情到会，惟以本会会期尚未决定，此案势难再缓，除批示该民等静候函转查办外，相应照抄原呈两件一并随文函送。请查核办理见覆。

议长　王占□

副议长　王梓相

县长冯处理意见：

将本案委托水利科工程处，测量情形并依照决柃下游水流，确无妨碍。

中坝沟民等就下移洞口之处地质疏松实难筑坝事给高台县参议会的呈文

1948 年　　张 2-340

为县中派警，掯制移洞，硬逼填沟，签乞议长电情做主，俯赐拯救蚁命等。窃县立中学饬民等移洞填沟一案，业以依法具实话原在令，勿再赘述。现大会尚未开幕，民等话原未蒙番议，今县中派警掯制移洞，硬逼填沟，刻不容缓，民等被迫情急，伏乞议长做主，函该县府，令饬县中静候大会番议处理，勿在派警追迫，民等□感恩惠尽量矣。谨呈。

具呈人中坝沟受益农户

高台县长就中坝沟移洞口情形事给县参议会的公文

1949 年 5 月 16 日　　张 2-340

三（38）辰字第 92 号

本年五月七日高参秘（38）辰字第一二九号公函敬悉。查中坝沟口移置下游工程事在参，慎重水利起见，曾经□成该沟受益富有经验之农户石文明等，会同专府人员建修完竣，试行流水。俟不影响下游流量即再行垫废旧渠。复请查照。

县长　冯周人

中华民国三十八年五月十六日

甘肃省参议长等就柔远乡中坝沟受益农户呈请为县中强制移洞填沟解决办法事给高台县长的公函

1949 年 5 月 7 日　　张 2-340

案据本县柔远乡中坝沟受益农民石文章等二十一人呈请“为县中强制填沟移洞，恩予主张公道，拯救民命”一案已悉。经提交本会二届六次大会番议，原洞暂不废弃，先在下游择一恰当地点设洞试办，如不影响流量，再行填废中学门口之渠段等语，记录在令。除通知原呈人静候核办外，兹抄原呈一份附送。请查照办理见覆。

议长　王占科

副议长　杜祥丹

处理意见：

照办函复。

中华民国三十八年五月七日

中坝沟户民王吉成等就此渠使水种播时期恩准开释以施播种事给高台县长的呈文

1949 年 5 月 6 日　　张 2-340

呈为恳求事：

（一）缘因移洞废沟一案。今民等自顾承认，设洞自办，不废弃原洞沟。以新洞沟实验至秋后，流量速度、灌溉程度较旧洞无异，填废旧洞沟。若新洞沟影响流量及灌溉，仍使用旧洞沟。旧洞沟上游有大桥一座，秋后实验若成功，将大桥移建新洞口上游。

（二）寿珠等愚犷无智，身陷法纲，噬脐莫及。值此渠开使水种稻时期，家中在无人料理施种，午夜焦急，坐如针毡，缄默难安，匍匐恳求□□□□□□以施播种，实无人屏营，恳祷鸿慈大德之至。

谨呈高台县县长冯。

具恳恩人　中坝沟受益农户　王吉成　石寿经　石经邦

石寿珠　石寿玉　石文明

石寿明　石正邦　王增福

处理意见：

呈悉。听陈各节应行试办既称悔过自新，准予开释。

民国三十八年五月六日

就召集县立中学校长会同中坝沟农户代表石文明等商议中坝沟移口事

1948 年　　张 2–340

经□□者奉称，查面定于明（二十九）日召集将中坝沟农户代表石文明、石守明、石经邦、石治邦等商办中坝沟移口事宜，务希届时驾临会商，办理为荷。此致县立中学郭校长。

就传讯石文明等参加移口会议事给警察队长的指令

1948 年　　张 2–340

兹定于明（二十九）日，商办县中门首中坝沟移口事宜，希派警将中坝沟农户代表石文明、石守明、石经邦、石治邦传集来府以便商洽办理。此致警察队滕队长。

高台县政府就令分队长尚礼等派员监工改移沟口事的公文

1948 年　　张 2–340

查中坝沟改移沟口工程，本想着已政谕该渠石治邦，保长闫维寿务于四月二十九日征集民夫各即施工，限五月完成。即再派该本务员前往监工，并派该分队长带兵四名，警二名在场监工。如有从中阻挠，或不照指挥者，即押运来府以态加惩治。该分队长等亦必须破除情面，不得稍有徇私为要。右谕分队长尚礼。

高台县政府就派员监工中坝沟改移沟口工作事给石治邦和闫维寿的公文

1948 年　　张 2–340

复渠石治邦、保长闫维寿：

查中坝沟改移沟口工作，维水利工程处测量，不影响渠水流量。本府专奠定县中百年大计，决不允许任何人阻挠妨碍该工作。仰该保长务于四月二十九日起，会同征集民夫花，由该保长带往工地，赶速控修移口工程，限五日内办理完竣。倘有抗不出夫，或从中阻挠着扬各报告，以照加惩处。除派李预原、范立尊兹往监工，并派自制队分保长带兵四名、警察二名在场监工外，仰即恪遵办理，勿违谕。

高台县府就中坝沟下移洞口按期办理商讨事给中坝沟农户代表石文明等的传令

1948 年　　张 2–340

本月十一日案据县立中学呈称，以该校门前第二道，拟将中坝沟口移开设于清明启土台左侧，并将原修本桥改移彼处，以符该沟原始形态。请传集该渠水利人员谕以人文与水利之关系，促其逾为准备，如期改移等情。据此，兹派警讯传该沟受益农户代表，来府商讨为要。计传中坝沟农户代表石文明、王德峻。

纳凌渠中坝沟民石文明就下移洞口之处地质疏松实难筑坝事给高台县长的呈文

1949 年 3 月　　张 2–340

呈为指定下移洞口之处，地质松软，实难筑堤，且指定之处渠低沟高，水难流上，顾乞县长垂怜蚁命，俯赐令饬县立中学免移洞口事：

窃民等所有耕地均系碱潮，春季潮水深而过踝，暮放朝生，至潮水下降时，已逾播种农期，地中尚是尺厚黏土，无法驱牛入地翻犁，得以人力铣翻拖晒渠阴气，碱质受阳光蒸发，始能施种。因此岁岁播种晚稻，若种其他粮食，不但苗不全出，出土之苗入夏受阴碱潮气，萎枯十之三四。曩年故在纳凌渠身开其洞口，名中坝沟，灌溉晚稻。在数年前，小村数户地主因翻晒黏土、施肥种植晚稻不易，弃地逃亡，所有弃下碱潮耕地四十余亩，送请公数款产会接管。惟查民等在家庄现有耕地，以所有人口计，平时每口约占一亩有奇。生计极形艰苦，是以户民因生计所迫，赶车获得劳资，顾活生命。今县中落成，为取好风景，校门南开，其原意是向阳对山，临园圃、近水渠，在所有渠身上建筑桥梁，不但畅行无碍，而水沟可为点缀该校门首风景特色之一。孰意郭校长昨实变更方式，召集民等饬洞口下移校门面侧沙地上。查指定之处，地质松软而是沙底，实难筑堤，此乃人力不能改造之灾害。且大渠下移，渠身窄低，渠身渐次而高，在潦年大渠水面与沟底成平线，耕地又较渠高。如若洞口下移，大渠身窄无湾，水量少时，流水无泛劲涨力，漾而不流，水难上沟。水量大时，势必崩坝溃堤，酿成人力不可敌挽之灾害。不仅有害农田，而必淹没环城马路，断绝交通，为害之大实难枚举，且大渠水向西流，洞口时南北向，从渠分流而入洞口之水，是靠渠湾泛劲涨力，由南入北再转西流，实难术上耕地。苦况灾害之多，实难详述，仅择具最数点用，是匍匐叩请县长电情作主，大施鸿慈之德，恩免下移洞口，以全蚁命，民等家庄老幼妇孺，顾以香花，须祝大恩大德万年矣。谨呈高台县县长冯。

具恳恩人　纳凌渠中坝沟户民　石文明　石兴邦　石寿鸿
石耀祖　石寿玉　石寿禄
石寿经　石经邦　石寿增
石寿明　石正邦　王吉孝
胡积盈　王增福　王吉中
石寿意　石文章

处理意见：

查县中门首地面狭隘，中坝沟口移置下游，原为辟广场面，况该沟移口经工程师勘测，并不影响水利。仰该民等务应明了大义，慎务固守积习，徒滋纷扰。

民国三十八年三月

陆

中华人民共和国时期档案文献

本类文献提要

1949 年之后，黑河流域的水利事业取得长足发展。在中游地区，历史遗留得到了很好的处理，并尽数获得解决，灌溉面积更是空前扩大，水利保障能力不断得到提高。如果单纯从中游灌溉发展史角度来看，黑河流域水利事业的发展可谓“从胜利走向胜利”。黑河流域的水利发展历程比较稳健，相应线索也比较单一。中华人民共和国成立后，水利档案篇帙浩繁，本单元以 20 世纪 50、60 年代水利档案为主进行了选刊。

本单元档案分两个部分。第一部分为《区域水利文献与流域规划》，主要指在张掖地区（专区）以及流域层面对水利活动的各种安排部署，时间跨度为 1954—1967 年，偏重宏观。第二部分为《县级政区水利文献》，主要包括流域内各县级及县级以下政权组织安排的水利事务。如果和民国水利档案对比看，可以从中发现水利事务如何发生深刻变化。本单元全部档案均取材自甘肃省档案馆。

1949 年之后，灌溉发展造成水资源消耗增加，下游额济纳旗生态恶化，居延海干涸，由此形成了中下游之间长达数十年的水资源分配博弈。这种省级层面的水资源博弈已经取代日常灌溉事务，逐渐成为水利事务的核心。关于黑河分水问题的现状与未来，吸引了国内外水利、环境、社会等领域学者的普遍重视。2000 年以后，黑河流域实行由国家统一安排的水量调配方案，使居延海恢复了生机，下游生态环境明显改善。

区域水利文献与流域规划

河西黑河流域水管会1954年会议总结报告

1954年5月28日　　甘230-02-016-015

为了整顿黑河流域水利管理委员会的组织机构，推进工作，发挥水利的潜在力量，按省府对灌溉管理工作指示的精神，把有关两专区的黑河水管会由省领导，并派负责专职干部蔡德旺同志执行任务。于本月20日，召开会议，两专署田科长、张掖、临泽、高台及国营农场负责同志，水利局张守宽、韩文博同志均出席参加，检查了以往工作，确定水管会的职责、任务是：

负责黑河干流及梨园河所属灌区的统一领导，化成整体局面，解决有关水量分配与用水纠纷。监督用水与决议的执行，贯彻灌溉管理的改革执行工作，解决纠纷，严格建立定时汇报制度。调查资料，了解情况，会议计划了有关问题，总结两项如下。

一、组织领导方面

（一）领导关系

水管会由省领导，以利解决每专区的问题，同时有两专区直接领导，并密切协同，配合各级政府，使本会工作成为在当地政府领导下的生产工作中的一部分。

（二）委员会与执行工作的水委会组织

1. 委员会组织成人数13人进行，专署专员任主任，蔡德旺同志任副主任，张、临、高、鼎四县县长及群众代表六人（张掖二人，临、高、金、鼎各一人）。

2. 水管会人员配备，除现有员工五人外，另增加干部四人（有两专署各调干部二人）共九人组成，以增强工作力量。

二、有关问题的初步决议

（一）工作范围

鉴于工作力量与实际的复杂情况，水管会不能执行全流域的工作，初步决议工作范围是直接属黑河干流与跨两专区的梨园河水系。

（二）张掖与下游配水问题

张掖用水管理上，目前尚有困难，不能肯定给下游调配水量，使下游能够克服旱灾，扩大农业生产，保证在不影响张掖的农业生产开发与发展的原则下，由水管会深入了解情况，逐步做到：

1. 对张掖水量充沛的乌江堡一带，当临、高、金、鼎芒种前十天的均水期间，能够做到调配一部分或全部用水，增加均水流量，减少下游用水的恐慌与造成的灾害。

2. 黑河总口及以上渠道要尽量提早引浇春水，灌树林，□□草湖与泡地工作。雨泡地，立夏前十天至前五天的时间中，能有洞子、两洞渠外，总口及以上其他渠道不准引大量水，并尽量争取将大部或全部河水配给下游，以解决高台各渠道断流的月水困难。

3. 在乌江堡一代进行勘测，试办挖泉、排水工程，成功后，再组织动员下游群众在不妨碍该区农民的草湖利益下，增加水源，补充下游用水的不足。

（三）张掖与临泽用水问题

张掖与临泽有关的渠道用水纠纷属为两专区的问题，由水管会负责解决。

1. 梨园河水系因条件较优，由水管会直接领导负责，全部教育经费统支统收，试办先进的用水方法，领导整修水利工程，决定配水与纠纷的解决，取得经验，逐步推广。

2. 沙河与巴吉渠区□与民永渠，以柑橘为主要作物，建立渠系的水利机构，由水管会协助两县工作，并解决用水的纠纷，同时积极推动有关改革工作，到条件具体后再交水管会直接领导。

（四）举办水利干部冬训班

对梨园河和沙河、巴吉、区□与民永区的水利干部，在本年冬季集中冬训，整顿思想，教授技术。

（五）协助执行临、高、金、鼎的均水规定，并了解各渠用水情况。适当地限制临泽与高台的三清渠，以免除高台及临泽部分闭口渠道无水引浇的严重恐慌，同时可以减少临、高两县用水的□□紧张局势。

（六）所属的本会工作范围的国营农场用水及今后交通工业用水，必须与本会取得密切联系，以贯彻水利管理的统一领导。

（七）深入了解情况与调查整理资料，为科学化的管理创造条件。

（八）经费与开支问题

1. 1953 年的结余经费不再退还，作本会必要购置使用。

2. 1954 年按直属灌区土地，每亩人民□有 150 元征收，由水管会统一开支。

3. 经费的征收与报销，直接报水利局批审核销。

本次会议是成功的，首先统一了有关各县的领导思想，沟通了上下关系，明确管理工作的重要，并初步解决了久□未解决的问题。就张掖上下游用水问题，系统来说，过去认为给下游均水是不可能的，会损害上游群众的利益，今天上游群众消除了顾虑，并愿积极地做一切努力工作，更重要的收获是执行机构的力量加强，干部与经费问题得到了解决，工作任务急，工作计划已达到明确规定，消减了已为难患的盲目的工作情况。与会同志者代表专县对本会今后工作给予全力支持，同时交流了工作经验，学习了酒泉专区的水利规定、张掖水利公约与红旗引灌法的经验介绍，大大增强了工作信心。在缺点方面是时间短，准备不够，情况不熟，所以没有对有关的问题作出肯定的决议，及时发挥工作效益，只有在今后工作中努力来完成任务。

以上总结及时呈报上级，经审批后，正式通知各有关单位认真执行。

处理意见：

我认为：（一）黑河水利委员会的组成及主任委员们产生与水管会的□系及水管会的新修，还需进一步明确。（二）工作范围暂以轮流应对五乡，我同意。（三）对不乱搞配水是好的，我有点意见，统由水管科研究。

英

五月二十九日

张掖专区1955年农田水利工作总结

1955年12月　　甘230-02-024-001

我区1955年农田水利工作，在各级党正确的领导下，依靠合作化运动，已取得了一定的成绩，除对原有农田保证了灌溉用水，粮食作物平均单位面积产量由1954年每亩217.67斤提高到235.35斤，增产18.82%；全区共扩大灌溉面积156167亩，超额完成灌溉任务11.32%；冬灌方面，浇泡茬子地4393572亩，占全区水浇地总面积85%，给1956年农业增产打下了良好基础。其工作情况如下。

一、完成任务的措施

（一）工程方面

1. 完成国家投资兴建的有：武威黄羊河东九干渠及张掖大满渠小四号的扩建工程、玉门赤金河沥青衬砌工程、临泽二坝防洪工程、酒泉清水河水库工程，部分完成城郊农场排水工程及敦煌棉花农场渠道工程等七处的中型工程。

2. 民营重点工程较大的有：武威杂木河、金塔河，民乐丰乐渠、益民渠，永昌两大河，酒泉半乐川等渠道改善工程，高台鲍家湖水库工程，民勤内外河分水闸工程。其次有各系新建小型水库7座，扩建12座，合并支渠41条，新建支渠14条，新建渠上较大建筑物3478座，整修2314座，卵石衬砌渠道791000平方公尺。

3. 利用地下水：打深管井三九眼，流沙井3477眼，安装水车490部。

以上工程，除国家投资的七处工程外，共动员民工1923718个工天。用水泥，木料，草柴，技工等物共901.999元，除借用小型水利贷款553.125元外，全系受益群众自筹。

（二）灌溉管理方面

1. 改建配水制度：在河系统调配水量方面（均水），黑河水系今年春水大，因此沿黑河各系除泡茬子地、树林、草湖和储蓄水库外，到小满节前后所有夏田全部浇完了头水，芒种前十天黑河均水，只有临泽、高台两县闭口均水给下游。今年上游的张掖县也同样水量大，这是第一次在黑河上全面均水的新纪元，因而由一九五四年的均水十一天，今年改为九天，而实际只均了六天。下游的天城堡和鼎新全县的夏田二水即全部浇完，电告上游开口引水。浇灌快的原因，除全面均水和底水大外，下游加强灌溉管理，亦是主观努力。讨赖河水系，酒泉按规定时间均给金塔春水12天、夏水8天、秋水10天，即11月1日以后的全部冬水，使金塔夏田都浇到2、3次水，秋田增产超过计划420多万斤，并在秋冬雨季灌了192757亩茬子地，还有计划地灌了撞田。主要是酒泉在每次均水前，具体明确布置均水时，会同专署进行检查，群众觉悟的提高，并有了经验，金塔抓紧经济用水原则，所以年年有所改进。疏勒河系均水，安西、玉门两县相应自动加强了配水计划，永昌东大河试行配水计划，达到上游照顾下游，逐步改变不合理用水，并扩灌面积8000亩。敦煌、安西改进配水计划，按每个季节的配水，均详细列表规定，保证了粮食作物和棉花的丰收。民勤改进内外河用水制度，除示水量浇旱地26000多亩的一次用水。以上便是在改进灌溉配水制度上逐步获得的成果。部分县的串灌地和三亩以上的大块地已基本消减，部分地区对串水大块地也改掉一定的数量，获得显著成绩。全区今年共取消串灌地254324亩，三亩以上大块地560650亩。其中，山丹县在一年中改三亩以上大块地占全县耕地的85%。张掖县重点试办了一亩以下的小块灌地、和平整地亩工作，酒泉银达乡和武威五爱乡的农业社，还重点进行了土地规划，扩大灌溉面积5%，节省水量6%，以实际事例教育了群众。

2. 结合互助合作运动，改进灌溉基层组织。一般农业社以社为单位，以社内的生产队（组）执行灌溉小组职务，由组长领导指派专人负责浇水，互助组个体农民，原则上仍以200亩地范围为主，组织灌溉小组，全区计整顿和新建灌溉小组10960个，对经济用水不同程度地发挥了一定作用。

本区对大田灌溉也做了对比试验，各县一般都根据具体情况，进行了大块和小块灌，深灌和浅灌，不同次数浇水及棉花、洋芋沟灌与漫灌的对比试验。敦煌棉花沟灌对比试验结果，沟灌用水量较漫灌节省47.8%，时间节省50%，而产量则增加35%。同时组织群众观摩，给全区推行棉花沟灌，扩大棉田，创造了有利条件。

由于以上任务的完成，除保证农田适时适量用水外，并扩大灌地面积156167亩。

二、几点体会

1. 各级党政的正确领导。我区各级党政对水利工作都很重视，亲自调查了解，掌握情况，确定方针任务，制定计划，统一布置，对中型水利工程抽水派县科部长级干部，具体领导工作开展后，党政负责同志深入现场，并抽派检查组进行检查督导，及时解决各种困难和问题，对未完成任务及违反水利制度者及时检查责任，严肃处理，因此保证了水利工作正确的顺利进行。

2. 由于互助合作的进一步开展，为水利工作创造了新的有利条件。全区今年的各项水利工作为田间工程经济用水，扩大灌地面积以及修建工程上，都以合作社即互助组为核心来推动了全面工作，是获得成绩的重要原因，如山丹六区一乡依靠两个社为重点，首先开展了改地块的田间工程，经组织观摩后，即带动了18个互助组推动全乡，完成了80%多。

3. 群众社会主义觉悟的提高。几年来水利工作中挖掘了水利的潜力，得到了收益，因此鼓舞了群众对水利工作的积极性，同时在工作中积累了不少的成功经验和有效办法，特别是卵石衬砌小型水库和植树固定沙质渠床等工程，都是适合具体情况和投资少、收益大及技术能普及的办法。

4. 贯彻了行政与技术和技术与群众相结合的方针。行政加强了对技术的指导，技术支持了计划的要求，并结合群众的经验给予科学的改进，同时进行了各种技术的传授，把技术交给了群众，使工作能全面开展。今年培养了能掌握水旱测量的干部29人及各种技术工人199名（未全部统计），例如永昌县自己成立了打井队，可自行打深管井。经常用水泥围打流沙井成功后，各农业社皆掌握了此项技术。

5. 推行了初步的定额管理制度。部分地区所实行的初级计划配水制，对合理用水发挥了重大作用，绝大部分地区推行了包工制，加强政治思想教育，开展劳动竞赛，较大工地还建立了党团临时支部推动工作，因而大大提高了工作效率，保证按时或提前完成了任务。如武威杂木河上，半年按原计划时间超额完成干渠7公里及12公里的渠道衬砌，酒泉防洪工程中由于党员积极的带头推动，打□效率由每日7根提高到17根，使工程较原计划提前八天完成。

三、缺点与存在的问题

（一）部分工程中发生了严重的浪费和失败的现象，具体表现在：

1. 有些工程设计不周，施工中检查指导不够，因而发生工程质量低和返工事故，如武威金塔河渠首工程因防洪堤过低，又加管理水不善，致洪水越堤，将新修干渠四公里冲毁60%多。秋后复修，浪费民工18000个。武威杨家坝护坝工程完成不久，即被洪水冲毁防洪堤60余公尺，掏空□□两个。杂木河去年修建的两座分水闸，今年全面规划后皆成废品。临泽鸭翅渠与葫芦渠合并时，未发现河床改道的问题，使完成后不能引用足够的水量。

2. 器材供应保管和财务管理混乱，材料不合规格，以短顶长，以少报多。零件损坏，器材及水泥过度损耗的现象相当普遍，经费开支一般缺乏严格制度，甚至少数工程乱事开支，比如民乐河丰水渠工程贷款补助干部过节费109元（已全部清退）。

3. 水利工程中有的地区对合理负担的政策认识不够全面，使同河系的不同干渠或同一干渠的上下游分别负担了工程费用，因此就不能进行系统的整修，至上下游的负担相差太大，工程进行迟缓，如高台摆浪河的干渠渠道工程，只有两个乡来负担，致工程进行了三年仍未完成。

（二）部分地区对灌溉管理的重要性认识不足，而灌溉管理成绩较好的地区，又程度不同的产生了自满情绪，浪费水量的现象仍普遍存在。

1. 部分县田间工程未能开展，改串灌和大地漫灌的田间工程，仅占这些县水浇地面积20%左右，且质量很差，浇水后洼埂冲毁很多。

2. 在配水制度上，少数地区存在着本位主义思想，仍把水认为私有，过量用水，浪费水量，但却不愿给下游均水。比较普遍的是，缺乏合理的配水计划，或计划制定后未认真执行，致配水制度和作物需要脱离，不能保证适时适量用水，如民乐新明沟渠，对二水浇灌的作物不加限制，以致二水浇了48天，使一千一百亩土地受了旱，约减产5万多斤。

3. 部分地区灌溉小组尚未组织起来，或虽初步组织起来，但未发挥应有作用。有的仍以检查浇水代替统一浇水的灌溉小组，有的连检查浇水小组也流于形式，加之对干部群众的教育不够，以致抢灌浪费水量的现象，不能得到应有的改进（武威七条沟灌溉时，武民大路积水盈尺，大量浪费）。甚至少数国营农场和农业社尚未指派专人负责浇水，且存在特权思想，违反水利制度的现象也相当严重，还对渠道养护重视不够，未照规定组织护渠小组，决堤倒坝事件不断发生，仅据安西等四个县统计，上半年共淹庄子3处，淹死羊

10只，浪费水量约20余亩。

（三）对地下水未能很好利用。就是已有的井水，在河水能浇到时就全部停止，不使用，如民勤就是这样。

（四）有些地区对水利干部的配备重视不够，对政治思想教育也抓得不够紧。有些地区对水力干部配备不及时，个别地区将犯了错误的干部或编余的勤务人员配备到水利部门，致使有些群众错误地认为水利干部是犯了错误的，因而有些干部产生了自卑心理，不愿搞水利工作。还有些干部闹名誉地位，不安心工作，骄傲自大，并不团结。还有个别干部政治思想品质极为不纯，较普遍的是责任心不强，工作中粗枝大叶 一般化的作风更是相当严重，据前武威专署水利会议检查，所属各县水管会负责干部竟无一人能汇报出一个乡甚至八个村的田间工程具体情况。技术干部中，对工作能认真负责 吃苦耐劳的固然不少，但也有抱着重技术观点，不问政治，主观主义，骄傲自满，怕麻烦，到县乡上闹意见等不良现象没有及时得到纠正。

（五）部分区乡领导对水利工作不够重视。特别是乡上由于工作繁重，干部少，对水利工作的领导无形中流于形式，或推诿于水利干部，如永昌县将开展田间工程的指示发到区上，水利干部到区上研究进行办法，区长说："等定下工作，搞完再说。"

（六）水费征收标准极不一致。收支与保管无健全制度，造成了混乱以及贪污公费的现象。

四、今后意见

1. 为适应农业基本合作化后增产的高潮，今后工作的方针，首先以农业社为基础，加强灌溉管理，尤其上游多水地区要特别抓紧，在工程上要有计划地做好渠系的整修规划，分期施工，普遍开展小型工程，如利用凹地蓄水、沼泽地区排水、合渠并坝，衬砌防漏导等多种多样的蓄水保水工程。这些工程费用小，效用大，几年来已取得一定的成绩，群众对之有经验和信心，今后仍应大力推广与改进，以挖掘水的潜力。

2. 结合农业社的全面规划，系统整修农毛渠，推行田间工程，逐步达到八亩左右的小畦灌。以农渠（毛渠）为范围，试行夏秋田的分区轮作，推行棉花 洋芋、包谷沟灌，减少输水损失，并能提高单位面积产量。

3. 扩大大河系统调配水量（均水）的范围，施行渠系计划配水，以农业社为基础，健全统一代浇的灌溉小组组织，以提高水的利用率。在制定调水、配水的规定时，要明确具体，便于执行，在执行时还要根据当时水量情况，有关上下游随时协商，机动掌握，以免浪费水量。

4. 对灌溉技术，水规纪律，基层组织以及水费征收办法等，本署已拟定规章，各县应大力展开宣传，以便执行。

5. 水利工作是农业增产的主要保证，因而各地在配备干部时应注意质量，加强教育，并训练农民水利技术员，对干部应奖罚严明，对犯有错误的，应分别情节轻重，及时适当处理，但也应以教育为主，对好的也应予以表扬奖励，以资教育干部提高工作。

关于张掖专区水利速成组第六组情况的报告（一）

时间不详　　甘 229-02-138-014

王科长、胡副科长：

我组工作除参加张掖农场测量外，已全部集中，专区水利班已于今天开学，关于工作另引报告。兹有以下问题提出，请予以解决：

一、财便字第 5528 号指示，张道修与靳则朝的外勤费不予核补。

问题：我们研究结果表明，明塘湖工作非常艰苦，除进引水中各项测量外，并挖土坑了解各种资料，又是提供设计而作的勘测。与施工测量不同，应一律以勘测计划补助费。如与规定不符，应即同时工作其他同志全部扣除，不能令一工作两种支给标准。兹再请示核覆。

二、今年查勘资料很多，由于时间不允许，现计划先整理关外资料，其他各县待返局再做取舍后，再做计划。

三、返兰日期最早需待水训班结束（约在 12 月 25 日左右），这是一项很重要的工作，我们已通过党政的同意，明年大力开展田间工程，改进技术管理及整修工程。为保证此项工作的顺利完成，在此期间，我组织拟以大部力量办好水训班（已抽调领导学习），故水训班不结，我实无法返兰。

四、返兰学习是拟申请张道修同志一起返兰，在兰整理资料，并做各县明年计划。

五、关于福利补助费问题，我们即按原则进行讨论后报局。

以此呈胡、王科长。

关于张掖专区水利速成组第六组情况的报告（二）

1954 年 11 月 8 日　　甘 229-02-138-014

王科长、胡副科长：

我组勘测与施工将陆续完结，现在已集中酒泉者八人，整个工作待最近各地施工结束后一起汇报。兹就今冬计划及训练工作，与有关问题陈述于后，兹请予以指示：

一、编制 55 年计划的问题。1955 年迫切需要的工程都比较复杂，按目前的技术力量不能完成者最少 1/2，即使争议大，需要迫切，群众坚持要修建者亦难开展（如鲍家湖与石油河工程等）。局中虽然掌握全面，并为支援改变干旱地区的工作抽调大批干部，在原则上我们也完全支持，但不断的抽调我组干部，势必影响整个工作，本区水利的发展远赶不上生产的需要。三年来的工作只能说解除旱灾的威胁，至于发掘潜力仅仅是开始而已，在互助合作急剧增加的情况下，我们的水利工作更赶不上需要，所以真诚恳请局中适当支持我们的工作，否则就会使生产受到一定的阻碍及损失。我们可以看到农民对水利工作的迫切需要，全县区只在最近一个多月中，扩建与新建小水库 12 座，积极准备明年兴修者 4 处，其他防洪修整渠系增建工程建筑者更多，我们没有理由看着对农民有迫切利益的工作停下来。同时，对于敦煌增建棉花农场亦必须支援，所以我们要求把调走的干部调回来，他们对此地工作已有了些经验，均可负起一定的责任。这个要求希望胡科长慎重考虑，因为你已大概了解了本区的一些情况，并且也会体会到半路在最紧张工作中突然调走了干部所产生的困难。

二、给予1955年的工作指示。我组最近集中后（11月20日左右），除展开技术理论学习外，并要设计五年施工计划。如果技术力量没有确定前即无法决定何种工程先办、办多少，什么不办等问题。

三、水训班即将开学，速将统一教材寄来，以便我们制定教授计划。

四、我组全体返兰日期给予指示。

张守宽报告

关于张掖专区水利速成组第六组情况的报告（三）①

1954年11月16日　　甘229-02-138-014

王科长、胡科长：

一、兹将新地坝去冬今春施工情况及有关几张照片寄去，关于其他的照片均已整理好了，唯加洗费很大，故未多加洗寄上。

二、关于我组现在工作情况，除政治学习及集中力量赶作1955年计划外，还有以下几个问题：

1. 专区水利班不久就要开学，关于教材问题，我们预备结合各地具体情况编制灌溉管理大要及普通常识，就用水养灌及工程涵洞三方面来讲，但主要还需局中的统一教材作参考，快速寄发以免影响学习。

2. 指导水训班学习，我们需派五个干部学员，将分两班。甲班学习简单测量计算，乙班学习灌溉管理。

3. 我组为了提高职工的技术水平，自10月7日起，展开了技术理论学习以提高同志们的工作能力，以便在明年工作中负担更大的工作任务，这是克服人力不足的一种方法。现在大家学习情绪很高，预计3月内完成水力学及普通结构设计的基本理论，达到凡参加过1952年我局水训班及专科学校的同志都能独立，就一般水工结构进行力学与水力分析，其余同志学完技工数学上册。目前技工数学课本极少，请在兰代购五套，由私人付款，其他书我们已事先在此订购包寄来（私人买）。

4. 我们的时间是非常迫促的，在不影响工作与学习的原则下，并争取按时返兰，决定凡是处于木构的建筑物一律不再制图。因为两年来这类图很多，只计算材料文字亦不预备，按计划书的方式编制，只说位置效益及工程贵的其他关系的概况，附上地利图（今年大部都做了）及工程布置图即可。这样既减少了时间又便于审核，半永久是工程建筑物，附以设计图以减少编印工作及局中审核手续。局中审核主要是给我们工程的布置方式与规划指出改正，属于建筑物局，中途按实际的经验，指出我们设计的毛病及错误。因为这是必要的一般判断量工程中很重要的一部分，尤其量小水利工程。

---

① 编者按：文中提到的照片未见。

5. 明年人员的配备法早为指示，以便决定1958年的计划。如果全部计划作出而人员减少，势必影响工作的进展，甚至形成工程的失败。

以上各点请予指示。

此致

敬礼！

职张守宽

处理意见：

局中除了小型水利常识外，□□新的教材，如有需要□□□□同意的□□当地县体□□编写教材，做好□份，希□与作参考。

技工勤学之代表在□系视□长□，代□由该组办的为□。

沥导□□的拆灌任务，将大为减少，成为家中主要力量，近来本省经旱地在农业基本进行工作以改□□，旱地在□号所以沥□互相□，水利工作讲到□□□在总的任务下，致量流减最好□能提前返回，□□□□不太急要的工程计划，□□第□□□□再决定编制□。

张掖专区关于1959年灌溉管理工作安排意见

1958年9月　　甘230-02-040-001

一年来，我区的水利工作在党的领导下，和全国一样，在总路线光辉照耀下□□□□□□□□□□□□[①]，一马当先，以气吞山河的英雄气概，用自己的双手和智慧，在兴修水利，改造自然方面创造了各种亘古未有的奇迹。去冬以来，参加水利修建和田间工程的曾一度达到53万人，一般保持在30万人左右，在冰雪严冬的季节里，坚持冬季不停工，春节不回家，从山沟到荒滩，从河湾到田间，到处是人群，到处是歌声，到处是红旗，到处是一片水利建设，真是："白天一片人，晚间一片灯，脚踏地球转，干劲冲破天，速度升火箭，一天等于20年。"经过苦干一冬，大干一春一夏，截至目前，共完成扩灌面积5068388亩，超过了旧社会两千年来扩灌面积480万亩，超过了解放八年来的总和，完成省上分配任务305万亩的166%，完成专区计划400万的126.7%，其中实受益2500058亩，完成了原计划250万亩的任务。

在工程方面，水立方完成实修干渠160条，长1209公里，实修支渠1097条，长5249公里，卵石衬砌渠道362条，长1235公里。水库方面除目前正施工的大中型水库16座外，已完成工程的中小型水库217座，蓄水池271个，连现在施工的和以前完工的共可蓄水106亿公方。以上共完成土石方一亿三千多公方，其中石方450多万方。

在地下水利用方面，共打井44144眼，其中自流井86眼，半自流井1375眼，坎泉井12241眼，一般土井28869眼，筒井125901眼，连前打的共约十万眼。目前浇地45万多亩，据不完全的统计，掏泉224114处，按小型挑水沟4673条，改良盐碱地32万多亩，

① 编者按：为符合当今有关出版规定，此处略去数字。

随着兴修工程的不断跃进，也掀起了一个蓄水、保水、节约水量的灌溉管理高潮。玉门会议以后，各县相继开展了“七化”运动，截至8月底，先完成大块改小块142万亩，平整土地183万亩，实行畦灌117万亩，沟灌73万亩，分区轮作184万亩，整修农毛渠134358条，长40681公里，推行简易计划配水633万亩，进而使水的利用率提高了15.338%，节约水量扩灌200多万亩，保证了夏禾作物适时适量的浇了3～4次水，对今年空前大丰收，起了根本性的保证作用。

一年来的成绩是辉煌的，但我们必须认识到，改造自然的任务还是艰巨复杂的。目前灌溉管理工作还赶不上客观发展的需要，这主要表现在大水漫灌和落后的灌溉方法还没有根除，水量的浪费还很严重，干部群众对灌溉管理的底子摸得不清，各个渠道，能容纳多少水，浇多少地，蒸发渗漏有多少，各种作物需要浇几次水，每次浇多少好，心中无数。因而在灌溉中产生两种倾向：一种是沟淌水，细水长流，无人管理，浪水乱流，蒸发大，浪费严重，泡淹苗，淹滩漫路不断，发生不够再放，多了乱退。另一种只浇水，不巡渠水，一旦冲坏渠道，就停止灌溉，造成人力财力浪费和部分庄稼受旱。其发生的根源，在干部方面，主要是忽视管理工作和不掌握具体情况。在群众方面，历史上遗留下来的恨水迷信思想，在部分人的思想上残存着，有的拿水当肥料，认为浇得越多越深越好。这两种坏思想的汇合，就形成了我们灌溉管理工作赶不上客观发展的需要。

目前客观形势的跃进浪潮已经冲向这个薄弱环节，在总路线的光辉照耀下，在农业生产战线上，一切为了生产，一切为了向大自然夺取丰收，一切为了粮棉“卫星上天”，而灌溉管理工作则是保证农业增产的根本措施。因而我们必须大破大立，移风易俗，立即掀起一个以“密植丰产”、“勤浇浅灌”为中心的灌溉管理大革命，从根本上摧毁落后的灌溉制度，保证农田合理灌溉，获得丰收，目前人民公社的建立□□□□□□□□[1]，为改进灌溉技术创造了极其有利的条件，因此我们必须抓住有利形势，乘风破浪，乘胜前进，把我们灌溉管理工作推向跃进高潮，对今后工作应采取以下措施。

一、大搞田间工程，向“园地化”“管道化”迈进

结合秋翻整地，大搞田间工程，全党动员，全民动手，以扭转乾坤的英雄气概，消解一切死埂，平整土地，重新调整田间渠系，安装配式的控制和量水建筑物，做到有地有沟，有沟有闸，推行一分以下小畦灌，各县在普遍大搞的基础上，还需树立对立面，重点举办300万亩的共产主义规格的田间工程，达到“地平如镜面”“渠直一条线”，节节安装量水□，达到工作“园地化”、灌溉“科学化”。

今后田间渠系都要实行地下“管道化”。明年完成3500公里□□□□的混凝土、竹管、□管、地下管道通水。管道化的好处：1. 便利机耕操作；2. 提高土地的利用率；3. 可以减少蒸发渗漏损失；4. 可以免除清淤工；5. 可以免除渠道生草 引起虫害；6. 利用输水管，居民点可以大搞自来水；7. 保证冬季灌溉。

大搞田间工程，是彻底改变农村面貌的根本措施。在这个政治任务面前，决不能有任何动摇和迁就。目前，各县应立即组织农村水牧综合规划队和田间工程施工队，根据人民

① 编者按：为符合当今有关出版规定，此处略去数字。

公社的土地范围，全面进行综合规划，边规划边实现，掀起一个声势浩大的田间工程运动。改良和创造工具，提高工效，力争年内基本改变旧灌区面貌，达到田间工程化，另外各县要设立地下管道加工厂，做到自给自足，并结合管道机构自流井举办农村自来水工程。

二、灌溉技术大革命，一切为了“密植丰产”

明年全部推行“勤浇浅灌”，庄稼生长期浇水4～7次，小麦等密植作物浇水6～7次，分幼苗、分蘖、拔节、扬花、灌浆、乳熟等生长阶段，每次40～60公方，总灌溉定额可控制在250～300公方。洋芋、棉花推行沟灌，浇水4～5次，每次40～50公方，总灌溉定额可控制在200～250公方，并深翻土地1.5尺～3尺以上，施肥10万斤、20万斤、30万斤、60万斤，力争小麦明年大面积丰产2000斤。突击培养各种作物，卫星田几万斤至几十万斤。在灌溉技术上次亩增多，每次浇水量减少，而施肥一定要赶上，不能以水省肥料。

三、完成“三保险”和“双保险”

截至1958年，全区修建大、中、小型水库，可蓄水10.6亿公方，今冬全部蓄上水。今冬开展万库运动，共可蓄水50亿公方，冬春完工的，在明年夏灌前先蓄上水。明年打井4万眼，改造亩井6万眼，连以前共打井15万眼，浇地700万亩，这样有700万亩农田，在1959年可以做到河水不来浇库水，库水不足浇井水，实行“三保险”，其余可以实行库水、河水“双保险”。

四、全面推行简易计划配水，分渠轮作

本着“长计划，短安排，分季实施，全年安排”的原则，采取“定地、定水、定量、定时”的常年配水制，认真贯彻大水分灌，小水并灌，洪水全面抢灌，坚决执行集中轮灌。反对细水长流，一切成规旧习必须革除，按地按方供水，按用水方亩收水费，从经济上控制浪费。各县在普遍开展的基础上，还必须重点掌握做好一至两条万亩的渠系计划配水，树立典型，推动全面，各渠首和分水建筑物都要设测水站，田间渠系设量水□，以便掌握水量，按方供水，按方收费。通过计划配水，明年一秒立方水一昼夜要浇1200～1500亩，在作物组合上，可以以农渠为单位实行分渠轮作。

五、加强用水组织，严肃水规纪律

随着我国农村社会主义运动新阶段的人民公社的建立，灌溉基层组织公社内应设专门水利机构，领导全社水利建设和灌溉工作。并以生产队为单位，建立专业灌溉小组，固定专人常年负责，坚决贯彻修管并重，不能只修不管，克服领导心中无数，不深入实际的官僚主义。摸清底子，做到有计划的配水，并坚决执行规章，包浇包灌，研究技术，改善提高，并制定用水公约，严肃水规纪律，对破坏水规造成浪费或受旱缺水减产者，要分别情节轻重，交群众辩论，批评教育，严重者依法制裁。大张旗鼓宣传教育，家喻户晓，深入人心，做到滴水必争，寸土不让。

六、建立试验重点，树立对立面

各地必须以渠系计划配水为中心，“卫星”丰产田为目标。结合田间工程，园田化、管道化、工程管理养护、用水组织、分渠、敢做灌溉试验等，建立试验基点，树立旗帜，组织参观，推动全面灌溉试验站。今年山丹、民乐、民勤、酒泉已建立，连同省专建立的试验站，全区七个县也有了试验站。今后除抓紧领导外，明年敦煌、玉门、金塔、永昌等县，应即设立试验站，人员有各县保送一、二人到张掖专区试验站学习。明春建站为灌溉技术大革命寻找科学依据，试验站必须与试验点相结合。在培养丰产田的前提下，要求作物灌溉制度和蓄水要求的科学依据。

七、管理养护迎头赶上

新建渠道和大中型水库工程要加强专管机构，行水蓄水期间，时刻巡查，日夜养护，组织群众建立巡逻组，依靠群众，分片分段，划归公社包干，确保输水安全，消灭一切决坝淹没农田和人畜事故。

八、完成秋冬灌地一千万亩

武威、张掖、酒泉、玉门、安西全部浇完（少数山水河道例外）。其他各县秋冬灌地达到80%以上（附任务表）。将全部水库蓄满，浇灌林地、草湖、戈壁、沙滩、荒地600万亩，做好犁地保墒，严禁重泡。各地目前要做好配水计划，抓紧时机抢洪灌溉，组织力量进行检查评比，消灭一切浪费水量和无人管理的乱浇现象。

九、培养技术力量，充实技术队伍

全区现有脱产灌溉干部900多人，今年秋冬专区训练两批共400人，作为骨干，掌握新技术。各县还要训练农民技术员45000人。训练的方法，必须是理论结合实际，边学习边操作，从工作中学习，从学习中工作。

完成以上任务的根本保证是政治挂帅，全党动员，全民动手，长期备战，季节突击，坚决与各种形形色色的右倾保守思想作斗争。各县领导必须分工程和灌溉两套人马，工程也要修，灌溉也要管，决不能因工程任务大而挤掉灌溉管理，我们有党的领导，有优越的社会主义制度，我们要鼓起冲破天的革命干劲，解放思想，破除迷信，高举红旗，乘胜跃进，把水利工作推向最高峰。

张掖专区1959年水利计划概要

1959年1月　　寸229-02-206-001

在党中央建设社会主义总路线的光辉照耀下，1958年“大跃进”□年完成扩灌面积407万亩，胜利鼓舞，在实践中进一步解放了思想，破除了迷信。我区完全有条件在1959年内找出水量700万亩，扩大灌溉面积500万亩，工业大型水力发电30万千瓦，农村小型水电6千千瓦，把水利工作推向更新的高潮。

一、充分的有利条件

1.1958年，水利工作“大跃进”，只大中型水利工程就开工了41处。其中古浪曹家湖水库、民勤跃进渠、武威黄羊河、永昌金川峡水库、山丹寺沟河水库、张掖苏油口水库、酒泉讨赖河渠道、玉门赤金水库、昌马河第二期工程、安西踏实河太和双塔堡水库的工程，其中计划列入1959年受益者，最少有250万亩以上的能力。

2. 灌溉能力潜力巨大。许多水库群、渠系网，大面积普通的田间工程和土地规划，都为计划配水创造了更有利的条件。在1958年新的基础上，再提高灌溉效能15%是完全有把握的，即可节省水量150多万亩，全区已打成各种充足水源约10万多眼，这些井目前利用率还很低，每眼再增加5亩就可扩灌50万亩。

3. 普通的打井、排水、串井深入地下排水，小型水库和渠道工程，量大面宽，当年可以受益者约100万亩以上。

4. 已举办和就要决定再举办的大中小型工程20多处。计古浪大石水库、武威金塔河水库、西营河水库、白塔河排水系统、民勤向家湾排水、红崖山水库、永昌西大河水库、西大河者来坝水库、民乐大渚马水库、洪水河双树子水库、张掖梨园河水库、金塔花城湖水库、酒泉洪水河水库和渠道、讨赖峡水库、马营河渠道、安西芦草沟排水、党河总干渠、引哈尔塘河等工程，其中在1959年可受益者约200多万亩。

5. 在水电方面，黑河已决定最近完成20万~28万千瓦，讨赖河、党河、梨园河，只利用上述水库和渠道工程即可发电3万千瓦左右，其中各县可以立即修建的小型发电站有200多处，可发电6000千瓦。

以上说明，完全有条件在1959年完成扩灌能力750万亩，开荒扩灌500万亩的任务，其中群众开荒100多万亩，农场开荒400多万亩。

（单位：万亩）

县别	古浪	武威	民勤	永昌	民乐	张掖	高台	酒泉	金塔	玉门	安西	敦煌	合计
农场开荒		10	20	40	20	20	10	10	10	40	150	100	430
群众开荒	6	10	10	7	10	8	8	10	6	5	8	13	101
小计	6	20	30	47	30	28	18	20	16	45	158	113	531

发电更是条件十足，只要机器设备解决，即可完成。

二、完成以上计划的措施

任务肯定是艰巨的，但我们有党的领导，有250万劳动人民的力量，大干一场，流几身汗就一定可以完成。

1. 加强党的领导，解放思想，进行深入的、广泛的“鼓足干劲，力争上游，多快好省地建设社会主义总路线”的思想教育方针，“大鸣”、大办，插遍红旗，掀起声势浩大的运动高潮，这就是完成任务的思想和物质基础，也是决定因素。事在人为，人定胜天，其他措施都可以解决的。

2. 进行规划，发动群众，革新技术，实现中、小型工程半机械化，大型工程机械化的施工，提高工效，加速进度，降低工程费用。

初步计划需要增加主要的机械有轻轨200公里，斗平车2500辆，汽车200辆，挖土机推土机700台，卷扬机100台，电钻风钻250台，洋灰搅拌机100台，切割机50台，施工发电机30台，抽水机100台，以及其他各种辅助机械。以上除地方大力解决外，主要还需中央和省的帮助。

3. 需要各种主要器材：

水泥35000吨、钢材1500吨、铁1000吨、木材19000公方、钢丝索6000公尺、黄炸药200吨。

以上水泥尽量采用本区自制低标号水泥15000吨，铁全部自给，其他仍需中央和省上帮助解决。

4. 早规划，早勘测，早施工，重点工程已开工者要保证按期完成，其他立即勘测，掌握资料先制定规划，就作一切开工准备，要求10月前全部作好开工的准备，冬季不停工，常年修水利。

5. 充实技术力量，训练技术干部。做到技术群众化，群众技术化，要求省水利厅抽调3个技术工作队，采用查勘、设计、施工、设计一竿子插到底同时完成的办法，协助专区立即进行各项工程计划。在技术传授上，当学生也当老师，训练一支做啥学啥，学啥会啥的技术队伍，包括各种技工和施工管理在内，计划需要施工技干300人，以此组成一支固定化的技术施工队伍，把技术普遍的交河县成立常年的施工队，做到人人当技术工，人人当工程师。做到专业分工，精通自己的工作，这就可以大大提高工效，节省人力，保证质量，保证安全。

三、投资计划

贯彻勤俭办水利，小型工程社办，中心工程原则上县办，群众集资，国家帮助，属于开荒农场的工程，由国家投资。群众在不同情况下，□用半义务办或全部给价的工资，一般半业务工按0.8元计算，全部给价按1.2元到1.6元计算，如此，需国家投资的15项工程分析如下：

1. 武威西营河水库：今年开工，明年完工，蓄水一亿公方，可扩灌60万亩，总工费1000万元，需要450万劳动工日，补助0.5元，230万。工具材料设备250万元，技工及管理费120万元，需国家投资共600万元。

2. 民勤红山崖水库：已开工，1959年6月份全部完工，蓄水1.23亿公方，总工费400万元，扩灌能力100亩，浇二水地为足水地76万亩，开荒24万亩　国家投资100万元材料工具设备费，民工全部义务工，约250万工日。

3. 永昌者来坝渠道：1958年开工，1959年5月完工，可灌6万亩，总工费120万元，国家投资工具材料费60万元，配合西大河水库可开荒地26万亩。

4. 永昌西大河水库：蓄水1亿公方，扩灌40万亩，1959年完工，总投资700万元，民工补助费0.8元，费民工2400万工日，材料工具设备等共需国家投资500万元。

5. 民乐双树子水库和上游渠道工程：1959年完工，克灌20万亩，总共费800万元，民工补助0.5元，需民工460万工日，材料工具等费用200万元，国家投资430万元。

6. 金塔花城湖水库：1958年到1959年6月完成，蓄水4500万公方，总工费350万元，国家投资100万元，解决经常用水和工农业用水矛盾。

7. 金塔干渠工程：包括干支渠200公里，1958年～1959年完工，总工费400万元，主要解决工农业用水矛盾，减少渗漏，补充用水不足外，还可扩灌5万亩，国家投资运输工具材料费100万元。

8. 酒泉洪水河古浪坝水库和渠道工程：1959年～1960年完工，扩灌20万亩，总共费1600万元，1959年完成800万元，水库民工按0.8元补助，渠道按0.8元补助，1959年需民工350万，工具材料设备费230万元，共需投资500万元。

9. 安西踏实河水库：1958年～1959年完工，总共花费400万元，扩灌8万亩，民工补助0.8元，费民工160万工日，工具材料设备200万元，需国家投资280万元。

10. 张掖梨园河水库：1958年～1959年完工，扩灌20万亩，总工费500万元，民工补助0.5元，需民工300万工日，工具材料150万元，国家投资300万元。

11. 讨赖峡水库：1959年到1960年，蓄水1.2亿公方，工业用水及发电，根治讨赖河，扩灌15万亩，总共费1800万元，1959年计划完成1000万元，全部国家投资。

12. 安西芦草沟排水工程：1959年完工，扩灌20万亩，改良荒地150万，总共费200万元，全部国家投资。

13. 敦煌党河总干渠和干渠工程，1959年～1960年，扩灌30万～40万亩，总工费1300～1500万元，1959年完成1000万元，民工平均补助1.0元，国家投资800万元。

14. 引哈尔塘工程：1959年～1960年，扩灌80万亩，总工费2200万元，1959年完成1100万元，全部国家投资。

15项合计全部工程费一亿三千二百多万元，1958年计划完成9520万元，需要国家投资部分约为6900万元（见附表①），如能□军工20060人，实现机械化或半机械化施工，则可减少投资3500万元，只需投资3400万元即可。

四、国家投资15项工程的经济效益

这15项工程均为河西水利工程上的主要骨干工程，三座水库和五条渠道工程是完成西营河、石羊河、西大河、洪水河、（民乐）梨园河、洪水河（酒泉）、讨赖河、踏实河、和党河九条河流综合利用，系统规划的关键工程，除满足工业用水1.6亿公方，发电15万千瓦的条件外，还可扩大灌溉面积540多万亩。芦草滩排水工程是治理河西大面积蒸发，挖引扩灌20多万亩耕地巨量的地下水源，改良150万亩大面积盐渍化土壤的新型工程，是河西水利事业又一个伟大的开始。一举三得，其政治意义更为重大，只农业经济价值来说，暂接扩灌380万亩土地，平均每亩粮食暂以400斤，棉花暂以80斤计算，可产粮食7亿2千万斤，棉花1亿多斤，水利年收益按一半计算为8500万元，水利将来扩灌500万亩，粮食按亩产800斤，棉花亩产100斤计算，即可增产粮食24亿斤，棉花两亿多斤，水利按一半收益212亿元。效益鸿大，是建成河西粮棉基地的重要组成部分，应当全力以赴，促其实现。

五、黑河、讨赖河和党河的电力利用

三条河流水力蕴藏极巨，总计在70万千瓦左右（只黑河即有50多万千瓦），易于开发利用者在35万千瓦左右，黑河已决定最近完成水力发电30多万千瓦，供给工业用电。讨赖河和党河应及时开发，对加速工业发展和农业电气化，有着重大的决定意义。讨赖河配合水库和渠道可以发电3万千瓦，党河可以发电一万千瓦，投资不包括在本计划内。

---

① 编者按：附表一张，未见归档。

张掖专区1959年第一次水利工作会议总结

1959年1月　　甘229-02-206-003

我们这次会议在地委直接领导下开得很好，很成功。地委吴书记、高专员亲自到会作了报告，为开好这次会议奠定了基础，对与会同志启发教育很大。根据吴书记、高专员的报告精神，与会同志对1958年的水利工作和1959年的水利任务进行了热烈的深入的讨论，肯定了成绩，总结交流了经验，详细算了细账，深入分析了有利条件和前进道路上的困难，从而明确了1959年的任务和完成任务的具体措施和方法，这就为1959年更大、更好、更全面的跃进创造了有利条件，奠定了思想基础。在会议过程中，绝大多数同志认清了客观形势，对水利工作作出了更高的要求，分析了1959年更大跃进的客观可能性。从而认识到，必须以不断革命的精神，保证1959年水利工作更大、更好、更全面的跃进，特别是民勤、天祝等几个县决心大、信心高、干劲足、方法措施具体。同志们看到了前进道路上的困难，同时也生办法解决这些困难，因而算细账，找措施，一笔一笔算，一笔一笔抠，有些同志为了算好、细算，积极行动，三番两次向家里打电话，到处找同志们研究，学习先进经验，有的连看戏、看电影也都忘掉了，确实是算了个满头大汗。而这个满头大汗也确实算出了思想问题，也解决了思想问题，算出了困难，也解决了困难，总之算出了更大的跃进，算出了大搞灌溉管理，算出了大搞技术革命。因而今年接受任务不像以往某些同志那样，一举拳头80万、100万，而是细抠细算，心中有数，既有信心又有根据，既有任务又有措施，充分体现了冲天干劲和实事求是的科学精神相结合。这就说明，经过这次会议，大家的思想认识提高了，工作愈做愈细了，全国一盘棋的思想更明确了，冲天干劲和实事求是的科学精神更进一步结合起来了，因而会议是成功的，正如有些同志所说的，这是一次“思想解放会”“解决问题的会”“确实能够出水、出粮食、出大搞技术革命的跃进会”。

但是在另一方面，我们也必须看到这次会议时间很短，中心议题不可能过多，必须高度集中，因而不少问题会上还未具体研究。同时，由于这些同志思想上的片面性比较严重，而会议在某些问题上还未能展开更加深入具体的讨论，因而对于冲天干劲和实事求是的科学精神相结合的问题，少数同志领会还不够深刻。这表现在，一方面，个别同志对于缺乏实事求是的科学态度的危害性还认识不足，企图掩盖问题，马虎了事，仍然对工程质量存在某些侥幸心理；而另一方面，有的同志一听到要实事求是，就认为应该少干点、干慢点、打点埋伏，留些余头，似乎计划越小，安全系数越大，就越是实事求是的。甚至有的人把耕地越算越少，而向上级要的东西越算越多了。有些同志以种种不能成立的借口否定大搞修建小型水库的必要性、可能性，同时指出这两种错误的思想观点都是对革命的冲天干劲、实事求是的科学精神相结合的原则认识不足。其根源是一个，都是共产主义觉悟不高，脱离实际违背客观规律的主观主义的思想在不同时期、不同条件下的不同形式的表现。我们必须了解，革命干劲越大，越能够在困难面前深入群众，深入实际，掌握规律，越敢干就越能干好，越有办法，而越是实事求是，越能够掌握规律，找出办法，也就越有信心，干劲越大，并且这种冲天的干劲越能日益高涨，持久不衰。冲天干劲和实事求本来是两位一体的，是统一的，我们说要实事求是，绝不意味着可以泄点气，而是要鼓足更大的冲天干劲，我们说要鼓起更大的干劲，也绝不意味着可以不实事求是，而是要更深入的掌握实际情况和客观规律，我们应该认识以主观愿望代替客观规律，把解放思想理解为可以不要科学技术，不顾客观条件和自然规律去办事情，这无疑是主观主义。而是思想落后于实际，在困难面前畏缩不前，在大自然面前举手投降，以唯条件论否认主观能动性，在我们共产党领导的社会主义革命的一天等于20年的时代里，否认多快好省，高速度进行水利建设的可能性，否认1959年可以用更少的劳力、更少的资金而办好更多的事情，这同样也是主观主义。因而这也是脱离实际，违反自然规律和社会主义发展规律的。

在算账和讨论过程中，反映了有些同志对大量修建小型水库的重要性和可能性认识不足，说什么“修小型水库无水可蓄”，或是“没有地方可修”，有的说“要修我们就修大的”，应该指出这些看法是脱离实际的，是和“三主”方针及库网渠塘化的精神相违背的，是开展万库运动中的抵触情绪。问题所以提得这样严重，是因为这是一个水利工作中的方针问题，而不是什么无关大体的枝节问题。我们必须了解为实现少种、高产、多收的方针，保证农业生产高额丰产，必须实现水利工程系统化、库网渠塘化，必须长藤结瓜，河库相连，河库相通，库渠相通，河与河通，渠与渠连，苦却相连，使水利工程有根有干，有枝有瓜，四通八达，星罗棋布，形成一个完整的水利工程系统。只有这样，才能保证无雨保丰收，水小保增产，什么时候用水，什么时候有水，要用多少有多少，实行三保险，不靠天吃饭，这是今后水利工作发展的方向，也是目前必须具体进行的工程任务。而为了实现这个伟大的任务，在水库方面也同样必须贯彻小型为主的方针，并在小型为主的前提下，适当举办大、中型水库，以达到大、中、小合理地互相结合。小型水库不仅费用小，见效快，技术简单，可以更多地、更好地依靠群众，大量举办，能够马上解决问题，并且它是水利工程系统化、库网渠塘化的一个十分重要的组成部分，它的作用是不能用其他的工程形式来代替的。我区水量变化和作物需水存在很大的矛盾，假如不进行径流调节，也就是说，假如不大搞水库工程，贯彻以蓄为主的方针，水的利用率就难以大量地提高，同时不能真正保证作物适时适量的用水。而如何达到对径流进行高度的调节呢？这就是不仅要修大、中型水库，而并且更重要的是必须大量修建小型水库，这不仅是因为大、中型山谷水库不可能调节中下游的洪水、泉水和地下水，同时大、中型水库也不可能对每个灌区每个灌水地段的水量全部进行调节，也就是说专靠大中型水库不能完全达到适时适量用水的要求，怎么办呢？这就必须修大量的小型水库，在我们这个灌区，我们这个灌水地段，干、支、斗渠甚至是农渠上都要修小水库，或者更明确一点说，要修许许多多的小蓄水池，这样作物不需要水时就蓄起来，停几天需要浇水了就放水浇地，只有这样才能改革灌溉制度，把那种集中轮灌，推着浇“排子水”蓄水灌溉定额过高的、不适应耕作园田化的、旧的灌溉制度，改为真正的适时适量的用水的新灌溉制度。同时只有这样，才能在地形地质条件困难以及资金器材劳力不足的条件下，以小型水库部分的代替大、中型山谷水库的作用，达到多快好省。我们不能够只要藤不要瓜，而且只在河上结一个大西瓜，而在干、支、斗渠上就一个瓜也不想要，这是不对的。现在我们虽说初步实行了简易计划配水，但这在计划配水还是以集中轮灌、以浇“排子水”为基础的，大、中型水库也还没有完全修起来，泡地一泡就是300万以上。在这样的情况下，竟然说什么修小水库无水可蓄，这是错误的。同时，水利资源必须全面规划综合利用，水力发电必须大搞，将来山谷水库在非灌溉季节的发电流量是必须用中下游的反调节的水库进行拦蓄的，而这种反调节水库一般来说，都是大的小型水库，因为在中下游建立大、中型水库的条件一般是较为困难的。以上问题说明小型水库，从将来的需要来看，它是十分重要不可缺少的，而从目前来看，则是更加重要、更加迫切。因而认为修小型水库无水可蓄，或者说要修就修大的，不修小的这是十分错误的，小型水库或者说小蓄水池，是到处可以修的，在地下水位高大的洼地上、泉水沟槽上当然可以修，而就是在很小的洼地上以及在不透水甚至透水的一般平地上也是可以修的，因为小蓄水池的蓄水量可以很少，坝可以很低，给水渠稍微挖深一点，我们就可以把水放进去。因为库很小，库址渗漏就是用全部夯填防漏土料，办法也是完全可能的。这样小的蓄水池，我们专区已经修了不少，那些认为没地方可以修小型水库的看法是没有根据的，这些同志的看法不正确，认为修小型水库有困难，却又不把困难交给群众研究，以自己的保守思想束缚群众的手脚，这是十分错误的。以上这些思想认识问题，经过大会讨论，已经逐渐取得了一致的看法，但必须指出这些问题尚未彻底解决，先后实际工作中必须注意防止和纠正。

这次会议是在1959年社会主义建设更大、更好、更全面的跃进的新形势下召开的，1959年是苦战三年的第二年，是具有决定性的一年。随着工、农、林、牧业生产更大、更好、更全面的跃进，特别是农业生产根据少种、高产、多收的方针，实行耕作制度大改革，客观形势对水利工作提出了更高、更大、更迫切的要求。根据大家算账，全区必须完成400万亩的工程效能，提出400万亩的水，并且要把所有的水都用得适当、适时、适量才能满足生产发展需要，这说明实现少种、高产、多收绝不意味着水利任务的减轻，而是更加艰巨而繁重。因此1959年水利工作必须更大、更好、更全面的跃进，不少县份算来算去，结果是算得水还不够用。假若这是符合实际的，那么应该说是很好的，我们经过算账发现了问题，但是缺了水怎么办呢？办法只有一条，这就是大搞水利建设，狠狠地治水，各县这一次经过算账，提出了1959年的任务，并且不少县信心大，干劲足，有把握、有根据，这很好。根据大家讨论，1959年全区计划完成工程效能400万亩，蓄水和地下水工程共26亿公方，其中大、中型水库工程22项，蓄水8亿公方，小型水库蓄水8亿公方，打井42040眼，其中自流井、半自流井3170眼，改造旧井30200眼，利用地下水5.7亿公方，排水4.6亿公方，完成渠道工程5000公里。其中衬砌1200公里，完成管道化249公里，水土保持3200平方公里，修建水力发电123座，装机容量6000千瓦，并争取完成155座，装机容量7000千瓦，共完成土石方1亿7千万公方，其中2亿7百80多万公方。

以上任务的指标是先进的，也是完全可以实现的，应当肯定下来，这是大家自己算的、自己报的，并且也签上了字，订上了合同，这就是国家计划，必须保证完成。

完成1959年的任务是完全可能的，是有根据的个性，都分析了客观形势，研究了有利条件，有的提了六条，有的提了七条，同意这些看法，有利条件确实存在的，完成1959

年的任务确实是完全可能的。当然我们在前进道路上还有困难，有的县提出了两条不利条件，有的县提出三条、四条，这些看法我们也基本同意，不利条件确实也是存在的，这都是事实，而问题的关键还不仅在于客观形势是什么样子，而且还要看我们对客观形势采取什么态度、什么看法，有利条件和不利条件同时存在，但哪一个是主要的，哪一个是起主导作用的呢？我们认为有利作用主要的，是起主导作用的，而不利条件是次要的，是可以克服的，同时有利条件也蕴藏着不利因素，不利条件也逼着人们革命，也蕴藏着有利因素。因此，为完成1959年的光荣任务，我们必须深刻理解客观形势，掌握有利条件，克服不利因素，进行坚持不懈的努力和斗争。根据各县研究结果，1959年必须贯彻以下措施：

一、加强党的领导，坚持政治挂帅，是做好水利工作的根本保证。为了保证党的领导，办好水利工程，必须树立明确的全国一盘棋的思想，在党的统一领导下，扭成一股劲，下好一盘棋。为此，必须认真研究执行上级的指示和决定，克服调度不灵、指挥不动、甚至出“大字报”、拒绝上级检查等严重的落后思想和行为。坚持政治挂帅，必须兴无灭资，端正领导思想，充分做好政治思想工作。因此只有无产阶级的指导思想才能挂起无产阶级的旗来，为此必须进行深入细致的政治思想工作，而目前某些工地上只求形式不讲究内容，表面上看起来样样具备，五大形式俱全，而实际上群众的思想觉悟未得到应有提高，在“大辩论”中不坚持分清是非、以理服人的原则，形成变相的强迫命令，甚至把正确坚持工程质量的同志也放到大会上去批判，这是错误的，必须纠正。为了加强对水利工作的领导，应召开现场会议，组织观摩评比，以总结推广先进经验，以点带面，全面推进。

二、依靠群众，自力更生，大搞水利工厂化。1958年的经验证明，群众是历史的创造者，群众的力量和智慧是无穷无尽的，党的领导和群众路线是两件宝贝，两件宝贝结合起来，就是无穷无尽的力量。1958年，我们依靠群众克服了种种困难，取得了史无前例的伟大成就，1959年我们必须进一步依靠群众，自力更生。根据算账的结果，各县工具器材都是需要量大，困难很多。在这个困难面前，我们坚定不移的方针是依靠群众，大搞水利工厂化，变相生产，自力更生。根据全县统计，全区1959年达到水利基建工厂169个，其中炸药厂18个，年产545吨，水泥厂16个，年产6345吨，铁木工厂80个，机械修配厂21个（各县计划见附表）。

以上指标表明，各县对水利工程化已有了一定认识，因而指标是先进的，也是可以实现的。但必须指出，有些同志对依靠群众自力更生的方针认识还是不够的，有的说他们那里工程大，不向上要是不行的，有的说他们那里工程虽小，但情况却十分特殊，上级不给点是解决不了问题的，有的说他们是新开的工程，头遍锣实在难打，有的说他们是开工很久了，工程潜力挖得差不多了。这些提法虽然互相矛盾，但总的来说都是片面的，应该承认困难确实是有的，但解决困难的方法唯有依靠群众，自力更生。记得曹加湖当初也是器材工具困难，伸手向上去要，甚至派人到兰州住宅水利厅里，搞不上器材才不回去，而结果还是没有搞上。而随后他们依靠群众，自力更生，结果是根本解决了问题，现在他们那里出了高标号水泥，有了炸药和大量的先进工具，困难就比较小，这就说明我们必须坚定不移地走依靠群众、自力更生道路。

三、冲天干劲和实事求是的科学精神相结合，切实保证质量，全面贯彻多、快、好、省。为此：

1. 现场设计和审批制度相结合，中型工程设计须经专区审批，对工程设计进行原则性的修改，须经批准机关同意。

2. 一切工地必须加强检查验收，做一段验收一段，不合标准进行处理。大、中型水库需经专区验收，鉴于目前工程质量上存在一些问题，因此除专区组织检查外，各县应对水利工程普遍检查一次，以便发现问题及时解决。

3. 根据1958年经验教训，制定土地标准设计，以加强技术指导，保证设计质量，除在标准设计中翻砂卵石覆盖层在10公尺以下者，□截水墙接至基岩，清基时□的地下水采取挖排水沟的方法进行处理，在特殊情况下，不拟接至基岩，须经提出论证，必经专区批准。覆盖层超过10公尺者，在不能接至基岩的条件下，采用斜墙坝以铺盖和一定深度的齿墙相结合，以防止渗漏和淘刷坝基，铺盖须用优质黏土夯填。

4. 根据1958年经验教训，拟定我区施工规范，在规范中规定：冬季土坝施工在任何情况下必须满足以下条件，即：（1）融介土料筑坝含冻土10%~20%；（2）土料含水量接近塑限；（3）各层涂料不接近冻茬；（4）干□重达到设计标准。还不能满足以上条件者，应该改变施工方法和防冻措施，无法改进施工方法和防冻措施者，可停止夯填土方。

四、灌溉技术大革命。1959年，在少种、高产、多收农业生产大革命的新形势下，灌溉管理必须和农业生产技术相适应，必须满足农业生产需要，因此必须实行新的灌溉制度，以保证在新的农业技术条件下，保持适时适量合理用水。根据张掖试验站的试验资料，深翻一公尺，泡地浇水定额共190公方，深翻二公尺270公方。据试验资料分析，中风等透水性土壤774等耐水品种，施用标准肥5万斤，浇苗水5次，幼苗期浇水，水距播种40天左右，浇水定额40～45方，分叶期浇二水，定额50万，拔节期交三水，定额60万；抽穗期交四水，定额60万；灌浆期浇五水，定额50万，合计生长期浇水定额260万左右，连同□水灌溉，全年灌水定额450万～500万。从以上灌水次数和灌水定额来看，实行新的灌溉制度，不仅应开展群众性的试验研究工作，而且根据土质、品种、耕作条件、气候条件因地制宜地研究出一套适合当地的灌溉制度，而且必须从耕地根本上改革灌溉方法，实行灌溉管理大革命。因为新的灌溉制度，全年灌水定额提高了，生长期浇水次数增加，而灌水定额减少，这样不大好灌溉管理大革命。

50万的灌水定额，在大水漫灌的情况下是难以掌握的，无法灌下去的，同时假若只开源不节流，不能杜绝浪费水量是不会够用的，这就是虽然修建工程还仍然不能满足农业生产需要，因此必须贯彻以下措施：

1. 全面开展计划配水，这就是经济工作愈作愈细的具体要求，也是实现新的灌溉制度的基本保证。全区计划1959年实行计划配水达到680万亩，各县任务见附表。各地必须以河系、渠系为单位，彻底进行一次摸底算账，算水源账，算渠系渗漏损失账，算作物用水次数和定额账。根据算账制定出全年各类作物配水计划，并按水源变化规律，采取长计划段安排，分季实施，全年坚持的原则贯彻推行。

2. 推行小畦灌和沟灌，这是节约用水合理灌溉的最根本的措施，也是新的灌溉制度所必须采取的灌溉方法。根据各县自报，1959 年全区实现小畦灌 377 万亩，沟灌 975000 多亩，分区轮作 316000 多亩，各县任务见附表。小麦等密植作物结合播种，加起活埂，曾开地头沟，利用□砖、木料镶砌进水口和简易消力设备，分口浇灌，棉花、洋芋等中耕作物要推行沟灌，播种时留下开沟行距，头水前雍土开沟并增开灌水沟，分沟浇灌。

3. 充分利用春水。在 4 月 20 日前，把所有的大小水库全部蓄满，把所有的干地、树林、苗圃、草湖全部浇完，以保证充分供应夏禾灌溉。1959 年全区种草 300 万亩，每亩用水 150 公方，各县必须尽量利用冬春余水及洪水保证草田灌溉。

4. 加强基层组织，实行浇灌责任制。各公社设立水利部固定专职脱产干部，分管灌溉和施工大队。设水利股生产队，根据区系分布情况，每 30 亩地固定一人成立专业浇地小组，包质包量，实行灌溉责任制。在灌溉季节，各公社领导干部必须抽出一人亲自挂帅领导浇水，并制定切实可行的水规纪律，保障一切计划彻底实现。为进一步贯彻灌溉责任制，县上水利部门应和各公社订立灌溉合同。

5. 加强灌溉协作，统一调配水量，流域性配水必须按管理处计划执行。

五、大搞技术革命，技术革命是建成社会主义的物质基础，是提高劳动效率和劳动积极性，解决劳力不足的根本途径。根据各县算账，劳动力缺了很多，怎么办呢？10% 的劳动力必须抽够，而超过 10% 的所谓“窟窿”也必须把它填起来，不是用增加人的办法去填，而是必须大搞技术革命，各项工具，改革计划见附表。根据 1958 年经验技术革命中必须大搞基本建设，实行水利工厂化，在最近期内大中型工程至少建起五个工厂，即：木工厂、铁工厂、炸药厂、高标号水泥场、简单的机械厂，各县水利科也必须亲自办厂，以便对工地技术革命进行指导和支援，保证工具改革走在施工前面，未从开工即必须准备相当数量的先进工具，施工过程按照工作项目的先后，分期、分批次提前研究制造，使技术革命一马当先，发挥实效，而不致成为“工作开始搞发明，工作结束未推广”的马后炮。

1958 年的经验表明，工具改革必须边发明、边推广、边参观、边总结、边改进、边提高、不断改进，不断提高。经过 1958 年的实际考验，目前水利建设应大力推广大爆破、定向爆破、松动爆破、水力筑坝、自制啦车、旱船、冰船、木拖车、空中运输、绳索牵引、自动装卸、简便轨道等先进工具和施工技术，使发明创造和推广使用相结合。根据中央方针，水力发电必须大力发展，而水电建设中的主要问题也是电气设备供应不上，解决这一问题的方针也必须是自力更生。建议各县破除迷信，试制发电机，特别是武威、张掖、酒泉、玉门要在上半年试制成功。

六、加强组织领导。建立常年水利建设兵团，各县要抽调 10%~12% 的劳动力（不包括管道化、园田化所用劳力）组织水利建设师、团营，成为一支强有力的常年水利建设兵团。全区共抽调水利基建劳力 10 万人，其中天祝 10,270 人、武威 21,000 人、民勤15,500 人、永昌 7820 人、山丹 11,000 人、张掖 10,100 元人、酒泉 16,500、高台 3210 人、玉门 2950 人、安西 2020 人、敦煌 4200 人，同时大中型工程分配到县，小型工程分配到社，分级管理，各负其责。在施工组织中，根据 1959 年的经验教训，必须实行固定工区，定劳力、定任务、定质量、定时间、定器具等的六定大包干制度，实行协作责任制，保证每个工种互相协调，有机结合，同时必须做好施工规划和现场布置，以提高劳动效率，杜绝亡工浪费。

七、加强群众性的试验研究和水文观测工作。试验研究和水文观测是水利工作的重要基础和科学依据，只有做好试验研究，掌握水文情况和变化规律，才能正确地进行灌溉和工程建设，因此灌溉试验必须进一步加强，各灌溉试验站试验研究项目见附表。今后灌溉试验，必须面向生产，面向群众，培养高额丰产田，大搞群众性的灌溉试验工作。要求在1959年内，初步提出在工作园田化的新形势下，适应不同地区的合理灌溉制度和灌溉方法，这就必须把技术交给群众，依靠群众大搞试验研究工作，灌溉试验站必须对群众性的试验研究工作，加强技术指导，实验站的产量不能低于一般大田、卫星田产量，并要协助人民公社总结高额丰产田灌溉经验，以作为改革灌溉管理的依据。鉴于灌溉试验十分重要，要求各县必须切实加强领导。

我区水利工程范围大，数量多，经验丰富，但工程完成后，管理养护工作较为薄弱，并一般缺乏长期观测和调查研究。今后必须加强管理养护，各管理处（所）要经常进行水工建筑物观测并作出记录，各县去的技术干部要注意考察已经建成的水工建筑物的工作情况，并编制报告，以便系统总结经验教训，改进设计和施工。

水文工作十分重要，各县必须加强领导，大力开展群众性的水文工作，进一步贯彻水文工作，作为灌溉和工程建设服务的方针，全民办水文，社社搞观测。目前降水量和水位流量观测要迅速把技术交给群众，协助公社普遍大搞起来，做到县县、社社都能根据水文资料进行灌溉和水利建设，一切没有水文站的河流和地下水调查区域，都要有群众性的水文机构进行观测。

同志们，1959 年的任务是光荣的，伟大的，同时也是十分艰巨的，我们有决心，也有信心完成 1959 年的光荣任务，让我们乘风破浪，高举无产阶级的红旗前进，为力争 1959 年水利工作更大、更好、更全面的跃进而斗争！

张副部长在我区视察水利工作的简报

1959 年 4 月 7 日　　甘 229-02-227-099

中央水利电力部张含因副部长、刘局长在省水利厅李主任的陪同下，于本月 22 日至 27 日来我区视察了水利工作，历时 5 天。在此期间，分别到黄羊镇水校、民勤、永昌和张掖等地的水库和渠道进行了现场视察和指导。同时听取了各地和专区的回报，解答了有关技术上的疑难问题，对我区的水利事业给了很高的评价。同时还指示了今后努力的方向。

一、对全区水利给予了很高的估价，这是对我们促进和鼓舞。他们认为在党的领导下经过全区人民的艰苦努力，在困难复杂的条件下，水利工作取得了辉煌的成就。特别是正确贯彻了中央的方针政策，因地制宜，就地取材，采取了一系列的有效措施。在实践中不仅提高了政治思想水平，因而也认识了自然变化的规律。发挥了群众的智慧，总结了群众几千年来与自然作斗争的丰富经验，使工作上没有走弯路或者少走弯路。张部长指出河西目前进行的许多重点工程建设，规模大，技术复杂。其中许多问题，如堆石坝面的防渗措施、水库不同基础的处理，现在是世界上仍然没有被彻底解决的问题。我们敢这样做就会在实践中一一得到解决。不要怕困难，不能把技术神秘化，技术和理论就是实践的总结，他必须以实践为基础。

二、给我们的工作提出了很多宝贵的指示。他们指出：

第一，我们对水源的综合利用认识不够，不全面。只从水利角度出发，看不到整个国民经济对电力的需要是如何的大，怎样的迫切。因此不仅对水能的数量估计利用250万千瓦的数值有保守，就是已经和正在修建的工程都没有与发电结合起来，或结合的不够，不能认为没有电器材料就可以推迟水电基本建设。张部长特别指出，只要我们修好水工部分，迟早一定会换上发电机的，甚至会有人立刻来安装的。要明确水电基本建设与水利工程结合修建用费极少，也很容易。而单独修建和分期建不仅是时间的浪费，也是投资的浪费。要大力宣传水力的作用，用一个千瓦工作一天，最少等于25～30个全劳动力的劳动量，使人人都来，利用自然给我们的劳动力，要求我们做到一点坡降都要利用。

第二，要求我们在水源利用上，一点也不能让流到沙漠去，使居延海成为历史名词。他指出我们已经利用的75亿公方的水，仅灌溉920万亩地。说明工程效益还没有完全发挥，应注意提高利用率。水利工程与灌溉管理究竟谁重要？刘局长说："看河西管理工作要紧，否则土壤就有被破坏的可能，水利工作要和农业紧密地结合起来。土壤工作要走到前面，不但是调查，而且要分析研究，得出可靠的用水定额，否则800方500方都是没有根据的。"

第三，对重点水库工程要有足够的地质、土壤、水文资料。水库的设计一定要考虑到万一失事的防护措施。在大、中型水库下游，新建工厂、居民点，都要尽量避开洪水和万一成灾的淹没范围。

第四，对于工程质量和标准，他们认为我们基本上做得好，但还要更加重视，丝毫不能忽视，一定要坚决的保证，这一关谁把不好，就会给人民造成不堪设想的损失。

第五，水库都要有非常洪水溢洪道，并指出我们专区和县一定要组织质量检查组，迅速对重点工程进行现场全面指导检查。

三、在具体问题上，张部长等亲自视察了解后，也提出和解答了有关技术上的许多问题。

（一）对民勤红崖山水库

①在沙质基础上修建水库完全可以，但必须把地基摸清。如果不是粉砂土和淤泥基础，就可以从设计上保证安全。粉砂、粉土、淤泥所以不安全，主要是当饱和后，一受到外力的冲击就会有走动和液化的可能。如果这类土壤不是大面积整体的，而是分散的，它被包围起来就不会走动了。因此必须多钻几十孔，摸清底层，再作设计。②坝基有3个河道，沙质松软，这就是水库的大弱点。一定要作预压沉陷来补救。坝轴全线设标点，随时检查沉陷现象。③给水闸基础粉黏土没有完全清除，很不利，要作沉陷观察，设法补救。并早日填建筑物上的土。④覆盖要与斜墙连接外坡作反滤和观察设备。⑤最重要的是第一次蓄水阶段，要有足够的抢护人力。专人负责，日夜观察，一有管涌立刻作坝外月牙围堤堰抢护。地震期要多加防护人员。对管坝和防守人员要详细交代一切可能发生的问题，使

其搞好管坝和防守工作。

（二）对金川峡水库

①基础清的不一致是失去了原则，唯一的办法就是观察渗水情况，一遇有洪水渗流，就要作全力抢险工作。②两岸大坝结合关键，不在圬增工截水，而在于挖的截水槽要有一定深度，把干碎部分清除。因此右岸未作圬工截槽部分不必补作了，无益且有害。③大坝裂缝的隐患不能判定，要认真审查施工记录，先判定有无可能性，有就要进行大坝钻探检查，用黏土泥浆压力灌填。④输水洞的检查和漏水要注意（局内意见，由于隧洞部分没有填实，水量渗流很可能破坏出口段隧洞和给水闸特别是岩石渗水问题肯定会有，应设法补救。办法是前后进出口做防护墙，出口防护墙加作渗滤孔）。

（三）对苏油口堆石坝

①采用定向大爆破是一个很好的方向，一定要推广。这可以用很少的人力，完成一个水库。是解决劳动力不足，省人省事省钱的好办法、新途径。②堆石坝漏水和沉落度很大，不应作硬性防漏墙，宜作土料防渗斜墙。并且一定要做的与水下基础相连。③可以分两步走，即先堆石，待其初步沉落后，再作防渗斜墙。④堆石坝未作防渗斜墙时，不怕渗漏。洪水可以将堆石拉成堆放，但不会冲走（特大洪水除外）。

最后张部长说："此行河西满意、很乐观。亲眼看到了河西人民在党的领导下的冲天干劲和受到这种干劲的鼓舞。同时也解决了思想上印象不济的问题一些，对河西的水源摸了个底，回答了河西是不是没有水源的问题。这次清除了印象中的河西干旱，河西不是没有水，而是水很多很多。"他们强调指出，要我们把可以利用的水源和水都能利用起来，作到"不让一滴水流入沙漠，一寸落差也不能放过"的原则。对溶冰化雪，提出祁连山冰储量不会是300亿~400亿，可能多得多。溶冰化雪后，必须设法补充，使原有冰雪量不要减少。应贯彻"溶冰化雪，制造冰雪"的精神，以防现有各河水源受到影响。

我们认为这次张部长对我们的工作指示很重要，对我们目前和今后工作帮助和启示都很大，特别是解决了技术上的疑难问题，对我们在实践中进一步解决这方面的问题有一定的指导意义，故印发给大家希研究参考。

张掖专区1959年水利工程进展情况和下半年的工作安排意见[①]

1959年7月　　甘229-02-206-002

我区今年的水利工作，是在1958年"大跃进"的基础上，贯彻了郑州和上海会议精神，乘胜前进的，在地委和各级党委的直接领导下，半年来已获得了伟大的成就。

工程方面，自4月份开始，即缩短战线，集中力量保证15项重点工程，现在这15项重点工程截至6月20日，今年累计已完成土石方225万公方，投入劳动力3508万多工日。其中13座大、中型水库，6座已可安全蓄水1.12亿公方，在小型水利工程上，共建成小型水库318座，蓄水2087万公方，开工新建的小型水电站35座，装机容量1938千瓦，已

① 编者按：附表三张，未见归档。

发电者6座，装机容量98千瓦，新建管道□工程3处，已完成6.6公里。打井方面，打自流井65眼，半自流井126眼，打机井5眼。渠道工程方面，完成了去年结尾工程□□2400多方，新建渠道及时投入了生产，同时积极进行民勤、敦煌和张掖大型渠道的备料工作。灌溉方面，359万亩夏田应灌面积363万多亩，已先后灌完，特别是历史上缺水的安西疏勒河灌区、高台和金塔的黑河灌区，完全改变了旧有的面貌。金塔三水灌完后库中还有1000多万公方水量，民勤湖区也灌了苗水63000亩，这都是历史上没有过的，对全区的农业生产提供了有力保证。

兹将工作进展情况和下半年的工作安排述下：

一、重点工程落实计划和进展情况

1959年我区□建和新建的大中型工程，原计划共28项，其中水库工程22座（开工的19座），渠道工程6处（开工的5处）。原计划共需劳动力2450万工日，水泥8700吨，钢材610多吨。显然规模过大，人力、物力、资金、技术都有矛盾，因此在贯彻郑州和上海会议精神的指示下，决定工程排队落实计划，缩短战线，保证重点。自5月初，决心暂停水库工程六处，计山丹双□寺、大渚寺、张掖梨园河、酒泉花城湖、玉门白杨河、安西榆林河等水库，并暂改山丹李家桥为小型水库。渠道工程暂停3处，计张掖西干渠、酒泉讨赖河干渠和金塔干渠。

继续施工的15项重点工程，水库13处、渠道2处，也因地因时修正计划，分期完成，分期受益。这样安排后，15项工程1958年的工作量，土石方由原计划的1225万多公方缩减为742万公方，劳动力由1397.5万多工日减至870多万工日，至元月20日，已用劳力358万多工日，完成土石方224万多公方，尚有土石方518万公方。如不包括双塔渠堡和大草滩工程，还需民工361.2万多工日，水泥2090吨，钢材122吨，木材1200吨，除去支援夏收秋收，按140天计算，平均每日25900民工即可按计划全部完成。

修正后的13项水库工程，蓄水效益由6.244亿公方，暂减为4.783亿公方，显然投资受益大，更符合于多快好省的原则。更重要的是解决了矛盾，可以抽出大批力量，保证农业生产和各种小型水利工程的大力进行，也是保证现在更好跃进和今后更大跃进的必要措施。这样安排后，人力、物力、领导集中，技术领导加强，劳动条件提高，既保证了工程质量，又能分期收益，投入生产。截至现在，水库工程已能安全蓄水1.12亿公方，其中已蓄水3180万公方，灌地21万多亩，更加鼓舞了群众的积极性。这样安排后，工程都能按计划分期完成，分期受益，进行情况和具体安排如下：

水库工程在保证安全做好防洪设施后，根据需要分类、分期施工。正在加速进行的11座重点水库工程，除金川峡第一期和鸳鸯池水库基本竣工，并争取半月内完成扫尾工程外，其余9座采取以下措施：

人民英雄湖第二期工程暂降低坝高6.8公尺，并做临时溢洪道溢洪，8月底全部完成；张掖苏油口改变原设计，坝高降为30公尺，已完成的15公尺做临时防漏斜墙，洪水后做水泥浆砌块石斜桥，大靖峡洪水后合□；赤金峡和双塔普堡亦分为两期施工，并做临时溢洪道；武威黄羊河水库加速升高土坝，保证安全防洪。以上五座水库10月份全部按计划完成。红崖山水库根据30年一遇洪水和冬水的最低要求核算，分为四期施工，第一期蓄水1000万公方，已于6月20日完成；第二期需水2500万公方，8月份完成；第三次蓄水6000万公方，坝高10公尺，于12月完成，并分别做好临时溢洪道；第四期工程1960年完成，以保证安全和满足需要。

暂时停工积极准备，秋后突击的水库两座：金塔河水库今年完成50%的冬水500万公方，1960年洪水前全部完成。龙泉寺水库坝高由26公尺改为17公尺，蓄水120万公方，今年完成，1860年再根据□□□。

大型渠道工程重点进行两项：民勤跃进渠83公里再衬砌30公里，第□分水闸以下20公里，暂时采用临时小跌水防冲，冬季全部通水，以大造木船□航□，降低运石费用，全部衬砌至1960年完成。党河干渠计划本县完成24公里，其余工程由劳改队负担或本县逐年完成，因未确定故未列入计划。

15项重点工程，按落实计划完成后，今年即可完成蓄水能力4.79亿公方，配合渠道网，其设计能力共可扩灌69万亩，补充131.5万亩1～2次用水，并可解决工业用水2.9亿公方。还由于双塔渠荒地任务赶不□，冬地管理和灌溉技术水平不够，因此效益还不能全部发挥，按目前条件扩灌25万亩，补充用水80万亩。

关于防洪措施和修改计划的理由，另附单行材料（附15项重点工程的计划和统计说明表）。

二、水电和小型水利工程

在大型工程缩减后，我们就有更大的力量全面开展，以公社或生产队□□举办的各种小型水电、渠道、打井、排水等工程，目前已建成小型水库□座，蓄水2087万公方，新建水电水利站36座，3座已发了电，共72千瓦。先打自流井65眼，半自流井121眼，机井5眼，23台抽水机已开始施用。天祝还进行了水土保持工作，这都受到了群众的欢迎。最近就要开工的小型水电和水利站已有50多处，永昌和民勤正开展大型打井工作，争取大批排灌机械早日投入生产。天祝二处和玉门一处管道化工程，天祝草原灌溉渠—跃进渠，玉门风力发电站一处都正在施工，这都为大搞小型水利工程垫下了基础。夏收后要大力开展小型水电、水利、排水、打井等工程，这不仅解决灌溉问题，同时解决了公社生产队的问题，粮食棉花加工动力和用电发展养鱼和农村副业生产等许多迫切问题。这样不仅不需要过多的劳力投资，还可以相应解决很多加工运输等人力、物力，增加副业收入，一举三得，群众更会欢迎。

全区1959年小型水利工程方面的全年总任务落实计划，初步意见是：小型水电、水力站213处，总的水能利用4030千瓦，就要求做到发电设备不来也可投入生产，来到后即可迅速安装。小型蓄水工程以加固提高原有小型水库和新建并重，增蓄水量7500万公方，水土保持以天祝、武威、山丹等山区重点进行。打自流井130眼，半自流井344眼，机井111眼，管道工程25公里，排水排出年水量6700万公方，航运完成85公里。其中民勤跃进渠通航1～3吨木船70公里，重点举办张掖城郊综合利用排水工程，继续进行张掖20里堡公社永昌□河和武威金塔河灌区库塘渠网化工程，和天祝松山草原灌溉工程同时结合深翻地，普遍开展田间工程，并提高质量，改变串灌、漫灌的落后灌水习惯，整修田间渠道，减少水浪费。

小型水利工程计划完成后，共可补充用水 55.5 万亩，天祝松山草原灌溉渠可扩灌4 万亩，并可大大发展水产副业，发电和水能利用 4000 多千瓦，航运 100 公里，按正常通航木船 300 只单程计算，亦可相当于 650 匹骡马的拉运。

完成上述工程尚需劳动力 223 万工日（包括小型渠道），水泥 1800 吨，木材 1500 公方，钢材和铁件 35 吨，机械设备投资 140 万元（附小型水利落实计划后的任务分配表）。

三、效益和投资概算

完成上列各项重点和小型工程后，共可增加蓄水能力 5.54 亿公方，排出地下水 6700 万公方，连同水井设计能力可达补充 186 万亩地 1～2 次用水，扩灌 74 万亩。由于双塔堡垦荒任务赶不上去，各地管道和灌水技术落后，因此效益不能全部发挥。按目前条件可以补充用水 135 万亩，扩灌 80 万亩（包括天祝松山草原灌区 4 万亩），并可解决工业用水 2.9 亿公方。

以上重点工程和小型工程，不计算双塔堡和大草滩工程，合计还需劳动力 584 万工日，水泥 3890 吨，木材 2700 工方，钢材和铁件 157 吨。其中自己解决高标号水泥 200 栋，低标号水泥 1900 吨，木材 2100 公方，还需机械设备费用 390 万元，其中国家投资 250 万元，群众和地方投资 140 万元。

四、措施

完成以上任务肯定还是十分艰巨的，不能有麻痹松劲思想。因此，除了要加强党的领导，政治挂帅，作好思想工作教育工作外，并采取以下坚决措施：

1. 坚决贯彻郑州和上海会议的精神，执行党对水利工作的三主方针，□合全民算账，做到合理负担，等价交换。在全体水利干部中彻底算好三笔账，深入发动群众，总结“大跃进”以来的经验和教训，实事求是修正施工计划，一切工作落实。过大的工程，要分期施工，分期受益。

2. 继续实行大协作，集中力量保证重点。经验证明，“大跃进”以来的经验和措施，是保证今年任务完成的必要措施，也是最现实和深刻的社会主义教育。

3. 大力开展社办、队办为主的各种小型工程。小型工程也要尽量做到综合利用，如打井、抽水工作即可利用动力，建立发电、加工综合利用的抽水机站。总之，一切为生产服务。

4. 进行各种□场会议，交流经验，掀起更大的干劲。实现高工效施工的最好办法，实现工地工厂化，水泥木材工具修配和制造力等自给自足，也是克服右倾保守思想和主观主义，脱离实际作风的最好政治教育课。

5. 加强技术指导，重点工程一定要做出最经济又安全的全盘施工计划，保证质量，节约工费，这是实现多快好省不可缺少的工作。

总之，必须肯定“大跃进”以来的成功经验，坚决贯彻党的总路线方针和群众路线工作方法，勇于改正缺点，当机立断，才能顺利完成今年的伟大任务。我们坚决相信，在党的领导下，在工程任务落实的客观有利条件下，今年的任务一定能按时完成和超额完成。

以上初步计划是根据已有资料和需要制定的，是地委专署批准，再交各县充分讨论修改后，确定下来执行。

张掖专区1960年水利工作初步计划（草案）

1959年7月10日　　甘229-02-217-002

一

我区的水利工作□□□□□□[①]，在党的领导下，获得了史无前例的辉煌成就。在工程方面，共新修重点水库工程32处，除6座暂时停工外（金川峡、二坝、焦家咀），8座已先后竣工，其余18座平均已完成总工程量的70%左右，16处大、中型水库现在已经安全蓄水1.20亿公方，本年底即可达到4.87亿公方。小型水库工程，共建成800多座，蓄水9880万公方（其中，1958年7800万公方，1959年2080万公方），总计已完成增加蓄水能力2.18亿公方。而解放前仅有一座中型水库和几个非常简单的小型水库，蓄水不过1650万公方。解放后到1957年10月，新建与□得山谷水库各一处，小型水库66处，八年增加蓄水能力8800多万公方。而"大跃进"以来，一年半内已竣工的水库蓄水能力就等于解放前18倍，等于八年来总合的2.5倍。若按已完成的工程数量比例计算总蓄水能力时（即16座水库按77%蓄水能力计算为8.47亿公方），再加上小型水库9880万公方，共完成蓄水超过4.38亿公方的工程数量，等于解放前的20.7倍，是八年来总和的5.2倍。渠道工程，1958年就完成了干、支渠8100多公里，其中卵石衬砌1640公里，打自流井131眼，半自流井1400多眼，小型水电站80处，装机能力187千瓦（已发电11处），装机容量808千瓦。去冬到现在，只建成35座，装机能力1930千瓦（已发电六处，装机容量□）。这些工作都是旧社会所没有的，就是解放后的八年也只建成较大渠道1200多公里，其中卵石衬砌910多公里。另外，如田园化、管道化、航运、大型抽水机井、风力水车"大跃进"等新的工作，都是在"大跃进"以来才开始的，并且都作出了典型，获得了显著成绩。□□□□□□□□□□[②]成绩是肯定的，史无前例，创造了许多成功经验，也吸取了不少教训，这都是今后工作中必须吸取的经验和教训，而我们体会主要是以下几点：

一、加强党的领导，坚持政治挂帅，□作好人的工作。这永远是取得一切胜利的根本保证，是做到多、快、好省和清除少、慢、□、费的关键。只有这样，才能贯彻党的方针政策，做好组织动员和领导工作，鼓足群众的干劲，克服一切困难。也只有这样，才能革新技术，克服右倾保守思想，保证工程质量，我区许多先进的施工单位，如人民英雄湖、大靖峡、双塔堡、鸳鸯池、金川峡等工程，都是因此而取得优胜红旗的。他们的困难相对的比其他工程多，如人民英雄湖没有资金，没有工具和设备，开始时民工思想混乱，工效很低，但由于加强党的领导，坚持了政治挂帅，从此在工效上、组织上、民工政治教育上，一马当先，提前于5月1日完成了第一期工程，蓄水300多万公方（二次），灌地

① 编者按：为符合当今有关出版规定，此处略去数字。

② 编者按：为符合当今有关出版规定，此处略去数字。

80000多亩。民勤跃进渠和红崖山水库，工程艰巨，技术复杂，过去是不敢想也不敢做的工程，但是党组织看到了这是民勤人民的最大利益，非此民勤不能从经济上根本翻身，决心为人民谋最大福利。动员了全县人民，克服了人力、物力、技术以及施工等方面，无限的困难，□□□□□□□□□□□□□，知难而进，终于胜利地完成了第一期工程，使民勤今年获得史无前例的灌溉效果，这一切都完全归功于党的领导。完成这样史无前例的创举，坚持政治挂帅，是最根本的关键，就是我们的敌人，也不能否认它。

二、贯彻党的群众路线工作方法，开展大协作。组成专业建设队伍，结合农业生产季节性的特点，争取时间空间时大搞，忙时小搞，同时一定要贯彻郑州会议的精神，实行等价交换，互利互助。因为一项较大工程要用很多的人力物力的投资，只靠受益区群众，没有左邻右舍，只有交通和工矿企业有关部门的协作，短期内是不可能完成的。另一方面，在协作时如果不实行等价交换，就违反了按劳分配的原则，必然脱离现实，脱离群众，挫伤群众的积极性，造成混乱。我区针对这个问题，在全民算账中，经过群众的讨论，肯定了大协作的必要和优越性，并采取给非受益群众以工还工或者算一定工资或按劳分配扩灌效益等报酬的方法，大为群众欢迎。另外，适当照顾水利工程上的民工，除工地每月给予1~8元的补助外，社内还按工地的工分增加10%至15%，如天祝县山区群众出工兴设川区的水库，把所用的劳力、物力记账，山区再以同等的代价帮助山区铺砂田，搞水土保持，或给予一定工资报酬，或将扩大的水地分给山区一部，由群众选择，结果非受益区的群众干劲很大，在人力、物力支援上，往往超过了一些直接受益地区。在组织专业队伍上，全县性的常年基建队牵涉过大，问题较多。因此现在基本采用的是以一定的工程为对象的专业队伍，实行生活集体化、组织军事化、生产战斗化、管理民主化，其中特别是管理民主化，也就是群众路线的工作方法，是专业队伍的生命。经验告诉我们，领导脱离了群众，只想命令办事不仅是行不通，而且后果很坏，这就是我区许多工作所以成为红旗工地的显明□□。此外，专业建设队对民工要经过挑选，限制老、弱、病、残，并且妇女不宜过多，特别是子女多的妇女不宜上工，同时要按规定给民工轮流回家，大搞工地文娱活动，建立正规的施工组织，突击要有充分的准备，并且要有□于政治意义的战斗口号和目的，突击后必须大休整，做到施工正规化，开展红旗竞赛，实习定额包干，按劳分配，使突击和休整相结合。只有这样，才能不断提高民工的战斗积极性，不断改造劳动组合，革新技术和提高工效。

三、实现高工效施工，这是必须敢想敢做、大胆创造、革新技术、土洋结合、自力更生和国家援助相结合，并实现工地工厂化。欲得达此目的，必须充分做好准备工作，有计划、有组织地进行，对新的技术和工具经过试办后，找出问题，定型定质，大力推广，在推广中不断提高。如民勤的航运，就是经过模型试办，正式试航后，找出缺点逐步改进，而现在已成为跃进渠工程上最省力、省钱、运输能力最高的工具了。另外还要正确对待土洋并举的意义，既不能忽视“土办法”，也不能错误对待“洋办法”。我们绝对不放弃昼夜利用已有和可以争取到的现代化机械设备，并严格执行使用养护规定。目前我们仅有的少数设备，很大比例停止不用，这是不对的。更重要的是土法先上马。要这样，首先从思想认识上解决问题，这不仅是技术革命，也是思想革命。不利用更先进的工具和施工办法方法，就不能完成许多现代的艰巨工程。人的体力是极有限的，但人的智慧是无穷无尽的，只有确立群众观点，才能推动技术的革新。另外为了解决工具制造修配和水泥等器材不足的矛盾，各大工地和县市，一定要建立自己的工厂，绝大多数器材，除机械设备及钢材外，要做到自力更生为主，外援为副。

四、实事求是，冲天干劲和科学技术相结合，保证重点，依托重点推动一般。要想百废俱兴，一早上把好事都做完是脱离现实的主观主义，因此必须有重点、有计划，集中力量保证重点。去年以来，我们由于急于求成的主观愿望所使，开展了 28 项大、中工程，战线过长、任务过大、投资过多，一定程度影响了农业生产，也造成了一些强迫命令主义，甚至忽视工作质量，结果还是不能按计划赶上去，有些工程因质量不够造成返工浪费。今年，在地委的指示下，实事求是，落实了计划，停了一批，缩小了一批，过大的工程都做了分期施工方案，结果大大减少了人力物力的投资，既保证了质量，也能按计划完成或超额完成了任务。如金川峡提前竣工试水 4000 万公方，红崖山、赤金峡都完成了第一期工程投入生产，更证明了这正是跃进和更大跃进的必要措施。

五、安全第一，质量第一，同时做好技术设计指导工作。事实证明质量就是数量，保证工程质量就是最大增产，做好正确的设计就是最大的节约。去年由于技术水平和力量不够而不能满足需要，造成了一些浪费，另一方面在施工中安全措施不够，造成一些伤亡事故，如民勤红崖山水库，由于工地领导上的麻痹大意，致使导流堤决口，造成淹死 11 人。损失财产 30 多万元，浪费民工 26 万多工日的惨痛教训，血的教训必须吸取。

六、评比参观，交流经验，鼓励先进，鞭策落后，带动中间，采取抓两头带中间的领导方法，依托重点和典型，组织现场评比参观，而现场会是最好的手段。“大跃进”以来，我们先后在玉门和人民英雄湖、红崖山水库和金川峡进行了参观评比。先后到各地进行参观，还在南阳镇和人民英雄湖开了现场会，效果很好，对全区各项水利工作都取得很大的推动作用，今后仍须大力推广。

七、坚决贯彻执行党的“三主方针”和修、管、灌相结合的原则。去年由于大、中型工程过大，一定程度地影响了以社办为主的各种小型工程，最重要的是田间工程落了空，放松了管理养护工作，使今年的水浪费很大，许多工程不能发挥应有的效益，这是很大的教训。

八、训练干部。自 1956 年专区水利局成立后，为了解决干部不足和满足事业发展需要，自力更生，大批培养各种专业干部。本着普及和提高相合的原则，先后培养了技术干部 2100 多人，以工地为学校，工程为教材，实习和理论相结合，使大批新生力量迅速增长，现在各工地、各管理所和县、市与专署水利局的这批干部都发挥了很大的力量，很多地区已成为技术上的基本力量。许多过去不会的东西如发电、地质、打机井以及勘测设计、计划配水、田间工程、科学实验等各项工作，现在都有了一些基础。在普及上，先后训练了农民技术员 25000 多人，各种技术工人 35000 多人，并且有一部分约 65 人已掌握了现代机械操作，如风钻、搅拌机、空压机、基钻、车床□□机械的使用和电机管理的技术，为逐步实现机械化培养了人才，今后还需继续扩大技术队伍，培养又红又专的新型人才，以满足日益发展的需要。

二

我区水利工作上存在的问题，主要是“大跃进”以来，除劳力不足，材料缺乏，此外比较突出的和普遍的问题是灌溉管理、灌水技术、田间工程赶不上去。十年来，我区大规模的兴修水利，截至目前已完成渠道改建和新建9300多公里。其中衬砌者2550多公里，蓄水工程3.14亿公方，1959年底可达7.6亿公方，到1960年，如能合理使用，就按目前用水要求和水源情况来计算，除了民勤、天祝和纵梁很短的山洪灌区总计约120万亩耕地还不能适时适量灌水外，其余770多万亩水地都可以适时适量地浇上水。很多水源充足的地区依靠这些工程，还可再扩灌120万亩左右的耕地，加上已完成质量高的自流井、半自流和筒井24820多眼充分发挥机械设备的效益，还可以补充用水25万亩。但是由于管理技术落后，不同程度地普遍存在大块漫灌、串灌、堤口倒水、淹滩漫路，加上互相中间的本位主义，忽视管理上的有形无形浪费和大力开展地下水的利用，互相争水，往往造成人为的用水紧张和旱象。因此，1960年的水利建设方针必须坚决贯彻“修管”并重和“三主”方针。具体内容是，首先加强灌溉管理，全面开展田间工程，做好工程养护，实行灌水技术大革命。在工程方面，除保证已开工的重点工程外，对新开的大型工程一定既要反对右倾保守，又要实事求是，分轻重缓急，不同地区不同条件分别对待，量力而行，水库工程和打井工程，以加强提高已有工程为主，兴修为辅，大量开展各种小型水库和渠道工程，结合深翻地，掀起全民性的田间工程，大搞各种小型水电，排灌综合利用工程，这样既可大量节省人力物力，又能全面兼顾和充分发挥已有的灌溉潜能。只有这样，才能贯彻了多、快、好、省的总路线，做到节省效宏。同时由于我区地域辽阔，自然水源、地层、土壤和工程建设很不平衡，加上工业的大量用水和发展要求不一，所以在今后的水利建设上，除了首先加强管理和田间工程外，在工程上必须区别对待，因地制宜，我们认为有以下几个类型和应当采取的方针：

一、水源丰富、流量稳定的各大河流上游地区和已建成相当数量的渠道和蓄水工程地区，如张掖黑河、武威西营河、杂木河、永昌东大河、肃南西大河、高台酒泉黑河灌区、玉门安西疏勒等灌区，应以渠道工程为主。

二、泉水地区水源普遍丰盛，流量也比较稳定，渠道正规，渗漏较小，如张掖、武威、酒泉、永昌、清河、玉门、安西泉区和敦煌南湖等灌区，就应当蓄余补缺，以小型蓄水为主，蓄、排、航运、发电综合利用。

三、位居下游，水源少，工程落后，风沙大，雨量少，渗漏地区，如民勤和敦煌，必须下定决心完成重点水库和渠道工程。这类地区的另一特点是地下水丰富，埋藏不深，因此同时还要大搞排水、打井，安装现代的抽水设备，建立机井站，规划井水灌溉，推广抽水、动力综合利用，降低浇水成本和劳力，发展全面生产。

四、纵梁短，水量极不稳定，靠山水灌溉的山水河流，虽有一定的渠道工程，但受气候和降雨的影响很大，往往头水受旱，夏季洪水成灾，如山丹洪水河、大、小渚马河、海潮坝、童子坝河、高台摆浪河、酒泉洪水和丰乐川等河流，必须以蓄水和渠道工程并举，但是这些地区往往又无蓄水条件，或蓄水投资太大，就应以渠道工程为主，还应当重点修引洪堤，分洪抢灌，多种撞田。这些地方另一特点是地下水埋藏很深，荒地多，居住分散，人畜用水往往占有很大比例，因为涝池分散，渗漏太大，往往 20 至 40 多天就放一轮涝池水。因此，必须开展满天星的水窖涝池蓄水工作，既解决了人畜用水，又可增加很大比例的水量。

五、天祝和山丹的山丹河系，水源小，雨量较多，河水时有洪水，平时又很稳定，因以蓄水为主，大搞渠道发电工程。这些地区的多雨山区，除了水土保持工作外，还应开展小型渠道上山工程，同时要大铺砂田，保证年年丰收。

六、从水源利用上看，我区有一些不合理的行政区划，在目前仍是水源利用提高的最大障碍，也影响着今后的更好发展，应当在可能条件下更正行政区划。

永昌清河公社和民勤的昌宁公社，互相调整后，不仅对生产有极大好处，就从地理环境和行政管理上看也更为合适。

三

根据以上经验教训和初步方针措施，照顾特点，参考部分县市学来的计划，提出我区 1960 年水利工作初步任务如下：

一、重点工程：扩建、续建和新建水库工程 11 座，增加蓄水 5830 万公方，干渠和排水工程 11 处，计 391 公里，共计土石方 1099 多万公方（其中石方 145.8 万方），完成这些工程共需劳动力超过 980 万工日，需要水泥 9060 吨，钢材 248.80 吨，炸药 101 吨，木材 1100 多公方，效益方面可扩灌 25 万亩，补充增加用水 50 多万亩。

二、小型工程：新建小型水库蓄水 8200 万公方，打井 1000 眼，其中自流井 40 眼，深管井 100 眼，机井 800 眼，通航 90 公里，管道 18 公里，建小型水电、水利站 293 座，水能水电利用 7500 千瓦，铺砂田 3.5 万亩，打旱井水窖 300 个，并重点继续进行武威金羊、永昌清河、张掖 20 里铺公社库塘渠网化工程和张掖三工大队、玉门南阳镇、清泉子园田化、管道化、井水灌区规划的重点工程（其中岁修加固养护加固工程土方 404 万公方，石方 30.3 万公方），包括重点工程整修加固共需劳力超过 347 万工日，水泥 3130 吨，木材 1680 公方，钢材 5 吨，机电设备 7500 千瓦，效益方面除了动力和综合利用收费外，还可扩灌 3.35 万亩，补充用水超过 57 万。

四

全区 1960 年工程计划，共可扩灌 28 万亩，补充和改善用水 18 万亩，共需完成土石方 1891 万公方（其中石方 149 万公方），共需劳动力 1827 万工日，水泥 12190 吨（其中自产高标号 800 吨，低标号 500 吨），钢材 258.8 吨多，木材 2780 公方，除排灌机械申请国家补助 80 万元外，还需要对重点工程缝补助投资 555 万元。

甘肃省张掖专区水利工作十年总结

1959 年 9 月　　甘 229-02-227-006

张掖专区位于黄河西部，南依祁连山，北靠合黎山，地形狭长，通称“河西走廊”。总面积 28 万平方公里，地大物博，矿产丰富，土壤肥沃，作物高产，水产茂盛，畜牧发达，出产珍奇异兽，名贵药材，地区性的特点和差异很大，有赛如江南的绿洲、有高山峻岭、有广阔的荒地平原、有湖州湿地、有瀚海沙漠、有茂密的森林。走廊地区的农田和草原，全赖祁连山雪水灌溉，在祁连山的高山地区雨量较多，形成了许多现代水川，是一座天然大水库，补给河水，调节水量。

全区水系以芨芨岭、嘉峪关为界，汇成石羊河、黑河、疏勒河三大内陆水系，有大小山水河流 41 条，年总径流量 88. 28 亿公方，各河中游泉水汇聚，主要的泉水河流有33 处，年总径流 24. 06 亿公方，地下水能储量初步调查资料约为 4. 555 亿公方。祁连山的冰川层已查勘者 1000 多平方公里，厚度 5 至 100 多公尺，储水 400 多亿公方，同时水能资源也很丰富，可开发利用者约 250 万千瓦左右，这是一支巨大的能源和动力，为农业电气化、机械化提供了美好远景。全区现有耕地 1000 多万亩，其中水地 801 万亩，已查勘的荒地有1200 多万亩，发展前途无限，为建设粮棉基地工业基地和畜牧基地提供了极有利的条件。

几千年来，河西一直是和“风沙”“荒旱”联系在一起的，在这漫长的岁月里，特别是国民党反动派统治时期，水利失修，破烂不堪，大水成灾，小水渗完，封建水规甚于吃人的毒蛇。地、富、恶霸、贪官、污吏霸占水□，□□纠纷战斗，无数的农民死于非命，劳动人民祖祖辈辈、年年修河挖渠，但是年年都被洪水冲毁，年年旱死田禾，有史可查的大旱灾就有 50 多次。在蒋、马□邦统治的 30 多年里，就有全区性的旱灾 20 多次，1928 年～1929 年，大旱成灾，人死无数，尸横街道，臭不可臭的惨剧还记得很清楚，旧社会把河西变成了人间地狱。“涝池无水渠道干，人人见了都心酸，十几姑娘没裤子，日子越过越熬煎。”这是劳动人民对解放前凄惨情景的真实写照。

十年战斗，十年巨变。十年来，勤劳勇敢的河西人民在党的正确领导下，热情奔放，以移山倒海、万马奔腾之势，大兴水利，使农田灌溉面积由解放前常年受旱一半的 392 万亩，猛增到 801 万亩，扩大林地灌溉面积 211 万亩，供给了工业、牧业和其他各种建设事业的大量用水，开展了发电、航运、养鱼综合利用，进行了大规模的资料收集和具有国□意义的熔水化雪试验研究工作。这些惊天动地的成就，完全是由于党的正确领导和全区劳动人民艰苦奋斗的结果，是□□□□□□□□□□□□□□□□□□□□①，是劳动人民要求改变“更穷更白”面貌坚强意志的集中表现。“渠道万里纵横，水库星罗棋布”这是河西十年水利建设的全貌。

十年来，党掌握了我区“没有水就没有一切”的自然特点，提出了“水就是命，水就是粮食”“修渠如修仓，蓄水如蓄粮”的战斗口号，领导全区人民抗旱防旱，艰苦奋斗，排除万难，在灌溉管理上，摧毁封建水规，革新用水制度，统一调配水量，建立管理机构，取消串灌、漫灌，实行计划用水，在工程建设上因地制宜，就地取材，合渠并坝，兴修渠道，蓄水、打井、挖泉排水，并大规模地开展了田间工程。

十年来水利建设的成就是：

1. 新建各种干、支渠 8674 公里，其中用卵石、草皮、沥青、水泥等衬砌者 2106 公里，许多大型渠道如昌马、黑河、跃进渠、红星渠都达到了很高水平，并开凿了隧洞 35 公里。

---

① 编者按：为符合当今有关出版规定，此处略去数字。

2. 建小型水库372座，塘坝250座，增加蓄水1.3亿公方，大中型水库17座，可蓄水6.1亿公方，已蓄水1.5亿多公方，十年共增加蓄水2.8亿公方，为过去几千年来总蓄水量1200万公方的23倍。

3. 挖排水干、支沟400多公里，建各种较大建筑物30000多座。

4. 建小型水利和水电站41座，已发电者23座，发电316千瓦，水能利用1080多马力。

5. 完成水土保持1001平方公里，通航20公里，打自流井、深雪井和筒井共28780眼，并安装畜力、风力等各种水车7300多部，安装动力机械38台。同时，大规模平田整地，改串灌、漫灌，使水的利用效率增加了3.5倍。

6. 新建、扩建灌溉实验站12处，水文站40处，组织专业勘测队、钻探队、水文地质队。全面搜集资料，十年来共培训初级技术干部2100人，技工35000多人，添设了大批测量和科学研究实验仪器，壮大了水利建设队伍。

十年来在水利建设上坚决贯彻了中央“小型为主，社办为主和蓄水为主”的“三主方针”，促使水利事业大□地向前发展，全区人民付出了巨大的人力物力。同时，国家给予了很大的器材资金和技术五亿多元，其中国家投资5400多万元，地方集资4500多万元，群众义务劳动工折合3.75亿元，群众投入物资和运输费2600万元。

十年水利建设事实告诉了我们，兴修水利不是一帆风顺。在经济恢复时期，经过社会改革、减租反□、镇反、土改等一系列的斗争，打垮了封建势力，摧毁了顽固的封建水规，完成了1500多公里的干、支渠的合并工程，开展了卵石衬砌，整修和新修了渠道，修建了许多木石结构的各种控制工程，建立了民主管理机构，实行了合理管理，合理配置。

到1956年，由于反对右倾保守思想的胜利，全区实现了农业合作化，掀起了第一次规模空前的水利高潮，一年力举重点工程27项，扩灌农田66万多亩，保证了工农业用水的迫切需求，大规模开展了卵石衬砌和蓄水工程，同时，新建了中型水库和小型水电站。

自1957年冬季以来，水利事业在党的社会主义建设总路线光辉照耀下，一马当先，□□□□□□□□□□□□□①，进入了“一天等于20年”的飞速时代。全党动手，全民动员，农民、干部和部队，每天平均有30多万人向地球开了战，最高达到53万。劳动大军苦战一冬，大干一春，半年开展了40多项大中型工程，14座大中型水库同时崛起，五处大型渠道全面开工。特别是人民公社化后，更加速了全区的水利建设，仅仅一年内，工程建设就超过了八年总和的好几倍。若渠道完成7600公里，为八年总和的七倍多，增加蓄水2.39亿公方，为八年总和的1.84倍，等于解放前20多倍。而水电、园田化、库塘渠网化，管道化和具有国际意义的融水化雪工作也都获得了巨大成就，解放思想，破除迷信，许多水库渠道工程都是过去没有也不可能进行的。工程如坝高53公尺的黄羊河水库，蓄水1.27亿公方，沙漠地区的红崖山水库，大型洼地水库和风沙、流沙、下水位很高的灌地百万的跃进渠，今年都是建成或完成了第一期工程。大水利好得很，为人民万代造福。

① 编者按：为符合当今有关出版规定，此处略去数字。

在扩灌抗旱防灾上都是立竿见影，当即发挥了巨大威力。1958 年扩大 84 万亩，又在 1959 年气候反常、雨量失调的情况下，不但保证了今年农田用水，还继续扩大了 49 万亩。如民勤的红崖山水库，今年连续蓄水五次，灌地 28 万亩，酒泉的金塔鸳鸯池，增加蓄水 3400 万公方，改善了 30 万亩用水，这都是有史以来未有的奇迹。

今年在 1958 年“大跃进”的基础上，高举总路线红旗，英勇奋战，水利建设，获得了继续跃进。特别是在党的八届八中全会精神鼓舞下，并根据省委第 11 次扩大会议精神，全区□□□□□□□□□□□□①，克服了右倾思想，彻底粉碎了右倾机会主义分子说什么“河西落后，办不起水利”“办水利是劳民伤财，得不偿失”□□□□□□□□□□□□□□□□□②等进攻，大大鼓舞了全区人民的干劲，立即掀起了大办水利的更新高潮。各县人民公社都坚持了 14 项大中型工程常年施工，先后完成 6 座大中型水库的第一期和第二期工程，增加蓄水能力 9070 万公方，建成小型水库 25 座，蓄水 876 万公方，共增加蓄水能力 9946 万公方，比 1958 年完成的蓄水能力 6786 万公方增加了 147%，扩灌农田 49 万亩，因而在今年气候不正常，水源不稳定的情况下，保证了农田灌溉，获得全面丰收。

总之，十年水利建设成就辉煌，不仅把旧有的、极其落后的水利面貌推进已具有现代化的水平，而且为美好壮丽的共产主义水利建设奠定了良好基础。

十年来，我们在水利建设上取得了很多经验，主要是：

1. 依靠党的领导，坚持政治挂帅，□□③。十年来的实践证明，正是由于党加强了对水利事业的领导，政治挂帅而顺利完成了各项任务。许多工程，如天祝人民英雄湖，白手起家，土法上马，一跃成为我区水利建设上一面红旗，坝高 26 公尺，总土石方 140 万公方，一座中型水库全是自己集资，在一年多的时间内建成投入生产。民勤在流沙地区修建了红崖山水库和跃进渠，不仅工程坚固，而且还要解决流沙、沼泽、地下水渗漏、地震等许多复杂的技术问题，当时都认为是无法解决的，但是由于党坚定不移的，坚持的必须完成这两项水利工程的方针，地委、县委第一书记都亲赴工地指挥领导规划和测量工作，因而带动了广大群众和干部一心一德全力以赴，克服了人力、物力、技术以及工作生活住宿、运输车辆等许多困难，开始时就露宿在水天霉地零下 2 度的荒滩上，经过一年苦战，胜利地完成了第一期工程，多灌了 28 万亩地，更加激励了全县人民。

2. 大搞群众运动，坚持群众路线的工作方法。十年来，由于党领导我们坚决依靠群众，走群众路线，正确贯彻了“三主”方针，土洋并举，大、中、小结合，因而不但办了许许多多各种小型工程，而且自己集资举办了像黑河干渠、民勤跃进渠等大型渠道和民勤红崖山、永昌金川峡等大中水库工程。广大群众决心大，□高工地上出现了大批的男女英雄事迹，特别是解放了的妇女，干劲更足，为水利事业贡献了巨大力量。广大群众献计献策，筹集备料，我们不仅依靠群众的物力财力，而且依靠群众的智慧和经验，解决了许多

① 编者按：为符合当今有关出版规定，此处略去数字。
② 编者按：为符合当今有关出版规定，此处略去数字。
③ 编者按：为符合当今有关出版规定，此处略去数字。

复杂的技术问题。“土工程师”“土专家”经验丰富，实际可靠，像卵石衬砌等开凿砾石层隧道，以及许多先进工具都是群众的发明创造，因而使我区许多工程施工在短期内，由人抬肩挑，改善为半机械化和土机械化，并基本修干、支渠2100多公里，节省了数以万吨的水泥。它的突出特点是，经久耐用，因地取材，抗冲击力强，防渗效益高，造价低，技术简单，常年施工，不受气候影响，现在已发展到沙漠地下水流沙地区，并且已推广到新疆兄弟省份，同时受到群众的欢迎。

洼地小型水库利用洼地沼泽，雨面筑堤，引水蓄库，不□溢洪道，新而工费低，面广、量宽、蓄水多、渗漏少，是反调节和蓄余补缺的有效措施，并可大兴水土、草、木、渔、副之力。打自流井和半自流井，在推广人工打井中，由于发挥了群众的智慧，不仅打出了100公尺深的自流井，而且解决了穿过流沙等许多困难的技术。开凿砾石隧洞，这是河西农民与自然斗争的伟大奇迹，及时总结推广，加速了修建进度，降低了工程费用，解决了由深谷中引水上岸较艰巨的问题，如□□河的17.4公里的隧洞，就节省了□□1100□和减少61万元的技费，它将在今后水电和蓄水工程上创造更大的财富。

在大中型水库上学习了苏联先进的科学技术，或也可联系群众，共同研究，采用了大爆破、沙土混合等因地制宜的多种□□先进技术方针，破除了“大坝难修”的资产阶级尖锐思想，□□水利建设更大的□□，如民勤沙漠地基上的大型水库是以沙为主要材料建成的，并在克服液化、□□、□□等许多的困难问题上，找到了□□，和实际的□□。在施工上突出创造了“万□取土”的先进经验，每工日挖土方60方，推行气胎碾，工效比□□碾提高了2.5倍，采用坝面溢洪、大爆破、水中筑坝等许多先进办法，大大加速了大中型水库的兴建。工地工厂化已基本实现，生产了大量工具和低标号水泥，基本达到了一小工具自修自制的要求，□实行不□□□，创造了河西航运的□□，同时也促进了农业生产工具的技术改革。

3. 继续“大跃进”，开展共产主义大协作，是多、快、好、省地发展水利事业的必要条件。十年来，所有大、中型工程，都在群众迫切要求的自愿基础上，实行了上、下游或左邻右舍的协作。特别是人民公社化后，更大地满足了群众对大协作的迫切愿望，更大更好地集中人力、物力，保证了水利建设的飞速发展。许多大、中型工程正是人民公社化后的产物，特别是在我区劳力缺乏的情况下，大协作显得更为重要。几年来，我们在工程上曾经组织过各种各样的大协作，以工还工，专区或国家或受益区补助适当工资。特别是在1958年“大跃进”的新形势下，由于发展大协作的结果，有效地解决了大、中型水库工程的劳力、物资、器材不足的困难，同时在大协作中又训练了农民，提高了他们的觉悟，因此，广大人民群众对党、对毛主席、对社会主义、对人民公社表现了无限的热爱。

4. 短期突击和长年修建相结合，农闲时大干，农忙时小干。我区水利建设的特点是任务大，劳力缺，速度快，要求高，我们根据这个特点，合理地解决了这个矛盾，这就是农闲时大干，农忙时小干，短期季节突击和常年修建相结合的措施。在秋收后春播前，是农闲季节，大量动员民工突击施工，农忙时就组织基建队常年施工。事实证明，这样既不耽误农业生产，□□□□□□□，提高了质量和工效，同时，开展社会主义劳动竞赛，现场评比参观，交流经验，培训技术力量，都有力地促进了水利事业的不断前进。

我们的事业宏伟壮丽，水利远景无限美好。我们知道这仅仅才是开始，今后要快马加鞭，向万水□□，库塘区网化，大地园林化，耕作园田化加速前进。现在，全区人民在党的八届八中全会精神的鼓舞下，□□奋发，战声雷动，已掀起更新更大的水利高潮序幕，决心大战一百天，为完成60年任务奋勇战斗。

张掖专区1964年水利工作安排

1962年11月　　　甘232-02-074-008

随着农业生产的迅速增长，彻底贯彻“巩固提高，加强管理，积极配套，重点兴□，充分发挥现有水利工程效益，并为进一步发展创造条件”，以小型为主，配套为主，群众为主的近期水利方针。贯彻增产节约，自力更生的原则，勤俭办水利，依靠群众办水利，有效地发挥水利投资的作用，一块钱当一块钱用。从加速恢复与发展农业生产出发，充分发动群众，调动社队集体生产的积极性。以小型配套、现□失效为中心，并重点兴办一些收益快、实效大，严重影响通水的重点工程。集中主要力量，因地制宜，就地取材，大搞群众性小型水利农田工程和清淤岁修工作，积极调整充实水利管理机构，提高与培养管理和工程干部，认真做好该区清查整顿工作，健全各种管理制度，做好工程和用水管理，坚持征收水费，加强该区经营，尽快使现有水利工程发挥更大效益，保证□□，是1964年水利工作的基本任务。

1962年以来，全区人民在党的正确领导下，大力整修恢复农田水利工程，整顿提高水利管理工作，取得了显著成效。整修恢复干支渠1027公里，新建和修复较大建筑物467座，占损坏建筑物数量的24.7%。增加有效灌溉面积5.1万亩，保证灌溉面积10.1万亩，初步改变了我区几年来水利设施失修损坏的破败面貌，对农业生产的恢复和发展起了积极促进作用，加之今年雨量充沛，水量平丰，基本上得到了适时适量的灌溉，取得了较好的收成。广大社员群众生产积极性高涨，农业生产的形势很好，社员对兴修水利的要求极为迫切，劲头很大。

以农业为基础，迅速恢复和发展农业生产，是保证完成我区经济计划，改善人民生活的基本措施。农田水利工作是农业生产的先锋，我区的水利设施和水利管理工作，虽经这两年来的恢复和整顿，损坏失修的工程数量仍然很大。管理经营工作还很薄弱，赶不上农业生产发展的需要，任务还是很大的，必须继续努力，进一步恢复和发展水利措施，改进管理工作，确保现灌，确保丰收。1964年在我区水利工作的具体任务是：

一、确保完成160万亩水田灌溉任务，今冬完成□干地124.66万亩，明春完成□干地35.34万亩，冬□返青水16.1万亩，冬春水库发水2807万立方米，夏灌时水库保留水量2400万立方米。

二、岁修清淤干支渠813条，2865公里，整修建筑物7005座，共完成工程为100万立方米，需要劳动力58.48万工日。正在清淤□毛渠40894条，9394公里，建筑物7129座，共完成工程量46.38万立方米，需劳动力32.18万工日。

三、完成水利基本建设工程四项，即民乐童子坝渠道工程、临泽沙河□渠道工程，老寺庙农场供水渠系整修工程和肃南红滩寺水电站，共建设工程共投资165万元。

四、完成农田水利重点工程34项，小型配套工程29项，配套面积302765亩，共投资298万元，需完成工程量134万立方米，需劳动力214.8万工日，水泥11638吨，钢材358吨，木材2083立方米。

五、完成新增有效灌溉面积5.91万亩，提高保证灌溉面积5.75万亩。

基本建设工作，按工程项目另行安排，要求沙河渠、童子坝两工程，今冬做好明春施工的一切准备工作，老寺庙农场渠系和肃南红滩寺庙水电站必须在今冬做好勘测设计的审批手续，重点工程计划分批完成。第一批今冬开工，今冬完成的六项，即民乐县海潮坝涌泉、张掖县大满卡家闸、花儿渠、黑河西干渠、高台新鲁渠渡槽、水关河东干渠。第二批今冬开工明春完成的19项，即民乐县童子坝西干渠、大堵马渠、小堵马渠、海潮坝三组、□民东二坝、苏油口南沟、小堵马渠首，山丹祁家店总干渠第二渡槽、三号跌水、北干渠17号跌水、马营河东干渠第一支渠、寺沟水库、马营河东干渠、磁窑沟引水渠、张掖县西洞渠隧洞、盈科老河口，高台县板修渡槽水库、芦弯墩水库。第三批明春开工明春完成的9项，即民乐□民渠头坝、山丹白石崖引水渠、马营河西干渠、张掖黑河东干渠、临泽廖家渠涵洞、喀喇渠渡槽、高台占家渠、丰稔渠、摆浪河东干渠。今冬完成的工程量占计划的16%，明春完成的工程量占计划的84%。小型配套工程，要求今冬完成一两条斗渠的试点，冬季全面备料，预制小型建筑构建，春季集中安装修□，争取在4月底夏初，即完成全部土渠的裁弯正□，取消串灌和沟路不分，关键性的控制闸、渡槽等建筑物，力求基本完成，剩余车桥等在夏收即完成。关键要求明年4月底完成总工程量的50%~80%，七月份全部完成，重点工程要求在5月底即全部完成，明年春夏投入灌溉，□□□□。

1964年的水利工作，任务很大，形势很好，困难不少。根据气象预报，今冬气温偏高，降雪少，明年夏季气温低，这将会给农田灌溉带来严重影响。为此，各县应及早动手，充分发动群众，组织力量，将工程建设、水利管理、库区清查整顿等各项工作扎实细致地进行安排，确保各项任务的完成，特提出如下意见：

一、在水利管理和灌区经营方面

第一，1964年的水利工作，应以灌溉为中心，各项工作都要保证现灌出发，县、社各项水利部门，要有负责干部专管灌溉工作的地方，经常到灌区督促检查解决问题。修工程与灌溉发生矛盾时，必须给灌溉让路，切实保证现灌。

第二，中下游地区利用雨河水尚未封冻的时候，多想办法，争取多泡地，以减轻春灌。

第三，农村社会主持教育运动，健全充实基层组织，确保贫农、下中农的□□优势。开好灌区代表会，把任务交给群众，把水利方针贯彻到群众中去。并因地制宜，及早做好配水计划，修订水规制度，节约用水。

第四，各县在冬灌结束停工后，集中水利干部进行一次冬训，结合“五反”运动整顿思想作风，学习业务技术，并组织所有管理干部学习一次测水量水，专区派人指导，以便明年各灌区有计划地建立灌溉配水站，经常观测水位流量，逐步提高用水计划水平。

第五，各社队在明年安排生产计划时，一定要以水种植，正确调整夏秋作物的种植比例，制作方法要和灌水制度紧密结合，冬季要做好保墒工作，严格用水制度，只供给一次泡地水，不能干后重泡。

第六，贯彻质量第一施工原则，工程质量必须符合设计要求，必须按照设计规定的配料标准作业，防止随意下料，降低标准。每个工地都必须有一名领导干部亲自检查质量，树立对水利建设高度负责的政治责任心，认真贯彻领导、技术、群众三结合和自检、互检、组织检查的质量检验制度。健全各种技术规程，严格责任制度，明确各级施工人员的职责，尊重技术人员的正确意见，加强技术交底和施工记录工作。严格执行竣工验收制度，对隐蔽工程和主要部位进行中间验收，对不合规格的坚决补课，不准搞坏。不经验收，不能动用。

第七，认真进行灌区清查整顿工作。当前省、专及各县组织干部正在张掖盈科渠试办培训干部。本月底结束后，要求各县组织优秀力量，集中进行，要将这一工作列为今冬明春水利工作的中心任务之一，一定要在明春夏灌前完成，但必须搞深搞彻底，不能走过场。清查整顿工作的范围和内容按中央农业部“关于开展灌区检查整顿工作的意见”进行，主要是搞五查，即查工程、查效益、查组织、查制度、查经营管理，各级水利部门的负责同志要亲自动手，先搞试点，培训干部，摸索经验，分工分组全面开展。

第八，小型配套工程，总的要求是做到渠系配套、工程配套、土地平整。渠系方面，本着少占耕地，节约水量的原则，斗、农、毛渠在原旧渠的基础上要求进行必要的裁弯取直，填平闸坑，修补“大肚子”。因普遍冲刷过宽，一时无法修补者，在有卵石和草皮的地方进行衬砌，在无石料和草皮的地方要求按过水断面宽度在两旁压柳种树，先稳定渠身，再逐步填土，并开好地头沟，取消串灌，改掉沟路不分，达到有地有沟，输水畅通，不聚水、不漫堤、不跑水、不串灌、不漫路。建筑方面，各控制闸、渡槽、车桥等要求作成永久性工程，保证十年不大修。沿山有卵石地区，要尽量利用卵石□砌，无石料的地方可预制混凝土管进行安装，要求斗、农、毛渠进水口都要有控制闸，坡度过大的渠段要设跌水陡坡，达到有口有闸，减少冲刷，便利交通。土地平整方面要求进行一般性的平整，加高地埂，填好“破田”，达到浇水均匀，水不淹埂，地不跑水。

我区是个大型的自流灌溉的老灌区，群众历来就有出工上坝，交纳水费的习惯。前几年因受灾减产，群众生活困难，减免了几年，工程的整修养护等各项经费均有国家补助。今年收成好，应该说服群众继续坚持交纳水费，今年布置征收的钱粮，一定要如数征齐，明年水利管理人员经费和一般养护费要达到自给。

第九，为了减轻群众负担，增加灌区收入，各水利管理部门都应尽可能地利用水利条件从事和组织副业生产，特别要抓紧在渠旁、水库附近和湖滩里种树种草，进行绿化。山丹、张掖、临泽、高台，有水库的县要充分利用水库养鱼，提高繁殖饲养与捕捉技术。群众上河做工带树苗的习惯应当发扬，斗渠以下的绿化工作可以发动社队种植。

第十，各引水口、水库，其主要干支渠的到期养护工作及半脱产的闸段长等群众管水人员要调整充实，妥善解决他们的报酬，发挥他们在工程管理及灌溉管理工作中的作用。

二、工程建设方面

第一，组织技术力量，抓紧进行已定项目的勘测设计工作，在 12 月底前完成全部设计文件的编制，贯彻执行设计审批程序，未经批准不能开工，坚决反对先开后报和边开边报。大小工程都要按图施工，如必要修改设计时，必须通过原设计单位批准，严格执行省上颁发的预算和施工定额，不得任意改变。编制预算时，要以定额为依据，按照设计，正确设工程量，严格执行现行物品单价，不得抬高，反对粗估冒算。在进行工程设计时要实事求是，切合实际，本着因地制宜，就地取材的精神，从实际需要出发，努力提高设计文件的正确程度，提前完成设计文件的编制工作，是实现明春全面开展、突击施工的前提，是明春打个漂亮消灭战的先决条件，各地必须重视，工程任务的安排要细、要扎实，做到领导，技术人员、技术资料、劳力、投资、器材量，使其落实。

第二，做好施工准备和物资储运工作。1964 年我区水利建设需要的水泥、木材、钢材的数量很大，各地应抓紧调运，组织货源，尽可能在开工前将建筑物料运到工地，避免因待料影响工程进展。严格贯彻专材专用，水利物资要保证用到水利上，不准挪用。胡拉乱用水利物资的，需予以批评和处分。已确定动工的工程项目，要提早组成施工机构，配齐各种人员，安排技术力量，在每个重点项目和小型配套工程的组成地区，都必须固定技术人员。当前我区技术力量不足，各县应采取适当方法培训，为明春施工作好准备。

第三，利用冬月抓紧备料，运输石方，筛选砂子，制作模板，要求开工前能准备就绪，这是保证工程进度的关键。

第四，及早动手安排劳力、车辆，按冬月、春播各个不同时期，在不误农活的原则下，正确调配力量，作出统筹安排。黑河下游灌区，要抓紧利用黑河封洞时期运输石料，可以节约很多运输力。冬季能做的活尽量冬季多做一些，减轻春播劳力的紧张。

第五，加强计划性，保证重点，集中力量打歼灭战。开工一批，完工一批，又用一批，巩固一批，防止不固定，遍地开花，到处不能完成，不能发挥效益的做法。

第六，贯彻质量第一施工原则。工程质量必须符合设计要求，必须按照设计规定的配料标准作业，防止随意下料，降低标准，每个工地都必须有一名领导干部亲自检查质量，树立对水利建设高度负责的政治责任心。认真贯彻领导、技术、群众三结合和自检、互检、组织检查的质量检验制度。健全各种技术规程，严格责任制度，明确各级施工人员的职责，尊重技术人员的正确意见，加强技术交底和施工记录工作。严格执行竣工验收制度，对隐蔽工程和主要部位进行中间验收，对不合规格的坚决补课，不准搞坏。不经验收，不能动用。

第七，加强财务和器材管理，严格执行财务管理制度。建立各种亘根薄，认真保管会计资料，放材料要在妥善场所。实行发料制度，切实注意木材的回收利用，克服工程完了，什么也都完了的作风。施工单位的领导同志及经手钱、粮、工、料的人员必须对自己经办的业务和凭证负责到底，严格处理违反财务制度的人员，各县水利局（科）要认真审查各工地的账目，凡不合规定的开支一律不予报销。

第八，小型配套工程，总的要求是做到渠系配套、工程配套、土地平整。渠系方面，本着少占耕地，节约水量的原则，斗、农、毛渠在原旧渠的基础上要求进行必要的裁弯取直，填平闸坑，修补“大肚子”。因普遍冲刷过宽，一时无法修补者，在有卵石和草皮的地方进行衬砌，在无石料和草皮的地方要求按过水断面宽度在两旁压柳种树，先稳定渠身，再逐步填土，并开好地头沟，取消串灌，改掉沟路不分，达到有地有沟，输水畅通，不聚水、不漫堤、不跑水、不串灌、不漫路。建筑方面，各控制闸、渡槽、车桥等要求作成永久性工程，保证十年不大修。沿山有卵石地区，要尽量利用卵石□砌，无石料的地方可预制混凝土管进行安装，要求斗、农、毛渠进水口都要有控制闸，坡度过大的渠段要设跌水陡坡，达到有口有闸，减少冲刷，便利交通。土地平整方面要求进行一般性的平整，加高地埂，填好“破田”，达到浇水均匀，水不淹埂，地不跑水。

1964 年我区的水利建设，在省地委正确领导下，各行各业支援农业，支援水利建设，广大社员群众生产积极性大大高涨，集体经济进一步巩固。□□□□□□□□□□□□□□□□□□□□□□□①，一定能够完成任务，取得更大成就。

附件一　张掖专区 1964 年农田水利灌溉计划表　（单位：万亩）

地区	1963 年 9 月 30 日到达数				1964 年计划			
	有效灌溉面积		保证灌溉面积		有效灌溉面积		保证灌溉面积	
	年末达到数	其中：当年增加	年末达到数	其中：当年增加	年末达到数	其中：当年增加	年末达到数	其中：当年增加
全区合计	154.09	2.18	119.83	6.20	160.00	5.91	125.33	5.75
山丹	18.72	0.34	19.03	0.91	19.03	0.51	9.085	0.665
民乐	33.31	0.52	31.33	1.63	31.33	-1.98	17.593	1.993
张掖	57.53	0.79	62.33	2.51	62.33	4.80	55.9	1.39
临泽	21.48	0.33	21.08	0.68	21.08		21.336	0.946
高台	22.37	0.20	24.95	0.50	24.95	2.58	20.736	0.956
肃南	0.68		0.68		0.68		0.68	

附件二　张掖专区 1964 年灌溉、蓄水计划表

县名	六四年计划水地面积	春灌计划（公）				夏秋灌（公）			蓄水计划/万立方米			
		泡干地	重浇地	冬季返青地	合计	夏灌	秋灌	合计	蓄水能力	1963 年冬蓄水	1964 年□蓄水	夏灌前保留数
全区合计	1600,000	353,400	77,999	161,308	592,688	1,070,000	450,000	1,520,000	4,180	1,310	2,809	2,400
山丹	192,300	100,000	7,500	1,600	109,100	148,000	36,000	184,000	1,200	860	340	200
民乐	313,300	155,000		38,982	193,982	232,000	43,000	275,000				
张掖	623,300	62,000	40,499	100,089	202,566	420,000	200,000	620,000	363	250	50	30
临泽	214,899	31,000	15,000	20,069	66,069	105,000	98,000	199,000	335	200	135	
高台	249,500		15,000	568	15,568	159,000	76,200	355,200			2,282	2,170
肃南	6,800	5,400			5,400	6,000	800	6,800	2,282			
备注	1. 秋冬灌已完成计划任务未列入 2. 夏秋灌是根据省水利会议确定数字列入											

① 编者按：为符合当今有关出版规定，此处略去数字。

水利电力部西北勘测设计院规划勘测队关于黑河规划工作布置情况的报告

1965 年 5 月 8 日　　甘 234-02-029-001

根据河西建委来函要求，现将黑河规划设计工作进展情况作如下简要报告：

一、工作部署及进展情况

我们县有 102 人，其中行政服务人员 22 人，规□设计人员 31 人，地质试验 19 人，测量及水文测验 30 人，7 月份后还将增加两部钻机、40 余人，另外，测量队及物探队一部分人（约一百多人）亦先后投入此项工作。

今年规划勘测队在河西承担以下三项任务：①黑河流域规划初步意见补充工作；②酒泉洪水河流域规划与引水枢纽的初步设计；③黑河大满渠的设计。

前一项工作计划在六月底完成，后两项工作计划在年底完成。自四月上旬设计革命运动告一段落后，规划勘测承担人员，即分成三队进行以上工作，五、六月前主要是进行大面积的普查，水文测验和勘测工作。同时，还由院测量队调 15 个组 100 多人，在 8 月前，进行酒泉、张掖两地区的 1/10000 地形图修测，物探队在 6 月前进行洪水河覆盖地的勘探，科研站进行红星总干渠道及改建设计的水工模型试验站。

黑河流域规划初步意见补充工作包括：①黑河枢纽位置选择落实；②70 年前工程选择落实；③1970 年井灌区选择落实。其中以黑河枢纽位置选择落实为重点，其余按资料允许情况，决定工作精度。现在这组工作的有规划 8 人，地质 2 人，测量一个组。在黑河枢纽位置选择工作中，六坝滩、朝元奇等可垦地的粗测落实，计划在 5 月完成，5、6 月将进行内地比较，其余两个内容也将在 6 月底前分析计算提出报告。

大满渠改建设计，将包括渠线部分改线，支渠渠口的确定，各段渠通过水断面的设计及各段防渗设计。现在这组工作的有规划 4 人，灌区水文测验 3 人。6 月后，将自黑河流域规划初步补充工作组调人加强，四月里对大满渠进行了初勘，5、6 月将此属灌区进行普查。

酒泉洪水河工作包括：①洪水河流域规划和灌区改建规划；②红星引洪总干渠渠首，汛期运用观测及渠首改建水工模型试验；③上游引水枢纽的初步设计。现在这组有规划设计 14 人，地质 11 人，测量两个组，水文测验 4 人。此后，还将随需要自动组抽人加强。在四月里，对工作区进行了初步了解，拟在 6 月份进行普查，划清讨赖河与洪水河的关系。三□□内，计划在灌水河流域规划的基础上提出引水枢纽的设计任务书与红星总干渠渠首改建的初步意见，以使列入明年年度计划。然后，在四季度内完成引水枢纽的初步设计。

院测量队现有 11 个组在酒泉工作区进行 450 km^{2}的 1/10000 图修测工作，10 km^{2}的 1/2000河道测量及文殊水库 1/10000 图测量工作，计划在 8 月中旬可以完成。测量队现在只有 4 个组在黑河东灌区进行 550 km^{2}的 1/10000 图修测工作。以后，将逐步自西组调人加强，计划在 10 月里完成任务。

院物探队将派一至二个组在洪水河河道进行覆盖队勘探工作，计划在洪水来前完成，以和引水枢纽位置选择。

院将在七月调两部钻机给我队，进行引水枢纽闸机渗漏勘探，文殊水库坝址钻探，水文地质钻探及明年有关的任务的勘探工作。

红星总共干渠渠首改建的模型，现已安排制造进行试验，计划在9月份能提出初步资料。

二、工作中的问题

（一）洪水河引水枢纽的设计必须在讨赖河、洪水河通盘规划的基础上提出。目前拟尽快划清讨赖河与洪水河的关系，但由于人力有限及对地区情况的生疏，是否能即使提出现实的规划以保证设计可靠的基础并及时完成任务，现在心中欠把握。

（二）大满渠的断面设计中具有较完整的地形图，但限于测量队的力量，这资料要到10月才能取得。因此，有可能设计赶不上今年冬季水利建设。

（三）山水灌区与泉水灌区的关系，因限于资料及勘探力量，较难取得定量意见，将对规划方案，选择定案有所影响。

这些问题我们将在工作中尽量想法调整解决。

三、希望建委能帮助解决的问题

（一）目前在酒泉工区远没有找到合适的驻扎地点，长期住招待所离现场较远，且费用较大。

（二）红星总干渠渠首，汛期观测需要木料十五立方米，希望省里能下指标给予解决。

（三）规划设计中需要收集大量资料，设计的单位也很广。其中有些单位，如综合地质队所属诸队，控制很严，以至对资料目录也不易掌握，取得所需资料更加困难，因此希望省委能对有关单位能统一通知，作出安排以便利资料的收集工作。

以上报告，不妥之处请指示。

甘肃省河西建设规划委员会

对“黑河流域规划初步意见报告”批示的贯彻意见

1965年5月8日　　　　甘234-02-029-002

水利电力部规划局：

接你局“（65）水电规水字第205号”文，对“黑河流域规划初步意见报告”提出七项指示，经研究后拟出一下办理意见，是否有当，报请审阅。

一、关于第二项，黑河枢纽位置和引水方式，第三项，支流水库和第五项，发展井灌等三个问题。曾按照本年初水电部河西水利调查组的报告中所提意见，进行了调查研究，这项工作也已完成，并提出“黑河流域规划初步意见报告的补充报告”，向甘肃省河西建设委员会和水利厅汇报征求意见后，报请审批。

二、关于第七项，对黑河下游内蒙古额济纳旗农牧业用水的补给问题，一则近期对下游的水量尚无减少，再则黑河甘肃、内蒙古交界处，现为禁区。另外，二省分水问题，过去我院曾会同两省进行研究，曾向部汇报，未获解决，故目前无法进行。

三、关于第一项，灌区规划，第四项，旧渠系改建和第六项，粮食增产的指标等三个问题。原来“黑河流域规划初步意见报告”编制的目的，由于黑河流域缺乏地形、土壤和水文地质资料，不能进行深入细致的流域规划和灌区，但河西水利发展又迫切需要，乃以现有资料为基础结合调查研究，做出初步的水土资源平衡，提出初步意见报告。然后，在这个基础上，按照地方发展的需要，分区分片的做灌区规划。目前正进行酒泉洪水河灌区和张掖黑河东灌区的规划，今后即按照来文指示精神安排工作。

四、在黑河流域进行规划工作所需的资料十分缺乏，最主要缺少以下四项：

1. 地形图。目前只有部分十万分之一航测图，另外，部分旧灌区有万分之一地形图，但精度很差，基点丢失，图面上渠道和地物不全，不好使用，亟需新测的万分之一地形图。

2. 无土壤调查资料和满足灌区规划所需要的荒地资源调查资料。

3. 水文地质资料除老寺庙农场、新华农场和边湾农场有部分初步的资料外（不能满足规划要求），大部分地区都没有资料。

4. 缺少农、牧、林业发展规划资料。

由于以上四项主要资料的缺少，进一步规划目前难以全面进行，拟请由河西建设委员会委托有关专业部门尽快提出规划阶段所需各项资料，以便进行灌区规划，并请部局帮助解决。

水利电力部西北勘测设计院

水利电力部规划局对“黑河流域规划初步意见报告”的几点意见

1965 年 7 月 13 日　　甘 234-02-029-003

西北勘测设计院：

你院报来的“黑河流域规划初步意见报告”已收到，经研究提出如下意见：

一、灌区规划是选定必要的工程措施和研究比较不同方案的基础，因此首先应根据土地及水利资源的特点，通过详细的勘测调查工作，摸清土壤及地下水的情况，结合农林牧发展的要求分区分片作出具体的灌区规划。

二、黑河枢纽位置和引水方式（一级引水或分级引水）应根据灌区规划需要及沿岸荒地的落实情况和开发程序、步骤做出方案比较后确定。

三、支流水库的加固、改建或新建应根据下游灌区和开荒的需要进行分析和论证。如考虑需要修建水库时，除年调节水库外，并应对灌区不同保证的具体情况，从技术经济比较，分析修建短期调节水库的合理性。

四、旧灌区渠系改建规划是灌区规划的重要组成部分，需要做出全面渠系改建规划，然后据以进行分片的或不同渠系的渠道和建筑物的改建工程。

五、发展井灌在河西地区具有重要意义，因此应据水文地质情况，结合防止土壤盐碱化和改良土壤的要求，按不同地区提出发展井灌的具体规划。在地下水丰富的地区，应与长距离输水做经济比较。

六、粮食增产的指标，应根据不同灌区，结合必要的农业措施，通过试验和样板田的增产经验，对不同地区提出不同要求，使增产指标落实。

七、对黑河下游内蒙古额济纳旗农牧业用水的补给问题，应对输水量和输水方式进行深入的调查研究，做出不同的方案比较，并征求甘肃和内蒙古意见后，再进行确定。

以上几个问题，是规划中需要重点研究的问题，希通过调查分析对原规划做修改补充，征求河西建委、省水利厅意见后，再送部审阅。

水利电力部规划局

抄送：水利电力建设总局，甘肃省河西建设委员会，甘肃省水利厅。

处理意见：

以上各点很好，转水利处认真研究，并考虑其他流域是否本着这些精神进行规划，必要时将此文抄送疏勒河和石羊河水利规划队，以供参考。

赵云山

7月20日

西北勘测设计院河西勘测设计队一九六五年工作总结报告

1965年12月27日　　甘234-02-029-005

我队今年的工作。在上级党政的正确领导下，在全国大好形势的推动下，高举毛泽东思想的伟大红旗，□□□□□□□，突出政治，大学毛主席著作，认真贯彻了抓革命，促生产的方针。开展了设计革命运动，贯彻了院政治工作会议和省委三级干部会议的精神，加强了“四清”的内查外调工作，深入开展了以“五好”为目标的比、学、赶、帮、超竞赛运动和学习王杰同志的活动。领导作风和工作方法有了很大改进，全队的政治空气愈来愈浓，好人好事不断涌现，职工的精神面貌出现了一片朝气蓬勃、欣欣向荣的新气象。

抓革命，促生产，不断地掀起了生产高潮，有力地促进了规划勘测任务的完成，今年提前一个月洪水河规划报告和大满渠改建规划设计，如期完成黑河流域规划初步意见补充报告和红星渠首改建设计，超额完成的工作有讨赖河水量平衡和大满渠东灌区规划以及大草滩水库的部分勘测工作等。

目前全队正在积极进行合队后的基层建设工作和年终五好总评、□季整训等，为迎接“三五”计划给明年工作做好思想、物质准备而努力。为了总结经验，吸取教训，提高领导水平，兹将我队今年以来的工作，简要地重点总结以下几个方面。

一、抓革命，促生产，提前和超额完成今年的规划勘测任务

院下达给我队1965年的生产任务，经过几次调整主要有以下四项：①黑河流域规划初步意见补充报告；②洪水河规划；③大满渠改建规划；④红星渠首改建设计。

通过伟大的设计革命运□□□□会议精神，我们坚决贯彻执行党的抓革命，促生产的方针。以毛泽东思想为指针，突出政治，思政统治□业务，渗透业务，加强了对规划勘测技术干部的政治思想工作，革命精神大振。规划人员下现场，实地踏勘，进行调查研究，实行“三结合”，克服“三脱离”，有力促进了今年生产任务的提前和超额完成，获得了

思想、生产双丰收。主要体现在以下四方面：

1. 任务提前和超额完成了。11 月底提出了洪水河规划报告和大满渠改建规划报告（大部分工作已做到初设阶段），提前一个月完成；黑河流域规划初步意见补充报告，红星渠首改建设计也均按期完成。并超额完成了讨赖河水量平衡；大草滩水库的部分勘测工作。全年共完成实物工作量：

全队规划人员完成设计工日 8720 个，出报告设计书 48 份（本）。图纸 14 张。

水文测验共完成六条渠道渗漏损失，工日 1555 个。

测量（折 1：25,000）912.96 km^3。

地质测绘（折 1：50,000）303.33 km^3。

开挖 100.26 km^3，土钻 360.5 m。

试验：水化分析 289 组，土工 146 组，并协助中国科学院综合考察委员会荒地考察队试验水样 204 组。（其中队部 38 组）。

昌马水库完成：（合队后的工作量）机钻 113.58 m（包括合队后在洪水河与□台水库完成□□□□在内）；平硐：18.8m；坑槽：35.5 m^3；竖井 220.5 m。

地质试验：185 组。

2. 认真贯彻了设计革命精神。去冬今春开展了设计革命运动，以主席思想为指导，全面总结了过去做和田河、□干河、阿克苏河流域规划的经验和教训，尤其对阿克苏河进行了重点解剖，用活生生的事实教育了领导和群众，提高了政策水平和思想水平，对规划工作的认识也大大提高了一步。在设计革命运动初步取得胜利的基础上，今年洪水河规划，大满渠改建规划就取得了较为显著的成效，这两个规划的特点是：调查研究深入细致了，狠抓了第一性资料，工期缩短了，尾巴割的干净利索，克服了过去走马观花的调查方法，回来坐在家里想，就在图上划。比较方案多，尾巴拖得长，搞烦琐哲学，形式逻辑。结果是工期长，效果差，脱离实际等缺点。如：新疆阿克苏河规划因报告过长（20 余万字），设总审查时连看一遍都要费很多时间，所以现在还未提出来。但今年作的洪水河、大满渠规划，两个报告，文字比较精炼短小（约一万五千字左右），及时吸收了这个教训，从烦琐哲学的枷锁中解放出来了。

对上级布置的任务，比较认真地贯彻了设计革命和全国水利会议的精神。如洪水河规划，年初院指示我队在洪水河，新地□设计一个闸，并进行洪水河旧灌区改建，但由于同志们进行了较全面的调查研究，认为洪水河的根本问题是缺水，修闸不能从根本上解决缺水的问题，就建议院要全面进行洪水河规划，统一考虑解决缺水的问题。院采纳了队上的意见，但在实际工作中又发现洪水河枯水期引讨潜力很大，在讨赖河上做一些水量平衡工作，积极争取在目前洪水河工程未上马前，引讨济洪。

因重视了调查研究，掌握了第一性资料，所以尊重客观实际，克服了只求合法不求合理的现象。又如洪水河要解决缺水问题，必须修水库调蓄洪水，选了两个水库之后，但又考虑近期上不去，还必须有近期的过渡方案，又进行了必要的工作，全面安排远近结合，克服了过去对过渡方案重视不够的缺点。目前洪水河规划，大满渠改建设计已经院领导审查同意。这仅是通过设计革命运动，从理性认识再回到感性认识的第一次飞跃，也是设计革命运动的成果第一次受到时间的检验。

3. 深入现场，实行“三结合”。规划工作主要是搞调查研究，辅之以必要的勘测试验，但是由于我队刚从新疆来到河西，又忙于搞运动，所以对河西的基本情况不了解，资料缺乏，设备不足，战线又长，要开展工作确实困难不少。但是同志们没有被这些困难难住，在党支部的领导下，发扬革命精神，纷纷要求到现场去了解情况，收集资料，争取时间，用愚公的精神克服各种困难。我们还请院规划室主任刘钟璜同志介绍了黑河流域的情况，出工前对任务进行了交底和讨论，作了建设河西的动员报告。队领导在集体领导的原则下进行了分工，蹲点和跑点相结合，分别负责抓一个项目，既管生产又管思想。

规划人员深入现场前后，学习了毛主席的《论调查研究》《论政策》《反对自由主义》等文章，武装了头脑，同志们认识到要做好规划工作，必须到群众中去做实际调查。一方面熟悉资料，一方面到不熟悉的地方去做调查，向最了解情况的水管人员，基层干部，广大社员了解，他们按照毛主席的指示，拜群众为师，开调查会和群众讨论，旧灌区存在的问题，征求他们的意见，亲自口问手写，直到完全了解明白，心中落实。如大满干渠的改建计划，同志们跑一次不行，就跑二次、三次，因为构成灌区现状的条件是错综复杂的，历史成因、渠道线路、灌溉制度、管理方法、社会经验等情况。其中问题很多，如何达到“调查是解决问题”的目的，他们学习了“矛盾论”从中找到了主要矛盾，抓住了要解决大满渠的定线，必须对东灌区有个全面规划，方可定大满渠的位置。灌区中矛盾很多，但起决定作用的是渠系，只要把渠系调查明白了，其他的矛盾就会迎刃而解。

由于通过设计革命运动，同志们有了深入现场实行“三结合”，克服“三脱离”的强烈愿望。如在洪水河工地队长、设计总工程师、工程师、设计员、地质员多次共同深入现场细致查勘。又如大满渠的线路，洪水出路，导流方案，衬砌形式等都是在领导、技术人员、群众“三结合”的情况下定下来的。在定线中，张掖县水利局姚局长也亲自陪同查勘，水管干部和群众都给我们出主意，如衬砌材料我们规划，地质人员几次查勘都没解决，但在“三结合”查勘时，水管所的同志就帮我们找到了两个较好的料场，这样衬砌方案就落实了。同志们管的甜菜的灌水要求几次到农场、试验站请教，使工作速度提高了，第一性资料可靠了。地质人员对在酒泉砾石层上能不能□□，渗透情况怎样都不了解，他们可住在现场做试验，运行分析研究。设计人员下现场后勘测工作现场布置，设计人员直接向勘测人员交代设计意图，共同讨论任务，这样做克服了过去设计人员布置任务忽大忽小，探测人员不了解设计意图，死板的执行勘测任务书，勘测成果不完全符合实际需要，互相扯皮的现象，而能又快又好又省地完成勘测任务，发挥了勘测人员的积极性，密切了设计与勘测的关系。通过深入现场，实行三结合，同志们初步学会了调查技术，得到了调查就像“十月怀胎”，解决问题就像“一朝分娩”，调查就是解决问题的甜头[①]。更重要的是同志们思想觉悟的提高，阶级感情的变化。有一次去查勘，正遇上了倾盆大雨，道路泥泞，有的同志摔倒了爬起来，雨淋湿了衣裳也毫无怨言，仍然坚持工作，老乡热情地叫同志们避雨时说：“你们有什么急事，冒这样大的雨”，同志们回答：“为了工作……”。史

① 编者按：原文如此。

焕文等同志三进祁连山里，深入雪线上下查看水源。有同志担心老史身体受不了，但老史却说："我担心的是怕自己的思想受不了。"同志们在查勘中不怕山高路险，不怕雪水刺骨（水温零度左右），来回蹚水，没有炊事员就自己动手做饭，经受了锻炼，表现了不怕苦、不怕跑路、不怕风吹雨打和寒冷、知难而进的革命英勇气概。

4. 抓关键，掀高潮。当群众革命精神大振，革命斗志昂扬的时候，如何把群众的这股革命干劲正确引导到生产上来，是抓革命、促生产当中，要很好解决的问题之一。

今年以来，在党支部的领导下，工会、共青团密切配合，我们抓了几个关键阶段。当出工的时候抓组织落实，抓计划落实，抓鼓干劲；当半年五好初评的时候，抓质量检查，抓第一性资料，抓找差距、学先进；当任务变动的时候，抓计划，措施落实，抓安全教育；当任务快完成的时候，抓打歼灭战，不获全胜，决不收兵。第三季度结合宣传贯彻省委三干会议精神的时候，也是任务快完成的时候，群情激昂，胜利在望。但是我们根据院党委的指示，又研究了全队生产，从领导上统一了思想，认识到胜利在望不等于胜利在握，又抓了各小组的计划，落实了措施，开誓师大会，提要求，表决心，互相挑应战，普遍地掀起了生产高潮。如测量组在测大草滩水库枢纽水下地形的时候，10月下旬的讨赖河水，冰冷刺骨，气温已到零下，河面上不见太阳的地方已结起了薄冰，水深一米三四左右，但是同志们不怕苦，不怕冷，争先恐后的下水立尺，在那八十多米深的河谷里，早晨作业还见不到太阳，因水流湍急，穿上下水衣冲力大，只好脱掉袜子，水深的地方他们只好全部脱光下水，肌肉冻得发红，跳上水边，活动活动再下去，有时候为了立一个点子，要下去好几次才能放上，大家争着下水，一鼓作气抢完了水下地形。又参加了大草滩水库的坝址地形测量，有力地支援了兄弟组的工作。地质组也打破框框，提前半个月完成了大草滩水库垭口地质剖面。行政组的同志们面向生产，面向基层，面向组织，送办公用品上门，送工资、饭票上门等等，处处便利生产，为生产服务。如黑河流域规划初步意见补充报告快完成时，行政组的同志们说："你们全心全意搞工作吧，我们把其他工作都包下来"。他们帮助洗衣服被子，送办公用品，卸煤等，这一切都大大促进了今年生产任务的提前和超额完成，

实践证明，只有突出政治抓人的思想革命化，才能促进生产，而认真贯彻设计革命精神深入现场，实行"三结合"又是实现革命化的重要措施。

二、突出政治，组织职工大学毛主席著作

目前设计革命运动之后，我队职工的思想觉悟普遍有所提高，绝大多数同志有了自觉革命和自我改造的决心。在这个基础上，按院党委的指示，因势利导，高举毛泽东思想红旗，突出政治，在党支部的领导下，各级组织狠抓了毛著学习，干部学、工人学，家属也学，全队职工、家属、人人参加。政治空气越来越浓，精神面貌大变，出现了许多活学活用毛主席著作的事迹，上半年涌现出了16名学习毛著积极分子，一个毛著学习先进小组和18名五好职工，一个五好小组。树立了样板，有力地促进了我队职工和家属的思想革命化。

1. 学习毛泽东思想，宣传毛泽东思想。我们的体会是，要组织职工学习好毛主席著作，必须首先做好宣传动员工作，为了广泛宣传毛著的伟大意义，除利用黑板、墙报、广

播宣传外，各级领导还做到了逢会就讲，遇事就学，总结工作，研究生产，讨论方案，民主生活会等。会前一般都是根据会议内容，组织大家先学一文或一段主席著作，用主席思想作指导，启发大家讨论问题。领导深入小组检查工作时，先要了解毛著学习情况，看大家的心得笔记，听取对学毛著的意见和要求，及时帮助解决学习中的困难。个别谈心解决思想问题时，有时针对对方思想学一段主席语录，或介绍有关学习文件，这项方法都取得了很好的效果。同时组织职工学习了全国学毛著的标兵廖、丰、黄的先进经验。党支部在今年八月份召开了全队性的，学习毛著积极分子经验交流会，交流了经验。各小组都有一块毛主席语录板，根据当前形势和小组生产，思想情况，有的天天写，有的三天一写，对做好思想政治工作、学习毛主席语录起了一定的推动作用。外业小组走到哪里就把毛泽东思想宣传到哪里，如测量、地质等小组在张掖上寨大队工作室时，利用当地小学的七块黑板，对内对外宣传党的方针政策，国内外形势，表扬好人好事，教生产队社员和学校学生唱会了三个新歌，并把歌本送给大队俱乐部，临走时又把黑板全部摸了一遍。大队党支部书记说："你们是党的工作队，又是党的宣传队。"

为了及时宣传活学活用毛著的事迹，交流经验，克服各外业小组互不了解的缺点，还不定期的用油印简报报道各小组学毛著的情况等，从而保证了学习的深入发展。

2. 带着问题学毛著，促进思想革命化。由于同志们认识到学毛著是实现革命化的必由之路，对学习毛泽东思想有了强烈的阶级感情，学习的自觉性提高了，绝大部分同志有了自我革命，自我改造的决心，特别是通过反对两个主义（个人主义、自由主义），树立一个观点（全心全意为人民服务的观点）的小整风学习后，同志们大胆的暴露思想，取得了显著成效。如怎样对待个人利益与集体利益，实际问题与思想问题，汇报思想与靠拢组织，政治统帅技术的问题等等，初步有了比较正确的认识。尤其是开展学习王杰同志的活动之后，活学活用毛主席著作，热爱规划勘测工作，在实际工作运用主席思想指导工作，解决各种问题方面取得了显著成果。规划、地质技术干部，勇于锻炼，勇于自我改造，如于永泉、熊力强等技术干部在洪水河灌区测水时，住在四无人烟的戈壁滩上，他们既是脑力劳动者，又是体力劳动者，自己动手削椿，挖坑，布置断面，没有炊事员就自己动手做饭，吃水也要到二三里外的地方挑。因为不会做饭，炉灶又不合适，常被烟熏到眼泪鼻涕一起流，但他们从不叫苦，他们认为这正是知识分子锻炼改造的好机会，干劲十足，从早到晚奔跑在水渠上测水，有时吃完晚饭还要坚持学习毛著。这正表现了同志们对主席著作的无比热爱。

地质人员，在野外和工人同志一起挖坑，打土钻，跑尺子，密切了群众关系。如原昌马队支援我队的开挖工人到地质组后，地质员给他们洗衣服，一块参加劳动，所以工人同志们说："过去把地质员叫地质老爷，现在既参加了劳动，还给我们洗衣服，确实是180°的变化。"在苜蓿台水库工作时，定制组的同志们每天把食堂的水箱挑得满满的，争做好事，同志们把劳动者都把劳动看作改造思想的机会。由于参加劳动地质员的生活作风，思想感情发生了变化，受到了工人同志们的赞扬。

学习毛著见效快的还要算工人同志们，他们学了就用，立竿见影。去年冬，新来了不少的军工同志被分配到测量组工作，他们受部队几年的教育有较高的阶级觉悟和思想水平，但由于不习惯野外生活，所以有的同志说：“河西是两大一干”（风大，沙大，气候干燥），离家远，想到自己家乡去工作，不安心在河西。测量组组长杨声全同志根据这一种思想反映在工地里就组织大家学习《为人民服务》《纪念白求恩》，当读了《我所见到的白求恩同志》这一篇文章时，同志们被白求恩同志伟大的国际主义精神所感动，读得人情不自禁地流下了泪，听的人也是热泪盈眶。讨论中同志们都说白求恩是一个外国人，不远万里来到中国，不图安逸豪华的生活，为了中国的革命贡献了自己的生命，而我们才离家门几寸步，在红旗下建设自己的国家，难道连克服这点困难的勇气都没有吗？要下定决心搞好工作。有的同志一天工作十小时以上，也不觉劳累，心情舒畅了，业余生活活跃了，小组不团结的问题解决了。有的同志检查了自己不能团结和自己意见不同的同志一道工作而是闹意气，现在主动和好了。

3. 抓活思想，做一人一事的思想工作。出工前调整了党、政、工、团各级组织，认真选拔了骨干，训练了政治思想工作队伍。翁指导员亲自组织同志们学习了毛著和《我是怎样做思想工作的》等文章，给大家提要求，教方法，加强了政治工作的力量。但是活思想人人有，时时有，事事有，处处有，而且随着各种原因不断地变化。如何做好活思想，首先是要抓住活思想，我们根据过去做思想政治工作的经验，又学习了解放军和兄弟单位的先进经验，结合我队的具体情况对积极分子提出具体要求，要求对周围群众一般要做到五了解：①了解家庭成分；②了解家庭人口和经济状况；③了解个性爱好；④了解生产工作表现；⑤了解思想情况。在最容易引起职工的思想变化时，要做到九抓紧：①国内外形势发生重大变化的时候；②开展中心运动的时候；③布置新的生产任务到新工地的时候；④评比、奖励、工作调动的时候；⑤受到了表扬和批评的时候；⑥家庭不和或婚姻、恋爱发生问题的时候；⑦职工回家探亲和家属来队的时候；⑧发生事故和有疾病的时候；⑨在节、假休息的时候。把这些活思想抓住，确实弄清，正确解决。这些工作除对各级领导有目的有计划地抓以外，日常的大量思想工作，我们依靠积极分子去做，这样做基本上把大量的活思想抓住了，做到事先防范。

去年底，今年初，大批的军工来我队，当时由于我队刚从新疆来张掖，各方面条件很差，特别突出的是住宿问题，人多房子少，同时还很潮湿，新同志来会如何看法呢？我们认真的研究了院政治部的指示，认为首先必须热烈欢迎，尽力做好物质准备，紧紧跟上思想工作，使新同志感到革命大家庭的温暖，热爱我们这个野外队，安心在这里工作。由于领导重视，又做了大量的思想工作，绝大多数同志干劲充沛，努力钻研业务，积极要求上进，在完成今年的任务中发挥了很大的作用。

此外，在党支部的领导下，抓出工前的布置，工地里的检查，收工后的汇报，经常召集有关人员研究职工思想动态。对党员如何发挥模范带头作用，也提出了具体要求。对调来或调走职工时，小组出工和收工回来时候，职工在本队各小组互相调动时候，都召开欢迎、欢送会。由于认真抓了积极分子的工作，和最易引起职工思想变化的时机，不少积极分子工作活跃了，由怕思想工作到能大胆地做思想工作，把大量的活思想基本上消灭在萌芽状态。如外业小组快要回来的时候，在家的同志早就打扫好房子，架好床，生好火炉，回来时又热烈欢迎，使同志们感到温暖亲切。减少意见或引起情绪，对调走的同志征求他们对队上工作的意见、看法，并提出要求和希望，给出工小组开“出征”欢送会，出征小组向党表决心，鼓干劲，激发大家的革命热情。对收工回来的同志开欢送会，外业小组在会上汇报情况，促进了彼此的了解和团结，有利于互相学习，取长补短，共同提高。会后又互演节目活跃了文艺生活，丰富了会议的内容，我们在学习了北京测01组的先进事迹后，各小组也都在调出和调来人的时候，不管是组与组，还是和其他兄弟单位的变动，都要欢迎、欢送会。就是对兄弟队来我队支援工作时，调去学习的，参加“四清”工作的，也都要开欢迎、欢送会。如试验员曹新桂同志调来前思想上有疑虑，但到队后，同志们对她很热情，这个帮着扛行李，那个打水，当她有病时同志们更是关怀备至，问寒问暖，送茶送水，大夫主动上门看病，她很受感动，从此安下了心，还主动加班加点多干工作。领导不仅从生活上关心职工，更注意了职工政治上的进步，加强了正面教育，贯彻了以表扬为主的精神，激发了全体职工的革命精神，落后的有了转变。如祁国玉同志刚来队时说：“以前我对政治学习不感兴趣，到这个队来，处处感到别扭，听这个同志开口是政治，那个同志闭口是毛泽东思想”“四个第一”，好像处处都是原则，我也懒得参加集体活动，感到这个集体不温暖。学习了毛著后，眼睛亮了，通过同志们的帮助和影响，我的思想起到了变化，我认识到这是同志和领导对自己的关心和教育，我感到这个集体很温暖，不是同志们变了，同志们的思想更加进步了。地质员钟少琦、刘息钦、黄思文等同志过去不过问政治，今年来都有很大进步。昌马工区在合队前后，也暴露了不少活思想，大部分同志考虑是走呢？还是留呢？有的同志说规划队□长，□子多，多是单机活动，工作困难多等，各有各的想法。针对各种思想情况，先后还组织职工学习了《为人民服务》《关于重庆谈判》《继承和发扬艰苦奋斗的作风》等文章，使同志们进一步认识到什么叫工作？工作就是斗争的道理，以张思德、白求恩两同志为榜样，到困难的地方去，到艰苦的地方去，从而安定了职工情绪，听党的话，党叫干啥就干啥。总之抓活思想的事例很多，这里不一一举例。

4. 学王杰，找差距。当王杰的事迹公布之后，不少同志决心要以王杰为榜样，学好人好事，做好人好事。各工区、工地，立即进行动员，迅速掀起了向王杰同志学习的热潮，结合小整风的学习方法，对照检查，找差距。王杰同志为什么进步这样快？引起了同志们的深思，同志们认为原因固然很多，但最主要的一条是王杰同志活学活用毛主席著作，纷纷表决心，学习王杰同志一不怕苦，二不怕死的全心全意为人民服务的思想。如红水河苜蓿台工作的503、506机组，学习王杰日记后，在搬运机器器材时，顶着大风，不怕寒冷，沙土天。由于工作服上有油，在沙土飞扬的洪水河边，同志们被风吹成了土人，但他们不怕脏，积极整理搬运器材，保证汽车随到随装，迅速地全部搬出了红水河工地的20余车器材，提前四五天干净利索地完成了搬迁工作。目前全队职工正在以主席思想为指针，以学习王杰为动力，突出政治，认真进行总结，大找差距，大搞年终五好总评。

三、落实“四三四”，培养一个好作风

“三八”作风是我们伟大的党和伟大的中国人民解放军的光荣传统，是革命的传家宝。如何把我们这一支勘测设计队伍建设成为非常无产阶级化、战斗化的队伍。党指到哪里，就打到哪里；党叫干啥，就干啥。培养成为在政治上、思想上、组织上、技术上、作风上、生活上有锻炼、有素养、拖不垮、打不烂、攻必克、守必固的坚强水利水电建设尖兵，是一项重要的战略任务。党支部在建设革命运动和打击歪风邪气之后，认真分析了职工的思想作风，以及产生不良作风的原因等。认为必须首先加强对职工的政治思想教育，并在坚决贯彻执行“党政干部三大纪律八项注意”的原则下，根据我队几年来在野外工作的经验，制定了队的“野外工作人员十大注意事项”（原材料已报院）在全队各小组贯彻执行。经过一年来的执行，职工精神面貌发生了巨大的变化，在培养“三八”作风方面，逐步培成了紧张和快的作风，当老实人，说老实话，做老实事，体现在思想、工作、生活、作风各个方面。现在全队上下团结一致，民主作风愈来愈好，党的号召一呼百应，生活作风紧张活泼，同志之间团结友爱，克己让人。在外工作遵守纪律，助人为乐，人人争做好事，所到之处都受到当地群众和干部的热情欢迎。对促进职工克服个人主义，改造思想，培养工农感情，热爱人民，热爱劳动，加强工农联盟，培养“三八”作风等方面取得了显著成绩。

1. 生活作风绝不是小事，是改造思想的大事情。“野外工作人员十大注意事项”开始执行以后，在职工中引起了很大的震动，在群众中造成了良好的影响。党支部非常重视，经常检查执行情况，听取同志们的反应，很多同志说：“通过执行十大注意事项，我们认识到生活作风绝不是小事情，是改造思想的大事情，是关系到党的政治影响问题。”如十大注意事项规定：“住在老乡家，必须为老乡多办好事，在离开时必须做到：地没扫净不走，借用东西损坏损失不赔偿不走，不检查群众纪律不走，不征求户主意见不走。住时要征得户主同意，走时要道歉辞行”等。看来都是小事情，但是否这样做，却反映了我们的思想意识和工作作风。同志们认识到思想改造就是要从这些小事一点一滴的做起。因此，各野外小组每到一处，就主动和当地社、队取得联系，汇报工作，了解社情，在□□□□、四不清家里一律不住。住到哪里就积极为贫下中农做好事，宣传党的方针政策，打扫环境卫生，割麦子、帮助打场，教唱革命歌曲，割荒，挑水，掏厕所。移风易俗，访贫问苦，受阶级教育，走到哪里把好人好事做到那里。如测量组在张掖刘家庄工作时，得知住在隔壁的一位五保户老大爷正在闹病，在小组长的带动下，组织大家去访问，并帮助老大爷把房子打扫得干干净净，把坏的用具给修理好，放整齐，炕沿坏了怕老大爷下炕不方便，还找来了木板修理好，老人很感动。又一次住在一位大娘家，大娘的风箱坏了不能做饭，邵国英等同志就自己拿钱买纸，和董志同志给老大娘扎风箱。今年五月他们到酒泉洪水河的当天下午，还没有安好家看到当地有几百民工正在修坝，民工们因工作好长时间都没有理发，个个头发长得都很长，看到这种情况，强烈的阶级感情促使着同志们，杨声全、张永杰、段炳瑞等同志就拿起推子、剪子，一口气给二三十个民工理了发，理了发的民工很高兴地说：“你们和解放军一样，理发不要钱”。就这样同志们牺牲了休息时间，仅住在这个地方就为民工先后理发200余人。其他各野外小组也是一样，走到哪里，就给那里的贫下中农社员、干部、小孩理发，在酒泉上坝、营尔住的几位“四清”干部还跑了十来里地找我们地质小组的同志们理发。据今年全队不完全的统计，为群众理发达一千余人次，不仅方便了社员群众，还培养了职工群众的工农感情。如有的同志原来给老乡理发嫌脏，经过毛著学习，检查对照了思想，是自己工农感情淡薄。最大的特点是同志们严格遵守十大注意事项，遵守党和国家政策法令，注意勤俭节约，生活不特殊化。今年以来，在野外工作的各小组，没有随便向社员买过国家统购的农副产品，宁多跑几里地，多花几角钱，要到供销社去买，加强工农联盟，密切了工农关系。

各小组在野外注意发扬了“一厘钱”精神，宁肯跑路，尽量减少搬家，能用毛驴驮的不用大车搬。行政小组为了处理库存的次劳保布鞋，自己动手钉鞋掌四十二双，修理坏行军床150副，利用废单帐篷给招待所做了十八个草垫子，总之能省则省，能俭则俭。

其次走到哪里阶级教育就受到哪里，请老贫农讲家史，如地质组在古城工作时，请一位贫农老大爷讲家史，同志们听了很受感动，热泪盈眶。看到老大爷生活比较困难，当时就送衣服、帽子、送钱给老大爷。段炳瑞同志给老大爷理发，回来座谈时，段炳瑞同志说：“过去我认为他们脏，不接近，现在我认为他们不脏，脏的是我的思想，我一定向他们学习，接近他们，好好干革命。”走到哪里，把好人好事做到那里，在旅途的火车上不少同志主动帮助列车员扫地、擦桌子、送水送饭，受到旅客的好评，受到了兄弟单位、社队干部群众的好评，扩大了党的政治影响，有力的协助我们完成了任务。住在招待所，帮助服务员□□打扫院子，部队同志参加劳动修马路，铺砖，酒泉工区的同志们住在酒泉剧院，门临大街，他们天天在坚持早上洒水扫大街，设总、工程师都参加。吴秀环、王为华等同志主动洗队上招待所床单、枕巾等，他们都把参加劳动、做好人好事看作是改造思想、受锻炼的大事。如102钻工李开录同志说：“规划队的干部参加劳动，不是摆样子，说礼拜六劳动就劳动……”

2. 克己让人，助人为乐。做好人好事的过程，也是受教育的过程，由于同志们思想觉悟高，克己让人，助人为乐的共产主义风尚到处可见。如在家搞内业的职工为了使在外工作的同志不牵挂，家里主动帮助有困难和小孩多的买面、买菜、送煤上门，对怀孕和有病的家属帮助担水，送医院等，使外业工作的职工安心搞工作。朱健武同志收到了家里来信，信上说：“你给家里寄来的20元钱收到了”朱健武同志莫名其妙，自己并没有给家里寄钱，是谁给寄的呢？原来是唐根锁同志听到朱建武家里来信要钱，当时朱手头没有存钱。他就悄悄地给朱家里寄去了20元钱。不少同志互相帮助，通过做思想工作，了解到生活上有困难的同志，不但在政治上帮助进步，而且在物质上也给予帮助。如此只见做好事，不见做好人的类似事例还很多。又如有一天党支部收到了陕西省榆林专署地委寄来的一封感谢信，说你队寄来支援灾区□40元钱20斤粮票收到了，党支部查询才知道是政治干事张玫殷同志在党讯上看到榆林地区受到了严重自然灾害的消息后，以队的名义写了一封信，并寄了40元钱，20斤粮票。党支部、工会、共青团号召全队职工学习张玫殷同志□高尚的共产主义精神，全队职工纷纷表示向张玫殷同志学习，以实际行动搞好工作，支援灾区人民，并自觉自愿地掀起了捐钱、捐粮，支援灾区人民的活动。同志们政治热情很高，不少同志经济有困难，家庭负担较重，也要捐钱、献粮，但组织上劝他们不要捐或少捐时，他们说：“灾区人民的困难就是我们的困难，我们的困难算得了什么。”据统计，全队共捐献钱909.90元，粮票1992.6斤，并纷纷写慰问信，表示要以搞好河西水利建设的实际行动支援灾区。由于在支援灾区的活动和学习王杰同志活动的感召下，进一步调动了广大职工的积极性，促进了生产。各小组组织座谈讨论，忆苦思甜，回忆对比，更加热爱党，热爱人民，也端正了对局部地区遭受自然灾害的认识。(另有专题报告以报院)。

3. 党的号召一呼百应。坚持“四个第一”，培养三八作风，发扬四大民主，是学习解放军的重要内容。解放军行动迅速，雷厉风行，我们能不能学来呢？职工中存在的工作拖拖拉拉，作风松松垮垮，自己散漫，甚至还有“雷打不动”等现象。如何克服，党支部研究以后还是要从整顿作风开始。今年初通过打击歪风邪气、五好总评，大讲“三八”作风，宣传“三八作风”的伟大意义。由领导带头号召党团员积极分子，积极行动。如开始时翁指导员每天早上起床后先到各宿舍检查睡懒觉的，他在开完院政工会议回来后，对院政治部常主任批评，有的同志早晨不吃饭是作风问题。引起了足够的重视。传达中反复向职工传达强调作风过硬，对全体职工震动很大。在平时他处处带头，早晨参加民兵训练跑操，礼拜六带动干部参加劳动等。由于领导决心大，以实际行动带动群众，逐步的养成了紧张和快的作风。如今年 7 月 26 日，这天晚上已经是 11 点半钟了，绝大部分同志已睡觉了，还未休息的唐根锁同志发现城内火光冲天，他想一定是哪个单位失火了，他一边跑一边喊，跑到翁指导员家，指导员立即叫敲钟集合，通知司机发动车，不到几分钟同志们便都在院子里站好了，翁指导员号召同志们立即去城救火，大家很快的拿上水桶、洗脸盆、灭火器、铁锨等上了汽车，不到 15 分钟就赶到了失火地点，大家立即□□□□救火战斗。

其次，民兵训练也是培养“三八”作风加强备战，促进生产，逐步培成紧张和快的作风的重要措施。不但在战线时能“召则即来，来则能战，战则能胜”，而且也是我们在生产工作中发扬雷厉风行，说干就干，干就干好的作风问题。如测量小组在今年工作中利用民兵训练，锻炼同志们起床动作快，出工快，作业速度快，搬家动作快等方面，就取得了一定成绩，加强了备战观念，学会了几种军事动作，调动了政治、生产积极性，使民兵活动落实于生产。如有几次生产任务紧，需要争取时间，小组长告诉同志们，我们明天民兵训练的项目是在半小时内起床，洗脸，吃饭出工，同志们行动都很迅速。在文殊水库提前一天半完成了测量任务。在大满测水准，一天抄平 18.5 km。在大草滩水库引水枢纽工作时，吃水要到 80 余公尺深的河谷去担水，他们利用早晨民兵活动时间，每天担四担水。由于提倡作业速度快，不少同志在跑尺中有时跑步放点，迅速提高了技术水平。训练了同志吃大苦，耐大劳机智勇敢，适应野外工作的特点。他们小组有一个班举行了二次手榴弹比赛，第一次全组 9 人平均成绩 38.84 m，第二次 37.87 m，比第一次提高了 4.03 m，最远一颗达 52 m，且投掷准确，平均距靶心 3.2 m。另外由于开展民兵活动和体育锻炼，大抓了职工的生活，所以今年以来职工身体都比较好，疾病少，有力地保证了生产任务的完成。

4. 关于干部参加劳动的详细情况，因已有专题报告报院，这里不再重述。另外，安全生产方面，今年以来，由于上级抓得紧，队领导重视加强了安全教育，所以没有发生重大事故。

四、存在的问题。

今年工作虽然取得了一定的成绩，但还存在不少问题，主要有以下几点：

1. 组织职工活学活用毛主席著作，政治如何渗透业务，加强对规划，勘测设计工作的领导，组织职工认真学习毛主席著作，研究解决这方面的问题还做得不够。

2. 领导工作方法一般化，进行蹲点，深入调查研究，解决问题还很不够。有些工作抓的还不紧，不狠。

3. 接受生产任务后，对吃透上级意图和地方要求方面还做得不够，所以影响到任务多变，在某些方面比较被动。对规划工作的深度认真研究不够，因此有些工作做得过细，贪大求全，阶段分的不清，相应的拖长了工期。

4. 对抓先进，树样板，促后进，总结经验的工作还不够重视。

黑河干流规划工作座谈会纪要

1967年5月27日　　甘234-01-100-004

最高指示

又发展又困难，这就是矛盾，任何矛盾不但应当解决，也是完全可以解决的。我们的方针是统筹兼顾、适当安排。

为了坚决贯彻我们最最敬爱的伟大领袖毛主席提出的“备战、备荒、为人民”的战略方针，积极响应毛主席和党中央“抓革命、促生产”的号召，更好地研究和安排黑河干流规划工作，以加速重点建设，促进工农业生产迅速发展，甘肃省河西建设规划委员会抓革命促生产第一线指挥部于一九六七年五月廿三日至廿六日在张掖召开了黑河干流规划工作座谈会。

出席这次会议的有九个单位，三十四名代表，其中青海省农林畜牧厅水利局代表三人，内蒙古自治区水利厅代表一人，内蒙古自治区额济纳旗代表二人，农建十一师代表四人，西北勘测设计院代表十四人，甘肃省地质局水文地质大队代表二人，张掖专区水利电力局代表二人，高台县人民委员会代表一人，甘肃省河西建设规划委员会代表五人。

这次会议□□□□□□□□□□□□□□□□□□□□□□□□□□□□□□□□□□□□[①]，是在举国一致，热烈欢呼中共中央《通知》发表这一具有伟大历史意义的事件时召开的。会议高举毛泽东思想伟大红旗，坚持毛泽东思想挂帅，突出无产阶级政治。与会代表针对会议所要解决的问题，认真学习了毛主席关于政治工作是一切经济工作的生命线的论述，关于统筹兼顾、适当安排等方面的论述和中共中央的《通知》，用毛泽东思想统一我们的思想，指导我们的行动。

会上，由西北勘测设计院介绍了黑河干流规划工作情况、初步方案意见和下一步规划的做法，以及“引大济黑”问题的初步意见。通过介绍情况，大会座谈，会内串联，交换意见等方式，充分发扬了民主。与会代表遵循毛主席关于“统筹兼顾，适当安排”的教导，本着全国一盘棋的共产主义精神，畅所欲言地对黑河干流规划工作的做法、重点工程选点、上下游分水等问题提出了不少宝贵意见。讨论研究了重点工程选点、黑河干流规划工作的做法和协作配合问题。现将座谈讨论确定的几个主要问题纪要如下：

---

① 编者按：为符合当今有关出版规定，此处略去数字。

一、关于黑河下游用水问题

内蒙古额济纳旗地处防修反修前线，是国家重点建设地区之一。目前，由于上游既没有调节水库和输水渠道，下游也没有形成草原灌溉系统。因此，虽然正义峡每年有十一亿多立方米的来水量，通过河道输水，渗漏损失很大，流至额旗水文站时只剩三分之一，而实际用于灌溉的水量更少，根本不能满足该地区重点建设和现有草原灌溉的用水要求。为了加速重点建设，同时相应地发展该地区的农牧业生产，迫切需要解决和确定黑河干流下游地区的用水问题。

关于下游重点建设的用水问题，去年已由有关部门作过初步研究，请省第一线指挥部与有关部门联系进一步落实。

关于内蒙古额旗地方的用水问题，在这次座谈会上，额旗代表提出：一九七五年额旗农牧业灌溉面积计划达到三百五十万亩，要求丰水年给水八亿立方米，平水年七亿立方米，枯水年五点五至六亿立方米，不足部分拟开发利用地下水解决。为了加速黑河干流规划工作，合理解决中下游用水的矛盾，保证重点建设，请内蒙古自治区于七月底以前提出额济纳旗分阶段的农牧业规划及相应用水意见。

二、关于黑河干流工程选择问题

根据近期重点发展黑河干流下游的原则和满足下游重点建设用水的要求，必须修建调节水库。中下游地区可供选择的库址有高台地区的正义峡、赵家峡，鼎新地区的大东门，黑河上游的大孤山。修建大孤山水库（坝高一百五十六米，有效库容三亿立方米）可以调节下游用水，但交通不便，工程量大，施工困难，投资高达一点三亿元，工期长需四至五年，同时，为了向下游输水，还需修建九十公里的输水渠道。与会同志一致认为，为了集中力量尽快解决下游重点建设用水问题，在近期暂不考虑修建大孤山水库。大东门、赵家峡水库，地质条件差，库容小（两个水库总库容约五至六千万立方米），不能满足调节下游用水的要求（调节下游用水，最少需要库容三亿立方米以上）。正义峡水库，坝高二十五米，有效库容即达四点五亿立方米，投资约一千四百万元，同时，交通方便，施工比较容易，两年即可完工。因此大家认为修建正义峡水库是必要的，也是经济合理的，对保证下游重点建设有很大意义。但修建正义峡水库要淹没好耕地约一万亩，迁移居民约四千人（浸没损失未包括在内）。张掖专区和高台县同志一致表示，如果国家决定修建正义峡水库，从全局出发，为了整体利益，也同意修建。但专区同志意见库容不宜过大，以一亿立方米左右为宜。高台县同志提出，必须解决好库区以外地下水升高影响农业生产的问题，并应做好库区民居的迁移安置工作。另外，内蒙古的同志提出，正义峡水库修建后，还必须修建下游输水渠道，否则，水量仍不能得到充分利用，下游用水问题也不能解决。

鉴于以上情况，建议西北勘测设计院于今年六月开始进一步勘测调查库区淹没及浸没损失，研究防治和减少浸没损失的措施，此项工作由高台县配合进行。九月份提出正义峡水库选点报告，向高台下县和张掖专区回报征求意见，并报请省第一线指挥部审批确定。

三、关于引大通河补济黑河的问题

黑河干流多年平均水量为十六亿立方米。目前中下游用水矛盾已很突出，即使把本流域的地面水和地下水资源充分利用起来，也不能满足中下游今后工农发展需水的要求。必须解决黑河补济水源的问题，否则，黑河中下游用水矛盾将无法解决。青海大通河是黑河唯一可能的补济水源，因此"引大济黑"就成为解决黑河水量不足问题的唯一途径。这次西北勘测设计院对"引大"问题重新作了研究，并对"引大"的几个比较方案在会上作了介绍。从地形条件来看，大通河不仅可以引入青海的湟水，而且可以引入河西地区的庄浪河、石羊河和黑河三个流域。过去曾提出过"引大济黑"的设想，青海省也有"引大济黑"的计划。根据现有资料比较研究，与会多数同志初步认为，从水利资源利用上看，"引大济黑"并不影响"引大济庄"。"引大济黑"可引入黑河七亿立方米水量，就能满足中下游农业发展需水，特别是下游重点建设需水的要求。因此，从工程技术、经济效益和长远发展上来看，"引大济黑"比"引大济石"和"引大济湟"的问题，还需要进一步比较研究。

在分析研究"引大济黑"问题时，还必须估计到"引大"工程地处高寒山区，交通不便，工程艰巨复杂，施工困难等不利因素。因此，为了进一步落实"引大济黑"工程的技术可能性和经济合理性，会议建议西北勘测设计院进行勘查研究，九月份提出"引大济黑"的意见，报请中央水电部审批。会议还建议青海省水利局进一步研究"引大济湟"问题，以供研究权衡。青海同志认为，西北勘测设计院如不予以协助支援，他们单独进行此项工作还有困难。

四、关于黑河干流规划的做法

根据当前新的形势要求，为使规划工作更好地为无产阶级政治服务，促进社会主义建设事业的发展，黑河干流规划工作的原则应该是统筹兼顾，全面安排，远近结合，以近期为主。据此，黑河干流规划工作，可分两步进行：第一步，根据近期以发展下游为主的原则，主要研究编定下游的工程和灌溉规模；第二步，进行中游地区的具体规划。这次会议着重研究了下游规划工作的问题。这次规划的主要内容是：进行全流域远景的和下游近期的水量平衡；确定正义峡水库、下游输水渠道的近远期工程规模及下游重点建设和额济纳旗近远期的灌溉规模；根据近远期水库及输水渠道规模确定近期修建规模；进行下游渠道的具体规划。至于中游地区的具体规划，俟后根据建设需要另行安排。此外，关于下游渠道的具体规划工作，应由有关单位具体研究安排。

为了解决黑河干流规划所需的有关基本资料，西北勘测设计院要求有关单位予以配合协作。请农建十一师于今年七月提供黑河中游规划地区的土地利用及灌溉面积资料；请甘肃省水文地质队配合西北勘测设计院确定井灌的范围和规模，并预测分析中游地区泉水；由甘肃省河西建委负责与张掖专区和肃南县联系研究肃南明海一带放牧地的利用问题，并与国家测绘总局第一分局联系解决正义峡以下河道及"引大济黑"工程地段的地形航测问题。

黑河干流规划工作座谈会议纪要参加单位

国务院农办

水利电力部

水利电力部水电总局

西北局农办

青海省革命委员会生产建设委员会
青海省经济计划委员会
青海省农、林、牧厅水利局
内蒙古自治区革命委员会筹备小组
内蒙古自治区水利厅
内蒙古巴彦淖尔（地质巴彦高勒）
内蒙古额济纳旗
甘肃省抓革命促生产第一线指挥部
甘肃省计划委员会
甘肃省水利厅
西北勘测设计院
西北勘测设计院河西水利勘测设计队
农建十一师
甘肃省地质局工程地址水文地质队
张掖专区抓革命促生产第一线指挥部
张掖专区水电局革命促生产第一线指挥部
高台县革命抓革命促生产第一线指挥部
高台县水利局抓革命促生产第一线指挥部

县级政区水利文献

山丹县马营河山丹河两流域水利代表会议总结报告[①]

1953年7月9日　　甘230-02-012-006

马营河流域是我县二、三、四三个区的主要河流，水地灌溉面积达8万多亩，人口约4万多。山丹河流域灌溉一、六两区及张掖所属一个行政村，水地灌溉面积60万另850亩，□全五坡分，人口二万二十多。解放前水利大权完全是封建地主大恶霸操纵着，既有浇的，又有□的，贫苦农民是有冤无处申。本县为了改变旧日不合理的封建水规，曾拟出水利改革计划，遂进行改革，6月份为了整治吸收代表，具体掌握情况，分别在山丹河流域及马营河流域召开水利代表会议，组织新的管理机构，逐步地推行新的水利制度，现将会议情况总结报告。解放后，随着各项社会改革运动，水利方面，在提高群众觉悟的基础上，自发地做了不少的改善，但没从封建的水规根本上来改革，因此仍然存在着很多不合理的怪现象，有什么“差甲”“农官”“总甲水”“镶河水”“开河熬眼水”“稔香愚弄水”“好汉大爷水”“城隍阎王水”“换河水”“泯下□上水”“空粮水”“腾满水”“碰埂水”“送亲水”“偷水”“卖水”“垛水”不合理的封建残余根还在农村中残留着，表面上新的组织水利委员会灌溉小组，但实质上换汤不换药。

6月11日至14日，6月25日至27日在党政领导下，先后在县政府及三区的五奇寨召开了山丹河流域及马营河流域水利代表会议，前后两个会议参加的代表共37人，县级4人，区级8人，参加代表会的共50人。每个会都是三天，中心根据县水利改革的计划、指示精神，检查了目前水利制度上存在的问题和不合理现象，结合计划进一步贯彻新水规的精神。在互相对比中，提高思想认识，划清新旧思想界线，建立新的水利制度和组织机构。会议在一边揭发暴露一边结合解除顾虑，贯彻新的精神原则上，由浅到深，由消极到积极，逐步地加强了认识，统一了思想，基本上打破了本位和局部利益的保守观念，充分讨论了按地分水和经济用水的方针与办法，基本达到了会议所要求的目的。兹将情况报告于后：

一、揭破封建水规，看出思想顾虑

首先在讨论陆科长的水利改革报告时，都觉得没话可讲，只说报告就对着呢，大眼望小眼，不说一句话。诱导谈起，不说近都说远，说别人不说自己，从明朝说到清朝，最后把问题总结给郭多鼎、刘藜光、张仲遒（已伏法），认为目前水利上没问题，改革不改革

① 编者按：文中有夹批100余字，未能辨识。

没关系。如张明荣说："我们就要按地浇水，没啥问题"。实际的问题是不谈的，为啥呢？不好意思，打不破情面，他说错了，群众抱怨，怪他没争来水，没办好事，把群众得罪了。个人的问题说出来，怕受批评，怕丢人，会议漂浮在表面上，深入不下去，领导同志用不合理的事实际实例做了启发诱导。如一乡四坝材浇的碰垠水，水碰不到另一地垠上不封口说"是前人留下的碰垠水"，而十里堡留干地半截子，也还浇水不过来。三乡余鼎家五百多亩地（水地）只有三昼夜零四个时长水，位宽村1400多亩水地，只有三昼夜水，大家看合理不合理，又给动员了思想，才慢慢扭转过来。接着十里堡代表李正华介绍了十里堡缺水的情况，揭发了地少水多的小四闸，浪费水的上三坝，四区代表们就热烘烘的争吵起来，这样就暴露了一些问题。关于区的，闸与闸的，村与村的越提越多，问题斗了一大堆。为了进一步的深入从如何解决问题的基础上并展开讨论，提高起认识，划清新旧思想界线，这样更提出了每个代表的思想动态，从而更看出了封建水利制度的不合理现象。

1. 打不破的老规矩。站在旧的立场上空喊"天下农民一家人""上游照顾下游"但实际上还愿意要差甲、农官、总甲。如下午闸每年给总甲出小麦30石（老石）群众说："谁当总甲谁发财"，侯家山的三季广输水中差甲要占36昼夜，新开坝灌溉小组要占八昼夜，一昼夜卖小麦一石五斗，计卖48老石。四坝还有"熬眼水""看河水"河西寨子有所谓三不浇水，即苗小不浇、草不锄不浇、晚上不浇。他们总认为"年代久远，事过几朝""清官难断水利事"祖祖辈辈传下来的铁纱帽当时谁能抹掉，这种恶劣水规还认为老规矩到现在还存在着。

2. 偷水卖水浪费水的现象不断发生，由明的转为暗的，由直接的转为变相的，如五乡卢家堡民兵分队长张有详把水偷去浇园子一晚上，张满丁一老地的园子墙泡坏了，拿铁铣来打巡沟人。二闸余鼎家和位宽村一面给麦子，一面才能给韫水，今年位宽村没有给麦子，而多浇了两个时长水。余鼎等人把位宽号管水的人，抬到河里淹死了一顿，目前还要叫赔水。

3. "上游涨死，下游炕死"上游水多的地方说："水从门前过，不浇有罪过""没有洒的就没有浇的"如上三坝（四区）苗水浇过了，宁把水堵到歇地里泡，不把水让下来浇苗。暖五闸巡沟去的人问，为啥浪费水，他们的回答："歇地不浇，草长不出来"唯恐怕余水让下来，"一年为新，二年为旧，三年变成古"他们就吃了亏。

综上暴露问题的过程中，表现出代表们的思想顾虑，主要是本位思想丢不开。如发言积极表现思想进步的些人，正是出于地多水少的地方，如四坝十里堡代表李正华白白话中是按总政策原则办事，毛主席的办法就是好，恨不得当时就把水利改革好，他们就□彻底翻身。有些代表一言不发，只想保持局部利益，这些人正是出于水多地少的地方，如二闸余鼎家代表陈明□是现在水利主任，句句话中离不了昼夜、老粮，勉强地说了一句：水利改革就是好。但马上就回去，还得向群众、大家解释，就叫民主讨论。

总之，由于长期封建社会的统治农民思想，负担太重，新的事物不容接受，只图个人利益，不想公共利益，只看目前利益，不看长远利益，对新旧水利制度认识不够明确，资得大力动员打通思想，说服教育干部认清这是农民内部的问题，也是个人利益与公共利益相互冲突的交点。整个的水利改革过程是教育动员提高群众的觉悟的过程，要耐心的讲清政策，认清新旧水利制度界线，就可以顺利完成水利制度的改革工作。

二、新的水利组织机构

根据县水利改革计划，县成立水利改革委员会，根据各渠系、区域情况下设各流域灌溉管理委员会，马营河灌溉管理分会包括二、三、四三个区。马营河成立由委员九人组成，推选脱离生产的驻会委员二人，专选出了一人经常负责掌握全流域的水利情况，在各支流各坝选出脱离生产专职水利委员负责管理掌握本闸水量大小、地亩多少、沟渠状况和具体指导灌溉小组，计划五闸，每闸一人，上三坝共二人，茨沟河一人，位奇三号共一人，连同驻会干部任内，目前配备干部十人，合号按小沟坝或自然村庄组织群众性的灌溉小组，这样总的方面形成一系列的层层负责有职有权的组织系统。另外在横的方面，将原来乡的水利委员会，改为乡水利监察委员会，（不脱离生产者）协助水利委员，贯彻执行新制度。同时监视浇水点□或解决一些水利问题上的一些纠结，以防止浇水中的捣鬼和徇私舞弊，这里特别感到应重视的是灌溉小组建一个最基础的组织，应根据地区情况，村庄大小或沟渠（以一自然村为实）组织成群众性的灌溉组织，选出公共正派思想较好的人担任组长。其责任是领导该区域的农民在浇水前做好整地修沟输流、重点检查等工作，而不能掌握水权太重，弊端太多，不用机械搬运，必须在发动群众的基础上重新改组。如果要简便的搬运原来的组织，在某些地方将会架空上层领导，下层弊端重起。这些讨论中暴露的解放以后的水利弊病，全在基层的灌溉小组中发生，包括山丹河流域，由委员七人组成山丹河流域灌溉管理分会，选出脱离生产的驻会委员二人，各渠坝脱离生产的干部八人，目前仅选出三人，尚缺五人，需到9月份全部配备齐全。在组织方面，马营河流域组织正在积极整顿健全中。

三、方针任务和步骤

新的水利管理方针是按照统一民主合理的原则，在民主的基础上做到统一的掌握水。就是说经过发动教育，打通群众的思想，把各坝各号分散的水，通过民主讨论而集中起来，统一管理，又在民主的基础上合理调配，合理使用，根据这个方针先决定用水的原则是：

1. 按地分水。以目前山丹河流域和马营河流域来说，一般人在旧日按粮所划分的昼夜内点□浇水，现在在这基础上，先掌握确认有的水地面积来分水，再按实种地亩来浇灌，按水摊□，但一定要掌握上下游不同的水量，照顾沟渠的队伍。

2. 合理浇水。地多水少，水少地多的地区，先做统一的调整，应以“上游照顾下游”“局部利益服从全面利益”来教育群众，以达到分水上的公平合理，再进一步教育修沟整地，□□□了大地分□，以达到灌溉上的合理。

3. 经济用水。经济用水要做到四个原则：①按渠掏泉增加水；②修沟和正地节省水；③了解情况掌握水；④合理浇灌爱惜水。在此原则下具体领导农民实行四不浇：①地整不好，不浇；②沟修不好，不浇；③水不轮号，不浇；④准备不好，不浇。

4. 领导水利干部根据上述的方针原则掌握三个明白：①要明白灌溉面积有多少；②要明白各区各坝水量有多大；③要明白各坝作物的种类有多少。同时要注意四个到：①腿跑到；②话说到；③眼看到；④脑用到。这样加强组织领导，教育群众认识到水是国家的富源，浪费一分水都是不道德的行为。

依据上述方针任务提工作的具体步骤是：①从6月27日，所有选出的水利委员及水利员（脱离生产的）及参加会议的水利代表人回原乡，着重传达水利代表会议的精神，结合了解群众的思想情况以及反映结合贯彻政策，消除顾虑时间为四天；②7月2日水利干部正式到工作岗位，召开第二次水利委员扩大会议，水利干部均到参会地点．五闸庙会议内各部订立具体工作计划，建立工作制度与纪律，确定会后工作的努力方针；③在现有水利的基础上大力组织与领导群众浇好第三轮苗水，解决目前发生的问题，主要了解各地区灌溉情况，确实掌握地亩各闸与各号，一亩地能浇多少□，结合宣传新水利制度的好易，使他们明确的认识新水规，做完后第一次总结；④总结以后分头下乡，协同各乡政府及工作组整顿组织，成立乡水利监察委员会，理清职责，同时根据地区情况，组织水利灌溉小组，结合管理号与号、村与村水利纠葛问题。以后研究各水利域的分水问题，具体领导冬灌。

四、水利问题的排列与解决问题的办法

这次水利代表会议中马营河流域和红羊坝西山坝（三区新开坝和张家山代表提出的）达20多件，我们根据问题性质是这样排列的：

1. 区与区的四区的四坝滩，新并地乱浇水，影响五闸水量，潘家坡陪防水的□□□，东湖泉新开沟浇灌，减少五闸水量，上三坝随意扒水乱开口□，浪费水等问题。

2. 闸与闸的三闸和四闸的水分口子，地形高低不同，水随时向低的一面常闹纠纷。各闸与各好冰水塘子，如上游无原则的筑坝以至下游无法淤冰水的问题。

3. 各闸在水利组织上制度上及号与号、村与村地多水少和水少地多，偷水抢水卖水，乱扒水互不团结问题。

4. 红羊坝西山坝流域和下游新开村张家山的水利纠葛。

5. 一查田订产中遗留的水利问题。三区三乡余鼎家，查田订产中，把一千多亩水地变成旱地，二区的刘福寨三十里堡把好多旱地变成水地，如余鼎家农民是百计划这样做的。像高德贵五十多亩水地，只登了六亩水地；高希贵一百亩水地，只登了十百多水地。他们企图是多浇水，少征公粮，这次虽然揭破了，而具体解决了，又是企图将旱地再发水地，这是比较困难的一个问题，□在教育提高的基础上来逐步改善目前的顾虑。其他方面的同样纠葛，暂以查田定产的地亩处理为原则。

以上问题处理的办法，大部分是只有提高群众的思想觉悟，认识到水是国家的富源，浪费水是不爱护国家的财富，能够自愿的订立制度，互相监察水，不到号不乱浇，就可避免上游浪费水的现象。加强灌溉管理组织，紧密分工负责，按亩均水，按水分□，按□浇地。有计划、有组织、有掌握的经济用水，就可以逐步肃清偷水、卖水及不良恶习。至于四闸滩荒地改变水地及潘家坡、东湖泉堵水问题，在将改革工作做到第四段后，还需深入了解情况，必要时组织水利调查小组掌握详情后，再行处理。至于山丹河流域，坝与坝问题较多，均属枝节的细小问题，群众基础比较好，在工作中基本可以互相协商解决。

五、会议过程中的几点体会

1. 只有放弃了旧的立场观点，接受了新的认识，划清思想界线，工作才能展开。代表会最初开始代表们的思想都站在十字路口徘徊观望着，向哪面走才是正确的道路。嘴里说的是要改革封建水规，但是态度上，句句话中带出的味道，总认为是康熙老佛爷的敕封，几□年了都没有改掉，口口不离官粮，句句不放昼夜，不丢把，是政府的命令，丢掉把，回去对不住群众，因而起初是只谈远的，不谈近的，我们掌握这个关键。从他们的思想上用事实来启发诱导，才打破了问题，一突破，交给他们去□理，逐渐地解决了他们的封建思想病。

2. 注意到水多地少的地方，要多做工作。缺水处来的代表总是真诚地给地方上办事，除了急躁外，问题不大。多水处来的代表总是心神不安，不多说话，恐怕一说话，就叫别的地方拿去了。像二闸余鼎家的代表陈明琪只是在瞎画圈子，他的思想全靠拉拢部分落后群众。一张口就是有群众哩，实际上他的思想就是代表了当地干部和群众的思想。这里启示我们，今后工作中，如何打通水多地方的干部和群众思想，是一个十分重要和艰巨的问题。

3. 健全基层组织工作，才能扎下根子。根据这次讨论，最容易捣鬼的是水利灌溉小组，像三闸二十里堡灌溉小组□□□、□□□等，他们在点□时候互相捣鬼，李得菜□点一个一寸□，他点了一个六寸□，账上记了八寸，余下就会变相的卖。这个情况尤其二、三、四区，据代表讨论是最严重的。这次水利改革一定要注意到基层组织文件，如果忽略了这一环，一切新的制度是不会贯彻的，而会将上级机构架在空中，下级仍然捣鬼，群众依然遭殃，整个改革工作在某地就有形成换汤不换药的危险。

处理意见：

1953 年 7 月 20 日口山连水字第 194 号报告及数意，附属均兹函复如下：

一、你县召开山丹马营两河流域水利代表会议出现许多问题，总结出今后加强灌溉管理的各种措施，这是领导好生产的关键之一，也是扭转对过去不够重视水利偏向的开始，希望今后对水利工作方面的情况能继续密切联系下去，使工作更提高一步。

二、兹建议你县流域性的水利组织机构及当时期最好改为灌溉管理委员会，以符合上级规定的名称。在党政领导下，群众性的民主而又集中的组织形式。灌溉区范围在一个区以上的流域性水利组织，除由还在区署的引政负责，干部参加对应统一由经水利灌溉生产管理委员会领导。

三、为了补救灌溉小组长，因耽误个人生产形成不负责任的现象，则张掖县大官渠规定灌溉小组长的地内浇水，由组员轮流代浇的办法是值得参考的。

四、分水除按现有水地面积，还有远近等因素外，并应考虑和□□作物种植面积，各种治扬浇水时间土壤气候等因素，予以适当的必要的照顾，不应采取平均分水。

五、冬季应集中水利干部好好学习以资培养提高其政治业务水平。

六、新开荒地必须在□了原有水地、旱作面积质量的原则下，有计划地进行，今后应注意水量不够用而催生盲目性的拓展，改□□□不能提示。

七、在水量不稳定的山水地区，急需要有适当的灵活性——遇水大时缩短，缩短预先分跑的时间，雨水小时应做出某种轮灌适当的调剂。

八、统请查照研究为前。

甘肃省水利局

报告检查山丹地震未对水利产生影响[①]

1954 年 3 月 2 日　　甘 229-02-142-002

农林厅：

一、1954 年 2 月 11 日上午 8 时山丹发生地震，我局派郑载福、王建文等同志去检查至 2 月 26 日检查完毕，并和有关调查单位交换意见，认为此次地震并未影响地下水位。

二、附原检查报告一份，请鉴核备查。

局长杨子英

山丹县小型水利查勘报告

1954 年 4 月 15 日　　甘 229-02-140-010

4 月 3 日我们到达山丹县境内，展开了工作，除对已经决定兴办的马营河整修工程再度做了查勘并提出工程计划外（另有单引材料），经过查勘者，就其他小型民营渠道，再提出如下意见。

一、红堰坝

红堰坝在黑城河内引水，浇灌陈家山头、五林子寨、汲夹山等地农田。灌区地亩与参调查数字可查，估计水旱地约在一万亩上下，引水量为 0.4 秒立方公尺，渠道全长达 20 公里。该坝在金牛庄引水后，渠身即傍山坡由西南向东北引走，渠首段约二公里许，系在泥板岩陡坡中通过，间有砂砾山沟，渠身至河鹿垂高平均达 10 公尺左右。每逢大雨径流直冲砂砾，沿山坡滚下，或则泥板岩泉浸泡化为应圤坍下，塞淤渠身，因而渠水漫坝，冲击底脚造成巨大损失。此种危险地段，□□□□统计长度不下 500 公尺。如在此基础上谋求改善之策，实验当事，为改善本坝用水就提两个办法：

1. 封坝灌溉——红堰坝落后五林寨子以下诸地现有二坝沟即可通水灌溉，因此取消红堰坝进水口一段，使其水与二坝合并，由二坝灌溉。陈家山头约有耕地水地 1000 亩，旱水地 500 亩，入西山坝灌溉有在山坝水灌溉，而西山坝东金牛店以上土地约两百亩由红堰坝水浇灌。另外在山坝以西寨子耕地 700 余亩，由旁边坝浇灌，如此则红堰坝上，有一段可废而不用。惟上述各坝之水量情况及地亩数字浇灌情况等商定掌握能否达到目的。须□引详尽了解（已□泰黑城河水利除详细检查）并对群众进行细致的动员说服教育工作。我们建议首先就这一办法来进行以求达到目的。

2. 渠道改线——如果上一个办法行不通，我们建议将红堰坝并入二坝，距金牛庄下行二公里许，在开口分水治 2290—2285 等，高□崖另开新渠四公里左右，估计拉土方 12,000方左右，需用人工 3500 个左右，如此改线则彻底避免红堰坝斜坍之苦。惟约有 400 亩左右之能用半水地不能灌溉，但种此地的农民下游亦有半水地，可以改下游半水地为全

① 编者按：原报告未见。

水地以解决之。此项工程为群众在思想打□□，改可派人测量，进行施工，希望今秋或以后能达到此目的。

二、川口沙河地下工程

川口沙河地下水截引工程于1949年修成后，引灌四坝滩地2000亩左右，水质含碱，连续生长灌溉而不利作物生长，惟四坝滩肥沃荒地颇多。可以输歇耕种，故而影响不大。且沙河上游系马营河灌区，水质很好，故川口水中含碱，系因地下水排泄不畅所致，如连续引泄，含碱必定减少，过去已有例证。此项工程于52年秋，因山洪暴发，冲毁河堤，截水输水沟均被淤塞，而荒地又无人固定种植，因而废置，实为可惜。

为了配合国营农场的发展，建议此项工程于今年秋季进行测量，提具计划由政府投资举办。同时四坝滩荒地亦于以书进行耕种，发展国营农场，与此同时再在瓦窑坡以东一带打井，预计开展3000—4000亩的耕地当公用。此项工程之截水沟与输水沟清淤工作，并不难巨，惟堤防工程限于土质材料的问题，工程费较大，初步略估全部工程费需3亿元，每亩负担15万元。

三、山丹河流域

1. 泉源——山丹河东、西，黑泉除发动群众作岁修清游行。同时在东边旁定一条渠线进行深挖，当可增加水量，对群众挖□泉根的思想应进行批判。同时对旧泉比降□作调整，以取消水流不畅，出水不利之弊。泉源渠线测量计划4月20日前测完。

2. 三坝渡槽——三坝渡槽高达7.5公尺，跨度20公尺，原用木柴支建，两端渠填草皮。而基础又系地下水露头之处，故泥土松软，颇易倒坍。如逢雨水连流下泄，则渡槽危险影响灌溉，我们原计划由四坝滩边多改厚□，以避免支架渡□。但实际测量结果，一般挖方达三英尺左右，渠长2公里，全部土方达30,000方左右，故并非良策。因此我们的意见，本工程目前暂作陪厚加固两端码头，以维持通水，其根本改善或新建渡槽须作详细之研究。限于我们的经验和能力，目前尚无良策，待研究成熟后，金秋或旺季施工都可。

3. 九坝渠首工程——九坝渠首地势极低，易为洪水冲塌。如修建工程，工程费用在1.5亿左右，攻克坚稳，故应扩大六坝断面，使九坝水并入六坝，如此九坝本身既避免沙引水之渗漏损失。惟欲作好这一工作必须对山丹河流各坝引水的旧水规进行彻底的改革，坚决贯彻按地配水的方针，各级领导同志亲自动手纠正部分干部的保守思想，然后对群众进行深入的教育工作。这将不但对山丹河全流域的配水可以达到公平合理，同时对全县也起着推动作用。另外，九坝祁家庄子城壕甘支的溢洪工程，群众计划用圤石干砌，间以木榼。这个计划是对的，希望领导群众把它完成，以免山洪之威胁。

4. 六□——六□山居丹河之下游共辖山丹河九州坝。除九坝系引东泉水外，其余各坝引用西泉或东西两泉，九坝问题已如前述，下游其他诸坝则皆在沙河牛筑坝引水，沙河曲折多弯，估计自祁家庄至东乐城河全线长可达35华里。因此水浪费时损失颇巨。且各坝在河中引水，如遇洪水则渠首堤岸，辄为洪水。然重要□□不能引水之苦，尤以十七□诸坝口更为最重。

根据实际情况，我们认为山丹河下游诸坝有改革并裁之必要。具体方案是东祁家庄子将十坝口作好，拦引全河水量，扩大十坝渠道断面，使其成总干渠，至二十里铺建分水闸，分南北两干渠，北干渠即混十坝下流接水入十三坝，接入十六坝，再接入十七坝，取消十一坝，使十坝支沟通水以灌之。南干渠即由二十里铺混现有之牵到火车路旁开源，再投入十二坝，在十二坝坝前修建榆河流水坝工程，扩大十二坝断面之十里铺以上，再接入时十四在十里铺下一公里工具处将十里坝分开，由十四坝直通至东乐，再投入二十与十九坝。如此则并河北诸坝为北干渠，河南诸坝为南干渠，当二十一坝与十三坝浇水时，南北干渠同时输水到该坝首，以供引灌。

为了彻底改善本质之水利灌溉，渠道并为南北干渠实为必要。同时为了南北干渠之修建，则对各坝配水上亦应另做规划。本区各坝过去配水制度还算公可，并按照原有支配水时间和口尺大小折算各坝原有支配水分数，如下表。

坝名	地亩数/亩	引水时间的		折合分数/分	每分水负担浇地面积	附注
		双泉	单泉			
十坝	6517.25	—	$7\frac{3}{12}$	43.50	216.00 亩	双泉水按 10 分，西泉水按 5 分计算
十一坝	2835.00					
十二坝	4146.18	—	$5\frac{4}{12}$	32.00	192.00 亩	
十三坝	2144.81	$\frac{5.6}{12}$	$7\frac{5}{12}$	15.02	143.00 亩	三坝同时引水口寸不详新，按地亩比例推算如左数
十四坝	3312.00			23.19	143.00 亩	
十五坝	1568.47			10.99	143.00 亩	
十六坝	2156.35	$1\frac{9.7}{12}$	—	18.00	120.00 亩	
十七坝	1145.15			11.78	106.00 亩	
十九坝	1415.44	$3\frac{6}{12}$	—	11.66	128.00 亩	
二十坝	1147.86			11.56	11.50 亩	
十八坝	2976.68	$3\frac{4}{12}$	—	33.36		
二十一坝	1610.00	3.0	—			□□□□□□□
七□半	141.47					□□在十八、二十一坝内

根据上述数字由十坝到二十坝共有水 277.7 分，其中十、十一、十三、十六、十七诸坝共占水 87.□分。十二、十四、十五、十九、二十诸坝共占水 90.4 分。□南干渠引水量占 51%，北干渠引水量占 49%，按此及各坝蓄有分数进行折算，则南北干渠之配水如下表。

<table>
<tr><td colspan="3">南干渠（占水量51%）</td><td colspan="3">北干渠（占水量49%）</td></tr>
<tr><td rowspan="2">坝名</td><td colspan="2">配水时间/天</td><td rowspan="2">坝名</td><td colspan="2">配水时间/天</td></tr>
<tr><td>双泉</td><td>单泉</td><td>双泉</td><td>单泉</td></tr>
<tr><td>二十坝</td><td>$2\frac{6}{12}$</td><td>—</td><td>十七坝</td><td>$2\frac{2.5}{12}$</td><td>—</td></tr>
<tr><td>十九坝</td><td>$2\frac{4}{12}$</td><td>—</td><td>十六坝</td><td>$3\frac{6.8}{12}$</td><td>$\frac{1.5}{12}$</td></tr>
<tr><td>十四坝</td><td rowspan="2">$\frac{11}{12}$</td><td rowspan="2">$9\frac{7}{12}$</td><td>十三坝</td><td>—</td><td>$5\frac{1.5}{12}$</td></tr>
<tr><td>十五坝</td><td>十一坝</td><td rowspan="2">—</td><td rowspan="2">$14\frac{9}{12}$</td></tr>
<tr><td>十二坝</td><td>—</td><td>$10\frac{5}{12}$</td><td>十坝</td></tr>
</table>

本工程及配水问题应即向群众□□，使其了解，可于秋后进行测量提出计划，今秋或明春施工，本工程□□效宏，实应抓紧以达到□目的。

5. 打井——我们计划于六、七月间小川城南□家庄以西，瓦窑坡以东的滩地里□地区外的林地进行打井，□□以□□□灌溉。□打成功后，希望带给农民□□□□□□。如果失败，由实验□□□，希望县领导予以支持与□□，□□打井的问题下半年再决定。

此外，我们建议，对各渠系各沟的面积，应作进一步的较详细的调查与统计，以作以后配水的依据。现在水是国家的资源，按此配水等原则随时随地向群众进行宣传教育工作，以扫除改革水利制度的障碍。同时对各地现有之□泥坑，必须坚决取缔，以减少浪费水量。

在改良灌溉方法上，是提出三亩以上的地亩必须改小，这是正确的。但如何做到家喻户晓，贯彻实行，还须大□领导，□□自流。如三□四坝堡有些群众还不知道这回事，对红旗引水积极组织浇地□的试办工作，都须□竞加强领导才能达到目的。

□□□□小麦种植面积问题，我们的意见以后在水量有余的情况下，酌量有计划的增加，才能达到增加生产的目的。如果不放□水的情况下，势必有些夏禾得不到□□的灌溉而形成减产。在水上形成了夏紧秋聚冬不□的现象，这是不好的，如一区冬坝夏禾面积增加，很多在灌溉时，有无问题□出右□及早准备。

甘肃省水利局对山丹的小型水利查勘报告的批复

1954 年 5 月 15 日　　甘 229-02-140-010

26 日、15 日在山丹的小型水利查勘报告收，悉兹西堰坝如下：

1. 红堰坝同意所提出的两个办法，但最好仍先按第一个办法进行，如行不通，可以加场冬季工作时间。

2. 对以上沙河的意见，我局同意，但不要完全依靠投资，综上还需别的解决办法。

3. 山丹河流域的规划意见我局认为很好，综上请考虑认为可行，希加紧宣传，通适合点探究意见。原基础情况如何，希再作进一步的工作调查，仍以木架渡槽为空。

4. 同意在山丹城□打井，失败了可在试验费内报销，但是在以上的又需事先填写计划表。

5. 几点建议意见我局同意，希县上研究办理。

山丹县1957年农田水利工作总结（初稿）

1958年1月25日　　甘230-02-030-001

我县去年水利工作在上级党政正确的指导及全县动员，领导动手，遵照着“社办公助”、“因地制宜”和“全面规划”、“加强领导”及兴修中小型水利，加强灌溉管理的方针下，结合本县具体情况，接受成功经验和汲取失败的教训，用千方百计，广泛动员，开展规模浩大的兴修水利和农田基本建设，改进灌溉管理工作。不仅形成了高潮，而且取得了宏大的成就，战胜了数十年来空前未有的自然灾害，并优化了农业丰收，完成了1957年农业生产计划。

一、任务完成情况

1. 水利建设方面：遵照“社办公助”、“投资少收益大”、“新建与护理并重，巩固与发展并重，数量与质量并重”水利建设原则及修中小型，有重点的举办大型水利的兴修水利方针。和张掖两县重点完成了规模较大，技术复杂，可蓄水2000万公方，浇地95,000亩的祁家店中型水库外，同时修建了长达63.25公里马营河东西干渠，在山丹河南北干渠开挖土方，做好备料工作。截至年底，共完成填挖土沙方2,811,245 m^3，开山炸石头2071.3 m^3，沙子6070.5 m^3，红泥11,296.8 m^3，渋浆砌块石□ m^3。此外，进行了白石崖渠道整修工程。上述工程共用人工149215个工日，车工41405工日，可扩大灌溉面积45,000亩。

小型水利工程，本着因地制宜，就地取材，边勘察边施工，本着及、快、好、省的要求，截至年底共兴修支渠231条，长759.5公里；农毛渠3446条，长3750.6公里；整修了支渠138条，长146.5公里；整修了农毛渠436条，长259.7公里；合并渠道139条，长30.5公里。另兴修拦河坝96座，整修110座，共修冰水塘4个，整修55个，掏泉599眼，加固旧泉588眼，新打井77眼，加固旧井9眼，新筑和整修大小闸3213座，裁弯3617条，长46.8公里，填坑3617个。共节省水量，扩大灌溉面积69071亩。

2. 灌溉护理方面：我县主要依泉雪水灌溉耕地、田圩，去年冬季落雪较少，今年底墒不足，地下水位有所降低，水量比去年同一时期减少20%—30%。在秋夏季，水量更有显著减少，但由于本县领导亲自动手并动员全党，确保乡长摆脱业务来搞灌溉工作，充实和建立了水利组织，做到了全面规划，加强了灌溉管理等工作。尤其是在后半年，中共中央国务院发布了一定要在今冬明春大规模地开展兴修农田水利和积肥运动的指示和省水利及张掖地委四干会议召开，自上而下批判了右倾思想，迅速地掀起了一个兴修水利的高潮，完成了任务。本年实完成水地浇灌面积277,440亩（其中包括半水地51,978.32亩）比去年同一时期扩灌57,141.63亩，完成计划的102%，冬灌任务比去年多浇灌121,628.95亩（其中半水地431,506亩），完成本区分配任务的176.5%。

3. 田间基本建设工程：为了进一步推广科学的灌水方法和达到经济用水，截至年底共改除串灌 13,660.6 亩，平整土地 93,779.60 亩（其中□规格 20,051.68 亩），加埂 32,176条，长 823,713 公尺，增加土地 2954 亩。

以上三项工程共用劳力 1958170 工日，这就充分说明了有组织的农民在兴修水利上的决心。

二、取得上述成绩的几点措施和体会

1. 党政的正确领导是完成任务的根本保证。今年我县水利工作进一步的贯彻了“领导重视，全民动员”的方针，不但经常把水利工作放到各项工作日程的主要一环，同时按照本县五七年举办的，各项水利工程和灌溉管理工作，进行排放。并指定了县长家经常住工地，领导水利建设，副县长□佩年抓住灌溉管理。此处还抽调了七名科部一级干部和二十七名一般干部，摆开业务，专门分工管理水利各项建设。在各乡除抽调乡长及副书记，常驻工地领导民工处，并确定第一书记和副乡长干灌溉管理工作。作到了及时检查，即有指导，并根据各个不同时期提出不同要求，使水利运动不但发展迅速，同时很健康。

2. 批判了右倾思想。在 1956 年冬天，水利上右倾思想又有所抬头，农村的地主、富农及过分富裕中农和落后农民小资产阶级右派分子，故意抹杀成绩，扩大缺点，对水利工作大肆进攻，散布谣言和不满论调，使 1957 年上半年水利工作受到一定损失和停留状态。经机关反右派斗争和农村“大辩论”后，使广大干部和群众擦亮眼睛，便明了是非，同时自从省召开水利会议和专区召开四干会议后，民全县内从上至下，从远至今，从薄至深，严厉批判了裹足不前的右倾主义保守思想，使广大群众和干部明确了方向，迅速地掀起了一个新修水利高潮。例如在专区四干会后 20 天就完成兴修支渠 204 条，整修 138 条，计修农毛渠 3316 条，打井 77 眼，锒大小闸 2073 座，修堵水坝 86 个，共节省水量扩大灌溉面积 61961 亩。

3. 广泛全面地贯彻了“社办公助”、“因地制宜”、就地取材、办中小型水利工程，重点兴办大型水利的建设方针及改善灌溉、提高现有水量利用率的原则，做到了“费省效宏”及“收益好”的要求，有力地发动和鼓舞了庞大群众兴修水利的积极性。例如霍城乡祁连社利用了一天半时间，用 450 个劳动力，修一个挖地蓄水池，扩灌了 300 亩，群众反映说兴修水利就应利益大，要求社会应广泛地开展兴修水利工作，有力地推动了水利工作的进展。

4. 健全和充实了水利机制。在 1957 年我县只有群众性水利委员会一处，各□有水管理所三处，并未有行政机构和完善地工作制度。依照上级指示和适应 1957 年水利发展要求，于 1956 年秋，县建造水利科，各河流成立了水利所，各农业社设有水利股和专业汲水小组，并配备了各所领导和增加干部，作到明确分工和具体指导，同时根据全县用水实情和水量变化，拟订用水制度和各项工作制度，有力地推动了水利事业的发展。

5. 相信和依靠了群众的智慧和力量。不但在灌溉管理和兴修中小型工程广泛依靠了群众的智慧和力量，同时在举办的大型重点水利工程也依靠了群众。例如兴修祁家社水库所用的铁锹、镢头、抬扛、筐子、草绳等都是向群众借用的，夯实所用的一百三十六个石杵子和运土的一百四十五个推车全是借来的……①采取技术干部的指导，民工边作边守，并保证了规格和数量要求，在整个工程不但节省水费115万元，并提前完成了任务，同时给今后开展水利工程奠定了基础。

6. 开展红白旗竞争□拉旗帜，培养典型，以点带面，开展各项工作的各项措施。我县在开展各项大中小型水利工程和农田基本建设全部推行了红白旗评比竞争，有力的鼓舞了民工劳动热情，同时我们首先在城□乡重点的进行土地和渠□规划四百九十二亩，作出了样子，组织了各乡完□出乡长的各科部领导和县人代、妇代、青代共五百二十七人进行了参观，就地介绍了经验，学习了技术，参观并一致说二坝地整的好，是我们的榜样，我们回去也搞一场，有利的推广了全县的小型水利工程和农田基本建设。

7. 加强灌溉管理，改善管改办法，推广了计划配水。1957年，我县不但充实和加强了灌溉管理机械，同时根据公灌压不同情况推广灌4300亩，更主要的是全县普遍的实行了耙地行墒和土地配水，重点执行了中央简易配水工作。在冬灌中提倡了“水不下河，井不闭口”延长了冬灌时间，但节省了水量。更利的是，用冬看闭小扩灌了面积。

总之我们今年取得的成绩是主要的，同时还存在着以下的缺点和问题：

1. 缺乏工作的全面性和预见性，对工作中进展中所能发现的问题估计不足。在灌溉上，如在今年灌溉当中，有部分干部和群众对旱灾没有足够的认识，有等天下大雨和发生大水思想，对“人定胜天”没有足够的认识，加上我们对防旱抗旱、节约用水等宣传教育工作做得不够，因而丧失了用水时间，影响了夏末的按时用水，使祁修地区和乡受到了不该有的损失。民工程方面，如缺乏事前计划，采用了边勘测、边设计、边施工的办法，在民工程进展速度快的情况下，形成了设计赶不上施工的需要，程度不同地影响了工程的进展。

2. 对“兴建与管理并重”、“巩固与发展并重”、“数量与质量并重”的要求作得不够。如各乡对1956年所兴建渠道，打的水井等工程并未很好的管理保护利用，如城北乡1957年打水井27眼，目前已塌落的有12眼，再如涤洪河亲砌渠道已冲垮，没人管理，这种现象不同程度地存在着，在重点工程的白石崖、祁家治水库也不同程度地存在着。

3. 在工作中缺乏文字指导和及时总结先进经验。在1957年几个灌溉管理及重点工程中，除过每季写出安排和工作总结及施工计划外，其他文字指导和通报都比较缺乏。更主要的在试验灌溉和开展农田基本建设的重点，作完全的工作，并未有细致和先进成功总结来指导其他地方的工作。

4. 对安全施工注意不足。在重点工程的祁家店水库发生伤亡事故，压死一人。同时，在开展农田基本建设中，芦堡、城北也压死二人，受伤者十三人，其原因都是我们施工的麻痹大意造成的。我们要汲取这次的教训，今后必须严防，以免类似情况发生。

总之，1957年水利工作的成绩是显著的，但在我们工作中也程度不同地存在着右倾思想。必须接受去年成功和失败的教训，继续批判裹足不前的右倾保守思想，立即动员广大群众，组织千军万马，坚定贯彻兴修中小型水利、有重点地兴办大型水利的建设方针。以

① 编者按：此处文字模糊。

排山倒海之势，展开声势浩大的水利建设运动，保证1958年扩灌面积二十万亩、增产粮食两千万斤的任务顺利完成。

致甘肃省水利厅、中共张掖地委、张掖专员公署

祁家店水库检查报告

1959年4月6日　　甘229-02-227-099

张掖市、山丹县人民委员会、祁家店水库管理所：

根据省水利厅“希望组织专人对已完工的水利工程进行一次检查，并健全管理机构的函”一文的指示精神，我局于4月6日派人去山丹县祁家店水库进行了蓄水后安全检查（同时派人对昌马河渠道工程及鸳鸯池水库工程进行了检查，报告另作）现将检查结果报告如下：

山丹县祁家店水库系1957年完工，1958年开始蓄水受益。设计坝顶高程1729.20，1958年（记载中未记日期）实测的坝顶高程为1728.40—1728.79（检查时因无水平修未进行观测）最高蓄水172□□。水库完成最大蓄水位即是检查水位，为1721.87，蓄水1000万公方。经检查水库土坝质量良好，蓄水安全，未发现有危害安全的现象。祁家店水库为我区解放后第一座中型山谷水库，也是我们现在和今后大规模兴修大、中型水库在质量方面应该努力的方向。

检查时也还发现一些问题和一些值得引起目前施工中的水库重视的现象：

1. 启开拉杆扭曲得很厉害，闸门关闭不紧，漏水严重。据管理及有关人员谈“原来漏水达0.5秒公方，经用泥袋堵塞才减少，目前估计在0.15秒公方左右。操纵台1958年初因向外倾斜严重，放水后重新了一次。当时考虑的主要原因是坝的沉陷，使两端固结的工作桥作力与操纵台而使倾斜。根据现象判断是冰压力所致，经敲冰防冻即再未发展。”

根据上述情况，今年放水后，闸门必须重新安装，并找出问题的症结，进行修正。操纵台今后在冬季蓄水期间，要吸取今年经验，加强防冰压力的措施。

2. 为进行竣工后各种现象的观测，预防在土坝中的测压管、沉陷管均因风沙堵塞而失去作用。为了预测水库可能发生危害安全的现象，并给今后其他同类属性的水库积累经验，管理所应加强对工程的管理测验工作。首先测压管和沉陷管内的风沙，要设法进行清，进行定期的观测，沿坝轴线设立标点，进行不同位置的沉陷观测，现在大小坝后均有微量的渗水，也应进行观测。

3. 紧接大坝后，由县水产局修鱼池一座。回水淹没了坝址，对坝后反滤层工作情况不利，应向下移。同时水管所亦应发展水产经营园地，逐步作到以库养库。

4. 小坝南端与溢洪道北端山坡有裂隙水出游，并且在溢洪道北端经常有石块塌落。据此判断，我区目前兴修的大中型水库亦不免会有此情况发生。特别是在岩层不好的地带，要预先估计到这一情况的可能。如金川峡水库岩层较破碎，隧洞开发时有塌方，衬砌时塌落的空隙也未能完全填塞，这就有可能在蓄水后，因水的渗流影响，洞顶岩石继续塌落。大量渗水在洞的出口附近出流，影响隧洞的安全，因此必须要作补救措施。

以上报告妥否，请省水利厅、地委、专署指示，有关县（市）人民委员会及水库工程委员会提出意见。

甘肃水利厅

1959 年 4 月 13 日

关于山丹河灌区组织灌溉专业队的经验介绍

1960 年 9 月 14 日　　甘 229-02-213-002

山丹河系泉水灌区，水源较稳定，年平均流量为 1.38 秒公方，除城市和工业用水外，农田用水约 1.1 秒公方，灌溉着城北公社、山羊堡农场和张掖甲子塔生产队耕地 78,338 亩，平均每个流量全年灌地达 7 万亩，比一般灌区提高两倍多。在今年大旱无雨，泉水量较去年减少 16% 的情况下，由于组织了灌溉专业队，推行了经济用水，因而保证了夏禾三次苗水和秋田适时灌溉获得了丰收。

事实证明，灌溉专业队是改进灌溉技术，提高灌溉效率的唯一措施。山丹河灌地从 1958 年人民公社化后，为了适应新形势的发展，从原来灌溉小组的基础上，以大队（核算单位）为单位，以渠系为基础，每 300 多亩地固定一人，组织了 203 人参加的 9 个灌溉专业队，每队设有队长和副队长一人，并分片设立了两个党支部，由公社派了支部书记，加强党的核心领导。专业队按渠系和人数下分小组，行政领导、生活报酬由大队负责，业务技术由水管所负责，不断加强队员的思想教育，以“热爱水利工作好，服从调配遵守劳动纪律好，改进灌溉技术节约用水好，互助团结联系群众好，克服困难完成任务好，政治业务学习好”等“六好”为标准，不断开展大评大比和红旗竞赛，采取五日一小评，一轮水后一大评的办法，及时奖励先进，鞭策落后，总结推广先进经验。今年夏灌阶段，先后共评奖了模范人物 70 多人次，出现了人人争上游，个个赶先进的跃进局面，巩固和提高了队员的政治思想觉悟。在工作中采取了水来浇水、水过修渠，水前对坝、水后养渠和“包浇水、包养护、包对坝、包任务、包负责”及“定领导、定水量、定时间、定地亩”的五包五定原则，加强了队员的工作责任感。在大搞思想教育工作的同时，合理解决了生活报酬，在生活上采取集体吃饭（自办食堂），行动统一，轮班休息，劳逸结合，夜间浇水，加餐半斤。工分采取死分活评，浇水中工分略高于农业劳动，但不能超过最高劳动的二分，□夜浇水固定工分为 22 分，各组根据个人劳动好坏，再进行活评，由大队记工。另外，在不影响正常业务工作的原则下，还积极开展了积肥，开荒，找芨芨草等粮食、蔬菜和副业经营，全专业对今年共种粮食作物 22 万亩，预计的收入，粮食可 21,900 斤，可自给三个月，种□278 亩，可收入□8340 斤，基本达到自给自足。副业收入累计已达 1 万元，购置了照明和各种工具设备，解决了集体福利和个别队员生活困难的补助。山丹河灌区的各级党政领导就是用这种一手抓思想，一手抓生活的办法，不断巩固和提高了灌溉专业队，在灌溉管理上，特别是在今年抗旱生产中，这支专业队，发挥了巨大作用，根据几年来的实践证明，它的好处是：

一、不断改进灌溉技术，杜绝各种浪费，提高水的利用率。山丹河由于缺水，以往非常混乱，上截下抢，你争我夺，恨水和浪费现象也很严重，每年作物生长期只能浇 1—2 次水。组织专业队后，彻底克服了这种混乱和浪费现象，每亩用水由以往 80 方—100 方降到 60 方左右，加上水库调节，扩大了灌溉面积 2 万多亩，浇水次数增加到 3—4 次，水的利用率由以往 50%—60% 提高到 70% 以上。在今年大旱的情况下，队员们认真执行了经济用水，对低洼地面和渠道积水，用长把□、脸盆泼浇，作到了水过沟干，滴水必争，保证了作物适时灌溉，获得了丰收。

二、通过专业队可以彻底贯彻执行配水计划和各种灌溉制度，他们根据“三浇”即“乱□下雨浇，不分昼夜浇，按配水计划浇”和“四不浇”即“草除不净不浇，不追肥不浇，地不平不浇，不到计划时间不浇”的办法，不但克服了明灌夜退的不良现象，而且紧密地结合了田间管理，充分发挥了水对农业增产的最大效能。

三、保证了田间工程的完整。专业队由于采取包浇水，包养护和水来浇水，水过修渠的办法，因而经常保持了田间渠系的完整，并不断修渠安闸，有效地控制了水量，克服了决堤倒坝和沟路不分等浪费现象。

四、培养一批浇水专业队伍，进一步改进灌溉技术，实行科学用水打下了基础。这支灌溉专业队员们，经过三年的学习和实践，大部分都能掌握测水量和“看天、看地、看庄稼”，因地制宜，根据土壤、气候和作物用水习性、发育变化进行合理灌溉，促进农业生产。今年在灌溉中，并设立了五个测水点□□，为进一步推行计划配水积累了资料，工作中还制作了月牙挡水板等先进浇水工具 120 多件，大大提高了灌溉效率。

五、可以节约劳力，投入田间生产。根据他们的经验，以往一沟水（0.2—0.3 秒公方）连巡渠浇水 10—11 人，有时因等水、堵水，浪费劳力很大。现在在一般情况下，这些水，6—7 人就可以全部掌握，预计可节约浇水劳力 30%—40%。

张掖专署水利电力局

山丹县关于开展灌溉实验研究工作的几点体会

1960 年 9 月 17 日　　甘 229-02-213-005

我县的灌溉实验研究工作，□□□□□□□□□□□□□□□□□□□□□□□□□□□[1]，在县委的正确领导下，自五八年开始，从无到有，从弱到强，逐步成长壮大起来的。现建有县站三个，即城北、民乐、六坝。一九六〇年九月上旬，新设公社社办灌溉试验站三个，即三堡、位奇、花居。群众性的灌溉实验点 16 个，即城北公社的，祁家庄，城关南湖，东乐□四个，花居公社的夹河、下居、霍城，三堡公社的民联、太和、东上坝，□乐公社的顺化、聚和，南古公社的杨坊、净珲、马蹄，民乐公社的□中，这样，我县灌溉实验站，点星分布，分布于全县不同三类地区及各社不同气候，土壤，作物的代表区，基本实现是社社有站，队队有点，初步形成了灌溉实验网，这将对我县各灌区农田灌溉，指导当前生产发挥巨大作用。三年来分别对冬小麦，种春小麦，谷子可□□我县主要粮食作物

① 编者按：为符合当今有关出版规定，此处略去数字。

和调料作物，进行了灌溉制度实验和需水量，实验反对灌水方法，沟圳灌水方法进行了对比实验和播前蓄水，冬春灌的对比实验，结合下田生产，并对冬小麦大面积生产灌沙经验进行了总结，通过实验和总结，对指导当前生产起到一定的作用，并给各灌区水需所在制定配水计划提供了科学理论依据。几年来我们在开展灌溉试验工作中取得以上的成绩，在工作中的几点体会是：

一、坚持政治挂帅，依靠党的领导。

坚持政治挂帅，紧靠党的领导，是开展各项工作有力保证。我县的灌溉试验工作和其他工作一样，是紧依靠了县委和各级党委领导进行的经向党委请示汇报工作，每年实验的项目都是呈报批准后再执行。从中取得的成果及□□□□，上报党委提供生产上的参数，由此加强了对党委的请示参报，从而我们灌溉实验工作得到了党的重视和安排，每年有业务领导专门拨发有实验专业费，增添仪器设备，设备干力增加实验力量，现有三个县站仪器基本够用，共有实验专业干力三人，二人两名。

二、边实验，边总结，边推广。

在灌溉实验中，我们坚决的贯彻了实验为当前生产服务的方针。在不同农忙季节和不同作物生长期，配合各灌区大田生产，在农田灌溉上写示具体的材料以指导当前生产。如今年各灌溉实验站在省委提出“无雨大增产，大旱大丰收”的口号精神鼓舞下，我县在春灌或夏灌由轰轰烈烈开展一个经济用水的运动中，六坝、民乐两个站配合农民洰水分所保卫大田，对不同地区土贡的灌溉定额进行了实测，并结合站内不同小区灌水方法和定额写成材料，提供生产上的参数，并根据站内试验对冬、春小麦生长期，各灌水时间、定额、次数，写成材料发到各生产大队和水管所。如今年春季六坝地区由于去冬旱象严重，冬麦在返青期发生大面的死亡，该站配合该对进行细致的调查，找出了原因，并首先在站内对已发生死亡冬麦提早进行灌溉，在取得成效的基础上写成材料，提示挽救冬麦死亡的灌溉措施，使大田□分冬麦得了补救。又如本秋全县掀起了一个声势浩大的种冬小麦高潮中，为了摸清播前灌溉的时间和定额，由六坝、民乐两个站派出专人对农民灌溉的冬麦灌溉经验进行了调查总结，在调查的基础上提出冬麦播前蓄水的时间日和定额，以供水管所制定配水计划的参数和依据。

三、依靠公社和生产大队开展群众性的灌溉实验工作。

由于在县委的正确领导下，我县农业科学实验研究工作，已经蓬勃发展起来。公社都建有农业实验所，各大队建有农业实验站，固定专人、工地、劳力、畜力进行实验，这对我们开展群众性的灌溉实验工作奠定了良好的基础。为此，我们采取了灌溉实验与农业实验相结合，专业灌溉试验与群众实验相结合的方式，这样既省人力，又能取得比较全面的资料。目前民乐、六坝、城北三个灌溉实验站已同县委农业试验所、公社农科所进行合并办公，农业与水利有机结合，进行实验，灌溉实验项目□被列为农业实验重点项目之一。如 1961 年灌溉实验工作的开展，除对重点站配备固定专职人员外，我们就依靠各社农业试验以及各大队实验站配合进行实验，由各公社、各大队重点对不同地区各类作物进行灌溉制度的实验，实验项目包括冬小麦、青稞、洋芋、谷子、胡麻油料等重要粮食作物和油料作物。以上实验是通过八月中旬县委召开的农业技术科学实验研究会议所确定下来的。

四、以站代点，分区包干，以老站代新站，老师带徒弟的方法，培养技术力量。

我们灌溉技术力量还是非常薄弱的，在开展实践工作中还存在一些问题，便采取以老站代新站的方法，民乐、城北、六坝三个镇分区包干，对新建站负责技术指导，安排深入到各站，□□□进行检查辅导，帮助解决技术上所存在的问题。为了壮大灌溉技术力量，在1959年及1960年两年于祁家庄水管站举办了两届短期培训班及临时有个别站派人来民乐站短期学习。两年来，我们共培养了实验人员80名，从而给开展灌溉试验工作解决了基础力量问题，并经常分期召开灌溉试验会议。通过现学习，交流实验办法，会后又写成材料，把具体的方法发到各站、点去帮助解决技术上仍存在的问题，这样使新建站逐步巩固和提高。

虽然我县灌溉实验研究工作，两年来所取得的成绩是较大的，对指导当前生产起到了一定的作用，但我们工作中还存在着一些问题。根据当前农业生产高速度的发展，我们深深认识到，灌溉试验研究工作还跟不上当前生产发展的需要，实验质量不高，站、点发展不平衡，技术力量赶不上需要，仪器设备不够多。但我们认为这些都是我们开展实验工作前进中暂时局部的困难，只要紧紧依靠党的领导，依靠人民公社的巨大优越性，发挥每个灌溉实验人员的主观能动性和积极性是完全可克服的。现在我们正积极准备，为实现1961年灌溉实验工作全面□□奋斗。

山丹县水利工作公报提纲

1963年11月　　甘230-02-057-012

一、基本情况

山丹县位于河西走廊中部，是一个山川交错，土质肥沃，面积宽阔，水力资源丰富，气候较适宜发展农牧业生产的地区。共有19个人民公社，16651户，85790人，共有可耕面积217万亩，现已开垦的耕地面积为55796亩（包括轮歇地），占可耕地的25%，其中水浇地248036亩，占已耕地面积的44.5%。每人平均有水地2.9亩，全县共有劳动力32226个，耕畜11800头，常年播种面积约35万亩左右，每个劳动力平均负担耕地9.1亩，每头耕畜平均负担耕地29分。

全县共有大小河道六条，按水系处区划分为霍城、寺沟、马营、山丹河四条主流，山丹河下游的祁家店为水库灌区，这五个灌区各设水利管理所一处。

现有水利工程设施有渠道38条，其中万亩以上的有4条，有水库2座，其中万立方米以上的1座，塘坝18座，抽水机有9台，184马力，其中泉眼2230眼。这些工程设施共有控制面积248036亩，其中有效面积187265亩，保证面积82340亩，全县共有平均流量5.07立方米，每径流量为14587亿万立方米。

解放后共修建白石崖节水渠9条，山丹河二坝、六坝风节支渠15条，全长达266公里，兴修祁家店、寺沟中小型水库的蓄水能力达2200万立方米。在农田基本建设方面，采取了改善田间渠道系及建筑物配套，消除串灌等措施，从而使全县水地面积由合作化前的148770亩扩大到24万亩，扩大61%。尽管如此，但还达不到党的工业发展及人民群众生活逐步改善的需求，我县的水利工作也有大量的任务需要去完成，主要是：

1. 许多支、斗渠床未固定，水流老河床，渗漏严重，有些沟路不分，浪费水量。

2. 渠道建筑物不配套，现有建筑物损坏很多，上冲、下游形成大肚子“洼水坑”。

3. 部分农田没有地头沟，形成串灌和大水漫灌。

4. 泉水渠道没有引水设施，常被洪水冲袭和淤积，造成泉渠搬家，泉眼淤塞，严重影响了出水流量。

5. 已共修的支、干渠缺乏管理养护，目前破坏较为严重，有的渠早已被破坏，水流老河床。再加支渠以下设施不配套，因此，渠道利用系数不高，马营河平均利用水量50%，山丹和齐家店平均利用水量60%，霍城和寺沟平均利用水量50%，因此浪费水量相当严重□，如果全县水的平均利用率提高到70%—75%，灌溉面积可由现在18万多亩基础上扩大到25万多亩。

二、1963年水利工程完成情况及64年的工程安排情况

1963年我县已竣工的水利工程26项，占原计划23项的113%，实完成计划量26779.18立方米，占原计划19042立方米的140%（其中土砂方21980.42立方米，砌石4209.16立方米，混凝土591.6立方米），实用劳力737965.5工日，占原计划8917万工日的80%，共花投资236632.92元，占原计划255000元的92.8%，共用水泥243.2吨，占原计划545吨的98%，木料215.3立方米，占原计划239公方的90%，钢材23.3吨，占原计划45吨的52%，使用补助粮94887市斤，占原计划93500市斤的101%。其中完成基建祁家店南干渠工程1项，社办工程20项，县办工程5项，同时还在春季完成小型水利工程支干渠清淤71条，长173.9公里，清淤量25572立方米，花工28280工日，整修农毛渠2492条，长8524公里，整修各种小型建筑物2594个，并有正地127393亩，占夏灌面积的85%。这些工程的完成对今年的灌好农田起了决定性的作用，使今年春灌提前十天完成，比去年春灌多18800亩，夏灌比去年多14784亩，冬灌比去年多28320亩，使我县的有效灌溉面积增加3374亩，提高保证面积9100亩。

1964年的水利工程，省水利会议确定我县九项，即祁家店总干渠三号陡坡改道、总干渠渡槽改建、北干渠陡坡改建、白石岸渠道维修、买银河西干渠改道5公里、羊肠子沟改建5公里、东干渠收尾6公里、寺沟水库大坝加高开挖溢洪道长浆砌消力池、老君瓷窑沟3.5公里。小型配套工程两项，即山丹河四、五、六、七坝配套及马营河的闸交渠配套。上述工程共投资469943元（其中工资213560元，材料费208000元，运费48324元），共有工程219130立方米（其中土方19650立方米，石方25830立方米，混凝土1650立方米），共需劳力465430工日（其中技工27720工日），供需器材水泥977吨，木料334公方，钢材35.7吨，共需补助粮食335080市斤。这项工程我县今冬安排开工的五项，即山丹河小型配套、马营河东干渠收尾，羊肠子沟、寺沟水库的开发挖溢洪道及浆砌消力池，白石岸渠道维修。其他工程一律今冬备料，明春开工，目前已做出正式勘察设计的七项，正在设计的两项，已经专区批准开了工的两项。

县上已抽调干部26人前往工地领导施工，其中初级领导干部5人，一般干部15人，技术干部6人。这些干部都也分别到各施工工地及配料工地去进行工作，已经建立了工程

委员会四个，同时县上在进展中召开了电话会，组织了工作组，由谢副县长带领巡回各工地进行督促检查，发现问题及时解决。

目前已开工的五项工程：（1）马营河东干渠收尾工程已上民工700人，已完成备石料1106公方，已全部完成了土砂方开挖工程，完成工程量12798立方米，全长4140工尺，并已完成的石浆砌100公尺，砌石240立方米；（2）马营河羊肠子沟共上民工500人，已备石料800立方米，开挖土砂方400立方米；（3）寺沟水库共上民工140人，已完成消力池浆砌，共浆砌块石75立方米，已开挖溢洪道土砂方800立方米；（4）山丹河小型配套工程共上民工340人（最多时），已完成预制配件560个，□合42.5立方米，共备石料、砂子160立方米；（5）白石岸渠道维修工程已全部完成，共上民工400人，共完成工程量土方10162立方米，干砌块石2374公方。其他备料工程共上民工300人，已完成备料工程三项，正在进行备料的三项，共备块石515立方米，砂子120立方米。今冬已完成1963年冬季工程两项，即祁家店南干渠基础二期工程，共完成工程量8401立方米，山丹河三坝渡槽东岸护坡维修，共完成工程量3415立方米。这两项工程实上民工767人，全县今冬投入查实工程的民工2847人。同时，今冬已完成小型农田水利工程干支渠清淤34条，长54公里，整修农毛渠640条，长165公里。整修各种小型建筑物1006个，平田正地57734亩，共计完成工程量93944立方米，雇佣劳动力97089个，平均每天投入劳力1600人，全县全冬投入兴修水利的劳动力总共4474人，基本上掀起了一个兴修水利的高潮。

在目前的工程方面存在的主要问题是：①投资尚未拨来，影响了备料；②运输力量赶不上，已从省水利厅雇汽车六辆，准备再雇四辆；③天气冷了，混凝土没法做，祁家店已停工，山丹合作配套预制购件，借公房生火工作，但备料洗砂子有困难，用土砂造价太高；④工地上的器材保管不严，制度不健全，有浪费现象。已抽调不脱产会计保管员15人进行了学习，定了三个制度，已派到各工地加强了这项工作；⑤技术干部少，达不到施工的要求，已抽农村初中以上文化程度的社员54人，已开始训练，明春派各工地加强施工，以保证工程质量。

我县白石岸引水渠的水源，目前是我县主要水源，也是我县农牧业生产的唯一指望，它是从大马营滩通过29.3公里的渠道引□祁连山雪水及洪水的一条引水渠道。1956年我县群众在农业实现了合作化后，发挥了集体经济的特别优越性，开始了兴修一条能引水5秒立方水量的渠道。这条渠的开挖，把我县的水地面积，由合作前148700亩增加到目前的248036亩，对我县的粮食增产起了很大的作用。并由于白石岸渠道水量大，年径流量在4500万立方米以上，由于水量不稳定，最大时（据省水利厅勘测设计院今年二月份检查）多年平均洪峰流量为33.2秒立方，20年一遇的洪水为82.5秒立方，百年一遇的为124秒立方。根据我县的白石岸管水干部实测，每年20秒立方左右的洪水在三次以上，每次持续时间不少于三天时间。就今年5月上旬实测为例，出山流量15—19秒立方，持续21天时间。由于水大渠小，绝大多数水量引不下来，下游假土地受旱减产，所以群众引水时恨水多引，造成渠道冲垮，每年经常派100余人养护渠堤，但经常发生问题，浪费维修工每年3万个以上，浪费投资不下3万元，形成每年投资维修，每年冲走投资的现象。

为彻底解决问题，我县群众要求扩道迫切，今年水利专厅已进行了正式勘测，我县从去年到今年，先后专题拨过六项申请修建与设计任务的报告，但省上未批复。我县党政领导与群众都决心修建，但由于几年以来山丹的天灾人祸确实贫困，无能为力，为此再次申请省上考虑给予批准修建，以便我县两市早日过关。这条渠道扩建后，除保证给军马场人需饮水发展畜牧业外，并在保证和改善灌溉耕地10万市亩的基础上，至少还可扩大灌溉面积8.4万市亩，估计每年至少增产粮食1400万市斤。

关于扩建方案，省水利厅提出三个，第一方案扩为引水10秒立方的渠道，投资350万元，需劳力60万工日，渠首蓄水量190万立方米；第二方案扩建为15秒立方的渠道，投资400万元，需劳力66万工日，渠首蓄水量为47万立方米；第三方案是扩建为20秒立方的渠道，投资440万元，需劳力73万工日，渠首蓄水是11万立方米。由于这条渠道是一条引洪灌溉渠道，我县意见采用第三方案共修建是有经济价值。根据山丹实际情况，如果修为20秒立方的渠道，除正常流量全部能充分利用，每年至少可以引洪三次，每次平均三头（不止三天），计工引洪九头，利用率按50%算，可引洪777.6万立方米，每亩用水以350立方米计算，可灌溉按种水地31104亩。马营河灌区的土地只要交上一次，按种水每亩可增产粮食80市斤，这样共可增产粮食24883204斤，以马营河的5万人计算，每人增加粮食50市斤。

三、今年的秋冬泡地完成情况

今年秋泡地任务专区确定我县10万市亩（去年实完成88万市亩），截至目前已完成108369市亩，占任务的10万亩的108.7%，比去年同期77539市亩，多灌30740亩。今汁最近水量为3.21秒立方，比去年同期3.8秒立方减小0.59秒立方。今年冬灌，从数量质量方面来看，均比去年好，群众反映“今年冬灌浇的多，还没有花羊皮，没有干下疙瘩。”好的主要原因是：

1. 加强了领导，整顿充实了群众性的民主管理组织机构。县上确定谢□□副县长专管水利，水利科和水管所的干部，分了工程、灌溉两套人马，进行工作。特别是跟水人员，明确分渠，包坝，加强了领导。各公社都有一名书记和主任专门抓水，如双湖公社书记刘康年同志坚持亲自跟水，水到哪里跟到哪里。各灌区成立渠系委员会5个，有委员67人，全县的公社成立水利委员会19个，由全县群众选出水利委员171人，以生产队由支渠成立灌溉小组140个，共1002人，这些组织机构对搞好今年冬灌起了很大作用。

2. 经过农村社会主义教育运动后，广大群众的生产积极性提高了。特别是今年粮食产量基本好转，使群众对明年丰收的盼头大，干劲足，充分发挥了群众的智慧，改进了灌水方法，绝大多数的地应改串灌、漫灌为铺灌，据双湖公社和庄生产队的调查改串灌为铺灌后，提高日灌进度38%。

3. 准备得好，开始得早。由于今年春灌抓得好，结束得早，相应的秋冬灌地也比去年提前八到十天开始，各地在灌水前对各级渠道建筑物都进行了岁修清淤，对小型农毛渠都进行了加固，平整了土地。冬灌中共完成支渠清淤34条，53.68公里，整修农毛渠640条长165.18公里，整修各种小型建筑物1006个，平整土地57734亩，这就保证了冬灌的顺利进展。

4. 渠道巡护的好，没发生走沟失坝现象。今年冬灌中除按原渠道分级管理的原则正常养护外，特别在灌水时加强了巡护工作。如霍城河的红沿坝山渠道，往年冬灌中经常发生倒坝走水事故，严重影响着灌溉。今年冬灌中社队抽调30名精壮劳力，三辆大车，带了口粮，专住□□渠为看护，发生漏水及时修复，因此始终没发生过走沟失坝现象，保证灌溉。

5. 严肃用水规纪律。对发生偷水、扒水和不积极参加水利工程的单位或个人，及时进行严肃处理，因此今年冬灌中偷水把水现象大为减少。往年发生偷水最多的霍城灌区今年灌溉中，发生两起，比去年七起，减少五起。又如花寨公社在今年维修的白石崖渠道中未能及时抽派劳力，灌区渠系委员会决定罚看护渠道一月，从这以后各公社对维护渠道更加积极了。

四、关于水费征收情况

山丹县这两年来由于天灾人祸，群众贫穷，因此没有收回水费。今年来由于情况基本好转，我县根据省专利公会议确定征收水费的精神，结合我县实际情况制定了征收标准及力度，又根据专区，批准后才开始征收的。我县征收的标准是不论集体地和社员自由地，凡浇一次，按种水三次，苗水地征收现金三角，粮食五斤；凡浇一次，按种水二次，苗水地征收现金三角，粮食一斤；凡浇一次，按种水一次，苗水地征收现金□角，粮食一斤；凡浇一次，种水地只征收粮食□斤。

根据上述标准，按我县今年实播面积，计其全县应征粮食219136斤，应征现金34891元。截至目前实入库粮食147316斤，占任务68%，收现金4986.28元，占任务40.3%。从各灌区情况来看，祁家店灌区完成得较好，入库粮27759斤，占任务35012斤的79%，征收现金4297元，占任务6900元的70.4%。霍城河灌区完成的较差，粮食只完成58%，现金只完成3%，存在的主要问题是发粮较迟，尤其三类地区，场未打完，交现金靠油料，榨油后出售给国家，才有钱交水费。估计情况赶于12月下旬全县可以扫清入库。

山丹县山丹河灌区灌溉管理工作总结

1964年7月30日　　甘229-02-038-016

山丹河灌区是一个泉水灌区，共有11条泉源引水渠，正常流量为0.77秒立方米，灌溉着城关，城北，红寺湖三个公社和静安公社一部分，共有24个大队89个生产队。总土地25649亩，并有林地700亩，按单位流量计算，平均一个流量全年负担灌溉面积33900亩。作物生长期一般能适时、适量浇两到三次水。去年浇夏秋禾三次苗水，达到了21784亩，占总面积的85%。

全灌区共有16073口人，6277个劳力，平均每人耕地1.9亩，每个劳力负担4.09亩。由于工作细致，灌溉适时，使灌区产量连年上升，1962年平均亩产188斤，1963年平均亩产344斤，其中亩产400斤以上的大队九个，面积6172亩。

今年实种面积25649亩。其中，夏禾21708亩，秋禾3941亩。全灌区各级干部和广大社员在党的奋发图强，自力更生，建设旱涝保收，稳产高产的精神鼓舞下，进一步加强了水利管理工作，提高了灌溉效能，获得了显著效果。今年灌溉工作的特点是动手早，抓得紧，利用高，浇的好，全灌区7157亩春灌，按计划提前完成了任务，使下灌苗水，提前了三天。于4月22日开始，截至7月27日统计，21708亩夏禾普遍浇过了二次苗水，18990亩浇过了三水，秋禾一次水浇过了3941亩，二次水浇222亩，累计苗水完成66597亩次。平均日灌进度685亩，比去年多57亩，折合一个流量，一昼夜灌地900亩，平均每亩毛用水量98立方米。根据实测净灌水67立方米，渠系有效利用系数0.68，由于灌溉适时再加雨水较多，目前庄稼生长良好，且各社对初步估产，平均亩产可达429斤，（城北估产408斤，城关44.3斤），亩产961万斤。今年采取的措施主要有以下几个方面：

一、抓组织，抓领导，正确贯彻专业管理与群众管理相结合的原则。水管所共有专职干部五人，工人三人，除三名职工专搞配套工程外，留于灌溉上的只有五人。长69公里，有11条渠坝和两万多亩的土地面积上光靠这几个人，搞好灌溉管理工作是不可能的。在这种情况下，充分依靠群众力量，组织了15人的灌区委员会，公社成立了四个有29人组成的水利委员会，加强了民主管理。公社还抽出了一名专职干部管水，大队以下按具体情况分别组织了灌溉专业队十三个，101人灌溉小组九个。其形式有三种：①城关公社各生产队土地插花，灌水紊乱，以渠系组织了灌溉专业队；②城北公社由于土地连片，以生产大队组织灌溉专业队，并以渠系指定一名不脱产的水利委员，负责渠系统一配水；③水量小，灌溉时间长的个别小区系生产队组织灌溉小组，大队有一人专门管水。这些浇水人员的报酬，专门管水的水利员每年固定1500斤粮食，按管辖面积筹集，浇水人员具有本队评比工分，浇水期间每昼夜24工分，每晚浇水照明，由队解决。这样就做到了层层有专人，渠渠有人管，为了保证合理灌溉，水到哪个生产队，生产队长具体参加浇水，并以灌溉专业队建立浇水时间所灌面积登记表。

实行专业人员浇水的好处是：①统一领导，统一调动，能够正确的执行调水计划和各项制度；②由于人员浇水时间长，熟悉渠道水性，地块和作物的习性可以应对因时，看天看地看庄稼，进行合理灌溉；③集体地和自留地可以顺序依次浇灌，克服乱扒乱抢、打架闹事等水利纠纷事件的发生和浇水劳力的浪费；④克服多灌，明浇夜退和三不浇等水量浪费的现象，达到经济用水；⑤专业人员浇水可以克服水来人人上地，浪费劳力的现象，便于生产队安排农活；⑥专业浇水可以做到水来浇水，水过修渠，保证渠道安全，输水安全；⑦能够正确掌握灌溉进度，使领导心中有数，便于调配水量指导灌溉；⑧专业浇水人员熟悉泉源，渠道地坝平整，便于指导掏泉，渠道岁修，防汛和地亩平整工作。由于组织严密，行动统一时，灌溉有条不乱，克服了各种浪费。使经济用水，提高了灌溉收效，解决了目前专业管理人员不足的矛盾。

二、抓学习，抓思想，开展比学赶帮运动，人管人员。以往由于多年跟水工作分散，放松学习，思想水平远远赶不上形势的发展，今年在水管所职工和专职水利委员会工作，先坚持了二八学习制。即平时以自学为主，每十天集中学习两天，工作八天，学习大庆，大寨的革命干劲，学习解放军，学习主席著作，活学活用，提高了水管人员的工作积极性。过去对管理工作，跑路多、受气多、吃苦多、不安心工作的思想，基本得到了扭转过去。一人负责一条，学习工作还搞不好？今年除搞配套工程以外，每个专业职工，负责三条渠道以上，工作比以往做得更扎实，更细致。如工人王才每天跟水灌溉，具体掌握进度，指导工作，许多水利委员会经过学习也安心工作。在浇水人员和群众中经过学习大寨、大庆，学习外地经验，树立了爱水惜水，争取丰收的信心。浇水人员，经过学习，实行了三包和四个第一，即包质量、包进度、包养护，领导们在场和不在场一样、检查和不检查一样、白天和夜间一样、晴天和雨天一样，在此基础上开展了五好单位、五好个人为中心的比学赶帮运动，采取比领导看方法、比干劲看实效、比质量看数量、比节约看进度、比灌溉看工程的“五比五看”办法，坚持了十天一小评，一月一大评。灌溉中共评出五好大队两个，五好灌溉专业队两个，五好个人六个，大大促进了灌溉进度，是灌溉进度比去年提高了 57 亩。

三、抓配水，抓制度，改进灌溉技术执行经济用水。全灌区根据水源流量采取了按亩配水，定输定时，适当调剂，一次配死，全年不变的配水制度。有水管所一次配到大队，夏灌前各公社召开群众会，严肃了水规纪律，在保证质量的前提下，因地制宜地执行了经济用水。下游土地僵硬，实行了三七、二八开口，如城关渠坝 0.23 秒立方水，由于执行了这种办法，日灌达到 211 亩，比原计划 164 亩，提高 47 倍，每亩灌水 71 立方米。上游地区因土质松软，推行了漫过退进，死水接活水的办法，日灌达到 193 亩，比原计划提高 27 亩，每亩用水 72 立方米。由于推行经济用水，严格控制了各种浪费，使原计划每轮水 32 天，今年夏第一轮提前三到六天，二轮水提前了两天，完成了灌溉任务。一般□个轮次，比去年提前了二到三天，保证了各类作物的按时灌溉。

四、抓岁修，抓掏泉，开源节流，提高灌溉效能。夏灌前后抽调八百四十四人普遍进行岁修清淤，掏泉修闸，共整修引水渠道 11 条，渠道长 69 公里，整修农毛渠 495 条，长 147 公里。修临时水闸 1884 座，掏泉 147 眼，保证了输水安全，杜绝了决堤倒坝事故。去年仅四坝渠，由于淤积和其他原因，下灌中决堤三次，浪费了许多水量，今年没发生过一次。由于彻底进行了掏泉，经过实测流量比原来增大 0.02 秒立方米，日灌进度增加了 15 亩。在国家大力支援下，春季以来，还大力开展了渠系配套工作，截止七月下旬，已完成各种建筑物 490 座，其中水闸 218 座，这批工程每年节约打坝劳力 1500 多工日，均及时投入了夏灌，已发挥了显著效益。

山丹县山丹河水利管理所

民乐县 1954 年水利代表会议总结报告

1954 年 5 月 11 日　　甘 230-02-016-005

为了改进灌溉管理，统一调配水量，彻底铲除残余的不合理的旧水规制度，以建立新的水规，做到经济用水，扩大灌溉面积，保证田苗适时用水，给丰收打好基础。为此本县于 5 月 1 日召开了全县性的水利代表会议，兹将会议情况报告如下：

一、会议进程和内容

1. 代表的产生是按浇水的乡，每乡选出对水利有经验，在群众中有威信，大公无私的水利代表 2 人（不浇水的乡不出席代表）参加会议，参加代表共 81 人，历时 3 天。

2. 这次会议，由于水利局检查组及专署水利工作组的参加下，开得很好。首先经领导结合着总路线和总任务做了思想动员报告，接着由武威水利工作组刘登济同志作了“小型水利”专题发言后，经过了代表酝酿讨论，才明白了水利干部的职责是为了搞好水利，争取多打粮食，支援国家社会主义工业建设，更进一步了解水是人民的财富，绝不能为私人占有，每个代表都深深感到封建水规的不合理。

3. 通过这次会议，代表详细讨论了《明乐县洪水六大坝使水细则（初稿）》，代表更加知道水利工作的重要性。这个初稿经过深刻的讨论后，大体上适合全县的情况，不过在小节上，代表们有不同的意见，特别是对“以地分水”提出了不少的问题，如恐怕量浇少了浇不上水等。经过说明，用水原则是灵活性的，集中轮灌制度，绝不是按从前的昼夜看待，这样使他们明白了用水的原则，大家一致通过了使水细则初稿。

二、会议的主要收获

1. 由于会议召开的适时必要，代表的信心非常高涨，并认识到只有修好水渠，做好灌溉管理，田苗能适时适量的用水，才能多打粮食。如城关区三乡代表盛清秀说：“我参加了这次会议，一定要把会议的精神带到群众中，发动群众修好水渠，组织灌溉小组和检查组，做到经济用水”。

2. 这次会议交流了不少的灌溉管理方法和经济用水的经验：

（1）组织灌溉管理。各总渠水管会大体上已健全，各支渠水管会目前普遍成立，待以后逐渐充实，各农渠依照土地的多寡，普遍组织灌溉小组和检查小组负责，做到自动闭口，并贯彻水为大家所有，有地有水，民主管理渠道，统一调配水量，经济用水，发挥灌溉最高效能。

（2）经济用水。代表团要□□水利基础好的乡，试办“红旗引水”法，坚决执行水小并浇，水大分浇，洪水抢浇，上下游互相照顾的原则，必须适时适量，反对乱扒乱浇，要合并支渠子沟，限制水小乱开口的现象，取消串灌、漫灌和深灌等，糟蹋水量不合理的用水方法和浪费水的现象，提倡薄浇浅灌和小畦灌。

（3）渠道建修。除县上重点领导建修外，一般的只整修或补修，不能大举进行，防止工程浪费造成群众的负担。无论补修和整修，必须要有全面的适当的计划，因为水是农业生产的基本关键，亦是对农业社会主义改造的主要环节，所以水的改良建修是在总路线的灯塔光辉照耀下重点建修，稳步前进的，要根据群众的意见进行，不能盲目冒进。在民工方面，除农闲时进行补修和整修，一般在互助组内抽出劳力进行，民工领导的水管会负责，每次工程结束后，必须清理一次尾欠，这样才能作到公平合理。

（4）这次代表会议上调了个水管会的副主任参加。经过讨论，给水利干部改进老工作方法，提出了不少的改进意见。有的水利干部联系群众差，并纠正了所犯的毛病，解决了存在的问题。在今后，水利干部必须多方面掌握实际情况，倾听纠正了以往脱离群众的意见。另外要和党政紧密联系，建立汇报制度，统一由党政领导（即区、乡），纠正了以往脱离党政领导的现象，处理一件事要再三考虑斟酌，并要和区乡联系起来，才能把工作搞得更好。

民乐县人民政府

附件　为呈请更正水利代表会议总结报告中的错字由
省农林厅、武威专署：

本府（34）建水字第058号报告附书之“事由：为呈请更正水利代表会议总结报告”会议进程和内容第（2）小节的四行最下一句“更进一步了解水是人民的财富”错写为“更进一步了解水不是人民的财富”之□□□□，不字改掉，□□具文更正。

民乐县人民政府副县长□生祥

五月二十七日

民乐县水利会议总结报告（初稿）

1962年3月8日　　　　甘229-02-227-010

全县水利会议在地、县委的指导下开得很好，会议开始后，由知汉同志作了报告，治铭同志传达了省水利会议精神。会议召开了四天时间，参加会议的共173人，其中：公社主任12名，公社干事3名，大队长137名，水管所长和水利局干部21名，同时专区水电局两位同志也参加了指导了会议。与会同志认真学习了文件，提高了思想，统一了认识，肯定了成绩，总结交流了经验，集中讨论了一九六二年水利方针。任务具体安排了春修秋灌计划及灌溉管理、渠道养护、水规制度、组织领导等问题，并深入研究完成具体措施。

通过会议讨论，大家一致认为：西北地区农田水利工座谈会议纪要，中央批准水利电力党组“关于加强水利管理工作的十条意见”及甘肃省水利管理和水土保持会议精神是完全正确的。给我县今后水利工作指出了方向，教给了办法，提出了要求，鼓舞了干劲，正如有的同志们说：“这次会议是提高认识，解除思想，交流经验，克服缺点，明确任务的会议，既解决了思想，又解决了实际问题。”对我们鼓舞很大，只要坚决执行，一定能搞好水利工作。

会议认为，近年来水利管理工作在□□□□□□□□□①各级党政组织的指导下，取得了很大成绩。全县水面积由解放前13万亩发展到383200亩，每年平均增加28600亩，其中：有效灌溉面积314860亩，保证灌溉面积240830亩。如益民渠1953年前实有灌溉面积45000亩，现已发展到98000亩。修建卵石衬砌取到干渠11条，长达1482 km，所属支渠43条，长达245.5 km，水的利用率由解放前20%提高到50%左右。尤其从西北局会议后，认真贯彻了省委“恢复、整修、巩固、提高”的水利方针，加强了水利管理整修干支渠12条，长达17.5 km，保证了农业用水，促进了农业生产。

水土保持工作也有很大发展，1953年至1957年初步控制水土流失面积162.5平方公里，平均每年控制40平方公里，1958年到1959年，控制水土流失面积37.5平方公里。农村水电站从“大跃进”以来，已建成三座，装机容量达120千瓦，目前投入生产的一座，装机容量35千瓦。

---

① 编者按：为符合当今有关出版规定，此处略去数字。

三年来，我县水利队伍也有了很大壮大，全县水利干部由六七年前的30人增加到58人，成长了近一倍。随着水利事业的发展，管理人员的业务能力有了迅速提高，对全县水利资源有了比较明确的了解，为今后水利工作的发展奠定了良好的基础。总之，我们取得的成绩是巨大的，但在实际工作中存在的问题也是严重的，主要是对国民经济以农业为主的方针认识不足，思想方法主观片面，在工程建设上是好大轻小，贪多图夹，铺的摊子过大，许多工程拖延过长，不能完工受益，使原有灌溉工程破坏失修。在修建这些工程时，不顾当前人民公社三级所有制队为基础的根本制度。搞“一平二调”，挫伤了群众的积极性，使农业生产受到很大影响，其表现在以下几个方面：

1. 首先在工程建设方面：自1958年以来，大型工程摊子铺得大，战线拉得过长，许多工程不但不能按期完成，而且放弃了对已有工程的维修管理。许多渠道连年失修，淤积冲垮，严重影响了农业生产。全县初步检查落实、破坏、淤积、冲垮干支渠长达50 km，占全部工程的20%。渠道工程上的分水闸、陡坡、渡槽等主要建筑物170座，损坏了103座，占60%。对于桥梁和沿岸两村树木也破坏严重，如益民干渠在三堡公社单家庄、展家庄一段树木被砍了80%以上。

2. 在灌溉管理方面：对于灌溉管理机构削弱，人员减少。1957年前全县有水管所五个，1958年以后合并为两个了，如苏油口、大渚马、小堵廊、海潮坝等七条河流合并为一个丰乐渠水管所，南北长110多华里，东西宽70多华里，灌溉面积21万亩以上，这样辽阔的田野上只有干部15人，每人平均管理灌溉面积达14000多亩。特别是山临两县合并后，水利干部大调换，形成地区生疏，水底不清，如童子坝干渠渠道引水量超过设计标准，一攻冲垮干渠十余里，利用率由原来的50%减低到20%，大大影响了农业生产。

水规制度也很废弛，旧的废除了，新的没有建立，有的虽定了制度，但贯彻不够，造成有的灌溉水量调动过大，违背了农时季节，严重影响了农业生产。正如有的水利干部说：“上面书记、主任乱讲水，下面水利干部找不着水，造成社员乱抢水。”上挡下死，既破坏了水规制度，又引起了水利纠纷，影响了上下游之间、社与社之间、社与农场之间的团结。农田灌不好水，粮食大减产，给人民生活带来了很大的困难。同时，有的灌区不顾水量大小，盲目扩大灌溉面积，如童子坝灌渠原有的6万亩水地面积都不能保证灌溉，还任意将永固的6000多亩旱地变成了水地，影响了下游灌溉。

3. “共产风”在水利建设上刮得也很严重。从1958年合县以来，全县平调价值达70多万元。尤其是将正在修建常乐干渠和霍城子水库的4000多名民工，调往山丹县修李家桥水库，致使已完成30%任务的霍城子水库停工已弃，常乐干渠半途停工，大大挫伤了广大群众的生产积极性。

4. 当前水利干部的思想情况：从去冬以来，经过冬训，通过当前政治教育和反对不良倾向的学习后，提高了思想认识，因而大多数同志思想正确，工作积极。但由于水利干部经常工作于农村，学习条件差，再加上所属公社对水利干部思想抓得不紧，因而使个别同志对当前形势认识不够明确，在目前暂时的困难面前，产生了畏难松劲情绪，有时请假不返，也有个别的迟到不干，这样不同程度地影响了工作。

二、任务与要求

通过会议在总结经验，肯定成绩，汲取教训的基础上，提出了1952年农田水利工作任务。根据省水利会议提出的“以工程岁修清淤为主，工程岁修和恢复同时并举”的精神。我县1962年春修工程干支渠11条，长达17.8 km。首先维持通水，保证完成水利播种面积31万亩（其中春灌156700亩，冬麦返清水35700亩），夏禾作物面积21万亩，秋灌作物10万亩。根据这次会议排队，确定必须完成以下工程：

1. 义得渠工程由永固、洪水两个公社固定50名劳力做好渠首工程，从3月10日开始，六月底全部完成。除此以外，为保证春灌，对于干渠工程进行一次补修，临时抽调140名劳动力，进行突击补修，共做土方6000方，需用13000工日。

2. 童子坝干渠今春主要整修拦河坝、破山组、草沟、沙坝、刘家墩和童子坝小河等八项工程，共做土石方17400方，需用19500工日。由民联、太和、洪水、永固四个公社统一抽调劳力于3月10日开工，赶在3月20日前完成。

3. 益民渠首先完成头二坝、六坝两座分水闸工程，其余的干支渠工程由公社和大队分段包干，赶3月20日左右完成，共计工程量17720公方，需用劳动工日31920个，每天抽调1500人，从3月1日起到3月20日前完成任务。

4. 海潮坝工程主要整修总干渠及双营中沙坝等八项工程，工程长达1200工方，需用劳动25300个工日，车工783个，每天抽调1200人，于3月1日到3月20日前完成任务。

5. 大堵麻工程应集中力量整修红右闸、韩家口及总干渠等八项工程，共计工程量9900公方，需用劳动日21500工日，车工526个，抽调1000人，于3月1日到3月20日前完成全部任务。

6. 小堵麻工程主要整修上塌洞子，全长1700公尺，及下坝磨楼子、漏洞湾一段，工程量3800公方，需用劳动7600个工日，从三月中旬开始每天抽调190名农工。首先整修上坝遗留工程，力争三月底完成，待春耕后，调另用劳力完成下坝整修任务。

7. 苏油口工程完成遗留的苏油口北沟和马蹄河，共计工程量3500公方，需用劳力7320个工日，调350名民工，于3月20日开工四月上旬完成。

完成以上任务，共做土方70020公方，需用劳动工日124380个，需用水泥300吨，钢筋46吨，木料160公方，需用工程投资162653元。在做法上需要按照现有劳力、物力、财力、运输力、技术力量等条件和农闲多搞、农忙少搞、大忙不搞的原则。首先整修影响春夏灌的、受益早的、群众迫切要求的关键性的工程，然后再整修一般的工程。在时间上，要紧密结合农业生产季节，现在春播还未开始，正是春□，□□影响今年的播种任务。这是□□今年农业丰收的重要一关，各级党委组织必须抓紧时机，突击大搞，丝毫不能忽视。

三、完成任务的措施

今年水利工作面广、量大、任务艰巨，要完成上述任务必须实施以下措施：

1. 当前春修春灌，任务繁重，时间紧迫，各公社管理委员会、农场总支，必须加强对此工作的领导，并以当前备耕生产为中心，结合正风正社工作的同时，把春修春灌工作也必须全面部署，明确分工，公社农场必须有一名书记或主任负责，并抽出农牧干事专抓此项工作。生产大队必须有队长负责抓水，具体架入各灌渠，沟道逐条检查，发现问题立即解决。事实证明，哪个公社领导重视，抓得具体，水利工作就搞得好，比如去年丰乐公社领导重视，并抽调农牧干事专抓水利工作，因此，去年秋整修工程就搞得好。县上计划组织两个工作组，分赴各个工地、灌区，具体检查指导，帮助解决工作中的具体问题，坚决反对那种“春松、夏紧、秋不管”的不良倾向。

2. 正视灌溉组织，建立与健全水规制度。水利管理必须贯彻专业管理与群众管理相结合的精神，各灌区必须以渠系为单位成立灌区委员会，并以生产队和生产大队组织临时灌溉组，以便利水前正沟和参加农村活动。为了加强浇水的领导，各生产大队必须配备一名水利委员，经常抓水利工作。除此以外，要加强广大干部群众水规纪律教育，使之“家墩户浇，人人皆知”，养成遵守水规，爱惜水量的良好习惯。杜绝上挡下死，争水打架纠纷事件发生，保证农田合理灌溉。根据这次会议大家讨论各灌渠都制订了配水计划，一般来说都制定的比较合理，今后坚决执行。县上批准后任何人不能随意变动，某些地方需要变动，需经渠系委员会同意，报县审查后修订。

机动水的调剂使用，也要有个适当权限。在十小时以下者由水管所掌握合理调剂，在十小时以上需经县上同意后，调剂灌溉。

3. 坚决贯彻水利负担政策。在春修春灌当中，所有工程修建民工，防汛、养护人员的负担都必须贯彻“多受益、多负担、少受益、少负担、不受益、不负担”的水利负担政策，按受益面积负担劳力，坚决反对平调现象。同时根据“以水利养水利”的精神，凡一切用水单位都必须征收水费。水费必须专款专用，不得入地方财政，不做非水利开支，水费至少有 80% 用于本灌区，其余 20% 由县水利局调剂补助其他也有困难的灌区，以推动水利工作的全面发展。

4. 加强渠道的维修养护工作，根据分级管理合理负担的原则，凡跨两个社以上的干渠工程和所属建筑物，由水管所具体负责。按收益单位征工，按期固定专人养护。通过大家讨论，童子坝干渠从渠首至破山组固定养护工人八名。益民干渠可划分为三段养护，第一段从渠首至东二坝固定养护工人九名；第二段从东二坝至蛇腰坝固定养护工人八名；第三段从蛇腰坝至凹坝固定养护工人九名。海潮坝东干渠固定养护工人八名，西干渠固定养护工人七名。大堵麻东干渠固定养护工人八名，西干渠固定养护工人六名。养护人员由生产队抽调评记工分，参加当年分红，工分评记适当稍高于农业工分。为了照顾他们，调外生活困难问题，各灌区从渠道养护费用中每人每月补贴生活费六至八元，社内的支渠由公社组织专人养护，费用由收益队共同负担。开农毛渠工程由大队和生产队自修、自管、自用。为了搞好渠道养护人员的生活问题，各生产队可适当留给一些耕地，利用渠边空地搞副业生产，其收入归他们调剂安排生活。

5. 关心群众生活。在春修春灌工作，搞好水利建设民工的生活问题，是一项极为重要的工作。为了鼓舞民工的积极性，对修渠浇水护渠人员的工分按照“按劳取酬”的原则，稍高于农业工分。同时要注意民工安全卫生教育，杜绝一切伤亡事故的发生。在粮食标准上，各公社尽可能想办法给修渠人员适当补助一点，鼓舞民工的劳动积极性，促进工程如期完成。

四、几个具体问题的处理意见

1. 首先，苏油口灌区提出张掖和民乐景会公社的沟水问题，原来每轮水为30天，张掖浇灌20天，民乐浇灌10天，但现在只浇6天，大家认为不够合理。其次在肃南乱□马蹄河的水量问题，这次会议不能得到解决。这两个问题是属于两个县关系的问题，应由水利局报专署解决。

2. 关于□□太和公社的四家、夏新两个队的用水问题，经过大家讨论，主要由童子坝灌区负责浇灌，但因目前童子坝渗漏严重，益民灌区头轮水有二昼夜机动水，县水利局掌握36个小时。根据太和县□的具体情况调剂解决，如水量大增了还可调剂解决。

3. 为了保证现有水地适时适量用水，各用水单位不许任意扩大水地面积。永固公社的东、南、西街三个队原将六千多亩旱地任意扩大为水地，仍按1967年以前配□水缩减为6700亩。新沟渠原来只浇灌9000亩的面积，现在扩大为2000多亩，这样就增大用水，影响下游浇灌，通过讨论仍按五四年均水规定配水，即□庄400亩，大吴庄1300亩，小吴庄300亩，杨庄2067亩，其余增加的面积仍由童子坝灌渠配水。

4. 关于明洞提出叫益民渠给配水的问题，经过这次会议，大家讨论主要还是有海潮坝灌区负责。至于益民渠给调剂水的问题，通过下面两种情况给调剂一点。一种是如果益民灌渠发洪水，放入大河以内，由水管所掌握通知开口灌溉；另一种办法是如果明洞渠浇灌实有问题，益民灌区水量故超过10秒公方，干渠内盛不下，放入大河后，水管所掌握适当调剂。除此以外，不给解决。

5. 春修工程补助粮食问题，大家一致要求，为安排完成任务，给修渠民工适当补办一点口粮。但从我县情况来看，上面给发的粮食标准很低，无办法解决，我们意见报专区解决，否则会影响春修工程的完工。

总之，今年我县水利工作任务艰巨，又加去冬落雪稀少，现在春旱已经摆到面前，我们必须继续鼓足干劲，挺起腰杆，战胜一切困难，任务虽然艰巨，但也一定能胜利完成。

批示意见：

请高桂荣同志将卵石衬砌渠道渠数字统计后，送工农视阅。

□林

3月17日

刘守贤同志在民乐县水利会议上的总结发言

1962年9月26日　　甘229-02-227-011

我县1962年度第二次水利会议开了四天，今天就结束了。这次会议在河西地区水利会议的精神指导下召开的，经过与会同志们的共同努力和专区工作组同志的指导，会议开得很好。首先重点的讨论和安排了秋冬修工程计划，对于秋冬灌溉工作也进行了研究，比较切合实际地提出了秋冬灌任务及措施。最后大家对六三年工作也进行了研究，分析了我们当前水利有利形势，正视了不利困难，这给我们下一步的工作提供了许多宝贵意见。总体上，今后工作照大家讨论的意见进行，现提出几点意见，供大家下去研究执行。

一、大抓秋冬灌溉工作

从目前情况来看，我县秋旱还十分严重，气温异常，各河系水量比去年同期减少52%，由于水量大大减少，秋田受旱十分严重。据初步统计，秋田受旱面积达9000多亩，占秋田播种面积的45.2%，全县秋泡地仅完成了5万亩，比去年同期减少29%，我们若不清楚的看到这个局势，大抓秋灌工作，秋旱持续下去后果更大，因此必须首先树立抗旱生产思想，纠正“春松、夏紧、秋冬不管”的不良现象，纠正侥幸心理和松劲畏难情绪，把秋冬灌溉工作狠狠地抓一下。经过大家研究，提出今年完成秋冬泡地84900亩，占1963年播种任务的32.7%，其中大都麻完成26900多亩，苏油口完成6000亩，海潮坝完成12600亩，益民渠完成21500亩，童子坝完成12600亩，义得渠完成2380亩。根据大家讨论，当前在秋冬灌溉方面应采取如下措施：

1. 大搞农毛渠的清淤工作。从各地头、农毛渠情况来看，由于近几年来为加强整修淤积严重，虽从去年冬季开始普遍的进行了一次整修，但仍不彻底，淤积还很严重，形成大水四处满溢，小水被渗漏。目前早收地区应动员群众大搞，晚收地区也应对淤积严重影响秋灌的农毛渠清理一次，以便疏通渠口畅通水量，减少渗漏。

2. 整修分水斗口堵塞漏水，减少输水损失。

3. 继续加强配水计划。白露快到，又加今年霜冻比去年早，各河系水量只有逐日减少不会增大，各地应首先在放好人畜饮水捞池原则下泡好伏地。目前正处在夏收、秋管，翻犁伏地运送公粮的紧张季节，配水时间不要过死，应灵活掌握，有些自留地秋田若不需要灌水，可放弃不灌，进行泡地，特别是机动水要照顾下游问题大的地区，如李□、花园、太和、六坝□□。首先做好底墒、劳畜力的摸底，□队工作，根据地墒、畜力配水，不要平均配水，配水轮次可适当缩短，也可适当延长，做到随泡随翻犁，及时保墒，以免劳畜力赶不上，造成重泡浪费水量。

4. 抓好翻犁伏地工作。各地对劳畜力要进行一次细致排队，采取互相协作，变工还工的办法，抓紧翻犁伏地工作，除保证泡一亩，翻犁一亩，不重泡一亩，对秋槎地也抓紧翻犁，及时保墒，以便节约水量，灌好秋田多泡伏地。

5. 严肃水规制度。首先对今年发生的水利纠纷未处理的，要认真做一次检查处理，有些处理不适当的，如罚粮过多的可以罚工补渠。今后各灌区制定的水规制度要与群众性的制度相结合起来，自留地和集体地按轮次统一配水，以沟输灌，严禁先浇自留地后浇集体地的做法。机关生产应首先经水利部门批准统一列为配水计划，避免与民争水和乱□乱扒的现象发生。

6. 适当挑战夏秋作物的种植比例，应根据水量播种，有些确实灌不过来的灌区，可适当加大秋禾作物，减少夏灌用水紧张。

7. 做好打冰坝、拦水蓄冰工作，秋冬灌结束后把少量雨水蓄积起来，增大水源，为明春春灌打好基础。童子坝灌区群众已有这种习惯，各灌区应因地制宜，在今年水少，泡地任务完成差的情况下，都可推广这项工作。目前应及早着手，做好调查研究，选择好打冰坝地点，做好石料、柴草等备料工作，待秋收后，集中力量突击打堰，为明年春灌扩大水源。

二、工程恢复整修问题

会上大家对工程恢复整修问题，又在河西地区水利会议制定的基础上，对工程量、劳力、器材、资金又进行了详细落实安排，并讨论完成任务的措施。从制定情况来看，我感到大家都想多安排一些工程，这是一种好的现象，但是我们要把需要与可能结合起来。因为我们水利工作是为农业生产服务的工作，搞好工程整修的目的是为了发展农业生产，如果摊子铺的大了，战线拉得长了，就会使财力、物力分散，这样就是工程上马了，也是半途而废，不仅对农业生产无利，而且过多地占用了劳力，影响了农业生产，对这个深刻教训必须吸取。所以有非整修不可的工程，我们还可以分期分批的安排到明年春季或夏季整修，从现在着手，做好勘测设计和备料准备工作。

经过大家研究，共判定了县办工程四项，工程量28140立方米，劳动力60390个工日，需要水泥141吨，木料53公方，钢筋16吨，投资168000元，补助粮食66000斤。其中：大都麻工程量13466立方米，化用劳力23850个工日，需要水泥28吨，木料5公方，钢筋2.4吨，投资49860元，补助粮食24570斤；海潮坝工程量7620立方米，化用劳力16900个工日，需要用水泥47吨，木料12公方，钢筋2吨，投资44720元，补助粮食18600斤；益民渠工程量4060立方米，化用劳力11210个工日，需要水泥34吨，木料16公方，钢筋□□□吨，投资60800元，补助粮食12400斤；童子坝工程量3000立方米，化用劳力8430个工日，投资12620元，补助粮食10430斤。另外判定了社办工程十项，需要国家扶助水泥31吨，木料19公方，钢筋0.5吨，投资9237元。

以上四项社办工程计划于九月初先后开始，至11月上旬完工，共计40多天时间，需每天抽调劳动力2140名，占全县劳动力的15.5%。其中大都麻抽调640名，占6.9%；海潮坝抽调500人，占12.5%；益民渠抽调550人，占3.7%；童子坝抽调400人，占6.3%。再加上社办工程，每天抽调700人，共计秋冬修工程投入劳力2840名，占全县总劳力的6.9%。

为了按期完成上述任务，根据大家讨论在秋冬修工程镇修方面应采取如下措施：

1. 加强组织领导。县上在原来夏灌防洪指挥部的基础上，成立了秋修秋灌委员会，由刘守贤、刘知汗、张兴贵、杨治铭、沈善恩、薛兴贵、王儒、徐世弟、段金鸿九人组成，办公室设在水利局，具体处理日常业务工作。各公社以工程为单位组成施工委员会，除有一名公社主任负责外，要固定农牧干事专抓，各大队也要抽调一名队长和副队长，具体代领民工，管好劳动组织、生活住宿等问题。

2. 做好一切施工前的准备工作。在准备工作方面，主要做好以下几项：

（1）落实工程任务。现在下去应迅速组织力量，采取边测量、边设计、边施工的办法，把工程任务定下来，包下去，立即开工。特别是建筑工程一定要在9月5日以前开工，有些工程，如大都麻韩家口、西沟口，目前有水不能开工，可提早备料。

（2）住宿问题。调离家庭住宿的民工，从现在开始要立即着手做好住宿准备工作，工程附近若有生产队的应即早联系，找好住宿地点，没炕的要做起炕来，地下潮湿的应铺上麦草，若是工期长的工程，一般都考虑叫民工住上热炕。

（3）生活及工分评记问题。提调离家庭吃饭的民工，应特别关心他们的生活问题，除把应带的口粮带上外，补助粮钱，一定补助到自己的手里。吃饭问题原则上应以生产大队和生产队起伙，不能过于分散，影响工程进展。工分问题，调外社员的工分，应召开社员会议讨论确定，一般的应适当稍高于农业工分。工委会制定出工分介绍手续，每10至15天给队内介绍工分一次。各基层商店对所属工地民工所需的食盐、火油等物资，应及时供应，保证民工生活需要。

（4）工具问题。据这几年的修建当中，工具上存在的一个最大问题是管理不严，丢失严重，今年应很好地吸取这个教训，凡抽调修建的民工必须自备铁锨、抬筐等工具，其余民工不能自带的角头、洋镐等工具，有工具上及早准备。但必须抽调专人管理，健全领取制度，防止损坏丢失。

3. 实行包工制度。为了提高民工的劳动积极性，工程上应实行“定额管理、以方补粮、以方补钱、多劳多补、少劳少补、不劳不补”的办法。但要注意劳逸结合，工程定额要制定合适。对因工负伤的民工，在工分评记和粮食资金补助上给予适当照顾。

4. 坚决贯彻专款、专财、专粮专用。这次判定的器材、资金属于哪一项工程的，就在哪一项工程使用，不能互相挪用。特别应加强财经工作，建立审批制度，固定专人管好财统工作。

5. 注意施工安全。工委会要制定安全公约，在群众中开展宣传教育工作，禁止挖神仙土，危险地方要插立安全牌，防止倒塌伤亡事故发生，同时还应加强治安保卫工作，防止牲畜、粮食丢失和火灾事故发生。除此之外，各项工程应和所属医院、卫生所联系，抽调医务人员搞好治疗工作。

6. 工程质量和验收问题。今年修建的工程项目，一般都是从永久性和半永久性考虑的，应特别注意工程质量，坚决按照计划设计施工。实行一次包干，分段完成，随时检查验收，工程上补助的粮食、资金，按照施工程序分期分批的拨发，县上组织检查验收组，完成一项，验收一项，拨发一项。

三、1963年水利工作的安排意见

会上大家在研究秋修秋灌工作的同时，对1963年农田水利工作也初步提出了意见。初步确定63年完成水地播种面积26万亩（包括自留地），提出春修工程六项，工程量8977立方米，劳动力27223工日，需要水泥224吨，钢筋13吨，木料57立方米，需国家投资13万元。秋修工程共提出六项，工程量17825方，劳动力58602工日，需要水泥57吨，木料45方，钢筋3.3吨，投资9.8万元。

首先必须加强工程管理。因为整修工程是一个问题两个方面，在整修工作的同时，还应加强工程管理。要做好这一工作，应采取分级负责、分级管理的办法，原则上谁用谁管，谁用谁负责维修，一些要险渠口，重要建筑物和沿路车桥，固定专人管理，也可指定附近生产队管理，以保持工程完整，延长工程寿命。

其次是1963年提出的工程，灌溉任务，只能作为一个初步计划，回去后应进一步落实，分开轻重缓急，分期分批的进行安排。

另外，根据陈厅长传达，省委□图书记指示河西地区的支农毛渠在二三年内能否恢复完正，也作为我们1963年的一项任务，各公社协同水管所认真负责地做这一次调查研究，安排一下工程任务有多大，要多少劳力，需多长时间能恢复完整。

四、水费征收工作

水费征收是一项非常重要的工作，它直接关系着水利工作的巩固与发展，所以我们要坚决不移地坚持水费征收制度。在这次会议上大家也进行了讨论，提出了两个意见，一个是大多数意见按二、三、五角标准征收，另一个意见是按一、二、三角标准征收。根据专署指示，凡引水灌区不论公社、农场、厂矿企业、机关都应缴纳水费的指示，一律征收水费。经我们研究浇一次水地每亩征收二角，浇二次水地每亩征收三角，浇三次水地以上的每亩征收五角。个别生产队若因灾情严重，确实无法征收者，可报县研究，提出意见报专区审批后减免。经过计算，全县共征收水费48000元，减免18000元，实际收入3万元。这样1963年七个灌区的管理人员经费初步预领84000元，还不敷54000元。所以我们必须根据省财务会议精神，不能大手大脚的胡花乱用。

水费征收80%留灌区作为管理经费开支，20%上交县水利局统一掌握，解决困难严重，工程问题大的灌区使用，大家提出的减免地区不能擅自决定随意减免。

五、关于加强水利机构和管理人员思想教育工作的问题

我县的水利管理机构，根据中央水利管理十条意见精神已在去年进行了公正整理，已基本恢复到1957年以前的形势。目前已有水管所七个，管理人员30人，由此看来管理人员还是少一些，今后本着精干原则，予以充实和加强。小都麻水管所原来县上意见撤销，但专署还未批下来，现在还要继续保留。

今后必须首先加强水利干部的思想教育，由于水利干部长期工作在农村和偏僻山野，学习条件差，在这方面我们县上抓得不够紧，今后除县上经常不断地加强教育外，所属公社召开一些有关会议，要通知他们参加学习党的各项政策和文件，以此提高政治觉悟和业务能力，以适应当前水利工作的发展。同时要把他们的生活搞好，应搞好家庭生产，改善职工生活，做好水利工作服务。

另外，在机构管理上要贯彻专管机构和群众性的民主管理相结合的办法，大家考虑一下，能不能把1957年以前的有些地区的水利委员，如果是积极热心水利工作，还可以把他们利用起来，负责搞好一个队内的水利工作。有些小的渠系如苏油口的河牛口、大都麻灌区的柳家坝、童子坝灌区的乃独坝等灌区都可以配备一名水利委员，或者由生产队副队长兼任，把水管好、用好，至于他们的劳动报酬应适当稍高于农业劳动。

总之，今年的秋修秋灌任务艰巨，时间短促，在当前旱水少，群众生活困难的情况下，我们要鼓足干劲，克服困难，千方百计地完成秋修秋灌任务，为明年农业生产奠定基础。

张掖县水利抗旱总结及实际工作成绩调查统计报告书

1951 年 6 月 10 日　　甘 230-02-009-09

一、工作成绩总述

政府为了建立合理经济的新水利规，防止旱灾战胜自然，奠定水利改革基础，于先后召开全县水利大会，订立新水规，成立抗旱委员会，由政府领导黑河水管会、张掖县水管会、各渠水利干部与抗旱组密切配合，普遍号召及成立了防旱组、浇地组，大力动员，于四月初旬展开工作，到 5 月下旬（降雨前）胜利地完成空前大成绩。在黑河平均减少 62.10 秒立方公尺以上的天灾情况下，完成 20 年未有的浇灌成绩，使小麦在降雨前完成二轮水的浇灌。抗旱 18 年没得过充分浇灌的几万亩耕地充分浇灌，万人欢呼，感谢毛主席，感谢共产党。兹将实际调查成绩写在最前页（我们保证不夸大成绩，这都是事实根据及证明）（说明：最少、平均水位及降雨前（5 月 26 日前）的统计）。

1. 增灌实有夏禾种植耕地 92500 多市亩，免除因旱灾（包括亢旱、迟浇、旱死）而减少每市亩平均少收 30 斗以上的必然灾害，间接或直接增产 27700 多市亩。（注：附实际工作调查表及事实证明说明，如以现在情况足较往节增 14 万市亩。）

2. 彻底干净铲除了极不合理的封建水规，建立贯彻合理经济的新水规，消除了所有纠纷来源的老根子，使所有的历史性的重大水利纠纷雪化冰消。（注：附旧水规、新水规比较，明其历史性纠纷解决统计。）

3. 革除押夫、摊派，减少人民最少每年 25 万斤小麦负担，并渠合理分水。合理浇水，减少人力浪费每年约计 65000 名，岁修减少总计 6 万工，为最低统计（因为今年除岁修工程外，另外动员 67000 工并渠、修闸、下坪、防漏、修建桥梁，还要比往年少万名民工），看闸争水，浇地纠纷，减少人工 5000 工以上。

4. 大力掏泉、打井、修渠，经济用水，打破靠天迷信的思想，树立以人力战胜天的基本信念与实际行动。

5. 推广水车 70 部，扩大耕地面积（增灌耕地因大部正在装置未便统计）。

6. 使较大小于往年到黑河水量，完成本流域 20 年来未有的充分灌溉，同时接济了梨园河水各渠 2000 市亩用水（以往所不可能），使苏油河小到流不到下游的，今年水量达到下游夏禾完全灌溉。

7. 使 200 多水利干部日夜□忙去治水，做起真正应做的工作，而不是以前的专门□□人民，以充分地发挥他们的力量。

这空前的成绩绝不是偶然的，是用力量及劳动于水利改革新换来的，那么把我们的工作就接着述下：

1. 政府水管会、水协会与所有水利干部，抗旱组织工作人员的密切配合，辛忙工作是促进成绩的主要领导者所用。

2. 广大的群众觉悟提高，普遍动员，实际工作，深信政府执行政府为人民的一切指示是成绩的基本力量。

3. 并渠、修建一切应增的必要建筑物，如分风水闸，如分水坪，防漏、改线、束修渠道，总计除兴修外，动员367000民工，合并大干渠6条，支干渠十多条，小渠未计，实行新水规，不浪费合并用水，挖泉、打井的实际工作。

4. 费用367000工，6800斤胡麻（系岁修所用的材料及工程），数百根木料，1200多立方工尺石料。

二、张掖县水利局人文情况概述

张掖县位于河西中部，黑河贯穿县境，水源丰富，土地肥沃，有“塞外江南”美号。据初步统计，全县人口20多万，耕地共计639100余市亩（此为水利地亩今年才收集的统计，县府统计54万亩的盘比较可靠），雨泽稀少，年雨量不超过200公厘，且多不及时，所有作物全赖祁连山落雪浇灌，始可改变，故有“日光代雨”之称。气候较寒，年仅一熟，夏禾以小麦为主，秋禾以糜谷为主，亦为河西产稻之区。此外如胡麻、棉麻、豆类、洋芋均有种植，除黑河为主要河流外，尚有梨园、苏油口、山丹河、大野、小野等河流，黑河浇灌全县耕地85%，夏禾收入较大，但因下河需水之期河水降低，不够全县耕地之用，故平均约占65%的耕地面积且易成灾，其主要原因在于水利制度极不合理，不能合理公平经济用水。

去冬无雪，今春无雨，各河水量大减，如仍不革除封建用水规章，不大力整顿水利并与自然作斗争，较之以往必成严重之灾害，而今年水小，不但没有受旱，而且胜利地完成空前的浇灌，为20年所未有。这就充分说明，反动统治的黑暗水利，血泪处是旱灾年年有。现在首先我们铲除了旧水规的老根子。

三、水利抗旱工作经过及实际检查后的成绩统计详述

1. 经过

于4月1日召开了全县水利抗旱大会，决定步骤，迅速的成立了各区乡、各渠坝的水利抗旱组织，全县的1200多个水利干部、水管会、水协会、水利局、抗旱小组密切合作，贯彻一切计划及政府指示，集体工作在“总口”20数天，又建立互相严格的检查制度，全县群众无不详悉经济用水方法，修渠，改线，防漏，防决堤，成立浇地组，利用断沟水（尾水），并水河渠，采用轮灌，缩小时间，所有干部分别检查，日夜辛忙至5月底（未雨前），取得空前大胜利，以天灾的小水，完成了20年来未有的充分浇水。小雨前（5月26日），完成二轮用水，创河西浇灌新纪元，变灾荒为丰收，完全证明以往大水时的灾旱连年完全是反动政府所造成，今年人人知道水小（尤其上游），竟能如此充分浇灌，连18年没有浇好的地也浇完二轮，欢呼歌颂人民的政府为人民！

2. 各种工作及成绩实际检查统计

（1）贯彻铲除封建水规。贯彻了合理经济的新水规，确立水利制度，民主管理，中心领导，相互检查，集中轮灌及有系统化清淤与渠道整修。向光明，扫黑暗，迅速干净地铲除了封建水规，树建了整个合理配水，经济用水的新水利制度。这个事实像胜利的消息，传遍了全张掖，不论商人、学生、职员，无不知道水利翻了身，年丰收有保证。详情不述，参看表1。

表 1　新旧水规分析及比较说明表（列举事实来说明比较）

旧封建水规的重大积弊	积弊及黑暗事实例举	今年改革必须彻底实行的新水规	重大成绩例举及群众反映
1. 利用水利，离农简民，达其移以目的——造成历史性的重大纠纷及血案的主要原因，不知花了多少农民的人，死了多少善良农民，换来的是水利恶霸，是将大家水利救到了少数人手里！不能改进	苏油口水利 200 多年纠纷，死伤不可计，造成集体仇恨，如沙河沤□渠的百年纠纷大血案，记忆犹新，使河水利落入少数人统治，产生了水利恶霸，弊害不可胜举，黑暗之根本存在	1. 本天下农民一家人、互助互让的原则，以民主管理方式来建树公平、合理、经济的水利制度	一切大小纠纷及旧社会制造的仇恨，一扫净光，像光明扫除黑暗的一样，干净彻底而迅速，不但千年牵连纠纷一旦消，再无纠纷的斗殴、争讼，遇事立即公平解决，为新水规的基本原则
2. 不公平、不合理，分水不公、负担不公及原则上的不合理，用水不合理（名次：①总口——上游黑河渠道除上五区外都集中在一处用水，计 14 大渠，浇地 45 万亩，总引水口叫“总口”。②夏不移石——总口分水公不公不，立夏后不许移动一粒沙砾。③干晒——总口上分不到水叫干晒）	有地没水，有水没负担，没水而有负担，负担不公“总口”分水公不公，有的太多，有的“干晒”，立夏不移一粒沙子，使“干晒”的“干晒”。浪用浪费，总口岁修不合理，竟相深挖，每年要浪费人工约 1/3～2/3 的总口岁修，计 5 万人力浪费，渠道不合理，相距咫尺，不能合并，平行而下	2. 公平分水，合理负担，合理经济用水，取缔一切不公平、不合理的制度	一律采用集中轮浇，树立中心领导，以小利服从大利，严禁浪费，废除一切成规定例，订立各渠整修计划，全力达成，成立永久性浇地小组，检查制度。对原有不合理者已彻底取消，总口、苏油口、大野口及各大支渠均下坪分水，积弊清除，负担合理，有地就有水，有水就有负担，人人欢呼，感恩政府，感恩毛主席，都一致说水利大翻身了
3. 陈规旧例，积弊重。视水为私有，放干于无用之地，亦不让人，叫“水不让人”，用旧方法、手段、人命来换取定规，损人不利己。土豪恶霸无不借势力把持，以得其“威压一方”的私欲，认为这千百年来的定规是不能更改的	如齐家渠道的种种特权定规，洞子渠的吴家面子水，还有长流不闭的香火水、地基水等，又有“水不让人”“夏不移石”的定规，又有三不浇水、在意引水等思想，视为当然	3. 新水规的基本精神，为改进水利制度，废除一切成规定例，随□求改进，不立不合理的永久定规使水利走向科学经济的理想地步，视水为自然水，不但余水让人，而且若紧要均	废除原有定规、陈例，如上述之定规、陈例，如东八渠高引三大，低挖三尺。打破保守现况的主张，力求迅速改新，如并渠合沟，下坪分水，互助互让的让水利实际例
4. 管理制度太坏，渠道分散而失修，用水不经济，沿用龙官水老制，解放后已取消，往日不求改进，不采用经济灌溉制度，不准修必需建筑物，倒沟浇公交，不自闭闸口，不严禁浪费，押夫、迷信、摊派	如上五渠的巨大浪费，不禁止，进、退水闸不修，不自闭沟口，不采用轮灌制，不检查浇水，不检查渠道，不去合并应合并的渠，不改应改的线	4. 建立有系统民主管理制度：水利员一律薪金制，不押夫，不摊派，要力求改进，去自动地治水、治渠，订立中心工作，贯彻了一切决议及政府指示	一切应做的，今年都做了不少　合并渠道，集体检查，一律采用轮灌制，严禁浪费水、抢水、偷水、废置水等事件

（2）原有全面性、历史性的重大典型纠纷案都永久完全解决，并消除今后的水利纠纷，这完全是新水规的实施与抗旱组技术协助，政府与水管会的有力领导群众，觉悟提高，才能有此成绩。列表2，以供参考。

表2　重大纠纷案调查与解决情况统计表

纠纷名称	原因及其历史沿革的情况	解决的原则内容□要及收益	解决前后群众反映	其他
总口的重大纠纷	自有总引水口即有纠纷，纠纷原因： ①分水不公 ②岁修困难 ③竞相深挖 ④定规不合理 ⑤不合作只顾自己利益 ⑥与上五渠抢水，故年年斗殴，强凌弱，众暴寡	①合并了应合并的渠道，例大干渠六条，互相合并一段 ②一律下坪、借口、公平分水； ③严禁领导深挖，例如修分水口下坪20多座 ④严格限制任何浪费用水，具体限制上五渠，如巴吉渠修限制闸减少一半用水 ⑤随时修正，改正偏差——渠关后，立即早让他灌，普遍检查，成立浇地组 ⑥民主管理□除，一切弊积不决策	效益： ①无一点纠纷再起 ②大致达到公平，并已改正分水按县偏差 ③原来修工每年五万名，减少押夫及浪费约20万斤小麦 ④增节六万市亩夏禾用水，总计全□河水渠不记明□，沙河最少增灌夏禾真怪，下颌八万九千市亩	群众事前均及怕弄不好打架，经水管会政府说服，抗旱组说服说服及保证公平分水有把握，事后人人说好
沙河渠与江淮渠纠纷	可考者近200年，据可靠推断，沙河原为梨河水系，借军用款更沟改入黑河（故来说梨河水以前用不完，是绝对不正确），借用江淮地基及穿过其渠，以一小部分水作代价，因此年年纠纷，人命都死过，去年还斗殴争打	实事求是，将黑河水一部分加入沙河与江淮下游，以免十年十旱。浇灌其必须春夏二水，冬天泡地及人畜吃水。双方即黑河十四总渠均一致拥护，以消百年纠纷，照顾沙河渠的实际困难	反映：江淮群众不用说是就称好，沙河众人也说对了，再不要纠纷了 收益：使千亩良田免于荒废	
沙河渠与沤波渠纠纷	一二百□了：沙河往往引水过量，沤波受到影响及挖抢其水，反是沙河受害，沙河决堤害库沤波，沤波岁修害及沙河。大闹纠纷，血案如山，年年争讼。人民血汗，造成集体仇恨，只有一次因纠纷，马匪抓去沤波数十人，迄无下落，血泪斑斑，仇恨诉不完，都是牺牲贫苦农民	内容：①按实际情况，苦紧要均的原则下坪分水； ②照顾沙河果园用水； ③不准抢水； ④双方立即实施。 收益：因□人未下坪，放水后只大各均了些，尚欠公平，但沙河亦无浪费，用完，全给沤波，沤波十年九旱的情况今年没有了	沙河群众顾虑受旱，现在已消除，沤波群众一致不满意，沙河再三阻挡下坪未成，由政府及水管会抗旱组要求执行，决定明年执行	没有下坪应旧过沙河，但政府亦有责任，不过沙河今年严禁浪费，自动闭口，给沤波为历来未有
草四坝张民山三县纠纷	时间很久，迄未彻底解决	尚不详群众反映		

续表

纠纷名称	原因及其历史沿革的情况	解决的原则内容□要及收益	解决前后群众反映	其他
苏油口河张民两县水利纠纷	有200年的纠纷记载，每年斗殴、血案时有，迄至解决以前，仍互相仇恨，原因分水不公，水小时争水抢水，建筑物危险，时可断流	①小水时原西两渠合并用水，西渠16天，东渠8天 ②修建分水闸下坪分水，西渠2/3，东渠1/3，待大水时分用，并刻定水标，祥详定规章 ③加强西区大跌水，以免东渠断流 ④互助互让，除大加整修各区外，取缔积弊数种	双方事先各有顾虑，经数日谈心说话，□□举例，并将合水后各渠问题一次解决，实施后使双方流不到下游的水，顺利完成浇灌	大家才说可惜太迟了，早知如此，何必打架斗气，双方如兄弟增灌850亩夏禾地
全县其他纠纷	仅有数件	在合理的新水规原则下迎刃而解	全县人民都说："新水规，新社会，……*，从此不怕受天旱，努力生产过日子，永远翻身不受罪。"	变全县水利人为真正治水干部，不再做和事人员了

＊编者按：此处文字模糊。

总之以上两项的重要收获：①减少因争水斗殴、纠纷，春水最少5000工以上。②减少总口30里岁修人力浪费5万名，及各渠合并后及浇地，省工不少（集中浇水节省人工在内），支约一万以上。③押夫、摊派、迷信，减少人民负担至少25万市斤小麦（争讼之费尚不包括在内）。④减轻政府水利纠纷工作，并向天下农民一家人的方向。⑤建立了有系统，合理、经济水利制度，废除一切封建水规积弊。

（3）除历年岁修外，水利抗旱工作的工程与整修费用及人工材料统计见表3（只统计较大者）。

表3 水利抗旱整修花费及人工材料统计表

流域及地点	整修情况及工程略述	费用人工（每人每天）	需用材料	其他及备注
黑河总口30里河滩段及下游较大整修工程（包括下坪、进水口、分水闸，并渠及下游改线防漏工程）	①进水口及分水坪修建、进水口用大卵石铺砌，上下渠底的卵石护岸及分水墙，较大者四座，均为临时建筑，如先分为两大干渠为东八渠、西六渠的分水口干砌（□胡麻杆）长40公尺，宽31公尺，卵石铺底，岸堤两道长40公尺，分水墙35公尺。东八渠再分两干渠，两大渠亦同，继续分成14大干渠。总计让下木坪计多座（支渠分水在内，支渠分水不计） ②并渠：先并为两大渠，再将中三渠大官、永利、城北，合并了五里，西三渠、明麦、沤波、沙河合并30里（只沤波一渠11万多亩地），合并了120里的溢源渠到明麦渠内，更合并了，叫大支渠，如门前沟、范家闸、陆家闸合为一渠，明麦五条支渠，互相合并着都计数以千亩，总计大干渠六条，互相合并一段，支干渠合并了九条 ③重点：其他各渠道改线、防漏修筑、进水闸、引水闸	①干渠支渠合并共用民工计18600工 ②清基工2500工 ③运砌乱石2300工 ④伐木、运木、木工350工 ⑤下游防漏、整修、改线、开新沟共计17600工左右 ⑥增修建筑物，加桥，退水闸等2500工	①胡麻杆6200斤 ②大小木料数百根 ③卵石680立方公尺 ④工具消耗未计	因为禁止故意深挖，连同上述职工统计在内，尚效以往减少岁修民工9200多工（详细统计表一律略掉）。以上合计共用工43850人

续表

流域及地点	整修情况及工程略述	费用人工（每人每天）	需用材料	其他及备注
苏油口河工程及西渠下游改线修整工程	①修建东西两渠分水闸，全用大卵石砌成，铺底12公尺长，14公尺宽，两边堤岸60公尺1道，78公尺一道，分水墙25公尺，□有临时闸门、闸板、渡桥。 ②修墙西渠大跌水，13公尺宽，4公尺高，20公尺长 ③西坝渠下游四里改线，卵石铺砌渠道工 ④安民坝新修一里半的卵石挖砌渠道工	①运石工11000工 ②清基500工 ③修砌2700工 ④运木、修木工150工 ⑤西渠及安民新开渠工4500工	①大卵石600公方以上 ②胡麻650斤 ③大小木料60根 ④工具消耗及已计划好作而未完成者不计以上共用18850工	运石工用得最多，多为大卵石或大块片石，一块最多有0.5～1.0立方公尺者，最大者用作修跌水，以免山洪冲掉，东渠断流
泉区淘挖	①泉；②建筑物加修；③改线	5200工（不计建筑物费工）	①木料数十根 ②片石二十车	其他如打井等小工程不再统计

总计费用：①民工6900工；②卵石块石1280 m^3；③木料数百个；④胡麻杆6857斤（老制1斤=1.2市斤）。

（4）增加水源推广新式水车。在15天内，由贷款放出水车70部，6月底装置完竣，增灌地亩。因未完全安装，暂不统计，以免有偏差。

（5）垦荒：本来预先唯恐成牧，不准大量开荒，但因黑河水利大改革，不但免于灾害，据不完全统计，已增垦荒地2400亩以上（详见调查各渠统计表）。

（6）增节水量，浇灌地亩及全县渠道今昔情况比较详细统计实际调查统计：

胜利地战胜天灾，使较往水量小到6—10秒立方公尺的黑河水量完成20年来未有的浇灌，于5月26日前（降雨钱）顺利完成小麦二次用水，创水利之新纪元。除本流域充分浇灌外，开历来之创举，节济梨河水渠两千多亩用水，新垦两千亩以上之荒地用水。这都可以看到的，使流不到下游的苏油口水量合并后完成下游浇灌，对我们的成绩决不能夸大（如临泽3月29日报上刊登之成绩由5倍错到1500倍），要以最可靠的实际调查与证实我们成绩是正确的，以慎重负责确实的数字写出来（除此以外，另外说明我们以5月前为准）。

①增节水量，要以最小平均水位统计抗旱成绩（以较大水位统计，已不是我们成绩的真实性）（降雨之前），全县增节总计92500多市亩用水。

②增灌地亩应以实种作物需水地亩计算，不能与全数耕地数统计。例一渠有耕地20000市亩，与以前引水相同，以前要浇20天，今年改革后只交浇了17天，节省了三天。但目前需水种植作物只有12000亩，其节水量是12000/17×3≈2118公方，绝不是20000/17或20000/17×3之数。

统计与事实说明：以上实际之调查统计工作是不用说，大家都亲自看到，而成绩若以事实来证明更可以说是最少统计，绝不夸大。

①黑河水量较在平均少到6—10秒立方（5月前），但以前常年亢旱之区如沤波、小四号、溢源及各渠下游均有，今年一律较往提前充分用了二水。

②黑河上五渠人人看到少引了近半数水量，尚能提前浇完，全数闭口让给下游，全县浇完送到山丹河流入临泽。

③黑河除让给梨河各渠浇了2000多亩地，还增灌2000亩以上新开荒地。

④互相检查都知道各渠不能滥用，同时一律改用轮灌制，节省大批水量无可疑问（水车增加水量因未全补装完亦未统计）。

⑤没有争水纠纷了，以此大革新情况比较往日不堪之极浪费情况增节22%是较少数字。

⑥以5月前（雨前）足节增92520市亩，当时（4—5月）需水耕地416000亩，若以全年统计是节省增灌140000市亩以上。

⑦合并大小干渠及支渠与整修改线防渗，挖淘泉区，合并用水，具有事实工作。

⑧像苏油河不合并修渠，流也流不到，现合并后浇完了夏禾还增灌2000亩以上新开荒地。

⑨平均以同样或更小于往日之水少用2—5天就浇完，所有之地如阿薛渠即早完了9天，塔见区以前25天，今年才18天。

四、缺点检讨

1. 大家及所有群众都过分满意今年的空前成绩，认为再好不过，造成自满而阻碍向前再求发展的情况。

2. 有的渠队整修不够，如古浪渠。

3. 总口分水因不知详细地目只按水量分水，虽及时纠正，亦是缺点之一。

4. 沙河渠、沤波渠下坪未成功，虽亦按口分水，亦是缺点。

5. 挖淘泉区工作做得不好，亦未得其要领。

6. 技术人员太少，忙不过来。

五、布置了今后水利防旱防洪中心工作计划，经全县水利大会（6月3—5日）详细讨论，其详章略，原则如下：

1. 绝不松懈，绝不自满，决心完成更理想的水利建设，防旱防洪定为永久工作组织。

2. 中心工作：

（1）永远贯彻改进今年水利抗旱工作，大力继续修渠，增加必要建筑物；

（2）大力挖沟筑坝以防山洪。

3. 各区按实际情况，定立修渠、防旱、防洪永久计划，按期完成。

4. 6月底决心完成70部水车，个个出水（已装好1部，1昼夜浇8市亩）。

5. 秋季完成排洪工程，拟好明年工作，冬季充分准备。

六、订定全县水利工作人员爱国公约，并使人检查发动爱国贡献。

最后报告：今按（16日）上级指示，加强秋季抗旱工作，我县早已布置了永久性防旱防洪工作，而秋季防洪最重要。小型水利贷款，因各种工程已完成，只打井所需款到后，亦即完成。今拟定其他永久性及防洪整修计划，请速□人接受，并将计划附上。

张掖县1954年上半年水利工作的报告

1954年8月　　甘229-02-143-008

1954年的水利工作，在今春县上根据上级有关水利工作指示的精神，结合本县实际情况，确定了1954年本县水利工作方针与任务，于2月间召开了三级干部会及举办水利干部训练班时，由县的领导做了报告。经过讨论，大家明确了工作方针任务与工作的做法，同时在三轮会结束时，县委郭书记结合春耕生产具体进行了布置和安排。在水利干部学习中，研究拟订出本县灌区用水公约和民营渠道灌溉管理暂行规范以及工作计划，经报请上级批准，印发各区、乡级，加强了对农业生产防旱抗旱的具体领导，并由上而下的整顿，加强了水利管理处，所有灌溉管理基层组织和灌溉管理制度。在党政的统一领导下，结合春耕生产，大力动员农民平整地亩、沟道，兴修水利，虽今年各农区在灌溉头水时由于气候剧烈变化，水位普遍降落，有的灌区发生缺水，县上根据具体情况进行了统一掌握，调配水量，减轻了灾害，在农业增产上起了重要的作用。兹分列几点报告如下：

一、兴修农田水利工程方面。我县的每年春季岁修工程是有悠久历史的，因为张掖各渠道建筑物全是用土、木、卵石、麦草、枝条、草皮所筑成的临时性工程渠道，本身亦是弯弯曲曲，易于崩塌和淤塞，所以每年在春暖地消，正当春耕播种，农田不急用水时，进行整修一次，否则即会阻碍农田灌溉用水，关系农田增产，至为重大。因之我县的整修工程是全县渠道岁修的最主要一次工程，分布于灌溉区域的 13 个区，在去年整修与兴修的基础上，全年按计划自 3 月下旬开始，4 月下旬结束。据初步不完全的统计，共完成了山泉各主要干、支渠道，进水、分水、渡槽、涵洞等大小建筑物 109 座（其余新修 34 座，补修 75 座），并支渠 3 条，缩短渠线 48.5 公里，清淤大小干、支渠 34 条，新开渠线三条长 3000 公尺，卵石砌岸 125.612 平方公尺，用草皮衬砌渠道长 2100 公尺，掏旧泉 21482 眼，挖新泉 782 万，参加民工 5225 人，实用民工 156778 工日。除此以外，各区、乡结合春耕生产，在不影响春播的原则下，动用农民划三亩以上的大块地为小块地，共 7637 块计 18447 亩，改变了串地浇水的有 18774.3 亩。新挑引水沟 8471 条，播种后又动员男女群众 4435 人，实用工 80648 工日，挑挖了下游支、农渠共 3457 条，新建大小水闸 2831 座，补修大小水闸 1342 座，并农渠 45 条，改变沟路不分新开沟 6 条，新修渡槽 7 座，补修渡槽 29 座。由于这样的整修和新修工程，不仅在分配水量上较往年更进一步的达到合理，尤其在经济用水方面和节俭工料上起一定的作用，如黑河灌区干渠和泉水渠塔尔渠，采取了因地制宜及就地取材的有效措施，用卵石、胡麻草砌案 7 公里多，红胶土、草皮铺底，草皮沙子砌帮长 2100 公尺，因之加快水流速度，减少了渗漏损失，估计节省水量可增灌 1 万多亩地。它合并了新□下沤波、古浪等三条支渠，缩短渠线共 48.5 公里，不仅大大减少了渗漏蒸发水量的损失，光新每年岁修及加大用水，即可节省枝草 5 万多斤，民工一万多工。

二、灌溉管理方面。随着农业生产，防旱抗旱的工作开展，不少地区的灌溉管理工作，亦较往年提高了一倍，并增加了灌溉面积 9000 多亩。在 1954 年的管理工作中可以看出，凡是彻底实行了民主管理的灌区，群众情绪高涨，用水技术得到改良，灌溉效率显著提高，如四渠大官、加官渠，由于 1953 年红旗引水法的试办及其推广，虽然今年 4 月下旬、5 月中旬水位降落，水量和去年二轮水一样，却能在八天时间内浇完了第一轮水，比往年输期缩短六天，并将节省水量调剂于城北渠四昼夜，解决了 3000 多亩地的用水，并由上而下的订立出比较适合的用水公约和制度，使水利管理进一步得到改善。

组织起来互助浇地，是1954年内各区、乡灌溉中的较普遍现象。各地农民由于生产热情及政治觉悟的不断提高，尤其大家经过总路线的学习后，在总路线的光辉照耀下，逐渐打破了保守自私思想，认识了组织起来浇地的必要，因此各乡、村浇地组织更有了增加，且出现了不少组织形式。有的是原有互助□工租为基础，以农渠为单位组成一浇地组，有的以自然村或行政村为单位组织起来的互助浇地组，这些都是在互助合作原则下，在群众自愿的基础上，根据渠道的分布和用水情况组织起来的浇地组，更需要在现有的基础上巩固和提高一步，做到省工、省水及逐步提高产量的目的。

改进灌溉技术，充分发挥水的效用。这一方面已为各区、乡领导所重视，县、区、乡领导及工作组同志亲自到渠旁地上领导农民浇水。十一区区长亲自领导有经验的农民干部七人，进山寻找水源，并有不少地区的群众，积极响应了政府珍惜水量，勤浇减浇的号召，改变了不少不合理的用水习惯，逐渐改变大块漫灌和串灌为行之有效的小块灌，并在二、四、五、七、十一等区八条支渠内都重点的推行了红旗引水法和是尺子量水浇地的方法。由于各组党政和水利干部的重视，这一工作和群众的积极支持，因此推广效果良好，仅就五区二十里堡乡头轮水在平□闸推广了红旗引水法，便缩短输期16小时，节省水量，足供300多亩地的用水。又由于今年加强了管理组织，贯彻了灵活性的灌溉制度，改进了灌溉技术后，头轮水一般的缩短输期2—3天，自4月下旬开始至5月下旬20天左右的时间内，全县367700多亩地的夏禾（包括麦，科、大豆）及40%的秋田已普遍灌过头水和安种水，现各地区正在浇灌二水，四区加官、城北两渠已开始灌三水。因此各地庄稼都适时的灌过了头水，禾苗生长健旺，在此短短时间内，能够获得以上成绩，其主要是：

加强政治思想领导，合理组织劳动力，及时推广先进经验。今年的水利工作是根据国家适时期的总路线，和改造小农经济的总任务联系起来进行的。如□重修民工动员，适于农村互助合作□切结合推行，用变工互助的方法，解决了民工上去后，家中生产缺乏劳动力和少口粮的困难，并大大减少了轮换、繁多、浪费人力的现象，因此民工在质量上较往年更近了一步，90%以上的都是18岁至45岁的全劳动力。工具都是由县水管处统筹准备的，工地上一般的通过黑板报和口头等不同形式，进行爱国主义教育，介绍先进施工经验和批评、表扬和物质奖励（在春修工程中将近结束时，评选民工模范45人授予物质奖），所以民工们劳动情绪饱满，工作效率由每天每个工平均挖砂卵石2公方提高到2.6公方。同时利用晚间休息时间，民工中各组民主评工计分的办法，比效率、比工程质量、比遵守纪律、比团结等，使劳动成果得到公平合理的评议，不但工作效率逐步提高，基本上消除了以往“日来明日换”“大家活慢慢磨，做得多了划不着”“干不干一月教”的忌想做法。能够摸索交流工作经验，如用卵石、胡麻草砌岸，起初大家认为砌的立了□好看，但去春所砌岸，经过大水的考验，大家深深认识到坡岸（1∶1.5）比立岸好。工具上，大家亦摸索到作石活三角锨比大锨好。同样在灌溉管理中，亦能够及时稳步吸取推广红旗引水法，加之干渠采用了卵石草皮衬砌，在泉水地区大力掏泉、挖泉，能够节省，增大水量，基本上解决了以往大满渠马下游及塔尔堡、东泉渠缺水受旱的2万多亩农田的用水。

三、行政与技术的密切结合，是搞好水利事业的关键。今年春修工程未开始前，在三干会上即对以往行政干部有的认为水利是水利干部的事，与自己无大关系的错误看法和做法作了及时的纠正。这次春修工程开始后，除县上派员加入黑河流域水管会，县的水管处干部配合省派专区水利工作组，技术干部具体进行分工，负责领导黑河总口和县与县、区与区以及塔尔堡重点兴修与分水工程外，县的党政领导在春修工作中亦亲自到工地进行检查与具体指导，各区域负责同志亦亲自动手，领导民工整修下游渠道工程。在技术上做通了行政人员和民工的思想，工程计划变为实际行动，因此工程任务得到了按时甚至提前完成，基本上做到了质量并重，合乎工程设计标准。如塔尔渠整修在未施工前即进行了施工测量，并组织了工程委员会，由该区区长田维昌同志担任主任委员，经常住工地同技术干部研究工作指导，动员民工做工，鼓舞了民工做工情绪，原计划 25 天完成的第一段工程，在 22 天时间内提前三天完成，并超额完成了第二段工程 7/10，有力保证了塔尔渠 15500 亩农田的用水，解决了以往常年 3500 多亩地田苗的缺水现象。

四、自上而下严格执行水规，重视基层组织的整顿与建立，统一调配水量，是减少浇水中的事故和经济用水合理配置的有效措施。去年的事实教育了我们在灌溉管理工作上只有一般号召，没有具体领导，摸不清灌渠道基本情况。在用水紧张期间，不但会浪费水量，且容易造成严重的送水和大的事故。因此本年春灌前，各区结合春耕生产，整顿互助合作组织的同时，并通过原有的互助合作组织，以农渠或行政、自然村为单位组织了浇地组，并选出组长和闸长领导组员浇地、养护渠道，互助监督合理灌溉。与此同时，县上根据实际情况拟定了灌区用水公约，印发各区、乡，由各区、乡组织农民，利用互助组会、小型群众会等形式，通过群众充分酝酿讨论，以互助组或农渠为单位，根据县上订出公约的精神，结合当地实际情况，自上而下的订出了谷□灌区的用水公约，共同遵守。因此大大减少了浇水中的混乱现象和用水纠纷，尤其对经济用水起到了一定的作用，如四区花儿乡，浇过头水就引证浇好投水的先进做法，重点通过贺天锐、鲁鹤林常年互助组和村民会，经过总结和布置，全乡自 5 月 14 日至 23 日，浇完了预定应浇的全部作物。相比往年，同样的水量浇了二轮水，提前缩短了两天时间。群众反映“互助起来就是好，不但能搞好生产，浇水还不乱，交的快还撒不了水，互助着浇水就是对的”，由此可看出组织起来的优越性。全县头轮水将近结束时，黑河灌区上有临泽、明永、沙河渠铭和本县沤波渠、小满三段 14744 亩夏禾未浇灌，由于进行了统一调配水量，在三天时间内，全部得到灌溉。现各区正在灌溉二轮水，个别渠道已开始灌三水，因此不难看出凡组织健全，严格执行了水规的地区，真正发挥提高了水的潜在力。

以上就是我们在 1954 年前半年的农田水利工作中获得一些成绩的原因。但各地都存在着很多问题，同时在工作中发生的缺点和错误亦不少，甚至是严重错误，主要如下：

一、正确的工程计划是任务完成的基础，尤其是建设事业，事先必须要有完整而细致合于实际的计划，就是一个小渡槽或者是一个小水下闸，亦应全部列入计划内，才能使计划按班就绪的实现。假若稍有忽略，就会在工程进行中途发生变化，打乱全部工作步骤及计划，不是增加了工程，就是缺乏了物料，形成临时凑手不及、忙无头绪，使工作陷于被动，造成了人民财产的浪费，而我们今年兴修工程中最大的错误亦正是如此。因工程计划不周，将多算少，将少算多，光新修上沤波渠和明永渠上下沤波渠、小满古浪堡分水工程，事先因为确定没列入工程计划内，在工程进行中途时才确定，临时储备木料等物件，不但影响了浇灌春水，并给以后浇灌苗水增加了许多麻烦与困难，工程中造成民工往返搬家，物料旅行，浪费将近500多万元。这个沉重的经验教训，是值得我们今后牢记吸取和坚决改正。

二、在灌溉管理工作上，某些地区仍然停留在一般号召上，具体领导、深入检查工作做得不够，浪费水的现象仍然继续存在，有的对灌区基本情况尚未摸清，配水上做得不够及时，农业增产上受到不应有的损失。如在灌头水时，由于对用水供应和灌溉管理规则给群众宣传、教育工作做得不够，还未真正达到家喻户晓，人人遵守，在六、七、十一等区及国营张掖马拉机农场均发生浪费水（约计400亩地的水），甚至偷水、吵架（现场已经简报纠正）。还有的区，由于行政领导同志尚未摸清灌区基本情况，在配水或调剂水量上，无视群众的需要与可能，使主观的进行工作，因之造成相互之间的不团结及不应该有的损失，如六区未通过八区使水利员扯于古浪渠（属八区）调剂水的闸板，引起八区不满，领导同志相互存有意见。如七区新华乡在春耕播种时，群众提出扣水播种（按浇水迟早来排种），工作干部未很好吸取老农实地经验，县上在开三干会时，亦曾介绍布置了排种法，但未引起这些同志的重视，春播时叫群众一起种上，浇水时按时输不到水（已超过60天），引起群众极为不满，如农民郑殿佐说："在春耕时我们扣水哩，干部叫我们一起种上，现在不想水的办法，咋想不了办法，拔着喂牲口。"虽经全体干部的昼夜领导输管及县上采取了有效措施，进行水量统一调配，解决了目前缺水问题，但值得我们今后更加注意纠正。

三、我县一般渠道渗漏太大，尤其是经过沙漠的渠道，如大满区小水时上游每天浇100多亩地，下游仅浇20多亩地，经过几年来渠旁大量栽植红柳，可防风沙塞渠，但就是渗漏很难防治，沿渠没有草皮、红胶土、块石、卵石，流经沙漠约15公里，因之衬砌工作艰巨而困难，初步计划，设计大满大五号先用1：1：4石灰、砂、红胶土和50%的小卵石衬砌15公里，需石灰258万公斤，砂石2580公方，红胶土10320公方，小卵石12900公方，民工51600工日。这样修后，可减少40%的渗漏，增灌5000亩。而该支渠灌溉地亩只有27380亩，光所需石灰258万公斤，每斤250元，计折合人民币1280000000元。三区一乡红砂窝永□渠使用山丹河下游泉水每年洪水暴发，便将土坝冲破，弄成"小水用不上，大水用不成"严重局面。群众迫切要求，修建较永久性的防洪工程。经勘测设计后所需工程费很大，仅所需木料和木工工资折合人民币55800000元，但该渠仅灌2100多亩地。还有安阳、苏油口水量稀少，群众迫切要求做一小型蓄水池，但由于工程费用太大，在目前群众负担不起，我们意见是否国家报一部分，解决部分工料、人工、车二由受益农户自行筹集求得解决。

张掖县1958年七个月来水利工作情况简要总结报告

1958年9月7日　　甘230-02-036-001

一、1958年水利工作进展情况

我县人民在上级党政的正确领导下，为了从水利方面改变张掖的面貌，将破烂不堪的渠道，修成渠栈整齐，渠道坚固，输水损失少，流量大而安全的水道，并利用山谷和岸地修建水库和蓄水池，大量储蓄秋冬余水，提高地面水的利用率，以解决禾苗用水不足。于1957年11月掀起了兴修农田水利的高潮，组织了12000多人的常年水利基建队，日以继夜地开展了黑河三干渠衬砌，祁家店水库北干渠的开挖，兔儿巴滩的新开渠工程，以及二坝和苏油口施工备料等重点工程及各干渠、农毛渠的整修。截至七月底全线已完成九条干支渠的卵石衬砌，长45公里，建成水库一座，可蓄水380万方；小型蓄水池53个，可蓄水1200万方；兴修干渠25条，长28公里，支渠110条，长179公里，整修干渠42条，长172公里，支渠349条，长544公里，完成干渠分水闸、退水闸等建筑物219座，新修水闸10552个，打井201眼，挖新泉8020眼，掏旧泉19978眼，安装抽水机四台，220匹马力（其中有两台正在安装），水车15部，兴修和整修农毛渠1917条，长2627公里。由于以上工程整修和建修加强了灌溉管理，不仅保证了今年513690亩夏禾及355094亩秋禾作物适时灌溉，而且节省了1061475亩地的水量，现已扩灌荒地39万亩，林地65万亩，完成原计划扩灌任务60万亩的157%。

在水土保持方面，分滩育草349228亩，压沙丘304亩，完成了原3万亩任务的349%。

二、获得以上成绩的主要原因

1. 领导挂帅，分兵把口，加强了领导力量，克服了右倾保守思想。自工程开展，立即成了四处水库渠道工程委员会，县委指定常委一人，委员二人，专管水利，县长挂帅亲自驻工地指导、勘测、备料、施工等工作，并抽调了科、部长五人，行政水利干部120人，分工包干负责，抽调乡长和强有力的干部担任大队长，公社主任和副主任担任中队长，并在工地成立了党、团支部，加强了农工的政治思想教育工作，在干部中进行了整风，在农工中开展了“大辩论”，批判了地冻不能修渠的右倾保守思想。在党的正确领导下，农工的方向明确，干劲十足，他们为早日改变旧渠面貌，为节省水量扩大面积，早日实现富裕的粮棉基地，在三九天的风雪交加，地冻不能入刃，冰凌满河，寒风刺骨的关头，依旧日以继夜地修水库，挖渠道，运石料。为使水利工作一浪赶一浪，高潮接高潮，县上把梁家墩、龙渠、长安、苏油口等地先后召开了由乡长、水利干部、各工地干部参加的四次现场评比会议，以“五大”形式交流了经验，批判了缺点，促进了水利工作。各乡各工地都提出了响亮的口号，便成了实际行动。如共产主义渠工委提出“和黑河水赛跑，让黑河水驯服”的英勇战斗口号。龙渠大队在堵引水时不仅勇敢，而且说：“天冻地冻，水冻冰，冻不住我们火热的心。”□□堡乡提出：“乡长挂了帅，主任把兵带，社员齐出阵，按营□下寨，月下去战斗，百折不回头，年订计划月完成，冲锋陷阵当英雄。”

同时地委安书记亲临工地检查我们水利工程，命名黑河三干渠为“共产主义渠”，二坝水库为“粮棉基地第一库”，这些光荣的称号大大地鼓舞了农工和干部的情绪，加速和促进了正向工程的进展。

2. 在工地开展了技术革命，促进了工程的进展。在工地，为了解决技术力量不足的困难，采取了以工地是学校，工程是教材，做啥学啥的办法，工地成立技术学校三处。半年来，共培养出做混凝土，浆衬卵石，□□钢筋等农民技术员318人，学会了干砌卵石，渠道衬砌，放线等技术的2800人。不仅解决了当前技术力量不足的困难，且对今后水利建设创造了有利条件。并在工地发动农工、干部献计献策，进行工具改革。

为了解决渠道长距离运料中的困难，我县机械修配厂试制出了动力小火车头，一次可带动14辆平车，载重31吨，提高工作效率52倍。自己还制造出了铁轨平车输和共产主义渠，仿制了高线运输零件，在冬季做滑车1600多个，在冰上进行运料，并在苏油口水库办了低标号水泥厂、木铁工加工厂、白灰厂等六个工厂。在工地开展了技术革命，不但加速了工程进展，节省了工程费用，而保证了工程质量，做到了修浇用水两不误。如共产主义渠在衬砌紧张阶段，由于解决了技术力量，改进了工具，工地提出了"干劲比武山，快马再加鞭，苦战三昼夜，保证把水放"的实际行动口号，掀起了全面跃进的高潮，保证了按时放水。

3. 发动群众，依靠群众，贯彻了党的群众路线的工作方法和"民办公助"的方针。本着"多收益多负担，少收益少负担"合理负担的政策，在自愿互利的基础上互相支援。全县今年所开展的五项重点工程，共约需用工程费1343500元（农工的工分生活需用伙食等由社解决，不包括在内）。除县上在水费内投资21万元外，其余都是依靠群众集资和农业社生产资金内解决的，其他小型工程都由乡、社自己负责监修的。如去冬兴修农田水利高潮中发动了群众，依靠了群众修水利，在三个月时间中修了小型蓄水池四十五座，今春又完成了八座，只有依靠群众才能多快好省地做好水利建设。

4. 在水利工作中各个方面进行了大力支援，相互合作，保证了水利工程的顺利进行。去年三干渠的工程开始后，省水利厅第三勘测队帮助我们勘测了三干渠，水利局在各工程上派出了技术干部进行支援。城市各单位和市民2000多人，在共产主义渠工地上进行了十天的突击运料，"七一"地委500多名干部在水利工程上进行了义务劳动。在冬季施工中，全县机关干部、群众捐献了手套11682双，鞋234双，衣服、耳帽等466件，这都大大地鼓舞了农工的劳动积极性。

5. 健全基层组织，发挥基层力量，依靠群众搞好灌溉。为了克服在浇水中的本位主义，在浇水期间县上抽调42个干部，并组织了三个检查组巡回检查，又将全县水管所在原有的基础上以渠系为单位进行合并，将原有16个水管所合并为8个。社社成立水利股田社的以一副主任担任股长，群众选出了闸长347人，以支农渠区为单位，以生产队为基础，组织了灌溉小组1693个，组员11469人，常年固定浇水并实行了五包，即"包浇水、包小修、包质量、包养护、包时间"。做到按时开口，按时闭口，接水的不来，浇水的不走，"不浪一点水，不旱一里地"。并精减了水利干部33人，下放到农业社，充实了基层力量。为了彻底杜绝恨水、浪水现象，保证农田及时灌溉。县委关于严格执行水利规章制度，加强水利管理及整修田间工程，作了决定，在群众中进行了广泛的辩论。发动群众积极寻找水源，挖掘水的潜力，遵守制度，从各方面节省水量，加强群众的思想教育，使大家认识到水是农业的生命线，一滴水，一粒粮，浪费水就是浪费粮，从而提高了群众的思想认识，加强了灌溉管理。他们的行动口号是"不串灌，不染灌，大块改为小块灌，大坑小坑要填光，沟路不分要改完，一亩要浇一亩半，扩大耕地增产量" 在灌溉方面掀起了跃进高潮，为保证今年农业大丰收，不懈的顽强斗争。

6. 加强工程管理，发挥工程效益，用现有的水浇更多的地。在"大跃进"的1958

年，全县灌溉面积（包括林地在内）比 1957 年扩大了一倍以上，在现有灌溉设备的基础上，只要节约水量，充分利用现有水的潜力，把增加扩灌的 60 亩耕地面积，190 万亩林地可全部灌完。只要依靠群众，发动群众，千方百计找窍门、挖潜力，做到水尽其用，这是节约用水的关键。今年全县修 53 个小型蓄水池，采用“见水就蓄，有水就用，定量供应，专人包教”的办法，把冬季和春季闭流的水量全都蓄起来，解决了部分地区在灌溉期间水量不足的困难。而群众对修水库、修蓄水池信心百倍，劲头很大，还用抬高渠底，填壑□坑、坝坑、截弯取直、卵石和草皮衬砌，压柳护岸等办法整修渠道。用取高垫低，打破地界填壑破田，规划毛渠改地头沟，划小块等办法，平整地亩，由大水漫灌、串灌改变为沟浇块地和畦灌，大大减少了水的浪费，提高了水的利用率。如长安、梁家墩乡浇头轮苗水时，每亩定额达 66 方左右，比原来每亩 80 方的定额提高了 23.5%，一个流量的水每昼夜浇地 1230 亩，农毛渠渗漏达到 5.8%。各渠都普遍实行了红旗引水法，注意及时开口和闭口，也大大节约了水量。总之，只要把群众发动起来，推广群众中用水的先进经验，鼓励群众创造各种新的办法可节约更多水量，利用现有水量可以灌溉更多的土地。

7. 实行配水计划，改进灌水技术，确定灌水定额和浇水次数。简易配水计划是科学用水的过渡形式，是节约用水的有效办法。今年在配水上采取了干渠内按地定量治水和大小分灌、小水集中输灌的办法。每亩定额 70 方，在原有 80 方的基础上提高 14%，并根据不同土壤、不同作物规定了灌溉次数为三至四次，白大麦灌水三次，“七七四”灌溉四次。安阳乡灌水均为两次，并采取了雨水浇灌的方法，群众从多年浇水的经验所得出的结论是“头水过，二水座，三水不浇也得过”这是完全合乎科学道理的，这是一个较科学经济的及时及□用水办法。

8. 整修田间工程，作好田间管理。去冬今春，全县开展了大规模的平整土地工作，结合整地把农毛渠进行了系统的整修。首先在长安乡进行了重点试办，做出了典型总结的经验，进行推广并组织全县的干部共两千多人进行了参观，然后各乡、社普遍开展整修。其方法是取掉老埂，打起新埂，取掉弯埂，修成直埂，挖高处垫低处，填掉破烂旧渠，经过整修焕然一新，又美观又整齐，渠道条条有次序，群众一看都高兴。他们总结了如下几点好处：①灌溉便利节约水量，他们说：“这才是真正的沟。”②取消了重埂车沟，扩大了灌溉面，充分利用了剩余劳力，冬闲变成了冬忙，经过整地后扩大面积达 7.1%。③便于耕地和利用机器，给机耕打好基础，他们说：“这才显示出是社会主义的土地。”④打破了土地私有的观念，树立了集体主义的思想。

在头水前后进行了干□□锄，保证全苗是增产的一项主要措施。几年来我县实践的经验是：①可以疏松土壤，折断毛细管，减少地内水分蒸发，保持土壤水分，能抗旱耐旱；②防止土壤板结裂缝，拔断苗根，可以保证全苗促进幼苗生长；③可以除掉杂草，保持养分水分，以供幼苗吸收。

三、工作中存在的问题和改进意见

1. 在灌溉管理方面主要存在的问题：

（1）配水计划执行的不够彻底。主要不能按照定额灌溉，恨水染浇现象普遍存在，其原因是量水设备简陋，量水技术不普及，各社虽组织了灌溉小组，但不能精确掌握灌溉定额，配水工作只能按流量配到干支渠，不能直接通到农毛渠和田间。为彻底改变这种现象，计划1959年农毛渠要全部安装永久性的水泥闸门，并按设上量水堰，全县训练农民水利技术员15000人，达到技术群众化，进一步的改进溉管理工作，达到科学用水。

（2）有些地方田间工程做得还不彻底，农毛渠紊乱破烂，浪水现象程度不同地存在。1959年田间工程进行统一规划，农毛渠进行系统整修。现已在梁家墩乡进行重点试办，结合试办在全县范围内以两个月的时间，训练了农民技术员200人，二部17人，在10月份要全面开展大搞一冬一春。

2. 在工程方面，对先进工具的创造发明还不够多，功效不高。今冬明春要在工地大搞技术革命，更进一步推向高潮，大量推广先进工具，消灭八抬八背的现象。

3. 在工地对安全教育工作做得不够。如去年冬天三干渠开挖渠道工程时，三个农工挖神仙土，压死一人，压伤两人。在6月间苏油口水库因下大雨，房子倒塌，压死五人，在放炮时也产生了伤人的现象。这些血的教训今后要严加注意，做到施工安全，防止今后再发生类似事故。

甘肃省河西建设规划委员会关于张掖专区移民与水利问题的报告

1958年4月11日　　甘239-01-167-010

省委、省人委党组：

在工农业生产“大跃进”的新形势下，张掖专区计划六年内扩大耕地面积1100万亩，扩大灌溉面积1020万亩，这样平均每年扩大耕地面积170多万亩，扩大灌溉米纳吉170万亩。为了增加劳动力，根据移民垦荒的政策，我们在省党代表大会开会期间，征求了张掖专区县党政领导同志的意见。他们经过共同研究考虑，提出1959年全专区11个农业县共安置移民163000人，其中敦煌县15000人，安西县13000人，玉门县20000人，金塔县5000人，酒泉县30000人，张掖县5000人，山丹县25000人，民乐县20000人，永昌县12000人，古浪县10000人，民勤县10000人，并计划把这些移民一律分散插社安置。在农业社统一组织领导下，除了经营现有耕地及进行其他基本建设外，要开荒875000亩，每人平均5亩多。

上述意见分别由民政厅党组、厅务会议及省移民委员会全体会议进行了讨论，一致认为1959年在河西地区安置163000移民是不会有多大问题的，但必须事先准备修建住房。按每户4、5人，住房2间计算，共需房子72444间。如果全部借用当地群众房屋，会对当地群众形成很大压力，有些地方就没有或者很少调剂借用的可能性。因此必须在今年修好一半以上的住房，其余在明春冻结后继续修建，到年底全部修出来，使移民到后少借当地群众的房子，不但减少拥挤现象，也有利于稳定移民情绪。至于移民迁移时间，按照内务部指示精神和我省两年来安置移民的经验，最好提前一年先作好准备，第二年春上移来，争取赶上春耕，这样不仅可以组织大批劳动力，支援紧张繁忙的春耕生产和开荒工作，而且移民能够当年获得收益，打好安家底子，国家减少补助费的开支。本此要求，明年移民计划于3月份开始迁送，争取于5月底前完成迁送安置任务。为了抓紧时间，进行准备，这个意见请省委讨论确定后，争取在四月中旬报告中央，五月内批准任务拔下款来，立即着手修建房屋，为明春安置移民作好准备。以上意见妥否，请速批示。

民政厅党组

甘肃省民政厅（印）

甘肃省民政厅关于张掖专区移民与水利问题的报告

1958 年 1 月 31 日　　甘 239-01-167-010

省委：

接内务部电，要我省提出 1959 年安置移民计划，预备在今年二月召开的财务座谈会议上研究确定，下达任务，并准备体检□□、购买木料修建房屋，给 1959 年移民做修建房屋准备工作。经征求张掖、银川、吴忠、固原、专（州）县、到兰州参加党代会的负责同志的意见后，据张掖专区提出，到张掖、敦煌等 11 个县计划安置移民 163000 人，开荒 725000 亩；银川专区计划任务要在平罗等 8 个县安置移民 62000 人，开荒 29500 亩；吴忠回族自治州计划在权金积等 4 个县（市）安置移民 13500 人，开荒 29500 亩；固原回族自治州计划在海原等 3 个县安置移民 11900 人。在现有耕地上精耕了田作，加工施肥，提高单位面积产量下另开垦荒地，扩大耕地面积。我们现为了在第二个五年计划开始的第一年，鼓足革命的干劲，在农时生产战线上，增加移民劳力，吸收一批新生力量，"大跃进"地干一下，是完全必要的。但据我省目前具体情况，还应该考虑下列几个问题：

一、建房问题。我省检方木材，大部由省外购运，根据这两年的经验中国木材公司划□大多是东北、中南一带。由于砍伐不及时、木材过湿，运输拥堵，按时调查不去来等原因，以致不能及时供应，耽误建房季节，按期完不成任务，影响移民的安置和巩固。即依张掖地区来说，该区 1959 年计划安置移民 63000 人，以每户 4、5 人需房两间计，共需住房 36222 间，每间用材以 0. 6 立方计，共需木材 21733. 2 立方（包括大梁、桁条、椽子），需用这样多的木材，能否赶封冻前全部运来，应该考虑。再者每一列车只能装运木材 540 立方，计 21733. 2 立方，共需火车 40 多列车次，每天发运一次计、需 40 多天次才能完成。

二、建房时间和劳力。修建一间住房，在张掖专区一般需要泥木工人 20 个（包括普工）加上脱土坯，向工地转运物料，每间需用工约 30 个。1959 年的移民房屋 36222 间社，1958 年即按完成建房任务 60% 计算，需建房 21. 733 间，共需 681990 个工日。再加上 1958 年移民建房 8889 间，需工 266670 个工日，共需 948660 个工日，即以 1000 人做工计算还需三个多月。而且安置移民地区气候较冷，建房季节出春播、夏秋收农忙季节外，估计建房时间最多是 120 多天。今年农时准备任务繁重，如果把这样庞大的建房任务、全部由当地农业水土群众负担，实际上能否照顾过来，应该考虑。

三、土地水利。据省计委 1957 年水利计划，1959 年张掖专区能解决□亩水利灌溉面积需要移民□人，省委贯彻农村发展纲要修正草案 40 条的第 36 条计划规定，从 1958 年—1967 年十年内，共安置省外移民 45 万人，即每年平均安置 45000 人，专区 1959 年一年就安置 163000 人。将省委十年安置移民 45 万人精神是否符合，该地区的土地水利等条件能否跟上移民劳动生产的需要也应考虑。

另外移民安置后，生产生活上必需的耕需农具、灶具、小型农具以及文教卫生和新材料点的政权组织、建设、公用房屋等，均应考虑进去。详细计划，全面安排，才能达到中央对移民工作□指示的“积极稳当”的要求。因此我们意见，如果各县水利修建工程进展很快，土地水利没问题，木材和建房劳力能按时供应、即诸各县根据专县负责同志在兰州提出的移民和垦荒计划的初步意见，把安置装点、土地水利条件、建房计划、生产安排、场资供应、文教卫生、供销合作等情况，详细研究，制定“1959 年安置移民计划方案”。报省核转中央内务部审批后，再行下达任务。如果房屋水利问题解决不了，就不要过早的大量移民，摊子放小一些，工作做好一些，把安置巩固工作和 1959 年的水利房屋建设准备工作做好一些，再多摸索一些实际经验，创造条件，逐年扩大，比较稳当。因此我们意见 1959 年的移民任务，在 80000 人以内考虑。除银川、吴忠、固原地区移民教官抄送宁夏工委征求意见外，兹将各专（州）县负责同志在兰州提出的，甘肃省 1959 年安置省外移民和垦荒计划，初步意见表附上，是否妥当请审核。

附表一份①。宁夏工委。

省民政厅党组

黑河总口召开灌溉现场会议情况报告

1960 年 5 月 29 日　　甘 230-02-046-005

为了及时总结头输水灌溉经验，解决当前灌溉中存在的问题，加速日灌速度，力争五月底灌完头轮水，紧接灌好二轮水，做好水库渠道养护管理防洪工作，保证农田及时适量灌溉，获得全面丰收。在市委的直接领导下，与 8 月 27 日在黑河总口召开了灌溉现场会议，参加这次会议的有各公社专管水利的书记和社主任，水管所负责同志，以及市水利局干部等共 22 人。会议由市水利局局长李生柱同志亲自主持，在会议期间市委徐书记亲自参加，对今后如何搞好灌溉，防洪工作做了具体指示，并在次日电话传达了市委常委在召开常委会议时四项决议指示。根据指示精神，在会上反复进行了讨论研究，提出了今后工作计划意见，会期虽只开了两天，时间紧促，但解决问题不少，兹将通过这次会议解决的问题报告如下：

一、落实头轮水已灌面积。根据各公社和水管所上报，截至五月二十五日□计，全市已灌夏禾面积 440.019 亩，占应灌 521.767 亩的 84.3%，尚有 31.748 亩夏禾未灌完头水，其中梨园河 11.420 亩，乌江泉水渠系 13.429 亩，苏油口、大野口 16.218 亩，黑河灌区 40.067 亩。

二、总结灌溉经验。五月份黑河来水流量平均 33 秒公方和梨园、酥油口、大野口以及泉水渠流量全市总的来水总流量不下 40 秒公方，利用率以 65% 每亩灌水定额 70 公方计

① 编者按：附表未见归档。

算，头轮水应在20天以内灌完，灌溉日进度达32.000亩以上。但根据各公社实际情况，只达定额一半。通过这次会议，总结检查了头轮水未灌好的根源，主要有以下几点：

1. 居于上游灌区的公社领导和干部，在开始灌水时重视不够，抓得不紧不狠，思想上存在有居上游不怕旱，满足于现状，布置多，具体检查少，工作不深入，一般化作风。因此浪水多，灌地少，如乌江梁家墩、大满、甘竣等四个公社，均居于黑河东西干渠上游，输水损失小，灌溉便利，但未按时灌完头水，剩地均在1万亩左右，尤其是乌江水源充足的泉水渠系，还剩地133279亩未灌上头轮水。而居于东西干渠下游地区的沙河和二十里堡公社，由于领导重视，下手早分工细，党委委员分片包干，灌溉专业队组织健全，抓得紧，抓得狠，在水量较上游小的情况下，则剩地不多，沙河公社只剩3692亩，二十里堡公社剩7.502亩。通过上述事实对比，分析批判，对大家教育很大。事实证明，哪里领导重视，哪里的水就灌得好，相反则浪水大，剩地多，这是未灌好头轮水的关键。

2. □□专业队组织不健全，养护管理不善，灌地少，浪得水多，进度缓慢。如大满公社、朱家庄、李家墩等生产队未组织灌溉专业队，养护管理不善，将八亩秋禾按种地连泡四次水，还未翻犁，小麦连泡四天无停水，泡坏了田苗，浪费了30亩地水量，灌了二十四天还未将地灌完（同样水量往年六天灌完）。而马均生产队组织了三十二人的灌溉专业队，在一起吃住，熬夜换班轮流灌地，比往年提前一天，五天时间内灌完头轮水。据各公社业报检查，由于组织不健全，田间浪水多，深浇满灌，一般每亩灌水均在九十公方以上，这是造成头轮水未灌好的第二个根源。

3. 水利主管部门家底摸的不清，计划不够周密。甚至如甘竣、乌江等水管所干部心中无数，未作出详细具体的配水计划，水管所领导干部工作不深入，把灌溉中存在的问题不立即着手研究解决，还说是给公社大队的建议，给党委反映情况少，提供解决问题的办法少，未起到应有差谋作用。市上组织的水利检查组亦存在，提出存在的问题多，解决具体问题少，梁家墩公社长安大队的七一、登塔、东方红、乌江公社的柏闸等生产队，不遵守配水制度，乱开口，乱挖水，造成上游浪费，影响下游灌溉，延长了灌水期限。致使二十里堡公社的王家墩、付家庄的2.383亩小麦，距播种已80天左右的时间尚未灌上头水，底叶早黄，遭受了不应有损失影响增产。

给出问题多的社队，灌水亦最差，浪费水多。如梁家墩公社的登塔、东方红，乌江公社的新墩乌江大队，甘俊公社的西洞，甘俊、沙河公社的小□、沿够，二十里堡公社的安理闸等生产队，以及大满梁家墩公社，由于出的问题多，对社员生产生活的安排不及时。因此，不仅拖长了播种时间，灌溉工作亦同样拖到后边。据水利检查组检查，各地区明灌夜退的现象严重存在。大满公社李家墩生产队出现三不浇水的倾向（肚子饿了不浇，夜间不浇，水大了不浇）。梁家墩公社及乌江公社的柏闸大队，浇头轮苗水时，对麦子有意识地不浇完，各浇剩地1.20亩，亩地浇过后几天再浇小麦，再要水，浇自留地种的蔬菜，不给放水，就开闸，浇后不闭口，水流到路上，浪费水严重。

三、通过这次会议解决了上下游配水问题，对各支干渠的水量分配，根据渠道远近，输水损失大小和灌溉面积，研究确定了各渠采分配水量占比例（详述黑河渠系水量分配表如后）。市水利局抽调干部四人，协同水管所干部在大满、盈科、八吉及西干渠等四渠建立测流站，河东河西仍组织两个巡逻检查组彻底解决上下游分水及灌水存在问题，实行分段内的灵活集中输灌制，加速二轮水灌溉速度。

对防洪工程整修，各公社均进行了安排，但除沙河公社的大沙河、二十里堡公社的张家河湾水库以及苏油口水库的泄洪道开挖继续施工外，其他公社尚未动手。通过这次会议又进行了排除，并做出计划安排，详细计划□附专题报告如后。

四、对今后灌溉工作采取措施

1. 坚持政治挂帅，树立标兵，全力以赴，灌好二水。通过这次会议评比，大家一致认为沙河和二十里堡公社党委对于灌溉工作重视，书记挂帅，党委委员分片包干，大队、生产队长把渠口，水利干部是水走，作业队长守地口，分工负责，层层包干，这是灌好二轮水的先决条件。各公社应学习沙河和二十里堡公社的先进领导方法，彻底改变一般化领导作风。

2. 健全灌溉组织，加强养护管理。事实证明，沙河、二十里堡公社由于灌溉组织健全，他们水就浇得好，相反大满、梁家墩公社、李家墩七一等生产队，由于未组织灌溉专业队，不仅浪费了水，还未把地灌好。通过这次会议，以事实教育了大家，各公社这次参加会议的书记或社主任均表示态度，学习先进，吸取教训，遵照市委指示，每350亩地固定一人，以生产队为单位，组织好灌溉专业队，昼夜换班，轮流养护渠道。水库协同各作业队，浇水人员浇好地，建立交接灌水制度，实行红旗引水法，提尺子量水灌地，这是经济用水，灌好二次水的有效措施。

3. 广泛深入地开展用水、惜水运动。教育干部和群众彻底从思想上认识浪费水的严重危害性，浪费了水就是浪费了粮食，坚决贯彻省地委几次对抗旱生产的指示，实行薄浇浅灌，经济合理灌溉，泉水地区大力挖掘地下水，彻底纠正依靠山水，喜大水不掏泉，靠别人吃饭的懒汉思想。如乌江公社定安大队就是由于这种思想的支配，对市委指示贯彻不够，掏泉工作未很好开展，要求调剂黑河水，这种思想应立即纠正，自力更生。

4. 安阳、梨园河等灌区，积极进行融冰化雪，补足水量之不足，坚决贯彻省委提出“□引提并举，三水齐抓”水利方针，千方百计力争五月底灌完第一次水，以黑河5月29日流量50秒公方，每亩灌溉毛流量以110公方计算，每昼夜可灌地4万余亩，二次水应灌面积721.731亩，在18天时间内即可灌完。

五、关于黑河给下游高台，酒泉调剂水量问题。我市按照专署规定于5月27日上午九时由市委徐树文书记亲自到现场——黑河总口，将当时水量的85%如数放给下游，保证农田及时灌溉，坚决执行了专署的规定。至5月29日上午9时止，给下游放水时间结束后，将水拿到我市各渠进行灌溉。

张掖县1963年水利工程整修计划

1963年1月　　　甘229-02-575-001

张掖县1963年计划整修的重点水利工程共7个，渠系7项，建筑物12座，即龙首渠、红沙河山洪渡槽一座、大满渠北五闸分水闸三座、盈科渠长安二闸分水闸二座、小满友谊启闭机二座、盈科渠清凉寺公路桥一座、梗明西渠石河坝进水闸连泄洪闸一座，渠道5.75公里，即扩建大满渠道5公里，整修西干渠750米，隧洞70米，即西洞渠隧洞整修70米，以及黑河总口各个部位等。上述工程计划3月1日开工，5月底完工，施工即90天，共需完成工程量54496立方米。其中土砂方40325立方米，切石13670立方米，砼501立方米，需要劳动力141965工日，水泥453吨，钢材13.8吨，木材203立方米，炸药0.24吨，共需投资294423元，其中工资补助119074.62元，用材及其它175348.38元，需要补助粮食151899市斤。上述7项工程中，西干渠不整修即无法引水灌溉，龙首渠渡槽、西洞渠隧洞、总口整修三项如不修，也将会因冲毁坍塌，致使停水断流，对灌溉有很大影响。大满、盈科、梗明西三项进行修建后，改善灌溉面积53000亩，同时解决长期以来存在的水利争端，便拦配水管理都是迫不及待，工程任务现向各工程的概略情况分述如下：

一、龙首区、红沙河山洪渡槽工程：龙首区位于黑河东岸，在管营峡口之下，单独引水灌溉。全灌区灌溉面积3760亩，灌区处山脚高地，渠道延伸行走，纵坡平缓，在距离引水口500米处，横穿红沙河山洪沟与渠道垂交，最大洪峰50立方米/秒。时值洪水季节，小则大量砂石冲毁，每次不下几千立方米，大则冲毁渠道无法输水，有次曾经用取8000多劳动工日才把口子堵着。1954年，群众自己修一个木质洪水□坝，鉴于该种情况必须重新修建，全年计划修建砼坊工混合建筑的山洪渡槽一座，排泄量50立方米每秒，引水量0.8秒立方米，需完成土石方2025立方米，劳动工日10945个，水泥106吨，钢材5吨，木材24立方米，炸药0.24吨，投资37330元。

二、西洞渠隧道整修工程：西洞渠位于黑河西岸，于龙首渠相对开口，独立引水，灌溉甘俊公社星光大队面积15500亩，渠道全长22公里，其中隧洞7公里，系早年农民土法开□的，年代已无□可考。现在大棚中七东天井，大棚等□共390米，木质构架已经损坏，洞顶塌方严重，渠道经常堵塞引水，进行清淤时，又非常危险，今年计划修建70米，以后逐步整修，需完成工程量592立方米，劳动力3072工日，水泥57.4吨，木材30.4立方米，投资20000元。

三、西干渠整修工程：西干渠平庙子至三渠口一段全长6公里，全部处于黑河，谷里引水防洪建筑物很简陋，每年在洪水季节时，常被洪水冲毁。去年秋季刚整修一次，现在有2公里多又被冲坏，看不出哪里是渠哪里是滩，关系着20多万亩土地灌溉，仍必须进行整修。因限于资财，国家投资20000元，修建750米，其余由灌渠自行负担。

四、大满各项工程：大满渠现有水地面积112000亩，近几年来播种面积78000亩，渠道全长120多华里，下游经过沙窝，利用率很低，渠系平均利用率50%，现在只能过17秒立方米，计划加宽2米，使引水量达到25秒立方米。渠道加宽后，有两座公路桥也要随着兴建，北五闸的十字坝、十信闸、新开闸三个分水闸是大满渠二十里堡两个灌区的主要分水闸，现在还是木质建筑，时常损坏，不但渠水决堤倒坝，且引起水利纠纷，今年也计划兴建完成。以上六项工程共需完成工程量34511立方米，劳动力60238工日，水泥132.4吨，木材55.8立方米，投资93150元，补助粮食60866斤。

五、盈科渠各项工程：1. 小满古浪分水闸已于62年秋季建成，今春做第二期工程，包括启闭机台，闸门安装等工程；2. 长安二闸分水闸是将现在二闸七一木闸，下利沟、中头、中二、中三各闸合并而成。上述六个水闸，原属永利渠1958年合入盈科渠与盈科一个轮头，轮期30天，都是集中灌溉。轮期过长使上秦、东王堡等下游地区连年受旱，况长安二闸多种蔬，要求轮期短，实际轮期长，且原来不是一个渠，因偷水开口不断发生，下游浇一次水，要派几百人看口子。基于上述情况将其合并为两个分水闸，开一闭一，与盈科各渠分水灌溉；3. 春凉寺公路桥是修建干渠时修的一个临时性木桥，现在已损坏，该桥是张掖至民乐之安阳、花店、古浪党店的重要渠道，车马不绝，运输量很大，因此计划今年修建。完成上述三项工程要做工程量5498立方米，劳动力15680工日，水泥110.2吨，钢材8.3吨，木材55.4立方米，投资71086元，补助粮食24350斤。

六、石河坝泄水闸：石河坝是梗明西渠从黑河引入水量后的一个重要进退水建筑。梗明西渠从黑河阳河墩的芨□台附近引水引渠后，于石河坝筑一坝拿入渠中。黑河一发洪水，就把坝冲毁，而后再打坝拿水，每年不下十余次，每次要用去劳动力1500多个，枝草12000多斤，受益面积3000亩，群众负担很重。今年计划兴建进水闸泄洪闸联合建筑物一座，泄洪量50秒立方米，引水量3秒立方米，共需完成土石方1115立方米，劳动力4986工日，水泥47吨，钢材0.5吨，木材8立方米，投资14857元，补助粮食4151斤。

七、黑河总口工程：比较分散各个部位，均有不同程度的补修清淤任务，确定投资38000元，补助粮食25000斤，由总口自行安排上级批示。

张掖专员专署水利电力局

张掖县欧波渠六四年上半年水利管理工作报告①

1964年6月23日　　甘229-02-038-006

欧波渠灌溉面积83700亩，干渠长20公里，支渠4条，斗渠16条，共长105公里，有农渠306条，长447公里，是一个1000多年的古老灌区。没有正式引水口，渠道不正规，工程不配套，建筑简陋，历年来多受干旱，洪水双重灾害。农田灌溉不但花费大量的人力物力财力，而且农作物产量不高，因而严重影响农业生产的发展。亩产仅达100多斤，经过连年来对水利工程的整修恢复，特别是去冬今春的大搞水利建设，本灌区的水力面貌已大大改观，水的利用率提高了20%。我们在水利管理方面，积极贯彻党的各项方针政策贯彻了以“配套为主，群众为主，小型为主”的水利方针，坚持勤俭办水利法修管用，三者紧密结合起来，主要抓以下几个环节：

一、修是基础

1957年本灌区共有建筑物86座，其中木质闸75座，石料闸一座，木桥十座。1960年以后因农业减产渠道失修，20公里长的干渠堤岸但是就80%被冲坏。渠道建筑物大半也破烂不堪。大水引不到渠里小水淌不到地里，使部分农田灌水流失。经过六三年的整修恢复，巩固提高至今春全灌溉区有建筑568座，其中水泥闸四座，其余均系木质闸和石料。草皮闸。自河西水利会议以后。掀起了一个新修水利的建设高潮，采取了春季农闲大

① 编者按：六四年，即1964年。

修，夏季农忙小修的办法，发动群众，大兴水利，截至目前，全灌溉区具有建筑物1425座，其中较大型的38座。水泥建筑物3座，混凝土渡槽1座，小型水闸819座，比1957年增长23倍，比1963年增长两倍半。

1964年来，除修建建筑外，对各级渠道还进行了一次全面彻底的清淤加固截弯取直工作，节省了水量提高了水的利用率。全灌区四条支渠长12公里，进行了清淤，斗渠清淤整修11条，长33公里，农渠清淤269条，长189公里，毛渠清淤1252条，长611公里，改沟路不分八条，长2公里，重点搞平田整地12644亩。总计工程量土砂方约58000方，在20公里的干渠上新改了一条宽13公尺，长7公里的新渠，渠堤全部用卵石衬砌，挖去石砂方78154方，化工日34528个。另外进行了渠道绿化工作。共植树56985株，特别是干渠多年失修，没有固定渠床，大水决塌，小水渗漏大浇不上，修好干渠，这是最迫切的任务。正如农民说的："干渠是吃饭碗，锅里面有水碗里就干了。"要好要想浇好水，必须先修好干渠，因而广大群众，不畏艰难困苦，不惧风沙，严寒居住在四无人烟的黑河滩里，经过30天的苦战春修，修通了干渠，把原来蜿蜒烂渠改变成了笔直的正规渠道。和1957年的干渠比较，最大输水量15秒立方米，1963年增加到20秒立方米以上，今年输水量增长到达30秒立方。干渠渠床固定，渗漏亦减少了，1963年20公里的干渠输水需34个小时，今年需12个小时，减少输水时间24个小时。

在省河西水利会议精神指导下，在上级党政的正确领导下，我们懂得了以群众为主，自力更生，勤俭办水利的方针。在这种思想指导下，我们以就地取材的方法，依靠群众办了一些小型水利工程。像小河公社15600亩土地，六条斗渠使水，渠道紊乱，建筑物罕有水量，难以控制。每浇一轮水今打土坝，筑堤看水则需工1240个。还需柴草14000斤，闸前堤后挖成了大水坑，既浪费水量又浪费劳力、柴草。小和公社领导为改变这种面貌，根据县委指示，依靠群众，自筹工料，大量修建小型水闸。全社共运来石料115方，草皮1544车，木料38方，修了小型水闸652座，其中木质闸81个，石头闸233个，草皮闸338个，还做了闸板抽提式的291副，草皮衬砌渡槽6座。小河公社有计划性的整修了渠道，使渠道输水畅通，减少输水渗漏，提高水的利用率14%。而且每浇一次水，还节省打土坝用功1240个，柴草14000斤。

四年，国家给我们调拨水泥40.5吨，木料12.1方，完成了社办公助工程四项（其中渡槽一个）。由于缺乏技术人员就边学边做，吸收群众中的水泥工人三人做骨干。通过工程修建，还培养了共八个技术人员，经过检查验收，四项工程质量还好，使用方便。

河西地区渠道破烂，群众修渠的积极性特别高。今年在春修大会战中最紧张关头，参加水利建设的劳动力有6820人，这是力争河西农业丰收的第一关。根据本灌区配套要求，需修大小建筑物4665座（其中水闸2497个，渡槽128个，车桥239个，跌水一个），还需要我们今后积极努力工作，为农业增产打好基础。

二、管是保证

对于管的问题，我们主要做了下列工作：

1. 充分发挥灌区委员会的作用。在去年灌区委员会的基础上，今春通过水利代表大会，改选了本年的灌区委员会产生灌区委员15人。灌区委员会议是灌区的最高权力机构，重大问题都由委员会议讨论决定，水管所执行。通过灌委会具体贯彻党的水利方针政策，反映群众的意见，制定水利管理工作的决策，推动水管工作健康发展。今年共召开过灌区委员会六次，这是本灌区的领导基础。

2. 建立养护制度，加强工程设施的管理维修。今年干渠上抽调了思想进步，身体强壮的青壮年38人，专业干渠养护工作，这是一种化工少收效大的方法。今年在干渠上设养护段五处，养护工不避风雨，守卫在干渠上养护渠道，随坏随修。半年来养护工供养护渠顶头780个，编织草墩子350个，加固拦洪坝4条，长359公尺，抢修险堤16处，共运用石料674方，挖砂石方1669方，累计工日3480个，使用枝草80800斤。和1962年同期相比，少用工日70%，少用枝草35%，而62年决堤倒坝13次。今年至现在安全输水未发生事故，这种常年性的养护制度是西干渠保证输水畅通，防止决堤倒坝的最有效的方法。

3. 制定配水计划，这是达到经济用水合理分配水量的前提。今年春灌开始，本灌区通过水利代表会议灌区委员会参考往年情况定出了配水计划。首先落实灌溉地亩，根据各社队的用水申请，水管所又做了一番调查了解。按本灌区的了解，配水计划主要采取干支渠以测流为主，斗农毛渠的也是，以时间为主，配水方法，采取按地配水加渗漏结合临时调剂的办法。由于配水计划来自群众，不仅考虑到上下游的关系，也考虑到作物的生长土壤情况，水情变化，这是管好水的前提。

4. 健全分级管理组织，实行分级管理。灌区抽调段长11人，分片包干，建立岗位责任制，段长由受益社队选拔政治可靠，群众爱戴，热爱水利工作的人担任，段长报酬由受益社队记工分红。各大队设闸长一人，全区共有闸长30人。各生产队成立灌水小组，全区有灌溉小组167个，490人，由一个公社主任亲自负责抓水，段长也定期也订出了工作制度。这批水利大军，充分发挥了作用，是本灌区管好水的主要力量。群众反映："过去没有闸段长，打架闹事把水抢。今年有了闸段长，水有计划不嚷仗。"

5. 制定农田灌溉用水制度，做到赏罚分明及时。春灌开始，水管所即制定了用水制度16条。经过水利代表大会通过执行，用水制度中包括配水原则、灌溉方法、奖罚制度等，根据用水制度对本灌区发生的一些偷水、浪费水等不良现象进行了严肃认真的处理。今年上半年，发现偷水事件两次，浪费水事件四次，责任事故三件，都做到了随发生随处理，群众反映很好。像春灌中沙井南湾大队社员贾德玉偷水灌冬麦三亩罚工15个，马军生产队偷水一次，罚工十个，这样处理群众满意。至今再未发现偷水事故。夏灌中欧波公社，因没有及时送到渠上枝草，影响拦洪堵水，进行了罚水，处理效果也很好。并对于遵守制度好的小河公社，给予表扬。通过合理问题向社员进行了遵守水规的教育，从而保证灌溉工作的顺利进行。

6. 水管所干部明确分工，坚持岗位责任制。过去专管干部，出门满天飞，出了问题谁也不负责。今年一开始，干部就进行了分工，水管所留文书一人，干渠分二人负责，一人抓工程，四个支渠各分一人抓灌溉，所长进行全面检查督促。同时，开春分工一年不变，既加强责任感，包干负责到底，也积累了工作经验，熟悉灌溉规律。

今年从干部到群众，从计划到制度，从养护到维修，层层负责，发挥群策群力。由于抓得细，因而充分发挥了工程效益。今年水的利用率普遍提高8%，抢水打架的事没有了，偷水、浪费水的现象减少了，还培养了一批热心水利工作的好干部。

三、用是目的

截至六月中旬，本灌区夏禾面积43638亩，全部灌过了三水，其中冬麦6535.8亩，已灌过四水，秋禾29186亩，已灌头水的40%。林草地392亩都灌了三次水，扩灌轮歇地9381亩，其它零星林草地都灌了三次水。在灌溉中，我们采取了小水集中输灌，大水分灌，洪水抢灌的办法，上下游通过共产主义协作精神，互相调剂。

夏灌中，我们一手抓灌溉，一手抓防洪。6月5日成立防汛指挥小组，我们在洪泉河、六号沟、黑穗岗、平庙子、东西沟设立五个防洪区，各区都有专人负责。首先对上下干渠险岸陡坡进行检查鉴定，做出了防洪施工计划。根据计划修筑了拦洪坝5条，长3200公尺，加固险坝8处，总计工程量25109方，工日6510个。5月31日，临泽渠决堤，洪水倒入本渠新沟，淹庄子两处，淹田241亩。我们从坏处着想，整修南滩沙河渠防洪堤，做到防重于抢，以后几次因有了准备，沙河区决堤也未有任何损失。

修、管、用是我们工作中的三个重要环节。

四、思想工作

今年的水比去年管得好，灌得好，这和上级党委和水利局及公社党委的重视是分不开的。沙井公社主任王希奎灌水期间亲自检查督促，发现社员连犯水规制度的事亲自处理，并及时检查处理后的效果，经常教育闸段长做群众的思想工作。由于领导重视，激发了干部、社员兴修水利的积极性。

制定学习制度，组织职工定期学习毛主席著作，学习大寨、大庆经验，促进我们的工作。水管所干部每月集中集体学习三次，养护工人也定期进行学习，段长每七天学习一次，坚持学习的职工觉悟有了提高。像工人孙自华开始做干渠养护工作，嫌工作苦，不好好干，调换了两个段，两个段的工人都提出不好意见。经过学习了大庆和雷锋、张洪驰的材料，他检查了自己的专门利人，毫不利己的作风，不如张洪驰，他提出要到任务最艰巨的段工作。到平庙子段，他埋头苦干，被评为五好工人。干部王庭全学习了大庆铁人王进喜的材料后，他工作更加卖力。6月16日，平庙子架坝他带病下水，别人阻拦，他说："浇水的事要紧。"就这样，他带头下水工人也积极努力，一条长50公尺的水坝，两个半小时就架好了。

自春修开始，首先在干渠上开展了比学赶帮的评比活动。通过评比，树立旗帜，提高功效。评比结果，评出先进公社三个，先进大队九个，先进职工39人。六月份夏灌紧张阶段，评选出了五好灌区一个，五好大队三个，五好段长五个，五好闸长三个，五好职工13人。五好评比活动主要以五好评比暂行办法为中心，先学习了文件，从制定五好标准开始，结合本灌区的具体情况进行评比，选择五好标兵进行推广，做好评比活动，促进了职工思想革命化。

五、存在的问题及教训

1. 由于水管所干部力量弱，工作开展不平衡。

2. 今年干渠，虽然达到了输水畅通，但花的代价大，不经济。虽比1962年花工少，但至今也花了达45000多工，计划全年需工日62000个。平均每1.5亩地一个工。枝草负担更大，1962年全年用枝草26万斤，1963年用枝草15万斤，今年已用去11万斤，若西干渠能够尽快上岸，这些问题才能根本解决。

3. 本灌区科学试验工作做得不够，没有测水设备也没有专人负责搞灌溉试验工作，对灌溉工作有很大程度的盲目性。

4. 没有一定的专职技术干部，技术工作赶不上新形势的需要。

5. 灌区地区分散，工作变化大。学习制度有时不能坚持，个别干部产生不安心水利工作的思想。

张掖县欧波渠水管所

甘肃省河西水利建设指挥部翻印

临泽县水利会议总结报告

1953年3月30日　　甘230-02-015-021

我县为了搞好水利，保证农田用水，以达到农业生产的大丰收起见，系于3月21日召开了水利会议，参加各级水利干部61人（包括各区水利干事）。开会三天，于23日顺利结束，会议由县四科长白尚易同志作的报告，并传达了中央人民政府政务院及甘肃省人民政府发布："□于发动群众，继续做好防旱抗旱运动，并大力推行水土保持工作"的指示精神，继以小会结合大会的方式，推行讨论。与会人员都以对人民负责的态度，热情、团结地检查了1952年的水利工作，总结成绩，批判了缺点，确定了1953年的工作方针与任务。会议的收获主要有以下几点：

一、总结了五年的工作成绩。我们在1952年合并了干渠16条，缩短渠程228华里，支渠9条，缩短渠程54华里，农渠120条，缩短71华里，并普遍的整修了渠道，减少了渗漏。在管理方面，完全取消了旧的水规制度，建立了新水规，群众经过土改运动后，对兴修水利工程有了相当的认识，如修渠筑堤工作，表现十分积极，提高了工作效率，缩短了工作时间，用水方面基本上是没有浪费水量。因此，不但保证了农田用水，还节省了23343亩的水量，灌溉了荒地，增加了收入。如三区的八、九乡，开荒种的糜、谷就收了150多石，所兴修的工程，由于各级水利干部的认真负责，进行巡视，绝大部分没有损失。如梨园河工程在一年来的用水时间中，干部经常在堤上检查，洪水如有涨落，及时开闭退水闸，保持了工程的完整，给1953年的水利工作打下了良好的基础。

二、从1952年的实际工作中大家体会到，唯有大力的发动群众，开展防旱抗旱运动，才能保证农田用水。如二区历年来就有了十年九旱的说法，1952年经发动群众，大力整修梨园合河，并合并了渠道，减少了渗漏，加强了水利管理，免除浪费水量，使所有的农田都没有受旱。如在修工时，二乡的范希礼老乡说："政府叫修这么大的工程，又叫合并渠道，是白花钱呢?"经将工程修好后，就避免了过去几年，没有水，受旱，有了水，冲毁渠堤，浇不上地，也是受旱的现象。他欢喜地说："政府的计划真好，今年我们没有受旱，庄稼丰收了。”以此教育了水利干部及农民，明确了想办法防旱抗旱的道理，人定胜天的信心。确定了1953年水利工作方针任务，以维修开展群众性的防洪抗旱运动。普遍的整修旧有渠道，兴办小型水利工程，充分利用水源，实行灵活性的“集中轮灌”“薄浇勤灌”的办法，经济用水，以保证农田适时适量的浇水，完成增产任务。

三、健全水利机构，加深水利领导。使水利组织机构密切的和行政配合，取消过去的委员会制，乡由乡生产建设委员会具体领导，区县由区县生产防旱抗旱委员会领导，乡以下按农渠组成的灌溉小组，以做到群众性的管理用水。其具体做法，乡生产建设委员会设一脱离生产的水利委员，专办水利工作。为了统一领导，进行兴修水利工程起见，各水渠成立办事处，设主任一人，文书一人（情况不复杂，主任文书均可由各乡脱离生产的水利委员兼任），并得视工作繁简，酌设干事，配合乡生产建设委员会搞好水利工作。一个乡有几条水渠者，可设联合办事处，由乡生产建设委员会领导，其领导并系渠水利办事处，应由各该区直接领导。各乡生产建设委员会，除由各该区乡领导外，应与渠水利办事处直接发生关系。乡生产委员会脱离生产的水利委员，应由各该渠水利办事处统一指挥调派，进行兴修水利工程工作。这样组织形式的好处：

1. 避免水利和行政脱节的现象。渠应兴革工程，可由各项生产委员会，通过群众讨论决定后，由渠水利办事处，集中各乡的意见，具体领导兴立。所有工料费及夫名征集由乡生产建设委员会负责。

2. 照顾全面。所有灌溉小组由乡生产建设委员会领导进行灌溉，水利委员在□，由乡生产建设委员会领导下进行工作。在渠，可反映乡的具体意见，便于支配用水。

3. 加强了领导力量。过去几年，水利干部把水引到渠里，有的就不管了，有的顾渠上就顾不了乡上，因此浪费了水量。灌溉小组未能很好地领导，有的流于形式，本年由生产建设委员会领导，就不会顾此失彼。

四、批判了官僚主义的作风，加强了各级水利干部的责任心。在1952年的水利工作中，存在着很多严重的官僚主义作风，对工作不负责任。如二坝区水利主任蒋永兆，洪水快要冲断渠堤，他还在庙里做干丐吃，夫名也在睡觉，率领夫名打水时，猜拳赢纸烟吃，致曲堤冲断，使秋田受不了旱。同时存在着水本位主义的思想，五区六乡居于上游，就对下游的六区一乡照顾不够，以致六区一乡的群众不满意，跑到五区六乡去要水，发生了纠纷。梨园河西干渠个别干部没有把群众的利益放在第一位，如二区五乡文书赵立基在浇谷子的时候，他先浇麦子，群众浇了水，他还把四个老乡每人罚了四个工去修渠。干事王者起，浇水先叫五乡浇，至冬水灌过后，其他渠道的水都退了，他就没有退水，以致水淹了公路，影响交通。九眼渠的主任委员王世贵退水，不和小新等渠的负责人商量，把水退下去，他就到南山拉□去了，以致冲断了小新渠渠堤。这些现象在会上都做了广泛的分析批判，大家认识到水是农民的命脉，水利搞不好，庄稼就不能丰收，人民的生活就不能改善。像这样自私自利的作风，就是对群众不负责任的态度，今后一定要建立天下农民一家人的整体观念，上游照顾下游水利干部，要做到嘴勤、眼勤、腿勤，跑到、说到、看到，要反对无所用心的官僚主义，搞好水利工作。

总之，这次会议时间虽短，收效很大。与会干部经过了批判分析问题，认清了水利的重要性，更进一步提高了政治觉悟，加强了责任心。一致表示 回去后一定要全心全意搞好水利工作，同时讨论解决了许多具体问题。

高台县1957年冬和1958年春兴修农田水利工作初步总结

1958年6月18日 甘230-02-036-003

1957年冬，根据党中央提出发展工业必须和发展农业同时并举的方针，高台县地处河西走廊中部，为了提前完成粮棉基地的光荣任务，实现“十年指标，一年完成，三年跨河，八年过江”和苦战三年，力争工农业跃进、再跃进的26条奋斗目标，更好地迎接第二个五年计划，以满足进一步发展农业生产的要求。在想尽一切办法挖掘水利潜力的前提下，随着农村开展社会主义和资本主义两条道路“大辩论”而来的生产高潮，县委根据自然特点作了具体工作安排。从10月20日起，在全县范围内开展了一个规模浩大、千军万马、轰轰烈烈的群众性兴修农田水利运动，为使运动健康而朝气蓬勃的进展，同时提出：“家无闲人，队无闲车，圈无闲畜。”苦战三年，改变高台干旱面貌和兴修水利不停战，扩灌面积10万亩的行动口号，给广大群众和干部给了极大的鼓舞。尤其经过全民性的整风运动和反右派斗争，由于干部反掉了右倾保守思想，改变了工作作风，以及广大群众的社会主义觉悟有了进一步的提高，运动开展后，书记挂帅，各级领导亲入现场，同甘共苦，具体指导，确实是男女老幼一起上阵，声势壮阔，干劲十足，进度数快，成绩辉煌。全县各地打破了常规，干部群众在过春节时都不回家，在工地上心情愉快的劳动。县委书记、县长也在□丰渠工地上趁过春节进行慰问及娱乐活动，从而激发了广大劳动人民的生产积极性，不避深受严寒，劳动坚持不懈。参加工作的群众都是抱着认真负责主人公的态度，在各工地开展了劳动竞赛，发挥了高度的友谊团结、劳动热情，在开展洼地蓄水、打井挖泉、兴修渠道、排除洗碱以及田间工程等各方面，都起了决定性的积极推动作用。兹将完成工程情况简述如下：

一、兴修洼地蓄水。整修原有水库11座，可蓄180978亩地的一次用水，经整修后，增蓄255亩地的一次用水，共计206478亩。去冬今春新修水库2 座，蓄水量达1908亩地的一次用水，共用劳动工人3382772个工日，车工31950个车天，完成土方共计594683公方，块石1594公方，青砂485公方，费用水泥31480吨，木材163公方，草皮1645公方，技工550个工日。截至6月10日，全县共有新旧水库32座，计划蓄水量可供397278亩地的一次用水（包括整修水库后增加25500亩的一次水量）但因小海子、白家明塘水库放水条件较差和平川湖、唐家湾水库完成时，正值农田用水关系，实际共蓄297478亩地的一次用水。

二、兴修渠道工程。新修干渠一条长35公里，底宽5公尺，从1958年元月20日至3月25日全部工程基本完成。自开工起每天参加劳动8300余人，共计实用人工3946个工日，车工2275个车天，完成砂方共547公方。其中经常参加和群众打成一片劳动的干部244人，工作了50天，挖修渠1340公尺，挖取沙子26840公方，占总土方的39%，群众一般每天挖二方，县委、人委干部每人每天挖三方。另外，在过春节中，县委、人委和工商贸易各企事业单位干部463人，到□丰渠参加劳动，搬运石头320公方，都在群众中作出了好的榜样起了示范带动作用。

整修干渠49条，长638公里，实用劳动力人工290149个工日，共做土方348178公方；新修支渠两条长31公里，实用人工9000个工日，完成土方共22310公方，整修支渠737条，长92740公方，实用人工105449个工日，完成土方78609公方；新修农毛渠458条，长119公里，实用人工6132个工日，完成土方7238公方；整修农毛渠15278条，长2689公里，实用人工58015个工日，完成土方34809公方；新修和整修排除沟839条，长6952公里，实用人工33348个工日，改良碱潮地31444亩，截引地下水扩灌10500亩；卵石衬砌渠道35条，长37.12公里，实用人工81476个，完成石方52089公方，土方196580公方，扩灌13885亩；新修河坝五条长，1024公尺，实用人工5504个，完成土砂方13512公方；整修防洪坝2条，长12公里，实用人工1030个，完成土方2365公方；整修防洪渠八条，长39公里，实用人工7489个工日，完成土方569公方。打井98眼，实用人工958个工日。主要解决了饲养场牲畜吃水，挖泉596个（其中52个解决了吃水）实用人工28□个工日，扩灌面积16460亩。整修涝池六个，实用人工3324个工日，解决了人畜吃水（主要是山区河西坝、元山子、红崖子等处）。

修建渠道隧洞工程，修建拢浪河西干渠隧洞2950公尺，已完成388公尺，实用人工时10800个工日，技工579个。修占拢浪河东干渠隧洞2150公尺，已完成121公尺，实用人工5500个工日（两个隧洞的天井总挖深612公尺），修建水关河西干渠隧洞950公尺，已全部完成，实用人工23759个工日，扩灌12000亩。红沙河渠玩石隧洞15公尺，已全部完成，扩灌3000亩。

三、水土保持。结合田间工程修铺地埂沟沿倒水缺口13641个，修拥水土坝16887条，挖修水平沟106889条，共实用人工24820个工日，完成控制水土流失面积310平方公里。

四、田间工程。平整地亩144911亩，实用人工53902个工日，改大块地37650亩，实用人工11269个工日，节省水量750亩。改串灌地26723亩，实用人工8932个工日，节省水量847亩。挖碱窟窿3706□□，实用人工4059个。

攻沙盖碱，改良土壤18533亩，实用人工10205个工日。小畦灌溉40257亩，实用人工10352个工日。实行沟灌50160亩，实用人工3965个工日。以农区为单位，实用分区轮作的面积300122亩。

总之去冬今春，全县广大劳动人民对水利事业上付出了巨大的力量。据初步统计，实用劳动力人工1673695个工日，以全县出勤劳动力，男女全半劳动力73889人计算，每人平均负担水利劳动24个工日。

关于灌溉管理，执行计划配水以三清渠包括农场共有面积82266亩，列为简易计划配水重点试办区，并对其他谷渠普遍开展了简易配水计划，面积为337390亩。据初步检查，以各区浇水缩短输水时间推算，节省出来的水量可扩灌面积97213亩。为了保证顺利执行计划配水，做到农田合理用水，扩大更多的灌溉面积，全县组织专管水利乡长32人，社主任114人，生产队固定专管水利干部1030人，常年性的灌溉组1010个，参加组员5371人，并根据张掖专区灌溉用水示范规章，结合我县实际情况，制定了执行水规纪律的若干规定，分发给各乡、社组织管水干部和群众，配合有关政策文件进行了学习。同时县上抽调干部组织力量，深入检查，使水利工作，灌溉管理，以及水土保持全面跃进再跃进！

内蒙古自治区革命委员会生产建设委员会函送我区巴彦淖尔盟额济纳旗需水方案的意见

1968 年 1 月 25 日　　甘 234-01-100-009

兰州军区党委会、甘肃省河西建设规划委员会：

根据去年五月在张掖召开的黑河干流规划工作座谈会的意见，将我区巴盟额济纳旗需水方案意见函送你委，请在黑河流域规划中给予安排。

内蒙古自治区革命委员会生产建设委员会（印）

抄送：水电部、水电部西北勘测设计院，自治区革委会、农牧组、内蒙古军区、内蒙古水利厅、巴盟革委会、额旗第一线指挥部。

附件　巴盟额济纳旗需水方案意见

最高指示

我们的方针是统筹兼顾、适当安排。无论粮食问题，……以及其他各项问题，都要从对全体人民的统筹兼顾这个观点出发，就当时当地的实际可能条件，同各方面的人协商，作出各种适当的安排。

《关于正确处理人民内部矛盾的问题》

水利是农业的命脉，我们也应予以极大的注意。

《我们的经济政策》

牲畜的最大敌人是病多与草缺，不解决这两个问题，发展是不可能的。

《经济问题与财政问题》

一

额济纳旗位处祖国北部边疆，反修前哨，必须高举毛泽东思想伟大红旗，突出无产阶级政治，□□□□□□□，大力发展畜牧业生产，为反帝反修，加强无产阶级专政、巩固社会主义边疆服务。

根据毛主席“备战、备荒、为人民”的伟大战略方针，额旗提出：“以牧为主，农林结合，发展各种经济，是数质量并重，大力提高质量，全面稳定地发展畜牧头数，提高牲畜总增，提高牲畜商品率，增加畜产品和产值。”根据这个精神，额济纳河流域内牲畜总头数在 1965 年 27.61 万只（大畜均折合成小畜，以下均同）的基础上，计划 1970 年发展到 36.8 万～50.6 万只，比 1965 年增加 33%～83%；1975 年发展到 68 万～73 万只，比 1970 年增加 85%～100%，比 1965 年增加 146%～166%。

在牲畜发展措施上，根据主席的“牲畜的最大敌人是病多与草缺，不解决这两个问题，发展是不可能的”指示，首先必须解决草的问题。从“备战、备荒、为人民”的战略指导思想出发，额旗打算从 1967 年开始，三年内实现粮、草、料三自给。额旗气候干旱，实现草料自给，主要是利用额济纳河进行草原灌溉，提高草原本身的生产能力，提高载畜量。此外，还要合理放牧，实行草场与森林轮封，建立稳定的饲草料基地，开发缺水草场等。目前已利用草场，由于放牧过度，牧草严重退化，急需用轮封轮牧的方法逐步进行恢复更新。计划在 12～15 年内将全部已利用草场 480 万亩（沿河草场 80 万亩）轮休二次（隔年轮休一次），每年轮封沿河灌溉草场 20 多万亩，轮封戈壁草场 100 万亩，1975 年轮封完。林业上，由于干旱和放牧过度等原因，树木枯死现象严重，幼树成长慢，应采取封林和森林清理，灭虫等办法，保护和培育林木，扩大牲畜的饲草料来源（叶、果实、嫩枝等）。计划从今年开始，每年封林 30 万亩（间隔四年），到 1975 年经过封好的林达 60 万亩。饲草料基地，主要解决冬春饲料，计划 1970 年建立 7.5 万亩，1975 年扩大到 15 万亩。同时，施行部分种草养畜，提高草场载畜能力。东西戈壁缺水苦水草场，计划 1970 年开辟 300 万亩，到 1975 年再开辟 400 万亩，十年间共开辟 700 万亩。

农业发展上，积极搞好农田基本建设，实现旱涝保收，稳产高产，确保额旗粮、棉、油三自给。计划 1970 年扩大农田，保证灌溉面积达到 2.5 万亩，1975 年扩大到 5.0 万亩。

根据上述额济纳旗畜牧业发展规划、草原建设规划、农田发展规划，额旗 1970 年、1975 年总需水量有两个方案。

第一方案：仅考虑兴修正义峡水库，正义峡水库至双城子的防渗渠道，暂不引大通河济黑河的问题，这又考虑了高、低两张方案。

低方案：流域内牲畜总头数 1970 年发展到 36.6 万只，1975 年发展到 59.5 万只。相应地，1970 年灌溉沿河草场（包括种草养畜在内，以下均同）及林地 246 万亩（灌溉定额 200 立方米/亩，以下均同），灌溉农田及饲料基地 10 万亩（灌溉定额 550 米/亩，其中生长期内有一次为地下水灌溉，定额 100 米/亩，以下均同）。总计灌溉面积为 256 万亩，总需水量为 5.65 亿立方米，其中地表水 5.5 亿立方米，地下水 0.15 亿立方米。1975 年灌溉草场 221.2 万亩，农田及饲料地 20 万亩，总需水量为 5.85 亿立方米，其中地表水 5.5 亿立方米，地下水 0.35 亿立方米。

高方案：流域内牲畜总头数 1970 年发展到 37 万只，1975 年发展到 65.5 万只。1970 年，总灌溉面积（草场、林地、饲草料基地均在内，以下均同）为 337.0 万亩，总需水量为 7.1 亿立方米，需地表水 7.0 亿立方米，地下水 0.1 亿立方米。1975 年总灌溉面积 306.2 万亩，总需水量 7.35 亿立方米，需地表水 7.0 亿立方米，地下水 0.35 亿立方米。

第二方案：考虑建正义峡水库，正义峡水库至双城子的防渗渠道，及引大通河济黑河工程于 1975 年完成，也考虑了高、低两种方案。

低方案：流域内牲畜总头数 1970 年发展到 36.6 万只，1975 年发展到 67.5 万只。1970 年总灌溉面积达到 256.6 万亩，总需水量为 5.65 亿立方米，需地表水 5.5 亿立方米，地下水 0.15 亿立方米。1975 年总灌溉面积到达 331.2 万亩，总需水量为 7.85 亿立方米，需地表水 7.5 亿立方米，地下水 0.35 亿立方米。

高方案：流域内牲畜总头数 1970 年发展到 37 万只，1975 年发展到 73.5 万只。1970 年总灌溉面积为 337 万亩，总需水量为 7.1 亿立方米，需地表水 7.0 亿立方米，地下水 0.1 亿立方米。1975 年总灌溉面积为 406.2 万亩，总需水量为 9.35 亿立方米，需地表水 9.0 亿立方米，地下水 0.35 亿立方米。

二

根据额旗畜牧业生产计划需水要求，对工程规划提出以下意见：

（一）进行渠系配套。额旗草原灌区还未建成完整的渠系及田间工程，灌溉质量低，水量浪费大，近期内应积极进行渠系建设。进行灌区规划，修建东西河的控制性工程，开挖各种输水、灌水渠系，兴修渠系建筑物，逐步搞好田间工程，缩小灌水地块，提高灌溉质量，提高水的利用率。

（二）大力开发利用地下水。粗略估计额旗地下水动储量在3.0亿立方米左右，每年可开采0.5亿立方米左右。开采也较容易，深层地下水质较优，基本适合于灌溉。从水量水质及开采条件来看，解决一部分农田、饲料基地灌溉用水是可能的，但解决草场灌溉困难极大。规划在1970年以前开采0.15亿立方米地下水（包括目前已开采的），1971年至1975年五年间，再开采0.2亿立方米，解决一部分农田、饲草基地的夏灌用水。

（三）关于正义峡水库及防渗渠道的意见。根据近期下游地区发展的要求，必须进行水量调节，修建调节水库，但在额旗境内没有建库条件，在甘肃省境内最能解决下游用水要求的水库是正义峡水库，库容大（5亿~6亿立方米），地质条件较好，工程量较小，虽有淹没移民问题，但可以解决，应将正义峡水库列为第一期工程。为了减少渗漏蒸发损失，应修建正义峡水库至双城子间的防渗渠道。该项工程应与正义峡水库同期或先后两批完成。

（四）关于引大通河水的意见。从黑河流域长远的发展来看，水土矛盾很大，即便是将现有灌区都配套，修了所有的控制性工程，确实做好管理工作，现有流域内的水量也难于满足发展的要求，必须考虑引外水源，以补充流域内水量之不足。引外水源可能性最大的是引青海省大通河水，该河也是可能补给的唯一水源。从高程看，大通河水面高于黑河水面近100米左右，从水源看，大通河年水量28.0亿立方米，在本流域内利用的很少。据水电部西北院计算，从上游引大通河水7亿立方米完全可能，但由于引水地点地处高寒，交通不便，工程较艰巨，施工困难，但为了彻底解决黑河整个流域的水土矛盾，此项工程势在必行。希望抓紧进行。

内蒙古自治区革命委员会生产建设委员会（印）

柒

民间收藏水利文献

本类文献提要

黑河流域之水利文献，散入民间者颇有不少。编者尽力搜集，但有的藏家自昂其值，秘而不宣，难以遂愿。仅就搜获之八种文献略加概说。

《黑河差徭案钞》，系编者从兰州城隍庙古玩市场购得，题目为编者所加。此份文件记录了黑河两岸四海渠、溢源渠在公平分配、为接待公务人员过河而承担的黑河差役中产生的纠纷。此件差徭本与水利无干，但会按水利负担折算；另一方面，矛盾的起因是河道的摆动造成双方交界的变化，这一点值得特别重视。合计六页，稍有残损。对于原件，未允拍照，准予抄录刊布。

《鼎新地字号典水契残卷》，原收藏者要求匿名，允许编者拍照后刊布，题目为编者所加。魏姓系鼎新、金塔一带望族，1953 年因水利纠纷带头围攻金塔县政府的魏占华即其族人，详见《讨赖河卷》。魏家在 1949 年以前主要有两支：一支在金塔；一支在鼎新，在鼎新者居于地字号魏家屯庄。所谓“地字号”，系清代屯田时按千字文划分的基层政区；“屯庄”则为带围墙之居民点，有中古壁坞之遗风。这一批文献主体包括地契 28 件，时间自嘉庆元年（1796 年）至民国十年（1921 年），皆为魏姓家族内部的土地交易。此批文献于 2000 年拆除魏家老宅时，在屋墙与庄墙的夹角中发现。据收藏者自述，本单元收藏的水契原来分别粘贴在两件地契上，后经家中儿童撕扯，已记不清原来位置。据此，可知是地契附属品，其纸张面积大约只有地契六分之一，纸张亦劣于地契；因未能详加比勘，暂不能还原。虽然残破，但其文字仍印证马达汉所记水权与赋役直接挂钩的事实。原件未允拍照，准予抄录刊布。

《黑河流域水利工作组五三年工作总结报告》，原收藏者要求匿名，允许编者拍照刊布，皆为铅字打印稿。此为中华人民共和国成立初水利技术人员生活工作的重要实录。

《黑河流域规划初步意见报告》是黑河流域第一部水资源规划报告，编制于 1963 年，在流域水利规划史上的意义十分重大。原收藏者要求匿名，允许编者拍照刊布，原文件为铅字打印稿。

《张掖专区灌溉用水示范规章草案》《张掖专区水利经验总结》《吴岳书记在张掖专区水利会议上的发言》《引大通河济黑河工程查勘报告》均为编者从兰州城隍庙古玩市场等处购得。其中，《张掖专区灌溉用水示范规章草案》编制于 1956 年，当时基层水利工作者人手一本，影响很大；编制于 1958 年的《张掖专区水利经验总结》是为了适应群众性水利修造活动，由专业水利技术人员撰写的普及型技术著作，是目前流域内最早的类似文件；在特殊政治环境下编纂的《吴岳书记在张掖专区水利会议上的发言》《引大通河济黑河工程查勘报告》都系文件单行本，亦是特殊时代、特殊工程的典型代表。

黑河差徭案钞

其　一

张掖县正堂加二级纪录三次，陈为独立难支，祈恩电请，以苏民累事：

乾隆二十一年七月二十一日，蒙甘肃甘州府正堂加一级纪录四次，□留批据本县议详黑河差徭“令四海渠就近支应东岸，溢源渠就近支应西岸，其一切杂项概免支应，均摊在左右两科各渠分当一案，详由蒙批，□□□该户民等遵照支应，仰候销案可也，此□”等因，批行到县，蒙此合行给遵守。为此，仰溢源渠民王谟任应学、黄汉等遵奉执照，内奉批事理，尔等遵照，端应黑河差徭，其该渠一应水源、军需、粮车杂项差徭，概免支应，以偏免苦。至黑河支应如有违误，惟尔等是问，宜凛遵毋违须。至执照者，右执照仰溢源渠民收执，尔等两渠既应黑河差使，且经前任给有批照，所有军需、粮车、口袋、□采买小豆，准一体免派可也。

乾隆二十一年八月初五独立难支字一张为照

其　二

署张掖县事岷州正堂军功加三级记录三次，又军功加一级随带富，为恳禀乞天，照例赏案，恩同再造事：

据左右科农耆许秀、张鹏鹤、姚汉、李自爵、杨吉太等禀覆，有四海渠、溢源渠民等照案，源自二十一年内，奉前宪府县给发着伊二渠端支黑河差徭，国家文折过往，实属责重偏苦。历年该渠水约，长短车辆一概杂项，俱在各渠分当顶补，昨因拽送兵车、银两，帐目摊派已就，似难另派员取具，伊等领结，以便秋成催纳。但嗣后，长短车辆以及该渠水约一切军装采买杂项等差，应该旧例各渠分当，黑河照案支送。庶彼此不得借口，只得叩乞天案鸿裁，恩准赏照施行。等情到县，据此合行给照遵守。为此照，仰溢源渠士民人等遵照执照内事理，嗣后凡遇一切文折过往、各大人尔等务要在黑河东西两岸，拨派车辆人夫小心护送，毋致违误。其该渠应派当一切水约、军需采买、长短车辆、人夫杂项差徭，概行免派。至黑河支应，如有迟误，惟尔等是问，各宜遵守毋违须至。执照者，右执照仰溢渠众民收执军需采买一张……[①]立遵断河差，永无反悔。合同文字人，四海渠众户徐生贵、秦国正、李大兴、程沛姚、万隆、黄登寅、王伏玉、李鹤林等。情因四海、溢源两渠于乾隆二十一年立有端支黑河、免派杂差印案一纸，永远遵守，至今多年，两渠毫无

① 编者按：此处文件破损，缺一行。

争端。缘因道光年间，水倒东岸，军务之间吃紧，差谣繁杂、公文关重，恐有耽误，是以呈恳吴恩主与溢源渠两家协同供支，乃溢源渠总以各守地界当差，以致两造兴讼。□恩三吴大老爷当堂判断饬令两渠与其各守地界、各当各差，恐无共济之人，不若时下流水四海渠东岸，溢源渠在东岸之河西当河差二分、四海渠当河差八分。设一旦水奔溢源渠西岸，四海渠亦在西岸当河差八分、溢源渠当河差二分，守望相助，两有裨益。自立章程之后，见水支水，各存天理、各秉良心。倘两渠任谁抗误者，自取违断之戾，恐人心不古，立此合同文字，永远为证。

光绪□年六月二十七日二八支差一张为照

其　三

……[①]掖县正堂陈为给发执照，永远遵守事：

案□溢源渠耆老李文昌等控四海渠耆老秦士玉等不肯帮办崖子公馆一案。经本县当堂讯明，查崖子公馆系一茶尖□，需柴薪等物，俱随时给价，并不累及民□。溢源渠民稀其平常差使者，溢源渠照旧支应。如遇钦差督抚过境，着四海渠渠甲前往崖子帮办十分之二，至渡送文报及一切过往差使，仍照三十二年前任王立定章程，均在刘家河之小沟为界，各守各界、各当各差。如遇黑河水涨发，紧要大差亦照旧案，着四海渠协济一半车夫，在于崖子地方协助公差，毋得违议。除取具两渠遵依附，卷外合行给……[②]耆老李文昌及渠甲人等遵谕内事理，永远遵守办理，各宜凛遵毋违。特谕溢源渠耆老李文昌等执此遵守。

乾隆四十三年十月十五日谕不肯帮办以此为照

① 编者按：此处文件破损，缺一行。

② 编者按：此处文件破损，缺一行。

鼎新地字号典水契残卷

其　一

……[1]正水三昼夜四分，沟水一昼夜两分，□典于魏占彪名下，总在分沟放□……[2]香三寸一分，□□□三分。地字号一石之地，正粮而外一应差徭，不与魏书才相干……[3]牌示□□□报迄无违。

同治七年四月十八日吉

魏书学（画押）

……[4]

中人魏书□（画押）

支应渠长魏殿魁（印）

……[5]

其　二

……[6]无力耕种，祖上手泽不忍弃之，甘愿将地字号四截沟水三轮典于族……[7]一切完粮纳税不与相干……[8]

① 编者按：此处文件破损，缺一行。
② 编者按：此处文件破损，缺一行。
③ 编者按：此处文件破损，缺一行。
④ 编者按：此处文件破损，缺一行。
⑤ 编者按：此文件下残。
⑥ 编者按：此处文件破损，缺一行。
⑦ 编者按：此处文件破损，缺一行。
⑧ 编者按：此文件下残。

黑河流域水利工作组五三年工作总结报告[①]

认真接受两年来工作中的经验与教训，坚持有准备有计划的工作步骤，强调管理，三月有防洪排水工程，达到水利工作的整体结合，纠正混乱及盲目发展任务的现象，克服困难，在双重领导下满足群众要求，重点示范、全面推广、争取时间迅速开展了全面工作。

一、工作情况及成绩

1. 进行情况

（1）人数配备在数量上比较强，职工 18 人，计划部 12 人（学员 2 人，实习员 2 人），但未能及时调配，仪器亦不够需要，影响甚大。为了坚持有准备有步骤的工作原则，在大部分员工未到之前即于 2 月份投入工作，勘测检查大马营、大渚马河、苏油口河的工程，作出具体施工计划。当时工作地区气温仍在零摄氏度以下，甚至突变降低到-9℃，非常艰苦，接着进行了临泽高台两县谷地的防洪排水施工布置与计划勘测。与此同时，利用工作便利竭力建议并帮助山丹、民乐、张掖、高台、谷县整顿和建立水利管理机构，召开水利大会，确立用水制度，积极备料，准备动员。最后根据具体情况，按耕作迟早、需要缓急、人员的力量、交通便利、材料难易拟就了全盘工作计划，严格实行备料开工、完工期限，奠定提高工作效率，发挥职工及地方水利干部工作能力的基础。

（2）自三月份展开施工，至四月下旬施工进入最紧张阶段，工作不分昼夜。各重点工程除派人住工地指导外，确立轮回检查制度，交代任务，解决困难，公务员公示热情克服的人少，工作多，严重困难，使新参加的学员也负担了极重要的工作任务。如高台摆浪河、酒泉讨赖河、临泽梨园河均为学员同志负责完成，全部工程除新地坝外均及时受益，七月底施工告一段落。

（3）为工作需要，紧接着进行农坊平地工作，利用空隙放置测量工具，完成高台□□湖及芦湾墩湖水库测量，协助部分防洪工程。除□办山区水窖试办工作外，全体职工于 8 月 21 日集中张掖，进行政治业务学习，突冲水库计划。

（4）自 9 月 1 日停止业务工作，集中全力进行工作及思想作风检查，自学习文件，小组讨论，热烈展开了大会批判总结工作中的一切错误与不良作风，至 20 日胜利结束。为了及时工作，全组员工提前完成□表、缮写的工作。除临泽、高台六同志提前步入施工外，争取 27 日全部出工。

2. 工作成绩

由于时间限制不能就各重要工程作出详细单行材料，谨将全部工作分或工程完成情况及协助制度改进情况统计表。除大马营工程外，将全部竣工不相类似工程□表绘制，以便

① 编者按：五三年，即 1953 年。

检查及今后工作中的参考。

总地说来，本区由于冬少雪、缺雨，寒冷气候的延长，造成普遍缺水情况。各河自5月25日至6月16日经常保持着较低的流量，为多年所未有。如张掖城内的湖泽水位下降，甚至干枯，井水下降一公尺左右，正是需水之时，各河平均水量与过去比较普遍减少三分之一（6月1日—16日），张、临、高三县多种稻田面积约11,000市亩，山区各河流耕地播种提前了一星期，造成了今年严重的水荒。山水河的夏禾普遍不能如期浇灌，必须期待洪水和降雨来补救的耕地约150,000市亩，水量最大的黑河干流遭到旱灾的在张掖有24,000市亩，临泽有4700市亩，高台四条较大的渠道因河道干枯无水可引，93,000市亩庄稼遭受枯死的威胁。

鼎新与金塔有1800亩耕地未浇到均水，金塔有40,000多市亩夏禾无法浇到二轮水，总的情况是如此的严重。我们在党政的全力领导下，配合以上工作，贡献了一定的力量，终于完成全部浇灌计划，克服了旱灾。

二、经验教训

总结两年来的经验我们体会是：

1. 沟通思想。认识群众性的水利工作的重要与利害关系，明白技术脱离政治领导与失去群众的信仰，就绝对产生不了力量。而具体的职务的方针是严肃批评杰作思想，虚心向群众学习，发挥科学技能。唯一原则要根据环境，分析原有基础，归纳改进方法，解决存在的问题，自然被群众欢迎，没有问题就能在党领导下取得一切支持，贡献技术，创造改进我们的工作。

2. 分析旱灾原因。坚持系统整修与制度改革结合为基本，所以我们继续提出制度改革出台，坚持一系列的改革原则，坚持点香串地，改变浇水过分浪费的习惯，统一管理，统一调配水量，小水由上而下，集中轮灌，大水分灌，洪水抢灌的灵活用水制度。大量裁支开干，系统整修，控制水量。

3. 在以上工作原则下，我们向群众学习，消灭杰作及教条主义，就地取材，用卵石、木料、枝柴、草皮设计水利工程各种建筑物，科学布置。经过改良，收益颇巨，如木石结构各建筑物能抵抗猛烈的洪水，溢顶土坯，卵石衬砌，技术好足可抵挡3.5每秒公尺的流量，两年就可减少渗漏平均约30%，如大马营5公里的衬砌放水时，至半途全部渗完，撒泥沙后很快减少至19%，效益显著可见。又有许多特点在经济上、时间上平均只等于正式工程1/20—1/25，技术简单，受到群众的爱慕，所以才能放手大量开展。

4. 想办法出主意为生产出示细账，开展了与农田用水及丰收不可缺少的防洪排水工程。

5. 有计划，有步骤做好一切准备工作是获得成功的关键，我们坚持到底，不离这个工作方法的原则。

教训：由于部分同志思想麻痹，认识不够，在工作中有脱离群众现象及各种落后思想，遭到了新地坝工程的失败。为了领取经验获训纠正偏差及不良作风，完成更艰巨的任务，我们牺牲了工作，展开思想作风检查，发现存在的问题及失败的根源，作思想检查，总结不另述。

主要是要有我们思想检查的固定成果，坚持不断求进步，这需要组织上全力重视与支持，并经常督促检查，增配测绘及交通工具，尤其是学习书籍与参政资料。

附表 1　黑河流域水利工作组 1953 年 1—7 月工作情况

工程种类	工程名称	地点	工程概要及数量	使用工料		使用贷款	效益估计	备注
				工	料			
渠道整修及新建工程	洪水河系统整修工程	民乐	第一期工程： A. 渠首工程：拦河坝 108 m，引水道 300 m，进水控制闸、进水闸、退水冲沙闸各一座，退水。150 m B. 干渠：新开衬砌渠 3200 m，分水闸一座，大车桥两座，跌水 6 座	民工：138,764 技工：1421 其他杂工：6575	木料：440 m^3 卵石：25,000 m^3 挖砾石方：45,473 m^3 草：152,678 市斤	281,109,000 元	可增灌 12,000 市亩	5 月 5 日开工，7 月 15 日完工，第二期工程 1954 年完成
	白石崖河引灌工程	山丹大马营	A. 渠首工程：引水口、拦河坝、进水口、退水闸全部工程 B. 渠道工程：新开衬砌干渠 6400 m，开支渠 3420 m，较大建筑物有涵洞，车桥、量水堰、陡坡各一座	普工：18,390 大车：1174 技工：90 民工：110,382 车工：6900 技工：1480	木料：16 m^3 卵石：6060.3 m^3 草：218,203 市斤 石灰：36,059 市斤 洋灰：9.5 公斤 铁□：53 市斤 挖土层石：32,107 m^3	608,137,100 元	增加水地 3000 亩，广大牧场 4500 马匹用水，解决草原人畜用水	4 月开工，8 月完工，全部□工
	黑河总口及各干渠整修工程	张掖	1. 总分水口一座，总引水道 1000 m 2. 挖东干渠 3400 m，建进水退水分水、溢水道等建筑物 6 座 3. 整修□渠 1114 市里，新开 13 里，合并 20 里 4 整修□建筑物 40 座 5. 新建分水闸斗门 120 座 6. 防洪坝 25 道		木料：436 m^3 枝草：425,043 市斤 卵石约计：11,000 m^3 挖砾石大方约计：68,000 m^3	101,000,000 元	增灌 16,400 亩，减少岁修及抢险民工最少 38,000 日工，节省枝柴 150,000 市斤	以上三项仅从总口及东干渠工程统计工料收益（即 1、2 款）其他因素直接协助，材料不计。3 月 20 日开工，4 月 27 日完工

续表

工程种类	工程名称	地点	工程概要及数量	使用工料		使用贷款	效益估计	备注
				工	料			
渠道整修及新建工程	新地坝工程	酒泉（洪水河）	1. 改善已完成的明渠1500 m，随洞1600 m，新开明渠1100 m，隧洞1840 m 2. 建山洪渡槽10座，引水工程包括引水坝250 m，挑水5座，进水退水各一座	民工：17，500（包括一切杂工在内）	木料：24 m^3 卵石：1750 m^3 草：105，000斤 挖沙石方：37，500 m^3	240，000，000元	节省岁修213，000	原计划增灌3000亩，设计错误，施工不负责，造成人马旱实2500亩，及放水半月始成功的惨痛失败3月半开工，5月初完工
	梨园河继整续修工程	临泽及张掖	1. □干渠整修均增建进水及退水闸各一座 2. 合并化音渠入西干区 3. 建分水闸三座及西干渠防洪工程 4. 衬砌干渠2200 m	民工：15，270 技工：589 车工：492	木料：177 m^3 草：2472斤 挖沙石方估计：7500 m^3 卵石约计：5200 m^3	392665元	增灌3260亩 增加夏禾约9600亩	两年整修，共增加耕地13，000亩，夏禾2000亩，平均每亩增量1/3以上 3月16日开工 4月20日完工
	讨赖河民主干渠修工程	酒泉	1. 建引水节制闸、退水闸各一座，溢水道一座，挑水坝一道，护岸丁堤五道 2. 整修堤岸1700 m，改线1500 m，衬砌干渠5000 m	民工：26，173 技工：1170 车工：300	木料：62 m^3 卵石：5560 m^3 土方沙石方估算：228，000 m^3 草：253，929斤	2，000，000，000元	保证原有耕地及时用水□增灌2500亩，减少岁修工料浪费	3月20日开工 4月10日完工
	大渚马河继续整修工程	民乐	1. 改建分水口、开引水河600 m，东西干渠增建冲砂闸各一座，山洪平交道一座 2. 东干渠、渠劈刷高崖2500 m 3. 西干渠延长衬砌渠14，000 m，建分水闸5座	民工：38，500 木工：358	木料：32 m^3 卵石：28，000 m^3 土沙石方估计：3800 m^3	120，000，000元	增灌22，700亩	两年来整脩完全改变了基本情况，增加耕地25，000亩，为原有耕地□□ 2月25日开工 3月5日完工

续表

工程种类	工程名称	地点	工程概要及数量	使用工料		使用贷款	效益估计	备注
				工	料			
渠道整修及新建工程	摆浪河系统整修工程	高台	1. 七条干渠建进水闸及分水闸共14座，另建分水闸、平交道及山洪渡槽各一座 2. 开挖隧洞5937 m，整修1100 m，衬砌渠道51,550 m，整修310里 3. 增开农渠800多条（为取消串地水而开）	民工：33,701 技工：400 车工：2130	木料：211 m^3 卵石：21,000 m^3 草：1,210斤 铁：48斤 土沙石方：19,500 m^3	146,800,000元	改变其基本情况，消减历史性旱灾，除增加23,000亩一轮用水，并增灌耕地2540亩	4月2□日开工，5月27日完工 共有已耕地39,522亩，实种23,000亩，并增加水地25,000多亩，较解放前增加38□以上，并使原耕地　□去历史性的旱灾
	头坝恢复工程	山丹	1. 恢复被洪水冲毁及淤埋的工程 2. 增建防洪工程	民工：2279 技工：15 车工：33	土及沙石方：1244 m^3 木料：12.5 m^3 枝草：11,300斤 白灰：494斤 洋灰：1000斤	30,292,335元	恢复1500亩地用水	
	讨赖河联合整修工程	酒泉	1. 建分水闸一座，大车桥三座，合并干渠2000 m，护岸3500 m 2. 整修挑水坝4道，新修两道，进水、退水闸各两座，渡槽一座	民工：15,434	木料约：10 m^3 土石方：14,000 m^3 枝柴：298,455斤	100,000,000元	增灌11,000亩	3月15日开工 3月30日完工
	小渚马河整修工程	民乐	1. 上下两干渠各建进水闸及退水闸一座 2. 衬砌渠道8100亩	民工：6200 技工：197	木料：35 m^3 卵石：8600 m^3	5,000,000元	消减原有耕地的旱灾并保证用水及时	衬砌技术较好，有至少20者 5月26日开工 6月30日完工

续表

工程种类	工程名称	地点	工程概要及数量	使用工料		使用贷款	效益估计	备注
				工	料			
渠道整修及新建工程	夹边沟引灌荒地工程	酒泉	1. 挖渠 1650 m 2. 分水闸一座	民工：2500	木料：1.2 m^3 土方：4700 m^3		增垦 1100 亩	共有荒地 4500 多亩，土壤碱性很大，不改进用水方法两年后即不能生长 4 月初开工 4 月 15 日完工
	马尾湖引水恢复工程	高台	1. 挑水坝 155 m 共四道 2. 引水口清淤 2500 m^3	民工：1884 技工：49 车工：70	木料：□ m^3 沙石：31 m^3 枝柴：50,500 斤 □：377 斤		恢复引水工程	6 月 10 日开工 6 月 30 日完工
	洪水大坝及东洞坝继续整修及加固工程	酒泉	1. 洪水坝：整修引水口、挑水坝、退水进水闸等建筑物 7 座，建分水闸一座，并改线继续衬砌 1,780 m，挖大沙石方 46,059 m^3 2. 整修全部引水工程并衬砌引水明渠	民工：30,398 木工：3857	木料除原有者，另用 120 m^3 草：108,690 斤 卵石：15,537 m^3 挖方：6059 m^3	165,000,000 元	保证原有耕地用水，使能克服全年旱灾，与原有水量比较可增灌 9500 亩	今年未增加耕地，两年来已增加 45,000 亩 3 月 10 日开工 4 月 15 日完工
	马营河各渠整修工程	酒泉	1. 整修干渠，增建进水、分水、冲沙闸共三座，挑水坝 2 道，开隧洞 200 m 2. 护渠堤 2000 m	民工：10,300	木料：17.3 m^3 条石：105 m^3 枝柴：88,700 斤 卵石：3800 m^3 土沙石方：18,000 m^3	140,000,000 元	增灌 7800 亩，减轻了今年严重旱灾	条石包工未计工 4 月 2 日开工 4 月 20 日完工

续表

工程种类	工程名称	地点	工程概要及数量	使用工料		使用贷款	效益估计	备注
				工	料			
蓄水工程	防洪排水工程	高台	1. 建涵洞 2 座，渡槽 4 座，平交道 1 座，公路桥 3 座，大车桥 8 座 2. 挖干渠 3700 m、支渠干渠 10,200 m	民工：18902 技工：1639	木料：173.33 m^3 条石：53.55 m^3 铁件：966.04 斤 砌草皮：532 m^3 土方：71,636 m^3	153,193,320 元	补充 17,000 亩两次用水，垦地 1,100 亩，12,000 亩提前播种期，免除洪水灾害总计增益 21 亿元以上	3 月开工 5 月 6 日完工
	北大河防洪工程	酒泉	护岸挑坝 49 道，共长 2160 m	民工：15,000	木料：13 m^3 枝草：350,000 斤 卵石：4600 m^3 挖沙石方：1000 m^3	250,000,000 元	防护林地、耕地 3450 亩，民房 200 间	5 月下旬开工 6 月 15 日完工
	啃喇渠防洪工程	临泽	1. 挑水坝 2 道长 1200 m 2. 挖引渡槽 700 m^3 3. 山洪渡槽一座	民工：5500 技工：165 车工：1350	木料：427 m^3 枝柴：130,000 斤 挖沙石方估计：9000 m^3 石料：4500 m^3	15,260,000 元	保障 16,000 亩用水安全	5 月 31 日开工 6 月 10 日完工
	黑河防洪工程	临泽	1. 头坝渠山洪退水闸一座 2. 二坝、头坝、暖泉三渠，木马、石笼、□□拱护岸工程 3. 挖引水河槽 1800。木料：177 m^3	民工：1200 技工：274 车工：500	木料：70 m^3 料块石：397 m^3 枝柴：600,000 斤 挖方：13,000 m^3	63,000,000 元	保护各渠引水及渠岸耕地的安全	5 月开工 6 月完工

续表

工程种类	工程名称	地点	工程概要及数量	使用工料		使用贷款	效益估计	备注
				工	料			
蓄水工程	大龙新有□手区防洪工程	张掖	1. 开引洪渠道 3700 m 2. 修防洪坝 25 道 3. 防洪退水闸 47 座，渡槽两座	未全部统计	未全部统计	未详	保障 80,000 亩耕地用水，9000 亩被冲	5 月开工 8 月完工
	芨芨墩蓄水池	鼎新	1. 筑土堤 750 m 2. 木质给水闸一座 3. 引水渠一道	民工：2500 技工：8	木料：30 m^3 柴草：12,000 斤 土方：7200 m^3		增灌头水 5000 亩	在群众中引起了极好的反应
	□水区蓄水池	酒泉	1. 大坝 450 m 2. 木质给水闸一座（水压 3.4 m）蓄水 240,000 m^3	民工：1500 技工：20	木料：4.8 m^3 土方：3000 m^3 枝柴估计：10,000 斤		补充 3000 亩用水	
其他	羊打子河大桥	高台	12 公尺跨度公路桥	民工：596 技工：335	木料：34.27m^3 铁：254 斤	21,721,600 元	马高台西去交通要道	群众多次修建失败，所以反映很好
	水窖	高台	正在作示范及试打工作			300,000,000 元		

说明：

1. 其他普遍的群众水利工作，我组仅提供意见，未直接协助的未计。

2. 以上共完成大沙石方 458,919 立方公尺，新建工程计较大建筑物 154 座，防洪挑坝、护岸共 6800 公尺，隧洞 26,337 公尺，干渠衬砌 747.43 公里。新开干渠 89.18 公里，蓄水池 2 座，使用贷款 27 亿多元。民工 610,000 多日工，技工 11367 日工，使用卵石、料石、块石方 137,039 立方公尺，木料 1687.4 立方公尺，枝柴 2,840,680市斤，石灰、洋灰 57553 市斤，铁件 1321 市斤。

3. 增益统计：保障 150 多万亩耕地用水，增节 87,660 亩耕地用水量（如包括全部群众水利整修，渠道改良制度，估计共增节 170,000 亩用水量），防护 45,000 亩耕地可能受到洪灾，减少岁修民工估计 60,000 日工以上。

4. 贷款：款（元）、木料、土方、石方（立方公尺）、枝柴（市斤）、民工、技工（日工）、车工（车天）。

附表 2 1953 年协助水利管理改进工作情况统计表

协助项目	协助情况	效益	备注
黑河水管会五月大会	全体技术人员参加大会，同时讨论各县工程计划，分别交换意见	取得技术与行政更密切的联系	同时还请山丹及军牧场派负责同志参加
张掖水利机构整顿革新	派人参加短期集训，解决各种存在问题，如思想顾虑及认识	使管理机构大进一步，统一领导，统一征收水费，确定工作职权，建立专薪工作学习制度，设县水管处及分所 12 个，专责干部 70 多人	
高台、山丹、民乐水利管理成立专职机构	建设三县成立专职专薪的固定机构，统一征收水费，召开大会，确定工作计划并参加高台县水利大会	正式步入正轨，奠定逐步改进的基础	
给高台调配水量	调查有关各县用水情况，供给参改意见，坚持统一调配原则	93000 亩夏禾免除旱灾	张掖均水三天，距离太远，是否得不偿失，应研究了解
建立民乐洪水河详细具体用水规章及细节	了解情况，拟就规章制度及详细用水办法，大会研究修正后实行	革除以往积弊，建立经济合理制度	
高台摆浪河水规改革	进一步健全机构，取消串地水，采用集中轮灌	克服了严重旱灾，完成全部按时浇水工作，保证了丰收水利条件	
其他	零星的纠纷，配水工作，均不便统计		

丁局长讲话摘要

我们的工作做得还不错，但如果不加深一步地学习理论，就无法使我们的工作做得更好一些，而只有使我们的工作做得更好一些，才有我们的胜利。因此，学习理论是胜利的条件。

毛泽东

丁局长给我组全体同志作了深刻周详的训话，殷切教导并明确指示了工作方针，对我们是极大的启示。所以把训话摘要写出来，作为我们奋斗的指针及学习目标摘要如下：

丁局长首先指出水利工作是最切合群众的利益，最实际的又是小型水利工作，故有庞大的群众热烈希望着你们，并以全力支持着你们。在党政的正确领导下完成了光荣的伟大任务，你们提出的口号因地制宜，就地取材，截支并干系统整修 废除封建水规，结合制度改革，加强灌溉管理，实行统一调配水量，灵活集中轮灌。采用小水由上而下浇灌，大水由下而上浇灌，洪水全部抢灌，差不多都成了西北水利改革工作中的主导。我希望大家更虚心地研究问题，积极工作，我们要尽最大的努力面向工作，但绝不能把好事做成坏事，如像新地坝工作直接给群众带来了灾害，应该严肃认识，深刻检讨。对你们现在的工作，有几点初步意见，作为你们的研究参考：

一、河西的渠道现况仍在最简陋的基础上，非常紊乱不合理，你们采用了系统的整修大量截支并干统一灌区，给以制度改革的办法是非常正确的，我参观了洪水河后认为值得推广。

二、采用简单的合理结构，用卵石的衬砌来控制水量，防冲防漏，在意义上是很重大的。我们高唱就地取材，花了不少钱，但都没有这个方法更具体，更实际。在苏联高度工业化的社会主义社会中，仍极重视这类办法，我在苏联参观时也见了类似这样的方法，也是获得斯大林二等并大量推广。你们应当进一步研究，得出科学依据，以便推广。工程师、技术人员往往被当作思想的障碍，而不能发明创造。你们这个办法给群众指出了好的方向，所以被群众欢迎，更应以高度的热情，忠心耿耿地为人民服务。

三、开展防洪排水工作。像高台排水，群众直接受到不少利益，应考虑多方面的开展在实际工作中能□账，对生产有利就是工作的正确方法。

同时丁局长对我组今后工作及学习指示了明确的道路：

一、为了解全流域的情况，收集资料，供今后的交互与整体计划一致，绝不违背，这是主力的方向。此次开山查勘，更了解了黑河的伟大，足可开展380万亩耕地，供□□精力，为人民做好这一件事，就是工作的伟大与具体为人民服务的道路。

二、在工作中一定要加紧政治学习，加强业务学习，我们不能说没有时间，没有能力，绝不能畏惧学习。要自己培养自己，向人民解放军学习，打着练，练着打，在战斗中壮大自己，使我们的队伍在工作中扩大起来，这是最根本的方法。例如苏联学家布可夫就是码头工人培养成的，所以在学习中要有热诚，有信心，遵守纪律与组织生活，体会学习，连紧工作，要有斗争、有批评，做好精诚团结，上下用心将理论付诸实践，作为放大镜，时刻查验、批判自己，完成人民的水利事业。

张掖专区灌溉用水示范规章草案

第一章　总　　则

第一条　为了提高灌溉效能，充分发挥水利潜力，不断提高农作物产量，适应社会主义建设和农业合作化运动的大发展，特制定本规章。

第二章　计划配水

第二条　水利为全民所有，实行统一调配水量，照顾全面，反对分散主义和本位主义的思想，以达到合理用水（附一九五六年各河系流域性调配水量（均水）规定）。

第三条　凡两个或两个以上县灌溉同一渠道之水的，上游主要县要保证浇好下游田地，因此各县要大量利用春水，以减轻芒种前的用水紧张情况。上游各县要在夏秋灌溉阶段，力求节省更多的水量，放给下游灌溉，以便浇秋田和泡槎子地。

第四条　为了合理灌溉农田，用水时应尽量设法加快水流，缩短每轮浇水的时间。各县及各河系干、支、农田一定要施行计划配水，在施行中要及时总结经验，为进一步的科学配水积累资料。属于一县境内的渠系，配水计划由县审核决定，报专署备查，跨两县以上的渠系，由渠系水利机构会同有关县拟定，报专署批准后施行。制定计划必须了解灌溉区作物分布面积，用水习惯，及用水季节水量变化情况，由上而下提出，由下而上讨论，然后订出切实可行的具体配水时间（即每轮水的灌溉时间），配水计划的订立理应包括全年各季节的灌溉。各渠系国营农场用水，亦服从渠系配水计划。

第五条　各渠道配水，支渠由下而上，农渠由上而下，干渠按具体情况决定。水小时集中轮灌，水大时要适当分浇，但集中轮灌亦应从具体情况出发，不能过量集中，以免冲坏渠道和田间工程。要坚决克服春松、夏紧、秋冬不管和明浇夜退以及大道当渠等浪费水的现象，尤其下游要充分利用尾水，不得以多报少。

第六条　做好县、乡、组间用水的交接工作，应做到接水者不到浇水者不走（尤其是夜间、风雨时），如因交接浪费了水，要严格追查责任。

第七条　水磨用水，在不影响农田灌溉和转磨后仍能退入原渠及不浪费水的原则下，经县水利科批准可以使用。城市及基建工作用水应打井和设立蓄水池子，原则上不能引用常流水。各地人畜饮水应尽量打井解决，减少涝池蓄水损失，如打井困难时，可尽量设法改善涝池。

第三章　灌溉技术

第八条　农作物的水量，按照各地土地决定，小麦一般以浇三至四次水为宜，土壤差的如漏池的滩边以及需水较多的技术作物，可按当地实际情况，决定用水量，但须经乡人民委员会批准。棉花用水，根据敦煌试验结果，沟渠棉花，以浇三次水为最好。其他瓜菜、苞谷（玉米）等，也要推广沟渠法，洋芋要实行双楞沟灌和隔沟灌溉。

第九条　灌溉水时，防止大水猛和细水长流的雨种偏向，水大时要多开口，水小时要并口浇，用草皮、石头砌地口，山水地上一般不超过一市尺高，要用芨芨芭、柳条芭、木板堵水，用石头、草皮树枝捆堵地口，减少在渠内、地内取土堵地口，坡度陡的农渠，要在地口内挖消力池和建地头闸，以减缓流速，防止冲淤田苗。

第十条　田间用水统由灌溉小组掌握，各种作物用水，以水进地八成为宜，每次浇水，地面汪水不能超过三市寸。

第十一条　各地应有计划、有组织地抓紧进行空地和冬小麦的蓄水灌溉，但应避免在结冻前用水，以免减少建筑物的寿命。因此水易结冰的灌区应先浇，水大不易冻的可后浇，但冬水仍需按配水计划，由下而上，先近后远，先高后低，依次浇灌。利用冬水浇地亦不宜深以免破坏土壤。

第十二条　在夏灌用水紧张时期，不准浇树木草湖（发洪水时例外），但新栽树木可酌量用水（须由乡报县批准），树木浇夏水原则上一律采用沟灌，否则不给水，但树木如果受了损失还要林方负担。

第十三条　为了切实做到节省水量，要增开农毛渠，严禁串地灌，三亩以上大块地必须加活埂或一亩左右小块地，在渠中及渠旁不准挖澄沙坑。

第四章　组织领导

第十四条　基层用水组织为灌溉小组，以农业渠为单位，以农业社为基础，吸收个体农民组成，并选出浇水有经验和办事工整的社干担任正副小组长，由乡人民委员会直接领导。

灌溉小组的职责是统一掌握乡上规定的用水标准，一视同仁，代组内各农户，统一浇水（从生长期浇水到蓄水灌溉），挖堵地口，组与组间的相互监督和交接水，检查社组及个体农民的浇水准备工作。社、组及个体农民负责对坝、培地埂、修农毛渠，准备堵口所需的筏子、芨芨芭等材料。

灌溉小组浇地时，分工巡查农渠，挖口，堵口，灵活调用，并分日夜雨班浇地，在社、组评分应按重活评，个体农民中的组员，比照社评分。夜班或风雨时的工分应较日班稍高，个体农民根据社的工分标准，给组员付工资或还工。乡人民委员会应加强领导灌溉小组，每输水前，应召集组员会议，讨论浇水深度，浇水作物及其他应注意事项。

第十五条　凡属一个乡以内的一个或几个渠道，由乡人民委员会直接领导水利干部进行工作，并接受县水利科的领导，不再另设机构。

县以下的水利机构，原则上由乡上领导，凡跨几个乡的河流或渠系，报县批准后应成立专管机构（即设某某渠系管理所），水利干部由县上统一掌握调配，在当地行政领导下工作，业务由县水利科负责，干部学习由当地乡支部领导。

护渠工作，原则上应组织本灌区群众担任，一般不设专人，但重要渠道工程、渠首和险要地段戈壁滩为人烟罕至之处，在节约原则下，应设专人负责看管，以免冲坏建筑工程等造成损失。

小型水库，由有关渠系管理机构派专人保管，不另设管理机构。中型大型水库如技术性较复杂，可酌情另设专管机构，由县水利科领导，但工作人员要搞副业生产，养鱼、养鸡、鸭以及种植瓜菜等，以减少开支。

第十六条　各县各级水利专职干部人数，应按省规定名额编制，如个别地区因条件较差管理困难的，经专署批准后，酌情适当增加，各级水利干部由各县人事部门统一掌握调配，工资待遇应按国务院规定的行政、技术人员的级别分别评定，送当地人事部门审核批准后执行。

第十七条　为了加强通讯联系，减少人员开支浪费和防止发生意外灾害，重要渠道和水利枢纽以及危险地段，必须架设电话。

第五章　水规纪律

第十八条　但凡涉及两个渠道或两个县的分水坪，若需变更时，须经双方同意。如甲方私自变更，应负乙方损失之责，如乙方已接通知，故意推延不管，亦同样应负甲方损失之责。

第十九条　浇灌期间，各渠不得过量引用水，以免浪费水量，冲坏渠道、房屋、铁路等，否则要追查责任，按情节轻重严肃处理。

第二十条　均水期间，有关上游各渠，要按照本规章规定自动闭实渠口，不得有明闭暗放，漏水和早开口等现象。

第二十一条　若发生水利纠纷，群众对领导有意见，应向有关上级提出，如得不到解决，可越级上诉，有关上级不能及时适当解决，造成群众损失者，有关干部要受惩处。但有关群众不能聚众请愿或殴打干部而可以检举，否则煽动或带领请愿者，要根据情节轻重，以破坏生产和危害治安论处。

第二十二条　对违反用水制度者，必须本着教育和处罚相结合的精神严肃处理，轻者批评检讨，重者依法处理，如干部违反用水制度，应加重处分。

第二十三条　有关浇水规定，由各级领导层层负责，贯彻执行，如因执行不力而造成群众不满或严重损失者，有关领导应负全责。

第二十四条　各级水利干部隶属同级行政领导，重要工程如因行政领导工作中的差错造成损失，由当地行政领导负责，设计不合实际或属其他技术方面的错误，应由技术干部负责（但行政领导亦不能推卸责任），如因不听从技术指导而造成损失者，应由行政负责。

第二十五条　县、乡间发生问题不能解决时，应先各约束下边，然后报请有关上级处理，不得煽动是非，擅自胡闹。

第二十六条　灌溉小组既经群众推举组成，就应认真负责，不能有丝毫马虎，否则如有淹泡庄稼或冲坏建筑物等，造成严重损失者，应酌情处理。

第二十七条　在工程上，如因怠于安全，致工程中发生伤亡事故，有关干部应受适当处理。在用水期间，有关干部要对群众安全卫生教育，以免发生小孩跌水伤亡事故，否则其父母应依法惩处，有关干部亦应负相当责任。

第六章 附 则

第二十八条 本规章为示范性的，如有欠妥之处，各地可及时提出意见，以备补充修正。

附件一 张掖专区水费收支办法草案

我区几年来的水费收支工作，对配备水利专职干部，兴修中小型水利工程及渠道岁修养护等方面都发挥了一定的作用。但由于征收标准不一，负担不够合理，如有些地区水利条件好，收益大而工程负担少，相反的，有些地区水利条件差，收益小而工程负担大，且收支混乱甚而有贪污浪费等现象。加之大部分地区收费标准过低，因而影响了水利事业的发展，为了既适应农业生产对水利灌溉的要求，又加强专区、县对水利工作的领导，进一步有计划地发展水利事业，逐步把较大的水利工程，由民营渠道改为正规的和永久性的渠道，专、县水利机构今后不但要做到自给自足，还要求每年上交省百分之十的水利费。因此今后水费必须统一征收，统一使用，并建立严格的管理制度。为此特拟定本办法：

一、自一九五六年起，全区应按下列标准征收水费：

1. 凡每年能浇两次以上苗水者，为全水地，不分山水、泉水地每亩征收水费五角，种植水稻的土地，每亩收费七角。

2. 凡每年能浇到安重水与一次苗水或仅浇一次“安重水”者为“半水地”，每亩收费二角。

3. 每年浇一次“安重水”亦无保证者为“撞田”，撞田有收成者，每亩收费二角，不浇水的撞田一律不收费。

4. 轮歇地在其轮歇之年，免收水费。

5. 水车凡利用天然河道水源或自行打井灌溉者免收，利用人工渠道水源者，每亩收费一角。另打井灌溉，而每年又浇一次渠水者，每亩收费二角。

6. 苗圃地应按农作物同样配水，亦按播种农作物标准征收水费，产业地各县可按年收益具体情况，酌量征收。

7. 对国营农场、国营苗圃，应和群众的一样征收水费。

8. 水磨按照其交纳营业税时的总收入额，征收百分之三的水费。

9. 因兴修工程，改善灌溉管理，半水地改为全水地，撞田改为半水地者，即按全水地或半水地标准征收水费。

10. 金塔鸳鸯池水库，武威黄羊河及古浪古□渠，以往的国家贷款尚未归还，除管理费自给外，限一九六〇年以前把国家贷款还清，自一九六一年起，按其他地标准同样收费。

二、水费征收办法

每年水费征收，由各县人民委员会，结合农业税同时布置下去，其征收手续是，印制两份三页复写三联单，分发乡人民委员会及人民银行营业所各一份，乡上□□通知单，并督促群众交纳。群众交纳以农业社为单位，未参加农业社群众以村或灌溉小组为单位，选派专人收款，直接向银行营业所交纳，营业所发给应时缴款收据，群众拿应时收据到乡人民委员会换正式收据（乡上留第一□存根），营业所定期向县支行呈报，并将收据转送县水利机构一份（营业所自留一份），由县水利科和支行对账。农业社水费征收办法，一般由社员分户负担，由社统一代交，在各户分红数内扣除。已取消土地报酬的高级社，以社为单位，由社统一负担。

三、水费开支范围

1. 各县水费从一九五六年起，除留县百分之七十外，应及时上交专署百分之三十（其中包括上交省人民委员会百分之十）。

2. 专区所掌握之水费，用作水利行政管理及水利事业费，在确有必要的条件下，对示范工程及费用较大，县上确无力解决的工程和水利条件较差地区的大工程，由专职掌握的水费项下适当拨资，解决其材料费用及技工工资的一部或全部。

3. 县所留水费的开支范围应是：①水利行政管理费（干部工资、公杂费、医药费，职工福利费及水利人员训练等费）；②水利事业费：试验费、购置仪器，工具和交通器材费；③工程费其范围是对列入县的计划以内的新修、扩修和系统整修的重点工程，在必要条件下可适当投资，解决其材料费，技工工资、管理费的一部或全部。对岁修养护，一般不予投资，情况特殊，确有必要者，由县上适当掌握，予以辅助。

4. 民营的水利工程，已贷款尚未全部归还者，仍由灌区群众合理筹集，负责清偿。

四、开支批审制度

1. 县上所留水费：应设专管会计，管理水费开支，必须按年度，季度编制预算，□专署批准后方可开支，预算范围以为临时确有开支者，一千元以下由县人民委员会审批，一千元以上报专署审批，水费开支后必须按期决算，报专署审核备查。

2. 经费收支：应按国家制定有关财政制度严格执行。

附件二　张掖专区一九五六年各河系流域性调配水量（均水）规定

一、各县要大量利用春水，以减轻芒种前的用水紧张情况

1. 黑河流域各县：在四月二十六日以前，各县均要充分利用春水，凡需要浇灌的树木、苗圃，开垦的荒地，以及小型水库的蓄水等，都要进行浇灌。在四月二十六日上午十二时，临、高两县同时闭口，黑河总口各渠应闭当时和水量的百分之五十，由鼎新浇春水。立夏前五天高台及黑河总口各渠开口，临泽在立夏之日开口（三、四坝提前两天开口浇稻田）。

2. 讨赖河系：在四月二十七日上午十二时以前，由酒泉充分利用春水；四月二十七日上午十二时以后至五月十二日上午十二时，由金塔利用春水。

3. 东大河在清明前二十天以前，要充分利用春水，清明节，要将全部水闭给永昌泾川河灌区浇春水，以后由本灌区浇。

4. 民勤县除本身加紧利用春水外，石羊河系的金塔河、白塔河、红柳湾河，及双城泉水，在四月二十一日至三十日，应放给民勤十天水。另民勤应扣紧牌水，以改变外河旱地为水滴地。

5. 渠与渠之间临时调配水，各有关县双方面协商解决，既经决定，坚决执行，并将

执行结果报专署备查。

二、夏、秋水调配（均水）

1. 黑河水系：黑河总口引水的各渠，在芒种前十天，即五月二十七上午九时，除留必要的用水外，各渠同时给下游闭口一昼夜，给下游调配的水量不得小于当时□水的百分之八十，所留水量，必须在调配前五天报请专署批准。中游除高台三清渠迟闭口三天，柔远渠浇好二水后闭口外，所有临、高两县各渠一律于五月二十七日上午九时起闭口七天半。天成五堡先浇三昼二夜，鼎新浇五昼五夜。若提前浇完，即电话通知专署和上游提前开口。万一均水期满，下游未浇好时，临、高两县没有专署通知不要开口（黑河总口各渠一律可按时开口，如用水不急亦可迟开口）。在浇水期间，张、临、高、鼎四县领导同志要亲自掌握，到时专署及张、临、高、鼎四县各派得力干部组织检查组巡回检查，若有违犯水规，由各该县领导负责。均水浇完，临泽三、四坝和高台同时开口，高台三清渠和临泽其他各渠迟开口一天。三清渠拦河坝、如水超过水量时，由两县协商处理。

另外，夏灌头水，黑河在给梨园河系的化音渠与小泉渠调剂水，二水以后，梨园河再给沙河渠调剂水。

2. 讨赖河系：在六月十六日上午十二时起至二十四日上午十二时，酒泉封闭渠口八天（讨赖河、清水河、临水河及水磨沟同时闭口），全部水量由金塔浇夏田。在八月五日上午十二时至十五日上午十二时在给金塔调剂水浇秋田。在每次调配水期满，北大桥以下各渠迟开口六小时，处暑后除浇□地及场面外，应把全部余水放给金塔。在立冬前七天（十一月一日）各渠全部闭实，把水放给金塔泡□子地。

3. 昌马河系：仍按以往规定，柴坝分水由安西负责，安西十分之六，玉门十分之四。十道口岸从夏至之日起，玉门封闭渠口给安西均水五昼夜。昌马大坝，安、玉分水由玉门完全负责，柴坝分水由安西负责。

4. 石羊河上游的金塔河，在苗水浇过二水后（时间约在夏至前五天），给下游民勤县放水六天，以浇秋苗等作物。

5. 东大河由永昌县负责，保证同样浇好下游武威的田地，并在下游灌溉段力求节约更多水量配给永昌泾川河灌区。立冬前东大河灌区浇完冬水，立冬后把全部冬水闭给泾川河灌区浇冬水。

6. 流域性调配水期间，如系分成闭者，应事先测定水量，并在进水口上设立水闸，按规定完成数闭好，不得明闭暗放，多引早开口，中途截引。

总之凡跨两县或几县以上的河系，利用春、冬余水及均水，有关县（或渠道）应□相取得密切联系，各自主动协商，视水量大小，灵活掌握，但不能越出规章行事。无论何时浇水，各级领导要层层负责，对违犯水规者应分别轻重及时处理，不得拖延姑息。

张掖专区水利经验总结

干砌卵石衬砌渠道防冲防漏的经验

干砌卵石衬砌渠道是甘肃河西张掖专区群众多年来的宝贵经验，过去多用于维护渠岸。1951 年首先在张掖酥油口的东西干渠上试办，用卵石干砌渠道抗冲防漏，效果良好，以后逐渐推广应用到民乐大小堵马河干渠、益民渠，酒泉洪水坝民主渠等较大型工程上，渠道水情况都很好，收到了一定的冲防漏成果。特别是农业合作化后，全专区范围内更加广泛应用了，衬砌技术和标准也逐步提高。到 1957 年全专区共完成卵石衬砌渠道 850 多公里，最大的输水量达到每秒 50 公方，抗冲流速每秒 2 ~ 6 公尺，为国家节省了大量资金和贵重的建筑材料。干砌卵石衬砌渠道的特点是能够就地取材，技术简单，群众容易掌握，自己可以施工，费用少，效果好，施工又快，且不受气候限制，冬、夏均可修筑，完成后发放冬水也不怕冰冻破坏。因之群众说："石头不坏，工程不烂。"现将干渠卵石衬湖渠道的效能和施工方法分别介绍于后：

一、干砌卵石渠道的抗冲和防漏效能

（一）抗冲能力：凡按标准衬砌的渠道，长径 30 ~ 35 公分的普通卵石和长径 25 ~ 30 公分的扁形卵石，其安全抗冲能力均可达到 4. 0 ~ 4. 5 公尺，最大抗冲能力达到 5. 8 公尺。已完工的卵石衬棚渠道实际允许抗冲流速如下表。

干砌卵石渠道允许抗冲流速表

卵石长径/公分	普通形状	30 ~ 35	25 ~ 30	20 ~ 25	15 ~ 20	10 ~ 15
	扁干形状	23 ~ 30	20 ~ 25	15 ~ 20	10 ~ 13	10
安全抗冲能力/（公尺/秒）		4. 0 ~ 4. 5	3. 5 ~ 4. 0	3. 0 ~ 3. 3	2. 0 ~ 3. 0	2. 0 ~ 2. 5
最大抗冲能力/（公尺/秒）		5. 8 ~ 8. 2	3. 5 ~ 5. 0	4. 0 ~ 4. 3	3. 5 ~ 4. 0	缺

（二）防漏效能：干砌卵石渠道有显著的防漏效能，并不断提高。如益民渠修成后，据群众反映：在一条八公里的支渠上，未衬棚前放水，需四小时才能到下游。干砌以后同样的水量，仅一小时即可流到。另一条长 11 公里的支渠上，上游水量每秒 1 立方公尺，衬棚前下游仅有水 0. 5 秒公方，铺砌后下游可达□秒公方。1954 年 10 月，在益民渠 11 公里的干渠内进行实测，证明水量在 2. 94 公方/秒时，渗漏损失已由原来的 60%~70% 降低到 11% 左右，实测结果如下表。

次数	上游流量/(公方/秒)	下游流量/(公方/秒)	总损失/(公方/秒)	每公里损失/(公方/秒)	每公里损失占比/%	施测时间/年
1	2.97	2.63	0.32	0.0297	0.98	1954
2	2.94	2.64	0.28	0.091	0.87	1954
3	2.93	2.56	0.36	0.0287	1.14	1954
备注	1. 每公尺湿周24小时内平均损失0.28～0.35公方。测量时各支渠有跑水情况 2. 用浮标法实测的 3. 表中实测之11公里中，有7公里放水一年，4公里放水两年					

1955年10月实测使用两年后的干渠，当流量为5.69秒立方公尺时，每公里渗漏损失为0.389%，实测平均结果如下表。

上游流置下游流置

上游流量/(公方/秒)	下游流量/(公方/秒)	总损失/(公方/秒)	距离/公里	每公里渗漏/%	备　注
5.69	5.51	0.18	8	0.38	浮标法五次所测之平均值，每次相差很少，证明渗漏比例比较正常

武威杂木河卵石铺砌渠道1954年完成后，其输水能力和灌溉效益较从前提高了30%，1955年用实测结果列表如下。

渠名	渠道情况	每公里渗漏损失量/%	每公尺湿周日损失量/%
总干渠	1954年卵石铺面	4	0.25
三干渠	1955年卵石铺面	18	2.52
四干渠	原渠床未铺砌卵石前	44	5.76
一干渠	原渠床未铺砌卵石前	33	4.85

渠道能够防冲防漏的原因，主要是卵石之间互相挤紧，经过渠道水流中的细砂淤泥沉淀，填塞在卵石缝隙中，结合逐渐紧密，因而达到防冲防漏效果。

二、施工方法

（一）梯形渠道衬砌，适用于在砾石层上修建，还可以在沙质、土质及铺砌黏土等各种渠道上修建。其中以砾石渠道最适用，其他各种土质渠床都需要作基础处理。干湖卵石在施工上必须严格掌握断面整齐、石头紧密、互相镨缝、处理基础、防止渗水破坏等技术原则。

渠道断面挖成后必须查对修整，使高程、边坡、宽度都达到设计标准。否则就会降低工程质量，增加施工中的困难。

1. 砌岸：护岸是最容易破坏的部分。注意，要挑选长径夫的马形和容县互相衔接的卵石，岸的基础要比铺底深1～3公寸，砌时两端都要有坡钱，按坡钱分层进行。每砌好一层，要隶校对一次基线，砌岸的石头若全部是扁长的，应圣部畏砌扁立。不具衔接的卵石，其上下层应向相反的方向略倾斜，即可更好地衔接。在衬砌时，卵石长径的底线一定要直坡面，严禁平铺平放。要达到这个目的，在砌基脚上的第一层石头时，即使其垂直于坡面。若石头大小不同时，应先砌大的，后砌小的，由下向上，逐渐减小。但同一层的石头必须大小一致。由于以上特点和工作上的便利应先砌岸。每砌好一层后，铺一层小砂砾，但必须不妨碍上一层石头的重量直接压在下层石头上，这样经过洪水后，即可使砂砾结在一块，紧密的填塞着岸缝，防止渗漏，增加坚固。

砌岸时背后的空隙一定要用大小不同的浪合砂石填塞，用石头夯打，并需炮一层，夯一层，以防止形成岸空的现象。如为沙质和土质渠岸时，岸的基础要求填砾石沙 8～10 公分，岸后需夯填砂砾 15～25 公分，如砂石均小于 0.03 公分或为粗砂时，应放草料一层紧贴在石岸背面，防止石砂随水外流。

2. 铺底：目前有两种砌法。一种是横砌，即砌缝垂直于水流的方向。一种是纵砌，即砌缝平行于水流的方向。经验证明前者较优。主要理由是：砌好后没有大于卵石长的顺水缝子，每个卵石都可以很紧地夹在前后卵石中间，可以整体抵抗冲刷。其次是小一点的石头也可以很坚固地夹在大卵石中间。这样的渠道抵抗阻力大，增强了整个断面的安全。为了避免可能产生的局部涡流破坏力，砌时要严禁平铺散放，一定是由下游一排一排地向上游砌，同排的石头，薄厚大小应大略一致。每块石头都要互相夹紧，略向下倾，严禁砌成逆水的缝子，渠底要严格按样线砌平。大卵石构砌扁立，小卵石扁砌直立，每 10～20 公尺砌一道大卵石截墙，截墙可以防止渗漏的破坏和冲毁的扩大，在安全上起着重要作用。截墙还应把两岸的部分包括在内，墙厚为普通卵石平均厚度的 1.5～2 倍，深 0.42～0.8 公尺。铺底中石头的大头应朝上与朝下，互相配合，并使砌缝略向下游倾斜，原则大头必填其下。

砌缝平行于水流的砌法，优点是减少了水流的抗阻力和局部涡流的破坏。但石头不易互相形成整体，同时泥沙不易填入较大的石缝中。对这两种方法，群众都已采用，而且都没有冲坏，因为目前各地采用横碑法的最多，所以还是横砌法为宜。在砂质渠床上，砸底应夯铺砂砾层 10 公分，没有砾料可铺一层草，但在土质渠底上，一定要夯填层 15 公分左右。如在砾石层上铺黏性土防漏时，应在土层上夯砂砾料 8～10 公分。

3. 石缝的处理和填灌工作：为了保证安全，保证防漏的效能，应作好石缝的处理和填灌工作。在冲毁的实例中完全证明了这是一个非常重要的因素。正确的处理办法是在渠道砌完毕验收后，用手锤将一些细棒形或扁薄形的石头打入岸上和底上较大的缝隙中，并撒铺上一层小砾石，粗细砂和土壤厚度约等于砂石厚度的 1/3～2/5，再引小水入渠，自行冲灌，直至全部缝隙灌毕后，始可正式放水。两岸的缝子在短时期内，流水不易将泥沙灌实。因此除岸背务实和在砌岸同时填缝外，还应用细木棍将胡麻草或死芨芨草捣塞入大的孔隙，经过洪水即可灌实。

（二）弧形渠道断面的衬砌。1954 年在山丹白石崖河的渠道上试用了弧形断面渠道 7 公里，结果良好，弧形采用圆的一部分，或把梯形断面的两角用弧线连起来。可免除流速集中，砌法与梯形断面完全相同。唯砌底护岸，则完全采用梯形断面砌底的纵棚法，由中心先向棚两边扩大，严格按规定的弧形样板棚好，中间的石头稍大些。弧形渠道的优点是流量与流速变化稳定，润湿周在小水时比梯形短，因此渗漏比梯形小，弧形坪石干湖形成倒拱，石头夹的可以更紧，安全可靠，两侧坡度较平，石缝易为砂石、泥土灌实，避免侧压力和冲空背后而损毁的危险，翻于沙质或土质渠床，砌法容易，运石的操作便利，没有交角的弱点。

三、工效和用具

在平均运距50公尺以内时，干砌卵石的工效定额如下表。

卵石长径/公分		35	30	28	20	15	10	
定额	立方/工日	18	18	18	16	13	9~10	仅供参考
	平方/工日	43	60	70	80	85	9~10	

施工中所用工具，除普通小手锤、瓦刀外，还需3~5人备大锤一个，用以打聚和打平不易砌的石头，并把小石头打入底上和岸上的较大石缝。2~4人备长45公分的小手撬一个，手橇一头为锥形，一头为略弯的铲形用以修理基础和移放石头。

总之，干砸卵石衬砸渠道，完全可以就地取材，就地加工，在地面坡度陡，渗漏严重的地区，只要有卵石都可以广泛应用。施工简便，费省效宏，是一项抗冲防漏的良好经验。

张掖专区发展洼地蓄水工程经验介绍

杨子英

按：张掖专区群众，在水利上创造了三种非常好的扩大水源、减少渗漏、克服余缺矛盾，从而扩大灌溉面积的经验。这三种经验就是：卵石衬砌渠道，洼地修库蓄水，打自流井、半自流井。这种经验不仅给张掖专区解决了很大问题，也给全省水科科学上增加了三个很好的内容。卵石衬砌渠道，张掖水利机关已经写出了一个小册子，由于文字过长，这里没有选辑。打自流井、半自流井，他们还没有写出较好的东西，因此这里只选辑这篇关于洼地蓄水的经验介绍。洼地修库蓄水，可以积聚表流水，可以蓄留洪水，实行小聚大灌，克服用水时水不足或无水，不用水时水表余或浪费等矛盾。另外，到处蓄水，可以发展水产，还可以调节气候。这种水库工程简单，就地取材，养护容易，费省效宏，可以大量推广。张掖专区现有的水库大多是在宣传勤俭建国之前建筑的，很多还有浪费之处，如果能够加强勤俭建国教育，工程费用还可以大大降低。

一、发展情况

张掖专区气候干旱，降水稀少，且多集中在七八月间，农田灌溉全靠祁连山内雪水。夏季作物需水时节，普遍缺水，各河流下游如高台、金塔、安西、民勤等地，都有大片耕地，往往因缺水而受旱减产。但春、冬季却有大量剩余的水无处利用，白白流失。因之，当地以往灌溉情况是“春松、夏紧、秋不灌、冬水浇不完”。欲要解决这一问题，利用适宜的地形，修建小型蓄水库，储存冬季多余的水，凑灌夏禾，并适当储蓄一部分洪水，灌溉秋禾，是一项非常便利而有效的途径。解放前，群众也曾经修建过几座小型塘库，但在当时国民党反动统治时期，无人重视这项工作，因而得不到发展。

解放后，在党的正确领导下，人民政府首先帮助群众整修和扩建了遗留下来的几座小型水库，如高台马尾湖、酒泉夹边沟水库等。加强了土堤的防浪措施，增大了蓄水量，保证了灌区农田用水，并扩大了灌溉面积，从而鼓舞了群众对兴修小型蓄水库的信心。几年以来这项工作已得到很快的发展，截至1956年6月止，张掖全区已修成洼地蓄水库144座，总蓄水量8800万立方公尺，供给了70多万亩耕地一次用水，解决了芒种前后的缺水问题，收到很大效益，受到了广大群众的热烈欢迎。

二、洼地蓄水库的优越性

洼地蓄水库是选择天然洼地或低洼的草滩沼泽地带，利用地形参建围堤和进、出水口，以蓄储河流中春季余水和一部分洪水，补充夏、秋禾用水之不足。在有泉源的地方，也可以利用地形在泉源周围修建围堤储存泉水，小聚大放，提高灌溉效能，有时亦可在泉水沟中修建阶梯式的小型水库。总之，这种蓄水库的优点是蓄水面积大，土堤低，因为不是拦河筑坝，不需要建筑处理洪水的设备，因之，工程简单易行，技术性底。洼地蓄水库包括围堤、进水闸、给水闸三部分，所用建筑材料，除进、给水闸工程需用少量的水泥和钢筋（在无石料地区），其余全部可以就地取材，所以工程费用也少，完成时间也比较快。根据张掖专区经验，只要有合宜的地形，事前经过简单的勘测设计后，群众就可以自行修建。这种水库的容量自数十万立方公尺，可大至一二千万立方公尺，真是费省效宏，简便易行。例如高台鲍家明塘湖水库，蓄水量560余万立方公尺，灌地42000余亩，工程量仅有土方24万公方（包括给水渠道），使用水泥27吨，钢筋1.6吨，使用劳动力17万6千余工日，全部工程费需要30万元，实际仅贷款10万元，和山丹郝家店中型水库比较，灌溉面积相当于祁家店水库的50%，而国家投资相当于祁家店水库的六分之一强，技术性也低，完工期限也短。

洼地蓄水库由于只蓄储春水灌夏禾，或储存洪水灌秋禾，蓄水时间短，一般不超过三个月，土堤又不高，建筑物也比较简单，所以管理养护容易。同时库空余，除洼地中心外，都可放干，整修也很方便。因此利用此种水库经营水产更为有利，高台马尾湖水库1955年养鱼收入供给了三个月的管理费用，1956年收入供给了七个月的管理费用，他们计划今后还要做到以库养库，自给自足。

这种水库如果年久淤淀以后，还可以开垦成为肥沃良田，扩大耕地面积。

三、修建洼地蓄水库应注意的问题

1. 必须选择有利的地形。要修建洼地蓄水库，首先应选择合宜的地形，洼地面积要大，洼度不宜过深，有良好的进水和出水位置，以便于引水入库并将库中蓄水放出，灌地同时还要注意修筑围堤时最好是能够半挖半填，尽量利用库内挖出的土填筑围堤，以减少工程数量。

2. 围渡断面要适当。洼地水库的主要工程即是围堤，一般需在两面或三面作堤，均用土料填筑，不宜过高。张掖专区经验，库内蓄水高度一般不宜超过6公尺，为了防止土围堤坡面淋塌，抵抗风浪，避免沉陷等，土堤必须有完整的断面和合理的侧坡，堤顶宽度一般2至8公尺。地高在4公尺以下者，迎水坡、崎水坡均可以采用2比1的侧坡，超过4公尺以上，迎水坡可分别采用不同侧坡，4公尺以下部分用3比1，4公尺以上部分用2比1，中间偏平台，背水坡仍可采用2比1。为了保证土堤安全，填筑时应注意夯填质量，土壤含水量要适当，温度均匀，不易过干，每层铺土厚度最好掌握在0.3公尺左右，拣净草根，打夯 2 至 3 遍，并特别注意某处接合和接头。

3. 注意做好防浪措施。河西地区春末夏初风大，围堤的方向很是重要，顺风长度在 1000 公尺左右者，迎风坡面上就可能发生很大的风浪。如果不采取适当的防浪措施，往往会溃决成灾。防浪的方法有：

（1）土堤要保证有一定高度的出水超高，在风浪大的地区超高应在 1.5 公尺以上，一般地区超高约 1 公尺左右。

（2）保护堤面，在风大浪猛的土堤面上，最好用白茨捆铺护或用草席保护，一般风浪不太大的土堤表面可以夯砌草皮保护。为了使草皮能够成活稳固，夯砌时应当套铆交错，厚度至少 15 公尺以上，下面铺上一层湿土，草皮与草皮间的缝子用沙溜严锤紧。

（3）在迎水坡上加筑平台，亦有防浪作用。

4. 水库蓄水以后，附近地下水位往往会随之升高，因之必须在水库周围挖好排水沟，以降低附近耕地的地下水位，防止土壤盐碱化。排水沟位置应在距土堤 15 公尺以外，沟深应深至原地下水位以下 0.3 至 0.8 公尺，并可将排水沟内的水引入渠道，加大灌溉量。

吴岳书记在张掖专区水利会议上的发言

这次会议是"反右倾"、鼓干劲的会议，是轰轰烈烈大搞水利的动员大会。在会议上传达和讨论了中央和省水利会议精神，□□□□□□□□□□□①，批判了各种右倾思想，认真核实了我区十年来水利建设的伟大成就，特别是总结了去年和今年水利建设"大跃进"□□□□□□□□，制订了1960年建设计划，并确定在今冬明春秋掀起一个更大规模的建设性的兴修水利高潮。会议开的好，收获大，现就会议上讨论的主要问题，作如下总结。

"反右倾"、鼓干劲，大搞水利建设高潮

十年来，我区水利建设成绩伟大，农田灌溉面积由392万亩，猛增到今年的801万亩，共增加409万亩。特别是去年、今年"大跃进"以来，就增加了133万亩，约等于八年总和的50%。加上林地、草原就超过了八年总和。这是根据各县实有扩灌面积核定下来的，是铁的事实，任何人不能否定的。这些伟大辉煌的成就，鼓舞了我们更大跃进的信心。会议□□□□□□□□□□□□□□□②批判了右倾思想，鼓足了更大干劲，多数同志决心大，信心足。提出了先进指标，有力措施，坚决贯彻总路线，在今冬明春掀起水利建设运动高潮，保证完成1960年各项水利建设任务。但是会议上有个别同志却表现出严重的右倾思想，右倾情绪。如：把落实成绩认为越低越好，接受任务越少越好；满足现有成绩，不准备再多发展水地；降低改善面积，多要水，少发展；片面强调自己灌溉不顾全局；只顾发展大片荒地，看不到现有农田之间可以利用的小块空间地。

重工程，轻灌溉，重河水，轻地下水。他们否定成绩，强调困难，没有跃进的信心，无形中否定"大跃进"和人民公社优越性。看不到人民群众的智慧和力量，看不到人民群众迫切改变穷白面貌的要求。这恰给右倾机会主义分子留下了空子，向党进攻。会议对这些错误思想进行了严肃的批判和纠正。有这种错误思想的同志，也做了检查，有了一定认识，但还不深刻，回去后还须继续进行检查。由于这次会议对于我们领导水利工作上的右倾思想作了检查和批判，对当前存在的消极松动情绪也作了纠正。这给今冬明春大搞水利运动在思想上打好了基础。

辉煌壮丽的十年水利建设

十年来，我区水利建设在党的领导下，获得了辉煌壮丽的伟大成就。在工程建设方面

① 编者按：为符合当今有关出版规定，此处略去数字。

② 编者按：为符合当今有关出版规定，此处略去数字。

共兴修干、支渠8674公里，其中衬砌2106公里。许多大型渠道如昌马河、跃进渠、红星渠（酒泉洪水河）、黑河干渠等工程，在技术水平和规模上，都达到了全国水平，这样的渠道解放前在河西就根本没有。新建小型水库和塘坝共630座，蓄水1.3亿多公方；大、中型水库17座，完成后蓄水能力6.1亿多公方，已蓄水1.5亿多公方。现总可蓄水2.8亿多公方，是解放前1200万公方的23倍多，明年累计即可达到7亿多公方，就等于解放前58倍。其中，“大跃进”以来，就完成小型水库472座，蓄水4962万公方，兴建大、中型水库14座，增加蓄水能力1.9亿公方。以上大、中、小型水库共蓄水2.3962亿公方，约等于解放前蓄水1200万公方的20倍，八年总和的1.84倍。十年来扩大灌溉面积409万亩，农田灌溉面积由392万亩增加到801万亩，1958年“大跃进”以来，两年就增加了133万亩，加上林地、草原就超过了八年总和，同时还保证了工业用水，其他如水电站、水力站、排水、园田化、管道化、航运、养鱼以及具有国际意义的人工融冰化雪科学试验研究工作。□□□□□□□□□□□□□□□□□□□□□□□□□□□□□□□□□□□□①

我们在水利建设方面，获得了丰富的经验，主要是：

加强党的领导，坚决执行党的总路线、方针、政策，坚持政治挂帅是取得胜利的根本保证。发展水利建设的过程，就是和右倾保守思想不断斗争的过程，就是鼓足干劲，力争上游，多、快、好、省地建设水利，改变我们穷白面貌的过程。十年来我们水利建设有三大高潮，我们水利事业的发展，在这三大高潮中得到了飞跃的发展。1956年克服了右倾保守思想，实现了合作化，水利建设迅速地在我区全面展开，这一年就开展了27项重点工程，完成扩灌面积69万多亩；1957年冬在反右派斗争和整风运动胜利的基础上，全区□□□□□□□□□□□□□②水利建设一马当先，开展了重点工程40多项。其中大、中型水库14座，扩灌面积84万亩，保证了1958年农业大丰收，进一步解决了当时工、农业用水之间的矛盾；1958年冬克服了松动情绪后，在“大跃进”的基础上，开展了万库运动，开展重点工程29项，扩灌面积49万多亩，保证了1959年工农业用水，战胜了今年的干旱和洪水灾害，获得了公社化第一个大丰收。实践证明了党的总路线方针、政策，是广大群众意志的反映。只要我们在党的领导下，坚决执行党的总路线、方针、政策，坚持政治挂帅和右倾思想不断地斗争，水利建设就会迅速发展，否则就一事无成。

坚持群众路线的工作方法，依靠群众，才能正确贯彻三主方针，才能土洋并举，大、中、小结合。两年来由于我们坚决依靠了群众，因而不但举办了许许多多的各种小型工程，而且举办了像民勤跃进渠、黑河干渠等大型渠道工程，以及像红崖山、金川峡等大、中型水库工程。广大群众决心大，信心高，献计献策，筹资筹料，举办了许多大、中、小型工程，我们不仅依靠群众的物力财力，而且依靠群众的智慧和经验，解决了许多复杂的技术问题，像卵石衬砌渠道，开凿砾石层隧道以及许多先进工具都是群众发明创造的。因而使我们许多工地逐步由人抬肩挑改变为半机械化、机械化，并基本上实现了工地工厂化。

① 编者按：为符合当今有关出版规定，此处略去数字。

② 编者按：为符合当今有关出版规定，此处略去数字。

水利建设必须全面发展，综合利月。两年来我们认真贯彻执行了地委指示，开展了万水归库，渠库相连，上排下灌，发电航运，综合利用，向高标准水利化迈进。因而建成了比较完整的系统的水利工程设施，加速了库塘渠网化实现，进一步利用水能发电、加工，航运、养鱼、养鸭进行生产，获得了很大成绩，为改变我区穷白落后面貌，创造了物质条件。

大搞技术革新技术革命，改良工具，是解决劳力、工具不足的困难和高速度进行水利建设的主要途径。1958 年以来，我们依靠群众，贯彻以土为主、土洋结合、两条腿走路的方针，人人动手，个个发明创造，领导、群众、技术相结合。就地取材，就地创造，大搞技术革命。创造发明，推广使用了先进工具达 37000 多件，并出现了像英雄湖、金川峡等等半机械化的工地。许多的先进工具，如□□运土、旱船、冰船、气胎碾、羊足磙等，提高工效一倍至四十倍，这对节省劳力和减轻民工的劳动强度，提高工效，加速工程进度，保证工程质量，发挥了巨大效果。

实践证明，依靠群众，大搞水利工厂化，是解决物资器材缺乏的主要措施。各地建起中、小型水泥厂、炸药厂、石灰厂、修配加工厂等工厂 100 多处，除工程需用的钢筋、水泥、炸药尚不能生产或生产不足外，其他器材和工具加工，大部分达到了自给自足。特别是 1959 年，在物资器材十分紧张的情况下，发挥了很大潜力，并能迅速地提高产品质量，高标号水泥有些工厂已开始生产，这对减少国家对水利建设原材料的供应，降低工程造价，起了重大的作用。

开展大协作，克服劳力、器材、资金不足的困难

大规模水利运动，只有发扬共产主义精神，开展相互支援，相互协作，才能更好地集中人力、物力，保证水利建设的飞跃发展，特别是在我区劳力缺乏的情况下，显得更为重要。几年来，我们在工程上，曾组织过各种各样的协作，特别是在 1958 年“大跃进”的新形势下，大力开展受益区和非受益区、早受益地区和晚受益地区之间的协作，有效地解决了大、中型工程的劳力、物资器材不足的困难。大协作主要是在提高群众的觉悟，发扬共产主义精神的基础上进行，并根据各地实际情况，按物资劳动、等价交换的原则，适当照顾非受益地区群众的当前利益。短期突击和常年修建相结合，农闲时大干，农忙时小干。

我区水利建设任务大、劳力缺，必须根据农业生产季节农活忙闲，来安排劳力进行施工。秋收后、春播前是农闲季节，可以较多地动员民工，组织基建队，进行常年的重点工程建设，这样既不耽误生产，同时可以大力开展水利建设。同时，我们工作中也存在一些缺点，主要是指导思想和技术赶不上形势发展的需要。有的工程重数量轻质量，个别工程质量不好，如金川峡水库问题就比较严重，灌溉管理不严，水规纪律松弛，不能按期完成灌溉计划。这些缺点，在我们工作上，是可以克服的，而且有的已经克服，我们应认真接受教训，改正缺点。

方针、任务：我们水利建设的总方针是“库塘渠网化”。1960 年要兴修与整修并举，按照总的方针，根据我区情况和特点，1960 年我们应在积极兴修、整修水利工程的同时，

大力开展农田基本建设，平田整地，整修渠道，加强灌溉管理，充分发挥工程效益，提高水的利用率，保证农业大丰收。

我们的行动口号："反右倾"、鼓干劲，大兴水利，为保证完成60万亩农田扩灌任务而奋斗。

平田整地六百万，碱心火梁要挖完。地平埂直，渠水畅通，水不冲田，土不流失，道路不淹。大力兴修水利，向库塘渠网化进军。劈开祁连山，凿通地下海，引水灌田，永远保丰收。要高山低头，江河改道，雪水奔流，万水归库，向地下海要水，与荒滩戈壁争地。

向祁连山要水，正确地积极地贯彻水利方针，必须因地制宜，我区各地水源、气候、土地等自然条件有许多差别，各有特点，在劳力、物资方面也有不同。所以在全面规划，设计施工，灌溉管理，计划用水等方面，必须按照不同的条件，具体对待。大体说来：

水源丰富，流量稳定的各河上游地区，一般都已建成相当数量的渠道，水库和较大的建筑物，如张掖黑河、武威黄羊、金塔、西营、杂木河、永昌东大河、西大河，高台、酒泉的黑河灌区，玉门安西的疏勒灌区应着重做好准备，节省水库，照顾下游。在建设上除整修和维护现有渠道、水库等建筑物外，应大搞平田整地和干支农毛渠的整修和兴修，并按照力量积极举办一些重点工程。

泉水地区，水源丰富，流量稳定，渠道流程短，渗漏小，冬春有余，夏灌不足。如张掖、武威、酒泉、永昌、玉门、安西、敦煌等泉水地区，就要大办小型水库，蓄余补缺，打井、排水，平整土地、蓄排、航运，发电、加工、养鱼、养鸭和芦苇、营造园艺林等综合利用。

位居各河下游，水源少，工程设施简陋，风沙大、雨量少、蒸发快，缺水严重，如民勤、敦煌和永昌的金川峡下游，必须下定决心，完成重点水库和渠道工程。这类地区的另一特点是地下水丰富，埋藏不深，因此还要大搞排水、打井，利用地下水。特别要重视安装抽水设备，建立抽水站、机井站。并把所有机具管理好，使用好，对于动力排灌机械，要综合利用，降低抽水成本，节省劳力，全面发展生产。

流程短，水量极不稳定，主要是靠山洪灌溉的地区。虽有一定的渠道工程，但受气候和降水量的影响甚大，往往头水受旱，夏季洪水成灾。如张掖梨园河、山丹洪水河、高台摆浪河、酒泉洪水河和丰乐川等河流，应以蓄水和渠道工程并举。但是这些地区蓄水工程大，投资多，短期不易完成，一时无力举办。因此，目前除积极整修和新建正规渠道工程外，应多修抢洪渠，分洪抢灌，多种轮歇地和撞田。这些地区的另一特点是地下水埋藏很深（80至200公尺），当水量小时，人畜用水占用很大比例，往往20至40天才放一轮涝池水。因此必须在居民区和耕作区，开展满天星的水窑和涝池等，储蓄冰雪和雨水，充分保证人畜用水，相应增加农田用水。同时积极兴修力所能及的中小型山谷水库，另一方面要掌握气象资料，根据天气变化，必要时进行冰融化雪，增加水量，保证灌溉。

天祝和山丹祁连山地区，水源小而稳定，夏季雨量较多，时有洪水。因此，在不影响下游用水的原则下，应按条件适当的修一些小型水库和渠道采用小蓄大灌的方法，把洪水和小股水利用起来，灌溉农田和草原。这些多雨地区，除了水土保持工作外，还应根据条件，开展小型渠道上山工程，对一些旱地和水量无保证的缺水地，可以铺压旱沙地，水沙地，抗旱保墒，保证丰收。

要使灌溉适时满足作物生长的需要，必须根据各地水源和水情变化情况，确定播种期和作物种植比例。各个河系因气候不一，解冻时间迟早不同，水量也不同，因此播种时间应有先后。按解冻时赶上苗水，水早下来早种，迟来迟种，应该有个先先后后，参差不齐，不应一律提前早种。春水少，少种夏，夏水多，多种秋，这是农民的经验。几年来我们也深深体会到这一点，因此水利部门应和农业部门，对灌溉问题应共同研究，具体安排。

一九六〇年任务

1960 年水利和水土保持任务确定如下：增加灌溉面积 60 万亩，改善灌溉面积 140 万亩，基本消灭一水地。新修蓄水工程 8000 万公方，新修、续修干支渠 805 公里，整修干支渠 3000 公里，挖排水干沟 183 公里，发展水电 1020 瓩，水电站 1500 马力，安装排灌机械动力 6000 马力。打井 2000 眼（有效），其中自流井 100 眼，半自流井和筒井 1900 眼。水土保持初步控制面积 100 平方公里，基本控制面积 400 平方公里。上述任务共需做土石方 4.036 万公方，需工 642 万工日，平均每天需投入 7 万人，占全区农业总劳力 70 万人的 10%。另外平整土地 605 万亩，其中 95 万亩达到机耕标准，94 万亩重点进行，一般平整土地 416 万亩，需工 2.401 万工日。按 75 天突击完成，每天需投入 32 万人，占全区农业总劳力 45%。这样经过一年的努力，通过兴修、整修和平整土地，加强灌溉管理等工作，实灌面积达到 861 万亩，蓄水工程由现在 30994 万公方，达到 7 亿公方，保证蓄 5.1 亿公方（每库只计算最大的一次）。目前在兴修、整修重点工程的同时必须加强秋冬灌溉，完成 700 万亩，保证明春按时播种。这样就可以保证 930 万亩农田全面丰收（包括旱地），保证 32 亿斤粮、2231.3 万斤棉花、8491.9 万斤油料生产计划完成，进一步加强了对自然的控制能力，为今后工农业生产更大跃进打好可靠基础。

十年来，我区水利建设取得巨大成就□□□□□□□□□□□□□□□□□□□□□□□□□□□□□□[①]。因此，它不仅是经济战线上的伟大成就，而且具有更重大的政治意义，它不仅是我区人民对改变"更穷更白"面貌决心的积极表现，而且是保卫党、保卫毛主席、保卫总路线、保卫人民公社，反击右倾机会主义分子的有力武器。不仅是我区人民迫切愿望，而且是加速发展我区粮棉、工业基地建设的先决条件。我们根据人民的意志，多、快、好、省地大办、多办、快办水利，而右倾机会主义分子，是要少、慢、差、费，不办、少办、慢办水利，他们看不见人民群众已取得的伟大成就，否定劳动人民征服自然的聪明智慧和无比巨大的力量，夸大缺点，抹杀成绩。我们必须坚决回击他们的猖狂进攻，坚决贯彻党的八届八中全会公报和决议。以反对各种右倾思想，鼓足干劲，在今冬明春掀起一个轰轰烈烈的兴修水利高潮。

---

① 编者按：为符合当今有关出版规定，此处略去数字。

我们的成绩虽然很大，但是还赶不上工农业用水的需要，我区工业发展很快，水利建设方面相应也要赶上去，而且要走在最前面。

我们一九六〇年在水利建设上比往年有更多的有利条件。第一，形势很好，党的八届八中全会公报和决议深入贯彻到群众中，在工农各条战线上□□□□□□□□□□□[1]，开展了大规模的增产节约运动，水利建设必须乘风破浪，奋勇前进。第二，人民公社的整顿和发展，广大群众的社会主义觉悟进一步提高，兴修水利的积极性更加高涨。第三，全区11座大、中型水库，赶夏灌前可以完成，就能发挥实效。第四，两年来水利在建设高潮中，积累了很多宝贵的经验，也培养了干部和农民技术员，壮大了我们水利技术队伍。第五，今冬明春正是农闲季节，可以集中较多的劳动力，大搞水利。第六，国家工业建设进一步发展，对今年施工设备器材的供应比较优越，我们的设计施工技术也有了一定的提高。我们应充分发挥有利条件，克服困难，及早动手，迅速行动，并争取在今冬明春完成任务的百分之八十。

措施：

加强党的领导，坚决执行党的总路线，大搞群众运动，向广大干部和群众，进行党的八届八中全会决议和社会主义前途教育，提高思想觉悟，充分发动群众，依靠群众，大搞群众运动，掀起水利建设高潮。同时在干部中□□□□□□□□□□□[2]，批判纠正一切右倾思想和畏难松动情绪。

加强技术设计，提高勘测设计质量，保证设计经济正确。所有大、中型水库和渠道等重点工程，在最近一律作出正规设计，设计不完善的迅速进行补课，设计中必须贯彻领导、群众、技术三结合的原则，在保证质量和保证安全的原则下，进行多方案比较，节约工程费。小型工程必须在保证质量和保证效益的原则下，及早组织力量进行勘测、设计，然后施工。所有大、中型工程和重点工程，必须资料齐全，设计在先，经过正式批准，做好准备，然后施工。大、中型工程送专、省审批，小型由县审批，设计批准后不经上级批准机关允许，不得任意修改。

结合秋翻整地，普遍开展大面积的田间工程，这是改进灌溉管理，发挥现有工程效益的重要措施。田间工程具有强烈的时间性，错过时机就等于失掉任务，因此要求结合秋翻，冬耕，完成1960年田间工程任务的80%，明年春播前全部完成。田间工程必须合理规划，保证质量，平整土地必须和普遍整修田间渠系相结合进行。作到土地平整，五级渠道（干支斗农毛）齐全，有沟有间，地地有埂，要求做到地平埂直，渠水畅通，水不冲地，土不流失，道路不淹，并根据力量将碱心火梁逐步挖完。

加强秋冬灌的具体领导，建立健全灌溉专业队组织，依靠社、队、分渠分段，包灌包浇，坚持实行计划配水，严肃水规纪律，并做到边泡边犁，及时保墒，每天检查各渠灌溉进度。要求在封冻前，全区泡地700万亩，冬季余水，要引蓄水库或拦河打冰坝蓄冰，以供明年灌溉。

---

① 编者按：为符合当今有关出版规定，此处略去数字。

② 编者按：为符合当今有关出版规定，此处略去数字。

大力开展以工具改革为中心的技术革新和技术革命，进一步开展高工效运动，继续贯彻以土为主，土洋结合的原则，发动群众不断发明创造。各地现有的先进工具，积极进行鉴定，推广使用，大量制造。在使用过程中不断改进提高，各工地实现运输车辆化，碾压半机械化，基本消灭人抬肩挑现象。要求今冬明春通过工具改革，在原来的基础上，平均提高工效 30%，并要大力推广先进操作方法，千方百计地提高劳动效率。

抓两头带中间，组织现场观摩，检查评比，组织工地，灌溉专业队，开展社与社，队与队之间“比干劲，比措施，比进度，比实效”的经常性的四比红旗竞赛运动，掀起找措施、找窍门和比先进、学先进、赶先进的热潮，把群众劳动积极性充分调动起来，使水利运动健康地发展。

逐步实现水利工厂化。首先抓紧工地的水泥厂、炸药厂、工具制造厂、修理厂等工厂的生产，在现有的基础上，加强领导，总结经验，改造技术，提高产品质量。产品必须经过鉴定，在保证工程质量的前提下，作到中小型工程所需器材大部分自给，要求各县水利部门除将现有 117 座工厂，加强领导扩大生产外，并新建 13 座。同时根据动力设备条件和自然条件利用水能，普遍建立水电站、水力站、机械排灌动力站，大办工厂，进行生产。

作好劳动力安排，广泛开展大协作，全区水利任务需要 2642 个工日，力争完成全年任务的 80%。这个任务很大，各县市生产密切结合起来，并在全县范围内开展大协作，现在就要充分做好准备工作，十月中旬即全面开展。

充分利用现有排灌工具，必须做到机具成套，管理组织成套。所有水车、抽水机具，都要设法修理配套，没归队的必须归队，要全都利用起来。建立机井站、抽水机站，要积极培训技术工作人员，组织专业队，负责操作管理，除灌溉农田外，还要利用动力进行生产。所以除建立抽水设备外，还要建立加工设备，进行生产，如磨面、榨油、饲料粉碎等。

加强领导。各县要抽一个县级领导干部，领导水利工作。特别是在今冬明春大搞水利高潮期间，要亲自挂帅，专县水利部门要组织巡回检查组，经常到各工地检查和验收，保证工程质量，帮助解决施工中存在的问题。对于明年灌溉防洪管理，用水规章，现在各灌区就应进行研究。专区准备在封冻时，召开全区灌溉防洪会议专门讨论这一问题。

吴岳

1959 年□月 21 日

黑河流域规划初步意见报告

第一章 绪 论

黑河流域跨青海、甘肃、内蒙古三省（区），上游青海省祁连县和下游内蒙古自治区额济纳旗均系以牧业为主，中游位于甘肃河西走廊中部，为西北地区计划中的重要工业基地之一，是开发黑河流域水利事业的重点地区。以往由于编制黑河流域综合利用规划的资料不足，为了迫切解决灌溉问题，甘肃省水利厅自1952年开始，分河系分地区地进行了旧灌区整改修建工程，并扩大了灌溉面积。水利电力部西北勘测设计院自1958年开始研究黑河干流莺落峡以上峡谷河段的梯级开发，并提出报告。为了开发黑河流域水土资源，加速河西地区的国民经济发展，水利电力部于1963年全国水利会议上提出河西水利规划任务，由甘肃水利厅负责，水利电力部西北勘测设计院协助进行。经双方协议黑河流域规划由西北勘测设计院承担。

由于黑河流域地跨青海、甘肃、内蒙古三省（区），流域面积大，自然情况和社会经济情况复杂，基本资料缺乏。但由于工农业发展，迫切需要进行河西水利建设，以保证和提高农业生产。根据现有资料补充必要的调查研究，初步确定水利和土地资源，进行水土资源平衡，并结合地方要求提出近期水利发展规划意见。现提出了中游酒泉张掖地区为主的黑河流域规划初步意见报告，报告审查。

黑河流域面积约69800平方公里，其中青海占17.5%，甘肃占73.9%，内蒙古占8.6%，行政区划包括青海省的祁连，甘肃省的山丹、民乐、张掖、临泽、高台、酒泉、金塔和内蒙古额济纳等十县（旗）。流域内共有人口95.4万人，其中97%的人口分布于中游地区。共有耕地370万亩，其中96%的耕地分布于中游。流域内的土地资源，据已有资料和初步调查研究，适宜于灌溉的净面积915.71万亩，其中包括现有灌溉面积240.71万亩，详列如下。

（单位：万亩）

地区	现有的有效灌溉面积	现有灌区内弃耕地及零荒地	宜农荒地	可灌溉的宜牧荒地	合计
青海祁连	1.28				1.28
甘肃河西地区	238.18	105.2	216.8	214.0	774.18
内蒙古额济纳旗	1.25			140.0	141.25
合计	240.71	105.2	216.8	354.0	916.71

流域内中下游宜于农牧的土地广大，但气候干旱，降水量少，蒸发量大，农业生产全

赖灌溉，但黑河干支流的来水量少，且河流来水与灌溉用水又不相适应，不能满足农业用水要求。经初步分析，干支流出祁连山口的年平均水量为37.28亿立方米，泉水出露。按目前计算，现状为12.07亿立方米，远景可能减少为6.85亿立方米。另外有可开采的地下水动储量，现状为4.72亿立方米，远景为3.82亿立方米。列表如下。

（单位：亿立方米）

水源	现状		远景	
	保证率50%	保证率75%	保证率50%	保证率75%
河水	37.28	31.98	37.28	31.98
泉水	12.07	10.79	6.85	6.85
可开采地下水动储量	4.72	4.72	3.82	3.82
总计	54.07	47.49	47.95	42.65

黑河干支流的来水与农田灌溉用水之间，存在的主要矛盾是，四至六月份为枯水季，尤其是五月份不能适应农田灌溉迫切用水的要求，现有灌区已不能保证，更不能扩大灌溉面积。为了发展酒泉、张掖地区的灌溉事业，开发新垦农场，就存在着农场与公社的用水矛盾。因而必须整修改建旧灌区，加强灌区管理，提高灌溉水的利用率，挤出水量，既能提高旧灌区的灌溉保证，并能扩灌新垦农场。其次根据农场发展的需求，修建水库工程和大型灌溉工程，以满足农业用水要求。建国十五年来，当地群众在党和政府的正确领导下，为发展农业生产，在水利建设上做了一系列的工程措施，使灌溉面积由1949年的164万亩增加到1963年的240.71万亩。在规划中，按照水利资源和土地资源初步平衡的结果，并通过各种水利技术措施，远景可发展到农田保证灌溉面积511.21万亩，牧草灌溉面积140万亩。兹将各水平年规划达到的灌溉面积表列如下：

为实现以上各期灌溉面积及工业用水，除进行旧灌区改善改建，加强管理，提高渠系水量有效利用率以及节余水量发展部分面积外，并于1970年以前：

1. 加固讨赖河灌区引水枢纽，改建南北干渠及北二支渠。
2. 新建酒泉洪水河灌区引水枢纽。
3. 加固鸳鸯池水库，溢洪道及输水隧洞，并在灌区下游修建一座平原水库。
4. 新建摆浪河灌区引水枢纽一座，并改建东南干渠。
5. 张掖黑河灌区计划在草滩庄子修建总引水枢纽一座，并改建东南二渠及大满渠。
6. 改建酥油口水库并改建酥油口河灌区的水系。
7. 修建民乐洪水河双树寺水库，盖建及延长益民干渠。
8. 修建童子坝灌区，翟寨子，扁都口枢纽。
9. 修建山丹白石窟崖引水渠，续建加固李家桥水库，改建马营河灌区，干渠及祁家店灌区南北干渠。

于1970年后，逐步修建大孤山等山谷水库，黑河西总干渠以及讨赖河东输水渠等工程。本流域理论水能蕴藏量总计为129.5万千瓦，对黑河干流及支流讨赖河进行了水能规划，选择了梯级电站19座，合计装机容量65.9万千瓦，保证出力31.7万千瓦，年电能量40.4亿度，其余各支流由于水能蕴藏量小，多系季节性电能，保证出力很小，电站投资较大，只考虑了农田灌溉需要，未作水电开发研究。

全部工程投资为113980万元，需要劳力12258万工日，钢材124769吨，水泥1067525吨，木材100287立方米，其中各期投资，劳力及三材见下表。

各期投资、劳力、三材统计表

实施年度	投资/万元	劳力/万工日	三材/吨		
			钢材	水泥	木材
1965～1970年	17220	3201	8357	197064	15423
远景	96760	9237	116412	870461	84864
合计	113980	12258	124769	1067525	100287

全区1963年粮食产量为5.32亿斤，各期工程及灌溉面积实施后，在粮食方面1970年计划粮食产量达8.96亿斤，远景计划粮食产量达17.61亿斤。

第二章　基本资料

第一节　概　　况

黑河流经青海、甘肃和内蒙古，是一条较大的内陆河流，流域面积约为69800平方公里。南部以祁连山脊与青海省大通河流域分界，北接蒙古人民共和国，东以大黄山与石羊河流域分界，西隔嘉峪关山与疏勒河流域毗邻。流域内按行政区有：青海省的祁连县，甘肃省山丹、民乐、张掖、临泽、高台、肃南、酒泉、金塔等县，以及内蒙古额济纳旗。

按照自然形势，黑河流域可分为南部祁连山区、中部走廊地区及北部额济纳平原，兹将各区地形简述如下：

南部祁连山区属于流域的上游，地势由西向东逐渐降低，西部海拔一般在4500米左右，主峰高达5900米，东部海拔一般在4300米，局部达4500米。北麓还分布着较低的山岭，海拔在3000米左右。山脉走向东南，由古老的南山系变质岩组成，许多巉崖峻峰是火成岩分布的地方，本区气候严寒，降水较为丰沛，近代水川发育，是黑河水系主要的发源地。

中部河西走廊位于流域中游，夹于祁连山与北山山系（龙首山、合黎山、马鬃山）之间，是山前倾斜平原与凹陷中心地带，南北宽20～50公里，东西长约270公里，成一狭长形。地势东南高而西北低，海拔高程由2500米（山丹）将至1500米（酒泉）。从东到西，由于局部地段的隆起，又形成若干盆地，如大黄山使民勤—武威盆地与张掖—民乐盆地分开。高台以南由于榆木山的褶皱隆起，中间以不高的元山子使张掖—民乐盆地与酒泉盆地分开。文殊山的抬升又将酒泉盆地分为酒泉东盆地与酒泉西盆地。

北山山系，位于走廊平原之北，由龙首山、合黎山、大小黑山、马鬃山等山脉组成，与祁连山并行，呈西北—东南方向，最高山峰海拔3300米，位于张掖东北，西至高台酒泉以北，海拔仅为1500～1600米，岩性组成多为花岗岩、闪长岩。侵蚀割舍作用剧烈。

北部额济纳旗平原位于流域下游，马鬃山横卧西北，北部为中蒙边界山脉，东部与阿拉喜地块相连，南面分布着较低的山岭，著名的巴丹吉林大沙漠贯穿东西，海拔高程在1000～1500米之间，山势较缓，南高北低，倾向西北，多呈丘陵分布，中部低凹，海拔高程仅320～880米，为额济纳集流地区，形成居延海冲积湖积平原和绿洲盆地。出祁连山峡谷，莺落峡控制流域。

第二节　水系概况

黑河水系包括大小干支流35条，均发展于祁连山北麓，出峡谷进入甘肃河西走廊平原，大部分河水被引用灌溉，或潜流于深厚的山前堆积扇下。主要支流以讨赖河为最大，其次有童子坝、洪水河（民乐），大都麻，酥油口、梨园河、马营河（酒泉），丰乐川，洪水河（酒泉）。

黑河：古称弱水，流长约800公里，莺落峡以上为上游，分东西两岔，东岔发源于祁连山的景阳岭，长约30公里，西岔发源于祁连山的雅腰掌，长约180公里。两岔于黄藏寺汇合称黑河，北流约86公里，至莺落峡面积约10200平方公里。河道崎岖蜿蜒于丛山峡谷中，河床陡峻，水流湍急，东岔平均比降为9.3%，西岔为8.5%。黄藏寺至莺落峡一般河床狭窄，一般宽约50米左右，平均比降约为9.1%。

黑河在莺落峡出谷至正义峡为中游，横贯走廊平原，流经张掖县城西北十余公里汇山丹河，经临泽纳入梨园河，入高台县境，再纳摆浪河穿正义峡折向东北。正义峡以下为下游，流经金塔之鼎新，汇讨赖河，北流入内蒙古额济纳旗境内，又称额济纳河，注入居延海。

黑河干流在莺落峡至正义峡间，河槽宽线多呈复试断面，河床平均比降为1%～2%，主流经常摆动，岔道较多，由于灌溉引水和河床渗漏水量递减，至临泽高台境内，两岸泉水和地下水又补给河流。

额济纳河长约250公里于狼心山分东西二支。东支名纳林河，西支名穆林河。最后分别注入东西居延海，该河段河床比降0.7%～1%。

讨赖河亦称临水河或北大河，发源于祁连山之讨赖掌，西北流经讨赖川，横穿讨赖峡，于水沟出峡谷，入走廊平原，折向东北改称北大河，绕酒泉城北至临水堡，汇临水清水河后，称临水河。过青山东峡，经金塔县城东北，于鼎新汇黑河。讨赖河长约410公里，水沟以上控制流域面积为7480平方公里，河道平均比降为10%。

第三节　气象与水文

一、气象

黑河流域地处西北内陆，在气候上受蒙古高气压的影响较大，经常受西北寒风的侵袭。东南又有高山阻挡，湿润海风难以深入，因此在气候上具有寒冷、干燥、多变的特征。在气候上分属三个大区。上游青海祁连一带属青藏地区的青康东青海湖气候，中游张掖临泽以东属内蒙古地区西部气候，张掖临泽以西的酒泉盆地及额济纳旗属甘新地区的蒙甘气候、酒泉—民勤盆地和巴彦淖尔气候。

1. 气候：上游祁连山区年平均气温约-3.5～0.5℃，中游走廊地带和下游额济纳平原气温约3℃～8℃，一月份气温最低达-26.7℃～36.3℃，七月份气温最高达30℃～41.6℃。平均气温在0℃以下的月份，多数地区每年有四个月，青海祁连地区则长达5～7个月，月平均气温在10℃以下的时间，中下游地区约为半年，青海祁连地区长达9～11个月。

2. 雨量：流域内，雨量稀少，降雨量分布自东南向西北逐渐减少。祁连山区年降雨量约为300～400毫米，中游山丹、民乐一带年降雨量为200～300毫米。张掖、高台、酒泉减至80～120毫米，金塔鼎新以及下游内蒙古额济纳旗年降水量仅50毫米左右。流域内降水量多集中于6～9月四个月，约占全年降水量的70%～80%，春季降水量仅占13%～20%。

降水量四季分配不均，且历年变差较大，如酒泉24年实测资料中，最大年降水量为154.3毫米，最小年降水量仅51.9毫米。张掖12年实测资料中，最大年降水量为177.1毫米，最小年降水量仅66.5毫米。

3. 湿度：由于降水少，日照强烈，故湿度较低，上游相对湿度为43%～54%，下游为30%～40%。

4. 蒸发：强烈的蒸发是内陆干旱地区的特征之一，蒸发量由南向北逐渐增加。年蒸发量上游为1500毫米，中游为2000～2600毫米，下游为3700毫米，蒸发量为降水量的4～77倍。

5. 风：本区多风，年平均风速多在2～4米/秒，一般为2.5米/秒左右。风速在5米/秒的旱风，中游地区一年中约有60～80天左右，下游额济纳旗则长达120天。

6. 霜期：由于气候严寒，各地降霜较早，霜期长，霜势较烈。上游祁连山区全年无霜期约80～123天，中游140～180天，下游约120天。

7. 日照：流域内日照时间长达2700～3000小时。

二、水文

1. 水文特征：黑河水系各干支流产流区主要在上游祁连山区，中下游由于降水稀少，蒸发强烈，加之地表渗漏，基本上不产生地面径流。黑河流域各河径流的主要补给来源是祁连山区的降水和融雪化水，因之径流随气温和降水而变化。径流变化一般可分为春汛、夏季洪水、秋平水及冬季枯水四个时期。春汛在4～5月份径流随气温而变化，特别是日内变化更为明显，下午涨水，晚间落水，晴天水大，阴天水小。洪水期在6～9月份，径流主要由降水即融水化雪补给，洪水期径流量约为全年的71%，秋季平水期在10月份，为洪水期过渡到枯水期的退水阶段，径流量约占全年径流量的6.3%。冬季枯水期从11月至次年3月，主要由泉水及地下水补给，其径流量约占年径流量的12%，例如黑河正义峡流量在11月份至次年3月份比莺落峡流量大2.9～28.1秒立方米。

各河的洪水，按其补给条件，可分为春季融雪洪水、夏季暴雨洪水以及融雪和暴雨混合洪水三种类型。各河洪水沿程变化的特点是祁连山区山高雨大，河道比降陡峻，洪水来势凶猛。出峡谷后，由于走廊地带降雨稀少，气候干旱，河床开阔，比降平缓，河床渗漏较大，沿河引水灌溉，洪水大为削减，洪水在东西向分布的特点与暴雨的走向极为密切，黑河流域的暴雨走向多自东南移向西北，降雨量东南大于西北。讨赖河上游祁连山区因冰川及积雪其洪水与气温关系较为明显，再伴随暴雨可形成较大洪水。

各河泥沙内分配情况是春汛冬季枯水及秋季平水期含沙量少，河水清澈，夏季洪水期因暴雨冲刷表土，河水含沙量增加，就地区上看黑河以东各河含沙量小，以西各河含沙量较大。

2. 径流：黑河流域35条干支流中仅7条主要干支流有水文实测资料，且观测年限很短，其中除黑河莺落峡，讨赖河水沟水文站有15年以上实测资料外，其余各河水文站资料一般仅3~6年。有实测资料的各河总径流量约占全流域年径流量的81%。在径流计算中，首先参照黑河莺落峡水文站和讨赖河水沟水文站系列资料延长其他各站系列，其次对无实测资料的河流引用有实测资料河流的径流模数与CV值，点绘各河的F-M及F-CV曲线，并根据各河的水文特性，将黑河流域划分为黑河干流以东、以西及黑河干流三个水文区。在分区的基础上，借用各区邻站的特征值进行推算，径流计算结果，全流域多年平均年径流量为38.53亿立方米。保证率$P=50\%$时，年径流量为37.69亿立方米，$P=75\%$时，年径流量为32.45亿立方米。

3. 洪水：根据各河的自然地理，水文气象条件，先将短系列实测洪水资料播补延长，其次对无实测洪水资料各河从已有实测资料各河之F-M最大及F-CV曲线之相似关系，推算各河之设计洪水。计算结果，黑河莺落峡多年平均洪峰流量为470秒立方米，$P=1\%$时洪峰流量为1170立方米/秒，$P=0.1\%$时洪峰流量为1590立方米/秒。讨赖河水沟站多年平均洪峰流量为177立方米/秒，$P=1\%$时洪峰流量为850秒立方米。

4. 泥沙：一般只有3~5年系列实测资料，莺落峡也只有9年实测资料，各河输沙量采用水沙相关播补延长。莺落峡多年平均输沙量为227万立方米，水沟年输沙量为53.2万立方米，梨园河梨园堡年输沙量为40.3万立方米，酒泉洪水河新地年输沙量为37.1万立方米。

第四节　地　　质

一、地质构造

祁连山地槽自加里东运动以来，不断地经过运动，变化，发展。海西宁运动时期，产生众多平行于褶皱的逆断层与逆掩断层，运动后基本硬化，但活动并未消失，直到现在，新构造运动对本区仍有深刻影响。河西走廊在加里东运动后期，由于祁连山上升，凹陷相对下降，接受了巨厚的中生代和新生代的地层。阿尔卑斯运动的影响，使第三纪地层广泛分布，成为良好的储油构造与含水层。第四纪振□运动，祁连山继续上升，走廊地区相对下降，接受了大量的第四纪沉积物（酒泉、玉门砾石层），走廊北山在燕山运动前期，尚属浅水泛滥，燕山运动时方隆起形成北山。额济纳从加里东运动以后，各次运动均深入本区，特别海西宁运动，使本区激烈的隆起，造成一系列的北西和东南向的紧闭挤压褶皱和深大断裂，中生代初期地堑式盆地已经形成，接受了第三纪沉积。

兹将地质构造简述如下：

1. 祁连山褶皱带，广泛分布巨厚的寒武纪—志留纪复理式沉积，以砂岩，千枚岩，板岩为主，接近下部为碳酸岩建造，代表加里东地槽延返后期沉积之上泥盆纪磨拉式建造，广泛分布于祁连山北麓，呈块状坚硬的砾岩，微具有变质现象。

2. 河西走廊凹陷带，为祁连山加里东陆台后期的巨型山前凹地，以中生代、新生代沉积为主，二叠纪均属陆相建造。

3. 走廊北部阿拉喜地块，基底属前震旦纪之深变质岩系，盖层仅有侏罗纪—第三纪沉积，大部分地区为沙漠掩盖，大约在燕山运动后处理稳定。

4. 安西地腰东延部分，属海西期地台型的稳定地块，以古生代变质岩系构造基底，花岗岩普遍分布，石炭纪—二叠纪地层为盖层，其构造性质与阿拉喜地块近似。

二、水文地质

水文地质区划：

流域内水文地质条件和地质地层构造气候条件有密切关系。第四纪以后，祁连山剥蚀下来的碎屑物质，构成了巨厚的第四纪沉积物，形成了良好的含水层。无论地下水的埋藏深度，化学类型和矿化度均有由南往北明显的分带现象，具备了地下水形成的完整过程。

流域内地下水的概况简述如下：

（1）祁连山区。主要为激烈循环的裂隙潜水类型，多埋藏于基岩裂隙中，形成裂隙含水层，矿化度很低。

（2）祁连山山前冲积洪积平原潜水区。地下水来源主要由河水和灌溉渠系的渗漏水补给，自南向北可分为三区。

甲、深藏带。祁连山北麓，在地貌上属于山前洪积坡积扇的范围，构造上属于凹陷区。基岩埋藏很深，全部由玉门砾石层，酒泉砾石层组成，砾石颗粒大，一般为 10～50 厘米，地下水埋藏约 50～100 米，储量丰富，水质优良，属于矿化度小于 1.0 克/升的重碳酸盐水，但因埋藏很深，开采利用极为困难。

乙、潜藏带。由深藏带向北逐渐过渡到潜藏带，地貌上属斜倾平原，为戈壁砾石与亚砂土交错的地带，地下水埋深由南向北为 50～3 米，含水层多为田砂砾卵石组成，部分地区为砂层含水层厚度约 200 米左右，水质良好，为矿化度小于 1 克/升的重碳酸盐水，局部地区高于 1 克/升，或为硫酸盐水，此区借助于畜力和机械提水开采利用。

丙、溢出带。在地貌上属于山前倾斜平原边缘，地下水往往溢出地表，形成沼泽草地或盐沼化地带，潜水埋藏深度一般小于 10 米，多为 1～3 米，矿化度在 1～3 克/升左右，局部地区矿化度高达 3～10 克/升，多属于以重碳酸盐或硫酸盐为主的化学类型，由于径流滞缓，埋藏浅，蒸发强烈，加强了盐类的积聚，因而水质较差。

（3）走廊北山丘陵地裂隙水区。走廊北山主要为裂隙水（南山系、石炭二迭结及白垩纪地层）常以下降泉出现，在石炭二叠纪的砂岩中全有层间水。水质差，多为硫酸盐——氯化物类型，矿化度高达 47 克/升，一般无利用价值。

（4）额济纳冲积湖积平原潜水区。地下水主要靠河水补给，埋藏深度为 1～3 米，水质较好，矿化度一般 1～5 克/升，可用以灌溉和人畜用水。埋藏于河流冲积层中，以沙砾石层为主，冲积层厚度达 100 米以上。据推测本区可能有第三纪和白垩纪的自流水盆地分布，侏罗纪沙砾岩和前震旦纪变质岩都可能含有裂隙水。

居延海附近是黑河及额济纳旗集流地区，地下水经长距离的输送，水质逐渐变坏，矿化度高达50克/升，以氯化物为主，一般没有利用价值。

流域内除潜水外，尚有深层的承压水，水丰质良，开采利用尚需作进一步勘探研究。

第五节　地下水与泉水

一、地下水的动态及其变化规律

1. 黑河流域中游地区地下水补给来源主要是河道及灌溉渠系渗漏水所补给，约占地下水补给总量的90%以上，南山基岩裂隙水约占5%左右。因此地下水动态与河流来水情况及灌溉引水状况有着密切的联系，地下水动态有以下的特征：

（1）地下水与河道径流在年际间及年内变化有着相同的规律，即在年际间变化较小，而年内变差较大。

（2）地下水位随着河道径流的变化而升降。每年洪水期，地下水位逐渐上升，至秋末冬初达最高峰，翌年洪水前期，地下水位最低。根据张掖地区观测井资料，地下水位最高在9月份，最低在6月份。

（3）地下水位受潜水地层的调蓄，在洪水季节以后达到最高峰。一般河流洪水期约在7～9月份，而地下水位高峰则在9～11月份，较地表水推后约2～3个月。

（4）地下水位在冬季非灌溉期间（12月至翌年3月）变化较小，其平均水位接近年平均水位。

2. 地下水储量的概算

根据甘肃省地质局综合地质大队及地质部第一综合地质-水文地质大队所编写的《甘肃河西及内蒙古高原西部综合地质-水文地质普查报告》，对地下水储量估算成果如下。

（1）地下水静储量概算成果

（单位：亿立方米）

地区		含水层性质	静储量	备注
河西走廊地区	酒泉嘉峪关区	砂砾石	730	
	高台、南华区	砂砾石	385	
	张掖、太平堡、沙井子	卵砾石	107.6	
	民乐	砂砾石	240	
	大马营	砾石	216	
	山丹城郊南北	砂砾石	8	
	金塔	砂加砾石	232	
	小计		1968.6	
	额济纳平原	砂砾石	1092.6	
总计			361.2	

（2）地下水动储量概算成果

（单位：亿立方米）

名称	现状	远景
酒泉东盆地	9.825	5.495
张掖民乐盆地	17.775	9.37
山丹、大马营盆地	0.90	0.90
小计	28.5	15.765

二、泉水

在山前冲积扇前缘，地下水溢出地表形成泉水，灌溉近百万亩农田，是河西走廊地区该农业区产量最高地区。

1. 泉水分布

地下水一般在冲积扇前缘，海拔高程约在1500米以下溢出地表，其主要分布：

（1）山丹马营滩末端，山丹县城附近及山丹河沿岸。

（2）张掖县城附近，张掖甘新公路以北及乌江黑河干流沿岸，临泽县城以南，临泽和高台的黑河沿岸。

（3）酒泉甘新公路以北的临水河，清水河沿岸。

2. 现状泉水量估算

由于地质地貌及水文气象等自然条件的影响，地下水的溢出有典型的特征，泉水是地下水主要流出形式，因此泉水量和水位的变化与地下水动态有密切关系。根据地下水动态及其变化规律的分析，非灌溉期间地下水的平均水位，与年平均水位接近，估算泉水量的基本假定为：

（1）泉水量的大小取决于地下水位的高低。

（2）非灌溉期（12月至翌年3月）的泉水平均溢出量可以代表泉水年平均溢出量。

本流域各地区泉水量的估算成果如下。

（单位：亿立方米）

地区	山丹	酒泉	黑河干流	合计
储量	1.116	2.335	3.59	12.071

3. 泉水量远景变化趋势

随着河川径流调节工程的实施，渠道防渗的加强，田间灌水技术的改进，地表水的利用率不断提高，因此地下水补给来源，相应减少，泉水量也相应地减少。

根据分析推算，远景地下水动储量为15.765亿立方米，约为现状地下水动储量28.5亿立方米的57.3%。随着新垦灌区位置不同，地下水补给量也将发生变化。远景泉水估计见下表。

（单位：亿立方米）

地区	山丹	酒泉	黑河干流	合计
泉水量	1.116	4.53	1.20	6.846

第六节　土　　壤

流域内土壤可概分为三部分，高山土壤、山麓土壤和走廊平原及额济纳河平原土壤。简述如下：

一、高山土壤。在祁连山海拔4000米高程以上，发育着高山冰雪冻土；在海拔3200～4000米发育着山地草甸土；有着高山针叶林植被覆盖的地区，发育着山地森林暗褐土；海拔3200米以下比较干旱的亚高山地带，在河流沿岸发育着山地黑钙土；在水分条件较差处，则发育为腐殖质含量较少的山地干草原土。

二、山麓土壤。主要为黑钙土、栗钙土和山地荒漠土。在山丹、民乐的马营滩，由于蒸发强烈、地形平坦、排水不良，在森林破坏后的草甸草原植被覆盖下，发育为富含腐殖质、具有稳定团粒结构的黑钙土。而在干旱植被下发育为腐殖质及碳酸钙含量较少的栗钙土，常与黑钙土呈复区分布，在民乐洪水河上游各地大黄山麓皆有大片分布。这两类土壤不需灌溉即可耕种。

在海拔2000米以上的北山山地或祁连山海拔1500米以下的低山丘陵区，由于水分条件更差，旱生灌木及半灌木增加，土壤发育为山地荒漠土。

三、走廊平原及额济纳平原土壤。主要为灰钙土、荒漠土、盐土、沼泽土、草甸土等五类。在临泽以东沿河阶地、山麓及河流出山口的冲积扇上，发育着腐殖质含量较高的灰钙土。在居民点周围，因耕种施肥，而呈黑色。在荒地区，由于放牧过度，松散的表土已被风刮走，地表出现砾石覆盖层，土壤有向荒漠化发展的趋向。

在张掖以西的各县的冲积平原及额济纳旗的广大风蚀地区，由于风蚀强烈，发育为土层较薄、植被稀少的荒漠土，在张掖、高台、酒泉、金塔盆地的低洼部分，雨量稀少，蒸发强烈。由于盐分的聚积、淋洗作用极弱，土壤发育为盐土，而河漫滩及冲积洪积扇上，由于地下水位较高，土壤亦有盐化现象发生。

在洪积冲积扇边缘地区的低洼地段、在沿河阶地，地面经常过湿，繁衍了茂密的水生植物——沼泽草木群落处则发育为沼泽土。

沼泽土、盐土、荒漠土三类土壤，在走廊平原分布及发扬的情况是以残存的沼泽为中心，呈环状或半环状的分布。其分布为沼泽土—沼泽盐土—普通盐土—盐化荒漠土—荒漠土。由于流域内的地势南高北低，因排水条件关系，南北分带为荒漠土—盐化荒漠土—普通盐土—沼泽盐土。

在额济纳河沿岸各地，地下水较高处则发育为草甸土，由于蒸发强烈多已盐化。

第七节　社会经济情况

流域上游祁连山区的畜牧业和中游河西地区的农业，虽有悠久的历史，但由于地广人稀、工业不发达，国民经济的发展较为缓慢，兹将社会经济情况简述如下。

一、人口、民族分布情况

流域内总人口为95.44万人，平均每平方公里约14人。绝大多数居民（约在87%以上）分散于广大的农村和牧区。城镇人口不及13%，除上游祁连、甘肃肃南及下游内蒙古额济纳旗牧区牧业人口较多外，其他各县均以农业人口为主体。

二、农业

流域内农业主要集中在中游甘肃河西走廊中部的灌溉农业区。全流域共有农牧业人口约83.36万人，耕地370.11万亩，耕地面积占总土地面积3.54%。其中牧区耕地面积为7.23万亩，占牧区总土地面积0.15%，农区耕地面积362.88万亩，约占农区总土地面积6.43%。

流域内每一农业人口平均占耕地4.4亩，每一劳力负担耕地面积10.4亩，负担播种面积8亩。牧区由于耕地较少，每一劳动力负担耕地面积4.5亩，播种面积3.5亩。

全流域有效灌溉面积为240.71万亩，占总耕地面积的65%，农作物系一年一熟，复种指数为77%。

作物以粮食作物为主。粮食作物播种面积约占总播种面积93%，经济作物约占7%，粮食作物以小麦、青稞、谷子、糜子、豌豆、洋芋等为主，经济作物有胡麻、棉花等。小麦在粮食作物中的比重除祁连县较低外，其他地区皆占40%以上，额济纳旗高达76%。祁连县地处高寒地带、耐寒的青稞占粮食作物的60%。粮食作物的夏秋比例，各地相差较大。祁连肃南、山丹、民乐等地，由于地势高，气温低，生长期短，夏秋禾比例90：10～85：15。张掖、临泽、高台、酒泉、金塔等地夏秋禾比例一般为60：40～70：30。额济纳旗由于地处高气压前哨，生长期短，秋禾仅占3.2%。

解放以来，全流域粮食总产量最高达8.12亿斤，平均每人830斤，除祁连、肃南、额济纳旗等牧区粮食不能自给外，其他各农业区平均每人有粮食700斤以上，有的地区高达900余斤。1963年，平均粮食亩产200斤以上，年总产量达5.32亿斤左右，平均每人560斤，其中牧区每人124斤，农区平均每人580斤。

经济作物以胡麻为主。1963年播种面积12.54万亩，占总播种面积4.4%，占经济作物播种面积的88%，平均每亩产100斤左右。油籽总产量1080万斤，主要产于中游走廊平原各县。1963年，棉花播种面积为14900余亩，主要分布于金塔。

流域内现有国营农场及劳改农场14个，主要分布与中游走廊地区各县。现有国营农场位于灌区下游，由于水量缺乏，土壤盐碱化的威胁，种植面积不大，1963年农场总播种面积约5.2万亩。

三、畜牧业

流域内共有大牲畜41.15万头，其中牛占65.5%、马占10%、驴占14.6%、骡占2.6%、骆驼7.3%。小牲畜153.64万只，其中猪不到5%，羊占95%以上。

流域内的畜牧业可分为天然放牧和家养两部分。

上游青海境内，由于地势高、气候冷湿，年雨量达400毫米，对高山草原的成长提供了良好条件。现有可利用的草原面积1697万亩，放牧大小牲畜66.15万头，其中大牲畜

13.82 万头，羊 52.33 万只。下游内蒙古境内有草场 400 万亩。由于气候干旱，降水稀少，蒸发强烈，主要草原分布于额济纳河两岸及居延海边，牧草依赖河水及地下水的浸润而生长。现有大小牲畜 14.1 万头，其中大牲畜 2.27 万头，羊 11.81 万只。

甘肃肃南亦为天然放牧区，共有草原面积 1700 万亩，主要分布于祁连山坡，牧草生长情况与祁连相似，共计放牧大小牲畜 37.06 万头，其中大牲畜 3.57 万头，羊 33.33 万只。

中游农区大牲畜以家养为主，山羊、绵羊以放牧为主，在接近肃南的民乐、高台等地，有部分大牲畜进行季节性放牧。

流域内平均每头役畜负担耕地 24 亩以上，其中上游肃南牧区由于大牲畜较多，耕地较少，每头役畜负担耕地为 6 亩左右，青海祁连为 11 亩左右。内蒙古额旗由于役畜不多，每一役畜负担的耕地在 50 亩以上，中游农区畜力较多地区为 15 ~22 亩，畜力较少地区即在 45 亩左右。

四、林业

流域内的森林主要分布在冷湿的祁连山区，主要树种为云杉、柏等针叶林及杨桦等落叶树，总面积共计 439 万亩。其中肃南占总面积的 90% 左右，约 398 万亩，总蓄积量约为 900 万立方米。在龙首山东部临水河低地及黑河下游（额济纳河），沿岸亦有零星分布，以额济纳河沿岸面积较大总面积为 5.5 万亩，总蓄积量为 121 万立方米。主要树种为胡杨、桂香柳、垂柳等次生乔灌木。

解放以来，在管好现有森林，严格禁止滥砍乱伐、并因地制宜地恢复水源林，防风固沙林、经济林和薪炭林的同时，在人口稠密的灌溉农业区发展了果树，主要果树有杏、枣、梨、苹果、葡萄等。

五、自然灾害

由于缺水，上游及下游牧区的自然灾害资料因而仅能就中游情况叙述如下：

中游走廊平原的灾害，据史籍中不完全记载，从公元前 104 年至公元 1947 年之 2051 年中，先后遭过旱灾 44 次，雹灾 19 次，虫灾（主要是蝗虫为害）10 次，风灾及水灾各 9 次，霜冻为害 5 次，共计 87 次。

解放后，根据不完全统计，各县几乎多年都有灾情发生。其中以 1962 年最为严重，各县受灾面积多者 38 万亩，少者亦达万亩，总面积达 110 万亩以上，减产粮食 1.3 亿斤，因旱成灾的面积占总受灾面积的 70% 以上。旱灾发生的次数甚为频繁，成灾面积较大，其次为虫灾、风灾及霜冻，个别地区雹灾较为严重。本区旱灾发生的主要原因是农作物需水关键季节、河流来水减少，作物不能适时适量灌溉而减产。

风灾发生在走廊东南部，主要是气温高（35°以上），相对湿度低（18% 以下），风速较大（7 米/秒），风向偏东的俗称热东风而酿成。发生时间一般在 6 ~7 月份，正当小麦拔节到乳熟时期，造成作物大量失水，轻则减产、重则使作物焦枯、颗粒无收。

在走廊北部接近沙漠边缘处，主要是风沙为害，霜冻灾害主要由春季气温偏低而引起。

第八节　水 利 概 况

一、灌溉历史发展概况

本流域中下游地区属温带干旱地区，农业生产全赖灌溉，无灌溉即无农业，故中下游地区农业生产发展的历史就是水利灌溉发展的历史。

公元前121年以前，河西走廊为匈奴族游牧的场所。汉书匈奴传载：“逐水草迁徙、无城郭常居耕田之业”。自公元前121年（汉武帝元狩二年），西汉帝国遣将霍去病“将万骑，出征陇西远征于河西一带，军锋所至，过焉支山千有余里。逾居延至祁连山”然后设郡置官，引河开渠，移民屯田，水利灌溉事业乃随着开始。以后历代利用出征士兵屯垦防卫，并由内地迁移汉族贫苦农民前往实边，从事农业生产，水利灌溉事业逐步得到了发展。

据历史资料记载，张掖的盈科渠、大满渠、小满渠、加官渠、大官渠等为唐时所开。临泽的鸭子渠、张掖的大古浪渠、小古浪渠、巴吉渠、牙喇渠、小泉渠、城北新渠、旧塔儿渠等系元朝所开。明代因屯田增多，水利灌溉事业较为发达，相继增修了张掖慕龙渠、小满新渠、大满新渠、马子渠、洞子渠。西洞渠、临泽的板桥渠、板昔喇渠、酒泉的通济渠等。清代还开了高台的三清渠、鼎新的双树墩渠、酒泉茹公渠、金塔的户口坝、王子东渠、王子西渠等。由于历代劳动人民的开渠□河，使洪水驯服，变为民利，成为农业生产的命脉。解放前国民党统治时期，尤其是马步芳统治时期，大量砍伐祁连山的森林，沿渠树木也遭到很大的破坏，使渠道决口倒水事故不断发生，而需水时期又感不足，致使上下游用水矛盾日益加剧。为了缓和部分矛盾，被迫修建了鸳鸯池水库及马尾湖水库。截至1949年，全流域有效灌溉面积仅164.2万亩，解放后，推翻了豪强霸水等旧水规，建立了新的管理制度，整修改善了灌溉工程设施，新建了山丹祁家店水库、寺沟河水库及高台、金塔、鼎新境内的平原水库，使灌溉面积逐年增长，1958年最高达249.4万亩。近几年来由于干旱灾害较重，部分工程失修，灌溉面积有所下降。自1962年后逐渐恢复，截至1963年底，有效灌溉面积共240.71万亩。其中保证灌溉面积179.51万亩。

二、现有灌溉面积

现有灌区按水源可分为山水灌区和泉水灌区，山水灌区系引河水灌溉，分布在沿河两岸和山前冲积洪积平原上，泉水灌区系引泉水及河水灌溉，分布在走廊中部地势低洼之处。流域内有效灌溉面积240.71万亩，其中山水灌区约156.22万亩，占65%，泉水灌区约84.49万亩，占35%，保证灌溉面积约占有效灌溉面积的74.6%。

三、灌溉制度

流域内农作物夏禾主要有小麦、青稞、豌豆、胡麻等，秋禾主要有谷子、糜子、洋芋、水稻等。农作物种植比例由于自然条件的差异和农民种植习惯，各灌区均不相同。

夏禾生长期一般从三月上中旬至七月下旬，秋禾生长期一般为五月上旬至九月下旬，上下游地区作物生长期比中游地区稍短。作物生长期灌水一般3~4天，山丹民乐地区因河水较少而降雨较多，一般灌水两次，每次灌水定额80~100立方米/亩左右，储水灌水以冬灌为主，此外尚有春灌、秋泡等，储水灌水定额春灌100~200立方米/亩，秋冬灌

120～220 立方米/亩。

夏禾第一次苗水在五月初开始，灌四次水的地区，灌水间隔在 15～20 天左右，灌二次水的地区，灌水间隔在 30～33 天左右。秋禾第一次苗水在六月下旬或七月上旬，灌水间隔与夏禾相同，春灌泡地一般在三月下旬开始，至五月上旬结束。秋冬灌一般在八月下旬开始，至十一月上旬结束。

每亩地全年净灌水量，祁连山地区为 260 立方米，额济纳旗约为 300～400 立方米。张掖、临泽高台地区，由于泉水灌区种植水稻，用水较大，平均为 500～600 立方米，酒泉金塔地区，由于蒸发量大，灌水量为 550～600 立方米。

四、水利工程

黑河流域现有灌区按地形与水源条件，取水方式有三种：①由调节水库中取水；②有损（或无损）水利枢纽由河中取水；③泉眼集流取水。

祁连和额济纳旗，灌区很小，不予详述，仅就中游走廊，现有灌区的水利工程情况分述如下：

1. 水库工程：

（1）鸳鸯池水库：位于金塔县境，调蓄讨赖河、洪水河、临水河、清水河的冬春余水及洪水，蓄水量为 8000 万立方米，灌溉金塔灌区农田 18.2 万亩。水库运用情况基本良好，局部工程尚需加固。

（2）祁家店水库：位于山丹县境，调蓄山丹河的冬春余水和洪水，调蓄库容 2000 万立方米，灌溉祁家店灌区农田 3.4 万亩。

（3）小型水库：流域内有库容在 100 万立方米以上的小型水库 26 座，10 万～100 万立方米的 8 座，总库容为 6328 万立方米，灌溉面积 24 万亩。这些平原水库普遍形成水库周围浸没和盐渍化，造成上下游的矛盾。有的水库工程质量低劣，漏水严重，维修费用大，需要进行加固和整修。

除上述水库以外，还有三座缓建水库：

（1）李家桥水库：位于山丹县马营河，原设计坝高 24 米，已修筑至 17 米，溢洪道未修建，还不能蓄水。

（2）苏油口水库：位于张掖苏油口河，该库于 1961 年建成，库容为 380 万立方米，坝体和坝基渗漏严重，洪水时能起调洪作用，而低水时全部渗漏，不能拦蓄，需要进行改建。

（3）大草滩水库：位于讨赖河下游的左岸，1958 年已完成第一期土坝工程，坝高为 24 米，调蓄库容 0.14 亿立方米，设计坝高 42 米，调蓄库容 0.66 亿立方米，随着工业用水的需要，该项工程应恢复修建。

黑河水系各河采水与灌溉不相适应，不能满足农业灌溉的需要，降低了灌溉保证，限制了灌溉面积的发展，今后尚需适当的修建调节水库，以解决用水矛盾，扩大灌溉面积。

2. 引水工程：流域内各灌区引水工程只有五座引水枢纽，大部分引水口为临时性的木石结构无坝引水工程，设施简陋，不能保证引水灌溉。例如张掖黑河灌区各引水口，由于河床开阔，洪水猛涨骤落，主流摇摆不足。春灌时，在黑河滩修引水渠导流，由于渗漏，不能保证供水，洪水时便决堤倒坝，引水中断，使灌溉无保证。由于经常修堤打坝，每年约需劳力达 10 万 ~20 万工日，需大量资金及枝材。其它灌区的情况相类似。

3. 干支渠工程：据统计，千亩以上灌区干渠共长 2432. 3 公里，支渠共长 3757. 6 公里，干支渠共有水闸 9308 座，渡槽 804 座，桥 1696 座，涵洞 886 座，干渠中已干砌 471. 5 公里，砼衬砌 17. 3 公里，干支渠道在泉水灌区一般较完整，穿过戈壁或沙滩的局部地段，需防冲防渗。山水灌区的干支渠道工程简陋、多平行排列，弯曲较多，将干渠分割成狭长的条带形，加长了渠道，增大了输水损失，维修了养护较差，建筑物残缺不全，普遍冲刷渗漏严重。据张掖专区统计，淤积损坏的渠道有 218 条，长 1141 公里，占全部干支渠的 25%，木属建筑物共 5753 座，已损坏 1832 座，占 32%。亟待改善和改建，以保证输水，扩大灌溉面积。

五、斗农毛渠工程情况

各灌区的斗农毛渠，据各专县 1963 年统计，共有斗农渠 62714 条，全长 38630 公里。一般都沿用旧渠，未经改建，渠系布置混乱，纵横交错，密如蛛网，工程简陋。灌区渠道既不配套又普遍破坏严重，据统计，因破坏严重急需整修的斗农毛渠长达 12944 公里，占全部渠长的 1/3。破坏情况以山水灌区最甚，遭到冲淤破坏的渠道，宽窄不一，高低不平，逷□弯曲，渠路不分，跑水积水，影响灌溉。斗农渠建筑物据 1962 年统计，支斗农渠建筑物 110857 座，急需整修的 47976 座，约占 43%。各灌区斗农毛渠建筑物很少，不配套，已有的建筑物又残破不全多是有沟无闸、有闸无板，浇水时在渠中打坝引水。1970 年期间，旧灌区整修改善工程的方向和新灌区的建设工程方案。

第三章　第一期工程规划的原则

根据中央提出的“巩固提高、加强管理、积极配套、重点兴建”的近期水利建设方针及有关建设稳产高产农田的指示，考虑到黑河流域各项工程的复杂性及国家财力、物力的可能性，配合国家五年计划发展程序，初步考虑，第一期工程措施在时间安排上由 1965 年至 1970 年。

一、在灌溉方面

1. 根据 1964 年全国水利会议，提出建设稳产高产农田的标准，结合黑河流域的具体情况，抗旱标准采用保证率 75%，产量标准按 1970 年亩产 300 斤计算。

2. 国营农场及集体经营灌溉面积的发展，在 1970 年以前，人民公社经营的灌区，以整修改建旧灌区，建设稳产高产农田，提高单位面积产量为主，基本上不扩大灌溉面积。发展新灌区，以军垦国营农场为主。

二、在工业用水方面，充分利用地下水资源，以减少工业农业用水的矛盾。在地下水不能满足时，用河水解决工业和城市用水。

三、在工程措施方面，旧灌区首先贯彻“以小型为主，配套为主，群众为主”的水利方针，依靠群众发扬大寨精神，今后 5 ~6 年内首先应加强灌溉管理及整修改善花钱少、见效快、收益大的斗农毛渠工程，提高一步减少水量损失，节约用水并整修改善破坏严重，渗漏较大，缺少控制设施的干支渠工程，以保证输水。以后逐步改建，提高实现计划用水。为了配合军垦的发展，扩大灌溉面积，重点新建少数必要的大中型水利枢纽和水库工程，以保证供水。

第四章　农牧业土地利用规划

第一节　土地资源概况

一、流域面积

黑河流域面积约为69800平方公里，折合10470万亩。其中，青海省约占17.5%，甘肃省约占73.9%，内蒙古约占8.6%。

流域内山区面积分布在流域南部的祁连山区及走廊北部之北山山地，约5360万亩，占总面积的51.2%。平原面积约5110万亩，分布在河西走廊及内蒙古额济纳旗盆地，占总面积的48.8%。

根据调查资料以及分析结果，流域内各类土地资源为：

山区内共有天然草场约3546.7万亩。平原区内可利用土地面积约2587.31万亩，占平原区总面积的50.7%，其中包括现有耕地、弃耕地、宜垦荒地以及天然草场等土地面积；不可利用的土地面积约2522.69万亩，占平原区总面积的49.3%，其中包括戈壁、沙漠、水面、河道、冲沟（很多地表破碎，土壤冲蚀严重，土层过薄（小于50厘米），地面坡过陡（大于1/50），盐碱化严重）以及沼泽化地区等土地面积。

二、现有耕地面积

流域内主要农业区分布在甘肃河西走廊地区，约占耕地的98%，一般分布在河流两岸，少部分旱耕地分布在沿祁连山麓地带。

根据1962年、1963年统计资料，流域内共有耕地面积370.11万亩，约占流域总面积3.50%。耕地面积中有旱耕地86.35万亩，约占耕地面积23.5%，有效灌溉面积240.71万亩，约占耕地面积65%，其中保证灌溉面积179.56万亩，约占有效灌溉面积74.6%。

三、宜垦荒地

流域内宜垦荒地主要分布在甘肃河西走廊地区，根据甘肃省农垦局、水利厅等有关单位的资料，以及我院踏勘的结果，流域内约有可垦荒地总面积703.1万亩。对这些荒地的地形和土壤等自然条件，以及开垦利用条件进行分析，可以利用的荒地面积为556.2万亩。其中，宜农面积为300.7万亩，宜牧面积为255.5万亩。发展灌溉，宜农荒地净灌溉面积216.8万亩，宜牧荒地净灌溉面积214万亩。

现有灌区内，除有效已灌溉面积外，尚有可发展灌溉的撩荒地及零星可垦荒地，因水量不够，肥料劳力不足，没有耕植利用，其面积约为105.2万亩。

第二节　农业土地利用规划

一、农业区划

按自然条件及生产现状，全流域大致可分为祁连山地、河西走廊平原、额济纳旗三区。分述如下。

1. 祁连山地牧业区

位于流域的南部，包括青海省祁连县、甘肃省肃南裕固族自治县。区内为高山深谷，农业生产利用面积很少，以牧业生产为主，农业生产只能解决部分牧民用粮及牲畜饲料的要求。

区内现有耕地 59772 亩，主要分布在河谷两岸，耕地面积中有效灌溉面积 19640 亩，占耕地面积之 32.9%，远景计划耕地面积 6.0 万亩，其中旱耕地 4.0 万亩，灌溉面积 2.0 万亩。因气候寒冷，生长期短，只能种植青稞及油菜等作物。农作物以粮食作物为主，种植面积占总播种面积的 81.6%，目前粮食平均亩产 105 斤。

2. 河西走廊平原灌溉农业区

本区包括甘肃省的山丹、民乐、张掖、临泽、高台、酒泉、金塔等七个县，现有农作物多为一年一熟，局部地区气温较高，夏禾收获后，可播种生产期短的小糜子和荞麦。农作物以粮食作物为主，其播种面积约占总播种面积的 90% 以上，经济作物不及 10%，粮食作物以小麦为主，约占粮食作物的 40%，经济作物主要为胡麻和油菜籽。1963 年，区内粮食平均亩产 207 斤，远景计划平均亩产 400 斤，现有耕地面积 362.9 万亩，耕地中有效灌溉面积 237.5 万亩，旱地 82.3 万亩，远景计划发展耕地面积为 597.55 万亩。

本区气候属于温带干旱气候区，雨量稀少，蒸发强烈，农业生产除祁连山麓外，均需依赖灌溉，无灌溉即无农业。流域内各干支流出祁连山后，可引以灌溉，河道两岸土壤肥沃，地形平坦的冲积洪积平原，成为流域内良好的粮油生产基地。

按本区气候、水和农业生产的特点可分为三小区，即：

（1）祁连山麓丘陵干旱区，位于祁连山麓丘陵地区，由于地势高，降雨量较多，气候寒冷，农作物生长期短，乃以夏禾为主，秋禾不易成熟或生长不好，由于肥料劳力条件差，耕作粗放，2 天灌溉，生产水平较低。

（2）山前平原灌溉农业区，位于山前冲积洪积平原上，气候温暖干旱，农作物生长全赖引河水灌溉。

（3）低潮泉水灌溉农业区，位于山前平原灌溉农业区以北，地势较低，地下水位高，气候干旱，土壤有不同程度的盐碱化，引泉水灌溉农田，由于泉水量比较稳定，水量条件较好，劳力、畜力较强，耕作细致，目前生产水平较高。

农业生产水平低的主要原因是：劳力、畜力不足；肥料少，质量差；水利设施简陋、管理不善；灌溉不能适时适量的满足农田用水要求，使农业生产的发展受到一定程度的限制。为了发展农业生产，保证稳产高产，首先要从水利建设着手，并相应发展畜牧业，给农业生产提供畜力和肥料。

3. 额济纳旗牧业区

位于黑河下游额济纳河沿岸和居延海周围，为典型的温带干旱荒漠气候。以畜牧业生产为主，农业生产仅能解决当地牧民用粮及蔬菜等需要，区内现有耕地 1.25 万亩。

二、农作物组成

根据流域内各地区自然特点，国民经济发展对本流域的要求，以及利用本流域的自然资源，流域内远景农业区分及各区农作物配置如下：

1. 祁连山地牧业区

本区海拔高程在 3000～5000 米，气候寒冷，降水较多，气候湿润，无霜期短。主要种植耐寒早熟的青稞等夏杂粮，油料以油菜籽为主。

2. 河西走廊平原灌溉农业区

按前述农业区划，分述如下。

（1） 祁连山麓丘陵旱地区

本区气温较低，降水较多，年降水量约 300 毫米左右，农作物生长期短，糜谷等秋禾不易成熟或生长不好，宜多种夏禾作物。冬小麦在本区不易种植，青稞比春小麦生长期短，产量较高。

（2） 山前平原灌溉农业区

区内温暖而干旱，农作物全赖灌溉，适宜小麦、糜谷、胡麻等作物生长。由于区内各灌区河源来水，气象、土壤等条件的差异，以及当地群众长期农业生产的习惯和输作方法的不同，可分八个小区。

（3） 低潮泉水灌溉农业区

本区地势较低，地下水位较高，土壤有不同程度的盐碱化，泉水量比较稳定。水利条件好，适当种植水稻防治土壤盐碱化，根据不同条件可分为五个小区。

3. 额济纳旗牧业区

由于地处黑河下游，农业生产受气候及水量的限制，应以畜牧业为主，农业为辅。农作物以粮食作物为主，播种面积占总播种面积的 85%，此外种植一部分蔬菜和油料作物。

三、轮作制度

1. 粮食作物和其他作物的比例

本流域农业生产除满足当地居民的用粮外，主要为国家提供商品粮以满足工业发展的需要，粮食作物比例占总耕地面积 75%～80%，技术经济作物占 5%～10%，此外为了满足本流域内牲畜发展对饲草的需要，在中游河西走廊中部灌溉农业区牧草面积约占总播种面积的 15%，这样不但满足牲畜饲料的需要，同时亦能改良土壤结构，提高土壤肥力。

2. 轮作制度

流域内，除祁连山地及近祁连山麓丘陵地区外，其余各地粮食作物均以小麦为主。

（1） 祁连山麓丘陵旱地区采用如下的轮作制度。小麦→豌豆→青稞→谷禾→小麦。

豌豆等豆类→小麦（青稞）→油菜（洋芋）→歇地→小麦。

歇地主要是在劳力不足、肥料缺乏、雨水不足地区所采取的一种恢复地力等水养保墒措施。

（2）山前平原灌溉农业区冬小麦生长良好，产量高于春小麦，同时冬小麦又可充分利用秋冬余水，调剂农业劳力、畜力，故本地区冬小麦应占小麦的30%~40%，本区轮作方式：

豆类→春小麦→春小麦→糜谷→蔬菜→冬小麦。

豆类、夏杂粮或蔬菜→小麦→小麦→谷子→糜子或秋杂粮及豆类→小麦。

（3）低潮泉水灌溉农业区

地势低洼，地下水位高，连年旱作加重盐碱化程度。本区由于水利条件较好，水量较为丰沛，可采取稻旱轮作，防止土壤盐碱化，轮作方式：

水稻→水稻→春小麦→冬小麦→谷子。

水稻→春小麦→冬小麦→豆类或夏杂粮。

第三节 牧业土地利用规划

一、牧业区划及生产现状

流域内畜牧业可分为上游祁连山地放牧区、中游河西走廊家饲为主，家饲放牧结合区、下游内蒙古额济纳旗放牧区。畜牧业生产自解放后，不断增长，1963年全流域实有大牲畜约41.15万头，羊约145.98万只，猪约7.46万头，约为1949年的112%。牲畜构成中以小牲畜羊为主，羊只总数约占牲畜总头数的75.02%，其中，羊只中以绵羊为主，绵羊约占羊只总数74.34%。大牲畜中以牛和驴为主，牛约占大牲畜的65.25%，驴约占14.46%，各类牲畜的数量详见下表。

黑河流域各类牲畜数量表　　［单位：万头（只）］

牲畜数量	全流域	上游	中游	下游
大小牲畜总计	194.5917	103.4617	77.63	13.5
大牲畜合计	41.1517	17.4017	21.44	2.31
牛	26.85	14.64	12.05	0.16
马	4.218	2.19	1.83	0.198
驴	6.02	0.3	5.56	0.16
骡	1.073	0.051	1.02	0.002
骆驼	2.9907	0.2207	0.98	1.79
小牲畜合计	153.44	86.06	56.19	11.19
山羊	37.46	11.16	18.6	7.7
绵羊	108.52	74.5	30.6	3.42
猪	7.46	0.4	6.99	0.07

目前畜牧业生产仍然是一个薄弱环节，在中游地区由于役畜不足，农业耕作粗放，加之肥料缺乏，作物产量不能迅速提高，另外畜产品尚不能满足需要。为改变这种局面，必须重视饲草、饲料生产，合理放牧，提高天然草原的产草量与载畜量，改善牲畜构成，大力繁殖牲畜，广泛开展牲畜品种改良。

二、畜牧业发展规划

根据流域内各种地区草原和饲料的资源，以及本流域畜牧业的基础和自然特点，初步意见，1970年全流域大牲畜发展到646000头，约为1963年的150%；羊达到2036000只，约为1963年的139%；远景大牲畜达到763400头，约为1963年的135%；羊达到2384000只，约为1963年的163%。

牲畜的饲草在上游祁连山区有天然草原2386万亩，牧草生长茂密，覆盖度达60%~80%，可食率达70%以上。为牛马所喜食的酥油草，芨芨草，冰草等禾本科及莎草科牧草，平均每亩产鲜草300斤，在海拔3000米以上的高山草原区，放牧时间较短，系优良的夏季牧场。在海拔3000米以下的河谷地带为森林湿润草原，牧草茂密产草量高，今后应实行分区论牧，有计划更新草原。

中游走廊地区，有天然草场面积1980.7万亩，在祁连山麓一带均为干旱草原。由于缺少雨水，牧草生长不良，植被稀疏覆盖度小于60%，植株低矮可食率低，牧草以耐旱的禾本科芨芨草为主，多系春秋牧场或冬季牧场，适宜发展骆驼和羊。在低洼地带和河流两岸，因地下水位高，土壤盐碱化较重，春秋形成沼泽，为地势草地，生长有芦苇、牛毛草、冰草、芨芨草、马连草，适于牛马驴骡羊放牧，为饲养牲畜的良好场所，但目前由于放牧时间长，负荷过大，草原有退化现象。其余大部分均为荒漠草原。西部和北部基本上是荒山荒滩，土壤干燥盐化，植物主要为灌木、沙蒿、碱柴、红柳、青白刺、骆驼刺等，因干旱覆盖度小于20%，今后本区应选择适当草场进行灌溉，提高产草量。此外应考虑分片轮牧，封滩蓄草。经饲草平衡结果，本区天然草原的产草量与牲畜食草量不相平衡，但由于本区为农业区，农作物的秸秆以及轮作中的人工牧草可于补给。

下游地区，草场面积约400万亩，属于干旱荒漠草原，多为耐旱耐盐灌木如红柳、白刺等，还有沙枣、沙蒿、琐琐、胡杨、骆驼刺等。在湖泊地区尚有芦荟、冰草，宜放牧骆驼和山羊。由于今年来干旱严重，河流来水减少，致使风沙增多，水质变坏，因此草场退化，良种草变为芦荟，有的仅存草根，产草量减低，可食率很低。另外幼林少见，成林衰退，给畜牧业生产带来一定困难，牲畜死亡，体质变弱，体重减轻。在近期应充分利用秋冬余水，扩大草原浸润灌溉面积，逐步地改天然牧场为人工牧场，将来进行草场水利灌溉，提高产草量。

第五章　灌溉规划

第一节　灌区发展规划

一、土地资源和水利资源

1. 土地资源

流域内平原可利用面积2595.01万亩。其中，旱耕地面积86.3万亩，灌区面积732.51万亩，宜垦荒地556.2万亩，天然草场1220万亩。根据国民经济发展要求和本区自然条件，按以下标准选择宜灌溉的荒地。

（1）地面坡度一般缓于1/20，个别地区土层厚、土质好，地面较平整，并宜于机耕的土地坡度可达1/35。

（2）土层厚度大于0.3米，非石质的卵砾戈壁或保水能力太差的砂土。

（3）土壤易溶，盐含量在1米土层内小于8%以及容易改良而有排水出路的沼泽地。

（4）可垦荒地与不可利用土地插画分布时，可垦面积占总面积50%以上者。

按上述标准经分析比较，宜于灌溉的净面积约为916.71万亩，兹按各省（区）分别统计如下。

（单位：万亩）

宜于灌溉土地净面积	全流域	青海祁连	甘肃河西	内蒙古额旗
现有灌区净灌溉面积	240.71	1.28	238.18	1.25
现有灌区内弃耕地及零星荒地净面积	105.2		105.2	
宜农荒地净面积、宜牧荒地及天然草场面积	216.8		216.8	
场净面积	354		214	140
小计	916.71	1.28	774.18	141.25

2. 水利资源

流域内可利用水量按现状计算约为54.07亿立方米，其中山水（即河水）37.28亿立方米，泉水12.07亿立方米，可开采地下水4.72亿立方米，但远景地下水补给量由于河水水源利用率的提高而降低。经初步估算，远景泉水量比现状水量减少43%，约为6.85亿立方米，可开采地下水动储量减少19%，约为3.82亿立方米。详见下表。

（单位：亿立方米）

水平年保证率 \ 水源	现状		远景	
	$P=50\%$	$P=75\%$	$P=50\%$	$P=75\%$
河水	37.28	31.98	37.28	31.98
泉水	12.07	10.79	6.85	6.85
可开采地下水动储量	4.72	4.72	3.82	3.82
合计	54.07	47.49	47.95	42.65

3. 灌溉用水

（1）灌溉制度。根据气象条件和农业区划，并结合灌区分布情况，计划分为18个灌溉制度区，即农业为15个区，牧业为2个区，国营农场1个区。农作物生长期一般灌水3～4次，灌水定额60～100立方米/亩，泡地灌水1次，定额100～120立方米/亩，每亩地年平均用水量260～540立方米，牧草生长期灌水二次，每亩年用水量为200～250立方米。各灌区设计划灌水定额及灌溉定额。

（2）渠系有效利用系数。目前灌区由于工程设施简陋，灌溉管理较差，渠系有效利用系数较低，一般为0.3左右，今后首先应加强管理，逐步整修改善斗农毛渠以及干支渠工程，逐步提高灌溉水的利用率，计划70年达到0.50左右，远景达到0.60左右。

4. 水土资源平衡

根据水土资源情况，为满足灌溉需要，充分利用水土资源，发挥最大效益，根据规划方针在水土资源平衡中考虑以下原则：

（1）水量平衡以农业灌溉用水为主，并满足工业用水（工业用水1970年为0.78亿立方米，1975年为1.5亿立方米）。

（2）黑河干支流水量尽先用于自然条件好、水源近、见效快、收益大的中游农业区，并兼顾上下游农牧业用水要求。

（3）保证现有灌溉面积用水，但必须采取有效措施降低灌溉定额，节约用水，提高灌溉水的利用率，以扩大灌溉面积，发展新灌区。

（4）灌溉保证率以50%计算保证灌溉面积，以75%计算稳产高产的基本农田，城市工业用水保证率采用97%。

根据上述原则，由于干支流来水及泉水与灌溉用水季节不相适应，不加调节可引以灌溉的只有18.74亿立方米，占来水量的38.2%，余水废弃。为了充分利用水利资源，首先应加强管理，整修改善旧灌区，并逐步兴建黑河的大孤山、讨赖河的讨赖峡水库以及其他支流的中小型水库以调蓄水量，可引用35.97亿立方米，占来水量的75%。其中灌溉用水量34.92亿立方米，城市工业给水1.55亿立方米。能发展灌溉面积651.21万亩，其中农田灌溉面积511.21万亩，草场灌溉面积140.0万亩。兹将各区的灌溉面积与水量分配分述如下。

灌溉面积及灌溉用水量	单位	青海	甘肃	内蒙古	合计
灌溉面积	万亩	1.28	508.68	141.25	651.21
其中农田灌溉面积	万亩	1.28	508.68	1.25	511.21
其中草原灌溉面积	万亩			140.0	140.0
灌溉用水量	亿立方米	0.08	29.85	5.07	35.0

上游祁连在远景仍以牧业生产为主，农业生产只解决本区农牧民部分粮食、蔬菜等需要及牲畜饲料。天然草场牧草生长良好，产草量较高，不需要灌溉。远景农田灌溉净面积为1.28万亩，年用水量0.08亿立方米。

下游内蒙古额济纳旗远景仍以牧业生产为主。经平衡分析，远景发展黑河沿岸灌溉草场140万亩，农田灌溉面积仍维持1.25万亩，年用水量5.07亿立方米，自正义峡放水为6.05亿立方米。

中游河西走廊地区为流域内发展农业灌溉的重点，远景规划农田灌溉面积508.68万亩，农田灌溉面积中军垦农场为205万亩，人民公社为303.68万亩。各灌区除将现有有效灌溉面积238.18万亩提高，为保证面积外，还发展灌区内弃耕地及零星荒地70.7万亩，共计年用水量29.85亿立方米。

中游河西走廊地区，由于地下水资源丰富，水质良好，开采利用条件优良，为充分利用本地区水利资源，减少水量输送，调配工程投资以及改良低洼地土壤，降低地下水位，根据目前初步掌握资料，在远景灌溉面积中有井灌 79.8 万亩。

二、1965～1970 年间发展的灌溉面积

黑河流域 1965～1970 年间，灌溉面积的发展根据国民经济的发展要求，并考虑到国家财力、物力和人力以及群众力量的具体情况，应首先集中于整修改建旧灌区，提高农田灌溉用水的保证率，并积极地发展中游走廊地区军垦农场的新灌区。按黑河流域水少地多，来水分配不适应灌溉用水要求，限制了灌溉面积的发展。更重要的是灌溉管理不善，工程简陋，水量损失较多，形成灌溉不适时、不适量，保证率较低（估计在 40% 左右）。因而 1970 年以前，首先要加强灌溉管理工作，并发动群众整修改善旧灌区，减少水量的损失浪费，逐渐降低灌溉定额，节约用水，提高灌溉保证率，使现有计算保证灌溉面积从 153.51 万亩增加到 280.22 万亩。其中，建设稳产高产基本农田 217.71 万亩，详见下表。总用水量 28.28 亿立方米。

1970 年达到的有效、保证及基本农田面积表 （单位：万亩）

省（区）	有效灌溉面积			$P=50\%$ 保证灌溉面积			$P=75\%$ 基本农田面积		
	小计	公社	农场	小计	公社	农场	小计	公社	农场
青海：祁连	1.28	1.28		1.28	1.28		1.28	1.28	
甘肃：河西	291.30	239.56	51.74	277.69	225.95	51.74	215.18	165.85	49.33
内蒙古：额旗	1.25 牧草 100	1.25 牧草 100		1.25 牧草 100	1.25 牧草 100		1.25	1.25	
合计	293.83 牧草 100	242.09 牧草 100	51.74	280.22 牧草 100	228.48 牧草 100	81.74	217.71	168.38	49.33

1970 年以前灌溉面积中，包括发展军垦灌溉面积 46.54 万亩，及群众开垦灌区内零星荒地灌溉面积 6.58 万亩，合计扩大灌溉面积 53.12 万亩。其灌区选择的依据：

1. 在相应的旧灌区整修改善及加强管理，提高渠系有效利用系数后，节约出的水量，除将该灌区现有有效灌溉面积提高保证外，用来扩大灌溉新垦荒地。

2. 为充分利用地下水资源，积极发展井灌，选择地下水资源较丰富，水质良好，并近电源地区发展军垦农场。

3. 发展土壤，地形及条件较好，造田较易，熟化较快的新灌区。

4. 农场新垦灌区，系原有农场规划开发的土地，位于灌区下游，水量不足，近年来仅播种了一小部分面积。例如老寺庙农场、新华农场、零荒等土地。因此，对新选灌区的开发就造成下列有利条件。

（1）基本上不必开挖新的输水渠道，把现有的渠道整修、改善、延长即可。

（2）各农场已有一定的组织机构，也有一定的规模的设备，发展比较迅速。

（3）新发展的灌区，系交通方便，人烟聚集的地区，给施工造成了有利条件。

附：农场发展灌区情况表。（单位：万亩）

农场名称	现有灌溉面积	扩大灌溉面积	达到灌溉面积	水源调节	引水干渠	土壤及地形条件
头墩	0.19	4.41	4.6	双树寺水库	益民干渠	地面坡度1/50～1/60，土层厚0.5～2.5，有较多冲沟，土壤为淡灰钙土
老寺庙	0.48	4.52	5.0	黑河总口	黑河东干渠大满渠	地面坡度1/50～1/250，地形较为平坦，除漠土分布外，在地势较低处，地下水线处，排水条件良好，土层厚度大于2米
		3.0	3.0	地下水	井灌	
新华农场	0.92	4.08	5.0	地下水	井灌	地面坡度1/60～1/80，较平坦，土壤为盐土及沼泽土，地下水埋深3～2米
高台农场	0.72	2.87	3.5	地下水	井灌	地形平坦，地面坡度1/80～1/300，地下水埋深1～3米，土壤含盐较重
朝元寺		7.0	7.0	酥油口水库	酥油口干渠	地面坡度1/30，多山洪沟，东部地形起伏，土地破碎，张花公路以东比较平坦，比较平整，灰钙土，土层厚0.3～2.0米
黄泥坡		8.4	8.4	地下水	井灌	地形平坦，地面坡度1/150～1/400，盐土，含盐较重，土层厚大于2米
边湾	0.05	1.95	2.0	讨赖河	讨赖河干渠	地形平坦，地面坡度1/150～1/250，土层厚度大于2米，地下水埋深1～3米，有盐碱土沼泽土分布
		5.6	5.6	地下水	井灌	
生地湾	0.31	4.8	5.11	鸳鸯池水库	鸳鸯池西干渠	地面坡度小于1/250，土层厚度大于2米，南北西三部分为砂性棕色荒漠土。其余为地下水位较高、矿化度大于10克/升、含盐较重的盐土
其他农场	2.53		2.53			
合计	5.20	46.54	51.74			

注：其中井灌发展25.5万亩，河灌发展21.04万亩。

第二节　水利技术措施

为了发展黑河流域的灌溉事业，首先必须整修改建旧灌区，减少水量的损失浪费，降低灌溉定额，以节约用水。其次修建必要的大中型蓄水、引水和输水工程，以提高灌溉保证并建设新灌区，扩大灌溉面积。兹对各项主要工程提出以下意见。

一、整修改建工程

黑河流域各灌区的整修改建工程针对目前存在的问题初步规划分两阶段进行：

第一阶段（1965~1970年），整修改建旧灌区，其主要工程措施是平整土地与田间配套；整修改善斗农毛渠和破坏严重的干支渠；衬砌渗漏严重的渠段，修建各级渠道的节制建筑物以减少水量的损失浪费，降低灌溉定额，并逐步实行计划用水，从而提高灌溉保证。初步估算渠系有效利用系数提高到0.5左右，可建设基本农田灌溉面积约217.71万亩，增加保证面积89.2万亩。

第二阶段（1970年以后）改建旧灌区，其主要工程措施是支斗农渠要因地制宜地合渠并坝，调整渠系并修建固定的控制建筑物与量水设备；输水不利的或渗漏严重的干渠应予改建，并修建节制建筑物，使渠系适应人民公社集体经济的发展和实行计划用水，以节约水量，扩灌新灌区而增加农业生产。初步估算渠系有效利用系数提高到0.6左右，可建设基本农田490.41万亩，增加保证灌溉面积56.0万亩。

二、新建工程

为了开发新灌区，扩大灌溉面积提高农业生产，需新建必要的大中型蓄水、引水和输水工程以及一般性的灌溉工程。本阶段工作由于资料缺乏未详细研究，仅就几项主要工程提出如下意见：

1. 需水工程

（1）大孤山水库：黑河干流多年平均水量16.06亿立方米，是酒张地区灌溉用水的主要水源。在黑河上有黄藏寺和大孤山两库址，在梨园河上有梨园堡库址，库容较大，可调节水量，满足灌溉要求。为了充分利用黑河水量资源，取得最大综合效益。经分析研究，黄藏寺水库应以水力发电为主，因而为解决酒张地区灌溉用水要求可有两个方案：第一方案大孤山水库反调节，第二方案梨园堡水库反调节。

在灌溉方面，两方案灌溉面积相同；在水力发电方面，第二方案稍多；在工程投资方面，第二方案较高，综合比较第一方案较好。

从工程地量条件分析，梨园堡水库的坝址左岸单薄，岩层为深度风化的红砂岩冲沟很多，右岸为钙质胶结的砂砾岩，河床为卵砾石，覆盖层厚约20余米，坝址上游水库右岸有一段较低，需要修筑副坝。总之地质条件差，不宜修筑高坝，坝址河谷较宽坝高55米时，坝顶长约1.4公里，工程量大，基础处理困难，造价较高。

由以上分析比较，乃选择第一方案大孤山水库作反调节水库。备有地质条件、工程特征值。

（2）讨赖峡水库：讨赖河为黑河水系的最大支流，多年平均流量为6.55亿立方米，为远景发展讨赖河两岸灌溉的主要水源。讨赖河梯级开发中，除已建成的鸳鸯池水库外，还有朱龙关与讨赖峡两水库库容较大，而朱龙关水库位于矿区不宜开发，只有讨赖峡水库能满足灌溉要求，调节库容2.5亿立方米，在与洪水河补偿调节后，可发展灌溉面积100万亩。备有地质条件、工程特征值。

（3）其他水库：为了满足黑河流域中游灌溉发展的要求，除上述二座大水库外，在其他较大支流上初步选择了11座中小型水库。备有工程特征值。

2. 引水枢纽工程

（1）黑河引水枢纽

张掖黑河灌区在1958年合渠并坝后，还有独立的引水口8处，改建后的渠道情况如下表，渠道位置见附图。

渠道名称	引水地点	引水措施	引水流量/秒立方米	灌溉面积/万亩	
				有效	保证
西洞渠	黑河左岸	无坝引水	0.6	1.07	0.95
迎风渠			1.1	0.63	0.55
巴沙渠			6.0	2.86	2.52
西干渠			20.0	10.63	9.35
龙首渠	黑河右岸		0.3	0.35	0.31
洞子渠			2.5	2.21	1.94
马子渠			3.5	2.69	2.37
东干渠			34	29.32	25.87
合计			68	49.76	43.86

各引水口分布在莺落峡至老龙坝10公里的河段中，此段河床为砂砾石，渗漏损失不大，均为无坝引水，工程简陋，无排砂防洪设备。小水时引水困难，洪水时河渠不分，常被冲坏，灌溉无保证，且维持养护费用很大。每年岁修养护需10万～20万工日，投资10万～30万元，还需大量柴草、水泥等材料。同时管理不便，不能统一配水，上游浪费水量，下游水量不足，抢水、争水现象经常发生。为了解决以上问题，提高灌溉保证，迫切需要修建引水枢纽。

枢纽位置可有莺落峡、黑河总口两方案，经综合分析比较：

①在梯级开发和综合利用方面：黑河干流莺落峡以上各梯级，倘按水力发电调节放水，可取得较大电能。为了满足灌溉要求，乃于莺落峡筑坝抬高水位，输水至梨园堡水库做反调节。经研究，梨园堡水库不仅工程量大，投资多，且地质条件差，不宜于修筑高坝，再规划选择了大孤山做调节水库，莺落峡作为水力发电枢纽，因而修建黑河总口水利枢纽以引水灌溉。

②在控制灌溉面积方面：两方案基本相同，只在莺落峡以东的朝元寺有荒地3万亩，规划中引用苏油口河水灌溉。莺落峡附近的西洞滩和胶泥洼荒地2.2万亩，面积较小，坡度较陡，倘远景拟开垦时，可扬水灌溉，扬程20～30米。

③在输水总干渠工程和投资方面：倘自莺落峡引水时，总干渠的线路有两个方案，都是显然不利的。

甲、高线方案：线路位于祁连山脚，沿线地面坡度陡（1/10～1/15），冲沟多而深，山洪威胁严重，线路距灌区较远，位置较高，一般高出灌区125米左右，给灌区引水、管理和安全运行增加很多困难，其工程投资比黑河总口水利枢纽输水的中线方案增加1839.8

万元。

乙、由莺落峡至黑河总口，沿黑河两岸开挖渠道，连接东西干渠，此段线路仅 12.5 公里，而落差 125 米，工程投资初步估算 1179.5 万元。

④在近期工程与远景结合方面：黑河灌溉事业的发展，首先整修改建旧灌区，逐步开荒发展新灌区，倘由莺落峡引水，总干渠线路位置较高，距灌区较远，则近期工程与远景结合较困难，如修建黑河总口枢纽就能密切结合逐步发展。

（2）洪水河引水枢纽

洪水河灌区现有新地坝、西洞渠、东洞渠、红星渠、沙河引洪渠等五个独立的灌溉系统，分别由洪水河单独引水，详如下表和附图。

渠道名称	引水地点	引水工程措施	最大引水流量/（立方米/秒）	灌溉面积/万亩	
				保证	有效
新地坝	东坝庄	无坝引水	1.2	0.76	1.5
西洞渠	铁路桥上游约 5 公里处	无坝引水	4.0	0.96	1.18
东洞渠	铁路桥上游约 4 公里处	无坝引水	5.0	1.23	1.73
红星渠	铁路桥上游约 1.5 公里处	无坝引水	30.0	4.51	10.13

附图：洪水河洪区引水口情况示意图。

各引水口均为无坝引水，分布在东坝庄至铁路桥附近 15 公里的河段中。该段河道切割很深，两岸是陡立的砾石层，河道坡度大，比降约 1/50，水流湍急，渗漏损失严重，加之渠首工程简陋，洪水时易被冲坏，水小时必须打坝，又因水流含沙量大，推移质多，渠首段冲刷淤积严重，不但养护费用大，管理困难，且引水无保证，故需要在东坝庄修筑引水枢纽，以解决以下问题：

①保证引水灌溉。

②防止泥沙入渠，防止洪水冲刺，减少养护费用。

③防止河水流量，减少河床渗漏损失，尽可能利用水利资源。

但东坝庄引水枢纽连同东西两总干渠共投资 1153.0 万元，造价较高，应进一步研究。

（3）讨赖河引水枢纽

讨赖河灌区引水枢纽为一石砌低坝，位于兰新铁路北大桥下约 300 米，于 1959 年建成，运用情况良好。远景讨赖峡水库修建后与洪水河补偿调节控制面积 100 万亩，目前只灌溉 45.8 万亩。1958 年又在北大桥上游约 10 公里处建成引水枢纽一座，引水至大草滩水库调蓄水量供工业用水。

讨赖河自冰沟出峡谷后，流经切割很深的砂砾石河谷中，自冰沟至北大桥长约 30 公里，河宽 20 余米，平均比降 1/80。该河段的渗漏损失有几种不同的说法：中国科学院青甘综合考察队 1958 年编制的“北大河流域土地与水量的利用规划”中提出该河段的渗漏损失为 37%。甘肃省水利厅设计院 1963 年编制的“讨赖河北干渠灌区水利规划概要”中采用 20%。为了减少损失，该院建议将引水枢纽移至冰沟，在原河道左岸另开干渠输水。讨赖河水管所曾草测资料，与冰沟水文站相应资料对比，不但无渗漏损失，反而比冰沟的流量增大。其差别如下表。

（单位：秒立方米）

施测地点	施测单位	1963年4月旬平均			1963年5月旬平均		
		上旬	中旬	下旬	上旬	中旬	下旬
冰沟	冰沟水文站	12.4	12.6	12.5	13	13.7	15.4
讨赖河灌区渠首	讨赖河水管所	13.1	13.1	13.0	11.6	15.4	15.6
区间流量	增（+） 减（-）	+0.7	+0.5	+0.5	-1.4	+1.7	+0.2

根据以上情况，该河段的渗漏损失尚待进一步观测研究。现有引水枢纽尚能满足新灌区发展的要求，枢纽上移工程很大，造价估计约720万元。因此目前宜暂维护加固现有枢纽，待取得可靠资料后确定方案。

附图：讨赖河灌区引水枢纽位置示意图。

3. 输水工程

（1）黑河西总干渠

黑河西总干渠除灌溉黑河以西张掖、临泽和高台的旧灌区外，规划灌溉张掖至酒泉间的大片可垦荒地，共约38.9万亩。规划中比较了三条线路：

①高线系1960年甘肃省水利厅作黑河流域规划时拟定的线路，该线路由莺落峡水库引水，设计水位1750米，至梨园堡水库调节后输水到马营河右岸。线路全长127.5公里，沿途分设干渠五条，输水至各灌区。

②中线是规划中拟定的线路方案，由张掖黑河总口水利枢纽引水，设计水位1625.2米，设计引水流量35立方米/秒，沿兰新铁路西行至高台以西过兰新铁路至马营河右岸，全长117.5公里，沿途分设干渠五条输水至各灌区。

③底线为了总干渠能更好地结合近期工程，由黑河总口引水，设计水位1625.2米，线路西行至明水火车站，过兰新铁路，至肃南明海荒地，全长131公里，沿途分设干渠五条输水至各灌区。其灌溉面积和技术经济比较见下表。

干渠名称	分水点至枢纽距离/公里	灌区名称	灌溉面积/万亩		
			高线	中线	低线
第一、二干渠	3.6	黑河西灌区	24.2	24.2	22.1
第三干渠	84.8	南华南滩、骆驼城高台黑河沿岸	10.6	10.6	9.9
第四干渠	101.9	许三湾	11.0	11.0	4.3
第五干渠	117.5	明海深沟	9.1	9.1	2.1
合计			54.9	54.9	38.4

各方案技术经济指标比较表

项目	比较方案		
	高线	中线	低线
总干渠引水地点	莺落峡	黑河枢纽	黑河枢纽
总干渠引水高程/米	1750	1625.2	1625.2
总干渠设计流量/（立方米/秒）	82	82	72
总干渠全长/公里	127.5	117.5	131
灌溉面积/万亩	54.9	54.9	38.4
其中：现有面积/万亩	24.2	24.2	22.1
荒地面积/万亩	30.7	30.7	16.3
总投资/万元	14363.528	11860.05	10498.7
其中：渠首枢纽/万元	1412.7	730.4	730.4
总干渠及干渠/万元	9136.7	7296.9	7143.3
场内水利投资/万元	3814.128	3832.75	2625.0

经初步分析比较选择了中线方案，其理由如下：

①在黑河干流，梨园河梯级开发综合利用研究中，已经证明了大孤山作为反调节水库的有利条件，这就不需要在莺落峡筑坝抬高水位，输水至梨园堡。至于灌溉引水枢纽的地质前节，亦已经论证以黑河总口为宜，因此高线方案显然不能成立。

②高线和中线所控制的旧灌区和荒地面积基本相同。高线只多控制西洞滩和胶泥洼换地2.2万亩，远景可以扬水灌溉解决，扬程20～30米。中线比低线多控制荒地14.4万亩，相差较大，低线不能充分利用土地资源。

③在渠道工程方面，高线方案全长127.5公里且靠近祁连山脚，山洪冲沟较多，尤以莺落峡至梨园河一段长22公里，位于洪积扇上部，丘陵起伏，沟道纵横，有些地段每30～50米，即有一条山沟，较大沟有10多条，以大磁窑沟工程最艰巨。梨园河至摆浪河一段全长78公里渠道须沿山脚□行，地面坡度约1/10，平均每公里有山洪沟两条，受山洪威胁很大。摆浪河以下位于戈壁滩上，离山较远，才比较平坦。宗旨高线方案工程量大，施工艰巨，受山洪威胁严重，管理养护困难。中线方案全长117.5公里，线路离山较远，地形平坦，山洪威胁较小，沿线跨过大小沟道120余条，平均每公里一条，其中以梨园河、大磁窑和摆浪河三条较大，其余各沟道呈宽浅型的砂石堆，过沟建筑物较少，低线方案全长131公里，离山较远，基本位于铁路以北，地形平坦，山洪威胁很小，但穿过沙丘段17.5公里，工程难以处理，给今后管理运用也带来很大不便。

④从近期和远景结合方面看，因黑河灌溉事业的发展，首先整修改建旧灌区，逐步开垦荒地，发展新灌区，高线离灌区远，位置高不能结合旧灌区的整修改建工程，并且工程量大、投资多、施工困难。而中线和低线离灌区近，容易结合旧灌区的整修改建工程逐步实施，既能满足近期工程需求，又能促进远景工程的实现。

⑤管理运用方面，高线方案线路紧靠山脚，地面坡度很陡（1/10～1/25），干渠落差大，空流段较长。渠道差护工程繁重，远离现有灌区，管理运月困难。低线和中线地面坡度平缓，线路接近现有灌区，干渠较短，管理运用比较便利。

⑥工程投资方面，由各方面技术经济指标看出，高线方案投资最大为 14363 万元，中线方案次之为 11860 万元，低线方案最小为 10498 万元，虽较中线少投资 1362 万元，但少灌地 14.4 万亩。

（2）讨赖河东总干渠

讨赖河东总干渠规划中，除灌溉旧灌区外，主要是灌溉酒泉以东的黄粮墩、前滩、莲花寺下河清等大片可垦荒地，远景讨赖峡水库调节水量，还补偿洪水河灌溉用水的不足。远景控制灌溉面积为 64 万亩，除保证现有灌溉面积 21.6 万亩外，尚可发展可垦荒地 42.4 万亩。灌区布置和灌溉面积如下。

由总干渠分水干渠	枢纽到分水点的距离/公里	灌区名称	灌溉面积/万亩
第一干渠	9.5	讨赖河南灌区	10.0
第二干渠	23.5	洪水河灌区	11.6
第三干渠	58.0	黄粮墩，下河清农场	
		下河清东	22.1
第四干渠	69.0	前滩莲花寺东	20.3
		合计	64.0

路线布置：引水口仍利用讨赖河现有灌区的引水枢纽，引水高程 1686.0 米，设计引水流量 33 立方米/秒，为了避免和兰新铁路相干扰，渠线布置在铁路以北与铁路并行，全长 69 公里，分设干渠 4 条。其中 2 条在 57 公里以前，向现有灌区供水，2 条在 57 公里以后，向新反正灌区供水。

总干渠上的建筑物有分水闸 4 座，退水闸 4 座，节制闸 5 座，公路桥 4 座，大车桥 7 座，便桥 2 座，通过洪水河的涵管一处，此外还有一些排洪、过洪建筑物，总干渠的工程初步估算 1529 万元。

三、排水洗盐

1. 盐碱地的基本情况

流域内盐碱地分布在中游走廊地区的山前洪积冲积扇以北地区及下游额济纳河沿岸和居延海周围。

现有灌区内盐碱地约 50 万亩，占现有灌溉面积的 24.4%，含盐类型以硫酸盐为主，氯化物次之，含盐量 0.8%～2%，盐碱地区的地下水埋藏深度 1～2.5 米。各县盐碱地面积如下。

县别	山丹	张掖、临泽、高台	酒泉、金塔	合计
面积/万亩	7.4	28.5	14.1	50

盐碱荒地的面积约 110.32 万亩。占宜农垦殖面积的 50%，兹将盐碱荒地的分布及含盐类型列表如下。

盐碱地类型	荒地名称	盐碱地面积/万亩	含盐量/%	含盐组成（0~50公分土层）/%			备注
				HCO_3^-	Cl^-	SO_4^{2-}	
氯化物硫酸盐土	老寺庙	2.4	3.372	0.047	1.342	0.416	
	深沟	8.9	6.423	0.134	1.521	0.861	
	双井子	10.2	12.036	0.080	1.64	1.56	
	明海（草沟井）	3.8	2.18	0.030	0.231	0.333	
	黄泥堡	13.2	5.284~13.747	0.029~0.046	0.323~2.904	1.255~2.383	
硫酸盐氯化物盐土	骆驼城	1.86	1.29	0.022	0.137	0.79	
	高台农场	4.64	1.60	0.029	0.183	0.767	
	新华农场	6.4	6.271	0.036	0.133	1.16	
	莲花寺	19.6	11.084	0.044	2.979	4.403	
	前滩	12.5	7.822	0.036	0.985	3.474	
	边湾	3.92	0.137	0.055	0.044	0.063	
	左地湾	6.1			0.466	0.701	
	西平滩	2.5					
	许三湾	3.2					
	下河清东滩	3.5					
	下河清农场	2.2					
	北河湾	5.4					
总计		110.32					

2. 盐碱地防治水利技术措施

（1）现有灌区盐碱地防治水利技术措施。

①开挖排水沟及冲洗盐碱。在现有灌区内，地下水埋深小于1.5米的地区及平原水库四周需开挖排水沟、截水沟，降低或控制地下水位。这些地区包括张掖城北乌江泉水灌区、临泽黑河沿岸灌区、新华农场、高台之黑河沿岸灌区、酒泉之清水临水灌区、金塔之鸳鸯池灌区，以及高台，金塔境内各平原水库周围地区。

②冲洗盐碱，在土壤含盐量较重地区，地下水埋深大于3米，地下水出流域较畅通的地区，可采用伏泡，秋冬灌冲洗压盐，使表层盐分随地下水排除区外。

③衬切渠道，减少渗漏。渗漏严重的干支渠应衬砌防渗，斗农毛渠应整修配套，减少渗漏并加强管理，提高灌溉水的利用率。

④根据土壤含盐量情况和农作物耐盐性能，合理配置作物。如泉水灌区，可采用水旱轮作，种植绿肥，增加土壤有机质，改良土壤结构，稳定农作物产量。

（2）拟垦盐碱荒地，改良水利技术措施，按自然调价可分为三个改良利用区，分述如下。

①典型盐土区：土壤含盐量（0~100厘米土层）1%~4%，属于氯化物硫酸盐土，分布面积较大，约70余万亩。这些地区地下水埋深一般在2.5~4米，开垦后经排水洗盐改良可发展农业。

②湖滨盐土区：土壤含盐量很高，一般均有厚结皮或有坚硬的结壳。土壤含盐量(0～100 厘米土层）5.0%～9.0%，属于硫酸盐氯化物或氯化物型盐土，湖滨盐土总面积约为 23 万亩，多分布于微倾斜平原以北的湖沼地带，水文地质条件很差，为地下水溢出带和易溶盐的聚集带。这些地下水埋深一般在 0.5～2.0 米，地下水矿化度大于 10 克/升，不宜开垦利用。

③沙丘盆地盐土区，分布着沙丘，为群众的放牧地区。

（3）对拟垦盐碱荒地排水、冲洗、改良提出以下意见。

①排水问题。拟垦盐碱荒地地下水位较高，矿化度较重，必须修建排水设施，降低地下水位。将控制标准列表如下。

地下水矿化度/(克/升)	地下水临界深度/米
1～3	1.6～2.1
3～5	2.1～2.3
5～8	2.3～2.5
8～10	2.5～2.9

②冲洗定额。黑河流域盐碱荒地可分为两类：第一类面积约为 54.8 万亩，土壤含盐量在 3.0% 以下，为氯化物硫酸盐土。第二类面积约 55.5 万亩，土壤含盐量在 3.0% 以下，为硫酸盐氯化物盐土。由于缺乏试验资料，冲洗定额乃参考河西其他地区的资料，用经验公式计算定额。冲洗时间为秋季（8～10 月），考虑到秋季河流来水较丰，灌溉用水已减少，气温较高，蒸发量较小，可提高脱盐效率，冲洗次数分为六次冲洗，定额如下。

地区	冲洗定额						
	1	2	3	4	5	6	合计
第一类地区	180	180	150	150	100	100	860
第二类地区	120	160	100	80	80	80	620

③排水线路。排水线路由于流域地形条件，大部分排向黑河或讨赖河。为了不致过分影响两河水质，尽可能排向天然洼地或沙漠戈壁地区，具体布置见附图。仅对各排水线路简述如下：

老寺庙：山丹河河床深达 5～6 米，区内各片盐碱地排水渠可直接排入。

西平滩—新华农场：可整修黄水沟，排除本地区地下水，经小海子水库过小片沙漠排入黑河。已建小海子水库阻塞排水，集纳地下水进行灌溉，造成灌溉土地及周围土地盐碱化，建议今后不再蓄水运用。

高台农场—骆驼城：羊达子河为天然排水沟。稍加整修即可运用。

许三湾：可穿过北部低洼沙漠地，向东经黑泉堡入黑河。

明海—深沟：明海南盐碱较轻，但垦区北部洗盐排水仍属必须，往北地下水位较高，已有沼泽地的分布。为了不使灌溉草原向沼泽化发展，应将明海排水渠延伸至深沟，接入深沟干渠，经北面凹口排入黑河，全长 25 公里。

前滩—莲花寺—黄泥堡荒区：含盐较重，排水面积 61.2 万亩，按地形条件，可排向鸳鸯池。为不过分影响鸳鸯池水质起见，经估算，只能允许黄泥堡 8.5 万亩盐荒地的排水。排水线路沿碱沟往北至鸳鸯池水库，其余除双井子东部 5.0 万亩地势较低，可排向北部洼地。前滩、莲花寺、下河清东滩、下河清农场、双井子及黄泥堡的一部分，共计 47.7 万亩。盐碱地的排水均排向石泉子北山凹口、北面戈壁地区，排水线路由野直沟起，沿前滩北缘，经双井子入北山凹口至戈壁地，全长 45.5 公里。下河清东滩及下河清农场两条排水沟，在深井子以上泄入排水总干沟，总干沟线路在深井子与双井子间，坡度较陡，约 1/450，双井子以下坡度较缓，约 1/4000。

边湾：排水线路在东面低洼地带，入清水河，除可完成本区排水任务，便于灌排渠系的布置外，还可改造沿线沼泽及群众耕地的排水。

生地湾：排水出路为北河湾西北的北海子，常有积水。南来的地下水在此受北山阻拦而停滞，矿化度 10～50 克/升。作为容泄区之后，更将影响周围一部分土地的废弃，生地湾排水线路沿北部低处天然沟即可。

北河湾：排水线路沿北山脚，下段可利用天然整修，向东入北大河。

④关于排水设施的工程量，初步估算如下：排水干沟总土方量 380.4 万立方米，其中水下挖方 95 万立方米，水上挖方 285.4 万立方米，总造价 511 万元，需劳力 192 万工日。农沟以下工程量计入农场内工程内，场外工程量计算仅为干沟工程量。

四、酒钢工业用水及内蒙古用水问题

1. 酒钢工业用水

酒钢位于讨赖河出山口下游，嘉峪关附近，用水要求 1970 年为 0.78 亿立方米，1975 年为 1.5 亿立方米。利用的水源可以有以下二种：

一为利用讨赖河地面水。现已修筑讨赖河酒钢引水枢纽，讨赖河至大草滩输水渠河。大草滩水库，现水库坝高 24 米，调节库容 0.14 亿立方米；一为利用酒钢地区地下水。在北大河—嘉峪关—大草滩断面地下水动储量为 2.2 亿立方米，埋深 20～30 米，在华城湖出露，补给蒸发损失。经初步分析，为了充分合理利用水利资源，保证酒钢工业用水，减少工业用水与灌溉用水的矛盾。初步意见，酒钢以利用地下水为主，在不影响灌溉情况下，非灌溉期可由讨赖河引取部分水量。

据初步计算，在非灌溉期，目前和远景讨赖河可有余水约 0.4 亿立方米。故建议，酒钢在非灌溉期引取讨赖河水量 0.4 亿立方米，不足水量靠地下水满足。

2. 内蒙古用水

下游内蒙古额济纳旗仍以牧业生产为主，本次工作中，由于未能到下游查勘，故对额旗需灌草场面积灌水时间、需水量，以及额旗境内有否修建水库地址均不够了解，只根据以往所掌握资料，经初步分析远景发展，黑河沿岸灌溉草场约 140 万亩，农田灌溉面积仍维持在 1.25 万亩，年用水量 5.07 亿立方米。如按天然河道输水，需由正义峡放水 8.45 亿立方米；如按输水渠道放水，需由正义峡放水 6.2 亿立方米。本次规划系按后者初步考虑。

为满足内蒙古年水量的要求，远景还应在正义峡以下修建调蓄水库。本次研究了赵家峡水库和双墩湾水库，这二水库特征值如下表。

水库名称	坝高/米	坝顶长/米	调节库容/亿立方米	总投资/万元
赵家峡水库	30	680	0.7	641.9
双墩湾水库	22	580	0.5	723.4

但该二水库不能满足用水要求，尚需在额旗境内寻找调节库容2.7亿立方米。

第六章　水能规划

按流域特征和国民经济要求，本流域水利资源利用的方向，是以灌溉为主，结合发电。因而在满足灌溉要求的条件下，应充分开发水能资源，以满足流域内工农业发展的用电要求。目前流域内电力工业基础薄弱，随着工农业发展，用电负荷将很大增长。除兴建必要的热电站外，由于流域内煤炭资源贫乏，尚须尽可能开发条件优越的水电站，以节省煤炭。

流域内水能开发条件较好的河流，主要为黑河干流和讨赖河。其他河流水力蕴藏量少，开发条件较差，未考虑其水能的开发利用。

兹将各河的梯级开发和水电站工程开发程序的意见分述如下。

第一节　梯级开发

黑河流域内有大小河流三十五条，各河出祁连山谷口，以上理论水能蕴藏量合计为129.5万千瓦。其中较大河流为黑河干流及其支流讨赖河、（酒泉）洪水河、梨园河、丰乐川河、（酒泉）马营河、（民乐）洪水河等十三条河流，理论水能蕴藏量约为121.8万千瓦，占总理论水能蕴藏量的94.9%。各河流理论水能蕴藏量见下表。

十三条较大河流														其他二十二条河	三十五条河流合计
黑河流域	讨赖河	酒泉洪水河	梨园河	丰乐川河	酒泉马营河	民乐洪水河	大堵马河	苏油口河	童子坝河	海潮坝河	摆浪河	大野口河	小计		
65.5	23.7	9.22	5.9	3.9	2.92	2.1	1.88	2.15	1.32	0.55	2.3	1.7	121.8	7.71	129.5

兹将十三条较大干支流的梯级开发研究结果分述如下。

一、黑河

黑河干流莺落峡水文站多年平均径流为16.07亿立方米，理论水能蕴藏量为65.5万千瓦，现有的有效灌溉面积51.7万亩，远景计划发展灌溉面积117.3万亩。

黑河干流水能蕴藏量大，开发条件优越。酒泉、张掖地区随着工农业的发展，用电量逐步增长，而河西地区煤炭资源缺乏，工业用煤炭要从外地供应，不仅运输困难而且费用较高，因而需要在黑河开发水电站，以节省煤炭。

黑河干流在莺落峡至黄藏寺一段，穿行祁连山峡谷中，长86公里，落差945米，易于梯级开发。经研究在黑河东、西岔和干流上共划分为12各梯级，其中有调节能力的水库为油葫芦、黄藏寺、大孤山水库，其他梯级只能抬高水位发电。

对黑河进行了开发方案综合分析研究和经济比较，在梯级开发方案的研究中，按照流域内国民经济发展要求和取得最大综合效益的原则，参考了我院1960年编拟的“黑河流域梯级开发研究报告”选定了方案，计算成果如下。

调节方式	中游走廊地区 $P=75\%$ 灌溉面积/万亩	发电		
		装机容量/万千瓦	保证出力/万千瓦	年电能/亿度
满足中游灌溉，结合发电兼顾下游用水	117.3	53.4	28.07	33.96

二、讨赖河

讨赖河为黑河的最大支流，冰沟水文站多年平均径流量为6.56亿立方米，理论水能蕴藏量为23.7万千瓦。讨赖河（包括酒泉洪水河）现有有效灌溉面积为31.1万亩，远景计划发展灌溉面积100.2万亩，其中包括补给酒泉和金塔县泉水灌区灌溉面积14.7万亩。另外酒钢工业年用水量，1970年为0.78亿立方米，1975年将达到1.5亿立方米，以利用地下水为主。在不影响灌溉前提下，非灌溉期可由讨赖河供给部分水量，初步定为0.4亿立方米。

随着流域内工农业发展，用电负荷逐渐增长，而讨赖河水能开发条件比较优越，距负荷中心较近，是水电站建设的有利条件。

讨赖河在冰沟上穿行高山峡谷中，冰沟至讨赖峡一段，河长约98公里，落差1279米，易于梯级开发，经研究划分为讨赖峡水库。讨赖峡水库上游为盆地，下游均属峡谷，具有较大的调蓄库容，按国民经济的发展和取得最大综合效益的原则，拟定了梯级开发方案。经初步分析研究和经济比较，选定了方案，计算成果如下。

调节方式	$P=75\%$ 灌溉面积/万亩	发电			非灌溉期工程引讨赖河水量/亿立方米
		装机容量/万千瓦	保证出力/万千瓦	年电能/亿度	
满足灌溉结合发电，非灌溉期工业引水	100.2	12.6	3.55	6.45	0.4

三、其他较大河流

流域内除黑河干流及讨赖河外，较大河流尚有（酒泉）洪水河、梨园河、丰乐川河、（酒泉）马营河、（民乐）洪水河、大堵马河、苏油河、童子坝河、海潮坝河、摆浪河、大野口河。各河流出山口处多年平均径流在3～0.5亿立方米，理论水能蕴藏量在9.22～0.55万千瓦。各河出祁连山后即为灌区，有大量的耕地和荒地需要引水灌溉。

根据综合利用初步分析，上述各河流的开发任务主要为灌溉。在水力发电方面，由于水能蕴藏量小，多系季节性电能，保证出力很小，电站投资较大，因而上述各河，只考虑农田灌溉的需求，未研究水力发电方面的开发利用。

第二节　第一期电站选择

根据国民经济发展要求和国家投资的情况，黑河流域水电的选择首先要配合灌溉水库进行开发。按1970年以前，灌溉的发展不多，在黑河干流及讨赖河上不修建大型水库，因而水电站也不予开发。在1970年以后，按灌溉要求，应逐步修建大孤山讨赖峡水库，从而应结合兴建水电站。为了满足电力负荷的需求，也可以先兴建造价较低的莺落峡水电站，兹分述如下：

一、大孤山与黄藏寺

黑河干流上有可以修建的黄藏寺和大孤山□座库容较大的水库，均能满足黑河流域酒张灌区的用水要求。从远景看，为了多得保证电能，黄藏寺水库基本上应按水力发电要求放水，大孤山作反调节水库。从投资和自然条件看，大孤山投资较少，地质条件较好，交通运输较近，易于兴建，初步建议先修建大孤山水库，因资料不足应进一步规划选定。

二、莺落峡

位于黑河出祁连山谷的谷口，地质条件较好，工程造价较低，施工较易，主要缺点是库容较小，调蓄库容仅为0.27亿立方米，不能满足农牧业用水要求。但在初期灌溉面积发展较小，大孤山水库不能短期兴建，可先建莺落峡，以提高现有灌区的保证，并能结合发电。大孤山水库修建后，可做水力发电水库。

三、讨赖峡水库

讨赖峡水库位于讨赖河上游峡谷中，库容较大，能满足扩灌酒泉灌区的灌溉面积要求，供给酒钢部分工业用水，并能结合发电，易于近期开发。但发电能量较小，并且坝地址地质条件很差，交通运输和施工也十分困难，应根据发展的需要考虑兴建。

现将上述各水库单独运输时各水电站的经济指标说明如下。

项目 \ 水库电站		黄藏寺水库、电站	大孤山水库、电站	讨赖峡水库、电站	莺落峡水电站	
					已建大孤山	未建大孤山
$P=75\%$可灌面积	万亩	117.3	117.3	80.4	—	87.8
$P=75\%$扩灌面积	万亩	43.5	43.5	52.4	—	14.0
水电站装机容量	万千瓦	6.2	6.30	0.60	4.0	3.0
水电站保证出力	万千瓦	2.58	1.45	0	0.97	0.58
年电能量	亿度	3.07	2.98	0.26	1.87	1.47
水库电站灌区总投资	万元	16534.68	12541.88	9287.21	2552.7	2267.7
灌区所占投资	万元	5366.88	5366.88	5372.76	—	—
水库所占投资	万元	9367.8	5395	3666.5	1212.7	1212.7
水电站所占投资	万元	分担水库投资一半6483.9	分担水库投资一半4477.5	248	2552.7	2267.7
水电站年费用	万元	324	226	12.4	127.5	113.2
投资	元/千瓦	1045	712	414	638	755
单位电能投资	元/度	0.211	0.15	0.096	0.134	0.154
单位电能成本	分/度	1.05	0.75	0.48	0.67	0.77

根据1970年以后工程选择结果，在水电站的开发上，应为结合大孤山水库，兴建大孤山水电站，并优先开发莺落峡水电站，以满足逐渐发展的电力负荷的需要。

第七章　工程实施程序的建议、工程概算和工程效益

第一节　分期实施原则和建议

一、分期实施原则

黑河流域灌溉工程的实施是河西走廊人民迫切需要解决的问题。在实施程序上，根据中央提出的“巩固提高，加强管理，积极配套，重点新建，充分发挥现有水利工程效益，并为进一步发展创造条件”的近期水利建设方针和今后在河西地区积极发展军垦事业的需求，以及国家财力人力物力的可能，兹拟定分期实施的原则如下：

1. 现有灌区的整修改建：第一步要在整修改善现有灌区的基础上，提高灌溉保证，建设稳产高产的基本农田。第二步要根据人民公社集体经营的发展和实行计划用水的要求，并考虑到机械化耕种的发展，改建现有灌区。合渠并坝，调整渠系，并修建固定的节制工程和量水设备，节约水量以扩大灌溉面积，发展新垦灌区。

2. 军垦农场的发展：根据土壤和地下水及动力条件，积极发展井灌区。另外，根据需要修建一些花钱少、效益大、收效块的大中型蓄水、引水和输水工程。

3. 水力发电工程要结合灌溉工程的修建而开发。

4. 为便于工程实施，力求各时期所需的投资、劳力、三材的数量不过于集中。

二、工程分期实施程序

根据上述原则，分期安排如下：

1965 年～1970 年：

在旧灌区改建方面，完成部分现有灌区的整修改善工程，包括整修改善斗农毛渠，破坏严重的或渗漏大的干支渠，及各级渠道上的节制建筑物。另外要安排一些花钱少、收效大的新建重点工程。

1. 完成现有灌区农田配套工程 40% 。

2. 完成张掖、酒泉、山丹、民乐、金塔、祁连、额旗等县旗 10 个灌区小型水利工程。

3. 完成基建工程：

（1）加固讨赖河灌区引水枢纽，改建南北干渠及北二支干渠可增加灌区面积 2. 6 万亩，其中边湾农场发展 2 万亩。

（2）修建酒泉洪水河灌区引水枢纽及东西干渠。

（3）加固鸳鸯池水库溢洪道及输水隧洞，改建总干渠，东、西、金干渠，可增加灌溉面积 5. 5 万亩，其中发展生产地湾 4. 8 万亩。

（4）修建摆浪河灌区引水枢纽一座，改建东西干渠。

（5）在张掖草滩庄修建黑河引水枢纽一座，改建张掖黑河灌区东西干渠及大满渠，可增加灌溉面积 6. 3 万亩，其中发展老寺庙农场 4. 3 万亩。

（6）改建酥油口水库，并修建引水干渠，可增加灌区面积 7. 4 万亩，其中发展朝元寺军垦农场 7. 0 万亩。

（7）修建民乐洪水河双树寺水库，延长益民干渠，可增加灌溉面积 4.41 万亩，发展头墩农场 4.41 万亩。

（8）修建童子坝灌区、翟寨子、扁都口引水枢纽，改建干支渠。

（9）加固山丹马营河李家桥水库，改建马营河灌区干渠，及祁店灌区南北干渠，修建白石崖引水渠。

（10）完成 25.5 万亩车垦农场井灌区的基建工程，21.04 万亩军垦农场河水泉水灌区的基建工程。

（11）完成群众灌区 6.58 万亩基建工程。

1970 年以后：

继续完成旧灌区的整修改善工程，包括：农田配套，合并渠首，调整渠系，修建各级渠道上的固定节制建筑物及量水设备。另外根据费省效宏的原则，分期分批完成规划中的各项新建工程。

1. 完成旧灌区的农田配套工程 60%。

2. 完成流域内 34 个灌区小型水利工程。

3. 完成基建工程。

（1）新建灌溉水库：建议先修建大孤山水库及独山子水库，继而修建其他各水库。

（2）输水渠：首先完成黑河西总干渠，然后修建讨赖河东输水渠。

（3）新建水电站：首先修建莺落峡电站，及结合大孤山灌溉水库修建枢纽电站，继而修建其他各电站。

（4）完成旧灌区改建工程。

（5）完成军垦农场：山水泉水灌 81.06 万亩及井灌区 72.2 万亩的基建工程。

（6）完成群众新建灌区 64.12 万亩的基建工程。

第二节　工 程 概 算

一、计算原则

1. 新建军垦灌区的水利工程投资计算到支渠，斗农毛渠列为场内农业投资。新建群众灌区的支渠以上工程属国家投资，斗渠以下工程属群众积累负担。

2. 属于军垦用或主要为军垦用的水利工程，列为军垦水利投资。属于民用或主要为民用的水利工程，列为水利投资。

3. 灌区改建的基本建设工程投资原则列为水利投资。斗农渠工程的三材由国家补助，群众负担劳力。

4. 水力发电工程投资，列为工业投资。

二、计算成果

全流域总投资为 113,980 万元，1965～1970 年为 17,220 万元，远景为 96,750 万元。

第三节　工 程 效 益

黑河流域各项水利经济效益的计算由于因素复杂，资料缺乏，计算中存在很多问题。

如农牧业增产方面，水利建设解决了干旱灾害，是增产措施的一部分，而农牧业措施配合关系问题未获得解决，因此灌溉效益难以正确估算。在本次工作中，灌溉效益数字是粗略估算农牧业和水利的综合效益，水电工程效益是以水电站代替火电站节省煤耗，计算水电工程效益。城市工业用水方面，作为规划的任务，未计算效益。

根据灌溉规划，远景全流域农田保证灌溉面积达到511.21万亩，其中军垦农场为205万亩，人民公社灌区为306.21万亩。远景保证灌溉面积比1963年增加357.7万亩，其中军垦农场增加199.8万亩，人民公社增加157.9万亩。1970年计划农田保证灌溉面积达到280.22万亩，其中军垦农场达到51.74万亩，人民公社灌区达到228.48万亩。1970年保证灌溉面积比1963年增加126.71万亩，其中军垦农场比1963年增加46.54万亩，人民公社增加80.17万亩。

远景期另有牧场草原灌溉面积140万亩，1970年有草原灌溉面积100万亩。

远景计划粮食产量可达17.61亿斤，比1963增加12.29亿斤。1970年计划粮食总产量达8.96亿斤，比1963年增加3.64亿斤。

根据水能规划，在黑河讨赖河干流上，拟定开发梯级的梯级水电站共有19座，总装机容量65.9万千瓦，保证出力31.7万千瓦，年发电量40.4亿度。上述水电站所需总投资约为6.7亿元，水电站兴修后每年可节约煤耗222.5万吨，每年可节省费用约0.73亿元。

引大通河济黑河工程查勘报告①

最高指示

备战、备荒、为人民。

转摘自《中国共产党第八届中央委员会第十一次全体会议公报》

毛主席指示我们，要做好工作，准备打仗，把各项工作都放在美帝国主义进行战争冒险这个基点上，准备早打、大打，准备对付美帝国主义、现代修正主义、反动派联合起来向我们进攻。我们一切工作都要从备战出发，都要以备战的精神去进行。

摘自《西北建设》第123期

我们正在做我们的前人从来没有做过的极其光荣伟大的事业。

我们的目的一定要达到。

我们的目的一定能够达到。

《中华人民共和国第一届全国人民代表大会第一次会议开幕词》

一、前　言

黑河发源于青海祁连县，蜿蜒穿行于祁连山中，到出山口莺落峡处，多年平均水量为15.6亿立方米，灌溉甘肃张掖、临泽和高台三县82万亩农田后，加上一些支流水量，到正义峡水量为12.2亿立方米，流经金塔鼎新盆地，灌溉约6.0万亩农田和沿途蒸发渗漏后，至额济纳旗余水4.2亿立方米。

解放后，由于中游农业生产的发展和灌溉用水的不断增加，使额济纳旗来水大减，加之额济纳旗畜牧业的飞跃发展以及为了支援国防建设等原因，让出了大片茂盛草原，因此近年来额济纳旗缺水甚为严重，并已造成一定的经济损失。按照毛主席的战略布局，1966年7月周总理亲临观察后，决定在额济纳旗组织生产建设兵团开荒造田。接着中共甘肃省委组织了查勘组，到有关地区进行踏勘，并提出“关于黑河下游开发问题的报告”，报送西北局并中央。据该报告叙述，在额济纳旗要开垦土地60万亩，为此除了要花二亿元修建大孤山水库等工程外，由于水源不足，还必须重新研究黑河流域规划，适当减少中游新垦面积和额济纳旗草原灌溉用水量，黑河远景缺水7.6亿立方米。

又据“黑河流域规划初步意见报告”叙述，黑河干流黄藏寺至莺落峡长86公里，落差945米，共布置梯级电站9处，加上东西岔三个电站，共可修电站12座。其中有调节能力的水库有油葫芦、黄藏寺和大孤山三处，在优先满足灌溉用水前提下，经这三个水库

① 编者按：此份规划亦见于甘肃省档案馆藏第234-01-100-072件，但甘档收藏文件无附图。

调节后，黑河可开发保证出力28.07万千瓦，装机534万千瓦，年电量33.96亿度。但是这三座有调节能力的水库由于地质、交通等原因，建设条件较差，近期兴建困难较多。而其他电站又由于冬季水量很小，单独运行时保证出力太小，开发亦不甚经济合理。可是随着工农业的飞跃发展，酒泉地区1970年缺电5万千瓦，1972年缺电约20万千瓦，但是河西缺煤，今后需要开发水电站来解决较为有利。

为了坚决贯彻毛主席的备战、备荒、为人民的伟大战略方针，为了解决黑河近期远景工农业生产的严重缺水和河西地区的缺电现象，我们研究了从邻近流域调水的问题。

大通河是黑河邻近的一条最大河流。全流域多年平均水量28亿立方米，目前河水基本没有利用。经分析，在全部满足本流域远景工农业以及我院最近提出的青海引大通河济湟水新线路，或者甘肃提出的引大通河济庄浪河用水要求后，尚有大量余水。而大通河上游与黑河仅一山之隔，且前者比后者高出500余米，采取一定工程措施后，引大通河济黑河是完全可能的。为此我院去年曾进行过引大通河济黑河（简称引大济黑）工程的初步研究，今年六七月又组织了查勘组到现场进行实地勘测，接着又进行了引大通河济湟水新线路查勘，现将查勘研究的初步成果汇报于后。由于没有进行详细的勘探和设计工作，有些数据今后还得修正。

二、引大济黑的工程布置

引大济黑工程由蓄水工程、引水工程和发电工程三部分组成，根据引水和发电并举的原则，各部分工程的布置方式如下。

1. 修武松塔拉水库

根据青海省水利局进行的武松塔拉水库勘测设计资料和本次查勘，坝址远在青海祁连县大通河武松塔拉峡谷内。坝址河谷宽106米，河床覆盖层3米，基岩为侏罗纪砂页岩互层，岩石较完整，地质条件好。水库正常高水位暂定为3556.5米，最大坝高62.5米，水库总库容7.4亿立方米，其中调节库容7.0亿立方米。水库仅淹没祁连县和刚察县天然草场面积6.6万亩。

2. 引水工程是这次查勘的重点

我们查勘了由武松塔拉水库引水到小八宝河、黑沟河和黑泉河纯隧洞方案，现将保留的两个方案叙述如下：

（1）小八宝河纯隧洞引水方案：在武松塔拉坝址上游约6.0公里的水库内修进水塔，引水有压、圆形隧洞，洞长12.5公里，水流到小八宝河高程3486.6米，接近地面。隧洞最大过水量按计算只需26秒立方米，但为给电站运行和下游灌溉放水留有一定余地，暂按36秒立方米考虑。洞内衬砌后的断面直径3.8米，净断面面积为11.34平米。为了加速隧洞施工进度，拟修建施工临时竖井二座，其深度分别为156米和326米。

隧洞穿过的地层主要为白垩系紫色砂岩、砂质黏土岩互层夹砾岩，长约8.0公里，占整个线路的63%；其次为三叠系灰色石英砂岩、夹黑色页岩和奥陶系灰黑色变质砂岩、板岩；再次为石炭系黑色砂岩页岩，局部夹有厚1～2米煤层等。

隧洞沿线有三条区域性大断层，破碎带20～30米。由于本地区降水多，且较均匀，加之地面凹凸不平，地面给水较多，但因地下均为基岩，估计除在断层和裂隙发育地带地下水较丰富外，其他地区地下水是不多的。

总之，从所搜集到的地质资料和查勘结果来看，该线遇到地层少，煤层及页岩少，地下水不多，从地质条件上看，修建引水隧洞是完全可能的。

（2）黑沟河提水与隧洞结合引水方案：在武松塔拉坝址上游约 0.6 公里和扎隆修抽水站二处，其扬程分别为 90.81 米，总扬程 171 米。最大提水负荷 5.2 万千瓦，年电量 3.9 亿度，并修明渠 11.6 公里，隧洞 4.5 公里，到黑沟河高程 3658 米，接近地面。然后在黑沟河上再修引水隧洞和压力管道 3.2 公里，装机容量为 5.7 万千瓦的电站一座，作为抽水站的电源。本方案除下述三点外，其他设计条件与纯隧洞引水方案相同。第一点是考虑到节约本方案的投资、设备等，引水流量采用 26 秒立方米；第二点是因隧洞流量和水位变化较小，故采用无压、槽型、混凝土衬砌的隧洞；第三点是本方案引水隧洞短，未布置施工竖井。

本方案隧洞穿过地层是寒武系片岩及石英岩等，二叠系紫红、灰白色砂岩，石炭系灰黑色砂岩、页岩夹煤层和奥陶系灰色、灰绿色砂岩、板岩夹灰岩。沿线有区域性大断层五条。

按照毛主席的教导："有比较才能鉴别。"上述两个方案的投资都并不太多，而效益却很大，因此可以说都是可取的方案。但是比较起来，方案一还是更好些，虽然其隧洞较长，要用竖井施工，施工条件较差，工期较长，但其优点更多：

①进水塔离坝址较远，隧洞全部埋在地下，更符合分散、隐蔽方针。

②投资少，年费用亦小，而效益却更大（可多发电 5.74 万千瓦），更符合总路线精神。

③运行较灵活可靠，且无冬季冰冻之忧。

据此我院暂推荐纯隧洞引水方案。

3. 小八宝河发电工程

由于小八宝河坡度很陡，约千分之四十，且河道两岸多为前寒武系片岩及石英岩和前寒武系花岗岩、花岗片麻岩等，大通河水引到小八宝河后，如再修隧洞即可发电。初步考虑可利用总落差为 555 米，其开发方式很多，但考虑到套用绿水河机组（其水头为 300.5 ~ 312.5 米，发电机的单机出力为 1.5 万千瓦）以及地形广等条件，暂定二级开发。第一级电站的引水隧洞长 3.0 公里，亦有压为 3.8 米的圆形隧洞，其首端接引大通河济黑河工程的引水隧洞尾部，气尾部接调压井，然后再入地下厂房。发电后，尾水即接第二级电站的引水隧洞，隧洞长 2.7 公里，其尾部接调压井和钢管，然后入第二级电厂发电后，接 2.5 公里的尾水隧洞出地面。第一级电站利用净水头为 266 ~ 322 米，保证出力为 2.84 万千瓦，考虑到负担酒钢的冲击负荷后，装机容量为 12.00 万千瓦，年发电量为 5.10 亿度；第二级电站利用水头为 199 ~ 211 米，保证出力为 4.04 万千瓦，亦担任酒钢的一部分冲击负荷，装机容量为 7.24 万千瓦，年发电量为 3.55 亿度。两级合计保证出力为 6.88 万千瓦，装机容量为 19.24 万千瓦，年发电量为 8.65 亿度。

三、引大济黑的工程量、投资、工期及效益

武松塔拉水库拦河坝的坝型暂定为钢筋混凝土斜墙堆石坝，堆石 70.5 万立方米，钢筋混凝土 3.1 万立方米，水库投资估计为 3350 万元。引水隧洞开挖断面直径 5.5 米，开挖面积 23.8 平米，总开挖 30.4 万立方米，钢筋混凝土衬砌 16.1 万立方米，估计投资 6940 万元，如只引水，需投资 10290 万元。发电工程的隧洞总长 8.2 公里，压力管道长 900 米，包括地下厂房在内的石方开挖 38.5 万立方米，估计投资 11270 万元。其中第一级电站石方开挖 21.1 万立方米，投资 6490 万元。整个引大济黑工程总投资 21560 万元。

关于进度我们作如下设想：第一年进行大规模勘探设计工作，第二年上半年进行施工准备，下半年正式开工，第三年汛后截流。若采用国内先进水平进行施工，预计第五年一季度隧洞可修通，然后进行隧洞衬砌和灌浆，如机电等设备可以及时供应，第五年整个引大济黑工程可以完成并发挥全部效益。需要上工的劳力，开始时约 2000 人，最高峰时约 4000 人，需水泥 12 万吨，木材 6.0 万立方米，钢材 2.4 万吨。

引大济黑工程实现后，武松塔拉水文站的 7.7 亿立方米水量，全部可调入黑河，占黑河干流水量 15.6 亿立方米的 50%，加上一定的配套工程后，可扩大农田灌溉面积约 100 万亩，年增产粮食 3.0 亿斤。另外，引水到小八宝河后，在小八宝河上可修水电站二处，利用水头 556 米，保证出力 9.88 万千瓦，装机容量 19.24 万千瓦，年发电量 8.65 亿度，每年可节约煤炭 43 万吨，可以解决河西地区 1972 年的缺电问题。同时还可以增加黑河干流各梯级电站总保证出力 18.7 万千瓦，装机容量 39.4 万千瓦，年发电量 17.2 亿度。更主要的是，由于各梯级电站水量增加，发电效益比不引水时增加约 70%，其投资由原规划梯级电站平均 1160 元/千瓦，降到 820 元/千瓦，从而基本改变了不引水时开发黑河水电不经济的局面，为解决河西地区用电创造了优越的条件。其中拉东峡、石羊岭、西流水和莺落峡四个梯级，修了引大济黑工程后，其投资仅为 410 ~ 720 元/千瓦，交通又较方便，施工条件较好，更宜优先开发。

四、对与引大济黑工程有关的引大通河济湟水工程和修建黑河下游正义峡水库工程的初步意见

1. 关于引大通河济湟水问题

为解决湟水缺水问题，1958 年青海省会动工兴建引大通河济湟水工程（1959 年后又停工），其引水位置亦设在武松塔拉坝址处，因而引大济黑工程与引大通河济湟水工程便成为不可并存的方案。按照毛主席的“统筹兼顾、适当安排”的教导，经我院进一步研究，并与青海省水利局设计院到现场查勘后提出了在门源铁迈沟村修引大通河济湟水新线路。现将新、老两个引大通河济湟水方案列表比较如下。

方案	新引大通河济湟水线路	老引大通河济湟水线路	差值
1. 引水总干渠长度/公里	35.4	160	124.6
(1) 明渠长/公里	21.0	124.6	103.6
(2) 隧洞长/公里	14.4	35.4	21.0
其中：最长隧洞长/公里	14.4	14.8	0.4
2. 水库条件	这次未全部查勘	较好	
3. 可调水量			
(1) 不考虑引大济黑/亿立方米	16.3	7.7	-8.6
(2) 考虑引大济黑/亿立方米	8.6	0	-8.6
4. 地质条件	隧洞穿过岩层坚硬、地下水较少，明渠在坡积碎石层通过	隧洞穿过岩层较差，地下水较多，明渠多在永久冻土层上通过	
5. 建设条件	交通方便，施工场地较宽阔，施工动力易解决	在严寒高海拔地区，交通不便，施工条件复杂	
6. 运行条件	运行安全	明渠问题较多	

由上表可知，新引大通河济湟水线路较老线路更优越，更符合鼓足干劲，力争上游，多快好省地建设社会主义的总路线。为此今后如需引大通河济湟水，亦采用新线路为宜，这样便妥善地解决了引大通河济湟水工程与引大济黑工程之间的矛盾，详见1967年10月水利电力部西北勘测设计院、青海省水利局设计院编写的“引大通河济湟水新线路查勘报告”。

2. 关于修建黑河下游正义峡水库工程的初步意见

正义峡到额济纳旗区间河道损失水量约7.0亿立方米左右，为正义峡水量的60%，其中大茨湾到双城子一段损失最大，约为正义峡水量的30%，为了减少河道的蒸发渗漏损失，必须修建大茨湾到额济纳旗长约200公里的引水干渠。但如不修蓄水工程，由于灌溉期黑河经常断流，灌溉面积仍不能扩大，即便实现引大济黑后，假使灌溉期经常输水24秒立方米给下游而无水库调节，下游扩大农田灌溉面积仅为40万亩。如果全部满足下游用水要求，在正义峡以下，还必须修建约5.0亿立方米的蓄水工程。根据我院查勘结果，赵家峡水库库容太小，大东门坝址地质条件较差，目前二库较落实的库容仅8000万立方米，不能满足要求，为此需要研究正义峡水库问题。如正义峡水库正常高水位为1300米，(莺落峡假定标高)，坝高为24.5米，总投资1300万元。虽然其淹没浸没良田10810亩，需迁移人口4443人，但效益亦非常大：

(1) 可获得总库容4.83亿立方米，从而可以把冬季上游河道来水和泉水全部拦蓄起来。再加上引大济黑来水，便能满足下游草原和60万亩农田灌溉用水要求，并可解决冰坝和洪水对下游工程的危害。

(2) 可进行反调节，增加黑河上游各梯级保证出力约9.0万千瓦，综合利用效益大。

(3) 有利于国防。在战时如正义峡水库突然停止往下游放水，则可将敌军围困在沙漠瀚海中。

如果用大孤山水库来代替正义峡水库，为了满足下游适时、适量用水要求，还必须修

84.5 公里渠道，大孤山水库与引水渠道总投资约 1.3 亿元，为正义峡水库投资的 10 倍，且前者无法拦截西流水以下的河水和泉水，灌溉和发电效益也较小。全面衡量得失后，我们认为以修建正义峡水库为佳。至于修建时间，按照毛主席“三线建设要抓紧，就是同帝国主义争时间，同修正主义争时间”的教导，考虑到正义峡水库工程量小，经初步安排，有 1000 人上工，划一半即可修成。为了争时间，建议 1968 年至 1970 年先修建正义峡水库和一部分下游渠道工程，这样如配套工程能跟上，1970 年即可开垦 30 万亩农田。

五、结　　语

综上所述，引大济黑工程是实现主席的备战、备荒、为人民的伟大战略布局和改变黑河干旱面貌与解决河西缺电的一项关键性工程。正义峡水库工程量少，投资小，收效快，灌溉发电效益很大，因此建议把引大济黑和正义峡水库以及其下游引水干渠均列为第一期工程，争取在五年内，把它们全部建成。当引大济黑工程建成后，我们建议再逐步开发黑河各梯级电站，以解决今后河西缺电问题。

上述意见，我院曾分别向甘肃省革命委员会筹备小组副组长胡继宗同志和青海省有关部门汇报过。胡继宗同志说：“你院找到了引大济黑工程是一件大喜事，明年就干。”最近兰州军区又召集了甘肃省和青海省代表专门研究了此问题，会前青海省革命委员会对此进行了讨论，会上青海省代表表示，青海省支持修建引大济黑工程，并认为青海省的引大通河济湟水工程以新线路为宜，与会同志一致同意引大济黑工程和正义峡水库以及大茨湾至额济纳旗的渠道列为第一期工程，并要求 1972 年前建成，然后根据河西缺电情况，修建黑河水电。为此兰州军区党委还表示要专门写一报告，报送中央批示。

按照毛主席的一分为二的教导，也必须看到引大济黑工程地处 3500 米以上的高海拔和最低气温在零下约 40 度的严寒地区，隧洞线路长，竖井深，地质条件较复杂，交通不大方便，缺乏施工动力，施工较困难，设计施工经验不足，所有这些都是本工程的不合理因素，正如主席指示的：“我们正在做我们的前人从来没有做过的极其光荣伟大的事业。我们的目的一定要达到。我们的目的一定能够达到。”

引大济黑虽然是一项较复杂的工程，但是用毛泽东思想武装起来的中国人民完全可以在自力更生的基础上，把它多快好省地修建起来。

最后应该指出，以上引大济黑工程的情况仅系查勘所得，尚未进行正式勘测设计，故所提供情况只能供参考。由于上述工程对备战和河西工农业发展以及下游用水关系均极大，兰州军区等单位要求建成时间又非常紧迫，为此请上级能及时给与审查。批准即修建引大济黑、正义峡水库和其下游的渠道工程，以及逐步开发黑河水电站的意见，并将引大济黑工程列为三线建设的重点项目，同时请调配一定的科研力量，协助解决长隧洞、深竖井的设计施工问题和用水电站担负酒钢冲击负荷的科研任务。

一九六七年七月十二日（代章）

索　引

L

M

N

P

Q

R

S

本书由以下项目资助

国家“十三五” 重点研发计划“西北典型地区节水与生态修复技术集成提升与规模示范”
(2016YFC0402900)

国家自然科学基金重大研究计划“黑河流域生态-水文过程集成研究”重点项目
“水权框架下黑河流域治理的水文-生态-经济过程耦合与演化”
(91125018)

国家社科基金青年项目“晚清以来祁连山—河西走廊水环境演化与社会变迁研究”
(18CZ068)

甘肃省社科规划重点招标课题“甘肃黄河文化保护、传承与弘扬的战略定位和实施体系研究”
(20ZD014)

国家出版基金项目
NATIONAL PUBLICATION FOUNDATION

"十三五"国家重点出版物出版规划项目

黑河流域生态-水文过程集成研究

河西走廊水利史文献类编·黑河卷

（一）

张景平　王忠静　陈乐道　吴居善　主编

科学出版社　龍門書局

北京

内 容 简 介

《河西走廊水利史文献类编·黑河卷》是“黑河流域生态-水文过程集成研究”丛书的组成部分。本书收录方志、游记与考察报告、民国工程计划书、民国报刊、民国档案、中华人民共和国时期档案、民间收藏水利史资料等7类历史文献，涉及历史时期黑河流域水系变迁、水利建设、水利管理、水利纠纷与水利文化等方面的各类一手资料。

本书既可作为原始史料，供历史学、水科学、环境学、经济学、社会学等相关学科研究者使用，亦可为流域水资源开发管理与社会经济发展提供必要的参考。

图书在版编目（CIP）数据

河西走廊水利史文献类编. 黑河卷（全四册）/ 张景平等主编. —北京：龙门书局，2020. 11

（黑河流域生态-水文过程集成研究）

“十三五”国家重点出版物出版规划项目　国家出版基金项目

ISBN 978-7-5088-5803-6

Ⅰ. ①河…　Ⅱ. ①张…　Ⅲ. ①河西走廊-水利史　Ⅳ. ①TV-092

中国版本图书馆 CIP 数据核字（2020）第 178947 号

责任编辑：李晓娟 / 责任校对：樊雅琼
责任印制：肖　兴 / 封面设计：黄华斌

科学出版社　龍門書局　出版
北京东黄城根北街16号
邮政编码：100717
http://www.sciencep.com

中国科学院印刷厂　印刷
科学出版社发行　各地新华书店经销
*
2020年11月第　一　版　开本：787×1092　1/16
2020年11月第一次印刷　印张：127 1/4　插页：2
字数：3 090 000

定价：1890.00 元（全四册）

（如有印装质量问题，我社负责调换）

《黑河流域生态-水文过程集成研究》编委会

主 编 程国栋

副主编 傅伯杰 宋长青 肖洪浪 李秀彬

编 委 （按姓氏笔画排序）

于静洁 王 建 王 毅 王忠静
王彦辉 邓祥征 延晓冬 刘世荣
刘俊国 安黎哲 苏培玺 李 双
李 新 李小雁 杨大文 杨文娟
肖生春 肖笃宁 吴炳方 冷疏影
张大伟 张甘霖 张廷军 周成虎
郑 一 郑元润 郑春苗 胡晓农
柳钦火 贺缠生 贾 立 夏 军
柴育成 徐宗学 康绍忠 尉永平
颉耀文 蒋晓辉 谢正辉 熊 喆

《河西走廊水利史文献类编·黑河卷》

编纂委员会

主　　任　王忠静　卢琼华　谢继忠

委　　员　赵国强　杨永生　崔云胜　张景平

　　　　　陈乐道　吴居善　梁永芳　郑　航

主　　编　张景平　王忠静　陈乐道　吴居善

参与编纂单位

主持单位　清华大学

　　　　　甘肃省档案馆

合作单位　河西学院

　　　　　张掖市档案馆

总　序

20世纪后半叶以来，陆地表层系统研究成为地球系统中重要的研究领域。流域是自然界的基本单元，又具有陆地表层系统所有的复杂性，是适合开展陆地表层地球系统科学实践的绝佳单元，流域科学是流域尺度上的地球系统科学。流域内，水是主线。水资源短缺所引发的生产、生活和生态等问题引起国际社会的高度重视；与此同时，以流域为研究对象的流域科学也日益受到关注，研究的重点逐渐转向以流域为单元的生态-水文过程集成研究。

我国的内陆河流域占全国陆地面积1/3，集中分布在西北干旱区。水资源短缺、生态环境恶化问题日益严峻，引起政府和学术界的极大关注。十几年来，国家先后投入巨资进行生态环境治理，缓解经济社会发展的水资源需求与生态环境保护间日益激化的矛盾。水资源是联系经济发展和生态环境建设的纽带，理解水资源问题是解决水与生态之间矛盾的核心。面对区域发展对科学的需求和学科自身发展的需要，开展内陆河流域生态-水文过程集成研究，旨在从水-生态-经济的角度为管好水、用好水提供科学依据。

国家自然科学基金重大研究计划，是为了利于集成不同学科背景、不同学术思想和不同层次的项目，形成具有统一目标的项目群，给予相对长期的资助；重大研究计划坚持在顶层设计下自由申请，针对核心科学问题，以提高我国基础研究在具有重要科学意义的研究方向上的自主创新、源头创新能力。流域生态-水文过程集成研究面临认识复杂系统、实现尺度转换和模拟人-自然系统协同演进等困难，这些困难的核心是方法论的困难。为了解决这些困难，更好地理解和预测流域复杂系统的行为，同时服务于流域可持续发展，国家自然科学基金2010年度重大研究计划“黑河流域生态-水文过程集成研究”（以下简称黑河计划）启动，执行期为2011~2018年。

该重大研究计划以我国黑河流域为典型研究区，从系统论思维角度出发，探讨我国干旱区内陆河流域生态-水-经济的相互联系。通过黑河计划集成研究，建立我国内陆河流域科学观测-试验、数据-模拟研究平台，认识内陆河流域生态系统与水文系统相互作用的过程和机理，提高内陆河流域水-生态-经济系统演变的综合分析与预测预报能力，为国家内陆河流域水安全、生态安全以及经济的可持续发展提供基础理论和科技支撑，形成干旱区内陆河流域研究的方法、技术体系，使我国流域生态水文研究进入国际先进行列。

为实现上述科学目标，黑河计划集中多学科的队伍和研究手段，建立了联结观测、试验、模拟、情景分析以及决策支持等科学研究各个环节的“以水为中心的过程模拟集成研究平台”。该平台以流域为单元，以生态-水文过程的分布式模拟为核心，重视生态、大

气、水文及人文等过程特征尺度的数据转换和同化以及不确定性问题的处理。按模型驱动数据集、参数数据集及验证数据集建设的要求，布设野外地面观测和遥感观测，开展典型流域的地空同步实验。依托该平台，围绕以下四个方面的核心科学问题开展交叉研究：①干旱环境下植物水分利用效率及其对水分胁迫的适应机制；②地表-地下水相互作用机理及其生态水文效应；③不同尺度生态-水文过程机理与尺度转换方法；④气候变化和人类活动影响下流域生态-水文过程的响应机制。

黑河计划强化顶层设计，突出集成特点；在充分发挥指导专家组作用的基础上特邀项目跟踪专家，实施过程管理；建立数据平台，推动数据共享；对有创新苗头的项目和关键项目给予延续资助，培养新的生长点；重视学术交流，开展“国际集成”。完成的项目，涵盖了地球科学的地理学、地质学、地球化学、大气科学以及生命科学的植物学、生态学、微生物学、分子生物学等学科与研究领域，充分体现了重大研究计划多学科、交叉与融合的协同攻关特色。

经过连续八年的攻关，黑河计划在生态水文观测科学数据、流域生态-水文过程耦合机理、地表水-地下水耦合模型、植物对水分胁迫的适应机制、绿洲系统的水资源利用效率、荒漠植被的生态需水及气候变化和人类活动对水资源演变的影响机制等方面，都取得了突破性的进展，正在搭起整体和还原方法之间的桥梁，构建起一个兼顾硬集成和软集成，既考虑自然系统又考虑人文系统，并在实践上可操作的研究方法体系，同时产出了一批国际瞩目的研究成果，在国际同行中产生了较大的影响。

该系列丛书就是在这些成果的基础上，进一步集成、凝练、提升形成的。

作为地学领域中第一个内陆河方面的国家自然科学基金重大研究计划，黑河计划不仅培育了一支致力于中国内陆河流域环境和生态科学研究队伍，取得了丰硕的科研成果，也探索出了与这一新型科研组织形式相适应的管理模式。这要感谢黑河计划各项目组、科学指导与评估专家组及为此付出辛勤劳动的管理团队。在此，谨向他们表示诚挚的谢意！

2018 年 9 月

叙　记

《河西走廊水利史文献类编·黑河卷》既是“黑河流域生态-水文过程集成研究”丛书的组成部分，也是“河西走廊水利史文献类编”丛书的第二部成果，其篇幅在两大丛书中都是最巨大的。为方便读者阅读与使用这一文献整理成果，编者在此谨对黑河流域水利开发的历史与现状进行简要介绍，并对本书编纂缘起与经过等相关问题略做说明。

一

黑河是我国第二大内陆河，流域跨青海、甘肃、内蒙古三省区。黑河干流上游分为二源。西源野牛沟发源于青海省祁连县八一冰川，东源八宝河发源于青海省门源县景阳岭。二源在祁连县城所在地八宝镇西北汇合后，在黄藏寺附近流入甘肃省境内，向东北方切穿祁连山脉中的走廊南山，经肃南裕固族自治县境，出莺落峡进入河西走廊。其后，黑河干流北流至张掖市甘州区乌江镇一带，山丹河及其支流从山丹、民乐县汇入黑河；干流继续经临泽、高台二县，左岸相继有沙河、梨园河（又称响山河）、摆浪河等支流汇入，至正义峡转向北流并切穿合黎山。其后，黑河干流经大墩门进入甘肃省金塔县境内，转向东北流，又称弱水。在金塔县鼎新镇一带接纳自酒泉、嘉峪关流来的第一大支流讨赖河，至狼心山附近，进入内蒙古自治区额济纳旗境内，又称额济纳河，分为东、西二河，分别注入东居延海（又称苏古淖尔）与西居延海（又称嘎顺淖尔）。黑河干流全长821公里，在上游山区形成的径流总量15.8亿立方米。其中，莺落峡以上为上游，莺落峡与正义峡之间为中游，正义峡以下为下游。

黑河流域在西、东、东南三个方向分别与石羊河流域、疏勒河流域、黄河流域相邻，北部与蒙古国接壤。黑河流域总面积约14.29万平方公里。其中，青海省1.04万平方公里，甘肃省6.18万平方公里，内蒙古自治区约7.07万平方公里。黑河支流众多，除较大的山丹河、沙河、梨园河、摆浪河、讨赖河以外，还有马蹄河、海潮河、酥油口河等不与干流发生直接水力联系的大量浅山短流。全流域中集水面积大于100平方公里的河流有18条，地表径流量大于1000万立方米的河流有24条。其中，中游地区灌溉发达，渠网、塘坝、水库密布，干支流河道的渠系化特征十分明显。

黑河流域在整体上属于温带大陆性气候。南部祁连山区海拔2500—3200米，年平均气温2.0—1.5℃，年降水量在200毫米以上，最高达700毫米，相对湿度约60%，蒸发量约700毫米，气候冷凉，但相对湿润。高山区现代冰川普遍发育，宽阔河谷多高山草甸，有较丰富的森林资源，是流域主要的产流区。中部河西走廊平原区平均海拔1500米左右，年平均气温2.8—7.6℃，降水量由东部的250毫米向西部递减为50毫米

以下，蒸发量则由东向西递增，自2000毫米以下增至4000毫米以上，光热资源丰富，日照时间长达3000—4000小时，绿洲、戈壁、沙丘渐次分布。黑河流域下游额济纳平原平均海拔1000米左右，年平均气温8.9℃，年降水量35毫米，年日照时间最高可达3600小时，是中国日照最多的地区之一，流沙戈壁与湿地湖泊并存。

黑河水系的历史演化较为复杂。环境科学的有关研究表明，地质时期，黑河流域水量充沛，古居延海面积巨大，更有径流从居延海盆地东北方向溢出并深入蒙古高原，最东可到达呼伦贝尔盆地。后伴随青藏高原不断隆起，阻挡季风进入内陆，流域气候日益干旱，径流量逐渐减少，黑河干流长度缩短，居延海变为尾闾湖。进入历史时期，人类活动对于流域环境的塑造不断强化，加之流域气候存在周期性变化，下游居延海面积盈缩，中游绿洲分布格局亦处于动态过程。20世纪后半叶，全球工业化迅猛推进，导致全球气候变化加剧，黑河流域社会经济快速发展，导致祁连山局部生态破坏，大量水资源在中游被消耗甚至浪费，直接引发黑河诸支流与干流相继失去水力联系，进入下游的水量不断减少，西居延海和东居延海先后于1961年、1992年干枯，引发严重的生态问题。自2000年开始，由国务院统一部署的黑河干流水量调度工作启动，黑河干流开始根据制度安排向下游定期、定量输水。经过持续努力，黑河下游生态明显改善。2017年10月东居延海水面恢复至66.3平方公里，为近一百年来最大面积。

黑河流域自古以来即处于沟通中原与西域、内蒙古高原与青藏高原的十字路口位置，战略地位十分重要。黑河流域是当前中国重要的生态功能区、中国制种农业的主要基地之一、历史文化资源的富集区与重要的旅游目的地。具体而言，上游的祁连山脉是中国西北最重要的水源涵养区之一，中游的河西走廊中部绿洲是中国著名的灌溉农业区、中国最大的玉米制种基地与“丝绸之路”经济带上的重要通道，下游的居延海地区是中国防治沙漠化与抑制沙尘暴的桥头堡之一。兰新铁路、兰新铁路第二双线、临哈铁路、连霍高速公路（G30）、京新高速公路（G7）呈东西向横贯流域，交通便利。流域总人口133.8万（2016年），包含汉、蒙、藏、回、裕固等诸多民族，其中90%以上分布在中游地区。黑河流域的主要城市都在甘肃省，有张掖市、酒泉市、嘉峪关市；县级城市有青海省祁连县，甘肃省肃南裕固族自治县、山丹县、民乐县、临泽县、高台县、金塔县，内蒙古自治区额济纳旗。黑河流域拥有张掖大佛寺、肃南马蹄寺石窟与文殊山石窟、汉长城、明长城、黑城、骆驼城、魏晋壁画墓等重要文物古迹，以及祁连县卓尔山、张掖丹霞地貌、山丹军马场、额济纳与金塔胡杨林等著名风景区。此外，著名的酒泉卫星发射基地亦位于黑河干流附近。

需要特别说明的是，黑河第一大支流讨赖河流域因流域面积大，水量较大，且社会经济格局自成一体，在水利事业中通常被视为独立流域，“河西走廊水利史文献类编”丛书独立安排《讨赖河卷》，已于2016年由科学出版社出版。因此，《河西走廊水利史文献类编·黑河卷》刊布史料涉及的地理范围，包括黑河干流流域及除讨赖河外的全部支流流域。

二

以《史记》为代表的传世文献记载，黑河流域的大规模开发始于公元前 2 世纪汉武帝对河西走廊的征服活动。考古发掘则显示，从新石器时代直到青铜时代，黑河流域一直有先民从事规模化的生产活动。考古挖掘提供的证据显示，黑河流域存在分属马家窑文化马厂类型与四坝文化类型的考古遗址，农业生产在这些考古文化的经济生活中占有决定性的地位。位于黑河流域东部山丹河流域的民乐县东灰山遗址曾发现距今 4000 年左右的小麦、大麦、高粱、粟和稷五种农作物碳化籽粒以及石磨、石镰等石质农具，证明黑河流域是我国最早引种小麦这一外来作物的区域。畜牧业方面，东灰山遗址等出土大量羊、猪等家畜骨殖，黑河流域的祁连山山前草原以及下游居延海一带自古就是肥美牧场，在战国时代处于乌孙、月氏两大游牧部族的结合部，存在较发达的游牧经济。在手工业特别是在青铜冶炼方面，黑河流域是中亚、印度青铜冶炼技术传入中原的重要通道。近年来新挖掘的张掖西城驿遗址显示，黑河流域在距今 4100—3600 年已经存在较大规模的青铜冶炼基地，呈现出较高的社会分工水平。这些考古文化中，必然有与水资源开发相关的内容，故《尚书·夏书·禹贡》中有关大禹“导弱水，至于合黎，余波入于流沙”的记载虽系上古传说，未必没有实际映射的历史事实。

西汉王朝设立河西四郡后，今日黑河流域在彼时主要属于张掖郡管辖。与郡县设立相伴随的是大规模的人口迁移。故两汉时期，黑河流域掀起了第一个水利开发高潮，《汉书·地理志》记载，张掖觻得县附近有千金渠，可能就是中游地区的骨干灌溉工程。又据学界对居延汉简的研究，当时在下游居延海地区亦有规模庞大的农业开发，并设有隶属大司农的“都水”及其统辖下的各种水利职官、“河渠卒”等数量庞大的水利人员。同时，畜牧业在流域内部也占有重要地位。祁连山山前草原水草丰美，众所周知的匈奴歌谣中的“失我祁连山，使我六畜不蕃息”，应是指今黑河流域的大马营草原而言。太史公谓凉州“畜牧为天下饶”，黑河流域实为中心。

公元 4 世纪初，中原地区因所谓“五胡乱华”而再次陷入大动乱时，包括黑河流域在内的河西走廊却在其后一个世纪的时间内保持了相对的安定与繁荣，成为中国北方保存汉、晋文明成果的最主要区域，其人才与文化储备为后世隋唐帝国重建大一统做出了重要贡献。公元 301—439 年，黑河流域先后为前凉、前秦、后凉、北凉等政权占据。其中，北凉政权为世居黑河之畔的匈奴别部卢水胡建立。大量西迁避难的中原民众迁入黑河流域，农牧业进一步发展，居于青海湟水流域的南凉秃发部经常越过祁连山，到张掖一带抢割庄稼，抄掠牲畜，证明黑河流域是农牧产品丰饶的膏腴之地。

公元 589 年，隋王朝统一全国，各地经济普遍发展，户口数量与粮食产量都有很大提升。公元 609 年，隋炀帝亲自巡视河西，在黑河流域的焉支山下大会西域各国首领与商贾，成为流域历史中一件重要的国际外交与贸易事件。唐王朝建立后，一直十分重视黑河流域的经济开发特别是农业的建设。唐前期，甘州人口稀少，劳动力资源极为匮乏，尚有大量未获开辟的土地，故陈子昂极力建议向甘州大量移民，大兴水利。至 8 世纪中叶的唐玄宗时期，包括黑河流域在内的河西走廊已经成为一个粮食产量极高的地区。当帝国都城所在的关中平原遭遇饥荒时，往往将河西生产的富余粮食陆运至灵州（今宁夏灵武）一带，装船沿黄河、渭河进入关中。唐代黑河流域的畜牧业仍然保持兴旺，在吐蕃对唐的几次偷袭中，劫夺甘州牲畜都是吐蕃的目的之一。

公元755年，“安史之乱”爆发，唐帝国由盛转衰；在此后数个世纪中，中原王朝失去对河西走廊的控制，黑河流域先后为吐蕃、回鹘占领。由于这两个政权都具有不同程度的游牧属性，黑河流域的农业开发衰落。公元11世纪，西夏占领黑河流域后，开始大力发展农业，并在居延海附近进行垦殖。元朝时期，在河西走廊设立甘肃等处行中书省（甘肃行省），黑河流域为其中心。因皇室崇尚藏传佛教，西藏高僧常常沿黑河经居延前往蒙古草原深处的哈拉和林，故朝廷比较重视对黑河流域的开发。其时，甘州、肃州（今酒泉市肃州区）、亦集乃（今额济纳旗黑城遗址）等城市都十分繁荣，马可·波罗在其游记中对此进行了特别的赞扬。另一位意大利修士鄂多立克则在游记中提到，甘肃行省是“世界上第二个最好的省”，出产大量粮食，其中最主要的作物是粟。马可·波罗与鄂多立克都提到，甘州、肃州南部的祁连山区盛产大黄，是黑河流域重要的输出商品。

1372年，明王朝占领河西，在肃州城西修筑嘉峪关，并以此作为帝国直接控制区的西北门户，黑河流域遂成为明王朝版图中的西北极边之区。为缩短军事防线，明王朝放弃了黑河下游广大地区，集中力量在黑河中游地区开发屯田，并以军、民双轨制的方式引入农业移民。明代黑河流域在河西走廊的贸易地位较为突出，由于边境的收缩与贸易政策的调整，肃州、甘州成为明帝国在西北方面的两个最重要口岸，新疆与中亚、西亚商人的许多贸易活动被指定在这两座城市中进行。15世纪上半叶，帖木儿帝国君主沙哈鲁派遣使团前往北京，沿途经过许多大城市，但所撰写的行纪材料只对甘州、肃州这两座城市中的市场进行了特别记载，通过许多细节描述盛赞这些市场规模宏大，管理有序，并认为这两座城市所能提供物资种类的丰富程度令人吃惊。

今日黑河中游地区灌溉系统的骨架自明代开始形成，主要渠道的沿革可追溯至明初，包括复杂的山地引水系统、泉水贮存系统以及平原渡槽系统。流域中游形成东部的山丹-民乐绿洲、中部的张掖绿洲、西部的高台-临泽绿洲三大灌溉农业区，人口缓慢增长。清代，在维持明代基本灌溉格局的基础上，对老渠系加密、改建，提高了老垦区的水资源利用率，形成了当时甘肃境内唯一的大面积稻作农业区；同时在下游大举屯田，使得流域人口在整个18世纪中后期快速增长，从1730年前后的不足10万人增加到1810年前后的60万人以上。这一时期，黑河流域历史上第一次出现了因局部人口过剩而向新疆等地输出移民的状况。人口的快速增殖导致了耕地面积的迅速扩大，祁连山山前草场以及高台等地的盐碱地、沼泽地都被开垦。至19世纪初期，流域耕地总面积已超过200万亩。其中，三分之二集中在黑河干流中游的张掖、山丹、民乐、临泽、高台等地。当时甘肃巡抚以区域平均土地单产为依据，将田赋等级自高至低依次定为“金、银、铜、铁”四等，甘州等地被定为“金”等，后世所谓“金张掖”之名即从此处得来。

灌溉面积的扩大造成了灌溉高峰时期流域水资源的紧张。早在康熙五十四年（1715年），镇彝堡农民阎如岳等人已经开始向当局请愿，要求在黑河流域诸县之间“均分水

利”。雍正四年（1726 年），川陕总督岳钟琪在一份奏折中承认，每年夏初灌溉高峰，黑河正义峡以下已经没有径流通过。康熙、雍正之际，两任川陕总督年羹尧、岳钟琪对此事极为重视，多次亲自实地考察，或派员督办。在此前后，著名的黑河均水制度出台，其核心是每年芒种前十日寅时起至芒种当日卯时，高台镇江渠以上河段全线闭口，其间由高台镇彝五堡与更下游的毛目、双树墩灌区独享水源。其中，高台镇彝五堡使用七天，毛目、双树墩灌区使用三天，由驻军监督实施。这一制度的核心是，以独占灌溉时间为单位，规定了灌溉高峰期流域中、下游之间各自的水权配额，其灵感明显来源于流域广泛存在的轮灌制度。同时，县级行政区在水权博弈中居于主体地位。在将“时间”作为水权计算主要依据的同时，将“水量”作为水权的重要补充计算方法。雍正、乾隆之际，作为生产军粮的屯田灌区，黑河中游的三清渠取得了闭口期。经过长时间的完善，到民国时期，黑河流域已形成一套以“均水制”为核心的复杂水权制度，并“制造”出一种“阎如岳康熙告状，年羹尧雍正均水”的经典论述，某些具体的制度安排一直沿用至今。

19 世纪 60 年代，中国大地内忧外患。各种战乱给黑河流域社会经济造成了毁灭性破坏，使得流域人口大量损失。晚清、民国时期的黑河流域绝非一个正常的、有着光明前途的区域社会，而是处处呈现着一种凋敝、衰落的景象。沉重的赋役负担、鸦片泛滥等造成了严重的社会危机，整个社会趋于贫困化。著名记者范长江用《金张掖脱了金帽子》这样的标题来描述张掖，其文字对流域社会经济状况有着犀利敏锐的洞察：“要论张掖的街道，……并不见得很差”，但“没有裤子穿的朋友太多了，十四五岁以下的小孩，十之七八没有裤子”。直至 1949 年中华人民共和国成立后，黑河流域的社会经济才步入快速发展的轨道，水利事业也获得了长足发展。

三

长期以来，历史时期黑河流域的水资源开发问题在屯田史、边疆开发史以及历史地理相关学科框架下得到前辈学者的专门讨论。既有研究在两个方向取得了较高水平的研究成果：一是利用汉简资料对汉代水利制度的研究，二是综合运用中国第一历史档案馆藏清代档案与地方志材料对清代屯田水利的研究。然而，在水利社会史领域与水利环境史领域，黑河流域的相关研究步履维艰。其中原因复杂，与河西走廊其他流域一样，“微观”文献的匮乏无疑是重要的阻碍因素。

《河西走廊水利史文献类编·黑河卷》编纂自 2014 年 8 月正式启动。编者首先对黑河流域水利史文献的“家底”进行了约一年的系统摸底调查，认为要在碑刻等金石材料与渠册等民间文书的搜集方面达到岭南、江南、山陕的水平，完全不可能。这是近世以来黑河流域相对落后的社会发展水平所致，更是干旱区水利社会的特性所定。因此，《河西走廊水利史文献类编·黑河卷》在基本继承《河西走廊水利史文献类编·讨赖河卷》编写思路的前提下，将重点放在档案材料的整理上。《河西走廊水利史文献类编·黑河卷》所收录档案以张掖市档案局藏民国档案、甘肃省档案局藏民国档案为主，兼收部分酒泉市档案局藏民国档案。特别是张掖市档案局藏民国档案，多数尚未完成编目，未向公众开放，其史料价值十分珍贵。黑河流域民国水利档案中保留的历史信息，在细节的丰富、内容的多样方面居河西走廊之冠，就是在全国范围内也是不遑多让的，完全可以胜任社会史、环境史、经济史等研究领域的史料需求。其中，不仅涉及民国水利史本身，更有不少可回溯至清代，而这些清代史料的原始载体本身已经消失，故其史料学价值更加凸显。

近年来，史料的出版刊布特别是数字化进程明显加快，这对我们搜集整理干旱区水利文献提出了新的要求。编者认为，在维持基本全面的史料框架基础上，应更加自觉地把精力集中于独家、一手文献的整理刊布上，可以通过数据库检索、阅读的文献一般不再收录。因此，与《河西走廊水利史文献类编·讨赖河卷》相比，《河西走廊水利史文献类编·黑河卷》缩小了民国报刊类文献的取材范围，所收录都是不见于各类数据库或有独特价值者；取消了读者已经可以较容易觅得的清代奏折类文献单元。明清到达黑河流域的知名人士甚多，其文集中未有直接、正面记录水利问题者；但大量一般性的河流水利描述，如李渔甘州诸诗，皆可在古籍数据库中觅得，故取消私家著述类文献单元。黑河流域水利碑刻录文散见于方志、档案者大大超过了讨赖河流域，但没有一座原碑刻存留，因此不再另设碑刻类文献单元。编者曾在流域进行过数次较大规模的口述史采访，但所得信息之丰富、准确、详赡，未能超过档案文献提供的范围，故取消。1949 年后，各种档案资料统一合并为中华人民共和国时期档案文献单元，以五六十年代文献为主。根据《河西走廊水利史文献类编·讨赖河卷》出版后的读者意见，取消文史资料类文献单元，增设民间收藏水利文献单元。

《河西走廊水利史文献类编·黑河卷》的编纂过程得到了各有关方面的大力支持。甘肃省档案局作为本书牵头单位之一，依据双方协议开放了相关档案的刊布授权，并在时任甘肃省委副秘书长兼甘肃省档案局局长赵国强同志的亲自关心下，积极协调有关部门完成了开放权限审核，甘肃省档案馆馆长卢琼华同志以及各相关处室领导在档案整理中给予了宝贵支持。本书合作单位河西学院历史文化与旅游学院动员学生完成了近 1/4 档案的初录工作，更创造各种生活方面的便利条件，使编纂人员在繁重枯燥的工作中倍感温暖。中共张掖市委常委、宣传部部长李润强同志多次过问编纂情况并提供了宝贵支持。张掖市档案馆两任馆长梁永芳同志、吴居善同志以极为高远的文化眼光，保证了张掖市档案馆藏民国档案对课题组的开放。酒泉市人大副秘书长杨永生先生提供了有关民间收藏水利文献的重要线索。2018 年 1 月和 2019 年 3 月，编者邀请相关专家、领导，对本书先后进行了初稿审查和定稿审查，北京大学韩茂莉教授，清华大学仲伟民教授、梅雪芹教授，中国人民大学夏明方教授，北京师范大学徐宗学教授，南开大学王利华教授，山西大学胡英泽教授以及原水利部办公厅主任顾浩教授、水利部宣教中心纪委书记王乃岳研究员、中国水利学会副秘书长吴伯健教授级高级工程师等专家、领导先后莅临指导，对于本书的编纂提出了大量意见与建议。在此，谨向所有关心、支持《河西走廊水利史文献类编·黑河卷》编纂的各位专家、各位领导、各位同仁表示诚挚的感谢。

清华大学土木水利学院副院长王忠静教授作为《河西走廊水利史文献类编·黑河卷》

编纂委员会主任与主编，一直为黑河流域水利史文献的搜集整理提供完全经费保障，并对编纂过程给予全面指导。甘肃省档案馆馆长卢琼华同志作为本书编纂委员会主任，对于本书的编纂工作尤其是民国档案部分的整理提供了各种支持。河西学院历史文化与旅游学院院长谢继忠教授作为本书编纂委员会主任，参与制定了本书体例，并具体组织了书中部分文献的初录工作。《河西走廊水利史文献类编·黑河卷》的编纂框架制定、史料甄别筛选、重点文献录入和全书统稿工作，由本书第一主编张景平完成。其中，主要工作系张景平在清华大学土木水利学院水利水电工程系从事博士后研究时完成，少量收尾工作系2019年3月调任兰州大学历史文化学院研究员后完成。甘肃省档案馆开发利用处处长陈乐道研究馆员、张掖市档案馆馆长吴居善同志作为本书主编，也为本书的编纂尤其是民国档案部分的整理做了许多具体工作。

在《河西走廊水利史文献类编·黑河卷》的编纂工作中，东莞理工学院郑航副教授、西北师范大学王新春副教授、厦门大学王炳文助理教授，曾在清华大学土木水利学院水利水电工程系攻读博士学位的朱金峰、郑志磊、蒋光昱、徐国胤、张子雄诸君，都给予了不同形式的宝贵帮助。兰州大学的马艳艳、毛建荣同学，西北师范大学的常美玲、陈妙、陈晓娜、亶静贤、杲立亮、郜荟慧、郭永霞、李雅婕、李霞、柳文武、马元军、王丽晓、王瑞雪、王恩博、许凌馨、于增秀、赵琪伟、周雪娇、周玮等同学，河西学院的高璐、高文虔、贾永翔、祁才中、唐瑞、王明、王亚楠、徐迪先、张烨等同学在不同阶段先后承担了部分档案的馆内数字化、部分原始文献的录入等工作。在此，向这些同仁致以诚挚的感谢。

《河西走廊水利史文献类编·黑河卷》是王忠静教授主持的国家自然科学基金重大研究计划重点项目“水权框架下黑河流域治理的水文–生态–经济过程耦合与演化”（91125018）的重要成果。2019年，《河西走廊水利史文献类编·黑河卷》作为“黑河流域生态–水文过程集成研究”丛书中的一部重要专著，列入国家出版基金项目。为了保持与“黑河流域生态–水文过程集成研究”丛书的一致性，《河西走廊水利史文献类编·黑河卷》整体内容在沿袭“河西走廊水利史文献类编”丛书基本风格与规范的基础上做了一些调整，删去了“河西走廊水利史文献类编”丛书编纂指导委员会名单①、丛书主编署

① “河西走廊水利史文献类编”丛书编纂指导委员会

主　任　雷志栋　刘昌明

顾　问　（按姓名笔划排序）

王　浩　王光谦　张建云　张楚汉

陈志恺　胡四一　顾浍臣　康绍忠

程国栋　傅伯杰

委　员　（按姓名笔划排序）

马俊亚　王乃昂　王利华　王希隆

王忠静　厉　声　田　澍　朱诗鳌

仲伟民　李并成　杨诗秀　辛德勇

张国刚　周魁一　郑炳林　钞晓鸿

袁　林　夏明方　梅雪芹　韩茂莉

谭徐明

名①、丛书总序以及本书附录等内容，同时根据有关政策规定未保留有关可能引发争议的地图等信息，留待日后修订再版时予以补全。

本书索引收录流域重要河流渠道名称，便于读者检索有关信息。

张景平代表本书编纂委员会执笔于金城诚意斋

2020年6月16日

① “河西走廊水利史文献类编”丛书主编　王忠静　张国刚

凡　例

尽可能多地保留原始文献信息，是《河西走廊水利史文献类编·黑河卷》编纂过程中的第一原则。故本书对于原始文献内容一般不予改动，以期最大限度地保留原貌。但因为本书所收录原始文献时间跨度大，类型差异明显，为保证内部统一，并符合当今出版规范，经编者与出版方反复协商，本书在许多具体细节方面进行了类型化处理，分别阐述如下。

一、关于文献录文与编者按的问题。对原始史料的录文构成本书绝对主体，同时以脚注形式加编者按。文献录文依照历史文献学一般原则进行。对于字迹难以辨认的内容，用方框代替。出现大量缺页、污损和删节时，用编者按说明。

二、关于原文献中的繁体字、异体字问题。原文献多采用繁体字书写，其中不乏异体字。对于繁体字，本书都直接改为简体字。对于异体字，除人名保留外，本书都直接改为正体字。

三、关于原文献中词汇的不统一、不规范问题。本书所收录文献不但有文言、白话，还有口语化的方言。许多词汇存在两种甚至更多的书写方式，如“彻查”又作“澈查”，“干打实塞”又作“干挞实塞”。对于一些专用名词，民国时期与当今的表达方式不同，如在某些文献中，“海拔”又作“拔海”，等等。人名方面的差异亦大，因旧时乡村社会中文盲比例极高，故许多呈文、诉状中，姓名书写极为随意；两个相近的姓名，有时难以判定：究竟是同一人姓名之误写，还是不同的两个人。地名方面的问题：首先，表现为音近字异，如“大都麻河”又作“大堵麻河”，“昔喇渠”又作“西腊渠”；其次，表现为历史文献地名不符合今日规范，如“内蒙古自治区”不应简化为“内蒙”，但在20世纪50、60年代文献中，“内蒙”相当普遍。上述这些不统一、不规范不但出现在不同文献之间，而且在同一文献内部亦颇有参差。这种不统一、不规范，本身就是重要的历史现象，不应以今责古。故编者对于此类问题皆照录，不刻意统一、规范。

四、关于原文献中的数字形式问题。原文献中数字形式极为复杂。在序号方面，原文献有阿拉伯数字，带圈、带括号的阿拉伯数字和小写、大写汉字数字，带括号的汉字数字等多种类型，且层级运用不统一。在表示量的数字书写方面，亦存在多种书写方式。假设有数字1,740.1，也会写作1740.1、一千七百四十点一、一七四〇点一等。上述各种形式的数字，在全书中皆有出现。对此，编者不做整体统一，基本维持原貌。但为避免读者误会，对同一文献内部易造成理解混乱的地方酌情进行调整。

五、关于原文献中的标点问题。原文献多数没有标点，少数有标点者亦与当今使用规范存在较大差别。编者在整理中，一律使用规范的标点符号进行断句，以逗号、句号为主，对疑问句用问号，对层次关系明显的语句必要时用分号。尽量不使用省略号、破折号、感叹号、冒号、括号，此五类符号出现，若未作注说明，皆为原文自带。断句时亦不轻易使用引号，书中出现者多数为原文自带。编者主动使用引号的情况，集中于民国档案文献中标识公文多层嵌套式结构。由于前人在引用书名、文献时多不规范，多数直接加书名号，如《书》系《尚书》，《汉志》系《汉书·地理志》。但遇到以“汉地理志”指代《汉书·地理志》这样较罕见的简称时，为避免误会，标作“汉《地理志》”，而非《汉地理志》，读者可根据上下文意判断。

六、关于计量单位使用方面的问题。原文献类型多样，形成年代不同，计量单位使用比较复杂，如中国传统的尺、寸、亩、石、斗、斤、两等，英制的英寸、英尺、马力等，公制的米、千米、千克、千瓦等，皆有使用。具体书写时，同一种计量单位存在不同的书写方式，如“英寸”又作“吋”，“毫米”又作“公厘”，“千米”又作“公里”“km”，等等。同一文件内部，亦未能完全一致，对此均维持文献原貌。

七、关于各级标题问题。本书所收录各种类型的原文献标题层级很多，表现方式差异很大，排列分散，影响到阅读效果，故全书统一了各级标题的基本层级，同时保留了原文献各种标题的多样性。为了保持相似文献标题的一致性，有时会省略一级标题。如本书中的诗文标题按三级标题设置，部分内容省略二级标题；档案类文献按三级标题设置，部分内容省略二级标题。

八、关于原文献正文的字体、字号等体例问题。原文献多数为手写，字体复杂，但普遍存在以不同字体、字号区别不同类型内容的现象，也存在大量传统书写格式。在整理中，对绝大多数正文字体统一为宋体，字号统一为五号，但遇古籍中某些起注释、提示、补充作用的小号字以及民国档案中的处理意见，为便于读者区分，改用楷体。排版方面，一律按当前通行的横排标准处理。对于传统书写格式中表尊敬的转行、提格等形式，表谦逊的小号字、侧写等形式，本书未予保留。将夹批、眉批、双行注释等内容改作脚注，并以“原注”表示，或在编者按中介绍其原形态。

九、关于表格的问题。本书涉及表格类型比较复杂，形态差异极大。编者本着尽量接近原始文献形态的原则，按照“黑河流域生态-水文过程集成研究”丛书统一表格版式进行微调，保留其数据、内容的历史原貌。

十、关于民国纪年问题。本书收录史料中涉及的民国纪年书写方式不尽统一。如“中华民国××年”，也会写作“民国××年”、“××年”、“民××”等。其中，“××”之书写形式，亦有汉字数字、阿拉伯数字两种形式。“二十”也会写作“廿”，“三十”也会写作卅。编者对此皆维持现状，读者可根据上下文判断其具体含义。

十一、关于各单元本类文献提要及原始文献作者、整理者信息的问题。各单元本类文献提要的编写目的主要是介绍文献的保存、流传、版本等信息，对整理中遇到的主要问题进行说明。为与各种原始文献区分，本类文献提要中的文字排仿宋体。各种原始文献的作者、整理者信息，已在本类文献提要中说明的，原始文献中不再显示；本类文献提要未予

说明的，在原始文献脚注中以编者按显示；档案文献中，不论原文件是否有具体署名，均在命名中体现责任人。

十二、关于历史文献中的时代局限以及不符合当前出版规定的问题。由于时代局限，历史文献中有极个别文字，存在地域歧视、特定历史条件下的意识形态痕迹、对兄弟民族的不公正态度、宗教矛盾等问题，为符合当前出版规定，编者进行了遮蔽处理，并在遮蔽处以编者按形式注明。对于遮蔽处涉及关键时间与事件节点以致影响阅读的内容，以规范语言转述其重要信息。

十三、部分民国文献对时任官吏颇有谀辞，不尽符合历史事实，但考虑到维持原文献的完整性，未予删改。

十四、本书索引为流域重要河流渠道名索引，但“黑河”因贯穿全书，不再收录。

目　　录

壹　方志类文献

贰　游记与考察报告类文献

叁　民国工程文献

肆　民国报刊文献

伍　民国档案文献

上

中

下

陆　中华人民共和国时期档案文献

柒　民间收藏水利文献

壹

方志类文献

本类文献提要

明代以来，黑河流域传世方志较多。本单元共选摘十四种，简介如下。

州府方志三种。《重刊甘镇志》，顺治十四年（1657年）时任西宁按察副使杨春茂主持修纂，其实是将万历末期李应魁等所刻《甘镇志》重新加以整理，仍以万历三十六年（1608年）为记事下限。2005年张掖地方志办公室张志纯等根据地方藏雕版重新加以标点，由甘肃文化出版社出版，本单元据此节选其《屯田》、《水利》部分，反映流域明代情形。《重修肃州新志》，黄文炜、沈青崖于乾隆二年（1737年）纂成，当时高台县属于肃州直隶州管辖，兹选取其《高台册》中相关内容。其中，三清湾屯田为此后长期水利纠纷之渊源，黑河行船为当时西北内河航运之重要尝试，皆有重要史料价值。本单元以酒泉博物馆1984年排印本（内部印行）为准，节选相关内容。《甘州府志》，乾隆四十四年（1779年）时任甘州知府钟赓起主持修纂，考订严谨，收录宏富，一向被视为清代张掖地方志之代表。收录水利碑刻多块，原碑均已不存。其中，涉及高台屯田中以水洗碱等事，更是流域内盐碱治理最早之系统记载。本单元以甘肃文化出版社1995年点校本为准，选取相关内容。

县级方志八种。《新修张掖县志》，民国时期白册侯、余炳元修纂，至1949年未最后定稿，1999年由张掖市市志办公室整理刊印，内部发行，本单元据此选取水利相关内容。《山丹县志》，道光十五年（1835年）时任县令黄璟主持纂成，本单元以兰州大学出版社2012年郭兴圣整理本为准，选取水利相关内容。《东乐县志》，民国十二年（1923年）张著常纂成。后东乐县改名民乐县，县城亦迁移，民国三十三年（1944年）开始修纂《创修民乐县志》，樊得春任总纂，至1949年时仍未最后完工，只有稿本。刘汶等将二书合并，进行整理，于2009年由兰州大学出版社出版，本单元据此节选相关内容。《临泽县采访录》，民国十八年（1929年）韩伯隆、乔世臣、白周卿、高季良等修成。民国三十二年（1943年）高季良、赵毓瑗在此基础上扩充成《创修临泽县志》。张志纯等将二者合并整理，由甘肃文化出版社于2001年出版，今据此摘录有关水系、水利内容。《新纂高台县志》，民国十年（1921年）徐家瑞主持纂成，本单元以甘肃文化出版社1998年张志纯整理本为准，选取水利相关内容。《鼎新县志》，民国三十四年（1945年）张应麒主持纂成，本单元以甘肃省图书馆收藏抄本为依据，节录有关内容。1956年，撤销鼎新县，其辖域并入金塔县。

新修水利志两种。《张掖地区水利电力志》，1988年张掖地区水电局编印，内部发行。此书虽系新修行业志，但相关回顾性内容有不见于他处者，如其引文云："渠水渗漏惟河西各渠之剧。各渠线路或直交或平行，系统复杂，各自为政，且渠线所经或路沟或水道或戈壁或沙滩，类多，槽宽水浅，湿边既长，蒸发渗漏均多，漏水之甚也。河西旧渠之病除渗漏者外，尚有节制进水及防冲二点。旧渠渠口多无拦河堰，仅筑分水堤溯河而上，其长度有数公里至数十公里，即在卵石河滩上下行，或一面利用崖坡，一面筑卵石堤或两面卵石堤束水下行。各河在平时无水或小水，但洪水一至则波浪汹涌，砂石俱下，是各河之洪水与小水差别甚大，已为大病，且各渠进水又无节制，渠亦排洪且坡度极陡，冲决时见。复修而复毁，皆因过量引水，工程简陋所致。由此可见，其时农田水利状况处于何等地步。”此虽未明著者，但大为重要。执笔者程万鹏先生对流域内水利掌故极为熟悉，此志益当为读者重视。《张掖市水利电力志》，甘肃省张掖市（县级市）水利电力志编辑委员会编，张掖市（县级市）水电局1992年印刷，内部发行。该书收录重要水利碑刻与传说多种，不见于他处，今节录相关内容。

村志一种。《五坝村志》，傅积厚等主编，五坝村志编辑委员会2000年编印，内部发行，现收藏于甘肃省图书馆。五坝村属于今张掖市民乐县六坝镇，黑河支流洪水河是其灌溉水源，今节录水利相关内容。

此外，历代《一统志》以及明代《陕西通志》、清代《甘肃通志》、民国《甘肃通志稿》等省级方志中，也有涉及黑河流域水利问题的相关记载，但内容分量不大，且普遍包含于州府、县级方志，故不再节录。

本单元所收录方志，所依据版本绝大多数为当代整理版。这些方志以单一版本传世，故不存在校勘的问题。但由于不少方志的原始版本为未定稿之抄本，原整理者仍然付出很大心血将其排印，在此向他们表示敬意。由于认识角度不同，原整理者进行的注释、补充、改正，与历史文献整理的一般规范存在差异。对于这些整理成果，本书编者按如下原则予以辩证采纳，并进行了一些调整。其一，直接采纳原整理者在明显错字改正与明显漏字增补方面的成果，不出注；采纳部分带有考证性的增补，并以脚注保留相关整理信息。其二，对原整理者为解释字义、介绍历史背景而增加的按语、注释，以及为折中古今地名差异所做的文字改动等，均未保留。其三，对原整理者在句读方面的少数明显错误予以直接改正，不出注。其四，方志原始版本中经常可见单行小字或双行小字参错于正文中，原整理者多以添加括号的方式显示相关内容，本书如从之，易使读者将其与新修方志中存在的括号及相关内容混淆；本书编者将方志原始版本正文中的单行小字或双行小字格式改为五号楷体，以尽量接近方志原貌，避免误会。

| 重刊甘镇志 |

地理志第二·山川 西域山川附（节录）

甘州左等五卫，环以祁连、合黎之山，浸以居延、鲜卑之水。左人祖，右甘浚，如飞鸟之张翼；南祁连，北合黎，若雄虎之对蹲。控制羌胡，用武之地。《雍大记》

合黎山　城北四十里，一名要涂山。迤逦至镇夷所石峡口三百里。按西汉《地理志》：张掖西北有小峡，盖弱水与流沙相合之处，《禹贡》所谓“导弱水至于合黎”是也。太仆郭绅诗云：“高峰壁立老龙蟠，削出芙蓉作画看。雨后髻鬟当户碧，风前屏障倚云寒。要涂名古夸雄镇，弱水源深涌急湍。地载天开多秀色，一方美景万年安。”

祁连山　城南一百六十里，连亘凉、肃，东西延袤千余里。本命天山，匈奴呼天曰祁连，故名。又名雪山，山中冬温夏凉，美水草，宜畜牧。匈奴尝失此山乃歌曰：“亡我祁连山，使我六畜不蕃息。”定襄伯郭登诗云：“祁连高耸势岧峣，积素凝花尚未消。色映吴盐迷晓骑，光生玉树晃琼瑶。寻梅腊外春寒敛，仗策吟边逸兴飘。几度豪来诗句险，恍疑策蹇灞陵桥。”

人祖山　城东北四十里，俗名快活山。其山不毛。太仆郭绅诗云：“天限华夷作此山，甘泉佳景塞垣关。静连素练笼青壁，高曳轻缣抹翠鬟。晓色漫同云外倚，晴光遥共白云闲。久无烽火警人目，岩畔纷纷任往还。”

鸡山　按《水经》：“黑水出张掖鸡山，至敦煌，过三危山，南流入于南海。”盖鸡山在张掖之北。

甘浚山　城西南八十里，山下有泉，味甘冽，故名。太仆郭绅诗警联云：“味甘若醴元非酿，声响如琴本自鸣。”

马蹄山　城南一百里，岩石间有神骥足在焉，故名。又有临松，青松，丹峡三名。山下有寺。流寓朱惟均诗云：“古刹层层出上方，云梯石蹬步回长。金身现相莲开座，玉梵清音月近床。茶沸烟腾禅出定，花飞泉落水流香。逢僧共说无生话，回首尘劳意自忙。”

张掖河　自镇城西南山中流出，原名黑河。源出摆通河，经祁连山，积雪消融，其流益洪。傍合黎山，出羌谷口，北入亦集乃、哈班哈、巴尔哈剌失三海子，即古居延海。

居延海　《地理志》：渡张掖河，行至合黎山镇夷石峡口，傍河东堧而曲东北行一千里，有宁寇军，军东北有居延海。唐胡曾诗云：“漠漠平沙际碧天，问人云此是居延。停骖一顾犹魂断，苏武争禁十九年。”以此诗观之，苏武牧羝于北海上，或此海也。

弱水　自镇城东北环合黎山入东莎界，《禹贡》云：“导弱水至于合黎，余波入于流沙。”按《西域传》：“弱水在条支，自长安西行万二千里，有百余日方至其地。”疑别有所谓弱水也。

都渎涧　城西九十里，蓼泉之西。

石井　城南一百三十里，普观寺石洞佛殿内西南角。井口四面各长一丈四寸，深四尺五寸，水常满不溢，冬夏汲之不竭。

蓼泉　城西九十里，沮渠蒙逊与西凉交战之处。

甘泉　城西南八十里，甘浚山下。味甘冽，因以名郡。又城南门内东三十余步亦有甘泉，北流出城，引以转硙。又北为阿薛古渠。城内谯楼以东多沮洳，春秋之仲，潮浃二旬，土皆软滑皷墙屋，相传下有潴泉，殊可骇虑。

草湖泉　在张掖河两岸数十处，多生芦草，每年收草百万余束，以饲战马。

九眼泉　城西九十里。

龙首潭　城西八十里有潭，张掖河所经，在山峡内。郭登诗云："乘闲纵步谒灵湫，雾霭腾空爽气浮。地下有功苏大旱，人间无术起苍虬。光涵瑶海三山晓，冷浸玻璃一镜秋。愿作天瓢敷塞北，三边陇亩庆全收。"

山丹卫　"甘凌镇其右，焉支峙其左，湖水萦带于前后，烽燧分置于南北。控扼番胡，屹为雄镇。两山萦峙，四泽泉充。"《雍大记》

甘凌山　城西北三十里，延袤至甘州，俗名龙头山。山之阴有泉，遇旱取水，祷雨颇验。山腰有三洞，各深五尺，洞中有佛像数余。太仆郭绅诗云："边境名山势插天，二三幽洞几千年。半空翠滴深秋雨，一壑势摇薄暮烟。室有金容仙迹古，门无锁钥藓苔鲜。鸟声花影皆佳致，留与诗人咏百篇。"

焉支山　汉霍去病将万骑出陇西，涉狐奴水，过焉支山千里，执浑邪王，收休屠王祭天金人，即此地也。山在河西郡界，东西百余里，南北二十里，有松柏古木，美水草，宜畜牧。后匈奴失此山，歌曰："没我焉支山，是我妇女无颜色。"故单于爱妇名阏氏，以此阏音焉，氏音支，与胭脂同义。一说在山丹故县，东西百余里，南北二十里。又云在山丹县东南五十里，名大黄山。《一统志》云："在卫城东南一百二十里，名删丹山。"唐哥舒翰建神祠于山麓，天宝间封山神为宁济公。唐王摩诘有《焉支行》。

祁连山　城南一百五十里，即天山。唐虞世南诗云"天山冬夏雪"是也。详见《张掖志》。

石峡口山　城东八十里，两峰相对，下有石井。佥事张楷诗云："白沙官道接羌胡，硗确难行是此途，似过井陉愁马蹶，疑从蜀栈听猿呼。两山影逼天多暝，五月风高草已枯。明日西行望张掖，一川平似洛阳衢。"

馒头山　城东北九十里，形似馒头，故名。

石嘴山　城西十里，山下皆舄卤，雨后经日，色白如盐。

红寺山　城北二十五里，土皆赤。山上有崖，深六尺，高八尺，内有石佛，又名红寺洞。

红盐池　城北五百里，池产盐，红色，其根可做器。洪武中，指挥庄得采贡岁办，后以地属境外，停革。

删丹河　城西，源出祁连山，西流入张掖河，即弱水。《书》所谓"弱水既西"

是也。

白盐池　在居延泽之傍。

南草湖　城东南一里，周围九里，中多芦苇涌泉，故名。

西草湖　城西一十里，周围七里，中多芦草，有水泉。

石井　城东八十里，出石峡口山下。

暖泉　城东南四十五里，平地涌泉二穴，冱寒不冻，故名。

高台所　祁连远拱，合黎近峙，白城山顾于前，黑河水绕于后。可谓屯田用武、控扼戎虏之要地。旧志

祁连山　城南四十里，详见《甘州志》。

合黎山　城北十里，又名要涂山。至羌谷三百里，张掖河水经其谷，今名石峡口。

白城山　城西南八十里，岳正《游白城山》诗云："紫翠葱茏铠帐开，石梯盘入费周回。泉声玉籁清兼浊，岗势龙游去复回，岭树碧簪千古雪，野花红点四时苔。眵前莫谩争称美，天遣吾人特地来。"

榆木山　城南四十里，产榆树，故名。

黑河　城北二百步，详见《甘州志》。

鸳鸯湖　城西十里。

水磨湖　城西北一十里。

月牙湖　城西北五里。

海底湖　城西北一十里。

狼窝湖　城西北二十里。

苇场湖　城西北一十五里。

李家湖　城西北二十里。

大芦湾湖　城东北二十里。

五坝湖　城东十二里。

七坝湖　城西一十五里。

高台站家湖　城西北五里。

黑泉站家湖　城东四十里。

黑河渡　城西百步。翰林岳正诗云："城南渡口最清幽，通透居延自古留。采药鲜闻逢织女，乘槎曾听会牵牛。滩头舟子横羌笛，岸畔渔翁把钓钩。过客停鞭吟未已，不知世上几千秋。"

地理志第三·水利　桥梁附（节录）

甘州左卫

阳化西渠　城南七十里。分坝有三，灌田四十三顷十四亩。

阳化东渠　城南六十里。分坝有三，灌田三十顷六十六亩。

宣政渠　城南一百里。分坝有四，灌田二百二十八顷一十六亩。

大慕化西渠　城南八十里，分坝有三，灌田六十顷一十六亩。

大慕化东渠　城南一百二十里。分坝有三，灌田八十二顷三十四亩。

小慕化上坝　城南一百里。支分三渠，灌田二十顷二十七亩。以上六渠，间多淤塞。嘉靖二十八年，巡抚都御史杨博、分巡副使石永重加修浚，芜田始尽乂矣。

小慕化下坝　城南一百里。灌田二十六顷九十九亩五分。

马蹄渠　城南二百里。分坝有三，灌田二十九顷八十五亩。

虎剌孩西渠　城南二百二里。分坝有二，灌田二百四十一亩五分。

虎剌孩东渠　城南一百三十里。分坝有三，灌田一百顷二十七亩。

以上十渠俱山水。

洞子渠　城南六十里。分坝有二，灌田二十三顷七十七亩。

鹿沟渠　城南七十里。灌田一十四顷三十亩。

以上二渠俱洪水河流。

梨园堡新开渠坝　自哱啰河小草场首起，至沟尾止一十五里，小草场起至南山水关里，本关连山石崖一里。钻明沟四十丈，石洞四十五丈，河口北筑拦水坝二道，南开利沟一道，下安石柜四个，上搭橙槽六连。小草场沟首安闭水闸一座，退水闸一座，低洼一十五处，搭橙槽一十五连。

新开渠坝以下，俱隆庆元年巡抚都御史石茂华议行，分巡副使杨衔庆开治。

甘州右卫

城北渠　城西北一十三里。分闸一十有五，灌田一百七十三顷六十六亩五分。

官渠　城西一十四里。分闸一十有七，灌田二百二十八顷六十二亩。

沙子渠　城西一十九里。分闸三十有六，灌田五百八十顷二十八亩。

卓家渠　城南一十六里。分闸有九，灌田一百五顷七十五亩五分。

阿薛古渠　城北五里。分闸有六，灌田一百四十九顷二十七亩。

小沙渠　城西一十里。分闸有八，灌田七十七顷一十三亩五分。

古浪渠　城南二十里。分闸有八，灌田三百九十二顷四十一亩。自古浪渠新开宣家闸一道，河口至尾一里零一百丈。

小满渠　城南三十里。分闸一十有七，灌田三百五十一顷五十三亩。自小满渠河口至尾新开渠二十里，古浪以下二渠新开渠闸，俱隆庆元年巡抚都御史石茂华议行，分巡副使杨衔庆督修。

大满渠　城西四十五里。分闸三十有二，灌田八百四十九顷七十一亩。

龙首渠　城西七十里。旧名木龙坝，湮废岁久，荒田百余顷。嘉靖二十六年，巡抚都御史杨博躬诣咨画，改浚新渠，其荒田尽为沃壤。因募兵防守，且继修浚是渠。为黑河首派近山下有龙首潭，因易今名。

马子渠　城南五十里。分闸一十有六，灌田二百一十一顷五亩。

洞子渠　城南五十五里。分闸一十有二，灌田五百顷五十一亩。

以上俱黑河水。

东泉渠　东城郭内有泉，北注菹洳，时或壅滞，浸坏城堤嘉靖二十有六年，都御史杨博以指挥张延辅议，浚渠东往，开田三十余顷，自此害息利兴矣。

红沙渠　城东三十里。旧灌田一十三顷六十六亩，间以卤废。嘉靖二十九年，巡抚都御史杨博改浚新渠，迤东新开田一十余顷，给补卤废屯赋。

仁寿渠　城东四十里。嘉靖二十八年，巡抚都御史杨博，分巡副使石永以仁寿驿堡迤西荒地一十七顷可以开种，始疏是渠，垦田给赡本驿军。

回回坝渠　城东五十五里。灌田一十七顷三十亩。

老人渠　城东北四十五里。灌田二十五顷九十二亩。

以上五渠俱泉水。

甘州中卫

鸣沙渠　城北二十里。旧为昔剌上项，灌田二十七顷。时值山水冲决，湮废二十余年。嘉靖二十九年，巡抚都御史杨博、分巡副史石永咨画改修。沿冲搭橙槽十连，长四五丈，小者丈余；棚阴沟十余处，以避冲溃。共延六十里，兴复田五十七顷。渠经鸣沙墨，因改今名。

昔剌下坝　城北七十里。分闸有二，灌田三十九顷七十五亩。

板桥渠　城北九十里。闸有一，灌田四十六顷四亩。

七十二户渠　城北一百一十里。分闸有二，灌田五十三顷四十亩。

二坝河西渠　城西北一百二十里，分闸有四，灌田八十三顷五十亩。

以上五渠田外，嘉靖二十八年，巡抚都御史杨博、分巡副使石永勘议增浚乎渠，添设烽堠，新开黄、张二家湾及傅家庄白杲园荒地为田，共七顷二十一亩。给赡平川堡官军。

三坝屯田渠　城西北一百三十里。分闸有三，灌田五十八顷六十二亩五分。

四坝旧站渠　城西北一百四十里。分闸有二，灌田四十五顷三十亩。

翰树渠　城北十里。嘉靖二十六年，巡抚都御史杨博修。

新开哇哇坝　展挑二十五里，隆庆元年，巡抚都御史石茂华议行，分巡副使杨衍实督修。

甘州前卫

迓剌渠　城西四十里，分闸有三，灌田五十亩五分。

西洞渠　城西四十里，灌田二十五顷六十七亩。

磁窑渠　城西四十里，灌田七顷七亩。

小彩竹渠　城西四十里，灌田十三顷二十三亩五分。

白集渠　城西五十里。灌田三十顷七十亩五分。

巴乞儿祈渠　城西五十里。灌田七十九顷九十四亩六分。

宿嵬渠　城西五十里。灌田二十顷八十九亩。

永济渠　城西五十里。灌田一百一十一顷三十七亩。

铺家渠　城西六十里。灌田三十二顷五十五亩。

大葫芦湾渠　城西十五里。灌田三十二顷。

小葫芦湾渠　城西五十里。灌田一十顷七十一亩。

塔儿渠　城西六十里。灌田一十三顷三十七亩。

德安渠　城西七十里。嘉靖二十九年，巡抚都御史杨博檄指挥曹凤修，垦田一十五顷。

旱兀剌渠　城西七十里。分闸有五，灌田三十九顷五十三亩。

五眼泉渠　城西七十里。灌田二十顷九十六亩。

九眼泉渠　城西七十里。灌田一十七顷。

鸭子渠　城西八十里。灌田七十六顷六十三亩。

委的渠　城西九十里。灌田六十九顷七十一亩。

野猪渠　城西九十里。灌田一十六顷一十六亩。

抚夷渠　城西一百二十里。灌田一百顷八十五亩。

宁西渠　城西一百七十里。灌田二十五顷八十九亩。旧名新开渠，年久湮废，田俱芜。嘉靖二十八年，巡抚都御史杨博檄官更浚，改今名。

灭烈渠　城西一十五里。灌田一百二十四顷九十六亩。

下沤波渠　城西二十里。分闸有五，灌田六十七顷六十亩四分。

名麦渠　城西三十里。灌田八十一顷六十亩。

倪家渠　城西三十里。灌田三十顷七十七亩。

上沤波渠　城西三十五里。分闸一十有二，灌田二百二十六顷八亩五分。

甘州后卫

洪水头渠　城南一百六十里。分闸有十，灌田一百七十五顷一十三亩。

洪水二渠　城南一百四十七里。分闸有四。灌田八十二顷二十亩。

洪水三渠　城南一百五十里。分闸有十，灌田一百二十九顷八十八亩。

洪水四渠　城南一百一十里。分闸有六。灌田一百二十顷一十三亩。

洪水五渠　城南一百一十里。分闸有五，灌田六十三顷八十三亩。

洪水六渠　城南一百里。分闸有四，灌田一百六十顷五亩。

义德渠　城东南一百七十里。分闸四，灌田三十八顷。

无虞渠　城东南二百五十里。分闸有四，灌田一十三顷七十亩二分。

童子寺东渠　城东南二百一十里。分闸有八，灌田四十八顷一十二亩二分。

童子寺西渠　城东南二百一十里。分闸有十，灌田三百四顷二十五亩七分。

黑城东四渠　城东南二百二十里。分闸有三，灌田八十一顷五十九亩五分。

西山渠　城东南三百二十里。分闸有二，灌田二十六顷五十九亩五分。

红崖头二坝　城东南二百一十里。分闸有三，灌田五十二顷八十七亩。

红崖头三坝　城东南二百二十五里。分闸有三，灌田三十四顷二十亩。

独泉渠　城东南二百三十里。分闸有二，灌田五十九顷七十六亩五分。

黑河桥　城西十三里。按夏王乾祐七年敕黑河诸神之文曰：‘昔贤觉圣光菩萨兴建此桥，免徒涉之患，朕曾亲临此桥。今载启精虔，冀神威力，水患永息，桥道久长。”立石于龙王庙中。现此桥建置已久，今河水散漫，桥基无迹。

南津桥　城南门之东。

沙渠桥　城南十里。

大满桥　城南四十里。

北津桥　城北二十里，即弱水经流之处。

通局桥　城内军器局西，以其通局，故名。

新建桥　通局桥南延七丈。嘉靖十七年，都御史牛天麟建。

山　丹　卫

洪水河坝渠　城南一百二十里。分闸有九，灌田七十六顷八亩四分四厘。

洪水二坝渠　城西南一百二十里。分闸有三，灌田一十六顷五十四亩六分。

洪水三坝渠　城西南九十里。分闸有六，灌田一十七顷八十三亩六分。

洪水四坝渠　城西南七十里。分闸有二，灌田七顷一十四亩。

以上四渠与甘州后卫相参。

草湖渠　城南一里。分闸一十有六，灌田四百一十五顷九十四亩八厘。

无虞山口渠　城南一百三十五里。灌田一十九顷一十六亩一分。

红崖子渠　城南七十里。灌田十顷。

暖泉渠　城南五十里。分闸有四，灌田一百七十四顷一十四亩八厘。

童子寺东渠　城南七十里。灌田三十三顷八十六亩。

寺沟渠　城东南七十里。灌田三十七顷一十八亩。

以上六渠间多淤塞，嘉靖二十七年，巡抚都御史杨博重修。

童子寺西坝　城南九十里。灌田九十四顷八十三亩八分。

大黄山坝　城东南五十里。分闸有四，灌田九十顷四十七亩八分五厘。

土军沟独泉渠　城东南八十里。初上军在此屯住，灌田二十七顷四十九亩八分。

卫厅木沟渠　城东南七十里。初设卫于此采木，因名。灌田五十六顷九十四亩四分。

白石崖渠　城东南二百里。源出大通河分派而来，灌田三十八顷六十四亩五分。正德七年以来，时因海寇侵犯，阻于修竣，遂废，田壤俱芜。嘉靖二十八年，巡抚都御史杨博檄官修砌山隘，增置墩台，重疏旧渠，芜田复乂矣。

观音堂桥、甘桥　俱城西关外。

石嘴桥　城西一十二里。

大桥　城西二十五里。

高　台　所

纳凌渠　城东南二十里。分闸有十，灌田一百八十九顷四十亩二分。

纳凌站家渠　城东南二十里。分闸有四，灌田五十四顷四十五亩。

丰稔渠　城东南三十五里。分闸有六，灌田一百五十七顷八十七亩四分。

永兴渠　城东南七十里。分闸有五，灌田一百五顷一十九亩六分。

黑泉渠　城东南五十里。分闸有四，灌田一百二十四顷九十二亩七分。

五坝渠　城东北二十里。灌田三十四顷九十六亩。

六坝渠　城东北五里，灌田五十三顷二十七亩七分。

七坝渠　城西北一十里。灌田九顷一十九亩八分。

八坝渠　城西北一十五里。灌田一十五顷三十三亩七分。

九坝渠　城西北二十里。灌田二十顷三十九亩八分。

十坝红城渠　城西北三十五里。灌田一顷四十四亩。

以上一十一渠俱引泉水灌溉。

红崖渠　城西南一百一十里。灌田七十六顷一十亩。

橙槽渠　城西南一百里。灌田一十五顷六十九亩。

河东上坝渠　城西南九十里，一名平川渠。灌田三顷一十六亩九分。

河东中坝渠　城西南九里，一名四坝渠。灌田一十二顷七十一亩七分。

河东下坝渠　城西南九十里，或名堰治渠，灌田六顷八十三亩五分。

河西上坝渠　城西南八十里。灌田一十顷八十三亩。

河西下坝渠　城西南八十五里，又名回回渠。灌田九顷六十七亩八分。

暖泉渠　城西南九十里。灌田二顷一十三亩。

古城渠　城西南八十里。同镇夷二坝渠灌田一十六顷五分。

毛家坝渠　城西南一百里。灌田九十七亩。

以上十坝俱引山泉水以资灌溉。

丰稔桥　城东南三十里。

站家渠桥　城东南三十里。

纳凌桥　城东南一里。

黑泉桥　城西北五十里。

嘉靖二十九年，巡抚都御史杨博《查处屯田、计安地方疏》曰：据分巡西宁道副使石永呈称：备边之道，莫先于足兵，尤莫先于足食。田地者，食之所由出，而牛具，籽种，又所以尽夫地利者也。查得本道所属甘、山、高台七卫所军余，见开荒田不等。甘州五卫舍余，共开荒田七百七十顷，山丹卫一百五十五顷，高台所四十五顷。临边见开荒田：板桥堡九十五顷，平川堡四十五顷，四坝堡九十七顷，红崖堡二百九十五顷，甘峻堡二百五顷，龙首堡一百五十顷，靖安堡八十五顷，古城堡四百三十顷，黑城堡一百五十七顷，花寨堡四十五顷，仁寿堡五十五顷。其在肃州兵备道、凉州分守道、西宁兵备道，所开之田各不下数千顷。此外尚多可耕之地，而无肯耕之民。非民不乐于耕也，缘力有不敷，牛具、籽种仰给于官。前项荒田大约万顷，每顷用牛二只，共该牛二万只；每只用银二两，共该牛二万只；每只用银二两。共该银四万两。及查库贮银两，有京运、民运，皆不可动，只有奉例纳过吏承义民散官银一万二千九百四十两，堪以借用。合无题请免其解京，就留本镇。其不敷银二万七千六十两，查照先年奏讨事例，该部议发前来分发各道，给散军丁专买牛具，待三年之后，牛价照数还官，官银不损，人得以惠，此乃无穷之大利也，等因。到臣查得先年都御史牛天麟亦尝奏讨京运银两，专备牛具支用，一时屯丁咸获兵利之休。迩来番虏交驰，屡肆侵暴，较之天麟巡抚之时，萧条固已数倍。及今若不大为整顿，食匮兵疲，以战则不支，以守则不固，方来之事，良可深虑。所据该道呈称，荒田万顷，该牛两万只，该银四万两。甘州库贮虽有吏承义民散官银两，尚不及三分之一，臣愚早夜图惟，弗遑宁处。如蒙乞敕户部再加计议，将前项开纳事例银一万二千九百四十两免其解京，于外再发帑银三万两，专听臣督率各道置买耕牛。臣当躬亲劝课，务期人足家给，少纾圣皇西顾之忧。况三年之后，银复还官，惠而不费，事在可行。臣不任恳切觊望之至。

岁计志第二·屯田（节录）

附巡抚都御史杨博《查处屯田计安地方疏》曰："臣以庸劣，误蒙圣明付以边抚重寄。任事以来，其于地方利弊，靡不悉心讲求大要。河西事体重且大者，莫过于屯田一事。遂即案行守巡兵备四道，各将境内荒芜田地通行查出，或上下水利不通，应该挑浚；或人力、牛、种不敷，应该处给；或从来抛荒未种，应该开垦，逐一议处明白，每处画一小图，贴说其上，陆续送阅。果有父子兄弟相率力田者，即以姓名开呈，动支官钱，买办羊酒花红犒赏。惰农自安者，各举数人，量加惩治，以警其余。去后，节据分巡西宁道副使钟鉴，先将镇城以南荒田开报到臣，如黑河木龙坝则有荒田二十余顷，洞子渠则有荒田一十三顷，马子渠则有荒田一顷，大满渠则有荒田四顷。即镇城一面，荒芜之田至于如此，其他十五卫所可概知矣。臣即督同钟鉴前去各该地方逐一踏勘，召人承种，不见有响应者。会集父老问之，咸以为：往年兴复屯田，或种未入土，名已入册；或人已在逃，粮犹如故。不知虏至则不得耕牧，水淤则不能灌溉。其从来抛荒之地，虽节奉事例，永不起科，官司一概追征，更无分别，未受富饶之利，先罹剥肤之害，以故宁甘贫窭，不敢承认。臣惟甘肃地方与延绥事体大略相同，先年河东民运皆系本色，后因输纳不便，改本为折，遂致二镇渐次萧索。延绥守臣无岁不讨内帑者，以其计无所出，不得不仰给也。甘肃苟且支持，未常率意陈乞者，非守臣之才过于延绥，以其地土肥饶，犹可耕牧故也。臣自入境以来，见所至荒田不下万顷，遂极力经理，期于少效。乃今备咨舆情，始知其受病源委，全在于催科之不法；而法令废阁，实口于劝惩之未至。若不急为处分，河西生计日就穷蹙，臣恐万不得已，又将如延绥之奏讨矣。以内帑有限之财，应诸镇无厌之请，匪唯该部难于区画，亦非臣等边臣体国之忠也。昔汉赵充国、唐郭元振在河西咸卓然著声，考其所为，充国则上屯田便，益以逸待劳，元振则修通河渠，尽水陆之利。今虽云时异，势不甚殊，仿二臣之意，而不泥于其迹，固亦存乎其人焉耳。如蒙乞敕该部，将原奉各边抛荒地土，听其尽力开垦，永不起科，其旧曾起科，荒芜年久，仍要用力开垦，应纳籽粒一体蠲免事例，再加申明，行臣遵守。仍听臣将在城甘州左等五卫并山丹卫、高台所行分巡副使钟鉴；凉州、镇番、永昌、庄浪、古浪五卫所行分守参政张玺，肃州卫镇夷所行兵备副使赵得祐，西宁卫行兵备副使王继芳，各会同副、参、游、守等官，督同卫、所掌印管屯官员，及兹边警少绥之时，将一应荒田查议停当，候明年春暖刻期举行。合用钱粮、人工等项并未尽事宜，臣当往来调度，次第整理。各官果能加意区画，有益地方，事完查上劳绩，该部一并录叙；怠惰误事者，具实论劾。其卫所官吏如数人等，若仍敢将荒田作弊，朦胧起科，严行拿问，从重治罪。中间如有应免籽粒，亦许从实查免，不得徒事虚文，庶政有条理，人自乐从。臣犹恐议者必以为永不起科，大便小民为疑。不知损上益下，藏富于民，实自古经略之长策。若使民果富饶，臣欲盐粮，则盐粮有余；臣欲银粮，则银粮有余；臣欲清补节年屯粮，则屯粮有余；所谓投之所向，无不如意。不然，则民方糊口不给，遑恤其他。万一虏骑冲斥，仓廪匮竭，河西不几于坐困乎？此臣之所以早夜图维，不能已于有言也。臣不任垦切觊望之至。”

主事许论《甘肃屯田论》曰：“河西屯田敝矣。二千里内，计丁一万七千耳。防守不设，耕种难也；屡遭残破，生聚难也；朘削无已，休养难也，近日差官添筑新堡，广招佃种，似矣。岂有旧堡未充，而更能实新堡者乎？岂有不为防守，而敢远耕者乎？他如李淮之议曰：‘欲将现堡量给以马，无事令其瞭望而耕耘，有事得以联络而驰逐。’拯溺救焚，此其近策矣。兰州旧有官粮郎中而不司支放，与宣大事体少异，已失事宜，或又令其历在催征，不更远乎？若以省参一员专驻兰州以督边粮，如近时山东、河南京运事例，而移郎中于甘州，如宣大例，则稽查归于户部，催科便于本省，是或一道也。”

隆庆六年，巡抚都御史廖逢节，会同总督陕西三边军务都御史戴才具题内议地粮：“臣等查得先准户部咨、该先任巡抚都御史杨锦题《垦荒田以广储蓄》内称：‘通行各道并副、参、游、守等官，各将所部军士每一千名内拨步军二百名，每百名拨二十名，委官管领，及行甘肃等十五卫、所管屯官，带领城操军各开种荒田二十亩，各给牛、种，秋成收打籽粒，运贮近仓，以备军饷。若中熟可得粟五万石，省内帑银五万两；大熟可得粟十万石，省内帑银十万两。’该部覆：‘奉钦依’遵行外。续该臣接管任事，履行催取收获粟粮实数，据守巡兵备五道呈报，通共收银八千六十五石，与前巡抚杨锦原议相去甚远，复行各道查究。间，随据各营堡并各管屯官俱称，原只拨军未曾给地，其寻获地亩者又缺牛、种。及节据沙河等堡屯余曹通等，各告垦军刘栋等将伊成熟田地倚官强种，占使水利；高台所屯余罗腾雾等，各告垦军王志臣等将伊成熟田禾，强收籽粒交官，故军门前疏所言‘分钟未便’者，正斯之谓也。臣等反覆筹思，即欲停止分种。方今该部申饬，乘虏内附，开垦屯田，以实塞下，诚难因噎废食。合无将各营、堡、卫、所已经拨军，未曾给地，与有地无水，并占种有主屯田，及地薄无产，徒滋劳扰者俱各罢免外，原系勘明堪种无主荒田及水利便宜者，容臣等行令各道，出示召人，尽力开垦，官给执照，候五年成熟，照例起科。其无人承种者，方许各营、堡、卫、所于城操军内每百名量摘二十名，每名拨地二十五亩，官给牛、种，秋成责令人粟十五名。若遇荒歉，只取现获实数，运贮临近各仓，所备军饷支用，毋得逼令包赔，以致逃移。仍严禁垦军，不许似前倚官占种屯田，强夺水利，违者重加究问。如此，庶田无荒芜，人免扰害，而缓急亦有攸赖矣。该户部覆：‘奉钦依，备咨前来通行钦遵开种，及揭示举首侵隐田地。’续据各道呈报垦军纳完粮：‘六年，分二万五千四百三十余石。万历元年，分二万七千三百六十余石。每年该户部议抵京运年例银两支用讫。’”

重修肃州新志

高台册·屯田（节录）

三清湾　地在高台县城东南一十五里，雍正十一年开。其渠道自张掖县鸭子渠地方起至屯地止，长一万六千二百丈，计九十里，内分“仁、义、礼、智、信”五号，每号二、三、四千数百亩不等，共地一万六千二百三十二亩七分六厘。十一年，下糜，粟种一千四百四十五石三斗三升；除种；官、民各分一千四百八十四石三斗三升。十二年，下麦、稞、豆、糜、粟五种，共一千七百一十石二斗八升二合；除种，官、民各分三千二百一十四石九斗二升零。十三年，下麦、稞、糜、粟四种，共九百七十三石八升；除种，官、民各分二千四百六十二石七升一合八勺，乾隆元年，下麦、稞、豆、麻、粟四种，二千零二十九石九升五合。此为初开第一屯，系原任南宁知府嘉国璞总理、通判廖英专司水利。其分管地亩有嘉兴州同赵谷锡、云南武生段子凤。

柔远堡　地在高台县城西南十里，雍正十一年开。其渠道自抚夷堡西渠起至红泥沟渠尾止，计长一万一千九百二十九丈，合六十六里二分七厘。又开“贞”字号岔渠，自“亨”字号起，至“利”字号尾止，计长二千三百八十九丈五尺，合十三里二分七厘五毫。共计一万四千三百一十八丈五尺，合七十九里五分四厘五毫。内分“元、亨、利、贞”四号，每号一千百十亩不等，共地五千一百零八亩。十二年试种甚少。十三年，下麦、稞、糜、粟四种，三百七十六石七斗二升；除种，官、民各分五百七十八石七斗二勺一抄。乾隆元年，下麦、稞、麻、粟四种，六百三十八石五斗。其先后经理之员，则驿丞李洪绶、州同荆有庆、县丞王敷。

平川堡　地在张掖县北边八十里。东自板桥堡边墙外起，西至五坝堡边墙外止，去高台县城十五里，雍正十一年开。其渠道，即在平川各坝接修开浚，凡修整旧渠四处，止用人工九十工；新开渠止一千三百五十丈。计开地二千一百六十九亩五分零。十一年，下糜、粟、豆三种，五十八石四斗；除种，官、民各分五百一石二斗七升二合。十二年，下麦、稞、豆、粟四种，一百四十五石八斗；除种，官、民各分七百八十七石一斗八升五合。十三年，下麦、豆、糜、粟四种，一百一十九石三斗六合；除种，官、民各分九百一十二石四斗九升四合六抄。斯地极饶，每年收成辄过十余分，并几及二十分。而开垦之费，又最为廉俭，公私获赢不赀，但惜其不广耳。经理之员，始即委张掖令李廷桂，继委主簿黄河文，继委驿丞李洪绶。

以上三屯，现归地方官高台县主簿管理。

毛目城　地在镇夷口外一百六十里，双树墩之北八十里，与天仓，威远皆昔人屯耕战守之处，雍正十一年开。其渠道，远迎黑河之水，有大常丰渠一道，自龙口起，至尾止，计长二十七里三分；开常丰渠一道，自口至尾，计长一十七里二分。内：编列“天、地、元、黄”等三十号，每号五、六、七百余亩不等，共地一万八千零二十五亩。十二年，下麦、稞、糜、粟四种，一千四百三石五斗四升五合；除种，官、民各分三千七百五十七石二斗八升八合零。十三年及乾隆元年，下夏、秋籽种一千六百七十一石七斗五升。经理之员，始系原任山东布政司孙兰芬，嗣有原任江苏布政司赵向奎接管，外有效用镇夷千、把总田进录、刘勇等。

双树墩　地在镇夷口外八十里，旧渠土埂，古迹犹存。雍正十一年，开其渠道，引取黑河之水。自渠口清流益墩起，至风窝山止，计长二千七百丈，合一十五里。后查丈，实一十六里六分。内分“大、有、年”三字号，每号各五百二十亩，共地一千五百六十二亩五分。十一年，下糜、粟二种，八十三石六斗一升；除种，官、民各分五百九十二石二斗九升五合。十二年，下麦、稞、糜、粟四种，一百八十八石四斗七升九合；除种，官、民各分三百五十一石七斗九升七合四勺。十三年及乾隆元年，下夏、秋籽种一百五十九石九斗八升五合二勺。经理之员，系县丞倪长庚，常往协助者，州判任邦怀，末后接管者，州判李如琎。

以上二屯，现设高台县丞管理。

九坝　地在高台县西北二十里边墙外。雍正十一年，该地人民呈垦认户，原开新渠并疏浚旧渠，共长一千七百三十六丈，合九里六分零，开地一千二百一十六亩。十一年，下糜、粟二种，八十石；除种，官、民各分九十五石三斗五升，十二年，下麦、糜、粟三种，一百九石八斗四升；除种，官、民各分九十石九斗八合四勺。因地碱沙，不能获息，屯民恳请交还开渠、筑坝诸费并牛车农具银两，经管屯州吴敦傚会同高台令程元度，具详总理屯田侍郎蒋咨商督院允行，奉文停种。

高台册・桥梁（节录）

丰稔渠桥　高台城东南二十里。

站家渠桥　高台城东南一里。

纳凌渠桥　高台城东南半里。

定宁渠桥　高台城西北三里。

新开渠桥　高台城西北一十里。

黑泉桥　高台城西北五十里。

天城桥　镇夷城西北五里。长五十丈，阔一丈二尺，高一丈三尺，计十洞十一墩，东西建牌坊二座，两旁设有栏杆。查镇夷黑河天堑，水无定止，士民终岁病涉，商旅视为畏途。兼因所属粮草运供肃州，额年输挽，人畜漂没。守御林有蕙来抚兹土，随同游击三勇，于康熙丙戌年，相地利，度形势，捐俸建造，不一载而告成。自此，往来行人，无厉揭之患。

高台册·艺文（节录）

张掖河水运记

沈青崖

东南泽国，不宜车马；西北陆地，不宜舟楫。此就大概而言，非谓东南必无车马，西北必无舟楫也。余自关中调赴河右，抵山丹河，相传为禹导弱水之处。又西抵甘州，渡黑水，相传即《禹贡》雍州之巨浸。观其泆流湍急，水势浩荡，濒河之民，堰渠溉田，约十万顷。厥利甚溥，而未有行舟者，窃念当此挽输艰阻之会，若得通舟楫，载粟西下，宁不纾民财力倍蓰耶？及抵酒泉筹饷，岁需粮三十万石。自甘至高台之深沟，约二百四十里，费钱十四万四千缗，而里胥雇役饲牛诸费倍之。乃委幕僚州倅周侯道广履勘，且致书甘泉刺史敏斋冯君厥事。维时舆论纷籍，佥谓河宽风猛，香沙诸河，冲激可虞，且以岳帅口外浚河造舟无成之赔累为戒，余悉领之。未几，得冯守书及周虞报云："勘得北河南岸东起五江堡，西至高台县属之河西堡，沿河二百二十里。北岸东起山丹桥，西至減庄墩，里数相若，河皆软沙，坦平无巨石，水广六七丈至三四丈不等。今当冬初水退，尚深三四尺，则水盛时当倍之。唯流处南北无定，萦折较陆路微远。询土人云："岁正月冰泮水盛，三四月溉田渐涸，五月渐长，夏秋极盛。秋杪，山雪不融，仅有诸泉下注。十月，各堰灌冬水，为来岁播谷计，或至断流。此一岁大略也。"镇夷旧有渡船，用以济舆马，底面平方，不可撑驾，须仿湖湘舸子式，始足以集厥功。于是，驰檄汉、商二郡，雇船匠、篙师数人，试造舸子。材物毕聚，修广合度。操试之，入水三寸；载粮二十四石，入水七寸。棹、桨、舵、缆、帆、樯悉备。轻舟逆水东下，三人驾之，行四日。重运，顺水而西，四人驾之，亦行四日。装卸、阻风，往返约十二日为一运。既有成效，申于制府。冢宰刘公，调楚舟人兰十余名，再造十艘，以十二年五月成，渐次习熟。行将进奏予廷，造五百艘，岁运十五万石，以为张、高民户息肩计。会是冬，朝廷布德音，绥靖虏酋。酋亦慑服感顺，议遂寝。十三年春夏，余襄分运之役，事犹未竣，用以移粟，颇得其力。初造舟时，河堧老幼，并肩接踵，不惮远涉，而来聚观，惊为创见。放舟时，榜人初觉涩滞，不犹它河，遂祭河神以济。此役也，虽未大展其所欲行，而利涉通漕，已有明征。固不独世人所惊疑，亦余之所自讶也。用敢胪次河道里数、船式，笔之于书，以传述于后之治军糈者。

高台册·形胜

祁连远拱，合黎近峙，白城山顾于前，黑河水绕于后，可谓屯田用武，控扼戎番之要地。黑山峙于东北，弱水经于西南，山岭崔巍，石峡险隘，实屯守要地。泉水环绕，河山襟带，为甘肃通驿要路，三秦锁钥，五郡咽喉。

十　景

北凉故址　距城西南四十里，俗名骆驼城，即北凉段业建都处。颓城荒刹，遗迹犹存。四望沙滩一片，风物全非，吊古者不胜海田之感。

西寺崇台　距城西二十里，旧名台子寺，相传酒泉公李暠所筑。寺为后人修建，层楼挺耸，傍临驿路，县城以此得名。村外绿野青苗，掩映山川，易动吟兴。

梧桐仙景　在城南四十里，地名梧桐泉，又号滴滴泉。其源自下而上，梵宇琳宫，星罗棋布。扼胜居中为真武宫，平天仙姑庙擅丛刹泉石之胜。山崇岭峻，绿树荫浓，春柳秋梧，烟雨无边，登高瞻仰，令人有世外丹邱之想。

榆木晴岚　即榆木山，在城南四十里。峭壁崔巍，绵亘六七十里，为一县藩篱。内产煤，矿佳者有金星，曰“金花煤”，烟火万家，借以取给。风日清和时，踞巅游览，万壑千岩，岚翠苍苍，爽气挹人，洵巨观也。

稻香绿野　郭外西郊，平畴万顷，悉种粳稻。清肃州道沈公青崖过高台，留诗有“一派平湖水稻香”之句，即指此也。春夏之交，碧毯线头，秧针掩映，颇有佳致。

屏画黎山　距城北六里，即合黎山，不甚高。由东关上帝庙后楼凭眺，矫若游龙，平铺雁齿，灿列锦屏，为县治天然关隘。自城东北转折而西，蜿蜒数十里，接镇夷、崆峒山界，迤北与蒙古接壤。

河环玉带　距城北一里余，即黑河。自张掖与弱水会合，西行入境，为高台水利之最大者，盘旋西郭外，潆洄若带，亦胜景也。

湖映月牙　出西关外二里许，有月牙湖，地当孔道，邑人于正中填土为路。两面湖岸璧合，屈曲环绕，形类新月，湖光清澈蟾辉，故名。暮春，池塘草碧，菱花奁青，众鸟浮翔，游鱼潜泳，大有南方景象。

建康文塔　县城南有文林塔，高八九丈，势若笔立。

太上灵岩　县西镇夷堡城北石峡，山顶有巨石一方，俨似人形，俗呼为“老君岩”。旭照斜阳，岚光发越，望之须眉如生，颇为神异。

镇夷八景

黑河古渡　在城东南。

紫塞平沙　因黎山色紫，山下有流沙，故云。

苏台云杳　苏武牧羊台，在镇番界。

赵墓烟冥　距城北百余里，汉将赵通战殁匈奴，墓在毛目界。

石峡晚翠　即石峡山。

红崖早霞　即红崖山。

东山峭壁　即空同山。

西岭生盐　即盐池堡。

甘州府志

卷四　地理·山川（节录）

甘，南北皆山也。《水经》："鸡山，远不可见。而合黎、祁连、临松、焉支，控带四维，盖自古为昭矣。"其外北引居延，南扼青海，诸隘存焉。其中黑水弱水，纪纲众流，浸灌原野。形势于是乎在，财用于是乎出。如飞鸟之张翼，若雄虎之对蹲，控制羌胡，用武之地。非徒选胜，萦纡矜奇，崛垒已也。

张　掖　县　附府郭

合黎山　城西北四十里。见《抚彝》。

人祖山　城东北四十里。一名快活山。《秦边纪略》曰："人祖山，其山不毛。"

东大山　城东五十里。俗名观音山。古曰东山。

临松山　城南一百里。俗名平顶山，一名马蹄山。岩石间有神骏足迹。又名青松丹峡。明流寓朱惟均等有诗。

甘浚山　城西南八十里。山下有泉，甘冽故名。按《秦边纪略》："《水经注》云，张掖水，历绀峻山南。"则是本名绀峻，而二字并讹也，今仍之。明太仆卿郭绅题云："味甘若醴原非酿，声响如琴本自鸣。"

祁连山　城南一百六十里，一名天山。匈奴呼天曰祁连也。一名雪山，一名白山。延亘甘凉及伊肃境外，冬夏积雪，望之皎然，而山中美水草，冬温夏凉，利畜牧。匈奴歌曰："失我祁连山，使我军中牛马不蕃息。"盖谓此也。又名初罗漫山，一呼折罗漫。

鸡山　城东南羌中祁连之支山。《水经注》曰："黑水之所自出，过三危山，南流入于南海。"

川岩　城西南一百五十里。沮渠蒙逊元始八年伐西凉，引兵西至巨岩，伪南攻浩亹，潜师还，屯川岩。

平顶山　城西一百三十里。产松柏木植，通黑河源，河水分浇民田。

薤谷　今名马蹄谷、大柳谷　并城南一百里临松山下。

板答谷　城西南九十里，黑河所自入。即《汉书》所谓羌谷也。俗名板答口。盖甘左右羌戎，旧以设险为重，故诸谷率称口。

大磁窑谷、小磁窑谷　并城西南七十里。

甘浚谷　城西南八十里，俗名甘浚山口。

人宗谷　城东北四十里，俗名人祖山口。口内即山南关，明巡抚杨博建。

大盘道谷、小盘道谷　并城东五十里。

烟墩谷、灰谷　一名斜谷　并城东六十里。

观音谷　城东五十里，东大山下。

耀碑谷　城东一百里，东大山，俗名东乐大口子。

大都麻谷、小都麻谷　并城南二百里。

酥油谷　城南九十里，素积冰雪莹润如酥，故名。

野儿谷、顺化谷　并城南九十里。

通远谷　城南八十里。

宣政谷、阳化谷　并城南一百里。

玉石涧　城东北四十里。《秦边纪略》云："人宗山，山南关下多文石，如菜玉。"而《隋地志》："张掖有玉石涧。"盖谓此。

黑水　城西八里，源出南羌鸡山。见《水经注》。盖祁连之支山。按今黑河有二源：其南源出祁连山北，流经巴丝墩；其北源出野马川，西南流会于临松山南。又西北经临松山西南，又西北经甘浚山东南，又北汇萃涧谷，经板答口，又北经木龙坝。又北经城西八里铺西，派分十余道，又西北经乌江堡合为一。又西北经板挢，可舟行。又西北出镇夷峡，会讨来河为天仓河，伏流地下，不复出。汉《地理志》曰"羌谷水。"《晋志》"卢水"是也。《汉志》以为入居延海，《镇志》以为大通河之支流，入亦集乃海子。《水经注》以为即《禹贡》黑水，并不可考。明正德年，吐鲁番真帖木儿羁甘州，谓城南黑河，可引灌城，导叛羌犯边云。

弱水　城北二十五里。详见《山丹》。

洪水　城东南一百五十里。源出金山下谷中，经西水关入。土人云："谷中土石皆赤，水初出如渥丹，本名红水。"讹云洪也。南凉秃发傉檀宏昌五年，伐沮渠蒙逊至赤泉，芟其禾麦而还，即此。按洪水夏资灌溉，冬冰凝不出谷，不达弱水。凡诸谷水灌田者皆然。并详《渠坝》。

甘泉　城西南甘浚山下，有泉甘洌，元魏以名州。又城南门内东数十武，亦有甘泉清洌，北流出城，为阿薛古渠。

瀵泉　城内凡八九，就地涌出，汇为巨池，多生蒲苇。

石井　城南百里。普观寺石洞佛殿内西南角，井口四面各长一丈，深四尺五寸，水常满不溢，冬夏汲之不竭，番僧取以供佛，云八功德之一。

龙首潭　城西南八十里黑水峡中，深不可测，土人相传中有神物。

草湖　在黑水及弱水两岸，岁收草数十万。

北湖　城北里许。明镇守游眺之处。旧有亭榭舟舫，巡按郑存仁、甄敬等赋诗。今废。

张掖河　城西南山中流出，原名黑河，源出摆通河，经祁连山，积雪消融，其流益洪，旁合黎山，出羌谷口，北入亦集乃哈班、哈巴儿、塔剌失三海子。即古居延海。

居延海　《地理志》："渡张掖河，行至合黎山镇夷石峡口，旁河东壖屈曲，东北行一千里，有宁寇军，军东北有居延海。"唐胡鲁纪诗以苏武牧羝于北海上，或此海也。二条俱本旧志。后王学潜有《居延塞辩》，详《艺文》。

山　丹　县

龙首山　城西北三十里。一名甘凌山，俗名北山。《通志》："甘凌，又名甘峻。山阴有泉，旱祷辄应，内石洞三，有龙眼石，土人以晦明卜岁焉。"

焉支山　城东南八十里，俗名大黄山。《隋志·祀山》："匈奴歌曰：'失我焉支山，使我军中妇女无颜色'即此。土人以山产大黄极佳，故名之。"《括地志》曰："一名删丹山。在删丹县东南五十里，据古删丹而立言也。单于妇名阏氏　音焉支，与胭脂同义。"唐哥舒翰建神祠于山麓。天宝间，封山神为宁济公。王摩诘有《焉支行》。

金山　城南百一十里，洪水之南山，北凉以名郡。《晋书》："删丹金山。"《隋志》："张掖有大柳谷，与山丹接界，即金山也。"

瞭高山　城西南十五里。

祁连山　城南一百五十里，一名穷石山。详《张掖》。

石嘴山　城西十里。山北直土岗而中断，弱水出焉。世传大禹决之以导弱水处。下皆泻卤，雨后经日，色白如盐。

红寺山　城北二十五里。山土石皆赤，上有岸，深六尺，高八尺，中藏古龛石佛，又名红寺洞。

石峡口山　城东南八十里。两峰相对，下有石井。入甘正道，甘凉扼要之区也。

馒头山　城东北九十里，肖其形名。

泽索谷　城东南百里。汉日勒都尉治此。东汉以后，为西郡治所。

大斗拔谷　城东南百二十里，接永昌境。一名达斗拔谷，音讹也。《一统志》云"即今扁都口。"详《古迹》。

扁豆谷　城南一百里。通青海道，水草丰茂，行旅便之。今往来青海西宁者多由此。

白石崖谷　城南二百二十里。亦青海西宁道，而较险狭。

土军谷　城南七十里。

后所山谷　城南一百二十里。

无虞谷、宁番谷　并城南一百三十里。

和宁谷、静宁谷　并城东南一百三十里。

大慕化谷、小慕化谷　并城西南一百五十里。

龙头山谷　城西北二十五里，又北五里大口子。明铁门关，晋三门关。又北有居延城路，伏波所守也。

白路谷、羚羊谷、红寺谷　并城西北三十里。

白土谷　城西北二十里。

青山谷　城北三十五里。

弱水　城西郭外。源出县东南焉支山下，西北流经县西南，又西北经东乐北，又西北经古城北，又西北经甘州北，入于黑河。按《书》曰："弱水既西。"又曰："导弱水至于合黎，余波入于流沙。"而汉《地理志》曰："删丹有弱水。"又曰"居延泽在张掖东北，古文以为流沙。”唐《括地志》曰：“张掖东北六十四里，有居延海。”盖谓弱水至府东北，入于流沙也。《王氏通释》曰：“弱水出删丹南羌中穷石山。”《唐书》注本《水经》又谓：“居延在今张掖山外，东北千余里。”诸说互异，故第以今所见注之。然《禹贡》“弱水流沙”，的在府境，汉志不为无稽，直于义未尽耳。集中撰著，一以汉志为宗。王学潜《弱水论》附于《艺文》，以备参考云。又旧志作删丹河。

洪水　城西南一百六十里。详见《张掖》。

福龙王泉　城南转轮寺西。其水南流，清洌宜茶。

暖泉　城东南四十里。平地涌泉二穴，冱寒不冻，有渠灌田。

石井　城东八十里，张侯勇凿，以济行者。

胜泉　城西二十里，《通志》曰“冯胜泉”，盖《明史》氏名之。

南湖　城东南一里，周围九里。俗名南草湖，中多芦苇、涌泉。

西湖　城西一十里，周围七里。俗名西草湖，亦多芦草，有泉。

红盐池　城北五百里。池产盐红色，其根可作器。明洪武年，指挥庄得采贡岁办，后以地属境外，停革。

白盐池　在居延泽之旁。

抚彝厅

合黎山　城北二十里，俗名要涂山。按合黎地名非山名。自元魏后，以名此山。盖以为导弱水至于合黎者，经此山下也。北山多童山，而合黎颇殖草木。又，土人相传，其北有仙姑修道处，石洞清幽，风物颇异。

祁连山　城南百五十里。详见《张掖》。

茨儿谷、鸣沙谷　并城东北六十里。

青山谷　城东北五十里。

青山小谷　城东北六十里。

破山谷　城东北四十里。

羊台谷　城北三十里。

梨园谷　城南九十里。响山河水所自出。甘人材木率取于是。大口内出青烟煤炭。

哱啰口　城南百里。《秦边纪略》曰：“祁连山，巉巖数千里，西逾伊吾，东界武威，皆崇山峻岭。独至口外，较为坦夷，山径纡回，崖谷峭折，而西南山谷中忽有广斥，长林丰草，所在有之。”

黑水　城北五里。详见《张掖》。

沙河水　城东四十里。源出祁连山，北流入黑水。

小沙河水　城东五十里。源出祁连山，北流入黑水。

响山河水　城南九十里。源出祁连山，北流经哱啰口，又北经梨园口，资灌溉。泛时可运巨木，木商赖之。然下流多涸竭，不时达黑水。或云黑水别源，误也。

九眼泉　城东三十里。

八宝山来脉说

肃州嘉峪关外北大山，名葱岭。自伊犁之西，来至巴里坤，东起顶结盘，高一百二十里，名盐池山，其东则崭然而下，无小山盘护，即希拉哈戈壁，汉名千里戈壁，瀚海也。为北大干龙之大段落。又自盐池山向南，发脉千余里，至嘉峪关外，沙洲之南，起顶东行，名祁连山。入嘉峪关内再东，则总名终南山。由陶赖川东行，其南夹送大通河，为南界水。东行至洞素搭坂过脉，则坤向艮，行至巴尔免搭坂过脉，北分一正支，至八宝山，结盘起顶，高插青霄，根派成莲花形，支支左右环抱，尊成岳体。故八宝山为西宁、凉州、甘州、肃州周围数郡之镇山。山生杉松、穗松，山之草木、牲畜、禽鸟，人无敢动者，动则立见灾祸。附近蒙古熟番，以及牧厂人等，俱皆敬畏戒守，不敢妄行。又自洞素搭坂山向东，行至野马川之东尽头，景阳岭自南向北过脉，东分一支，结凉州等处，西分一支，于插汉俄博过脉。又西行至祁连搭坂过脉，向北分支，结甘州等处，其自景阳岭向北过脉后，再向北，抽一支北行，结中山，又名大王山。再北去，于永昌峡口过脉，北结山丹等处。再西行，作甘州之东护。煞山余气，向西北行，抱护甘州府治。野马川东自景阳岭，其岭东之水向东流，岭西之水向西流。水西流之北，雪山之尽，西二百八九十里，穿峡渡脉，绕梨园，近甘州，则转向西北流去出边。在景阳岭初流，名卧牛河。再西流，汇南雪山一斯门庆沟、红黑诸沟之水，名一斯门庆河。再西喀拉乌素水，自南雪山流出，汇入西流。绕八宝山之西，又有自南向北流之洞素把子、洞河二水，与野马川一斯门庆河会于八宝山之西北，成寅午戌火局，出雪山，则名黑河。即《禹贡》及《水经》所载之黑水也。黑河流出北雪山，开渠五十二道，灌溉甘州水田，为甘郡黎庶生计。是以八宝山之积雪，其功大矣！雪融助河，收水利以敷灌溉之用；若雪小水歉，则五十二渠，大有艰涩窘乏之害。甘府之丰歉，总视黑河雪水之大小。其野马川之基址，东自景阳岭，西至洞素之西大山，东西约二百六十余里，皆系平定青海罗卜藏丹津之后，归入版图。内地川之南北，皆大雪山，而南雪山之外，即缠以大通河，为送龙界水西向东流至平番，归入黄河。此野马川牧厂之四址原委。考诸山川来脉形势，周围数百里之山，再无与八宝山齐高者，是知其为西凉甘肃四郡之镇山也，所以永远禁止樵采。盖为四郡风水攸关，司兹土者，当何如敬慎欤。因作八宝山说，记其大概，以贻后之同志者。

嘉庆七年孟春月宁夏将军兼甘肃提督丰宁苏宁阿记

八宝山松林积雪说

一斯门庆河，西流至八宝山之东，汇归黑河而西，绕过八宝山而北流出山，至甘州之西南，灌溉五十二渠。甘州人民之生计，全依黑河之水。于春夏之交，其松林之积雪初溶，灌入五十二渠溉田，于夏秋之交，二次之雪溶入黑河，灌入五十二渠，始保其收获。若无八宝山一带之松树冬雪，至春末一涌而溶化，黑河涨溢，五十二渠不能承受，则有冲决之水灾；至夏秋二次溶化之雪水微弱，黑河水小而低，则不能入渠灌田，则有报旱之虞。甘州居民之生计，全仗松树多而积雪。若被砍伐，不能积雪，大为民患。自当永远保护。

嘉庆七年孟春月宁夏将军兼甘肃提督丰宁苏宁阿记

引黑河水灌溉甘州五十二渠说

《禹贡》黑水其河，自野马川北流出山后，复自西南向东北流，流至甘州城西八里，过城北，复向西北流。山丹之弱水河，自东来汇归黑河，向西流。又西北出镇夷峡，会讨来河为天仓河，伏流地下。

黑河出山后，至甘州之南七十里，上龙王庙地方，即引入五十二渠灌田。甘州永赖以为水利，是以甘州少旱灾者，因得黑河之水利故也。黑河之源，不涸乏者，全仗八宝山一带，山上之树多，能积雪溶化归河也。河水涨溢溜高，方可引以入渠；若河水小，而势低不高，则不能引入渠矣。所以八宝山一带山上之树木积雪，水势之大小，于甘州年稔之丰歉攸关。宁娓娓孜孜，绘图作说者为此耳。

嘉庆七年孟春月宁夏将军兼甘肃提督丰宁苏宁阿记

卷四　地理·名胜

甘州，古流沙。其气清旷，其风茂美。匈奴既失甘泉，择胜地以续金人之祀，而改铸于此，有以哉。昔人览物，务存远大，一草一木，一丘一壑，足以极视听之娱。盖天作地生，自呈工巧，水流山峙，常毓菁华。南方或穷其雕琢，西极适肖其瑰奇也。见闻所及，最者十二，附于篇。

合黎禹迹　合黎，删丹西，境接张掖城也。删丹西十里，石嘴山其北，土冈势与山接而中断，弱水出焉。世传大禹导弱水处。水上有桥，桥北板屋参差，隐见烟林间。朝暾夕月，饶有胜致。而西望流沙，尤叹明德之远矣。

流沙仙踪　周柱下史老子李耳，当周衰，乘青牛入函谷关，为关尹喜著《道德》五千言乃去，入于流沙，不知所终。《汉志》云："张掖东北有居延海，古文以为流沙。"《括地志》云："张掖东北六十四里，有居延海是也。"土人相传，恒隐隐有紫气云。

居延胜塞　铁门北关，直走亦集乃道也。连山忽辟大道，中通丹崖，翠嶂递互逢迎，令人流眄不置。而遮虏障遗址尚存，伏波壮猷，如在目前，又为甘郡第一冲要焉。

柳谷神符　柳谷，见《古迹》。汉末及晋魏间，石瑞迭出，并详《世纪》。而谷中窅深幽折，尤耐招寻。盖亦山灵之秀异云尔。

东山烟雾　城东五十里东山寺，其后崇山甚峻，初入谷口，峰峦秀美，涧谷潆洄，每朝日初上，掩映烟雾，望若蓬瀛，故晋郭荷隐居处也。

薤谷晴岚　城南百里马蹄寺，古临松山薤谷地也。晋宋间，敦煌郭禹凿石窟隐此，弟子从之者众，后人因而扩之，遂为名刹，峭壁削成，石泉澄澈，云衣迷径，岚气袭人，游其际者，悠然作出世想。

昭武流霞　昭武，见《古迹》部。地当山麓，前临水湄，材埠林椒，天然幽胜，其夕日返照，明霞片片，落黑水中，而板屋烟树，掩映斜阳，寻常巷陌，不啻仙源也。

祁连积雪　郡南城楼，正对祁连，积雪不消，每盛夏烈日，凭栏望之，光皎倍常，而凉生于座。

黑水春融　黑水经城西八里铺，冬凝春泛，每至三月，农人刲羊祀龙神，则水应期涨，碧波澄鲜，分流诸堰，而妇子主伯，穰穰遍野。盖甘人举趾于是始焉。

甘泉晚照　城南门内有甘泉庙，层阁上连雉堞，甚宏敞。下临甘泉，旁有两亭，旧甘泉书院精舍遗也。泉水东北出聚为平湖，澄澈可鉴。而凭栏远望，长天一空，居延、遮虏类皆指顾间也。每西日返照，气象万千，令人有凌云之想。

板桥夜月　板桥，贤兴圣觉菩萨所建者，今湮。而黑水至斯，积成巨浸。每月夜，拿舟吟泛，天光水色，吞吐相照，映成一片光明世界，最足醒人心脾。

删丹朝晖　删丹山，在今马营墩南，俗名大黄山，古焉支山也。峰岭比次，每朝日初上，其阳承晖色若丹，而其阴凝烟为深碧丹碧，相间如"删"字。汉初，取以名县，亦山水之奇观也。

卷六　食货·水利

甘州水有三：一河水，即黑水、弱水、洪水等渠是也；一泉水，即童子寺泉、暖泉、东泉等渠是也；一山谷水，即阳化、虎剌孩等渠是也。冬多雪，夏多暑，雪融水泛，山水出，河水涨，泉脉亦饶，以是水至为良田，水涸为弃壤矣。唐李汉通、元刘恩先后开屯，全资灌溉。明巡抚都御史杨博、石茂华于左卫之慕化、梨园，右卫之小满、龙首、东泉、红沙、仁寿，中卫之鸣沙、河西、瀚树、哇哇、德安、宁西，山丹卫之树沟、白石崖等处，悉力经营，淘成美利。分巡副史杨衍夫、石永，指挥使张廷辅、曹凤，皆渠之功臣也。遗迹犹存，俗名或异，按借以稽，不特可知增耗，且使饮和者思源，尚无忘观流度隰之实有成劳乎。

张　掖　县

大官渠　城西南，计三号，分一十八闸，灌田二百八十七顷一十八亩有奇。

永利渠　城西南，计三号，分九闸，灌田一百七十四顷八十亩有奇。

盈科渠　城南，计五工，分三十六闸，灌田五百四十顷五十亩有奇。

齐家渠　城东南，计十号，灌田一百一十顷有奇。

仁寿渠　城东南，灌田四十四顷六十亩有奇。明嘉靖年，巡抚杨博、副使石永以仁寿驿堡迤西荒地一十七顷可开，疏渠垦田，给赡本驿军即此，后益增广。

草湖土军永安渠　城东南，计三号，灌田六十三顷三十亩有奇。

大满渠　城南，计上下二号，分二十一闸，灌田二百七十六顷七十亩有奇。

更名南旗渠　城东南，计五旗，灌田七十二顷九十亩有奇。

大古浪渠　城南，计三号，分一十六闸，灌田三百四十四五十亩有奇。

小古浪渠　城南，分七闸，灌田八十七顷五十亩有奇。

小满渠　城南，计三号，分一十五闸，灌田二百八十八顷八十亩有奇。

马子渠　城南，计三工，分二十一闸，灌田二百一十顷七十亩有奇。

阳化东渠　城南，灌田二十五顷六十亩有奇。

阳化西渠　城南，灌田三十三顷一十亩顷有奇。

宣政西渠　城南，灌田三十五顷一十亩有奇。

安民沟渠　城南，灌田一十四顷三十亩有奇。

四海渠　城西，分五闸，灌田五十五顷七十亩有奇。

城北旧渠　城西北，分九闸，灌田一百一十六顷七十亩有奇。

城北新渠　城西北，分三闸，灌田五十四顷七十亩有奇。

加官渠　城西南，计三号，分九闸，灌田八十六顷二十亩有奇。

大满新渠　城南，分八闸，灌田一百二十一顷一十亩有奇。

小满新渠　城西南，分六闸，灌田一百二顷八十亩有奇。明隆庆年，巡抚石茂华、副使杨衍庆督修即此。

洞子渠　城西南，计三号，灌田四十顷七亩有奇。

木龙坝渠，即龙首渠　城西，灌田二十九顷五十九亩有奇。明嘉靖年，巡抚杨博躬浚，募兵防守，且继修是渠，为黑河首即此。

西洞渠　城西南，灌田四十五顷一十亩。

巴吉渠　城西南，计十号，灌田一百八十一顷五十亩。

永丰渠　城西南，灌田二十七顷二十八亩。

旧塔儿渠　城西北，灌田四十顷八十亩有奇。

小泉渠　城西南，灌田六十七顷五十亩。

牙喇渠　城西南，计五号，灌田三十二顷五十亩有奇。

上沤波渠　城西，计一十四号，灌田二百一十三顷有奇。

新丰渠　城西北，灌田五顷四十七亩。

江淮渠　城西，灌田二十一顷五亩。

下沤波渠　城西，灌田七十三顷六亩有奇。

有本渠　城北，灌田五十四顷四十亩有奇。

敬依渠　城北，灌田七顷七十亩有奇。

黑水沟渠　城西北，灌田六顷八十亩有奇。

回回渠　城东，灌田一十八顷五十亩有奇。

左暖泉渠　城东，灌田八顷六十亩有奇。

重兴渠　城东，灌田五顷四十亩有奇。

老人坝渠　城东北，分上下沟，灌田二十九顷八十亩有奇。

阿薛古渠　城东北，分十闸，灌田一百二十一顷七十亩有奇。

更名北旗河东渠　城西北，计七旗，灌田二十三顷二十亩。

更名北旗河西渠　城西北，计一十一旗，灌田四十五顷八十九亩有奇。

东泉渠　城东北，分四闸，灌田七十八顷一十亩有奇。明嘉靖年，巡抚杨博以指挥张廷辅议，浚渠东注，免城郭沮洳浸坏，兼利田亩即此。

平顺渠　城南，分四闸，灌田八十四顷三十亩有奇。

溢源渠　城西，灌田一十二顷八十亩有奇。

按张掖系黑河、弱水漫衍之区，到处洼下，掘土成泉，滞则有沮洳之虞，疏则有灌溉之利。大约唐始开屯，元明益广。但涨于沙，浸于卤，板荒之随时请豁，职是故也。旧志渠名尚伙，或沿或废，或少或多，第弗胜考，就渠长现报者存其实云。再渠水易启争端，如八蜡、牛王等庙前，有分府周丞及张掖令李廷桂均平水利，各断案碑文，近若知府沈元煇、知县张若瀛立裁革孔洞碑。而圆通庵又有张掖令王廷赞以孔洞涓余，添一昼夜加给四工，并送泮池甘泉书院之水碑记。因时因地，均平制宜，全在牧民者公以生明耳。

山　丹　县

南草湖渠　城南，分坝一十有三，灌田四百顷有奇。

西草湖渠　城西，灌田四十顷有奇。

暖泉渠　城南，分五闸，灌田一百七十顷有奇。

东山坝渠　城南，灌田三十顷有奇。

西山坝渠　城南，灌田五十六顷有奇。

塌崖泉渠　城南，灌田八顷有奇。

新开独泉渠　城南，灌田七顷。

义得渠　城南，灌田三十八顷有奇。

无虞山口渠　城南，灌田一十九顷有奇。

红崖子渠　城南，分三坝，灌田二十顷有奇。

乃独泉渠　灌田一十顷有奇。

童子寺寺沟渠　城南，灌田三十七顷有奇。

童子寺东渠　城南，灌田三十四顷有奇。

童子寺西渠　城南，灌田九十四顷有奇。

大黄山坝渠　城东南，灌田九十顷有奇。

独泉渠　城东南，灌田二十七顷有奇。

卫厅木沟渠　城东南，灌田五十六顷有奇。初设卫于此采木，因名。

白石崖渠　城东南，灌田三十八顷有奇。源出大通河，分派而来。明正德七年后，寇犯荒芜，嘉靖二十八年巡抚杨博檄砌山隘，增墩台，疏旧渠，田畴复乂。

大慕化东渠　城西南，灌田八十二顷有奇。

大慕化西渠　城西南，灌田六十顷有奇。

小慕化上坝　城西南，灌田二十顷有奇。

小慕化下坝　城西南，灌田二十七顷有奇。

以上四渠，前明巡抚杨博、副使石永重修，芜田尽乂。

按山丹五大坝曰草湖渠，分十三坝；曰暖泉渠，分五闸；曰东中渠，兼东山、西山等九渠；曰童子渠，兼无虞、义得等五渠；曰慕化渠，兼大小慕化四渠。而东中九渠无东中号者，盖指其地以为九渠之总名也。一县水利以五大坝为纲领云。

抚彝厅

抚彝渠　城北，上中下三号，灌田八十七顷二十四亩有奇。

新工渠　城北，上中下三号，灌田三十四顷四十五亩有奇。

小鲁渠　城西，灌田四十六顷五十五亩有奇。

小新渠　城东北，灌田一十五顷八十七亩有奇。

鸭子渠　城东，灌田六十三顷六十二亩有奇。元都元帅刘恩屯田鸭子翅、黑山等即此。

暖泉渠　城东，灌田二十二顷二十亩有奇。

葫芦湾渠　城东，灌田二十四顷二十二亩有奇。

东海渠　城南，灌田一百六十八顷六十四亩有奇。

旱兀喇渠　城南，灌田三十四顷九十亩有奇。

通济渠　城南，灌田四十四顷七十亩有奇。

化音渠　城南，灌田三十八顷五十亩有奇。

明麦渠　城东，分上下二号，灌田一百七顷五十亩有奇。

永济渠　城东，灌田五十七顷七十亩有奇。

昔喇下坝渠　城东，灌田六十五顷有奇，旧志分闸有二。

板桥渠　城东，一名板昔喇渠，灌田五十六顷三十亩有奇。明嘉靖年，巡抚杨博、副使石永开黄张二家湾、傅家庄、白果园，即此二坝地。

头坝渠　城东，分上下二号，灌田三十七顷三十亩有奇。

二坝渠　城北，分上下二号，灌田一十五顷五十亩有奇。

三坝渠　城北，分上下二号，灌田九十四顷六十亩有奇。

四坝渠　城北，灌田一百九顷四十亩有奇。

五坝渠　城西，灌田五十顷五十亩有奇。

八坝渠　城西，灌田三十顷五十亩有奇。

九坝渠　城西，灌田三十五顷四十亩有奇。

以上俱引用黑河之水。

西海渠　城南，灌田五十九顷五十亩有奇。

威狄渠　城南，本名委的渠，灌田五十六顷有奇。

德安渠　城南，灌田三十二顷六十亩有奇。明巡抚杨博檄指挥曹凤修垦即此。

古集渠　城南，灌田四十顷五十亩有奇。

土军渠　城南，灌田一十八顷六十亩有奇。初土军屯此，故名。

倪家渠　灌田三十四顷一十亩有奇。

橙槽渠　城南，灌田三十四顷一十亩有奇。

小彩竹渠　城南，俗名小采渠，灌田一十三顷五十亩有奇。

梨园渠　城南，灌田二十顷六十亩有奇。明巡抚石茂华、副使杨衍庆浚新开渠坝即此。

铺家渠　城南，灌田四十二顷九十亩有奇。

以上俱引用响山之雪水。

九眼渠　城东，灌田五十顷有奇。

五眼渠　城东，灌田六十顷有奇。以上引用本泉之水。

双泉渠　城东，灌田八顷六十亩有奇。引用碱滩之水。

按抚彝属大小渠共三十五。由黑河引灌者二十二处，黑河发源于龙首堡，直连明麦、永济渠而止。由响山河引灌者十处，响山发源于祁连之雪水，自红山岸起直连威狄渠上，俱极源远流长。又城之东南沙河接济渠一道，自毛家湾至沙河堡，通连旱兀喇、东海、通济渠等渠止，其河水盈涸亦赖响山雪水多寡为凭。余惟五眼、九眼、双泉用本泉之水，因民利皆赖地利也。水哉！水哉！有本者如是。

东乐县丞

洪水头坝渠　城东南，灌田一百七十顷有奇。

二坝渠　城东南，灌田八十二顷有奇。

三坝渠　城东南，灌田一百二十九顷有奇。

四坝渠　城东南，灌田一百二十顷有奇。

五坝渠　城东南，灌田一百二十顷有奇。

六坝渠　城东南，灌田一百六十顷有奇。

以上俱洪水河引灌，今开田四百四十七顷二十九亩。

马蹄渠　城东南，灌田二十九顷有奇。今分头沟、二沟，共灌田六十三顷八十八亩，俱马蹄河引。

虎喇孩东渠　城东南，灌田一百顷有奇。

虎喇孩西渠　城东南，灌田三顷有奇。

明洞渠　城东南，灌田四十四顷有奇。

鹿沟渠　城东南，分二坝，灌田一十四顷有奇。

以上俱虎喇河引灌，今开田三百七十三顷七十八亩。

酥油口渠　城东南，灌田二十顷有奇。

宣政东西渠　城东南，灌田一百七十顷五十亩有奇。

以上酥油河引灌，今开田一百二十七顷五十四亩。

慕化大小渠　城东南，灌田九十顷有奇。系大都麻河引灌。

东乐渠　城东南，共分七坝，灌田二百顷有奇。实即山丹渠水，今连后共开九坝，与旧未符。

十二坝　城东，灌田二十三顷九十九亩。

十四坝　城东，灌田三十一顷有奇。

十九坝　城东，灌田一十八顷八十亩。

二十坝　城东，灌田一十八顷八十亩。

以上山丹东西两泉引灌，今增十三、十五、十六、十七、十八五坝，开田二百四十五顷九亩七分。

河宁口　城东南，灌田一十顷有奇。

西屯寨　城东，灌田三十一顷。

乐安堡　城东，灌田一十五顷有奇。

房家寨　城东，灌田一十顷有奇。三处今渠长未开。

按东乐分管之洪水、虎喇、大都麻、马蹄、酥油五大渠，俱发源祁连山，雪水融化，灌田成膏。其自山丹东西两泉发源引灌者，近有九道，较旧增五坝，与昔名稍异。至河宁口、西屯寨、乐安堡、房家寨渠长未开，系统混各坝内，其实境壤无殊，而盈涸略相准。

卷十三　艺文上 · 文钞　东汉迄明（节录）

黑河建桥敕

夏主　李仁孝

敕镇夷郡，境内黑水河上下，所有隐显一切水土之主，山神、水神、龙神、树神、土地诸神等，咸听朕命：昔贤觉圣光菩萨哀愍此河年年暴涨，漂荡人畜，故以大慈悲兴建此桥。普令一切往返有情，咸免徒涉之患，皆沾安济之福，斯诚利国便民之大端也。朕昔已曾亲临嘉美贤觉兴造之功，仍罄虔恳，躬祭汝诸神等，自是之后，水患顿息。固知诸神冥歆朕意，阴加拥佑之所致也。今朕载启精虔，幸冀汝等诸多灵神，廓慈悲之心，恢济渡之德，重加神力，密运威灵，庶几水患永息，桥道久长，令此诸方有情俱蒙利益，佑我邦家，则岂惟上契十方诸圣之心，抑亦可副朕之宏愿也。诸神鉴之，勿替朕命。

查处屯田计安地方疏

明巡抚　杨　博

臣以庸劣，误蒙圣明付以边抚重寄。任事以来，其于地方利弊，靡不悉心讲求大要。河西事体重且大者，莫过于屯田一事。遂即案行守、巡、兵、备四道，各将境内荒芜田地，通行查出，或上下水利不通，应该挑浚；或人力牛种不敷，应该处给；或从来抛荒未种，应该开垦。逐一议处明白，每处画一小图，贴说其上，陆续送阅。果有父子兄弟相率力田者，即以姓名开呈，动支官银，买办羊酒花红犒赏；惰农自安者，各举数人，量加惩治，以警其余，去后节据。分巡西宁道副使钟鉴，先将镇城迤南荒田，开报到臣。如黑河木龙坝，则有荒田二十余顷，洞子渠则有荒田一十三顷，马子渠则有荒田一顷，大满渠则有荒田四顷。即城镇一面，荒芜之田，至于如此，其他十五卫所，可概知矣。臣即督同钟鉴前去各该地方逐一踏勘，召人承种，不见有响应者。会诸父老问之，咸以为往年兴复屯田，或种未入土，名已入册，或人已在逃，粮犹如故。不知虏至则不得耕牧，水淤则不能灌溉。其从来抛荒之地，虽节奉事例，永不起科，官司一概追征，更无分别，未受富饶之利，先罹剥肤之害，以故宁甘贫窭，不敢承认。臣惟甘肃地方，与延绥事体大略相同。先年河东民运，皆系本色，后因输纳不便，改本为折，遂致二镇渐次萧索。延绥守臣无岁不讨内帑者，以其计无所出，不得不仰给也。甘肃苟且支持，未尝率意陈乞者，非守臣之才过于延绥，以其地土肥饶，犹可耕牧故也。臣自入境以来，见所至荒田不下万顷，遂极力经理，期于少效。乃今备咨舆情，始知其受病原委，全在于催科之不法；而法令废阁，实由于劝惩之未至。若不急为处分，河西生计，日就穷蹙。臣恐万不得已，又将如咸绥之奏讨矣。以内帑有限之财，应诸镇无厌之请，匪唯该部难于区画，亦非臣等边臣体国之忠也。昔汉赵充国、唐郭元振在河西咸卓然著声，考其所为，充国则上屯田，便逸以待劳；元振则修通河渠，尽水陆之利。今时虽云异，势不甚殊，仿二臣之意，而不泥于其迹，固亦存乎其人焉耳。如蒙乞敕该部，将原奉各边抛荒地土，听其尽力开垦，永不起科，其旧曾起科，荒芜年久，仍要用力开耕，应纳籽粒，一体蠲免事例，再加申明，行臣遵守。仍听臣将在城甘州左等五卫，并山丹卫、高台所，行分巡副使钟鉴；凉州、镇番、永昌、庄浪、古浪五卫所，行分守参政张玺；肃州卫、镇夷所，行兵备副使赵得祐；西宁卫行兵备副使王继芳，各会同副、参、游、守等官，督同卫所掌印、管屯官员，及兹边警少缓之时，将一应荒田，查议停当，候明年春暖，刻期举行。合用钱粮人工等项，并未尽事宜，臣当往来调度，次第整理。各官果能加意区画，有益地方，事完查上劳绩该部，一并录叙；怠惰误事者，具实论劾。其卫所官吏、知事人等，若仍敢将荒田作弊，朦胧起科，严行拿问，从重治罪。中间如有应免籽粒，亦许从实查免，不得徒事虚文。庶政有条理，人自乐从。臣犹恐议者必以为永不起科。大便小民为疑，不知损上益下，藏富于民，实自古经略之长策，若使民果富饶，臣欲盐粮，则盐粮有余；臣欲银粮，则银粮有余；臣欲清补节年屯粮，则屯粮有余。所谓投之所向，无不如意。不然，则民方糊口不给，遑恤其他。万一虏骑冲斥，仓廪匮竭，河西不几于坐困乎？此臣之所以早夜图维，不能已于有言也。臣不任恳切觊望之至。

修上龙王庙碑记

明御史　牟　伦

张掖西南七十里许，有庙焉，相传以为黑河龙王之神祠也。水旱礼瘥，祷无不应，几百年矣。而栋宇将倾，赤白漫漶，上雨旁风，父老伤嗟。印绶监太监桂阳蒙公奉命镇守甘肃二年，事辑人和，乃谒其庙，叹曰："一方之人，无水旱之灾，无兵革之扰者，皆神之赐也。而庙貌如是，甚非所以慰答神庥。"于是与总兵官平羌将军西宁候宋公，奉御韦公，左右参将、都尉佥事刘公、李公，掌都司事、都督佥事任公等，及前总兵官都督佥事雷公，参赞军务左副使都御史宋公议合，乃捐金鸠材，废其旧，广其圻，增其崇深。中为殿三间，后一间为神之像，与其配居焉；殿前，左右厢各三间；厢之前，门三间。尺度新巧，布置适宜，棣彩辉映，壁画奇绝。兴作于是年仲春之初，讫工于季夏之晦日也。其七月十有二日，公与宋公等，以牲醴告厥成焉。乃命刻石，以纪其始末。予惟龙，四灵之一，然彼三者，特以表一时瑞耳。若龙则嘘气成云，变化莫测，穷乎元间，司乎雨泽。其旱而祷，不终朝而四野同云，沛然下雨，千里告足；其涝而祷，不终朝而阴云四开，旭日照临，千里不污，其为利不既溥乎？况乎疫疠之作，烽火之警，叩则遂心。圣工之制，祭祀，能御大灾，则祀之；能捍大患，则祀之。神有是二者，其享一方之祀，宜也。公承上命，日夜运筹，惟边之不宁是惧，神有莫大之德以惠民，宜其用心之勤，建庙图像，以志无穷之祀也已。铭曰：

龙之为德，四灵之一。嘘气成云，变化莫测。倏忽震电，沛乎雨泽。祷无不应，转祸为福。我公镇兹，竭诚奉神。美哉庙貌，焕然一新。血食一方，惠我万民。我铭于石，用告后人。

天顺元年记，金陵李实书丹。

建雷坛庙碑记

明生员　刘　喜

盖闻元王开教，橐籥乎造化之机，默运于亭毒之表，生物利民，裨益治化，隆古逮今，由来尚已。自明开拓西疆，立陕西行都司，统十四卫所。山丹，古仙堤郡，设卫隶五所，去甘一百二十里。永乐辛卯，郡旱，使陈公英小于卫治之南，旧古城遗址，设坛祷雨，甘霖应期，滂濡沃若。是年有秋，百禾大熟，人歌丰穰，遂建雷坛。宣德丙午至正统丙寅，都帅杨公斌、彭公智，偕卫之僚属，辟土筑基，储材陶甓，崇盖殿宇三官五师法堂，绘塑圣像，壁画雷神将帅。盖前山门，塑龙虎朱元四灵神将。景泰癸酉，都帅张公熊，挥使赵公俊，增修道院云厨，金碧焕彩，栋宇聿新，功倍于前。命工立石，以垂永久焉尔。

景泰六年乙亥六月，江右五云溪生刘喜撰，未详所自。昭勇将军都指挥张熊立石。

甘泉祠谢雨文

明巡抚　陈　棐

天道无为，而斡元化者存乎神；神运无方，而契冥漠者在乎人。惟天人交应，贵感格之精。禋粤自徂夏而暑，旱魃为虐而弗仁。凡有斯士之寄，俱切疢患于身。顾禾苗之槁，如吾毛发之剪落；顾黔黎之厄，如吾赤子之灾屯。叩灵泉而雩祀，获灵雨之通晨。且南亩甘泽之降，适西宁献馘之辰。获北虏七十一首，奠中朝亿万千春。考古昔，胜敌而年丰，师兴而即雨，由神人之胥悦，洒霡霂之惟匀。所以欢声比雷动，勇气若云陈。注银潢而洗甲，驱屏翳以清尘也。造化无私而当报，如膏涓滴而为珍。谨谒虔而致奠，讬谢悃之斯伸，冀灵神之锡贶，更霖雨之浃旬，使三农之望满，而五郡之施均。

佑善观谢雨文

明巡抚　陈　棐

河西五郡，漠南千里，当龙见之月，逢魃虐之驶，遵槱燎之旧仪，效祷雩而吁祀；斋三日以精禋，走诸司于真宇。随布元云，即施灵雨；垅块沾濡，农畯慰喜。忆去岁维夏，予以旱致祷于甘泉之神，而一雨应时，浃旬靡止，且湟中之献餔，亦欢动乎人士，而今岁之西宁，适捷音之到耳。顾皇天之鉴予，岂无愆于素履？何感应之孔速，信天人之一理。古人有言，天道远而人道则迩；今胡不然？人实远而天鉴在比。皇矣上帝，昭赫维真，前后左右，不远吾身。吾夙夜匪懈，天亦鉴予之尽职；吾肝膈毕沥，天即鉴予之尽心；吾志恤边患，天即鉴予之体国；吾心劳民瘼，天即鉴予之忧民；饭不忘君，天实鉴予之恋主；居常念母，天亦鉴予之思亲。盖日在天上，举头而天日即见；心在人肩，举意而彼苍即临。予奚有动天之至德，悬诚谬格乎灵神？胡今斯之世，有感天捷于桴鼓，而未能远信于人人？风闻倡引，声和成簇。筹边而综理微悉，则目之为小智；并守而城堡保全，则讹以为大衄。校士先崇德行，而劣类共忌其访察；规切既遭摈落，而叛党返诬以迎逐。愤世激发，摘之为狂佻；守默迟讷，误以为辨速。惟黑白之颠倒，故方正之顷仆。苟一言之或饰，矢万死之莫赎。天实鉴之大公未服，谓之何哉？何哉誓为心求道合，而不必与世合；动欲天谋，而罔肯徇人谋？天道可恃，人世何尤，获于古训，迪厥身修。庶永终誉，以垂令猷，展礼庙下，虔谢元幽，侑以兹言，并告朋俦。

仙堤赋

明松江流寓　朱梦臣

茫茫寰宇，悠悠千古，昔往今来，乃成仰俯。及我皇明，肇开九土，固扼匈奴，险控夷虏。居杂羌戎，地兼瘠卤，士不习文，人惟尚武。罔袭衣冠，乃眷楼橹。既留心于櫜鞬，曷有意于笾俎。匪颜陋之请灿，故俗异于洙鲁。武威屏障于南陲，张掖开藩于西府，敦煌绝极于边檄，临夏雄视于东阻。山风朝暮而东飏，河流日夜而西注。余乃支颐竟日，徘徊延伫，睹夫山丹之为景也：秋冬常雪，春夏多风，三时少雨，四泽泉充。凭决渠以灌溉，岁收敛以为丰。白石磊砢，青崦穹窿，席箕敷茂，秭稗丰茸，麰麦春种，芳草夏浓，绿树屯云，碧障连空。山花发而夏半，田稼积而秋终。石嘴硊积，雪峡霜封。龙山高峙于丹城之北，虎卫环拱于通衢之东。四山屹立，三门洞通。南激水之转碓，中通流以穿墉。城垣坚固，雉堞高崇。厥田惟中，厥土惟红。三伏无暑，四时有冬。包涵秋意，莫睹春容。散飞花于粉霰，撼林壑以冲风。眇音乐以充耳，绝遗响于丝桐。惊尘常戢于边警，平安有服于火烽。疆场远界于西河之外，天险固设于封域之中。至于弱水西导，苑园深杳，流沙合黎，黑水浩渺，禹迹沦胥，真伪莫考。徒见注于遗经，剔怪搜奇，莫得而讨也。其物产有青羊、獐鹿、狡兔、黄羊，含疑赤狐，反顾白狼，牦牛奔突，野马超骧。亦有名鹰迅击，鸷鸟飞扬，沙鸡振羽，野鹳跳跄，鸿雁乌鹊，属玉鸳鸯。其中禽兽不可殚详。若夫丹杏夏实，林檎秋毓，枸杞离离，沙果郁郁，白梨味美，甜瓜香馥。野韭浥露而发荣，山葱过雨而蕃育。酒泉迢递，盐池远属。又闻霜笛呕哑，胡笳断续。游兵逻巡，飞骑驰逐。正斜阳之半落，对群山之如簇，时届于焱威，虽挟纩而无燠。自古惟用武之地，岂于今而始录。至若上将阅武于鞠场，铁骑交驰而竞逐，貔貅奋武以争雄，剑戟森罗而眩瞩，弓矢斯张，旌旗照烛，赏罚惟公，号令齐肃。三军为之勇讯，众庶以之悦服。王虏潜踪，番夷窜伏。抚字有方，薰陶畅沃。乃成君子之乡，抑绝鄙人之俗。流芳誉之洋洋，扇淳风之穆穆。听舆人之诵言，乃家给而人足。采菲言之疏略，是亦仙堤之大目也。

卷十四　艺文中·文钞　国朝（节录）

重修中龙王庙合祀碑记

巡道　袁州佐

边疆之利莫要于屯田，屯田之兴莫重于水利。以故赵营平、郭尚书历有筹划，而水利之所以既沾既渥者，紧惟龙神是司。然则神之为神，所系于明湮者，洵非细故矣。张掖龙神之建，遐无所考，余尝访之故老，披阅诸旧志，爰知构宇设像，昉自大夏乾祐七年二月间。分为上中下三处：一在城西南八十里，一在西南二十里，一在城西八里。春祈秋报，阅历已久，元末毁于兵燹，明洪武、嘉靖间，递有修复。至大清康熙三年，余膺简命分巡兹土，尝一至中龙王庙，见其残毁，慨然有修葺之志，而筹划未定，遽难踵事增华。五年冬，有入觐之行。越明年，中谷有蓷暵其干矣，合城绅士军民吁请宫保提台张公诣庙祷雨。公素以民命军需为念，遂蠲洁输诚，先移请上下龙神于中庙，捐金祭赛间随降甘霖，一时民望咸苏，讴深比户，莫不曰“神之眷顾，实我公之格享也。”维时并祀之举行。公顾瞻柱础墙垣飘摇倾圮，且旧址狭隘，谋所以经营而恢拓之。时厅卫陪从相与议定，各量捐输，乃庀梓材，乃勤丹雘，乃鸠厥工，乃董厥成。逾年而昔之狭者阔，分者并，敝者焕。是役也，肇事者则有提台张公勇，协事者则有监督赵君贯台，趋事者又有营卫诸君。而适谐余之素愿，因不辞弇鄙以乐志其事，一以慰士民恳求之心，一以示后之莅兹地、睹兹祠者务以边屯为重。知边屯重，即思水利之匪轻，而司是水利之神，不可亵也。相延勿替，是在后之君子云。

康熙八年己酉春立。

重建黑河龙王庙碑记

张掖令今布政使　王廷赞

粤惟张掖，孤悬天末，星缀西陲，风高土燥，雨泽稀微，所以恃灌溉畎亩活亿兆者，惟黑河一水。水源发自西南山峡，迤东至于府城之西北，又东北会于山丹河，又西过高台，又西北逾镇彝峡出塞，潜入地伏行千余里，东北入亦集乃海。其水利之在境内者，蜿蜒三四百里，支分七十余渠。说者谓“无黑河则无张掖。”黑河之水，盖造物特开之，以生兹一方者。沿河上流枕谷小坪旧建神祠，俗名上龙王庙，有祈必应，无感不灵，郡之士民，凛若影响。乾隆丁丑，予钦奉简命来宰斯邑，维时军兴旁午，诸务倥偬。乃自春徂夏，雨泽既微，而河流复弱，万姓嗷嗷，实堪怆恻。爰偕提府两宪，躬诣神祠，虔行祷祝，不旋踵而河流涌发，甘露滂沛，盖神之灵爽，实如式凭云。顾予自虔祷神祠时，见夫祠踞危巅，崎岖巉嵲，庙貌数楹，湫隘嚣尘，栖神既嫌狭小，而展拜复限于地，兼之境僻邃岫，管钥乏人，是以飘零至此。予维梵宫道宇，何与民事？绀碧琳瑯，动辄倾囊。乃以生民利赖之神祠，听卑陋不治，甚非所以崇禋祀而报神功也。乃敬以管见请诸府宪，中州刘太尊欣然俯从，许其修葺。于是会集郡之士民耆旧，相与共议，罔弗踊跃鼓舞。盖事以义起，人情乐趋，势所必然，况甘民素号淳朴，尤其易举者乎？惟是时届军兴转运殷繁，民心虽切，民力宜轸。予为暂停附近四渠差徭，躬率老成绅士数人相度形势，斟酌损益，先除道，次庀材，务令敞不太阔，华不伤靡。先是正殿三楹，兹复益以二楹，前创献殿三楹，旧寝宫迫近正殿，兹复去后冈三十余步，芟辟重台，创置阿集三楹，翼以两厢六楹，同缭萧墙。自正殿后拾级而登，势如拱壁，居上临下，弥觉尊严，以天生之以栖神者。旧大门一楹，兹益以三楹，两翼钟鼓二楼，内创左右厢房各三楹。垣外之南隅，更置小房一区，将以为春秋祭祷时驺从暂驻及渠民报赛之所，恐近里则亵神也。门外旧树照墙一，予观河之西岸峭壁竦起，仿佛锦屏，亟命撤去旧壁，而千年障蔽一旦豁豁，亦一快事也。別建道房一院于厢房之西南隅，以居住持。周遭建筑崇墉，沿岸悉植榆柳，面山临水，高下参差，时而临流潺湲，时而瞩巘层峻，树木掩蔼，丹垩辉煌，暮鼓一声清彻骨，晓烟几点翠流云。今之视昔，诚哉迥不侔矣。庙旧无住持，以糊口莫出，爰为择龙首堡之荒芜田若干亩以作香火地，另有祥志碑阴。且庙居深山，守望不易，予为面陈提宪额公，公慨然以山口重地，祀神更宜保土，为拨给本堡守兵四名，建置塘铺一区，庶往来无虞，而事垂永久矣。兹当大工落成，一时士民咸归功于予，并请勒碑以垂将来。予因思崇祀报功，国有正典，春祈秋赛，自古为昭，今日之役，乃我甘士民共相黾勉抒力，予何功之有？顾莫为之先，虽美弗彰；莫为之后，虽盛弗传。若夫沿庙貌于千秋，矢骏奔于罔替，是又不能无望于后之君子，爰不辞谫陋而为之记。是役也，起于季春，竣于孟秋，月凡五阅，费金一千五百有奇，益楹四十四间。攻金、攻木、攻石、攻土，欢忻趋事者无虑亿万计，而昼夜董督，往来更代，公而忘私者，则绅士耆老十二人也，共襄厥事，例得备书云。

附载给发执照

上龙王尊神，英灵显赫，庇佑一方。近岁以来，雨水应时，民歌大有。前以庙貌狭小，且多倾圮，未足以资瞻仰，经文武员弁及各渠士庶捐资庀材，不数月而大工告竣。惟是庙貌固以壮观，而供奉香火之住持与夫住持食用，以及每岁修补之资，必预为筹及，方可以垂永久。兹据龙首堡等堡，即洞子渠上中下三号渠甲、士庶余文勉、王道翔、杨泰恒、王志起、朱有玉、吴大成等公，同老农李学、施雨斟堪，得本渠中号大沟头有无碍官荒地六顷余亩，尚可垦种以作香火祭祀之用。所需号水，即上中下三号渠身内听其昼夜浇灌，毋得阻挡。号水洞口，按木经尺四面各六寸宽长。修理桥道闸口，三号居民出夫，杂项差徭，三号居民公帮，并不扳扯住持。地亩招民耕种，所取议定租粮，听其专委一人经收，除粮留香火及住持食用外，其余存贮公所，以备修补庙宇之处等情。合给洞子渠三号渠甲、督工、绅衿、义民、经管庙宇住持，执照收存，永远遵守。为此，仰洞子渠三号渠甲、督工、绅衿、义民、经管庙宇住持遵照，嗣后如有刁徒争夺渠水及侵占地亩，及扳扯出夫推差者，许尔等执此鸣究处。其四至粮石，本县有案卷据查。

乾隆二十四年七月□日给。

开垦屯田记

南宁知府　慕国琠

古圣帝王筹边之策，首重屯田，所以充军储抒民力也。我世宗宪皇帝轸念边民，谷米腾贵，办理军机，尤先粮饷，崎岖修阻，挽运维艰。业于口外之赤金、柳沟、安西、沙、瓜州等处广开屯种。雍正十年，特饬甘肃诸大臣酌议发帑于嘉峪关口内外柳林湖、毛目城、三清湾、柔远堡、双树墩、平川堡等处，相度土宜，开垦试种，穿渠通流，以资灌溉。凡所以经水之利，顺土之宜，莫不周详备至。即令本处召集屯户，借给银两，备办车牛农器，分年还项；借领籽种，计口受食，候秋成之后，上下平分，从公收贮。圣泽覃敷，深恩普被。琠于雍正元年由粤西平乐守调繁南宁府，即而罢任。十年五月，蒙大学士鄂保荐，命往陕西委用，屯田效力。遂蒙川陕总督刘檄委专管三清湾开浚之职。琠念世受国恩，涓埃未报，因而自备口粮，不敢支领养廉，劳苦自甘，竭蹶从事。查三清湾系肃州高台县界，上通本县之碱泉墩，下连张掖之威狄堡，南北约二十里，东西百有余里。其地势南高北低，西宽东狭，旧有三清土庙，因名曰“三清湾”。南有大山，即古之祁连山也，自山以南，皆生番所居之地，牛羊为产，不知种艺。县城南二里外，绝无人烟，山皆沙积，地尽碱土不毛。计新垦三百余顷，其中上盖有土沙尺许，下系碱地，经水利碱气泛上，不能播种者；有虽非碱地，而土薄沙重者；有坚如石田，难以锄犁，号曰板土，即令加工耕种，一经水泡，凝结如故，不能秀发者；有碱气虽轻，而需水较多于他地，周围约二十余丈，经水低陷，寻尺土稀，非晴晒数月不干，以故上干下湿，误入其中，颇为费力，若牛骡被陷，则无法可救，听其自毙而已。盖在成熟之地，碱气以消，土性已定，雨滋倍长，自可坐致秋成。若新垦之土，纵苗穗茂发，一雨之后，碱气上升，遍地皆白，日色蒸晒，根烂苗枯，终于无成。探手入土，其热如火，稍入三四寸，即皮绉发泡，所谓碱烧者是也。兼之一田之内，土性不齐，故同时播种，而其间有发不发之分，发者高大穗实，收获倍于他处，不发者毁腐成灰。若夫迭埂锄耘，芟除稂莠，原与内地无殊，惟浇水法全在验苗察土，各因其性，迟早有定候，多少有定准，稍不经意，则黍禾受伤，秀而不实者多矣。故开垦新地，例先泡水，候碱气入地，俟土性将干，然后摆篱播种，或用手洒扬。迨苗长四五寸许，土干成列，始行浇水，名为头水。由是渐次浇灌，至收成时，统浇不过五六次，而挨号轮时，先后有节，地广水少，每多争夺。至于冬水秋水，尤不可误，盖碱气性热，雪水性寒，经此可以消降。八月至九月中，名浇秋水；九月半后至十月初旬，名浇冬水，水入地冻，春和融化，即可耕种。过此，水凝冰厚，人力难施矣。次年惊蛰后，土面稍松，犁锄可施。春分前后，播夏禾种，立夏前后，播秋禾种。时届立秋，收割夏禾，一逢霜降，即割秋禾，迟则苗穗经霜，望脆籽落。再查三清渠道出自黑河，河源在张掖县之大雪山，岩深石黑，故名黑河，阴寒水少，晴热水大。由水源至山口，皆高山峻岭，积雪不消，人迹罕到。抵至三清渠口，约计二百九十里，历张掖之左肋十六民渠，至板桥堡，分水入渠。渠形状如新月，自东至西，逆流而上者居半，故渠口仰迎黑河，两岸夹住，其势迅急，方能通流。渠口至魏家寨二十余里，土沙相半，中有流沙，河阔一百三十二丈，飞沙迷目，平日并无滴水，天雨则百川汇集，顿成巨浸，渠不能容，屡次冲决。琠于渠岸两傍添建东西二闸，挖开上流，分东西支河，以杀其势。中道仍奔本渠，东西二道入两闸口，水小仍令二流入渠，以滋屯地，大则启闸放水归入北河，水分势缓，口狭堵易，不致稽悮矣。魏家寨至抚彝堡计一十一里，中有野猪湾、回回沟等处，约五百余丈，渠高势急，北近深滩，最易走水，故防护倍严。上至双泉堡计一十五里，东名鸳鸯湖，阔二百七十余丈，渠从湖中直过，堤岸难设。因见湖内有草，从根盘结，俗名土垡，乡人取晒，以备御寒之用。琠将渠之两岸砌成帮沿，中用泥沙填实，再以柳椿管住，迨至土垡长芽，柳椿行根，则两相并结，而渠岸永无坍卸之虞。西名麻黄冈，计长八百余丈，地形既高，风势必猛，一昼夜间积沙盈尺，更兼沙堤经水，易于冲卸。琠于渠傍用柳椿土垡，犬牙相错，砌逼水高墩以固其址。每隔一丈即建一墩，共成一千三百座，岸傍插柳二千余株，绿树浓阴，风回沙落，树长根行，盘绕交固矣。由双泉至大墩约十八里，中有骆驼脖，曲折高峰，渠深如涧，地土性坚，难于刨挖者千有余丈，此外半在沙山之内，故以种树以隔飞沙。下至渠尾，计长二十五里，其地即屯田也，统计渠长九十里。新旧渠道，水去泥存，冬日风多，沙飞填积，每当开冻土松之候，通例疏浚，名为挑春沟。但其间深浅宽狭，务在因地制宜，未可画一而论，总以宽挖、深挑、底平、沿厚为主。宽挖则水流势缓，不致冲塌；深挑即风吹沙聚，不患填满；底平则水溜；沿厚则堤坚，此疏浚之要也。土渠之修理恒易，沙渠之堵御颇难，而碱地更须着紧，盖碱土虚浮，虽些小一穴，水必旋起，名曰钻洞，顷刻冲泛，竟无底止，非数车草土不能抢塞，所当周行审视，先事防微者也。至于逆流之渠，底更须逐渐逞高，水流方顺，若高低不一，则高处阻隔而难上，低处积滞而不行。而相其高下之势，务在就底匍匐，逐步详审，乃得其概。渠成之后，不时查阅，每遇大风大雨，必飞行防护，盖水击沿动，易于坍卸。故风雨之中，奔走不敢避，饥渴不敢辞者，惟恐有负委任之至意也。今赖圣主洪福，地渠告竣，计三清湾垦熟田约二万余亩，合柳林湖等处新垦屯田，约计二十万亩。自此原隰泉流，既平既清，屯户享乐利之休，军需无转运之苦，万世永赖，用垂不朽。琠以微臣，目睹情形，躬亲其事，谨述于左。

按三清湾属高台境界，联抚彝，水源实由张掖黑河，且甘州开屯亘久，其发轫情形相同，附录以征屯政之创始艰辛如是云。

灌书园记

吴县生员　狄斗南

张掖郡，浑邪王故地也。旷野高原，沙石历乱，求一台池草木，以为憩息之所，盖戛戛乎难之。然时清已久，膺民社者，又有辽海王公，以文章饰吏治，政余无事，鸠群工，度地势，胸中别具町畦，使荆榛狐兔之苑，变而为吟风弄月之场。王子安云“人杰地灵”，良有以也。河西之胜，莫如甘泉，疏而通之，以资园中沾溉。地不越数十方，轩然而上者，有亭有台，所植奇花异卉，俱从西域来，是即汉使徙空到，神农竟不知之类。每一玩赏，胜读杜《浣花》诗，万树丛绿外，山影宛如螺髻，朝爽夕霏，时入几席之间。户外读书，渊渊乎掷金石声，无一点尘氛气得而染之。王公以“灌书”榜其门，义取诸此。昔香山东坡出守苏杭，筑幽馆，凿清池，宦游之暇，未有不以林泉为乐者，谁谓古今人不相及也？四韵诗成，遂掺笔而为之记。

不是苏公定白公，政余日日课园工。
文章静悟落花里，生意微参芳草中。
远岫列窗何用买，清泉隔屋总能通。
从知小住多佳趣，卧看闲原万绿从。

乾隆己丑八月立。

提署东湖记

长兴太学生　钟　铭

范文正公谓“先天下之忧而忧，后天下之乐而乐。”盖大臣利济为怀，忧乐俱关天下，此民生休戚所由系也。乾隆壬辰孟冬，草亭法公恭膺简命，提督甘肃军门，时值徂征金川，派拨弁兵前往协剿。公简精壮，裹糇粮，勖以忠义，宁其室家，翘盼捷音，忧勤夙夜，几忘栉沐矣。迨大军凯旋，酬勋燕喜，兵忭于营，民欢于野，金方万里，时和年丰。公始陶然曰：“是可为天下乐矣。”至圣云“仁者乐山，智者乐水。”山与水未容偏废也。溯昔康熙年，靖逆侯张公镇兹土，聿新厥署，聘湖上李笠翁渔赞襄工务，其西偏亭，砌垒石玲珑，壁立如绘，皆李君巧思构成，迄今嶷然也。嗣任者代加粉饰，花木之茂，场圃之荣，颇觉森森在望。但有山必兼有水，若于东隅隙地引窾通泉，可蓄数亩蒲苇丛于斯，花果溉于斯，鹅鸭饮啄于斯，虫鱼涵濡于斯。清波激湍，讵减流觞曲水耶？乃乘训练之暇，量为疏浚，涓涓满渠，不舍昼夜。仍倚前院后楼，四围添盖轩宇，敞宜夏，闭宜冬。沿流锁以长桥约十余丈，堍下建南北照厅，八面绮窗，仿武林明镜湖心式，闲云潭影，为有源头活水来也。东岸稍偏盖草亭一区，颜以“澹荡”，画舫篙桨，以游以泳。每于宾朋交错，或凭栏，或杭苇，或枕石，或跨梁，公则整巾携扇，雅歌投壶，见者谓瀛洲蓬岛中来。额联有云：“仿佛舟行三峡里，翩跹幔在五云边。”洵实录耳。善推所为，凡我军民，倘有风雨不蔽者，公必思宇厦栖之；倘有饔飧不继者，公必思釜庾给之；倘有褴褛不周者，公必思绨纩温之。举西陲之岩栖谷处，而尽熙熙皞皞于藻萍池沼之娱，庶几哉先忧后乐，诚有得于希文之志者欤！铭年幼操觚，愧无王子安落霞孤鹜之才道扬盛烈也，而偶因游憩，逸兴遄飞，退而为之记，以敬质高朋。

乾隆四十三年仲夏序。

居延塞辨

府学教授　王学潜

汉居延塞值张掖东北，盖徼巡之要区，而出入之孔道也。汉武帝时初置张掖，爰立十县，其一曰居延。居延者，当今山丹西北数十里，土人相传有古城遗址在焉。颜师古注居延曰：“汉武所置居延非能有其土也，以安处所获居延人而名也。居延者，匈奴中地名也。韦昭以张掖为居延，亦失也。”由是观之，有匈奴之居延，有张掖之居延。匈奴之居延，元亦集乃路是也。张掖之居延，今山丹西北数十里城址是也。匈奴之居延，古所有也。张掖之居延，汉武所置也。是故西汉以来，或出居延，或守居延，或款居延，皆在是矣。而世之论者罔征其实，曰汉居延县在今张掖东北一千余里，亦集乃东北二百里居延泽中。则所谓居延塞者，又莫知其所指矣。呜呼！其亦不思之甚也。间尝深究其源，论者之误本于《唐书》 《唐书》注删丹县曰：“自张掖河西北行，出合黎山口，傍河濡曲行二千余里，有宁寇军，故同城守捉也。其东北有居延海。” ，《唐书》之误，本于《水经》 魏郦道元《水经注》曰：“弱水出张掖、删丹西北，出合流黎山峡，又东北千余里入居延海。”，而《水经》之误，则亦汉晋诸史之有以开其源也。汉《地理志》曰：“居延泽在张掖东北，古文以为流沙。”东汉《郡国志》曰：“居延有居延泽，古流沙。”晋《地理志》曰：“居延泽在居延东南，即《尚书》所谓流沙。”然三史之说，第据张掖之居延，以其东南为流沙，以附《尚书》弱水既西，入于流沙之旨，而非有他也。唐《括地志》曰：“张掖东北六十四里有居延海。”足以征矣。而《水经》则引而致之古匈奴之居延，《唐书》不察，因并举删丹之宁寇军同城守捉，而亦以归之匈奴之居延，此其所以愈久愈愦，而不可识别者也。独不思张掖一郡，幅员几何？道里几何？而藐兹一邑，孤悬千二百里之外，何以统属？何以控驭？而使数宁无事，以永庇于张掖之宇乎？且居延之判，其于《汉书》，良已凿凿，顾第弗深考耳。夫张掖之有居延县也，自汉武始也。李陵之出居延塞也，路博德实守之，亦汉武时也。当是时，彼苏武者方和雪啮毡，持节牧羝于匈奴之居延海上，比武帝既没，昭帝之世，而始得归拜武帝之墓，则武帝时安所得居延海者而县之？而塞之？苟已得而县之，而塞之矣，子卿何以不返于斯时，而犹待夫帛书之给虏也？此其大彰明较著者也。夫揆之以势不合，论之以时不合，而又有汉晋诸书，括地之志，足以推注《水经》者之谬误，注《唐书》者之荒略，信乎居延之在此不在彼，而耳食者之无足据也。陈子昂曰：“同城当碛南口。”目治也夫。

弱水流沙辨

府学教授　王学潜

《书》曰：“弱水既西。”又曰：“导弱水至于合黎，余波入于流沙。”汉《地理志》曰：“删丹有弱水。”又曰：“居延泽在张掖东北，古文以为流沙，而于黑水只称羌谷。”按甘州以东水无西流者，《汉志》似为得之，至晋而羌谷始有黑水之名。至元魏郦道元注《水经》，而黑水始附《禹贡》之迹。然不知黑水、弱水其源虽殊，其归正同，穿凿不经，令人有燕郢之叹焉。唐宋以降，愈失逾远，盖不履其地者，无以尽山水之情形，而尽信夫书者，徒以夸古今之淹贯故也。余以不佞，博览载籍，遐稽山川，十年以来，始知其说。所谓弱水者，山丹以西，高台以东，凡水之北出镇夷峡者皆是也。下流未启，聚为平湖，有怀襄之势，而无震荡之能，宜谓其弱也。今镇夷峡中，居然有斧凿痕，与伊阙龙门同符，是禹之导水处也。而镇夷既启，一泄无余，水落沙出，余波浸渗，渐以涸竭。今甘州之西、之东、之南、之北，沙阜崇隆，因风转徙，侵没田园，湮压庐舍者，所谓流沙，非与；则所谓余波入于流沙者，非是谓与。是故，今所谓弱水者，古无指名，而今所谓黑水者，则古弱水中之第一洪流巨浸也，此可以意会者也，不然仅一删丹之水之微耳，而侈陈于策，神禹殆不其然乎！或曰："今黑水出镇夷峡至于天仓，伏流不复见，所谓流沙者，或在彼而不在此"。特是镇夷以北，正当水冲，以云余波，于义未安。则是流沙之说，《汉志》为得，特其义有未尽耳，而其他渺乎远矣。至入于南海之黑水，其必非今此之黑水也，尤其不待辨而明者乎！

甘泉赋 以沐浴群生，通流万物为韵

长兴太学生　钟　铭

挹黑水之清冷，伊丹台之灵毓。源混混而不停，流纡纡而不速。光凝五色，酿比慧山；味结三危，醅因盘谷。睹千章之郁茂，胥资玉窦之滋；览百卉之芳菲，尽被瑶池之沐。尔其雅著槛汍，礼严溜浴。清且涟兮可濯缨，游且泳兮兼濡毂。波滟潋兮影涵菊花之黄，气沖瀜兮杯泛竹叶之绿。美如湑露，弥胜秋醽；玲若汤泉，苑淘春醁。其为体也，沦漪不息，泾渭必分。月映潭心，望去琉璃一片；风摇水面，吹来锦叠千文。润曲港之荷衣，比凝脂而更滑；膏平原之麦浪，方霖雨而偕勋。斯直与仙源为互，匪徒与众派同群。其为用也，沟塍资其灌溉，品汇借其滋生。柳眼初开，乍垂金而欲醉；梨花欲放，已吐玉而含酲。琼乳融兮阡陌之苗，勿虑宋人之揠；石髓换兮款洽之雅，无须刘公之倾。若夫瞳昽旭日，掩映朝虹，远曳天峰之沃雪，迩延人祖之香风。绮谷罩千层，倒浸马蹄苍霭外；玻璃飏五卫，静沈龙首碧波中。汩汩乎岂巢由之曾洗？涓涓者宁郑白之可通？使澡身而匪彝俱静，亦鉴心而矜黪胥融。爰有畸人揽胜，智士寻幽。左傍书麈，浚灵机于冬夏；前供湫庙，酬福泽于春秋。如怀曲水之高情，不必十年之酿；倘遇沂滨之狂士，应为五日之游。宁同臭于椒兰兮，圆环竟符壶岭；抑并浓于醪醴兮，方折堪赛瀛洲。是诚上应乎帝星之北拱，奚仅下赓夫地脉水之西流？已哉！乃为之歌曰："一人尊兮统亿万，格天齐兮云肤寸。洒灵液兮湿芳丛，平三阶兮滋九畹。"又歌曰："潆洄兮深郁，敷荣兮群物。讵羡乎半月之名兮，何需乎九仞之掘？俾边陲之饮和食德者饫沆瀣于玉仙，沾宝池于金佛。"

弱水辩二则

廪生　高元振

国之形势各殊，以山川定其疆界。如黑水西河，惟雍州是也。水之支派各别，以山镇纪其源流，如导弱水至于合黎，余波入于流沙是也。信斯言也，弱水之在张掖，固无可疑者矣。乃记者曲其说，于长安西行万二千里之外，纡其途于又远，百日方至。其地之遥，疑别有所谓弱水者，以为记传所云，在于条支，遂信以为然焉。夫事之可信者，莫如目见；盲之无疑者，莫如圣经。舍目见而耳食于沙漠之外，舍圣经而荒诞于传记之文，势必至引蓬莱仙山，环以弱水三千，是真有其处。所谓至合黎而入于流沙者，反疑而不信，岂可哉？故读书穷理之士，不疑目而信耳，不疑经而信传也。

水其有常乎，何独弱而力不负芥？水其无常乎，何力弱偏能至合黎而入流沙？谓水之强而有力者，为有常强而有力者，莫如黑水，春夏暴涨，雷吼电掣，沙石奔流，冈陵不能为之岸，沟渎不能为之容，抑何甚哉！倏焉之间，势如下闸，点滴无存，虽禽鸟亦莫之顾，强者不足恃，未见其有常也。谓散涣无力者为无常，而无力者莫如弱水，乃绵绵亘亘，不激不波，五里一坝。不见其盈，十里一闸，不见其竭，由祁连而合黎，由合黎而流沙，蜿蜒千里，终古如斯。无常者顾如是乎？然则弱水非果无常也，其谓之无常者，止以力不能负芥耳。彼黑水冲突荡激，桥梁不峙，舟楫不容，何强而有力者亦不能载，而弱者终未见其沦一物而沉一人也？由是言之，岂非强而不继者为无常，弱而能继者为有常。继而有常者，虽弱亦强；不继无常者，虽强亦弱耶。孟子曰："原泉混混，不舍昼夜。"盈科而后进，放乎四海，盖取其有常也。七八月之间，雨集沟浍，皆盈其涸也，可立而待，盖耻其无常也。

甘民衣食源记并颂

麇生　冯　理

上古茹毛耳，而先啬教之耕；抑衣羽耳，而先蚕教之织。君子所由重报本也。我甘弱水之导，首自夏王，张郡之开，首自汉武，而屯田之利，孝昭时始见。迨唐郭元振、李汉通大获丰收。后为番鹘之帐，纛霄之军，披毡旄，饮酥酪，仍其故俗矣。元至元间，董文用、刘恩初治水田。明罗汝敬定赋额，而刘天和、杨博则最有功于屯政者也。虽然，人工之兴，必溯源于地泽。盖居延之南有山焉，发脉昆仑，联络终南，其峰峦陡峻处，忽有过涧，波涛澎湃以奔腾者，曰张掖河。岫口极狭，才通人步，峰回路转，行六七里豁然开朗，流潭一泓，泻出于两峰之间，而浸润数千里之远者，龙首渠也。迤东绕府城之西北，又东北汇于删丹河，又西过高台，西北逾镇夷峡出塞，伏地千余里，东北入亦集乃路哈班、哈巴儿、哈剌失三海子。在境内者，蜿蜒四五百里，支分七十余渠。昔汤巡抚博，以旧木笼坝湮废年久，改浚新渠，即以潭名名其堡。山麓本建神祠，特为鼎新，祈祷立应。我朝乾隆丁丑，张掖令辽海王公廷赞躬亲修葺，前殿后冈，左厢右翼，蔚成巨观。更辟芜田为住持香火，春秋祭赛，绵绵勿替。已请于制宪杨公应琚，吴公达善，献额曰"甘民衣食源"，殆犹先啬先蚕之諴也夫。理不敏，谨拜手而飏言曰：乾爻用九，群龙无首，渠偏首名，义繇曷剖？祁连渺绵，化为蚴蟉，或尾之濡，或腰之纽。伏地沙沉，蟠天雷吼，时跃时潜，忽丹忽黝。寸肤百折，一滴千亩。吐漦出泉，化剑冲斗。水裹龙身，龙喷水口，即水即龙，如飞如走。头角狰狞，爪牙纷纠。雨师提衡，风伯拥帚，环塞东西，浮河左右。弥弥汤汤，雄雄赳赳，涟映玻璃，光涵琼玖。餍饮田畴，醲浸林薮，食我甘民，村村粱糗；衣我甘民，户户丝绶。前有杨公，关西经叟；后有王公，关东父母。报本寻源，镵冈雕阜，美矣奂轮，洁哉椒酒。祠合下中，月躅卯酉。为祝篝车，以酬高厚。佑尔三农，鸠兹千耦。仰睇云从，俯占马负。匪往荣渊，若来窥牖。乘易六御，颁诗万寿。比栉崇墉，蹈足舞手。击壤欢呼，帝力何有？

按镇志张掖河即黑河，源出摆通河，经祁连山，雪消流洪，傍合黎山，出羌谷口，通古居延海。今建上龙王庙于首。

祁连积雪赋

辛卯举人　杨维元

爰有南山，叠嶂层巅，番儿仰止，呼曰祁连。形踞乎天柱，势压乎边关。草木生而畅茂，牛羊牧而滋蕃。夏凉冬温，毳幕丛焉，凝华结素，望之莹然。千峰堆玉，万壑撒盐。其霁色凌空也，夺皓月之清圆；其皎洁冷艳也，增岩城之暮寒。君不见忠臣吞齿兮，其节弥坚；又不见高士偃卧兮，其致若仙。六月披裘兮，瞻望至止；樵子迷道兮，畏门不前。璧圆兮嘉瑞，冰泮兮丰年，赋梁苑兮词不妍，歌郢曲兮和又难。对景兮不能无言，抽思兮吟料尚慳。临眺踌躇兮，窃恐负此琼峦。

山丹弱水赋　以禹导弱水至于合黎为韵

廪生　高元振

德大唐尧，功高神禹，舟车撬檋四载，乘而夏甸畇畇；疏沦决排九河，导而周原膴膴，绩终于雍州，利普夫西土。直穷弱水之流澌，爰辟厥田之泻卤，原夫地洌涌泉，雪融成膏，波即清而且涟，色偏绀而多涝。惟顺性之不违，斯因势而利导。障巨川而东之，回细流于西倒。奠此灵区，浚兹渊澳。况夫坟别赤壤，山亦名丹；泽沃青畴，水何妨弱，连阡陌而能濡，盈沟浍而勿涸，既屈曲以绕城，亦潆回而穿郭。扬之不滓，澄之不皭。非右军鹅笼，胡为萍泛鹭鸥；岂牵牛渡河，竟尔梁成乌雀。驾长虹而斜跨甘城，蟠游龙以平铺沙漠。于以发必原始，归端竟委，循伊岸麓，乘彼垣垝。焉支倒映于银朱，雪巘遥辉于玉髓。泻末湍于龙沙，吞余浸于黑水。业西旺于酉申，斯北归乎壬癸。尔其汹涌如勇，精莹似智，蓄而能通，散而可萃。出羌谷而下衍，傍合黎以相次，水晶盘里，比螺之青；菱花镜中，方黛之翠。冯夷或鼓浪以行，博望疑乘槎而至。及其被夫流沙，放于海隅，千纹沮洳而莫测，寸滴潺湲而不拘。望洋而惊，诚万顷之浩浩；恃源以往，讵一带之区区。飏汤池于玉塞，限戎马于单于；又已无源弗长，有美必合，山既周围，水亦重匝。滋畎亩而九畹逡巡，界华夷而重岩稠沓。净瀚海之膻腥，洗毳毡之邋遢，酋虏饮马以来朝，汉使浮桴而往答。缅勋特峻，溯迹维奇。芥不能容，无扁舟之可载；桥不能设，无勺蠡之可遗。渍乎集乃，环乎月氏。瑞征三岐五穗，歌遍黄叟黔黎。宜乎元圭锡而美八年之报，是以洪范衍而为百世之师。

祁连山赋　以色映吴盐光生玉树为韵

岁贡　陈　瑜

原夫汉武开疆，初分郡国。黑水汗漫以西流，天山耸峙于北极。外作轮台之障，羌狄知名；内张函谷之屏，神京壮色。匈奴号曰祁连，自古永遮边塞。尔其祖昆仑之脉以蜿蜒，越瀚海之墟而横亘。探丹霄而突兀，高撑银河；拖白练以岧峣，俯看水镜。层层耸嶂，柳絮频封；叠叠堆崖，琼华相映。疑是篷瀛三岛飘来，莫可端倪；恍如太华五峰峻处，谁知究竟。至于倚天拔地，近蔽远徂。翘彼巉岩，芳甸时观黛翠；履兹幽壑，溽暑亦见银铺。一望莹莹，匡庐之瀑布奚异；四围朗朗，峨眉之澹扫无殊。类玉垒之屏藩西蜀，等钟山之崛屼东吴。定襄伯之歌诗。良有以也；虞世南之赋景，亶其然乎？若夫朝霞彩漾长林，峰排火树；夕月波摇澄涧，沼印星蟾。或升粉署，或卷珠帘，或摊琥石，或幔霜缣。或碎子晋之箫，纷飞璃屑；或揉和靖之树，遍洒晶盐。极阴晴之错落，尽冬夏之观瞻。矧其千林竞秀。庶物蕃昌。有松皆作龙鳞，干霄特立；无柏不成鹤盖，凌汉悠扬。雪蛰之蛆生而郁馥，霜苞之卉发而幽香。固乾健之钟灵而得秀，亦坤舆不爱宝而涵光。彼夫合黎之晨雨兮，犹青螺之苗穗；人祖之晚照兮，似绛帐之悬闱。榆木之龙蟠兮，处偏隅而羽立；焉支之虎踞兮，当孔道而云横。虽极冈峦之体势，终少灵异之频生。孰若瑶屏呈地轴之奇，旸谷系天心之属。亦产林邑之金，不匮蓝田之玉。椅伟绩兮称博望之猷，谱清音兮发明妃之曲。定三箭于瀚海，争传薛氏遗踪；杭一苇于居延，尽道霍家芳躅。爰作歌曰："祁连高耸兮，睹墙篱之永树。边塞乂安兮，知皇图之巩固。人文蔚起兮，庆驰驱于逵路。生值太平兮，应挥毫以作赋。"

龙首潭赋　以光腾瑶海泽润青郊为韵

岁贡　陈　瑜

缅青潭之混混，谒石龛之茫茫。拂祥云而涟漪，喷地脉以汪洋。一望空明，巋然贝阙；千寻皎彻，赫矣龙堂。涵碧落而晶荧如洗，绕青山而练影偏长。渺弥无际，发越有光。尔其储壬癸之脉，泄坎兑之精。挟两峰以涌出，萃一涧而奔腾。采漾晨霞，五色奇葩。抹玳瑁潮通夜月，片轮皓魄射蓬瀛。气蒸兮烟霏雾敛，源远兮水净沙澄。若夫动涓勿竭，静蓄弥饶，万象常含，地轴斜开。宝镜一尘弗染，天池满泛琼瑶。类冰壶而不琢，拟玉宇而非雕。鱼逐洲游，拖苏门之绣锦；风从谷散，拽鲛窟之轻绡。此阴晴之错落，正变化之夭娇。乃若朝晦夕阳，岈深云叆，冷浸玻璃，辉冲银海。其芒则寒，其色无彩，其气则严，其莹未改。灵湫凛冽，知接壤于张掖河；幽壑朝宗，直穿委乎亦集乃。维时决渟滀而浮馨，引潆洄而灌麦。行将踞乎沧溟，渐必盈乎阡陌。禾麻沾郇伯之膏，黍稷感鸿蒙之泽。吁嚱！谁测其幻端？倏忽顿呈其灵迹。漫占无首，森森头角之峥嵘；俨睹有鳞，炯炯须髯之奋迅。中下二条为身尾，绵常山之势而虹霓联；纵横千里以跃耆，应天汉之神而雷霆震。是以不需霡霂，自足沾涂；更能无俟桔槔，胥叨浸润。懿夫春塘涨兮，洪纹叠叠；夏木浓兮，曲岸青青。秋风迎澜而欧热，冬雪泛瀑而凝冰。和四序之旸燠，辅三才以清宁。刘元帅之浚鸭渠，只是中流旧勺；杨尚书之修木坝，才能上发新酬。酬以蒸尝，典重伊耆之八腊；赛于遐迩，功符神禹之六丁。允合歌夫九叙，奚徒长在四灵？为之赓曰："锦屏夹峙兮，飏翡翠之苕荛。缘绉中梳兮，鼓皎洁之波涛。渊呈蜿蜒兮，腾深壑之虬蛟。功敷大地兮，覃边塞于乐郊。瑞等羲皇之负图兮，御天呈象乎六爻。洋洋溥吾圣泽兮，聊作赋以挥毫。"

甘泉赋　以香涵玉露朗彻冰壶为韵

岁贡　高　缙

张掖之郡，阛阓之旁，有泉觱沸，清泠飘香。味不酿而泼醴，液匪造而成浆。自宜人润灵府，而心脾俱沁；物开宝鉴，而妍媸并彰。爰赐嘉名之奕奕，斯诚大观之洋洋也。原夫嫖姚开边，宇圻北拓；博望置郡，文教西覃。两山若飞，郡因作掖；一泉如密，州亦称甘。上峙连云之雉蝶，下通潜渊之龙潭。池张璧月，渚泻石龛。画阁高飏，仿佛蜃楼幻结；祟台倒映，依稀晶镜中涵。长桥卧波而垂碧，曲槛环沼以拖蓝。尔其圆折生珠，方漩成玉。文流涓涓而左移，武派滔滔而右属。非第游观之良，实关生材之笃。是以乌家跃辕门之龙，赵氏著人物之录。勋屏边右，嘉武勇之忠贞；赋奏河西，钦心古之芳躅。可以钟英，可以涤俗。方借水之灵，何妨土之沃也哉？彼夫瑶池有会，杯传玉屑之酥；仙掌高悬，盘滴金茎之露。伪拟惠泉，侈谈甘乳，无以寿世而寿民，徒以误人而自误。何若珠玑竞抛，琳琅迸吐。取不尽而用不竭，挹彼注兹；源之远而流之长，盈科徐赴。况乎浓似郇膏，泽同井养，绕西郭以激硙轮，注南亩而滋绣壤。如石斯转，纷纷麦屑争飞；有田可浸，翼翼禾苗竞长。号阿薛以成渠，营榭亭以相赏。牵风柳线，蘸浦面以依依；印月金纹，漾湖心而朗朗。远眺无穷，近披更爽。懿夫精泌内融，空明外彻，雅人荡其胸襟，高士方其皎洁。春水至以涵濡，溽暑临而凛冽。门对寒澌，岭映绀雪。风纵静而生凉，雨未洒而驱热。披襟神怡，濯缨意悦。洎乎金气时肃，水色更澄，俯槛而视，拾级以登。蒹葭苍苍，或溯伊人之宛在；游鱼历历，或叹莼鲈之未能。况夫凌阴既结，寒冱将凝，花飞碎玉，洳蓄层冰。荡黑湖而流黔暗伏，摇银海而积素光腾。伊两美之必合，将屡丰之是征。于焉偕良朋而挈榼，俾奚童以携壶，涟漪足欣，美景不辜，水哉何取焉？混混尔；美哉观止矣，洋洋乎！醴泉有铭，敢妄希乎？唐秘监甘泉献赋，窃羞比于莽大夫。

卷十四　艺文中 · 诗钞（节录）

登张掖甘泉楼

明　李本纬

乍别酒泉郡，来登张掖楼。
关云傍槛入，塞水背城流。
月涌陂塘暮，寒生草树秋。
凭高听不尽，羌管数声愁。

甘州即事

明　郭　登

黑河如带向西来，河上边城自汉开。

山近四时常见雪，地寒终岁不闻雷。
牦牛互市番氓出，宛马临关汉使回。
东望玉京将万里，云霄何处是蓬莱？

龙首潭

明 郭登

乘闲纵步谒灵湫，雾霭腾空爽气浮。
地下有功除旱魃，人间无术起苍虬。
光涵瑶海三山晓，冷浸玻璃一镜秋。
愿作天瓢敷塞北，遐边陇亩庆全收。

祁连雪山

明 郭登

祁连高耸势岧峣，积素凝花尚未消。
色映吴盐迷晓骑，晴融谢絮引晨樵。
寻梅腊外寒威敛，刻玉霄边逸兴飘。
几度豪来诗句险，恍疑策蹇灞陵桥。

观刈稻诗

明 郭绅

甘州城北水云乡，每至秋深一望黄。
穗老连畴多秀色，实繁隔陇有余香。
始勤东作同千耦，终庆西成满万箱。
怪得田家频鼓腹，年丰又遇世平康。

北湖作

明 魏谦吉

出郭相期入近林，良辰逸兴洗尘襟。
花随细细风中落，鱼向涓涓水底沉。
积翠拥舟迷鹢路，急流转磨出鲸音。
霞觞倒尽山衔日，仍写瑶篇坐上吟。

中丞陈文岗招泛北湖作

明　郑存仁

春满甘泉湖水通，德星排宴五云中。
天开图画怡苏老，地辟金汤借范公。
彩鹢浮波迎落照，行歌夹岸响微风。
边城快饮非无为，预喜燕然早勒功。

初至镇游甘泉

明　陈　棐

金川傍张液，弱水及仙堤。
远向甘泉去，城头树牙旗。
甘泉甘露味，有田常润滋。
予瞰甘水源，城边望灵祠。
在城长蒲荑，出城汇渔池。
风味江南似，人家塞北嬉。
甘心报国士，甘苦复何知。
愿言保乐土，永岁无征鼙。

北湖二首

明　陈　棐

其一

边城城北接烟林，四座风来吹我襟。
自在中流双桨动，共看曲岸一竿沉。
山围面面丹青出，水奏淙淙韶濩音。
人散月明横渡处，夜深还听有龙吟。

其二

小队郊垌水次师，看花却忆去年迟。
封侯志在频看剑，护虏功成数举卮。
但拟燕然同勒石，不妨雁翅共登陴。
曾闻白面谈兵者，肯负丹心报主期。

东乐途中遇雪

明　陈　棐

满空飞雪舞回旋，妬杀杨花大放颠。
乍见黄云昏四野，即看白浪起长川。
玉门百万抛鳞甲，瑶圃三千降鹤仙。
塞下有田方苦旱，愿消涧水出祁连。

中丞陈文冈招饮北湖二律

明　甄　敬

其一

甘州之北北湖平，湖上元戎采鹢轻。
问俗有时停野馆，看花还喜共书生。
芳菲两岸随流水，荡淡千山绕郡城。
阃外拥旄歌范老，坐中义手愧温卿。

其二

新蒲细柳两相宜，落日微波画舸移。
虎旅昼闲常宴客，雉城花满对衔卮。
三年威令传青海，万里春风度月支。
奏凯知应朝魏阙，会看天诏下丹墀。

题甘泉寺

许孙荃

甘州城南甘泉寺，槛泉觱拂流云气。
散作千家宛转溪，汇为绝塞清凉地。
我来寺下俯流泉，历历游鱼并在渊。
秋高潦水寒潭尽，绘出天山雪后天。

水亭柳浪

刘德宏

清波郁翠条，摇曳拂河桥。
日丽舒青眼，风归舞细腰。
绕亭垂广幕，映水接层霄。
夹岸轻阴合，晴烟一望遥。

苇溆秋风

刘德宏

秋月照边城，芦州漾水明。
金风翻碧藻，玉露濯青苹。
疏落明天籁，萧条杂雨声。
遥看归浦雁，欲寄故乡情。

黑河夏涨

谢　历

甘州里社，每三四月中，择日祀龙神，不逾三日，黑河水辄涨泛，千畴万项，咸得种植，陈子昂所云“不假天雨，岁收四十万斛”者也。

万壑奔腾震地来，汹汹疑是海门开。
惊湍触石翻晴雪，骇浪排空起暮雷。
百道渠分同潋滟，千畴泽渥乍喧豗。
明灵稔解酬民愿，快对南薰鼓阜财。

苇溆秋风

谢　历

甘州城内多池塘，率植芦苇，每秋风起，飒飒有声。

芦荻汀洲烟水横，青葱一抹望中平。
连天漠漠秋临塞，匝地萧萧风满城。
乱影睛掀高下月，蜚声寒带短长更。
虚窗入夜无休息，多少游人梦不成。

庚寅八月过山丹

庄学和

丹穴由来毓凤池，矧传绣岭染胭脂。
凯歌已夺西方美，笳拍偏遗南国姬。
山黛娇增枫叶艳，地黄剂佐杏林医。
溯源弱水由穷石，胡弗为霖润析支？

己亥四月抵任抚彝披览舆图巡行村堡
溯水渠之沃稽风土之宜爰谱长歌聊纪梗概代柬文游问讯者

谢廷庸

甘州自古说岩疆，表里山河控敌羌。
分倅西分廿六堡，冲衢二驿辖四塘。
汉名昭武晋临泽，蓼泉守捉盛于唐。
李夏镇夷明右卫，作屏绀湲固金汤。
圣朝教养百年久，设官鼎峙副黄堂。
黑水自东绕左臂，响山源发音铿锵。
沙河广屯绵沃壤，礼耕乐耨启胶庠。
西接乐涫通玉塞，双泉大墩泽汪洋。
络绎番鞮趋贡献，晨驰骐骥夕琳琅。
南距祁连程四十，苜蓿盈堤供牧场。
黄沙坡陵引渠道，青烟兽炭墨凝光。
北是平川临要隘，合黎峻兀枕边隍。
远望盐池涌飞瀑，仙姑灵迹骑巍阊。
榆柳层层蔽原隰，秬秠翼翼储困箱。
文章粉泽已醖郁，武艺材官尤蹶张。
义路如登华渚境，仁膏恍毓水云乡。
慨昔浑邪据斯地，金人十丈腾高冈。
亦越沮渠壁侯坞，永安连理夸嘉祥。
风来五色徒显美，取禾刘麦驱南凉。
李歆丧马辛深烈，腾蛇盘幄卜兴亡。
七覆潜移都渎涧，三雄顿作坏城殇。
厥后宇文谋黠虏，绝弦缴矢慎提防。
漫道偏隅徒蕞尔，常山首尾相颉昂。
梨谷羊台堆战垒，毛湾龙首腻神浆。
刘恩鸭翅岁其有，杨博板桥功莫忘。
石廖筑坝支持瘁，林马凭墉节义彰。
国初苞蘖贺偕米，良帅运筹张与王。
大草滩前靡椓帐，怀阿赖后竞迎筐。
西师赫赫平青海，南亩畇畇盖白藏。
改军改郡同揆奋，增县增厅共赞襄。
六出天峰喷玉润，一弘地液赛琼芳。
我皇拓圻逾二万，那数虞廷干羽扬。

伊里和阗从发轫，俄罗勃律直苇杭。
矧兹夷嶂区黑白，兼有僧冠辨红黄。
咫尺近篱安乐土，亿千遐服慕康庄。
自愧菲才叨半刺，希将政教沛遥荒。
旧寺圆通曾建学，新倾约略未成梁。
雀角纷纷谁让畔，枭鸣喋喋为争桑。
农功勿旷三时业，士习须端数仞墙。
邮传奚容稽信宿，市廛莫使累工商。
雪深恐有袁生卧，雨缺宁俱畏垒穰。
抬头觐日长安迩，跂足瞻云夏口茫。
仰答君恩酬父训，甘泉何自芾甘棠。

冯胜泉

许士梁

元上都驴以甘州八百三十余户降，胜抚辑之。

宋国征西已定甘，金山驼马又何贪。
生初黑气曾迷室，殁后丹旌尚印潭。
只抚元军降户百，犹除汉法约章三。
鸿嗷饮德殊乌喙，铁券销来剩石龛。

读西夏敕黑河建桥碑文

钟　铭

继迁兄弟多无赖，元昊君臣少有闻。
食酪何须崇稼穑，披毡更勿用丝纁。
家风只重仁荣绎，国语徒行宣化军。
策赖张吴曾制字，厢区左右孰铭勋。
嵬名旧族宋仪杂，元振新屯唐制棼。
讵拟甘泉一片石，犹书乾祐七年君。
建元不避伊亲讳，设学空增弟子员。
贤觉圣光灵赫赫，草平写作吏纷纷。
偏违郑相荣龙训，似效韩公驱鳄氛。
堪幸德昌司郡正，足征郯子纪官云。
此碑得免防河砌，斯敕稀逢焦土焚。
九月舆梁今可造，十行楷隶昔原分。
俨同木塔祛兵燹，或共仙姑享苾芬。
珍譬灵光存只柱，典留皪得作三坟。

西秦有例方西夏，零落当年诅楚文。

晚过居家湖即事

马羲瑞

平林烟霭幂前溪，策蹇萧萧过石堤。
一色湖天星上下，两行榆柳月高低。
山烧出岫惊人眼，木叶随风乱马蹄。
唯有寒砧敲不断，声声相送小桥西。

甘泉观鱼

安定教谕　马羲瑞

涓涓一脉任纵横，雄镇天关旧有名。
鱼出石龛惊客至，风恬水面逼人清。
沿溪看柳枝枝曲，踏月登楼步步明。
载酒临渊堪寄傲，几回拚醉枕流声。

祁连积雪

马羲瑞

微云出岫挂窗虚，未到深秋暑尽除。
十载长征谁画阁，几人高卧自编书。
平分曙色明山径，远聚寒光映草庐。
独喜年来烽燧息，凭栏晚对意何如？

黑河夏涨

马羲瑞

百川入海尽东浮，谁挽洪波却倒流？
道阻三千归玉塞，渠分十二绕甘州。
雪消众壑愁漂石，冰泮长堤喜溉畴。
可惜狂澜无砥柱，教人五月恨箜篌。

水亭柳浪

马羲瑞

谁开小阁傍城湾？半面清溪半面山。
隔水遥看云上下，绕堤时听鸟绵蛮。

翠眉初放游人醉，弱絮轻飘夕照闲。
对景盘桓情兴远，归鞭常带月明还。

甘　　泉

乙未进士　王用中

汩汩乎来哉，一泓清澈底。
有客酌言尝，其味甘于醴。
黝然幽且深，寻端而竟委。
曲曲灌芳田，居民赖有此。
岂惟民所赖，我志在流水。
潋滟碧于油，苹藻杂中沚。
忽闻风雨声，蛟龙腾跃起。
倒影星斗寒，凌空木叶洗。
洋奂尔优游，多士斯济济。
晨夕共徘徊，文澜正渺弥。

南山积雪

己酉举人　秦国英

层层青嶂野云铺，不减寒江钓雪图。
一带银屏天外峙，千从琼树望中敷。
庭前曙色终朝送，眼底尘埃半点无。
想到梁园曾有赋，炉添活火酒添壶。

甘泉新柳

秦国英

二月晴光好，甘泉柳色新。
轻烟才弄日，醉眼半窥人。
袅袅摇风细，丝丝带雨匀。
岸容花是伴，疏影月为邻。
莫怨笛声晚，何愁关塞春。
柔条休许折，苍翠绕城闉。

甘泉晓雨

岁贡　陈宏德

迩来佳气满甘泉，晓雨霏霏兆有年。
四野滂沱荣草木，万家沾足庆桑田。
共言甘露随车辙，谁道和风遍陌阡。
慰满三农终岁愿，应从冰镜吐龙涎。

甘泉观鱼

廪生　任万年

城骑海眼势纵横，流洁源深旧著名。
荇藻飘香忘混浊，游鱼破浪自幽清。
烟笼远树天然趣，月上高峰分外明。
日日凭栏看不厌，关情更有鸟啼声。

祁连积雪

任万年

山势巍峨接太虚，四时暖气自消除。
常闻树坠冰花蕊，谁见霄排雁字书？
野老采樵依雪窟，羌人牧马宿毡庐。
披裘六月还嫌冻，犹笑三冬冷不如。

黑河夏涨

任万年

巨浪滔天大石浮，龙形滚滚向西流。
漫滩险势凌嘉峪，崩岸余波跨肃州。
旱岁无霖成有岁，瘠畴不雨变良畴。
安澜复见澄清日，好听渔歌暮笛篌。

水亭柳浪

任万年

郭外春晴水注湾，青葱林木映南山。
丝垂弱柳翻平岸，风过枯梅绽小峦。
俯濯流泉贪浪暖，遥看叠嶂挂云闲。

钟声朗朗闻晨寺，钓罢携鱼缓步还。

韦荻秋风

任万年

秋来两岸一泓油，芦荻萧萧响断洲。
树覆泉溪堪饮马，桥通水路不行舟。
疏林晚露垂垂滴，篱舍晨烟阵阵浮。
月上东山形渐小，清幽景况胜丹丘。

弱水回缳绕合黎

高元振

疏导通西域，乘撬到合黎。
山当极北峙，水向郭东移。
砥柱回狂浪，灵岩猗弱澌。
安澜琼叠叠，雄镇锦离离。
冈梗排渠险，峡开斫壁攲。
游龙蟠远岫，踞虎饮清湄。
麓激湍声咽，波衔峭势巇。
螺形盘里现，鬟影镜中窥。
隔岸疑蓬岛，登峰俯月陂。
峰屏遮虏幕，河带限番骑。
翠滴千群牧，膏流万井滋。
余波浸黑水，孤屿对焉支。
勒石铭还在，乘槎路不迷。
烽消明雪巘，腥洗净汤池。
沃泽尧衢普，丰功禹穴垂。
太平征有象，美景谱新诗。

南湖春晓

岁贡　张联元

东风送暖度龙沙，纵目南郊淑气佳。
鸟唤轻烟归碧柳，春催酒晕上桃花。
岸容解冻呈新翠，草色衔寒吸露华。
近远村墟薰丽日，晴晖霭霭笼桑麻。

苇荻秋风

张联元

金风萧索冷秋容，潋滟清波势渐溶。
祁岭峰头云欲散，蒹葭洲上露初浓。
涨浮皎月芦花白，烟锁寒枝翠影重。
碧水长天连一色，盈眸爽气豁心胸。

甘州灌田水渠

乙卯举人　李文学

金井斜倾滑似油，玉膏细滴浓于酒。
凿马蹄，疏龙首，三百禾廛十千耦。
雨洒春水蜇地翻，雪融夏日漫天滓。
泉老人，寺童子，苗已芃芃水弥弥。

题上龙王庙二章

廪生　李天淳

其一

黑水流纹渥万屯，边氓食德敢忘源。
当年禹凿疏黄脉，此际郇膏赞紫垣。
福洞端临天日观，神房静镇水云村。
五花缭绕伊蒲馔，尺木腾升造化恩。

其二

天工削出玉芙蓉，辽海膏敷甘浚浓。
岭色光涵千里月，涛声籁引六朝松。
飞何蟠际飞虹叠，积几沧桑积翠重。
芥也勿容井勿幕，环沾西极会云从。

过山丹祁家店大桥二首

戊戌进士　曹德元

其一

流沙腻水似醍醐，只利田畴不利涂。
寒渡冰山凝两岸，暑行瀵渚泛三衢。
忽逢乌鹊为填壑，如叱鼋鼍做济桴。

好拟仙堤书醋字，丹梯徐引看趋凫。

其二

乐善曾闻旌令威，伊祁棣鄂继芳徽。
彩虹色映胭峰霭，楝月澜回弱水矶。
四道相联排雁齿，双舆并驾度骖騑。
行人自此歌周坦，溱洧才知郑相非。

冯　胜　泉

范士玉

求珠匿马猥何功，铭泽犹怀宋国公。
匪纪廉泉纪大树，可如麦饭进南宫。

红　盐　池

副榜　赵　炯

熬波结素独凝绯，采贡偏烦庄指挥。
五穗双歧歌已洽，君谟茶饼亦知非。

抚彝四境咏　以东西南北为韵

廪生　马世伟

其一

天开晓镜映丹枫，昭武霞光起大东。
颖色千畴铺郭外，书声五夜彻城中。
村烟罩树迷联幛，窦雪飞泉泻断虹。
咫尺函关紫气绕，还须访道上崆峒。

其二

揆日庚辛古月氏，直通西极傍城西。
右连玉塞严重拆，中巩金方辑介圭。
滚滚双泉膏阪隰，森森万木覆沙堤。
经声清亮花宫迩，一道斜阳控狄堤。

其三

祁连高峻瑞云罩，龙抱黄沙渠水南。
冰凿三冬供凤炭，草秾五夏牧骓骖。
上头道满千年雪，下界呼余半个岚。
屹屹黎园资锁钥，向阳一带结仙龛。

其四

合黎近峙居延侧，又泛湖泉北斗北。
数顷蒲芦山宝房，几区盐瀑水晶域。
子卿驻牧已多台，仙媛居歆偏半阈。
翘首辰枢拱众星，平川好拟华胥国。

鸭子翅渠

郭人英

控边上策是开屯，夏俗吞膻革有元。
敷泽至今王灌口，酬恩谁晓赛刘恩。

录慕太守屯田记敬赋　三清湾系抚彝连界

廪生　杜　绪

四民最苦习农工，地利全凭人力丰。
沙拥西流非水窦，砾飞南陇是山童。
未容三壤成神禹，谁信一缣始汉通。
天启思文兴粒食，可教容易赋幪幪。

新修张掖县志

地理志（节录）

水源水系

青海大通县以北，今设门源县，旧所称为北大通者也，清雍正三年，以地通西宁，甘提督筑城设游击驻防于此，北大通西北二百一十里，有地名曰永安城。永安附近有景阳岭，祁连山之分支也。浩门河出其南，黑河出其北，因景阳岭极高，测量者谓高出海面一万一千六百尺，上有松林，树根下有细泉涓涓不息，至张掖出峡始流大。

黑河　黑河有二源，南源出鸡山，经北流至巴兹墩；北源在野马川，经景阳岭西南流至临松山西。又西北经临松与甘浚山。又北经荟萃涧谷，出上龙王庙前山峡口，水势甚大。又北经木笼坝，向北流城西八里。又西北经乌江堡，与弱水合流，再西北流入临泽县西之平夷、板桥等处。经高台县镇夷峡至天仓，入额济纳属地，伏入地下，流不复出。

弱水　源出焉支山下，经山丹石嘴子山始发源，俗名“祁家店子”。东绕民乐流旧城北，又绕张掖之东古城，经草湖东北距城二十五里，名山丹河。《禹贡》曰：“导弱水至于合黎，余波入于流沙。”山丹城西北有《大禹导弱水处碑记》。王氏《通释》曰：“弱水出吐谷浑界穷石山，自甘州西至合黎，与张掖河合，其水力不胜芥，然可以皮船渡。”土人曰：“县西十余里有弱水，投草辄沉。”按二说并无稽。《元史》称：“世祖西征有弱水，桥之乃渡，真力不胜芥者？”而距此当西北又数千里与史不合，非禹迹之所淹也。

居延海　渡张掖河行至合黎山镇夷石峡口，傍河东，壖屈曲东北行一千里，有宁寇军，军东北有居延海。唐胡曾《纪事诗》以苏武牧羊于北海上，或此海也。

瀵泉　城内，凡八九处，就地涌出，汇为巨池，多生蒲苇，今名南大池、北大池。原镇署前亦有之，名曰南苇池；镇署后名曰北苇池，至北斗宫。

草湖　在黑水及弱水两岸，岁收草数十万。

北湖　城北里许。明镇守游眺之处。旧有亭榭舟舫，巡按郑存仁、甄敬等赋诗。今废。

玉石涧　城东北四十里。《秦边记略》云：“人祖山山南关下，多纹石如菜玉。”而《隋地志》曰：“张掖有玉石涧。”盖谓此。

甘泉　甘泉有二，城西南甘浚山下，有泉甘冽，元魏以名州；又城南门内，东侧数十步亦有甘泉，水甘冽，清可鉴人，冬温而夏凉，北流出城，为有本、阿薛古二渠之水源。

龙首潭　城西南八十里，黑水峡中，深不可测，土人相传中有神物。

喷泉　掷物于中即喷出，故名喷泉，城内及北草湖均有。

论祁连山来脉及分支

慕　暲

《西陲纪略》："伊吾北有天山，春夏积雪不消，一名雪山，匈奴谓之天山，过皆下马罗拜焉。"汉遣贰师将军李广利，将二万骑出酒泉，击右贤王于天山，得虏万骑而还，即此地也。《元和志》云："名折罗漫山，出好水及金钱。"《一统志》云："唐伊西二州皆有天山、盖东西二州千里之界也。"今考哈密城北一百三十里雪山，即北天山又名折罗漫山。苟不穷其山脉之所自来，皆臆说也。其山自叶尔羌西南蜿蜒而来，曰葱岭，至辟勒玉山分脉，其东南一支绕和阗而东行；其西北一支西行绕喀什噶尔之西，又北行达布鲁特境，东行绕乌什之北，又经阿克苏之北，又经库车、喀喇沙尔、土鲁番之北，绵亘七八千里而至哈密东北百余里，为北天山。又百余里截然而止。则在巴里坤之东名盐池山，伏入地中矣。此山为新疆南路回疆、西路伊犁之分界，山阳为哈密至叶尔羌南路，山阴则由巴里坤至伊犁北路。其山之最大者又随地而异，山在叶尔羌者统名塔尔塔什达巴罕，直包喀什噶尔西北两面。在乌什者名贡古鲁克达罕。在阿克苏者名穆苏尔达巴罕，盖冰山也，北通伊犁。在哈喇沙尔者名博尔图达巴罕。又有著勒土斯山场在库车之东。在哈密者名折罗漫山，又东，名盐池山。此山之南，沙积漫野，即希尔哈戈壁所谓千里瀚海也。其山伏地千余里，至甘肃嘉峪关外沙州之南，突兀起顶，东行名祁连山，所谓南天山也。再东行至洞素达巴罕，过脉东北行，至巴尔图达巴罕，北分一支至甘州，属之八宝山。形如莲花，中有矿苗，乃故西宁、凉州、甘州、肃州四郡之镇山也。又自洞素达巴罕东行至野马川之东景阳岭自南而北，东分一支，结凉州属诸山。其自景阳岭北行鄂博过脉西行，至祁连达巴罕过脉向北，分一支结甘州属诸山。其自景阳岭北行插一支结中山，又名大王山。祁连山再东行，过松龙界又环抱陕西宝鸡口、武功、太白、周至以东总名终南山。再东则又分支东行为楚境诸山也。终南之东北为西岳华山，自黄河底过脉北行，为太行、中条山也。此南北天山之始末也。又葱岭东南一支绕和阗东南行者复分为二，南一支东南行为西藏诸番部之山，南达云南诸山也；北一支东行直达青海境之库尔坤山、巴颜喀喇达巴罕，北则为大积石山　夏禹导河于此。南则为三十九番族诸山，直达打箭炉，为四川境之诸山。再东南则为贵州境之诸山也。其两广、江浙、闽中诸山，另有记载。此葱岭南干诸山之始末也。程子曰："山本同而末异。"信然。

慕暲，镇原人，前甘肃宁夏府宁灵厅教授。

弱水源考

见民政厅档案。

弱水，俗名山丹河，下流至张掖县治西北，羌谷水来入，下流又名黑河。以今地形征之，源出山丹县东南境焉支山。一曰胭脂山，俗曰大黄山，又名青松山，乃祁连山北出之支脉，由祁连伏而北来，过大草滩七八十里，至大马营南暨东南。忽然特起，北延至石峡，接合黎山，南北延袤百余里。南广北狭，跨山丹永昌两县境。东距永昌治城八十里，南距山丹治城一百二十余里，北距八十里。有南、北、中三源，每源又有数泉共汇而成河。如中源系两泉。一寺沟泉，源发于焉支山钟山寺　亦名中山寺，修于前山之巅，林木阴密，距寺沟口十里东北隅，傍寺北侧而西流。一泉源发于钟山寺东南十余里丛林中，西北流至寺沟口内三四里，由山壑流出即与寺沟水会。出口之壑，高不过两丈，厚不及五尺，巍然峙立如一壁焉。二水既合西流约十里出寺沟口　即焉支山口，经花寨子　寨逼筑于寺沟口外，仍西流七八里，折西北又折北，傍史户寨西转寨南，与北源水会。北源亦发于焉支山内。其泉南距钟山寺约四五里，亦西流约十里出山，又十余里折西北流，过上下焦家湾之间，又十里而与中源水会。直北二十里，河幅约三四十丈，水广丈余、深四五寸，经猩猩堡西折东北二里余，又折西北七八里至仙堤堡西南，又二十里至山丹城南，折西流与南源水会。

南源系四泉，发源于焉支山之西南麓。一曰东泉，东距焉支山约二里，北流约里余，折西流又四五里与屠泉水会，再三四里会卢泉水。一曰屠泉，发源于东泉西南四五里，西北流约三四里会东泉水。一曰卢泉，发源于屠泉西南四五里，北流八九里与东、屠二泉水会。一曰西泉，发源于卢泉之西北约三里余，乃跨于草山之西坡上，东北流约三里与卢泉水会。四泉之源，南距祁连山约四五十里，而祁连山坡陡下北来至大草滩，又成漫下形。而四泉出于大草滩之北边，其水源来脉系由祁连山潜伏而来，水由地中行至大草滩北边涌出于四泉。盖其水脉皆自南涌出北流，其流激湍，其水清澈，所谓伏脉也。四泉既合，北流旋折西北，又曲折至武宁寨东北暖泉堡西之暖泉水，西北流来入　暖泉出暖泉堡西，平地涌泉，二穴冬寒不冻，冬夏长流，水亦甚大，下流分为五闸灌田。暖泉堡距山丹城四十五里。折东北流至瞭望山东南隅童子渠，自西南来入。　童子渠系义得谷水，与无虞谷水合流而成。义得谷水源出祁连山东南谷内，西北流约三十余里，出谷口北流三四里与无虞谷水合。无虞谷水，亦出祁连山中，东北流二十余里，出谷口仍东北约五六里与义得谷水合。仍东北又折西北、经西山堡西再流，即引为童子渠灌田。又折西流，稍北又西北折，东北又北经土岗堡东及西炭山南，傍山东北流至炭山南，东流而入弱。自两谷水发源起至入弱水上约长一百三十余里。按王氏《通释》曰："弱水出删丹南羌中云云。"今穷石山无所考，而祁连山中旧即羌地，此两谷水指为弱水之源亦无不可，但不知其言确否，待考。自三源至此约行一百二十余里。

又西北、碗窑沟水自南来入　碗窑沟水出瞭望山之东麓，经碗窑沟北，流约七八里入于弱水，再流南草湖，水自西南来入　南草湖在山丹城西南一里周九里，中多芦苇，下有涌泉，与西草湖相通，再西北折西绕西草湖　西草湖在山丹城西八九里，周七里亦多芦苇北，又折西南石嘴山　山脉由东南来西北由东南北来一土岗、由北山麓南伸与石嘴山相接，中开一壑如门，弱水出焉。路循水南涯仅通一车、相传大禹决之以道弱水处。石嘴山东南湾内有土佛寺，西北距壑仅百武　土佛寺，明正统六年太监陈太、指挥杨斌建修。刊山为佛，高七八丈，为楼五层，耳大于箕，其中能容两三人。御赐土佛寺三字，俗名大佛寺。《甘州新志》言佛高十三丈，又言高四丈五尺，其言两不符也。弱水出壑后西流，又西北，经静安堡西南至大墩庙北，入东乐县境。以上河幅宽约二三丈，水广丈余，深三四寸不等，河底皆石块，水流澎渤。仍西流经乐安堡北，南一小水入之　此水由大桥堡西南来北，流入于弱约长十余里，又西至东乐城　南距东乐城约一里，自山丹城至此约行五十里北，河幅约三四十丈，水广丈而深没胫，河身皆沙质。又西四五里，河入沙积滩边、水流沙中，官路循河限行。又西北径西屯寨以南约十里，出架子墩入张掖县境。又西北十余里至古城子北。　古城子即仁寿堡，清设驿站，系汉张掖郡属之屋兰县也。弱水由东乐城至此约行三十余里。查弱水自山丹东南出泉后，即被截流灌田。自山丹至东乐，共灌田一十八坝，若上流截灌，下河即无水矣。西至东乐属之西屯寨以西及古城以下，通年无滴水流入。按其渠规，迨至立冬后六日，始将全河水放下。冬深渐冻，满河成冰，宽几半里。及春暖，水融渐消，漫流至春末夏初，又成干河。缘交惊蛰日，上流又复截灌春水，而下流即涸，历年如此。又自东乐县迤西至古城，河流均在沙滩之内。古城堡北墙壁立河干，以下始有堤岸，高四五尺至七八尺不等。而张掖之仁寿堡渠由古城东门外北流越弱水而北灌田，河身之浅可知。河中之坝，积沙为之，至立冬而撤之也。过古城约里许，南岸下涌出水一股，广约五六尺，深约二三寸，清且涟漪，滃泱不息。顺河西北流。　此水来脉亦出祁连山，伏地北来至此岸下涌出，亦即伏脉也。按官路出古城之西门里许，水深三四尺，停蓄而生苇，车马改由路南田边行，其地潮湿，车轮马蹄常陷其中，颇为行旅患。盖因伏水上升所致，春更险。

约十里至草湖坝，亦引为渠。又西北约十里至太平堡东南洪水河。　洪水发源于洪水堡西南祁连山中，北流出西水关仍北流出山，经洪水堡西北流经六坝堡西，又西北穿沙积滩入张掖县境，又西折北过官路转东。自古城西伏水涌出，北至太平堡东南，入弱水下流，今名九龙江，自发源至此，约行二百里处至此约二十余里。

三坝堡北，一草湖水由北来入。又西，一草湖水由南而北来入之。又西北折西经张掖县治北　南距张掖城二十五里，又西有袁家湾西北之草湖水自南注入渠尾，而北来入之。折西南又西过山丹桥，有南两湖滩水次第来入。又西北而西至靖安堡南，羌谷水自南来入之。　自洪水入弱距此五十里。羌谷水，今人名曰黑水，发源于山丹东南祁连山内之金兰岭。西北流经野马川合数小水约三百里循入八宝山南。又转至山西北为山所阻，始折而东北流，出莺落峡经上龙王庙仍东北流，分为数道，引灌七十二渠。经张掖城西八里，下流至夹河堡又合为一，仍东北折北入于弱。自发源至入弱，约行四百里。又西北岩子堡北有两草湖水由大湾堡东西而北入，又西北折西自小湾堡迤北入抚彝县竟，经永安堡北折西北，又经板桥堡南折西南、形如新月，又西而西北至头坝堡西南响山河自南入焉　自羌谷水入弱口至此约行八十余里，又西北至平川堡南、又屈曲至抚夷县治北，南距抚夷县城七八里，自响山河入弱口至此三十里。又经六坝渠口南西流、又经双泉堡北入高台境。又西稍北经定宁渠口西、又西北而西至高台县治北　南距高台城二三里，自抚彝城北至此约四十余里，又西微北曲，曲至永丰堡西，摆浪河自东南折东北来入　自高台城北至此三十五里摆浪河，一名摆通河，下流俗名羊达子河，源出于东南祁连山西北，流由从仁堡以上引渠灌田，经从仁堡东折北流稍西，又经骆驼城西南直北流，曲折又转西北，过沙滩再西，经羊达子堡西折东北过官路，又北微东至永丰堡西入于弱，自发源至入弱，约行一百七八十里，从此大折，西北流，屈曲经黑泉堡及花墙子东偏北，至红寺坡西北，循沙岗西流，又西北经河西堡，又大折西北至镇夷城西　自摆浪河入弱水距此约行一百里。再流入石峡　今名镇夷峡。镇夷堡北十里即石峡南口，峡长约二十余里，南半属高台，北半属毛目，石峡山东与合黎山相接，两岸石山壁立若门，宽约两三丈不等，河流其中。峡内有斧凿痕，相传为神禹所开　或言：自镇夷出干粮山即合黎山也。由镇夷北流稍西，三十里至兔儿墩，前有流沙、自东北横空飞行渡河，复压波上，沙随水流，河亦不湮。或即《尚书》所谓“余波入于流沙”之流沙。迤北岸东，沙山万仞，浩浩无垠，沙亦因风旋吹入河，名井子夹截沙，接毛目界矣。又西北经双树丁渠口，又北转至东北，经毛目渠口，又西北又北稍东、又西北至毛目县治西南、呼蚕水自西南转东北来入。　自峡口至此行一百八十里、呼蚕水今名讨来河，又为讨赖、陶赖、洵赖、洮赖诸名源出酒泉东南，祁连山之阳铁里甘达坂、亦名讨赖掌。西北流、收数水及雪水，为玉门南山所阻，折东北绕祁连山之西、至酒泉之西南出山，仍东北流转至酒泉县治之西北，名北大河。折东流至临水堡之西北，与南来之红水河会。折北流经古城东会清水河，又北出长城，折东北又入长城，又北经大石岗，西入金塔县境。又出夹山西屈曲北流，又北偏西出长城东北，流经金塔渠口。又东北经金塔县治西，名曰河。折西北又北经梧桐村南、官坝村北，折东北经天生阳西，又名天仓河。又东经小河口西，分两派，夹沙滩复合。又东北、又东经木厂口北、大号南，又北经火烧墩西、又屈曲东北行，大转折东经将军营盘北、毛目县治西南入于弱。红水河亦发源于祁连山谷中，出山分东洞坝以及流诸坝灌田，东让流至临水堡，西北流入讨赖河，源同酒泉县治西北清水泉东流灌田，再东流至古城北，入于讨赖河。

又东北二十余里，经天仓村东，又四五里经石佛寺东，折东流七八里至二截水湾，其东即万年渠口，又北一二里，出毛目县境。　自毛目县治北至出境，约行四十余里入额济纳蒙古界，又北偏东十里经毛目属之双城子西，又六七十里经平树营西，又北微西约百余里经威远城东，又百里至索果即元之亦集乃路治所也，分为两派，而东西分流，各约十余里，分别入东西二巨泽。泽名昆都沦池，又名索科淖尔。缘索科亦即索科东泽，周六十余里，西泽周九十里，即汉居延海也，自入额济纳界至入泽约行三百余里。弱水自发源至流入居延海，共行一千一百余里。《水道提纲》谓行二千余里，未免大误矣。兹将弱水于张掖以上之河幅及水深广已约略言之，而张掖以下再为分别其河幅及水之广深以接续之，查自黑河入弱之口，西北至镇夷峡口，其河皆系软沙，无有巨石，河幅约一里半，水广七八丈至四五丈不等。当冬初水退时，其深尚有三四尺；及至夏秋之际水涨时，不止加倍。故南北渡河乃用舟楫，迨至出镇夷北峡口，以至毛目迤北，其河皆流沙，水行其中，漶漫无涯，广可里余。平时深约二三尺，盛时乃至四五尺。及冬水寒，沍冰渐冻、渐积、渐高，广延数里，甚至其冰推至毛目城边，故毛目民间均用高车　车轮高至六七尺，均制以木而不用铁，驾以犍牛，取其轻利，以便沙内水中之行，不独毛目，即临泽、高台、酒泉、金塔诸县民间亦利用高车，以为往来张掖各县之需。缘唐末回鹘虽回碛北，而所遗三百余人，乘唐室之乱进甘州，延至西夏李元昊始灭之，此高车或高车部之遗欤。此弱水下流之情形和此也，以为渡河、渡沙、渡水之利济焉。

水 利 志

详见山水门。

自汉武开河西四郡，张掖即讲求水利，千金渠其最早者也。唐李汉通、郭元振，元刘恩先后开屯，全资灌溉。明巡抚杨博及罗汝敬、石茂华于龙首、小满、东泉、红沙悉力经营、淘成美利。分巡副使杨衍庆、石永、指挥使张廷辅、曹凤、青王廷赞皆开渠之功臣也。遗迹犹存，俗名或异，按籍以稽，不特可知增耗，且使饮水者思源，尚无忘观流度隰之实有成劳乎。

渠 系

张掖全县分五十四渠。祁连积雪，寒则凝，暑则融，全赖雪消之水以溉田。

大官渠　城西南，计三号，分十八闸，灌田二百八十七顷十八亩。

永利渠　城西南，计三号，分九闸，灌田一百七十四顷八十亩。

盈科渠　城南，计五工，分三十六闸，灌田五百四十顷五十亩。

齐家渠　城东南，计十号，灌田一百一十顷。

仁寿渠　城东南，灌田四十四顷六十亩。

永安渠　城东南，计三号，灌田六十三顷三十亩。

大满渠　城南，计上下二号，分二十一闸，灌田二百七十六顷七十亩。

更名南旗渠　城东南，计五旗、灌田七十二顷九十亩。

大古浪渠　城南，计三号，分十六闸，灌田三百四十四顷五十亩。

小古浪渠　城南，分七闸，灌田八十七顷五十亩。

小满渠　城南，计三号，分十五闸，灌田二百八十八顷八十亩。

马子渠　城南，计三工，分二十一闸，灌田二百一十顷七十亩。

阳化东渠　城南，灌田二十五顷六十亩。

阳化西渠　城南、灌田三十三顷十亩。

宣政西渠　城南，灌田三十五顷十亩。

安民沟渠　城南，灌田十四顷三十亩。

四海渠　城南，分五闸，灌田五十五顷七十亩。

城北旧渠　城西北，分九闸，灌田一百一十六顷七十亩。

城北新渠　城西北，分三闸，灌田五十四顷。

加官渠　城西南，计三号，分九闸，灌田八十六顷二十亩。

大满新渠　城南，分八闸，灌田一百二十一顷十亩。

小满新渠　城西南，分六闸，灌田一百二十顷八十亩。明隆庆年，巡抚石茂华、副使杨衍庆督修。

洞子渠　城西南，计三号，灌田四十顷七亩。

木笼坝　龙首渠　城西南，灌田二十九顷五十九亩。明嘉靖年，巡抚杨博躬浚，募兵防守。

西洞渠　城西南，灌田四十五顷十亩。

巴吉渠　城西南，计十号，灌田一百八十一顷五十亩。

永丰渠　城西南，灌田二十七顷二十八亩。

旧塔儿渠　城西北，灌田四十顷八十亩。

小泉渠　城西南，灌田六十七顷五十亩。

牙喇渠　城西南，计五号，灌田三十二顷五十亩。

上欧波渠　城西，计十四号，灌田二百一十三顷。

新丰渠　城西北，灌田五顷四十七亩。

江淮渠　城西，灌田二十一顷五亩。

下欧波渠　城西，灌田七十三顷六亩。

有本渠　城北，灌田五十四顷四十亩。

敬依渠　城北，灌田七顷七十亩。

黑水沟渠　城西北，灌田六顷八十亩

回回渠　城东，灌田十八顷五十亩。

左暖泉渠　城东，灌田八顷六十亩。

重兴渠　城东、灌田五顷四十亩。

老人坝渠　城东北，分上下沟，灌田二十九顷八十亩。

阿薛古渠　城东北，分十闸，灌田一百二十一顷七十亩。

更名北旗河东渠　城西北，计七旗，灌田二十三顷二十亩。

更名北旗河西渠　城西北，计十一旗，灌田四十五顷八十九亩。

东泉渠　城东北，分四闸，灌田七十八顷十亩。明嘉靖年，巡抚杨博以指挥张延辅，议浚渠东注，以免城郭沮洳浸坏，兼利田亩。

平顺渠　城南，分四闸，灌田八十四顷三十亩。

溢源渠　城西，灌田十二顷八十亩。

民国三十六年，河西水利工程总队张掖分站调查确定：黑河东岸开渠十二，西岸开渠七，上游开渠五，合计二十四渠。另外还有从梨园河、酥油口河、大野口河、弱水等处引水的渠道，以及泉水渠道。

引黑河水灌溉张掖五十四渠说

《禹贡》黑水其河自野马川北流，出山后自西南向东北流，流至张掖城西八里，过城北，复向西北流，山丹县之弱水河自东来，汇归黑河向西流，又西北出镇夷峡，会讨赖河，为天仓河，伏流地下。黑河出山后，张掖县城西南七十里，上龙王地方，即引入五十四渠灌田，张掖永赖以为水利。是甘少旱灾者，因得黑河之水利故也，黑河之源不涸乏者，全仗八宝山一带山上树多，能积雪溶化归河也，河水涨溢溜高，方可引以入渠，若河水小而势低不高，则不能引入渠矣！所以八宝山一带山上之树木积雪，水势之大小，于甘民年稔之丰歉攸关，予娓娓孜孜绘图作说者为此耳。

农　　官

汉骠骑将军霍去病，封狼居胥山后，匈奴远遁，而漠南无王庭。汉渡河，自朔方以西至令居，往往通渠，置田官，故管理农事之官也。张掖五十四渠，各有农官以司其事，殆汉之田官欤。

黑河水源流考

张掖之水，莫大于黑河，灌溉五十余渠，《易》曰“能以美利利天下。”考之黑水，张掖之美利也，居民赖之亿万斯年。源出南羌鸡山，见《水经注》，鸡山即祁连之支山。按：黑河有二源，其南源出祁连山北流径巴丝墩，其北源出野马川，西南流会于临松山南，又西北经临松山西南，又西北经甘浚山东南，又北汇萃涧谷，经板答口，又北经木笼坝，又北流城西八里铺，分十余道，又北经乌江堡合为一，又西北经板桥，可舟行，又西北出镇夷峡，会讨来河为天仓河，伏流地下不复出。《汉书·地理志》曰“羌谷水”，《晋志》曰“卢水”是也，《汉志》以为入居延海。《镇志》以为大通河之支流，入亦集乃，《水经注》以为即《禹贡》“黑水”然不可考矣。至明正德年，土鲁番帖木耳霸张掖，谓城西黑水可引灌城，导叛羌犯边云。

拾遗志（节录）

传　　说

仙姑灵迹　仙姑系孝女得道。近村有媳，逆其姑，经仙姑显灵惩殛，闻者无不感化。万历丁丑，巡抚大司马侯东莱《修庙碑记》，可摩录者半篇。内开：甘镇北堡，名曰板桥，境外庙曰仙姑。究所从来，自汉大将军霍去病和戎之后，百姓始得耕耨。见一女身体轩昂，穹然有不凡之像。因黑河水泛溢，非舟可渡，设板以济人，斯民不病涉。而河之西北，亦且便耕，行称便利，姑之功不在大禹下。但历时既久，水发桥崩，姑也随水而逝。其英灵不昧，或显身于昼夜，或行施以风雨，民感其灵，寻尸而葬，立庙以祀。风波旱涝，随祷即应。时而钟鼓自鸣，空中有竽音。一日风雨大至，庙前显一铁牌，上书“平天仙姑”，仙姑之称由此始。《新通志·轶事》

山丹县志

卷五　水　　利

五坝水利志

丹邑近西疆，半皆沙漠，多瘠土而少沃壤，资灌溉之力居多。其水分为三：曰山水，曰渠水，曰泉水。其坝分为五，曰草湖渠，分十三坝；曰暖泉暖，分五闸；曰东中渠，兼东山、西山等九渠；曰童子渠，兼无虞、义得等五渠；曰慕化渠，兼大小慕化四渠。支分派别，可以资合邑之灌溉焉。乃于开渠杜坝之时，每因多争一勺，竟至讼起百端，罗致多人，屡日难决。好事者流从中渔利，雀鼠之争竟同蛮触之斗，争利也而实以贾害己。兹仿照旧日区分之规，因粮均水，因水均时，绘为图式，注明额粮原数，浇水定时。俾编氓鳞次序灌，争端悉泯。自水利可以均沾，而争讼从此衰息。规诸古人决渠筑堤之法，不相吻合欤？

草湖一渠，分为一十三坝。应使水利，除各有独泉，按粮均浇外，其余各坝，应使三季六轮水利，与东乐同使。按三十二昼夜为一轮，山丹草湖坝分水十九昼夜有奇，东乐分水十一昼夜有奇。自清明日起，先挨东乐。浇毕，将坝口封闭，次挨草湖浇灌，周而复始，自下而上。惟草四坝，有城内军马园圃水三分，有穿城水洞三道，冻早开迟，是以头轮春水、七轮冬水不开闸口。其余各坝，开则同开，闭则同闭。

暖泉渠为泉水渠坝，自白石崖口发源，上而花寨子，分为三坝；下而暖泉等闸，分为五坝。每年应使三季六轮水利，共二百一十六昼夜。自清明起至冬至止，按粮多寡，并河均时。头、二两轮安种水、暖五闸应使全河水二十五昼夜，润河涝池水二昼夜；上三坝应使全河水五昼夜。头、二轮苗水，暖五闸应使全河水二十八昼夜，润河涝池水二昼夜；上三坝头轮苗水应使全河水六昼夜，二轮苗水应使全河水五昼夜。头、二两轮冬水，暖五闸应使全河水三十三昼夜，润河涝池水二昼夜；上三坝头轮冬水应使全河水六昼夜，二轮冬水应使全河水五昼夜。暖头闸纳粮五百六石二斗五升一合三寸，按粮均定，水口宽七尺八寸。暖二闸纳粮五百三十石四斗五升，按粮均定，水口宽八尺二寸五分。暖三闸纳粮五百一十六石七斗八升四合，按粮均定，水口宽七尺九寸五分。暖四闸纳粮五百三十三石一斗九升八合，按粮均定，水口宽八尺二寸五分。暖五闸纳粮四百七十四石六斗六升三合三勺，按粮均定，水口宽七尺八寸。附边山小沟子纳粮四十四石六斗，公议饶增，闸口宽一尺一寸，深仍二寸五分。旧规每粮一石，六轮均使时水四时一刻七分。上下并河使水，上三坝每轮并去全河水五六昼夜不等，下五闸匀减时刻分寸。分闸使水，每粮一石，除下百户润河涝池时水六轮，应使水三时六分。按均定水利，每粮一石，头、二两轮安种水以五寸香时行使。头、二两轮冬水以七寸香时行使，自下而上浇灌。每年冰水，自惊蛰起至清明止，上三坝按粮应使全河水五昼夜，下五闸按粮应使全河水二十五昼夜，以符原额，自下而上，周而复始。有寺沟、卫亭二号，虽系泉水渠坝，全赖松林积雪春日融消为灌溉之资，源出本山，所使水利，按粮均分浇灌。

童子渠系山水渠坝，源出南山扁都口，下分一十八闸。每年应使水利，自清明起至立冬止，各坝按粮多寡，均融浇灌。有义得、无虞二渠，亦系山水渠坝，源出义得、无虞山口，其所使水利，照十八闸均浇。

慕化渠并无泉源，全赖山水。山水出自南山大都麻、小都麻口，下分十号。每年应使三季六轮水利，自清明起至立冬止，各坝按粮均分浇灌。

五坝水利灌田亩数。

南草湖渠，城南，分坝一十有三，灌田四百顷有奇。

西草湖渠，城西，灌田四十顷有奇。

暖泉渠，城南，分五闸，灌田一百七十顷有奇。

东中坝渠，城南，灌田三十顷有奇。

西山坝渠，城南，灌田五十六顷有奇。

塌崖泉渠，城南，灌田八顷有奇。

新开独泉渠，城南，灌田七顷。

义得渠，城南，灌田三十八顷有奇。

无虞山口渠，城南，灌田一十九顷有奇。

红崖子渠，城南，灌田二十顷有奇。

乃独泉渠，灌田一十顷有奇。

童子寺寺沟渠，城南，灌田三十七顷有奇。

童子寺东渠，城南，灌田三十四顷有奇。

童子寺西渠，城南，灌田九十四顷有奇。

大黄山坝渠，城东南，灌田九十顷有奇。

独泉渠，城东南，灌田二十七顷有奇。

卫厅木沟渠，城东南，灌田五十六顷有奇。 初设卫，于此采木，因名。

白石崖渠，城东南，灌田三十八顷有奇。源出大通河，分派而来。明正德七年后，寇犯，荒芜。嘉靖二十八年，巡抚杨博檄砌山隘，增墩台，疏旧渠，田畴复乂。

大慕化东渠，城西南，灌田八十二顷有奇。

大慕化西渠，城西，灌田六十顷有奇。

小慕化上坝，城西南，灌田二十顷有奇。

小慕化下坝，城西南，灌田二十七顷有奇。

以上四渠，前明巡抚杨博、副使石永重修，芜田尽乂。

卷十　艺文（节录）

建五坝龙王庙记

明生员　王　钦

山丹卫治南五十里许，有石嘴山焉。山下有大河一道，名暖泉渠，总河口即渠民衣食源所属也。自昔海寇出没，阻于修浚，民田尽芜。迄明弘治三年，都御史刘公璋，饬佥事李公克嗣智理厥事，乃选守备都指挥武公振疏导之。嘉靖二十八年，河复淤塞。巡抚都御史扬公博，委分巡副使石公永，增置墩台，再浚之。自是河水洋洋，北流活活，泉不壅塞，芜田尽乂矣。

说者谓龙之为灵昭昭也，嘘云雾，施雨泽，溢河流，变化莫测。龙神则又司是水利，三时借以灌溉，四季赖以滂沛者。乃以生民利赖之神，听其瞻拜无所，式凭无依，甚非所以谨本原而报神功也。

尝考圣王制祭法，有功于民则祀之，能御大灾、捍大患则祀之。龙神之为神，其旱而祷，不崇朝而阴云四合，沛然下雨，体沾体渥足；其涝而祈，不崇朝而密云收散，曦驭清明，万里无翳。神有是数者，宜其享祀丰洁，不可亵也。维时绅士耆庶，喜舍己财，卜地于河之东岸，庀材鸠工，自春徂秋，即于康熙十六年告竣。创修大殿三楹，斋舍、厨房、墙垣悉备，绘画神像，焕然壮观，庶明禋勿替，而神常依之。

后之导水者，当知水波自青海发派，东北会于大通河，始大。又东会于白石崖，又东北入菏，由地中行。又北东出于曹古城、大马营。原泉混混，沮洳散漫，西流过大小蔡家湖一带，小泉穴出正出，合派而来。西北过大黄山坝，又北过石嘴山，达于分水口。分条晰支，齿排五坝，故名五坝。

龙王庙，是水利之发源，过涧波涛澎湃，蜿蜒三四百里，支分上下闸，纳赋三千余石，其所由来者渐矣，岂一朝夕之故哉。爰不辞谫陋，书以为记。

重修白石崖碑记

国朝廪生　贺　璋

从来腹里地方，任土作贡，至于边末僻壤县属，指水成赋，是水利之攸关于国计民生也，岂细故哉？丹郡诸渠水利，经往昔先达疏浚有道，均平无私，而树经久莫外之遗模者，要自暖泉渠为始。然五坝水利，固自大马营泉合派而来，而大马营以上泉源，实自白石崖口分支发脉。志于《甘镇》，勒于碑铭，煌煌载记，昭如日星，佥曰白石崖旧渠。明季屡经督抚各大人或驰檄董事，或委员监修，增缮墩台，疏导河口，灌溉之洋溢，奚止数千家。旱不为灾，良非虚语。夫何物换星移，人更代隔，利其利者罔思循源溯本，举当年之缔造经营，渺焉罔闻，渐至上流淤塞，田多荒芜。我国朝康熙三十年间，有原任山丹卫屯政厅张公，因年旱，遂上其事。蒙道府两宪惠爱，饬各属耆庶人夫，赴河口重疏，稍事堤防，即有混混不舍之机。阅十数年来，河流不时涨泛，人或莫之竟也。雍正四年，县侯张公蒙川陕总督威信公岳奉营田水利一案，晓谕坝内。庠生毛子汉、刘子朝用等，绘图呈县投府。檄委经理韩公，同各坝人夫，往渠口挑浚。因水源地势去县二百余里，节气尚寒，又兼雨雪交加，暂缓其工。乾隆二年，毛子汉办理渠务，恳县侯祁公安期，准给执照，会同坝内耆庶，派夫丁百十余名，抵白石崖口，仍决去上壅，渠水益浩浩焉。迨乾隆十三年夏，天旱水细，各坝以兴修水利等情请县，荷邑侯王公士毅详府，据批"兴修水利实与军民有益"等语。又文移大马营游府，亦如府移文。于是齐集人夫，刻日兴工，既而不果。至乾隆十五年五月，渠长王咏等将前情复禀县侯曾公希孔，恩给信牌，联阖坝士庶人夫，率由旧章，再事修浚，而淤塞日同通，细流日洪大矣。

夫图始者鲜克有终，善作者未必善成，想亦理势之或然，非人事之所必然也。余念生于斯，长于斯，服田力穑，食旧德于斯。每窃羡先后各大人为国为民之盛举，暨近世诸子辈不愆不忘之朴心，备抒鄙辞，俾后之起焉者驾轻车而就熟路，使水利再兴，则功与德可符前哲，孰谓古今不相及哉！谨勒石以志不朽。

建大马营河龙王庙记

生员　赵　明

圣天子抚驭中外，念切民瘼，遐迩昭一统之盛，上下蒙粒食之庥。我阖属编氓，恃水利为续命之源者十之八九，而暖泉等坝殆有甚焉。然有物有则，固赖天工，为消为长，实为神力。是以暖泉等坝水利，自大马营以上，源泉合派而来，而大马营泉，又自白石崖口霔流而发，川流之洋溢，何止三百余里。屯戍沾水利者，奚啻数千余家。夫非神明有以参赞乎化育而孰为为之耶。

乃自乾隆丁巳夏，下五闸阖渠士庶，蒙县侯祁公委饬兴修白石崖渠水利。道至河口岔山嘴，鸠工庀材，辟地以广福田，立祠以展报赛。议处就近香火乾地一段，东北至大河，西至湖沟，南至横路，以为将来葺缮之资。自此龙神庙貌，焕然改观。当年之缔造经营，非不甚善，奈未几物换星移，老成凋谢，临河一带磨户并附近居民，乘间而侵水者某某，侵地者某某。而今而后，倘无有过而问焉者，上下三千二百余石官粮之渠口，尽为渔人逐利之场矣。爰于乾隆庚午岁五月，下五闸士庶荷县侯曾公委饬，重修白石崖水利。齐集岔河河嘴龙神庙，询究香火田地着落，并历年佃户粗粮，输诚如数备出，以贶神庥，以隆祀典。唯曰因人成事，俟后之起焉者，穷本寻源，莫不善其善而利其利也。幸今十六年辛未夏，灵爽降鉴，两泽滂沱，岁登大有，家给人足。享利食于三时，真荷蒙龙神甘霖之常布，邀福泽于千载，庶不负皇仁抚绥之永臻。敬序。

东乐县志

卷一　山川（节录）

合黎山　为大禹导弱水之处，在县城北八十里。自高台县起脉，迤逦张掖北境，至东乐而过山丹，东北行，直接宁夏之贺兰山。龙头山、东大山，皆其分支也。山中水草丰美，邑人之畜牧者，皆在于此。

龙头山　在县城东北十里，俗名“北山”。《水经注》曰：“绀峻”，《通志》曰：“甘凌”，有龙眼石，土人以晦明卜岁焉。西接东大山东乐适当两山之间，山顶平坦，饶水草，宜畜牧。并详《名胜》。

东大山　在县城西北十里。自合黎山发脉，东接龙头山，亦畜牧场也。

临松山　在县城西南一百一十里，俗名“平顶山”，一名“马蹄山”，亦祁连山脉。岩石间，有神骏足迹。寺观林立，内有汉僧、番僧数十名。山麓附近，为唐乌忒东西各番族驻牧之处，又名青松、丹峡，明流寓朱维均有诗。

金山　在县城南一百一十八里，洪水之南山，亦祁连山脉。北凉以之名郡，西与大柳谷接，土人相传山下有金，故名。

祁连山　在县城南一百二十里，为昆仑山脉之一支。自西南蜿蜒东迤，在县境七十七里，洪水、虎喇、大都麻河，皆发源于此。冬夏积雪，望之皎然。山中美水草，利畜牧。匈奴歌曰：“是我祁连山，使我六畜不蕃息”，盖谓此也。

谨按：祁连山初脉之起点，接于昆仑，为东走之一脉，属青海北境。其脉更分为二：一沿黄河，向北为贺兰山，为阴山，以纵断蒙古之东部，入西伯利亚界；一向东，自渭水上游，蔓延陕西、河南之间，所谓“北岭”者是。又云，自积石分为二脉：积石以南，为南祁连；积石以北，为北祁连。此山即北祁连，或云“天山”者。非也。

耀碑谷　在县城北十里，俗名“东乐大口子”。进口七十余里，至合黎山，交蒙古界。有界墩，晋三门关、明铁门关皆在焉。又，北有居延城，［汉武帝使］路伏波所守也。

松山　在县城南一百一十里，补达河左岸，祁连之支脉也。

大柳谷　在县城西南一百二十里临松山下，今松谷号源出河宁口。

酥油河　在县城西南一百二十里，每积冰雪，莹润如酥，故名。渠有二，分灌宜政东西两处田亩。

洪水河　在县城南一百一十八里。一发源于分水岭大湖窝，一发源于金山下谷镇南沟，经西水关北流，香沟、补达二水汇焉，灌六大坝田亩。出口二十里，经洪水营西，管虎喇水；又四十里，经六坝堡西，管大都麻、小都麻水　二水系灌山丹瓯脱之地；又十余里，受马蹄河水；又五十余里，入张掖之大满渠；又三十余里，至太平堡，属张掖，与山丹河汇。谷中土石皆赤，水初出时，色如渥丹，本云红，讹云“洪”也。冬时凝冰，夏资灌溉，雨则暴涨，旱则干涸。

虎喇河　在县城南一百里，发源祁连山，俗名“海潮坝”。渠水灌东西两岸田亩，下流三十余里，入洪水。《甘州府志》谓，灌明洞等处田亩者，误。

补达河　有三源：一自石门流出；一自金山麓茨儿沟流出，两水相合，称清水；一自金山麓石头沟流出，称浊水。清、浊二水汇流至双鸭渠折而向东，经山城子十里，入洪水河。鹿沟四号田亩，皆赖灌溉。

马蹄河　在县城西南一百一十里，发源祁连山。渠水灌田，分渠有二，下流五十里，汇入洪水河。

大都麻河　在县城西南一百一十里，发源祁连山。渠水本灌山丹瓯脱地亩，南古头坝，亦取给焉。

山丹河　即古弱水。东自山丹发源，至乐定堡，入县境。分渠九道，自十二坝至二十坝，均资灌溉。下流至架子墩出境，经张掖之古城北至太平堡南，洪水来会；又西北流五十里至靖安堡南，入张掖河，而水益大。

蘼谷　即今马蹄谷，在县城西南一百二十里。

大柳谷　在县城西南一百里临松山下。

灰谷　一名斜谷，在县城西北十里。

宣武谷　在县城南一百里。

石井　在普观寺。井口约一丈，深四尺五寸，水常满而不溢。

胜泉　在县城东关。《通志》曰“冯胜泉”，盖明史以氏名之，今堙。

钧泉　在县署东。井口阔一丈二尺，深九丈，水六尺，足供城关居民之用。民国十年冬凿，赵鹏超有记。

香沟河　源出祁连山。水势湍急，长流不息，与补达河同自香沟河，止香沟排山东端，奔流入于洪水河。

卷一　气　候

甘山巡道庄廷伟，以卫辉刺史升任来甘，寄其弟祖贻太守书云：“边隅风土，与中州迥殊。四月维夏，树木始得见青，梧桐一叶落，满林憔悴矣。风严霜凛，不待觱发已然。”诚为此地写照。盖此间气候，夏季最热之时，不过摄氏七十余度[①]，冬则降至冰点以下，其酷冷可知。迤近南山一带，如南古、洪水等处，则较本城为尤甚。夏日偶雨，人各披裘一袭。收获之期，约在秋分前后。本城、六坝两处则稍早一二十日，其气候大概如此。

① 编者按：原文“不过摄氏七十余度”，本应规范为“七十余摄氏度”，但这个气温太高了，无法达到，原文记录有误。疑为“七十余华氏度”，相当于“二十余摄氏度”。

卷一 水　利

洪水头坝渠　灌田一百七十顷有奇。

二坝渠　灌田八十二顷有奇。

三坝渠　灌田一百二十九顷有奇。

四坝渠　灌田一百二十顷有奇。

五坝渠　灌田一百二十顷有奇。

六坝渠　灌田一百六十顷有奇。

以上俱系洪水河。据《甘州府志》：清乾隆四十四年，共开田四百四十七顷二十九亩，今开田四百六十一顷八十三亩。

马蹄渠　灌田二十九顷有奇。今分头沟、二沟，共灌田六十三顷八十八亩。

虎喇孩东渠　灌田一百顷有奇。今开田一百六十二顷八十六亩。

虎喇孩西渠　灌田三顷有奇。今开田一百五十顷五十七亩。

明洞渠　灌田四十四顷有奇。今开田八十八顷。

鹿沟渠　灌田一十四顷有奇。今开田三十九顷八十三亩。

以上四渠，据《甘州府志》：清乾隆四十四年开田三百七十三顷七十八亩。今共开田五百五顷一十四亩。

苏油口渠　灌田二十顷有奇。

宣政东西渠　灌田一百七十顷五十亩有奇。

以上俱系苏油口河。据《甘州府志》：清乾隆四十四年开田一百二十七顷五十四亩，今开田一百四十四顷六十九亩二分。

河宁口渠　灌田一十顷。

募化大小渠　灌田九十顷有奇。今开田一百一顷五十四亩，系大、小都麻河引灌。

本城渠　即山丹河，共分九坝，灌田二百顷有奇。今开田一百三十二顷六十六亩有奇。

据《甘州府志》：有西屯、乐安、房家三渠，其实西屯即十八坝，乐安、房家即十三、十五等坝。

兹将各渠关于水利原案，分录于后：

特授甘肃甘州府正堂钟为移会查勘事。乾隆四十二年十月初六日，特调甘肃整饬分守甘凉，兼管水利兵备道魏宪牌，乾隆四十二年九月三十日，准特授甘肃等处承宣布政使王咨开，准贵道移据武威县详称："查山丹河东西泉两道合流一渠，截灌山丹、张掖及东乐县丞所属共一十八坝地亩，分为三段，自下而上浇灌。每年自惊蛰起至清明寅时止，谓之闲水；清明至立冬后六日止，谓之正水。俱照乾隆十四年前甘州府分断时日，轮流引灌。讵山丹上坝武生王瑞槐等，以该坝地广粮多，轮用正水，系十九昼夜十时，而分用闲水共止十三昼夜六时，于粮少之十坝及十一二坝时日相同，心未甘服，欲照正水补给时日。为此上控，蒙委卑职查讯，遵即细核旧卷，逐加研鞫。查十四年前，甘州府高断令分使正、闲各水昼夜时刻，实系元年断定之案。今元年之案，虽年远无存，其十四年之案现在，应即以十四年断案为准。并查惊蛰时，冰冻初开，为时尚冷，先从下坝以次通浇。而及于上坝，其时渐融，于地较近，通盘折算，已无偏枯。原情悉属平允。当令如以后浇之时日为少，何妨转易先灌，添给时日，剀切指示。王瑞槐等始各恍然悔悟，愿照十四年县案遵守完结，亦不争竞。六轮闸口，自认实系牵捏混告，将王瑞槐等拟以戒责，以示惩儆，并取具遵结，绘图贴说，转移到司，准此。”查此案水利，既经查明乾隆十四年前甘州府高断令分使正、闲各水昼夜时刻，即系乾隆元年断定之案，并无异同，自应以十四年断案为准。乃该王瑞槐等，并不细查原委，妄希占利，屡次滋讼，殊属不合。今准贵道拟以戒责，以示惩儆，悉属平允。除将遵结图说、存司备查外，拟合移覆。为此合拟贵道，烦照来移事理，希将王瑞槐等转发甘州府，照拟发落，并令遵照旧规，分给执照，明白勒石，永杜讼端等因，移道转行到府蒙此，除分给执照外，合将乾隆十四年前，甘州府高断定各坝分使正、闲各水时日规条，开列于后，勒石立碑，永远遵守。

自惊蛰起至清明寅时止，一月安种水：二十一坝起至十七坝止，应使东、西两泉河水一十一昼夜。十六坝起至十三坝止，应使东、西两泉河水六昼夜六时。十二坝起至十坝止，应使西泉全河折半河水一十二昼夜六时。六坝起至九坝止，应使东泉全河折半河水一十二昼夜六时。自清明卯时起至立冬六日止，分作七轮行使，每轮三十二天，自下而上轮流浇灌。二十一坝起至十七坝止，应使东、西两泉全河水九昼夜十时七刻；十六坝应使东、西两泉全河水一昼夜九时七刻；十四五坝起至十三坝止，应使东、西两泉全河水五时六刻；又分使西泉半河水七昼夜三时；十二坝至十坝应使西泉半河水一十二昼夜七时；九坝至四坝应使东泉半河水一十九昼夜十时。四坝应有穿城水洞三个，是以原定头轮清明水七轮，冬水不闭。九、七坝有川山洞子，悬崖陡坝，洋沟系头轮，亦不闭。其余开则同开，闭则同闭。以上各坝照康熙五十三年与乾隆元年、八年两定案，分结取具。草湖通渠各坝，遵依立案。

计开：

中闸十九坝，闸口宽三尺九寸。

左闸二十坝，闸口宽四尺二寸。

右闸十七坝，闸口宽三尺七寸。

十九、十六坝，夜晚应香五时。十九坝应扒三时七刻，十六坝应扒一时三刻。

十九、十八坝，白昼应香七时。十九坝应扒二时五刻，十八坝应扒四时五刻。

谨按：右案断于乾隆四十二年，不特关五坝水利，即山丹、张掖人民，亦当遵守。碑立县西关全圣宫。碑文照录：

为遵照断案，公立界碑，以垂久远，而保水源事：

案据咸丰十一年有番目庆木厥多布旦等，在府具控东乐六大坝士民王执中等攘夺番地等情一案，蒙批本县讯断，详报随卷。查道光十四年前，府宪奉各上宪批断详报，有生员韩景泰者，与洪水番目铁令多尔吉控争水源，曾经断定下横路以南，作为番目游牧，汉民水源；下横路以北，只许番目自耕自种，有案可稽。今番目庆木厥多布旦，系铁令多尔吉之子，将下横路以南游牧之地，以至于中横路，亦并租于张应时任意开挖耕种。是以王执中等查知有伤水源，致起争端。经本县秉公酌断，饬令张应时等，此后不准耕种番地，只准庆木厥多布旦等在下横路以南游牧，下横路以北自耕自种，永不准汉民耕种番地，亦不得番、汉交趾，致滋事端。倘蹈故辙，按律究办。两造各具遵结完案，并令交界之处立碑打墩，防微杜渐，以垂久远。详蒙府宪批准，尔士民自应照此断案，立碑打墩，免滋事端，永远遵守毋违，须至勒碑者。同治元年三月二十日立。

谨按：洪水河，山西水关口，两岸均系草坡旱地，往往为黠黑番偷租于汉民耕种，坝民以水源所关，屡与构讼。盖以泉水微小，春资雪液，夏恃天雨，地一犁熟，雨尽渗入土中，不能聚而成流也。此案系清同治元年甘州府鲍、山丹县熊所断。至光绪二年，该番目又翻控一次，蒙甘州府龙仍断如前案。又于光绪二十七年，山丹县属南滩十庄户民，借采薪之名，私入西水关口，偷伐水源大木，坝民与该十庄户民，互控府县各衙门，有甘州府诚、张掖县杜、山丹县郑、东乐分县蒋断案。碑文照录：

为照录断案，公立界碑，以垂久远，而保水源烟火事。案查光绪二十七年，据山丹县属南滩十庄士民何其隆等，与东乐属六大坝民刘应试等，在府县各衙门互控，争夺双寿寺山地木植、水源各等情一案，由府饬各县会同秉公讯断。旋经张掖县堂讯，查双寿寺距西水关约十五里之谱，既不可碍东乐民人水源，亦不可断山丹人民烟火。除西水关以内，林木甚繁，自应严禁入山，以顾水源；自西水关以外五里留为护山之地，不准采薪；尚有十里至双寿寺，即准采薪，以资烟火。此十五里山场，作为三分，以二分地顾烟火，以一分地护水源。打立界碑，永远遵行。并令采薪人民，入山时只准用镰刀，不准用铁斧，如有砍伐松柏一株者，查获罚钱二十串文，充公使用，并照案出示晓谕，以使周知。该两造士民，当堂悦服，各具遵结，附卷完案。详蒙府宪批准，并移东乐、山丹存案。嗣又控经山丹县断令两县分界，仍照大河为准，所有老林树，两县均不准砍伐，以护水源。尹家庄、展家庄用镰刀砍伐烧柴，只在老君庙以下；老君庙以上，无论何县田地，均应保护林木，不准砍伐。如有犯者，从重处罚。各县有遵结完案。尔士民等，自应遵此断案，公立界碑，以息讼端，而垂久远。其各懔遵毋违，须至勒碑者。光绪二十七年八月二十日立。

查全县水利，率皆按粮定时。惟海东水利，虽按田亩远近、粮石多寡分配昼夜，而实则粮、水不合，每昼夜分作十分，凡厘毫丝忽小数，均按分数推算。

计开：

海东头坝　应受水五昼夜。内有宋家庄水半昼夜。

海东上三　应受水八昼夜。

海东二坝　应受水八昼夜。内有虎头子水二昼夜。

海东二下三　应受水六昼夜。

下天乐、松枝寨　应受水六昼夜。

南古水利　全资大都麻、柳沟、泉沟、马蹄、河宁、苏油等渠，轮流浇灌，自上而下，皆须按粮均分。

大都麻水　分东西二渠：东渠尽属山丹，西渠分为三坝，仅头坝属于南古，而头坝又分二沟，曰："沿坝沟"，曰"大沟"。自下而上，均以二十昼夜为一轮。

柳沟　分头沟上、头沟下，自下而上，以四十五昼夜为一轮。

泉沟　水小流微，每地十亩，须浇水一昼夜。

马蹄河水　流至马蹄寺前，与五泉、三泉汇合，先灌佛庙租地一昼夜，继灌二沟上、中、下三寨之地，自下而上，以二十四昼夜为一轮。

河宁口水　自下而上，以三十昼夜为一轮。

酥油口水　分宣政东、西两渠，西渠又分为三，曰"均坝"、曰"坂坝"、曰"安民沟"。惟坂坝属于南古，余俱属张掖。自下而上，共以二十昼夜为一轮。东渠水宽二丈四尺，西渠水口宽一丈二尺。每年立夏之日，用石填平渠口，以昭均允，俗名下平。

谨按：五台水利，最关重要，而亦綦为繁赜。按纳粮之多寡，定使水之时刻，虽为一般通例，然各台自为风气，相沿已久，其中细节，实有难以概论者。周咨博访，不厌赘复，备著于篇，其有故老耆宿，不克明其底蕴。如洪水、六坝等处，则从缺如，以待参考。

卷一　古　迹

临松古城　在县城西南一百里。前凉张天锡置临松郡，魏改设临松县。魏收志：临松郡领安平、和平二县。《隋志》：张掖有临松县，周废。《寰宇志》：后魏太和中，置临松郡，在临松山中，即今南古城也。

临松石字　在县城西南一百一十里临松山下。晋永嘉初，有石字见。石有"奎马"字磨灭，粗可识；而"张"字分明。又有文曰："初祚天下安万年。"并详《名胜》。

薤古石室　在县城西南一百一十里临松山下，今为马蹄寺佛龛。晋名贤郭瑀开辟，隐居讲学处。并详《名胜》。

大柳谷石瑞　在临松山下大柳谷中。巨石纵横，相传旧有文字，盖汉晋间石瑞图也。曹魏明帝青龙三年秋七月，删丹县金山元川溢涌，宝石负图。及晋，张掖郡守焦胜上元石图，俱指此。

氐池古城　在县城东南九十里，即今之洪水城。汉氐池，晋兰池，宋金山。《十六国春秋》："秃发傉檀宏昌五年伐蒙逊，婴城固守，芟其禾苗至赤泉"即此。

耀碑谷　在县城北十里龙头山下，俗名东乐大口子。山径四达，北通居延，西连灰谷观音山口。元山丹州元帅按竺逊，引兵出耀碑谷，会诸王战于甘州城东，即此。

普观寺　在临松山下薤谷中。后以石上有马蹄，又名马蹄寺。有石门二十，石洞七，俱凿大小佛像，即寺僧所谓之三十三天也。明永乐元年，土人傍山置禅堂。十四年，敕赐普观寺，即晋之郭瑀隐居处。石窟凿于郭瑀及其子弟，后人扩而充之，加以佛像，至明始著。寺僧至五六百人，人第知其为甘郡第一丛林，而不知其为名贤遗迹也。

侯坞　在县城西南，地近洪水，沮渠蒙逊初起屯兵处。

苕藋　在县城南。《十六国春秋》：秃发傉檀嘉平四年伐北凉，五道并进，至番和苕藋，掠五千余户而还，沮渠蒙逊元始二年，西入苕藋，遣兵袭卑和、乌啼二部。五年，祀金山，西至苕藋，复袭卑和。《一统志》："苕藋在金山之西。"今无考。

居延寨古城　在县城北大口子，北当碛石。土人云：有古城，有遮肤障遗址。

按：汉初置县，如日勒、删丹、氐池、昭武，率当扼塞，如守戍然。居延当要塞，置县以安处所，获居延人，而控制漠北者也。汉初列十县，太初三年，路博德筑延泽上。天汉二年，李陵出居延，至浚稽山，期遮肤障相待，皆此地。厥后，改居延都尉。安帝时，别领居延一县。建安末，立为西海郡。后周保定中置，号同城戍。唐初为同城守捉；天宝中，置安北府，宁寇军；夏国尝立威福军。《汉书》注曰："居延塞，在今张掖东北"。《唐书》陈子昂曰："同城，当碛南口也。"

金山县　在县城南。《十六国春秋》："沮渠蒙逊永安十年，以从伯罗仇子成都，为金山太守。"《隋志》："删丹有周置金山县，寻废。"

三门关　在县城北十里龙头山谷内，俗名"大口子"。明铁门关，即古居延道也。《十六国春秋》：吕光龙飞四年，遣子绍、纂，讨段业于张掖。绍欲从三门关挟山而东。纂曰："挟山示弱，取败之道，不如结阵冲之。"绍引兵南，业按兵不动。

流沙仙迹　周柱下史老子李耳，当周衰，乘青牛入函谷关，为关尹喜著《道德》五千言，乃去，入于流沙，不知所终。《汉志》云：张掖东北有居延海，古文以为流沙。《括地志》云：张掖东北六十四里，有居延海是也。土人相传，恒隐隐有紫气。

居延胜寨　铁门关北，直走亦集乃道也。连山忽辟，一线中通，丹崖翠嶂，递互逢迎，令人流盼不置。而遮肤障遗址，巍然尚存，伏波壮猷，如在目前，诚为东境第一冲要焉。

观音仙洞　在林松山之东。洞有三：曰上洞、中洞、下洞，悉凿石而成。山水明秀，不亚于马蹄，亦东乐胜境之一也。

卷一　名　胜

柳谷瑞图　柳谷在临松山下，窅深幽邃，耐人招寻。汉末及晋、魏间，石瑞迭出，有牛马、龙凤、鸡虎、龟麟及八卦、列宿之象，文字多寡不同，其成形者，有"述大金"、"大讨"、"曹金"、"但取之"等字。

祁连积雪　祁连东接终南太白，西接天山葱岭，四时积雪，河西诸县皆见之。当县治之南，一峰耸峙，若玉屏焉。凭槛遥瞩，霁色照人，官衙似水。

龙眼应雨　北山一名龙头山，蜿蜒起伏，如龙耸脊昂头状。上有悬石，土人目为龙眼。有时光明闪烁，数日必雨，灵验不爽。

古塔铃声　县城四十里六坝堡圆通寺，有古塔。相传宋徽宗年筑，高八丈余，上有覆盘，周系以铃，微风摇动，音响清远。市井嚣尘中发人深省，不啻暮鼓晨钟焉。

马蹄灵湫　马蹄寺位于山腰，岩若覆屋，水滴不绝。盛夏入之，寒气袭人。西南有井，不涸不溢，相传八功德水之一，祷雨取水，辄有灵验。

金山松涛　金山即祁连山之支山，相传山下出金，故名。土润质松，宜耕宜牧。迤南峰峦突起，松林葱蔚。洪水经其下，微风飘拂，水声与松声相应，天籁自然，引人入胜。

佛洞间云　千佛洞在洪水河，悬崖峭壁，矗立千仞。岩半凿洞，整齿明敞，通连数十，俨若五步一楼，十步一阁。中塑佛像，旁开窗牖，河水流其下，潺湲有声。顶上常有微云往来，舒卷自如，入其中者，飘飘欲仙，不啻别有天地焉。

弱水春波　弱水来自山丹，绕流城北。冬日疑结成冰，一片光明，莹若玉带。春融冰释，碧波澄鲜，有风梭水织纹之妙。

卷一　祥　异

魏明帝青龙三年秋七月，删丹金山元川溢涌，宝石负图。《魏氏春秋》曰：状象灵龟，广一丈六尺，长一丈八尺一寸，围五丈八寸，立于川西。有石马七　其一仙人骑之，其一羁绊，其五有而二不善成。有玉匣关盖于前，上有玉字，玉玦二，璜一。麒麟在东，凤凰在南，白虎在西，犀牛在北，马自中布列。四面色皆苍白。其南有五字，曰“上上三天王”。又曰：“述大金大讨曹金但取之金立中大金马一匹在中大告开寿此马曰寅述水”，凡“中”字六，“金”字十，又有若八卦及列宿孛彗之象焉。《世语》曰：“又有一鸡象。”《搜神记》曰：“张掖之柳谷，有开石焉。始见于建安，形成于黄初，文备于太和，周围七寻，中高一仞，苍质素章，龙、马、麟、鹿、凤凰、仙人之象，粲然咸著。”《汉晋春秋》曰：“氐池县大柳谷，有苍石立水中，长一丈六尺，高八尺，白石画之，为十三马，一牛，一鸟，八卦玉玦之象。其文曰：‘大讨曹适水中，甲寅’。”又，晋焦胜所上图，亦称氐池，与诸小说异。

晋武帝泰始三年夏四月，张掖太守焦胜上元石图，胜上言：“氐池大柳谷原石，以留郡本图，校今石文，文字多少不同，谨具图二。”按：其文有五马象，其一有人平上帻执戟而乘之，其一有若马形而不成，其字有金，有中，有大司马，有王，有大吉，有正，有开寿。其一成行曰：“金当取之。”初，魏恶其为讨也，使凿去为计以苍石窒之，宿昔而白石满焉。至是其文愈明，马象皆焕澈如玉，诏以制币，告于太庙，藏之天府。

魏太平真君五年，张掖郡上邱池县太柳谷石瑞图。郡称：大石有五，皆青质石章，间成文字。其二石纪张吕之前已然之，效其三石，纪魏先世，以及于今。其文即纪昭成帝讳继世，四六天法平天下大安，凡十四字。次纪太祖道武帝讳应王，载记千年，凡七字。次纪太宗明元帝讳，长子二百二十年，凡八字。次纪太平天王，继世主治，凡八字。次纪皇太子讳昌，封太山，凡五字。太宗名讳之后，有一人象，携一小儿，见者皆曰：“上爱皇孙，提携卧起，不离左右，上符灵契也。”大将军乐安王范，建宁王崇等，率群臣表贺，请宣告四海。制曰：“可。”

卷四 碑 记

筑六坝堡城新建真武庙碑记

明 翰林 岳 正

北极真武之神，唐宋以来，屡加赠谥。迨于我朝，神贶益显，而神祀益崇。文宗在御之时，神能以真威灵，翊卫宝祚，庥庇生人。诏于京师作庙，泰和建宫，牲帛祝号，比秩帝者。载在祀典，莅有司。是以天下化之，所在立祠。若甘州虔祀真武者，盖亦权舆于是哉。天顺改元，岁在丁丑，宣城伯卫公源正，以平羌节制甘凉军马，出镇河西。越二年，己卯，人心虽和，而边防是虑。凡城隍之不利居守者，皆以次作之。六坝者，距甘城东南百里，据张掖河上流，屯者引河渠，概置为闸坝，以时潴泄，此于次为六，故云。盖其地于田宜稼，于畜宜牧，于要害宜守者然。三农承平，择便棋处，猝有突寇，势分莫救，识者病之。公曰："无事散耕，有警聚保，以有巨障，斯出万全。"明年庚辰，东作未启，畚锸斯具。乃以其情，谋诸同寅，诸公是之。于是命指挥杨冕、王谦、杨雄，分众将士各千余众，往城其地。土圭法定，阴阳位宜，曾不阅月，大功告成。城之外，深池重壁，金汤坚固；城之内，公庐私舍，鳞次栉比。形势既阻，威力加壮，若一都会然。于是因人情，严庙祀，直据坎位，作真武祠，配以卫房、河伯、圣母、城隍、地灵之神妥，神有殿，殿有正位；翼殿有廊，廊有神像。以致钟鼓有楼，牲杀有庖，岿然崇重，壮与城埒，可谓巨丽者矣。

掘井得泉记

赵鹏超 冠 卿 潼 关

东乐地方亢燥，素乏水源，人民凿池潴蓄，全仰给于山丹之弱水。然阅月而一至，时有涸竭之虞，老幼苦之，未尝知有所谓井也。有之，自今日始。壬戌春，邑侯徐公林九，观于众庶用水之艰，而思有以惠之，乃于署旁隙地鸠工凿井。其未得水也，群以为艰；及其得水也，则共啧啧异之，而称颂焉。余闻而叹曰：美哉，渊渊乎！环邑之民，并受其福，微徐公之力不至此。然亦见天下事，断难望于浅尝辄止之伦，果能深造弗已，安在不可以左右逢源哉？兹井其明验也。余既羡徐公之嘉惠斯邑，而又感于掘井九仞而不及泉之不足与为也。故次其颠末，而为之记。

民国十一年十一月

卷四 序 跋

创修金山书院序

清 岁贡生 张延赞

自同治四年，贼匪肇乱，攻城攻邑，殆无虚日。永固失于前，马营陷于后，山丹入而复出，东乐失而不守，南古、梨园纷纷被害，洪水镇以弹丸独存。斯时也，士皆隶于卒伍，人尽习于干戈，文教几不可复振。余于姜子若登、尚子懿卿，慨然发作兴之志。先立义学，以引蒙童，端其始也。同治十二年，缘义学之地，创建金山书院。越二年，而土木金石，焕然一新。为之延名师，设膏火，俾生童肄业者，一时诵读于其中，而无或废。其文运之大亨，皆于此日预卜之。夫一二人作之，众君子成之，其姓氏不可以或湮没，其出入不可以不分明，书诸匾额，昭示来兹，庶后之览者，恍然于书院之设，非偶然也。复为博大而明之，则又余之厚望也夫。

清光绪二年仲春

创修民乐县志

卷一 山　川

水　道

弱水　在民乐北境，其源有二：一自山丹之大黄山下流出，由山丹西流而入境；一自祁连山下流出，由境内北流至张掖碱滩堡，称九龙江，再北行与山丹河汇，总名曰弱水东源，其西源即黑水也。古之称弱水者，仅指山丹河而言。其辨弱水者，亦仅就一源而言，初不知弱水初出，确有二源，渐流渐西，又确有东西源之分也。盖耳闻不如目见之确，而信古佛若验今之实也。按《尚书》曰："弱水既西。"又曰："导弱水至于合黎，余波入于流沙。"《汉书·地理志》曰：删丹有弱水。又曰："居延泽在张掖东北，古文以为流沙。"唐《括地志》曰："张掖东北六十四里有居延海。"盖谓弱水至张掖之北，始入流沙也。《王氏通释》曰："弱水出删丹南羌中穷石山。"穷石山者，南山也，氐水出焉。《唐书》注本《水经》，《甘州府志》则一本诸《汉志》，皆未曾亲履其地，详查而确考也。予尝考弱水之源流，而私记之。其略曰：夫中国之大河，奚啻数百，而《禹贡》独称"弱水既西"，何也？盖弱水者实山丹河、九龙江二水之总称也。山丹河源出燕支山下，有南泉，有东泉，又有大黄山下之雪水，水量虽小，源远而流长。经过山丹县城，西行三十余里，入民乐界，灌东乐五坝田亩。又西行三十余里，至张掖之古城西，始与九龙江之水。则皆源出祁连山间，合大满渠河、苏油河、马蹄河、大都麻河、小都麻河、海潮河、补达河、洪水河、童子河九河之水而名之也。以祁连山在民乐境内最高而最大，故山阴之水，其势不得不西流，乃其地形使然，水性使然，非大禹导水之力也，明矣。后之辨弱水者，率皆未履其地，而曰："山丹有弱水。"独不思山丹河之水，能有几何？以之灌田且不足，有何余波而弃之入于流沙耶？此不足以称大水也，又明矣。惟能与九龙江之水相合。故其量始大，其流始远，由民乐而张掖，而临泽、高台，又与黑水汇。黑水量大而流急，汇合之后，漫延西北行千有余里，逾流沙入居延海，如《汉志》之所云然也。夫水由祁连、燕支二山而出，其涛也汹涌，其奔流也亦湍急，及其入张掖县境，地势渐平，水力渐弱，谓之弱水，固其宜也。非若黄河、长江之可以载舟，可以冲石，以之灌田而不竭，以之行远而有力焉。论者谓水性较弱，故称弱水，吾谓地势既平，水流自缓，缓则无波，无波则力难漂叶矣，名曰"弱水"，岂虚语哉？

愚按：王学潜辨弱水，专指水有力、无力而言。殊不知弱水出山时，则皆奔流湍急，与黄河同。及其下流余波，则又力难漂叶矣。是岂水之有性哉？地势使然也。故曰耳闻不若目见之确，尽信书则不如无书。

弱水有二源，一自燕支山下出，称山丹河；一自祁连山中出，合九河之水，由民乐境内，流至张掖之碱滩堡，称“九龙江”。九龙江与山丹河相汇于景阳堡之东、古城之西之红沙窝附近，始称弱水，盖水量仍不甚大也。及至张掖、临泽间，与黑河之水相汇，始成洪流巨浸，挟之西行，逾高台，出镇夷峡，经过鼎新而余波遂入于流沙。是流沙者，当在鼎新以北也。详考山丹、民乐、张掖、临泽、高台、鼎新六县之日，皆赖是水而灌溉焉。而六县之民，亦借是水以存活也。则其水量之大，利益之厚，实无异于古所云也。持古之辨“弱水”者，仅指山丹河而言，于义未免太狭；其辨“流沙”者，亦指张掖之北沙漠而言，于事实殊多乖谬。兹就实地情形而说明之，非但破千载不决之疑，亦欲使后之君子，知弱水、黑水实异源而同流，异性而同功也。合而一之，则下流之余波皆同入于流沙也，有何弱黑之足分哉？有何今古之不同哉！

洪水河　在县城西门外，汉名“氐水”。《府志》称：邓训与烧当羌，隔氐水而阵。魏晋名“元川”。《汉晋春秋》曰：魏明帝清龙三年秋七月，金山元川溢涌，宝石负图。元者大也，以是河之水量，自古甚大，故吐蕃称为“金山河”，亦曰“大河”。见《天山雪记》。元时筑关卡于大河口老金山下，名曰“西水关”，故又称为“西水”。至明嘉八年，甘州巡抚唐泽，于氐池旧址城，洪水驻重兵，开马市，于是又称为“洪水大河”。盖之命名，或因人而得，或因地而得，古与今不相同也。如是水者，量大而流急，涨则行人难渡，源出金山内豹子崖、大板沟、雪水岭等地。由西水奔流，至双佛寺，折而西行百余里，入张掖界，称“九龙江”，与山丹河相会，称“弱水”。

《旧志》洪水大河有二源，一自祁连山内分水岭大湖窝发源，一自金山下谷镇南沟发源，经西水关北流至牛顺寨西，香沟、补达二水汇焉，灌六大坝田亩。复西行受海潮河、小都麻河、大都麻河、马蹄河、酥油河之水，与张掖之大满渠河汇，总名曰“九龙江”。至太平堡北，与山丹河汇，称曰“弱水”。因祁连谷中，土石皆赤，故称“红水”，冬时凝冰，夏时灌溉，雨则暴涨，色如渥丹，旱则干涸变为清流，土人称之曰“洪水”者，“红水”之讹音也。

童子河　在县城东二十里。《汉地志》曰：祁连城外有祁连河，水清而河大，大草滩之马，多饮于此。《晋书》称为“羌水河”，以其由羌谷出也。故《旧志》称“童子坝河”者古之羌水河也，羌水由大斗拔谷出，北流三十余里，至祁连城下，史称“祁连河”者是也。盖其发源于祁连山扁都口内各谷中，《王氏通释》所谓出南羌中穷石山者，即此水也。山中积雪甚深，春夏雪消，始有水出。出山后分二渠，一向西北流，名“无虞渠”；一向东北流，至永固东湖甘柏山下，百泉涌沸，始能挟之远流。至童子寺嘴，又分东西二河，名“童子坝”，十八闸之灌田，俱赖此水。其下流与山丹河汇，故称“弱水西源”。

海潮河　在县城西二十五里，旧名“虎喇河”。清乾隆二十五年，因河水涨发，冲坏坝堤。甘肃道辅德，满洲镶黄旗人，会同东乐县丞李永熙，亲履河畔，勘查水灾，恶其名而改之曰“海潮河”，海潮者取其吉也。河源发自祁连山内之龙沟、沙沟、冰沟、好柴沟等谷。春夏雪消，则水从海潮山下谷流出，分灌海东、海西两坝田亩。《甘州府志》载：下流并浇灌洞渠之下天乐田亩，《旧志》以为错误，其实分毫不错也。详见“水利”。

大都麻河　在县城西四十五里，旧名卢水。水量甚大，其流亦急。《甘肃人物志》载：北凉沮渠蒙逊，系临松卢水人也。临松即今南古城，大卢河即今之大都麻河，其源自临松山下流出，浇灌大募各村田亩，南古头坝，亦取给焉。

小都麻河　在县城西三十五里，发源于小都麻山。出山口三里许，经山寨子，东北流五六十里，入洪水河。小沐上、小沐下各村田亩，皆资灌溉。

酥油河　在县城西八十里，源出八宝山。每积雪冰，莹润如酥，故名。《府志》称：源出祁连山，春雪融化，不异胭脂。《旧志》称：宣政渠分灌东、西二坝田亩，西坝属张掖，名曰"均坝"；东坝属民乐，名曰"板坝"。张掖、民乐，实以此河为天然界限，故土人称曰"界河"云。

马蹄河　在县城西六十五里，源出马蹄山薤谷中。谷有马蹄寺、千佛洞者，晋郭瑀讲学处也。河水甚微，灌田无多。非若其他大河之波涛汹涌，奔流湍急也。

补达河　有三源：一自石门流出；一自金山麓茨儿沟流出，两水相合，称"清水"；一自金山麓石头沟流出，称"浊水"。清浊二水，汇流至双鸭坝，折而东，经山城子十里，入洪水河。鹿沟四号田亩，皆赖灌溉。

谨按：补达河俗名"干河"，又名"鹿沟渠"，水量较小，灌田无多。惟长流不竭，与马蹄河同耳。

香沟河　源出老金山下，水势湍急，长流不息。自香沟口奔流入于洪水大河，实则洪水河之一源也。

义得渠　发源于扁都口西之祁连山中，与童子河同源异支，纵长五十余里，仅灌义得渠田亩。

山坝　自永固城北灵泉发源，下流亦多小泉，第水量小，仅灌姚寨、翟寨、雷台寨三处田亩。民乐之泉水，惟此而已。

柳谷河　在县城西七十里，源出临松山大柳谷中，《晋书》称"大柳谷石瑞图"者，是也。以水量小，仅灌柳谷号之田而已。

石井　在县城西七十里，马蹄寺石洞大佛殿内西南角。井口四面各长一丈，深四尺五寸，水常满而不溢，冬夏汲而不竭，寺僧取以供佛云。系八功德水之一，土人祷雨，辄有灵验。

灵泉　在县城南二十里永固城北，即山坝水源。水清而甘，百泉涌沸，每遇天旱，在灵泉宫祷雨辄灵，故名。

东湖　在永固城东五里甘柏山下。百泉清澈，有池亩许，严冬无冰，深不可测，湖内盛产蒲苇，游鱼往来可数，故又名曰"暖泉"云。

赤泉　在县城南十里许，俗名"红泉"，北凉与南凉交兵处。

沙滩井　在六坝堡北三十里之石岗墩下。靖逆侯张涌凿之，以济行者。民国三十五年抢案迭出，弭盗无法，乃奉令毁其墩而塞其井，以免窝藏盗匪，妨害行旅。

胜泉　在东乐县旧城东门外。明洪武五年，征西将军宋国公冯胜凿之，以济军。因一人名其泉曰"胜泉"云。

钧泉　在东乐旧城内。井口阔一丈二尺，深九丈四尺，水深六尺，足供城关居民之用。民国十年冬，县长徐传军凿，潼关赵鹏超有记云。

清泉　在南古堡城南十里许山谷中观音洞附近，泉水量多，汇而成流，可以灌田，可以转磨。故又名“水磨沟”。

观音泉　在南古之南观音洞之侧，浇灌左卫寨西部田亩约百余亩。水量虽小，乃长流也。

青龙泉　在洪海乡鹿沟滩虎喇山麓。泉水清澈，不湍不涸，各村祷雨，多取水于此。故土人亦称“神泉”。民国三十三年，信佛者，并于泉侧秀峰间，建修青龙寺一座，规模宏壮，美其名曰“南五当”，为民乐现时之大建筑也。

卷二　地　　质

吾国地质之学，多祖于《禹贡》。《禹贡》之辨土壤，第就地球之表面而言，初未论及地壳之所以构成与，夫地层内所含之物质为何如也。今世界愈文明，学术愈精进，而研究地质之学者，奚啻数千百家。要皆精益求精，密益求密，由实际化验中以推求地质之所以然。故慕少堂先生谓：民国五年至二十四年，为吾国研究地质学之英雄时代。吾谓自第二次世界大战至于今日，为世界之地质学使用时代。盖盈天地间万物也，万物皆自土生之；供给作战者物资也，物资皆自土生成之。推而至于磁也、电也、汽油也、硝磺也、铜铁也，何以非由地层中开采而出锻炼而成者，而皆造成杀人之利器，以消灭人类于全球轰动之今日。吾故曰：地质学研究愈精，所造成之原子弹，或可以奠定世界之和平，亦未可知也。兹将地壳之构成地层之分晰，土壤之辨别，条列于下。

一、地壳之构成

研究自然科学者，谓地球本极热之一团气体，后因热度渐低，遂凝成液体，再经许多年代，表面结一层固体，渐厚渐硬便成地壳。地壳外面本是平坦，因经受重力作用致起变动，而成凹凸不平之皱纹，是以凸者为山为陆，凹者为海为洋矣。然则地壳之变动非偶然也。

甘肃在中国之西北部，而民乐尤在甘肃之西北部，地处祁连山麓，纯系高原大陆。详考地壳表面或为砾岩，或为砂岩，或为各种土壤与，夫一切矿石相杂相结，以构成极坚极厚之地壳，非若张掖、山丹之掘井数尺，即及泉也。

二、地层之分析

民乐地层大别之为砂、石、土三者而已。而山带与川原，则又迥乎不同。山带多岩石，而川原则多土砂，一县之内尚复尔尔，况全国乎，兹验之掘井及掘炭洞者，分布如下：

民乐南部祁连山一带之地层

山带地质，除表面略有因风化及侵蚀作用所剥落之少许土壤，可以生长植物外，其薄土层之下，则全系火成岩之块状岩石，有结成一块深厚不可测量者；有夹以砂砾、煤炭之大小岩石，其形状颜色千奇百怪，令人难以形容者，岩石之下，或系炭层，或系含金、银、铜、铁、锡等等之砂层、炭层；沙层之下，则又为岩与砂混合之杂质层；又其下则为泥盆层。凡见泥盆必有水，有水则有砂有石，如是者层积叠累，不知其有若干层，几何始能达于有炽热之岩浆部分也。而石膏及石灰岩、石笔岩、紫石岩、红石岩、朱砂、硼砂之类，则往往在薄土层之下，浅而易于采掘焉。

民乐中部附近沙漠一带之地层

川原地质与山带不同，表层之土壤，深可数尺。壤土之下，为小石细沙，约三四丈。沙石之下，复为土，土之下复为沙，尤下则为泥，为坂状之水成岩。掘井者破其岩则水出焉，似若太古之河滩冲积受压而成者。然，不知水底之沙石，又深厚之若干丈，始至地壳之最下层也。详考川原地层有深至百丈，始见粘板岩者；有深至数百丈，而仍为砂层与土层者。要皆视距河之远近而定之，距河愈远者，土沙愈厚，而水层亦愈深。此一不易之理也。

民乐北部弱水流域之地层

民乐北部，固上古之泽国也，既经大禹导水之后，水乃泄而北流，沿合黎入于流沙。于是弱水两岸之地域，始渐辟为农田，而广漠之农田表层，纯系沙土，其不能耕者，即沙碛也。砂土之中含有咸质，硝质，其内层则为坂状岩，或为泥盆系之古生物所化成之各种象形岩。如石鸾，石鱼之类也。然其地层大概，与川原略同。惟掘井至八九丈深，即达水层，水层之下又不知为何质。以理推之，则沙而石，石而泥，泥而复为沙、为石，循环不已，以构成其地壳，而内部毫无炭矿，则与山带地质大不同耳。

谨按：火成岩、水成岩，为构成地壳之主要部分。而石灰岩、砾岩、砂岩、花岗岩、石英、斑石、粘板岩、泥板岩及因风化作用所造成之各种土壤，皆为地层内不可缺少之质量也。民乐近山一带，多块状岩、石灰岩、石炭及含金属铜铁之砂岩。概言之，所谓“火成岩”者，是也。其距山较远，距弱水较近之地带，则多板状岩及泥沙之类，所谓“水成岩”者，是也。总之无论由火山爆发喷射之岩浆凝结而成，或因水力之侵蚀搬用沉淀与冲积而成，皆饶有研究之价值也。兹择其地质之显著者，述之如下，以待矿物学家之采取焉。

石灰岩　石灰岩者，矿物学之名词也，亦名“石灰石”，简称“灰石”。成分为碳酸钙。民乐各山各河皆有，种类甚多，色白者为面岩，色灰或黑或红或绿者为灰岩。形状大小不一，有大如车轮者，有小如鸡卵者。以炭烧之，则成石灰，色白而质细，用以涂壁，则光洁而耐久。尤以临松山、西水关、石灰窑及青龙寺附近之山，产量最多，且最佳。有整个为灰石山者，真千万年用之不罄也。

泥板岩　地质学云：泥多而不易渗水者，为黏土，沙多而易于渗水者为沙土。地质表面泥沙等混合，久则结为泥板岩。泥板岩者，软板状之水成岩，由黏土经受水压凝固而成，与石灰岩、砂岩、泥状岩等相间成层，故又称为“页岩”。有白青红三种。白板岩之厚者，可作碑石、砥石，青板岩之细者，可作砚石，其略粗者可作磨刀石。民乐之石板沟，海潮山、临松山、平顶山等处所产最富。而凝结未坚之红板岩，则各山俱有，除铺地做炕而外，别无用处，此泥板岩之大较也，在地质中所占成分最多，故不能不特别研究。

石膏　岩状如板，薄厚不同，亦水成岩之一种也。民乐祁连山阴各谷中，土层之下，率多石膏，以产量富，故医药家用以治病，绘画家用以饰物，皆不取值。

石炭岩　矿物学云：古代植物，埋藏地下，经若干年始成煤矿，掘而采之，可供燃烧，此石炭岩所由名也。民乐南山一带，所产甚多，而尤以酥油口，香水沟，虎喇口之砟炭，最为驰名。且大河口、大香沟沿河两岸，几成炭崖，一望无涯，实炭山也。其深其阔，人莫能测其际，惜山远路险，迄无开采之者，亦因民乐石炭占地质之大部分也。

紫石炭　红石、紫石，皆民乐所产之著名颜料也。红石产于龙头山，紫石产于县十里许之石蹄山。皆以人力掘破土层而采取之，其产量虽不若石膏之多，然一县用之，亦窃喜其取之不尽、用之有余也。

金、银、铜、铁、铅、硫、硝、碱及煤、油等矿　金矿产于大河口、酥油口、金山下，银矿产于八宝山、虎喇山、龙头山及银洞沟，铁则金山麓之吊吕坡沟所产最富，铜则小都麻山所产较多。铅也、锡也、硫也、硝也、淡矾也、卤咸也，则祁连山麓各谷中往往有之，但所产不多。惟油矿经美国工程师检测，石门口、黄花窑子，油苗最旺，惜皆未开采也。且金、银、铜、铁等矿，皆火成岩一种，煤、油、硝黄之类，亦岩浆中之成分也。要皆地质中之原质，而人生之所利赖焉者，不加研究，将何以富国利民哉。

三、土壤之辨别

民乐土壤，大别之为黏、沙、壤三种，其黏土质坚而性燥，不易生长植物，所谓细白土、紫红土、黄胶土及各色贫瘠土是也。其沙土则小石多而土量少，无论青沙、红沙、黑沙，皆广含无机物质，不便生长植物，所谓“厥土惟下下”者，是也。至于土壤，乃全县最普遍最肥厚且最有益于植物之生长。壤土之中有黄壤、砂壤、黑壤数种，而尤以黄壤为佳。民乐川原地带之土壤，皆黄壤土也。种植百谷，靡不相宜。《书》云：“厥田惟上上”盖即土之黄壤者也。若黑壤，若沙壤，虽不似黄壤之佳，然皆多含有机质，亦土中之较优者。兹分述之如下：

（一）民乐南部祁连山一带之土壤

此一带土壤，因气候及风化关系，在于山者多腐殖土，谷称黑土。此种土壤，性松较肥，因颇含有机物质，故于植物之生长最为相宜。倘以人力挖之为块，烧之成灰，散而犁之，可以肥地，可以暖地。以之种青科、菜子、大麦、燕麦，无不适宜。其离山略远者，土色渐黄，渐宜种豆种麦。惟山地无水浇灌，又不便用客土法或容土法以改良之，故良农必间种一年，种则用灰，犁则务期晒透，灰多晒久，则莠草可除，热度可增，所谓不见草而除草，借阳光而热地。土性既热，一经播种，田苗自易成熟矣。

按：山带土壤多系由地壳上部岩石之破碎分解而成，无机质与生物遗体所化生之有机质混合而成，故有红砂土、黑砂土之别。红砂土内矿物质多，不易生长植物，必借肥料之配合，其性始变，植物始能生长。然不赖岩石崩坏分解所得之矿质，则不易保温湿而供给植物以养分，故岩石者土壤之母，而土壤者，植物之天府也。至黑砂土之成分，则有机质多于无机质，性能功效迥异。红土，研究农学者往往视为佳壤，以其宜于植物之生长，素有人力改良故也。由此言之，则一县土壤之关系于民生者顾不重哉。

（二）民乐中部川原地带之土壤

中部土壤富有保温性保湿性，以其为纯粹之黄壤，含有适量之无机质与有机质，能增加植物之生产量也。故童子坝、募化坝及洪水河流域之三、四、五、六坝，均宜于种瓜果、豆类、米谷之属，且土细而质松，土层厚而石砂较少，农人于春种之时，运细沙以代粪，秋收之后，浇冬水以期耐旱。果能深耕易耨，雨水广足，则种一斗可收数石矣。要亦视其勤力之若何耳。施水愈勤者，土质愈变而愈佳，门前之粪土场、园地，即其例也。否则土壤愈薄，黏性愈加，同一黄壤，久将变为劣土，不便种植生物也。然则，土壤之优劣，亦因人力而转移矣，胡可忽哉？

又查，川原地带，原生土少，运积土多，运积土者，经不断之风吹作用，将高出壤土及有机物质，可以刹削而至低处，以造成新生之土壤。故原生土虽不良，一经此种运积作用，忽变为最良之土壤。如四、五、六坝、沙窝、五庄等处，往往因风吹而成砂地，县城西北板土地带，往往因风吹化为沃壤。此中部土壤，所以渐成佳壤，宜于种植生物也。

（三）民乐北部山丹河两岸之土壤

此一带土壤，大抵与山丹、张掖同，而亦间有异者。土黄性松，能保温保湿，是其同也。东乐土层甚薄，且含有咸性，以其为冲积土或淤积土，非常用人力翻之，不易生长植物，是其异也。盖土壤有天然造成者，有因人力造成者。天然之土壤，肥厚而耐久，人造之土壤，不施肥则瘠薄矣；此不可不注意也。

总观全县土壤，中部肥厚，北部次之，南山一带，地气较凉，非间年一种，不易生长植物也。而全县土壤无论为黑土，为黄土，为黏土，皆有无机质与有机质配合而成，含有机质多者，其土必肥，否则必劣，此一定不易之理也。

谨按：民乐土壤，大抵皆肥厚可耕，惟以无水浇灌之故，往往弃为荒地，不获享生长百谷之利益。如果讲究保林掘泉，修河浚渠之善策，而使水利大兴，则不但土壤可耕，即砂土，粘土，腐殖土亦靡不借水力之改良，而悉变为良田也。至于宝藏之富，地层之厚，尤为他县所不及。惜民乐之民，素无矿学之知识，又乏农学之研究，不得开采而改良之，利用之，故货弃于地，民生日益困苦矣。可慨也夫！

卷二 关 隘

西水关　《舆图备考》：在今县南四十里，为甘青往来之孔道。元世祖时，筑关设防，明清因之，以备番羌。关内山狭险峻，骑不得成列，人不得并肩，一夫当关，敌难飞渡，诚天堑。

扁都口　《府志》称扁都口，《汉志》称大斗拔谷，旧为甘青之大道，今为甘青公路经过之要隘，在历史上为最有名，在军事上为必争之地。故汉置护羌校尉于关之北，清置俄博都司于关之南，盖番族之不敢侵犯者，赖有此关为天险焉。今洪水迁设县治，常驻重兵，亦为防守此关计也。胡可忽哉？

酥油口、大都麻口、小都麻口、海潮口　皆在祁连山谷中。因系甘青往来之小道，故亦有重视之价值。历代虽经设防，而今则开放弗禁，一旦狼烟骤起，则此四关者，岂可不加严防乎？况明之瓦剌，清之“黑番”，皆由此关而入犯，史册所载，非止一役。长民者又乌可以等闲视之，而不知所以预防乎哉？

耀碑谷口　即东乐北大山之大口子，为民乐与蒙古交通之要道。在昔匈奴盛时，常于此口驻重兵焉。山经四达，北迤居延，西连灰谷。元山丹州元帅按竺迩，引兵出耀碑谷，会诸王战于甘州城东，即此。在晋为三门关，在明为铁门关　实即居延道也。《十六国春秋》：吕光龙飞四年，遣子绍、纂，讨段业于张掖，绍欲从三门关挟山而东，纂曰：“挟山示弱，取败之道，不如结阵冲之。”绍引兵南，业按兵不动。

谨按：秦汉备胡，以耀碑谷为最重；明清御羌，以扁都口为天险。

卷二　气　　候

民乐气候，南部寒而中部热，北部尤热。以祁连山横亘南部，地势高于北部，达数千尺以上故也。以寒暑表测之，冬季极寒时约在零下三十余度，夏季极热时，南部山带五十余度，中部高之六十度，北部则高之七十度。百里之县，其气候之差，至于如斯之甚，亦足有研究之必要也。即以种田而论，北部春风种麦，清明种瓜，中部清明种麦，立夏种黍；南山一带则迟至立夏前后，始能种麦，小满以后吗，始种青稞，至于菜籽，则非至芒种前后，不能种也。盖种之太早，恐偶一降雪，则苗莢即受冻矣。是以秋收之期，亦各不同，北部中伏即获麦，中部末伏后乃获，南山一带，则秋分前后方能成熟而收获矣，其悬殊有如此者。赵孟頫诗云“良农知土性”，吾谓老农亦识气候也。盖气候关于民生物产大有密切焉者，曷敢稍忽？

吾中国地处温带，以全国而论，北方寒而南方热。民乐位于西北，即地理学所谓北温带是矣。然以民乐而言，则北部反热，南部反寒，其气候之因乎地势，固有如此之转移也。谈地理者，宁能一概而论乎哉？又，民乐气候与张掖、山丹大不相同，他县之言气候者，必曰四季气候截然不同。至于民乐，则不但四季不同，并且南北亦异。所谓雨期、雪期、冰期、花期、麦期者，均难一律而定也，兹按照实际情形，分别述之如下：

雨期　民乐北部，清明后即降雨，中部谷雨后降雨，南部小满以后乃降雨。

雪期　北部立冬后降雪，中部霜降后降雪，南部白露前后即降雪，甚且处暑前后即降大雪。《天山雪记》云“胡天七月即飞雪，岂虚语哉？

冰期　北部春分解冻，霜降前后始结冰；中部清明前后冰解，霜降前后冰结；南山一带，则谷雨以后冰始渐解，秋风以前，冰以渐结。至于地之冻，则在结冰之后半月，地之融，则在解冰之前十日。

花期　民乐气候南北既异，则花期亦即因之不同。大抵种麦之后，一月内地面草生，渐有野花，此常例也。至于种麦之期，则往往通在解冰之时，种之早者收之必早，生长期较久者，寒地即不敢种也。

吾人生长斯土，阅历既深，经验遂熟，是以据实书之，欲使全县农民遵而行之，以期增加生产，改善生计，非敢为谈天之论，肴其辞而炫世，以期吾后之君子也。故于老农验岁之俗语，古人臆造之陈说，因涉疑妄，概未及载，阅者谅之。

谨按：民乐气候，干燥异常，农田浇灌，惟靠河水。而天久不雨，则河水干涸，苗皆枯死。虽有土地，不得耕种，虽有河渠，无水长流，民生之困苦，非一朝一夕之故也。然气候亦何能变易哉？春夏不雨，吾人不得不归咎于空气之燥烈，而秋冬所降之雪量，似亦不解，各山各谷，除固有林木外，未闻有人研究蓄雪蓄水之方法者，且未闻有提倡凿泉井以开水源者，是不得不怪吾民之弗努力也，倘能掘山中之泉，保山中之雪，以洪大其源；修各坝之河。挑各坝之渠，以疏畅其流，则天虽缺雨，而河渠将不缺水矣。张掖、临泽是其例也。吾人有如此之广田，又赖祁连山之多雪，尚何怨乎气候独燥也欤？后之君子，盍思以人力代天工乎？

卷二　名　　胜

柳谷瑞图　柳谷在林松山下，窅深幽邃，耐人招寻。汉末及魏晋间，石瑞迭出，有牛、马、龙、凤、鸡、虎、龟、麟及八卦列宿之象。文字多寡不同，其形成者有“述大金”、“大讨曹”、“金当取之”等字。

前金塔县知事蔡镇西诗云：“谷有斑驳石，神工辟奥区。小朝谈魏晋，大德忆唐虞。罗列龙鳞瑞，纵横蝌蚪图，笑他三国史，依样画葫芦。”

清光绪甲午举人赵庚云诗云：“临松山下石怜磷，景物天然助有神。直讶岣嵝探虞穴，莫将篆隶辨秦人。河图献象夸龙马，飞走成形幻凤麟。文字迥超仓颉外，二十八宿动星辰。”

省会议长慕寿祺诗云：“暗谷依依柳色青，天生奇石画图形。时逢圣世多祥瑞，麟凤龟龙畜四灵。”

祁连积雪　祁连西接昆仑，东连阴山，山巅积雪，盛暑弗消。河西诸县皆见之，而在民乐境内，则又巍然高耸，峙若玉屏。每盛夏烈日，登城远眺，雪色如银，光皎倍常，诚胜景也。

蔡镇西诗云：“凭槛城南眺，连山亘汉边。万年雪不解，一带虹如眠。返影疑金粟，飞泉溅玉田。遥闻天上女，还说白铺毯。”

赵赓云诗云：“拟穿高冢傍要离，共道祁连景物奇。太白辟开银世界，天山发现玉琉璃。闲游琼岛身犹健，小酌冰壶志不移。别有一峰堪眺赏，公余鹤氅放衙时。”

慕寿祺诗云：“孤峰耸峙玉屏开，积雪南山万仞堆。色霁官衙清似水。若悬秦镜在高台。”

马蹄灵湫　马蹄寺旧名普观寺，位于薤谷山腰，岩若覆屋，水滴滴不绝。盛夏入之，寒气袭人。西南有井，不涸不溢，相传八功德水之一。祷雨取水，辄有灵验。

蔡镇西诗云：“地本龙屠国，谷生破浪风。不缘八德外，只在一蹄中。寒气凝宵露，危檐覆短蓬。桑麻勤报赛，化雨菩提通。”

赵庚云诗云：“曾读南华秋水篇，至今古刹尚巍然。黄龙出井高风远，白马驮经胜迹传。霡霂可求消旱雨，澄清不昧在山泉。盐车老骤轻千里，烈士何须叹暮年。”

金山松涛　金山即祁连山之支脉也。相传山下产金，故名。迤南峰峦突起，松林葱蔚，洪水经其下，微风飘拂，水声与松声相应，天籁自然，引人入胜，洵佳景也。

蔡镇西诗云："盟争滕薛长，襟带四山风。饮风波涛壮，成龙气象雄。千岩恣澎湃，一气鼓洪豫。掏浪翻古今，茫迷感慨中。"

赵赓云诗云："独上金山兴倍豪，万松拔地起波涛。风声贯耳来天马，雷响惊心钓海鳌。岸帻直摩红日近，披襟不觉白云高。应知本性原清劲，讵受秦皇片语褒。"

慕寿祺诗石："归云人岫拥山村，凉月横天夜闭门。松韵水声相激荡，风飘万壑怒涛奔。"

谨按：金山者，俗呼老君山，为祁连之最高峰也。群峰卫拱，一峰插天，巉岩陡绝，不可攀碕，高度不亚于太华，盛夏积雪而弗消，望之莹然如玉带焉。号曰"天山"，即指此也。常有云气覆顶，又若戴笠者，然偶见顶入云表，天必大雨，谚语云："老君山上戴帽帽，下的雨水起泡泡。"土人以之卜丰年，故又曰"金山戴云"云。

又按：老君山乃老金山之访音也。土人不讲字义以讹传讹，无足怪也。

弱水春波　弱水来自山丹，绕流东乐城北。冬日凝结成冰，一片明光，莹若玉带。春融冰释，碧波澄鲜，"有风梭水织纹"之妙。

蔡镇西诗云："何处春归早，弱水城北过。冰融明镜影，水蕣绮纹梭。遮断蓬莱路，微通银汉波。盈盈衣带水，浑不闻仙歌。"

赵赓云诗云："浊世强梁可奈何？莹莹弱水漾清波。潜消业火平情海，洗濯灵根渡爱河。休比五溪能坠鸟，从知一羽不沉鹅。东风解冻冰初泮，恍见白蘋动绿蓑。"

慕寿祺诗云："青阳气转释冰坚，弱水春波清且涟。风织罗纹湘簟卷，应同锦水濯涛笺。"

古塔铃声　县北五十里六坝堡城内圆通寺，有古塔。相传宋徽宗时筑，高八丈余，上有覆盘，周系以铃，微风摇动，音响清远。市井嚣尘中，发人深省，不啻暮鼓晨钟焉。

蔡镇西诗云："劫余寻梵铎，逸响出疏林。落叶摇平晓，寒蝉和醉吟。天枯僧入定，云黯妇敲砧。比世苍黄久，毒龙息幻心。"

赵庚云诗云："何年古刹建圆通，高耸浮屠接碧空。世界大千资觉悟，金铃十万最玲珑。揭开贝叶诸天雨，雅表宣和宋代风。暮鼓晨钟同慧业，一般聋聩振林从。"

慕寿祺诗云："古寺萧然人绝迹，老僧犹自诵黄庭。澄心兀坐枯禅寂，日暮松风语塔铃。"

灵泉应雨　在永固城北。水消石出，游鱼可数。周环以墙，约三亩许，下有百泉汹涌，景物清澈。春夏间游人憩止其侧，心旷神怡，乐而忘归。更深夜静，时闻泉内有波涛之声，天必大雨。居民祷雨辄灵，故名灵泉。洵县南第一泉也。

佛寺闻云　县城西门外有圣天寺者，洪水营千总孙兰，于清光绪间集资重修者也。寺内广植松柏杨柳，秩然有序，若画图然。夏季百花鲜开，幽雅异常，晨夕闲云缭绕，风景宜人。游人至此，顿生欲仙之慨，诚县中第一胜景也。慕寿祺诗云："大千世界秉恒沙，胜地空王演法华。瑞霭氤氲云气聚，诸天色相现昙花。"

邑人韩从善诗，其一云："松柏苍翠风景幽，野草仙花乐人游，飞鸟似觉头陀到，高集树杪鸣啾啾。”

其二云：“香烟缭绕宵旰冲，老衲顶礼祝苍穹。涛声半夜惊人梦，月落西山听寺钟。”

其三云：“登楼极目望高峰，祁连嶙峋露秀容。云锁山腰青万叠，日照古塔影重重。”

其四云：“大雄殿外祥光近，洪水河畔瑞霭浓。正是氐池新雨后，涛声山色壮心胸。”

谨按：古之所谓名胜者指天然之美景而言，今之所谓名胜者，指人工之创造而言，岂古与今有不同哉。乃时代之进化及心理之需要，有以异其趣耳。况今日之世界，一科学发明之世界，举凡光、电、化、磁所造成之大机器与所建设之大工程，皆足为异时之名胜焉。其视夫闭关时代之全凭空理毫无实际者，奚啻有霄壤之别，虽然不同古昔之陈迹，又乌能演出今后之新奇也耶。

卷二　物　　产

民乐地近祁连，物产不乏。数千年来，民之所衣所食者，大抵皆本地产也。是以为农者多，为商者寡。良以农田广大，山泽幽深，勤俭之民，自足以谋生而有余，固无待工商业之调济也。然以守旧不化，迄无进步之希望，研究民生问题者，靡不引以为忧，吾人不欲求富则已，如欲求富，何不讲求农学，开辟利源，以谋生产量之增加耶？述物产。

植物类

谷属　以下物产按产量之多寡顺次列之，欲使本县农民，触目惊心，努力改良而增加也。

小麦　麦为民乐主要出产，比户皆种。《本草》云：小麦出关中者为上品。《万物纪始通考》云：北方宜种麦，南方宜种稻。北方之麦，始于黄帝征鬼方时。按：鬼方既今之河西。则麦种当肇自河西，而渐传至华北各地也。本县所产之麦，以东乐，六坝最为佳。明清两朝，以之入贡，有白、红两种。

卷三　生活状况

民乐民风古朴，生计艰难，农工商贾，终岁勤劳而多不得一饱。故四民执业，惟勤惟俭，团结亲爱，不敢稍涉懈怠也。慈分述之如下：

士　山陬小邑，援引无人，文武之士，贵显不易。科举时代，士以科名为荣，然既得之后，往往设馆教徒，郁抑无聊，或因生活窘迫，弃儒就商，或因苦力乏人，转务农业。故半耕半读，久为士人之唯一名号。所谓“书中有黄金”，几视为欺人语也。今则学校林立，毕业者甚多，除为地方服务外，亦未闻国家有大用之者。是当今之士，更不得不兼习农工商也。且为学者自古目为寒儒，关于饮食衣服，日用物品必珍必惜，惟恐其奢。盖半素守义知耻，故临财不敢苟得；不贪不妄，则生财不易；生财不易，而欲生活不简陋，不规律，讵得已乎？虽然学以明道，至尚也，箪瓢陋巷，庸何伤哉？

农　农多自耕自食，衣褐衣皮，乐岁谷贱伤农，凶年饿殍载道，良以民乐水甚缺，地甚旱，产量不能预定，故农民生活艰穷，往往衣不蔽体，食不兼味。虽略富者，亦必保持俭约，力求朴素。华衣美味，非所尚也。且近山之民，多兼畜牧，生财之道尚广；惟川原农村，浇水困难，生产不易。男、妇多衣毡袄，冬夏不穿棉布，多食黄小米，终年不用酒肉；黄金白银，无自而见；绸缎葛纱，谁敢采购；生活之穷苦，在全国恐即列为第一。不但此也，贫农春耕秋收，无牛无车，全用人力或毛驴转用，劳力多而收获寡。一遇旱灾，人力无所施，衣食无所赖，只得扶老携幼，逃奔他乡。又，口水时感缺乏，一旦池塘干涸，则人无水吃，非在二三十里外取水，全家不得一饮。水尚如斯，况食粮乎？民生困苦，一言难尽矣。长民者，目击心伤，每欲劝民凿井或建筑大量蓄水池，然屡试无效，徒糜钱谷而已。至于广大农田，则惟靠天雨水浇灌。农民备荒情绪无刻无之；畏惧心甚，则生活不得不力谋缩减。耕地不值钱，职此故也。国家倘再加赋，民将何以堪命乎？所幸近年官民竭力提倡农村副业，以资救济。如果纺线织布，植树造林，开矿采药，及其他种种副业逐渐推进，则民生问题，或有解决之一日，亦未可知也。

工　旧有铁工、木工、石工、泥水工等，皆系手工业，以人力为之，不用机器。故劳力多而生产少，原料广而制造拙，货弃于地，良可惜也。将来西北地带，能借国家政治力量，渐进入于工业化，利用大量机器，设厂制造，则本地产品足以供本地享受。才补外溢，民生乃裕，否则民乐之民，永无机会赖工业而存活也。

商　民乐县城及永固城，向有收买毛皮，销售土产之小商数十家，今皆受物价之波动以及营业税、所〈利〉得税之影响，多半停门卸业，无力经营。间有少数布摊，亦因资本不多，仅足糊口，一切生活与平常家庭同，绝不似繁华地区商民之舒服也。至于往来贩布之回商，及由张掖来县贩粮之行商，多旋来旋走，迄无定居，以言商业，不可能也。

兵　文明国家，必提高军人资格，其口号曰：“好人乃当兵。”吾国自抗日兴军。有识之士往往遣送子弟使之入伍。中央又征集知识青年从军，大学、中学学生且自告奋勇，力请杀敌者，民气壮烈，固甚可嘉。然亦未尝不因重视军人荣誉，高出乎一般国民也。清之中叶，湘军之名遍天下，民国以来，各县效之，唯恐落后，近吾民踊跃从军，即以表现其爱国之热心也。

矿业　境内煤炭极富，多由本地农民苦力挖掘，因无销路，故无厚利。采炭之人，所衣所食，尤甚粗劣，是以人皆厌之，不乐执此业也。而其他金、银、铜、铁、石灰等矿，蓄藏于地层中者，难以数量计，亦竟听其抛弃，无人过问；非不愿采，实用土法采之不能得利耳。将来国营事业部门内，如列有祁连山采矿一项，则民乐之农民，必首蒙开矿之幸福矣。

林业　林区在祁连山者，向归民有民享，故私伐私售，贫民犹借以维持生活。今则林归国有，禁令森严。贫民造屋，谁敢利用？国法难犯，民皆趋避之不暇，尚何偷伐之足虑乎？顾保林所以蓄水，蓄水足以养民，长此保护森林，不可谓非国家之善政也。若乃私人之所植，以及苗圃之所育，皆异时农民之大利，不可不特别注意。

医业　医能救人，故业之者多。古人有以医为正业者，为其专心济世也。后之学者，家居赋闲，往往习医术以为养生之业，而精神名誉，亦甚畅快而高尚。其借妙手以开药铺者，尤为各业之冠云。

农谚

吾县农村农人，有一种经久阅历之谚语，名曰：农谚。其语虽属极平淡、极浅近之俗语，而关于风雨寒暑，旱潦丰歉，以及农田工作之一切常识，屡试之，未尝不效如桴鼓。其于农业方面，获益非浅。昔孔子所谓“吾不如老农”，其信然也。兹以耳中所习闻者，录于之后，以待科学家之研究也。

春冷四十五。谓立春日若冷，必冷到春风后始热也。

闰月年，早种田。言闰月之年，宜较之常年节气而早下种子。

早种一日，早收十日。此指播种时期，宜相乎气候而早种也。

达春十日背阴消。即云立春后十日，虽无太阳处、冻亦消矣。

风不刮，地不化。即东风解冻之意。

惊蛰寒，寒半年。言惊蛰日天气冷，则半年寒矣。

春雪拉沟，十种九丢。言春雪过多，消时则雪水冲地而沟，即为不丰收之兆。

三月清明不算青，二月清明一望青。言二月清明者，即前一年为闰月年，或本年之闰二月，因节气攒前，故云。

清明对立夏，种着亦害怕。言清明是三月几日，而立夏即为四月几日，是为不丰之兆。

立夏前后，点瓜种豆。言此时种瓜种豆，均为相宜。

初一初二麦丹黄，初三初四一包糠。此指四月而言也。言四月初一或初二下雨，则麦生霉菌而成丹黄之灰；初三，初四下雨，则其麦必秕而不实，其穗为一包糠矣。

有雨下到四月八，猪狗不吃麦麸啦。言四月初八日下雨，则天年丰收，虽猪狗亦不吃粗食矣。

三月有雨四月旱，五月连阴吃饱饭。言三月有雨则地壤好，苗易出；四月少雨，则无苗之虑；五月多雨，则成大有之年。

潺泥胡麻黄山豆，滓啦青稞长得厚。言胡麻必于湿地中种之，豆则种于半干土中，青稞则宜于多土粒之地也

羊过谷雨马立夏。言羊到春天，瘦弱不堪，至谷雨后，则渐壮矣。马则经过立夏，始食青草而渐渐有力矣。

胡麻茬子种青稞，不如家里闲蹲着。言去年种过胡麻之地，则今年不宜种青稞，若种之难保收成。

一年无冬水，三年无饭吃。言今年之间歇地无水浇灌，而不能犁者，则三年之内无米可收矣。

稠田好看，稀田耐旱。苗稠则水分不足，其在小苗时虽华秀可爱，但不若稀田之晒耳。

收不收，全看五月二十头。言验庄稼之收成与否，全看五月二十前后落雨否也。

前月二十五，后月无干土，言前月之二十五日下雨，则后月之雨水必广潦矣。

土旺下破头，二八天不套牛。言土旺日若下雨，则十八日之内阴雨连绵，不能套牛犁地也。

六月六下了雨，不是芽，就是秕。言六月六日下雨，则本年田禾生芽，便不实矣。

暑伏天，看山田，言此地播种太迟，气候又冷，山田不到六月不见其绿，故曰暑伏

天，始看山田之优劣也。

七月七日下了雨，旱到来年五月第。言今年七月七日下雨，则直到明年之五月底，少雨雪也。

春旱不算旱，秋旱连根烂。言秋天雨，则田禾发生霉菌，其实尽变成黄灰也。且无雨，则冬水不能犁，明年亦无耕地矣。

处暑不出头，割的喂老牛。言田禾至处暑节尚未吐穗者，则无结实之希望耳。

东虹日头西虹雨，现了南虹下白雨；现北虹，泡塌炕。言东方现虹为晴之兆，西方为雨之兆，南方为太阳中下雨之象，若现北虹，恐遭水灾也。

八月房中无秀女。言时到八月则收获庄稼，妇人孙子，均不得居家逍闲耳。

白露催田老，秋分分秕饱。山田及糜谷等，白露后始渐实而黄矣。至秋风后，则实与不实均可知矣。

秋风糜子寒露谷。言节届秋风，则收糜子；寒露节则收谷子，过时则不能饱矣。

九月重阳看十三，十三不下一冬干。言九月十三不落雨雪，则一冬无雪矣。

冬不白，夏不绿。言冬天无雪，则地不白，至夏天则干旱而不绿矣。

一九一场雪，来年好种麦。言数九后，一九一雪，则来年之麦必能收成。

三九哩晒的水流哩，六月里渴死老牛哩。言三九天不雪，且气候过热，则来年之亢旱无疑义也。

油贵盐贱，饿死好汉。言清油价高，而食盐价低，则来年即饥荒年也。

卷五　农　　田

中山主义中之民生主义，迄未澈底实现，以致演成贫富斗争，或官与民直接间接之不断斗争。中央虽颁发宪法，而官骄于上，民愁于下，富者田连阡陌　贫者终无主锥之地。此种不平不均之社会现象，实令世之君子时常引以为忧也。

秦汉以前，民乐地属西戎，虽国家实行井田制度，而当时之民族多系游牧民族，初无真正之农田也。所谓一夫授田百亩，八家皆私，其中为公田者，亦仅等诸虚文耳。

秦汉以后。井田之制废，限田纳税之法行，而农田之地权，始渐归于人民之手。然彼时转相买卖之风，尚未大炽，故社会之贫富阶级，似亦不甚悬殊。嗣后地权愈下移，富民愈占优势，公家虽欲改革，而终无法推行。延及清末，欧风东渐，遂致引起土地革命之思想，无如鼎革以来，迄今又三十余年矣，而一般土地之权，仍操之于富民之手。在民乐地广人稀，尚未形成若何现象；而在东南富庶之区，国家不急起改革，恐贫农无地耕种，终将无术谋生也。

民乐境内，在明、清两朝，粮系屯粮，地系屯地。屯地者，国家屯兵、养马之地也。必有兵籍，乃有地籍，一般未应募之农民，未免有向隅之叹。清初，政府下令，听地主自由买卖，而屯地始渐变为民地矣。然人民富力不同，故农田之多寡亦不一。民国八年，虽经政府卖屯地于人民，使之永作民地，产归于民，而办理不甚澈底，贫富之阶级仍未消除。今欲根本改革，只有实行中山主义中民生主义，及早平均地权耳。

民乐地域，原系百里之平原。在此广大平原中，纯是广大之农田。此项农田，经民国二十八年清丈后，其可耕者共计四十余万亩，以之瞻养全县三万五千人口。每口约十余亩，间种一年，每口每年平均可种六亩许。如果收量略丰，则本县之农田足能养本县人口，且地方素贫苦，富者寥寥无几。关于土地问题，行将不难解决；至农田之改良，则又视乎水利之振兴与否，非可以理想定也。

卷五　水　　利

水利者，民生之所系也。水利兴，则农产裕；农产裕，则衣食足；衣食既足，而人民皆有定志，社会之气象，未有不日趋兴旺者。是故古之君子，其教耕也，必先倡兴水利，重民生也。今中央筹拨巨款，组设河西水利工程处，兴修祁连山一带之河渠，预计数十年后，吾县农村必将受赐不鲜矣。述水利：

弱水河水利

弱水，即山丹河，共分九坝，灌田二百顷有奇。今开田一百三十二顷六十六亩有奇，分灌东乐之十二坝、十三四坝、十八九坝。据《甘州府志》　有西屯、安乐、房家三渠，其实西屯即十八坝，安乐，房家十三、十五坝。兹将各坝关于水利原案，分录于后。

中华民国三十五年十一月，甘肃省政府指令云电暨附件均悉。查此已据该县东乐堡公民王春林、王经纶等及该县参议会先后呈电，事同前情到府。经令据本府建该厅第四科科长李斌澈查报称：查山丹草四坝与民乐东乐堡下五坝及张掖平彝乡二十一坝，系同一水源。源出山丹城东之草湖，按陈例以三十二昼夜为一轮，计山丹分水二十昼夜；民乐、张掖两县分水十二昼夜，自清明日起，至立冬日止，周而复始，按轮浇灌。本坝用水期间，他坝渠口必须封闭。惟因草四坝水穿越山丹城郭，居民赖以饮用，故至民乐、张掖轮水之十二昼夜，仍与草四坝分水三分，名曰“军马园圃水”。载在《山丹县志》“附抄”，即在草四坝渠口堵一石磨扇，中开一眼，三分水即由此磨眼穿过入城，以示限制。惟年久失其真像，发生问题。民乐人谓磨眼原来甚小，今被山丹人私行凿大，且磨扇周围必须以草皮泥筏，干打实塞，不许渗漏。记载于东乐堡《全神庙碑文》及山丹草四坝遵结。山丹人谓磨眼向来如此，磨扇系用顽石扶砌，使水孔漏水，不得实塞。双方纠纷，即由此异议而不断的发生。迨至本年五月，值东乐渠轮水时，草四坝差甲王让同头人杨柏林、雷显奎等，因职夺东乐渠正轮号水涉讼，山丹县府当经魏县长查勘传讯后，会同农会彭理事长评令援照旧例，轮流灌溉，不得任意劫夺号水，紊乱水利陈规，并布告两坝民众周知，附抄布告。嗣以杨柏林等抗不遵守，仍未解决。遂由东乐渠代表王春林等呈讼，六区专署派视察孙振林履勘后，会同张、山、民三县县长　张掖由社会科长代，山丹参议会议长、青年团筹备主任干事长、党部书记长、草四坝代表杨柏林等三人，民乐参议会副议长，东乐渠代表晏安海等三人，于六月二十一日在山丹县政府举行会议两日，商定解决办法七项，决议记录分存三县县府，并呈报专署在案。迨七月二十八日，民乐县府派秘书及参议会副议长等携带石制水闸前来会同安装，因草四坝代表提议大坝轮大水时，非移闸不可。民乐代表坚木让步，遂报专署核示。八月二十日，专署派孙视察并令县会同仍照决议案执行，让闸当由山丹县长函达张掖、民乐两县各派代表到县，面同镶置水闸。时有草四坝代表杨柏林等出而阻挡，虽未发生剧烈冲突，石闸仍未得安装。遂由山丹县府与孙视察等会衔，将民乐代表王春林、王经纶、山丹代表杨柏林、雷其文四人派警解送专署处理。当由专署令其取保专署卷内有商号保结释放，旋经传讯，断令仍照决议镶置闸口，各县甘结返县，并派孙视察会同魏县长及民乐代表王春林及民夫等二十余人，至草四坝渠口镶闸。事前通知山丹各当事绅民监视，一面率领警察并函请驻军维持秩序。自早八点起，至十一点，石闸甫经镶妥。山丹书记长陈世光，以渠水截断，且闸口两旁石柱太大，缩小渠口面积，本坝正轮大水时，势必减少流量，有妨灌溉。因争论而与孙视察发生口角。陈走后，正在迁移东乐渠口之际，山丹杨柏林等率领草四坝民众百余人，蜂拥而至，质孙视察，喊骂魏县长，将新镶石闸捣毁打碎，夺去民乐人铁铣、衣鞋等物，一时喊叫冲动，秩序大乱。倘非魏县长事前顾虑周到，函请驻军掩护，难免酿成惨案。再查草四坝渠宽约五市尺六寸，旧置石磨扇直径约二市尺余，中凿六寸半孔一眼，立于堆积水口之顽石中间，水浅则由石隙漏流，水深则磨眼石隙上下均流，此与古人留水一磨眼之陈规，全不相符，且失其原意也。民乐、张掖两县人民所持分水一磨眼，磨扇周围向以草皮泥筏，干打实塞，不无理由。谨陈意见四点：（一）会议记录，既由专署派员会同三县县长及党团参议会首长、各坝代表郑重举行；本党会议方式，向采民主集权，绝非主席者武断独裁；出席人数，尤以山丹县占较多数。且决议案第一项首句提明，仍照旧例办理，并未推翻陈规。似应维持有效。（二）以乱石扶砌磨扇，故使石隙漏水，决不合理。如以沿用多年六寸半磨眼流水为原则，似可用石条水泥镶砌，傍底中押长方形之活动式水闸，凿纵横六寸半方孔于闸之底边，使能尽量流水，既可维持决议案，尤可在革改之中，仍寓陈规。（三）倘根据《山丹县志》所载，轮东乐渠大水时，应留草四坝军马园圃水三分之规定，可由本府指派水利工程师，以科学方式建修，确能分全水量三分之标准水闸，以杜永远纠纷，消弥后来隐患。（四）每年浚泉一次，应由民乐，张掖灌水农户，负担三分之一民工，帮同山丹草四坝民工三分之二，疏浚并厘订合理水规，分存省、县政府及专署或勒石竖立两渠口旁，俾资永远遵守。所有查勘情形及陈具意见，理合附抄有关证件，签报钧府，电鉴核办等情。查该草四坝民杨柏林率众暴动，威胁主办人员，实属非法已极，已饬由山丹县政府依法从严惩处。并为解决永久纠纷计，决定：（一）镶闸分水闸底边用石质不使漏水，其技术及资用均由河西水利工程总队负责办理。（二）分水闸闸板，用木板以资装卸，用板多少，由民乐人预备。（三）闸板中应留流水眼之大小，应遵照旧案，以两造公认之六市寸半正方为度。（四）民乐人水期已过，应即将闸板抽存，俟下轮水期时再装闸。（五）民乐东乐堡之分水渠口，准向西北下游移置三分之一。以上五项，除电水利公私及分令六区专署、山丹、张掖县政府并批示外，仰遵照转知，并饬东乐堡民，预备木板以便装闸，仍报查为要，此令。主席郭寄峤。

民国三十七年四月五日，奉省府令，遵照府订五项办法及山丹、民乐、张掖等三县县政府、党部、参议会、民众代表之会议决议案，于山丹草四坝安设民乐、张掖与山丹之分水闸口，当日竣事。谨将分水闸之安设情形，详记于后，用昭久远，永弥纠纷。

山丹分水闸：闸宽四市尺又四寸，闸墩高一公尺又三公分，闸板高六十二公分。闸板中间开有六市寸半之正方水孔，四围镶以铁边。闸底高程一六九九点五五八，水孔中心高程与民乐、张掖分水闸底高程相等，详见附图。

民乐、张掖分水闸：闸宽四市尺，闸高高程一六九九点八二六，闸口中心距山丹分水闸六公尺又六十七公分。

四月六日，经与民、山、张三县党政参民，量定水位如下：

山丹分水闸自石底至水面为一市尺又二寸五分。

民乐、张掖分水闸自石底水面为四市寸。

以后水位涨落，按一定比例增减。

浚泉浚渠工程：山丹负担三分之二，民乐、张掖负担三分之一。山丹分水口以上之渠底，力求水平，并应双方会同办理，不得由任何一方单独浚修。

监修员：第六区行政督察专员张作谋，水利局工程师吴尚贤，山丹县长赵佩琴，民乐县长赵汝伟，张掖县长杨慕震。

洪水河水利

头坝渠　灌田一百七十顷有奇。

二坝渠　灌田八十二顷有奇。

三坝渠　灌田一百二十九顷有奇。

四坝渠　灌田一百二十顷有奇。

五坝渠　灌田一百二十顷有奇。

六坝渠　灌田一百六十顷有奇。

以上俱系洪水河水利。据《甘州府志》：清乾隆四十四年，共开田四百四十七顷二十九亩，今开田四百六十一顷八十三亩，其详细分配章程及断案照录于后。

照录洪水河六大坝水利匾额：

原夫六大坝初均水利之人，真仁人也，真神人也。按粮数之多寡，计路程之远近，不偏不倚，无反无侧，而均水甚公，合乎民情也。故康熙年间，各坝订定水簿印册，各注水之时刻，粮之数目，并在洪水六大坝龙王庙，悬有匾额、昭慎重也。历年虽久，未之或易。迨至同治四年，□□□□①，毁覆其庙，神像匾额，焚烧殆尽，自此而后，水利紊乱。各坝受害者，不一而足。至光绪年间，大兵西进，而域内始安。适有躬任水利农官六坝张学书，五坝刘泮、四坝史一位、三坝王法禹、二坝展长龄、头坝陈登鉴等倡首，复新庙貌，重整水利，遂将先辈使水陈规旧例，分别开列于后，以垂永远不朽云。

计开：

六坝　应使水六昼夜，韩武庄应使水六小时，王官寨应使水一十一个时。

五坝　应使水三十二个小时，六过五应使水一十四个时，西三伙应使水一十三个小

① 编者按：为符合当今有关出版规定，此处略去数字。

时，东三伙应使水一十九个时，古城庄应使水五个时，柴家庄应使水一昼夜，王郎中邵杨，西伙应使水一个六刻四个时。

四坝　黑山堡应使水四昼夜六个时，四堡应使水四个时，任官堡应使水十三个时，徐家寨应使水七个二刻时。

三坝　下闸应使水十四个时，宏土闸应使水六个时，三中应使水十六个六刻时，上闸应使水十四个二刻时。

二坝　下寨子应使水七个时，上寨子、展家庄应使水二个四刻时，胡家庄应使水二个四刻时，下闸应使五个六刻时，全家营应使水四个时，丁刘庄应使水一个时，单家庄应使水一个时，苏家庄应使水四刻时，秦、王应使水三个时。

头坝　下五旗应使水九个时，陈家庄应使水二个四刻时，陈户应使水六个时，刘户应使水四个时，马均闸应使水二个六刻时，小西河应使水六个时，孙家闸应使水七个二刻时，中家沟应使水五个时。

谨按：先辈各坝各闸，公平均使三十三昼夜水之内，有洪水总龙王庙香火水二个时。此水在五坝时刻水之内，各坝各闸租，使异日不能紊乱旧章，外有明洞渠水利系六大坝之满溢水。

明、洞二渠水利

明渠　明渠导源于洪水大河，位于洞子渠之下，使六大坝满溢水。因地高河底，依河岸形势，挖渠引水，而资灌溉，名曰“明渠”。其水利之运用，仅下天乐所有，每十天一轮。一昼夜分头、中、尾三截；每截分四股水，轮流灌溉，其灌田之多寡不一。时值雨潦，河水长流，收益遂丰；偶遇旱灾，则滴水不见，池塘为涸。

洞渠　洞子渠位于明渠之上，因河岸悬崖，水由崖下凿洞穿引。其洞长达二公里之遥，名曰“洞子渠”。水利分配：松树寨与天乐共溉，下天乐使八昼夜八时，松树寨使五昼夜四时，轮流灌溉。凡挖渠掏洞、整理渠坝之夫，均以水利时刻作比例。

查明洞渠使六大坝满溢之水。每因水利与六大坝户民起争涉讼，经官查明判决，发给执照，永保不紊。此系水案，附录于后：

甘州右卫屯政厅谢，为恳乞赏给执照事。案奉整饬甘山等处兵粮屯田，兼理政分巡甘山道陕西按察使司刘，批据呈详，洪水下天乐屯民阎吉寿、宋进管、朱宠等禀称，情因寿等在明渠利沟耕种，例由洪水大河使水。地高水低，不能灌田，乃修挖洞渠，从古至今，年远日深，永为定规。于康熙十二年内，因挖渠沿，具词诉赴前任监督府黎案下，蒙恩查明，赏给印照。至本年六月，不意六坝总甲韩元脉、指寿等明渠卖水六时，紊乱渠规、被四、五、六坝渠民，告赴道宪案下，蒙恩审明，照例使水，不得紊乱。若不陈情讨照，诚恐日后头、二、三、四、五、六坝，任意藐法，仍又指明渠而殃洞渠，恳祈俯准赏照，以防后害，沾恩无极等情，具禀到厅。据此，本厅亲指明渠踏看明白，情有可原，除一面呈请道宪裁夺施行，业奉批示，既令堪明，仰照旧例行使可也。等因奉批，合拟给照，为此仰下天乐堡明渠屯民阎吉寿，宋进管、朱宠等，遵照案内呈详批示事理，照依旧例，遵行使水，永为规定。嗣后六坝等渠总甲，不得藐法指称明渠卖水，借端搅扰。如有故违，紊乱渠规者，许执照控鸣上台，定行依法重究，决不姑贷。慎之，须至执照者。

康熙二十九年九月初六日

海潮河水利之分配

海潮河分东、西二坝。东坝使水半分，西坝使水半分。其浇灌方法，自立夏起，至五轮到底止。每轮三十二昼夜，自下而上，轮流浇灌。受水时间，开列于后：

海东坝水利：

海东头坝应受水五昼夜，内有宋家庄水半昼夜。

海东上三应受水八昼夜。

海东二坝应受水八昼夜，内有虎头水二昼夜。

海东二下三应受水六昼夜。

下天乐、松树寨应受水六昼夜。

海西坝水利：

头坝　白庙堡应受水二昼夜八时，按粮使水，每轮分作四帖，每帖分配八时，例如某沟户民今年应使头三轮，明年即使二四轮，有水头八名，挨次管理。张满，新庄两寨应受水二昼夜四时。

二坝　双营、李祥寨应受水七昼夜。

下三坝、涌泉寨应受水六昼夜。

刘庄子应受水二昼夜。

韩武庄水二昼夜，有新庄儿应粮使水。

铨将水十昼夜　有头二各坝、各堡寨受使，计刘庄子应受使三昼夜六时，李祥寨受使六时，张满寨受使四昼夜，新庄儿应使一昼夜，白庙堡应受使一昼夜。

海西泉沟池塘水利之分配：

泉沟水，按照各堡庄池塘之大小用之，其放水之方法，自每月初一日起，至月底三十日止，自上而下，轮流不已。放池塘之时间，开列于后：

西张家庄应受水二昼夜　每月初一日一昼夜，十五日一昼夜。

东张家庄应受水二昼夜　每月初三、四日二昼夜，十七、十八日二昼夜。

白庙堡应受水二十二昼夜　每月初五至十四日十昼夜，十九至三十日十二昼夜。

谨按：海潮河水利，西坝按粮轮浇，尚属平允；东坝则水不随粮，未免有粮多水少或水多粮少之弊。所幸有清二百余年，相习成风，民亦不知改正章程之为得也。今政府新编地亩，业已就绪，倘能参酌河道远近，按地均水，则水利平而民生安矣。

补达河水利

补达河者，小量水也。每轮由下而上，按二十五昼夜，自谷雨前三天起，至霜降后，共计九轮，分灌鹿沟渠四号四亩，不与他河相牵混。水多则足敷分配，水少则苗田立枯，无津漏，不租卖，所谓“仁义水”也。兹列表如下。

号名	每轮使水时刻	附记
鹿下号	使水六昼夜	按粮浇灌
鹿中号	使水六昼夜	按粮浇灌
鹿上号	使水六昼夜	按粮使水
鹿老号	使水六昼夜。内有山城子一昼夜，其溢水归王家庄王户使用	照庄村分配，不按粮额
差甲水	每轮夜为四号差甲甲役水，昼为下号润水，共计一昼夜	
合计	每轮二十五昼夜。谷雨以前为涝池水，霜降以后为闭水	九轮到底

谨按：鹿沟渠水利，除四号轮流浇灌外，倘有剩余，则放之洪水大河，以为贴补明、洞渠之用。其在四号中，只能互相让与，不准互相买卖，所谓仁义水者精神，即在此也。而鹿沟四号之差徭人心，数百年来可团结而不可分离者，关系亦在此也。

童子十八闸水利

童子十八闸号水，自春分起，至霜降止，共号水二百一十八昼夜，分六大轮，每轮三十二昼夜；四小轮，每轮六昼夜，净余水二昼夜，为总甲酬神之费。其渠规自水上号以后，若逢东河，而西河之苗不得乱浇；除对闸外，其他闸浇之，即行赔偿水租。西河如此，东河亦然。兹将各闸昼夜时刻列表。

童子十八闸号水表

闸名	轮名	昼夜时刻数	轮名	昼夜时刻数	备考
土关闸	大轮	四昼夜二刻	小轮	八时六刻	
屯粮闸	大轮	二昼夜八时	小轮	六时四刻	
邵家闸	大轮	二昼夜二时五刻	小轮	五时二刻	
鲁家闸	大轮	一时二刻	小轮		
高家闸	大轮	一昼夜九时四刻	小轮	四时二刻	
黄家闸	大轮	二时五刻	小轮	四刻	
张仲闸	大轮	九时一刻	小轮	一时六刻	
杨家闸	大轮	一昼夜三时六刻	小轮	三时一刻	
郭家闸	大轮	十时二刻	小轮	二时	
郭东闸	大轮	三时五刻	小轮	六时	
四家闸	大轮	六昼夜五时六刻	小轮	一昼夜三时	
总甲	大轮	一昼夜	小轮	一刻	
王郎闸	大轮	八时三刻	小轮	一时五刻	

续表

闸名	轮名	昼夜时刻数	轮名	昼夜时刻数	备考
东鹧鸪闸	大轮	二昼夜四时	小轮	五时四刻	
三官闸	大轮	主持水六刻	小轮		
西鹧鸪闸	大轮	八时七刻	小轮	一时六刻	
下五旗闸	大轮	十一时	小轮	二时一刻	
张明闸	大轮	二昼夜一时一刻	小轮	五时	
顾家闸	大轮	二昼夜三时	小轮	五时三刻	
刘信闸	大轮	三时二刻	小轮	五刻	
新堡闸	大轮	三时四刻	小轮	五刻	
贾西闸	大轮	七时三刻	小轮	一时三刻	

乃独水利

乃独号水，自清明前五日上牌，立秋后止，按三坝分灌，自下而上，每轮一月零三天。按照原征粮额，每四石粮使水一昼夜，轮流浇灌，不得紊乱。

三山坝水利

三山坝号水，自二月初二日起，六轮后止，每轮一月零三天。又三坝有小水，永固西泉围墙内之水，为姚家村小水，每轮内有翟家村，观音沟台水三昼夜，高家湖泉水，为翟家村小水；翟家村湖中泉水，为雷台村小水；每轮内有翟家村磨湾水八昼夜。兹将各坝轮次昼夜列表。

三山坝轮次昼夜时刻表

轮次	村名	昼夜数	村名	昼夜数	村名	昼夜数
头轮	雷台村	十昼夜零八时	翟家村	十昼夜零六时	姚家村	四昼夜零八时
二轮	雷台村	十三昼夜	翟家村	十三昼夜	姚家村	四昼夜零八时
三轮	雷台村	十三昼夜	翟家村	十三昼夜	姚家村	四昼夜零八时
四轮	雷台村	十五昼夜	翟家村	十四昼夜零六时	姚家村	四昼夜零八时
五轮	雷台村	十五昼夜	翟家村	十四昼夜零六时	姚家村	四昼夜零八时
六轮	雷台村	十五昼夜	翟家村	十四昼夜零六时	姚家村	四昼夜零八时

以上按表内轮次，每轮内姚家村有翟家村西湖湖滩水八时。

无虞渠水利

无虞渠号水，谷雨以前起，霜降以后止，每年定位十四轮。每轮分为一百五十六刻，按粮使水，自下轮上，依次浇灌。兹将八闸每轮时数列表。

无虞八闸每轮时数表

闸名	时数
上古城闸	六时
可王闸	十时
仲位闸	二十一时
宋家闸	四十一时
下古城闸	十时
黄青闸	十时
费家闸	二十时
叶家闸	四十八时

义得渠水利

义得渠号水，自三月初一日起，十轮后止，按原征粮使水。每二十五石粮，均水一昼夜；照水修坝，每一昼夜水，出夫五名。兹开各闸每轮昼夜于后：

西兴闸每轮号水四昼夜。东丰闸每轮号水三昼夜半。

牛丰闸每轮号水三昼夜半。总城闸每轮号水五昼夜。

又春季牛、总二闸池塘水二昼夜。六月中牛、总二闸池塘水一昼夜。

秋季牛、总二闸池塘水一昼夜。两轮之后批给四闸小甲役水一昼夜。池塘甲役均未在号水内。

黑山堡涝池水，有义得渠农官按春前、秋后、六月中批放，每期水一昼夜。双寿堡、铁城子、王家庄、渠湾四庄涝池水，义得渠以甲役冲渠水，按春前、秋后、六月中给放。

下兴闸、新沟渠，先辈创始水不跟粮，分东、中、西三号名目，按二十四昼夜使一轮。

自河口引渠水一沟，至西大路均分三沟，各按时刻，挨次浇灌，自古迄今，照旧规施行。至清道光年间，与六大坝起争水利，经张掖，山丹两县长视照河口查验，并立有水案，石碑存在。兹因年沿日久，至光绪二十年，因河水涨发，将明渠泛滥尽净。当时一般老农为解决干涸问题，因从悬崖半壁掏挖洞口，分引水道，仍照旧规施行。但其中二十四昼夜外，有游击衙门园水一沟，今已作为苗圃水，会渠水，放灌池塘一昼夜。差甲纸红笔墨公项水一昼夜，此水与无水民户照时作价，分物变卖，佃作公费，此万年流传之大概情形也。

邑人滕之粉有《义得渠水利考》。其文曰：粤稽碑记，义得渠开于明朝，究其原，其来久矣。前汉武帝时，开河西张掖郡，领县十，其一曰“氐池”，即今县治也。晋改“金山”，后魏时又改“兰池”，当日设有重兵，以厄要隘，渠即军营之饮马渠，所引者仅台水沟之水。明初居民渐集，而张元寨、牛顺寨、邓家庄开始屯垦，斯时雨量沾足，所需者只口水而已。至万历初，人烟幅凑，始资灌溉，都察院委官后卫千户刘昆，镇军官西桂，管水总甲邓锦等，督率军民，大事开凿，民资灌溉。始引玉带河之水，自下而上，盘旋潆洄，左削壁，右筑堤；从巉岩蒙茸中畅流，曲水仰而思，俯而视，几疑为神工鬼斧，非人力之所能为也。查未开是渠之前，独引台水沟之流，即开是渠，以后兼汇玉带河之水。考玉带河发源于祁连山北麓之穷石山，由南而下向西流，汇归洪水河，遥望之如玉带然。张元寨其遗址在总寨之西，地势犹存。厥后生殖日繁，所引之水，不足灌溉。天雨则河水暴涨，堤决而尽注于洪水河；天旱则河水干涸，尽渗于沙窝草滩，不能前流。明末又开凿新沟，截玉带河之溢流，一则便城内外之口水，再则灌城西南之田园。义得渠凿之于先，新沟开之于后，上有四闸，下有三号，水源本是一体，世世或无穷之利，人人怀义得渠之名，数百年来其悬崖陡坝，变而为廉泉。让水者，无非开创之功，善继之力耳。管窥之见，志之以俟有识者详为考证云。

沐化乡水利

沐化乡河道，大小有四，曰大都麻河、小都麻河、酥油口河，马蹄河。源均出于祁连山谷。

大都麻水出口，分三坝：一曰“头坝”，二曰“河西坝”，三曰“河东坝”。而河西坝有开、闭坝之别：中上村庄距河口较近，浇灌时分为二渠，为开坝；下尾村庄距河口较远，浇灌时合而为一，为闭坝，河东坝又有利沟，头坝之分，分水处做石闸，闸宽一丈，利沟二五，头坝七五，头坝附有三二坝，以备正坝遗水之用。

小都麻河分上坝、下坝。

酥油口河出口分四渠。河东渠，浇灌沐化乡景会寺等地；河西三渠，浇灌张掖安晏乡等地。

马蹄河源出马蹄山，水小细流，浇灌之地不足一保。

此外尚有河宁口水，源出河宁口红崖子，泉小，仅浇灌柳谷村一地。

柳沟河，源出柳沟红泉，汇数小泉而成细流，浇灌之地不多。

总观全乡水利，以雨雪为主。因冬时积雪盈山，夏时落雨滴檐，则沟浍盈而畅流于灌溉之地，无雨则水利涸，故俗曰“廊檐水渠坝”，即有雨则有水，无雨则无水之谓也。又以河道从山口向下，倾斜如坡形，天降猛雨，则水暴涨，冲崖走石，由上直下，穿本乡入沙滩，汇诸山口之水，经张掖东南，而入山丹河。由是河渠宽量，年久愈大，水小则渗于渠底。除头坝外之居民，虽有按粮规定之时刻，而无靠定之水量，实为本县民生困穷之主因。将来非以政府力量，督促人民，用科学方法改修回旋小型水渠，使节其流，则水利仍难裕如也。

按：各村庄居民使用水，分大小时刻，咸以应纳官粮地亩多寡，平均分配起讫时间。大概于立夏之日起，秋分节止，各渠举有农官，掌管水利。每年春季，督促民夫修渠；立夏日，各渠农官会集于分水处，谓之“验沙”。相沿年久，成为旧例。

兹将各渠各村使水时刻、轮次、日数列表明之。

各渠各村使水时刻、轮次、日数列表

保别	所属村庄	渠水名称	灌溉昼夜	全年轮次	挨轮日期	灌溉地亩	备考
头号保	杏园子	河东头坝	十四个时	四轮	四十五天	五百四十亩双零四	
	马庄子	河东头坝	十二个四刻时	四轮	四十五天	五百三十六亩三分六	
	黑寨子	河东头坝	二十一个时	四轮	四十五天	八百三十一亩一分二	
	穆寨子	河东头坝	十六个时	四轮	四十五天	四百六十五亩六分	
	钱寨子	河东头坝	三十九个时	四轮	四十五天	一千五百零九亩二分八二	
二号保	李寨子	河东头坝	九十四个时	四轮	四十五天	三千六百七十八亩四	
	阎户寨	河东头坝	四十六个时	四轮	四十五天	一千九百四十亩零八	
四号保	临山树	河东头坝	五十七个时	四轮	四十五天	二千二百六十八亩五分六	
	薛寨子	河东头坝	十八个时	四轮	四十五天	一千一百四十亩	
	二寨	河东头坝	二十二个时	四轮	四十五天	八百四十亩	
	三寨	河东头坝	十七个时	四轮	四十五天	七百零四亩八分	
花园保	毛城子	河西开坝水	十二个时	五轮	二十七天	七百一十六亩八分	
		河西闭坝水	二十四个时	五轮			
	克寨子	河西闭坝水	三十六个时	五轮	二十七天	二千三百五十七亩三分六	
	上花园	河西闭坝水	四十八个时	五轮	二十七天	二百六十亩零一分六	
		河西开坝水	十二个时	五轮			
西二保	下花园	河西开坝水	二十四个时	五轮	二十七天	三百六十亩零一分六	
	王家庄	河西开坝水	四十八个时	五轮	二十七天	八百一十八亩	
	左卫营	河西开坝水	三十个时	五轮	二十七天	六百九十四亩四	
	朱家庄	河西开坝水	三十六个时	五轮	二十七天	八百九十九亩二	
	田家庄	河西开坝水	三十个时	五轮	二十七天	六百七十三亩八分四	
杨坊保	杨坊	河西开坝水	一百五十六个时	五轮	二十七天	三千五百三十六亩	
	观音堂	河西开坝水	二十四个时	五轮	二十七天	三百五十四亩	
四维保	阎家城	马蹄河水	一百零八个时	五轮	二十五天	一千九百五十一亩二	并使酥油口河水四十七各四刻时，甘家店在内
	甘家店	马蹄河水	九十九个时	五轮	二十五天	一千五百零五亩六	
	马蹄寨	马蹄河水	九十六个时	五轮	二十五天	一千四百七十二亩	
	左卫寨	马蹄河水	六十个时	五轮	全年*	一千一百四十四亩	
廉让保	景会寺	酥油口河水	一百二十个时	五轮	十四天	五千四百六十四亩	
	柳谷号	河宁口河水	全年			一千八百一十三亩	

续表

保别	所属村庄	渠水名称	灌溉昼夜	全年轮次	挨轮日期	灌溉地亩	备考
临松明德保	南古城	河西头坝水	二百四十个时	五轮	二十一天	一万四千六百四十亩	使水地名：岔家堡、牛毛寺、刘郭家庄、大小孙家庄、双龙口、南古堡
		柳沟河水	五百七十九个时	三轮	四十九天		南古城南、左卫寨、水磨上
新添保	新添堡	河东头坝水	十六个六刻时	三轮	四十五天	一千八百零三亩二	
		河东利沟水	一百九十二个时	八轮	十八天		
	王什寨	河东头坝水	四十四个时	三轮	四十五天	一千三百九十七亩六	
	吕家庄	河东头坝水	十四个时	四轮	四十五天	五百七十三亩二分五	
	新城村	河东头坝水	十六个四刻时	四轮	四十五天	八百三十七亩零四	
小沐下保	下姚庄	小都麻下坝水	六十六个时	六轮	二十七天	五百二十四亩	
	上姚庄	河东头坝水	十个三刻时	三轮	四十五天	八百六十一亩	
		小都麻下坝水	六十七个六刻时	六轮	二十七天		
	韩家营	小都麻下坝	八十六个时	六轮	二十七天	七百六十亩	
	胡家庄	小都麻下坝	二十二个时	六轮	二十七天	三百二十二亩	
	太平寨	小都麻下坝	二十五个时	六轮	二十七天	二百七十四亩八	
	周家岗	小都麻下坝	十五个三刻时	六轮	二十七天	二百一十二亩	
	陆家庄	小都麻下坝	十五个时	六轮	二十七天	一百三十六亩	
小沐上保**	大小王家庄	小都麻上坝	五十七个时	八轮	二十四天	七百七十五亩	
	马均子	小都麻上坝	一百〇三个四刻时	八轮	二十四天	一千九百四十五亩	
	吴油寨	小都麻上坝	六十一个四刻时	八轮	二十四天	一千一百二十六亩五	
	山寨子	小都麻上坝	六十四个四刻时	八轮	二十四天	一千〇八十一亩五	

* 原整理者注："全年"有误，应为25天。

** 原整理者注：此处原稿空白。根据本志《民族·户口》的户口统计表，对照填为"小沐上保"。

卷五 植 树

植树为当今惟一要政。欲使绿化民乐，非遵令实行沟旁、河边之造林计划不可。盖造林必须发动全县民力，使之尽量自由栽植，方为有效。若仅恃政府之督导提倡，则林政宁有进益也乎。

清光绪元年，左文襄平定甘肃，自西安以至酒泉，夹道遍植杨树，至今树大数围，材木不可胜用，号称“左公林”，为西北第一建设，载之青史，万古常存。

民国五年以前，为民乐普遍种树时期，彼时水量充足，凉地皆林，登高一望，一片绿野。而榆树、杨树，皆自种而自用之，故民之踊跃纵事，有非想像所能及者。

厥后植树之举，责之官吏，随植随伐，迄无成效。盖官吏为顾考成，只图多栽，不计水土之宜，不讲栽树之法，故浅者益枯，而距水远者更易枯，以致春栽新树，入冬即成枯柴矣。全县原有树上之栽子，陆续砍尽，分年试植。而全县沟旁河边，迄未成活一棵小树，致使民力已竭，民心已失，识者优之。不得不苦口建议，以期一劳永逸。

三十五年度，遵奉郭主席电令，每口各栽十株，计全县共栽三十余万株，并令各村住户自栽自护，长成后仍归自用。法良意美，造福非浅。张毅青县长督栽于前，张勋廷县长保护于后，更历数载后，既长既茂，风景雅秀，应作为张公纪念林。世所称左公林者，将不得专美于前矣。

夫植树之法：第一要选树苗，第二要办土性，第三要择林区，第四要深根固蒂，舍此四要，更无善法。而浇灌培护之术，乃宜随时随地，切实研究，认真执行，利之所在，孰不争先恐后耶？

卷五　保　　林

民乐林区，既有新旧之别，又有山谷平原之分；新林固宜随时培灌，旧林尤须认真保护。左文襄之言曰：“造林难，保林更难。”先哲立论，岂欺我哉？祁连山一带，极广大之杉林、柏林、柳林，及补达河、马蹄河、香沟河畔之山白杨林，皆天然生成之旧林区。因森林繁茂，山谷不干，冬可以藏冰积雪，夏可以调节气候，增加雨量，水利攸关，保护自昔周密。曾于各山口附近，各组设保林公所，委有所长、稽查、巡丁，负责巡查，严禁偷伐。故近数年来，凡一切活松、湿柳，一概不准入山采伐；除奎年砍伐电杆，略有损伤外，更无人敢犯禁者。而农林部所派之林警队，又时常会同警察及地方保林人员，轮流入山，认真巡逻，保林之策可谓至周至密矣。全县共划为十大林区，其新栽之树林，则由乡镇保甲长各负全责，以保护之。仍由县府编号造册，妥为监督。是新林区之发展，将随保护而增进。行见数十年后，民乐境内之沟旁河边、路侧庄前，无地不成茂林，即无林不秀翠可观矣。

保林简章及奖惩条例，曾经呈蒙省府核准备案。惟新林区只须逐年增加，不准借故摧残，亦足见大利所在，民皆乐于遵从也。倘再不受军事影响，则此项要政，必能顺利推行，毫无疑义。

卷五　垦　　荒

民乐荒地，分旧荒与新荒二种，其南古、柏树洼、红泉台三处马场，乃旧荒部分之公荒也。现南古马场，已令附近居民领照开垦，计亩升科矣。独柏树洼、红泉二场，尚有可耕荒地数万亩，因民力不足，全未着手开垦，利弃于地，良可惜也。

大、小都麻河两岸之番荒及东、西、南三族之番荒，皆旧荒，亦私荒也。其地权归于番民，其开垦获利之机会，应属之有关水利之各坝人民。现在大、小都麻番荒，已完全垦熟，并承租耕种矣。而南城子、东城子、西城子茫茫平原，可垦十余万亩之番荒，尚听其荒芜如故，无人出而开垦，冀得大利，殊为可惜。三十六年度，虽奉省府核准加速垦殖，而各坝使水之农民，甘原放弃大利，不知享受兼种水旱两地之福，其外坝缺地者，又不敢越权开垦，是以迟至今日，仍分毫未及垦种也。

新荒者，各区各村民国五年以后逃流走户之荒芜地也，亦谓之“私荒”。刻下此项荒地，半由原业主陆续归垦成熟矣。其未开垦者，正在设法招户代垦，或责令户族间替原业主垦之，意在县境之内，全成农田，都能生产，无须再有荒地，再有饥民也。

盖垦荒本国家政令中之唯一要政，而邑之民众，徒叹夫无田可耕，而不思垦荒以种，何其愚也！各级政府，亦只顾赈济穷民，安辑流亡，迄未明定广开荒地，惠养穷民之根本办法，又何其违背总理开发西北之扼要提示耶？

临泽县采访录

艺文类（节录）

临泽县建设局报告民国十八年倡办水利程度书并拟具民国十九年工赈计划书

呈为遵照前后令办各节，分别呈报十八年倡办水利程度，并拟具十九年工赈计划书，请鉴核以凭转报事：

案奉县政府训令言　第九二号内开为令行事。案奉甘肃省政府建设厅第三七九〇号训令内开：照得兴办水利，为民生切要之图，甘肃频年旱灾民生之艰困，几于无法解救。本厅为振兴全省水利起见，迭经通令各县调查境内河流渠道，以及引水器具，并拟定倡办水利，奖励人民自办详细办法，通饬各县。对于开渠挖井及修筑蓄水池等诸要政，认真倡办。其有工程较大，民力所不能兴办者，仍饬拟具工赈计划，赍厅核办各在案。兹届年终，究竟办至若何程度，立待汇案考覆。除分行外，合亟令仰该县长遵照前后令办各节，分别呈报，并拟具翌年计划，迅速赍厅，以凭核办。事关水利要政，毋得视为具文，稽延干咎。此令。等因奉此合产迅将十八年倡办水利，及本年水利计划详细呈报来府，事关水利要政，万勿稽延，是为至要，切切此令。等因奉此。职局窃查水利乃农家命脉，关系于民生上诚非浅鲜，提倡兴办，实为切要之工作。祇将十八年有所兴办水利程度以及本年水利工赈计划，理合缮具报告计划二份，呈请县长鉴核，分别存赍，以凭转报甘肃展政府建设厅核办，实为公便。谨呈临泽县政府县长陈。

局长白凤翥

计呈民国十八、十九年倡办水利程度报告书二份，水利工赈计划书二份。

民国十八年倡办水利程度报告书

甲、临泽全县分三十六渠。其向黑河河流引水之渠道，共计二十五道，内有二十渠，渠规颇佳，办水首领亦皆得力加以县读不时督促，常派职局人员到渠认真查勘，设法指导，多方修护，勤苦挖沟。又在沿河岸边广用柴草木石等料，坚筑堤防，以免水旅时冲断沟沿，是以水势顺利。此二十渠之田地，足资灌溉，较之其他渠道，无亢旱之沉忧，有丰收之实效。

乙、黑河河流引水之其他三渠，如昔喇板桥渠、八坝渠、九坝渠，次三渠之艰困，达于极点，惟其中八、九坝两渠人口稀少，灌田无多，自应较易整顿。本年三月（即十八年三月），由职局局长亲赴该渠指导办水首领，派夫勤修河岸堤防，并加长接水渠口。所困难者，该渠渠身北靠沙漠，南进河岸，每逢风吹，即致被沙起，最易淹蔽渠身，渠身一经沙填，水即不流，职是之故，局长与九坝渠众商议，另于沙漠以南之处，别挑一渠，身长约七十二丈，宽五尺，深六尺。其八坝渠虽未别挑渠身，但于渠之两旁及首尾，劝令多植杨柳树柱，以防风沙而固渠沿。是以本年该两渠农田未受荒旱，稍为得利。至于昔喇板桥渠，其渠道在黑河北岸，东北距县城三十五里，向因与平彝、明沙二堡共用一渠，板桥在平、明二堡之西，稍有水时先灌平、明二堡田地，矣该二堡毕之后，始能灌及板桥渠田地。缘水少地多，年年受旱。先是民国十一年，板桥民众鉴于该渠渠规不善，咸议谋开新渠，以兴水利。但所开之新渠，率多沙质，随挑随坠。又河低地高，水难上就，是迄今七、八年间，终未成功。民国十七年六月，职局鉴于该渠功亏一篑，加之该渠民众，多系贫困无资者，对于新渠欲掘无力，欲罢不能。曾会商首事人褚敦仁等，以促进该渠早为成功，免遭荒旱起见，由职局借给大洋六十元，现银三十余两，以为挑渠补助之资。孰意工程过大，虽重挖数月，水仍未流，足见杯水薪火，无济于事。本年七月，该堡因新渠不成，只得沿用旧渠，而旧渠又因大雨以后，突被滚坡山水冲断。查其破坏硕程度，长约十数里，当时即便督促重修，及至工程稍竣，禾条以失灌水之期矣。是以板桥渠本年大失秋收之望。

丙、县属南五渠，系引用响山河河流之水灌田，查此获河之源在南山（即祁连山）梨园口以南，该河之水全赖雪山冰溶成采之多寡以为衡，如今年隆冬积雪深厚，来年五、六月间则河水是涨，水胀则该五渠之水自无浇灌不足之虞。近数年来，冬雪稀少，以故河流浅涸，因之该五渠连旱数年，民不聊生。所以十七年夏田尽行枯稿，幸六、七月间，雨水连绵，既沾既足，而秋禾大收。此亦不幸中之一幸也。本年春间，县政府因公派员至梨园，兼圣探响山河源头，见河流阻塞处，即传□方首领派夫去其障又见山边积雪较多处，促令间挑引水小路，以期雪融化时不致旁流泛滥，尽行归入大河。如是一举水势稍大该渠田地浇灌无遗，夏田未受大旱，秋禾尤属十分收成。

丁、县属五眼渠，在县城之东距县城三十五里。该渠系引用五眼泉之水灌田，惜泉小细流，水低地高。其低地固不受旱，然高地就束手无策。本年五月，由县政府科长会同局长前往该渠视察，召集当方首领李培棠等在该村村公所集议讨水利办法，佥谓当昔泉水甚旺，渐至近年，泉浅流微，以故干旱多年。今者全村生计日落艰难，决议先由起夫掏泉入手，责成该渠办水首领，率夫深掘泉眼，掏出泉低淤泥沙石，源清者涌自旺，于是昼夜长流，使终年不得一水之地，可以灌水，限定只浇一、二次之田可广浇三、四次矣。因此，本年该渠免遭前数年之奇旱，但该渠地势高，原闲旷居多，应如何设法兴水利以尽地力之处，尚待计划。

拟具中华民国十九年水利工赈计划书

一、事实　开引板桥新渠以兴水利而资灌溉，借以开垦正北山荒地数千亩。

二、理由　因板桥渠新渠开未成功，旧渠又被山水冲断，是以去年大遭旱灾，秋禾尽枯，野草青草。对于该渠若不提前认真倡办，诚恐该处民众生计无着，即国家赋税，亦恐无从经征矣。但斯渠工程较大，若转赖民众自办，恐力有不逮，拟请以工代赈。恳由甘肃省政府准予发给娠款洋若干元，然后举出公正办事首领，发给挑渠人夫口食，督率工作，约计三月可以成功。此渠一开，不但板桥人民生计可望，即正北山荒地，亦可以招农开垦矣。

三、办法　板桥渠渠高河低，若开兹渠，非深掘渠身，殊不足以资通流，且所凿之渠身，全系沙质，随掘随坠，尤非加宽沟沿尺码，不足以资整固。拟于沟底流沙之处，铺盖木板并垫草筏，以免移动。又于河水入渠之接引处，用木栓掩压，中以石坠之，名曰石坠。再以柴草平铺之上，以沙土掩压，名曰打坝。坠忿多而愈固，坝愈长而愈坚，如此工作，自能引水入渠，浇灌得力。预计清明以前动工，约计人夫一百名，每夫一名，每日约计发给工赈口食洋一角五分，每日共计一十五元，估计工作一百天，大致可以竣工，统共约需洋一千五百元。至于所用柴草木石等料，应由该渠民众自行平均担负，至办事首领，均系义务，不另支薪，将来成效可观，应遵照规定提倡水利奖励之。

水利工赈计划（一）

一、事实　在小新渠内嵌一高闸，聚其渠水以开垦崔家崖荒地作为苗圃及农事试验场。缘东距县城五里许之崔家崖，其地纯系元明时代一片古冢，地势高低不一，凹凸相错，在下小新渠之北，县属第一区永丰村之南。

二、理由　屡奉上令要开辟五十亩以上，百亩以下之苗圃及农事实验场，但一苦于无资，再苦于无地，千筹万措，无法遵办。若再小新渠内嵌一高闸，聚起渠水，自不难于浇灌崔家崖之荒坦，该地土壤深厚，非沙碱不毛者可比，只图上水，既可以开辟五十亩之苗圃，以及五十亩之农事实验场。如经公家提倡办理成效，则一般农民亦皆争先恐后，群起而开垦兹土，以期耕种成熟，上裕国课，下足民生，诚一举两得。空旷土为良田，易空废为利用，对于未坏冢墓，自应保存，并无妨碍。现值人口增加，田地减少，以有限之土地，供无穷之人口，无怪斗价日日腾贵，生计日日艰难也。

三、办法　以图灌水起见，拟先在下小新渠内嵌一高闸，闸之内方向北开引灌水之后，即可栽植树木，及播种作物。但新开生荒非同成熟田地可比，所以嵌闸掘沟平地陪垦，以及耕种作物，栽植树木诸工作，首非有资本不可，估计此项工程应需木石、人工、劳力、牛车等费用，至于约洋五百元之谱，始可以资整而见端倪。拟请甘肃省政府建设厅准予由工赈项下拨给洋五百元，借以施工而便开垦。再，此崖亦系地高水低，若嵌高闸仍不上水时，当即遵照厅颁各式仿造翻车或龙骨车，以器力灌溉之，合并登明。

事实引长三坝渠水以开辟边墙外荒地调查，此荒地在县境河北面　西北距离县城十五里，缘边墙（即长城）以北，亘古称为蒙古地。今则蒙族游牧较远，约离长城以北已有二百里级，此地一望平原，沃野千亩，惜无人提倡，置之闲旷，若引水三坝渠之水，用以浇灌兹土而开辟耕种。河河流灌田之渠分，以河北三坝渠为最顺利，十数年来，未闻有受旱之虞。若以此渠之水引长于五里之处，即可以开辟边墙外之空地土。兹地如开，何至千亩，招民耕种，公私当得利不浅。办法拟请厅准（如所请办法）令县政府督同建并会同该犯长召集三、四坝民众，令三、四两坝于挑渠之日加多水分，多派挑渠夫名，于该二渠照往年挑齐之日起两渠夫名，暂勿撤散，均会-处来挑，接三坝渠尾之新渠五里，以上挑成之日，即行按粮辄新垦地亩，令民众各自领种，按章升课，以民力开辟之田，食益仍归于民，应于国计民生上不无小补所谓云尔。

水利工赈计划（二）

一、事实　县属五泉村，又名五眼渠，更名花强尔，东距县城三十里，该村地势高，原闲旷居多，因渠小田广，水低地高，其耕种成熟者，不过三分之一，计划本年劝告该渠民众，仿造水车，用灌高地，则不能耕之荒地，可以开垦，即无业之游民，亦可以自食其力。

二、理由　该渠近数年来频遭荒旱，老弱转于沟壑，壮者散而致四方者，不知凡几。若不设法以顾，该渠民众生计深恐愈演愈贫，无进步之生机，多退化之劣杲。本此理由，不能不设法提倡水利，以利该村民生。

三、办法　拟于该渠地高水低之处，劝令稍为有力之家，共同集资，仿造翻车，以资灌溉大宗高地。其或贫无资力者，亦劝令仿造龙骨板人力水车，以资灌溉少数亩数之小块田地。若实在无立锥，多少不能出资制造水车者，备由县政设法筹出工赈款项，借以补助。总之，事在人为，只要对于水利不畏难的去认真办，世界上绝没有办不成之事矣。

创修临泽县志

卷五 水 利 志

河 水

黑河水 引灌一十七渠，城北曰扶彝渠，即今临泽渠，灌田八十一顷一十九亩有奇。城东曰小新渠，灌田一十五顷八十七亩有奇。城西北曰新工渠，分上、下二号，灌田二十四顷一十七亩有奇。城西曰小鲁渠，灌田四十六顷五十五亩有奇。城东曰鸭翅渠，灌田六十一顷六十九亩有奇。曰暖泉渠，灌田二十一顷三十二亩有奇。曰葫芦渠，灌田一十五顷三十二亩有奇。曰永安、新安两渠，灌田八顷八十七亩有奇。曰永济渠，灌田八顷八十七亩有奇。曰明麦渠，灌田六十九顷零九亩有奇。河北东曰昔喇下坝渠，灌田四十六顷二十七亩有奇。旧分二闸，一曰板桥渠，一曰板昔喇渠，灌田四十三顷一十八亩有奇明嘉靖年间，巡抚杨博、副使石永开黄张二家湾、傅家庄白菓园北，此二坝也。曰头坝渠，灌田二十四顷六十四亩有奇。又城北曰二坝渠，灌田一十二顷五十九亩有奇。曰三坝渠，灌田六十六顷六十七亩有奇。城西北曰四坝渠，灌田七十顷五十亩有奇。城东南曰东海渠，灌田一百四十八顷四十亩有奇。曰旱兀喇渠，灌田二十三顷六十九亩有奇。曰通济渠，灌田三十一顷四十五亩有奇。曰化音渠，灌田三十五顷二十八亩有奇。

响山河水 引灌十四渠，俱在城南。曰威狄渠，即委时渠，灌田四十三顷六十九亩有奇。曰德安渠，灌田二十三顷二十六亩有奇。曰古集渠，灌田四十顷五十亩有奇。城东南曰土军渠，即丰安渠，灌田七顷二十二亩有奇。曰倪家渠，灌田二十顷七十三亩有奇。曰橙槽渠，灌田二十六顷八十四亩有奇。曰小彩渠，灌田九顷五十七亩有奇。曰梨园渠，分南、北二渠，灌田一十九顷四十九亩有奇。曰铺家渠，灌田二十五顷五十亩有奇。

泉水 引灌三渠，俱在城东。曰九眼泉渠，灌田二十八顷六十八亩有奇。曰五眼泉渠，灌田五十顷八十四亩有奇。曰双泉渠，灌田二顷三十二亩有奇。

黑河水、响山河水及泉水共引灌三十四渠。兹将各渠渠口起止地段、长度、流向、开始年月列表：

渠 口

黑河由张掖龙首堡，莺落峡出山。西岸首开明麦渠，余东西鳞次。响山河水由梨园营南山冰沟出山，首开梨园南、北两渠，余递北接开。又县城东南之东海、旱兀、通济三渠，自张掖县沤波渠开口，横灌沙河而西，有时亦引响山水补灌。惟五眼、九眼、双泉用本泉之水，其灌溉田亩，自清乾隆十九年起，截至中华民国十七年止，节年报免水冲河跌等地，共四百七十七顷。

疏通水利碑文

署甘州府抚彝分府兼管驿站事务、加三级纪录五次觉罗承为疏通水利，勒石存记，以垂久远事。

乾隆四十三年七月二十四日准特授甘州府正堂钟，关于乾隆四十三年七月十五日蒙甘肃布政司王批查此案。乾隆四十二年十二月内，据张掖县江淮渠民王进贵等、沙河接济渠民王希贤等，为强霸水利，闭塞洞口等情具控宪案，蒙批查勘详议，嗣经移会抚彝厅会同张掖县查勘得：张掖县属江淮渠，系取响山河之水自而北，在沙河接济渠之上穿塔橙槽而行。沙河接济渠，系取黑河之水自东而西，在江淮渠橙槽之下，直流而通。各行各水，两无干涉，并无在接济渠内另开小沟，以及水洞形迹，亦无案卷可凭。遂即备叙历年断案详覆。蒙批如详，转饬立案，仍令勒石存记，以垂永远，如再缠讼，即行拿究。此缴原词、图帖、抄文、粮串备存。等因奉此。转饬抚彝厅、张掖县在案。正在遵照办理间，缘江淮渠民王进贵等复赴督宪辕门捏告，奉檄饬令会同该厅县等核查，将确议详。嗣经卑府行该厅县等，即提集两造人等，会同查讯，据原告江淮渠民王进贵、陈栋、王义、李守满等，被告接济渠段汪希贤、张寅、张茂等两造口供，确查渠道水利情形，并历年勘断案卷，其沙河接济渠，在万历年间，该渠自备人工加增粮告开新渠，与江淮渠各有渠道，两不相涉。江淮渠所称在接济渠内，留有小沟、水道之处，遍查渠身，既无沟道形迹，又无案卷可凭，自应钧断，未便翻案。其王进贵等藐视法纪，妄争水利，是以旋结旋捏，殊属刁徒。王进贵是为此案兴讼状头，予以杖责示警，其余陈栋等，从宽免究。仍取具两造，照旧各使各水，遵依附卷，勒石存记外，但是否允协，理合将查讯缘由录供详请宪台俯赐电核批示，饬遵在案。旋奉督宪批饬如详，转饬销案等因。相应遵照断案，勒石存计，以垂永久云尔。

乾隆四十三年岁次戊戌菊月中浣望五日谷旦立

违规筑坝争占水利碑文

甘肃甘州府署抚彝分府兼管驿站事务王，特授张掖县正堂杨为奉文晓谕遵守事：

案奉钦命署理甘肃等处提刑按察使司按察使兼管通省驿传事务严，案奉钦命兵部尚书兼都察院右都御史、总督陕甘等处地方军务兼理粮饷、兼管甘肃巡抚事兼理茶马那。案验准刑部咨准案查张掖县民徐得祥、王元恺等违规筑坝、争占水利一案：缘张掖县西接济渠毗连处，所在皆有黑河一道，自南山发源至莺嘴，分为十二渠，东面盈科、大满、小满、古浪、平顺、马子等六渠，属张掖县农民灌田。西面永利、大宫、城北、沤波四渠，亦系张掖县水道。惟明麦、沙河二渠，系抚彝厅民引灌。该十二渠由莺嘴崖下东西并列，迎流受水，其河身一律平坦，引水均匀。因张掖之马子渠坐落在东面各渠之尾，虽引水较细，向来亦照旧规，顺其自然，不许更改争竞。嘉庆十六年六月朔间，张掖东六渠农民借黑河东、西崖土倒塌，以致妨碍水利。该张掖老农李运、张玉率同众农民，齐集工夫即挖深沟一道，计长八十余丈，挖出泥土，顺推河中成坝，使水归入东六渠畅流，致西六渠水势细微。经抚民王秉乾、武蕴文、邓智等控，经张掖县批饬，新沟一律填平，照依旧规分水。李运等观望未填，王秉乾控经本厅会同张掖县讯明，仍断令李运等填平新沟，随至莺落崖，会同传集人夫，督率填沟，乃张掖县民徐得祥、王元恺希图霸水，即复违断，向前拦阻填沟。因其恃众抗官，经本厅会同张掖县通禀，批饬解犯赴省审办，尚无同谋纠众情事，审将徐得祥、王元恺从宽，均发往新疆充军，以儆刁顽。李运、张玉并无违断纠纷众情事，照不应重律，加枷号两个月示惩。该处十二渠，仍断令各照旧规，并列引水。嗣后均不得更改旧章，私开渠沟，以杜争端。所具各遵结，详奉上宪部。奉准刑部咨覆，照办立案。饬知到厅。合行晓示各该渠，一体永远遵照毋违。特示。

嘉庆十八年岁次癸酉二月二十九日勒石

开渠引水德行垂后序

今夫穿渠引水，策边安民者，出于国家之为民计也易，而出于民之自计也实难。何难乎？难乎其地与人耳。使未得其地，不可以通水利，既得其地，而不得其人，亦未使水到渠成，众民咸沾泽之资也。若我古集渠开始以来，即有渠引水灌田。上承国赋，下厚民生，殆有年矣。迄今世远年延，沙淤石塞，时逢山水狂涨，每至渠半决崩，生民急务，莫切于此。渠众士民，孰不对此而惕然哉。究之筑岸救急者，多多益善，建策久远者，落落难合。孰意天心有悔祸之机，人事有向明之会，故于道光二十七年间，一渠士庶，齐集公所，众念渠水，命脉所系，国课攸关。众议公委渠中士庶诸翁以任其责焉。夫诸翁，俱属世族之名流，均为渠中之伟望者也。尚其躬应众委，即法上中之策，大展沦浚之能：或什工而度费，或顺流而筑堤；或智虑周详，运谋画策。不致遗笑于渠邻；或躬负勤敏，率众督工，亦无致嫌于众庶。同心创建，协力于修。于本渠之旁，复开新渠一道，旁引余波收入，近防旧岸泄崩。又且水涨分注，浪静合流，水势自兹调匀，土壤于斯丰润。而后多多之稼，上上之田，复复见于今。兹耕图式固，国课咸承，遂流传于奕翼。凡此者若非诸翁之才德兼优而何以建此经远之策，爰立不朽之功，以昭著于一渠四号之间哉！今此渠深岸，固流长流，所谓有志者事竟成也。渠众士庶不忍湮没公议，渠中上下各立鸿额于公庙，以志诸翁之善。故三、四二号士庶嘱予为序。予不文，谨如其请。诸翁之雄才足式，概扬夫诸翁之大德焉，聊陈短序，以昭来叙云尔。

张掖县儒学庠生宋兆龙文明撰书

创修临泽县三工堡濮家桥固远身洞碑序

事有关于国计民生者，凡属国民皆宜提倡兴修，期收实效。在昔洪荒之世，洪水为患，大禹提倡治水，顺地势而疏通决排，至今东亚大陆，田赋膏沃，民享粒食安居之乐者，孰不磬首而顶祝也哉。我□□□□□□□□□□□甘肃省政府主席刘公莅任以来，关心民瘼。对于农田水利三令五申，时加提倡。文彬奉令承乏斯邑，即本主席之意旨，切实办理。查临泽三工堡以北，与高台柔远渠毗连。因柔远渠身宽岸高，三工堡地势低洼，每至夏令，河水暴涨。而各渠余水，溢注于三工堡一带，无由排泄，致使良田膏壤，多成泽国。居民被害，国赋亦受亏损。该堡公民濮鸿泽等，屡欲设法消除此患，因与柔远渠民意见不同，屡兴讼端。待至民国十五年，经甘凉、安肃两道印委，拟具铁管身洞办法以消水患，而解纠结。既于临民有益，复于高民无损，法至良也。卒以他故，未克实行。彬自到任后，对于此事，时加研究，并亲往该处，再三踏勘，总期实行，正筹维间，据三工堡居民濮鸿泽等以居心缠讼，妨害水利等情，于十七年三月十四日，状诉高台柔远渠民徐开文等到署。彬加具意见．报请省政府核示施行。旋于四月二十八日奉主席刘指令，以此案业经提交省务会议议决，照十五年所拟铁管身洞办法，由省政府派员前往，会同高、临两县长即速办理等因。未几，杨委员希孔奉命抵抚，即订期会同高台县，三面勘查毕，杨委员复赴高台县，同仇县长准开导柔远渠民，除意见。幸各深明义礼，竟举公民代表王道成、蒋开业、权执中、李培桐等。慨然出具铁管身洞，同意甘结，并随杨委员、仇县长同来抚署，与彬暨三工堡公民代表濮鸿泽、濮兴荣、濮朝贵、濮善文等会商修洞办法，当由杨委员拟具，双方应行永远遵守条文六条，逐一提议，均经双方公民代表妥慎参商，划押通过。并照录两份，分存高抚两县县署备案。仍由彬与高台仇县长同杨委员会衔呈报省政府备案，当饬濮鸿泽等备办铁管、木料、鸠工兴修。经彬等亲临渠岸督工修筑，未及半月，而工已告竣。积水自此泄除，悬案从而解决。三工堡数十户居民永无水患，国课不致空悬，实与国计民生大有裨益。溯厥由来，皆由我□□□□□□□□□□□甘肃省政府主席刘公郁芬提倡水利，不留余力，有以致之也。而当事诸公，如杨委员希孔最为此案出力之人，仇县长准暨彬等，均与有荣矣。谨撰芜词，勒铭于石，以垂永久云耳。斯为序。

临泽县县长胡文彬撰并书

甘肃省政府印

委杨委员希孔所拟抚彝县三工堡濮家桥固远身洞双方应行永远遵守条文刊列于下：

计开：

第一条　铁管身洞定名为固远身洞。

第二条　该身洞兴筑暨修理所用之工料，得由抚彝县濮家庄地户自备之。

第三条　该身洞发生破坏或有漏水情事，高台柔远得承认抚彝濮家庄民修理，惟不得有碍柔远渠水利通行。

第四条　查修洞地段，柔远渠原宽连渠岸外底三丈五尺，原深由渠岸起二尺八寸，兹为防范后患起见，规定宽四尺，深三尺五寸为准，渠岸渠底设石为记，以后不得宽辟深挖，致碍水利。

第五条　该身洞铁管规定长五丈五尺，径口八寸，外以木镶，下于距柔远渠底深四尺处为准。

第六条　身洞修起后，在濮家桥附近，设石碑刊叙修洞之经过暨修款以及双方代表之姓名，以志永久。

督修渠工委员杨希孔

创开新工渠碑记

河西极边僻地方，自明季嘉靖年间，抚彝、新添、三工三堡同力，公创一渠，兵食民生皆于是乎托命焉。嗣因二堡坐落下号，节年浇灌不周，田多亢旱，国赋民生，恐失所望。至于国初顺治十二年间，适有掌印崔公巍者，解组归田，与父老话及桑田，思欲告改新渠，以便浇灌。遂协同渠众濮天湖、戴王命等恳请钦差巡抚都御史佟批，仰钦差分巡西宁道杨转示钦校平川等处地方守备宋，就近督夫修浚。二堡自备人力，甫只一月，水利大进。其抚彝渠上水三十余里，竟让抚彝堡独使，但抚彝渠尾水未通，而来水透入新渠，似非便利久远之计，况二堡既逊旧创三十里之劳，又不烦抚彝协济之力，合令自力改修，以稍答二堡义让旧渠之劳。至于栅搭橙槽，修镶身洞，着抚、新二渠每年甲役各出伕名，务期修理完固。尚有刁豪抗挠，指名告理。迄今润泽均匀，虽渠众集掖之力，而微崔公倡，亦无能相与有成也。今渠工告竣，诸父老欲垂永久，谨记渠工之始末，并公之慨然首倡，以勒诸石云。是为记。

顺治十八年九月吉日立

甘肃廪生井洪禧撰书

新开板桥渠记

板桥惠农之新开板桥渠，一曰“板昔喇渠”，旧分二闸，上因鸣沙、平彝二堡之地，适当此渠之上游，水势平缓，足资灌溉。但流至板桥，水浅渠狭，不敷分灌。近数年来，频遭亢旱。民国十一年，县长梁济西提倡别开新渠以兴水利，命名曰“梁公渠”。乃工程较大，虽经营屡年，尚未成功。迨十八年秋季，板桥农民祝天福等呈请临泽县政府派员督修，以期早日竣工，俾免功亏一篑。事上蒙县政府县长叶批准，委令建设局局长白凤翔等前往督修，以竟全功矣。督夫修理月余，规模粗具。试引河水，孰意水流至身洞，因地形稍低，淤而不上。遂以价购买平、鸣二堡田地数十亩，并由叶公令饬第五区区长马受乾征集东五堡及鸭暖等渠民夫，派员督修，开凿兼旬，终以工程过巨，财力有限，未竟全功。自叶解组后，板桥村民众久经工役，其力已竭，开凿工程，无形中辍。于二十七年春，复经祝天福呈请修筑。当由县长王存德会同合委会视察员段永泰，前往视察，倡导组织灌溉生产合作社，由农行贷款四千元备充修渠经费，修治两年，仍未竟工，三十年四月，章县长金泷莅任后，为完成渠工，俯徇民众之请求，当即征集板桥乡各保民伕五百名，派警佐杨廷邦督修月余，开凿工程业以告竣，当即试行放水。惟以渠身过高，渠口太低，导引河水不能畅流。本年春，复由章公躬往视察，以为整治之依据，依考察结果，拟定办法，呈报省府核示，重加整顿，以期达到目的而后止。此渠名曰“惠隆”，亦系县长叶公之意也。

兹将令委督修此渠之令文附录于下：

为今委督修事：

照得民以食为天，田以水为本。缅前代郑公穿渠，泽普民众，李郎凿堆，利济全川。

案据毓秀，太和各村首人祝天福等恳称，该各村三堡一渠，水利维艰。另开新渠一道，工作已历八年，伕名太少，功用弗成。恳祈准谕第五区区长商拨东、西鸭暖各渠，帮伕合作，以竟前功，阖堡沾恩等情。据此，查相友相助，亲睦之道，况事关水利，所有附近邻友，更宜协助玉成。除批示照准，并易该新渠定名为“惠农渠”，令饬第五区马区长受乾商酌拨伕帮工暨委员督修外，合亟令委该局长遵照协同分委各员，同赴该处，会同马区长受乾拨夫督修，以期早日竣工，俾免功亏一篑，本县长有厚望焉，切切此令。

附章县长拟定整理办法电文于后：

甘肃省政府主席谷、甘肃第六区行政督察专员何钧鉴：

窃查本县板桥村农田，清初籍洪山渠渠水灌溉。乾隆时，山洪暴发，渠被河水冲毁，以工程过巨，无力修复，遂导引昔喇渠尾水，以资灌溉，迨后河水细流，水量不足，该村禾苗迭被晒枯。于民国十一年，由该村首人倡议开凿惠隆渠，终以财力有限，工作无形中辍。二十八年春，经王前县长倡导，组织灌溉生产合作社，贷款修浚，未竟全功。县任事后，以该渠开辟十余年，讫未收效，当即俯徇该村民众之请求，征集板桥乡各保民伕五百名，派员督修开凿，工程虽已完竣，惟以渠身太高，渠口过低，导引河水不能畅流，县长为完成渠工、振兴水利起见，于六月复往视察而为整治之依据。依此考察结果，拟定办法如下：

一、勘测新渠。查惠隆渠渠工，开凿多年，不能导引河水。究其主因，实以过去未经测量，盲目施工，以致劳而无功，徒耗民力，深为遗憾。拟恳委派水利技专人员来县勘测，可否继续督导修浚，以竟全功。

二、加强旧渠。查昔喇渠，计长五十华里。明沙、平彝、板桥三村农田，均借该渠渠水灌溉。惟以灌纽域广阔，渠道太窄，不能容纳多量之水，且水规又极紊乱，恒至灌溉时期，往往酿成争执。如新惠隆渠，经实地测量，高低悬殊，难以成功，时拟征集各村民伕，将昔喇原有渠道宽辟二公尺　记四公尺半，深浚一公尺　记二公尺，使水量增加，并按各村地亩平均分水，详定水规，以昭公允而息争端。即明沙、平彝、板桥三村农田，亦可永免旱虐之虞也。所拟是否攸当，除分呈省政府外，谨电呈察，伏候示遵。

代理临泽县县长章金泷叩秘民建巳陷印

森　林

南山番地，森林饶富，山谷沟壑间，松柏丛生。林场面积较大者，以畅冈河柏木林场，照壁树、大小黑沟等处为最。其小林场较多，均系天然林。明、清时为保持水源，严禁砍伐。甘州提府铸有铁牌，悬为厉禁。迨后禁令废弛，滥伐为虑。各乡镇沟沿河岸、庄宅四周、沙漠边缘、道旁，杨、柳、榆、椿以及桃、杏、果木随处皆有。杨柳以平川、板桥为最密。桃、杏、果木、桑、李，以沙河、鸭暖为尤盛。查造林分天然、人工二法。我县森林，除松、柏、榆、椿等树为天然生成者外，其他杨、柳等树，纯系人工栽种。近来注重民生，国家提倡林业，不遗余力。公有林除昔年左文襄公在东西大路栽植者外，迩来所栽者多在城关周围。虽土质不良，发育稍缓，倘保护得法，经相当时间，则望之蔚然成林矣。

新纂高台县志

山川

祁连山在县南一百二十里，即中昆仑支脉也。昆仑山起自帕米尔东境之葱岭，沿西藏、新疆东行入内地，分西、中、东三部。由后藏、新疆经青海、前藏间者，曰西昆仑；横贯青海全部，为长江、黄河所自出者，曰中昆仑；东昆仑，即《括地志》所载之北条、南条、中条山脉也。由中昆仑分支，东北蜿蜒于敦煌、酒泉、张掖南部者，随地易名，曰祁连山，曰南山，曰大荒山，实一山也。《汉书・西域传》：祁连即天山，以匈奴呼天为祁连得名。其山有二：一曰南祁连，名雪山，亦曰南山，在今甘、凉、酒泉之南，西连阿尔金山以及葱岭，即《史记・大宛传》：张骞自大夏还，并南山，欲从羌中归者是也。一曰北祁连，即今之新疆天山，由哈密而东，环绕于甘凉之北，若合黎等山皆是。而杜佑《通典》则谓祁连山自张掖以西，至于庭州，皆南北周遍，不必强分为二。然《瀛寰全志》所载，参以实地考验，则祁连山实即中昆仑支脉，自酒泉以至武威，与北部之合黎山一脉相延，随地分合：其新疆之天山，自是另一山脉，似不应强为牵合。此山峰峦峻极，最高处约达二万尺，四时积雪盈巅，如银堆玉砌，望之皎然，盛夏冰消，水灌黑河，利浦张、抚、高、毛等县，山多野兽，草木繁茂，猎牧皆宜。矿产五金俱备，煤矿尤富。

合黎山　俗名北山，在县北六里。《禹贡》“导弱水至于合黎”，即此山也。《西陲今略》：“合黎山起于山丹，至镇夷石峡口，延长三百余里。”今按此山实起于酒泉县西南。西行经嘉峪关，转北至金塔县，折而东行，越镇夷石峡，蜿蜒于张掖、山丹、镇番北部，约长八百余里，是亦祁连支脉也。童山濯濯，无林木，土石赤黑相间，形如败灰，传闻或系太古时之火山熄灭者。产金、银，煤质绝佳。昔人谓其产茶，不确。

崆峒山　清《一统志》：“崆峒山有四，一在高台县西北。”《元和志》：“镇夷城东一十五里有崆峒山，为黄帝问道处。”今佚名。以山向道里征之，即《省志》所谓“黑山”也，与合黎山相接，邑人因其土石多黑，故名。按：《林屋秘本》“五方有五大空同，南在章、贡二水合流之南；北在泾河、百泉之北；中在汝河、大泽间；西抵昆仑、黑水；东在盘燕、白檀之界。初，皇帝访广成于北空同　距平凉四十里，不遇，乃西行经雪山、甘泉，直至西空同　在肃州福禄县，登山见合黎、弱水。”据此，则西空同近是，实则崆峒者，空空同同也。其数五，明指金、木、水、火、土，盖道家之寓言耳。

西峡山　在县西北一百一十里，镇夷城北一十里，接于合黎山，黑河经此流入毛目。两岸石山壁立若门，山巅有老君石像，盖俗称也。峡内有斧凿痕，相传为神禹所开，山上建禹庙，邑人祭飨不替。

西红山　在县西南一百里。南接祁连，北尽马营，约长四十余里。药材颇多，山南有泉，牧人常饮畜于此。

大花山　距县西北一百四十里，在石峡山之北。群峰罗列，银矿甚富，相传明时山西人亢姓尝采银于此，遗迹犹存。今久无开采者。

榆木山　在县南四十里，上产榆树，故名。东起梨园，西尽暖泉，延长百余里。与抚彝县威虏墩分界。

白城山　在县西南八十里。石磴曲折，有林泉之胜。

鹅头山　在县西镇夷城西北五十里，以形似名，当北虏出入要道。

红崖山　在镇夷城西一十五里。其色赤，形如屏障。

黑河　距县北二百步，即《禹贡》之弱水，《汉书》之羌谷水也。其源有二，一曰山丹河，源出山丹县南之峡口营，西北行挟猩猩堡、碗窑沟等水至张掖河合，水色黑黯，人即以黑河名之；一曰张掖河。源在张掖县西南之八宝山，出莺落峡东北流至西龙王庙，再北行过乌江堡，会山丹河水，始奔注洪流，向称黑河。西北经抚彝县，入高台县境，再西北至镇夷，出石峡口合来酒泉县之白河，循毛目县城，北流入蒙古额济纳旗，而注于居延海。此水自张掖以至毛目，延长三百余里，两岸开渠数千顷，数邑人民咸利赖之。

摆浪河　源出县南祁连山。北流经镇羌、暖泉、顺德诸堡，至苦水口与水关河合流，北行经定宁、永丰等堡之西，又名羊达子河，注入黑河。

水关河　源出祁连山。自水关口出山，北流经红崖、从仁二堡而南，向东北行，注入摆浪河。

石灰关河　源出祁连山之石灰关口，亦名西河。遵红崖堡西，东北流入水关河。

岸门河　即红沙河。亦自祁连山出，北流过红沙堡，入沙碛中。

南泉　由县城东南角入城内，北入马军渠。

呼蚕水　自肃州西，东北流入镇夷，与张掖河合。《汉志》："福禄县呼蚕水，东北至会水，入羌谷。"今称讨来河。

五坝湖　在县东一十二里。

黑泉站家湖　在县东北二十里。

大芦湾湖　在县东北二十里。

鸳鸯湖　在县西一十里。

七坝湖　在县西二十里。

月牙湖　在县西北二里许。

高台站家湖　在县西北五里。

水磨湖　在县西北一十里。

海底湖　在县西北一十里。

苇场湖　在县西北一十五里。

狼窝湖　在县西北二十里。

李家湖　在县西北二十里。

夜不收湖　在县西北百余里，镇夷东北五十里，临胭脂堡。止夜不收牧马，取草。

官军湖　在县西北一百一十三里，镇夷东南三里。

局匠湖　在县西北一百二十里，镇夷东南一十里。先年止局匠牧马割草，今军民通牧焉。

大湖　在县西北一百二十里，居民牧畜。

兀鲁乃湖　镇夷北五百里。系沙漠，蒙古住牧之地，为行军路线。

白盐池　在县西北一百三十里，产白盐。

水利　附渠名、各渠里亩

县境田多平原。黑河自县东二十里入境，自东至西，贯注全县，至镇夷，大折而北出合黎山，入蒙古界。在县境约长三百余里。南北两岸开渠二十六道，灌田不知若干顷。高台水利之最大者，全资黑河。其次则有祁连山下之摆浪河、水关河、石灰关河，或开渠四五道、一二道不等，只能供南山五堡之灌溉。又，县城东南角有泉一处，名曰南泉，引入城壕流贯，自西而北引入马军渠，灌溉农田，此又水利之极细者。今阖县称三十六渠，而以各渠内支分之各小渠核计，共有渠五十二，较《肃州志》相去悬殊。兹将大河分注之各渠名称，逐条列明，并详列各渠里亩，以清眉目。

渠　名

黑河　经抚彝流入县境，引水灌田之渠曰：丰稔渠、站家渠、三清渠、柔远渠此四渠渠口皆在抚彝境内，历年发生交涉甚多，曰纳凌渠，曰定宁渠，曰新开渠，曰城北渠，曰乐善渠，曰永丰渠，曰黑站家渠，曰镇江渠，曰临河渠，曰河西渠，曰常丰渠　并上共十五渠，俱在黑河南岸，曰六、七、八、九、十坝渠，曰永源，曰镇虏，曰镇红山，曰罗城，曰万开，曰镇夷。　上十一渠俱在黑河北岸。统计二十六渠，皆引黑河之水以为利。

摆浪河　即摆通河，土人呼曰山水河，以祁连山雪水为源，夏盈冬涸。引水灌田之渠曰中坝渠，曰暖泉渠，曰新坝渠，曰上坝渠，曰小坝渠。此五渠，俱开在摆浪河两岸。

水关河　在摆浪河之西，以雪水为源，引水灌田之渠曰高红山东渠。

石灰关河　在水关河之西，土人呼曰河西。以雪水为源，引水灌田之渠曰高红山西渠。

岸门河　源由肃属马营河东支流入，曰红沙渠。

南泉　在县城外东面数丈。泉水冬夏常流，贯入城壕，自城南折入西北，马军渠即引此水种稻。

各渠里亩

丰稔渠　在县城南数里。渠口在抚彝县属平川堡起，至川新堡止，长六十里，浇田二百一十五顷二十八亩。分岔二，有上、中、下三大号。每逢干旱，在各渠巡河取水。

站家渠　在县城南里余。渠口自抚彝县属双泉堡起，至定安堡止，长六十里。分岔二，有上、中、下三大号。浇田一百六十一顷六十亩。

三清渠　在县城东南一十五里，雍正十一年开。渠道自抚彝县属鸭子渠地方起，至屯地止，长一万六千二百丈，计九十里。因渠口开在抚境，交涉极多，费款甚巨，每年秋夏间灌溉不足。内分仁、义、礼、智、信、成、南岔、上、下八号，子渠四道。水规按十一昼夜轮，每逢芒种前十日，毛目县闭水，例不关口。原系三清湾屯田，乾隆八年改科服归民。

按：《肃州志》：三清湾屯田地在高台县城东南一十五里，雍正十一年开。渠道自张掖县鸭子渠地方起至屯田止，长一万六千二百丈，计九十里。内分仁、义、礼、智、信五号，共地一万六千二百三十二亩七分六厘。初次开屯，系原任南宁知府慕国琠总理，通判廖英专司水利，其分管地亩有嘉兴州同赵锡谷、云南生段子凤。

柔远渠　在县城南一十里。渠口自抚彝县属新田堡起至红泥河止。内分元、亨、利、贞四号。向例岁逢芒种前十日，毛目县巡河闭水；惟柔远、三清两渠，例不闭口。

按：《肃州志》：地在高台县城西南一十里，雍正十一年开。渠道自抚彝堡西渠起，至红泥沟尾止，计长一万一千九百二十九丈，计六十六里二分七厘。又，开贞字号岔渠，自亨字号起，至利字号尾止，计长二千三百八十九丈五尺，计十三里二分七厘五毫。共计一万四千三百一十八丈五尺，计七十九里五分四厘五毫。内分元、亨、利、贞四号，每号一千百十余田不等，共地五千一百零八亩。当时经理屯田之员：驿丞李洪绶、州同荆有庆、县丞王敷。

纳凌渠　在县城南百步，靠与果园墩相对。渠口自怀恩墩起，距城一十里，尾至宣化堡止，距城二十里，通长三十里。始于明天顺间开设。清嘉庆间，渠水淤塞，浇灌不足，又开一口，水势渐大，足资灌溉。分岔四，有上、中、下三号，按出夫多寡使水，定期十日一轮。

定宁渠　在县城北十步。渠口自东五里墩起，尾至大宁堡止，距城三十里，通长三十五里。分岔二，有上、中、下三号，挖渠人夫一百二十名，灌田一万零五顷一十三亩九分。

新开渠　在县城北。渠口自东湾起，至宣化堡止，通长二十里半。分上、中、下三号，按出夫多寡使水，浇田五十九顷七十五亩。

城北渠　渠口自县城东北角起，至渠尾止，通长二里，浇田二顷四十亩。

乐善渠　在县城东角下。有腰闸一，在闵家坡，深九尺，宽六尺。共分三号，按出夫多寡照章使水，灌田五千零一十亩。旧有殷介许、章沟子渠两道，出夫二十一名，灌田一千二百四十六亩。

永丰渠　在县城西一十里。渠口自朱家渠起，至黑新开渠止，通长三十里。内分三号，灌田六千零二顷四十亩八分。

黑站家渠　在县城二十里。渠口自乐善堡东北起，至镇江堡止，通长四十里。灌田六千零一顷六十五亩三分。

镇江渠　在县城西四五十里。渠口自黑泉堡东北起，至马尾湖止，通长一十五里。灌田一千零六顷一十五亩七分五厘。

临河渠　在县城西六十里。渠口自镇江堡东北起，至半载墩上，通长二十里。灌田二千零三顷四十五亩六分。

河西渠　渠口自红寺湾起，至本堡止，通长八里。浇田三十四顷四十亩。

黑新开渠　在县城西一十五里。渠口自乐善渠东北起，至黑泉南大桥止，通长三十五里。灌田二千零五十亩四分。

黑小坝渠　在县城西四十里。渠口自山水河起，至镇江堡止，通长一十里。灌一千零二顷四亩七分二厘。

朱家渠　渠口自乐善渠起，至本堡止，通长三里。浇田六顷八十一亩三分。

五坝　渠口自抚彝县属四坝东校场起，渠尾至六坝夹山止，通长三十里。灌浇高、抚屯田科地共七千五百余亩。

六坝渠　渠口在黑河北岸。自抚彝县属四坝起，至七坝止，通长四十里。共浇科屯田地一万二千一百九十六亩九分。

七坝渠　渠口在黑河北岸。自六坝南沟沿起，渠尾至八坝双福墩止，通长十五里。共浇田一千九百余亩。

八坝渠　渠口在黑河北岸。自六坝起，渠尾至本堡沙窝止，通长二十五里。浇灌抚属田地三百六十余亩。

九坝渠　渠口在黑河北岸。自八坝起，渠尾至十坝袁家寺止，通长二十里。浇灌高、抚两县属地三百八十余亩。

十坝渠　渠口在黑河北岸九坝荒地前。被河水冲断，开新渠一道，在曹家夹滩。浇田三百一十余亩，常有旱象。

永源渠　渠口自九坝堡西起，至五里墩止，通长二十五里。浇田三十七顷五十一亩。

镇虏渠　渠口自胭脂堡城角起，至陶家湾墩止，通长五里。浇田六顷六十六亩。

镇红山渠　渠口自胭脂堡城西起，至夹长城止，通长一十六里。浇田四十顷六十六亩。

罗城渠　渠口自镇虏营起，至黄墩止，通长一十里。浇田三十九顷。

万开渠　渠口自镇虏营西起，至黄水桥止，通长一十里。浇田二顷十十八亩。

镇夷渠　渠口分支二，第一渠口自罗城渠下面起，至前山禹王庙止，长三十里；第二渠口自萧家庄起，至城北窖沟止，长一十二里。共浇田四十三顷九十九亩九分。

暖泉渠　渠水源出摆浪河。每月均水二十五昼夜，与番族毗连，番族均水五昼夜。汉、番两族食水利者七十户。渠身通长一十里。

暖泉新沟渠　渠口开在摆浪河，通长一十里。水期：每月十三日午时开，十五日寅时闭。食水利者六十户。

暖泉旧沟渠　渠口开在摆浪河，通长一十里。水期：每月初十日寅时开，十三日午时闭。食水利者八十户。

新坝渠　渠水源出摆浪河。每月初一日开口，受水九昼夜，灌溉田地。

许三湾渠　渠口在摆浪河，通长五里。水期各照旧章。食水利者一十五户。

顺德中坝、下坝二渠　渠口均开在摆浪河，通长一十里。水期：二、三、八、九月十六日酉时开，二十一日寅时闭；四、七月二十日酉时开，二十五日寅时闭；五、六月十八酉时开，二十五日寅时闭。食水利者一百户。

顺德黑元山、黑四坝二渠　渠口均在摆浪河，通长九里。水期：二、三、八、九月十五日寅时开，十六日酉时闭；四、七月十九日寅时开，五、六月十七日寅时闭。食水利者六十二户。

从仁上坝、小坝二渠　渠口均在摆浪河，通长一十二里。水期：二、三、八、九月二十三日寅时开，初一日寅时闭：四、七月二十五日寅时开，初一日寅时闭；五、六月二十三日寅时开，初一日寅时闭。食水利者六十二户。

高红正、高红黄二渠　渠口在水关河西岸。

二坝、古城、六样、毛家四渠　此四渠在水关河东岸。

高红西、高红上、高红二、高红三四渠　以上四渠渠口均开在石灰关河，行水灌溉田地。

红沙渠　渠口开在肃属马营河东支流，一名岸门沙，清雍正十三年开设，渠口形势极险，容水一方尺。定例十七曰为一轮，依次灌田。

马军渠　水源在县城东南角。南泉居民引水灌田，约计八九百亩。

重修镇夷龙王庙碑

阎　汶

天城之南三里许，旧有龙王庙，附以阎公祠堂，建于国初顺治四年。自遭兵革，碣断碑残，详悉莫考。今又重建，堡人嘱汶作记，以志落成。汶拙于文，愧无以记。夫山川社稷、风雨坛墠，随地皆有，废而修，修而勒之，贞岷指不胜屈，何足异焉？惟是镇夷之有龙王庙、阎公祠，固有不能不记而不敢不记者。盖河水长流，固龙王威灵显佑，而水利均沾，实阎公人定胜天也。吾堡地居河北下尾，黑河源自张掖来，西北由硖门折入流沙，临河两岸利赖之。每岁二月，弱水冰消。至立夏时，田苗始灌头水。头水毕，上游之水被张、抚、高各渠拦河阻坝，河水立时涸竭。直待五六月大雨时，行山水涨发，始能见水。水不畅旺，上河竭泽，此地田禾，大半土枯而苗槁矣。溯自康熙五十有八年，吾堡生员如岳阎公，恻然不忍，不避艰险，悉将此情诉控陕甘年督部堂，渥蒙奏准定案：以芒种前十日，委安肃道宪，亲赴张、抚、高各渠，封闭渠口十日，俾河水下流，浇灌镇夷五堡及毛目二屯田苗。十日之内不遵定章，擅犯水规渠分，每一时罚制钱二百串文。各县不得干预，历办俱有成案。近年，芒种以前，安肃道宪转委毛目分县，率领夫丁，驻高均水，威权一如道宪状。至期，吾堡整备牲牢，致祭龙王，阎公附祠以报肸蚃，而重明禋。期于均水长流，为吾民莫大之利，相沿已久，奉事维虔。不幸，同治十二年春，又经□□□□□几万余扰过镇夷，四野坚壁，无樵可采，立将祠庙拆毁一空。军兴未捷，未敢重建。逮光绪纪元，肃郡克复，民力稍苏。本堡首领公众，欲将旧日原基结构重建，而工大力微。适有毛目分县娄公英均水，查获犯水渠分，罚钱一百二十吊文，又拨助工，并募化布施，鸠工庀材。于六月望动工，次年六月朔工讫。上建龙王正殿三楹，东西廊庑各三间，山门一座，屹于外。仍将阎公木主附于东庑，一仍其旧。阅五月而告厥成，何其幸欤！回忆均水未定时，正值用水而上流遏闭，十岁九荒，民居凋敝，苦难笔罄。今则水有定规，万家资济，胥赖存活，翳谁之力欤？有登龙王庙而瞻阎公祠者，当思神恩浩荡，神贶人为。与大禹疏凿之功，同一罔极。输将贡赋之忱，有不油然而兴耶？尤望水规不乱，祠宇常新，踵事增华，后有作者，必将远过于今日，则固一二黧老之所深企也。以似以续，续古之人。汶不获辞，载笔载言，用以告后之居是邦而践土食毛者之有所观省焉。

光绪六年

知县吴会同抚彝分府修渠碑志

高台县为示谕：勒石以杜争竞，面垂久远事。照得黑河西流，由抚彝而高台。高台属之丰稔渠口，在抚彝厅属小鲁渠界内。当前明万历年间，开渠伊始，渠上广三丈，底宽二丈，两岸各高七尺，厚三丈，渠成水到，两无争竞。近数十年以来，屡遇大水，冲塌渠堤。小鲁渠有泛滥之患，丰稔渠致旱干之忧。每当春夏，引水灌田，动辄兴讼，已非一次。本年适值河水暴发，冲破堤防。小鲁渠以水潦控厅，丰稔渠以受旱控县。当经本厅、县约期会同履勘，查悉互控之原，由于渠堤不固，以致两受其害，蔓讼遂伊于胡底。今欲治其流，必先清其源。当断令丰稔渠派夫修筑渠堤，以三丈为度，小鲁渠不得阻滞。渠道既修，则丰稔渠不致受旱，小鲁渠亦不致受潦。丰稔渠渠堤筑成以后，并令于堤岸两旁，栽杨树三百株，以固堤根。小鲁渠谊属地主，应随时防护，不得伤损，以尽同井相助之义。此后，如丰稔渠所筑渠沿设有不固，即由丰稔渠人民备夫修补，小鲁渠民不得阻滞勒掯。两造遵依，均无异言，各具切结，投呈厅、县两处存案，合行出示，晓谕小鲁渠、丰稔渠绅民，各照明定章程，永远遵循。并将此谕，勒之贞珉，以垂不朽。各宜凛遵毋违。特示。

光绪三年十月二十八日

鼎新县志

山川

合黎山　《禹贡》导弱水至于合黎　《采访》，县之东有羌谷山即合黎山，山脉横亘于高台、鼎新之间，乃祁连山之分脉，由嘉峪关蜿蜒而入县境。距城东约四十里，土人相呼。东山余脉，经旧土尔扈特入蒙古地。

截沙山　距县城九十里。《禹贡》称“流沙”。出高台镇夷峡口，南北横枕黑河之岸，截断高鼎之路。细沙突起，耸入云际。山势突起突落，凹凸不平，旋窝高低不一，行人往往迷津。县丞孙云锦曾植风铃竿以示途径，至今尚在。

沈家岗　在邑四十里双城子下尾。遗老相传，清初为蒙人牧场。地土肥沃，有土著沈氏租耕蒙人之地，厘定契约，以百年为期。民国三十年又互换契约一次，永为耕地。地租充为教育基金。　由教保会管理。

石城山　在合黎山右，俗名东山。离县治四十里，山形似城故名。有万年村，王姓之坟墓在焉，详见《坟墓》。

官井　在城内东大街，不知穿凿何年。水甘而冽，城东之人皆取汲焉。以之煮茗，其味更佳。

苇坑泉　在县城东三十里来字号对峙。平沙万里，芦苇丛生，水从沙中涌出，不远泻，竟注一洼，四时不涸，往来行人多饮之。其泉后为通甘大道，泉前沙迹堆成，遍地柴禾，俗名“锁锁柴”及“老哇秧”者是也。

饮马泉　在邑西数十步，自建城后为城址占去，既今之财神楼底处。未建城时，城内居民常取汲焉。终年不涸，其水清凉。

官湖　在东城门附近吊桥外，湖绕城之东北。春夏草一色，约二百余亩，夹岸柳荫垂地，游人甚夥。四周种植杨柳，前姚公家琳列为八景之一，名曰“官湖垂柳”，详《名胜》。

喇嘛池　在县城西八十步，中隔车道。近城处濠沟深陷，水围城之西北半壁，东北近接官湖域，天然之险。邑人张桂芬有“斗城一座占鳌头”之句，详见《传记》。

狼窝湖　在城南三十里。湖广百亩，有上湖下湖之称，大坝渠口出其地。

西池　距县城北三十里有西池焉。终年不涸，池水碧洁。池心建大佛寺一座，池之北有屯庄一座，属永宁保。内设学校一处。

黑河　源出吐谷浑穷石山。《禹贡》弱水即黑河。经甘州、张掖、临泽　抚彝、高台，出镇夷峡，会讨来河为天苍河。距城北四五里许，有金塔之白河来会。至双城子出境，入旧土尔扈特境。其尾经流入蒙古之昆都仑湖　即居延海，经流蒙古狼心山　河口，分东西，东流入东居延海，西流入西居延海。每年当四五月之交，下流河水干涸，高台、镇夷、鼎新田禾需水正殷，上游截流，遂有均水之说事，详《水利》。

《省通志》：弱水出雪山则名黑河，即《禹贡》及《水经》所载之黑水。黑河流出北雪山，开渠五十二道，灌溉甘州府水田，为甘郡黎庶生计。是以八宝山之积雪，其功大矣。雪场助收水利，以敷灌溉之用。若雪水小歉，大有艰涩窘同之害。甘州府之丰歉，总视黑河雪水之大小为丰歉焉。

附《八宝山松林积雪与黑河攸关说》：一斯门庆河西流至八宝山之东，汇归黑河。而西绕过八宝山，而北流出山至甘州之西，南灌溉下流民田，甘州人民之生计全依黑河之水。于春夏之交，其松林之积雪初溶入五十二渠溉田；于秋夏之交。其松林二次雪溶入黑河，始保其收获。若无八宝山之一带之松树，冬雪至春末一涌而溶化，黑河涨溢，五十二渠不能承受，则有冲决之水灾。至夏秋，二次溶化之雪水甚微，黑河水小而低，则不能入渠灌田，则有报旱之虞。甘、高居民之生计全仗松树多而积雪，若被砍伐，不能积雪，大为民患，自当永远保护其松林。

又附引《黑河水灌溉甘州五十二渠说》：《禹贡》黑水，其河自野马川北流出山后，自西南向东北流至甘州城西八里，过城北复向西北流，山丹之弱水河自东北来归黑河。向西流又西北出镇夷峡，会讨来河为天苍河，伏经流下黑河。出山后至甘州之南七十里上龙王庙，地方即引入五十二渠灌溉，甘州永赖以为水利。是以甘州省少旱灾者，因得黑河之水利故也。黑河之源不涸乏者，全仗八宝山一带山上之树多能积雪溶化归河也。河水涨溢流高，方可引以入渠。若河水小而势低，不高则不能引入渠矣。所以八宝山一带山上之树木积雪，水势之大小于甘州年稔之丰歉攸关。宁娓娓孜孜绘图作说者为此耳。

《禹贡黑水辩》：黑水之说聚讼纷纭，合雍梁二州言之者三家，分雍梁为二黑水者八家，就南言者十家，就甘肃言者四家，分雍梁及导川为黑水者四家，各执所见，莫衷一是。窃以为群言淆乱，当衷诸圣臆而无凭，仍反之经。苇阳黑水，惟梁州是界，梁州黑水也。黑水西河为雍州是界，雍州者亦黑水也。惟雍州首言弱水，既西后更有导弱水之文，而于州界之黑水不复序。入即梁州，亦除界州外，不再及及仅言导水。一见黑水之名，遂疑由雍而梁止。一黑水者不知雍之黑水，梁亦自有梁之黑水，经文明断本自不清，特人不细察耳。雍之黑水即今甘州之张掖河，出雪山之南，来源甚远。《汉志》所谓羌谷水自野马川北流出山后，复自西南向东北流至甘州城西八里，过城北复向西北流，会弱水。弱水出吐谷浑穷石山，流经山丹城南，向西行过东乐，折而西北流，经甘州城北，迤西张掖河。合旧志谓上流弱水，下流即黑水是矣。又西流二十余里至头坝南　受响山河；又西二十余里经抚彝城北，又四十余里经高台北，折西北二十余里过永丰堡，会摆浪河即摆通河；又西北六十余里经镇夷峡南，又四十里出乾粮山，东即合黎山峡口，《水经》所云至会水县入合黎山腹者也。《地理》今释合黎山亦名要涂山，在今陕西甘肃卫西北，绵延而西，接高台、镇夷二所界。今按合黎山在高台县北十里，自抚彝入境至镇夷营折西北，尾与毛目城东西斜对，相距约六十里。又北一百三十里过毛目城西南，亦称额济纳河，与自肃州西来之讨来河合　《肃州卫志》亦以讨来河为甘州之黑水。讨来河出肃州东南清水堡正南二百里。祁连山南铁里，甘达坂西麓导源。雪峰万沟，竞注西流成河，经金佛、永安、红水洞诸堡。南山之阳，山内平地曰讨来。川北倚祁连山，南阻巴拉索岭，东西长二百余里，南北宽五六十里。河历其中，广可二里。西北径文殊之峡抵肃州，西径城北，而东是为北大河。至临水堡折东北，会红水、清水河，三水合流至夹山为白河。北过金塔堡西，一称天苍河。东北至毛目城，西入黑河即张掖河也。自是甘州、肃州之河流称一黑水矣。又北流二十余里过天苍邺东北，折东北过双城子，又北至额济纳蒙古境，即元亦集乃路为崑都伦河，译言即黑水也。入索科淖尔，即居延海，亦名居延泽，非居延县所在也。《括地志》谓张掖东北六十里有居延海，非。鄙意谓导弱水至于合黎，黎者黑也，合黎者合黑水也。或以合黎为水名，或以合黎为地名，《集传》则以为水名，要以因合黑水而名山也。余波入于流沙河也。先是水未治，必有下流壅塞，泛滥潢流之势。今镇夷峡有斧凿痕，相传为禹施功之所。此处一疏通，其经流自出塞外，迤逦归居延海。所云余波者，当是前此雍塞所蓄之水。出峡后经流河道，不能溶溢，而旁渗入流沙。流沙甚广，自居延海外至敦煌皆是。然亦甫导之下，则然不必永久如此也。不言经流者，举余波则经流自荒微之地可略也。导水虽早举弱水，而合黎即黑水，则雍州之黑水一笔结清矣。至导黑水而入南海自梁州黑水言非。界梁州者一黑水，导水又一黑也。《水》言导黑水，而梁州之黑水又一笔结清矣。梁州黑水自应恪遵康熙五十九年，以西藏之喀喇乌苏　谨按：喀喇译言黑也，乌苏水也，云南潞江为是。三藏，即三危。圣学渊深，以开诸儒之谬。而或疑三危既宅，三苗丕叙。既属雍州，则导水至三危，似不应岐出。抑思治梁又岐，一岐也。导汧及岐，又一岐也。荊及衡阳一荊也，荆岐即旅，又一荆也；则宅三苗者一三危，导黑水，又一三危。言各有属，不宜混牵，必欲迁就其说，无怪轇轕不清，多费唇舌也。

水　利

鼎新原属高台分县，为毛目水利分厅。清康熙间始有屯地，决黑河水以灌溉之。四五月之交，河水干涸，无策救济邑民。因田苗干旱，流离失所，嗷嗷待毙。上游高、临、张各县，截断河堤，使镇夷、毛目、双二屯无点滴之水，因有水案纷争之势。镇夷绅民闫如岳于康熙间先后控定水案，至雍正五年水案始定，先后开渠以灌屯田。斯时有肃州道至芒种前十日，封闭上游渠口，均水下流灌溉镇夷五堡、毛双二屯田苗。至嘉庆间，改由毛目县丞以肃州道职衔行使职权，会同高台县照例封闭。至民元后，省府以鼎新均水至要事，前委派县长为水利分水委员。会因之邑多平原，均赖河水灌溉，故全境均系水田。

四五月间，河水干涸，借均水以灌田苗。遇此大水滂沱，至冬不竭。

大坝渠全长二万四千公尺。由县境西向东北流，自上西乡上岁号起，至中兴乡营田止。灌田一万五千七百一十六亩　未清丈以前数。

小常丰渠　全长二千八百公尺。由西向东流，自地字号起，至新丰渠止。灌田一千二百亩。

双数屯渠　全长六千二百公尺。由西向东流，自大茨湾起，至清河湾止。灌田一千五百八十一亩　以前数。

案县册所载，此三渠开始于雍正三年，惟大坝渠每年由省库支领渠工银七十二两，以事修葺，至三十年始不支领。

万年渠　计长五千二百公尺。自鼎字号起，至万年村下尾止。灌田二千零三十二亩。

双城子渠　计长四千二百公尺。自白柳湾起，至下下地湾止。灌田五百四十六亩　以前数。

芨芨墩渠　计长四千一百公尺。自清河湾起，至月牙湾止。灌田一千九百一十六亩　以前数。

案上三渠开于清乾隆初年，未改屯为民。以利名曰私田，即科地。虽有田而无水分。每年均小临境屯田灌毕有余水时，始次第灌溉科地，至今沿为定例。嗣后清丈地亩，改定科则，而均水例仍旧。

附录镇夷闫如岳控定镇夷五堡并毛双二屯芒种分水案牌。

照命太子太保、兵部尚书兼都察院右都御史、总督陕甘等处地方兼理粮饷并兼管甘肃巡抚事、监理茶马年为檄饬，疏通水利，救济民命，永定水案章程遵守无违事：

据兼管水利安肃兵备道张详称，据镇夷所管即守御千总万鼎臣呈，据镇夷五堡士民闫如岳等呈控，甘高小水利不均，上游获利，下游受害极致。田苗干旱，百姓流离失所，嗷嗷待毙等情，查核定夺。缘因甘高镇夷田苗同资黑河灌溉，自康熙五十年间，水利不均。每值四五月需水之时，甘高渠水汪洋，镇夷涓滴不见。镇夷五堡士民往往与高争水，几至打伤人命，是以控诉。署理部堂绰批令高镇二所暂闭高台渠口，分流接济镇夷五堡田苗。但镇夷五堡地方正居黑河下流，未能均沾实惠。眼见百姓逃散，田赋失陷。复因康熙五十四年军兴，旁午署部堂绰驻跸肃州，镇夷五堡士民闫如岳等遮道哭诉，备呈受苦情由。随蒙批令甘、肃二道查明详报，又批自甘、肃二道视之。未免各为地方，自本部堂视之，均为朝廷之赤子，必须秉公议妥，方可久经无弊。所以委令临洮府王symbol诣河干，细查水源。详云黑河沙迹，水行最漫。镇夷距高经一百余里，若令高台之水灌溉镇夷田亩，七八日方到。镇夷必得十四五天，方可灌足。莫若将甘州右卫并高台一带渠口尽行封闭，水势大而流行远，则三四天可到镇夷，五六天可以灌遍。统令每年五月初三日为率，至初十日为止，封闭甘高渠口七天，永为遵守。甘高庶民，各具输服，甘结。若镇夷不遵，为镇夷之官是问；高民不遵，为高台之官是问。所以康熙五十八年水案始定，而镇夷五堡士民稍有生路。孰知定案之后，高民又有乱法之人，阳奉阴违或闭四五日不等，仍复不遵。至康熙六十一年，适逢督宪年羹尧赴肃，镇夷五堡士民闫如岳等报辕，苦陈受苦苦情，呈以奏请两所并归一县，看作一儿一女，永息争端者。原为水利之故，自裁所并县之后，甘厅遵法封闭渠口者固多，亦有刁民乱法，先开渠口者仍复不少，镇五堡仍复受害。至雍正四年，督宪年复经肃州，镇夷五堡士民闫如岳等携带家属百事，哭诉苦情，请收地方册籍，不愿为镇夷五堡地方户民。复蒙督宪年惠爱边氓，将高台县萧降级离职，饬委临洮府兼管水利事务马亲诣高台划切确，会同甘肃道州县妥议，一定章程详情，定案于芒种前十日封闭甘高上游渠口，灌溉镇夷五堡受旱田苗。寅时闭渠，卯时开口，勿相乱规。庶水利均通上下，不致有苦乐不均之状，而边氓得沾生生之机。迨后钦奉上谕，开设毛、双二屯屯田。其地虽居黑河下流，亦属朝廷之子民，岂有镇夷五堡得水灌田，永享丰字之乐。而毛双二屯，干旱无水，长受饥馁之苦乎？督宪年轸念民难，田施僻坏，将镇夷五堡芒种前十日分水之内，分拨毛双二屯后三日浇灌受害之田苗，以益滋长。镇夷五堡渠口依照甘高之例封闭，不得乱规。庶毛双屯民亦得均沾水利之惠等情前来，据此合行檄饬，为此仰安肃道遵照，即转饬镇夷五堡并毛双屯民谨遵本督宪部堂定立章程。于芒种前十日浇灌田苗，俟十日限满，甘高各渠卯时闭口，永为铁案，世世遵守尔。该道宜于芒种以前派拨夫丁，亲诣甘高村开渠口，浇灌镇夷五堡并毛双二屯田苗。令夫严密看守，以诡整端，凛遵无违等。因蒙此合行檄饬，为此仰镇夷五堡士民闫如岳等遵照督宪年拟定章程，即于芒种前十日浇灌田苗。派拨夫丁看守渠坝，勿得乱规。倘有不遵，禀明究治不贷。各凛遵，勿违此项至牌者。

附均水章程：

谨遵督宪年、临洮府马定案后镇夷五堡并双二屯士民会同公议章程，久经无弊。值芒种分水之期，共总出夫丁一百九十五名看守甘高渠口，以暨供支分水官长所需马匹，往来接送，站道交界等事，各堡均有会同字样为凭，临期勿得短少迟误。令将芒种前十日分水，应封闭甘高渠口，供支官长马匹等事件逐一开列于后，以垂永久世世遵守不朽。抚彝厅、张掖县、高台县应闭渠口如下：

十坝渠　毛双人夫四名；

九坝渠　镇夷人夫八名；

有本渠　永源四名；

昔喇下坝渠　镇夷四名、罗城二名、红山二名、双屯二名；

头坝渠　永源五名、毛双一名；

三坝渠　永源五名、毛双一名；

三、四坝渠　永源五名、毛双一名；红山五名，毛双二名；

五坝渠　红山五名、毛双一名；

六坝渠　罗城五名、毛双一名；

永丰渠　镇夷一名；

乐山渠　镇夷八名；

鸭子渠　河西二名、临河二名、毛双一名；

抚彝渠　临河五名、毛双二名；

煖泉渠　毛双二名；

小鲁渠　临河五名、毛双一名；

丰稔渠　红山五名、毛双一名；

定宁渠　河西四名；

柔远渠　红山二名、毛双二名；

新工渠　临河五名、毛双一名；

镇江渠　毛双四名；

站家渠　罗城五名、毛双一名；

纳宁渠　罗城四名；

新开渠　河西四名；
城北渠　河西二名；
七坝渠　河西四名；
八坝渠　镇夷八名；
黑泉渠　毛双四名。

镇夷、永远、临河、红山、罗城、河西六渠由毛双出夫看守，永远、临河两渠出马四匹接送高台，红山、罗城、河西出马四匹往来接送临河，镇夷出马四匹接送双树屯。此系公议立定章程，不得有误。倘有奸狡不遵规程者，执此鸣官究治。时大清雍正五年四月十五日定立安。

张掖地区水利电力志

第四章 张掖地区农田水利事业的发展

张掖地区农田水利事业的发展，从古到今与祁连山及其冰川雪峰的天然造化密不可分。有学者认为：没有祁连山，没有祁连山的冰川雪水，就没有河西走廊的农田水利和农牧业生产，也就没有河西的经济繁荣和历史。这个观点是极为深刻的。

祁连山横亘逶迤800余公里，海拔大都在三四千米以上，主峰高达5900多米。山区地势高寒，热量不足，但降水量较为丰富。春夏之际，东南季候风穿堂入室，与山地冷空气相遇，凝为雨雪，纷纷下降。海拔4000米以上的许多地方，终年积雪，融育成大小2859条冰川和无数皑皑的雪峰。冰川面积达1972.5平方公里，储水量约1200亿立方米，有“万年雪源”之称，是河西走廊的天然“高山水库”。

祁连山北麓的冰川雪峰，遇暖融消，形成大小50多条河川，汇聚成石羊河、黑河、疏勒河三大水系，每年向山前输送约76亿立方米的水量。黑河水系流域面积6.62万平方公里，多年平均年径流量为36.65亿立方米，张掖占其三分之二，长期以来，河川径流哺育着走廊的广大绿洲，构成了农田水利兴起和发展的物质基础。

《史记》记有：“祁连山在张掖、酒泉二界上，东西二百余里，南北百里，有松柏五木，美水草，冬温夏凉，宜畜牧。”清朝陕甘总督陈宏谋给朝廷上书中说道：“河西之凉、甘、肃等处，历来夏间少雨，全仗南山积雪，入夏融化流至山下，分渠导引，自南而北，由高而下，溉田之外，节节水磨，处处获利。凡渠水所到，树木荫翳，烟村胪列。否则，一望沙碛，四无人烟。此乃天造地段，年年积雪，永供灌汲，资万民之生计，普美利于不言，较之他省，浚泉开井，有时而涸者，其利更溥，其法更便也。”古人为这片沃土享有得天独厚的水利资源和开发之利谱写了许多生动的赞歌。历代当政者中不乏有远见卓识之人，对水利事业的发展都曾做出过各自时代的贡献。

第一节 古近代张掖地区的农田水利事业

农田水利是伴随着社会文明进步而兴起的。农田水利作为社会生产力的组成部分积极作用于社会，促进社会政治经济关系的发展和变化。同时，历史条件、社会政治关系又对农田水利兴衰产生巨大而深刻的影响。

河西走廊据考古发掘，早在新石器时期有人类在此生息、劳动和繁衍，这时期，河西的人类还处于原始社会阶段，只能依靠自然环境而生存。

春秋战国时期，河西走廊成为西北各个游牧民族活动的场所。先后在这里生活过的羌、戎、月氏、乌孙、塞种和匈奴等氏族部落，大都处于奴隶社会，或由奴隶社会向封建社会过渡，由于生产力水平低下，对河西走廊的自然条件缺乏认识，无力改造和充分利用，也只能逐水草从事游牧。

秦至汉初，匈奴崛起，占有整个河西走廊。然而，这时的匈奴还是一个处在奴隶制阶段的游牧民族，只认识到这里“水草丰盛，宜畜牧”，对农田水利仍无开发之需要。

汉代王朝是一个从事农业生产的汉民族封建帝国。汉兴以来，西北地区一直为匈奴所侵扰。汉初因国力虚弱，对匈奴采取“和亲”政策，然匈奴的武力威胁并未消除。文帝时，晁错为了解决边疆防务难题，提出了移民实边的战略构想，限于国力不足，未能付诸实现。武帝继位以后，凭借汉初几十年间休养生息积聚起来的雄厚实力，大举进兵西北，开展了反击匈奴的战争。元狩二年（公元前121年）派遣骠骑将军霍去病先后两次打败匈奴，占领河西。然而河西地广人稀，“无城郭常居耕田之业”，一切军需物资均仰内地转运，“缮道馈粮，远者三千，近者千余里”，不仅加重了内地的负担，且常不能满足前线急需。为减轻后方沉重压力，解决“千里馈粮，士有饥色”的矛盾，使西北长治久安，确保中西交通畅达，发展西北地方经济实属必要。因之朝廷十分重视河西的开发和经营。武帝采纳主父偃的建议，采取了设置郡县、徙民实边、戍兵屯田、筑塞列关等许多重大政策措施，发布了兴修水利的谕令。从而促进了河西农业和农田水利事业的兴起。匈奴经过几次沉重的打击，“匈奴远遁，而幕南无王庭”。西汉牢固地控制了广大西北地区，为开展大规模的屯垦创造了稳定的社会环境，从而使农垦水利建设得以顺利发展。

元狩四年（公元前119年），武帝向河套及河西地区徙民70余万。大批内地居民西迁，带来了中原地区先进的水工技艺和耕作技术，使农垦地区不断扩大，水利设施日臻进步。“自是之后，用事者争言水利。朔方、西河、河西、酒泉皆引河及川谷以溉田。”元鼎六年（公元前111年），上郡、朔方、西河、河西地区屯田的人数多达60万。汉宣帝封赵充国为西汉大将，征服羌族的侵扰，坚持在西北大兴屯田，实行“兵农结合，以农养战，以战护农”的政策，对河西农田水利发展起了一定作用。河西水利是当时仅次于关中的又一个建设重点，其成就虽亚于关中，但在河西开发史上的影响和意义远非内地可比。因为，河西有十分重要的战略地位，既是中西政治、经济文化交流的孔道，著名丝绸之路的东段大道，又能自成一经济区域，自给自足，进可以挠动陇、蜀和关内；退可以割地自守，成为中原王朝和各少数民族长期争夺的重要战场。故有“欲保秦陇，必固河西；欲固河西，必斥西域”的战略思想。“盖其地跨越边塞……天下多事，群雄恒睥睨于此。”

汉代在河西如此大兴水利，当时在张掖兴修了那些渠道，如何引川谷水进行灌溉，史籍记载不详，《汉书·地理志》仅载：张掖郡治所觻得县（今张掖市西北）有“千金渠，西至乐涫入泽中，又名觻得渠。”各县方志中也只记载大小沐化渠（今大堵麻东西渠），虎喇东、西渠（今海潮坝东西渠）及站家渠，此只是麟角凤觜，有逗大举屯垦之实情。汉时“千金渠”遗迹虽尚无考证，然张掖西北之乌江及至临泽小屯一带，地处黑、弱二水汇流下游，地势平坦，泉源广布，水量充沛，少洪旱之虑，迄今仍为常兴不衰的泉水灌区。汉王朝为了进行屯田开发水利，还建立了一套严密的管理组织、制度和方法。居延汉简中就有组织引水治渠的“河渠卒”、“水门卒”，管理农田水利的“田官”和“农都尉”。

武帝时代开创的河西屯田事业，经过数代坚持不懈的经营，在农地垦拓和水利建设方面取得了相当的成就，从而促进了西北地区的政治安定和经济发展，呈现出“人民炽盛，牛马布野”“谷稼殷积”“军粮饶足”的繁荣情景。到西汉末，武威、张掖、酒泉、敦煌、北地、上郡、西河、朔方、五原9郡人口达760余万，约占当时全国人口的12.8%，其农业开发的规模于此可见一斑。

元帝永光二年（公元前42年），内地遇灾，中央的大司农曾调这里的粮食，尤其是两汉交替之际，中原大乱，唯河西独安。当时张掖属国都尉窦融，企图割据河西，对其弟说：“河西殷富，带河为固，张掖属国精兵万骑，一旦缓急，杜绝河津，足以自守，此遗种处也。”后光武帝在赐融玺中，也不得不承认其统治下的河西“兵马精强，仓库有蓄，民庶殷富，外则折挫羌胡，内则百姓蒙福。”到东汉明帝时，河西走廊开始遭到北匈奴的累次侵犯，与诸羌侵犯河西都县，生产力急剧下降，农田水利事业衰落。

三国、两晋、南北朝历经长达370年分裂的局面，形成各族人民群众和统治着之间，各个统治集团之间曲折复杂的长期斗争。社会的动荡和连绵的战争对社会经济造成极大的破坏。河西走廊在曹魏、两晋统一和前凉割据时期都曾出现过短暂的稳定。在此期间由于战略的需要，当事者对农田水利事业多少有过一些推动。

三国曹魏统一北方后，明帝以徐邈为凉州刺史，在河西进行大规模的屯垦，对原有水利设施加以修复。“广开水田，募民耕种，家家丰足，仓库盈溢。乃支度州界军用之余，以市金帛犬马，通供中国之费。”嘉平时，皇甫隆将水利营田技术推广到河西、敦煌一带，“其所省庸力过半，得谷加五。”曹魏在西北屯田，分兵屯、民屯两种。兵屯按军事建制，“且佃且守”，以营为生产单位，每营有佃兵60人。民屯由大司农下属的典农都尉掌管，每屯设屯司马，管屯田客60人，亦具有军事色彩。曹魏在西北屯田，不仅配合恢复了许多水利工程，开发了农田灌溉事业，而且带动了灌溉技术与耕作方法的进步，在农业经济史上有一定意义。

西晋建立，全国出现了短暂的统一，实行“天下罢军役，示海内大安”，“罢屯田官，以均政役”的政策，实施了占田法，减轻屯田者的超额租课，对生产的发展有刺激作用。农田水利在一定程度上有所恢复。

西晋灭亡后，汉、氐、鲜卑、匈奴四个民族先后在河西建立前凉、后凉、南凉、西凉、北凉五个政权。在前凉统治河西时，为汉族张氏建立的国家，采取轻徭薄赋、劝课农桑的政策，对农田水利比较重视，兴修了不少渠道，农业生产稳定发展。其时“中州虽乱，此方安全”，“于时天下丧乱，秦雍之民死者十八九，唯凉州独全。”从而招来了中原大量的流民，多数有农业生产技术和经验，对河西农田水利的复兴有过建树。西凉李氏政权以坚持“广田积谷”，“息兵按甲，务农养士”的政策，兴修水利，敦劝稼穑，呈现“年谷频登，百姓乐业”的丰收景象。

隋末唐初，因战乱不已，河西走廊的农田水利遭到破坏又成了“州县萧条，户口鲜少”，“十室九空，数郡萧然，五年不复”的荒凉地方。

唐朝前期国力强盛，建立了疆域辽阔多民族统一的封建国家。为了巩固边防和边区的宁静，中唐以前，唐朝在边疆地区设置了900多个军屯，占全部屯田的80%以上。河西是唐蕃古道丝绸之路的咽喉，中原通往西北边疆的要道，战略地位十分重要，是主要的军屯区。屯田依赖水利，水利支持屯垦，形成了汉代以来河西地区水利灌溉的又一次高潮，唐代开元以前，于河西地区（今河西走廊与湟水一带）设军屯 156 个，每屯垦田 50 顷。大规模的军事屯垦，促进了河西走廊水土资源的广泛开发和利用。唐王朝还实行均田制，将军屯以外可资开发利用的土地分配给农民耕种，使河西走廊发展成为“人烟扑地桑柘稠”的“塞北江南”。

唐代在张掖境内兴修了哪些灌溉渠道，所存史籍记载不多。但从敦煌鸣沙山石室发现的一些史料残卷中大略统计，当时仅敦煌布置的大小渠道多达 90 余条，构成一个完整的灌溉网络，此亦可视为河西水利灌溉发展的一个缩影。近代甘肃学者慕少堂考证，认为张掖在黑河上的盈科渠、大满渠、小满渠、大官渠、永利渠、加官渠等皆为唐时兴修，可灌田的 465400 亩。

唐王朝在河西走廊大搞农田水利，获得十分显著的经济效益。长安元年（公元 701 年）郭元振为凉州都督、陇右诸军大使时，令“甘州刺史李汉通开置屯田，尽水陆之利”，使粮食获得大丰收。“旧凉州粟麦斛至数千，及汉通收率之后，一缣籴数十斛，积军粮支数十年。”出现了“牛羊被野，路不拾遗”的最好年景。中唐时人陈子昂称“甘州诸屯，皆因水利，浊河灌溉，良沃不待天时，四十余屯并为沃壤，故岁收获常不减二十万斛。”贮粮 40 余万石。富饶的粮产不仅满足当地军民的需求，而且运有“余粟转输灵州，漕下黄河，入太原仓，备关中凶年”。开元年间，牛仙客为河西节度使，经营有方，“所积巨万……仓库盈满，器械精劲。”天宝十二载（公元 753 年），《资治通鉴》称赞“是时中国盛强，自安远门（长安西北第一门）西尽唐境万二千里，闾阎相望，桑麻翳野，天下富庶者无如陇右。”

安史之乱爆发后，吐蕃乘危占有河西走廊，历经五代，河西处于四分五裂状态，归义军、回鹘、吏夏等部自立将帅，各自为政，内战不息，使唐代发展起来的农田水利事业遭到极大破坏。

公元 1036 年，西夏占有整个河西走廊，创建了党项族领导的国家，虽然“衣皮毛，事畜牧蕃性所便”，但一部分党项人受汉族的影响，开始经营农业，“岁时以稼耕为事”，对农田水利建设比较重视。“其地饶五谷，尤宜稻、麦。”“甘、凉之间，则以诸河为溉，……故灌溉之利，岁无旱涝之虞。”从而河西走廊遂成为西夏的重要粮仓，支持西夏立国达 190 年之久。《西夏书事》称：“得西凉则灵州之根固，其府库积聚，足以给军需，调民食，真天府之国也。”

公元 1227 年蒙古灭西夏。元世祖立国之初，对河西水利有过一些恢复。至元元年（公元 1264 年）立甘肃路总管府，董文用为西凉中兴等省郎中，督开水田，至元十七年（公元 1280 年），以汉军屯田甘州。至元十八年（公元 1281 年）诏四川宣慰司都元帅刘恩留屯甘州。“于黑山子、满裕、泉水渠、鸭翅渠等处立屯，为户 2290，为田 1164 顷有奇。”至元十九年（公元 1282 年），时中兴兵屯田甘州者多逃归太原，诏诛其拒命者四人，而赏不逃者。”至元二十四年（公元 1287 年）“遣蒲昌贫民垦甘州闲田。”元时屯田，兴修了塔儿渠、巴吉渠、小泉渠、牙喇渠、城北新渠、敬依渠、鸭翅渠、王坝渠、六坝渠、七坝渠等渠道，尔后，由于海路已经兴盛，河西走廊作为丝绸之路已逐渐失去了它的重要地位。元王朝对河西的经营亦不重视，除留居当地的人维持低水平的农业生产以外，农田水利事业未能在原有基础上进一步向前发展。当时史学家马端临曾在《文献通考》中指出：河西“自唐中叶以后，一轮‘异域’，顿化为龙荒沙漠之区，无复昔之殷富繁华矣”。

明朝立国之后，为了稳定社会秩序，在“兴水利而后有农功，有农功而后有裕国”的思想指导下，明王朝对于兴办农田水利事业给予一定的重视，曾多次颁布诏令，鼓励和倡导兴修水利。其时，明王朝的经济重心虽依赖唐宋时期苦心经营的南方，但为了巩固边防的战略需要，对西北地区的灌溉事业，继原有基础继续向深度和广度推进，缘为河西走廊，战略地位十分重要，朝廷不仅于此驻扎重兵，同时大力设屯垦殖，修渠溉田。

明初，“革元旧制，自京师达于郡县，皆立卫所”。卫所军士，大部屯田，小部守城。“边腹内外，卫所綦置，以军隶卫，以卫养军”。洪武二十五年（公元1392年），右佥都御史杨超，“巡抚甘、肃，大兴屯利，请募民垦田，永不征租。”弘治年间（公元1488～1505年），甘凉十一卫正式屯防军7万余人，下屯旗军近4万人，除了屯防正军以外，还有不少余丁及正军家属参加屯垦。屯田军兵“每军受田五十亩为一分，又或百亩、七十亩、三十亩、二十亩不等，皆以土地肥瘠为差”。朝廷对屯军的基本要求是屯田自给。由于大量的屯田和恢复发展农田水利不可分割，历任官吏都对兴修农田水利颇为重视。“巡抚都御史杨博、石茂华，于左卫之募化、梨园，右卫之小满、龙首、东泉、红沙、仁寿，中卫之鸣沙、河西、浣树、哇哇、德安、宁西，山丹卫之树沟、白石崖等处，悉力经营，淘成美利；分巡副史杨衍庆、石永，指挥副使张庭辅、曹凤，皆渠之功臣也，遗迹犹存。”据《重刊甘镇志》记载：明代在张掖地区境内的大小引水渠道多达110余条，除当时整修众多的旧渠以外，明时开创的新渠近50条，东起山丹寺沟河，西至高台摆浪河，遍布山区平原及黑河沿岸，可灌田1.17万余顷。从洪武至嘉靖的近150年间，张掖地区乃至河西走廊农田水利事业是继汉、唐以后又一个大的发展时期，不仅渠道的数量超过以前，而且灌溉面积及其经济效益都前所未有，遂有“金张掖，银武威”的民谣流传。

明自嘉靖之后，屯田制度败坏，甘肃镇屯军相继逃亡，屯田“多弃置抛荒”，“屯田芜秽者强半”，“所资水利，多夺于豪势”，因而农田水利事业亦急剧衰败。

清王朝的建立，对原明代军屯还保留有屯地、屯丁的形式则与民田相差无几。康熙年间，清廷为了对准噶尔部用兵，河西走廊成为清准相峙的前方军事经济基地，倍加重视河西走廊的经营，积极召民到河西屯种。此时的屯由和农田水利事业是为了准备战争而兴起的。康熙五十四年（公元1715年），康熙帝“师赵充国屯田平羌”的战略方针，大举兴兵驻防屯田，大量移民开发民屯实边，历经雍正、乾隆，于当时甘州府辖境（不含高台）：“有民户二十八万四百七十，有屯户五十二万九千七十。”随着人口剧增，屯田扩大，促进了大规模兴修农田水利，“使渠道密如蛛网，自成一灌区系统，经济效益空前显著”。

这一时期不仅大力修复了明代已建水利工程，而且兴修了三清渠、柔远渠、暖泉渠、小坝渠、镇江渠、新鲁渠、石灰关、水关河、黑新开、永安渠、元丰渠、有本渠、更名东、西等渠道。大小渠道达170条之多，灌田1.4万余顷。是张掖地区古代史上农田水利最繁盛的时期。

清代西北屯田如是发展，屯田使用的水利灌溉工程，“主要由绿营兵丁修建，兵丁是强健劳力，在军事编制、军法部勒下，易于调动、役使，而且兵丁有固定粮饱，不用另费雇佣帑银”。清廷不仅集中派遣兵丁修建灌溉工程，还经常调动驻军维修民用灌溉工程。民屯的组织管理亦带有军事组织管理的特点，由府、县同知、通判管辖。屯区的水利灌溉工程设有把总管理，由水利把总率弁兵、夫役“专司排浚、防护、修筑之事”。

清代不仅农田水利建设有很大发展，灌溉技术亦有很大提高。雍正年间创立的三清湾新屯区，属盐碱荒地。时由原南宁知府慕国琠任屯区总理。慕深入调查研究，通过实践，不仅对盐碱地的客观特性有一定的认识，而且摸索了一套在盐碱地灌溉、种植、耕耘的防盐措施，给当时开拓盐碱地总结了可贵的经验。

清代河西的农田水利事业，在乾隆以后，随着准噶尔的平定，新疆的统一，由前线变为后方，军力减少，军屯已不如以前重要，遂改屯为民，屯民可以买卖土地。从而地权、水权逐步集中于达官贵族、地主土豪之手，封建势力的残酷盘剥，使民不聊生，因之农田水利事业也日渐破败。是时，东阁大学士陈宏谋在巡视陕甘所撰《饬修渠道以广水利檄》中就指出：“渠身未尽通顺，堤岸多所坍卸，渠水泛滥道路，不但有用难得之水漫流可惜，而道路阻滞亦有碍于行人。”修渠者“只图目前，不为远计，官司又以向系民修，漫无督率，以致遇缺水之岁，则各争截灌，遇水旺之年，则随意挖泄。”至是之后“河西讼案之大者，莫过于水利一起，争端连年不解，或截坝填河，或聚众毒打”。清朝后期，河西地区反清战事迭起，灾荒连年不断，形成人口趋减，致使农田水利极大倒退。

民国时期，前30余年军阀割据，战事频仍，河西地区兵匪称雄，军阀、官僚、土豪劣绅横加压榨，只顾掠略，民众生计艰难，处于水深火热之中，农田水利事业因无人问津而极大的萎缩。其时，仍按田亩征税纳赋，在册土地面积虽不见减，而人口流动甚大，实则田地荒芜甚多，以无虞渠、大满渠、沤波渠、巴吉渠为例，即可略知一二。无虞渠，因近年水量不足，荒地占三分之二，大满渠石行闸之渡漕，前清时为山洪冲毁，无力修复；沤波渠在河道中20公里，每为卵石所淤塞，渠堤又多被山洪冲毁，该渠一带，荒地甚多，缘以人少渠大，无力疏浚；巴吉渠岸被水冲蚀，年有塌陷，因居民太少，致荒地极多。抗日战争中后期，由于大片国土沦亡，西北成为抗日后方，为支持抗日，国府拨支有限资金，着手整修渠道，但因物价腾飞，所付钱款也只是杯水车薪，尽管先后对60余条旧渠进行了整修，因财力、物力所限，只能有些许改善，其中，对三清渠整修为最大工程。1948年动工兴建的高台马尾湖洼地水库，可算为张掖蓄水工程写下了历史新的一页。

然而至清末以来，农田水利的衰败程度未见改观，河流有水，而农田水荒连年。水荒之虑，不只渠道破旧严重，而且渗漏浪费亦十分严重。有学者论述河西水利时指出：渠水渗漏惟河西各渠之剧。各渠线路或直交或平行，系统复杂，各自为政，且渠线所经或路沟或水道或戈壁或沙滩，类多，槽宽水浅，湿边既长，蒸发渗漏均多，漏水之甚也。河西旧渠之病除渗漏者外，尚有节制进水及防冲二点。旧渠渠口多无拦河堰，仅筑分水堤溯河而上，其长度有数公里至数十公里，即在卵石河滩上下行，或一面利用崖坡，一面筑卵石堤或两面卵石堤束水下行。各河在平时无水或小水，但洪水一至则波浪汹涌，砂石俱下，是各河之洪水与小水差别甚大，已为大病，且各渠进水又无节制，渠亦排洪且坡度极陡，冲决时见。复修而复毁，皆因过量引水，工程简陋所致。由此可见，其时农田水利状况处于何等地步。

第二节　新中国成立以来张掖地区的农田水利事业

新中国成立后，党和人民政府领导全国各族人民，建立了人民民主政权和社会主义制度，消灭了封建剥削制度，解放和大力发展社会生产力，开展社会主义建设，增长社会财富，逐步提高人民的物质文化生活水平。这就为农田水利事业的发展，开辟了无限广阔的天地。张掖地区的农田水利事业在40年间发生了天翻地覆的大变化，取得了前所未有的成就，为国民经济的发展和人民生活的改善发挥了巨大的作用，是任何历史时期都无法与之相比的。但前进的道路是曲折的，有高潮也有低潮，有成功也有失败。同其它事物一样，有过不同的发展时期和阶段。

前30年农田水利事业的发展

这一时期农田水利事业的发展，大体经历了三个阶段。

第一阶段：从新中国成立至1956年，基本完成社会主义改造时期。1949年新中国成立前夕，张掖全境已获解放。新中国的诞生，使封建统治阶级土崩瓦解，人民大众成了国家的主人。随着人民民主政权的建立，农村减租反霸、土地改革斗争的胜利，极大地激发了人民群众发展生产，建设新中国的热潮。在对农业实现社会主义改造的同时，农田水利事业得到迅速恢复和发展。

这一时期的水利工作是在全面恢复旧有灌溉渠道的同时，紧密结合抗旱生产，发扬自力更生的精神，因地制宜地兴办了一批小型农田水利工程，并在革除封建水规的基础上，建立新的灌溉体系和规章制度，以适应农村社会经济的恢复和发展。

1950年2月，河西走廊驻军部队在张掖组建河西水利委员会，于酒泉、武威、张掖3个分区行政督察专员公署设立分区委员会。省农林厅水利局为配合水利委员会开展业务工作，于张掖设立办事处，作为驻河西的水利代表机关负责水利工程的技术指导。同年5月张掖分区撤销，保留张掖水利工作组，协助指导黑河流域的水利工作。各县区乡，在人民政府的领导下，相继由人民群众民主选举成立了各级水利协会。1951年河西遇旱，甘肃省委、省政府发出了防旱抗旱的号召，全区人民结合抗旱生产，在各级人民政府的领导下，全面开展废除旧的封建水规制度，建立民主管水、用水的新制度，出现了合理用水，团结用水的新局面，水利工程建设方面，在省农林厅水利局派驻当地水利工作组的指导帮助下，进行疏浚旧渠、土渠改建等工作，先后对黑河张掖段、马营河中段、梨园河诸水渠，采取合渠并坝，裁弯取直，缩短渠线，减少输水损失等措施，使灌溉面积得以恢复并有所扩大。仅黑河总口截并的19条干支渠道，缩短近150公里的渠线。全区不仅改善了14万亩缺水亢旱的耕地，还扩大播种面积近10万亩，有效地恢复了生产，抗御了旱灾。在整修土渠的同时，人民群众开始探索治理渠道防冲的办法，利用当地卵石、草皮等天然材料，因地制宜，就地取材，先后在酥油口、小堵麻等渠道上进行卵石干砌渠道的试验，在塔儿渠搞草皮衬砌渠道的试验，均有了一定的成效。在水利技术人员的指导和统一规划的前提下，1953 年改建益民干渠，全段面采用卵石干砌获得成功，防渗防冲效果明显，1954 年该渠灌溉面积由 6 万亩扩大至 11 万余亩。于是在沿山地区的大小渠道上先后推广卵石干砌的经验，用以改建土渠。在地下水位较高的低洼地区，推广草皮砌渠，压柳护岸等措施，遂将全区土渠改建推向高潮。与此同时兴修了一批半固定式的引水渠首。这些工程虽较简陋，但在当时对减轻农民劳动负担，节省柴草物资，扩大灌溉效益上成绩赫赫。1953 年高台县利用沼泽草湖多的自然条件，借鉴兴修马尾湖水库的经验，在抗旱生产中，县党政领导组织发动群众，先后兴修了芦湾墩、大湖湾、鲍家湖等 9 座洼地水库，春蓄夏灌，调剂用水，缓解了缺水受旱的局面。为平原区兴修蓄水工程起到了推动作用。

1956 年初张掖专区分置，地、县水利局（科）相继成立，成为组织开展农田水利事业的职能部门。为了适应水利事业的需要，一面自己动手培养训练水利技术人才，发展壮大队伍，一面有计划地进行水利建设。当年着手兴建山丹祁家店水库，这是新中国成立后甘肃省第一座中型山谷水库。同年在川区开展以打土井为主的打井运动。这一时期全区的土渠普遍进行了整修，卵石草皮衬砌渠道 300 余公里。灌溉面积由 1949 年的 102.84 万亩增至 165.3 万亩。粮食产量由 10195 万公斤增至 29732 万公斤。在水利管理上废除了封建旧水规制度，经过实践总结颁发了新的用水管理制度，建立灌区水管所、站，改革串灌、漫灌等落后灌水方法，实行计划用水、经济用水，使灌溉管理工作发生了历史性的大变革。

第二阶段：1957—1965 年，开始全面建设社会主义的时期。这一时期，随着工农业生产的“大跃进”，农田水利事业有过大发展，也遇到了大困难，接着进行了大调整。

在 1956 年农田水利大发展的同时，由于技术力量不足，计划指导跟不上，出现了一些工程质量不高，布局不尽合理的工程。再加 1957 年的反右斗争中，不切实际地批判了一些水利技术干部，从而在干部群众中，对水利建设和管理产生了松劲情绪。同年 9 月，党中央、国务院发布了《关于在 1957 年冬和 1958 年春大规模兴修农田水利运动》的决定，提出了“以小型为主，中型为辅，必要和可能的条件下兴修大型工程”的水利建设方针。10 月，省、地、县先后作出了贯彻中央决定，大力开展兴修农田水利运动的安排部署，通过动员会、誓师会发动群众，掀起了 1958 年水利“大跃进”的高潮。张掖地区这一年在“万水归库”的口号下，遍地开花大搞蓄水工程，当年动工兴建的水库就有童子坝、双树寺、瓦房城、鹦鸽嘴、长沟寺、李桥等一批中型水库，还有数十处小型山谷水库和洼地水库。打井、小提灌、小水电站等工程建设项目也是星罗棋布。大型引水渠——迎丰渠也于此时动工兴建，全区出现了“全民大办水利”的群众运动，这一发展态势一直持续到 1959 年。“大跃进”年代，大量劳力投入“全民大炼钢铁”、“全民大办水利”，影响了当年农业生产，粮食的歉收给农民生活带来了困难。虽然，这一时期，建成了一批水利工程，但许多水利工程不得不中途停建，半途而废，造成财力、物力、人力的很大浪费。为了克服经济上的困难，全区在实行“精兵简政”的过程中，对基层水利组织过多地进行撤并，管理人员大量精简下放。由于失于管理，水利工程得不到及时维修，甚至遭到破坏。1962 年，有效灌溉面积由 1958 年的 176.74 万亩下降到 152.16 万亩，保灌面积由

137.7万亩下降为94.33万亩。粮食总产由1956年的29732万公斤减至8697万公斤。农田水利事业出现了第一次低潮。

1962年，根据党中央提出“调整、巩固、充实、提高”的方针，全区的水利工作重点放在恢复、整修已毁的水利工程上面。同时有计划地开展渠道防渗改建，1963年开始沙河干渠的高标准衬砌，1964年进行童子坝东干渠的防渗衬砌改建，并陆续改建了一批渠首。同年在张掖进行田间配套工程试点。恢复和建立地、县灌溉试验站。与此同时，基层水利组织基本得以恢复，人员亦有所加强，在灌溉管理上积极试验推广“四改一建”的方法和制度。1965年在赴新疆参观学习的基础上，着手“四好”农田的规划和试点建设，使农田水利建设和管理逐步走上健康发展的轨道。1965年末，有效水地面积恢复到169.51万亩，保灌面积恢复到128.45万亩，粮食总产达到21515万公斤，基本恢复到1957年的水平，农田水利事业又形成了良性循环。

第三阶段：1966—1978年，“文化大革命”时期及其后两年。1966年，“文化大革命”运动的兴起，使农田水利事业受到大干扰和破坏。然而人民要吃饭，生产要发展，这是人心所向。因而在“北农”会议精神的鼓舞下，广大人民群众坚定社会主义的正确立场，抵制“文化大革命”错误路线，坚持开展生产建设，征山治水的积极性再度高涨起来，农田水利事业又有了大的发展。

1965年结束的农村社教，虽然搞了过火的阶级斗争，但农业生产的形势，已从困难时期走向发展时期，兴修水利，开展“四好”农田建设开始迈出新的一步。1966年“文化大革命”的全面发动，又给农田水利事业造成极大的干扰破坏。“文化大革命”将干部群众卷进了运动，开始是水利职工蹲在机关闹“革命”，尔后集中下放“五七”干校去劳动。机构瘫痪，水利建设停滞，有些在建工程亦是欲上不能，欲下不可，处于举步维艰的境地。在此两三年中全区的农田水利事业形成第二次大的低潮。

经过一段“革命”混乱的磨炼之后，人民群众从内心发出呐喊：我们要吃饭，我们要建设，不能饿着肚子闹“革命”。1969年，随着各级组织机构的建立，应群众的愿望要求，又启动了水利建设的步伐。1970年周恩来总理亲自主持的“北农”会议，提出下苦功夫，大搞农田基本建设，通过改土和兴修水利，建设旱涝保收、高产稳产农田。“北农”会议精神，顺乎民心，极大地鼓舞了人民群众大搞农田水利建设的信心，全区的农田水利事业又开始了一个新的发展阶段。至1978年，在蓄水工程建设上，完成了双树寺、鹦鸽嘴、李桥、瓦房城4座中型水库，摆浪河、石灰关、酥油口等16座小型水库和80余座塘坝，增加蓄水量近9000万立方米。在渠道工程建设上，改建干支渠道1900公里，衬砌干支渠1700公里。全区的打井也进入一个高速发展阶段，先后打成各类成井6000余眼，配套5000余眼，建成机电井4400余眼。农村小电站建设亦发展较快，总数达70余座，龙渠、盈科、双树寺水库等较大的电站在此期间建成，总装机容量达8500千瓦。肃南县牧区水利大范围兴起，建成一批人畜饮水管道，农饲地灌溉渠道，水井、塘坝等工程。全区的“四好”农田建设在这一时期完成了全面规划任务，建成条梯田119万亩，田间渠系配套面积达到94.2万亩。水利工程建设的发展速度，这一时期是最快的。水利管理工作，实行以计划用水管理为重点，在灌溉制度上亦有很大改善和提高。到1978年，有效灌溉面积达到202.83万亩，保灌面积达到169.36万亩，粮食总产量达到44808.95万公斤，比1965年翻了一番还多。

这一时期，农田水利事业虽然发展很快，成绩很大，由于受“文化大革命”的影响，工作中存在着一些严重问题。

由于这一时期，农田水利的指导思想，受“左”的影响相当严重，一些领导干部的主观随意性占据主导地位，因此不切实际地搞“一刀切”，时而要求“倾家荡产”搞打井，时而发扬“〇·〇二”精神到处找水源搞截引；时而规定“一劳一亩”条田任务不动摇，时而渠道改建要大上，每年高标准衬砌要求完成400公里；时而田间配套要大搞，4元投资要配套一亩农田。这种脱离实际，不按科学规律办事的倾向不能不说是水利工作中存在众多问题的症结所在。在工程建设上，受行政干预多，部分工程没有系统的前期工作，仓促上马，边勘测，边设计，边施工，不尽布局不尽合理，而且赶急图快，忽视建设质量，工程标准普遍偏低，施工质量不高，留有隐患；有的前面兴建后面维修改建，造成极大的浪费；有的工程虽建设，建而无用，没有效益；有的工程有工程设施，无管理设施，配套建设欠账多。从工程项目看，中型水库普遍达不到防洪标准，小型水库多有病险情况存在。衬砌的干、支渠道不少达不到设计标准，或不经冲刷，或冻胀严重，混凝土强度低，浆砌石捣灌不密实，少数渠道建成而无水可引，打井数量不少，有的密度过大，布局不合理；有的打在泉头上，使地面水变成地下水；有的淤积严重，不堪抽水，还有部分“任务井”，无从利用。100千瓦以下的小水电站，由于各种原因，使用的为数甚少，多数荡然无存。田间渠系配套工程，有的配在旧渠上与农田整体规划不协调；有的未作统一治理，只有农毛口、地头闸，易冲易毁；有的强调薄轻巧，缺乏实用性。在管理工作上，由于工程点多面广，单纯依靠专业队伍，常常顾此失彼，缺乏依靠群众管理，用管脱节，经常发生不应有的损失和破坏。本来应该办成更多更好的事情，然而却付出了很大的代价。

中共十一届三中全会以来水利事业的成就

1978年12月中国共产党召开的十一届三中全会，实现了伟大的历史性转折，开创了我国社会主义事业发展的新时期，把党和国家的工作中心转移到经济建设上来，作出了实行改革开放的战略决策，旗帜鲜明地强调必须坚持四项基本原则，确立了党的“一个中心，两个基本点”的基本路线，为进一步加快农业发展制定了新的方针政策，实行家庭联产承包，使农田水利事业走向新的发展阶段。

在中共十一届三中全会精神指引下，全区各级水利部门紧密联系实际，认真地、客观地总结30年前农田水利事业发展过程中的经验教训，端正思想路线和改进工作作风，从实践中认识建设速度与工程质量的关系，主观愿望与客观实际的关系，建设与管理的关系。认真贯彻“加强经营管理，讲究经济效益”的水利方针，坚持“科学技术是第一生产力”的观点，用很大精力去抓水利队伍的建设，一方面以两三年时间从纠正历次运动中遗留的冤假错案入手，落实党的干部政策，充分调动水利科技人员的积极性，一方面下功夫，花智力投资，培养训练水利职工队伍，在本地区全面轮训水利职工的同时，有计划地选送职工出去深造，不仅使一部分水利职工技术不断得到更新，而且使更多的青年职工很快成长，从而缓解了水利专业人员青黄不接和人才极度缺乏的矛盾，使水利建设和管理从组织上有了保证。

80年代初农村逐步实行了家庭联产承包制，这一经济改革新形势的出现，给农田水利工作提出了新要求。水利部门依照党的改革的总方针，在实践中探索，在发展中逐步完善，随着农村改革的不断深化，有效地促进了水利事业与之相适应的改革。从1983年起，国务院“三西”，农业建设专项资金给予重点支持，从而推动全区农田水利事业迅速发展。11年来，水利建设和管理都开创了新局面，发生了新变化，做出了新成就。

农田水利建设坚持以效益为中心，以提高工程质量为重点，走挖潜开发，开源节流的路子，加强前期工作，强化计划管理、施工管理、财务管理、物资管理，广开投资渠道，择优安排项目，引入竞争机制，采用承包方式，优化劳动组合，建立岗位责任制，严格质量监督检测，开展创优质工程活动，坚持检查评比，健全奖惩制度，使水利工程设计布局合理、实用美观，工程质量大大提高，工程效益日益显著，使农田水利事业逐步走上规范化、制度化，健康有序的发展轨道。这一时期的水利建设：

一是紧密结合农村经济体制改革，从解放生产力的目标出发，从提高人民群众健康水平，治理不合卫生饮水的环境入手，改善高氟病区饮水条件，解决广大农牧区群众生活用水困难，大力兴修人畜饮水工程，深受群众的欢迎。从80年代初开始，设立氟病区改水工程专项资金，派出专业技术人员，配合卫生防疫部门，为氟病地区寻找优质水源，按先重后轻的顺序安排工程项目，打机井、修水塔、建管道，逐步把符合卫生标准的饮用水送入病区的千家万户。红沙窝、靖安、南华、板桥等一批乡村的病区群众，从此摆脱了因水源不洁而长期危害健康的缠绕，使患病率迅速下降，病患者体力得到康复，为子孙后代带来了幸福。农区缺水地区，历史上靠人抬畜驮翻山越岭取水过日子，不知有多少劳畜力捆在了水桶上，不少地区的群众常年人畜共饮一池水，致使疾病蔓延，生产能力受到束缚。为改变这一局面，先后在沿山地区采取管道引水或兴建家庭水窖的方式，在川区采取打井、修水塔、安压力水罐等的供水方式，把远水调近，把地下水提出送入百姓家的厨房院落，不仅水质干净卫生，实现了人畜分饮，而且疾病减少，体质增强，节省了大量劳力投入治穷致富。由于多数工程，直接供水到户，使乡里人和城里人一样吃上了自来水，这是破天荒的变化。在通水之时，群众敲锣打鼓，鸣放鞭炮，热烈庆贺，满怀激情地说：“这是共产党给我们办的一件大好事”。牧区人畜饮水工程的建设，为不断扩大和开辟草原的利用率，使畜牧业日益兴旺发达发挥了重要作用，有力地促进了少数民族地区经济的发展，大大提高了牧民群众的生活水平，增强了民族团结。

二是蓄水工程建设在这一时期中以加固处理病险库为主，有计划地新建了一批蓄水工程，对已建的中型水库及重点小（一）型水库，全面进行防洪，抗震标准的复核，制订整治方案，分期治理，先后对鹦鸽嘴、摆渡河、寺沟水库进行加固加高，扩建双树寺水库溢洪道，整治瓦房城水库滑坡。针对石灰关、酥油口、黑达板、二坝、平川、双泉湖等一批小型病险水库存在的问题，逐年列入计划做了处理与此同时还兴建了翟寨子、大野口、小海子上库等中小水库。将不具备小（二）型水库的一些蓄水工程降为塘坝使用。至1989年末，中、小型水库总数达42座，蓄水库容达1.8亿多立方米。

三是渠道建设坚持以质量为效益中心。这一时期衬砌改建的速度虽从70年代后期每年三、四百公里调减为数十至一百来公里，但建设的标准，配套程度和工程质量都有了很大提高，而且所建项目中有相当一部分是翻修改建六七十年代衬砌的渠道，并以很大的精力完善以前拖欠的尾工和增加管理设施，提高渠道配套能力和使用价值，充分发挥灌溉效益。80年代中期经水电部批准，在黑河草滩庄兴建引水枢纽，这一引水骨干工程的建成，使原来从黑河总口以下至窑洞门引水的6条干渠汇入东西两大总干渠，结束了盈科、大满、西干、甘浚、沙河等灌区80余万亩水地长期无坝引水的历史。东总干渠已全部通水发挥效益，正在施工的西干渠建成之后，也将代替原西干渠、巴沙渠、迎丰渠长期未能改建的土渠，减少渗漏，加快流速，提高水的利用率，将极大地改善灌区建设的条件。

四是机井的建设，这一时期重点放在完善井灌区配套和改善井河混灌区的保灌程度，增强抗旱能力，开展农业小区开发。在具体工作上，一方面逐年对已建而又可资源利用的旧井进行更新改造，改柴油机为电机泵抽水，修建井房，架设输电线路，加固井巷等，使其在农田灌溉中发挥更好的作用。另一方面有计划地增打新井，建设井灌区，新打新配的机井以地下水分布的状况和灌区的实际合理布局。山丹的清泉，地面的泉水已尽枯竭，大部旧井欲废，为此大力改造旧井，增建新井，实现井渠配套，使井灌区有所发展，达到旱涝保收。与此同时，通过拓荒移民，新建骆驼城，石岗墩两大井灌区。结合全区蔬菜基地的建设和部分干渠下游易旱地区的实际需要，增建新井，解决不能适时灌水的困难，使20余万亩农田的灌溉条件得到改善，不仅增强了抗御干旱的能力，而且重点开发了一些农业经济小区，有效地促进了这些地区社会经济的全面发展。

五是农田基本建设和配套工程，总结吸取以往经验教训，以‘四好”标准建设为目标，提高建设质量和配套程度“在条田建设上，阶段时期以复平整修旧有条田为主，随着农村家庭联产承包制的逐步完善，条田在农业生产中的优越性日益明显，群众对条田建设和田间渠系配套认识不断提高，逐步又形成新建条田的热潮，再度得到发展。为了适应“四好”农田建设需要，田间渠系配套工程也进入新的发展阶段，在建设的指导思想上，坚持高标准严要求，在措施方法上，采取分期连片集中治理，按“四好”农田规划与已建条田配套，斗农毛渠一步完成，建成一片，巩固一片，逐年扩大。至1989年，在已建的145万亩条田中，75万亩实现了田间工程的全面配套，5400公里干支斗渠道上，有3500公里已植树绿化。“四好”农田规划的逐步实现，使社会主义的农村面貌焕然一新，生机盎然，给“不是江南胜似江南”的“金张掖”增添了新的秀色。

六是统筹规划，因地制宜的兴建了一批其它工程，继高台早期排水工程之后，完成张掖城郊——乌江排水一期工程，高台南华盐碱地改良试验区排水工程及临泽小屯排水工程，使20.85万亩低产盐碱地得到初步改造，与此同时黑河、大沙河、隆畅河以及其它一些重点河段、南北山区相继建成一批防洪工程，使部分农田、城乡人民和大量水利工程设施得到有效的保护。

水利管理工作也上了一个新台阶，随着水利改革的不断深入，各灌区实行承包管理，划等晋级。水利工程的管理从以往由水利部门单一管理发展到专业队伍管理与群众管理相结合，除水库、水利枢纽、水电站，干渠和较大的支渠由专设机构承包管理以外，其余工程或划分管理区，实行承包制，或下放权力，由乡村自建自管。各类工程都划分一定的保护区，通过“三查三定”分别建立工程档案，健全基层水利服务体系和管理责任制度，层层分工，赏罚分明，使工程的完好率大大提高，工程效益得以较好的发挥，灌溉管理逐步向科学用水的方向发展，灌区每年进行水量预测预报，编制供水计划，实行票证供水制度，使计划用水，节约用水纳入经济管理的运行机期。广泛开展省水增产灌溉技术的试验、示范、推广，使各种农作物按照生长期需要合理用水，促进农业的增产增收，高产高效。各基层水利管理部门，依靠自己的优势，从无到有兴办各种综合经营的经济实体，增加单位收入，逐步改善职工生活福利待遇，稳定了基层水利管理队伍，壮大了各自的经济实力。

这11年间，全区新增有效灌溉面积22.32万亩，新增保灌面积26.51万亩，粮食总产量达到70,712万公斤，比1949年增长5.9倍，比1978年增长57.8%。农业总产值达到5.5877亿元，比1949年增长18.7倍，比1978年增长1.9倍。农民人均纯收入达623元，比1949年52元增长近10.9倍，比1978年133元增长3.6倍。林业、牧业、乡镇企业都有较大发展，人民生活水平有了显著提高，正在由温饱型向小康型迈进。

张掖地区1949–1989年水利投资、投工、工程量统计表

年份	投资/万元							投入劳动工日/万个	完成工程量/万立方米
	合计	基建	农水	两西	地包干	群众自筹	其它		
1949年								6.00	40.50
1950年								7.00	100.40
1951年								18.10	354.50
1952年	0.98	0.98						24.83	783.51
1953年	11.25	11.25						48.11	678.92
1954年	8.06	4.56	3.50					77.49	99,592
1955年	122.25	82.25	40.00					125.19	1135.46
1956年	63.40	61.80	1.60					213.35	1507.22
1957年	297.00	150.50	146.50					320.77	1739.35
1958年	163.10	118.00	44.50					610.59	2121.82
1959年	269.86	224.86	45.00					917.85	1998.55
1960年	312.50	151.50	161.00					1346.72	1744.00
1961年	178.72	44.02	134.7					77.62	138.76
1962年	249.30	60.70	188.60					132.59	97.70
1963年	266.34	111.76	154.58					112.42	59.06
1964年	557.21	239.01	318.20					175.04	119.46
1965年	637.06	217.12	344.31			75.63		346.69	333.52

续表

年份	投资/万元							投入劳动工日/万个	完成工程量/万立方米
	合计	基建	农水	两西	地包干	群众自筹	其它		
1966 年	430.06	278.92	191.14					430.86	440.53
1967 年	252.15	201.95	33.81			16.39		419.35	482.60
1968 年	114.36	98.86	15.50					297.22	330.43
1969 年	307.95	104.85	163.96			39.14		263.83	338.33
1970 年	276.77	148.72	128.05					300.57	320.50
1971 年	338.61	183.07	66.00			89.54		367.71	449.41
1972 年	471.49	326.18	70.00			75.31		560.62	555.95
1973 年	1591.31	797.14	556.19			237.98		918.42	980.59
1974 年	1540.64	884.29	469.70			186.65		2318.89	3461.46
1975 年	1750.05	1044.10	607.63			98.32		1568.47	4829.92
1976 年	1867.69	1354.43	459.43			53.83		1853.77	4903.71
1977 年	1659.78	1200.50	405.12			54.16		1320.10	2811.54
1978 年	1795.34	1172.00	537.39			85.95		1019.70	1154.04
1979 年	1631.83	775.00	839.10			17.73		838.62	1085.72
1980 年	1278.32	576.00	306.70		379.20	16.42		582.26	465.91
1981 年	1066.36	338.00	395.40		329.80	3.16		274.09	311.37
1982 年	1067.72	395.00	330.20		335.70	6.82		254.07	222.56
1983 年	2421.20	710.77	214.50	1144.00	332.70	20.00		587.01	407.40
1984 年	2834.42	448.50	535.20	1490.40	330.80	29.52		548.79	409.36
1985 年	2102.50		190.20	1500.50	311.80	100.00		509.54	345.88
1986 年	1974.03		205.00	1154.00	379.20	135.83	100.00	315.71	328.68
1987 年	2100.34		195.30	1287.60	379.20	138.24	100.00	661.77	889.60
1988 年	2271.66		332.80	1107.00	379.20	283.49	169.17	445.70	331.46
1989 年	2617.03		258.00	1149.00	379.20	455.01	377.82	530.93	472.03
累计	36,898.64	12,516.42	9048.81	8832.50	3636.80	2219.12	746.99	21,754.37	40,267.63

说明：

1. 投资其它项目中包括从 1986 年始每年 100 万元商品粮基地建设投资；1988 年水费投入 69.17 万元，1989 年水费投入 220.83 万元；1989 年牧区发展基金 55 万元。

2. 投入劳动工日不包括用于工程管护、清淤、堵坝、防洪抢险等项目的用工。

3. 完成工程量只限于列入计划工程建设项目的工程量。

第六章 管理组织

第一节 黑河流域管理组织

黑河干流历史上沿均水制，但一直没有设立专管机构。

新中国成后，在改革旧的水利管理制度过程中，因黑河干流用水，跨两个专区，经所属张掖、临泽、高台、鼎新、金塔五县人民的要求，由酒泉、武威两专署邀请驻河西中国人民解放军三军管理，于1951年元月成立了黑河流域水利管理委员会，其主要任务是：指导张掖黑河上游总引水口的改建，监督黑河干流均水制度的执行，调解黑河干流各县较大的水利纠纷等。

1952年黑河流域水利管理委员会由军方交给张掖县代管，军队干部全部撤回，由酒泉、武威两专区派专职干部驻会工作。当时酒泉派干部3名，武威派干部2名，共5人。由于用水矛盾较多，1954年收归甘肃省水利局领导，并重新组织了委员会，共有委员13人，由酒泉地委、武威专署党政主要领导和省黑河水利工作组负责人兼任正副主任，省上另派1名专职副主任，委员为黑河干流所属张掖、临泽、高台、鼎新四县县长各1人（张掖2人）、四县群众代表各1人，都为兼职。当时水管会共有专职干部7人，工人1人，其主要任务是：协助黑河干流各县建立民主管理组织，改建渠道，指导用水管理，调解县与县的水利纠纷，执行流域均水等。1955年甘肃省农林厅批准黑河流域水利管理委员会报告，由黑河水管会正式接管黑河总口后，具体管理总口各渠的分水、工程岁修养护等工作。

1956年3月成立张掖专署水利局，黑河流域水利管理委员会撤销，人员和设备全部并入水利局，黑河干流的管理和均水等工作，也由张掖专署水利局承担。黑河总口仍交给张掖县管理。

1958年，随着河西各大河系灌溉管理处的建立，又成立了张掖专署水利局黑河河系灌溉管理处，为科级建制，归张掖专署水利局领导，编制12人。主要任务是：检查指导黑河干流各灌区的水利管理工作，负责执行黑河流域均水。1961年底张掖专区分为酒泉、张掖、武威三专区后，黑河河系灌溉管理处仍然保留，当时因精简机构等原因，人员仅2人。1961年至1962年黑河干流干旱缺水、用水矛盾特别多、管理人员少，于是在1964年报地委组织部门批准，在临泽、高台两县农村招收了19名知识青年予以补充。当年张掖专员公署下文，撤销了张掖专署水利局黑河河系灌溉管理处，成立了张掖专区黑河流域水利管理处。1967年“文化大革命”中，人员进入“五七”干校，机构自行消失。1970年恢复地区水利机构时，黑河流域水利管理处未恢复，人员并入张掖地区水电局。

1978年7月根据甘肃省水利厅的意见，经中共张掖地委研究决定，恢复黑河流域管理机构，经筹备于1980年2月正式成立了张掖地区黑河流域管理处，为县级建制事业单位。撤销了张掖地区水电局的灌溉管理科，人员并入黑河流域管理处。黑河流域管理处的主要任务是：负责检查指导全区的水利工程管理工作，贯彻执行水利管理工作的方针政策和上级有关规定；指导县以下各级管理体制的建立，负责全区水管职工的业务技术培训；进行流域性配水和黑河干流均水，解决县与县有关用水争端；指导灌区推行计划用水，灌溉试验，各项管理指标的测定，灌溉制度和灌水技术的改革，以及有关技术工作；参与各项新建工程的竣工验收和移交，审批中型和小（一）型水库的控制运用计划，检查指导各项水利工程的维修养护和管理运用；分析掌握主要河流的水量变化规律，检查指导防汛抢险工作；检查灌区水费征收和管理使用情况，指导各灌区开展综合经营，推行企业化管理；掌握灌溉进度，总结推广先进经验。具体管理跨两市县的酥油口水库和平原堡灌溉试验站。当时人员编制 80 人，实有 36 人。随着黑河草滩庄枢纽工程的修建，1987 年成立了黑河草滩庄枢纽管理站，到 1989 年底职工增加到 71 人。

第二节　地、市县灌区管理组织

张掖地区的农田灌溉事业，从汉朝开始就有管水组织。汉朝设“田官”管理屯田和水利，并设有专门浇水的“田卒”。唐朝颁布的《水部式》，规定州、县和渠系，都设置有管水的组织和人员。明、清时代的水利均由各州府县的同知、通判、县丞、主簿等佐理知府、知州、知县管理，基层设农官、水老、渠主、总甲等管水，这些基层管水人员的报酬由受益农户负担，如高台的总甲每年可得 5 石小麦，这种管理组织基本沿用到民国时期。

新中国成立后，结合民主改革运动，废除了旧的管水组织，于 1951 年各县成立了水利委员会或水利协会，有的区乡也设立了一名专职水利专员，有些县按河系和渠道设置了水利管理委员会。1950 年至 1955 年各县和灌区的管理组织，基本上是属于群众性的民主管理组织，其主要任务是协助政府废除封建水规，解决水利纠纷，建立民主管理制度，逐步开展水量统一调配，执行经济用水和合理灌溉，并领导组织农民进行渠道改建和管护水利工程。当时各级水管人员，除少数脱产干部外，大部分是受益灌区群众推选出的半脱产或不脱产人员。其待遇：脱产干部调进的保持原工资，新招收的按政府科员最低一级待遇，半脱产的每年补助小麦五百公斤左右。

1956 年专、县和灌区正式成立了水利专业机构，作为国家各级政府的职能组织。张掖专署水利局设有灌溉管理科，主要负责检查指导全区水利管理工作，具体解决县与县的用水纠纷，提出全区各项水利管理工作的实施方案和年度计划，包括各级管理组织的建立，用水制度的改革，农田灌溉的试验研究，水利工程的管理，以及水费的计征和开展综合经营等。人员开始为 5 人，以后发展到 20 多人。这一组织一直保持到 1980 年与黑河流域管理处合并。各县人民委员会设有水利科，固定专人分管全县的水利管理工作。各灌区按照所辖灌溉面积的多少，建立管理机构。根据 1957 年张掖专员公署颁发的《张掖专区灌溉用水示范规章》规定：凡灌区跨两县以上，设立河系灌溉管理处。在一县境内，灌溉面积在三万亩以上的，设立渠系灌溉管理所。三万亩以下的灌区在同一河段上引水，上下游用水关系密切的几条灌溉渠，联合设立管理所。小股泉水渠可归附近管理所统一管理。相近的几个泉水区可联合设立水管所。蓄水 700 万立方米以上的水库，设水库管理所，700 万立方米以下的水库，由所在灌区渠系水管所统一管理，派专人驻库管护。示范规章还规定了水管处、所的领导关系、人员编制和职责范围等。规定河系管理处受专员公署领导，县以下各灌区管理所受县领导，所长由县人民委员会任命。规定人员编制，渠系管理所灌溉面积在15万亩以上的配备10人至15人，3万亩至15方亩的每万亩配备1人至2人，3万亩以下的每万亩不超过2人。职责范围，主要是管理养护本灌区以内的各项水利设施、编制和执行配水计划、制定水规制度、进行农田灌溉试验研究、总结推广先进灌水技术、改革不合理的灌溉制度、培训农民水利技术员、征收水费等各项水利管理工作。根据这些规定，1956年到1957年，各县划分了灌区，先后建立和健全了各灌区水管机构，全区水利管理工作开始走向正轨。这一阶段，仅现有张掖地区所辖的五个农业市县，共划分了39个灌区，设立了39个水管所。当时共有正式水管职工200多人，这些人员有的是从行政单位调来的，大都是从农村选拔来的，对管理业务不熟悉。从1956年起，专区水利局利用冬季举办短期培训班，对这些人员进行技术培训，到1966年“文化大革命”开始前，共培训580人次。

1961年划分专区后，各县人民委会水利科改为水利局。局内设灌溉管理股，一般编制3到5人，进一步加强了县对各灌区水利管理工作的领导。随着水利工程建设的发展，管理队伍也在不断壮大，到1971年，全地区共有水管所37个，水管人员增加到379人，其中行政干部215人，技术干部17人，工人147人，这对加强全区水利管理工作起到重要作用。但由于“文化大革命”的影响，对管理人员的业务技术和文化知识的培训，基本上停止了，所以到1979年底，管理队伍中出现年龄大、文化程度低、技术力量弱的问题。当时共有水管人员365人，年龄在50岁以上的占22%，40岁到49岁的占24%，30岁以下的占31%；初中以上文化程度的占49%，小学文化程度的占31%，粗识字的占20%，技术干部仅占8%。

中共十一届三中全会以后，随着改革的不断深化，全区水利建设得到了全面发展，客观形势要求必须以较高的科学水平来进行水利管理工作，于是在80年代，在管理组织方面，重点进行了水管人员的文化知识和业务技术的培训。从1979年到1989年的十年中，全区除选送一批有培养前途的青年进入省内外大中专院校进行正规培训外，主要是地区和各市县水利部门举办文化补习班和业务技术培训班，以提高管理职工的技术业务水平。这十年中地区水管部门共举办为期一月左右的短期培训班11期，培训了459人次；各市县水电局共办培训班50期，培训了2147人次。地、市县还举办了文化补习班15期，参加学习的591人次，其中各市县参加补习班的270人，大都为水管人员。经过培训，水管人员的文化和业务技术素质，有了明显的提高。到1989年全区共有正式水管职工746人，其中业务干部111人，技术干部68人，水管工人567人；大专文化程度的11人，占1.5%；高中和中专文化程度的316人，占42.4%；初中文化程度的377人，占50.5%；小学以下文化程度的降到42人，占5.6%。随着一些中型水库的建成，对灌区管理机构也作了一些调整，对灌溉面积在10万亩以上的自流灌区和中型水库灌区，都设立了水利管理处，处以下按水库和渠系设立了水管所，到1989年底，全区共有31个万亩以上灌区，其中，10万亩以上灌区7个，共有水管处、所48个，其中水管处9个，水管所39个。

第三节　区、乡水利管理组织

为了加强区、乡小型水利工程设施的管理，根据国务院和省、地有关部门的规定，张掖地区在80年代先后建立了区、乡水利管理站。1984年，肃南县6个区首先成立区水利管理站，每站配国家职工2至3人，亦工亦牧人员3至4人。到1989年，全区共建乡水利管理站57个，有3个规模小的乡，因水利工程设施少，未建站，各设1名专职水利员。人员从现有不脱产水管工中，择优招聘194人，实行劳动合同制，工资待遇按技术工人对待。区、乡水利管理站经费来源，主要从灌区征收的水费和综合经营收入中解决。

区、乡水管站是市县水电局和基层派出单位，也是区、乡政府的水利水保办事机构，其性质为事业单位。区、乡水管站的任务，主要是负责所在区、乡的水利技术咨询、工程建设和管理工作，为农牧区乡经济发展服务。具体任务是：①贯彻执行党和政府有关水利工作的方针、政策、法规。并结合当地特点，提出贯彻落实意见。②统一管理当地水资源，协助水管处（所）编制水利、水土保持规划并组织实施。③负责组织水利水保工程的管理工作，落实各种形式的经济承包责任制，组织建立小型工程的管理机构和村、社的水利管理队伍，做好群众管水的组织工作。④根据当地人民政府的要求和农牧业生产、乡村企业、人民生活的需要，编制水利、水保工作的年度计划，认真做好设计与施工的前期工作。⑤在当地政府的领导下，组织群众抗旱、防汛、排涝、水土保持和农田基本建设。⑥按国家规定，做好水费征收工作。⑦安排、使用好当地的水利水保经费，做好水利物资的供应和管理工作。⑧利用当地水土资源、设备、技术的优势，积极开展综合经营，努力增加收入。⑨为水利承包户、专业户提供技术咨询和技术服务，搞好村、社水利管理人员的业务培训，推广先进经验和科学成果。

第四节　群众管水组织

新中国成立后，废除了封建水规，建立了新的管理组织，主要灌区委员会、渠系委员会、灌水小组、渠道养护队等。1949年至1955年由乡、村行政人员兼管水利灌溉和工程管理工作。1951年为了抗旱，许多乡村成立了水利小组、灌水小组或抗旱小组。灌水小组的职责是组织农民灌水和管理养护或新建渠道等水利工程。1956年张掖专员公署正式公布了《张掖专区灌溉慨用水示范规章》明确规定：基层用水组织，为灌溉小组，以农渠为单位，以农业社为基础，吸收农民代表组成，并选出浇水有经验和办事公正的农业合作社干部担任正副小组长，由乡人民委员会直接领导。其职责是按乡上规定，组织农民统一浇水，挖堵地口，组与组间的相互监督和交接水，检查农户浇水准备工作。灌水小组人员的报酬按重活评工分，农民负担工资或还工。凡属一个乡以内的一个或几个渠道，由乡人民委员会直接领导水利干部进行工作，并接受县水利科的业务领导，不再另设机构。护渠工作，原则上应组织本灌区群众担任，一般不设专人，但重要渠道工程、渠首和险要地段、戈壁滩无人烟之处，应设专人负责看管。1957年的《规章》提出：县属各渠系管理所应按需要成立渠系水利委员会，委员人数 5 至 7 人，由所长任主任委员，乡长任副主任委员，吸收灌区受益场、社主任等任委员。任务是讨论审核灌区用水计划和执行情况，兴修、修养护渠道等问题，并将讨论结果报县政府审批，交管理所执行。1961 年的《规章》提出：灌区委员会，定期召开会议，研究决定年度工作计划，岁修养护、配水、水规制度等，并监督管理所执行。根据上述《规章》制度，1959 年张掖、高台、山丹县各灌区，建立群众性的灌溉专业队 1558 个，9128 人。山丹县还建立 8 个水位观测站，有农民观测员 16 人。

1966 年到 1968 年，全区许多公社成立了群众性水利管理委员会，它在行政上属公社领导，业务上受水管所领导，由 10 来名农民管水人员组成，设正副主任或站长各一人，配测水员、技术员、文书、管水员等若干人。报酬是从水费中每人每月补助 10 至 30 元，享受本村强劳力的“工分”，参加本队的农业收入分配。工作任务：一是管理养护好本公社的水利工程；二是搞好本公社范围的用水管理；三是搞本公社的农田基本建设规划、设计和施工技术指导；四是防洪抗旱。张掖县新墩公社 1970 年成立渠系管理委员会，公社领导任主任，由农民管水人员 2 人任副主任，配水管人员 11 人。由公社党委领导，在搞好本社水利管理工作的同时，参加全社“五好”农田基本建设的技术施工，培训出能以抄平、施工的农民技术员 4 名、测水员 5 名。全面规划，逐项施工，发动组织群众浆砌了分干渠，干砌了全部支斗渠，全社实现了好渠道、好道路、好条田、好林带、好居民点的“五好”农田，还兴建一座 40 万立方米的小水库，治理了黑河滩，建设了防洪堤。在用水管理上计划用水，合理灌溉，开展了漫灌与喷灌对比试验。新墩公社成了全省的先进典型。

1978 年后，全区各灌区使用了群众管理与专业管理相结合的水管工，开始是将本灌区使用的临时养护工、管水工转为水管工，共 1087 人，农村户口不变，参加本灌区水利管理，报酬是以补助工日为主，从水费中补助一定数量的工资。80 年代水管工人人数逐年增加，到 1989 年，全区有水管工 1163 人，占全区灌区水管人员总数 1885 人的 61.7%。报酬发工资，从当年水费和综合经营收入中支付。

第五节　黑河干流均水制度

据高台县马尾湖水库工程计划书 1947 年记载：“黑河平时流率（量）微少，灌溉时各渠竞先引水，纠纷迭起。清雍正四年（公元 1726 年）驻甘巡抚年羹尧为消弭争水纠纷，并保障下游高台西北部及鼎新境内各渠用水乃订立均水成规。……每年芒种前封闭中游临泽及高台东部 28 个渠口，限期 10 天，前 7 天灌溉高台西部红山等 12 渠农田 1.74 万亩，后 3 天浇灌鼎新双树子等 6 渠农田 3.54 万亩。均水期间由鼎新知事兼巡河道，严格执行。”均水受益的渠是高台县的双丰、十坝、永远、镇鲁、红山、万开（丰）、罗城、正义、临河、河西、常丰。金塔县鼎新灌区的双树子、济急村、上安号、大坝、万年、双城子等。均水制度是在军事压力下形成的，当时的三清渠、柔远渠是“皇渠”（浇军垦田地的渠），所以不闭口均水。这个均水制度在执行过程中，非常认真，金塔县的“县官”到上游均水，挂“州官”的衔，各渠均派专人看管，严格执行均水制度。到了民国仍沿用这个制度。均水200多年，在群众中已形成了“水规大似王规”的均水制度，谁也不敢违规。

新中国成立后的几年，仍沿用老的均水制度。50年代初下游一些县，提出张掖黑河总口各渠也应给下游均水。1955年3月，甘肃省农林厅水利局局长杨子英在张掖主持召开黑河流域水利管理委员会议，专门研究黑河总口均水问题，参加会议的有酒泉地区建设科长孙光涛，武威地区农工部长龚复兴、建设科长李生贵，张掖、临泽、高台、金塔四县的县委书记或县长。会上由于张掖县委书记坚持不同意黑河总口给下游均水，会议难以形成协议。当即向中共甘肃省委作了汇报，经省委裁定：黑河总口各渠每年给下游均水二次七昼夜。具体时间列入1956年张掖专署颁发的《张掖专区灌溉用水示范规章》中，对黑河整个均水规定为：在4月26日上午12时，临、高两县同时闭口，黑河总口各渠闭当时河水量的50%，共5昼夜由鼎新浇春水，立夏前5天高台及黑河总口各渠开口，临泽在立夏之日开口（三、四坝提前2天开口浇稻田）。第二次均水黑河总口引水的各渠，从5月27日上午9时，闭当时河水量的80%给下游2昼夜，所留水量，必须在调配前五天报请专署批准，中游除高台三清渠迟闭口3天，柔远渠浇好二水后闭水外，所有临、高两县各渠一律于5月27日上午9时闭口7天半。天城五堡先浇3昼2夜，鼎新浇5昼5夜，若提前浇完，即电话通知专署和上游提前开口。张、临、高、鼎新四县领导要亲自掌握，到时专署及张、临、高、鼎四县各派得力干部组织检查组巡回检查，若有违反水规，由该县领导负责，均水浇完，临泽三、四坝和高台同时开口，高台三清渠和临泽其他各渠迟开口1天，三清渠拦河坝，如超过水量时由两县协商处理。

1957年，下游提出4月份总口均水与中游均水流程时差大，不能汇流下泄，经水利会议商定，作了修改，改为：4月21日上午12时黑河总口各渠，应将当时50%的水量退给下游金塔利用，到4月26日上午12时止水（共均水5昼夜）。中游临、高二县在黑河总口均水前，要测定各渠进水量，不得截用均水。到4月26日上午12时临、高二县渠道应全部闭口将所有水量再退给金塔，高台各河于5月1日上午12时开口引水，临泽三、四坝于5月3日开口，其余各渠5月5日开口引水。

1960年鉴于下游修建了许多洼地水库，经专署四干会议研究，将黑河总口4月份均水5昼夜改为3昼夜，即黑河总口从4月21日上午12时起，至4月24日上午12时止，闭当时水量50%给鼎新灌区浇苗水。从4月26日上午12时起至4月29日上午12时止，高台沿黑河干流渠道全部闭口，将所有水量放给鼎新灌区3昼夜。

1962年，张掖专员公署批转的《张掖专区1962年水利管理规章》第17条规定：黑河总口不包括龙首、洞子、马子、西洞、迎丰五渠，从此上述五渠不均水。该条第二款提出：高台除三清渠迟闭口4天，柔远渠浇完一水闭口外，其余沿黑河干流各渠口一律于5月27日上午12时起，闭口7昼夜半。马尾湖水库每年蓄水量仍按原规定高台用60%，鼎新用40%，水库管理费用按六、四负担，鼎新可折价付钱。鼎新并派干部1人，工人1人，常驻水库配合高台进行管理工作，工资、公杂等费由鼎新负担。

1963年第一次均水协议：黑河总口（不包括上五渠）从4月21日上午10时至4月23日下午4时，闭当时水量的50%给金塔均水2昼夜6小时；从4月26日上午10时至4

月28日下午4时，高台、临泽将黑河干流全部闭口，给金塔均水54小时。第二次均水协议规定：黑河总口（不包括上五渠）5月27日80%均水2昼夜，临泽、高台各渠给下游均水8昼夜半。高台天城、五堡浇均水共3昼2夜，时间以水进第7条渠口（即万丰渠）算起。

1966年至1989年，黑河总口（不包括上五渠）4月份均水50%3昼夜，5月份均水80%2昼夜。临、高两县4月26日至4月29日各渠口全部闭口3昼夜，5月27日除三清渠迟闭口3昼夜，柔远渠浇完二水闭口外，其余各渠一律于5月27日上午9时起，闭口均水8昼夜半。高台的天城、五堡先浇3昼2夜，其余时间由鼎新浇灌。

1957年高台白家明塘湖水库建成，1966年以后每年给鼎新灌区放水200多方立方米，顶抵马尾湖水库应给鼎新分配的水量。金塔县仍然负担马尾湖水库40%的养护管理费用，60年代每年3000元至5000元。70年代4400元至7000元。80年代5400元至1.8万元。

新中国成立后几十年的黑河干流均水制度，一直严肃认真执行，金塔县每年均水期间管水的县长、水利局长、水管所长带民工50余人，分赴各渠口看水，当年均水过程中有什么矛盾，张掖地区水管部门的干部会同各有关单位负责人及时研究解决。

第六节　跨市县灌区用水制度

历年来，跨市县灌区渠系之间用水矛盾多，特别是遇有旱年，水事纠纷更为严重，轻则踏青苗，在刚浇过水的苗地里“攥土堆”，拆房罚款，重则打群架死伤人命。因而均订有严格的水规制度。

1. 酥油口河：历史上张掖、民乐两县分水比例为7∶3。1962年确定改为29天一轮，张掖21昼夜，民乐8昼夜。1962年5月又经专署批准改为23天一轮，张掖16昼夜，民乐7昼夜。1972年议定张、民两县分水比例为3∶1。

2. 祁家店灌区：山丹县3.7万亩，张掖县（架子墩）2049亩，按地亩统一分配水。

3. 张掖巴吉渠与临泽沙河渠：用水建造分水坪分水，按面积确定两渠进水口宽度。1983年地区核定张掖3.5万亩，临泽3万亩。管理养护按面积负担。

4. 沤波渠：张掖与临泽用水和养护按面积确定，当时明永乡属临泽县，浇黑河明麦渠水，后因水利纠纷太多，将渠口合并，明永乡划归张掖县管辖。

5. 高台鲍家湖水库：阴潮临泽耕地，由高台出工、料开挖排水沟，排水沟占地和排水沟与水库坝墙中间不能种植的耕地高台出钱征购；水库蓄水位不能超过3.5米。1963年议定，水库每年从4月20日进水，芒种前5天放干水库，最迟不超过芒种。1977年协商，修改为4月5日进水，6月10日放干。

6. 临泽三坝渠和高台三清渠：分水渠口不变，三坝渠夏灌二水缺水时，三清渠调剂一部分水量，后经专署批准三清渠从拦河坝上挖开4米宽的口子，留给三坝渠一定水量，一直执行到现在。

7. 大堵麻河及马蹄河：民乐与肃南用水，1963年专署确定为保护水源，大堵麻河肃南瓦房城一带只准种少量蔬菜，用附近泉水浇灌，不能引大河水，其余耕地弃耕。马蹄河肃南保持原耕地180亩，用水每月15和30日各给肃南配水1昼夜。关于小寺儿泉水，每月肃南浇 6 昼夜，其余时间由民乐浇灌。

8. 大磁窑河：张掖与肃南用水，按两县原有耕地面积 7524 亩分水，其中张掖 6324 亩 14 昼夜，肃南 1200 亩 4 昼夜。1980 年双方研究，轮期改为 19 天，张掖县 14 天，肃南县 5 天。

9. 霍城新开坝：山丹、民乐用水，新开坝正常流量约 0.5 秒立方米，浇灌山丹县芦堡新开坝村、霍城河西村和民乐县民联乡龙山乃家崖村的 1 万多亩地。古时受益的仅有新开坝、乃家崖两村。明朝洪武年间，把新开坝的人迁移了一部分到现在的河西村居住，带 15 石粮食的水。明万历四十一年，民乐龙山人上诉，判决从闸沟分水，以三分为率，龙山闸口宽 2 尺，新开坝村闸口宽 4 尺（含河西村的水）。清朝发生水事纠纷打死河西村秀才陶德久，民乐龙山 2 人坐牢，一人死在狱中，光绪六年作出处理：河西大队纳粮 15 石，一年三季六轮配水 14 昼夜。民国初年又发生纠纷，判决为河西村从上段另开一条八寸宽、六寸深的引水口，未兑现。民国 22 年上诉处理兑现。新中国成立后，1958 年以前，河西村除在芒种节后下游停水 2 至 3 昼夜浇水外，采用“上通下和”的办法调剂用水。1958 年实行按地亩统一配水。1959 年河西村利用本村耕地低于渠道的地形，乱扒口子浇水，发生纠纷。1966 年地委书记高鹤龄主持，双方达成协议，议定每年给河西村放水 4 次，春灌 2 昼夜；夏灌 2 次，分别为夏至前 3 昼夜，立秋前 1 昼夜；冬灌 4 昼夜。山、民两县分水比例 2：1 不变。

10. 梨园河：临泽与张掖小泉渠用水，1963 年议定由临泽县统一管理，水费由各县征收，以后小泉渠按 1.07 万亩分水，负担小泉渠口以上干渠及水库的维修养护费用。

11. 高台芦湾墩水库：蓄水后临泽蓼泉乡受阴问题，1970 年高台建成该库以东和以北的排阴工程，1982 年进行改建后，双方议定每年 5 月中旬清淤，至迟不得超过 5 月 20 日，每过期 1 天罚款 30 元，给临泽赔偿损失，清淤的标准是清至建筑物底。芦弯墩水库从 3 月 25 日至 6 月 10 日蓄水，其余时间再不蓄水，输水洞闸门全开，6 月 11 日以后水库放不完水，每蓄水 1 万方罚款 100 元，给临泽赔偿损失。

附　录

张掖地区以水命名的地名

高欣荣

水是生命的源泉，与人类生存和社会发展息息相关。自古以来，人们不仅持续不断地开展治水战斗，而且以水命名为地名很多。张掖地区的地名，随着历史的发展，虽有不同程度的更改，而以水命名的地名，至今仍保留下来很多。今有以水命名的县 1 个，区 1 个，乡 33 个，占乡总数 88 个的 37.5%，村 293 个，占村总数 883 个的 33.18%。在以水命名的地名中，有的直接以水、湖、泉命名；有的以流水的江、河、渠、沟命名；有的以通水的隧洞命名；有的以堵坝引水的坝命名；有的以控制水的闸命名；有的以聚水的沼泽、池塘、洼命名；有的以提取地下水的井命名；有的以引水屯田的屯命名；有的以水的流向动态命名；有的以轮流灌水的顺序命名；有的以水的效益命名；有的以河、渠上的桥命名等。现列名如下：

以水命名的县：

临泽县（曾命名临池县，取水源丰富，多沼泽、池塘之意）。

以水命名的区：

肃南大河区。

以水命名的乡：

民乐县的洪水乡、六坝乡；

山丹县的清泉乡、李桥乡、红寺湖乡；

张掖市的龙渠乡、大满乡、小满乡、碱滩乡、三闸乡、乌江乡、平山湖乡、甘浚乡、沙井乡、西洞乡、小河乡；

临泽县的板桥乡、蓼泉乡、沙河乡、小屯乡、平川乡；

高台县的黑泉乡、新坝乡、盐池乡；

肃南县的西水乡、大泉沟乡、大堵麻乡、青龙乡、雪泉乡、水关乡、韭菜沟乡、明海乡、泱翔乡。

以水命名的村：

民乐县的水磨、杨武家河、石家河、五道沟、窑沟、列四坝、五坝、六坝、海潮坝、浦泉、东上坝、西上坝、洋坝、四坝、益民、二坝寨子、何家沟、玉带、渠湾、冰沟台、张家沟湾、新丰、上湾、下湾、郭家湾、高家湖湾、泉源、邵家河湾、屯粮、石家沟；

山丹县的西屯、大桥、南湖、南湾、清泉、北湾、东湾、四项、朱湾、暖泉、张湾、沙河湾、寺沟、李泉、羊虎口、郭泉、焦湾、杨坝、河湾、西沟、东沟、新泉、高家湖、上河、中河、下河、沙沟、双湖、双泉、圈沟、夹沟、磨湾；

张掖市的龙首、头闸、木龙坝、三清湾、水源、四号、大沟、柏家沟、城西闸、什字坝、东闸、西闸、什信闸、平顺、小满、石桥、古浪、王其闸、店子闸、河南闸、杨家闸、大柏闸、花家洼、烟墩闸、田家闸、七号、十号、沿沟、碱滩、野水地、老仁坝、三坝、草湖、二坝、李家湾、金家湾、安里闸、庙儿闸、四闸、六闸、三工、五号、六号、刘家沟、河满、下二闸、上四闸、上头闸、洪信闸、头号、五座桥、流泉、南闸、柏闸、城儿闸、花儿闸、乌江、大湾、小湾、谢家湾、东湖、永丰、元丰、敬依、二闸、三闸、东泉、天桥、新沟、平山湖、紫泥泉、红泉堡、甘浚、小泉、头号、中沟、西洞、毛家湾、沤波、沿河、夹河、永济、武家闸、孙家闸、小河、东五、西二、坝庙、东三、西六、东沟、沙井、东四号、南湾、下利沟、水磨湾、三号、寺儿沟、九闸沟、小闸、南沟；

临泽县的平川、芦湾、沙沟、土桥、红沟、板桥、东湾、西湾、濠洼、张湾、暖泉、野沟湾、大鸭、小鸭、化音、磨湾、沟湾、湾子、蓼泉、五泉、东渠崖、沙河、闸湾、寺湾、红山湾、江淮、黄家湾；

高台县的渠口、三桥、东湾、南湾、元号、亨号、利沟、利丰、利号、贞号、高桥、站南、站北（指站家渠）、王马湾、乐一、乐二、乐三（指乐善渠）、阴沟桥、永丰、新开、黑泉、黑小坝、沙沟、镇江、九项、十坝、河西、常丰、万丰、桥儿湾、五一、五二、五三、五四（指五坝）、六一、六二、六三、六四（指六坝）、七坝、八坝、小海子、墩仁、义和、礼号、智号、信号、成号、南岔、暖泉、新沟、照中、照一、照二（指照中坝）、小坝、上坝、官沟、红沙河、小泉、边沟、西上、东上、六洋坝；

肃南县的水关、河东、河西、大湖滩、北湾、西水滩、大泉沟、徐家湾、二道沟、李家沟、黄草沟、横路沟、肖家湾、芭蕉湾、正南沟、上游、桦树湾、天桥湾、老虎沟、西河、西岔河、红沟子、旧寺湾、西柳沟、红湾、黄草坝、甘坝口、腰泉、珠龙关、上井、南沟、中沙井、小海子、深井子、湖边子、刺窝泉、灰泉子、陶三、宁昌、金子滩。

张掖市水利电力志

附录三　碑记（节录）

兴复龙首渠水利碑部

钦差抚甘肃等处地方都察院右佥都御史胡，为兴复水利召人耕种，图永久以俾安攘事：

照得龙首一渠，初名木龙坝，湮废捌拾余年。该前巡抚都御史杨体察兴复，更名龙首渠，通计田叁拾柒顷，募军耕种，奏准永不起科，人赖其利，称颂至今。自叁拾壹年后，水道渐塞，遂复抛荒。本院抚临之初，询访利弊，佥谓此渠宜为兴复，就行委官踏看。据报，渠口上流垒石壅水，须冬冰合乃可置笼积石，俟春融和，冰消石下，河水方得上渠。去冬兴工，果有成效。及查阴棚渠道崖沙崩累，易于阻塞，石洞木槽多有淤坏，是以水利不通。及访得前院都御史杨设立本堡募军耕种防守，实寓兵农，足食振武以安疆圉之意，最为得法。奈何时移事改，人不体心，以为军有月粮之外，复得此田目为肥润，于是多派差役、侵害官军，骚扰需索倍他堡。本院始谋修复，询其官军，不见踊跃。再访其故，则云各衙门势豪亦来承种，人牛之力取之本堡，利少害多，宁听抛弃。又访得贫难军士无牛耕种，转租与人，肆陆分租，军士未必如数收取，而租种之人得力寡薄，人无必耕之意，军有重累之嗟。至于每年修浚工食棚槽木植，本堡之军难以备办，及行呈讨，往往后时，深负前院兴复之举，坐失本镇安攘之利。本院遵循遗矩修复此渠，水已大行，田皆可种。因咨于众，图俾可久，相应遵照前院题，允事规永不起科，其田除迁立龙首堡及挑挖品坑占用外，行委屯政都司孙汝绍、坐营官吴凤督同本堡防宁官杨国威修渠，委官指挥尹钺丈量立界，实计田凡叁拾叁顷柒拾伍亩，先尽本堡官军，其余不拘远近。诸色寄住人等有牛壹只者，许种贰拾伍亩；有牛两只者，许种伍拾亩；有牛四只以上者，允种壹顷。俱赴本堡防守官投认顷亩数目，即日连人开送本院复审定给。无牛犋者，不许买嘱妄承以图转租取利。每年田壹拾亩，收成之日止，出租粮壹斗送本堡仓，另厫收贮。除明沟工少者，分派承种之人，各照亩数多寡分定，丈尺挑浚。若系倒累工多，及有棚槽应用木植，就于所贮粮内，防守官先期呈报本院详允，酌量动给以为工资。每年计田壹拾亩出租壹斗之外，如有多索升合及各衙门势豪占种扰害多派差役者，许承种之人具实赴院告发，从重究治。傥后积有余粮，就借承种之人作为种子。既经前院提奏明白，前项田地永不起科，再无更变。为此出给告示，谕众知悉。

嘉靖肆拾年叁月贰拾捌日示
陕西行都指挥使司军政掌印署都指挥佥事许文学
管屯署都指挥佥事孙汝绍
局捕署都指挥佥事张祺
督工千总指挥尹钺
防守官杨国成
立石

上龙王庙大门左边

维乾隆二十四岁次乙卯八月癸酉朔日戊寅越十五日壬辰宜祀之辰，祭官张掖县知县王廷赞，谨以香楮清刚柔毛鹿馐之仪，敢昭告于本郡黑河之神位前曰：维神体大好生育，兹亿兆有求必应，无感不灵，实张掖衣食之源，乃万姓生活之主，禴祀须自朝廷，庙貌沿奕叶。但殿宇湫隘、漂零荒落，廷赞目击之下，实为歉仄。爰率士民重为新葺，月凡五阅，厥功告成，睹万民之乐趋，知神应之如高，瞻屋宇之崇宏，识灵爽之必要。牲拴载陈，用仲侑赤。伏愿自今以往，雨旸时若、河水允犹，神功弥暨于无穷，洪庥永流于奕祀。廷赞为万民祈福，非敢为一己胃希载笔悚，临简疑慑。谨告。

上殿门之左

嘉靖二十七年岁次戊申二月丁未朔越二十五日辛未，钦差巡抚甘肃等处地方都察院右佥都御史杨博，谨率陕西等处提刑按察司分巡西宁道副使乔英，协守甘州左副总兵都指挥佥事吉象，陕西行都指挥使司都指挥佥事柳栋、霍子麒、莫止训以羊豕庶品，敢昭告黑河龙王之神曰：

渠工告造成，允维神贶，蚤已率属陈谢，不敢重摛繁词，仰尘清听。即日孔良佥谋，导水入渠，聿兴农事。渠名木龙，恐非神化无方之义敢用，更为龙首。屯兵获视，以永神庥，惟仰其默右之俾，勿坏尚飨。

上殿门之右

维嘉靖二十六年岁次丁未九月己酉朔越二十二日庚午，钦差巡抚甘肃等处地方都察院右佥都御史杨博，谨率陕西等处提刑按察司分巡西宁道副使钟鉴，甘肃兵备道副使赵得祐，协守甘州左副总兵都指挥佥事吉象，陕西行都指挥使司都指挥佥事柳栋、霍子麒、陆恩、莫止训，甘州后卫指挥金事张钦，甘州前卫知事廉惟明，以羊豕庶品，敢昭告黑河龙王之神曰：

此渠湮废余八十年矣，一旦疏通，重享乐利，是岂人谋所能与哉？实神矜念我民阴隲默相之故，显贶休烈，敢不有谢也，伏惟尚飨。

整饬甘山等处兵粮屯田兼理马政分巡甘山道升授布政使司参政以升御留原任加五级傅澤沄。

重修上龙王庙碑记

观察公三韩傅君甘郡十二载，政成民和，比年丰稔。辛丑岁以时偶夏旱，祷于龙首堡黑河之龙王庙，遂得甘雨，河水盛发，溉田若干顷，居民赖以全活。明年仍捐俸金，重修其庙。既成，而堡人属记于予，予辞之不得，乃为记曰：

闻昔先王之制祀典也，凡有功民者，皆得祀其土，世世不废。况兹庙祷则辄雨，其泽洪其应速，则其祀之也固。宜然古人有言，鬼神非人，实亲惟德是依。倘莅是土者，烦刑苛敛以重困乎斯民，而徒日黍稷馨香，神必吷我，其岂然乎？矧甘《禹贡》为流沙、汉张掖郡，去京师万里，壤多沙漠，土号瘠硗，非中州膏腴之田可比。傅君之莅是土也，仁心仁政皆足使人歌咏弗衰；而其尤难者，当兹西域有事之时，军务倥偬、拮据不惶，犹能殚精竭虑、劳心民瘼，不忍斯民之转沟壑而流徙他乡也。特为躬亲虔祷，俾甘霖立霈，悉庆更生，且出金五百、董工兴役，揆时庀徒，以畚以筑、以绳以削，门墙是竣、栋宇是营，不督不期、政者踊跃。始仲春而落成三月之既望，规模宏广、景象庄严，丽弗及奢、崇弗及僭，民不劳力不伤财，而使久圮之庙貌一旦焕然改观，岂非大有造是土者乎？盖傅君之肃纪振纲，兴利除弊，赫然动人者，岂独慰堡人之思一时，而为之称其美哉！亦将使荒暇僻绝之境，至后世足迹之所罕及，而闻其名、览其胜者，莫不低徊俯仰。想博君之丰功伟烈，至愈远而弥新，是可谓与人同其善者也。故予乐得书之，以传其事不朽云昔。

雍正元年岁次癸卯仲夏谷旦

内阁候补中书辛卯科举人门生杨维桢顿首稽首拜撰

赐进士陕西甘州右卫千总兼理屯田事加一级高谦

陕西甘州城守营左哨千总加一级徐世信

陕西甘州城守营左哨把总加一级马受

附录四　传说（节录）

龙　渠

很久以前，黑河岸边出了一位姓龙的英雄，人们都叫他龙壮士。有一回，县官带着兵马捉拿龙壮士，到了黑河出山口，恰巧遇到许多农民在河滩里挖石头疏通河道，农民们认出是龙壮士，便齐心协力，掩护龙壮士顺着峡口，隐进了深山。县官抓不到龙壮士，气得七窍生烟，一怒之下，杀死了几十个农民，鲜血染红了黑河滩。这一桩血案，惊动了黑河两岸的大小村庄。龙壮士万分悲愤，冒着危险，杀掉了那个狠毒的县官，为民除了大害。

县官被杀，官府大为震惊，当即派一支人马，要血洗黑河口。官军杀气腾腾来到黑河岸边，猛然看见河对岸来了许多兵马，红盔红甲，正威风凛凛地冲杀过来。官兵们霎时吓坏了，急忙转身逃跑，溃不成军。可是，奇怪得很，当地的农民却没见一兵一卒，哪有什么红盔红甲的兵马呀？传说，那是河里的龙王化出神兵神将来，吓退了官兵。故事传说开后，黑河出山的那一段河道，就叫了“龙渠”。再后来，那一带地名也得名为“龙渠”了。

为水利免遭破坏与军阀冒死抗争

1935 年驻防张掖的军阀韩起功掠夺了张掖大满、和平等乡的大片土地，利用无偿的劳力（士兵）为他种田，以饱私囊，但实际上当时的军人粮饷，完全享用农民交纳的公粮。韩起功为了给他私种的大片土地浇水，竟不顾全县农民的灌溉利益，在土豪劣绅们的支持下，要在黑河上开一条专用“新河”，但全县人民坚决反对，因为当时的水利条件极差，农民浇地极为困难，一旦黑河上游开一大渠，各乡农民的浇水更为困难。一天，韩起功带领数百士兵要去开河，消息早已为农民所知，数万农民都带着铁锨、锄头，等候在黑河沿岸，“要为保水血战一场”。事先由全县 54 渠的管水人员（农官）推选高登云（张掖中学校长）为“全权代表”，与韩起功抗争。韩起功在现场指出了对他极为有利的开渠地点，要高登云表态作出决定。高登云为了广大农民的根本利益，回答说：“按渠规给你（指韩起功）分一些水可以，若要开‘新河’，全县农民不能答应。因为今天若这样干，将会给以后造成死伤人命的大害。今天若开了‘新河’，将贻害无穷，我决不答应此事。”农民也围聚在一起，与韩起功说理抗争，并呼喊：“谁要开河，我们就拼死在谁的手里。”韩起功看到群众人山人海，势不可挡，众怒难犯，便怒吼一声：“走！”拂袖而去了。

黑河的传说

黑河，相传是汉代骠骑大将军霍去病给起的名字。

当年，霍去病奉武帝之命，一路征杀，凯歌高奏，在山丹霍城扎下营盘，以此为根据地，准备彻底剿灭河西一带的匈奴。

离霍城数百里之遥，有一座小城堡叫柳树城，与霍城成犄角之势，如若用兵，攻可做跳板，守则有退路，所以霍将军亲领人马攻下柳树城。

因为连年战乱，柳树城内住户寥寥几家，霍去病刚扎好营盘，就听得战鼓咚咚，杀声震天，他忙登上城头，呀！只见城西、城北浓烟滚滚，两股匈奴兵铺天盖地而来，经过一场恶战，汉军损失惨重，不得不撤回城堡内，匈奴则将城堡团团围住，想困死霍将军的兵马。

面对如此险恶情势，霍将军彻夜难眠，苦思破敌良策。午夜时分，他登上城头，只见匈奴兵的篝火像漫天星斗一样，密密匝匝的望不到边。看来，硬拼是不行了，霍将军靠在城垛上凝望着篝火竟打起盹来。突然，他大喊一声，嘴里嘟嘟囔囔地念叨着：“草守城，马如铃，羊撞鼓，鼠打洞，人东走，龙西行。”不等随从发问，霍将军一阵风地回到营帐，召来众将领，如此这般吩咐了一番，柳树城又陷入了沉寂之中。

天亮之后，匈奴兵见城内死寂一般，恐有埋伏，不敢贸然进犯，只好调集人马把守各个城门，以防汉军突围。一连数日，城内仍是毫无动静，按说城内粮草已尽，可守城的将士们却个个威风凛凛，城内更是马嘶鼓响，铃声叮咚。匈奴首领疑惑了，派少数军士，小心翼翼地走近城下，连喊“上当、上当!”原来守城的将士全是披甲的草人，进城一看，只见几匹瘦马和一群羊摇铃击鼓，剩下的全是“草汉军”。

匈奴大怒，难道霍去病插翅飞了？他们搜遍全城，在城东角发现了一个洞口，匈奴顺着洞口追去，还未走出地道口，一股大水汹涌而来淹没了他们。

原来霍将军出城后，抽调将士将城东南方的一条小河引至地道口，探得匈奴攻进城内，便挖开堤坝，大水直淹柳树城，匈奴兵大都被淹死，少部分仓皇出逃，奔至黑山口时被埋伏在此的汉军全部捕杀。

霍去病得胜再过柳树城时，往日的城堡已成汪洋一片，那条小河在这儿改道直向西去。霍将军勒住马，望着河流沉思片刻，对将士们说：“这条河就叫黑河吧!”众将士不解，霍去病说：“这次破敌之策，全仰仗一位黑将军在梦中授予十八个字破阵之计，全歼匈奴又在黑山口。这条河该不该叫黑河呢?”众将士一听，齐声喊道：“该!”那声音震天动地，久久回荡，融入黑河，化作惊涛骇浪，至今还轰鸣不止。

从那时起，黑河就有了名字。

| 五 坝 村 志 |

第十一章 水 利

第一节 水 源

村内自南向北，由洪水大河、海朝坝河、小堵麻河以“川”字形流而下，又以洪水大河为主，灌溉着全村的土地，养育着勤劳的五坝人民。

洪水大河 发源于祁连山冷龙岭北坡。有23条支流汇入双树寺水库。流域面积500平方公里。河流出山谷后，纵贯民乐倾斜平原从五坝村东侧而下，至石岗墩滩的干柴墩与大堵麻、小堵麻河汇流，西北流入张掖大满渠河，再向北至太平堡与山丹河汇流，古称“弱水”。自古以来，洪水大河是五坝村灌溉和人畜饮水的主要水源。

洪水大河，明代已开渠引水，（清）顺治十四年（公元1657年）沿河设置六大坝，即头坝渠、二坝渠、居仁渠（含民和渠）、定丰渠、镇平渠、重新渠六渠，共灌田770余顷。

海潮坝河 发源于祁连山的野牛山和老君山之间。有东岔河、西岔河、西红沟、正南沟等20多条支流汇入。流域面积146平方公里。出山口，河床由西南向东北倾斜，由下天乐村西北、涌泉寨、铨将村东南经新坝滩汇入洪水大河。1949年以前，每当山洪暴发，海潮坝河洪水汇入洪水大河时，村属各渠即可引灌，有时给村子里带来洪灾。村南的涌泉寨、铨将、刘庄子、韩武庄子部分灌溉溢水，可以直接拦入左尾巴、上新沟、下新沟、中沟等渠进行灌溉。

小堵麻河 发源于祁连山野牛山北坡的海潮坝脑之下。主要由白沟河、排路沟河、野狐沟河和冰沟4条支流汇集而成。流域面积101平方公里。出山口从新天乡的山寨子、李家庄、周家岗子、陆家庄子、钱寨子村以东和丰乐乡的刘庄子、六坝乡的韩武村以西，分流于五坝村西面的老河、红柳河，顺村境西缘北下，直达西开洼尾巷沟口处与洪水河汇流入石岗墩滩。小堵麻河流经距离短、灌溉面积小、山水出口快，每当山洪暴发，下游用不完的溢水均从村西拦坝引灌。山洪特别大时，三河并汇，有时会造成水患，危及五坝的村庄与耕地。

第二节 渠 道

一、老引水渠

五坝村位于洪水大河下游西岸。明、清至1949年解放前，沿洪水大河老河床西岸开渠，乱石堆坝引水，因洪水冲刷，轮浇轮修，引水口常有移位现象。水出山口从洪水城开始，共开口头、二、三、四、五、六坝，俗称六大坝。本村与铨将排次为第五坝，故称五坝渠。《重刊甘镇志·地理志第三·水利》载："甘州后卫洪水五渠，城南一百一十里，分闸有五，灌田六十三顷八十三亩"。《甘州府志·食货卷·水利》载："东乐县丞五坝渠，灌田一百二十顷有奇。"五坝村的引水渠有"三大（渠）口，九分（渠）口，二十七个末末（渠）口"。

（一）左尾巴、上新沟、下新沟为第一大口，又称上三道口，每口各分三道小口

左尾巴　早期于洪水大河西岸、新坝滩下张家地东边开口，随着河床逐步加宽，50年代移位于铨将何家地南开口，内分堰沟，左尾巴两分口。堰沟：进口后由东向西走向，从铨将村子中心通过，直达韩武村的韩家坟园，主要灌溉韩武路（光华路）东、西片土地；左尾巴：从铨将一队北开口，进口由东向西偏北走向，穿过韩武路折向北。主要灌溉武家地、白涝池、申家地等土地。

上新沟　与左尾巴沟并列开口，进口后由东向西偏北走向。流经刘家庄子向西北倾斜，从村子西南折北延伸至窝子地脑。主要灌溉村子西南和西北的单家地、姚家坟园、上新沟西肘子、豹子地、黄家大地、西开洼、贾家洼、双石摞等土地。

下新沟　从刘家庄子南、五坝龙王庙处开口，进口后由东向偏北流向。流经刘家庄子，到李家庄子北，投入杜家堰坝折向北。主要灌溉村子以南杜家肘子及花寨河以西的刘家地、吕家地、赵家地、郑家地连片土地。

（二）中沟和花寨河诸口为第二大口，又称中三道口

中沟　于刘家庄子东北开口，进口后由东向西偏北走向。流经赵家地末至中沟闸转向西北，依次分为南、中、北三沟。南、中沟主要灌溉傅家中沟、周家窝铺片土地；北沟主要灌溉陈家园子、彭家台台等土地。

花寨河　于王家墩园东南开口，由东向西偏北流至刘家台台东折向西北，靠五坝寨子北下至君沟。流经渠道长、小沟分口多、灌溉面积大。进总口又分三分口、九个小口。一为王家沟、吴家沟、贾家沟三小口，归为一分口。主要灌溉花寨河以北、以东的陈家上沟、王家墩园及吴家坡沿、贾家地等土地。二为上堰沟、下堰沟、杨家东沟，为第二分口。主要灌溉村子东面的南、北前湾、堰头地、香火地和杨家东沟土地。三为闸子沟、上横沟、下横沟，归为第三分口，均在花寨河西岸开口。主要灌溉村子北面的上、下横沟，柴墩洼，上、下磴槽子，壕前地，东开洼等土地。

（三）拦河坝、东沙坝、西沙坝为第三大口，又称下河三道口

一为上腰沟、下腰沟、磴槽沟为一分口。主要灌溉王家墩园以下、下腰沟以南的东湾头一片土地，称为五坝土地之精华；二为王家深沟、上拦河坝、下拦河坝为第二分口。主要灌溉王家深沟、吴家地、郑家园子、贼沟、板地等土地；三为东沙坝、西沙坝、横地为第三分口。主要灌溉东沙坝、西沙坝及张家横地等土地。

二、渠系配套

中华人民共和国成立以后，国家重视兴修水利，渠、路、林、田统一规划设计，集中开展农田水利基本建设。由政府组织，国家投资，群众投工、投料，陆续修建干、支、

斗、农、毛渠。1953—2000年，五坝村除参加干渠修建和改建外，新建和改建支渠4条31.4公里，斗渠9条17.1公里。

（一）益民干渠修建

1953—1954年，抽调大批劳动力，参加县上统一组织的洪水大河东岸高崖头渠首以下卵石干砌渠，用肩扛人背的方法运输石料，用胡麻草塞缝，建成防冲、防渗干渠，取名“益民渠”，最大引水量每秒6立方米。1966年，参加益民干渠改建工程，新线经单家庄、于家庄、库陀寨、二坝寨、易家新庄、何家沟、四坝堡到北滩，断面梯形，结构为全块石浆砌和块石浆砌底、水泥预制砖砌坡边两种形式。各生产队派皮车拉运石料，人力开挖砌渠。1975年参加双树寺水库输水洞以下开凿隧洞2.6公里引水上岸，开挖浆砌明渠5.5公里。1977年卵石浆砌千渠7.5公里，过水量每秒4立方米。1990年参加益民西干渠高标准渠道的建设，渠线从水库输水洞起，沿老河床东岸直下，入益民干渠十九支。

（二）五坝支渠

1956—2000年45年间共修支渠23.9公里。

1. 旧支渠　1956年，从洪水大河东岸徐家台开口，向西横穿洪水大河到铨将龙王庙，分闸有三（韩武、铨将、五坝各一），称为三门闸，长约2500米，断面梯形，卵石干砌。由韩武、铨将、五坝3个大队共同修建，最大过水量每秒5立方米。是年，五坝大队独立修建三门闸以下沿洪水大河西岸到拦河坝口干砌渠5000米，断面梯形，口宽5米，底宽3米，渠深1.3米，最大过水量每秒5立方米，当年完成上段3500米。1966年续建上腰沟口至拦河坝口下段1500米。

2. 斜河支渠　1971年，原三门闸至拦河坝口老支渠为南北直线，坡度落差大，轮灌轮修，管理不便，渗漏严重。为改善渠道，利于灌溉，大队决定，自行设计，修建了斜河支渠。从五坝支渠冲沙闸处开口至上新沟口，共3000米，断面梯形，口宽3.5米，底2米，渠深1.2米，最大过水量每秒4立方米。1976年废弃。

3. 高标准支渠　1976年，从益民新干渠三堡南益民水管所处开口，向西至徐家台，继续走旧线穿过洪水大河至铨将龙王庙处，再分两岔，一岔继续向西偏北到韩武村南；另岔为五坝分支，折北直下，经铨将一队到刘家庄子南折西至韩武庄子路。断面梯形，卵石砌底，水泥预制砖砌坡，最大过水量每秒2立方米。1999年，以水泥预制U形渠块改建从韩武分水闸至二斗口处2500米，最大过水量每秒2立方米。

五坝支渠总长19.8公里，与三堡、任官寨、徐家寨、王官寨、西上坝、六坝、铨将、韩武等村修建五坝支渠分水闸至徐家台（上段）10公里；与铨将、韩武三个村共同修建从徐家台至铨将分水闸（中段）3公里；五坝村独立修建从徐将分水闸至韩武庄子路口（下段）5公里，断面梯形，块石浆砌，口宽1.5米，底宽0.8米，高1.2米，最大过水量每秒2立方米。

五坝八组于1989年、1990年两期修建大堵麻东干十一支2500米，共投入劳力5万个。卵石浆砌，断面梯形，渠深1.2米，口宽1.5米，底宽1米，最大过水量每秒1.2立方米。

五坝支渠修建情况一览表

渠道名称	修建年份	长度/米	结构	规格/米			最大过水量/(立方米/秒)	备注
				口宽	底宽	渠深		
五坝旧支渠	1956 年	2500	卵石干砌	5	3	1.3	5	三个大队共建
五坝旧支渠	1956 年	3500	卵石干砌	5	3	1.2	5	三门闸以下
五坝旧支渠	1966 年	1500	卵石干砌	5	3	1.3	5	上腰沟口至拦河坝
斜河支渠	1971 年	3000	卵石干砌	3.5	2	1.2	4	1976 年废
五坝新支渠上段	1976 年	1000	块石、预制砖浆砌	1.5	1	1.2	2	八个大队共建
五坝新支渠下段	1976 年	2500	块石、预制砖浆砌	1.5	1	1.2	2	三个大队共建
五坝分支	1976 年	5000	块石、预制砖浆砌	1.5	1	1.2	2	韩武分水以下
五坝分支	1999 年	2400	改为 U 形预制块	0	0	0	1.2	韩武分水至二斗口
大堵麻东干十一支	1989 年	1300	卵石浆砌	1.5	1	1.2	1.2	八组独建
大堵麻东干十一支	1990 年	1200	卵石浆砌	1.5	1	1.2	1.2	卵石浆砌
合计		23900						

（三）斗渠

1990—2000 年 10 年间，修建一、二、三、五、六、七共 6 条斗渠，总长 14.7 公里（13.6 公里块石浆砌高标准渠、0.9 公里卵石衬砌渠），基本改善了灌溉条件，提高了水的利用率。

【一斗】　从刘家庄子开口至贼沟堰坝 4200 米，断面梯形，块石浆砌。口宽 1.2 米，底宽 0.6 米，渠深 1 米，最大过水量每秒 1.2 立方米。1990 年修建刘家庄子至上腰沟（上段）1800 米。

【二斗】　刘王庄专用，1980 年卵石干砌 200 米。

【三斗】　从铨将何家地开口至拦河坝河口，总长 3200 米，1985 年修建，块石浆砌，断面梯形。口宽 1.2 米，底宽 0.6 米，渠深 1 米，最大过水量每秒 1.2 立方米。

【五斗】　1990 年建，堰沟地头开口至下堰沟杜家磴槽子北（上段）2600 米，块石浆砌，梯形断面。口宽 1.2 米，底宽 0.6 米，渠深 1 米，最大过水量每秒 1.2 立方米。1991 年续修杜家磴槽子至吴庄台子（下段）900 米，卵石干砌，断面梯形。口宽 1.5 米，底宽 1 米，渠深 1 米，最大过水量每秒 1.2 立方米。五斗上、下两段总长 3500 米。

【六斗】　1990—1991 年修。从韩武庄子路口开口至五坝小学大门北，全长 1500 米。

块石浆砌底，水泥预制砖砌坡。口宽1.2米，底宽0.6米，渠深1米，最大过水量每秒1.2立方米。

【七斗】　1997年修建。全长2200米。从六斗单家地开口向西至钱寨老路1400米。干砌，断面梯形。口宽1.6米，底宽0.8米，渠深1.2米，最大过水量每秒1.2立方米。折向北至李寨路北800米。块石浆砌，断面梯形。口宽1.2米，底宽0.6米，渠深1米，最大过水量每秒1.2立方米。

【八组斗渠】　1979年5—9月，投入劳力1万个，修建西开洼斗渠1000米。块石浆砌，梯形断面。口宽1.2米，底宽0.6米，渠深1米，最大过水量每秒1.2立方米。1980年4—9月，投入劳力13000个，修建东开洼西岭斗渠1300米。块石浆砌，梯形断面。口宽1.2米，底宽0.6米，渠深1米，最大过水量每秒1.2立方米。

五坝斗渠修建情况一览表

渠道名称	修建年份	长度/米	结构	规格/米			最大过水量/（立方米/秒）	备注
				口宽	底宽	渠深		
一斗	1990年	1800	块石浆砌	1.2	0.6	1.0	1.2	
二斗	1980年	200	卵石干砌	1.2	0.6	1.0	1.2	刘家庄子用
三斗	1985年	3200	块石浆砌	1.2	0.6	1.0	1.2	
五斗	1990年	2600	块石浆砌	1.2	0.6	1.0	1.2	
	1991年	900	卵石干砌	1.5	1.0	1.0	1.2	二队自修
六斗	1990—1991年	1500	块石浆砌	1.2	0.6	1.0	1.2	
七斗	1997年	1400	干砌	1.6	0.8	1.2	1.2	东西走向
	1997年	800	块石浆砌	1.2	0.6	1.0	1.2	南北走向
八组西开挖斗渠	1979年	1000	块石浆砌	1.2	0.6	1.0	1.2	
八组东开挖斗渠	1980年	1300	块石浆砌	1.2	0.6	1.0	1.2	
合计		14700						

第三节　灌溉规程

一、灌溉组织

明、清时期，按渠系设农官、水老、渠主、总甲等掌管水利。灌水时，由村（约、保）委派3名有群众威信的人（称“老人”或“耆老”）负责全村水利事宜，其中一名为“记帐”，另两名点香盯时、排水、接水等事宜；各分口小沟也由群众推荐“老人”负责各沟水利之事。民国时期沿用旧制。

中华人民共和国成立后，从1953年起由村委会（大队管委会）直接管理。

二、灌溉制度

明、清时期，基本实行“按地纳粮，以粮配水，定死时间，点香计时，干沟实轮”的办法，按交纳田粮的多少确定浇水的时辰，燃香计时。水大则剩余，水小则受旱，过时不补。五坝渠定时四昼夜，五坝寨子二昼夜半，铨将一昼夜，另加半昼夜润河和放涝池水。每交5斗粮配水一个时辰（2小时）。民国时期，沿用明、清旧制，按粮额配水，干沟实轮，余水可以出卖。按实浇地亩纳粮，一般每浇一斗地（2.5亩）出一斗粮（20公斤）。

1949年以前杨家东庄子土地随带官粮一览表

土地卖主	地属沟名	地数/石折亩	官粮/石折斤	亩均纳粮/市斤
王化普	花寨河	五斗=12.5亩	一斗二升=48斤	3.84
杜生棠	花寨河	二斗=5亩	一斗=40斤	8.00
杜景荣	花寨河	一斗=2.5亩	一斗=40斤	16.00
赵崇德	花寨河	五斗=12.5亩	二斗=80斤	6.40
赵　海	花寨河	二斗=7.5亩	五斗=20斤	2.70
杜生玉	花寨河	七斗=17.5亩	一斗六升=64斤	3.66
郑元礼	花寨河	一石八斗=45亩	三斗八升=152斤	3.38
郑承基	下腰沟	一石一斗三升=31.25亩	三斗八升=152斤	4.83
郑承仓				14.23
吴　潜	拦河坝	二斗六升=6.5亩	二斗三升八合=95.2斤	14.65
吴　溥	拦河坝	一石=25亩	六升=24斤	0.96
杜生棠	贼沟	一石=25亩	一斗=40斤	1.60
吴　汲	拦河坝	四斗=10亩	五升=20斤	2.00
合计		200.25亩	775.2斤	3.87

《东乐县志》载："洪水河水系灌溉三十三个昼夜轮一次，其中：头坝下吾旗应使水九个时，陈家庄应使水二个四刻时，陈户应使水六个时，刘户应使水四个时，马均闸应使水二个六刻时，小西河应使水六个时，孙家闸应使水七个二刻时，中家沟应使水五个时；二坝下寨子应使水七个时，上寨子、展家庄应使水二个四刻时，胡家庄应使水二个四刻时，下闸应使水五个六刻时，全家营应使水四个时，丁刘庄应使水一个时，单家庄应使水一个时，苏家庄应使水四刻时，五秦应使水三个时；三坝下闸应使水十四个时，宏土闸应使水六个时，三中应使水十六个六刻时，上闸应使水十四个二刻时；四坝（黑山堡）应使水四昼夜六个时，四堡应使水四个时，任官寨应使水十三个时，徐家寨应使水七个二刻时：五坝应使水三十二个时，六过五应使水一十四个时，西三伙应使水一十三个时，东三伙应使水一十九个时，古城庄应使水五个时，柴家庄应使水一昼夜，王郎中（邵杨、西伙）应使水一十六个四刻时：六坝应使水六昼夜，韩武庄应使水六个时，王官寨应使水一十一个时。轮次：六坝、西伙、五坝、东伙、四坝、三坝、二坝、头坝。"

50年代，废除封建水规，实行"死时间，活水量、加调剂"的用水制度。60年代起，实行"四改一建"制，即改按行政区划配水为按渠系配水；改过分集中轮灌为合理分组轮灌；改大块串灌、漫灌为畦灌、块灌；改按亩收费为按方收费。建立基层灌水组织，由水管所委派支渠主任管理灌水。同时，上级水利部门对村（队、组）灌溉面积进行判定，按判定面积配水和承担水利工程建设任务。实行干、支，斗三级配水，以斗渠为基础，配水到斗。双树寺水库建成之后，灌溉实行判定面积，区分上、中、下游，确定每亩用水定额，下游一般每亩每次配水 94 立方米，秋泡地适当加大水量，春灌按上年计划用水，轮期由原来的 30 天缩短到 20-25 天，基本实现计划用水，节约用水。1981 年，农业实行家庭联产承包责任制后，灌溉管理实行水票制，即：指标到村，配水到斗（渠），供水到户；以亩定量，按方收费，按票供水，水过账清，算账到户的办法。1990 年又补充实行计划外用水加价收费的办法。

三、水费收缴

明代，主要按浇水的时间或地亩向农户摊派。清代和民国时期，曾实行出租一部分公地（香火地）收取水费；有时靠留存部分配水时间，卖水收取水费；有时多种办法兼用。中华人民共和国成立后，从 1953 年开始，全县统一水费收取标准，按亩收费，水地每亩征收 0.10 元。1954 年，上等地每亩（次）征收 0.20 元，次等地（野水地）每亩 0.12 元。1966 年实行按方收费制度，每立方水收费 1 厘；1981—1984 年，每立方水费调为 0.012 元；1985—1987 年为 0.03 元；1988—1990 年为 0.047 元；1991—1996 年为 0.05 元；1997—2000 年为 0.094 元。1966 年，全大队灌溉用水水费 2760.20 元，其中有 8 个生产队因缴纳水费有困难，申请县上减免 1118.10 元。

1966 年全大队应缴水费及减免情况统计表

队别	应缴水费/元	减免水费/元	减免/%	队别	应缴水费/元	减免水费/元	减免/%
一队	195.40			八队	190.00	95.00	50.00
二队	170.00	102.00	60.00	九队	168.00		
三队	312.80			十队	192.70		
四队	213.00	213.00	100.00	十一队	197.00	119.00	60.40
五队	233.00	93.00	39.91	十二队	229.70	138.00	60.08
六队	185.00			十三队	231.50	116.00	50.11
七队	242.10	242.10	100.00	合计	2760.20	1118.10	40.51

贰

游记与考察报告类文献

本类文献提要

黑河流域为近世国内外人士进行考察探险之重点地域。本单元选取相关考察报告五种，分别介绍如下。

芬兰人马达汉受俄国总参谋部的派遣从中国新疆入境，一路东行，1907年、1908年之交到达黑河中游，并深入祁连山康乐草原。此人带有明显的军事目的。所到之处特别关注道路、河流、人口、城防及粮食产量。日记中记录了张掖的水利分区管理制度，十分重要。斯坦因于1914年来到黑河流域，对黑城遗址进行了挖掘，并深入祁连山马蹄寺一带，多有测绘活动，对河流状况记载亦多。本单元所节录之《马达汉西域考察日记（1906—1908）》采用王家骥译本（中国民族摄影艺术出版社，2004年），斯坦因《亚洲腹地考古图记》采用巫新华译本（广西师范大学出版社，2004年）。

1927—1937年，斯文·赫定组织的中瑞西北科学考察团与绥新公路勘测团在西北跋涉十年之久，诞生了一大批重要科考成果，专业考察报告尚在由瑞典"斯文·赫定基金会"不断整理出版中。这些考察活动涉及黑河流域的区域主要在以居延海为中心的下游地区，斯文·赫定所著《亚洲腹地探险八年》对此进行了系统回顾，涉及居延海区域水环境、植被状况的描述，内容极为丰富。贝格曼是斯文·赫定的重要助手，此次考察以掘获居延汉简最为著名，其作品《考古探险手记》亦是居延海地区水环境与社会生活的重要记录。本单元所节录之《亚洲腹地探险八年》采用徐十周译本（新疆人民出版社，1992年），贝格曼《考古探险手记》采用张鸣译本（新疆人民出版社，2000年）。

李扩清《甘肃河西农村经济之研究》，系20世纪30年代中国地政调查资料的一部分，主要内容系作者在张掖等地实地调查而来，故涉及黑河多可信，涉及酒泉、敦煌等处多为道听途说。此报告将水利问题置于河西走廊农村经济之大环境中论述，极为珍贵，此据萧铮主编《民国二十年代中国大陆土地问题资料》（台北：成文出版社，1977年）全文摘录。

此外，马可·波罗、普尔热瓦尔斯基、科兹洛夫等著名旅行者、探险家曾到达黑河流域的一部或大部，但相关河流、水利记载较少，故未予摘录。中国传统游记中涉及的零星材料，摘录价值亦不大。2017年，郑炳林、张兵、段小强主编之大型文献《中国西行文献丛书（第一辑）》已由甘肃文化出版社出版，搜罗之功甚大，有兴趣之读者自可检索之。

马达汉西域考察日记（1906—1908）

（1907年）12月17日　高　台　城

地上开始时沙子很多。右边，看到前面1俄里以远的地方，有一系列低矮的流线型沙丘向东而取去。左边，黑河有时候会出现在眼前。南面河水流过的地方，有树林和单个儿的房子。为了绕过2俄里宽的湖泊，我们暂时离开了河流。后来我们的道路又开始接近河流。天空阴云密布，灰蒙蒙一片。夜里开始飘起了雪花，现在还在继续。

我们在离何庄5俄里远的地方，到了黑河的一条支流边，然后沿着河岸走了2俄里长的路。这条河的名字叫库米河（Khumi ho），在过河的地方，河宽15多庹，水很浅，沙子河岸。离这里1俄里以远的地方是羊挞子（Yang-a-tse）村或叫台宁堡（Teining pu），村里有200户人家和一个营盘。再往前走3俄里路，就到了有100户人家的二十里铺（Ör-shi-li-pu），那里也有一个营盘。4俄里以远的地方，左面是沼泽性的湿地。离沼泽地开始的地方1俄里半的路，又一个名叫八里铺（Ba-li-pu）的村子，村里有40户人家和一个小营盘。从那里到高台还有5俄里半的路。到高台之前，有一段路的地面是1俄里宽的湖泊状的沼泽地，过了这片沼泽地后，道路走在了一条河岸上。这样几乎一直走进了西城的一条小集市街。

12月18日　沙 河 口 村

城东的郊野民居密集，树木参天，水渠纵横，还有一些低矮的土墙。许多建筑群围着高墙，很像是真正的营盘。离城约4俄里远的地方，是东八里堡村（Tung-balipu）；再往前走2俄里半路，就是佛阿堰（Foa yäng），那里有着整整3座营盘。再向前走一俄里路，在路的右边有一条小河，河水淹没了大片土地，成了沼泽地。我们沿着道路穿越这片沼泽地，用了20分钟时间。

路东有一座农舍，罗东酒家。道路右面开始出现大片荒芜的土地，并蔓延到道路左边很近的地方。越过荒原，远远看到南面的房子和树木。北面的房子很多，一直伸展到河边。南面的山脉很高大，东面的山就要矮小得多。河北的山看上去愈往东愈小，逐渐平入地面。在这些侵蚀山脉的后面，高高耸起一长溜较高的山岭。在东偏东南方向，正对着我们，有一座大山在河流的转弯处。离佛阿堰5俄里半的地方，荒原地带的北边边缘上，有一个叫平川堡（Fan-tshuan-pu）的村子。再往前走4俄里路，道路沿着一条修筑得很糟糕的堤岸穿越一片约半俄里宽的沼泽地。继续向前数俄里路，在我们右手边出现了一片沼泽性的土地，这片沼泽地一直延伸到抚彝城边（Fu-i）。该城离高台

22 俄里。

在离城不到两俄里远的地方，我们遇见了自西南到东北走向的沙垄。再往前半俄里远，又出现了庄稼地和一些稀稀落落的树木。很久没有看到像高台周围地区那样管理得很好的肥沃的庄稼地了。房子稀少，都已破破烂烂的样子。在农田之间常夹杂着几块未开垦的土地。地势很低，好些地方露出冰面。离城 6 俄里远的地方，路过了一个小村庄。道路原来是朝南和南偏东南走向的，现在向东走了相当长一段时间。再往前走 2 俄里路，在右手边有一片浸水的草地，约有 3 俄里方圆。我们越过了两条 2 庹宽的小河，这两条河相互的距离有 1 俄里半。离开抚彝走了 22 俄里半的路程，我们就到了今天的目的地——沙河口，一个大村庄。村里有 120 户人家和 3 家客栈以及 40 来家店铺。这里驻扎了梨园营的一名丁骑（tindshy）军官和 10 名士兵的守卫队。从沙河口开始，有一条大车路直通高台（途径抚彝）和临水（显然从临水通肃州 同时很可能通向东面很远的地方）。这条路是用来从盐泽运盐的，因为当水稻田灌水的时候，大车路就被淹没在水里。

12 月 19 日　甘州城（Gantshou）（今张掖市）

在村子东头，我们跨越了一条流向北方的同名的河。道路引导我们斜穿一条约 1 俄里宽的河道，河道里的水很少。再往前数俄里，我们骑马穿越了又一条河道。听说在中国农历五六月间，这两条河道里水量充沛，足有两三天时间，但不影响交通。离沙河口 5 俄里半路的地方，有一个 110 户人家的小河滩村（Hsiaohotang）。——再往前 2 俄里半，我们跨越了一条小河—沙井子河（Sha-cheng-tse）。稍稍往下走一段路，在沙井子河河畔，有一座巴扎庙。再走 9 俄里半路，就是英隆河（Ingliung）在离英隆河 1 俄里的地方，有一个村子，叫八亭子村（Patingtse），村里有 50 来户人家和 1 个营盘。再往前走 1 俄里半路后，我们穿越了一个 500—600 庹宽的干涸的河道。在前面 2 俄里半到 3 俄里远的地方，我们穿越了第二条约 200 庹宽的河道。从这里开始是一片荒芜的黄土地，很少有细砂砾。再往前 2-3 俄里，我们有穿越了两条干涸的河道，分别宽 200 庹和 100 庹，南面有一块狭长的庄稼地围着河岸。现在连续好几俄里的行程中都是荒芜的黄土地。地面高低不平，有波浪形的山丘，再往前走，我们就遇见了一系列长条形的沙垄。它们的走向看来是自北往南或者自北偏西北往南偏东南。在这些沙垄之间，我们发现了两处房屋的废墟遗迹。在右边数俄里远的地方，则有墩台和一长段围墙的遗址。许多地方都可以看到破碎的砖块，尤其是在荒芜地区的东部更多。我们在这里又穿越了一条小河。过了河 1 俄里半，我们到了内泽村（Neize）。村民们告诉我，那些碎砖遗址原来是一座城市，明代时住着一个名叫黑水鬼（Khei shui kui）的部族。这里知情的天主教传教士告诉我，古代甘州就在那个地方，马可·波罗在书里写的就是在那里看到鞑靼公主的坟墓。

离开内泽村后道路的右边就是一片砾石平原，一直向东和向南延伸好几俄里。离村 2 俄里半的地方，我们渡过了一条在 20 庹宽的河道里流淌的 2 庹宽的河。再往前 1 俄里，我们就到了好几俄里宽的黑河河道的岸上。这边的河岸与上述砾石平原相连，显然是黑河的无数支流的河床。我们骑马斜穿过河床，在这段行程中一共渡过了 7 条支流，宽度分别为 1—20 庹。在最大的两条支流上有木桥过河，桥下分别有 4 个和 3 个石桥墩。桥面有一辆马车宽，大体上完好无损。我们骑马走了 3 俄里半路后，就到了河对岸。再走半俄里路，我们通过同样的一座桥，渡过了一条宽 7 庹，水很深的支流。再走 1 俄里远，又过一条小支流。沿着黑河右岸走，一路住房稀少，小树寥寥无几。道路几乎向正东方向走。左边是开阔的低洼平原。

12 月 25 日　甘峻堡村（Gan-dshyn-pao）

通向藏式寺院的道路经过甘峻堡村，它位于城西偏西南 24-25 俄里远的地方。我们骑马出了西门，继续沿着一条宽宽的、低凹的石子路走，但路况很好。我们走过的地方房舍密集，看样子很富裕，多数的房子很大。树木不多，小水渠纵横交错。离城约 9 俄里的地方，我们来到了黑河河道，在此处的河道往南看上去像是砾石海洋，天阴，顽固的微风不断地吹。无论是南面还是北面，都看不到山。我们骑马涉过了 7 条不同的支流，其中有一条支流相当大，总有 44 米宽，半米深。水流湍急，石子河底。向前走两俄里路，就走上了一块台地，台地本身也是河道的岸边，上面长了几棵树，但再往上走，又是同样一片荒芜砾石平原，漫无边际地往南和东延伸。北面看到了树木，表明农耕区的边界与我们的道路并行。两条巨大的水渠与我们的道路并排而行好长一段时间。从沉积在底部的砂子来判断，这两条水渠很长时间以来已经是听天由命的了。道路右边的地面沙子更多一些。一路上，有两个地方看到农舍或者住户的遗址和两座墩台。在墩台所在地，有两条地垄似的土堆——显然是废墟。不久，也就是说离河 8 俄里的地方，开始了农耕区，其走向是自北向南。我们的道路在数俄里的行程中，走过的地方与我们曾经在甘州以西走过的地方完全相同。

12 月 27 日　康隆寺（Kang-lungsu）

昨天早晨，带口信的人从梨园堡回来，并捎来消息说，两名士兵已经从那里出发，他们在到喇嘛寺的半路上等我。喇嘛寺所在地的地名叫康隆寺，而不是早先告诉我的严噶。我费了好大的劲才从当地的汉族居民中找了一名向导，我们在早上 8 点出发了。天气晴朗，只不过有点儿风。我们骑马往南走了 2 俄里路，然后转向南偏西南方向，并一直保持这个方向进入山区，山里的路程大多是朝西偏西南方向。骑马走了两俄里半的路后，有不少房屋的农垦区变成了长草的山坡地，缓缓地向南山抬升。在没有树木的山坡上，看到几间稀稀落落的房子。在上山的大部分路程中，我们都是沿着一条干涸的相当平坦的河道走，它把我们引到了一条往东去的山沟入口处。离开农垦区走了 6 俄里半的路后，就进了山沟。从山沟入口处看，向西南行的山是一些在某种程度上高度相同的小山脊。右手边的山走向是北偏西北，几乎是向北，在其向外突出的群山中高高耸起一座尖顶山峰，远远高于周固群山。山沟底部是一条已封冻的河——哈尔果勒（Hrargol）或者说大河（Ta ho），这条河宽 3 庹，现在河面成了冰盖。河水冲刷出一条很深的、约 200 庹宽的河道，我们的道路就沿着陡峭的右岸走。在陡峭的右岸上方，是一些密集的山丘，没过多久山丘变成了大山。道路引导我们越过冰封的河道，走上对岸，然后很快又回到我们刚才沿着走的河岸。就这样在两岸间的反复来回，在一天的行程中重复了无数次。

离哨所约17—18俄里路远的地方，我们到达了大河两条支流的分岔处，在此之前我们穿越了大河形成的一片两俄里长的草地。我们沿着左手边的一条名叫黑特果勒（Khite gol）的支流走，今天剩余的5—6俄里路，我们肯定是朝南走。群山又变得小了起来。山坡与河岸上都长了草。

12月29日 克鲁阿乞克果勒营地（Khuadshek gol）

左面远远看到一座雪峰山脊，当地居民称之为“龙苏尔”（Longshur）。它是汉韶鲁山的延伸，在哈尔果勒沟底可以看到汉韶鲁山。在101°转角方向，可以清楚看到一座山峰独立于群山山脉。这座山峰名叫嘎尔詹（Galdshan）峰，听说黑河的一条支流——奈曼果勒河（Neiman gol）发源于此山。奈曼果勒河流经梨园。

西拉尧乎尔族住在以下几条河流周围的山里，这些河流是黑河的支流，或者是黑河支流的支流：奈曼河（Neiman）或者说隆索尔河（Longsor）（流经梨园）、珠龙河（Tshulung）、孜丹河（Zdem）、施里克河（Sheirik）、哈尔-克陶河（Hrar-Kiito）、塔什通河（Tashtung）、汉河（Khan）和把总果勒河（Pazunggol）。gol（果勒尔）就是河的意思，或者叫Khara murin哈拉木伦（黑河），这是下游地区的叫法。头目对他居住地区的了解似乎有限。

（1908）1月2日 梨园城（Li yuan）

克鲁阿舍克果勒山沟在离头目的房子不远的地方汇入了另一条名叫摩尔果勒山沟（Mör gol）。山沟底部可以看出河水狂泻的痕迹，即便是现在的山沟是干涸的。我们沿着这条山沟走，方向是北偏西北和向北。山沟很窄，在它的高高的沟边上长着草。再稍稍往上去，是岩石的表面，好多是光秃秃的。不久我们就在相当高的山中间走了一小段路，然后两边的山变得微不足道。有几条支沟，沟里的河道现已干涸，汇入到我们所走的山沟里来。骑马走了7俄里半的路后，我们的方向变为北偏东北。水道现在逐渐变宽，里面可以看到一些块块点点的冰面。我们弯弯曲曲地朝着向西北的主要方向走了1俄里半的路后，进入了兰索尔，或者说内玛果勒大峡谷。这里有一座房屋，是运煤的工人们使用的。这里的水流方向是自西往东，一条大河，许多弯道，石子河床，150—250庹宽。大河两边犹如诗画般的高山美景。左边的山坡呈赤陶颜色。河流约在5俄里的行程中向北拐了一个大弯，然后又流向东北4俄里远。两边的山都很陡峭，左边的山坡笔直向上。再向前走了一俄里路后，我们到了梨园小城。最后一俄里的行程中，河流方向是朝东偏东北，两边仅仅是高出砾石混合地面的河岸。高山逐渐远去，但在城市的另一边，看到河道在稍微往东北去一点儿的地方又被挤压在另几座山之间，这几座山渐渐相遇在一起成为大山。

梨园是一个小地方，它坐落在河的左岸，几乎在河床里。城里有一座小营盘，里面明显可以看出□□□（回民）留下的破坏痕迹；有人告诉我，回民三次来摧毁这座营盘。守备军司令，都司住的衙门也是破破烂烂的。营盘围墙外面有一条很浅的壕沟，围着当地稀少的一些房子转一圈。

1月4日　甘州（Gantshou）（今张掖）

沿着河流左岸延伸的道路，朝着西和西偏西南方向，越过农田，通往出山的山坳大门。高高耸起的群山又变得那么俊俏，相互离得又是那么近。离城两俄里半到三俄里后，我们路过了左边的一座诗画般美丽的小庙，它矗立在陡峭的岩壁台地上。再往前数俄里，我们到了山脚下山体伸展到河边的地方，并在那里过了河。隆索尔果勒河在这里分成了三条支流，其宽度分别为2庹，2庹和3庹。最深的地方约0.3米深。河道平坦、多石子，宽约200庹，两岸岸壁高而陡峭。我们来到了对岸小庙脚下，并继续朝西，往山顶上走去。我们骑马走了一个半小时后，就到了山顶上。河流看来绕着我们已经走过的山脚拐了一个弯。岸壁很快就从我们的视线中消失。我们继续往西南方向走去，骑马走了五个半小时的路后，就到了我们熟悉的甘峻堡村（Gan-dshyn-pao）。整个行程中，道路一直穿行在农田和人烟稀少的地区。

从这里开始我们走上了以前从甘州来时走的同一条道路。等到了一片荒原的时候，我们转向不同的方向。我们骑马过了一条河，走的方向比上次走的稍偏北一些。河流比上次的深，河水没到马肚子上面一点儿。水面的情况听说非常诡异，涉水过河经常很困难，甚至是不可能的。我们几乎是从正西方向到达甘州。

1月6日　甘　　州

甘州四周围着砖砌的城墙，城墙高6庹，有雉堞胸墙设施。城门都有大规模的防卫设施。其他城墙防卫设施规模不大。全是泥土敌楼和角楼。西门和南门都有双层的瓮城防护。外沿的拱道有16呎深；从外沿拱道到中拱道120呎，深20呎。从中门到内门50呎，内拱道深10呎。城墙保护得很好；城门是用粗大的木料做的，有铁箍加固。城墙外面，在某些地方看到一些有雉堞胸墙围护的区域遗址。没有护城河，但有黑河的支流绕城而流。有些地方有15—20庹宽的死水沼泽，在城北，部分在城南，尤其在城东都有。城外有一片开阔的平原，$1\frac{1}{2}$—2英里宽，北面和西面都是，未开垦，没有人烟，蕴藏着大量的盐。在西北和西部，有一片农垦区，有一些分散的房子和少量树木。南部同样也有这样一片农垦区，但地势比较低。

甘州县辖地区的灌溉系统共有56条黑河支流和水渠。水分的分配由两名“老龙”（lao löng）负责。每个村庄都有一个乡约（siang-ja），一个乡约管辖8个龙官（lung guan）。

8个龙官分水区包括以下一些村子。

龙官区村子	村子数量/个	位置	户数/家	年粮食产量/担
1	4	城西 20 里	360	18,000
2	6	西南 35-50 里	234	15,660
3	7	西北	765	10,070
4	10	北部	1,563	18,600
5	7	北偏东北	1,006	10,300
6	7	东偏东北	1,050	8,670
7	13	南偏东南	1,753	25,300
8	8	南部	1,630	14,600
总计	62		9,401	121,200
年税收 30,000 担粮食				

1 月 7 日　东乐（Tung lo）

离开甘州往东去的路程，开始时出南门，走在两边围墙的夹道里，过了夹道，立刻转向正东方向。

我们骑马走了几分钟就穿越了市郊，然后沿着左边的一排稀少的房屋和庙宇走，完了就看到了一座堡垒的城墙高高耸起。右边是一片沼泽地，有一条河流过沼泽地。这条河从南而来，伴随我们的道路几分钟后，重新转向北，在离城一段路程的地方向东流去。就在河流与道路之间看到了一条高高的古城墙遗迹。在我们通过一座坚实的木桥越过约 4 度宽的河流之前，我们路过了一大片建筑群，并穿越一道石门，石门上方是一个坚实的装饰性牌坊。左边是一片低洼地，显然是沼泽地，那里只看到一两间房子。沼泽的西面边缘一直蔓延到城墙边，南面边缘与我们的道路仅隔几间稀稀落落的房子。道路引导我们走过的那片土地都是经过开垦的庄稼地，那里有不少高大的房屋和稀少的树木。农田管理得很好。这个区域有不少灌溉水渠，看上去十分肥沃。

离城 8 俄里的地方，我们越过了一条很宽的河流——小沙河（Siao-sa-ho）。这条河在这里沿着一条相当深的河道以 200°转角方向向前流淌。听说小沙河有时候泛滥起来，2—3 天交通断绝。再往前数俄里，就是二十里铺（Ör-shi-li-pu）一个拥有数百户人家的大村庄。再走 1—1 $\frac{1}{2}$俄里路，我们就到了大沙河（Ta-sa-ho），它在这里宽达 200 度，沿着一条平坦的水少的河道，以 170°转角方向向前流淌。在它的另一岸完全是一片荒芜的沙原，面积广阔，向南北东三方各扩展约 4 俄里。南面和北面是一片私人住房和树木组成的农耕区平原。我们穿越了两条相互间隔不到一俄里的平坦的小河道，可能是同一条大沙河的支流。在其中一条河道的东边，流沙停滞了，地面上形成了一条条沙垄，并开始长草，盐碱严重。离大沙河 4 俄里的地方，我们又到了一片农耕区域。再往前走半俄里，我们通过了一个拥有 50 户人家天坛堡村（Tiantanpu）。我们现在骑马经过的区域，都是耕地，但人烟稀少。

天坛堡以东3俄里，有一个约100户人家的古城子堡村（Gutshen-tse-pu）。道路引导我们通过了城墙护卫的村子。过了村子就开始了荒芜的黄土平原，地面上出现了大大小小的土堆土丘和锥状地形。道路的左边看到山丹河（Shantan ho）结了冰的宽宽的河床。离古城子堡村4俄里，在山丹河对岸有一个四十来户人家的村子，叫卡子洞村（Tshia-tse-ting）。河流北面的地形是从一座相当高的合黎山（He li shan）向下急剧倾斜4俄里路远直到河边的山坡地。在卡子洞村以东，靠近河流的地方，有一座单独的大房子。南岸是一片荒地。我们不久就到了河岸上，河岸的黄土夹杂着许多砂子和石子。透过北岸的房子往北望去，看到了中国的长城。中国人计算一天的路程有70里，我把它换算为34—35俄里。路况很好，只不过有一段4俄里宽的荒沙区，河流泛滥时能有两三天时间交通中断。东乐地区划分为7个坝（pa），其中两个大坝在南山附近。在城郊周围的几个坝有800户人家，而南面的两个坝单独就有2000户人家。

1月8日　辛村（Sin Kou）

道路依然往东而去，或者说往东南方向穿越农耕区。这个区域看来人烟稀少，但村子里的“家”数却不少。左边是山丹河；在河流与低洼地之间耸起的一块高地常常挡住了视线，看不到山丹河。河的另一岸，时不时地断断续续出现一些房子。房子的后面就是中国长城。从长城开始地势急剧抬升，直上山岭。当地居民告诉我此山的名字叫龙首山。右边是平坦的农耕地，有些地方稍微有点儿起伏。

在到达山丹城之前，我们骑马穿越了一条已封冻的同名河流。山丹是同名县辖区的首府；该区范围从西面的大通庙开始到东面的丁将庙（Tingtshiang miao）。南面深入到山里一段路程。出了城，没过多久，在我们道路的右边，就看到了山丹河。在这之后，道路就最终与从西北方向流淌过来的河分手了。

亚洲腹地考古图记

第十二章　从肃州到毛目段长城去

第二节　经过毛目绿洲及其边远地区的烽燧

夏季越来越近了，天气也越来越热，我们的骆驼已经开始感受到热的威胁了。这就要求我们必须尽快顺着黑河往下游走。在毛目年轻的县官周化南先生的帮助下，我们5月14日在毛目只停留了一天，就租到了一些骆驼，以便减轻我们自己的骆驼的负担。这真令我感激不尽。我们还事先获得了关于秋天从这里返程时要走的那条道的信息。那条道是穿越还没有考察过的一段北山的。而且，我们还为在黑河上的考察找到了一个向导。他是个又聪明又乐于助人的年轻汉人，曾多次给商人们做代理人与黑河地区的蒙古人打交道。同一天，拉尔·辛格也同我会合了。他考察了甘州河，考察的起点是曲折的甘州河道穿过大高原北边那条荒凉的小山脉的那一点。他在途中还证实，毛目的垦殖区虽然窄，但是全长有35英里多。这个垦殖区沿甘州河向南延伸了很远，比以前的地图资料所画的要远得多（见地图42. D. 4①）。但在这个垦殖区，以及这座看起来毫无生气的小城（衙门十分破败，只有几家店铺），我们看得出，由于前两三年夏天泛滥的河水水量不足，当地的各种事业都遭受了严重损失，物资极为短缺。据说就是因为这个缘故，以前通常驻扎在这里的一小支驻军不久前也撤走了。

汉长城是沿着北大河向毛目伸展的。即便是在发现这个事实之前，就有一些明显的地理学证据使我们觉得，毛目小绿洲虽然资源很有限，但在保卫甘肃西北部的时候地位必定是相当重要的。黑河河谷在约200英里的距离内，都有水和牧草，使得这条河谷成了从阿尔泰地区（那里是蒙古人和其他游牧民族的真正故乡）来的敌人劫掠和入侵甘肃最西部那些绿洲的极佳途径。而顺着南山脚下延伸的那些甘肃西部绿洲，又是中国和中亚之间的天然大通道。黑河东西两侧都是广大的沙漠和光秃秃的山脉。这些沙漠带即便是强悍的游牧部落也很难大批通过，于是保护了那条进行商业和军事活动的重要“走廊”不致受到来自北边的太大进攻。但黑河河谷却是敞开的□□□。我们将看到在成吉思汗的领导下，蒙古人第一次重大的进攻就是从这个“大门”进来的。□□□以前来自北部草原的匈奴人、突厥人等游牧部落曾有多少次利用这个大门侵入中国西北，很值得那些能查到中国历史文献的人研究。

① 《亚洲腹地考古图记》附考古地图，本文未选录。

在此我应指出一点。自从汉武帝时期中国人第一次进入河西地区开始，那些负责守卫河西走廊这条中国和中亚之间交通要道的人，都不会不明白：如果在河西走廊北边有个垦殖区，从肃州那一侧和甘州那一侧又都能很轻易地为这个垦殖区提供支援的话，那么这个垦殖区就会像关隘一样，阻住入侵的敌人。或者，当中国方面想要对游牧部落发动攻势时，也可以把这个垦殖区当作前沿的据点。沿着北大河最下游河道延伸的汉长城使我确信，早在公元前 121 ~ 公元前 115 年之间，当中国第一次从匈奴人手中夺下肃州和甘州地区并设郡时，毛目地区就已经被纳入了那个浩大的边界防卫体系之中了。因此，我希望在时间允许的情况下，尽可能多看看毛目绿洲，并探访绿洲内和绿洲附近能发现的一切遗址。

甘肃这些地区的普通朴实百姓多是守口如瓶的，而我们带的那个蒙古族翻译很有点办法，知道怎么去打听消息。他打听到有一座当地人认为很古老的城堡，就位于绿洲主体靠下游的那一端。毛目绿洲的主体是沿着甘州河和肃州河合流之后的河道东岸伸展的。所以 5 月 15 日我们没有马上到河西岸去（河西岸有一窄条垦殖区，我们是有可能在那条垦殖区上游发现长城线的），而是顺着穿越绿洲最宽部分的那条路，向双城子去，据说那个遗址就在双城子附近。从毛目城起 6 英里多的距离内，垦殖带都是连续不断的。但由于垦殖带东边是个光秃秃的砾石“萨依”，西边则是宽阔的沙质河床，所以垦殖带的宽度没有超过 3 英里的。再往前，田地之间就夹杂着一块块长着灌木的砾石地面。走了 10 英里，我们又来到了平整的田畴，那就是宜人的双城子村了。我们在那里扎了营。

在双城子北边约 1 英里的草地之间（有些草地是沼泽），就是当地人认为极为古老的那座废城遗址。废城的夯土墙特别结实，墙基厚 16 英尺。墙围成了一个四方形的城。南墙和北墙长约 300 码。东墙和西墙长约 400 码。南墙和东墙上有很大的缺口，显然是风蚀作用造成的。城的东南角堆了一大堆流沙，这也是风蚀作用的结果。保存较好的城墙高约 25 英尺。城里只有一堵不太结实的东西走向的墙的痕迹，除此之外。城内是空荡荡的。但在城墙内外，我们都发现了大量陶器碎片，是汉代那种灰色的带“席纹”或“绳纹”的陶器，这些都表明这个堡垒的年代是很早的。我们还发现了几件上过釉的碎片，都跟在汉朝就已废弃的敦煌长城烽燧上发现的一样。另外几件，T. XLVII. 03－05、Sh. 01－06[①] 表面是灰色的，里面则发红，上面有环状刻痕和垂花装饰，这种陶器在尼雅和楼兰遗址是很常见的。考虑到陶器碎片极多，其中却没有一片后来的那种陶器，这使我们得出这样的结论：这个带围墙的堡垒是汉代的。

就在这个废城东北约 0.25 英里的地方，有一个较小的堡垒，从内部看起来显然也是十分古老的。从草图中我们看得出，堡垒内层里面 96 英尺见方，夯土墙厚 21 英尺，仍高达约 30 英尺。大门是开在这个特别坚固的小堡垒的南墙上的，门宽 10 英尺。大门外又有一个起保护作用的门，那儿的墙厚 17 英尺。这个门连着外层围墙的南墙，外层围墙只有 10 英尺厚，不算护墙只有 12 英尺高。显然是后来很晚才添的。护墙是用垂直放置的土坯筑成的，上面有横梁，以防止敌人纵向射来的炮火，这说明护墙的年代应该是极晚的。我

① 遗址标号。

觉得很可能这本来是一座古堡，后来在年代很晚的时候，古堡又被当作了一个小要塞的核心部分。这儿的土壤是松软的黏土，没有遭受风蚀作用，所以我们也没有发现小陶器碎片，因而还不能得出什么确切的结论。对上述这两个遗址，我的总体印象是：这里曾有过驻军，其目的是为了在汉长城过河的地方，戍卫黑河河道。

5 月 16 日我们过河到了西岸，那里的一长条垦殖带虽然很窄，却耕耘得十分平整。过河的地方，河床宽 1 英里多，但只有一些小水洼里有水。过河之后，我们到达的是四分（Ssu-fen）的农田。农田边上是窄窄的砾石缓坡，再往上是砂岩构成的支离破碎的低山。我在缓坡和低山上寻找长城墙体的遗迹，却一无所获。我们在砾石缓坡上走了 5 英里（这段缓坡俯瞰着二家庙（Erh-chia-miao）那些宜人的田地），也没有发现长城墙体的任何迹象。

我们老远就看到烽燧 T. XLVIII. a 了。它坐落在一个比“萨依”脚下高出约 80 英尺的较远的小山上，我们一到那儿，就一眼看到了那条已完全坍毁的笔直的墙体。墙体形如一条土丘，虽然低矮却很清晰，延伸在小山脉那覆盖着砾石的缓坡上。墙体是从四分方向来的（为北 40°东走向），然后折向北 58°东走向，向 T. XLVIII. a 伸展过来。标志着墙体的小丘太矮了，所以当我们在较平坦的砾石地面已经离它很近，或者大致跟它平行着前进时，都没有注意到它。烽燧 T. XLVIII. a 已坍毁了，只有 9 英尺高。显然，它跟汉长城是在同一时期筑造的。烽燧基 24 英尺见方，筑烽燧的土坯为 14 英寸×8 英寸×5 英寸大小，属于常见的类型。在这座烽燧（和长城墙体引向的下一座烽燧 T. XLVIII. b）下面的石坡上，几乎没发现什么垃圾。对此我们是很容易作出解释的。既然离这里不到 0. 5 英里就是舒服得多的垦殖区，长城上的守军以及负责文书工作的“书记员”们 又何必把营房设在这儿呢？

我们沿北 58°东方向顺着“萨依”脚下的墙体走了 1 英里多，然后下来，到了下门子（Hsia-ming-tzu），那里有青葱的田地和成荫的榆树。过了那里后，我们将有好长一段时间看不到垦殖区。在沙门子我们又毫不费力地找到了长城线，它形如地面上一条笔直的小丘，向 T. XLVIII. b 延伸过去。我们从沙门子走了约 4 英里，就到了 T. XLVIII. b。那儿的长城墙体几乎完全坍毁了，北大河与甘州河汇合处的墙体必定也是如此，因为我手下的一个测量员在 9 月的时候到那里寻找长城墙体，结果却一无所获。这大概是因为那条小山脉上偶尔有水流下来的缘故，在这里小山脉的分支是十分接近河床的。T. XLVIII. b 是座用夯土筑成的烽燧，很结实，高达 24 英尺，保存得相当好。烽燧基 20 英尺见方，烽燧顶微呈圆锥形，使人想起在敦煌长城上看到的 T. III 和 T. VII 等烽燧。

从这座烽燧所在的陡山上，可以清楚地望见长城墙体折向北 83°东方向，笔直地向前延伸了约 1 英里到了河西岸。就是在这里，河床分成了两支，使河床大大变宽了。现在我们可以肯定，毛目绿洲最北端下游的汉长城，在这里明显地折向了东方，过到了黑河河谷对岸。为了不影响在下游的黑河三角洲进行的考察，我们现在是无法到对岸去继续寻找长城线的。但在完成了对黑河三角洲的考察回来时，我特意重访了这里，其结果记载在本书后来的一章中。就目前来讲，有一个事实是有考古学价值的：就在离山脚不到 0. 5 英里的地方，垦殖区结束了，汉朝时显然也是如此的。而且，烽燧 T. XLVIII. b 下面，就在河西岸不远的地方有座大风庙（Ta-feng-miao），说明当地人对汉长城上古代关隘的敬意仍保留至今。

但很快我们就发现，无论在汉朝还是在后来，要想防止敌人顺着黑河从北边来，光有城墙是不够的，还必须在城墙外边较远的地方设置更有效的防御工事。我们顺着河边平坦的砾石和粗沙地（地图42. D. 3）走，到那个叫“大湾”（Ta-wan）的放牧区去。途中在离 T. XLVIII. b 约4英里的地方，我们经过了一个特别坚固的小堡垒 T. XLVIII. c（插图233、附图16①），它很像古代玉门关的那个小堡垒 T. XIV。堡垒内部32英尺见方，而仍高达30多英尺的用夯土筑成的围墙自身就足足厚20英尺。在小堡垒附近发现的陶器碎片中，既有年代较早的，也有后来的。围墙里有羊粪堆，说明最近曾有牧人临时栖身在这里。

再往北约1英里就是我们位于大湾的140号宿营地。我在那里发现了大围墙 T. XLVIII. e（插图228）。它离宽阔河床的西岸很近（见地图45. A. 3），汉文名字叫“天仓大湾”（T'ien-tsung-ta-wan）。蒙文名字叫阿伦托克海杜如勒金（Arun-tokhai-dürüljin）。围墙是用夯上筑成的，高约18英尺，厚18英尺，四角各有一个棱堡，墙围住的面积约为220码见方。围墙里面有三四个低矮的建筑废墟，建筑上的土坯是垂直放置的，显然说明其年代较晚。有一个建筑似乎是座庙，那里的土坯为16英寸×10英寸×6英寸大小。我的总体印象是，这是座后来建的堡垒。在这里没有发现陶器碎片，似乎证实了我的判断。

5月17日我在这个遗址东南约1英里的河东岸，拜访了另一个堡垒 T. XLVIII. d。蒙古人把它叫作塔拉令金杜如勒金（Taralingin-dürüljin），这个复合词的后一部分“杜如勒金”有时也读作“杜乌尔金”（durwuljin），是“堡垒”的意思。T. XLVIII. d 坐落在一个铺着砾石的低矮高原最西端，这个高原是从一条沙漠山脉弯过来的，我们后来在去高台的路上，曾穿过这条山脉。与这个高原的最西端隔河相对的，就是砾石缓坡的坡脚，这个砾石缓坡是从毛目绿洲边上的北山最东段外围山脉上，延伸下来的。在高原和砾石缓坡之间。河床变窄了，宽不足0.5英里。T. XLVIII. d 虽然已成废墟，仍十分引人注意，并且整体看来比 T. XLVIII. e 要古老。有迹象表明，它的建筑曾先后发生过一些变化，但由于缺乏明确的证据，我无法确定这些变化的年代。

如图所示，遗址里面有个内层小堡垒，呈不规则的长方形，里边大致长250英尺，宽185英尺。墙是用夯土筑成的，底部厚约12英尺，有些地方仍高25英尺。墙上共有两个坚固的棱堡，一个在西南角，一个在西侧墙上。大门开在东墙上，门外筑了个起保护作用的门厅，门厅的墙没有堡垒的墙那么坚固。门里侧每边还各有一座大塔。朝里的烽燧上有一层显然是后来筑的护墙，护墙上平砌的土坯层和竖砌的土坯层交替出现。东墙外侧的大部分墙面上也有一层类似的护墙。南墙、北墙上有缺口，似乎不是风蚀作用造成的。除此之外，堡垒的围墙保存得都很好。这个堡垒朝北、朝东连着长得多的外围墙。外围墙也是用夯土筑成的，但只有5—6英尺厚，残留下来的北墙和东墙分别有700码，500码长。外

① 《亚洲腹地考古图记》附插图、附图，本文未选录。下同。

围墙朽坏得很厉害，但有几处地方仍保留着大小不一的烽燧。我们无法确定朝河边延伸的北墙究竟是在哪一点终止的，而西墙已彻底消失了，大概是在河水泛滥的时候被卷走了。

内层小堡垒里面，有两个小建筑的残墙保留了下来，是用垂直放置的土坯筑成的。清理之后，我们只发现了建筑屋顶的残迹。堡垒里西南和东南角的垃圾堆中，也没有发现任何能提供年代线索的东西。内层堡垒里边和外围墙里边各有一个较浅的洼地，大概本来是井，我们没法清理它们。所以要想得到年代上的信息，我只能靠陶器碎片了。这样的碎片极多，尤其是外围墙里面更多。其中灰色硬碎片居多，有的带有"绳纹"或"席纹"，有的无花纹。这些陶器碎片是很古老的。灰白色无花纹的带釉陶器碎片则很少。更有启发作用的是，我在这里没有发现一片瓷器，或是在以前的宋代遗址上发现的那种上了釉的器皿。

内层小堡垒的布局很不规则，不太像是汉朝建的，至少现在这个形状的小堡垒不会是汉朝的。而我们在这里又没有发现常见于哈喇浩特和桥子的那种陶器碎片，这又说明无论在宋朝还是在西夏统治时期，这里都没有长期的驻军。因此，我猜想塔拉令金杜如勒金堡垒大概建于从汉末到唐初的那段动荡年代，并在吐蕃于 750 年左右征服甘肃之后重修过。在这两段时间里，北边的突厥等游牧部落，肯定常常威胁着甘州河沿岸和南山脚下中国居民点的安全。但也有可能后来这里曾有军队临时驻守，并作了些修复。

我们骑马斜穿过变宽的河床，走了 2 英里，就又回到了黑河西岸的道上。我们第一次遇到了蒙古人的一个小营地，营地中有几座毡帐篷。在那里穿着喇嘛服跟我们旅行的马鲁木认出来，有座帐篷的主人是他的一个亲戚。这次不期而遇也是颇能给我们启发的。马鲁木是多年前从焉耆那里的天山牧场流落到敦煌的。这里离马鲁木他们先前的牧场直线距离有 700 多英里，而他在这里竟发现了他的一个亲戚。这说明蒙古人为了寻找牧草或为了其他目的，是能迁移到很远很远的地方的。我后来特别想让他这位见多识广的蒙古族亲戚给我们做向导，引着我们在秋天的时候穿过北山，但却没能成功。

我们又沿着车马道在光秃秃的砾石"萨依"上走了 2 英里，来到了烽燧 T. XLVIII. f。这是我们在黑河三角洲上游的西岸发现的最后一个烽燧了。它坐落在一个低山顶上，视野很辽阔，能向河边平原望出去很远。西北的北山，东边和东南的沙漠高原都有光秃秃的缓坡向河边延伸过来，在这个烽燧上，这几个缓坡也都尽收眼底。烽燧的形状和大小跟 T. XLVIII. b 完全一样，底部本来 20 英尺见方，越向上越细，烽燧顶比地面约高出 22 英尺。但这座烽燧是用结实的土坯筑成的，土坯为 14 英寸×8 英寸×5 英寸大小，跟毛目段长城最北边的那个古代烽燧 T. XLVIII. a 一样。后人曾在烽燧外边添了一层夯土，显然是想扩大烽燧顶的面积，但大部分夯土后来又都掉了下来。

从 T. XLVIII. f 的构造看，它是属于毛目段长城的。从这里可以望见大湾的那几个堡垒。无疑，这个烽燧的用意是给毛目段长城放哨，跟 T. 1 和 T. 11 的作用一样（那两座烽燧位于罗布沙漠道接近敦煌长城最西端的地方，守卫着那条道路）。值得注意的是，就在河对岸离 T. XLVIII. f 约 3 英里的地方，有个虽然不大却很坚固的堡垒，叫作乌兰杜如勒金（Ulan-dürüljin）。它在构造上和大小上都跟 T. XLVIII. c 相似，可能也是汉代的。（见附图 16）

当天，我们继续往前走，穿过一个荒凉而辽阔的砾石平原，来到了休息地乌兰艾尔斯（Ulan-else）。这块小地方位于曲折的河道西岸，长着植被和胡杨树。在到休息地之前的那16英里的行程中，地面极为开阔。而且由于前一天傍晚的一场暴风带来了一点小雨，所以天气也特别明朗。但我们却没有发现任何建筑遗存。我们现在进入的地界虽然位于通往蒙古中心地带的一条古老交通线上，却从来不是汉族人的居民点。而我们以前寻找的长城线都是保护汉人的。既然如此，就让我们结束关于长城线的这几章吧。

第十三章　黑河三角洲和哈喇浩特遗址

第一节　黑河下游及其尾闾

我之所以想顺着黑河考察，一方面出于地理学上的兴趣，另一方面是出于考古学上的兴趣。考古学上的动机使我急着去拜访黑河三角洲的哈喇浩特遗址，因为在那里，杰出的俄国探险家科兹洛夫上校1908年有幸发现了重要的手稿和其他文物。11世纪早期，与藏族人有亲缘关系的唐古特人（Tangut）（即党项人——译者）建立了一个西夏王朝，把甘肃大部分地区连同哈喇浩特都纳入了它的统治之下。两个世纪后他们的国土才被蒙古人征服。据我所知，科兹洛夫上校所获的文物主要都是西夏时期的。

但有史为证，早在西夏国之前，黑河河谷就已经有很大价值了。考虑到它的位置和各种方便条件，黑河谷地肯定自古就是北方游牧民族向南进犯的要道。成吉思汗所率的蒙古人1225年就是从这里进来，最终征服了唐古特王朝。而在那之前，甘肃北部地区每个占统治地位的民族，都曾从这条天然“大道”上经过，并在自己得势的时候，尽力控制住河谷中的牧场。这些民族有：大月氏，后来他们成了印度西北部印欧-锡西厄（Indo-Scythian）的统治者；匈奴人（或称胡人），就是他们在公元前2世纪早期把大月氏赶到了西边；唐古特人之前的突厥回鹘人（Uighur Turks）。下文我们将会看到，马可·波罗的游记中有很著名的一段，记载了经过“额济纳城”（City of Etzina）的一条道路，实际上“额济纳城”正是哈喇浩特。那段文字充分反映了黑河河谷的重要性。

同样吸引着我的，还有这一地区的地理状况。出于基本自然条件上的相似性，我希望可以将黑河尾水和黑河三角洲的情况，一方面与疏勒河尾水和尾闾相对比，另一方面同以前楼兰的“干河”（Dry River）相对照（那个时候，通往塔里木盆地的中国古道仍是穿过楼兰国的）。

顺着黑河往下游走的时候，我在地理学上的好奇心首先得到了满足。这些地理现象还有助于澄清跟哈喇浩特遗址及其周边地区有关的某些问题。所以，在描述哈喇浩特遗址之前，还是让我简单说一下这些地理现象。地图44和45中涵盖了我们的考察结果，下文只是对那些地图的补充。但遗憾的是，在我之前到过这里的俄国杰出旅行家伯达宁先生、欧布罗柴夫先生、科兹洛夫上校和他的同伴用俄文出版的描述性资料，我却无法查阅。欧布罗柴夫和喀兹那科夫（Kaznakov）的路线草图，以及科兹洛夫上校1899—1901年探险的路线图，比例尺都太小了。它们提供的地形上的细节，是没法代替描述性文字的，但它们对黑河三角洲西部地区的资料，仍不失为有益的补充。

过了毛目的那几个偏远防卫建筑后，在头两天的行程中，蜿蜒在砾石缓坡之间的黑河沙质河床虽然宽，却一直没有分岔。河道西边是砾石缓坡，显然是从北山东南边缘延伸下来的。这段河道两岸只有零星的小块冲积物。从乌兰艾尔斯（即 141 号宿营地）上游向下，堆着冲积物的小块地面上大多长着成行赏心悦目的胡杨树。尽管这些肥沃的小块土地上的灌木和芦苇对过往牲畜是一种慰藉，但灌木和芦苇太有限了，不足以成为牧场。我们是在 141 号宿营地过到河东岸的，那里河床的沙土上有流沙，骆驼踩上去摇摇晃晃的。而再往下游，只有在被侵蚀过的陡岸下，才有一个个小水洼。

在其中一块植被带附近，矗立着一座废烽燧。毛目的汉族人把它叫作“西湾墩”（His-wan-tun），蒙古人则称它为“塞尔”（Sere）。烽燧身南侧和东侧的部分土坯掉了下来。可以看得出，原来的烽燧是用 14 英寸×8 英寸×5 英寸大小的土坯筑成的。后来又添筑了土坯，把烽燧底部扩展到了 27 英尺见方。添筑的土坯是垂直放置的，大小为 16 英寸×5 英寸×3 英寸，和先前的土坯也很不同。在这座烽燧上游约 6 英里远的东岸，我们还路过了一座叫“北墩子”（Pei-tun-tzu）的烽燧。它用夯土筑成，保存得相当好，高达 25 英尺。考虑到这两座烽燧离 T. XLIII. f 和乌兰杜如勒金堡垒有 17 英里多远，我觉得它们不大可能是跟毛目段汉长城连在一起的前沿烽燧。在 142 号宿营地以北约 1 英里的地方，我们还路过了另一座烽燧，它跟毛目段长城大概也是没有关系的。烽燧基用土筑成，烽燧身上用的土坯大小跟古代土坯一样，也是 14 英寸×8 英寸×5 英寸大小。烽燧底部有 16 英尺见方，烽燧高 20 英尺。

我们第二天行程的终点是布克托海（Buk-tokhai），即宿营地 142 号。离那儿还很远的时候，我们就看到了科克乌拉（Kök-ula）山脉。这条山脉虽然不高却嶙峋陡峭，仿佛锯齿一般从东北向河边伸展过来。山脉南端的小山巴音伯格都（Bayin-bogdo）就矗立在河边，比河床高出约 500 英尺，山顶上有个圆锥形石堆作为标志（见插图 229）。河对岸是一道宽宽的山岭朝科克乌拉山伸过来。它比科克乌拉山高不少，是北山一条山脉的东支，我们后来在去明水的途中还穿越了这条山脉。河两岸这两条山脉，在巴音伯格都附近彼此相距还不到 5 英里，形成了一个峡谷。这个轮廓清晰的峡谷就是黑河三角洲的“头”（见地图 45. B. 2），还没到峡谷之前，河床两岸的地面就发生了显著的变化。两岸的丛林带变宽了不少，而丛林赖以生存的地下水则汇成了一些泉水，在一个周围长着芦苇的宜人的小洼地中，形成了一汪汪地表水（见插图 230）。

洼地北边矗立的那座石岭是巴音伯格都山的最后一支，岭上有一座年代不明的土塔。从岭顶望出去，辽阔的黑河三角洲就展现在我们面前（见插图 231）。过了岭后，由于前面说的泉水的存在，河床中又有一道窄窄的水了。在离岭 1 英里远的地方，河道分成了三支。这三条支流之间，一直到变得越来越远的砾石“萨依”脚下，都是辽阔茂密的芦苇和灌木，不少胡杨树丛挺立在芦苇和灌木之上。在发黄的芦苇丛的映衬下，胡杨树深绿色的叶子显得十分醒目。三角洲头的土壤都是很细的沙质冲积物。我们没有看到任何沙丘，说明黑河每年带下来的水仍足以灌溉植被，是植被把黑河每年夏季泛滥时堆下来的沙质冲积物固定住了。

当天和第二天（5 月 20 日），我们都是顺着三角洲最东边那条河道东岸的丛林地带走的。在河边的“萨依”上，我们路过了三个朽坏得很厉害的土塔。接着，我们来到了河边的堡垒废墟“巴罕杜乌尔金”（Bahan-durwuljin），这个名字的意思是“大堡”。它是一个 45 英尺见方的院落，围墙有 11 英尺厚，围墙上的土坯为 18 英寸×9 英寸×7 英寸大小。它似乎明显比金塔县大湾附近的小堡垒年代要晚。黑河的这个支流和西边的下一个支流之间，是丰茂的植被和大片大片的草地，看起来就像草坪似的。我们在“大堡”附近过到了这条支流的西边后，发现了几座蒙古包（这是意料之中的事）。夜晚是相当凉快的，但由于白天不得不在酷热中前进。不少骆驼已经不堪其苦。我们从毛目租来的骆驼根本就走不动了。所以，现在能安营在这个肥沃的牧区，我们都极为高兴，因为这意味着又能搞到新骆驼了。我们费了不少力气，又耽搁了不少时间，才从这里和下一个宿营地苏斯伦桃来（Suslun-tora）的蒙古包弄到了骆驼。

据说，河东岸还有一个叫“艾奇杜乌尔金”（Ekki-durwuljin）（意为“小堡”）的堡垒，但它离我们的路有一段距离，所以我就不能去拜访它了。听人们说，它跟“大堡”的建筑格局差不多，只是小些。这两个堡垒分别位于这个宜人牧场两端，这表明它们是在敌人劫掠或进攻时，给附近的牧民作栖身之地的。在这之前，在路上一个叫沙拉库尔桑耶（Sharakure-sanje）的地方，我们还路过了一座坍毁的烽燧，它是用 15 英寸×8 英寸×3 英寸大小的土坯筑成的。从它和“大堡”、“小堡”的相对位置来看，我们现在走的这条道古代和近代都是常有人走的。

过了苏斯伦桃来之后，我们只走了几英里，路边的景象就发生了显著变化（见地图 45. B. 2）。在此之前，河床两岸都是与河道平行的美丽的胡杨树丛。向西望去，目之所及都是丰茂的植被。我觉得，当古代的库鲁克河仍定期为它的三角洲带去水时，沿楼兰古道走的商旅在经过库鲁克河三角洲头的丛林地带时，眼前见到的一定就是这幅情景。此后，我们的路线一直是在黑河最东边那条支流的西岸 1—2 英里的范围之内。我们很快就进入了与先前截然不同的地区。离河边不远的地面不再是松软的沙质冲积物，而变成了砾石。植被越来越少。在绕过河床那些呈凸弧形的拐弯处时，我们见到的地面经常是寸草全无的，芦苇丛也变得极为少见。而且，只有在河床相对于西岸拐了凹弧形弯时，才有芦苇生长，可见泛滥的河水到达这些地方的可能性要大些，胡杨树也只出现在这类地方。

从 5 月 21 日到 23 日，在 40 多英里的行程中，这种单调荒凉的景象没发生过任何变化。我们的蒙古族向导把我们现在沿着走的这条支流叫“玉木拿河”（Ümne-gol）。河东岸的植被带看起来也是特别窄、特别有限的。在保都伯如（Botu-börü）和乌兰苏合（Ulan-sukhe）之间，离河东岸不远的地方，还出现了高大的沙丘链（见地图 45. C. 1），使景象显得更加荒寂。沙丘的出现显然说明，再往前就是河水泛滥不到的地方了。过了宿营地 144 号后，我们越过广大的砾石平地向西边望，起初还能望到纳林河（Narin-gol）畔那成行的胡杨树（纳林河是西边的下一个支流），后来胡杨树就永远地从我们的视野中消失了。这几天，一直到 23 日到达朱斯冷查汗（Dzusul-un-tsakha），一路上我们只碰到了两个小蒙古包，而且它们的主人也正在向北边的牧场转移。所幸砾石地面上常生长着带刺的灌木丛，可以为骆驼提供足够的食物。我们遇到了很多队骆驼，它们的毛目主人们正将它们带到东北边空古尔旗（Kungurche）山脉的夏季牧场去。

我们的蒙古族翻译马鲁木七年前曾在黑河上呆了很长时间。他记得有些河段当时全年都是有水的，现在却滴水全无。跟我们走的那些蒙古人说，前三年的整个春天甚至更长的时间，这些河床都是这样的。这些蒙古人，以及我们后来遇到的自首领以下的所有土尔扈特人，都对此十分担心：如果这种春季缺水的情况不缓解的话，不知他们的牧场将遭到何种命运。从苏斯伦桃来往前，我们必须在宿营地附近的洼地中挖掘才能找到水。这些洼地都位于呈凹弧形的河岸下游，是前一年夏季河水泛滥时冲出来的。

我们越往下游走就越注意到，除了紧挨着河岸的窄植被带外，其余的灌木明显地受到了近几年干旱气候的影响。现在我们很容易就能体会到，在公元后的几百年里，当上游的库鲁克河连续多年泛滥水量不足时，楼兰南边库鲁克河三角洲的那些支流将干涸成什么样子。在位于包尔加苏（Borgasu）的宿营地附近，河边仍有成排枝繁叶茂的胡杨树（见插图 238），给人难得的阴凉。但再往前走不远，路边就是寸草不生的“萨依”了，已死去多年的灌木的根暴露在地面上。在不是“萨依”的地方仍有几丛较大的灌木活了下来，而较小的草类则都干枯了，围着依然存活的灌木丛形成了只有 1 英尺多高的矮沙堆。有几处地方，还出现了与河道平行的成行已死的胡杨树干，但那儿的地面大概已经几百年都没有地下水了。

在包尔加苏附近，我第一次注意到了一组南北向延伸的小丘，它们位于玉木拿河和纳林河河床之间（见地图 45. C. 1）。小丘形状都不规则，但无疑是人造的，用来取代烽燧。从地图上看得出，小丘的间隔一般约为 2 英里。小丘都不超过 15 ~ 16 英尺高，既没有土坯，也没有规则的夯土层，但在几个小丘的坡上露出了灌木枝。我觉得，它们是不太讲究的信号站，是少数民族模仿汉长城的烽燧和瞭望塔筑成的。没有发现任何关于它们年代的线索，在我查看的小丘上甚至连陶器碎片也没有。据当地人说，这组小丘向南一直延伸到了“小堡”附近，但我无法验证他们说的是否正确。

从包尔加苏走了约 7 英里后，河边植被带开始变宽，成了一个茂密的胡杨树林。我记得克里雅河与和田河下游就有这种丛林。在达朱斯冷查汗我们发现了一群蒙古包，大群牛羊在丰茂的牧场上吃着草。过了达朱斯冷查汗约 6 英里，我们把宿营地 147 号扎在了达文桃来（Tawun-tora），那附近肥沃的土地上生长着大片胡杨树、芦苇、红柳和其他灌木，看起来真像个公园似的（见插图 236）。后来我们通过考察才知道，那儿是一个小三角洲的“头部”，小三角洲是黑河的支流玉木拿河（又称“依和高勒”Ikhe-gol）冲积而成的。这条河道变得越来越宽，最终伸展进了噶顺诺尔（Gashun-nōr）和索果诺尔（Sokho nōr）所在的那个盆地。

5 月 24 日和 25 日，我不得不在达文桃来逗留了两天，以便接待黑河土尔扈特部的首领（或称“贝勒”）的来访，并去回访他（他住在达文桃来以北约 8 英里远的地方）。而且，我们还必须在这儿准备好劳力、水等，以便到哈喇浩特遗址去。那个蒙古族首领看起来挺瘦弱的（见插图 227），但却是一个和善的人。而且，由于我是肃州道台推荐来的，他似乎愿意尽他所能地帮助我。5 月 25 日我拜访了这位“贝勒”的蒙古包（位于一个叫达示巴（Dashoba）的地方，离玉木拿河最西边的那个支流不远），这才意识到，这位首领能控制的资源是相当有限的。

在去那个蒙古包的途中，大部分地方都长着浓荫匝地的葱郁的老胡杨树丛、茂密的灌木和芦苇。显然，由于黑河尾水分成了几个浅支流，牧场扩展了很多。这个地区南北长30英里，最宽的地方有20多英里宽。在这儿的任何一点，只要把井挖到15英尺到20英尺深，就可以找到地下水。几条支流边上都有大片的沙质冲积物，上面长着芦苇和草，可以放牧马、牛、羊。但很有可能，在黑河的两条主要支流之间以及尾间湖泊附近，相当大的地面上都是结着盐碱的砾石，上面长着不少灌木。我们在去"贝勒"的蒙古包的途中，就遇到过这样的地面。

那个蒙古包是半永久性的，"贝勒"已经在那儿住了好几年了。尽管如此，它看起来还是很不起眼。在一圈粗糙的木栅栏里是六七个毡帐（像吉尔吉斯人的"阿克奥依"），还有几个帐篷，"贝勒"的家人和随从就住在那里。栅栏外另有三个毡帐，是蒙古人特有的那种小喇嘛庙，是"贝勒"用自己的钱维持着的。"贝勒"本人的性格和气质都体现了中华文明对少数民族的影响，但他的书籍、崇拜物等，都是藏传佛教的东西（藏传佛教是蒙古占统治地位的宗教）。"贝勒"的主要财产是牛、马等。他和他的私人顾问、总管等人离这里比较远的地方放牧。

我在拜访"贝勒"的蒙古包时，获得了一些信息。它们对拉尔・辛格在后来的考察中获得的关于黑河尾间的地形资料，是有益的补充。下面我就说一说我听来的信息和拉尔・辛格的考察结果。"贝勒"的那个主要顾问很聪明，懂汉语。他对我们说，黑河的西边支流叫木林河（Mörin-gol），又叫阿尔河（Ar-gol），多年以来，黑河水主要都流进了那条河里。玉木拿河的水量要少得多，而中间那条纳林河只有一点水。在我来之前的三个夏季，玉木拿河中根本就没有洪流，木林河在6~8月间的水量也比以前少得多，纳林河中则几乎没什么水了。

由于河水在夏季长期流量不足，三角洲东侧的所有牧场都受到了严重影响。玉木拿河注入的索果诺尔（就是东边较小的那个尾间湖泊），面积已经大大缩小。据说，由于面积缩小，索果诺尔先前是淡水湖，现在已经变成咸水湖了。这个说法得到了拉尔・辛格的证实，他还发现了这种变化的原因。他发现，索果诺尔湖盆中实际有水的部分，南北长不足5英里，而俄国旅行家喀兹那科夫先生来时，湖面南北长足足有8英里。为什么会有这种差别？在拉尔・辛格的平面图上，1914年湖的实际水面以南，有一条宽宽的覆盖着软"肖尔"的地面，这片地面告诉了我们答案。喀兹那科夫先生来的时候，有一条水渠把索果诺尔的水引到西边玉木拿河的主河道。现在，由于湖面收缩，这条水渠已断流了。水渠显然是干涸了，无法再像从前那样使索果诺尔的水保持新鲜。比较一下拉尔・辛格和喀兹那科夫先生的考察结果，我们还发现，西边那个主要的尾间湖泊噶顺诺尔也缩小了，缩小的比率跟索果诺尔恰好一样。它原来东西宽约有20英里，现在缩到了14英里。拉尔・辛格的高度测量证明，索果诺尔比噶顺诺尔要高不少，这个结论跟喀兹那科夫先生的考察结果是一致的。黑河终结在两个湖泊之中，而且在1914年，这两个湖泊之间已经没什么联系了。这一事实是很有价值的。我们前面曾说过，这恰似疏勒河的情况，现在一部分疏勒河水流进了花海子盆地；而在古代，疏勒河尾水在接近罗布泊时也发生了分叉现象。

对黑河尾间这片饶有意思的地面的考察，只能由拉尔・辛格一个人承担了，因为我本人正忙于在哈喇浩特遗址的考古工作。由于时间紧迫，达云巴以北的地面我都没能亲自看一看，对此我很遗憾。下面我简单说一下，把黑河尾闾的现存地形资料，与罗布泊和疏勒河尾闾的地形比较了之后，我得出了哪些结论。除了上面说的分叉现象外，黑河尾闾和疏勒河尾闾还有两个共同特征。这两个特征很值得注意，说的都是它们没有什么特殊现象。其一，它们都没有大面积的盐结壳现象；其二，尽管这两个盆地常年都有大风吹刮，现在地面上风蚀作用的影响却特别有限。

我想之所以有这两个现象，都是因为疏勒河和黑河的尾水流速比较快的缘故。由于流速快，有可能被不时淹没并从而发生盐结壳现象的地面就很小了。同时，这也大大限制了冲积物的范围，当气候变得干旱并且没有植被保护时，风蚀作用在冲积物上是最能发挥威力的。就玉木拿河来说，在156号宿营地（位于达文桃来上游约3英里处）到噶顺诺尔的约44英里长的距离内，落差下降了足足570英尺。从宿营地150号到噶顺诺尔之间（见地图45. B. 1），落差也有这么大。黑河这几条支流在不同时期形成的冲积带都不太宽，而且仍有水分（有的是泛滥来的河水，有的是地下水），仍能生长植被，这样就不致受到风蚀作用的影响。冲积带之间的砾石“萨依”也同样得到了保护，直到终端湖泊附近，我们都会看到这种“萨依”。因此，黑河盆地的一个显著特征是没有雅丹地貌，风蚀作用对那儿的古代遗址的影响也是微乎其微的。

从辛苦得来的经验我们知道，吹进黑河盆地的风主要来自西边和西北。频繁而强劲的大风在玉木拿河以东的大沙山上，留下了它们的印记。从地图44. C. 4、45. C. 1中看得出，索果诺尔南边的这些沙丘链有200英尺高，绵延20多英里。与此极为相似的情况，就是疏勒河尾闾西边和西南的高大沙丘链（见地图35. B、C. 4）。而顺着拜什托格拉克（Besh-toghrak）谷地（即古罗布泊向东延伸出来的部分，见地图32. D. 4、35. A和B. 4），则是规模更大、绵延更长的沙丘链。

前面曾说过，从蒙古心脏地区出发顺着黑河向上游走的这条路，跟以前经过罗布沙漠、楼兰、库鲁克河到塔里木盆地去的那条中国古道，有惊人的相似性。黑河尾水和疏勒河尾水方便了这两条路上的交通。当然，过了尾水之后，两条路上的旅行者遇到的自然条件是大不相同的。在楼兰古道上，旅行者即将面对的是可怕的罗布泊湖床，那里到处是盐壳，没有一滴水。而噶顺诺尔以北的路穿过的是砾石高原和阿尔泰山系的最南端山脉，那里虽然也是光秃秃的，同罗布泊相比却好得多了。尽管如此，几个缺水季节过后，我在黑河三角洲上见到的一切，大概跟古代旅行者在古楼兰周围看到的景象是差不多的，那时库鲁克河正在萎缩，但楼兰还没有被最终放弃。

黑河角洲有一些仍然“活着的”小支流，它们几乎全年都是干涸的，但地表下面仍有不少水．岸边生长着美丽的胡杨树林和茂盛的芦苇。但也有的河床，象沃旺果勒河（Ovang-gol），已经连续好几年没有水了。在那儿只有沙堆上生长着红柳，不少胡杨树正在死去。几个河床之间的广大地面上只有稀疏的灌木，已不再适合放牧牛羊了。索果诺尔和噶顺诺尔周围仍长满了芦苇。但在零星出现的蒙古包中，我们已听到人们在痛心地抱怨，由于前几年黑河流量不足，牧场面积已经缩小。他们害怕河边丛林带里的牧场也会遭到同样的命运。

看起来这里的“干旱化”过程似乎已经初露端倪，而在这儿放牧的蒙古人好像也感到了这一点。考虑到黑河地区的总面积，这儿的人口是相当少的，只有约200家蒙古人永久地使用着这儿的牧场。从这条道走过并为北边的蒙古部落运送食物的中国商旅，给这里带来了文明。而在宗教上，蒙古人又得经常到那些木头筑成的永久性寺院。这些情况，再加上有限的牧场面积和对水井的依赖，都大大影响了他们的生活方式。而从楼兰商道首次开通，一直到楼兰最终被放弃的那几百年里，楼兰地区的状况大概跟现在的黑河地区是很接近的。楼兰人本来也都是靠放牧、狩猎为生的。这引人注目的现象似乎表明，在历史上相距遥远的两个时期，相似的地理条件会引发自然环境和人文环境的类似变化。

……

到此我们再没有任何怀疑了：哈喇浩特就是马可·波罗说的“额济纳城”。那位伟大的威尼斯旅行家是这样描述“额济纳城”的：

“离开甘比楚（Campichu，即甘州）后，骑马走12天，就到了一座叫‘额济纳’的城市。它位于沙漠北边上，属于唐古特省。那里的居民是偶像崇拜者，拥有很多骆驼、牛马，乡间还大量出产很好的鹰。居民靠种地、放牛马为生，不从事商业。在这座城里，你必须准备好40天的食物。因为，离开额济纳城后，你向北就进入了一片沙漠，需要走上40天，沙漠里既没有人居住，也没有中途休息吃东西的地方。穿过沙漠后，就来到了北边的某个‘省’。”在他游记的下一章中，说那个“省”的“省会”位于“卡拉克伦”（Caracoron），即坐落在鄂尔浑河（Orkhon）河边的蒙古旧都哈喇和林（Kara-korum，简称和林，在今乌兰巴托附近——译者）。

亨利·尤尔（HenryYule）爵士已经认为，“额济纳城”应该坐落在从甘州流过来的那条河上，以前，欧洲学者们根据中国古代地图，把这条河叫“额济纳河”。尤尔爵士之所以得出这样的结论，是因为，高比尔（Gaubil）写的《成吉思汗史》（Histoire de Genchiscan）中称，1226年成吉思汗在最后一次发起对唐古特王国的进攻一开始，就占领了“额济纳”。后来，巴拉迪（Palldius，363？—431，小亚细亚人，史学家——译者）说，元朝的汉文史书提到了“伊济内”湖（I-tsi-nay），并有文献记载“伊济内”湖附近有座古城遗址，还有一条从“伊济内”到“哈喇和林”的古道遗迹。H. 科尔迪耶教授修订了尤尔爵士的巨著，他也同样认为，“额济纳”一定位于黑水之上，因为蒙古人把黑水称作“额济纳”。一旦得知科兹洛夫上校发现了哈喇浩特城，他马上认定，哈喇浩特就是马可·波罗说的“额济纳城”。

但如果我们的证据仅限于在哈喇浩特城里发现的文物和观察到的现象的话，仍然会对哈喇浩特是不是“额济纳城”心存疑问。首先，在哈喇浩特城发现的大量文书都是西夏文，说明文书属于西夏国（或唐古特国）统治时期。在马可·波罗到达忽必烈汗的皇宫之前近50年，西夏国就已经灭亡了。而另一方面，并没有什么明确的证据能说明，哈喇浩特安然承受住了蒙古人的入侵。就是那次入侵，结束了西夏国的统治。其次，考虑到现在整个黑河下游的自然条件，加上废城附近又没有任何农耕的痕迹，现在到哈喇浩特来的人都会得出这样的结论：哈喇浩特城附近从来也不曾有农业。但马可·波罗的描述又清楚地告诉我们：那里的居民“靠种地、放牛马为生，不从事商业”。

本来，看了城墙外的地面后，再考虑到现在的黑河三角洲没有任何农耕区这一事实，我们会产生疑问。但在城东边较远的地方发现了乡村居民点遗址后，疑虑就消除了。何况，所有地形上的事实都表明，马可·波罗的描述是准确的。他说，从“甘比楚”出发，骑马走12天就会到“额济纳城”。而我们在从哈喇浩特直接到甘州时，路码表显示的距离是278英里，跟马可·波罗的数字是十分吻合的。如果沿甘州河河道走将会方便得多，总距离只会增加约16英里，骑马的话12天也是可以轻松到达的。看一下我们的地图，再对照一下科兹洛夫上校在黑河终端湖泊以北的考察情况就会发现，马可·波罗说额济纳城“位于沙漠北边上”，是完全正确的。即便在哈喇浩特没有出土西夏文文书，从地理学上也可以推知额济纳城属于唐古特省。至于说当地居民都是“偶像崇拜者”（即佛教徒），我们在哈喇浩特遗址同样发现了令人信服的证据。马可·波罗称当地人拥有大量“骆驼和牛马”，现在黑河三角洲的蒙古人就有大群牛马，我们在那儿也遇到了成群的骆驼。至于马可·波罗说的当地产鹰，遗憾的是我没有询问当地人这件事。显然，人们在狩猎时有很多时候需要用到鹰。

从马可·波罗的记录中可以清楚地看出，在马可·波罗的时代（可能在那之前也是如此），额济纳城之所以很重要，是因为它是从甘州或肃州出发到蒙古心脏地带去的商队能获取物资的最后一个地点。看一下1英寸代表100俄里的俄国地图，或者其他任何蒙古地图就会知道，黑河尾水沿岸的那条道路，几乎沿直线穿过阿尔泰地区，朝“艾尔得尼索”（Erdenitso，即哈喇和林）延伸而去，然后继续向加克赫塔（Kiakhta）延伸，并在那里同从北平过来的西伯利亚大商道会合在一起。沿这条道到哈喇和林的旅行者，过了额济纳城后不会再遇到农耕区。马可·波罗说的“途中既没有人居住，也没有中途休息吃东西的地方”，这个说法也是正确的。

马可·波罗对北边40天行程的沙漠的描述，跟我们现在知道的阿尔泰地区的情况十分一致。我们不妨引用一下这段文字，以此表明，马可·波罗对穿过额济纳城的那条道路的描述是何等准确。他说，在那片沙漠上，“夏天你的确会碰到人，但冬天时天气是极为寒冷的。你还会遇到野兽（因为那里有一些零星的小松树），以及不少野驴”。考虑到他对到额济纳城的那条道的描述也极为准确，再加上上面这段关于“哈喇和林”的文字，我们猜想，这些情况大概是他本人亲眼观察到的。尤尔爵士所采纳的那个版本中说，马非欧（Maffeo）和马可·波罗先生曾为了“完成某项使命”在甘州呆了一年。我觉得，尽管路途遥远，马可·波罗先生仍找机会抽出时间到蒙古故都哈喇和林去了一趟。这样就可以解释，为什么马可·波罗单单会特别提到“额济纳城”这个不太起眼的城市。

哈喇浩特城以及以哈喇浩特为宗教和防卫中心的居民区，是在马可·波罗来过之后多久被放弃的呢？目前凭我手头的资料，还无法对这个问题作出明确回答。很可能在存于彼得格勒的那些丰富得多的资料中会有一些线索，让我们知道，这个长期有人居住的遗址在时间上的“下限”究竟是什么时候。关于哈喇浩特的被弃，我只能提出两个可能的原因。其一，蒙古人建立的元朝灭亡之后，这个由热爱和平的中国垦殖者构成的孤立的居民区，就处于不安全的处境中。明帝国确立了自己的大幅度收缩政策，帝国保护甘肃边陲不受敌人袭掠的范围，就到不了像额济纳城这么偏远的地方了。而在唐古特王国和后来的元朝，额济纳城是在国家的保卫范围之内的。其二，由于同样的原因，沿黑河向北延伸的道路，一定在重要性上大打了折扣，甚至被完全废弃了，正如已被废弃了好几百年的穿越罗布沙漠的道路一样。

在黑河土尔扈特部中，流传着一个传说，说的是哈喇浩特城是如何被围并最终毁灭的。科兹洛夫上校在他关于自己旅行的先期报告中（该报告的译文登在《地理学杂志》上），长篇累牍地叙述了这个故事。从各方面看，这个故事都像一个民传说，其中的某些细节，比如说被围的国王最终从墙上的一个豁口逃出，并把自己巨大的财富都埋在附近的一个井中。这些故事显然是由遗址的某些细节上的特点引发的，这些特点特别容易激发普通百姓的想像力。而土尔扈特人自己说，在他们400多年前从准噶尔第一次迁徙到黑河地区时，“这个遗址就已经是现在的样子了”。从中我们看出，很难说这个传说有什么历史价值。但有一点是值得注意的：这个传说正确地意识到了一个决定性因素。即使不是这个因素决定了遗址被放弃，它也一定制止了人们重新居住在这里，并重新开垦以前的那些耕地。

传说中称：“围城的帝国军队无法攻陷哈喇浩特，就决定切断城的水源。”为达到这个目的，他们用沙袋堵住原来的河道，迫使河流改道。据说，在近代，人们还发现了这类沙袋的残件。我们带来的那些蒙古人告诉我们，旧河道始于包尔加苏。但在回途中，我们在包尔加苏附近并没有明确地找到那条旧河道开始的地方。尽管如此，考虑到我们在黑河沿岸看到的情况，以及在塔克拉玛干沙漠南边几乎所有的被废遗址获得的经验，很有可能这个遗址的被废也跟水源上的困难有很大关系。当然，情况并不像传说中所描述的那样。在围城的时候，假如人工使河床改道，不会使城内的地下水位迅速大幅度下降，所以城里的井还是能用的。但可以肯定的是，黑河从经过哈喇浩特的旧河床，改到了现在玉木拿河所在的河道，一定会切断农田以前的灌溉水源。这些农田离哈喇浩特以东平均有6英里，最近的地方离现在的河道也有14英里。显然，农田原来的灌溉用水，是用水渠从黑河引过来的。在哈喇浩特仍能清晰地看见这种水渠，拉尔·辛格还沿水渠向东南方追踪了5英里多。

河道发生的这种变化，一定会威胁到三角洲地区的所有水渠。如果河流改道已严重影响到流入渠中的水量，而当时的居民又想不出什么办法来对付这一困难的话，先前的农田就必然会灌溉被逐渐废弃。要想证实在哈喇浩特以东的居民区是不是真的发生了这一变化，就必须极为仔细地考察一下保留下来的所有古代水渠的遗迹。如今已接近夏季，时间很紧迫，所以我们无法完成这一任务。但即便我们有时间进行考察，考察结果也不足以完全排除另一种迫使人们放弃一个居住区的因素。在黑河三角洲这样干旱的地方，这个因素更会发挥决定性作用。我指的是整体或局部地区的“干旱化”。

在黑河沿岸和黑河三角洲观察到的现象，都给我留下这样一种印象：干旱化（在这里指的是黑河水量的减少），大概在造成古代居民区今天的状况时，发挥了重要作用。它也许并不是放弃居民区的唯一原因或最直接原因。但肯定是出于干旱化的缘故，才没有人重新居住在这里，也没人重新开垦以前的那些耕地（我认为，现在是可以成功地重新开垦那些耕地的）。就维持水渠来说，上游150多英里的毛目绿洲的地面状况比这儿要优越得多。但即便在那里，过去几年间人们也经历了严峻的困难，无法在春天较早的时候就使水渠中有足够的水。许多一度是垦殖区的地方，似乎最近被放弃了。

5 月的时候我们在毛目绿洲下游发现，黑河河床几乎是个干涸的，据说已经有好几个春天都是这样了。再往下，黑河三角洲最东边的那条支流依和高勒河，在过去的三年里，即便在夏季泛滥的时候也是没有水的（上文曾提到这一点）。我们顺着依和高勒河往回走时，一直到 6 月 12 日，才在“大堡”第一次遇到了流水（见地图 45. B. 2），水只占河道宽度的十五分之一，流量不到每秒钟 200 立方英尺。这预示着夏季的洪流就要来到了。蒙古人看到这些水都欢欣雀跃，他们说过去几年里，在三角洲的任何一条支流中，都要等到这之后一个月才会有水的。这儿的农田都是依靠灌溉的。在哈喇浩特和其他地点，所有庄稼要想生长，水渠中春季就必须有足够的水。

现在，黑河三角洲的任何地方都无法保证这样的水量了。我们也不能以为，从前春季缺水的状况可以通过本地区的降雨来缓解。如果那样的话，哈喇浩特遗址和那儿的文物就不会这么完好地出现在我们眼前了。

我们似乎可以得出这样的结论：从中世纪晚期起，春季到达黑河三角洲的水量就已经大幅度减少了。至于是什么引起这一现象的，在此就不说了。但我们可以肯定，河水减少并不是因为上游的灌溉用水增加。我们知道，上游绿洲中的农田，仍远未从□□□□□[①]引起的人口锐减状况中恢复过来。在哈喇浩特城有人居住，附近地区有农业生产的时候，甘州河与肃州河因灌溉而丧失的水量，也不会少于现在。马可·波罗已经说到，“甘比楚是个特别大、特别华美的城市，是整个唐古特省的首府。”他还说，在“苏克楚尔（Sukchur，即肃州）省”，也有“极多的城市和村庄”。

第十四章　前往甘州和南山中部

第一节　到甘州去的一条沙漠道

6 月 8 日我们士气昂扬地从朱斯冷查汗下游的宿营地出发向南，朝甘州和南山那些凉爽的山峰进发。土尔扈特部的“贝勒”是个善良但能力却有限的人。虽然他对我们很善意，但我们用了很长时间，费了不少气力，仍无法租到骆驼把我们送到从肃州到甘州的中国大道上去，因为没人愿意在炎热的夏季让自己的骆驼受苦。那些蒙古人提出条件，要求我们只能在晚上赶路，并要了高价，才肯提供极少的马和驴来驮运我们有限的行李和物资。他们是极为粗暴地向我们提出这些苛刻条件的。而人们说的那条路先是向东南穿过沙漠到加南河（（Ghornan-gol），再从那里直接往南到甘州。如果依照蒙古人的条件，我们在那条路上几乎是无法进行考察工作的。先前我们在黑河岸边追踪到了汉代长城线，我现在急于考察一下那条长城线下游对岸的地区。于是我们和蒙古人最终达成了一个妥协方案：我们将在晚上赶路，顺着黑河往上游走，一直到长城线末端那一点，然后再穿越以前无人曾勘察过的地区到甘州去。据说那个地区山比较多，比黑河河谷要凉爽，因此蒙古人

---

① 编者按：为符合当今有关出版规定，此处略去数字。

同意到那后可以在一大早和傍晚行军。

6月8~15日，我们完成了上述计划的第一部分。成群的牲畜不时走失，驮的物资等也不时遭到损失。由于这些原因，夜行军进行得十分艰苦。同时，我也无法轻易忘记当疲惫不堪的人们白天休息时，所必须忍受的酷热和经常袭来的沙暴（见插图237）。最后一天，我们路过了上文说过的“天仓大湾”和塔拉令金，来到了河东岸一条叫阿提克查干（Atik-tsagan）的植被带（见地图45. A. 4）。从那里就能看到东岸毛目绿洲最北的树木以及烽燧T. XLVIII. b，汉长城就是在那一点贴近河两岸的（见地图42. D. 4）。

我们发现有5座烽燧遗址从这里向东北延伸，一直到了小堡垒乌兰杜如勒金附近。烽燧都坐落在光秃秃的砾石“萨依”较高的地面上，河谷都能尽收眼底。这表明它们是一组设置在长城线外的烽燧，以防止敌人从河东岸靠近汉长城。我从宿营地159号出发，拜访了这些烽燧中最南边的那座（T. XLVIII. g），发现它坍毁得极为严重。烽燧是用14英寸×8英寸×6英寸大小的土坯筑成的，每隔三层土坯出现一层芦苇。土坯和芦苇层的尺寸等建筑上的细节跟毛目附近的长城烽燧一样，说明我们对这些烽燧性质的判断是正确的。残烽燧附近发现的少量陶瓷碎片是灰色的，但无法提供年代上的明确线索。

那天，我们还在T. XLVIII. g和它南边寻找长城线，因为在西岸汉长城的最后一点T. XLVIII. b的对岸，是可能会有汉长城继续延伸的部分的，但我们却一无所获。为了保卫毛目绿洲的最北端，汉长城大概折了个大弯，但我们已没有时间考察河上游的地区了，因为蒙古族向导和牲畜的主人们不同意在此逗留。在往南的路途中我们还一直留心观察，但在经过光秃秃的山区和高原上也没有发现任何汉长城的迹象。因此，我只能将追踪黑河东岸汉长城的任务留给将来的某位探险者了。考虑到他将面对的地面状况，他必须在凉爽的季节考察，并有足够的骆驼来驮运物资。

此后5天，我们总共走了100多英里，在夏至日来到了甘州河畔的高台城。我们所走的道路迄今还没人考察过。但除了地图42. D. 4、45. A. 4、46. A. 1~2中的地形细节外，一个旅行者若不是地质学家的话。对这段地形是没什么记述的。我们穿过了4条逐渐变高的山脉。第一条矗立在一个光秃秃的砾石缓坡上。其余3条之间是宽宽的谷地，谷地中有一丛丛耐干旱的灌木和红柳，可以放牧骆驼。除了在162和163宿营地之间穿过的最南边的那条山脉外，其余山脉上的岩石几乎都被山坡上的大量碎石掩埋了（见插图259）。上面说的那最南边一条山脉就俯瞰着甘州河。在到这条山脉的北坡之前，只在大山沟（Ta-shan-gou）有一眼唯一的井（见地图45. A. 4），在水量不多的咸水泉、月空泉（Yüeh-kung-ch'ian）及吉格代卡亚（Zigda-kaya）（见地图42. D. 4、46. A. 1）能找到水。吉格代卡亚两侧的花岗岩山崖上生长着几棵不高的沙枣树，这是我们遇到的仅有的树（见插图260）。

显然，这片由分解的岩石、沙子和砾石构成的荒地，只会有极少的降雨或降雪。能从南山过来的水汽大概都被南边那条被蒙古人称为克卡乌拉（Köka-ula）的高山挡住了，并在那里变成了降水。从那条山脉光秃秃的山坡上，明显可以看到水蚀作用的影响。在地图46中可以看出，克卡乌拉山脉肯定是甘州北面那条高大崎岖山脉的延续，本身也构成了阿拉善山系的一部分。不管历史上这片地面经历过怎样的“干旱化”过程，有一点是可以肯定的：从来没有大批外敌像顺着黑河道一样，穿越这条山脉入侵。但这里却很容易受到小股游牧部落的劫掠。越过颓败的中世纪“万里长城”之前，我们在最后一个石丘顶上发现了几座烽燧，显然就是为了警示那些小股劫掠者的。过了“万里长城”之后，我们看到了六坝（l. o－pa）村那宜人的绿色田地。田地一直伸展到了甘州河东岸（见地图 43. D. 2）。当时甘州河流淌在一条宽约 80 码的河道中，我们坐渡船过了河。又走了 1 英里后，我再一次来到了高台这座生气勃勃的小城的东门。我 1907 年 9 月曾经来过此地，对这座城门记忆犹新。

在城门外一座大庙凉爽阴凉的客房中（见插图 264），我又一次受到了热情的接待。考虑到人畜在酷热中长期跋涉已经十分疲惫，我只好在那里休整了两天。这段时间里，我安排了车辆（通过车辆，我们可以沿大道尽快到达甘州），还匆忙地朝南勘察了一下。经过这次勘察我得知，走廊南山有一条偏远的分支，它光秃秃的山脚离甘州河不到 5 英里，这大大缩减了河谷耕地的宽度。这段河谷就是从中国内地到疏勒河盆地和塔里木河盆地的天然大道。高台的比利时传教团负责人佛拜恩神父（Pere Verberne）向我提供了一些信息，说高台城西有个叫“骆驼城”（Lo－ro－cheng）的古城，离高台有一天的行程。为此，我在 6 月 23 日派拉尔·辛格到那里去作先期考察。为了节省时间，我本人于当天就出发到甘州，以便为在南山的考察做好准备。

拉尔·辛格考察过骆驼城后回到了高台，然后沿着绕一条甘州河东岸更远但迄今无人考察过的路到了甘州，与我会合。他对骆驼城的描述很简单，但已足以说明该城的部分遗址年代较晚，没有太大的考古学价值。据他说，骆驼城遗址坐落在一条又宽又深的河床右岸，当时河床中几乎没有水，白浪河（Pei－lang－ho）和西大河（Hsi－ta－ho）的河水在灌溉过上游的田地后，就是顺着这条河床流进甘州河的（见地图 43. D. 2）。拉尔·辛格画了张草图，从中可以看出骆驼城的围墙是长方形，东西长 1 英里多，南北宽约 1，430 码。城墙用夯土筑成，厚 10 英尺。城里离西墙约 330 码处又有一条与西墙平行的墙（墙中间有个大门），把城分成了面积不等的两部分。城的西墙就建在河床陡峭的右岸上方，多数地方已经坍毁。墙角以及北墙、南墙上都有长方形的棱堡突出来。东墙、北墙上有大门，大门外用小门楼加以保护。

城里几乎没有任何建筑遗存，只在东南角用不太厚的墙围起了一个约 210 码见方的小院落。在院落里，拉尔·辛格发现了一眼深 80 英尺的井，还有几个半坍毁的建筑物，大概是旅行者的栖身之所。骆驼城北边就是到肃州去的大路，南边的丰山脚下则是成串的小绿洲。因此，旅行者大概愿意把这儿当作他们歇脚的地方。拉尔·辛格带给我 80 多枚中国古钱残件，可能是在小院落里面或附近拾到的。古钱年代都比较晚，可辨认的年号的时间范围分属 1644—1662 年及 1851—1862 年。他带回来的陶器碎片看起来也不像是很古老的。

我本打算在回到毛目的路上，亲自拜访一下骆驼城，但由于三星期后在山区发生了事故，我的愿望没能实现，对此我觉得十分遗憾。在骆驼城，拉尔·辛格望到对岸 4 英里远的沙丘中有座带围墙的古城，当地人叫它锁三湾（Sou－san－wan）。据我所知，高台人认为，骆驼城和锁三湾都是唐代的一个“蒙古统治者”（唐代尚无蒙古之说——译者）建的。我不知道在两个遗址能否找到考古学证据。证明当地人的说法是否正确。但如果能考察一下那附近的农田是如何解决灌溉问题的，也一定很有意思，拉尔・辛格在骆驼城西南和东边都看到了很多废弃的农田。8月的时候，拉尔・辛格从南泉（Nan-chüan）村下来，又经过了这里。根据他在6月和8月观察到的情况来看，骆驼城附近河床中的水现在已不足以维持那片田地的灌溉了。田地位于砾石缓坡上很远的地方，离目前的垦殖区足有9英里。自然条件在那里发生的变化使人一下子就想到了“干旱化”，只是不知道干旱化过程是由什么引发的。

6月23日和24日我们沿从肃州来的大路走了两天，到了甘州城。我们经过的地区多数是到甘州去垦殖区，我在1907年已经见过。在靠近甘州河宽阔的泛滥河床之前，我们经过了黑水国（Hei-shui-kuo）遗址（见地图46. B. 2），我以前曾对那里作过详细描述。甘州河河床虽然足有4英里宽，但跟我们在1907年8月末见到的明显不同。1907年8月，由于河水夏季泛滥，有几条河道，驮东西的牲畜是没法涉过去的。河床中大部分地方都是水，只露出一条条岛屿般的狭长地带。而如今四五条有水的河道宽都不足50～60码，水深也不超过2英尺。这种对比显然说明，南山中部高处的冰川和积雪要在很晚才会迅速融化。同时这也告诉我们，以甘州河下游作为灌溉水源的垦殖区，将遇到怎样的困境。如果这一段南山的北部山脉在冬春两季有更多降雨或降雪的话，情况自然就会完全不同了。

为了给在南山中部的考察作必要安排，我在甘州休整了10天，我们1907年对疏勒河和肃州河河源附近的山区进行了绘图。我这次的目标，就是拓展绘图工作，仔细考察一下那些山区东南的高山和谷地，甘州河的源头就位于那里。这些考察，加上我们最近在黑河地区做的工作，将完成我们对甘肃西北内流区的全部考察。□□□我们得租牲畜，还要得到当地人的某些支持和引导，这些都有赖于中国当局的帮助。我以前就有过这样的经验：山下绿洲中的汉族居民很不愿意到山中去，官方也很担心“黑番子" （Hei-fan-tzǔ）□□□□□□□等的威胁。在这里，我的计划一开始也遭到了甘州的军事和民事官员的反对，租牲畜时也遇到了困难。这些都是我意料中的事。

官方之所以采取这种态度，显然是不想为我将来的安全负任何责任。他们的这种动机是十分强烈的。要不是发生了一件幸事的话，我就得作好准备，来应付长期的官方阻挠。据说我的一位可敬的老朋友柴洪山将军到了，他刚被提升为甘州地台（Ti-tai），他的到来使我有望得到帮助。我还清楚地记得1907年在肃州这位和善的老兵是如何善待我的，这次我对他的信赖也没有落空。他是7月2日从兰州府来的。此后，我逗留了几天，多次和他愉快地会面，并为山区考察扫清了道路。我这次仍是住在城墙西南角外庙宇的旧客房中（见插图267）。那里十分安静，因此也能做不少案头工作，比如清理账目，校对《西域考古图记》等。在逗留期间我还利用甘州新开通的邮政，这样可以更安全、更快捷地同欧洲和印度联系。同时，我得到了由凡・艾克（Van Eecke）神父负责的驻甘州比利时传教团总部的帮助，他们向我提供了关于附近垦殖区和到西宁去的山路的情况。

现在的甘州城址是十分古老的。我以前在甘州的两次逗留期间观察到，在南山北脚下的天然走廊中，甘州的地理位置十分优越。这一次，我再次拜访了大佛寺（马可・波罗就曾提到过它)，那里有个巨大的涅槃佛像。寺庙二楼上存放着一些小泥塑像，造型很好，似乎是宋代的。除此之外，并没有什么东西能表明这是个年代较早的庙宇。但考虑到当地的拜神传统生命力是何等顽强，我可以断定，大佛寺和它附近的佛塔（见插图 268）现在的位置，就是当初马可·波罗和他之后从西方来的旅行者所看到的位置。

第二节　到南沟城和甘州河的东源去

我已故的朋友罗茨教授是一位杰出的地质学家和地理学家，他曾在 1879 年作为兹臣尼伯爵探险队的成员到过甘州。几年前我曾从他那里得到一些信息，这使我在进入山区之前急于想看一看南沟小城（Nan - kou - ch'eng）和马蹄寺（Ma - ti - ssŭ）石窟（见地图 46. B. 3 和 4）。我发现不需费什么力气就可以满足这个愿望，因为我们最初走的是通往西宁的那条山路，绕过洪水（Hung - shui）西边的走廊南山脚到达洪水（见地图 46. B. 4）——在洪水我们将获得驮运物资的牲畜。采取这样的路线的话，就会路过南沟城。为了确定甘州河流出山区的位置，我 7 月 6 日派拉尔·辛格先生往西南去，沿一条绕远的路到南沟城。我本人则打算向正南走，直达南沟城。出乎我意料的是，运行李的先遣车辆被错误地引上了向东南直达洪水的那条道。

好在这算不上是什么大错误。我们一到第一个宿营地（clxviii 号），就及时纠正了这个错误。宿营地位于微成斜坡的辽阔的干草原上，草原把甘州绿洲和山脚的垦殖带隔开了。此后，在朝山脚垦殖带前进的途中。我极为明确地意识到，我们现在来到了一条很有地理学价值的分界线。甘州大绿洲里的垦殖区看起来特别兴旺，甘州道旁的树也十分赏心悦目。但我知道，这一切依靠的都是灌溉水源。我们这次以及 1907 年所看到的甘州和肃州之间的所有垦殖区。不论是在平原上还是在山脚下，都是如此。而现在，当我们在越来越高的地面上朝南走，当南山那风景如画的山脚离我们越来越近的时候，我开始感受到了极为明显的区别。从 clxviii 号宿营地所在的那个孤单的客栈出发走了约 8 英里后，由沙子和小砾石构成的干草原就消失了。展现在我们面前的是一条富饶的黄土带，废弃的农田上生长着繁茂的花草。又走了 3 英里，我们就到了如今的垦殖区边上，即古雅的带城墙的村庄南沟台子（见插图 266）。我们发现，那里的梯田并没有灌溉用的水渠。实际上，远处的地面上干沟与河床纵横，修建并维持水渠将是很难的事。

我们沿蜿蜒的车道往前走，一路见到的都是这样的景象。有时我们经过的是长着绿油油庄稼的田地。有时经过的梯田是废弃的，长着繁茂的草和野花，看起来使人奇怪地想起欧洲乡村的情景。总之，不论在哪里，显然这片肥沃的黄土地光靠雨雪就足以维持农业了，用不着灌溉。我们的眼睛在过去一年里几乎极少见到垦殖区，而且凡是遇到的垦殖区都能靠灌溉维持。因此，我们就更深刻地体会到这里气候条件上的差异。这预示着我们已经接近了甘州河东源以远的太平洋分水岭。但有证据表明，这条山脚地带只是太平洋水汽能到达的最外围地区，降水有时是很不稳定的。因为，在前面遇到的所有村庄里，我们都发现了蓄水池，溪流中的水可以储存在那里，在溪流干涸的季节供人畜使用。

我们离南沟城越近，望到的山区景色就越美。走廊南山的高峻山峰大部分都被积雪覆盖着，山峰前面是一层层葱绿的小山（似乎一直到小山顶上都是梯田），小山下是隐藏在深色树丛中的村庄（见插图262），较高的山坡上都是青铜绿色的针叶林。在这样的背景下，整个景色看起来就像是意大利的阿尔卑斯山脚。南沟城是座风景极为优美的小城，与宜人的乡村风光完全和谐一致。这座颓墙里面的小城似乎完全逃过了□□□□□[①]的影响。在城门上以及寂静街巷两边的房屋和庙宇的正面（见插图265），都有很多精美的老式木刻。庙宇房顶上长满了青草，破败的小衙门院子里也全是茂盛的植物，城墙则被青苔和匍匐植物盖住了。这都表明此地气候很温和，水分也很充足。城四周还有好几个美丽的庙宇（见插图270）。总之，小城中完全是一幅旧中国的典型景象．跟西北那些“野蛮”的边陲截然不同。

我在南沟城逗留时间不长，但仍拜访了它最古老的庙宇龙桥庙（Lung-chiao-miaco），也叫大寺庙。罗茨教授曾专门让我注意那儿，因为那儿有很大的青铜塑像。庙的主建筑位于一个外层院落的西边（见插图274），屋顶装饰着极为精美的陶浮雕。里面的大厅里有1尊巨大的泥塑坐佛像（见插图275），佛像左右各有1尊泥塑的立姿菩萨像。菩萨造型极为优美，服饰特别富丽，使我一下子就想起了敦煌千佛洞的古代雕塑作品。佛像左右的佛龛中各有5尊比真人还大的青铜罗汉像，不幸的是罗汉原来的头已经缺失，后人又给它们安上了极差的泥塑头。罗汉身体上除了俗艳的颜料，手上也要么后来涂了层泥，要么完全被灰泥取代了。但尽管有这些丑陋的赘加的东西，我们仍能看到青铜像的不少原貌，它们的工艺要高明得多。大厅还连着个前厅，前厅每侧也各有3尊坐姿罗汉青铜像，造型和大小跟前面说的罗汉像类似。据当地人说，这些塑像年代十分古老。将来把后人赘加的东西清理掉后，这些塑像的确很值得专家来研究。在靠外的一间大厅里立着块石碑，刻着汉文题识，窄的两面上还有藏文和蒙古文，可惜我当时无法将石碑上的字拓下来。

从南沟城出发，我用一天时间探访了马蹄寺遗址。它位于南沟城西南约6英里的地方，坐落在一个朝北边高地上的农用敞开的大谷地中，谷地是从主山脉的一条大分支上延伸下来的。当天，天气特别晴朗，山区空气也十分凉爽，使我饱览了美如图画般的景色。事先有了罗茨教授对这个遗址的描述，我对遇到这样的景色已经有了心理准备。我们路过了美丽的村庄和黄土岭上的大片平整梯田，这些黄土岭就是上面说的那条分支的外围部分。土岭坡上没有种庄稼的地方，都是繁茂的植被和成片的野花，其中有不少我在克什米尔就已见过的高山植物。我们登上一条海拔约8000英尺的土岭进行平面定向，马蹄寺谷地一览无余地展现在我们眼前。谷地西边是高耸的沙岩悬崖（见插图261），矗立在地面上，有些悬崖几乎是壁立的，而山坡其他地方都覆盖着厚厚的黄土层。悬崖是抢眼的红色或黄色。在碧绿色的背景上显得特别醒目。南边高山上积雪皑皑的山谷和东南方主山脉那些清晰可见的雪峰，使景色显得更加壮美。我把目光从前景中这些富丽的色彩和丰茂的植物转向北边的地平线，那里矗立着甘州河谷大平原上的深色山脉。我简直难以相信，山脉以北离这儿并不是太远的地方，就是蒙古南部那片荒凉的碎石和沙漠地带，而我们刚从那

① 编者按：为符合当今有关出版规定，此处略去数字。

儿脱身不久。

从这条黄土岭顶上下来，我们发现它的坡上都是梯田，但大多数梯田多年前就已荒弃了，长着离离荒草。这显然是劳动力不足造成的。在这些地方，□□□□□①后，人口大概也减少了。再朝下我们遇到了种着燕麦的农田。有趣的是我们发现种田的那对粗鲁率直的夫妇不是汉人，而是“西番”人（即唐古特人）。他们在黄土坡上挖了窑洞，这也是中国本土大黄土区典型的居住方式。我们听说，再往高处的谷地也有不少种地的西番人。这说明，藏族人尽管仍主要过着游牧生活，但也能安于农业生产。以前当他们的国王统治着甘肃大部分地区时，他们大概也是安顿下来从事农业的。

我们朝西下到了马蹄寺谷地，并越过了谷底那条活泼的小溪，这才完全领略到马蹄寺如画的景致。一簇平顶的僧房，中间夹杂着西藏风格的小佛堂，构成了马蹄寺的主要建筑。寺坐落在溪边，也有利于放牧成群的牦牛。在寺院经济中，牦牛是占有重要地位的。寺中一群群穿红袍的喇嘛出来迎接我们，这使我们再没有什么怀疑了：马蹄寺这座迄今仍有人的寺院完全是“西番”风格的。我们登上了最大那座佛堂，它坐落在一个约高 100 英尺的平台上。佛堂的多彩木门窗十分壮丽，屋顶装饰着繁复的砖浮雕和陶浮雕，看起来相当有中国气息，但佛堂里面则全是藏传佛教的东西。佛堂后面的石崖不像北边的那么陡、那么暴露。大概就是因为这个原因，石崖上没有开凿石窟，而是在佛龛里浮雕着一组巨大的佛塔。佛塔约有 20 多座，但山脚下全是茂密的树，甚至石壁缝里也长着树，所以我们没法走近去看。整体上讲，它们使我想起 1907 年在桥子看到的佛塔，那些佛塔大概跟附近的锁阳城遗址一样，也是属于西夏时期的。

我从远处就注意到，北边长满树木的山坡上有座很醒目的庙宇。它后面光秃秃的砂岩悬崖几乎是笔直的，山崖正面分布着一组蜂窝状的石窟。我们沿一条小路步行到那个山坡上。小路穿过一个美丽的森林，林中既有松科常绿树，也有阔叶树。途中我们还路过了两个西藏风格的佛塔，它们矗立在一条覆盖着森林的小山岭上。从那里望，高处的庙宇和它后面的层层石窟就展现在了我们眼前（见插图 271）。庙宇由 3 个大殿组成，分布在院落中一个比一个高的平台上（见插图 269）。大殿都是中国风格，有很多精美的木刻，屋顶上则有大量陶制装饰物。中间那个殿最大，里面有一条大木楣伸展在佛龛之上（主要塑像都位于佛龛之中），木楣上刻了一行不太规范的婆罗谜文及西藏的神秘图形，木雕上常出现这种文字。建筑上不少优美的木雕已经朽烂，表明寺庙是十分古老的。也正是由于这一原因，最高处那个大殿当时正在翻修。中央大殿外有块带字的石碑，据说提到了明代的两个年号，称此庙曾在那两段时间重修过。据我得到的拓片副本，吉列斯博士读出那两个年号分别相当于 1427 年和 1565 年。

主要石窟群占据了壁立的黄色砂岩山崖的正面，比前面说的那个庙高 120 英尺。石窟都很小，共 5 层，最初大概是按照对称格局开凿的。最底下三层每层有 5 个窟，第四层有 3 个窟，最顶上一层则只有一个窟。最底下一层石窟前面有一条屋檐似的东西，延伸了整个石崖那么长。这层石窟似乎被人们当作储藏室了，有的被堵塞住，还有的锁着门。一个

① 编者按：为符合当今有关出版规定，此处略去数字。

拱形部分通向这层石窟。在拱形中靠外的地方，我发现了绿色和棕色壁画的残迹，使人遥想起千佛洞的宋代壁画。

从最北边那个窟有一条黑洞洞的开凿在石头上的走道，通向第二层那5个小窟。它们里面都是8英尺见方，格局很相似。窟外面都有门厅状的小室，小室大概以前跟千佛洞一样也连着外边的木廊。现在则只能通过石窟之间的拱形小豁口从一窟到另一窟去。

每个石窟正对门厅的那面墙上都有个三瓣状佛龛，里面是1尊约真人大小的高浮雕佛像。佛坐在莲花座上，有的施触地印，有的施定印。佛龛顶部有1对低浮雕的象，象鼻子抬在佛像头顶上。象的形象是印度风格，十分醒目。佛像两侧还有1对跃立欲扑人的动物，似乎是狗，一条宽宽的横带子把象和“狗”隔开。佛龛两侧的墙角各有1尊泥塑菩萨像，稍微比真人小一点，服装富丽，装饰着复杂的珠宝首饰。它们的风格明显使人想起千佛洞的唐宋雕塑。

第二层和第三层所有石窟的一个突出特点，是石窟墙上都布满了泥塑小浮雕坐佛像。它们出自好些种模子，很可能是唐代的。我们发现，佛龛中或随侍的菩萨脚下有一些破碎或脱落的浮雕，“文物目录”中的样品（照片见图版LXVII①）就来源于此。从图版中可以看出，所有的小佛都坐在莲花座上，但施不同的手印。尤其值得注意的是06-08浮雕，佛坐在一个带柱子的佛龛下，佛龛完全是犍陀罗风格，佛龛顶上面对面是2头鹿的浮雕，象征着贝拿勒斯（Benares，即波罗奈国，在今瓦拉那西（Vārānasi）——译者）鹿野苑的初转法轮。佛和浮雕上的其他细节地方可能本来镀了金。石窟中所有泥浮雕的表面，以及佛龛和墙角的塑像上，都积了一层厚厚的烟灰，因为石窟中大概有好几百年都有人生火。在几个石窟中我们发现了烧饭的灶、中国式的炕以及睡觉用的台子，表明这些石窟一直到离现在不是很遥远的时候，都是被当作僧房用的。

第二层的石头上开凿了一条陡峭的旋转的楼梯，通往第三层。那里是一组小石窟，石窟前面有一条窄窄的木廊。这条木廊又连着另一条木廊，通向第四层。第四层只有3个小石窟，本来都是按照一样的风格装饰的，但保存得很差。从其中一个小石窟中的石头上开凿了很陡的楼梯，通到最顶上那个窟。它曾被完全重修过，里面有一个西藏风格的塑像，墙上的壁画画着传说中的唐僧故事。另一条楼梯通向一个16.5英尺见方的石窟，它显然是后来添的，里面有1座中国宝塔式样的小佛塔，墙上是低浮雕花纹，做工低劣，可以看出来是新的。

上面说的这组石窟脚下，向南边和北边各有一个石窟，不规则地分布在不同高度上。其中最大的一个位于主石窟群入口北边，里面有尊巨大的佛像。佛坐在一个雕凿粗糙的石头底座上，两个浮雕鬼怪托扛着底座。其他较小的石窟大概最初是当作僧房用的。

我那位不幸的师爷在这里跟在别处一样不得力，对古物完全不感兴趣。我通过他询问了寺僧，他们说本寺的佛教典籍中并没有任何非藏文的手稿或印刷品保留下来。但如果时间充足，助手得力的话。大概会得出不同的结论。从石窟中的雕塑来判断，我觉得这个遗址很可能在西夏时期就存在了。除了石窟外，现存的所有建筑都不会晚于明代，但很可能

① 《亚洲腹地考古图记》附图版，本文未选录。

这个寺庙很早就有了。总之，这个地点之所以比较神圣是因为它的石窟的缘故，而醒目的砂岩石壁为开凿石窟提供了充分条件。

最后我要说一下，在将离开马蹄寺的时候，寺院的住持们为了回报我作为朝香客献上的银子，给了我个精美的浮雕木版（010，照片见图版 LXVIII）。它大概是以前整修最顶上那座半毁的大殿时弄下来的，还残留着一点以前的着色。这块木版可能是明代的，的确是一件能代表中国木雕装饰工艺的精美作品。他们还给了我一幅西藏麻布画（011），画的是一尊坐在宝座上的佛，周围簇拥着菩萨和状如鬼怪的神祇。画面已经很旧，大概比较古老。

7 月 8 日傍晚拉尔·辛格与我会合了。他确定了甘州河流出山区的位置。之后，他向南走，穿过了甘州绿洲最肥沃的宽阔冲积平原，绕过山脚下，到了南沟城。我真不情愿离开这里宜人的环境，但 7 月 9 日我还是不得不与拉尔·辛格向东南走，准备到小城洪水去，以便节省时间，能够在洪水雇到牲畜（我们在山区将用到牲畜）。路上能通车，路两边都是田地和村庄。田地可能没有南沟城附近那么富饶，但同样是不依赖灌溉的。田地边上的小山坡上到处是丰茂的植被，再朝上就是茂密的森林。

我们安营在洪水城外一个宽敞的庙中（见插图 263），庙周围环绕着花园，风景很迷人，覆盖着植被的山峰也十分壮丽。但这都不能使人高兴多少，因为在牲畜问题上我们遇到了困难，不得不耽搁了下来，而牲畜本是人们答应好提供给我们的。甘州到西宁的这条直道上，所有比较重要的地点都有一小股驻军，洪水也不例外。这儿的军事长官似乎很想遵循我的老朋友柴洪山将军事先从甘州发来的命令，但拥有马的人一想到要离开大路就害怕。加上这里离东乐（Tung-lo-hsien）新设的地区政府还相当远（见地图 46. C. 3），使得当地的头面人物（或称“相爷”们（Hsiang-yehs））也对我们加以阻挠。我们一直活动了三天，再加上军事长官因为怕“地台”柴洪山生气，使出了浑身的解数，这才租到了所需的 17 头牲口。我答应付他们官方规定价格的两倍。为了减轻牲口的负担，我还让李师爷和奈克·夏姆苏丁带着我们在山中用不着的所有人回到甘州去。

7 月 13 日我们终于出发了。我们沿着一条覆盖着黄土的山脚下走（它是南山的最外围）。路过了一个叫“永固”（Yung-kou）的半被废弃的带围墙的小城。那里也是一小股驻军的所在地，也有个相当于上校的“县台”。地势越来越高，云沟的海拔约 8800 英尺。经过云沟的甘州河支流河床没有一滴水。尽管如此，一直到甘州河的主要支流在桥门场子（Chiao-mên chiang-tzŭ）村上游流出山口处，所有地面都开垦成了农田。由于劳动力不足，肥料可能也缺乏，大多数可耕种的田地隔年才种一茬庄稼。

当晚，我们把宿营地驻扎在那条支流的溪口处。第二天，我们一直走到了那条河谷的尽头，并穿越了一条分水岭，分水岭把河谷同正南面的甘州河东源隔开。我很高兴地发现自己又置身于真正的山区景色之中了。我们沿一条葱绿的山谷（见插图 280）朝上走，溪边的草地上铺展着一丛丛的野花，所有山坡上都覆盖着蓊郁的森林。在扁都口（Pien-tung-kou），路经了一个“丘萨”，旁边还有一个小哨卡戍守着道路。在宾通沟上游，谷地变窄，形成了一个风景如画的山谷。这条山谷是由分水岭流来的溪流冲开了一条外围山岭形成的。道路在坍毁的堡垒二道沟附近，来到了谷地较宽的部分（见插图 279）。在这里，溪的两条主要支流分别从西北和东南方向流过来，汇合在一起。我们第一次遇到了唐古特人的居住地，他们在开阔的草地上放牧大群的牦牛和羊。小溪河床上有些地方仍有一道道雪梁。从那里我们顺着不太陡的路往上走，就来到了容易通过的山口敖包岭子（O-po-ling-tzŭ）。山口海拔约 12680 英尺，是分水岭的所在地。

从山口眺望敖包河（O-po-ho）源头所在的大高原，视野很开阔（见插图 278）——敖包河是甘州河的东源。高原南边和西南边的山脉是敖包河同大通河（Ta-t'ung-ho）的分水岭，又是黄河的一个支流。也就是说，它们也是同太平洋流域的分水岭。站在山口，分水岭一览无遗。我想到，它那里的植被之所以很茂密，完全只是因为太平洋带来的水汽的结果，这简直使我忘记了自己离那分水岭之间还有很遥远的距离。这时，从北边的谷地吹来一阵大风，夹带着尘沙，仿佛在提醒我们离亚洲内陆的大沙漠仍然很近。山区的茂盛植被是来自太平洋的水汽造成的，而从沙漠吹来的风携带的细尘，把山坡盖上了一层厚厚的肥沃黄土。

眼前这个开阔的大谷地和它南边缓缓的山坡使我们想起了历史上的问题。显然，这是天造地设的一条大道，一年中大部分时间都能通行。它把中国的西藏地区同南山北脚下的绿洲联系了起来。以前，文明程度很高的中国人更喜欢乘车、而这条道是不通车的。但毫无疑问的是，每次当西藏人入侵甘肃，把中国本土同它的中亚领地切断开来，这条从黄河和西宁方向来的又直又好走的道路必定扮演了重要角色。

有一条峡谷从山口下来。在峡谷与帕米尔一般的开阔谷地相连的地方，就是敖包堡垒（见插图 278）。这个堡垒海拔约 11500 英尺，很大，已半被废弃了。堡垒中有一小支驻军，以保卫从西宁来的这条道不受游牧的唐古特部落或其他在大路四周游荡的人侵袭。在布满乌云的天空下，此地显得更加荒凉。我本来是根本不会在这逗留的。但我手下大多数赶马的人却执意不肯离开大路，因此我只好在堡垒的残墙外面休整了一天，并求助堡垒的军事长官。幸而他是个聪明的湖南人，能勉强听懂我带着湖南腔的蹩脚的中国话。这种口音，是我从前一次旅行中忠诚的旅伴蒋师爷那儿学来的。他最终确信，如果我沿甘州河西源朝上游走，然后顺着大通河往下走的话，是不可能受到人们谈虎色变的"西番子"（□□□□□□□藏族中的强盗）的袭击的，也就不会让他承担什么责任。因而他努力劝服了我手下那些固执己见的人。我还预付了一大笔雇资，也起了一定作用。而且，一个聪明的下级军官还将随我们的队伍走一段路，以便保证往前走仍能控制住那些人。

第三节　从南山回到毛目

7 月 16 日我们继续前进。我计划先沿谷地下到大寺（Ta-ssŭ），它坐落在一条无人考察过的山谷的入口处，山谷是甘州河在北边的山脉上切出来的。然后我们将沿甘州河西边的主要支流一直到支流源头（1907 年我们曾在离源头相当远的地方考察过）。然后，我计划走到大通河河谷的谷头去（前一次旅行中我们从疏勒河源头方向曾到过那附近），再顺着河谷一直走到它和敖包河之间山口的东边，然后越过走廊南山最东段尚无人考察过的地区一直到凉州。我们秋天和冬天在遥远的西方还有工作要做，但仍是有时间实现这个计划的，条件是我们要能控制住手下的人和牲畜。前一次在这一地区进行的探险中，虽然历经了很多艰难险阻，我们仍做到了这一点。

但这次运气却不好。我们顺着宽阔的谷地往下走，大部分时间天都下着蒙蒙细雨。四周除了长着丰茂的野草外，简直跟单调的帕米尔没什么两样。在宽约 3 英里的平坦的谷底，到处放牧着唐古特人的牛羊群，还有数以百计的马。在两个测量员的陪伴下，我沿敖包河左岸跋涉了 14 英里，这时，一条支流阻住了我们的去路。降雨使溪水猛涨，不骑马是没法涉过去的。我骑马时发生了一件很严重的事故，差点使我以后再也无法旅行了。从喀什以来，我一直骑的就是胯下这匹巴达克斯马，它通常很安静。但这次大概途中经过的那一群群母马使它毛躁了起来。我一骑上去，它就开始往前冲，并突然用后腿站了起来，结果它失去了平衡，向后倒在了我身上。要不是底下带草皮的土很松软的话，这匹高大的动物大概会把我严重压伤的。

即便如此，结果还是很严重的。除了很多蹭伤外，我左大腿的肌肉受了严重的伤，那条主要肌肉显然是拉坏了。我马上就不能行走了。两个测量员把胳臂连起来想架着我走，仍是无济于事。管马的那些人已经急匆匆地赶到前面去了，希望在下游找到一些小石屋子躲雨。在测量员们的搀扶下，我往前拖了一段路，已经望到几百码外的两个唐古特人的毡帐了，却被迫躺在了泥泞的地上。毡帐中的人不愿意劳动大驾帮一下我的忙。实际上，我的两个伙伴费了不少劲，才没让他们凶猛的狗攻击我们。我就这样躺了三个小时，人们才从大前方的宿营地叫回来一个突厥族仆人。大家用野营椅抬着我往前走，由于路上有好些相当陡的沟，走得十分缓慢、艰难。事故发生后约六小时，我才到了我的帐篷。

我的腿肿得很厉害，再加上别的伤，几天里我即便躺在野营床上由人们抬着走，都感到十分困难。但我很快看出来四肢幸好没有骨折或脱臼。在一两天里，我让拉尔·辛格在附近做平面考察工作。之后我就派他下到大寺，然后沿山谷到甘州河源头去。他的考察结果都记录在地图 43 和 46 中。他发现，在大寺上游，甘州河穿过了很多峡谷，峡谷是从两侧山脉伸下来的陡峭山岭构成的，山脉上都是常年的积雪和小冰川。走了六天后，他来到了宽阔的谷地“头部”，那一点位于我们 1907 年穿过谷地的路线的大北边（见地图 43. C. 3）。他还打算到大通河源头。但他手下所有汉人都竭力反对。于是，他只好满心遗憾地回到了我的宿营地，而没有到西宁道和敖包去。

在这 14 天里，我根本无法从野营床上起身，也没法使用我手下人临时给我做的拐杖（拐杖的木头是从敖包河下游 1 英里处的杉树林中弄来的）。受伤的大腿恢复得很慢，我却可以利用这段时间安排将来的工作。敖包要塞那个乐于助人的长官为我截下了一队从西宁回来的赶骡子的□□人。有了骡子这样得力的牲畜，我就派拉尔·辛格到敖包河东边和东北的山区去。从地图 46. C、D. 4 和 5 中可以看出，他带着骡子，绕过了一座醒目山岳的南侧和北侧。山岳上积着雪，似乎是敖包河上游那两条山脉合为一体的地方。然后，他经过了覆盖着森林的山坡，一直到了甘州河最东边几条支流边上的分水岭。接着，他沿那几条支流走，8 月中旬与我在甘州会合。凭着永不枯竭的精力和热情，他在条件允许的情况下，尽可能多地完成了原来的山区考察计划。

8 月的第一个星期，我已经恢复了不少，一个临时做成的马背担架抬着我回到了甘州。由于肌肉拉伤，我的腿仍很疼，在庙宇的客房中静养了 10 天。这期间，我深切感受到了比利时传教团的凡·艾克神父和德史密特（De Smedt）神父的善意，也第一次得知了欧洲爆发世界大战的消息。要不是电报线经过甘州的话，我还要很晚才会知道这些消息。在休养期间，我还做了安排，使得不知疲倦的拉尔·辛格只经过极短暂的休整后，就又向西出发，考察走廊南山的一段，那一段迄今为止还没人画过地图。他将从梨园的那条大谷往上走，一直到我们 1907 年看到大谷的地方（见地图 46. A. 3）。然后他将顺着走廊南山没人考察过的一段北坡走，直到西大河的源头。西大河主河道位于高台以西（见地图 43. d. 2、3）。这样的话，实际上我们就完成了对甘州河流域整个山区的考察。

8 月 22 日我踏上了酝酿已久的征程，我将穿过北山的沙漠地段回到新疆，以便着手秋天和冬天的工作。我手下的几支小分队都约定在毛目会合。为了到毛目去，我选择了甘州河东岸的那条路（以前，拉尔·辛格考察过这条路的一部分）。我们共走了八天，一路上大多数地面都是很好走的。但对我本人来讲，这却是段使人筋疲力尽的行程。我坚持骑马（这样做其实是很不明智的），弄得腿特别疼。还有一点令我遗憾的是，甘州河上根本没有渡船，否则我们至少一部分行程可以走水路，而在夏季河水泛滥时节，坐船将是很舒服的。一直到六坝村，我们走的车道都位于河边肥沃的垦殖带中。而在行程的头几天，降了大雨，路几乎变得像泥泞的沼泽一般。再往下游，有些地方，尤其是西坝（His-pa）村和正义（Chêng-i）村以下（见地图 43. D. 1），从东边光秃秃的山脉伸出来的沙丘几乎一直伸到河岸边，这些沙丘对驾车的强悍的中国骡子和马来讲也是很麻烦的。

我们是在平裕堡（Ping-yu-pao）村下游第一次遇到了中世纪"万里长城"的。长城是土筑成的，很破败，只厚 8 英尺，蜿蜒在一条山脉的小陡岭上，山脉虽然不高，但有些地方却相当崎岖，它伸展在甘州河东岸，一直到毛目。长城大概在山顶上朝东南延伸，因为山顶上隔段距离就有个烽燧（见地图 46. B. 3）。在甘州东边我们也曾看到过这条古老的边界墙体（见地图 46. B. 3）。也有可能，古人觉得一直到甘州东边，不可逾越的山脉就足以抵御敌人了，所以可能不必筑墙了。从地图上可以看出，再往下游也常出现一段段的长城墙体，它们一般沿垦殖区边上延伸。而在其他地方，墙体则完全消失了，只有烽燧线标志着长城的走向，而烽燧都已不同程度地坍毁了。这段中世纪的万里长城一直朝前延伸，终止在肃州以西的嘉峪关。长城上很长的地段都完全坍毁了。这一事实使我们更好地体会到，汉长城的筑造者们采用的方法是何等坚固，使大部分汉长城都经受住了时间的考验，而汉长城经过的地区比"万里长城"经过的地区，自然条件要恶劣得多。另一方面，我们也必须看到，一直到正义下游的峡谷（东岸的万里长城就是在那里终止的），甘州河河谷气候都没接近肃州附近那么干旱，不太利于长城墙体的保存。

途中有一个地点值得简单提一下。地图上的"孙乃堡"（Sun nai-pao）村东边不远的地方有座大庙，我们在那儿过了夜。大庙很有趣，叫来来庙，位置靠近高沙丘。它看起来相当古老。有很多庭院和佛堂，所有庭院和佛堂中都有沙子。它的木楼优雅、繁复，走道边上还有栏杆，并用桥把各个佛堂连接起来。总之，它看起来不像我在中国内地上见到的建筑，却很像千佛洞西方净土画中的净土建筑。或许 1000 年以后，它将被完全放弃，交付给流沙。那时，对未来的某位探险家来说，它将成为一个有意思的"遗址"。显然，河边那些带围墙的兴旺的小村庄把它当作了朝圣的地方。遗憾的是，我没有获得关于它的起源和历史的信息。

到六坝下游，连续的垦殖带及风景如画的村庄（见插图 281、282）就终止了。再往下游的农田变成了一块块窄窄的土地，夹杂在高沙丘之间，东边光秃秃的山脉脚下和宽阔的河床上都布满了沙丘。但在带围墙的大村子上堡（Hsiang-p'u），我们又遇到了比较宽的垦殖带。令我欣喜的是，过了河后我发现拉尔·辛格已安全抵达那里了。他已经圆满完成了在梨园（Li-yüan）和高台以南山区的最后任务，并受到了在山区放牧的撒拉族（Shera）和裕固族（□□□小游牧部落，说突厥语）的热情欢迎。加上这次考察，我这位不知疲倦的伙伴此中考察的南山山区，几乎跟他在 1907 年考察的南山地区一样大。

上堡下游约 10 英里，就是小绿洲正义。河两岸光秃秃的石山靠近了河谷，使河谷逐渐变窄，成了一个峡谷。河道穿过峡谷的地方，两侧都是高约 300 英尺的陡崖，万里长城就矗立在陡崖之上。带围墙的正义小城里，至今仍有一个军事哨卡，这从以前“正义峡”仍是个真正关隘的时候，保存至今的传统。峡谷（见插图 277）是甘州河在光秃秃的山脉上切出来的，这条山脉从甘州一直伸展到了肃州以西。河水泛滥的时候，峡谷是过不去的，大概其他任何季节车辆也无法从这里通行。到毛目去的路越过了东边石山的一个山口（高约 400 英尺，离河很远）然后下来，通过一个又窄又曲折的山谷，又到了河边。河道从峡谷和峡谷东边的山出来后，变出了一个布满砾石的扇形。一条高约 300 英尺的巨大沙丘链从北边向河东岸延伸过来。路在两个陡峭的鞍部越过沙丘链，我们费了好大的劲，耽搁了好几个小时，这才把车拽了上来。正义以下的整条路上，有很多极有利于防御的地点，路上和路边的高处都有成行的烽燧，表明路受到了充分保卫。塔子湾（Ta-tzŭ-wan）是我们向北遇到的第一个村庄。从那里我们又走了一天。这一天长长的行程，经过的多是光秃秃的砾石或草原，还经过了一条条伸展的垦殖区。8 月 29 日我们终于回到了毛目庙中的旧住所。令我欣慰的是，我发现第二个测量员阿弗拉兹·古尔已经带着骆驼从夏季牧场回来了。虽然骆驼在黑河尾闾以远的低矮山区经受了酷热，但它们已经可以面对摆在我们面前的漫长艰苦的沙漠旅途了。

亚洲腹地探险八年

五、穿越戈壁（节选）

穿越沙山

直到9月21日下午，我们才又踏上了路程。路旁的灌木丛有的高达三四米，和树一般高，但最终，它们还是渐渐地消失了。队伍进入了高高的、极为荒凉的沙丘之中。这里偶尔能见到些奇异的灌木，有的干沟里甚至还长着苇丛。荒僻、曲折的路基本上是在沙丘间起伏、盘绕。北边的几座沙丘大得惊人，但也几乎寸草不生。灼热的阳光好像能把沙地烤着了。

当天的宿营地是在一个叫撒拉扎格（黄梭梭）的小地方。

第二天后半天，队伍又开始向43号营地进发，我们还是在长着梭梭的沙丘中穿行。走着走着，发现路边立着一对木头做的圆锥形路标，它使人觉得好像来到了界门。脚下的道路变得越发疲软起来，令人心悸的黄沙仿佛要把一切都吸到地里去。路旁总是高耸着巨大、光秃的沙山。两山之间，往往夹着一条松软的谷地，或者是长着灌木丛的低矮的长沙丘。有的地方，灌木有树那么高，这时人就像是穿过一座公园。

右侧的沙山更是让人难忘。远处的沙丘一个个是那么相像，看上去像从一个模子里倒出来的。忽而，我们又来到了一座巨大的沙丘底下，金色的阳光正铺撒在它的顶端。一阵悦耳的驼铃声由远而近，一队骆驼的剪影在阳光的辉映下清晰地显现出来，数一数，大约有20峰。最前面的骆驼背上，坐着一个穿着讲究的商人。与往常一样，我们互致问候，互相询问着彼此的情况。他的驼队里有100峰骆驼和30位同行，均来自古城子。有的人坐在驼背上的担筐里，透过披着的帷布窥视着我们。跟在后面的一串骆驼，每峰都挂着一个沉重的带铃舌的大铃铛和一个小铜铃。

到达苏宾布鲁克营地以前，我们还穿过了另一条高高的沙丘带。在靠近营地的一个泉水旁，有一个20平方米大，10厘米深的小池塘，池塘旁边有人在放牧。我们从他那儿又买了一只绵羊和一只山羊。

9月23日，队伍翻过几座长着柽柳的沙丘，向西走了很长一段路程。一整天里，满眼所见的景致几乎全都一样。宿营地最后选在了苏芨扎格井，在这儿又遇到一队过路的驼队，他们也从古城子来。看来，秋天是驼队运货的繁忙季节。

再往前走，路面坚硬而平整，上面覆盖着一些小的圆沙丘。后来，我们又跨过一条相当难走的流沙带。骆驼一会儿要奋力爬上陡峭的斜坡，一会儿又可能陷进或滑向沙丘的另一侧。人坐在驼背上摇来滚去，不得不尽力保持着平衡。

队伍终于又踏上了平地。眼前不时可见到散长着的几株白杨，左侧的山顶上立有一座鄂博。

我们在平川的一个井旁扎下了营。

布鲁松切

就在营地的背后，耸起了一块大约35米高的荒芜高地，第二天一早，几名队员就去那儿看高地顶端的一座塔。据黄文弼估算，这个遗址大约能上溯到汉朝。他们在那儿还找到一些锅的残片和使用过火的痕迹。它名叫布鲁松切（灰塔）——这一路之上在斯第勒尔的地图上有名的几处地方之一。在他的地图上塔被拼写为布鲁逊齐。

道路从稀稀落落的几株半黄不干的树木当中穿过，一直向西北偏西方向伸去。下一个宿营地是在苏堪库都克井。那儿的水喝着直令人作呕，闻上去有股硫化氢的味道。

26日一天，我们又翻过两座低矮的沙脊。大地几乎一片光秃，在这条路上，仅能见到两条窄窄的、长着柽柳的沙带。

当天在营地里，我们把队伍分成了几个小组。以前我曾经到过这儿，知道离喀拉浩特不远了。那是一座建于13世纪的小城，1909年科兹洛夫发现了它。队里的所有成员都想去看看这座小城，于是只能分成几个小组，或步行，或骑骆驼，踏上通往遗址的路。

27号，我们又翻过几条狭窄、坚硬的山脊。山两侧的坡都很陡，不过这些坡脊只比平川地高出几米。在头一条坡脊下，长着些可爱的白杨和柽柳；而高坡上则荒芜一片，只剩下一些精细的砾石。我们注意到，在这一路上有3座古烽燧。

喀拉浩特——黑城

从第二个高坡的顶端，可以隐约看到5公里外正北偏西方向处喀拉浩特的围墙。不过，当我们站到喀拉浩特城的墙头，遥望西方和南方那壮观撼人的荒漠景色之前，首先得跨越眼前这如波涛般起伏的地面和一块长满了美丽的圆锥状柽柳的地带。清真寺的小小建筑没有修西南角楼，我们把营地就扎在了离它不远的地方。

我登上城墙，即兴画了几幅西北角上的古塔（或称窣堵波）、西墙中间的门楼和前面提起的清真寺的小建筑物上的圆顶子的速写。相对来说，城墙上的扶垛并没损坏多少。城西墙和东墙有门。整个城墙显出一种不怎么规则的方形。队里的学生步测了一下它的四边，最后得出结论：南墙长为425米，西墙长为357米，北墙长为445米，东墙长为405米。城里面各种建筑与房屋的痕迹已不明显。城内外塞积着流沙，一直堆到了城墙的顶端。在西门里侧，矗立着一座孤立的沙丘，强劲的西风600余年来一直扫荡着门前的空场。

更详细地描绘这座小城应该是考古学家的事了。科兹洛夫在他的著作《死亡之城喀拉浩特》中，A. 斯坦因在其著作《亚洲的心脏》（Innermost Asia）及兰格顿·瓦涅尔在

《遥远的中国之路》（The Long Road in China）中都描述过这座小城。毋庸置疑，它就是马可·波罗笔下的亦集乃城，在汉语里它的名字叫额济纳，蒙语则称其为埃岑或埃辛格尔。这个地方现在被冠以喀拉浩特，即“黑城”。但据说它还被称为巴图强沁，即“将军城”。

两点钟左右，我们离开了那里。道路仍通向西北，很快就把我们引入了一条由巨大的圆锥状灌木丛形成的胡同里。类似的植物规则地延伸着，路在这中间蜿蜒折行，人们宛若通过一条回廊或峡谷。两旁的柽柳数不胜数，有的生机勃勃，也有的已经死去。脚下踏着的时而是轻黏土层，上面被风吹出了一道道垄沟；时而又是坚硬的砾石层了。在两座圆沙丘之间，长着几株清新的白杨树，圆锥形的树顶与喀拉浩特城里“清真寺”的圆顶一模一样。树大约有8—10米高，有些柽柳也长到了6—7米高，简直和树一样。

大地变得更为开阔，圆顶形植物间的距离也越拉越远。常年不断的大风使黏土质的地面形成了一条条沟槽，这里颇有些像罗布泊沙漠，只是沟槽要浅一些。我们又路过一处古建筑遗址，它可能是喀拉浩特的外围护堡。

从那座毁掉了的小城走出没多远，队伍在一片平川上扎下了第48号营地。这里的地面坚硬平坦，无数的死树枝树干随处可见；这使我又想起了古罗布泊和楼兰周围的沙漠，但它们之间有一个很大的区别：在那里，人们可以发现，不少已枯死的树木仍然立在地上，而喀拉浩特西北的这些死树则已成了倒卧在地的枯干了。

一只黄色的蝎子从大夫和哈士纶的帐篷缝里爬了出来，我们还是头一次见到这种蝎子，赶快把它抓住收藏了起来。

抵达额济纳河

9月28日是伟大的一天，我们到了额济纳河的河边。

道路仍在高高的、半球状顶的植物丛中向着正北偏西延伸，路的左边又出现了一幢房屋的遗迹和两所尖塔。再往前走不远，在路右侧又有5个相同的东西。队伍在形状奇特的山丘间曲折穿行，不一会儿就转了几次弯。错综复杂的山丘地直通到被怪柳的根须连结起来的沙漠与土地的接壤处。多年的风沙在它们的身上侵蚀出道道的沟痕。山丘的圆顶至少也要部分归结于风的作用。

有一所尖塔看上去保护得相当好。从那儿向西北方向望去，一幅激动人心的图景使我们睁大了眼睛：额济纳河的白杨林！瞬息间，队伍已行进在高大的白杨树林中了，树叶已泛出了秋色。一条干涸的河床里，一群羊正在吃草。林子愈加浓密起来。

从树木的缝隙间，突然清晰地闪出一泓清水，那是一条河！开始它不过是条很浅的小支汊，宽不过10米——但一到树林这儿，就看到河的主干了。巴图跑了过来，领着大家涉水过河。他骑行在最前边引路，后面紧跟着的是孟都，我走在最后。面对宽阔的水流，驼群有点踌躇不前，但巴图的坐骑已来回走了两次，一点儿也没显出害怕；相反，那家伙看来是很喜欢在河里洗洗澡。所有这些骆驼恐怕生来还没见过如此之大的水流，它们一峰峰相跟着在头驼的率领下往前挪，用前蹄小心地试探着河底，河中的泥水飞溅了起来。河心的最深处大约有1米，河宽为212步。拉尔生在河的西岸正冲我们大声地喊着，挥着他的帽子。岸边的空地上，一根约7米高的杆顶飘扬着瑞典国旗；河边设了一个存放行李的大帐篷和一顶随从住的帐篷；再稍远一点，在树林的旁边，就是大队的营帐。

整个营地真可称得上是我们这一路上最使人喜爱、真正田园诗般的营寨，大自然突然赐给了我们乞求得到的一切。树林，草地一人多高的芦苇，随处可见的干柴禾，经年已久的死树干，再加上一条宽宽的长流不息的河水淌过这童话般的居所。我难以描述到这里以后大家的喜悦和兴奋心情。一个多月的时间里，这将是探险队的总部。整个旅行的第一大步已经跨出，当然，我们还不能有丝毫的懈怠。

六、在额济纳河的日子

拉尔生比我们早5天到达额济纳河，并在松杜尔扎下营盘。虽然秋天已翩然而至，树叶也开始变黄，但夏季似乎仍流连忘返。9月末，这里的气候让人觉得比胡济图河的6月底还热，这恐怕主要是由于海拔高度已从1595米降到了900米的缘故。

大家每天都能在河里洗洗澡，甚至我们的小羚羊迪凯也毫不畏惧地在河里游着。自从它出生以来，还从没见到过这样大的河呢！队里的狗更是一个劲儿往水里钻。

与此同时，在那林和袁复礼的队伍抵达新大本营之前，我们又讨论了几项可行的短途考察计划。

重整行装

拉尔生、马学尔、米纶威加上几个蒙古随从眼下要做的工作是重新安排和调整装着所有给养的大行李包。如果可能的话，我想在奔往哈密的途中，只带上现有行李的一半。在这条路上行进，用不着带比实际所需的还要多的给养用品。在新疆，只要想要，无论什么时候都可以很容易地填满我们的行囊——吃惯了单调的锡纸包装食品后，新鲜果菜更为受人欢迎。

现有的给养被分成了几组。我们把为第一个气象台站准备的至少够用一年的食品放到了一边，把赴哈密途中大队人马要消耗的食品放到另一堆上；第三堆食品是大本营在这一个月里要用的。

几个会做木匠活的蒙古随从把装给养的箱子又改小了一点，然后，再用旧铁丝把这些新箱子捆绑固定好。最后，再把所有的给养重新放入箱子里并登记在册。

拉尔生用每只4.5块的价钱买了几只绵羊，花20块大洋买了头牛。他又打了几只野鸡、松鸡和野鸭子，这一来，队里的菜单该发生令人高兴的变化了。他还和两个蒙古随从从河里抓了些鱼，可谁知赫默尔大夫却把鱼拿走，放到酒精里保存了起来。

第一次短途考察

正北方向大约30公里处住着一位土尔扈特的王爷，我们必须赢得他的友谊与信任——这不仅是因为建气象站的缘故，也是为了在探险队走后留在此地的骆驼能被允许放牧。于是，我们派了一位信使，拿着徐炳昶教授和我的名片去晋见王爷，说我们想去拜会他。他也送回了他的名片，并回答说，欢迎我们在任何我们认为方便的时候光临他的舍下。这期间，赫默尔和哈士纶也装备好一支驼队，准备去噶顺淖尔和索古淖尔，他们的最终目标是额济纳湖。因此，他们成了队里首批见到那令我们向往已久的湖泊的队员。我们早就计划将第一个气象站建在那里。10 月 1 日午后，他们准备出发了。年轻的大夫与我的丹麦朋友飞身跃上了租来的小矮马，在他们之前，赛拉特已经带着 4 峰驮着行装的骆驼先走了。他们一行人要离开大本营 10 天左右。

造　　船

我总想画几幅这条河流下游的速写，一直画到索古淖尔湖。我知道我没有足够的时间去画她西边的姊妹湖——噶顺淖尔了。完成这项工作就需要一条船，于是拉尔生计划为我造一条。他操着浓重的方言轻轻地说道："船几天内就能造好。"然而，头一回尝试却完全失败了。不过，我们的蒙古工匠贡布终于还是凿出了一条既能漂着走，又能载人的容器。

10 月 3 日，拉尔生已将"船"准备好。它是由两条结实的交叉板条将两个独木划子平行固定在一起，划子上面铺着一块板，那是从一块箱板上弄下来的。但试验表明，在这样浅的河里，这船太重了些；而在湖里的开阔水面上，它也同样有危险。多变的气候恐怕极易使独木划子里灌满水。

又有两队出发了

10 月 4 日，考古学家黄文弼出发去噶顺淖尔及这个湖的西南地区，进行一次为期 25 天的考察，他希望能在那儿发现居延城，在《汉书》上曾提到过这座城。

10 月 5 日，韩普尔与钱默满出发，沿着河流向东北进行一次短途旅行。我们已经得知，河左岸的小土屋是一个汉族商人建的，现在的主人是土尔扈特的王爷。看来，用它作一号台站的贮藏室倒很适合。也正因为此，台站就应建在那里。但很快我们又发现，那房子并不适于放东西，于是我们又计划对湖区一带进行一次新的考察，看看是否能发现更好的建站点，它当然应该比原来设想的松杜尔的地点更适于建站。

每一项短期考察和计划的制定都需要开很长时间的会，你必须记住，探险队就如同一台高度错综复杂的机器，各项准备都必须进行得尽可能地聪明、有效与完备。

篝　　火

每天晚餐一过，拉尔生就燃起一大堆火，蒙古随从们拾来些死树的枝干当柴禾。在树林旁边，有人用毡垫摆了个半圆圈，大家坐在上面，真是舒服极了。

秋天已经到了，夜晚渐渐冷了起来。拉尔生的火堆变得越来越受欢迎，那儿成了露天俱乐部的中心。除去那些忙着要进行夜间观测或监听来自纳温的时标信号的人外，所有的人都聚集到了那里。我们这些游子围坐在火堆旁，举行过多次会议，在那儿作出第二天的行动布置。日常的工作不那么紧张了，大家可以趴在自己的帐篷里读读书，写写信或记记日记，一般来说，留声机总是响着，狄德满时而还弹上几曲曼陀林。贝格曼一到这里，我们时常还和着他的吉他唱唱歌。蒙古随从们组成了一支小乐队，包括一管笛子、一件弦乐器和一位歌手，时而，他们还为大伙演出些相当动人的歌曲，由于充满了亚洲情调。如逢节日，或在为某位要离营出外考察的队员举行的告别晚会上，在迷人的营火的辉光映照下，大家总还互致些贺词。

不论以后命运在我们的记忆中留下何种印迹，对于额济纳河河边那宜人而又轻松的夜晚，那在火光摇曳中度过的时光，我们总是怀有一种喜悦温馨的回忆。

孟都负责给我的帐篷里生上火。每当我从篝火边回来坐到“写字台”前时，他已经预备好了一满盆燃着的木炭。这以后，他又不断地抽空从篝火边拿回一些新炭给我的盆里续上。

秋　寒

10 月 7 日清晨，我忽然发现盆里的水面结了一层冰碴。这时，人也感到了寒冷，不想从帐篷里钻出来。孟都那一铲铲炭火成了最受欢迎的宝物。

显然，秋天已跨入到了一个新阶段。树叶愈发黄了起来，有的已经脱落。黄叶覆盖着帐篷周围的地面，脚踩上去倒很舒服，它就像一张大地毯一样装饰着我们的营地，望着树枝上残剩的和地面上铺撒的金色的树叶，真让人感到愉悦。

气温下降，我们所做的头一件事就是把冬衣都从箱子里取了出来，并把夏装收了进去。入夜，野鹅鸣叫着穿过宽阔的河面向南飞去。

“双十节”

10 月 10 日（双十），队里的中国人为中华民国建国 16 周年举行了庆祝活动。徐教授和几个学生在篝火旁发表了演说。庆祝活动还包括诗朗诵、音乐、各种体育活动以及一些更有趣的节目，如在腿上套着袋子赛跑等。全体欧洲队员、中国队员和蒙古随从们都参加了活动，这一天是节日，晚饭的菜谱也与往日不同。

对毛目的考察

清点给养清单使我们发现，队里的大米、糖、面粉及蜡烛都所剩不多了，在向哈密的长途行军开始之前必须加以补充。能搞到这些物品的最近的地方是一个叫毛目的小镇，蒙古人叫它毛城，它位于额济纳河右岸 223 公里外，松杜尔以南偏西的地方。于是，在 10 月 3 日，马学尔、刘衍淮和马叶谦带着一名汉族驼工和 7 峰骆驼出发去毛目，购买各种生活必需品，同时，他们还要取回徐教授和其他中国队员正在盼望的来自北京的邮件。我同样也怀着某种忐忑的心情期待着这些来信，在胡济图河时我曾写信给北京的委员会，向他们提了一些重要的建议，徐教授也在上面签了他的名，对此，我们当然都期待着答复。

我和徐教授准备在毛目的邮局再联合发出一封信，它对考察队的未来也是很重要的。在对它的内容进行了一番仔细的推敲和评审之后，由徐教授执笔写成这封信，然后，我又让他用法文翻译了一份。

为了确证对额济纳河站的保护事宜，我们又给甘肃省督军写了封信，告诉他我们此行的目的及有关在额济纳河建站的一些详细情形，“我们久仰您是一位科学与艺术的仁慈的卫士，我们确信您绝不会对我们的计划失去理解与同情的兴趣。我们怀着非常感激的心情希望您能命令地方当局及札萨克当局，让他们对我们的台站给予特殊的保护……”云云。

最后，我们又起草了一封信，寄给新疆的强权人物杨增新，首先简单介绍了一下考察队在科学上的目的及我们到额济纳河来的目的，然后告诉他，我们的目标是先到哈密，然后到吐鲁番和乌鲁木齐。“在哈密，我们希望建立一个气象观测站。我们深知您总是对科学事业给予最强有力的支持。我们确信，您同样也会对我们的行动怀有同情与兴趣。我们将以非常喜悦的心情，接到您已经指示在我们行进沿途的地方当局给我们以帮助和保护的通知。一俟考察队抵达乌鲁木齐，我们将马上去拜见您，以期得以聆听您的明论。我们以为，给您先写这封信以取得联系是十分必要的。”

赴乌鲁木齐的信使

不幸的是，队里的旅费已日见其少。在到哈密之前，我们需要各种充足的给养补充，但到那儿之后，我们则需要更多的钱。我在乌鲁木齐已存有相当一笔钱，眼下就需要派人去先取出一些送到哈密，这样，在考察队从那儿赴乌鲁木齐的途中才不致为资金短缺发愁。

对所有人同样重要而又挠头的问题是那些难以对付的邮件，无疑，它们在乌鲁木齐已堆了几个月。队伍至少在一个月时间内就能赶到哈密，如果大家在哈密能收到邮件，能看到圣诞卡，该是一件多么令人兴奋的事啊！

于是，我命令华志作为队里的信使于10月15日出发去乌鲁木齐，他愉快又毫不犹豫地接受了这一困难的使命。这位巴伐利亚小伙子是个出色的登山家和运动员，在他身上完美地凸现出凝聚为一体的力量与能力，他是那种仿佛眼前不存在任何困难，愿意披肝沥胆去冒野外之风险的人。

按直线距离，额济纳河到哈密为660公里，从哈密到乌鲁木齐为550公里，因此，当华志再回到哈密时，他走过的路程将不少于1760公里。然而，实际上，由于道路的曲折蜿蜒，他的实际行程当在2000公里以上。

华志一行除他之外，仅还有蒙古人才奇和一个在喀拉札格附近沙漠中捡到的汉族男孩。

如果他以每天30到40公里的速度行进，40天内可以到达乌鲁木齐。这样算起来，他应在11月25日到达那里。在乌鲁木齐，用5天时间做完要做的事足够了；然后，他再用15天走回哈密，这样，他将于12月15日基本与我们是同时到达那里。因此，至少按我们估算，他可以这样行事，但实际上还会有很多我们无法预料的事在这期间发生。

10月15日早晨7点，所有的人都起来了。洗漱完毕，大家去送别队里的信使。华志的8峰骆驼个个膘肥体壮，背上驮着几件小行李立在那里，也都作好了出发的准备。其中一峰白色的骆驼，从这次旅行一开始就跟随着我们；还有几峰骆驼是新买来的，还没有在沙漠中进行过艰苦的跋涉。不过，所有骆驼看上去都很精神。

一阵热烈的道别后，3 个人带着他们的小驼队消失在村中的白杨和柽柳之后。

拉尔生的船造好了

在马学尔和华志各自带着我们的信件出发以后，我也相应地摆脱了不少事务性的工作，现在能将注意力转到规划中的对湖区的航行上来了。于是，当华志刚一开始他的长途跋涉，我立即也回过身来去看拉尔生造的那只漂亮的船。它在岸边的干地上已放了好几天。我与哈士纶还进行了一次试航，那真是一次摇晃不稳的航行。船身还是太重，吃水太深，我们不得不把甲板卸下去。独木舟的槽深大约有圆木头的一半。

拉尔生又赶快重新赶制新船，白天干了一天，夜里仍在火堆旁借着亮光干。他把燃着的炭火架到独木干的底部烧烤一下，这样再将树干掏成空壳就容易多了。第二天，他又整整干了一天，脚下的绿草毯上到处都扔的是碎木屑和木块。我已将这个月的 17 日定为启程的日子，我已经没有时间再耽搁了，因为河水的水位已开始下降。

新造好的独木舟最宽部分有 45 厘米，在水线上面一点的宽度为 30 厘米，两只独木舟相距 35 厘米，拉尔生用两块很结实的木板将它们交叉固定在一起。他还在两只木舟头部的空隙部分铺上了一块箱板作盖，它也是我写字和绘图用的桌子。在木舟的中部、里侧水线以上的地方又固定了一块木板，我坐在那上面，两条腿正好分放在两个独木舟里；休息时又可以把脚悬在水面上摇晃。哈士纶担任水手，他坐在另一块固定好的交叉板上，手里拿着桨。我们在 16 日那天用这条新船又进行了一次试航，这回发现拉尔生的这件杰作要比上次那条船好多了，它更适宜在水里航行。

由于小船里已不能再放任何其他行李，于是拉尔生自己带着一支小驼队沿河的左岸与我们同行，在行进间保持与我同步，同时，他还负责确定宿营地点。徐教授带着李宪之也跟着他一同走他俩也想去看看湖区。同时，韩普尔和钱默满也率领一支小驼队向湖区进发，他们去测绘额济纳河下游西侧支流的情况，那条小河名叫奥宾格尔。他们在返程中，又听说那条河后来一直向东流去了。

乘船自松杜尔到索古淖尔

17 日那天我们动身时，随手带的只是几件最基本的东西，绘图板、指北针、手表、钢笔、望远镜等。哈士纶因为要在水上行船，甚至把其他衣服也交给别人带着，他只穿着一件毛织紧身衫和一条浴用内裤。

我们把船推下了水，借着水流，颇为惬意地向着额济纳河下游漂去。两岸那金色的小树林，茂密的柽柳丛，铺展开的草场和芦苇覆盖的大地以及时隐时现的赤裸的沙丘从眼前掠过。沙丘渐渐显出了被风暴侵蚀成的刀劈斧凿般的陡崖，船行不久，我已看出可供航行的河道正顺着刮蚀成的立陡状的壁崖穿行，哈士纶操纵着难以驾驭的小筏子，有时离河岸已靠得很近了。

水流经常从河的一侧流向另一侧，迫使我们的船先斜向划过河面后再向前走。一般来说，漂过一段路后我们就要渐渐地限制一下航速，因为水下隐藏着很多危险的浅滩，小筏子时不时就会蹭到水下的沙滩上在原地打转。每到这时，哈士纶就得跳到水里，□着水走，直到深点儿时他再登上筏子。

我端坐在自己的观察桌旁绘制河流情况的草图，做这些工作必须要头脑冷静，与一般的河道一样，额济纳河河道弯曲，几乎很难在一个角度上保持1分钟的航行。这迫使我时刻盯着手里的指北针和手表，一刻不停地将它描绘下来。同时，我还要以闪电般的速度将那些必要的内容和观察情形记上几笔；时而我还得测一下水的流速，计算出航程。

小船有两次经过一种长长的小岛子。刚过3点，我们来到了额济纳河的分支点，从这儿看去，两条支流大小一样，左边的就是奥宾河，它最后汇入了噶顺淖尔；右边的支流叫东大河，它流入了索古淖尔。据说，东大河比它的西邻要窄而深一些，我决定先航测它。

船漂入了东大河，河的左岸边的不远处聚集着一群野鹅。它们转过头来望着我们，突然振翅而起，向着南面飞去了。当野鹅飞过我们的头顶时，你甚至可以听到它们翅膀的扇动声。在阳光的照耀下，它们身上的羽毛熠熠闪光。

越往前行，东大河变得愈发窄了起来，不过弯子已少得多了，对哈士纶来说，保持航行的任务相对减轻了些，他只是坐在自己的位子上，用手里的桨掌着舵。免去了经常□水，他也有了空闲的时间让身上的衣服干一干。我们的航行速度快得多了。有时，在河流的急转弯处，水流冲着我们的小船向岸边撞去，我就得赶快用手里的长竿撑住河岸。

河水更深了，河道约有15米宽，像是一条大渠，河床疗全都没进水面。左岸陡直地伸下水去，而右岸的坡则要缓得多。河的两边都长着茂密的树林。我们从这儿上了岸，一宿也没吃饭。

临时营地附近的河水又深又窄，离河10米开外，几乎已看不出有河，似乎它已消失在绿林之中。

无风的夏夜凉爽宜人，景色让人迷醉，我的心恋恋于这夜色美景中。忽而，河岸苇丛里的野鸭野鹅冲向空中。野鸡躲藏在柽柳丛后面的窝里，偷偷地窥视着我们。一只秃鹫在河面上盘旋。河岸右边的树林带间或被几个沙丘阻断了。左岸的土地要平缓得多，一肩高的野草和苇子星星点点地散落在地面。眼前有时还闪过吃草的牛群、马群和骆驼群。

10月18日一清早，一阵狂风吹过树林，叶片像暴风雪一样飘了下来。天空彤云密布，空气中飞扬的沙尘弥漫。秋天的气候除了令人生厌岂有他哉？

我们在水中又漂流了两个小时。只要一搁浅哈士纶就要跳下河去摆弄小船，他坐在后面的船板上，冷得牙齿不住“嘚嘚”打战。我们只好又靠了岸，点起一堆火，休息了20分钟。

中午12点，小船驶到了一个极不寻常的美丽迷人之处。也许我有些夸张，但它如此让我欣悦，恐怕是因为刚刚在世界上最大的荒漠地区旅行了几个月的缘故。如果东大河这条小河沟是在印度或瑞典，也许我就不会被打动得这么深切了。但是此刻我们对眼前这田园诗般的景色永远也不会厌倦，就仿佛是被这蜿蜒的小河驮载着驶入了一个大牧场和一片诱人的丛林之中。

眼前的河流宽不过12或15米，大约20多分钟的航程中，水流几乎是笔直地向北冲去。此处的河流更像是一条阔渠，两边的堤岸陡立，高约2米半，不少植物的根茎攀附生长在上面。高耸的土堤有时悬峙于水面之上。岸两边伟岸的白杨树林密密层层，时不时，两岸树梢的枝条搭接起来，在河的上方形成一道拱门，我们仿佛滑入了一条顶上镶嵌着金色马赛克砖的隧道，橙黄色的暗影看上去美极了，间或有几缕阳光透入了这天造地设的顶篷。船又缓慢无声地驶入了一片更美的树林之中。这里的景色更使人有一种兴奋得禁不住击节称叹的冲动。我俩想遍了瑞典和丹麦语中所有最富有表现力的词语来形容眼前的胜景。哈士纶只是偶尔地用桨点一下水，保持着小船顺着河岸漂流。多数时候，我们就随流而下。河左岸茂密的树林和高高的堤岸形成了一道无法穿透的保护屏障，人在这安谧的通道中漂流，一点也感受不到大风的肆虐。

午饭时分，大约1点左右，迷人的树林终于到了尽头，河流一下子展宽开来，这后，却又变得与以前一样千回百转。也许我俩是这条河上的第一批航行者，除非西汉王朝的将军们在跟匈奴作战时曾借额济纳河运送过物资和给养，但我们并不知道，编年史上也没有对这里的记载。

终于，太阳落山了，夜幕笼罩着新的宿营地。我俩坐在火堆旁谈笑着。两行野鹅又从头顶上飞过。尽管看不见，但我们仍听到了它们的鸣叫声。看来，野鹅一般都在夜里飞行——就像奔赴古城的汉人驼队，也正是基于同一原因——为了白天能休息、吃食。

第二天，我们发现河水下降了几厘米。河岸两侧，偶尔有几峰吃草的骆驼在一块块草场上徜徉。几头牛立在那里，傻呆呆地盯着我们；突然一群马冲了出来，在灌木丛间转着圆圈狂跑着，荡起一阵烟尘。更令人震惊的是，居然有3峰骆驼趴在河边饮水。

河道的宽度不断变化着。有时大约有70米宽，而有的窄弯处也就有10米宽。

突然，眼前的景色又是一变，树林到了尽头。几株怪里怪气的白杨树杈当了湖区的前哨，柽柳也变得稀落起来。河的两岸，铺满野草和芦苇的平原绵延开去。在东大河与奥宾河之间，孤零零地冒出来一块野草丛生的高地，土尔扈特的王爷就在那儿建起了他的宅邸和衙门。离王爷的住处不远，有一座叫达吉林公帕的小庙。我们将营地扎在了高地下面的岸边。

庙里3个活泼可爱的小伙计、小师傅看到我们，脸上露出惊喜的神色。他们确实也有几分害羞，就像是驯服的小松鼠在我们的帐篷间奔来跑去。赫默尔和哈士纶为进行植物学考察曾到过这里，并与小师傅们混得挺熟。看到他们又认出了哈士纶，熟悉地拽着他的胳膊叫他“海思龙”，真让我们高兴。

土尔扈特的王爷

20日早上，我们派玛泰喇嘛去土尔扈特王爷的衙门，问他什么时候能接见我们。中午12点时，我们那位信使还没有带回答复。据说，这王爷又老又瞎又聋，整天躺在床上，从未接待过客人。但他有个45岁的儿子，掌管着父亲及整个部落的事物。他当然能起床走动，两个星期前还接见过赫默尔和哈士纶。

中午刚过，玛泰喇嘛回来了，带回了王爷的一个很怪的答复。他说，当天他无法接见我们，按照他们的历法，这天是当月的25日，这个日子不宜于接待来访者。无论我们在哪里，他将于28日或29日派一个信使来营地，告诉我们哪一天去拜访他合适。我们认为，这一答复几乎完全是侮辱性的。他一定这么认为，4天以后也可能我们已走到离他住地很远的地方，但那时我们却还得回转来，而那样做的唯一目的就是拜见他；但就在我们扎营于他的家门口时，他却拒绝见我们。徐教授认为，一个辖制着97座帐篷屋的小头领，其官阶绝不高于任何一个中国小城市里的行政长官，在我们这么一支大探险队的领导来到他的地界后，这么个小王爷完全有义务友好地接待我们。但从另一方面说，你也几乎无法期望这位王爷能搞清楚我们到底是什么样的一类人。政治官员、间谍还是白人土匪？拉尔生认为，我们一到这里，这个王爷肯定马上派了一位信使去肃州（即酒泉）报告汉族的执政官员（这也是离他最近的上司了），并询问该如何对待我们。徐教授也同意他的看法。此刻，王爷正在等待指示，在这同时他不得不给我们一个模棱两可的答复。假如事情正像我们所估计的，这位王爷更应受到称赞而不是责备，因为这说明他十分关心着自己这块领地。也许这还是个政治问题呢。□□□……他无疑是保守的，并忠实于中国。他不希望失去一点点手中的权势。

当然，在一个晴朗的日子里，当13名武器装备精良的欧洲人和7名中国人突然□□□带领着200峰骆驼猛扑到那平静安祥的领地时，他当然有成百条理由去产生怀疑。这种事事先是很难预料到的。你必须记住，中国正处在战争时期——我们的突然到来意味着什么呢？在我们到来之前，许多听上去让人害怕的谣言已传播开来，而且被那些蒙古族和汉族商人们夸大到无以复加的程度。有人说，一支军队正在路上行进，他们有庞大无比的驼队，帐篷可够建一座城的，还带有一座武器库。更为逼真的是，说先到的这些人是先头部队，为了在河边占地盘；几天以后就要占大片的土地。显然，所有这一系列行动都是军事行动。王爷当然有理由小心一点了。

我们决定好好考虑一下，慎重地处理这件事。我们要以非常友好的态度告诉王爷我们此行及到这里来的目的，告诉他我们想在他的领地建一座气象台站。徐教授将这些记了下来，写成了一封带和缓的标题和客气友善的开场白的信，其内容如下："我们今天来到这里的唯一目的就是想拜会您。我们极为遗憾地得知这一天对您是不合适的，我们也没能亲自面见于您。我们考察团是在中国政府和学术团体联合会的保护之下，正在穿过山西北部、甘肃和新疆进行科学考察。我们的另一个目的是要在额济纳附近、哈密、乌鲁木齐及其他几处地区建立气象台站，以便在几年内对降雨、风暴和温度等进行观测。

"现在我们已到达额济纳河的左岸，并已建立了我们的站点，因此，我们认为有责任拜访阁下及您的属下，以向您解释我们此行的全部目的，并热切盼望能得到您对台站将加以保护的承诺。由于我们的考察团是一个科学研究组织，所有成员都是有学问、有教养的学者。从政治上说，我们不属于任何党派，台站的功能也是纯科学性的。无论如何我们绝不想使我们自己带有任何政治色彩。斯文·赫定博士是班禅活佛20多年的好朋友，经常在西藏旅行，考察他的疆土，并且他能领受到活佛殿下最友善好客的接待。在此之前，赫定博士已在北京几次拜见了活佛殿下，并告知他要访问他的几片疆土。活佛殿下已从各方面对这一计划给予了恩准。

“徐炳昶教授素来对黄教怀有深深的敬意。至于台站中的工作人员，我们可以保证，他们在任何时候都不敢藐视本地各种传统与习俗，也不会对寺庙、神塔和鄂博等造成任何损坏。

“现在我们希望说明的是，我们期待着您的接见。如果这次会面难以安排，请允许我们借此机会通知您，本月底或下月初，我们将启程继续踏上向新疆的旅途。

“如果我们——斯文·赫定和徐炳昶，对一考察团负全责——这次没能见到您，我们团里的3名成员将有幸留在这里，他们将随时准备拜访您，以避免产生误会。另外，到达这里的考察团的所有成员都持有中国外交部和教育部颁发的护照及证件。如果您认为必要，我们请求您派遣一位官员来进行验证检查。”

这封信仍由玛泰喇嘛送去，时间不长，他带着一位秘书和一位官员回转了来。玛泰喇嘛说，王爷倒是有个翻译，但是却没人能读得懂汉文。于是，聪明的蒙古小伙子赛拉特就将文件翻成蒙文交给了两位代表，由他们带了回去。这一天，我们就留在这里等着。王爷的秘书再来时至少可以称得上是非常客气。他捎来了主人的口信，说欢迎我们去任何我们想去的地方，我们可以自由地干我们想干的一切事，但如果我们要冒险乘船进湖，那可一定要小心，因为湖水很深。

土尔扈特王子来访

从我们到这儿以后，河水已下降了5厘米。夜间，温度降到了0.5℃。在早晨清冽的小风中，映衬着蔚蓝色的天空和闪着金光的草甸子，我们的瑞典国旗在营帐外迎风飘扬。土尔扈特王爷的儿子终于来拜访我们了。他送给我一条浅蓝色的哈达和他父亲的一张红色名片，上面的名字和头衔是郡王达齐。此地以额济纳的名称封给了老土尔扈特。

王爷的儿子是额济纳的真正统治者。他身材高大健壮，有一个和善而富有吸引力的外表，举止谦和、文雅。进过茶后，大家又互相客套了一番。如果我们真是急于见到老王爷，他说，那也会受到欢迎，但老王爷病了，只有最亲信的几个下属和两个侍者才能见到他。我们表示绝不想去打扰他，不过是想向他致以我们的祝愿与尊敬。

他希望我们将前一天写的那封信再翻译一遍，并又重申道：我们有完全的自由从事我们自己的工作，气象台站也可以按我们所需要的时间设在这里。

他问道，是否可以为我们效劳？是的，我们说，如果能为我们雇一辆牛车我们将很感激。我们准备将小船从索古淖尔拉到噶顺淖尔，然后再钻进树林中，李伯冷准备拍电影。他答应为我们解决这个问题。

最后，我诚恳地向他表示，为留在这里过冬的骆驼占用他的草场而想给他些回报，并请求他告诉我到底需要些什么外国器物，我会通过台站的留守人员带给他。他立即答道，很喜欢有一副质量上好的双筒望远镜（顺便说一句，蒙古人非常喜欢这种玩意儿）。

到达索古淖尔

一俟土尔扈特的王子离开，我们赶快又上了船。不到半小时船，就漂到了东大河的分叉点。左边的河沟渗成了一片沼泽，有人警告过我们对待它要特别小心；右边的河汊变得非常之窄，九曲回肠，上面还有个小瀑布。它大约也就 3 米宽，小瀑布有 1 米高。两边的堤岸陡立，高约 2 米或 2 米半。我们离开了小船，跳过小瀑布，然后继续沿着狭窄弯曲的河道前行。有些地方的小激流使得小船飞也似地下漂，我俩不得不费尽气力使疯狂的小船不至于偏航。湍流溅起的水花打上了木船，使它在原地打起了转，并渐渐沉重起来，一会儿工夫水就要灌满独木舟了。好在哈士纶终于淘干了船舱，船又向前漂去。

左边的一条小支流汇入了我们正漂流的小河沟以后，它渐渐变宽起来，从 12 米增到了 20 米。岸边的植被渐渐稀疏了。终于，田野完全光秃了，辽远的大地只剩下干涸的龟裂开来的泥巴滩。

船行了大约 3 个小时以后，我们靠岸休息了一会儿。渐渐地，土地走到了尽头，河流也分成了几条小水沟。最后，田野被抛在了身后，索古淖尔闪着波光出现在眼前。不过真正要抚摸到那蓝色的湖水却还要走上很长的路。一个小三角洲的外侧横亘着一条泥坎，这儿的水深大约只有 5 厘米。哈士纶不得不跳下船去摸索着往前走，突然，他一下子陷进了黏稠、乌黑的泥潭里，费了好大劲才爬出来。我俩把船拖到了西北方向一块坚硬些的地面上，拉尔生和孟都在那儿挖出了一条深些的河道，使我们的船能过得去。后来李伯冷也加入进来，他刚刚从主营地过来。

横穿索古淖尔

10 月 22 日清晨，天晴朗极了，空气清新凛冽。哈士纶又把我抱上了船，因为船无法贴近岸边。我俩身上只带了极轻的几件东西。独木舟里放着一个装满了干面包的蛋糕盒子，烤面包的手艺还是我们的厨师在瑞典公使馆学会的。盒子里还有两块巧克力。另一边的木舟里放着香烟、急救用品和一瓶科涅克酒。大夫给我们这个是防止我们去喝湖里的咸水。另外我们还装了一大暖瓶茶水。湖看上去很小，我估计可以很容易地划到东岸，然后还有时间再用两个小时划到湖北岸的包罗鄂博，拉尔生的营地就设在那儿。

哈士纶只穿着一件毛衣，一件猎装和一条游泳裤，甚至鞋袜也没穿。我穿着平日旅行用的便服，但没穿更多的厚衣服。最后，我俩又带上了一条骆驼鞍背上的木杆和我的一条手杖，以备起风时可用来作船帆的桁桅。

水深大约为 33 厘米时，我们的小船漂了起来。哈士纶不住地用桨划着，一旦有小风吹过，我就赶快升起已准备好的船帆。所谓船帆，不过是我的一件皮背心。根据岸边的地貌可测出我们的航行角度为北偏东 80°。越往前走，湖底便逐渐显出深黑色，因为河中的泥巴冲不到这里。清亮的湖水大约有 1.35 米深。空气更加清新。随着湖水愈显澄澈深邃，但见成群的水鸟、鸳鸯、灰鸥和白鸥、天鹅及一队红嘴的小鸟在水上翩翩翱翔、嬉戏。水浅处，无数的水禽聚集着。有些还不住地从我们船上飞过，又忽然一头扎了下来。从水波上掠过。一旦我们接近正在游动的鹅群，它们又忽喇喇地振翅飞向了空中。索古淖尔并不深，我手里的撑篙长 2.53 米，除去湖中心的深度为 2.9 米，在其他地方用这根杆子都能触到湖底。我在杆子的尽头绑上了一个小白盘，把它伸到水下 1.2 米处还能看得到。湖底的泥相当坚硬。

湖面上的风越来越大，波涛撞击着木舟。不一会儿，我的脚就没进了水里，我赶紧使劲用舀子往外淘水。哈士纶用船桨把那些大个儿的浪峰拍碎，以减轻它的冲击力。不过你有时简直来不及把水淘出去，我开始怀疑这淘水的速度能否比水泼进来的速度快。如果风力再加大，我们恐怕就要葬身湖底了。好在一切还顺利，湖深也降到 1 米甚至不到 1 米，必要时我们随时可以靠上岸。然而，出于安全的考虑，我们改变了方向，向东划去，这样船是顺风走，舀水更容易些。

下午 4 点 1 刻左右，我们到了湖东岸附近的浅水区，大约离岸边有 70 米，哈士纶再次背上我向岸边走。这一天，我们大约航行了 15—16 公里。

接着，哈士纶又往岸上搬东西，我在岸上捡了些树枝作柴禾。在大风中点火可要费点劲，不过忽地，风还是吹起了一股浓烟，我们赶快往上扔树枝子。太阳已经落山了，点火成了最要紧的事。假如没有烟火作引导，我们几乎无法找到回“营地”的路。

除了在湖水上涨时被波浪冲出的几道埂子，岸上平坦得像块大地板，水中的盐碱给地面涂上了一条条白道。一些死苇子秆和打了卷的水藻又开成了长长一溜灰褐色的、柔软的菖蒲草滩，遗憾的是我们无法割下点儿来当柴禾。

岸边有数不清的狼脚印，有的看上去还相当新鲜。看来狼刚刚到这儿喝过水。

我俩坐在火堆旁，开始算计着应把柴禾分成几堆供夜里用，到凌晨时，天会很冷。觉是睡不成的，我再没有多余的衣服，而哈士纶几乎就没穿什么衣服。我们只能尽可能舒服地坐在火堆边，谈着今后的沙海征程。谁也不愿意啰嗦无聊地说个没完，但天哪！谁又愿意就冻死呢！

就在这同时，拉尔生已觉出我们外出的时间太长了。为防万一，他派了个蒙古随从绕着湖找我们。他带来了睡袋、毛毯、哈士纶的衣裳、拉尔生在张家口为我做的鞋子和一听罐头鱼，我们这才从饥寒交迫中解脱出来。

第二天早餐以后，小船又启航了，按照正北偏西 70°的航向直奔包罗鄂博下边拉尔生的营地，那也是湖区附近的制高点。整个航程中哈士纶不得不一直在划桨，今天没有风来帮我们的忙了。

不同的是在这个大浅水湖里，我们所走的这条北部航线却比别处要深得多，测到的最大水深为 4. 12 米。如果说在我们这两天的航线之外还有哪处水域的水更深的话，那最多也超不过这里几厘米。

隐隐约约我们已看得见新营地的帐篷了。草滩上的骆驼星星点点，渐渐地，我俩又看到了飘扬的旗帜。两点钟刚过，我们终于赶到了营地，这趟航行大约用了 3 个小时，第二条试测航线长约 11. 5 公里。

蒙古人□□□对我的航行也觉得莫名其妙，甚至觉得那是一种发疯。徐教授和李宪之一早就开始了他们环索古淖尔的旅行，由于距离太远，我们没能发现他们。

从王爷那里订的牛车终于及时地送到了。赶车的是一个干巴巴的土尔扈特小老头，他随身还戴着 5 只黑狗。然而，由于路坎坷不平，有的地方又是松软的沙地，车从这里无法向西奔奥宾河，他只能再去西南几公里外的一个地方等着，从那儿，再把船绑到他的牛车上驮着走。

经过了两天难忘的航行，这天晚上我睡得香极了。索古淖尔，亚洲内陆的一个新湖泊又被征服了。尽管它已很出名，但我估计在我们之前还没人在索古淖尔上泛过舟。

向奥宾河进发

10月24日一早，天上成千上万只飞鸟把我惊醒了。拉尔生跑出去张望，天空太暗了，无法用枪瞄准，太阳升起来了，拉尔生提着两只沙松鸡进来了，后来，李伯冷至少又打了一打这种鸟，那鸟的肉真是嫩极了。李伯冷那枪法也真是神了。沙松鸡一般爱在湖边成群地飞，一只跟着一只，每只间隔一小段距离。据说它们离开旱地到湖边或河边来是为了喝水。

我们一行人骑行了大约10公里，来到了奥宾河的一个急转弯处，只见梯状的河堤露出水面约有6.19米，沙质的岸坡斜着直达河底，角度大概是35°。

除去拉尔生，所有的人在喝了索古淖尔的碱水后肚子里都不大舒服，现在我们多么渴望喝上一口清凉的河水啊。瞧这伙人喝起水来那副样子！一茶杯接着一茶杯，河水仿佛真有种神奇的力量，能治愈那碱水带来的不适。它立即就产生了效力，我也感觉好多了。

奥　宾　河

中午两点，气温达到了28.8℃，真是标准的夏季气候。奥宾河的野鸭子和野鹅多得很。河左岸长着白杨和柽柳。附近还有几座高高的沙丘，有些光秃秃的寸草不生。

就像在东边的姊妹河一样，我们仍顺流下漂。但这条河只有很短的一段能行船，漂了1小时15分钟后，我们来到一处地方，只见一条小支流通向右侧。左边，河流也由主干变成了好多条小沟，并在两边积成了水洼子。

我俩还是沿着变细了的河流向前漂，河水分注进几条细细的小汊里，最终消失在一片苇塘中。我俩只好从这儿转往回走。如果继续沿着某条小沟往前蹭，船就漂不起来了，而且到那时再沿着来路往回返就更难，沼泽地承受不住人的重量。哈士纶用绳子把船拖回了营地。晚上，坐在火堆边，我告诉他，明天早上起来后再到湖的东南岸，去查实一下是否可以用牛车把船运到那边。

10月25日一大早他就动身了，和班沁一起往西北方向走了约7公里，一直走到一行沙丘的边缘。从那儿，他又向正北偏西60°的方向走了两公里，这已是他能走得到的最远处了。我脚边的这片湖水与索古淖尔一般蓝，只是稍浅一些。湖里有成群的水鸟，其中包括天鹅和水鸥——与它的姊妹湖和那些小河汊一样，噶顺淖尔的特点之一也是水里有鱼。看来用牛车将船运到湖东岸是不可能了，因为车轮会陷到泥里。

一位住在土尔扈特部落最北端的蒙古老人陪着哈士纶进行了这次侦察，他告诉哈士纶，21年前，有个土尔扈特人曾从冰上穿过这个湖。从他们所到的地点看，在冬天，用半天时间就可以跨过湖去，而且在一天里还有时间继续向西走。如果绕湖带着驼队走，大约要用3～4天的时间。据老人宣称、现在住在湖南岸的土尔扈特人从没到北岸去过，一个很简单的理由是他们在那儿无事可做。

他还说，有 3 条干河床通向奥宾河以西的湖里，这 3 条干河是开列廷河（墨河）、木林河（宽河）和撒拉托拉河（黄杨河）。3 月份时，湖东岸眼下是旱地的大部分土地都要被河水淹没。由于到处是湿洼地，从哪个方向接近湖边都很困难；但在冬季的几个月里，到达湖边就很容易了。老人声称，谁要是喝了噶顺淖尔的水就一定会死！就在湖的西面一点，有两条通北的大路，一条是从肃州到乌里雅苏台的，另一条由肃州通库伦。在肃州与乌兰钦契之间的地界内，两条路合而为一，从穆连开始才又分成为两条路。

冬季，宽阔的湖面上，积雪通常有一个手掌厚。每年噶顺淖尔都要封冻，但老人不知道湖里的冰到底有多厚。同样，河面上的冰冻得也很结实，可是冰层下面仍有活水暗流。开春以后，特别是 3 月，通常是风暴天；但即便在冬季，大风暴的天气也不少见。不过老人知道，噶顺淖尔的冬天比蒙古人民共和国的冬天要暖和多了。

有时强劲的西北风吹动着湖水涌向东南，淹没了露出水面的一些小三角洲。他认为，我们的营地正处在一个非常危险的地界上，如果涨水，我们有可能被四面围住。他正想把他自己的包房往南移，所以急着要赶回家去。

从噶顺淖尔回转松杜尔

10 月 26 日，我们从噶顺淖尔拔营起寨，踏上了往松杜尔的回程。起先，队伍沿着奥宾河的东岸走，然后在一个湾汊处拐了个急弯，又经过了一座大的木鄂博，进入了一片树林，在这儿看到一堆用干树枝作成的母羊和母骆驼的造型像。队伍在浓密的柽柳丛中寻找着路径，直向土尔扈特王爷领地的西边插去。

我们终于在河边头一次看见了一条冰层的窄边。再往前走就告别了树林地带。其实，有时林中除去灌木丛及稍微开阔的小草坪上的死树，就别无他物了。靠近土尔扈特地界附近，除了放牧的骆驼和马群以外，居然还能见到蹿跳的猴子。我们一行人又一次跨过一片宽阔的黑砾石带，通常它离河边总是有一段距离。

小队涉水蹚过了奥宾河。终于，主营地附近的大沙丘闯入了我们的眼帘。转眼间，我们就又回到了大队当中。

最让我高兴的是又见到了那林、贝格曼、海德、马森伯、生瑞恒和丁道衡。好几个月没见到他们了，他们是在 10 月 23 日顺利到达这里的。

北边的这支队伍确实人人都很有成果。他们只丢失了 1 峰骆驼，却买了 3 峰。他们带着来的这 12 峰骆驼个个精神饱满，仿佛马上又可以投入长途行军。

他们也听说了许多有关大驼队的耸人听闻的谣言。有的甚至说我们这支军队正在进军额济纳河，要去征服土尔扈特人。还有的说我们已经侵入了喀拉浩特，并在那发现了大量的黄金；当我们要撤离时，有大群土匪聚集在墙外准备打我们的劫等等。

冬天已经很明显地被人感觉到了，所有队员都登上了大毡靴，那是一种用蒙古毡子缝制的厚实的鞋。大家还戴上了皮帽子，穿上了暖和的厚衣服。晚上，每个人在回到自己帐篷去时都带上一锹已燃着的炭火。

令人担心的是袁复礼他们现在到了哪里？他和整个南线驼队已经完全消失了。显然，他们选择了一条比事先计划好的更靠南的新路。

我们从了解这一带地形的驼队头领和当地蒙古人那里得知，从东面到额济纳河地区有6条路：①最北边的路，横穿外蒙古长条地带，直通噶顺淖尔北侧；②经过王爷府宅附近的额济纳河三角洲的一条路；③我们一直在走着的大队商队所走的路；④营地以南15华里外一条河边上的路；⑤从镇番到毛目的路；⑥甘肃和新疆之间的主要邮路。除去这些，当地还有几条前往阿拉善的小路，但我们不可能知道袁复礼他们到底选择的是哪一条。

赴哈密的头一支队伍出发了

郝德博士建议，第一支赴哈密的驼队应于10月31日出发，取道沙漠中可能走得过去的最短捷径赶到那里，以便安排2号气象台站的建站事宜。因此，他应该带领一队人在大队到达哈密之前3星期就先赶到。他这支队伍走的算是中路，因为我准备走更靠南边的一条路，而那林—贝格曼一行人则更靠北走。哈士纶将作为郝德的驼队队长先期出发，韩普尔随这支队伍担任标图工作。

他们在10月31日率领着一支由24峰骆驼组成的装备轻便的人马出发了。除了前边提到的人，同时动身的还有狄德满、冯·考尔和李宪之。随队的驼工是一个蒙古人和一个汉人。

额济纳河水位下降

10月的最后几天和11月的头几天里，河水明显地减少了。当然，一部分河水已经成了冰；但结冰并不足以解释水已从所测到的最高水位下降了达33.5厘米。当地的人说，附近和住在它上游的农民每年都往水里填土，使得到冬天能冻起一条冰坝。完成这项工作以后，他们说，11月中旬就会出现一条新的高悬河。两岸的土台看上去既怪异又新奇。那时，冲刷着岸堤的主河道则变成了一个注满死水的长池子。剩下的水流向了干河床里，而且只剩下了一条条小细流，蜿蜒消失于无数的泥坎之后。

我的冬居

一天，拉尔生拿来了一顶蒙古包，让我大吃了一惊。这是他从一个土尔扈特人那定购来的。包房很小，但很新，面上都很细致。包面用白色的毡子制成，里面的毡子是灰色的。门帘染成了红色。包房的中心有一个小火炉，它是同行的一个蒙古汉子用一个空煤油筒做的。炉子上还安着家用烟筒，从包顶的一个洞里伸了出去。这个小洞还能透进外面的阳光。

就在冬天刚刚开始露出它的身形，我已怀着一种极为满意的心情住进了这温暖的小屋。

生端恒式的冬居

就在我的蒙古包送来的同时，另一个居所也造好了，而且它立刻就变得很受欢迎。这可以说是帐篷与地窖的结合。生瑞恒准备在里面过冬了。他在一片黄杨林中选了一块能避开西北风肆虐的地方，挖了一个1米深的方形坑，在坑上面又支起一张大帐篷。在离篷坑出口最远的一侧，他垒了一个土台供睡觉用，就像是汉人常睡的炕。坑的中心放着燃着的火盆。

马学尔回来了

11月3日一过午，马学尔就突然在营地出现了，与平时一样，他还是那么平稳冷静，一只手还牵着他的骆驼，嘴里却问道："能给我弄点吃的吗？"话音刚落，立刻有人去给他准备饭，别的人则七嘴八舌地把一大堆问题抛向了他。

从这里到毛目的距离是223公里。他带着两个学生用9天走完了这段路，然后又用了8天走回程。随行的6峰骆驼死去了一峰。他们在走出大约130公里后，树林到了尽头。在最后25公里时，他们沿河岸见到了许多居民点、院落和耕过的田畴。小城毛目位于额济纳河右岸，周围有一条大约200米长的墙围着。城西、城南各有一个门城，里面大约住着300多汉人，但只有3家小店铺。整个这一地区约有千来户人居住。

愉快的小镇主人非常热情地把我们的使者迎进了他们的住处。与主人相伴的是一种斯巴达人式的简朴，因为他们都是冯玉祥的部下。

面粉、糖、蔬菜、土豆、羊皮大衣及其他我们需要的东西，他们都已从一个汉族商人那儿为我们买好，那商人还同意以便宜的价钱租给我们10峰骆驼，作为到松杜尔的脚力。

北京的回音

北京的回信终于来了，这为的是答复我和徐教授写给北京的委员会的信中所提出的要求与申请。他们这封信与8月6日发出的信中全部答应了我们的要求。我在那封信里曾要求委员会允许一名瑞典语言学家和一名天文学家在乌鲁木齐加入我们的考察团，这两人在4月26日的协议中没有被包括在内。

同样，我提议建立5座永久气象台站而不是协议里写的4座，这也获得了批准。于是，原定建在卡墙（即今且末）的气象台就被分成了两座，一座设在卡尔克里克（婼羌，即今若羌），另一座设在和阗河（即今和田河）。

邻居与访客

离我们营地最近的一位芳邻是一户蒙古人，他们的包房在我们的南边。每天，那包房的女主人，一位精神矍铄的小老太太都提着一桶牛奶给我送来。她的名字叫玛涅嘎。

其他一些从附近或是更远些的地方来的蒙古人也经常来拜访我们。来自外蒙古的一位化缘的喇嘛告诉我们说，他已在这片树林里住了下来，并准备呆上一段时间。他说，他与另一个喇嘛一起从库伦走到了西藏，但已没有力量再去继续他的远游了。他还曾到过科布多、乌里雅苏台和霍城（即霍尔果斯）。

在王爷的属地以南45华里，靠近奥宾河的地方，住着一位藏族活佛。他在额济纳河已呆了48年。他住的包房很大，有一部分造得像个庙宇。每天，他都要走出帐篷，在一个特定的祈祷时间用螺号吹起一支低低的曲子。他为什么在亚洲内陆的角角落落中偏选中了额济纳河三角洲作为他的归宿之所，这还是个秘密。

来访的俄国夫妇

营地来了一位出人意料的访客，俄国人谢姆科夫。他在这一带旅行，曾一直走到了噶顺淖尔的西北。他的目的是为库伦的博物馆搜集当地的动物。他已经听说我们的驼队在松杜尔扎下了营，并很欢迎各地的来访者。此时，他与年轻的夫人和一个蒙古随从将他们的营地设在了河流下游一点的地方。我邀请他们夫妇来我们这儿共进午餐。

这对俄国夫妇非常招人喜爱，他们像是从外部世界给我们带来了祝福。谢姆科夫说一口流利的德语，但主妇只能讲俄语和少量几句蒙古语。他们穿着黑色的、扎着腰带的蒙古羊皮大衣，带着大皮帽子，在我们的营地里显得很引人注目，但那位夫人看来对突然从沙漠深处来到一大堆白人中间还有点不知所措。

那林马上要率领一支驼队沿北边走，他向谢姆科夫问了有关那条路线的情况。这对俄国夫妇刚从那条路上过来。

由于谢姆科夫马上要直接回库伦，我们每个人都写了家信托他带走。他将在12月1日抵达那里。他答应为我们发这些信，最后，约有15封信交到了他手里。

土尔扈特人

居住在额济纳乡间的蒙古人都具有土尔扈特人的血统。在1860年，曾有一本名为《蒙古游牧志》的书出版，那本书的作者张穆并没能完成著述，全书最后是由何秋涛完稿的。在那本书里专有卷描述的就是各个蒙古部落的世系。徐炳昶教授热情地为我专门翻译了其中一小章专论土尔扈特人的内容。我注意到，里面不少的内容我已经从欧洲几个最著名的汉学家的著作中读到过。

土尔扈特部落的始祖名叫翁罕。最终还是中国的史书记述了土尔扈特部落的一支，是如何来到了额济纳河。史书有着《旧约全书》式的详尽和枯燥，列出了一代又一代的家族谱系，直记到第一个到这条河来定居的子孙；于是后人们才得知，翁罕的第10代后裔和鄂尔勒克的儿子书库尔岱青又有好几个儿子，其中的第四子纳木策凌的儿子叫纳札尔玛穆特，在1704年，纳扎尔玛穆特的儿子阿喇布珠尔穿过准噶尔的地界赴西藏，拜谒了达赖喇嘛并与活佛谈了话，显然他还乞求能得到活佛的资助。当时，准噶尔的首领策妄阿拉布坦正与土尔扈特部落长阿玉奇交恶，阿喇布珠尔是阿玉奇的堂兄，无法假道他的地界回家，于是他来到了甘肃境内的肃州地界；在那里，他派出一名信使去晋见清朝皇帝，声称他愿终身侍奉当朝天子，这样大清皇帝赐给了他苏干淖尔（色尔腾海）地区，它包括一个湖及它周围的地区。这正坐落在肃州的西南。

1716年，阿喇布珠尔要求加入皇上的军队。清朝皇帝有一项长期不变的政策，就是尽最大可能，牢固地将蒙古人与中国联结在一起。阿喇布珠尔的请求自然得到了恩准。之后，皇上又命他率领部落里的500名男丁向西进行探查，寻找格孜湖。这个湖位于罗布泊外200华里左右（准确地说，格孜——或说嘎契湖位于罗布泊东南400华里处）。

阿喇布珠尔带领着他的部落在湖边安下了营，他最终客死在那里。清朝皇帝给了他固山贝子的封号。他的儿子兼继承人在他死后只身去了北京，向皇上述职，并在那儿得到了多勒贝勒的封号。

1721年，一种充满敌意的情绪弥漫在格孜湖边的土尔扈特人中。几个首领带着军队去攻打准噶尔人，有这些邻居，阿喇布珠尔的儿子丹衷不再感到安全了，他希望拿他的旧牧场换来个新的，于是他写信给甘肃和陕西的总督查郎阿。总督给他和他的部落在南山分了几块地方，即阿拉克、阿尔泰和台布西。这个坚忍的游牧部落又迁徙到了那里，看来他们在这片土地上再也找不到一块能永久属于他们自己的疆土了。

他们在南山并没呆多久，因为皇上很快又安排他们定居于额济纳河下游至湖区边缘的地带。因此，在1729年，丹衷多勒贝勒成了头一个定居在额济纳河流域的土尔扈特人首领。当我们到这里时，他们已在这块沿河和湖区地带居住近200年了。

早年间，在中国版图内的所有蒙古人都是皇上的臣民。自从1912年共和制实行以后，这个关系自动解体了。住在额济纳河的土尔扈特人约有97户，目前受甘肃省行政长官的辖制，尽管土尔扈特的王爷在某些情况下也可直接给北京的政府写呈文。

土尔扈特居住的额济纳河地区东起库尔尼，南到毛目的疆界和合黎山，其西部地界直至沙漠中消失，而北部边界则是阿塔斯山。

以上主要介绍了老土尔扈特人。他们的后代现今主要定居于额济纳河沿岸及前面提到过的新疆的一部分地区，而新土尔扈特人则定居于科布多的南面和西南面。

我们的第一座气象台站

考察团在松杜尔的整个时间里，每天的工作就是建设第一座永久气象台站，建成后由钱默满、生瑞恒和马叶谦负责这里的工作。

出于友情，我留给钱默满3件极为珍贵而又实用的东西：我的忠诚的旅行伴旅和宠物“哈密”，如果不是它的一只前爪扭伤，无法再随我们西行的话，我是绝不会和它分开的；一台第一流的相机和相当多的胶片及炊事帐篷。从包头来的这一路上，它通常是给大家带来欢乐的场所。

一段时间里，钱默满就准备住在这宽敞的大帐篷中。在帐篷的这里的南边又挖了一口井，大约有2.5米深，里面水深约60厘米。气象观测站被用一圈篱笆围了起来，总长度约有20米。装着仪器的气象百叶箱与在胡济图河用的差不多，但这次我们是用一张韧皮纤维垫子罩着它，将它保护了起来。从外形看上去，它真像个金字塔；另外它还能使人想起非洲黑人住的窝棚。一根8米高的杆子上装着风信标。在河岸边上，我们还装了一个水温表。人站在岸边的一块凸出处就可以读出水温表上的数字。

按照气象测量计划，每天测量3次，共测量、记录20个数据（分别在7点、14点、21点）。而且，最重要的观测每小时都要进行1次，有的甚至每15分钟就要进行1次。不过有的测量仪器，像沸点测高仪，每3天才用1次。

我们在树林边上又支起了4顶蒙古包，一顶是钱默满住的，一顶给马叶谦，一顶给留下的汉人随从，还有一顶住着墨林和其他蒙古族驼工。

由于队里的财政状况极为窘迫，所以我们给他们留了不多的几百块钱，就算是台站的费用。另外还有一小笔钱是留给袁复礼带的后续队伍；同时我们还决定，一俟大队到达哈密，哈士纶，这个最出色的驼队领袖，就要立即回程700公里赶到额济纳河，给一号台站的人送来钱和邮件。

留下的这3个人按照计划要在这里呆一整年，他们有时会感到时光像迟缓的流水，日复一日，蹒跚不去，虽然在这期间每个人都会轮到当班，他们要照管仪器，并有足够多的事要做，而且这小“社团”总能找出成堆的、必须完成的工作。这里的环境在我们所走过的蒙古高原上最具田原风味。宽阔的河岸边树木护持，就像是公园里的景色，笔者在本书的下一卷里，将专门用一部分章节讲述一下留在额济纳河的队员奇异的历险经历。

准 备 出 发

我们将11月8日定为从额济纳河出发的日子。营地里的人都在忙着捆行李和拆营帐。在紧张的工作间隙，又有些土尔扈特人来拜访我们，我们也向他们打听了一下黑戈壁滩南边那条我们准备走的路的情况。他们说，在安西和哈密之间要注意加强保卫，防备着土匪，那一带至少有100多个土匪经常出没。

11月7日也是个告别日，气象学生崔鹤峰带着两个汉人、两个蒙古人和8峰骆驼，离开了探险队，踏上了去包头的回程。

七、从额济纳河到哈密（节选）

离开松杜尔

11月8日，队伍踏上了本次考察的第二大段征程，在冬天的大风沙里穿越戈壁大漠中最可怕的一段路。也正是我们将要踏上的戈壁把额济纳河与新疆分隔开来。第一天，我们不准备走太长的路，暂且算作一次初级的试行军，为的是让队里的蒙古族驼工能借机查看一下骆驼背上的行李，是否都捆绑、装载合适了。我们准备午饭后上路，这也是本次探险旅行中最后一次有机会聚集在白杨树下的长桌上用餐了。吃过饭后，大家就开始动手装行李。

正忙着，忽然来了一个信使，说土尔扈特王子几分钟后就要到这里来，向我们道别。我们赶快在钱默满的帐篷里摆了个茶桌和几把椅子，由徐教授和我来接待访客，拉尔生作翻译。土尔扈特的首领终于来了，向教授及我本人各献上一条硕大无朋的哈达和一个冰袋，他解释说，哈达代表他父亲和他的良好祝愿，祝愿探险队在去哈密的路上一帆风顺；而冰袋则代表了他的希望，祝我们旅途上完好无损。我再一次表示，对于考察团的骆驼对他的牧场的损坏，我们一定会给予补偿。但他嘱咐我说：别把这点事放在心上，他还表示衷心地希望在气象台站最后撤离之前我能再回到额济纳河。

哈密驼队

我的哈密驼队大约还有127峰骆驼，给气象站留下了64峰，另有81峰分散在野外的各支小分队里。从胡济图河出发的这一路上，我们共损失了28峰骆驼。

那林、贝格曼和马学尔还准备在这里再呆一天，在第二天他们将沿更靠北的一条路前进。与前一阶段一样，在赴哈密的行程中考察团仍分为3支。

第一梯队由以下成员构成：拉尔生、赫默尔、海德、马森伯、李伯冷、米纶威、徐炳昶、黄文弼、丁道衡、刘衍淮及我本人。这支队伍里有19名蒙古人和汉人负责照看骆驼，队里还有一个厨子、5个侍从和一名考古挖掘工。我们这支队伍里一共有37个人，带的全部给养够用40天的。

拉尔生保证所有的骆驼都能走到哈密。在我们当中现在没人知道以后的沙漠行程是多么的艰苦和困难。

第 一 步

终于离开了松杜尔营地，这里的一切都给我们留下了愉快的记忆。队伍先顺河上行，然后再转向西南。走了不多时，我们就在一片白杨林边上那块光秃的沙砾地上扎了营。这里是第50号营地。

同一天，一支带有80峰骆驼的汉人商队也离开了额济纳河。他们从归化来，去古城。商队贩的有衣服、茶叶、杂货、香烟等货物。在以后的旅途中，他们一直走在我们前边一点，并与我们相遇了好几次。他们的头儿曾要求让他们也加入我们的队伍，因为我们手里有枪，也能保护他们免遭土匪的袭击。但我们没有答应，路上仅有的几口井里的水是不够这么多骆驼同时用的。

11月9日，额济纳河的树林消失在我们的身后；队伍跨过了一溜古烽燧遗址，经贝格曼后来考证，那是汉代的遗迹。再继续往前走，我们踏上了一片坚硬的、覆盖着黑砂砾的土地，这块地上只长着几株奇异的树丛。一条干河沟里竖着几株枯萎的白杨，显然它就是纳林河。脚下的小路穿过一条沙丘带和几株饱经风霜的白杨；过去一点，在一行沙丘边上，我们扎住了营，队里的猎手跟着又出发去寻找猎物了。我的包房仅用17分钟就支好了，我每天的工作包括画两幅速写图，计算一天的行程及方向，记日记，为新闻界写文章另外还要挤出些时间学点蒙语，以后这也成了我每天必作的功课。

队里的大铁炉子留在了松杜尔，饭只能在火堆上烧。我们吃的是瑞典式干面包片而不是面包。有个厨子已为我们焙制了大量的干面包片，每人每天能分到7片。巧克力也实行了配给，但其他食品没有限制。

木 林 河

11月10日，队伍穿过了宽约180米的木林河河谷，谷底有两处地方泛着点潮印，其余的地方都干得要命。河左岸有口井，旁边还有一泓清水，水面已结上了冰。河两岸的树木比在松杜尔时要稀疏得多，笔直的白杨树干成了这里最有特征的景物。

就在我们营地的旁边，有一个土尔扈特人的蒙古包群，据说约有 20 户人住在这条河边。我们又雇了一个名叫简昌的土尔扈特人作向导，直到下一个有井的地方。此地名唤图莱布鲁克，土尔扈特向导说，在木林河的小树林里还能见到狼、狐狸、野猫及羚羊，但见不到山猫。他常到这儿来打这些野兽，然后把兽皮卖给汉族商人。一张狼皮能卖上 10—12 块钱。到春季和复初时节，河里涨满了水；特别是在开春化冻时，人就无法过河了。等到夏天，连续几场雨下过，河里的水又再次涨了上来。最后，他还告诉我们，郝德一哈士纶的驼队从这里过去以后，沿着一般过往客商走的路（南路）奔了哈密。我们原来也准备跟着他们走，但向导建议我们走北边一点的一条路。我们听从了他的建议——走这一步从地形地貌上看是一条好路，但对这支驼队却是灾难性的。

11 月 11 日，我们沿着这条路一直向北，跨过了其他几条小径。再往前走，又穿过几块长着小灌木和矮树丛的草地，矮树和灌木的根茎使周围的土被抓拢成一个个锥形的小包。我们时常还可以看到有松鸡跑过，羚羊的足迹也随处可见。

经过了 24.7 公里的行军后，我们将营地扎在了离沙拉贺鲁孙泉不远的地方，地名叫达克沙拉贺鲁孙，意思是“黄芦苇地”，营地就设在一片干梭梭灌丛里，看来，黄芦苇地这个名字用在这里并不太合适。连接库伦和肃州的道路从这块荒野上穿了过去。据说，尽管有人曾在这儿试着跑过汽车，但这块地从未被用作汽车路。倒是这里还竖着几块木头板做的路标牌，上面用墨笔画着两边的方向指示，其实，在这坚硬、光秃的平坦大地上，人几乎可以开着汽车到处跑，筑路者唯一要干的就是钉上几块指示方向的牌子。

正在我们脚下的这块蒙古高原的西部原野恐怕可算得上是“无人区”——它不属于蒙古人民共和国管辖，也没有游牧民——至少在我们走向新疆的路上没遇到什么人，而中国政府在这里连一个很小的货栈也没设置。不过在有的地方，却能看到荒芜了的罂粟花地。简昌所说的这条路，大约已有人走了两年了，来往于归化和古城之间的汉人商队常从这走，以避开内路上设在额济纳河前面一点的税站。从 53 号营地出发以来，我们已沿噶顺淖尔的西部边缘向北走了 40 华里；绵延的深色山脊向北伸去，这山叫托斯图，其中的一座山峰上矗立着巴尔腾本地的札萨克鄂博。每年都有人在这里摆上供奉，以慰当地的神灵。西北方向上，一条低矮些的山带名叫“黑狐狸山”，据说那山里黑狐狸和其他种类的狐狸很多。在这一带的山里，还有一群野骆驼经常出没，有时它们从这儿要一直游逛到噶顺淖尔。今年更特殊，它们有两次跑到了木林河，那群骆驼大约有 10 峰。简昌和其他几个人都看见过这些腿快而又胆小的不速之客，它们跑起来迅若疾风，沿着他们来时的路，瞬间又滚过了沙海。土尔扈特人从不捕杀这些野骆驼，他们怕因此触犯了神灵；只有蒙古人民共和国的人经常猎捕它们。

我们的土尔扈特向导还说起过一座名叫察罕博格达的高山，它位于西北方向约 8 天的路程以外。那里的山谷植物茂盛，还有野熊出没。

11 月 12 日，队伍继续向西北偏西方向进发，将噶顺淖尔甩在了身后。尽管天气晴朗，但西风劲吹。前一天夜里的气温是 9℃。沙漠的地貌除去粗砺的沙子外就是精细的砾石，踩上去软乎乎的。道路一般倒很光滑，遍地碎石。地面的起伏用肉眼很难看得出来，然而你还是能从骆驼步态的变化上感觉出来。忽而，有几峰骆驼从驼队的长列中隐没不见了，忽而，它们又从另一块高起来的沙丘上冒了出来。描画这种地貌倒是很简单，用尺子打上线就行了。在这条线以上就是青蓝色的苍穹；它下面则是深灰、间或有几簇紫色的沙海——景色无非就是这些，绝对再没有什么多余的了——除去可能显出的几点灰黄的草丛。当天夜里，营地仍旧扎在了一口井旁。

风暴之日

晚上，西北风继续加大，一直刮了一夜，到第二天上午 9 点，遮云蔽日的大沙暴铺天盖地而来。拉尔生冲进我的包房，喊道："快出来，看西边，沙暴像堵黑墙卷了过来！"出现在我们面前的确实是幅撼人、实际上是恐怖的景象，整个天空已被飞扬的沙尘遮挡严实。

连续几天的风暴天气足以使行进中的驼队身遭厄运，于是我们决定在 54 号营地呆上一段儿，至少这里有水，当然，牧场是不敢想了。

不容否认，这是我们所见到过的最大的风暴，估计它的风力达到了每秒 30 米。我们似乎要被困在这里，冻结在这里。轰击着帐篷的不仅是沙尘，还有直径约两毫米的精砾石。石子就像是扫射一样打在我的毡篷上。大风中，蒙古包好像要散架了，一条又一条的衬板从篷顶上掉了下来。我还是像平日一样工作，为新闻社写稿子。同样，拉尔生帐篷里的居民也并没闲得无趣，赫默尔正在拼命地教米纶威和马森伯打桥牌。时常，号叫的狂风声中又传来几声笑语。晚餐在拉尔生的帐篷里用，所有的食品上都撒上了一层尘粒。

11 月 14 日一宿风暴未停，包括最结实的蒙古驼工在内，所有的人都呆在"房内"。

就好像扫帚从这荒凉的原野上扫过，尘沙如同一柄轻轻的、打着旋的扫帚头挟风裹雾掠过地面。在尘雾中，人们有种不安全感，看上去就好像整个大地都在运动。回到自己的帐篷时，大家不得不蒙着脸，无数颗小沙粒狠狠地抽打在人的皮肤上。

与那林的队伍相会

第二天夜里，气温降到了-7℃。沙暴稍许小了些，但早晨的风乃很大。我们继续向正北偏西方向行进，不一会儿赶上了一支小驼队。我们在躲避沙暴时在营地已看到过他们点起的火光。让我们又惊又喜的是这是那林的队伍，队里还有贝格曼和马学尔。他们走的是一条直路，所以横穿到我们这条路上。于是我们让他们和我们同走一段路，然后我们再选择更靠北的一条路走，而他们则向南穿过一片不知名的原野。这样，我们能从两个不同方向测量并标定把我们分开的山系，蒙古人称这山脉为"蓝铁山"——库库图姆廷乌拉。之后，我们再合并为一队继续穿越那坚硬的旷野。尽管路上偶尔长着些矮树丛，但大多时候则是赤地千里。间或我们能看到些土台子，这是古时候的噶顺淖尔遗迹，不过那时候它要大多了。黑狐狸山在我们的左后方消失了。由于幻想的效果，它的西山坡就像是一串盘旋于地平线上的深色项链。

队伍向正北偏西 8°的方向前进了 30.6 公里后，在一片绝对荒僻的地带扎下了营。这里没有水、牧场和燃料，但好在队里还有6罐前面曾提到过的食物。

11月16日一早起来，大家洗不上脸，所有的水都要省下来供饮用。同样，我们也享受不到炭火盆，否则每天晚上和早晨它都会伴随着我们，但现在没有燃料。然而，没有一个人对在-10℃的条件下洗不上脸感到遗憾。

队伍继续向北，穿过荒凉的沙漠。天上几乎没有风。道路如同一条闪亮的带子，蜿蜒于深灰色的大地上。队里的蒙古人边走边谈笑，唱歌，吹口哨。有这些愉快的人和我们在一起真是件快事。在正北偏东一点，黛色山峦的轮廓闪现出来，它是托斯图山的一部分。

在这条路上倒很少见到死骆驼骨架，给人的印象是这部分地区并不特别有生气。同样，蒙古人用来供奉神灵的锥形石堆也很少见。最终，它们全部消失了。从这也可以看出，我们正行进在远离人烟的地方。另一方面，人们更注意到偶尔出现的、用小石头垒成的尖塔形路标石，这是过路的驼队留下的标记。

又过去了一天，路还是继续往北。我们奇怪为什么还不折向西。按照这个方向，我们只会离哈密越来越远。

一阵寒冷的西北风吹过我们的队伍，冻得人缩成一团。在这种大风天想打开地图看看就更难。我们的手马上就冻木了，想将它暖过来再掏地图可要慢得多。

小路伸到山间，时而又穿过一条干涸的流失河。队伍终于又来到了一块平坦些的开阔地上，扎下了营。盐碱地上有一口深井，名叫谢别斯廷。这一天的行程很短。

分　手

我们又跟那林、贝格曼和马学尔热烈地道了别，当然也没忘了小羚羊迪凯，这也是我在这里见到它的最后一眼。我们这伙人仍向西北行进，那林的队伍则向了西。在我们的右边，连绵的山脉属于托斯图的一部分。左边还是黑狐狸山系，前一天我们才从那儿跨过来。这里的植物与别处一样，也是枯萎、刺硬、低矮，一副可怜相。这样的草场即便是对最老实的骆驼也是不人道的。我们只能从随身带的木箱子掏出些木屑给骆驼当饲料。在经过一片沙野中的一条梭梭埂时，队伍被绊住了。灌木丛有一部分还泛着绿，骆驼被引得跑上去大嚼起来，我们只好在这里又扎下了营。

第一场暴风雪

11月19日一早，小片的白雪已积在了骆驼的足印窝里，积在了所有的凹地上，积在了灌木和土包的背风处。狂暴的西北风夹带着晶莹的小雪粒扑面而来。

西伯利亚的寒流突然造访，风冷得刺骨。如果有谁敢到外面呆一下，马上他就又得冲回帐篷里，把火捅旺，暖和身子。帐篷外面大风怒吼着、咆哮着。蒙古包在风中格格作响，仿佛是在呻吟，迎风的一面看上去要散架了。在上一场风暴里，我是用一个大箱子紧紧地压住帐篷的帆布。在我面前的桌子上，小沙丘开始一点点形成了。尘沙如细雨般落满了我的笔记本。

中午，雪停了，但风更大。到下午两点，它终于发展成一场飓风。所有的人都窝在

“房内”，也许整个营地都会在一瞬间被席卷一空。

在白天，气温头一次降到了0℃以下。最近48小时里，气压已下降了大约26毫米水银柱，虽然海拔高度并没有变。

大约在3点钟，随从们住的帐篷被风撕成了碎片，飘散到空中，大家都听到了帆布撕裂的声响。那座帐篷是没救了，几个随从赶快搬进了赫默尔的帐篷里，大夫自己搬进了李伯冷的“房屋”。徐教授手下的贴身随从老王则不得不与他的主人挤到一个帐篷里苦熬时光。

夜幕降临时，带着两峰骆驼去谢别斯廷井取水的蒙古驼工回来了。如果雪能在地面上积存住，我们本不必害怕缺水，但风暴把积雪吹得无影无踪了，这样，我们又得像以往处于这种境地时一样，禁止再用水洗漱。没人知道我们距下一口井到底还有多远。

风暴终于减弱了，11月20日的早晨，天气晴和。我们不得不把从安德逊那儿得来的一峰骆驼丢在了这里，它已不再进食，也站不起来了。

队伍走进一条通向西北的谷地，两座沙丘挡住了去路。沙丘上生着柽柳。在一条侧谷里，海德有幸打到一只盘羊；他还击伤了另一只，那羊先是倒下了，但接着又蹿了起来，逃跑了。有人把那只死盘羊放到了驼背上，在下一个营地，我们又能一两天有肉吃了。山坡上，几只沙鸡在咕咕叫着。眼前的景色如诗如画，但见狭长的谷地迤逦穿行于陡峭、暗淡的山涧之中。人站在山顶上，整个噶顺淖尔的壮丽景色尽收眼底。我们的猎手突然发现了一个硕大的公盘羊头盖骨。

再次向西

穿过山地以后，队伍又来到一片开阔地上。周围很远的距离以外，隐约可见一些低矮的山丘环绕。59号营地设在两座沙丘之间，这里有泉水，还有口井。柴禾多得是，但牧场还是很可怜，到处是些木本植物，干巴巴的，也没什么营养价值。

第二天，我们首先越过一片覆满了柽柳和梭梭，甚至还有几株白杨树的沙丘地，但这些植物早已枯萎、干燥，冻得梆梆硬。在这块地上我们至少找到了4口井。过了这里，大地变成了坚硬的砾石带，远处的景色也大为不同。东北方向约两天的路程以外，能隐约见到平缓的山地。沿着这条路往前走，黑褐色的山脊绵绵不断——不管往哪儿看，进入视野的都是同样的荒凉与孤寂。

11月22日，我们的行程变得更短了，在不定何时才能碰到下一口井之前，不能走得太远。脚下的路上到处是野驴的足印，有两处显然是有野骆驼在那儿盘桓过。到了下午，天又下起了雪，但大地只是被覆盖了一部分。

23日，东边的太阳从一大块云边上探出了头，预示着今天的天气晴朗温暖。往北望去，又是无尽的大平原。探险队好像是用自己的脚在实测地球确实是个球体。西北方向上，两天的路程以外，连绵的山脊起伏在地平线的尽处，并被抹上了一层极淡的蓝色。如果你转而向左，目光越过眼前的平原，所看到的还是同样的景色。到处都生着梭梭树，有的还很高，但牧场还是那么贫瘠可怜。

队伍又向西朝着山地进发了，很快就看到一条山脊出现在我们的右侧，与道路平行向前。嶙峋的山带绵绵不断，我们走了约25公里后，又在一块荒沙地上扎下了营。在这里能找到的柴禾，最好的就是些干草根。

我们每天的行程相对来说短了许多。5天来，大约只走了100公里。这部分原因也是由于天越来越短。

第二天起床以后，天阴沉沉的，光线昏暗，充满尘沙的野外，能见度并不好。我们走的这一路见到了3座以前的大驼队留下的旧营地，这很容易从那一长溜白印迹上分辨出来，那是骆驼卧在沙子地上留下的，只要把上面的沙砾石扫开，这些印迹就显了出来。另外成堆的骆驼粪也使营地的痕迹更为明显。路还是夹在两山之间，路边又有一峰垂死的骆驼卧在那里，它仍然睁着眼，在最后看着从它面前经过的驼队，好在它不是我们队里的。

从下一座山岭的顶部西望，又是一派新景色。在这方向上，大地渐渐倾斜下去，这当然令我们高兴，因为骆驼更容易通过了。两个蒙古驼工停在一峰不愿再动的骆驼旁等着，有骑手到前面队伍去叫人来帮忙把这峰骆驼背上的箱子搬掉一些。我们右侧的山带终于走到了尽头，北边又呈现出一望无际的荒原。天气要是好一点，人能在西北方向看到新的山脉。一般来说，我们总是盘桓于矮山带之间浅浅的砾石滩地里，时常还要越过些干河床。盛水季节时，将很难确定它们的流向。

自从离开木林河以后，还没见到过一个人，把走过的这片土地称作“寂静之地”是再合适不过了。

每天，一般在走上4个小时以后，我通常要问孟都：“拉尔生还在走吗？是不是扎营了？能看到牧场吗？”回答经常是：“拉尔生在三四里地以外，还能看得见”或“拉尔生已扎营了，不过没发现牧场”。有时，我会对骆驼也冒出一种内疚，我天天就像是坐在轿椅上，而它们要驮着沉重的负担走过千山万水，每天还要饿肚子。然而终于在我们前面几公里外能看到些许闪着金色光芒的地带了，孟都说那儿是草场。太棒了，太棒了，骆驼终于有吃的了。又走了一会儿可以很清楚地分辨出在风中拂动着芦苇和野草的不同地貌，在这里还能见到几小丛白杨林和柽柳。

艾肯河绿洲

越过一条两米深的干流失河床，队伍又走过一块像小宝石般的地界，它周围约5米长，四面砌着矮小的泥护墙。有汉人曾在这儿种过罂粟，但现在已荒芜了。一条潺潺的小溪从一口泉眼流出，水边上又冻上了蓝色的冰碴。

营地就扎在一块老地界上。骆驼都放出去吃草。我们得在此地休整几天，这个叫艾肯河的地方是我们离开木林河后遇到的第一个绿洲。经过在寸草不生的沙海中跋涉，这里对我们来说就像是人间天堂。

11月25日一早，海德又打到1只瞪羚。到天傍晚时，他打了已不下3只了。海德是探险队里最出色的猎手，至少在以后几天，我们不再缺肉吃。李伯冷也打了3只斑鸠，这种漂亮的鸟有着淡紫加棕褐色的羽毛，头和羽梢上有几条黑纹道，红嘴，爪子也泛着红。他还打了几只沙松鸡和野鸡。夜晚，常有野驴来此地喝水，它们来此的路径通向好几个不同的方向。在这两天的路上，我们看到过野骆驼、狼和盘羊的足迹。

绿洲是在一条由西南流向东北的河边形成的。前边一支大型的汉人驼队将两峰骆驼和一匹马丢在了这里，3 只脖子上拴着铃铛的狗在旁边转游着，一旦那些牲口一死，就奔过去撕吃它们的肉。

补充给养

我们到达艾肯河的时候，队员们的给养还足够到哈密的路上用的，但队里的蒙古驼工们却没有剩下多少粮食。面粉仅够用 4 天多的了。于是需要派人先去买面粉——或从前边的大商队手里购买，或到大石头村去买，这村子坐落在新疆的边境上。这个任务交给了懂蒙语的米纶威，他带上蒙古人班钦和一个汉人老张，沿着奔哈密的路马上出发，去为大家购买食品。他们骑着 3 峰最好的乘坐骆驼，还带上了一峰驮物骆驼，我给了他们 400 块钱，徐教授又从他自己的私人资金中拿了 200 块添上。米纶威还要买一些豆子给队里最弱的骆驼作加餐用。他可以自己根据情况决定在回程时是雇佣，还是购买骆驼运送货物。大家谁都不知道大石头村的准确位置，也不知道那里的货源情况到底如何，我们甚至没把握准能在那里买到必需的食品。然而，按照一种非常模糊的说法，米纶威应该在一个星期内到达那里；与此同时，我们再向西行进，希望在两个星期内和他们汇合。

在艾肯河停留的第二天夜里，气温下降到-22℃。海德又打到两只瞪羚，马森伯打到了一只，李伯冷的猎物是只兔子。

有很多小黄鼠在我们的帐篷内外奔来窜去，赫默尔和李伯冷帐篷里的灯只要一亮，它们就都聚拢到那儿，享用着桌子上剩的巧克力。

骆驼则像是些饕餮之徒，眼见得吃得肥壮起来。

丁道衡认为，此地的石头是由石灰岩和绿岩构成的。

小绿洲上也有几股泉水，在它们的附近，有几间用树枝、泥巴搭就的小棚子。一些不为人知的神秘过客建起了这些小屋，可能他们选中这块绿洲种植鸦片，但人们不知道他们为什么又丢弃了这块土地，也许他们已成了土匪的牺牲品，也许他们自己就是土匪，选择这里暂作藏身之所。

11 月 28 日，行进的头半小时，道路凹凸不平。软软的黄泥地，封冻的或尚在流淌的溪流，柽柳丛和野草地，一一从眼前滑过。终于又有一峰骆驼倒下了。队伍穿过一条通向西北，形状突兀的河床后，又进入了通常那种砾石地。干河沟的西侧，稀稀落落地长着几丛野草。道路又向西南伸去。但见正南偏西方向，耸起了察罕博格达的黑顶。

路上突然出现了一条铭文，这是有人在黑砾石路面上刻出来的，每个字有 2 米大，这些字迹划痕下的土层，似乎使字闪出了光。徐教授为我们翻译道：“只要我们拧成一股劲，老天爷就会帮我们的忙。”很少有人走这条路，但为了躲开大道上的税站，我们必须还往前走。

就像在这一路上所常见到的一样，道路近旁的一丛丛蒿草中，汇积着白色的羊毛。每有驼队走过，驮着的羊毛包捆被带刺的草丛刮破，羊毛就露了出来。这表明，这条荒僻的路上也曾运输过最重要的商品。忽然，路边钻出了 4 只新出生不久的小狗崽，三四天前一支大型的汉人商队把它们扔在了这又冷又硬的石滩地上。

沙漠中的危急时日

队伍在一条干河沟里扎下了营。两侧陡峭的、高约1米的流失台倒能抵挡一阵寒冷的东南风。所有的人都冻得要死，赶快挤到火堆旁边取暖。

这一天的行程里，又有两峰骆驼被扔在了路上，还有一峰勉强挪到了营地。我们开始担心，到底能有几峰骆驼可以坚持到哈密。从哪方面说，我们正走着的这条商路也是异常冷酷的。一路过来的15个宿营地中，只有一个还算像样。不断倒下的骆驼已使我们认识到，从这天起，我们的境况已很危急了。

第二天，队伍仍沿着通向西南的道路穿行在两座山峰之间。不一会儿，又转向南，进入一条宽约40米的谷地。渐渐地，谷地越来越窄，并愈加曲折，先向西南，然后再向南，最后来到了一块稍微开阔点的空地，周围环绕着低矮的黑色山包。谷地里相当贫瘠，只稀稀落落地长着几丛荆棘，有几块地上还积着雪。河床子里有口井，60厘米深。水是甜水，表面上结着冰。我们选这里作了宿营地，比起别处，这儿还算好的。

劲吹的西风迫使我们在这里停留下来，11月30日一早，荆棘丛上挂上了白霜。队里杀了一峰骆驼，蒙古驼工和带来的狗都需要肉吃。

12月1日夜里的最低气温降到了-24.7℃，往北看，黑色的山影愈发明显。绵延的山脉闯入了眼帘，南边不远处也有一条矮小的山脊。细小的溪沟愈发狭窄。这里的河床都很浅，深不过十几二十厘米，宽约一两米；但它们相距很近，每分钟里大约要迈过9条。这种地形使得骆驼走起来上下起伏，也更耗费体力。又一峰骆驼掉了队。远处，约有16头野驴突然闯入了视界，但我们的猎手们这回却落了空。在道路中间，我们发现了一封米纶威留下的信，用石头拼成的一个“2”字表明，这是他的第二封信。信很短，内容是说一切都好。

夜里又下起了雪，精细的雪粒顺着篷顶的烟道钻进帐篷里。

12月2日早晨，地上的雪约有2厘米厚。然而，晴朗的天空中升起了太阳，地上晶莹的小水珠闪着光，就像是颗颗宝石。拉尔生很害怕来暴风雪，他建议，下一个营地应选在南边山里的背风谷地里。

深色的骆驼站立在洁白的雪地上，大多数的身上也披上了银装，远远看去，驼队排成一行慢慢地在雪野中跋涉，比以往更具一种苍凉而又激越的情调。远方，北面和西面的山峦以及近处南边的山峰通体皆白，如同莹玉。初升的朝阳照在山上，精妙瑰丽的色彩给山峰披上了盛装，如鬼斧神工，也使那山更显婷婷玉立。队伍仍向着西南行进。雪踩在骆驼宽大的蹄掌下，发出悦耳的声响。

路上又出现了一峰被丢下的骆驼，它想跟着我们，同样也盯着我们看，好像很吃惊为什么我们不帮它一把。也许它会想我们还不是最后一拨人，还有许多人走在我们的后面并最终会注意到它。所有这些被丢下的骆驼的形象折磨着我，拉尔生和蒙古驼工们都不会带上它们，最后再杀死它们。每当我问起来时，他们总是说虽然草场并不丰饶，但被丢下的骆驼可能最后会找到草地并恢复体力，之后，它也许会被某支过路的商队带上走。对这解释我并不相信，当一峰骆驼站不起来时，它已经是到了生命的尽头。人们唯一所希望的，就是在它从那种诧异和期待中摆脱出来之前，就不要再在那里耷延，无望地注视着雪野上惨白的月光。

我们在一个山嘴处的雪地上扎下了营。由于随从们忘了在上一口井处把那6只大木桶灌满，现在所有的人都得用勺子、盘子和各种舀子去收集雪，放在火上化了用。

12月3日，队伍仍向西南行进，经过我们宿营的山嘴进入了一条山谷。这条山谷很窄，夹挤在板岩和红砂岩构造的山石之间。走了没多久，又进入了一条大山谷，看来我们已经穿过了南侧距我们最近的一条山脉，并将它甩在了队伍的右侧。再往前走，队伍来到了谷口，它横通向北边。谷口有一条干河床，我们就穿行在它的沟底。就在这里，前边走过的汉人商队已挖出了一口井，一见到井，队里的大部分人赶快忙着去饮手里牵着的骆驼。井水水面距地表约25厘米，水深超过了10厘米。虽然水一被吸干很快又能渗满，但如此大的一支队伍要是都喝够了也得等上一段时间。这口井边长着几株白杨。从这里往东南望去，又是无尽的原野。

那天，我们刚走出不远就看到了米纶威的第三封信。在信中他只是说，他还没和汉人大商队取得联系。瞧，这里，井边的一株杨树上又挂着他的第四封信，日期上标着11月27日，他说他们已经赶上了汉人驼队的队尾。他们得知到大石头村还有5天的路程，路也很好走，但他们从汉人商队那儿没买到面粉和茶叶。

我们的68号营地扎在了这条长谷的谷口，一停下来，队里的几个猎手又出发了，但这次他们没打到什么，他们甚至没能找到任何新鲜的野兽足迹。

察罕布嘎逊

12月4日，队伍向西北又进入了一条弯曲逶迤、像迷宫似的山谷。路途中，时而前边一条山岭横过，封住了山谷，这样我们不得不走旁边的另一条谷地。然而，眼前的原野终于又宽阔起来。远处，两山之间又有了一处新的绿洲。走到那一看，几条泉溪旁长着几株白杨、柽柳，还有苇子地。我们在一片小白杨林旁扎下营。泉溪里的水拥着冰凌向前伸去，约有200来米长。在山谷的北侧有一条陡直的坡，坡下又有一条纵向的山谷由东向西，那里的地势要比我们的营地低多了。营地所在的这块地方因为有泉水，所以谢姆科夫称它为察罕布嘎逊。在我们到这里以前，曾见到一条由西南方向通过来的路和我们脚下的这条路合为了一处。这条路联结着肃州和乌里雅苏台。从我们的山间营地，可看到它像银白色的带子伸向北方，直达那不为人知的沙漠。

队伍在这里休整了两天，此地的景色很吸引人。谷地缩在两山之间，茂密的黄苇子地和嵌着黑边的冰凌上空伸展着多节的白杨树的几条枯枝。北面的景色真使人迷醉；无尽的原野伸向天边，泛着暗色的光影，使人想起了大海——遥远的地平线处，仍能隐约看到两边的山脉伸展出去绵绵而至天边的黑影，这更加强了那无尽的大海的幻想，我们觉得人好像是站在海边。在这亚洲大陆的心脏地带，倒仿佛是来到了加利福尼亚的兰奇海岸。

夜间气温降到了-21.4℃。凌晨两点半时我醒来了，听到狗狂吠着向南冲去。从狗叫的间隙，我又听到远处传来了驼队的铃铛声。在这荒原深处，见到另一支驼队就意味着与外界又有了联系。我希望听到来自中国沿海省份的消息，我也盘算着这支夜行的商队能卖给我们点什么。他们把营盘设在了我们南边一点。大约一个来小时里我都没有睡着，驼铃不断声地充斥于我的耳朵，一响接一声，响彻在察罕布嘎逊的夜空。

大 商 队

第二天一早起来我们发现，这支驼队大约有1200峰骆驼和90多个人。他们从归化来，去巴里坤和古城，去这两个地方，在较长一段都要行进在通往哈密的路上。这支大商队约代表不同的50家公司，其中最有名的是归化的一家大公司泰清号的驼队；这些公司联合起来，用租来的骆驼运送货物。骆驼的主人大约有7家，租1峰要花150—200块钱。他们运的主要是布匹、茶叶、香烟和日用杂品。这以前，他们的队里只有3个人走过这条路。驼队中还有几名回民，据说他们是比汉人还要精明的商人。从额济纳河出来到这儿，他们共走了18天，而我们走这段路用了20天。这些远游的客商很吝惜休息时间，暴风雪都没能迫使他们停下。他们打算用一个月时间赶到古城。他们从归化出发的日子是10月2日。

他们一旦最终到达目的地，通常就把骆驼放养在牧场上直到秋天，到那时他们再带上新的货物踏上归程。不过，有时他们在休息两个月后就又启程回返了。在这两个月里，只要给骆驼喂些精饲料，它们就能肥壮起来。

这支驼队中还有几匹马。下雨时，他们用一些薄薄的白色毡垫盖上货物。赫默尔和徐教授买了几块这种垫子铺在帐篷里面，确实，他们的帐篷比以前要暖和多了。

在汉人驼队的一座帐篷里，我们受到了这些夫役们非常友好的接待。只见四五个人正坐在那里聊天，嘴里叼着大长烟袋；还有6个人蜷缩在羊皮垫子上睡觉，那姿势更是千奇百怪。他们鼾声如雷，时而从羊皮褥子深处还传来几声奇异的怪响。几个人把我们迎到帐篷横头的主位坐下，地下铺着几个毡垫供人坐；在帐篷杆的旁边，立着一对矮小的木箱，它的边上，一个铁盆圈里正燃着一堆火，火上坐着一把壶，另外有几把茶壶也在火边上烧着，里面的水已开了。中间的大水壶里正煮着面条，那是一种条状的、用面制成的食品。中国人声音很大地吞喝着这种面条汤，那几个睡觉的也被叫起来吃饭；他们吃的还有烙饼，那是一种面包似的食品。在他们的食谱上还有一种吃食是牛肉，这都是在额济纳买的。我们这些客人也被奉上了热茶。这些普通的汉族商人通常给人的印象是风趣、友好、招人喜爱，他们对待客人总是一样的热情、客气。他们边聊边笑，自得其乐；从没有人见过他们忧愁郁闷的样子。但是他们说，他们一个月赚的钱还不足5块，还要没日没夜地跋涉于这亚洲的荒漠之中。白天，他们有许多苦力活要干，因此他们只能在夜里走路。

吃完饭，他们又叼起了大长烟袋，点着了火。他们在尽最大的力气回答着我们所问的所有问题，一个人讲时，另一个在旁边还不时地纠正着。

这支大驼队真是壮观，比我们的队伍要大上10倍，光驼工数就是我们的4倍。队里的一切都做得那么准确守时，井井有条，各种各样的工作在他们好像边聊边轻松地就干了。终于，他们的队伍又一支支踏上了征程，消失在西边的天际。一切都进行得那么有条不紊，这支大驼队组织得堪称典范。看得出来，回民们的活干得更漂亮。管理一支驼队就应该这样管法，看着他们，对我们也是个启发。当他们的一长串骆驼卧在地上时，嘴里就嚼上了豆子，这就是为什么它们一个个都挺壮实精神的原因，虽然他们从百灵庙到这里已经过了 53 天的跋涉。

我们在 69 号营地休整了两天后，人和牲口的状况都大有好转，当然这要得益于劳累的摆脱。海德和李伯冷又出去打猎，回来时一人扛着一只瞪羚，一只兔子和几只鹧鸪。但是，靠打猎来补充肉食却维持不了几天，看来有必要为蒙古汉子们的贮食袋再杀掉一峰已垮掉的骆驼。

蜿蜒穿行于山间

12 月 7 日一早，队伍又向西北进发了。没走多远，就见一峰骆驼在路边，不愿起来跟我们往前再走一步。它以一种同样凄惋的眼光盯着我们，歪斜地撑着两条前腿在路边卧着。

道路又进入了一条山谷，它又横穿过一条山脉，这山脉两天前我们曾穿越过。山岭绵亘不绝，眼前的景色使人感到某种莫名的壮美。刚刚走过的山脉又落在了队伍的左侧。再往前，队伍又进入了一条令人厌烦的、迷宫似的山道中。我们越过一条流失河沟，两侧的红砂岩壁好像在提醒人们，这里似乎应该有个想象中的城堡遗迹。又有一峰骆驼走不动了，拉尔生只好丢下它。在一条狭窄的通道中央，倒下的第三个牺牲者的躯体，几乎将路堵死——幸运的是它不是我们队里的。汉人驼队把它丢在了这里听天由命。

考古探险手记

第三章 1929—1931 年的探险考察

中国西北考察揭开了新的篇章。

德国人除郝德和钱默满都回国了，考查团的中国团员也所剩无几。但由于瑞典当局对考察大力支持，参加考查团的瑞典成员不断增加。瑞典皇家科学院任命尼尔斯 · 霍涅尔和格哈德 · 贝歇尔为增补队员，他们随我沿我回国的路线去新疆。我于 4 月 8 日离开了斯德哥尔摩。

到达塔城巴克图，在又脏又小的中国边境关口滞留一夜，等待塔城政府允许过境的命令。在这儿遇到了一位身穿欧洲连衣裙的少妇，她三天前就到了。刚开始我把她当成汉族人了。但当她用流利的英语交谈时，才知道她是蒙古族。她在北京见过赫默尔，现正在从北京到西湖（现乌苏）附近她的部落去的途中。很明显，她不是普通的蒙古人，语言表达能力显示出她身份不低，她还会流利地说法语。她是有王室血统的土尔扈特公主尼尔吉德玛。

5 月 8 日到达塔城，黎海如行政长（1934 年我在吐鲁番的非常困难的状况下还见过他）要求再等三天，到乌鲁木齐就是否允许我们入境做出答复。

三天期满，一辆轿车驶进我们住的院内，车里坐着塔城外交专员和土尔扈特公主，这使我们充满希望。可高兴为时过早，这次公主只是翻译。她告诉我们的恰恰不是喜讯，而是我们将要被迫离开塔城！外交专员说，我们的考察工作有挖掘祖坟之嫌，因而引起本地人产生憎恶之心。在这种状况下，再继续待下去，他负不了责任。他要求我们尽早离开。我们不愿在孤立无援的困境中无限期等待下去，请求先回到边境另一侧的俄国境内的巴克图，那里有邮局、电话和不错的住所。他们同意了。俄国领事波罗沃依协助我们签证，并力劝不要反抗当局的命令。

我们终于不得不离开俄国的巴克图启程返回。

7 月 26 日，我来到新西伯利亚。我必须在这里等待 29 日经过黑龙江直达海参崴的国际快车。8 月 5 日，到达海参崴，而行李却是在 12 日才在来自塞米巴拉金斯克的快车上找到。8 月 25 日，我抵达北京，而庞大的行李暂时寄放在天津海关。

伯林、霍涅尔和贝歇尔在北京等待期间，设法将考察团旅途所需的几乎一切设备及粮食都准备好了，通过拉尔生买了 60 峰骆驼，骆驼是从安德鲁斯考察团买来的。还从安德鲁斯本人那儿接收了一些有用的设备，但西北科学考查团理事会却没有拿到我们的护照。

一、在内蒙古

在北京滞留到9月底，我们被召唤到外交部门，得到了阎锡山发给的前往内蒙古和新疆的护照。但是却没有我和贝歇尔的，只有伯林和陈宗器等人的。三天之后，得到了写有我名字的珍贵证件。

10月1日，我们和拉尔生乘坐一辆吱吱作响的破旧汽车去位于哈登庙的焦耶尔·依瑞克森的传教点。在大草原中，可以看到有些土地已由张家口北部的中国人耕作。汽车行驶得很颠簸。

10月底，25峰新买的骆驼来了。行李一经运到——自从4月在瑞典捆扎打包好之后再也没有见过——就分装成小件，等一切打点好，我们就可以出发了。但在11月2日，有个意外的惊喜突然降临，完全打乱了计划：突然间由赫默尔陪同斯文·赫定本人乘汽车抵达了营地！我们已有十个月未见面了。第二天，又来了拉尔生和新队员——人种史研究者古斯塔·蒙杰尔。11月8日晚，我们的考察队终于因哈士纶、瑞典传教士依瑞克森和新队长丹麦人本特·弗瑞斯·约翰逊的加入而壮大起来。11月11日，我们又一次分手告别。我、伯林、贝歇尔、霍涅尔、约翰逊和陈宗器带着五个中国人、九个蒙古人、两匹马和85峰骆驼向西出发，而其他人驱车沿着我和贝歇尔来的那条路线出发。艾不盖河畔愉快的时光一去不返。

11月22日，我们又一次与考查团主体部分会合，钱默满比预期的早到一天，但可惜生瑞恒未能同来，他受一位消息闭塞之人的诱惑，到肃州去了。他以为斯文·赫定将乘车去那里。赫定当时没去，四年后才与生瑞恒从另一个方向抵达了肃州。

我们留下了钱默满带来的信件，又继续西行。也许这是收到邮件最后的机会了，只有上帝才知道还有多久才能再次收到邮件。

1927年到1928年，我的发掘工靳士贵一直在新疆等待我返回。同时我还另有一个助手，他是基督教徒，以前是冯玉祥部队的陆军中尉，刚开始涉猎考古学，目前已入门，不时发现新的地点。约翰逊也正忙于帮助采集燧石器。几位地质学家在向南的旅途中也发现了一系列完整的燧石地。

12月16日早晨，气温低到零下30度，风速约为5米/秒的北风呼啸着掠过。日出时分，天空呈现出一片灿烂的日幻奇景，这种景色持续了一整天，一定是在天空最高处也刮有可怕的风暴导致的结果。骆驼载重时显出极不安分和厌烦之情，一只驮着箱子的骆驼猛地甩下箱子，把箱子砸坏，数千枚闪着银光的银元就像下了一场银雨撒落一地，从雪里捡起这些硬币是一件令人不寒而栗的事。

行程中突然遇上了暴风雪，我、伯林和霍涅尔三人与大队失去了联系。时间不长，我们脸上开始出现白斑，霍涅尔最惨，他没有穿羊皮袄，只戴顶普通帽子。我们两个至少穿着短皮袄，戴着冬天的帽子。霍涅尔左耳变得十分苍白，他不断地用雪搓着耳朵，直到血液流通。现在他的双手也开始僵硬起来。至于考察队的踪影却一点也看不见。能见度不超过100米。风呼啸着刮过我们寒冷的身体。最糟糕的是这次行程中，路分两叉，我们向南进入一条蜿蜒的小径。在飞旋的雪花中，我开始担心，我们将会被迫在这恶劣的天气下转悠一晚上。黄昏降临时，天空突然像揭开了盖子，暂时晴朗起来。在正前方，我看见一块熟悉的岩石，我们得救了。

后来见到考察队时，我们发现大部分队员也冻伤了，虽然都没有霍涅尔严重。在莫古齐克的峡谷缝隙，我们支起了一顶大帐篷。这里无论如何也搞不到燃料，虽然有一个中国人的小店和两个商队的营地。一位友善的流浪喇嘛给了我们半袋子供取暖的羊粪砖。当我们六人爬进帐篷里的睡袋时，气温是零下 30 摄氏度，由于太冷，我彻夜未眠，发现枕头上和盖在身上的羊皮袄周围呼吸的热气都结了冰。

早晨，从高度表、观察仪、摄影机，直到手电筒，所有仪器都失灵了。在商人的毯房里，由伯林医治冻伤。霍涅尔的右手冻得最严重，三个手指已僵硬失去了知觉。陈宗器双手的冻伤也十分严重，王和其他两人的脸不算太肿。在百灵庙，一只骆驼的蹄甲感染化脓，又肿又痛，贝歇尔实施了手术，伤口内流出了许多脓液，术后给它套上了一只毡鞋。我们决定暂时把它留在这里养伤，由一个中国人照顾。在明媚的阳光下，我们出发了，穿过老虎口子到了达尔乌兰鄂博。在路的正北，度过了寒冷但愉快的圣诞夜，从附近一个蒙古人住地，买到了十分干燥的羊粪砖，又从中国商人处想办法买到半只猪。我们为此好运而高兴不已，因为在内蒙古猪肉是难得的上好食物。

由于不举行圣诞庆典活动，约翰逊骑马返回莫古齐克牵回那峰养伤的骆驼，经过几天休养，它已恢复健康。同时，我们对考察队做了分工：道路两侧各一小组，伯林和贝歇尔率领一组向北，我和霍涅尔率领一组向南，陈宗器和约翰逊随考察队大部人员继续沿考察线路向前。我们听说有一条路穿过狼山山脉从大道通向黄河平原，我们决定三周后在三德庙会合。

我和霍涅尔于 12 月 30 日动身。我绘制线路图，霍涅尔的冻伤仍有影响，两手缠着绷带，戴着连指手套，给人一种笨拙的感觉。我们的行程最初向着隐约闪现在南面的乌兰鄂博小山方向，并穿过一排小山。在今年的最后一天，越过了形成分界线的平坦的高原，南侧是深谷，小路向下通过岩石台地进入悬岩绝壁的山谷，恍如走进了另一个世界。山谷里，有盘羊、岩鸡。21B 号营地设在奥尔济丁河附近。河内结着冰，使人想起阿尔金山和库姆塔格的景色。

1930 年元旦那天，我们继续向南行军，越过结冰的奥尔济丁河，经过一个废弃的小庙宇，扎营在乌兰哈善开阔地的另一侧。

1 月 4 日，沿着丘陵地带西行，并宿营在雅致的占屯庙旁。庙是以西藏风格为主略带有汉族式样的建筑。在通往这里的路上，霍涅尔侥幸逃脱了几个蒙古士兵的追杀，他们在霍涅尔身后开了七八枪，后来我们发现，这些士兵来自右旗兵站，这里实际已不在他们管辖之下。

冬天，绝大部分时间天气都十分寒冷，而现在我们走在低海拔高度处，气温更加寒冷。1 月 6 日，记录的最低温度为零下 40. 7 摄氏度，整个旅途中，地面都覆盖着厚厚一层白雪。严寒妨碍了我们的工作。霍涅尔要忍受冻伤手指的极大痛苦。本地人告诉我们，今年冬天这里出奇地冷，连他们都不习惯。

早晨记录完气温之后，我们参观了占屯庙，喇嘛允许我们拍照，甚至对步入十分干净整洁的庙宇大厅也没有异议。建筑物保存完好，整个庙宇坐落在山麓台地和南面宽阔的平原之间。庙宇院内有个直径约半米的薄薄的圆石头，有个少年喇嘛手持铁棒敲击着石头，发出一种悦耳的声音。庙前，一口泉水周围是一小丛古树。

我们离开大道沿着山脚下一条通向南部的小路走去，小路穿过了黄河一条旧有的支流，通向曼回村的围墙和比利时传教站之间冻得坚硬的耕地。在传教站，我们得到了凯皮利神父和米奇尔斯神父的友好接待。我们终于住进了温暖的屋子，并且自圣诞夜至今第一次洗上了澡。

黄河和狼山之间的鄂尔多斯地区，在过去50年间几乎全部由汉人耕种，虽然蒙古人仍住在这里，而且沿山脚每隔一定距离就有一座喇嘛庙。这地方是远近闻名的土匪出没之地。农业依靠引来黄河水灌溉。从河边开挖了许多渠沟，贯穿于狼山浇灌农田。据说曼回村有5000居民（尽管围墙内房屋甚少），其中约3000居民信奉基督教。

在这个文明的山坳里休息了一天之后，于1月8日又开始向西行军。骆驼已习惯于吃台地和沙漠中带刺的灌木，而对我们买来的干草却嗤之以鼻，我们只能把这些干草堆起来当柴烧，真是吃力不讨好！

草原上高高的草丛中有许多野鸡，它们不易受惊。我设法用手枪打死了两只，这说明我已十分接近它们了。我们再一次穿过黄河的旧支流（河底已用做耕地了），来到了大道上。这是凉州（即今武威）一包头一归化之间的一条主要交通干线。我们宿营在奥尔塔河玛的正前方。沿着奥尔塔河上游就可以到达三德庙了。在那里，我们将与其他人会合。但由于河床里结满了冰，骆驼很不好走。

尽管霍涅尔的手有冻伤，但只要有阳光，他还是以充沛的精力从事野外工作，几乎每天晚上都在夜幕降临好几个小时后才回到营地，因此不止一次迷路。一天，有几个傲慢无理的蒙古士兵在离他很近的地方向他开枪，甚至在他举起双手之后还有枪响。士兵们夺走了他的所有仪器、照相机和手枪。考察队赶到解围时，这种对峙的紧张局面仍未完全消除。我们的蒙古人给他们读霍涅尔的护照，向他们解释。后来，我们的厨师贾贵主动和他们一起去见士兵的头目，第二天才回来。他是带着霍涅尔的手枪和士兵头目的道歉凯旋的。

向西已不属依兰山地界，河流侵蚀了道路流过整个山系，分界线位于山北，十分平坦。从另一侧下山后，来到流经商人蒙古包到三德庙东侧的河床中，那是我和那林1927年的36号营地。草地周围很脏，我们把营地移至庙镇南约10～15里处，这里灌木丰茂，我们像挖战壕一样把帐篷周围的积雪铲掉。

1月21日，我和霍涅尔分了手。他返回依兰山，我向西走上了考察主线路。我没带帐篷和食物，因为我打算在路边中国商人的帐篷里住一晚上。但道路一直是爬山路，出发又迟了，一直走到深夜，才到达已宿营的来自肃州的汉族商队处。我们说明了来意，设法睡在他们的营房——事实上是挤满了人的帐篷里。我睡在一个抽鸦片的商队头目和一只带着四只小黑狗的黄母狗中间，梅塔喇嘛也睡在我旁边。

春分这天，今年首次最低温度达到零度以上，虽然没有北返的候鸟飞过，但春天的其他迹象陆续出现。4月8日才有30只野鹅飞过头顶，后来，又有许多鹤飞向西北。

3 月 22 日，我们意外地与我的挖掘工靳士贵重逢，并与其他小组取得了联系。靳士贵带着驮着采集品的 64 峰骆驼正在返回北京的途中。他 1 月 9 日从乌鲁木齐动身，随行的还有岁德、那林的牧驼人老赵。老朋友相见，大家喜上眉梢。这在单调寂寞的沙漠中，是令人愉快的插曲。此外，这也给了我们一个把信发往文明世界的绝好机会。

3 月 26 日又是让人高兴的日子，约翰逊把采集品送到百灵庙后赶来了，他还带来了家信、北京总部的来信（自上次通信已三个月了）以及几样我们索要的设备，其中一个是给我的照相机，代替早已熟悉的那架。心肠慈悲的赫默尔送了一些甚至对大城市中讲究饮食之人都算是精美的食品，而我们戈壁人早已对其淡忘了。我们的食物极为单一，要想弄到点肉真可谓难上加难（需要我们加倍努力去获取，而我们也正在这样努力）。而真正引起我们欣喜若狂的是一大听咸牛肉罐头，这可比得到几瓶橄榄酒更高兴。

约翰逊在路上听到一伙正急驰在考察队线路上的强盗的谈话，他还从路过的商队那里听说我们宿营在乌克托依，而所有的骆驼被偷，马匹死光了。

尽管这里对于我和古生物学家有很多考察的机会，但我们却对这日渐升温的凄凉沙漠不愿再多留一天。我们感到，4 月 15 日拔营向西出发是一种解脱。在乌克托依停留期间，至少有 10 个商队路经这里向东（其中一个是一帮来自拉布愣寺的香客），7 个商队向西走去。西去的商队中，有三个是蒙古商队或旅行者。3 月 12 日、13 日、22 日、23 日、27 日，4 月 10 日、14 日均刮起凶猛的沙暴。最后两场沙暴中，气温骤降，天气寒冷无比。第二天早上的最低温度分别达到了零下 10 度、8 度、9 度。

二、重返额济纳河

4 月 17 日，顺利到达奥龙托依绿洲。这里有一片胡杨林，我们再次与霍涅尔、陈宗器和大部分蒙古人会合。现在全体队员又一次集中在一起，一直持续到波罗桑齐。

直到此时，我们才听到约翰逊发现一伙强盗的细节：这伙强盗中有 10 个□□□和两个□□□，他们向西流窜抢劫商队的钱、牲畜和货物。他们去过我们的骆驼营地，但没有轻举妄动，这使得霍涅尔和陈宗器紧张了一场，他们在营地里提防着被抢劫。而工作在相当偏僻的乌克托依的人，根本就没听说过这些事。显然，强盗不敢贸然经过我们营地的路，而是绕道向北行的。我们之所以引起他们的惧怕，大概是由于我们在乌克托依的几场射击练习，当时有一些汉族商人在场。后来这个消息像长了翅膀传遍四面八方。当然，不能否定，我们的装备是一流的，虽然没有一个人称得上是一流的射手。

在奥龙托依，被迫留下一峰骆驼，这是整个旅途中的首次损失。我们休息了两天，等凶猛的尘暴减弱之后才动身。4 月 20 日，到达阿尔先鄂博——健康之泉。这里的鄂博是用梭梭躯干建造的。自 1908 年科兹洛夫参观以来，用泥又涂抹了一遍，更为壮观了。从那些被强盗洗劫过的商队那里，我们几乎每天都能听到野外这种灾祸发生的情况。我们曾遇到过一支商队，已成了一无所有的穷人，他们被抢走了 700 美元、一支步枪、五峰骆驼、两匹马和鸦片。还有两个驼队主人，因拒绝强盗索求，遭到恐吓（将灼热的灰烬放在脖子旁边）。另一支中国商队不仅被洗劫走 600 美元、两峰骆驼和货物，而且强迫其中两人跟着强盗做奴仆（后来被赎回去了）。

有个商队有一窝小狗，送给我们一只黄白毛相间的，约翰逊为它做了洗礼，并起名为“布济恩”（熊），这是一个不必承担任何责任的小传教者。这欢乐的小生命在长达一年多的寂寞旅途中，一天天长大，成为我忠实的伙伴。

我在沙堆里猎到一只鸨（也许是野鸡），它的肉味道好极了。我们的47号营地位于沙堆中的右边。我们的运气很好，在天阴并凉爽的条件下，慢慢穿过了浩瀚的沙地。4月26日，我们到达波罗桑齐，这是额济纳河的托戈斯地方第一处有水的区域。我已把强盗之事忘得一干二净，因为我已全身心投入到考古探寻中，并以此作为剩余旅途的工作中心。

三、转向历史考古

我曾于1927年路过波罗桑齐烽燧遗址。我现在决定绘制这些废墟的草图。与考古学家黄文弼以前在此的心情一样，我并没有期待有任何发现。在坐落在一个强侵蚀山顶上的烽燧和旁边房屋废墟下面，我发现有院墙的痕迹。当我测量这个长方形墙体时，钢笔掉在地上。我弯腰捡钢笔的一刹那，意外发现钢笔旁有一枚保存完好的汉朝硬币——五铢。于是，我开始仔细四处搜寻，不一会儿又发现了一个青铜箭头和另一枚五铢。我们尝试着往下挖掘，同时，地质学家搜寻到了许多分散在附近的鸵鸟蛋壳。

第二天，从最东边开始挖掘，很快就发现了窄条的木简，其形状大致与斯文·赫定在楼兰古城找到的写有一篇手稿的木简一样。斯坦因也在甘肃西北部和新疆发现过这种东西。在我捡起这块用墨写着依稀可辨的汉字的木简之前，不停地对发掘工王说要注意察看木简上的每一个符号。这个发现使我激动不已。我们带着极为兴奋的心情又开始四处搜寻起来。果然，不一会儿就找到另几块保存更好的木简。

从高原顶部的烽燧上，你能看到远处有几个像塔的土墩。伯林在绘制线路图时，参观过三个这样的烽燧，它们朝西南方向排成一排，这些烽燧保存得不好。也许再也没有像波罗桑齐那样大的烽燧了。所有有烽燧的地方，都有相似的陶片。在三个烽燧中最远的一个，伯林找到一个青铜箭头。

考察队大部分人马继续向额济纳河走去，我、陈宗器和两个挖工留下来。我们挖出的几块木简上标有纪年，但暂时无法确定根据西方的算法是哪个年代的。然而可以肯定，这些是汉朝纪年。从一个老鼠洞里发现的碎纸片，我猜测这是公元前2世纪的遗存，纸上没写什么，这个判断是据木简或丝绸做出的。

这些老鼠洞非常有趣，里面有稻草、丝绸碎片、碎绳子和削下来的碎木头。很明显，在写了字的木简不必保存时，就用简便方法把有字的表面削掉再重新写字。老鼠把这些削下来的碎块拖回洞里，成了一个小小“图书馆”。而洞旁边，总有一小堆变黑的小米。

曾有过一排小房子围在台地上，现在只保留有最低处的房屋内墙，被山坡滚落下来的碎石保护着。其中一间屋子是厨房，有个带烟囱的小炉子，炉前有建在地里的土仓，旁边是像炕的架子，架子下面堆放着混杂在一起的各种垃圾，如绳子制的凉鞋、木制潜水用具、丝绸碎片和有字的石板。有几份手稿大概是信，提到“三十顷主要部分”。顷，是测量表面积的单位。

在一些短桩上，画有奇形怪状、龇牙咧嘴的脸，大概是打算以此来驱除邪恶灵魂。在烽燧上面有个鼓。我还找到带插孔的没有锈斑的铁斧，一截铁锯，一把镰刀，青铜箭头，一个完整的有青铜头和羽毛尾的箭（它的长度只有32厘米，这使我感到很惊奇）。在一堆木制品中，有鞋匠用的鞋楦头和木头雕刻的小马腿。在汉朝额济纳河地区的名称是“居延”，一些木简上也出现过这个字眼。

5月1日，最低温度是零下12.4度，没有预想的那样低，白天温度是20度。5月3日、7日、8日刮起了猛烈的沙暴。8日，我完成了第一个汉代遗址的土方挖掘，之后，大家都急于继续到额济纳河流域其他废墟去。但我下决心，先仔细清点与汉朝废墟有关的每一件文物，希望用这种方法找到汉朝史书上提到的居延城的蛛丝马迹。无疑它不是坐落在河流终点湖南面的某个地方，就是在三角洲里，或是三角洲附近。

沿着1927年同一条路，两天后我们到达了额济纳河，在喀拉浩特——黑城停下吃午饭。在这里我采集到一些小物品。我决定延长时间对已清理的文物再仔细检查，直到很晚。

与考察队主体一起在桑多林察罕平原扎营，伴着额济纳河畔淡绿色的胡杨，真是惬意之极。1927年考察团的大本营和松杜尔气象站就位于这里向北一两公里处，回想往日，真令人难以忘怀。河流目前实际是干河，但公园般的景色质朴宜人，把春天的柔美葱翠和夏天的繁茂丰盛融为一体。

考察队现在越来越壮大，因为气象站的一些仆人和许多牲畜被安置在这里。不久以后，他们加入到我们的行列。还有许多营房设备，例如蒙古包、罐装食品、600公斤面粉，还有两个工人、24峰骆驼和五匹马。马的健康状况简直糟透了，甚至还没有我们那匹栗色老马好，几乎连路都不能走。因此，我们用五匹马换回一峰骆驼。营地上还有一个令人愉快的惊喜正等着我，这是赫定的狗哈米，可以说，它是原来的哈米。在我第一天早晨起床前，这只又大又笨的狗突然扑向我，用力舔着我的脸，欣喜若狂。由于1927年秋季在河边为争得一条小母狗的宠爱，它的爪子在与同类争战过程中被严重咬伤了，现仍行动不便。另外，它的举止在任何时候都显得过于自私，甚至不可一世：它不能容忍任何一个陌生者出现在营地范围内，无论是人、马、骆驼还是驴。

在松杜尔老海关，晚上我们围着篝火坐在一起，喝茶，抽烟，聊天，倾听着仅有的几张古典唱片和风刮上梢的沙沙声。月亮沉下天际，夜晚气候格外凉爽，使人感到快乐就在天宇深处。我又一次来到了额济纳河！

我打算对河流三角洲中的遗址进行清点并编目。霍涅尔也想去河流的下游。这时探险队的蒙古人中产生了纠纷，约翰逊费尽周折来平息争端。他们有四人想回家，而其中两人是我们希望留下来的。机智老练、具有外交手腕的约翰逊终于把事情圆满地解决了，彼此都很满意。这两个人留了下来，另外两人走了。

5月14日，我、霍涅尔和陈宗器出发了，我们将于本月的最后一个星期在230公里外的毛目与其他队员会合。我们沿三角洲最东面的支流走下去，刚开始河流向东北方，不一会儿又转向北，流入索古淖尔。第一晚扎营在昆因库布一处汉族商人房子附近。第二天到达沙漠边缘的温音桃来，这是在考察后期变得十分熟悉的地方。

在温音桃来，河流呈半干涸状态，河底遍布淤泥，有几段很难穿越。河南岸的平原上有些水坑，栖息着几种野鸭、鹅、苍鹭、海鸥、燕鸥和其他水鸟。靠河东的高沙堆之间有些小湖，湖水湛蓝，当微微的旋风在沙堆顶部掠过时，湖面便泛起阵阵涟漪。沙地不是很宽，消失在北面一个楔形地带。再向前是十分贫瘠的黑色砾石荒漠，与河另一岸丰饶、生动的景色形成鲜明对照。

在一次远行巡视中，我发现叫做金斯特的矮山上有个小石塔。“金斯特”大概是“衣扣”的意思，实际上，废墟的确像山顶上一颗王冠扣子。

在高大的沙堆中间的一个覆盖着沙子的山上，发掘工王在烽燧西方发现了砖砌的小遗址，里面铺有两米厚的稻草、芦苇，足以起到很好的保护作用。这个有趣的地方是汉朝留下来的，里面有47枚木简和写了字的碎片、两把木梳、一把铁斧、一个丝绸针盒（盒里有两根亮亮的铁针）、硬币、青铜箭头、丝绸布块，还有轮毂的一部分，一个木棒头和其他东西。铁制品没有生锈，这是气候干燥的原因。不仅是现在，即便是2000年前的有些木制品，看起来也显得十分新，因为它们盖在草下，也没有与地面接触。

因为没有时间对这有趣的地方进行全面挖掘，所以我决定干脆返回。

5月17日，我们穿过三角洲的灌木丛和小树林，向西到东大河附近的库克成庙。斯坦因在《亚洲腹地》中提到，他的测量员在奥宾河上发现了某处废墟，并采集到许多藏文、蒙文手稿和刻版印刷品。斯坦因把废墟介绍给“一些未来的探索者”。据我看来，这废墟与库克成庙是同一个地方。因此，我对它和周围环境抱有很高的期望。但很可惜，斯坦因的地图与三角洲地形根本不符，几乎没有一个地名是正确的。而库克成庙是1863年□□□□□□□[1]“全新”的喇嘛庙。废墟附近有许多藏语、梵语和蒙语的手稿或纸本印刷品，但全都毁坏成碎片。还有几种“擦擦”，一点“塘卡”，涂漆的木头和碎布。蒙古人之所以在被称为“帮空”的如此小的建筑上拼接他们那些破损不全的圣文，是觉得虽然这些文字支离破碎，但其中蕴含的力量不应该消失。

即使这个废墟没有什么遗物，南面9里远三角洲草丛中的一个小烽燧遗址上仍会有所发现。这个遗址叫察罕桑齐（这个名字与后来发现的许多烽燧均有关）。烽燧是建在沙地上的——也许实际上是建在沙丘上。现在周围地面比塔底低1.6米。遗址围墙剥蚀下来的碎石已覆盖在沙上，保护着周围不再受风的侵蚀。伯楼桑齐有几幢墙壁涂着白灰的小屋子，还有墙的痕迹，墙上有红边。我找到了几块有字的木简，上面都标有“第五区”字样。

5月20日，我们向北走了一小段路，到了位于柽柳丛和一片沙丘之间的界线桑齐阿莫废墟。附近有一条干河——卡夏提河。据说，是东大河东边的一个支流。这个废墟是用晒干的土坯砌筑的长方形小城堡，长期经受暴风雨的侵袭，但仍有部分墙体离地面高达七八米。在西北角的内墙，挖掘出一个骨头制成的箭头和几块保存极差的有字木简，上面也提到“生要部分三十顷”，正如在伯楼桑齐发现的一样。一堵覆盖在流沙下面的刷白内墙上，有五个汉文大字写在一个红框内：羊头五百石。

大队不能留在这里，因为草场贫乏，没有水，骆驼逃跑后在这些灌木丛中是找不到

---

① 编者按：为符合当今有关出版规定，此处略去数字。

的。22日，我们来到东大河边离土尔扈特王爷住处十分近的地方。1927年秋天赫定和哈士纶曾在河上泛舟，可目前只是在5月里，已是一条干干的河了。

照斯文·赫定的样子，我们派梅塔喇嘛带着名片到王爷那里请求觐见，梅塔很快就回来了，并带来消息说，王爷打算先来拜访！傍晚时分，王爷在两个男子的陪同下光临营地。在帐篷里喝茶、抽烟时，探险队蒙古厨师代表我们送给他一条哈达和一副从赫定那里得来的双筒望远镜，王爷十分高兴。他对赫定的《回到亚洲》一书中的照片非常感兴趣，并指点着照片中的自己。当年那个双目失明的老王已去世，现在拜访我们的是他的继承了王位的儿子。

第二天早晨我们出发时，听到坐落在沉积高原的喇嘛庙的上空传来低沉的螺号声，王爷在那里有一处夏季别墅。我和霍涅尔一起向南到好几公里以外的赛尔桑齐遗址。遗址不是烽燧，而是佛塔。

在这炎热的下午，我们骑上最好的骆驼来到不太远的王府。王府仅是几间用墙围成的房子。狭窄的院子里有四顶蒙古包，王爷在其中一顶接见了我们。我们递上装满干果的饼干盒作为见面礼，而后被招待以茶、蛋糕、糖和葡萄干，最后是丰盛的主食：煮羊肉，里面有汉族面条、蔬菜和大豆。王爷给我们每人赠送了一条哈达，并盛情邀请我们在他的畜群里挑选一匹最好的马。

第二天，我们继续前行在奥宾河岸长着树的地段，穿过多尔察罕桑齐烽燧遗址，扎营在查卡。到达索古淖尔后，扎营在伯罗鄂博下面的沙滩上。我们终于到了漫长旅途的目的地。湖水在早晨清新的阳光下闪闪发光，波涛一浪推一浪掠过沙滩，发出的声音在我们这些枯燥乏味的旅行者耳中，就像是世界上最美的音乐。湖北边的峭壁使人想起哥特兰德的高耸的海岸。海鸥和燕鸥在蓝天尖叫着，以优美的姿势飞翔，我们愉快地跳进湖里尽情地泼着水。

在索古淖尔的两天使我感到非常愉快，尽管这里缺米少面。就在营地附近，我发现了许多富含新石器时代遗物的地方。早在第一次考察期间，斯文·赫定的仆人就在这里发现了石器，后来生瑞恒在这儿做了采集。现在我看见这个地点位于发育很好的古海岸线下面。非常奇怪，它们竟到达现在高水位标记之下。发现物属于石器时代，在那时水位很明显比现在低。古海岸线位于现在的湖面以上并不是太高（约10米）。这里的水十分咸，我们不得不从奥宾河取水饮用，但骆驼可以喝。当年在这里制作雅致的小燧石工具和用变成化石的驼鸟蛋壳制作珠子的人们，显然就是喝的湖水。可以推断，当时湖水一定是淡水，经过时光变迁，才成为现在的咸水了。

5月27日晚8点前，天空正南方向有一颗光彩夺目的流星，发着绿光一闪即逝，就像一颗正在堕落的火球。

霍涅尔不得不在这炎热的天气拼命工作。有一天他早上5点出发，晚上9点半才回到营地。这样长的工作日使他得到了回报，发现了远古时的海岸线。他还想在湖区继续考察一段时间，于是我们在5月28日分手，我回到王爷夏季别墅附近的察罕桑齐，并开始挖掘遗址旁的小土墩。这里有一间长方形屋子，最好的发现物是一颗青铜扣子和一把梳子。说明遗址不属于汉代，而与喀拉浩特同属一个时期。

在奥宾河几乎干涸的河床附近的胡杨林间，我们的营地生活着成千上万或大或小的昆虫，它们并不是最喜好待在床上的虫子，有蝗虫、甲虫、骆驼虱子（1928 年夏天我在塔里木遭受过可怕的小扁虱的叮咬）、蚂蚁、蛾的幼虫，还有上帝才知道的虫子。当然也有蝎子，但我还算幸运，没有见到一只。

从霍涅尔那里传来消息，厨师巴焉济戈尔从骆驼身上摔下来，伤得挺厉害。我必须立即赶回奥宾河下游的赛喀。霍涅尔已返回这里，帮助医治伤员。很幸运，巴焉济戈尔很快就恢复了健康，肿也消了。在这火烧般的酷暑里，下过一两次只有几滴的雨，雨水很难顺利通过干燥的空气，降到地球表面，据说在过去 10 年中，这里没有下过一场真正的雨。

霍涅尔到噶顺淖尔考察了一番，发现水域面积比地图上标的要小得多。他按斯坦因地图标明是湖的地方走了很长一段路，仍还有很长一段距离才能到达有水的地方。

从一个蒙古人那儿我得到线索，在两湖之间的希尼乌苏泉，有燧石碎片发现地，我于 6 月 4 日到达此处。泉（确切地说是泉群，因为有两个泉）位于到外蒙古的大道上，深约 5 米。在泉周围的沙子里，有许多燧石和石头工具，散落在直径约 100 米的范围内。除了乌克托胡依，这里是我发现的又一个最丰富的地点。噶顺淖尔的双层古海岸线通向发现地的正北（即下方）。

现在，我又再次与霍涅尔分手，返回到三角洲内。6 月 6 日，从西庙来的大喇嘛给二尔扈特新王举行加冕典礼。我没有去，而是到桑齐阿玛遗址继续挖掘。就在遗址北面 10 公里远的沙丘附近，有许多美丽的小湖，长度至多 500 ~ 1500 米。当喀夏塔河载水时，水流进这些湖泊，多余水量才注入索古淖尔。这里水鸟的密度很高。通过望远镜，我欣赏着天鹅嬉水，羡慕着蹼足鸟类优美的潜水技巧。还有几种野鸭、鸦、鸥和燕也栖息在这小小的鸟的乐园之中。下午 2 点钟，气温升至 35.5 度，但晚上温度却降到 9.8 度。遗址的发现物保存极差，在陶片中，有一个黏土烧制的勺子。

6 月 11 日，我向正西出发到奥宾河的巴列尔，我把蓝色的帐篷搭在一片优美的胡杨树阴下。附近，我发现了库库庙废墟，只有一个小建筑物的矮墙仍在。这座庙在坍塌之前只有喇嘛暂住。

沿奥宾河向下游走，据说有个现代遗址葛地干齐，我没有去考察。

在考察了三角洲内部之后，我认识到汉代的居延城不可能在那里。当地人都十分了解这个地方的古遗址，三角洲曾经住过许多蒙古人。显然，我已见过在其范围内的所有古代废墟。

桑齐阿玛和察罕桑齐是汉朝遗址，明显与斯坦因地图上的松杜尔地区沿河流伸向正西的这排烽燧有关。我将重新回到这条路线，后来我把它叫做“松杜尔莱姆”。即使这排烽燧中最北边的一个与察罕桑齐之间原来还有烽燧，但也被潮气蚀掉或被破坏了。《汉书》对位于居延海西北部的居延城外观的描述是很重要的。但什么是居延海？位置在什么地方？中国考古学家黄文弼认为它与 1927 年考察期间的噶顺淖尔是同一个湖，因此，它是最大的湖。但在它西南方向却没有发现古迹。这个地区从未有过能供养一个城镇的资源。我曾认为：相当多的证据都证明索古淖尔就是居延海，但我却提供不出一个令人满意的解释。现在我自信在这些区域，根本就不存在任何汉代遗址。但霍涅尔却在索古淖尔东南方向，离我们营地不太远的沙漠中发现了干涸已久的古湖，湖的最深部位已被坚硬的盐壳所占据。这大概是现在的干河床在很久以前水量充沛时供给喀拉浩特和周围地区的水源最终汇入古湖所致。由于这条河能够使喀拉浩特存在，也许早在1000多年前同样能使居延城更好地存在。如果这条河存在于汉代，它也应该有个终点湖，即霍涅尔的古湖。既然是这样，居延城一定是在这个湖的西南方向！我决定在夏天的炎热消歇时，就对这个“关键地区”进行勘察。有了这个假定，足以证明我所知道的汉遗址一定聚集在这个“关键地区”周围。

返回桑德林察罕的路上，路过了一个叫做达西鄂博的地方，很明显，这条河就借鄂博取名为奥宾河，有时也叫达西奥宾河。早在10年前，现在已去世的土尔扈特王似乎叫达西，他就住在河东岸旁，在那里他有一座庙宇。

河流旁植被带以外就是贫瘠的戈壁，我爬上斯坦因地图标出的那座低矮的烽燧，以前我仅是在远距离见到过它们。现在在近处看，遗址的砾石堆高2~5米不等。有些砖塔的残垣还站立着，整个范围直径约20米，土墩之间的平均距离为1300米。斯坦因地图标出的距离只有我这天看到的十分之三。沿着这排烽燧在地面有两条隆起的砾石埂，很低，测不出高度。初看不知道究竟是人工垒起的还是自然形成的。但仔细看，石埂始终沿着这排烽燧分布，一定是出于人为。无疑，这就是双层城墙或护城河之类的遗址。一些土墩后面，是长方形的围墙，就像是模糊的防御土墙，但已全部侵蚀掉，仅剩微微隆起的黑色砾石，土墙已被完全覆盖。在生长着小灌木丛的地方，根本就看不见石埂。看来是在长城和我考察过的内蒙古东部的边墙拦起之后，又建筑了这排烽燧。但它建筑得不像长城那样高，也不如长城稳定。也许墙体本身就没有建造完工？松杜尔莱姆的土墩看上去不像烽燧，倒像是沿着一条防御线上的岗楼，这个遗址是否与汉代有关？斯坦因在毛目附近失去了汉代遗迹的线索，也许它就是居延地区防御工事的纯属当地规模的部分。

我在一个烽燧发现了一枚小青铜钩针和几枚有字的木简。

四、从松杜尔到毛目

晚上，我再次在桑多林察罕扎营，在以后的几天里继续边绘制地图边勘察。霍涅尔和陈宗器从索古淖尔赶来后，我们于6月18日向南出发。霍涅尔到河源绘制河道，而我则出发到河流正西的烽燧继续绘制那里的图形。

因夏季炎热，天刚亮到能看地图时就出发了。上午八九点，骆驼大汗淋漓，扎营休息；中午，睡觉，吃饭，下午，又继续行军；黄昏降临，我们停止前进，扎营。

从北数第十七座烽燧的位置上有一个损坏极为严重的穆德布林小要塞，要塞一侧长15米。我在午休时对22号烽燧试着挖掘，发现了几个汉代遗物。南部的烽燧与北部不一样，线条呈曲线状，并向河道倾斜。这个所谓的松杜尔莱姆共有27座烽燧（斯坦因地图上只标出7座）。

从我们在乌兰苏海的营地（据说离河对岸的察罕桑齐十分近）第二天继续向丹达察罕前进。沿河堤树林渐渐稀少，从河堤伸向西边一两公里是被蒙古人称做“察罕”的草地。

那天晚上，我们被意外的喜事惊醒。一个名叫那丹的蒙古人作为来自北京的信使带着几捆信件、报纸和书籍来到帐篷里！最后，他拿出各种包裹，在被褥旁边放了一排六大瓶啤酒，这是生瑞恒从文明世界带来的特殊小礼物。

第二天早晨，我们没有早早出发，但太阳升起前我们已开始仔细检查标杆，下午再一次走在向南溯河而上的路上。晚上，我们用湿毛巾冷却第一瓶啤酒。我们非常感谢生瑞恒的已被长久遗忘的美味“冰镇”饮料！

6月21日，经过三角洲顶端，看到附近众多河湾之间的富饶植被上，有许多蒙古包。之后，到达巴哈德布林城堡废墟。中午，我们在保存相当完好的沙拉库兰桑齐烽燧上午休。河道急转弯处，仍有一些水留在小水坑里，坑里的小鱼奄奄一息，挣扎着生存，它们的生命为水的蒸发限定。河的一岸长着树木。巴哈德布林废墟的类状、大小与穆德布林相同，不过保存更好。

第二天早晨下了一阵小雨，在这片干燥地区是罕见之事。左边兀立着一排窄窄的岩石库库奥拉。它最南面就是巴彦山。在所有小比例尺地图上，这些山均被放大了10倍甚至100倍。实际上，它们的全长不超过17公里，平均宽度是两三公里。我沿着河东岸很快爬上一处烽燧，废墟两侧严重被风侵蚀，但大体上保存得比松杜尔莱姆的好得多。因为松杜尔烽燧没有植被保护，遭到强烈的西北风的侵蚀，而这里有林木、柽柳。

在尖尖的巴彦山顶上，矗立着一个鄂博，山下丰饶的资源旁也有一个，是几大捆束在一起的树枝条。蒙古人和汉人路经这圣地，嘴里念念叨叨说着什么。离开此地，南面和东面是一片真正的戈壁，甚至是寸草不生的黑色砾石平原。只有沿着河堤才长有几丛矮小的树木。烽燧继续有规律地间隔着向巴彦山南部延伸。我们曾在叫做察合台的高塔短暂停留。那晚，宿营在察罕托呼依。

河流穿过这些地区，但植被只有几丛，河流西岸的植被比东岸多。我们经过了几个相当高的烽燧，斯坦因地图已标注，同时他也标注了几个低塔。

夏至那天的早上，在离我仅300米远有一群羚羊。当我靠近时，它们慢慢后退，没有任何惊恐的表现。在朦胧的天色里，只能看见它们的白肚皮，给人一种幻觉，仿佛是被考古学家涂成全身白色的、雕刻粗糙的羚羊艺术品。在这个地点没有植被，河水流向正北。沿着东岸，我经过九座废弃的烽燧，其中有两个东面围有低矮的防御墙。第10座位于一堵笔直的防御墙旁，这无疑是汉代的遗址。斯坦因曾在河流的这一侧做过徒劳的考察，他一定是在黑暗中路过这里的，因为土墙很显眼，他却视若无睹。烽燧旁边，两个矮土墩间有个缺口，曾经是门。这里实际上是当年汉代领地的入口处。和平年代，将士被安置在这里镇守交通要道；战争年代，不得安宁的士兵时刻以警惕的目光注视着河下游远处烽燧上的烟火信号。但现在，“远处不再升腾起熊熊燃烧的烽火”。

向南再有几百米处，在边墙内有一个美丽的、保存相当好的要塞——乌兰德布林。在其牢固的墙内，一定驻守着主力卫兵。城堡的外面，我们挖掘出几百个有字的木简。晚上，继续向阿达戈察罕进军。我边走边绘制路线图，一直到乌兰德布林西南约20公里处的阿温托依德布林大废墟。

在阿达戈察罕（拉斯特大草原），土尔扈特王爷曾有一个驻地，住着他的邮差。驻地以南就是汉人居住的甘肃了。由于我还要在工作条件更加有利的情况下考察此地，所以此行没有久留。

6 月 26 日，到达毛目绿洲正东的考查团大本营。这里只有陈宗器和约翰逊在，伯林和贝歇尔到离北山最近的煤矿做地质调查已很长时间未归了。在这里休息期间，我仿佛真正过上了埃及的生活。但这里的“埃及的生活”指的只是能够吃到新鲜蔬菜。我们狼吞虎咽大吃已整整九个月没有尝过滋味的青菜和鸡蛋。6 月底下了几场雨，甚至经历过一场雷雨。

生瑞恒把 15 驮货物交给毛目的一个汉族商人，其中还包括原松杜尔驿站的一部分东西。在一大堆废物中，我们找到两听罐装食品（钱默满那饿死人的话显然是言过其实了）和一顶 1927 年留下的食堂的绿色大帐篷。这天气温升至 36.5 度，真是酷热难耐，骆驼也忍受着炎热，已有几峰死去了。它们背上长满了疮，非常痛苦，约翰逊和他的助手竭尽全力保护着伤口不受蛆虫和其他寄生虫的啃噬。

五、从毛目到肃州

伯林和贝歇尔迟迟未归，我们决定先行一步到肃州去，主要是骆驼急需去一个地势又高又凉爽的草场。7 月 8 日动身出发。一穿过额济纳河，就是毛目镇的南面。我、陈宗器和霍涅尔走进镇子去拜见镇长。他的衙门占据着一块好地方。刚进他的宅邸，就下起了一场雷暴雨，我们暗自庆幸躲开了被大雨淋湿的尴尬。后来，一个打着灯笼的士兵领着我们穿过寂静的街道，走出宏伟的城门。巨大的树枝被风吹得飒飒作响，似乎在给士兵们伴唱。宽阔的干河道对岸有处营地。

第二天，我们先向北穿过干燥无水的北大湖，以后继续西行。在营盘绿洲有两个废弃的城堡，它们并不十分古老，大概属于清初。我在河道正北的雅丹群中发现了一个长方形废墟，它的年代不可能早于喀拉浩特。再向前走一公里左右，有一个大烽燧叫黄沙屯，这是我们在北大湖北侧于 7 月 9 日考察的第二个废墟。在这段路程，我看见了一些外来人的鞋印，很新鲜，伯林一定是当天按地图走到这里的。我肯定，考察队会路过他的营地。烽燧是后来建造的，也许里面有汉代的精髓。我到达黄屯子烽燧之前，先爬上一个稍矮的烽燧，南面不太远的营盘附近还有一个。之后，我向正西走去。在北大河干涸的河床里，风旋起阵阵沙团——已多年没有水流经这里了。

黄屯子大烽燧确实很像黄沙屯，但地面的建筑十分狭窄。根据斯坦因的地图，这周围的汉代遗址应该随处可见。果然，我在烽燧前发现了。而在烽燧的东侧，则什么也看不见。我们又经过三个较小的废弃烽燧，宿营在烽燧的正南，当伯林和贝歇尔带着北山煤矿有趣的发现物兴致勃勃地赶来时，我们已在这个营地停留了三天。

7 月 13 日，继续赶路。我沿着汉代的城墙测着步子，考察队顺路南下。不一会儿，我就看不见考察队的踪影了。天气热得让人无法忍受，砾石沙漠找不到荫凉处，而南面能隐约瞥见南山那雄伟的轮廓。此时，我干渴已极，强烈渴望能进入气候凉爽、潺潺流水的高山河谷。

离开城墙，我一度走在北山山麓，风顺着山脚不停地刮着，山顶的缝隙中建有几座烽燧，我朝南南西方向向河岸的一小片绿地走去，在第一块绿地终于找到了水，尽管是生水，我仍贪婪地喝着。

晚上，黑暗降临，但我既没有找到考察队前进路线，也没见到考察队的踪影，一直在黑暗中徘徊。这时远处出现一堆篝火，有个汉族妇女正带着三个没穿衣服、浑身脏兮兮的小家伙，坐在那儿烧羊头和羊蹄吃。她既指不出路，又说不出考察队的去向。看来在黑暗中漫无目的地乱转是毫无希望的，所以我决定在这里住一晚上。不久，房主回来了，找了块木板放在门外，让我睡在其上。上面铺了鞍垫子和用坏了的羊皮。我高兴之余又有一种预感，到早晨一定会全身长满虱子。狗一直敌视我，对我的到来非常不满，甚至把我一条裤腿撕烂了。两位老人给我一根长棍子用以自卫。我把棍子放在旁边，蜷缩在短短的木板上，开始睡觉。一夜，我不断用棍子把狗赶到远处，因为它始终警觉地监视着我，并每隔一段时间就来攻击一次。

早晨，他们用一种艾的种子烧茶，老人硬要我吃羊肉，但我只满足于喝茶。但后来，在老人的帮助下，我找到了我们的营地。寻找营地时，我们走在被柽柳覆盖的小沙堆上，走在未开垦的灌木丛中，走在小片的旷野，到处都盛开着最美丽的花朵。罂粟地里，粉红色和白色的花朵怒放着，煞是好看。清晨，空气清新、凉爽，我们很快就到达了营地，而营地除了几个仆人已醒，其他人仍在睡觉。我给老人一块闪着银光的银元作为辛苦费，他欣喜若狂，大概多少年来也没见过这么多钱。

下午酷热过去后，我们沿头屯绿洲行进，然后再次越过沙漠到大路。7 月 15 日凌晨 3 点 45 分，我们披着月光出发，前往金塔附近。第二天早晨，经过了这个小镇，它有一个响亮的名字“金塔”。人们在收割罂粟，忙忙碌碌的。戴眼镜的汉人来来回回地忙着，他们将罂粟的果皮横向切开，把从里面渗出来的浓稠的液体收集到罐子里，可以推断这里到处都种植着罂粟而无须付出什么。

离开金塔，再次来到河的上游，这次河中有水。10 点钟，宿营在岩脊旁的几条支流中间，河流横贯岩脊，附近生长着叫做山桃铃的阔叶柳。

夜里，我们被一阵大雨吵醒。低矮的山脊顶部矗立着几座奇特的烽燧，紧靠着肃州草原南山上巨大的岩壁，雪峰被厚厚的云层遮住，十分雄伟壮观。次日，宿营在肃州北郊。7 月 18 日，穿过东边低矮墙体构成的长城，步入肃州镇。据说最西边一段长城是明朝建筑的。

六、肃州及周边环境

在肃州，我们住在十分简陋的小客栈里，又小又脏的院子周边有几间满是臭虫的小屋子。旁边开着门的杂物库房里放着一些盛罂粟的桶，每天晚上就飘来阵阵令人反胃的甜味。我们在这里住了很长时间，对考察队进行了整编，得到了更多的营房设备和装货物的箱子，并对将要独立工作的队员做了最后安排。在等待期间，我们希望骆驼能有多一些的时间增加点儿脂肪，以经受住即将来临的冬季，但希望残酷地破灭了。才过去几天，就得到骆驼群传来的消息，相当多的骆驼遭到一种神秘病菌的侵袭，这似乎大大伤了元气，它们竟一个接一个地死去。

8 月 7 日，霍涅尔和陈宗器出发到山区进行冰川研究，给了他们几峰骆驼，但主要是用驴做驮畜。这是在此地与他们最后一次见面，下一次是 1933 年重逢在北京。我们把所有采集物和多余行李存放在小客栈的几间屋子里，然后根据中国海关的要求，用纸条封住，纸条上加盖镇长的印章以及我们用瑞典语写的符咒。随着这些准备工作顺利结束，伯林于8月12日动身，我和贝歇尔启程去肃州西南西方向的南山脚下大黄川的骆驼营地，约翰逊已经到了那里。赫定的老宠狗哈米丢失了，我们感到有点沮丧。这只忠实的狗就在我们准备离开小客栈时跑掉了，以后再也没见到过。在去骆驼营地的三天旅途中，经过嘉略关南部的一个小镇，在那儿官方大道与长城分叉，我们穿过向北大河河谷西端延伸的长城，这个峡谷在这里有40米深。

离开每天都有死亡的骆驼牧群，我和贝歇尔到黑山喀拉子谷一个废弃的煤矿。黑山是嘉峪关西北方的独立的山。8月26日，我们分手了，直到三年后才再次见面。在我返回骆驼牧群的路上，在黑山东北侧的小绿洲偶然遇见了伯林。长城的分支墙体嘉峪关通向西北部，结束于此。说也奇怪，护墙面朝南，即面向山，而不是想像中的朝向北面的平原。27日我与伯林告别，也是直到1933年春天在北京才再次相逢。

第二天，我到达骆驼营地，从大量减少的畜群中——已死亡31峰之多——挑选出15峰骆驼，组成小小的考察组，与约翰逊一道前往肃州。他将帮助装备队伍。8月30日一到肃州，就发现一封赫定的信，信中指示我和霍涅尔一起去罗布泊，我将进行考古工作，霍涅尔从事绘制北返的新湖的地图，以保证瑞典考察队发现新湖位置的领先地位。这是非常吸引人的计划，如果不是额济纳河的某些发现物正等待我去挖掘，我当然十分乐意与霍涅尔联合继续西行进入内陆，但我担心也许会有别的什么人路过额济纳，会无意中收获了我刚刚发现的果实。而一旦到达罗布泊，我不知道是否还能再返回额济纳我发现的废墟那里去。赫定一接到我在额济纳河有所发现的消息，就打电报让我静下心来，按照自己的工作计划专心工作，不再去罗布泊了。同时，他告诉我，生瑞恒、蒙杰尔和挖掘工靳士贵（我从毛目给他们发过电报）正在乘车驶往额济纳。

肃州的一位女传教士转告了一些当地广为流传的、关于我们的荒诞故事。说是我们在额济纳河捉住两只金鸭子，有了它们，我们才能够了解地球和山脉的性质。现在，我们进入南山去寻找绿玉色荷花，而一旦找到了，整个肃州将会被洪水或其他灭顶之灾毁灭。为了肃州居民的安居乐业，我诚恳地希望霍涅尔不要找到这奇异的荷花。

我们设法买了10峰骆驼。9月7日，我从肃州离开约翰逊向东出发。因为要减轻行李负担将把留声机留下来，最后一夜我欣赏了所有唱片——从格里戈《钢琴协奏曲》、舒伯特《未完成交响曲》和阿特伯格《美元交响曲》到哈里·劳德《哦，早晨起来多美好》。唱片经反复听已被刮伤，留声机上布满戈壁尘埃，但在我们并没失真的耳朵里，它们仍是美妙的音乐。

七、从肃州到毛目

绿树成阴、质朴宜人的肃州绿洲，人们正在用与新疆的同一种方法打谷。即把谷子铺在踩得坚硬的地上，由一头母牛或驴拖着六边形的石磙在谷子上一圈又一圈地转，然后，在刮风的天气中，用草耙将轧好的谷子抛向空中，使谷粒谷壳分开。

每隔5里有一个大而敦实的土塔，就跟里程碑一样。渡过北大河支流临水河时，有了很大的麻烦。由于河流上的两座桥均已毁坏，东岸附近水被本应有几个排水渠的公路拦住。骆驼在烂泥中拼命挣扎，还好，只有一峰失足。

9 月 10 日，我经历了今年第一个有霜冻的夜晚，气温是零下 1.6 度。这里有个小城遗址，墙已坍塌，城里长满了小矮树。

肩水村建在一个古墙遗存里面，曼纳林听人说这个废墟建在唐朝。

我无需先沿大道到甘州河，然后再到镇彝。径直走向镇彝，就要越过一个沼泽，村民们从这里取盐。有的盐壳是潮湿的，承受不了牲畜，骆驼差点丧命。它们的肚子已淹没在稠状的黑泥中，奋斗了两个半小时，才通过约 10 米最艰难的一节路。我们把帐篷和防水帆布铺在沼泽上，并捂住骆驼的眼睛，才算大功告成。这个盐沼面积大约 2 公里×10 公里，从西北向东南延伸，北侧地面微微隆起，可以看到长城的烽燧。走到甘州河台地尽头，发现长城沿台地而去，而原来的城墙在这里均是结实的双层围墙。

甘州河是额济纳河的右翼支流，也是惟一一条携水的支流。水量相当大，六七百米宽，我雇了几辆高轮马车把我们载过河去。我亲眼见过一支商队由骆驼驮着货物过河，但我不想冒险使箱子打湿。低矮的河岸上，一大群野我鸟在飞向南方的途中小憩。过河之后从镇彝小镇旁经过，小镇由长城环绕着。我继续步测绘制路线图，一直坚持再次到达文明地区。道路穿过河东岸的合黎山山脉，我们在沙井子住了一晚上。沙井子是高台和毛目之间的分界，有一所孤零零的废弃的房子，分界线上有个简易石界碑。

在沙井子村的井的下面，道路与一些沙丘相交，沙丘越变越大，离河较近处的沙丘已是相当高了。这里河道比镇彝更窄，河床已沉至很深的位置。有几座烽燧就在山口处，我考察了一个，看上去不太像是远古时的。河对岸最靠北面的小山上有一座圆塔，从那儿道路就沿河流与东面的沙地向北，穿过一个大概是汉代的矮小围墙。河流西岸有个小废墟（是某种设防处），但可惜我没能去看看。强烈的阳光直射在沙漠上，到达了第一个小绿洲大桥湾才得以解脱。离河相当近的地方有六七所汉人房子。晚上，气候凉爽，空气清新，在太阳灿烂的金色余晖中，仍可以看到南山和北山那突兀凹陷的山峰。

绿洲正北有个保存完好的烽燧，外表大致与黄沙屯的烽燧相似。

在相当大的黄沙屯绿洲对面，河流最高的台地边缘矗立着一个外壁砖砌、里面用黏土夯实的烽燧。正对着烽燧的东北部，是一片雅丹区，北面远处，可以瞥见另一个烽燧，身影模糊的轮廓游荡在炽热的气浪里，不时从视线中消失。紧靠着这个远远烽燧的南面是类似坟墩的土堆，那实际上是烽燧的遗存。较大的烽燧是 8 米见方，砖壳黏土夯实，顶部有一个瞭望室，这个烽燧和芨芨丘绿洲之间有也许是汉代的矮围墙残垣。

在这个绿洲，又一次吃到了甜瓜（这些质劣小瓜简直和硕大的哈密瓜无法相比）和一些更好的东西：土豆。自从元月初在曼回的比利时传教团的传教站以来，就没见过、更没尝到过这令人垂涎的薯类作物了。

第二天——9 月 16 日——到达了毛目。自 7 月 8 日至今，我走完了一个来回。我们路经一个较晚烽燧和一个较古老烽燧的废墟，在古烽燧附近发现了汉代矮墙。这地方非常独特，墙在 5 公里多远处被河流阻断。我在毛目附近走了一天，路经另一座较晚的大烽燧。毛目绿洲并没有像斯坦因地图上标示的一直延续到南部那么远的地方。毛目东部，一条汉代城墙向东北方向延伸至戈壁。

下午，我到镇里转了转，一来看有没有骆驼可买，二来寄信，并安顿留在这里的行李。我把行李寄放在一个商人那里，他告诉我一个好消息，生瑞恒和他哥哥及挖掘工靳士贵五天前乘车来到这里，靳士贵继续到肃州找我。我很懊恼，没能走得更快，那样就可以及早赶到这里和生瑞恒与蒙杰尔见面了。

第二天，镇长邀请我和发掘工王去作客，没有指明时间，但王确信一定是请吃午饭。可在 12 点赶到时，主人却没有开饭的意思，只是在客厅的礼品中翻找，给一位不修边幅的厨师详细讲解每一听罐头是如何制成的。我们坐等了好几小时，面前堆满了罐头食品，看来不能指望以极大的热情来进餐了。我已没什么话题好讲了，此时，镇外传来消息说，有个外国人从肃州来了。这肯定是生瑞恒的哥哥古斯·苏德布。镇长立即发话，他将参加宴会。这下我可有了能够交谈的伙伴了。我兴奋得摩拳擦掌。令人惊奇的是，走进来一个高个秃顶、白皮肤蓝眼睛的人，弯着腰，低着头站在旁边。我猜想，这不是古斯，而是他们家的老三焦耶·苏德布。我虽从未见过此人，但早有耳闻。现在，我们滔滔不绝谈论着，我得到许多有价值的信息。原来，焦耶是被委派来帮我的。这纯粹是误解，因为我从未提出要求添个助手，而霍涅尔却需要助手。宴会非常成功，主人，两个汉族客人，两个瑞典人，每人都在品尝厨师的菜肴，喝着烫过的高粱酒。

9 月 19 日，靳士贵赶上我们，因为他带来一堆信件，所以倍受欢迎。在我一生中，从未一次收过这么多封赫定的信，我也从未在任何人那里得到如此鼓舞人心的信件，这真使我高兴得从心里就想翻几个筋斗！

我们设法租了八峰骆驼，把采集物直接运送到松杜尔。9 月 23 日，焦耶离开我，乘牛车去肃州协助地质学家，主要是霍涅尔。这是我最后一次见到他，后来情况有变，他没有与霍涅尔同行。

八、沿额济纳河勘察汉代遗址

旧城遗址位于质朴宜人的毛目绿洲，我测量了它的城墙，城内整个是田地。这个古城大概不是太久远的。

我沿一条东北方向的道路走去，穿过石灰岩墙，它有几个烽燧土墩和一道完整的东墙。烽燧很少，两两之间相距很远。我驻足在第六个烽墩，开始在矮矮的砖城里挖掘，尽管表面没有露出任何有价值的东西。一条水渠流过这里，石灰岩围墙通向一条双层渠，那显然是古代的一条干渠。

我们现在在双城子绿洲正东。实际上长方形的毛目绿洲除最北部外，其他部分已经不存在了。这个名字表明有两个古城遗址。在到遗址的路上，我沿石灰岩围墙到了第三个烽燧，很奇怪，墙在那里分成两条同样大小的支墙，一条继续向东北方，另一条通向北北东，与上面提到的渠道相交，很明显，围墙晚于渠道。在交汇点，渠道有一条向北的支流，也被围墙叠压住。这条支墙在一片水域附近结束了。我向正西方向前进，很快就到达“古城”，也就是秋屯子遗址。离这里 500 米远处，盟汗城坐落在离额济纳河东岸仅几百米远的地方。这两个地点都标注在斯坦因的地图上。城堡不太大，但因墙体高达七八米左右，给人留下很深的印象。在这里挖掘意义不大，因为地面潮湿，没有什么木制品得以保存。

古城遗址被从东到西的墙分成两部分：一个是汉人区，一个是蒙古人区。在汉人与蒙古人区之间的分界墙处，矗立着界石。界石建于乾隆皇帝在位的1787年，确认了额济纳河流域是土尔扈特部落牧场。但现在不能确定这个搬运起来并不困难的界石，当初是否就在目前这个位置。我们来到时，汉族和土尔扈特部落之间的界线一直通向北边的阿达戈察罕。因为城墙内的土地都被翻耕过，所以要想找到发现物前景并不乐观。但还是发现了唐朝的一种普通类型的小青铜扣子。另外，所见的陶器能使人联想起汉代。

9月27日，继续北行，勘察了正北面的石灰岩城墙。在这里，渠道向左分支，干渠不可能在戈壁表面延伸。再向东几公里就看见石灰岩城墙，这一段是双层墙，但极不清晰。城墙内大约100米的地方有两个守望塔，均被长方形城墙包围。这两个塔旁，有三堆炉渣。

我在阿达戈察罕一个小房子里宿营。第二天在最近的砖塔上挖掘，发现了两三枚有字的木简，一排烽燧通向东西方向，沿着石灰岩城墙一直到乌兰德布林城堡。

9月29日，到达拉林金德布林——或叫“农业区方阵”——古城。我在发掘过程中逐渐意识到，这里的两个遗址必然属于不同的时期。可以假设一个是汉代的，另一个是与喀拉浩特同时代的。较古远的遗址东侧保存完好，经测量是350米，是较现代遗址的4倍。它不像现代城镇那样建筑在特意选择的位置，也没有采取任何措施，就保存得如此完好。其中有一座烽燧尤其完好，实际上这是额济纳河流域今存最完整的烽燧。在汉城许多地方都挖掘出木简。木头因许多原因而腐烂，致使字迹模糊不清，但在烽燧底部挖掘出保存极好的木简。上面的纪年相应的年代为：公元前102、84、83、82和80年，大概还有许多别的纪年。算上几乎没有字迹的碎块和木板，共计挖出1500件木简。

9月最后一天，早晨空气清澈明亮，能见度极佳，这是前天一场特大暴风雨所致。我在城堡的顶部透过照准仪窥视到远在几乎200公里外的山峰，也能看到视野内所有的烽燧遗址。晚上看南山比早晨更清楚，尽管它像仙山一样隐藏在淡粉色波光之中。

城墙外面不远处有一个好地点，出土了许多木制文物，含有发现物的那几层保存完好。这得感谢此地的佛教圣地，它是建筑在一个完全坍毁的汉代建筑（或是衙门）的垃圾堆上。这座庙宇仅存有地板和佛像的底座。

在城墙顶上，发现了一小片纸和一块西夏的印花布。

10月7日，我趟过齐腰深的冰凉河水，到对岸考察了阿温托胡依德布林古城，它大概晚于汉代，甚至晚于喀拉浩特。我不打算在这里挖掘。地面有几处被雨水冲刷得十分干净，有一处是盐壳。墙内有砖房的残垣，墙已被河水淘刷掉一个角。离这里不远有一个汉代烽燧，再向西南，有一个斯坦因勘察过的小城堡，这个城堡和附近的烽燧都是汉代的。向西不远我发现了石灰岩碎块。斯坦因错误地认为石灰岩墙在乌兰德布林上游19公里的河西岸结束，而实际上它延伸得远得多。

10月8日，是非凡的一天，发现物很丰富，有一些有汉字的木简以及其他一些小文物。信使从毛目带来许多信件、一只羊和蔬菜——都是沙漠外的好东西！那天晚上，我刚提笔给斯文·赫定回信，一件最令人振奋的事发生了，梅塔喇嘛气喘吁吁跑进来喊道：“车来啦！车来啦！”我冲出帐篷，果然一道雪亮的灯光正从北方远处向我们逼近，那无疑是汽车前灯，不难猜出谁在车里。我们打着灯笼和手电筒为他们指明方向，车似乎是在宽宽的河流对岸，我摸黑趟过河去。我在阿温托胡依德布林对意外来访的蒙杰尔、生瑞恒、敦格拉和那丹表示最热烈的欢迎。我和生瑞恒自1927年11月初就再没见过面，他现在从头到脚都穿着蒙古服装，给人的印象比平时更高。他一定酷似他的蒙古昵称“沙拉乌德”（高个子白皮肤）。我们一起趟过河，车仍停在对岸。一轮圆月亲切地对我们微笑，月光映在流水里。在我的帐篷里我们共庆这次的重聚，我肯定我们谁也不会忘记这一刻的。

第二天，我们都沉浸在欢乐当中，照相、制定计划，把他们带来的设备分配给我和戈壁小组的其他成员。

在他们到额济纳河的路上，与之相伴的是一条古代的、以前从未知晓的边墙。大概这墙与我沿着东行的城墙有关，因此，我决定顺这条路返回。

我把发现物装进一个箱子里，准备随车运走。之后，我们共进节日般的午餐。

那天晚上，沙暴在帐篷及遗址的古城墙周围咆哮着。10月10日风势仍丝毫未减，我的邮差带着几箱子物品出发到肃州分给小组其他成员。中午，汽车向北驶去。孤寂再次充斥着营地，只有风暴尖厉的呼啸声不绝于耳。

次日，我出发到东北方20公里远的乌兰德布林古城。在仲夏节（6月24日）的前一天，我曾在这里发现了大量木简。

在河的一边，偶尔见到小商队，但从未有大型商队经过。我们从一个小商队购买了一些面粉。刚到乌兰德布林时，有一天出乎意料有三个士兵到我们帐前。眼见他们趟河而来，我不禁担心，他们也许是被派来制止挖掘的，但他们却调头向□□海关走了。当他们看见我的三顶帐篷时，好似找到了战利品，可听说我的箱子里只有石头时（当时，也只有这样说了，仆人们发现这个谎话对海关官员是最为有效的），他们要了些香烟就走了，没有留下来喝茶。我们全都如释重负长吁一声。

最近一伙强盗出没于这条河旁，使我对送到松杜尔的采集物不放心，但听说这伙强盗已向东走了，到归绥开辟了一个私人税卡，住到那里去了。

我在乌兰德布林工作到10月25日，整日挖掘，出土了大量文物，令人愉快。挖掘期间，木简络绎不绝出土。木简的平均长度是23厘米，宽1~3厘米，厚几毫米。有些特殊的“固定物”是由多边形的短桩构成。有一个桩子断面呈正方形，长50厘米，三面有汉字，不少于150个。另一个“普通”型板长50多厘米，现在其两端已遭毁损。木简纪年的年代相当于公元前86~前82、前77、前69~前64、前32、前31和25年。发现物中，也有印有文字的丝绸碎片，还有少量的青铜器和一个几乎完整的漆碗。这些碗的碎片有些曾修补过。一个黏土制成的瓮直径有70厘米，被牢牢埋在厨房地下的泥土里。

北面不远处，就在石灰岩城墙的大门附近是个废弃烽燧，河流也在这个位置，这个废墟出土了许多木简。遗址的门也许曾被用做检查护照、强征税款的税卡。达拉林金德布林遗址就是石灰岩墙的主体部分，而墙在河的一岸并向北呈一个环形的原因，无疑是和位于河南的农业村落有关。

这个地区的遗址并没被我发掘完，那里仍有成百上千件木简。但秋天即将过去，我将去河流下游，那里还有许多废墟有待挖掘，而且这附近的草场非常贫瘠。

河水水位日见下降，泥岸上露出了盐层，这是因为毛目和附近的农民开始放水浇地所致。

最初的两次旅行，与去肃州的路上一样，是向北沿着河东岸前进。东岸有一排烽燧，相互之间没有围墙，其中一个的一半已被河水侵蚀掉，有一排豁缝，说明有些烽燧已因河水侵蚀而荡然无存。第二天，我宿营的察罕托胡依烽燧只剩下低矮的土墩，从出土物看来，它与其他汉遗址同属于一个时期，从乌兰德布林到这个地区之间，共有17座废弃的烽燧。

10月28日，最低温度已降至零下10.4度，我趟过河去，一些弃耕田上面有几条偏北方向的渠道。汉人正计划重新开垦这些田地，而我却希望这个地方什么也不要进行，以保持这块蒙古牧地的安宁。

第二天，来到察合台烽燧，我们以前曾在这里扎过营。这个地区的名字含义是“燧石遍地”，果然名副其实。我在附近发现了一些燧石物件，此地位于巴彦山西南方7公里处，树木的数量正在增加，但目前为止沿河仍只有窄窄的一条小林带。向东是不毛之地黑戈壁，西面是北山的最东缘。刚开始挖掘就成果辉煌：靳士贵挖出用绳子捆在一起的、由78枚有字木简组成的一卷完整的“木头书”，这绝对是独一无二的东西。后来，它的内容被披露，记载的日期相当于公元93—95年。无疑，以前发现的零散木简最初一定是用同样方法捆扎在一起的，只是绳子松了或是断了。我们还发现了几个完整的黏土容器、一枚汉币和其他小东西。不久，秋天的风暴打断了挖掘工作，夜晚变得更加寒冷。早晨，河里开始出现冰碴儿。

11月1日，我们向前经过了巴彦山到巴哈德布林小城堡。路上又丢了一峰骆驼。这一路我记录有12座烽燧，而据斯坦因的地图，只有一座烽燧。遗址内部与大湾古城相似，有一层碎砖——从墙上坍塌下来的砖——约3米厚，现在砖已被侵蚀成为土。用小工具挖掘不成问题。经测量城堡是20米×20米，而不是像斯坦因测算的15米×15米。

巴哈德布林北面，烽燧间隔很长。斯坦因只标出一座烽燧沙拉克桑齐。在到依克德布林的路上，我又发现了一座。夏季我在前往上游的路上漏掉了它，因为当时我在河的另一岸。我一直希望，这个城堡和乌兰德布林一样会有重大发现。但我仅是表面查看了一下，就意识到它晚于汉代许多，大概与喀拉浩特同时期。在矮墙内外，堆积了许多漂流沙，发现物寥寥无几。

11月6日，我继续沿河东岸行走，越过了察罕桑齐烽燧和一个无名土墩后，宿营在布肯桃来，这里有一长排“塔墩”向东北方向排列。所有土墩都是迄今未知的。我挖掘了两个离河最近的土墩，出土了一些有价值的文物。由于刮起猛烈的西北风，挖掘被迫中断了一天，幸运的是，我已把帐篷炉子从松杜尔运来了。因此，虽然夜晚越来越长，越来越冷，我那白色帐篷里仍暖意融融。在额济纳河植被区从未缺少过燃料，炉子不会虚设。我又增加了1927年留在松杜尔的三峰骆驼，它们现在健康状况良好。

11月11日，我离开了布肯桃来，经历了零下17度的早晨，继续沿河而上。我沿着这排烽燧像以往一样绘制地图。遗址大同小异，一定是同时建造的。在直对着烽燧正东的方向，很快也发现了低矮的边墙，这一定是河流另一岸上“松杜尔莱姆”的翻版，尽管这个居延“长城”东部坐落于偏南的台地上。这条路线向波罗桑齐——也就是我发现木简的第一座烽燧——方向延伸。

第二天早晨，我们兵分两路，约好三天后会合。这三天当中，我将绘制新发现的烽燧的延伸部分，小组主力继续沿河向前走一段路等待我返回。河流与独立的小山毛齐之间共有12座烽燧，山顶上是第13座，东部我总共发现9座烽燧，第一座位于长满青草芦苇的洼地，那里还有一个税卡。设这个卡是因为从包头到古城子（即今奇台）的商队的主要线路就经过这里，但我并不认为设卡能使交通兴旺。而现在来往的商旅都从其北面通过，恰恰是为了躲避这些税卡。

地面是平坦的黑色戈壁，相隔一定距离就有一片很深的沙质洼地，长有草木。这里地下水一定离地表很近，据说附近有蒙古人居住过。烽燧在这个地区南缘时隐时现，那里可望找到水源。这是一个既合理，又具战略性的正确位置。我考察的最东边的烽燧是用石头建筑的。返回到河边时，发现营地设在一座较晚近的烽燧附近，烽燧的名字极常见，是察罕桑齐。

途中，我希望抵达曾经给喀拉浩特提供水源的支流的干河床。左边的枯草丛说明河床已不太远了。同时在路边高高的怪柳墩中间的路上，发现了一座保存相当完好的烽燧，它是用砖建造的。从结构上看属于汉代，汉代烽燧一般都不高。之后，我们穿过了三条老渠道，路经了由黑色砾石覆盖的矮土墩，类似于松杜尔西部汉代烽燧。土墩两边是小块的田畴，立着许多被西风吹得枯死的树木和灌丛，外观比沙漠更加荒凉。

我们行走在宽宽的黏土带，穿过了独特的狭窄的干河床。后来绘制出的地图表明，除喀拉浩特河以外，那里什么河流也没有。因此可以肯定，它从未流经这个古城。而斯坦因的地图上有河，科兹洛夫推测这条河在古城北三公里处。但它与额济纳河的分流点我从未见过，而霍涅尔则见过。据说这地方叫布图伯里克，意为“高大植物覆盖的沙丘”。

离路很远的北边有一堵黄白色的泥墙在闪着光芒，我转身向那里走去。这个遗址叫曼宁察罕贝辛，晚于汉代。就在它的北北西，有一幢小房子和一个城堡，或许是和喀拉浩特同时期的，尤其是城堡，坐落在泥土剥蚀带边缘流沙中的柽柳墩之间，十分别致。这里很可能曾是喀拉浩特河的三角洲。

11月17日，继续向乌兰德布林附近走去，我把它叫做北乌兰德布林，以便和南部相同名字、富含出土文物的地点区分开来。这个保存完好的砖砌城堡与汉代塔一样，每隔三层砖中间夹一层稻草。值得一提的是这里没有碎石堆，所以没有挖掘地点，但从排成西南方向的两座矮烽燧土墩上，挖掘了许多文物。

九、喀拉浩特周围的遗址

现在我暂时离开汉代遗址，倾尽全力于较近代的废墟。在北乌兰德布林和喀拉浩特之间是大废墟巴兰库额。在附近的路上，我穿过一大一小两条老灌渠。废墟有长方形的内、外墙，外墙约200×200米，用木桩加固，再以黏土夯实，但已残缺不全，只有一小部分仍保持原来的高度。正方形内墙有朝南的门，外墙东西向有两个门，斯坦因的平面图漏掉了西门。这里没有挖掘出什么文物，但从侵蚀的地表采集到许多青铜物件、钱币、石珠、陶器和瓷器碎片。发现物主要属于宋朝和元朝之间，而有些钱币是汉朝或唐朝的。从这个地方开始，我向远处又做了几次踏勘，用以扩大地图面积，找到更多的遗址。我发现的多半是喀拉浩特同时代的小房址，也有些庙宇。只有一小部分是以前科兹洛夫记载过的。我又发现了旧耕地和老灌渠的痕迹，也有打谷用的石磙、石磨，这表明此地一度曾是富饶的农业村。有一处从北向南立着短短一段围墙，很像烽燧的边墙，但我不相信它们彼此有任何联系。

11 月 23 日，我把营地向北挪到几天前发现的庙宇废墟旁。这里是 31 号营地。挖掘出许多纸本汉字文稿以及西夏文印刷品，地表有许多宋、元瓷器。附近的老田野里，扔着打谷的磙子、石磨，已失去了光泽，从粗糙的花岗岩纹理上看，一定是从很远的山中运来的。

11 月 26 日，到达翁金河附近的蒙古人奥布顿的营地。途中，我在地图上又标出了五间房子的废墟。翁金河是额济纳河的主河道分支，主河道里有冰有水，我们彻底清洗了一下，并买了面粉，做了必要的准备。

11 月最后一天，我来到东边的柽柳墩区。这里到处都是沙丘和侵蚀过的黏土，听说还有许多遗址。

自这个农业区在六七百年前废弃以来，侵蚀一直不断而没有得到控制，小雅丹顶部常可见到房子废墟和灌渠遗存，有些雅丹高达 2 米。因此，确定老河道和重新绘制古河道图非常困难。有些地方原始地表被黑色砾石覆盖，因为大部分砾石被冲刷，下面淡黄色黏土被蚕食成雅丹，给人一种河流流经那里的感觉。其他地方，黑色砾石被冲入也许曾是河床的洼地。

12 月初，最低温度降至零下 22 度。5 日，大地被雪覆盖，白天景色迷人但却异常短暂。

第三天，由于饮用水没了，不得不返回河边，这给了我一个重新路过这片复杂地区的机会。我又发现了几个小废墟和一个较大的废墟。废墟内长满了柽柳，在河东岸的丹达昂茨，考察队主体安营，考察队员另一部分成员带着地质学家在肃州发现的采集品和两个蒙古人到来了。蒙古人带了一箱子蔬菜和鸡蛋，这极大改善了我们一直是米饭、羊肉的单调食谱。可惜的是，他们□□□只有几封我的同事从肃州写来的信。

12 月 12 日，我和部分小组成员沿一条新的路线出发，进入依力戈喀拉伯里克区域。第一个营地设在 100 号遗址，即察罕沙伯戈庙宇废墟北边的古城。在去那儿的路上，我经过了六间房子废墟，行程初期穿过了沙丘带，道路极难走，然后，穿过了长势茂密的柽柳墩。绘制这条路的地形图绝不是一件轻松愉快的事，沙丘无疑覆盖了许多古遗迹。

我们在侵蚀严重的城堡内进行了试掘，但没有什么收获。在刺骨的寒冷中，坐着工作不可能找到什么。因此，我们走出去寻找新的地点，发现了相当多的房子遗存和田地。100 号遗址周围有几个废墟，它们大多是汉朝的。在这里也发现了几件样式简单的鄂尔多斯青铜器，其中最好的来自额济纳河。

我现在正处在应该发现居延古城的“争议区”（我这样称呼），但不幸的是这个地区的东北部、东部、北部都被大面积的沙丘覆盖，沙丘表面见不到任何遗址迹象。如果古城位于东北方远端，也一定早被沙子覆盖了。根据这个地区的另一种特点：地表太低，地面潮湿，不可能保存木头、纺织品这种极易腐蚀的材料碎片，因此，这一定是个古三角洲，它的终点湖不可能离这儿很远。居延古城自然也可能位于前面的三角洲更高的地方。从理论上讲，喀拉浩特被建在汉代古城的位置上是不成问题的，但却没有发现物来证实这一点。如果100号遗址面积不那么小，你也许会怀疑它就是居延城。当然也不能排除从未有过居延这个古城，而它仅仅是一个地区的名字。尽管中国社会是建立在官府统治的基础上，统治者一定有某个军政中心的。

12月18日，再次西行，为了更进一步调查我在12月9日发现的废弃城堡。这个城堡也没有名字，我把它叫做36号营地废墟。附近有一条叫做恰仑河的干河道。城堡内部已被大量浮沙覆盖。我惟一找到的发现物是装饰与众不同的陶片，它们也许属于汉朝。

离开这个营地，我继续绘制路线图。在其中一条，我发现了阿特桑齐烽燧和另几个向北排成一排的遗址。

天气寒冷，手、脚都冻僵了，鼻子也冻木了，我离开了这个毫无价值的遗址，找到返回河道的路。在奥布顿的新营地搭起了帐篷准备过圣诞节。此时的最低气温是零下29度。生瑞恒的圆顶帐篷固定在胡杨树下，我在这非常温暖、舒适又宽敞的住地，孤独寂寞地庆祝圣诞节。巴焉济戈尔厨师拿出他的看家手艺，当场屠宰牛、羊，做出了一顿丰盛的圣诞大餐，不禁使人想起第一次在沙漠上过圣诞节的难忘时刻，那是与斯文·赫定、赫默尔、那林一起在黑色戈壁以北的谢别斯廷泉共度节日的。而当时作为我的向导的蒙古人雅尔桑——一个阿拉善的喇嘛现在要来拜访我。

十、汉代遗址穆德布林

誊清地图册、看信、写信、狩猎、绘制河流美丽的三角洲图，使圣诞节很快就过去了。冬天惟一的迹象，就是河的干流结满了冰。27日，我来到穆德布林遗址，也是松杜尔莱姆的17号废墟。

在松杜尔气象站正南的蒙古包，旗杆上飘扬着一面破旧的瑞典国旗！这大概就是自1927年10月以来在气象站上空骄傲地飘扬了两年的旗帜。而现在，已被持续的大风撕碎了。在邻近的蒙古人眼中，旗子大概是神秘的能带来好运的象征。

穆德布林遗址成为我在额济纳河考古发掘期间收获最大的地点。在它的垃圾堆中出土了约4000件木简（当然，包括许多残简）、各种破损的器皿、丝绸碎片、青铜器和陶瓷碎片。最有趣的发现物无疑是一枝完整的毛笔，它是中国毛笔最古老的实物标本！

在这里发现的许多木简都有纪年，与之相当的年代有：公元前127（?）、81、74、69、66、59、56、54、53、47、44、42、38、37、36、34、33、23、21、20、12、11、3、2等年，以及公元10、24、25等年。平均每四年被涉及一次。在发掘时可以看出，许多木简都是封好的。可以有把握地推测，这个城堡至少是在公元前81年到公元25年之间一直被使用着。

挖掘工作时常被强烈的西北风打断，而寒冷倒是次要的。因为我们的帐篷离工作地点十分近，随时可进去在羊粪火旁暖和一下手指。大部分时间是阳光和煦的。

我绘制了主河道西岸戈壁的几条路线图，以便确定某些烽燧的来历。据说这些烽燧一般都散建在纳林河和木林河之间，从东北向西南延伸。我听说从北到南这些烽燧名分别是察罕桑齐、安德干桑齐、塞恩桑齐、穆桑齐和乌兰桑齐。我查看了安德干桑齐和塞恩桑齐，它们均晚于汉代。这两个烽燧与多尔察罕桑齐共同构成了喀拉浩特的边防基地。据说，木林河对岸还有一排烽燧，但我不知具体在什么地方。安德干桑齐位于穆德布林西北方 12 公里处，而塞恩桑齐则位于其西北西约 12 公里。

1 月 6 日晚上，我的墨水瓶冻裂了。两天后，最低温度降至零下 33.2 度。12 日，从毛目来的小邮件使我心情振奋，其中还有莱辛教授据中国编年史中有关额济纳河地区史料所作的年表。

到 1 月 25 日，如继续在这里挖掘仍能出土更多的木简，但我已不想久留在同一个地方了。我似乎已能确定这个地方的历史年代了，我们大家都渴望再次远行。我先返回到胡杨林中的蒙古包，将穆德布林的采集物最后一次装箱，一切安排停当，并买了一些必备品。

根据绘制的考古探险路线图，沿着通向依科哈夏正西的塞尔托林河河湾继续向北走了约 11 公里路，直至能看到河道（它从翁金河向左分流），从这转向西，不久就来到一条与东大河平行的载水河流——苏汗河，两河在约 15 公里处相交。东岸植被非常茂密。有一条河宽 50 米，河面覆盖着冰，任何地图上都没有标示过，据说它与东大河之间也有一条纳林河。在苏汗河西岸，有个白佛塔，也叫察罕苏伯尕。据说这里原是一座喇嘛庙废墟，库臣庙于 1860 年被伊斯兰教徒破坏后，就迁到这里。额济纳的土尔扈特王爷曾住在附近，斯坦因在这里拜见过他。后来，这个庙又迁到东大河与奥宾河之间的亲王夏季别墅附近，直到现在。

十一、喀拉浩特——死城

现在我打算让 2000 岁的汉代遗址安静一段时间，专心致志于宋、元遗址的探索，于是就在 1 月 29 日转向喀拉浩特一黑城。在蒙蒙雾霭中很容易误将废墟看作城镇，走得很近时，才能看出庄严城墙的不足——沙堆已堆积到顶部。但这样一来整体效果竟如同梦幻般的美丽：几缕阳光透过云层散射下来，辉映得墙体略显红色，金褐色沙丘上面的天空呈现出一片片淡蓝。

我们宿营在黑城城外东墙附近一群低矮的房子废墟中。我考察喀拉浩特的用意不是为采集前辈科兹洛夫、斯坦因和兰登·华尔纳留下来的残羹剩饭，而是尝试着探寻废墟是否还有更古老的特征，也就是说，是否有唐或汉代的遗迹。城镇最初可能只占据现有面积的一部分，墙的精确尺寸似乎可以对这个推测提供一定依据。斯坦因的平面图自然十分详细，但它并没有精确到包括东墙和北墙各一个的小“马面”。根据平面图，我利用平板仪和照准仪绘制出这些“马面”。对采用一个垂直“马面”来加固结构的合理解释，是墙体里面还有一个更古老的墙体存在。似乎可能存在过更小的喀拉浩特，而且就包容在现在这个遗址的东北角正方形之中。这个假想古城的北墙和东墙就隐没在现存的墙体里。如果现在的喀拉浩特一黑城面积约 380 米×450 米，那么“老喀拉浩特”就是一个边长仅为 250 米的正方形。

也许唐代这个地方就有一个古城。现在，喀拉浩特属于唐朝的出土物相当稀少（铜镜残片、几枚硬币或者一些陶瓷）。但这个“老喀拉浩特”很可能就是那个朝代的。另外，我认为在汉代它并不存在，因为喀拉浩特只有一样东西是汉代的，即“半两”钱币。

现在一般认为喀拉浩特是唐古特或西夏时期的城镇，但很显然，在元朝以后已不存在。

除了诸多各种材质的小文物，我们还挖掘出相当一部分纸本汉文文稿，其中也有藏文、回鹘文、蒙文和西夏文的印刷及手写文稿碎片。

照字面理解，一般将喀拉浩特释为“黑城”之意。但我总有个感觉，认为译成“死城”，或简单说是“城市废墟”，或许更妥当。

此地在宋朝后期和整个元朝一直是居住区域。1226、年被成吉思汗攻占，但它似乎幸存到蒙古时代末期。城镇及周围的农业区最终废弃，极有可能是由于缺水。浇灌这块土地的额济纳河的支流，一定被泥沙填充并且很快干涸了，而水又流入三角洲诸多支流中的另一支。这种情况与楼兰王国时期塔里木河下游河流发生位移的情况相类似，这也是我们目前能够目睹的现象。这种变化的概率，对平原三角洲地区携带大量泥沙的河流来说是颇大的。如果劳力不足，如果灌渠淤塞，这个变化过程也许会加速，灾难就会遍及周围的田畴，而战争也许也是喀拉浩特附近的古耕地废弃的更直接的原因。

一周后，我暂时中止了在喀拉浩特的挖掘工作，迁到南南东 15 公里洼地中叫做麦民乌苏的泉边。洼地里长满了树木、灌丛和骆驼草，很能代表这个地区的特点。就在这里，我们小队的蒙古信使带着一袋子邮件（包括几封队长来信）追上了我们。从信中得知，这个带了许多设备的信使早在 11 月 28 日就离开了归化，既然如此，他为什么没有早早赶来呢？

靳士贵在从波罗桑齐到喀拉浩特的路上，尝试着挖掘了莫多桑齐烽燧。除了别的文物外，他还发现了公元前 37 年的木简和三个相似的圆形带尖刺的轮状罗网。同时，挖掘工王在离营地很近的地方发现了一处汉代房址。

春天般温暖的日子过去了，又恢复了冬日的酷寒。2 月 8 日，气温是零下 25 度，一直到 13 日，最低温度仍在零下 20 度以下。我参观了库仑桑齐，它在很远处都能看得十分清楚。这座烽燧是每两层沙石中间夹有一层芦苇砌筑而成，保存相当完好。烽燧坐落于台地边缘，离戈壁高原和依莱戈哈拉伯里克草滩与沙丘区域之间的分界线相当近。我从烽燧上看到柽柳丛中的许多房屋废墟，我也能看到波罗桑齐方向的几座烽燧。我动身来到房屋遗址，它似乎与斯坦因在此地考察过的最南边的废墟是同一处。除了房子，还有一个小堡垒、几座佛塔和至少一个庙宇，也有几块田地。这片废墟似乎继续向北延伸，是我所见过的最大的遗址之一。中心也许是大庙，周围辅以众多小房子。

2 月 9 日，我派了几名挖掘工返回喀拉浩特，我亲自率领一支小型考察组向东南出发绘制分散于喀拉胡图和波罗桑齐之间的烽燧。我在地图上共标明 9 座烽燧，其中几个是石质。这些烽燧杂乱无序，相当分散。我在一座烽燧发现了几枚木简，但可惜却在回喀拉浩特的路上丢失了。我向北越过类似于河床的洼地，返回波罗桑齐，这些洼地深达10—13米，长满了草丛，实际上它们与老河道毫无关系，因为洼地在西边就堵死了。

回到波罗桑齐，惊喜地发现一袋子邮件正等着我！但我的喜悦心情却被一个消息所破坏，焦耶·苏德布从肃州来与我会合，在毛目营盘附近不幸去世了。

我不在此期间，发现了大量的纸本文稿，大多数是汉字，也有一个波斯语碎片。从正绘制的西南方向路线图可以看出，根本就没有斯坦因叫做喀拉浩特的干河道，这个黑城也并未在他所认为的两河之间。

古城周围大片的土地因为地表发现物之多真可谓是神奇的猎场，分布着小青铜物和瓷器、陶器碎片，实际就是一个典型的废墟。从铸造工艺上判断，许多青铜器都是本地铸造的。

2 月 14 日，挖掘工作进入尾声，包装好所有发现物后，第二天再次出发到潺潺流水的河流。

返回奥布顿的营地的路上，发现了一些在远处并不被人注意的废墟，还有一座废弃的佛塔，王在这里找到一些西夏文稿和许多元朝钱币。

十二、蒙古人的新年

2 月 16 日，长久等待的信使、蒙古人那丹终于从遥远的北京来到了。由于耽搁的时间太久，对他来说，“信使”也许不是最合适的称呼了。然而，他的速度与甘肃政府的电报相比却更快。因为常常是派信使骑骆驼送信反而比电报更快。同时，我对那丹带来的东西十分满意，他带了满满四箱子物品。对我的研究工作最有价值的东西是科兹洛夫关于黑城著作的德译本和他的地理日志等论文。也有许多报纸和杂志，这次带来的物品大部分都是给霍涅尔的仪器设备。现在我无须再去反复读旧报纸的所有广告，抑或坐在那里全神贯注浏览罐头食品标签简单的语句，我已能看上前几周的报刊了。

我考虑到蒙古人的新年是 2 月 17 日，一般是每年最后一个月——蒙古人和汉族人均把它称作“腊月”——只有 29 天，因此，新年是不确定的日子。就像王所说的一年是变化的。早餐前，我们考察队的蒙古人穿着最好的衣服，手拿哈达和灯花瓶，走进我的帐篷按照他们的习惯举行庆祝仪式，并祝我新年快乐。接着，巴焉齐戈尔问我是否愿意吃些蒙古食物，“十分乐意！”我回答。于是，他们端来煮羊排、烤包子和几道小菜，还有中国白兰地，味道都好极了。

接着，大家开始互相拜年，整日喜气洋洋，充满欢乐。我与许多土尔扈特和喀尔喀蒙古人，不分老幼，都成为好朋友。

2 月 18 ~ 23 日，最低温度一直持续在零下 25 度以下。23 日，我和王徒步到一些房子废墟看了看，当我回来时，意外地发现奥布顿在我帐篷里坐着。他全身盛装，腰系精致的镶银刀鞘和筷子以及火绒燧石烟袋。帐篷里不只有他，我的椅子上还坐着一个满脸胡须的人，我愣在那儿，认不清是何许人也。直到这位大胡子说了一句欢迎话，我才认出，他竟是约翰逊，我已好久没有这么吃惊了！我压根儿就没有想到会是他，我简直无法把他与眼前这位浓密胡子的蒙古绅士等同起来。原来，他是为了死去的焦耶·苏德布处理善后事宜而从肃州赶往营盘的，但由于那里离我的总部不到250公里，他决定先来我这里看看——一个绝妙的主意。就这样，我不仅知道了所有我那些野外考察的同事的最新消息，也极其愉快地与他相伴度过了几天。由于我自己的骆驼很少，向东运送地质学家和我的采集物很困难，而约翰逊的到来，使我的负担大大减轻，他既是翻译，又是有经验的驼夫。

约翰逊2月27日走了，那天，翁金河水量充沛。3月1日，我到温音桃来，打算运输采集物的难题一经解决，在令人愉快的额济纳最后一站的挖掘工作一结束，就从那里出发向东，踏上还乡之路。春天，我和霍涅尔在这里扎营（我的确有点怀疑，1933年，我应该是第三次返回那里）。奥斯台河是最东部三角洲支流的总名称。在温音桃来，它叫做沙拉布朗因河（黄湾河）。在另一个地方，它又叫做曼因河（科兹洛夫就是使用了这个名字）。值得一提的是，温音桃来没有草原，因为水还不能流至这么远的地方。晚冬和春季是额济纳河流域蒙古人最难度过的时日，因为几乎任何地方都没有草。

十三、额济纳河最后一个汉代遗址

在河流正东高大沙丘中间的小砖房里，我们发现了一些有趣的东西：一把插在皮刀鞘里的铁柄汉人小刀，尽管它在那里已有2000年了，仍没有一点诱斑，显然是持续不变的干旱气候所致；一个皮水袋，不过已严重干缩了；还有带青铜箭头和芦苇箭秆的完整弩箭。使我感到惊奇的是，在一堆木简中竟夹有一张纸文稿，这也许是世上最早的纸张了。

大多数汉代废墟都有丝绸碎片，但太小太碎，看不出是哪种衣服上的，大部分都是平纹单色。但我在温音桃来发现了一片有几种色彩的彩色丝绸碎片，我已带回国，它较之迄今众所周知的汉丝绸图案更别具一格。

在同一废墟，也找到一件几乎完好的雨衣，是用草绳编织而成。与这种特制的衣服最接近的，好像是日本阿伊努人穿的雨衣。

十四、额济纳河考古小结

石器时代的居民区似乎被限制在湖泊地区，发现物最多的地点在索古淖尔北岸以及索古淖尔与噶顺淖尔之间的西尼乌苏。而且除了这些地方，只有极少数地区可找到有限的发现物。在依瑞戈喀拉伯力克地区，可采集到许多零散的石器时代遗物，例如斧子、带两个小孔的月牙形或长方形石刀、马蹄形彩陶器皿。如果把额济纳河地区与内蒙古东部进行比较，前者似乎是一个十分贫乏的石器时代地区。

汉朝期间，汉武帝在公元前2世纪的最后几年开始在额济纳修筑城障，并使之成为大型防御工事的枢纽。在额济纳，汉长城向北大河北侧延伸，并围绕毛目、双城子、达拉林斤德布林和乌兰德布林呈环状，再次在河的东侧向南。从其环形城墙的北面顶点沿河东岸向北延伸部分，有32座烽燧和一处要塞。烽燧零散分布，遗址之间间隔极无规则。大概是由于许多烽燧已被河水完全侵蚀掉，这在一定程度上可以解释不规则间隔的现象。

从布肯桃来向波罗桑齐延伸的一排28座烽燧，间隔较密，在它的西部有一座低矮的防御土墙屏护，与我称之为“松杜尔莱姆”烽燧一样的土墙坐落于干流西岸，并从西边开始汇合。但最初在河的下游处墙体非常低矮，这两条防御线一定是连接在一起的，也是很有防御效果的。因为仅靠河流几乎不可能是有效的防御体系，松杜尔莱姆的北边防御墙也许是经由察罕桑齐朝东转向温音桃来，不过所有痕迹都被湮没在三角洲的草丛中，温音桃来的汉代遗址发现物很多，并有一个西东向防御墙模糊的痕迹。

如果防御线是完好的，那就应该有一条城墙环绕整个古湖北岸及东岸。也许当初曾计划修建这部分城墙，并计划用菱形围墙围住居延地区。现在惟一的线索就是古湖北岸、东岸有两座烽燧的古建筑废墟。

烽燧是用于向外部观察口望的哨所，烽与烽之间是通过晚上点火、白天放烟的方法传送信号，几乎每座烽燧都有官兵驻守的遗迹。

挖掘出的木简，其内容主要属于军事类，涉及管理和组织。这里的驻军大概一部分是来自中国人对抗北方野蛮人战争中的战俘。“居延”这个名字也许是汉代地名的汉语译音。许多木简的记载都粗枝大叶。很明显，记录者几乎并不掌握写作技艺，因此，理解起来是非常困难的。尽管我没有不同时期的目录，但我记得木简记载日期，是在公元前2世纪末到公元2世纪初，但大部分属于公元前100年至公元100年这个范畴。

汉朝驻军撤离后，额济纳发展状况不明，但发现有相距几个世纪的唐朝遗物。唐以后，似乎都有人居住，一直延续到元朝末期。如同汉朝一样，元朝居民的中心就在现已干涸的支流三角洲下游东部，即使它不一定与汉朝主要居民区——假定是居延城——重合。而宋朝和元朝的居住中心一定是喀拉浩特。在附近农庄、庙宇及其四周的发现物，有200多件从未披露过，但众多遗物是西夏日常生活的写照，已经能够证实额济纳区域曾属于唐古特或西夏王国。

十五、在额济纳河的最后日子

3月初，已感到春天的气息。4日，洪水抵达温首桃来，低洼处的水坑转眼之间就被水充满。晚上，月光倒映在粼粼碧波中，而昨天，那里地表还是龟裂的干泥。

经过一番商讨，王爷终于同意给我租骆驼。条件是必须由那丹牵引，但那丹并不是土尔扈特，这真是相当奇怪的条件。我开始做离开额济纳的准备。3月第一周，首批赤麻鸭嘎嘎叫着穿过去年的芦苇丛，池水面积越来越大。从科兹洛夫的书中得知，他的考察队于23年前的3月11日来到索古淖尔，当时他们已看到湖中挤满了无数过往的水鸟。但今年，这个时间却只有赤麻鸭光临。不过，我在这沙漠与绿洲分界带上度过的绝大多数日子，都是风暴天气。

因为大地吸收了河中相当的水量，所以水面实际在下降。

巴图和那丹连10峰骆驼也租不到，尽管土尔扈特官员想尽各种方法帮助他们。没有人愿意在春天骆驼极度衰弱时出租他的骆驼，去穿越沙漠。但我必须带上采集物出发，所以最终被迫购买了急需的11峰骆驼。由于我带的钱不够，不得不赊账。

一支南行的喀尔喀蒙古商队路过这里，包括孩子约有40人，正从外蒙的喇嘛格根老草场逃往额济纳河寻找避难场所。他们有许多骆驼都没有驮货，这些骆驼走在畜群前面。

3月19日，一支带着布匹、茶叶和糖的小型商队从归化（即今呼和浩特）到达此地，在我的帐篷附近安营。营地似乎很快就被河水包围。次日，这个春天最大的沙暴席卷而来。晚上，最低温度第一次到达零度以下，风暴丝毫没有减弱，一直持续到两天半以后。几天后另一场沙暴又猛烈刮起来，也持续了两天，紧跟着就是一场寒流，晚上气温在零下14.8度。这最后一场风暴阻止了我的新骆驼的到来。在26日前，我的考察队是不完整的。总之，我有10峰租来的骆驼和27峰自己的。两个向导骑的骆驼是他们自己的，7峰骆驼是从济干赊账买来的。他交骆驼时没再说什么，也没有确定价格。以后可以由生瑞恒处理，四峰是那丹买的，所以钱就付给他个人。10峰租来的骆驼分属六个不同家庭，每一峰23美元。

十六、沿北路东行

3月27日，我终于沿着北边的新路，穿过戈壁，踏上还乡之路。这条路线钱默满和生瑞恒于1929～1930年从额济纳河返回时走过，也是蒙杰尔和生瑞恒秋季驱车走的路线，但这几条路线并不完全一致。由于对这条路已作过叙述，我不再赘述。

德列孙库都克是额济纳河东部第一个人类居住区，有五顶汉人商行的帐篷。4月1日，我们在离比尔彻泉约1公里的地方扎下50号营地。在这里遇见了一个汉人商队，有40峰骆驼，驮有茶叶、布匹等，正在去额济纳河的路上。第二天，我们路过诺贡欧伯克泉，其水质与比尔彻泉一样，是苦的。于是我们离开公路折向左边，在察罕鄂博一带寻找长有梭梭的草场，那里有个带咸味的泉。蒙古人想在这里休息一天，因为自驼队离开额济纳河以来，这是第一个较好的草场，可以好好喂喂骆驼。另外，它们的蹄子也需要修补了。最后几天穿过的尖硬的沙漠砾石使它们的掌一触即痛，有几峰骆驼的蹄子甚至已划伤。我们把有伤的骆驼推倒侧躺着，把四个蹄子紧紧捆在一起，然后把皮革鞋底直接缝在掌上。这个过程似乎很残忍，却大有好处。我自己的脚也得以休息一下，并抓紧利用这天把最新绘制的地图册誊清一遍。

4月5日早晨，我发现了这个季节里的第一个骆驼虱子，和1928年夏季在塔里木下游那种令人讨厌的扁虱是同一类的。

4月7日，路过一个帐篷，里面有几个衣衫褴褛的蒙古人，他们是从喀尔喀来的难民，带有一群羊和几峰骆驼。这天早上，出现了十分振奋人心的奇观，一群17只天鹅高高飞过上空，阳光照在它们白色的身体上，闪闪发光。它们飞过时，那嘹亮的歌声回荡在我们耳畔。天鹅向着西南西方向飞过，大概是去额济纳河。但它们从何而来的呢？方圆数百公里之内冰雪连天，天鹅居然飞越了沙漠！就像是来自另一个温暖世界的问候一样，使人对这一望无际的荒漠即将走到头充满了信心。

由于距外蒙边境越来越近，我必须跟着考察队一起走，而没有抄近路从路北走。假若撞见巡逻哨，那对每个人来说都是至关重要的。

在没有名字的营地，一位额济纳蒙古人带着六七峰骆驼抵达。他在音根住了一晚，那里实际上是外蒙的边境，但他却没有碰见士兵。再次上路（4 月 8 日）我们也到达了音根。这是一个丛林地，流沙已呈沙丘形状，不再移动。有三眼泉，其中两眼在外蒙，丛林南部是此处的最低处，有一个东西向的大洼地，我顺着洼地北缘走了几天，眼前突然出现了红色的悬崖。古生物学家推测这里有大量的化石，到音根一路沿途除了骆驼尸体外，我还看见了类似于鹅的蹼足鸟的尸体。

我们不经意地把营地设在了外蒙境内的东泉附近□□□……东泉周围草场较好，水中含沙量少于另外两个泉，在东泉周围的沙丘中，发现了许多石器时代的工具，我对冒险遇见外蒙巡逻兵有了充分的准备。终于，我找了个机会彻底洗浴了一次。

4 月 9 日，刮起了猛烈的沙暴，尽管这种天气使这个地方绝非理想之处，但我们除了待在营地漫天飞舞的沙子里，别无选择。天空因旋起的成千上万粒尘埃而变成红褐色，看不见 50 米远的人，几棵孤独的小树似乎正绝望地与风暴抗争。除了雅汉海尔汗周围沙谷中几个零散行人外，自离开额济纳河以来还没有见到一个人。

晚上，风势减弱，我们继续东行。约 10 公里后，穿过了几段红色的路面，我们在这里发现了漂亮的燧石物，巴图也在蒙古泉西南不远处发现了许多精致的燧石工具，我们在平原中部扎营，那里的草场还算可以。

4 月 12 日，到达了浩特阿玛图，当地有九顶蒙古包、三顶帐篷，均系汉族商人的。我本想继续向东前行到约 20 公里远的下一个泉，但预不着风暴来临的云团悬挂在北面的群山周围，白天强烈的大风滚滚逼近，沙子开始旋转起来，就像冰雹一样抽打着你，风中甚至夹杂着几颗雪粒。现在我们已走了到百灵庙将近一半的路，已到达条件最为恶劣的沙漠范围内，它的东面是戈壁。在浩特阿玛图东南方向的岩脊上，似乎有一座废弃的城堡，但我却爬不上去。

4 月 14 日早晨，帐篷里所有的东西上都铺着厚厚一层沙子，风势仍很大，我们向东北方向走了 20 公里路后，经过了德班毛台，这里也有汉族商人的六个蒙古包。周围干涸的河床里，长着一些老榆树，枝杈伸展着，造型很是漂亮。

这是条经商路线，路经归化、包头、北鄂尔多斯的黄河平原，甚至北京。沿途均有商人们的落脚点。

我们在巴焉勒恩南山脚下城墙附近宿营，我们面前是一片宽广的平原，长满了带刺的小灌木，土壤是沙质土。

4 月 15 日早晨，天空充满了尘土、一片混浊，风越刮越大，我们被迫在这个荒凉的地方又待了一天。第二天一大早，出发穿过平原，一直沿着土墙走下去，而公路通向它的北面。防御土墙向东南延伸，但 52 公里后，突然转向东南东，离转弯处西面几公里处，是一座有两个鄂博的小山，周围有好多蒙古包，这是汉人的贸易站，他们叫做乌拉图（大概是曲解的蒙古名字）。土墙隐没在一片低矮的灌木丛中，现在已完全找不到它的踪影了。徘徊了很长时间，才终于又找到了，它现在的方向是东北东。这次是走在厚厚的沙地上，数着步子走，使我感到相当疲乏。特别是除了早上 5 点半就着茶吃了一个小面包外，什么也没吃。1 点过后，我终于看见了远处的营地。炎热的地面上的海市蜃楼使营地变成一个由大树包围的白色帐篷，骆驼正在周围吃草！然而我感到，它是整个宇宙间最吸引人的地点了。它是我吃、喝、栖息的地方，是我的家。但短暂休息了一晚之后，我仍然要离开它。

我们穿过一片平地，走上一条由许多平行的小径组成的老路。尽管这里枝叶丛生，你仍能清楚地辨明它延伸向西北西，这是拉铁摩尔叫做“小路”的地方，向北通往外蒙的科布多，杨哈斯班曾沿这条路一直走到哈密。

由于当天不可能到达温音乌苏，加上我脚痛得厉害，我们只走了40公里，就在阿雷库都克宿营。这里有一个蒙古营地，但非常奇怪没有水，蒙古人只在此地放养骆驼。

第二天，狂风变成夹着雹子的暴风雪，我们艰难跋涉终于到达温音乌苏，这里的雪比额济纳河整个冬天下的都多。下午2点，气温降至零下4度，幸亏我们从住在这里的汉族商人那里买了些干粪做燃料，我也暗自庆幸，没有把炉子精简掉。那天晚上，黯淡的月光洒在自1930年3月以来我遇到的最冷清的营地。对于骆驼来说，这种天气顶难熬，它们背对风静卧着，毛上落满了雪花，并拒绝外出吃草。它们还没有真正脱去冬天的毛，但它们却比愚笨的外国人更知道这个地区变幻莫测的气候。一些外国人在蒙古留住了几年，仍是在4月里脱去暖和的衬衣而换上单薄的内裤。

我们不得不在这个营地里多留了一天，我听说羊肠子谷和六道谷强盗猖獗，但也没发生什么不寻常的事。为安全起见，我决定走靠北边的路线以避开不可靠的地方，否则就会回到我走过的路上去。实际上我绕道走的这条路，还没有一个人绘制过路线图。而蒙杰尔和生瑞恒在往返时是驱车走过。这次，我有更大的机会在四周搜索一时失去目标的城墙了。

……从隆起的山脊顶部，我看见一支大型驼队走来。当所有人马都登上高地时，我看出这是个蒙古商队。突然，商队走向我，也许那是郝德和米纶威，因为我知道他们正走在到蒙古边境的路上，准备到三德庙偏北的地方建立气象站。这时一个骑手从一长列骆骑中冲出向我飞奔，那正是米纶威！多么意外的相遇啊！我们就地安营，平静地交谈。郝德有两个中国学生做助手。蒙古人中，我认出几个是当年西北科学考查团的雇员。他们的62峰骆驼看上去状态甚佳，全都膘肥体壮。他们从喀丹庙出发，正在寻找合适的建站地点。他们离1927年我们走的老路非常近，而自己却全然不知，我劝他们离开巴音河走向西北方，沿着路走下去就会找到那里的。

我们已不习惯于说太多的话，吃饭时，端上了许多久已吃不到的美味佳肴，例如白面包、果酱、干果、香烟和朗姆酒，你似乎突然感到已身处西方文明城市中。

第二天早晨，一个来自西方的活佛越过我们，这是个蒙古或西藏活佛，乘坐着一辆马车，前面由两个喇嘛牵着一峰高大健壮的骆驼拉车。我们队伍里大部分蒙古人都蜂拥而上去拜见活佛。马车停下了，蒙古人下跪叩头，接受活佛用洒圣水的容器将圣水轻拍在头上。活佛好奇地从车窗帘子后面窥视着我们这些外国人和手中的照相机。活佛很富态，全身堆满了脂肪，但不是特别有精神。活佛来自青海塔尔寺，正在去北京的路上。一个骑马的妇女从马上下来，在活佛的马车前摘下帽子，匍匐在地三次，之后才能走近活佛接受他的赐福。蒙古妇女与男子一样具有平等地位，如果她们遇见活佛，也可以像男人们一样接受赦免。奇怪的是，她摘掉了帽子，因为蒙古人一般在非常庄严正式的场合下都要戴帽子的。

我再次同老朋友告别，寂寞无聊地走在起伏不平的山区。这里到处都是马帮，因为草原上更适合于使用马匹而不是骆驼。晚上，营地设在坤曲仑石人附近，这无疑是一块天然巨石，却没有人工雕刻的痕迹。附近大概有一个巴巴石，要不然，这就是一块被去除雕刻的巨石。

在章顺台中国商号那建筑得十分美观结实的房子旁，我此行的绘制地图和探险考察宣告结束。通过步测，我已绘制出从甘肃张掖至此连贯全程的路线图，步行最起码走过了1200 公里，即 134.4 万步。如果包括考察路线以外的旅程和考察小组的旅程，我敢说到最后一站的全程总共约 1600 公里。

就在这个商号，我见到了走在前面的运载采集物的考察小组成员，因为在这一天，采集物要由一个外国人通过汽车带到归化。我曾要求派生瑞恒到这里来帮我把采集物带过边卡。但派来的“外国人”不是生瑞恒，而是另一个瑞典传教士的儿子托哥尼·奥伯格，我以前从未见过他。我也应该乘汽车去归化，因为镇子周围仍有强盗在活动，有两个农民刚刚被杀死。

所有的营房设备都要运走，骆驼没有必要离开蒙古草原，而是即刻就地放养，度过夏季。尽管我十分渴望尽早回家，但告别这使人精神振奋、快乐的野营生活，离开忠实的驮着我的行装穿越沙漠和大草原那漫漫长路的骆驼和我的汉人及蒙古仆人分手，却使我感到忧伤。但乘车走完这最后一段路程，对我疲乏的双腿是最好不过的。

我送走了乘坐卡车的一些人和大部分行李，在等车期间，我把返程的路线图誊清了一遍。我本人在 5 月 14 日才启程，在一群汉人的陪同下，稳当快捷地沿着大道向东南方向驶去，通过归化隘口，晚上到达了归化。16 日从归化乘火车前往张家口。在张家口，遇见了拉尔生和奥伯格，我和考察队的仆人、骆驼又聚在一起了。爱犬布济恩——我孤独寂寞期间忠实的朋友、同伴——和拉尔生一起离开了我，这不比跟我一起到酷热难耐的北京更残忍吗？

十七、北　　京

5 月 19 日，我和奥伯格来到北京，与蒙杰尔、生瑞恒和莱辛教授一起住在瑞典驻华大使馆。

刘复先生和马衡先生和我一道工作，他们将把我从额济纳河带来的木简进行整理。我先对发现物做了初步的粗略分类，以便他们能在夏天继续工作。然后，最终分类由高本汉教授完成。6 月 3 日，我离开中国回国，途经西伯利亚、俄罗斯和芬兰，于 6 月 18 日到达斯德哥尔摩，斯文·赫定、赫默尔和哈士纶都已在那儿。

当时认为有必要让考查团的某个成员一直留在北京。由于 1931 年秋蒙杰尔将返回瑞典，就决定我暂时去北京接替他。这样安排的另一个原因是，我从额济纳河采集的汉代遗物需要编出目录，并按顺序整理好，以便中国人可以开始着手整理包括那里的木简在内的采集物。因此，我于 9 月 5 日离开斯德哥尔摩，这次同行的还有我的妻子和儿子。我们离开马赛，乘船经过苏伊士运河到上海，10 月 21 日到达北京。

蒙杰尔很快就回国了。生瑞恒常来相聚，而莱辛教授在北京有自己的总部。

1933 年 1 月，斯文 · 赫定从芝加哥到北京。春、夏期间，我们许多同事从长年工作的野外返回北京，伯林、霍涅尔和陈宗器各自回家，而那林又深入到内地，与仍在甘肃的贝歇尔在一起，他将帮助安博特临时组建一个考察团。很长时间没有听到安博特的消息了，这使人深感不安，因为新疆的政治形势变得动荡不安。

甘肃河西农村经济之研究[1]

第一章　河西之农业概况

第一节　自然环境

一、地势

本境横广纵狭、地势斜长，形如长臂或如甬道。东南较高，西北渐下。阴山山脉由新疆阿斯腾塔山入境，为祁连山脉，蜿蜒境南。青海界上主峰在酒泉县南，拔海五千九百二十八公尺，峰高接天。一称天山，蒙人呼天为祁连，故名。主脉自敦煌、酒泉、高台、张掖、民乐、永昌、武威至古浪、永登间，循黄河曲弯之势入宁夏境，折而北行障河套之西，为贺兰山脉。一支绕张掖东北分出，止于高台县北，为合黎山脉，乃阴山之支脉也。境内以乌鞘岭、山丹峡、嘉峪关为分水岭，形成四小盆地。武威、张掖以至酒泉间，地势宽缓，拔海自一千二百至一千五百余公尺，中以民乐县为最高，计二千四百公尺。

二、气候

河西一带山岭阻隔，距海洋甚远，纯为大陆性气候。因乏海洋风之调节，及湿气无由深入之故，寒暑俱剧、空气干燥。秋冬朔风凛冽、衣裘不暖，夏季亦甚炎热。然气候变化无常，虽在盛暑，早晚尤需衣棉。全年平均气温以摄氏表度数计，约为十度。除武威、张掖一带霜期由九月至次年四月外，余如古浪、山丹、永昌及酒泉之寒度略与青海相同。盖因各县多居山口风道中故耳。酒泉地接塞外，且祁连山岭积雪终年不消，故气候极为寒冷。酒泉西出嘉峪关，纯属戈壁沙漠气候，变化毫无常态。更西至玉门一带，夏日炎热，行人须昼伏夜出，安西则暴风飞沙，终年不止，农事颇感困难，而敦煌盆地气候温暖、物产饶富，地势情景，大有江南之风，全年平均气温约为十二摄氏度。至雨量方面记载甚鲜，据丁文江等所编《中华民国新地图》所示，全年平均雨量为四百公厘。

三、地质与土壤

河西一带之地质极为复杂。惟太古代片麻岩极少，古生代之水成岩甚为完备。武威至

[1] 编者按：此报告中附简易表格多幅。凡在正文逐一转述其中各栏文字、数据者，予以从略。

安西间，为内地通中亚细亚之孔道。此孔道之生成，与山脉断层陷落颇有关系。在地质学方面，近由西北科学考察团考察，结果于鼎新煤窑地方及嘉峪关外黑山湖一带发现鱼类及昆虫化石，并在南山北麓之冲击层小山中发现鼠与象之齿、肃州南山大黄沟发现苔类化石；祁连山哈喇湖发现冰河遗迹，远较现代为低，可断定古代水量之多。此外金矿、煤矿、油矿等有经济价值之矿层，亦发现不少。其地本属花岗石岩，以寒暑过剧，裂而为微细之砂粒。武威、张掖以至酒泉，其上有冲积层，土质颇佳，号称漠南沃壤。细土宜五谷之类，粗砂可种棉及瓜果。敦煌、安西、玉门、山丹以至民勤等处，土中常有硬层，石砾层泥土层表面砂砾微呈黄色系，由较古岩分解风力吹积而成者，厚薄不一，尚宜耕牧，惟蓄水力弱，常畏干旱。古浪、永登一带，悉为厚黄土层所覆。此层土质因含黏土、细砂，适宜疏密得当，故亦宜于耕植，《禹贡》所谓之“黄壤”即此。

四、水利

河西位于戈壁沙漠之边缘，气候干燥、雨泽微稀，农田灌溉几全仰给于高山之融雪。其地在四千五百公尺以上之高度，即属终年积雪，祁连山脉之高峰多远在雪线以上，冰雪深积。春夏渐融，万壑倾注，迤逦成河，在五千公尺以上之处，至六月末尚见下雪。昔人所谓“山近四时常见雪，地寒终岁不闻雷”。故河西水利，不因雨而因雪。祁连山有天山或雪山之异称，兹将河西境内河流及渠道情形分别述之于后。

（一）天然河流　河西水道皆源于祁连山脉，北流或西流注入内陆盐湖。最大者曰弱水，北流入于居延海。次曰疏勒河，西流注入黑海子。此二水均发源于祁连山之阳。按祁连山乃山系之总名，其山实有前后数重，相互平行、俨若重垣，弱水导源于一二两重之间，第二重名八宝山，初沿山脉轴线而行，是谓纵谷；后乃破山而出，经谷口而入走廊地，其方向一变而为南北行，常与山脉走向成正交，是谓横谷。水流自南而北、自高而下，开渠引灌，至为便利。弱水上流分二支，一曰黑河即甘州河，一曰白河即肃州河，至鼎新县而合，下流又称额济纳河，注于居延海。疏勒河又称苏赖河或布隆吉河，支流曰党河，注于黑海子（一名哈喇泊）。此外玉门县有赤金河，注于花海子；永昌县有涧水，注于昌宁湖；武威县有沙河，注于柳林湖；古浪县有古浪河（又称醋沟），注于白亭海。

（二）河渠　渠为人工河流。人工所开之渠，在上述诸河之中流。张掖有五十二渠、酒泉有二十二渠、敦煌有十渠、武威有六渠为其较重要者。张掖之渠口在城南七十里，敦煌之渠口在城南四十里。渠长者百余里，短者十余里。由渠分流谓之沟，渠宽一二丈、深一丈以下不等。河西地势向北缓斜，沟渠之水洋洋潺潺，有时并可安置水磨。民勤位于沙河下流，为武威分用之余波，故水量少减，金塔、鼎新等县亦然。总之，河渠为河西之命脉，水至为良田、水涸为弃壤，有灌溉之利即成平畴绿野，否则为荒凉不毛之沙漠。昔人谓无黑河则无张掖，推而广之，亦可谓无河渠则无河西，是河渠对于河西土地利用之关系至重且大也。

汉武帝时，霍去病破匈奴、张骞通西域，已立河西移民之基础。汉民族本长于河工水利，如张掖之屯田灌溉，史称起于汉昭帝时。唐时张掖有四十余屯，元明清三朝继续经营，或疏浚故渠或添辟新渠，故河西渠工已有二千年之历史。至渠道之管理，各县多有渠正、渠长，由农民公举、县府委任。蓄泄之方，皆有定制，如渠口有大小、闸压有分寸、轮浇有次第、期限有时刻，公平分水，借免偏枯兼并之弊。当盛夏水涨，或闸坝坍断、渠水泛滥，须巡查修筑。冬日风多，或飞沙堆积、沟渠壅塞，则加以挑浚。分工合作，按粮派夫，历代相传，法良意美。大抵河西一带，三月初旬河水已消，清明开始播种，农民可任意浇水，谓之“春水”。至立夏，则正式“分水”，由渠正、渠长请本县县长亲临总渠渠口，依照规定尺寸数量分配各渠，下流各县则较迟旬日举行。分水一事，甚为重视，所谓“灌溉端资立夏初”也。五、六、七三月需水最殷，七月后半，夏禾收获，灌溉少休，河水上涨至十月上半，秋禾亦收获。十月末始见流水，十一月河水冻，合在河冻以前，尚须浇水一次，谓之冬水，入地冻，春和融化，即可耕种。至于缺水之时，抢坝截浇致启争端，亦所难免。故水利问题实为河西吏治之中心。

第二节　土地与人口

一、土地面积

河西地面辽阔，向未经过正式清丈。据内政部调查，河西十六县辖境面积，共为五十二万三千五百二十八方市里余。耕地及荒地所占面积，年来省当局虽亦曾加统计，但其结果仍多差异。盖河西地处边远，文化低落，统计既甚幼稚，而调查者复缺乏责任心，敷衍塞责。故其结果可靠之程度迄少也。十六县总面积五二三五二八点〇一方市里，合並亩为二一三〇二三五四七亩，耕地面积约占总面积百分之二点一。按甘肃全省垦殖指数为百分之三点八一，河西农业素称发达，垦殖数字当不至如是之低，推求其故，不外以下二点：

（一）河西土地之利用，以河渠为转移。水至为良田、水涸为弃壤，年来旱灾频仍，河渠水量减少，耕荒地之变迁无常，故调查统计均不十分正确。

（二）大抵农村破产，耕地渐减趋势在所难免。河西近年来此种情形犹为严重，甚至农民视土地为累害，多相率弃地逃亡。耕地面积之减少亦为不可否认之事实。

耕地有水田、旱地之分，水田之中又分泉水地与山水地。泉水地多植稻类亦称稻田，分布于张掖、临泽、高台、酒泉等县，其中以张掖为最多。山水地系指有沟渠可资灌溉之地而言。其地势较高无渠水可以灌溉、全恃雨量以事种植者谓之旱地，所谓山地者是也。大抵以山水地为最多，旱地次之，水田最少。

二、各县人口之分布与密度

河西地广人稀，人口分布，各县至不均匀。其中以武威为最多、鼎新为最少，人口密度则以张掖为最高，计每方市里内平均有三十人，敦煌、玉门、安西三县，每方市里内平均不满一人。至农民人口尚无调查，据张心一先生之估计，河西农户在十六万户之谱，约占全户数百分之九十。河西僻处边远、交通不便，大家庭制度较为发达，每户农家平均以八口人计算，农民人口约为一百二十八万余，约占全人口百分之九十。此数是否正确，因系估计，尚难断定。但根据中国农民人口普通在百分之八十以上之推定，或不致悬绝也。

三、近十年来人口增减之趋势

河西各县人口，过去概未举行正式调查，间或有之，大抵出于地方之摊派。作局部之抽查，隐匿少报、殊不可靠。据内政部民国十一年调查与二十三年甘肃民政厅保甲户口统计，除张掖、酒泉、永登三县增加一倍余，武威、古浪、民乐、永昌、高台、鼎新、金塔、敦煌等县亦各有增加外，而山丹、民勤、临泽、玉门、安西五县不惟未稍有增加，反形减少。如山丹县人口减少，几至一倍。

第三节　农　　作

（一）主要农作物之种类　河西一带，农产种类颇为繁多。其用途可分食用作物与工艺作物两大类，兹分述如后。

甲、食用作物有以下五种

（1）禾谷类　籼粳稻、糯稻、大麦、稞麦、燕麦、黄米、小米、玉米、高粱等。

（2）豆菽类　如蚕豆、黄豆、大小豆、豌豆、红豆、绿豆、扁豆、那孩豆等。

（3）根菜类　如马铃薯、甘蔗、葡萄、茄蓝（一名茄连，叶似蓝靛，根大，味甘脆）。

（4）叶菜类　如白菜、芹菜、菠菜、茄子、葫芦、韭菜、辣椒、莴苣、葱、蒜、黄瓜、南瓜等。

（5）瓜果类　如西瓜、甜瓜、香瓜、桃李、杏、苹果、梨、葡萄、樱桃、山楂（俗名转儿）、柰（张掖白柰酒泉赤柰最著名）、白果、花红楸子、枣、沙枣等。

乙、工艺作物有以下四种

（1）纤维料类　如棉花、大麻、苎麻、荨麻等。

（2）嗜好料类　如烟草。

（3）油料类　如胡麻（即亚麻）、菜籽。

（4）药料类　如荆芥、薄荷、紫苏、甘草、麻黄、枸杞、羌胡、何首乌、红花等。

此外如饲料作物之苜蓿，各县亦甚普遍。惟稻之种植，仅限于张掖、临泽、高台、酒泉四县，其中以张掖为最多，品质亦不俗，称“甘州米”，运销于兰州、西宁等处。小麦各县皆多，尤以安西、敦煌为最，每运销于新疆之哈密。棉花多产于敦煌、高台、鼎新、张掖等县。甘薯以武威为最多，马铃薯各县均有。安西古称瓜州，至今仍产美瓜。

（二）各种作物产量　上述各县农产物，各色既多，势难将其产量一一加以统计。而建设厅之调查，或因各县尚未填报齐全，未尽列入；或因调查未清，暂时从略。故全盘之统计，殊感困难。张掖等十县各种作物产量，以大小麦为最多，稞麦次之，稻最少。调查时期，除武威一县为二十二年所调查外，其余张掖、酒泉、临泽、山丹、永登、民勤、金塔、永昌、民乐九县，均为二十三年之调查，其数目均系概数。此外尚有不同食品之燕麦、黑豆、绿豆、胡麻、荞麦等及特种作物之鸦片，均行删略，未便列入。

（三）施肥情形　肥料问题，在农业上颇为重要。我国农业所施用之肥料，率以人畜排泄之粪尿为主。河西一带农业所用肥料，除人粪尿、厩肥及堆肥而外，尚有油饼（俗称油渣或麻渣）及草木灰等植、矿物质之肥料。牲畜较多之处，草木盛茂，农田所施概为厩肥。其距城市较近者，畜牧既不适宜，肥料来源每感缺乏，故往往出资购买城市之人粪尿或油饼而施用之。永昌、武威、民勤等县，农家为肥料问题除普遍利用一般肥料外，则利用养鸽以积肥。该三县之养鸽户，永昌约当总户数百分之五十、武威占百分之三十五、民勤约占百分之二十。鸽粪为动物质肥料，养鸽者多以此为主要目的。普通多利用为基肥，或补肥，每亩约施一百五六十斤至二百斤。其施用方法，农艺家多用为小麦或大麦之基肥，并不加腐败发酵之手续，以其小粪块行条施法；园艺家多用为西瓜、黄瓜、番瓜及茄、辣椒、芹菜之补肥，行园施法或行稀释之液施法，要视园艺作物之播种及栽培形式而异。其所含之肥料成分如下：

有机物占　百分之三〇点八

氮素　百分之一点七六

磷素　百分之一点七八

钾素　百分之一点〇

其富于肥料有效成分可以知矣。

上述各种肥料，人粪尿因受有限制，不能任意增加，而人造肥料不惟因交通不便、运输困难，且亦为事实所不许。故只有利用厩肥及堆肥最为相宜。惟厩肥乃家畜之粪尿及藁草腐烂而成，在内地各省每因气候之湿热易于腐烂，而在河西一带因气候寒冷干燥之故不易腐烂。且农民对于厩肥之贮藏向不注意，今后欲求厩肥之利用，非以相当之改良不能收效。至于堆肥，希以一切废弃无用之堆积而成，惟河西人民生活简单，废弃物之数量既不及内地之多，且堆置方法亦不讲求，故欲利用堆肥或提倡堆肥　须设法指导农民利用废弃物以合理之方法堆置之，使于一定时期之内成为有用之肥田物　则河西肥料之问题不难解决矣。

第四节　畜牧与农村副业

（一）畜牧概况　河西一带河流交错，水草丰美，畜牧事业素称发达。羊类因气候之适宜、环境之需要，饲养者众，故其生产额较大。各种主要牲畜产量总额以羊占第一位，马、驴、骡、驼等则依次递减。永登、民勤、山丹、永昌等县畜牧最盛，即以永登县所属之连城、松山而论，番民每户饲养牛马数千匹、绵羊一二万首者，在所常有。民勤县人民除牧羊外，兼有饲养骆驼千匹以上者。马及牦牛，武威、张掖均为繁殖之区。

河西畜牧发达之区，除永登、古浪为最外，他处畜牧仅为农家副业，其方式多为定牧，与青海之游牧不同。永登境内，蒙汉杂处，北部五佛寺、乌鞘岭、定羌驿、岔口驿、打柴沟、石门峡一带，均为畜牧区域，尤以定羌驿及岔口驿之马为西北名产，各地畜牧走马者咸采种于斯。该地牧马者，深知育种之法，惜其严守秘密，不为外人道也。凉州为产驴名地，与大通马为西北二宝，其优点甚多，以黑身白腹为最佳，多用乘骑，其他杂色为运输或耕田之重要工具，行山路崎岖之处，坦然如履康庄，任重耐劳，他处不可及也。

此种事业多由人民各自经营，至若畜牧公司，或较大畜牧场所之组织，实属罕见。往昔甘州（张掖）、凉州（武威）、肃州（酒泉）曾设有马厂，多处由政府负责管理，而其畜马之数曾达三万余匹。嗣后迭经兵变，遂荡然无一存者。至清光绪时代，官厅复在古浪县所辖之大马营设厂放牧，饲马二千余匹。民国六年改为种马牧场，隶属于省政府军事处，但为时无多，即行停办。现时民间较为著名之牧场，为永登县所辖之连城松山滩及武威县辖之黄雁湖等处，其组织范围较为宏大。

关于饲养牲畜之方法，多取天然水草之处，随便放牧，任其自寻食料。至若圈养大群牲畜者，则多择草山山麓，或在草滩适中地点建造厩圈，以为放牧夜宿之所。但骡马等牲畜归厩后，尚须补喂麦麸夜草一次，牛羊仅在冬季落雪时加喂夜草，故牧养人家每到秋初，即忙碌于割运山中长草，预为存储，以为雪夜喂养牛羊之准备。

畜牧之于河西农村，关系至为密切。如肥料燃料之供给、交通运输之利赖以及副产品如皮毛之销售、乳酪之供给。种种收入，对于农民经济上之裨益，殊非浅鲜。例如灾荒之年，不事畜牧之家，一遇灾害，立即破产逃亡。惟有兼养家畜者，借家畜收入之弥补，可以减轻其害。又如农场收入多在秋季，其余收入，不敷日用，在此青黄不接情形之下，不事畜牧之家，不得不重利举债，迨至秋收，除还债外，所余无几。于是又不得不更重利借贷，辗转循环，破产加速。而兼营畜牧之家，牲畜既多，随时可以出售，能使农场金融活泼，不致有穷窘借债之举，于经济之调剂，甚为重大。

按河西所产良马价值，亦有高至五百元左右者，但为数甚少，故不常见。普通农家所用之骡，其价值多在七八十元至一百元之间。耕牛产后虽有多量之乳，为保障小犊发育起见，故不多出卖。牦牛又名“菜牛”，古时多采用此种牛尾为干旄，故又名“旄牛”。迨至清季改作下等上帽缨。牛腹下毳毛细若兰丝，长尺余，采作上等帽缨，价值极贵。民国后又有用作军帽之帽缨者。羔羊皮黑者，价值最贵，即所谓“紫羔皮”是也，但产量极少。

（二）副业情形　河西各县农家副业因地区不同，种类亦异，大别之有以下数种：

（1）纺织类　如土布、棉线、毛线、毛毡、毛褐、花带、头绳、毛褥等。

（2）编织类　如苇席、芦蓬、草垫、草帽、草鞋、簸箕、抬筐、提篮、条囤、柳条器等。

（3）打结头　如打草绳、打毛绳、打麻绳、扎扫帚、扎笤帚、草刷等。

（4）饲养类　如养猪、养羊、养牛、养鸡、养鸭、养鸽、养兔、骆驼等。

（5）制造类　如酿酒、制醋、榨油、烧砖、制粉条、造粉面、奶油饼、瓷器等。

（6）其他：如采药、种花、拾发菜、狩猎、打柴、采煤运炭、掘碱等，在农村中甚为普遍。

大抵西部肃州一带，即酒泉附近之高台、鼎新、敦煌各县产棉较多，旧日妇女多以织布纺线为主要手工业。近年因播种大烟、棉田被侵，土布销路又为俄国棉布所侵夺，殊为可惜。其次如酿酒、制醋、采药、制造粉面等，销路尚旺。中部甘州（即张掖）各县，如山丹、民乐、临泽等处芦苇丛生、水草丰美，以编席子为大宗，每运销于凉州、兰州各处。其次如种花、采药、拾发菜、饲养家畜、制造粉条粉面、榨油、酿酒、狩猎等，颇为普遍。东部凉州（即武威）等处为养鸽业颇为盛行，其次如烧瓷、烧砖、采药、采煤、纺织等均甚重要。惟自鸦片种植以后，各种副业皆受重大打击，较之往昔，颇形衰落。

第二章　河西农场经济状况

第一节　土 地 分 配

河西耕地面积，据建设厅民国二十三年之调查，永登、古浪、武威、民勤、山丹、民乐、张掖、临泽、高台、酒泉、鼎新、玉门、金塔、安西、敦煌等十六县，共为四百五十九万四千一百二十三亩。惟农民户数尚未经过正式调查，以占全户口百分之九十之农民户口计算，十六县农户总数为十六万零六百五十四户（据张心一先生之估计十六万余户，与此数不相上下）。以之平均分配。每户所占农田面积约为二十八亩余，至各县分配状况，又以土地肥瘠、人口多寡之不同而不同。

河西各县各农户所占农田亩数最高者为武威，平均每农户占五百七十二亩。其次为古浪，平均每户占五十四亩。再次为山丹，平均每农户占四十七亩。余张掖、敦煌、永昌等县，平均每农户所占不过三十余亩。最低者为鼎新，平均每农户只占四亩余。其他民勤、酒泉二县，尚不及十亩。玉门、安西、临泽、民乐、永登五县，平均每农户所占不过十余亩而已。惟河西一带耕地面积，农民习惯多以斗石计算，如几石地或几斗地，是盖以下种之多寡为计算之单位也。故亩之大小殊无一定标准，普通所谓一亩，实际已超过一亩半或近二亩，故有二三十亩地之农家，实际均在四五十亩上下也。

关于地权之分配，与夫经营面积之大小，此项情形从无调查。就一般情况言之，以自耕农为最多，半自耕农次之，地主与佃农为最少。经营面积，普通均在四五十亩上下，百亩以上者次之，十亩以下者极少。

第二节　租 佃 制 度

租佃制度之发生，最简单言之，起于土地分配之不均。一有地、一无地，一有地太多、一有地太少。缺地者欲从事于耕种，不得不乞怜于有地者，支付一部分之生产所得，以为报酬。此租佃制度之所以成立也。如上所述，河西农户以自耕农为最多，故租佃关系不居重要地位。兹述其种类如下：

（一）永佃制　亦即所谓“世袭佃制”承佃之后，佃户可传之子孙继续耕种，张掖一带多有之。

（二）定期佃制　即以契约方式规定佃租时期，过此时期佃租关系便不成立。须重行订立，期限普通一年或三年不等，要视各地之情形而异。

（三）合种制　由地主供给土地，并担负田赋及捐税。佃户则供给耕牛、劳力及其他生产工具，并支应差徭。生产结果，除去种籽而行对分，但此种方式不甚普遍。

至佃户向地主承佃田之手续，普通有“口头契约”及“书面契约”两种。各县均无大差别，分述如下：

（一）口头契约　先由中人说合，并当订交租或分租之办法，然后觅保证人以资担保。从此该田地即可由佃户耕种，只须佃农能够按期交租，则即两无争执。

（二）书面契约　佃户向地主租田，立为承佃契约，俗称“租约”。约中将租种亩数、年限、纳租数目及缴租时期等皆订明白，凭中画押。契纸由地主收存，此种方式各县均甚普遍。租约形式如下：

立租种田地文约人×××今租到××田地若干亩上纳官粮若干草束若干当中言明每年每亩地租若干限至秋收之日如数交清所有行流水杂项差徭随地应当与地主无涉种过××年后原地交回各无异言恐后无凭立此约为证。

×××

同中人：×××

×××

×年×月×日租种田地人×××画押

纳租方法，有纳租金、纳租谷及生产物分租三种。兹分述之如下：

（一）纳金　即以定量货币交地主。有以每亩土地为准，例如每亩每年应纳租金若干；或以应纳谷租折算现金为标准，例如每亩应纳谷五升按照时价折算若干现金是也。

（二）纳谷　依契约所定之种类、数量，于作物收获后，佃户以定量之谷送交地主或由地主收取。

（三）分租　佃户与田主对于作物生产量，按规定之成数分摊。其分配之比例皆为预定，如四六分、三七分或二八分。大抵行二八制者，地主不负担任何负担；行三七或四六制者，土地须负担田赋。作物成熟时，如地主距离远者，收刈后由佃户将地主应得之捆数，代为运至农场保存并告知地主，俟冬季打场时或由地主派人打取颗粒，或由佃户代为打取。草则多赠佃户，如距离近者，则有佃户通知，收刈日期，届时地主派人点取捆数，自行运回农场。

上述三种纳租方法，以谷租制与分租制通行较为普通。纳金方手续虽为简便，但甚少采用。民国九年以还，烟禁废弛，鸦片种植日盛。一方面谷物种植面积逐渐缩小，另一方面鸦片可以代替货币。于是谷物价格高涨，纳租谷法代替粮食分租法的地位，同时粮食分租法亦改变其分配成数，由二八、三七、四六等制进而行三七、四六或对分租制矣。至租率方面。河西一带多以种籽计算，如租一石种籽之地纳租若干，是租率轻重因地而异，殊无一定标准，大抵租一石种籽之地租纳一石者为最普遍。

第三节　农家收支

河西农家生活素极简单，在正常状态之下经济尚多充裕。年来因环境改变、压榨重重，农家收支早已失去平衡，以现状言十九入不敷出。五十亩上下之农家，大都挣扎于死亡线上，奄奄代毙。百亩之家兼营畜牧副业，收入尚堪资以挹注，然于现状之维持亦有岌岌不可终日之势。今就有地五十亩之自耕农家，将其收入与支出数字平均计算，其每亩生产价值以五元计之，则五十亩田之生产收入共为二百五十元，之与支出相衡，平均至少不敷五十元以上。兹将其收支状况分述如下：

（一）收入类，总计二百五十一元四角，计有：

（1）麦收二十四石，每石八元，值洋一百九十二元；

（2）谷收五石，每石五元，值洋二十五元；
（3）糜收四石，每石五元，值洋二十元；
（4）马铃薯收五百四十斤，每元百斤，值洋五元四角；
（5）鸦片收三十两，每两三角，值九元。
（二）支出类，总计三百零九元，计有：
甲、农业支出
（1）肥料支出二〇元；
（2）农具支出一二元；
（3）家畜支出八元；
（4）饲料支出一二元；
（5）种籽支出二〇元；
（6）工资支出二四元；
（7）田赋及捐税九〇元。
共计一八六元。
乙、家庭支出（平均以七口计算）
（1）饮食支出八四元；
（2）衣服支出二一元；
（3）燃料支出一二元；
（4）医药支出三元；
（5）交际二元；
（6）其他一元。
共计一二三元。

上列农业支出中，以田赋与捐税为数最多。家庭支出为一百二十三元，如以收入之二百五十一元四角减去农业支出之一百八十六元，则所余之六一五元四角仅家庭支出之二分之一，尚亏短五十七元六角之多。在此情况之下，农民安土重迁，惟有依赖各种副业如畜产等之收入，与夫多方借贷以资弥补而苟延残喘也。

河西农民之负担，田赋而外，摊派及捐税为最甚。田赋内容分地丁、粮石、草束三项，及附加之省县亩捐，是为正供。地丁、征银、粮石亦系以四成折色、六成本色征收，草束则多折征银两。故上忙开征，即征收丁银及四成折色，而下忙秋谷既登，始完六成本色。惟甘肃田赋向例，东南各区银多粮少，而河西则粮石远多于丁银，间亦仅有粮石而无丁银者。此外尚有种种税捐，如警察、教育、司法、建设等杂捐，亦附属于田赋之内，故各县附加多已超过正供。不特此也，河西田赋早已脱离正轨，农民负担又极不平均，有斗地斗粮（即下种一斗纳粮一斗）及斗地合粮者，有无地有粮及有地无粮食者。然此项负担本为人民对于政府应尽之义务，苟本取之于民、用之于民之精神，亦复何害？但事实上竟有大谬不然者。

虽然，河西农民最痛苦之负担，不在田赋而在摊派。摊派之类，可分烟亩罚款、杂款、驻军派款，三者而亩款一项可谓虐政之尤。亩款原为烟亩罚款之简称，照名此解释，烟亩罚款者乃政府认为种植鸦片不当，故罚之以款，使之不敢再种。而此之所谓罚款却大不为然。政府先视财政支出及各种税收不足各有多少，然后定一主观上的总额，根据此种总额分配于各县，必令县长如数征收，并不一定要种烟而后有烟亩罚款也。如高台县于前二三年农民因烟亩罚款之压迫，曾请求政府自动禁鸦片，而政府非但不允许，且强迫征收烟亩罚款。罚款就张掖一县而论，甘肃省政府财政厅规定令，张掖每年缴将近二十万元之烟亩罚款，不论种烟与否，非要不可。并给各县长一种提成办法，即县长经收罚款可有百分之五的报酬，收数愈多，提成实数愈大。故县长乐于努力，农民益不堪命。

亩款目的，不在禁烟而在筹款摊派。亩款之法系随粮附征，表面观之粮税多者亩款多，亩款之大部可以落在绅士阶级头上。而事实上，河西粮税早已脱离正轨。盖河西为历代边防重地，人民多由内地迁移而来，以屯田制度解决军需民食。因地处西陲，故历代对河西人民之钱粮负担，例有优待，遇有荒歉即许其“报荒”，免予课税。民国以来，政局始终未彻底统一，官厅力量甚微，地方绅士把持政事，遇有“报荒”机会，多将自己本甚丰收之土地，冒报已荒、免去税捐。而真正荒去之土地，则依然有税。积弊相因，河西绅士所有之上等土地，大半无税，或所出粮税无多。而无势力之农民，纳有一点零星中下等土地，反而上粮税非常之多。亩款负担情形，亦正复如此。真正种大量鸦片者，所出亩款少，而种烟无几者，所出亩款特别众多。

据《中央日报》所载酒泉县调查一七五四户农家负担捐税之情形，即知苛捐在河西对于农村敲骨吸髓之程度。照酒泉一七五四户农家负担捐税之情形为：①田赋一四七九八元；②亩款一一三七七元；③杂款一二二六八元；④驻军九六六元，每亩应摊一元零三分。以上捐税之负担，系指直接取之于农家者而言。至特种消费税于酒牌照税、牲畜税、印花税等多系间接，倘欲列入，想其数目更可惊人。农民之负担，省政府要一，县府要劣绅经手则变百矣。故上四项相加，共四八一三九元之明数，已甚惊人，若累积非法暗中之剥削，不可思议矣。亩款原为烟亩罚款之简称，不种烟之田亩，同列于被罚之队伍。至杂款竟超过亩款，诚属骇人听闻。询之农民，多答以：“我们不知道拿的什么款，只要老爷要，怎敢不出呢?”至于杂款包括之项目，不外为司法费、司法分院费、警饷、警察服务费、特别办公费、区经费、保甲办公费、义务教育费、村公所办公费等，遗漏尚多。

至驻军之摊派方面，河西各县之驻军，系青海系回军。青海系回军分西宁系与凉州系，西宁系为青海系之主力，凉州系比较次之。河西防地之分配大体为两大部，武威附近之白亭河与庄浪之河西流域属于凉州系回军，弱水流域之张掖、酒泉及疏勒河流域之安西、敦煌等处，属于西宁系回军。此种军队之性质，相当特殊，政府对之无绝对支配力量，最好的场合，不过办到面子上的敷衍而已，因此他们的自由行动竟超于一般想象之外。举凡军队之一切需要，如粮秣、草料、柴煤、木料、皮毛等等，至一针一线之微，完全无代价地直接征发于民间，以现金购办军需物品之事，在河西不能不视为例外。此种数量庞大种类繁多的实物征发，经年累月的继续，而征发中又经过县、区、保甲等层层手续，额外征收又生生超出军队正式征发数量一二倍以上。不特此也，河西人民最感切肤之痛者，为军人要地方上缴若干的“官土”。官土者，官家所要烟土也。收买官土，并非自由交易性质，系派定某区缴若干，某区缴若干、区派保、保派甲，甲长派到每个农民。贫而无势力的农民，特别吃苦。官土如果是二万两，农民总得多出几千两的“中饱土”。官土的价是官定的，官价比市价要低，而低于市价的官价又常常只给一半，此一半之官价，经过商会到各区、区到保、保到甲，待到农民手中，此原来的数目又差许多。故纵令烟土的市价很高，农民除将烟土送给别人发财外别无希望。

以上种种为军队农民实物的摊派，其关于现金之摊派又有借款与摊款二者。借款有青海军部借款，当地师部、旅部、团部等借款皆以借而不还为原则。摊款有军人劳苦费、兵价费、兵站费、碉楼费、飞机费、牛羊费、菜蔬费、军事杂费等名目，凉州则有电灯费、赈灾费、修城费等等，花样繁多，名目新奇，不胜列举。孙佐齐著《中国田赋问题》一书中，载有河西临泽县有地十亩者之盈亏情形（沙河镇二十二年情形）照录于下，以见一斑。

（一）收入方面

麦收八石，值洋八十元；

麦草三百六十斤，值洋十二元；

共计九十二元。

（二）支出方面

种子一石，值洋十元；

耕地牛工人工洋十元；

铲草人工洋十元；

灌溉人工洋六元；

收获人工洋十三元；

挖渠人工洋二十元；

完粮草一石，洋八元一角五分；

秋夏分水籽六斗，洋二元八角；

指粮借款洋二元；

县府杂款洋一元六角；

兵站粮秣二斗八升，洋二元八角；

二期烟亩罚款洋一角四分；

旅部军费洋元八角；

师部军费洋五角；

团部军费洋五角；

全库券二元；

赔价军粮款洋二元九角五分；

二期全库券二元三角；

师部马干费一元一角四分；

警款洋二角四分；

县长扶灵费六角；

行署军费一元二角三分；

烟亩罚款一元二角五分；

沤波渠涉讼费一元六角二分；

印花费一角一分；

生活粮食三石六斗洋三十六元；

衣服购置等费十元；

零用共洋十元。

每十亩生产量，值九十二元，生产资本、公款、捐税、生活资料等总税值为一百六十元余，其不敷之处，几达一半。

此种摊派，约系临时性质，数额多寡，殊无一定标准。要之有多无少也，更据《申报》记者赓雅君二十三年视察河西土地负担之记载再录如下，以见河西农民负担繁重情形：

（一）变相卖儿女之悲剧　后其父为欲解释忍心卖女之原故，乃出新旧纸条一束曰："委员（称记者）我也不怕你会害我们，请你光看着这些家伙，你就明白我们的痛苦了。"记者接视，全是长约三寸宽约八分之捐飞，在一年中计得七十二张，每一张上，尚并写捐目数事。兹除田赋附加岁有定额，与驻军维持地方治安人民得享保护权利，应设"兵站"供应粮草杂用不计外。他如烟未下种，而捐单已飞至之"烟亩罚款"。农民原非商家，并无买卖可言，有之亦不过卖儿女之惨事耳。又须按月派纳"印花税捐"。在河西各县，每月应派印花三百五百不等，临泽是一寒苦县，份月派一百六十元（县府由省局领获税票，不管农民贴用与否，概行分派于各区乡。农民已按月照纳印花捐款矣，但至用婚书、田契等果应贴用印花时，又当再背现金向积压印花处所而购买，亦莫明其妙也）某某机关（上自财厅法院，下至县府局区）提款委员之"欢迎招待费"某会或某所成立送礼，电报津贴，照相等等之"临时杂费"（照像虽属小事，但僻远县乡，游方照相者，定价极贵。如照八寸或十二寸之片，至少在十二元或十六元以上，再加当事人借端苛索，于是一纸飞降，百十农户，至少又出袁头一个。）以及迎神赛会，祈雨晴"神捐鬼税"（因此捐飞中有公议献仙戏十天，半单应派钱十二千文，干面五斤。公派每单出灯笼四个，栽灯夫一天，随带清油。公议在小庙设坛求雨，每单应派香资六千文，清油干麦各秉诚心等数条故以神捐鬼税名之。

（二）安西农村之概况　他处之农民，拥地愈多，愈能坐享大利，安西则适得其反。譬如种地一户（为六十亩）收粮三十余石，价值三百余元。而每年田赋官款即达三百余元，罄其地之所再出，供应粮款犹虞不给，况种地尚须资本人工，不得不鬻卖牲畜器物苟延残喘，故有"多种多赔本，少种少赔本"之说。因此地价奇跌，上等土地之最高价，每户只值六十元（约合一元一亩）其中下等田地，即倒贴耕牛房屋器具等，尚无人承种，田地累人竟至如此。

（三）从敦煌农村经济说到各县拨款制度（拨款制度在最近始取消）　甘肃客军林立，供应维艰，迫不得已，始任民种烟，征收罚款，以充军费。每屋春初，烟未下种，即收烟款。县府未雨绸缪，更不得不预为摊派。此项烟款向由禁烟局及财政厅分摊各县，将书目送往绥靖公署分配，各军队直接派员分赴各县提取。军需万急，刻不容缓，县长即向各区摊收交提。中上之家，尚可缴纳，贫寒之户，无法应付，只得转向富户商人哀求借贷。不说利息几分，只说支土几两，普通借洋一元，至收新烟时少则支土六两，多则八两，不论烟价高低，务须两数称足。每亩种烟产量 平均不足五十两，而摊款在十元以上，外加工资四五元，共计十七八元。而烟价每百两只售三十元，是每亩之收入，只值五十元。自有资本，尚须赔本二三元。最幸运之烟户（如收成独丰，售价较高）亦仅可敷本。若借钱还烟，每亩且只获七八元，从此愈拖愈累，愈负愈重，生活恶劣，遂不堪问。

以上赓雅君之调查，虽为前二年（二十三年十月）情形，但与现在情形相较，有过之无不及。所谓“农民原非商家并无买卖可言。有之亦不过卖儿卖女之惨事耳”又须纳按月派纳之印花税捐收粮三十余石，价值三百余元。而每年田赋官款即达三百余元，每亩烟产量平均不足五十两，而摊款在十元以上，外加工资四五元，共计十七八元。而烟价每百两只售三十元，是每亩之收入共值十五元。自有资本尚须赔本二三元，由此可知河西土地负担，人民痛苦，走至何程度也！

总之，现在河西农民已以生命补垫土地负担之不足。大公报本年七月二十八日社评之言曰：“目前全中国情形最紧迫之农民，首推甘青宁。青宁殆为全省，甘肃则河西最苦……”一艰苦之农民，除死或逃之外，在现在军政现状下断无法忍耐也。农村破产也是因为土地的负担超过了地的生产能力。故现在要讲开发西北，必须先得复兴西北的农村，而复兴农村之第一工作，不是扩张耕地的面积，更不是增加生产能力，所可立即收到宏效且也不可能（因受社会经济的限制），无疑的须得从减轻土地负担着手，兹将各县捐税名称列表于后。

地丁附加	粮草折价（又名折色粮）
本色粮	驼捐
特种消费	契税（各种契约）
畜税	牙税（各种行运）
当税	茶课
磨税（磨坊）	屠宰税
烟亩附加	烟亩捐
禁烟款	烟酒税
印花税	义务税
盐税	保运税
各县府经费	各县府临时费
建设费	实业税
教育费	自治费
警察费	招待费
司法费	催款委员会
保甲办公费	保卫团经费
鸦片坐销费	牲畜营业费

开拔费　　　　征兵费（一名兵价）
接济费　　　　慰劳费
飞机捐　　　　碉楼费

第四节　农村金融与合作运动

（一）农村金融　农村金融乃周转农村经济之重要工具，一地农村经济之盛衰，取决于农村金融之荣枯。由其作用言，农村金融与都市金融并无二致，仅二者之范围不同耳，即农村金融乃以对于农村供给其资金为主体。吾国农村破产之普遍现象，大都为农村金融之枯竭。农村金融枯竭，农民告贷无门，仰屋兴嗟，因之农产减少，农民收入亦随之而减少，农民收入愈减少，农村金融愈枯竭，而农村破产愈演愈烈。因果相寻，事理必然。河西连年灾祸，农村金融异常枯竭，其固有之金融组织有借贷、典当、合会三种，兹分述之如下：

（1）借贷　借贷方式普遍有借粮食、借现金、借贷物数种，俱系私人行为。其来源食粮、现金多由当地乡村或城市富户借给货物，则由商人供给办法。有信用与保证二种。前者数目较少，以债务者之信用为衡。后者必须有“中人”之担保，写立契约之手续，期限以半年者为最普遍，一年以上者仅见。其契约如下：

立借大洋文约人××今因手中不便，在××名下借大洋××元。当中言明每月每元××行息，限于秋收之日本利一并交清。恐后无凭，立约为证。

同中人××画押

民国××年×月×日立　借约人××画押

货物借贷照时价折合现金，按月计算利息，其手续与借现金同。惟粮食借贷，普遍多为借粮还粮，借粮还银者间或有之。

（2）典当　有衣物典当与田地典当二种，兹分述之：

（甲）衣物典当　典当衣物饰物之习惯，各县大致相同。惟典当之限期、利率各县各有差别，兹据建设厅二十三年之调查立表如下。

县名	官立经营	私立家数	资本额/元	利率(月利)/分	出当期限/月
酒泉		3	5,400	6	10
永登		4	5,900	5	12
敦煌		3	1,700	6至8	10至12
武威	1		10,000	3	24
张掖		10	14,680	4至6	10至12
总计	1	20	37,680		
备考	查民国十八年各县设立者尚多，后因频遭匪旱，多数倒闭，现存者只上列各县				

典当历来在中国农村经济上，占有极重要之地位。今日金融事业尚未发达之中国农村社会，尤其西北一带，攸关农民生计，实属重要。政府诚能严加取缔，限制最高利率，延

长取赎期间，规定入质手续及估价标准等，裨益农民，实匪浅鲜。

（乙）田地典当　农民为应付急切需要，一时无法借贷时，多将田地出典于人，以通融款项。此种典田制度，与土地抵押不同，即出典人与典户双方将典价及年限讲妥，邀请中人写立字据，载明上述一切事项。至期由出典人随意赠回，如不能赎回时，由典户继续耕种，以后出典者仍可以随时赎，取典约形式如左：

立典田地文约人今因缺用原将祖遗田地坐落其处，共若干亩若干块上粮×斗×升×合经兄弟商议妥，确情原出典与××承粮耕种，当中言明每亩典价大洋××元共计洋若干元其洋当面交钱并不短少分文。自典当之后，所有日行流水杂项差徭随地应当与地主无涉，种过×年（普遍均为三年），有钱赎回，无钱不拘年限，恐后无凭，立约为证。

立典约人××押

同中人××押

民国××年×月×日

（3）合会　其方法乃召集亲朋若干人，组织一会。每人出资数目，以需款者需要之多少而定。此种办法，富于合作互助精神，较优于借贷与典当两种，各县甚为普遍。

至借贷利率，往昔均为三分、五分者为最高，年来情形不变。所谓农村破产，高利贷盛行，势所必然。高利贷之在河西，其猖獗情形，剥削状况，实属骇人听闻。大公报记者长江君于本年视察河西记载中，对高利贷情形言之甚详，兹照录于下，以见一斑。

政府一定要钱，农民没有。那只好促成高利贷的产生了。农民最困难的时间是春天，张掖情形一二三月借账，大约是这样的利息：

现金　百分之五十的利率为最轻者。

鸦片　百分之三百。

粮食　百分之百。

农民在这种毫无希望的高度剥削情况之下，除了抽抽鸦片苟安岁月而外，还有什么力量叫他们兴奋地从事工作?!

民财早竭，但在如此刑逼监催之下，人民不得不求现款以应公家之需，于是高利贷相应而生。河西高利贷之情形，骇人听闻。现款借贷最少为百分之三十，而且多系复利计算，往往有借款五六元，一年之后，负债之农民，将房屋、农具、妻女完全偿债，而尚未还清。债务者年利百分之百者，尚恐非有私人交情者不能借到。其于春荒时借粮食者，借鸦片交官价鸦片者（官价鸦片不一定能发官价），秋收时节需偿还本利，期间为时不过四五月，其利率最少为百分之五。如此苛刻之高利贷，农民难有偿还本利力量，故一般债主当亦无法收回其本利。

惟河西高利贷者，百分之九十九为回民①，他们有回军为后援，而且身本强健，有坚强之团结力。每于秋收之际，一些高利贷者即结队至负债农民家中，收获粮食及鸦片时，一些债主即亲守田中，将收获品立即折价取去，其不足偿还债务者，则将妻女挟去，或将

① 编者按：原文"回民"，应指20世纪30年代窃据河西走廊的青海军阀马步芳集团及其地方代理人。

家中器物搬运一空。

至农民负债之原因，除维持最低限度之生活外，大部分全为缴纳税款所致。据《中央日报》所载酒泉一七五四户农家负债之统计为下列之数字：

(1) 共负：七八三点〇〇元（每人应负五点一三五元）。

(2) 负债户数：

不负者百分之〇点五。

不能负者百分之一二点五。

负债者百分之八七点三。

(3) 数目：

一〇至五〇元，百分之六〇。

五〇至一〇〇元，百分之三〇。

一〇〇至二〇〇元，百分之七。

二〇〇至三〇〇元，百分之三。

(4) 来源：

商店百分之六〇。

官吏百分之四〇。

(5) 本质：

现款百分之三五。

食粮百分之六五。

(6) 负债原因：

税款百分之五〇。

杂用百分之一〇。

口粮百分之四〇。

（二）合作运动　资金缺乏为甘肃农村之普遍现象，河西农村更有甚焉。而高利贷债务之压迫与剥削，如上所述尤属骇人听闻。农村合作事业，乃经济薄弱之农民借以废除利润，维持生存权之一种新经济组织。为铲除高利贷以及其他一切制度剥削之武器，能使水深火热中的农民脱离高利贷之压迫，同时有人类向上之精神，与社会共同福利之鹄的，有特殊之适应性与简易性，故能用之为解决目前农村问题之方法。甘肃农村合作工作，系于民国二十四年六月间开始，首于皋兰、榆中两县作初步之试验，结果尚佳。于二十五年度开始，为谋合作组织之普遍，暨应社会之需要，遂扩大合作活动区域。截至最近止，其实际活动散布区域在河西者有酒泉、金塔两县，成立社数酒泉十四处，社员五百三十五人，贷款数一万零六千三十元；金塔社数十处，社员四百四十一人，贷款数一万零八百八十元。甘肃农村高利贷之盛行，未有甚于河西者，酒泉、金塔大如一元加三十分之高利，更为司空见惯。值此高利贷盛行之时，因合作社之组织，能流入数万元资金于高利贷下呻吟的农民，影响于农村社会之前途，至为重要。

甘肃省农村合作，自始迄今，系由农民银行指导推行。省当局近按《□□□□各省农村合作社条例》，由民政厅发起成立省农村合作委员会，以民政厅长刘广沛任委员长，同时蒋院长体念本省农村经济之贫乏，指令农民银行以合作方式贷款五十万元于先，旋复以灾情奇重，更准增加贷款三十五至五十万于后，并聘请专员以任指导之责。今后甘省农村合作运动，在省合作委员会与农行协进下，将有迅速之发展也。至本省农村合作社章程业经省务会议通过公布，因限于篇幅不录外，兹将各县合作社联合办事处章程二十条照录于下：

一、本章程依据《□□□□各省农村合作社条例》第八十条订定之。

二、本处定名为××县第×区保证责任农村合作社第×联合办事处（以下简称本处）。

三、本处以宣传合作主义，推广合作组织及办理所属各社之共同事业为目的，其存在期为×年。

四、本处区域以×为范围，事务所设于县第×区。

五、凡在本处区域内已经主管机关登记及农民银行承认之合作社，不论性质责任均得认购服款加入本处，但在本处成立后请求加入者，除填具请求加入原书，由所属社二社以上之介绍，经本处代表会议四分之三以上之通过外，并需缴纳相当入社金，其数目视公基金多寡决定之。

六、本处所属各社有五列情事之一者，经代表大会之议，予以除名。

（1）不遵照各省农村合作社暂行条例及各处章则履行其义务者；

（2）破坏本处名誉及信用者；

（3）假借本处名义者谋私利或其代表无故连续二次缺席各项会议，经通知之不予改选者；

七、凡参加本处之各属社，不得任意退出，但经代表会议之决议并经指导机关许可者例外。

八、凡退出本处之合作社不得请求分配公积金及其他财产，但因其他特别情形退出者得由代表会议的量变更之。

九、本处所属各社各以其所有社员认股金额为本处认股金额，并各依所认股金总额之二十倍互负连带保证责任，其已缴纳之股金均需汇交于本处。

十、本处按区域内之实际需要得设信用利用连销供给各部，其经营方法另以各种业务规则规定之。

十一、本处所属各社非经本处理事会允许，不得单独经营任何业务。其在本处未成立以前之债务、资产、业务、计划及经营状况均须报告本处调查。

十二、本处职员就各属社推定之代表推选之其组织如左：

（1）理事　组织理事会互推理事长一人，司库文书各一人，并视业务进行状况推选各部主任分掌一切事务，任期均为三年，每一年改选三分之一。

（2）监事　组织监事会监察本处及属社一切事务，由监事中互推监事长一人，任期均为一年，每年全体改选一次。

（3）特种委员会视事实之需要，由代表会议酌量设立，其规则另定之。

右列各职员于任期既满时，即须召集代表会议改选之，均得连任。

十三、本处各种会议及其组织如左：

（1）社员联合大会　为本处最高权力机关，每年举行一次，由理监事会召集之。

（2）代表会议　由各属社按其社员人数，每五人推定代表一人，若代表名额在四名以上者，每社员十人递增代表一名，共同组成之。于社员联合会大会闭幕后代行其职务，每三月开会一次，由理监事长召集之。

前项代表任期均为三年，如中途出缺时，递补者以补足前人任期为限。

（3）理事会　每月开会一次，由理事长召集之，惟每次开会须函请监事长列席。

（4）监事会　每两个月一次，监事长召集之。

前列各项会议于必要时，均得召集临时会议。

十四、前条各项会议每人均祇一票，权应有四分之三以上之出席人数方得开会。其议决案件须有出席人数四分之三以上之同意方为有效。

十五、本处对外一切文件由理事长签盖为凭，收付疑项之票据则须经理事长司库之连属方为有效。

十六、本处以每年自国历二月一日起至翌年一月三十日止为一事业年度，每年度终了时，理事会应作成财产目录、资产负债表、业务报告书及盈余处分案交由监事会审查提出，于代表大会复审后通告各属社。

十七、本处于每一年度开始及年度终了时，应缮其业务计划，业务报告呈报指导机关备查。

十八、本处所有每年度结算盈余损失之处理办法，得由代表会议根据《□□□□各省农村合作社条例》及四称模范章则处理之。

十九、本章程有未尽事宜，依照《□□□□各省农村合作社条例》办理。

二十、本章程经代表会议通过后，呈由指导机关校准之日施行。

甘肃农村合作连动，尚在萌芽时期。在极短期间之发展虽为迅速，但离普遍化之程度尚远。今后对于新区域的开辟及已推行区域内新社的组织仍须积极进行外，对于质的方面，尤须注意。合作社数量的增进，固然有助于合作社之发展，但若只知发展其数量而不求其质的进展，合作社的组织则难达于健全之境，更属不容忽视。故甘肃农村合作运动，今后之设施，宜质量并重。其要点如下：

（1）积极进行组社工作。

（2）增加活动区域。

（3）倡办仓库业务。

（4）宣传合作社联合组织。合作社发展到相当时期，必有联合社之组织，否则虽于发挥其效用。

（5）调查旧社调查之任务如左：以上（3）（4）两项活动之宣传与促现；清查合作社账目及其贷放情形；调查社员家庭状况并召集社员家庭人口讲演；解决各社之纠纷；规定职员训练各社受训人员；调查各社彼此关系，以为划分联合社组织区域之参考；指示各社社务进行推进办法；指示各社所在地非社员讲演。

（6）举办合作社职员训练。

（7）试办合作社社员训练。

（8）推行简易笔记。甘肃现有农村合作社关于账目之记载，一律沿用乡村书法，宜改用简易笔记。

（9）推行农产品定期储蓄办法。就各社员家庭耕种土地之多寡，令其各出粮食交于合作社，由合作社代为混合售卖，以代售之物价作各个社员定期储蓄金，非有特殊遭遇，在定期内一概不许支取。

（10）督促各社社员增认社股。凡合作社成立达半年以上者，于本年度结束，除遭遇天灾之区域外，促各社社员均须增认社员股一股，以厚合作社之资金。

以上所述之各种设施办法，如能于最短期间促其实现，则甘肃农村合作社运动之前途，殊未可限量也。

第五节　灾荒情形

灾荒之频繁，足为吾国农村之特征。西北地势高寒，万山绵亘，风雹旱震，无灾不备。河西一带，年来因环境之特殊，天灾而外，人祸尤烈。“死聚生离怎两全，卖儿卖女岂徒然，武功人市便宜甚，十岁娃娃十块钱。”“卖了耕牛卖种粮，几天未吃饥难当。看来一物还能卖，爬上墙头拆屋梁。”此为张恨水先生游历陕甘时，西北灾荒写实诗，系过去陇东陕西一带灾荒实际情形。不幸此种惨剧，现在又演映于河西各县，其中尤以酒泉、张掖一带为最严重。所谓“爬上墙头拆屋梁”的事实，在二三年前即已行之矣。现在即有屋梁可卖，而亦无人收买，只好劈卖烧柴。卖儿卖女之多，更属供过于求。饥民死者，已达数千。而苟延残喘者，尚不知凡几，诚为空前之浩灾也。兹将其原因与灾况述之于下。

（一）灾荒之原因与被灾状况

（1）自然的原因　如地震、风雹、霜、旱等分述如次：

A. 地震　西北因地势关系，地震之灾，自古迄今，史不绝书。人民受害之惨，不可言状。河西一带，截至上年冬，安西县犹地震一次，可见震灾之在西北，迄无已时。仅就民国成立以来而论，民国九年河西永昌地震、黑风暴起，大木多拔。十六年之大地震，武威达十余分钟，震声如雷，起止五六次，城楼县府民屋悉颓委于地。土木皆塌，若荒冢万千，呼号彻天，飞尘障空，村堡皆然。计毁屋舍百万间，压毙男妇三万五千余口，裂民田七千余石（一石地约合十五亩），官及眷属亦同毙。同时古浪地震如翻，伤亡人民三千八百余口，牲畜二万八千余头，城东峡山崩梗道，车马不通者经年；山丹县坏村庄二百余处，民屋五千八百余间，压毙男女八百八十六人，牲畜盈万；永昌县坏城乡民屋商肆一万八千余间，压毙男女八百二十九人，牲畜八千六百余头。东乡金龙坝河之南山崩三处，壅水不通。永登县城墙多裂，损坏城乡民屋逾二千，压毙男女四十八人，牲畜千头；张掖县城墙坏其半，营房民屋倒塌甚多，男女死者一百三十五人，牲畜压毙甚众；临泽县坏民房千余间，压毙牲畜三百五十余头，死十人；民勤地裂，涌出黑水，坏四乡民房数十家，压毙牲畜甚多。同年六月间，武威、永昌、临泽复地震，自十七年后，地震少有。二十四年，安西又地震一次。河西人民因地震受害之惨，可以想见。地震原因，地质学家或谓地壳陷落。又有谓不出水火二者，按日本多地震，谓系火山爆发。究系为何？以俟防患者之研究焉。

B. 风雹霜旱　河西一带，灾患频仍，民生憔悴，达于极点。本年入夏以来，冰雹肆虐，风旱迭兴，灾区之广，极达十县。金塔、高台二县，均遭风沙、黑霜及旱灾。金塔损失约一万元以上，灾民二万一千余；高台损失约六万二千余元，灾民三万五千九百余；鼎新遭黑霜，损失五千余元，灾民二千六百八十余；古浪遭被冰雹，将出穗禾麦，打伤殆尽，损失之重，难以数计；民乐、永登二县，既遭冰雹，又被黑霜，兼之洪水、亢旱相继成灾；玉门、山丹、敦煌则为旱灾，夏禾歉收，秋禾绝望，饿莩载道，惨不忍睹。

（2）人为的原因　河西灾荒，人为原因多端，各县皆然，非一言一语所能概括。而最重要者，则为苛捐杂税之繁重。苛杂之多，难以列举其名，人民负担之重，难以写其数字。据《甘肃民国日报》所载《酒泉灾荒考察记》中，有以下叙述，特为摘录，以见一斑：

酒泉苛杂之繁，贫民拆屋梁所劈之烧柴。确曾见其纳税者卖田卖牛……皆为交纳公款也。“卖儿钱亦送些来”此种事实，人人皆知，人人皆可想象而知，人人知而多不敢言。自县府以至区公所、保甲、家等终日之事，办款而已。某君此次视察河西，初抵酒泉时，有无数灾民拦路乞钱。曾有一次给一老妇大洋二元，旁观者谓该老妇云：“此二元可食若干日矣”，该老妇答云：“现在所欠公款三元五角，得此二元，尚不足者一元半。”赈济之款，亦须交纳捐款，其他可想而知……年复一年，日复一日，压榨诛求，无时或已。人民财力，非取之不竭，用之不尽者。如此括取，焉有不穷之理。此其一。

因负担过重，所以入不敷出，无法维持现状，但又不能不在万分艰难困苦之中设法支付。支付之法，贷款而已。贷款利息低小，原为法律所许，人情之常，且为救济危急良善之策。惟酒泉贷款利率极大，以日计算，每元每日利息二百文，此为普遍现象，每日每元利息一角亦有之。兹举一实例言之，本银百元，为时一年零两个月，结算后，坐落一处，牛四只、驴三头、骡一匹、地六石、鸦片烟若干，扫数归还外，尚欠百十余元。盖本既生利，利复为本，所谓“黑驴打滚者”是也。又闻前某区区长，于二十二年因公款紧迫无法应付，借绅士某大洋六百元，言明限期六个月，本利还洋一千二百元。后逾期三月，除实际本利一千二百元外，尚写三百元借约一张，日在街头稠人广众之中，拉扫侮辱一次，某区长因此以致倾家荡产。此酒泉市上人人皆知之事。又有春季借麦一斗，秋季还麦二斗，恐法律不许，写一借约，书明借麦二半，并无利息。有粮者太平如此，非如此不借也，贫民无法，只得有死而已。以上不过二三实例，因三四元之账债而逼死者，实繁有徒。因十数元而致富者，颇不乏人。政府无法禁止，法律无法保护，民穷财尽，农村破产，皆高利贷剥削之结果。此其二。

因高利贷而现金一半流出境外，一半则与粮食均集中于少数人之手中，以为奇货可居，暗中操纵市价，使斗价飞涨，从中取利。存粮者利心太重，斗价愈涨，愈不肯出粜。又以半价既大，皆欲得现金，再不欲贷给贫人以粮，且更不欲零碎取得现金。贫人升合之籴，皆不欲粜。故于春种之时，借无处借，买又不得，人无食粮，地无种籽，不种焉能有收？如此不特目前灾荒严重，将来灾荒更堪忧虑。此其三。

酒泉全县死亡人数，虽无确实调查。惟据各乡各保大概计算，平均每保死亡人数约在二十人以上，酒泉全县共计百八十余保，死亡人数亦当在四千左右。幸而未死者，啼饥号寒，携老扶幼，鸠形鹄面，充塞街衢，络绎道路，东倒西跌，继续死亡。尸体狼藉，惨不忍睹。且春种时期业已过去，待将来成熟又无希望，临县如金塔，灾民在二万以上，占全县人口之半，情形正与酒泉相同。玉门各县亦复如斯，到处皆然，逃亦无处可逃，故现时之未死者，其将来之生机仍在渺茫之间。吾恐将非同归于尽不可也。虽然事在人为，此种浩劫倘尽人事，即不能完全挽救，亦不可至如斯之惨。惟过去县政当局，于去秋灾象已成时，既未呈请预防，今春灾情重大之后，又未设法救济，不闻不问漠然视之。

此外如张掖临泽一带之驻军籍放赌以抽头，农民无知，一时因经济之压迫，侥幸心生，不惜孤注一掷，顷刻之间，牛马皆输。吞烟自杀者有之，铤而走险者有之。田园荒芜籽种缺乏，春耕失时，秋收绝望，饿殍载道，瘟疫大作。如山丹、酒泉、永昌之白喉，现犹在蔓延时期，天灾人祸双重降临，遂造成空前之浩灾也。

（二）赈灾之经过及赈款分配

河西灾情之重，如上所述。民政厅长出巡后，电省请赈。省府据报，即由民财两厅会拟救济办法提经省务会议通过。其办法如次：

（1）由省赈务会筹发种籽五百石，以备春耕。

（2）停止拨付军费。今各县府将三月一日以前所有奉拨未付之款，切实遵照前电一律停付，并开具详表呈报候核。

（3）减轻烟亩罚款，以轻负担一节。拟俟该县长将逃亡人数、荒地亩数调查清楚，由府勘察实在。决定豁免征粮后，令禁烟局核办。

（4）停止上半年开征各款一节。拟照前条应行豁免者外，仍由该县催收惟摊款，除已核准有案者外，绝对不准派任何款项。

（5）安西县欠解改屯地价二万二千二百五十四元，准予悉数豁免。

又民政厅长于巡视期间，以沿途灾情奇重，饿殍载道，急待救济，并拟定筹赈办法三条，当经省府会议决议：

（1）令省救灾准备金保管委员会即日拨款一万元办理河西各县急赈，汇交刘厅长就近分配发给。

（2）电河西各县长转谕积粮各户，以低利贷给灾户，不得隐匿。

（3）电请行政院中央赈委会拨款救济。

旋经行政院蒋院长令饬财政部拨发本省赈灾公债二十五万元，由财政厅长朱镜宙在京就近具领，并在沪折抵现金十四万七千二百七十三元七角，汇寄到省。经省府会议决定，交民厅妥拟分配办法呈核。该厅奉令后，即就各县灾区大小，灾民数目及灾情轻重三项为分配标准，以省境各地灾情，除河西各县为重外，其他被灾各县，尚在调查期间，一时难为适当之分配。因而决定将赈款十四万七千二百七十三元内，先行提拨七万八千元，按照上述标准，赈救河西之安西等十二县计：

张掖	八〇〇〇元	金塔	六〇〇〇元
酒泉	一〇〇〇〇元	敦煌	六〇〇〇元
安西	八〇〇〇元	玉门	八〇〇〇元
永昌	六〇〇〇元	山丹	五〇〇〇元
民乐	七〇〇〇元	临泽	五〇〇〇元
高台	六〇〇〇元	鼎新	二〇〇〇元

并以赈款尾数计洋七千二百七十三元七角交酒泉灾童收容所，办理酒泉附近各县灾童收容事宜。

第三章　河西农村经济破产之原因及救济之意见

中国农村破产之普遍原因，一般论者，大都归纳于帝国主义之经济侵略、农村金融停滞、农民负担太重三点上。如沿海各省自海禁大开以来，家庭手工业制度与夫自给的经济组织，遂逐渐被国际帝国主义而压倒而冲破，农民不安于家业，纷纷向外谋生，农村开始崩溃。益以资本主义国家，扶廉价商品，作倾销政策之摧毁，使农村经济破产、农村社会组织破坏、农民隶属化与赤贫化，形成帝国主义刀俎下之珍馐。此为不可掩饰之事实，然中国土地广大，各省情形极不一致。就中国全部之经济组织而言，除沿海各省及交通便利之地，因资本主义之经济侵略与本国都市工商业之猛进，使农村经济已渐步工商业的活动而变为工业原料品之供给者与商品倾销的尾闾而外，还不出自给自足的经济状况。尤其在西北，在一切比较落后之甘肃，此种状态犹在十足之保存中，河西更不能例外。河西农村之经济既尚在极守旧之自给自足的生产状态之下，则其破产之原因，当不能一概而论也。述之如后。

第一节　河西农村破产之原因

农村破产之原因，固不能离开经济立场而解释，但由某种经济组织过渡到某种经济组织之中间，建筑于前一经济组织的社会结构，往往对于新的经济组织的进展处处予以障阻。既待至新的经济组织有了很稳固的基础时，旧社会的意识及其残余的生产方法犹不能够随着新的经济组织立刻根本肃清。此为社会进化过程中必然现象，无论如何不可避免。现在河西之农村经济组织，正处于此过渡中间，同时因为经济情形的畸形转变，使新的经济组织根本不能竖立起来，而旧的经济组织与生产方法已经因为政治形态的改变与榨取，及畸形发展引诱来的机器生产品的侵入，使之不能应付此种激变。于是农村破产，一切政治的社会的文化的上层建筑均陷于混乱状态之中，益以加速的破坏农村，而农村破产愈益加厉。兹将其要因分述如下。

（一）封建残余的蹂躏　农民受传统之剥削几成为历史之陈迹，但未有如今兹之甚者。

查民国改制以后，甘肃虽不能每月再得协饷十四万两，但当时的政治设施与幕后活动的人物犹未脱专制时代的骨髓，故政治状况是在和平的继续旧的政治遗传。往下推演农村经济的情况，尚可维持于此种政治的活动之下，其后各镇守使势力逐渐膨胀如中国军阀割据之时代。然形成各个封建集团的互相猜忌。猜忌则实力必须再扩张　扩张实力则向民间榨取更甚。举凡能应急需的方法，无不为各封建集团所尝试。如发行省债，苛征暴敛，勒种鸦片等等，无一而非促成农村之破产者也。单就勒种鸦片而论，所谓勒种鸦片并不是善良的农民愿意去种植鸦片，实因一般军阀用捐税的力量压迫农民，使农民不能不种植鸦片。美人麦洛莱谓："鸦片田税的征收，非根据已经耕种鸦片的田亩，乃根据认为可以耕种鸦片的田亩，税率如此奇昂。农民除耕种鸦片外，别无法可以谋生。"此种鸦片田税遍行于甘肃全省，尤以河西为甚，故河西已形成产烟最多的区域，鸦片的产额与税收，几占全省的第一位。此种过量的征巨额税收，以致遍地烟苗，甚有不种烟苗者，亦按亩扣收。故实际上勒种鸦片造成农民过度的负担，以致怨声载道，辍耕离村，痛苦情形，不堪言状。此种烟苗面积的增加，即为耕地面积之减少，耕地减少，生产指数低落，以致农民之衣食住行，俱仰给于外来，使农村组织崩溃。此其一。

其次鸦片开禁之后，使在自给自足之下农村经济发生重大之变革，不但作物本身（包括鸦片）需要大规模的市场，同时因为工业品的输入，与当时政府榨取货币的日甚一日渐有尽量驱逐作物于市场的趋向，而农村守旧的组成，并未有循着畸形的经济变化而变化，旧经济组织下之交通市场等，更未循着经济的正规进展而进步，况频年战乱，更予随经济的进展而进展的交通市场以最大的阻力，生产方法的改进，尤非产业落后的地域所能立刻完成。再加上民国十六年以后的大地震及十七年、十八年的连年大旱，促成社会秩序的大混乱，使旧经济组织下的各种设施完全破坏无遗，而附庸于畸形转变下的经济进展的各种设施，又无从建设起来，于是交通工具恢复原始状态，市场范围更加缩小，农村不能不进于再破产也。

（二）战争盗匪的劫掠　河西近十年来，战争频仍。盗匪横行，其中如马仲英、马谦等之先后变乱，焚烧劫掠，无所不至。当其入境也，农民须筹备欢迎，预先奉送粮饷。既已临境，则"东家借盆，西家借碗"将所谓"开门七件事"都命令当地人民供给，并又实行其倒箱翻笼破壁发掘之本领以满其财欲。及至开拔，又额外敲诈勒索"开拔费"，人民亦惟有尽力周旋，"请酒以送行，催差服务以减刑"一处如是，到处皆然，处处如此蹂躏。农民如何安定且军阀之勒索目的在自肥其身家，多数士兵受'扣粮" "压饷"之剥削，以致生活维艰。遂被迫成为盗匪的行动，形成所谓"兵匪"以自绝于人民。农民受害之惨，更不可言状。无论官兵或土匪，到处征发与掠夺对象不外食衣住行所需用物，其中重要者如人力、现金、牲畜、车辆、粮食等大都为农村经济之重要部门，既受如是之伤痛，则其困苦情状影响于农村经济之衰颓，促成农村之破产殊深且巨。

（三）苛捐杂税的剥削　河西人民向赖农业为生，其间虽有其他营生者，究不能全离犬亩之中，虽贫寒之家，亦有薄田数亩借以维生。惟历年来苛捐杂税之繁重，实为农村破产之主要原因。若军人之跋扈、官吏之贪污、政治之腐败，劣绅之中饱无不以人民之膏脂为对象，政府要人民出十，所谓塔形数目之层层剥削，人民实有"时日曷丧，予及汝皆亡”之慨，在此种种剥削之下，遂使多数村落仅存断壁残瓦，阒无人烟，以致田亩荒芜，其状至惨。

总之，河西农村经济破产之原因并非帝国主义的经济侵略，其真实原因为其本身的自给自足的经济组织，不能应付政治形态，改变以后的政治榨取的加速度，一切旧的农村经济组织不能彻底改变（即不能改变自给自足的生产方法），而辅助农村经济之手工业又完全被捣毁无遗，故变而不通，农村遂至破产矣。

第二节　救济河西农村经济之意见

在今日中国社会中，降临于吾人眼前之一最重大而又最急切之问题，莫不认为是农村经济问题。农村经济本为一复杂繁难之问题，在无的确调查统计之中国，尤其是僻处西北之甘肃，欲解决此种复杂繁难而无确实调查统计之农村经济问题，实为难乎其难。然吾人决不能因其如此而即置之不理，或俟有确实之调查统计后再去解决，未免有“河清难俟”或“畏难退避”之嫌。河西农村经济破产原因，既如上述解决之道，惟有就其症结所在，对症下药较为切实而合理。兹将救济河西农村经济之意见，共计六点分别述之于后。

（一）迅速禁种鸦片　鸦片之害，尽人皆知。林则徐谓：“烟不禁绝，国日贫，民日弱，数十年后不惟无可筹之饷，抑且无可用之兵。”民国初元，北政府对于禁烟严厉进行，即以甘肃而论，民五前后种烟者将见绝迹，而鸦片一两售价至十余元之昂。不幸民国八年以后，各大军阀火并不休，于是远处在甘肃之小军阀，如陆洪涛、孔繁锦之流，遂以练兵为名，强迫民众广植鸦片，以饱其私囊。凡种烟之地，每亩征粮若干元，美其名曰“罚款”。不种烟之地，每亩征粮更多，美其名曰“懒捐”。于是烟禁废弛，而稍有资产之人家，几乎每户均有吸食者。西北军入甘后，虽未如陆洪涛等之尽行将烟款饱入私囊，但征收之数量较前更增。河西素为产烟之区，吸食之人，几无家无之。且以大烟为应酬宾客之用，鸠形鹄面者比比皆是，而以此倾家荡产者，又不知凡几。西北军败走后，其他稗政虽多有改革，但强迫向人民征收烟亩罚款之恶政，至今仍相沿未改。甘肃全省每年收入，不过一千二三百万，而烟款占五百余万之多，其中尤以河西负担烟款为独重，人民受害之惨，可以想见。自二十四年起，省当局对于禁烟采取渐进政策，先划兰州附近十余县为禁种区域，冀按年逐渐推广，而以河西产烟独丰，列为最终一期（即二十七年开始禁种）。到期能否真正禁烟，尚未可逆料。时至今日，民穷财尽日盛一日，鸦片若不早为禁绝，长此以往，不惟政府饮鸩不能止渴，且无可用之兵，农村生产停顿，农民耕作能力减低，亡身灭种之祸可立而待。故欲救济河西农村，须积极从禁种鸦片着手。

（二）发足驻军薪饷　河西各县之驻军，因军饷不足就地摊派，农村虽受不可言状之负担，仍无补于军队之饥饿。且其军队数额非常庞大，政府按照编制发饷，实际上不敷分配，于是就地摊派，甚至一针一线之微，无不直接征发于民间。有时竟派军队下乡催收，农家什物辄被搬运一空。在此情状之下艰难困苦之农民，除死或逃之外，断无办法忍耐。其欲农村不破产，不可得也。然此事救济甚易，政府应全部负担该地方驻军之发饷，而禁止其征发，违令者政府应有保护人民之道也，否则应严令其缩编，或最好促其他调，如是则河西农村之前途，自可望其复兴也。

（三）推广农村合作　甘肃年来荒旱频仍，兵变迭至。农村金融，陷于绝境，若不急图挽救，匪特影响国计民生，即地方治安亦实可虑。所幸省当局及农民银行兰州分行积极推进合作，虽开始未久，其实际活动区域远及于河西之酒泉、金塔二县，然离普遍化之程度尚远。值此高利贷盛行之时，农村合作事业之推广，实为救济农村经济之唯一途径。

（四）提倡混合农场　河西一带水草丰美，农牧咸宜，提倡混合农场，实为发展农村经济所必要，混合农场较特用农场为有利（单独经营一种作物或一种家畜者，曰特用农场兼营籽种作物或籽种家畜者曰混合农场）已经多数学者及实地经营者所证明，美国农业部出版记者之言曰："混合农场为农业成功之上主要原素。"盖混合农场相互利用之机会较多。例如，作物与家畜兼营。作物利用家畜之粪尿骨毛作肥料，家畜利用作物之蒿秆壳荚作饲料。化无用为有用，能使农场之收入增高甚多，且能调剂灾害之损失。例如天旱、水灾、病害、虫害等，专营种植之场主必至颠蹶不振，惟有兼营家畜者，有家畜收入之弥补，可以减轻其害。又如种植农场，收入多在秋季，其余纵有收入，亦不敷日用，于是不得不重利举债。迨至秋收，除还债外，所余无几，又不得不重利借债，辗转循环。场主愈困，惟有种植之外多养家畜，随时可以出售，能使农场金融活泼，于农村经济裨益匪浅。

（五）注重造林　吾国自虞衡职废，而后林政不议已二千余年。原有森林摧毁净尽，如河西一带童山濯濯，平原荒芜，气候无以调和，农田失其保护。近年以来，非旱魃为虐，即洪水肆灾或冰雹打毁田禾，或飞沙掩没田土，每年农产损失之剧，不可数计。森林之利，直接足以利建筑而兴工业，间接足以防水旱而厚民生。河西虽属高原而河流交错，不乏宜林之地。近十余年来，省当局虽曾设有大林区、林务局等机关，以为提倡，徒以兵变荒灾相继为患而终无成绩可见。今后应于可能范围之内，尽量求其发展，则十年之后，不但生产大增且灾害不生。雨旸时若，家给人足，农村经济之发展实未可限量也。

（六）兴修农田水利　河西位于戈壁沙漠之边缘，气候干燥雨泽微稀，农田灌溉全仰给于高山之融雪。惟一般农民智识低浅，对于农事只知墨守成规依赖自然，对于水利如灌水、蓄水、排水、防水各方面，多不讲求。以致稍雨成潦，一晴即旱，水旱成灾，收获无望，生计断绝，饿殍载道，农村经济因而破产。救济农村之法甚多，立论大都不同。然仍有一点均相符合者，即救济农村之水灾是也。产量之增加，交通运输之便利，舍兴办水利无由进展。水利之于救济农村关系极为密切，只有水利始可应用科学而征服自然，不因雨旱而成灾，不以山川而阻运。机械之运用，技术之研求，近代科学新潮灌入农村而能控制及避免以往之天灾，间接促进工商业之发展，其他如产量增加，便利交通莫不因水利设施之有无而左右其利否。河西渠工已有二千年之历史，汉武帝时霍去病破匈奴，张骞通西域已立河西移民之基础。汉民族本长于河工水利，如张掖之屯田灌溉，史称起于汉昭帝时，唐时张掖有四十余屯，元明清三朝继续经营或浚疏故渠或辟添新渠。民国以来，政治多变，故渠失修，时浚时淤，且多坍坏，新渠更无由添设。近年政府重视西北水利，如兴修河西武威水利案，业经六中全会通过。其他如旧渠之整理，新渠之添设，尚有待于当局之努力进行耳。

以上各点，仅就河西农村目前最需要最迫切之情形而言，其他如农耕技术之改良、农村教育之实施，亦皆为救济农村经济之要道，限于篇幅，姑不具述。

结　语

综上以观，可知河西农村现状，现正陷于急剧之破产中，且其速度日益增长。其原因实，由于其本身的自给自足的经济组成，不能应付政治形态改变以后的政治榨取，于是促成畸形的变化。一变而烟禁大开，同时因鸦片种植面积之推广而价格低落，耕地面积之减少而生产不足，益以政治的榨取加速度，驻军的压迫苛索迄无已时，而一切旧的农村经济组织不能彻底改变，辅助农村经济之手工业完全被其破坏。再加上土劣勾结、驻军加紧剥削，负担重重。高利贷猖獗，农民失却再生产能力，除死或逃之外，别无出路，于是相率弃地逃亡，加紧农村经济破产的过程。在此情况之下，若言救济，并非高深之理论所能济事。最根本之方法，在于实际迅速禁绝鸦片，切实减轻负担，尤其驻军之摊派，则黑暗的河西农村之前途尚有一线曙光，倒悬之河西农民或有来苏之望也。

叁

民国工程文献

本类文献提要

早在清代，黑河流域水利事业即代表了河西走廊的最高水平，所谓“金张掖”之繁盛实以发达之灌溉系统为保证。进入民国，河西走廊社会虽然极为凋敝，但各界仍对黑河水利给予极大的希望。在此背景下，1941 年成立的甘肃水利林牧公司与 1946 年成立的水利部河西水利工程总队都把黑河流域作为仅次于讨赖河流域的第二个工作重点。甘肃水利林牧公司张掖工作站与水利部河西水利工程总队第五分队从事水利勘测设计事宜，工程师刘恩荣、张懋新、雒鸣岳等相继负责其事，在前后不长的时间中，形成 1 套 16 种工程计划书。

本单元所收入的计划书中，《黑河流域灌溉工程规划书》系流域整体规划，具有提纲挈领的地位，故置于首位。其余各计划书的先后顺序，依据《黑河流域灌溉工程规划书》中所列各工程编号排列，按其原始分类分属“旧渠整理工程”“地面水截蓄工程”“地下水引致工程”三部分。在民国工程规划中，与疏勒河、讨赖河、石羊河相比，黑河流域包含水库最多，设计灌溉面积最大，可谓一时之盛。尤其是其中的大通河引水工程，是河西走廊第一个跨流域调水规划。就实际执行情况而言，1949 年之前仅建成马尾湖水库。此水库虽然只是一个小型平原水库，却直接服务于干流水资源的管理与调度，其功能与 1947 年竣工的讨赖河鸳鸯池水库类似。1949 年之后，流域水利格局发生很大变化，黑河干流的水利设施基本未按照此规划实施，但在山丹、民乐的浅山短流地区以及梨园河流域修成中小型水库，不少水利设施沿袭了这套计划书中的规划设计思路。

以现代标准观之，这套计划书在诸多细节上存在明显的不规范、不统一问题：表格体例各行其是，甚至同一表中计量单位既使用汉字，又使用拉丁字母；涉及耕地亩数、渠道长度等，大多用阿拉伯数字，然亦有汉字数字参错其间；一些汉字使用不甚规范，如“沙”“砂”并用；科技术语、计量单位未尽统一，“海拔”与“拔海”并存，“英寸”与“吋”并存。如此种种，不一而足。编者尽量保留原状，以体现民国工程文献的时代面貌。

然而，作为一套经过整理刊布的文献，本书如果对原文完全照录，会与现代出版的规范化原则冲突，更可能造成无法卒读的局面。此套计划书中，各级标题序号使用随意，各文件之间均不统一，常常以相同的数字形式显示不同层级的标题。对此，编者在尽量保护文献原貌的前提下，重点做了五项工作：

第一，对计划书中各级标题序号进行了统一。工程规划书名称之下，依次为汉字数字、阿拉伯数字、大写英文字母、带括号的阿拉伯数字。

第二，对计划书中的记录日期做了局部统一。计划书纪年中，阿拉伯数字与汉字数字错杂出现，如“民国二十六年”“民二十六年”“民国二六年”“二六年”“民国 26 年”“民 26 年”等多种书写方法并存，现统一为“民国二十六年”或“民国 26 年”。进一步，对计划书中隶属同一短语的日期如×年×月×日的数字形式做局部统一。例如，将“民国36年六月”“民国三十六年6月”修改为“民国三十六年六月”或“民国36年6月”。对于同一句话中出现但不隶属同一短语的日期在数字形式上的差异，未做强行统一，尽量保护文献原貌。

第三，对于计划书中的大量表格进行了形式统一。计划书中保存有大量数据表格，彼此体例差异极大，有些在形制等方面与今日表格还存在较大差异。如有的表格，列的排序顺序是从右向左；有的表格，在顶线、底线或左右墙线外尚有凸出之补充部分。针对此种情况，编者综合考虑整理文献时保持原状与编辑排版规范统一的要求，做了大量的修改工作，一律在形式上改为现代通用表格，对其内容不做更改。

第四，对于计划书中的少数无争议的曲线图，在保护其原貌的基础上进行了重绘，以保持与全书版式统一。

第五，酌情调整文中部分逗号。原文件中一些逗号的使用与今日不同，常于一段文字中“一逗到底”，且很少使用顿号。编者对部分逗号稍做调整，改为顿号或句号，以利阅读。

此套计划书中，每份文件皆附有地图2至3幅，一般包括区域地形图1幅、区域政区与交通图1幅、工程布置地图1幅（个别与地形图合并）。因比例尺、政区边界等问题，受文献刊布政策限制，这些地图未被保留。黑河水利工程因规模较大，普遍附有较多的水工建筑设计图。这些设计图系按当时之工程蓝图法制图，体量较大，制图纸张质量不佳，多破碎模糊，修复与重描尚需时日，故此番整理刊布，只能阙如。计划书中还有部分表格与曲线图，其绘制方法与现代一般工程技术要求差异过大，一时难以明了其中含义，间或有扞格抵牾之处，相关专家意见尚未统一，只保留其图表名，并作注说明。

本单元所刊布之工程计划书以当今甘肃省水利厅、甘肃省图书馆西北文献部等单位之收藏为依据。这一批计划书由中华民国水利部河西水利工程总队于1947年油印，日后未经其他排印、翻印，不存在版本问题。部分文件只觅得单本，对其缺损处，未能补全，待日后有机会时进一步搜集。

黑河流域灌溉工程规划书

一、总　　述

1. 资料

黑河流域位居甘肃河西走廊中部，范围广大，包括山丹、民乐、张掖、临泽、高台、鼎新等六县治及金塔县东部黑河沿岸一带地亩，面积约37,934平方公里。祁连、合黎二山南北对峙，地势狭长平坦，自东南向西北倾斜，海拔4,000公尺至1,200公尺不等。黑河纵贯南北，发源于祁连山，有山丹河、洪水河、摆浪河及梨园河等四大支流。上游名甘州河，分东西二岔，自黄番寺合流后，经莺落峡出，沿途于张掖、临泽、高台、鼎新等处，纳山丹河、梨园河、摆浪河各支流及临水河后，北流注于宁夏居延海，全长约500公里。支流纵错、水量充足，干流河床终年不枯。各支流出山后，地势开旷、比降锐减，上游近山处直接引用河水灌溉耕田，渠道多乱流于戈壁滩中；至中游部分，水流渗漏殆尽，田原尽皆荒芜；下游地势低洼，潜流地下之水复又涌出地面，挖泉引灌溉地，方法简便。全流域内共有已耕地2,160,277市亩，生熟荒地1,115,810市亩，分布于干支流沿岸。已耕地因区内水量稀少，气候干燥、全赖灌溉，除少数近河地亩水量足用外普通缺水。生熟荒地中有189.877市亩，因无水引灌或含碱过重，无法开垦，其余925,933市亩，均能垦殖。黑河平常流率约20至100秒立方公尺，因流域内可垦地面积大，水量不敷应用。大通河与上游东西二岔平行，仅隔一分水岭，水量亦极充裕，且多未利用，可设法引以补充黑河水源。本区农作物分夏秋二种限于霜降，年仅一熟，夏禾以小麦为主，秋禾以糜子为主，倘灌溉及时，每市亩年产小麦16—24市石。惜现有渠道工程简陋、年遭冲毁，修复期间，往往贻误农时，且连年灾歉，荒地面积日广，地瘠民贫，农村经济，濒于破产。

2. 规则

为改善本流域人民生活，并复兴农村经济起见，本规划尽量利用流域内各河水源，引灌全部可垦田地，借以增加生产，经详细研究，应分旧渠整理、地面水节蓄及地下水引致三种方法治理，分别就各地实际需要及地势情形实施。此外并选择最捷路经引导大通河水入黑河上游东岔，增加本流域灌溉水源，全流域计已拟就旧渠整理工程六处（包括大通河引水工程）、地面水节蓄工程四处、地下水灌溉工程五处，共计十五处；总共灌溉缺水耕地330,884市亩，垦殖荒地863,550市亩。并利用蓄水势头发电，全年供电量约估65,910,000千瓦时，供给本流域内各城市及工矿事业之需用。

3. 结论

本规则全部工程，按民国二十六年物价估算，需款18,315,800元，拟分三期实施，五年内全部完成。各部实施后，每年纯增益共计7,438,394元，估工程费40%，利益甚厚，亟应兴办。

二、资　　料

1. 形势　本区形势可就地势、河流、地亩、交通四项分述之

A. 地势　甘肃西部，祁连合黎二山南北对峙，其间狭长地带形同走廊，且因位于黄河之西，故称河西走廊。祁连山为河西天然屏障，自东向西绵延千余公里，横亘于甘青两省之间，平均海拔约2,500公尺，主峰多在4,000公尺以上，大致由北南中三支山脉组成。中支为黄河与黑河东西分水岭，亦即该山主脉，北支毗连河西走廊。景阳岭与野牛沟横断北、中二支，为黑河东西二岔之发源地。中、南两支西端名木锐河脑，为大通河之源头。

黑河流域位居河西走廊中部，包括山丹、民乐、张掖、临泽、高台、鼎新等六县及金塔县东部黑河沿岸一带。南依祁连山，北屏合黎山，东至山丹县定羌庙，西抵鼎新县边界，面积约37.934平方公里。地势狭长平坦，自东南向西北倾斜，海拔4,000公尺至1,200公尺不等。祁连山南麓，有大通河向东，与黑河东西二岔平行，仅以祁连山为分水岭。

B. 河流　黑河发源于祁连山，上游名甘州河，分东西二岔，自黄番寺汇流后北流经莺落峡出山，折而东北流，于张掖县城西北十余公里处，汇山丹河，改向西北流经临泽，纳梨园河，至高台纳摆浪河，后向东北流于鼎新，汇临水河后北流入居延海。全长约500公里，水量充裕，河床终年流水，平时水流极清，偶遇洪涨，挟带大量黑沙，全河均呈混黑色，故名黑河。各支流分布情形分述如下：

（1）山丹河　山丹河上游名马营河，再上称白石崖河，发源于祁连山，水量有限。自白石崖口出山后，水流行经石砾滩中，渗漏至巨，未及5公里尽没地下，水在地下潜流至下游地势低洼处，复后又涌出地面，汇集成河，西北流于张掖城西北十余里处入黑河。

（2）洪水河　发源于民乐县境东南祁连山中，有童子坝河、海潮坝河、小渚马河、大渚马河、马蹄寺河等支流，水量不多。出山后沿途引水灌溉，且流经地区多石砾沙滩，渗漏至巨，不远尽没于地下，至下游地势低洼处潜流地下之水复又涌出地面汇集成河，于张掖城东汇山丹河后注入黑河。

（3）梨园河　发源于临泽西南祁连山中，上源有二，一名白泉水、一名八格家水。二源汇后东北流，经红湾寺至鹦哥嘴出山，于临泽县城东注入黑河。

（4）摆浪河　发源于高台西南祁连山中，东北流于新沟处纳大河水，因沿途灌溉用水甚多，且河床渗漏至巨，四坝以下河道终年干枯，遇发洪水，始见表面流水于高台城西北注入黑河。

（5）酥油河、大野口河、小野口河　均发源于张掖内，源短流小，水量微弱。

（6）水关河、石灰关河、岸门河、碴子河　均发源于祁连山中，水量微少，出山后，因土质渗漏极巨，水流尽没地下，河床终年干枯。

此外尚有大通河，发源于祁连山西端木锐河脑，向东顺流，全部行经山谷中，与黑河东西两岔平行，以祁连山为分水岭。全长约500余公里，至甘肃青海交界处享堂，汇入湟水后注入黄河。全河水流除下游甘肃境内引灌填地约一万余亩外，均未被利用。

C. 地亩　本流域内面积辽阔，近山麓处，地势陡峻，多戈壁不毛之地，出山口以下始有可耕土壤，后因水量不足，沿途渗漏之巨，一部已开垦地，亦渐荒芜。全区现共有已耕地2,185,000市亩，因境内水量稀少，气候干燥，作物全赖灌溉，方有收获，生熟荒地1,215,810市亩，内中除189,877市亩因无水引灌或含碱过多无法开垦外，余925,933市亩，均能垦殖。兹将全区耕地、荒地分布情形分别列于表1、表2。

表1　黑河流域各县耕地面积调查表

县别	耕地面积/市亩	备注
山丹	414,000	根据36年甘肃省地政局测量亩数统计表中所列耕地面积(登记亩数)
张掖	760,000	
临泽	244,000	
高台	303,000	
鼎新	37,000	根据甘肃省政府34年9月编印甘肃农业概况估计
民乐	412,000	
金塔	15,000	东部沿黑河一带耕地
合计	2,185,000	

表2　黑河流域各县生熟荒地调查表

县别	乡别	熟荒				生荒			
		面积/市亩	致荒原因	可耕面积/市亩	不可耕面积/市亩	面积/市亩	致荒原因	可耕面积/市亩	不可耕面积/市亩
山丹	龙峰镇	2,131	缺水			382	砂旱		
	仙堤乡	74,442	同上			125	石地		
	维新乡	12,362	同上			10,688	砂碱		
	富源乡	3,180	同上			9,874	不毛		
	封云乡	782	同上			4,321	石地		
	复内乡	5,867	同上			12,551	砂碱		
	小计	98,764	同上	98,764		37,941			37,941
民乐	洪水镇	26,281	缺水			1,250	缺砂水		
	洪海乡	21,208	同上						
	沐化乡	42,538	缺水			26,536	缺水		
	六东乡	36,004	同上			1,000	同上		
	小计	126,031		126,031		28,786		28,161	525

续表

县别	乡别	熟荒				生荒			
		面积/市亩	致荒原因	可耕面积/市亩	不可耕面积/市亩	面积/市亩	致荒原因	可耕面积/市亩	不可耕面积/市亩
张掖	永丰乡	405	缺水			4,956	缺水		
	平彝乡	25,565	同上			1,951	同上		
	安阳乡	25,077	同上			280,719	缺砂水		
	新丰乡	9,318	同上			163,530	缺水		
	有本乡	214	同上			4,208	同上		
	大有乡	3,509	同上			3,008	同上		
	龙首乡	8,428	同上			14,679	同上		
	盈科乡	330	同上			436	同上		
	永利乡					376	同上		
	小计	72,845		72,845		473,863		333,503	140,360
临泽	宣威乡	40,847	缺水			124,600	缺水		
	临武乡	5,322	同上			1,105	砂碱		
	沙河乡	11,468	同上			6,321	碱		
	蓼泉镇					300	砂碱		
	板桥乡	2,000	砂			23,150	缺水		
	小计	59,637		57,637	2,000	155,476		147,750	7,726
高台	建康镇	242	缺水			500	湿碱		
	柔远乡					8,500	缺水		
	四维乡					300			
	常明乡	1,240	缺水						
	祁连乡	3,100				7,000			
	小计	4,582		4,582		16,300		15,800	500

D. 交通　黑河流域内交通尚称便利，甘新公路纵贯境内，东通兰州、西连新疆。此外祁连、合黎两山有峡口数处，如民乐童子坝上游扁都口海拔2,700公尺，山丹河上游白石崖口海拔3,270　公尺，梨园河上游红湾寺海拔2,480公尺，均可通青海，其中以扁都口最接近。张掖仁宗口及山丹大口子可通宁夏。惟地势均险要，仅能通行骡马驮运，本区内各县镇间均有大车道畅通，往来称便。

2. 地质　本区地质可就平原、山谷两部分述之

A. 平原地质　黑河流域各支流出山后，地势开旷，近山麓处丘陵起伏，下游地坡渐减平坦。表面上多为泥沙组成，甚易透水，下为风积黄土层，再下为砾石层。上游土层多属栗钙土，高程在2,000公尺至3,000公尺间，如灌溉及时，作物颇易生长。下游较高处，土层属漠钙土，厚度2公尺至10公尺不等，适于农作，较低处因排水不良，多为盐

渍土，植物绝难生长。此外沿河两岸附近多为石灰性冲积土，内中含腐殖物甚多，疏松多孔，易于农作。

B. 山谷地质　祁连山大部为变质岩组成，石层有砂岩，千枚岩，结晶岩，石灰岩等。山麓露头多红砂岩，上部色浅质松，下部色红质坚，中间夹有灰色粘土及石膏等。

3. 水文

A. 雨量　本区面积辽阔，山麓降水量与平原地带相差极多，兹将全区各地雨量统计于表3。

表3　黑河流域各地雨量统计表　　（单位：公厘）

月 地点	1	2	3	4	5	6	7	8	9	10	11	12	全年	备注
祁连山 黄番寺	3.8	1.3	1.85	17.25	17.75	52.55	52.5	108.85	57.05	4.35		0.25	317.2	黄番寺水文站36—37年记载
张掖 莺落峡	4.2	8.3	40.7	0.4	2.6	17.6	27.5	67.6	26.2	20.0	1.1	1.7	216.9	莺落峡水文站民国36—37年记载
民乐 黑山堡						23.5	59.8	98.6	67.2		0.2	4.3	254.1	黑山堡水文站37年6月开始记载
高台 正义峡	2.6	1.9	11.3	25.8	8.2	7.2	17.8	26.4	3.8			0.5	105.5	高台正义峡水文站34—37年记载

B. 蒸发量　本区各地年蒸发量均在1000公厘以上，兹抄录各地记载，如表4所示。

表4　黑河流域各地蒸发量统计表　　（单位：公厘）

月 地点	1	2	3	4	5	6	7	8	9	10	11	12	全年	备注
祁连山 黄番寺				115.7	186.5	200.5	165.5	158.8	136.4	96.1			1,059.5	黄番寺水文站37年记载
张掖 莺落峡				204.8	229.0	307.0	311.6	222.3	106.4	90.7	22.8		1,494.6	莺落峡水文站36—37年记载
民乐 黑山堡						21.9	262.5	188.4	79.0	57.5			609.3	黑山堡水文站36年6月开始记载
高台 正义峡				87.0	209.2	235.5	242.7	195.9	129.6	98.6	17.5		1,216.0	正义峡水文站34—37年记载

C. 温度　本区夏季最高温度约摄氏39℃，冬季最低温度约-25℃，每年霜期约200日，影响作物生长甚巨，附录各地水文站温度，记载于表5。

表5　黑河流域各地温度统计表　（单位:℃）

月 地点	1	2	3	4	5	6	7	8	9	10	11	12	全年平均	备注
祁连山 黄番寺	-10.35	-7.65	-0.45	5.7	8.9	13.1	14.75	13.6	10.1	3.75	-3.85	-8.65	3.25	黄番寺水文站36—37年记载
张掖 莺落峡	-8.3	-6.10	2.9	11.5	14.7	22.9	23.7	20.8	16.8	9.4	0.3	-6.8	8.5	莺落峡水文站36—37年记载
民乐 黑山堡						14.9	15.1	14.1	10.7	2.7	-5.8	-7.2	6.4	黑山堡水文站37年6月开始记载
高台 正义峡	-3.5	-0.2	8.0	15.8	20.8	25.3	28.2	25.8	20.9	12.2	3.8	-3.4	12.8	正义峡水文站36—37年记载

D. 地面水　黑河源远流长，水量充裕，平常流率为20—100秒立方公尺，根据莺落峡水文站民国三十三年记载，最大洪流水流率约为902.53秒立方公尺，最小枯水流率为12.19立方公尺。黑河各较大支流，亦均先后设立水文测站，然或因为时过短，或因河床变迁不定，时测时停，记载多不合用，兹根据不完全记载推算各河全年各月平均流率（表6），并将民国三十六年本队实测各支流流率列于表7。

表6　黑河干支流流率统计表　（单位：秒立方公尺）

河名	推算最大河流流率	估算各月平均流率												附注
		1	2	3	4	5	6	7	8	9	10	11	12	
山丹河	50.0	1.0	1.0	1.0	3.0	2.2	1.5	2.2	3.0	3.5	2.2	1.0	1.0	根据不完全记载及实测结果估计
洪水河	500.0	1.5	1.5	1.5	6.0	4.5	3.0	4.5	6.0	7.5	4.5	1.5	1.5	根据实测结果推算
海潮坝河	150.0	1.0	1.0	2.0	1.0	2.0	2.5	3.0	4.0	4.0	1.0	1.0	1.0	根据不完全记载及实测结果估计
大渚马河	500.0	2.0	3.0	3.5	2.0	3.5	4.0	7.0	10.0	10.0	2.0	2.0	2.0	
小渚马河		1.0	1.0	1.0	6.0	4.0	3.0	4.0	6.0	4.0	2.0	1.0	1.0	
梨园河	350.0	5.0	6.0	4.0	7.0	7.0	12.0	12.0	20.0	15.0	6.0	5.0	5.0	
黑河干流		46.0	46.0	58.0	49.0	50.0	84.0	144.0	129.5	93.0	44.0	35.0	38.0	根据莺落峡水文站33—37年记载
合计		57.5	59.5	71.0	74.0	73.2	110.5	176.7	178.5	137.0	61.7	46.5	49.5	即全河出山流率

表 7　黑河各支流实测流率表（民国三十六年）　（单位：秒立方公尺）

河名	施测地点	施测月日	流速	流率	备注
洪水河	老君庙	6 月 25 日	0.86	3.00	
海潮坝河	保林宫	8 月 15 日	0.86	3.28	
大渚马河	岔家堡	8 月 7 日	1.38	9.63	
梨园河	鹦哥嘴	9 月 30 日	1.30	15.40	
山丹河	白石崖口(白石崖河)	7 月 13 日	0.59	0.52	山丹河上游白石崖口以上称白石崖河
	二马营(马营河)	7 月 17 日	1.14	1.32	山丹河上游称马营河

大通河沿岸山中，人烟稀少，交通阻隔，故对该河岸实际情形知者尚鲜，据前黄河水利委员会上川口水文站记载，每年最小流率平均约为 26 秒立方公尺，洪水流率为 155 秒立方公尺，兹将该河 29 年及 30 年记载平均列于表 8。

表 8　大通河永登上川口流率统计表　（单位：秒立方公尺）

月份 / 站名	1	2	3	4	5	6	7	8	9	10	11	12	备注
黄河上川口水文站	28.79	26.70	34.25	44.55	83.30	60.85	110.45	117.65	155.00	70.15	46.70	29.00	29—30 年平均数

又本队于 36 年 7 月在上游兰巴滩实测流率为 54 秒立方公尺，据推断系全年解冻期内最小者，洪水期流率约估为 150 秒立方公尺，最大洪水流率可能达 1,640 秒立方公尺。

E. 地下水　山丹城东南草湖及上游川沙河，张掖新沟坝，临泽梁家草湖，高台大湖湾、许家湖、义河湖、黑泉湖、仓儿湖、正义湖及鼎新之官湖等处泉水，均为本区地下水之露头处，现已有数处利用灌溉，地下水位距地面甚近，储量告大。

4. 农作概况

本区面积辽阔，山麓与平原气候相差甚多，农作季节因而亦不相同。作物分夏秋二种，限于霜期，年仅一熟，夏季以小麦为主，秋禾以糜子为主。夏禾播种期平原地带自 3 月 25 日至 4 月 5 日，山麓地带延迟至 4 月 15 日，收获期平原地带自 8 月 5 日至 20 日，山麓地带延迟至 9 月 5 日；秋禾播种期自 4 月 15 日至 4 月底，收获期自 9 月 15 日至 10 月 15 日。兹将本区各地农作物概况、农作季节调查分别列于表 9、表 10。

表9　黑河流域农作物产量调查表

作物种类		每市亩产量/市石			
		最高	最低	平均	
夏禾	小麦	2.4	0.8	1.6	
	豆类	1.5	0.7	1.1	
	胡麻	1.2	0.5	0.85	
秋禾	稻子	3.5	1.0	2.25	
	糜子	2.2	0.8	1.5	
	谷子	3.0	1.0	2.0	
	棉花	30市斤/市亩	8市斤/市亩	19市斤/市亩	

表10　黑河流域各县农作季节调查表

县别	日期	季节	农作	用水或排水	备注
山丹县	四月五日	清明	清明以前种麦小豆青稞	用水三次每月一次深四寸	
	四月廿一日	谷雨			
	五月六日	立夏			
	五月廿二日	小满	小满以前种小米山药	用水二次	
	六月六日	芒种			
	六月廿二日	夏至			
	七月八日	小暑			
	八月八日	立秋	立秋以后收小麦青稞豆子		
	九月廿四日	秋分	秋分以后收小米　山药		
	十月廿四日	霜降			
	十一月八日	立冬		立冬后不用水	
	十一月廿三日	小雪			
民乐县	四月五日	清明	种麦、豆子、青稞、蚕豆		
	四月廿一日	谷雨	种晚麦大豆		
	五月六日	立夏	种晚青稞小麦大米	浇头水深老四寸	
	五月廿二日	小满	种胡麻、菜子、糜谷		
	六月六日	芒种			
	六月廿二日	夏至		夏至前后浇二水	
	七月八日	小暑			
	八月八日	立秋	收早麦、早青稞、早大豆等	前后浇冬水	
	九月廿四日	秋分	收晚麦、青稞、胡麻、菜子、大小米		

续表

县别	日期	季节	农作	用水或排水	备注
民乐县	十月廿四日	霜降			
	十一月八日	立冬			
	十一月廿三日	小雪			
张掖县	四月五日	清明	种小麦、青稞、洋芋	立夏小麦青稞用水三次至小暑排水	
	四月廿一日	谷雨	种谷子	谷子用水六次，至秋分排水	
	五月六日	立夏	种稻子胡麻	稻子常水至收割为止	
	五月廿二日	小满		洋芋用水四次	
	六月六日	芒种		胡麻用水六次立秋排水	
	六月廿二日	夏至	糜子		
	七月八日	小暑	割小麦青稞		
	八月八日	立秋	割胡麻		
	九月廿四日	秋分	割稻子谷子		
	十月廿四日	霜降	收洋芋		
	十一月八日	立冬			
	十一月廿三日	小雪			
临泽县	四月五日	清明	种麦子青稞	每月浇水一次深四老寸	
	四月廿一日	谷雨	种谷子	立夏、小暑、夏至、霜降	
	五月六日	立夏	种稻子		
	五月廿二日	小满			
	六月六日	芒种			
	六月廿二日	夏至	种糜子		
	七月八日	小暑	收青稞		
	八月八日	立秋	种荞麦、收麦子		
	九月廿四日	秋分	收糜子，种胡麻、谷子、荞麦		
	十月廿四日	霜降	收山药		
	十一月八日	立冬			
	十一月廿三日	小雪			
高台县	四月五日	清明	前十日起种小麦青稞蚕豆豌豆扁豆	自立夏日起每十日灌水一次至多耐旱二十日	
	四月廿一日	谷雨	前五日起种谷子，黄豆，绿豆，棉花，洋芋，胡麻，高粱，王米	自小暑起每十日灌水一次至多耐旱三十日	
	五月六日	立夏	前十日起种稻，西瓜，南瓜，黄瓜，萝卜，白菜，蒜，茄辣	自立夏后每十日或五日灌水一次	

续表

县别	日期	季节	农作	用水或排水	备注
高台县	五月廿二日	小满			
	六月六日	芒种	前五日起种糜子	自夏至前五日起每十日或二十日灌水一次	
	六月廿二日	夏至			
	七月八日	小暑			
	八月八日	立秋	前后种荞麦，芹菜，萝卜，红葱（翌年收获）	视作物生长情况用水灌溉	
	九月廿四日	秋分		自秋分前十日起除立秋前后种植作物外，其余一切作物均不用水	
	十月廿四日	霜降			
	十一月八日	立冬		自立冬之日起凡收过夏秋作物之地一概灌水，名曰冬水又名安苗水	
	十一月廿三日	小雪			
鼎新县	四月五日	清明	种胡麻，春分种小麦青稞		
	四月廿一日	谷雨	种谷子，棉花，高粱		
	五月六日	立夏		浇灌小麦，青稞，胡麻	
	五月廿二日	小满		浇水	
	六月六日	芒种	种糜子	浇夏水	
	六月廿二日	夏至		浇水	
	七月八日	小暑	种荞麦，收小麦青稞胡麻		
	八月八日	立秋	寒露收谷子棉花高粱	浇灌糜谷、棉花、高粱头水	
	九月廿四日	秋分	收糜子	浇二水三水	
	十月廿四日	霜降			
	十一月八日	立冬		立冬前十天浇冬水	
	十一月廿三日	小雪			

5. 沿革 查本流域之开发，在汉武帝元狩二年遣霍去病平定匈奴后，于河西设立武威、酒泉、张掖、敦煌等四部，屯兵驻守移民垦殖，尽引黑河水灌溉全区耕地，定有规章，按渠口大小、轮流分水，法良意美。嗣因政治紊乱、民不聊生，昔日耕田渐变荒芜，一遇灾歉，民众弃地逃亡。农村经济日渐衰落。全区包括山丹、民乐、张掖、临泽、高台、鼎新等六县治。

6. 水利情况

A. 概况 黑河流域各支流出山后，两岸居民，均沿途开渠引水灌地，张掖、高台两县间，渠道极多，长者可达四五十公里，宽自四五公尺至七八公尺不等。惟引水渠道内渗漏甚巨，且渠道无固定设备，进水时临时堵截、因陋就简，每遇洪涨辄遭冲毁，修复期间往往贻误用水时期；每届放水以前仍须掏淤葺埂，耗费人力物力不知凡几。同时各渠自成一系，引水不加限制，用尽为止，致使中部沃野渐皆荒芜。上游渗漏地下之水储量浩大，至下游地势低洼处，涌出地面成为泉水。如山丹等处，除洪水时期外，无表面水，皆利用泉水灌溉，工程较小，渠道虽亦时遭洪水冲毁，修复则较简易。

B. 用水规章　黑河流域各渠道，均各自为政，无统筹组织。灌溉期间，各渠竞先接引河水，浪费水源甚多，致使下游高台正义五堡及鼎新双树毛目二屯，不能分润涓滴。清年羹尧驻甘巡抚时，订立均水成案，于芒种前十日，将上游二十八渠渠口封闭，分水灌溉下游田地，严格执行、法良意美。每年二月底河水解冻，山中积雪融化、汇流出山，是为春水；立夏至白露期间，按照水规每间十五日轮灌一次，是谓夏水；白露至霜降浇灌秋水；秋禾收割后再浇冬水。

C. 渠工岁修　现有各渠道因工程简陋，时遭冲毁，每年放水以前又须清除积淤，故各渠均设有水利等专员，负责掌管征工征料等岁修事宜，由全渠农民平均负担，每年至清明至夏至及白露至霜降两个月为整修时间。

D. 灌溉用水量　本区农田于每年秋禾收割后施放冬水，因气候严寒，冻水较早，灌田时期仅 60 日，灌水深度为 0. 5 公尺，则灌田每市亩需水流率为

$$\frac{0.5\times667\times100}{60\times86400}=0.642\text{ 秒立方公尺}$$

小麦生长期内，须灌溉五次，每次限期 15 日，需水深度为 0. 08 公尺，则每万市亩需水流率为

$$\frac{0.08\times677\times10000}{15\times86400}=0.415\text{ 秒立方公尺}$$

另加渠道输水损失，设计每万市亩需水流率为 0. 45 秒立方公尺。稻子生长期间须每 8 天轮灌一次，需水深度 0. 1 公尺，则每万市亩需水流率为

$$\frac{0.1\times667\times10000}{8\times86400}=0.965\text{ 秒立方公尺}$$

另加渠道输水损失，设计每万市亩需水流率为 1. 0 立方公尺。

7. 农村概况

A. 农村副业　黑河流域草原甚多，农民多以畜牧为副业，此外尚有淘金、采药、手工业等，兹详细列述如下：

（1）畜牧　山丹大马营，民乐、张掖、临泽三县近山麓处以及与酒泉交界马营河之东南，均有大片草原，水草均极茂盛，可大量放牛羊马等。山丹大马营现设有军牧场，牧马万余匹，惜水源未经开发，草原未能全部利用，殊为可惜。此外农民多于家中养猪，鸡等家畜，利益甚宏厚。

（2）淘金　民乐洪水河上游扁都口，张掖大红沟及酥油河，临泽梨园河红湾寺，山丹李家桥、花寨子，高台摆浪河等处，均蕴藏沙金甚多，农民于农闲时多入山淘金，惜未大量开采，出产不多。

（3）采药　山丹，民乐，张掖，临泽，高台各县境内祁连山与合黎山中，均产药材，以当归、甘草、大黄为最多，农民均以闲时进山采药，为对外输出商品之一种。

（4）手工业　手工业有毛纺业、棉纺业、陶瓷业等数种，均用土法制成，品质粗劣。毛纺业系利用羊、驼毛纺成毛线，再织成毛布或制成毛毡，以张掖山丹最普遍；棉纺业以张掖、临泽、高台较多；陶瓷业以山丹张掖为多。

（5）小型工业　小型工业有造纸业、制硝业、制碱业、土盐业、制革业等。均用土法制造，成品粗劣，产量不多。

B. 农村经济　本区气候寒冷、农产不丰，加以历年徭役繁重、户鲜余粮，农村经济日趋衰落。农民性情淳朴懒惰，能耐贫者不肯多事劳作。俗尚迷信，不知卫生整洁，鹑衣垢面，多极贫苦。

8. 物产情况

A. 矿产　祁连山内矿产蕴藏甚丰。山丹、张掖、高台产煤，民乐、临泽、高台产金。惜均未正式开采。

B. 林牧　祁连山中松柏丛生、森林极多，且能保护积雪、不使迅速融化，维持黑河水源。惜近年以来任人砍伐，对黑河灌溉水量不无影响，因亟派专人管理，以免继续摧毁。黑河流域畜牧事业以马、羊、驼为主，产量极多。祁连山中更有多种禽兽，如雕、鹰、鹳、雁、凫、马鹿、獐、麝、豺、狼、狐、狸、猞猁、旱獭、野马、熊、黄羊、野兔等，产量甚丰。

C. 商品　本区麦粟为主要粮产，农民多用以交纳赋税或换取日用物品，平常多杂以青稞、高粱、洋芋等充饥。本区输出商品不多，除粮食外尚有药材、毛皮等，一般日用商品则全部仰给外来。

9. 工料单价调查

本区物品交易以张掖为中心，兹对张掖各种工料原始单价（表11）及工程单价进行分析。

表11　张掖工料单价调查表

品名	单位	单价/元		备注
		26年	36年12月	
水工	工	0.75	75,000	
铁工	同上	0.75	75,000	
泥工	同上	0.65	65,000	
石工	同上	0.90	90,000	
熟铁	公斤	0.45	90,000	
铜	同上	0.95	210,000	
小圆木	公方	60.00	6,000,000	条料长度8公尺以下者

续表

品名	单位	单价/元		备注
		26 年	36 年 12 月	
大圆木	同上	80.00	8,000,000	条料长度 8 公尺以上者
方木	同上	110.00	11,000,000	
白灰	百公斤	1.70	340,000	
洋灰	桶	20.00	3,100,000	
炸药	公斤	0.85	65,000	
洋钉	桶	40.00	9,600,000	
青砖	公方	12.60	1,400,000	
大车运	公吨公里	0.40	48,000	
驮运	同上	0.60	72,000	
汽车运	同上	0.06	7,000	
小麦	市石	5.0	800,000	
大麦	同上	4.2	620,000	
青稞	市石	4.2	600,000	
荞麦	同上	3.0	600,000	
棉花	百市斤	45.0	8,500,000	
马铃薯	同上	1.5	200,000	
糜子	市石	3.8	600,000	
胡麻	同上	5.2	800,000	
豌豆	同上	4.8	1,000,000	
大米	同上	10.0	1,400,000	
扁豆	同上	5.8	1,080,000	
清油	百市斤	20.0	2,800,000	
盐	同上	3.0	500,000	
猪肉	同上	20.0	2,800,000	
羊肉	同上	15.0	2,000,000	
谷子	市石	3.8	530,000	
煤	公吨	7.2	1,500,000	
麦草	同上	22.0	2,500,000	
小工	工	0.35	35,000	

表12列示各种工程单价分析。

表12　张掖工程单价分析表

（a）民国廿六年下半年

工程名称	单位	大工/工	小工/工	炸药/市两	钢钎/市两	杂具/元	招工费/元	各色工管理费及利润/元	合计单价/元	备注
挖松石	m^3		∮0.35×1.5=0.525			0.011	0.054	0.118	0.71	尺，折合水平距10公尺，连同水平超运距每10公尺，为一单位计算超运费
挖坚石	同上	∮0.9×0.5=0.45	∮0.35×1=0.35	∮0.0264×8=0.2125*	∮0.03×2=0.06	0.022	0.107	0.240	1.44	
挖特坚石	同上	∮0.9×2=1.80	∮0.35×6=2.10	∮0.0264×16=0.4250	∮0.03×8=0.24	0.091	0.457	1.023	6.14	
干砌卵石	同上	∮0.9×0.8=0.72	∮0.35×3=1.05			0.035	0.177	0.390	2.37	
干砌块石	同上	∮0.9×1.3=1.17	∮0.35×3=1.05	∮0.0264×8=0.2125	∮0.03×2=0.06	0.050	0.249	0.558	3.34	
干砌条石	同上	∮0.9×7=6.30	∮0.35×3=1.05			0.147	0.735	1.646	9.88	
浆砌卵石	同上	∮0.65×1=0.65	∮0.35×3.5=1.225			0.038	0.188	0.418	2.52	空隙35%灰料在外
浆砌块石	同上	∮0.9×1.3=1.17	∮0.35×3.5=1.225	∮0.0264×8=0.2125	∮0.03×2=0.06	0.053	0.267	0.598	3.61	空隙30%灰料在外
浆砌粗条石	同上	∮0.9×10=9.00	∮0.35×4=1.40			0.208	1.040	2.328	13.98	空隙15%灰料在外
浆砌细条石	同上	∮0.9×1.3=1.17	∮0.35×5=1.75			0.269	1.345	3.013	18.07	空隙12%灰料在外
浆砌青砖	同上	∮0.65×1.3=0.845	∮0.35×3.5=1.225			0.041	0.207	0.464	2.78	空隙20%灰料在外
三合土（白灰）	同上		∮0.35×5=1.75			0.035	0.175	0.392	2.35	空隙20%灰料在外
三合土（洋灰）	同上	∮0.65×1=0.65	∮0.35×6=2.10			0.055	0.275	0.616	3.70	空隙20%灰料在外

续表

工程名称	单位	大工/工	小工/工	炸药/市两	钢钎/市两	杂具/元	招工费/元	各色二管理费及利润/元	合计单价/元	备注
大车运土或砂	m^3/km								0.60	
大车运块石或卵石	同上								0.80	驮运增加50%
大车运青砖	同上								0.80	人力运增加100%
大车运条石	同上								1.00	

注：∮表示单位消耗。

＊每挖$1m^3$坚石，消耗炸药0.0264市两，每市两炸药8元。其他同理。

(b) 民国36年12月＊

＊　编者按：此表颇有不解处，从略。

三、规　　划

1. 水源考察　黑河各支流水量虽小，然干流水量充裕，终年不枯。惟全流域地面面积广多，且各河流流经地区，土质疏松，极易渗漏，故不足灌溉全区田亩。各河出山后，农民沿途截引灌溉，致使水流大部渗没地下、供应中下游地下水库，储量浩大、范围至广，普通挖至地面下三四公尺即可见水，亟应设法开发利用，此外大通河与黑河上游东岔仅隔一个分水岭，水量亦极充裕，大部未经利用，亦可以补充本区流域灌溉水源。

2. 现有工程缺点　本流域旧有各渠到均沿用土法，由农民自行开挖，工程简陋，其主要缺点为：(1) 渠道重复散漫，多平行流于沙砾河滩中，渗漏至巨。(2) 渠道无固定拦水设备，进水时临时用砂石堆砌堵截，每遇洪水辄遭冲毁，修复时期往往贻误农时，影响收成。(3) 各渠道各自为政、竞先引水，未能统筹合理配水，浪费水量极多。

3. 治理方法　黑河流域水利规划，可就旧渠整理、地面节蓄及地下水引致等三类分述之：

A. 旧渠整理工程　针对原有旧渠缺点，用工程方法改善整理，减少渗漏，或开挖新渠，使各渠道灌溉效能合乎理想，并有余裕增垦荒区。兹将本流域各旧渠整理规划分述如后：

(1) 山丹白石崖河给水工程　山丹县城东南70公里，大马营牧马场面积约1,000平方公里，丰草丛生、适于畜牧。附近三墩处尚有熟荒地13,000市亩及可耕生荒地30,000

市亩，如能在白石崖上游白石崖口筑坝截引全部河水，可输送至三墩灌溉熟荒地，并设水池供给牧马引水。

（2）海潮坝河旧渠整理　海潮坝河发源于祁连山，汇入洪水河，全长约40公里，坡陡流急，平时流率极小。36年8月在出山口保林宫处实测流率为3.28秒立方公尺，估计最大洪水流率约150秒立方公尺、水流出山后，因河床极易于渗漏，至白庙尽没地下，河床干枯，两岸有可耕地约600,000市亩，其中已耕地约35,000市亩，因水量不足，产量不多。治理方法，拟于卧马山附近建固定拦河坝，截引全部水流，并归并旧有渠道加以衬砌，合理分配用水，灌溉全区可耕田地。

（3）大渚马河旧渠整理　大渚马何在民乐县境，平常流率约4至5秒立方公尺，出山后因渗漏过巨，数公里以下尽没地下，河床干枯，两岸可耕地约100,000市亩，其中已耕地约60,000市亩，遗有荒地40,000市亩。治理方法，拟于出山后岔家堡下游建拦河坝一座，截引全部低水流率，并归并旧有渠道加以衬砌，合理分配用水，除补充现有耕地用水外，并垦殖全部荒地。

（4）张掖大满渠　大满渠位于黑河上游东岸，灌溉面积约十余万市亩，在县城以南大部属平彝乡，因渠道行经九龙江沙窝一段渗漏严重，致下游耕地水不足用，治理方法，拟将该段渠道加铺砌面，以防渗漏。

（5）高台柔远渠　柔远渠位于高台县城东南，灌溉柔远乡耕地约二万余市亩，惟水量经三十余公里之遥远输送，渗漏蒸发损失甚巨。且渠口堡至黄水桥一段，渠道堤身松软，输水时期常常崩溃，修复费时，因之贻误灌溉、影响收成。治理方法，拟将渠口堡至黄水桥一段堤身断面加以改良，并加铺砌面，以免崩溃而防渗漏。

（6）大通河引水工程　大通河水量充裕，大部均未被利用，流向与黑河上游东西岔平行，仅隔一山，拟选择一最经济捷径之引水路线，汇通两河，增加黑河水源，开垦张掖、临泽、高台、鼎新等处荒地，并利用水力发电供给流域内城市及工矿业需用。

B. 地面水节蓄工程　于各河上游山峡内，选择适当地点，建筑蓄水库，节储冬春季余水，增加灌溉水源，除补充现有耕地用水外，并利用余水开垦荒地。遇雨季山洪暴涨，更可蓄收部分洪水，减少下游泛滥，此外尚可利用水库势头及给水流率，兴建水力发电工程，以资发展工矿事业，兹将本流域拟办地面节蓄工程分别列述于后：

（1）民乐洪水河双树寺水库　洪水河发源于祁连山，于莺落山峡出山，至张掖汇入山丹河，长约130公里，平常流率约3至4.5秒立方公尺，最大洪水流率约500秒立方公尺，流域内现有耕地43,000市亩，其中有15,000市亩在5、6两月灌水不足，此外尚有荒地126,000市亩无水垦灌。治理方法，拟于本河出山后双树寺峡口处筑坝，利用宽广河谷蓄水，引灌现有缺水耕地及荒地，估计能增灌80,000余市亩。

（2）临泽梨园河鹦哥嘴水库　梨园河平常流率约7秒立方公尺，最大洪水流率约360秒立方公尺，发源于祁连山汇入黑河，全长130公里，流域内现有水地约60,000市亩，因水源不足，尚遗有生熟荒地约180,000市亩，治理方法，拟在本河将出山前之鹦哥嘴峡口处筑坝，利用上游宽广河谷蓄水，除使原有水地得以充分灌水外，并大量增垦荒地。此外更利用水库势头，于坝旁建立电厂，输送至张掖县城，以供灯光及工业需用。

（3）高台马尾湖水库　马尾湖居黑河西岸，属高台四维乡，全湖长约5公里，平均宽800公尺，地势低洼，因含碱过重、不宜耕作，宜于做蓄水库址，引蓄黑河春水，用于补助黑河下游耕地用水之不足。

（4）高台正义湖水库　正义湖位于黑河下游东岸，属高台四维乡，东倚山坡，西濒黑河，长约5.5公里，平均宽1公里，地势低洼，含碱过重，不宜耕作种。下游20公里起至鼎新城一带有52,400市亩因水量不足，农产不丰，并有荒地20,000市亩无水灌溉。治理方法，拟利用正义湖洼地蓄储黑河春水，引灌上述耕地及荒地。

C. 地下水引致　黑水中下游部分，因上游水流大部渗漏潜流地下，地下水库储量极丰，可大量开发利用。依照各地情形，分别用地下水自流、地下水截流及抽水各法，引灌耕地及荒地，并利用排水洗碱方法，改良碱地，增加耕种面积，兹就工程方法及截引流率估算二项分述如下：

工程方法：

（1）山丹川口沙河引截地下水　山丹县位于祁连山麓，濒山丹河侧，海拔1,750公尺，山丹河在县城以上终年干涸，偶遇山洪暴涨，表面始见流水，因此城厢东南七万余市亩土地皆尽荒芜。川口沙河为山丹河一支流，上游承五闸水与石沟河水灌田25,000市亩后，没于地下，迄城西南3公里瓦寨沟复涌出地面，地下水位距地面平均仅1公尺。如在川口沙河挖截水沟及集水井横截地下水流，可利用地势自流引灌县城东南荒地。

（2）山丹草湖头坝截引地下水　山丹河上游历经灌地九万余亩后没于戈壁中，至山丹县城东二公里草湖，地势低洼，地下水又复涌出，农民围泉筑坝引灌西北田地，名为头、二、三、四坝。头坝居草湖最上游，灌地约15,000市亩，自民国十六年大地震后，泉源水位骤降，致告断流，耕田荒芜，地下水位距地面约3.5公尺。治理方法，拟在头坝泉眼上游横挖截水沟一道，配以集水井，截引地下水流，垦殖荒废已久之熟地。

（3）山丹大佛寺截引地下水　大佛寺位于山丹城西5公里，河谷狭窄，上游地势开阔平坦，地下水露头极多，名清泉湖，集流后经大佛寺峡谷西流，灌溉山丹河下游山丹境内及民乐、张掖田亩。因沿途渗漏过巨，耕地用水时感不足，并遗有山丹民乐交界处荒地约10,000市亩。治理方法，拟于大佛寺下游峡谷处筑坝及截水墙，阻止地下汇流，使自河床中涌出，并抬高水位，开引水渠输水至下游灌溉荒地，并补充耕地缺水。

（4）张掖新沟坝截引地下水　新沟坝位于洪水河下游西岸，属张掖平彝乡，地势平坦，荒地面积约20,000市亩，洪水河上游水流于出山后不远即没于戈壁中，水在地下汇流至新沟坝，地下水位距地面渐近，终至蜂拥露头，当地农民有自行挖泉灌田者。惟以方法简陋，仅灌地百余市亩，全区田原仍均荒芜。治理方法，拟于新沟坝地下水露头处挖截水沟一道，配以集水井，拦截汇流、输水上田，灌溉全部荒地。

（5）临泽沙河堡截引地下水　梨园河上游历经灌田六万余亩后尽没地下，沙河堡以下河床终年干枯，偶遇洪涨，始见表面流水。山河堡属临泽沙河乡，西北3公里草湖，适居上游灌溉区之下，地下水蜂拥露头，农民挖泉引水灌溉者，计有九渠灌地8,000市亩，五眼渠、双泉渠及化音三渠共灌地10,000市亩，此外尚遗有荒地15,000市亩无水灌溉，现除九眼渠水量充裕外，其他三渠均因水量不足，耕地普遍缺水60%。治理方法，拟挖截水沟及集水井，截引地下水汇流，灌溉五眼渠、双泉渠及化音三渠全部灌溉面积。

截引流率估算：

地下水流率虽经长期测验，亦难决定其数值，兹按理论公式及各地实测情形，推算本流域各地所能截引地下水流率如下

$$井流公式\ Q_w = \frac{\pi KP}{2.30} \cdot \frac{H_w^2 - h_w^2}{\log \frac{R}{r}}$$

$$沟流公式\ Q_g = PKL \cdot \frac{H_g^2 - h_g^2}{R}$$

式中，Q_w为井可截之流率，Q_g为沟可截流率，K为垂直流速，P为地层空隙系数，H_w及H_g分别为井及沟未引水前之水深，h_w和h_g为水位降落后所余之水深，R为降水曲线切点之有效距离，r为半径。各地实际情形不同，兹详细列于表13。

表13　黑河流域截引地下水流率统计表

工程地点	K /(m/s)	P /%	R /m	r /m	L /m	集水井			截水沟			总计截水流率 Q /(m^3/s)	备注
						H_w /m	h_w /m	Q_w /(m^3/s)	H_g /m	h_g /m	Q_g /(m^3/s)		
山丹川口沙河	0.0089	20	50		625	—	—	—	3.0	0.05	1.0	1.0	无集水井
山丹草湖头坝	0.0089	20	50	0.5	300	3.5	2.25	0.009	1.5	0.25	0.023	0.05	拟挖集水井三口
山丹大佛寺	—	—	—	—	—	—	—	—	—	—	—	1.10	截阻潜流及表面水共1.1秒立方公尺，并抬高水位1.5公尺，引入渠
张掖新沟坝	0.00705	20	200	0.5	1,000	20.4	16.2	0.114	5.4	1.2	0.195	0.537	拟挖集水井三口
临泽沙河堡	0.0081	25	100	0.5	1,200	10	5.5	0.0836	5	0.5	0.602	0.936	拟挖集水井四口

表13所列数值可作参数，真确数字待实地测验地下水情形后始能决定。

4. 工程布置　工程布置及设计图，详附各工程计划书内，兹摘要分述如下：

（1）山丹白石崖河给水工程　拟在白石崖口内拦河筑低坝一座，高半公尺，长十公尺，截引全部枯水流率。坝中部留冲刷闸，以防洪水时砂石滚下，进水口另建进水闸，节制渠内流率。引水渠长16.74公里，其中10公里用黄泥铺底，块石浆砌渠道，以防渗漏。

除6.74公里用木制水管输水至灌溉区，在渠道之每一公里处，各设引水池一座，两侧可另开引水渠槽一道，以便饮马，全部工程均以流率1.5秒立方公尺设计。

（2）海潮坝河旧渠整理工程　拟于卧马山附近建永久拦河滚水低坝一座，长40公尺，宽1.5公尺，以截引全部低水流率。两岸各设进水口，并建进水闸及冲刷闸，分别引水入东西二干渠，并调节进水流率。排除坝后及进水闸前淤沙，封闭旧渠口，归并旧有各渠道。过水部分用白灰砌卵石衬砌，以减渗漏。沿渠并有其他建筑物，设计大车桥20座、斗门6座、泄水闸8座，视需要情形分建于两干渠上。

（3）大渚马河旧渠整理工程　拟于岔家堡下游建拦河滚水低坝一座，高1.5公尺，长100公尺。两岸各设进水口并建石砌进水闸及冲刷闸，分别引水进东西两干渠且调节进水流率。排除进水口前及坝后之淤沙，封闭旧渠口，归并旧有渠道，过水部分用卵石衬砌，减少渗漏。沿渠并有其他建筑物，大车桥25座、斗门10座、泄水闸10座，视需要情形分建于两渠上。

（4）张掖大满渠整理工程　拟于渠道流经九龙江沙滩一段约20公里，加铺白灰、黄土、河沙及细石子混合土夯实，以减渗漏。计划渠深1.0公尺，因沿渠引水灌溉水量递减，渠底宽分四段设计，每五公里改小3公寸，即第一段渠底宽2.5公尺，第二段宽2.2公尺，第三段宽1.9公尺，第四段宽1.6公尺。衬砌后该段渠道估计可使原渠渗漏率每公里2%减为每公里0.2%，20公里共可节省流率0.756秒立方公尺，约估可补充耕地67,200市亩用水之不足。

（5）高台柔远渠整理工程　拟将渠口堡至黄水桥一段长约七公里渠道断面缩小，于基层铺一公寸厚之干黄土，并加铺一公寸厚白灰、河沙、黄土及石子混合土，逐层夯实，以防渗漏，估计衬砌后可使原渠道渗漏量2%减少至0.2%，6.605公里共可节省流率0.1189秒立方公尺，约估可补充耕地5,284市亩之用水不足。

（6）大通河引水工程　拟于大通河上游巴兰滩峡口，筑拦河滚水低坝一座，抬高水位，逼水入引水渠。渠道沿灯草大阪开凿，长16公里，下接隧洞长10,670公尺，计划可排流率32秒立方公尺，最小流率20秒立方公尺。水出隧洞后，接入平水池，下连输水管两道，每道复分为二，各连接水力机一座，与发电机组成一套，共四套，估计初期发电量约622,240,000千瓦时，供给黑河流域内各城市及工矿业需用。平水池中并筑一斗形溢水道，以泄余水，使全部水流归入黑河东岔，增加黑河水源，灌溉张掖、临泽、高台及鼎新四县剩余之生熟荒地约计有465,000市亩。

（7）民乐洪水河双树寺水库工程　拟于民乐城南18公里双树寺下游800公尺处，筑土石拦河坝，高42公尺，利用上游宽广河谷蓄储洪水河水。估计水库容量约6,600,000立方公尺，可灌地108,000市亩，除原有足水耕地28,000市亩外，计可增产者80,000市亩。拦河坝顶长257公尺，于左岸石山内开凿给水洞，长295公尺。洞中装置柱形闸门，门上方为管制塔直立洞，上为管制塔，塔内装置启闭机件等。左岸山坡之上开凿溢洪道，宽60公尺，道内分建开墩，装设木制扇形门，以维持库内水位。

（8）临泽梨园河鹦哥嘴水库工程　拟于鹦哥嘴筑46公尺高之土石坝，估计水库容量为21,500,000立方公尺，共可灌地200,000市亩，除原有水地60,000市亩外，尚可垦殖临泽宣威乡一带荒地140,000市亩。穿坝左岸石山开凿给水洞一道，洞后段分为二路，一路为灌溉输水洞，另一路为电厂输水管，管与洞各设闸门，以司启闭。溢洪道亦设于左岸山坡上，宽60公尺，道中装置扇形门维持水库水位，右侧筑导水墙与拦河坝连接，借以引导水流兼护坝身。电厂设于拦河坝下游山脚，计划水电有效流率3秒立方公尺，有效势头32公尺，动力960匹马力，装设水力机一座与发电机配合装置（另设一组为备用），估计全年发电量约3,670,000千瓦时，输送至张掖供用。

（9）高台马尾湖水库工程　拟利用马尾湖洼地，加建围堤，引蓄黑河春水。进水渠口设于镇江堡上游25公里处，渠长2.1公里。因马尾湖西北部是细沙底层，蓄水不宜过高，故分成上下两库，上库设计水位高程1316.0公尺，蓄水量2,833,000立方公尺。引水渠桩号0+150处，设防洪闸，防止黑河洪水。桩号1+520处，修进水闸及泄水闸，用以节制进库流率及水库蓄满设计水位时排除引水渠内引水。上库围堤桩号3+200处，设给水闸，可放水入下库。下库围堤桩号1+580处，亦设给水闸，俾放水入给水渠，输送库水入黑河。估计水库蓄水量约7,875,700立方公尺，除库内蒸发渗漏及河渠输水损失外，有效灌溉水量约3,520,000立方公尺，可救济下游耕地33,000市亩用水之不足。

（10）高台正义湖水库工程　拟利用正义湖天然地形，于沿河一面加建围堤，使于东侧山坡形成水库，引蓄黑河春水。引水渠进水口设于正义湖上游5公里处，渠长5,330公尺，分别于桩号4+500及5+520处，建节制闸及防洪闸各一座。围堤长5，070公尺，最高处约6公尺，于桩号0+250处，设给水闸一座，下接给水渠，长650公尺，输水入黑河。估计水库容量约1,200万立方公尺，除蒸发渗漏及输水损失外，共可灌溉现有缺水耕地50,400市亩，开垦荒地20,000市亩。

（11）山丹川口沙河地下水灌溉工程　拟于接连荒区之峡口上游，横截河床开截水沟一道，长625公尺，沟底深至地下水面下3公尺。为配合实际情形，全沟分为三段。东段为明渠长250公尺，西段为隧洞长100公尺。中段长275公尺、其中100公尺为砖石涵洞，上游砖墙及顶部盖板均设漏水孔，约175公尺为明渠。复于沟东段之现时河槽部位顺河开输水沟一道，全部明渠，过水部分以青砖衬砌，于500公尺处引水出地面，输送至荒区灌地。估计本工程可截引地下水流率1.0秒立方公尺，可垦荒地6,000市亩。

（12）山丹草湖头坝地下水灌溉工程　拟在原来头坝泉源上游200公尺处，挖截水沟一道，横截草湖河谷，长300公尺，深5公尺，侧坡1∶1。中间现时河槽部分，筑砖石涵洞一段，长50公尺，顶部回填卵石，洞壁用青砖筑砌，每隔0.6公尺留直缝一条，不加筑砌，以容漏水。沟之两端及中央各挖集水井一口，井底直径1公尺，深至地下水位下3.5公尺。输水沟自北端集水井口起，顺河开挖，全部明渠，过水部分以青砖衬砌，使不漏水，于830公尺处引水入旧渠，上田灌溉。估计本工程可截引地下水潜流0.05秒立方公尺，能垦灌荒地1,500市亩。

（13）山丹大佛寺地下水灌溉工程　拟在大佛寺下游峡谷处，筑拦河截水坝一座，长15公尺。坝基连截水墙一道，南岸伸入5公尺、北岸伸入140公尺，河床中部20公尺，共长165公尺，深6公尺，与不透水层相接，除堵截地下潜流使涌出河床外，并截阻表面水流抬高水位1.5公尺。坝北端设双孔排沙闸，冲沙沉淤，闸北侧建进水闸，下接引水渠，渠道过水部分全部用白灰砂浆衬砌，以防渗漏，估计本工程共可截引流率 1.1 秒立方公尺，可垦灌山丹民乐交界处荒地 10,000 市亩，并灌溉下游缺水耕地 10,000市亩。

（14）张掖新沟坝地下水灌溉工程　拟在新沟坝南 1.5 公里处挖截水沟一道，长 1.0 公里，深6.0 公尺。沟内筑0.8 公尺×1.6 公尺砖石涵洞一座，底部无衬砌，且两侧留缝进水。沟两端及中点各挖集水井一口，径 1.0 公尺，深 15 公尺。自中点井口挖输水沟一道，前 300 公尺内，埋筑同样涵洞，但不漏水，下游改为明渠，过水部分衬砌防漏，于 900 公尺处输水上田灌地。估计本工程可截引地下潜流 0.537 秒立方公尺，可垦殖附近荒地 19,900市亩。

（15）临泽沙河堡地下水灌溉工程　拟自化音三号渠泉源至双渠泉泉源，开挖截引沟一道，长 1,00 公尺，深6 公尺。沟内挖集水井 4 口，间距400 公尺，径 1.0 公尺，深距沟底 5 公尺。输水沟自截水沟中点，右转 45 度向东北方向开挖，全部明渠，过水部分衬砌防漏，于 1,950 公尺处接入干渠。干渠利用五眼渠旧有渠道扩修整理，长约 6 公里，引水至双泉渠、五眼渠及化音三号渠各灌溉区灌地。估计可截引流率 0.936 秒立方公尺，除灌溉全区已耕地 10,000 市亩外，并可垦灌荒地 15,000 市亩。

四、预　　算

兹罗列各工程估算数于表 14。

表 14　黑河流域灌溉工程预算总表

工程编号	工程名称	二十六年预算/元	三十六年十二月预算/元	附注
ⅣAVⅠ	山丹白石崖河灌溉给水工程	127,000.00	12,440,000,000	
ⅣBV$_1$Ⅰ	民乐海潮坝河灌溉区旧渠整理工程	260,000.00	36,000,000,000	
ⅣBV$_2$Ⅰ	民乐大渚马河灌溉区旧渠整理工程	400,000.00	55,000,000,000	
ⅣV$_1$Ⅰ	张掖大满渠整理工程	127,000.00	16,400,000,000	
ⅣV$_2$Ⅰ	高台柔远渠整理工程	38,000.00	4,700,000,000	
Ⅳ$_D$VⅧ	大通河引水工程	13,050,000.00	1,720,000,000,000	
ⅣBUⅡ	民乐洪水河双树寺水库工程	2,060,000.00	208,600,000,000	
ⅣCUⅡ	临泽梨园河鹦哥嘴水库工程	1,350,000.00	145,000,000,000	
ⅣU$_1$Ⅰ	高台马尾湖水库工程	163,000.00	16,500,000,000	
ⅣU$_1$Ⅱ	高台正义湖水库工程	281,000.00	28,100,000,000	
ⅣAW$_1$Ⅰ	山丹川口沙河截引地下水工程	47,800.00	6,800,000,000	
ⅣAW$_2$Ⅰ	山丹草湖头坝截引地下水工程	13,000.00	1,400,000,000	

续表

工程编号	工程名称	二十六年预算/元	三十六年十二月预算/元	附注
ⅣAW$_3$Ⅰ	山丹大佛寺地下水灌溉工程	144,000.00	15,900,000,000	
ⅣBWⅠ	张掖新沟坝地下水灌溉工程	155,000.00	16,000,000,000	
ⅣCWⅠ	临泽沙河堡地下水灌溉工程	100,000.00	11,440,000,000	
总计		18,315,800.00	2,294,280,000,000	

五、增　　益

兹根据民国廿六年物价，估算本规划各工程实施后每年增益如下。

黑河流域各工程增益统计表

ⅣAVⅠ　山丹白石崖河给水工程

三墩耕地13,000市亩，每年增产小麦26,000市石，扣除成本后年增益小麦13,000市石，单价5元　65,000元

白石崖河附近马匹增产2,000匹，每匹10元　20,000元

共计每年增益　85,000元

ⅣBV$_1$Ⅰ　民乐海潮坝河灌溉区旧渠整理工程

夏禾地36,000市亩，每年增产小麦51,000市石，扣除成本后，年增益折合小麦21,600市石，单价5元　108,000元

秋禾地24,000市亩，每年增产糜子26,200市石，扣除成本后，年增益折合糜子16,800市石，单价4.75元　79,800元

共计每年增益　187,800元

ⅣBV$_2$Ⅰ　民乐大渚马河灌溉区旧渠整理工程

夏禾地60,000市亩，每年增产小麦84,000市石，扣除成本后，年增益共计小麦40,800市石，单价5元　204,000元

秋禾地40,000市亩，每年增产糜子43,200市石，扣除成本后，每年增益合计糜子28,000市石，单价4.75元　133,000元

共计每年增益　337,000元

ⅣV$_1$Ⅰ　张掖大满渠整理工程

改良已耕地67,200市亩，每年增产小麦40,320市石，扣除成本后，年增益折合小麦26,800市石，单价5元　134,400元

ⅣV$_2$Ⅰ　高台柔远渠整理工程

改良已耕地5,284市亩，每年增产小麦7397.6市石，扣除成本后，年增益折合小麦26,800市石，单价5元　134,400元

Ⅳ$_D$VIII　大通河引水工程

增垦荒地465,000市亩，每年增产小麦465,000市石，糜子232,500市石，及稻子406,875市石，扣除成本后，年增益共计小麦232,500市石，糜子116,250市石，稻子290,625市石，按单价小麦每市石5.0元，糜子每市石3.8元，稻子每市石4.0元=2,766,750元，全年供电量62,240,000千瓦时，单价每千瓦时0.045元，扣除折旧管理等费15%每年，年纯益2,133,250元

共计每年增益　4,900,000元

ⅣBUII　民乐洪水河双树寺水库工程

灌溉耕地及荒地共108,000市亩，每年增产小麦及糜子各80,000市石，扣除成本后，年实际增益为小麦及糜子各36,000市石，单价小麦每石4.5元，糜子每市石3.5元，年增益共计　288,000元

ⅣCUII　临泽梨园河鹦哥嘴水库工程

垦殖荒地140,000市亩，每年在增产小麦168,000市石，及糜子112,000市石，扣除成本后年增益折合小麦84,000市石，单价5元，糜子56,000市石，单价3.8元，共计　632,800元

全年供电量3,670,000千瓦时，单价每千瓦时5分，扣除管理费20%，每年纯收益　146,800元

共计每年增益　779,600元

ⅣU$_1$I　高台马尾湖水库工程

改良耕地33,000市亩，每年增产小麦26,400市石，扣除成本后，年增益为小麦19,800市石，单价5元　99,000元

ⅣU$_2$I　高台正义湖水库工程

改良耕地50,400市亩，并垦殖荒地20,000市亩，每年增产小麦72,320市石及糜子8,000市石，扣除成本后，年纯益共小麦56,320市石及糜子5,200市石，小麦单价每石5元，糜子单价3元，共计年纯益　297,200元

ⅣAW$_1$I　山丹川口沙河截引地下水工程

荒地6,000市亩，每年增产小麦6,000市石及糜子6,000市石，扣除成本后，年增益为小麦及糜子各3,000市石，每市石小麦5元，糜子3.8元。

26,400元

ⅣAW$_2$I　山丹草湖头坝截引地下水工程

荒地1,500市亩，每年增产小麦3,000市石，扣除成本后，年增益小麦1,500市石，单价5元　7,500元

ⅣAW$_3$I　山丹大大佛寺地下水怪该工程

改良耕地10,000市亩，并垦殖荒地10,000市亩，每年增产小麦25,000市石，扣除成本后，年增益共为小麦15,000市石，单价每市石5元，年纯益共计　75,000元

ⅣBWI　张掖新沟坝地下水灌溉工程

增垦荒地18,900市亩，每年增产小麦23,800市石及糜子17,600市石扣除成本后，年增益小麦11,900市石及糜子8,800市石，小麦单价5元，糜子3.8元，年纯益共计　92,940元

ⅣCWI　临泽沙河堡地下水灌溉工程

改良耕地10,000市亩，并垦殖荒地15,000市亩，每年增产小麦26,200市石及糜子16,500市石，扣除成本后，年增益共为小麦13,100市石及糜子8,250市石，小麦单价每市石5元，糜子3.8元，每年纯益共计　96,850元

本规划全部工程实施后，每年可增产小麦1,104,437.6市石、糜子542,000市石、稻子406,875市石及马力2,000匹，年纯增益共计7,438,394元。

六、结　论

1. 经济价值　兹按民国廿六年物价综合本规划各工程经济上主要各点，罗列于表15。

2. 还款办法　兹按民国廿六年普通贷款办法，分别计算本规划各工程每年应还款数，罗列于表16。

3. 施工程序　本规划各工程，视其是否与其他工程之利害相冲突，以及其经济价值之大小、工程范围之广狭、工程进行之难易，拟分为三期实施，全部完成年限定为五年。兹排定各工程施工程序。

表 15　黑河流域各工程经济价值统计表

工程编号	工程名称	灌溉面积/市亩	供电量/千瓦时	增益 F/元	工程费 C/元	常年维持费 O/元	工程平均寿命 n/年	永久投资 $P=C+\frac{O}{r}+\frac{C}{(1+r)^{n-1}}$/元	年利率 r/%	折合常年工程费 P_r/元	投资利益指数 $I=\frac{F}{P_r}$	投资年利 $R=\frac{F}{P}$/%	考语
ⅣAVⅠ	山丹白石崖河灌溉给水工程	荒地 13,000	—	85,000	127,000	1,000	5	409,500	8%	32,760	2.60	20.75	工程经济可以成立
$ⅣBV_1Ⅰ$	民乐海潮坝河旧渠整理工程	耕地 35,000 荒地 25,000		187,800	260,000	3,000	20	368,500	同上	29,480	6.45	50.9	同上
$ⅣBV_2Ⅰ$	民乐大渚马河旧渠整理工程	耕地 60,000 荒地 40,000		337,000	400,000	5,000	20	574,500	同上	45,960	7.56	84.3	同上
$ⅣV_1Ⅰ$	张掖大满渠整理工程	耕地 67,200		134,400	127,000	200	10	239,500	同上	19,160	7.04	56.0	同上
$ⅣV_2Ⅰ$	高台柔远渠整理工程	耕地 5,284		31,704	38,000	400	10	75,350	同上	6,028	5.26	42.0	同上
$Ⅳ_DVⅧ$	大通河引水工程	荒地 465,000	62,240,000	4,900,000	13,050,000	600,000	50	20,834,400	同上	1,666,750	2.94	23.5	同上
ⅣBUⅡ	民乐洪水河双树寺水库工程	荒地 108,000		288,000	2,060,000	50,000	50	2,923,000	同上	233,840	1.24	9.9	同上
ⅣCUⅡ	临泽梨园河鹦哥嘴水库工程	耕地 60,000 荒地 140,000	3,670,000	779,600	1,350,000	20,000	50	1,629,700	同上	130,400	5.98	47.9	同上

续表

工程编号	工程名称	灌溉面积/市亩	供电量/千瓦时	增益 F/元	工程费 C/元	常年维持费 O/元	工程平均寿命 n/年	永久投资 $P=C+\frac{O}{r}+\frac{C}{(1+r)^{n-1}}$/元	年利率 r/%	折合常年工程费 P_r/元	投资利益指数 $I=\frac{F}{P_r}$	投资年利 $R=\frac{F}{P}$/%	考语
ⅣU_1Ⅰ	高台马尾湖水库工程	耕地33,000		99,000	163,000	1,500	30	199,740	同上	159,792	6.19	49.5	同上
ⅣU_2Ⅱ	高台正义湖水库工程	耕地50,400 荒地20,000		297,200	281,000	2,000	30	337,100	同上	26,968	11.02	88.1	同上
ⅣAW_1Ⅰ	山丹川口沙河截引地下水工程	荒地6,000		26,400	47,800	1,000	30	65,600	同上	5,250	5.03	40.0	同上
ⅣAW_2Ⅰ	山丹草湖头坝截引地下水工程	荒地1,500		7,500	13,000	500	30	20,600	同上	1,650	4.55	36,4	同上
ⅣAW_3Ⅰ	山丹大佛寺地下水灌溉工程	耕地10,000 荒地10,000		75,000	144,000	10,000	30	284,880	同上	22,790	3.29	26,3	同上
ⅣBWⅠ	张掖新沟坝地下水灌溉工程	荒地20,000		92,940	155,000	4,000	25	231,500	同上	18,520	5,00	40.0	同上
ⅣCWⅠ	临泽沙河堡地下水灌溉工程	耕地10,000 荒地15,000		96,850	100,000	8,000	30	211,037	同上	16,883	5.73	45.9	同上
总计		耕地330,884 荒地863,500	65,910,000	7,438,394	18,315,000								

表 16　黑河流域各工程还款数统计表

工程编号	工程名称	年利率	限期/年	每年应还款数 $\frac{C_r(1+r)}{(1+r)^{n-1}}$ /元	占纯增益之百分数/%	考语
ⅣAVⅠ	山丹白石崖河灌溉给水工程	8%	5	31,700	37.3	可能负担
$ⅣBV_1Ⅰ$	民乐海潮坝河灌溉区旧渠整理工程	同上	同上	65,100	34.9	农民力能负担
$ⅣBV_2Ⅰ$	民乐大渚马河灌溉区旧渠整理工程	同上	同上	101,000	29.9	……
$ⅣV_1Ⅰ$	张掖大满渠整理工程	同上	同上	31,760	23.7	……
$ⅣV_2Ⅰ$	高台柔远渠整理工程	同上	同上	9,510	30.0	……
$Ⅳ_DVⅧ$	大通河引水工程	同上	10	1,943,000	52.0	可能负担
ⅣBUⅡ	民乐洪水河双树寺水库工程	同上	25	230,000	80.0	民力勉强可以负担
ⅣCUⅡ	临泽梨园河鹦哥嘴水库工程	同上	5	337,500	43.4	民力尚能负担
$ⅣU_1Ⅰ$	高台马尾湖水库工程					
$ⅣU_2Ⅱ$	高台正义湖水库工程	同上	5	67,200	22.6	农民力能负担
$ⅣAW_1Ⅰ$	山丹川口沙河截引地下水工程	同上	同上	11,950	45.3	……
$ⅣAW_2Ⅰ$	山丹草湖头坝截引地下水工程	同上	同上	3,260	43.5	……
$ⅣAW_3Ⅰ$	山丹大佛寺地下水灌溉工程	同上	同上	36,000	48.0	……
ⅣBWⅠ	张掖新沟坝地下水灌溉工程	同上	同上	38,800	41.7	……
ⅣCWⅠ	临泽沙河堡地下水灌溉工程	同上	同上	25,000	25.8	……

山丹白石崖河灌溉给水工程计划书

一、总　　述

牧马场在山丹大马营与祁连山麓之间，东连永昌、西接民乐，范围面积约1,000平方公里。丰草丛生，宜于大量畜牧。海拔高约2,000公尺左右，地势东南高而西北低，平均坡度约1∶50。大马营三墩间，现有熟荒地13,000市亩，及未曾开垦之荒地约30,000市亩。

白石崖河，为山丹境内祁连山麓唯一较大之表面水源。崖口海拔高为2,450公尺。河坡约1∶40，以地质松软、水易渗漏，故离崖口不远即已断流。下游马营河集石泉子以下之泉水，至大马营附近穿过胭脂山，再会合二马营一带之泉水，以灌溉马营河之下游之地十万余市亩。

牧马场范围以内，完全无水。国防部万匹以上之马，均沿祁连山麓寻各崖口有水处而牧。大好草原亦如耕地缺水，任其荒芜，殊为可惜。

本计划拟在白石崖筑一拦水坝，截引全部枯水流率。坝中部留涮沙闸二道以备洪水时排浅沙石之用。进水口处，建一节制闸。避开河道，另筑防漏明渠10公里。余6.74公里之一段，采用木制水管，输水至荒地以资灌溉。在渠道之每一公里处，设水池一座，为军马饮水之用。全部工程费按民国二十六年物价估算，共需国币127,000元。

本工程完成后，每年可增益85,000元，经济价值自可成立。如贷款之年利率为8%，期限五年，本工程应每年还款32,700元，估计年增益37.3%，按每年增产小麦65,000元与马匹20,000元之比例，军牧场应担任7,608元，农场应担任24,092元。

本工程之实施，不与上下游其他计划中工程之利害相冲突，且经济与国防之价值均大，故列为同流域内第一期工程。

二、资　　料

1. 形势　牧马场位于祁连山麓以北，西北距山丹县成70公里。海拔高约2,000公尺左右。其范围东至永昌之大河坝，西至民乐之童子河，南至大马营附近之三墩，面积约达1,000平方公里。内皆丰草丛生，宜于大量畜牧，但因缺水未能利用。地势东南高而西北低，平均坡度约1∶50。大马营三墩间现有土质肥美之荒地43,000市亩，其中13,000市亩系已经耕种，因缺水灌溉遂致荒废者。

祁连山一带，小溪甚多，但以白石崖河水量较大。崖口至大马营约三十余公里，海拔

2,450 公尺。河坡竣陡。崖口附近一段，平均坡度约 1 : 40。以地质松软，易于渗漏，故水出崖口未及五公里即已断流，河终年干涸，至下游马营河之石泉子始有极细小之泉水出现。愈北行，泉眼愈多，流率愈大，在大马营河附近穿胭脂山而出；再集合二马营以下一带之泉水，以灌溉仙堤乡、封云乡十万余市亩之地。

三墩、白石崖口间，可行驶大车及小型吉普。崖口以上，道路崎岖，马亦难行。间有番民由大马营河经白石崖口以入青海者，此外商旅稀少、人烟绝无。

2. 地质 白石崖口崖石呈灰白色；似为上煤系侏罗纪之砂崖层，约为二叠纪及三叠纪之产物。白石崖河沿河两侧，表面为栗钙土，其下为卵石冲积层。但离白石崖口越远，至三墩以北，表面为黄土，土层愈厚，卵石冲积层亦愈薄。

3. 水文 山丹培黎工艺学校，虽有气象记载，惟历史较短。山丹与张掖同属黑河流域，地理环境较近似。兹据张掖测候站民国 32 年至 35 年记载平均年雨量 173 公厘，其中 115 公厘，合 66.5% 降落于 6、7、8、9 四个月，年蒸发量为 1,016 公厘。全年温度自最低 -18℃，至最高 38℃。霜期 9 月 1 日至次年 4 月 27 日，计 215 天，故农作时间极短。

36 年 7 月本队查勘白石崖河时，适逢久旱不雨之日。崖口流率经测量为 0.52 秒立方公尺。离崖 0.5 公里，即不见水。依据最高洪水位之痕迹，推测洪水流率为 50 秒立方公尺。同时至离白石崖口 40 余公里马营河之二马营，测得泉水流率为 1.32 秒立方公尺，大于白石崖河之流率 2.54 倍。由是可知马营河之泉水，非全部来自白石崖河渗入地下之水也。

4. 农作情况 大马营农作，一如河西各地，夏禾以春麦、青稞为主，秋禾以小米、胡麻为主，而年均一熟。每年立夏开始，每间 20 天浇灌一次，每次需水深度 100 公厘。每年十月至次年三月灌冬水浇地一次，约需 500 公厘。故平均每秒公吨之水约 25,000 市亩。

山丹各项农作时期如表 1 所示。农作成本包括种子、肥料、人工等每市亩约需折合小麦一市石之市价。收获量，普通水分之不足者约小麦一市石，如水量充足每年可获二市石。

表 1 农作时令表

作物	播种期		收获期	
	日期	节候	日期	节候
麦、青稞、大豆、小豆	四月二十一日	谷雨	八月八日	立秋
迟青稞、小米	五月六日	立夏	九月二十四日	秋分
菜子、胡麻	五月二十二日	小满	九月二十日	秋分

5. 沿革 相传明弘治年间有处士王钦曾作有白石崖碑文，刊记"白石崖河自大通河分支发源而来，灌田千顷，沾利者不止数千家，后告壅塞。才四集夫丁千余，从事疏控历时二月，果然俾一河之水仍能循道而来，用之不尽，故有旱亦不失旱矣"之语。现在河水竭尽未能利用，殊觉可惜。

6. 工料单价调查 二十六年及三十六年十二月白石崖河工料单价调查见表 2。

表2 二十六年及三十六年十二月白石崖河工料单价表

总目	分目	单位	民国二十六年价	民国三十六年价	备注
土方	挖土	立方公尺	0.13	13,400	
	填土	同上	0.24	23,600	夯实土
石方	料石	同上	4.85	485,000	
	卵石	同上	0.35	35,000	
木料	小圆木	同上	60.00	6,000,000	长度在8公尺以下者
	方木	同上	110.00	11,000,000	
灰料	洋灰	桶	20.00	3,000,000	
	白灰	百公斤	1.70	340,000	
铁件		公斤	0.45	90,000	
工价	木工	每日	0.95	75,000	
	石工	同上	0.90	90,000	
	泥工	同上	0.65	65,000	
运费	大车	公吨公里	0.40	40,000	
	驮运	公吨公里	0.60	60,000	

三、计　　划

1. 本计划布置概述　白石崖河在枯水时期流率甚小，故在崖口内拦河渠低滚水坝一座，高半公尺，长十公尺，以截引全部枯水流率。坝中部留涮砂闸，以防洪水时砂石滚下。进水口另建一座进水闸，以节制渠内流率。引水渠全长16.74公里，内10公里用黄泥铺成，块石衬砌渠道，以防渗漏。余6.74公里用木条水管将水输送至灌区。在渠道之每一公里处，各设饮水池一座，两侧可另设饮水渠槽一道，以便马饮。

2. 采取本计划之理由　拦水坝以木质为最经济，然石坝低而较短，所费无几，当以作石坝为合适，庶可永久。

白石崖河两侧地坡极陡，平均约1/40。本计划为减少土方及跌水建筑物起见，渠道坡度设计大致与地坡度相同。惟渠坡太陡，将发生冲刷之现象。故渠道内用浆砌块石护坡。因渠道流经戈壁砂地，故底层加铺黄泥一层，以防渗漏。渠道流经十公里处，因块石运距太远，用黄泥铺底之浆砌，已不经济，故其余改用木条水管输水。

本计划目的以灌溉为主，牧马为次。为便利马匹饮水起见，特在每公里处设一饮水池，两侧必要时可加开饮水槽一道，以便马群分队饮水或作灌溉草地之用。故全部工程均以流率1.5秒立方公尺设计。

四、估　　算

全部工程费预算，按民国26年物价及36年12月物价估算，互相比照，如表3所示。

表3　民国26年及36年12月工程费预算

工程名称	材料种类	单位	数量	单价		总价	
				26年	36年12月	26年	36年12月
拦河坝	1∶3白灰砂浆砌条石	公方	6.44	9.00	900,000	57.96	5,796,000
	1∶3白灰砂浆砌块石	同上	2.00	3.84	384,000	7.68	768,000
	1∶2洋灰砌沟缝	平方公尺	33.00	0.24	54,000	7.92	1,782,000
	挖土	公方	207.00	0.13	13,400	26.91	2,773,800
涮砂闸	1∶3白灰砂浆砌条石	同上	2.40	9.00	900,000	21.60	2,160,000
	填土	同上	0.60	0.24	23,600	0.15	15,000
	插板	同上	0.108	110.00	11,000,000	11.88	1,188,000
进水闸	1∶3白灰砂浆砌条石	同上	6.40	9.00	900,000	57.60	5,760,000
	1∶3白灰砂浆砌块石	同上	17.60	3.84	384,000	67.58	6,758,400
	填土	同上	6.00	0.24	23,600	1.44	141,600
	闸门木料	同上	0.60	110.00	11,000,000	66.00	6,600,000
	闸门铁钉	同上	9.80	0.45	90,000	4.41	882,000
	挖土	同上	30.00	0.13	13,400	3.90	402,000
明渠	挖(或填)方	同上	60,000.00	0.13	13,400	7,800.00	804,000,000
	块石	同上	6,040.00	6.50	650,000	39,260.00	3,926,000,000
	黄土	同上	9,050.00	0.40	40,000	3,620.00	362,000,000
木条水管	挖(或填)方	同上	24,000.00	0.13	13,400	3,120.00	321,600,000
	木条	同上	503.00	110.00	11,000,000	55,330.00	5,533,000,000
	铁件	同上	2,696.00	0.45	90,000	1,213.20	242,640,000
	卵石	同上	297.00	0.35	35,000	103.95	10,395,000
饮水池	1∶3白灰砂浆砌青砖	同上	649.92	7.40	114,000	4,809.41	74,090,880
管理费及其他						11,408.41	1,131,247,320
总计						127,000.00	12,440,000,000

五、增　　益

本计划工程实施后，耕地13,000市亩（以最低值估计）每亩作物增产折合小麦1市石，每市石5元（每市亩年产小麦2市石，除去成本约值小麦1市石），每年估计增益65,000元。白石崖河附近马匹增产2,000匹，每匹10元，每年估计增益20,000元，合计85,000元。

六、结　　论

1. 经济价值　综合本工程经济主要各点如下（一切按照二十六年物价计算）。

全部灌溉面积	13,000市亩
工程实施后每年增产小麦	26,000市石
工程实施后每年增产马匹	2,000匹
工程实施后每年实际增益	$F=85,000$元
全部工程费	$C=127,000$元
工程常年维持费（包括清淤、修理及管理等费）	$O=1,000$元
工程平均寿命	$n=5$年
工程永久投资 $P=C+\frac{O}{r}+\frac{C}{(1+r)^{n}-1}$，年利率$r$定为8%	$P=409,500$元
折合常年工程费	$P_r=32,760$元
投资利益指数 $I=\frac{F}{P_r}$	$I=2.60$倍
投资年利 $R=\frac{F}{P}$	$R=20.75\%$

本工程经济价值可以成立，若以最大流率1.5m³/s计，可灌田37,500市亩，其经济价值更大。

2. 还款办法

按农行水利贷款年利率8%，期限5年计算，年应还款31,700元$\left[\frac{C_r\ (1+r)^5}{(1+r)^5-1}\right]$，此数占年增益37.3%。

3. 施工程序　本工程之实施不与上下游其他计划中工程之利害相冲突，且经济价值甚大，故应列为同流域内第一期工程。兹拟定施工程序，如表4所示。

表 4　施工程序表

工程名称	说明	每日工数							
		4	5	6	7	8	9	10	11
拦水坝		备料	备料	泥工 26					
				水工 127					
	进度			100%					
涮砂闸		备料	备料	泥工 10					
				小工 1					
				木工 2					
	进度			100%					
进水闸		备料	泥工 58						
			木工 8						
			小工 43						
	进度			100%					
明渠	每日 大工 30 名	备料	900	900	900	900	900	900	900
	每日 小工 100 名		3000	3000	3000	3000	3000	3000	2000
	进度		15%	30%	45%	60%	75%	90%	100%
木条水管	备料	备料	备料	备料		小工 2000	小工 2000	小工 2000	小工 2000
						木工 1250	木工 1250	木工 1250	木工 1250
						泥工 74	泥工 74	泥工 74	泥工 74
						25%	50%	75%	100%
静水池	备料	备料	备料	备料		泥工 325	泥工 325	泥工 325	泥工 325
						小工 163	小工 163	小工 163	小工 163
						25%	50%	75%	100%

民乐海潮河灌溉区旧渠整理工程计划书

一、综　　述

1. 资料　民乐海潮河发源于祁连山，经狼洞山、保林宫、张吴庄、白庙、永泉寨、宣家庄、五坝，至石岗墩入洪水河，全长约40公里，平均纵坡约1/50。洪水期为时甚暂，测估最大洪水流率约150秒立方公尺，平常流率约2至3秒立方公尺，借此引渠灌溉耕地约35,000市亩。白庙以下河道经常干涸无水，致下游两岸遗有荒地25,000市亩，未获灌溉之利。

民乐农产夏禾以小麦为主，秋禾以黄谷为主，因气候寒冷，年仅一熟。作物灌溉时期，夏禾自5至7月，秋禾自6至9月，冬季泡地统自10月初至11月底。在上述三期内，平均每天施灌深度5公厘。农田水分充沛者，每市亩可产小麦2.0市石，不足者仅产1.0市石。

2. 计划　本计划拟于卧马山附近建固定拦河坝一座，截引全部低水流率。两岸各建进水闸，分别引入东西两干渠，并封闭原有渠口，归并旧渠道加以衬砌，减少输水损失，依照各渠灌溉面积合理配水以供灌溉。

3. 结论　本计划工程费预算按二十六年物价共需260,000元，每年净增益为187,800元，工程经济价值成立。

二、资　　料

1. 形势　民乐县位于甘肃河西祁连山麓，南界青海北邻张掖，地势高亢，海拔高程在2,000公尺以上。全县面积约3,700平方公里，人口约29,000人，耕种面积约412,500市亩。境内主要河流为洪水河，其他河流如海潮坝河、小渚马河、大渚马河均汇入洪水河。各河皆发源于祁连山，恃夏季融雪成流，平均流率微小，数公里以下即成干河。

海潮坝河，自保林宫出祁连山口，经张吴庄、白庙、永泉寨、宣家庄、至石岗墩而入洪水河，全长约40公里，平均纵坡约1/50。两岸耕地约有60,000市亩，其中已得灌溉者约35,000市亩，若逢亢旱之年耕地更为减少。甘新公路行经民乐东北边境，普通皆赖大车道以维交通。

2. 地质　山谷地质，多类似古生代志留纪及泥盆纪岩层，一部为古老之变质岩、砂岩、碳岩，其土壤内大部含有矿质肥料，惜氮气太少、碱质过多，不甚适合耕种。高程在2,000—3,000之间，田地为栗钙土，若施灌溉，生产力甚佳。

3. 水文 民乐地处边僻，水文记载缺乏，惟与张掖相离甚近，且属黑河流域，地理环境较为近似。因以张掖之记载为设计标准，张掖平均雨量为173公厘，其中115公厘，合66.5%降落于6、7、8、9四个月，年蒸发量为1,016公厘。山麓区年雨量约估为200公厘。

民乐温度为大陆性气候，最低自摄氏零下15℃起至最高38℃止，每年10、11、12、1、2、3月在10℃以下，6、7、8月在22℃以上。因霜期甚长，故农作物年仅一熟。山麓区因气候冷热变化剧烈，空气流动速度极强，故于夏季数月，最易发生暴雨或冰雹，对农作物损伤甚大。

海潮河源短坡陡，故枯水时期较长。洪水通常发现于7、8、9月间，暴雨时流率激增猛退，一二日内大小可差数百倍。保林宫附近流域面积约72平方公里，测估最大洪水流率约150秒立方公尺。该河平均流率极小，36年8月间在保林宫附近经实测流率3.28秒立方公尺。惟正当灌溉时期，又因河床易于渗漏，故流自白庙即已干涸。表1是海潮河灌溉期内可恃流率估算表。

表1 海潮河灌溉期内可恃流率估算表 （单位：秒立方公尺）

月份	4	5	6	7	8	9	10	11
流率	1.0	2.0	2.5	3.0	4.0	4.0	1.0	1.0

4. 农作概况 民乐农作一如河西各地，夏禾以小麦为主，秋禾以黄谷为主。然因气候寒冷，年仅一熟。作物灌溉时期，夏禾自5月至7月，秋禾自6月至9月，冬季泡地统自10月1日至11月30日。在上述三期内，平均每天施灌深度5公厘，可卜丰收。故田间实际需水率（输水等损失尚未计入）每一万市亩约0.4秒立方公尺。普通农田水分充沛者，每市亩可产小麦2.0市石，不足者仅约1.0市石。

小麦种子每亩约需2市斗，河西农民普通每人耕地10亩左右，且年仅一熟，冬季严寒，农民苦乏副业，生计全赖农产。故农作成本甚高，农村经济衰落。

5. 沿革 民乐即前清时之洪水营，民国始设县城。耕种自汉时即开始，惟因下游水量稀少，故逐渐向上游垦地灌水，故自今上游较下游为繁荣。

6. 工料单价调查 民国二十六年，工料及农产品单价调查见表2，复单价①分析见表3。

表2 民乐民国二十六年工料单价调查表

种类	名称	单位	单价/元	备注
人工	小工	工	0.35	
	技工	工	0.90	

① 编者按：复单价是本类文献中的常见提法，其具体意义尚未明确，皆按原文照录。

续表

种类	名称	单位	单价/元	备注
材料	木料	公方	110.00	
	青砖	公方	12.60	
	铁件	公斤	0.45	
	石灰	百公斤	1.70	
	洋灰	桶	20.00	
运费	大车	公吨公里	0.40	
	汽车	公吨公里	0.06	
农产品	小麦	市石	5.00	
	大麦及青稞	市石	4.20	
	小米	市石	4.75	

表3 民乐工程材料民国二十六年复单价分析表

项目	单位	单价/元	单价成分分析/%				备注
			人工		材料		
			小工	技工	黏结料	原始料	
挖沙方	公方	0.13	100	—	—	—	
挖土方	同上	0.24	100	—	—	—	
挖卵石方	同上	0.50	100	—	—	—	
挖石方	同上	1.44	—	100	—	—	
1:3白灰浆砌条石	同上	14.79	4	79	17	—	灰缝未扣
1:3白灰浆砌块石	公方	5.24	6	71	23	—	
1:3白灰浆砌青砖	同上	12.69	6	17	31	46	扣灰缝20%
1:3洋灰浆砌条石	同上	24.47	2	30	68	—	
1:3:6白灰三合土	同上	4.39	20	—	80	—	嵌砌加35%
圆木料	同上	80.00	—	—	—	100	
方木料	同上	110.00	—	22	—	78	
铁件	公斤	0.45	—	—	—	100	

三、计　　划

1. 旧渠缺点　海潮河灌溉区旧渠缺点，兹举其大者归纳如下：①渠道无防漏设备，渗漏至巨，全区输水损失达60%。②各渠道进水口均无固定截水堤，进水时临时堵截，每遇洪涨辄遭冲毁，修复费时，贻误农田用水，影响收成。③用水未经合理分配，浪费水量。

2. 整理方法　本计划目的在改良现有渠道缺点，节省流率，增大灌溉面积。整理方法拟于卧马山附近建永久拦河坝一座，以截引全部低水流率，两岸各设进水口，分别引水入东西两干渠。归并不必要各渠道，并加以衬砌，减少输水损失，封闭原有渠口，依照各渠灌溉面积合理分配灌溉需水量。

3. 配水设计　河西一般农作情形，因限于霜期，年仅一熟，但夏禾与秋禾施灌时期除极严寒之地带外，皆可设法使前后参差而不影响农作。兹按海潮河灌溉时可恃之流率拟定农作时期及水量分配，如表4所示。

表4　海潮河灌溉区计划改良农作时期及水量分配表*

*　编者按：此表有不解处，从略。

由表4可知，海潮河流率足敷灌溉夏禾36,000市亩及秋禾24,000市亩之需。

4. 工程设计　兹将全部工程设计分述如后。

A. 渠首工程

（1）拦河坝采用Ogee式滚水坝及堆石坝两种。滚水坝长40公尺，高1.5公尺，溢水深1.6公尺，最大溢流150秒公方，坝下游水深1.0公尺，坝面用1∶3洋灰砂浆砌条石，坝心采1∶3白灰砂浆砌大块石。堆石坝高3.6公尺，长200公尺，顶宽3.0公尺，迎水面边坡为2.5∶1，用黏土填实以阻渗水，表面采干砌块石护面，坝心用大块石堆砌。

（2）进水闸计二座，分设于河之两岸，紧靠坝身上游，与河流约成直角。东岸进水闸一孔，宽2.0公尺，标准引水率为1.0秒立方公尺，西岸进水闸亦一孔，宽1.5公尺，标准引水率为1.6秒立方公尺。闸墩均用石砌，装置木质闸门及平式绞盘，用人力启闭。

（3）冲刷闸计二座，分别设于坝之两端，皆一孔，用以排除坝后及进水口前沉淤之沙，装有木质闸门及平式绞盘，用人力启闭。

B. 输水工程　本区地势峻陡，渠线所经地面坡均大于1/100，设计渠道纵坡随地面坡而定，故采用宽浅式渠断面减小输水流率，过水部分用1∶3白灰砂浆卵石衬砌，厚20公分，以减少渗漏并加大限制流速。东西干渠及支渠尽量利用旧有渠道整理后加以衬砌，借省土方。

C. 其他建筑物　按需要设置大车桥20座、斗门6座、泄水闸8座。

四、预　算

本工程各项工程费，按廿六年物价计算需260,000元，按卅六年物价计算需369亿元，兹详列预算，如表5所示。

表5　民乐海潮河灌溉区旧渠整理工程费预算表

工程名称	材料种类	单位	数量	单价		总价	
				二十六年	三十六年十二月	二十六年	三十六年十二月
拦河坝进水闸及冲刷闸	1∶3洋灰砂浆砌条石	公方	232.80	24.47	2,960,000	5,650.06	689,088,000
	1∶3白灰砂浆砌条石	同上	438.72	14.79	1,680,000	6,488.67	737,049,600
	1∶3白灰砂浆砌块石	同上	702.86	5.24	534,000	3,682.99	375,327,240
	1∶3白灰砂浆勾缝	平方公尺	436.96	0.29	40,000	126.72	17,478,400
	干砌块石	公方	585.60	3.19	350,900	1,868.07	205,487,040
	黏土夯实	同上	3,674.40	0.23	25,300	845.11	92,962,320
	挖沙基	公方	2,327.56	0.31	31,300	721.54	72,852,628
	堆卵石	同上	3,240.00	2.84	284,000	9,201.60	920,160,000
	木材	同上	1.38	110.00	11,000,000	151.80	15,180,000
	铁件	公斤	100.00	0.45	90,000	45.00	9,000,000
	1∶3∶6白灰混凝土	公方	0.60	4.39	948,000	2.64	568,800
	2公分厚毛毡	平方公尺	1.50	0.80	80,000	1.20	120,000
	启闭器	座	4	1,000.00	216,000,000	4,000.00	864,000,000
	机房	同上	2	2,000.00	432,000,000	4,000.00	864,000,000
干渠及支渠	挖土方	公方	80,056.00	0.24	26,400	19,213.44	2,113,478,400
	1∶3白灰砂浆砌卵石	同上	21,790.00	4.84	671,600	105,463.60	14,634,164,000
大车桥		座	20	800.00	170,000,000	16,000.00	3,400,000,000
斗门		同上	6	290.00	63,000,000	1,740.00	378,000,000
泄水闸		同上	8	1,000.00	216,000,000	8,000.00	1,728,000,000
零星工程						27,797.56	3,183,083,572
地亩费						25,000.00	3,000,000,000
管理费						20,000.00	2,700,000,000
总计						260,000.00	36,000,000,000

五、增　　益

本工程实施后，计可充分灌溉夏禾小麦地 36,000 亩，秋禾 24 000 亩，年产小麦 72,000市石，糜子 36,000 市石。扣除已耕地年产小麦 21,000 市石、糜子 9,800 市石，年增产小麦 51,000 市、石糜子 26,200 市石。兹按二十六年物价计算，每年增产，如表 6 所示。

表 6　民乐海潮河灌溉区旧渠整理工程增益表

土地类别		农作物	面积/市亩	每亩生产量/市石	每亩需要折合成本实物/市石	纯益/市石	总纯益/市石	单价/元	纯益价值/元	纯益总价值/元
原有耕地	原来状况	夏禾（小麦）	21,000	1.0	0.8	0.2	4,200	5.0	21,000	
		秋禾（糜子）	14,000	0.7	0.7			4.75		
		小计							21,000	
	改良后状况	夏禾（小麦）	21,000	2.0	1.2	0.8	16,800	5.0	84,000	
		秋禾（糜子）	14,000	1.5	0.8	0.7	9,800	4.75	46,550	
		小计							130,550	109,550
生荒		夏禾（小麦）	15,000	2.0	1.2	0.8	9,000	5.0	45,000	
		秋禾（糜子）	10,000	1.5	0.8	0.7	7,000	4.75	33,250	
		小计							78,250	78,250
总计									187,800	

六、结　　论

1. 经济价值　按民国二十六年物价计算，本计划工程费需要 260,000 元，实际增益为 187,800 元，年增产占工程费 72.2%，利益极厚，工程经济价值自能成立。兹按二十六年物价计算，综合本工程经济上各点，分列如下。

全部灌溉面积：夏禾，补充水 21,000 市亩，生荒 15,000 市亩；秋禾，补充水 14,000 市亩，生荒 10,000 市亩。

工程实施后，每年增产：夏禾（小麦）51,000 市石，秋禾（糜子）126,200 市石。

工程实施后，每年增益：$F=187,800$ 元。

全部工程费：$C=260,000$ 元。

工程常年维持费：$O=3,000$ 元。

工程平均寿命：$n=20$ 年。

工程永久投资：$P=C+\frac{O}{r}+\frac{C}{(1+r)^{n}-1}=368,500$ 元，年利率 r 实为 8%。

折合常年工程费：$P_r=29,480$ 元。

投资利益指数：$I=\frac{F}{P_r}=6.45$ 倍。

投资年利：$R=\frac{F}{P}=50.9\%$。

2. 还款办法　按民国二十六年普通贷款年利率 8%，期限五年计算，本工程每年还款 65,100 元 $\left[\frac{C_r\ (1+r)^{5}}{(1+r)^{5}-1}\right]$，此数占增益之 34.9%，农民力能负担。

3. 施工程序　本工程之实施，不与上下游其他计划中之工程利害相冲突，且经济价值甚大，故应列为同流域内第一期工程。唯需顾及农田用水施工时仍须用老渠输水，不使影响灌溉，兹排列施工程序，如表 7 所示。

表 7　施工程序表

进度 \ 工程名称	第一年								第二年							
	4 月	5 月	6 月	7 月	8 月	9 月	10 月	11 月	4 月	5 月	6 月	7 月	8 月	9 月	10 月	11 月
拦河坝进水闸及冲刷闸	备料	备料	备料	备料	8%	16%	24%	32%	40%	48%	56%	64%	72%	80%	90%	100%
干支渠	6%	12%	18%	24&	30%	36%	42%	48%	54%	60%	66%	72%	79%	86%	93%	100%
分水闸	备料	备料	备料	备料	备料	备料	33%	66%	100%							
泄水闸	备料	备料	备料	33%	66%	100%										
大车桥	备料	备料	备料	备料	备料	备料	20%	40%	60%	80%	100%					
斗门								12%	24%	36%	48%	60%	72%	86%	100%	

| 民乐大渚马河灌溉区旧渠整理工程规划书 |

一、综　　述

1. 资料　民乐大渚马河发源于祁连山青龙寺番地，经金塔寺、瓦房城、岔家堡、王什寨、观音堂、克寨子，至新沟坝入洪水河，全长约47公里，平均纵坡约1/50。洪水期为时甚暂，测估最大洪水流率为500秒立方公尺，平常流率约4至5秒立方公尺，借此引灌两岸耕地60,000市亩。王什寨以下河道经常干涸无水，因此下游遗有荒地40,000市亩，未获灌溉之利。

民乐农产，夏禾以小麦为主，秋禾以黄谷为主，因气候寒冷，年仅一熟。作物灌溉时期，夏禾自5月至7月，秋禾自6月至9月，冬季泡地统自10月初至11月底。在上述三期内，平均每年施灌深度5公厘。普通农田水分充沛者，每市亩可产小麦二市石，不足者仅约一市石。

2. 计划　本计划拟于瓦房城下游建固定拦河坝一座，截引全部低水流率。两岸各建进水闸，分别引水入东西两干渠并封闭渠口，归并旧有渠道加以衬砌，减少输水损失，依照各渠灌溉面积合理配水以供灌溉。

3. 结论　本计划全部工程费按26年物价估算为400,000元，工程实施后每年增益337,000元，工程经济价值自能成立。

二、资　　料

1. 形势　民乐县位于甘肃河西祁连山麓，西界青海北临张掖，地势高亢，海拔高程在2,000公尺以上。全县面积约3,710平方公里，人口约29,000人，耕种面积约412,500市亩。境内主要河流为洪水河，支流有义得、补大、海潮坝、小渚马、大渚马等河，皆发源于祁连山，恃夏季溶雪成流，流率微小，渗漏极巨，出山后数公里以下，即成干河。

大渚马河发源于祁连山青龙寺，流10公里于金塔寺出山口，经瓦房城、岔家堡、王什寨、观音堂、克寨子，至新沟坝而入洪水河，全长约47公里，平均纵坡约1/50，两岸可耕地约100,000市亩。其中已耕地约38,000市亩，若逢亢旱之年，面积更为减少。

甘新公路行经民乐东北边境，其余均赖大车道维持交通。

2. 地质 山谷地质多类似古生代志留纪及泥盆纪岩层，一部为古老之变质岩、砂岩、碳岩。其土壤为高山草原土，其中又分二类。一为黑钙土之亚高山草原土，一为类似腐殖湿土之高山草原土，亦称为高山冰冻土，分布于雪线或雪线以上。平原地质为冲积层，表面多为卵石及细砂土壤，松蔽易耕，吸收水分甚强，惟亦易蒸发及渗漏。其下为风积黄土层，不甚透水。底层则为砂石。土壤内大部含有矿质肥料，惜氮气甚少、碱质太多，不甚适合耕种。高程在2,000—3,000公尺之间，田地为栗钙土，若施灌溉，生产力可甚佳。

3. 水文 民乐地处边僻，水文记载缺乏。惟距张掖甚近，且全属黑河流域，地理环境较为近似，因以张掖之记载为设计标准。张掖平均雨量为173公厘，其中115公厘，合66.5%降落于6、7、8、9四个月，蒸发量为1,016公厘。山麓区年雨量约估为200公厘。

民乐温度为大陆性气候，最低自零下7℃起至最高38℃止，每年10、11、12、1、2、3月在10℃以下，6、7、8月在22℃以上。因寒冷期甚长，故农作物年仅一熟。山麓区因气温冷热变化剧烈，空气流动速度极强，故于夏季数月，最易发生暴雨或冰雹，对农作物损伤颇大。

大渚马河源短坡陡，枯水时期较长。洪水通常发现于7、8、9月间，暴雨时流率激增猛退，一二日内大小可差数百倍。平时流率极小，测估最大洪水流率约500秒立方公尺，36年8月间在瓦房城附近实测流率为9.6秒立方公尺。惟正当灌溉时期，又因河床易于渗漏，故流至王什寨，即成干河。估计该河可恃流率，如表1所示。

表1 大渚马河灌溉期内可恃流率表 （单位：秒立方公尺）

月份	4	5	6	7	8	9	10	11
流率	2.0	3.5	4.0	7.0	10.0	10.0	2.0	2.0

4. 农作概况 民乐农作一如河西各地，夏禾以小麦为主，秋禾以黄谷为主，，然因气候寒冷，年仅一熟，作物灌溉时期，夏禾自5月至7月，秋禾自6月至9月，冬季泡田自10月1日至11月30日。在上述三期内，平均每天施灌深度约5公厘，可卜丰收，故田间实际需水率（输水等损失尚未计入），每一万市亩约0.4秒立方公尺。普通农田水分充足者，每市亩可产小麦二市石，不足者仅约一市石。小麦种子每亩约需二市斗，河西农民普通每人耕地十亩左右，且年仅一熟，冬季严寒，农民苦乏副业，生计全赖农产，故农作成本甚高，农村经济衰落。

5. 沿革 民乐即前清时之洪水营，民国始设县城。耕种自汉时即开始，惟因下游水量稀少，故逐渐向上游垦地灌水，故自今上游较下游为繁荣。

6. 工料单价调查 民国二十六年，工料及农产品单价调查见表2。

表 2　民乐民国二十六年工料单价调查表

种类	名称	单位	单价/元
人工	小工	工	0.35
	技工	工	0.90
材料	木料	立公方	110.00
	青砖	立公方	12.60
	铁件	公斤	0.45
	石灰	百公斤	1.70
	洋灰	桶	20.00
运费	大车	公吨/公里	0.40
	汽车	公吨/公里	0.06
农产品	小麦	市石	5.00
	大麦及青稞	市石	4.20
	小米	市石	4.75

7. 民乐当地工程材料复单价之分析见表 3。

表 3　民乐民国二十六年工程材料复单价分析表

项目	单位	单价/元	单价成分分析/%				备注
			人工		材料		
			小工	技工	黏结料	原始料	
挖沙方	立公方	0.13	100	—	—	—	
挖土方	同上	0.24	100	—	—	—	
挖卵石方	同上	0.50	100	—	—	—	
挖石方	同上	1.44	—	100	—	—	
1∶3 白灰浆砌条石	同上	14.79	4	79	17	—	灰缝未扣
1∶3 白灰浆砌块石	同上	5.24	6	71	23	—	
1∶3 白灰浆砌青砖	同上	12.69	6	17	31	46	扣灰缝 30%
1∶3 洋灰浆砌条石	同上	24.47	2	30	68	—	嵌砌加 0.35 元
1∶3∶6 白灰三合土	同上	4.39	2.0	—	80	—	
圆木料	同上	80.00	—	—	—	100	
方木料	同上	110.00	—	22	—	78	
铁件	公斤	0.45	—	—	—	100	

三、计　　划

1. 旧渠缺点　大渚马河灌溉区旧渠缺点，兹举其大者归纳如下：①渠道无防漏设备，渗漏至巨，全区输水损失达60%。②各渠道进水口均无固定截水堤，进水时临时堵截，每遇洪涨辄遭冲毁，修复费时，贻误农田用水，影响收成。③用水未经合理分配，浪费水量。

2. 整理方法　本计划目的在改良现有渠道缺点，节省流率，增大灌溉面积，整理方法拟于岔家堡下游建永久拦河坝一座，以截引全部低水流率。两岸各设进水口，分别引水入东西两干渠。归并原有各渠道并加以衬砌，减少输水损失，封闭不必要渠口，依照各渠灌溉面积合理分配灌溉需水量。

3. 配水设计　河西一般农作情形，因限于霜期，年仅一熟，但夏禾与秋禾施灌时期除极严寒之地带外，皆可设法使前后参差而不影响农作。兹按大渚马河灌溉时可恃之流率拟定农作时期及水量分配，如表4所示。

表4　大渚马河灌溉区计划改良农作时期及水量分配表*

*　编者按：此表有不解处，从略。

由此可知，以合理之分配用水，大渚马河流率足敷灌溉夏禾60,000市亩及秋禾40,000市亩之需。

4. 工程设计　兹将全部工程设计分述如后：

A. 渠首工程

（1）拦河坝，采用Ogee式滚水坝及堆石坝两种，滚水坝高1.5公尺，长100.0公尺，溢水深2.0公尺，最大溢流500秒公方，坝下游水深2.0公尺，坝面用1∶3洋灰砂浆砌条石，坝心采1∶3白灰砂浆砌大块石。堆石坝高4.1公尺，长200.0公尺，顶宽3.2公尺，迎水面边坡为2.5∶1，用黏土填实以阻渗水，表面采干砌块石护面，坝心用大块石堆砌。

（2）进水闸计二座，分设于河之两岸，紧靠坝身上游，与河流约成正交，东岸进水闸一孔，闸宽2.0公尺，标准引水率为2.80秒立方公尺，西岸进水闸一孔，闸宽1.5公尺，标准引水率1.65秒立方公尺，闸礅均用石砌，装有木质闸门及平式绞盘，用人力启闭。

（3）冲刷闸计二座，分别设于坝之两端，皆一孔用以排除坝后及进水口前淤沙，装有木质闸门及平式绞盘，用人力启闭。

B. 输水渠工程　本区地势峻陡，渠线所经地面坡均大于1/100，设计渠道纵坡随地面坡而定，故采用宽浅式渠道断面，减少输水流率，过水部分用1∶3白灰砂浆卵石衬砌，厚20公分，以减少渗漏并加大限制流速。东干渠利用原有东慕化渠及两坝渠引水，西干渠利用头坝渠引水。

C. 其他建筑物计有大车桥25座、斗门10座、泄水闸10座，按需要分建于两干渠上。

四、预　　算

本计划各项工程费按二十六年物价计算需400,000元，按三十六年物价计算需550亿元，兹详列于表5。

表5　民乐大渚马河灌溉区旧渠整理工程费预算

工程名称	材料种类	单位	数量	单价		总价	
				二十六年	三十六年十二月	二十六年	三十六年十二月
拦河坝进水闸及冲刷闸	1∶3洋灰砂浆砌条石	公方	468.00	24.47	2,960,000	11,451.96	1,385,280,000
	1∶3白灰砂浆砌条石	同上	580.80	14.79	1,680,000	8,590.03	971,744,000
	1∶3白灰砂浆砌块石	同上	1,532.87	5.24	534,000	8,032.24	818,654,580
	1∶3白灰砂浆构缝	平公尺	538.79	0.29	40,000	156.25	21,551,600
	干砌块石	公方	638.28	3.19	350,000	2,036.11	223,972,452
	黏土夯实	同上	5,997.30	0.23	25 300	1,379.38	151,731,690
	挖基础	同上	13,454.53	0.31	31 000	4,170.91	421,126,789
	堆卵石	同上	4,621.10	2.84	284,000	13,123.92	1,312,392,400
	木料	同上	3.10	110.00	11,000,000	341.00	34,100,000
	铁件	公斤	100.00	0.45	90,000	45.00	9,000,000
	1∶3∶6混凝土	公方	0.73	4.39	948,000	3.21	692,040
	2公分厚毛毡	平公尺	2.44	0.80	80,000	1.95	195,200
	启闭机	座	4	1,000.00	216,000,000	4,000.00	864,000,000
	机房	同上	2	2,000.00	432,000,000	4,000.00	864,000,000
干渠及支渠	挖土方	公方	141,927 00	0.24	26,400	34,062.48	3,746,672,800
	1∶3白灰砂浆砌卵石	同上	35,598.40	4.82	671,600	171,554.77	23,907,885,440
大车桥		座	25	800.00	170,000,000	20,000.00	4,250,000,000
斗门		同上	10	290.00	63,000,000	2,900.00	630,000,000
泄水闸		同上	10	1,000.00	216,000,000	10,000.00	2,160,000,000
零星工程						34,434.59	4,527,007,000
地亩费						40,000 00	4,500,000,000
管理费						30,000.00	4,200,000,000
总计						400,000.00	55,000,000,000

五、增　　益

本工程实施后，计可充分灌溉夏禾麦子地60,000亩，秋禾糜子地40,000亩，年产小麦120,000市石，糜子60,000市石。扣除已耕地年产小麦36,000市石，糜子16，800市石，年增产小麦84,000市石，糜子43，200市石。兹按二十六年物价计算每年增益，如表6所示。

表6　民乐大渚马河灌溉区旧渠整理工程增益表

<table>
<tr><th colspan="2">土地类别</th><th>农作物</th><th>面积/市亩</th><th>每亩生产/市石</th><th>每亩需要折合成本实物</th><th>纯益/市石</th><th>总纯益/市石</th><th>单价/元</th><th>纯益价值/元</th><th>纯益总价值/元</th></tr>
<tr><td rowspan="6">原有耕地</td><td rowspan="3">原来状况</td><td>夏禾</td><td>36,000</td><td>1.0</td><td>0.8</td><td>0.2</td><td>7,200</td><td>5.0</td><td>3,600</td><td></td></tr>
<tr><td>秋禾</td><td>24,000</td><td>0.7</td><td>0.7</td><td>—</td><td>—</td><td>4.75</td><td>—</td><td></td></tr>
<tr><td colspan="7">小计</td><td>36,000</td><td></td></tr>
<tr><td rowspan="3">改良后状况</td><td>夏禾</td><td>36,000</td><td>2.0</td><td>1.2</td><td>0.8</td><td>28,800</td><td>5.0</td><td>144,000</td><td></td></tr>
<tr><td>秋禾</td><td>24,000</td><td>1.5</td><td>0.8</td><td>0.7</td><td>16,800</td><td>4.75</td><td>79,800</td><td></td></tr>
<tr><td colspan="7">小计</td><td>223,800</td><td>187,800</td></tr>
<tr><td colspan="2" rowspan="3">生荒</td><td>夏禾</td><td>24,000</td><td>2.0</td><td>1.2</td><td>0.8</td><td>19,200</td><td>5.0</td><td>96,000</td><td></td></tr>
<tr><td>秋禾</td><td>16,000</td><td>1.5</td><td>0.8</td><td>0.7</td><td>11,200</td><td>4.75</td><td>53,200</td><td></td></tr>
<tr><td colspan="7">小计</td><td>149,200</td><td>149,200</td></tr>
<tr><td colspan="9">总计</td><td colspan="2">337,000</td></tr>
</table>

六、结　　论

1. 经济价值　按民国二十六年物价计算，本计划工程费需400,000元，而实际增益达337,000元，年增益占工程费84.3%，利益甚厚，工程经济价值自能成立。兹按二十六年物价计算，综合本工程经济上主要各点，分列如下。

全部灌溉面积：夏禾，补充水36,000市亩，生荒24,000市亩；秋禾，补充水24,000市亩，生荒16,000市亩。

工程实施后，每年增产：夏禾（小麦）84,000市石。秋禾（糜子）43,200市石。

工程实施后，每年增益：$F=337,000$元。

全部工程费：$C=400,000$元。

工程常年维持费：$O=5,000$元。

工程平均寿命：$n=20$年。

工程永久投资：$P=C+\frac{O}{r}+\frac{C}{(1+r)^{n}-1}=574，500$元，年利率$r$实为8%。

折合常年工程费：$P_r=45,960$ 元。

投资利益指数：$I=\frac{F}{P_r}=7.56$ 倍。

投资年利：$R=\frac{F}{P}=84.3\%$ 。

2. 还款办法 按民国二十六年普通贷款年利率8%，期限三年计算，本工程每年还款101,000元，此数占增益之29.9%，农民自能负担。

3. 施工程序 本工程之实施，不与上下游其他计划中之工程利害相冲突，且经济价值甚大，故应列为同流域内第一期工程。唯需顾及农田用水，施工时老渠仍需输水，不使影响灌溉，兹排列施工程序，如表7所示。

表7 施工程序表

进度 工程名称	第一年								第二年							
	4月	5月	6月	7月	8月	9月	10月	11月	4月	5月	6月	7月	8月	9月	10月	11月
拦河坝进水闸及冲刷闸	备料	备料	备料	备料	8%	16%	24%	32%	40%	48%	56%	64%	72%	80%	90%	100%
干支渠	6%	12%	18%	24%	30%	36%	42%	48%	54%	60%	66%	72%	79%	86%	93%	100%
分水闸	备料	备料	备料	备料	备料	备料	33%	66%	100%							
泄水闸	备料	备料	备料	33%	66%	100%										
大车桥	备料	备料	备料	备料	备料	备料	20%	40%	60%	80%	100%					
斗门								12%	24%	36%	48%	60%	72%	85%	100%	

张掖大满渠整理工程计划书

一、综　　述

张掖大满渠，位居黑河上游东岸，由黎明堡附近引黑河之水，以灌溉至东古城一带之耕地约十万余市亩。渠长约四十余公里，惟流经九龙江沙窝一段渗漏严重，以致下游耕地六七万市亩水量不足，收成减少。

整理方法，将大满渠流经九龙沙滩20公里长之一段，加铺白灰、黄土、河沙、细石子、混合土，平均夯实以防渗漏。因沿渠需引水灌溉，故计划以渠深1公尺为准，底宽由2.5公尺，按每5公里减小3公寸之比例，至末段宽1.6公尺为止，全部工程费，按民国二十六年物价估算，共需国币127,000元。

工程实施后，可改良已耕地67,200市亩，每年可增产小麦40,320市石，可获纯益134,400元，经济价值自能成立。若贷款年利率为8%，期限五年计算，本工程应每年还款31,800元，此数占年增益24%，农民负担甚轻。

本工程实施，不与上下游其他计划中工程之利益相冲突，且经济价值甚大，应列为同流域内第一期工程。

二、资　　料

1. 形势　张掖县位于黑河上游，水量较足。渠道综错，村落繁多，林木蔚盛，阡陌相连，绿荫深处，疑是江南春色，故有“不望祁连山头雪，错认张掖是江南”之句，人烟稠密为河西各县之冠，大部土壤肥沃地势平坦多稻田，物产富饶，农村经济较附近各县为充裕。该县地势为祁连山冲积层所成，海拔平均在1,500公尺左右。黑河出莺落峡口后，各渠均引水灌溉，内有大满渠者，全长约四十余公里，上游渠坡大于1/2,000，下游约为1/3,000，为张掖较长之渠道。渠口在黎明堡上游，渠尾在东古城，海拔1,600公尺左右，经流大小村庄二十余处，约有十余万市亩赖以灌溉。昔年河水充足、水利良好，近年亢旱、水量减少，而该渠中部，流经九龙沙滩一段渗漏较重，渠水益感不足，下游耕地六七万市亩年稔歉收。该处离张掖县城约十余公里，交通有大车道可行。

2. 地质　九龙江沙滩多为细砂及石砾冲积而成，灌溉地带系属沙质壤土为农业中之良好土壤，惟需水量甚大，若有充分水量引灌，则生产力颇高。

3. 水文　雨量。张掖气候干燥，雨水稀少，全年总雨量在100—210mm之间，而雨量大部集中夏季，约占全年雨量50%以上。兹根据张掖工作站35年记载抄录，如表1所示。

表 1　35 年张掖按月平均雨量记载表　　（单位：mm）

1	2	3	4	5	6	7	8	9	10	11	12	全年统计
35.0	9.0	55.0	9.0	17.0	37.5	27.7	11.0	—	—	—	—	201.2

蒸发量。约大于雨量 5 倍左右，兹抄录张掖 35 年测候站记录，如表 2 所示。

表 2　35 年张掖按月平均蒸发量记载表　　（单位：mm）

1	2	3	4	5	6	7	8	9	10	11	12	八个月总计
—	—	36.5	126.6	139.5	180.2	174.3	165.4	118.2	78.4	—	—	1055.1mm

水位。黑河水位在枯水时期与洪水时期相差 1.87 公尺，最高水位 1,677.92（三十五年七月二十九日）公尺，最低水位 1,676.05（三十五年五月十八日）公尺（根据莺落峡水文站记录）。

流率。黑河流率在枯水时期约 16.07 秒公方（三十五年五月十八日），洪水时期为 401.51 秒公方（三十五年七月二十九日）。兹将三十五年莺落峡水文站记录抄录，如表 3 所示。

表 3　35 年黑河莺落峡按月平均流率记载表　　（单位：m^3/s）

1	2	3	4	5	6	7	8	9	10	11	12	八个月平均
—	—	—	31.35	22.20	99.86	144.43	137.42	99.85	28.75	21.91	—	73.22

气温。张掖温度夏季最高可达摄氏 30 余度、最低 10 度左右，冬季最高近 20 度、最低达-17 度以上，全年平均温度在 10 度左右。

风向及风力。冬春二季多北风，夏季风向变化甚大，秋季上半季多东南风、下半季多西北风。风力二三级居多，至春夏季时起狂风。

4. 农作概况　土质与农作。沿大满渠一带，皆沙质壤土，松散易耕，宜于种植。惟于九龙江沙滩一带，含沙较多，仅可种植麦类及杂粮等作物。

农作种植及播种时期。农作以小麦为主，糜子谷子次之，杂粮如大豆，小豆，胡麻，菜子更次之，农作播种时期调查如表 4 所示。

表 4　大满渠农作时期表

农作物	播种期	节候	收获期	节候	备注
小麦	3 月 5 日	惊蛰	7 月 23 日	大暑	张掖平彝乡农作物
糜子谷子及杂粮	4 月 20 日	谷雨	8 月 7 日	立秋	调查记录

农业需水情形及需水量。在每年春耕之前，须于上年冬季泡水，使土中所含水分达到饱和状态，俾能松散易耕，及至惊蛰前后播种小麦，自立夏起按渠规二十天浇灌一次，每

次需水深度约一公寸，共需用水4次，按每万市亩需水流率0.45秒立方公尺计算，于五六两月需水最殷，抵以水量不足，实用水量仅及需要水量四分之三，故以新垦荒地一市亩所需水量，可能改进已耕地四亩之谱。

田亩单位产量及农作副产品。近年亢旱水量不敷灌溉仅能用水三公寸，每市亩产小麦1.8市石，如水量充足灌水深度达四公寸，则每市亩可产小麦2.4市石。农作物副产品夏季有豌豆，扁豆，蚕豆等，秋季有胡麻、菜子、黄豆、玉米、高粱等。

农作成本。在水量不定时，每市亩成本费为1.0市石。如水量充足时，则需增加种子及肥料成本费约0.2市石，共需成本费为1.2市石。

5. 沿革 大满渠未详辟自何代。原与小满渠同一渠口，因感水量不足，故小满渠在大满渠下游另开渠口。嗣后大满渠又另开支渠，曰大满新渠，长约九公里。

6. 人事概况 大满渠设有水利专员数人，专管渠道开闭及岁修事宜。惟因农村经济力薄弱，不能充分改善，致使渠道渐趋败坏，尤对于九龙江沙滩之一段渠道漏水，束手无策。

7. 工料单价 工料及农产品单价调查如表5所示，工程材料复单价分析见表6。

表5 大满渠二十六年及三十六年十二月工料单价表

种类	名称	单位	民国26年单价/元	民国36年12月单价/元
人工	小工	工	0.35	35,000
	木工	同上	0.75	75,000
	铁工	同上	0.75	75,000
	泥工	同上	0.65	65,000
	石工	同上	0.90	90,000
材料	方木	立公方	110.00	11,000,000
	青砖	同上	12.60	1,400,000
	熟铁	公斤	0.45	90,000
	石灰	百公斤	1.70	340,000
	洋灰	桶	20.00	3,100,000
运费	大车运	每顿公里	0.40	48,000
	驮运	同上	0.60	60,000
	汽车运	同上	0.06	7,000
农产品	小麦	市石	5.00	800,000
	小麦及青稞	同上	4.20	600,000
	大米	同上	10.00	1,400,000
	棉花	百市斤	43.00	8,500,000

表6　大满渠工程材料复单价分析表

项目	单位	民国二十六年/元	民国三十六年十二月/元	单价成分分析				备注
				人工		材料		
				小工	技工	黏结料	原始料	
挖普通土	立公方	0.13	13,400	100				
夯填土	同上	0.24	23,600	100				
挖坚隔土	同上	0.31	31,300	100				
挖松石	同上	0.77	70,800		100			
1：3白灰砂浆砌粗条石	同上	13.98	1,397,600	4	79	17		灰缝未扣
1：3白灰砂浆砌粗块石	同上	3.61	361,349	6	71	23		
1：3白灰砂浆砌青砖	同上	2.78	278,200	6	17	31	46	扣灰缝20%砖料在外
1：3：白灰三合土	同上	2.35	235,200	20		80		嵌砌加0.35元

三、计　　划

1. 整理方法　大满渠流经九龙江沙滩一段约20公里，渗漏严重，现拟加铺白灰、黄土、河沙及细石子混合土，平均夯实。因沿渠引水灌溉水量递减，故计划渠深为1.0公尺，渠底宽分成四段，每五公里改小3公寸，即第一段渠底宽为2.5公尺，第二段为2.2公尺，第三段为1.9公尺，第四段为1.6公尺。查九龙江沙滩上游渠水流率约为3.0秒立方公尺，至东古城渠尾渠水流率为1.2秒立方公尺，旧渠沙滩渗漏率每公里为2%，计渗漏

$$\left(\frac{3+1.2}{2}\right)\times 20\times 0.02=0.84\text{ 秒立方公尺}$$

加铺混合土后，渗漏可减为每公里0.2%，计渗漏

$$\left(\frac{3+1.2}{2}\right)\times 20\times 0.002=0.084\text{ 秒立方公尺}$$

即可节省0.84－0.084＝0.756秒立方公尺。以每万亩需水0.45秒立方公尺计算，可增垦荒地16,800市亩。用以灌溉已耕田亩，则可改进4×16,800＝67,200市亩。

2. 采用本计划理由　本计划采用白灰、黄土、河沙、细石、混合土以防渗漏，其理由如下：（1）大满渠经九龙江沙滩一段因无法避免沙滩而另开新渠。（2）如改铺白灰浆砌卵石，渗漏率较本计划工程方法为大。（3）附近缺乏卵石。

3. 估算　大满渠整理工程估算见表7。

表 7　大满渠整理工程估算表

工程名称	项目	数量	单位	26 年单价	总价	36 年单价	总价	备注
工料	石灰	17,574	百公斤	1.70	29,875.80	340,000	5,975,160,000	(料价)
工料	三合土	10,338	立公方	2.35	24,294.30	235,200	2,431,497,600	只工价而无料价
大车运费	黄土	10,340	公方/公里	0.60	6,204.00	60,000	620,400,000	运距 5 公里
	石灰	24,604	公吨/公里	0.40	9,841.60	48,000	1,180,992,000	运距 14 公里
	小石子	41,350	公方/公里	0.80	33,080.00	80,000	3,308,000,000	运距 5 公里
黄土		11,400	公方	0.40	4,560.00	40,000	456,000,000	
整理土方					19,144.30		2,427,950,400	
总计					127,000.00		16,400,000,000	

四、增　　益

现今灌溉水不敷用，自施种以到收获期间，用水约三公寸。每市亩需成本费折合小麦 1.0 市石，可收获 1.8 市石。如本工程实施后，水量充足时用水可至四公寸，每市亩成本费折合小麦 1.2 市石，可收获 2.4 市石，则每市亩年增产 0.60 市石。本计划实施后，可改良已耕田 67,200 市亩，67,200×0.6=40,320 市石，除去成本等于 26,880 市石，每市石国币 5 元，年增益计 344,400 元。

五、结　　论

1. 经济价值

……①

……期限五年计算，本工程每年应还款 31,800 元，此数占年增益之 2.4%，农民力能负担。

3. 施工程序　本工程之实施后，不与上下游其他计划中工程之利害相冲突，且经济价值甚大，故应列为同流域内第一期工程。施工程序如表 8 所示。

① 编者按：此处缺失半页。

表 8　施工程序表

工程名称	说明每月工数	4	5	6	7	8	9	10	11
渠道	每日大工 50 名 小工 50 名	备料	1500 1500	1500 1500	1500 1500	1500 1500	1500 1500	1500 1500	1500 1500
	进度		15%	15%	14%	14%	14%	14%	14%

高台柔远渠整理工程计划书

一、总　　述

高台柔远渠，位居黑河以南，由临泽平川堡对岸引黑河之水，以灌溉柔远堡一带十余公里之地。惟水量经30余公里之遥远输送，渗漏蒸发损失甚大。且渠口堡至黄水桥一段堤身松软，每届田间需水之时常常崩溃，修复费时。贻误灌溉，影响收成，莫此为甚。

整理方法，拟将渠口堡至黄水桥一段，于改良堤身断面之外，加铺干黄土及白灰、河沙、黄土、小石子、混合土各一公寸，每层平均夯实，以防崩溃而免渗漏。全部工程费按民国二十六年物价估算，共需国币38,000元。

工程实施后，每年可获纯益31,704元，经济价值自可成立。如贷款年利率为8%，期限5年，本工程应每年还款9,510元。此数占年增益30%，农民力能负担。

本工程之实施不与上下游其他计划中工程之利害相冲突，且经济价值甚大，应列为本流域内第一期工程。

二、资　　料

1. 形势　柔远渠属高台柔远乡，在黑河中游之南，东距县城约七公里，海拔高在1,300公尺左右。所有田地悉赖柔远渠，由临泽平川堡对岸引黑河之水，以资灌溉。渠长四十余公里，水量消耗于渗漏及蒸发者达三分之一，因是灌溉用水时感不足，尤其是渠口堡至黄水桥长6.605公里之一段，土质松软，堤身脆弱，往往发生崩溃，使水断流，以致灌溉失时，收成减少。

2. 地质　该渠流经之地，大部分为细沙及砾石冲积而成，黄水桥以下变为沙质土壤，宜于耕种，间有排水不良之地，碱质浮呈土面。

兹将可采办石料之地点列于表1。

表1　柔远渠附近石料地点表

品名	可采办之地点	运距
料石	临泽县四坝	20公里
块石及片石	黑河对岸北山麓	15公里
泥土	芦芽湖、义和湖、许家湖附近	5公里

3. 水文 雨量：高台气候干燥，雨量稀少，全年总雨量约一百公厘左右。而大部分集中于7、8、9三个月，约占全年总雨量之50%以上，每年平均雨天约30天左右，甘肃水文总站高台正义峡水文站36年雨量记载如表2所示。

表2 高台正义峡雨量记载表 （单位：公厘）

36年度	1月	2月	3月	4月	5月	6月	7月	8月	9月	10月	11月	12月	全年总计
高台正义峡雨量记载	0.9	—	12.0	21.6	1.6	3.0	23.0	18.0	15.3	10.0	—	4.8	110.2

蒸发量：高台蒸发量较雨量为大，甘肃水文总站高台县正义峡水文站36年蒸发量记载如表3所示。

表3 高台正义峡蒸发量记载表 （单位：公厘）

36年度	1月	2月	3月	4月	5月	6月	7月	8月	9月	10月	11月	12月	全年总计
高台正义峡雨量记载	—	—	—	62.6	192.0	236.3	260.9	179.9	111.6	69.8	13.5	—	1126.6

水位：黑河枯水位与洪水位，年统计最大相差3.56公尺，最小相差0.55公尺。（为三十二年九月起至三十六年之记载，因高台正义峡水文站于三十二年九月始成立。）三十二年九月起至三十六年之正义峡黑河水位记载如表4所示。

表4 高台正义峡水位记载表 （单位：公尺）

		民国32年（9—12月）	民国33年	民国34年	民国35年	民国36年	备注
黑河水位	最大洪水位	1289.59	1291.99	1291.49	1291.28	1290.40	
	日期	10月2日	7月22日	1月2日	7月30日	9月7日	
	最小洪水位	1289.04	1288.43	1288.47	1288.15	1288.70	
	日期	12月30日	5月18日	5月13日	5月10日	7月26日	
	最大/小洪水位之差	0.55	3.56	2.93	3.13	1.70	

流率：黑河流域每年7、8、9月为洪水时期，据正义峡水文站记录（三十二年九月至三十六年）四年四个月中，年平均流率38.39至64.00秒公方之间。

正义峡水文站黑河流率记载如表5所示。

表 5　高台正义峡黑河流率记载表

		民国 32 年（9—12 月）	民国 33 年	民国 34 年	民国 35 年	民国 36 年	备注
黑河流率	年最大流率	77.45	270.44	136.79	412.62	183.90	单位：秒立方公尺
	日期	10 月 6 日	8 月 26 日	9 月 2 日	7 月 31 日	9 月 7 日	
	年最小流率	31.94	2.92	10.66	9.91	11.04	
	日期	11 月 19 日	5 月 18 日	5 月 27 日	6 月 23 日	7 月 26 日	
	年平均流率	56.57	59.09	38.39	64.00	52.36	

温度：高台属大陆性气候，平均温度为 13.6 摄氏度，最高温度为 30 摄氏度以上，最低温度为负十摄氏度左右，高台正义峡民国三十六年之气温记载如表 6 所示。

表 6　高台正义峡气温记载表　（单位:℃）

36 年	1 月	2 月	3 月	4 月	5 月	6 月	7 月	8 月	9 月	10 月	11 月	12 月	备注
月平均温度	1.3	1.4	8.4	17.0	22.5	25.2	28.9	25.3	20.6	12.2	4.4	-4.5	年平均温度 13.6

风向及风力：每年多东北风，风力属二三级，然于春季时起狂风，飞沙走石为高台常见之事。

4. 农作概况　高台农作物夏禾以小麦为主，秋禾以黄米为主，因气候寒冷，皆年仅一熟。

土质与农作物。高台土质除大部分草地、碱地、沙滩戈壁外，可耕地悉数沙质土壤，松散易耕，宜于种植，若有充分水量，收获必丰。

农作物种类及种植时期。农作物种类、种植时期分别如表 7、表 8 所示。

表 7　柔远渠农作种类表

	名称	物名
农作种类	主要物产	小麦、稻米、糜子、谷子、青稞
	副产品	棉花、高粱、荞麦、马铃薯、黄豆、蚕豆、扁豆及各种菜瓜果
	特产	甜瓜

表 8　柔远渠农作时期表

农作物	播种期		收获期	
	日期	节候	日期	节候
小麦、青稞、蚕豆、扁豆	4 月 5 日	清明	8 月 8 日	立秋
谷子、黄豆	4 月 21 日	谷雨	10 月 24 日	霜降
棉花、芝麻	4 月 21 日	谷雨	9 月 24 日	秋分
糜子	5 月 6 日	立夏	9 月 24 日	秋分
荞麦	7 月 8 日	小暑	10 月 8 日	寒露
瓜类	5 月 6 日	立夏	6 月 22 至 9 月 24 日	夏至至秋分
莱蔬	除天气严寒外，随时可种，约时半余月可收			

农作需水情形及需水量。农田需水，自立夏起每二十天浇水一次　每次浇水深约 1 公寸左右，（以每万市亩需水流率为 0.45 秒立方公尺计算）麦子、青稞、蚕豆、需浇水四次，谷子、黄豆、芝麻用水 3 次，于五六两月需水最殷，霜降以后则需泡冬水一次，使土质充分吸收水分，以达饱和状态。

田亩单位产量及农作副产品。如水量充足每亩可收小麦 2.4 市石，然因近年亢旱，水量不敷灌溉，仅能用水 2 公寸，每市亩仅可产 1 市石左右。农副产品则有高粱、马铃薯、黄豆、胡麻、棉花、豆类、瓜果、蔬菜等。

农作成本。水量不足时，每市亩仅需成本费约合小麦 1.0 市石，如水量充足，则需增加成本费为 1.2 市石。

5. 沿革　柔远渠自前清雍正时，该渠口远在临泽平川堡对岸，渠长约 40 公里，为高台大渠之一。然灌溉之田地，仅在下游十公里而已，流经 30 公里之沙土，水量渗漏地下几达三分之一，曩因黑河水量充沛，农产丰收，近年河水减小，加之渠道失修，故不敷灌溉。至于渠口堡至黄水桥一段，常被冲溃，虽随即修复，然贻误灌溉，损失非浅。

6. 人事概况　该渠设有水利专员数人，管理渠道开闭及岁修事宜，若能整理旧渠，防止渗漏，节省水量，而增农产，裨益国计民生，当非浅鲜。

7. 工料单价调查　二十六年及三十六年十二月高台柔远渠工料复单价、单价调查分别如表 9、表 10 所示。

表 9　高台工程材料复单价分析表

项目	单位	26 年单价/元	36 年单价/元	单价成分分析/%				备注
				人工		料		
				小工	技工	结料	原始料	
挖普通土	公方	0.13	13,400	100				
夯填土	公方	0.24	23,600	100				
挖间隔土	公方	0.31	31,300	100				

续表

项目	单位	26年单价/元	36年单价/元	单价成分分析/%				备注
				人工		料		
				小工	技工	结料	原始料	
挖松石	公方	0.71	70,800		100			
1∶3白灰沙浆砌粗条石	公方	13.98	1,397,600	4	79	17		灰缝未扣
1∶3白灰砂浆砌块石	公方	3.61	361,349	6	71	23		灰缝未扣
1∶3白灰砂浆砌青砖	公方	2.78	278,200	6	71	31	46	扣灰缝20%砖料在外
1∶3∶6白灰三合土	公方	2.35	235,200	20		80		嵌砌石加0.35元

表10　26年及36年12月高台工料及农产品单价表

种类	名称	单位	民国26年下半年单价/元	民国36年12月单价/元
人工	小工	工	0.35	35,000
	木工	工	0.75	75,000
	铁工	工	0.75	75,000
	泥工	工	0.65	65,000
	石工	工	0.90	90,000
材料	方木	立公方	110.00	11,000,000
	青砖	立公方	12.60	1,400,000
	熟铁	公斤	0.45	90,000
	石灰	百公斤	1.70	340,000
	洋灰	桶	20.00	3,100,000
运费	大车运	公吨公里	0.40	48,000
	驮运	同上	0.60	72,000
	汽车运	同上	0.06	7,000
农产品	小麦	市石	5.00	800,000
	大麦及青稞	同上	4.20	600,000
	大米	同上	10.00	1,400,000
	棉花	百市斤	43.00	8,500,000

三、计　　划

1. 整理方法　柔远渠渠口堡至黄水桥一段，长约七公里，渗漏严重，且堤身沙多淤土，易被流水冲溃。现拟将该渠断面缩小，于基层铺1公寸厚之干黄土外，并加铺1公寸厚1：2：3之白灰、河沙、黄土及小石子、混合土，逐层平均夯实，以防渗漏，计渠深9公寸，底宽1.045公尺，侧坡为1：1.75。查渠口堡以上，渠口流率约为1秒公方，按旧渠渗漏率每公里为2.0%，6.605公里共计0.1321秒公方。加铺混合土后，渗漏率可减为每公里0.2%，6.605公里共计0.0132秒公方，即可减省0.2289秒公方。以每万亩需水0.45秒公方计算，可增垦荒地2,642市亩，因现在实用水量仅及需要水量之半，故可用以改进已耕地5，284市亩。

2. 采用本计划之理由 本计划采用白灰、河沙、黄土、细石子混合土以防渗漏，其理由如下：①柔远渠经渠口堡至黄水桥一段，因无法避免低洼之沙地，而另开新渠。②如改铺白灰浆砌卵石，渗漏率较本计划为大。③附近缺少卵石。

四、估　　算

柔远渠整理工程估算见表11。

表11　柔远渠整理工程估算表

名称	项目		数量	单位	单价（26年下半年）	总价	单价（36年12月）	总价	附注
工料	混合土	石灰	4000	百公斤	1.70	6,800.00	340,000	1,360,000,000	
		小石子	2350	公方	2.35	5,522.50	235,200	552,720,000	
		黄土							
	填方		19419	公方	0.24	4,660.56	23,600	458,288,400	
	黄土		2560	同上	0.40	1,024.00	40,000	102,400,000	
大车运费	石灰		2000	公吨公里	0.40	800.00	48,000	96,000,000	运距5公里
	小石子		9400	公方公里	0.80	7,520.00	80,000	752,000,000	运距5公里
	黄土		2350	同上	0.60	1,410.00	60,000	141,000,000	运距5公里
其他						10,262.94		1 237,591,600	
						38,000.00		4 700,000,000	

五、增　　益

该渠水量不足，作物生长期内，灌溉用水，统计不过200公里，仅及需要水量之半，故收成减少。普通每市亩之种子、人工、肥料约需小麦1市石，而收获亦仅一市石，勉能相抵，等于不种。

工程实施后，水量充足，每市亩可收小麦2.4市石，5,284市亩，共收12,681.6市石，较缺水时增产小麦7,397.6市石，除去每亩之成本折合小麦1.2市石外，（足水田较缺水田之成本多0.2市石）按民国二十六年物价，小麦每石国币5元计算。每年实际增益，共计国币31,704元。

六、结　论

1. 经济价值　综合本工程经济上主要各点如下，一切按照二十六年物价计算。本工程经济价值成立。

工程增益统计表

全部灌溉面积（本工程并不增加灌溉地亩）	熟地补充水5284市亩
工程实施后每年增产小麦	7397.6市石
工程实施后每年实际增益	$F=31,704$ 元
全部工程费	$C=38,000$ 元
工程常年维持费（包括清淤修理及管理费）	$O=400$ 元
工程平均寿命	$n\ =10$ 年
工程永久投资 $P=C+\frac{O}{r}+\frac{C}{(1+r)^{n}-1}$，年利率 r 实为8%	$P=75,350$ 元
折合常年工程费	$P_r=6,028$ 元
投资利益指数 $I=\frac{F}{P_r}$	$I=5.26$ 倍
投资年利 $R=\frac{F}{P}$	$R=42\%$

2. 还款办法　按民国二十六年普通贷款年利率8%，期限5年计算，本工程每年应还款9,510元，此数占年增益30%，农民力量可能负担。

3. 施工程序　本工程之实施不与上下游其他计划中工程之利害相冲突，且经济价值甚大，故应列为同流域内第一期工程。施工程序如表12所示。

表12　施工程序表

工程名称	说明＼每月工数		4	5	6	7	8	9	10	11
渠道	每日	大工23名	备料	690	690	690	690	690	690	690
		小工50名		1500	1500	1500	1500	1500	1500	1500
	进度			15%	15%	14%	14%	14%	14%	14%

大通河引水工程计划书

一、综　　述

甘肃黄河以西，地形狭长，祁连山合黎山对峙，俗称河西走廊，面积广大，而人口稀少，全境雨量极稀，气候干燥，蒸发剧烈，农田全赖灌溉。境内多内陆河流，水量不足，土地荒芜，为数至巨。

祁连山横亘于甘青两省之间，自东至西绵延千余公里，为河西走廊天然屏障。平均海拔高约二千五百公尺，主峰多在四千公尺以上，大致由北南中三支平行山脉组成，中支为黄河与黑河之分水岭亦即祁连山之主脉，北支毗连河西走廊，景阳岭与野牛沟脑横断北中两支，为黑河东西两岔之发源地，木锐河脑在中南两支西端，为黄河支流，大通河之发源地。

黑河流域居河西中部，纵贯南北，包括山丹、民乐、张掖、临泽、高台、鼎新、金塔等七县，面积约三万八千平方公里，现有耕地约二百余万市亩，可耕生熟荒地约百万市亩。据黑河莺落峡水文站记载，每年最枯流率为26秒立方公尺，最大洪水流率约140秒立方公尺，不敷灌溉之需，农作夏禾以小麦为主，秋禾以糜子稻子为主，因限于霜期年仅一熟。灌溉时期，约自四月中旬起至十月上旬止，甘新公路自东至西横贯境内，平原交通尚称便利，山区交通则因地高气寒，颇感不便。

大通河发源于祁连山中、南两支西端之木锐河脑，向东顺流，全部行经山谷中，与黑河东西两岔平行，全长五百余公里，至甘青交界处享堂，汇湟水后注入黄河。据黄委会上川口水文站记载，每年最小流率平均约为26秒立方公尺，最大洪水流率为155秒立方公尺，全河水流除下游甘肃境内引灌农田约一万余亩外，余均未利用。

本计划拟于大通河上游兰巴滩峡口，筑拦河滚水低坝一道，长160公尺，抬高水位，逼水入渠。渠道沿灯草大坂开凿，长16公里，纵坡1/3,000，下接长10,670公尺之隧洞，平均纵坡1/165，断面采半圆拱顶，下部为矩形，计划可排流率32.0秒立方公尺，最小流率为20.0秒立方公尺。水出隧洞后，引入平水池，池身全部于山石中开凿，下接输水管两道，每道复分为二，各连接水力机一座与发电机组成一套，共四套。水力机采用4,000马力46公尺势头，单输主轴Francis反动式，400r/min，比转数49。发电机采用3,000瓦，400r/min，36极，60周波，2,300伏特三相交流伞式装置，平水池中筑一斗形溢水道，以泄余水，使全部水流归入黑河东岔，增加黑河水源，垦灌下游可耕荒地。

本计划全部工程费按民国二十六年物价估算共13,050,000元，工程实施后，计可开垦张掖、临泽、高台及鼎新四县剩余之生熟荒地465,000市亩，同时利用水力发电供给流域内各城市及工矿等，初期开发用电62,240,000千瓦时，估计年获纯益按二十六年物价为4,900,000元，利益至巨，工程经济价值自能成立。

二、资　　料

1. 形势

A. 概述　甘肃西部，祁连合黎两山南北对峙，其间狭长地带，形同走廊。且因位于黄河之西，故称河西走廊，北临宁夏，东通中原，南与青海比邻，西与新疆、蒙古接壤，向为中原通西域孔道。全区自古浪起至敦煌止，长约一千余公里，分十六县及一设治局治辖，南北宽五十至七十公里，总面积十万另八千余平方公里，人口约一百余万，地旷而人稀，境内雨量稀少，蒸发剧烈，气候干燥，农田全赖灌溉，俗谚云“有水成良田，无水变荒漠”，即此谓也。灌溉水源分地下水与表面水，前者包括井水、泉水，因地势所限，未能普遍利用，后者即各河水，开渠导流，灌地广远，且历史悠久，人民皆赖以生存。境内各大河流，均发源于祁连山，下游无出海口，大者于尾端潴为盐湖，小者沿途渗漏终没于地下。各河上游出峡后，地势开展，坡度顿减，农民争相截引，故河道分歧散漫，沿途蒸发渗漏，水量损失至巨，下游水不足用，沃野荒芜，各县生熟荒地亩数，恒以万计。

黑河流域位居河西走廊中部，东以祁连合黎两山会合处，与石羊河为分水岭，西与临水河流域毗邻，南倚祁连山与黄河流域分界，北抵宁夏境内之居延海。黑河纵贯南北、支流错综，全渠包括山丹、民乐、张掖、临泽、高台、鼎新、金塔等七县，面积约三万八千平方公里，人口计365,000人，现有耕地面积二百余万市亩，可耕生熟荒地近百万市亩，详如表1所示。

表1　黑河流域人口土地统计表

县名	人口/人	土地		备注
		现有耕地/市亩	可耕生熟荒地/市亩	
山丹	36,000	414,000	100,000	(1)人口数字根据35年甘肃省统计年鉴 (2)土地面积根据第三分队调查数字 (3)金塔县土地面积仅指位于黑河沿岸
民乐	35,000	412,000	154,000	
张掖	173,000	760,000	406,000	
临泽	48,000	244,000	205,000	
高台	60,000	303,000	20,000	
鼎新	13,000	37,000	41,000	
金塔		15,000	10,000	
合计	365,000	2,185,000	936,000	

B. 山脉　祁连山横亘于甘青两省之间，自西至东绵延约千余公里，为河西走廊天然屏障。平均海拔高约二千五百公尺，主峰多在四千公尺以上，西北略高于东南，大致由

南，中，北，三支平行山脉组成。南支北麓接青海之亹源平原，中支为黑河黄河之分水岭，亦即祁连山之主脉，北支连河西走廊，景阳岭与野牛沟脑横断北中两支，为黑河东岔及西岔之发源地，木锐河脑在中南两支间西端，为大通河之起源。

C. 河流　本计划有关河流为黑河东西两源及干流，与大通河上游，兹分述如下：

（1）黑河东岔　东岔发源于祁连山脉之景阳岭，夹于中北两支山间，向西顺流至黄番寺汇西岔后注入黑河干流，全长约九十公里，河道多曲折。沿河有天蓬河、骆驼河、吴松塔拉河、黑酸子河、青羊沟、大灯草河等支流。上游又名伏牛河，会天蓬河后改称清大河，黑酸子河口（拉东峡）以上，两旁山势开朗茂草遍野，为优良之牧畜地带，自此以下海拔高程低于三千公尺者始见森林及耕地。河床大部粗砂卵石组成，碎石亦多，河面宽约一百至二百公尺，平均坡降二百三十分之一。三十六年七月在黄番寺实测流率约 21 秒立方公尺，推算洪水流率约 300 秒立方公尺。

（2）黑河西岔　西岔发源于祁连山主脉之野牛沟脑，上游又名甘州河，长约一百五十公里。支流以沙拉河、油葫芦河、杂马什盖沟等为最大。沿河峡谷高深，两岸岩石风化者颇多，河床宽自五十至一百公尺，坡降陡至五十分之一。三十六年七月实测流率约 60 秒立方公尺，推算洪水流率约 300 秒立方公尺。

（3）黑河干流　上游东西两岔于黄番寺汇合后，始称黑河。向西北流，约八十公里出莺落峡，折向东北流，至张掖县城西北十余公里处汇山丹河，再向西北流，经临泽纳梨园河，至高台纳摆浪河。出正义峡后，复向东北流，于金塔汇临水河后，称额济纳河，北流注入宁夏居延海。三十六年六月在莺落峡口实测河宽七十至九十公尺，坡降百分之一，流率约 34.6 秒立方公尺，推算洪水流率约为 1,000 秒立方公尺。

（4）大通河　上游又名木锐河，发源于祁连山西端木锐河脑，介于南中两支山之间，与敦煌之党河同一分水岭。向东顺流，与黑河两源平行，至甘肃享堂附近汇湟水后注入黄河，长约五百公里，上游河谷平广，两岸皆宽达十余公里之冲积平原，水草丰盛，为极佳之牧畜地区。本河水流，除甘青两省农民引灌耕地约一万三四千亩外即无他用，且因山中人烟甚少，交通阻隔，对该河实际情况知者尚鲜。本年七月经本总队第四分队实地勘测结果，上游兰巴滩处河床乃由粗砂卵石及碎石组成，宽约一百五十公尺二百余公尺，河底平均坡降约二百三十分之一，流率 54 秒立方公尺。据随行之当地藏胞指述及多方考证，该时所测流率实为该河每年解冻期（五月中旬至九月中旬）内最枯流率，如遇夏秋之交阴两连绵，融雪下注，河水增涨，乃为洪水期，估算最大可能之洪水流率约 1,640 秒立方公尺。

（5）大灯草河　为黑河东岔支流之一，发源于八宝东南之心山之阳，绕灯草大坂闼下，流行于丛山幽谷中，至八宝注入黑河东岔，全长约五十余公里。河床亦系卵石碎石组成，两岸高峻，最窄处宽约四五十公尺。平时流率仅三秒立方公尺，河底坡降特陡，自二十五分之一至九十分之一不等。

2. 地质　本计划引水路线拟自大通河之兰巴滩峡起穿越灯草大坂后，借道大灯草河及东岔而入黑河，兹将沿途地质情形，约如下述：

A. 大通河谷　大通河谷为一东西向之河谷，南北岸各宽约十数公里，北部高峻，地形复杂，南部尽为平缓丘陵。故目前河床系由北逐渐向南侵蚀而成，谷中所露地层，底部属第三纪红色岩层，其上覆以第四纪砾石及黄土并近代冲积层，因排水困难，沼泽甚多。计划中明渠位置大部在此通过兰巴滩峡拟筑拦河坝处，南岸有岩石突起，高出河床约百公尺，系“南山系”地层，主要为黑色页岩及硬砂岩，北岸砾石黄土，坡度平坦，高出河床约五公尺，河床表面系卵砾，碎石，深度不详。

B. 灯草大坂　灯草大坂海拔高4,100公尺，最高山头约4,500公尺，为“南山系”地层分布之区，主要为灰色石英岩、红色及绿色硬砂岩、黑色页岩。大坂两则稍有变质，成为黑色板岩及石英岩，聚成大通河谷以北主要岭脉。大坂之东有一近似南北向之断层经过，该处□□□[①]裂甚剧，大坂之西岩层除大部分为“南山系”地层外，西北二公里处尚有“都兰系”变质□□□□□□□位置即须经此二系地层，方向约与岩层走向垂直。除南麓入口处略有裂罅丛生疏松岩层外，其他各段均为坚硬变质岩、硬砂页岩等，故对于隧洞工程，其为有利。惟于兴凿之前，仍须加以详细地址调查研究及钻探，期收最大之效果。

C. 大灯草河谷　河谷地质大部属花岗岩及变质岩二类，主要为灰白色云母花岗岩、□□岩、绿色片岩及角岩、石英岩等，在灯草大坂西北七公里计划修筑拦河坝处，有鲜红色砂岩及页岩以断层接触，覆于花岗岩及变质岩体上，其上又有泥质石灰岩及砾状灰岩，以岩性及化石推断，当为古生代石炭纪灰岩，向东南延长分布甚广。

D. 黑河东岔及黑河河谷　八宝以西至黄番寺，黑河东岔两岸均为白垩纪红色地层分布之区，主要为赤紫红色砂岩、页岩，间夹薄层砾岩。黄番寺四周高山低陵及下游黑河干流峡谷一带均为白垩纪地层所构成，地质构造颇为复杂。

3. 水文　黑河流域水文，截至三十六年十二月止，设站测验者，计有张掖黄番寺、莺落峡及高台正义峡等三处，记载最早自民国三十三年起，至今为时尚暂。大通河流域内人烟稀少，城市唯亹源一县，人口只二万人。下游永登上川口，黄河水利委员会设有水文站一所，自二十八年至三十年止，三十四年迁至享堂，兹将现有各项水文记录列表统计如下。

A. 雨量　如表2所示。

表2　黑河流域各地雨量统计表　（单位：公厘）

测验站＼月	1	2	3	4	5	6	7	8	9	10	11	12	全年
张掖黄番寺	3.8	1.3	1.9	17.3	17.8	52.6	52.2	108.9	57.0	4.4	—	0.3	317.5
张掖莺落峡	4.2	8.3	40.7	0.4	2.6	17.6	27.5	67.6	26.2	20.0	1.1	0.7	216.9
高台正义峡	2.6	1.9	11.3	25.8	8.2	7.2	17.8	26.4	3.8	—	—	0.5	105.5

① 编者按：原文件此页有墨渍数处覆盖字迹。

B. 蒸发量　如表 3 所示。

表 3　黑河流域各地蒸发量统计表　　　　（单位：公厘）

测验站＼月	1	2	3	4	5	6	7	8	9	10	11	12	全年
张掖黄番寺	—	—	—	115.7	186.5	200.5	165.5	158.8	136.4	96.1	—	—	1,059.5
张掖莺落峡	—	—	—	204.8	229.0	307.0	311.6	222.3	106.4	90.7	22.8	—	1,494.6
高台正义峡	—	—	—	87.0	209.2	235.5	242.7	195.9	129.6	98.6	17.5	—	1,216.0

C. 气温　黑河流域夏季最高温度约 39℃，冬季最低气温约-25℃，全年霜期甚长，约 200 天，各地气温如表 4 所示。

表 4　黑河流域各地气温统计表　　　　（单位：℃）

测验站＼月	1	2	3	4	5	6	7	8	9	10	11	12	全年平均
张掖黄番寺	-10.3	-7.7	-0.4	5.7	8.9	13.1	14.8	13.6	10.1	3.7	-3.9	-8.6	3.2
张掖莺落峡	-8.3	-6.1	2.9	11.5	14.7	22.9	23.7	20.8	16.8	9.4	0.3	-6.8	8.5
高台正义峡	-3.5	-0.2	8.0	15.8	20.8	25.3	28.2	25.8	20.9	12.2	3.8	-3.4	12.8

D. 流率　如表 5 所示。

表 5　黑河流域各水文站流率统计表　　　　（单位：秒立方公尺）

测验站＼月	1	2	3	4	5	6	7	8	9	10	11	12	附注
黄番寺东岔	—	—	—	—	13.59	19.20	32.56	37.89	43.15	22.31	11.29	—	
张掖莺落峡	—	—	—	35.72	37.76	84.14	138.85	131.83	80.19	40.16	40.41	26.24	
高台正义峡	—	—	—	41.45	17.68	61.11	58.66	88.89	99.04	54.07	31.70	—	

永登上川口大通河水文站（此前由黄河水利委员会设立）统计该河自民国二十九年一月至三十年十二月逐月最大、最小及平均流率，如表 6（a）所示。

表 6　大通河各月流率

（a）永登上川口统计表　　　　（单位：秒立方公尺）

月份	1	2	3	4	5	6	7	8	9	10	11	12	备注
最大	58.00	34.00	44.00	78.00	185.00	112.00	278.00	230.00	300.00	140.00	59.00	40.00	
最小	17.00	18.00	25.00	35.00	44.00	33.00	44.00	55.00	57.00	44.00	29.00	16.00	
平均	28.79	26.70	34,25	44.55	83.30	60.85	110.45	117.65	155.00	70.15	46.70	29.00	

(b) 兰巴滩估算表 （单位：秒立方公尺）

月份	1	2	3	4	5	6	7	8	9	10	11	12	附注
流率	25	25	25	40	50	65	54	75	100	65	50	25	七月份系实测

又同时期内该河含沙量统计，最大1.31%，最小0.01%，平均0.06%。

大通河上游流率经三十六年七月在兰巴滩实测为54秒立方公尺，最大可能达1,640秒立方公尺，兹估算各月平均流率，如表6（b）所示。

4. 农作概况 黑河上游东西两岔均深处祁连山内，海拔高平均在三千公尺以上，气候严寒，作物生长不易，故耕地殊少，除黄番寺、八宝附近有少数田亩种植青稞、小麦、菜子等合计约四千市亩外，余均供畜牧之用，山中农作时期约较山外迟后一个月。

黑河于张掖莺落峡出口以下，两岸土质肥沃，沟渠纵横，灌溉极盛，甘肃河西一带借以引灌之耕地，约有2,185,000市亩，惟因水量不敷，尚遗有可耕生熟荒地约936,000市亩总计约3,121,000市亩。作物分夏秋禾两种，夏禾以小麦为主，秋禾以糜子、稻子为主，三者种植亩数之比约为2∶1∶1，灌溉用水时期约自四月中旬起至十月初旬止。兹将黑河流域现时农耕情况列于表7。

表7 黑河流域现时农耕情况表

编者按：原表较复杂，从略。大意为：小麦春分前后播种，谷雨前五天开始灌溉，小暑前后收割，立冬前后开始泡地；糜子谷雨前后开始泡地，小满前后播种，夏至前后开始灌溉，白露前后收割；水稻谷雨前后泡地播种，芒种前五天开始灌溉，秋分前后收割

农作成本及产量，每因土地之肥瘠、耕耘之勤惰以及施肥灌水之充足与否而差异，据调查所得本区域一般情形如表8所示。

表8 黑河流域农作物成本及年产量调查表 （单位：市石/市亩）

农作物	成本			年产量	
	种子	肥料及劳力	合计	丰收	歉收
小麦	0.2	0.8	1.0	2.0	1.0
糜子	0.2	0.8	1.0	2.0	0.8
稻子	0.17	0.83	1.0	3.5	1.4

5. 电力销路 黑河流域面积广大，矿藏丰富。张掖县为历代河西重镇东西交通孔道，工商业有待发展，故未来电力之需要自极殷切。其他如山丹、民乐、临泽、高台各县矿产丰富，及高地灌溉，需辅以抽水在均需电力之供应，以谋开发与解决，兹将黑河流域电力销路分述如下：

A. 城市用电 本区山丹、民乐、张掖、临泽、高台等五县人口总数前约计三十五万人，将来农工商业繁荣后，可能增加至一百万人，全年用电量估约75,000,000千瓦时。

B. 工矿用电 山丹煤铁矿藏颇丰，轻工业如造布、制革、纺织、水泥等均在萌芽中，其他各地亦多类似情形，故未来需用电力范围至广，全年用电量估在75,000,000千瓦时以上。

C. 抽水用电　山丹张掖临泽境内，地下潜流丰富，在地高水低或排水不良致土壤含碱较重之荒区，如有廉价动力，宜用凿井抽水，洗碱灌溉，此项用电量全年估约5,000,000千瓦时，灌地约二十万市亩。

以上三类全年用电总量共约155,000,000千瓦时，在初期开发时，约需50%，即77,500,000千瓦时，以后视发展程度当再逐步增加扩充。

6. 交通概况　黑河流域平原区交通尚称便利。甘新公路横贯境内，东通兰州、西达新疆，此外张掖、山丹并筑有飞机场，可供中型运输机起落之用。至于山区交通，因地势艰险、天气严寒，往来极不方便。现时入山至八宝路途计有苏油口、磁窑口及扁都口三处。苏油口在张掖境，路程最捷近，然须经苏油、玉儿、流沟三大山，海拔高程约在四千公尺以上，山路崎岖狭窄，步行尚可，供运输则极困难。磁窑口在民乐境，情形与苏油口相仿，亦不供运输之用。扁都口在山丹境，旧甘青公路自张掖至民乐由此入山，越俄博岭溯伏牛河上行，复越景阳岭经亹源而达西宁。此路另一支线乃自俄博岭南沿黑河东岔下行而达八宝，现时仅可通行大车。张掖距民乐70公里，距扁都口100公里，距俄博岭约130公里，距八宝约200公里。张掖扁都口一段，尚属平坦，扁都口至俄博岭一段颇为崎岖，沿途共有木桥四道，现均毁坏，须予修整，部分路面较窄处且须放宽并加铺石子，始可维持运输。俄博至八宝一段中途经过河流数道，因河滩广宽，水流甚浅，车辆可涉水或越冰而过，全段仅须将路面略事整修即可。自八宝至大通河约40公里，此段山路倍见崎岖，除驮运外，车辆无法通行，将来工程实施时，外来机件及材料之运输，以在大通河滨兰巴滩附近修筑小型运输机场，较为便捷。

7. 沿革　凿引大通河穿越祁连山、灌溉河西农地倡议已久。盖大通河在甘青境内，仅于下游连城镇窑街一带稍有灌溉，此外即完全未被利用，而河西石羊河及黑河诸源适与大通河一山之隔、互相平行，设若地势高差恰当，能引此挹彼，解救河西水源之不足，则可化无用为有用，其利自不待言。至引水路线，各地民众因利益攸关多率先自行踏勘，并请有关当局作技术上之决定。兹将历来查勘所得可能引水之三处路线分述于后：

A. 入武威西营河　民国三十一年九月甘肃水利林牧公司第三查勘队曾应武威民众之请入山查勘，并拟具引水路线。三十五年七月复勘后，计划于青海亹源县永安营西北十五公里之浩亹峡上口（此段大通河又名浩亹河）建高约130公尺、长550公尺之拦水坝一座，河北岸沿祁连山南麓开掘明渠一道引水，全长约52公里，可排流率130秒立方公尺。渠尾连接隧道，长10公里，出口处接入武威西营河，可灌武威、永昌、民勤三县荒地三百万市亩，工程经济价值未经确定。

B. 入民乐洪水河　此线于民国三十一年七月由民乐民众推代表数人入山踏勘，三十四年七月经甘肃水利林牧公司张掖工作站组队勘测，可能引水路线系自景阳岭东南之木锐河（大通河上游名）滨，开明渠100公里至岭南沟，再穿凿4公里隧道，复接明渠20公里至俄博岭南沟，再穿越5公里而入洪水河上游之童子坝河，受益地亩计垦荒十万市亩，约共二十万市亩①，工程经济价值未能成立。

① 编者按：原文件此页有墨渍数处覆盖字迹。

C. 入张掖黑河　此线经本总队第四分队于三十六年七月实地勘测，引水口择定八宝（今青海祁连县）西南三十公里之木锐河兰巴滩峡，引水线全长约27公里，内明渠16公里隧道10公里余，可排流率32秒立方公尺。出口处利用势头发电，全年可发电力约七千余万千瓦时，尾水入黑河东岔支流之大灯草河输入黑河，可灌黑河流域荒地465,000市亩，工程经济价值成立。

8. 工料单价调查　民国二十六年及三十六年十二月张掖工料及农产品单价调查如表9所示。

表9　张掖工料及农产品单价调查表　（单位：元）

品名	单位	二十六年单价	三十六年十二月单价	品名	单位	二十六年单价	三十六年十二月单价
大麦	市石	4.20	600,000	小圆木	立公方	60.00	6,000,000
小麦	同上	5.00	800,000	大圆木	同上	80.00	8,000,000
糜子	同上	3.80	600,000	方木	同上	110.00	11,000,000
稻子	同上	4.00	640,000	白灰	百公斤	1.70	340,000
大米	同上	10.00	1,400,000	洋灰	桶	20.00	3,100,000
小工	工	0.35	35,000	洋钉	同上	40.00	9,600,000
木工	同上	0.75	75,000	炸药	公斤	0.85	65,000
铁工	同上	0.75	75,000	青砖	公方	5.00	600,000
泥工	工	0.65	65,000	条石	公方	12.00	1,440,000
石工	同上	0.90	90,000	驮运费	公吨公里	0.60	72,000
熟铁	公斤	0.45	90,000	大车运费	同上	0.40	48,000
钢	同上	0.95	210,000	汽车运费	同上	0.06	7,000

三、计　　划

1. 工程目的　大通河在青海境内未被利用，流向与黑河上游东西岔适成平行，而仅相隔一山，本计划拟选定一最经济引水路线沟通两河，增加黑河水源，开垦张掖、临泽、高台及鼎新四县，剩余生熟荒地465,000市亩，同时利用水力发电，供给流域内各城市照明及工矿事业等用电，估计初期全年用电量约62,240,000千瓦时。

2. 引用流率输水损耗之研究

A. 引用流率　大通河兰巴滩海拔高程约3,600公尺，地高气寒，河水全年冰冻期较解冻期为长，前者自九月中旬至翌年五月中旬为时约八个月，而后者仅只四个月而已。该河枯水时期为十一月中旬至翌年三月中旬，估计最枯流率约25秒立方公尺，兹为安全计，假定最低可能引水流率为20秒立方公尺，水面冰层最厚可达0.70公尺，在本计划引水明渠即以此为设计根据。至解冻期，渠表面冰层渐次融化，断面增大，流率乃由20而渐增至为32秒立方公尺。

B. 输水损耗　全部输水路线应包括自引水口以迄灌溉区域止，兹分三段讨论如下：

（1）引水工程段　此段起自大通河滨之引水口，迄电厂尾水渠入大灯草河为止，水流全部系在人工建筑之输水渠道中通过，计长约27公里，首端明渠系临大通河北岸沼泽地带，地下水位几与渠水面等高，故无渗漏之虞，其下隧洞部分因已注意疏松岩层之砌护及坚岩罅隙之灌浆，应无损耗之弊，隧洞之末紧接输水管及泄水道，同归于大灯草河。

（2）天然河道段　此段包括大灯草河，黑河东岔及张掖莺落峡以上黑河干流之天然河道，长约100公里，全段河坡陡峻，两岸皆山，河床狭窄，底部多属岩石，水流湍急，故对流率损耗，为量至微。

（3）灌溉区域段　黑河自莺落峡出山后，两岸沟渠交错，灌区自此开始以迄鼎新，此段河道迂回宽广，且多行经卵石夹砂地层，输水损耗至巨。此外各灌溉系统干支渠道之渗漏以及一般农民不合理用水等损失，为数亦巨。

本计划灌区地亩80%以上，系在张掖境内，距峡口甚近。如将渠道略加衬砌防漏，并合理分配用水，则该段平均输水损耗及不合理用水损失当不至超过总流率30%。

综上所述，由大通河引水至黑河流域新垦区，沿途输水总损耗估为引水总量之30%。以曲线示之（图1）。

图1　大通河平均流率、引用流率及黑河流域新垦区实惠流率变化曲线

编者按：此图漫漶，难以重描改绘，从略

3. 工程布置　本计划引水工程，拟于大通河上游兰巴滩峡口处筑拦河坝一道，长160公尺。北岸渠首建进水闸与排水闸各一座互成直角，前者用以控制并调节进水流量，后者用以保持进水闸前固定水槽并拦阻粗砂入渠。两闸上游北岸，筑顺水防洪堤一道，长约320公尺。引水干渠，全长16公里，纵坡1/3000，自进水闸后起，沿滩至灯草大坂南麓，与隧道入口相衔接。沿渠建筑物计石砌渡槽及涵洞各一座，隧洞贯通大坂南北麓，全长10,670公尺，出口处接平水池与溢流斗，刷砂闸等联合建筑。池身大部深藏山内，以减轻冰冻影响，下方连通电厂之输水木管两道，各长230公尺、直径3.20公尺，于进入电厂前20公尺处复分为二，下端各接4,000马力水力机一座。电厂尾水渠及平水池之泄水道，均直达大灯草河。自此以下至黑河流域新垦区前，全部利用原有河道输水，无治导必要，此外新垦区范围内输水及灌溉系统设计，须俟将来详细勘测后，再行拟定。

4. 配水设计　黑河流域旧有灌溉区耕地十九系属私有，种植杂乱，用水无度，甚难管制。惟将来新垦地465,000市亩则可施以合理之配水方法，并按规定作物种植比例，妥善管理，以达到全部耕地十足收成之目的。新垦地中规定夏秋禾种植亩数、配水计划分别如表10、表11所示。

表10　黑河流域新垦区作物种植地亩分配表

农作物名称		种植亩数比	地亩面积/市亩
夏禾	小麦	2	232,500
秋禾	糜子	1	116,260
	稻子	1	116,250
合计			465,000

表11　黑河流域新垦区配水计划表

编者按：此表有不解处，从略

表11中第七项需水量亦即图1中之黑河流域新垦区实惠流率，第八项总需水量亦即图1中之引用流率，至于十月十五日以后至翌年四月十五日前流率，因气候严寒，沟渠封冻，农地无法利用，惟对黑河下游水库言，则无异可增一部分储蓄水源也。

5. 电力分配　本计划拟利用全部引水流率平均动力12,000马力，全年发电量为62,240,000千瓦时，其中经常电力47,720,000千瓦时，三月中旬至十一月中旬临时增加电力14,520,000千瓦时，用途计分城市，工矿及抽水用电三类：

城市　黑河流域上游张掖等五县目前人口350,000人，平均每人每年用电以80千瓦时计，全年用电量估为28,000,000千瓦时。

工矿　包括煤铁矿之开采，冶炼及纺织，化工等业之制造初期所需动力，全年估约29,240,000千瓦时。

抽水　山丹张掖临泽等县，内有部分荒地约二十万市亩，利用电力抽水，洗碱灌溉，全年用电量估约5,000,000千瓦时。

以上三类全年用电总量共62,240,000千瓦时。

6. 工程设计　本计划乃一灌溉与水电联合性之工程设计，故建筑物大部均以两者共同利用为目的，兹将各项重要建筑物设计略述如下。

拦河坝　坝址选定大通河上游兰巴滩峡口，该处南岸山石高出河床百余公尺，北岸砾石黄土，高出河床约五公尺，两岸相距约200公尺。坝采奥奇（Ogee）滚水型式，全长160公尺，高3.70公尺，坝顶最大溢洪流率1,700秒立方公尺，水深3.12公尺，最高洪水位3,600.02公尺。坝身内部用1∶4白灰砂浆砌块石，坝面及下游护趾一部用1∶3洋灰砂浆砌五面凿平之条石，坝顶下及趾部打木板桩，深入床底约4.50公尺，以增坝底渗径并防趾部淘刷，趾顶设消力槛，俾免水跃之产生位置移向下游，而影响坝工安全。槛后干砌片石护坦，长17公尺，纵坡1/50。

排沙闸　排沙闸紧靠拦河坝北端，两者相隔一导水墙，方向与河之流向平行。上游刷沙道长约17公尺，用1∶1∶6洋灰白灰砂浆砌块石，下游护趾及消力槛均与拦河坝者同，闸分四孔，拱顶附木制拽门，用铁板螺钉连结，装有钢杆及铸铁标准6—12斜齿启闭器，以人力司启闭，门前设插板槽，以备意外之需，闸顶高出洪水位0.83公尺，连墩全部用1∶1∶6洋灰白灰砂砌条石筑成，洪水期此闸可局部开放，借以冲去底部淤砂。

进水闸　进水闸连于排水闸之北侧上游，方向与之正交，刷沙道适掠闸前而过道底较进水闸底 1 公尺，俾免粗沙流入干渠，全闸形式及建筑方法一如排沙闸，拽门前插板槽除防意外之需外，洪水期并可借插板作阻砂之用。

引水干渠　全部明渠长 16 公里，纵坡 1/3,000，底宽 9.00 公尺，侧坡 1.5：1，渠深 3.62 公尺，全部在挖方内，解冻期可排流率 32.0 秒立方公尺，冰冻期表面冰层最厚假定为 0.70 公尺，其时最小流率为 20.0 秒立方公尺。南岸利用推土，顺渠筑成车路一道，路面宽 4 公尺，上铺 25 公分厚碎石黄泥一层，可通大车及汽车。

隧道　为施工简易计，断面采半圆拱顶，下部为矩形，底宽 3.00 公尺，高 3.90 公尺，全长 10,670 公尺，平均纵坡 1/165，内软石段用 1：3 洋灰砂浆砌条石衬砌，周围卵石回填，计长 2,900 公尺，坚石段仅将润边凿光，隙缝用 1：3 洋灰砂灌浆，计长 7,770 公尺，进口设拦污栅，以阻冰块及浮游物等入洞，进口洞底高程 3,587.39 公尺，出口处底高 3,520.30 公尺，下与平水池相衔接，自南至北设施工用立洞七个，直径 2 公尺，深度 40 至 450 公尺不等。

平水池，溢流斗及刷沙闸　平水池之功用有三：（1）连络隧道出口与电厂输水管进口。（2）调节因电厂水力机开关时所产生之突击水压（water hammer）及水位升降。（3）沉淀挟沙，俾进入输水管与水力机之水流含沙减少，保障管机之安全及寿命。为达到上述目的，池身必须相当宽广，并与溢流斗及刷沙闸等联合建筑，今设计平水池底较隧道出口及输水管进口均低 0.50 公尺，长度 15 公尺，宽 10 公尺，高 11 公尺，顶部拱形，高出池内常水位 5 公尺，常水位 3,525.80 公尺，以下池身，全部于山石中，开凿而成，借可增加池身安全并减轻冰冻影响，内壁以混凝土砌面，输水管进口设于池身壁□□两管口间沿壁镶圆铁扒梯，俾供检视者上下之用，顶部及四壁露出地面部分均用 1：3：6 钢筋混凝土筑成。

溢流斗距隧道出口北 5 公尺，居池南部中央位置，系一混凝土筑成之直立中空圆柱，中空部分自上而下渐次收缩，状如漏斗，故名，斗上缘与池内常水位齐平，下通泄水道。

刷沙闸用以冲刷池内沉沙，当电厂水力机全部开关时，并可兼作泄水闸，闸居池之北侧，采圆柱形式，门用 0.25 吋钢板焊接，直径 2 公尺，高 3.50 公尺，内部角铁支架，全重 1 公吨，以 1 吋钢螺杆与池顶管制室之铸铁标准 6—12 斜齿启闭器相联，人力司启闭，下通泄水道与溢流斗下之泄水道合并为一，同入大灯草河。

输水木管　共两道，各长 230 公尺，内径 3.20 公尺，木板厚 0.10 公尺，外围 0.75 吋圆钢箍，接头用铸铁标准式，每箍接头三个，两箍间距视高程而异，自 20 至 5 公分不等，与平水池连接部分用 0.25 吋焊接钢板管，出山处各设蝴蝶形开关一付，以备电厂水力机停息或修理输水管时关闭之需，其下并设直径 0.80 公尺，高 2.50 公尺，进气立管一道，修管时兼作探视洞用，木管下端距电厂约 20 公尺处，各分为二支管，下各与水力机相连接，叉管用 0.75 吋钢板铆结，呈 Y 形，支管内径 2.30 公尺，仍用木板钢箍制成，长 10 公尺，于入电厂处改接钢管。

电厂　厂位置于灯草大坂北麓大灯草河滨，南北长 30 公尺，东西宽 20 公尺，东部装水力机及发电机四座，西部上下两层供修件，储藏，配电，办公及起居等用，以混凝土及料石洋灰浆砌筑成。

水力机及发电机　共四套，每套包括水力机及发电机各1座。水力机采用4,000马力46公尺势头，单输主轴Francis反动式，400r/min，比转数49，共四座。发电机采用3,000瓦，每分钟400转，36极60周波，2,300伏特三相交流伞式装置，共四座。

四、预　　算

本计划各项工程费预算详见表12，按二十六年单价计需13,050,000元，按最近三十六年十二月单价约需17,200亿元。

表12　大通河引水工程预算表

名称		单位	数量	单价		共价		备注
				26年/元	36年12月/亿元	26年/元	36年12月/亿元	
工程建筑	拦河坝	座	1	400,000	600.0	400,000	600.0	包括清基及临时拦水排水工程等
	排沙闸	同上	1	90,000	130.0	90,000	130.0	包括清基
	进水闸	同上	1	98,000	142.0	98,000	142.0	包括防洪堤
	引水干渠	公里	16	36,875	44.5	590,000	712.0	包括渡槽涵洞等
	隧道	公尺	10,670	240	0.4	2,560,800	4,268.0	平均单价包括立洞及拦污栅
	平水池	座	1	100,000	150.0	100,000	150.0	包括溢流斗刷沙闸、泄水道等
	输水管	道	2	69,000	103.5	138,000	207.0	包括开关进气管、钢叉管、管座等
	电厂	所	1	480,000	720.0	480,000	720.0	包括厂房、尾水管渠、活动起重机、器具等
	水力机及发电机	套	4	300,000	450.0	1,200,000	1,800.0	每套包括水力机、发电机各1座及其附属设备
	输电设备	公里	200	4,000	6.0	800,000	1,200.0	包括高压线木杆及变压器等
	灌溉渠系	同上	200	5,000	5.0	1,000,000	1,000.0	包括引水建筑物及干渠衬砌防漏

续表

名称	单位	数量	单价		共价		备注
			26年/元	36年12月/亿元	26年/元	36年12月/亿元	
工程费合计					7,456,800	10,930.0	
工程预备费					1,121,600	1,125.0	包括测量设计地质钻探等
交通设备费					1,500,000	1,800.0	包括修筑运输机场车路、通讯设备等
工程管理费					1,121,600	1,125.0	
其他					1,850,000	2,220.0	包括施工期贷款利息，招工房屋工棚工具及工料损耗等
总计					13,050,000	17,200.0	

五、增　　益

兹将本计划工程实施后，黑河流域每年增益情形分述如下：

1. 灌溉部门　黑河流域张掖，临泽，高台及鼎新四县可增垦生熟荒地465,000市亩，按2：1：1比例种植小麦、糜子、稻子，全年增产按二十六年物价计算为4,836,000元，三十六年十二月物价为7,719.0亿元，扣除农作成本后，年获纯益按二十六年物价计2,766,750元，三十六年十二月物价计4,417.5亿元，兹列于表13。

表13　大通河引水工程灌溉部门增益表

农作物名称	地亩面积/市亩	年增益			年纯益			备注
		市石	26年/元	36年12月/亿元	市石	26年/元	36年12月/亿元	
小麦	232,500	465,000	2,325,000	3,720.0	232,500	1,162,250	1,860.0	
糜子	116,250	232,500	883,500	1,395.0	116,250	441,750	697.5	
稻子	116,250	406,875	1,627,500	2,604.0	290,625	1,162,500	1,860.0	
合计	465,000		4,836,000	7,719.0		2,766,750	4,417.5	

2. 水电部门 全年供电量总数为62,240,000千瓦时，供黑河流域河西六县城市工矿及张掖、高台、鼎新等县电力抽水应用，内计经常电力47,720,000千瓦时，临时电力14,520,000千瓦时，按民国二十六年物价，经常电力每千瓦时以0.045元，临时电力0.025元计，全年总收入为2,510,400元，三十六年十二月物价为2,510.4亿元，扣除管理养护及折旧等成本约15%，年获纯益按二十六年物价为2,133,250元，三十六年十二月物价为2,132.5亿元。

以上两项，每年纯益合计，按二十六年物价为4,900,000元，三十六年十二月物价为6,550亿元。

六、结　　论

1. 经济价值 按二十六年物价计算，本工程费需13,050,000元，而每年实际增益为4,900,000元，年增益占全部工费37.5%，按三十六年十二月物价计算，本工程费17,200亿元，而实际年增益6,550亿元，占全部工费38.1%利益甚厚，工程经济价值自能成立，兹按二十六年物价情形，综合本工程经济上主要各点如下。

工程增益统计表

全部灌溉面积	465,000市亩
平均动力	12,000匹马力
工程实施后每年增益	小麦465,000市石
	糜子232,500市石
	稻子406,875市石
	电力62,240,000千瓦时
工程实施后每年实际增益	$F=4,900,000$元
全部工程费	$C=13,050,000$元
工程常年维持费（包括养护管理等）	$O=600,000$元
工程平均寿命	$n=50$年
工程永久投资$P=C+\frac{O}{r}+\frac{C}{(1+r)^n-1}$，年利率$r$定为8%	$P=20,834,400$元
折合常年工程费	$P_r=1,666,750$元
投资利益指数$I=\frac{F}{P_r}$	$I=294$倍
投资年利$R=\frac{F}{P}$	$R=23.5\%$

2. 还款办法 按民国二十六年普遍贷款年利率8%，期限十年还清计算，本工程每年应还款1,943,000元，此款按灌溉，水电两部门工费3：4比率比照偿还，则每年灌溉部门应还833,000元，占年纯益30.1%，水电部门应还1,110,000元，占年纯益52.0%，前者农民力能负担，后者不论公私经营，利润丰裕，还款应无问题。

3. 施工程序 本工程拟于五年内全部完成，虽不与黑河流域其他计划中工程之利害相抵触，然因工程艰巨，施工期较长，故应列为黑河流域内第 3 期工程，兹拟定施工程序，如表 14 所示。

表 14 大通河引水工程施工程序表

	项目累计完成百分数/%									
	第一年		第二年		第三年		第四年		第五年	
	5—7 月	8—10 月	5—7 月	8—10 月	5—7 月	8—10 月	5—7 月	8—10 月	5—7 月	8—10 月
成立工程处	40	100								
修筑车路机场	15	30	60	100						
地质钻探	5	35	75	100						
测量设计	30	75	100							
拦河坝			5	20	50	100				
刷沙闸、进水闸			10	30	50	75	100			
引水干渠			5	15	35	55	75	100		
隧道			1	5	20	40	60	80	100	
平水池					5	25	50	75	100	
输水管					1	5	25	50	75	100
电厂				1	5	15	25	40	75	100
水力机、发电机									50	100
输电设备							10	25	75	100
灌溉渠系						25	50	75	100	
办理结束								10	50	100

4. 结语 本工程地理环境特殊，规模宏大，且施工时期较长，故于施工前，应详细研究设计，并作充分之准备。此次初勘，时间仓促，所获资料不尽详细，尤以大通河水文及祁连山地质为甚，故本计划之拟定，仅系初步设计性质，亟应尽速设站测验大通河水文并覆勘计划引水路线地质构造，力求各项资料详实可靠，以为未来正式设计施工之准备。

民乐洪水河双树寺水库工程计划书

一、综　述

1. 资料　民乐洪水河发源于祁连山，于莺落山峡出山，至张掖九龙江红沙窝汇入山丹河，长约130公里。莺落山峡以上，两岸多高山，气候寒冷，无农牧之利，山外地势开旷，气候较暖，两岸共有可耕地约169,000市亩，惟以当地年雨量约为200公厘，而大半又降于夏秋两季，故农作物必须施灌方可生长。洪水河乃为本流域之惟一灌溉水源，然以现时灌溉之不合理用水甚多，又加渠道河道渗漏甚巨，故本河现时仅可灌地43,000市亩，而其中犹有15,000市亩在五六两月仍感灌水不足，其余之126,000市亩，则长期荒废，未能开发。

本河在十一、十二、一、二、三诸月流率最低，平均约为1.5秒立方公尺，四月份流率增高，平均约为6秒立方公尺，五、六两月较低平均各约为4.5及3.0秒立方公尺，七、八、九诸月流率又高，以九月份为最高，平均约为7.5秒立方公尺，本河最大洪水流率约为500秒立方公尺，约于24小时内消涨完毕。

双树寺位于民乐县城南18公里，为本河出山后之狭窄口门，两岸高山对立，石质坚硬，口门宽约130公尺，其上游为义得河与本河合流处，河道较宽，河坡较缓，故该处为本河建坝蓄水之较好地址。

本流域农作物以小麦及糜子为主，因霜期较长，年仅一熟。如灌溉及时，每市亩平均年产小麦或糜子2.0市石，农作成本约为产量之半数。又因水地有限，种植面积难以扩充，故一般农民收入微薄，牧畜虽为当地农民之主要副业，然以水草不丰，亦未能大量繁殖。至于经济作物如棉花，甜菜及果树等则更无法推广。是以农民生活日见贫困，农村经济濒于破产。

2. 计划　为改善本流域农民生活并复兴农村经济起见，实应尽量利用洪水河全年水量，开发生熟荒地，借以增加生产，本计划拟在双树寺建筑42公尺高之拦河坝，蓄水灌溉，水库容量为6,600,000立方公尺，计共灌地108,000市亩。

3. 结论　本计划全部工程费按二十六年物价计算共需2,060,000元，工程实施后每年增益为288,000元，占全部工程费14%，按三十六年十二月物价计需工程费为2,086亿元，年增益460亿元，占工程费之22%，工程经济价值，尚可成立。

二、资　　料

1. 形势　民乐洪水河属黑河系统，为山丹河之支流，发源于祁连山北麓。上源较短，长约35公里，北流经莺落山峡及老君庙，至双树寺汇纳义得河，至民乐城西汇纳补大河，再西北流汇纳海潮河、小渚马河、大渚马河之尾水，于张掖九龙江红沙窝汇入山丹河，长130公里。莺落山峡口以上两岸多高山，无农牧之利，河纵坡平均约1/40，河槽宽度平均约50公尺。山外地形开阔，河坡渐缓，平均约1/70，河宽自100公尺增至500公尺。两岸耕地甚多，地势自南向北倾斜，坡度平均约1/100。

双树寺位于民乐县城南18公里，为义得河与洪水河合流之处，河坡约1/60，河槽宽约150公尺，其下游800公尺处河槽收束宽仅130公尺，两岸皆为石山，山坡约为1∶1，石质坚硬，为筑坝蓄水之较好地址。

本流域共有已耕地43,000市亩，其中15,000市亩，在五、六两月中缺水，共有生熟荒地约126,000市亩，计在四坝、五坝、六坝之东，有生荒65,000市亩，在童子坝尾有生荒20,000市亩，在海潮河尾有熟荒21,000市亩，在大渚马河尾有生熟荒地20,000市亩。

2. 地质　双树寺附近地质概况，未经钻探，详情不悉，惟就表面观测结果，两岸石山皆为变质岩组成。河床表面系卵石夹砂，深度不悉。附近灌区土壤均属高山草原土壤，包括黑钙土及腐殖土二类，肥沃宜耕。

3. 水文　本流域尚无水文记载，惟其气候变化，地理环境均与黑河流域其他各处极为相似，故可利用张掖莺落峡水文站记载，推估本流域水文情况。

A. 流率　　兹根据三十六年六月在双树寺实测流率3.0秒立方公尺，估算各月平均流率变化，如图1所示。

图1　民乐洪水河各月平均流率曲线

编者按：此图漫漶，难以重描改绘，从略

洪水河最大洪水流率经测估为500秒立方公尺，普通在24小时内涨消完毕。兹将洪水峰之变化绘出，如图2所示。

图2　民乐洪水河最大洪水流率变化曲线

编者按：此图漫漶，难以重描改绘，从略

B. 雨量及蒸发量　洪水河流域年雨量估为200公厘，百分之七十七降于六、七、八、九四个月内。年蒸发量估为1,016公厘，百分之六十蒸发于六、七、八三个月内。

4. 农作概况　本流域耕地，全部位于祁连山麓，拔海高程均在2,000公尺以上，气候寒冷，平均霜期约200天，作物生长期仅160天，故一般夏季作物播种较晚，而秋季作物播种则须较早，兹将民乐洪水河流域农作物耕作时期列于表1。

表1　民乐洪水河流域农作时期表

月	日	节候	夏禾		秋禾		备注
4	5	清明	播种	三月底灌安苗水,泡冬			
4	21	谷雨		水者毋需,四月灌毕 四月一日播种始,二十一日毕			
5	6	立夏			播种	五月一日灌安苗水五月	
5	22	小满	压苗水	五月六日灌压苗水,二十二日毕可免		十五日灌毕,泡冬水者可免。五月六日播种五月二十二日毕	
6	6	芒种	施灌	五月二十三日施灌,七月十五日灌毕			
6	22	夏至					
7	8	小暑					
7	24	大暑			施灌	七月十五日始灌八月二十四日灌毕	
8	8	立秋					
8	24	处暑	收割	八月八日收割始,二十四日毕			
9	8	白露	泡田	八月二十四日泡田,十一月二十四日泡毕			
9	24	秋分			收割	九月八日收割始二十四日毕	
10	9	寒露			泡田	九月二十五日泡田,十一月二十四日毕	
10	24	霜降					
11	8	立冬					
11	24	小雪					
12	8	大雪					

本流域农作物分夏秋二种，年仅一熟。夏禾中以小麦为主，大麦、青稞、豆类等次之，秋禾中以糜子为主，黄谷、洋芋等次之。夏禾与秋禾种植亩数，根据实际调查结果，二种约相等。而夏禾中9/10种植小麦，秋禾中8/10种植糜子。

农作物用水，分灌禾与泡田二种，每种每次用水多少，须视当时河中流率而定。盖本流域施灌农田，以“焚香”若干为计时标准，并非以水量为标准，因而径流大时，灌水量大，反之则少。普通夏禾于立夏始灌，大暑前十天灌毕，共输三次，总计水深25公分；处暑后泡田计一次，水深20公分。秋禾于小暑始灌，处暑后灌毕，共一次，水深15公分，秋分后泡田，计一次，水深20公分，如遇旱年，水量不足，泡田水可不灌而于翌春谷雨前后再灌安苗水。

农作物收获量，须视灌溉水量，农田施肥及耕作勤惰三项而有多少之别，普通每市亩可产小麦2.0市石或糜子2.0市石，农作成本各约占百分之五十五。

5. 交通概况　张掖为河西一大重镇，有甘新公路通过此处，民乐位于张掖东南70公里，有大车路可通，往来尚称便利。由民乐县城至双树寺亦有大车道可通，一切工程材料及工具等之运输，尚无多大困难。

6. 工料单价调查 兹根据二十六年及三十六年十二月物价将民乐工料单价调查列于表2。

表2 民乐工料单价调查表

名称	单位	26年 单价	36年12月 单价	名称	单位	26年 单价	36年12月 单价
大麦	市石	2.8	450,000	洋钉	桶	35.53	3,178,000
小麦	一	4.5	750,000	土钉	公斤	[illegible].00	180,000
黄谷	一	3.2	515,000	白灰	百公斤	[illegible].60	300,000
糜子	一	3.5	528,000	洋灰	桶	18	3,000,000
小工	工	0.3	30,000	方木	立方公尺	110	11,000,000
大工	一	0.7	70,000	圆木	立方公尺	80	8,300,000
铁工	一	0.7	70,000	炸药	公斤	0.8	60,000
石工	一	0.8	80,000	煤	吨	7.2	1,960,000
熟铁	公斤	0.48	102,000	大车运费	公吨公里	0.4	45,000
钢	一	0.93	240,000	驮运	公吨公里	0.6	72,000

三、计　　划

1. 水库目的

本计划拟在双树寺建筑水库，其主要目的为拦蓄洪水河冬季废水及夏秋洪水，除补灌已耕地中在五、六月缺水者15,000市亩外，并增垦四坝、五坝及六坝以东生荒65,000市亩，连同已耕地足水者之28,000市亩，总计灌溉108,000市亩。除灌溉外，本水库亦可兼收防洪之功效。

2. 配水计划

根据本流域农作物之耕作时期及需水量情况，每秒立方公尺流率可灌夏秋禾之亩数，可以算出，如表3所示。按照该表计算之结果，夏禾、秋禾种植面积之比应约为3.5：5.0，但一般农人皆愿多种麦子，不愿多种糜子。故此种面积配合不易推行，兹为迁就实际情形，拟定夏禾、秋禾种植面积为1：1，本计划内之灌溉配水统按此比计算之。

表3　双树寺水库灌区计划农作时期及水量分配表

名称		单位	数量	单价		共价		备注
				26年/元	36年12月/亿元	26年/元	36年12月/亿元	
拦河坝	填土滚压	立方公尺	330,000	1.0	100,000	330,000	330	包括挖运费
	堆填块石	同上	330,000	2.4	240,000	792,000	792	包括挖运费
	上游黄泥浆砌块石	同上	14,000	2.0	200,000	28,000	28	仅计砌工
	下游干砌块石	同上	12,000	1.8	180,000	21,600	21.6	仅计砌工
溢洪道	开石方	同上	110,000	1.6	160,000	—	—	包括于拦河坝内
	1∶3∶6洋灰混凝土护面	同上	460	40	4,000,000	18,400	18.4	
活动闸	闸门	套	10	3,000	300,000,000	30,000	30.0	
	1∶3∶6洋灰浆砌料石闸墩	立方公尺	175	50	5,000,000	8,750	8.75	内有一部钢筋混凝土
	木桥	座	1	10,000	1,000,000,000	10,000	10.0	
	启闭机	套	2	3,000	600,000,000	6,000	12.0	
给水洞	开石方	立方公尺	2,250	20	2,000,000	45,000	45.0	
	1∶3∶6洋灰混凝土护砌	同上	620	80	8,000,000	49,600	49.6	
闸门及启闭机		套	1	30,000	5,000,000,000	30,000	50.0	启闭机三套，闸门二套
管制塔		座	1	10,000	1,000,000,000	10,000	10.0	
排水及基础整理						250,000	250.0	
道路						15,000	15.0	
房屋						10,000	10.0	
其他						235,650	235.65	
总计工程费						1,890,000	1,916.0	
工程设置费						35,000	35	
工程预备费						35,000	35	
管理费						100,000	100	
总计						2,060,000	2,086	

3. 坝址之勘定

自地形地质各方面研究结果，水库坝址以双树寺下游800公尺处为最合宜，此地河槽仅宽130公尺，两岸石质坚硬。而双树寺上游为义得河与洪水河合流地点河槽亦较宽，约150公尺，蓄水面积较阔，实为洪水河流域中较为优良之坝址。

4. 经济比较

A. 灌溉亩数与库量之关系　洪水河农田用水，自双树寺至灌溉区，包括河道渠道渗漏及一切不合理用水，仅实测推算综损失约达73%，今假设将来水库完成后之损失仍旧，分别计算各种灌溉亩数与水库蓄水量并将其关系绘成曲线，如图3（a）所示。

B. 坝高与库量之关系　兹将各种坝高与库量算出并绘其关系，如图3（b）所示。

C. 坝高与造价之关系　兹按各种坝高估算拦河坝本身及其附属之给水洞及溢洪道等建筑物约略之造价，并绘制各种坝高与造价之关系，如图3（c）所示。

D. 灌溉亩数与造价之关系　今自图3（a）（b）（c），可以推算各种灌溉亩数应需之水库造价并绘其关系，如图3（d）所示。

E. 工程范围　自图3（b）中可以决定本库坝高为42公尺，库量6,600,000立方公尺，灌溉亩数108,000市亩，工程费约为2，060,000元。

图3（a）（b）（c）（d）

编者按：原文件无图题文。此曲线图有不解处，从略

5. 最大溢洪流率之推算

洪水河双树寺最大洪水流率业经推算为500秒立方公尺，并假定洪水峰于24小时内涨消完毕。今设洪水入库时，库水面与溢洪道顶同高，而以最大洪水流率500秒立方公尺之三分之二，约340秒立方公尺，为本计划溢洪之最大流率，当属安全。

6. 工程布置

本计划拟于洪水河双树寺下游800公尺处筑土石拦河坝，计高42公尺，坝顶高程拔海2,545公尺。于左岸石山内开凿给水洞，其进水口高程拔海2,515公尺，出水口高程拔海2,504.24公尺。洞中装置圆柱形闸门一套，闸门上方为管制塔直立洞，洞上为管制塔，以木为桥，通于山坡上，塔内装置启闭机件等。左岸山坡之上，开凿溢洪道，其顶高程拔海2,541公尺，宽60公尺。道内分建闸墩，装设木制扇形门维持水库水位。

上下游临时拦水坝，筑于大坝踵趾部位，用土滚压，上游坝高5公尺，下游坝高3公尺。

7. 水库储放过程

本计划水库每年储放两次，七月十五日开始储蓄洪水至十月三十一日库满，十一月一日放水泡田。十一月二十五日完毕，然后开始截蓄冬季废水，至翌年五月二十三日，放水灌溉夏禾，七月十四日库空。兹绘水库储放过程，如图4所示。

图4

编者按：原文件无图题文。此曲线图有不解处，从略

8. 工程设计

A. 拦河坝　拦河坝顶长257公尺，宽8公尺。最大横断面处坝高42公尺，坝底宽197公尺，迎水面坝坡3：1，背水面坝坡1.5：1。拦河坝建筑材料采用当地土石夯填，坝

前身用填土分层滚压，后身用石渣及块石依次向坝址堆填。迎水坝面铺砌4公寸厚黄泥浆块石，其下先夯压4公寸厚之石渣，背水面仅干砌4公寸厚之块石一层，坝踵局部深入河床5公尺，宽14公尺，用黏土夯填坚实，减少渗漏。复于坝前身适当位置，建筑1∶1∶6洋白灰浆砌块石隔水墙一段，高6公尺，长200公尺，俾更增高防漏效能。

B. 溢洪道　溢洪道全部自山坡上开凿而成，两岸侧坡为2∶1，计长350公尺按拦河坝轴线分为上下二段，上段长180公尺，宽60公尺，顶齐平高程拔海2541公尺。下段长170公尺，宽度自60公尺逐渐减窄为20公尺。纵坡自1/2变为1/60，1/5，1/4及1/2。顶部以1∶3∶6混凝土护面，厚4公寸，长192公尺，宽60公尺，护面下纵向设排水瓦管六道，横向二道，彼此连通，又设纵向伸缩缝四道间距18公尺。

C. 活动闸　活动闸按闸门，闸墩，木桥及启闭机四项，分述于后：

（1）闸门　闸门为扇形，用木料及三角铁合制，半径2.5公尺，高2.0公尺，长5公尺，共设十套。钢轴两端支于闸墩尾部，中间分连于闸门各支架之钢板中。闸门下部两端，各系钢绳一段，上接闸门拉杆，闸门启闭后，将刚绳扣于桥上，启闭机则可移去。

（2）闸墩　闸墩高2.5公尺，长7公尺，宽1公尺，间隔5公尺。前段3.6公尺，用1∶3洋灰浆砌料石建筑，后段3.4公尺用1∶3∶6混凝土，支擎闸门钢轴部分，横向另加刚筋增加抗拉力量。

（3）木桥　木桥长60公尺，宽9公尺，架于各闸墩前段，下游桥面上铺设轻便钢轨俾启闭机可沿其上移动。

（4）启闭机　采用绞盘式齿轮启闭机二座，铁制，可沿轻便轨上移动，该机省力25倍，故可用人力启闭。闸门拉杆钢制，直径1.5英寸，长2公尺。

D. 给水洞　为施工时便于排水起见，除永久进水口外，再开凿临时进水口，高出河床1.0公尺。拦河坝完工后，将其堵塞。永久进水口，高于河床10公尺。给水洞共长295公尺。前段100公尺，后段180公尺，洞坡为1/200，中段10公尺为直立部分。前后两段横断面如马蹄形，底宽1.5公尺，高2.0公尺。中段直立为圆形，直径1.92公尺。洞周以1∶3∶6混凝土护衬，厚3公尺，洞底附设排水瓦管，借泄水缝渗水。

E. 闸门及启闭机

（1）闸门　闸门采用圆柱形式，用铸铁制，高2.5公尺，直径2.3公尺。分五节铸制，安装时再就地铆合为一。每节高0.5公尺，状如车轮，闸门拉杆穿其轴承，同时以丝帽扣于下端。闸门顶及底与给水洞接触部分，均附有防漏橡皮管，闸门拉杆钢制，长3.8公尺，直径2英寸，上端与启闭机之钢链相接，钢链宽6英寸，厚1英寸，为许多小节组成，长36公尺，扣跨于启闭机之齿轮上，一端接闸门拉杆，他端坠以平衡重。平衡重以钢筋混凝土制，计重3吨。

（2）启闭机　启闭机采平卧式，计分支架，牙齿轮，轮轴，手摇柄诸部，该机省力50倍，启闭机均用人力。

F. 管制塔　管制塔位于闸门上方，计分山内与山外两段，山内段高23公尺，为自山石中开成之立洞，直径2.4公尺。四周以1∶3∶6混凝土护衬，山外段高10公尺，以料石浆砌，顶部建室，内置启闭机，塔顶有便桥通于拦河坝前山坡上。

四、预　　算

本水库工程费预算，按二十六年单价，共需2,060,000元，按三十六年十二月单价共需2,086亿元，兹详列各项工程费用，如表4所示。

表4　洪水河水库工程费预算表

名称		单位	数量	单价		共价		备注
				26年/元	36年12月/亿元	26年/元	36年12月/亿元	
拦河坝	填土滚压	立方公尺	330,000	1.0	100,000	330,000	330	包括挖运费
	堆填块石	同上	330,000	2.4	240,000	792,000	792	包括挖运费
	上游黄泥浆砌块石	同上	14,000	2.0	200,000	28,000	28	仅计砌工
	下游干砌块石	同上	12,000	1.8	180,000	21,600	21.6	仅计砌工
溢洪道	开石方	同上	110,000	1.6	160,000	—	—	包括于拦河坝内
	1∶3∶6洋灰混凝土护面	同上	460	40	4,000,000	18,400	18.4	
活动闸	闸门	套	10	3,000	300,000,000	30,000	30.0	
	1∶3∶6洋灰浆砌料石闸墩	立方公尺	175	50	5,000,000	8,750	8.75	内有一部钢筋混凝土
	木桥	座	1	10,000	1,000,000,000	10,000	10.0	
	启闭机	套	2	3,000	600,000,000	6,000	12.0	
给水洞	开石方	立方公尺	2,250	20	2,000,000	45,000	45.0	
	1∶3∶6洋灰混凝土护砌	同上	620	80	8,000,000	49,600	49.6	
闸门及启闭机		套	1	30,000	5,000,000,000	30,000	50.0	启闭机三套，闸门二套
管制塔		座	1	10,000	1,000,000,000	10,000	10.0	
排水及基础整理						250,000	250.0	
道路						15,000	15.0	
房屋						10,000	10.0	
其他						235,650	235.65	
总计工程费						1,890,000	1916.0	
工程设置费						35,000	35	
工程预备费						35,000	35	
管理费						100,000	100	
总计						2,060,000	2,086	

本计划实施后，总计灌溉 108,000 市亩，除 28,000 市亩本为灌溉充足之地外，实际增产者为 80,000 市亩。兹按小麦糜子各种 40,000 市亩计，平均每市亩产小麦或糜子 2.0 市石，共产小麦及糜子各 80,000 市石。各扣除农作成本 55%，实际增益约合小麦糜子各 36,000 市石。按二十六年小麦每市石 4.5 元、糜子 3.5 元计，年增益为 288,000 元。按三十六年十二月小麦每石 750,000 元，糜子 528,000 元计，年增益 460 亿元。

五、结　论

1. 经济价值　按二十六年物价计，本工程需费 2,060,000 元，而实际年增益 288,000 元，占全部工程费 14%。按三十六年十二月物价计，工程费共需 2,086.0 亿元，而实际年增益 460 亿元，占全部工程费 22%。工程经济价值，尚可成立。兹按二十六年物价情形，综合本工程主要各点如下：

工程增益统计表

全部灌溉面积	生熟荒 108,000 市亩
工程实施后每年实际增产小麦	80,000 市石
工程实施后每年实际增产糜子	80,000 市石
工程实施后每年实际增益	$F=288,000$ 元
全部工程费	$C=2,060,000$ 元
工程常年维持费	$O=50,000$ 元
工程平均寿命	$n=50$ 年
工程永久投资 $P=C+\frac{O}{r}+\frac{C}{(1+r)^{n}-1}$，年利率 r 为 8%	$P=2,923,000$ 元
折合常年工程费	$P_r=233,840$ 元
投资利益指数 $I=\frac{F}{P_r}$	$I=1.24$ 倍
投资年利 $R=\frac{F}{P}$	$R=9.9\%$

2. 还款办法　按二十六年贷款年利率 8%，期限二十五年还清计算，本工程每年还款 230,000 元，占年增益 80%，民力勉强可以负担。

3. 施工程序　本计划拟于二年内完成，兹将预计进度详列于表 5。

表 5　民乐洪水河双树寺水库工程预计施工进度表

	累计完成百分率/%							
	第一年				第二年			
	1—3 月	4—6 月	7—9 月	10—12 月	1—3 月	4—6 月	7—9 月	10—12 月
成立工程处	100							
工具设置	20	50	100					
工人召集	30	80	100					
道路		50	100					
房屋	100							
溢洪道	10	40	70	100				
给水洞		20	60	100				
活动闸					10	50	100	
排水及基础清理			10	50	80	100		
拦河坝				30	50	70	80	100
闸门及启闭机			10	40	80	100		
管制塔			10	40	80	100		
结束工程处							50	100

临泽梨园河鹦哥嘴水库工程计划书

一、总　述

1. 资料　梨园河流经高台及临泽两县境，发源于祁连山、汇入黑河，长约130公里，为黑河中游一大支流。上游在高台县境，地势皆山，气候严寒，不适耕牧，下游在临泽县境，地面为冲积平原，土质肥沃易于耕种。惟本流域年雨量仅约200公厘，且大部降于八九月，故农作物必须施灌，方可收成。现时本流域内共有水地约60,000市亩，而生熟荒地尚有约180,000市亩。以水源缺乏，长期荒废，人民则因水地有限，生产低微，生活日益贫困，农村经济濒于破产。

梨园河低水流率平均约为5秒立方公尺，寻常流率约为7秒立方公尺，高水流率平均在12秒立方公尺以上，最大洪水流率约为360秒立方公尺，洪水消涨时间约为12小时。本河上游多山，河坡陡峻，河身狭窄，出山后，地势开旷，河坡渐缓，所经地层多为砂砾，渗漏甚巨。鹦哥嘴为本河将出山前之一特殊峡口，两岸石山高耸，左岸石崖突出，将河身收缩仅宽约20公尺，峡口上游河身复又展宽约200公尺，长约三公里，形成一良好蓄水库址。

本区农作物分夏秋两种，限于霜期，年仅一熟，夏禾以小麦为主，秋禾以糜子为主，如灌溉及时，平均每亩年产小麦或糜子20市石，农作成本约为生产量之半数。

本流域原有各灌溉渠道均简陋紊乱，不合理用水耗损约达20%，输水渗漏损失约达45%，总计用水损失约为70%，故本河在四、五月灌溉期间，虽有流率7秒立方公尺，而仅可灌地约60,000市亩，如遇旱年，河水流率较低，即此60,000市亩水地，亦感用水不足，影响收获至巨，人民贫困益以加重。

2. 计划　本计划拟尽量利用梨园河全年水量，除使原有水地得以充分灌溉，保证每年丰收外，并可供大量开发生熟荒地需用，经设计比较，以在鹦哥嘴建筑46公尺高之土石坝，蓄水灌溉，最为经济合宜，水库蓄水容量为21,500,000立方公尺，共可灌地200,000市亩，故除原有水地60,000市亩外，尚可垦殖临泽宣威乡一带生熟荒地140,000市亩。此外并拟利用水库势头，于坝旁建立电厂，每年可发电3,760,000千瓦时，输送至张掖县城，以供灯光及轻工业需用。

3. 结论　本工程实施后，水地面积由60,000市亩增为200,000市亩，亦即人民财富约可增加两倍有半，生活自可改善良多，农村经济得以复苏，按工程本身经济价值而言，本工程共需工程费1,350,000银元，而每年纯增益为779,600银元，年增益占全部工程费58%，利益甚厚，经济价值自能成立。

二、资　料

1. 形势　梨园河为黑河中游一大支流。上游位于高台县境，下游位于临泽县境，发源于祁连山脉之深领关。上源有二，为白泉水及八格家水，二水会合后东北流经红湾寺、鹦哥嘴，于梨园营出山，绕张掖甘浚堡西北，改向北流，经临泽沙河堡，于平川堡汇入黑河，长约130公里。山内河坡甚陡，平均约1/50，河身亦窄，平均约30公尺，两岸皆山，森林茂密，且山岭终年积雪，气候严寒故无农业牧畜之利。山外河坡渐缓约1/100至1/200，河身亦宽，沙河堡附近河身越宽300公尺。左右两岸，地势向北倾斜，平均坡度约1/70。

鹦哥嘴为一极窄山峡谷，位于临泽县城西南70公里，张掖县城西80公里，低水时期，斯地河身宽仅20公尺，左岸石崖高约35公尺，突出河中　形若鸟嘴，因以得名。右岸山坡约为1∶1。峡谷上游河身骤然增宽平均约200公尺，长达3公里。再上复为山峡河身狭窄，河坡亦陡。

梨园河流域共有可耕地面积约241,000市亩，其中包括水地约60,000市亩，生熟荒地约181,000市亩，水地60,000市亩，分布于张掖甘浚堡、临泽沙河堡与县城附近，均赖梨园河水量灌溉，勉可足用。荒地则在梨园河左岸近山麓处约有熟荒40,000市亩，生荒124,000市亩，隶临泽宣威乡。在沙河堡约有熟荒17,000市亩，生荒6,000市亩。

临泽县城位于黑河左岸，甘新公路经城南25公里沙河堡处，东至张掖，西通高台，并有廖沙公路与县城连络，交通尚称便利，城内居民约千余户，沙河堡居民约五百户，当地出产丰富，其东35公里为张掖县城居民约四千余户，物产富饶，交通便利，乃河西重镇之一。

2. 地质　鹦哥嘴附近地质概况未经钻探，惟就表面观测，左右两岸均为红色砂岩，质坚硬，无裂缝等现象。河床表面为卵石遮盖，深不及二公尺。部分河底岩层显出露头，稍有风化现象。

3. 水文　梨园河冯家庄，水文站位于鹦哥嘴下游15公里，三十七年开始成立，仅有四个月记载，资料不敷应用。兹按照他站比较方法及实测情况，推算各项资料如下。

A. 流率　梨园河与黑河皆发源祁连山，源头仅隔一分水岭，所有气候、雨量、雪量及地文等情况均极相似，故黑河水文资料可用以此比照推算梨园河之流率。兹根据冯家庄水文站三十七年六月、七月、八月、九月共四个月实测记录，及同年黑河莺落峡全年记录，推算同年梨园河流率，并绘成梨园河冯家庄流率过程曲线，如图1所示。

图1　梨园河冯家庄流率过程曲线

编者按：此图漫漶，难以重描改绘，从略

梨园河可能最大洪水流率经按实测洪水痕迹推算约为350秒立方公尺，又鹦哥嘴以上该河流长约50公里，流域面积约为1,580平方公里，故洪水约可12小时内涨消完毕，洪水峰之产生约估在第4小时，兹按以上推算结果绘梨园河鹦哥嘴洪水消涨曲线，如图 2 所示。

图 2 梨园河鹦哥嘴最大洪水消涨曲线

编者按：此图漫漶，难以重描改绘，从略

B. 雨量及蒸发量 梨园河流域年雨量约 200 公厘，大部降于八、九两月，年蒸发量约为 1,000 公厘，大部蒸发于四、五、六、七、八、九、十等七个月内。

4. 农作概况 本流域农作物分夏秋二种，限于霜期，年仅一熟，夏禾以小麦为主，大麦青稞豆类等次之。秋禾以糜子为主，稻子、胡麻、高粱等次之。夏禾与秋禾种植亩数，根据调查约成 6∶4，而夏禾中 9/10 为小麦，秋禾中 8/10 为糜子。山麓区霜期约 200 天，较平原区长 40 天，故山麓区夏禾播种较晚，而秋禾播种则须提早，兹将临泽县普通农作物耕作时期抄列于表 1。

农作物用水分灌禾与泡田二种。夏禾灌禾水自夏至开始至大暑灌毕，其间共轮灌三次，每次水深约 1.2 至 1.4 公寸，秋禾灌禾水自夏至开始至秋分灌毕，共轮三次，每次水深约 1.0 至 1.2 公寸。夏禾秋禾泡田，水皆于秋分后开灌，计一次，水深 4 公寸。上述情况系指河中水流充足而言，如遇旱年，水量不足，则实灌次数及水深皆不能如预计之多，而泡田水有时则须延至翌年谷雨前后再灌，详见表 1。

表 1 梨园河流域农作物耕作时期调查表

夏禾	秋禾	备注
4 月 1 日播种始 4 月底播种毕 5 月 1 灌溉始 7 月 24 日灌溉毕 7 月 25 收割始 8 月 24 收割毕 8 月 25 日泡地始 11 月 30 日泡地毕	4 月 1 泡地始 4 月底泡地毕 5 月 23 日播种始 6 月 22 日播种毕 6 月 23 日灌溉始 9 月 15 日灌溉毕 9 月 16 日收割始 10 月 9 日收割毕 10 月 10 日泡地始 11 月 30 日泡地毕	秋禾冬天泡水，如有不足，改在春初泡水，惟春水多碱性，大部农民多不愿用，万不得已泡春水

农作物收获量，端赖灌溉水量、农田施肥、耕作勤惰三项而定。每亩最多可产小麦 2.4 市石，或糜子 2.2 市石，如水量充分，灌溉及时，每亩平均可产小麦或糜子 2.0 市石。每市亩农作成本如折合实物各为 1.0 市石。

5. 交通概况 由临泽县城至鹦哥嘴有二路可循。一经高台绕元山子，共长约 140 公里，其中有公路者约 130 公里，余 10 公里，仅通驮骑。一经梨园营穿山丘直至鹦哥嘴约 70 公里，通大车者约 50 公里，人行小道 20 公里。

6. 工料单价调查 兹将二十六年及三十六年十二月临泽工料单价调查列于表 2。

表 2 临泽工料单价调查表

名称	单位	26 年单价/元	36 年 12 月单价/元	名称	单位	26 年单价/元	36 年 12 月单价/元
小麦	市石	5.00	800,000	小圆木	公方	60.00	6,000,000
大麦	同上	4.20	600,000	大圆木	同上	80.00	8,000,000
大米	同上	10.00	1400,000	方水	同上	110.00	11,000,000
糜子	同上	3.80	600.,000	白灰	百公斤	1.70	340,000
小工	工	0.35	35,000	洋灰	桶	20.00	3,100,000
木工	同上	0.75	75,000	炸药	公斤	0.85	65,000
铁工	同上	0.75	75,000	洋钉	桶	40.00	9,600,000
泥工	同上	0.65	65,000	青砖	公方	12.60	1,400,000
石工	同上	0.90	90,000	大车运	公吨公里	0.40	48,000
熟铁	公斤	0.45	90,000	驮运	同上	0.60	72,000
钢	同上	0.95	210,000	汽车运	同上	0.06	7,000

三、计　　划

1. 水库目的　本计划水库目的有二：

A. 农田灌溉　储蓄梨园河冬季废水与夏季洪水，除灌溉原有水地 60,000 市亩外，并可增灌宣威乡生熟荒地 140,000 市亩。

B. 水力发电　利用水库势头全年发电 3,760,000 千瓦时，供给张掖县城灯光及轻工业用电。

2. 配水设计　本计划配水原则，以灌溉为主，发电次之，兹分述于后：

A. 灌溉配水　临泽县农民旧有习惯，秋夏禾种植面积约成 4 与 6 之比且种植及用水时期不同，故给水可以经济使用。惟本计划之山麓灌溉区气候较寒，作物生长期短，秋夏禾播种及用水时期无法错开，必须同时施灌，估计此种面积约占本计划可耕地总数之半，即 100,000 市亩，其余半数，距山麓较远，提早种植夏禾，无碍农事，故本计划拟严格管理用水，借使秋夏禾用水错开，增加灌溉亩数，兹按照上述原则拟定鹦哥嘴水库农耕时期及水量分配表，如表 3 所示。

表 3 鹦哥嘴水库灌溉区农耕时期及水量分配表＊

＊ 编者按：此表有不解处，从略。

B. 水电配水　在农田施灌时期本厂放水流率远较停灌时期为大，故发电最小流率应以农田停灌时期本厂所能放出之剩余流率为准，十二、一、二及三 4 个月为本计划农田停灌时期梨园河在此四个月中之累计流量减去水库应蓄水量，平均分配于此四个月中，所得流率即为水电用水之最小流率。

3. 选定坝址　自地势及地质各方面研究结果，坝址以鹦哥嘴为最合宜。该处河面宽度20公尺，河床海拔2,952.00公尺，左右两岸均为红砂岩，石质尚坚。左岸在高程2,996.00公尺上下，地形开阔，岩石暴露，为建溢洪道之有利地形。

4. 经济比较

A. 灌溉亩数与库量之关系　查目前梨园河流域农田用水，不合理用水约占25%，输水损失约占45%，共计损失约为70%，水库完成后，严格管理，不合理用水损耗可减少至5%，输水损失仍按45%计算共计损失约为50%，以此绘制灌溉亩数与库量关系曲线，如图3（a）所示。

B. 坝高与库量之关系　自坝高与蓄水面积之关系，求得坝高与库量之关系，如图3（b）所示。

C. 坝高与全年供电量之关系　自A中选择数种灌溉亩数求得冬季农田停灌时水电用水之最小流率，作为常年水电有效流率。复自B中查出相当于A中各种灌溉亩数之库量算得各种平均势头，作为常年水电有效势头。以此有效流率及势头计算全年供电量（荷电因数60%，包括各种损失在内），并将该供电量与相当之坝高关系绘成曲线，如图3（c）所示。

D. 坝高与造价之关系　坝之造价可按各种坝高约略估算，估算结果，绘制坝高与造价关系曲线，如图3（d）所示。

E. 坝高与增益之关系　增益估计均为扣除成本，农田灌溉每亩年增益平均以6元计，水力发电每千瓦时平均以0.05元计。自二者之和内减去原有足水耕地60,000市亩增益，即为本工程增益。绘制其关系，如图3（e）所示。

F. 造价与增益之关系　自A、B、C、D及E诸关系可得造价与增益之关系，并绘制成曲线，如图3（f）所示。

图3　（a）（b）（c）（d）（e）（f）

编者按：原文件无图题文。此曲线图有不解处，从略

G. 经济坝高、经济灌溉亩数、库量及全年供电量。自F及图3（f）求得经济坝高为46公尺，因而决定各种经济数值列于表4。

表4　经济坝高、经济灌溉亩数、库量及全年供电量

经济坝高	46公尺
经济灌溉亩数	200,000市亩
库量	21,500,000立公尺
全年供电量	3,760,000千瓦时

5. 最大溢洪流率之推算　梨园河鹦哥嘴最大洪水流率已估算为360秒立方公尺。兹根据累积曲线法求得最大溢洪流率为160秒立方公尺。详如图4所示。

图 4
编者按：原文件无图题文。此曲线图有不解处，从略

6. 工程布置

本计划拟于鹦哥嘴筑土石拦河坝一座，高 46 公尺，坝顶高程 2,998.00 公尺，并穿左岸后山开凿给水洞一道，进口高程 2,970.00 公尺，出口高程 2,951.25 公尺，洞后段分为二路，一路为灌溉输水洞，另一路为电厂输水管，管与洞各设闸门，以司启闭。闸门之上设启闭室，并另开隧道，自启闭室通至坝后山坡上，以便出入。

溢洪道位于左岸山坡上，高程 2,994.40 公尺，宽 60 公尺，道中装置扇形门维持水库水位。右侧筑导水墙，与拦河坝连接，借以引导水流，兼护坝身。道上建木桥一座，以便工作往来。

施工时坝址上下游各建临时拦坝一道，以治水及坝基清理工作，此项临时拦水坝拟各建于坝踵及坝趾部位，使其将来即为大坝本身之部。

7. 水库储放过程 本水库主要蓄水每年分为二次，冬季储蓄库水，立夏以后用以灌溉夏禾，夏秋储蓄过剩洪水，供给秋冬泡田，兹将其储放过程绘成曲线，如图 5 所示。

图 5 临泽梨园河鹦哥嘴水库储放过程曲线
编者按：此曲线图有不解处，从略

8. 工程设计

A. 拦河坝 拦河坝顶长 230 公尺，宽 8 公尺，最大横断面处坝高 46 公尺，底宽 215 公尺。上游坝面坡 3∶1，下游 1.5∶1。

拦河坝建筑材料采用土石，迎水部分用土料滚压，背水部分用石渣及块石堆填。上游坝面夯筑石渣，铺砌黄泥浆块石各一层，各厚 4 公寸。下游坝面仅干砌块石一层，厚 4 公寸。于坝基适当地位筑 1∶1∶6 洋白灰浆砌块石，隔水墙一道，高出河床 3.0 公尺，平均总高约 6.0 公尺，于坝身最大横断面内排立钢管六段，以便观测坝身内浸润线之位置，坝顶路面用石渣铺填，厚 4 公寸。

B. 溢洪道 溢洪道包括溢洪道滚水部分与导水墙，兹分述于后。

（1）溢洪道 滚水部分计长 60 公尺，分东西二段。东段 10 公尺地形较低，拟筑 1∶3 洋灰浆砌条石。滚水坝顶宽 5 公寸，高 2 公尺，上游坝面坡 1∶10，下游 2∶1，坝趾接铺 1∶3∶6 混凝土海漫，厚 4 公寸，长 6 公尺。西段长 50 公尺，为石山开凿而成，并以 1∶3∶6混凝土护面上游底与东段滚水坝顶等高，下游底则开成与东段滚水坝下游坡面同样形状。

（2）导水墙以 1∶1∶6 洋灰浆砌块石筑成弧形，长 70 公尺 顶宽 2 公尺，分上下二段，各长 3.5 公尺。上段高 5.6 公尺，侧坡 1∶2，下段高 2.5 公尺，外侧坡 1∶2，内侧直立。

C. 活动闸 兹按闸门、闸墩、木桥及启闭机四部分述于后。

（1）闸门 闸门采木制扇形，长 5 公尺，宽 2 公尺，以钢轴，支于闸墩上。

（2）闸墩　闸墩以洋灰浆砌，料石建筑间距 5 公尺，高 2 公尺，长 5.7 公尺，宽 1 公尺。

（3）木桥　木桥架于闸墩上，长 60 公尺，宽 3 公尺，下游桥面上铺轻便轨道为移动启闭机之用。

（4）启闭机　采用复式齿轮启闭机，省力 10 倍，共备两座，可沿桥面轻便轨道移动，人力司启闭。

D. 给水洞　给水洞计分进水口、输水洞及输水管三部分述于后。

（1）进水口　因该给水洞兼充施工时期之排水道，故须设一临时进水口，仅高出河床 3 公尺，为施工期间进水之用，俟完工后，将其堵塞，永久进水口，较临时进水口提高 15 公尺，借以减少闸门所受压力。进水口前设拦污栅支撑圈成半圆形，沿圈有支墩，墩旁有铁槽，可装拦污栅，以角铁及铁板等为架，以钢条挂于架上为格，共计四套，拦污栅支撑圈与进水口之间设闸槽一道，用角铁板等造成。以备低水位时可将进水口关闭，并检查前段给水洞之用。

（2）给水洞　给水洞计分三段，分岔以前者为第一段，亦即先导段，长 75 公尺，坡度 1/150，断面底宽 1.50 公尺，中心高 2.0 公尺，顶部成拱形，过水面积 2.85 平方公尺。洞壁、洞顶均以 1∶3∶6 混凝土衬砌，厚三公寸。在洞底中部衬砌之下埋置卵石及 20 公分瓦管排泄山内渗水，减少洞壁外来压力。分岔处为第二段，亦即直立段或无压力段，圆柱形闸门即装设于此，该段长 15 公尺，垂直断面圆形，直径 1.25 公尺，洞壁衬砌及附设排水管皆与第一段相同。直立洞以下为第三段，亦为无压力段，长 130 公尺，坡度 1/40，断面底宽 2.5 公尺，中心高 2.0 公尺，顶部成拱形过水面积 4.55 平方公尺，洞壁衬砌同前。惟排水管埋置于底部两侧。

（3）输水管　输水管专为输送水电用水，前接圆柱形闸门，后接电厂管用 3/4 吋厚钢板电杆组成，总长 150 公尺。直径 60 公分，每隔一公尺，装加固箍圈一道。管尾端 20 余公尺，气温变化交大，特备伸缩缝一道。

E. 闸门及启闭机。

（1）闸门　灌溉输水洞闸门为圆柱形，铸钢制，高 2.4 公尺，直径 1.65 公尺，中空，分六节铸制，装置时以螺丝扣紧合成。闸门中心装拉杆与启闭器相连，闸门周围亦开凿成圆柱形之石洞，直径 3.65 公尺，高 2 公尺，底壁及顶，均以铸铁板护面，俾能承受大压力及剧烈冲刷，并建钢筋混凝土支柱四根，支撑洞顶，石洞之上开凿闸门活动室为闸门启升后停置之处直径 1.65 公尺，高 2 公尺内用以铸铁板护面，顶部用拱形铸钢梁支撑，借以承受压力并防止漏水，电力输水管，闸门，亦为圆柱形，高 1 公尺，直径 60 公分，设备与灌溉洞闸门大致相同。

（2）启闭机　启闭机装置于闸门上方之启闭室内，共计三座，其中一座备用。启闭机式样为复齿轮式，可省力 15 倍，并另加平衡重，使启门拉力更为减低，以人力司启闭。启闭机座用铸铁制，齿轮及轴承等均用铸钢制。

F. 启闭室　启闭室位于圆柱形闸门上方宽 3 公尺，长 6 公尺，两闸门启闭机均置于一室，室内四壁以 1∶3∶6 混凝土护面，厚三公寸，顶部略成拱形。室内除置启闭机件外，并附有灯光，通气，电讯，水压，流速，流率测量等设备，有行人洞，可自本室通至拦河坝下游山坡上，洞宽1.5公尺，高2.0公尺，如遇石质松软处，四周可以三公寸厚之1：3：6混凝土衬砌之。

G. 电厂及输电设备　电厂位于拦河坝下游山脚，兹将其各重要部分分述于下。

（1）水力机座数　本计划水电有效流率3秒立方公尺，有效势头32公尺，动力960匹马力，故水力机以采用一座较为经济，惟须另有一座备用，故共计二座。

（2）水力机及发电机选择　本计划设单式水力机二座，各马力960匹，采用立轴高速弗兰氏，设计转速514r/min，比转数54，轮径26吋。电力机采用700瓦，设计转速514r/min，60周波14极之三相交流机二部，伞式装置。

（3）厂房　厂房二层，上下共计16间，水力机及发电机占四间，电力输送设备占四间，余八间供住宿，材料储藏及办公等用，基础用1：3：6混凝土建筑，房壁用料石浆砌。

（4）输电设备　装设11,000伏特高压三线之输电线路，输送至张掖县城共长80公里，包括应需之变压器、分电器及开关等一切设备。

四、预　　算

本计划全部工程费按二十六年单价计需1,350,000元，按三十六年十二月单价计需1,450亿元，兹将预算列于表5。

表5　临泽梨园河鹦哥嘴水库工程预算表

名称		单位	数量	单价		共价		备注
				26年/元	36年12月/亿元	26年/元	35年12月/亿元	
拦河坝	滚压土压	立方公尺	140,000	1.00	100,000	140,000	140	包括挖运价
	堆填块石	同上	140,000	2.40	240,000	336,000	336	同上
	上游黄泥浆砌块石护面	同上	600	2.00	200,000	1,200	1.2	仅计砌工
	下游干砌块石护面	同上	400	1.80	180,000	720	0.72	同上
溢洪道	开石方	同上	20,000	1.60	32,000	——	——	包括于拦河坝内条石及块石平均
	1：3洋灰浆砌料石滚水坝	同上	80	16	1,600,000	1,280	1.28	单价
	1：3：6洋灰混凝土护砌	同上	300	40	4,000,000	12,000	12.0	
	1：3：6洋白灰浆砌块导水墙	同上	1,200	8	800,000	9,600	9.6	

续表

名称		单位	数量	单价		共价		备注
				26年/元	36年12月/亿元	26年/元	36年12月/亿元	
活动闸	闸门	套	10	1,000	100,000,000	10,000	10.0	
	1:3洋灰浆砌条石闸墩	立方公尺	125	30	3,000,000	3,750	3.75	
	木桥	座	1	8,000	800,000,000	8,000	8.0	包括轻便轨一条
	启闭机	同上	2	2,000	400,000,000	4,000	8.0	
给水洞	进水口	同上	1	1,000	160,000,000	1,000	1.6	包括拦污栅等
	给水洞	公尺	210	100	10,000,000	21,000	21.0	
	输水管	同上	140	150	15,000,000	21,000	21.0	
闸门及启闭机		套	2	25,000	5,000,000,000	50,000	100.0	
启闭室		座	1	5,000	500,000,000	5,000	5.0	
电厂及输电设备	水力机及发电机	套	2	55,000	5,500,000,000	110,000	19.0	
	厂房	座	1	9,600	960,000,000	9,600	9.6	
	输电设备			150,000	15,000,000,000	150,000	150.0	
排水及基础整理						70,000	70.0	包括临时拦河坝费用
公路						8,000	8	
房屋						4,000	4	
其他						115,000	115	包括灌溉区渠道等
总计工程费						1,091,150	1145.75	
工具设置费						50,000	75.00	工程完成后，全部移用整理渠道
工程预备费						40,000	40.00	
工程管理费						178,850	189.25	
总计						1,350,000	1,450.00	

五、增　益

本计划实施后，关于灌溉部分，可增垦新地140,000市亩。其中84,000市亩种植夏禾，平均每市亩年产小麦2.0市石，共计168,000市石，56,000市亩种植秋禾，平均每市亩年产糜子 2.0 市石，共计 112,000 市石。各扣除百分之五十之种子人工等成本，实际年纯增益小麦 84,000 市石，糜子 56,000 市石。按二十六年小麦每市石 5.0 元，糜子 3.8 元计算，年纯益 632，800 元。按三十六年十二月小麦每市石 800,000 元，糜子 600,000 元计算，年纯益 1，008 亿元。

关于承电部分，全年有效供电量 3，670,000 千瓦时，按二十六年电价每千瓦时 5 分计算，年收入 183，500 元，按三十六年电价 4,000 元计算，年收入 146.8 亿元，扣除管理养护等费用约 20%，按二十六年单价计算年纯益 146,800 元，按三十六年十二月单价计算年纯益 117.44 亿元。

总计灌溉及水电二项年纯益，按二十六年物价计算为 779,600 元，按三十六年十二月物价计算为 1,125.44 亿元。

六、结　　论

1. 经济价值　本工程按二十六年物价计算全部工程费需 1,350,000 元，工程实施后，每年实际增益 779,600 元，年增益占全部工程费 57.7%。按三十六年十二月物价计算，工程费 1,450 亿元，而每年实际增益 1,125.44 亿元，年增益占全部工程费 77.5%。利益甚厚，经济价值自能成立。兹按二十六年物价情形综合本工程主要各点如下。

工程增益统计表

全部灌溉面积新垦地	140,000 市亩
	已耕地 60,000 市亩
全年供电量	3,670,000 千瓦时
实际增加灌溉面积	140,000 市亩
工程实施后每年增产小麦	168,000 市石
工程实施后每年增产糜子	112,000 市石
工程实施后每年实际供电量	3，670,000 千瓦时
工程实施后每年实际增益	$F=779,600$ 元
全部工程费	$C=1,350,000$ 元
工程常年维持费	$O=20,000$ 元
工程平均寿命	$n=50$ 年
工程永久投资 $P=C+\frac{O}{r}+\frac{C}{(1+r)^{n}-1}$　年利率 r 实为 8%	$P=1,629,700$ 元
折合常年工程费	$P_r=130,400$ 元
投资利益指数 $I=\frac{F}{P_r}$	$I=5.98$ 倍
投资年利 $R=\frac{F}{P}$	$R=47.9\%$

2. 还款办法　按二十六年普通贷款，年利率 8%，期限五年计算，本工程每年还款

337,500元此数占年增益43.4%，民力尚能负担。

3. 施工程序 本工程范围较广，需费亦多，且因交通及器材运输等困难，故完成期限拟定为三年，先二年完成水库，后一年完成灌溉系统、水电工程。兹将详细施工程序列于表6。

表6 临泽梨园河鹦哥嘴水库工程施工程序表

	项目累计完成百分数/%											
	第一年				第二年				第三年			
	1—3月	4—6月	7—9月	10—12月	1—3月	4—6月	7—9月	10—12月	1—3月	4—6月	7—9月	10—12月
成立工程处	100											
工具设置	20	50	100									
工人召集	30	100										
公路房屋	10	100										
溢洪道		10	20	30	40	50	75	100				
给水洞		10	40	50	60	100						
活动闸					20	50	80	100				
临时拦水坝及基础整理			10	20	40	60	100					
闸门及启闭机			10	20	50	100						
启闭室					20	100						
拦河坝				10	20	30	60	100				
电厂									10	50	80	100
输电设备									10	50	80	100
灌溉系统									10	40	70	100
办理结束											40	100

高台马尾湖水库工程计划书

一、总　　述

黑河发源于祁连山，流经山丹、民乐、张掖、临泽、高台、鼎新、金塔、而入宁夏居延海，甘肃境内，河长约400公里，中游临泽一带平时流率约为30秒立方公尺，为河西最大河流，沿河各县农田借以引灌者约计2,100,000市亩，此外尚有可耕之地约900,000市亩，未蒙灌溉之利。灌溉时期，各渠争截河水，致下游农田常感缺水，愈至下游愈形严重。清雍正四年，驻甘巡抚年羹尧订立均水成案，规定于芒种节前，封闭中游临泽及高台东部二十八渠之口，期限十日，专灌下游高台西部农田17,400市亩，及鼎新农田35,400市亩，共计52,800市亩，金塔农田恃黑河灌溉者约15,000市亩，未包括在内，高台西部及鼎新农田，为事实所限，除清明至立夏间施灌一次，而其时水量不足，仍患缺水。本计划系利用高台城西35公里之马尾湖低洼荒地，围堤修建水库，蓄储黑河春间过剩河水，备于芒种，夏至放水救济，期无匮乏。水库蓄水量7,875,700立方公尺，除库内蒸发渗漏及河渠输水等损失外，约估有效灌溉水量3,520,000立方公尺，可救济下游耕地33,000市亩，用水之不足。全部工款按抗战以前26年物价估算，共需国币163,000元。工程实施后年可增益99,000元。经济价值颇为优厚，亟应提先修建。

二、资　　料

1. 形势　马尾湖、西湖、胭脂堡湖三湖相接，以马尾湖为最著，总称马尾湖。居黑河西岸，属高台西北四维乡，距县城35公里，其地东南毗连镇江堡耕地，北接碱溪河，西界砂邱，东濒临河渠，距黑河岸约二百至八百公尺，地势东南居高，向西北迤斜，拔海高程自1,310公尺至1,314公尺，全湖长约5公里，宽平均约300公尺，地势低洼，间有湖水，深凡三四公寸，系附近地下水潴集而成，湖内尽属荒地，因含碱甚多，不能耕种，作蓄水库址，尚属适宜。

2. 地质　马尾湖地势低洼，地下水位颇高，陆地蒸发甚烈，故土壤表面均结白色盐结层，土质属盐渍棕漠钙土，经检定含碱度pH值在7至8间，不能耕种。湖西北接沙丘，东南北三面水质良好，渗漏较少。

3. 均水沿革　黑河平时流率微少，灌溉时期各渠竞先引水，纠纷迭起，清雍正四年，驻甘巡抚年羹尧为消弭争水纠纷，并保障下游高台西北部，及鼎新境内各渠用水，乃订立均水成规，规定每年芒种节前，封闭中游临泽及高台东部二十八渠渠口，限期十天，前七天灌溉高台西部红山等十二渠农田 17,400 市亩，后三天灌溉鼎新双树子等六渠农田 35,400市亩，共灌面积 52,800 市亩。金塔良田恃黑河灌溉者约 15,000 市亩，未在均水范围之内，其中 50,200 市亩在马尾湖下游。均水期间，由鼎新县知事兼巡河道，严格执行。

兹将均水各渠名称及灌溉田亩列于表 1。

表 1　黑河均水渠道名称及灌溉田亩表

县别	马尾湖上下游	渠名	说明	距离马尾湖/公里	渠长/公里	灌溉面积/市亩	均水天数
高台	马尾湖上游渠道	双丰			4	300	前七天
		十坝子			5	200	
		水远			6	500	
		镇鲁			8	200	
		红山			4	1,400	
		共计 5 道			27	2,600	
	马尾湖下游渠道	红山	新开	3	3	200	
		同上	下红山	5	3	200	
		同上	另开	6	3	200	
		同上	周家沟	7	3	200	
		同上	何家沟	8	3	200	
		同上	三坝沟	9	3	200	
		同上	小坝沟	10	3	200	
		万开		5	8	600	
		罗城		7	7	2,700	
		正义	官渠	16	10	1,700	
		同上	二渠	25	5	1,700	
		临河		0	7	2,600	
		河西	新开	12	5	700	
		同上	新丰	18	1	1,200	
		同上	横沟	19	3	300	
		常丰		20	7	1,900	
		共计 7 道			74	14,800	
	高台县境共 12 道				101	17,400	

续表

县别	马尾湖上下游	渠名	说明	距离马尾湖/公里	渠长/公里	灌溉面积/市亩	均水天数
鼎新	马尾湖下游渠道	双树子	科田			200	后三天
		同上	屯田	60	7	2,300	
		济急村	科田	75	7	2,000	
		上葳号	屯田	85	5	700	
		大坝	屯田	88	12	19,000	
		万年	科田	95	10	6,800	
		双城子	屯田	108	10	4,400	
	鼎新系境共6道				51	35,400	
总计	18道				152	52,800	

4. 水文　马尾湖下游22公里，黑河正义峡水文站，民国32年9月成立，已有数年记载，兹将有关记录，分述如下：

A. 雨量　高台气候干燥，雨量稀少，平均全年雨天约30天，年雨量平均110公厘，40%降于7、8、9三个月。

B. 蒸发量　高台水面蒸发量，远较雨量为大，年蒸发量平均约1,200公厘，其中五月、六月、七月共三月占60%。平均五月份日蒸发量为6.75公厘，六月为7.84公厘，七月7.82公厘。

C. 黑河流域　黑河正义峡年平均流率为54秒立方公尺，三四月间平均流率约30秒立方公尺，五六月间因上游逐段截引灌溉而断流，三十五年七月三十一日最大洪水流率为421秒立方公尺，36年9月7日最低枯水流率11.04秒立方公尺。水库进水口许家庄附近，黑河高低水位差，根据乡农所示约为1.90公尺。

D. 温度　高台年平均温度为13.6摄氏度，最高温度30摄氏度以上，最低温度负10摄氏度左右，每年无霜时期约200天。

E. 风向及风力　高台年多东北风，风力属二三级，然在春季时起狂风，风力属一级①，飞砂走石乃常见事。

5. 缺水概况　黑河下游因受上游农田灌溉影响，自立夏至夏至，除芒种节前均水一天外，辙告断流。高台西部农田每年仅在谷雨、芒种、夏至、施灌三次，鼎新农田每年仅能在清明、芒种、夏至施灌三次，间隔既久，需水自殷。而芒种、夏至两次，因限于时令，农田集中引灌，斯期不足供应，缺水情形颇形严重。就施灌一次需要水量而言，芒种时节高台农田约少水20%，鼎新农田约少水60%，夏至时节，高台鼎新各少水40%。

① 编者按：原文如此。本类文献中，普遍以较小的级数数字表示较大风力，与今日标准不同。

6. 农作概况 高台鼎新农作分夏秋二种，因限于霜期，年仅一熟，夏禾以小麦为主，秋禾以糜子为主。副产品有高粱、马铃薯、黄豆、胡麻、棉花、豆类、瓜果、蔬菜等。若水量充沛，灌溉及时，每市亩年可产小麦2.0市石。现因灌溉期间，水量不足，每市亩年产量仅1.2市石左右。兹将高台西部及鼎新农作物种类及种植时间调查列于表2。

表2 高台西部及鼎新农作物种类及种植时间调查表

农作物	播种期		收获期	
	高台西部	鼎新	高台西部	鼎新
小麦、青稞、蚕豆、扁豆	春分	惊蛰	大暑	小暑
谷子、黄豆	谷雨	谷雨	霜降	霜降
棉花、芝麻	谷雨	谷雨	秋分	秋分
糜子	立夏	立夏	秋分	秋分
荞麦	小暑	小暑	寒露	寒露
瓜类	立夏	立夏	夏至至秋分	夏至至秋分
菜蔬	除天气严寒外，随时可种，约时半月可收			

7. 工料单价调查 高台马尾湖二十六年及三十六年12月，工料单价调查如表3所示，工程单价计算如表4所示。

表3 高台马尾湖工料单价调查表

种类	名称	单位	单价/元	
			26年	36年12月
人工	小工	工	0.35	35,000
	木工	同上	0.75	75,000
	铁工	同上	0.75	75,000
	泥工	同上	0.65	65,000
	石工	同上	0.90	90,000
材料	方木	公方	110.00	1,100,000
	青砖	同上	12.60	1,260,000
	熟铁	公斤	0.45	90,000
	石灰	百公斤	1.70	340,000
	洋灰	桶	20	3,100,000
运费	大车运	公吨公里	0.40	48,000
	驮运	同上	0.60	72,000

续表

种类	名称	单位	单价/元	
			26年	36年12月
农产品	小麦	市石	5.00	800,000
	大麦及青稞	同上	4.20	600,000
	大米	同上	10.00	1,400,000
	棉花	百市斤	43.00	8,500,000

表4　高台马尾湖工程单价计算表

项目	单位	单价/元		备注
		26年	36年12月	
挖普通土	立公方	0.13	13,000	
挖沙方	同上	0.08	8,000	
挖坚隔土	同上	0.31	31,000	
夯填土方	公方	0.24	24,000	
铺草皮	平方公尺	0.08	8,000	
1∶3白灰沙浆砌块石	公方	8.73	873,000	灰缝以30%计
1∶3白灰沙浆砌条石	同上	18.72	1,872,000	灰缝以12%计
1∶3白灰沙浆砌片石	同上	7.00	700,000	灰缝以35%计
1∶3白灰沙浆砌青砖	同上	16.47	1,647,000	灰缝以20%计
1∶1∶6洋白灰沙浆砌块石	同上	17.90	1,790,000	灰缝以30%计
1∶1∶6洋白灰沙浆砌条石	同上	22.39	2,239,000	灰缝以12%计
1∶3洋白灰沙浆砌条石	同上	25.51	2,551,000	灰缝以30%计
1∶3∶6白灰三合土	同上	4.39	439,000	
1∶2∶4洋灰混凝土	同上	80.00	8,000,000	包括洋灰碎石运至工地运费

三、计　　划

1. 工程布置　本计划拟计划利用马尾湖洼地，加建围堤，引蓄黑河春水。进水渠口在镇江堡上游25公里处，渠长2.1公里。因马尾湖西北部系细沙地层，蓄水不宜过高。故分成上下两库。上库设计水位高程1316.0公尺，蓄水量2,833,000立方公尺。引水渠桩号0+150处设防洪闸，防止黑河洪水冲刷或淤淀渠道。桩号1-520处修进水闸暨泄水闸，用以节制进库流率，闸尾附建插板，以免黑河水位枯落时，库中蓄水倒流出库，并附设大车桥面，维系交通。泄水闸备于水库蓄满足设计水位时排除引水渠内之余水。上库围堤桩号3+200处，设给水闸可放水入下库。下库围堤桩号1+530处，亦设给水闸，俾放水入给水渠，输送库水入黑河，给水渠桩号0+080修建大车木桥一座。

2. 水库蓄放时间及有效水量 水库每年于清明以前，引水储蓄，蓄水之前，须先放水冲洗库址积咸。至芒种节前及夏至节后，其时农田需水殷切，而黑河流率不敷下游灌溉之需，各放水一次，以资救济水库蓄水量7,875,700立方公尺，除蒸发、渗漏、轮水等损失外，约估有效灌溉水量3,520,000立方公尺。以每亩补充水量667×0.16=106.72立方公尺，计算共可补充现有耕地33,000市亩用水不足。兹拟定水库蓄放时间程序及有效灌溉水量，如表5所示。

表5 高台马尾湖水库蓄放时间及有效灌溉水量计算表

蓄放程序	起讫时间*	平均流率/(m^3/s)		库内损失/m^3		终期库存量/m^3	输水损失/m^3	有效灌溉水量/m^3
		进库	出库	蒸发	渗漏			
Ⅰ洗咸	15/3—24/3	7.0	7.0					
Ⅱ蓄水	25/3—10/4	5.72	—	308,000	211,000	7,875,000		
Ⅲ补蓄	11/4—26/4	0.47	—	385,920	264,000	7,875,000		
Ⅳ储存	27/4—27/5	—	—	841,200	558,000	6,476,500		
Ⅴ放水	28/5—6/6	—	3.23	278,800	180,000	3,230,950	1,026,750	1,760,000
Ⅵ储存	7/6—19/6	—	—	203,800	78,000	2,949,150		
Ⅶ放水	20/6—30/6	—	3.23	129,400	33,000		1,026,750	1,760,000

* 编者按：用“日/月—日/月”表示，即×月×日至×月×日。

3. 工程设计

A. 围堤 上库围堤迎水面侧坡3∶1，背水面2∶1，顶宽2.5公尺至三公尺，视堤高而奚，下库围堤因高度较低，土质部分，前后侧坡均为2∶1，砂基部分均为3∶1，迎水面全部填土，其余填沙。为避免被风吹移，表面包填黏土。上下库围堤迎水面堤脚均设黏土隔墙一道，下库砂基部分围堤并于背水面堤脚添设隔墙，以增加渗水长度。围堤出水高度0.7公尺，迎水面自堤顶以下1.5公尺，均铺草皮，以免风浪剥蚀。

B. 引水渠 引水渠长2.1公里，开始蓄水时水面纵坡约1∶1000，渐渐减平至1∶3500，普通土质部分侧坡1.5∶1，底宽4.9公尺，砂质土部分侧坡2.5∶1，底宽3.8公尺。蓄水时期，进水口黑河水位标高假定为1,316.55公尺，渠道设计水深1.6公尺，进水流率平均7.5秒立方公尺，蓄满下水库约需时12天，渠道润湿面，铺设草皮，以防冲刷。

C. 给水渠 给水渠入口设于下围堤桩号1+580处，长567公尺，纵坡1∶1000，侧坡1.5∶1，底宽8公尺，水深1.20公尺，许可给水率10秒立方公尺，润湿面铺草皮，以防冲刷。

D. 防洪闸 防洪闸设于引水渠桩号0+150处，二孔，每孔跨度2公尺，附设横木插板，以人力司启闭。闸底纵坡千分之一，进水流率与引水渠同平均7.5秒立方公尺，闸高3.10公尺，海漫长24.80公尺，大部用块石修砌，酌用条石（附图ⅣUⅠ-6高台马尾湖水库工程防洪闸设计图）。

E. 进水闸暨泄水闸　进水闸设于引水渠桩号1+520处，二孔，每孔宽2公尺，纵坡千分之一，进水流率平均7.5秒立方公尺，设木插板以人力司启闭，闸高2.60公尺，海漫长22.98公尺，附设木桥面，上铺碎石泥结路面。另附二孔泄水闸一座，每孔宽1.5公尺，高2.60公尺，海漫长21.15公尺，大部均用块石修砌，重要部分酌用条石。

F. 上库给水闸　上库给水闸设于围堤桩号3+200处，单孔，石砌拱形涵洞，洞长14公尺，高1.75公尺，宽1.50公尺，输水面积2.5平方公尺，最大流速限制4.0公尺。进口设楔形木制拽式闸门，附设平转绞盘，以人力司启闭，节制洞内流速及给水流率。可于4天内将上库储蓄水量，全部泄入下水库。

G. 下库给水闸　下库给水闸设于给水渠进口，下库围堤桩号1+580处，因须穿越临河渠，受给水渠出口水位及临河渠水位高程限制，故采用双孔石砌拱形涵洞，洞长20.95公尺，高1.20公尺，各宽1.20公尺，合计输水面积2.64平方公尺，最大流速限制4.0秒公尺。闸门及启闭设备，与上库给水闸类同。设计第一期给水2,786,750立方公尺，需时4天；第二期给水2,786,750立方公尺，需时6天。

H. 大车桥　大车桥设于给水渠桩号0+080处四孔，每孔3.5公尺，高1.70公尺，全部木制，桥面加铺碎石路面，以免车辆直接损折木制桥面。

四、预　　算

本工程拟拨支河西水利工程专款兴修，全部公款预算按26年单价计算需163,000元，按36年12月单价计算需16,500,000,000元，详细计算列于表6。

表6　高台马尾湖水库工程费预算表

名称		数量	单位	单价/元		共价/元		备注
				26年	36年12月	26年	36年12月	
引水渠	挖普通土	10,372.2	公方	0.13	13,000	1,348.39	134,838,600	
	挖沙土	7,234.2	同上	0.08	8,000	578.74	57,873,600	
	夯填土方	11,627.1	同上	0.24	24,000	2,790.50	279,050,400	
	铺草皮	29,724.0	平方公尺	0.08	8,000	2,377.92	237,792,000	
	小计					7,095.55	709,554,600	
上水库围堤	夯填土方	102,646.4	公方	0.24	24,000	24,635.14	2,463,513,600	
	同上	55,100.0	同上	0.24	24,000	13,224.09	1,922,400,000	
	挖普通土	2,205.0	同上	0,13	13,000	288.65	28,665,000	
	铺草皮	26,193.6	平方公尺	0.08	8,000	2,095.49	209,548,300	
	小计					40,241.28	4,024,127,400	

续表

名称		数量	单位	单价/元		共价/元		备注
				26年	36年12月	26年	36年12月	
下水库围堤	夯填土方	69,207.7	公方	0.24	24,000	16,609.85	1,660,984,800	
	铺草皮	13,887.6	平方公尺	0.08	8,000	1,111.01	111,100,800	
	运土	18,800.0	公方	0.90	90,000	16,920.00	1,692,000,000	平均运距1.5公里
	小计					34,640.86	3,464,085,600	
给水渠	挖普通土	7,420.9	公方	0,13	13,000	964.72	96,471,700	
	夯填土方	1,141.6		0.24	24,000	273.98	27,398,400	
	铺草皮	8,012.0	平方公尺	0,08	8,000	640.96	64,096,000	
	小计					1,879.66	187,966,100	
防洪闸	1:3洋灰砂浆砌条石	28.7	立方公尺	55.51	5,551,000	1598.14	159,313,700	石料运距30公里
	1:3白灰砂浆砌条石	8.9	同上	48.72	4,872,000	433.61	43,360,800	
	1:3白灰砂浆砌块石	150.4	同上	38.23	3,873,000	5,854.99	582,499,200	
	1:2:4混凝土	2.48	同上	80.00	70,080,000	198.40	14,998,400	
	方木	2.75	公方	110.00	11,000,000	302.50	30,250,000	
	螺钉	11.40	公斤	0.70	150,000	7.98	1,710,000	
	清基					150.00	15,000,000	
	排水					100.00	10,000,000	
	小计					8,640.62	872,522,100	
进水闸(附泄水闸及大车桥)	1:3白灰沙浆砌条石	100.6	公方	47.22	4,722,000	4,750.33	475,033,200	石料运距28.5公里
	1:3白灰沙浆砌块石	246.0	同上	37.23	3,723,000	9,828.72	982,872,000	
	1:2:4混凝土	2.4	同上	80.00	10,080,000	192.00	24,192,000	
	泥结碎石	10.1	同上	8.00	800,000	80.8	8,080,000	
	方木	3.8	同上	110.0	11,000,000	418.0	41,800,000	
	18cm×280cm圆木	12	根	7.5	750,000	90.0	9,000,000	
	6cm×320cm圆木	80	同上	1.2	120,000	96.0	9,600,000	
	清基					600.0	60,000,000	
	排水					400.0	40,000,000	
	小计					16,455.85	1,650,577,200	

续表

	名称	数量	单位	单价/元		共价/元		备注
				26年	36年12月	26年	36年12月	
上库给水闸	1：3洋灰沙浆砌拱石	17.3	公方	50.51	5,051,000	873.82	87 382,300	运距25公里
	1：3白灰沙浆砌拱石	1.3	同上	43.72	4,372,000	56.84	5,683,600	
	1：3洋灰沙浆砌条石	68.3	同上	50.51	5,051,000	3,348.81	334,881,300	
	1：3白灰沙浆砌条石	20.2	同上	43.72	4,372,000	883.14	88,314,400	
	1：1：6洋白灰沙浆砌条石	5.2	同上	47.39	4,739,000	246.49	24,642,800	
	1：1：6洋白灰沙浆砌块石	56.5	同上	42.90	4,290,000	2,423.85	242,385,000	
	1：3白灰沙浆砌块石	48.6	同上	33.73	3,373,000	1,639.28	163,927,800	
	1：2：4混凝土	0.24	同上	80.00	10,080,000	19.20	2,419,200	
	木料	2.80	同上	110.00	11,000,000	308.00	30,800,000	
	铁板	2.0	块	45.00	9,000,000	90.00	13,000,000	
	螺丝铁钉	7.0	公斤	0.70	150,000	4.90	1,050,000	
	油毛毡	0.7	平方公尺	2.00	200,000	1.40	140,000	
	启闭机	1.0	付	500.00	80,000,000	500.00	80,000,000	
	闸门	1.0	付	320.00	51,200,000	320.00	51,200,000	
	清基					800.00	80,000,000	
	排水					600.00	60,000,000	
	小计					12,115.67	1,270,826,400	
下库给水闸	1：3洋灰沙浆砌拱石	23.1	公方	48.51	4,851,000	1,120.58	112,058,100	运距23公里
	1：3洋灰沙浆砌条石	74.4	同上	48.51	4,851,000	3,609.14	360,914,400	
	1：3白灰沙浆砌条石	2.7	同上	41.72	4,172,000	112.64	11,264,400	
	1：3白灰沙浆砌块石	90.2	同上	31.73	3,173,000	2,862.05	286,204,600	

续表

名称		数量	单位	单价/元		共价/元		备注
				26年	36年12月	26年	36年12月	
下库给水闸	1：3白灰沙浆砌片石	29.0	同上	30.00	3,000,000	870.00	87,000,000	
	1：1：6洋白灰沙浆砌块石	33.4	同上	40.9	4,090,000	1,366.06	136,606,000	
	1：2：4混凝土	0.48	同上	80.0	10,888,000	38.40	4,838,400	
	油毛毡	1.2	平方公尺	2.0	200,000	2.40	240,000	
	螺丝铁钉	3.0	公斤	0.70	150,000	2.10	450,000	
	垫板	4.0	块	2.0	200,000	8.00	800,000	
	闸门	2.0	付	280.00	44,800,000	565.00	89,600,000	
	启闭机	2.0	同上	500.00	80,000,000	1,000.00	160,000,000	
	清基					500.00	50,000,000	
	排水					300.00	30,000,000	
	小计					12,351.37	1,329,975,900	
大车桥	20cm×480cm圆木	12	根	18.0	1,800,000	216.0	21,600,000	
	20cm×350cm圆木	35	同上	13.0	1,300,000	45.50	45,500,000	
	10cm×350cm圆木	8	同上	4.0	400,000	32.0	3,200,000	
	6cm×320cm圆木	240	同上	1.2	120,000	280.0	28,000,000	
	10cm×140cm圆木	30	同上	1.0	100,000	30.0	3,000,000	
	6cm×140cm圆木	56	同上	0.5	50,000	28.0	2,800,000	
	方木	0.8	公方	110.0	11,000,000	88.0	8,800,000	
	1：3白灰沙浆砌块石	9.2	同上	31.73	3,173,000	291.92	29,191,600	
	1：3白灰沙浆砌条石	2.3	同上	41.72	4,172,000	95.97	9,595,600	
	螺丝铁钉	18.0	公斤	0.7	150,000	12.6	2,700,000	
	打桩	36.0	公尺	0.3	30,000	10.8	1,080,000	
	泥结碎石	13.5	公方	6.0	600,000	81.0	8,100,000	
	小计					1,621.29	163,567,200	
工程费总计						135,042.15	13,673,202,500	
占地赔偿费		40	亩	20.0	2,000,000	800.00	80,000,000	
预备费						13,507.65	134,679,750	
管理费						13,650.00	140,000,000	
总计						163,000.00	16,500,000,000	

五、增　　益

本工程实施后，农田水量充足，每市亩可年产小麦 2 市石，较原产量 1.2 市石增收 8 市斗。33,000 市亩，每年共增产小麦 26,400 市石，除去增加之农作物成本外，每年纯增益为小麦 19,800 市石。以 26 年小麦价每市石 5 元计算，年纯增益共 99,000 元。

六、结　　论

1. 经济价值　综合本工程经济上主要各点如下。（一切按照 26 年物价计算）

工程增益统计表

全部灌溉面积	熟地 33,000 市亩
工程实施后每年增产小麦	26,400 市石
工程实施后每年增益	$F=99,000$ 元
全部工程费	$C=163,000$ 元
工程维持费	$O=1,500$ 元
工程寿命	$N=30$ 年
工程永久投资 $P=C+\frac{O}{r}+\frac{C}{(1+r)^n-1}$，年利率 r 实为 8%	$P=199,740$ 元
折合常年维持费	$P_r=15,979.2$ 元
投资利益指数 $I=\frac{F}{P_r}$	$I=6.19$ 倍
投资年利 $R=\frac{F}{P}$	$R=49.5\%$

本工程经济价值成立。

2. 施工程序　本工程之实施，不与上下游其他计划中工程之利害相冲突，且经济价值甚大，亟宜尽先举办，故应列为同流域内第一期工程。

兹拟定施工程序，如表 7 所示。

表 7　高台马尾湖水库工程施工程序表

项目		累计完成百分数/%																
		第一年（37 年）								第二年（38 年）								
		5 月	6 月	7 月	8 月	9 月	10 月	11 月	12 月	1 月	2 月	3 月	4 月	5 月	6 月	7 月	8 月	9 月
成立工程处		100																
引水渠	挖土方						25						100					
	夯填土方													100				
	铺草皮														50	100		

续表

项目		累计完成百分数/%																
		第一年(37年)								第二年(38年)								
		5月	6月	7月	8月	9月	10月	11月	12月	1月	2月	3月	4月	5月	6月	7月	8月	9月
上水库围堤	夯填土方			5	10	20	50						70	90	100			
	铺草皮													30	70	100		
下水库围堤	夯填土方			7	15	40	75						100					
	铺草皮												100					
给水闸	挖土方						50							100				
	夯填土方													100				
	铺草皮												30	100				
防洪闸	浆砌料石及块石							10	20	30	40	50	70	90	100			
	木闸门及附件														100			
	铁件														100			
进水闸暨泄水闸	浆砌料石及块石				10	20	30	40	50	60	70	80	90	100				
	木闸门及附件													100				
	大车桥面												30	100				
上库给水闸	浆砌料石及块石				10	15	20	25	30	40	50	60	70	80	100			
	闸门及启闭机														100			
	木便桥														100			
下库给水闸	浆砌料石及块石				5	10	15	20	30	40	50	60			70	100		
	闸门及启闭机														50	100		
大车桥	桩工												80	100				
	木工													40	100			
	铁件														100			
办理结束															20	50	100	

高台正义湖水库工程计划书

一、总　述

1. 资料　黑河发源于祁连山，出山后河道分歧，沟渠纵横，灌溉面积极广。在农田用水时期，上游张掖、临泽、高台等处，竞先引灌耕田，水流大部用尽，致下游高台西北部及鼎新、金塔等处耕田，无水引灌。缺水严重。正义湖位于黑河下游东岸，属高台县四维乡，东倚山坡，西滨黑河。全湖长约5.5公里，平均宽1公里，地势低洼，湖内尽为湿草荒地，含碱过重，不宜耕种。附近耕地不多，皆戈壁荒滩，下游20公里起至鼎新县城一带，有耕地50,400市亩，因灌溉水量不足，农产不丰，并有可耕荒地20,000市亩，缺水灌溉，长期荒芜，本区农作分夏秋二种，限于霜期，年仅一熟，夏禾以小麦为主，秋禾以糜子为主，若水量充足，灌溉及时，每亩年可产小麦2.0市石，现因普遍缺水，每亩平均年产小麦1.2市石，农作成本约需1.0市石。

2. 计划　本计划拟利用正义湖天然地形，于临河一面修建围堤一道，使与东侧山坡形成水库，引蓄黑河春水，供给下游耕地50,400市亩及荒地20,000市亩灌溉之需用，进水口设于正义湖上游约5公里处，引水渠长5,330公尺，围堤顶长5,070公尺，最深处高6公尺，于桩号0+250处设给水闸，下连给水渠，长650公尺，库满时，蓄水面积4.9平方公里，蓄水容量约1,200万立方公尺，定于芒种节前后分两次放入黑河，利用天然河床输水至下游灌地。

3. 结论　本计划全部工程按二十六年物价估算共需281,000元，工程实施后，每年增益达297,200元，按三十六年十二月物价估算共需2,810亿元，每年增益达2,972亿元，利益甚厚，工程经济值自能成立。

二、资　料

1. 形势　正义湖属高台县四维乡，位于县城西北约50公里，居黑河下游东岸，东倚山坡，西滨黑河，全湖长约5.5公里，平均宽1公里，湖内尽为湿草荒地，因含碱质，不宜耕种。地势自东南向西北倾斜，海拔1,300公尺至1,290公尺不等，无洪水淹没现象。附近耕地稀少，正义等渠引黑河水灌溉，余皆戈壁荒滩，下游20公里起至鼎新县城一带，有大片耕地共约50,400市亩，惟因灌溉水量不足，农产不丰，并有可耕荒地20,000余亩，缺水灌溉，长期荒芜。黑河发源于祁连山，平时流率约50秒立方公尺，灌溉时期，上游张掖、临泽、高台等处，竞先引灌耕田，水流大部用尽，正义湖处河床几将干枯，纵坡约1/1,000。

2. 地质　正义湖东侧山坡地带，表面土为冲积砂壤土，厚约4公尺，近山麓处，略含碱质，下为松软砂石岩层，厚度未经测定。下游耕地土质，多属砂壤土，透水性极大，平均厚约在2公尺以上，荒地区内，因受风沙侵袭，表面间有积砂，厚约0.5公尺。

3. 水文 黑河正义峡水文站，民国三十二年九月成立，已有数年记载，并将有关记录分述如下。

A. 水量　高台气候干燥，雨量稀少，平均全年雨天约30天，年雨量平均110公厘，40%降于7、8、9三个月。高台正义峡水文站雨量记载如表1所示。

表1　正义峡雨量表　（单位：公厘）

月 年	1	2	3	4	5	6	7	8	9	10	11	12
32	—	—	—	—	—	28	26	43	19	0	0	3
33	7	0	8	21	13	21	31	76	19	3	2	2
34	2	5	0	5	3	6	11	42	48	2	0	0
35	34	62	56	28	16	37	24	11	0	0	0	0
36	0.9	0	12	21.6	1.6	3.0	23	18	15.3	10	0	4.8
合计	43.9	67	76	75.6	33.6	95	115	190	101.3	15	2	9.8
平均	11	16.7	19	19	8.4	19	23	38	20.2	3	0.4	2

B. 蒸发量　高台水面蒸发量较雨量为大，年蒸发量平均约1,200公厘，其中5、6、7三个月占60%，平均5月份蒸发量为6.75公厘，6月为7.84公厘，7月为7.82公厘。高台正义峡水文站蒸发量记载如表2所示。

表2　正义峡蒸发量表　（单位：公厘）

月 年	1	2	3	4	5	6	7	8	9	10	11	12
32						151	147	155	107	77		
33						143	137	145	97	67		
34				115	180	166	173	170	114	74	54	
35				162	138	181	174	164	117	77		
36				62.6	192	236.3	260.9	179.8	111.6	19.8	13.5	
合计				339.6	510	877.3	891.9	713.8	546.6	364.8	67.5	
平均				113.2	170	173.4	178.4	142.7	109.3	73	33.7	
雨量	11	16.7		19	8.4	19	23	38	20.2	3	0.4	2
有效 蒸发量				94.2	161.6	154.4	155.4	104.7	89.1	70	33.3	

C. 温度　高台年平均温度为13.6℃，最高温度30℃以上，最低温度-10℃左右。每年无霜时期约200天。

D. 风向及风力　高台年多东北风，风力属二三级，然春季时起狂风，风力属一级。

E. 黑河流率　黑河正义峡年平均流率约54秒立方公尺，三、四月间平均流率约30秒立方公尺，五、六月间因上游逐段截引灌溉，几至断流。三十五年七月三十一日最大洪水流率为421秒立方公尺，三十六年九月七日最低枯水流率为11.04秒立方公尺。兹将高台正义峡水文站历年记载绘成曲线。①

4. 农作概况　鼎新金塔农作分夏秋二种，因气候寒冷，年仅一熟，夏禾以小麦为主，秋禾以糜子为主。副产品有高粱、马铃薯、黄豆、胡麻、棉花、豆类、瓜果、蔬菜等。若水量充裕，灌溉及时，平均每市亩可产小麦2.0市石，现因水量不足，每市亩年产量仅1.2市石左右。农作成本（包括人工、种子、肥料等）约合小麦1.0市石。兹将鼎新、金塔农作时期调查列于表3。

表3　鼎新、金塔农作时期调查表

<table>
<tr><th rowspan="3">月</th><th rowspan="3">日</th><th rowspan="3">节候</th><th colspan="8">金塔县</th><th colspan="6">鼎新县</th></tr>
<tr><th colspan="2">大麦</th><th colspan="2">小麦</th><th colspan="2">谷子</th><th colspan="2">糜子</th><th colspan="2">小麦</th><th colspan="2">谷子</th><th colspan="2">糜子</th></tr>
<tr></tr>
<tr><td>3</td><td>21</td><td>春分</td><td rowspan="2">播种</td><td rowspan="2">清明前十天</td><td rowspan="2">播种</td><td rowspan="2">清明前后</td><td rowspan="3">播种</td><td rowspan="3">谷雨前后后</td><td rowspan="5">播种</td><td rowspan="5">小满前五天</td><td rowspan="2">播种</td><td rowspan="2">清明前后</td><td rowspan="3">播种</td><td rowspan="3">谷雨前后</td><td rowspan="6">播种</td><td rowspan="6">芒种前五天</td></tr>
<tr><td>4</td><td>5</td><td>清明</td></tr>
<tr><td>4</td><td>21</td><td>谷雨</td><td rowspan="4">施灌</td><td rowspan="4">谷雨前十天</td><td rowspan="4">施灌</td><td rowspan="4">谷雨前后</td><td rowspan="2">第一次施灌</td><td rowspan="2">上游无水可灌</td></tr>
<tr><td>5</td><td>6</td><td>立夏</td><td rowspan="8">施灌</td><td rowspan="8">立夏后十天，如冬水泡足，此时可不泡</td><td rowspan="7">施灌</td><td rowspan="7">立夏后十天至立秋前后</td></tr>
<tr><td>5</td><td>22</td><td>小满</td><td rowspan="2">第二次施灌</td><td rowspan="2">6月5日至6月7日</td></tr>
<tr><td>6</td><td>7</td><td>芒种</td><td rowspan="6">施灌</td><td rowspan="6">夏至前后</td></tr>
<tr><td>6</td><td>22</td><td>夏至</td><td>收割</td><td>夏至前后</td><td rowspan="2">收割</td><td rowspan="2">小暑前后</td><td rowspan="3">第三次施灌</td><td rowspan="3">6月17日起</td><td rowspan="4">施灌</td><td rowspan="4">夏至前后</td></tr>
<tr><td>7</td><td>8</td><td>小暑</td><td rowspan="8">泡田</td><td rowspan="8">小暑前后</td></tr>
<tr><td>7</td><td>24</td><td>大暑</td><td rowspan="7">泡田</td><td rowspan="7">大暑前后</td></tr>
<tr><td>8</td><td>8</td><td>立秋</td><td>收割</td><td>立秋前后</td></tr>
<tr><td>8</td><td>23</td><td>处暑</td><td rowspan="5">泡田</td><td rowspan="5">处暑前后</td><td rowspan="3">收割</td><td rowspan="3">秋分前十天</td><td rowspan="3">收割</td><td rowspan="3">秋分前十天</td></tr>
<tr><td>9</td><td>8</td><td>白露</td><td rowspan="2">收割</td><td rowspan="2">秋分前后</td><td>收割</td><td>白露前后</td></tr>
<tr><td>9</td><td>23</td><td>秋分</td><td rowspan="3">泡田</td><td rowspan="3">秋分前后</td></tr>
<tr><td>10</td><td>8</td><td>寒露</td><td rowspan="2">泡田</td><td rowspan="2">秋分后十天</td><td rowspan="2">泡田</td><td rowspan="2">秋分后十天</td><td rowspan="2">泡田</td><td rowspan="2">秋分后十天</td></tr>
<tr><td>10</td><td>23</td><td>霜降</td></tr>
</table>

① 编者按：此曲线图有不解处，从略。

续表

月	日	节候	金塔县				鼎新县		
			大麦	小麦	谷子	糜子	小麦	谷子	糜子
11	7	立冬							
11	23	小雪							
备注							青稞、胡麻可同时下种，小麦灌三次，一次一公寸	棉花、高粱可同时下种	每隔十日至二十日灌一次，共灌二次或三次，每次水深0.8公寸

5. 水利概况 黑河灌溉时期，流率微少，各渠竞先引水，纠纷迭起。清雍正四年，驻甘巡抚年羹尧，为消灭争水纠纷，并保障下游高台西北部及鼎新境内各渠用水，乃订立均水成规，规定每年芒种节前，封闭中游临泽及高台东部28渠渠口，限期十天，前七天灌溉高台西北部红山等12渠农田，后三天灌溉鼎新双树子等6渠农田，共灌面积约52,800市亩（金塔境内恃黑河水灌溉之农田约有15,000市亩，未在均水范围之内）。除此十天外，河水辄告断流，农田需水殷切，偶遇旱年，水量减少，缺水更形严重。现高台境内缺水田亩，已另兴建马尾湖水库蓄水补救，下游鼎新金塔内田地，灌溉期间，第二、三次灌水，平均缺水约50%，产量不丰，亟待设法解决。

6. 工料单价调查 高台正义湖民国二十六年及三十六年十二月各项工料单价调查如表4所示，工程单价分析如表5所示。

表4 高台正义湖工料单价调查

种类	名称	单位	单价/元		备注
			26	36年12月	
人工	小工	工	0.35	35,000	
	木工	工	0.75	75,000	
	铁工	工	0.75	75,000	
	泥工	工	0.75	75,000	
	石工	工	0.90	90,000	
材料	熟铁	公斤	0.45	45,000	各种材料费已包括在内
	钢	同上	0.95	95,000	
	小圆木	公方	60.00	60,000,000	长度在8公尺以下者
	大圆木	同上	80.00	80,000,000	长度在8公尺以上者
	方木	同上	110.00	110,000,000	
	白灰	百公斤	1.70	1,700,000	
	洋灰	桶	20.00	20,000,000	

续表

种类	名称	单位	单价/元		备注
			26	36年12月	
材料	洋钉	同上	40.00	40,000,000	
	青砖	公方	12.60	12,600,000	
	火药	公斤	0.85	850,000	
	条石	公方	11.00	11,000,000	
工地材料运费	大车运	公吨公里	0.40	400,000	
	驮运	同上	0.60	600,000	
	汽车运	同上	0.06	6,000,000	
农产品	小麦	市石	5.00	5,000,000	
	大麦	同上	4.20	4,200,000	
	糜子	同上	3.00	3,000,000	
	棉花	百市斤	43.00	43,000,000	

表5 高台正义湖工程单价分析表

项目	单位	单价/元		备注
		26年	36年12月	
挖普通工	公方	0.13	13,000	
挖坚隔土	同上	0.31	31,000	
夯填土方	同上	0.24	24,000	
铺草皮	平方公尺	0.08	8,000	
1:3白灰沙浆砌块石	公方	8.73	873,000	灰缝以30%计
1:3白灰沙浆砌条石	同上	18.72	1,872,000	灰缝以12%计
1:3:6洋灰白灰沙浆砌块石	同上	17.90	1,790,000	灰缝以30%计
1:3:6洋灰白灰沙浆砌条石	同上	22.39	2,239,000	灰缝以12%计
1:3洋灰沙浆砌条石	同上	25 51	2,551,000	同上
1:3:6白灰三合土	同上	4.39	439,000	
1:2:4洋灰混凝土	同上	80.00	8,000,000	包括运费

三、计　　划

1. 工程方法　本计划拟利用正义湖天然地形，于沿河一面加建围堤，使与东侧山坡形成水库，引蓄黑河春水。引水渠进水口设于正义湖上游约5公里处，该处地面高程为1,306.75公尺，最高处约6公尺，分别于桩号4+500及5+250处，建节制闸及防洪闸各一座。围堤顶高程为1,301公尺，最高处约6公尺，全长5,070公尺，于0+250处，设给水闸一座，下接给水渠，渠长650公尺，围堤桩号1+180至2+640一段，紧临黑河，拟加建护岸丁坝，以防洪水冲刷。工程完成后，原有正义渠进水口下一段，行径库内，须另改新渠线由堤外绕过，拟开新渠共长2,180公尺，其与水库相交处，修筑倒虹管一座，以便连接。

2. 其他方法讨论　黑河灌溉区极广，渠道繁多，如欲将上游河床及各旧渠全部加以整理衬砌，工费浩繁，不合经济。正义湖位于黑河东岸，居合黎山之麓，地下潜流甚微。黑河下游河床，并非终年无水，仅灌溉时期枯微，春水、冬水仍极充裕，正义湖纵坡约1/1,000，地势低凹，利用天然地形，建筑水库，蓄储黑河春水，供给下游田地灌溉需用，允为经济合理之方法。

3. 坝址之选择　前甘肃水利林牧公司，曾于民国三十二年计划在鼎新双墩湾倒水口附近，拦河筑土坝一座，长200公尺，高27.4公尺，蓄水量46,000,000立方公尺，依当时市价估算，需工费9,626万元（约合民国二十六年造价963,000元）。三十六年春，水利部甘肃河西水利工程总队复又派员勘查，认为该处地质属沙砾冲积层，取材困难，不宜建筑水库，其他尚有闫家峡、正义峡及赵家峡等三处，虽地形较为合宜，然蓄储水量不多，需费较巨，不合经济，不若利用正义湖洼地，筑堤蓄水，较为经济合宜。

4. 灌溉地亩及需水量

A. 灌溉地形　鼎新县境有耕地35,400市亩，金塔境内借黑河迳流灌溉者有耕地15,000市亩，共计50,400市亩，现均普遍缺水，其中70%种植夏禾，30%种植秋禾，水库完成后，水量充沛，拟全部改种夏禾，以增高农产品价值。此外两处共有可耕荒地20,000市亩，亦可全部垦灌。

B. 需水量　正义湖水库，据下游用水地亩约70公里，估计输水损失平均每公里约等于全部水量之0.6%，则70公里总输水损失共计42%。今假定（1）输水渠无防漏设备，（2）原有耕地全部改种夏禾，（3）开垦荒地种植夏秋禾之比为4∶1。计算需水量如下：

原有耕地共50,400市亩，假定灌溉时期，第二三次施灌，平均缺水50%，每次灌水深0.1公尺，二次需补充水$50,400\times667\times1/2\times0.1\times2=3,361,860$立方公尺，加入输水损失42%，共需水量5,800,000立方公尺。

开垦荒地部分，其中4/5种植夏禾。秋禾用水时期，黑河迳流增涨，不需水库供给，仅以夏禾需水计算，每增灌荒地1万亩，需水量为$10,000\times4/5\times667\times0.2=1,067,200$立方公尺，加入输水损失42%，共需水量为1,840,000立方公尺。

综上所述，可得灌溉亩数与需水量之关系如下：

	最小	常年	最大
灌溉亩数/市亩	50,400	60,400	70,400
需水量/立方公尺	5,800,000	7,640,000	9,48,000

5. 围堤断面及材料选择 正义湖附近，无良好石料，最近石场，距库址约15公里，采运费巨，其他钢筋、洋灰等建筑材料，因交通不便，故拟就地取材，采用土坝，较合理经济。

6. 堤顶高程之决定 黑河全年可储流率，约达16亿立方公尺以上，正义湖上游马尾湖水库蓄水量不及一千万立方公尺，余水仍多，惟因回水关系，本库蓄水高程应在1,302公尺以下，始不影响上游田庄，故宜采用低坝。今按安全出水高1.0公尺拟定堤高，于造价（土方）比较曲线及堤高与蓄水量关系曲线，求得本库最经济坝顶高程应为1,301公尺。① 库满时，蓄水面积4.9平方公里，蓄水容量约1,200万立方公尺。

7. 水库储放过程 兹拟定本库储放过程如表6所示。

表6 高台正义湖水库工程储放时间及有效水量计算表

储放程序	起讫日期*	平均流率/(cm/s)		库内损失/cm		期终库存量/cm	输水损失/cm	有效灌溉水量/cm
		进库	出库	蒸发	渗漏			
Ⅰ洗碱	1/3—11/3	5.0	5.0					
Ⅱ蓄水	12/3—4/4	5.8		250,000	196,000	12,020,000		
Ⅲ储存	5/4—27/5			1,010,500	823,500	10,186,000		
Ⅳ放水	28/5—6/6		5.5	240,400	113,750	5,091,850	,990,800	2,749,200
Ⅴ储存	7/6—16/6			117,600	75,000	4,899,250		
Ⅵ放水	17/6—26/6		5.6	58,800	37,500		2,017,240	2,785,710

* 编者按：用"日/月—日/月"表示，即×月×日至×月×日。

8. 工程设计

A. 围堤 采用土坝形式，全部填土筑成，安全出水高1公尺，上游侧坡3∶1，下游侧坡2∶1，最深处堤高6公尺。上游坝面加铺草皮，以免波浪冲刷堤踵下修筑0.7×0.5隔水墙一道，借以增长渗水线，并防淘刷。

B. 渠道 引水渠及给水渠断面相同，可排流率5.8秒立方公尺，正义渠改线部分，断面较小，可排流率1.1秒立方公尺。所有渠道均沿地坡开挖，侧坡1.5∶1，除与建筑物连接处外，均不加衬砌，临水面铺以草皮，以免开始放水时冲刷。

① 编者按：此曲线图有不解处，从略。

C. 建筑物

（1）进水口　采用喇叭口两侧河岸以块石护坡，借免冲刷。

（2）进水闸及防洪闸　防洪闸设于进水口下80公分处，进水闸设于防洪闸下游750公尺处，两闸大小形式相同，均为两孔，每孔宽2公尺，进水流率5.8秒立方公尺。闸墙用1∶3白灰沙浆砌条石筑成底部以1∶3白灰沙浆砌块石铺成，装有木质插板闸门，以人力可启闭。上下游与渠道连接处，各设渐变曲面，以减少势头损失。

（3）给水闸　设于围堤桩号0+250处采用圆形涵洞，直径1.4公尺，长26.4公尺，全部用1∶3白灰浆砌料石筑成，中间加筑隔水墙五道，借防渗漏。进水口底较渠底高程低0.5公尺，借可排出库内全部水量，并建管制塔一座，调节给水流率，用1∶3洋灰沙浆砌条石筑砌，装设木质梯形闸门及平式绞盘，以人力司启闭，库内水位变化时，闸门开启比率亦随同变化，以维持给水流率为5.8秒立方公尺。另建石墩木面桥，自管制塔顶通至堤顶，以便人行。

（4）倒虹管　正义渠新改渠线与水库给水渠相交处，设倒虹管一座，引正义渠水由给水渠底下穿过，采用圆形管以1∶2∶4混凝土制成，直径0.6公尺，长4.7公尺，进出口水位落差0.4公尺，可排流率1.1秒立方公尺。进水口前建沉沙池，两端与渠道连接处，各建变形曲面，均以1∶3白灰沙浆砌块石砌筑。

D. 护岸沉梢丁坝　坝长20公尺，高1.5公尺，向上游方向倾斜，与河成70°角。坝身两侧，排钉木桩，中填芨芨草束成之梢龙，直径0.3公尺。自围堤桩号1+180至3+640，共筑丁坝50座，间距50公尺。

四、预　　算

各项工程预算详列于表7。

表7　高台正义湖水库工程预算表

项目	摘要	数量	单位	单价		共价		备注
				26年/元	36年12月/万元	26年/元	36年12月/万元	
引水渠	挖普通土	55,965.00	公方	0.13	1.30	7,275.45	72,754.50	
	夯填土方	48,965.00	同上	0.24	2.40	11,686.80	116,868.00	
	铺草皮	72,700.00	平方公尺	0.08	0.80	5,816.00	58,160.00	
	小计					24,778.25	247,782.50	
给水渠	挖普通土	6,825.00	公方	0.13	1.30	887.25	8,872.50	
	夯填土方	5,940.00	同上	0.24	2.40	1,425.60	14,256.00	
	铺草皮	8,860.00	平方公尺	0.08	0.80	708.80	7,088.00	
	小计					3,021.65	30,216.50	

续表

项目	摘要	数量	单位	单价		共价		备注
				26 年/元	36 年 12 月/万元	26 年/元	36 年 12 月/万元	
正义渠改线部分	挖普通土	13,362.30	公方	0.13	1.30	1,767.10	17,671.00	
	夯填土方	11,352.30	同上	0.24	2.40	2,724.60	27,246.00	
	铺草皮	20,100.00	平方公尺	0.08	0.80	1,608.00	15,080.00	
	小计					6,099.70	60,997.00	
围堤	挖普通土	1,995.00	公方	0.13	1.30	259.35	2,593.35	
	清基	102,823.00	同上	0.02	0.20	2,056.56	20,565.60	
	夯填土	340,000.00	同上	0.24	2.40	81,600.00	816,000.00	
	铺草皮	36,050.00	平方公尺	0.08	0.80	2,884.00	28,840.00	
	小计					86,799.91	867,999.10	
进水口	挖普通土	300.00	公方	0.13	1.30	39.00	390.00	
	干砌块石	155.50	同上	8.00	80.00	1,244.00	12,440.00	
	小计					1,283.00	12,830.00	
防洪闸	挖普通土	430.00	公方	0.13	1.30	55.90	559.00	
	1∶3 白灰沙浆砌条石	71.90	同上	48.72	487.20	3,503.00	35,030.00	运距 30 公里
	1∶3 白灰沙浆砌块石	425.40	同上	38.73	387.30	16,460.25	164,602.50	同上
	1∶2∶4 混凝土	0.30	同上	80.00	800.00	24.00	240.00	
	方木	1.40	同上	110.00	1,100.00	154.00	1,540.00	
	螺丝钉	10.00	公斤	0.70	7.00	7.00	70.00	
	小计					20,204.30	202,041.50	
进水闸	挖普通土	430.00	公方	0.13	1.30	55.90	559.00	
	1∶3 白灰沙浆砌条石	71.90	同上	48.72	487.20	3,503.00	35,030.00	运距 30 公里
	1∶3 白灰沙浆砌块石	425.40	同上	38.73	387.30	16,460.25	164,602.50	同上
	1∶2∶4 混凝土	0.30	同上	80.00	800.00	24.00	240.00	

续表

项目	摘要	数量	单位	单价		共价		备注
				26年/元	36年12月/万元	26年/元	36年12月/万元	
进水闸	方木	1.40	同上	110.00	1,100.00	154.00	1,540.00	
	螺丝钉	10.00	公斤	0.70	7.00	7.00	70.00	
	小计					20,204.15	202,041.50	
给水闸	1∶3洋灰砌拱石	32.29	公方	55.51	555.10	1,792.42	17,924.20	运距30公里
	1∶3洋灰砌条石	253.39	同上	55.51	555.10	14,065.68	140,656.80	同上
	1∶3白灰沙浆砌块石	59.53	同上	38.73	387.30	12,305.60	123,056.00	同上
	1∶1∶6洋白灰沙浆砌条石	1.98	同上	52.39	523.90	103.73	1,037.30	同上
	1∶1∶6洋白灰沙浆砌块石	92.31	同上	47.90	479.00	4,421.65	44,216.50	同上
	0.18×4.50圆木	0.67	同上	60.00	600.00	40.44	404.40	
	方木	1.80	同上	110.00	1,100.00	198.00	1,980.00	
	铁料	91.00	公斤	0.70	7.00	63.70	637.00	包括铁板、螺丝、钉子
	1∶2∶4混凝土	0.11	公方	80.00	800.00	8.80	88.00	
	闸门	1	付	400.00	4,000.00	400.00	4,000.00	
	启闭机	1	座	600.00	6,000.00	600.00	6,000.00	
	小计					34,000.02	340,000.02	
倒虹管	挖普通土	286.63	公方	0.13	1.30	37.26	372.60	
	1∶3洋灰沙浆砌条石	4.32	同上	55.51	555.10	239.80	2,398.00	运距30公里
	1∶3白灰沙浆砌块石	527.10	同上	38.73	387.30	20,414.58	204,145.80	运距30公里
	1∶2∶4混凝土	6.00	同上	80.00	800.00	480.00	4,800.00	
	回填砂砾	10.60	同上	0.24	2.40	2.55	25.50	
	小计					21,174.19	211,741.90	

续表

项目	摘要	数量	单位	单价		共价		备注
				26年/元	36年12月/万元	26年/元	36年12月/万元	
护岸丁坝	抛石	50.00	公方	3.00	30.00	150.00	1,500.00	
	0.2米×3.2米圆木	110.50	同上	60.00	600.00	6,630.00	65,300.00	
	芨芨草	4,750.00	公斤	0.02	0.20	95.00	950.00	
	柳条	200.00	同上	0.04		8.00	80.00	
	铁钉	200.00	同上	0.70	7.00	140.00	1,400.00	
	小计					7,023.00	70,230.00	
工程费总计						224,588.02	2,245,880.20	
其他						33,680.00	336,800.00	工程费15%
管理费						22,731.98	227,319.80	工程费10%
总计						281,000.00	2 810,000.00	

五、增　　益

本工程实施后，共计灌溉现有缺水耕地50,400市亩，开垦荒地20,000市亩。现有耕地充分灌溉后，可全部改种小麦，平均每市亩年增产0.8市石，50,400市亩年共增益40,320市石。荒地部分80%种植小麦，20%种植糜子，小麦地每市亩年产小麦20市石，16,000市亩年共增产32,000市石，扣除农作成本每亩1.0市石，年增益共16,000市石，糜子地每市亩年产糜子2.0市石，4,000市亩年共增产8,000市石，扣除农作成本每亩0.7市石，年增益共5,200市石。每年纯增益总计为小麦56,320市石，糜子2,800市石。按二十六年物价计算，年纯增益共297,200元，按三十六年十二月物价计算，年纯益为2,972亿元。

六、结　　论

1. 经济价值　综合本工程经济上主要各点如下（按照二十六年物价计算）：

工程增益统计表

全部灌溉面积　　补充水50,400市亩

荒地夏禾16,000市亩

荒地秋禾4,000市亩

工程实施后每年增产　　小麦 72,320 市石
　　糜子 8,000 市石

工程实施后每年增益　　$F=297,200$ 元

全部工程费　　$C=281,000$ 元

常年维持费　　$O=2,000$ 元

工程寿命　　$N=30$ 年

永久投资 $P=C+\frac{O}{r}+\frac{C}{(1+r)^{n}-1}$，年利率 r 实为 8%　　$P=337,100$ 元

折合常年工程费　　$P_r=26,968$ 元

投资利益指数 $I=\frac{F}{P_r}$　　$I=11.02$ 倍

投资年利 $R=\frac{F}{P}$　　$R=88.10\%$

2. 还款办法　按民国二十六年普通贷款，年利 8%，期限五年计算，本工程每年应还款 67,200 元，此数占纯增益 22.6%，农民力能负担。

3. 施工程序　本工程拟列为同流域内第二期工程，兹排列施工程序，如表 8 所示。

表 8　高台正义湖水库工程施工程序表

项目		累计完成百分数/%											
		第一年											
		1月	2月	3月	4月	5月	6月	7月	8月	9月	10月	11月	12月
成立工程处		100											
护岸丁坝	购料		50	100									
	沉梢			60	100								
正义渠	夯填土方			20	50	80	100						
	铺草皮							100					
引水渠	夯填土方								20	40	80	100	
	铺草皮										20	100	
给水渠	夯填土方				40	100							
	铺草皮					100							
倒虹管	挖土方			100									
	浆砌石料		20	60	100								
	回填砂砾				100								
防洪闸	浆砌石料								10	60	100		
	木闸门											100	
	铁件											100	

续表

项目		累计完成百分数/%											
		第一年											
		1月	2月	3月	4月	5月	6月	7月	8月	9月	10月	11月	12月
进水闸	浆砌石料								10	40	80	100	
	木闸门											100	
	铁件											100	
围堤	夯填土方			10	30	50	60	70	80	90	100		
	铺草皮									20	60	100	
给水闸	浆砌石料					10	30	50	60	70	85	100	
	闸门及启闭机										50	100	
办理结束											20	50	100

山丹川口沙河截引地下水工程计划书

一、总　　述

1. 资料　山丹位于祁连山麓，海拔高程1,750公尺。山丹河在县城以上终年干涸，仅于春初融雪及夏秋山洪暴发时表面始见流水，因此城厢东南七万余亩尽皆荒芜。城南十公里以外，马营河灌地九万亩，为山丹繁华之区。渠水流及荒区渗漏净尽，漫沉地下之水流于荒区之下，至城厢始复涌出，再灌城厢以下之地，终汇于黑河。山丹河虽常干涸，而支流错综，川口沙河为支流之一。上游承马营河之五闸水与石沟河水，历灌田25,000亩后而水尽。地下水位甚高，距地面仅一公尺许，河底纵坡约百分之一，流量甚丰。

山丹农产，夏禾以小麦为主，秋禾以糜子为主。然因气候严寒，年仅一熟，作物生长子三月至十月，灌溉时期平均每天约需水4公厘，若配水适宜则每秒公方流率可灌小麦及糜子地30,000市亩。现时上游各村用水充足者，每亩产小麦或糜子二市石，不足者仅一市石。

2. 计划　本计划拟在川口沙河开沟横截地下水流，利用地势自流引灌荒区之地预计6,000市亩，其余64,000市亩另设他法灌溉，不在本计划范围之内。

工程方法，在接连荒区之峡口上游择适宜地址，横截河床，开深沟一道，长约625公尺，沟深4公尺，直达底部岩层。为配合实际需要，要与节省工程费计，拟于中段之一部分筑砖石涵洞，长100公尺，其上游砖墙设孔漏水，顶部浆砌条石盖板，上填大小卵石，俾能排洪及截取解冻之表面水，其余则为明沟。西段衬砌隧洞，东段全部明沟。并挖输水沟一道与东段明沟相接，纵坡为1/500，全部青砖砌明渠，于500公尺外将水引出地面，再以渠道输水至荒区，自流灌溉。

3. 结论　本工程共费预算按二十六年物价共需47,800元，每年净增益26,400元，按三十六年十二月物价共需68亿元，年净增益42亿元，利益甚厚，工程经济价值自能成立。

二、资　　料

1. 形势　河西走廊东西蜿蜒而行，祁连山合黎山南北挟持，廊中山丹永昌间地势隆起，南北两山相衔接，是为武威石羊河流域与张掖黑河流域之分水岭。山丹县位于岭之西麓城滨山丹河侧，海拔约1,750公尺。县城以上，河床终年干涸，仅于每年仅于春初融雪及夏秋山洪暴发时表面始见流水，县城附近地下水蜂拥而出，汇集成流，以灌山丹以下之地，终汇于黑河。

山丹城厢东南沃野绵延，而极目荒芜，人烟绝少。其地宽可6公里，长8公里，面积约70,000市亩，大部废弃不耕，良以无水可资灌溉使然。上游山麓及河谷两岸则林木葱繁，阡陌相望，人烟繁盛，村落井然。暖泉干渠引马营河水至尚家村附近分为五闸，汁头闸水灌孙家营、韩家庄、王城庄、新河堡等田约20,000市亩，二闸水更灌王家庄、余家庄、柳树寨、三十里铺等田约20,000市亩，三闸水灌暖泉堡、马寨子、二十里铺等田约15,000市亩，四闸水灌魏奇寨、黄家庄、四坝寨、十里铺等田月20,000市亩，五闸水灌小寨子、卢家铺、蒲家寨、任家寨等田约15,000市亩，合计灌田约90,000市亩，凡此地面灌溉之水迄城南约十公里尽没地下，降至城厢，始复涌出，此一公里以内地面纵坡约1/100，虽土质肥沃，而荒芜无用，昔日畦埂遗迹，犹历历可数。

山丹河支流错综，然城厢东南尽皆干涸，川口沙河为支流之一，发源于祁连山内，上游接五闸灌溉水流及石沟河水，分灌卢家铺等处15,000市亩及新开坝土地10,000市亩，共计25,000市亩，至任家寨水流灌溉净尽，上游地下水积流循沙河底层卵石粗砂内浸沉而下，迄城西南三公里之瓦窑沟复涌出，河在城南九公里以上，两侧受丘陵挟持，河谷宽500至1,000公尺不等，纵坡约1/100。

2. 地质　城厢东南荒地70,000市亩，土质肥沃，适合各种农作，表面土厚平均1.5公尺，其下为卵石粗砂混合组成，其厚度未经测定。

川口沙河河床部分，宽约200至300公尺，表面土已为水流冲洗净尽，上层卵石粗砂，经探测结果，厚3至4公尺，下为凝结未固之红色砂岩层，透水性极微，厚度颇深，两岸黄土，东岸经冲蚀壁立，广数十公尺，与峙立之砾岩山麓相接，西岸黄土由低而高，逐渐倾斜至200公尺外，始与山麓相接。

河谷出口，临接荒地，工程用条石料以城东20公里青羊泉子所产之砂石较为适用，该地离川口工地约20公里，有大车路可通。

3. 水文　山丹气象记载仅培黎工艺学校一处，惟历史较短，山丹与张掖同属黑河流域，地理环境较近似。兹据张掖测候站民国32年至35年记载平均年雨量173公厘，其中115公厘，合66.5%降落于6、7、8、9四个月，年蒸发量为1,016公厘。

川口沙河每年除初春解冻及夏秋交洪水期外，表面无水。洪水时最深处可达1公尺，估计最大可能之流率约120秒立方公尺；解冻期流率估约1秒立方公尺，白昼解冻约四小时，入夜复水；如是延续约二十日之一个月之久。

河谷内地下水位颇高，距离河床表面仅一公尺许。

4. 农作情况　山丹农产一如河西各地夏禾以小麦为主，秋禾以糜子为主，因气候较冷，年仅一熟，作物生长时自三月至十月。

山丹作物无论夏禾秋禾，其生长期间，均约120日，在生长末期每月浇灌一次，每次需水深度120公厘，合每天需水4公厘，但只需灌溉两次，即可丰收；在下种之前或隔年八月至十一月灌冬水浇田一次，或当年二月至三月浇春水一次，约需500公厘，合每天需水2.8公厘，而夏禾与秋禾之用水时间，并不冲突，可以相间排列输流灌溉，故每秒立方公尺之水量，可灌溉小麦及糜子各30,000市亩。

按现时山丹上游各村灌溉情形，每次浇水不足者，普通仅年获农产品一市石许如水量充裕每亩年可获2市石，其副产品可供燃料及饲料用。

小麦种子每亩约需一市斗，河西农民普通每人耕地市亩左右，论其能力每人应可耕地至少二十亩，复以年仅一熟，冬季严寒，农民苦乏副业，生计全赖农产，故农作成本甚高，农村经济衰落。

5. 沿革　山丹城厢东南荒地七万亩，在百余年前原为全县繁华之区，其后山麓各村逐渐向上游垦地灌水，致表面水用尽，降成为地下水，下游各村用水不足，渠尾之地乃因而荒弃，即今区上端数年前犹在耕作也。如此上游之地渐渐向前露荒，形成今日上游之繁华与下游之荒芜，此种耕地向上转移之情况仍在不断进展中。

6. 工料单价调查　民国二十六年工料及农产品单价调查如表1所示，表2示山丹当地工程单价之分析。

表1　民国二十六年工料及农产品单价

种类	名称	单位	单价/元		备注
			二十六年	三十六年十二月	
人工	小工	工	0.30	30,000	
	木工	…	0.75	75,000	
	铁工	…	0.75	75,000	
	泥工	…	0.75	75,000	
	石工	…	0.90	90,000	
材料	熟铁	公斤	0.45	90,000	各种材料运费均已包括在内
	铜	…	0.95	210,000	
	小圆木	公方	40.00	4,000,000	长度在8公尺以下者
	大圆木	…	55.00	5,500,000	长度在8公尺以上者
	白灰	百公斤	1.50	300,000	
	洋灰	桶	20.00	3,100,000	
	洋钉	…	40.00	96,000,000	
	青砖	公方	3.50	420,000	
	条石	…	11.00	1,650,000	
工地材料运费	大车运青砖	公方公里	0.30	30,000	
	大车运条石	…	0.30	30,000	
	人力运土	…	1.20	120,000	
农产品	小麦	市石	5.00	800,000	
	大麦	…	4.20	600,000	
	糜子	…	3.80	600,000	

表2　山丹当地工程单价

工程名称	单位	工价/元		料具消耗/元			招工费	包工管理费及利润/元	自办材料/元				合计单价/元	36年12月单价倍数	备注
		大工	小工	炸药	钢针	杂具			洋灰	白灰	青砖	木料			
挖普通土	m^3	—	0.09	—	—	0.005	0.010	0.015	—	—	—	—	0.12	100,000	平均挖深1公尺
挖松石	同上	—	0.45	—	—	0.02	0.04	0.09	—	—	—	—	0.60	100,000	同上
挖坚石	同上	0.45	0.30	0.20	0.03	0.03	0.10	0.20	—	—	—	—	1.36	104,000	同上
挖坚隔土	同上	—	0.20	—	—	0.01	0.02	0.04	—	—	—	—	0.27	100,000	同上
挖坚隔土	同上	—	0.33	—	—	0.010	0.030	0.070	—	—	—	—	0.44	100,000	平均挖深5公尺
挖坚隔土	同上	—	0.45	—	—	0.010	0.040	0.100	—	—	—	—	0.60	100,000	平均挖深7公尺
回填土	同上	—	0.14	—	—	0.005	0.015	0.020	—	—	—	—	0.18	100,000	平均挖深5公尺
回填卵石	同上	—	0.15	—	—	0.005	0.015	0.030	—	—	—	—	0.20	100,000	同上
1∶1∶6洋灰白灰砂浆砌条石	同上	11.70	6.50	—	—	0.90	1.90	4.000	3.80	0.30	—	—	29.10	113,000	大车运5公里
1∶1∶6洋灰白灰砂浆砌青砖	同上	0.87	1.50	—	—	0.12	0.24	0.470	4.40	0.35	3.50	—	11.45	132,000	运费在内
1∶1∶6洋灰白灰砂浆砌青砖(拱圈)	同上	1.30	1.50	—	—	0.14	0.29	0.57	4.40	0.35	4.00	2.00	14.55	118,000	同上
1∶3白灰砂浆砌青砖	同上	0.87	1.50	—	—	0.12	0.24	0.47	—	0.70	3.50	—	7.40	119,000	同上
1∶3白灰砂浆砌青砖(拱圈)	同上	1.30	1.50	—	—	0.14	0.29	0.57	—	0.70	4.00	2.00	10.50	114,000	同上
1∶3∶6白灰三合土	同上	0.90	1.80	—	—	0.14	0.28	0.58	—	2.40	—	—	6.10	140,000	同上

三、计　　划

1. 工程方法　山丹河上游为马营河分五闸渠水，灌地九万亩。及城南十公里，地面水浇尽浸没地下，致遗弃熟荒地七万亩，其下游部分已感用水不足，如衬砌渠道，减少渗漏，充其量可改变下游部分用水之不足，遑论添灌遗弃之熟荒？故欲垦此熟荒，设法利用地下水以资灌溉，允为唯一之可行之方法。

夫地下水之流动，虽云漫延全部地下，然其大部分仍集流于空隙较大之卵石夹砂路线中，以其透水较易，流速较大之故。此项路线多与表面干涸之河道相吻合，故干河（俗称沙河）之下，地下水源必当丰富，本计划拟在川口沙河峡口附近横截地下水流，利用地势自流引灌荒地，预计约 6,000 市亩，至于荒区其余部分 64,000 市亩，则另在其他干河设法引截地下水灌溉之。

本工程方法，在接近荒区之峡口上游，横截河床开截水沟一道，长约 625 公尺，沟底直达岩石层，深离地下水面 3 公尺。为节省工程费，且配合实际需要，拟将全沟分三段：东段明沟式，长 250 公尺；西段隧洞式，长 100 公尺；中段 275 公尺，内 100 公尺为砖石涵洞式，其上游墙及顶部盖板均漏孔进水，下游墙不漏水；余 175 公尺与东段明沟同。复于东段明沟之现时河槽部位顺河开输水沟一道，纵坡 1/500，全部青砖衬砌明渠使不漏水，于 500 公尺以外，引水出地面，自流灌溉。

2. 截水流率之估算　地下水流率虽经长期测验，亦难确定其数值，兹姑按普通沟流公式（单边进水），推算可能截取之流率

$$Q=PKL\cdot\frac{H^2-h^2}{R}$$

式中，Q 为沟可截流率，单位每秒立方公尺；K 为垂直流速，在沙河卵石夹砂层中约估为 770 公尺每天，即 0.0089 公尺每秒；P 为底层空隙系数，约估沙河卵石夹砂层之 P 为 20%；H 为沟引水前之水深，$H=3$ 公尺；h 为引水后水位降落所余之水深，$h=0.05$ 公尺；R 为降水曲线切点之有效距离，约 50 公尺；L 为沟之长度，$L=625$ 公尺。将前列各值代入公式，乃得 $Q=0.10$ 秒立方公尺。

此项估算流率仅为约略之数，可能与实际相距甚远，他日施工时，可实地测验 P 及 K 之值，以计算较准确之流率，中途在随时变更沟洞之尺度。

本计划沟洞之尺度均按截取春水时一秒立方公尺之流率计算。

3. 灌溉地亩预算　资料章中述及农作之需水流率，约合每秒立方公尺灌小麦及糜子各三万市亩，本计划中所有输水道皆用衬砌，漏水甚少，故引水 0.10 秒立方公尺，当可灌小麦及糜子地各 3,000 市亩，合计 6,000 市亩。

4. 建筑物设计　截水沟深及岩层，明沟底宽 0.6 公尺，侧坡 1∶1。涵洞部分两壁用 1∶1∶6洋灰、石灰浆砌 0.1×0.2×0.4 青砖，上游墙每隔 0.6 公尺留一直缝，宽约 1 公分，以便漏水。下游墙不留缝，不漏水。盖板用 0.3 公尺×0.3 公尺×0.9 公尺条石浆砌，周围填充大小卵石，减少淤沙漏入沟内，隧洞顶部在黄土层内上部先可挖成半圆拱形，下部卵石夹砂层临时侧坡 1∶5，不致塌坡。待砖石衬砌后仍回填，衬砌方式一如涵洞段。截水沟纵坡1/1000，两端向输水口倾斜。

输水沟全用青砖衬砌明渠，纵坡 1/500，计长 500 公尺，于 250 公尺处设溢水道及排水沟一道，俾洪水时泻出沟内过剩之水量，及临时排除地下水以便施工。复于下游设测验流率用之梯形缺口一座。

自流灌溉系统概用衬砌明渠。各项断面设计均可排春水流率 1.00 秒立方公尺。

四、预　　算

各项工程费预算详见表3，按二十六年单价计需47,800元，按最近三十六年十二月单价需68亿元。

表3　山丹川口沙河截引地下水工程费预算表

名称		单位	数量	单价/元		共价		备注
				26年	36年12月	26年/元	36年12月/亿元	
截水沟	挖坚隔土	公方	9,500	0.40	40,000	3,800	3,800	平均单价
	涵洞	公尺	100	25.00	4,000,000	2,500	4,000	
	隧洞	同上	100	37.20	4,900,000	3,720	4,900	
	回填卵石	公方	400	0.20	20,000	80	0.080	
输水沟	挖坚隔土	同上	4,000	0.40	40,000	1,600	1.600	平均单价
	溢水道	座	1	500.00	60,000,000	500	0.600	
流率测量缺口		同上	1	200.00	24,000,000	200	0.240	
砖渡槽		同上	1	1,000.00	120,000,000	1,000	1.200	
灌溉渠		公里	10	2,500.00	400,000,000	25,000	40.000	包括挖土防漏层及斗门跌水车桥涵洞等建筑物
其他						5,800	6.800	工程费15%
工程管理费						3,600	4.780	
共计						47,800	68.000	

五、增　　益

工程为实施之前全区荒芜，无生产可言，工程实施之后每市亩可收小麦或糜子2市石，六千亩每年共收12,000市石（小麦与糜子各半），其中约半数为农作成本（包括种子肥料人工等），故每年实际增益为小麦与糜子各3,000市石。二十六年每石值小麦5元，糜子3.8元，三十六年十二月值小麦800,000元，糜子60,000元，故按二十六年物价每年实际增益共计26,400元，按三十六年十二月物价每年实际增益则为42亿元。

六、结　　论

1. 经济价值　按二十六年物价计算本工程工费47,800元，而每年实际增益达26,400元，年增益占工费55%，按三十六年十二月物价计算，本工程费需68亿元，每年实际增益42亿元，年增益占工费62%，其利甚厚，工程经济价值自能成立。

本工程经济价值之优劣系于截水流率之多寡，现计划估计截水0.1秒立方公尺，灌地6,000市亩，如能截水更多，灌地更多，其利愈厚，如不能截引预期之水，则利益减少。纵使截水少至0.05秒立方公尺，灌地3,000市亩，工程费亦可减少至原预算2/3（断面减少），其经济价值仍能成立。

综合本工程经济上主要各点如下：

工程增益统计表

全部灌溉面积	6,000市亩
工程实施后每年增产	小麦6,000市石
	糜子6,000市石
工程实施后每年实际增益	$F=26,400$ 元
全部工程费	$C=47,800$ 元
工程常年维持费（包括清淤修理及管理等费）	$O=1,000$ 元
工程平均寿命	$N=30$ 年
工程永久投资 $P=C+\frac{O}{r}+\frac{C}{(1+r)^{n}-1}$　年利率 r 实为8%	$P=65,600$ 元
折合常年工程费	$P_r=5,250$ 元
投资利益指数 $I=\frac{F}{P_r}$	$I=5.03$ 倍
投资年利 $R=\frac{F}{P}$	$R=40\%$

2. 还款办法　本工程之实施不与上下游其他计划中工程之利害相冲突，且经济价值甚大，故应列为同流域内第一期工程。施工程序应顾及川口沙河洪水之时期，排列如表4所示。

表4　施工程序表

项目	第一年累计完成百分数/%											
	1月	2月	3月	4月	5月	6月	7月	8月	9月	10月	11月	12月
成立工程处				100								
烧制青砖				10	30	50	70	90	100			
采运料石				5	20	45	70	100				
购运洋灰				30	100							
烧制石灰						30	60	100				

续表

项目	第一年累计完成百分数/%											
	1月	2月	3月	4月	5月	6月	7月	8月	9月	10月	11月	12月
购运木料					50	100						
采运河沙							50	100				
挖截水沟					10	50	70	90	100			
挖输水沟					40	100						
挖排水沟					50	100						
砌输水沟							20	60	100			
砌截水沟								20	70	100		
回填卵石								20	60	100		
砌溢水道									50	100		
装设流率测量缺口									100			
挖灌溉渠							20	60	100			
砌灌溉区建筑物								30	100			
衬砌灌溉渠									50	100		
清理工场										50	100	
准备结束										30	100	

山丹草湖头坝截引地下水工程计划书

一、总　述

1. 资料　山丹县位居河西走廊中部，祁连合黎二山汇合处西麓地势自东南向西北倾斜，县城南滨山丹河，拔海约1,750公尺。山丹河县发源于祁连山，水量丰富，上游历经灌地约九万余亩后没于戈壁中，至山丹县城东二十公里草湖，地势低洼，地下水又复涌出，农民围泉筑坝引灌西北田地，名为头、二、三、四坝。头坝居草湖最上游，泉眼有三，灌地约1,500市亩，自民国十六年大地震后泉源水位骤降（二、三、四坝未变），至告断流，昔日良田，逐渐变为荒芜。现时地下水位距地面约3.5公尺，地坡约1/150。

山丹县农作分夏秋两种，因气候严寒，年仅一熟，夏禾以小麦为主，秋禾以糜子为主，作物生长期三至九月，九至十一月为泡地期。通常灌地期间每天需水约2.5公厘，泡地期间每天需水4公厘，故每秒立方公尺流率可灌地35,000市亩。

2. 计划　本计划拟在现时头坝泉眼上游200公尺处挖截水沟一道，长300公尺，深5公尺，沟内挖井三口，深距沟底2公尺，拦截潜流0.05秒立方公尺，再以纵坡1/1,500之渠道输水上田灌溉。

3. 结论　本计划全部工程按二十六年物价估算共需13,000元，工程实施后每年增益7,500元，按三十六年物价估算共需14亿元，每年增益12亿元，利益甚厚，工程经济价值自能成立。

二、资　料

1. 地势　山丹县位于河西走廊中部，祁连合黎二山汇合处西麓地势自东南向西北倾斜。县城南滨山丹河，拔海约1,750公尺，山丹河县发源于祁连山，水量丰富，上游历经灌地约九万余亩后，尽没地下，下游四坝沙河及北沙河床终年干涸，水在地下潜流，遇春初雪融及夏秋际山洪暴发故见地面水流。至山丹县城东二公里草湖地势低洼，地下水又复涌出，顺地势向西北流经民乐县境集流后，终汇于黑河。

草湖位居四坝沙河与白沙河交口处，河谷宽约350公尺，纵坡1/150。因地势低洼，地下水蜂拥露头，水草茂盛，范围广大形如湖泽故名。当地人民与湖上下游淘泉成潭，围筑以堤集数泉为一坝，引溉城西北耕地，历史悠久，计有头二、三、四等四坝。

头坝居草湖最上游，泉源有三，东西并列，横截北沙河河谷，每泉各有输水沟一道，于下游600公尺，汇合后土田灌溉，灌溉区域自山丹城东起，至城西北五公里灯草嘴沙河止，北抵长城，南至二坝渠，东西长，南北狭，面积共1,500市亩，民国二十六年河西大地震后，头坝泉源因受地势变动影响，地下水坡减平，水位骤降（二、三、四各坝未变），致告断流，昔日良田，逐渐变为荒芜，农村经济濒于衰落。

2. 地质 山丹县城附近，土地肥沃，适于农作，表面黄土深厚，自三公尺至十数公尺不等。

草头河谷表面为黄土细沙，最深处约一公尺，其下为卵石夹沙，渗水甚易，深度未经测定。

工程用条石料，以城东二十公里青羊泉子所产砂石较为始用，有大车路直达。

3. 水文 山丹位于祁连合黎二山会合处之西麓，四季多风，夏秋之季风势尤烈。现有测候所仅培黎工艺学校一处，为时不久，尚无确定记载。山丹与张掖同属黑河流域，地理环境近似，张掖测候站民国三十二年至三十五年记载，平均年雨量173公厘，其中115公厘（合66.5/100）降落于6、7、8、9四个月。年蒸发量为1016公厘。

四坝沙河及北沙河，除夏秋山洪暴发及春初解冻期外，表面无水。洪水时最深处水深可一公尺，估计最大洪水流率约2秒立方公尺。

草湖河水地下水位甚高，上游头坝泉源处距地面较深约3.5公尺以下，下游距地面渐近，终至蜂拥露头。

4. 农作概况 山丹农作分夏秋两种，因气候高寒，年仅一熟。夏禾以小麦为主，秋禾以糜子为主，主作物生长期自三月至九月。

小麦生长期内约每间二十天浇灌一次，每次需水深度50公厘，合每天需水2.5公厘。每年九月至十一月灌冬水泡地一次，约需400公厘，合每天需水4公厘，故平均每秒立方公尺流率约灌小麦地35,000市亩。

按现时各村上游灌溉情形，浇水不足者，普通每亩仅年产小麦一市石许，如水量充裕，每亩年可产二市石。麦秆等副产品，可供牲畜饲料及建筑材料月。

小麦种子每亩约需一市斗，加以肥料，人工，畜力等耗费，合计每亩成本约为小麦一市石，年每亩生产量之半数，农作成本甚高，因冬季寒时间较长，农民苦乏副业，生计全赖农产，故农村经济日渐衰落。

5. 工料单价调查 民国二十六年工料及农产品单价调查如表1所示，表2表示山丹当地工程单价之分析。

表1 山丹工料单价调查表

种类	名称	单位	单价/元		备注
			二十六年	三十六年十二月	
人工	小工	工	0.30	30,000	
	木工	工	0.75	75,000	
	铁工	工	0.75	75,000	
	泥工	工	0.75	75,000	
	石工	工	0.90	90,000	

续表

种类	名称	单位	单价/元		备注
			二十六年	三十六年十二月	
材料	熟铁	公斤	0.45	90,000	各种材料运费均已包括在内
	铜	公斤	0.95	210,000	
	小圆木	立公方	40.00	4,000,000	长度在8公尺以下者
	大圆木	立公方	55.00	5,500,000	长度在8公尺以上者
	白灰	百公斤	1.50	300,000	
	洋灰	桶	20.00	3,100,000	
	洋钉	桶	40.00	96,000,000	
	青砖	立公方	3.50	420,000	
	条石	立公方	11.00	1,650,000	
材料用费	大车运青砖	公方公里	0.30	30,000	
	大车运条石	公方公里	0.30	30,000	
	人力运土	公方公里	1.20	120,000	
农产品	小麦	市石	5.00	800,000	
	大麦	市石	4.20	600,000	
	糜子	市石	3.80	600,000	

表2　山丹工程单价分析表

工程名称	单位	工价/元		料具消耗/元			招工费	色工管理费及利润/元	自办材料/元				合计单价（元）	36年12月单价倍数	备注
		大工	小工	炸药	钢针	杂具			洋灰	白灰	青砖	木料			
挖普通土	m^3	—	0.09	—	—	0.005	0.010	0.015	—	—	—	—	0.12	100,000	平均挖深1公尺
挖松石	同上	—	0.45	—	—	0.02	0.04	0.09	—	—	—	—	0.60	100,000	同上
挖坚石	同上	0.45	0.30	0.20	0.08	0.03	0.10	0.20	—	—	—	—	0.36	104,000	同上
挖坚隔土	同上	—	0.20	—	—	0.10	0.02	0.04	—	—	—	—	0.27	100,000	同上
挖坚隔土	同上	—	0.33	—	—	0.010	0.030	0.070	—	—	—	—	0.44	100,000	平均挖深5公尺
挖坚隔土	同上	—	0.45	—	—	0.010	0.040	0.100	—	—	—	—	0.60	100,000	平均挖深7公尺
回填土	同上	—	0.14	—	—	0.005	0.015	0.020	—	—	—	—	0.18	100,000	平均挖深5公尺
回填卵石	同上	—	0.15	—	—	0.005	0.015	0.030	—	—	—	—	0.20	100,000	同上
1:1:6洋灰白灰沙浆砌条石	同上	11.70	6.50	—	—	0.90	1.90	4.000	3.80	0.30	—	—	29.10	113,000	大车运5公里

续表

工程名称	单位	工价/元		料具消耗/元			招工费	色工管理费及利润/元	自办材料/元				合计单价（元）	36年12月单价倍数	备注
		大工	小工	炸药	钢针	杂具			洋灰	白灰	青砖	木料			
1∶1∶6洋灰白灰沙浆砌青砖	同上	0.87	1.50	—	—	0.12	0.24	0.470	4.40	0.35	3.50	—	11.45	132,000	运费在内
1∶1∶6洋灰白灰沙浆砌青砖（拱圈）	同上	1.30	1.50	—	—	0.14	0.29	0.57	4.40	0.35	4.00	2.00	14.55	118,000	同上
1∶3白灰沙浆砌青砖	同上	0.87	1.50	—	—	0.12	0.24	0.47	—	0.70	3.50	—	7.40	119,000	同上
1∶3白灰沙浆砌青砖（拱圈）	同上	1.30	1.50	—	—	0.14	0.29	0.57	—	0.70	4.00	2.00	10.50	114,000	同上
1∶3∶6白灰三合土	同上	0.90	1.80	—	—	0.14	0.28	0.58	—	2.40	—	—	6.10	140,000	同上

三、计　　划

1. 工程方法　本计划目的在恢复头坝固有水源，增殖二十年之熟荒计1,500市亩。

工程方法，在原来头坝泉眼上游200公尺处，挖截水沟一道，横截草湖河谷长300公尺，深5公尺，侧坡1∶1，中间现时河槽部分，石涵洞一段，长50公尺，顶部回填卵石，便草湖河谷洪水流过。沟水之两端及中点各挖集水井一口，井底直径一公尺，深至地下水位下3.50公尺，距沟底2.0公尺，水沟自北端至集水井口起，顺河挖，纵坡1/1500，全部明渠，过水部分以青砖砌，使不漏水于830公尺处引水入渠，上田灌溉。（详见图二山丹草湖头坝接引地下水工程设计图。）

2. 节水率之估算　地下水流率虽经长期测验，亦难确定其数值，兹姑就当地的情况按照理论公式推算如下

$$\text{井流公式}\ Q_w = \frac{\pi KP}{2.30} \cdot \frac{H_w^2 - h_w^2}{\log \dfrac{R}{r}}$$

$$\text{沟流公式}\ Q_g = PKL \cdot \frac{H_g^2 - h_g^2}{R}$$

上列两式中，Q_g=截水沟可截流率，单位每秒立方公尺；Q_w=集水井可筑流率，单位每秒立方公尺；H_g=沟未引水之前水深=1.50公尺；H_w=井未引水前之水深=0.25公尺；h_g=沟引水后水位降落所余之水深=0.5公尺；h_w=井引水后水位所余之水深=2.25公尺；L=截水沟长度，单位公尺；R=降水曲线切点之有效距离，估为50公尺；r=井之半径=0.50公尺；K=垂直流速，约估为770公尺/日=0.0089公尺/秒；P=地层孔隙系数，估为20%。代入上式后，乃得

$$Q_g=0.195 \text{ 秒立方公尺}$$

$$Q_w=0.114 \text{ 秒立方公尺}$$

截引总流率 $Q=Q_g+3Q_w=0.050$ 秒立方公尺。

上列流率之估算可能与实际情形相差甚远，他日施工时，可实地测验 P、K、R 值，以计算较准确流率。

本计划沟渠尺度，暂以计算之流率为准。

3. 建筑物设计 截引沟明渠部分，底宽0.5公尺，侧坡1∶1，纵坡1/1000，水沟口倾斜，砖石涵洞部分，位于现时河槽之下，长50公尺，两壁用1∶1∶6洋灰白灰砂浆特制大砖，每块尺度0.2公尺×0.4公尺×0.1公尺，每隔0.6公尺留直缝一条，不加浆砌，以容漏水。上部盖板用白灰砂浆砌0.3公尺×0.3公尺×0.9公尺条石，洞外周围填以大小卵石，避免细砂落入沟内。

输水沟明渠，底宽0.6公尺，侧坡1∶1，纵坡1/1500，长830公尺。其过水部分以青砖衬砌，高0.25公尺，以防渗漏。沟位与渠相接处设测验流率用之梯形缺口木槽。

4. 灌溉地亩预算 按每秒立方公尺流率灌地35,000市亩，计算1,500市亩应需流率0.043秒立方尺，加以渠道输水渗漏，蒸发及沿渠村落饮用或给水等损失约估20%，故0.05秒立方尺流率足够灌溉1,500市亩之需用。

四、预　　算

各项工程费预算详见表3，按二十六年物价计需13,000元，按三十六年十二月物价需14亿元。

表3　山丹草湖头坝截引地下水工程费预算表

名称		单位	数量	单价/元		共价		备注
				26年	36年12月	26年/元	36年12月/亿元	
截水沟	挖坚隔土	立公方	8,100	0.45	45,000	3,645	3,650	平均单价
	截水涵洞	公尺	50	21.50	2,900,000	1,075	1.450	
	集水井	口	3	100.00	12,000,000	300	0.360	
	回填卵石	公方	800	0.20	20,000	160	0.160	
	干砌卵石护坡	同上	30	0.50	50,000	15	0.015	

续表

名称		单位	数量	单价/元		共价		备注
				26 年	36 年 12 月	26 年/元	36 年 12 月/亿元	
输水沟	挖坚隔土	同上	11,000	0.35	35,000	3，850	3.850	平均单价
	青砖衬砌	公尺	830	1.50	180,000	1,245	1.500	
	梯形缺口木槽	座	1	50.00	6,000,000	50	0.060	
灌溉渠		公里	6	200.00	20,000,000	1,200	1.200	包括渡槽跌水车桥涵洞等建筑物
工程管理费						1,460	1.755	
共计						13,000	14.000	

五、增　　益

工程未实施前全区荒芜，无生产可言，工程实施后，每年每市亩可收小麦 2 市石，1,500市亩每年共收 3,000 市石，其中约半数为农作成本（包括种子肥料人工等），故每年实际增亦为小麦 1,500 市石。二十六年小麦每石价 5 元，三十六年十二月价 800,000 元，故按二十六年物价每年实际增益共计 7,500 元，按三十六年十二月物价每年实际增益为 12 亿元。

六、结　　论

1. 经济增值　按二十六年物价计算，本工程工费需 13,000 元，而每年实际增益达 7,500 元，每年增益占工费 85%，利益甚厚，工程经济价值，自能成立。

综合本工程经济上主要各点如下：

全部灌溉面积	1,500 市亩
工程实施后每年增产	小麦 3,000 市石
工程实施后每年实际增益	$F=7,500$ 元
全部工程费	$C=13,000$ 元
工程常年维持费（包括清淤修理及管理等费）	$O=500$ 元
工程平均寿命	$N=30$ 年
工程永久投资 $P=C+\frac{O}{r}+\frac{C}{(1+r)^n-1}$，年利率 r 设定为 8%	$P=20,600$ 元
折合常年工程费	$P_r=1,650$ 元
投资利益指数 $I=\frac{F}{P_r}$	$I=4.55$ 倍

投资年利 $R=\frac{F}{P}$ $R=36.4\%$

2. 退款办法 按民国二十六年普通贷款年利率8%，期限五年计算，本工程每年应退款3,260元，此数占年增益之43.5%，农民力量可能负担。

3. 施工程序 本工程不与上下游其他计划中工程之利害相冲突（且经济价值甚大，故应列为同流域内第一工程）惟须顾及春初解冻及秋初洪水之时期，兹排列施工程序，如表4所示。

表4 施工程序表

预计进度 项目	第一年											
	一月	二月	三月	四月	五月	六月	七月	八月	九月	十月	十一月	十二月
	累积完成百分数/%											
成立工程处			100									
烧制青砖				50	100							
采运料石				50	100							
烧制石灰					50	100						
采运河沙					50	100						
挖截水沟				5	50	100						
挖集水井						100						
挖输水沟				20	50	100						
砌输水沟							60	100				
砌截水洞							100					
砌集水井							100					
回填卵石							100					
装设流率测量槽								100				
整修灌溉旧渠					20	50	100					
全部结束									100			

| 山丹大佛寺地下水灌溉工程计划书 |

一、总　　述

1. 资料　山丹县位于河西走廊中部东南距兰州约四百余公里，居祁连山、合黎二山会合处西麓，地势自东南向西北倾斜海拔400公尺至2,000公尺不等。山丹河发源于祁连山上游历经灌地后，没于戈壁中，至山丹县城东2公里草四坝及城西5公里大佛寺，地势低凹，地下水又复涌出。其中草四坝露头泉水，引灌县城以下耕地，大佛寺露头泉水仍沿山丹河西流，灌溉下游山丹境内及民乐、张掖田亩。大佛寺河谷狭窄，有岩石露头，上游地势开旷平坦，地下水露头极多，名青泉湖，集流后流经大佛寺峡谷西流，因沿途渗漏过巨，下游耕地往往用水不足。现山丹、民乐交界处，遗有荒地10,000市亩，位于山丹河北岸，靠近合黎山麓，地势较高，自山麓向西南倾斜，土质肥沃，适于农作。

本区农作分春秋两种，因气候较寒，年仅一熟，夏禾以小麦为主，秋禾以糜子为主。作物生长期自三月至十月，灌溉需水深度，平均每日约4公厘，折合每万市亩需水流率0.3秒立方公尺，水量充足处，多种小麦，每亩年产2.0市石。缺水地区则兼种秋禾，以便调节用水，每亩平均年产1.0市石。

2. 计划　本计划拟于大佛寺下游峡谷处筑拦河截水坝一座下连截水墙，深至河床下不透水层，使地下汇流，自河床中涌出并抬高水位1.5公尺，沿河北岸，开引水灌渠一道于设计水位下全部用1∶3白灰砂浆砌卵石护面防漏，引水灌溉荒地10,000市亩后，利用原有输水道，输水补充下游耕地用水约10,000市亩。

3. 结论　本计划按民国二十六年战前物价计算约需共费144,000元，工程实施后每年纯增益为75,000元，工程经济价值，自能成立。

二、资　　料

1. 形势　山丹县位于河西走廊中部，祁连山、合黎二山会合处西麓，地势自东南向西北倾斜，海拔400公尺至2,000公尺不等。山丹河发源于祁连山，出山后历经沿途引水灌田，不远处尽没于戈壁中，下游河床终年干枯，遇春初雪溶及夏秋除山洪暴发，表面始有流水，绕山丹县城南，向西流于民乐县境，集流后终汇于黑河。山丹县城东二公里草四坝及城西五公里大佛寺，地势低凹，地下水又复涌出。其中草四坝露头泉水，引灌山丹县城以下地亩，大佛寺露头泉水，仍沿山丹河下泻，供应下游山丹境内及民乐、张掖灌田需用。惟因沿途渗漏过巨，下游耕地往往用水不足，每届分水时期，辄聚众要挟争执，水利纠纷时起。现民乐、山丹交界处，遗有荒地10,000市亩，全部在山丹河北岸，靠近合黎山麓，地势自东北向西南倾斜。大佛寺河谷狭窄，有岩石露头，南岸陡崖高耸，北岸地坡倾斜，距山麓较远，河谷上游地势开旷平坦，地下水被迫露头，泉眼甚多，名为青泉湖，各泉源集流后，尽注入山丹河，经大佛寺西流。

2. 地质 大佛寺峡谷处南岸有岩石露头，北岸表面为砂质土壤，河床中为卵石夹沙，青泉湖表土甚薄，间有水草，下为卵石层，地下水自卵石中涓涓涌出。民乐山丹交界处荒地表面土壤，均属漠钙土，适于农作。

3. 水文 山丹气象测候所，现仅培黎工艺学校一处，为时不久，尚无确实记载，山丹与张掖同属黑河流域，地理环境较近似，根据张掖测候站民国三十二年至三十五年记载，平均年雨量173公厘，其中115公厘（合66.5%）降于6、7、8、9四个月，年蒸发量为1,016公厘。

山丹县城以下，山丹河表面水流均为泉水汇集而成，枯水流率约0.7秒立方公尺；普通红流率1.0秒立方公尺，最大洪水流率尚无估计数字。

4. 农作概况 本区农作分春秋两种，因气候严寒，年仅一熟，夏禾以小麦为主，秋禾以糜子为主，作物生长期自三月至十月，水量充足处，多种小麦，每亩年产二市石，水量不足地区，则兼种糜子等，以便调节用水，每亩年产仅一市石。作物在生长期中约每月浇灌一次，每次需水深度120公厘，合每天用水4公厘，折合每万市亩需水流率0.31秒立方公尺，另加输水损失共计每万市亩需水流率0.4秒立方公尺。

5. 工料单价调查 根据调查所得，兹将民国二十六年及三十六年十二月工料及产品单价列于表1。

表1 山丹工料单价调查表

种类	名称	单位	单价/元	
			二十六年	三十六年十二月
人工	小工	工	0.30	30,000
	木工	同上	0.75	75,000
	铁工	同上	0.75	75,000
	泥工	同上	0.75	75,000
	石工	同上	0.90	90,000
材料	熟铁	公斤	0.45	90,000
	铜	同上	0.95	210,000
	小圆木	立公方	40.00	4,000,000
	大圆木	同上	55.00	5,500,000
	白灰	百公斤	1.50	300,000
	洋灰	桶	20.00	3,100,000
	洋钉	同上	40.00	96,000,000
	青砖	公方	3.50	420,000
	条石	同上	11.00	1,650,000

续表

种类	名称	单位	单价/元	
			二十六年	三十六年十二月
材料用费	大车运青砖	公方公里	0.30	30,000
	大车运条石	同上	0.30	30,000
	人力运土	同上	1.20	120,000
农产品	小麦	市石	5.00	800,000
	大麦	同上	4.20	600,000
	糜子	同上	3.80	600,000

三、计　划

1. 治理方法　本计划目的在截引大佛寺表面径流及地下水汇流，灌溉山丹、民乐交界处荒地10,000市亩，并补充下游耕地10,000市亩用水之不足。工程方法，拟在大佛寺下游峡谷处，筑拦河截水坝一座，坝基连截水墙一道，深6公尺，与不透水层连接，除截引河谷表面流率外，并堵截地下水潜流。按该处地形推断，应为一地下跌水，地下水坡极陡，同时上游径流渗漏量，约估在灌溉时间可得潜流0.4秒立方公尺，原有表面径流为0.7秒立方公尺，两项共计1.1秒立方公尺，并抬高水位1.5公尺。沿河北岸，凿干渠一道，长10公里，于设计水位下，全部衬砌防漏，输水至山丹民乐交界处，灌溉荒地10,000市亩后，余水仍利用原有输水道，引灌下游缺水耕地10,000市亩。

2. 其他方法讨论　大佛寺河东纵坡约1/150，峡谷南岸虽有岩石露头，且陡崖高耸，但北岸地坡倾斜平坦，距山麓较远，若筑坝蓄水，工难效微，不合经济。本区底层多沙砾，空隙较大，潜流较多，地下水位既高，地面坡度又陡，故截引地下水源，兼导径流，允为经济而又有效之方法。

3. 工程设计　本计划灌溉区荒地，靠近合黎山麓，地势较高，为能使其全部施灌并减少挖方计，拟将引水处水位提高1.5公尺。截水坝表面滚水部分，高2.5公尺，底宽3.2公尺，长约15公尺，下游海漫长11.4公尺，坝底截水墙部分厚1公尺、深6公尺，与河床下不透水层相连接，南岸伸入5公尺、北岸伸入140公尺，河床中部□□公尺①，共长165公尺，以截引地下潜流，使涌出河底。坝之北端设双孔排砂闸一座，冲刷沉淤。引水渠位于河床北岸，渠首设进水闸，节制进水流率，渠道断面于设计水位下全部用1∶3白灰砂浆衬砌护面以防渗漏。

① 编者按：此处有墨渍覆盖二字。

四、预　　算

本计划按民国二十六年物价计算需共费144,000元，按三十六年十二月物价计算需共费159亿元，兹详列于表2。

表2　山丹大佛寺地下水灌溉工程费预算表

名称		单位	数量	单价（元）		总价	
				26年	36年12月	26年（元）	36年12月（百万元）
截水坝	挖填土方及卵石	立公方	4,200	0.50	50,000	2,100	210.00
	1：1：6洋灰白灰衬砌条石	同上	1,220	25.20	2,770,000	30,744	3379.40
	排水费	同上				20,000	2,000.00
冲刷闸及进水闸	挖基土	立公方	200	0.30	30,000	60	6.00
	1：3白灰衬砌条石	同上	101	21.00	2,150,000	2,121	217.15
	1：3白灰衬砌卵石	同上	63	5.00	670,000	315	42.21
	闸板及跳板	同上	4	150.00	15,000,000	600	60.00
	铁件	市斤	80	0.90	180,000	72	14.40
输水渠	挖方	立公方	43,700	0.20	20,000	8,740	874.00
	1：3白灰衬砌卵石	同上	5380	5.00	670,000	26,900	3,604.60
	涵洞	座	1	500.00	60,000,000	500	60.00
	分水口	同上	10	250.00	30,000,000	2，500	300.00
支渠		公里	10	500.00	50,000,000	5,000	500.00
运费（20%）						19,318	2,032.24
其他（10%）						12,000	1,250.00
管理费（10%）						13,000	1,350.00
总计						144,000	15,900.00

五、增　　益

本计划实施后，开垦荒地10,000市亩，每亩年产小麦2市石，补充现耕地用水10,000市亩，每亩年增产约估小麦0.5市石，两处共可增产小麦25,000市石，除荒地农作成本，每亩折合小麦1.0市石外，按二十六年战前麦价计算，每年纯增益共计

75,000元。

六、结　　论

1. 经济价值　兹综合本工程经济上主要各点如下（二十六年战前物价计算）。

工程增益统计表

全部灌溉面积	荒地10,000市亩
	熟地10,000市亩
工程实施后每年增产	小麦25,000市石
工程实施后每年实际增益	$F=75,000$ 元
全部工程费	$C=144,000$ 元
工程常年维持费（包括清淤修理及管理等费）	$O=10,000$ 元
工程平均寿命	$N=30$ 年
工程永久投资 $P=C+\frac{O}{r}+\frac{C}{(1+r)^n-1}$，年利率 r 设定为8%	$P=784,800$ 元
折合常年工程费	$P_r=22,790$ 元
投资利益指数 $I=\frac{F}{P_r}$	$I=3.29$ 倍
投资年利 $R=\frac{F}{P}$	$R=163\%$

本工程经济价值成立。

2. 还款办法　按民国二十六年普通贷款年利率8%，期限5年计算，本工程每年应还款36,000元，此数估年增益48%，农民力量可能负担。

3. 施工程序　本工程之实施不与上下游其他计划中工程之利害相冲突，且经济价值甚大，故应列为同流域内第一期工程，兹拟定施工程序，列于表3。

表3　山丹大佛寺地下水灌溉工程施工程序表

项目	每月完成百分数/%											
	第一年											
	1月	2月	3月	4月	5月	6月	7月	8月	9月	10月	11月	12月
成立工程处		100										
挖基土		10	40	50								
采运料石		5	20	20	20	20	15					
购运洋灰			50	50								

续表

项目	每月完成百分数/%											
	第一年											
	1月	2月	3月	4月	5月	6月	7月	8月	9月	10月	11月	12月
烧制石灰			30	30	40							
购运木料			50	50								
采运河沙			10	20	20	20	20	10				
采运卵石			10	20	20	20	20	10				
挖引水干渠			10	20	20	20	20	10				
砌截水坝				10	20	20	20	20	10			
砌冲涮闸								20	40	20		
砌进水闸								20	40	20		
衬砌干渠							20	20	20	20	20	
砌灌溉渠建筑物									30	30	40	
挖支渠									30	30	40	
清理工场										20	80	
办理结束											50	50

张掖新沟坝地下水灌溉工程计划书

一、综 述

1. 资料 新沟坝位于洪水河下游西岸，属张掖县平彝乡，西北距县城15公里，东南接大戈壁滩。地势平坦，自南向北倾斜，荒地面积约20,000市亩。大满渠由西流经本区，以水量及分水规章所限，仅灌溉上下游田亩，本区荒地未能分沾涓滴。洪水河发源于民乐县南，出祁连山后，向北流纳大渚马、小渚马、海潮坝各支流水，没于戈壁中。水在地下潜流至新沟坝，地势低洼，地下水位距地面渐近，终至蜂拥露头。当地农民有自行挖泉灌田者，推以方法简陋，所得流率有限，灌地仅百余市亩，全区田原，仍均荒芜，农村经济濒于破产。

张掖气候寒冷，霜期自九月至翌年四月，年雨量173公厘，蒸发量1,016公厘。农作分夏秋二种，年仅一熟，夏禾以小麦为主，秋禾以糜子为主。作物生长期间，需灌溉5次，水深共400公厘，泡地需水率与灌溉用水率相若，估计小麦地每10,000市亩需水约0.41秒立方公尺。

2. 计划 本计划拟在新沟坝南1.5公里地下水露头处挖截水沟一道，长1.0公里，深6.0公尺。沟内挖井三口，径1公尺，深15公尺，拦截潜流0.54秒立方公尺，再以较地面坡平坦之输水沟输水上田灌地20,000市亩。

3. 结论 本计划全部工程费按民国二十六年物价估算需法币155,000元，按36年12月物价估算需160亿元，工程实施后，每年增产小麦23,800市石，糜子17,600市石，年纯益按26年物价为92,940元，按三十六年十二月物价为148亿元，利益甚厚，工程经济价值自能成立。

二、资 料

1. 形势 新沟坝位于洪水河下游西岸，张掖县城东南15公里处，隶县属平彝乡，为通民乐必经之地，有大车路畅通，交通尚称便利。东南接大戈壁滩，西面沙丘林立，北为平坦荒区，地势自南向北倾斜，平均地坡1/150，面积约20,000市亩，海拔1,530公尺。大满渠由西流经本区，虽已另拟有大满渠整理工程计划，减少该渠渗漏损失，然以引水流率及分水规章所限，仍仅灌溉上下游原有灌区地亩，本区荒地未能分润涓滴。洪水河发源于民乐县南，出祁连山后，纳大渚马、小渚马、海潮坝诸支流水，没于戈壁中，水在地下潜流，至新沟坝附近，地势低洼，地下水蜂拥露头，经试挖距地面仅0.6公尺，即可见水津津外流，现当地农民有自行挖泉引水灌田者，惟以方法简陋，且无人倡导，所得流率极少，仅灌地约100市亩，全区田原，仍均荒芜，农村经济濒于破产。

2. 地质 新沟坝附近为冲积平原，表面砂质壤土厚0.6至1.0公尺适于农作，下为砂砾卵石层，再下为细流砂，透水性甚大，厚度均未测定。

3. 水文 新沟坝气候寒冷，霜期自九月至翌年四月，每年植物生长期，大部限制于150日内，据张掖测候站民国三十二年至三十五年记载，全年雨量平均为173公厘，其中60%将于6、7、8、9四个月，年蒸发量平均为1,016公厘。

地下水文无记载，现新沟坝一带农民，以极简陋方法，开挖泉源一、二处，利用灌田约100市亩，地下水位距地面约0.6公尺，水源丰富。

4. 农作概况 平彝乡一带作物分夏、秋二种，因气候寒冷，年仅一熟，夏禾以小麦为主，秋禾以糜子为主，按现时各村灌溉情形，水量充裕者小麦地年可产2.0市石，糜子地年可产2.2市石，如浇水不足，普通每亩年仅产1.0市石，农作成本（包括种子、肥料、人工、田赋等）约合年产量之半数。

作物生长期内，须灌溉5次，每间15日输灌一次，水深80公厘，5次共400公厘，泡地自作物收割后数日即开始，需水率与灌溉用水率相若，估计小麦地每10,000市亩需水约0.41秒立方公尺。兹调查张掖平彝乡农作时期，如表1所示。

表1 张掖平彝乡农作时期调查表

	节令	农作情形
3月21日	春分	春分前十日麦子播种始
4月20日	谷雨	种麦毕，种谷始
5月5日	立夏	立夏前十日麦子用水始
5月21日	小满	种谷毕，糜子播种始
6月6日	芒种	谷用水始
6月21日	夏至	麦用水毕，糜子播种毕，用水始
7月7日	小暑	收麦始
7月23日	大暑	谷用水毕
8月7日	立秋	收麦毕
8月23日	处暑	收谷始
9月8日	白露	麦泡地始，收谷毕，糜子用水毕收割始
9月23日	秋分	谷泡地始，糜子收割毕
10月8日	寒露	麦泡地毕，糜子泡地始
10月23日	霜降	谷泡地毕
11月7日	立冬	糜子泡地毕

5. 工料单价调查 新沟坝距张掖县城仅15公里，一切物料均可购自县城。兹调查张掖城内民国二十六年及三十六年十二月物料单价，列于表2。

表2 张掖工料单价调查表

种类	名称	单位	单价/元		附注
			26年下半年	36年12月	
人工	木工	工	0.70	75,000	
	石工	同上	0.90	90,000	
	铁工	同上	0.70	75,000	
	小工	同上	0.35	35,000	
材料	青砖	公方	12.60	1,400,000	
	白灰	百公斤	1.70	340,000	
	小圆木料	立公方	60.00	6,000,000	长度8公尺以下
	大圆木料	同上	80.00	8,000,000	长度8公尺以上
	方木料	同上	110.00	11,000,000	长度8公尺以下
	铁料	公斤	0.45	90,000	
运费	大车运	公吨/公里	0.40	48,000	
	汽车运	公吨/公里	0.06	7,000	
农产品	小麦	市石	5.00	800,000	
	大麦	市石	4.20	600,000	
	糜子	市石	3.80	600,000	
	谷子	市石	3.80	530,000	

三、计　　划

1. 工程方法 本计划目的在开发新沟坝地下水源，垦殖附近熟荒20,000市亩。工程方法拟在新沟坝南1.5公里处，挖截水沟一道，长1.0公里，深60公尺，沟内筑0.8公尺×1.6公尺砖石涵洞一道，底部无衬及两侧留缝进水，两端及中点各于沟底挖集水井一口，径1.0公尺，深15公尺，复由中点井口挖输水沟一道，上游300公尺内，埋筑同样涵洞，但不漏水，下游改修明渠，过水部分加以衬砌，使不漏水，于900公尺处，输水上田灌溉。

2. 截水流率之估算 兹就当地地层情况，按照理论公式推算截水流率如下

$$井流公式\ Q_w = \frac{\pi KP}{2.30} \cdot \frac{H_w^2 - h_w^2}{\log \dfrac{R}{r}}$$

$$沟流公式\ Q_g = PKL \cdot \frac{H_g^2 - h_g^2}{R}$$

上列两式中，Q_g = 截水沟可截流率，单位每秒立方公尺；Q_w = 集水井可筑流率，单位每秒立方公尺；H_g = 沟未引水之前水深 = 5.4 公尺；H_w = 井未引水前之水深 = 20.4 公尺；h_g = 沟引水后水位降落所余之水深 = 1.2 公尺；h_w = 井引水后水位所余之水深 = 1.62 公尺；L = 截水沟长度，单位公尺；R = 降水曲线切点之有效距离，估为 200 公尺；r = 井之半径 = 0.5 公尺；K = 垂直流速，约估为 2,000 尺/日 = 0.00705 公尺/秒；P = 地层孔隙系数，估为 20%。代入上式后，乃得

$$Q_g = 0.195 \text{ 秒立方公尺}$$

$$Q_w = 0.114 \text{ 秒立方公尺}$$

截引总流率 $Q = Q_g + 3Q_w = 0.195 + 3 \times 0.114 = 0.537$ 秒立方公尺。

上述流率之估算，未必能与实际情形相合，施工时应再测验 P、K、R 等值，计算实际可得流率，并将截水沟尺寸改变以适应实地需要。

3. 灌溉地亩预算 本工程实施后可截引流率 0.537 秒立方公尺，按资料章灌溉用水情形每万市亩需水 0.41 秒立方公尺，兹估定输水损失为 9%，计可灌溉农田 12,000 市亩，经参照农作时期调查表中麦子与糜子用水时间，加以适当分配，尚可加灌糜子地 8,000 市亩，新沟坝附近共有可耕荒地两万市亩，当可全部垦殖。兹拟定配水及农作时期，如表 3 所示。

表 3 新沟坝农作时期及灌溉配水设计表

编者按：此表有不解处，从略

4. 工程设计 截水沟深 6.0 公尺，底宽 2.3 公尺，临时侧坡 1∶5 不致坍塌，待涵洞砌成后再行回填，输水沟与截水沟同时下挖，俾便排水，易于施工。截水沟纵坡 1∶2,000，两端向中点倾斜，涵洞底部用粗条石干砌，洞壁青砖，横缝用 1∶1∶6 洋灰白灰砂浆砌，直缝干砌，以容漏水。洞顶拱圈用 1∶1∶6 洋灰白灰砂浆砌青砖，周围填以大卵石，避免细砂漏入沟内，沟之两端及中点各挖 15 公尺深井一口，直径 1 公尺，以 8 公分厚木桶为井周，周围密钻渗水孔，下端接以铸铁圈脚，井桶随挖随下；水下挖井工具采用蚌谷式钢爪挖泥机，每井并筑有进人井以备修理或清淤之用。

输水沟涵洞与截水沟相仿佛，惟不漏水，洞长 300 公尺，纵坡 1/1,600，及距地面仅 5 公尺处改修明渠，纵坡 1∶1,360，过水部分，以石灰砂浆卵石衬砌，长 600 公尺，再下接入灌溉渠。

截水沟与输水沟交口处，设节制闸，以备调节水量及闭闸修理输水沟用，输水沟涵洞出口处设巴血氏量槽，以测验流率。

四、估　算

本计划全部工程费按民国二十六年物价计算需国币 155,000 元，按三十六年十二月物价计算需国币 1.75 亿元，详见表 4。

表 4　张掖新沟坝地下水灌溉工程费预算表

工程名称	材料种类	单位	数量	单价/元		总价		备注
				26 年	36 年 12 月	26 年/元	36 年 12 月/万元	
截水沟	挖坚隔土	公方	22,520	0.31	31,300	6,981.20	70,487.60	
	干砌条石	公方	541	16.02	1,601,800	8,666.82	86,657.38	运费另计
	1：1：6 洋灰白灰砂浆砌青砖	公方	1,654	15.38	1,678, 200	25,438.52	277,574.28	灰浆及运费另计
	1：1：6 洋灰白灰砂浆砌料石	公方	9	24.21	2,421, 200	217.89	2,179.08	灰浆及运费另计
	洋灰	桶	515	20.00	310,000	10,300.00	15,965.00	运费另计
	白灰	公斤	88,740	0.017	3,400	1,508.58	30,171.60	运费另计
	回填卵石	公方	7, 110	0.51	51,400	3,626.10	36,545.40	包括检填
	回填土	公方	15,260	0.24	23,600	3,662.40	36,013.60	
	小计					60,401.51	555,593.94	
两端截水井及进人井	1：1：6 洋灰白灰砂浆砌块石	公方	1.00	9.75	975,350	9.75	97.535	灰浆及运费另计
	1：1：6 洋灰白灰砂浆砌料石	公方	0.34	24.21	2,421, 200	8.23	82.321	灰浆及运费另计
	1：1：6 洋灰白灰砂浆砌青砖	公方	8.82	15.38	1,678, 200	135.65	1,480.172	灰浆及运费另计
	洋灰	桶	3.263	20.00	3,100,000	65.26	1,011.53	运费另计
	白灰	公斤	562.00	0.017	3,400	9.55	191.08	……
	3/4 扒梯铁棍	公斤	20.90	0.45	90,000	9.40	188.10	12a0.78ᵐ
	盖板木料	公方	0.16	80.00	8,000,000	12.80	128.00	
	集水井	口	1	3,600.00	432,000,000	3,600.00	43,200.00	包括水桶铁件挖土等工料井深 15m 直径 1m
	小计					3,850.64	46,378.738	
	两座合计					7,701.28	92,757.476	

续表

工程名称	材料种类	单位	数量	单价/元		总价		备注
				26年	36年12月	26年/元	36年12月/万元	
中截水井及进人井	1:1:6洋灰白灰砂浆砌块石	公方	1.00	9.75	975,350	9.75	97.535	灰浆及运费另计
	1:1:6洋灰白灰砂浆砌料石	公方	0.42	24.21	2,421,200	10.17	101.69	灰浆及运费另计
	1:1:6洋灰白灰砂浆砌青砖	公方	9.33	15.38	1,678,200	143.50	1,565.761	灰浆及运费另计
	洋灰	桶	3.435	20.00	3,100,000	68.70	1,064.85	运费另计
	白灰	公斤	592.00	0.017	3,400	10.06	201.28	运费另计
	3/4扒梯铁棍	公斤	20.90	0.45	90,000	9.40	188.10	12a0.78^{m}
	盖板及启闭抬用木料	公方	0.32	80.00	8,000,000	25.60	256.00	运费另计
	集水井	口	1	3,600.00	4.32亿	3,600.00	43,200.00	包括水桶铁件挖土等，工料井深15m直径1m
	小计					3,877.16	46,675,216	
节制闸	启闭机	座	1	1,000.00	2.16亿	1,000.00	21,600.00	运费在内
	闸门	扇	1	600.00	1.30亿	600.00	13,000.00	运费在内
	小计					1,600.00	34,600.00	
输水洞	挖坚隔土	公方	5,850.00	0.31	31,300	1,813.50	18,310.50	
	1:1:6洋灰白灰砂浆砌条石	公方	192.70	20.12	2,011,600	3,877.12	38,763.532	灰浆及运费另计
	1:1:6洋灰白灰砂浆砌青砖	公方	500.00	15.38	1,678,200	7,690.00	83,910.00	灰浆及运费另计
	1:1:6洋灰白灰砂浆砌料石	公方	1.15	24.21	2,421，200	278.42	278.438	灰浆及运费另计
	洋灰	桶	148.40	20.00	3,100,000	2,968.00	46,004.00	运费另计
	白灰	公斤	34,460.00	0.017	3,400	585.82	11,716.40	运费另计
	回填土	公方	4,680.00	0.24	23,600	1,123.20	11,044.80	
	小计					18,336.06	210,027.67	

续表

工程名称	材料种类	单位	数量	单价/元		总价		备注
				26 年	36 年 12 月	26 年/元	36 年 12 月/万元	
输水道衬砌明渠	挖坚隔土	公方	2,420.00	0.31	31,300	750.20	7,574.60	
	挖普通土	公方	4,840.00	0.13	13,400	629.20	6,485.60	
	1:3 白灰砂浆砌大卵石	公方	610.00	2.90	289,500	1,769.00	17,659.506	灰浆及运费另计
	白灰	公斤	27,860.00	0.017	3,400	473.62	9,472.40	运费另计
	巴塞尔量槽	座	1	200.00	24,000,000	200.00	2,400.00	
	小计					3,822.02	43,592.10	
材料运费	料、条、块石运费	m^3/km	7,479.50	0.80	80,000	5,983.60	59,836.00	大车运距 10 公里
	大卵石运费	m^3/km	6,100.00	0.80	80,000	4,880.00	48,800.00	大车运距 10 公里
	砖运费	m^3/km	6,516.45	0.80	80,000	5,213.16	52,131.60	大车运距 5 公里
	洋灰运费	公吨公里	1,487.27	0.40	48,000	634.91	7,518.896	大车运距 15 公里
	白灰运费	公吨公里	2,433.21	0.40	48,000	973.28	11,679.408	大车运距 15 公里
	木料运费	公吨公里	5.76	0.40	48,000	2.30	27.648	大车运距 15 公里
	铁料运费	公吨公里	0.94	0.40	48,000	0.38	4.512	大车运距 15 公里
	小计					17,687.63	180,098.064	
灌溉渠	挖方					—	—	拟由受益区人民征工，不给备
	斗门建筑费					6,000.00	72,000.00	
	小计					6,000.00	72,000.00	
合计						119,425.68	1,235,344.466	
预备费						15,574.32	124,655.534	
管理费						20,000.00	240,000.00	
总计						155,000.00	1,600,000.00	

五、增　　益

新沟坝附近共有熟荒 20,000 市亩，内中除由农民自行挖泉引水，垦殖 100 市亩外，余尽荒芜，本计划实施后全区荒地均可灌溉，共增殖小麦地 11,900 市亩，糜子地8,000

市亩，每年增产小麦23,800市石，糜子17,600市石，扣除农作成本（包括人工、种子、肥料、田赋等）约占半数，每年实际增益小麦11,900市石，8,800市石。

张掖粮价二十六年小麦每市石5.0元，糜子每市石3.8元，三十六年十二月小麦每市石800,000元，糜子每市石600,000市石，按二十六年计算每年纯增益为92,940元，按三十六年十二月计算每年纯增益为148.0亿元。

六、结　　论

1. 经济价值　按二十六年物价计算，本工程费需155,000元，而每年纯增益达92,940元，年纯益占工程费59.9%，按三十六年十二月物价计算，本工程费需160亿元，每年纯益148亿元，年纯益占工程费92.5%，利益甚厚，工程经济价值，自能成立。

兹按二十六年物价情形，综合本工程经济上之主要各点如下。

工程增益统计表

全部灌溉面积	荒地20,000市亩
	熟地19,900市亩
工程实施后每年增产	小麦23,800市石
	糜子17,600市石
工程实施后每年实际增益	$F=92,940$ 元
全部工程费	$C=155,000$ 元
工程常年维持费（包括清淤修理及管理等费）	$O=4,000$ 元
工程平均寿命	$N=25$ 年
工程永久投资 $P=C+\frac{O}{r}+\frac{C}{(1+r)^{n}-1}$，年利率 r 设定为8%	$P=231,500$ 元
折合常年工程费	$P_r=18,520$ 元
投资利益指数 $I=\frac{F}{P_r}$	$I=5.00$ 倍
投资年利 $R=\frac{F}{P}$	$R=40\%$

2. 还款办　按民国二十六年普通贷款年利率8%，限期五年还清计算，本工程每年应归还贷款=38,800元，此数占每年纯增益41.7%，农户财力尚可负担。

3. 施工程序　本工程实施不与其他工程之利害相冲突，且经济价值甚大，应列为第一期工程，兹拟定施工程序，如表5所示。

表5　新沟坝地下水灌溉工程施工程序表

预定进度 项目	第一年度												第二年度											
	1月	2月	3月	4月	5月	6月	7月	8月	9月	10月	11月	12月	1月	2月	3月	4月	5月	6月	7月	8月	9月	10月	11月	12月
成立工程处及设置工具				—	—	—																		
购运洋灰					—	—	—	—							—	—								
购运白灰					—	—	—	—																
烧运青砖							—	—	—	—					—	—	—							
采运石料					—	—	—	—	—	—														
购运木料							—	—																
定制铁件及制运启闭机							—	—									—	—						
挖输水沟						—	—	—																
挖截水沟							—	—	—	—					—	—	—							
挖集水井									—	—					—	—	—							
套衬井桶									—	—					—	—	—							
砌截水洞										—					—	—	—	—	—					
砌输水道								—	—	—					—	—	—							
装置闸门																—	—							
砌进人井															—	—	—							
清理工场																				—				
整理结束																					—	—	—	

临泽沙河堡地下水灌溉工程计划书

一、总　　述

1. 资料　沙河堡属临泽县沙河乡距县城东南 15 公里之梨园河之西岸，地势自南向北倾斜，平均坡度 1/250。梨园河发源于祁连山，上游历经灌约六万余亩后尽没地下。沙河堡以下河床终年干涸，偶遇洪涨始见地面流水，至县城东 5 公里处汇入黑河。沙河堡西北 3 公里草湖，适居上游灌溉之下，地势低洼，地下水露头争涌，农民挖泉引水灌田者，计有九眼渠、双泉渠、五眼渠及化音三号渠等。灌溉面积九眼渠有耕地 8,000 市亩，其他三渠共有耕地 10,000 市亩，荒地 15,000 市亩。内除九眼渠水量充裕外，五眼渠、双泉渠及化音三号渠均因水量不足，耕地普遍缺水 60%，农产歉收，农村经济日渐衰落。

本区年雨量平均 202.7 公厘，蒸发量 1,079 公厘，霜期自十月至翌年二月。作物分夏秋两种，年仅一熟。夏禾以小麦为主，如灌溉及时，每市亩可年产 2.0 市石。秋禾以糜子为主，每市亩可年产 2.2 市石。农作成本约占产量之半数。

2. 计划　本计划拟自化音三号渠泉源至双泉渠泉源挖截水沟一道，长 1,200 公尺，深 6 公尺，沟内挖井 4 口，拦截潜流 0.936 秒立方公尺，再以纵坡 1/2,000 之渠道，输水上田，灌溉五眼渠、双泉渠及化音三渠全部灌区面积。

3. 结论　本计划全部工程按 26 年物价估算共需 100,000 元，工程实施后，每年增益为 96,850 元，按三十六年十二月物价估算，共需 114.4 亿元，每年增益 154.3 亿元，利益甚厚，工程经济价值，确能成立。

二、资　　料

1. 形势　沙河堡属临泽县之沙河乡，西北距县城 15 公里，有蓼沙公路。东距张掖 39 公里，西距高台 41 公里，有甘新公路，交通尚称便利。全区地势平坦，自南向北倾斜，平均坡度的 1/250。梨园河发源于祁连山，上游历经灌地约六万余亩后尽没地下，沙河堡以北河床，终年干涸，水成地下潜流，偶遇洪涨，始见地面流水，至县城东 5 公里处汇入黑河。沙河堡西北 3 公里草湖，地势低洼，地下水露头争涌，农民挖泉引水灌田，计有九眼渠、双泉渠、五眼渠及化音三号渠，皆以水量微弱，耕地普遍缺水 60%，农产歉收，农村经济日渐衰落。兹调查各渠灌溉面积，列于表 1。

表 1　沙河堡各泉水灌溉区面积调查表

渠名	现时引用流率/秒立方公尺	耕地面积/市亩	许可充分灌溉面积/市亩	荒地面积/市亩	附注
九眼渠	0.884	8,000	8,000		水量充裕，兼灌下游荒地
五眼渠	0.124	8,000	3,000	15,000	现耕地缺水 60%
双眼渠	0.008	1,000	200		
化音三号渠	0.020	1,000	500		
总计	1.036	18,000	11,700	15,000	

2. 地质　本区地层冲积层，表面土层深厚，平均约 5 公尺，土质肥沃，适于农作。草湖表面有腐质土一层约 1 公尺，色黑味臭，下为卵石夹沙，厚度未经测定。

3. 水文　梨园河流域尚无水文记载，根据黑河莺落峡水文站记载，平均年雨量 202.7 公厘，其中 55% 降于 6、7、8、9 四个月，平均年蒸发量 1,079 公厘，霜期自十月至翌年二月，约计 140 天。

梨园河流率，三十六年九月于冯家庄（梨园口上游 8 公里处），实测得 15.4 秒立方公尺。经调查各期水位，推算各月平均流率，列于表 2。

表 2　梨园河冯家庄各月平均流率推算表　　（单位：秒立方公尺）

月份	1	2	3	4	5	6	7	8	9	10	11	12
平均流率	5.0	6.0	4.0	7.0	7.0	12.0	12.0	20.0	15.0	6.0	5.0	5.0

4. 农作概况　本区农作一如河西其他各地，分夏秋二种，因气候寒冷，年仅一熟，夏禾以小麦为主，秋禾以糜子为主，现因水量不足，全区耕地，60% 种夏禾，40% 种秋禾。平均收获量，小麦地每亩年产 0.8 市石，糜子地每亩年产 1.1 市石，如水量充沛，小麦地每亩年产可产 2.0 市石，糜子地每亩年可产 2.2 市石。农作成本（包括人工肥料、种子、田赋等）约占年产之半数。

5. 沿革　沙河堡西北草湖，地下水露头争涌，农民挖泉灌田，现有渠道，计九眼渠、双泉渠、五眼渠及化音三号渠等四道。各渠开发年代，无可稽考。据当地人谈，五眼渠开发最早，初期水极充沛，灌地亦多，及至九眼渠开挖后，因地势较低，水位涨于五眼渠者，约 4 公尺，水量日渐增大，施灌有余，而五眼渠泉源逐渐减少，其他双泉渠，化音三渠水量亦均微弱，连年荒旱，农户相继逃亡，致九眼、五眼两渠争水纠纷历年不能解决。

6. 工料单价调查　兹将临泽民国二十六年，各项工料单价调查、工程单价分析分别列于表 3、表 4。

表3　临泽各项工料原始单价调查表

种类	名称	单位	廿六年单价	卅六年十二月单价
人工	小工	工	0.35	35,000
	技工	同上	0.90	90,000
材料	木料	公方	110.00	11,000,000
	青砖	同上	12.60	1,400,000
	铁件	市斤	0.45	90,000
	石灰	百公斤	1.70	340,000
	洋灰	桶	20.00	3,100,000
运费	大车	公吨公里	0.40	
	汽车	同上	0.06	
农产品	小麦	市石	5.00	800,000
	大麦及青稞	同上	4.20	600,000
	糜子	同上	3.80	600,000

表4　临泽工程单价分析表

项目	单位	单价		单价成分分析表				备注
				工料				
		26年	36年12月	小工	技工	粘结料	原始料	
挖普通土	公方	0.13	13,400	100				运距另计
夯填土	同上	0.24	23,600	100				
挖松石	同上	0.71	70,800	80	20			
挖坚石	同上	1.44	147,000	20	80			
干砌块石	同上	3.34	337,800	60	40			
浆砌块石	同上	5.42	542,000	32	35	33		1∶3白灰沙浆缝未扣
浆砌条石	同上	14.89	1,489,000	14	80	6		
浆砌青砖	同上	14.00	1,400,000	12	8	9	71	扣灰缝20%
1∶3∶6洋灰三合土	同上	33.13	3,300,000	11		89		
1∶3∶6洋灰沙浆勾兑	平方	0.43	43,000	14	9	77		
圆木料	公方	80	8,000,000				100	
方木料	同上	110	11,000,000		27		73	
铁件	市斤	0.45	90,000				100	

三、计　　划

1. 水源研究　梨园河出山口处各月平均流率已如前述，上游灌溉田地60,000市亩，后全部渗漏，潜流地下，成一地下水库，储量浩大，草湖适当上游灌区之下方，地下水源丰富，现时流出率共计1,036秒立方公尺，倘再施以适当工程，使全部流出率增加至20秒立方公尺，应无疑义。

2. 工程方法　本计划目的，在增大五眼渠泉源水量，灌溉五眼渠、双泉渠及化音三号渠，全部灌溉面积25,00市亩，并解除九眼，五眼两渠争水纠纷。工程方法，拟自化音三号渠泉源至双泉渠泉源，开挖截水沟一道，深6公尺，以降低地下水位。沟内挖集水井4口，间距400公尺，深至沟底5公尺，借沟内降落势头，以增加截引流率。本工程实施引水后，沟内水位尚高于九眼渠者1公尺许，现时该渠流率充沛，应无顾此失彼之虑。

3. 截引流率估算　就当地地层情形按照理论公式，推算截引地下水流率如下：

$$\text{井流公式}\ Q_w=\frac{\pi KP}{2.30}\cdot\frac{H_w^2-h_w^2}{\log\dfrac{R}{r}}$$

$$\text{沟流公式}\ Q_g=PKL\cdot\frac{H_g^2-h_g^2}{R}$$

上列两式中，Q_g=截水沟可截流率，单位秒立方公尺；Q_w=集水井可筑流率，单位秒立方公尺；H_g=沟未引水之前水深=5公尺；H_w=井未引水前之水深=10公尺；h_g=沟引水后水位降落所余之水深=0.5公尺；h_w=井引水后水位所余之水深=5.5公尺；L=截水沟长度，单位公尺；R=降水曲线切点之有效距离，估为200公尺；r=井半径=0.5公尺；K=垂直流速，约估为700公尺/日=0.0081公尺/秒；P=地层孔隙系数，估为25%。代入上式后，乃得

$$Q_g=0.195\ \text{秒立方公尺}$$
$$Q_w=0.114\ \text{秒立方公尺}$$

截引总流率 $Q=Q_g+4Q_w=0.195+3\times0.114=0.602+4\times0.0836=0.936$ 秒立方公尺。

以上列流率之估算可能与实际情形不同，他日施工时应实地测验P、K、R等值，再修正沟渠尺度。

4. 灌溉地亩预算　按截水沟及集水井4口，截引总流率为0.936秒立方公尺，除去输水损失及沿途居户取用约估25%，实际引灌农田之有效流率为0.70秒立方公尺。五眼渠、双泉渠及化音三号渠全部灌区共有耕地10,000市亩，荒地15,000市亩，如能合理分期配水，0.70秒立方公尺流率足约灌溉夏禾15,500市亩及秋禾9,500市亩，兹拟计划农作时间及水量分配，见表5。

表5　临泽沙河堡计划农作时间及水量分配表

编者按：原表颇多不解处，难以重描改绘，从略

5. 工程设计　截水沟东起化音三号渠泉源，西止双泉渠泉源，长1,200公尺，底宽

0.8公尺，深6.0公尺，侧坡1∶1，纵坡1/1500，两端向中点倾斜。沟内挖集水井4口，间距400公尺，井径1.0公尺，深距沟底5.0公尺，以木管为井周，管壁凿无数渗水小孔，以便水流渗入井内。输水沟自截水沟中点，左转45°，向东北方向开挖，全部明渠，底宽1.2公尺，侧坡1∶1，深度随地形变化，过水部分用1∶3白灰沙浆砌卵石衬砌，厚0.2公尺，以免漏水，纵坡1/2,000，于1,950公尺处接入干渠。干渠利用五眼渠旧有渠道扩修整理，长约6公里，过蓼沙公路分支渠五道，引水至双泉渠、五眼渠及化音三号渠各灌溉渠，均利用旧渠加以整修，节省工费。

输水沟与截水沟交口处，设节制闸一座，调节进水流率，输水沟尾端，设巴血氏量水槽，以测验流率，沿渠其他建筑物，计有分水闸10座、斗门30座、大车桥2座。

四、估　　算

各项工程费预计详见表6，按民国二十六年物价全部工程费需100,000元，按三十六年十二月物价需114.4亿元。

表6　临泽沙河堡地下水灌溉工程估算表

名称		单位	数量	单价/元		合计		备注
				26年	36年12月	26年/元	36年12月/亿元	
截水沟	挖普通土	公方	25,000	0.15	15,000	3,750.00	3.75	平均单价
	挖坚隔土	同上	24,200	0.40	40,000	9,680.00	9.68	
	集水井	口	4	2,100.00	252,000,000	8,400.00	10.08	
输水沟	挖普通土	公方	30,000	0.15	15,000	4,500.00	4.50	
	节制闸	座	1	3,000.00	360,000,000	3,000.00	3.60	包括工料运费等
	流率测量槽	同上	1	300.00	36,000,000	300.00	0.36	
	防露衬砌	公尺	600	300.00	300,000	1,800.00	1.80	
灌溉渠	干渠	公里	6	600.00	60,000,000	3,600.00	3.60	改修旧渠
	支渠	同上	20	300.00	30,000,000	6,000.00	6.00	
	分水闸	座	10	600.00	72,000,000	6,000.00	7.20	
	斗门	同上	30	200	24,000,000	6,000.00	7.20	
	大车桥	同上	2	500.00	60,000,000	1,000.00	1.20	
测验设计费						5,000.00	6.00	
工具设置费						10,000.00	12.00	
工程预备费						25,000.00	30.00	
工程管理费						5,970.00	7.43	
总计						100,000.00	114.40	

五、增　　益

本区现有耕地10,000市亩，60%种植夏禾，40%种植秋禾。每年产量，小麦地每亩0.8市石，共产小麦4,800市石，糜子地每亩1.1市石，共产糜子4,400市石。工程实施后，除补充现有耕地用水外，并垦殖荒地15,000市亩，以155,00市亩种夏禾，每亩年产小麦2.0市石，年共产小麦1,000市石，以9,500市亩种秋禾，每亩年产糜子2.2市石，年共产糜子20,900市石，每年增产小麦26,200市石，糜子16,500市石，扣除增耗之农作成本后，年实际增益为小麦13,100市石，糜子8,250市石，按二十六年物价小麦每市石5元，糜子每市石3.8元，年实际增益共96,850元，按三十六年十二月物价小麦每市石800,000元、糜子每市石600,000元，年实际增益共154.3亿元。

六、结　　论

1. 经济价值　按26年物价计算，本工程全部工费需100,000元，而每年实际增益为96,850元，年增益占工费96.85%，按36年12月物价计算，本工程工费需114.4亿元，而每年实际增益为154.3亿元，年增益占工费135%，利益甚厚，工程经济价值确能成立。

兹将本工程经济上主要各点综合如下（按26年物价计）：

工程增益统计表

全部灌溉面积	荒地15,000市亩
	补充水10,000市亩
工程实施后每年增产	小麦26,200市石
	糜子16,500市石
工程实施后每年实际增益	$F=96,850$元
全部工程费	$C=100,000$元
工程常年维持费（包括清淤修理及管理等费）	$O=8,000$元
工程平均寿命	$N=30$年
工程永久投资$P=C+\frac{O}{r}+\frac{C}{(1+r)^n-1}$，年利率$r$设定为8%	$P=211,037$元
折合常年工程费	$P_r=16,883$元
投资利益指数$I=\frac{F}{P_r}$	$I=5.73$倍
投资年利$R=\frac{F}{P}$	$R=45.9\%$

2. 还款办法　按民国二十六年普通贷款，年利8%，期限五年计算，本工程每年应还款25,000元，此数占纯增益25.8%，农民力能负担。

3. 施工程序　本工程不与上下游其他计划中工程之利害相冲突，且经济价值甚大，故应列为同流域内第一期工程。兹排列施工程序，见表7。

表7 临泽沙河堡地下水灌溉工程施工程序表

工程项目	累计完成百分数/%											
	1月	2月	3月	4月	5月	6月	7月	8月	9月	10月	11月	12月
成立项目处设置工具			100									
采购石灰			50	100								
开运石料				10	30	50	80	100				
挖截水沟				30	60	90	100					
挖输水沟			10	30	60	90	100					
挖集水井					20	50	70	90	100			
衬砌输水沟					10	50	90	100				
砌节制闸								50	100			
装流率测量槽									100			
整修渠道					10	30	60	90	100			
砌分水闸								50	100			
建大车桥								50	100			
清理工场									100			
办理结束									50	100		

肆

民国报刊文献

本类文献提要

民国时期，各种报纸、杂志对黑河水利问题的报道不如讨赖河多见，大约因其缺乏“酒金水案”一类的新闻热点，亦无标志性工程。但就现存报刊记载而言，不少仍系浮词。究其原因，大概因河西走廊传统水利与东部差距大，外地记者或无兴趣，或少知识，又缺乏充分时间了解，所撰多道听途说或自以为是之语。其卓荦者，如范长江之连载通讯《中国的西北角》、张恨水以记者身份撰写之连载游记《塞上行》，涉及黑河部分，于风物民情记载颇生动，对于社会问题亦间或有深刻观察，唯于水利一节，除“渠道甚简陋”外，更无有效信息。

因此，报刊类文献中富于水利史意义者，就黑河流域而言，主要出自行业专门人士之手。研究论述黑河流域农业问题甚多，并皆不能不提到水利，唯多未展开。故本单元选定之各篇内容，仍以《甘肃水利林牧公司同人通讯》中所载为主。

《甘肃水利林牧公司同人通讯》系甘肃水利林牧公司机关刊物，其刊载的文章大部分出于工程人员之手，其主编为公司办公室主任、知名文史专家秦瀚才。这些文章是20世纪40年代以现代水利方法改造黑河传统渠系的生动记录，同时也保存不少传统水利技术的细节信息，如在沙砾地层建设的传统渠道、“以路为田”的渠道布置方法等。几份渠务会议记录，亦足以反映当时水利工作之常态。

此外，《西北通讯半月刊》所刊载之《引大通河水入黑河以灌溉河西计划之初勘》，系河西走廊第一次跨流域调水工程的实际踏勘记录，今予收录。近代西北著名掌故学家慕寿祺（字子介，号少堂）发表于《新西北》之《甘州水利溯源》一文是民国学者研究黑河中游水利渊源的重要成果。该文以方志所载黑河中游诸渠为纲，广采史籍考证其源流，并辅以踏勘情形说明其现实状况，言简意赅，弥足珍贵。本单元予以全文收录。

著名历史地理学家张其昀先生对河西水利亦颇有关注，曾撰写《甘肃河西区之春二》一文，其中对黑河流域部分渠道的春修做了记录；但由于此文的重点是作者就武威情形观察所得，故拟在《石羊河卷》予以收录。中华民国行政院新闻局1943年编印的《河西水利》长篇通讯单行本，配有不少图片，亦以武威、民勤所在的石羊河流域为主，亦留待于《石羊河卷》刊布。

张掖整理旧渠十四条 [①]

张掖工作站整理旧渠，除马子一渠，先已兴工，详见本讯第九期外，其后陆续兴工者，尚有十三渠。兹当表志之。

渠名	水源	灌溉面积/市亩	本工程受益面积/市亩	工程费概算/元
城南				
马子渠	黑河	20,000	20,000	23,000
盈科渠	黑河	69,000	2,000	87,000
大古浪渠	黑河	38,000	1,500	30,000
城西南				
洞子渠	黑河	58,000	58,000	76,000
大满渠	黑河	51,000	250	50,000
小满渠	黑河	34,000	34,000	15,000
大官渠	黑河	28,000	28,000	10,000
永利渠	黑河	17,000	17,000	13,000
城西				
沤波渠	黑河	26,000	26,000	10,000
龙首渠	黑河	4,000	4,000	17,000
巴吉渠	黑河	2,000	2,000	30,000
小泉渠	梨园河	6,700	6,700	16,000
牙喇渠	梨园河	3,200	3,200	8,000
城西北				
城北渠	黑河	23,300	23,300	6,250

总计十四渠，整理完成。受益田地，应为二十二万五千九百五十（225,950）市亩。共需工程费三十九万一千二百五十(391,250）元。

① 编者按：作者不详。原载《甘肃水利林牧公司同人通讯》第13期，1943年7月1日。

祁连山丰乐川区之森林及河流 ①

丰乐川本发源肃州城东南二百余华里之马树堡，蜿蜒行十余华里，始名东河。西岸崇山壁立，河身狭窄。河底与峭岸均是变质岩层。坡度极陡，约 10/100—15/100 左右。水流汹涌，击石有声。下行三十余华里是黄水沟，直向北流，水量较大，坡度更陡。因两岸崇山均是石岩，挟带泥沙极少，尾以流速较大，顽石甚多，积塞河中，行旅不便。在下行十余华里，至海子沟，宽达六公尺许，水势较缓。两岸云杉约五百余株，散布凌乱。黄水沟与小柳沟之分水岭内有森林，中藏青羊、狼、豹极多。山中藏民恒以打猎为生。

海子沟如东河处，水色较浊，顽石亦多。东岸高山积雪，据称此处冬雪，经夏不融，盖以森林成荫，蒸发量少故耳。沿东河下行约十华里，至螺圈沟。其中山岭曰伯阳山，上有云杉二百余株，分配颇形疏散。计马树堡至此约五十余华里。但坡度已降至 3/100—4/100 左右。水挟沙量更少，河底碎石清澈可见。平均水深约一公尺许，河宽至七、八公尺不等，惟此螺圈沟与海子沟所成分水岭概为赤山，毫无森林。以系塔形，每隔百余公尺有天然排水小沟，经入螺圈沟中。

续沿螺圈沟口，西北行五华里，至石门沟。其沟宽二公尺许，深三公寸余，为诸沟水汇入东沟之最小者。沟之两岸，亦多松柏。因距丰乐口较近，一部林木已被藏民伐去。盖以藏民居处深山，生产稀少，今年民智颇开，知教育为国家百年大计，多处设立初高级小学，以森林为学校唯一经费故也。由石门沟西北行二十余华里，有石窝沟，自东南汇。再行五华里余，至东河口，入丰乐川矣。东河对岸又有西河，其流域长度亦达五十余华里。上自郎子堡起，始为涓流，经过数涧，乃成荒溪。水量虽小，流速極骤。两岸高山，亦如东河，是变质岩层，山麓斜陡，人畜难行。下游十余华里至贡果，全汇入西河。此处宽达四公尺余，水量不大，坡度较陡，约在 4/100—5/100 左右，水深约六公寸。断面微成矩形，两岸森林较多。在东西河之分水岭上，森林尤为稠密，可谓丰乐川上游森林区。因距川口较远，尚未开采。又下行十余华里至条子沟，水面较宽，侧岸稍坡，流量约在四秒立方公尺左右。惟以顽石累累，流亦不畅。其附近稍有森林。沿河东北行至五道沟，约距西沟入丰乐川二十余华里。中间亦稍有森林。惟量不多。河身宽至八公尺许，坡度仍在 4/100—5/100 左右。其他情形大致与东河同。在前行至西河口处，与东河入丰乐川中二河口成楔形，峻峭壁立，形势险扼。由东西河汇合起约十华里，至丰乐川口，其间只有大陆沟来汇。但以沟身狭小，影响丰乐川水量殊微。及至沙湾处，川宽增至十五公尺，水深平均 1.2 公尺，坡度亦缓至 3/100—4/100 左右，流量估计七秒立方公尺许。下行至车盘峡、

---

① 编者按：作者不详，原题目下有小注："三十二年三月，酒泉工作总站查勘报告。"原载《甘肃水利林牧公司同人通讯》第 14 期，1943 年 8 月 1 日。

仁窝峡，悬崖峭立，河身狭窄，约在十二公尺左右。再下行约三华里，河东岸有百姓掘挖之自由式农渠，流量约在0.5秒立方公尺。渠身不整，流速不匀，将来须整理，始达该小渠经济用水目的。再下二华里许西岸，亦有一民挖农渠，水量较大，可灌田七千余亩。渠身为矩形。在下行二华里许，即出山口。两岸平坦，良畴数百方里。现在上游百姓拟在渠道附近增开田亩。但下游百姓坚决反对，盖以水量有限，不敷应用故也。若在丰乐川出入口处，或稍下行，建筑水库，蓄积水量，用水之争，庶可幸免。同时增加民食，囤积军粮，亦抗建中刻不容缓之要务也。

总如上述，丰乐川上游森林不多，共合不过三四千株，若再采伐，农田水利，备受摧毁，一旦洪水暴发，下游水患，亦不堪设想。故保护森林，辟植树木，实为当务之急。

洪水后对于渠工设计之指示①

本年雨水特多，各渠皆受损害，非建筑物被冲毁，即渠道被淤塞。其主要原因，均因洪水入渠。由于此次经验，爰经总管理处分函各渠站，提示下列各点，要严重注意，立求改善。

一、在此水文资料缺乏之今日，一切设计均以十分安全为目的。不宜为求省费，而因陋就简。各建筑物均须审慎计算，使合一般标准。

二、务宜把握洪水时机，测得实际记录，对于各沟之上游情形，如区水面积之大小、形状、地势、地面覆盖物、土质及最急最大水量、洪水位、洪水量等，尤应详加调查。根据各种经验公式（empirical formula），计算流量。再证以调查所得之流量，取其大者，以策安全。设计排洪建筑物，以不减少原有沟道断面为标准，更应注意勿使洪水绕建筑物之两旁入渠。

三、各沟水建筑物之间，应挖排水沟道，引坡水与渠线平行至天然水沟，使坡水有所归纳，不致入渠。

四、沿渠应斟酌地势，设溢道或泄水闸，以备万一洪水入渠泄水之用。

五、在雨季，应特别注意防范，使泄水闸、斗门等能充分发挥泄水效用，减少冲淤之损失，不致山洪已至，听其自然泛滥。

① 编者按：作者不详，原载《甘肃水利林牧公司同人通讯》第15期，1943年9月1日。

整理河西旧渠进度①

整理河西旧渠，于三十二年春开始进行，查勘设计，陆续施工，以济灌溉需要，截止已先后竣工者，计有二十四处，列表于后：

县别	工程名称	开工日期	竣工日期
武威	茨沟渠道首段整理	四月三十日	六月二十一日
张掖	龙首渠道整理	五月八日	五月二十二日
	洞子渠整理涵洞闸子	四月十七日	六月二十一日
	马子渠隧洞整理	三月十八日	三月三十一日
	大官渠清理渠口建修便桥	四月五日	五月六日
	永利渠清理渠口	四月五日	五月六日
	城北渠清理渠口	四月五日	五月六日
	沤坡渠清理渠口	四月五日	五月六日
	大古浪渠建头二号支渠公路涵洞	四月二十五日	五月十五日
	盈科渠修复支渠闸门		
临泽	明麦渠清理渠口后渡槽		
高台	三清渠修复张家坝（引水渠）渠堤		
张掖	盈科渠上八闸日兑闸支渠渠首整理	四月二十日	四月二十八日
	小家渠支渠整理	四月十五日	五月三日
	牙喇集加固渠堤整理槽涵	四月二十八日	五月二日
	盈科渠整理渠口建修槽闸便桥	四月三日	六月五日
	永利渠建修桥涵	四月二十五日	六月二十一日
	盈科渠建修渡槽涵洞闸门	四月二十四日	六月二十四日
	盈科渠修复闸门渡槽	五月八日	五月十五日
	大满四渠清理渠口	四月五日	五月六日
	西洞渠修渠水木涵	五月十五日	五月二十一日
	大官渠修闸门木涵	五月二十日	五月三十一日

① 编者按：作者不详，原载《甘肃水利林牧公司同人通讯》第15期，1943年9月1日。

制止张掖县渠水通过大车路[①]

张掖工作站谭主任其芳此次视察该渠盈科、永利、大官、加官、城北、巴吉各渠水利，发现各渠水在大车路上流水地段甚多，水深有达三四尺者；水流湍急，俨若大河，行人车辆，均感困难，水中来往，费时甚多，且溺人陷车之事，常有发生。殊为有碍交通，且大车路多是三四丈宽，渠水流经其间，渗漏更烈，且水水分蒸发为数特甚。每值干旱时节，灌溉水量，尚感不敷，如此无谓消耗，自然荒芜益多。是值张掖县政府举行三十二年度行政会议，谭主任被邀以特约会员出席，爰拟具《制止渠水走大车道以利交通而节水量》一案提出，当经一致通过，其办法如次：

一、由县府通令各渠：凡有渠水走大车路地段，限期由各渠在路旁开渠，束水入渠，不准在大车路上走水。

二、在适宜地点，安设退水闸口，借资调剂渠水，以便宣泄多余水量。其工程所用料款，由本公司拨款补助。再由各渠出伕修筑。

三、渠水横过大车路之处，尽量架设桥梁。其工程所用料款，亦由本公司补助。

---

① 编者按：作者不详，原载《甘肃水利林牧公司同人通讯》第15期，1943年9月1日。

洞子渠山洪淤成肥田[①]

张掖县南祁连山脚，肥土淤积，遇水冲刷，顺流而下，沉淀甚厚。沿途居民，争相独取，以伐肥料。农作物多利赖之。张家石河及大石砾河挟带尤多。洞子渠下号适位下游，山洪暴发时，辄将渠堤冲决，不惟不能利用，且居民常感屡修屡决之苦。今春经由张掖工作站补助工料费八千五百零二元五角，修筑张家山石河洪水闸门一座；又二千八百一十元，修筑大石砾河洪水闸门一座。水大，启闸放洪；水小，截引灌田。旋经三十二年七月上中旬两次大雨，渠堤既保无虞，截用山水灌田者达四百六十四亩，淤积堰塞肥土厚至一公寸。该渠民众以为意外收获，莫不雀跃相庆，预料两年内不须施肥，可卜丰收。

① 编者按：作者不详，原载《甘肃水利林牧公司同人通讯》第16期，1943年10月1日。

两个美国专家考察河西农田水利后之见解 [1]

行政院顾问，美国水土保持局局长罗德民氏（Dr. Landermilk），美国水利专家巴里德氏（Barrett）自河西考察归来，道经兰州，经公司邀请于九月十日下午四时发表其观感。

罗德民氏先阐述农业之重要性，农产之关系人民生活与人民享受，食物为工业建设之基本等等，继即强调说明："中国农村每人之劳动生产量，必须提高，方能解救农村亦未能有效利用，盖农民如于山地耕作，其效力将远不及在平地耕作也。"罗德民氏继谓："余甚喜欢干燥区域。因此种地区内之土壤，未经雨水冲刷，其中肥料尚未丧失，致成枯瘠。在此地区，唯一需要者，厥为水量。"最后，罗德民氏又述及："长城实为一巨大工程建设。然牧畜与农业之分隔，实亦因此而起。"

继是巴里德讲演，略谓："此次余应中国政府之邀，赴各地考察。现以考察河西区域，自肃州返抵兰州，将赴宁夏。沿途所见大体，已由罗德民博士加以申述，余余论者，将仅及某一问题，此即肃州区域之考察情形。"巴里德氏言至此，揭示其所携之肃州区域图，说明河流、地形、灌溉区域之大概情形，随即指出："中国农事，应采用现代新式耕作方法，不应增加农村劳力人数，而必须将每人劳动生产量提高。"亦如罗德民氏所言。旋提供宝贵资料数点："在此区域中，大可发展水力。欲达此目的，首应研究与测量。所应研究者，即如物质情况、雪量与雨量、以及水源、集水方法、气候、温度等是。测量须包括地形测量、土地测量、航空测量、土壤测量（俾知地面土及下层土之种类及情形）、地质测量（俾知地面水及地下水之分布，以及可能利用之范围及利用之程度）、水文测量。"巴里德氏在提及此区域内灌溉工程之极度需要时，曾指出数字谓："此区域内，每年雨量为三吋至四吋，而田亩需水量达十八吋。"又谓："田亩水量，其百分之七十五至百分之八十仍来自山间，故宜在山上兴筑蓄水坝，俾可同时用以灌溉，防洪，水力。而以首先利用水力去发展灌溉为宜。"夏秋会水，放入戈壁，使渗入地下沙砾层内，蓄为地下水。此地下水下行至一河流，经过山峡处集聚。于此再利用山上蓄水所发水电，抽至高处灌溉。惟须对地下沙砾层之深度及情形，先为探验，以免失败。此办法如果成功，则可少蒸发之损失。巴里德氏言及防淤问题，谓："设水中含砂量之将浮悬部分为1%或2%，则水底之滚动部分至少两倍于此数。此点亦为蓄水坝

---

① 编者按：作者不详，原载《甘肃水利林牧公司同人通讯》第16期，1943年10月1日。

宜筑在山头而不适位于山下之理由。凡一计划之构成，若仅出于某一局部之审查，则常易铸成大错，必须放大眼光，纵观全局，作合理之规划，方始有成。余对于此区域中可能发展足够大量之水力，可以深信弗疑。惟在此战时，工程进行，必多困难。为工程师者，能觉察问题，解决问题，领导大众，按步做去，必能完成大业也。”五时讲演终了，款以茶点。参加者有公司总协理及水利部同人，甘肃建设厅张厅长及同人。

甘肃水利方针之谈话[1]

行政院水利委员会前派杨技正乃俊参加中央设计局西北建设考察团，同时调查甘宁青各省水利。七月中，道出兰州，本公司因依水利委员会之预嘱，当于十四日，邀集关系人员，举行水利座谈会一次。出席者：杨技正、甘肃建设厅张厅长心一、张技正志礼、黄河水利委员会黄河上游林垦修防工程处陶主任履敦、吴技正引翼、中国农民银行王督察工程师荣科、本公司沈总经理、郭协理，水利部周总工程师、叶工程师彧、方工程师岱宗，获得下列四个结论：

一、水利须与交通部配合，在铁路未通至甘肃以前，为适应实际需要，河东（指河西以外之甘肃地区）水利，自有其兴办之价值。但在铁路既通至甘肃以后，河东水利需要之程度，应即减轻。

【说明】　水利计划，应打破省界，通盘筹划，不应以一省之自足自给为目标。甘肃以地形、交通、人工及材料种种之困难，兴办水利之条件，远不如他省之优越。但以现在之需要及交通情形而论，即在此不利之条件下，兴办水利，仍属绝对必须。反之，在将来铁路到达甘肃省之后，甘肃省食粮如仍不足，亦可自邻省采运，彼时甘省水利，即须在如何提高水之经济利用及研究农业特产上注意发展。

二、河西水利在铁路到达河西之前，虽须积极兴办，即在铁路到达之后，其须积极兴办之程度，亦是毫不能减轻。

【说明】　河西平原宽广，人口稀少。水利前途，颇具希望。在水利条件上，已较河东为优越。在国防之观点上，尤具莫大之意义。此不独在铁路到达河西之前如此，即在铁路到达之后。水利亦须积极兴办。盖河西为国防重地，军事据点，平时屯兵，须有军粮，战时如有屯粮，亦可减少由远处大量运粮之困难。

三、将来开发西北水利，为谋行政简捷，效率提高，须有一元化之组织，全权推进。

【说明】　将来水利之开发，须以最高之效率、最简捷之手续及权利集中之机构，方能达到通盘筹划而工作不重复，人力、财力、精神三者集中而不为多层烦琐手续所阻滞之目的。能如此，则行政、计划、与兴建程序，始能互相圆满配合。以往各国开发地区，每采用商业之组织，即具此意。我国今后宜加仿行，而去其计政上不合理之束缚，必可使效率大为增高。

四、政府预算应与开发水利计划互相配合。

【说明】　如计划者不顾及国家财政之情形，或计划既经核定之后，而政府之筹拨经费，不能与计划配合，则阻碍事业，至大且巨。假如五年之计划，因经费不足，十年内始

① 编者按：作者不详，原载《甘肃水利林牧公司同人通讯》第16期，1943年10月1日。

能完成，实非建国过程中应有之现象，此点在谈及任何计划之实施之前，实为先决之条件。

七月二十九日，在酒泉工作总站复作第二次谈话，出席者：杨技正、沈总经理、周总工程师、方工程师外，原副总工程师素欣、张掖工作站谭主任其芳、酒泉工作总站周秘书锡三、肃丰渠工程处刘副工程师方烨，承办肃丰渠鸳鸯池水库工程工信工程公司林总工程师同棪。获得下列两个结论：

一、河西水利计划，分为两期：第一期二年，目标在整理旧渠；第二期十年，前五年目标在开辟新地二百万亩，后五年目标在继续开辟新地三百万亩。在此两期中，查勘、测量、测候及水文等基本工作，须充分进行。

【说明】

1. 河西旧渠多有荒废，人民因而逃亡。目前迫切需要，为局部修理，使旧渠不再荒废，人民不再逃亡为目标。同时，谋根本之整理及新渠之开发。

2. 据现在调查所得荒地、水源及人工物料之情形，在第二期十年计划中之前五年，开发新渠增灌二百万亩，尚属不成问题。

3. 在第二期十年计划中之后五年，为开发人工之招致，农产物品之出路，均有待于铁路交通之到达河西。此为先决问题者一。又河西各河之流量，与将来可能开发之新灌溉区，亦尚待继续研究。河西各河之枯水量，为数甚属有限。故增辟灌区之水源，须由需水及减少渗漏两点上设法，蓄水工程费甚大。河西渠道总长至少三千余公里，减少渗漏，不仅需款浩繁，且因有关旧渠系统之改变，亦尚需极大之政治力量。此水源又为先决问题者二。如铁路交通已达河西，而水源亦无不足之虞，则第二期后五年开辟新地三百万亩之目标，即不难实现。

二、甘肃三十三年水利计划，河东约需一万万五千万元，河西约需一万万元，共两万万五千万元。

给河西各工作站的一封信 [1]

这封信的内容，有些也可以在工程处或管理处应用，特别是一、二、五、六、七、八各点，所以列出，备大家参考。

在人力有余或工作得便的时候，下列各点可以附带搜集资料，加以研究。只要持之以恒，总有相当的成就。这样也许可以增加工作的兴趣，提倡研究的精神。现就所想起的问题，列举如下：

一、需水量问题　各种作物之种植及收获期、出产量、浇灌情形、几日轮灌、每次应灌深度。各作物种类占面积百分率，如百亩内小麦占若干，别的作物各占若干。目的是一秒立方公尺的水到底能灌多少地。

二、农谣　派人到各处时顺便搜集，并研究其意义或来源。

三、地下水　井水：质与量之变化、水位变化、甜水区与苦水区的分布。泉水：量的变化。

四、戈壁　沙砾组织、过筛分析、渗漏情形、防水方法（过筛分析：原主任那里作过，可函商）。

五、渠道漏水　实际记录。

六、渠道冲淤的实际记录　冲的情形、不冲不淤的情形，均用实际测量及计算的数目字来表示 N[2] 的数值、渠水经过建筑物的水头损失。

七、碱　水中碱、土中碱、盐池的详细研究。

八、土壤　物理与化学两方面的研究（已函托张代表代购土壤力学方面的书籍，并托地质调查所土壤研究室李先生代购工地简单应用的仪器）。

① 编者按：作者为甘肃水利林牧公司总工程师周礼，原载《甘肃水利林牧公司同人通讯》第18期，1943年12月1日。

② 编者按：所指物理量不详。

河西整理旧渠续志[①]

三十二年度整理河西旧渠施工情形，陆续志于本刊第十四及十五两期。兹将近据报告进度，续志于后。

县名	工程名称	开工日期	竣工日期
武威	板槽沟建修渡槽	四月二十九日	九月二十四日
	毛牛沟建修渡槽	四月二十九日	八月十日
	高沟疏浚泉源	五月二十日	七月二十三日
	杨家沟疏浚泉源	五月二十日	十月一日
	石关儿疏浚泉源整理渠道	十月六日	
	左头坝整理渠道	九月二十日	
张掖	大古浪渠修复头二三号各闸闸门渡槽便桥	五月二十六日	八月二十五日
	盈科渠修复三工头闸闸门	六月二十三日	六月二十八日
	大古浪渠修复拦水闸木桥	六月二十日	七月十九日
	大古浪渠修复三号新沟闸闸门	六月二十二日	六月三十日
	盈科渠修复四工支渠第三闸闸门	六月八日	六月二十日
	盈科渠修复四工各闸闸门渡槽	六月十六日	六月二十四日
	洞子渠建大沟洪水闸	七月十二日	七月二十一日
	大官渠修复中沟闸门渡槽	七月二日	九月十九日
	小满渠修复头号支渠涵洞	五月一日	十月十三日
	小满渠建三号支渠渡槽闸门木桥	五月二十日	十月十二日
	小满渠建三号支渠拦水闸进水闸清理渠道淤积	五月十九日	六月六日
	小满渠改建三号支渠拦水坝	五月二十日	六月二十日
	小满渠修三号支渠闸门渡槽	九月二十五日	十月十五日
	小满渠修新沟闸渡槽	七月十日	七月二十日
民勤	大河建退水闸	九月五日	
高台	正义渠建山洪渡槽	七月十日	九月四日

① 编者按：作者不详，原载《甘肃水利林牧公司同人通讯》第18期，1943年12月1日。

公司举行第三次渠务会议[①]

第三次渠务会议，先于三十三年一月十日及十一日由总工程师主持，预就应付会议事件，交换意见，编定会议日程。十二日及十三日正式举行会议。

出席者：总协理、水利部总工程师及副经理、业务部副经理、总务与会计两处处长副处长、秘书室主任、各渠管理处及工程处主任、河西各工作站主任、甘肃建设厅由张技正志礼与刑科长邦彦代表参加。

每日上午九时与下午二时分别开始，由总经理主席。

第一日上午，先由总经理致辞。次各渠站主任分别报告过去一年工作概况。下午先检讨第二次渠务会议决议及备忘事项。而对于各渠站同人福利事项，特加注意，希望今后仍在可能范围内，扩充设施。次就两年半来工程事项，加以检讨，鉴于以往所做渠工，限于经费，未能提高标准，致在三十二年大水中，多受损失，故以今后应注意“安全第一”，“省费第二”为结论。

第二日上午，检讨两年半来贷款之支配并商榷三十三年之施工计划。鉴于贷款既未能充足，工料价又不时高涨，结论：今后应以集中力量与争取时间为原则，仅三十三年内，完成肃丰渠与永丰两渠。河西方面，其整理旧渠零星工程，仍照三十二年办法，补助及指导农民自行办理；其规模较大之整个渠工，另行贷款举办。施复对于渠工养护办法，详细讨论，而归结于借重政治力量。下午专就以下技术问题分别研讨：（1）河西旧渠临时作法；（2）河西沙患；（3）兰丰渠引水槽；（4）崔家崖渠道防护工程；（5）发电厂水头；（6）东峪沟渡槽修理计划；（7）水泥与天然水泥；等等。

---

① 编者按：作者不详，原载《甘肃水利林牧公司同人通讯》第20期，1944年2月1日。

开发河西农田水利之第一年[1]

本公司承办河西农田水利工程，设站分区进行。三十二年一月十一日，酒泉工作站首先成立。其次，武威工作站于三月一日成立。张掖工作站于三月十七日成立。敦煌工作站因主任未得相当人选，有酒泉工作总站兼管，兹将各站先后所报三十二年整理旧渠大概情形，择要罗编于次：

甲、武威工作站

一、修理武威茨沟渠　工程费38,880.15元，保持原有耕地1,200市亩，增灌荒地。

二、修浚武威高沟泉源　工程费23,844.05元，灌田540市亩，平均每亩纯益300元，每年共得162,000元。

三、修理牦牛沟渡槽（包括大狼沟，小狼沟，树儿沟三木渡槽）　工程费37,604元，减少岁修费，灌田2,400市亩，平均每亩纯益228元，每年共得547,200元。

四、修理武威板槽沟渡槽（包括板槽沟石台槽及大双沟木渡槽）　工程费63,022.2元。减少岁修费，灌田970市亩，平均每亩纯益400元，每年共得388,000元。

五、修理武威杨家沟泉源（此沟原属山水灌区）　工程费67,622.68元，灌田1,500市亩，平均每亩纯益300元，每年共得450,000元。

六、修理金渠左头坝渠道　工程费70,044.30元，减少岁修费，减少倒水农产损失12,000斗，约值960,000元；增产4,500斗，约值360,000元；两共1,320,000元。

七、修理民勤西河退水闸　工程费382,167元。恢复每年因倒水受旱之荒地约80,000市亩，平均每亩纯益300元，全年共得24,000,000元。

乙、张掖工作站

一、盈科渠

修整长安渠牛车便桥、齐家渠三号牛车木便桥、曹家闸月坝河木桥、长安渠上四西大桥，保护渠堤。

修整盈科四渠总河口，清凉寺牛车便桥及渡槽，三工二闸进水闸、齐家渠四号渡槽及退水闸、齐家渠六号渡槽、齐家渠七号进水闸、齐家渠十号渡槽，三工四闸李家崖头退水闸，水流通畅。

修整上八闸月儿闸渠首，产粮约四千石。

修整齐家渠三号渠水渡槽，灌田约一百五十亩，产粮约三百石。

修整长安渠公路涵洞，下七羊洪闸周王闸涵洞恢复供水，后者灌田约五十亩。

---

[1] 编者按：作者不详，原载《甘肃水利林牧公司同人通讯》第20期，1944年2月1日。

修整三号头闸进水闸、头闸大沿沟，利沟渡槽，共灌田约一千亩，产粮约两千石。

修整三工头闸陶家闸、三工头闸吴家闸、三工利沟进水闸、三二六闸门（二座）、四工华家闸，共灌田约四万亩，产粮约二万石。

修整七下曹家闸月坝渡河及退水闸，灌田约四百亩，产粮约八百石。

修整沈家下闸闸门（四座），灌田约四百亩。

修整三工头闸刘家闸，灌田约一百亩，产粮约二百石。

修整四工三闸进水闸，灌田约二千八百亩，产粮约五千石。

修整齐家渠七号二闸进水闸，灌田约五百亩，产粮约一千石。

修整四工二闸橙槽沟渡槽，灌田约八十亩，产粮约一百五十石。

其三工五闸大闸、四工六闸侯家闸闸门、四工六闸王清沟闸门、四工六闸西沟进水闸、四沟五闸进水闸、三工五闸小闸闸门，齐家渠七号三闸进水闸、齐家渠十号大闸，本年不及放水。

二、大古浪渠

修整公路涵洞后，水流通畅。

修整二号新沟间张家坡牛车便桥稳固渠堤。

修整三号张家闸进水闸，灌田约一千三百亩，产粮约二千六百石。

修整二号田家闸进水闸，灌田约一百五十亩，产粮约三百石。

修整三号新沟闸赵致沟进水闸，灌田约五百亩，产粮约一千石。

修整二号田家闸安家闸路沟闸门，灌田约二百亩，产粮约四百石。

修整三号新沟闸闸门，灌田约一百亩，产粮约二百石。

修整二号恭维问子渠闸拦水闸，灌田约五百亩，产粮约一千石。

修整二号利沟恭维渡槽，灌田约六十亩，产粮约一百二十石。

修整三号恭维小闸及渡槽，灌田约二百亩，产粮约四百石。

修整三号马站闸及桥工，灌田约九百亩，产粮约一千八百石。

其三号烟东闸拦河，查勘而未作。

三、大满渠

修整大满四渠总河口，水流通畅，水量充足。

修整上号承粮桥，大五号三十里店渠堤及木桥，巩固渠堤。

修整石信闸渡槽，灌熟荒田约二百五十亩，产粮约五百石。

其大五号永丰闸横沟闸门，小寨闸沿沟闸门，利沟闸闸门，本年不及放水。

下号平一闸砖拱渡槽，大五号张家闸闸门，本年不及完工。

下号小四号新沟坝渠道，查勘而未作。

四、小满渠

修整公路涵洞（头二号），恢复供水。

修整三号岩头沟木桥，保护渠堤。

修整三号汪家闸渡槽，三号边沟渡槽，三号沙河沟等闸，三号侯家闸闸口。

修整三号马站闸东沟拦水闸，灌田约五百亩，产粮约一千石。

修整新沟闸渡槽，灌田约八十亩，产粮约一百石。

其三号新沟闸韩家渡槽，三号新沟闸大闸，头二号斗门，车桥（头二号），本年不及放水。

三号新沟闸小沟闸门，查勘而未作。

五、大官渠

修整渠口便桥，清理渠口，水流通畅，水量充足。

清理加官渠渠口，水流通畅，水量充足。

修整野西闸芦芦沟渠堤，保护渠道。

修整流海闸公路木涵（三座），恢复供水。

修整中沟闸渡槽及闸门，灌田约六百五十亩，产粮约一千石。

其何满闸南沟闸门，渠沟闸门，马站闸渡槽，本年不及放水。

六、龙首渠

修整二连洞槽渠水涵洞，马家石河渠水涵洞，防止山洪冲毁渠道，本年雨季得保安全。

修整新渠，水流通畅，并无渗漏。

其红沙河渠水涵洞，查勘而未作。

七、洞子渠

修整马家石河渠水涵洞，三连洞桥渠水涵洞，大石砾河渠渠水涵洞，尚家滚桥渠水涵洞，唐家滚桥渠水涵洞，张家山石河洪水闸门，下号大沟大石砾河洪水闸门，防止山洪冲毁渠道，本年雨季，得保安全；而张家山石河并淤成肥田约四百亩。

其三清湾洞子漏水与五闸路木槽渠道，查勘未作。

八、小泉渠

修整长沟口渠水涵洞，防止山洪冲毁渠道，本年雨季，得保安全。

修整三连渡槽附近渠堤，陈良沟官嘴渠堤，渠口分水坝，水流通畅，水量充足。

九、牙喇渠

修整郭家沿沟渠水橙槽，渠道不受敖河影响。

修整方墩子渠涵洞，灌田约六十亩，产粮约一百二十石。

十、马子渠

修整山洞，水流通畅，水量充足，灌田约二万亩，产粮约四万石。

十一、明麦渠

清理渠口，水流通畅，水量充足。

修整大便沟渡槽，灌田约一百五十亩，产粮约三百石。

十二、城北渠

清理渠口，水流通畅，水量充足。

十三、沤波渠

清理渠口，水流通畅，水量充足。

十四、西洞渠

修整渠道木涵，防止山洪冲毁渠道，本年雨季，得保安全。

十五、正义渠

修整沙河渠沙沟渠山洪渡槽，防止冲毁渠道，本年雨季，得保安全。

十六、阿薛渠

修整上三闸高闸沟渡槽，灌田约九十亩。

十七、永利渠

修整清凉寺牛车木桥，保护渠道。

修整公路涵洞（下号），恢复供水。

十八、临泽渠

修整渠口拦水坝，水流通畅，水量充足。

十九、三清渠

修整张家坝渠堤，水流通畅。

下列各项修整工作，本年未及完工：

红砂河、燕富哨山洞、新工渠、渠堤丁坝、黑站家渠、丁坝、黑新开渠、摆浪河渡槽、小鲁渠、仁德村退水闸，双泉堡渡槽、北沟渡槽、南沟渡槽、梨园南渠、渠道护坡、梨园南渠、沙河路渠水涵洞。

丙、酒泉工作站

一、新城坝

临时修复拦河一处。

疏浚渠道两段，全长4.50公里。灌田11,280市亩，每亩收益1.8市石。

二、圆通坝

修复引渠西堤600公尺。

添建护堤挑水坝七座。

新建文殊山口防洪堤210公尺，灌田11,600市亩，每亩收益1.5市石。

三、金塔六坪

修复六坪，长共60.7公尺。

修复西拦水河堤，共长1,450公尺。加高培厚东拦水河堤。灌日56,000市亩，每亩收益1.8市石。

四、新地坝

修复拦河250公尺，节制闸一道，涧峡渠道三处。

凿洞31公尺，浚渠8公里。

灌田3,640市亩，每亩收益1市石。

五、东洞子渠

修复引渠350公尺。

改凿暗洞二处，共长247公尺。

浚洞375公尺。

疏渠2.10公里。

重修木坪一座。

灌田6,000市亩，每亩收益1.7市石。

六、洪水渠

修复引渠拦水墙1,366公尺，退水设备四处，小挑水尖十二处。修复引渠上端分水坪口114公尺。拦河疏浚5公里。

浚新泉278公尺。

灌田34,000市亩，每亩收益1.5市石。

七、中渠

浚旧渠五区。

浚引4.5公里。

灌田10,000市亩，每亩收益1.5市石。

八、下河清五坝

修复渠首一段5,000公尺，又21公里。

修复渠堤800公尺。灌田1,000市亩，每亩收益1.7市石。

九、下河清六坝

修复加高渠首一段500公尺，又20公里。

修复渠堤850公尺。灌田1,000市亩，每亩收益1.7市石。

十、东头渠

修复渠尾决口十一段840公尺。灌田1,000市亩，每亩收益2市石。

十一、屯升渠

改线215公尺。

修缮约300公尺。灌田3,500市亩，每亩收益1市石。

十二、西大坝

修复拦河三段280公尺。

修复引水渠三段1,670公尺。

添建活动插板木质溢洪道39.5公尺。灌田10,000市亩，每亩收益2市石。

十三、沙山渠

修复引渠6.54公里。

疏浚明渠1公里。灌田1,500市亩，每亩收益1.5市石。

十四、西下坝

修复冲决处340公尺。灌田6,000市亩，每亩收益2市石。

十五、新中坝

修复引渠60公尺，拦河30公尺，明渠土堤1.72公里，石堤140公尺，灌田1,000市亩，每亩收益2市石。

十六、榆林坝

修复渠堤六处480公尺。灌田1,799市亩，每亩收益2市石。

丁、敦煌工作站

一、皇渠

建拦水坝。整理支渠。

灌田 28,200 市亩。

二、昌马大坝

整理渠道。

灌田 72,900 市亩。

第三次渠务会议记录[①]

时间：三十三年一月十二、十三两日上下午
地点：兰州本公司
出席者：沈　怡　郭则溉　许敦楷　周　礼　赵世进　高　峰　原素欣
　　　　郭铿若　宋元楙　李祖烘　郝西庚　张家瑶　吴　惇　谭其芳
　　　　华　起　郭培鋆　方宗岱　尹亮武　胡志刚　秦翰才　何珊元
　　　　周承澍　邵彭年
甘肃建设厅代表：张志礼　邢邦彦
主席：沈　怡
记录：杨恹祖　周明达

甲、总经理致开会词

本公司渠务会议，第一次在三十年九月五日举行，第二次在三十二年二月二十五、二十六两日举行。本届为第三次渠务会议，日期亦定为两日，必要可延长。会议日程，第一日上下午为工作报告及上次渠务会议决议及备忘事项之检讨。第二日上下午为：①两年半来工程实施之检讨；②两年半来贷款支配之检讨；③三十三年施工计划之商榷；④各项工程技术问题之研讨；⑤渠工养护办法之商榷。此次会议，原定一月十日开始举行，嗣以出席人员未齐，故由总工程师利用前两天时间，会同已到各位主任举行谈话会，交换意见。此次会议方式，仍本上层会议精神，重实际不重形式。现在先将本人去年在重庆接洽各事，向各位简单报告：

一、增资问题

公司资本，业经核定由三千万元增为六千万元。

二、工程管理费问题

甘肃省政府与公司合约中规定的百分之七工程管理费及甘肃省政府与贷款银行合约中所规定的百分之七工程处经费，两共百分之十四，经此次在渝向关系方面说明，已得圆满解决。

三、三十三年农田水利贷款问题

甘肃提出数额为二万万五千万元，包括河东、河西。因各省所提出的数目都相当大，贷款银行感觉有通盘筹划的必要，故甘肃本年农田水利贷款额，尚未能得到具体决定，惟深信不久当可解决。

① 编者按：原载《甘肃水利林牧公司同人通讯》第21期，1944年3月1日。

四、河西水利工作

自三十一年秋，委员长巡视西北之后，即由中央指拨专款，责成本公司经办。这次本人到重庆，蒙委员长召见，报告甘肃水利工程情形。关于河西水利，由于去年参加西北建设考察团一路西行，又增加了许多认识。在个人思想上，对于甘肃水利问题，已有许多次的转变。本人于三十三年春初次到西北来，当时河西之门尚未敞开，因此，对于甘肃农田水利之开发，颇抱悲观，其时，我的视界没有离开河东，即乌鞘岭以东地区，所见都是地高水深的现象，在这种地方，要办水利，实在觉得困难。及至三十一年秋，踏进了河西走廊，虽水源至今还是问题，但见到旷野千里，不觉希望顿生，不过，西路犹未畅通，对于开发河西水利，只能视为解决本省粮食问题；但实际甘肃粮食问题的需要解决，不在河西而在河东。因此，此次并蒙委员长指示，以后河西水利，不论武威、张掖、酒泉以至于关外三县，都应同样注意，甚至关外更见重要。上年西北建设考察团由公路西行，同人中包括农林、交通、水利、工矿等等专家，难得对西北有共同的认识。对于河西水利之开发，拟分二期：第一期为二年，偏重整理旧渠。第二期为十年，则为建设新渠。此十年又分为两个阶段，为期各五年：前五年以增加灌溉田亩二百万为目标；后五年以增加三百万亩为目标；于此十年中，希望增加灌溉田亩共五百万亩。但后五年增加之三百万亩，须以铁路到河西，水源亦无虞不足为先决条件。假定以上目标一一实现，则河西连同原有灌溉面积将有八百五十万亩，估计可养活二百万人。河西现有人口一百万，则此增加至面积，足可使现有河西人口增加一倍。当然铁路一旦到达河西之后，即可由外地运入粮食，则人口之增加尚不止此数。

三十三年度甘肃省农田水利贷款额，本希望河东一万五千万元　河西一万万元。而目前国家正在抗战，度支艰困，也许将来真正贷得的为一万万元或一万五千万元。设如此，则其结果在河东恐不能再加做新渠，甚至已开工的亦须分别先后缓急的去办，此殆为必然之理。在河西，各工作站亦曾有希望在整理旧渠之外，每站都能办一桩新工程，这是很值得赞美的。而此时此地，由于客观条件不充分，尚谈不到什么大规模的水利建设。故不论河东河西，此时办理水利工程，必须着重他的经济价值。亦惟有具有经济价值的工程，方是值得办的工程。所以本年河西水利，不能不仍以整理旧渠为中心工作。同时积极进行为建设新渠应行准备的基本工作。关于这一点，深信各位均有相当认识。对于新去的青年同事，尚望加以说明与鼓励。至于整理河西旧渠工程之标准，已由原主任建议，提高标准，这意思是很对的。

一年以来，各处站同人皆十分努力，本人衷心非常感慰。同时，由于同人的努力，引起各方面的认识，并且很惭愧地引起了委员长的注意。在两个月以前，在公司礼堂，举行了一次隆重典礼，由西北建设考察团团长罗家伦先生主持，当然各位都已知道了这件事。原主任的此皮袍以其工作的表现而言，自可当之无愧。但我也和原主任同样看法，觉得这袍并不是原主任一人所得的，而是象征着委员长对公司许多同人甚至西北一切努力工作人员的鼓励。

归纳对于这次会议的希望：

一、就以往工程及管理方面的检讨，得到具体的改进；

二、就未来进行方针，交换意见，得到具体的建议；

三、就各种工程技术问题，相互研讨，以期集思广益。

乙、各渠站报告（以报告先后为次）

一、肃丰渠原主任素欣报告

肃丰渠工程包括建筑鸳鸯池蓄水库及整理酒泉金塔两县渠道。先从建修水库着手。三十二年一月至五月，为设计备料时期。初步计划于三十二年四月完成．五月开始工作．六月正式施工。工程由工信工程公司代办。技工由兰州招去，约二百人。民工由金塔县代雇，亦约二百余人。原拟三十三年夏季完成。现因采纳行政院美顾问巴里特氏之建议，增加工料数量不少，完工期限不得延至三十四年夏季。截至现在，给水涵洞已经打通，溢洪道土方已完成半数，三十二年九月开工。按照最后计划，工程费除已支用一千余万元，尚需将近三千万元。在初步计划完成以后，一面并作蓄水库全型模型试验，借以充分明了土坝浸润渗漏情形及确定导水墙与溢洪道之位置等。同时并取送鸳鸯池土六分之一及土坝坝址间土六分之五，委托中央水利试验处作土坝试验。

酒泉工作总站原兼主任素欣报告：

三十二年度总站工作，计临时整理旧渠十五处，受益田地十五万二千亩。其中五处为整理渠口；三处为整理隧洞；一处为疏浚泉源；六处为整理渠道。在整理渠口工程中，有一处是由工作站派人按照设计图监作，经过放水后，确属稳固。其余由人民照老法所作者，成绩均不见佳。全部临时修理工程，共用工款四十三万余元。测量队测量酒泉各河道地形及金塔渠道，在三十二年内共测八百六十平方公里。共有水文站四处，洪水流量勉凑一年之纪录。

敦煌工作站因主任人选，未能正式成立，由酒泉工作总站派员代办，计临时修理安西皇渠及玉门昌马大坝，受益面积达十万亩。共支修理费二十余万元。并查勘敦煌南湖黄草坝小型水利。

二、永丰渠郭主任铿若报告

土石方三十一年十月开工。原定三十二年六月底完成。截至三十二年年底，完成四十九万余公方，约占全部百分之八十八。现剩三十二万余公方，其中包括洪水后应移线增加十三万余公方及雨后发现建筑物沟道有应改良之土方一万余公方。实际上因农忙冰冻等关系，未完者仅十万余公方。建筑物于三十二年五月全部发包。预计三十二年九月完成。现已完成者计支渠斗门及调节闸一座；车水渡槽一座；支渠临时渡槽一座；山洪渡桥三座；渠水涵洞一座；调剂闸一座；排水暗沟五座；山洪涵洞一座；渠水圆木管一座；临时公路桥五座；临时步桥三座；约占全部百分之五十一有奇。其余已开工而未完成者，计进水闸一座；渠水涵洞一座；山洪渡桥一座；潜水涵洞二座；排水暗沟一座；渠水圆管二座；渠水石渡槽一座；木渡槽二座；山洪涵洞三座。材料部分，除石料有一部分在赶备外，其余铁件、洋灰、木料均已备齐。最近总处规定，须于三十三年四月底全部完成。刻正设法赶工。如工款有着，当不致误。工程费在三十二年四月底追增为一千六百万元，已用一千二百余万元。截至三十二年底，剩余工程，按照现时物价，尚需四千五百万万元。

三、永乐渠宋主任元彬报告

永乐渠总西两干渠，截至三十二年一月底，明渠石方已完成百分之七十五；隧洞石方完成百分之三十五；土方全部完成。而干渠土方完成百分之八十四以上，建筑物百分之四十以上。但因总干渠引水草=槽一段石质特别坚硬，致各包商亏累，不肯增加工人。嗣用点工办法，积极趱赶。同时建筑物亦如加紧进行。至三十二年六月，总干渠明渠石方及隧洞均打通；并完成进水闸一座；防洪闸一处；泄水闸三处；涵洞六座；护墙六百五十公尺。而干渠部分完成大夏河渡槽一座；潜水洞一处；跌水五座；土方全部完成，遂于七月一日试水。翌日，大雨滂沱，连续数日，河水盛涨，山洪暴发，涵洞护墙一部分被冲毁，渠道亦有局部淤积。东干渠土方完成四万公方，深沟填土完成百分之十四。一面筹备建筑物石料。计三十二年完成全部工程百分之四十五。共用工款五百八十余万元。三十二年八月，因贷款不继，东干渠全部停工。本渠工程，以东干渠工程较巨，尤以深沟填土为困难。在三十二年择要开土之缸管涵洞上用筑墙填土之各深沟工程，经雨季后，大半因排水不足及泥淖堵塞，冲毁数处。此处工程，非改善不可。计深沟十四处；泄水闸三座；退水闸一座；涵洞二十五座；桥梁十座；土方二十二万余公方；并有西两干渠之旱河护坡加固及山洪渡槽等工程。三十三年度需工费五千万元。

四、洮惠渠李主任祖煐报告

洮惠渠自三十一年四月成立管理处后，即从事渠道及建筑物之整理。截至三十二年六月底，计新修渠水渡槽五座；山洪渡槽三座；跌水一座；涵洞一座；支渠小跌水四百三十八座；陡坡三十座；斗门七座；涵洞六座；渡槽三座；过水路面五处；补修渠水渡槽五座；山洪渡槽三座；跌水三座；并干渠土方二万七千四百余公方。七月六日放水。八月三日大雨，山洪暴发，遍地皆水，随处入渠，致郝家崖、头中营等处边坡倒塌甚多。全渠淤泥厚自三公寸之一公寸不等，共计淤泥三万二千余公方。建筑物冲毁者，计有塌沟、贾家沟、马家河湾渠水渡槽各一座。塌沟渡槽是因上次上游渠道边坡，被山洪冲塌甚多，致渠道淤塞，洪水无法排泄，流经渡槽，溢过槽墙入沟，致槽墙一边全被推倒。贾家沟渡槽，因曹家沟决堤，山洪注入民地，冲断德远渠线，越公路而入贾家沟；致沟道水满，越槽顶而下，将槽墙完全冲毁。马家河湾渡槽，原是1.5公尺孔径，因排水不足，致被冲毁。其保小沟、白塔沟山洪渡槽、阳窝沟渠水渡槽等，均有局部损坏。以上被冲各工程，于三十二年九月中旬，分别改善修理，十月底完工。十一月一日起放冬水。因天气寒冷，东峪沟渡槽槽墙拱圈均被冻裂，现正拟具修复计划。三十二年度整理工程费，共三百六十七万余元。其他拟修姬家河退水沟渡水槽，寺沟罗家沟山洪渡槽，蒋家主车桥，白茨湾泄水闸等工程，尚需款三百一十万七千余元。

五、浦济渠李兼主任祖煐报告

浦济渠前因地方不靖，工程处于三十一年冬迁城内办理，直至三十二年八月，匪患始平，于九月一日迁回工地。本渠在三十二年受水患两次：第一次在七月间，洮河水位暴涨，进水闸虽关闭而闸外一段淤积甚厚，闸内因河西溢过渠堤，冲入渠道，已致决口多处，建筑物亦稍有损坏。第二次为八月三日暴雨，山洪随处入渠，致全渠均行淤塞，约在一万八千余公方；大小建筑物损坏者，共十五座。于九月十八日开工整理，十一月五日完竣，六日开始放冬水。至二十六日，因冰冻停止。各建筑物灰缝，均有冻裂情形。二十日间，共灌地一千零四十四亩。与三十一年灌地一万四千余亩比较，相差甚多。农民因三十一年灌水后，收获不佳，加以三十二年秋雨水充足，均拒绝用水。经研究收获不佳原因，全属肥料问题，水地较旱地所需肥料为多。若照旱地施肥，自然收获不及旱地。农民不察，误认为放水所致。三十二年修理费，共为二百一十二万余元。其未作工程，如筑建，引水入渠泄水闸，车桥，渡槽等，尚需工程费一百五十三万余元。

六、靖丰渠郝主任西庚报告

本处工程，分河防、放淤及灌溉三部分。河防工程及放淤工程为建筑物第一期工程，按照原计划，拟于三十二年大水前一律完成，以便大水时施行放淤。不幸大水到期特早，原拟赶作工程，尚未完成；而已成工程，反被冲毁一部。在当时工程处之处理，不免有失当之虞。但也有三种特别原因：一为求放淤区域向下延长扩大计，将河防及放淤工程加多；二为工人太少，曾一再请县政府代雇，而未获协助；三为赶工时期需款特多，因各种关系，不能与工作相配合。有此诸因，预计欲完工程，无法赶成。且距预期相差甚巨。在此种情况之下，只得将下段水道及大堤六百公尺，隔堤三道，过水门泄水门各三座，暂时放弃，连夜赶办其要工程。因三十二年河水暴发时特早，水量之大为近多年所未有，首先被冲毁者，为第二放淤进水闸。当时闸墙高度，尚差一公尺未成。压力既感不足，而灰浆未干，联络不牢，致被冲毁。正抢堵间，原有民筑节制闸又被冲毁。斯时洪流全部灌入滩内，第一旧隔堤以上水位激增，过水闸泄水闸宣泄不及。深恐洪流直扑而下，将各堤冲断，变作大流；只得将大堤及旧隔堤各挖开一口，引洪流入黄河，以杀水势。同时，退守第二隔堤，幸再未发生危险。在大水初至后，下段大堤为水道阻隔，无法抢护，被冲毁数百公尺。统计冲毁工程之原价，共二十九万余元，目下修理并略事加强工程费，约需百余万元。抢护时期，处内同人不分昼夜晴雨，颇能竭力。民工防汛队极得力。惜备防石料，以时间及工款关系，未得充分预备，颇感棘手。截止三十二年底，完成工程，计河防部分者，有加倍旧大堤九千公尺；堵缺口四个，长一千八百公尺；砌石护岸一千一百公尺；接修上下段新大堤五千八百公尺；整理旧坝三十二道；补修旧隔堤三道；添修新隔堤四道。放淤部分，有进水闸四座；节制闸三座；过水门六座；泄水闸三座；泄水门五座；进水渠四道；泄水渠四道；过水渠八道。其他部分，有监工房十五间。未作部分，有渠工的全部大堤六百公尺；隔堤三道；挑水坝十九道；过水门三座；泄水门两座；及加强各隔堤；加高各过水门泄水门；并修复冲毁工程，开运备防石料三千方。此项未作部分，除全部渠工可以缓办外，其余应于三十三年四月底以前一律完成。负责四月以后，水位增高，并须施行放淤，同时要预备抢险，即有钱亦无法施工。所以赶工时间，仅有三个多月。其中以运石一项，最为紧迫。现有船只车辆，最多每日能运八十公方。但待运石料，尚有一万二千公方。假使能不断地运输，需时五月方可运完，已感太迟。倘再稍有延迟误，不惟三十三年度不能放淤，即已完成工程不免续有冲毁之虞。所以为避免此种情形，要在最近三个月内积极赶工。但是因为工款关系，已大部停工。倘三五天内不能继续汇款，就要全部停止了。企望总处退赐办法，庶可有济。至于所需工款，除三十二年度已分配一千三百万元不计外，连同灌溉工程，尚需二千五百万元。工款增多的原因：一是物价工资的膨胀，二是工程数量的增多。其中灌溉部分工款，约占八百万元，余为河防及放淤工程费。三十三年度贷款若不充足时，最少要有一千七百万元。于大水前拨到工地，以便赶完河防及放淤工程。

七、武威工作站张主任家瑶报告

武威工作站是三十二年三月由前水利查勘第三分队改组而成。辖武威、民勤、永昌、古浪、永登等五县。已查看完竣者，为古浪、武威、民勤、永昌等四县及武威县境内祁连山之全部，古浪县境内之一部。计查看面积约三万平方公里。三十二年度临时修理旧渠工程，已竣工者，计七处，为毛牛沟建渡槽三座；板槽沟建渡槽一座；凿石台渡槽一座；茨沟整理渠口一公里；高沟挖泉四道；杨家沟挖泉四道；大河建退水闸一座；金渠左头坝筑高水渠一道。共用款六十八万七千元。受益田地三十八万六千余亩。已开工因冰冻暂停者，为石观儿护渠工程外渠改道及坪口工程东渠外岔截河及闸口工程等三处。受益田地二万八千八百余亩，平均完成，均在百分之五十左右。其他已查勘须临时修理者，计右二坝，大湖滩，南水坝，羊下坝，天桥沟，小二沟，头坝，小七坝，长山沟，拟在三十三年度进行。基本整理工程，为西营河分水口，柳条山灌溉区，约需一千五百万元。三十二年内，临时修理工程，均是由站派员监修，按照设计施工。经大水后，冬季检查，均属完整，并无冲毁。惟工作方面所遭遇困难，为地方政府不能切实协助，民众不明了情形，更有不良分子，从中捣乱。已完成工程保护问题，极为严重。经年来实际经验，对于工程，必须正式设计，由站派人监修，不可发款于民众，令其自行修理。因民众缺乏工程常识，而不良分子易于作弊。不但影响工程，且对公司名誉亦有关系。永昌县之固庄滩，面积约四万亩，土地肥沃，可以开泉灌溉。惜距离居处太远，工人无法征雇。再红水河沿岸之圆墩子荒滩，面积约一百五十万亩，可以利用洪水耕作，拟在三十三年内沿边作小规模实验，如有成效，可以推广。惟大量开垦，垦民诚属问题。水文站以人员不敷，截止三十二年十二月，共成立五处，测候站一处。测量遂成立较迟，十一月底出发测量西营口，以备整理怀永八渠。

八、洮丰渠吴主任惇报告

洮丰渠三十二年度工作，可分作五点报告：

1. 原计划工程。　三十二年元月起在冻期开始赶工。至四月间，完成工空闸、引水槽、拦水坝，大车桥十四座及土方十四万五千余方。期间因限价关系，工粮发生问题，经省府令县向存粮大户按照限价代购，虽不免有一度困难，终于克服。

2. 试水经过。　自五月七日起试水。至八月十五日止。共计五次，不到十天。再试水前，组织防护队，并于可能出险地，加紧戒备。第一次试水成绩尚佳。经六小时，水及至渠尾。以后各次，即陆续发生跌水勾缝被冲去少数块石，稍有裂缝；建筑物与土方接含处沉陷裂缝；渠道有坟墓之塌陷；并发现地老鼠（俗名瞎瞎）在填方上打洞，因之决口，此项洞眼，非经详细检查，决不能轻易发现。

3. 修复工程。　五月二十三日，八月十五日，九月十七日，大雨连绵，山洪暴发。不幸渠水涵洞四处，被局部冲毁。其原因为缺乏水文资料，设计未周，判断力不够所致。此项修复工程，因大部分工人已被遣散，为赶工计，由小包商参加工作。截止三十二年十一月底，建筑物已修复完工。渠道淤方，多是软泥，非至冻期，无法清除。在三十三年元月十五日以前，可望清除完竣。三十三年引灌春水，不成问题。

4. 竣工图表及决算，自工程完竣后，集中全力赶办，现已大致完成。

5. 整理工程。 汭丰渠工程虽告完成，但局部之整理，在所难免，倘能工款有着，拟于移交前办理完毕，使接管者减少一番困难，而我辈所负责任，亦可告一段落。

九、平丰渠吴兼主任惇报告

平丰渠三十二年四月原预备开工，一面备料，一面同包商议价，嗣因原设计一部分渠道，是用代水泥，而代水泥效力较差，有变更计划之必要。九月间，因工款不继，备料施工，奉令停止。大部分职员他调。现经留少数人员作变更设计工作。

十、张掖工作站谭主任其芳报告

张掖工作站于三十二年成立。辖张掖、临泽、高台、民乐、鼎新、山丹等六县。在河西四工作站中，以张掖所辖县为最多，而渠道亦至庞杂。当工作站成立，正值春修时期，故一面查勘，随即作临时修整工程。计张掖十六渠中，临时修理涵洞七十一处；渠堤十七处；丁坝一处；闸门六十八座；渡槽、桥梁各十八座。核准工款计九十五万三千九百七十二元五角，实支工款七十六万八千七百二十七元五角。临泽七渠中，修理涵洞一处；渠堤三处；丁坝一处；渡槽五座。核准工款计二十四万六千一百一十元，实支十五万二千四百一十元。高台五渠中，修理涵洞六处；渠堤二处；丁坝一处；渡槽一座。核准工款十五万零六十五元，实支十二万八千九百四十元。受益面积，共三十二万六千余亩，增灌面积二千零四十亩。张掖县境内旧渠可能整理者，为黑河西岸之西洞渠、巴吉渠、讴波渠、明麦渠，梨园河东岸各渠（三沟上六渠下十渠）。上六渠毗连西洞等渠，若将牙喇、小泉、小彩、江淮、橙槽、倪家等渠并入西洞等渠整理，使用黑河水源，则对三沟下十渠，大有裨益，而无损于黑河各渠。又龙首、马子、洞子三渠，在上龙王庙上游开一总口，使三渠依次连贯，既可避免隧洞，又可开辟荒地在一万亩以上。临泽县旧渠可能整理者，为板桥渠，在清初借洪山渠之水灌溉，至乾隆时，渠道被山洪冲毁，遂引昔喇渠尾水灌田。惟水量不足，农田迭遭旱灾。民十一年，当地人士倡议开凿新渠，但以财力及技术问题，未收效果。倘能将昔喇渠辟宽浚深，使水量增加，除受益田地一万二千四百亩外，尚可辟熟荒四万亩。高台县之摆浪河十渠，亦可并为一总口，除受益田地一万八千亩外，尚可辟熟荒地五百亩，生荒一万亩。此外张掖县境龙首堡沿南山一带，地势平坦，土质肥沃，宽约十五公里，长约六十公里，可耕地约在一百万亩左右。倘能在黑河上游，建库蓄水，足可引以灌溉。高台县祁连乡一带，亦有面积约五十万亩之平坦土地，可能引用马营河水源，以资灌溉。鼎新县双垳湾蓄水库初步计划，已大致就绪。蓄水量为四千六百万立方公尺，工程费总额约一万万元。尚待地质专家之勘查决定，以便着手筹备。山丹县头坝人民拟贷款五十万元，购置抽水机，吸水灌田。经查勘后，认为购抽水机太不经济，建议用兽力水车，已请西南联大教授刘仙洲先生代绘图样。民乐县民众建议，引用大通河水，救济该县缺水问题。就地图上观察，由大通河引水至民乐，须穿越黑河水源，越过五道山脉。工程之繁重，自不待言。究竟地势高低如何，尚待勘查。所派勘查人员，以无向导，终未成行。临泽县鹦哥嘴峡口，在梨园堡上游三十公里处，峡高二十公尺，平均宽一百公尺，可筑堆石坝蓄水。蓄水量一千万立方公尺，能救济梨园河三沟十六坝春水之不足。本站设有测候站一处，自三十二年六月起记测。水文站二处：一在正义峡，自三十二年九月起记测；一在莺落峡，自三十二年十月起记测。

十一、兰丰渠华主任起报告

兰丰渠在三十二年内之施工工程，为引水槽及崔家崖渠道防护工程。引水槽自三十一年十二月开工，讫三十二年四月间，以黄河水涨，首段八百公尺，无法工作，遂暂停工。八月初因贷款用罄，而增贷尚未确定，其他能继续工作之地段，亦复停工。至十二月八日，增贷有着，又值枯水时期，为免误时机计，遂复工赶作。每日工人约在七百人左右，自三十一年十二月，讫三十二年年底，共完成六万七千公方，作全部引水槽工程百分之五十二。引水槽首端喇叭口工程，因河水关系，未能施工。三十二年三月，接引水槽首端筑拦水堰一道，长一百六十五公尺，于四月间完成。经过洪水，尚无冲毁情形。正在研究如何加固，可否省去喇叭口工程。崔家崖防护工程，由天成公司代办。于三十二年三月开工迄五月终，筑堤一千三百一十五公尺。上口截流坝桩，即将打完。适黄河水暴涨，坝桩先后被冲毁，约达三分之二。当时以水势日大，抢修费工，遂停止工作。经对计划一再研究，并得行政院美籍顾问巴里特之建议，改在下口建滚水堰，既省工，又可收放淤之效。十一月，照改定计划复工。迄年终，堰身即完成。连同堤身加高工程，于三十三年一月可以完成。以上三项工程，共支一千三百七十二万六千余元。三十二年七月，开始作小寺沟以下订线测量，已将陈官营以上测量设计完成。经研究后，拟将全渠坡度改变，可以增加崔家崖水电水头。此项改变坡度工作，三十三年一月内可以完成。三十二年度工作，因水位、工款、测量、改变计划等，种种关系，未达到第二次渠务会议上总经理所希望者，诚属抱憾。

丙、两年半来工程实施之检讨

一、周总工程师致词

工程检讨要说老实话，不应有虚伪态度，或将错误推给别人。暂分三项，逐一检讨。

（子）工程方面

我们要坦白承认的是：对于甘肃情形，如水文情形、土质情形、各种材料性能及一般状况。认识不足。因此对设计或施工，便都有不妥当的事实发生。对设计，又有欠周密欠安全或欠标准化的情形。

欠周密者如：

1. 永乐渠西干渠涵洞进出口铺底未加截水墙，易于冲动；沟道不顺，涵洞易于落淤。

2. 河西临时修理旧渠，间有因陋就简者。

3. 工款预算估计过低，影响工进。

欠安全者如：

1. 汭丰渠涵洞及永乐渠深沟填土之被冲，即因估计洪水量过低。

2. 兰丰渠崔家崖防护工程一段堤坡被浸没，即因估计洪水位过低。

欠标准化者如：

1. 各种建筑材料之允许应力，特别如木料。

2. 各种土质之抗冲程度。

3. 对各种设计，尚缺少标准图样。

以上是说明因认识不够而影响到设计。关于施工，也有下列各点：

1. 工地负责人对包商赔赚情形有欠明了的。

2. 对价让包商之钢铁工具，有欠稽核功夫的。

3. 因水文气象的认识不足，以致施工计划不能周密的，如三十二年洪水之早之大，影响工程上损失。

4. 对包商误工或长支，有工程处应负责任的。

5. 既定计划，可能在施工时发现有改变之必要，工地负责人尚不能全部达到此种任务。

姑就上述，可知我们对认识还须要多多增加。以以往的错误，作宝贵的经验，谋积极的改善。

（丑）工款方面

就以往两年半情形来看，可以说有下列几种现象：

1. 款项分配，太不集中（单就此点，本次会议另有检讨）。

2. 工程处有时存款过少，周转不灵。

3. 每年冬春两季贷款青黄不接。

此三点均足碍工程之急进。1、2 两点，此后可望改进。关于 3 点之改进，至盼贷款行能充分了解此中之困难。

（寅）其他方面

有两点可以检讨：

1. 以往某项工程完竣之后，未能及时绘制竣工图及决算。此点必要改良。因当时不做好，事后即多困难。

2. 以往工程同人均能本研究精神，不掩饰失败与错误。这一点是值得满意而须继续提倡的。最近《同人通讯》第十九期发表的一篇吴主任检讨汭丰渠冲毁工程的文章，便可为此种精神之表现。

二、总经理归纳总结

1. 今后工程方针，安全第一，省钱第二，并要注意争取时间。

2. 每一工程在进行时，即须注意保存各种记录；完工后，更须将所有资料，立时整理，变成报告。

3. 三十二年春雨水特多，各渠颇多损失，事后曾经提示要点，分函各处站，此种宝贵经验，值得严重注意。

4. 目下物资艰难，以铜铁工具为尤甚。各处站应随时督促使用者节约爱惜，避免不必要之损耗。

5. 河西整理旧渠，施工时各站应派员督导。

6. 养成同人对于工程技术上之研究风气。

丁、两年半来贷款支配之检讨及三十三年施工计划书之商榷

一、视经费多寡，集中力量，提前完成一部分渠工。

二、贷款核定后，宜作概括的分配，视轻重缓急，灵活运用。

三、贷款核定后，宜留出较大部分，作为预备费，以备紧急需要。

四、本年专致力于永丰、肃丰两渠；并以余力，兼及靖丰、兰丰两渠暨其他已完工程。

五、河西水利工程，除肃丰渠列入农贷外，其工款来源仅恃中央每年拨给专款一千万元，以目下工料价格论，势不能打开僵局。可由各工作站择定有较大经济价值之工程分别拟定计划，另案办理。

戊、渠工养护办法之商榷

一、管理处经费，应请省府宽筹，列入省预算，并准备征收水利特赋及水费，以备贷款到期时还本息及维护渠工之用。

二、各渠工程进行时，每有发现材料被窃及破坏渠工情事，应请省府以政治力量，严加制裁。

三、经常组织养护队，养护渠工，经费人力，均非得计。应将简单渠工常识，灌输于沿渠农民，俾能做到对渠工养护，由民自办。

己、各项工程技术问题之研讨

研讨意见，仅供参考，不作决议。

一、河西临时修理旧渠之作法

1. 旧渠引水口，修半永久性建筑物。

2. 渠道建筑物，修永久性者。

3. 施工方法，由民出工，管理及监工则由公司办理。规定较大者，可成立整理工程处。

二、防沙问题

1. 灌水及种植沙柳，为有效之方法。对前者，应相度地势试办。对后者，应请政府推广并注意保护。

2. 搜集关于防沙之参考资料。

3. 由各站派员赴沙患严重区域，实地查勘并研究民间防沙设施之成效。必要时，作简单之测量，俾研究沙丘移动情形。

4. 在水利部及各工作站指定人员，负责经常研究防沙问题。并以水利部指定之人员为罗集人。

三、兰丰渠引水槽问题

1. 喇叭口是否需要挖？应作成平底或斜坡？拦水埝上如须作泄水口，其位置及功效如何？凡此诸点，均值得作模型试验。

2. 引水槽淤积如何避免？在砾石较多之山沟处，作成隧道。其余仍采取半隧道，或明渠。

四、崔家崖渠道防护工程问题

照原计划进行。今年完成下游截留坝。惟堤防须加意防护。

五、陈官营发电厂水头问题（即陈官营以下仍用自流渠灌溉或用电力抽水灌溉问题）

灌溉工程应力求简单。最好使灌溉及用电二者，截然分开，不相纠缠。并陈官营以下，如用抽水灌溉，则电厂将成枢纽。万一炸毁，即影响灌溉。故将水电与灌溉分开。照原计划进行，似较妥适。

六、东裕沟渡槽修理问题

修理方法设计有四种：

1. 利用原有槽墙，上架木槽，槽墙间填土挖空。并将两拱之间之槽墙挖空，加砌小拱，备泄水孔。

2. 填土挖渠，改填卵石。并将两孔间槽墙挖空，加小漩及泄水口。

3. 利用强垛，上架木架。

4. 利用倒虹吸引关。俟总工程师到临洮研究桥墩损毁原因后，再决定何项结构。

七、水泥及天然水泥问题

先由各渠站主任报告采用甘肃水泥公司所出水泥之经过。后由水利部报告最近试验结果，归纳如下：

1. 成品不匀；

2. 凝结慢；

3. 比重稍小；

4. 细度稍差。

继由水泥公司张光宇经理说明：该厂制造水泥，是用直炉（vertical shaft furnace），故其性能，自不能与转炉（rotary kiln）制造者相比。又如配合，亦是利用人工，以代机械。尚有其他种种困难。故所出水泥略逊于转炉产品。现在逐渐改良，已有进步。如终凝时间，已减至十五小时。应力等亦已加强。希望施用者将结果告知公司，当再从事改进，并加水保护，固化（curing），请施用者特别注意。如为某种用途，对水泥某种性能有特殊需要时，亦可告知公司，以便特制。

继由尹工程师亮武报告试制天然水泥情形。

庚、备忘事项

一、各处站在可能范围内，成立小型图书室，以资同人进修。

二、各处站为研究解决实际技术问题，如肃丰渠工程处在工地举行之土坝试验，此种办法，值得提倡。

三、本公司现请尹工程师研究试制天然水泥，其原料一为料姜石，一为水泥岩。前者在黄土层中发现，后者在石灰岩内发现。各处站如就地发现是项原料，请随时报告。

四、在渠工所到之处，如发现有相当面积之荒地，可为农场或牧场之用者，请随时留意。

五、第二次会议时所提到之文书减省办法，各处站间有未有尽量应用或明了者，应请参照实施。

六、渠堤植树关系渠工之保护。已放水各渠应认真办理。

七、汭丰渠每星期六举行集会，各处站不妨仿照提倡，或每月举行国民会议。此必将总处及本处站情形使同人明了。同时，亦可作时事报告，或作学术修养上的检讨。

八、各渠工程处办公处所，大半因陋就简，虽不希望其如何完备，但在将来工程结束之后，为设立管理处并垂永久计，如能预置房产，殊属必要。各处站遇有此项机会，宜加留意。

查看河西水利途中之感想[①]

查勘高台临泽明春应修整的旧渠，走了二十多天。这一次最深刻的感觉，是这里农人生活实在太苦了。我也是从小生长在农村的人，此行之前理想中这里的农人生活，和所目睹的实况，是那么悬殊，实在不胜惊叹。相比之下，我们自己的生活实在太优越了。

深深地感觉自己在学校里所学的太肤浅、太空虚。而其范围有时那么的狭小。在学校时代的我，真正是坐井观天呵。在许多很小的问题上渐渐地使我自悟我以前是那么自大，同时我更发掘出另外几方面急待充实的地方。

也许在河西工作的人们都有和我一样的感觉：我们今日之所谓整理旧渠工作，实在不过是一件赈灾工作。譬如我们这一次所看到的各渠中，沿黑河两岸如永远、河西、九坝、三坝、二坝等渠所发生困难的，仅仅不过是沙丘侵压渠身的问题。在目前我们查勘了这种情况后，也便仅仅是估计来春挖掘积沙的工费数目，准备届时补助农民们一点铁锨与工粮，扪心自问，这实在不是整理旧渠的目的。然又反而自问，在今日能想出什么好方法呢？在这个问题下，我只有自惭知识浅薄，默然的愧食农人们以十二分热忱款待我们水利工程师的便饭。的确，在河西水利工作上，防沙该是十二分注意的问题，沙丘年年在侵蚀地亩，该是我们很值得注意的问题。

农作物的常识固然是农田水利工作者必需的。在河西，深觉得对草类生植的知识，会给我们很大的帮助。很希望在来日的同人通讯上能陆续的请专家介绍一点关于这方面尤其是耐碱草类的知识。也许借这一点知识会帮助工作者对土壤含碱多少更增一点认识。

这一次在高台县境的祁连山麓几个山村里走了好几天。这些村子因属山区，雨雪量与他地大有差别，气候奇寒。明春工作站拟在摆浪河入山二十里处。设水文站，至少这一个水文站之测雪量、雨量、蒸发量及温度等该是另具意义的工作。今日所设水文站连温度计也没有，实在太辜负了这水文站的设立，如温度计等重要必需品，恳公司设法大批购置。

---

① 编者按：作者虞俊，原载《甘肃水利林牧公司同人通讯》第21期，1944年3月1日。

古浪武威两县祁连山查勘报告[①]

一、查勘经过

前水利第三查勘分队于三十一年九月九日，由兰州出发河西，查勘十六县水利，因开凿祁连山引大通河问题，为各方所注意，须先行解决，故到达武威后，第一步即筹备查勘祁连山事项。九月十八日，筹备就绪，由武威县城出发。十九日，至杂木河西湾子。二十日，至天涝池。二十一日，至花石头湾。二十二日，至西方沟，二十三日，至小台子，查勘马鹿峡，仍返往西方沟。二十四日，至松木潭。二十五日，至牛头中坝岔。二十六日，越过东明山，至青海境内之燕甘河。二十七日，至大通河岸之孔家主。二十八日，沿大通河上行，至丰源县城。二十九日，沿大通河上行，至青石嘴，折回往老虎沟河滩。三十日越过西明山，经三岔至皇城境窑岘。十月一日，越过曹大板，经皇城滩，至水磨沟。二日，沿西营河上行，至黄草湾，仍往返水磨沟。三日，由水磨沟流至山口嘴。四日，返武威。十月十一日，由武威城至金渠河口之南营儿。十三日，至红沟口，十四日，至金渠河上源之滂洋池，仍折回往红流口，十五日，经丑牛沟顶，至石观儿。十六日，由石观儿回武威城。十月二十六日，由武威城至黄羊河口之水峡口。二十七日，往水峡口。二十八日，至张义堡。二十九日，至尖山台黄羊河上游之大峡口磨脐山，仍折回，往张义堡。三十日，开始查勘武威县平地。计查勘武威境内之祁连山。费时二十八日。十二月四日，由古浪至龙沟铺。五日，至安远牙笏，因积雪太深，不能通过可可口。六日，返古浪城。共三日。前后查勘古浪、武威两县至祁连山工作。共需时三十日。在此匆匆之三十日内，查勘约八千平方公里地形复杂之祁连山，不过走马观花而已。故本报告所述各节，仅及其大概情形。至所附图，亦系查勘时约略记载，进步表示其轮廓而已。

二、祁连山总说

祁连山为天山之支脉，由敦煌县入甘肃境，东行至古浪县之长领山，绵亘长二千余公里。该山脉脊背最高之处，达五千余公尺；低处亦三千余公尺。河西各县，为沿祁连山之大平原。所有农田，均赖祁连山雨雪流下之水以灌溉。河西各县之丰歉。皆视祁连山积雪之多寡而定。故山内之气象、水文、植物、岩层等物，与河西水利有密切之关系。又祁连山之阳，有大通河，发源于敦煌祁连山之南麓，与党河隔水分岭，与祁连山脉平行，东流至永登县境，入湟河，长约千余公里。两岸雪山绵亘。雨雪量特丰，故河水流量亦甚大。沿河皆为雪山丘陵，无平原可资灌溉/此河之水皆闭流未经利用。河西各县居民皆注意此河之流量，故凿祁连山引大通河问题，为勘查祁连山之主要目标。

---

① 编者按：作者不详，原有副标题《为研究鉴引大通河水灌溉河西农田问题》，原载《甘肃水利林牧公司同人通讯》第22期，1944年4月1日。

三、地理

古浪、武威两县境内之祁连山，以距武威城东南七十公里之明山顶为主峰。高约四千余公尺。积雪最深。山顶有终年不消之雪。西临之红山顶大雪山，东行至磨脐山、乌梢岭，皆其余脉。故在此区域内各河流，均发源于明山顶及其支脉之各山涧中。发源于明山顶之险者，如古浪河、杂木河、金渠河、西营河等，皆向东北流，穿过河西走廊，入于北沙漠中。发源于明山顶之阳者，如燕甘河、陶蜡河、南老虎沟等，均向东南流，入于大通河。

四、气象及水文

祁连山内之气象、水文，与灌溉水源最有关系者，为温度、气压、雨量、雪量四项，分述如左：

1. 气压及气温

查勘时沿途记载各处高度、气压、气温，列为表1。

表1　祁连山沿途气温表

月	日	地点	高度	气压	气温/℃		备考
					上午	下午	
9	20	河西湾子	1800	607	8	15	
9	21	天涝池	2700	542	−2	2	本日降雪
9	22	花石头	2800	535	−3	0	
9	23	乱泉子坝	2900	529	−3	10	
9	24	西方沟	2600	549	0	0	
9	25	牛头河	2770	537	−2	0	
9	26	明山	3350	500	−4	−4	本日降雪
9	27	燕甘河	2890	529	−4	−2	本日降雪
9	28	孔家庄	2580	550	−4	6	

2. 积雪线

祁连山内积雪线高度，系指九月间开始积雪，至来年四月间开始融化之雪线而言。此线以下所降之雪，随降随化，无堆积之可能。在祁连各处积雪线之高度，恒受山脉方向及森林之影响。如向阳之山坡，受日光照射较多，故积雪线较高；背阴之山坡，受日光照射较少，故积雪线较低。又森林可以阻止或减少沿山谷上行低地所来之暖气流。故有森林之山，较无森林之山，雪线为低。兹将查勘时观察各地区域内之雪期、雪线及植物生长状态，列为表2。

表 2　祁连山内雪期、雪线及植物生长状态表

高度/m	雪期	植物状态	山阴雪线		山阳雪线		备考
			有林	无林	有林	无林	
2000	10 月 1 日至次年 5 月 1 日	盛产青稞大麦收获甚丰					(1) 表内所列积雪高度是以 9 月 20 日开始积雪之后为准 (2) 表内所列植物是以查勘路线所经为准
2200	9 月 20 日至次年 5 月 20 日	同上					
2400	9 月 10 日至次年 5 月 20 日	盛产青稞大麦有时冻坏	积雪				
2600	9 月 1 日至次年 6 月 1 日	草木丰盛	同上	积雪	积雪		
2800	8 月 20 日至次年 6 月 10 日	同上	同上	同上	同上	积雪	
3000	终年降雪	单子叶植物减少，双子叶之黄花葱丰盛	同上	同上	同上	同上	
3200	同上	单子叶植物绝迹，黄花葱减少，有地钱类	同上	同上	同上	同上	
3400	同上	仅有地钱类	同上	同上	同上	同上	

3. 风向

祁连山内之风向，皆随山谷之方向而变化。普通，日间之风，沿山谷向山内吹，日落即止。夜间之风，沿山谷向山外吹，日出即止。此种风向，每年约估二百五十余日。祁连山是东西之山脉，故风向南吹，持续数日，则低地所来之气流，因温度及气压降低，其所含之水汽凝结而降雨雪。若风向北吹，持续数日，雨止天晴。因山中所来之空气干燥故也。至深山之内，气候高寒，且常年为向南吹之风。盖有低地而来之潮湿空气，易于凝结，此祁连山内多雨雪之原因也。

4. 河道流量

以明山顶为分水岭发源之河道有八，兹将在山口附近的各河之流量，列为表 3。

表 3　明山顶发源各河流量表

河名	流量	测量地点	测量日期	用具
古浪河	3.00	古浪峡	十二月二十五日	浮标
黄羊河	4.20	水峡口	十月二十七日	浮标
杂木河	5.60	杂木寺	十月二十日	浮标
金渠河	4.30	南营儿	十月十二日	浮标
西营河	10.20	西营儿口	十月三日	浮标
南老虎沟	0.70	大通河岸	九月二十九日	浮标
陶蜡河	6.60	陶蜡牙笏	九月二十七日	浮标
燕甘河	1.00	燕甘河口	九月二十六日	浮标

五、地质

祁连山内之岩石，大部为火成岩及其变质岩，为最良好之建筑材料。岩层多为斜层及立层，表面皆成风化状态。山内各河之水，流经其上，渗漏损失甚大。山内各地有散布之小量石灰岩及泥板岩。石灰岩质地颇纯净，可作烧灰之用。又祁连山内地震特烈，计民国以来，大地震有两次：第一次民国九年十一月九日（旧历），第二次民国十六年四月二十三日（旧历）。经此两次大地震后，山内之岭谷变迁甚大。查勘时沿途所见崩裂之山峰，凸起之邱岭，随处皆有。每经一次大地震，岩层输送，各河上游渗漏加大，流出量减少。河西灌溉水量缺乏，须经十数年方能渐渐恢复。

六、森林

祁连山内之森林，与灌溉水源之关系，甚为密切。据查勘时所见，在同一走向之山坡上，有森林之山坡，较无森林之山坡，雪线约低二百公尺。关于此种现象之原因有三：①森林可以阻止或减少沿山谷上行之低地暖气流，故积雪期长而雪线低。河西地势，南高北低，故向南吹之风为暖风；祁连山各山口皆北向，故森林与阻止暖气流上，关系颇大。②可以防止狂风将降于山顶，雪吹入山谷低地而融化，故可增加积雪厚度。③可以纤缓气流，抵延长降雪及融雪时间。

七、物产

1. 矿产

煤散布最广，质地宜佳。武威境内所产者，西营河及黄羊河上源所产，多无烟煤，可作普通燃料之用。金渠河杂木河及古浪河上源，所产多为烟煤，可作工业上之用。惟居民多用土法开采，产量不多。此外尚有金银铜铁等矿。兹将其散布地点列为表4。

表4　祁连山矿产表（有○者表示有此矿）

	地名													
	龙沟堡	安远驿	西山堡	庙儿沟	红沟窑岘	大梁沟	丑牛沟顶	红沟	土塔河	土寺	水磨沟	黄城窑岘	花山台	燕甘河脑
煤	○	○	○	○		○		○	○	○	○	○		
金					○	○								
银													○	
铜														○
铁						○	○							
铅	○												○	
玉				○										

2. 木材

祁连山内之树木，因高度、温度及雨量关系，各地不同。以松柏为大宗，杨柳次之。森林之面积及分布区域，未经详细调查，不能确知。仅就查勘时沿路所经山脉之长度、厚度及森林面积与山脉面积之比例，观察估计现存之森林，约在四十万亩左右。兹将其生长地带及成长尺寸，列为表5。

表 5 祁连山所产树木种类及生长地带表

高度/公尺	树木种类	成长尺寸/m		成长年龄/年	备考
		长度	大径		
2200	产榆树	5	0.30	20	(1) 表内所列树木生长高度以最高线为准。在此线以下，当然更可生长 (2) 成长尺寸以查勘时所见之最大者为准 (3) 所列年龄以考询所得为准
2400	产杨树	6	0.20	15	
2600	产柳树	3	0.15	20	
2800	产柏树	4	0.30	50	
3000	产刺松	7	0.40	40	

上表内所列，皆是乔木。此外尚有边麻树、荨树、棘树等灌木，皆可作燃料之用。

3. 其他

祁连山内物产，除矿产木材外，尚有大黄、羌活、柴胡、蓖麻、党参、黄柏、茉菰、鹿茸、麝香等药材。至于牲畜，野生有石羊、鹿、狐、狼、獐、熊；家畜有毛牛、马、羊。

八、人文

祁连山内四河上源之所居番民，经调查如表6。除番民外，尚有平地汉民，因连年亢旱，无以为生，放弃田地，逃往山内，改业畜牧者，所占人口，超过番民数倍。惟居处散漫，无从调查。兹将番民状况分述之。

表 6 祁连山内番民族属表*

河源	族名	居住地域	家数	真（番）	假（汉）	备注
金渠河上源	沙马族	南岔	5	5	0	(1) 因番民皆临水而居，故均在各河之上源 (2) 假番民是冒充番民，欺政府而窃优待者
金渠河上源	草马族		10	10	0	
金渠河上源	露水族	宽沟		10	0	
杂木河上源	托巴族	小台子	16	16	0	
黄羊河上源	尕马族	哈溪滩		4	26	
黄羊河上源	长毛族	哈溪滩	24	3	21	
黄羊河上源	抓鸡族	哈溪滩			779	
	伞寿族	哈溪滩			729	
黄羊河上源	西岔甘族	哈溪滩	562	2	1	
西营河上源	沙马族	上下寺	7	6	1	
总计						

* 编者按：因该页破损，部分表单元无数据。

1. 职业

山内居民，皆以畜牧为业。畜羊为最多，占全数百分之八十五。毛牛次之，约占百分之十。马约占百分之五。羊及毛牛皆供肉乳之用。毛及皮皆用作制帐篷、衣服及帽履等，马仅供乘骑运输之用，故为数甚少。

2. 生活

番民衣食住之原料，大部皆来自动物。主要食品，以牛羊肉、乳制品为大宗。用作副食之少量青稞、麦茶、白菜等，多购自山外汉民。衣服皆用牛羊之毛及皮织制而成。来自山外之布匹棉花等，甚为珍贵。住宅多用牛毛织成之帐篷，间有用木作室者，惟为数甚少。

3. 经济

番民皆居于深山之内，因交通不便，与汉民交换物资之数量，虽无调查统计，但为数甚少。以致其畜牧所出之原料，无从推销。故番民畜牧所得，仅供自己已足。不思经济上之发展。其毛牛有畜至十年。羊有畜至四五年而后宰杀者。可见番民因环境所限，致使其对所产效用及新陈代谢之方，不加注意。亟应制造推销此种原料（按毛牛四年，羊二年，即长成，可以宰杀），以裕番民而尽地利。

九、祁连山灌溉水源之整理

祁连山灌溉水源之整理，以雪水之积蓄为主要目标。故祁连山内之气象测量、雪水控制为急需之工作，兹分述之。

1. 气象观测

祁连山内，宜广设气象台，以观测雪雨量、雪线、雪期、冰期、温度等记录，以估定各河上源之水量。如此中记录持续相当年代后，每年之灌溉水量，即可于春初推知，并可预告概念水量可供灌溉之耕地面积，是民众依照耕种，以免徒劳而经济水量。再观察气压、湿度、土壤、冲刷、含沙流量等，以作蓄冰库或水库设计之根据。

2. 山水控制

欲求祁连山水之完全利用，必须有完全控制工程之设施。故必须在山内根据气象观测所得，广设蓄水库或蓄冰库，将所有水量完全控制为农田之用，查勘得可建蓄水库之地点多处，列为表7。

表7　祁连山内各河可建水库地点表

河流	水库地点	河道流量/立方公尺	河道比降	河底平均宽度/公尺	两岸山坡角/(°)	建坝地点	蓄水量/立方公尺	平均坝高/公尺	平均坝长/公尺
西营河	九条岭滩	6.00	1∶180	400	45	碱水口	12,996,000	26	70
西营河	柳窑河	6.00	1∶180	350	40	王塔山	10,512,000	20	60
金渠河	红大板	3.40	1∶180	300	40	峡门口	8,840,000	20	30
金渠河	青大板	3.40	1∶180	300	45	峡门口	8,928.000	20	30

续表

河流	水库地点	河道流量/立方公尺	河道比降	河底平均宽度/公尺	两岸山坡角/(°)	建坝地点	蓄水量/立方公尺	平均坝高/公尺	平均坝长/公尺
杂木河	马鹿峡	5.40	1∶160	150	45	棹台口	4,096,000	20	20
杂木河	松木潭	5.00	1∶160	360	40	山门口	9,728,000	20	60
黄羊河	花火滩	4.20	1∶200	130	45	峡口	9,300,000	25	17
黄羊河	毛地湾子	4.00	1∶200	650	30	谢家河口	5,200,000	10	200

注：①表内所列流量是查勘时测得。②所拟坝高度及蓄水量皆是假定，将来设计时，视其经济条件。③每河列二处者，备将来选择之用。

表内所蓄水量，尚不及余水三分之一。故除大水库外，尚可择地多筑蓄冰或蓄水库。必求蓄尽多余之水量，以备灌溉而后已。

3. 工作进行

此种大规模工程之进行。必须有气象资料，以作水量调查之根据。再有水文资料，以作统计根据。最后再做控制工程，方为确实而经济。

4. 保护森林

祁连山森林有保护积雪、延缓径流之功，无异于天然之蓄水库，故宜保护而扩充。

十、凿引大通河

穿凿祁连山引大通河水，以灌河西农田，此一问题，久为各地人士所注意。由古浪至敦煌间，祁连山内通大通河之山口颇多。前水利第三查勘分队，查勘所经，仅东明山及西明山两山口。兹就查勘情形，述之如下。

1. 大通河水位及水量

大通河水位在孔家庄一带，约为2,600公尺；亹源县城附近，为2,700公尺；青石嘴，为2,800公尺。孔家庄距青石嘴约50公里，故河底平均比降，约为1∶250。流量查勘时九月二十八日测得为85秒立方公尺。据考询所知，该河大水时，可至450秒立方公尺；中水时，150秒立方公尺左右。沿大通河两岸，均为高山，积雪深厚，故水量甚丰。

2. 东明山口

由杂木河上游之牛头河所经山岭过多，且均为积雪之高山。按水面高度观察，若于凿隧洞引水，须至卯藏寺附近，始能流出水面，共需凿长70余公里之山洞。故由此山口凿引大通河为不可能。

3. 西明山

西明山口最高处为3,300公尺。南北老虎沟由此分水。南老虎沟流入大通河，北老虎河为西营河之上源。此二沟之间，仅隔一西明山。若由南老虎沟口凿洞，穿过西明山，将大通河引入北老虎沟，按水面高度观察，亦须三十公里以上之隧洞工程，亦甚困难。由南老虎沟河口沿大通河上行，约十五公里处，有一青石嘴山峡，大通河即由此山峡内流出。此地水面高为2850公尺，较南老虎沟口高150公尺，峡口宽约80公尺。若在此峡口筑高100公尺之拦水坝，则水位可提高至6950公尺。再沿山边开河，将水引至明山口，穿凿隧洞，引水至三岔附近，流出地面，沿北老虎沟入西营河。如此办法，则不过十公里左右之隧洞，即可成功。惟工程大小及数量，均待详细测量，方可决定。但若开凿大通河引水，此处为最有希望之地点。

4. 工程利益

大通河凿引完成后，有效水量，可供150,000亩之灌溉。又大通河水面高于西营河口约1,000公尺，可得850,000匹马匹以上之原动力。

河西水利之春工①

甲、武威黄羊河各沟

武威黄羊河发源于祁连山脉之磨脐山，下游至尖山台，汇合哈溪滩及人头坝滩等处之水，再下行，经张义堡。出水峡口。共长60公里。出水峡口后，农民引水灌田，分为七坝，三沟，凡灌地十四万亩零八百八十四亩。每隔二十九日，输水一次。上游主要农产物为大小麦、豌豆。下游主要农产物为糜子、谷子、洋芋等。惟经武威工作站于三十二年八月实地勘察，发现各坝沟破坏不堪，其中亟需加以合理之整理者，有天桥沟、小二沟、头坝、小七坝与长山沟等五处。估需修理费，共计五十五万六千三百八十元。整理后之效益：（一）现在每年十万至二十万元修理费，此后可以省去；（二）灌水农田约可增至二十一万五千市亩。惟小七沟一处整理费即需三十四万五千元，而受益农田仅二十市亩，故是否值得施工，尚待研究。其余四处均准备于三十三年春即加整理。

乙、武威金渠河羊下坝

武威金渠河杨家坝之下为羊下坝，因已在山水下游，不能利用山水灌溉，仅由武威东关王白疙瘩子一段河滩内，汲引泉水，约长五公里，其下分为七沟，共灌田二万五千四百亩。每隔二十日，输水一次。农产物，夏秋以小麦与豌豆为大宗，秋收以糜子、谷子与洋芋为大宗。惟此段河道，靠近石羊河，而羊下坝水位，由较石羊河为高，故时患倒水，每年一次至数次不等。每倒水一天，即有一千市亩之田受旱。三十二年八月，武威工作站勘得白疙瘩村原有退水沟一道，惜建筑不良，未能抵挡山洪，当即决定在此建一泄水口，以控制水位，并将堤岸加高培厚。需费约五万二千零四十五元。

丙、民勤三坪口

民勤三坪口，为柳林湖东西中三渠道之分水口，灌田56,000亩，位于东大河终点，河面宽44公尺。建坪口处河面宽17.30公尺，两处宽度，相差26.70公尺。坪口流水净孔为11.90公尺。三分水墙共宽5.40公尺。坪口是木制。其间隔墙，以柴草沙土木桩填筑而成。每逢大水，分水隔墙墙辄以单薄而崩溃，致东西两渠之水均倒入中渠。同时，东西两渠灌区农户，在四公里处，筑坝抢水。估计每年以失水受旱耕地，凡有15,000亩之广。现经武威工作站拟具整理办法：除将各分水墙加宽加长外，并疏浚下游各渠道。全部工程费，约54,810万元。整理后之利益：（一）免除抢水纠纷；（二）减少每年常修工料损失86,000元；（三）全滩区耕地无复缺水之虞。

丁、民勤新河乡河道

民勤新河乡之新河上有两个倒水口：一曰小山南，一曰西拐湾，各长200公尺，相距

---

① 编者按：作者不详，原载《甘肃水利林牧公司同人通讯》第22期，1944年4月1日。

5 公里。上承新河分水口，下接赵家沟分水口。平均倒水两次，每次需历十日之久，方能修复。假定每日灌田五百市亩，即有五千市亩遭遇旱荒。经武威工作站勘得小山南附近河面宽 29 公尺，小山南至西拐湾河面平均宽 20 公尺，以致水流较急。将湾处沙堤冲毁。在小山南倒水口外，则冲成 10 公尺宽之深沟一道，倒水时，全流灌入赵家沟外，余波远达三公里外。惟此两倒水口，因口外已冲成湖沟，修理困难，且附近皆为沙土，不易作成巩固之堤防。爰决计将期间河道裁弯取直，即由小山南上游一公里地至西拐湾下游四十公尺地，另开一河道，长二千公尺，底口宽约八公尺，由地平挖下 2. 50 公尺，即用挖出之土在左岸填成护堤一道。此项工程，与地方商定，由民众举办，备助经费以十一万元为度。预计工程完成后，除往年常遭旱荒之五千市亩直接受其利益外，其余灌区内二万四千市亩，亦可不虞缺水。每年更可省去修河人力一百四十万工；修河材料：柴草六万市斤，柳棵六万市斤。

又民勤新河化音沟，在东岔河终点背湾处。因河水背向，汲引困难。而该沟与东岔河接壤处右侧，有湖曰扁珠，面积四千平方公尺，湖底较沟底深 0. 90 公尺。每次大水时，即由此接壤处倒入冲毁沟堤。虽经当地民众逐年堵塞，终鲜成效。现在经武威工作站查勘之后，认为此段沟道限于地位，实难修理。惟有从此接壤处上游 40 公尺地，宽 5 公尺，平均下挖 1. 50 公尺，比降千分之一。归民工自办，必要时，酌补经费。工成之后，受益农田，将为九千市亩。

戊、高台各渠

张掖工作站对于高台各渠，三十二年曾勘修四处，其中三处，今年可以完工。其后又查勘数处，准备兴修：

一、黑站家渠

渠道依河而行，至田家庄子处，每为河水冲塌。拟修挡水丁坝两处，一为 20 公尺，一为 30 公尺。三十二年六月开工，三十三年春可督修完成。

二、黑新开渠

跨摆浪河之渡槽，原用草坯堆砌，码头为山洪冲坡。渠堤为三公尺。原拟修砖桥或石拱桥。以砖贵石料距离又远，改修木码头二座，内填草坯夯实，并改移渡槽位置，以顺河流。三十二年六月十日开工，三十三年春可督修完成。

三、三凤渠（即红沙河渠）

1. 燕窝哨木渡槽四段，共长 150 公尺，漏水甚烈，遇洪水即将倒塌。

2. 大青沙湾小青沙湾渠堤倒塌，已开成山洞各 20 公尺。第一项拟开山东 150 公尺。二三两项各山洞未开通者，有人民自行打通。以木板镶槽。是项工程已于三十二年五月十日开工，领去工款四万七千元，视其工程进度情形，再发余款，促其完成。

四、丰稔渠

小鲁渠跨越该渠之高橙槽，年修年坏，修时有防浇水，且跨度太小，渠水受东，不易畅流。拟改修石墩，以期坚固，并增大跨度至六公尺，以畅水流。

五、新坝渠旧沟渠

改为总口，有关摆浪河系统整理问题，俟详细测量后再定计划。

六、正义渠

渠口为黑河水涨时冲毁。公司补助工具工食，由渠民在选定地点另开渠口。

七、九坝渠

1. 小沟紧旁黑河，春日解冻后，每易坍入河中，与十坝渠上叚合并，由十坝渠民担修。

2. 大沟渠身贯经沙丘重沙因风而淤压河道。补助工具工食由民清除。

八、永远渠

干渠自胭脂堡起约二公里，受沙侵压。补助工具工食由民清除。

九、河西渠

沿渠约二公里长一段渠道，为沙淤塞。补助工具工食由民清除。

十、六坝渠

勘查时以天暖河水融解，无法渡河，俟再查勘。

十一、三清渠

冲毁地带，左依暖泉村耕地，右邻黑河主流。河水汹涌，流势浩大，冲刷堤岸良田，时常塌陷。勘定开挖渠道四百公尺，作为临时修复。

十二、十坝渠

与临泽县九坝渠之刘家沟毗连。上年黑河正流北移，将渠口冲毁一公里半，刘家沟渠水亦距堤仅二公尺，岌岌可危。拟将刘家沟渠口上移，重开一段，并将渠身加宽，再延长使与十沟坝衔接。则两渠灌溉面积约共八百市亩，水量毫无问题。首尾两段，均是草滩，亦无影响。仅中间加宽一段长七百六十公尺，约须占九坝渠良田六市亩，县政府亦允设法弥补其损失。

己、金塔六坪口河坝

金塔六坪口河坝，均曾由酒泉工作总站，于三十二年加以整理，惟去年秋洪过大，坪口不能容纳，乃又重开西拦河堤，侵入王子西坝，而西坝亦不能容，复向东冲断王子东坝。现均经酒泉工作总站重拟计划，请准拨款整理。

一、培修西拦河堤，使堤顶高出洪水位五公寸，堤顶宽度加至三公尺，在低水河床中筑坝拦水，使在低水位及中水位时过水入坪口。在洪水时，退水道越过四坝，坪口失其效用，欲保持坪口西拦河堤，须建活动堰，因建水库完成时，须建永久进水工程，故临时工程不拟多费。在洪水时，低水河床中之拦河坝任其冲毁，以保存坪口。

二、在坪口之柴墩前端及两侧加打木桩，以防洗刷。在洪水时，即拉断西拦河堤，坪口进水仍多，故欲其不毁，必须加强。

三、四坝冲断处修隔堤，高出洪水位四公寸，顶宽 1.5 公尺，并筑退水道长 100 公尺，顶宽一公尺，洪水漫溢时，任其冲毁，以免冲溃下游渠岸。

四、培厚东堤，使顶宽为四公尺，以防溃决。

庚、酒泉临水乡中渠堡水泉

酒泉临水乡中渠堡地下水，三十二年间，曾由酒泉工作总站规划利用。只以开工时期，已值农忙，未能按照原估尺度挑挖，已致截泉流量，仅得十分之一，即 0.0122 秒公方。现经酒泉工作总站重议挑挖。

一、挖井试探沙土层或沙砾层深度，研究截泉沟适当深度，为将来普遍采用时张本。

二、重挑截泉沟加深加宽者 231 公尺，（加深至三公尺，底宽展至六公尺，边坡用 1：4）计 1100 公方。新挑 769 公尺，（深宽如前）计 6350 公方。引渠（原深九公寸，底宽五公寸，顶宽一公尺）加深加宽 500 公尺，计 1120 公方。三项共挖土 5870 公方。

辛、关外三县各渠

安西、敦煌、玉门三县旧渠，因安西工作站尚未正式成立，仍由酒泉工作总站兼办。三十三年春修及将来计划，已派工程师三人前往，并已将玉门昌马大坝施测完毕。

从准备勘测祁连山中蓄水池地点谈到山中畜牧[①]

为准备勘测祁连山中蓄水地点，近来曾入山作试探工作，类如气压对身体至影响及山中之所需物品等等，而附带从番民口中得许多重要叙述。此辈足迹踏临极广，见闻视切，有足为将来查看旅行参考者，有描述各河上源情形者，水利及畜牧均有关系。

疏勒河、讨赖河及黑河上源，在山中均阔平，丰水草，为山中（亦可言为河西）最好牧场。讨赖河上游川地长三百华里（沿河方面），宽八十华里，旧为肃州马场，以前牧畜牛羊马者甚多。疏勒河上源川地，黑河上源川地，面积均略相同。自哈萨入河西后，疏勒、讨赖上游两大牧场已无人敢牧；因哈民之掠杀可畏，损失之牲畜为数约数万，安、敦、玉之蒙藏牧畜人沦为乞丐者，甚多也。现在所存牲畜，多畜牧于黑河上源，此为畜牧中庆幸者。据番民所见，讨赖川之草，深可及膝，羊牛马均喜食，为绝佳牧场，且间有种青稞之处。疏勒上川地，亦是好水草，大好牧场。置褚等间，自属可惜。设欲利用辟为马场或公营牧场，有一连之士卒白虎，即可安全。近来哈萨食河西人之粮，已达一年，亦颇知感激，设山中狭路相逢，由北汉人尚可剩余姓名。如能善能教导，亦令参加牧畜，则易趋于安定。三牧场能畜五十万牲畜，似有经营之价值。可否请牧畜专家研究，或于本年入山查勘时，牧畜放慢有人同行视察。

如山中牧场有经营价值，可大量牧畜时，则牲畜之取得，现在须相当大之资本。山中黑番羊，每只白银圆二元。以茶砖粮食黑斜布均可交换。如能利用公司出品，如制番靴之类交换，或亦可取得。（此为将来问题，此地附谈及之。）如山中牧场，能归公司经营，使牧场安全，河西之业牧畜者，均将额手称庆。设如一时难于实现，中央暂设一马场，虽马数不多，只要牧场安全，人民之牧畜接惠不浅矣。无论取如何方式，总希望政府能早日维持此几大牧场之安全。又山中公司之畜牧业及水利工程相提携前进，其互益更可想见。

将来入山查勘路线，已大致拟就。其目的在看地方多，而行路平易。其路线为西由玉门青头山于而红入山。经疏勒河，翻山入讨赖河，再翻山入洪水河，再翻山入黑河。由高台境出山。路均平夷，可通骆驼。工作人员所乘之马，必须自购若干匹。用后可再售出。雇用因有哈萨，恐无应雇者。哈萨问题，拟请由专署派哈萨同行，并须有少许警卫防御野兽及意外。

① 编者按：作者原素欣，原有副标题《节录原副总工程师致总经理函（三三．三．十．）》，原载《甘肃水利林牧公司同人通讯》第22期，1944年4月1日。

谷主席关怀水利[①]

甘肃省政府谷主席关怀本省农田水利建设，特于三十一日下午六时召集本公司郭许两位协理及各部主管、各渠站主任训话，首对各渠站主任历年栉风沐雨，在各种物质艰困条件下，努力推进，得有良好成绩，福利民众，禆益省政，备致慰劳之词，并对沈经理调任交通部政务次长，谓系开发本省农田水利及林牧事业一大缺憾，只以中央需才迫切，出任更重要之职务，未经强于挽留，仍望各渠站主任本过去艰苦精神，继续努力，达成任务，庶不负沈经理数年来奠定本省水利事业基础之苦心。旋由各渠站主任个别报告工作经过及已得效果：主席致表嘉许。复提示：肃丰渠鸳鸯池蓄水库，灌溉面积七万亩，不但解决酒泉金塔两县水源不足之纠纷，即其他方面需要粮食之急切，如上午高台、武威粮食逐站西移之繁难，亦可减除，该渠需要民工协助，当即尽力设法，借期早日完成。靖丰渠淤田二万三千亩，即为国家增开良亩二万三千亩，其意义亦甚远大，永丰、永乐两渠，位于永靖，一俟渠工完成，其增产之粮食，由水运直达兰州，运费廉，粮价自低，供应需要，调剂兰州生活，禆益至大。武威工作站历年工作，已得民众感念，如民勤士绅来谒者，盛赞该站为民众谋福利，名副其实，进而要求多予开关水源，凡民众所能担负之工作，均愿悉力以赴。张掖公荒私荒，经已测量，面积甚广，历年张掖工作站临时整理渠道为数颇多，所受灌溉之利甚大，此后新建或整理工程，希望注意公荒或私荒之中，有无旧渠经过，俾便设计整理，殊堪嘉许。其所提困难之点，当嘱各县政府，多加注意，尽力协助。主席虚怀望治，各渠站主人聆讯之余，糜不感奋。

---

① 编者按：作者不详，原载《甘肃水利林牧公司同人通讯》第23期，1944年5月1日。

第四次渠务会议记录[1]

时间：三十四年一月二十九、三十两日上下午

地点：本公司

出席者：郭则溉　许敦楷　周　礼　赵世暹　高　峰　原素欣　郭雀若
郝西庚　谭其芳　涨价瑶　吴　惇　方宗岱　郭培鋆　叶　或
刘恩荣　邓叔群　秦翰才　江叔逵　何珊元

甘肃建设厅代表：刑邦彦　马逢良

主席：郭则溉

记录：周明达

甲、郭协理致开会词

本届举行第四次渠务会议，原定一月十八日开始，以河西方面交通不便，各工作站同人多未能如期赶到，展至本日。会议日程，仍如历次会议定为两日。第一日上下午为各渠站工作报告、第三次渠务会议决议及备忘事项之检讨。第二日上下午为三十四年施工计划之商榷，设计参考图之研讨与讨论提议案。兹将一年来渠务情形，择要分述：

一、三十三年度贷款总额，原拟为二万五千万元，在上次渠务会议时，尚未核定，迟至四月底始告成立，其数额仅为五千四百万元，连垫头在内。所列兰丰平三两渠款额，农行未予贷借。且附带声明，不再增贷。实际上各渠工程，在贷款未成立之前，多由公司垫款，勉力进行；得此消息之后，又在五月洪水将发之际，兰丰一渠，工至半途，不能及时停止；平丰渠较简单，先予结束。至靖丰、永丰、永乐、肃丰四渠，所分配之款额，犹为三十二年九月按当时物价工价核定，相隔半年已与实际需要，相差过巨，按照实际金额，计算至五月间，已所余无几，在在感有增贷之必要。总经理于三十三年五月间去渝，经多方接洽，由四联总处议定，肃丰渠增贷三十万元及兰丰渠办理结束增贷一千万元。盖其时兰丰渠由公司垫款，已达七八百万元，连同清偿结欠包商工款，非有一千万元，不能清偿归垫。惟至目前止，农行方面，仅允肃丰渠先拨用一千七百万元，其余尚有问题。

由于物价工价之继涨增高，三十三年度甘肃水利工程，不能放手做去，殊为憾事。公司对于靖丰、永丰、永乐三渠，既无款可垫，省府方面亦无其他办法。吾人虽明知工程中途停顿，最不经济，苦于无力维持，只得忍痛令其先后停止。

二、五月间总经理在渝时，得悉中央预算列有西北建设专款一项，经向中央设计局洽商，当奉核定在三十三年度西北建设经费余额内，分配甘肃省河西水利经费二千五百万元，前次周总工程师在渝会同拟定开发河西水利十二年计划时，征得行政院水利委员同

---

[1] 编者按：原载《甘肃水利林牧公司同人通讯》第23期，1944年5月1日。

意，将此款拨充肃丰渠工程补助费，现已拨汇到兰，正在洽办拨领手续。

三、三十三年度工程成绩，以贷款不继，未得按预定计划开展，此为战时一般现象。吾人在此情况下，不能尽如所愿，但只把心尽了，困难也受够了，亦可引以为慰；尤以在此一年之内，将洮惠、溥济、汭丰三渠，完全移交甘肃省政府接管，各项工程之整理，费尽心机，亦有相当成果，颇足告慰于地方。

至于河西各工作站所进行者，仍为整理旧渠，经二年来之努力，河西农民，已收到实际利益。肃丰渠鸳鸯池蓄水库工程，其最主要之土坝，能否于本年冬季前完成，犹须视本年贷款如何而定。武威站代办农林部河西永昌垦区灌溉工程之勘测设计，亦具成效。安西站新由吴主任前往设置，各种计划，正在筹划进行中。

四、三十四年度甘肃农贷款，省府提出总额为三万两千万元，决定工程为肃丰、靖丰、永丰、永乐、登丰、三清等六渠，均限于本年年底完成。此案提出后现接沈总经理来电，有照贷希望，预料本年甘肃水利工程，前途当甚乐观。

至开发河西农田水利，经十二中全会确认为国家事业，现已将十二年计划拟定，第一年经费列为两万五千万元，正在中央审核中。

乙、许协理报告三十三年度各渠站工款洽拨情形

公司承办甘肃省农田水利工程。工款来源，分为：

一、中国农民银行贷放之农田水利贷款；

二、中央核定之河西水利专款。

前者用于新办渠工，以农行指定分配之渠工为限；后者用于开发河西水利，年有限额。兹将三十三年度筹发工款经过情形，择要报告如次：

（子）各渠工款

1. 预算金额　三十三年九月编其三十三年度贷款兴办农田水利事业计划大纲，送由甘肃省政府核转，接洽贷款，计划：

（1）续办兰丰渠九千万元；

（2）续办靖丰渠一千万元；

（3）续办永丰渠一千万元；

（4）续办永乐渠两千万元；

（5）续办平丰渠一千五百万元；

（6）续办肃丰渠鸳鸯池蓄水库一千四百万元；

（7）续办登丰渠四百万元；

（8）整理金塔渠道一千五百万元；

（9）测量设计新渠工（河东方面）五百万元；

（10）基本整理旧渠及新渠工（河西方面）四千万元；

（11）临时修理旧渠（河西方面）一千万元；

（12）查勘测量水文等基本工作（河西方面）一千七百万元。

上述十二项，共列两万五千万元，系照当时物件估计，拟俟核定贷款放后，再按实需情形，洽请重行分配。

2. 农行核定实贷金额，上述三十三年度贷款与办农田水利事预算总额二万五千万元。农行方面于三十三年四月核定实贷五千四百万元，连一成垫头在内，分配如下：

（1）靖丰渠一千万元；

（2）永丰渠一千万元；

（3）永乐渠二千万元；

（4）肃丰渠一千四百万元。

3. 在贷款未核定之前接济，按以往之经验，每年贷款，均须于当年三四月间始能确定支用，在青黄不接之际，动需公司筹垫巨款，维持工程。三十三年间始时，自难例外，但物价高涨，需用浩繁，公司资力有限，为谋兼筹并顾，一面设法筹垫，一面先期商请农行在贷款未核定前，暂先垫付，二二月底承农行同意，垫借两千万元，以用于靖丰、永丰、永乐、肃丰等四渠为限。

4. 变更贷款分配，农行贷放三十三年度靖丰、永丰、永乐、肃丰四渠贷款，系以三十二年九月所估预算为准，于三十三年四月核定，时逾半载，物价波动剧烈，四渠工进，照原拟贷款数额，均感不敷，当经斟酌缓急，将永乐渠工进紧缩，移济肃丰渠之需，并另提存预备费五百万元，重行分配如下。

渠名	原分配数	重分配数	说明
靖丰渠	一千万元	一千万元	
永丰渠	一千万元	一千万元	
永乐渠	二千万元	二百万元	
肃丰渠	一千四百万元	二千七百万元	由永乐渠移拨一千三百万元
预备费		五百万元	由永乐渠移拨
合计	五千四百万元	五千四百万元	

上列重分配数额，至七月间始经农行同意。所列预备费，经分配于：洮惠渠二百五十万元，浦济渠五十万元，湟惠渠一百万元，汭丰渠一百万元，以为各该渠办理结束及整理工程之用。

5. 商洽肃丰、兰丰二渠增贷

肃丰渠贷款重新分配后，仍不敷本年需要，经洽请增贷三千万元。由于兰丰渠工艰费巨，农行本允继续贷款，为完成渠口引水槽石方工程，曾经洽请贷放四千万元，以免已成部分，复被淤塞，万一听其淤塞，亦所不惜，则请贷放一千万元，办理结束。当由省府呈奉行政院蒋兼院长发交四联总处核议，七月间即经四联总处理事会议决定，肃丰渠照贷三千万元，兰丰渠照贷一千万元。

6. 肃丰、兰丰两渠增贷拟再变更分配经过省府以湟惠、洮惠、浦济等已完工各渠，本年分配农贷预备费五百万元，不敷需要甚巨，靖丰、永丰两渠停工结束，亦须款项，提向农行商洽在肃丰渠增贷三千万元内，拨出一千二百万元，重分配于以下各渠：

永丰渠增二百万元计为一千二百万元；

靖丰渠增三百万元计为一千三百万元；

湟惠渠增二百五十万元计为三百五十万元；

浦济渠增二百五十万元计为三百万元；

洮惠渠增一百万元计为三百五十万元；

汭丰渠增一百万元计为二百万元。

农行对于上项重分配意见，以为肃丰渠既可在增贷款内拨出一千二百万元，则该渠前由永乐渠移项支用之一千三百万元，似可在增贷三千万元内减去，尽允贷款一千七百万元。兰丰渠增贷一千万元，须省府特还款保证问题解决，方可核贷。省府与农行函电商洽，至今尚未解决。上年十一月底，经商准农行先就肃丰渠增贷额内，支拨一千五百万元。

7. 永丰、靖丰二渠停工经过

永丰、靖丰两渠，原分配之贷款各一千万元，不敷全年需要，去年六月间总经理在渝时，曾多方接洽，拟连同兰丰、肃丰及永乐等渠，工请增贷九千一百万元，除兰丰、肃丰二渠外，余未获准。复拟就肃丰渠增贷额内，移拨一部分，以资挹注，又未能实现。工程处管理费来源断绝，难以维持，最后复建议省府各渠工款不继，工程停顿，工程处所需之管理费，请省府按实支数额担负，又未获允。不得已暂行停工。

8. 移借河西借款情形

肃丰、兰丰两渠增贷，延未定约拨支，而肃丰渠需款接济，至为迫切，经洽得省府同意，在增贷款未能动支以前，暂由河西借款四千万元移借应用，计已挪借三千万元。又兰丰渠结束清偿包商工款，公司无法再垫；永丰渠分配之贷款永罄，亦须垫款清偿包商押金等项，均经河西专款分别挪借，计兰丰三百万元，永丰渠一百万元。

9. 洽拨西北建设专款与兴办河西水利经过

兴办河西水利，中央核定年拨一千万元，在现时物价继续增长情形之下，工作无法推展。上年六月间总经理在渝时，特向中央设计局熊秘书长商请法，在三十三年度西北建设专款中，酌量拨助河西水利工款。八月间，接熊秘书长函告，在三十三年度西北建设专款中，分配河西水利经费二千五百万元，已奉核准。嗣于十一月间总工程师赴渝会编河西水利十二年施工计划时，经与行政院水利委员会商定将上述二千五百万元，拨为补助肃丰渠鸳鸯池蓄水库工程，正在洽领中。

10. 农贷垫额之洽领

农行贷款，应配搭之一成垫额，在行政院水利委员未拨到前，均由公司垫付。三十三年农贷五千四百万元之一成垫额五百四十万元，自贷款核定后，即函请省府向水利委员洽拨，于七月三十一日拨到四百四十万元，十月二十六日拨到一百万元。至增贷垫额，则因增贷数额，农行尚有异议，至今未决。其一成垫额，虽经请省府转请洽拨，尚无消息。

（丑）河西各工作站工款

1. 河西专款拨用情形

三十二、三两年中央拨发河西水利专款各一千万元，连同农林部拨给关外三县小型水利经费五十万元，共为两千零五十万元，其拨用情形如下：

（1）酒泉工作总站六百七十四万一千四百四十一元一角一分；

（2）武威工作站五百一十万零二千二百五十一元七角七分；

（3）张掖工作站七百八十六万八千零二十九元七角三分；

（4）安西工作站七十八万五千九百六十五元七角九分。

上列数字，截至三十三年底止，以核定整理旧渠工程需要，为配拨标准。

2. 河西水利增款之洽借及拨用情形

为谋便利河西水利事业之推展，免受工款限制，经商由省府签发行政院蒋兼院长核准，指定三十四年以后四年内河西水利准款每年一千万元作抵，饬中原农民银行贷备河西水利工款四十万元，于九月间动支，除肃丰、永丰、靖丰三渠，挪借三千四百万元外，截至三十三年底，由各工作站拨用情形如下：

（1）酒泉工作总站五十万零九千一百八十元；

（2）武威工作站一百二十四万零四百一十二元四角六分；

（3）张掖工作站六十六万零八百三十二元二角；

（4）安西工作站二百一十万零五千九百五十二元六角七分。

丙、各渠站报告（以报告先后为次）

一、永丰渠郭主任铿若报告

本渠成立工程处及开工经过情形，曾于三十二年二月二十五及三十三年一月九日第二、三次渠务会议提要报告。现已两年又七个月，全部工程尚未告竣，至感惭愧。回想：

1. 自三十一年十月正式开工后，截至三十二年二月底，四个月中即完成土方十六万余方，约占该项工程百分之三十二，效率颇为可观。并经在冻期先备一部分材料，照当时工作效率估计，原拟可于三十二年底完工，至迟亦可于三十三年五月一日放水，当时预算列为一千万元，而实际分配只能拨用三百七十余万元，致影响工进。

2. 至三十二年底，完成土方四十九万余方，约占其全部百分之八十余。不意受洪水影响，须增做土方十三万余方，且须加筑防设工程颇多，无形中使各项负担亦随之增多。至于建筑物在三十二年内完成者，计大小工程工共二十三座，约占该项工程之百分之五十一有余，其余已开工而未完成者则有十四项，各项材料大半已备。所需工程费在三十二年四月估计需追加一千六百万元，实际已用一千二百万余元。但截至三十二年底剩余未完工程，按当时工料价值估计，尚需四千五百万元。

3. 至三十三年十月止，因受工款限制，本期土方工程不甚进行。复因河道变迁及查觉各小沟沟道之应行整理与两年来渠道之情形，又须增做土方数万方，统计已成土方仅及全部工程百分之二十二。至各建筑物方面，本期全力以赴，连前已完成大小工程共十七座，此前增多一倍，约占全部工程百分之三十七。其已开工而未完成者，尚有七项。总计全部工程，完成者已有百分之六十许，其未完成及应增加之工程，在三十三年九月估计，尚需五十五百万元，三十三年十二月复估，则尚需七千万元。

总之，工程成绩每期均有长足进展，惟所需费用每因物价波动，随之增加，无有止境，不但旁观者有种种怀疑，吾人每一自省，亦有无限感慨。盖自三十二年十一月，吾人即从愿检讨增加工程费之原因，而却知其是受物价指数激烈变动所致。如在三十一年十一月粮价为1.9元，至三十二年十一月增为6.93元，三十三年七月且涨至13元，此之开始施工时期，酌增七倍有余，今且不止，此就受物价方面影响而言。至于工程上因根据第三次渠务会议议决，以安全为第一，并照过去已成各渠及本渠实际情形之需要，而有所增加与改善，亦在所不免。凡此皆为工程费继续增长原因。至本渠已用工程费及其他费用截至三十三年十二月底止，只共用二千六百余万元，现刻约莫尚需七千万元，并不为多，刻正专候贷款确定，方可继续进行。

今年计划，如贷款有者，无论能得全数或其一部分，仍当从第一段赶修完成。至于第二段未完工程，即使有款，亦不同时开工，将其余额留作准备金，候第一段完工，倘未受物价之影响，则第二段可继续进行。否则亦可使第一段告一结束。万一贷款无者，则应完全停止，然尚亦需五百万元之结束费。至于保管费用，每月至少亦需十数万元。是亦值得吾人注意。

二、永乐渠郭兼主任铿若报告

本渠办理经过情形，亦经第二、三次渠务会议报告记录在卷。三十三年所借拨之工款只有二百万元，以之改善总干渠护堤及各支渠渡槽六座，加添支渠跌水二座，支渠山洪缺管一处等建筑物及试行放水暨养护与测量西干渠地亩等工程。清理各包商债务与已竣工程图表。截至三十三年底共用一千二百万余元，预算尚需工程费一万万元。今年贷款如能得到，自可继续进行。如不能得到或只有一部，只能办理西干渠放水及防护工程而已。

三、靖丰渠郝主任西庚报告

靖丰渠因放淤区扩大及各项工程之加强与改善，增添工程甚多，如下表。

<table>
<tr><th colspan="2">工程项别</th><th>单位</th><th>原计划数量</th><th>现拟作数量</th><th>已作数量</th><th>备注</th></tr>
<tr><td rowspan="8">河防部分</td><td>修筑新大堤</td><td>公尺</td><td>8600.00</td><td>9350.00</td><td>8050.00</td><td></td></tr>
<tr><td>整理旧大堤</td><td>公尺</td><td>1719.00</td><td>1719.00</td><td>1331.00</td><td></td></tr>
<tr><td>石护坡</td><td>公尺</td><td>2385.00</td><td>2385.00</td><td>1291.44</td><td></td></tr>
<tr><td>修筑新隔堤</td><td>道</td><td>5</td><td>6</td><td>4</td><td rowspan="4">每道平均长1000公尺，加强数次增加土石方甚多</td></tr>
<tr><td>加强旧隔堤</td><td>道</td><td>5</td><td>5</td><td>5</td></tr>
<tr><td>修筑新坝</td><td>道</td><td>19</td><td>43</td><td>35</td></tr>
<tr><td>整理旧坝</td><td>道</td><td>无</td><td>32</td><td>26</td></tr>
<tr><td>备防石</td><td>公方</td><td>2000.00</td><td>6300.00</td><td>4325.87</td><td></td></tr>
</table>

续表

工程项别		单位	原计划数量	现拟作数量	已作数量	备注
放淤部分	进水闸门	座	4	5	4.5	
	截至闸门	座	9	17	15	
	泄水闸门	座	10	10	9	
	放淤渠	道	4	16	16	放淤渠 12 道，排水渠 4 道
灌溉部分	干渠	公尺	1560.00	1680.00	未开工	
	支渠	道	10	10	未开工	
	建筑物	座	24	25	未开工	

总计河防及放淤部分，已作工程约占全部百分之八十五，灌溉部分尚未开工。三十三年度放淤工作，本有很好希望，但其结果不太圆满，重要原因有二：

1. 本年大汛时期平均水位太低，各进水闸进水时期甚短，总计不过五十来天（六月中旬至七月底），而满闸进水时期，尚不及半月。

2. 工款拨到太迟，且不敷分配，以致大水时期到，各项工程 如三、四、五新隔堤，五、六旧隔堤，六、七过水门，第五进水闸等，均未及完成。各建筑物备防石，亦多未能预筹，所以遇到河水高涨时，亦不敢满启闸门，充分利用。七月上旬水位并不太高，但六、七过水门因抛石太少，备防石全无，致相继冲毁，且停止放淤十天。

有以上两种原因，致放淤进水量太小，故落淤情形，亦不见甚佳。总计已落淤之可耕地，约五千五百余亩，就中半数淤的太薄，田禾难期茂盛，其他半数落淤均在三公寸以上，可盼有较好收获，已由省府饬县府通知民众租种。但因今年仍须继续放淤，所以限制只种豆类，期能提前收获，使不误今年之放淤。

全部工程，原计划于三十三年底完成，但因连年工款不足，致未如愿。三十四年贷款，倘能及早拨到，本年底，或可赶成。截至三十三年十一月底止，已用工款两千五百三十一万八千余元，按目下工料价估计，全工完成，尚需工款四千五百万元。完工后，可造成水天二万三千亩，较原计划多三千亩。

四、肃丰渠原兼主任素欣报告

肃丰渠鸳鸯池蓄水库工程，可分七部分：

1. 溢洪道，完成百分之五十五点六，占全部工程百分之十一；

2. 滚水坝，完成百分之六五，占全部工程百分之三；

3. 导水墙，完成百分之五十，占全部工程百分之六点二；

4. 土坝，完成百分之二十，占全部工程 8.2%；

5. 给水涵洞。业已完成，占全部工程 6.3%；

6. 闸门，未做；

7. 管制室，完成 0.5%，占全部工程之 0.02%。

共计完成工程为全部工程 34.85%。尚需工款六千五百万元。现在工地工作可分为四部：

1. 配合土坝土料；

2. 清挖西岸坝址风沙；

3. 开凿溢洪道石方；

4. 准备压土辗及运土小铁轨。

工作人数：民工483人，包工106人，雇用技工12人，共611人。

本工程施工时之严重问题：

1. 工人缺少，预算需2000人，招致不易；

2. 施工期间短促，仅九月至十一月三个月时间，需做二十四万土方，为当时不能预料所及者；

3. 希望工款能与赶工配合；

4. 工粮尚缺九千市石，希望在就近鼎新、高台、临泽、景泰各县能顺利解决。

五、酒泉工作总站原兼主任素欣报告

1. 整理金塔六坪口。

六坪口为金塔六渠进水及分水之总口，整理工程分坪口开墩、西拦河溢洪道及各渠退水口三项。坪口闸墩是打桩围护签固；西拦河溢洪道是用填梢护底，用木桩夹活动牌板；六坪之西四渠各筑退水口一座，余水由最西渠依次向东退出，以免洪水破渠之害。三十三年发生最大效用，所灌溉田地十五万亩，约占金塔全县90%。

2. 酒泉中渠浚泉工程，增加流量，亦著成效，灌溉面积一万亩。

3. 酒泉丰乐川西三、四坝两渠，因渠中块石妨碍水流，且挑水冲渠石堤，计共炸除两渠中及渠口上块石一百余公方，以畅水流。

4. 酒泉夹边沟渠道被风沙填平，并被沙丘覆压，用人工挑挖引槽，引水刷沙，水畅行无阻。三十三年本灌溉区收获特别优良。

5. 敦煌南湖蓄水库工程，三十三年春开工，因旧土坝单薄透水，库中有水，清理坝脚草根工作进行不易，愈挖水愈旺，临时改作浚泉工作，泉水流量由0.05增至0.20秒立方公尺。水量充足，至八月复行作水库土坝及涵洞闸门工程，计坝长二公里，已完成1.1公里，填土13.00公方，余995公尺，土方6000公方，因天寒结冻停工。坝内有涵洞一座，长十五公尺，已完成。闸门亦以告完成。农民在闸门开闸处请建一纪念亭，以留纪念。此为本公司受农林委托以三十二年度农田水利费五十万元兴修之工程，为促进关外农业生产之第一个计划。公司现已垫款一万八千余元。坝工土方系利用民工办理。

6. 查勘祁连山蓄水库，经查勘讨赖、疏勒两河上游大蓄水库址，另见详细报告，因开发河西垦地，端赖蓄水，此尚系初步之查勘，以后仍当续勘。

7. 水文站现有两处：一、讨赖河上游，二、讨赖河临水河及清水河汇流处。

六、武威工作站张主任家瑶报告

1. 整理旧渠

三十三年度整理十五处：武威县境为黄羊河头坝、小二坝、天桥沟、长山沟、红小河头二坝及十二墩、金渠河羊下坝、羊中坝、永渠南石碑沟、北石碑沟、中沿沟、石观儿。民勤县境内为外渠渠道、小东南沟、新河、化音沟。以上各工程计渡槽三座；石隧洞长八十公尺，挖泉五处，增水量0.3秒立方公尺；溢洪道三处；泄水闸两座；进水闸四座；土石方工程55,000立方公尺，受益田亩145.665市亩。增灌田亩6.800市亩。共用工程费726.830元。所有工程均依照计划派人监修，经过三十三年之洪水期，各工程均安全无恙。

2. 测量设计

有四处：一、古浪县柳条河工程，系新开渠工程，灌地面积15,000市亩，于三十三年五月测量，已设计完成；二、永昌东大河坝，系代农林部永昌垦务管理局所作基本整理旧渠工程，受益田亩5,00市亩，增灌4,000市亩，已测量设计完成；三、永昌金川峡水库工程，蓄水量42,000,000立方公尺，可灌地十万市亩，已于三十三年十一月测量完竣，正设计中；四、杂木河四坝基本整理旧渠工程，受益田亩10,000市亩，增灌6,000市亩，于三十三年十二月测竣，正设计中。

3. 查勘

三十三年查勘工作有三：一、永登全县普遍查勘，于十二月底完竣，报告在编拟中；二、永昌县境内祁连山查勘于十二月完竣，并已将报告编成；三、乌牛坝铧尖滩，系新开渠引为牛坝水利用喇叭泉蓄水以灌铧尖滩地50,000亩，于十一月查勘完竣，报告正在编拟中。

4. 水文气象

本站于三十三年六月开始加测流量，每半月一次，及各河横断面一次，记载于八月开始，添置干湿球、温度计，正式记载。

5. 检查三十二年度整理旧渠工程

三十三年秋季大水后乘验收与查勘之便，检查三十二年所整理之旧渠工程，于十一月全数检查完竣，结果各工程均完整无恙。

七、张掖工作站谭主任其芳报告

（子）查勘

（1）祁连山查勘

其目的有二：一为导引大通河水源，救济民乐县缺水问题；二为查勘蓄水地点。查勘结果，引水不成问题，惟引水工程，须穿景阳岭俄博岭两大分水岭，凿洞长九公里，引水渠道长120公里，工程浩大，未具经济价值。蓄水地点在黑河东西两岔查得三处：一、东岔拉东峡，距黄番寺二十一公里，海拔三十公尺，坝高五十五公尺，蓄水量一亿四千九百万公方；二、西峡油葫芦，距黄番寺三十三公里，海拔三千公尺，坝高六十公尺，蓄水量一亿六百万公方；三、西岔耳朵聋，距黄番寺六十四公里，（离油葫芦三十一公里），坝高七十公尺，蓄水量一亿三千六百万公方。根据本站所得黑水河水文资料推算，其最大可能利用之最高蓄水量，恰相符合。但推算之假定，为所有黑河水量，统归控制。黑河主干，因时值大水，未能勘测，本拟于三十三年十一月中旬水小施测，但以青海护照未发，迄未成行。估计可能利用水量为十二亿公方，可开新耕地二百五十万亩。

（2）梨园河查勘

梨园河又名响山河，下游称大沙河，在临泽县境，源出祁连前山，春季流量约五秒公方，洪水流量约一百秒公方，共有三沟十六渠，截流引灌，约八万亩。因河床石滩奇厚，渠道简陋，且多平行，渗漏损失甚大，水量常感不足。估计各渠熟荒约一万三千市亩。威狄堡一带生荒尤多。拟彻底整理，并在鹦哥嘴勘定蓄水库址，可蓄一千万公方，修建完成，则原有八万亩不致受旱，熟荒亦可恢复，且已开辟威狄堡荒地。

（3）鼎新县查勘

鼎新距黑河下游，仰承上游余水灌溉，慢遭旱灾。三十二年计划在双咚湾建立蓄水库，水量四千六百万公方。全部发包，需款七千七百万元；如将五十万土方，利用民工，则需一千七百万。

（丑）测量设计

（1）三清渠另开新干渠工程，长9.520公里，建筑物为防沙栏一座，进水闸一座，退水闸三座，陡坡一处，山水渡槽一座，渠水涵洞两座，渠水渡槽一座，估计土方十七万公方，征用民工五万七千工，共需工款四百万元，征用大车七千七百辆及民工，未计在内。

（2）马尾湖蓄水库工程已测量设计完成，计：一、围堤长十一公里又四百公尺，土方436,140公方；二、引水渠长2.727公里，土方53,300公方，包括渠首、木便桥、渠尾等；三、泄水渠长0.574公里，土方5.657公方，包括渠首、石拱、闸门、启门机、闸塔、分水闸、木便桥、渠尾等工程。全部发包需工款七千七百万元。若将围堤引水渠及泄水渠土方五十万方，征用民工，则只需款一千七百一十万元。按马尾湖不在黑河正身，不致受洪水威胁，存储春季黑河过剩之水，备芒种浇灌之用。围堤最高处七公尺一，水深五公尺一，修成后可增益五万亩以上。

（3）洪水河六大坝及新沟洞渠工程，新沟洞渠（即下兴坝）拟：一、另开渠口；二、修隧洞一道，长约七百公尺，与旧渠衔接；三、将旧渠挑深，使其坡度改为千分之一。占需工款八百八十余万元，为数较巨，且以民众代表一再声明，旧渠尚能维持现状，新渠尚无必要，故暂缓办。洪水河头坝至六坝，拟于二坝以下修一渠以达六坝渠口，成一干渠，五公尺计，平均每公尺渠道即需六千六百余元，十公里之干渠，合需六千六百余万元；更以分水闸等工程，所费尤巨，总在一万万元以上。然预测整理后之效果，亦仅能使不漏水，水量问题不能完全解决。六大坝新地约为六万市亩，每亩平均用费以前五百元，殊欠经济价值，亦暂缓办。

（寅）修理旧渠工程

三十三年度修理张掖、临泽、高台、民乐四县共三十五渠，计修闸门五十一座，土方四十处，渡槽十四座，涵洞三座，筑堤三处，木桥两座。核准工款

2,112,982.60元，实支工款1,291,059.60元。收益面积447,132市亩，增灌面积6,490市亩。

（卯）水文气象

本站现有水文三处，在黑河设二处，在洪水河设一处。测候站二处，一设于张掖本站，一设于高台通讯处。同时为明了祁连山高山气象情形，与中央气象局祁连山测候所（所址在西武当）取得联络，由该所供给逐日测气记录，以供本站参考。至洪水河水文站已测得相当资料，勘供参考，故已撤清。原有人员，备留三十四年设立梨园河水文站。

八、安西工作站吴主任惇报告

本人在一年以内，工作变换甚大，故报告范围，不仅限于安西一站，拟分四点报告如下：

1. 汭丰渠于三十三年春赶办一部分尾工后，于四月二十二日正式举行放水典礼，由各关系机关验收渠工，于六月二日移交甘肃省政府接管，将所有工作人员，调回兰州。

2. 平丰渠于三十二年停工后，仅留少数人员，办理水文测验，俟工款有着，继续兴工。嗣以三十三年度贷款紧缩，该□未列入施工计划内，决定办理结束，交给管理员保管物料器材，兼办水文测验。

3. 兰丰渠于三十三年三月，由本人接办，以工款关系，工程旋做旋停。四月间以该渠三十三年度未分配贷款，遂决定停工，所有人员另候调选，并作结束准备，于一月间结束完竣，交保管员管器材物料。

4. 安西工作站屡经筹设，久未成立，所有该站范围内之工作，由酒泉工作总站代为办理。三十三年间将汭丰渠及兰丰渠一部人员，调往该站工作，筹备成立。以该处环境特殊，条件不够，食宿住行，均感异常困难，即日用物品之购置筹办，亦须来自二百八十公里外之酒泉，现经努力筹备，大致就绪。苟□□□□□问题得以解决，治安可保无虞时，则三十四年度，即可正式推动工作矣。

丁、第三次渠务会议决议及备忘事项之检讨

一、周总工程师致词

第三次渠务会议之检讨，感觉在设计施工方面，因对自然环境，尚多缺欠，由总经理归纳结论：

1. 今后方针，安全第一，省钱第二；并要争取时间。

2. 每一工程在进行时，即须注意保存各种记录；完工后，更须将所有资料立时整理，编成报告。

此二点，值得重提，促使各渠站注意。关于第二项统计数字，殊属可贵；设平时不加注意，而在事后补充，必不准确。

吾人检讨以往工作，不论河西河东，工程失败，多半由于洪水。河东各渠建筑物之被冲，尤因对于沟道未彻底认识，洪水估计，未能保险。希望各处对于各山沟均详细履勘，注意来水远近，面积大小，坡度陡缓，山坡情形等，以帮助估算沟水量，只要查勘周到，便有许多认识，切盼各处注意。

钢铁工具，应节约爱护，公司已定有新办法，此后自可避免无谓之损耗。

河西整理旧渠，在三十三年度内各站亦已依照规定，派员督导。完工之后，尤盼各站切实验收，以免实施与设计不符，并避免别处验收时发生问题。

至养成同人对于工程技术上之研究风气一节，本人在《同人通讯》第十八期上登着一篇《给河西各工作站的信》，所列各点，希望在人力有余或工作得便时，搜集资料，借供研究。此点仍盼各处站注意实行。

防沙问题，原定在水利部及各工程站指定人员负责，搜集资料，加以研究，徒以资料贫乏，无从着手。

靖丰渠放淤问题，曾作模型试验，结果虽与实际不甚符合，然亦自有其价值。

以上是就上次会议事项加以检讨，此外所望于各处站者，尚有下列数点：

1. 各站报告旧渠灌溉亩数，间有不符，除有准确资料，应将以前数字更改外，希望不使参差。

2. 借勘测外勤机会，纠正河西地图，使逐渐近于确实。

3. 希望下次会议各站能对以往水文气象资料，加以研究，提出文字报告。

4. 水利部诚意接受各渠站建议与批评。

二、郭协理提示

三十三年度工作，同人虽在困难之中，勉力达成任务，值得佩慰。尤其是祁连山的查勘，对于河西水利之开发，关系密切，殊属可贵。三十三年一年中，交出了三条渠，亦为同人努力之良好结果。

河西水利专款，由国库支拨，与河东各渠之款项不同，所有手续，应照向章办理。总处前已函知各站，整理工程经费超过二十万元者，须由审计机关派员验收，对于各项手续，务使完备。

沟水问题，在西北为一特殊可研究者。西北黄土层，在全世界亦不可多见；估量沟水时，宜切实注意。黄土含沙量达百分之六十，须依公式计算，此为技术问题。欲使水量计算准确，必须经相当时间，依照所得记录，或致一适用之公式，始能求工程之安全。如某一工程之完成，也许几年很完善，然亦可能在一次大雨之后出险，是均有待研究考虑者。

戊、三十四年施工计划之商榷

结论：

一、今后施工计划，采取集中力量与利用民工二途。关于利用民工一点，应再与省政府建设厅商办。

二、即将本年应办工程，根据提出贷款数额，详列实物概算，及至六月底止，再按当时物价重列概算（即每年分一月一日及七月一日两次概算）如此，遇有增贷必要时得有具体依据，向农行请求增贷。

三、本年贷款虽未核定，但有希望，各处应于此时作应有之准备。

四、概算表格式，即由水利部与各渠站主任拟定。

五、各县有修筑二十公里公路之义务劳动服役之规定，如不修路，或作土方八万公方之相当劳役，渠工可接洽利用。

己、设计参考图之研讨

结论：

一、为求思广义，应搜求各种设计图及本公司所有者制成图谱，发交各处站参加意见后，在发出参酌应用，设计规范可以试作。

二、提倡征求设计图案，规定奖金。以倡导水利工程之学术研究。

三、每期《同人通讯》最好至少有一篇关于工程技术的文字。

庚、周总工程师报告河西十二年计划第一年工作

河西农田水利十二年计划分战时二年、战后十年两部分，战时二年主要工作，为个别渠工之整理。此外，每站每年有新兴工程。三年末本公司罗致新毕业学生，服务河西，均感整理旧渠工作，得不到实际经验，不能满足其求知欲望，故新兴工程，极有着手建设之必要。

战后十年，又分两期。前五年集中兴办新工程，后五年集中整理旧渠□□。战前二年概算，就三十三年物价为标准；战后十年概算，按民二十六年物价为标准，期于十年之内，整理原有灌溉面积四百万市亩，开辟新渠灌溉面积二百七十万市亩，总面积为六百七十万市亩。三十四年度工作计划中规定如下：

一、酒泉站

1. 整理旧渠：洪水坝、屯井渠、新地坝、茄公渠、新城坝、兔儿坝渠首。

2. 开新渠：肃丰渠。

3. 查勘：讨赖河洪水河支流、马营河丰乐川上游、白羊河峡及滩、红山河、赤金石油河。

4. 测量：洪水河鼓浪峡水库、讨赖峡水库、花城湖水库。

二、张掖站

1. 整理旧渠：三清渠。

2. 开新渠：马尾湖蓄水库。

3. 查勘：黑河主干。

4. 测量：昔喇河、鹦哥嘴水库、拉东峡水库、油葫芦蓄水库、耳朵笼水库。

三、武威站

1. 整理旧渠：西营河分水口。

2. 开新渠：柳条河、冯家老庄挖泉。

3. 测量：□河、新河、大清河水库、黄羊川水库、武威各河水库、金昌金川峡水库。

四、安西站

1. 新开渠：昌马口分水堰。

2. 查勘：党和上游。安敦玉泉源。

3. 测量：踏实河水库，疏勒河水库。

五、共同的：改良碱地、河患问题、渠道防护。

辛、甘肃省政府建设厅马工程师逢良提议案

一、以往各渠，对于斗门，多为闭口式，斗门未加盖顶，于养护上极不方便；且于干渠内未设节制闸，对灌溉及不便利，亦易毁坏干渠，拟请批复改良斗门样式，并在可能范围内加设节制闸。

二、各渠植树，或植堤上，或植坡上，每有碍及交通或阻碍渠水流远甚外情形。拟请讨论规定适当栽植地位。

三、已成各渠渠道或被侵蚀，于保护渠堤及管理，诸多不便，拟请讨论决定合理断面。

经讨论决定：

一、斗门应废除开口式。□渠并酌增节制闸，俾灌溉泄水两得利用。

二、三两案，并入设计参考图断面部分及研讨决定。

壬、整理河西旧渠应注意事项

一、旧渠之修理如所开灌溉面积甚小，人力能自力负担者，不予补助。

二、补助款项之开支，由站派员负责。工程由站设计并监工。

三、凡超过二十万元之工程，按规定应由审计处派员验收，各项手续务使详尽。

四、已整理各渠之保护，较小工程，商由各县府交人民自组合作社负责；较大工程，商请县府保管并委专人负责。

五、省府已在河西派有水利专员，所有各项管理上之问题，可由各站主任就近接洽。

六、河西已有水规，流弊甚多，有待订正，免致水利为少数人把持。

备忘事项

一、河西个工作站会计事项，不使增压，暂付款应尽量减少。

二、档案中附图及水利部图底，另开专柜保存。

许协理在二月十日国民月会席上，报告此次渠务会议、兰州制革厂第三次渠务会议、林牧单位三十四年度业务计划及三十三年度下期总管理处决算情形，特将上项记录（戊）项第二案讨论经过提出说明：过去各渠每年编制工程费预算，多因时间匆促，提出数字，难免有遗漏项目之处。又因物价波动，工料价日有增长，以致每年贷款，均不能配合工程需要。在此次渠务会议中，对于此点，经详加讨论，决定：今后编制工程费预算，应照当时某一工程所需工料数量，以及每种工料单价，逐项核计，详细拟列，工程实物数量，系为一定；而预算金额，在施工期间，如因单价变动不敷，则随时均可列表比较说明，即请求增贷，亦由根据。此项议定，自三十四年度起，每半年由各渠编送一次。本年贷款，早经提出，仍须按照规定补编，以便考核。至施工时工程人员对于所编送工程预算之执行，尤应切实予以注意。

水利委员之会谈 ①

行政院水利委员会工务处宋处长澎偕李视察工程师清堂、贡技士霖，于三十四年一月九日，访问公司，先表示薛主任委员对于公司所办之水利事业之经过及现状，即为关切，并讯及过去有何困难情形，凡水委会力量所及，极愿协助。当由总经理详为答复。宋处长随谓：

一、水委会提议于三十四年度水利经费内拨给职员五十人，测工八十人之薪工津贴，办理河西测量队，已经行政院会议通过，此件拟交公司代办。

二、水委会拟拨给职员二十一人，工役十五人之经费及设备费，增设甘肃水文站。此件可交公司代办，若觉人员不敷，或可由到处再拨二十人。

三、关于本年度贷款，本人离渝前，曾于关系机关开会讨论，总额假定十二万万元，甘肃省拟贷之数当有办法。并将促其早日核定，俾可早日动用赶工。

三十四年一月十日下午二时至五时间，行政院水利委员会工务处宋处长澎，黄河水利委员会赵委员长守钰，在本公司举行水利谈话会。出席者尚有水委会李视察工程师清堂、贡技士霖，黄委会工务处李处长赋都、左技正起彭、袁主任永旭、上游修防工程处陶主任履敦，甘肃建设厅张厅长心一，中国农民银行王督察工程师荣科，本公司总经理、郭协理则溉，水利部周总工程师礼、高副总工程师峰、赵副理世进、郝工程师西庚。赵委员长、宋处长先后致词，随由出席诸人发表意见，兹摘录如次：

张厅长：

甘肃水利与黄河关系很大，可能将黄河沙量减少。本人曾在天水于大雨后，到外面看，良田冲塌许多，又一小沟中水势凶猛骇人，而正沟泽仍是干河，此种情形，外省人初来西北者，多不认识。若能将沟水截于沟中，则黄河可减含沙之害，而沟良田可种草，可种粮食，两有裨益。西北人民虽不多，而粮不足。若连旱两年，则民十九之灾情，即将重见。高寒之地，现拟仅供种草，为畜牧之场；平坦之地，则尽量改作水地，于是水土保持才有办法。目前开水渠引水以灌溉，巴里特曾说可利用水力发电，抽水灌溉高原，在河西祁连山内，大可发展水电。黄河可资发电之处亦甚多。兰州附近朱喇嘛峡三五万匹马力甚易。洮河上游野狐峡，更有资以发更大电力。大通河、大夏河、漳河坡度陡，水流大，均可利用以发电，代替燃料；且水力并可以资灌溉。此种有经济价值之建设，是值得研究也。至于航运，在湟水、洮河，恐不能有远程之航程。洮河能通到岷县，最为省府所殷切需要者。

① 编者按：原载《甘肃水利林牧公司同人通讯》第28期，1945年3月1日。

沈总经理：

现在黄河环境如此，将来之堵口复堤，必须抓住灾后救济之机会。至于治本问题，因为TVA① 而有 Savage 的 YVA②，黄河亦可照行。有此两计划，我国对于工业化，方有迎头赶上之望。治理黄河之经费，一定大得骇人，中央财政恐不易负担。如果借国际朋友如美国者，以其财力与技术帮助我们办理 TVA（黄河计划）③，所有黄河之防洪灌溉、航运、水力等事业，都可以一一举办了。

李处长：

战前水文记载，注重于下游，而水文站数量亦感不足。若按德国规定沿河之距离而设站则太多，未必能实行。个人意思，全流域最少水文站 58，水位站 30，雨量站 272 处。①黄河干流每一重要支流汇入处，设一水文站。②黄河干流中上游，每一百公里，设一水文站。③黄河干流下游，每五十公里，设一水文站。④本身以外主要支流入汇处，设一水文站。⑤较长支流，除汇口外，酌设水文站一个。⑥中上游每五百平方公里，设雨量站一个。潼关到陕州，只有地形图，因系航测，惜无河床图，陕州以下至海口，民二十五年以前测过，已整理好，可作下游设计之资料。黄河中下游以航运为主要工作，水力为附带工作。希望完成贵德潼关间。贵德以上暂不测量。湟水由西宁起测，渭河由宁鸡起测，洮河由岷县起测，俱希望能同行运者，本拟于三十五年完成，惟因环境关系，未必有把握，测量河道，应注意灌溉问题。加以详细测量。同时，注意某一地方宜于发电。宁夏、绥远测量，希望一年完成。成立两工程总队，宁绥各分四队，并研究土壤水力灌溉等文题。战后堵口复堤计划，个人意见，以为堵口较易，有款一年可堵完。惟复堤计划有待研究处：（一）把旧堤加以培修。（二）我认为复堤时不应完全按旧恢复，拟利用复堤机会把旧堤加以改良。旧者合理仍用之。不对者拟修新堤。大约要修六十公里新堤。在发旧堤前可将新堤间低地防淤成耕地。（三）乘河涸时，可办下游应办工程。惟一年之中，要堵口，要复堤，遂要乘黄河无水办下游工程，似办不到。此事似应在战后二十年中办理完毕。（下游河槽整理工程）下游航运，利用小新河经济南入海，驶行三百至六百吨载重船只。中游水土保持在西安高桥镇及天水，现各设一试验区。黄河泥沙在包头等处，尚不严重。其主要还在包头以下。陕州郑州为甚。大约由渭河来者最为严重。拟在此区域内，成立大试验区，种草植林等各法，俱可按合宜条件分别办理。我们拟着重择地修坝，修土坝为宜，因陕甘缺石。惟坡陡，且高土坝不易修，拟个别修低坝。待坝后淤积后，再行增高，或可另修。应施工之区域，有二十万平方公里。大概三十座土坝，可设水土保持之效，并护地下水种草等项利益。沟洫希望地方政府提倡办理。水土保持工作，希望与下游工程，同时于二、三十年内完成。航运工程，希望水文如流量及比降得到充分资料，以判航运是否可能及其价值。以兰州为中心，洮河由岷县，湟水由西宁将所有产品运到宁夏包头，而后分散

① 编者按：TVA 系 Tennessee Valley Authority 缩写，即美国田纳西流域管理局。

② 编者按：YVA 系 Yangtze Valley Authority 缩写，即长江流域管理局，系中国工程师设想中比照美国田纳西流域管理局建立的一个流域管理机构。

③ 编者按：原文如此，即 TVA 黄河计划。

各地。宁夏绥远粮食数量甚大，可利用黄河航运，亦至有价值。此种工程，希望战后有充分资料，作全盘计划，推动设计施工。此种工作，亦希望战后二十年内办妥。发电事业，与其他问题俱有连带关系，应予配合。龙门等处可发电，惜无充分资料。宝鸡以铁路故，只能修三十公尺坎，可发一万匹马力。

沈总经理：

两个 VA[①] 外，希望还有一个小 VA，即河西 VA，或祁连山 VA，也能产生。也可说敝公司所负的就是这个使命。但是力量太薄弱，想办之事，都未能如愿进行，希望中央给我们帮助，各位给我们指教。

其间陶处长表示：

各方所设水文站须取得联络，测量工作希望能得到航测，方为迅速。当由赵委员长说明已商派飞机数架，惟器材与测员尚不易得。

① 编者按：VA 系 Valley Authority 缩写，即流域管理局。

引大通河水入黑河以灌溉河西计划之初勘[①]

引大通河水灌溉河西，甘肃省水利林牧公司会有多次之试探。三十一年张家瑶方德英二氏会调查武威南山杂木河及老虎沟二线，认为以后者希望较大。三十四年，方宗岱氏复偕同方德英参加祁连山调查队，对老虎沟作进一步之测量。今夏河西水利测勘总队，复派员加以详勘，结果尚未发表，但知祁连山主脉，过于高峻而宽大，且门源一带，大通河谷地势太低，欲穿凿大山引水，恐工程艰巨，难以实施。作者因地质测量工作，亦会两度入祁连山，对此问题，极感兴趣。三十五年春行前，会晤张掖农会干事长张樍镛氏，据云："八宝正南大通河地位甚高，或可试由木雷山凿引以通黑河。"故作者入山后，乘工作之便，由黑河翻越木雷山，至大通河测量地形，实地探查此引水计划是否可能，结果尚属差强人意。兹略述之如下。

一、黑河与大通河间之区域地质

A. 地理　黑河一名甘州河，主源在祁连山与木雷山之间，分东西两支：东源曰八宝河，或俄博河。发源于景阳领流经俄博、八宝二大草滩，南有黑沟天蓬、吴松塔拉、瓦翁、黑酸子及大小灯草诸河注入：北有伏牛、青羊、拉东、白杨数沟之水来会，全长约七十五公里。西源仍名黑河，或野马川。发源于酒泉南川微东之沙龙，支流亦多，如南来之达雨龙、油葫芦、马粪沟、扎马什盖，北来之落雨雪、霍伦诸沟，经野牛沟、达吉滩、至下寺滩之黄番寺与八宝河相会。再穿祁连山北流入张掖平原。野马川全长约一百四十公里。二源之水量据林牧公司水交站年来测量之结果，约为七比三，即黑河之水大于八宝河约一点三倍。

大通河为祁连山区最大之河流，其上源亦名浩门河，源流较黑河之西源为长，流向南七十度东，与黑河之上游大致平行。流量在黄番寺正南约黑河二源之总合，日常无雨时深可及马腹。两岸河谷开阔，草滩宽者几达三十公里，故牧畜业极盛，至永安营以下始稍有耕种之利。但山中雨量甚多，无需灌溉，故大通河徒为交通上之阻碍而无水利可言。木雷山为黑河与大通河之分水岭，亦称托赖山脉，为内陆水系与海洋水系之分界。东起于门源城西黑石头，初不过一低缓邱陵，愈西愈高，至八宝附近，其主峰海拔已超出四千公尺，再西则与祁连山脉相将矣。山之走向为西北，与其他山脉适相平行，在俄博与达吉滩间，山之平均宽度约为二十五公里，主峰偏南，故木雷山之河流率皆北向。南流之沟水则多甚短小，且为间歇式。山中林木亦甚发达，然皆在北麓，主峰以南几未一见。

① 编者按：作者刘增乾，原载《西北通讯半月刊》第42期，1945年9月16日。

B. 地质　地质在本区甚为简单，木雷山恰为一不对称之背斜构造，走向北六十度。西部露出变质之花岗岩体，上覆灰色或灰绿色片岩，板岩，再上为石炭二叠纪之煤系，褶皱甚烈，变质较轻，与其下之片岩，板岩，接触情形不明，是否同为一时代之地层？尚未能决定。二者中时有石英派，或为花岗岩墙侵入煤系以上。在八宝附近，与第三纪红层呈不整合接触，山南兰巴滩因无露头，此红层是否存在，尚成问题。红层之上，覆有时代较新之砾石及冲积土，将各地层之岩性列表如下。

地质	岩性	与工程之关系
花岗岩与变质花岗岩	花岗岩多灰色或红色，颗粒匀细，变质者为肉红色，带流纹状黑色矿物，长石呈斑晶	易用为建筑材料，但多在木雷主峰以北
石炭二叠纪煤系	下部为灰色或灰绿色板岩、片岩，中夹紫色板岩，中为石灰岩、黑色页岩，夹煤层顶部为砂质页岩，为薄层砂岩	本系中，石灰岩可作烧石灰之用，煤层虽薄，尚可开采。其中之石英岩及石灰岩，亦可作小块石材
第三纪红层	本层大皆为红色粗砂岩、砾岩及页岩	本层质较疏松，不能作石材，但对凿工力则甚易
第四纪砾岩及现代冲积	第四纪砾石胶结不坚，与现代冲积之石砾，均易透水。至冲积之土坏，在木雷山以北，因多系第三纪红层及花岗岩风化后之产物，质致密，有黏性，在大通河者多系砂岩、石英岩风化产物，且其中夹角砾，故质较疏松	本层砾石及土壤皆易透水，为筑渠之障碍，性质不坚固，故有较大之永久性建筑如拦水坝　渡槽等，需直探其底较为费工

二、测勘之路线及方法

此次测勘之路线预计为三条：一、扎马什盖线：由扎马什盖南越木雷山至大通河之兰巴滩。二、大灯草河线：由兰巴滩北过灯草大板至八宝。三、吴松塔拉线：由阿利可大寺东南之吴松塔拉河，再至大通河。扎马什盖线工作开始之初，因乡导迷途，第一日至扎马什盖，即误翻入大灯草河内，而仍在黑河流域，未至兰巴滩，因时间限制，不得已将第一线放弃，而改以八宝大灯草河口为起点，作第二、三两线之勘查。所采用之方法系利用中央地质调查所所测之祁连山十万分之一地形图，再用步测及气压计校正距离及高度，并自测制五万分之一线路图，故所得之结果可能无太大之错误。此行作者会携有平板及经纬仪，但因大灯草沟内林木繁茂，人迹罕至，加以治安堪虞，停留困难，故无法作精确之测量，良堪嗟惜。

三、勘测之结果

A. 大灯草河线　以大灯草河与八宝河之交会处为起点，定标高为二六八〇公尺，南行八公里许，至与下西沟交界处，比高二九七〇公尺。又行二点四公里，达多雨世墩龙沟口，高三一三〇公尺。再溯行而上三点三公里，有东南向之宽沟出现，其叉点高三二六〇公尺。迨后愈行愈陡，达灯草大坂，高三八三〇公尺，是为分水岭点。下山三公里，至木雷外山脚，高三〇〇〇公尺。再南下草滩约十二公里余，迄大通河畔，比高三二五〇公尺。此点约高出河水面二公尺。

总计全线共长近三十五公里，根据上述之结果，知大通河水面高出八宝河约五七〇公尺，自八宝溯大灯草而上约十四公里之处，其高度恰与大通河水面相等。再上一公里许，其地高度，即约等于木雷山南山脚之高度。故设能在大通河上游，引水上滩至于山根，凿隧道最多七公里，河水即可直泻八宝入黑河矣。

B. 吴松塔拉线　吴松塔拉路线，在灯草大坂东约二十五公里。由木雷山南流之河，曰南吴松塔拉，北流者曰北吴松塔拉，或黑泉河。勘测之时，以南吴松塔拉与大通河汇合处为起点，比高三二三〇公尺。顺沟北上至大坂顶，为三五四〇公尺。逾领沿北吴松塔拉河下至于八宝河汇合处，高度，相差无几，故在此线引水应较困难。

就上述之情形观之，以自大灯草河引水较易。在大通河兰巴滩二二五〇测点之十五公里以上，可能有峡谷出现，因系远观，而未亲临其他，尚不敢确定。大通河水在此区域之坡度，据测量所得，约为千分之七点五至七点八，如此在测点以上约三十公里处，开始引水，即可流至灯草大坂之南山根，途中所过之山沟多甚狭浅，仅筑小过水道，即可超越。惟滩上土壤过薄，易于漏水，是应注意。大坂下之岩层，多近直立，以页岩板岩为主，石灰岩及石英岩次之，故开凿较易，且少塌落之患，至工程材料到处皆是，已详地质简中。

关于扎马什盖一线，作者仅穿过一半，不得其详。但据地形图所示，扎马什盖河口之河水面，较其相当地位之大通河水面，约低五百公尺，颇有试探之价值。

四、结　论

作者此次勘查纯以地形地质工作为主，至于水利，乃系附带性质，测量上不能十分精细，恐不无舛错之处，仅知经黑水之大灯草河有引大通河水之可能，至若工程上之各种条件，则多未能详，本文之简要会在中国工程师学会第十四届年会宣谈，今谨将原文刊诸西北通讯半月刊，以求海内专家之指教，并望作正式之测勘也。

甘州水利溯源[①]

自孝武开河西四郡，张掖即讲求水利。千金渠其最早者也。唐李汉通、元柳恩先后开屯，全资灌溉。明巡抚御史杨博石茂华，于左卫之慕化、梨园，右卫之小满、龙首、东泉、红沙、仁寿，中卫之鸣沙、河西、瀚树、哇哇、德安、宁西，悉力经营，淘成美利。分巡御史杨衍庆、石永，指挥使张廷辅、曹凤，皆渠之功臣也。遗迹犹存，俗否或异，辟籍以稽，不特知可增耗，且使隐和者思源，尚无忘观流度隰之实有成劳乎？

天然美利：雪水。[②]

人力所经营者有三。

一渠水。[③]

附引《黑河灌溉甘州五十二渠说》：

《禹贡》黑水其河，自野马川北流出山后，复自西南向东北流，流至甘州城西八里，过城北，复向西北流。山丹之弱水河，自东来汇归黑河，向西流。又西北出镇夷峡，会讨来河为天仓河，伏流地下。黑河出山后，至甘州之南七十里，上龙王庙地方，即引入五十二渠灌田。甘州永赖以为水利，是以甘州少旱灾者，因得黑河之水利故也。黑河之源，不涸乏者，全仗八宝山一带，山上之树多，能积雪溶化归河也。河水涨溢溜高，方可引以入渠；若河水小，而势低不高，则不能引入渠矣。所以八宝山一带山上之树木积雪，水势之大小，于甘州年稔之丰歉攸关。宁娓娓孜孜，绘图作说者为此耳。

二泉水。[④]

三谷水。[⑤]

保护水源

天山冬多雪，夏季消，雪消水泛，山水出，渠水长，泉脉亦旋，但其来源甚远，在八宝山[⑥]之松林。清嘉庆时，甘肃提督苏宁阿因事至八宝山，见夫茂林积雪，为甘州人养命之源，因为说曰：

一斯门庆河西流至八宝山之东，会归黑河，而西绕过八宝山，而北流出山，置甘州之西南，灌溉五十二渠，甘州人民之生计，全依黑河之水，于春夏之交，

---

① 编者按：作者慕少堂，原载《新西北月刊》第3卷第4期。

② 原注：祁连积雪，寒则凝，暑则融，张掖五十四渠，全赖雪消融水，以溉民日。

③ 原注：俗名为河水，即黑河、弱水等渠是。

④ 原注：即童子寺泉、暖泉、东泉等渠是。

⑤ 原注：俗名为山沟水，即阳化、虎剌孩等渠是。

⑥ 原注：祁连山之分支。

其松林之积雪初融，灌入五十二渠溉田，于夏秋之交，二次之雪融入黑河，灌入五十二渠，始保其收获。若无八宝山一带之松树，冬雪至春末一涌而溶化，黑河涨溢，五十二渠不能承受，则有冲决之水灾，至夏秋二次融化之雪水微弱，黑河水小而低，则不能入渠灌田，则有保旱之虞。甘州居民之生计全仗松树多而积雪，若被砍伐不能积雪，大为民患，自当永远保护。

水利所由起

千金渠在张掖县南，引羌谷水溉田，一名觻得渠。昔禹之平水也，以为河所从来者高水湍悍，难以行平地，数为败，乃厮[①]二渠[②]，以引其河，自此之后，秦修郑渠，溉田四万余顷，于是开中为沃野，无凶年，秦以富强。汉兴，武帝赛瓠子后，用事者争言水利，朔方西河、河西，酒泉皆引河及川谷以溉田，他小渠坡山通道者，不可胜言，张掖穿渠溉田，其在此时也乎？

渠道名称[③]

红沙渠灌田一十三顷。

人寿渠灌田一十七顷

回回坝渠灌田一十七顷。

老人渠灌田二十五顷。以上诸渠俱引泉水。

义德渠灌田三十八顷。

无虞渠灌田一十三顷。

童子寺渠灌田四十八顷。

西渠灌田三十四顷。

黑城东渠灌田八十一顷。

西山渠灌田二十六顷。

独泉渠灌田六十九顷。

红崖坝上坝渠灌田五十二顷。

下坝灌田三十四顷。

东泉渠灌田三十余顷。以上俱在张掖县东。

阳化西渠灌田四十三顷。

阳化东渠灌田三十余顷。

宣政渠灌田二百三十顷。

大慕化西渠灌田六十顷。

大慕化东渠灌田八十顷。

小慕化上坝渠灌田二十顷。

小慕化下坝渠灌田二十七顷。

---

① 原注：分也。

② 原注：一出贝邱西南，一则漯川。

③ 原注：合明清两朝而记之也。

高蹄渠灌田四十顷。
虎刺孩西渠灌田二百四十亩。
虎刺孩东渠灌田一百顷。以上诸渠俱引山水。
洞子渠灌田二十三顷。
鹿沟渠灌田一十四顷。以上二水俱洪水河流。
卓家渠灌田二百五顷。
古浪渠灌田三百九十二顷。
小满渠灌田三百五十余顷。
大满渠灌田八百五十顷。
马子渠灌田二百十余顷。
洞子渠灌田五百余顷。以上俱黑河水。
洪水头渠灌田一百七十五顷。
二渠灌田八十二顷。
三渠灌田一百三十顷。
四渠灌田一百二十顷。
五渠灌田六十三顷。
六渠灌田一百六十七顷。
梁园堡新灌田一十八顷。以上俱在张掖县南。
官渠灌田二百二十八顷。
沙子渠灌田五百八十二顷。
小沙子渠灌田三百九十顷。
龙首渠灌田四百余顷。
二坝河西渠灌田八十七顷。
三坝屯田渠灌田六十顷。
四壤旧站渠灌田四十五顷。
迓剌渠灌田五十亩。
西洞渠灌田二十五顷。
磁窑渠灌田七顷。
小彩竹渠灌田十三顷。
白集渠灌田三十顷。
巴乞儿祁渠灌田八顷。
宿嵬渠灌田二十顷。
永济渠灌田一百一十一顷。
铺家渠灌田三十一顷。
大葫芦湾渠灌田三十二顷。
小葫芦湾渠灌田一十顷。
塔尔渠灌田一十三顷。

德安渠灌田一十五顷。
旱兀剌渠灌田三十九顷。
五眼泉渠灌田二十顷。
九眼泉渠灌田一十七顷。
鸭子渠灌田七十六顷。
委得渠灌田七十顷。
野猪渠灌田一十六顷。
抚彝渠灌田一百顷。
宁西渠灌田二十六顷。
灭烈渠灌田一百二十顷。
下沤波渠灌田六十七顷。
多麦渠灌田八十一顷。
倪家渠灌田三十顷。以上俱在张掖县西。
城北渠灌田一百七十二顷。
阿薛古渠灌田一百五十渠。
昔剌坝上坝灌田五十七顷。
下坝灌田四十顷。
板桥渠灌田四十六顷。
七十二户渠灌田五十顷。以上俱在张掖县北。
草湖渠在张掖县西南，张掖河两岸多生芦苇，每年收草百余万束，可以饲马。
南草湖渠在山丹县南一里，周九里，灌田四百余顷。
西草湖在山丹县西十里，周七里，中皆芦苇，分灌民田。
暖泉渠在山丹县东南四十五里，平地涌泉二穴，冱寒不冻，溉田百七十顷。
洪水河坝渠灌田七十六顷。
二坝渠灌田一十六顷。
三坝渠灌田一十八顷。四坝渠灌田七顷。
无虞山口渠灌田一十九顷。
红崖子山渠灌田十顷。
寺沟渠灌田三十七顷。
童子寺东渠灌田三十四顷。
童子寺西渠灌田九十五顷。
大黄山坝灌田九十顷。
独泉渠灌田贰拾柒顷。
木沟渠灌田五十七顷。
白石崖渠灌田三十九顷。以上俱在山丹县南。

张掖县现辖各渠

盈科渠在城南，计五工下七上八四工三工长安分三十闸，灌田五百四十顷有奇。

齐家渠在城东南，计十号，上四下六，灌田一百二十顷有奇。

大官渠在城西南，计三号，分十八闸，灌田二百八十七顷有奇。

永利渠在城西南，计三号，分九闸，灌田一百七十四顷有奇。

大满渠在城南，计上下两号，上十闸，下九号，分二十一闸，灌田三百七十六顷有奇。

仁寿渠在城东南，灌田五十余顷[①]。草湖土军，永安渠，在城东南，计三号，灌田六十三顷有奇[②]。

南旂渠在城东南，计五旂，灌田七十二顷有奇。

大古浪渠在城南，计三号，分十六闸，灌田二百四十三顷有奇。

小古浪渠在城南，分七闸，灌田七十七顷有奇。

小满渠在城南，计三号，分一十五闸，灌田二百三十顷有奇。

马一渠在城南，计三工，分二十一闸，灌田一百五十顷有奇[③]。

阳化渠在城南，分东西，灌田五十八顷有奇。

宣政西渠在城南，灌田三十五顷有奇。

安民渠在城南，灌田一十四顷有奇。[④]

大满新渠在城南，分八闸，灌田一百二十一顷有奇。

小满新渠在城西南，分六闸，灌田一百二顷有奇。[⑤]

城北旧渠在城西北，分九闸，灌田一百一十六顷有奇。

---

① 原注：案清光绪三十四年，沙岗墩新出泉眼，此地俗名南滩，向无水源，迄数十年，原泉混混，渐沆渐远，附近居民，得享此水利者恒多。

② 原注：案草湖二坝之名，系指山丹河、弱水而言，与黑水无涉。据土人云：前明末年，由山丹河浇水户民，以草湖为头，二坝次之。后因弱水微细，河堤崩跌，二坝户民未尝时加修筑，而土军居二坝之上，亦欲疏渠以享此利，适值光绪二十一年天旱不雨，黑水淤细，众谋导引山丹河、弱水，以复旧规，时有二坝文生于兴门，商同王克敬甄国民等，率领户民向山丹河引水，而老人上下户民周朝凤，坚执不让，蔓讼多年。案经上控，始准二坝开渠使水。于今二坝的泉水之利焉。窃以为泉水之利居多，再草湖除山丹河、弱水外，而老四庙东北，新出泉眼，大如斗口，足灌田千亩，现在该处插稻种瓜，兼植果园，出产繁盛，人咸称为庶富之区云。再自沙岗敦泉源流出，而大满渠上柳林足灌田千亩，迤东北仁寿号足灌田千亩，惟永安势居三号，上游新沟乱出泉源，支派众多，至永安汇合一处，水势渐大，倘黑水不足，而此水冬夏长流不息，永安堵成一坝，足能灌田千亩。

③ 原注：案《府志》：此渠灌田二百一十顷有奇，民国八年，黑水泛涨，将此渠河口冲断，水不入洞者三年，以此渠地势甚高，穿山磐石，水始能入洞，自洞口至洞尾计有三十里，穷远淤塞，冲崩之后，该渠户民日求饮水而不得，遑云灌田，因此扶老携幼，东迁西徙者十居八九，幸赖地方长官慨捐廉俸，并饬令他渠头人帮助夫民，又详呈上宪，豁免正项仓粮，而该渠户名始得安居乐业，以俟渠工稳固后，再照原额分别升科。

④ 原注：案以上四渠，由大牙口、酥油口分水，与黑河别派，近二年来，亢旱不雨，祁连山积雪不多，二口之水微细，不惟该渠菽麦五谷受旱，即各寨人畜所畜之潦池，亦无水可放，荒芜满目，民不聊生未来司牧者，作何政策以救之。

⑤ 原注：明隆庆年巡抚石茂华、副使杨行庆督修，即此。

城北新渠在城西北，分三闸，灌田五十四顷有奇①。

张掖地形洼下黑河南来，秋高水溢，几于排山倒海，苟非老君坝堰堤障水，则沉鼍产蛙之息不能免矣。真帖木儿亦见及此，任斯土者所当计及。《秦边纪略》云：老人坝在西南二十里，或云即老君渠，今讹老君坝。

元丰渠即四海渠，在城西北，分五闸，灌田四十二顷有奇②。

加官渠在城西南，计三号，灌田八十四顷有奇。

洞子渠在城西南，计三号，灌田四十顷有奇。

木龙坝渠在城西，即龙首渠，灌田二十九顷有奇③。

两洞渠在城西南，灌田四十五顷有奇。

巴吉渠在城西南，计十号，灌田一百八十一顷有奇。

永丰渠在城西北，灌田四十八顷有奇④。

塔儿渠在城西北，分上七号下三号，灌田亩四十八顷有奇⑤。

黑水沟渠在城西北，灌田五顷有奇。

敬依渠在城北，灌田七顷有奇⑥。

新丰渠在城西北，灌田五顷有奇，以泉水为源。

有本渠在城北，灌田九十顷有奇⑦。

小泉渠在城西南，灌田六十七顷有奇。

牙刺渠在城西南，计五号，灌田三十二顷。

上沤波渠在城西，计一十四号，灌田二百一十三顷有奇。

江汇渠在城西，灌田七十三顷有奇。

左暖泉渠在城东，灌田二十三顷有奇。

老人坝渠在城东北，分上下沟，灌田二十九顷有奇。

阿薛渠在城东北，分十闸，灌田一百八十二顷有奇⑧。

---

① 原注：明弘治十七年，哈密属酋者力克叛变，忠顺王陕巴迎土鲁番真帖木儿守哈密，真帖木儿土鲁番速擅阿黑麻次子也，时年十三，会都指挥朱瑄，率师纳陕巴，仍抚送真帖木儿，而阿黑麻已死，真帖木儿惧内难，不敢归，遂携居甘州，久之，至正德六年始遣归，语其兄速擅满速儿云：决老人坝水，当是城北新旧等渠，以灌甘州，速满□之，时有吞噬之志焉。速擅土鲁番君长号，华言王也，按哈密自拜牙出奔土鲁番，总督彭泽赂之，土鲁番□其忠顺王印来归，而哈密卒不复立。

② 原注：案此渠紧靠黑河，清光绪、宣统年间，黑水猛涨，倒奔东岸，淹没村庄数家，冲崩田亩十余顷，现今课为称为新河者即此。

③ 原注：案明嘉靖年，巡抚杨博躬瑞，募兵防守，且继修是渠，为黑河首即此。

④ 原注：案此渠水源由官大湖泉眼汹涌而来，泉口至渠尾，约有一十五里之遥。

⑤ 原注：案此渠以泉水为源，由下崖子西大湖淘泉引用，上号遗水为黑水支流。

⑥ 原注：水源自马回河淘泉使用。

⑦ 原注：案此渠水源分一泉二水，泉水导源于白家香磨山，水以山丹河、弱水堵坝引灌，自渠首至渠尾约有四十余里。

⑧ 原注：案此渠以南城内甘泉为水源，暨大官、永利、三工、四工等渠遗水，由城河迤东北，亦注入其中，流至瓦窑堡，以资该渠灌溉。

北旂河东渠在城西，计七旂，灌田五十二顷有奇①。

北旂河西渠在城西，计一十一旂，灌田四十八顷有奇②。

溢源渠在城西，灌田一十二顷有奇。

东泉渠在城东北，分四闸，灌田七十八顷有奇③。

平顺渠在城南，分四闸，灌田八十四顷。

总论

黑水、弱水引灌四十七渠。

县东曰重兴渠，距城五十里，长十五里，灌田五顷四十亩有奇。曰左暖泉渠，灌田八顷六十亩有奇，今无。回回渠，灌田一十八顷五十亩有奇，今无。

县南曰盈科渠，在第三区，唐时创开，距城五十里，长六十里，分三十六闸，旧灌田五百四十顷五十亩有奇，今只三万余亩。曰大满渠，距城四十里，长一百二十里，分二十闸，灌田二百七十六顷七十亩有奇。曰小满渠，距城三十五里，长五十里，分一十五闸，旧灌田二百八十八顷八十亩有奇，今灌至三万余亩，皆唐渠是也。曰大古浪渠，距城二十五里，长五十里，分一十六闸，灌田三百四十四顷五十亩有奇，今只二万五千亩。曰小古浪渠，距城三十里，长四十里，分七闸，灌田八十七顷五十亩有奇，今只六千三百亩。二渠皆元代所开。曰马子渠，距城五十里，明万历开，清同治初重修，王多寿有记张掖马子渠者，凿洞引水，计三工，分二十一闸，灌田二千一百七十亩有奇，斯民享美利于二百余年，而不知为之者，迨至同治初，黑水暴涨，冲断渠口，淤壅渠身，同治壬寅驻军徐提督昆山率兵督修，今渠长五十里，灌田六千八百亩。曰小满新渠，距城三十里，长二十里，灌田五千一百亩。曰大满新渠，距城四十里，长二十里，分八闸，灌田一百二十一顷一十亩有奇。二渠皆明隆庆间开。曰平顺渠，清雍正四年开，距城十八里，长三十里，分四闸，灌田八十四顷三十亩有奇，今只七千亩以上，皆引黑水。曰阳化东渠，灌田二十五顷六十亩有奇。曰阳化西渠，灌田三十三顷有奇。曰宣政渠，距城九十五里，长百里，灌田一十四顷三十亩有奇，今只二千四百五十亩。三渠源自大野口河。

县西曰四海渠，分五闸，灌田五十五顷七十亩有奇，今无。曰龙坝渠，即龙首渠，明嘉靖间开，距城五十里，长二十里，灌田二十九顷五十九亩有奇，今只二千一百亩。曰上汇波渠，距城五十里，长三十里，灌田二百一十三顷有奇。曰下汇波渠，灌田七十三顷六亩有奇。溢源渠距城二里，长二十里，灌田一十二顷八十亩有奇。以上各渠皆引黑水。曰江淮渠，距城九十里，长二十五里，引响山河水，灌田二十一顷五亩。

县北曰有本渠，距城三十里，长十八里，灌田五十四顷四十亩有奇。曰敬依渠，元代创，距城三十里，长八里，灌田七顷七十亩有奇。

县东南曰齐家渠，距城十八里，长如之，灌田一百一十顷有奇。曰仁寿渠，灌田六十三顷三十亩有奇，今无。曰更名南旂渠，灌田七十二顷九十亩有奇。

---

① 原注：案此渠山泉二水，泉水由城北白塔寺后清水河两旁之泉眼汹涌而来，山水在新黑河栏坝渡用，上下二十里，工程甚大。

② 原注：案水源由高庙子淘泉而出，泉水之利居多。

③ 案明嘉靖年，巡抚杨博，指挥张廷辅议□渠，东注城郭，沮洳侵坏，兼利田亩，即此。

县东北曰老人渠，分上下，灌田二十九顷八十亩有奇，今无。曰阿薛渠，距城五里，长十五里，又阜丰渠，距城十五里，长十二里，分十闸，共灌田一百二十一顷七十亩有奇。曰东泉渠，明嘉靖间创，距城十里，长二十里，分四闸，旧灌田七十八顷一十亩有奇，今只四千五百亩。

县西南曰大官渠，唐代创，距城十五里，长十五里，分一十八闸，旧灌田二百八十七顷一十八亩有奇，今只二万五千亩。曰永利渠，距城五十里，长二十里，分九闸，旧灌田一百七十四顷八十亩有奇，今只一万五千亩。曰加官渠，唐代创，距城十五里，长十里，分九闸，旧灌田八十六顷二十亩有奇，今只七千亩。曰洞子渠，距城十五里，长如之，灌田四十顷七亩有奇。曰西洞渠，距城五十里，长三十里，旧灌田四十五顷一十亩，今只二千五百亩。二渠皆明万历间开。曰巴吉渠，元代创，距城七十里，长二十里，灌田一百八十一顷五十亩，今只二千亩。曰永丰渠，灌田二十七顷二十八亩①。曰小泉渠，距城八十里，长三十里，灌田六七顷五十亩。曰牙喇渠，距城八十里，长二十五里，灌田三十二顷五十亩有奇，今只四千五百亩。二渠皆元代所创者。

县西北曰城北旧渠，距城二里，长二十里，分九闸，旧灌田一百一十六顷七十亩有奇，今只九千余亩。曰城北新渠，分三闸，灌田五十四顷七十亩有奇。曰旧塔儿渠，距城二十里，长二十五里，灌田四十顷八十亩有奇。二渠亦元代所创。曰新丰渠，距城六十五里，长三十五里，灌田五顷四十七亩。曰黑水沟渠，距城一十五里，长十五里，灌田六顷八十亩有奇。曰更名北旂河东渠，灌田二十二顷二十亩，今无。曰更名北旂河西渠，计十一旂，灌田四十五顷八十亩有奇，今无。

水利善后

保护森林。张掖昔绕松柏，八宝山更蕃，犹酸枣之姓沟、豫章之名郡也。故能冬则积雪，夏即消融，为张掖五十四渠灌溉之源，其利溥矣。清嘉庆时，提督苏宁阿每树一株，悬一铁牌，偷伐者与杀人同。近年以来，无人爱护保存，砍伐濯濯，无能化牛矣。致积雪失阴蔽，春暖则骤溶骤泄，余水不能尽其用，秋季用水之时，而流量微弱欤，调节及延长消融期间，则保护森林为第一要务。

筑坝蓄水。当夏秋融化之雪水微，黑河水小流细，不能入渠，则应觅适当之处，修筑拦水堰坝或活动坝等工程，提高水位，且春末融水有所蓄纳，应免浸溢为患，兼收调剂夏秋水源之效。

改良泉源。张掖农田，用水一部分给予泉水，惟泉水多涓涓细流，水量供给有限，急应注意蓄水方法，以补救之。在泉源相当地点，修筑蓄水池②，水出泉汇潴池中，池壁建户门，可随意启闭，秋冬蓄水，以供春夏只用。

凿井取水。张掖地势洼下，地下水位甚高，凿井汲水，至为便利。凿井务使穿透含水沙层或砾层之全厚，井底装置有孔之管，穿至粗砾层中，出水量自可增加，管之直径不可

---

① 原注：今调查有元丰渠，灌田八百二十亩。

② 原注：池之容积尽量求大。

小于十公分，辅助泉源，岂曰小补之哉[①]。

修筑谷坊。山沟之水，雨则倾泄，阳则细弱，宜于谷口，修筑谷坊，蓄潴山水且免表土冲刷，李仪祉先生力倡经济水土之说，以此为耳。

修建坝工。堤岸经久多半颓圮，此不独加大阻力，减少流量，且时有漫决溃泄之虞。宜于堤岸散阔及弯道过小之处，建修透水丁坝或挑水丁坝，保护堤岸，集中正泓，而流量以之增加矣。

改善堤坡。张掖一带，地层土质属黄土，埦堰堤岸坡度过大，殊不经济。过小倾坍堪虞，对堤岸坡度采取比二或一比一五之度为宜，并须种植草类，土壤因草根纠结而得紧密。但此须历长时日，非可速成。

改善渠类。渠有总干支脉等类，其布置采用，与地形流量用水量土质灌溉面积等有关，宜于测绘地形图，求得水文记载表等后，按图布置渠网，依水文分配用水量，按土质计算渠断面，如此方合经济原则。

① 原注：宋种世衡以鄜州从事，神宗命城故宽州（在故延安府东北二百里）地逼戎落，曾不畏惮，与兵民暴露数月，且战且城，然处险无泉，议不可守，凿地百有五十尺，始至于石，工徒拱手曰：是不井矣。世衡曰：“过井而下将无泉耶？尔攻其石层而出之，凡一□赏尔百钱。”工复致其力，过示数重，泉果沛发，饮甘而不耗。万人欢呼曰“神乎！虽敌兵重围，吾无困渴之患矣。”用是复穿数井。兵民马牛皆大足。自兹西陲保障，患无泉者悉仿此。

本书由以下项目资助

国家“十三五” 重点研发计划“西北典型地区节水与生态修复技术集成提升与规模示范”
(2016YFC0402900)

国家自然科学基金重大研究计划“黑河流域生态-水文过程集成研究”重点项目
“水权框架下黑河流域治理的水文-生态-经济过程耦合与演化”
(91125018)

国家社科基金青年项目“晚清以来祁连山—河西走廊水环境演化与社会变迁研究”
(18CZ068)

甘肃省社科规划重点招标课题“甘肃黄河文化保护、传承与弘扬的战略定位和实施体系研究”
(20ZD014)

国家出版基金项目
NATIONAL PUBLICATION FOUNDATION

"十三五"国家重点出版物出版规划项目

黑河流域生态-水文过程集成研究

河西走廊水利史文献类编·黑河卷

（二）

张景平　王忠静　陈乐道　吴居善　主编

科学出版社　龍門書局

北京

内 容 简 介

《河西走廊水利史文献类编·黑河卷》是“黑河流域生态-水文过程集成研究”丛书的组成部分。本书收录方志、游记与考察报告、民国工程计划书、民国报刊、民国档案、中华人民共和国时期档案、民间收藏水利史资料等7类历史文献，涉及历史时期黑河流域水系变迁、水利建设、水利管理、水利纠纷与水利文化等方面的各类一手资料。

本书既可作为原始史料，供历史学、水科学、环境学、经济学、社会学等相关学科研究者使用，亦可为流域水资源开发管理与社会经济发展提供必要的参考。

图书在版编目(CIP)数据

河西走廊水利史文献类编. 黑河卷（全四册）/ 张景平等主编. —北京：龙门书局，2020. 11

(黑河流域生态-水文过程集成研究)

“十三五”国家重点出版物出版规划项目　国家出版基金项目

ISBN 978-7-5088-5803-6

Ⅰ. ①河…　Ⅱ. ①张…　Ⅲ. ①河西走廊-水利史　Ⅳ. ①TV-092

中国版本图书馆CIP数据核字（2020）第178947号

责任编辑：李晓娟 / 责任校对：樊雅琼

责任印制：肖　兴 / 封面设计：黄华斌

科学出版社 龍門書局 出版

北京东黄城根北街16号

邮政编码：100717

http://www.sciencep.com

中国科学院印刷厂 印刷

科学出版社发行　各地新华书店经销

*

2020年11月第　一　版　开本：787×1092　1/16

2020年11月第一次印刷　印张：127 1/4　插页：2

字数：3 090 000

定价：1890.00元（全四册）

（如有印装质量问题，我社负责调换）

《黑河流域生态-水文过程集成研究》编委会

主　编　程国栋

副主编　傅伯杰　宋长青　肖洪浪　李秀彬

编　委　（按姓氏笔画排序）

于静洁　王　建　王　毅　王忠静

王彦辉　邓祥征　延晓冬　刘世荣

刘俊国　安黎哲　苏培玺　李　双

李　新　李小雁　杨大文　杨文娟

肖生春　肖笃宁　吴炳方　冷疏影

张大伟　张甘霖　张廷军　周成虎

郑　一　郑元润　郑春苗　胡晓农

柳钦火　贺缠生　贾　立　夏　军

柴育成　徐宗学　康绍忠　尉永平

颉耀文　蒋晓辉　谢正辉　熊　喆

《河西走廊水利史文献类编·黑河卷》

编纂委员会

主　　任　王忠静　卢琼华　谢继忠

委　　员　赵国强　杨永生　崔云胜　张景平

　　　　　陈乐道　吴居善　梁永芳　郑　航

主　　编　张景平　王忠静　陈乐道　吴居善

参与编纂单位

主持单位　清华大学

　　　　　甘肃省档案馆

合作单位　河西学院

　　　　　张掖市档案馆

总　　序

20 世纪后半叶以来，陆地表层系统研究成为地球系统中重要的研究领域。流域是自然界的基本单元，又具有陆地表层系统所有的复杂性，是适合开展陆地表层地球系统科学实践的绝佳单元，流域科学是流域尺度上的地球系统科学。流域内，水是主线。水资源短缺所引发的生产、生活和生态等问题引起国际社会的高度重视；与此同时，以流域为研究对象的流域科学也日益受到关注，研究的重点逐渐转向以流域为单元的生态-水文过程集成研究。

我国的内陆河流域占全国陆地面积 1/3，集中分布在西北干旱区。水资源短缺、生态环境恶化问题日益严峻，引起政府和学术界的极大关注。十几年来，国家先后投入巨资进行生态环境治理，缓解经济社会发展的水资源需求与生态环境保护间日益激化的矛盾。水资源是联系经济发展和生态环境建设的纽带，理解水资源问题是解决水与生态之间矛盾的核心。面对区域发展对科学的需求和学科自身发展的需要，开展内陆河流域生态-水文过程集成研究，旨在从水-生态-经济的角度为管好水、用好水提供科学依据。

国家自然科学基金重大研究计划，是为了利于集成不同学科背景、不同学术思想和不同层次的项目，形成具有统一目标的项目群，给予相对长期的资助；重大研究计划坚持在顶层设计下自由申请，针对核心科学问题，以提高我国基础研究在具有重要科学意义的研究方向上的自主创新、源头创新能力。流域生态-水文过程集成研究面临认识复杂系统、实现尺度转换和模拟人-自然系统协同演进等困难，这些困难的核心是方法论的困难。为了解决这些困难，更好地理解和预测流域复杂系统的行为，同时服务于流域可持续发展，国家自然科学基金 2010 年度重大研究计划“黑河流域生态-水文过程集成研究”（以下简称黑河计划）启动，执行期为 2011~2018 年。

该重大研究计划以我国黑河流域为典型研究区，从系统论思维角度出发，探讨我国干旱区内陆河流域生态-水-经济的相互联系。通过黑河计划集成研究，建立我国内陆河流域科学观测-试验、数据-模拟研究平台，认识内陆河流域生态系统与水文系统相互作用的过程和机理，提高内陆河流域水-生态-经济系统演变的综合分析与预测预报能力，为国家内陆河流域水安全、生态安全以及经济的可持续发展提供基础理论和科技支撑，形成干旱区内陆河流域研究的方法、技术体系，使我国流域生态水文研究进入国际先进行列。

为实现上述科学目标，黑河计划集中多学科的队伍和研究手段，建立了联结观测、试验、模拟、情景分析以及决策支持等科学研究各个环节的“以水为中心的过程模拟集成研究平台”。该平台以流域为单元，以生态-水文过程的分布式模拟为核心，重视生态、大

气、水文及人文等过程特征尺度的数据转换和同化以及不确定性问题的处理。按模型驱动数据集、参数数据集及验证数据集建设的要求，布设野外地面观测和遥感观测，开展典型流域的地空同步实验。依托该平台，围绕以下四个方面的核心科学问题开展交叉研究：①干旱环境下植物水分利用效率及其对水分胁迫的适应机制；②地表-地下水相互作用机理及其生态水文效应；③不同尺度生态-水文过程机理与尺度转换方法；④气候变化和人类活动影响下流域生态-水文过程的响应机制。

黑河计划强化顶层设计，突出集成特点；在充分发挥指导专家组作用的基础上特邀项目跟踪专家，实施过程管理；建立数据平台，推动数据共享；对有创新苗头的项目和关键项目给予延续资助，培养新的生长点；重视学术交流，开展“国际集成”。完成的项目，涵盖了地球科学的地理学、地质学、地球化学、大气科学以及生命科学的植物学、生态学、微生物学、分子生物学等学科与研究领域，充分体现了重大研究计划多学科、交叉与融合的协同攻关特色。

经过连续八年的攻关，黑河计划在生态水文观测科学数据、流域生态-水文过程耦合机理、地表水-地下水耦合模型、植物对水分胁迫的适应机制、绿洲系统的水资源利用效率、荒漠植被的生态需水及气候变化和人类活动对水资源演变的影响机制等方面，都取得了突破性的进展，正在搭起整体和还原方法之间的桥梁，构建起一个兼顾硬集成和软集成，既考虑自然系统又考虑人文系统，并在实践上可操作的研究方法体系，同时产出了一批国际瞩目的研究成果，在国际同行中产生了较大的影响。

该系列丛书就是在这些成果的基础上，进一步集成、凝练、提升形成的。

作为地学领域中第一个内陆河方面的国家自然科学基金重大研究计划，黑河计划不仅培育了一支致力于中国内陆河流域环境和生态科学研究队伍，取得了丰硕的科研成果，也探索出了与这一新型科研组织形式相适应的管理模式。这要感谢黑河计划各项目组、科学指导与评估专家组及为此付出辛勤劳动的管理团队。在此，谨向他们表示诚挚的谢意！

2018年9月

叙　记

《河西走廊水利史文献类编·黑河卷》既是“黑河流域生态-人文过程集成研究”丛书的组成部分，也是“河西走廊水利史文献类编”丛书的第二部成果，其篇幅在两大丛书中都是最巨大的。为方便读者阅读与使用这一文献整理成果，编者在此谨对黑河流域水利开发的历史与现状进行简要介绍，并对本书编纂缘起与经过等相关问题略做说明。

一

黑河是我国第二大内陆河，流域跨青海、甘肃、内蒙古三省区。黑河干流上游分为二源。西源野牛沟发源于青海省祁连县八一冰川，东源八宝河发源于青海省门源县景阳岭。二源在祁连县城所在地八宝镇西北汇合后，在黄藏寺附近流入甘肃省境内，向东北方切穿祁连山脉中的走廊南山，经肃南裕固族自治县境，出莺落峡进入河西走廊。其后，黑河干流北流至张掖市甘州区乌江镇一带，山丹河及其支流从山丹、民乐县汇入黑河；干流继续经临泽、高台二县，左岸相继有沙河、梨园河（又称响山河）、摆浪河等支流汇入，至正义峡转向北流并切穿合黎山。其后，黑河干流经大墩门进入甘肃省金塔县境内，转向东北流，又称弱水。在金塔县鼎新镇一带接纳自酒泉、嘉峪关流来的第一大支流讨赖河，至狼心山附近，进入内蒙古自治区额济纳旗境内，又称额济纳河，分为东、西二河，分别注入东居延海（又称苏古淖尔）与西居延海（又称嘎顺淖尔）。黑河干流全长821公里，在上游山区形成的径流总量15.8亿立方米。其中，莺落峡以上为上游，莺落峡与正义峡之间为中游，正义峡以下为下游。

黑河流域在西、东、东南三个方向分别与石羊河流域、疏勒河流域、黄河流域相邻，北部与蒙古国接壤。黑河流域总面积约14.29万平方公里。其中，青海省1.04万平方公里，甘肃省6.18万平方公里，内蒙古自治区约7.07万平方公里。黑河支流众多，除较大的山丹河、沙河、梨园河、摆浪河、讨赖河以外，还有马蹄河、海潮河、酥油口河等不与干流发生直接水力联系的大量浅山短流。全流域中集水面积大于100平方公里的河流有18条，地表径流量大于1000万立方米的河流有24条。其中，中游地区灌溉发达，渠网、塘坝、水库密布，干支流河道的渠系化特征十分明显。

黑河流域在整体上属于温带大陆性气候。南部祁连山区海拔2600—3200米，年平均气温2.0—1.5℃，年降水量在200毫米以上，最高达700毫米，相对湿度约60%，蒸发量约700毫米，气候冷凉，但相对湿润。高山区现代冰川普遍发育，宽阔河谷多高山草甸，有较丰富的森林资源，是流域主要的产流区。中部河西走廊平原区平均海拔1500米左右，年平均气温2.8—7.6℃，降水量由东部的250毫米向西部递减为50毫米

以下，蒸发量则由东向西递增，自2000毫米以下增至4000毫米以上，光热资源丰富，日照时间长达3000—4000小时，绿洲、戈壁、沙丘渐次分布。黑河流域下游额济纳平原平均海拔1000米左右，年平均气温8.9℃，年降水量35毫米，年日照时间最高可达3600小时，是中国日照最多的地区之一，流沙戈壁与湿地湖泊并存。

黑河水系的历史演化较为复杂。环境科学的有关研究表明，地质时期，黑河流域水量充沛，古居延海面积巨大，更有径流从居延海盆地东北方向溢出并深入蒙古高原，最东可到达呼伦贝尔盆地。后伴随青藏高原不断隆起，阻挡季风进入内陆，流域气候日益干旱，径流量逐渐减少，黑河干流长度缩短，居延海变为尾闾湖。进入历史时期，人类活动对于流域环境的塑造不断强化，加之流域气候存在周期性变化，下游居延海面积盈缩，中游绿洲分布格局亦处于动态过程。20世纪后半叶，全球工业化迅猛推进，导致全球气候变化加剧，黑河流域社会经济快速发展，导致祁连山局部生态破坏，大量水资源在中游被消耗甚至浪费，直接引发黑河诸支流与干流相继失去水力联系，进入下游的水量不断减少，西居延海和东居延海先后于1961年、1992年干枯，引发严重的生态问题。自2000年开始，由国务院统一部署的黑河干流水量调度工作启动，黑河干流开始根据制度安排向下游定期、定量输水。经过持续努力，黑河下游生态明显改善。2017年10月东居延海水面恢复至66.3平方公里，为近一百年来最大面积。

黑河流域自古以来即处于沟通中原与西域、内蒙古高原与青藏高原的十字路口位置，战略地位十分重要。黑河流域是当前中国重要的生态功能区、中国制种农业的主要基地之一、历史文化资源的富集区与重要的旅游目的地。具体而言，上游的祁连山脉是中国西北最重要的水源涵养区之一，中游的河西走廊中部绿洲是中国著名的灌溉农业区、中国最大的玉米制种基地与“丝绸之路”经济带上的重要通道，下游的居延海地区是中国防治沙漠化与抑制沙尘暴的桥头堡之一。兰新铁路、兰新铁路第二双线、临哈铁路、连霍高速公路（G30）、京新高速公路（G7）呈东西向横贯流域，交通便利。流域总人口133.8万（2016年），包含汉、蒙、藏、回、裕固等诸多民族，其中90%以上分布在中游地区。黑河流域的主要城市都在甘肃省，有张掖市、酒泉市、嘉峪关市；县级城市有青海省祁连县，甘肃省肃南裕固族自治县、山丹县、民乐县、临泽县、高台县、金塔县，内蒙古自治区额济纳旗。黑河流域拥有张掖大佛寺、肃南马蹄寺石窟与文殊山石窟、汉长城、明长城、黑城、骆驼城、魏晋壁画墓等重要文物古迹，以及祁连县卓尔山、张掖丹霞地貌、山丹军马场、额济纳与金塔胡杨林等著名风景区。此外，著名的酒泉卫星发射基地亦位于黑河干流附近。

需要特别说明的是，黑河第一大支流讨赖河流域因流域面积大，水量较大，且社会经济格局自成一体，在水利事业中通常被视为独立流域，“河西走廊水利史文献类编”丛书独立安排《讨赖河卷》，已于2016年由科学出版社出版。因此，《河西走廊水利史文献类编·黑河卷》刊布史料涉及的地理范围，包括黑河干流流域及除讨赖河外的全部支流流域。

二

以《史记》为代表的传世文献记载，黑河流域的大规模开发始于公元前2世纪汉武帝对河西走廊的征服活动。考古发掘则显示，从新石器时代直到青铜时代，黑河流域一直有先民从事规模化的生产活动。考古挖掘提供的证据显示，黑河流域存在分属马家窑文化马厂类型与四坝文化类型的考古遗址，农业生产在这些考古文化的经济生活中占有决定性的地位。位于黑河流域东部山丹河流域的民乐县东灰山遗址曾发现距今4000年左右的小麦、大麦、高粱、粟和稷五种农作物碳化籽粒以及石磨、石镰等石质农具，证明黑河流域是我国最早引种小麦这一外来作物的区域。畜牧业方面，东灰山遗址等出土大量羊、猪等家畜骨殖，黑河流域的祁连山山前草原以及下游居延海一带自古就是肥美牧场，在战国时代处于乌孙、月氏两大游牧部族的结合部，存在较发达的游牧经济。在手工业特别是在青铜冶炼方面，黑河流域是中亚、印度青铜冶炼技术传入中原的重要通道。近年来新挖掘的张掖西城驿遗址显示，黑河流域在距今4100—3600年已经存在较大规模的青铜冶炼基地，呈现出较高的社会分工水平。这些考古文化中，必然有与水资源开发相关的内容，故《尚书·夏书·禹贡》中有关大禹“导弱水，至于合黎，余波入于流沙”的记载虽系上古传说，未必没有实际映射的历史事实。

西汉王朝设立河西四郡后，今日黑河流域在彼时主要属于张掖郡管辖。与郡县设立相伴随的是大规模的人口迁移。故两汉时期，黑河流域掀起了第一个水利开发高潮，《汉书·地理志》记载，张掖觻得县附近有千金渠，可能就是中游地区的骨干灌溉工程。又据学界对居延汉简的研究，当时在下游居延海地区亦有规模庞大的农业开发，并设有隶属大司农的“都水”及其统辖下的各种水利职官、“河渠卒”等数量庞大的水利人员。同时，畜牧业在流域内部也占有重要地位。祁连山山前草原水草丰美，众所周知的匈奴歌谣中的“失我祁连山，使我六畜不蕃息”，应是指今黑河流域的大马营草原而言。太史公谓凉州“畜牧为天下饶”，黑河流域实为中心。

公元4世纪初，中原地区因所谓“五胡乱华”而再次陷入大动乱时，包括黑河流域在内的河西走廊却在其后一个世纪的时间内保持了相对的安定与繁荣，成为中国北方保存汉、晋文明成果的最主要区域，其人才与文化储备为后世隋唐帝国重建大一统做出了重要贡献。公元301—439年，黑河流域先后为前凉、前秦、后凉、北凉等政权占据。其中，北凉政权为世居黑河之畔的匈奴别部卢水胡建立。大量西迁避难的中原民众迁入黑河流域，农牧业进一步发展，居于青海湟水流域的南凉秃发部经常越过祁连山，到张掖一带抢割庄稼，抄掠牲畜，证明黑河流域是农牧产品丰饶的膏腴之地。

公元589年，隋王朝统一全国，各地经济普遍发展，户口数量与粮食产量都有很大提升。公元609年，隋炀帝亲自巡视河西，在黑河流域的焉支山下大会西域各国首领与商贾，成为流域历史中一件重要的国际外交与贸易事件。唐王朝建立后，一直十分重视黑河流域的经济开发特别是农业的建设。唐前期，甘州人口稀少，劳动力资源极为匮乏，尚有大量未获开辟的土地，故陈子昂极力建议向甘州大量移民，大兴水利。至8世纪中叶的唐玄宗时期，包括黑河流域在内的河西走廊已经成为一个粮食产量极高的地区。当帝国都城所在的关中平原遭遇饥荒时，往往将河西生产的富余粮食陆运至灵州（今宁夏灵武）一带，装船沿黄河、渭河进入关中。唐代黑河流域的畜牧业仍然保持兴旺，在吐蕃对唐的几次偷袭中，劫夺甘州牲畜都是吐蕃的目的之一。

公元 755 年，“安史之乱”爆发，唐帝国由盛转衰；在此后数个世纪中，中原王朝失去对河西走廊的控制，黑河流域先后为吐蕃、回鹘占领。由于这两个政权都具有不同程度的游牧属性，黑河流域的农业开发衰落。公元 11 世纪，西夏占领黑河流域后，开始大力发展农业，并在居延海附近进行垦殖。元朝时期，在河西走廊设立甘肃等处行中书省（甘肃行省），黑河流域为其中心。因皇室崇尚藏传佛教，西藏高僧常常沿黑河经居延前往蒙古草原深处的哈拉和林，故朝廷比较重视对黑河流域的开发。其时，甘州、肃州（今酒泉市肃州区）、亦集乃（今额济纳旗黑城遗址）等城市都十分繁荣，马可·波罗在其游记中对此进行了特别的赞扬。另一位意大利修士鄂多立克则在游记中提到，甘肃行省是“世界上第二个最好的省”，出产大量粮食，其中最主要的作物是粟。马可·波罗与鄂多立克都提到，甘州、肃州南部的祁连山区盛产大黄，是黑河流域重要的输出商品。

1372 年，明王朝占领河西，在肃州城西修筑嘉峪关，并以此作为帝国直接控制区的西北门户，黑河流域遂成为明王朝版图中的西北极边之区。为缩短军事防线，明王朝放弃了黑河下游广大地区，集中力量在黑河中游地区开发屯田，并以军、民双轨制的方式引入农业移民。明代黑河流域在河西走廊的贸易地位较为突出，由于边境的收缩与贸易政策的调整，肃州、甘州成为明帝国在西北方面的两个最重要口岸，新疆与中亚、西亚商人的许多贸易活动被指定在这两座城市中进行。15 世纪上半叶，帖木儿帝国君主沙哈鲁派遣使团前往北京，沿途经过许多大城市，但所撰写的行纪材料只对甘州、肃州这两座城市中的市场进行了特别记载，通过许多细节描述盛赞这些市场规模宏大，管理有序，并认为这两座城市所能提供物资种类的丰富程度令人吃惊。

今日黑河中游地区灌溉系统的骨架自明代开始形成，主要渠道的沿革可追溯至明初，包括复杂的山地引水系统、泉水贮存系统以及平原渡槽系统。流域中游形成东部的山丹-民乐绿洲、中部的张掖绿洲、西部的高台-临泽绿洲三大灌溉农业区，人口缓慢增长。清代，在维持明代基本灌溉格局的基础上，对老渠系加密、改建，提高了老垦区的水资源利用率，形成了当时甘肃境内唯一的大面积稻作农业区；同时在下游大举屯田，使得流域人口在整个 18 世纪中后期快速增长，从 1730 年前后的不足 10 万人增加到 1810 年前后的 60 万人以上。这一时期，黑河流域历史上第一次出现了因局部人口过剩而向新疆等地输出移民的状况。人口的快速增殖导致了耕地面积的迅速扩大，祁连山山前草场以及高台等地的盐碱地、沼泽地都被开垦。至 19 世纪初期，流域耕地总面积已超过 200 万亩。其中，三分之二集中在黑河干流中游的张掖、山丹、民乐、临泽、高台等地。当时甘肃巡抚以区域平均土地单产为依据，将田赋等级自高至低依次定为“金、银、铜、铁”四等，甘州等地被定为“金”等，后世所谓“金张掖”之名即从此处得来。

灌溉面积的扩大造成了灌溉高峰时期流域水资源的紧张。早在康熙五十四年（1715 年），镇彝堡农民阎如岳等人已经开始向当局请愿，要求在黑河流域诸县之间“均分水利”。雍正四年（1726年），川陕总督岳钟琪在一份奏折中承认，每年夏初灌溉高峰，黑河正义峡以下已经没有径流通过。康熙、雍正之际，两任川陕总督年羹尧、岳钟琪对此事极为重视，多次亲自实地考察，或派员督办。在此前后，著名的黑河均水制度出台，其核心是每年芒种前十日寅时起至芒种当日卯时，高台镇江渠以上河段全线闭口，其间由高台镇彝五堡与更下游的毛目、双树墩灌区独享水源。其中，高台镇彝五堡使用七天，毛目、双树墩灌区使用三天，由驻军监督实施。这一制度的核心是，以独占灌溉时间为单位，规定了灌溉高峰期流域中、下游之间各自的水权配额，其灵感明显来源于流域广泛存在的轮灌制度。同时，县级行政区在水权博弈中居于主体地位。在将“时间”作为水权计算主要依据的同时，将“水量”作为水权的重要补充计算方法。雍正、乾隆之际，作为生产军粮的屯田灌区，黑河中游的三清渠取得了闭口期。经过长时间的完善，到民国时期，黑河流域已形成一套以“均水制”为核心的复杂水权制度，并“制造”出一种“阎如岳康熙告状，年羹尧雍正均水”的经典论述，某些具体的制度安排一直沿用至今。

19世纪60年代，中国大地内忧外患。各种战乱给黑河流域社会经济造成了毁灭性破坏，使得流域人口大量损失。晚清、民国时期的黑河流域绝非一个正常的、有着光明前途的区域社会，而是处处呈现着一种凋敝、衰落的景象。沉重的赋役负担、鸦片泛滥等造成了严重的社会危机，整个社会趋于贫困化。著名记者范长江用《金张掖脱了金帽子》这样的标题来描述张掖，其文字对流域社会经济状况有着犀利敏锐的洞察：“要论张掖的街道，……并不见得很差”，但“没有裤子穿的朋友太多了，十四五岁以下的小孩，十之七八没有裤子”。直至1949年中华人民共和国成立后，黑河流域的社会经济才步入快速发展的轨道，水利事业也获得了长足发展。

三

长期以来，历史时期黑河流域的水资源开发问题在屯田史、边疆开发史以及历史地理相关学科框架下得到前辈学者的专门讨论。既有研究在两个方向取得了较高水平的研究成果：一是利用汉简资料对汉代水利制度的研究，二是综合运用中国第一历史档案馆藏清代档案与地方志材料对清代屯田水利的研究。然而，在水利社会史领域与水利环境史领域，黑河流域的相关研究步履维艰。其中原因复杂，与河西走廊其他流域一样，“微观”文献的匮乏无疑是重要的阻碍因素。

《河西走廊水利史文献类编·黑河卷》编纂自2014年8月正式启动。编者首先对黑河流域水利史文献的“家底”进行了约一年的系统摸底调查，认为要在碑刻等金石材料与渠册等民间文书的搜集方面达到岭南、江南、山陕的水平，完全不可能。这是近世以来黑河流域相对落后的社会发展水平所致，更是干旱区水利社会的特性所定。因此，《河西走廊水利史文献类编·黑河卷》在基本继承《河西走廊水利史文献类编·讨赖河卷》编写思路的前提下，将重点放在档案材料的整理上。《河西走廊水利史文献类编·黑河卷》所收录档案以张掖市档案局藏民国档案、甘肃省档案局藏民国档案为主，兼收部分酒泉市档案局藏民国档案。特别是张掖市档案局藏民国档案，多数尚未完成编目，未向公众开放，其史料价值十分珍贵。黑河流域民国水利档案中保留的历史信息，在细节的丰富、内容的多样方面居河西走廊之冠，就是在全国范围内也是不遑多让的，完全可以胜任社会史、环境史、经济史等研究领域的史料需求。其中，不仅涉及民国水利史本身，更有不少可回溯至清代，而这些清代史料的原始载体本身已经消失，故其史料学价值更加凸显。

近年来，史料的出版刊布特别是数字化进程明显加快，这对我们搜集整理干旱区水利文献提出了新的要求。编者认为，在维持基本全面的史料框架基础上，应更加自觉地把精力集中于独家、一手文献的整理刊布上，可以通过数据库检索、阅读的文献一般不再收录。因此，与《河西走廊水利史文献类编·讨赖河卷》相比，《河西走廊水利史文献类编·黑河卷》缩小了民国报刊类文献的取材范围，所收录都是不见于各类数据库或有独特价值者；取消了读者已经可以较容易觅得的清代奏折类文献单元。明清到达黑河流域的知名人士甚多，其文集中未有直接、正面记录水利问题者；但大量一般性的河流水利描述，如李渔甘州诸诗，皆可在古籍数据库中觅得，故取消私家著述类文献单元。黑河流域水利碑刻录文散见于方志、档案者大大超过了讨赖河流域，但没有一座原碑刻存留，因此不再另设碑刻类文献单元。编者曾在流域进行过数次较大规模的口述史采访，但所得信息之丰富、准确、详赡，未能超过档案文献提供的范围，故取消。1949 年后，各种档案资料统一合并为中华人民共和国时期档案文献单元，以五六十年代文献为主。根据《河西走廊水利史文献类编·讨赖河卷》出版后的读者意见，取消文史资料类文献单元，增设民间收藏水利文献单元。

《河西走廊水利史文献类编·黑河卷》的编纂过程得到了各有关方面的大力支持。甘肃省档案局作为本书牵头单位之一，依据双方协议开放了相关档案的刊布授权，并在时任甘肃省委副秘书长兼甘肃省档案局局长赵国强同志的亲自关心下，积极协调有关部门完成了开放权限审核，甘肃省档案馆馆长卢琼华同志以及各相关处室领导在档案整理中给予了宝贵支持。本书合作单位河西学院历史文化与旅游学院动员学生完成了近 1/4 档案的初录工作，更创造各种生活方面的便利条件，使编纂人员在繁重枯燥的工作中倍感温暖。中共张掖市委常委、宣传部部长李润强同志多次过问编纂情况并提供了宝贵支持。张掖市档案馆两任馆长梁永芳同志、吴居善同志以极为高远的文化眼光，保证了张掖市档案馆藏民国档案对课题组的开放。酒泉市人大副秘书长杨永生先生提供了有关民间收藏水利文献的重要线索。2018 年 1 月和 2019 年 3 月，编者邀请相关专家、领导，对本书先后进行了初稿审查和定稿审查，北京大学韩茂莉教授，清华大学仲伟民教授、梅雪芹教授，中国人民大学夏明方教授，北京师范大学徐宗学教授，南开大学王利华教授，山西大学胡英泽教授以及原水利部办公厅主任顾浩教授、水利部宣教中心纪委书记王乃岳研究员、中国水利学会副秘书长吴伯健教授级高级工程师等专家、领导先后莅临指导，对于本书的编纂提出了大量意见与建议。在此，谨向所有关心、支持《河西走廊水利史文献类编·黑河卷》编纂的各位专家、各位领导、各位同仁表示诚挚的感谢。

清华大学土木水利学院副院长王忠静教授作为《河西走廊水利史文献类编·黑河卷》

编纂委员会主任与主编，一直为黑河流域水利史文献的搜集整理提供完全经费保障，并对编纂过程给予全面指导。甘肃省档案馆馆长卢琼华同志作为本书编纂委员会主任，对于本书的编纂工作尤其是民国档案部分的整理提供了各种支持。河西学院历史文化与旅游学院院长谢继忠教授作为本书编纂委员会主任，参与制定了本书体例，并具体组织了书中部分文献的初录工作。《河西走廊水利史文献类编・黑河卷》的编纂框架制定、史料甄别筛选、重点文献录入和全书统稿工作，由本书第一主编张景平完成。其中，主要工作系张景平在清华大学土木水利学院水利水电工程系从事博士后研究时完成，少量收尾工作系2019年3月调任兰州大学历史文化学院研究员后完成。甘肃省档案馆开发利用处处长陈乐道研究馆员、张掖市档案馆馆长吴居善同志作为本书主编，也为本书的编纂尤其是民国档案部分的整理做了许多具体工作。

在《河西走廊水利史文献类编・黑河卷》的编纂工作中，东莞理工学院郑航副教授、西北师范大学王新春副教授、厦门大学王炳文助理教授，曾在清华大学土木水利学院水利水电工程系攻读博士学位的朱金峰、郑志磊、蒋光昱、徐国胤、张子雄诸君，都给予了不同形式的宝贵帮助。兰州大学的马艳艳、毛建荣同学，西北师范大学的常美玲、陈妙、陈晓娜、董静贤、杲立亮、郜荟慧、郭永霞、李雅婕、李霞、柳文武、马元军、王丽晓、王瑞雪、王恩博、许凌馨、于增秀、赵琪伟、周雪娇、周玮等同学，河西学院的高璐、高文虔、贾永翔、祁才中、唐瑞、王明、王亚楠、徐迪先、张烨等同学在不同阶段先后承担了部分档案的馆内数字化、部分原始文献的录入等工作。在此，向这些同仁致以诚挚的感谢。

《河西走廊水利史文献类编・黑河卷》是王忠静教授主持的国家自然科学基金重大研究计划重点项目“水权框架下黑河流域治理的水文–生态–经济过程耦合与演化”（91125018）的重要成果。2019年，《河西走廊水利史文献类编・黑河卷》作为“黑河流域生态–水文过程集成研究”丛书中的一部重要专著，列入国家出版基金项目。为了保持与“黑河流域生态–水文过程集成研究”丛书的一致性，《河西走廊水利史文献类编・黑河卷》整体内容在沿袭“河西走廊水利史文献类编”丛书基本风格与规范的基础上做了一些调整，删去了“河西走廊水利史文献类编”丛书编纂指导委员会名单①、丛书主编署

---

① “河西走廊水利史文献类编”丛书编纂指导委员会
主　任　雷志栋　刘昌明
顾　问　（按姓名笔划排序）
王　浩　王光谦　张建云　张楚汉
陈志恺　胡四一　顾浚臣　康绍忠
程国栋　傅伯杰
委　员　（按姓名笔划排序）
马俊亚　王乃昂　王利华　王希隆
王忠静　厉　声　田　澍　朱诗鳌
仲伟民　李并成　杨诗秀　辛德勇
张国刚　周魁一　郑炳林　钞晓鸿
袁　林　夏明方　梅雪芹　韩茂莉
谭徐明

名①、丛书总序以及本书附录等内容，同时根据有关政策规定未保留有关可能引发争议的地图等信息，留待日后修订再版时予以补全。

本书索引收录流域重要河流渠道名称，便于读者检索有关信息。

张景平代表本书编纂委员会执笔于金城诚意斋

2020年6月16日

① “河西走廊水利史文献类编”丛书主编　王忠静　张国刚

凡　例

尽可能多地保留原始文献信息，是《河西走廊水利史文献类编·黑河卷》编纂过程中的第一原则。故本书对于原始文献内容一般不予改动，以期最大限度地保留原貌。但因为本书所收录原始文献时间跨度大，类型差异明显，为保证内部统一，并符合当今出版规范，经编者与出版方反复协商，本书在许多具体细节方面进行了类型化处理，分别阐述如下。

一、关于文献录文与编者按的问题。对原始史料的录文构成本书绝对主体，同时以脚注形式加编者按。文献录文依照历史文献学一般原则进行。对于字迹难以辨认的内容，用方框代替。出现大量缺页、污损和删节时，用编者按说明。

二、关于原文献中的繁体字、异体字问题。原文献多采用繁体字书写，其中不乏异体字。对于繁体字，本书都直接改为简体字。对于异体字，除人名保留外，本书都直接改为正体字。

三、关于原文献中词汇的不统一、不规范问题。本书所收录文献不但有文言、白话，还有口语化的方言。许多词汇存在两种甚至更多的书写方式，如“彻查”又作“澈查”，“干打实塞”又作“干挞实塞”。对于一些专用名词，民国时期与当今的表达方式不同，如在某些文献中，“海拔”又作“拔海”，等等。人名方面的差异亦大，因旧时乡村社会中文盲比例极高，故许多呈文、诉状中，姓名书写极为随意；两个相近的姓名，有时难以判定：究竟是同一人姓名之误写，还是不同的两个人。地名方面的问题：首先，表现为音近字异，如“大都麻河”又作“大堵麻河”，“昔喇渠”又作“西腊渠”；其次，表现为历史文献地名不符合今日规范，如“内蒙古自治区”不应简化为“内蒙”，但在20世纪50、60年代文献中，“内蒙”相当普遍。上述这些不统一、不规范不但出现在不同文献之间，而且在同一文献内部亦颇有参差。这种不统一、不规范，本身就是重要的历史现象，不应以今责古。故编者对于此类问题皆照录，不刻意统一、规范。

四、关于原文献中的数字形式问题。原文献中数字形式极为复杂。在序号方面，原文献有阿拉伯数字，带圈、带括号的阿拉伯数字和小写、大写汉字数字，带括号的汉字数字等多种类型，且层级运用不统一。在表示量的数字书写方面，亦存在多种书写方式。假设有数字1,740.1，也会写作1740.1、一千七百四十点一、一七四〇点一等。上述各种形式的数字，在全书中皆有出现。对此，编者不做整体统一，基本维持原貌。但为避免读者误会，对同一文献内部易造成理解混乱的地方酌情进行调整。

五、关于原文献中的标点问题。原文献多数没有标点，少数有标点者亦与当今使用规范存在较大差别。编者在整理中，一律使用规范的标点符号进行断句，以逗号、句号为主，对疑问句用问号，对层次关系明显的语句必要时用分号。尽量不使用省略号、破折号、感叹号、冒号、括号，此五类符号出现，若未作注说明，皆为原文自带。断句时亦不轻易使用引号，书中出现者多数为原文自带。编者主动使用引号的情况，集中于民国档案文献中标识公文多层嵌套式结构。由于前人在引用书名、文献时多不规范，多数直接加书名号，如《书》系《尚书》，《汉志》系《汉书·地理志》。但遇到以“汉地理志”指代《汉书·地理志》这样较罕见的简称时，为避免误会，标作“汉《地理志》”，而非《汉地理志》，读者可根据上下文意判断。

六、关于计量单位使用方面的问题。原文献类型多样，形成年代不同，计量单位使用比较复杂，如中国传统的尺、寸、亩、石、斗、斤、两等，英制的英寸、英尺、马力等，公制的米、千米、千克、千瓦等，皆有使用。具体书写时，同一种计量单位存在不同的书写方式，如“英寸”又作“吋”，“毫米”又作“公厘”，“千米”又作“公里”“km”，等等。同一文件内部，亦未能完全一致，对此均维持文献原貌。

七、关于各级标题问题。本书所收录各种类型的原文献标题层级很多，表现方式差异很大，排列分散，影响到阅读效果，故全书统一了各级标题的基本层级，同时保留了原文献各种标题的多样性。为了保持相似文献标题的一致性，有时会省略一级标题。如本书中的诗文标题按三级标题设置，部分内容省略二级标题；档案类文献按三级标题设置，部分内容省略二级标题。

八、关于原文献正文的字体、字号等体例问题。原文献多数为手写，字体复杂，但普遍存在以不同字体、字号区别不同类型内容的现象，也存在大量传统书写格式。在整理中，对绝大多数正文字体统一为宋体，字号统一为五号，但遇古籍中某些起注释、提示、补充作用的小号字以及民国档案中的处理意见，为便于读者区分，改用楷体。排版方面，一律按当前通行的横排标准处理。对于传统书写格式中表尊敬的转行、提格等形式，表谦逊的小号字、侧写等形式，本书未予保留。将夹批、眉批、双行注释等内容改作脚注，并以“原注”表示，或在编者按中介绍其原形态。

九、关于表格的问题。本书涉及表格类型比较复杂，形态差异极大。编者本着尽量接近原始文献形态的原则，按照“黑河流域生态-水文过程集成研究”丛书统一表格版式进行微调，保留其数据、内容的历史原貌。

十、关于民国纪年问题。本书收录史料中涉及的民国纪年书写方式不尽统一。如“中华民国××年”，也会写作“民国××年”、“××年”、“民××”等。其中，“××”之书写形式，亦有汉字数字、阿拉伯数字两种形式。“二十”也会写作“廿”，“三十”也会写作卅。编者对此皆维持现状，读者可根据上下文判断其具体含义。

十一、关于各单元本类文献提要及原始文献作者、整理者信息的问题。各单元本类文献提要的编写目的主要是介绍文献的保存、流传、版本等信息，对整理中遇到的主要问题进行说明。为与各种原始文献区分，本类文献提要中的文字排仿宋体。各种原始文献的作者、整理者信息，已在本类文献提要中说明的，原始文献中不再显示；本类文献提要未予

说明的，在原始文献脚注中以编者按显示；档案文献中，不论原文件是否有具体署名，均在命名中体现责任人。

十二、关于历史文献中的时代局限以及不符合当前出版规定的问题。由于时代局限，历史文献中有极个别文字，存在地域歧视、特定历史条件下的意识形态痕迹、对兄弟民族的不公正态度、宗教矛盾等问题，为符合当前出版规定，编者进行了遮蔽处理，并在遮蔽处以编者按形式注明。对于遮蔽处涉及关键时间与事件节点以致影响阅读的内容，以规范语言转述其重要信息。

十三、部分民国文献对时任官吏颇有谀辞，不尽符合历史事实，但考虑到维持原文献的完整性，未予删改。

十四、本书索引为流域重要河流渠道名索引，但“黑河”因贯穿全书，不再收录。

目 录

壹 方志类文献

贰 游记与考察报告类文献

叁　民国工程文献

肆　民国报刊文献

伍　民国档案文献

上

中

下

陆　中华人民共和国时期档案文献

柒　民间收藏水利文献

伍

民国档案文献

本类文献提要

民国档案是河西走廊各流域水利历史文献最为重要的渊薮。近世以来，河西走廊经济、社会与文化发展曾长期处于欠发达状态，地方志、私家著述的存世数量不可与中原、江南相提并论，复因战乱原因，明清档案少有存世者。所幸区域民国档案尚有相当数量存世，其中不乏水利历史方面的内容，其中还以转抄方式间接保存不少明清史料。因此，全面搜集与系统整理民国水利档案，一直是《河西走廊水利史文献类编》丛书的工作重点。

2014年夏天，当编者第一次获准参观张掖市档案馆库房时，不禁为眼前数以万计的民国档案所惊叹。张掖市档案馆所收藏的民国档案数量庞大、内涵丰富、保存状况基本完好，但当时尚未完成最后编目，故基本未能被学界利用。在河西学院历史文化与旅游学院谢继忠教授的斡旋下，编者得到张掖市档案馆两任馆长梁永芳先生、馆长吴居善先生的大力支持，经过一年时间、前后四次的集中翻阅，甄别并抄录其中与黑河流域民国水利事务相关的多个案卷。甘肃省档案馆收藏的民国档案篇帙浩瀚，且已完成电子化，其中与黑河流域水利历史相关者为数亦多。2016年底，编者与甘肃省档案馆开始讨论整理甘肃省档案馆藏水利历史档案的可能性。经甘肃省档案馆开发利用处处长陈乐道先生引荐，在两任馆长赵国强先生、卢琼华女士的大力支持下，经过有关部门审查，编者得以调阅与民国黑河流域水利事务相关的档案目录，挑选并抄录相关内容。甘肃省档案馆与张掖市档案馆收藏的民国水利档案，构成了民国时期黑河流域水利文献篇幅最大、最具史料价值的主体部分。

本单元收录民国档案分为六个主题。《草四坝水案档》涉及张掖、山丹、民乐三县之间复杂的水利关系，前后经历百余年，而以20世纪40年代为高潮，是黑河流域东部灌区泉水灌区水资源博弈的典型，内容极为丰富。《三清渠水案档》体现了高台、临泽、鼎新三县围绕三清渠水利特权存废以及黑河"均水制"运行而进行的百年博弈，其高潮亦出现在20世纪40年代；此前对于黑河"均水制"研究中，中外学者常苦于缺乏细节史料支撑微观研究，而三清渠水案作为黑河均水制体系中一个"流血的伤口"，为学者窥一斑而见全豹提供了可能。《马尾湖水库档》则记录了1949年之前黑河流域最大水库修建的基本过程，其中工程技术人员、各级官员、地方社会三者之间的互动资料尤其珍贵。《民乐山丹两县水利档》《张掖县水利档》《高台临泽鼎新三县水利档》是黑河主要的三个灌溉区域日常水利事务的档案汇总，涉及水利纠纷、渠道维护、水源林保护、水磨建设、水权交易、水利共同体日常运作以及河堤、桥梁、渡口建设等丰富信息，基本涵盖了日常水利事务的各个方面，具有极为重要的史料价值。

本单元文献的整理过程极为艰难。这不仅因为黑河流域水利档案的数量本身极为浩繁，还在于流域档案文献本身的归卷状态不佳。其中的主要原因在于近100年来流域政区发生的巨大变化。民国时期，黑河流域的政区结构与今日不同。其中，高台县先后归属肃州（州治在今酒泉市肃州区）以及设署于酒泉县（今酒泉市肃州区）的甘肃省第七区管理；张掖县（今张掖市甘州区）、民乐县（民国初期曾称为东乐县）、山丹县与临泽县先属甘州府（府治在今张掖市甘州区），后被并入设署于武威县（今武威市凉州区）的甘肃省第六区管理。1949年后，高台县划给张掖专区管辖，而张掖专区又曾一度合并武威、酒泉两个专区，旋又拆分。政区的频繁变化，使得诸多历史档案的归属反复变更，逐渐失去其原有案卷关系；特别是许多跨县甚至跨区水利档案的收藏沿革，目前已十分混乱。这为许多档案特别是张掖市档案馆收藏档案的归卷带来了巨大困扰，很多案件内容淆乱、日期颠倒、公文发布链条模糊不清。这个责任不应当由档案部门独自承担，需要通过与学术界较长时间的合作研究来予以逐步解决。因此，《河西走廊水利史文献类编·黑河卷》中民国档案文献的整理暂时无法如《河西走廊水利史文献类编·讨赖河卷》一样按照纪事本末体原则精确排列；编者在未完全复原原案卷关系的情形下，未敢贸然对现行案卷进行拆解与重新排列，只是按案卷的主要内容归入六个主题。因此，本单元文献在时间顺序上未能严格按照先后顺序排列，故常有错简之感；各主题内容中，也常有某些与主题不尽一致的文件。例如，原则上《民乐山丹两县水利档》不应包括草四坝水案的内容，《高台临泽鼎新三县水利档》不应包括三清渠水案与马尾湖水库的内容，《三清渠水案档》不应包括马尾湖水库内容，但因为原案卷内容中各自颇有掺入，故在本书中对现状予以维持。这些问题的解决，需要更为细致的研究以及对整个区域民国档案系统更为深入的了解，希望在日后的修订版中能较好解决这个问题。

本单元档案选取，仍然强调公文结构上的完整性，有时会在文书体系中反复引用相关文献，有很多没有太多实际信息的官样批语以及转抄提示等都尽量予以保留。这不但因为在文件转抄过程中，某些信息往往被刻意修改，更因为其中体现的一个完整的地方政务处理链条值得重视。本单元原始文献在格式上差异较大，在这里仍然主要按照书札体予以整理，首行顶格显示受文者名衔或单位、冒号结束；对于没有受文者的，首行顶格显示事由、冒号结束。对于某些时期的特殊公文，同时出现受文者、事由，皆定格书写。受文者在前一行，不加冒号，事由在后一行，加冒号。文件中的嵌套式格式，对于所嵌套内容前后较有把握的，编者用多层引号括出，较无把握的用逗号、句号括出。对于原文件中标尊敬的换行、提行等书写形式，编者一概未予保留。

本单元所收录档案原收藏于甘肃省档案馆者，编号前冠以“甘”字；收藏于张掖市档案馆者，编号前冠以“张”字。其中，甘肃省档案馆收藏档案编号数字为三组，依次为全宗、目录、案卷号；张掖市档案馆编号数字为两组，依次为全宗号、案卷号。部分张掖档案馆未编号民国档案，直接标注“张未编号档案”，其后数字为编者整理时的临时顺序号。由于档案的原命名原则都不统一，编者对本单元所收录民国文献进行了重新命名，基本原则为“发文者+事由+受文者+文体”。对于已编号档案，不再标注原卷内目录的文件名；对于未编号档案，以编者按形式保留了原卷内目录的文件名，待档案部门完成编号时不至于使本书读者无从查找。

上

草四坝水案档

代理张掖县长黄治安关于派员监镶山丹草四坝闸口情形给甘肃省主席的呈文

1946 年 9 月 4 日　　甘 15-11-412

张掖县政府呈建（35）申字九二一号

案奉甘肃省第六区行政督察专员王二（35）未灰电“已派孙视察振林会同民、山两县监镶山丹草四坝闸口”等因，奉此，本府当即派平彝乡乡长王保乍会同办理。去后兹据该乡长报称“窃职奉命于八月十六日会同专署孙视察前往山丹监镶闸口经多日磋商，即与八月二十日下午二时会同孙视察、魏县长及民乐县政府代表李三乐亘该渠镶置闸口，遂有山丹草四坝代表杨柏林等聚众阻挡、野蛮横行，不允镶闸。唯恐引起重大冲突，经商讨处理办法，即会衔电报将双方水利当事代表送请专署依法处理。查山丹草四坝代表杨柏林不但阻挠不允镶置闸口，且于是日夜晚又将东乐镇正水完全强夺，任意浇灌。似此违犯水利情事，职同民乐县代表与山丹魏县长交涉数次终无法处理”等情，据此，除分呈外，理合具问呈请钧府鉴核示遵。谨呈甘肃省政府主席谷。

代理张掖县县长黄治安

山丹县长魏晓笠关于草四坝与民乐东乐堡水利纠纷案给甘肃省主席的电报及处理意见

1946 年 9 月 10 日　　甘 15-11-412

兰州主席谷密：

本县草四坝与民乐东乐堡人民，因水利发生纠纷。经县长及两县士绅会同专员公署视察孙振天商定解决方案，呈报专员公署核准，奉令执行镶闸。当施行虞日晨会同有关人员镶置界毕，而草四坝民众李滋久、陈多学等□□□□①，喊打之声四起，登时将闸捣毁。职等恐事态扩大、发生惨剧，乃掩护东乐代表安全回城，该民等仍尾追咆哮，要挟赔偿损失，经职厉声斥训始息，（2452）（2452）② 而散。查职对此事始终以和平态度，息事宁人

① 编者按：此四字模糊，未可识。

② 编者按：此二字原电报纸上未译出，只存编码。

为宗旨。现该民等聚众滋事，目无法纪，究应如何办理，伏乞电示祇遵。

职魏晓笠建水（35）申齐印

处理意见：

捕押人员释放，纠纷待府派李斌调查后再办。

九月十一日

山丹县参议会议长等就草四坝正轮号水被县长等强行掘干事给甘肃省各机关的呈文

1946年9月11日　　甘14-1-250

省政府主席谷、省参议会议长张、省党部主任委员张、青年团干事长李、书记王、监察使署监察使高钧鉴：

顷据本县龙峰镇四路公民周正卿、雷黄文、王让等八百余人电称，本年九月七日上午七时本县县长魏晓笠、第六区专员公署孙视察员，率警佐自卫队长带全部警队同民乐县东乐乡代表王经纶、王乐龄、何世杰等五十余人，手执铁铣、锄头、木杆，以暴力将本坝正轮号渠掘干。查本号水计每昼夜灌地三十八石，关之本坝八百余户生命，所有差徭国课以及人民生计全赖于斯。今忽被掘断，民众生计立即断绝。政府是否需要民众，应请明白指示，如不需要，民众请即转呈县府收回权状，发给路证，俾资避荒，涕泣惶悚，不知所云。呈各路凡有耳目共见，况水利系乎民命，并与国费攸关，理合电呈钧署府部会鉴核，派员澈查究办，以重水利，而维民命。

山丹县参议会议长兼青年团干事长　郭多鼎

副议长　彭盛国

县党部书记长　陈世光

虞叩

山丹县草四坝民众代表赵国魁等就草四坝正伦号水被县长等强行掘干事给甘肃省各机关的呈文

1946年9月11日　　甘14-1-250

兰州省政府主席谷、监察使署监察使高、省参议会议长张、省党部主任委员张、青年团干事长朱、书记王钧鉴：

民等正在灌溉秋田苗水之际，突于本月七日早七时渠水干涸。当经巡查，始悉第六区专署孙视察员暨本县魏县长率领武装警察、自卫队全部，同民乐县东乐堡绅民王经纶、王乐龄、何世杰等五十余人，各执铁铣、锄头，以暴力强开闸门口，堵截本坝正伦号水引入东乐堡内，以致影响本坝水利。查东堡与本县草四坝双方分水之期，按照向来□□□□[①]尚在九月十二卯时。今孙视察、魏县长不顾东坝应灌溉秋田之水利，率领多人强行堵截。对于丹民两县之人民，不无歧视。似此偏袒，其中有无他情，殊难揣测。惟查东号水计，每昼夜灌溉三十八石，关之东坝八百余户生命，所有差徭国课，以及人民生计，全赖于斯，今忽被掘断，民众生命，立即断绝。曾经郭议长、陈书记长提出质询，孙视察、魏县长同声答复，由其负责赔偿。刻已水被排掘干，秋田无望，命在旦夕，政府如需要民等，恳请钧鉴念民命，电饬本县县府发给路证，以便避荒，而全蚁命。临电涕泣，不知所云。

山丹县龙峰镇草四坝公民　赵国魁　杨相林　李滋久　周国玲
梁维屏　钟守浚　雷显魁　王心贤
雷黄文　赵国成　王　让 等
八百余户同叩

山丹县草四坝民众李滋久等就草四坝正伦号水被县长等强行掘干事给甘肃省参议会的呈文

1946 年 9 月 11 日　　甘 14-1-250

甘肃省参议会议长张钧鉴：

民等正在灌溉秋田苗水之际，突于本月七日早七时渠水干涸，当经巡查，已悉被第六区专署孙视察员、魏县长率领武装警察自卫队全部同获民乐县东乐堡绅民王经纶、王椿龄、何世杰等五十余人，各执铁铣锄头，以暴力强镶闸口，堵截本坝正轮号水，引入东乐堡渠内，以致影响本坝号水。查东乐堡与本县草四坝分水之期，按照向例尚在九月十二日卯时。今孙视察、魏县长每因偏袒东乐堡，屡将本坝绅民雷显魁、钟守浚、周举直，非法逮捕，擅行拘押，并将杨柏林、王政贤押送专署，六日晚又将雷显魁、周举直预先拘押，七日早孙视察、魏县长不顾本坝应灌溉之秋田号水，率领多人擅行堵截。对于丹民两县之人民，不无歧视。似此偏袒，其中有无他情，殊难揣测。惟查本坝号水计每昼夜灌田一百二十石，关乎本坝八百余户生命，所有差徭国课以及人民生计全赖于斯。今忽被掘断，民众生命立即断绝，曾经郭议长、陈书记长提出质询，孙视察、魏县长同声答复，由其负责赔偿。刻已水被排掘干，秋田无望，命在旦夕，而县政府滥捕滥押，人民更无生理，情急势迫，匍伏千里，叩恳钧鉴体恤民命，电饬本县县政府司法处保障人民身体自由而全蚁命，并饬孙视察、魏县长负责赔偿损失，临电涕泣，不知所云。

山丹县第一区草四坝公民　李滋久（印）　赵国奎（印）　杨柏林（印）　雷显奎（印）
陈多学（印）　钟守浚（印）　赵　润（印）　王子始（印）
周举直（印）　武克刚（印）等
八百余户同叩申真

① 编者按：此四字模糊，未可识。

山丹县草四坝民众代表陈子学等就草四坝正伦号水被县长等强行掘干事给甘肃省各机关的呈文

1946 年 9 月 12 日　　甘 14-1-250

兰州省政府主席谷、高等法院院长、省参议会议长张，省党部主任委员张、青年团干事长朱钧鉴：

查山丹龙峰镇草四坝与民乐东堡分水之期，向有定例。本坝现正灌溉秋田苗水，东乐堡分水尚在九月十二日卯时，六区专署孙视察暨本县魏县长每因偏袒东乐堡，屡将东坝绅民雷显魁、杨柏林、钟守浚、周举直预先拘押。本日早七时孙视察魏县长率领武装警察自卫队，保护东乐堡绅民王经纶、王乐林、何世杰等五十余人，各执铁铣、锄头，以暴力强开闸口、堵截号水，几本坝人民不让一人进前。刻已水被掘干，秋田失望，人民命在旦夕，为此务恳钧鉴体念民命，电饬本县县府司法处保障人民身体自由，并请电令孙视察、魏县长赔偿人民损失，临电涕泣，立候示遵。

山丹县龙峰镇草四坝公民　陈子学　武克刚　王世创
赵粗渊　何进忠 等
率八百余户同敬叩申虞

水利专员王自治等关于解决草四坝与民乐东乐堡水利纠纷初步进展给建设厅长的电报

1946 年 9 月 16 日　　甘 15-11-412

兰州建设厅长张密：

职等寒因机油漏尽，宿水阜河，经秦王川抵永登，路虽难行，尚无危险。铣晚达山丹，现正请民乐张县长及双方负责人谈询并调查中，谨先电呈。

职王自治、李斌筱

山丹县长魏晓笠关于报告草四坝与东乐水利纠纷原委给甘肃省主席的代电及附件

1946 年 9 月 13 日　　甘 015-011-0412-0011

甘肃省政府主席谷钧鉴：

本县草四坝人民与民乐下五坝人民，因争水利发生纠葛一节案，经以建水（35）申齐电呈报在案。惟此案内情复杂，为持已久，谨再将其原委详呈如次。查本县草四坝与民乐东乐堡下五坝及张掖廿一坝系同一泉源，按旧例以卅二昼夜为一轮，计山丹分水十九昼夜有齐，民乐分水十一昼夜有齐，由清明起至立冬止周而复始，轮流浇灌。轮本坝用水期间，他坝必须堵塞，惟因草四坝穿越山丹城郭，居民赖以饮用，故轮民乐张掖用水之十一昼夜有齐内，仍与草四坝水三分，名曰军马园囿水或口水，并在草四坝渠口置一磨眼，此三分水即在磨眼穿过以示限制，年久发生问题。民乐方面认为，磨眼原来甚小，今被山丹人民私行凿大，且磨盘周围必须以草皮泥筏干打实塞，毫无渗漏。山丹方面则谓，磨眼向来如此，磨盘周围则系由乱石核砌，不能实塞。此种异议由来本久，只以过去双方认识调协尚能相安。迄至本年五月，草四坝差甲王让因与民乐人民晏安海等不睦，双方各执一词，遂先后涉讼于本府及第六区专员公署，经专署派视察员孙振林会同山丹民乐两县长、张掖县府社会科长冯良栋、山丹参议会议长郭多鼎、民乐参议会副议长韩从善、山丹草四坝代表杨柏林、民乐下五坝代表晏安海等多人，于六月廿一，假山丹县府举行会议，商讨解决方案。当时双方代表意气用事，各不相让。职自始至终即以客观公正立场，寻求合情合理之解决为原则，经对本县绅民再三解劝晓谕，始成协议。决议将旧日之磨盘发去，另置以石闸，中间一与旧磨眼大小相等之方孔，两旁及底镶以石柱，及石平，使不再有渗漏溃决情事，记录在册。惟最后山丹草四坝代表提出一项最低限度要求，即轮其十九昼夜月水时，应将闸暂行移去，以畅水流。当时民乐代表坚不答应，争执又起，几告破裂。职等恐因此而成僵局，前功尽弃，无法收拾，遂宣告停止讨论俟，将来镶闸时再行斟酌决定。因是会议记录未将此项争议列入，至七月廿八日民乐县府秘书牛致壮、参议会副议长韩从善等携带水闸前来镶置，当经会同本县出席上次会议人员会商装置事宜，本县草四坝代表仍提前议，轮其用水时，非移闸不可。又经职多方晓谕，始允移闸底，不移闸柱，惟询民乐代表，坚不让步。双方各走极端，职以此刻若勉强装置，则将来纠纷更大，乃各报专署核示。至八月廿日，专署复派视察员孙振林前来，仍令照前决议镶置。当即函请张掖民乐两县府派员办理，旋张掖代表王保年、民乐代表李三乐先后到达，遂会同前往镶闸。此时，山丹草四坝代表杨柏林等出而阻挡，几与民乐代表发生冲突。职等以河西情形特殊，人民视水如命，点滴必争，若处理不当，隐患堪虞。当经商酌，会衔将民乐、山丹两方代表王春林、何世杰、杨柏林、雷显奎等四人呈送专署，依法办理，以息争端。至九月五日，专署仍派视察员孙振林维持原议执行镶闸。当于九月七日会同民乐代表王春林及民夫多名至草四坝渠口镶闸，事先并通知本县党团议会派员监视，一面函请驻军维持秩序，初尚顺利，虽有山丹党部书记长兼省参议员陈世光颇表不满，与孙视察员振林发生口角，惟经劝解后，陈世光自行退去。不意闸已镶竣，正进行迁移民乐渠口之际，突有草四坝人民百余人由李滋九、陈多学等率领蜂拥而至，喊打之声四起，立将水闸捣毁，一时秩序大乱。职与孙视察员振林深恐事态扩大，酿成命案，关系非轻，乃由驻军掩护民乐代表及民夫安全回城，移特妖民等复集队至县府，要求赔偿损失，经职严厉斥责后，始悻悻而去。查职对此事始终抱不偏不倚，息事宁人之态度，平心而论。本年六月廿一日三县代表会议决议之镶闸一案兼顾各方颇为允当，无如愚民无知自私，心过甚，且陋规行之多年，一旦改易，自觉不快。遂出此非法手段，职未能防止于先，内疚实深，除严令该民等不得再生事端外，谨将本案原委电呈鉴核示遵实为公便，附呈解决山丹草四坝与民乐下五坝水利纠纷记录一份，山丹县志有关水利记载一节。

代理山丹县长魏晓笠

民国三十五年九月十三日

附件一

山丹草四坝与民乐东乐堡解决水利纠纷第一次会议记录抄件

时间：民国三十五年六月二十一日下午三时

地点：山丹县政府会议室

出席人：孙振林　张声威　魏晓笠　郭多鼎　韩从善　陈世光　王修身　杨柏林
雷显魁　钟守浚　晏安海　王经纶　王春林　冯良栋

主席：魏晓笠

记录：罗天显

开会如仪。

报告事项（从略）。

讨论事项：

（一）主席提议：山丹草四坝与民乐东乐堡因军马园囿水流量问题发生纠纷应如何解决请公决案。

决议：仍照旧例办理，在民乐用水期间，予山丹城内军马园囿水一磨眼（即现用之磨眼经测量纵横每边均为六市寸半），惟为杜绝纠纷，计另置一石闸，中间一与现用磨眼大小相等之方孔两边及底镶以石柱及石平，使流水完全在石孔内经过，不再有渗漏溃决情事。

（二）主席提议：东乐堡分水渠口究应设置原庭抑另移他处请公决案。

决议：此案关系重要，今日时间不及，移至明晨再行讨论。

散会。

山丹草四坝与民乐东乐堡解决水利纠纷第二次会议记录抄件

时间：三十五年六月二十二日上午十时

地点：县府会议室

出席人：孙振林　郭多鼎　彭咸国　陈世光　罗昭文　雷显魁　冯良栋　杨柏林
王经纶　晏安海　王春林　钟守浚　韩从善　张声威　王修身　魏晓笠

主席：魏晓笠

记录：王修身

开会如仪。

报告事项（略）。

讨论事项：

（一）主席提议：关于东乐堡分水渠口究应仍置原庭抑另移他处请公决。

决议：东乐堡之分水渠口应向西北下游移置三分之一（即从现有渠口南端起至山洪冲毁之决口处北端计算）。

（二）主席提议：东乐堡分水渠口高度与草四坝闸口石眼高度应如何规定请公决。

决议：东乐堡分水渠口高度与草四坝闸口石眼之直径中点相等成一水平线。

（三）主席提议：东乐堡分水渠口与草四坝水闸宽度应如何规定请公决。
决议：一律规定为四市尺。
（四）主席提议：草四坝原有闸口石眼应否当场测度以昭慎重请公决。
决议：当场测量（经测量结果原有石眼为正方形，每边距离均为六市寸半）即以此次测量结果为新水闸石眼大小之标准，其流水量以注足石眼为原则。
（五）主席提议：此次会议结果应如何呈覆公布以昭信守请公决。
决议：1. 会呈专署备案。
2. 会议记录分存张掖，民乐，山丹三县县政府各一份。
3. 于东乐堡及草四坝渠口之间刊竖石碑以资遵守。
（六）主席提议：双方修筑闸口及石碑费用应如何负担请公决案。
决议：双方共同承担。
散会。
原纪录存山丹县府。

附件二

节抄山丹县志水利记录一段

草湖一渠分为一十三坝，应使水利除各有独泉按量均浇外，其余各坝应使三季六轮水利，与东乐堡同使按三十二昼夜为一轮。山丹草湖坝分水十九昼夜有奇，东乐分水十一昼夜有奇。自清明日起，先挨东乐浇毕，将坝口封闭，次挨草湖浇灌，周而复始，自下而上。惟草四坝有城内军马园囿水三分，有穿城水洞三道，冻早开迟，是以头轮春水七轮冬水不开闸口，其余各坝开则同开，闭则同开闭。

甘肃省第六区专员王维墉关于报告山丹民乐水利纠纷给甘肃省主席的代电及附件与处理意见

1946 年 9 月 16 日　　甘 15-11-412

甘肃省第六区行政督察专员兼保安司令公署快邮代电二申字第 388 号
甘肃省政府主席谷钧鉴：

案查前据民乐县下五坝暨张掖二十一坝民晏富海等三十人呈控山丹四坝人民杨柏林等截夺水利捣乱渠规一案，经令派本署视察孙振林前往，会同张掖、山丹、民乐三县政府查勘去后，兹据呈复称“遵即会同民乐张县长声威、山丹魏县长晓笠、张掖社会科长冯良栋及山丹草四坝、民乐下五坝、张掖二十一坝民众代表王经纶、晏安海、杨柏林、王让、雷显魁等前往东门外二公里处草四坝水源详细勘查。并于六月二十一、二两日在山丹县府召开山丹草四坝与民乐东乐堡水利纠纷调解会议出席人同前及民乐山丹党团参议会首长韩从善（民乐党部书记长）、郭多鼎（山丹参议会议长）、陈世光（山丹党部书记长并省参议员）、王修身（山丹青年团筹备主任）等有关方面代表充分发表意见，详细讨论当经议决解决办法六项：

一、东乐堡之分水渠口应向西北下游移置三分之一（即从现有渠口南端起至山洪冲毁之决口处北端计算）。

二、山丹草四坝与民乐东乐堡因钧园囿水流量问题仍照旧例办理，在民乐用水期间，予山丹城内军马园囿水一磨眼（即现用之磨眼经测量纵横每边均为六市寸半），惟为杜绝纠纷，计另置一石闸，中间一与现用磨眼大小相等之方孔两边及底镶以石柱及石平，使流水完全在石孔内经过，不再有渗漏溃决情事。

三、东乐堡分水渠口高度与草四坝闸口石眼之直径中点相等成一水平线。

四、东乐堡分水渠口与草四坝水闸宽度一律规定为四市尺。

五、此次会议结果会呈专署备案，会议记录分存张掖、民乐、山丹三县县政府各一份，于东乐堡及草四坝渠口之间刊竖石碑以资遵守。

六、双方修筑闸口及石碑费用由双方共同承担。奉令前因理合，将调查办理情形连同会议记录一份一并签，请鉴核"等情，附会议记录山丹河水利陈案各一份。据此经核，决议各案尚属平允当，即分行山丹、张掖、民乐三县政府依照决议案切实执行，并牌示原呈人晏富海等永远遵守各在案。

嗣据民乐县政府建（35）午寒电称"本乡东乐堡与山丹草四坝水利镶置磨眼一案，现已石条作就，拟请派员监镶，并饬山丹县长定期镶置"等情，经转令山丹魏县长依照前次会议决定事项，前往会同监镶去后，旋又据民乐县政府建未冬电称"本县与山丹镶置闸口一案本府曾派秘书牛致壮，同党部书记长韩从善前往会监。据复山丹民众抗不遵命，希独占居上游，妄冀每年抢水，有意推翻迁安水规，玩忽法律。恳祈指示有效办法"等情，当即派本署视察孙振林前往督同镶置，并分电山丹县政府遵照各在案。

旋据视察孙振林、山丹县长魏晓笠、张掖县府代表王保年、民乐县府代表李三乐等未个代电称"查职等奉命解决民乐、张掖、山丹水利纠纷问题。经多日磋商，山丹方面仍坚持前见，轮其放水时非移闸底不可。民乐、张掖方面以此项意见无会议根据，不允其请。尤以山丹草四坝代表杨柏林等聚众阻挡，若强制执行，势将引起重大冲突，隐患堪虞。职等恐事态扩大，谨将双方当事代表送请钧座，依法处理，以息争端"等情。据此经传讯杨柏林、雷齐文、王春林、王经纶等，以本案决议案既经会议通过，即应依照会议决定镶置闸口，如镶置后确对山丹水流有碍时，再为复议。但不能仅凭一二人私见以为根据，必须经过张、民两县派员会同本署人员三方复勘后再行决议等语记录在卷，当庭征取该杨柏林、王春林等双方同意，并令出具甘结（甘结附后）在案，除将讯办情形分饬山丹、张掖、民乐三县政府暨本署视察孙振林，仍照原案执行。

后又据孙振林、魏晓笠建水（35）申虞电开"奉钧属二（35）申江电开'山丹草四坝水利纠纷案经讯结，仍照上次会议决议办理镶置'等因，奉此遵即会同民乐及山丹草四坝代表暨山丹参议会县党部青年团首长，并通知驻军派队维持秩序，于虞晨七时前往镶置。十时竣事，正拟回城之际，突有草四坝人民百余人由李滋九、陈多学等率领蜂拥而至，喊打之声四起，立将水闸捣毁，一时秩序大乱。职与孙视察员振林深恐事态扩大，酿成命案，关系非轻，乃由驻军掩护东乐人民安全回城，移时该民等复集队至县府，要求赔偿损失，经职严厉斥责后，始悻悻而去。查职对此事始终抱和平态度，息事宁人。执意草四坝人民固执成见，蛮不讲理，若强制执行，势非演出流血惨剧不可。职等未奉命令不敢造次，理合将未能镶置情形，电请鉴核示遵”等情，据此，查山丹草四坝民众对于本案一再翻覆，置会议记录及杨柏林所具“仍照议决案镶置闸口”甘结于不顾，似此情形，实属非法，若不严加惩办、以儆效尤，则三县水利纠纷实难得合理解决，影响民生殊非浅鲜。据电前情理合抄同杨柏林、王春林等所具甘结一纸，暨本案会议记录一份，一并电请钧府鉴核示遵。

甘肃省第六区行政督察专员兼保安司令王维墉

秘书丁振华代行印

附件

甘结抄件

具遵结人系山丹县公民杨柏林等，今具到钧署案下，依奉结得情因。呈诉民乐王春林等为水利一案，蒙钧座付讯断，令仍照议决案镶置闸口。俟后双方果有流水阻碍情事，当由钧署视察及三县会同秉公复议。两造遵依所具甘结是实。谨呈甘肃省第六区行政督察专员兼保安司令王。

具甘结人　雷其文（印）

杨柏林（印）

民国三十五年八月三十日

山丹县长魏晓笠关于草四坝水镶闸失败事给甘肃省主席的电报及省主席处理意见

1946 年 9 月 17 日　　甘 15-11-412

兰州主席谷密：

建水（35）申问点敬悉。查本县草四坝与民乐下五坝，因争水利与五月间由专署召集有关人员，决定镶置水闸。职会同专署视察员于申虞奉令执行镶闸，不特未拘押该民等，且被李滋久、陈多学等聚众暴动，将闸捣毁，若非驻军弹压，职等生命亦将不保。今该民等危言耸听，捏词诬称恕之。钧座派员查明是非，依法严惩，否则政府威信扫地，今后政令实难推行，谨闻。职传原告来厅面询。

魏晓笠建水（35）申寒印

处理意见：

存候王专员、李科长查至日再办。

九月十九日

民乐县政府关于草四坝镶闸问题纠纷给兰州省政府的电报

1946 年 9 月 20 日　　甘 14-2-325

兰州省政府密：

查本县东乐堡及张掖仁寿闸与山丹草四坝水利镶闸问题，前经张、民、丹三县县长会同专署孙视察振林，在山丹县政府开会商议结果，依照议案实行。迄今山丹人民，不但不让镶闸，而且有意推翻原案，电请鉴核仍照原案执行，天中地道，否则下游之民，实难生存。

民乐县政府（35）申皓印

民乐张掖民众代表赵钺等就草四坝镶闸失败请求查办有关人员给甘肃省主席的呈文

1946 年 9 月 21 日　　甘 15-11-412

呈为捣乱渠规劫夺号水聚众逞凶推翻议案恳乞钧府思鉴俯准查办整顿水利以儆刁恶，而免下坝人民受害事：

窃治邑地当张、山二县之间户民只有三保之多，需用水分泉源出自山丹，有东西两泉之分。自张掖仁寿闸起，沿河二十一坝，按粮使水各有时刻，每年自清明起三十二天为一轮，以下往上轮流浇灌，每逢下坝时刻沿河各坝自闭沟口，干打实塞，系毫不许紊乱，亦不得攒前越后，借故渔利，刻石立碑，定章立案，历年既久，各自遵守。惟四坝人民居心巧诈，唯利是图，近年来不守陈章，每逢下坝号水，不闭沟口任意捣乱，不时将水偷浇，利己损人，企图渔利，以致下坝人民受害不浅。不仅如此，在本年下坝头轮苗水时刻，有四坝土劣，杨柏林、雷显奎、王让等率众数十人将下坝闸口干塞。据云山丹之水岂有东乐人浇灌之理，公然截浇七昼夜。当时公民等申祈，山丹魏县长亲赴闸口勘查，以公理处治该土劣，杨柏林等置若罔闻，不得已公民等呈请第六区专员公署曾经派视察员孙振林履地勘查，会同张、山、民三县县长及山丹县党部参议会会议讨论办法，保全水案议决七项另抄附呈。熟意该土劣等面是心非，玩视功令，曾经专署派员会同三县镶闸，两次均被该土劣抗阻，惟第三次有视察会县将两造代表解凉堂讯，该土劣杨柏林等自知理屈，当堂认可，具结仍照议案办理。专署遂派孙视察会同三县于九月十日镶置闸口，是日，正拟镶置，突有山丹县党部书记长陈世光口出大言，从中破坏，暗使杨柏林、雷显魁、李子久、周国珍、陈多学等聚众数百人，手执椽棒木棍，喊声如雷，凶恶无比，将孙视察、魏县长及公民等包围垓心，恶言詈骂，所有治邑镶闸民夫二十名均被打散，如虎驱羊，立时将造就石闸打跌，粉碎无全。此间其势难解，幸有驻军连长率士兵二十余人从中拥护民等，故未被害，遂同孙视察、魏县长逃奔县府，该土劣杨柏林、李子久、陈多学等又复簇拥县府，经县长派警士二十人保送民等出城，未及行至街中，又被该恶民撕拉，沿街缚绑百般辱侮，民等所有衣物铁铣零件均被恶民抢去，约二时许始陆续送放，民等得命而逃，实同再造。民等窃思该陈世光身为党部书记长，藐视玩法，纵恶逞凶，且前议案时出席参加当场服意此间不惟不保持议案而反暗而挑拨视专署为何如耳？尤其水系人民命脉，该土劣等不守陈章，上挡下死下坝人民焉有生路，除呈请张、民二县转呈外，公民等备文匍匐恳乞钧府恩鉴准查办，保重水利，以儆刁恶，而免下坝人民受害矣，实为公德两便。谨呈甘肃政府主席谷。

附呈专署视察及三县会议议案一纸，抢夺物件单一纸。

民乐东乐堡暨张掖仁寿闸公民 赵　钺（印） 王经纶（印） 张九经（印）
张于智（印） 王春林（印） 晏安海（印）
姜多士（印） 安希禹（印） 何世杰（印）
张得塑（印） 张法思（印） 胡建儒（印）
王得贤（印） 姜兆熊（印） 王定中（印）
黄得厚（印） 候建元（印） 晏富海（印）
王希夫（印） 永丕显（印）

处理意见：

存候查复至日并案办理。

九月廿六日

附件

计开抢夺物件

铁铣两张	木椽子十五根	门扇一页
草大绳两对	布棉衣三件	褐棉衣五件
毛卫身衣两件	毛卫膊子两件	褐单衣两件
布汗褂子两件	鞋八双	

甘肃省政府就澈查山丹县草四坝与民乐东乐堡分水纠纷一案结果给甘肃省参议会的咨文①

1946 年 11 月 11 日　　甘 14-1-250

案准贵会本年九月十九日议申字第七二三号咨以“据山丹县草四坝民赵国魁暨该县参议会先后呈电，以山丹县草四坝、民乐东乐堡分水致引起纠纷，嘱核办见复”等由，查此案已据该民等暨该县参议会先后经电呈到府，经令据本府建设厅第四科科长李斌澈查报称“查山丹草四坝与民乐东乐堡下五坝及张掖平彝二十一坝系同一泉源（源出山丹城东之草湖），按旧例以三十二昼夜为一轮，计山丹分水二十昼夜，民乐分水十二昼夜，由清明起至立冬日止而复始，轮流浇灌。轮本坝用水期间，他坝渠口必须封闭，惟因草四坝水穿越山丹城郭，居民赖以饮用，故至民乐张掖轮水之十二昼夜，仍与草四坝分水三分，名曰军马园囿水（载在《山丹县志》，附抄），即在草四坝渠口堵一磨扇，中开一眼三分水即由

① 编者按：该咨文所引用之建设厅第四科科长李斌调查报告中所附提到县志、碑文等，案卷中均无收录。

此磨眼穿过入城以示限制，惟年久失其真像、发生问题。民乐人谓，磨眼原来甚小，今被山丹人民私行凿大，且磨扇周围必须以草皮泥筏干打实塞，不许渗漏，记载于东乐堡全神庙碑文及山丹草四坝遵结。山丹人谓，磨眼向来如此，磨扇系用顽石扶砌，使石孔漏水不得实塞。双方纠纷即由此异议而不断发生。迨至本年五月，值东乐堡轮水时，草四坝差甲王让同头人杨柏林、雷显奎等因劫夺东乐堡渠正轮号水，涉讼山丹县府，当经魏县长查勘传讯后，会同农会彭理事长，评令援照旧例轮流灌溉，不得任意劫夺号水，紊乱水利陈规，并布告两坝民众周知（附抄布告），嗣以杨柏林等抗不遵守，仍未解决。遂由东乐渠代表王春林等呈诉六区专署派视察孙振林履勘后，会同张、山、民三县县长（张掖由社会科长代），山丹参议会议长、青年团筹备主任干事长、党部书记长、草四坝代表杨柏林等三人，民乐参议会副议长、东乐渠代表晏安海等三人于六月二十一日在山丹县政府举行会议两日，商定解决办法，七项决议记录分存三县县府并呈报在专署在案。迨七月二十八日，民乐县府派秘书及参议会副议长等，携带石制水闸前来，会同安装。因草四坝代表提议本坝轮大水时非移闸不可，民乐代表坚不让步，遂报专署，核示八月二十日专署复派孙视察并令县会同，仍照议决案执行，镶闸当由山丹县长函达。张掖、民乐两县各派代表到县面同镶置水闸时，由草四坝代表杨柏林等出面阻挡，虽未发生剧烈冲突，石闸仍未得安装，遂由山丹县府与孙视察等会衔，将民乐代表王春林、王经纶，山丹代表杨柏林、雷其文四人派警解送专署处理，当由专署令其取保（专署卷内有商号保结）释放。旋经传讯，断令仍照决议镶置闸口，各具甘结返县，并派孙视察会同魏县长及民乐代表王春林及民夫等二十余人至草四坝渠口镶闸，事前通知山丹各当事绅民监视，一面率领警察并函请驻军维持秩序，自早八点起至十一点，石甫经镶妥，山丹书记长陈世光以渠水截断且闸口两旁石柱太大，缩小渠口面积，本坝正轮大水时，势必减少流量，有妨灌溉，因争论而与孙视察发生口角。陈走后，正在迁移东乐渠口之际，山丹杨柏林等率领草四坝民众百余人蜂拥而至，质询孙视察、喊骂魏县长，将新镶石闸捣毁打碎，夺去民乐人铁铣、衣鞋等物，一时喊叫冲动，秩序大乱，倘非魏县长事前顾虑周到，函请驻军保护，难免酿成惨案。再查草四坝渠宽约五市尺六寸，旧置石磨扇直径约二市尺余，中凿大寸半孔一眼，置于水口之顽石中间，水浅则由石隙满流，水深则磨眼石隙上下均流，此与古人留水磨眼之陈规全不相符，且失其原意也。民乐、张掖两县人民所持分水一磨眼磨扇周围向以草皮泥筏干打实塞，不无理由，谨陈意见四点：

一、会议记录既由专署派员会同三县县长及党团参议会首长，各坝代表郑重举行，本党会议方式向采民主集权，决非主席者武断独裁，出席人数尤以山丹县占较多数，且决议案第一项首句提明，仍照旧例办理，并未推翻陈规，似应维持有效。

二、以乱石扶砌磨扇故使石隙漏水，决不合理，如以沿用多年六寸半磨眼流水为原则，似可用石条水泥镶砌，傍底中插长方形之活动式水闸，凿纵横夺半方□于闸之底边，使能尽量流水即可维持议决案，尤可在草□元中仍寓陈规。

三、倘根据三分之规定可由本府指派水利工程师以科学方式建修，确能分全水量三分之标准水闸，以杜永远纠纷，消弭后来隐患。

四、每年浚泉一次，应由民乐、张掖灌水，农户负担三分之一民工，帮同山丹草四坝民工三分之二疏浚，并厘订合理水规分存省、县、政府及专署或勒石竖立两渠口旁，俾资永远遵守所有查勘情形及陈具意见，理合附抄有关证件，签报钧府，电鉴核办”等情。

查在山丹县草四坝之口镶置石闸系该民等会同有关代表开会决定此次镶闸，该杨柏林竟率众暴动拆毁石闸又威胁辱骂政府主办人员，实属非法已极，已饬山丹县政府依法惩处，并为解决三县永久水利纠纷计决定：

一、镶置分水闸。底边用石质不使漏水，具技术及费用均由核心水利工程总队负责办理。

二、分水闸板由木板以资装卸。用板多少由民乐人预备。

三、闸板中应留流水眼之大小应遵照旧案以两造公认之六市寸半（正方）为度。

四、民乐人水期已过，应即将闸板（六板）抽存俟下轮水期时再装闸。

五、民乐东乐堡之分水渠口准向西北下游移置三分之一。

以上五项除电水利公司级分令六区专署，山丹、民乐、张掖三县之政府遵照并牌示外，相应咨请查照为荷。此咨甘肃省参议会。

主席　郭寄峤（印）

建设厅厅长　张心一（印）

民乐张掖两县民众代表就镶闸遭遇暴力阻碍给甘肃省参议会议长的呈文

1946 年 9 月 30 日　　甘 14-1-250

呈为捣乱渠规、截夺水利，聚众逞凶推翻议案，恳乞钧会鉴核俯准查办、整顿水规以儆刁恶，而免下坝人民受害事：

窃治邑地当张山二县之间，户民只有三保之多，需用水分泉源出自山丹，有东西两泉之分。自张掖仁寿闸起，沿河二十一坝，按粮使水各有时刻，每年自清明起三十二天为一轮，以下往上轮流灌溉。每逢下坝时刻，沿河各坝自闭沟口，干打实塞，丝毫不许紊乱，亦不得躐前越后、借故渔利，刻石立碑、定章立案，历年既久各自遵守。惟四坝人民居心巧诈、唯利是图，近年来不守陈章，每逢下坝号水，不闭闸口、任意捣乱，不时将水偷浇，利己损人、企图渔利，以致下坝人民受害不浅。不仅如此，在本年下坝头轮苗水时刻，有四坝土劣杨柏林、雷显奎、王让等率众数十人，将下坝闸口干塞，云山丹之水岂有东乐人浇灌之理，公然劫夺号水七昼夜。当时民等申诉山丹魏县长亲赴闸口勘查、依公理处治。该土劣杨柏林等置若罔闻，不得已公民等呈请第六区专员公署曾经派视察孙振林履地勘查，会同张、山、民三县县长及山丹县党部、参议会，会议讨论办法，保全水案议决提案七项另抄附呈。孰意该土劣等面是心非、玩视功令，经专署派员会同三县镶闸，两次均被该土劣等抗阻，惟第三次有孙视察会同各县将两造代表解堂，该土劣等自知理屈，当堂认可具结，仍照议案办理，专署遂派孙视察会同三县于九月十日镶置闸口。是日正拟镶置，突有山丹县党部书记长陈世光口出大言，从中破坏，暗使杨柏林、雷显奎、李子久、周国珍、陈多学等聚众数百人手执椽棒、木棍，喊声如雷、凶恶无比，将孙视察、魏县长及公民等包围垓心、恶言责骂，所有治邑镶闸民夫二十人均被打散，如虎驱羊，立时将造就石闸打跌、粉碎无全。此间具势难解，幸有驻军连长率士兵数十人从中拥护，民等故未被害，遂同孙视察、魏县长逃奔县府。该土劣杨柏林等又复率众簇拥县府，经县长派警士二十人保送民等出城。未及行至街中，又被该恶民撕拉，沿街缚绑百般辱侮，民等所有衣物、铁铣零件均被抢去，约二时许始陆续松放，公民等得命而逃，实同再造。民等窃思，该陈世光身为党部书记长，藐公玩法、纵恶逞凶；且前议案时出席参加，当场服意，此间不惟不保持议案，而反暗而挑拨，视专署为何如耳？尤其水系人民命脉，该土劣等不守陈章、上挡下死，下坝人民为有生路，除呈请张、民二县转呈外，民等备文匍匐，恳祈钧会鉴核，俯准查办保重水利、以儆刁恶，而免下坝人民受害，实为公德两便。谨呈甘肃省参议会议长张，附呈孙视察及三县会议议案一纸。

民乐县东乐保暨张掖仁寿闸公民　晏安海（印）　赵　钺（印）　永丕显（印）
姜兆熊（印）　刘希禹（印）　张兴志（印）
王春林（印）　王经纶（印）　侯廷元（印）
何世杰（印）　黄得厚（印）　张殿忠（印）
王希天（印）　张得坤（印）　王定中（印）
姜多士（印）　刘兴周（印）　黄金钰（印）

民国三十五年九月三十日

山丹草四坝民众周举直等就阻止镶闸一事给甘肃省参议会议长的请愿书

1946年9月24日　　甘14-1-261

窃查民乐县东乐堡人民灌溉农田之水，向系本县草四灌田下余之水。但该堡人心不足，屡因偷水发生争殴流血情事，曾经明清两代地方政府酌情循理、规定公用办法，双方遵行至今，并未乱过旧章。今该堡地痞王椿龄、王经纶、何世杰等挟众图霸，妄来寻衅不遂，捏造黑白，淆惑第六区专署，派来孙视察振林再三查办，公民等自以本坝水利，向有明白协定，历经数百年，各有遵行无害，孙视察当应查旧案，排难解纷、秉公处理，以符原案而顺民情。孰料孙视察别具心肝、偏袒独裁，不按旧章、一味颟顸，竟先押本坝代表于本年九月七日上午七时，借词执行命令，要挟本县魏县长，率同武装军警、自卫队，护同东乐堡之地痞流氓执械，强将本坝正在灌溉秋田正输运水掘干、擅自镶闸，并将全渠水量概引东乐渠内，以致应灌之秋田失望，且连人民饮水绝断。民等情急，除一面分电呼吁并举代表请愿、冀全蚁命外，并一面向孙视察魏县长陈诉利害，冒死撤去新闸，以免乱其渠规、遗患万年。惟事关民众生存，不得不一致死争。但孙视察刚愎自用，深恐恼羞成怒，颠倒是非、妄加罪名，蒙蔽六区专署，陷害无辜，已遂其欲。合将历代分水办法，并此次以武力压迫另镶新闸、以及本坝蒙受损失之各情形，分别择要，呈诉于左：

一、明代洪武年分水办法：当时政府为息两县民众争端，双方协定由民乐县东乐堡每年向山丹县缴纳正粮四十余石、插花粮十余石，山丹赔粮九十六斗、地丁银二十余两。除春冬二季外，祗定夏季苗水四轮，按粮分水：每轮共为三十二昼夜，山丹二十昼夜，民乐十二昼夜。其民乐十二昼夜水量分全渠三分之二，其三分之一定为本县兵马池塘、灌溉园圃以及人民饮食之水，双方遵行至，清代未变。

二、清代道光年分水办法：人心不古，日久玩生，复因该县贪多偷水，又起争执。曾经两县政府绅民按照明代协定之水量制置断一石窟窿，规定两县民众于分水之期，不得携带铁铣、镢头，以乱石镶立，置就之石窟窿，俾其双方水量，各自流灌，于每轮东乐堡十二昼夜水完时，即行撤去石窟窿，则全渠水量概由本坝灌溉。履行至今，虽或有时不免争端，然并未乱过渠规，改变旧章。

三、浚水修坝人工费用：东乐堡既分本坝每轮水量三分之二，每轮浚水修坝，理应共出公费。但历年以来，该东乐堡未派来一人、浚修一次，坐享其利，已属非理，然每次至衅、均由彼起，贪婪无厌、于兹已极。

四、谎报粮赋独享水利：东乐堡绅民，自民十九年起，借灾谎报逃流绝户，将所缴山丹各种粮赋全已报清。但该堡绅民损公自私、尚不知足，此次妙想天开，借其财力活动，冀图永久镶闸，断绝本坝民脉、独占水利，是可忍也、孰不可忍也。

五、魏县长初次照旧处理：本年立夏后，东乐堡第一次分水时，即来民夫众多，撤去该县闸口，强将本坝应有三分之一水量，概行夺引东乐堡渠内，以致争殴速起。经本县魏县长讯断，仍照旧章分水，并出布告两张，晓示遵行。

六、孙视察偏袒独裁：东乐堡绅民，神通广大，不遵魏县长晓示，捏词蒙蔽六区专署，派孙视察前来查办。该绅等冀图推翻陈案旧规，尽其方法活动。但孙视察利令智昏，一手遮天，竭其威力压迫，虽经会同本县暨民乐县长地方法团并两县绅民代表正式会议三次，然胸存成见、不采民意，独自另镶新闸二次，均因有害本坝水利，未经阖坝民众承认。不料孙视察魏县长竟出高压手段，屡以拘押民众威胁，复以押解代表至六区专署恫吓。均以事关民命、誓死反对，未遂其欲。孰知孙视察丧心病狂，变本加厉，复迫魏县长预先拘押本坝代表雷显奎、周举直等，竟于九月七日早七时，同率武装军警自卫队护同东乐堡劣绅暴徒五十余人，各执铁铣、镢头，驱逐本县民众不容进前，强将本坝正输运水掘干，擅自镶其另置石傍石底之新闸。当时曾经本县参议会郭议长、县党部陈书记长提讯：“是日渠水，正系本坝灌溉秋田之正输运水，距东乐堡分水之期尚有五昼夜之久，今不按渠规、独自独行，则本坝未灌秋田之损失，将何处置?”孙视察、魏县长同声宣告“镶闸势在必行，错水由其赔偿”等语。查本坝正输运水，每昼夜灌田三十余石，关乎八百余户生命，以及差徭国课：今忽被掘干，秋田失望，饮水断绝，人民命在旦夕。于是情急，冒死泣陈，撤去新闸。惟查丹民两县，同属国巢人民，尤其水是本县之水，何以本坝代表拘为阶下囚，东乐堡劣绅尊为座上客，公道何在？民主何在？似此偏袒歧视，其中有无他情，民等愚而无知，谅贤达不难揣测。兹将应行要求各项，分条并陈于后：

一、错过秋田正输运水五昼夜之损失，应否由孙视察赔偿，抑由东乐堡绅民赔偿？恳祈钧鉴主张公道，转咨甘肃省政府核夺饬遵。

二、十九年起至本年止，东乐乡应纳之丹赔粮及其他粮赋，恳祈电鉴转咨甘肃省政，严饬民乐县府勒令补缴，以重国课而资公允。

三、历年浚泉修坝人工各费，恳祈俯念民艰，准咨甘肃省政府令饬民乐县府转令比照以往分水数量，算实赔偿。

四、人民身体自由，政府明令保障，恳请迅咨甘肃省政严饬本县魏县长，切实保障人民身体自由，嗣后不得非法逮捕拘押无辜。关于孙视察魏县长以前非法拘押人民一节，并恳转请甘肃省政即予查办，以资保障。

五、东乐堡民众，既不浚泉，又不纳粮，上则亏公，下则病民，兼之今年水量不足，本县科则又大，人民负担过重，求生无法，求死不得，恳请钧鉴准予转咨甘肃省政府令饬令本县县政府秉公主持，以后水不过县。以苏民困，而免纠纷。

六、过往军差，各县按界分担，实属公允。民乐县近十数年以县府距公路大道较远，又不在东乐堡分设支应代办，加之流往过差，急于前进，不容待换，勒令过境，代送张掖。履经交涉，该县抗不接换，亦不补助费用，以致本县人民代为受害不浅。恳祈明察俯念民艰，准咨甘肃省政府严饬民乐县政府照旧速在东乐堡设点支应，以资接换。并饬民乐县府同本县县府查明多年代受之损失，即速赔偿，以期公允。

所有以上陈诉并请愿各项，并请钧鉴，批示祇遵为祷。谨呈甘肃省参议会议长张。

山丹县草四坝公民　周举直（印）　梁维屏（印）　周之屏（印）　陈乡学（印）
赵国奎（印）　赵恒丰（印）　武克刚（印）　毛云度（印）
杨柏林（印）　赵国成（印）　罗昭文（印）　王政贤（印）
雷显奎（印）　何进忠（印）　毛辅国（印）

民乐县长张声威就草四坝水利冲突给甘肃省主席的电报

1946年9月30日　甘15-11-413

兰州甘肃省政府主席谷钧鉴：

案据本县东乐堡及张掖仁寿闸公民王春林、张兴智等二十余人，先后三呈，以“山丹草四坝刁民杨柏林等迭截号水、不遵水规，上挡下死、田赋无着，请转呈上峰维持原案以救蚁命”等情，到府经查，均属实在理。合照抄原呈三份，随电赍呈鉴。抄照前张、山、民三县长会议案，强令执行以免纠纷，而救民命为祷。

民乐县县长张声威建（35）申陷叩

附件一

呈为捣乱渠规、截夺号水，聚众逞凶、推翻议案，恳祈钧府鉴核准予转呈上峰查办，整顿水规、以儆刁恶，而免下坝人民受害事：①

附件二

呈为截夺水利、秋禾全枯民不聊事，呈钧府鉴核准予转呈上峰，俯维下情、敢惩刁恶，赔偿水分以救蚁命事：

① 编者按：原案卷其下省略。

窃因此次不但镶闸问题未能解决，且于本月十二日应挨下五坝苗水一十二昼夜，二时正值灌溉秋禾之际，仍由草四坝刁恶杨柏林、雷显魁、李子久、周国珍、陈多学等全数截夺浇灌，并高声呼喊“水不过县”等语，毫无下坝水利有关。则下五坝点滴未灌，秋禾尽成枯槁。斯此国赋难负，民命难存。此等情形已由省府王专员、李科长及魏县长等亲履勘查明镜所视，确有实事，在马、李科长等关怀民瘼，轸念下坝民命，即将双方当事代表传及山丹县府讯问，详情并有山、民二县参议长参加理论，竟有杨柏林等语乱谬搪塞，俾下坝民等忍气吞声，容让无步，祈有复祈钧府作主，具情转报上峰依法处理，以完水规而救蚁命则民等沾恩无涯矣。谨呈民乐县县长张。

东乐堡及张搀仁寿闸民　王希夫　郭宗仪　王经纶　张九经
王春林　张得堃　赵　铖　王定中
晏安海　姜多士　张兴智　刘兴周
刘希禹　黄金钰　何世杰　王得贤
永丕显　姜兆勋

附件三

呈为水被截浇、夏秋禾槁，民不聊生、田赋无着，恳祈钧府鉴核下情准转呈上峰体念民艰，准予缓征本年田粮以苏民生事：

窃因敝邑应使山丹河东西两泉之水一十二昼夜二时，于本年四月间，时当下坝头轮苗水，被山丹草四坝刁民杨柏林、雷先魁[①]、李子久等将泉之水尽然截夺、浇灌七昼夜，只有西泉半河水润河渗沟，未及浇溉，因故敝邑夏禾点滴未得，苗而不秀、颗粒无收，曾经呈请专署查辨在案，屡被该四坝刁民杨柏林等抗阻功令、不守陈章。现下有挨敝邑秋禾号水，该杨柏林等公然大开沟口，将敝邑十一二昼夜二时之水全数截浇。适省府派王专员、李科长调查前案，亲履闸口查得是事实，将该恶民杨柏林等传及山丹县府斥令赔水，该杨柏林等仍言水不过县，岂肯与下坝赔水，又故敝邑秋禾大受影响，秀而不实，尽一包秕糠。现值开征收之际，民心恐惶，夏秋无获，生命无依，将何以完纳国赋？公民等苦夜焦思，民命所系、国赋攸关，是以不揣冒渎，具文恳祈钧府，核转上峰体念民艰，准予缓征本年田赋，以苏民生，是为公德两便。谨呈民乐县县长张。

民乐县东乐堡公民　王经纶　王希天　晏安海　何世杰
赵　铖　姜多士　王春林　张九经
张兴智　黄金钰　刘希禹　郭宗仪

甘肃省高等法院就转递山丹县民众代表周举直等呈文给甘肃省政府的公函

1946 年 10 月 11 日　甘 15-11-413

甘肃高等法院公函刑公字第一六八五号

案据山丹县草四坝公民周举直等呈称（中略）等情，据此，查来呈系不服山丹县政府

① 编者按：前案卷作雷先奎。

行政处分，相应函请贵府查照核办为荷。此致甘肃省政府。

甘肃高等法院院长叶在畤

山丹县长魏晓笠就草四坝水案布告的抄件

1946年5月　甘15-11-413

民建（35）辰字第455号

查民乐县东乐堡，与本县草四坝水利，早有定章历有年，所各宜遵守，不得紊乱。此次两造农田水利发生纠纷，呈控在案，当经传府会同农会彭理事长评令援照旧例、轮流灌溉，不得任意截夺号水、紊乱水利定章。合再布告，该两县民众一体周知，嗣后各宜遵守旧例定章，不准紊乱渠规，致生纠纷。如再发现上项类似情事，定即从严惩办，决不姑宽，切切如此布。

县长魏筱笠①

关于清代草四坝水利文件三种的抄件②

1946年　甘15-11-413

通河水案

乾隆元、八两年遵照道府宪断令案底，计开山丹河草四坝起至仁寿二十一坝止，通河按官粮叁千肆百肆拾柒石玖斗陆升四合五勺。张、山二县大老爷奉道府宪大人批，赴河丈量东、西两泉水势大小、宽窄、深浅。两泉之水较量，大小相同，按粮取具遵依结状，归并行使、照粮均摊。每额粮壹百贰拾五石，应使东、西两泉全河水壹昼夜，外有各坝润河、渗沙、池塘水四昼夜四个四刻时，下剩正粮水贰拾柒昼夜七个六刻时，按粮行使。以叁拾贰昼夜为一轮，自下往上，沿河各坝全闭，系毫不容分流。

自惊蛰日起，仁寿二十一坝至十七坝止，下五坝应使东、西两泉全河惊蛰水壹拾壹昼夜，上中坝分使惊蛰水壹拾玖昼夜，以叁拾壹昼夜为一轮。又自清明起至立冬后六日止，以叁拾贰昼夜为一轮，分作七轮行使，共计贰百贰拾四天。照粮分定昼夜时刻日期，从下挨上接连行使，不得越截，周而复始，永远遵守。

仁寿二十一坝，额粮壹百肆拾捌石五斗五升，应使东、西两泉河水壹昼夜壹个时，外加润河壹拾五个时、渗沙捌个时，共使东、西两泉全河水叁昼夜，自清明日卯时起至第四日卯时止。

---

① 编者按：原文署名如此。

② 编者按：此文件与1946年9月《山丹草四坝民众周举直等就阻止镶闸一事给甘肃省主席的请愿书》《山丹草四坝民众周举直等就阻止镶闸一事给甘肃省政府委员的请愿书》（此二文件内容与号文件完全相同）以及号文件一起作为附件归档，被按顺序被命名为“附件四”。抄录者不详，颇有舛错。

西屯十八坝，额粮叁百零五石贰斗四升八合五勺，应使东西两泉全河水贰昼夜叁个五刻时，外加润河贰个时、池塘贰个时、渗沙玖个时，共使东、西两泉全河水叁昼夜四个五刻时，自清明第四日卯时起至第七日未时五刻止。

东乐十七、十九、二十共三坝，额粮叁百捌拾五石陆斗九升六合二勺，应使东、西两泉全河水贰昼夜壹拾壹个贰刻时，外加池塘贰个时、渗沙五个时，共使东、西两泉全河水叁昼夜六个贰刻时。第七日未时五刻起至第十日午时七刻止。

以上下五坝共额粮捌百叁拾捌石玖斗九升四合五勺，应使东、西两泉全河水陆昼夜叁个柒刻时，外加润河、渗沙、池塘叁昼夜柒个时，共使东、西两泉全河水玖昼夜十个柒刻时止。①

十六坝额粮壹百玖拾贰石四斗玖升壹合叁勺，应使东、西两泉全河水壹昼夜五个壹刻时，外加润河贰个，池塘壹个，渗沙壹个六刻时，共使东、西两泉全河水壹昼夜玖时柒刻止。

十三、十四、十五坝共叁坝，额粮肆百陆拾石零玖升贰合，应使东、西两泉全河水五个陆刻时，又分使西泉半河水柒昼夜叁个时，内有池塘叁个、渗沙壹个八刻。通河除使半河水，应使东、西两泉全河水壹拾贰昼夜贰个时。

十一、十二、十坝共叁坝，额粮柒百叁拾五石五斗捌升五合六勺，应分使西泉半河水壹拾贰昼夜柒个时。

六、五、四、九、八、七坝共六坝，承纳额粮壹千贰百石零捌斗，应分使东泉半河水壹拾玖昼夜十时，六、七、九坝各分闸口行使，开则同开，闭则同闭，以十九昼夜常流浇灌。清明日卯时起至立冬后六日止七轮行使，以三十二天为一轮，各坝俱以干打实塞，惟有四坝有穿城水洞，开闭迟早不一，将头轮清明水不闭。四坝闸宽五尺六寸，水深二寸五分。第七轮冬水亦照闸口分流不闭，水深俱系贰寸五分。七坝闸宽一尺六寸、九坝闸宽一尺。七、九坝独有清明水不闭，其余各轮俱系干挞实塞。

石　碑　案

特授甘肃甘州府正堂加二级记录六次又加军功一级钟，为移会查勘事：

乾隆四十二年十月初六日，特调甘肃整饬分守甘凉兼管水利兵备道魏：“宪牌乾隆四十二年九月三十日，准特授甘肃等处承宣布政使随带加一级记录六次王，咨开‘准贵道移，据武威县详称：“查山丹河东西两泉道合流一渠，截灌山丹、张掖及东乐县丞所属，共壹拾捌坝，地亩分为三段，自下而上浇灌。每年自惊蛰起至清明寅时止谓之闲水，清明至立冬后六日止谓之正水，俱照乾隆十四年前甘州府分断时日，轮流引浇。讵山丹县上坝武生王瑞槐等，以该坝地广粮多，轮用正水系十九昼夜十时，而分用闲水共止十二昼夜六

① 编者按：以上两段原文为：“东乐十七、十九、二十共三坝，额粮叁佰捌拾伍石陆斗九升六合二勺，应使东西两泉全河水贰昼夜壹拾壹个贰刻时，外加池塘贰个时、渗沙五个时，共使东西两泉全河水叁昼夜六个贰刻时。以上五坝共使水玖昼夜十时七刻。第七日未时五刻起至第十日五时七刻止，以上下五坝共额粮捌佰叁拾捌石玖斗九升四合五勺五抄，应使东西两泉全河水陆昼夜叁个柒刻时，外加润河渗沙、池塘叁昼夜柒个时，共使东西两泉全河水玖昼夜十个柒刻时止。”其中显有错简与衍文，根据上下文结构与文意酌改，并分为两段。

时，与粮少之十坝及十二坝时日相同，心未甘服，欲照正水补给时日，为此上控。蒙委卑职查讯，遵即细核旧卷，逐加研鞫。查十四年前甘州府高断令，分使正、闲各水、昼夜时刻，实系元年断定之案。今元年之案虽年远无存，其十四年之案，现在应即以十四年断案为准，并查惊蛰时冰冻初开，为时尚冷，先从下坝以次递浇，而及于上坝，其时刻渐融、于地较近，通盘折算已无偏枯，原情俱属平允。当今如以后浇之时日为少，何妨转易先浇，添给时日？剀切指示，王瑞槐等始各恍然悔悟，愿照十四年断案遵守完结，亦不争竞六轮闸口，自认实系牵捏混告。将王瑞槐等拟以戒责，以示惩儆，并取具遵结绘图贴说转移到司。”准此，查此案水利，既经查明，乾隆十四年前甘州府高断令，分使正、闲各水，昼夜时刻，即系乾隆元年断定之案，并无异同，自应以十四年断案为准。乃该王瑞槐等并不细查原委，妄希占利，屡次滋讼，殊属不合。今准贵道拟以戒责，以示惩儆，悉属平允。除将遵结图说存司备查外，拟合移覆。为此合拟贵道烦照来移事理，希将王瑞槐等转发甘州府，照令发落，并令遵照旧规，分给执照，明白勒石，永杜讼端’等因，移道转行到府，蒙此除分给执照外，合将乾隆十四年，前甘州府高断定各坝分使正、闲各水时日规条开列于后，勒石立碑，永远遵守。”

同治六年六月初一日照石碑抄录，石碑现在东乐西关内全圣宫立

山丹草四坝遵结

具遵依人草湖四坝民余王丕，功今遵依到天案，因有十八坝士民刘泽霖等具控小的争使惊蛰水利一案。小的四坝，额粮叁佰柒拾石，原有穿城水洞三道，冬冻春消，迟开早开，行使不易。外有兵马人食之水，天寒沟塞，关系城垣居民房屋。遵守判明，照旧依案。惊蛰一月，荒水俱闭下流。十七坝至二十一坝止，应使东、西两泉全河水壹拾壹昼夜；十三坝至十六坝应使全河水六昼夜六个时；十坝至十二坝止，应使西泉全河折半水壹拾贰昼夜六个时；六坝至九坝止，应使东泉全河折半水壹拾贰昼夜六个时。又自清明日起，至立冬后六日止，按就七轮行使，每轮三十二天为一轮。四坝闸宽五尺六寸，水深二寸五分，头轮清明水不闭，及七轮立冬水亦不闭。其余五轮，干打实塞。十七坝至二十一坝止，应使东、西两泉全河水壹拾贰昼夜二个时，四坝分使东泉全河折半水壹拾玖昼夜十个时，自闭而下流。周而复始，不敢紊乱，日后再起争端，愿敢认罪，具遵依是实。

乾隆二十五年十一月二十六日具

水利专员王自治就草四坝镶闸事件给甘肃省建设厅长的函

1946 年 9 月 23 日　甘 15-11-414

心一厅长：

本月十六日晚到山丹县，十七、十八两日协助李斌科长调查该县草四坝与民乐东堡水利纠纷，除李科长正式报告外，兹特略陈于后，作处理此事之参政。

查山丹草四坝与民乐下五坝及张掖二十一坝，共用山丹南湖泉源之水。照规定，三十

二天轮灌一次，计山丹二十一昼夜，民乐用水十二昼夜，张掖用其余水而已。民乐用水时，须留给山丹城内水三分，即一磨口水，名曰军马园圃水。过去磨口用草筏（草带土之土块）安镶，虽有磨口之限制，而周围漏水甚多。且分水处在山丹小东门外，由丹民自由堵放，民乐虽有看守者，但无任何作用，几等虚设。年来荒地增开，水量不够，几全为山丹盗用。上年曾发生争闹打架情事，经罚办了结。而丹民借其上游优势，值民乐用水十二昼夜时，将磨口之旁及底取开，使其大量漏过，民乐虽与争执，无可如何，遂向六区专署控告，请其主持镶闸，以免损失。专署派孙视察主办其事，本年六月二十一及二十二日召集会议，山丹及民乐县长均参加，两县参议会负责人及受益人民代表各三人均与会，决议镶闸并立碑以免嗣后争执。七月二十八日第一次镶闸，山丹提出该县逢水时，须取去以畅流水，民乐不同意而罢。八月二十日又镶闸，山丹反对作罢，惟孙视察将双方代表带至专署解决。专署认为非镶闸纠纷无法解决，遂令山丹受益人民代表杨柏林等具结，定于九月七日第三次镶闸。当日闸已镶安，停流仅两三小时，山丹人民借口停流，聚众暴动，魏县长指挥自卫队及军警保护民乐人民，未曾发生死伤惨案，处理实为适当。且魏县长始终认为山丹人民非理，且尊重决议案，致遭该县人民侮辱及反对，实觉难能而可贵。山丹草四坝人民敢于如此胡闹，背后实有策动之人，即陈世光、赵国奎等是也。山丹参议会正副议长，竟然不顾是非曲直，转电省政府为暴徒张目，大属非是，应予惩戒。所有列名呈请，均应严办以儆效尤，然后再照专署所主持之议决案执行，以全政府威信，而免民乐常此吃亏。否则山丹暴徒得计，可以变本加厉，民乐无用水之希望矣。

据闻山丹暴徒得计后，故作危言以耸听，欲借法团掩蔽，欺骗政府，颠倒是非，损人利己。一面每年斗粮摊洋一千元，共得七十余万，由陈世光等上省活动，以期达到损人利己之目的，实属可恶之极，应予重办，以彰公道。是否之处，请作为止，卓裁参政。专肃敬请政祺。

水利专员王自治

甘肃省主席谷正伦就草四坝镶闸事件给第六区专员训令的草稿①

1946年10月31日　甘15-11-414

经令建二水（35）酉字第6774号

令第六区行政督察专员兼保安司令公署：

三十五年九月二申字第（788）号二（35）申篠代电一件“为报山丹县草四坝与民乐东堡水利纠纷情形请核示”由，代电暨附件同悉。查此案已据山丹县党、团、参会及草四坝民赵国魁等先后电报，正轮号水被截入东乐堡渠内请核办案，经令据本府建设厅第四科

① 编者按：此文件以下，尚有给山丹县政府、民乐县政府、张掖县政府的训令草稿，给中国国民党甘肃省执行委员会、三民主义青年团甘肃支团部干事会、监察员甘青监察使署、甘肃省高等法院、甘肃省参议会的咨文草稿，以及给民乐县民众代表呈文的回复草稿。其内容皆与此文件一致，所不同者只在首尾格式语句。多涂改笔记。其中附一纸片云：“注意：‘致电称掘断渠水’至‘殊有未当’一段，除令专署文中应写外，其他公文内均不写。”所谓“致电称掘断渠水”，系李斌报告中文字，详下。

长李斌查报称："查山丹县草四坝照（原报告录至）电鉴核办"等情，查该署将该山丹民乐、张掖多县商开水利会议情形未经呈转到府，即派负监镶石闸，轻视水利纠纷，殊有未当。所派视察孙振林，事前未详加考虑，不在民乐水轮内镶闸，提前在山丹草四坝正轮号水期内举行，致引起纠纷，应予申斥。山丹县草四坝民杨柏林等众暴动威胁主办人员，实属非法已极，已饬由该管县政府从严惩办。为解决永久纠纷，计决定：（一）镶置分水闸，底边用石质，不使漏水，技术及费用均由河西水利工程总队负责办理。（二）分水闸之板用木板，以资装卸，用板多少由民乐人预备。（三）闸板中应留流水眼之大小应饬遵照旧案，以两造公认之六市寸半（正方）为度。（四）民乐人民水期已过，应即将闸板（木板）抽存，俟下轮水期时，再装闸。（五）民乐东乐堡之分水渠口，准向西北下游移置三分之一。以上五点，除电水利公司及分令张掖、民乐、山丹三县政府，立碑示外，仰即遵照为要，此令。

甘肃省主席谷正伦

甘肃省建设厅第四科长李斌关于调查草四坝镶闸事件给甘肃省主席谷正伦建设厅长张心一的报告抄件

1946 年 10 月　甘 15–11–414

奉钧府本年九月十三日建二水（35）申字第五五三六号训令"饬将山丹新参议会议长兼青年团干事长郭多鼎等先后电呈'六区专署孙视察、本县县长魏筱笠①率众将草四坝正轮号水截入东乐堡渠内，并将该坝民雷显魁等五人非法捕押，请核办'一案，澈查报夺"等因，并附抄原电四件，奉此，遵即于同月十四日晨乘车前往，十六日晚到达该县，十七黎明，即与同行赴酒泉督工之水利局副局长王自治，约同山丹青年团书记陈举直，先往草四坝水渠勘查。得悉东乐堡渠口堵塞，渠水全在草四坝流灌，乃往县府与县长谈论并调阅县卷后，即请县府电民乐县长，传东乐堡当事人来丹。一面召集山丹当事人于下午三时，在参议会各别谈询情形后，以正值东乐堡渠轮水时期，而水在草四坝浇灌，影响东乐堡及张掖二十一坝秋禾，为救济起见，遂征求山丹各当事人，能否照旧日陈规，先将渠水放入东乐渠浇灌，所有双方纠纷俟查报后，另行办理。虽经全体同声应允，但翌日与县长同往查看，仍未履行。

迨十九日下午，民乐县建设科长李三、乐县参议会副议长兼县党部书记长韩从善率同东乐堡乡长晏安海及民众代表王春林等数人到丹，即传集双方当事人在县府开谈话会。听取双方理由，复以草四坝侵占东乐渠正轮水已逾八昼夜，尚剩四昼夜。嘱照原定陈规，应速归东乐渠浇灌，并商讨补偿办法。山丹参议会议长郭多鼎谓"因时间限制，渠水无法抵补，只有折为水价，如果草四坝农户认可，款由本会筹措"等语。但草四坝代表杨柏林等一致反对，并谓东乐堡人每年既不浚泉、又不纳粮，本县科则又大、水量不足，山丹水只有山丹人浇灌，坚持以后水不过县之议。民乐人以原定水规，自应遵守，但人心不古，逐

① 编者按：原文如此。

渐改变。年久失甚真相，纠纷不断发生，既经专署孙视察张、民、山三县县长及地方党团参议会首长，各渠代表开会讨论，议决即应维持原议决案，澈底执行。惟以双方争持，各走极端，兹将调查本案事实详陈如下：

查山丹草四坝与民乐东乐堡下五坝，及张掖平彝乡二十一坝，系同一泉源（源出山丹城东之草湖），按陈例以三十二昼夜为一轮。计山丹分水二十昼夜，民乐张掖两县分水十二昼夜，自清明日起至冬至日止，周而复始。按轮浇灌，本坝用水期间，他坝渠口必须封闭，惟因草四坝水穿越山丹城郭，居民赖以饮用。故至民乐张掖轮水之十二昼夜。仍与草四坝分水三分，名曰军马园圃水（载在山丹县志）（附抄）即在草四坝渠口，堵一石磨扇，中开一眼，三分水即由此磨眼穿过入城，以示限制。惟年久失其真相，发生问题，民乐人谓磨眼原来甚小，今被山丹人私行凿大，且磨扇周围必须以草皮泥筏，干打实塞，不许渗漏。记载于乐堡全神庙碑文，及山丹草四坝遵结。山丹人谓磨眼向来如此。磨扇系用顽石扶砌，使石孔漏水不得实塞。双方纠纷即由此异议，而不断发生。迨至本年五月，值东乐渠轮水时，草四坝差甲王让同头人杨柏林、雷显奎等，因截夺东乐渠正轮号水，涉讼山丹县府，当经魏县长查勘传讯后，会司农会彭理事长评令援照旧例轮流灌溉，不得任意截夺号水，紊乱水利陈规。并布告两坝民众周知，（附抄布告）嗣以杨柏林等抗不遵守，仍未解决。遂由东乐渠代表王春林等呈诉六区专署，派视察孙振林履勘后，会同张、山、民三县县长（张掖由社会科长代）、山丹参议会议长、青年团筹备主任干事长、党部书记长草四坝代表杨柏林等三人、民乐参议会副议长、东乐渠代表晏安海等三人，于六月二十日在山丹县政府举行会议两日，商订解决办法七项，决议记录分存三县县府。并呈报专署在案，迨七月二十八日，民乐县府派秘书及参议会副议长等携带石制水闸，前来会同安装。草四坝代表提议本坝轮大水时，非移闸不可，民乐代表坚不让步，遂报专署核示。八月二十日专署复派孙视察，并令县会同仍照议决案执行镶闸。当由山丹县长函达张掖民乐两县，各派代表到县面同镶置水闸时，有草四坝代表杨柏林等出而阻挡，虽未发生剧烈冲突，石闸仍未得安装，遂由山丹县府会与孙视察等会，衔将民乐代表王春林、王经纶山丹代表杨柏林、雷其文四人篇警解送专署处理，当由专署令其取保（专署卷内有商号保结）释放旋经传讯断令，仍照决议镶置闸口，各具甘结返县。并派孙视察会同魏县长及民乐代表王春林及民夫等二十余人，至草四坝渠口镶闸。事前通知山丹各当事绅民监视，一面率领警察，并函请驻军维持秩序。自早八点起至十一点，石闸甫经镶妥。山丹书记长陈世光，以渠水截断且闸口两旁石柱太大，缩小渠口面积，本坝正轮大水时，势必减少流量，有妨灌溉。因争论而与孙视察发生口角，陈走后正在迁移东乐渠口之际，山丹县杨柏林等率领草四坝民众百余人蜂拥而至，质询孙视察，喊骂魏县长，将新石闸捣毁打碎，夺去民乐人铁锨、衣鞋等物。一时喊叫冲动，秩序大乱，倘非魏县长事前顾虑周到，函请驻军掩护，免酿成惨案，致电称掘断渠水，秋禾无望一节。实因孙视察会县执行镶闸，不在九月十二号东乐渠轮水之期，而提前五昼夜在草四坝正轮大水时堵干渠水。举行镶闸，虽需时不过数小时。但妨害当时民田灌溉，惹起大众公愤。究其实自新闸捣毁后，东乐渠十二昼夜正轮号水，完全由草四坝侵占灌溉，此孙视察事前未加考虑，而措施之失当也。三县会议记录呈报专署后，未转呈省府核定备案，即便派专员会县执行，轻视水利纠纷，处理似有未当，再查草四坝渠宽约五市尺六寸，旧置石磨扇，直径约二市尺余，中凿六寸半孔一眼，立于积水口之顽石中间，水浅则由石隙漏流。水深则磨眼石隙上下均流。此与古人留水一磨眼之陈规全不相符，且失其原意也。民乐、张掖两县人民所持分水一磨眼，磨扇周围向以草皮泥筏，干打实塞，不无理由。谨陈意见四点：

一、会议记录既由专署派员会同三县县长及党团参议会首长，各坝代表郑重举行，本党会议方式，向采民主集权，决非主席者武断独裁，出席人数尤以山丹县占较多数，且议决案第一项首句提明，仍照旧例办理，并未推翻陈规，拟应持有效。

二、以乱石扶砌磨扇，故使石隙漏水，决不合理。如此沿用多年，六寸半磨眼流水为原则。似可用石条水泥镶砌旁底，中程长方形之活动式水闸，凿纵横六寸半方孔于闸底边，使能尽量流水。既可维持议决案，尤可在草改之中，仍寓陈规。

三、倘根据《山丹县志》所载，轮东乐渠大水时，应留草四坝军马园圃水三分之规定。可由本府指派水利工程师，以科学方式建修。确能逢年全水量三分之标准水闸，以杜永远纠纷，消弥后来隐患。

四、每年浚泉一次，应由民乐、张掖灌水农户，负担三分之一民工，帮同山丹草四坝民工三分之二疏浚。并整订合理水规，分存省县政府及专署，或勒石竖立两渠口旁，俾资永远遵守，所有查勘情形，及陈具意见理合，附抄有关证件，签报钧府电鉴核办，谨呈厅长张、转呈主席谷。

附抄《山丹县志》内《水利志》一则、山丹县草四坝代表杨柏林等诉愿书一份、山丹县政府本年五月间初次处理草四坝水利纠纷布告一纸、清乾隆年间甘肃提督及甘凉道历次办理东乐张掖山丹水利有关草四坝纠纷重要案件文件一纸、民乐县代表王春林等陈诉山丹草四坝杨柏林陈多学等截夺水利情形两纸、专署卷中杨柏林等所具甘结两纸。

附会议记录。

职李斌谨签

山丹草四坝民众代表赵国奎等就难以接受镶闸方案给甘肃省主席的代电即处理意见

1946 年 12 月 4 日　甘 15-11-414

兰州省政府主席郭钧鉴：

兹奉钧府建二水（35）戌字第六七七四号牌示以本坝民乐东乐堡水利纠纷，经据建厅第四科李科长斌查报意见，决定解决办法五项，饬各遵照等因。查是案经过暨民众要求，曾经据实一再陈明在案。惟以本坝与东乐堡同使之四坝沟水，渠口原定活闸，每值东乐堡水上号时，由本坝同该堡差甲镶砌，于水下号时，随即撤除沟中，不许留一石子，妨碍流量，履行数百年，各自无害。今该堡劣绅图翻成例，意欲永镶石底石旁之新闸。所以虽经三县会议，然因妨害本坝水利，民众誓死反对。故议而未决，至民众情急捣毁新闸，实出六区专署孙视察振林高压所致。若能仍照成例旧规公允处理，弱小民众敢不遵守？今钧府虽改石闸为木闸，然仍决定底边石质不许撤除，则与该堡图镶永久石底石旁闸之意无二。在非科学方式公允分水前，最低限度以钧府建二水（35）申字第五五三六号批示，仍照陈规旧例各自遵守，否则本坝田多课重，委实难以遵照。至民乐东乐堡渠口，准向西北下游移置三分之二，同碍本坝小水灌溉，亦难奉命。再杨柏林自经押解六区专署，威逼具结归县后，即被民众责难、闭门自修。至九月七日，民众不约而至闸口者，实因本坝正轮号水，及人民饮水被其武力截断，各为生命，情急死争。其杨柏林远在十里以外蛰居，是天出户，何得率众暴动？当场情形为政府长官、军警众目所视。民众虽多纯属自动，谓由杨柏林主动，实属含沙射影，若依法严惩，更属冤之枉也。除将上情陈明水利公司以科学方法按粮均水、并呈请县府明察免究外，所有难以承命各项谨再呈明，并祈钧鉴俯察民隐，准在未经科学方法按粮分水以前，则本坝沟水暂不过县，以息争端。临书慌悚，不胜待命之至。

山丹县草四坝公民　赵国奎　梁维屏　周举直　雷显奎　周之屏

毛云庆　王政贤　毛辅国　武承钧　陈世垣

等叩（35）戌马

处理意见：

仍遵照已决定办法，不准故违。此批。

寄峤

山丹草四坝民众代表赵国奎等就求追还分水凭据并收回处理成命事给甘肃省主席的签呈及处理意见

1946年12月25日　甘15-11-414

呈为民乐县东乐堡土劣串通本县县府人员盗窃水案、扰乱渠规，恳祈钧鉴准饬县府追还水案，并在未以科学方法按粮均水建闸以前，足量浇灌以裕民生事：

窃查本坝与民乐东乐堡水利纠纷，前因水案遗失、主办人员偏听偏见，迄今未获合理解决。兹再将难承命之情形呈复如下。查水是农民之命脉，水足则田丰、缺则田荒。本坝与该堡水利曾经明、清政府会同双方公正士绅分水兼顾、订定渠规，履行数百年，各自遵守无害。自民国十九年以后，该堡借荒报去应纳本县之水粮，本年复通本县县府人员盗取仅存屯班之水粮铁碑，并尽其方法扰乱，冀图推翻旧章、独享水利。但主办人员以本坝水案尽失，偏听一面之词，截堵本坝正轮号水，不惜断送八百余户之生命，竟在本坝沟内砌置石底石旁之永久石闸。故民众誓死反对，并一再详呈利害，请求按粮均水在案，上月奉读钧府建二水（35）戌字第六七七四号牌示，虽蒙允改石闸为木闸，然仍决定底边石质不许撤除，则与该堡希图永久镶石底旁石闸之意无二，且准下移该堡渠口。民等于惶骇之余，以戌马代电呈请于，在未以科学方法按粮均水、澈底革修闸口以前，则须维持原定活闸，于本坝轮水时全部撤除，不许沟中留一石子、阻滞流量，以利灌溉最低限度。双方暂应遵守本年。钧府建二水（35）申字第五五三六号批示及本县县府布告，仍照旧规各自浇灌，静候科学方法建闸，俾各足量浇灌、永息争端。但本县田赋课则过重，本年该堡，又一再借势紊乱渠规，以致本坝夏田秋禾荒芜，不少人民损失无穷。况泉源出自本县，理宜浇足本坝田地。为今之计，只求能按所征课则均水，浇足所有田地，不至荒旱，则其余之水无论多少，均可下河任其浇灌。否则荒旱多、田赋重，人民无以为生。今钧驾亲临县境，如同救星，为此合再恳请电鉴俯采民情，准在未以科学方法按粮均水以前，收回前令，于明年水上号时尽量浇足本坝农田，并恳敢饬本县县府，速予追还水粮铁碑，即交农会保管，以资遵守而裕民生。临书惶悚不胜，迫切待命之至。谨呈甘肃省政府主席郭。

山丹县龙峰镇草四坝公民 赵国奎 雷显奎 王世创 梁维屏 曹乐善 锺守浚 周之屏 王振贤 陈世光 杨柏林 李滋久 周举直 周国梁 毛云庆 陈多学 吴兴泰 武课刚 周建栓

处理意见一：

拟交建厅邢科长处理。

处理意见二

准拟。

寄峤

甘肃省主席郭寄峤就草四坝民众代表赵国奎等签呈的批示

1947年1月7日 历15-11-414

批示建二水（36）子字第273号

具呈人山丹县龙峰镇草四坝公民赵国奎等三十五年十月呈一件“呈为民乐县东乐堡土劣串通本县人员盗窃水案”由，呈悉。查此前据该民等呈请政府，已经三十五年十二月二十三日建二水（35）亥字第（7857）号批示在案，仰仍遵照前批，恪遵已决定办法，不准故违。此批。

甘肃省主席郭寄峤

民乐县长郭声威关于请省府派员监督镶闸事给甘肃省主席的电报

1947年2月4日 甘15-11-414

兰州甘肃省政府主席郭钧鉴：

建二水（35）戌字第6774号指令奉悉。查本县东乐堡苗水灌溉日期行将轮至，闸口终未镶置，除令饬东乐堡及张掖二十一坝公民预备木板候命遵办处理，合电请鉴核派员莅县鉴镶，以昭公允，而免纠纷为祷。

民乐县县长声威建（36）丑有叩

甘肃省主席郭寄峤就派员镶闸事给第六区专员等的代电稿

1947 年 3 月 6 日　甘 15-11-414

代电建二水（36）寅字第 1609 号

第六区王专员、水利公司、民乐县政府：

据民乐县政府（36）丑有电开，查本县（照原电录至）而免纠纷等情，查该县东乐堡与山丹草四坝分水纠纷，已经本府决定解决办法五项，于三十五年十一月七日，以建二水（35）戌字第六七七四号电令饬遵照办理在案，据前情，除公电外特电布遵照，令同河西水利工程总队，特饬河西水利工程总队会同六区王专员，负责妥办报查。

甘肃省政府主席郭建五二水（36）寅

关于遵照甘肃省五项镶闸办法意见拟判的意见

1947 年 5 月 15 日　甘 15-11-414

此专前据该民等电报政府、区在办稿“（一）以照存府已核完五项办法办理。（二）取需镶石闸工料费用，由张掖、民乐两县受益人民负担。（三）石闸镶后，由张掖第三分队派员用尺寸流量闸口水深，以昭公允。（四）分电刘专员张掖民乐等县长遵照”等语，呈判中此件，拟俟前稿核定后，再三复当电请。前判已否。

一九四七年五月十五日上午九时

甘肃省第六区专员王维墉就民乐张掖民众代表代表王春林等请按五项办法镶置山丹草四坝水闸事给甘肃省主席的代电

1947 年 5 月 8 日　甘 15-11-414

二辰字第 322 号

请呈甘肃省政府主席郭钧鉴：

案据民乐县东乐堡及张掖县平彝公民王春林、晏安海、永丕贤等二十六人呈称“具恳请书人民乐县东乐堡及张掖县平彝乡公民王春林、晏安海、永丕贤等为恳请依照省府建二水（35）戌字第六七七四号批示五项办法镶置水闸磨眼，以符陈例，永杜纠葛，俾免效尤事：窃民等耕地距山丹草四坝，最远者在八十华里以上，最近者不下五十华里，故轮至民等浇水，昼夜看守不易，屡遭该坝人民偷截，致起纠纷。均蒙断令，照乾隆十四年定案遵守，便用各有时刻及结状。去岁，又因该坝土豪王让偷截民等之水，纠纷复起，幸蒙主席明察。旧卷根据历次会议决议，及孙视察、李科长调查结果，批示决议五坝在案。旋于本年四月十九日，经河西水利工程总队顾工司请坝测量后，指示两个原则：第一遵照省府批示五坝办法；第二根据《山丹县志》所载轮水，东乐渠大水时应留草四坝军马口水三分之说，须修筑三七分水闸口，系分别拟具预算报请核示后，再行安置等语。查第一个原则并未脱离旧案，民等自应遵照。惟第二个原则，与实事不符，不惟引起重大纠纷，恐以此例，则民所忖以灌溉之东泉各坝亦相争效尤，偷截滋事，借端分水，永无相安之日。况《山丹县志》出于山丹人士之手，若然，则民乐、张掖修志时将草四坝水全部列为下坝灌溉之水，能否据为恳信，不言而喻。又草四坝水，自清明卯时起，每轮三十二天，民乐、张掖应使十二昼夜二个时，该坝应使十九昼夜十时，是则该坝在每轮内另有灌溉时间，在民等应使昼夜内留一磨眼，水者纯为军马人食而已，与灌溉毫无关系。该山丹人存心不良，竟然将磨眼偷自凿大为每边六市尺寸半，影响民等水利不小。若分设闸口，将来被人侵占至若何程度，尚难预料。至于县志所载，几经该坝提出会议，不惟民等坚未认可，即参加会议人士，均无处可考，一想而知，事关水利民命，不敢缄默。谨将恳请依照省府批示五项办法，镶置水闸磨眼，俾免效尤，永杜纠讼情形陈明，伏乞电鉴作主，维持旧案，恩准颁布五项办法施行，不胜待命之至”等情。查关于监镶山丹草四坝水闸一案，前因水利工程第一分队所派人员，未照规定日期前往，又未事前依照钧府电饬事项准备一切，以致各方徒劳往返。镶闸事宜，迄无结果，详情经以二卯字第三零三号二（36）卯感代电，报请鉴核，示遵在案。据呈前情，查民张两县人民之主张与前呈顾工程师意见不合，究应如何办理之处，理合电请钧府鉴核示遵。

甘肃省第六区行政督察专员保安司令王维墉叩二（36）辰冬叩

处理意见一：

第二科：政府顾工程异议拟令六区未署再公有关署县府及有关人士开会，研讨办法、并饬第一分队派员参加。

处理意见二：

郭副总队长并案核示查。

甘肃省第六区专员王维墉就会同监镶山丹草四坝水闸案情形给甘肃省主席的代电

1947年4月30日　　甘15-11-414

二卯字第303号

甘肃省政府主席郭钧鉴：

案查前奉钧府第一六〇九号建二水（36）寅交代电。以据民乐县政府电请，该县东乐堡灌水期近，祈派员监察镶木板一案，饬会同河西水利工程总队，负责妥办报查等。因遵经令派本署视察翟振翩，并函请河西水利工程总队，第一分队准时派员前往，同时电饬张、临、民三县派员定期会监办理在案。兹据本署视察翟振翩，本年四月二十五日报告，称奉钧署二寅字第二零二号训令，饬会同河西水利工程总队，前往山丹监镶山丹草四坝与民乐东乐堡水闸一案，奉此遵即于本月十七日，职由山丹大马营公毕返县。同日水工总队工程师顾泰亦到山丹，翌日同山丹魏县长，前往镶闸地方，按照规定详细测勘。据顾工程师称，以原决定办法镶闸，需费浩大，约计四五百万元。若改用分水口，不但需费经济，而且水量科学。再此项费用，水工总队无此预算，拟将镶闸，意见设计妥帖，并编造预算呈奉峰核夺。又称河西水利工程总队原由张队长负责，张已另调。伊刚上海飞兰到凉，镶闸情形未能明了，镶闸材料亦未准备。缘此镶闸工作，亦无法进行，俟上峰核定后，再行镶闸等语，所有以上未能镶闸情形报请钧座鉴核等情。查本案曾奉钧府建二水（35）戌字第六七七四号指令，关于镶置水闸，其技术及费用均由河西水利工程总队负责办理，至用木板多少，由民乐人预备，已分电水利公司及张、民、山三县在案等。因此次据民乐县称木板准备齐全，电促监镶。惟水利工程第一分队所派人员，未照规定日期前往，又未事先前依照钧府电饬事项准备一切，以致各方徒劳往返，镶闸事宜迄无结果。兹据前情究因如何办理，合电请钧座鉴核。

甘肃省第六区行政督察专员兼保安司令王维墉书，丁辰华代行二（36）卯感叩

一九四七年五月五日

处理意见：

水利局速研办。

民乐县县长就转呈东乐堡草四坝水利纠纷恳请仍照省府五项办法事给甘肃省主席的电报及附件

1947 年 5 月 7 日　　甘 15–11–414

建（36）卯字第 751 号

案据本县东乐堡及张掖平彝乡公民王春林、晏安海、永培贤等，呈以东乐与山丹草四坝水利纠纷案恳祈转呈。

省政府仍照三十五年建二水（35）戌字第六七七四号批示五项办法镶闸，永杜纠纷一节，实属重要，且本案纠纷尚未获解决，行将三载，而下坝人民已受至大影响。兹据前情理合照抄原呈文件一份，转请鉴核，府准维持前案，仍照五项办法处理，以期早日结束而杜纠纷实为德便。谨呈甘肃省政府主席郭。

民乐县县长张声威

民国三十六年四月三十八日

抄原文一件

具恳请书人民乐县东乐堡及张掖平彝乡公民王春林、晏安海、永培贤等为恳请，依照省府建二水（36）戌字第 6774 号批示五项办法，镶置水闸磨眼，以符陈例，永杜纠纷，俾免效尤事：

窃民等耕地距山丹草四坝，最远者在八十华里以上，最近者不下五十华里，故轮至民等浇水，昼夜看守不易，屡遭该坝人民偷截，致起纠纷。均蒙断令，照乾隆十四年定案遵守，使用各有时刻及结状。去岁，又因该坝土豪王让偷截民等之水，纠纷复起，幸蒙主席明察旧卷。根据历次会议决议及孙视察、李科长调查结果，批示决议五坝在案。旋于本年四月十九日，经河西水利工程总队顾工司请坝测量后，指示两个原则：第一遵照省府批示五坝办法，第二根据《山丹县志》所载轮水，东乐渠大水时应留草四坝军马口水三分之说，须修筑三七分水闸口，系分别拟具预算报请核示后，再行安置等语。查第一个原则并

未脱离旧案，民等自应遵照，惟第二个原则，与实事不符，不惟引起重大纠纷，恐以此例。则民等所忖以灌溉之东泉各坝亦相争效尤，偷截滋事，借端分水，永无相安之日。况《山丹县志》出于山丹人士之手，若然，则民乐、张掖修志时将草四坝水全部列为下坝灌溉之水，能否据为恳信，不言而喻。又草四坝水，自清明卯时起，每轮三十二天，张掖、民乐应使十二昼夜二个时，该坝应使十九昼夜十时，是则该坝在每轮内另有灌溉时间，在民等应使昼夜内留一磨眼，水者纯为军马人食而已，与灌溉毫无关系。该山丹人存心不良，竟然将磨眼偷自凿大为每边六市尺寸半，影响民等水利不小。若分设闸口，将来被人侵占至若何程度，尚难预料。至于县志所载，几经该坝提出会议，不惟民等坚未认可，即参加会议人士，均无处可考，一想而知，事关水利民命，不敢缄默。谨将恳请依照省府批示五项办法，镶置水闸磨眼，俾免效尤，永杜纠讼情形陈明，伏乞上峰电鉴作主，维持旧案恩准颁布五项办法不胜待命之至。钧府鉴核转呈。

民乐县东乐堡及张掖平彝乡公民　晏安海　王经纶　张兴智　晏富海
赵　铖　黄得厚　王春林　王希天
张法思　永培贤　郭宗仪　张得堃
何世杰　姜多智　姚世雄　刘兴周

民乐县及张掖民众代表王春林等就草四坝水利纠纷恳请仍照省府五项办法办理事给省主席的呈文

1947年5月6日　　甘15-11-414

具恳请书人民乐县东乐堡及张掖平彝乡公民王春林、晏安海、永培贤等为恳请，依照省府建二水（35）戌字第6774号批示五项办法，镶置水闸磨眼，以符陈例，永杜纠葛，俾免效尤事：

窃民等耕地距山丹草四坝，最远者在八十华里以上，最近者不下五十华里，故轮至民等浇水，昼夜看守不易，屡遭该坝人民偷截，致起纠纷。均蒙断令，照乾隆十四年定案遵守，使用各有时刻及结状。去岁，又因该坝土豪王让，偷截民等之水，纠纷复起，幸蒙主席明察旧卷。根据历次会议决议及孙视察、李科长调查结果，批示决议五坝在案。旋于本年四月十九日，经河西水利工程总队顾工司请坝测量后，指示两个原则：第一遵照省府批示五坝办法，第二根据《山丹县志》所载，轮水东乐渠大水时，应留草四坝军马口水三分之说，须修筑三七分水闸口，系分别拟具预算报请核示后，再行安置等语。查第一个原则并未脱离旧案，民等自应遵照，惟第二个原则与实事不符，不惟引起重大纠纷，恐以此例，则民等所忖以灌溉之东泉各坝亦相争效尤，偷截滋事，借端分水，永无相安之日。况《山丹县志》出于山丹人士之手，若然，则民乐、张掖修志时将草四坝水全部列为下坝灌溉之水，能否据为恳信，不言而喻。又草四坝水，自清明卯时起，每轮三十二天，张掖、民乐应使十二昼夜二个时，该坝应使十九昼夜十时，是则该坝在每轮内另有灌溉时间，在民等应使昼夜内留一磨眼，水者纯为军马人食而已，与灌溉毫无关系。该山丹人存心不良，竟然将磨眼偷自凿大为每边六市尺寸半，影响民等水利不小。若分设闸口，将来被人侵占至若何程度，尚难预料。至于县志所载，几经该坝提出会议，不惟民等坚未认可，即参加会议人士，均无处可考，一想而知，事关水利民命，不敢缄默。谨将恳请依照省府批示五项办法，镶置水闸磨眼，俾免效尤，永杜纠讼情形陈明，伏乞上峰电鉴作主，维持旧案恩准颁布五项办法不胜待命之至。谨呈甘肃省政府主席郭。

民乐县东乐堡及张掖平彝乡公民　王经纶　张得堃　赵　铖　姚世雄
张兴智　郭宗仪　王春林　何世杰
晏安海　刘兴周　王希天　永培贤
黄得厚　张法思　姜多义　王蒙正
刘希玉　卢建元　黄金玉　王定中
胡建儒　姜多士　刘立文　周建瑞
马全瑞　高魁科　姜多智

处理意见：

并案办水利局并案办。

民乐县就山丹民乐争水案给甘肃省主席的呈文

1947 年 5 月 10 日　　甘缺档案号

呈请：

（一）该案仍照前令五项办法施工。

（二）河西总队原属水利林牧公司代办，现已改隶中央水利部，目前方改组就绪。本案应原属张掖第三分队范围以内不属武威第一分队，本年度该总队中央核准预算较少，无力负担地方工程用费。

（三）该案纯系行政问题，而非技术问题，应由专署负责按五项办法施工，需用工费仍由民张分担，施工毕可请河西第三分队派工程师前往检验尺度，以昭郑重，并示公允。

谨呈甘肃省政府主席郭钧启。

民乐县东乐办公等

水利局黄万里就草四坝水利纠纷拟办情形附稿给水利厅厅长及甘肃省主席的呈文

1947 年 5 月 10 日　　甘 15-11-414

奉交下六区专署　民乐县政府及民乐东乐堡　张掖平彝乡公民代电及呈四件，为山丹县与民乐县因草四坝水利纠纷案，经核：

（一）该案已由本府规定办法五项在案，拟仍照定案办法施工。

（二）河西总队原属水利林牧公司代办，现已改隶中央水利部目前方改组就绪，本案应原属张掖第三分队范围以内不属武威第一分队，本年度该总队中央核准经算较少，无力负担地方工程用费。

（三）该案纯系行政问题，而非技术问题，应由专署负责按五项办法施工，需用工费仍由民乐张掖两县分担，施工毕可请河西第三分队派工程师前往检验尺度，以昭郑重，并示公允，当否合理签稿并请钧鉴核判。谨呈厅长谭主席郭。

水利局黄万里

甘肃省秘书处就草四坝水利纠纷恳请仍照省府五项办法办理事给第六区专员王维墉的批示草稿

1947年5月19日　　甘15-11-414

建水（36）辰字第3409号

第六区专署行政督察专员公署王专员卯字第（303）号代电及辰字第（322）号冬代电均悉。

（一）该案仍照前令规定五项前法施工

（二）河西水利工程队原属水利林牧公司，（照录签呈至）并示公允，除分电外，仰即遵照负责赶前报查。

兰政府建水辰马（印）

建水（36）辰字第3409号

民乐县张县长本年四月二十八日建（36）卯字第（731）号呈件均悉：（一）（照前稿录至），并示公允，除电王专员呈办外，仰即呈照洽办报查。

省政府建水辰马印。

建水（36）辰字第3409号

山丹魏县长张掖杨县长关于山丹草四坝水利案（一）（照录前稿至），仰即遵照洽办报查。

省政府建水辰马（印）

建水（36）辰字第3409号

甘肃河西水利工程总队分鉴查，山丹县与民乐县因草四坝水利纠纷案。山丹民乐张掖，除电令武威王专员及有关各县长，照本府前定五项办法施工，需用费改由民乐张掖等县分担，施工毕可请贵原第三分队派工程师检验尺度，以示郑重外，特电希□饬照办为要。

甘肃省政府建水辰马（印）

建水（36）辰字第（3409）号

具呈人民乐县东乐堡及张掖县平彝乡王春林等本年四月呈一件，恳祈维持旧案，准照批示五项办法镶置水闸由。呈悉该案仍照本府前定五项办法施工，惟因河西水利工程总队，本年预算中央核定较少，无力负担地方工程用费，此项工程需费由该受益县分担，除电令王专员及有关各县长遵照赶办外，仰即知照此批。

建水（36）辰字第3409号

具呈民乐张掖平彝乡代表张兴智等元电一件，电请山丹县草四坝镶闸一案依五项办法派员监镶由。电悉该案仍照本府前定五项办法施工，惟因河西水利工程总队，本年预算中央核定较少，无力负担地方工程用费，此项工程需费由受益县分担，除电王专员及有关各县长遵照赶办外，仰即知照此批。

杨成荣（监印）

民乐县政府就东乐堡与山丹草四坝水利纠纷案给甘肃省主席的电报

1947年5月20日　　甘15–11–414

兰州主席郭□：

密查本县东乐堡与山丹草四坝水利纠纷案，前据该处民众呈请，本府已于本年四月六日以建（36）卯字第（731）号抄同原呈一并转呈在案，迄未奉复，理合电请仍照钧府三十五年建二水（35）字第（6774）号批示五项。短期间并速派员到县核定处置，以早日结束而杜绝纠纷为祷。民乐县政府建辰（条印）。

民乐县政府

一九四七年五月十九日十八时

处理意见：

速核复。

处理意见：

此案已由府责成六区专员负责督办，并分电该报遵照存东拟复知。

甘肃省秘书处就仍照五项办法镶闸事给民张山县长的专电草稿

1947年5月21日　甘15–11–414

急民乐、张掖县长建辰条电悉，密已于辰马代电饬王专员，仍照已定五项办法督办，兹电复知照仍遵前电安办报查。寄△建二辰养。

杨成荣（监印）

一九四七年五月二十一日

民乐县及张掖二十一坝公民刘希禹等就派员监视镶闸及赔偿损失事给甘肃省主席的呈文

1947年4月2日　甘15–11–414

呈为速镶闸口以息讼端，赔偿损失，依法治罪事：

窃去岁奉钧府建二水戌字第六七七四号批令，尾开五项：（一）镶置分水闸底边用石资不使漏水，其技术及费用均由河西水利工程总队负责办理。（二）分水闸之木板以资装卸用板多少，由民乐民预备。（三）闸板中应留流水眼之大小，应饬遵照旧案，以两县共认之六市寸半（正方）为度。（四）民乐人水期已过，应即将闸板抽存，俟下轮水期时再装闸。（五）民乐东乐堡分水渠口自西北下游移置三分之一。以上五项除电水利林牧公司及分令六区专署山丹民乐张掖各县政府遵照外，仰即知照等。因奉此公民等当即遵守，所用木闸亦已预备完善，但中间流水之孔，年久续大，故用铁页包孔，以备耐久。双方无碍，惟查现下坝自惊蛰日起，号水已按正轮，而山丹四坝闸口尚未镶置，下坝流水渠口亦未向西北下移，在下坝开水时期，诚恐复生冲突，公民等决不愿敢再查，去岁专署孙视察员会同三县会议制造石闸，其费用由丹民两县人民负担。在办理期间，该山丹四坝人民置之度外，计费用国币一十八万元完全公民等负担。尤其去岁镶闸时，不但拆毁石闸，并夺去治邑夫民铁铣、衣物等件，损失甚巨，前已呈明在案，终未见如何赔偿。又查钧府批令内节开，草四坝杨柏林、雷显奎等四人率众拆毁石闸，并威胁政府主办人员，实属非法已极，已令由该管县政府依法敢惩等情。公民终未见山丹县政府如何办，假使轻法湮没，效尤捣乱，而水利程规绝无常安定之策，是以不揣冒渎缕呈各情。备文恳请。钧府电鉴恩准，派员监视，速镶闸口以息讼端，赔偿损失，依法治罪，郑重水利而安民心，则下坝人民不胜待命世世矣。谨呈甘肃省政府主席郭。

民乐县东乐堡暨张掖二十一坝公民　刘希禹　晏富海　赵铖　晏安海
王经纶　王春林　王希天　张兴智
刘兴周　姚世雄　张九经　高　峻
李华荣　张维仕　何世杰　张法思
马朝瑞　郭宗仪　胡建儒　周建瑞
王希尧　张玉贵　何世儒　王致中
姜多义　王连科　刘应文　王多林
师发敢　姚希尧　姜维熊　王遐龄
姜多智　王定中　黄得厚　荣配贤
魏兴朝　张殿忠　高殿科

民国三十六年古二月八日

处理意见：

电催王专员速洽总队长赶办。

武威县政府就洽办山丹草四坝分水石闸事给甘肃省第六区专员王维墉及武威工程总队长的电报

1947 年 4 月 5 日　甘 15–11–414

武威县政府译转水利工程第一分队长建水寅，电计达。

王专员、张队长：

据民乐县政府监该县东乐堡民王经纶等呈，以分水期近，山丹四坝闸口尚未镶置，所需闸板已备妥，请派监镶，除电张队长、王专员外，仰正宁迭电速洽妥办报查。寄△建二卯微。

武威县政府

甘肃省第六区专员王维墉就东乐堡灌水期近电请派员监镶水板事给民乐县政府的代电

1947 年 20 日　　甘 15-11-415

兰州主席郭×密奉钧府（1609）号建二水（36）寅灰代电。

民乐县政府：

据民乐县政府以东乐堡灌水期近，电请派员监镶水板一案，饬会同河西水利工程总队负责办妥，报核等因自遵办，惟查本案前经派员数次监盘曾因发生剧烈冲突未能即时解决旋由该派李科长斌前往据理兹为郑重计仍派李科长监盘铺镶，庶免纠纷可否，谨电钧裁。

王维墉二（36）寅巧（003）（叩印）

处理意见：

批示 44 速拟办。

甘肃省政府就查办山丹草四坝与民乐东乐堡分水纠纷事给武威专署及河西水利第一分队的代电

1947 年 3 月 24 日　　甘 15-11-415

武威王专员二（36）寅巧（0003）电悉。密查此案已以建二水（35）戌齐（6774）号代电饬遵。除电河西水利工程第一分队迳办外，仰仍遵照电径洽办理。不另派员，并报查省政府建水寅回印。

武威王专员译转河西水利工程第一分队分队长张家瑶，密山丹草四坝与民乐东乐堡分水纠纷，仰速遵照水利林牧公司（35）总字第（1446）号函示，径洽王专员赶办报查，省政府建水（36）寅回印。

杨文源（监印）

甘肃河西水利工程总队就民乐东乐堡监镶木板案给甘肃省政府的代电

1947 年 4 月 21 日　甘 15-11-415

工（36）卯字第

甘肃省政府公鉴，准甘肃水利林牧公司移来，第 1609 号建二水（36）寅灰代电。

敬悉甘肃省政府，查民乐东乐堡与山丹草四坝分水纠纷案，前由该公司转饬河西水利工程第一分队，勘查办理在案。奉电前，因除转饬迅办具报凭转外，谨先电闻。

水利委员会甘肃河西水利工程总队工（36）卯佳（印）

处理意见：

交成局长核办。

甘肃省第六区专员王维墉就派员监镶山丹草四坝闸口事给甘肃省主席的电报

1947 年日期不详　甘 15－11－415

建水卯微电

兰州主席郭密：

奉悉民乐东乐堡与山丹草四坝闸口，本署已派员会同各方监镶俟办，竣后另文详呈谨复。

王维墉二卯佳（印）

民国三十六年四月十日上午九时

处理意见：

存查。

民乐张掖民众代表晏富海等就反对草四坝三七分水闸口事给甘肃省主席的代电

1947 年 4 月 24 日　甘 15－11－415

兰州主席郭钧鉴：

窃治乡于丹县四坝水利，蒙钧府批示五项办法，民等惟命遵行，日昨有赛工程司专员翟视察抵丹与民等，讨论镶闸办法二项：（一）遵照军府批令。（二）根据山丹县县志所载三分水，须修筹三七分水闸口。当时民等自应认可钧府五项办法，至三七分水闸口，其间变动甚大，恐难持久，民等决不认可。查此闸属山丹县居民，曩容让口水一磨眼，只二寸半后被陆续偷凿至六寸，多以为原案，今若以三七分水，其闸必活，仍被随时偷挪，尤其伊之水口任意偷开，下坝人民如何看守？历年一久又以为原案未免时常争讼，此次钧府依旧案当以五项批令实行，若改行三七分水，不但推翻前案与旧案，大不相符，致上坝各口紊乱旧制，均起争分之念，则民与山丹县水利纠纷永不罢休，除详情另呈外，先行电呈依照批令最小闸口临电，不胜待命之至。

民乐张掖代表晏富海、王经纶、王春林、何世杰仰叩

一九四七年四月二十四日

处理意见：

查核拟办。

甘肃省主席就以五项办法解决草四坝水利事给民乐张掖民众代表晏富海等及河西水利一分队与六区专署的代电草稿

1947 年 4 月 29 日　甘 15-11-415

代电建水（36）卯字第 3094 号

第六区王专员：

据民乐张掖代表晏富海、王春林、何世杰等养电称，窃治乡与山丹县四坝水利（照录至），不胜待命之至等情。查此案已经本府决定解决办法五项，饬遵在案办，据前情，除电河西水利工程第一分队，兹批示外，特电仰遵前示五项办法，规定闸口赶办报查。

省政府建水卯微（印）

一九四七年五月一日

代电建水（36）卯字第 3094 号

武威甘肃河西水利工程第一分队王队长：

据民乐张掖（照录前稿至），兹据前情，除电第六区王专员仍遵前示五项办法，规定闸口赶办外，特点希洽办。

甘肃省政府建水卯微（印）

一九四七年五月一日

批建水（36）卯字第 3094 号

民乐张掖代表晏富海、王经纶、王春林、何世杰：

电悉查阅后闸口大小已核，本府决定五项办法中明白规定在案，除再电第六区专员及河西水利工程第一分队仍遵规定办理外，仰即知照此批。

杨成荣（监印）

甘肃省第六区专员王维墉就民张民众代表申请批令四坝镶闸事给甘肃省主席的电报

1947 年 6 月 3 日　　甘 15-11-415

二（36）辰字第 398 号

甘肃省政府主席郭钧鉴：

案查前奉钧府建水（36）辰字第（3024）号微代电，以据民乐、张掖民众代表电请批令四坝镶置闸口一案。除电河西水利工程第一分队并批示外，特电仰遵前示五项办法，规定闸口、赶办报查等因。遵经转饬张掖、民乐、山丹三县，遵照并电请河西水利工程第一分队，查照办理各在案。兹准该队本年五月二十日（36）武一字第（147）号函开案，准贵署二辰字第（36）号洽代电，以奉省电饬遵前示五项办法，规定闸口、赶办报查一案，嘱查照办理，见复等由。查本案已由总队，令行张掖第三分队就近办理矣，相应复请查照为荷等因，理合电报钧府核备。

甘肃省第六区行政督察专员兼保安司令王维墉叩二（36）辰俭（印）

处理意见：

仰仍遵电备饬各县速办妥，并圣洽第三分队验收。

甘肃省政府就准山丹草四坝闸口由河西水利工程第三分队办理一案给甘肃省第六区的指令

1947 年 6 月 13 日　甘 15–11–415

指令建水（36）乙字第（1005）号

令第六区行政督察专员兼保安司令公署：

二（36）辰字第（398）号俭代电一件，为准河西水利工程第一分队函复山丹草四坝闸口一案已由第三分队办理等由，请核鉴由。代电悉。仰仍遵照本年五月二十一日建水（36）辰字第（3409）号，建水辰马代电，督修各县迅速办妥后，兹径洽第三分队检验报查此令。

杨成荣（监印）

甘肃省第六区专员王维墉就建修草四坝水闸复请核示事给甘肃省主席的代电

1947 年 6 月 12 日　甘 15–11–415

代电拟交水利局二巳字第 426 号

甘肃省政府主席郭钧鉴：

案奉钧府建水（36）辰字第（3409）号马代电，以草四坝争水镶闸案纯系行政问题而非技术问题，应由本署负责按五项办法施工，需用工费，仍由民乐、张掖两县分担。施工毕可请河西第三分队派工程师前往检验尺度，以昭郑重，并示公允等因。查五项办法第一项，规定镶置水闸底边用石资，不使漏水等语。窃以本案前因，未能以科学方式建修水闸，以致经常发生纠葛，兹为一劳永逸。计拟请工程，仍由张掖三分队，根据五项办法修示遵。

甘肃第六区行政督察专员兼保安司令王维墉叩二（36）巳虞（印）

一九四七年六月十四日

处理意见：

拟可照办，函总队请饬照办，代电。

甘肃省主席就六区专署电请建修山丹草四坝水闸工程由第三分队办理事给甘肃河西水利工程总队及第六区专员的代电稿

1947 年 6 月 19 日 甘 15-11-415

代电建水（36）巳字第（4376）号
水利部甘肃河西水利工程总队公鉴：

据第六分区行政督察专员，公署本年六月巳虞代电称“案事钧府，照录至，示遵”等情请核所，该项工程仍由张掖第三分队建修，费用可由民、张两县分担一节，尚属可行，洽电复外物，电希查照，待饬第三分队照办具复函饬。

甘肃省建水巳（印）

代电建水（36）巳字第□□□号
武威王专员：

二巳字第（426）号虞代电悉请核办，请尚属可行，除电甘肃河西水利工程总队转饬第三分队照办外，仰仍径洽办理报查。

省政府建水巳（印）
杨成荣（监印）

甘肃河西水利工程总队就回复第三分队修建水闸事给水利部的代电

1947 年 7 月 9 日 甘 15-11-415

水利部甘肃河西水利工程总队代电
甘肃省政府公鉴：

建水（36）巳自字第（4378）号，建水巳寒代电，奉悉除转饬第三分队遵办外，特复水利部。

甘肃河西水利工程总队工午虞（印）

处理意见：

拟交水利局，照亲转知可代电。

水利部就甘肃河西水利工程第三分队修建水闸事给甘肃省第六区的代电

1947 年 7 月 17 日 甘 15-11-415

代电建水（36）干字第（42699）号
武威王专员：

案查前据该署本年六月二巳字第（426）号虞代电，请建修山丹草四坝水闸工程由第三分队办理一案，经电请甘肃河西水利工程总队转饬照办去后，兹准该总队本年七月七日虞代电以复，已转饬第三分队遵办矣等由，特电仰仍径洽办理具报。

甘肃省政府建水（36）午养（印）

杨成荣（监印）

民乐民众代表王经纶等就请派员同张山民三县长共同监镶闸口及派军保护事给甘肃省主席的代电

1947 年 9 月 30 日　甘 15-11-415

甘肃省政府主席郭钧鉴：

案据张、民二县东乐堡仁寿闸民众代表王经纶等八人本年申皓代电开。民乐县党团部书记长韩、参议长朱、青年团干事长陈钧鉴，查代表等近奉县府明谕，定于本月十九日由专署派员前来监督镶闸，以结前案。奉谕之后，固知为民德意之深厚，当遵守前往，以便镶理。唯思山丹民情刁悍，藐视国法。去岁由专署孙视察曾两度监镶此闸，已被山丹民众将新镶之闸打碎，徒虚耗民财。当时若无驻军弹压，则民等性命遭受莫大之危险。此前车可鉴，而亦早为钧座洞明者矣，今岁又遭奇旱，山丹位居上游以上截下，是为惯例，我东乐与张掖仁寿闸民众，田苗多属晒枯已失浇灌，数千民众已无生活之路，此后事可查者也。今者若无充分之准备前往镶闸，不但闸无镶成希望，代表等性命亦将有不保之，虞理合电请钧会鉴核。

准予转呈，省政府妥派干员前来，并会同张山民三县县长，定期监镶，并转饬当地驻军协助，以免覆蹈前辙，方能镶就此闸，以安民生是为德便等情。据此查该代表等所呈各节，确属实情，山丹民情确属刁悍。去岁，两度监镶此闸毫无成就，此据前情理合电请鉴核，恩准所请是为公德之便。

民乐县参议会议长　朱过祥

县党部书记长　韩从善

青年团干事长　陈克荣乐（36）申叩

处理意见：

拟交建厅拟办。

处理意见：

如拟。

寄峤

民乐张掖二县民众代表王经纶等就请派员同张山民三县长共同监镶闸口及派军保护事给甘肃省主席的代电

1947 年 10 月 12 日　甘 15-11-415

甘肃省政府主席郭钧鉴：

查代表等近奉县政府明谕，定于本月十九日由专署派员前来监督镶闸以结前案。奉谕之后，当遵守前往，以便镶理。唯思山丹民情刁悍，藐视国法，去岁由专署孙视察曾两度监镶此闸，已被山丹民众将新镶之闸打碎，徒虚耗民财。当时若无驻军弹压，则民等性命遭受莫大之危险，此前车可鉴者也。今岁又遭奇旱，山丹位居上游以上截下，是为惯例，我东乐与张掖仁寿闸民众，田苗多属晒枯已失浇灌，数千民众已无生活之路，此后事可查者也。今者若无充分之准备，前往镶闸，不但闸无镶成希望，代表等性命亦将有不保之虞理合电请钧会鉴核。

准予妥派干员前来，并会同张山民三县县长，定期监镶，并转饬当地驻军协助，以免覆蹈前辙，方能镶就此闸，以安民生，是为德便。

民乐张掖二县民众代表　王经纶　何世杰　姚世毫
晏富海　张宗儒　王春林
张兴智　荣培贤等（36）申皓叩
一九四七年十月十二日

民乐县县长就请派员同张山民三县长共同监镶闸口及派军保护事给甘肃省主席的电报

1947 年 10 月 8 日　　建（36）申　甘 15-11-415

兰州甘肃省政府主席郭钧鉴：

案据本县及张掖民众代表王经纶、何世杰等申皓代电称，查代表等近奉钧府明谕，定于本月十九日，由专署派员前来监督镶闸，以结前案。奉谕之后，益知为民德意之深厚，当遵守前往，以便镶理。维思山丹民情刁悍，藐视国法，去岁由专署孙视察曾两度监镶此闸，已被山丹民众将新镶之闸打碎，徒虚耗民财。当时若无驻军弹压，则民等性命遭受莫大之危险，此前车可鉴，而亦早为钧座洞明者矣。今岁又遭奇旱，山丹位居上游以上截下，是为惯例，我东乐与张掖仁寿闸民众，田苗多属晒枯已失浇灌，数千民众已无生活之路，此后事可查者也。今者若无充分之准备，前往镶闸，不但闸无镶成希望，代表等性命亦将有不保之虞，理合电请钧会鉴核，准予转呈，省政府妥派干员前来，并会同张山民三县县长，定期监镶，并转饬当地驻军协助，以免覆蹈前辙，方能镶就此闸，以安民生，是为德便等情。据此查张、山、民水利镶闸一案，经数次镶置均被山丹民中破坏阻挠。理合电请专派干员会同监镶，并函请当地驻军助，以资顺利以资镶置而了结案，如何之处谨祈鉴核示遵。

民乐县县长张声威　秘书牛致壮代行建（36）申寝叩
民国三十六年九月二十六日

处理意见：

一、省府令六区专署及民乐、张掖、山丹三县政府，仍照原定五项办法办理，届时请河西总队在三十七年四月一日安闸安置时，专署及三县派要员会同到场，并请驻军弹压，阻止任何障碍。

二、闸安后交山丹草四坝前水户，曾具结之代表负责保管，由山丹县政府随时监督。

三、以后闸如有损坏，除概由草四坝于十天内修竣外，并将轮灌期限改为双方各半，自损坏之日起执行一年。作为犯法之赔偿处罚。

拟水利局局长核阅。

甘肃省水利局局长就解决草四坝镶闸问题给甘肃省主席的呈文

1947年10月22日　甘15-11-415

查万里此次视察河西水利工程时，接奉钧府水西江电，以据民乐参党团及民众呈，在山丹草四坝镶闸，因山丹民情刁悍，请派员会同三县县长，定期监镶，并派军队协助一案，饬就近指示妥办等因，兹后奉交下民乐县政府申寝代电，同前情当经万里实地视察后拟：

（一）省府令六区专署及民乐、张掖、山丹三县政府，仍照原定五项办法办理，届时请河西总队在三十七年四月一日安闸安置时，专署及三县派要员会同到场，并请驻军弹压，阻止任何障碍。

（二）闸安后交山丹草四坝前水户曾具结之代表负责保管，由山丹县政府随时监督。

（三）以后闸如有损坏，除概由草四坝于十天内修竣外，并将轮灌期限改为双方各半，自损坏之日起执行一年。作为犯法之赔偿处罚。

以上所拟是否合理，合签稿并请核判谨呈主席郭寄峤。

水利局长黄万里

甘肃省主席就水利局局长签报山丹草四坝镶闸案给六区专署及张山民乐三县政府和河西总队的训令及代电手稿

1947年10月22日　甘15-11-415

判呈：水字549号

训令　水（36）至字第215号

令第六区行政督察专员兼保安司令公署、张掖县政府、山丹县政府：

案据民乐县参议会党团及民众、民乐县政府先后代电呈，以在山丹草四坝镶闸一案，因山丹民情刁悍，请派官员会同张山民三县长，定期监镶，并请派军队协助，以资顺利镶置等情，兹经决定：

（一）省府令六区专署及民乐、张掖、山丹三县政府，仍照原定五项办法办理，届时请河西总队在三十七年四月一日安闸安置时，专署及三县派要员会同到场，并请驻军弹压，阻止任何障碍。

（二）闸安后交山丹草四坝前水户，曾具结之代表负责保管，由山丹县政府随时监督。

（三）以后闸如有损坏，除概由草四坝于十天内修竣外，并将轮灌期限改为双方各半，自损坏之日起执行一年。作为犯法之赔偿处罚。

除电河西水利工程总队并分令外，合行令仰遵照，届时派要员会同妥办此令。

代电水（36）至字第 215 号

水利部甘肃河西水利工程总队公鉴：

案据民乐（以照录前稿至），需罚除分令外，特电希转饬第三分队届时会同妥办，具后为兹。

甘肃省政府水至艳（印）

指令水（36）至字第 215 号，

令民乐县政府：

本年九月十六日，建（36）申字第 1813 号寝代电一件，为在山丹草四坝镶闸一案因山丹民情刁悍，请派员监镶，并请派军队协助以资顺利镶置由。代电悉，兹据该县参议会党团及民众代表王经纶等代电前请，兹经决定（一）（二）（三）（照前稿至）处罚。除电河西水利工程总队并分令外，仰叩遵照，届时派要员会司妥办，并分别转知此令。

杨成荣（监印）

甘肃省第六区专员张作谋就派员查山民张三县镶闸问题给甘肃省政府的电报

1947 年 11 月 4 日　甘 15-11-415

兰州省政府：

即到兰州省政府密查山丹草四坝镶闸一案，张派本署参谋长珍于酉时，俭前往会同张民临三县监镶在案。兹据该员酉艳电称，查山、民、张三县镶闸问题，经连日办理，毫无结果。因草四坝民众根本反对镶置新闸，并以强硬态度书面威胁县府，决不接受政府命令，但民、张两县民众代表十余人未此，数日费用过重，并表示绝对服迄①省令要求，非镶不可，以此势难解决，将恐演出事故。除详情另呈外，究应如何处理，抑令商驻军强制执行，祈急电示遵等情。除电复协同驻军，因势利遵，相机处理，随时具报外情。查此案迭经草四坝民众非法阻挠人会同驻军。即使勉强镶置，事后难免不发生民众毁闸之情事，具该坝既聚众威胁，显然有人指使，短期内恐难望其觉悟，似此情形究应如何处理谨电请示遵。

职张作谋武二水戍冬（印）

处理意见：

速核办。

寄峤

① 编者按：原文如此。

水利局局长黄万里就报山丹草四坝镶闸一案拟仍照前案办理事给甘肃省主席的呈文

1947 年 11 月 5 日　甘 15-11-415

奉交下武威张专员冬电。以山丹草四坝镶闸一案，因草四坝民众反对镶置，而民张两县民众代表要求非镶不可，电请示遵等情奉。

核判谨呈主席郭已判□□。

水利局长黄万里

处理意见：

速核办，等因查此案前经万里实地视察后，拟仍照原定办法办理。定于三十七年四月一日会镶，并请驻军弹压签奉。

（可）并分令专署民张山等县府在案，本件拟饬仍遵前令办理，当否理合签稿并请。

甘肃省政府就山丹草四坝镶闸仍照前令办理事给武威张专员的电报

1947 年 11 月 5 日　　甘 15-11-415

武威张专员：

武水戌冬电悉，仰仍遵水（36）至字第（415）号训令办理。

省政府水戌虞（印）

杨成荣（监印）

民乐张掖两县党团就参请如期镶闸以重政府命令事给甘肃省主席的代电

1947 年 11 月 6 日　　甘 15-11-415

甘肃省政府主席郭钧鉴：

案据张民两县公民代表王经纶、何世杰、王春林、张兴智、王三友等十七人呈称，呈为如期镶闸，以重政府令而全民命事……如不执行政府命令如期镶闸，恳乞转请省政府（一）收回张、民两县人民依赖草四坝之水灌溉生活之田地，并派员查验张、民两县使用草四坝水之四千人口，本年颗粒未收，生活惨苦之状况，另指生路。（二）山丹书记长陈世光动辄聚众行凶，政府如不敢予惩处，则张、民两县民众当如法对待，临呈啻泣，谨候钧示祈遵等情。据此查张、民、山三县在草四坝水利纠纷，连年兴讼，滥费民力应迅予解决，以息讼端。钧府规定之镶闸五项办法，至为公允，详察迄未彻底执行者。甲、在政府方面（一）上级政府忽视此案，对山丹草四坝历次滋事人未加过问，遂养成刁恶不驯之恶习，动辄聚众威胁。（二）山丹县政府被地方士绅陈世光等包围失去执行能力，加以该府秘书高衡山在山丹城内置有数十亩耕地，对此案执行不无借故延搁情弊。乙、在民众方面

(一)张、民两县人民信任政府，山丹草四坝人民目无政府。(二)山丹士绅阳奉阴违、得寸进尺，暗簇民众无理阻挠，初则强争，如五项办法中，每边六节寸半之磨眼而不得继，则既经争得欲根本侵占张、民两县人民在草四坝所有之水。丙、今后危机，此次接到通知亲履山丹监视镶闸，今已七日。在此七日之中，获悉张、民两县人民到山丹镶闸数次，屡被山丹人民聚众欺侮，积愤甚深，此案如不彻底解决，将来张、民两县人民如采取对等行动，势必成惨案。丁、忠实建议(一)采取有效措施实现镶闸。(二)惩办历次鼓动滋事分子陈世光、陈多学、杨柏林、雷显奎等，以资息讼。

民乐县党部书记韩从善　民乐青年团干事长陈克荣
民乐县参议会议长穆燕天　参议员胡尔昌
代张掖县党部书记长曹奎文　张掖青年团干事长王家彦
张掖县参议会议长杨自廉　秘书张家裕代三联戌东叩
批复乞寄民乐东乐堡乡公所

处理意见(一)：
交水利局核办。

十一月九日

照案令冬该县府转草四坝代电，一九四七年十一月一日到达山丹后之第七日于山丹东门外□□□。

寄峤

甘肃省政府就张民两县党团参议会电请如期镶闸以息讼端事给张民县政府的训令

1947 年 11 月 8 日　　甘 15-11-415

训令　水二(36)戌字第 156 号
令张掖、民乐县政府：

据该县及张掖、民乐党团参议会首长东代电，以处张民两县公民代表王经纶等十七人呈请，为期镶闸，以重政府命令。向全民生一案，请迅予解决，以息讼端等情，查此案已决定仍照原定五项办法办理，并定三十七年四月一日，会镶闸业经本年十月二十九日以水(36)至字第 25 号训令、指令遵照在案并据前情合行令，仰仍遵照前令办理转饬。此令。

张民山三县县长及党团参议会就参请如期镶闸以重政府命令事给甘肃省政府的呈文

1947 年 10 月 30 日　　甘 15-11-415

草四坝呈为如期镶闸以重政府命令而全民命事：

窃查张、民、山三县在山丹东门外草四坝水利纠纷问题，迄今已二年矣，在此二年之中几经政府派员彻勘，并根据张、山、民三县县长及党团参首长、三县公民代表会议决议呈奉钧府决定镶闸五项办法理法兼顾，自应双方恪遵，以息讼端。不意山丹书记长陈世光及其侄子陈多学，每人在山丹城内种地一百余亩，只图自己利益，鼓动民众拒绝镶闸，无理横闹，以致于本年内公民等遵命到丹镶闸四次，未得实现，并将第二次镶就石闸由书记长陈世光及陈多学、杨柏林、雷显魁等率领民夫数百人公然破坏，政府未加惩办，养成刁风，动辄聚众示威，形成无政府状态。兹奉专署代电，规定酉俭镶闸。公民等遵命赶到，今已四日，所有镶闸材料亦准备完全，而专署张参谋以山丹民众准备聚众抗拒，不即镶闸。山丹县政府高秘，失去管制人民能力，德其借故推延，置政府命令于不顾，殊为不解。查山丹草四坝之水在一月零二天以内张、民两县人民灌溉十二天又二时。在张、民两县人民灌溉期内，将草四坝直沟堵干，仅与山丹城内留水一磨眼，名曰军马饮食水。即以《山丹县志》所载而言为军马园圃水，今山丹城内除园圃以外将宅院拆去种植烟叶，小赉者比比皆然，已失原意。又查草四坝沟为张、民、山三县使水人民所共有之沟，山丹草四坝人民不得单独拒绝。如果不致行政命令如期镶闸。恳祈钧府：（一）收回张、民两县人民依赖草四坝之水灌溉生活之田地，并派员查验张、民两县使用草四坝水之四十人口，本年颗粒未收，生活惨苦之状况，另指生路。（二）山丹书记长陈世光，动辄聚众行凶，政府如不敢予惩处，则张民两县民众当如法对待，临呈涕泣，谨候钧裁。谨呈甘肃省政府主席郭。

张掖、民乐两县民众代表　赵　铖　黄金玉　张兴智　王经纶
王春林　王三友　何世杰　晏安海
张九经　刘希禹　里华荣　王居钦
张福德　刘应文　刘得属　张发思
姚世雄

民国三十六年十月三十日

处理意见：

请照案办。

甘肃省政府就张民两县据请如期镶闸以办民命事给张民两县民众代表王经纶的批令

1947年11月8日　　甘15-11-415

水三（36）戌字第152号

具呈张掖、民乐两县民众代表王经纶等：

本年十月三十日呈一件请如期镶闸，以重政府命令，而全民命由呈悉。查此案已经决定仍照远东五项办法办理定三十七年四月一日会镶闸，并分令民乐及张掖县政府转饬该民等饬照在案，兹据前情仰仍遵照前令办理。此批。

甘肃省政府就处理山丹草四坝水利纠纷办法给张山民三县的拟判意见

1947 年 11 月 28 日　　甘 15–11–415

本案奉批等因，遵查山丹草四坝与民乐东乐堡下五坝及张掖平彝乡二十一坝，同一水源，按成例，三十二昼夜为一轮，山丹占二十昼夜、民乐张掖两县占十二昼夜。又因草四坝水穿越山丹县城郭，居民赖以饮用，故在民、张两县分水十二昼夜内仍与草四坝分水三分，并在该坝口堵一石磨扇中间方六市寸半流水眼一个。三十五年五月分水时，民乐县民以磨眼被山丹民私行凿大遂相互控告。嗣经六区专署召开会议，仍照旧案办理，并将原磨眼照样改镶石闸，以期永久，并经省府规定办法五项：（一）镶置分水闸底边用石资不使漏水，其技术及费用均由河西水利总队负责代办。（二）分水闸之板用木板以资装卸，用板多少由民乐人预备。（三）闸板中应留流水眼之大小，应饬遵照旧案以造公认之六市寸半（正方）为度。（四）民乐人民水期已过，应即将闸板（木板）抽存，俟下轮水期时再装闸。（五）民乐东乐堡之分水渠口准向西北下游移置三分之一，分别令饬专署县府，并批示该民等遵照各在案。再查此案纯系行政问题似应：（一）仍遵原定五项办法，电六区专署督饬各县撤查此案执行，并布告民众遵照，如再违抗，即予从政议处。（二）山丹县府秘书高衡山对执行此案借故延搁，应电丢警告，使其觉悟，如再有前项情事，从严惩办。（三）山丹县党部书记长陈世光对此案执行中作祟，应饬指陈事实，觅取确实证件，再凭核办，当否理合答请鉴核。

处理意见：

如拟。

关于处置山丹草四坝镶闸问题办法的拟判意见

1947 年 11 月 25 日　　甘 15–11–415

据六区张专员十一月十四日呈据民乐张掖两县党团参及民众呈请如期镶置山丹草四坝水闸，并请惩办捣乱分子山丹县党部书记长陈世光及滋事分子陈多学、杨柏林、雷显魁等（据称该书记长陈世光等在山丹城内各种地一百余亩，只图自己利益，动辄聚众行凶，包围政府阻碍法令，此次草四坝民众拒镶置闸，又系该员暗中作祟）。并山丹县政府秘书高衡山（据称在山丹城内置有数十亩，对此案执行，不无借故延搁情事）等情。复准河西水利工程总队戌□代电，以山丹草四坝镶闸未成，因草四坝民众违抗政府命令，请事前将行政问题解决，以便照原定五项办法办理，准于三十七年四月一日镶闸而免靡费时日等由兹核拟：

（一）镶闸工程仍照旧原定五项办法，并饬遵照本府，本年七月二十九日水（36）西字第 45 号训令，准于三十七年四月一日镶置。

（二）山丹县党部书记陈世光，据张专员报称，聚众行凶阻碍政令，拟由府函请省党部，将该书记长陈世光撤换，以免再事捣乱而利进行。

（三）山丹县政府秘书长高衡山，因个人利益，对于此案执行，不无借故延搁请，由府令县记大过一次，并警告该员，如再有前项情弊，从严惩罚处不贷。当否理合签请钧鉴核夺。谨呈主席郭。

甘肃省第六区专员张作谋就民乐县党团参及民众代表呈请如期镶置草四坝水闸并惩办捣乱分子事给甘肃省主席的呈文

1947 年 11 月 14 日　　甘 15-11-415

武二水戊字第 1022 号

案据民乐县党部书记长韩从善、青年团干事长陈克荣、县参议会议长穆燕天、张掖县党部书记长曹奎文，青年团干事长王家彦、县参议会议长杨自廉等三联戌东代电称：案据张民两县公民代表王经纶、何世杰、王春林、张兴智、王三友等十七人呈称“呈为如期镶闸以重政府令而全民命事……如不执行政府命令如期镶闸，恳乞转请省政府（一）收回张、民两县人民依赖草四坝之水灌溉生活之田地，并派员查验张民两县使用草四坝水之四千人口，本年颗粒未收，生活惨苦之状况，另指生路。（二）山丹书记长陈世光动辄聚众行凶，政府如不敢予惩处，则张民两县民众，当如法对待，临呈啻泣，谨候钧示祈遵等情。据此查张、民、山三县在草四坝水利纠纷，连年兴讼、滥费民力，应迅予解决，以息讼端。省府规定之镶闸五项办法至为公允，详察迄未彻底执行者。（甲）在政府方面（一）上级政府忽视此案，对山丹草四坝历次滋事人未加过问，遂养成刁恶不驯之恶习，动辄聚众威胁。（二）山丹县政府被地方士绅陈世光等包围，失去执行能力，加以该府秘书高衡山在山丹城内置有数十亩耕地，对此案执行不无借故延搁情弊。（乙）在民众方面（一）张、民两县人民信任政府，山丹草四坝人民目无政府。（二）山丹士绅阳奉阴违、得寸进尺，暗簇民众无理阻挠，初则强争，如五项办法中每边六市寸半之磨眼而不得继，则既经争得欲根本侵占张民两县人民在草四坝所有之水。（丙）今后危机，此次接到通知，亲履山丹监视镶闸，今已七日。在此七日之中，获悉张、民两县人民到山丹镶闸数次，屡被山丹人民聚众欺侮，积愤甚深，此案如不彻底解决，将来张、民两县人民如采取对等行动，势必成惨案。（丁）忠实建议（一）采取有效措施实现镶闸。（二）惩办历次鼓动滋事分子陈世光、陈多学、杨柏林、雷显奎等，以资息讼端等情。”正核办间，又据张掖民乐两县民众代表王经纶、晏富海、何世杰等十六人呈称“呈为如期镶闸以重政府命令而全民命事，窃查张、民、山三县在山丹东门外草四坝水利纠纷问题，迄今已二年矣。在此二年之中，几经政府派员彻勘，并根据张、山、民三县县长及党团参首长、三县公民代表会议决议，报由省府决定。镶闸五项办法理法兼顾，自应双方恪遵，以息讼端。不意山丹书记长陈世光及其侄子陈多学，每人在山丹城内种地一百余亩，只图自己利益，鼓动民众拒绝镶闸，无理横闹，以致于本年内公民等遵命到丹镶闸四次，未得实现。并将第二次镶就石闸由书记长陈世光及陈多学、杨柏林、雷显魁等率领民夫数百人，公然破坏，政府未加惩办，养成刁风，动辄聚众示威，形成无政府状态。兹奉专署代电，规定酉俭镶闸公民等，遵命赶到，今已四日，所有镶闸材料亦准备完全，而专署张参谋，以山丹民众准备聚众抗拒，不即镶闸。

山丹县政府高秘书失去管制人民能力，德其借故推延，置政府命令于不顾，殊为不解。查山丹草四坝之水在一月零二天以内，张、民两县人民灌溉十二天又二时，在张民两县人民灌溉期内，将草四坝直沟堵干，仅与山丹城内留水一磨眼名曰军马饮食水。即以《山丹县志》所载而言为军马园圃水，今山丹城内除园圃以外将宅院拆去种植烟叶，小赉者比比皆然，已失原意。又查草四坝沟为张、民、山三县使水人民所共有之沟，山丹草四坝人民不得单独拒绝。如果不致行政命令如期镶闸，恳转请省政府：（一）收回张、民两县人民依赖草四坝之水灌溉生活之田地，并派员查验张民两县使用草四坝水之四十人口，本年颗粒未收，生活惨苦之状况，另指生路。（二）山丹书记长陈世光动辄聚众行凶，政府如不敢予惩处，则张、民两县民众当如法对待，临呈啻泣，谨候钧裁各等情。查山丹书记长陈世光动辄阻碍政府法令，此次草四坝民众坚拒镶闸情形又系该员暗中作祟，据称前情理合呈请钧府鉴核。谨呈甘肃省政府主席郭。

甘肃省第六区行政督察专员兼保安司令张作谋

甘肃省政府关于民张两县党团参及民众代表请如期镶置草四坝水闸并惩办捣乱分子事给甘肃省第六区的指令

1947 年 12 月 3 日　　甘 15-11-415

建水一（36）亥字第 254 号

令第六区行政督察专员兼保安司令公署：

本年十一月十四日武二水戌字第 1021 号呈一件为据民张两县党团参及民众代表呈请如期镶置草四坝水闸并恳惩办捣乱分子一案请鉴核由。呈悉，兹核示如：（一）镶闸工程仍照原定五项办法，并遵照本年十月廿九日水（36）酉字第四一五号训令准于一九四八年四月一日镶置，仰该署饬各县彻底执行并布告民众遵照，如再违抗即于从严议处。（二）山丹县政府秘书高衡山对执行此案借故延搁，应电县警告使其觉悟，如再有前项情事，从严惩办。（三）山丹县党部书记长陈世光对此案暗中作祟，应指陈事实觅取切实证件呈凭核办。此令。

杨成荣（监印）

甘肃省第六区专员张作谋就为派员监镶山丹草四坝水闸案经过详情事给甘肃省主席的呈文

1947 年 11 月 27 日　　甘 15-11-415

甘肃第六区行政督察专员兼保安司令公署呈请暂存面请示办。

武二水戌字第 1199 号

案查前奉钧府建水（36）辰字第三四零九号马代电，暨建水（36）巳字第四三七八号三十代电，以镶置山丹四坝水闸仍照前规定五项办法施工，需用工费由民乐、张液两县分担建修工程，由第三分队办理等，因当经分电报张、山、民遵办，并函张掖第三分队查照各在案。嗣据张掖县政府张建（36）西字第三九七五号删代电称，查此案拟定于十月二十八日在山丹草四坝水闸工程处会集镶置处，分别函达民乐、山丹两县，届时派员并分令该原呈请公民先事准备外，理合电复鉴核请。届时派员莅临山丹草四坝监镶，以重水利为祷等情前来，当经令派本署中校参谋长张珍前往会同监镶在案。兹据该员本年十一月十四日报告称，奉钧署武二水西字第七五七号训令开，兹定于本月二十八日镶置山丹草四坝水闸，除电张、山、民三县长准时前往会办外，兹派该员前往监修。仰即遵照具报等因遵于十月二十四日搭车前往，当日因汽车抛锚，晚宿酆城堡近处，于次日下午四时到达山丹。翌日中午民乐县政府建设科长李三乐伙同该县党团参首长即民众代表等十余人已抵丹。据称所需材料均已遵照省令指示制备全，是否用，尚须水利工程队勘验后即可运来。二十七日晨张掖水利工程师张兹招到，职即商同先将草四坝分水渠口预测后，复同民乐县李科长往东乐堡勘验制，就镶闸材料除石底平微短尺许外余尚可用，于二十八日返回山丹时，张掖建设科长陈国周及该县青年团干事张参议会秘书民众代表等数人亦到，经分别征求三方面意见。据民、张两县负责人及民众代表等称绝对服从政府命令，遵照省府五项办法之指示办理，毫无任何异见。惟据山丹县政府高秘书称，草四坝人民经召集至晚尚未到来，并有反对镶闸情事。职以此次镶闸系遵照省府指，办理并无任何不公指处，该民等何故反抗不服从命令，仍嘱限次日上午公推负责代表前来县府和平商议后，或再召开谈话会议提出正当理由共同研究解决。至二十九日中午，该坝民众陈多学、曹乐善、张积禄等十余人来县见职，其态度异常强硬语言殊为误谬，尤以陈多学出言为尤恶，自称身为党员，几将政府命令批评不如玩物，且与在场之张工程师引起激辩。经职力劝解，并将此次省府拟定办法之公平合理，以及前因后果与夫三县利害关系详细解释，该民等始终不悟，坚不认可镶闸，并称“前准王专员面谕，不再令镶闸饬各具结遵照成规旧例，各自浇灌。因此我们山丹人民灌中不但不许镶一新闸，更不许任何人放一石粒等语。结果以大家之事看大家如何办理，我们几人负不了全体民众责任”。哗然而散，睹其刁顽嚣张情况，知已不能和平执行。除会同张工程师依据渠口水深闸量情形，先行设计镶闸图例一份，一面协同山丹县政府设法解决僵局，不意该民众等忽然联召九十余人书面呈请县府，提出坚决反对，更以拚命相争，注销粮赋、发给路证逃难等词，强为要胁，并据该县丹部书记长陈世光公函亦请县府探纳民意，维持旧案等情，同时闻草四坝沿渠一带有民夫百人数十人手持铁铣等物成群集中。经往询则又皆曰浇水清泉者，约日暮始自散去。而民、张两县人民既无任何意见，因此要求非如期镶闸，不可在此两难之中。镶则必出事故，不镶则有失政府之威信，更有负民张两县人民治所功望。除以急电请核示外，并于三十日晨以电话报告在案，复遵照只是在不出事故之原则下多方调处。丹民仍绝对反抗并以书面报告誓死相争，并提出现在正是四坝正输水期，若镶新闸，遗害过重理由。但职于到丹之后已注意到此问题，恐惧借故狡赖致事，徒劳往返。已与张工程师事前详为研究，此时镶闸对于丹民灌溉有无妨害。据张工程师谈现在所做工程仅下渠底石平与两边石柱并共同监量孔眼尺度大小闸板，可俟民乐水期时再行下水，匀分水量亦无不可。故对目前水流毫无影响，更不会使水流入民乐渠内珠滴。当即以书面通知山丹县府草四坝人民，如以比拒绝镶闸理由，即转知该民等速派负责代表来县，三方面会同将镶闸办法商讨确定后，书立结具，另行改期镶置亦可。结果终遭无理拒绝，此后民、张两县来丹人民，因久候无望，且以迭次镶闸均归失败，耗费过巨，催迫甚急，并以书面先后呈请如期镶闸，否则绝不离丹等待一死。似此势难解决，经多方安慰，该民众等示允听候命令一日，晨复以路费问题前促并从旁风闻，如再不获解决，该两县亦有起夫来丹，自行力争之说。职恐发生意外惨案，为应付周前情势，密商山丹县政府拟于二日午邀请驻军监获执行。及至是日山丹草四坝民众数十成群，在沿渠及树林各处，手持木棒等物，已有准备。经同张工程师等亲往视察确如其然，故为避免冲突起见，因势暂缓。因此民、张民众似有不能再待，亦口出怨言迫促各该建设科长亲临渠口答复不镶闸，理由具有通知。东乐方面速来民夫拼死相争消息，职为慎重应付当前情况，避免酿成严重事端，计在未奉钧示之前，竭力商情两县来丹党团参首长邀同各该县民众等先行返回，并嘱制止续来民夫，只留一二负责人及建设科科长在丹待命。幸各该民众等上能深明大体，经职安慰后即随同各首长陆续离丹，运来材料由职交山丹县府负责保存，水工队张工程师亦因公不克再待，当日张业已电振在案。本月四日山丹县府适奉省令，足于明年四月一日镶闸，遵即转知民、张建设科长及留丹人民全部返回。一场风波始告平息。总上述经过情形，复遵照武二酉陷电示，从侧面详细调查此次山丹民众无理拒绝镶闸反抗政府命令真相，不外下述二因：（一）草四坝渠水灌山丹城内及近郊一部分农田，多数地亩为一般权绅所种植，（如县党部书记长陈世光等即耕百数十亩，故在此次反对镶闸声中首先以党部名义转函县府）深知在此民主时代政府对人民命脉有关，水利纠纷不会采取任何积极措施断然处置，因此固执己见、不顾功令，争夺私人利益，表面以群众为名公然反对，背后唆使主谋毫不露头，因此致政府于面商谈无路执行、无路法援，以很小问题愈演愈甚，竟至不易解决，任性致为致成严重现象。（二）另有一二首要分子，借端生枝，利用机会鼓动愚民，名曰争水实则取得社会领导地位，故以力争人民直接利益之水利用名，把握群众心理别有企图。而一般愚民更不问利害，盲从符合，虽非草四坝人民亦后参与意见者，其具最大目的在乘此良机鼓动民意提高社会地位，也比如当时该县民众因上峰减征田赋原因，出而沟城贴发标语欢迎陈书记长之劳苦功高者类似。因此政府命令有则如无故职奉命前往监修水闸，虽未能达成任务，幸无发生意外事，故更可作为以后之参考。奉令前因仅将事情详情内幕，据实陈述。运有有关附件一并报请鉴核等情附有一册。据此查山丹草四坝人民不遵政府命令数次拒绝镶闸且肆意诋毁政府，殊属目无法纪，尤以去年镶闸时，该县草四坝民杨柏林曾率众暴动威胁监镶人员，实属不法已极，前经钧府饬由该管县政府从严惩办。惟据报迄未惩处致该草四坝人民尤其有损政府威信。兹为惩前毖后，计拟请钧府严令该县详查滋事首要分子，从严惩处，以儆不法。据呈前情理合同原福建呈请钧府鉴核。附呈原附件一册。谨呈甘肃省主席郭。

甘肃省第六区行政督察专员兼保安公司司令张作谋

山丹草四坝民众张积禄等就草四坝镶置木闸事给山丹县政府的呈文

1947 年 10 月 28 日　甘 15–11–415

为呈情事：

昨据本坝头人杨柏林、毛芝国、差甲曹乐善转知，奉县政府高秘书面谕，专署派来恭谋张珍会同民乐张掖来之官绅，决定本月二十八日在草四坝与民张两县分水处镶置木闸，希即届时参加等语。查本坝与民张两县之水利原有陈规旧案，去年因镶闸争执而起纠纷，本年七月间，业奉王专员谕仍照原规旧例共同浇灌，并饬各具甘结解决在案。今民、张两县忽又请求专署参谋主持镶闸，事关民众命脉，殊难永认，万一不维持旧案，只有拼命相争，或将本坝粮赋注销，发给路证以便逃命，为此理合联名先行呈情钧鉴作主为祷谨呈山丹县政府。

山丹县草四坝民众　张积禄　曹乐善　刘兴汉　杨文华
黄光贤　赵国成　王玉绶　黄明中
毛富国　罗柏文　杨文兴　梁守国
钟　珍　龙作霖　梁维熙　梁维正
吴兴泰　王高岳　龙作霈　梁鸿书
陈多学　周国瑞　马开国　牛兆麟
王之杰　王之相　尚克勤　王高蒲
周之屏　周举谦　钱积善　周官保
王富国　张积珍　石子玉　武世恒
彭祯国　邹宗祥　梁维奎　钱　志
王殿臣　武克明　陈多才　陈文璋
陈文仁　尹有福　陈保国　王继先
陈庆国　辛守礼　陈裕国　赵恒丰
邹录太　王荣贞　王　贞　杨镇国
王　成　马国武　马国奎　杨文兴
杨文玉　赵学谕　罗生文　罗招文
何积中　张国生　张有生　王可贤
雷晋文　邹文宣　王述贤　王少贤
毛成国　罗中清　毛定国　罗正文
邹文章　邹文海　邹宗儒　邹宗达
武世德　陈世垣　张文焕　张丙禄
张启中　武克让　毛云庆　席如富
杜学文　邹全天　雷生云　欧阳成
周国生

民国三十六年十月二十八日

山丹党部就草四坝镶置木闸事给县政府的公函

案据本县草四坝民众张积禄、刘兴汉、曹乐善等八百余户呈称文同前等情。据此查此案前已经王专员面往仍照原规旧例办理，自应维持旧案，于法于理，均无不合，相应函请。查照采纳民意维持旧案，以活民命为荷。

此致山丹县政府。

山丹县党部

山丹草四坝民众罗正文等就
草四坝镶闸事给甘肃省第六区专员张的报告书

1947 年 10 月　甘 15-11-415

为报告事：

顷奉钧座面谕：本人奉命前来监镶山丹草四坝与民乐张掖分水闸。现民、张两县之法团代表及绅民均已齐到，立待镶置，以便履命。你们坚不承认镶置，其原因安在？希将事情书面报告以凭定夺等语。查本坝与民张两县之水利向有陈规共同浇灌，业已二百多年，双方遵守至今，并未弊害。去年民乐县东乐堡绅民为自私自利，借端生枝，以巧言花语蒙蔽上听，期镶新闸推翻旧案，所以争执不下。迨至本年六月间，六区专员亲来查勘考究利弊，仍饬按照陈规旧例浇灌，各自遵守不准紊乱，并饬具结解决在案。惟以民乐人民惯于反复，无年不生事端，然以水案关重，终未乱过渠规。再是案业饬照陈规结案，今该县绅民忽又请来钧座前来主持立镶新闸，则闸坝民众自难承认，尤其本坝水利民、张两县每年只有夏水四轮，共计四十八天，其余三百十二天全归本坝浇灌，刻下已无伊之水。若另镶新闸于彼无利，实于本坝粮赋注销，发给路证以便逃命。奉命应理合，据实报告。钧鉴俯念民情恩准，转请收回镶闸成命，则民等感德无涯矣。谨呈专员张。

山丹县草四坝民众　罗正文　罗柏文　刘兴汉　何文光　邹文章
张国安　彭护国　聂守义　邹文海　邹宗儒
王富贵　尚克勤　陈裕国　邹宗达　赵国成
王种槐　陈守禄　杨文华　张有生　毛兆麟
陈治国　毛芝国　王可贤　梁世科　孙荣祖
张积禄　雷普文　钟　珍　曹乐善　张文焕
何福忠　马开国　周国瑞　罗口清　何进中
王富国　周光第　毛成国　邹文炳　欧阳成
尹有荣　王少贤　杨文兴　陈希惠　陈世垣
王述贤　梁鸿书　邹全天　陈世相　邹文宣
梁孔书　周国生　陈多学

民国三十六年十月

张民两县民众代表黄金玉等就草四坝恳请如期镶闸事给省政府的呈文

1947 年 10 月 29 日　甘 15-11-415

为恳请如期镶闸以重政府命令，而全民命事：

窃查张、民、山三县在山丹东门外草四坝水利纠纷问题，迄今已二年矣。在此二年之中，几经政府派员彻勘并根据张、民、山三县县长及党团参守长三县公民代表会议决议报由省政府决定镶闸五项办法理法兼顾，自应双方恪遵以息讼端，不意山丹书记长陈世光、无赖雷显魁、梁忠国、杨柏林、陈多学在山丹城内种有一百多余亩，只图自己利益，鼓动民众拒绝镶闸，无理横闹，以致于本年内公民等遵命到丹镶闸四次，未得实现，并将第二次镶就石闸，由书记长陈世光率领民夫数百人公然破坏，政府未加惩办，养成刁风，动辄聚众示威，形成无政府状态。兹奉第六区专员公署代电规定酉检镶闸。公民等遵命赶到，今已三日，所有镶闸材料亦准备完全，闻钧座以山丹民众准备聚众抗拒不即镶闸，而山丹县政府高秘书失去管制人民能力，听其借故推延，置政府命令于不顾，殊为不解。查山丹草四坝之水，在一月零二天以内，张、民两县人民灌溉一十二昼夜又二时，在张、民两县人民灌溉期内，将草四坝直沟堵乾干，仅与山丹城内留水一磨眼，名曰军马饮食水，即以《山丹县志》所载而言，为军马园圃，水当为军马饮食与灌溉蔬□之水。今山丹城内除园圃以外将宅院拆去，种植烟叶、小麦者比比皆然已失原意。又查草四坝沟为张、民、山三县使水人民所共有之沟，山丹草四坝人民不得单独拒绝，如果不执行政府命令如期镶闸，乞转请省府收回张、民两县人民依赖草四坝之水灌溉生活之田地，另指生路，并派员查验张、民两县使用草四坝水之四千人口本年颗粒未收，生活惨苦之状况，以明是非，不胜盼祷之至。谨呈。

张民两县民众代表　黄金玉　张九经　王三友　晏宁海
王春林　王经纶　赵　钺　张兴智
刘希禹　何世偰　张法思　荣沛贤
李华永　刘得蜀　张得江　晏安海

民国三十六年十月二十九日

张民两县民众代表晏安海等就受张民两县四千人民之嘱托事给甘肃省第六区的呈文

1947 年 10 月 30 日　甘 15-11-415

呈为刻印镶闸以符民望事：

窃查（公民）等受张、民两县四千人民之嘱托，恪遵政府命令到山丹镶闸将近一周。迄未发表镶闸命令者，张、民、山三县受命负责人故意推延欤？抑钧座以山丹民众抗违不即执行欤？（公民）等目睹张、民两县使用草四坝水之四千多人民之生活苦状愤不欲生。如不镶闸（公民）等绝不离丹，等待一死。若（公民）等一死，则四千多人民能够生存，虽在九泉之下，却亦安心。试问不即镶闸之原因，若为前者，请张、民两县到丹之建设科长及山丹县政府秘书亲履闸口，答复若为后者，该草四坝人民以聚众为手段，则张、民两县人民于相当期内，决如法对待，究竟若何？立候钧示祇遵。谨呈第六区专员公署。

张掖、民乐两县公民代表　晏安每　王三友　何世杰
王春林　王经纶　张兴智
刘得蜀　荣培贤
民国三十六年十月三十日

甘肃省政府就派员监镶山丹草四坝水闸案事给甘肃省第六区的指令

1947 年 12 月　甘 15-11-415

指令建水二（37）字子第 1223 号

令第六区行政督察专员兼保安司令公署：

本年十一月廿七日武二水戌字第 1199 号呈“为呈报派员监镶山丹草四坝水闸案经过详情诂鉴核由”呈件均悉，查此案前据该署本十一月十四日水戌字第 1022 号呈转民张两县党团参谋及民众代表请如期镶闸，并请惩办捣乱分子等情到府。已于本年十二月十五日以建水一（36）亥字第二五四号指令，饬遵在案，兹据前情，仰仍遵照前令办理。此令。

杨戌荣（监印）

张民两县民众代表就草四坝恳请如期镶闸事给甘肃省第六区和省政府的呈文及附件

1948 年 1 月　甘 15-11-415

案奉钧府水（36）酉字第（113）号指令开，并据该县党团参议员及民众代表王经纶等代电前情。兹经决定（一）仍照原定五项办法办理，并定三十七年四月一日为安闸日期，届时请河西水利工程总队转饬第三分队办理，并由专署及张、山、民三县各派要员会同到场并请驻军弹压阻止任何障碍。（二）闸安妥后交山丹草四坝前水户曾具结之代表负责保管，由山丹县政府随时监督。（三）以后闸如有损坏，除概由草四坝于十日内修竣外，并将输灌期为双方各半，自损坏之日起执行一年作为犯法之赔偿处罚。除电河西水利工程总队并粉岭外仰即遵照届时派要员会同妥办，并分别转知等因奉此合行令仰。该代表俟下年四月一日以前准备食宿费，到场会同镶置为要，此令等因奉此。公民等当即遵命，惟本年四月一号镶闸妨碍伊之水利，恐生冲突。查敝邑号水自清明起，至十昼夜止，在此时内规定镶闸最为适宜双方无碍，又查山丹草四坝与敝邑为水利与讼已二年矣，自去岁头轮苗水被山丹土劣陈世光暗中作祟，利用杨柏林、雷显魁、陈多学等截夺苗水七昼夜，又至四轮秋水之期，有陈世光等电请省府伊之水利被下坝截浇，有省府李科长斌到丹亲履闸口，察明敝邑号水反被伊截浇一十二昼夜，以致敝邑秋禾全枯，颗粒未收，彼时具情呈报在案。于去岁镶闸四次耗费国币三百五十六万八千元，此外损失石柱、石闸底、衣服、铁铣等物共计洋七十九万五千二百元，

单另附呈此种损失。前已呈报在案，钧府已令该管县长惩办捣乱赔偿损失，而魏县长将此事置之度外终未效果。公民等窃思，该陈世光四次生今反古，故意捣乱水利，劳民伤财，令人痛恨。若不加以严办，不惟不下坝人民无生路，即沿河各坝大受影响不浅，是以公民等不揣冒渎，庸敢缕呈钧府电鉴，恩准改定镶闸日期，赔偿水分及损失以杜纠葛而息讼端。不惟公民等幸甚，则敝邑人民亦永感戴德世世矣。除呈专署外谨呈甘肃省政府主席郭。

附粘单一纸

张掖、民乐民众代表　赵　钺　郭宗仪　王春林　王三友
刘希禹　王经纶　荣沛贤　晏富海
张兴智　晏安海　何世杰　黄得厚

一九四八年元月

处理意见：

（一）所请改定镶闸日期一节，查清明后十二天内相差天数不多，似可不必据请，仍于原定日期镶闸。（二）所请赔偿损失一节，查镶闸所需用料，在五项办法内已规定，由民、张两县担负，且该项材料由山丹县政府保管，至于镶闸四次未成，所用款项请饬民张两县政府查明具报呈核。

查四月一日既系山丹县水期是日，必致借口阻挠，该民等请改定日期，所见甚是。拟准即改定四月五日（清明）。

计开损失物件单：

石闸、石底、石柱子	一对	共费洋一十八万元
石匠	工资	洋四万元
铁铣	两张	
木椽子	一十五根	
门扇	一页	
草大绳	三对	
布棉衣	三件	
褐棉衣	五件	
毛卫身衣	两件	
毛卫膊子	两条	
褐单衣	两件	
布汗褂子	两件	
鞋大小	八双	

共国币七十九万五千二百元。

水利局局长黄万里就签报改定山丹草四坝镶闸日期事给甘肃省主席的电报

1948年9月24日　　甘15-11-415

2524号

查山丹草四坝镶闸日期，经决定本年四月一日，兹据张掖民乐民众代表张兴智等呈为

四月一日系山丹水期，恐生冲突，请改定期日。又称镶闸四次未成，损失与项四百余万元，请饬赔偿等情。经核拟原定四月一日既系山丹水期，是日镶闸，又致借口阻挠，该民等请改定日期，所见甚是，拟准改定四月五日（清明）。所称镶闸四次未成，损失款项四百余万余万元，今饬张掖民乐两县政府查明具报，再行核办。当否。理合签稿并请核判。谨呈主席郭。

水利局局长　黄万里

甘肃省政府就改定镶闸日期及赔偿损失事给甘肃省第六区及张民民众代表张兴智的批令

1948 年 1 月 24 日　甘 15-11-415

水三（37）字第 1421 号

令第六区行政督察专员公署山丹张掖民乐县政府：

查山丹草四坝镶闸日期前经决定本年四月一日，兹据张掖民乐民众代表张兴智等呈为四月一日为山丹水期，恐生冲突，请改定日期。并称镶闸四次未成，损失款项四百余万元，请饬赔偿等情，经核：（一）原定四月一日既系山丹水期，是日镶闸恐生冲突一节，所见甚是，准即改定为四月五日（清明）。（二）所称镶闸四次未成，损失款项四百余万元，除令张掖、民乐两（由该府及民乐、张掖）县政府查明具报再行核办，并分令外，合行抄发原呈令仰遵照办理具报，此令。

杨成荣（监印）

民乐县县长张汝伟就转请改定张民山丹镶闸日期事给甘肃省主席的代电

1948 年 2 月 9 日　甘 15-11-416

发文三 37 丑字第 618 号

兰州甘肃省政府主席郭钧鉴：

案据张掖、民乐民众代表王经纶等十人呈称"呈为改定镶闸日期，赔偿水分及损失事。窃去岁十一月间奉钧府训令建（315）戌字第（1007）号案奉甘肃省政府水（36）西字第（115）号指令开，并据该县党团参议会及民众代表王经纶等代电前情，兹经决定：（一）仍照原定五项办法办理，并定三十七年四月一日为安闸日期，届时请河西水利工程总队转饬第三分队办理，并由专署及张、山、民三县，各派要员会同到场，并请驻军弹压，阻止任何障碍。（二）以后闸如有损坏，除概有草四坝于十日内修竣外，并将轮溉期限为双方各半，自损坏之日起执行一年作为犯法赔偿之处罚。除电河西水利工程总队并分令外，仰既遵照届时派要员会同妥办，并分别转知等因，奉此合行令仰。该代表俟下年四月一日以前准备食宿费，到场会同镶置为要。此令"等因，奉此公民等当即遵命。惟本年四月一日镶闸，妨碍伊之水利，恐生冲突，查敝邑号水自清明起至十二昼夜止，在此时内，规定镶置最为适宜，双方无碍。又查草四坝与敝邑为水利兴讼已二年矣，自去岁头轮苗水，被山丹土劣陈世光暗中作祟，利用杨柏林、雷显魁、陈多学等截夺苗水七昼夜。又至四轮秋水之期，有陈世光等电请省府，伊之水利被下坝截浇，有省府李科长斌到丹亲履闸口察明，而敝邑号水反被伊截浇十二昼夜，以致敝邑秋禾全枯，颗粒未收。彼时具情呈报在案，于去岁镶闸四次，耗费国币三百五十六万八千元。此外，损失石柱、石闸底、衣服、铁铣等物，共计洋七十九万五千二百元，另单附呈此种损失，前已呈报在案。省府已令该管县惩办捣乱，赔偿损失，而魏县长将此事置之度外，终未效果。公民等窃思该陈世光，似此生今反古，故意捣乱水利、劳民伤财，令人痛恨，若不加以严办，下坝人民无生路。即沿河各坝大受影响不浅，是以公民等不揣冒渎，庸敢缕呈钧府电鉴恩准转呈上峰，改定镶闸日期，赔偿水分及损失，以杜纠葛而息讼端，不惟公民等幸甚，则敝邑人民永感大德世世矣，除呈报转省府暨专署外理具文谨呈等”情到府。除呈报专署外理合电请鉴核示遵。

民乐县县长张汝伟三（37）丑佳叩

甘肃省第六区专员就奉令饬遵照指示三点镶置草四坝水闸并惩办捣乱分子事给甘肃省主席的电报

1948 年 3 月 1 日　　甘 15-11-416

武二水丑字第 532 号

甘肃省政府主席郭钧鉴：

案查前奉钧府上年十二月十五日建水一（36）亥字 254 号指令，以据呈转民张两县党团参及民众代表呈如期镶置草四坝水闸并恳惩办捣乱分子一案，饬遵照指示三点办理具报等因。遵经令饬山丹县政府遵办在案。兹据该县府民建水（37）子字 103 号世代电略称遵即布告民众遵照，并警告秘书高衡山觉悟外，查县党部书记长陈世光对此案暗中作祟一节，现未觅出确凿证据，俟明密侦查切实后，当即呈复核办等情。谨电核备。

甘肃省第六区行政督察专员兼保安司令张作谋武二水（37）丑寝叩

1948 年 2 月 26 日

处理意见：

准备查核。届时镶闸期仰仍遵照旧饬，妥善办理报查。

甘肃省政府就置草四坝水闸并惩办捣乱分子事给甘肃省第六区的指令

1948 年 3 月 1 日　　甘 15-11-416

指令水二（37）寅字第 1554 号

令第六区行政督察专员兼保安司令公署：

本年二月二十六日武二水（37）丑字第 532 号寝代电一件，电后遵照指示三点镶置草四坝水闸，并惩办捣乱分子一案情形由，代电准予备查。惟届时镶置时期四月一日，仰仍旧督饬妥善办理。此令。

甘肃省第六区专员张作谋就奉令妥善办理山丹草四坝镶闸事给甘肃省主席的电报

1948 年 3 月 12 日　甘 15–11–416

武二水（37）寅字第 691 号
甘肃省政府主席郭钧鉴：

水二（37）引子第 1554 号指令，奉悉查镶闸日期，将届时为免再蹈覆辙，未雨绸缪，计似应预为筹，以期妥善，得能顺利镶置。兹谨参酌实情，拟具镶闸意见如下：（一）请钧府布告该草四坝民众遵照规定镶闸，如再有聚众威胁等不法情事，决分别首从严办，并派员会同本署及张、山、民三县县长莅临监镶。（二）规定请驻军弹压一节，应由钧府呈请行辕转饬该县驻军照办。如果该坝民众逞凶，并规定有效制止办法。（三）应规定三县除推派代表由县长负责率同前往指定地点会办外，不得率领民众参与。（四）应饬山丹县长事前诰诫该坝民众，并予以警告，不得聚众逞凶或集体图谋毁闸，如违重惩。（五）闸基镶置后交由山丹县政府验收，负责保管。如有毁损即按钧府规定惩罚办发办理。并勒令出具连坐，切结存案，以上数项均属事实，需要理合电请钧府鉴核示遵以便分别督饬办理。

甘肃省第六区行政督察专员兼保安司令张作谋武二水（37）寅灰叩

处理意见：

移请一科核办。

甘肃省主席郭就草四坝镶闸改期及妥善处理事给甘肃省第六区及张民山三县县长和河西水利总队的训令

1948 年 3 月 17 日　甘 15–11–416

训令
水一（37）寅字第□□□号
令六区专员张作谋：

为解决张掖、民乐、山丹等县水利纠纷，定于本年四月五日在山丹草四坝镶闸分水。因山丹民众屡次抗拒均未镶成，本年镶闸期间，为求顺利完成，具免山丹民众聚之抗拒。应由该专员率领保安队督导办理。此令。

主席郭

训令
令张掖、民乐县长杨慕震、张汉伟：

一、山丹草四坝镶闸日期（四月五日）卯函，该县参加人除推派代表，由该县长率同前往外，不可帅领民众参与。

二、除分令民乐、张掖、山丹县，并及六区专署外，仰遵照督办报查。

训令

令山丹县长赵佩琴：

一、草四坝镶闸日期（四月五日）卯函，该县参加人员，除推派代表由该县并率同前往，该居会办外。民众不准参与或围观。

二、闸镶置后，应协遵三十只手十月二十九日，水（36）至字第115号训令。（二）（三）两项切实办理。并勒令该坝代表连坐切结报查。

三、除请行辕电驻军弹压并分令六区专员、张、民两县，兹外附备布告五张，仰即张占俾办周知。

代电（河西总队） 水一（37）寅字第□□□号

一、山丹草四坝镶闸日期（四月五日）即届。

二、已电请行辕电饬驻军弹压，并分令总队专负山张民三县长会同协办。

三、请转饬四分队派员指导镶置。

布告水一（37）寅字第□□□号

一、山丹草四坝镶闸日期即（四月五日请照饬）即届。

二、该坝人民应遵照规定镶置，如再有聚众威胁抗拒等不法行为，决不驯有滋，必严惩不贷。

令第六区行政督察专员公署：

一、本年三月十日，武二水（37）寅字第691号灰代电悉。

二、所陈五项，现已分别照办。

三、仰仍督导协办报查。

甘肃省政府就草四坝镶闸事宜由专员率队督导妥办事给武威张掖专员及山丹县县长的电报

1948年3月19日　　甘15-11-416

专电（一）

武威张掖专员：

（691）号寅灰真两代电均悉。

草四坝镶闸日期瞬届仰由该专员率领保安队督导，如期妥办，不准滋生纠纷，仍将办理情形报查。

省政府水寅皓印

专电（二）

山丹赵县长：

（346）号呈悉。

仰告诫该坝民众，恪遵规定办理，不准聚众抗拒，否则重罚。

省政府瞬寅皓印

甘肃省第六区专员张作谋就山丹草四坝民众代表拒绝镶闸事给甘肃省政府的呈文

1948 年 3 月 16 日　　甘 15-11-416

武秉（37）寅字第 718 号

甘肃省政府主席郭钧鉴：

案据山丹县草四坝民众代表梁维屏、杨柏林、周举直等十六人呈称为陈明永镶四坝水闸，与民张两县无益，本坝受害实深，仰祈钧鉴准予转请，收回成命，仍照陈规旧例，各自浇灌，以维原案而免争端事。窃查本县草湖各坝，民、张两县共同使用之水计有十四道沟渠，分上七道口，下七道口。除春、冬并无民、张之水外，其最关重要之三轮水，计有四轮，每轮本县草湖各坝浇灌二十昼夜，民张两县浇灌十二昼夜。每年立夏后一日始，值民、张两县之正轮苗水，其他十三道沟口，均按陈规旧例，干打湿闭全部。下河惟草四坝之水，因贯城迤西北，下流所有全城兵马、池塘、园圃及沿渠人民之饮水，皆赖斯水挹注。故在明清两代，历经两县之官绅，平心研究，以全渠十分之七之水量，下河汇合其他十三道沟渠之水，浇灌民张两县之农田，以十分之三水量供给全城兵马、池塘、园圃及本坝沿渠人民之饮水。是水本坝名之曰十二昼夜小水，其分水方法以磨盘石，按应分之水量凿孔，由本坝自动镶置，于民、张十二昼夜水完结时，仍由本坝撤去，即一小石亦得清理尽净。因泉水低沟高，一有阻碍，则水流不利即受其害。原日渠规，如是双方遵守已经二三百年，并未紊乱旧规。今民、张两县之绅民，妙想天开，捏造黑白危言耸听，蒙蔽展峰，其目的图翻旧规，永镶石底石旁之新闸，在其每轮十二昼夜之水期内，能否给足本坝之水，暂姑不论，而在本坝每轮十二昼夜之水期内，民、张两县所镶之新闸不能撤除，则上水受阻、下流不利，而本坝所受之害更难数计。况一年三百六十天，民、张两县之四轮正水，只有四十八天，其三百一十二天全属本坝，何敢容其镶置永久不撤之新闸。故原日规定活闸者，为在随时镶置随时撤除，何况天有旱涝，水有大小。如逢涝年，山洪时发，沟渠不能容纳时，非但本坝必须开口而其他十三道沟渠均得开口，各享余润。实际上在民、张两县之正轮水上号时，各坝全都闭口，汇合下流，足够民、张两县和平安全之用。如翻旧按永镶新闸，则民张之利未见，而本坝之害永留。所以本坝民众誓死反对，永镶不撤之新闸，而力争维持陈规旧例之活闸。事关全坝民众之命脉，并非违抗政府之命令。

兹奉山丹县政府本年二月二十五日，建水（37）丑字第 168 号训令内开“案奉甘肃省政府三工（37）丑字第 1421 号训令内开‘查山丹草四坝镶开日期，前经决定本年四月一日，兹据张掖民乐民众代表张兴智等，呈为四月一日为山丹水期，恐生冲突，请改定日期，并称镶闸四次未成，损失款项四百余万两，请饬赔偿等情经核。（一）原定四月一日，即系山丹水期，是日镶闸，恐生冲突一节，所见甚是，准即改为四月五日（清明）。（二）所称镶闸四次未成，损失款项四百余万元，除令张掖民乐两县政府查明具报，再行核办，并分令外合行抄发原呈，令仰遵照办理，具报等因。’奉此遵查事关水利要政，合行令仰该民等，务于四月五日一并到场，参加镶置为要。此令”等因，奉此，不胜慌恐。查以上永镶新闸之利害，上年七月间钧署王前专员曾已查明，并饬代表等具仍照陈规旧例，使水之甘结，今又定期镶闸，而使民众无所遵从。至于民、张代表所称之损失，远不及本坝之损失多矣。前年钧署孙视察偏听独裁，以武力强镶，掘断本坝之正轮水五昼夜，联田五六百亩；再本坝每年浚泉所费人工，多则二三千少则一两千，民、张两县坐享其利，始终未派一夫参加。此种损失，迭经请饬赔偿在案。定于清明镶闸一节，更属狡赖，兹为息事宁人，而免争讼流血起见，仍恳钧署明察准予转请，收回成命，仍照旧规，以维原案而免争端。否则，如能分足本坝应得之水，在民张之水上号时，任其镶闸，而在本坝之水上号时，必须撤除尽净，以利水流而免阻碍。若仍主持永镶不撤，则民众上关国赋，下关身家性命。民众虽欲服从，而不可得。时已迫切，不胜待命等情。查该草四坝民众，屡次拒绝镶闸，且有聚众呈凶情事发生，显系违抗政府，藐视法令，殊殊属刁恶。据呈前情理合转请钧府鉴核示遵。

甘肃第六区行政督察专员兼保安司令张作谋武二水（37）寅真叩

甘肃省水利局就山丹草四坝民众请仍照旧规分水事给甘肃省第六区及山丹县政府的指令

1948 年 3 月 18 日　　甘 15-11-416

如拟注：本案已以寅皓电饬武威张专员负责督遵妥办，及电山丹赵县长告诫草四坝民众，恪遵规定办理在案，本件请注销。谨呈主席郭。

水利局代谨签

判字 2954 号

指令水一（37）寅字第□□□号

令第六区行政督察专员公署：

一、本年三月十一日，武二水（37）寅字第 718 号真代电悉。

二、本案早决定定期镶闸，并据该署武二永寅 1691 号灰电已饬别照办，经以负责督导饬办报查。

指令水一（37）寅字第□□□号

令山丹县政府：

一、本年三月十三日建三（37）寅字第 346 号呈悉。

二、本案早已决定，定期镶闸，并核三月日后以水一（37）寅字第□□□号训令饬遵迭，令会同饬办在案。

三、仰仍恪遵前令负责办理，并告诫该坝民众遵照，否则重惩不贷。

山丹草四坝民众代表黄克贤等请就请照旧规分水事给甘肃省主席的呈文

1948 年 3 月 3 日　　甘 15－11－416

水字第 2976 号

为陈明永镶四坝水闸，与民张两县无益，本坝受害实深，仰祈钧鉴准予收回成命，仍照陈规旧例，各自浇灌，以维原案，而免事争端：

窃查本县草湖各坝，与民张两县共同使用之水，计有十四道沟渠，分上七道口，下七道口。除春冬，并无民张之水外，其最关重要之正轮水，计有四轮，每轮本县草湖各坝浇灌二十昼夜，民张两县浇灌十二昼夜。每年立夏后一日，始值民张两县之正轮苗水，其他十三道沟口，均按陈规旧例，干打湿闭。全部下河，惟草四坝之水，因贯城连西北，下流所有全城兵马、池塘、园圃及沿渠人民之饮水，皆赖斯水挹注。故在明清两代，历经两县之官绅，平心研究，以全渠十分之七之水量，下河汇合其他十三道沟渠之水，浇灌民张两县之农田，以十分之三水量，供给全城兵马、池塘、园圃及本坝沿渠人民之饮水。是水本坝名之曰十二昼夜小水，其分水方法以磨盘石，按应分之水量凿孔，由本坝自动镶置，于民张十二昼夜水完结时，仍由本坝撤去，即一小石，亦得清理尽净。因泉水低沟高，一有阻碍，则水流不利，即受其害。原日渠规如是，双方遵守，已经二三百年，并未紊乱旧规。今民张两县之绅民，妙想天开，捏造黑白危言耸听，蒙蔽属峰，其目的图翻旧规，永镶石底石旁之新闸，在其每轮十二昼夜之水期内，能否给足本坝之水，暂姑不论，而在本坝每轮十二昼夜之水期内，民张两县所镶之新闸，不能撤除，则上水受阻，下流不利，而本坝所受之害，更难数计。况一年三百六十天，民张两县之四轮正水，只有四十八天，其三百一十二天，全属本坝，何敢容其镶之新闸，永久不撤。故原日规定活闸者，为在随时镶置，随时撤除，何况天有旱涝，水有大小。如逢涝年，山洪时发，沟渠不能容纳时，非但本坝必须开口，而其他十三道沟渠，均得开口，各享余润。实际上在民张两县之正轮水上号时，各坝全都闭口，汇合下流，足够民张两县和平安全之用。如翻旧案，永镶新闸，则民张之利未见，而本坝之害永留。所以本坝民众，誓死反对永镶不撤之新闸，而力争维持陈规旧例之活闸。事关全坝民众之命脉，并非违抗政府之命令。

兹奉钧府本年二月二十五日建水（37）丑字第 168 号训令内开“案奉甘肃省政府三工（37）丑字第 1421 号训令开‘查山丹草四坝镶开日期，前经决定本年四月一日，兹据张掖民乐民众代表张兴智等，呈为四月一日为山丹水期，恐生冲突，请改定日期。并称镶闸四次未成，损失款项四百余万两，请饬赔偿等情经核：（一）原定四月一日，即系山丹水期，是日镶闸，恐生冲突一节，所见甚是，准即改为四月五日（清明）。（二）所称镶闸四次未成，损失款项四百余万元，除令张掖民乐两县政府查明具报，再行核办，并分令外合行抄发原呈，令仰遵照办理具报等因。’奉此遵查事关水利要政，合行令仰该民等，务于四月五日一并到场，参加镶置为要。此令”等因，奉此，不胜慌恐，查以上永镶新闸之利害，上年七月间钧署王前专员曾已查明，并饬代表等具仍照陈规旧例，使水之甘结，今又定期镶闸，而使民众无所遵从。至于民张代表所称之损失，远不及本坝之损失多矣。前年钧署孙视察偏听独裁，以武力强镶，掘断本坝之正轮水五昼夜，联田五六百亩；再本坝每年浚泉所费人工，多则二三千，少则一两千，民张两县坐享其利，始终未派一夫参加。此种损失，迭经请饬赔偿在案。定于清明镶闸一节，更属狡赖，兹为息事宁人，而免争讼流血起见，仍恳钧署明察，准予转请，收回成命，仍照旧规，以维原案，而免争端。否则，如能分足本坝应得之水，在民张之水上号时，任其镶闸，而在本坝之水上号时，必须撤除尽净，以利水流而免阻碍。若仍主持永镶不撤，则民众上关国赋，下关身家性命。民众虽欲服从，而不可得。时已迫切，不胜待命。谨呈甘肃省政府主席郭。

山丹县草四坝民众代表　黄克贤　何进忠　杨柏林　梁维屏
周举直　陈世垣　邹文彬　李滋九
王延庆　赵国成　钟玉衡　毛定国
罗柏文　周国瑞

一九四八年三月三日

山丹草四坝民众代表就确定水期而息争端事给甘肃省主席的呈文

1948 年 3 月 12 日　　甘 15–11–416

钧鉴查明确定水期，以免紊乱，而息争端事：

窃查永镶四坝水闸，与民张无利，与本坝有害之情形。曾于三月三日详呈在案，兹查本坝上下十号粮水，昼夜时刻，前经特加知州衔山丹县正堂黄于道光十一年五月十一日，解决各号水利纠纷，按粮均水，按水均时。依照旧规，立定章程，按期浇灌，不得紊乱，规定春水自惊蛰后十天起至立夏后一日止，共四十四昼夜，夏秋苗水规定四轮，每轮三十二昼夜，本坝应浇灌二十昼夜，民、张十二昼夜。水自第四轮苗水后十二天上沟，至立冬后八日止，共五十二昼夜。以此证明，在四轮苗水以外，春、冬均无民、张两县之水，再本县草湖各坝与民张共同使之水计有十四道沟渠。应请查询其他十三坝口，照旧例是否自立夏后一日下河，抑系清明日下河，而其他十三坝口，如属立夏后一日，同时下河，则本坝自不能独异。而民张所谓清明日系后之水期，显系狡赖、紊乱陈规、冀图蒙上，多混一轮之水。再查本坝之水，并不及五六坝水之大，而粮石反较其多，其地张狭窄，课则又任比其他各坝较重。如比之民张共同浇水之坝，其课则更相悬殊，若非本坝每年淘泉修沟，增加水量，则连本坝之田，不足浇灌，何有余水，任其下河浇灌民张之田耶？再泉源出自本县，沟渠修自本坝，以前民张使水灌田，年纳本县水粮，今享无酬之利，尚不知足。一再图翻旧规，得寸进尺，现定清明镶闸。试问民张究竟凭何年之水案而请，代表等惟恐属峰不明真相，受其蒙蔽，合将道光十一年本县正堂黄照旧定立之水规，随文抄赍，恳祈钧鉴明察，确定水期，以免紊乱渠规，而息争讼之端。谨呈甘肃省政府主席郭。

附抄本坝水案一则（随文）。

山丹县草四坝民众代表　邹文彬　杨柏林　梁维屏　周举直
毛定国　罗柏文　周国瑞　钟玉衡
陈世垣　何进忠　赵国成　王延庆
黄克贤　李滋九

一九四八年三月十二日

附山丹县龙峰镇草四坝上下十号粮水昼夜时刻册：
特加知州衔山丹县正堂加五级记录五次黄，定立章程，永远遵守，以息争端事：

据草四坝总甲梁万印，具控下三号士民，王得名等争控水利一案，除审讯断结晓谕出示外，兹本县方照旧规立定章程。原设为上下十号，按粮均水，按水均时，按期浇灌，春水自惊蛰后八天起至立夏后一日止，共水四十四昼夜，公除水利两昼夜，内润十号官沟五时八个下余时辰，一十六个，给予上下号总甲，按号均水。以备水涨坝崩，丢失之数净春水四十二昼夜，每石官粮应给春水一个八分四厘，有四轮苗水，每轮一十九昼夜，十个五刻八分，内润十号官沟，时辰八个五刻八分，每轮净苗水，一十九昼夜零两个时辰，每石官粮应留给苗水八寸四分。第四轮苗水后十二天，冬水上沟至立冬后八日止，共冬水五十二昼夜。公除冬水两昼夜内十号润沟水时辰八个，下余时辰一十六个，仍照春水给与，上下号总甲，已备水涨坝崩，丢失之数。下余冬水五十昼夜，每石官粮应给冬水两个一分九厘。立冬后八天冰水天寒，河冻迟早不同，难以预定日期，每号乘天和暖，按昼夜浇灌，按号均水，亦不得强占。令将分号均水节期条款开列于后。造具印册四本，各号各执一本，发房存案一本，永远遵守。并饬上下号，每年各举总甲渠长一名，各疏通水利，并各办粮草车马，一切杂项差徭。冬水毕后，旧总甲渠长将水册粮册，交与上下号下年兴总甲收存，轮流俟当至军马园圃食用水三分，旁有石一块，中开一孔，周半六寸五分一厘，长行不闭。

须至册者：

计开草四坝共实粮二百七十三石七升。

上六号实征粮一百五十六石一斗五升。

中七号实征粮二十六石八斗二升。

下三号实征粮九十石六升六斗。

春水四十二昼夜共计时五百零四个，每石官粮应均水时一个八分四厘二毛二丝。

苗水每轮一十九昼夜零两个共计时二百三十回，每石官粮应均时八刻四分零八毛。

冬水五十昼夜共计时六百个，每石官粮应均时两个九厘二毛二丝。

头号轮实征粮二十七石四斗九升。

应均春水时五十个六分四厘。

应均春水时二十三个九厘。

应均冬水时六十个二分六厘。

二号实征粮二十七石五斗二升。

应均春水时五十个七分。

应均苗水时二十三个一分。

应均冬水时六十个三分。

三号实征粮二十一石九斗二升。

应均春水时四十个三分八厘。

应均苗水时一十八个四分一厘。

应均冬水时四十八个五厘。

四号实征粮二十六石八斗六升一合。
应均春水时四十九个四分八厘。
应均苗水时二十二个五分七厘。
应均冬水时五十八个六八分八厘。
五号实征粮二十七石八斗零五合。
应均春水时五十一个二分二厘。
应均苗水时二十三个三分七厘。
应均冬水时六十个九分四厘。
六号实征粮二十四石八斗三升。
应均春水时四十五个七分三厘。
应均苗水时二十个八分七厘。
应均冬水时五十四个四分二厘。
七号实征粮二十六石八斗二升。
应均春水时四十八个九分五厘。
应均苗水时二十二个四分。
应均冬水时五十坝个二分四厘。
八号实征粮三十石五斗五升。
应均春水时五十六个二分二厘。
应均苗水时三十五个六分六厘。
应均冬水时六十六个九分。
九号实征粮三十石五斗八升。
应均春水时五十六个二分七厘。
应均苗水时二十五个九分。
应均冬水时六十七个。
十号实征粮二十九石四斗六升。
应均春水时五十四个二分。
应均苗水时二十四个七分四厘。
应均冬水时六十四个五分一厘。

内草子渠坝，在本坝沟内使用水，实征粮九十七石三斗五升，应均水时数目未列，特注。

道光十一年五月十日

甘肃省政府请仍照旧规使水事给山丹县民众代表梁维屏等的批文

1948 年 3 月 21 日　　甘 15-11-416

批水三（37）寅字第 1692 号

其呈山丹草四坝民众代表梁维屏等：

一、本年三月三日及三月十二日两呈暨附均悉。

二、本案已决定核本年四月五日（请照）镶闸。

三、仰恪遵规定办理，所请兹难照准。

四、如再抗拒，重惩不贷。

杨成荣（监印）

山丹县长赵佩琴就草四坝镶闸事给甘肃省政府的电报

1948 年 3 月 20 日　　甘 15-11-416

水字第 3006 号

兰州省政府□密：

本县草四坝镶闸问题，该地民众以贻害惶恐。兹一再呼吁，经县参议会函嘱本府转请收回成命，值兹□□①期间，为安定民心，防止纠纷。计该闸可否有缓镶之处电请示遵。

职赵佩琴建三寅条

处理意见：

核报。

寄峤

甘肃省第六区专员张作谋就收回草四坝镶闸决议事给甘肃省政府的电报

1948 年 3 月 20 日　　甘 15-11-416

兰州省政府□密：

据山丹县政府寅条电称本县草四坝镶闸问题，该地民众贻害惶恐，兹一再呼吁，经县参议会，函嘱本府，转请收回成命，□□□□□□②，为安定人心，防止纠纷计，该闸可否有缓镶之处电请示遵等情谨电核示。

职张作谋武二水寅骨（印）

① 编者按：为符合当今有关出版规定，此处略去数字。

② 编者按：为符合当今有关出版规定，此处略去数字。

处理意见：

速核报，应由专员负责。

寄峤

甘肃省政府就草四坝镶闸不准违误事给山丹县政府及甘肃省第六区专员的电报

1948年3月22日　　甘15-11-416

判字3006号

特急专电（一）：

山丹县赵县长寅条电悉：

已电张专员负责妥办，仰恪遵水寅，皓电办理不准违误。

省政府水寅梗（印）

特急专电（二）：

武威张专员寅哿电悉：

仰仍遵水寅皓电由该县张专员负责妥办报查，不准违误。

省政府水寅梗（印）

处理意见：

准。

寄峤

甘肃省第六区专员张作谋就山丹草四坝民众代表呈赍该坝水案一份并请确定水期事给甘肃省主席的电报

1948年3月17日　　甘15-11-416

武二水（37）寅字第813号

甘肃省政府主席郭钧鉴：

案据山丹县草四坝民中代表梁维屏、杨柏林、周举直等十四人呈称“为抄赍草四坝上下十号粮水昼夜时刻案，仰祈鉴核查明，转请确定水期。以免紊乱而息争端事。窃查永镶四坝水闸与民、张无利，于本坝有害之情形。曾于三月三日详呈在案，兹查本坝上下十号粮水，昼夜时刻，前经特加知州衔。山丹县正堂黄于道光十一年五月十一日，解决各号水利纠纷，按粮均水，按水均时。依照旧规，立定章程，按期浇灌，不得紊乱，规定春水自惊蛰后十天起，至立夏后一日止，共四十四昼夜，夏秋苗水规定四轮，每轮三十二昼夜，本坝应浇灌二十昼夜，民、张十二昼夜。水自第四轮苗水后十二天上沟，至立冬后八日止，共五十二昼夜。以此证明，在四轮苗水以外，春冬均无民、张两县之水。再本县草湖各坝与民、张共同使之水，计有十四道沟渠，应请查询其他十三坝口，照旧例是否自立夏后一日下河，抑系清明日下河，而其他十三坝口，如属立夏后一日，同时下河，则本坝自不能独异。而民、张所谓清明日系后之水期，显系狡赖，紊乱陈规，冀图蒙上，多混一轮之水。再查本坝之水，并不及五六坝水之大，而粮石反较其多，其地狭窄，课则又任比其他各坝较重。如比之民张共同浇水之坝，其课则更相悬殊，若非本坝每年淘泉修沟，增加水量，则连本坝之田不足浇灌，何有余水，任其下河浇灌民、张之田耶？再泉源出自本县，沟渠修自本坝，以前民张使水灌田，年纳本县水粮，今享无酬之利，尚不知足。一再图翻旧规，得寸进尺，现定清明镶闸。试问民、张究凭何年之水案而请，代表等惟恐属峰不明真相，受其蒙蔽，合将道光十一年本县正堂黄照旧定立之水规随文抄赍，恳祈钧鉴查明，转请确定水期，以免紊乱渠规，而息争讼之端等情。附呈草四坝水案一册，据此查该坝镶闸日期将届究应如何处理，理合照缮该坝，原水案一份电请鉴核示遵照。

甘肃省第六区行政督察专员兼保安司令张作谋武二水（37）寅条叩

处理意见：

一、镶闸日期须按规定完成，不能变更。

二、按魏县长三十五年九月十三日，918号申元代电报该坝分水由，清明起至冬至上周而复始，轮号浇灌足证，规定镶闸日期等语，仰遵寅皓电负责妥办。

民乐县县长就报本县镶闸闸口乞派军队弹压防止暴动事给甘肃省主席的代电

1948年3月18日　　甘15–11–416

代电三（37）寅第1001号

甘肃省政府主席郭：

一、据本县六东乡及张掖县民众王经纶等六人呈称“呈为镶置闸口，民命攸关，恳祈钧府鉴核，电请上峰妥施办法，防止暴动以保生命而便镶闸事。窃奉钧府三（37）丑字第756号寝代电，各闸以奉甘肃省政府水三（37）丑1421号训令，原定四月一日，即系山丹水期，是日镶闸，恐生冲突一节，所见甚是，准即改定为四月五日清明镶闸，并分外合行抄发原呈，令仰遵照办理具报此令等因，奉此合行，电仰遵照为要等因。奉此，公民等当即遵命，按日预备镶置。惟查该山丹草四坝人民任性野蛮，不遵公令与敝邑镶闸一案，已逾三年，在镶闸四次期间，动辄以民夫暴动，不但公民等屡受其辱，即专署派员及山丹魏县长亦被殴詈甚，其详情前经呈请在案，刻下该草四坝土劣杨柏林、雷显魁、王让等扬言此次镶闸非集众民夫一千与东乐堡人拼命不可。公民等闻之不胜骇怯，民等窃思此案业经省府规定，只可惟命是从，绝不敢与彼拼命撕闹。惟是此次镶闸，定有性命相关，民等以惜命起见，只得早为呈请钧府鉴核电请上峰恩鉴，府准妥施办法，防止暴动，以保生命而便镶闸，实为公德两便”。

二、查所呈各节确属实情，电请鉴核，指派临近驻军届期弹压，免滋纠纷而维水利并乞示遵。

民乐县长张汝伟

处理意见：

照案复。

甘肃省政府就草四坝镶闸仍遵前电负责事给甘肃省第六区张专员和民乐县县长的电报

1948 年 3 月 27 日　　甘 15-11-416

字第 3401 号
专电一
武威张专员：

（813）号寅篠代电附件均悉。

（一）镶闸日期须按规定完成，不能变更。（二）据山丹魏县长（35）年申元（0918）号代电，报该坝分水由清明起至立冬止，周而复始，轮流浇灌，足证规定镶闸日期无误，仰遵寅皓电负责饬办。

省政府水寅有（印）

专电二
民乐张县长：

寅巧（1001）号代电悉。

草四坝镶闸已电张专员率保安队负责办理，仰秉承遵办。

省政府水寅有（印）

代电水一（37）寅字第 1727 号

一、寅有报备电报曰（813）号寅条代电附件均悉，（照录前稿至）水寅（印），寅巧（1001）号代电悉（照录前稿至）。

二、仰遵照。

杨成荣（监印）

水利部甘肃河西水利工程总队就派副工程师吴尚贤前往协助草四坝镶闸工程事给甘肃省主席及山丹县县长的代电

1948 年 3 月 26 日　　甘 15-11-416

甘肃省政府公鉴：

关于山丹草四坝于本年四月五日镶闸一案，本总队已派副工程师吴尚贤于本月底，前往协助技术工作。特电请查照为荷。

水利部甘肃河西水利工程总队寅寝（印）
韩伯栋（监印）

处理意见：

签报，交工程队报主席，并电知情专呈赵县长等。

甘肃省水利局就山丹草四坝镶闸技术人员已由河西总队派员前往事给甘肃省主席的签呈

1948 年 3 月 26 日　　甘 15–11–416

水利局签呈：

一、山丹草四坝定于四月五日镶闸，所需技术人员经出，准河西水利工程总队寅寝代电复，已派副工程师吴尚贤于本月底前往协助技术工作。

二、拟分令武威张专员张掖民乐山丹各县长洽办。

三、请核判。

处理意见：

如拟。水利局长黄万里公出、副局长王自治代行。

甘肃省政府就河西总队派副工程师吴尚贤协助草四坝镶闸技术工作事给武威专署及张民山三县政府的训令

1948 年 3 月 26 日　　甘 15–11–416

训令水二（37）寅字第（30768）号

武威张专员、张掖杨县长、民乐张县长、山丹赵县长：

一、山丹草四坝定于四月五日镶闸，所需技术人员，兹准河西水利工程总队寅寝代电复，已派副工程师吴尚贤于本月底前往协助技术工作。

二、仰遵照洽办报查。

杨成荣（监印）

甘肃省第六区张专员就加派水利局技正协同办理草四坝镶闸事给甘肃省政府的电报

1948 年 3 月 30 日　甘 15–11–416

兰州主席郭：

密。查山丹草四坝水利纠纷，于三十年，经本署派员会同山张民三县县府参议会及民众代表，商定镶置石闸办法。后每届监镶日期，草四坝民众，曾一再聚众阻挠。其症结所在，系该坝轮水时期，石闸移动与不移动问题，双方坚执，不肯让步，以是迄未解决。现监镶之期已近，职当遵令前往，惟恐该坝民众，仍坚执成见，聚众阻挠进行，必滋事端，停顿又损政府威信，可否加派水利局技正一员，与职同前往，斟酌情形会商办理，为妥善，祈电示遵。

张作谋寅宥（印）

处理意见：

速照办，限即刻到。

寄峤

甘肃省政府就已派员协镶草四坝水闸事给甘肃省第六区张专员的电报

1948 年 3 月 30 日　甘 15-11-416

字 3013 号

专电

武威张专员：

寅宥电悉。

技术方面已由河西总队派工程师吴尚贤乘汽车西上协助，仰仍由该专署负责妥办。

寄峤

山丹县县长就草四坝镶闸问题可顺利解决事给甘肃省主席的电报

1948 年 4 月 5 日　　甘 15-11-416

兰州主席郭×：

密本县草四坝镶闸问题经职一再告诫该地，此次已衷心悦，奉守法令，武威张专员卯冬莅县民乐、张掖县长及士绅亦先后到达，业经一再会谈，镶闸问题可如期顺利完成，谨闻。

赵佩琴卯江（印）

处理意见（一）：

核办。寄峤。

处理意见（二）：

电（边）并中本府决心完成镶闸以成免□□纠纷。

寄峤

甘肃省政府就草四坝镶闸如期顺利完成事给山丹县县长的电报

1948 年 4 月 8 日　　甘 15-11-416

山丹赵县卯江电悉：

镶闸可如期顺利完成，甚慰，务必严格执行，并仰将经过详报。

省政府卯虞（印）

杨成荣（监印）

张掖县政府就县长前往山丹事给甘肃省政府的电报

1948 年 4 月 9 日　　甘 15-11-416

水字第 3215 号

兰州省政府：

密。职奉命前往山丹令镶水闸已于卯鱼返县。奉密兹讯后送遂。

职汤慕震张秘卯虞（印）

一九四八年四月十二日

处理意见：

人事室一阅存。

甘肃省第六区专员张作谋就山丹草四坝水闸工程完竣事给甘肃省主席的电报

1948 年 4 月 7 日　　甘 15-11-416

水字第 3198 号

兰州主席郭：

密。山丹草四坝水闸工程，遵照钧府规定，五项办法及三县决议，于微日上午十时监镶完竣。电请核备，详情俟返署后另行呈报。

处理意见：

报办后。

寄峤

甘肃省政府就草四坝镶闸完成事给甘肃省第六区专员的电报

1948 年 4 月 8 日　　甘 15-11-416

山丹张专员：

电后草四坝监闸完成甚慰并仰遵照保护办法办理。

一九四八年四月八日

专电

山丹赵县长译转张专员。卯兼电悉，甚慰，并仰遵照（36）至字第（115）号令，（2）（3）两项保护办法饬饬切实办理，仍报查。

寄建水（37）卯佳（印）

张掖参议会等就保镶置山丹草四坝分水闸口事给甘肃省政府的代电及附件

1948 年 4 月 10 日　　甘 15-11-416

山丹县政府代电

建三（37）卯字第 552 号

兰州省政府主席郭钧鉴：

卯壬兴电悉。查本县草四坝分水闸口，由武威张专员奉令亲临监镶。并会同张掖县长杨慕震、民乐县长张汝伟、吴工程师尚贤等及民、张、山三县县党部参议会首长及民众代表于卯支开会，协商该坝民众阻挠之意。初极坚强，经职提前严宽并施、剀切告诫，并由张专员当众晓谕协议，遂成恪遵钧府须示五项办法，卯微于共同监视之下秉公镶置。竣事由三县议长书记长、民众代表，出具结均认为无不公不平情事。嗣后相互恪切遵守成案，不敢稍有违异。故此次水闸镶置，可保一劳永逸。除建三（37）卯灰叩附抄赍水闸安设详记及切结各一份随文。

附切结：

山丹西安草四坝镶置石闸，由第六区行政督察专员张作谋，会同张掖县县长杨慕震、民乐县县长张汝伟、山丹县县长赵佩琴，亲临监视，并由省府令派吴工程师尚贤监工。兴修其工程一本三县决议及省府五项办法毫无不公不平情事。嗣后三县民众自当相互恪切遵守，不敢稍有违异，原具结了案。

具结人　张掖参议会议长刘泽　张掖县党部书记长王家彦

张掖民众代表荣丕贤　王三友　刘青年

民乐参议会议长穆燕天　民乐县党部书记长韩从善

民乐民众代表王春林　何世杰　晏安海

山丹参议会议长杨品芝　山丹县党部书记张王时中

山丹民众代表杨柏林　雷显奎　曹乐善

一九四八年四月五日

附水闸安设详记：

1948 年四月五日，奉省府令，遵照府订五项办法，及山丹、民乐、张掖等三县政府、党部、参议会、民众代表之会议决议案，于山丹草四坝安设民乐张掖山丹之分水闸口，当日竣事。谨将分水闸之安设情形，详记于后，用昭久远，永弥纠纷。

一、山丹分水闸：闸宽四市尺又四寸，闸墩高一公尺又三分，闸板六十二公分，闸板中间开有六市寸半之正方水孔，四圆镶以铁边，闸底高程一六九九点五五八公尺，水孔中心高程与民乐张掖分水闸底高程相等（即民乐张掖分水闸底高出二十六公分又八厘），详见附图。

二、民乐张掖分水闸：闸宽四市尺，闸底高程一六九九点八二六公尺，闸口中心距山丹分水闸六公尺又六十七公分（水准点 1700.000m，在三丹县小东门西南角大石上）。附分水闸图一张。

三、四月六日经与民山张三县党政参民量定水位如下：山丹分水闸自石底至水面为一市尺又二寸五分，民乐张掖分水闸自石底至水面为四市尺，以后水位涨落按一定比例增减。

四、浚泉浚渠工程：在山丹担负三分之二，民乐张掖担负之一。山丹分水口以上之渠底力求水平，并应双方会同办理，不得由任何一方单独浚修。

监修员第六区行政督察专员　张作谋
水利局工程师　吴尚贤
山丹县长　赵佩琴
民乐县长　张汝伟
张掖县长　杨慕震

甘肃省政府就镶置草四坝分水闸切实监督保护事给山丹县政府的指令

1948 年 4 月 15 日　　甘 15-11-416

指令水三（37）卯字第 1912 号

山丹县赵县长：

一、本年四月十日建三（37）卯字第 552 号灰代电暨附件均悉。

二、准备查。

三、仰仍遵照三十六年十月十九日水（36）至字第 115 号训令（2）（3）两项办法，切实监督保护。

杨成荣（监印）

甘肃省第六区专员张作谋就草四坝顺利镶间事给甘肃省政府的电报

1948 年 4 月 9 日　　甘 15-11-416

水字第 3216 号

兰州省政府：

密。山丹草四坝水闸工程已于微日上午十时顺利监镶完备，谨电鉴核。

张作谋武二水卯杨（印）
一九四八年四月九日

处理意见：

准备查，仍仰转饬山丹县政府恪遵前保保护办法，随时认真保护。

张掖县政府就山丹草四坝水闸已经顺利监镶完备准备督饬认真保护事给甘肃省政府的代电

1948 年 4 月 9 日　　甘 15-11-416

水字第 3277 号

兰州甘肃省政府主席郭钧鉴：

水二（37）寅字第 1728 号训令，奉悉遵于四月五日会同六区张专员、钧府吴工程师、民乐山丹两县长及各县党参首长，并民众代表等，依照钧府规定五项办法镶置完竣。并立具字据，分存各县府，备查在案。奉令前由，理合谨将镶闸情形，电呈核备。

试署张掖县长杨慕震三（37）卯佳叩

甘肃省政府就镶置山丹草四坝水闸事给张掖县政府的指令

1948 年 4 月 15 日　　甘 15-11-416

指令水三（37）卯字第 1932 号

张掖县杨县长：

一、本年四月九日，三（37）卯字第 157 号佳代电悉。

二、准予备查。

杨成荣（监印）

甘肃省第六区专员张作谋就请水利局派员协助镶闸事给甘肃省政府的电报

1948 年 4 月 1 日　　甘 15-11-417

兰州省政府：

密。宥电谅达山丹草四坝镶闸日期瞬届，前电请由水利局派技正一案迄未奉复。兹据张掖寅世电称镶山丹草四坝闸需用技术人员往，函请本县水利工程队派员。兹据该队函复，工程人员均去，无法派员等由谨复等情，理合电请钧府迅饬水利局派员，准于四月五日前往莅山丹镶闸，以免有误，并乞示遵。

职张作谋武二水电世（印）

处理意见：

速去。

寄峤

甘肃省第六区专员就奉电前往监镶水闸由秘书代行职务给甘肃省主席的电报

1948 年 4 月 1 日　　甘 15–11–417

水字第 3113 号

兰州主席郭：

密。山丹草四坝镶闸事，奉电派职前往监镶。现镶期已职，拟职东带参谋张珍、副官张应田前往监镶，并巡察沿途各县庶政。在职公出期间，职务由秘书朱令炎代行谨电核备。

张作谋武秘寅世（印）

处理意见：

阅。

寄峤

甘肃省政府就同意第六区专员赴草四坝镶闸并巡视各县职务由秘书代行事的指令

1948 年 4 月 2 日　　甘 15–11–417

字 3114 号

指令民人水三（37）卯字第 1934 号

六区专署张专员：

一、武秘寅世武二水寅世两电鉴卯冬电报均悉。

二、准予备查。

杨成荣（监印）

甘肃省第六区专员张作谋就认真保护山丹草四坝水闸事给甘肃省政府的代电

1948 年 5 月 1 日　　甘 15–11–417

武二辰字第 1363 号

甘肃省政府：

一、钧府水三（37）卯字 1891 号指令奉悉。

二、除专署饬山丹县政府切实遵办外，谨电核备。

甘肃省第六区行政督察专员兼保安司令张作谋

甘肃省政府就据报认真保护山丹草四坝水闸事给甘肃省第六区的指令

1948年5月6日　　甘15-11-417

指令水三（37）辰字第2090号

六区专署张专员：

一、本年五月一日，武二辰字第1363号代电悉。

二、准予备查。

杨成荣（监印）

水利部甘肃河西工程总队就副工程师吴尚贤呈报协镶山丹草四坝水闸事给甘肃省政府的代电

1948年5月15日　　甘15-11-417

水字第3608号

甘肃省政府公鉴：

查本年四月五日，草四坝镶置水闸一案。经派本处副工程师吴尚贤协助办理，去后兹据该员签呈称“案奉钧处工（37）寅字第87号令，派协助办理山丹草四坝镶闸工程，职奉令。后遵于三月二十九日离兰，四月二日到达山丹。即协同第六区行政专员、及山丹民乐张掖三县县长、人民代表、参议会议长、党部书记长等，根据省府原定五项办法，与本局拟定，经省府核准之三项办法，及前民乐山丹张掖三县、党部参议会、人民代表等之决议案所载，闸底、高程尺度各项规定。于四月五日镶闸，当日下午竣事，并即试行放水，双方均无异议。事后由三县参与人员，及山丹草四坝水户雷显奎等具结遵守省府规定办法负责保管。所有具结文件已由专员汇呈省府有案，并将新闸尺度、高程绘制蓝图，分交专署及三县县政府存查以资根据。谨将奉派镶闸经过情形，及安闸图样备文，具报如上，谨请鉴核备查”等情。特电检同原图请查照为荷。

水利部甘肃河西水利工程处工三（37）辰册（印）

民乐县县长就山丹草四坝民众百余人抢去本年卯微所修闸板事给甘肃省政府的电报

1948年5月26日　　甘15-11-417

主席郭×密：

本县东乐堡及张掖仁寿二十一坝公民赵铖等呈称“辰巧亥时，山丹草四坝民众百余人，抢去本年卯微所修闸板，及水利损失甚重”。除另案详报外谨闻。

张汝伟辰有（印）

处理意见：

核办□□。

甘肃省政府就查办草四坝抢去闸板事给甘肃省第六区专员及山民两县县长的电报

1948 年 5 月 26 日　　甘 15-11-417

武威王专员、山丹赵县长：

辰有电报，草四坝民众百余人，于辰巧亥时抢去本年卯微所修闸板，水利损失甚重，仰速照原定保护办法，及草四坝民具结查办报核。

省府水辰感（印）

民乐张：

外并辰有电悉×密，已电山丹赵县长查办呈。

省府水辰感（印）

杨成荣（监印）

民乐县县长就请赔偿损失追还闸事给甘肃省主席的代电

1948 年 5 月 25 日　　甘 15-11-417

甘肃省政府主席郭：

一、案据本县东乐堡及张掖仁寿二十一坝公民，赵钺等八人呈称“呈报黑夜聚众抢夺闸板事。窃因于五月十八日亥时，忽有山丹草四坝民众一百余人，手执猛棍，将敝邑在新闸口看水民夫六名，横打一顿，用绳捆绑，把所镶木板抢去。此时黑夜之间，所帮之人，用口相互把绳撕开，返回家中。公民等窃思此中纠纷本年始结束，未及月余，而草四坝人，野心不死，故意抢闸板捣乱，国法何在？且敝邑看闸民夫，不过十数人，而草四坝在黑夜间有此举动，今后看闸而性命亦难保存，尤其该草四坝，在五月十九日卯时接水，而于十八日亥时抢闸，按时计算，又抢浇四时之水。此间正值灌苗之际，短浇四时，致晒旱田苗四五石，旱苗之命呼号痛泣，无法补浇，令人寒心。六月七日，又挨敝邑二轮苗水，若不早追闸板，又系仍蹈故辙，妄废政府法令，是以备文呈请钧府鉴核，转呈上峰作主赔偿损水，追还闸板，以维法纪，而保永久。则敝邑之民感恩戴德，实同再造矣”。

二、除经呈专署外，电请鉴核示遵。

民乐县县长张汝伟

处理意见：

传照电指。

甘肃省政府就民乐县府电报山丹草四坝民抢夺闸板事给甘肃省第六区及山丹民乐两县的指令和代电

1948 年 5 月 31 日　　甘 15-11-417

字 3729 号
指令
水三（37）巳字第 2292 号
民乐县张县长：

一、本年五月二十五日三（37）辰字第 1936 号代电悉。

二、本案前据该府辰有电报已，以水三辰咸电饬武威张专员及山丹赵县长，饬前迅依原定保护办法及草四坝民具结查办，并电后再案。

三、除电催张专员及赵县长饬前迅速查办外，仰知照。

代电水三（37）巳字第 2252 号
六区专署张专员、山丹赵县长：

一、据民乐县政府，本年五月二十五日代电称“案据本县，示遵”。

二、查本案前据该府辰有电办经以水三辰咸电，迅依原定保护办法及草四坝民具结查办再案。

三、仰遵前电迅速查办报备。

四、本案已报后民乐县政府。

杨成荣（监印）

甘肃省第六区就照原定保护山丹草四坝水闸办法事给甘肃省政府的代电

1948 年 6 月 3 日　　甘 15-11-417

水字第 3825 号
甘肃省政府：

一、水辰感电奉悉。

二、查山丹草四坝水闸板被抢一案，前据民乐县电报，当经令山丹县查报在案，具复后再行饬办谨复。

甘肃省第六区行政督察专员兼保安司令张作谋

处理意见：

存查。

张掖县长转报山丹草四坝民众破坏闸板情形给甘肃省主席的呈文

1948 年 5 月 31 日　甘 15–11–417

三（37）辰字第 2712 号

甘肃省政府主席郭：

一、据本县平彝乡及民乐东乐乡代表永培贤等八人呈称“为呈杀黑夜聚众抢夺闸板事窃，因于五月十八日亥时，忽有山丹草四坝民众一百余人，手执猛棍，将敝邑在新闸口看水民夫六名，横打一顿，用绳捆绑，把所镶木板抢去。此时黑夜之间，所帮之人，用口相互把绳撕开，返回家中。公民等窃思此中纠纷本年始结束，未及月余，而草四坝人，野心不死，故意抢闸板捣乱，国法何在？且敝邑看闸民夫，不过十数人，而草四坝在黑夜同有此举动，今后看闸而性命亦难保存，尤其该草四坝，在五月十九日卯时接水，而于十八日亥时抢闸，按时计算，又抢浇四时之水。此间正值灌苗之际，短浇四时，致晒旱田苗四五石，旱苗之命呼号痛泣，无法补浇，令人寒心。六月七日，又挨敝邑二轮苗水，若不早追闸板，又系仍蹈故辙，妄废政府法令，是以备文呈请钧府鉴核，转呈上峰作主赔偿损水，追还闸板，以维法纪，而保永久。则敝邑之民感恩戴德，谨呈。

二、查该草四坝人民如此举动实属刁野已极，拟请严饬。山丹县政府追还闸板，严办肇事主动人，而维水规。

三、本案已分呈专署矣。

张掖县县长杨慕震

制电依赵县长速查办报夺□□□

甘肃省政府就山丹草四坝人民破坏闸板事给张山两县的代电和指令

1948 年 6 月 8 日　　甘 15–11–417

代电水三（37）巳字第 2357 号

山丹县赵县长：

一、据张掖县政府本年五月三十一日呈称“据本县……而维水规”。

二、查本案前据民乐县政府电同前情，经迭电饬查办在案。

三、仰遵照迅速查办报呈。

指令水三（37）巳字第□□□号

张掖县杨县长：

一、本年五月三十一日三（37）辰字第 2713 号呈悉。

二、本案前据民乐县政府电同前性已迭六区专署及山丹县政府查办在案。

三、除电催迅速查办外，仰知照由。

山丹县政府就草四坝水闸失去闸板案给甘肃省政府的电报

1948 年 6 月 9 日　甘 15-11-417

水字第 3837 号

兰州省政府密：

本县草四坝辰巧所失闸板迄未查获，为把握时机，公沾水利，计巳齐早六时仍将民山两县民众代表齐集，该坝照前规定重新镶讫，并由本府派员会同党参监镶竣事，两县代表具无异议，除将闸板盗失情事继续办理外，谨闻。

县政府巳齐（印）

处理意见：

核办。

甘肃省政府就报草四坝盗失闸板重镶情形给山丹县府的指令

1948 年 6 月 10 日　甘 15-11-417

指令水三（37）巳字第 2399 号

山丹县赵县长：

一、巳齐电悉。

二、准予备查。

三、仰仍查照，严办报核。

四、应严饬草四坝民众妥为保护，倘嗣后仍有盗失或破坏情事，并仰恪遵，三十六年十月十九日，水（36）至字第 115 号训令第 3 项核示保护办法，切实办理。

杨成荣（监印）

甘肃省第六区就山丹电报查办草四坝闸板被盗事给甘肃省政府的电报

1948 年 6 月 18 日　甘 15-11-417

甘肃省行政督察专员兼保安司令公署代电武二水巳字第 2039 号

甘肃省政府：

一、水辰感电奉悉。

二、本案经饬据山丹县府巳齐电称“本县草四坝辰巧所失闸板迄未查获，为把握时机，公沾水利，计巳齐早六时，仍将民山两县民众代表齐集，该坝照前例规定重新镶讫，并由本府派员会同党参监镶，竣事两县代表具无异议，除将闸板盗失情事继续办理外”。

三、除饬该县府将闸板盗失情形迅速查报并经常会同保护具报外，谨电核备。

甘肃省第六区行政督察专员兼保安司令张作谋。

甘肃省政府就山丹县府查办草四坝闸板被盗情形给甘肃省第六区的指令

1948 年 6 月 24 日　　甘 15-11-417

指令水三（37）巳字第 2500 号
六区专署张专员：

一、本年六月十八日武二水巳字第 2029 号代电悉。

二、本案据山丹县府巳齐电同前情，经核本年六月十七日指令，仰仍查饬严办报核，并严饬草四坝民众□□□□□倘办后仍有盗失或破坏情等因遵此，本年十月十九日水（36）至字第 115 号训令第三项核示保护办法，切实办理在案。

三、仰知照仍督促办理报查。

杨成荣（监印）

山丹县县长就呈复张民两县人民呈控本县草四坝人民破坏镶闸板事给甘肃省主席的代电

1948 年 6 月 30 日　　甘 15-11-417

山丹县政府呈建三（37）巳水字第 4092 号
甘肃省政府主席郭：

钧府水三（37）巳字第 2387 号代电奉悉。查张民两县人民所呈草四坝人民盗失闸板一节，经本府派第三科科员蔺完璧前往明密详查具报。去后兹据该员签呈称“奉谕，职详查张民两县人民呈，控草四坝破坏闸板一案，遵即前往，秘密调查。谨将调查结果，分陈如下：（一）张民两县人民所呈，草四坝人民黑夜聚众百余人，手执猛棍横打，用绳捆绑一节，经职向驻军及居民秘密调查，均称无此情事。俯以闸口所在，与驻军防地接近，且附近居民亦不下二十余户，如果有此种暴举，驻军岗兵永夜防宵，焉能不理？而居民亦安得不晓？所呈确属子虚。（二）张民两县人民所呈，闸板被窃以一节固属事实，而职反复查究，何人窃去确属真相难明。为此理合签请鉴核”。查该员所签各节，确属实情。并经本府将该坝代表传讯，众口一词，若彼坝人民有盗失闸板情事，甘愿受罚严厉处分，毅然出具切结在案。兹已遵照原规定镶复，并经常派警，会同草四坝人民切实保护。除分呈专署外祈鉴核备查。拟准备查，并令知张民两县。

山丹县县长赵佩琴

甘肃省政府就山丹县府呈报草四坝闸板被破坏事给张山民的指令和训令

1948 年 7 月 7 日　　甘 15–11–417

训令水三（37）午字第 2855 号

民乐县张县长、张掖杨县长：

一、据该府呈报山丹草四坝人民破坏闸板一案，经电山丹县政府查办去后示，据该府本年六月三十日呈称：查张民两县人民……备查。

二、除指外仰知照由。

指令水三（37）午字第 2644 号

山丹县赵县长：

一、本年六月三十日建三（37）巳字第 1184 号呈悉。

二、准予备查。

三、本案分令张掖、民乐两县政府矣。

杨成荣（监印）

甘肃省第六区就山丹县呈复该县草四坝人民破坏闸板情形事给甘肃省政府的代电

1948 年 7 月 7 日　甘 15–11–417

甘肃省第六区行政督察专员兼保安司令公署代电武二（37）午字第 2320 号

甘肃省政府：

一、水三（37）巳字 2292 号代电。

二、查本案前据民乐张掖县政府、民乐参议会、民乐六坝、张掖二十一坝民众代表等先后呈报请依法办等情，到署当经令行各县政府澈查，并饬知各该坝民众代表在二轮水前由该坝民等暂行，依式自制使用以顾时效，并将饬查情形以武二水（2039）号代电报鉴核，各在案。

三、兹据山丹县政府六月三十日建三（37）巳字（1184）号呈称，钧署武二水巳字第 2035 号代电奉悉。查张民两县人民所呈草四坝人民，盗失闸板一节，经本府派第三科科员，蔺完璧前往秘密详查具报。去后兹据该员签呈称“奉谕职详查张民两县人民呈，控草四坝破坏闸板一案，遵即前往，秘密调查。谨特调查结果，分陈如下：（一）张民两县人民所呈，草四坝人民黑夜聚众百余人，手执猛棍横打，用绳捆绑一节。经职向驻军及居民，明密调查，均称无此情事。俯以闸口所在，与驻军防地接近，且附近居民亦不下二十余户，如果有此种暴举，驻军岗兵永夜防宵，焉能不理，而居民亦安得不晓，所呈确属子虚。（二）张民两县人民所呈，闸板被窃以一节固属事实，而职反复查究，何人窃去确属真相难明。为此理合签请鉴核。（三）查该员所签各节，确属实情。并经本府将该坝代表传讯，众口一词，若彼坝人民有盗失闸板情事，甘愿受罚严厉处分，毅然出具切结在案。（四）兹已遵照原规定镶复，并经常派警，会同草四坝人民切实保护。（五）除分呈专署外祈鉴核备查”。

四、除指令既经查无实据，准免置议，仰仍督饬警兵切实看护，不得再有遗失等语。

发并分电民乐张掖两县知照外谨电核备。

甘肃省第六区行政督察专员兼保安司令张作谋

处理意见：

拟准备查。

甘肃省政府就山丹草四坝人民破坏闸板情形准备查事给甘肃省第六区的指令

1948 年 7 月 20 日　　甘 15-11-417

指令水三（37）午字第 2631 号

六区专署张专员：

一、本年七月九日武二（37）午字第 2320 号代电悉。

二、准予备查。

杨成荣（监印）

甘肃省山丹县草四坝民众代表钟王维等为处分违法危害生存事给水利部部长的呈文

1948 年 6 月 23 日　　甘 15-11-417

依法撤销事：

查民国三十五年夏，民乐县属之东乐堡，及张掖县属之平彝乡人，与本坝之民众，因水利口角，当经两造前后互相呈控。起初本极简单，当时甘肃省政府若能以快刀斩乱麻之手段秉公处理，则此纠纷自不难迎刃而解，因其素日并无深仇大怨。惟以甘省受其自己直接、间接所委派之科长李斌及视察孙振林之双重蛊惑，而竟于不知不觉中，陷于偏听独断、破坏陈规、滥用职权，压制民众之深渊，而不克自拔。兹将其甘肃省政府之处分方法与危害生存之事实，撮要缕陈于下：

甲、查本坝之水，经县城穿三洞而过，因其墙高洞深终年不见太阳，所以水流在城墙下之洞中，冻既较其他各坝早，而化又较其他各坝迟，因其早冻迟化之关系，故春（自惊蛰后十八天起，至立夏后一日止）冬（自秋分之后二日起，至立冬后六日止）之两轮（连夏水四轮，共是正水六轮）水。本坝从来不下河（河即是民张两县之使水沟），六区张专员作谋，在甘肃省政府之严令下，于本年四月五日（即清明）在本坝之沟口，为民张两县镶置水闸时，即将本坝之正水（即春水）十二昼夜，强却下河。而五六七九等坝，则反而分毫未动（因开则同开，闭则同闭，行之已有数百年，具以旧例言，春水除本坝外，其他各坝应下河），以致本坝本年少种秋田（因浇灌不下级不能种）数十石，此其下。

乙、因山丹城内，向来无井无池，其军民之食用，以及园圃之浇灌都全靠本坝之水。故夏水四轮，每轮挨到民、张两县之昼夜（共十二天），即在本坝之分水口，中间间一有周半六寸窟窿（亦曰磨眼）之石板两边以筏块镶砌石板底，视以阻沙碎石。在此窟窿中，尽量任期其钻冲长流，名曰军马池塘园圃使用之水，亦曰小水，但水一挨到本坝时（共二十天），则立即撤除，虽一小石，亦不让留。远者固无从考证，然自明末以至于今，其间因此小水，不知已起了多少波折，兴了多少诉讼，但始终都保守其陈规旧例，从无人胆敢别开生面，而自扰扰人。近年以来，泉源减低，故浇灌之水时感不够，加以人心不古、奸诈日尚。于是民乐县县属之东乐堡，头人王椿龄等，借与本坝差甲王让等分水口角之极会，遂于三十五年夏，先捏词呈控于甘省府，试图推翻其旧案，旋由六区专署派其视察孙振林来县看勘查，王椿龄等认为成败之关键，在此一举，乃不惜明目张胆，挟众聚财，而大事活动。果然孙视察有求即应，遂于六月二十一日，在山丹县政府，召集张民山三县之官绅及其所谓代表开会讨论，事前本坝之民众，尚自以为即日讨论，则必人人有发言权，且少数人之意见，或不致为会议场中所蔑视。不料孙视察早已成竹在胸，所谓会议或讨论者，乃是一种障眼法，故镶置永久不撤石帮石底水闸之议，一经民、张两县之官民提出后，孙视察首先谓其此无以均苦乐而息讼争。本县之官绅虽非莫口胡卢，因其一则于已无利害关系，再则多不愿得罪孙视察及民、张两县之官绅，所以无人肯挺身而出主张公道。本坝被召集出席会者，又祈有杨柏林、钟守浚及雷显奎三人，该杨柏林等当场虽再三说明，其不能镶置永久不撤之石帮石底水闸之理由，且不被避权要，破胆力争。于是是日的会议无结果而散，次日又继续开会，而依样胡狡，毫无变动。杨柏林等一则因其被众我寡不能敌对，再则自知人微言轻，徒费口舌。故在其极度愤怒之下，不得不一拒绝其表决与盖章为唯一之抵抗。甘省府所认为，极其合理之所谓，三县官绅及其代表所商定之七项解决办法，就是这样造成的。本坝之代表杨柏林等既未参加其表决，又未参加盖章，此种请侒民意，生编硬造之伪记录，尚有强迫令人遵守之价值乎？同年七月二十六日，民乐县县政府之秘书等首来镶闸，八月二十六日区专署之孙视察亦来镶闸，九月九日孙视察二次又来镶闸，以上三次，均因奉本坝民众之激烈反对而未成功。虽其间孙视察屡以威吓手段，前后句押本坝之代表钟守浚、周举直并押解杨柏林、雷显奎于六区专署，但民气未□稍妥。九月十七日，省政府又派其建设厅科长李斌勘查，其初到时，持论亦颇正，惟在民乐县县城及其东乐堡盘根多日后，态度忽然大变，本坝民众闻风诧异，尚预备以书面详陈其衷曲，不意李科长竟悄然回者且到者后，彼即逢人便赞美民乐招待之优渥，而痛骂本坝民众之傲慢无礼。故其签呈省府之四项意见荒谬绝伦，如出自民、张两县人之口。省府不察而略加修改，即以五项办法，令饬六区专署及山民张三县政府恪遵实行。直至三十六年五月五日间前六区王专员维墉，因公莅境，方于便中查明真相。当即传唤本坝头人赵国奎、李子久、雷显奎等，令其即具仍守旧规不再镶置石闸，亦不得再生事端之切结。同年十月王专员调赴七区，六区专署乃又派其参议长珍同水利委员某来县镶闸，时因水正挨到本坝，张参谋不愿兹扰，于是自动呈准专署，暂缓镶置。本年四月五六两日，六区张专员作谋又率同工程师吴尚贤等，在其武装军警之配备下，压制本坝士绅及其代表杨柏林、雷显奎等四人，在其早已备就之计什么结上盖章。因杨、雷之规避迟到，除将杨、雷二人羁押外，而富源乡之乡长雷多云亦受其绊打之辱，而本县县长赵佩琴，更因此而大受其申斥。殊不知以强权使人失其自由意志，而纵然在其结据上书名盖章，则法律上亦决难认其有效，此其二。

丙、查本坝之沟口，旧宽一丈四尺，此次所镶之水闸，竟缩成四尺二寸，且本坝与民、张两县之分水口，向来一直一横二低一高，即本坝之沟口直而低，民、张两县之沟口横而高。因每轮水三十二天中，民张祈有十二天，且水挨到民、张时，自五坝以下，一齐下河，而本坝则祈有这一股水。所以先年之分水口，彼横而我直，彼高而我低，讵料此次镶闸时，竟将民张两县之分水口，下移一丈四尺五寸，成一直径而□下，而本坝之沟口，反因石底之填镶。而高出于五寸，冠履倒置，莫此为甚！用是不但自来遵守之周而半六寸之窟窿，本年不能沟足其量，以致城内的食用及其园圃之浇灌，顿然大起恐慌，且本坝之沟口，因受其石底之阻塞，而水流不畅，又因受其石帮之妨碍，而沟口狭窄，故平时少浇田禾，已受其莫大损失，而一遇天雨水发，本坝不惟不能依旧沾其天惠，反因其新闸之妨碍阻挨塞，而堤岸溃决，泉水淤梗，增加其意外之浚修，而本坝冈之劳民伤财，旷封费日，其害不知，将伊于胡底？此其三。

依民法之第一条规定，本坝与张、民两县因水利所兴之讼，既民法上无明文规定，自应依据第一条及第二条第三条款之规定提起诉愿，其诉愿之目的，不外下列之四点：即（一）撤销甘肃省政府强制镶闸之间违法处分。（二）撤毁其已镶之永久不撤石底之水闸。（三）军马池塘园圃使用之水以及春冬二季水，本坝不下河之规定，要彼永远遵守，不得妄加变更及。（四）令民张两县之启□头人王椿龄等，赔偿本坝两年来因镶闸所受之一切损失。务祈钧部轸念阽危，俯赐受理，并施恩从速决定，以维民生，而彰国法。证件容后另寄。再查本案前于本年五月三日，曾经呈诉农林部，并于六月六日奉农林部六月一日之设参（三十七）字第号批开诉愿书悉案关水利，依法应向水利部提起诉愿，仰即知照此批。合理附带陈明。谨呈水利部部长薛。

具诉愿甘肃省山丹县草四坝民众代表：

钟王维	四十岁	男	甘肃山丹县龙峰镇八	农
陈多学	三十三岁	男	甘肃山丹县县城大西街	农
钟　琳	三十九岁	男	甘肃山丹县县城中山75号	农
雷振云	四十岁	男	甘肃山丹县富源乡第一堡	农
毛辅国	三十五岁	男	甘肃山丹县富源乡第一堡	农

一九四八年六月二十三日

甘肃省政府就遵照山丹草四坝民诉愿为镶闸危害农田案给水利部的函及附件

1948年7月27日　　甘15-11-417

字4247号

分函水建（37）午字第2829号

水利部：

查准贵部本年七月十二日（三十七）水部政字第45357号“函据山丹草四坝民众代表钟琳等诉愿为镶置水闸危害农田一案，检附诉愿书副奉，并依法答辩，并送有关文卷，以便办理”等由，自应照办，并陈上答辩书一份及有关文卷，□一册相应函请。查照办理太荷。此致水利部。附答辩书一份，文卷一册。

杨成荣（监印）

附答辩书：

查山丹草四坝与民乐下五坝（即东乐堡）及张掖二十一坝（即平彝乡仁寿闸）共用山丹南湖水源之水，照陈规三十二大轮灌溉一次，计山丹分水二十昼夜，民乐张掖两县分水，十二昼夜，自清明日起至立冬日止周而复始，按轮浇灌。本坝用水期间，他坝必须封闭，惟草四坝之水穿越山丹城郭，居民赖以应用，故在民乐张掖两县用水十二昼夜内，仍与草四坝分水三分，名曰军马园圃水（载山丹县志），即在草四坝渠口堵一磨扇，中间一眼三分。水即由此磨眼穿过入城以示限制（此磨眼经此五年，由六区专署视察及张民山三县长，三县有关人士测量维横每边为六市尺寸半）。自乾隆二十五年迄民国三十五年一百八十余年均依此规办理，并无纠葛。至民国三十五年，民乐下五坝及张掖二十一坝人民，以山丹草四坝民不守陈规，每逢下坝号水，不闭闸口，任意捣乱不时将下坝应分水，偷浇利己，以致下坝受害不浅，在三十五年下坝头轮时刻被草四坝人民将磨口之旁及底取开，使民张应分之水大量漏过，截夺号水七昼夜，经民张人民指讼于山丹县府，经核办魏县长亲赴闸口勘查，及六区专署当由专署派视察员孙振林会同三县，并代表等于六月二十一日在三丹县府，会商解决方案或立协议。仍照旧例办理，在民乐用水期间山丹城内军马园圃水和一磨眼（即现用之磨眼，经例□□横无边，均为六市寸半）。原诉愿上（乙）项，亦如此述，惟为杜绝纠纷，计另置一石闸，中间一与现用磨眼大小相等之方孔。两边及底镶一石柱及石平，使该水完全在石孔内经过，不再有渗漏溃决情等，呈经六区专署核准当即分令民山张三县政府，依照决议案执行。迨至八月二十日会同镶闸时山丹草四坝代表杨柏林等出面阻挡山丹县代表发生冲突。迅即由专署孙视察及三县政府令衔，将民乐山丹两方代表王春林、何世杰、杨柏林、雷显奎等四人呈送六区专署，依法办理。经专署传讯，当庭征取王春林（山丹代表）、杨柏林（山丹代表）双方同意出具切结。仍照议决案，镶置闸口，后双方果有该水阻碍情等。当在后议，（见六区专署三十五年九月二日申字第788号条代电，及所附甘结）。饬该署孙视察及三县政府，迁移民乐渠口之际，定有山丹草四坝人蜂拥而至，喊打之声四起，立将水闸捣毁，经驻军维持秩序掩护民乐代表安全返山丹县城。移时草四坝人民麇集县府，要求赔偿。经山丹魏县长负责□□愤而去（见山丹县政府三十五年九月十三日建水（35）审字第0918号申元代电）。

本案几番镶闸均因草四坝人民阻挠未成。本府乃派建设科长李斌及水利专员王自治，前往澈查，旋据王专员函报草四坝人民借口暴动，且山丹魏县长始终认为草四坝人民非理。后据立刻李科长呈报山丹民乐张掖三县，应分水期均如上述，该科长并查勘分水期闸。民乐东乐渠口堵塞，采水今在草四坝水沟。侵占民乐东渠的轮水，已逾八昼夜，当转□双方当事人商讨如何补偿办法，而山丹草四坝代表杨柏林等一致反对，谓山丹水只有山丹人民浇灌，坚持以后水不过县之议。民乐人以原有水规自应遵守，请遵转议案澈底执行。双方争持如□□□备查明。专署孙视察令饬执行镶闸不在□□□将轮水期而提前五昼夜，在草四坝正轮大水时，堵渠口闸妨害当时灌溉，引起山丹草四坝人民借口镶闸，甫成即遭捣毁。东乐堡十二昼夜之水完全由草四坝侵占。孙视察据理本案纠纷似有未当等性，专府即根据先后报告，双方互呈理由，未□实际情形，以求永决纠纷，计乃决定下列五项分令署县照办理：

（一）镶置分水闸底边用石资，不使漏水，其技术及费用由河西工程总队负责办理。

（二）分水闸板用木板，以资装卸，月板多少由民乐人预备。

（三）闸板中应留流水眼，大小仍照旧案以两造共认六市寸半（正方）为度。

（四）民乐人水期已过，应即将闸板（木板）抽存，俾下轮水期时再装置。

（五）民乐东乐堡渠口准自西北下游移置三分之一。

并以六区专署视察孙振林经视水利纠纷予以申斥山丹草四坝民杨柏林等，聚众威胁三办人员，实饬准请令县政府，从严惩办。并函三十六年水期镶闸时，草四坝人民仍行阻挠，未能镶成。爰派水利局黄局长实地视察，后经决定下列三项分令署县遵办：

（一）仍照原定五项办法办理，届时请河西总队在三十七年四月一日（后因四月一日正值山丹水期，以免纠纷改为四月五日）安闸日期，届时仍请河西水利工程总队转饬第三分队办理，并由专署及张山民三县各派要员会同到场，并请驻军弹压，阻止任何障碍。

（二）闸安后交山丹草四坝前水户，曾具结之代表负责保管，由山丹县政府随时监督。

（三）以后闸如有损坏，除概由草四坝于十天内修竣外，并将轮灌期限改为双方各半，自损坏之日起执行一年。作为犯法之赔偿处罚。

三十七年四月五日，经六区张专员亲往办理，据报已遵照五项办法及三县决议，于四月五日期监镶完竣后，据山丹县府呈报草四坝人民经一再告诫，衷心悦服。闸口镶闸竣，由三县议长以及民众代表、出具切结，□□□□□允嗣后，相互遵成，业不敢稍有违异，已均指令准予备查在案。

基上所述，并对山丹草四坝民众代表钟琳等所呈本府之电，分速法办，答辩如下：

甲、原诉愿书告张专员作谋在本府严令之下镶闸时，该坝之三水十二昼夜经春下河一节。查张掖民乐山丹三县水期自清明之日起至立冬日止，报临浇灌已为前述，本年镶闸日期（四月五日即清明日）即为民乐张掖分水期，按例分灌民张两县十二昼夜，并非违法，亦无危及该坝生命之情等。

乙、原诉愿书对张民两县应予十二昼夜水内予山丹三分园圃水，自承认后，本府依照陈案及决议案之规定执行镶闸如期为久分水，并无违法之□。

丙、原诉愿上对该坝之沟口缩小一节，系由河西水利工程派副工程师吴尚贤与六区张专员及张民山三县长、三县民众共同监视镶置等情，后具结认为公允，并无违法之□。甘肃省政府主席郭、水利局长黄悉。

水利部就山丹民众诉愿的决定书

1949 年 1 月 5 日　甘 15–11–417

水字第 5379 号

查甘肃山丹县民钟琳等为镶置水闸事件不服贵省政府处分提起诉愿一案，业经六区审核。决定相应检同决定书正本，暨送达证书，连同府卷一并随函送称。查照分别存送，并将送达证书，填明□□□查为荷。此致甘肃省政府。

部长薛笃弼

一九四八年十二月二十一日

水利部决定书第 55439 号

诉愿人民代表	钟　琳	三十九岁	男	甘肃山丹县县城中山街 75 号	农
	雷振云	四十岁	男	甘肃山丹县富源乡第一堡	农
	毛辅国	三十五岁	男	甘肃山丹县富源乡第一堡	农
	陈多学	三十三岁	男	甘肃山丹县县城大西街	农
	王　维	四十岁	男	甘肃山丹县龙峰镇第八堡	农

上列诉愿人民代表，为与民乐张掖镶置水闸事件，不服甘肃省政府所为处分，提起诉愿到本部审核决定如下：

事实：录甘肃山丹县小东门外原有草四坝与民乐县下五坝及张掖二十一坝共用山丹南湖水源之水，其分水旧规定自清明日起至立冬后六日止，共为七轮正水，每轮三十二日。山丹分水二十昼夜，民、张分水十二昼夜，周而复始。惟因山丹城内无井，原载四坝渠口，所堵之石磨扇，中留有六寸半见方之孔眼。在民乐、张掖用水期间亦不闭塞，以供城内饮水，名曰军马园圃水（在山丹县志）。自乾隆迄今一百八十余年，仍其旧至民国三十五年，民乐及张掖山丹草四坝民以民、张两县轮水期，不闭四坝水闸，或将闸口周围挖衅漏水，截夺水源。诉于山丹县府及六区专署称双方互讼署县，几番镶闸，均被四坝人民捣毁，甘肃省政府乃派建设厅科长李斌等撤查并决定五项办法（见省政府电二水（35）戌字第 6774 号指令）。三十六年十月又派水利局黄万里视察商定补充办法三点，先后令饬署县于三十七年四月五日镶置竣事。诉愿人以不甘愿向本部提起诉愿，经□□甘肃省依法答辩，并令饬甘肃河西水利工程处查复到部。

理由：卷查山丹草四坝闸年代久远（卷有乾隆年东乐堡全神庙碑文），此闸之修，自不待言。甘肃省政府所定五项办法，悉依旧规，仅闸底闸旁按旧法，以草皮泥筏干打实塞，现改用石，以防大量漏水，设置木闸板以利启闭。在闸板中照旧留六寸半方孔（中心高程仍旧），供给三分军马园圃水期，于各坝轮水旧法毫未变更。诉愿人所调破坏陈规殊非事实。至红册所载，四坝渠口六尺余，民、张渠口六尺。据查报，系指古时梯形渠口之上边宽度，而在新闸口仍为旧渠口上下边之半，均宽度实非缩小。更因民张渠口洪水冲刷过宽，缩减三分之一，借更使闸塞基坚固。其西北岸边照前不动，仅东南岸边□向西北移约二公尺。此系工程技术关系，并非另开渠口。又民、张闸底及山丹闸底高程均经水平线，施测民张闸位置居上，高程 1699.826 公尺，山丹居下，高程 1699.558 公尺。诉愿人民谓冠履例置，亦属误会。如上所述，新修四坝闸技术上虽有改进，其目的仍旧相同。甘肃省政府处分尚称公允，当至闸口孔之尺寸高低，据查报亦均无不合。

基上论断，原诉愿殊难认为有理由。爰依诉愿法第一项。前段之规定特予决定如主文。诉愿人如不服本部之决定，可于决定书送达之日起三十日内向行政院提起再诉愿。

部长薛笃弼

一九四八年十二月

处理意见：

诉愿驳回。

甘肃省政府就准水利部函速该县民钟琳等为镶置水闸事给山丹县政府的训令

1949 年 1 月 5 日　　甘 15-11-417

字 5379 号

训令水三（38）字第 3670 号

山丹县政府张县长：

一、查该县民钟琳等为镶置草四坝水闸事件，不服本府据分水利部提起诉愿一案，经本府依法答辩请核办去浚。并准水利部此三十七年十二月二十一日函，以本案业法经审核决定，附送决定正本二本，一分□原返，并将返达证书，填经□还等内到府。

二、并检备决定书正本一份，送达证书一纸仰即遵照，派警送达并将送达证去填照，赍府已以应转部。

杨成荣（监印）

张掖县长杨慕震等就山丹草四坝民众破坏石闸事给甘肃省政府主席的代电

1949 年 4 月 8 日　　甘 15-11-417

代电 水字第 5793 号

甘肃省政府主席郭：

一、据本县平彝乡二十一坝及民乐下五坝公民张兴智等本年四月四日呈称“呈为藐视法令，破坏石闸有意捣乱，陷害下民，呈请钧府电兹准严办，补修石闸，以维水规而便浇灌春种事窃，敝邑与山丹草四坝水利一案，已经数年之久，业蒙上峰规定五项办法。于去岁清明有专员亲临会同三县县长及党团参议会。就石闸当场具结，各立保约石闸有草四坝负责保护木板有敝邑保存，各负专责。若有损坏情形，惟负责人是问不料，该四坝之人心怀鬼蜮，贪心不死，以石闸为眼中之钉。现未及一载，仍将石闸破坏打碎石柱拆毁闸边，有敝邑农官胡建儒询及该坝人等，彼毫不顾虑、漠不相关，由口糊支以具结为万物，刻下清明号水将届时闸板无存，可下浇灌不足，春耕如何下地。公民等窃思，该坝之人目无法纪，友谊破坏紊乱定章，陷害下民。此闸不能永久纠纷将何以息，是以备文，呈请钧府电鉴俯准严办，速修石闸，以维水规，而便浇灌，春耕敝邑之民，不省待命之至。

二、查此案于三十七年四月五日，由张民山三县县长，会同六区专员与亲临镶闸，并由三县党参各首长及民众代表具结分存在案。

三、现该草四坝人民又将石闸破坏实属有意捣乱理合呈请鉴核，速饬草四坝民众代表杨柏林等修复石闸，以利春耕为祷。

拟电山丹赵县长严饬，立即修复并照定案严惩报查。

实授张掖县县长杨慕震 秘书杨曦代行六区张专员

甘肃省政府据报山丹草四坝民破坏石闸事给武威张专员山张两县长的指令和专电

1949年4月22日　　甘15-11-417

武威张专员、山丹赵县长□：

据张掖县府卯齐代电称，山丹草四坝民又将石闸破坏致清明号水，浇灌不足，春耕堪虞。如果属实，该草四坝人民殊属刁顽仰，督饬立即修复，并恪遵三十六年十月十九日水（36）酉字第（115）号训令第三项，切实执行据报。

省政府水（38）卯谏（印）

指令水三（38）卯字第□□□号

张掖县杨县长：

一、本年四月八日张三（38）卯字第1267号，代电悉。

二、已电六区张专员，山丹赵县长，并督饬立即修复，并备核成案执行矣。

三、仰知照。

三清渠水案档

高台县民众代表鲍鸿章等就恳请三清渠水案迅速决案事给甘肃省主席的呈文

1939年8月29日　　张3-31

呈为呈复渠害奇重、民不堪命，恳祈鉴核，恩准迅速决案，以资顺流而维民艰事：

窃我高台县三清渠历受临泽县渠民苛索紊害，早已呈请钧座查办在案。迭蒙派委、履境勘查，害情属实，转报核夺，迄今数载未得结果。讵料该县人民欲壑大开、贪婪无厌，反以变本加厉，施毒更甚。如今岁迭遭苛扰、实难枚举，以致职渠人民无所措手，田苗旱枯，不惟国赋攸关，而且民食失望，即如倒悬之苦，若不呈请究办，则职渠难免立成赤野，势必流离。再四图维，惟有哀哀复恳钧座电鉴垂怜灾黎，恳乞迅速决案，以资畅流而顺舆情，则职渠人民均沾再造之德。谨呈甘肃省政府主席朱。

高台县三清渠公民　鲍鸿章　王三重　郭复业
陈乔寿　王福安　葛尚贤
王维杰　苗生美　李生隆
张开孔　张得明

中华民国二十八年八月二十九日

临泽县小新渠民众代表马宗位等就小新渠纠纷所受危害情形给临泽县长的呈文

1939年10月　　张3-31

呈为呈复据情转呈事：

兹奉钧府第一五八号训令内开“案奉甘肃省政府建二申字第二零五零号训令略开‘案据高台县三清渠公民鲍鸿章等“呈以渠害奇重恳速决案以维民艰等情”，合亟照抄原件，令仰□□□①发生事端，仍将办理情形呈报到府，以凭具报为要。此令’等因，附抄原件一份”，奉此，但查该渠公民鲍鸿章等鸠占鹊巢、反复争论，破坏旧规、欺压民族，情因小新一渠创自清代顺治年间，灌田一千余亩，纳粮数十余石，自首至尾，仅有十里远，地狭渠小，名曰小新渠。迨至雍正三年，高台三清渠因在黑河南岸无处取口，遂与公民等合而为一，借口合作，沿至前清末叶，该渠田地增开三倍以上，需水之量日益加多，渠身愈

① 编者按：此处原文档漫漶，不可识。

挖愈宽，渠底愈挖愈下，公民等两岸之田干旱多年，争讼数载，始置上下两闸而利公民等灌溉。彼时该渠要求不准公民等泡种稻田、以节水量，公民等寡不敌众，无不应允，永为定例。近年以来，该渠代表郭复业曾于民国二十五年因渠堤受害情形将公民等及临泽渠呈控省府，旋奉令饬高临两县派员勘查，具复核夺。结果两县派员数十人，有县府委员何复敏等呈复在案，查上闸闸口宽则八尺，闸底最低，再无可下之必要。该渠仍不足心，又要求不已。忽于去岁，有甘州旅部杨参谋偕同该县陈县长及钧座亲往查勘，杨参谋饬公民等将闸口再宽数寸作为罢论。去年修闸时已遵杨参谋，又宽数寸矣，现在以渠底与两岸之田相比其差约有三尺□□□[1]高为要挟小，民将奈之何。顷奉钧府训令分别遵办，前已查勘，真相已明，再无可下之理，推其“上闸一口受害尤甚”之语，非将公民等旱尽而不止。该渠借口原系附于公民等之渠，而今谓小新渠附于该渠之内，大有鸠占雀巢、喧宾夺主之心。目前该渠公民郭复业屡次大言欺人，另开新口脱离公民等渠口关系，而公民等极端赞成，若仍借渠口另谋公道办法，应请主管机关俞九派员清丈，而渠地亩按公出夫，规定条约、分清责任，不使公民等受累，方敢与彼合作。不然，值此国难方殷之时，前方将士拼命抗战，而后方物力财力均要集中。公民等以弱小民众，受此强梁之压迫，亦应自想脱离方法、免除一切障碍，所有公民等受害情形及该渠压迫之手段，呈复钧座电鉴，据情转呈，以凭核夺，实为德便。谨呈临泽县县长王。

临泽县小新渠公民代表　马宗位（手印）　牛致健（手印）

赵延祥（手印）　罗增恒（印）

刘占先（印）　濮正培（手印）

中华民国二十八年十月

临泽渠民众代表刘宗元等就申诉高台三清渠民诬陷事给临泽县长的呈文

日期不详　　张 3-31

呈为复呈渠堤压受冲崩、反诬奇重事：

去年已奉钧府训令第四五八号内开“案奉甘肃省政府建二申字第二〇五号训令内开‘案据高台县三清渠公民鲍鸿章等“呈以渠害奇重恳速决案以维民食”等情，除原令有案，邀免不叙外’尾开，令仰该渠甲头人遵照训令，即将水利纠纷情形分别遵办，以免发生事端，并将办理情形，呈报到府，以凭具报为要”等因，奉此，窃查水为养命之源，上关国赋，下维民生，至重且巨。高台县三清渠地势居南、堤岸甚高，职渠地势在北、堤岸低洼，历受该渠冲崩之害者，有三点谨为钧府胪陈之：

回水坝之退水。查唐家湾以东，旧有回水坝一道。该渠每届冬水浇毕，由此坝退出九眼渠之尾水，而直达于黑河，历有年矣。况此项不特该渠认为有害，累害职渠亦匪浅鲜。每逢春令结坝之时，与职渠补助柴草价值钱一十五千，又有两县政警弹压结具，以免争斗。但此案虽系成例，妨害职渠之堤岸，不一而足。盖该坝口如高屋建瓴、直泻而下，既

① 编者按：此处原文档漫漶，不可识。

无灌溉田苗之益，而有淤塞水流之能，实有害而无一利。若从该处退水，该渠想以一劳永逸之计，在坝口镶一石闸、稳固两岸，用石条石板铺盖，沙性松懈，必能耐久。春闭冬开，该堤沙籽不得冲入职渠，两造少费人力，各修各堤。至于往年补助柴草价值得现金数十两之谱，目前值法币仅有三元区区之款，与职渠得不偿失，有何益处？职渠愿将成规推翻，另定新约，以免滋□而不能发生事端者，一也。

大沙河之冲崩。查沙坝之水源由响山河而来，南北横流，夏行东止。该渠位置在南，有利独得有害，先当既如平时小流之水，该渠堵截，无有点水之下。倘遇洪水暴发，不但该渠之水干涸，而职渠堤□亦冲崩，无从□□，由是两□涉讼，连年□□□□□□□□□①经左文襄公亲手定案，饬令高临县各出制钱一十五串文，以作职渠之修堤挖渠之工资，双方遵守相安无事者六十余年矣。职渠虽年受巨害，而不肯推翻原案者，实因成规旧例，不敢自为祸首也。嗣后如因保护不周，清水堤溃、淤塞职渠时，该渠应将淤塞职渠之沙泥率夫挑挖，方合正理。而该渠为避重就轻计，再一□说估量工程之大小，补赔工价若干，较之实际得不偿失，何得谓之欲壑大开、贪婪无厌、变本加厉、施毒更甚？该渠如能保护周慎、永不失水，职渠永不受淤塞之害。该渠明系蒙蔽听听、信口污蔑者也。目前国难严重，百物昂贵，两县补助制钱易币能有几何、职渠能购柴草几车，实属欺人之谈，未能平衡事理也。职渠久欲推翻成案，无隙可乘。今该渠屡次争讼不休，职渠不得不为计较，倘逢洪、清二水冲崩，职渠堤岸淤塞渠身，该渠率夫合作、挑挖筑溃，俾水畅流无滞，则职渠两相和悦，以免冲突而不能发生事端者，二也。

张家坝之波蚀。查河无定向，自古皆然，该渠之张家坝在黑河南岸，每年洪水猛发，必然波蚀南边，是河水自然之形势使然。职渠位在河中顺岸开口，并无开挖情事。去岁已蒙省府委甘州师部杨参谋暨两县县长等勘查明确，系是河流波蚀，与职渠无涉。该渠稍加人力、从事防范，水势必向北流，与渠堤无伤。讵料本年河水波蚀南岸更甚，陷害职渠渠口不能上开，仅在距离数里之职渠张家坝开口，更与该渠无甚关系。兹次公民鲍鸿章等诬称迭遭奇扰实难枚举者从何说起？饬令职渠渠身修归故道，势时上不可能也，显系以假弄真、骇人听闻。该渠倘能与上淤筑堤，以分水势而不能发生事端者，三也。

以上总此三点，皆由该渠推翻原案之所致也。倘在回水坝镶石闸一道，沙坝冲崩时，该渠朝倒夕结，率夫挖去职渠淤塞，则职渠所得之钱一概推倒、永久遵守者也。否则得不偿失，反而被人诬控，屡言苛索、实难甘心。是以联名具复申诉，伏乞钧府电鉴，俯准转呈省府核办派员勘查，以息讼端而顺舆情，是为公便。谨呈临泽县县长王。

临泽渠公民　刘宗元（印）　刘光宝（印）

赵毓琨（印）　康正中（押）

马永保（押）　管毓锦（押）

马善龄（印）　鲁□□（印）

① 编者按：此处原文档漫漶，不可识。

临泽县倪学儒等人就请豁免三清渠新开渠道被占地田赋事给临泽县长的呈文

1944年5月　　张3-44

为恳请转报省政府，准予豁免高台县属三清渠新开渠道被占地亩田赋，以免永远赔累事：

窃民等被该渠占集地亩数目以及种种苦情前已呈请在案，兹不赘述。惟时逢夏田灌水，秋禾耕种之际，渠身阔大，橙槽难通，竟将渠北之地已种者作为荒田，未种者难用耕种。再近日以来，款项浩繁，差役甚重，俾民等抱业待毙，公理难存，一般赤贫小户告贷无门，唯终日痛苦，无路可生，将有流离现象。民等不忍束手待毙，谨将苦情联名具呈，恳乞县长洞鉴与情，俯准派员履亩清丈，以求确定。速祈据请转呈，并将定就地价，饬令提前交纳，以维民生。则阖渠老幼谁不胜感戴之至矣，祇候示遵。谨呈临泽县县长马。

具呈人临泽县昭武乡第四保民　倪学儒（印）　郭华唐（印）代

郭靖唐（印）　韩国成（手印）

宋仲祥（手印）　郭兴唐（手印）

郭沛唐（手印）　郭守仁（手印）

郭爱唐（手印）　郭双唐（手印）

李登云（手印）

民国三十三年五月□日呈

处理意见：

前已具备承认在案，所请应勿庸议。

（五）八（印）

附卷。

（五）五（印）

临泽县政府就三清渠水案磋商结果给甘肃省政府的呈文

1944年5月17日　　张3-44

建辰字第四七七号

呈复解决三清渠水利强迫情形，并抄责双方订立字据及附图，请鉴核备查由：

案奉钧府，甘肃省政府建二寅字第一七六四号□代电“整理三清渠一案，并派何专员前往会同谭主任、该县长及有关人民代表等勘查研究，仰遵照办理具报”等因。查此本应遵照电静候何专员，钧座到县后商议办理。乃以事关民生，刻不容缓，复驻高台县政府，迭次函咨□县催速解决。职益于四月二十四日亲往该渠，召集属县蓼泉镇小新渠代表罗增恒、马宗仁，昭武乡暖泉渠代表郭华堂、倪学儒及该渠代表张汉儒、王三重等十六人，并会同张掖工作站工程司吴志达共同商讨整理办法。经磋商结果，暖泉渠民众郭华堂等情愿与该渠出售地亩，开辟渠身所占地亩，每亩议定价六千元，双方均经同意，并订立字据，以资凭证。该渠工程于本月十四日业经完竣，开口启水至占用地亩之多寡，正派员勘测中。一俟勘测完毕，另文呈报外，理合将经过详情，并照抄上项字据及渠图一份一并具文呈赍。

中华民国三十三年五月十七日

高台县长丁作能就三清渠代表速交地价事给临泽县政府的公函

1944 年 6 月　　张 3-44

建巳字第 704 号

呈复已转饬本县三清渠代表王三重等迅即交付地价及修搭橙槽由：

本年六月二日，准贵府建辰字第五零五号函嘱“转饬本县三清渠代表王三重等迅将修渠所需贵县昭武乡第四保民田地价如数交付，并修搭渡槽”等由，自应照办。除令饬该代表等迅将地价交付及前往修搭橙槽外，相应函复、查照为荷。此致临泽县政府。

县长丁作能

中华民国三十三年六月

临泽县长就三清渠代表速送交地价修搭渡槽事给高台县政府的公函

1944 年 5 月 31 日　　张 3-44

建辰字第 505 号

函请转饬三清渠代表，速将所占本县昭武乡第四保民地价款如数付交，并饬修搭渡槽由：

本年五月二十五日据昭武乡第四保户民代表郭华堂、倪学儒等呈称：“（1）据以查三清渠新开之渠，渠身所占民地二十亩，其两岸被沙积压，全未算数，若不交涉清楚，年年侵蚀，其害匪浅。该民等靠渠之地，年前已经测量，悉数有图可查。（2）查渠北有民等之地六十余亩，所绝水道，言定由伊修搭橙槽，其桥梁由民等自行修造。现渠已完成，田苗正需水之际，伊竟置之不理，若再延误数日之，值装闭河口，民等所种之禾定遭旱枯。况此渠身深有二丈，宽有五尺，至橙槽桥梁、万难修造，呈请一并赍绘而免殆累。（3）查三清渠开渠时，民等已将种子撒播地内，今被开鉴成渠，计所种损失甚巨，至现在每亩价六千元，亦分文未付，乞请一并追交”等情。据所查该民等所称，各节确属实情，相应函请贵府查照，转饬三清渠代表等速将地价如数送交，并即修搭渡槽为荷。此致高台县政府。

县长马□□

民国三十三年五月三十一日

临泽县民倪学儒等就高台三清渠纠纷赔付详情给临泽县长的呈文

1944 年 5 月　　张 3-44

为恳请函转高台县饬令速发地价，并乞派三次复查、更正人员，测量所估面积实数，及断绝水道之地而免赔累事：

窃查高台县三清渠买去民等之地开渠，已□钧座亲临勘查，当时由伊自行估定二十亩，言每亩价洋六千元，并允修搭橙槽，以浇渠北断绝水道之地，现在工程完竣后多日，违背条定不理，民等尚有诸多损失，无望之处详陈如下：

查该新三清渠新开之渠，渠身即占去民等之地二十亩，其两岸被沙积压，全未算数，若不交涉清楚，年年逐渐侵蚀，其害非浅。该民等靠渠之地，年前已经测量，悉数有图可考。现值三次复查更正在即，应请饬令勘丈。函转一并补偿者一。

查渠北有民等之地六十余亩，断绝水道，言定由伊修搭橙槽，其桥梁由民等自行修造。现渠已完成，田苗正需水之际，伊竟置之不理，若再延误数日之，值装闭河口，民等所种之禾定遭旱枯。况此渠身深有二丈，宽有五尺，其橙槽桥梁万难修造，呈请一并赍绘而免赔累者二。

查三清渠开渠时，民等已将种子撒拨地内，今被开鉴成渠，计所种损失甚巨，至现在每亩□价六千元，亦分文未付，且将所播种子寡口不提，应请一并追交者三。

以上所呈，具确属事实，为此联名恳请伏乞县长电鉴，俯准函转交涉，速予追交，并乞派员勘查，民等深沾恩德无涯矣。谨呈临泽县县长马。

昭武乡第四保户民　倪学儒（手印）　郭华堂（印）代
郭兴堂（手印）　郭丕堂（手印）
郭方堂（手印）　李登云（手印）
郭守仁（手印）　宋忠祥（手印）
韩国成（手印）　郭靖堂（手印）
民国三十三年五月

处理意见：

准予转函交涉并令复查队就近查勘。

（五）二十五

临泽县郭华堂等就催高台三清渠民赔付损失事给临泽县长的呈文

1944 年 6 月 8 日　　张 3-44

为呈请函转速发地价以维艰困，并饬赔偿旱枯夏禾而免损失甚巨事：

窃查高台县三清渠买去民等之地开渠，每亩价洋六千元，言定月前一并交清，所有渠北之地，隔断水道，并允于最短期间，修搭橙槽。日前民等已将详情、呈请在案，而今日久，该渠不但将地价违限不交，并将橙槽亦不修搭，民等所种田苗，除秋禾不计外，共种有夏禾二十亩，未见滴水，早已旱枯，毫无□望。值此困月时届，该渠渠口告竣，自在逍遥，竟置之不理，民等两受损失，虽有地价，分文未见，不啻望梅止渴，将何以生活？再查该渠历年被洪水决断清道，不加保护北岸，民等屡次受害不浅。现迫于无可忍受之下，只得联名再恳，伏乞县长电鉴，准予速函交价，赔偿旱枯夏禾，以维艰苦，实为德便。谨呈临泽县县长马。

具呈人昭武乡户民　倪学儒（手印）　郭华堂（手印）
郭兴堂（手印）　韩国成（手印）
郭方堂（手印）　郭守仁（手印）
郭丕堂（手印）　宋忠祥（手印）
李登云（手印）

民国三十三年六月八日

临泽县政府就高台三清渠民速交地价修缮渠槽事给高台县县长的公函

1944 年 2 月 17 日　　张 3-44

建巳字第 676 号

为函请转呈三清渠民众速予交给地价并修搭渡槽由：

本月八日案据本县昭武乡第四保户民郭华堂呈称“为呈请函转速□，入原文，谨呈”等情，据此，查该民等所称各节，确系实情，尤以事关水利民生，刻不容缓。贵府查照，转饬该渠速予修搭渡槽，并将地价为限清交。此致高台县县长冯。

民国三十三年二月十七日

临泽县民倪学儒就再催三清渠代表鲍鸿章等赔付事给临泽县长的呈

1944 年 5 月 17 日　　张 3-44

呈为不履定约，抗价不尝，请求传案严追事：

窃查高台县三清渠将民等之地占去开渠，言定每亩价洋六千元，前蒙钧座亲临勘验，并全该渠代表鲍鸿章、王三重及陈郭二渠长具结，限日交清。并允与民等修渡槽浇渠北、断绝水道之地，现该渠工程完工后，不履定约，抗价不尝。民等呈请函催数次，伊等仍延不理，以致种禾旱枯，□相损失，为此一并呈请县长电鉴，俯准派警传案，追偿旱禾，以维艰苦，实沾德便。谨呈临泽县县长冯。

原呈人　倪学儒（手印）郭华堂（手印）
被呈人　鲍鸿章　王三重　陈郭渠长

处理意见：

并案函高台县政府饬速履约。

（六）十八

临泽县长就三清渠民履行先前约定事给高台县长的公函

1944 年 2 月 19 日　　张 3-44

建巳字第□号

为呈请转饬三清渠履守前约、速予修搭渡槽，且刻即交出地价由：

案据本县昭武乡第四保明民倪学儒呈称“呈为不履定约，入原文，谨呈”等情，据此，查该民等所称各节，确系实情。兹据来情，相应在请贵府查照，转饬三清渠履守前约，速予修搭渡槽，并刻即交还地价为荷。此致高台县县长。

县长马

民国三十三年二月

临泽县倪学儒因同村张林俊等串通阻挠差粮事给临泽县长的呈文

1944 年 6 月　　张 3-44

呈为催请传讯，为免赔累事：

窃查高台县三清渠去岁将民之地，开凿成渠，共计三十八亩七分，经民迭次呈报李前县长勘查，已蒙转报省府，豁免在案。不料本村张林俊等串通作弊，无理阻挠，虽经上峰准免，该民把持地方一切款项差粮，仍令民负担。迫于无奈，民将该民等呈控在案，而今日久，未蒙传讯，实赔累不起，只得催恳钧座电鉴，俯准传案讯究，以分曲直，实为德便。谨呈临泽县政府县长马。

原呈人　昭武乡户民倪学儒

被呈人　张林俊　刘明发　刘明典　郭金堂

民国三十三年六月

处理意见：

专案请陈科长□□讯请完案。

甘肃省保安司令就三清渠水案处理详情给临高两县的训令

1944 年 6 月 24 日　　张 3-44

字第 304 号

令临泽县县长马济华：

案查请奉甘肃省政府建二寅字第一七六三号训令内开查高台三清渠另开渠口一案经饬据建设厅呈转张掖水利工作站测量，拟具计划，前来仰会同洽办整理”等因，附抄发三清渠整理计划一份，临泽县政府呈文一件。奉此，当经本署派视察荆清溪前往遵查去后，兹据该员报称，窃职奉令，会同高台、临泽两县洽办整理三清渠□□□，到达该县境后，据马县长济华云已由其处理，且两方互定合同，情愿以出价方式另开新渠，是此当无另查洽商必要矣，理合具实等情。并据该建辰字第四七七号呈称，案奉甘肃省政府建二寅字第一七六四号□代电整理三清渠一案，兹派何专员前往会同谭主任、该县长及有关人民代表等勘查研究，仰遵照办理具报等因，奉此，本应遵电静候钧座到县后商承办理，乃以事关民生、刻不容缓，便经高台县政府，迭次函咨各县，催速解决。职遵于四月二十四日亲往该渠，召集属县蓼泉镇小新渠代表罗增垣、马宗位，昭武乡暖泉渠代表郭华堂、倪学儒及该渠代表张汉儒、王三重等十二人，并会同张掖工作站工程司吴志达共同商讨整理办法，经磋商结果，暖泉渠民众郭华堂等情愿与该渠出售地亩，开□渠身，所占地亩议定价□□□[①]元，双方均经同意，并订立字据，以资凭证。该渠工程于五月十四日业经完竣，开口放水，至占用地亩之多寡，刻正派员勘测中，一俟勘测完毕，另文呈报外，理合将经过详情，并照抄上项字据及渠图一份一并具文呈赍，钧署鉴核备查，实为公便各等情，附赍照抄字据一份，渠图一份前来查整理。三清渠原经张掖水利工作站测量，拟具计划分修护旧渠、暨开引新渠两种工程，并有三清渠与临泽渠合并干渠之建议，因高台、临泽两县人民互为利益原则，各陈述理由，争执不决，其重要之点在三清、临泽两渠并一干渠道整理，以及其他各项涉及行政问题。现临泽县县长马济华，旦处理既有□据，唯对整个修理原计划有无抵触，高台、临泽两县人民再无纠纷、除呈报省府暨张掖水利工作站及高台县府外合丞，令仰该县长遵照，详查具报，以凭核夺为要。此令。

专员兼司令何吕荣

民国三十三年六月二十四日

甘肃省主席就三清渠水案经过情形事给临高两县的指令

1944 年 6 月 21 日　　张 3–44

地建二（三十三）巳字第 4568 号

据呈报会同解决三清渠水利一案经过情形指令知照由：

令临泽县政府“三十三年五月二十七日建辰字第四七七号呈一件，为呈报会同解决三清渠水利一案经过情形”由，呈暨据图均悉，并据高台县政府呈同前情到府查本案，既经双方同意解决，应准备查，除指令外，仰即知照。此令。

主席谷正伦

中华民国三十三年六月二十一日

临泽县民众代表倪学儒等就豁免三清渠占地杂项差役事给临泽县长的呈文

1944 年 7 月　　张 3–44

为再恳追交地价、修搭渡槽并请饬令乡公所、转饬保甲，豁免杂徭、而免赔累不堪事：

窃查高台三清渠买去民等之地开凿成渠，详情已迭次呈明在案。奈该渠违背定约，延不交债，亦不修搭渡槽，致民等种就夏秋田禾，完全旱枯，已无挽救。前蒙钧座垂怜民等艰苦，函转高台县，转饬该渠，如限追交地价，并令民等亲往该县交涉，而□又逾月余，该渠阳奉阴违，仍玩疲不理。查本村旧例，凡遇杂项差徭，皆按原地准派，例如此次运肃军粮，按地每亩补推车价七十余元，其他杂项细难枚举，该渠如此玩疲抗违，视定约为儿

① 编者按：此处原文档漫漶，不可识。

戏，致生命于涂炭，若不呈请严追，民等何有生存之地。情迫万分，为此再恳钧座电鉴，俯准票提该渠渠长到案严追外，并饬令乡公所，转饬本保，停止推派杂项差徭，而免赔累，实沾德便。谨呈临泽县县长冯。

具呈人昭武乡第保户民代表　倪学儒（印）郭华堂（手印）

民国三十三年七月十八日

处理意见：

函转高台县府。

七·十九

尹书元就高台三清渠纠纷实际勘察损失事给临泽县长的报告

1944 年 7 月 8 日　　张 3-44

窃职前奉钧府建辰字第五〇六号训令尾开“令饬该员将高台三清渠改口所占民田及渠北剩余荒旱地亩，切实勘查，并将勘查数目具报为要，此令”等因，奉此，职遵即于六月一日到达昭武乡第四保暖泉村复查地亩之时，即召集该保保长郭靖唐及地主代表倪学儒、郭华堂等，并会同高台三清渠水利渠长郭希贤等，前往开渠地区，履地据实测量，并将勘查结果据实分别胪陈如下：

（一）其新开之渠，经复测结果，东西至首至尾，纵长六百九十一公尺，南北横宽四十七公尺，（连同渠身及两岸沙压地亩均计算在内）合计共占民田四十八亩七分一厘五，若按每亩六千元估价，共计损失二十九万二千二百九十元。

（二）其新渠北面，尚有已种下之地一段，经复测后总数为二十五亩一分，均因水源隔断，无法灌溉，田苗均已枯死，且因该渠渠身很宽，万难修搭橙槽，此地若照前数估价，共计损失十五万零六百元。

（三）再三清渠开渠之时，该村民田下种禾苗，已出大有四五寸矣，后因开渠，遂将田苗完全挖去，若按每亩下种一老斗之标准十计算，连同渠北荒旱之地，共计损失籽种七石三斗八升，每斗照市价三百元计算，共计损失二万二千一百四十元。

以上所呈各点，均系勘查实在情形，兹奉前因，谨将遵办情形，具文呈报钧府鉴核备查。谨呈县长马。附呈略图一张。

职尹书元（印）

三十三年七月八日于临泽县政府

临泽县长就三清渠实际勘察损失赔付事给高台县政府的公函

1944 年 7 月 18 日　　张 3-44

为函请令饬三清渠请交本县暖泉地价，以便结案，请查照由：

函查在案，据本府第三复查对报告呈“职本钧府建辰字第五〇六号训令尾开‘入原文，鉴核备查’等情”。据此，查本县暖泉村郭靖唐等水田四十余亩险□，贵县三清渠开□渠道，事先曾经双方订约，每亩议定地价洋六千元，现在工竣日久，该渠推不交债未见，有失信用。本府复查队测量完毕，暖泉村民众损失实属过重，相应函请贵府查照，严饬三清渠首领人等速将所占地亩价□清交，以便结案。并希见复为荷。所启高台县政府。

县长马

临泽县长就三清渠案催交地价搭建橙槽事给高台县政府的公函

1944 年 7 月 22 日　　张 3-44

函请令饬三清渠催交倪学儒等地价及搭橙槽一案请查照由：

案据本县昭武乡第九保民倪学儒、郭华唐并称“入原文□沾□便”等情。据此，查三清渠前以开□渠道与本县倪学儒等双方订立合同，买就该民田，业经开凿成渠，获惠非浅，应即履行契约，交付地价，并渡搭橙槽，以昭信义。而该渠人民置之不理，以致该民等□□不休，若于应答。兹据前情，相应函请贵府查照，令饬三清渠首领依照订定合同，修搭橙槽、偿交地价，以便完案，实为公便。此致高台县政府。

县长马□□

七月二十二日

甘肃省政府就三清渠整理计划相关问题给何专员及临泽县政府的公文

1944 年 7 月 17 日　　张 3-44

第 5322 号

临泽马县长：

建设厅案呈甘肃水利林牧公司本年七月三日三三总字 4656 号函“称查高台三清渠整理计划，分临时修理，暨永久工程两部分，永久工程涉及行政问题，须先解决曾在贵省政府令派第六区何专员，会同张掖工作站及高台、临泽两县长就近办理。函临时修理开挖渠道四百公尺，部分已由张掖站派员办理完竣，所有施工经过情形，经本公司于本年六月八日，以三三总字第一四五四号函转迁在本案”。兹据张掖站□称“三清渠自临时修理工竣放水以来，仅有数日水量充足（三五秒立方公尺），余多为二秒立方公尺，致田地不能如意引灌，究其原因。渠口一带河床被大□冲刷，已改为黑河主流（往年该服为支流），河床较以前为深。渠口附近既无可作坚固工事之石料，又无打长桩之工具，故所作□河坝，只能用土法抛置大车、木马下□等为之，而河底全系流沙，常被冲失或沉陷。该渠受益民众□未随时抢获，致水位迄未提高。此项临时工程原为救急办法，该渠民众未能明了原则，竟误认为新开渠道不妥，业已指示渠民加置木马、柳条使坝较为坚固，以便提高水位，而利灌溉用”。特据请转陈省政府，令饬何专员迅速莅临，会同解决行政问题，以便作永久工程之实施等情，相应函遵查照。转除饬办并烦见复等情。据此，除电饬何专员前往会同有关各方及该县长迅速将该三清渠永久工程，非技术方面问题，研究决定，刻速施工□。特电仰遵照办理，仍将会办情形具报查。

甘肃省政府建二（三十三）午□印

三十三年七月十七日

临泽县政府就解决三清渠情形事给甘肃省主席的代电

1944年8月1日　　张3-44

建未字第一一七六号

兰州甘肃省政府主席谷钧鉴：

建二未字第五三二二号代电奉悉，遵查高台三清渠临时修理工程。县长已于本年五月，会同临高台县渠民代表妥善处理并以建二辰字第四七七号呈报请，备查在案。至永久工程所关行政问题，此次何专员莅县，会同张掖水利工作站工程师郭□、高台丁县长及三清、小新、临泽三渠代表罗春云、马永□、赵毓瑗等在本府会议，已在该三渠共同有利原则之下，决定开引新渠。□□两县士民代表满意切结，以资凭证。及会议记录由专署报呈外，奉电前因，理合谨电将情形奉复。恭请鉴核备查。

临泽县长马□□建未东印

民国三十三年八月一日

高台三清渠与临泽小新三渠纠纷的切结

1944年7月29日　　张3-44

为具切结事：

兹因高台三清渠暨临泽、小新三渠拟新整理纠纷一案，经蒙第六区何专员、何高台县长丁、临泽县长马暨各该渠渠代表等一再商讨决议，通过开引新渠。（一）新开新三渠位置及所占地亩应俟施工测量后，按实际占地位注明四至，刊立石碑，以志永久；（二）凡小新渠与临泽渠受人力不可抵抗之灾害，而受影响三清渠时，小新渠与临泽渠不负任何责任；（三）临泽渠与三清渠交点之倒吸管，务求坚固，如有损坏时，由三清渠速即修理之；（四）赔偿地价按占用田地之多寡，本年复查，更正科则等级，依照上订附表偿付；（五）小新渠改坡修理后，除山洪暴发冲毁不计外，须保用三年；（六）小新渠之回回坝尾水由林牧公司在施工测量时，详细研究退水办法；（七）三清渠通过小新渠时，修理涵洞或渡槽由林牧公司测量后，按实际情形选择最妥固之方法施工；（八）高台三清渠原利用临泽小新渠渠道引水，现开引新渠，另道行水，小新渠亦须改坡修理，惟工程费实非小新渠人民力能负担，为发挥高台三清渠人民道德，所有小新渠工程费由三清渠人民负担之；（九）所有三清渠、小新渠之详细施工计划由张掖工作站经施工测量后绘具详细图表，分呈水利林牧公司总管理处及第六区专署，转呈省政府核准公布之；（十）凡因三清渠开引新渠所占临泽人民之田地亩（包括渠堤以外之额外地域），按占用地亩之多寡，比照本年，复查更正后，核定科则，依照附表偿付地价，并请省政府豁免田赋；（十一）在新渠未修竣以前，仍照旧规办理之；（十二）决定后双方互具切结四纸，一份呈省政府，一份呈第六区专署备查，一份送高台县政府，一份送临泽县政府备案等语记录在卷。本代表等情愿遵守，绝不滋事。嗣后倘有反悔及捣乱渠政情事，甘受法律制裁，所具切结是实。（对注：第四项与第十项重复，第四项应作废。）

三清渠代表　罗春云（印）　鲍鸿章（印）

临泽县代表　马永□（印）

上小新渠代表　马宗位（手印）

下小新渠代表　赵毓瑗（印）

中华民国三十三年七月二十九日

附记	三等三则	三等二则	三等一则	二等三则	二等二则	二等一则	一等三则	一等二则	一等一则	地亩等级	高台三清渠占用民地偿付地价标准表
市石以小麦为准	350	400	450	500	550	600	650	700	750	每亩偿付地价	
										备考	

临泽县长就三清渠开引新渠完善解决事给第六区专员的代电

1944年8月1日　　无档案号

建未字第1175号

同前：

武威甘肃省第六区行政督察专员何钧鉴，查高台三清渠开引新渠一案，此次经蒙钧座亲莅处理，并已在三清渠、小新、临泽三渠共同有利原则之下，完善解决，民众感戴，时雨同露。除经呈省府鉴核备查外，谨电呈请鉴核。临泽县政府县长马□□，建未东印。

县长马

民国三十三年八月一日

处理意见：

即日缮护。核。

八月一日

高台县长丁作能就倪学儒等协助三清渠修搭渡槽事给临泽县政府的公函

1944年7月26日　　张3-44

建午字第二九七号

函复令饬本县三清渠交付地价并修搭渡槽情形希查照由：

案查前准贵府建巳字第六七六号函嘱，饬三清渠代表等速予交给地价，并修搭渡槽一案。当经本府于本案六月二日以建巳字第九九三号训令，饬遵照办理，去后，兹据该代表等呈称“本渠改移渠道，所需临泽县民郭华堂等地亩款，前已交临泽县政府三万元，继交地主郭华堂五十元，因本渠遭旱，民力疲惫，一时不能全部凑足，现在各方贷到三万元，遵即送交。至修搭橙槽，本渠树木本颇缺，以往修渠所需木料，均系向临泽县昭武乡第四保暖泉村户民倪学儒价购，请转咨临泽县政府令，饬倪学儒价让所需木料，惠予协助”等情到府。正□□间，复于本月十七日，又准贵府建午字第九三九号函同前由，查三清渠本年遭旱，民力已惫，所称各节，均系实情。除仍令三清渠代表等迅速筹措地价，积极前往交付外，相应函请查照，希转饬倪学儒等协助该渠代表修搭渡槽，俾便结案，实纫公谊。此致临泽县政府。

县长丁作能

中华民国三十三年七月二十六日发出

处理意见：

饬知倪学儒等协助修搭。

七月二十八日

临泽县长就倪学儒等协助三清渠修搭渡槽事给昭武乡长的训令

1944 年 7 月 8 日　　张 3-44

建未字第 1161 号

令昭武乡乡长李□：

案准高台县政府，建午字第二九七号函开“三清渠本年因遭天旱，民力疲惫，一时不能全部凑足，现在各方贷到三万元，遵即送交。惟修搭橙槽，本渠树木本颇缺，令饬该民价让所需用木料，惠予协助”等由准查。查三清渠与该民等应交地价，业经送交十万元，即行转交倪学儒、郭华堂等领去。至于协助修搭渡槽一事，即转饬该民等遵照，在修搭渡槽时，惠予赍给木料公谊等，由勿推诿为要。此令。

县长马□□

民国三十三年七月八日

甘肃水牧公司张掖站主席就测量三清渠水利以求便利事给临泽县政府的函

1944 年　　张 3-44

为派队测量三清渠水利请□□□□□□□□□[①]：

兹派工程师胡席让率队前往贵县张家坝、刘家湾一带测量三清渠水利。相应函请查照，赐予便利为荷。此致临泽县政府。

主席谭其芳（印）

处理意见：

该队到县自当协助。

九月一日

① 编者按：此处原文档漫漶，不可识。

小新渠渠众魏好品等人就三清渠新开渠相关意见事给临泽县长的呈文

1944 年 1 月 20 日　　张 3–44

呈为条陈意见，以备采择，而顾双方利益事：

窃查高台县三清渠于前清雍正三年，借小新渠渠口，以资灌溉，迄今三百余年。其间虽屡生枝节，于小新渠水利无甚过大之害，民众方面亦无忧恐过甚之举。顷闻高台三清渠因堤防不周，渠口被水泛滥冲破，另辟新渠由张掖林牧公司测量队着手测量，时经二周，势在必举，将来是否妨害小新渠水利，或将小新渠弱小水利灌溉不顾之处，以及两渠原委关系，缕细条陈伏察鉴。

查高台三清渠于雍正三年间，在黑河南岸无处下口，当时小新渠上下两号灌田二千余亩，竟有宽三尺许之渠身，以资灌溉。三清渠渠众见得小新渠实有利用之必要，遂与小新渠渠众双方磋商，三清渠出夫一百六十名，小新渠出夫十六名，各取得同意，两渠合为一口。宽劈深挖上流之水田，小新灌溉资余尾水，仍归三清渠内，上下两号镶有两闸，所有关于水利主权遂渐操之三清渠渠众之手。近数年来，该渠人心大变，肆意欺凌，职渠借端兴讼，小新渠上下两闸由七尺放至丈余。民国二十六年，又利用地方驻军威势，将上下两闸底下尺余。小新渠上号之地，因地势过高，渐受荒旱，以其众寡不敌，大小悬殊，虽受荒旱，无可奈何。今者三清渠另辟新渠，小新渠脱离压迫之束绊，亦为民众所欢喜，但三清渠借口之时小新渠渠口是属完整，而无破坏，由之借釜造饭，今将破釜置之不理或将破釜还人。揆诸公道，殊有未合，此其应请注意者，一也。

三清渠既有另辟新渠之决心，应将原借小新渠渠口修理完整，完璧归还，不得损人利己，此其应注意者，二也。

小新渠地居上游，地势过高，土属流沙，三清渠另辟新渠，不得有破坏小新渠渠身或妨害水利之处，三也。

以上申述各点均应恳祈钧座电鉴俯准，转呈省府核察，实沾恩德两便矣。谨呈临泽县县长李。

小新渠渠众　魏好品（印）　赵延有（手印）
赵光祺（手印）　宋正儒（手印）
王学敏（印）　刘光贞（手印）
赵延□（印）　罗增恒（手印）
阎天禧（手印）　倪兴贞（手印）
濮正沛（手印）　魏好禧（印）
马宗位（手印）　魏自强（手印）
牛致建（印）　刘□□（手印）
王茂正（手印）　姚仲祺（手印）
王学善（手印）　刘兴嗣（手印）
王国玉（手印）　濮正兴（手印）

民国三十三年元月二十日

缮状人（印）

临泽县长就因三清渠新开渠时予以保护事给昭武乡公所的训令

1944 年 9 月 9 日　　张 3-46

临泽县政府建申字第 1421 号

蓼泉镇昭武乡案准，高台县政府建未山字第 1445 号公函开“入原文”等由，准传查高台三清渠开辟新渠计划，前已决定就该渠□将施工，但所□□县关系，各方自应予以便利。除函复外，仰转饬当地保甲，□于沿新测法所打木桩，随时予以保护，万勿擅取为要。

县长马

九月六日

临泽县长就切实协助三清渠新开渠事给高台县长的公函

1944 年 9 月 9 日　　张 3-46

临泽县政府建申字第 1420 号

函复三清渠新开渠浅已饬属予以协助由：

本年九月一日准，贵县建未字第 1443 号公函开“入原文函致”等由，准函除饬属切实协助，并布告沿线居民遵照外，相应函复，希即查照为荷。此致高台县长丁。

县长马

九月二日

甘肃水利林牧公司张掖工作站测量队就保护木桩标志事给临泽县政府的公函

1944 年 9 月 11 日　　张 3-46

查本队测量三清渠及小新渠范围，希在鸭暖乡及蓼泉镇区域，去年测量所钉桩橛标志，多被破坏，工作进行不无影响，惟恐此次钉立木桩标志仍有上项情事，用特函请贵政府责成有关乡镇保长，妥为看护，并请布告当地民众，除在耕地界内难久保存外，其他各地桩橛标志，不得擅行拔毁，直至施工日期为止，以利工程而重水利，实为公便，此致临泽县政府。

甘肃水利林牧公司张掖工作站测量队

卅三年九月十一日

处理意见：

即行布告。

九月十二日

临泽县政府就保护测量所钉桩橛标志的布告

1944 年 9 月 14 日　　张 3-46

临泽县政府建申字第 1486 号

为布告测量三清渠等测量所钉桩橛标志由：

临泽县布告：案准甘肃林木公司张掖工作站测量队函，开□□入原□□□□□□□等由，□□除函复外，□□布告，仰一体周知为要，□布县长马。

县长马□□

九月十二日（印）

甘肃省政府就解决三清渠情形事给临泽县政府的电令

1944 年 9 月 8 日　　张 2-342

甘肃省政府建二申第 6775 号

核电复解决三清渠情形请鉴核一案准备查由：

临泽县政府：

三十三年八月一日建未字第 1176 号代电一件，为电复解决三清渠情形，请鉴核由。代电悉，准予备查，此令。

主席谷正伦

建设厅厅长　张心一

处理意见：

存查。

九月廿一日（印）

临泽县长就测量三清渠新开渠道地基事给张掖工作站的公函

1944 年 10 月 13 日　　张 3-46

临泽县政府建西字第 1749 号

为函请另测三清渠新开渠道地基一案请查照由：

本月十六日，案据本县蓼泉镇第九保业户刘尚同等呈称“呈为呈明‘入原呈□□□□’等，附呈地图一份”据转查，案前经贵站测量，已将干□定，覆蒙莅会，丁县长及贵站郭工程师召集新渠民众会商，并订立□□，由□员呈报□案。今据该业户呈报前来□□□□□①情殊可原，除函请高台县府，并分呈省府专署外，相应据情转函贵站查照，

① 编者按：此处原文档漫漶，不可识。

仍维原案。附地图一份，并希见复为荷，此致张掖工作站。

县长马

十月八日

临泽县长就三清渠依照原案开新渠事给高台县政府的公函

1944 年 10 月 13 日　　张 3–46

临泽县政府建申字第 1750 号

函请令饬三清渠依照原案开□新渠，并希见复由：

本月六日，案据本县蓼泉镇第九保刘尚同等呈称“呈为呈明入原呈□□□等□□，附呈地图一份”据转查案前经何专员，并贵县长会同召集三清、临泽小新渠民众代表会商有效办法，由专署呈报在案。此次工作站意将测线北移，不但本县人民损失□多，即三清渠民赔偿地价，亦属不赀，兹为双方便利并减少损失计。似应俯准该民等之请求，相应剧情转函贵府查照，见覆为荷，此致高台县政府。附□图一份。

县长马

十月八日

临泽县长就三清渠依照原案开新渠事给甘肃省长的呈文

1944 年 10 月 11 日　　张 3–46

临泽县政府建酉字第 1707 号

为呈请令饬张掖工作站，仍照原呈开辟三清渠一案请鉴核由：

本年十月六日，案据本县廖泉镇第九保民六尚同等十人呈称“呈为呈明入原呈□□□”等情，附地图一份。据所查三清渠开辟新渠一案，前经何专员莅县，会同高台丁县长，并职召集三清、临泽小新各渠民众代表会商解决办法，并切结，由专员呈报钧府在案。今该张掖工作站不顾人民利益，竟将测线北移，实与原案大相悬殊，除呈报专□核示外，兹照绘原地图一份，理合剧情，转请钧府鉴核，令饬该站仍照原案办理，实为公便。谨呈甘肃省政府主席谷。附呈地图一份。

代理临泽县县长马

临泽县长就三清渠依照原案开新渠事给第六区专员的呈文

1944 年 10 月 11 日　　张 3–46

临泽县政府建酉字第 1708 号

呈请令饬张掖工作站，依照原订计划测量三清渠请鉴核由：

本年十月六日，案据本县蓼泉镇第九保民刘尚同等十人呈称“呈为呈明苦衷，□转入原呈□□□”等情，附地图一份。据所查三清渠新开渠道一案，前经钧座莅县，会同丁县长，召集多□集民众代表会商解决办法，经双方同意，具结在案。刻□□站测量渠身，竟不指照原案，□将渠身北移致占民田□多，双方损失均属不赀，大失钧座之初旨。除函请高台县府及工作站外，理合剧情，转呈钧座鉴核，转饬依照原案办理，实为公便。谨呈甘肃省第六区行政督察专员兼保安司令何。附呈原地图一份。

县长马

十月八日

临泽县第九保业户刘尚同等人就张掖分站改移测绘高台三清渠新开辟渠道事给临泽县长的呈文

1944 年 10 月　　张 3–46

呈为呈明苦衷，恳转上峰，令饬工作站张掖分站改移测绘高台三清渠新开辟渠道，俾临高民众，均由利益事：

窃查高台三清渠渠口被洪水冲断，不得已始有舍旧图新之举，省府为顾全两县民众利益起见，特派第六区专员何亲莅县境，召集两县县长及民众代表开会，□切晓谕在，利己利人，互不妨碍，公平原则下准其高台三清渠另开新渠，双方具结在案。兹次高台工作站测绘人员显系听信一面之辞，意将民等贫户良田划为两□，殊深痛苦。查民等地居临泽渠上游，俗名刘家沟湾，原系一席之地，人稠地狭，今若从中开一新渠，渠身、渠堤约占良田三十余亩，贫户生计几于断绝。复查测线以南三十公尺外原有公路一条，若三清渠由橙槽湾通过民渠，利用公路□成渠身，则开挖良田较少，而高台民众赔偿之地价亦轻，否则民等不但生计绝望，而日后新渠已成，波蚀两岸膏腴之地无数，决难认可。是以联名绘具草图一纸，呈请钧座电怜下情，俯准转呈省府，专署令饬水利工程处详加复勘原定路线，向南改移三十公尺，则小民生死均□□，鸿恩于无极矣，谨呈临泽县政府县长冯。附呈地图一纸。

蓼泉镇第九保业户　刘尚同（印）　刘光品（印）

刘进业（印）　刘光炳（印）

刘光仁（印）　刘光祚（印）

刘光道（印）　刘新年（印）

刘光义（印）　刘郭氏（印）

中华民国三十三年十月

甘肃水林公司张掖工作站就三清渠新干渠勿须另测事给临泽县政府的公函

1944 年 10 月 9 日　　张 3–46

临泽县政府：

准本年十月十三日，贵县建西字第 1749 号函略，以据刘尚清等呈称“以本站订定三清渠新干渠经过刘家沟湾，占用良田三十余亩，若改由橙槽沟通过临泽渠，利用原有管路开渠，则占用地亩可较少，嘱另加测量，并维持原案”等由。准此，查本站测量三清渠新干渠，前移共计两次，第一次为本年元月份之初测，系将张家坝至下闸一带地形绘制图形，俾供研究，所定之桩橛为辅助测量地形之导线，并非选定之渠线，而本站根据上项图件所选之三清渠新干渠纸上定线，即系穿过刘家沟湾。至本年七月，会同何专员商定三清渠另开新渠原则之后，本站复于九月份实施定测，此为第二次之测量，定测之意义系根据纸上之定线，施测于地面之上，以定各项建筑物实在地位及其尺度，以便设计施工。定测之新干渠自系根据纸上定线而测，初无二致。再若将三清渠新干渠改由橙槽沟通过，沿旧道路开渠，则系向南移一公里，并非三十公尺，该处地势较高，须挖深六公尺许，连同弃土，占地宽达六十余公尺，且原有道路宽仅四公尺许，不敷甚巨，势必占两旁耕地，该段共长约两公里，占用耕地约在一百八十市亩左右，若照本站之计划，仍由刘家沟湾穿过，则挖深仅三公尺许，长约六百公尺，并可两边出土，弃土于河滩及湖滩，借以减少占地宽度，故将来实占耕地面积仅二十余亩，较之一百八十亩之数相去甚远，利害悬殊，优劣自明，似无再行测量之必要。准函前因，除将来函及复函抄致六区专署及本公司外，相应函复，请查照为荷。

主任谭其芳（印）

处理意见：

批示民众刘尚□知照。

十月廿三日（印）

遵□。

十月廿四日

临泽县长就三清渠新干渠勿须另测事给刘尚同等的批示

1944 年 10 月 26 日　　张 3-46

具呈人刘尚同等，本年十月三日，据该民呈“请恳转上峰，令饬水利林牧公司张掖工作站另测三清渠新渠道，以利民生利益”等情。据此，当即分别转呈，并函请办理。张掖水利工作站函“另测渠道较原所计划无益且害，似无再行测量之必要”等由，准此合行，批示该民等知照，为此专批。

县长马（印）

十月廿六日

高台县长就渠线议定及协助施工事给临泽县政府的公函

1944 年 10 月 24 日　　张 3-46

高台县政府建西字第 2063 号

函复关于三清渠开辟新线一案请查照由：

本月十六日，案准贵府建西字第一七五〇号大函，赐商三清渠新开辟渠线一案。查该渠新线系由省府责成张掖水利工作站勘测，现定线工作已告结束，并迭奉省府电令，饬速组设民工机构，从事施工。关于渠线问题以事，非本府可能更易，歉难照办，拟请惠予谕饬知照，并祈昭告，多予协助，俾利进行。准函前由，相应复请，查照为荷。此致临泽县政府。

县长丁作能

处理意见：

查照。

十一月六日

甘肃省第六区专员就张掖工作站依照原案测线施工事给临泽县政府的公函

1944 年 11 月 4 日　　张 3-46

二（卅三）戍字第 507 号

据请对三清渠水利，应函张掖工作站依照原案测线施工一案，仰知照由：

临泽马县长览达，酉字第 1708 号呈及附件均悉，正拟办间。旋准张掖工作站函附致该县函问，理由各异，已并案转请省府核示矣，仰即知照。

专员兼司令何昌荣

二戍寅印

处理意见：

知照。

十一月九日（印）

甘肃省主席就三清渠新渠线事给临泽县政府的指令

1944 年 12 月 20 日　　张 3-46

甘肃省政府建二水（卅三）亥字第 9293 号

据呈请令饬张掖工作站，仍照原案开辟三清渠一案，仰知照并转饬知照由：

卅三年十月十一日第一七〇七号呈一件呈“请令饬张掖工作站仍照原案开辟三清渠一案，请鉴核由”呈件均悉。并据该县蓼泉镇第九保业户刘尚同等，径呈到府，查该渠既已决定另开新渠口，无论采用南线、北线，共占用民田均所不免，据称测线北移与原案悬殊一节，系何情形，仰□令行本府聘任水利专员兼该渠工程处处长崔崇桂实地勘对，具报再夺。仍转饬该民刘尚同等知照，并仰该县长对该渠工程切实协助，俾利进行为要，此令。附高台三清渠组织规程一份。

主席谷正伦

建设厅厅长　张心一

处理意见：

批示刘尚同等知照。

元月七日

甘肃省政府就聘任崔崇桂为水利专员事给临泽县政府的代电

1944 年 12 月　　张 3-46

为聘任崔崇桂为水利专员，在河西一带执行任务，仰饬属遵照协助由：
临泽县政府：

本府为督导修筑三清渠工程及河西一带水利事宜，经聘任崔崇桂为水利专员，前往各工地执行任务，除分电外特电，仰知照并饬属协助。

甘肃省政府
建二水（卅三）亥卅印

处理意见：

知照。

元月十八日

临泽县长及田赋粮食管理处长就倪学儒请减负担事给昭武乡公所的训令

1944 年 8 月 9 日　　张 3-46

临泽县政府民田二未字第 359 号
据该乡第四保户民倪学儒呈请，令饬减免负担一案，令仰遵照由：
昭武乡公所：

本年七月廿九日，据该乡第四保户民倪学儒呈称“呈为催请，令饬乡公所转饬保甲减免负担事，入原文”等情。据以查此案，本县、处本年二月廿九日曾以田二丑字第（62）号呈“奉省处函二稽卯字第零二七一号寒代电，准予派张掖县长前往复勘，并报财政部地政署，查核在案，赋税应俟呈准后减免，□□着由”该乡公所令饬该保暂予免纳，除批示外，合行令仰该乡长遵照转饬为要。此令。

县长兼处长马
副处长王
八月七日（印）

临泽县长及田赋粮食管理处长就减免负担事给倪学儒的批示

1944 年 8 月 9 日　　张 3-46

昭武乡第四保户民倪学儒：

呈悉，查此案业于本年二月廿九日以田二丑字第（62）号呈报省处核示在案，至□差各项，准予令饬该管乡公所，转饬该保甲暂予免纳。除已令该乡公所遵饬合行批示外，仰知照。此批。

兼处长马（印）
副处长王（印）
八月七日

临泽田赋粮食管理处就三清渠占用民田事给临泽县政府的公函

1944 年 12 月 28 日　　张 3–46

临泽县政府田二（33）亥字第 760 号
为函达呈报三清渠占用民田一案请查照由：

案奉甘肃财政厅地政局田粮处函豆二稽戌真代电开“临泽田粮处并转县政府同览，卅三年九月二十九日建田二申字第（576）号呈赍，三清渠占用民田清册及略图均悉，除造具减免赋税简明表送部核示外，仰即知照，册图存甘肃省财政厅地政局、省田粮处函豆二稽戌真印”等因。事此相应函请贵府，查照为荷，此致临泽县政府。

兼处长　马济华
副处长　韩景福

处理意见：

案关田赋材料，收存各查。

十二月卅一日

临泽渠民众马永淘等就三清渠开辟新口有所妨碍事给临泽县长的呈文

1944 年 1 月 20 日　　张 3–46

呈为洞见症结，以供参考而维水利事：

窃查高台县三清渠民众郭复业等，引导张掖林牧水利站胡队长等在职渠第九保地点测量四五日，拟从三清渠下闸着手，经过阎家边坡第九保地段职渠底，穿洞投入黑河，另开新口，以资灌溉。职渠民众谒见胡队长，请示方针，伊云尚未决定，闻听之下，疑虑在先，为未雨绸缪计，将妨害职渠水利之要点详细陈之：（一）查三清渠在南，职渠在北，距离一华里有余，形势高低，悬殊太甚。若开新渠，必掘坏两岸民田，断绝贫户生产，况土质流沙见水必冲，本年渠开一丈，次年波蚀两三丈不上，职渠第九保，地势狭小，望之生畏，后患不堪设想。虽然物各有主，开到谁地由谁交涉，而一般贫户智识薄弱，无力抵抗，非拼命相争不能遏止。此应请参考者，一也；（二）经过职渠，渠身地势甚高，渠宽二丈有奇，上搭水槽，该渠用石条、石柜巩固两岸，以水量之大小为标准，尚且犹可，恐势不可能，要从渠底穿洞，能容一渠之水，必须宽则八尺或一丈，不止两岸尽属沙土□□□□□□□[①]，用何方法镶洞，始免职渠点水不能入洞。例如民国十七年，县属新二渠下号因蓄水□出，淹坏田亩等

① 编者按：此处原文档漫漶，不可识。

情，呈请钧府在高台柔远渠渠身穿洞退水，况地属临泽境内，柔远渠恐窃渠水，坚不认可，致起争斗，打伤人命。后经省府派杨委员希孔来县，住站半载，订定条约，洞口仅有八寸，用生铁铸筒叩结，外套木槽，两相平允，钧府有案可稽。三清渠倘镶偌大之穿洞或用石条，或用木板，均难成功，势必养□贻患，纠纷较前更甚。此应请参考者，二也；（三）假使修成穿洞，经过职渠，除掘坏北岸民田外，全系河滩上走至职渠，盛家坝北端河身相隔职渠只有数丈，三清渠在此开口尽量堵截河水，仍蹈前辙波蚀，职渠北岸经年累月，汛滥无涯，两相冲突，该渠得利，职渠受害不浅，以致缠讼不休。此应请参考者，三也。综此三点，皆于职渠关系极重，田赋攸赖，尤其是人民之生命所托。若不□□□□□□不能□□□□□□水利机关原为人□□□□□□决定方针[①]，继则整理无效，失却振兴水利之真谛，俾职渠二万余之□□必受亢旱，何日休止。盖三清渠处此环境之下，一视同仁，亦属可悯，唯一办法，倘能在□渠口上游，用全数力量堵截淘挖，将河水分去一部分，较此容易十倍，仍开旧口，何必多此一举。职渠管见所及不识，伊心以为□□，是以联□□恳□□钧府电鉴，俯准据情转呈省府核夺，以备参考，实沾恩德两便矣。谨呈临泽县县长李。

临泽渠民众　马永涛（印）　刘宗典（印）
赵琉琨（印）　赵光瀛（印）
康正中（印）　刘宗□（印）
马善龄（印）　刘　银（印）
赵琉瑗（印）　刘占元（印）
刘光保（印）　刘宗华（印）
刘兴元（印）　管毓锦（印）
王作仁（印）　金凤仪（印）
马永保（印）　赵光会（印）
韩凤德（印）　贺凤锦（押）
王大俊（印）　赵光显（印）
李元福（印）　席天义（印）
赵国琦（印）　濮生民（印）
马增龄（印）　杜元和（印）
鲁　潘（印）　罗增华（印）
张怀□（印）　魏王志（印）
中华民国三十三年元月二十日

处理意见：

据以转请。

二月一日

① 编者按：此句原文档漫漶，不可识。

临泽县长三清渠就开辟新口有所妨碍事给甘肃省主席的呈文

1944 年 2 月 6 日　　张 3-46

临泽县政府建子字第 103 号 为据属县临泽渠民众马永涛等，呈请三清渠开辟新口有所妨碍，据情转请鉴核由：

案据本县临泽渠民众马永淘等卅一人呈称“呈为洞见症结，以供参考，而维，入原呈，恩德两便矣”等情。据此，查该渠众等所称各节，本府参酌辖境水利情形，尚属事实，应三清渠照□勘测计划实施，势必有损临泽渠，兹据前情，理合具文，转呈□□鉴核，谨呈甘肃省政府主席谷。

临泽县县长李

甘肃省政府就开辟新口有所妨碍事给临泽县政府的指令

1944 年 3 月 7 日　　张 3-46

甘肃省政府建二寅字第 1490 号

据呈三清渠另开新口，有碍该县临泽渠指令知照由：

卅三年二月六日建丑字第一〇三号呈“一□据属县临泽渠民众马永淘等呈请三清渠另辟新口，有碍本渠灌溉，请鉴核由”呈悉。查高台三清渠民众呈请另开渠口一案，当饬甘肃水利林牧查勘计划报核，并以建二戌元代电，饬即协助各在案。兹按甘肃水利公司函送三清渠整理计划，□修浚旧渠，临时开挖渠道四百公尺，因事关救济三清渠春耕，已经照办外，至其他各部分，俟本府派员调查实情后，会同该县长、高台县长及张掖工作站，当按两渠民众互有利益原则，核实办理。仰即转饬知照，并仰切实协助此站指挥开挖三清旧渠道四百公尺工程，以资救济春耕，仍将办办情形随时报查，此令。

主席　谷正伦

建设厅厅长　张心一

处理意见：

分别饬知协助，并将协助情形随时报查。

三月十九日（印）

临泽县长就开辟新口有所妨碍事给临泽渠马永涛等的指令

1944 年 4 月 14 日　　张 3-46

临泽县政府建卯字第 33 号

据呈三清渠另开新口，有碍该渠指令遵照由：

案奉甘肃省政府建二亥字第一四九〇号指令，开“查高台三清渠民众呈请另开渠口一案，当饬甘肃水利林牧公司查勘计划报核，并以建二戌元代电，饬即协助各在案。兹据甘肃水利林牧公司函送三清渠整理计划，除修复旧渠，临时开挖渠道四百公尺，因事关救济三清渠春耕，已准照办外，至其他各部分，俟本府派员点差实情后，令同该县长、高台县长及张掖工作站，当按两渠民众互有利益原则，核定办理。仰即转饬知照，并切实协助此站指挥开挖三清旧渠道四百公尺，以资救济春耕”等由。奉此令行，令仰该渠民众等切实协助并仰知照。此令。

县长马

四月十三（印）

临泽县昭武乡长就新开渠妨碍民生事给临泽县政府的公函

1944年4月19日　　张3-46

昭武乡公所卯字第4号

为据情转呈第四保民郭华唐等呈请另行开渠，以济生命一案，请鉴核示遵由：

案据第四保民郭华堂、倪学儒、韩国成、郭沛唐、郭靖唐、郭守仁、白万保、李登科、李登甲、李登云、宋仲祥呈称“呈为呈请事：窃查高台县三清渠于今日由民等地内另开新渠一道，已经划定界线，共计科地四十余亩，下种籽者有十分之五，撇于渠北者有百余亩并在范围以内，种地尽绝，在渠北者水路亦然，民等蚁命即在目前，尤其地为人民生命之关，若照如此，民生难存。又查该三清渠，每年屡被洪水溃决渠堤，开渠并非一次，倘不怜念立地，尽绝失所，显然前思后唯无法设想，惟有具情呈恳乡长，电鉴作主，怜念舆情，俯准查明，饬令别开一渠以救蚁命，则民等老稚均感戴世世矣，谨呈”等情到所。据此，除批示准予转呈外，并查该民郭华堂等所呈各节，情属事实，并非信口阻扰，亦生命关系然也。职责任攸关，无法办理，理合据情转呈钧府电鉴核夺，俯准查明，另开渠道，以济生命，实沾德便，祗候示遵。谨呈临泽县政府县长马。

昭武乡乡长李泽（印）

处理意见：

开三清渠是政府主张，该农民生机问题另想办法。

四月廿日（印）

高台县长就协助开挖渠道事给临泽县政府的公函

1944年4月15日　　张3-46

高台县政府建卯字第106号

咨请协助本县三清渠挖修四百公尺渠工，并希见覆，以凭转报由：

查接管前任卷内本年三月二十二日，案奉甘肃省政府建二寅字第一四九一号训令，以“三清渠代表王三重等呈请另开渠口，以维灌溉一案，除电复公司，并令临泽县协助外，合行令仰，转饬该民众代表知照，并仰转饬该渠民众迅速遵照张掖站指挥，开挖该渠四百公尺工程，以救春耕，仍将办理情形随时报查”等因。奉此，当即令饬该渠民众代表遵照指示，迅速兴工开挖在案，顷据该渠代表报称“上年工程师勘定开挖四百公尺渠道，必需租用临泽民田约十一亩，请转咨贵县协助，以利开工”等语。查挖修沟渠，兴办水利，为当前刻不容缓之要政，应准照办，除饬该代表等，率夫星夜前往开挖外，相应函请贵府协助，迅饬该段渠道让地业主及当地保甲长等，秉公洽商处理，借免延误农时，至深企盼。并希查照办理见覆，以凭转报，实纫公谊。此致临泽县政府。

高台县县长丁作能（印）

处理意见：

俟与当地□前士绅洽□就绪后，再行函复。

四月廿五日（印）

临泽县倪学儒等就新开渠道伤害颇巨事给临泽县政府的呈文

1944 年 4 月　　张 3-46

呈为呈请事：

窃查高台县三清渠于今日由民等地内另开新渠一道，已经划定界线，共废科地四十余亩，隔于渠北者有百余亩，其他所下种籽者，有十分之五，未下者亦在播种之际，倘若以此两段种地，相绝水路亦然。又其地为人民生死之关，若照如此，民生蚁命即在目前，而查三清渠近年以来自河水移南，不能竭力巩防，累限南开已废地五十余亩，一不出价，二不纳粮，三不报核，将近三载，逼户流离、饥不忍观，倘不怜念、立地尽绝，失所显然、□□而想岂能束手代毙。愚民无酌，只有具情恳请县长电鉴作主，怜念舆情，俯准澈查，饬由渠北顺河通行，而顾两全，以救蚁命，则阖渠老稚均感戴世世矣。谨呈临泽县县长马。

具呈人临泽县昭武乡第四保民　倪学儒（印）　郭华堂（印）

韩国成（印）　郭沛唐（印）

郭靖唐（印）　郭守仁（印）

白万俣（印）　李登科（印）

李登甲（印）　李登云（印）

宋仲祥（印）

处理意见：

呈□事关政府一贯政策，本府未便于专□□高台开渠负责尚洽妥□□为批示外，此批。

四月廿日

高台县长就三清渠洽商地价事给临泽县政府的公函

1944 年 4 月　　张 3-46

高台县政府建卯字

咨请协助三清渠洽商地价，以便开渠，并希见覆，以凭转报由：

本月二十一日据本县三清渠民众代表王三重等呈称“略以开渠须占暖泉渠附近土地肆拾亩，该地业主倪学儒等每亩讨价六千元，本渠地瘠民穷，似此过亘地价，决难负担，恳乞咨请贵府，公平估价，以资开渠，而恤民艰”等情到府，查该渠所需民田，业经咨请，惠予协助，转饬该段渠道让地业主及保甲长等，秉公洽商，处理在案。据呈前情，除批示并将各情电报省府及专署外，相应函请查照，务请切实公平核价，制止该地业主任意苛索。再该渠之修浚，主座非常关切，曾经训示，对于该渠工程务于最近督修完成，以免遗误农时。近查该渠上年冬水未灌，夏禾播种无几，秋禾无法耕种，该倪学儒等如再估索重价，阻扰进行，则该渠人民生计势必绝望。拟请从速调处，使该渠工程早日完成，以副主座眷念民艰之至意，仍希卓裁见覆，以凭转报，实纫公谊。此致临泽县政府马县长。

县长丁作能

处理意见：

□□速依照本县实情函复。

四月廿四日（印）

临泽县长就三清渠洽商地价购买事给高台县政府的公函

1944 年 4 月 8 日　　张 3–46

临泽县政府建卯字第 179 号

为函覆三清渠以价买本县暖泉渠工地，开挖渠道，业经洽商要确，请查照由：

案准贵县建卯字第 106 号函略开“本月廿一日，据本县三清渠代表王三重等呈称，以该渠开渠须占暖泉渠附件土地四十亩，该地业主倪学儒等每亩讨价洋六千元，本渠地瘠民贫，似此地价过重，决难负担，恳祈咨请贵府公平估价，以资开渠，而恤民艰”等由□□，查兴修渠道，实为当前之要政，本县长于月之廿六日前往暖泉渠召集该业主倪学儒等到场，双方洽商妥确，倪学儒等情愿将地出售三清渠开渠，地价每亩六千元，王三重、张汉儒等甘愿承认，双方均无异言，并各□呈，立有字据，到府备查，兹将前由□应函张，查照为荷。此致高台县政府。

县长马

四月廿八日

高台县三清渠临泽县小新渠临泽县暖泉渠民众代表就三清渠纠纷协商事宜给临泽县长的呈文

1944 年 4 月 4 日　　张 3–46

立字据人高台县三清渠代表鲍鸿章、李生隆、张汉儒等，及临泽县小新渠代表罗增恒、马宗位等，会同临县暖泉村民倪学儒、郭华堂等今日到县长案下：

情因本渠（三清渠）上年夏间，因山洪暴发，将本渠口下面张家坝地方泛滥，无法修理，被泛断处南面与该县暖泉村民郭华堂等姓地毗连，业经双方集中说合，郭华堂等甘愿售地亩与本渠开渠，以通水流。同时，言定每亩占价六千元，占地若干，俟测量开竣后按占□基，及损伤实数为标准，将款作为三次交清，按四月底先交全数□分之四。并本渠与该民□镶橙槽一座，修造坚固，如有腐坏情事，有本渠负责修理，倘有遗失木料，以及草筏等等，由该地方负担。至于开渠占地粮赋，有本渠及该地民等各向两县政府呈报豁免，此系两相通过，惟地亩数量经开工需地多寡后，测量为定，再行另立正式字据，并实呈临泽县县长马。

高台县三清渠代表　张汉儒（印）　李生隆（印）
鲍鸿章（印）　王三重（印）
王福安（印）　杜正义（印）
临泽县小新渠代表　罗增恒　马宗位
赵延有　杨天喜
临泽县暖泉渠公民　郭华堂（印）　倪学儒（印）
赵增益（代）（印）
郭丕唐（代）（印）
赵增科（印）
郭守仁（左中指）（印）
证人　吴工程师志达（印）　鹿朝干先生
民国三十三年四月初四日

处理意见：
准予备案。

四月廿六日（印）

昭武乡倪学儒就受害情形及重开新渠事给临泽县政府的呈文

1944 年 4 月　　张 3-46

呈为呈请以救民命事：

窃民世居黑河以南，地属河流一带，累受河水灾情，一言难尽。尤其近年以来，被三清渠渠口，由此迎水，故向南而流，受其害者，忍无可忍。又其客岁三月间，该渠张家坝被河水冲断，无渠难救万民之故，因买民科地四亩七分，言明补价纳粮助款，至开之后，渠身及岸，共占科地一十二亩，粮款一应高悬，讨要无影。又至六月间，该渠仍即冲断，又买科地五亩六分，□中言明，共赔偿籽种小麦五石五斗，至后仍返前言，逼民无□□□清渠公民王三重呈控县府，澈查赔偿。共计科地三十八亩，只赔地价洋贰千玖百元，虽系半数，言明永保北岸，绝不向南开挖，有据为凭，并将粮地报准，实系客岁粮款等项赔纳。至今以致家务水洗，财无粮空，饥饿载道，目下难忍，又加今日该三清渠呈请张掖水利公司澈量，有民等地内划定新渠一道，倘不怜念，占者再无生产之理。隔于渠北者，水路难通，由此而观，地净粮空，目无生活之计，前思后维，无法设想，惟有具情，仰恳县长电鉴作主，明镜高悬，怜念苦情，恩准亲查，另开渠道，以救蚁命，而保双全，实为公德两便矣。谨呈临泽县政府县长马。

具呈人昭武乡第四保民　倪学儒（印）

处理意见：

已函水利工程□另为开渠。

四月廿七日（印）

昭武乡郭华堂等人就开渠受害情形及北移渠道事给临泽县政府的呈文

1944年4月20日　　张3-46

窃民等世居昭武乡属之暖泉渠，务农为业，所有畎亩在高台县属之三清渠上游渠岸以南，该渠历年向南迎水，民等之地被河冲跌甚多，民等已受最大之损失。上年张家坝被水冲断，民等受害更巨，刻下该渠邀请张掖水利工作站勘测，另辟新渠八百公尺，所经路线将民等之地百余亩分在渠北，将来民等势必荒芜。即使筹搭过槽，事实上问题更多，刻民等向该工作站婉辞陈述，请其稍向北移渠身，竟不认可。况该渠原订计划，渠身所过占民田二十余亩，此仅按渠身而言，则一辟新渠，渠内之土不能不堆集两岸，而两岸被土堤所占之地将两倍于渠身，民命攸关，难保无意外之虑，虽切□和平处理，但言轻不能生效，伏乞钧座鉴谅民等苦情，速为函达高台县府并张掖工作站，准将该渠稍向北移，则民等所失甚少，而该渠水利亦自畅行无阻也，临呈不胜迫切，待命之至。谨呈临泽县县长马。

呈请人昭武乡第四保民　郭华堂（印）　郭守仁（印）

倪学儒（印）　郭兴唐（印）

郭靖唐（印）　宋仲祥（印）

韩国成（印）　李登甲（印）

郭沛唐（印）　李登云（印）

白万保（印）　李兴章（印）

中华民国三十三年四月二十日

处理意见：

已函水利工程□另开渠道。

四月廿七日（印）

甘肃水利林牧公司张掖工作站就三清渠勘探详情的报告

1944年　　张3-46

一、旧渠渠道概况

三清渠渠口位于临泽县暖泉村之张家坝，蜿蜒西行，全长约七十公里，经临泽县境四十公里后，流入高台县境约三十公里，灌溉田亩总计两万五千市亩。其中二千亩在临泽县境，由该渠之支渠小新渠浇灌，其余田亩由干渠流入高台县境灌溉。该渠水源引用黑河之水，在渠口下游约一公里张家坝，地方渠道傍沿黑河正流，水势汹涌，冲刷甚烈，致将渠道冲断三百公尺，按该处河道水流，有能续冲刷趋势，岸边良田时有坍塌现象。

渠口下游五公里地方，□沙河填，渠道跨越沙河，每值秋季，山洪暴发，辄将渠堤冲断，坝长约四百公尺，渠民不胜屡修屡决之苦。又下游四公里处，名回回坝，渠道穿过回回沟水，秋冬季节，该沟水势较大（三十三年测量□期，有三秒立方公尺之□），渠道堤坝亦将被冲决。

自渠口至下闸一段，渠道建筑物有上闸、下闸木质跌水两座，牛车不便，桥两座，至于沙河、回回两坝皆系壅土填筑，均非永久性质。

二、三清渠民众拟请另改渠道缘由（节录三清渠民众代表鲍鸿章等三十二年十一月致本公司原文）

（甲）河水汛滥张家坝渠堤之实　查三清渠口下面有张家坝一处，历年受临泽渠汛滥之害，因本渠位居该渠之南，二渠距离仅约一公里，而临泽渠之本身原有直流之余地，该渠民有心加害，在张家坝地方故将渠流开引向南，曲如弓形，使该渠之流汛及本渠之堤。因本年春间，经蒙张掖工作站主任谭履境勘查，灾情属实，遂即补助国币一万六千五百元，以资修理。领款之下，恩同再造，灾黎欢舞，但因工程浩大，杯水车薪，于事无济，虽蒙指示各节，本渠敬遵，努力修筑，因河水近大，水深一丈七八尺，晨修暮溃，精疲力竭，断难成功，本渠于本年自夏至今，数月中滴水未得，夏禾悉数旱□，秋禾更属无望，现冬水已失浇溉，民惊忧惶，几陷绝境，若不呈请测量，另开渠口，则田宅定变荒郊，人民定致流离，民食、国赋两无着落，不得不呈请另开渠口，庶免其害者，一也。

（乙）沙河坝之受害　查三清渠自东流西，经过临泽县境者约有七十余里，因与该渠之小新渠同流合渠，是以渠堤之保护，高临二县之渠民各负专责，考其昔年定章注载，极为详明，如渠口至沙河之东岸一段，应有高台县渠民保护，沙河坝西至下闸分流处之一段，应有临泽县小新渠民负责保护。定章虽善如是，奈小新渠民捣乱不遵，违章滋祸为甚，兹先以沙河坝之受害，而言在每年春开冬闭期间，沙坝一次溃断，应有两县渠民出夫修补，□料小新渠民迅□以来，只有任意用水，而不照章出夫，并且临泽渠民借本渠堤溃之流沙冲入该渠，复行苛索。至光绪五年双方涉讼，经高临两县会同查办，结果回两县政府，各给临泽渠民制钱一十五千文，俾作沙坝补修费。自此制决后，倘沙河坝溃断，各修各渠，再无出钱之理，判案昭彰至今，犹在可恨，临泽渠民抗违不遵，沙坝既经溃断，即向本渠苛索，借机渔利，习以为常。情知沙坝为本渠之要堤，倘沙坝一溃，上游有水溢之益，下游无点水之望，因此临泽渠民借上游之利，施毒辣之术，在沙坝险要处□人窃□，冀图渔利，每逢本渠灌田之期，沙坝即遭堤溃之患，原非天灾，乃由人祸，本渠各村遭旱之余，只得出夫修堤，当此青黄不接之时，□腹作工，以致饥民庚癸相呼，哀鸿遍野，流离情况，令人观之伤心。临泽渠民不以痛痒相关，互相为怀，反行鬼蜮之技。同渠者（即小新渠）乐行袖手旁观，如□本渠北之临泽，渠民犹昧心丧良，提出本筑堤断之流沙壅塞，该渠之理由，从事讹索，倘拂其意，即不让本渠筑堤，本渠遭此胁迫，只得用财通情，如堤溃一次，耗费数百或近千元，总之每年如遭五六次或三四次之堤溃，苛索洋足达五六千元。此项巨害，曾经民二十九年，上峰严令该乡渠民遵守成案，勿得窃挖渠堤，例外苛索，否则即以诈财论罪认，县渠民如窃挖渠堤，苛索国币，仍属照前施为此，应请予另开渠口，庶免其害者，二也。

（丙）回回坝之受害　查三清渠自东流西，南有回回堡渠，北有临泽渠，本渠位居二渠之中，历年受害亦非浅鲜。如每逢冬初退水之时，居南之回回堡渠与居北之临泽渠，狼狈为奸，南渠故意将无用之水退入本渠回回坝口，使受其冬冻春消之害，而本渠实际上不得不预防此害，亦得由回回坝口退出余水而下流，势必入北渠。至每年春间修渠之时，临泽渠民首出阻扰，先索冬水冲壅，该渠修筑费洋数百元，否则即不准本渠修筑回回坝，此冬水之害也。次如或夏之时，南渠施退水之害，北渠下窃挖之，回回坝不因天灾，即遭人祸，每年亦溃断数次，本渠除修补外，每次就得于该渠民出讹索之款数百元，受害不堪言状，痛苦不堪言状。前经派员查实，着回回堡渠民尾水向东北沙滩退出，流归黑河，以免本渠妄费人民巨资，该渠民亦毫无损夭，而本渠以免巨害。此系两有裨益之调查，不□该渠民阳奉阴违，施害如常，意欲将本渠之无数渠民置诸死地，田地变□荒野，始达到目的，此应请予另开新渠口，庶免其害者，三也。

（丁）上闸之受害　查三清渠回回坝下又有上闸一口，受害尤甚。该口系本渠内附小新渠分流处，昔有定章修堤之夫，规定三清渠出夫一百六十名，小新渠出夫一十六名，是出夫已按十分之一分配，而补修费亦按十分之一摊出。而两渠分使之水，当然为十分之一使用，三清渠分流九成，小新渠分流一成，旧有定章相守勿替，而小新渠民视如□髦，抗违不遵，将规定夫名逐渐短少，修筑费分文不出，更将该口之堤筑高一丈二尺，每逢三六九日分水之期，该渠民高筑闸堤，将本渠应得九成流水截去多半。如我下游各村，因遭截流之患，但该渠亦有水溢之忧，倘截流不能断堤，该渠即将余水用灌草湖，故使下游受旱，倘截流溃断其堤，该渠民不但置不修理，反不让本渠出夫修葺，更犹以水淹没该地之苛条，勒索本渠之巨款，本渠需水如命，不得不偿其愿。此□痛苦，历年来已不堪忍受，而本渠上闸之害，系由闸底木高、闸口过小，上有壅流溃堤之患，下受干涸之苦。前经上峰严令，着该渠闸底下低闸口放宽，庶□上之壅流，下之遭旱，该渠民口是心非，反将闸底筑高，闸口缩小，将来渠得水分截去过半，致本渠各村田地悉数荒旱，目下居民□□，流离载道，已成事实，此应请予另开渠口，庶免其害者，四也。

（戊）下闸之受害　查三清渠上闸下还有下闸一处，系本渠内附小新渠分流处。此口如高筑闸堤、截断余流等等，此闸与上闸同样受害，勿庸赘陈，距下闸分流处十里评，名曰临泽桥，虽系本渠独流，仍在该县境地，因该县附件渠堤之居民往往在本渠之堤挖运沙土作为肥料，每年自冬至春数月中，将本渠五六里之渠堤能被挖断。本渠兴修渠道之际，耗糜物力、人力不计其数。当在盛夏之时，渠流稍为过大，倘有走水之处，即讹以□没，该县垣坟墓□田，借此苛索本渠，因需水孔急，只得如其所愿，否则不准本渠民夫修理，此种之害，令人惨伤，此应请测量，准予另开渠口，庶免其害者，五也。

三、开引新渠问题之研究

（一）新渠之灌溉效能　按三清渠民众意见，在张家坝黑河下游另开渠口，修筑新渠，经永丰村，穿过临泽县而至大湖□与旧渠在下闸衔接。经测量结果得知，就地形高度而言，新渠同能开挖引水灌溉下游耕地，但其上游之小新渠耕地因地形较高，则难利用浇灌，是新渠之灌溉效能仅即高台县属之田亩，而置临泽县属田亩于不顾，似非两全之道，故开引新渠之外，尚须顾及小新渠灌溉问题。

（二）开引新渠与解决纠纷　按三清渠民众拟请另开新渠之主要缘由，端为避免与临泽渠及小新渠之纠纷。

（甲）关于与临泽渠纠纷　两渠本不相干，所谓纠纷纯系地方民事案件，绝非开挖新渠所能解决，如果两渠地方行政机构取得密切联系，共同管制，不难解决，故是否开挖新渠与此问题似无关系。

（乙）与小新渠纠纷问题　同一渠道支渠与□渠分由两县民众节制，如果不能和衷共济，管理不善，自易发生争执，是以行政当局如果认为一渠由一县管辖较为捷便，且可免除纠葛，则修复旧渠专浇临泽县属之，小新渠另开新渠专浇高台县属之，三清渠亦系一劳永逸之策，不无考虑之价值。

（三）开挖新渠之受益　新渠计划线系自沙河下游开引渠口，经永丰村跨越临泽渠至大湖湾与旧渠在下闸衔接，可以免除张家坝河水汛滥之害及沙河坝常年维持费用。

（四）小新渠水源问题　小新渠位于沙河及回回沟下游，时常干涸，回回沟水于灌溉时期上游各渠截用无余，上述两水均难利用常期灌溉，故其水源仍须依赖旧渠，黑河之水是以修复旧渠，实属必要。

（五）新渠应用时期　按新渠工程计有土方十一万公方、倒虹吸管一道、渡槽一个、座桥二座，估计建筑时间至少需时四五个月，当兹春耕在即，需水孔殷之际，似非先修葺旧渠以济眉急不可。

（六）按上述诸项研讨新渠固可开引，旧渠亦不容废置，修复旧渠以资灌溉小新渠田亩，而救三清渠春耕眉急，实属刻不容缓之图，如果三清渠民众之请求另开新渠，当局认为亦属必要，不妨同时并举，如何之处幸□□□。

四、修复旧渠工程方面之商榷

查旧渠冲毁地带方依暖泉村耕地，右□黑河主流，河水汹涌、势□浩大，冲刷堤岸良田，时常坍塌，修复计划拟分两种，敬备裁夺。

（甲）临时性　开挖渠道四百公尺，估计需款七万七千五百元，此项款额无多，拟由本年度转款拨修。

（乙）永久性（一）　为避免该渠将木槽被冲断，并防止河流冲刷岸边良田，计拟除开挖渠道外，另筑挑水坝一座，以固渠道而保良田，此项计划估计需款一千一百零七万七千五百元，因工程浩大，需款甚巨，拟请贷款兴办。

（丙）永久性（二）　开引新渠如蒙核定，则自张家坝渠道冲毁地段之西端（见地形图□点）至沙河坝（见地形图□点），可将旧渠比降改小，专灌小新渠耕地，水量亦足敷用，果□则挑水坝工程即可免去，以省工□，此项计划需款三万一千七百一十八元八角。

五、开引新渠工程方面之商榷

开挖新渠工程，如按旧式渠道，建筑物多因陋就简，而不顾及常年维持消耗，则工程费用与新式渠道之永久性建筑相较出入颇大，□分别拟就计划，敬备采择。

（甲）临时性　此项工程计占地二〇田亩，渠道土方一二万公方，渡槽一座、牛车木桥两座、倒虹吸管一座，共计需款八百三十万元。

（乙）永久性　此项工程除包括甲项计划所有工程外，另筑渠口道水墙溢水道及回回沟渠水渡桥各一座，共计需款一千一百一十万元。

所拟上述两种计划需款均多，拟请贷款兴办，以收轻而易举之效。

六、三清渠临泽渠并一干渠之旧议

查三清渠如沿用旧道，永久性之修复工程费用浩大，而开引新渠之必要工程，仅倒虹吸管一项，亦需款二百余万元，更无论其他渠道土方及渡槽、便桥等，兹就工程经济及时间着想，莫若使三清、临泽两渠并一干道，即将临泽渠自渠口至家刘湾一段渠道扩大加宽，以足敷两渠灌溉需水流量为度，而在刘家湾左近设分水口，下□分三清渠，仅需开挖渠道两公里，便可与旧渠衔接，此项工程简易，两渠渠民合力修养，方合经济原则，爰拟就估价以供核阅，惟此项办法加诸素有隔阂之两县渠民，是否能化除成见，通力合作，抑由省府派专人管理，均系行政问题。负技术方面责任，未便赘陈，究应如何，均请行政当局采择定夺。

高台县长就三清渠赔付事宜及请求协助事给临泽县长的公函

1944 年 4 月 27 日　　张 3-46

高台县政府建卯字第 261 号

函请速将三清渠所需民田价格分别核减，并希转饬各业主先让开渠由：

查本渠三清渠开渠所需民田，业经函请惠予公平估价，并饬该渠代表王三重等前往听候裁示在案，兹据该渠公民鲍鸿章等呈称“略以该渠复经水利林牧公司工程师勘测，实需民田贰拾亩，内有耕地壹拾贰亩，□地捌亩，该地业主每亩讨价捌仟元，荷蒙临泽马县长评作陆仟元，□以本渠地瘠民贫，以此拾余万元之巨款，实属无力负荷，用特呈恳钧座设法维持，函请贵府按照上地优劣，酌予核减，并将地价优容分期清交，以示体恤”等情。据此，查该渠需水非常急迫，修浚工程势难延缓，除令饬该渠公民提前筹备叁万元尽先交付外，相应函请贵府优容协助，请将该项地价分别核定，以资筹措，将来如有拖欠地价，由本府负责清交，务希转饬各该渠业主先让开渠，以维水利。倘再有阻难情事，务请严予制止，至深企盼，仍希见覆，实纫公谊。此致临泽县政府马县长。

县长丁作能

处理意见：

根据临高两县代表呈称备查呈文函复

五月五日（印）

临泽县长就三清渠施工无碍事给高台县政府的公函

1944 年 5 月 18 日　　张 3-46

临泽县政府建辰字第 353 号

为函复三清渠已施工多日并无阻碍，请查照由：

案准贵府建卯字第二六一号公函“为函请速将三清渠所需民田价格分别核减，并希转另各业主先让开渠”等由，准此。查该渠已施工多日，并无阻碍情事，所嘱核减地价一节，本府前据与该渠代表鲍鸿章等呈称“呈字据人高台县三清渠代表，入原文，字据是实”等情据此，并三面商榷妥善，立有字据，未便受更，兹准前由，相应函覆贵府查照，并转另三清渠渠众如期交纳地价，以资动工，两利水政，实纫公谊。此致高台县政府。

县长马

五月十三日（印）

站南岔首领赵开库等就高家仰沟民高维朋等抗违水差款项事给常明乡长的呈文

1947年1月　　张2-416

呈为抗违水差款项、破坏规章，请乞钧鉴作主，俯准提案，从公裁判，追回水差款麦，以儆抗违而维水利事：

情因站南岔高家仰沟，历年以来，渠口只以在敝站南岔所入，每年灌田三百零二亩八分，本年差款每亩分派，该田应出差款四百二十万零八千九百六十元，每亩应出小麦二合□出小麦六斗五升六合，抗定不出。且该民高维朋、高维元、高明喜、高三喜每年使水，并不上坝支夫，只出差额，照纳年久。惟今年该民等抗不出纳，破坏渠规，若不呈请究办，非将水规破坏不可。为此呈请钧鉴作主，准予提案，从公裁判，追出差款，及□□而维渠规，俾免破坏，实为公便。谨呈常明乡公所乡长盛、王。

原呈人站南岔首领　赵开库（印）

赵骏业（印）

赵延瑞（印）

被呈人高家仰沟民　高维朋　高维元

高明喜　高三喜

高占荣

民国三十七年元月

乐善保水利人员殷廷选等就顾家保民盛希明等妨害水利事给常明乡长的呈文

1947年6月　　张2-416

钧座作主，俯准依法严惩，以兴水利，而免效尤事：

窃因本保渠规历年以来，与渠民夫八三名，以三十天为期。每日闻锣声入沟，至暮点名散工，兴起兴落，踊跃齐集，并无迟到早退，延玩耽误。所以水旱均匀，亦无干旱之患，五谷丰收，万民乐业。近年以来人心不故，富豪殷实之家，贪图便宜，奸猾流离之徒，希图得资生活，不以渠规为重，与渠有益，延玩抗违，兴渠不到，妨害水利。职现负水利之责，疏通水道。今春领夫兴渠，有本渠盛希明等仅误兴渠夫一百余天，职遂请正副保长及老首领齐集保公处，差保丁甲长找该误夫盛希明等来保，依渠规惩办。不意该希明等抗违不动，谣言惑众，不但捣乱渠规，并且藐视国法，因此情形，人人效尤，个个如此，职司永不聊生，危在此矣。职无法办理，孰将实情呈请钧座电鉴核夺，提案询问，严法惩办，以儆效尤，公私两便，实沾恩德无涯矣。谨呈高台县常明乡公所乡长盛、王。

原呈人乐善保水利人员　殷廷选（印）

殷培基（手印）

被呈人顾家保户民盛希明　王登云　石发华

乐善保户民许万生　殷三多　石松高

民国三十七年六月

乐善保水利人员殷廷选就乐善保民王治国强用公款偷押坝夫事给常明乡长的呈文

1947 年 7 月　　张 2–416

呈为呈请强使公款，偷押坝夫事：

缘因本保每年兴渠拦水，皆有领夫连首负责，所有误夫罚款，不能偷用购昧。今年领夫人王治国正值巡河时，作拦水圈，不意该治国，□心胆大，偷押坝夫四名，暗使国币二百万元，又使罚款六十万元，私心维己，不遵渠规，借公肥己，妨碍水利。坝夫罚以公塾公买柴草拦，不许私人动用。该治国不但强用公款，而且利口骂人，巧言祈办，欺压水利。如此刁民，不得不将实情呈报，钧座电鉴作主，判断屈伸，公私两便，实沾大德无极矣。谨呈高台县常明乡公所乡长王、盛。

原呈人　乐善保水利　殷廷选（印）

被呈人　乐善保户民　王治国

中华民国三十七年七月

定宁保户民就站南保派遣差役事给常明乡长的呈文

1947 年 9 月　　张 2–416

为报告事：

窃查定宁保户民张成干、张登仕、张万秀等三人情因马尾湖水库民夫，民等前已有定宁保保长派给民各十五天，速即前往水库工作完竣。不料日昨，又站南保派给民，民夫十天，闻命之下，如雷贯耳，虽云工作系按地亩，但民等粮赋前呈高台县田赋粮食管理处，经核准将民等赋额拨归定宁保□，有差役，随粮应纳，刻下即如公令弗许，民等亦不能两保工作。兹因催促紧急，惟忽累害小民，贻误工作，命令得具文报，请钧座鉴核准予，将站南保长传所，秉公派使，以昭工作公允，实沾德便。谨呈常明乡乡长盛。

定宁保户民　张成干（印）　张登仕（印）

张万秀（手印）

站南保保长徐长尊

民国三十七年九月

第四保民张成干就保民张成玉抗违差役事给常明乡长的呈文

1947 年 10 月　　张 2-416

为心怀不良、抗违水库民夫事：

窃查第四保户民张成玉，今岁本保共粮时，该民张成玉本粮一石一斗五升，民等号车内仅有差役，保长按号车头叫使。兹值天气渐寒，水库工程紧急，主保长派来车夫一次，不料刁民满口支吾，无故抗违不动，实因无法叫使，只得将实情报请，钧座电鉴作主，准予提案讯究，以利工程，实沾德便。谨呈常明乡乡长盛。

原呈人第四保民　张成干

被呈人第四保民　张成玉

民国三十七年十月

黑众保民任昌就担保杨登林差役事给常明乡长的呈文

1947 年 10 月 15 日　　张 2-416

具保条人黑众保户民任昌今保到：

乡长案下，情因有第九保户民杨登林误水库夫四天，羁押乡公所，民愿保外。限农历九月十六日到水库工作八天，若有再误情事，为保人负责具保条是实。谨呈乡长盛。

具保条人　任昌

被保人　杨登林

十月十五日

乐善保民张殿英就刁民盛建钧抗违差役事给常明乡长的报告

1947 年 10 月　　张 2-416

报告人常明乡乐善保公民张殿英，为顾夫未到，刁徒拐迫事：

情因水库出夫，本村□议，三人顾夫一名公民，顾本村□民盛建钧与水库作工一月，保甲开会，言定一月出小麦六老斗，即刻交过。常余又装去麦子老斗一斗或升，刁民误下夫名数天，乡丁紧此找他，抗违不补。支夫之时，拿公民铁铣一张讨要，不于民给，公民受害。只得具文谨呈乡公所乡长案下，电情作主，提案究办，以补夫丁，公民沾恩无量矣。常明乡公所乡长王，盛。

原呈人乐善保公民　张殿英（印）

误夫人本村刁民　盛建钧

证人本保现在保长　盛三清（印）

民国三十七年十月

乐善保长盛三清等就刁民延误夫丁事给常明乡长的公禀

1947 年 10 月　　张 2-416

具公禀人乐善保农官殷培基，保长盛三清、许正基，总甲殷廷选，为渠沿不坚，刁民无耻，久误夫丁事：

情因本府渠沿不大坚固，河水流南岸常拉渠沿，若到冻河之时，水高扯破渠沿，水奔别方田，产兴词告状，农官受害。本村上庙□议，起夫丁补修渠沿，有无耻刁民，久误夫丁出于习惯，每年如此补修渠沿，不得坚固，只得具文呈请常明乡乡长案下，电情作主，以沿刁民严惩理渠规，公民沾恩无量矣。常明乡公所乡长盛。

具公禀人常明乡乐善保　保长盛三清（印）

农官殷培基（印）

许正基（印）

总甲殷廷选（印）

民国三十七年十月

九乡农民就南岔渠权当国等私开渠口浇水事给李区长的呈文

1947 年 7 月　　张 2-416

李区长：

前次在本乡召集八、九、十、十（一）十二五乡的农会干部、水利干部开会决议，丰稔渠开口后，先让渠号下灌溉。当会，经大众决定浇坏地、杂田，其余一概不许灌溉。但是此次开口□，因水势很大，其别各号，均依水利照规则，一律未开洞口，但该号农民不但将坏地、杂田中麦子浇完，已将站南岔渠浇田禾（闫家碱地）一百零一亩，也已浇过，并将多余水量放沟淹路，经我乡着干部前往巡察，各荒滩都有汪水，各沟都蓄大量水分，并将站家渠已装满。我乡巡察人员说各处调查结果，有意放水者权当国、丁才伦、王加禄、汪大义等，二十七道沟都已装满。现在他们田禾已经浇清，并将看住沟沿涨□，我乡前次未浇过的田禾很多，此次未开的洞口很少，所浇田禾尾数不多，有多数黄水麦子和□田□未浇，现在天气这样大热，浇过日子又久，再不设法补设，田禾就有旱死危险，望区长设法解决。

此致

敬礼

九乡农民呈谨

站南保民方守安就安定保民张登仕等不修高桥事给常明乡长的呈文

1948 年 6 月 19 日　　张 2-420

呈为高桥破坏、渠水横溢、交通闭塞、恳乞传案讯究，修搭高桥以利交通由为报告事：

窃查常明乡安定保户民张登仕、张登云、张成贵、张登壁、张登朝、张礼贤等，因有张家沟高桥破坏，渠水大流，沟沿拉破，水淹田苗，伤害甚多。尤其交通阻碍不便，东西车辆来往不能行走，以致交通闭塞，累催该民搭桥置之不理，将张家汉高桥破坏日久，迄今半载未曾修理，阻碍交通，无法忍奈，只得备文呈报钧座，电情作主，传案讯究，即逗搭高桥车辆来往行走，实为公便。谨呈高台县常明乡乡长王/盛。

具报告人站南保户民　方守安

被报人　安定保户民

张登仕　张登朝　张成贵

张登壁　张登云　张礼贤

民国三十七年六月十九日

处理意见：

此案限五日内将桥搭起。

七月十七日

甘肃省政府就三清渠迅速决案事给高临两县的训令

1939 年 9 月 30 日　　张 3-31

建字第 2050 号

据三清渠公民鲍鸿章等，呈以渠害奇重、恳速决案、以维民艰一案，仰遵令分别遵办由：

案据“高台县三清渠公民鲍鸿章等□□□□□□[①]以维民艰”等情。查该渠水利纠纷，争讼多年，未能□□□□□□县政府偏重，各该县地方立言，无公正妥商所致，兹拟定具体办法于下：

临泽渠入水口一段，渠身南侵三清渠北堤，时被冲刷，应责令临泽县政府，饬令临泽渠民，限期将该渠渠身修归故道。

沙河山洪暴发时，每冲断三清、临泽两渠，该两县原规定于每年第一次冲断时，该两县政府各给临泽渠民制钱一十五串文作补助费，后来如再冲断，各修各渠，□□□□□□费。此项原案，暂应由该两县政府严厉执行，违□□□□□□经查明，惟该县长是问。

三清渠通小新渠之上下闸，□□□□□□为一丈，闸底挖深五寸，以畅水流，并照原规定日期□□放水灌溉，此项放宽□□□工程，应由甘新公路督办公署派员办理，以免□□□□□□呈前情，除批示并分令外，合行抄发原呈，令仰分别遵照办理由。附抄件。

主席　朱绍良

建设厅厅长　李世军

民国二十八年九月三十日

---

① 编者按：此处原文档漫漶，不可识。

甘肃省政府就三清渠迅速决案事给甘新公路督办公署的训令

1939 年 9 月 30 日　　张 3–31

建二申字第 2050 号

令甘新公路督办公署：

案“据高台县三清渠公民鲍鸿章等，呈以渠害奇重、恳速决案，以维民艰”等情。查该渠水利纠纷，争讼多年未能解决者，均由临泽、高台两县政府偏重各该县地方立言，无公正妥商所致，兹拟定具体办法于下：

临泽渠入水口一段，渠身南侵三清渠北堤，时被冲刷，应责令临泽县政府，饬令临泽渠民，限期将该渠渠身修归故道。

沙河山洪暴发时，每冲断三清、临泽两渠，该两县原规定于每年第一次冲断时，该两县政府各给临泽渠民制钱一十五串文作补助费，后来如再冲断，各修各渠，两不相阻，亦不得借端互索他费。此项原案，暂应由该两县政府严厉执行，违者即予严惩。倘有纵情事，一经查明，惟该县长是问。

三清渠通小新渠之上下闸，应将闸门放宽为一丈，闸底挖深五寸，以畅水流，并照原规定日期分别放水灌溉，此项放宽及挖深工程，应由甘新公路督办公署派员办理，以免发生事端。据呈前情，除批示并分令外，合行抄发原呈，令仰分别遵照办理具报。此令。附原件。

主席　朱绍良

建设厅厅长　李世军

高台三清渠民众代表王三重等就临泽渠民渠害奇重并请迅速决案事给甘肃省主席的呈文

1939 年　　张 3–31

呈为呈复渠害奇重、民不堪命、恳祈鉴核恩准、迅速决案、以资顺流，而维民艰事：

窃我高台县三清渠，历受临泽县渠民苛索各害，早已呈请钧座，查办在案。迄蒙派委履境勘查，害情属实，转报核夺，迄今数载未得结果。讵料该县人民欲壑大开、贪婪无厌，反以变本加厉、施毒更甚。如今岁迭遭苛扰，实难枚举，以致职渠人民无所措手，田苗旱枯，不惟国赋攸关，而且民食失望，即如倒悬之苦。若不呈请究办，则职渠难免立成赤野，势必流离。再四图维，惟有哀哀复恳钧座电鉴，垂怜灾黎，恳乞迅速决案，以资畅流，而顺与情，则职渠人民均沾再造之德。谨呈甘肃省政府主席朱。

高台县三清渠公民　王三重　郭复业　陈积寿

鲍鸿章　王福安　葛尚贤

王维杰　苗生美　李生隆

张开孔　张得明

甘新公路督办公署就旅长马继融主持三清渠闸门放宽事的训令

1940 年 3 月 11 日　　张 3-31

字第 584 号

为派一百师旅长马继融前往主持三清渠闸门放宽等工程，仰转饬遵照，静行听候由。

二十九年三月十一日

处理意见：

请马子良先生来府一阅，转知有关人员知照为要。

甘新公路督办公署就旅长马继融主持三清渠闸门放宽事给临泽县长的训令

1939 年 10 月 23 日　　张 3-31

字第 12 号

令临泽县县长王存德：

案奉甘肃省政府二十八年九月三十日建二申字第 2050 号训令，以据三清渠公民鲍鸿章等呈以渠害奇重恳迅决案以维民艰一案，尾开“此项放宽及挖深工程，应由甘新公路督办公署派员工办理，以免发生事端”等因，除派一百师三百旅旅长马继融即赴该处主持办理并分令外，合亟令仰该县长遵照，并转饬有关人民一体遵照，静行听候为要。此令。

中华民国二十八年十月二十三日

附抄发原令一件。

督办□□□

甘肃省政府就三清渠纠纷处理情形事给临泽县政府的指令

1940 年 5 月 3 日　　张 3-31

建二辰字第 1778 号

据呈转临泽、小新两渠渠众马永保等，呈复与三清渠纠纷情形，请鉴核派员查勘一案，指令仍遵前令办理具报由：

本年四月五日呈一件，为据临泽、小新两渠渠众马永保等呈“复与三清渠纠纷情形，转请鉴核，派员查勘由”呈悉，查该县临，小新与高台三清渠水利纠纷一案，叠据呈请，各执一词，经派员履境查勘，当即参照屡次查后报告，决定公平处理办法，乃该县渠民又复另生异议，核其所称，仍执私见，实属不顾大体，估念无知，从宽免究，仰即确遵建二申字第二〇五〇号训令，指示各点切实办理，倘再抗违，定予严惩，并将办理情形具报为要。此令。

主席　朱绍良

建设厅厅长　李世军

旅长马继融等就三清渠放宽挖深事给一百师长的呈文

1940 年 4 月 23 日　　张 3-31

本府/部会呈字第 348 号

本年三月十日，县长世增奉甘新公路督办公署二十八年十月二十三第十二号训令“饬知关于放宽及挖深工程，派百师三百旅旅长马继融主持办理，附抄发原令，令仰遵照”等因，旅长继。于本年三月十日，奉钧部参字第五号训令“以奉甘新公路督办公署先后令饬遵办具报”等因，旅长继融遵即委派本部副旅长马继□、县长世增，遵即委派职员候顺，于本月十日会同驰往临泽，会同临泽县府委员杨建邦，齐赴小新渠，渠闸底挖深五寸，并饬照规定日期，分别放水讫。所有会同派员，督视将三清渠通小新渠之上下闸门放宽，并将闸底挖深情形，除分呈外，理合会□具文呈报钧部鉴核，转报再查。本件由高台县府主稿合并呈明。谨呈陆军第一百师司令部师长韩。

旅长马、县长陈、县长王

中华民国二十九年四月二十三日

临泽县长等就三清渠纠纷解决情形给甘肃省主席的呈文

1940 年 4 月 5 日　　张 3-31

案查前奉第 308 号

钧府建二申字第二零五零号训令“案据高台县三清渠公民鲍鸿章等呈以渠害奇重入令，此令”等因，附抄件。本□县长，遵即会饬临泽、小新两渠渠众即将水利纠纷情形，切实分贝遵办查复。并据临泽渠公民马永保、马善龄、赵毓琨、赵国璧、刘□元、贺凤仪、□毓锦、康正中、刘光保、鲁□敬、王作仁、刘万利等呈称□□□□□□[①]等呈称“为呈复据情转呈等入呈，谨呈各”等情。据此□复查各异，理合据情，一并具文转呈钧府电鉴核办，俯准派员勘查，以息□端，而顺兴情，实为公便。谨呈甘肃省政府主席朱。

代理临泽县县长王□□、第一科科长□□□

民国二十九年四月五日

临泽县长就水利纠纷切实遵办事给临泽渠小新渠众的训令

1939 年 10 月　　张 3-31

第 458 号

令临泽渠、小新渠（上、下）渠众：

案奉甘肃省政府建二申字第二零五零号训令“案据高台县入另，此令”等因，附抄件。

---

① 编者按：此处原文档漫漶，不可识。

至此，随分令外，合亟照抄原件，令仰该渠甲头人遵照训令，即将水利纠纷情形，切实分别遵办，以免发生事端，仍将办理情形，呈报函府，以凭具报，为要。此令。附抄件一份。

县长王□□

民国二十八年十月

处理意见：

遵照训令即将水利纠纷情形切实办理具报。

县长王

十月十五日

临泽县长就临泽小新两渠与三清渠纠纷遵照实行事给临泽小新渠众的训令

1940 年 5 月 21 日　　张 3-31

第 423 号

令遵照临泽、小新两渠与三清渠纠纷情形，查照前令办理由：

令临泽、小新渠渠众马永保等、赵延祥等：

案查前呈转临泽、小新两渠□□渠堤，应受三清渠冲崩，各情形请鉴核一案，兹奉甘肃省政府建二辰字第一七七八号指令“呈悉，入令，此令”等因，至此，随分□外，合亟令仰该渠□□□□□□[①]此令。

县长　王□□

科长　□□□代行

中华民国二十九年五月二十一日

甘肃省政府就三清渠新渠线勘测情形事给临泽县政府的批示

1945 年 9 月 1 日　　张 3-53

甘肃省政府教建申字第 6005 号

据三清渠工程处电呈，该渠新线占用勘测情形，并请按实在情况核定价一案，令仰遵照由：

案据三清渠工程处处长崔崇桂（34）午冬代电称“查准高台县政府，函转临泽县蓼泉镇第九保户民刘宗典等呈称‘三清渠开辟新线，偷挖该村佑善观学田一案，嘱查见覆’等由，准此除函复外，业已工（34）巳字第五九号艳代电，呈请核示在案，同时并以工（34）巳字第五四号函，致临泽田赋粮食管理处，请其通知该民等前来查明□□，并嘱派员携带地图来处会办。去后，兹准函□该处□□员鲁□德携带图□来处，当经传集该村户民同场履□勘测，方悉该民等所指学田，悉属多年荒地，既无生产收益，又乏阡

---

① 编者按：此处原文档漫漶，不可识。

陌可凭……①界线，自应测算其亩数。惟查三清渠新线占用民田□，上年业蒙钧座委派六区何专员前来主持，双方书立合同，切结规定渠占地亩，按照科则等级给付实物一等一则，每亩七石五斗一等二则，七石至三等三则，每则小五斗为□减之标准，是项学田向系垦荒在求情由，土地以前并无任何负担情由，以后定为一等二则。因其地位置临泽渠颌下通，以临泽渠堤崩溃，该地灌溉水道被洪冲断，地界亦淹没不清，该民等亦再未加修复，以致荒废多年，无人开殖，今□其地为渠线所过，且列为一等二则，每亩可获七石实物，遂起而纷争，希图取得昂价。此种废地若以一等二则付价，似觉过高，惟事涉学产，又未便意为低昂，敬特沥陈实在情形，电请钧鉴俯准核定，并祈示遵为祷”等情，据此除指令外，合行令仰该县长遵照，会同高台丁县长勘查原委，绘图□说，详细会报，以凭核办为要。

主席　谷正伦

建设厅厅长　张心一

处理意见：

（本月廿六日）函高台丁县长会勘。

治安

九月廿三日

临泽县政府就三清渠新渠线勘测情形事给高台县政府的公函

1945 年 9 月 13 日　　张 3-53

临泽县政府建（34）申字 2039 号

函请会勘三清渠占用佑善观学田一案由：

案奉甘肃省政府建二水（卅四）申字第 6005 号训令，以据三清渠工程处处长崔崇桂午冬代电称“三清渠开辟新线，占用佑善观学田，偿付地价以一等二则，每亩获七市石实物之数，惟查该学田系属多年荒地，无生产收益，又乏阡陌可凭，以荒废多年，无人开垦之地，获得此种昂价，似觉过高，惟事涉学田，又未便意为低昂，电请核实示遵等情，除指令外，合行令仰该县长遵照，会同高台丁县长勘查原委，绘图贴说，详细会报，以凭核办”等因，奉此相应，函请贵县长查照，于本月廿六日驾临本县会勘，并希见覆为荷。

高台县三清渠工程处长给就催交刘光仁等停工损失费一事给临泽县政府的公函

1945 年 10 月 14 日　　张 3-53

三清渠工程处工（34）酉字第 82 号

为请饬催刘光仁等，将阻挠工程停工损失费迅予照交，以备雇工看守各建筑物由：

查本年五月二十一日，刘家沟湾人民刘光仁等行凶作梗，迫令工人停工一天，计损失

① 编者按：原文件于此残缺一行。

为国币七万五千元，应由该刘光仁等赔偿一案。当于同月二十五日函达贵府，请其转饬知照在案。现已数月，本处不已，亦将工作完结，请再速催该刘光仁等即将上项损失照交，以便本处雇觅看守各建筑物工人之用，是为至要，此致临泽黄县长。

兼三清渠工程处长崔崇桂

处理意见：

核办并复。

治安

十月十六日

蓼泉镇保民刘光道就开渠强占湖地损人利己事给临泽县政府的呈文

1945 年 9 月　　张 3–53

具呈蓼泉镇第九保民刘光道为强占湖地，以开道路，损人利己事：

情因近有三清渠经村开渠一道，所有本村前测地亩已让该渠凿开水道，不幸近来，该渠民众由民湖边强开道路，依众欺寡，恃强欺弱，实难阻挡，迫于无奈，只得将情呈明县长□案电鉴作主，传案讯究，以维产权，而恤民生。谨呈临泽县政府县长黄。

原呈　刘光道（印）

被呈　三清渠

中华民国三十四年九月

处理意见：

存。

治安

九月十八日

甘肃省政府就三清渠占用地亩款项如数发给事给临泽县政府的指令

1945 年 9 月 21 日　　张 3–53

甘肃省政府建二水（34）申字第 6374 号

据呈赍三清渠新线占用地亩、不敷价款、已如数发给各户数额表，准备查由

本年九月财□建（34）申字一九零九号呈一件。呈为“高台县府函送三清渠新线占用地亩，不敷价款一十七万一千六百四十九元七角三分，已如数发给各农户，请核备由”呈件均悉，准予备查。此令。

主席　谷正伦

建设厅厅长　张心一

处理意见：

存备。

治安

十月七日

临泽县长就饬令三清渠占地付价事给高台县政府的公函

1945年5月11日　　张3-53

临泽县政府建（34）辰字第527号

为据情令，饬三清渠按照实占地付价由：

本年五月二日，案据蓼泉镇第九保户民刘光仁等呈称“窃查高台三清渠入原文谨呈”等情，据此相应据情，函请贵府查照办理，以恤民情，并希见复为荷。此致高台县政府。

县长黄（印）

五月八日

崔崇桂就临泽县民妨碍工程事给临泽县长的信件

1945年10月1日　　张3-53

治安县长我兄勋鉴：

计隔芝颜，瞬又两月，际此深秋，弥□渴想，以职责之攸关，致咫尺而永阂。敝处工程快将就绪，乃贵治临泽渠水尤见加大，满而必溢，竟退泄于敝处新渠线内，淹工溃堤，影响殊巨。查现时五谷登收，灌溉少需，乃该渠人民意图破坏敝处工进，明阻之不能，而暗害之。自以地居优越上游，遂不惜自居其易，而予人以至危。施暗箭之毒，谓之不义，破已成之功，谓之不仁，况睦友恤邻，惠而不费，古人誉之为君子。自由之界线，以不妨害他人自由为范围，该民等只知有己，不知有人，所谓利己利人，互惠互助之精神，又将安在？现时敝处新渠被冲，缺口又将合拢，请令临泽渠管水头人，对于渠水引进，适可而止，毋再借自由之口，实泄余水于未成工地，以邻为壑。在该民等不过一见之偏，在敝处即受较大之损。吾兄纯性天成，热心工务，倘能对此而加之意，则弟即可少吃无味之气，恻隐之心，天鉴在兹，吾兄其注及之耳。敝处放水典礼约在念日以前，至时倘主席能来，尚须吾兄以臂助之也，此奉干并讼致安。

弟崔崇桂手上

十月一日

处理意见：

建科核办并复。

治安

十月二日

三清渠工程处就查照断绝交通事给临泽县政府的公函

1945 年 6 月 28 日　　张 3-53

高台县三清渠工（34）巳字第 56 号

为函复刘光联呈报断绝交通一案，并请抄送何专员定案一份，以凭照办由：

本年六月六日案准贵府建（34）巳字第八四二号大函，以据贵县蓼泉镇第九保户民刘光联呈称“三清渠新线由该民车道经过，挖断交通，有碍农业，应依何专员定案，遇路搭桥、遇沟架槽”等情一案，经查系属实情，嘱查照办理，见覆等由准此。查本处开辟三清渠新线，凡关应用之道路沟渠，均为相度地，宜尽量疏通，并未有断绝交通之事实。至该民所称何专员定案，遇路搭桥，遇渠架槽一节，查合同切结中并无此种规定，无从查考，希将是项，定案抄送过处，以凭参酌，至希见覆为荷。此致临泽县政府。

兼处长崔崇桂（印）

处理意见：

查案函复。

临泽县长就断绝交通事给三清渠工程处的公函

1945 年 7 月 5 日　　张 3-53

临泽县政府建（34）午字

函复断绝交通一案请惠办由：

案准贵工（34）巳字第五六号公函“为三清渠新辟渠线占用地段，遇路搭桥、遇水架槽一节，合同切结，无此规定”等由，准此查何专员定案，固无此项规定，但若有断路或绝渠情事，以情理各方论，似当予以不阻挠民生为原则，而资不累民生，亟准交由相应复请查照，惠办为荷，此致三清渠工程处。

县长黄

处理意见：

此件斟酌妥善再核□□。

七月七日

三清渠工程处就渠道占用民地补偿办法事给临泽县政府的公函

1945 年 8 月 13 日　　张 3-53

三清渠工程处工（34）未字第 72 号

函复便渠占用民地补偿办法请饬遵由：

本年八月十日建（34）未字第一六六七号公函开“据蓼泉镇第九保业户刘光仁等联名呈请，对本处在临泽渠靠东开挖临时便渠，请照所损地亩赔偿损失一案”查此项便渠借用地亩，曾连同贵府派员到刘站长宗周勘定，只用刘光彬耕地一亩二分五厘，本年农作业已收完，将来便渠用毕填复时，仍将熟土覆盖其上，想不至影响下年耕种，为防备或有减少收益，着按该地科则等级折合收益为补偿一年损失，率以当地租例，已超至两年有余，谅不至再有亏及。地主之虞外，此尚有渠，占以外刘光谋之地五分四厘七毫，据称已成废地，请亦附卖，本处正在核算价额，间此外，再未占用任何民地。乃滋扰工程送请管押，省令严惩之，刘光仁替人出头，甘居状首，不但危言耸听，而且意图诈索，如原呈所称便渠填复后，十年内不得耕种及林木坟地均遭损毁等语，竟不知据何事实。查省府组织本处原为力取公道，民间虽有高临之分，省府绝无彼此之见，该民等之利害，本处当为顾及，何必葸葸过虑，意徒自扰，除刘光彬之赔偿费及刘光谋之地价另案办理外，特先函复请查照，饬遵为荷。此致临泽县黄县长。

处长崔崇桂

处理意见：

（一）所示办法极为公允，准予照办。

（二）所占便渠地与刘光仁无□□以无故滋事，应即押办。

治安

八月十四日

高台县长就渠线占用学田前往会勘事给临泽县政府的公函

1945年9月26日　　张3-53

高台县政府建（34）申字第2776号

函复会勘三清渠占用佑善观学田一案希查照由：

本月二十一日案准贵府建（34）申字第二〇三九号函开“奉省府建教建二水（34）申字第六〇〇五号训令，饬会勘查三清渠新线占用学田一案，嘱于本月二十六日莅地会勘”等由准此，除饬本府建设科长范立贤准时前往会勘外，相应复请查照为荷。此致临泽县政府。

县长丁作能

处理意见：

来员到县即会勘。

治安

九月卅日

临泽县长就临泽渠退泄渠水事给三清渠工程处的代电

1945年10月4日　　张3-53

临泽县政府建（34）酉字第2250号

三清渠工程处崔处长德庵兄勋鉴：

本月一日火函，敬悉临泽渠渠水□大泄退溃处新渠线内，影响工程，诚如来示，情殊可恶，已令饬该渠代表严加约束，特复查照为荷。

弟黄

建34酉齐印

临泽县长就临泽渠水势影响新渠工程事给临泽渠代表马永淘的训令

1945 年 10 月 8 日　　张 3-53

临泽县政府建（34）酉字第 2251 号

令临泽渠代表马永淘：

本年十月一日案准三清渠工程处崔处长函“以该处工程快将就绪，临泽渠水加大退泄于该处新渠线内，淹工溃堤，影响殊巨。现时五谷登收，灌溉已少，目下新渠被冲缺口又将合拢，请令临泽渠管水头人对于渠水引进适可而止，毋再泄余水，损害未成工之地”等由。准此查现时灌溉需水有限，放水退泄着即制止，毋再影响新渠工程进行，除函复外，合亟令仰该代表遵照办理为要。此令。

县长黄

临泽县长就新渠线占用学田进行赔付事给高台县政府的公函

1945 年 1 月 16 日　　张 3-53

临泽县政府财建（35）子字第 084 号

为函复三清渠新线占用湖荒学田，偿付小麦，业已列表册记清，请查照见复由：

案准贵县建（34）戌字第 3089 号函“为偿付三清渠新线占用湖荒学田，不敷八十九石九斗二升八合业已筹足，嘱请转发见覆”等由，准此查是项补偿，各户小麦已于卅四年十二月十日，令半仙县参议会高议长、青年团李主任召集各户□放清楚，除分呈外，相应检同偿付小麦清册一份，函请查照，见覆为荷。此致高台县政府。附送偿付小麦清册一份。

县长黄

高台三清渠工程处就归还刘光彬耕地事给临泽县政府的公函

1945 年 10 月 14 日　　张 3-53

三清渠工程处工（34）酉字第 84 号

查本处于本年八月，为镶临泽渠水渡槽及新三清渠水涵洞，开引临泽便渠，租借民人刘光彬耕地一亩二分五厘一案，前曾函达在案。现在涵洞、渡槽均已完成，便渠耕地已大平复，计共用两月。特函请贵府转饬该民将原地收回，备耕为荷。此致临泽县黄县长。

兼三清渠工程处长崔崇桂

处理意见：

转饬收回。

治安

十月十六日

高台县长就三清渠新开渠线具体赔付数目给临泽县政府的公函

1945 年 12 月 2 日　　张 3-53

高台县政府民财会建（34）亥字第 3343 号

查三清渠开辟新线，占用民田湖荒共地六十三亩二分零三毫，按照三十三年七月二十八日商订办法，共计偿付地价实物小麦三百二十四石七斗三升三合，连同占地损失赔偿小麦四石九斗四升三合，业经先后函送转发在案。兹查是项地亩田赋亟应报消，以免累民。兹缮列民田地价统计表一份，除呈报省政府核办外，相应检同一份随函送请，查照为荷。此致临泽县政府。附寄三清渠占用民田地价统计表一份。

县长丁作能

处理意见：

会同田粮处报省府请免田赋。

治安

十二月四日

临泽县长就新开渠所占耕地归还刘光彬事给刘光彬的通知

1945 年 10 月 12 日　　张 3-53

临泽县政府建（34）酉字第 2365 号

□知为准，三清渠函借该民耕地一亩二分五厘，现工程完成，将原地收回耕种由：

案准三清渠工程处函开“查本处—入原文—收回备耕”等由，准此合行□知该民速即收回耕地为要。此□，右□蓼泉镇第九保人民刘光彬。

县长黄

甘肃省政府河西水利专员办事处给临泽县政府的代电及临泽县政府的批示

1945 年 10 月 26 日　　张 3-53

河西水利办事处工字第 86 号

治安县长兄大鉴：

案据贵县小新渠代表罗兴德等呈报“渠被冲崩，请即饬修各”等情，经查崩溃工程浩大，而需水又复紧急，经回同六区王专员暨贵县长决定，小新渠渡槽以上工程较大，着由三清渠修筑，渡槽以下工程较小，由小新渠修筑，以期速成而顾用水。除分电高台丁县长外，请即饬催赶修，以顾本年秋冬用水为要。

弟崔崇桂（34）酉寝（印）

处理意见：

转饬小新渠代表遵办并复。

治安

十月廿六日

临泽县长就修筑冲破渠堤事给小新渠代表的训令

1945 年 10 月 30 日　　张 3–53

临泽县政府建（34）西字第 2446 号

令小新渠代表闫□理、李宗位、罗兴德：

案准甘肃省政府河西水利专员办事处工字第八六号寝代电开“案据贵县小新—入原文—以顾本年秋冬用水”等由。准此，除函复外，合照令仰该代表等遵照办理为要。此令。

县长黄

临泽渠水利委员魏毓志等就三清渠长速结坝口赔偿损失事给临泽县长的呈文

1945 年 10 月 26 日　　张 3–53

呈为屡决坝口，妨害水利事：

窃查高台三清渠渠长罗必行见渠水浩大，妨害下闸工程，于本月二十三日晚，率夫从该渠沙坝决断。该渠之水灌满民渠，无处排泄，俾民无法特恕，两渠之水合并，淹没县城，职责攸关，跟至刘家屯庄向崔处长、雷工程师报告，始将此水从王家长坝退去，水势不减，又从澄家坝退下，水势松懈。陷害民渠，挖断坝口，两道一旦堵结，耗费人力财大不下十万有余，况该渠本年夏秋两季在此坝退水，以为常事。正值堵御冬水之际，此坝口不结，民渠沙坝因之崩溃，天冷地冻，危险莫测。若冬水不灌，明年夏禾实难播种，田赋由何缴纳，是以据实呈明，伏乞钧座俯准，据情转函高台县府，令饬三清渠渠长罗必行速结坝口，赔偿损失，实沾德便，谨呈临泽县县长黄。

临泽渠水利委员魏毓志（印）、刘光联（印）

中华民国三十四年十月二十六日

处理意见：

核转高台县府饬办。

临泽县长就三清渠渠长罗必行速结坝口以利灌溉事给高台县政府的公函

1945 年 10 月 31 日　　张 3–53

临泽县政府建（34）西字第 2447 号

为函请转饬三清渠渠长罗必行速结坝口，以利灌溉由：

案据本县临泽渠水利专员魏毓志、刘光联呈称“窃查高台三清渠渠长罗必行，入原文，速结坝口，赔偿损失”等情到府，查该水利委员所称，各节属实，在柜应函请查照，转饬三清渠水利委员罗必行迅即堵结坝口，以利冬耕，并希见复为荷，此致高台县政府。

县长黄

高台县政府给临泽县政府的公函及临泽县政府的批示

1945年5月18日　　张3-53

高台县政府建（34）辰字第1348号

本年五月十四日案准贵府建（34）辰字第五二七号函“嘱令饬三清渠将占用刘家沟民田先行付价一案”等由，准此。查该渠占用民田部分，已商洽三清渠工程处崔处长就近测算，所需面积地亩，自应按上年会同订定办法处理，准函前由，相应覆请查照转知为荷。此致临泽县政府。

县长丁作能

处理意见：

查照并转饬知照。

五月廿二日

甘肃省河西水利专员崔崇桂就抄送三清渠切结事给临泽县政府的代电

1945年5月27日　　张3-53

河西水利专员办事处工字第35号

临泽县黄县长公鉴：

据贵县民人刘光仁等面称关于三清渠新线占用民地办法，上年六区何专员来时，曾订有合同切结，分送贵府备案。查此项切结，本处无案可查，请抄送一份，以资参考，如何希复为荷。

兼三清渠工程处长崔崇桂感（印）

处理意见：

查照抄送。

五月廿八日

高台县三清渠工程处长崔崇桂就开渠所占田亩地价事给临泽县政府的代电

1945年5月25日　　张3-53

高台县三清渠工程处工（34）辰字第30号

为洽定三清渠新线地价情形由：

临泽县黄县长公鉴：

查高台三清渠新线，及上年在张家坝旧渠另开各地价问题，经由本处于五月十四日电请省府，拟在工款内借垫若干，以利工进去后。兹奉主席建二水（34）辰马电示辰寒电悉“三清渠新线占用民地价，仰与临泽县府洽定，姑准先在工款内贷给三清渠人民支付，具报至上年张家坝占用民地价，并仰丁县长速责清结”等因。奉此，除张家坝部分已由本处电催高台丁县长速结外，所有新渠线地价本处为借垫一部分，惟此项价额是否已定有标准，所定果系实物，抑系币价，并以实物合价时，果按市价，抑按限价，本处均无从得知。希查明见覆，以备转知办理为盼。

兼高台三清渠工程处长崔崇桂（印）

处理意见：

查案函覆。

五月廿六日

高台县政府给临泽县政府的公函及临泽县政府的批示

1945 年 6 月　　张 3–53

高台县政府建（34）巳字第 1637 号

为据三清渠代表王三重呈缴上年修渠占用倪学儒等民田地价一十万零九千八百二十九元，随函送请查收转发，见覆凭转由：

案查前准贵府本年四月二十一日建财（34）卯字第二五二号函“嘱追交上年三清渠修复张家坝旧渠，占用倪学儒等民田地价一案，当经本府严饬该渠代表王三重等，从速筹款清结。去后，兹据呈报上年修复旧渠共占民田三十九亩七分七厘，每亩以六千元计，共计国币二十三万八千六百二十元，除已付讫一十二万八千八百元外，尚欠一一万零九千八百二十元，兹已如数筹足，并缮具付款清单一份，一并呈□□□转请核发”等情。据此，□□所称□□尚属相符，相应捡同原件及价一十万零九千八百二十元，随函一并送请查收，惠予转发各该地主，以清手续，并希见覆凭转为荷。此致临泽县政府。附送付款清单一纸国币一十万零九千八百二十元。

处理意见：

核收□应函复高台县府。

六月廿四日

款已如数收讫，□如何转发，应请建科核办。

六月廿五日

通知郭华堂等来府领□。

六月廿六日

高台县三清渠工程处长就三清渠占用新线湖荒田并偿付小麦事给临泽县政府的公函

1945 年 8 月 3 日　　张 3–53

三清渠工程处工（34）未字第 68 号

查本年六月二十六案准，贵府处田二籍（34）巳字第〇五三七号函开“以复据刘家沟湾户民刘宗鉴等呈称‘清渠开挖新线，占用临泽渠东佑善观学田，及临泽渠西刘光道等之湖地，漏未测量，嘱即补测’等由到处，自应照办，当经函准贵县田粮处，于六月三十日函派稽征员鲁立德携带图册来处，凭同各该地主会测结果，所有补测湖田、荒地，缮列清册，曾以工（34）午字第六三号函送贵县田粮处，查填科则等级。见覆去后，兹准田二籍午字第〇七六六号函送科则等级清册一份，并嘱补测倪兴珍等下闸附近渠占湖地，并合价造册见覆”等由。准此，查倪兴珍等所指界线，核与□图不符，故未施测，旋经派员详查据覆，□图虽有不符，该湖确在占用之列等语，本处应予补测，惟此次补测湖地荒地共为三十亩零五分八厘二毫，地价实物折合标准是否依照前案折算，抑另行核定，本处未便独裁，准函前由，除将倪兴珍之湖地另案办理外，相应函请卓裁，即希见覆为荷！此致，临泽县政府。

兼三清渠工程处长崔崇桂

处理意见：

核办。

治安

八月三日

临泽县政府就三清渠占用新线湖荒田并偿付小麦事给三清渠工程处和高台县政府的公函

1945年8月7日　　张3-53

临泽县政府建未字第1629号

为呈高台三清渠占用新线湖荒田，偿付小麦一案由：

案准贵处三清渠工程处本年八月三日工2349未字第六八号公函“略以三清渠新线占用民田，除倪兴珍等湖地与□图不符，应另案补测外，□此次补测湖田、荒地地价实物折合标准是否依照前案折算，抑另行核定，嘱查照见覆”等由。准此，查该处湖地、荒地均在地籍册内列为三等二则，而三清渠占用民地地价偿付标准曾于去年七月廿八日蒙何专员召集有关人等会商，决定在案，此项湖地、荒地拟仍照标准占用。民地地价□仍照前定标准计一等一则，每亩偿付地价小麦七市石五斗，并按偿付地价□依小麦时价，折合□额，偿付□□□定□□否□□相应查案抄□原偿付地价标准表一份，函请查照见复为荷。此致三清渠工程处、高台县政府。

临泽县第九保民刘光仁等就三清渠工程处赔偿损失事给临泽县政府的呈文

1945年8月　　张3-53

为呈请函转高台县转饬三清渠工程处赔偿损失，以维民生由：

为呈请事，顷据临泽渠代表马永淘、刘宗周等转知临泽县政府建午字第一五号训令内开“案准三清渠工程处代电，以在刘家沟湾临泽渠靠东开挖便渠，系临时措施，对于所损农作物，照收益情形，当以自予合理之补给，被挖地亩完工，即行填复，仍将熟土覆盖地面等由。准此，合亟令仰该代表等转知该渠民众勿加阻挠为要，此令”等因，奉此。查民等之农作物，即人民之生活工具，若挖掘成渠，十年以内不得耕种，况挖凿情形异常浩大，覆盖非易。今即用民等良田开辟便渠，先将所损亩数测量确定，然后照亩数赔偿三年收益，以维民生，而利开渠。若无确定赔偿，随便开挖，民等绝不认可，并有树木暨坟墓亦在线内，民等谨将损伤情形，具文呈请钧座电鉴，准予函转高台县，令饬三清渠赔偿损失，以维民生，是为德便。谨呈临泽县政府县长黄。

蓼泉镇第九保业户　刘光仁（印）　刘光孝（印）

刘南汉（印）　刘进业（印）

刘光品（印）　刘光彬（印）

民国三十四年八月

处理意见：

转函三清渠工程处查照见复。

治安

八月廿日

高台县长就迅修小鲁渠事给临泽县政府的某公函

时间不详　　张 3–53

……灾害①，上年本府发觉斯弊，当即洽商水利工作站等，筹拨工款三万四千四百元，并派工程师监修完竣。此项工程具有三十年不毁之坚固性，业经呈报省政府，核备有案，据呈前情，相应函请查照，即希迅饬小鲁渠负责修复，以免发生枝节，仍希见覆为荷。此致临泽县政府。

县长丁作能

高台县长就三清渠占用民田地价还款事给临泽县政府的公函

1945 年 6 月　　张 3–53

高台县政府建（34）巳字第 1711 号

本年五月二十六日案准三清渠工程处工（34）辰字第三二号函“以三清渠新县，占用民田地价，奉主席建二水（34）辰马电饬与贵府洽定，姑准先在工款内贷给三清渠人民，支付具报，嘱饬三清渠负责人员办理贷款手续，并将价款函送贵府转发”等由，准此，自应照办，当经令饬该渠代表王三重等从速办理去后，兹据该代表等呈“以业洽借国币四十万元，请转函贵府核发”等情。据此，相应检同是项国币四十万元，随函送请查收。按照上年商订原则，惠予先行转发其不敷之数，容饬续筹补送至祈，将发

① 编者按：此档案并不完整，应为某公函之一部分。

款情形随时见覆，以凭转报，实维公谊。此致临泽县政府。附送国币四十万元汇票一张。

县长丁作能

处理意见：

拟令临泽渠代表马永淘等转知业户刘光仁等，并由该代表负责造花名册具领□覆。

六月廿日

函高台县政府并水利专员及省政府。

高台县三清渠工程处长就新渠线占地成果填报实物价额事给临泽县政府的公函

1945年8月12日　　张3-53

三清渠工程处工（34）未字第71号

函复新渠线占用湖荒各地及补测倪兴珍湖地成果，请查照前函，填注实物价额，送处俾便，转饬筹款清付由：

案准贵府本年八月七日（34）未字第一六二九号公函略开“三清渠新线占用湖地、荒地，拟照标准依小麦时价，折合金额偿付，以付定章，请查照见复”等因，准此，查此案已于同日，以工未字第七〇号，连同补测倪兴珍湖地成果列册，函请贵府填注实物价额送处，俾便转饬筹款清付在案，兹准前因，相应函复查照。此致临泽县政府黄县长。

处长崔崇桂

处理意见：

核办。

治安

八月十四日

高台县三清渠工程处长就补测地亩核送实物地价表给临泽县政府的公函

1945年8月8日　　张3-53

三清渠工程处工（34）未字第70号

为函送先后补测地亩及地价实物计算表一份，希查照填注实物折价标准由：

查本年七月三十日案准贵县田赋粮食管理处田二籍午字第〇七六六号函，送补测湖田、荒地科则等级清册一份，并丘亩明细表一份，嘱补测倪兴珍等湖地一案。查关于是项地价实物折价标准，业经函请商酌在案。所有渠占倪兴珍等之湖地，昨经本处测算就绪，兹将前后补测亩数，连同地价实物数字，缮列计算表一份，相应随函送请查照，即希填注实物价额，送还来处，俾便饬筹款资，以清手续为荷。此致临泽县政府黄县长。附寄地亩实物计算表一份。

兼三清渠工程处长崔崇桂（印）

处理意见：

核填并复。

治安

八月八日

高台县长就三清渠线占用地价实物折合金额标准事给临泽县政府的公函

1945 年 8 月 16 日　　张 3–53

高台县政府建（34）未字第 2361 号

为函复三清渠新线占用地价，实物折合金额标准，希查照办理由：

本月四日案准贵府秘财建（34）未字第一六二九号函“以三清渠开辟新线占用湖田、荒地价格，拟按照前会商决定地价实物标准，以小麦时价，折合金额偿付，嘱查照见覆”等由，本府至表同意，相应复请查照为荷。此致临泽县政府。

县长丁作能

处理意见：

计算偿付地价数函请□□。

代

八月廿日

甘肃省政府就施行水利纠纷处理意见事给临泽县政府的代电

日期不详　　张 3–53

……[①]团机关各劝本县人民，应以共存共荣精神，合作互助，不得再有仇视态度，所有职会同解决此案纠纷，及制止以后纠纷各意见，是否有当，伏乞备采，分令施行”等情，经核所拟解决各该渠水利纠纷意见，尚属可行，应即施行。除分电，并将第一项电水利林牧公司办理分布遵照办理具报。甘肃省政府建二水未灰印。

处理意见：

拟布告并函县参会及党团查照并将已经修复橙槽情形具报。

治安

八月廿八日

① 编者按：本档案前部残缺，应为某代电之一部分，从落款推测，似为甘肃省政府给临泽县政府的代电。

临泽县长就速付新渠线占用土地折合金额事给高台县政府的公函

1945 年 8 月 29 日　　张 3－53

临泽县政府建财（34）未字第 1848 号

函请速汇付三清渠占用学田等地价，以便转发由：

本月十八日准贵府建（34）未字第二三六一号函复“三清渠新线占用地价，实物折合金额标准至表同意”等由，兹按照三清渠工程处补测开辟渠线占用湖荒及学田地价计算表，合计小麦一百五十八石三斗九升，共计折合金额九十三万七千六百六十八元八角，相应函请查照汇付，以便转发为荷。此致高台县政府。

县长黄

临泽县长就切实遵照水利纠纷办法事给小鲁渠渠长的训令

1946 年 6 月 15 日　　张 3－53

令小鲁渠渠长：

案准高台县政府建（32）辰字第 661 号公函内开“入原文”等由，附照抄省府代电一份，准此，合行照抄原电，令仰该渠长切实遵照实行，勿再发生争执，以重水利为要。此令。附照抄代电一份。

县长钟

处理意见：

□□省令转饬遵照。

六月十三日

高台县三清渠工程处就赔偿所占地价及呈送赔偿计算表事给临泽县政府的公函

1945 年 8 月 24 日　　张 3－53

三清渠工程处工（34）未字第 74 号

为函覆饬筹三清渠占用地价，并筹补充被占荒废地价，以及损失赔偿作物计算表一份，至希查照办理由：

本年八月十六日案准贵府财（34）未字第一七零七号函覆“以三清渠新线占用民田，先后补测湖荒地价实物折合金额标准，现以市价涨落不定，拟俟价款送县时，按照款到之日市价计算，较为公允”等由，准此，除遵省府建二水辰马电，仍由工款内贷给三清渠代表张汉儒等国币四十万元，先行缴发外，所有三清渠新线被占荒废之地价，以及青苗损失之赔偿，开挖便渠占地之补给等，兹依实际情形缮列计算表一份，相应随函送请查照，即希并案清理，见覆为荷。此致临泽县政府萛县长。附寄计算表一份。

兼处长　崔崇桂

副处长　雷同允（印）代行

拟处理意见：

新线占用民地补偿地价已由建科拟办，函准□占用土地赔偿损失部分表列当相近，拟准如列函复。

高台县长就新渠线占用地价及转发已汇款项事给临泽县政府的公函

1945 年 8 月 28 日　　张 3-53

高台县政府建卅四未字第 2478 号

查三清渠新线占用湖荒学田地价，经饬该渠代表王三重等从速筹措缴府，凭转去后，兹据报称“仍由工程处在工款内洽借国币四十万元，请转贵府核发”等情。据此，相应检同国币四十万元汇票一纸随函送请查收，恳予先行转发，如有不敷之数，容饬续筹补送，至祈将发款情形随时见覆，以凭转报为荷。此致临泽县政府。附寄汇票一纸计国币四十万元。

县长丁作能

处理意见：

列表转发并报。

治安

八月卅日

高台县长就三清渠代表速交郭华堂地价事给临泽县政府的公函

1945 年 4 月 25 日　　张 3-53

高台县政府建（34）卯字第 1064 号

函覆已饬三清渠代表郭复业，迅即交付郭华堂等地价由：

本年四月二十三日，案准贵府建财（34）卯字第二五三号函嘱“转饬三清渠代表交付郭华堂等地价，以结悬案”等由，自应照办。除转饬该渠代表迅即按照商定地价交付外，相应函覆查照为荷。此致临泽县政府。

县长丁作能

处理意见：

拟存。

四月廿日

蓼泉镇第九保民刘光义就三清渠工程处偷挖湖地事给临泽县长的呈文

1945 年 9 月　　张 3-54

呈为呈请函转高台县转饬三清渠工程处，禁挖湖地，以免赔累由，为呈请事：

窃查高台三清渠在民村开挖新渠，占用民田多亩，民等以上令所迫，不便轻易阻挠由。该渠挑挖，迄今多日，渠道已成。不料该工程处依公挟势，不顾民生，刻下又率夫偷挖湖地，补修渠堤，民再三恳求，该工程处负责人以政府旗号，由口搪塞，民伏思湖地系农人衣食所赖，湖面被挖数年，不能生长，既无法维持畜牧，而田赋亦无力完纳，民无法阻止，具文呈请县长，俯恤民艰，准予函转高台县，转饬三清渠工程处禁□□□□□张公道。谨呈临泽县政府县长黄。

蓼泉镇第九保民刘光义（印）

中华民国三十四年九月

处理意见：

删改文句函转。

治安

十月二日

临泽县长就三清渠工程处偷挖湖地事给高台县政府的公函

1945 年 10 月 6 日　　张 3-54

临泽县政府建（34）西字第 2220 号

为据情函转，禁挖湖地，以维民生由：

案据本渠蓼泉镇第九保民人刘光义呈称“窃查高台三清渠在民村开挖新渠，占用民田多亩，今渠道已成，工程处刻下又有人夫挖民湖地，补修渠堤。民再三恳求工程处人员禁止，不理请求，民伏思湖地系农人衣食所赖，湖面被挖数年，不能生长，既无法维持畜牧，而田赋亦无力完纳，恳乞俯恤民艰，准予转函高台县，转三清渠禁挖民湖，以张公道，而维生计”等情，据此，相应转请查照办理为荷，此致高台县政府。

县长黄

职员毛波前等就分派科员前往高台三清处分掌工作事给临泽县长的呈文

1945 年 3 月 19 日　　张 3-54

奉钧座交下高台三清渠工程处函“请指派股员二人，分掌文牍、庶务事宜，饬签复”等因，拟将本府科员韩积国、事务员张正美派充，可否之初，签请鉴核核示遵，谨呈县长马。

职　毛波前（印）

赵文渊（印）

处理意见：

如拟并复。

三月廿日

高台临泽两县长就三清渠占用学田绘图偿付事给甘肃省主席的呈文

1945年10月16日　　张3-54

高临建（34）西字第2318号

奉令会勘三清渠新线占用临泽蓼泉镇佑善观学田，原委绘图会报凭核一案，请鉴核示遵由：

案奉钧府本年九月一日□建二水34申字第6005号训令“为据三清渠工程处电，呈新线占用学田勘测情形，并请按实在情形核定地价，案饬会同勘查原委，绘图贴说，详细会报凭核”等由，遵即会同携带有关文卷，履地勘查。经查三清渠新线占用学田地亩计752号三亩二分九厘四（地价已付）、753号三亩三分754号二亩六分三厘五，752与753号系熟田，754号荒田。复查临泽田粮处存农户领地册内载752号共753号学田均为一等二则，754号学田系三等三则，自民国卅二年度起，即依此科则完纳田赋。关于渠占地亩地，依系由何专员规定，按照合约所订科则等级偿付实物，计一等一则每亩偿付小麦七石五斗，一等二则为七石，以至三等三则，每则以小麦五斗为□减之标准。以上会同勘查实在情形，谨绘具地形图一份，继又会请钧核决定应偿付之地价，以便遵办。谨呈甘肃省政府主席谷。

高台县长　丁

临泽县长　黄

蓼泉镇第九保民刘光仁等就三清渠新开渠线危害甚重以求体恤民情事给临泽县长的呈文

1945年4月　　张3-54

呈为恳祈体恤民艰、减轻损失由：

为恳祈体恤民艰，减轻损失事。案查高台三清渠新开渠道，其间一段纵贯民等之良田三十余亩，民等世居蓼泉镇第九保，原即人稠地狭，良田无多。客岁三清渠测开新渠，以利灌溉，民等惊惶异常，即呈报县府，设法救济在案，经何专员视查，准照科则与民等出价，准三清渠开凿。民等又详绘图样，准三清渠利用公路开渠，对三清渠避免水湖之潮湿，易于筑堤，对民等只伤地边，减轻损失后，政府又令崔专员兼三清渠工程处处长崔崇桂来临视察，民等除呈报外，又电报省政府，迄今未奉批示。令钧座莅任本县长官，民等欢呼雀跃，民等伏思三清渠原有渠道可用，去年因黑水波蚀渠堤，破坏数丈，而三清渠不知修筑，即倚工程人员一面之辞，另开新道，将昭武乡民田挑挖四十余亩，未用一月，即行废弃，迄今应发地价，搅赖不出，人民之田，亦不能种，竟成荒滩，今又挑民等之田。新开渠道，渠堤渠身约占三十余亩，又所测之渠线，既筑堤不易，而挑挖亦甚难，嗣后若不能用，又与昭武乡同样，而三清渠之渠堤不知又移何处。显系三清渠自知利己，不知损人，今若由南线开渠，民等服从上令，准其开凿，若仍照北线挑挖，损伤良田，断绝生命，民等虽肝脑涂地，决不忍可，民等谨将苦情具呈，钧座电鉴，体恤民艰，减轻损失，则民等感恩再造矣。谨呈临泽县政府县长黄。

蓼泉镇第九保户民　刘光仁（印）　刘尚同（印）

刘光道（印）　刘进业（印）

刘光炳（印）　刘光品（印）

刘光祖（印）　刘新年（印）

刘光泰（印）　刘郭氏（印）

中华民国三十四年四月

处理意见：

查案批示知照。

四月六日

小新下水利渠主阎天理等就三清渠众私下屯闸聚水冲破渠沿事给临泽县长的呈文

1945 年 10 月 11 日　　张 3-54

为屯闸聚水，冲破渠沿事：

窃查高台三清渠开挖新渠既成，原拟□使小新渠旧渠，全体由东南跨新渠西北，修筑橙槽而过。孰意该渠首领张汉儒等鬼蜮为怀，居心叵测，未通小新渠下庶民知晓，只与小新渠下，镶不合规定小过槽一道，暗将小新下使水口闸挪移旧渠南坝之地，另镶新口闸一道。筑堤不坚，闸尾忽于古八月二十四日被水冲破，该渠首领张汉儒等令渠夫，从新口闸前筑坝一道，将旧渠之水尽堵小新渠，而流修补新闸。小新下渠窄，不能容纳，于古八月二十九日晚，在崔家庄上下渠沿南北冲破三壑，约四十余丈，工程浩大，水势凶猛，理合据情呈报县长鉴核，派员查勘，传饬三清渠首领张汉儒等拨夫修筑，以免渠水浸淹，维持弱小渠坝，祗候示遵。谨呈临泽县县长黄。

小新下水利渠主　　阎天理（印）

代表　李发奋（印）　王茂正（印）

赵毓余（印）　刘光珍（印）

刘占元（印）　牛致健（印）

魏伏珍（印）

处理意见：

派濮□士查报。

十月十三日

核办。

治安

十月十四日

昭武乡第四保民倪学儒等就请豁免三清渠新开渠北地亩粮赋事给临泽县长的呈文

1945 年 4 月　　张 3–54

具呈报事：

窃于客岁四月间，有高台县属之三清渠另开新渠，共占地亩三十九亩七分，种籽地亩方双画，绝隔于渠北者四十余亩，水道难通，立逼荒芜。延至今日仍画征粮赔款，以及□差等项，分毫不减。除应纳田赋粮外，每亩应配集款洋一百二十五元，运粮车四期，每亩二分采买，兵站二共摊粮老升共计一十九石八斗五升，共计洋四千九百六十二元五毛，运粮车八辆。如此负担，若不豁免，逃象已成，前思后维，无法设想，维有具情呈恳钧座电鉴，怜念舆情，俯准查明，豁免田赋集项，以救蚁命，而免苦累，实为公德两便。谨呈临泽县县长黄。附呈地亩花名单一纸。

具呈人昭武乡第四保民　倪学儒（印）　郭华堂（印）
郭兴唐（印）　韩国成（印）
郭沛唐（印）　郭守仁（印）
郭靖唐（印）

处理意见：

□财政科办理。

四月十六日

令所辖乡遵照前令办理并批示。

四月十七日

昭武乡第四保户民倪学儒等就追缴三清渠地价赔偿损失并豁免杂役事给临泽县长的呈文

1945 年 4 月　　张 3–54

为请求函转高台三清渠追缴地价赔偿损失，并恳乞豁免杂项差徭，以苏民困，而免赔累事：

窃民等之地去岁被高台三清渠开凿新渠，挖坏青苗，共计三十九亩七分，每亩估价六千元，并订立合同为证。迨后经民等迭次呈请祗领到十万元，下欠之数屡次催讨，该渠延置不理。奈民等之地自被破坏，杂项差徭仍照旧摊派。去岁应纳田赋，经民等呈请，准予暂缓。转报迄今，所有一切差徭及运粮车仍按地负担，民等实赔累不起。又有渠北之地三十余亩，被该渠隔断水路，斯时允许与民等修搭渡槽，亦未有如期造成，以致去岁所种田禾全被旱枯。现值春耕，此地隔绝水路，立逼变为荒地，连年损失，曷可胜计，伏查该渠买民等之地时，斗价尚小，虽每亩估价六千元，以挖坏青苗及所收之成分，除一年所纳款项不计外，即将地价现付，亦入不抵出。而今该渠违背定约，不但不□地价，交呈报前县长高抬地价，实属强词夺理，现在斗价比当时超过数倍，民等地被破坏，价不得到，又负担款项，一损再损，冤屈已极，为此联名再恳钧座电鉴，俯准怜恤艰苦，函追地价赔偿损失，豁免款项，以轻民众负担，不胜仰盼戴德之至。谨呈临泽县县长黄。

具呈人昭武乡第四保户民　倪学儒（印）　郭华堂（印）
韩国成（印）　郭兴堂（印）
郭守仁（印）　郭陪堂（印）

处理意见：

移送建设科主办□□。

四月六日

转函高台县府并批示知照。

四月六日

临泽县参议会就倪学儒等请求三清渠追交地价赔偿损失事给临泽县长的公函

1945年4月13日　　张3-54

临参秘卯字第24号

为据转昭武乡第四保民众倪学儒、郭华堂等，为请求函转高台三清渠追交地价赔偿损失等情，请查照办理见覆由：

案据本县昭武乡第四保民众倪学儒、郭华堂等呈称“为请求函转高台三清渠追缴地价损失，并恳乞豁免杂项差徭，以苏民艰难，而免赔累事。窃民等之地于去岁已经种籽播就，一旦之间，被高台三清渠凿新渠挖坏青苗共计地三十九亩七分四厘，每亩估定价洋六千元，并订立合同为证。迨后经民等迭次呈请，只领获十万元，下欠之数屡次催讨，该三清渠延置不理，乃民等之地自被挖坏，杂项差徭仍照旧负担。去岁应纳田赋经民等呈请，准予暂缓转报豁免，迄今所有一切差徭、杂款、兵站及军粮车仍按地亩摊派，民等实赔累不起。又有渠北之四十余亩被隔断水路，该三清渠允许与民等修搭渡槽，未能如期造成，以致去岁所种田禾全被旱枯。现值春耕在即，此地隔绝水路，运工不便，立逼为荒丘，连年损失，曷可胜计，伏查该三清渠实民等之地，时斗价，当小麦每斗价洋一百余元，虽每亩估价六千元，以挖坏青苗及所收之成分，除所纳款项外，即将地价现付，尚不抵出，而今该渠违背定约，不但不偿缴地价，反呈报前县长高抬地价，实属强词夺理，现在斗价比当时飞涨数倍，民等地被挖坏，价再不能领到，一失再损，冤屈已极，为此呈恳钧会电鉴，俯准怜恤艰苦，函追地价，赔偿损失，豁免地亩田赋杂差，以轻民等负担，不胜仰盼戴德之至”等情，据此，相应据转贵府查照办理，见覆为荷。此致临泽县长黄。

议长　　白映一（印）

副议长　高增贵

处理意见：

并案办理。

四月十五日

临泽县政府就高台修理三清渠涵洞渡槽事给三清渠工程处的代电

1945 年 10 月 23 日　　张 3-54

临泽县政府建（34）西字第 2384 号

为三清渠涵洞、渡槽如发生损坏情事，应由高台负责修理，电请查照由：

甘肃省高台三清渠工程处公鉴工 34 西字第八三号大函，说明□三清渠涵洞、渡槽系依临泽渠水位高低，□准点，对临泽渠并无妨碍，及无规定会同监修各节敬悉，惟三清渠涵洞、渡槽如发生损坏，而冲塌临泽渠，应由高台负责修理，除饬知临泽渠民众知照外，相应电请查照，请转高台县政府查照备案，并希见复为荷。

临泽县政府建 34 西□印

临泽渠代表马永洵等就三清渠代表完成未尽工作事给临泽县长的呈文

1945 年 10 月　　张 3-54

查高台县属之三清渠新开渠道，全部工程行将完竣，所有临泽、小新两渠渡槽亦均修理完善，双方水利通畅，人民□感不置。兹以该工程即将结束，尚有未尽事项，呈请钧座转请上峰，并函高台县府转饬该渠照办：（一）查该渠所修临泽渠石涵、小新渠过槽，刻虽通畅如阻，诚恐历时以久，必有损坏，不无妨害两渠水利，今后看管修补，应均由三清渠负责完全责任，若发生小毛病，随时修理，以免纠纷；（二）临泽渠橙槽湾之坝虽经三清渠结好，但该处并非历年坝口，该渠私行掘挖，此后应由该渠负责保险，以免崩溃之患；（三）该渠工程上年何专员抵县，会同高临两县长商讨办法，呈报在案，内原文载有渠工完成，三清渠应在临泽、小新两渠各立石碑，以作永久考据，刻该工程完竣，石碑亟应刊立。今值该渠举行放水典礼，代表等于此未尽事宜，未便缄默。伏恳钧座俯顺舆情，据情转呈，并函高台县长令饬该渠代表鲍鸿章、张汉儒等完成上项未尽事宜，并负责保险，以践前约，而垂永久，则两渠士庶感戴鸿慈既矣。谨呈临泽县政府县长黄。

临泽渠代表　马永洵（印）　赵毓瑗（印）

赵毓理（印）　刘宗典（印）

刘占元（印）　官毓锦（印）

康正功（印）　赵国琦（印）

小新渠代表　马宗位（印）

处理意见：

业经呈报王专员及会同三清渠工程处、高台县政府电省遵照原定案执行。

治安

临泽渠小新渠代表马永淘等就三清渠决议翻案请辞代表事给临泽县长的呈文

1945年4月30日　　张3-54

呈为呈请备查事：

窃公民昨见钧府布告内开“案奉省政府建二水卯字三四号秘电在案，聆悉之下，职责所在，即日召集阖渠民众，当场宣告，自上年何专员莅县，会同两县长订定条约及张厅长、崔处长履勘情形经过事实。但民众知识不齐，一味颟顸，莫衷一是，惟一般知识分子咸□，暂搭木槽，明春再筑涵洞，并将原定渠线略予改易，刘家沟湾附件居民损失无减，显系上峰偏重高台人民，对于职渠之要求并未采纳。倘木槽不坚，必有渠堤崩溃之患，修搭木槽决不认可，并责公民既于上年代表渠众订立合同，今忽翻案，何以昭信，对代表职务，佥不承认继续有效。公民亦以水利关系民生，既不能维持原案，代表名义应即解除，今后此案发生交涉问题，概不负责。除电呈省府鉴核外，理合具呈，伏乞钧府鉴核，准予备案，实沾德便。谨呈临泽县县长黄。

临泽渠代表　马永淘（印）

小新下代表　赵毓瑗（印）

三十四年四月三十日

处理意见：

□□□□省府似可存查。

五月三日

蓼泉镇第九保户民刘光仁等就三清渠所占地亩价款先付以免此后纠纷事给临泽县长的呈文

1945年5月　　张3-54

为三清渠开工在即，恳转高台县府并省府，所有占用民等地亩价款先行照付，以免事后纠纷由：

窃查高台三清渠改辟新渠，已于本月二十五日开始动工，其间经民等刘家沟湾一段，损伤良田颇多，惟以开渠系奉上峰命令，民等本不欲置喙，惟该渠过去占用本县昭武乡民倪学儒等地亩，所有地价虽经两方商妥，迨开渠竣工，事隔一年之久，迄未将地价付清，且此次开工虽奉政府命令，高台县政府及该渠工程处事前既未与钧府通知，又未与占用地亩之户民商议。揆诸情理，不无目空一切，故以往例证之，若不早作未雨绸缪之计，恐民等生命几为之断绝。是以联名恳祈钧府电鉴，一面函转高台县府及水利工作站，先将渠身占用民地及渠堤应占地亩测绘定局，另树标志按实占地亩，并将购价依照前六区何专员会同订定办法先行照付外，一面并乞电请省府，分饬高台县政府暨甘肃水利公司高台工作站酌情办理，则民等实沾公便靡极矣，祇候示遵，谨呈临泽县政府县长黄。

蓼泉镇第九保业户　刘光仁（印）　刘进业（印）

刘光道（印）　刘光义（印）

刘尚□（印）　刘光炳（印）

刘新年（印）　刘光祖（印）

刘光泰（印）　刘郭氏（印）

中华民国三十四年五月

处理意见：

拟如□□办理□□批示知照。

五月三日

如拟。

五月四日

蓼泉镇永丰保民刘光汉就请与刘光祥平均发放地价并造册事给临泽县长的呈文

1945 年 11 月 28 日　　张 3-54

查高台三清渠因新开渠线，占用刘光祥葫[1]地一亩零六厘，此葫地与民两人所有。因办理总归户时，未曾分户，尚在刘光祥名下，前次发放地价时，业由刘站长宗周证明属实，故此次续发半价造册时，应请钧府将两人姓名填造，平均发给，实沾公便。谨呈临泽县县长黄。

蓼泉镇永丰保民　刘光汉（印）

民国三十四年十一月廿八日

处理意见：

核批。

十一月卅日

临泽县长就请与刘光祥平均发放地价并造册事给刘光汉的批示

1945 年 12 月 11 日　　张 3-54

临泽县政府建（34）亥字第 2755 号

据呈请将高台三清渠占用刘克祥葫地，续发给半价，列册平均发给一案，批示知照由：

批刘光汉：本年十一月廿九日呈一件为呈“请将高台三清渠占用刘光祥葫地一亩零六

[1] 编者按：此处“葫”应为“草湖”两字合写。“葫地”即草湖地，下同。但亦有径称“湖地”者。

厘，续发半价，列册平均发给半价”由。呈悉，该民所称刘光祥名下葫地一亩零六厘，为该民两人共有，应以两人会同呈请，以符手续，而便发给。此批。

县长黄

蓼泉镇第九保户民刘光仁等就请求三清渠开渠先发地价并禁止绑人事给临泽县长的呈文

1945 年 5 月　　张 3–54

呈为照发地价、以维民生，并乞禁止绑人，而免发生纠纷由：

窃查高台三清渠新开辟渠道，其间经过刘家沟湾一段，纵贯民田三十余亩，民等屡请避免，终未核准，现开工多日，业已改入。民田，民等衣食所在，即向三清渠要求地价，以维生命。该三清渠负责人亦无的确答复，而钧府亦未明令指示，民等恐蹈昭武乡民田覆辙，今早又推刘光仁要求发价，并非阻扰，开渠将至渠沿，告诉情形，尚未见三清渠负责人员，而钧府差警韩好义，喝令三清渠渠夫捆绑在地，后其母及妇前去解放，又被强迫捆绑。民等伏思，要价系上宪定案，今不知放何罪，惊惶万状，谨将情形呈报钧座，俯体民艰，准令三清渠照案先发地价，后挖民田，以免事后纠纷，并乞禁止绑人，准予发言，则民等感恩再造矣。谨呈临泽县府县长黄。

蓼泉镇第九保业户　刘光仁（印）　刘光道（印）
刘光义（印）　刘光品（印）
刘光泰（印）　刘光炳（印）
刘新年（印）　刘尚同（印）
刘郭氏（印）

中华民国三十四年五月

处理意见：

警□喝令渠夫绑人似□查明是否属实，以明责任。

五月廿三日

地价由县府以专函催讨，三清渠开渠一节不准故意阻扰，拟批示知照。

五月廿二日

存。

五月廿三日

蓼泉镇第九保户刘光仁等就三清渠新开渠道受害情形及请求维持前案事给临泽长政府的呈文

1945 年 4 月　　张 3–54

呈为与民作主，保障生命由：

顷奉钧府处理意见“呈悉，查高台三清渠开辟新渠一案，系奉上峰命令，未便故违至新取渠道，业经张厅长率同工程人员重新履勘，俟决定后再行公布”等因，奉此，民等静待命令，以期减轻损失，不料昨日三清渠派人修理锅炉，而工程处人员亦到，仍在北线插标挖伤田苗，不顾一切，形似决由北线开辟，民等良田不避，生命将绝，祖先坟墓难免白骨宣天，弱妇幼子，均遭沟壑之苦。民等虽愚，实难甘忍，况去年何专员履勘，奉政府命令召二县代表签定合同，与临泽渠修干固水泥涵洞，民等之田照科则付粮，以使双方均利，而今年张厅长既不维持原案，又不与民商办，只知开渠，不顾共利，不识政府威信何在。民等虽少，亦系中国之民，呈请钧府恩鉴，为民等作主，勿使高台三清渠依工程处之势，随意挑挖，维持前案，则民等沾恩不浅矣。谨呈临泽县政府县长黄。

蓼泉镇第九保业户　刘光仁（印）　刘进业（印）
刘光大（印）　刘光品（印）
刘光道（印）　刘新年（印）
刘光义（印）　刘光炳（印）
刘光祖（印）　刘郭氏（印）
中华民国三十四年四月

处理意见：

工程线已确定，碍难再移，拟批示知照。

五月二日

高台三清渠工程处就刘家湾子民阻碍工程事给临泽县政府的公函

1945 年 5 月 27 日　　张 3-54

径启者：

查贵县刘家沟湾一带人民因有少数无知分子，以反对三清渠开渠心理，对本处工进往往作有形或无形之阻扰。请贵政府严加管束外，并严予布告，以免再生意外事端，是为至要。此致临泽县政府。

甘肃高台三清渠工程处

处理意见：

拟存卷。

五月廿八日

蓼泉镇第九保民刘光联就三清渠新开渠道断绝交通建筑木桥事给临泽县政府的呈文

1945 年 5 月 23 日　　张 3-54

呈请函转高台县转工程处建筑木桥，以利交通由，为呈请事：

查路道关系交通至巨，今高台三清渠新辟渠道，正由民车道经过，相隔五丈有余，不仅断绝交通，而且有碍农业，民三十余口均赖此路以务农，依何专员定案遇路搭桥、过沟架槽，呈请钧座函转高台县，转工程处与民建筑木桥，以利交通，谨呈临泽县政府县长黄。

蓼泉镇第九保户民刘光联（印）

中华民国三十四年五月二十三日

处理意见：

拟准转三清工程处并批示知照。

五月廿四日

如拟。

五月廿六日

昭武乡第四保民倪学儒等就三清渠赔偿款项缮造花名册事给临泽县政府的领状

1945 年 7 月 30 日　　张 3–54

具领状人昭武乡第四保郭华堂等，今具到县长案下，情有高台三清渠于去岁新开渠道，占用民等地亩三十九亩七分七厘，每亩定价六千元正，共计洋二十三万八千六百二十元，前在马县长任内亲领获国币一十万元整，及郭华堂由该三清渠首领来洋二万八千八百元，二共领过一十二万八千八百元。除领过净欠国币一十万零九千八百二十元，旋蒙县长追讨有望，民等缮造花名册一份，理合具状，一并呈恳县长电鉴，俯准配发地价，并将前呈声请土质优劣配发地价等情在案，查明核发，免后相争，以昭公允，实感戴鸿恩之至矣。谨呈临泽县政府县长黄。附呈花名册一份。

具领状人　昭武乡第四保户民　倪学儒（印）　郭华堂（印）

韩国成（印）　郭兴唐（印）

郭守仁（印）　郭靖唐（印）

郭沛唐（印）

民国三十四年七月三十日呈

处理意见：

会同党部及参议会核发，并将花名册核正饬缮具四份，以凭存转。

治安

七月四日

甘肃省政府就三清渠开挖新线占用民田解决方案事给临泽县政府的训令

1945 年 7 月 20 日　　张 3–54

甘肃省政府建二水（卅四）午字第 4919 号

据高台县政府呈覆，奉令遵办三清渠开挖新线，占用民田地价情形，请鉴核备查一案，令仰遵照由：

令临泽县政府：

案据高台县政府本年六月廿日呈称“本年六月九日，案奉钧府建二水（34）辰字第三六三七号训令‘以据临泽黄县长，转呈该县蓼泉镇第九保户民刘光仁等呈报，以本县三清渠开辟新线，事前既未通知该县政府，又不与占用地亩之户民商议等情一案，饬遵照钧府本年五月建二水（34）辰马电指示，迅即办理具报’等因。奉此遵查三清渠开工以前，本府曾于四月廿四日以建（34）卯字第一〇三七号公函函达临泽县政府查照，并请派警两名前往工地维持秩序，当经临泽县府调派警士韩好义等二人在工程处经常服务所称，新渠开工前未与临泽县政府函洽，殊非事实。至所称未与占用地亩之户民商议一节，查三清渠开渠工程已设专管机构统筹办理，一切均按照预定计划及有关各方原订办法实施，关于占用民田部分，迭经该处邀集地主刘光仁等，再三商洽，并由该处函达临泽县政府转知有案。无如各该地主毫无自主自决精神，凡经商洽事件，旋应旋变，言行不一，几经周旋，始由崔处长与该地主刘光仁等商妥。在开挖占用彼等田地之前，先行付给国币十五万元，以俟实占地亩测量之后，再按上年会同订定办法清发地价。乃该地主等始而雀跃应承，□立借据，继续借词刁难，力谋阻挠工进，职等相忍应付，极尽曲旋，除一面电呈钧府请示，一面督令三清渠代表王三亘等遵照钧府建二水（34）辰马电，向工程处洽借工款四十万元，由本府备函送请临泽县政府先行转发，并将上年该渠修理张家坝旧渠口所欠倪学儒等地价一十万零九千八百二十元，并函送临泽县政府转发清结。奉令前因，本府对开渠前后一切应办手续与两县人民发生之维系，从未稍事忽视，该民等所呈莫非意气之词，殊不实在，谨略陈梗概，敬祈钧鉴备查”等情，据此除指令外，合行令仰知照，并严饬该民刘光仁等不得再行滋事为要，此令。

主席　谷正伦

建设厅厅长　张心一

处理意见：

令刘光仁等遵照。

七月廿八日

遵照。

治安

七月廿八日

甘肃省政府就三清渠工程处先给付渠钱并速清占用民地价款事给高台县与三清渠工程处的指令

1945 年 5 月 30 日　　张 3-54

甘肃省政府建二水（34）辰字第 3636 号

据情转请令饬高台县政府及三清渠工程处，先给付渠线、占用民地价款一案指令知照由：

令临泽县政府：

本年五月十一日呈件，为据情转请令饬高台县及三清渠工程处，对新开三清渠占用民地价款，应先付给由。呈悉，查此案据三清渠工程处请示到府，业经以三清渠新线占用民地地价，仰与临泽县府洽定，姑准先在工款内贷给三清渠人民支付，亟上年张家坝占用民地价，并仰丁县长速负责清结等语，电饬遵办在案。兹据前情，除分令高台县政府及三清渠工程处迅予办理外，仰即知照，此令。

主席　谷正伦

委员兼秘书长　丁宜中代拆代行

建设厅厅长　张心一

甘肃省政府就三清渠占用土地偿付地价事给临泽县政府的指令

1945 年 8 月 11 日　　张 3–54

甘肃省政府建二水（34）未字第 5645 号

令临泽县政府：

本年七月十九日建教财（34）午字第一三九〇号呈一件，准高台三清渠代表，附送所占地亩价款四十万元，已如数发给业户，请备查由。呈表均悉，已令三清渠工程处知照矣。此令。

主席　谷正伦

建设厅厅长　张心一

处理意见：

存查。

治安

八月廿七日

临泽县长就筹备实物折价款事给三清渠工程处的公函

1945 年 8 月 16 日　　张 3–54

临泽县政府财（34）为字第 1707 号

函复将实物折价款，筹就来县，以便填注，请查照由：

案准贵处工（34）未字第七〇号函“送先后补测地亩及地价实物计算表一份，希查照填注实物折价，送还来处，俾便饬筹款资，以清手续”等由，准此，查目前实物市价涨落不定，实难估计，拟按价款送县之日计算，当日市价较为公允，兹准前由，相应函请查照办理，筹就来县为荷。此致高台三清渠工程处处长崔。

县长黄

临泽县长就三清渠占用民地不敷地价如数转发事给高台县府和三清渠工程处的公函

1945 年 9 月 4 日　　张 3–54

临泽县政府财建（34）申字第 1904 号

三清渠占用民地，不敷地价已如数转发，并附送付款表一份，请查照由：

案准贵府高台县政府建（34）未字第 8306 号公函“以三清渠占用民田地价第一次不

敷洋一十七万一千六百四十元七角三分，已如数筹足，请查收转发见覆”等由，准此，查上项国币，已如数会同县党部参议会发给各业户，除呈报并函高台县政府、三清渠工程处查照外，相应函送付款表一份，即请查照为荷。此致高台县政府、三清渠工程处。

县长黄

临泽县长就三清渠占用民地不敷地价如数转发事给甘肃省政府的呈文

1945 年 9 月 4 日　　张 3-54

临泽县政府财教建（34）未字第 1905 号

准高台县政府函送三清渠新线占用地亩不敷价款一十七万一千六百四十九元七角三分，已如数发给各业户，请核备由：

案准□□□……[①]七角三分已由三清渠代表王三□□□……业户，除函复高台县政府及三清□□□处外，理合造□付价表一份，具文呈赍钧府核备。谨呈甘肃省政府主席谷。附呈赍付价表一份。

临泽县县长黄

临泽渠民众刘占元等就三清渠代表私自改修便渠及何日下洞事给临泽县政府的呈文

1945 年 8 月 20 日　　张 3-54

呈为转咨事：

窃查高台三清渠代表张汉儒等，在职渠刘家沟湾迤西改修便渠，引水下流，事前并未通知，后经职渠，将经过情形面陈钧府，已派刘站长宗周前往视察，旋据该员报告，便渠宽窄深浅大致不差，其事乃□，兹次涵洞地点挖到渠底，未知何日筑修，应当通知职渠双方履查高低适宜，始能工作□。本年洪水暴发数次，渠底淤塞数尺，若照此渠底镶洞，又恐涵洞高于渠底，阻滞水势，不能畅流，灌溉维艰，田禾必受影响，宜未雨绸缪计，理合具文恳祈钧座鉴核，迅速转咨崔处长主张公道，一视同仁，准定何日下洞，通知职渠，以便参加，实为公便，谨呈临泽县县长黄。

临泽渠民众　刘占元（印）　刘光宝（印）
康正功（印）　赵光义（印）
管毓锦（印）　马维安（印）
王作仁（印）　贺凤义（印）等
中华民国三十四年八月二十日

① 编者按：此处原文档漫漶，不可识。

处理意见：

函崔处长查照办理。

治安

八月廿三日

临泽县长就通知临泽渠何时参加下洞之日事给三清渠工程处的公函

1945 年 8 月 28 日　　张 3–54

临泽县政府建（34）未字第 1826 号

为据情函转下洞之日，通知临泽渠以便参加由：

案据本县临泽渠民众刘占元、刘光宝、康正功等呈“为涵洞地点未知何日修筑，应当通知本渠双方履查如能工作。况本年洪水暴发数次，渠底淤塞数尺，若照此渠渠低镶洞，又恐涵洞高于渠底，阻滞水利，不能畅流，灌溉维艰，未必受影响，恳祈转函三清渠于下洞之日通知本渠代表，以便参加”等情到府，相应函请贵处查照办理为荷。此致三清渠崔处长。

县长黄

职员尹书元就三清渠新开渠道偷挖学田详细情形事给临泽县政府的呈文

1945 年 8 月 27 日　　张 3–54

敬签呈者：

顷奉省府八月三日建二水（卅四）未字第 5406 号训令“以本县蓼泉镇第九保民众刘宗典等呈报三清渠新开渠道，偷挖学田一案，饬查明据实申复，以凭核办”等因，奉此，遵查高台三清渠在本县开辟新渠，虽有上峰命令，惟该渠渠身经过路线及损伤民田学产等情，均未同本县洽商，后经水利林牧公司张掖工作站派员测绘渠道，亦未将详图函达本府查照。嗣后动工之日，挖伤民田公地，事前既不协同本府派员测量地亩，亦未与当地民众通知，竟由该渠负责人率工开挖，当时是否侵占学田，本府亦不得知。直至该渠土方工程全部完成，经蓼泉镇第九保户民众呈报本府经函达后，始将占用学田、民地数目由该渠工程处自行测量，函送前来。除民田外计，第一次册列 752 号学田三亩二九四（五月廿二日函送者），第二次册列学田 752 号五亩九四五（七月十二日函送者），况第九保民众呈报在早（四月二十七日），该渠工程处函送地亩册在后，自应有咨询之必要。且除以上所列二丘外，另有 754 号正待开垦之学田八十七亩四分，因靠近黑河，被三清渠工程处认为公荒，虽经挖去，亦未测量，约计在三十亩以上（此项学田由蓼泉镇第九保民众呈报本府并转报省府备查在案，田粮处有图册可查），应由本府函请该渠工程处另行补测，按照规定科则，偿付地价，拨作该保国校基金，以补损失。兹奉前因，谨将本案经过详情，理合签请钧座，鉴核示遵，俾便呈复。谨呈县长黄。附原呈一件。

职尹书元（印）

八月廿七日

临泽渠众刘占元等就申请多方派员并会同两渠渠众督修涵洞事给临泽县长的呈文

1945 年　　张 3-54

呈为恳祈函请崔专员会同高临县府派员，并会同三清渠、临泽两渠渠众监修涵洞，以免高低失平，妨害水利事：

窃查高台三清渠由刘家沟湾新修涵洞，有水利林牧公司张掖工作站负责督修，职渠因不应过于深虑，但水利事业关系国计民生，至深且巨，一时不慎，讼端必起，两渠和好，实难保持。复查该处职渠渠底以青浆泥为限，此次该渠修理涵洞顶棚，应在青浆泥稍下七八寸，始与职渠水利无碍，若高出青浆泥以上，势必淤塞职渠水流，民众等为顾全双方利益，并两渠和好起见，特恳钧座函请崔专员注意双方利益，并函转高台县府派员会同两渠民众持平修理，则民众实沾鸿恩大德于无极矣。谨呈临泽县县长黄。

临泽渠渠众　刘占元（印）　康正功（印）
刘光宝（印）　赵光义（印）
管毓锦（印）　马维安（印）
王作仁（印）

临泽县长就三清渠所占地款已如数发放并造具地价计算表事给甘肃省政府和高台三清渠工程处的呈文

1945 年 9 月 15 日　　张 3-54

临泽县政府建财（34）申字第 2053（2054）号

呈报函送高台三清渠占用民地，地价汇款四十万元如数收到，转发各地主并造具地价计算表一份，请鉴核查照备查由：

案准高台县政府建（卅四）未字第 2478 号函“以筹汇三清渠新线占用湖荒、学田地价四十万元，请转发地主。如有不能，续筹补送，并将发款情形随时见覆”等由，准此。查是项地价业于八月廿八日如数收到，依照八月份下旬粮情电□，每市石小麦以五千一百八十元之价□。缮造地价计算表一份，已于九月五日会同县党部曹书记与参议会白议长监放在案。除不敷之款再函高台县府速汇外，并造具计算表一份，理合具文呈报，相应函转钧府鉴核备查，查照为荷。谨呈甘肃省政府主席谷。呈送高台三清渠工程处，附呈送地价计算表一份。

临泽县县长黄

昭武乡第四保民倪学儒等三清渠速交地价并豁免田赋事给临泽县长的呈文

1945 年　　张 3-54

呈为呈恳函转高台县急速追交地价，偿还赔累，并且豁免田赋，而轻地方各项杂差，以苏民艰事：

窃于客岁四月间，有高台县所属之三清渠另开新渠一节，种种苦情，已在前县长任内迭次呈报在案，兹不赘述。惟有被渠身所占之地三十九亩七分七厘，迄今一载，仍旧征粮配款，以及各项杂差赔纳者，变卖无方，现时又征储备粮及官马价等项，催迫甚严，无粮款者，鞭打绳栓，逼民等无业待毙，公理难存。一般赤贫小户告贷无门，终日仰天痛哭，无路可生，将有流离象显。民等不忍待毙，只得据情复恳钧座电鉴作主，俯准急速追交地价，偿还赔累，以顾眉急，并请令饬乡保甲所豁□□□杂差，以救民命，感戴鸿恩，实为公德两便！谨呈临泽县县长黄。

具呈人　昭武乡第四保民　倪学儒（印）　郭华堂（印）
郭兴唐（印）　郭沛唐（印）
郭守仁（印）　郭靖唐（印）
韩国成（印）

中华民国三十四年

昭武乡第四保民倪学儒等就申请豁免三清渠及渠北所占地亩田赋并追交地价赔偿损失事给临泽县长的呈文

1945 年 4 月　　张 3-54

为恳请豁免高台所属之三清渠新开渠道被占地亩及渠北地亩田赋，以免永赔累，并追交地价赔偿损失事：

窃于客岁四月间，该渠开渠占集地亩三十九亩七分七厘，及隔于渠北之地亩四十余亩，以及断地挖苗种种苦情，前已迭次呈请在案，兹不赘述。惟时又逢春耕之际，渠身扩大，运土不便，尤其过槽难通，该渠目不相观，置而不理，竟将渠北之地亩立逼荒芜，难期耕种。再者近年以来，款项浩繁，差役甚重，催迫甚严，俾民等□业受死，公理难存。一般赤贫小户告贷无门，终日仰天痛哭，无路可生，凡夫为民视者惊目，闻者□□，倘不设法豁免地亩田赋，追交地价，急速救济，逃象已成，民等不忍束手待毙，谨将苦情具呈，恳乞钧座洞鉴舆情，俯准豁免被占之地亩及渠北之地亩田赋杂项，并请追交地价赔偿损失，以救民命，则阖渠老稚，不胜感戴之至矣。谨呈临泽县县长黄。

具呈人　昭武乡第四保民　倪学儒（印）　韩国成（印）
郭华堂（印）　郭守仁（印）
郭兴唐（印）　郭沛唐（印）
郭靖唐（印）

中华民国三十四年四月

临泽县长就豁免三清渠及渠北所占地亩田赋并追交地价赔偿损失事给高台县政府的公函

1945 年 4 月 30 日　　张 3–54

临泽县政府建（卅四）卯字第 374 号

为函请饬偿地价，并祈见复由：

案据本县昭武乡第四保倪学儒、郭华堂、郭兴唐等七人呈称“略为呈请函转追交地价并赔公款，事缘客岁四月间，有高台县所属三清渠另开新渠，被渠身占地三十九亩七分七厘，迄今一载，地价仍未交付，各项公款公粮照常负担，以致民等苦累难堪，谨将地亩及赔累杂项呈开花单一纸，恳祈鉴核，函转速交地价及赔累”等情，据此，查该民等所呈当属实情，除请免除□□外，相应抄附原呈及花名册，函转贵府查照办理，并希见复为荷。此致高台县政府。附该民等原呈一件。

县长黄

四月廿六日（印）

临泽县长就不得阻碍三清渠新线工程事给刘光仁等的命令

1945 年　　张 3–54

令刘光仁等：案奉甘肃省政府建二水（34）午字第四九一九号训令“为严饬该民等，对三清渠新辟线工程不得再行滋事”等因，奉此，合亟令仰该民等遵照为要，此令。

县长黄

甘肃省长及建设厅长就三清渠依照原定渠线施工及民众若再阻挠即行押办事给临泽县政府的训令

1945 年 4 月 24 日　　张 3–55

甘肃省政府建二水（卅四）卯字第 2479 号

三清渠决定照原测渠线施工，石拱依限完成，临民如再阻挠，即行押办由：

令临泽县政府：

查三清渠另开新渠一案，经本府饬技术人员实地测量设计并饬，据第六区行政督察专员会同临高两县县长决定，报经本府核准施工以来，迭据临泽县政府及临泽县民先后呈请改线。当经令饬该渠工程处处长崔崇桂会同技术人员，按实际情形酌办在案。兹据崔处长暨张厅长视察归来先后面称“原测该渠线除经湖荡一小段因施工困难，应略予绕避外，其余均□妥善，不便更移。即渠水涵洞原定在五公里处穿过，临泽渠乃临泽渠农户请求改在四公里六百尺处，但查穿过后于临泽渠平行，两渠心间距过小，渠底高低悬殊，经过流沙恐有倒水之虞。过宽则占地太多，土方亦太大，殊不经济，且四公里六百公尺处临近大河，倘一冲毁，则两渠引水中断，影响至巨，仍应照远测量设计地点施工较为妥善”等语。查原测设渠线涵洞地点既均妥善，自应仍照原案施工，该民等所请改线之处，未便准行。至该渠之渠水涵洞，原定为石拱，因石料尚未备齐，本年不克完成所有。该渠夏秋灌溉，暂用旧渠引水，并在渠水涵洞处为临泽渠暂修木质渡槽一座，于芒种节前修成。职正式石拱涵洞，应俟明春从容修筑，所需材料并限于三十五年二月二十日以前备齐，即于三月一日开工砌筑，限同年四月二十五日修成。除布告外，合行令仰遵照，如该县民倘敢再事阻挠，即由该县长拘押严办，仍将办理情形随时报查。此令。

主席　谷正伦

建设厅厅长　张心一

处理意见：

遵照并拟布告民众知照。

五月四日

如拟。

五月七日

高台县长就寻觅测量队住址及布告民众保护标桩事给临泽县政府的公函及

日期不详　　张 3-55

高台县政府建未字第 1443 号

函请协助水利林牧公司测量队觅妥员工住址，及布告人民保护标桩，希查照办理由：

查甘肃水利林牧公司张掖工作站即将遣派测量队奉令前往贵县，勘三清渠新辟线，全体员工约三十余人，须就近在该地觅住民宅，相应函请惠予协助，饬属迅即代为觅妥。并测勘所立木桩，并请布告当地地保甲长及民众随时予以保护，不准擅取，借利工作进行，并希查照办理见覆，实维公谊。此致临泽县政府。

县长丁作能

处理意见：

饬蓼泉、昭武两乡镇附近该渠人民随时保护。

九月二日

饬沿线人民保护并复□。

九月四日

高台县三清渠工程处就希选派股员两名参与处务事给临泽县政府的公函

1945 年 3 月 16 日　　张 3-55

三清渠工程处工（三四）寅第 7 号

为函请指派本处总务股股员两名，希查照见覆由：

查本处组织规程第三项规定“设总务股一人，股员若干人，由高临二县各法团调充”

等语。兹参酌本处实际情形，暂设股员四人，分掌文牍庶务以及督率工作等事宜。相应函请查照，即希指派股员两名，以利进行，并盼见覆为荷。此致临泽县政府。

处长崔崇桂（印）

处理意见：

□派。

三月十七日

高台县三清渠工程处长就该处成立情形事给临泽县政府的公函

1945 年 3 月 16 日　　张 3-55

三清渠工程处工（34）寅字第 3 号

函达本处成立日期情形希查照由：

查三十三年十二月二十九日奉甘肃省政府建二水（34）亥字第九二九二号训令节开“令派该员兼任三清渠工程处处长，仰遵照所示各点负责办理为要”等因，奉此，崇桂即于本年三月八日束李到高，依照奉颁工程处组织规程，已于本月十日暂在高台城内组织成立，除呈报并分函外，相应函请查照为荷。此致临泽县政府。

处长崔崇桂（印）

处理意见：

查照。

三月十七日

高台县长就三清渠开辟新渠请求协助事给临泽县政府的公函

1945 年 4 月 24 日　　张 3-55

高台县政府建（34）卯字第 1037 号

为本县三清渠开辟新线工程行将开始，函请惠予协助由：

查本县三清渠开辟新线工程，定于本月二十五日开工，为谋是项工程顺利进行起见，相应函请查照，惠予派警协助，以利进行，至维公谊。此致临泽县政府。

县长丁作能

处理意见：

派警协助。

四月廿五日

高台县三清渠工程处长就保护测立桩号及制止放水派警保护事给临泽县政府的公函

1945 年 4 月 25 日　　张 3–55

三清渠工程处高工（34）卯字第 49 号

为函请迅饬三清渠新线附近各保甲长，妥为保护测立桩号，制止放水并派警协助，希查照由：

查三清渠开辟新线工程，已于本月开始工作土方，关于渠线春号亦已测立就绪，惟以当地住民欠明意义，对此测立木桩任意拔取，致有影响工程进展之虞。再上罗圈沟（上小新渠）近来放水过巨，勘定渠线，上游积水汪洋，施工至感困难，拨察斯情，该地民众对此工程殊有破坏企图。兹特函请贵府查照，即希迅饬工地附近各保甲长严密保护是项木桩，并盼制止罗圈沟农民勿再枉事放水，以利进行。至开渠所需民田，容俟渠道形成，即行测算亩数，共同议价，并由本处负责清偿，至希转知！只以开渠民工系属创编，欠缺训育，管理深虑不周，务希惠予派警两名，前来协助，无任是祷！此致临泽县政府黄县长。

兼处长崔崇桂（印）

高台县三清渠工程处长就迁移办公地点及劝告临泽渠代表事给临泽县政府的公函

1945 年 4 月 26 日　　张 3–55

三清渠工程处高工（34）卯字

为奉令迁移办公地点，及劝告临泽渠代表不得阻挠工程进行一案，函请查照由：

本月二十五日案奉甘肃省政府建二水梗电节开“第二项工程处应设刘家湾，第四项劝告临泽渠代表不得阻挠工程进行”各等因，奉此，除将本处即于是日迁移刘家湾，暂租刘光祖宅内开始办公，并随时接见当地民众代表谆谆劝告外，尚希贵县长对劝告工作多方协助，以免隔阂，实维公谊。此致临泽县政府黄县长。

兼处长崔崇桂（印）

处理意见：

协助劝告。

五月二日

如拟。

五月七日

临泽县建设科就暂缓科员赴工程处服务事给临泽县政府的签文

1945 年 5 月 12 日　　张 3-55

查张正美（事务员）现已辞职，科员韩积国仍服务本府，可否将原令转发，暂赴工程处服务，签请鉴核示遵，谨呈县长黄。

建设科（印）

处理意见：

秘专□加具意见。

五月十二日

暂□可也。

五月十四日

高台县三清渠工程处长就指派临泽县科员前来服务事给临泽县政府的公函

1945 年 5 月 7 日　　张 3-55

三清渠工程处工（34）辰字第 18 号

为函送派令二件，即希转饬该员等前来服务，请查照由：

查本年三月二十八日函准贵府建（34）寅字第四七八函开“指派贵府科员韩积国事务员、张正美分充本处股员”等由，准此，兹检同派令二件，随函送请查照，即希转饬该员等前来服务为荷。此致临泽县政府。

兼处长崔崇桂

处理意见：

签请示遵再发。

五月十一日

高台县三清渠工程处长就刘光仁等人滋闹行凶阻碍工程事给临泽县政府的公函

1945 年 5 月 22 日　　张 3-55

三清渠工程处工（34）辰字第 28 号

为刘家湾民人刘光仁等不遵理论、滋闹行凶、函请管押、以资进行，希查照见覆由：

查刘家湾民人刘光仁及其母妇，持刀横行，阻挠本处工作各情形，昨经函请惠予制止在案，无如本日甫行施工，该刘光仁又复率其母妇大肆横闹，辱骂不绝，并有刘光义、刘光品、刘光泰、刘光炳等相助行凶，不惟阻挠工程进行，且有希图酝酿意外之行动。按察实际情况，若以和平解决，颇难生效，兹将该刘光仁等先行送请贵府查照，希即管押，以利进行。再查刘光义在开渠地内，并无分厘，竟然妇子举家，滋闹尤烈，显系从中阻挠，破坏和平，应请查办，并希见覆为荷。此致临泽县政府黄县长。计函送刘光仁及其母妻、刘光义及其妻子、刘光品之妻，铲刀一把。

兼处长崔崇桂（印）

处理意见：

派鲁指导员率警前往制止如实遵从□予管押。

五月廿二日

高台县三清渠工程处长就因刘光仁阻挠而赔付损失事给临泽县政府的公函

1945年5月25日　　张3-55

三清渠工程处工（34）辰字第31号

为函达刘光仁等阻挠工进，致土方停工，损失应由该民等赔偿由：

查贵县刘光仁等于本年五月二十一日清早，率其母妻□至土地滋闹行凶，迫令民夫停工一案，当于即日函达贵府在案，经确查，是日土方工人计共二百五十名，每名每日工食各费为国币三百元，停工一天计共损失为七五千元，应由该刘光仁等赔偿，请贵府转饬知照为荷。此致临泽县政府黄县长。

兼处长崔崇桂（印）

处理意见：

存。

五月廿九日

高台县三清渠工程处长就立即制止刘光仁等而利工程事给临泽县政府的公函

1945年5月21日　　张3-55

临泽县政府工（34）辰字第26号

函请将该民人立即加以制止，而利工作进行由：

兹有刘家湾民人刘光仁及其母妇三人阻挠工程进行，刘光品、刘光泰、刘光炳亦均扶同前来阻滞，以致民夫停止工作，除暂由警监视其行动外，应请贵县长即加制止为盼。此致临泽县黄县长。

兼处长崔崇桂（印）

处理意见：

派鲁指导员、刘站长前往讯明制止。

五月廿一日

职员鲁璠等就刘光仁滋闹阻挠工程详情给临泽县政府的报告

1945 年 5 月 21 日　　张 3–55

窃职奉命前往三清渠工程处，勘查刘家沟湾民刘光仁等阻挠工程事宜，谨将调查始末情形分述如下：

（一）工程处地挖情形：查该处第三队长张汉儒率领民夫二百余人于本日早六时起挖至刘光仁地段，该队长先未给地价，今日早亦未通知直向开挖。

（二）阻挠工程情形：查地主刘光仁今早尚未在家，其母看见民夫向己地开挖，当时向前要求地价，该队长答复地价有政府统筹发给等语，该妇转回到家找子说明此意，而刘光仁将回家中，听其此言，复到所挖地段交涉先出地价，后再挖地，因此双方口角致起纠纷，由队长张汉儒喝声将刘光仁、刘光品、刘光义等立即捆绑，其母见子捆绑形势，随持铲刀前来，亦被捆绑。

（三）结果情形：查有地方前任保长刘光宝视其此事争执，随即前往对双方劝解，始将捆绑之人放开，据地主刘光仁等称非地价不让开挖，按照合理合法手续，应先付给地价，然后再挖，方为正当，免起纠纷，右项理合报告钧座鉴核。

职　鲁　璠（印）

刘宗周（印）

处理意见：

派员交涉先发地价一半，以息事端。

五月廿二日

临泽县政府给甘肃省政府的呈文

日期不详　　张 3–55

……[1]定科则偿付地价，并拨充该保国校基金以重产权而行教育”等情，查三清渠新开渠道，占用地亩及各项措施，业由职会同崔处长秉公妥善解决，兹奉前因，理合呈复，鉴核备查。谨呈甘肃省政府主席谷。

□□临泽县县长黄

临泽县建设科给临泽县政府的签呈

1945 年 5 月 28 日　　张 3–55

查河西工程处函称刘家沟湾人民对工程作无形之阻挠，未免一面偏词，欺压人民，拟函复“本县刘家沟湾人民，究作何无形之阻挠，希查明见复，自当依法严办，否则人民之

① 编者按：此档案不完整，应为临泽县政府给甘肃省政府某呈文之一部分。

冤，本府亦有向上申诉之责”是否有当，敬祈钧裁，谨呈县长黄。

建设科（印）

五月廿八日　签

处理意见：

存。

五月廿八日

专员王维墉就第六区公署崔崇桂为水利专员并遵照协助事给临泽县政府的代电

1945 年 1 月 15 日　　张 3-55

甘肃省第六区公署二（卅四）子字第 68 号

临泽县政府：

奉令饬知省委崔崇桂为水利专员，在河西执行职务，仰遵照协助由：

览□案，奉甘肃省政府上年建二水（卅二）亥卅代电内开“第六区行政督察专员公署，本府为督导修筑三清渠工程及河西一带水利事宜，经聘任崔崇桂为水利专员，前往各工地执行任务，除分电外，特电仰知照，并饬属协助”等由，□此，除分电外，合行电仰该县知照，并饬属协助为要。

专员兼司令王维墉、秘书丁□华代行

二（卅四）子皓卯

批示：

遵照协助。

二月一日

临泽县长就政府就新开渠口占用明田事给刘尚同等的批示

1945 年 1 月 17 日　　张 3-55

临泽县政府建（卅四）午字第 68 号

批蓼泉镇第九保业户刘尚同等：

查三清渠新开渠口占用该民等田一案□，据转请示在案。兹奉甘肃省政府建二水（卅三）亥字第 9293 号指令开“卅三年十□日——此令”等因，合亟批示仰该民等知照，此批。

县长马（印）

元月十二日

临泽县长就指派科员为工程处职员事给高台三清渠工程处的公函

1945 年 3 月 24 日　　张 3-55

临泽县政府建（34）寅字第 4785 号

函复指派本府科员韩等分充职员请查照由：

本年三月十七日案准贵处工（三四）寅字第七号公函内开“入原文”等由，准此，当经指派本府科员韩积国事务员、张心美分充□职，除令饬该员遵照外，相应函复查照为荷。此致甘肃省高台三清渠工程处。

县长马（印）

三月廿八日

临泽县政府就勘探新渠渠道减少损失事给蓼泉镇第九保民刘光仁等的批示

1945 年 4 月 13 日　　张 3-55

临泽县政府建（34）卯字第 124 号

批蓼泉镇第九保户民刘光仁等：

本年四月五日呈一件“为恳祈体恤民艰，减轻损失”由，呈悉，查高台三清渠开辟新渠一案，系奉上峰命令，未便故违。至新取渠道业经张厅长率同工程人员重新履勘，俟决定后再行公布，此批。

县长黄

四月七日

临泽县政府就免征倪学儒等七人杂款差役事给昭武乡公所的训令

1945 年 4 月 19 日　　张 3-55

临泽县政府财（卅四）卯字第 203 号

令仰该乡公所免征倪学儒等七人杂款差役由：

令昭武乡乡公所：

案据该乡第四保户民倪学儒、郭华堂、郭兴唐等七人呈称“具呈报事入原呈两便”等情，据此，查本府业经令饬办理在案，兹据前情合，再令仰该乡长转饬所属各保，仍遵前令，免征该户□地一切杂款差役，并将办理情形具报凭核为要。此令。附□地地亩清单一份。

县长黄

四月十七日

临泽县长就各单位派员会同渠众监修涵洞事给三清渠工程处、高台县政府和临泽渠众刘占元等的批示

日期不详　　张 3–55

案据本县临泽渠渠民众代表刘占元、康正功等八人呈称“窃查高台三清渠，入原文，持□办理”等情，据此，除分函高台县政府、三清渠工程处外，相应函请查照办理见复，派员合同三清渠、临泽渠渠众监修涵洞，以免高低失平为荷，此致三清渠工程处、高台县政府。

县长黄

处理意见：

批临泽渠渠众刘占元、康正功等：

本年九月六日呈一□□请函转三清渠高台□□□…渠，临泽渠两渠渠众监修涵洞，以免高低□平由呈悉，已函转三清渠崔专员及高台县政府查照办理矣。此批。

县长黄

临泽县政府给昭武乡第四保户民倪学儒等人的批示

1945 年 4 月 19 日　　张 3–55

临泽县政府建卯字第 202 号

批昭武乡第四保民倪学儒、郭华堂、郭兴唐等七人：

呈一件“为高台三清渠另开新渠，挖占地亩，呈请免征粮款差役”由，呈悉，除令饬该管乡公所转饬保甲免征□地差役，亟批示知照！此批。

县长黄

四月十七日（印）

临泽县政府就三清渠追缴地价赔偿损失并豁免差役事给郭华堂等六人的批示

1945 年 4 月 21 日　　张 3–55

临泽县政府建（卅四）卯字第 254 号

据呈请函转高台三清渠追缴地价、赔偿损失，并请豁免新差一案批示知照由：

具呈人郭华堂等六人本年四月五日呈件为“呈请函转高台，追缴三清渠地价赔偿损失，并请豁免新差，以苏民困”由，呈悉，除函转高台县政府办理，并令该管乡公所知照外，合行批示知照。此批。

县长黄

四月十九日

临泽县长就三清渠民依照合同追缴地价赔偿损失事给高台县政府的公函

1945 年 4 月 21 日　　张 3–55

临泽县政府建财（卅四）卯字第 253 号

据情函转请催交地价请查照转饬并希见覆由：

案据本县昭武乡第四保户民郭华堂、倪学儒、郭兴唐等呈“为呈请转函高台县政府饬令三清渠民，依照所立合同，追缴所□地价，赔偿损失”等情，据此，所呈各节尚属实情，相应函请贵府，转饬该渠人民将商定地价如数付清，以结悬案，并希见覆为荷。此致高台县政府。

县长黄

四月十九日

临泽县长就查照倪学儒被开渠赔累不堪事给临泽县临时参议会的公函

1945 年 4 月 21 日　　张 3–55

临泽县政府建财（卅四）卯字第 257 号

□函以昭武乡第四保民倪学儒呈为被开渠赔累不堪，嘱查照办理一案，复请查照由：

案准贵会本年四月十三日临参□卯字第 24、26 号函“以据本县昭武乡第四保民众倪学儒等，为被开渠占用土地，追缴地价，赔偿损失，及豁免新差，嘱查照见复”等由，准此，除转请高台县政府查照办理，并令昭武乡公所知照外，相应函复查照为荷。此致临泽县临时参议会。

县长黄

四月一九日

甘肃省主席就三清渠施工具体详情及处理办法事给三清渠工程处的电报

1945 年　　张 3–55

克密。三清渠工程处经张厅长与崔处长视察后，除□□经湖荡没，应略予绕避外，其余均照原测渠线施工。惟渠水正式涵洞，因石料未备，本年不克完成，应于明年正二月建备料，三月开工，四月底完成。该渠本年夏秋灌溉，暂用旧渠引水　架木渡槽应于芒种节前做妥，倘有敢阻扰者，由该县长拘办，仍随时报查。

谷正伦

处理意见：

布告周知。

四月廿五日

甘肃省主席就三清渠立即开工及严办阻挠事给三清渠工程处的电报

1945 年　　张 3-55

急电：

克密“三清渠工程已电饬该工程处立即开工，仰严饬临泽渠代表，借词阻扰，倘敢□违者，并仰遵照建二水卯回电，拘押严办，勿任妨碍施工进行，仍随时报查”。

正伦

处理意见：

并回电办。

四月廿五日

三清渠工程处就工程需要暂开便渠事给临泽县政府的代电

1945 年 5 月 27 日　　张 3-55

三清渠工程处工字第 36 号

为本处在临泽渠修筑石质涵洞时，须在刘家沟湾临泽渠靠东，另开便渠，俾通渠水，请转饬该地民人知照由：

查新开三清渠穿过临泽渠之交点，省府原定先修木质渡槽，以顾用水，所计划之石洞，准在下年再修，兹为提前完工及证信石洞之必须赶做，拟定于本年内完成。惟在涵洞修筑期间，为顾及临泽渠民用水，拟在刘家沟湾临泽渠靠东暂开便渠一段，以俟洞工完成，即将便渠填复，俾归原形。至开便渠，如有损及人民禾苗之处，准予责令三清渠受益农户酌为赔偿，特请饬传该地人民知照，如何希复为荷。

兼三清渠工程处长崔崇桂感（印）

处理意见：

拟传小新、临泽两渠代表刘宗周、马永淘来府商办再复。

五月廿八日

甘肃省政府就刘宗典呈报三清渠偷挖学田具体情形事给临泽县政府的训令

1945 年 8 月 3 日　　张 3-55

甘肃省政府建二水（卅四）未字第 5406 号

令临泽县长黄治安：

案据三清渠工程处处长崔崇桂（34）艳代电称“本年五月十四日案，准高台县政府教（34）辰字第一二七六号公函，以准临泽县政府教（34）辰字第四零六号函，转该县蓼泉镇第九保民众刘宗典等‘呈以该村原有佑善观学田一处，用作该村学校膏火之资，高台三清渠新开渠道，竟将学田率夫偷挖等情，据此，相应函达查照转知三清渠工程处勿得偷挖，并见覆’等由，准此，相应函请查明见覆等由”到处。查三清渠新渠之开，系钧府设处主持，本处任务系奉钧府使命，且勘查测绘事□一载，钉桩立□□□一次，皇皇文告来自钧府，张贴通衢，本处成立之初，曾经通知有关各层机构，施工之日更通知有关政府，既按原定测线，仍系遵照钧府明令行之，□该民曰偷挖，县政府□曰勿得偷挖，究不知所谓不偷，此又将何，若此种答复，殊难置□，准函前由。除以“呈请钧府指示后，再行详□等语，函复□敬电钧鉴，俯候示遵”等情，据此。合行令仰遵照，速即据实申复，以免核办为要。此令。

主席　谷正伦

建设厅厅长　张心一

处理意见：

□复。

治安　八月十一日

临泽县长就三清渠新开渠道偷挖学田具体情形事给甘肃省政府的呈文

1945 年 8 月 31 日　　张 3-55

临泽县政府建教（卅四）未字第 1868 号

奉合以据三清渠工程处崔处长电呈蓼泉镇民众刘宗典等，呈报三清渠新开渠道、偷挖学田一案，饬申复凭核等因，复请鉴核备查由：

案奉钧府建二水（卅四）未第五四〇六号训令“据三清渠崔处长电呈本县蓼泉镇民众刘宗典等，呈报三清渠新开渠道、偷挖学田一案，饬申复凭核”等因，遵即饬□详查去后，据称三清渠在本县新开渠道，事先并未会同本府通知当地民众测量地亩，即由该渠派员率工开挖，当时是否开挖学田，本府不得而知。迨民渠工程即将完成，始据蓼泉镇第九保民众刘宗典等呈报学田被挖，本府据报后□，转函高台县府查照，并由高台函转工程处，始将占用学田民地，测量列册送府，复查册列学田并未□被挖　754 号学田列入（是项学田计八十七亩四分正□开垦，本府□呈报省府备查有案，县田粮处有图可查）应请转函三清渠另行补测，按较……①

治安　八月廿八日

① 编者按：本档案不完整，似已缺失。

甘肃省政府主席就报送小新渠渡槽图样及迅速修筑事给高台县冯县长的公文

1948 年 12 月 31 日　　张 2-289

水二（37）亥字第 3643 号

高台冯县长：

（一）查该县三清渠为临泽小新渠修筑石渡槽工程，兹由水利局设计渡槽图样一份。

（二）除分令马尾湖水库工程处予以技术上之协助指导外，合行检发图样一份，即遵照转饬三清渠负责人迅备料，赶速按图修筑，并将办理情形报查。

主席　郭寄峤

民国卅七年十二月卅一日

处理意见：

并案令饬三清渠民众代表遵照办理。

元月十二日

高台县长就令饬筹料以备来年春暖建修临泽小新渠渡槽事给三清渠民众代表张汉儒等的谕稿

1949 年 1 月 15 日三（38）子字第□□号

三清渠代表张汉儒、罗春云、王三重、鲍鸿章、郭浚业、李生隆、谢正旺等：

（一）本年元月四日，案准水利部公署河西水利工程区专（37）亥字第四四号函“送临泽小新渠跨越三清渠石质渡槽设计图一份，嘱特饬三清渠受益农户依照前修三清渠时之规定，从及筹备材料，以便明年春暖施工”等由，到府区拟办。间旋专甘肃省政府水二（37）亥字第三六四八号训令“查该县三清渠速修临泽小新渠石质渡槽工程，兹由水利局呈送设计图样一份。除令马尾湖水库工程处予以技术上之协助指导外，合行检发图样一份，仰即遵照转饬三清渠负责人迅即备料，赶速按图样修筑，并将办理情形报查”等因一案。

（二）查建修小新渠渡槽按照三十四年订立规约，应由该渠受益农户担负备料及施工之责。

（三）兹检发修筑渡槽设计原图一份，仰即遵照表列□□需材料数量，提前筹备妥善，以备明年春暖从及施工，并将办理情形，随时具报核查。

元月十三日

县长冯周人

民国三十八年元月十五日

水利部河西水利工程处张掖工程区主任就函送临泽小新渠石渡槽设计图并请三清渠受益区依叙备料以便明年施工事给高台县政府的公函

1948 年 12 月 25 日　　张 2-289

张（37）亥字第 44 号

高台县政府：

（一）查建修临泽小新渠跨渡三清渠一案，屡经临泽县政府函催，实施并请建修石质渡槽以免时时损坏，该项工程现已设计竣事。

（二）该项渡槽之修筑按前兴修三清渠时规定，应由贵县三清渠担负备料及施工之责。

（三）兹特检附该项设计图一份随函送请，查照转饬三清渠受益区迅即依数备料，以便明年由本区派员指导施工是荷。

主任周项

民国卅七年十二月廿五日

处理意见：

转饬三清渠代表提前筹划备料事宜。

甘肃省七区专员兼保安司令就依照条约修渠事给高台县政府的公文

1948 年　　张 2-289

（一）案按临泽县政府建（37）郊字第（266）号代电称“入原文”。

（二）应即依照合同条约，查照情形，转饬该渠兴办理。

（三）除指复电，仰将办理情形具报。

专员兼保安司令　王□□

秘书　丁□□代行

临泽县长就三清渠众修理小新渠石涵洞遵守信用事给酒泉王专员的公文

1948 年　　张 2-289

建（37）郊字第 0266 号

酒泉王专员钧鉴：

查本府于三月二十九日召开第三次水利委员会时，据小新渠民众代表赵毓琨等十三人提议，以高台三清渠原修该渠之木渡槽，现已破坏不堪应用，请呈请“省府转饬该渠履行合同条约，于本年内，另修石涵洞以符原案，而昭信守”等情一案，经提会研讨，确有另修之必要。理合电请钧署鉴核俯准，令饬高台，转饬该渠兴修以重水规为祷。

临泽县县长杨居敬

甘肃省政府就速建三清渠进水闸并封闭小新渠口详细情况事给酒泉王专员的公文

1948 年 2 月 28 日　　张 2-289

水三（37）丑字第 1518 号

酒泉王专员：

据鼎新县参议会今年元月廿九日代电称“查黑河上游张掖、临、高各县渠口每年于芒种节前十日照例封闭，以备下游高属上下五堡、正义及鼎属毛、双二屯灌溉，相沿已有二百余年之定案。近如高属三清渠之建设，临属小新渠之创修，足使下游水分影响良深。前经本县再四呈请上峰，准照例封闭，各县在案。始于民国三十四年秋季，由七区专署及有关县长地方人士在高台订定分水永久办法八条，又经钧府核准，饬遵在案，以俾上下游人民之遵循。但去年均水期间，临泽小新渠仅闭五天，高属三清渠之人民不但仅撤去闸板十块，而该渠人民代表张汉儒等竟聚众相抗，不遵核定之办法。现该渠口过大，吸收河水过丰。即该渠上游封闭之水，反由该渠吸去，进水量无法管制，而下游人民于均水有何裨益？况水利关系社会治安，人心稳否，不无有因。揣想该渠建修渠道原为管制水流，殊意该渠修成后，不但打破数百年之陈例，且拖延不修进水闸，又不遵守新订办法，而下游人民又焉能放弃成例是问。三清渠之人民政府加以保护，设法调整水利，将下游高属上下五堡、正义及鼎属毛、双二屯之人民置诸何地？去年均水时，过境迁至，本年均水期间，若仍蹈前辙，则今后之水利何堪？设想理合钧府鉴核，准予提前严饬高台县属三清渠，速予建修进水闸，以节水流，并实现分水永久办法，及饬临泽小清渠在均水期间，照例封闭渠口，以维水规而利下游人民之灌溉。为祷”等情。查此案前据该署卅六年八月廿六日专（36）未字第五九号寝代电请于三清渠建成后，再拟永久分水办法等情。经于卅六年十月十七日以水（36）酉字第七七号条代电饬，仍遵，迭令召集有关人士，妥议永久分水办法，呈候核定实施，以免本年分水时再有争执。在案，兹据前情，仰速妥议呈核，勿延为要。

省政府水三丑叩

民国三十七年二月廿八日

鼎新县参议会议长胡生儒就速建三清渠进水闸并封闭小新渠口详细情况事给七区行政督察专员王的公文

1948 年 1 月 29 日　　张 2-289

酒泉甘肃省第七区行政督察专员王钧鉴：

据鼎新县参议会今年元月廿九日代电称“查黑河上游张掖、临、高各县渠口每年于芒种节前十日照例封闭，以备下游高属上下五堡、正义及鼎属毛、双二屯灌溉，相沿已有二百余年之定案。近如高属三清渠之建设，临属小新渠之创修，足使下游水分影响良深。前经本县再四呈请上峰，准照例封闭，各县在案。始于民国三十四年秋季，由七区专署及有关县长地方人士在高台订定分水永久办法八条，又经钧府核准，饬遵在案，以俾上下游人民之遵循。但去年均水期间，临泽小新渠仅闭五天，高属三清渠之人民不但仅撤去闸板十块，而该渠人民代表张汉儒等竟聚众相抗，不遵核定之办法。现该渠口过大，吸收河水过丰。即该渠上游封闭之水，反由该渠吸去，进水量无法管制，而下游人民于均水有何裨益？况水利关系社会治安，人心稳否，不无有因。揣想该渠建修渠道原为管制水流，殊意该渠修成后，不但打破数百年之陈例，且拖延不修进水闸，又不遵守新订办法，而下游人民又焉能放弃成例是问。三清渠之人民政府加以保护，设法调整水利，将下游高属上下五堡、正义及鼎属毛、双二屯之人民置诸何地？去年均水时，过境迁至，本年均水期间，若仍蹈前辙，则今后之水利何堪？设想理合钧府鉴核，准予提前严饬高台县属三清渠，速予建修进水闸，以节水流，并实现分水永久办法，及饬临泽小清渠在均水期间，照例封闭渠口，以维水规而利下游人民之灌溉”为祷。

参议会议长胡生儒、副议长仲希真
叩鼎参秘（37）子言印
民国三十七年元月二十九日

处理意见：

俟开省行政会议商决。

维墉

七区专署就速建三清渠进水闸并关闭小新渠口事给鼎新县政府的指令

鼎新县政府：

（一）据该县鼎建（37）寅字第（114）号呈请提前妥议，速建三清渠进水闸，并封闭小新渠口，以为下游水利。

（二）本案已据本署视察罗振翮前往该处历查渠口，并调查以往分水情形，拟核意见，转饬省政府核示。

（三）该指令后分案饬公！

鼎新县长就呈请提前妥议速建三清渠进水闸并关闭小新渠口事给甘肃省第七区行政督察专员兼保安司令王的呈文

1948 年 3 月 19 日　　张 2–289

鼎建（卅七）寅字第 114 号

甘肃省政府水三（37）丑字第〇〇一五一八号俭代电开“鼎新县政府据该县参议会本年元月廿九日代电，请提前严饬高台速建三清渠进水闸，并实现新订分水办法，及临泽小新渠照例封闭渠口，以维水规，而利下游灌溉”等情。查此案，本府为免除本年分水时争执起见，经迭电七区专署召集有关人士，另行妥议永久分水办法，呈候核定，执行在案。兹据前情“除电催酒泉王专员迅速妥议，呈核外仰转知该会”等因，奉此，除函知本县参议会外，理合具文，呈请钧府鉴核，俯赐提前筹议，以维水利，实为公便。谨呈甘肃省第七区行政督察专员兼保安司令王。

代理鼎新县县长陈世光
民国三十七年三月十九日

甘肃省七区专署就小新渠照案不闭口一事给六区专署的公文

1948 年 5 月 21 日　　张 2-289

字第 1266 号

（一）准第六区行政督察专员二者武二建辰字第 1445 号代电，据临泽县政府建（37）郊字零二六二号回代电称以小新渠在芒种节前关闭渠口问题，呈转省府建二水（35）午字第二四九二号指令，在河西水利整个整理工程未完成以前，每年高、鼎分水时，小新渠准照成案不可关闭在案。前后复转建水（36）郊字第二七八四号训令，通饬河西各县水利未完成以前，新负水利规案，务须照旧办理，不准稍有更张，以免发生纠纷在案。转遵小新渠据呈准不闭口，有案。本年分水转仍应商讨缙技成案，并转饬高、鼎的县长电。

（二）查小新渠虽往临泽县府呈准不闭口，有案。但本署近年省府迭电，召集有关各县开会，决议办法，并应依照本专员指示办理。以新命令须份后，应消灭旧命令，功效而言，自应依照本专员面示办理。

（三）已电发六区专署查照。

民国三十七年五月二十一日

甘肃省六区专署就小新渠照案不闭口一事的公文

1948 年　　张 2-289

（一）案署武二建辰字第（1445）号代电，报悉。

（二）小新渠虽往临泽县府呈准不闭口，有案。但本署近转省府迭电，应召集有关各府开会，决议办法，并应依照本专员指示办理。已电饬本署视察罗振翩照办。

（三）希叩查照。

甘肃省六区专员兼保安司令就据临泽县电请本年高鼎临三县均水时期保持小新渠不闭口事给第七区专员的公文

1948 年 5 月 5 日　　张 2-289

武（二）建辰字第 1445 号

酒泉第七区专员公署：

（一）据临泽县政府建（37）郊字零二六二号回代电称“案据本县小新渠代表马宗位等十五人四月十三日呈称‘呈为保持成例、以维民生，仰乞鉴核俯准，据情转呈事’查小新渠开自逊清初业，迄今二百余年，每岁，高、鼎均水之时，临泽三十六渠中惟小新渠不闭渠口，相沿至今垂为铁例，实为高、临、鼎三县人民所通知。细考小新渠不闭口之原因，即因渠道甚小，水量颇微，不影响于下流之灌溉，且土地纯属沙壤，不耐受旱，五日无水则若槁枯，十日无水则无收成之望，职是之故。即于开渠初年，呈准不闭渠口，有案。嗣后高台创修三清渠，以无适当渠口，加入之后水量加大，当时即被鼎新县民众呈请上峰，转饬封闭渠口。小清渠仍以上述理由，呈准不闭，是三清渠之不闭口者，乃受本渠之惠，实非其固有之例。追至三十四年，三清渠分口以后，该渠渠口过大，几将黑河之水吸收过半，此渠之闭与不闭影响于下流均水者实大。每年分水之时，高、鼎两县人民所斤斤较量者，即在于此。反观本区自与三清渠分离后，虽用两渠合用之年口，惟因人力薄弱，无法疏浚淤沙，任使渠水自流。且三清渠穿越本渠之处，由水利工程处按照过去水量搭一木槽，宽仅二尺八寸，高只二尺二寸（均系市尺）。此槽迄未改修，如水量稍一加大，无法加大容纳，此为一极明显之事实。即令开口畅流，何能浪费水量？再六区前王专员去岁视察本县时，派员勘测两渠水深及宽度，得知小新渠与三清渠合用一渠口时，渠宽九公尺五公寸，深度一公尺。自三十四年三清渠另开渠口后，小新渠渠宽仅一公尺八公寸，水深五公寸，而三清渠另开之渠口宽为一十五公尺，深为一公尺五公寸，反较与小新渠合用之渠口为大。此为勘测所得之事实，并非杜撰之谣言。如不及早修建进水闸，以节水量，则闭与不闭，相等彰彰明甚。去年分水时，三清渠曾拆除闸板十块，而水如故，即为明证。盖以清渠人力之众，渠口之上随时可以加工，去五来五，是今日之闭口与农昔之不闭，毫无二致，何所损于三清渠？而小新渠之水，过去并未加大，反遭闭口而致民生于不顾，失平之事孰甚于此。况省府前已体恤本渠民众艰苦，已以建二水(35)午字第三四九二号指令，在河西整个整理工程未完成以前，每年高、鼎分水时，小新渠准照成案，可不闭封，在案。兹后复奉建水（36）郊字第二七八四号训令通饬河西各县水利计划，为完成以前所有水利规章，务须照旧办理，不准稍有更张，以免发生纠纷，等因。政府既命令，理应遵照办理，何以本县水利计划尚未着手，一切事实均未变更之际，而遂更张小新渠二百余年不闭口之规章。命令之矛盾，前后如是之巨，民等殊难甘服。同时更为保持二百余年之成例，以为民生之保障，誓必全力以争。恳祈转呈省府详查两渠实际水量之大小，而定封闭与否之标准。幸勿以空洞之理想而强制其执行，则民等不胜感戴之至。谨呈等情，经提交本县水利委员会商讨结果，承认该渠民众所称各节确属实情。在本年高、鼎、临三县均水时期，应请保持小新渠不闭口之成案，以利民生。理合电请鉴核示遵”。

（二）查小清渠既据呈准不闭口，有案。本年分水期仍应商讨维持成案，以符功令。

（三）即希查照并转饬高台、鼎新县府知照为荷。

专员兼保安司令张作□□

民国三十七年五月五日

临泽县政府就响应建修梨园口水库事给高台县政府的公文

1948 年 2 月 20 日　　张 2–289

建（37）丑字第 0030 号

高台县政府公鉴：

查本县响山河发源于内流，经本县宣威、沙河、昭武三乡，注入黑河，为黑河流域主要支流之一。平时水量虽小，仅足本县应用，惟至秋冬二季，雪水融化，水量甚大，惜已过农时，任其流注，无法利用。倘在该河中游梨园口附近兴建蓄水库一座，不仅对本县农田有益，即张掖、高台、鼎新、金塔亦可均沾水利，调济旱灾。上年经呈准省府派工程师莅县勘查，在本县梨园口鹦鸽嘴建修，呈经水利部核准后即可开工。兹复经本县参议会建议“嘱呈请省府早日开工建修，并咨邻封县份一致主张”等由，过府，除呈请省府核示并分电外，相应电请查照，惠予响应一致主张，以利民生为荷。

临泽县政府建（37）丑智印

民国三十七年二月二十日

高台县长为就定宁渠首人选代表依期监修纳新号渡水槽事给常明乡长盛有聪的训令

1948 年 4 月 9 日　　张 2–289

训令稿三（37）郊字第 957 号

令常明乡乡长盛有聪：

（一）据该乡纳新号民众代表闫文浩、蒋毓汉等呈，本渠跨越丁宁渠之渡水槽，上年奉令建修时，比因灌溉冬水浚、天寒地冻、无法施工、未曾修竣。现已□暖解冻，渠民等拟于农历三月初四日开工，恳请届时派员□场，依成案监视，监视建修，维水利一案。

（二）由该乡长指导丁宁渠受益农户推选熟练水规之人士三人或五人，定于本月十三日（农历三月初五日），率往工地，会同本府派员，依照成案，监视修竣。

（三）本案已饬纳新号代表先行拆除破废材料，听后监修。

（四）仰即遵照，依限赶办，准时到达。

高台县长冯周人就呈请派员监修渡水槽事而拟的公文

1948 年　　张 2–289

批示三（37）郊字第□□号

（一）本月七日呈悉。

（二）准予派员监督，并饬常明乡指导定宁渠农户推选熟练水规人员，定于本月十三日（农历三月初五日）同场依照成案，监视建修。

（三）仰即先行拆除破费材料，听候监修。

县长冯周人

四月八日

纳凌渠纳新号民众代表蒋毓发等就修搭过槽而维水利事给高台县长的呈请书

1948 年　　张 2–289

为修搭过槽，呈请钧府派员监督，以杜争端，而维水利事：

情因敝渠渡水过槽，去年与定宁渠与讼，奉命建修。为因冬水正在紧急后，因天寒地冻，因而荏苒至今。现时春暖，渠岸冰消，民等务于农历三月初四日修搭过槽，恐其两造，突起争端，惟有呈请于县长案下，电鉴作主，俯准派员监修，会同两造人等齐集渠沿，而过槽之宽窄、高低，现有曩年成案执照可考，由来已久矣。祈恳照案建修，以免争讼，若蒙恩准，实得公便于无极矣。谨呈请高台县政府县长冯

呈请人纳凌渠纳新号民众代表　蒋毓发　闫文诰

蒋毓汉　闫大贤

蒋毓金　闫保德

王三华　蒋怀让

闫守生　蒋毓官

闫文俭　蒋毓庆

处理意见：

1. 准予派员监视修建。

2. 令饬常明乡长迅即指导定宁渠首人选，派熟练渠规人士三人或五人，由副乡长率领，准时前往渡槽，依照成案，监视修竣，具报备查。

四月七日

高台县长冯周人就小新渠闭口事给专署翟振翮的电令

1948 年　　张 2–289

致电专署翟视察：

三清渠与小新渠合口时，并不闭口。由酒泉（1413）密请替翟视察振翮兄，三清渠与小新渠合口时，芒种前，无封闭规定。弟冯□□郊。

县长冯周人

四月七日

为丰稳渠修理高橙槽以维水利事给丰稳渠水利渠长侯良恒的公文

1948年5月17日　　张2-289

三（37）辰字第1166号

丰稳渠水利渠长侯良恒谕：

（一）本年四月二十二日案准临泽县政府三（37）第〇一〇一号郊条代电开，入原文，等由一案。

（二）仰遵照办理具报。

中华民国三十七年五月十七日

高台县长就转饬丰稳渠负责人补修高橙槽以维水利事给临泽县政府的公函

1948年5月　　张2-289

三（37）辰字□□号

临泽县政府公函：

（一）本年四月二十二日三（37）辰字第〇一〇一号郊条代电“嘱转饬本县丰稳渠负责人修理高橙槽”一案。

（二）已令饬该渠负责人员，遵照办理具报。

（三）复请查照。

县长冯周人

中华民国三十七年五月

临泽县政府就函请高台县政府转令丰稳渠修理高橙槽事给高台县政府的公文

1948年4月17日　　张2-289

三（37）郊字第0101号

高台县政府公鉴：

案据本县小鲁渠民众白光昌等八人呈称“为呈请函复，高台县政府转令丰稳渠修理高橙槽，以维水规老案。事查，县属小鲁渠开自明朝万历年间，由南而北，渠形最高。至清朝康熙年间，有高台县人民新开渠一道，名曰丰稳渠，自东至西经过本村水道相交之处，将小鲁渠渠身挖切两段，不能通水。当时双方与讼数年不休，经官订立水老案，由该渠在挖断之处修搭通水橙槽一座，名曰高橙槽。上用木板做成，沙毡铺底，黄蜡灌缝，下用土筏、木棍压垫。每年开水之前，由该渠自行修搭，至冬闭水后，该渠木棍拆取，以防乞丐攀偷。双方同意商定水利老案，嗣后历年照案，尚无异议。迄至三十三年夏，由该渠会同水利工程师，将橙槽下部石条修成，上部仍用旧木板作就，两岸码头皆用土筏凑成，该渠自以为不再修理。迨至去年，两码头倾颓，木板腐朽不能通水。民等一再呈请省政府令饬补修，转奉指令，以各遵成案办理。现值春修时期，恳祈钧座鉴核，函转高台县政府令饬该渠负责人遵照水利老案，即予补修，以重水利老案。谨呈”等情，据此相应电请贵县，转饬该渠负责人补修，并见复为荷。

临泽县政府三（37）卯条印

中华民国三十七年四月一七日

处理意见：

令丰稔渠水利负责人员遵照办理并复。

四月二一六日

柔远乡民殷占甲就呈请准予在丰稔渠郑家湾镶一木闸掩蔽大渠内支溪洞口以灌高地事给高台县长的呈文

1948年5月15日　　张2-289

兹将民等灌田困难，祈予解救，数事陈述下：

（一）柔远乡镇远保（丰上下）郑家湾一段，向为高坑之春地 不啻土质不良，每年水份灌溉，丝无所望，尤其时值立夏之后，大渠内水渐微细，又加大渠内过低之溪，洞口又多，此洞口颇难掩闭。渠内所有之水全被低溪吸去，而郑家湾伍佰余亩十有九旱，全无受益。

（二）于三十四年，民等将郑家湾地高渠低，灌溉不便之详情报府，祈派员巡查，准民等镶一木闸，以解档水而灌高地之难，但至今终未处办。兹值夏禾需水甚殷之际，而大渠之水甚为细小，即无法筑一土坝，又无法掩闭低溪洞口。而郑家湾一段高地刻下均是壤地，□□□□□□①，需粮孔亟之时，与修水利、增加生产、充实农村金融，实为刻不容缓之急务。

（三）祈速祈请莅境详查，准在郑家湾□□□□□□水掩闭低溪洞口，俾浇高田，元地亩得沾厚惠。俾贫苦穷迫之民等，始可以受生计。谨呈高台县政府县长冯。

柔远乡镇远保户民　殷占甲　殷占午

殷中选　殷多安

殷多举　殷多昌

殷大福　殷大德

中华民国三十七年五月十五日

---

① 编者按：为符合当今有关出版规定，此处略去数字。

高台县长就饬民众代表王泽清等办理修建分水闸贷款手续事给柔远乡政府的训令

1948 年 6 月 30 日　　张 2-289

三（37）巳字第 1773 号

柔远乡公转训令：

（一）本年二十六日准中国农民银行张掖办事处贷字第二一号函开“入原文□□□□□□，转知该渠王泽清办理为荷”一案。

（二）通知柔远渠利号岔民众代表王泽清等，办理贷款手续。

（三）仰即查勘该渠建修水闸，有纠纷情形先行报查。

县长冯

六月二十九日

柔远乡公所就呈报柔远渠利号建修分水闸有无纠纷情形事给高台县政府的呈文

1948 年 7 月 13 日　　张 2-289

柔（37）午字第 60 号

高台县政府：

（一）奉钧府三（37）巳字第一七七三号训令“饬查勘柔远渠利号，建修分水闸，有无纠纷情形查报”一案。

（二）遵于本月九日，前往该渠利号岔查勘，并傳集贞号绅耆孙丕能等，征询意见。据言“分水闸既经利号民众呈准建修，不敢达拒功令，但顾水利工作站详加考虑，公平建修，使贞利两号农田均能顺利灌溉”等语。现此情形，亦无若何纠纷，谨将奉令调查情形，备文呈报。

（三）请电鉴核夺。

中国农民银行张掖办事处就修建分水岔并办理贷款事给高台县政府的公文

1948 年 6 月 23 号　　张 2-289

贷字第 21 号

迳启者：

奉中国农民银行兰州分行兰农（37）字第三五八号函开“兹准甘肃省水二已字第（2239）号函‘以据高台县柔远渠利号岔民众代表王泽清等，呈请修建分水岔，经电请水利部工程处，转饬张掖工程区，派员勘查设计。去后，拟由该区主任萧永龄，于本年五月十五日，拟送工程预算一份，计需款一亿五千万元。请照贷’等由，判行查该岔分水闸工程如无纠纷时，可照小型水贷办法，照贷一亿五千万元，期六个月，息七分，须觅有铺保”等因。查该渠所请修建分水闸贷款一亿五千万元，如即需贷放，仍将工程预算表及收益田亩数量，由该乡乡合作社或乡农会检送一份，并立据承借，俾利与建，相应函请。查照转知该渠代表王泽清办理为荷。此致高台县政府。

中国农民银行张掖办事处
民国三十七年六月二十三日

处理意见：

令柔远乡公厅，转知柔远渠利号贫民众代表办理贷款手续，同时查明建修水闸有无任何纠纷，详报核办。

六月二十六日

高台县长就请详示水利贷款应办手续表据式样事给中国农民银行张掖办事处代电

1948 年 7 月 26 日　　张 2-289

三合（37）午字第□□号

中国农民银行张掖办事处代电：

（一）本年六月二十三日贷字第二一号公函报悉。

（二）本案已饬柔远渠代表王泽清，迅予办理贷款手续在案，惟对小型水利贷款尚未举办，希将水利贷款应办理手续，以及表据式样，惠予详示，俾利进行。

（三）请查照见复。

县长冯周人
七月二十六日

中国农民银行张掖办事处就办理小型水利贷款详细手续事给高台县政府的公文

1948 年 8 月 2 日　　张 2-289

贷字第 4 号

贵府三合（37）午字第二一〇四号台函经悉，兹将办理小型水利贷款应办理手续及应送表，分奉如次：

（一）柔远渠申请水贷，应由柔远乡合作社负责承备。

（二）核准全额为一亿五千万元，期限六个月，利息为月息七分。

（三）社员土地权状作保证，每社员一张抵押品。

（四）附奉申请书、借据、印钱表、计划书、社员名单、收据式样各一份。

（五）并请转知该社一切手续办妥，土地权状随同送行，贷款可以速汇高台甘省行。以上各点相应函请查照，转饬办理为荷。此致高台县政府。

中国农民银行张掖办事处
民国三十七年八月二日

处理意见：

转饬柔远渠利号民众代表王泽清等，遵照办理。

冯周人

八月十七日

就请寄柔远渠岔分水闸工程预算表以便办理贷款事给水利部河西水利工程处张掖工程区的公文

1948 年 7 月 27 日　　张 2–289

三合（37）午字第 2104 号

水利部甘肃河西水利工程处张掖工程区：

（一）准中国农民银行张掖办事处贷字第二一号公函“以奉中国农民银行兰州分行函，准甘肃省政府水二巳字第二二六九号公函，以据高台柔远渠水利号岔民众代表一录全文……为荷”

（二）希将该渠利号岔民众分水闸工程预算示表，惠予补寄二份，俾便分转办理贷款手续。

（三）请查照见复。

中华民国三十七年七月廿七日

高台县长就贷款办理以及提前建闸施工事给柔远渠利号王泽清的电报

1948 年 7 月 28 日　　张 2–289

三（37）午字第□□号

柔远渠利号王泽清：

（一）本年七月二十六日呈悉。

（二）贷款手续及建闸工程需用材料，已分别函请农民银行及工程处办理，俟复另案饬知。

（三）转请提前施工，避免影响秋禾灌溉一节，应准照办。

（四）准予派员勘查。

（五）仰即之照。

县长冯周人

柔远渠利号民众代表王泽清等为呈请张掖工程处指派技术人员来县设计镶闸并示知需用材料等事给高台县长的呈文

1948 年 7 月 27 日　　张 2–289

高台县政府县长冯：

（一）查民等前以水利发生故障，以致苦乐不均，呈请省府派员勘查设计，匀允另筑贞号，使水闸口而免常遭旱灾。去后，旋于本年六月十九日，奉甘肃省政府水三（37）嗣字第二四一二号牌示内开“前据该民等呈，为水闸发生故障，以苦乐不均，恳请派员勘查设计，匀允水利一案，经水利部甘肃河西水利工程处张掖工程区派员勘查设计，旋准该处电复已派员勘查设计完毕，需款一亿五千万元，并经函请中国农民银行兰州分行，贷款办理。去后，兹准该行本年六月七日函复，已转饬张掖分处，视该岔分水闸有无纠纷发生，仰知照并送行洽办。如需技术指导，可就近洽请张掖工程工程区派员指导”一案。

（二）上年九月间，经张掖工程区派员勘查设计，预需款一亿五千万元。兹蒙省府准予中国农民银行兰州分行，转饬张掖分处贷给。但民等未请贷款手续，祈请指示，俾为早得，早为准备，以免临渴掘井之虞。

（三）上年预算计需工程款一亿五千万元，而彼时物价较现在物价增高数十倍，以核准上年预计之工程款，数目属实，不足应用。请转呈省府体念民艰，俯准增贷数亿元，以资购料，而免中途减需料不足。

（四）刻下夏禾将行登场，秋禾虽曰需水，不甚紧要，此时洽为敌。当若最近不镶，错过斯时，如延至秋季，灌地需水恐急，实难修筑。祈催请张掖工程区早日指派技术人员来县，设计指导镶筑闸口，免误失机。

（五）请钧府指派专员赴地勘查，或按地粮秉公设计。匀允水利，镶筑斯闸，而免双方争执，损盖发生纠纷。

（六）统乞鉴核俯赐分别办理，指示祇遵为祷。

柔远乡利号民众代表　王泽清　方佑邦
权进德　王自贵

处理意见：

1. 贷款手续已函洽中国农民银行张掖办事处解答，俟复另案饬知。
2. 准贷款一亿五千万元，以物价波动不敷应用，仰候电请省府核增。
3. 建闸工程需用材料，准函工程区仅先预算，俟复饬知。
4. 斤请程前施工，避免影响秋禾灌溉一节，应准照办。
5. 准予派员查勘。

高台县长就函送水利贷款手续事及列表式样事给柔远渠利号王泽清的公文

1948 年 8 月 28 日　　张 2-289

全三（37）未字第□□号

柔远渠利号王泽清：

（一）本年八月十七日案准中国农民银行张掖办事处，函复水利贷款手续，并送列表式样到府。

（二）兹拨发原件。

（三）仰遵照办理。

县长冯周人
八月二十八日

水利部甘肃河西水利工程处张掖工程区主任就柔远渠贞利号分水闸兴修办法及材料数量事给高台县政府的公文

1948 年 9 月 10 日　　张 2–289

张（37）申字第 39 号
高台县政府：

（一）准贵府三（37）申字第二五八五号公函敬悉。

（二）查柔远渠贞利号分水闸，经前甘肃河西水利工程处总队第三分队于民国卅六年测量设计有案，并经洽完中农行小型农贷款一亿五千，遂于本年贞利号民众意见分歧，本年多次洽商，均未能获解决，以致拖延未能施工。致于异日，该项工程施工时，本区只负技术指导责任，当年原设计图办理，未便有所更动。

（三）兹将该项分水闸所需材料列表一份，送请查照。

主任周颂
民国三十七年九月十日

处理意见：

传柔远渠贞利□□人研讨建修分水闸施工方式后，再行办理贷款手续。

冯周人
九月十五日

高台县长就建修分水闸工程宜采取按地平均水量事给甘肃河西水利工程处张掖工程区的公函

1948 年 9 月 7 日　　张 2–289

三（37）申字第 585 号
水利部甘肃河西水利工程处张掖工程区：

（一）本年八月三十一日，据柔远渠贞号民众代表孙丕仲等呈请建议贵处，设计贞号受益分水闸工程，应按照历年按渠民夫数字作为均水流量采准一案。

（二）兹移录原件随同附寄。

（三）请查照办理。

县长冯周人
民国三十七年九月七日

柔远乡贞号首领方炳等就利号虚词狡赖截水不公事给高台县长的呈文

1948 年　　张 2–289

钧鉴作主、准予公裁、以平水为宜、而维水利，俾免虚词狡赖事：

窃查本号（贞号）原属柔远渠一渠，分为元、亨、利、贞四大号。每逢输水，由元号起点浇灌至敝号为止。当日先辈治水，以按地亩分水，四十五亩地为一分水，每分水即出夫一名，不按号之大小使水，以按规定分水下夫，历年以按成例，俟次浇灌。因敝号最下，俟水十浇九无，盖不易灌，又加敝渠闸口，在附迅利号相隔十余里之穹，每俟余水，多被利号拦阻，而敝号不能见水。因于光绪二十六年，会同川新镇西□□堡首领斟酌平水，成三旧规水案，将闸口让直，宽直如旧。每逢元号输水，首大之余水，自准利号扎系闸一天一夜，与敝号无干，其余三天三夜，自准贞号撤闸，两号平流，南不打北，北不打南。尚有扒使余水，合同水案为况。不料该利号不守旧章，推翻水规，反来虚词狡赖，谓以敝渠闸口太低等语。闸虽敝号所有，水非敝号所使，自水出闸，先由亨、利两号灌溉后，挨敝号所浇，累受该号影响，以致九旱民逃。昨蒙钧府建设科范科长、周工程师以及参议会派员亲临敝渠勘查，不料是日，正挨公水四号，均能使用，若过公水一天，敝渠绝无水来，被利号打住。昨日勘查时，十分水自有一分下流，似此狡赖，敝号实难忍受，为此据情呈请县长鉴核，予以按照平水解决，而维水利，以彰公道，并祈立案，俾免争狡，实为公便。谨呈。

呈请人柔远乡贞号首领　方　炳　赵才文
李松林　舒占余
孙立增　孙尚勤
李有儒

处理意见：

函转张掖工程区酌情办理并批示。

冯周人
八月三十一日

就准备小新渠渡槽改建涵洞材料事给三清渠民众代表的公文

1948 年 11 月 2 日　　张 2–289

三（37）西字第 3035 号

三清渠民众代表张汉儒、鲍鸿章、罗春云、郭复业、王三重等：

（一）本年十月，是□□业准临泽县政府三（37）西字第二二三号公函“入原文”而维两县人民感情一案。

（二）仰该代表遵照，先行筹备卵石材料，以资兴修，并将办理情形先行报核。

为督修小新渠渡槽改建涵洞事给临泽县长的公函

1948 年　　张 2-289

三（37）西字第□□号

临泽县政府袁县长：

（一）本年十月十一日三（37）西字第二二三号公函报悉。

（二）查小新渠渡槽改建涵洞，以工程浩大，必需技术人员设计。本府业经洽商河西水利工程处驻本县办事处，派员勘测设计。去后，旋由周工程师颂面谈于马尾湖水库石工告竣，即行着手开办等语。兹准前由，除函请河西水利工程处提前办理工程计划图表，以利进行外，并饬三清渠代表，先行筹备卵石材料。

（三）函复查照。

（四）本案已饬三清渠代表遵办，并函河西水利工程处查照。

高台县长就请勘测临泽小新渠渡槽改建石涵洞事给甘肃河西水利工程处张掖工程区的公文

1948 年　　张 2-289

三（37）西字第□□号

甘肃河西水利工程处张掖工程区：

（一）本年十月十九日案准临泽县政府三（37）西字第二二三号公函“入原文”而维两县人民感情一案。

（二）查小新渠渡槽改建石质涵洞，因工程浩大，必需工程人员勘测设计，非拟工程计划，无从着手。

（三）函请查照，至悉惠予派员勘测，拟定工程计划，以便转饬三清渠人民等备工料，以利进行，并盼见复。

县长冯周人

十月卅一日

临泽县长就函请三清渠民速修小新渠石渡槽事给高台县政府的公文

1948 年 10 月 11 日　　张 2-289

三（37）西字第 223 号

高台县政府：

（一）查关于三清渠之上小新渠石渡槽，依照三十三年原定合约，应由三清渠负责与修石涵洞，以期永久。现以所临时木渡槽，时经四年，木料腐朽，漏水甚烈，影响小新渠浇灌，并经贵县马尾湖水库工程处派员勘查属实，惟迭经函催，迄未建修，除呈请省府核办外。

（二）请查照督饬三清渠迅予筹款兴修，以利小新渠水利，而维两县人民感情。并希见复为荷。

县长袁

民国三十七年十月十一日

处理意见：

严饬三清渠代表筹备兴修并复。

县长冯周人

十月十九日

就因丰稔渠堤冲毁而站家渠自行抢修渠堤并奖励踊跃参与者的具体情形及处理办法事给建康镇长的公文

1948 年 11 月 18 日　　张 2-289

三（37）戌字第 3206 号

建康镇许镇长：

（一）本年十一月十二日报告及处理办法均悉。

（二）兹分别指示如下：

1. 丰稔渠崩溃即出偶然，而水归站家渠，此示人力所不能抗。关于站家渠抢修渠堤费用，着由站家渠水利渠长统筹。为堵水挪用林世儒大门扇，由该渠长负责赔还。

2. 站家渠上号水董殷建诰传唤□□□□[1]。

3. □□□□许允章、许成法二人，连同站上下人民踊跃参加堵水工作，殊堪嘉尚，准饬站家渠水利渠长分别筹予报酬，以示奖励。

（三）仰即知照办理。

（四）本件已谕饬站家渠水利渠长，遵照办理由。

关于此次站家渠堤被水冲毁应办各项仰遵照办理由

1948 年　　张 2-289

三（37）戌字第□□号

站家渠水利渠长朱建诰：

（一）本月十六日据建康镇长许正荣呈报以站家渠堤崩溃，召集民夫抢险堵筑抢险照府抄发原报告一件。

（二）经查丰稔渠崩溃即出偶然而水归站家渠，此示人力所不能抗。关于站家渠抢修

① 编者按：此处原文档漫漶，不可识。

渠堤费用着由站家渠水利渠长统筹。并将堵水挪用林世儒大门扇迅予取还。

（三）至赤身入水抢险出力之许允章、许成法二人连同站上下人民踊跃参加堵水工作，殊堪嘉尚准饬站家渠水利渠长分别筹予报酬以示奖励。

（四）仰即遵照办理并将办理情形报府核查。

县长冯周人

十一月十八日

鼎新县长就该县参议会提议转饬省府严饬高属三清渠速予建修进水闸等事给甘肃七区专署的呈文

1948年2月22日　　张2-289

鼎三建（37）丑字第20号

甘肃省第七区行政督察专员兼保安司令王：

案准本县参议会鼎参秘（37）子字第三五号咨开“查本会第二届第二次大会，郭参议员正厚等提建议，政府转请省府严饬高台县属三清渠，速予建修进水闸，以节水流，并实现分水永久办法。及饬临泽小新渠，在均水期间，照例封闭渠口，以维水规，而利民生案。当经提交大会，郑重审查讨论，决议照原案记录在卷外，相应抄附原提案一份，一并咨请贵府查照，采纳执行，并见复为荷”等由。附提案一份，准此，除咨复并分呈外，合理抄附原提案一份，随文转请钧署鉴核示遵！谨呈甘肃省第七区行政督察专员兼保安司令王。附抄原提案一份。

代理鼎新县县长陈世光

附原提案：

案由：建议政府转请省府，严饬高台县属三清渠，速予建修进水闸，以节水流，并实现分水永久办法。及饬临泽小新渠，在均水期间，照例封闭渠口，以维水规，而利民生案

理由：查照黑河上游张、临、高各县渠口每年于芒种节前十日照例封闭，以备下游高属上下五堡、正义及鼎属毛、双二屯之灌溉，相沿已有二百余年之定案。近如高属三清渠之建设，临属小新渠之创修，足使下游水分影响良深。经本县再四呈请上峰，准予照例封闭各在案。始于民国三十四年秋季，由七区专署及有关县长及地方人士，在高台订定分水之办法八条，又经省府核准，饬遵在案，以保上下游人民之遵循。但去年均水期间，临泽小清渠仅闭五天，高属三清渠之民众不但仅撤去闸板十块，而该渠人民代表张汉儒等竟聚众相抗，不遵规定之办法。况该渠渠口过大，吸收河水过半，即该渠上游封闭水分，尽由该渠吸去，进水量无法管制，下游人民于均水有何裨益？况水利关系社会治安，人心稳定否，不无有因。揣想该渠建修渠道，原为管制水流殊意，该渠修成后，不但打破数百年之成例，且拖延不修进水闸，不遵守新定水规办法，而下游人民又焉能轻易放弃成例。是问三清渠之人民政府加以保护，设法调整水利，而下游高属上下、正义五堡及鼎属毛、双二屯之人民置诸何地？去年均水时过境，达至本年均水期间，务请政府严饬临属小新渠照例封闭渠口，高属三清渠要遵照订定分水办法，且速饬建修进水闸，以管制水量，而利下游

人民之灌溉。

办法：1. 以大会名义咨请县政府，转呈省府及专署严饬高、临两县分别遵办。2. 并以本会名义电请省府及专署严饬遵办。

提案人　郭正高　郭正厚　胡生儒　仲希莫　陈霓礼　张永寿　丁继志

审查意见：照原案，交大会讨论。

处理意见：一致通过。

高台县长就附送灌溉工程调查表等事给甘肃第七区专员兼保安司令的电报

1948 年 9 月 22 日　　张 2-289

三（37）申字第 2720 号

酒泉第七区行政督察专员兼保安司令王：

（一）一（37）申字第二二四六号代电奉悉。

（二）查本县灌溉工程调查表，以三（37）申字第二五九八号呈赍甘肃省政府，核备在案。

（三）兹谨照缮原表一份，随电附赍。

（四）请钧鉴核查。

署高台县长冯周人

民国三十七年九月二十二日

处理意见：

存查。

维墉

十月二日

三清渠渠道整修及开荒具体详情及解决办法

1948 年 张 2-289

"……①门多用柴土阻塞漏泄不已，消耗水量难以数计，故入口量大（约五秒公方以上），应用量小（约三方左右）。若不测量改良，开荒用水成大问题。查设计水量为五秒公方，除灌现有一万三千亩外，尚足荒地二万余亩之用，今仅足二万亩之用，其消耗量大可想而知矣。"（略）"县城有三清渠工程处，去年改道时设立，尚未撤消，等于虚设。由鲍县参议会员负责全渠，设有渠长二人，负全渠分水及修理渠道。由受益各保公推，任期一年，其下有小甲十六个，由渠长及受益各保选用之员催夫及收款之责。渠长必须一个人住于渠口附近指挥，因距离窎远，恐贻误也。渠长在渠久未派收之前，须负维持小甲生活责

① 编者按：此处原文档漫漶，不可识。

任，故渠长非身闲及家道富裕者不能胜任。过去有应充任渠长而略及家庭者，故多视为畏途。灌水时，用点香定时候，司其事者为各庄公正，而有经验者渠长，将每小时渠灌水时间，按照全渠水量分配妥定后，发帖之到各村，遵照约十日输灌一次。时间配定后，若因故或渠道发生障碍禁处，致未灌溉时，亦不补水。须俟下输再灌，以故常发生纠纷，经开会决定补给时，亦可补一日或半日之水。渠长责任太大，似有改组管理处及水董会之必要。维旧法行之已久，且渠长公而忘私，效力亦甚昭著，请斟酌视之。”（略）“上仰丁作能县长拟设自治实验区筹备事物所，而省方指示办师范乡公所，至今尚未正式成立机构。仅由建设科借以工代赈，劳动服役，及劝导人民自动开垦方法提倡垦殖，效力甚微。计垦殖之区域有四处不足千亩，小海子一带，所种胡麻荒芜不堪，询知，多为人民自动开垦。县府布告地权不准私自转移，人民误会，不复耘耔。易号下塞子所种小麦甚好，据询约有十七余市石收成糜子，种者亦多小远，不若私种者之蓬勃。范科长云‘用于垦殖之公，欵有二百四十余万，因无专人负责，又水量不足，故成效止于如此’，查荒地范围甚广，非有灌溉渠道不能着手。亦先派工程队测量地形，勘定渠道并整理旧渠道。俾用水不感困难，方可垦殖一方。调查三清渠受益五保居户有垦殖能力者若干，盐池及其他各保有耕作能力能移到垦区工作者若干，然后成立特别机关，主持修建房屋，划定单位农场，移民居住。灌足冬水，明年种殖方可生效。仅由县府办理，力量有限，人力财力均感不够，徒有垦荒之虚名而已”等情，兹分别核示：

（一）三清渠旧渠渠道之整修，仰恪遵本年元月十日建二水（卅五）子字第一一一号训令，迅依雷工程师同允所拟计划办理。

（二）管理机构及水董会之组织引水规则等，应遵本府前须甘肃省水渠灌溉管理规则等五种法规，及本年八月日建二水（卅五）未电办理。

（三）垦荒。

高台县丰稳渠水利委员会侯良亨等人就丰稳渠修理渡槽争议情形及修理意见事给高台县长的呈文

1938 年 5 月 13 日　　张 2-289

高台县政府县长冯：

（一）本年五月七日奉、钧府三（37）辰宇第二六六号谕敬悉。

（二）查丰稳渠渠口位居临泽，自开渠以来，该小鲁渠人即以本渠假道开渠时，具以上待下之心理。当本渠先辈时，为维持多方情感，计该高橙渠槽每十五年由本渠代为施修，期间偶有损坏，该渠即行补修。迨后人心不古，该小鲁渠人即借此为祚财之源，如祚财不遂是项，橙槽每年冬天，暗中使人故意拆损。此项情形，於民国三十四年五月间，以连年纠纷不息。有本渠水利委员会王敬祖等曾经呈报省府，后由崔水利专员及张掖水利工作站协同酌议，不惜巨资备料修理，并於是年九月十一日奉钧府建（34）申字第二五七七号训令，以奉府令，内载有根除此案纠纷意见五条依照：

1. 此次修复后约可保固三年，三年后，由钧府指省政府饬水利林牧公司专令张掖水利工作站，将槽底槽帮一律改为石质，以资经久。

2. 渡槽看管由小鲁渠受益农户负责，其有故图破坏者，看管人得送请临泽县府惩办。

3. 三年内木渡槽若有损坏修理情事，由小鲁渠备料丰稔备工，尽其各尽之义务等语。

令该高橙渠完整如前，而高橙槽以北之农田，悉数灌过。惟小鲁渠人妙想天开，意欲推翻是项定案，仍沿当年故技，不第徒享欢利，且欲借故苛祚，本渠自当遵守政府定案辦理，决不负单面修理之责。

（三）谨请鉴核。

高台县丰稔渠水利委员会　侯良亨　殷朝林

五月十三日

处理意见：

婉转临泽县政府查照，劝导该渠人民勿再滋端。

高台县三清渠民众代表张汉儒等就被设阱陷害侵夺水利并希冀改善均水方法事给甘肃省主席的呈文

1948 年 4 月　　张 2-290

呈为设阱陷害、侵夺水利，恳祈钧座电鉴作主，俯准勘查敝渠实际情形，改善芒种节前均水办法，以免渠民枉遭灾害，俾维生活事：

缘三清渠灌溉田亩三万八千三百余市亩（系测量后人民领获权状之数），全面接近山麓，地势高昂，且以渠口位于临泽县城以东，线长百余华里。自清雍正年间开闸以来，每年芒种节前，鼎、高均水时，敝渠故不闭口分水。惟于三十四年呈准开辟新线之后，因敝渠灌溉面积过多，各使水单位均水，感轮水期间不敷灌溉（原曰设计渠道时，因各种自然阻塞，系按二万三千亩面积开挖），无如鼎新人民纠合本县下游正义五堡，捏造事理，呈请省府勒令本渠于芒种节前，闭口分水。旋由钧座派员来县，会同鼎、高县长及各机关首长，开会商讨，议定均水办法。比因七区专署刘视察口专重片面理曰，不顾本渠实际，而下游鼎新人士信口雌黄，既曰敝渠变成泽国，浸毁交通行车，牲畜溺毙若干，又曰渠口大于黑河数倍，如不封闭渠口，黑河下游滴水不能通流，等等事理相反之要求。刘视察从未加以纠正，代表等观察与会情形，此案难获平等解决，遂即退避其锋。迨至上年芒种节前均水时，代表等始悉本渠已定均水办法（即于均水期间拆除退水闸板一十二块），代表等以本渠新线，系蒙钧府主持开挖，对于闭口分水，自应静候政府裁处。但对均水时，依照该项不平等办法之规定，拆除退水闸板一十二块，则渠水流量纯归黑河，涵洞内滴水不流。当经冯县长同众声□，按照办法减除两（即拆除十块）。讵料均水之后，下游鼎新人民幸灾乐祸，造谣起端，随即控报代表等拥众千余武力拒抗，又报敝渠水利人员偷掩闸板一块，□乃以鼎新张县长□从是非，转咨惩办。及至高、鼎两县政府派员会查，结果维事属子虚，但因迭被陷害，黑白难分，致将代表等蒙陷口线，苦不堪言。尤其拆板均水之后，敝渠下游南岔上下成信各号，夏禾大部遭受旱灾，以致人民十室九空，颠怜无告。兹以芒节快□，大祸将临，代表等深恐前辙复踏，枉遭灾害。除分陈外，谨特呈恳钧座大施仁慈，开一万人之生路，伏乞明察实际，改善水利，借免渠民农田受旱，失依流离，务祈恳准，则代表等幸甚，万民幸甚。谨呈甘肃省政府主席郭。

高台县三清渠民众代表 张汉儒 鲍鸿章 罗春荣
苗万新 吴克新 许企德
夏建福 王三重 王锦新
张登国 王虎臣 盛尚德
方志元 王福安 张富国
孟开元 王维杰 张成玉
郭复业 谢政明 白成本
吴开文 李生隆 郭万新
党福文 王国汉 刘德新
薛发善

中华民国三十七年四月

高台县三清渠民众代表张汉儒等就被设阱陷害侵夺水利并希冀改善均水方法事给第七区王专员的呈文

1948 年 4 月　　张 2-290

呈为设阱陷害、侵夺水利，恳祈钧座电鉴作主，俯准勘查敝渠实际情形，改善芒种节前均水办法，以免渠民枉遭灾害，俾维生活事：

缘三清渠灌溉田亩三万八千三百余市亩（系测量后人民领获权状之数），全面接近山麓，地势高昂，且以渠口位于临泽县城以东，线长百余华里。自清雍正年间开闸以来，每年芒种节前，鼎、高均水时，敝渠故不闭口分水。惟于三十四年呈准开辟新线之后，因敝渠灌溉面积过多，各使水单位均水，感轮水期间不敷灌溉（原曰设计渠道时，因各种自然阻塞，系按二万三千亩面积开挖），无如鼎新人民纠合本县下游正义五堡，捏造事理，呈请省府勒令本渠于芒种节前，闭口分水。旋由钧座派员来县，会同鼎、高县长及各机关首长，开会商讨，议定均水办法。比因七区专署刘视察□专重偏面理由，不顾本渠实际，而下游鼎新人士信口雌黄，既曰敝渠变成泽国，浸毁交通行车，牲畜溺毙若干，又曰渠口大于黑河数倍，如不封闭渠口，黑河下游滴水不能通流，等等事理相反之要求。刘视察从未加以纠正，代表等观察与会情形，此案难获平等解决，逐即退避其锋。迨至上年芒种节前均水时，代表等始悉本渠已定均水办法（即于均水期间拆除退水闸板一十二块），代表等以本渠新线，系蒙钧府主持开挖，对于闭口分水，自应静候政府裁处。但对均水时，依照该项不平等办法之规定，拆除退水闸板一十二块，则渠水流量纯归黑河，涵洞内滴水不流。当经冯县长同众声□，按照办法减除两（即拆除十块）。讵料均水之后，下游鼎新人民幸灾乐祸，造谣起端，随即控报代表等拥众千余武力拒抗，又报敝渠水利人员偷掩闸板一块，□乃以鼎新张县长□从是非，转咨惩办。及至高、鼎两县政府派员会查，结果维事属子虚，但因迭被陷害，黑白难分，致将代表等蒙陷口线，苦不堪言。尤其拆板均水之后，敝渠下游南岔上下成信各号，夏禾大部遭受旱灾，以致人民十室九空，颠怜无告。兹以芒节快□，大祸将临，代表等深恐前辙复踏，枉遭灾害。除分陈外，谨特呈恳钧座大施仁慈，开一万人之生路，伏乞明察实际，改善水利，借免渠民农田受旱，失依流离，务祈恳准，则代表等幸甚，万民幸甚。谨呈甘肃省第七区行政督察专员王。

高台县三清渠民众代表　张汉儒（印章）　鲍鸿章（印章）
罗春云（印章）　苴万新（印章）
吴克新（手印）　许企德（手印）
夏建福（手印）　王三重（手印）
王锦新（印章）　张登国（印章）
王虎臣（手印）　盛尚德（印章）
方志元（印章）　王福安（印章）
张富国（印章）　孟开元（手印）
王维杰（印章）　张成玉（印章）
郭复业（印章）　谢政明（印章）
白成本（手印）　吴开文（手印）
李生隆（印章）　郭万新（手印）
党福文（印章）　王国汉（印章）
刘德新（手印）　薛发善（手印）

中华民国三十七年四月

处理意见：

呈赍该县，芒种节前均水办法已成定案，未便□□转饬□□□议仰即去后。

王维墉（印）

五月十九日

高台县三清渠民众代表张汉儒等就被设阱陷害侵夺水利并希冀改善均水方法事给高台县冯县长的呈文

1948年4月　　张2-290

呈为设阱陷害、侵夺水利，恳祈钧座电鉴作主，俯准勘查敝渠实际情形，改善芒种节前均水办法，以免渠民枉遭灾害，俾维生活事：

缘三清渠灌溉田亩三万八千三百余市亩（系测量后人民领获权状之数），全面接近山麓，地势高昂，且以渠口位于临泽县城以东，线长百余华里。自清雍正年间开闸以来，每年芒种节前，鼎、高均水时，敝渠故不闭口分水。惟于三十四年呈准开辟新线之后，因敝渠灌溉面积过多，各使水单位均水，感轮水期间不敷灌溉（原曰设计渠道时，因各种自然阻塞，系按二万三千亩面积开挖），无如鼎新人民纠合本县下游正义五堡，捏造事理，呈请省府勒令本渠于芒种节前，闭口分水。旋由钧座派员来县，会同鼎、高县长及各机关首长，开会商讨，议定均水办法。比因七区专署刘视察□专重偏面理由，不顾本渠实际，而下游鼎新人士信口雌黄，既曰敝渠变成泽国，浸毁交通行车，牲畜溺毙若干，又曰渠口大于黑河数倍，如不封闭渠口，黑河下游滴水不能通流，等等事理相反之要求。刘视察从未加以纠正，代表等观察与会情形，此案难获平等解决，逐即退避其锋。迨至上年芒种节前均水时，代表等始悉本渠已定均水办法（即于均水期间拆除退水闸板一十二块），代表等以本渠新线，系蒙钧府主持开挖，对于闭口分水，自应静候政府裁处。但对均水时，依照该项不平等办法之规定，拆除退水闸板一十二块，则渠水流量纯归黑河，涵洞内滴水不流。当经冯县长同众声□，按照办法减除两（即拆除十块）。讵料均水之后，下游鼎新人民幸灾乐祸，造谣起端，随即控报代表等拥众千余武力拒抗，又报敝渠水利人员偷掩闸板一块，□乃以鼎新张县长□从是非，转咨惩办。及至高、鼎两县政府派员会查，结果维事属子虚，但因迭被陷害，黑白难分，致将代表等蒙陷口线，苦不堪言。尤其拆板均水之后，敝渠下游南岔上下成信各号，夏禾大部遭受旱灾，以致人民十室九空，颠怜无告。兹以芒节快□，大祸将临，代表等深恐前辙复踏，枉遭灾害。除分陈外，谨特呈恳钧座大施仁慈，开一万人之生路，伏乞明察实际，改善水利，借免渠民农田受旱，失依流离，务祈恳准，则代表等幸甚，万民幸甚。谨呈高台县政府县长冯。

高台县三清渠民众代表　张汉儒（印章）　鲍鸿章（印章）
罗春云（印章）　苗万新（印章）
吴克新（手印）　许企德（手印）
夏建福（手印）　王三重（手印）
王锦新（印章）　张登国（印章）
王虎臣（手印）　盛尚德（印章）
方志元（印章）　王福安（印章）
张富国（印章）　孟开元（手印）
王维杰（印章）　张成玉（印章）
郭复业（印章）　谢政明（印章）
白成本（手印）　吴开文（手印）
李生隆（印章）　郭万新（手印）
党福文（印章）　王国汉（印章）
刘德新（手印）　薛发善（手印）

甘肃省主席就高台等三县分水仍按往年之成案及各纠纷之解决办法事给七区王专员的代电

1948 年 5 月 7 日　　张 2-290

甘肃省政府水（37）辰字第 2082 号

电饬三清、小新两渠，本年芒种节前分水，仰仍照往年成案，督导妥荷由：

据鼎新县政府四月二十三日、二十四日代电各一件及卯沁电请，严饬高台县政府遵照拟定三清渠分水办法，在本年均水期间，切实执行，以维水规。并请令饬临泽县政府，督饬小新渠农民，本年遵照定案，封闭渠口十日，以维黑河下游灌溉。

复据临泽县政府四月二十四日代电，据小新渠民众代表马宗位等呈请，本年高、鼎、临三县均水时期，保持小新渠不闭渠口成例，以利民生。

查此案已于本年四月二十七日，以水三（37）卯字第二零一一号代电饬该委员，对于三清渠及小新渠永久分水办法，仍口迭电迅速妥办，临时并妥为督导，勿使再生纠纷在案。

除再分电张掖、高台、临泽、鼎新等县长，本年均水，仍照往年成案，秉承该委员指示办理外，仰仍遵照督导，妥办具报。

主席郭寄峤

中华民国三十七年五月七日

处理意见：

电翟视察。

王维墉（印）

五月十二日

第七区王专员就三清等渠仍依照往年定案分水事给高台县政府的急电

1948 年 5 月 11 日　　张 2-290

高台县政府密饬翟视察览：

（一）本省府水三（37）辰字第 2083 号代电，以三清、小新两渠永久分水办法，仍遵迭电，并照往年成案，除分饬临、张、高、鼎等县长秉承该委员指示办理外，仰仍遵照督导，妥办具报。

（二）特电并案办理。

王维墉（印）

民国三十七年五月十一日

鼎新县主席就三清等渠道分水仍按往年定例事给高台县政府的公函

1948 年 5 月 24 日　　张 2-290

鼎新县政府鼎高水（37）辰字第 2 号

为奉电饬三清、小新两渠，本年芒种节前分水，仰遵照指示妥办等因，函请查照办理由：

奉甘肃省政府水三（37）辰字第二零三八号代电：

（一）本年四月二十三日鼎三建（37）卯字第四九五号、四月二十四日五一九号两代电，暨卯沁、卯有两电均悉。

（二）已电七区王专员，仍照往年成案，督导妥办矣。

（三）仰秉承王专员指示办理。

（四）本案并电饬张掖高台临泽等县政府。

除分函外，相应函请查照办理。

县长陈世光（印）

中华民国三十七年五月二十四日

处理意见：

本案已照王专员指示办理完竣，附卷。

冯周人（印）

五月三十一日

甘肃省主席就严格办理三清渠民呈请改善均水办法事给第七区公署王专员的代电

1948 年 5 月 15 日　　张 2-290

甘肃省政府水三（37）辰字第 2133 号

据三清渠民呈请改善芒种节前均水办法一案，仰遵照定案严督妥办由：

据高台县三清渠民众代表张汉儒等呈，改善芒种节前均水办法，以免枉遭灾害。已批示恪遵定案办理，勿得故违示咎。抄发原呈，仰遵照迭电，严督妥办报查。本案已分电高台县冯县长。

主席郭寄峤

中华民国三十七年五月十五日

处理意见：

本案已会商解决，存查。

王维墉（印）

五月二十四日

甘肃省主席就严格办理三清渠民呈请改善均水办法事给高台县长的代电

1948 年 5 月 15 日　　张 2-290

甘肃省政府水三（37）辰字第 2133 号

据三清渠民呈请改善芒种节前均水办法一案仰遵照定案严督妥办由：

据高台县三清渠民众代表张汉儒等呈，改善芒种节前均水办法，以免枉遭灾害。已批示恪遵定案办理，勿得故违示咎。抄发原呈，仰遵照迭电，严督妥办报查。本案已分电七区王专员。

主席郭寄峤

中华民国三十七年五月十五日

处理意见：

本案已照王专员指示办理，完竣呈覆。

冯周人（印）

五月三十一日

甘肃省主席就解决高台等三县均水办法事给高台县长的指令

1948 年 6 月 3 日　　张 2-290

甘肃省政府水三（37）巳字第 2267 号

据报会商解决临高鼎三县，于芒种节前十日，三清、小新等渠均水办法准备查由：

本年五月十九日临鼎高会（37）辰字第一三零七号代电就□□□□。准予备查。本案已分令六七区专署、临泽鼎新县政府。

主席郭寄峤

中华民国三十七年六月三日

处理意见：

附卷。

冯周人（印）

六月十日

甘肃省主席就鼎新呈请制止沿途民众窃水泡湖及处理意见事给第七区王专员的代电

1948 年 4 月 28 日　　张 2-290

甘肃省政府水三（37）卯字第 2011 号

据鼎新县政府请制止沿途民众，窃水泡湖一案，仰遵照指示办理由：

据鼎新县政府本年四月十六日呈称"查本县历年于芒种前十日，由渠长奉令，带领民夫亲往高、张、临等县，会同各该县县长，循例分水，灌溉高、鼎农田，早已垂为铁例。兹查此案关系本县民生，极为重要。去岁并由七区专署派员，会同办理，更显郑重。惟过去每在均水期内，各该县沿途民众，偷掘渠口，灌泡草湖，习以为常，屡因此事发生纠纷，以致本县农产灌溉不足，大受影响。本年均水期近，自因仍照成案办理。恭请钧鉴，并恳于本年均水以前，分别电饬高台、张掖、临泽等县县长，届时严令沿途民众关闭渠口，毋得偷泡草湖，减少下游水量，俾我边远小县，普沾水利"已分电张掖、高台、临泽等县政府严禁沿途民众窃水泡湖。关于三清、小新二渠永久分水办法，仰仍遵迭电，迅速妥办，临时并妥为督导，勿使再生纠纷。本案已电复鼎新县政府。

主席郭寄峤

中华民国三十七年四月二十八日

处理意见：
遵办。

王维墉（印）
五月五日

高台县长就封闭渠口堵水下流事给各渠水利渠长的谕令

1948 年 5 月 21 日　　张 2-290

高台县政府三（37）辰字第 1326 号
为令饬该渠负责人员于芒种前十日一律封闭渠口，堵水下流由：

本年五月五日案，□甘肃省政府水（37）卯字第二零二号代电，以据鼎新县政府转请，均水时期，严令上游各渠民众坚闭渠口，并禁止窃水灌泡草湖一案。查黑河两岸上游各渠，按照成案于每年芒种前十日，应将渠口一律封闭，放水下流，以灌高台正义五堡，鼎新毛、双二屯等处禾苗，十日期满，仍行开放。六月六日为芒种节，仰于前十日（五月二十七日）寅时起，一律封闭至六月六日寅时初刻期满，再行开口放水。但对封闭期间，如有私行偷窃，或截堵中流灌泡草湖，以及迟闭早开等情，若发生，定予严惩不贷。仰各渠负责人员一体遵行。

三清渠　丰稔渠　站家渠　新开渠　定宁渠
城北渠　纳凌渠　乐善渠　永丰渠　里站家渠
镇远渠　五坝渠　六坝渠　七坝渠　八坝渠　十坝渠

冯周人（印）
秘书（印）　科长（印）
中华民国三十七年五月二十一日

高台县长就分水期间前往上游各渠监视封闭渠口事分别给高台县水利委员会与警察队长的公函

1948 年 5 月 25 日　　张 2-290

高台县政府三（37）辰字第 1370 号
为函请于芒种前十日，前往上游各渠监视封闭渠口由：
高台县水利委员会：

查黑河两渠上游各渠，按照成案，于每年芒种节前十日，应将渠口一律封闭，以灌高台正义五堡，及鼎新毛双二屯禾苗，十日期满，仍行开放。六月六日为芒种节，于前十日（五月二十七日），□希会同本府指派人员，前往上游各渠，监视封闭渠口，以利灌溉。请查照办理。

中华民国三十七年五月二十五日

为令饬于芒种节前十日指派警前往上游各渠监视封闭渠口由：
警察队滕队长：

六月六日为芒种节，于前十日（五月二十七日）按照成案，应将黑河上游渠口一律封闭，以灌高台正义五堡及鼎新毛、双二屯禾苗，十日期满，仍行开放。仰即派韩警□伍□□各渠负责人，务于五月二十七日寅刻，将各渠堵□坚固，毋得私行偷□，并取□各渠，封闭渠□甘结，呈府核备。

计开：三清渠　丰稔渠　站家渠　新开渠　定宁渠
城北渠　纳凌渠　乐善渠　永丰渠　里站家渠
镇远渠　五坝渠　六坝渠　七坝渠　八坝渠　十坝渠

冯周人（印）
秘书（印）　科长（印）
中华民国三十七年五月二十五日

甘肃省主席就三清小新两渠遵照指示分水事给高台县长的代电

1948年5月7日　　张2-290

甘肃省政府水三（37）辰字第2083号
电饬三清、小新两渠本年芒种节前分水，仰遵照指示妥办由：

查本年三清渠及小新渠芒种节前十日□□□□□□，仰遵照本年四月二十七日水三（37）卯字第二零一一号代电，□□□□□□民众窃水泡湖，并秉承七区王专员指示办理。

主席郭寄峤
中华民国三十七年五月七日

处理意见：

业经遵照前电，分饬黑河上游各渠人民遵照。附卷。

冯周人（印）
五月二十日

甘肃省主席就鼎新呈请制止沿途民众窃水泡湖及处理意见事给高台县长的代电

1948年4月28日　　张2-290

甘肃省政府水三（37）卯字第2011号
据鼎新县政府，请制止沿途民众窃水泡湖一案，仰遵照指示办理由

据鼎新县政府本年四月十六日呈称"查本县历年于芒种前十日，由渠长奉令，带领民夫亲往高、张、临等县，会同各该县县长，循例分水，灌溉高、鼎农田，早已垂为铁例。兹查此案关系本县民生，极为重要。去岁并由七区专署派员，会同办理，更显郑重。惟过

去每在均水期内，各该县沿途民众，偷掘渠口，灌泡草湖，习以为常，屡因此事发生纠纷，以致本县农产灌溉不足，大受影响。本年均水期近，自因仍照成案办理。恭请钧鉴，并恳于本年均水以前，分别电饬高台、张掖、临泽等县县长，届时严令沿途民众关闭渠口，毋得偷泡草湖，减少下游水量，俾我边远小县，普沾水利”仰严禁沿途民众窃水泡湖。本案已分电王专员、张掖临泽县政府及电复鼎新县政府。

主席郭寄峤

中华民国四月二十八日

处理意见：

分饬各渠遵照并覆。

冯周人（印）

五月六日

甘肃省政府就鼎新县呈请速建三清渠进水闸以实现永久分水及封闭小新渠口事给第七区王专员的代电

1948年3月13日　　张2-290

甘肃省政府水三（37）寅字第1625号

第七区行政督察专员公署王专员：

据鼎新县政府呈请速建三清渠进水闸，实现永久分水办法，及封闭小新渠口一案，仰遵迭令速办报核由：

据鼎新县政府本年二月二十三日呈称："案准本县参议会鼎参秘（37）子字第三五号，咨开查本会第二届第二次大会，郭参议员正厚等提建议政府转请省府，严饬高台县属三清渠，速予修建进水闸，以节水流，并实现分水永久办法。及饬临泽小新渠，在均水期间，照例封闭渠口，以维水规，而利民生案。当经提交大会郑重审查，讨论决议，照原案通过，记录在案外，相应抄附原提案一份，一并咨请贵府查照，采纳执行，并希见覆为荷"等由，附提案一份。准此，除咨复并分呈外，理合抄附原提案一份，随文转请钧府鉴核示遵等情。查此案前据该县参议会电请前情，经于本年二月二十八日以水三（37）丑字第一五一八号俭代电，饬遵迭令，召集有关人士妥议永久分水办法，呈候核定实施，以免本年分水时再有争执，在案。兹据前情，除指令外，特电抄附原案电，仰速办，并应邀约临泽有关人士参加，省政府水三寅□印抄附原案一件。

中华民国三十七年三月十三日

处理意见：

已派翟视察会商办理候□处后再报。

王维墉（印）

三月二十三日

鼎新县政府提案

1948 年　　张 2-290

提字第 1 号

案由：建议政府转请严饬高台县属三清渠，速予修建进水闸，以节水流，并实现永久分水办法，及饬临泽小新渠，在均水期间，照例封闭渠口，以维水规，而利民生案

理由：查黑河上游张、临、高各县渠口，每年于芒种节前十日，照例封闭，以备下游高属上下五堡正义，及县属毛、双二屯之灌溉，相沿已有二百余年之定案。近如高属之三清渠之建设，临属小新渠之创修，足□下游水分影响良深，前经本县再四呈请，上峰准予照例封闭各在案。始于民国三十四年秋季，由七区专署，及有关县长地方人士，在高台订定分水永久办法八条，又经省府核准，饬遵在案，以俾上下游人民遵循。但去年均水期间，临泽小新渠仅闭五天，高属三清渠之人民不但仅撤去闸板十块，而该渠人民代表张汉儒等竟□辟相抗，不遵核定之办法，况该渠口过大，吸收河水过半，即该渠上游封闭之水□，反由该渠吸去进水量无法管制，而下游人民于均水有何裨益。况水利关系社会治安，人心稳否，不无有因，揣想该渠修建渠道，原为管制水流，殊意该渠修成后，不但打破数百年之成例，且拖延不修进水闸，又不遵守新订水规办法，而下游人民又焉能轻易放弃成例，是问三清渠之人民政府，加以保护设法调整水利，而下游高属上下五堡及县属毛、双二屯之人民，置诸何地。去年均水时过境迁，至本年均水期间，务请政府严饬临属小新渠照例封闭渠口，高属三清渠要遵照新订分水办法，且速饬修建进水闸，以管制水量，而利下游人民之灌溉。

办法：

1. 以大会名义咨请县府转呈省府及专署严饬高临两县分别遵办。
2. 并以本会名义电请省府及专署严饬遵办。

提案人　郭正高　郭正厚　胡生儒　仲希真　陈登礼　张永寿　丁继忠

审查意见：

照原案交大会讨论。

决议：

一致通过。

甘肃省主席就三清渠均水情形及拟补救均水办法事给高台县长的训令

1948 年 7 月 9 日　　张 2-290

甘肃省政府水三（37）午字第 2588 号

据七区专署电报三清渠均水情形，及拟补救均水办法，可行仰遵照由：

据七区专署今年六月十六日代电称"（一）查临泽、高台、鼎新三县，于芒种节前，封闭三清小新等渠均水一案，经派本署翟振翮视察，会同有关署县派员监办，并以二（31）辰养电报请核备在案，兹据该员报告称'奉令会同监办三清渠、小新渠均水事宜，

适于五月二十六日到柔远渠验水，二十七日到三清渠拆除闸板十二块，到小新渠封闭渠口五日，均皆顺利完成，各渠亦无偷水情形，此种情况为数年为罕有。再查在芒种节前十日，各渠封闭期间，高台正义五堡灌溉前七日，鼎新毛、双二屯灌溉后三日，今小新渠封闭前五日，鼎新毛、双二屯点滴水益无机容受。日前开会商讨，仅顾及封口便利问题，而未顾到正义五堡及毛、双二屯均水时期，成分情形。为补救此层遗缺起见，拟自三十八年起，仍派照去年封闭后五日之办法办理，则高台正义五堡，及鼎新毛、双二屯，利益均沾，尚为公允，可否报请省府核夺，转令临泽、高台、鼎新三县遵行办理之处理，合呈报钧座电鉴核夺，谨呈’等情。（二）该员所称补救均水办法，尚属公允，应如何办理请核示”经核，补救均水办法，尚属公允，应准照办。仰遵照于三十八年起，仍照去年小新渠封闭后五日之办法办理。本案已分令鼎新、临泽县政府，并指复七区专署。

主席郭寄峤

（委员兼秘书长丁宜中代拆代行）

中华民国三十七年七月九日

处理意见：

附卷备遵。

范立贤（代）（印）

七月二十一日

第七区公署就省府指示各县会商永久分水办法并派员查办事分别给翟振翩及高台县政府及临泽县政府的训令

1948 年 3 月 11 日　　张 2-290

二水（37）寅字第 566 号

案据鼎新县政府鼎三建（37）丑字第二零号呈称：

令专署视察翟振翩：

入原文，谨呈等情，附抄呈原提案一份，据此查，此案前□甘肃省政府水西篠代电开入原电□□等因，□此□拟依照指示，当即遵行，□据呈前情□分□有关各县会商，妥办永久分水办法外，合亟令仰该员前往查办，从速完成任务，会□凭帖为要。此令计抄□原提案一份，连同本案全卷一宗。

高台、鼎新县政府：

案据甘肃省政府水西篠代电开入原电□□等因，已拟依照指示各县遵行□，前据鼎新县政府鼎三建（37）丑字第二零号呈称，入原文，谨呈等情，抄附呈原提案一份，据此指令本署视察翟振翩前往核办，□分电有关各县遵照外，令各电仰该县遵照省电指示，各□并参酌实际情形，会商妥办永久分水办法，□□□□为要。专员□□□□王□□二水（37）寅真□，附抄□原提案一份。

临泽县政府：

案据甘肃省政府水西篠代电开入原电□□等因，已拟依照指示各县遵行□，前据鼎新县政府鼎三建（37）丑字第二零号呈称，入原文，谨呈等情，抄附呈原提案一份，据此指令本署视察翟振翮前往核办，□分电有关各县遵照外，令各电仰该县遵照省电指示，各□并参酌实际情形，会商妥办永久分水办法，□□□□为要。专员□□□□王□□二水（37）寅真□，附抄□原提案一份。

王维墉（印）

中华民国三十七年三月十一日

翟振翮就实际勘察渠道状况并拟办永久分水办法事给第七区王专员的报告

1948 年 4 月 5 日　　张 2-290

奉钧署三十七年三月十一日水（37）寅字第五六六号训令“前往高临鼎三县查办□□永久分水办法，会报核□”等因，旋奉谕前往三清渠、小新渠详为切查，再行召集□□永久分水办法，当即前往三清渠、小新渠实际切查。查黑河干流，忽南忽北，向无定□，临高各渠灌溉之水，□□多少□□限制渠口大小□□规□□以人力之多寡，为水□之□灭。有人力者，挖渠深而宽，筑坝□□高，因之春纳水量充沛，否则水量细微。小新渠口高水位低，与三清渠未分□时，全赖三清渠人力挖渠筑坝，三清渠地亩能否全部灌溉，而小新渠灌溉不□□乏。自三清渠分口后，小新渠限于人力，渠坝无力挖渠□，则仍用原来渠口，水流□□大量引渡，水量细微，□□过去原渠口水量十分之二（往年测量小新渠与三清渠原渠口宽九五公尺，深一公尺；现小新渠十八公尺，深五公尺），三清渠新渠修成，容纳水量较大，虽□在芒种节前十日，退除闸板二分之一。据临泽人士称，其水量仍不减于合口时之水，□而三清渠退出后，小新渠即受影响，去年主□封闭十日，该渠民众因水小□□不闭，用力死争，经临泽杨县长一再晓谕，始行封闭五日。今□令封闭十日，遵照令示办理，仰依据去年封闭五日之办法办理，择定时间地点，召集有关县长及人士，并电饬上□专署派员，妥办永久分水办法。为何之□，可否呈转省府核示，理合□实际切查情形，报转钧座鉴核。谨呈专员王。附呈本案全卷一宗。

职翟振翮

民国三十七年四月五日

第七区专员就高台等三县分水实际情形及永久分水办法事给高台县长的代电

1948 年 3 月 11 日　　张 2-290

甘肃省第七区公署二水（37）寅字第 567 号

令饬会商妥议高鼎临三县永久分水办法会报核转由：

高台县县长：

案奉甘肃省政府水西篠代电开专二（36）未字第五九号寝代电希，查该区刘前专员呈赍，议定高台县新开三清渠，芒种节前十日，与正义五堡，及鼎新毛、双二屯分水永久办法八条，经核可行，已指令准予试办。旋据临泽县政府呈，据该县小新渠民众呈以小新渠向未封口，且以议定该项办法时，该县并未参加为口实，请免封口，即该员前在六区专员任时，亦曾电称小新渠口二百年未曾封闭，自与三清渠合用时，亦未闭口，三清渠既不封口，小新渠实无封口理由等语，且三清渠亦因拆除闸板，多有争执，本府为逾期下年分水便利起见，经于本年五月十九日，以建二辰感电饬该区专员公署，召集有关人等，重拟具体办法，并迭经令电催办在案。兹核来电，仅论三清渠未遵办法退卸闸板，为不合应严执行，而未顾及小新渠口封闭问题，且称重拟永久分水办法，应在进水闸建成后，方可□行等语，殊与事实不合，将再明白指示如后：

（一）三清渠渠口修建进水闸案，据报县长，黑河河身仍在忽南忽北，不甚稳定之际，进水闸尚无修建必要。

（二）三清渠新修后，水量甚足，灌溉该区一切农田而有余，故高鼎分水时，退卸闸板十二块，甚属合理，该渠民众无谓争执，殊属自私自利心太重，应予剀切晓谕，俾使就范。

（三）小新渠与三清渠合口时，所以不加封闭者，原为三清渠灌溉田亩甚多，且距渠口远在百里之外，若再封闭十天，必致影响灌溉，而小新渠于三清渠退出以后，仍用原来渠口灌溉，面积仅有二千余亩，且距渠口甚近，黑河发水随时即可灌足。若于高鼎分水期间，仍任开口畅流，非但浪费，实足影响下游灌溉，亟应晓以大义，缺除无谓争执。基上四点，仍仰遵照迭令，趁兹农隙之际，召集有关人士妥议永久分水办法，呈候核定实施，以免明年分水时，再有争执为要，省政府水西蒸印等因，正拟依照指示各节进行间，兹据鼎新县政府鼎三建（37）丑字第二零号呈称“案准本县参议会鼎参秘（37）子字第三五号咨开‘查本会第二届第二次大会，郭参议员正厚等提建议政府转请省府，严饬高台县属三清渠，速予修建进水闸，以节水流，并实现分水永久办法，及饬临泽小新渠，在均水期间，照例封闭渠口，以维水规，而利民生’案，当经提交大会郑重审查，讨论决议照原案通过，记录在案外，相应抄附原提案一份，一并咨请贵府查照，采纳执行，并希见覆为荷”等由，附提案一份准此，除咨复并分呈外，理合抄附原提案一份，随文转请钧署鉴核示遵，谨呈等情。附口呈原提案一份。据此，除令本署视察翟振翮前往督办，并分电有关各县遵照外，合亟电仰该县遵照省电指示各节，并参酌实际情形，会商妥议永久分水办法，会呈核转为要。附抄发原提案一份。

专员兼司令　王维墉二水（37）寅真印

中华民国三十七三月十一日

处理意见：

代电请示翟视察来县日期以备准备事宜。

冯周人（印）

三月十七日

高台县长就翟视察来县日期事给第七区专署的代电

1948 年 3 月　　张 2-290

高台县政府水三（37）寅字第 1 号

代电请示翟视察来县日期，俾便准备会商分水事宜由：

酒泉第七区行政督察专员兼保安司令王钧鉴二水（37）五六七号寅真代电，□□翟视察何日来县，请核示遵。高台县县长冯。

冯周人（印）

秘书（印）科长（印）

中华民国三十七年三月

甘肃省第七区专员就各县长及相关人士会商三清渠等渠口永久分水详情事给高台县冯县长的代电

1948 年 4 月 30 日　　张 2-290

第七区专员公署二水（37）卯字第 1048 号

奉省电饬召集有关各县长及人士会商三清渠等渠口永久分水办法一案仰遵办会报凭转：

案奉甘肃省政府水三（37）卯字第 1919 号代电开七区专署专员，本年四月八日二水（37）卯字第 830 号代电案，仰仍遵照，迭令速即召集有关县长及人士，妥议永久分水办法，以免本年芒种节前十日（即五月二十七日）分水时，再生纠纷，否则该专业完全负责。本案已分电六区张专员派员会商。

按鼎新县政府鼎三建卯字第 192 号代电称“二水（37）寅字第 567 号真代电奉悉。遵即函达本县参议会，商讨永久办法。去后，旋准该会鼎参秘（37）卯字第 47 号皓代电，鼎新县政府杨县长勋鉴，鼎三建（37）寅字第 160 号公函敬悉，本会已参酌实际情形，并遵照省府电示口点，兹复意见如下：

（一）关于三清渠进水闸等项。

（甲）三清渠渠身修成数年，未见冲坏，河身又系石底，何能忽南忽北，不甚稳定。况该渠修建进水闸者，以节制该渠水流量。若该渠拖延不修进水闸，不但下游均水失望，即山洪涨发时，亦受损失不小，仍请严饬三清渠从速修建，以资管制进水流量。

（乙）在进水闸未修成时，每逢均水时期，该渠应纵撤退水闸闸板二挡（即十二块），以免闸板时宽时窄，并在撤去闸板半数时，由双方人士监量水流高低为标准，俟上游各渠封闭后，再视该渠流量，低则加板，高则再行撤板，以保持量就流量为限。

（二）三清渠如能彻底遵守分水永久办法，退卸闸板十二块，尚属合理。但该渠人心不古，退卸闸板时，非纵撤不可，并在撤去闸板时，度量水流高低为标准。俟上游各渠封闭后，再视该渠流量，低则加板，高则再行撤板，以保持度，就流量为限。小新渠即退出三清渠渠口，在十天均水时期内，应全数封闭，指示甚属公允，但请彻底执行，以维水规，俾符功令。以上三点，除本会第二届第三次大会议员一致通过外，相应电复查照，并希转请上峰分别转饬，促此实现为荷。

（三）谨电复请鉴核转报。

本案前以二水（37）寅字第567号真代电，饬遵在案，兹案接前电，拟召集有关县长及人士，并派本署视察翟振翮于五月十日，齐集该县。遵照省府电示，且参酌实际情形，会商妥议永久分水办法，解决拆退闸板问题，以资遵守。□电鼎新县长，并请六区专署，转饬临泽县长会同地方人士，又由六区专署派员，届期前往该县与会，以昭郑重。仰将办理情形，会报凭转。

专员兼司令王维墉
（秘书丁振华代行）
中华民国三十七年四月三十日

处理意见：

遵照指示办理。

冯周人（印）
五月十一日

高台等三县长及公署视察专员就解决芒种前分水及三清渠等封闭办法事给甘肃省政府及第七区专员公署的代电

1948年5月19日　　张2-290

临鼎高会（37）卯字第1307号

会报奉令召集会议，解决鼎、高两县于芒种前十日分水，三清渠、小新等渠封闭办法，请鉴核由：

□奉省政府水三（37）卯字第一九一九号代电敬悉。职等□即于五月十日齐集高台县政府，会同有关各县长及代表等，业经顺利解决。

商议办法：

（一）鼎高分水期间，小新渠封闭渠口五日。

（二）三清渠仍遵照三十五年省政府核定，退水二分之一。

（三）三清渠修建渡槽事，由临、高两县会同办理。

本案会议记录除赍省政府、第七区专署外，由临、鼎、高三县政府各抄存一份，以备考查。该次会议记录谨呈核备查。

第六区专员公署视察王
第七区专员公署视察翟
临泽县县长杨
鼎新县县长陈
高台县县长冯
中华民国三十七年五月十九日

在高台县政府商讨芒种节均水永久办法会议记录

1948 年 5 月 14 日　　张 2-290

时间：中华民国三十七年五月十四日下午四时

地点：高台县政府会议室

出席者：王　政　翟振翮　陈世光　杨居敬　冯周人

列席：范立贤

主席：王政

记录：范立贤

甲、开会如仪

乙、报告事项

主席报告：本人此次奉六区专员命令前来，会同诸位县长，解决芒种节前均水办法。因水利关系人民生活，问题重大，我们先开座谈会议，对于均水有关案件，及省政府命令规定各点，作一初步之研讨。再省政府命令，一项是对小新渠依照历年成案，一项是遵照王专员指示办理，究竟小新渠历年成案如何？而王专员指示怎样处理？尚无很确切的依据，尤望诸位须得深刻的研究之。

翟视察报告：本人奉命参加解决均水办法，经考察后，小新渠过去是否闭口？无案可稽。遵照省府命令规定，依照王专员指示办理一点。现在王专员因公晋省，究竟指示情形如何？本人尚不明了。如果依据成案办理，据本人考查，小新渠不闭口均水已历二百余年，似无研究均水办法之必要，总之水利是人民的福利事业，应当召集有关人士共同商议。

陈县长报告：此次解决均水办法，在鼎新人民要求，均谓三清渠开辟新口依照规定八项办法实施后，鼎新下游农田受害深重，故对三清小新各渠于均水时，如不闭口均水，是绝对不可能的。本人来时行色仓卒，详细情形，另有书面报告，准备提交大会商讨。

冯县长报告：本人对三清渠芒种节前均水办法，上年已经执行了一次，上年遵照办法规定拆除退水闸板十二块时，因三清渠人民见于退水闸内放水过多　渠中留水甚少，非常惊惶，当同专署视察及到场有关人士商讨后，拆除闸板□十块。本年均水在本人主张，要绝对遵守省政府核定八项办法之规定办理，可以减少纠纷。

杨县长报告：小新渠水流量，自与三清渠分口后，迭经勘查，该渠流水确不及合口时流量之十分之三。上年均水时，该渠人民坚持不闭渠口，本人为贯彻命令起见，曾经派警强制堵闭，嗣后□之控告，委□该渠因人力有限，渠高河低，流水太少，以本人观察，确无闭口均水之必要。现在商订办法，我们一面尊重省政府命令及王专员的指示，一面还要采纳地方人士之意见。

丙、讨论事项

主席提议：小新渠口遵照省政府命令依照往年成案办理，又饬依照王专员的指示办理，现在小新渠的成案确无明文规定，而王专员指示如何亦无确切依据，本案应如何着手办理，以资解决。

决议：

由各县政府检查本案有关文件，先期研究，以俟下游鼎新人民代表到场开会商讨。

丙、散会。

高台县长就严格执行三清渠均水商定办法事给第七区公署的代电

1948 年 5 月 26 日　　张 2-290

□□政府鼎临（37）辰字 1305 号代电悉，三清渠小新渠均水办法□□会同决定，自应严格执行，辰寝开始封渠拆板□□□□照办，除电省政府及有关各县并派警办理外，仰饬□□王维墉。

冯周人（印）

五月二十六日

甘肃省第七区专员公署就召集县长及人士前往会商三清渠等渠口永久分水办法事给高台县政府的代电

1948 年 4 月 30 日　　张 2-290

奉省电饬召集有关各县长及人士，会商三清渠等渠口永久分水办法一案，仰遵办会报凭转：

子（37）秘参鼎高第 47 号代电、鼎三建卯字第 492 号代电、□鼎三建（□）卯字第 495 号代电、三建（37）卯□电均悉。本案现奉甘肃省政府水三（37）卯字第 1919 号代电开“本年四月电悉。仍仰遵照负责。本案并分电会商”本案前以二水（37）寅字第 567 号饬遵办在案，亦奉前□派本署视察翟振翮，于五月十日□□，高台县遵照省府电示，且参酌实际情形，并与有关人士会商，妥议永久分水办法，□□拆退闸板问题，以资遵守。□□□分电高台县长、六区专署，并请转饬临泽县长会同地方人士，□□派员前往高台县政府会商，以昭郑重。仰将办理情形，会报凭转。

王维墉（印）

四月三十日

鼎新县长就严饬高台县政府遵照三清渠分水办法事给第七区专员的代电

1948 年 4 月 23 日　　张 2-290

鼎新县政府鼎三建（37）卯字第 455 号

甘肃省第七区行政督察专员兼保安司令王：

“查本县与高台县芒种节前十日均水要案，曾于前年度，会同拟定三清渠永久分水办法。经呈奉省府指令，准照历次开会商谈结果办理”等因，兹查原办法第四条内载，分水期间暂将距渠口三公里之退水闸，设计闸板扯除二分之一（计三层十二块），使渠水一部退入黑河等语，仍应遵照认真办理。现因据芒种节近，惟恐临时发生意外，难期顺利实行。谨请钧署鉴核，并恳俯赐严电高台县政府，在均水期间执行，督饬三清渠人民切实遵照，以维水规。

代理鼎新县县长陈世光（印）

中华民国三十七年四月二十三日

处理意见：

并案办理。

王维墉

四月二十八日

第七区公署就各县长及人士派员参加会商永久分水办法事给第六区公署的代电

1948 年 4 月 30 日　　张 2–290

奉省电饬召集三清渠口等分水有关各县长及人士，会商永久分水办法案，请转饬临泽县长会同人士，届期与会解决，并希派员参加由：

案奉甘肃省政府水（36）酉篠代电开入原电篠印。本署先派视察翟振翩，前往临泽县考查三清渠等渠口分水情形，拟定意见。呈奉省府水三（37）卯字第 1919 号代电，饬仍遵照迭令，速予召集有关县长及人士，妥议永久分水办法，以免本年芒种节前十日分水时，再生纠纷，并以本案本府已分电六区□专员派员会商。本案拟召集有关县长及人士，并派本署视察翟振翩，于五月十日，齐集高台县，遵照省府电示，参酌实际情形，会商妥议永久分水办法，以资遵守。除分电鼎新、高台各县长，会同地方人士，届时前往指定地点，会商□□有关临泽县□□□，贵署管辖，希转饬该县县长，会同地方人士□□□会，并转贵署亦派员参加，以昭郑重。希见覆为荷。

王维墉

民国三十七年四月三十日

第六区公署给第七区公署的代电及第七区公署的处理意见

1948 年 5 月 8 日　　张 2–290

第六区公署二水（37）辰字第 1497 号

准电请派员办理三清渠分水一案电复查照由：

二水（37）卯字第一零五零号代电悉。

除派本署视察王政，并电临泽杨县长，届时前往会商办理外，即希查照为荷。

专员兼司令张秀冰

民国三十七年五月八日

处理意见：

存查。

王维墉（印）

五月十七日

鼎新县长给第七区公署王专员的代电

1948年5月11日　　张2-290

鼎新县政府鼎秘（37）辰字第615号

为电复遵即前往高台参加均水会议，职务由秘书彭盛国代行，请鉴核备查由：

奉钧署辰齐电敬悉。遵即于本月十日，前往高台参加均水会议，职务由秘书彭盛国代行，请鉴核备查。

代理鼎新县县长陈世光

民国三十七年五月十一日

处理意见：

存查。

王维墉（印）

五月十七日

鼎新县长给第七区公署王专员的代电

1948年5月11日　　张2-290

鼎新县政府鼎三建（37）辰字第619号

甘肃省第七区行政督察专员兼保安司令王：

为电报均水起程日期，及拟派秘书彭盛国代拆代行，各情形请核备由：

查本年度，鼎、高两县芒种节前十日均水期近，自应遵照成案办理，业经呈报在案。县长定于本月二十一日，率同员警、民夫等前往高台办理均水事宜，约计三周内即可返县。在公出其间，县务拟派秘书彭盛国代拆代行。谨电报请鉴核备查。

代理鼎新县县长陈世光

民国三十七年五月十一日

处理意见：

存查。

王维墉（印）

五月十七日

高台县政府给第七区王专员的代电

1948 年 5 月 19 日　　张 2-290

高鼎临会（37）辰字第 1307 号

会报奉令会商解决临、高、鼎三县于芒种节前十日，三清小新等渠均水办法，请鉴核由：

层奉省府水三（37）卯字第一九一九号代电奉悉，职等遵即于五月十日，先后率同有关代表，齐集高台县政府，经连日会商，业已顺利解决。

商决办法：（1）鼎高分水期内，小新渠封闭渠口五日（前五日）（2）三清渠仍遵照三十五年省府核定，退水二分之一（3）三清渠修筑小新渠渡槽事，由临高两县另案会商办理。本案会议记录，除检赍省政府、第六区专署外，由临鼎高三县府各抄存一份，以备查考。谨检呈会议记录，祈鉴核备查。

第六区专员公署视察　王　政（印）

第七区专员公署视察　翟振翮（印）

临泽县县长　杨居敬（印）

鼎新县县长　陈世光（印）

高台县县长　冯　周（印）

中华民国三十七年五月十九日

处理意见：

转予省府，并转六区专署，届时派员鉴核。

王维墉（印）

五月二十一日

鼎新县长就三清渠分水具体情形及拟妥相应办法事给第七区王专员的代电

1948 年 4 月 23 日　　张 2-290

鼎三建（37）卯字第 492 号

甘肃省第七区行政督察专员兼保安司令王：

二水（37）寅字第五六七号真代电奉悉。遵即函达本县参议会商讨永久办法去后，旋准该会鼎参秘（37）卯字第四七号皓代电“鼎新县政府陈县长勋鉴鼎：三建（37）寅字第一六零号公函敬悉。本会已参酌实际情形，并遵照省府电示各点，兹复意见如下：

（一）关于三清渠进水闸等项。

（甲）三清渠渠身修成数年，未见冲坏，河身又系石底，何能忽南忽北，不甚稳定。况该渠修建进水闸者，以节制该渠水流量。若该渠拖延不修进水闸，不但下游均水失望，即山洪涨发时，亦受损失不小。仍请严饬三清渠从速修建，以资管制进水流量。

（乙）在进水闸未修成时，每逢均水时期，该渠应纵撤退水闸闸板二挡（即十二块），以免闸板时宽时窄。并在撤去闸板半数时，由双方人士监量水流高低为标准，俟上游各渠封闭后，再视该渠流量，低则加板，高则再行撤板，以保持量就流量为限。

（二）三清渠如能彻底遵守分水永久办法，退卸闸板十二块，尚属合理。但该渠人心不古，退卸闸板时，非纵撤不可。并在撤去闸板时，度量水流高低为标准。俟上游各渠封闭后，再视该渠流量，低则加板，高则再行撤板，以保持度，就流量为限。小新渠即退出三清渠渠口，在十天均水时期内，应全数封闭，指示甚属公允，但请彻底执行，以维水规，俾符功令。以上三点，除本会第二届第三次大会议员一致通过外，相应电复查照，并希转请上峰分别转饬促此实现为荷”。

谨电复请鉴核转报。

代理鼎新县县长陈世光

中华民国三十七年四月二十三日

处理意见：

俟公开会议时商决。

王维墉（印）

四月二十六日

第七区专员就三清渠另修石涵洞详情事给高台县政府的代电

1948 年 5 月 4 日　　张 2-290

第七区专署二（37）辰字第 1085 号

仰即依照条约查明情形办理具报由：

案据临泽县政府建（37）卯字第 266 号代电称“查本府于三月二十九日召开第三次水利委员会时，据小新渠民众代表赵疏琨等十三人提议，以高台三清渠原修该渠之木渡槽，现已破坏不堪应用，请呈请省府转饬该渠履行合同条约，于本年内另修石涵洞，以符原案，而昭信守”等情一案，经提会研讨，确有另修之必要，理合电请钧署鉴核，俯准令饬高台，转饬该渠兴修，以重水规，为□。应即依照合同条约，查明情形，转饬该渠办理。除□覆外，仰将办理情形具报。

专员王维墉

（秘书丁振华代行）

中华民国三十七年五月四日

处理意见：

令饬三清渠水渠受理处遵照办理，并将遵办情形先行呈覆，以凭核转。

冯周人（印）

五月十一日

第七区专员就小新渠封闭渠口事给翟振翮的训令

1948 年 5 月 6 日　　张 2-290

为小新渠封闭渠口一案仰并案办理具报由：

案据鼎新县政府建（37）卯字第 516 号，暨临泽县政府建（37）卯字第 263 号代电“以小新渠封闭渠口各陈理由，□□□报请查核”兹抄附原电，仰遵照□□二（37）卯字第 1051 号训令并案办理具报。

专员王维墉

（秘书丁振华代行）

民国三十七年五月六日

第七区专员公署就封闭小新渠及会同磋商解决办法事给翟振翮的代电

1948 年 5 月 22 日　　张 2-290

小新三清等渠均水口定于五月二十六日举行仰届期定办由：

兰州（4164）□，密查本年度临、高、鼎三县，于芒种节前十日，封闭小新渠及三清渠拆退闸板一案。业经会同临、高、鼎三县县长及士绅等商决办法：

1. 鼎高分水期内，小新渠封闭渠口五日（前五日）。

2. 三清渠仍遵照三十五年省府核定，退水二分之一，除届时会同有关署县派员口办外，谨电转核备报王专员。

二（37）辰字口印“□□六区署张专员秀冰兄勋鉴，□□，查本年度临、高、鼎三县，于芒种节前十日，小新、三清等渠均水办法，业经会商解决，亦定于五月二十六日开□□□均水，希届时派员会同核办为荷”。

□王专员二（37）辰口印“本署视察翟振翮，查本年临、高、鼎三县于芒种节前十日小新三清等渠均水一案”业经决定小新渠封闭渠口五日（前五日），三清渠依照核定退水二分之一，亦定于五月二十六日开始□□均水，仰届时前往会同口办，专员兼司令王维墉二（37）印。

民国三十七年五月二十二日

第七区专员就勘察三清渠灾情改善及均水方法事给清渠民众代表的公函

1948 年 5 月 22 日　　张 2-290

为呈请勘查三清渠灾情改善，芒种节前均水办法一案，仰知照由：

本年五月十六日呈悉。查该县芒种节前均水办法，已订有定案，未便更易，□□应勿□议，仰即知照。

王维墉

民国三十七年五月二十二日

临泽县长就饬本县保甲切实保护三清渠建筑物事给高台县政府的公函

1948 年 6 月 29 日　　张 2-291

临泽县政府三（37）巳字第 5 号

为函覆三清渠建筑物，已饬本县附近保甲切实保护，覆请查照：

准贵县本年五月七日三（39）辰字第一一六八号公函敬悉，已令本县蓼泉镇公所，转饬三清渠附近保甲严密保护。请查照。

县长袁第锐

中华民国三十七年六月二十九日

处理意见：

转饬三清渠代表鲍鸿章等知照。

王燕萍（代）（印）

三十七年七月十二日

高台县长就已转饬临泽保护三清渠建筑物事给三清渠水渠管理处的训令

1948 年 6 月 8 日　　张 2-291

高台县政府三（37）巳字第 1519 号

为转饬保护三清渠建筑物一案由：

前据该渠民众代表张汉儒等呈报“以该渠建筑物，被临泽□□人民大肆破坏，请饬保护”一节，经呈甘肃省政府本年五月二十日水三（37）辰字第二一七三号指令，已饬临泽县政府严饬附近保甲长，切实保护矣。仰转知照。

冯周人（印）

秘书（印）科长（印）

中华民国三十七年六月八日

甘肃省主席就转饬临泽县政府制止人民挖掘三清渠建筑物事给高台县长的指令

1948 年 5 月 31 日　　张 2-291

甘肃省政府水三（37）辰字第 2255 号

据转饬临泽县政府，制止人民挖掘三清渠线地界标石一案，已令临泽县政府照办由：

本年五月十七日三（37）辰字第一二八七号呈悉。已令临泽县政府严追法办并饬切实协助保护矣。仰知照。

主席郭寄峤（印）

中华民国三十七年五月三十一日

处理意见：

转三清渠代表知照。

冯周人（印）

六月七日

临泽县长就刘家湾挖掘三清渠界石调查情形事给高台县政府的公函

1948 年 7 月 22 日　　张 2-291

临泽县政府三（37）午字第 63 号

函覆制止本县刘家湾人民挖掘三清渠线界石标一案，办理情形，请查照由：

准贵府本年五月十七日三（37）辰字第一二八六号公函敬悉。查此案经令饬本县蓼泉镇镇长查保报去后，兹据报称“（一）三清渠界石标二个，虽由刘光联无意掘取，已由该保长刘文彬处分，将原标镶立原地，并责斥该民以后对三清渠建筑物绝对保护。（二）三清渠呈报刘上恩挖取该渠退水石条三条，经由该保保长及该保户民刘进义、刘光泰证明，确系栽情诬赖，并无挖取情事。并取获该户民证明书二纸，报请鉴核转报”等情。据此除证明书存查，并令饬永丰保保长今后对三清渠建筑物，晓谕各户民切实保护外，理合理将调查斯案始末情形，具文呈报钧府鉴核凭覆。除呈报省府备查，并严令该镇转饬三清渠附近保甲长，晓谕户民切实保护外。请查照。

县长　袁第锐

民国三十七年七月二十二日

处理意见：

转饬三清渠代表知照。

冯周人（印）

七月二十九日

高台县长就查办刘家湾民众挖掘三清渠县界石事分别给临泽县政府的公函及甘肃省主席的呈稿

1948 年 5 月 17 日　　张 2-291

高台县政府三（37）辰字第 128 号

临泽县政府：

据本号三清渠民众代表张汉儒等呈报，贵县刘家湾民刘光联等挖掘该渠线地界标石，转请究办一案，希查照见覆由。案据本县三清渠民众代表张汉儒等呈称“入原文，俾维渠物”等情一案，请查照。惠予派警切实查寻，并希见覆。

中华民国三十七年五月十七日

甘肃省政府郭主席：

案据本县三清渠民众代表张汉儒等呈称“入原文，俾维渠物”等情一案。已函转临泽县政府，派警查寻，并嘱协助保护。请钧鉴核查。

县长冯周人（印）
秘书（印）科长（印）
中华民国三十七年五月十三日

三清渠民众代表张汉儒等为挖掘石标请求予以制止事给高台县冯县长的呈文

1948年5月6日　　张2-291

呈为挖掘渠界石标，大肆破坏渠物，恳祈钧鉴设法制止，以维水利事：

查本渠跌水前被损毁，代表等业经遵照指示，设法修复。惟以近来临泽刘家湾人民，又将渠线地界标石挖掘六个（开渠时购买地基逐段树立，长三尺八寸之石标，上刻“三地”字样），水点标准石桩三个，渠线里程标石二个。当经邀请该管永丰保保长刘文彬查寻，适有刘光联挖取附近石标二个，用以镶修伊渠桥梁。又有刘上恩挖取下退水石条三条，石槽一个，其余各项石标尚无着落，且以渠民远距一百余里，离乡背井，处处遭受压迫，不堪言喻。尤其是项石标，筹工备料，镌字磨制，所费浩巨，似此无故侵扰，大肆破坏，实令本渠人民，寝馈弗安。情出迫切，用特呈恳钧座俯念民艰，迅予转咨临泽县政府，将该刘光联、刘上恩传案究办，并祈追获其余石标，树立原地，以重信守，俾维渠物，物任感祷。谨呈高台县政府县长冯。

三清渠民众代表　张汉儒（印章）　罗春云（手印）
王维杰（印章）　王三重（印章）
李生隆（印章）　谢政明（印章）
中华民国三十七年五月

处理意见：

准予函转临泽县政府查照办理，并报省政府核查。

冯周人（印）
三十七年五月六日

甘肃省主席就挖掘三清渠地界标石处理情形事给高台县长的训令

1948年7月30日　　张2-291

甘肃省政府水三（37）午字第2809号

据呈复制止该县人民挖掘高台三清渠地界标石一案，办理情形，准核备由：

前据该府呈请，转饬临泽县政府制止人民挖掘三清渠地界标石一案，经令临泽县政府严追法办，并切实保护去后。兹据该府本年七月二十二日呈称，当此案经令饬本县蓼泉镇镇长彻查具报去□，兹据报称：

（一）三清渠界石标二个，虽由刘光联故意掘取，已由该保保长刘文彬处分，将原标镶立原地，并责斥该民以后对三清渠建筑物绝对保护。

（二）三清渠呈报刘上恩挖取该渠退水石标三条，经由该保保长及该保户民刘进义、刘光泰证明确系栽情诬赖，并无挖取情事，并取获该户民证明书二纸，报请鉴核，此证明书存查。并令饬永丰保保长，今后对三清渠建筑物晓谕各户民切实保护外，理合将调查斯案始末情形，具文呈报钧府鉴核凭覆。

（三）除函覆高台县政府，并严令该镇转饬附近保甲长晓谕户民，以后对高台三清渠各项建筑物切实保护外，请鉴核备查。

除指令外仰知照。

主席郭寄峤

中华民国三十七年七月三十日

处理意见：

转饬三清渠代表知照。

冯周仁（印）

八月七日

三清渠民众代表张登国等为查缉人犯制止破坏渠道事给高台县长的呈文

1948 年 4 月 30 日　　张 2–291

呈为破坏建筑，妨害命脉，恳祈钧座电鉴，俯准派警查缉为害人犯，拘案严惩，并祈转咨临泽县政府，劝告附近保甲，制止当地人民任意为害，以维水利，延续生命事：

窃查本渠于三十四年开挖新线时，因渠道坡度甚微，工程设计于涵洞以上建筑跌水一座，用以促进流速。此项建筑物，实为本渠最主要之工程。历年来，每属冬季，渠民利用沙土埋藏，以资防范破坏，并派民工经常巡护，赖以保全。惟至今年春修渠道，甫将跌水沙土取□，旋于本月十九日（农历三月十一日）晚间，即将跌水桩木悉被损坏，以致镶切石料坚固物品，均失保持。将来开口放水，势必冲刷殆尽。似此致力破坏，则渠民相距涵洞退水渡槽等项建筑物，均远一百余里，言念及此，惊惶莫措，若非呈恳钧座设法维护。而临泽县人民，一旦破坏其他建筑时，不惟断绝敝渠八千余人之生计，深恐小新、临泽两渠人民，枉遭涂炭。事迫不已，谨特呈恳钧座电鉴，伏乞派警前往跌水附近，查缉为害人犯，并祈转咨临泽县政府，制止人民任意破坏，实感德便。谨呈高台县政府县长冯。

具呈请人三清渠民众代表　张登国（印章）　张汉儒（印章）
鲍鸿章（手印）　王三重（手印）
张成玉（印章）　方志元（印章）
王国翰（印章）　褚积德（印章）
郭复业（印章）　王金兴（印章）

中华民国三十七年四月

处理意见：

准予转咨临泽县政府查办并报省府核查。

冯周人（印）

四月三十日

高台县长就转饬三清渠沿线保甲保护该渠沿线建筑物事分别给临泽县政府的公函及甘肃省主席的呈稿

1948年5月7日　　张2-291

高台县政府三（37）辰字第1168号

临泽县政府：

案据本县三清渠民众代表张汉儒等十一人呈称，入原文，制止人民任意破坏以维水利等情一案。查三清渠各种建筑工程，均为高级工程人员精心设计，建成确实不易，一旦被毁修复惟艰，应予□□，致免纠纷。请查照惠予严密防止，并希见覆。

中华民国三十七年五月七日

甘肃省政府郭主席：

案据本县三清渠代表张汉儒呈称“为破坏建筑物，妨害命脉，恳祈，入原文，制止人民任意破坏，以维水利”等情一案。查三清渠各种建筑工程，均为高级工程人员精心设计，建成确实不易，一旦被毁，修复惟艰，势必影响人民农田灌溉。除饬将跌水被毁部分刻即修复，并加派民夫随时看护。请钧鉴核查。已函转临泽县政府协助保护。

县长冯周人（印）

秘书（印）

五月三日

中华民国三十七年

甘肃省主席就转饬临泽县沿线保甲长切实保护渠道事给高台县长的指令

1948年5月20日　　张2-291

甘肃省政府水三（37）辰字第2173号

据呈报临泽人民破坏三清渠建筑物，转饬保护一案，已令饬切实保护由：

本年五月七日三（37）辰字第一一六八号呈悉。已令临泽县政府严饬附近保甲长切实保护矣。仰知照。

主席郭寄峤

中华民国三十七年五月二十日

处理意见：

转三清渠代表知照。

冯周人（印）

六月二日

甘肃省主席就判决站家渠民朱占儒抗欠水利负担情形事给高台县长的代电

1948 年 9 月 39 日　　张 2–291

甘肃省政府水地（37）申字第 6341 号

据电复处理该县站家渠下中下农户朱占儒，抗欠历年水利负担情形，仰遵照前令仍送法院判决报核：

本年八月十九日法三（37）未字第二三五五号代电悉。查本案系属司法范围，非该县府所能直接处分。仰仍遵照前令，当送当地司法机关，依法审判，并将判决情形报核。

主席郭寄峤

中华民国三十七年九月三十日

处理意见：

检同全卷函送司法处办理。

冯周人（印）

十月五日

高台县长就站家渠民殷维章呈控朱占儒抗欠历年水利负担事给高台县司法处杜审判官的公函

1949 年 1 月 10 日　　张 2–291

高台县政府法三（38）子字第 53 号

为函送站家渠下中下农户殷维章等，呈诉朱占儒抗欠历年水利负担一案，请查照审理由：

查三十六年元月二十七日，案据站家渠站，下中下卸责管渠（站□水董）殷维章呈控“受益农户朱占儒，抗不接充，应挨三十六年度水董之类，请求勒令接充”等情，到府经审讯终结，呈报甘肃省政府核定去后，旋奉□地教二（37）申字第六三四一号指令，以此案系属司法范围，饬径送当地司法机关依法审判，并将判决情形报核。兹检同全卷随函送请查照，审理见覆。

冯周人（印）

中华民国三十八年元月十日

高台县长就朱登贤呈控朱占儒抗不交纳水利及处理情形事给高台县司法处杜审判官的公函稿

1948 年 2 月 10 日　　张 2-291

高台县政府法三（37）丑字第 260 号

为函送柔远乡站家渠下中下户民朱登贤，呈控该村农户朱占儒抗不交纳，应挨水差津贴小麦及水利负担一案，请查照审理见覆由：

三十六年十二月二十七日案，据柔远乡站家渠下中下户民朱登贤呈控"受益农户朱占儒抗不交纳应挨是年水董津贴小麦六老石，以及全年水利负担，请求依法追缴，以济民困"一案。查三十六年元月二十七日，据站下中下卸责三十五年度水董（旧□管渠）殷维章"呈诉受益农户朱占儒抗不接充应挨三十六年度水董，呈请勒令该民接充，以维水利"等情。到府当经传案审讯，并规劝其照例应挨，惟该朱占儒坚不履行是项应尽义务，复经派员会同该管乡长方新明实地调处，旋据报称□比以□修渠坝施工时期迫近，召集地方民众议决，着朱占儒援照该渠成规旧例，帮出小麦六老石，以作代替人兴办水利、筑在渠口、筑坝堵水所需柴草等费津贴之用，同时并推朱登贤代替，以维渠务等情。据此除指令照办外，并以建（36）卯字第六二七号，谕饬该朱占儒限于三十六年四月十五日以前照数交清在案。迨至三十七年四月，以朱占儒坚抗不理，而朱登贤因受赔累过重，迭请追缴不已。本府当以法三（37）辰字第一一三一号，令饬该管乡长就朱占儒所有耕地内，会同乡民代表等拨地抬租秉公归还去后，据该乡公所三十七年六月三日呈称"查朱占儒抗不接充三十六年水董，应帮助代替人朱登贤津贴小麦六老石，有亏欠沟坝小麦一石五斗六升，及全年花费国币二十一万元，按时价合小麦一斗四升，共计八石一斗（老斗）。经会同乡民代表王兆明、荆贵年，保长王述信及户族朱占寿等商议，欲将朱占儒所有农田酌拨抬租，以资抵还，奈以无人承租，只将朱占儒所有西沟西 1257 号地一亩一分，东沟西岔西 1304 号地三亩六分七厘，庄北沙地 1442 号一亩七分七厘，共计地六亩五分四厘，估作时值地价小麦八老石一斗，□抵卖与朱登贤永远耕种，以资结案"据呈前情。查此。

高台县长就挖豁渠尾以免积水漫淹田地事给常明乡公所的指令

1948 年 3 月 12 日　　张 2-291

为据转请令饬站家渠负责人员挖豁渠尾一案，仰知照由：

本月十日呈一件为转请令饬站家渠负责人员挖豁渠尾，以免积水漫淹田地，请□核由。呈□应准照办，除饬站家渠水利渠长朱廷诰，于本年兴修水渠时，切实引导修浚外，仰即知照。

县长　冯周人（印）

秘书（印）　科长（印）

中华民国三十七年三月十二日

高台县常明乡长就转饬站家渠水利人员挖豁渠尾而利水流事给高台县冯县长的呈文

1948 年 3 月 6 日　　张 2-291

高台县常明乡常（37）寅字第 17 号

为转请令饬站家渠水利负责人员，挖豁渠尾，以利水道，请鉴核由：

案准本乡乡民代表会公函□“查本乡第三保乡民代表王成明等提议‘近数年来，站家渠渠尾，不通使水，无有出路。每年时值秋末冬初，闲水泛滥之际，该渠渠岸崩溃，闲水灌入定宁渠，本乡所属第三、四两保附近大路，不时被水淹没，往返行人颇感不便。函请乡公所转请县府，令饬柔远乡站家渠水利负责人员，将该渠渠尾挖豁，以便流通，避免受累’等情。经提交本乡第三次乡民代表会，议决通过”等语，记录在卷，相应函请贵所查照。转请县府令饬站家渠水利负责人员，挖豁渠尾，以利流通，并希见覆为荷”等由，准此，当经派员实地勘查去后，兹据报告前来，确系实情，理合备文转请钧府鉴核，俯准令饬站家渠水利负责人员，挖豁渠尾，以利渠道，避免受累。谨呈高台县政府县长冯。

常明乡乡长盛有聪（印）

中华民国三十七年三月六日

处理意见：

令站家渠水利渠长切实遵办具报。

冯周人（印）

三月十日

高台县长就令饬站家渠水利人员挖豁渠尾而利水流事给站家渠水利渠长朱廷诰的谕令

1948 年 3 月 19 日　　张 2-291

高台县政府三（37）寅字第 567 号

为据常明乡，转请令饬站家渠水利负责人员，挖豁渠尾，以利水流，令仰遵办具报由：

本月十日，据常明乡公所呈称“本乡第三保乡民代表王成明等提议，站家渠渠尾，每年时值秋末冬初，闲水泛滥之际，该渠渠岸崩溃，闲水灌入定宁渠属第（三）四两保附近，大路不时被水淹没，往返行人颇感不便，转请政府令饬柔远乡站家渠水利负责人员，于本年兴修渠坝之际，挖豁渠尾，以利流通，避免受累”等情。据查，疏通渠尾，排除积水，为兴修水利之重要工作，应予照办。除指令外，此合亟谕令该渠长遵照，务于本年兴修渠道时，切实增修，并将开挖渠尾情形，随时具报为要。

县长　冯周人（印）

秘书（印）　科长（印）

中华民国三十七年三月十九日

柔远乡良民保户民王吉发等为屡纵渠水淹没耕地并请派员勘察事给高台县长的呈文

1948年3月10日　　张2-291

为屡纵渠水，淹没耕地，致民等无法耕种，恳祈钧府电鉴，俯赐派员勘查，勒令赔偿损失，以维民生事：

缘有常明乡乐善渠水利负责人员，不加注意，于上年农历十一月初七日河水泛滥，渠口冲坏，将本保良田淹没许多，业已具情呈报钧府在案。现值春耕播种时期，田中水深过膝，无法运粪，致民等春耕失望，尤其现在水势澎湃汹涌，不但淹没本村耕地，而将本村所有桥梁路道，均已冲毁。但该渠水利负责人，置若罔闻，如此辣手毒性，意图将本保变成泽国，立逼民等流离失所，委身沟壑。兹以情出迫急，用特再恳钧府电鉴作主，俯赐派员勘查水淹情形，并乞勒令该渠负责人赔偿损失，以儆刁狡，而拯众命，则民等沾感鸿慈于无极矣。谨呈高台县政府县长冯。

具呈人柔远乡良民保户民　王吉发（手印）　王吉明（手印）
王吉福（手印）　王茂德（手印）
王绪春（手印）　王兴禄（手印）
王文昌（手印）　王得全（手印）
中华民国三十七年三月

处理意见：

准予派员勘查。

冯周人（印）
三月十日

高台县长就王吉发等呈请纵放渠水淹没耕地并派员勘察事给科员王燕萍的派令

1948年3月17日　　张2-291

高台县政府三（37）寅字第607号

据良民保王吉发等，呈诉纵放渠水，请派员勘查一案，令仰查办具报由：

据柔远乡良民保农民王吉发等以常明乡乐善渠水利负责人员，屡纵渠水，淹没田亩，□因□耕□□，田中积水过深，无法播种，呈请“派员履地勘查，并勒令赔偿损失”等情，前□除批示该民等知照外，合亟□□□□，令仰该员前往勘查，具报核夺。

县长　冯周人（印）
科长（印）
中华民国三十七年三月十七日

高台县政府科员王燕萍就王吉发等为屡纵渠水淹没耕地具体勘察情形事给冯县长的签呈

1948 年 3 月 19 日　　张 2-291

职奉派勘查，良民保上年被乐善渠水淹没王吉发等田亩一案。查得沿乐善渠沟南水没地约十亩有奇，沟北约五亩，庙门前约五六亩，胡滩以西大桥以南约有十余亩。除少数地亩尚有积水外，其余各地水均已渗沉地下，再被水冲去行车桥梁一座，渡槽吮木二根，地板两块。谨将勘查情形，据实签请钧鉴核夺。谨呈县长冯。

职　王燕萍（印章）

民国三十七年三月十九日

处理意见：

传原被人等讯办。

冯周人（印）

三月二十日

柔远乡民许复礼等为殷朝林抗违起夫破坏渠规事给高台县长的呈文

1948 年 3 月 22 日　　张 2-291

呈为抗违沟坝起夫，各粮屡要不理，破坏渠规，仰乞钧鉴作主，准予将该殷朝林提案，依法追出沟钱小麦以及起夫粮，以儆抗违，而维水规事：

窃民充任镇远保丰下中下总甲，自三十六年接办渠事，每亩均摊沟钱小麦二合五勺，共合地二十七亩七分，合计麦九斗七升，又有起夫麦九升七合二，共合老斗麦一石零六升七合，迄今抗不偿还，以致民赔累不堪。似此抗违，于渠事大有妨碍，若不呈请钧府究办，本号渠事无法办理。此为呈请钧鉴作主，俯准提案依法究办，追出所欠沟坝小麦，而维渠规，避免破坏，实为公便。谨呈高台县政府县长冯。

原呈人　柔远乡丰下中下号民　许复礼（印章）

被呈人　丰下上号　殷朝林

证明人　许占恩（手印）　许万山（手印）

中华民国三十七年三月

处理意见：

准予传案讯追。

冯周人（印）

三月二十二日

柔远乡户民许复礼等为殷朝林抗违起夫破坏渠规事给高台县长的呈文

1948年3月26日　　张2-291

呈为倚势抗违，不出沟坝起夫小麦，破坏渠规，请祈钧鉴作主，俯准将该殷朝林提案，依法究惩，追出沟坝小麦，而免苦赔，以维渠规事：

窃民任去年丰下中下号总甲，管办渠事，因有丰下上殷朝林，原在本号有田地二十七亩七分，按沟纳出沟钱小麦，而去年本号每亩地均沟钱麦三升，共合麦八斗三升一合。又有全年起夫每亩均麦三合五勺，共合麦九升八合二，共合计老斗麦九斗三升，伊抗不出纳，催之不理。查伊在本号应纳沟钱历年有案，非今日始要，故意抗定，民苦赔不忍，现在民无法催讨，只得具情呈请县长电鉴，大施仁慈，俯准将殷朝林拘案究办，追还沟麦九斗三升，而维民艰，避免抗违，实为公便。谨呈高台县政府县长冯。

原呈人　柔远乡丰下中下号民　许复礼（印章）
被呈人　丰下上号　殷朝林
证明人　许占恩（手印）　许万山（手印）
中华民国三十七年三月

处理意见：

迅传被控人等讯办。

冯周人（印）
三月二十六日

高台县长就许富礼呈控殷朝林追交水利事对殷朝林等人的传讯命令

1948年3月26日　　张2-291

据第三科签呈“以柔远乡丰下中下号许复礼，呈请追交水利补款一案，派警前往柔远乡丰下中下，传原被告来府”等情，应予照办，即饬警立即前往办理，限三月十七日下午时以前回府，不得延误，□会警察队长。

原告　许复礼
被告　殷朝林
证人　许占恩　许万山
县长冯周人（印）
三十七年三月二十六日

高台县政府对殷朝林等人的传讯笔录

1948 年 3 月 17 日　　张 2-291

原告：许复礼

被告：殷朝林

证人：许占恩、许万山

问：你告殷朝林，为什么？

答：因殷朝林在丰下中下有耕地二十七亩七分，向来水差均在丰下下承纳，上年他口欠水差小麦九斗三升，抗不出纳。

问：殷朝林你为什么不纳水差小麦？

答：我在丰下中下有地二十余亩，在丰下上号使水。三十五年，因办理土地总归户，将此地划归丰下上号，一切差徭均在丰下上号承纳。

殷朝林就被呈控抗违起夫破坏渠规事给高台县长的辩诉

1948 年 3 月 30 日　　张 2-291

辩　诉

为辩诉原委，伏乞电鉴作主，俯赐依照实际讯判，以除恶习，而免民累事：

情有丰下中下上年水甲许复礼，控民抗不付给春沟夫钱一案。缘民在柔远乡属丰下中下，有地二十余亩，曩年是地一切差徭，均向该号承纳。虽浇灌丰下上之水，而旧习在丰下中下输出春沟夫钱。迨至民国三十一年，编查地亩，办理土地总归户后，于民国三十五年复丈，将民是地归入丰下上号在案。自是之后，无论何项负担，咸向丰下上承纳。兹该伊控民强要春沟夫钱，实属不合理法。查民是地，不但未在该号区域所辖，而且往年恶习，虽有与该号输出春沟之名，而无使该号滴水之实。况又将是地完全归入丰下上号，一切随地负担，均在丰下上承纳，绝无与该号重出春沟之理。是以具文辨明，请求钧座电鉴作主，俯赐依照实际讯判，以除恶习，而免民累，实沾恩便。谨呈高台县政府县长冯。

具辩诉人　殷朝林（印章）

被辩诉人　许复礼

证人　靳贵年　殷建邵

中华民国三十七年三月

处理意见：

并案讯办。

冯周人（印）

三月三十日

高台县冯县长给柔远乡长方新明的训令

1948 年 4 月 3 日　　张 2-291

高台县政府三（37）寅字第 792 号

为据该乡丰下中下水董，呈控农户抗不出纳水差小麦，令仰彻底调查，具报备查由：

据“该乡丰下中下三十六年度水董许复礼，呈控农户殷朝林，抗不出纳水差小麦，请求追交”等情一案。本府传案讯究，据被告殷朝林答辩“照旧日积习，在丰下中下有地二十余亩，其使水则在丰下上号，于三十五年，因办理土地总归户，业将此地全数划归丰下上号，一切差徭均在丰下上号应用”等语。查水利负担，循例应随使水单位，而与其他负担不得混为一谈。双方各执一见，应即予彻底处理，以息纠纷。仰速召集丰下上及丰下中下各单位首人，秉公调查，并仍将办理终结情形，具报备查。

县长　冯周人（印）

秘书（印）

中华民国三十七年四月三日

高台县长就小鲁渠渡槽破坏修复情形事给临泽县政府的公函

1948 年 5 月 22 日　　张 2-291

高台县政府三（37）辰字第 1408 号

为据本县丰稔渠水利人员呈覆小鲁渠渡槽破坏，修复情形一案，函请查照由：

案准贵府三（37）卯字第一零一号公函，以据小鲁渠民众白先昌等，呈请转饬本县丰稔渠建修高渡槽一案。本府经以三（37）辰字第一一六六号，谕饬丰稔渠水利委员侯良恒等遵办去后，兹据呈覆。小鲁渠高渡槽，曾经水利林牧公司张掖工作站拨款修建。□固工程坚固，而小鲁渠民众墨守积习，每年要挟照例重修。旋于三十四年□月，呈奉省政府核定办理，该渠渡槽，如再破坏，即由小鲁渠备料，丰稔渠备□□□□复。近查渡槽尚未破坏，今若修建敝渠，□只得遵照定案备工办理。兹□省政府建□□字第□□□随函附。请查照办理。

县长　冯周人（印）

秘书（印）

中华民国三十七年五月二十二日

高台县长就呈请制止小新临泽两渠首人勒索水利差徭事给临泽县政府的公函

1948 年 1 月 15 日　　张 2-291

高台县政府三（37）巳字第 1599 号

为据本县三清渠民众代表王维杰等呈请制止小新临泽两渠首人勒索水利差徭一案函，请查照核办，并希见覆由：

本年五月二十日案，据本县三清渠民众代表王维杰等呈称“以该渠转线占用地亩，近有临泽、小新两渠人民勒索水差杂款，呈请转咨贵府核办，以免纠纷”一案。查三清渠转线占用土地，曾□省政府令免除一切负担，兹照录临泽、小新各渠首人讨款华名单一纸，随函附赉。请查照核办，惠予制止，免滋纠纷，并希见覆。

县长　冯周人（印）

秘书（印）　科长（印）

中华民国三十七年元月十七日

三清渠民众代表王维杰等就呈请解决临泽小新渠首勒索水利差徭事给高台县长的呈文

1948 年 5 月 20 日　　张 2-291

呈为渠线占用地亩，勒索水利差徭，苦赔不堪，请求钧鉴，转咨临泽县政府制止临泽、小新两渠首人，勿再节外生枝事：

查本渠于开挖新线时，所有购用临泽小新各渠民□，经遵第六区专员，会同高、临县长及两县地方各机关首长，议定给价标准，全部交清。惟近据本渠水利渠长王贤德、郭万重报称“小新渠及临泽渠首人，对于本渠价购已开渠道之地亩，实于本年春间，径向驻渠水利人员，勒索春修小新等渠工资。即于本年四月二十日，由临泽渠人民刘上恩、刘光天、刘宗尧前往本渠驻渠口办事处（俗名渠庄子）手持绳索，声势汹涌。驻渠人民既离乡背井，迫不得已，按地每亩索去。继有小新渠人民魏定勤，滋□驻渠水利人员，事同前由”等语，附送花名单一纸。代表等据悉上项情形，殊为诧异，当经赴渠实地考查，确系实在。伏查修浚沟渠，旨在灌田，但本渠购买该渠之地，业经开成渠道，并无耕种分厘。而今该渠人民站地欺客，无理苛索，难容缄默。兹谨列具临泽小新各渠人民勒索国币清单一纸，备文呈请钧座电鉴，伏乞核转临泽县政府传案讯究，以儆效尤，而维水利。谨呈高台县县长冯。附呈花名清单一纸。

三清渠民众代表　王维杰（印章）　郭复业（印章）

王贤德（印章）　王国汉（印章）

郭万重（手印）　张登国（印章）

中华民国三十七年五月

处理意见：

准予转咨临泽县政府，查照制止。

冯周人（印）

五月二十日

临泽县长就不准小新等两渠户民再向三清渠新线占用地亩讨索水徭杂款事给高台县政府的公函

1948 年 7 月 22 日　　张 2-291

临泽县政府三（37）午字第 53 号

函覆已令小新、临泽两渠户民，不准再向三清渠新线占用地亩讨索水徭杂款情形，请查照由：

准贵府本年六月十五日三（37）巳字第一五九九号公函敬悉。查此案经令本县蓼泉镇公所派员彻查去后，兹据报称“查三清渠新线占用小新、临泽两渠户民刘光道、刘光谋等良田二十余亩，省府虽将田赋豁免，但小新、临泽两渠每年挖渠夫丁，仍按以前成案办理。该三清渠新线占用之地，尚未□除，逐次追究，该民等讨要之款，按小新、临泽两渠沟价，与规定数目相符，内中并无其他杂款。谨将调查情形，理合具文呈报钧府电鉴核夺”除令蓼泉镇公所，嗣后对于三清渠新线占用之田二十余亩，不准再派挖渠夫丁等杂款外。请查照。

县长袁第锐

中华民国三十七年七月二十二日

处理意见：

转饬三清渠代表知照。

冯周人（印）

七月二十四日

高台县长就呈报临泽县刘光辉阻挠修建看护涵洞民工住房事给临泽县政府的公函

1948 年 1 月 29 日　　张 2-291

高台县政府三（37）巳字第 1754 号

据本县三清渠民众代表鲍鸿章等呈报，贵县刘光辉等阻挠修建看护涵洞民工住房，破坏水利，转请制止一案，希查照见覆由：

案据本县三清渠民众代表鲍鸿章等呈称“入原文，贻害将来”等情一案。请查照惠予制止，并希见覆。

县长　冯周人（印）

秘书（印）　科长（印）

中华民国三十七年元月二十九日

三清渠民众代表鲍鸿章等人为临泽县民阻挠修建民工住房破坏水利事给高台县冯县长的呈文

1948 年 6 月 22 日　　张 2-291

呈为阻挠修建看护涵洞民工住房，希图破坏水利事：

缘本渠经过临泽渠之涵洞上部，为临泽渠渡槽，以工程艰巨，每年各渠开口放水，必得派征民工，昼夜坐地看护。惟逢天阴降雨，民工身无遮蔽，殊有贻误看护之虞。代表等深恐临泽渠放水较大，漏水冲毁涵洞，且以本年入春以来，该处人民对于本渠一切建筑工程，时谋破坏，看护实感困难。旋于本年五月二十八日，拟在涵洞附近，本渠购就地内，修建民工住宿小房一间，以资遮风避雨，便利看护。讵意施工未几，突有该处户民刘光辉挺身阻挠，并将土坯砌作墙壁立即摧毁殆尽，不让修筑。似此无理破坏，致使涵洞不能周密看护，将来一旦发生祸患，不惟本渠人民遭殃，则临泽渠民众亦受无限之灾害。事关两渠水利，谨特呈恳县长电鉴，主持修建，俯准转咨临泽县政府，严饬该民刘光辉勿再节外生枝，贻害将来，无任感祷之至。谨呈县长冯。

三清渠民众代表　鲍鸿章（手印）　张汉儒（手印）　罗春云（手印）　吴克新
王三重（手印）　王锦新（印章）　方志元（印章）　王虎□
吴开文（手印）　郭万新（手印）　王国汉（印章）　孟开元
王维杰（手印）　张成玉（印章）　谢政明（手印）　白成本
郭复业（印章）　苗万新（手印）　许企德（手印）　刘德新
张登国（印章）　盛尚德（印章）　王福安（手印）　李生隆
张富国（手印）　王维杰（手印）　张成玉（印章）　党福文
谢政明（手印）　薛发善（手印）　夏建福

中华民国三十七年六月

处理意见：

准予函转临泽县政府制止并饬知照。

冯周人（印）

六月二十二日

临泽县蓼泉镇公所就刘光辉阻挠高台三清渠修建民工住房详细情形事给临泽县长的呈文

1948 年 7 月 12 日　　张 2-291

蓼泉镇公所蓼（37）午字第 706 号

案奉钧府三（37）午字第九一号训令，饬查镇属永丰保户民刘光辉等阻挠高台三清渠，修建看护涵洞民工住房一案。经该渠拟建之民工住房，在涵洞西面，该渠北岸其西不远，即刘光辉庄院。据该民称"与住居庄落大有妨碍，该民曾以合理手续托人商办，并未有任何举动”等语。既如该处修建与附近居民住宅有碍，涵洞东面，该渠南北两岸，亦有较阔地势，修建于此，较为适宜。况该渠前已买就四亩大庄院一处，数年以来，经常住人看护，如该渠另行兴修渠方，应以彼此彼此无碍为佳，理合具文，呈覆钧府电鉴核夺。谨呈临泽县政府县长袁。

蓼泉镇镇长　鲁　璠

副镇长　康茂林

中华民国三十七年七月十二日

临泽县蓼泉镇长就刘光辉阻挠高台三清渠修建民工住房详细情形事给临泽县长的呈文

1948 年 7 月 14 日　　张 2–291

蓼泉镇公所蓼（37）午字第 709 号

案据镇属永丰保户民刘光辉、刘光禄等呈称“查三清渠于本年五月二十八，在涵洞附近西端，修建民工住房一间，以资看护涵洞等语，民等以建房之地附近民等住庄，对于民等阳宅及农事方面有碍。托刘光义与该负责人商议，而该渠负责人推不接收，任意妄为，不识用意何在。若谓修防看守涵洞，而该渠前已买下四亩多大渠房，即在涵洞东方，距离不远，经常均住人看护，况涵洞东面附近空地颇多，紧接该渠庄后墙，修房若干都能容下，何况一间民房。故意在涵洞西端修建，妨碍民等居住及农事，与民为难。民等世居此地，该渠三十四年新辟渠道时，即将本保耕地坟庄道路挖断，现又在民等住庄附近修建民房，不知该渠该民等置于何地？民等无法，只得实情具文呈报镇长电鉴，准予转请县政府函转高台县，令饬该渠负责人在该渠现住渠庄后面修建，以免民等受碍”等情，据此理合具文，呈报钧府电鉴核夺。谨呈临泽县政府县长袁。

蓼泉镇镇长　鲁璠

中华民国三十七年七月十四日

临泽县长就另勘适宜地址修建民工住房事给高台县政府的公函

1948 年 7 月 22 日　　张 2–291

临泽县政府三（37）午字第 54 号

为函覆贵县转饬三清渠，另勘适宜地址，修建民工住房，请查照由：

准贵府本年六月二十九日三（□）巳字第一七五四号公函敬悉。查该案经令蓼泉镇公所详查具报去后，旋据该镇公所于三十七年七月十二日以“（37）午字 706 号及同月十四日（37）午字 909 号，先后呈请函转贵县令饬三清渠负责人，在该渠现住渠庄后面修建，以免彼此有碍”等情，前来除指令外，为顾全两县人民睦谊起见，相应照抄原呈二件。请查照，并转饬三清渠令勘适宜地址修建，免生纠纷为荷。

县长袁第锐

中华民国三十七年七月二十二日

处理意见：

转饬知照。

冯周人（印）

七月二十四日

水利部甘肃河西水利工程处张掖工程区主任就召集农会及民众代表来城会商解决水利纠纷事给高台县长的公函

1948 年 7 月 22 日　　张 2-291

水利部甘肃河西水利工程处张掖工程区张（37）午字第 16 号

函请招集农会及柔远渠贞利两号渠民众代表各三人，于七月二十七日来城，以使会商解决水利纠纷由：

据柔远渠贞号民众代表孙丕能等，呈请代为解决贞、利两号渠民水利纠纷一案。查柔远渠贞号水闸，经前河西工程水利总队第三分队查勘有案。该项卷宗，刻因不在此间，又以人事变迁，难以详系全情，请贵府查照旧案，详示究竟。请招集农会刘会长、利号民众代表张□法、王泽清、权文法及贞号民众代表孙丕能、方积贵等各三人，于七月二十七日来城，以使会同贵府商洽解决办法。相应函请查照并□见复。

主任萧□□

中华民国三十七年七月二十二日

处理意见：

照办并覆。

冯周人（印）

七月二十三日

高台县长就召集农会及民众代表来城会商解决水利纠纷事给水利部甘肃河西水利工程处张掖工程区的公函

1948 年 7 月 26 日　　张 2-291

高台县政府三（37）午字第 2096 号

准函口召集农会及柔远渠贞利号民众代表，来城会商解决水利纠纷一案，复请查照由：

（一）本年七月二十二日张（37）午字第一六号公函敬悉。

（二）□农会理事长刘定国，及柔远渠贞利两号渠民众代表，已派警分别传唤，定于本月二十七日来城集会。

（三）该渠修建水闸，系利号渠民代表王泽清等呈准省政府发动勘测，本府并无重要案卷可资考证，兹照抄原呈一件随函附寄。

（四）复请查照。

县长　冯周人（印）

秘书（印）

中华民国三十七年七月二十六日

高台县长就追还柔远渠水利纠纷尾欠赔偿事分别给柔远渠代表的谕令及临泽县政府的公函

1948 年 7 月 15 日 张 2-291

高台县政府三（37）午字第 1894 号

柔远渠民众代表：

呈为追还口新工渠水利纠纷尾欠赔偿等由：

准临泽县政府三（37）午字第一三号，以据新工渠□□，呈请函转本县柔远渠，为水利纠纷尾欠赔偿费八百万元，迄未交付。现因该渠筑堤，需款在急，□即追，还以昭信用一案。仰政府解决以资结案，毋再违延。

中华民国三十七年七月十五日

临泽县政府：

高台县政府三（37）午字第 1894 号

本年七月七日三（37）午字第一三号公函敬悉。已令饬柔远渠负责人迅予□□案。请查照。

冯周人（印）

秘书（印）　科长（印）

中华民国三十七年七月十五日

临泽县长就柔远渠追还欠缴赔款事给高台县政府的公函

1948 年 7 月 5 日　　张 2-291

临泽县政府三（37）午字第 13 号

据本县新工渠水利办事处，呈请函转贵县追还柔远渠欠缴赔款八百万元，请查照见复由：

据本县新工渠本年六月新水利巳字第□号呈称“本渠上年与高台柔远渠，因偷挖渠堤、水利纠纷一案，经柔远渠呈请高台县政府，委托青年团王书记、九农会理事长刘定国，并柔远渠士绅到县，会同本县党团农会各界双方调解。结果由该柔远渠与本渠赔偿筑堤工程费四千八百万元，除交付四千万元，尚下欠八百万元，迄未交付。现筑堤需款在急，呈请钧府，函转高台县政府追交欠款，以昭信用”。请查照转饬柔远渠速将此项欠款交付，以顾信用。并希见覆。

县长袁第锐

中华民国三十七年七月五日

处理意见：

饬柔远渠负责人迅予交纳并复。

王燕萍（代）（印）

七月十二日

高台县长就另觅适宜地址修建民工住房事给三清渠代表鲍鸿章的谕令

1948 年 7 月 27 日　　张 2–291

高台县政府三（37）午字第 2105 号

为准临泽县政府，函转饬该渠，另觅适宜地址修建民工住房一案仰知照由：

前据该渠代表鲍鸿章等呈请转咨临泽县政府，修建看护涵洞民工住房，毋得阻挠一案。经核六月十九日，以三（37）巳字第一七五四号函转临泽县政府查照办理去后，兹据临泽县政府三（37）午字第五四号函复“入原文，免生纠纷”等由到府。仰即知照。

冯周人（印）

秘书（印）科长（印）

中华民国三十七年七月二十七日

柔远乡丰下上贫民该号春沟坝夫苦乐不均事给高台县长的报告

1948 年 6 月 13 日　　张 2–291

报　　告

为报告事：

窃因敝号春沟坝夫，苦乐不均。多年来，首领有钱的，每天春沟老斗小麦一升，秋后二升，贫穷者每天沟春夫二升或三升，秋后四升或五升。贫穷百姓挖沟上坝，首领有钱的浇水灌田，每年充当管渠，都是推诿不当，首领有钱的更不当，都想方法压迫不穷不富之软弱人充当。当差翌年后，家庭受大害，马上弄穷。此种坏毛病，若不剔除，贫人及软弱人都不能生活。因为首领有钱势力太大，软弱人贫人都不敢出声言语，只得将不平等情形，匿名报告县长大人案下，明查暗访，惩办压迫贫人的首领及有钱富豪，另定平定章程，以救贫人，实沾恩德于无极矣。谨呈高台县政府县长冯。

具报告人柔远乡丰下上贫民

中华民国三十七年六月十三日

处理意见：

方乡长查明确实呈报核夺。

冯周人（印）

七月二十日

中华民国三十七年八月一日

高台县柔远乡公所给高台县政府的呈文

1948 年 8 月 1 日　　张 2-291

柔远乡公所柔（37）未字第 67 号

呈报处理丰下上贫民报告春沟坝夫，苦乐不均一案情形：

奉钧座交下，镇远保丰下上户民报告春沟坝夫，苦乐不均等情，饬查办一案。遵即亲赴该保，召集丰下上三户户民，议定水利规约，共同遵守。所有户民应出沟坝小麦标准，均详列于规约以内，嗣后不拘贫富出纳沟坝小麦，均照规定标准所行，谨缮呈水利规约一份。请鉴核备查。

柔远乡乡长方新明（印章）

中华民国三十七年八月一日

处理意见：

经核该渠农户议定公约尚属可行，指令转饬遵守。

冯周人（印）

八月五日

高台县柔远乡镇远保丰下上三户户民公议水利规约

1948 年　　张 2-291

本规约由乡公所方乡长会同三户户民共同商议订定之。

本规约依据本号历年水利成规订定之。

本号受益户民得遵照成规，每地三亩应出夫一名，挖沟一天，每天沟春季应出老升小麦二升五合，如欠至秋后应出老升小麦三升五合。

每坝一回（八日）秋后应出老斗小麦一斗。

本规约经三户户民议定，由受益农户共同遵守，如有故违，得报请县政府及乡公所，追缴其原欠纳沟坝额数外，并施以加倍处罚，以作兴办水利之需。

本规约得缮写三份，由三户各执一份，以作凭证。

殷中选、殷多安、殷朝林等买来泰安保刘郑二姓，在丰下上境界内地约一百二十余亩，嗣后沟坝应在丰下上，得照本规约承纳，不得假刘郑二姓之手，为防□□□□□照花名出入，并得详注于地亩丘册，以免纠缠。

本规约得由乡公所转请县政府备查后施行之。

高台县长就遵照上春沟农户议定水利规约事给柔远乡公所的指令

1948 年 8 月 7 日　　张 2-291

高台县政府三（37）未字第 2244 号

据呈报处理丰下上春沟坝夫，苦乐不均一案，仰转饬遵守由：

柔（37）未字第六七号呈及规约均悉。经核该渠农户议定水利规约，尚属可行，准予备查。仰转饬该渠农户遵守。

县长冯周人（印）
秘书（印）科长（印）

高台县长就维护道路渠堤以利灌溉冬水事给建康镇许镇长等的代电

1948年11月10日　　张2-291

高台县政府三（37）戌字第3146号
为电饬策动保甲制止放水散流，维护道路渠堤，以利灌溉冬水一案，仰遵办具报由：
查农田灌溉冬水，关系春耕，至为重要。近来各渠上游人民灌田后，往往放水散流，以致漫淹道路，妨碍交通，且影响下游农田灌溉，为害甚巨，应即分别制止。仰速策动所属各保甲，迅即按段修筑水毁道路，并防止人民任意放水，同时沿渠附近人民，于灌溉冬水期间，切实防护各大渠堤，毋得失水成灾。电仰遵办具报。

冯周人（印）
秘书（印）
中华民国十一月十日

高台县建康镇公所就呈报制止放水散流并淹没道路事给高台县政府的呈文

1948年11月15日　　张2-291

建康镇公所建（37）戌字第158号
呈报制止放水散流，淹没道路由：
三（37）戌字第三一四六号训令奉悉。已以建（□）戌字第一五七号训令分饬各渠上游保甲长遵办。恭祈核查。

建康镇镇长许正荣（印）
中华民国三十七年十一月十五日

处理意见：
附卷。

冯周人（印）
十一月十七日

高台县长就渠堤失水并从事防护情形事给对东西城门等乡镇发布的布告

1948年11月17日　　张2-291

高台县政府一三（37）戌字第3194号
布告渠堤失水，为害甚巨，仰众周知，从事防护一案由：
查农田灌溉冬水，关系民生，至为迫切，而于使水期间，维护渠堤，防护灾害，尤为必要预备。本府有见及此，迭□□会有关各乡镇长，督饬所有水利人员及保甲长，发动沿渠人民，切实逐段防护，并制止上游人民，勿得任意放水散流，以利下游灌溉，饬遵办理在案。近查丰稔渠郇家湾一带沿渠保长居民，对于护渠工作未能尽责，致将渠堤冲溃，附近农田庄房悉遭重灾，本府迭派员□自卫队兵，分途督促检修。乃该渠水利人员，及当地保长居民，互相观望，任水四溢，逞势滋害，且影响下游灌溉，殊为痛惜。除将有责任之保长水利人员就渠予以惩治，责成加速抢险，修复水毁渠堤外。并于工程完竣，分别轻重，再行依法惩办，以儆效尤。现以气候渐寒，未灌冬水地亩，亟应设法济灌。对于使水各渠，仍由沿渠保甲住户，按段看护，协力进行，各地如有水毁道路桥梁，应由该管保甲长负责，随时修筑，并于冬水灌完后，须将渠口堵闭坚固，以免黑河封冻崩溃成灾。自布告之后，如再违误，一经查觉，定予严惩。

冯周人（印）

中华民国三十七年十一月十七日

柔远乡第二保户民王文元等为仗势欺人阻水殴打事给高台县长的呈文

1948 年 11 月 30 日　　张 2-291

呈为倚势欺人、阻水殴打、挡去铁铣，以致冬水未浇，恳乞钧府电鉴，俯准将被告高应生提案，依法究惩、追回铁铣、当公卖地被告，而免受害事：

窃民等原在柔远乡第六保，有地二段，一段约有二十亩，又一段约有二十亩。历年浇水屡受欺负，能将水放空滩，不容民地浇水，连年受旱。因于日前去浇冬水，被高应生阻住水路，不容民等浇灌，反打工人，挡去铁铣两张，民地未浇，该将水放双桥湾一带，完全以在民等之地头，阴潮不堪。民等不能忍受，昨呈请警察队提究，令伊交铣，岂知该被告目无法纪，迄今抗定不给，又向警察队去催，再未提究。伊钱势压人，冤枉难伸，刻下冻水之际，冬水失时，明春何种，以定将此地四十余亩，出卖伊种，尚有田粮三石二三斗，归伊承纳，而免受害。为此呈请钧府作主，俯准提究，予以追回铁铣两张，当公卖地被告，以彰公理，实为公便。谨呈高台县政府县长冯。

原呈人　柔远乡第二保户民　王文元（印章）王在增（手印）

被呈人　第六保　高应生

中华民国三十七年十一月

处理意见：

令饬柔远乡长查办具报并批示。

冯周人（印）

十一月三十日

高台县长就王文元等呈诉户民高应生阻水殴打妨碍冬水灌溉事分别给柔远乡方乡长的训令及柔远乡第二保户民王文元等人的批答

1948 年 12 月 10 日　　张 2-291

高台县政府三（37）亥字第 3387 号

柔远乡方乡长：

为据该乡第二保户民王文元等呈诉户民高应生阻水殴打，挡去铁铣二具，贻误灌溉冬水等情一案，仰彻查具报核办由：

本年十二月二日案，据该乡第二保户民王文元等呈称“以该乡第六保户民高应生，阻水殴打，挡去铁铣工具，以致田地未灌冬水，请求传案依法惩办”等情一案。兹抄录原呈，随令附发。仰彻底查明具报核办。

中华民国三十七年十二月十日

柔远乡第二保户民王文元等：

据呈请惩办高应生阻水殴打挡去铁铣等情一案批示知照：

本年十二月二日呈悉。已令饬柔远乡方乡长，彻底调查，俟具报来府，即行核办。仰即知照。

县长　冯周人（印）

秘书（印）

十二月六日

高台县长就户民李长才等受灾情形事给柔远乡第六保长许生俊的批答

1948 年 11 月 29 日　　张 2-291

高台县政府一三（37）戌字第□号

据报该村户民遭受水灾情形，呈请拯救一案，批示知照由：

本年十一月二十五日呈暨附件均悉。查丰稔渠失水，该保户民李长才等受灾情形，业由该管乡长呈报前来，准予分别核办。仰候另案饬知。

县长　冯周人（印）

秘书（印）第一科

中华民国三十七年十一月

高台县柔远乡公所就郇家湾水灾情形及救济方案事给高台县政府的呈文

1948 年 11 月 21 日　　张 2-291

柔远乡公所柔（37）戌字第 103 号

呈报本乡第六保郇家湾水灾情形，请鉴核赈济：

查本乡第六保郇家湾一带，于本月十四日，因丰稔渠渠堤崩溃，该处居民，均罹亘灾，田地被水淹没，房宅被水浸毁，食粮用物被水冲散，一般灾民，啼饥号寒，惨不忍闻。兹由本所派员调查水灾状况，遂缮造灾情调查册一份。该处被灾户民，共三十四户，除李长才、李长科、李逢元等三户，尚能维持生活，其余三十一户，目下生活困苦，亟应设法赈济。被水淹没田地，共一百一是八亩一分二厘，粮赋八石五斗一升八合二勺，所有随粮应纳之临时粮款，及补给实物，自本月份起，免予□征。请核夺示遵。

柔远乡乡长方新明（印）

中华民国三十七年十一月二十一日

处理意见：

提会讨论。

冯周人（印）

十一月二十三日

柔远乡第六保长许生俊为受灾具体情形及请求豁免田赋事给高台县长的呈文

1948年11月25日　　张2-291

为呈报哀鸣拯溺，湮没田地，冲破房屋，恳乞钧府电鉴作主，俯准派员莅境勘查，豁免赋额事：

窃查职保第一二甲灾民代表李长才、郇□通等，于本年农历十月十四日上午八时，由丰稔渠渠沿，突然由北冲断，狂水大流，栋宇湮成破舸，田园变作荒洲，湮没田地一百三十五亩六分，共纳田粮十石零三斗零五合六勺，损坏房屋三十一间，其余房屋墙壁倒塌，屋内之水二尺余深，不能居住。多数灾民，尚在荒郊露宿，损失秋夏杂粮老斗二十余石，农器家具不计其数。现时民等亦无房屋居住，又无口食度用，实难生存，呈报职转呈在案等情。据此职即特会同本保首领前往去查，该甲户民确系被灾甚重，不为沟壑，定遭饿殍，若不减轻负担，实不聊生，民等无奈，只得将原情具实呈请县长鉴核，而彰公道，以恤民艰，应纳田粮杂款一律豁免，则实叨德便。谨呈高台县县长冯。附呈灾情调查单一份。

高台县柔远乡第六保保长许生俊（印章）

中华民国三十七年十一月

处理意见：

并案提会讨论赈济办法，先将拟办情形批示知照。

冯周人（印）

十一月二十五日

高台县务会议就救济柔远乡郇家湾水灾的提案及决议

1948年　　张2-291

主席提议：第三科答呈，据柔远乡公所呈以郇家湾一带水灾，经派员调查被灾农田一万一十八亩一分二厘，应纳粮赋八石五斗一升八合二勺。呈请救济一案，应如何办理请公决案。

处理意见：在冬□救济□□内提出一十五石救济，不再另筹。

临泽县长就小新渠封闭渠口调查情形事给酒泉王专员的呈文

1948年4月24日　　张2-291

建（37）卯字第0263号

酒泉王专员钧鉴，二水（37）寅字第五六八号真代电奉悉。查此案前据本县小新渠民众代表马宗位等十五人，四月十三日呈称“呈为保持成例，以维民生，仰乞鉴核，俯准据情转呈”事。查小新渠开自逊清初业，迄今二百余年。每岁高、鼎均水之时，临泽三十六渠中，惟小新渠不闭渠口，相沿至今，垂为铁例，实为高、临、鼎三县人民所周知。细考小新渠不闭渠口之原因，即因渠道甚小，水量颇微，不影响于下游之灌溉，且土地纯属沙壤，不耐受旱，五日无水则苗槁枯，十日无水则无收成之望。职是之故，即于开渠初年，不闭渠口，有案。嗣后高台创修三清渠，以无适当渠口加入本渠后，水量加大，当时即被鼎新民众呈请上峰转饬封闭渠口，小新渠仍以上述理由呈准不闭，是三清渠之不闭渠口者，乃受本渠之惠，实非其固有之例。迨至三十四年三清渠分口以后，该渠渠口过大，几将黑河之水吸收过半，此渠之闭与不闭，影响于下流均水者实大，每年分水之时，高、鼎两县人民所斤斤较量者，即在于此。反观本渠自与三清渠分离后，虽用两渠合用之口，惟因人力薄弱，无法疏浚淤沙，任使渠水自流，且三清渠穿越本渠之处，由水利工程处按照过去水量，搭一木槽，宽仅二尺八寸，高只二尺二寸（均悉市尺），此槽迄未改修。如水量稍一加大，则无法容纳，此为一。极明显之事实，即令开口畅流，何能浪费水量？再六区前专员王去岁视察本县，使派员勘测两渠水深及宽度，得知小新渠与三清渠合用一渠口时，渠宽九公尺五公寸，深度一公尺。自三十四年三清渠另开渠口后，小新渠渠宽仅一公尺八公寸，水深五公寸，而三清渠另辟之渠口宽为一十五公尺，深为一公尺五公寸，反较与小新渠合用之渠口为大，此为勘测所得之事实，并非杜撰之谣言。如不及早修建进水闸，以节水量，则闭与不闭相等，彰彰明甚。去年分水时，三清渠曾拆除闸板十块，而水量如故，即为明证。盖以三清渠人力之众，渠口之上，随时可以加工，去五来五，是今日之闭口与曩昔之不闭，毫无二致。何所损于三清渠？而小新渠之水较之过去并未加大，反遭闭口而置民生于不顾，失平之事，孰甚于此。况省府前已体恤本渠民众艰苦，已以建二水（35）午字第三四九二号指令“在河西水利工程，整个整理工程未完成以前，所有水利规章务须照旧办理，不准稍有更张，以免发生纠纷”等因，政府既有命令，理应遵照办理，何以本县水利计划尚未着手，一切事实均未变更之际，而遽更张小新渠二百余年不闭口之规章。命令之矛盾，前后如是之巨，民等殊难甘服，同时更为保持二百余年之成例，以为民生之保障，誓必全力以争，恳祈转呈省府详察两渠实际水量之大小，而定封闭与否之标准，幸勿以空洞之理想，而遽强制其执行，则民等不胜感戴之至。谨呈等情，并经提交本县水利委员会商讨，结果咸认该渠民众所称各节确属实情，在本年高、鼎、临三县均水时期，应即保持小新渠不闭渠口成例，以利民生。特电转报核查。

临泽县长杨居敬

处理意见：

转令□视察并案会办并指□。

中华民国三十七年四月二十四日

高台县呈亟河流水渠分布图说

1948 年　　张 2-291

高 台 水 利

查本县农田，率赖黑河及摆浪河水灌溉，计引用黑河水源之渠为三清、柔远、丰稔、站家、纳凌、定宁、新开、马□（又名城北渠）、乐善、永丰、黑新开、黑站家、黑小坝、镇江、临河、河西、常丰等十七渠（在黑河南岸），五坝渠、六坝渠、七坝渠、八坝渠、九坝渠、双丰渠（上游系九坝村受益，下游为十坝村受益）、镇鲁渠、红山渠、罗城渠、万开渠、正义渠等十一渠（在黑河北滨），引用摆浪河水之渠为暖泉渠、暖泉旧沟、暖泉新沟、中坝渠、下坝渠、新坝渠、上坝渠、小坝渠、河西渠、元山渠、四坝渠等十一渠，引用暗门河水者为三凤渠（又名红沙渠），引用水河□水之渠为镇夷坝渠、二坝渠、上坝渠、六□坝渠、黄蒿渠、毛家坝渠、河西渠等七渠，全县计有定名水渠共四十七道。

本县水渠，大部利用沙土筑堤，每年春季，必须发动受益人民集力修浚，以为全年用水之基础。各渠征工修筑堤坝，以及给水灌田，率有老规成例。关于兴修水利工作，一般农户颇有自动自治之精神。惟近年以来，有少数农户，忽视渠规老例，对于修浚水渠或使水灌田，往往侧重私益，发生纠纷，如站家渠固使水单位较多，每年夏秋使水，互起纠纷，旋于上年十月召集该渠各单位民众代表集会，讨论议定水规条程，呈报备案，分饬遵守，后该渠纠纷遂为平息。拟继续督导其他较大水渠负责人员议订水规条程，以资遵守，而□纠纷。附河流水渠分布图一份。

高台县政府科长王燕萍就三清渠南北两闸公平修复事给冯县长的签呈

1948 年 5 月 3 日　　张 2-291

职于四月二十九日，前往三清渠查勘北利沟分水闸，于是日到达该地。查北利沟分为南北两闸，历年成例，修闸筑坝工程属于南闸，本年因南低北高，北闸使水则有七号之众，咸以高低关系水程，争持平衡。当即召集两闸首人，商议决定准由南闸起夫，下平北闸，经职□修两日，于本月一日，修复完竣。双方平允，均无异议。谨将办理情形，签请钧府核夺。谨呈县长冯。

职王燕萍（印）

中华民国三十七年五月三日

处理意见：

既经公平修竣，准予备查附卷。

冯周人（印）

五月三日

职员范立贤就为改建分水闸事给高台县长的呈文

1948 年 7 月 28 日　　张 2–291

查案准甘肃河西水利工程处张掖工程区公函“以本县柔远渠利号岔民众代表王泽溥等，呈请改建分水闸一案，因是项工程，关系该渠下游贞号水利，至为密切，嘱召集该渠利号岔及贞号渠民代表，来城会商办理”等由。当经派警传集，并定于本日上午九时，假马尾湖水库工程处开会研讨，兹职准时前往参加。除商讨结果情形分签报核外，敬祈钧鉴核查。谨呈县长冯。

职范立贤（印）

民国三十七年七月二十八日

处理意见：

阅。

冯周人（印）

七月二十八日

高台县长给军法室的公文①

1948 年 2 月　　张 2–291

案调处方法，□属公允，当以三（37）巳字第一六四四号呈转报甘肃省政府核查，旋奉水地教二（37）午字第六三四一号指令，以此案系属司法范围，饬径送当地司法机关，依法审判，并将判决情形具报备查。函请查照审理，并将判决情形悬予见覆。

县长　冯周人（印）

秘书（印）会军法室

三十七年二月九日

高台县政府就范永年等人呈控高会禧肆意抗误人夫的传讯记录

1948 年　　张 2–291

原呈：范永年、闫大臣、范应□、闫文诰、闫修□、范学曾、闫保法、郭兴红

被告：高会禧

① 编者按：此文件大部残缺，且不见于目录。

问：你们呈诉高会禧，是什么事情？

答：我们的站家渠分为五大号，□年挖渠之期，敝号下夫四十名共同兴修水渠，若误夫一□，应渠规罚小麦□老斗。郭兴红为本年度站北岔之水董，□在兴渠之际，不料有高会禧肆意抗误人夫，转为请求按规处罚。

问：高会禧，今年的水董在兴渠时通知你没有？你为什么不下夫？

答：业已通知过了。我的沟麦已付给高永红了，郭占魁因在上年欠有高永红之津贴食粮，要将□麦拨作雇夫小麦，因此就把沟误下了。

高台县政府浇水凭帖

1948年9月29日　　张2-291

三清渠渠长郭、王协同七号总甲批给冬水事：

成号自十月初一日卯时起，至初四日寅时止，此批之后，周而复是，不得紊乱，批帖为证。

中华民国三十七年九月二十九日

高台县柔远乡利民保代表赵财文等给高台县长的呈文[①]

1948年5月28日　　张2-291

……请钧座核准。

高台县柔远乡利民保（即柔远渠贞利号）代表：

赵财文（手印）　方三思（手印）　张万德（手印）　王泽清（手印）
许兴让（印章）　方吉贵（手印）　孙立增（手印）　孙尚勤（手印）
方　秉（手印）

处理意见：

准予派警二名前往该渠监视灌溉。

已于五月三十一日函□警察队照派附卷。

冯周人（印）

五月二十八日

高台县长就饬本县附近保甲切实保护三清渠事给三清渠长的公文

1948年6月27日　　张2-291

准贵县本年五月七日三（37）辰字第一一六八号公函敬悉。已令本县蓼泉镇公所转饬三清渠附近保甲，严密保护。请照由。

① 编者按：此文件大部残缺。

处理意见：

转饬三清渠代表鲍鸿□等知照。

就转咨临泽县府制止刘家湾人民挖掘该渠线界石标事给三清渠代表张汉儒的谕令

1948 年 7 月 3 日　　张 2-291

三清渠代表张汉儒谕：

前据呈请转咨临泽县府，制止挖掘该渠线界石标一案。经核本年五月十七日，以三（37）辰字第一二八六号函转临泽县政府，查照办理后，兹准临泽县政府三（37）午字第六三号函覆"入原文—切实保护"等由。仰即知照。

县长冯

七月三日

秘书　科长

七月二十九日

高台县长就饬临泽县政府制止人民破坏三清渠建筑物以维持水利事的呈文

日期不详　　档案号不详

案据本县三清渠民声代表张汉儒等呈称"为破坏建筑物，妨害命脉，恳请制止人民任意破坏，以维水利"等情一案。查三清渠建筑设计一旦破坏，修复维艰，势必影响人民农田灌溉，除饬将跌水被毁部分刻即修复，并加派民伕随时看管，函转临泽县政府协助保护。请钧鉴核查。

县长冯

中华民国三十七年五月

高台县长就饬站家渠水利渠长本年切实整修水渠事给常明乡公所的公函

1948 年 3 月　　张 2-291

令常明乡公函：

本月十日一件，为转请令饬站家渠水利负责人员按豁呈悉。饬站家渠水利渠长朱建晧于本年整修水渠时，切实整修，外仰知照。此令。

县长冯

三月十二日

科长

十二日

就常明乡转饬站家渠水利负责人员校豁渠尾以利流通事给水利渠长的公文

1948 年 3 月　　张 2-291

谕站家渠水利渠渠长朱建晧：

本月十日据常明乡公所呈称本乡第三保乡民代表提议站家渠尾每年时值秋末冬初用水泛滥之际，该渠之举责溃闲水灌入定宇渠，属第三四两保附近大路不时被水淹没往返行人颇有不便，转请县府令饬柔远乡站家渠水利负责人人员，本年修渠坝之际校豁渠尾，以利流通。避免受累等。据函谕仰该渠长切实整修并具报为要。

柔远渠首领王延会等呈请柔远渠关口期到请派员亲临渠口以资关闭事给高台县长的呈文

1948 年 5 月　　张 2-292

为呈请敝渠关口期到，请祈钧府派员亲临渠口，以资关闭而维水利事：

窃查敝渠（柔远渠）一渠分为元、亨、利、贞四号，每年到芒种前十天，有鼎新县县长加高关口，以淹水度。事关水利，首领等已早具情呈请钧府鉴核，准予到芒种前十天，派员亲临柔远渠渠口，以资关闭，而维水利，实为公便。谨呈高台县政府县长冯。

柔远渠首领　王延会（手印）　高发邦（手印）

方三保（手印）　孙尚勤（手印）

中华民国三十七年五月

处理意见：

交第三科办理

遵于五月廿七日前往该渠口。会同量验该渠水量，宽为四丈六尺四寸，南深二尺二寸，北深一尺五寸，中深一尺六寸，附卷。

冯周人（印）

三十七年五月

柔远乡站家渠田峻等关于整理渠规振兴水利事给高台县长的申请书

1948 年 5 月 6 日　　张 2-292

为申请整理渠规、振兴水利事：

情因站家一渠分为五大号，每号出人夫四十名，每年春间，兴工挖渠，各号水董率领深挖渠沟，务要精壮人夫，不准老幼充塞。再则夫名不能短少，此系老规旧例。因有站北岔处居渠尾，往年常受其旱，于今春兴工挖渠之日，该北岔首人保长与农民面议，今年挑渠务要人夫齐全，努力深挖，倘若夫名短少，耽误渠工，呈请钧府核办。谁料站北岔误夫高会禧，不但抗误夫名，又且诬告水董，似此破坏渠规，妨害水利，若不申请处理，人民难免亢旱之苦。兹值国家多事之秋，人民负担很重，田苗以旱粮无着，农民筹思无计，惟有申请县长案下电鉴作主，俯准整顿渠规，以遏效尤，实沾德便。谨申请高台县政府县长冯。

申请人柔远乡站家渠　田峻　朱廷诰（印章）

民国三十七年

处理意见：

此案业经讯结，附卷。

冯周人（印）

三十七年五月六日

柔远乡镇远保户民殷大德等呈报丰稔渠郑家湾夏禾未全部浇灌请求此次水日先从本号轮起等事给高台县长的呈文

1948 年 6 月 5 日　　张 2–292

高台县政府县长冯：

（一）上次轮水方轮至郑家湾之时，渠水当即微细，又加地高渠低，灌溉不易，所有地势较高禾苗点水未得，现在还是，壤地禾苗只待枯死。过去之旱，是为普遍情形。本年之旱只旱丰下上郑家湾一带，所以丰稔渠渠口至渠尾，约计禾地三万余亩。伊三水四水均已灌过，即渠尾之地均已浇灌二水，惟丰下上郑家湾一带，麦豆刻即只待枯死。

（二）兹将壤地禾苗地亩呈列于下：殷大德二十亩、殷中选五亩、殷兆本一十六亩、殷多安八亩、贺万香八亩、殷成林六亩、殷占余六亩等，其余零散三四亩，壤地不计其数。

（三）祈请鉴核作主，此次水日，先从丰下上郑家湾一带轮起，以便使壤地禾苗少得润露之香。

高台县柔远乡镇远保（丰下上）户民　殷大德（手印）　殷成林（手印）

殷多安（手印）　殷兆本（印章）

殷中选（印章）　殷占千（手印）

贺万香（手印）　殷占余（手印）

殷立香（手印）　殷六福（手印）

民国三十七年

处理意见：

传集丰稔渠水利委员调整使水时间，饬各单位遵守以资救济灌溉。

冯周人（印）

三十七六月五日

柔远渠贞号民众代表孙培能等为陈诉意图破坏水利渠规请求维持事给高台县长的呈文

1948 年 7 月　　张 2-292

为陈诉意图利己损人，破坏水利成规事：

窃缘柔远渠属有四号，曰元、亨、利、贞，民等世居贞号，位在该渠极尾，渠身长八十余华里，流水不易达到。向年常受旱灾，虽云民等贞号□□□□□位在利号之间，只因开辟柔远渠以来，所立成规，此闸每年由亨号户民□□□□□□定有尺度，而位置高下亦有定量。曩年曾呈请县府有案，无论何号□□□□□□□①民等贞号虽迭遭旱灾，因限于成规，亦复无法。讵于上年有利号民众王泽清、权文德等妙想天开，意图利己，竟而假词呈请省府，以民等贞号使水沟之闸口在利号上游，并虚构赂过靳姓，将闸口逐渐移低，又妄设利号较贞号地多，因受民等贞号闸之影响，常遭干旱，该等所呈种种，纯系捏造。民等为水利关系农民之命脉，若以该等所请为实，改变成规，时难免双方发生冲突，为顾全水利成规，遵重功令计，谨将实情呈明。查利号位在贞号上游，使水之沟，每年由伊任意掘挖，或宽或深，并无限制。如民等贞号之闸口，乃有定度，即渠水虽大，亦仅限于闸口有定，无法使大水流入。而利号使水之沟，则不然也，如论水之大小，均可流行，并且贞号易遭干旱之灾，而利号并无缺水之患，于此可见，该等之假设虚构。若论灌地多寡，贞号比利号较多，例如每年挑渠夫名，利号只出夫三十余名，而民等贞号则出夫五十余名，以此推之，可明灌地多寡。其向年使水规则，干旱湿轮，如某一号误轮水，则其他之号流水洞口或闸口，完全封闭，滴水不流，毫不影响渠水。但不论田地多寡，每号使水两昼夜，轮流灌溉。而利号不惟位居上游，而复地少，实不乏水。如民等贞号居下游地且多，并闸口过高，常感流水不足灌溉。如民十六年以还，天道亢旱，雨水不调，民等贞号，每年遭旱，民难聊生逃亡他乡者有数十家，前曾呈报县府有案，至今尚未返回，利号未闻有次类之情事。往年民等因受旱过重，即欲据实请求，改革成规，树立新则，第因闻省府有令水利成规，不得轻易变动，故未呈请。岂知该王泽清等虚构事实，呈请省府，闻已准予变更，民等奉悉，殊胜欣悦，理合将实际情形，先行具文呈明。钧府电鉴作主，准予维持水利成规，不得由该等捏造黑白，轻易更动，否则函知水利工程总队按夫名多寡，均匀水量，以苏民命，而示体恤。谨呈高台县政府县长冯。

具呈人柔远乡贞号民众代表　孙培能（印章）　舒占余（手印）

孙立增（印章）　赵天福（手印）

王钧儒（手印）　刘邦国（手印）

李松林（印章）　方　炳（手印）

孙尚勤（印章）　李有儒（手印）

方吉贵（手印）　赵义文（手印）

---

① 编者按：此处原文档漫漶，不可识。

处理意见：

呈悉。准予函转甘肃河西水利工程总队秉公设计，参照成案办理。

冯周人（印）

三十七年七月

柔远乡丰盛保民许生选等就纵水蔓流淹没秋禾请求饬令抢修事给高台县长的呈文

1948年9月　　张2-292

呈为报告纵水蔓流，势在淹没秋禾，请求钧府电鉴，派警令饬水利负责人抢修，以免酿成巨大灾害事：

窃因成号渠水利负责人杜正声、张成玉，不加故意，致渠堤泛滥，于农历八月十五日渠倒，渠水在南滩蔓流，迄今二日而不抢修，水势北流泛入利沟，势在淹没民等秋禾。民等情急，用是叩乞县长电鉴，饬令抢修，民等实沾公德不浅矣。谨呈高台县县长冯。

具报告人柔远乡丰盛保民　许生选（手印）　许生俊（印章）

许学孔（手印）　许占龙（手印）

许占兴（手印）　许生惠（手印）

处理意见：

派警督促三清渠各单位水利人员切实堵闭支沟洞，勿得任意放水。

冯周人（印）

三十七年九月二十一日

柔远乡镇西保居民代表王生民等为停建水库以重民生事给高台县长的呈文

1948年9月　　张2-292

□□□□□□[1]体贴民艰以重生命事：

窃思国以民为本，民以食为天，是知民生问题亦大矣。□□□□□区原属于新开纳凌二渠渠尾，地势较低，纯为碱质下科，多受阴潮之害，半毛不生。如春潮□□□□耕时期，他处耕种，代表等属地，正在发潮，望之大水汪洋，如灌水一样相似，俟潮气降□□□□□□地面，乃稍出洁白碱土，复望之一片雪地，欲帚扫之不能，欲铣除之不可，惟有连及□□□□犁入地内而已。在此耕种，已经比他处迟之又迟，所谓耕种失时，至天黄时肥饶皆熟矣，遇丰收年份，他处有十分收者，代表等地仅有三四分收，他处有四五分

① 编者按：此处原文档漫漶，不可识。

收者，代表等仅有一二分收，甚至颗粒不收者。此等苦状，是先祖创下的，辞无可辞，诉无所诉，后代惟有吃苦耐劳，为活生命，保守之又不敢废。代表等先祖亦曾计划有方，在田地偏边尾迤，多留葫地，既为澈泻潮水，亦为资牧牲灵，世传之至今。不想近见我县来水利工程人员，隔三间五来代表等地区内空闲葫地上游，历试插排角，闻有建修水库之说，是不是有此举动，代表等闻之不胜惊异，想代表等地之原来土性，所喜者水散倾泻，所忌者水积阴潮。如有一二十亩地张蓄水小聚见，方能倾透一二里之大，如有三五十亩地张蓄水大聚见，方能倾透三五里之远。像此情形，并非私诸心而为诸己，实在形于面而见于人也。若水利人员，实行其事，确不为国家立农，确不为人民生食。代表等属地二千余亩，尽被倾坏，不能生产，代表等一千余口，将无所托命矣。即牲灵之无所资牧，何须言哉。今代表等出于万分不已，惟有将属地实在情形，并代表等性命关系，逐细呈明县参议会、柔远乡公所鉴情，详加证鉴，转呈钧府电鉴外，应将原情泣泣哀呈钧府鉴核，俯准怜念下情，保障我地权，维护我生命，不至流离失所，永守先业，代表等感恩再造矣。谨呈高台县政府县长冯。

高台县柔远乡镇西保居民代表　王生民（印章）　冯良弼（印章）
王吉志（印章）　王逢俊（印章）
王登富（印章）　王登仕（印章）
李长芳（印章）　王生全（印章）
王维英（印章）　王述烈（印章）
王经学（印章）　曹万钟（印章）
顾天仁（印章）　王新三（印章）
王延槐（印章）　张万钟（手印）
王义中（印章）　王秉恩（印章）
王立功（印章）　王克俭（印章）

处理意见：

呈悉。查水利工程人员测量大湖湾原为建修水库，济灌下游各渠田亩。但测量后，以面积狭隘、蓄水有限，并不兴修。批示并择转河西水利工程处查照。

冯周人（印）
三十七年九月

三清渠渠长王先德等就肆意放水淹泡田地请依法严惩事给高台县长的报告

1948 年 10 月 26 日　　张 2-292

报告：

窃查三清渠仁号户民殷丕义、葛尚贤、裴永福、何永德、王延福、张玉虎在利沟放水，淹泡许家湖田地，该渠长亦无办法，下号田地浇不过，上号户民屡次放水淹泡田地，似此刁横，理合具情报请钧座鉴核，俯准传讯，依法惩办，以儆效尤。谨呈高台县政府县长冯。

三清渠渠长　王先德（印章）　郭万钟（手印）

处理意见：

派警迅传该民等，严谕切实防止放水，以免漫淹下游田亩。

冯周人（印）

三十七年十月三十日

高台县政府传票

1948 年 11 月 9 日　　张 2-292

原呈人　刘业明　谢政明　杜正道　张华年

被呈人　苗万新　夏建中　刘国成　关维汉　关虎国

住址　柔远乡成号、智号

应到处所　高台县政府

应到日期　三十七年十一月十三日下午二时

县长冯周人

持传票人　田禄

三十七年十一月九日

柔远乡成德保民众代表刘登明等为截水四散破坏水利请求依法严惩事给高台县长的呈文

1948 年 11 月 8 日　　张 2-292

呈为截水四散，下号不能见水，破坏水利、妨害公路、结伙捣乱，恳乞钧府鉴核，准予将该被告苗万新、夏建中、刘国成、关维汉、关虎国提案，依法严惩，而维水利，以救民命事：

窃因敝号（成号）所属三清渠，地处沙漠，又在渠尾，每年□□□□水未被截。缘于古历九月二十五日至二十九日，应挨敝号浇灌冬水，敝号起民夫三十五名，由上巡水，以利灌溉。不料以上智号首领苗万新、夏建中等结伙谋陷，而将渠水由上截阻，不但该号冬水浇完，反将渠水四散横流，敝号五天未能见水。复经本渠渠长又批敝号浇水，自古历十月初一日至初三日，准定敝号浇灌，现有渠长批水条子可证。而敝号又起民夫三十余名，昼夜巡水，岂知该等仍然由该号偷挖渠岸，放水四散，不但保护，更加破坏，闲处莫说，竟以放在建华公路两旁居心破坏建筑，有违国法。该等能将水放四野，不能放水下浇，以致敝号冬水未见。民众惶恐不安，数天妄费民夫一百余名，贫家雇夫一人，每年工麦二升，陷害非浅，敝号田赋粮一百石有零，现在下欠六十余石，无完纳。现值冬水浇灌之际，乃为农人命水，今冬不浇，明春何种。因三十四年度建筑三清渠费尽民力，出尽民财，敝号民夫差款未能少出，□有今日，水流便利，民有希望。屡被该上号阻截破坏，田不见水，敝号实难立居，该居上而敝居下，暗害难防，如再截浇，敝号之欠粮非得该等上纳不可。似此破坏，法难容宥，情在急迫，只得具文呈请县长鉴核，准予将智号首领苗万新、夏建中、刘国成等提案，依法究惩，以儆腰截之徒，而维水利，以救民命，实为公便。谨呈高台县政府县长冯。

原呈柔远乡成德保民众代表　刘业明（印章）　谢政明（印章）
杜正道（印章）
被呈人三清渠智号首领　苗万新　夏建中　刘国成
关有汉　关虎国

处理意见：

被告刘国成等不遵水规依上夺下，致下游田亩不能灌溉冬水。如果属实，当予严惩不贷，仰候传案讯办。

冯周人（印）
三十七年十一日

柔远乡丰盛保民高德武等为故意放水灾害田地请求加以惩治事给高台县长的呈文

1947 年 12 月 29 日　　张 2-292

呈为故放遗水，灾害田地耕种，影响国赋民食，诉请钧座俯赐，惩治恶痞，恩予设法救济事：

窃缘每岁冬初，三清渠灌田所剩遗水，向例由三清渠七号摊出粮食，委托成号之首长张成玉、谢政明、杜正义，信号首长王树安、王彦清、王尚选等，负责坠筑挡坝，引其水以入碱泉子滩，以防止淹没田地。乃该首长等于去年秋季，遽萌坏意，对于挡坝弃置不修，亦不导水西流，故意放水北下，以灾害民等之田，至二百数十亩之巨。迄至本年二月复被没灭一次，以致夏秋二禾，既未耕种，田粮差徭，按地苦赔。甫拟明春加工犁治，况于冬月初，又复如前被害，此次水深至五六尺，现已结冰无望疏治，而来岁之生产，又重遭人祸。窃以被害之地，民等均有权状，早经归科，而该等屡次所为，影响及国赋民食者，实令民等吞声难咽，缄默难安，迫切具实验请县长钧鉴，俯赐惩治该首长等，勒令负赔偿责任。并恳恩予筹设来春疏泻方法，以昭口戒，而重地政，则民等感戴仁施，永当不朽矣。谨呈高台县政府县长冯。

具呈人柔远乡丰盛保公民　高德武　高耀武（印章）
高福祯　高应科（印章）
被告人成号　谢政明　张成玉　杜正义
信号　王彦清　王树安　王尚选
三十六年十一月二十九日

处理意见：

仰候派员勘查核办。

冯周人（印）
三十六年十一月二十九日

范立贤为纳新与定宁渠水利纠纷处理情形及执照请核备事给高台县冯县长的呈文

1948 年 5 月 8 日　　张 2-292

签呈：

查本年四月七日案，据常明乡纳新号民众代表闫文诰、蒋毓汉等呈称“以该号水渠跨越定宁渠之渡槽，上年因槽底破坏泄水，以致两渠人民大兴纠纷，现以春暖解冻，代表等业经集中受益农户力量，筹备材料制造就绪，拟于本月十三日（农历三月五日）修建，请求派员监视，以免双方滋端等情”一案。旋奉钧座核示“（一）准予派员监修（二）令饬常明乡长，指导定宁渠首人选派熟练水规人士，准时率往渡槽工地，依照成案，修竣具报”等因。除令饬该管乡长遵照办理外，职遵于四月十三日前往该地，会同乡长盛有聪、副乡长王成玺及两渠代表等开始修建。惟据定宁渠人民咸称，渡槽基地经年甚久，已向下坠，应即翻修上升，以为纳新号人民故意将槽放底，有心贻害。但纳新号人民声称定宁渠人民未将渠道按浚，故意壅遏槽底，若升势，必阻碍纳新号流水等语，两造争执相持不下。职查该槽原建甚固，底基铺有卵石，槽底两旁修砌石条，虽经九十余年而整齐严如新做，翻修无益，当经会同该管乡长，在不迁动成案原则之下，计议于渡槽南北两岸平木上加置二寸五分之衬木，使槽底上升，以弥补其槽底下坠之差，两造纠纷遂为平息。渡槽业于本年四月十七日修竣，再该渠人民于清道光间因争水利，曾经甘肃兼管屯田水利兵备道处理核定办法，发给执照，饬各遵守，并分发县政府备案，惟查本府案卷业于二十五年地方遭罹兵燹，尽被损毁。兹照渠民保存执照抄录一份，随签呈请钧鉴核备。谨呈县长冯。附呈纳新号与定宁渠水利执照一份。

范立贤（印）

民国三十七年五月八日

处理意见：

附卷存查。

冯周人（印）

三十七年五月一日

常明乡第一保站北岔民众代表范学曾就为维持水利以救民生事给高台县长的呈文

1948 年 5 月 22 日　　张 2-292

为维持水利以救民生，呈请钧府派警疏通水道，浇灌被害田苗事：

情因敝号处居站家渠之尾，渠口穹远五十余里，洞口一百余道，犹如筛中淌水，难以下流，因此常受其旱。前于四月初（五）初六日，挨敝号水期，未有浇灌，目下尾浇壤地三百余亩，亢旱待枯。兹值国家多事之秋，人民负担很重，田苗以旱，粮款无着，人民惶恐无措。民等闻听站上号水已浇过，问上号借水，以浇壤地，辛有前任农政殷朝甲等通允许可，恐别号洞口，不容塞闭，虽然有水，决难下流。民等筹思无策，惟有呈请县长案下，电鉴作主，洪慈普荫，俯准派警履境督闭渠口，以通水道，致使敝号田苗浇灌，生活有望。再于本月十五十六日，是敝号水日（本月二十五日至二十七日），十七十八日是上号水期，继续巡使，须多得便。若蒙恩准，不但民等幸甚，即地方人民均皆幸甚。谨呈请高台县政府县长冯。

呈请人　常明乡第一保站北岔民众代表　范学曾（手印）　范立高（印章）

范永年（印章）　闫大臣（手印）

范应绪（手印）

本渠农政　朱廷诰（印章）

民国三十七年五月

处理意见：

准予派警协助巡查济灌被旱田苗。

冯周人（印）

三十七年五月二十二日

常明乡站北保民众代表范永年等就为高会禧抗欺人夫妨害水利请求惩一儆百事给高台县长的呈文

1948 年 4 月 26 日　　张 2-292

呈为欺抗人夫，妨害水利事：

情因站家一渠分为五大号，每号出人夫四十名，每年春间，各号总甲率领修挖渠沟，此为旧例。不料有敝号户民高会禧，故意抗误人夫，扰乱渠规，原因今春上渠挖沟之日，民等与本渠农政朱廷诰面订，曩年田苗亢旱，以致秋夏不能丰收，皆因各号总甲，贪贿舞弊、人夫不全、沟挖不开、淤塞不通，渠水不能畅流之故，议定不定日期，民等驰赴渠沿检查夫名。如今高会禧抗误人夫，反而诬告总甲，致使民等有口难言，不但妨害水利，有犯法纪，更且一人害众，情理难容。民等恐其渠挖不开，田苗受其亢旱，只得呈明县长案下，电鉴作主，俯准恳乞刑一惩百，以辟止辟之意，民等为众户浇水之起见，若蒙恩准，不但民等幸甚，即地方人民均皆幸甚。谨呈高台县政府县长冯。

原呈人常明乡站北保民众代表　范永年（印章）　闫大臣（手印）　闫文诰

闫修志（印章）　范应绪（手印）　郭兴鸿

闫保德（印章）　范学曾（手印）

民国三十七年四月

处理意见：

传案讯究。

冯周人（印）

三十七年四月二十六日

高台县政府就范永年等呈控高会禧案迅传原被两告到府事给滕队长的公文

1948 年 4 月 29 日　　张 2-292

据常明乡站北保民众代表范永年等呈控，该号高会禧抗误渠夫、妨害水利一案。请派警一名，前往该保迅传原被告，到府讯究。此致滕队长。

原呈　范永年　闫大臣　范应绪　范学曾
闫文诰　闫修志　闫保德　郭兴鸿
被呈　高会禧　高瑞红

高台县政府（印章）
三十七年四月二十九日

三清渠仁号北利沟民雷兴明等为水闸高低不平请求派员查办事给高台县长的声请

1948 年 4 月 28 日　　张 2-292

为声请水闸高低不平，备受旱苦之灾，叩乞钧鉴作主，准予派员勘查水闸齐平，以免苦乐不均事：

窃因民等世居三清渠小地名仁号北利沟，查三清渠旧年以来，私开三闸，巨至以后，复又添开一闸，则上两闸，下两闸，三清渠六号水道通行。查上两闸分为南北，南一闸比较北闸底二尺余，使水者系洋沟之户民代万全、王延福、陈加有等，有利无害，查北闸高二尺余，使水者系六号之民众，有损无益，浇灌不便，受旱苦之灾，此系肥己病众之故耳。现逢急即开渠之日，若不呈请派员平均水闸，惟恐一为新二为旧，北闸之众受旱苦之灾，情难甘息，不揣冒昧，具实呈请钧座电核作主，准予派员勘急，即查办平均水闸，实为公私两便。谨呈高台县县长冯。

具声请书仁号北利沟民　雷兴明（印章）　张登国
陈天明（印章）　陈加祯
王纯德（印章）　田得胜
民国三十七年四月

处理意见：

派科员王燕萍迅即前往查办报核。原件交王科员遵照。

冯周人（印）
三十七年四月二十八日

高台县就建康镇保长请求制造船只的政府提案及决议

1948 年　　张 2-292

主席提议：第三科签呈，以据建康镇十三（四）五名保长呈以□坝旧有船只不能应用，请协助制造一案，究应如何办理，请公决案。

决议：保留。

高台县政府第三科为郇家湾受灾奇重设法赈济事应如何办理事给冯县长的呈文

1948 年 12 月 13 日　　张 2-292

本年十一月二十三日，案据柔远乡公所呈称，该乡第六保郇家湾一带，因丰稔渠失水淹没附近居民住宅田产，受灾奇重。经派员调查，被灾农田一百一十八亩一分二厘，应纳粮赋八石五斗一升八合二勺，现以该处人民啼饥号寒，呈请赈救一案。究应如何办理，敬祈钧鉴核夺。谨呈县长冯。

第三科　谨签

处理意见：

□会。

冯周人（印）

三十七年十二月十三日

高台县政府第三科为协助制造新船案应如何办理事给冯县长的呈文

1948 年 3 月 24 日　　张 2-292

本年三月七日，案据十三（四）五保长陈占嵩等呈，以六坝为黑河渡口之中心，旧有船只不堪供用，请协助物资、制造新船一案。查本府现无存项，且已经费拮据，无法协助，究应如何筹助之处，敬祈核示。谨呈县长冯。

第三科 谨签（范立贤章）

处理意见：

□会。

冯周人（印）

三十七年三月二十四日

三清渠成号谢彦邦等为上游截水下游受旱请求准予放水事给高台县冯县长的呈文及冯县长的处理意见

1948 年 8 月 13 日　　张 2-292

为申请敝号输水，现被礼号腰截，以致敝号点水不见，秋苗干旱，恳乞钧鉴作主，俯准提究予以令饬三清渠长郭万新、王贤德分水敝号一天，急救旱禾而维水利，以儆腰截事：

窃敝号（成号）所属三清渠，因每浇水由渠长布撒水条，照水日浇灌，不能紊乱。因上次敝号挨水，水头将到，渠水半途而无，亩地未浇。因此次又挨轮水，由渠长撒来水条，自废历七月初九日卯时起，至初十日寅时止，准定浇灌一昼一夜。昨晚敝号起夫上渠使水，至天晓，该礼号将水腰截，以浇该号茬地，而敝号秋苗尚未见水，该号又浇茬地，故意破坏妨害水利，不但民等待水灌田，并有渠长规定，此次轮水自准浇灌秋禾，不准截浇茬地，该号已竟截浇一昼，敝号滴水未见。众望实殷，情在急处，只得具情呈请县长鉴核，准予提究，并祈迅速令饬该渠长郭万新等分水一天，以资敝号浇灌，而救民命，但干旱实为公便。谨呈高台县政府县长冯。

原呈人　三清渠成号　谢彦邦（手印）　张华年（手印）

杜正道（手印）　张成科（手印）

被呈人　礼号民　郭进高　郭进甲　郭进宝　郭进荣

民国三十七年八月

处理意见：

迅饬水利渠长继续给水救济灌溉，并将被告人传府讯究。

冯周人（印）

三十七年八月十三日

站家渠水利农官朱廷诰为水势紧张请求命令丰稔渠速修渠身事给高台县长的报告

1948 年 8 月 28 日　　张 2-292

报告：

窃以本渠近因久雨水势紧涨，职恐遭水患，已于昨日将渠口封闭，兹者丰稔渠之水由芦湾墩倒入本渠，水势甚大，渠沿有不能支持之虞，若有失滔，移祸非浅，是以报告钧座作主，令饬丰稔渠负责人速修渠身，免受水患，实沾德便。瑾呈县长冯。

站家渠水利农官朱廷诰（印章）

民国三十七年八月二十八日

处理意见：

派警督促丰稔渠水利委员侯良恒等，迅即征集民夫星夜堵筑，如违，准由去警将该水利人员提案究办。

冯周人（印）

三十七年八月二十九日

纳上号总甲关维寿等就下号总甲抗不出夫耽误紧急公务请求依法严惩事给高台县长的呈文

1948年9月5日　　张2-292

呈为违抗不出夫名，贻误紧急公务，恳请依法严惩由：

窃查纳凌渠三号水利规则，有害同当，有利同受，为本渠老例。忽于上月间，天雨连绵，数日不绝，山洪猛发，尽人皆知，民等职责有关，在二十三日通知三号派人夫三十名星夜齐集渠口，筑坝防洪。正在筑坝间，县城东南本渠渠沿崩溃，水流城之四周，民等魂飞天外，生命难保，连于二十五日，尤通知三号派人夫五十名，限期到达，坚筑渠沿。当时纳上号、中号夫名按时均到，惟纳下号总甲王登仕职责在身，不但一夫未派，形影始终未见，事后派人找该总甲王登仕拘问抗不出夫、破坏渠规原因，该总甲王登仕不但无正当理由回答，当场百般辱骂，民等转头走去，有苗保长春先等为证。况此次水势浩大，若不积极加夫筑堤，淹没县城关系非小，是以民命中上两号总甲，刻即雇夫十六名（每名一天一夜工资小麦四老升），刻即筑好渠沿，以免泛滥。至今数日，该王登仕依财仗势，有意破坏渠规，辱骂农民，是以不揣冒昧，具文呈请钧座电鉴作主，准予依法严惩刁横，以维水利渠规，则合渠民众沾恩不浅矣。谨呈高台县政府县长冯。

纳上号总甲　关维寿（印章）

纳凌渠农政　程开仕（印章）

纳中号总甲　程宗福（手印）

中华民国三十七年九月

处理意见：

传府讯办。

冯周人（印）

三十七年九月五日

三清渠各负责人给高台县冯县长的甘结

1948年9月9日　　张2-292

甘　结

具甘结人三清渠信号民刘德新等实结到县长案下，情因有高耀武呈诉敝渠南沟禁止放水一案，昨接政府饬令，民情呈具甘结，禁止放水，各有沟道一律禁止，不准放水。自结以后，各负各责，若有不遵法规，任行放水者，愿受政府严厉处分，所具甘结是实。谨呈高台县政府县长冯。附各沟负责人花名一纸。

谢家沟负责人　薛清辉（印章）　薛荣春（手印）
　　　　　　　刘德新（印章）　薛发善
薛家底沟负责人　薛崇银（印章）　薛崇贤（手印）
　　　　　　　薛逢春（手印）　薛发恒（手印）
方家东沟负责人　方金明（手印）　方兴有（手印）
　　　　　　　方兴贵（手印）　王文元（手印）
洋坝沟负责人　王立朝（印章）　郇邦国（印章）
吴家高沟负责人　王锡文（手印）　郇兴国（印章）
　　　　　　　吴顺成（手印）
甘结人三清渠信号民　刘德新　王锡文　王文元

民国三十七年九月

处理意见：

附卷备查。

冯周人（印）

三十七年九月九日

高台县建康镇长许正荣为站家渠崩溃及时抢修及善后处理办法事给高台县长的报告

1948 年 11 月 17 日　　张 2-292

报告：

窃近以丰稔渠堤溃关系，自上游将该渠渠水，全部退入站家渠。因是站家渠水势过大，到处有崩溃之危险，职遂责成第六保保长许永兴、水利总甲殷廷诰、王学诗等，率领民夫于每晚加紧巡视。本日晚六时半，突接报告，行宫庙后决堤等语。职因离城甚近，恐县城受到威胁，立即严令保甲长、所有住户，不分年龄大小，一律集中出事地点，职亦前往该地，见水势汹涌，惊涛骇浪，无法堵塞（因面积有二丈多宽），然有不敢坐视。因该地全系积沙，若不抢救，将来必至不可收拾，遂强将东关住户林士儒等大门门扇抬至工地，并嵬集草一百余捆，木料草绳等甚多，开始堵塞，约于晚一时半合拢。其中因天寒水冻，几将民夫许成德、许文章等二人冻毙（该民夫因系赤身入水）。兹撰就善后处理办法如下：

丰稔渠将余水退入站家渠，以站家渠发生危险，所有损失应责成丰稔渠赔偿。

应责成丰站二渠负责人，速将渠水退干，并将冲毁渠堤从新修筑，速取出门扇归还原主，迟则冻于土内无法挖掘。

站上号总甲殷廷诰坐视不救，传唤不到，应严加议处。

对赤身入水之许文章、许成德予以奖励。

此次渠堤崩溃，系站家渠五大号责任，而五大号未出一人一草，即能堵塞成功者，全赖站上下百姓齐心努力所致，应加以优恤，以示嘉勉。

以上五点敬恳钧鉴施行，以昭公允。

十一月十六日早六时于建康镇公所

建康镇镇长许正荣（印章）

处理意见：

1. 丰稔渠崩溃事出偶然，而水归站家渠，此亦人力所不能抗，关于站家渠检修渠堤费用，着由站家渠水利渠长统筹，至于堵水挪用林士儒大门扇，由该渠长负责迅予取还。

2. 站家渠上号水董殷廷诰传唤不到，准予拘府押办。

3. 赤身入水抢修出力之许文章、许成德二人，连同站上下人民踊跃参加堵水工作，殊堪嘉尚，准饬站家渠水利渠长分别筹□报酬，当迅饬遵办并指令。

冯周人（印）

三十七年十一月十七日

高台县政府对原告刘登明等人的侦察笔录

1948 年　　张 2-292

原告：刘登明、谢政明、杜正道、张华年

被告：刘国成、关有汉、关虎国、夏建中、苗万新

问：刘登明，你告刘国成，为什么？

答：因旧历九月二十五日到二十九日应挨成号浇灌冬水，有渠长□经使水凭帖，不意有智号苗万新、夏建中等收渠水截阻，不让下流。

问：苗万新及夏建中等截水□暗□行为明目张胆截的呢？

答：是□截的，时间是旧历九月二十六日辰时。

问：苗万新你为什么抢使成号水呢？

答：我是九月二十六日辰时使水的，他们成号的水期已逾。

问：关有汉，你呢？

答：我是十月初三日使的水。

问：刘国成，你呢？

答：我是十月初二日使的水。

问：关虎国，你呢？

答：我是十月初三日使的水。

结语：据双方声称，证明苗万新使水未在成号使水期内，应免置议□有关关虎国、刘国成使水□在成号使水期内，殊有截夺水利嫌疑，暂行严□，以儆效尤。

许文宗就浇水别控拘留事给高台县长的保状

1948 年 11 月 19 日　　张 2-292

保　状

具保状人东街商人许文宗今于口讨保事：

窃因有义和保民刘国成等三人，因浇水被控拘留，商民侧视不忍，愿甘讨保出外，听□□□□□□□□□□□□[①]形，尚民愿负完全之责，所具保状是实。谨呈高台县县长冯。

具保状人　许文宗（印章）

被保人　关有汉　刘国成　关虎国

民国三十七年十一月

处理意见：

准予保释。

冯周人（印）

三十七年十一月十九日

高台县四维乡临河保农民谈兴礼等为修建护栅资金不足请求拨款修筑事给高台县长的呈文

1948 年 12 月 19 日　　张 2-292

呈为河水冲地，救力不逮，谨具修建护栅，需资维艰各情，仰祈钧座鉴核，准予转请给款，助成工程，以重农田事：

情有敝保张家墩、王家嘴二处田地，北毗黑河，屡被河水汜冲歩没，每岁仅各数亩，因岸畔土尚高厚，故折堕缓慢，且一丘被水冲堕，则大家合力保护，一如渐年各家栽植杨柳，以护畔岸，□如卅二三年，大家集资购木，以桩捶杜。二如去岁有保长与日遗农官等，率阖保夫丁筑堤墉，以堵冲畔之泛流，无如稚子弱力，箕赤□兹，一经秋冬水之泛滥，而所有不大力之诸保护物，竟成流水落花春去矣。兹冲折堕处，达之底地，□沙少土，一没连丘，幸托□福时逢冷冻，民等撒草结冰，灾流停滞。否则旁田及近庄均在黑河水中坻矣，然而河水之泮不久，水患之坊未筑，民等望水险男女流泪，念地堕生命攸关。兹乘马尾湖水库工隙之时，积极思议，冀得大木，以制护栅，多木以造拦栅，尤冀得众力以开该河中流之障碍，始可护救宝贵之田地。只以修防水患之日已久，而人民之精疲力竭，于兴拦栅桩制造资费，无力筹措，民等止恸思生，惟有哀恳钧座电鉴，俯念农田为民等之生命，永绝河水日冲不已之隐患，恳乞鸿恩沛施，为民请命，转呈省府准予给款修栅作坊，永为保护农田，以利民生，则沾沭大德于生生世世矣。谨呈高台县政

① 编者按：此处原文档漫漶，不可识。

府县长冯。

四维乡临河保保长农民：谈兴礼（印章） 王维敬（印章） 王登云（手印）
王登泮（印章） 谈文章（手印） 张登甲（手印）
中华民国三十七年十二月

处理意见：

准予转呈省政府核办。

冯周人（印）
三十七年十二月十九日

高台县政府就改组水利委员情形事的函文

1949 年 8 月 3 日　　张 2-340

（一）查本县水利委员会自三十二年四月十五日改组后，现因人事大部变更，会务无法进行，滋为健全水利□□□策进农村经济复兴起见，曾於本月十五日召集地方□□□同首长及各水利委员等，开会议决，依法改组。

（二）公推王兆德、王占科、孙延龄、刘空国、田舜华、方新民、盛有聪、赵兴隆、王执文等九人为委员，并以王兆德为主任委员，孙延龄为副主任委员共语记录在表。

（三）函□查照。

（四）本案已呈报省府核查，并分函各委员查照。

受文者：

主任委员王兆德，副主任委员孙延龄，委员王占科、委员田舜华、委员盛用聪、委员赵兴隆、委员方新明、委员王执文、委员刘空国。

公函一三（38）午字第 75 号
中华民国三十八年八月

高台县长就本县水利委员会改组情形事的代电

1948 年　　张 2-340

代电一三（38）午字第 75 号

查本县水利委员会自三十二年四月十五日改组后，现因人事大部变更，会务无法进行，滋为健全水利械备，策进农村经济建设起见，□于本月十五日召集地方械□首长及驻在各水利委员，开会表决，依法改组。公推王兆德、王占科、孙延龄、刘空国、田舜华、方新民、盛有聪、赵兴隆、王执文等九人为委员，并以王兆德为主任委员，孙延龄为副主任委员共语记录在表。兹谨检委员姓名简历表一份随电附赍。请钧座检查。

县长冯周人

王兆德就请另行推选水利委员会副主任委员事给高台县政府的呈文

1949 年 5 月 14 日　　张 2-340

高台县政府：

查於民国三十六年五月十五日，经贵府第九次行政会议公推兆德为高台县水利委员会副主任委员，并呈报省府委派在案。自到职以来，毫无建树，且以私人事务繁剧，不能兼顾。丁兹夏灌时期，水利极关重要，□请另行推选贤员，呈请委派。请查照辩理。

高台县水利委员会副主任委员王兆德

民国三十八年五月十四日

处理意见：

提会议改选。

呈核：五月十六日

中华民国五月十四日

高台县长就依照规定督导所属各渠调整人事以兴水利事给各乡镇长的公告

1949 年 3 月 18 日　　寅字第 604 号

查水利□系人民生活至为重要，本县一般农人对於水利工作尚能发挥自治精神，殊为良好现象，惟有少数水利人员，督修渠坝，敷衍塞责，以致农田需水之际，接连发生灾害。考其因素，不外人事未能健全而致，本府为谋调整人事，加强工作起见，兹规定各渠暂设水利渠长一人（较大水渠设副渠长），水董、车夫、渠丁等人数，由农户按□灌溉区域实际需要，自行决定。水利渠长由受益农户选定后，应将被选人姓名呈报县政府备查。各渠以往农□总甲受渠等名义，自年度起一律取缔，但各渠新任水利渠长人选未定以前，□于渠务事宜，仍由旧任继续推行。除布告通知并分行外，仰即遵兴，并将督办情形具报核查，分令各乡镇长督导办理外，合行布告俾众周知。

县长冯周人

呈为河水冲地修建护栅需资维艰仰请款助工程以重农田事

1948 年　　张 2-340

呈为河水冲地，敉力不逮，谨具修建护栅，需资维艰，□情仰祈钧座，举标准予替请经款、助成工程、以重农田等事：

情有赖保□家墩、王家嘴二寡田地，北吡黑河，屡被河水泛冲迭没，每□谨各数亩，因岸畔土尚高厚，故拆随缓慢，且一丘被水冲堕，则大家合力保护。一曰渐年各家栽植杨柳，监护畔岸，再九卅二三年大家集资账木，以桩插杜。二加去年有保长，兴旧选农□等率周保夫丁筑堤缠以，堵冲畔之以流，气如稚子弱力，溃小功。一经秋冬水之泛滥，而此有不大力之诸保护物，意成流水落花。兹冲折堕置连亡底地多少，少土一没连丘，时逢冷冬，民等撒草结冰，失流停滞，否则旁田近庄均在黑河水中坻年。然而河水亡泛不已，水患之坊禾□，民等望水，除男女流泪，气堕生命攸关。兹乘修建□□湖水库工程人员，在地之便隙之时，积极界议，冀□□木觉获桩多木，以造□□，尤冀得众力以用该河中流之障碍，始可获救宝贵之田地。只以修防水患之日已久，而人民之精疲力竭，欲造□□插桩堵叶，奈以资费实力筹措，民等止□，思生惟有哀恳钧座电誉，俯乞农田为民等之生命，永绝河水日冲不已之隐患，恳计鸿恩沛施，为民请命，□□□□准予给款，修栅作坊，永为保便农田，以利民生，沾沐大生恮生之□□□。

第七区行政专员就临泽小新渠于均水期间闭口成案情形事给甘肃省主席的电报

1947年3月19日　　甘38-1-122

甘肃省第七区行政督察专员兼保安司令公署快邮代电二专（36）寅字第140号

兰州主席郭钧鉴：

建二水（36）子有代电，奉悉经以专二（36）丑真电饬高台，查考小新渠于均水期间闭口与不闭口成案去后。兹据冯县长本年三月五日建（36）寅字第三四零号代电称“遵查小新渠原与三清渠合流使水，上游为小新渠属临泽管辖，下游为三清渠。三十四年以前，三清渠未开新线时，只有三清渠名义，历年以来并不封闭渠口。现以三清渠另开新口，而小新渠与三清渠始于何年合口，本府无案可查，究竟有无闭口成例，无从查考”等情。查高台三清渠，原系借临泽小新渠口，因渠口地势较高，黑河水量微小，可以堵坝浇灌。若黑河水量大，该渠不但无法堵坝，且将渠口冲毁，年年受旱，以致均水期间，未闭渠口，相沿成习，形成成例。该三清渠业已新开渠口，于上年八月迭奉钧府电令，会同鼎高两县长妥拟永久分水办法，经派员在高召集两县水利代表开会商讨，拟定分水办法，呈赍钧府，准予试办在案。其临泽、小新渠口，因系三清渠借用，故未闭口。且历年张、临、高、鼎四县，芒种节前十日均水之期所封闭之渠，除高台柔远、三清两渠有例不闭渠口外，其余二十七道尽行封闭。临泽小新渠已往既无不闭之成案，现又与三清渠脱离关系，应与其他各渠同时封闭，以维鼎、高等县水利，且该小新渠仅浇灌田二千余亩，于十日之均水闭口，并无若大影响。仍请严饬临泽于均水期间，遵照钧府建二水（35）戌字第六六九七号指示办理，奉电前因，理合电复鉴核。

甘肃省第七区行政督察专员兼保安司令刘亦常专二（36）寅皓印

处理意见：

令临泽县转饬遵照。

三月三十一日

甘肃省主席就临泽小新渠于均水期间闭口成案情形事分别给临泽县政府及第七区政府督察专员公署的训令

1947 年 4 月 7 日　　甘 38-1-122

建水卯字第 2355 号

令临泽县政府：

前据该县政府呈□□高鼎均水期间，将小新渠仰照成案不闭渠口　请核示一案。兹经转据第七区政府督察专员公署，本年三月十九日代电开“查高台三清渠（照原电录至）电复鉴核”等情，除核准备查外，令行令仰遵照成案，在均水期间封闭并将□□要。此令。

建水（36）字第 2355 号

令第七区政府督察专员公署：

三十六年三月十九日专二（36）寅字第 140 号代电一件，为电复临泽小新渠于均水期间，闭口成案情形，请鉴核由。代电悉准予备查，并已令饬临泽县政府遵照矣，俯仰知照此令。

处理意见：

经查罗增恒破坏三清渠水利卷现存，水利局拟送为要。

四月十五日

三青团临泽分团就该县昭武乡尚义保民众马宗位等呈请转饬高台三清渠依照定约修建涵洞事给甘肃省政府的呈文

1947 年 4 月 12 日　　甘 38-1-122

青甘干三字第一八号

三民主义青年团甘肃支团部干事公函：

据临泽分团干事会，本年三月十七日青泽干一字第四〇号报告称“案准本县昭武乡尚义保民众代表马宗位、赵延寿、渠长罗增恒、阎天禧、魏福祯等本月十二日呈开，案奉临泽县政府建（35）戌字第七二六七号训令。据高台县三清渠民众代表张登国等，本年十一月呈称，窃代表奉高台县政府建（35）酉字第二八一号训令开本年十月七日，案准临泽县政府建（35）申字第二〇〇六号函开案准贵府建（35）未字第一二二六号代电，以据三清渠代表呈称复修渡槽费用过巨，恳请责成为害人赔偿损失一案，嘱查照核办见复等由，准此，本府以建（35）未字第一六九五号令，饬小新渠渠长罗增恒等遵办去后，兹据该民等呈覆渡槽冲破，为伊渠水横流，拉断马头，本渠受旱，苦不堪言，焉有自行放水肇祸之理等情。据此相应函覆，请查照核办为荷等由，准此，除批示该代表外，理合具文恳请钧府，令饬临泽县政府，勒令该民赔偿损失，追回铁铣工具等情。据此，查比案，前据本府水利专员王自治视察该渠回报，令饬赔偿损失仍具报在案。兹据前情，除批示外，合再令仰遵照从速严办，勿少瞻询仍报查等因，奉此究竟实情如何？仰该渠长呈复，以凭核夺等因。奉此，遂查本渠自口至尾，水流畅通，并无阻碍。惟自民国三十四年三清渠新辟渠道后，仍将本渠渠身革断，以致本渠渠水不能通行。当时本渠民众等起而阻止，旋由高、临两县县长会同第六区何专员召集高、临两县民众代表在本县县政府开会商讨，在不为害双方水利原则下，共同订立合同字据，允由三清渠与本渠修建涵洞，并予保护三年，随坏随修。迨后，讵料该渠竟违背定约，未修涵洞，暂筑渡槽。不料于本年六月二十八日晚间，山洪暴发，该渠水势过猛，遂将木槽冲毁，民众迭经呈报，并经县政府函转高台县政府转饬辅修各在案。但该渠缓不修筑，本渠田亩抗旱近月，莫之奈何，遂有民等代催民夫六十名工作八日，共计人工四百八十个，折合工价洋九十六万元。奈因工程浩大，该三清渠始调集民夫修筑，赶到工竣，已将本渠上下两号田禾受旱二千余亩，计收杂粮二千余石，以当时市价估计约计损耗国币八百余万元。此种损失系该渠所致，倘若该渠不将本渠渠身挖断，本渠焉肇其患。查该渠民众代表张登国所称，民等自行放水、破坏渡槽、使其受累一节，民等并无此理。查水利关系人民命脉，生活水利好坏对于本渠民众生命关系重大，尽力设法扶植亦所不足，焉有故意放水冲毁渡槽之理？想系以诬赖之词。关于该渠所称，前次修建渡槽费用、铁钉、木料等项，应有该渠当然负担，与本渠无关，并有案可查。本渠兹为防患未发生意外情事，及顾及民生起见，理合具文，恳祈钧部呈请省政府令饬高台县政府，转饬三清渠依照定约修建涵洞，以利水利而裕民生，无任感祷等情。查该渠长等所请转饬三清渠为该渠修建涵洞一节，系经会议决议，且有定约，令暂筑渡槽，实有碍该渠水利关系浇灌至巨。兹以事关水利要案，理合具情恳祈钧会鉴核，俯准函转省府令饬高台县政府，转饬三清渠依照订约，就近为该渠修建涵洞，以利水流，而资灌溉等情，前来相应函请查核，见复为荷。此致甘肃省政府。

干事长　宋恪

书记　寇永吉

处理意见：

涵洞本府已拨款，将来由河西工程总队代办，现在木渡槽尚可使用，希转知。

四月十五日

临泽县政府就临泽昭武乡尚义保民众呈请转饬高台三清渠建修涵洞具体情形事给三青团甘肃支团部干事会的公函

1947 年 4 月 20 日　　甘 38-1-122

建水（36）卯字第 2655 号

准贵会本年四月十二日青甘干三字第一八号函，据临泽分团报“以兹县昭武乡尚义保民众马宗位等，呈请转饬高台三清渠依照订约，修建涵洞一案，嘱查核见复”等由。查修建小新渠涵洞，本府已拨有专款存备，将来由水利委员会甘肃河西水利工程总队代为办理。至该项木渡槽现在尚可使用，相应复请。查照转知为存。此致三民主义青年团甘肃支团部干事会。

临泽县长就高鼎均水时维持前案事给甘肃省主席的电报

1947 年 5 月 10 日　　甘 38-1-122

兰州主席郭□：

密案奉钧府建水（36）卯字第 2355 号训令，经饬据小新渠民众代表马宗位等覆称“该渠地纯沙壤不耐受旱，迄今二百余年，有案不闭渠口。恳祈转饬在高、鼎均水时仍维持前案”等情，查河西水利情形极为复杂，似应遵照省府建水（36）卯字第 2184 号训令，暂按成案办理，以免纠纷。谨电鉴核。

职杨居敬

处理意见：

核复

□

五月十日

鼎新县长就请严饬高台县政府遵照拟定分水办法在本年均水期间切实执行以维水规事给甘肃省主席的电报

1947 年 4 月 27 日　　甘 38-1-122

鼎新县政府代电 鼎建（36）卯字第 386 号

兰州甘肃省政府主席郭钧鉴：

查鼎、高两县芒种节前十日均水要案，曾于上年度会同拟定三清渠永久分水办法，经呈“奉钧府指令，准照历次开会商谈结果办理”等因，兹查原办法第四条内载分水期间，暂将距渠口三公里之退水闸，设计闸板扯除二分之一（计三层十二块）使渠水一部退入黑河等语。自应遵照，认真办理，现因距芒种节近，惟恐临时发生意外，准期顺利实行。理合肃电报请钧府鉴核，并恳俯赐严电高台县政府，在均水期间，督饬三清渠人民切实执行，以维水规，至所盼祷。

试署鼎新县县长张应麒

处理意见：

分电高台冯县长七区刘专员认真执行。

五月十二

就高鼎均水仍仰遵照定案办理事分别给临高鼎三县长的电报

1947 年 5 月 13 日　　甘 38-1-122

建水（36）辰字第□号

临泽杨县长：

辰佳电悉“仰遵照建水（36）卯字第 2355 号训令办理，兹切实劝导该渠民众，勿得故违，仍报查寄□”。

建水辰江（印）

酒泉刘专员、高台冯县长：

本年高、鼎均水，仰督饬恪遵三清渠永久分水办法第四条认真执行，报考查寄□。

建水辰江（印）

鼎新张县长：

鼎建（36）卯字第386号感代电悉，已分电酒泉刘专员、高台冯县长恪遵定案认真执行，仰遵照妥办，报查省政府。

建水辰江（印）

鼎新县政府就本年均水期近是否仍照成案办理事给甘肃省主席的代电

1947年4月16日　　甘38-1-122

鼎建（36）卯字第340号

兰州甘肃省政府主席郭钧鉴：

查本县历年于芒种节前十日，由县长奉令带领民夫亲往高、临、张等县，会同各该县县长循例分水，灌溉高鼎农田，早已垂为铁案。兹查此案关系民生，亟为重要，去岁由七区专署派员会同办理，更显郑重。本年均水期近，是否仍照成案办理，谨电报请钧府鉴核示遵，并恳于本年均水以前，分别电饬高台、临泽、张掖等县县长，届时严令沿途民众坚闭渠口，并禁止偷水灌泡草湖，减少下游水量，俾我边远小县农民，普沾水利实惠为祷。

试署鼎新县县长张应麒

处理意见：

拟准照成案办理并分电遵照原件至水利局主稿。

四月二十六

准分代电刘专员、张掖杨县长、临泽杨县长、高台冯县长遵照历年案，并参照三清渠新定办法，认真执行，仍严禁泡草湖。

四月二十八

就鼎新县政府电报本年均水时近仍照成案办理事分别给临泽等县及第七区专员的代电

1947年5月3日 甘38-1-122

建水（36）卯字第3003号

第七区刘专员、临泽杨县长、高台冯县长：

据鼎新县政府本年四月十六日卯铣代电称“查本县历年于芒种节前十日，由县长（照录至）为祷”等情，除分电外，特电仰遵照历年成案，兹奉照高台县新开三清渠芒种节前

十日，与正义五堡及鼎新毛、双二屯分水永久办法认真执行，仍严禁灌泡草湖，兹将办理情形报查省政府

建水辰江（印）

建水（36）辰字第3003号

张掖杨县长：

据鼎新县政府（照前稿录至），遵照历年成案认真执行，严禁偷水，仍将办理情形报查省政府。

建水辰江（印）

建水（36）辰字第3003号

鼎新张县长：

本年四月十六日鼎建（36）卯字第340号卯铣代电，悉已分电七区刘专员、张掖杨县长、临泽杨县长、高台冯县长遵照历年成案，兹奉照三清渠分水永久办法认真执行，严禁沿途偷水矣，仍将办理情形，□□报查省政府。

建水辰江（印）

鼎新县长就请令饬临泽县政府督饬小新渠农民本年遵照向例封闭渠口以维黑河下游灌溉事给甘肃省主席的代电

1947年4月28日　　甘38-1-122

鼎建（36）卯字第372号

急兰州甘肃省政府主席郭钧鉴：

查高台三清渠原系借用临泽小新渠口，拓辟渠道，合流灌溉，前年三清渠另开渠口一道，而小新渠灌溉面积仅有两千余亩，现仍沿用过去灌溉二万余亩之渠道使水，实属虚耗水份，影响下游各渠之田亩灌溉。兹当本年均水期近，迭据本县县农会请求，转呈"上峰令饬临泽县政府，督饬小新渠农民于本年芒种节前，均水期间，循例封闭渠口十日，以资下游各地农田灌溉，普沾水利等请。复查临泽小新渠向未封闭渠口，确与三清渠合流之关系，现三清渠既已分流使水，本年自应依照钧府明令核定之，高台县新开三清渠芒种节前十日，与正义五堡暨鼎新毛、双二屯分水永久办法第七条之规定，届期予以封闭，以免临时发生纠纷。案关黑河下游均水要政，理合事前电请钧府，转饬临泽县政府，届时负责执行，以维水规而重民生。至所盼祷。

试署鼎新县县长张应麒

处理意见：

指已迭令照依三清渠均水期间永久分水办法切实执行矣，仰仍遵定案洽办。

万里

五月八日

就令饬临泽县府督饬小新渠农民本年遵照向例封闭渠口事给鼎新县政府的指令

1947 年 5 月 19 日　　甘 38–1–122

建水（36）辰字第 3335 号

令鼎新县政府：

本年四月二十六日卯宥代电一件“请令饬临泽县政府，督饬小新渠农民本年遵照向例，封闭渠口十日由”呈悉，查此案前，称该县府卯铣代电请示钧府，当经以建水（36）卯字第 3003 号辰江代电分饬七区专署、临泽、高台两县府，遵照历年成案，并参照高台县新开三清渠芒种节前十日，与正义五堡与鼎新毛、双二屯分水永久办法，认真执行矣。据电前情仰仍遵照定案，洽办为要。此令。

临泽县长就小新渠是否照旧闭口事给甘肃省主席的电报

1947 年 5 月 15 日　　甘 38–1–122

建（36）辰元

兰州主席郭：

密奉令饬小新渠在均水期间封闭渠口一案，经饬据该渠民众代表赵延寿等呈“以该渠二百余年向未闭口，请速转请依照成案办理，以免纠纷”等情。查本案前奉建二水（35）午字第 3492 及建水（36）卯字第 2784 号“令饬在河西水利整回整理工作未完成以前，每年高鼎分水时，小新渠口准照成案可不封闭，并将水规不准稍有更张，以免发生纠纷”等因在案。现距分水之期辰感甚近，拟请照旧不闭口，以免纠纷，如不蒙允准，即请派员莅县主持闭口，以策万全。如何之处谨请电示为祷。

职杨居敬

处理意见：

本案奉谕经往水利局与负责人请“似应电派七区刘专员届时负责主持较为妥善”等情况注。

五月十六日

核办。

五月十九日

甘肃省主席就将小新渠渠口在高鼎均水期间封闭事给酒泉刘专员及临泽县长的急电

1947 年 5 月 16 日　　甘 38–1–122

急酒泉刘专员：

建水辰删电代达，据临泽杨县长电，以据小新渠民代表赵延寿等，请将渠口在均水期间勿闭，以免纠纷，并请派专员主持。除电复仍遵定案封闭外，仰届时亲往督饬妥办报查。

寄峤建二辰

急临泽杨县长：

建（36）辰元电悉：除电刘专员外，仰仍恪遵建水辰删电，届时闭口，并饬该渠民众勿将故违拟查。

寄峤建二辰

水利局长黄万里就关于处理第五八九号文件的方法给甘肃省主席急电

1947 年 5 月 17 日　　甘 38–1–122

本日奉交呈判第五八九号及武威来电九二三八号共二件，查本案前经建厅决定办法，自属确当，应无疑问。该案虽未覆交万里过目，档卷应存建厂，似仍宜即按建厂呈判五八九号办法拍覆急电，至应可行，仍候钧裁。谨呈主席郭。

水利局局长黄万里

一九四七年五月十七日

第七区专员王维墉就小新渠是否照成例封闭事给甘肃省主席的电报

1947 年 5 月 17 日　　甘 38–1–122

兰州省政府主席郭：

密据临泽县电称，奉省令饬小新渠，系均水期间封闭渠口案，经据该渠民众代表赵延寿等呈"以二百余年，向未闭口，请速转请，依照成案办理，以免纠纷"等情，除转请省府外，查本案前奉省府建二水（35）午字第 3492 及建水（36）卯字第 2784 号令饬"在河西水利整回整理工程未完成以前，每年高、鼎分水时，小新渠口准照成案可不封闭，并将水规不准稍有更张，以免发生纠纷"等因在案，现距分水之期辰感甚近，拟请照旧不闭渠口，以免纠纷等情，谨电祈示遵。

职王维墉

处理意见：

速查案办。

五月十八日

高台县政府就呈请派员主持均水事给甘肃省主席的电报

1947 年 5 月 19 日　　甘 38–1–122

兰州省主席郭：

密本县因去冬缺雪，本年各渠水量稀少，尤其三清渠因河流变迁，渠口水位失丰，夏田灌水未及十分之一，民众甚为惶恐，经迭加工整修，仍不畅通，除派警协助加工修浚以济灌溉外，俯准派员来县主持均水，免滋事端。谨电鉴核。

高台县政府

处理意见：

连并前案核决。

五月十九日

张掖平彝乡小七号民王叙诗等关就因旱呈请匀水灌溉事给甘肃省主席的电报

1947 年 5 月 21 日　　甘 38-1-122

兰州主席郭：

民等地方麦苗二万余亩滴水未见，行将旱死，三万多人口喁喁望救，祈设法匀水灌溉，以救蚁命。临电不胜盼祷之至。

张掖平彝乡小七号公民　王叙诗　赵文林

范积才　陈迁善

一九四七年五月二十日

处理意见：

此案已责成六区五尊负妥慎督办在案，拟交水利局主稿再电俯。

五月二十一日

甘肃省主席就办理申请匀水灌溉事给张掖民王叙诗等的电报

1947 年 5 月 29 日　　甘 38-1-122

送达机关：张掖民王叙诗等

建水（36）辰字第 3635 号

具呈入张掖平彝乡小七号公民王叙诗、赵文林等午铣电一件，恳请设法匀水灌溉由，电悉。查该县等均水责，已由本府分电武威王专员，及有□□县长妥办在案，仰即知照。此批。

临泽县长就呈请同意在高台均水期间小新渠仍照成案不闭渠口事给甘肃省主席的呈文

1947 年 5 月 10 日　　甘 38-1-122

建（36）辰字第 0251 号

案奉钧府建水（36）卯字第二三五五号训令，以在高鼎均水期间，转饬小新渠封闭渠口一案，奉此，当经转饬该渠切实遵照办理，兹据呈称呈为据情转呈事：

窃代表等项，奉钧府训令建（36）卯字第零一七三号内开“案奉甘肃省政府本年四月七日建水（36）卯字第二三五五号训令内开‘前据该县政府呈以在高鼎均水期间，将小新渠仍照成案不闭渠口’呈核示案。除原令有案免叙外，尾开合亟令仰该渠，遵照为要”等因，奉此，查此案上年八月三日奉钧府批示建（35）未字第一五一三号内开“本年五月二十七日呈一件，呈为遵照成案，永不闭口，请鉴核示遵”曰。呈悉，经呈奉甘肃省政府建二水（35）午字第三九九二号指令内开“本年六月十七日建（35）巳字第八三九号呈一件，为转呈小新渠遵照旧规，永不闭口，以免另生枝节，及三清渠另开新口，请核示由。呈悉，除三清渠渠口问题，另电刘专员及水利林牧公司，转饬河西水利工程第三四分队参政洽办外，至小新渠渠口，在河西水利整个整理工程未完成以前，每年高鼎分水时，准照旧案，可不封闭，仰即知照。前因奉此复查此案，既经指令，准照旧案，可不封闭在案。盖三清渠，自逊清雍正五年，借用代表等渠口，迄今二百余年矣，其中波折迭生，屡起欺压弱小人民之举，种种虐待，不堪其苦。乃于三十四年五月间，另开新口，始与小新渠脱离关系。当日，第六区何专员及高台丁县长、临泽马县长莅临订立合同条约在案。且代表等渠口位在黑河南岸，自逊清顺治初年开辟以来，高、鼎两县均水期间并未闭口。又兼河西水利工程多未完成，刘专员反谓因口地势较高，黑河水量微小，可以筑堤浇灌。若黑河水量大，该渠不但无法堵坝，渠口冲毁，年年受旱，此种理想空谈，不足动人听闻，谓临泽小新渠口因系三清渠借用，故未闭口。且历年张、临、高、鼎四县，芒种节前十日均水期可封闭之渠口除高台、柔远、三清有例不闭渠口，不知例载何条，案存河署，竟以理想空言。呈请完案，朦蔽天聪，妨害水利，殊失公允代表等，所种地亩虽系二千余亩，均系沙漠土质，干燥不能耐旱，假若闭口十天，田苗尽皆枯槁，人民生活绝望，国赋从何而纳，势必夺走他乡觅食就命，不能遏止。彼三清渠渠口较大，反不闭口，强权尚在，公理悉存，是以联名具呈，伏乞钧座电鉴俯准，转呈维持原案以昭信用而救，子遗实沾恩德两便矣”等情。据此查河西水利情形复杂，似应遵照钧府建（36）卯字第二一八四号训令，在河西水利工程未完成以前，所有各县水利规章务须照旧办理，不准稍有更正之原则，按照成案办理，以免发生纠纷，事关水利，理合具文转呈钧府鉴核。谨呈甘肃省政府主席郭。

临泽县县长杨居敬

处理意见：

王收荐专传速达。成股专核出全卷并成文内刘，各卷号向告速会议急报，并给水利局王副局与刘厂面商。

五月十八日

甘肃省政府就高鼎均水期间小新渠是否关闭而派员勘察事给水利局的公文

1947 年 5 月 19 日　　甘 38－1－122

查每年芒种节前十日均水期间，小新渠口封闭题。前据第七区刘专员据转高台、鼎新两县政府及正义五堡（高台）毛、双二屯（鼎新）民众，呈以“该小新渠原系与三清渠同一渠道使水，不闭渠口，现三清渠另辟新渠口使水，该小新渠仍沿用三清渠旧日灌溉二万余亩之渠道使水，势必耗消水量，影响下游灌溉。再该小新渠灌溉面积仅二千余亩，且居上流，在均水期间，即能灌溉。呈请饬在均水期间封闭十日”等情。业经由府，转饬临泽县政府遵照去后，兹据该府呈以“该小新渠所种地亩维系二千余亩，但均系沙漠土质，干燥不能耐旱。假若闭口十日，田苗即行枯槁，请仍不闭渠口”等情。查该小新渠渠口，在每年芒种节前十日均水期间，封闭与否关系高鼎及临泽等县灌溉甚巨，本年又值黑河水量缺少之年（去年祁连山积雪无多），现距芒种节（阳历六月六日，农历四月十八日）仅有十八日，该高、鼎两县力争闭口，而临泽又坚持请勿封闭，实情如何，似有派员亲往会同查勘必要。拟令水利局派科长邢祁彦率同技术人员前往覆勘该小新渠。

（一）地亩是否纯系沙土，或干燥不能耐旱。

（二）田场现状水量是否充分足用。

（三）均水期间如封闭渠口十天，对田苗有无枯槁影响后，再确定渠口之封闭与否。

以期切合实际，当否签请示遵谨呈。

主席郭

建设厅长

处理意见：

□□照公平面告办□□。

五月十九

甘肃省主席就高鼎均水期间小新渠渠口封闭前五日事给高临鼎三县长及六七区专员的急电

1947年5月23日　　甘38-1-122

武威王专员、酒泉刘专员：

建水辰删电代达，密芒种节前十日高鼎均水期间，临泽小新渠口因遇水，石渡槽尚未修起，准暂仅封闭前五日，除电刘专员、王专员外，仰负责督促临泽、鼎高县长负责执行，毋滋事端为要。

高台冯县长、鼎新张县长：

建水辰删电计达，建辰筱电悉，密芒种节前十日高鼎均水期间，小新渠口因遇水，石渡槽尚未修起，准暂仅封闭前五日，除电（六）七两区专员负责督促执行外，仰即遵照秉承意方妥办报查，毋滋事端为要。

（特急）临泽杨县长并转鼎新张县长：

建（36）辰元电及025号呈均悉，密临泽小新渠渠口因遇水，石渡槽尚未修起，在均水期间准暂仅封闭前五日。除谕（六）七区专员负责主持外，人民遵行，如滋事端，由该县长等负责人决定办法，剀切晓谕。

第七区专员公署就转饬临泽小新渠按时闭渠口事给甘肃省主席的电报

1947 年 5 月 22 日　　甘 38-1-122

兰州省政府□：

密专二辰皓寅计邀钧鉴，近据高鼎人民声称临泽人民有声请于，分水期间，不予封闭渠口，变更成案之议。查临泽小新渠于均水期间，闭口成案情形曾以专二（36）寅皓代电详细呈复，经奉钧府建水卯字第二二五五号指令，已转饬临泽县政府遵照。兹均水时，期将届为认真执行钧府所定成案，免滋生纠纷，计恳请钧府，即电临泽县政府，遵守前令，按时闭渠口，俾高鼎两县下游各渠农田得以救济，均沾水利，免遭旱灾为祷。

专员公署专二辰马印

处理意见：

此案已据该署辰皓电政府已拟稿呈判中，此件拟并案复。

五月二十三

第七区专署就按时封闭小新渠口事给甘肃省主席的电报

1947 年 5 月 21 日　　甘 38-1-122

兰州主席郭：

密建水辰删电奉悉，自应遵照切实执行。再临泽小新渠于均水时，重封闭渠口成案，乃系高台、鼎新农民生活甚巨，前经鼎新绅民来署，恳请切实执行，钧府所为成案完成，署以照案执行，自是正当办法，故未转呈钧府，以免烦渎。近据高台人民声称，临泽人民申请于分水期间不予封闭小新渠口之议，拟请钧府电饬临泽县政府，遵照前令，按时封闭，以济贫县，免滋生纠纷为祷。

酒泉专署专二辰皓

第六区专员就小新渠口因石渡槽未修起将暂闭前五日事给第七区专员的电报

1947 年 5 月 26 日　　甘 38-1-122

酒泉刘专员：

建二辰智电计达，辰皓、辰马两电均悉。密临泽小新渠渠口因石渡槽尚未修起，暂仅闭前五日，仰督饬高鼎县长负责执行，务保稍滋事端，仍报查。

胥峤建二辰宥印

处理意见：

查该小新渠原与三清渠同一渠道使水，不封渠口。自三清渠另辟新渠后，该小新渠灌溉田二千余亩，且居上游，在芒种节前自可灌足应于封闭十日。若仍沿用旧日灌溉二万余亩之渠道，不封渠口，势必消耗水量，影响下游灌溉。惟因遇水石渡槽尚未修起，准暂仅封前五日，业经本府于辰智日电饬该署负责执行在案。拟复仍照前电妥办，勿滋事端报查情况。

五月二十三日

第六区专员关于调查小新渠现状事给甘肃主席的电报

1947 年 5 月 22 日　　甘 38-1-122

兰州主席郭：

密临泽小新渠二百年来与高台三清渠合用引水渠口，向不封闭，去年三清渠另辟渠口后，高台以小新渠仍用原渠浇水，水量过多，呈奉钧府转饬闭口经查小新渠与三清渠合用一渠口时，渠宽度 9 公尺 5 公寸，深度 1 公尺。现小新渠宽 1 公尺 8 公寸，深 3 公寸，计占过去水量十分之一，强挪渠过去既无闭口之例，现又用水未致过量。自应遵照钧府建水（36）卯字第 2784 号训令照旧办理以免发生纠纷，除详情另报外，仅电鉴核转饬高台、鼎新遵照成案办理，免生事端为祷。

职王维墉辰马于临泽印

甘肃省主席就小新渠渠口在均水期间暂闭前五日事给临泽县政府及王专员的电报

1947 年 5 月 28 日　　甘 38-1-122

限即到临泽县政府译转王专员：

建二辰咿电计达，辰马电悉，密该小新渠仅灌溉田二千余亩，且居上游，在芒种节前自可灌足，应予封闭十日，以相下游灌溉。惟因遇水，石渡槽尚未修起，准暂仅闭前五日，业经电知转饬杨县长负责执行，毋滋事端，仰仍恪遵迭电，妥办报查。

寄峤建二辰宥印

第七区专员就照成例封闭小新渠口十日事给甘肃省主席的电报

1947 年 5 月 24 日　　甘 38-1-122

兰州主席郭：

密专二辰皓、辰马两电计，荷鉴誉顷，奉建二辰咿雷示，临泽小新渠口准暂封闭五日等情，查临泽小新渠于均水期间，封闭渠口关系，高、鼎两县下游农田甚巨，上年会同水利河西工程第三四队拟定永久分水办法八条，呈赍钧府，准予试办在案。兹均水期将届，临时改变，恐使三清渠永久分水办法全部发生动摇，维持钧府威信，兼顾负瘠人民起见，谨再电请钧府维持原案，封闭小新渠口十日，俾鼎、高下游各渠农田得以救济，均沾水利，免除纠纷，而利民生。临电迫切，谨电示遵为祷。

职刘亦常专二辰养印

处理意见：

速查复。

五月二十六日

甘肃省主席就小新渠口仍照前案暂仅闭前五日事给酒泉刘专员的电报

1947 年 5 月 29 日　　甘 38-1-122

限即到酒泉刘专员：

专二辰养、辰祃两电均悉，密（一）前拟电高鼎分水办法八条，临泽县并未派人参加，应着由该专员另召集有关人士，重拟具体办法；（二）小新渠遇水，石渡槽尚未修起，准暂仅闭前五日，仰仍恪遵，辰梗电督饬鼎、高等县长负责执行，不准滋生事端，并希报查。

寄峤建二辰感

第六区专员调查小新渠实际详情及解决办法事给甘肃省主席的代电

1947 年 5 月 24 日　　甘 38-1-122

甘肃省政府主席郭钧鉴：

职辰皓到达临泽，即据该县小新渠民众代表赵延寿等，呈请"该渠在高台、鼎新均水时期，准照旧例，不闭渠口，以重水规，而利民生"等情。经查该渠二百年来，与高台三清渠合用引水渠口，向不封闭。自去年与三清渠分水后，高台县府呈请，转饬封闭小新渠口。经呈奉钧府建二水（35）午字第三四九二号指令"在河西水利整理工程未完成以前，每年高、鼎分水时，小新渠口准照成案，可不封闭"等因。嗣奉建水（36）卯字第二三五五号训令"以据七区专署查复，小新渠现与三清渠脱离，仍用过去两渠合用之渠道，以灌溉二万余亩之水用于两千余亩之地，不闭渠口，实无理由，转饬封闭渠口等因"到县，职为明实际情形起见，经派该县建设科长臧成浚前往测量小新渠与三清渠水深及宽度，以作将来处理之根据。据报测量结果，小新渠与三清渠合用一渠口时，渠宽仅一公尺八公寸，水深五公寸，计占过去合用水量之一分八厘。以三清渠浇地两万余亩，小新渠浇地两千余亩之比例计算，是小新渠所用之水适为一十五公尺，深为一公尺五公寸，反较与小新渠合用之渠口为大。今三清渠尚不闭口，则小新渠更无闭口之可言。且该渠地亩纯属沙壤，不耐受旱，本年水量尤复微小，不足灌溉，已感荒旱之苦。再查近奉钧府建水（36）卯字第二七八四号训令"以河西水利计划未完成以前，所有各县水利规章，务须照旧办理，不准稍有更张，以免发生纠纷"在案。根据该渠实际情形，以往既无闭口之例，现又用未致过量，自应遵照最近训令，不闭渠口，以维旧规而免纠纷，否则有失公平，恐生事端。除电报外，仅绘具小新渠与三清渠渠口图说一纸，一并报请鉴核。附赍一纸随文。

职王维墉辰养于临泽

处理意见：

拟并案办。

五月二十六日

临泽县长就呈请小新渠照旧不闭口事给甘肃省主席的电报

1947 年 5 月 24 日　　甘 38-1-122

兰州省政府□：

密建二辰哿电，奉此案业经王专员勘察明确，小新渠过去、现无闭口之例，现在又用水未致过量，不能闭口，电报钧府在案。除遵转鼎新张县长外，现该渠民情惶惶，谨请电鉴，准依前令，不闭渠口，以维旧规，而安民心为祷。

职杨居敬建（36）辰養印

处理意见：

查复，照复刘专员电□速复。

签字：

五月二十五日

高台县长就小新渠口封闭十日事给甘肃省主席的电报

1947 年 5 月 26 日　　甘 38-1-122

兰州主席郭：

密感于封闭各渠口，请严电临泽县长，对于该县小新渠之封闭十日，切实执行，勿误时日，致滋纠纷为祷。

职冯周人、张应麒叩辰敬印

第六区专员小新渠口照旧不闭口事给甘肃省主席的急电

1947 年 5 月 28 日　　甘 38-1-122

兰州主席郭：

密建二辰哿电奉悉，并转饬临泽遵照在案，惟事实上仍恐政治不决，因小新渠口二百年未曾封闭，自与三清渠合用，修筑□时亦未闭口。由三清渠口开渠□后，小新渠口之十分之一点五，灌田二百余亩，三清渠口既不封闭，小新渠口实无封闭理由。请仍俯察前在临泽电呈意见处理，以免纠纷为祷。

王维墉二辰感印

处理意见：

着遵前令会刘专员约有关各县集会，妥拟永久办法上方遵守。速核复。

签字：

五月二十八日

就高鼎均水期间小新渠口应封五日不准变更事给临泽县长及第六第七区专员的电报

1947 年 5 月 29 日　　甘 38–1–122

临泽杨县长：

建（36）辰養电悉，密本年均水，小新渠口封闭案，仍应恪遵建二辰旨电妥办，毋得变更，如滋事端，惟该县长是问。仍报查。

寄峤建二辰感

武威王专员、酒泉刘专员：

辰養代电暨图均悉，密本年高鼎均水，小新渠口封闭案，应恪遵建二辰旨电，亲往处理，不准变更。双方妄为滋事，惟该专员是问。至该渠永久分水及封闭办法，着由该县会同刘专员、王专员，召集有关县乡渠负责人，洽商妥拟报查。

寄峤建二辰感

甘肃省主席就与七区刘专员会同有关县乡渠负责人妥拟高鼎分水永久办法事给六区王专员的电报

1947 年 5 月 31 日　　甘 38–1–122

武威王专员：

建二辰感电计达，辰感电悉，密小新渠口封闭案，仰恪遵迭电会刘专员，约有关县乡渠负责人，妥拟永久办法，双方遵守。在未拟妥前，该渠口仍应暂闭前五天，不准变更滋事，并核查。

寄峤建二辰删

甘肃省主席就严格遵守小新渠口暂闭五日事给高台县长的电报

1947 年 5 月 31 日　　甘 38–1–122

高台冯县长：

辰敬电悉，密高鼎均水小新渠口封闭案，仰仍恪遵建二辰旨电办理，不准变更，如滋事端，由该县长负责。

寄峤建二辰陷

第七区专署就封闭渠口未有纠纷及重拟临鼎高永久分水办法事给甘肃省政府的电报

1947 年 6 月 2 日　　甘 38–1–122

兰州省政府：

密建二辰感电奉悉，

（一）据高台冯县长东日电话称“小新渠口于辰艳起，封闭五日，三清退水闸板仅拆除十块，均顺利进行，未发生纠纷”等情，谨电备查。

（二）重拟临鼎高分水永久具体办法，除电请王专员指定日期地点共同会商外，拟请钧府，转饬河西水利工程第三四分队，届时派技术人员参加商讨等情。

酒泉专署专二辰陷印

处理意见：

水利局核办复查。核准备查封总队请转饬照办。

六月二日

甘肃省政府就小新渠封闭渠口及派技术人员商讨均水事给第七区专署及甘肃河西水利工程总队的电令

1947 年 6 月 11 日　　甘 38–1–122

建水（36）巳字第 3962 号

令第七区行政督察专员公署：

本年五月专二辰陷专电一件“为小新渠顺利封闭，及重拟临鼎高分水永久具体办法，请转饬河西水利工程分队派技术人员参加商讨”由，专电悉。

（一）准予备查。

（二）已电请河西水利工程总队，转饬三四分队办理矣，

仰知照此令。

建水（36）巳字第 3962 号

甘肃河西水利工程总队公鉴：

据第七区行政督察专员公署专二辰陷电称“重拟临鼎高分水永久具体办法，除电王专员指定日期地点共同会商外，拟请钧府转饬河西水利工程第三四分队，届时派技术人员参加商讨”等情。特电请转饬办理为祷。

甘肃省政府建水（36）巳真印

临泽刘景廉等就关于封闭小新渠五日具体情形事给甘肃省主席的电报

1947 年 6 月 3 日　　甘 38–1–123

兰州主席郭：

密本年均水，关于三清渠退卸闸板问题，业已顺利解决。至小新渠民众因水小坚持不闭，民夫曾将渠门投水数次，被警察救起。经四日往返，劝解无效，最后强制执行于辰陷起，暂为封闭五日。除详情另报外，谨先电闻视察。

刘景廉　孙振林

县长冯周人　张应麒　杨君敬叩辰世印

处理意见：

核办。

六月三日

电复准备查仍续报。

万里

六月四日

甘肃省主席就妥办封闭小新渠五日具体情形事给临泽县长的电报

1947 年 6 月 10 日　　甘 38–1–123

临泽杨县长：

兹转刘视察、孙视察、冯县长、张县长辰世电报悉，准备查仍妥办续报。

寄峤建水巳鱼印

酒泉专员公署就本年临鼎高分水已遵指示办理完竣事给甘肃省主席的电报

1947 年 6 月 4 日　　甘 38–1–123

兰州主席郭：

密专二辰陷电计邀鉴察，兹据本署视察刘景廉巳冬返署面称“年临鼎高分水已遵照钧府指示，顺利办理完竣，无问题发生”等情，谨电备查。

专员公署专二巳江印

处理意见：

拟交水利局阅。

签字：代

六月四日

甘肃省主席就本年临鼎高分水已遵指示办理完竣备查事给第七区专员的电令

1947年6月18日　　甘38-1-123

建水（36）巳字第4102号

令第七区行政督察专员公署：

本年专二巳江电一件电“报本年临鼎高分水，已遵照指示办理完竣，无问题发生，请备查由”电悉，准予备查此令。

甘肃省主席就临泽县电覆该县各渠提前分水未敢遵办备查事给第六区专员公署的电令

1947年6月18日　　甘38-1-123

建水（36）巳字第4105号

令第六区行政督察专员公署：

本年二（36）辰字第四一四号代电一件“为电呈据临泽县电覆，该县各渠提前分水，未敢遵办一案，转请鉴核”由。代电悉准，予备查此令。

第六区专员就小新渠暂封五日具体处理情形事给甘肃省主席的电报

1947年6月5日　　甘38-1-123

兰州主席郭：

密案查前奉钧府建二辰宥电略开“本年度高鼎均水小新渠口封闭案，应恪遵建二辰帮电处理”等因，遵印派本署视察孙振林前往遵办。兹据该员会同刘有廉、冯周人、张应麒、杨居敬辰世电称“本年均水，关于三清渠退槽闸板问题，业已顺利解决，至担任新渠民众因水小坚持不闭，民夫曾将渠长投水数次，被警察救起。经四日劝解无效，最后强制执行，于辰陷起暂为封闭五日，除详情另报外，谨先奉闻”等情，理合转请钧府鉴核。

王维墉二（36）巳支印

处理意见：

核鉴。

准备查。

六月七日

甘肃省主席就电报高鼎均水情形备查事给第六区专署的电报

1947年6月18日　　甘38-1-123

建水（36）巳字第4104号

令第六区行政督察专员兼保安司令公署：

二（36）巳支电一件“电报高鼎均水情形”由。电悉，准予备查此令。

第六区专员就小新渠口如期封闭事给甘肃省主席的电报

1947 年 6 月 10 日　　甘 38-1-123

兰州主席郭：

密建二辰卅奉悉，小新渠口已如期封闭五天，详情业已二巳支电报，请鉴核在案，谨先电闻。

职王维墉二（36）巳虞印

处理意见：

阅。准备查。

六月十一日

备查。

六月十一日

甘肃省主席就电报小新渠口已如期封闭五天备查事给第六区专署的电令

1947 年 6 月 26 日　　甘 38-1-123

建水（36）巳字第 4197 号

令第六区行政督察专员公署：

本年二（36）巳虞电报一件"为电呈小新渠口，已如期封闭五天，电请鉴核"由。电悉，准予备查此令。

鼎新县长就电报本年遵例封闭各渠口及河水下流情形请核备查事给甘肃省主席的电报

1947 年 5 月 31 日　　甘 38-1-123

鼎高均（36）辰字第二号

兰州甘肃省政府主席郭钧鉴：

职于本月二十七日，遵照历年成案，将张、临、高应行封闭各渠口，一律封闭，放水下流，并严饬员警、民夫等妥慎巡查。职并于昨今两日，亲往黑河沿岸，查看河水下流情形，所幸本年水量比较去年稍大，高属正义五堡，现正在赶速灌溉中。鼎新系浇灌最后三日之水，尚未输到。除退卸三清渠闸板，尚未发生纠纷，昨已联名电报暨本县灌溉详情，另文呈报外，知关钧注。谨电报请核备。

署鼎新县县长张应麒叩鼎高均（36）辰世印

处理意见：

备查。

六月十四日

鼎新县长就电报本年均水各重要情形请鉴核备查事给甘肃省主席的电报

1947年5月31日　　甘38-1-123

鼎高均（36）辰字第三号

兰州甘肃省政府主席郭钧鉴：

兹谨将此次会同本区专署刘视察、高台冯县长、临泽杨县长办理本年均水重要情形分条详陈。

（一）三清渠退卸闸板问题。该渠实现集有民众千余人，准备滋事。职等到达后，该渠代表争执颇烈，势将用武。经专署刘视察会同职等，分别召集双方代表剀切晓谕，多方劝导，始决定退卸闸板十块。当到退水闸实行退卸时，民众蜂拥而来，喊声震天，护定闸板，只允退卸八块。情势异常严重，又经多时之开导，方由该渠代表陆续退卸两块，前后共计十块。依照去年所定分水办法第四条，应扯除十二块，惟为息事宁人，减少纠纷起见，故决定少扯两块，以示退让，而免冲突。讵料职等离开该渠之次日，据报该渠负责人竟敢违犯上项办法第六条之规定，偷去一块擅自增加，似此一再藐视政府，破坏水规。除派员查明，另案请求惩办外，理合先行电请核备。

（二）小新渠闭口问题。由临泽杨县长负责传集该渠渠长等，经三日之晓谕，已自辰陷起封闭五日，尚属顺利。

（三）本年河水自感日封闭各渠口后，水量较大。所有高属正义五堡暨本县毛、双二屯田亩灌溉不致发生问题，请释钧注。

署鼎新县县长张应麒叩鼎高均（36）辰世印

处理意见：

均准备查。

六月十四日

备查。

六月十六日

甘肃省主席就电报本年遵例封闭各渠口及河水下流均水各重要情形请准备查事给鼎新县政府的电令

1947年6月30日　　甘38-1-123

建水（36）巳字第4345号

令鼎新县政府：

本年五月三十一日鼎高均（36）辰字第二号及第三号辰世代电各一件“为电报，本年遵例封闭张临高各渠口及河水下流情形，并均水各重要情形请备查”由。两代电均悉，准予备查此令。

临泽县长就奉令封闭小新渠口详细情形电请鉴核备查事给甘肃省主席的电报

1947 年 6 月 10 日　　甘 38-1-123

建（36）巳字第 0294 号

甘肃省政府主席郭钧鉴：

查奉令封闭小新渠口一案，经于上月二十七日会同七区专署刘视察景廉、高台冯县长周人、鼎新张县长应麒亲往该渠渠口执行封闭命令。惟该渠民众以为打破二百余年之成例，端倪一开，永受影响。目睹高台、鼎新民夫非常众多，县府事前声言，非闭不可。以为人力不可抵抗，相率逃避，表示抗议，是日，终未完成任务。翌日，即派本府建设科长臧成浚前往召集该渠负责人等多方劝导，以期遵令闭口，孰料该渠民夫百余人纷纷攘攘，不惟不听命令，反以渠长有服从命令之意，将共投掷水中，以示抗议，并表明舍生争水之态度，幸被警察和衣入水抢救，得保无虞。此事发生后，职以奉行命令责无旁贷，又复召集该渠渠民及民众代表谆谆劝诫，责以大义。并令蓼泉、昭武两乡镇长会同警察勒令于三十日始行封闭渠口，双方尚未滋事，本年分水幸告结束。查该渠在与三清渠合用之渠道中，仅占十分之一之渠口，且因石渡槽迄未修成，水量微小。该渠地亩头水尚未普遍浇灌。此为实际困难之所在，据例衡情，似无闭口之可能。除已会衔电报外，谨将经过详情，报请鉴核备查。

职杨居敬建（36）巳微印

处理意见：

该渠口之封闭与否，现已电六、七两区专署，会同商讨办法中。原卷存水利局，此件拟交局。

六月十六日

渡槽速修。拟准。

六月十六日

可。

六月十七日

（一）电转刘专员。（二）渡槽速转总队。

六月十七日

甘肃参议会就依照成议兴修临泽县小新渠下闸旧沟涵洞及不闭渠口以利灌溉事给甘肃省政府的咨议

1947 年 6 月 17 日　　甘 38-1-123

一九四七年六月十一日议巳字第 64 号

甘肃省参议会咨：

查本会第四次大会鲁参议员玲提“咨请省政府，依照成议，兴修临泽县小新渠下闸旧沟涵洞，及不闭渠口，以利灌溉”一案。经付审查成立并提交第十三次会议决议“照审查意见通过，咨省政府办理”纪录在卷，相应录案咨请，贵府查照办理，并希见复为荷。此咨甘肃省政府。附录议案一件随文。

议长张维（印）

处理意见：

拟准。

六月十七日

并临泽0294代电办并复。

六月十七日

甘肃省参议会第四次大会决议案

1947年　　甘38-1-123

甘肃省参议会决议案提字二一一号

案由：咨请省府依照成议，兴修临泽县小新渠下闸旧沟涵洞，及不闭渠口，以利灌溉案。

理由：查高台三清渠之修筑，与临泽小新渠水利有密切关系，在兴修时临泽民人一再交涉争持，并由六区专署何专员主持与三清渠订约，以免利此害彼，畸形发展。并由何专员发表意见，准修钢骨水泥涵洞两座，并立合同，呈报备案。事未逾年，临泽渠涵洞修竣后，对小新渠涵洞未能如约履行，高台丁县长听信三清渠一面之词，暂搭木质渡槽，上年一再呈请省府饬令三清渠履约修洞，终无结果。该木槽年内已破坏不堪，本渠沙田一千余亩，将有荒旱之□，非但田军粮及各项农民负担毫无着落，而民食落空，将有冻馁之危险。上年三清渠通水后，小新渠民众依据历年不闭渠口成案，呈请省府核示，已奉准办理。终以三清渠竭力争持，未见实行，而七区专署又变更省令，威信何在，公理何存。应请主持公道，履行成议。

办法：咨请省府切实执行双方契约，以免失平，影响民生。

提案人　鲁　玲

连署人　郭孔厚　和保萃　王桂中　刘肇华　强镇英　巩保初

甘肃省政府就临泽县政府电报小新渠闭口情形及准省议会咨送提请兴修该渠涵洞事分别给七区专署河西总队及临泽县政府和省参议会的电报

1947年6月30日　　甘38-1-123

建水（36）巳字第4347号

酒泉刘专员：

据临泽县政府巳微代电称“查速令封闭云云，鉴核备查”等情，应准本省参议会本年六月十一日，咨送第四次会议大会鲁参议员玲提“咨请本府依照成议，兴修临泽小新渠下闸旧渠涵洞，及不闭口，以利灌溉一案，嘱办理见复”等由。除分别指令咨复，及渡槽工程电请河西水利工程总队办理外，特电抄发原提案，仰即遵照迭电节案，会商妥拟永久分水办法，呈核省政府。附抄原提案一件。

建水巳感印

建水（36）巳字第4347号

水利部甘肃河西水利工程总队公鉴：

据临泽县政府巳微代电“本年临鼎高分水幸告结束，双方尚未滋事。惟小新渠石渡槽迄未修成，水量微小，该渠地亩头水，尚未普遍浇灌，此为实际困难之所在”等情。应准本省参议会本年六月十一日咨送第四次大会，鲁参议员玲提“咨请本府依照成议，兴修临泽小新渠下闸旧渠涵洞及不闭渠口，以利灌溉一案，嘱办理见复”等由。除分别指令咨复，及不闭渠口部分，已电酒泉刘专员于商讨临鼎高永久分水办法时妥议外。至小新渠石渡槽工程，特抄附原提案，电请查照办理，见复为存。附抄原提案一件。

甘肃省政府建水巳感印

建水（36）巳字第4347号

令临泽县政府：

建（36）巳字第〇二九四号巳微代电一件“为电报速令封闭小新渠口情形，请鉴核由”代电悉，除不闭渠口部分已电酒泉刘专员，于商讨临鼎高永久分水办法时妥议外，至小新渠石渡槽工程，兹已电请河西水利工程总队办理矣。此令。

建水（36）巳字第4347号

案准贵会本年六月十一日议，巳字第六四号咨送第四次大会，鲁参议员玲提“咨本府依照成议，兴修临泽小新渠下闸旧沟涵洞，及不闭渠口以利灌溉一案，嘱办理见复”等由。查小新渠闭口问题已据酒泉刘专员电报，与武威王专员召集有关县长及地方人士，商讨临鼎高永久分水办法时，除再电饬妥议，及小新渠石渡槽工程兹电河西水利工程总队办理外，相应咨请，查照为由。此咨甘肃省参议会。

甘肃省政府就请转饬三分队迅建三清渠进水闸事给河西总队的代电

1947年6月26日　　甘38-1-123

建水（36）巳字第4303号

水利部甘肃河西水利工程总队公鉴：

查前据七区专署一九四六年九月，呈赍会商决定高台三清渠分水永久办法八条法，核均无不合，准予试办。兹电甘肃水利林牧公司在案。查原办法第四条，修建该渠进水闸，尚未办理。特电抄附原办法，请查照。特饬第三分队迅即按实际需要查明设计报核，仍盼见复为存。附抄原办法一份。

甘肃省政府建水巳寝印

甘肃省参议会就高台三清渠代表王维杰请愿河流变态民不聊生予以救济事给甘肃省政府的咨议

1947 年 6 月 25 日　　甘 38-1-123

甘肃省参议会咨议巳字第 218 号

查本会第四次大会，据高台三清渠代表王维杰等请愿“河流变态渠口失适，民不聊生，请予救济”等情，经提交第十二次会议决议“咨省政府办理”，纪录在卷，相应抄同原请愿书，咨请责府查照办理，并希见复为荷。此咨甘肃省政府。附抄送原请愿书一件。

一九四七年六月十八日

议长张维（印）

处理办法：

准拟。

六月二十一日

高鼎均水永久分水办法现已电（六）七区专署重新商订中，此件拟交水利局。

六月二十一日

准拟。

六月二十五日

准转饬刘专员确查复夺并复。

六月二十五日

高台县三清渠民代表王维杰就农田被旱民不聊生恳请设法救济事给甘肃省参议会的请愿书

1947 年　　甘 38-1-123

呈为河流变态、渠口失适、农田被旱、民不聊生，恳请钧会电鉴作主，俯赐设法救济，以维民命事：

窃查敝渠自清雍正初年开设以来，历时二百余载。迨至民国二十三年以后，黑河主流迭次变更渠口，为之高县水利不调，民生日枯。尤其二十八年秋季，河水狂泛渠口，张家坝一带悉被冲毁，渠民万余人只得集中人力、财力购买地基，移线修筑，无如旋修旋跌，力所不逮，致将渠民耕地大部变为墟荒。三十三年遭灾奇重，渠民惶惶逃亡不已。迭经电呈省府，准予开挖新线，另设渠口，当经水利林牧公司张掖工作站主持测量，幸蒙政府关怀民瘼，筹拨工款五百万元并组设工程处，于三十四年三月发动渠民七百五十名开始兴修，第以工程艰巨，一般渠民啼叫贫苦，煞费血汗，截至十月始告完成。

三十五年，渠民甫有生望，不料黑河下游，本县四维乡民王万方臣年近花甲，为沽名钓誉，妙想天开，遂大肆奔波，纠合正义五堡及鼎新人民，一面鼓吹三清渠流量大于河水主流，所有灌溉区域一变而为泽国，溺斃行路牛只若干，信口雌黄，煽惑乡愚；一面搪敛大批民财，致力奔走，主张芒种节前，均水时期封闭三清渠口。忽于上年八月二十五日，由七区专署视察刘汉及鼎新县长率领下游各渠首人，来县主持订立均水办法。当经召集本县参议会议长卢怀植连同地方绅士、双方代表等开会商订，但水利关系生命，开会两次总无结论。乃以本县议长卢怀植从未学习农事，对于水利毫无见识，遂挺身出马，不顾一切，协同视察刘汉规定原则三项：（甲）每年芒种节前均水期间，将三清渠原有水量以百分之七十一退归黑河，百分之二十九留渠使用；（乙）以百分之六十退归黑河，百分之四十留用；（丙）以百分之五十平均。代表等闻悉之余，惊骇异常，即以百分之五十平均，按照敝渠实际需要，不惟无水灌田，即人畜吃水亦属阙如。以故历会六时，被该议长卢怀植威吓辱詈，终难承认。散会后，代表等以水利事关重要，必得从长计议。讵意该议长，视敝渠人民贫苦如同草芥，竟以议长身份主持，不待代表等到场，即将不平等条约定就。事后，代表迭将敝渠不能封口均水之实事一再声请省府，请求从缓核定。去后，奉批不准。伏思当此国运维新时代，人民一切，政府保障，且对水利能否足灌田亩，政府当有秉公之处置，自应凛遵。惟至本年河水主流变态，敝渠新口位于黑河南岸，而河水主流趋北转移。河底流沙被冲，水位较低，虽经加倍征工修浚，然以渠道因受地利限制，流量仍属微小。缘敝渠灌溉面积接近祁连山麓，地势高昂辽阔，故自开渠以来，从无封口均水之例。三十四年所开新渠仅九公里五百二十公分，仍接旧渠使水。旧渠中经沙漠二千余里，南临沙丘，北靠水荡，既不能够移线修筑，复不能宽辟深挖该处，随挖随被风沙侵填，每次修浚，苦不堪言。再开挖新线支出，渠口流量系按灌地二万三千亩加一倍之标准设定，即不受旧渠各种之限制，灌地亦不过五万亩。迄今测量登记，灌溉以为六万二千余亩，加以全渠人民筑池储蓄吃水，则敝渠不能封口均水之实事，更属显著。本年因河流变迁，开口放水时近两时，所灌夏季农田未及百分之五，现以田苗需水孔急，一般渠民惶恐无状，情出迫切，谨特据实呈恳钧会，电鉴俯准，体念民艰，从速建议。省府迅转七区专署于芒种节前，均水时事先澈查敝渠灌溉情形，以昭确实，借免人民，徒滋纷扰，酿成灾害。临呈迫切，不胜屏营待命，企祷之至。谨呈甘肃省参议会议长张副议长郭。

高台县三清渠民代表　王维杰　方志元　党福文　许企德
白成本　王重三　罗春云　张富国
谢政明　张汉儒　鲍鸿章　张登国
张成玉　苗万新　刘得新　王福安
方兴周　王锡兴　陈天明　许文宗
郭复业　王先德　王国翰　夏建禮
盛上德　褚积德

一九四七年五月

高台县三清渠民代表王维杰就农田被旱民不聊生恳请设法救济事给甘肃省水利局长的请愿书

1947 年 6 月 4 日　　甘 38-1-123

呈为河流变态、渠口失适、农田被旱、民不聊生，恳请钧会电鉴作主，俯赐设法救济，以维民命事：

窃查敝渠自清雍正初年开设以来，历时二百余载。迨至民国二十三年以后，黑河主流迭次变更渠口，为之高县水利不调，民生日枯。尤其二十八年秋季，河水狂泛渠口，张家坝一带悉被冲毁，渠民万余人只得集中人力、财力购买地基，移线修筑，无如旋修旋跌，力所不逮，致将渠民耕地大部变为墟荒。三十三年遭灾奇重，渠民惶惶逃亡不已。迭经电呈省府，准予开挖新线，另设渠口，当经水利林牧公司张掖工作站主持测量，幸蒙政府关怀民瘼，筹拨工款五百万元并组设工程处，于三十四年三月发动渠民七百五十名开始兴修，第以工程艰巨，一般渠民啼叫贫苦，煞费血汗，截至十月始告完成。三十五年，渠民甫有生望，不料黑河下游，本县四维乡民王万方因年近花甲，为沽名钓誉，妙想天开，遂大肆奔波，纠合正义五堡及鼎新人民，一面鼓吹三清渠流量大于河水主流，所有灌溉区域一变而为泽国，溺斃行路牛只若干，信口雌黄，煽惑乡愚；一面捐敛大批民财，致力奔走，主张芒种节前，均水时期封闭三清渠口。忽于上年八月二十五日，由七区专署视察刘汉及鼎新县长率领下游各渠首人，来县主持订立均水办法。当经召集本县参议会议长卢怀植连同地方绅士、双方代表等开会商订，但水利关系生命，开会两次总无结论。乃以本县议长卢怀植从未学习农事，对于水利毫无见识，遂挺身出马，不顾一切，协同视察刘汉规定原则三项：（甲）每年芒种节前均水期间，将三清渠原有水量以百分之七十一退归黑河，百分之二十九留渠使用；（乙）以百分之六十退归黑河，百分之四十留用；（丙）以百分之五十平均。代表等闻悉之余，惊骇异常，即以百分之五十平均，按照敝渠实际需要，不惟无水灌田，即人畜吃水亦属阙如。以故历会六时，被该议长卢怀植威吓辱詈，终难承认。敬会后，代表等以水利事关重要，必得从长计议。讵意该议长，视敝渠人民贫苦如同草芥，竟以议长身份主持，不待代表等到场，即将不平等条约定就。事后，代表迭将敝渠不能封口均水之实事一再声请省府，请求从缓核定。去后，奉批不准。伏思当此国运维新时代，人民一切，政府保障，且对水利能否足灌田亩，政府当有秉公之处置，自应凛遵。惟至本年河水主流变态，敝渠新口位于黑河南岸，而河水主流趋北转移。河底流沙被冲，水位较低，虽经加倍征工修浚，然以渠道因受地利限制，流量仍属微小。缘敝渠灌溉面积接近祁连山麓，地势高昂辽阔，故自开渠以来，从无封口均水之例。三十四年所开新渠仅九公里五百二十公分，仍接旧渠使水。旧渠中经沙漠二千余里，南临沙丘，北靠水荡，既不能够移线修筑，复不能宽辟深挖该处，随挖随被风沙侵填，每次修浚，苦不堪言。再开挖新线支出，渠口流量系按灌地二万三千亩加一倍之标准设定，即不受旧渠各种之限制，灌地亦不过五万亩。迄今测量登记，灌溉以为六万二千余亩，加以全渠人民筑池储蓄吃水，则敝渠不能封口均水之实事，更属显著。本年因河流变迁，开口放水时近两时，所灌夏季农田未及百分之五，现以田苗需水孔急，一般渠民惶恐无状，情出迫切，谨特据实呈恳钧会，电鉴俯准，体念民艰，从速建议。省府已转七区专署于芒种节前，均水时事先澈查敝渠灌溉情形，以昭确实，借免人民，徒滋纷扰，酿成灾害。临呈迫切，不胜屏营待命，企祷之至。谨呈甘肃水利局局长黄。

三清渠民众代表 王维杰（印） 鲍鸿章（画押） 谢才邦（画押） 王三重（印）
张汉儒（印） 罗春云（画押） 苗万新（画押） 党福文（印）
张登国（印） 吴克俭（画押） 李生隆（画押） 郭复业（印）
盛尚德（印） 王树安（画押） 刘德兴（画押） 方志元（印）
王先德（印） 谢正明（画押） 吴开文（画押） 褚积德（印）
王锦兴（印） 许企德（印） 方兴周（印） 夏建福（印）
陈天明（印） 张成玉（印）

一九四七年五月

处理意见：

据酒泉刘专员辰陷电报，此次均水，该渠退水闸板拆除十块，顺利进行，未生纠纷等语。复查临鼎高均水再有二日即可竣。及此件拟存候均水正式报告到后再批。

六月四日

准拟。

万里

六月四日

甘肃省政府就省参议会咨送三清民众代表请愿及该民等呈河流变态民不聊生请予救济事分别给七区专署省参议会及三清渠民等的公文

1947 年 7 月 8 日　　甘 38-1-123

（代电）建水（36）巳字第 4554 号

酒泉刘专员：

察准甘肃省参议会，本年六月十八日咨送第四次大会“据高台三清渠代表王维杰等请愿，河流变态、渠口失适，民不聊生，请予救济等情，嘱办理见复”等由。并据水利局案呈，该代表等呈同前情，查本年临高鼎分水前，据该署专二巳江电报，已顺利办理完复，无问题滋生。兹据辰陷电报“已邀武威王专员，重拟分水永久办法，均经揭令，准予备查在案，核准前由”除咨复并批示外，特电检发原请愿书，仰即遵照，并案妥办报核。附抄发原请愿书一件。

省政府建水午印

（咨）建水（36）巳字第 4554 号

案准贵会本年六月十八日议巳字第二一八号咨送第四次大会据高台三清渠代表王维杰等请愿“河流变态、渠口失适、民不聊生、请予救济等情，嘱办理见复”等由。兹据水利局案呈，该代表等呈前情到府。查本年临泽、高台、鼎新分水事宜饬酒泉刘专员负责办理。据辰陷、巳江电报已顺利办理完后，无问题滋生。兹称已邀武威王专员，定期重拟分水永久办法等情，已电复，准予照办，准咨前因。除电饬妥办报核，兹批示该代表等外，相应后请查照为存。此咨甘肃省参议会。
（批）建水（36）巳字第4554号
具呈人高台三清渠民众代表王维杰等：

水利局察呈本年五月呈一件“呈为河流变态、渠口失适，民不聊生、请予救济”由。呈悉，查本年高台、鼎新、临泽分水事宜，经饬酒泉刘专员负责办理。据报小新渠口封闭五日，三清渠退水闸板仅拆除十块，兹称已电邀武威王专员重拟永久分水办法等情。电复准予照办存案。兹据前情，除电催刘专员并案速办外，仰即知照。此批。

第六区专员王维墉就会办高鼎均水小新渠口封闭具体情形事给甘肃省主席的公文

1947年6月26日　　甘38-1-123

二（36）巳字第1495号
甘肃省政府主席郭钧鉴：

查临泽小新渠口封闭五天一案，前经本署派员会办，并以二（36）巳支电及二（36）巳虞电报请鉴核在案。兹据本署视察孙振林本年六月九日签呈称“奉钧署本年五月二十八日二辰字第四零八号训令，以奉甘肃省政府建二辰宥电饬前往处理，临泽本年度高鼎均水，小新渠口封闭案”等因，奉此，遵即于五月二十八日前往临泽，会同七区专署视察刘景廉、高台县长冯周人、鼎新县长张应麒、临泽县长杨居敬亲往渠口，执行封闭命令。该渠民众以为打破二百余年之成例，一旦开口，永受影响。目睹高、鼎两县民夫甚多，该渠人力不足抵抗，即率领而去，表示抗议。是日，终未完成任务。翌日，临泽杨县长即派该府建设科臧科长前往该渠召集负责人等多方劝导，以期遵令闭口。不料该渠民众百余人纷纷乱攘，不但不遵命令，反以渠长服从命令，该渠民众即将渠长投入水中，以表舍身争水之态度，幸被警察入水救出，幸保无虞。此事发生后，该管杨县长复又召集该渠有关人等及民众代表谆谆劝诫，责以大义。即令昭武、蓼泉两乡镇长会同警察勒令于三十日始行封闭渠口，至六月三日止开口，双方尚未闹事，本年均水幸告结束。除已会衔电报外，理合将闭口经过详情，签请鉴核等情。理合转报钧府核备。

甘肃省第六区行政督察专员兼保安司令王维墉二（36）巳皓印叩
六月二十六日

甘肃省主席就电呈会办高鼎均水小新渠口封闭情形备查事给第六区行政专署的电令

1947年7月9日　　甘38-1-123

建水（36）巳字第4617号
令第六区行政督察专员公署：

本年六月二（36）巳字第一四九五号代电一件“为电呈据该署视察孙振林，签呈会办高、鼎均水，小新渠口封闭一案情形，转请核备”由。代电悉，准予备查此令。

第七区专员刘亦常就鼎新张县长电请饬高台会同水利林牧公司早日筹建三清渠进水闸事给甘肃省主席的电报

1947 年 6 月 30 日　　甘 38－1－123

专二（36）巳字第 384 号

兰州主席郭钧鉴：

据鼎新张县长本年六月十三日鼎建（36）巳字第五七四号代电称，查本年办理，鼎高芒种节前十日均水事宜，业将封闭上游，张、临、高等县渠口及河水下游各情形，先后电报在案。兹查河水下流，高台正义五堡应分前七日之水。经饬派员警，前往各该地分头，切实督促农民漏夜赶灌田苗。七天期满，据报所有田亩均已浇满灌足，并无一亩之遗漏，普沾均水实惠，民心欢欣之至。惟本县毛、双二屯应分后三日之水，流至上游双树保，所有田苗全数灌足，至下游大坝渠流域，各保田苗，仅灌十分之八，其剩余十分之二未获灌溉，禾苗干旱，收成不无失望。考其原因，确系高台新开三清渠渠口广阔，吸收河水过多，以致大受影响，兹遵照上年，会同订定高台县新开三清渠，芒种节前十日与正义五堡及鼎新毛双二屯分水永久办法第四条之规定，亟应电请钧署，转请省政府，令饬高台县政府会同水利林牧公司，早日筹建三清渠进水闸，以资管制进水流量，永绝均水纠纷。临电不胜，盼祷之至等情。据此理合转请鉴核示遵。

甘肃省第七区行政督察专员兼保安司令刘亦常专二（36）巳马印

处理意见：

拟转总队转饬第三分队参考。

七月一日

准拟。

万里

七月二日

甘肃省政府就七区专署电请早日筹建三清渠进水闸事给河西总队及七区专署的公文

1947 年 7 月 17 日　　甘 38－1－123

（代电）建水（36）午字第 4783 号

水利部甘肃河西水利工程总队公鉴：

据第七区行政督察专员公署本年六月二十一日马代电称“据鼎新张县长云云示遵”等情，查此案，请照三清渠永久分水办法第四条，修建该渠进水闸一节。前经本府于本年六月二十六日，以建水（36）巳字第四三零三号寝代电，抄附原办法，电请贵队转饬第三分队迅按实际需要，查明涉及办理在案。兹据前情，除指令外，特再电请查照，希转饬第三分队并案办理，见复为存。

甘肃省政府建水午筱印

（指令）建水（36）午字第4783号
令第七区行政督察专员公署：
专二（36）巳字第三八四号马代电一件“据鼎新张县长，请饬早日筹建三清渠进水闸一案，请鉴核示遵”由。代电悉，查此案业经电请甘肃河西水利工程总队转饬第三分队，据实际需要查明设计办理本案。兹据前情，除再电请该队转饬并案办理外，仰即知照此令。

第六区专员就临泽县电请提前分水有碍水规请核备事给甘肃省主席的电报

1947年5月28日　　甘38-1-123

二辰字第384号
甘肃省政府主席郭钧鉴：
查奉电修正执行本年分水规程一案，遵经以二辰字第三二六号冬代电，复请核备在案。兹据临泽县政府建（36）辰字第零二四三号齐代电略称“查本年分水日期，提前半月一案，经召集乡镇各渠经办水利负责人，开会商讨，查各渠开水闭水，按照实际需要，仍应保持旧章，以符例规。复查各渠开水期在立夏前三日，闭水期在芒种节前十日，确系农民灌溉民田实际需要之期，至安西县请提前分水一节，有碍灌溉，绝难通行”等情。理合电请钧府核备。
甘肃省第六区行政督察专员兼保安司令王维墉秘书丁振华代行叩二（36）辰梗印

甘肃省主席就电报提前分水有碍灌溉请备查事给第六区专署的电报

1947年6月10日　　甘38-1-123

建二巳字第3899号
令第六区行政督察专员公署：
本年五月二辰字第三八四号梗代电一件“特报提前分水，有碍灌溉等情，请核备”由。代电悉，准予备查此令。

第七区专员就办理临鼎高均水永久分水具体办法事给甘肃省主席的电报

1947年7月9日　　甘38-1-123

专二（36）午字第421号
兰州主席郭钧鉴：
本年六月二十七日，建水（36）巳字第四三四七号代电，奉悉，查临、鼎、高封闭渠口，妥拟永久分水具体办法一案，业经以专二巳东电请王专员规定日期、地点共策进行。除办理情形容后报请鉴核外，谨复。
甘肃省第七区行政督察专员兼保安司令刘亦常专二（36）午佳印

鼎新县长就到达高台县日期请备查事给甘肃省主席的电报

1947 年 5 月 28 日　　甘 38-1-123

鼎高均（36）辰字第一号
兰州甘肃省政府主席郭钧鉴：

职于本月巧日启程来高，办理本年均水事宜，业经电报在案。兹于本日到达高台，除会同本区专署刘视察、高台冯县长认真执行及随时具报外，谨先将到高日期电请备查。

署鼎新县县长张应麒叩鼎高均（36）辰養印
一九四七年五月二十二日

处理意见：

拟会民政厅准备查。

五月二十八日

就鼎新县长电报抵高日期以备查事给鼎新县长的电令

1947 年 6 月 11 日　　甘 38-1-123

民建二巳字第 3909 号
令鼎新县长张应麒：

本年五月二十二日鼎高均（36）辰字养代电一件"报达高台日期，请备查"由。代电悉，准予备查此令。

就临泽小新渠口情形及兴修涵洞已令三分队勘察事给河西总队的代电

1947 年 7 月 12 日　　甘 38-1-123

二（36）午字第 307 号
甘肃省政府公鉴：

建水（36）巳字第 4347 号建水巳感代电奉悉，除转饬第三分队派员查勘外，特复水利部甘肃河西水利工程总队。

二午齐印
一九四七年七月初八日

甘肃省政府就兴修临泽小新渠涵洞已派员查勘请查照事给甘肃省参议会及临泽县政府的咨议与代电

1947 年 7 月 22 日　　甘 38-1-123

建水（36）午字第 4901 号

案查前准贵会本年六月十一日议巳字第六四号，咨送第四次大会鲁参议员玲提建议，本府兴修临泽小新渠下闸旧沟涵洞一案。经电请甘肃河西水利工程总队办理去后，兹准该总队本年七月八日齐代电复“已转饬第三分队派员查勘矣”等由。除分电外，相应咨复，查照为存，此咨甘肃省参议会。

建水（36）午字第4901号

临泽县政府：

案查，兹据该府本年六月五日建（36）巳字第0294号微代电，报小新渠闭口情形，并请兴修该渠涵洞一案。经于本年六月二十七日，电请甘肃河西水利工程总队查勘办理去后，兹准该总队本年七月八日齐代电复“已转饬第三分队派员查勘矣”等由。特电仰径洽办理具报。

甘肃省政府建水（36）午养印

河西水利工程总队就迅建三清渠进水闸已转饬照办事给甘肃省政府的代电

1947年7月10日　　甘38-1-124

工（36）午字第304号

甘肃省政府公鉴：

建水（36）巳字第4303号建水巳寝代电敬悉，除转饬第三分队派员勘测设计，报凭核转外，特复。

水利部甘肃河西水利工程总队工午虞印

一九四七年七月初七日

处理意见：

照案转知。

七月十日

甘肃省主席就河西总队电复三清渠进水闸工程饬三分队勘测设计事给七区专署及临高鼎三县政府的训令

1947年7月23日　　甘38-1-124

建水（36）午字第4902号

令第七区行政督察专员公署 临泽、高台、鼎新县政府：

查阅于建修三清渠进水闸一案，经电甘肃河西水利工程总队办理去后，兹准本年七月七日电复“已转饬第三分队派员勘测设计，报凭核转”等由，合行令仰知照此令。

鼎新县参议会就恳请解决均水纠纷并依法惩治三清渠长事给甘肃省主席的代电

1947 年 6 月 20 日　　甘 38-1-124

鼎参秘（36）巳字第 198 号

甘肃省政府主席郭钧鉴：

案准本县农会理事长任增寿、张永寿、上西乡乡长胡生江、中兴乡乡长李蕙会衔呈请"本县地处边陲，位居黑河下游，土质纯含沙碱，向称瘠苦区域。本年播种夏禾，除立夏前浇压苗水外，入夏以来正值需水之时，上游张临高等县各渠将河水截堵干涸，点滴不容下流。全赖鼎、高两县芒种节前十日循例均水，借资灌溉，以裕民生而完国赋。查本年办理均水，应行封闭各渠口，均已按期封闭坚固。惟以高台县所开三清渠渠口广阔，吸收河水过多，爰照上年会同订定分水永久办法之规定，该渠在分水期间，距渠口三公里之退水闸应扯退闸板十二块，使水入河。孰意该渠负责人张汉儒等，事先聚集民众千余人，于政府退卸闸板时，竟敢藐视政府长官，以众力抵抗，吓声震天，并备死士七人以命相抵，不让扯退闸板。嗣经高台冯县长召集三清渠民众，剀切晓谕大义，并经召集双方代表开会之决定，始退卸闸板十块。讵料该渠负责人于退卸闸板之次日，复将扯退之闸板私行偷加于闸上，并捆树枝一大束，堵于闸之上面，使水退流甚缓，减少下游水量。似此情形，几经两次调查，确属实在。该渠民众心怀自私自利成见，不顾下游民众之利益，以致鼎、高两县均水大受影响，而高属正义五堡及本县双树屯渠农田尚可全数灌足，而下游大坝屯渠流域，农田仅灌十分之八，三处科地点滴未见。似此优秀之麦苗未得均水分润，实足可惜，旱象已成，收获绝望，民心惶恐万状。代表等服膺全县民众企望，只得沥陈前情，据实报请钧会电鉴，俯赐转呈各上峰，切实执行三清渠分水永久办法，并祈将该渠负责人张汉儒等，严予依法惩戒，以维水规，永绝纠纷，实感盼祷之至"等由。准此，查高属三清渠竟敢聚集多人，死命相抗，藐视政府法令，故违下游灌期，实准前由。除分别电请法办外，谨电转请钧府鉴核，依法惩办该渠负责人张汉儒等，以期澈底实现水规办法，并祈示遵至祷。

鼎新县参议议长郭正高、副议长顾永元叩（36）巳酉印

鼎新县参议会就电请准饬高台县在三清渠口速建筑进水闸以管制该渠流量并在均水期间扯退闸板十二块以绝分水纠纷事给甘肃省主席的代电

1947 年 7 月 7 日　　甘 38-1-124

鼎参秘（36）午字第 269 号

甘肃省政府主席郭钧鉴：

本会首届第七次大会秦参议员万山等，提建议政府转请上峰，令饬高台县在三清渠渠口速建筑进水闸，使该渠流量有所管制，并在均水期间，依照省府核定分水办法第四条之规定，该渠应扯退闸板十二块，以永绝水利纠纷一案。当经本会全体参议员一致主张并通

过纪录在卷外，谨电钧府鉴核采纳执行，以维水规而绝纠纷至祷。附原议案一份随文。

鼎新县参议会全体参议员同叩鼎参秘（36）午支印

鼎新县参议会首届第七次大会原议案

1947 年　　甘 38-1-124

案由：建议县府转请上峰，令饬高台县在三清渠渠口，速建筑进水闸，使该渠流量有所管制，并在均水期间，依照省府核定分水办法第四条之规定，该渠应扯退闸板十二块，以永绝分水纠纷案。

理由：查本县地处边陲，位居黑河下游，土质多含沙碱，向称瘠苦区域。每年所种夏禾，除立夏前首次浇水外（农人称之曰压苗水），入夏以来正值需水之时，上游张高临等县各渠将河水堵截干涸，点滴不容下流。全赖高、鼎两县芒种节前十日循例均水，借资灌溉，以裕民生而完国赋。惟查高台新辟三清渠一道吸收河水过半，影响下游各地均水非浅。迭经本会议员大会一致提及，并呈奉县府转上年十一月省府建水（36）戌字第六六九七号指令核示（一）（二）（三）条之办法，本县遵即照办。但本年办理均水，应行封闭各渠口均已按期封闭坚固，但水经该渠，又将上游封闭之水吸入渠内。爰照分水永久办法第四条之规定，该渠在分水期间距渠口三公里之退水闸应扯退闸板十二块，使水入河。孰意该渠负责人张汉儒等不遵，并且事先聚集民众千余人于政府执行退卸闸板时，竟敢藐视长官以众力抵抗，吓声震天，并备死士七人以命相抗，不让扯退闸板。嗣经高台冯县长召集三清渠民众剀切晓喻大义，并经召集双方代表开会之决定始退卸闸板十块，讵料该渠负责人于退卸闸板之次日，复将扯退之闸板私行偷加于闸上，并捆树枝一大束堵于闸之上面，使下流水量辄减过半。似此情形，几经两次调查，确属实在。该渠民众心怀自私自利成见，不顾下游民众之利益，以致鼎高均水大受影响，而高属正义五堡一带农田尚可灌足，而下游大坝渠一带农田仅灌溉十分之八，三处科地点滴未见。似此优秀之麦苗未得均水之滋润生长，实足可惜，旱灾已成，收获绝望，民心慌恐万状。推始原理纯由三清渠水无管制及少扯闸板问题，详情一再提议，非彻底实现不为功。

办法：用大会名义电请层峰彻底实现，并函请县府转请办理。

提案人　秦万山

连署人　顾永才　郭正高　郭正厚　杨殿元　杜凤安　李成义　刘文彬　马乾元

鼎新县长就本县参议会电请依法惩办高台县三清渠负责人张汉儒等以维水规事给甘肃省主席的电报

1947 年 7 月 17 日　　甘 38-1-124

鼎建（36）巳字第 621 号

兰州甘肃省政府主席郭钧鉴：

案准本县参议会鼎参秘（36）巳字第 198 号代电开“鼎新县政府张县长勋鉴案准本县

农会理事长任增寿、张永寿、上西乡乡长胡生江、中兴乡乡长李蕙会衔呈请‘本县地处边陲，位居黑河下游，土质纯含沙碱，向称瘠苦区域。本年播种夏禾，除立夏前浇压苗水外，入夏以来正值需水之时，上游张临高等县各渠将河水截堵干涸，点滴不容下流。全赖鼎、高两县芒种节前十日循例均水，借资灌溉，以裕民生而完国赋。查本年办理均水，应行封闭各渠口，均已按期封闭坚固。惟以高台县所开三清渠渠口广阔，吸收河水过多，爰照上年会同订定分水永久办法之规定，该渠在分水期间，距渠口三公里之退水闸应扯退闸板十二块，使水入河。孰意该渠负责人张汉儒等，事先聚集民众千余人，于政府退卸闸板时，竟敢藐视政府长官，以众力抵抗，吓声震天，并备死士七人以命相抵，不让扯退闸板。嗣经高台冯县长召集三清渠民众，剀切晓谕大义，并经召集双方代表开会之决定，始退卸闸板十块。讵料该渠负责人于退卸闸板之次日，复将扯退之闸板私行偷加于闸上，并捆树枝一大束，堵于闸之上面，使水退流甚缓，减少下游水量。似此情形，几经两次调查，确属实在。该渠民众心怀自私自利成见，不顾下游民众之利益，以致鼎、高两县均水大受影响，而高属正义五堡及本县双树屯渠农田尚可全数灌足，而下游大坝屯渠流域，农田仅灌十分之八，三处科地点滴未见。似此优秀之麦苗未得均水分润，实足可惜，旱象已成，收获绝望，民心惶恐万状。代表等服膺全县民众企望，只得沥陈前情，据实报请钧会电鉴，俯赐转呈各上峰，切实执行三清渠分水永久办法，并祈将该渠负责人张汉儒等，严予依法惩戒，以维水规，永绝纠纷，实为感盼之至’等由。准此查高属三清渠竟敢聚集千余人，死命相抗，藐视政府法令，故违下游灌期，实准前由。除分别电请法办外，特此电请贵府转请依法惩办该渠负责人张汉儒等，并将办理情形，见复为荷”等由。准此理合转请钧府电鉴，并乞转饬高台县政府从严惩办，以维水规为祷。

署鼎新县县长张应麒叩鼎建（36）巳感印

一九四七年六月二十七日

甘肃省政府就鼎新县参议会电为上游各县堵截河水事分别给七区专署及鼎新县参议会与政府的回复

1947 年 7 月 22 日　　甘 38-1-124

送达机关：七区专署 鼎新县参议会 鼎新县政府

建水（36）午字第 4903 号

酒泉刘专员：

据鼎新县参议会本年六月二十日代电称“案准本县农会云云，至请复”据该县政府六月二十七日感代电称“案准云云为祷”复据该县参议会七月四日支代电称“本会首届云云至祷”等情。除电复外，特电抄发原案仰即遵照，迭电于重拟三清渠永久分水办法时，并案办理报核。附抄原案一件。

省政府建水午梗印

鼎新县参议会：

本年六月二十日鼎参秘（36）巳字第一九八号酉代电及七月四日三六九号支代电附

件，均奉悉，除电酒泉刘专员于重拟三清渠永久分水办法时，并案办理外，特复。

省政府建水午梗印

建水（36）午字第4903号

鼎新县政府：

本年六月二十七日鼎建（36）巳字第六二一号感代电悉，除电酒泉刘专员于重拟三清渠永久分水办法时并案办理外，特复。

省政府建水午梗印

甘肃水利工程总队就高台柔远渠利号民众代表呈请勘查设计水利已令第三分队勘办事给甘肃省政府的代电

1947年7月28日　　甘38-1-124

工（36）午字第390号

甘肃省政府公鉴：

本年七月十四日建水（36）午字第4695号午寒代电暨图件，均敬悉。关于高台柔远渠利号民众，请求勘查设计水利一案，业经转饬第三分队就近办理矣，特复。

水利部甘肃西水利工程总队工午梗印

一九四七年七月二十三日

甘肃水利工程总队就呈请勘查设计水利已令第三分队勘办事给民众代表王泽清等的批示

1947年8月9日　　甘38-1-124

建水（36）午字第5782号

前据高台县柔远渠利号民众代表王泽清等“呈为水利发生故障，以致苦乐不均，恳请派员实地查勘设计匀允，以重水利”一案。经电甘肃河西水利工程总队转饬第三分队办理去后，兹准该队本年七月二十三日代电复“业经转饬第三分队就近办理矣”等由。令行牌示，仰该民等知照此示。

甘肃水利工程总队就筹建三清渠进水闸已转饬照办请查照事给甘肃省政府的代电

1947年7月30日　　甘38-1-124

工（36）午字第332号一九四七年七月二十五日

甘肃省政府公鉴：

本年七月十七日建水（36）午字第4782号午筱代电，嘱转饬第三分队筹建三清渠进水闸一案，业经转饬照办矣，特复。

水利部甘肃河西水利工程总队工午有印

就筹建三清渠进水闸已转饬照办事给七区专署及高鼎临三县的训令

1947 年 8 月 9 日　　甘 38-1-124

送达机关：七区专署 高台、鼎新、临泽县政府
训令　建水（36）午字第 5984 号
令第七区行政督察专员公署、高台、鼎新、临泽县政府：

前据该七区专署，转呈鼎新张县长，请饬早日筹建三清渠进水闸一案。经电甘肃河西水利工程总队转饬第三分队办理去后，兹准该队本年七月二十五日电复，“业经转饬照办矣”等由。合行令仰知照。此令。

就请饬速建进水闸并在均水期间依照规定扯退闸板以绝分水纠纷事给七区专署及鼎新县政府的训令

1947 年 8 月 9 日　　甘 38-1-124

建水（36）未字第 5986 号
令第七区行政督察专员兼保安司令公署：

据鼎新县政府本年七月十一日呈称“案准本县参议会云云示遵”等情，附呈原提案一份。除关于三清渠进水闸工程，已迭电河西水利工程总队转饬第三分队办理外，至均水问题。合行抄发原案，令仰遵照，于重拟永久分水办法时并案办理具报。此令。附抄发原案一件。

建水（36）未字第 5986 号
令鼎新县政府：

本年七月十一日鼎建（36）巳字第一二三号呈一件“呈饬该县参议会首届第七次大会秦参议员万山等提，建议政府令饬高台，在三清渠渠口速建进水闸，应在均水期间，扯退闸板十二块，以绝分水纠纷一案，请核示”由，呈件均悉。查三清渠进水闸工程，已迭电河西水利工程总队转饬第三分队办理在案，至均水问题，兹已令饬七区专署于重拟三清渠永久分水办法时并案办理矣。此令。

临泽县长就高台柔远渠民偷掘本县新工渠具体情形事给甘肃省政府的代电

1947 年 7 月 26 日　　甘 38-1-124

法字号 0456 号
甘肃省政府主席郭钧鉴：

案据本县蓼泉镇公所转呈“新工渠代表梁好善、曹正统、鲍法生、褚开国等呈控高台柔远渠民王爱天、王俊儒、权克让等率领渠夫十余人，于本年农历五月六日夜间，偷掘新工渠一案，察请究办”等情。当经令据警佐石鼎铭，会同党团澈查复称遵于三十日下午二

时，会同县党部书记长罗增华及青年团干事长李正品，前往该渠处详密查察。兹谨将所查情形，分陈如下：

（一）新工渠与小鲁渠堤相隔五丈有余，高台柔远渠偷掘新工渠之堤（即骆驼脖子）计深达三丈五尺，宽达五丈五尺，新工渠冲破堤沿二边，约有五十余丈之长，需工颇大。

（二）据新工渠民众口称，第一日需人工三百七十名，第二日需人工三百四十名，三四五日各需工三百名，计共需人夫一千六百一十名。尚未修筑之渠堤，及冲坏之渠沿约工一千余名，尚不在其内。

（三）共需麦草三百二十车，树枝六十余车，木料共一十二根（长一丈二，直径一尺），其他小木桩不计其数。

（四）新工渠被掘之水流入小鲁渠，经二华里，由小鲁渠水闸向西北直入高台柔远渠。

（五）据赵富善称，古五月初五日，有其子双锁儿在柔远渠看水窝铺附近牧羊，下午回家言说，发现三人在柔远渠窝铺内商议偷水事情。翌日晨，该新工渠骆驼脖子处被人偷挖。

（六）据查管延义系本年轮流负责看水渠之人，并有高台王爱天与管延义时常来往，此次偷挖新工渠水，似有嫌疑等情。复经函请高台县政府，代传权克让，并由本府票传王俊儒、宋上清、方玉、王有义、王大福等六人到案。日夜研究，以期合法解决，借慰新工渠数千民众殷殷之望。惟查柔远渠民虽系嫌疑重大，但本案发生夜间，又无见证，侦查明确自费时日。又以该渠被掘之处，居高临下地势险要。一经决裂，不易修复。自此次被掘之后，修而复开者计达三次，前后补修工资、材料等费约在二千万元以上。至农田因旱所受之损失，更难以数计，深感案情重大，且系两县水利纠纷。除审慎侦讯，俟结案后另察详报外，谨将本案发生情形先行电请鉴核备查。

临泽县长杨居敬建午“寝”印

处理意见：

此案业经高台柔远渠民王俊儒等迳呈到府，已电水利局主稿饬临泽杨县长秉公查处在案，此件拟交水利局。

八月四日

柔远渠民农户代表殷朝林等就临泽县府捕拿驻渠人员致使无人负责渠水请饬释放事给甘肃省主席的代电

1947 年 7 月 30 日　　甘 38-1-124

甘肃省政府主席郭钧鉴：

查本渠渠口在临泽县境平川一带，路遥六十余里，每年堵坝使水，驻渠看管遭受弊害，不胜枚举。惟于本年六月，临泽兴工渠被水冲毁后，因本渠首人王爱天访友渠口附近管延义家，突被该渠梁好善等拉去匪刑吊拷，并送交临泽县政府关押。代表等闻悉之下，以此事出无端，刑遭法外，业于六月二十九日呈请高台县政府，转函临泽县政府查办在案。旋由高台县府派警传唤本渠利号水利管渠权克让，及贞号管渠王郡儒，以准临泽县府公函。兴工渠梁好善等呈控本渠王爱天偷挖渠堤一案，前往临泽对质。当以王郡儒驻渠未归，业将权克让传交临泽县府，亦被管押。迄今管押甚久，而对本县人民，请求查办梁好善等私刑吊拷，制止无端肆虐，俾维水利一节，竟无效果。缘本渠上有临泽小鲁渠一道，再上为兴工渠。若本渠王爱天偷挖兴工渠水，中有小鲁渠阻隔且王爱天只身一人，手无寸具，是该梁好善捏造事实，更属显著。无如日前，临泽县政府复将驻渠办水管渠五人派警捕拿，笞楛交加，仍被管押。以致本渠办水无人负责，渠土登水不流，全渠夏禾既已旱完，秋田正在需水，又被扰害，势迫万急。谨特合报请钧鉴作主，俯准迅赐拯救，并饬临泽县府释放管渠，俾办水利，无任企祷。

高台县柔远渠农户代表殷朝林、杨发道、张万德、孙丕能等午養叩

就高台柔远渠民电报临泽县捕拿驻渠人员以致无人负责渠水请饬释放事给临泽县政府的训令及给高台渠民的批示

1947 年 8 月 13 日　　甘 38-1-124

送达机关：临泽县政府 高台柔远渠农民代表殷朝林等（高台县电转饬）

建水（36）未字第 5349 号

临泽杨县长：

法字第〇四五六号建午养代电悉，兹据高台县柔远渠农户代表殷朝林、杨发道、张万德、孙丕能等午养代电称“查本渠渠口云云，无任企祷”等情，除批示外，特电仰秉公查办，报核省政府。

建水未印

建水（36）未字第 5349 号

具呈人高台县柔远渠农户代表殷朝林等：

午养代电一件为“电报临泽县政府，将驻渠人员捕拿管押，以致无人负责，渠水不流，请饬释放”由，代电悉，已电临泽杨县长秉公查办报核矣。此批。

临泽县长秘书王万纪就查明新工渠被挖具体情形事给甘肃省主席的代电

1947 年 9 月 19 日　　甘 38-1-124

建（36）申字第 0569 号

甘肃省政府主席郭钧鉴：

建水（36）未字第五三四九号代电奉悉，查本县新工渠民，呈控高台柔远渠民偷挖渠堤一案，以事关水利要案，且系高临两县问题，自当审慎研讯，密切考究，以期明了真相，借资合理解决。因是多方考察，几经侦讯，始据该渠民人王爱天供称：“这案一切情形，权克让他知道，他给我说众人把事情闯下了，他们来也不来了，竟成我一个人的事了。”复据权克让称：“宋培思、传占义、宋上清、方雨、王有义、王大福是拿主意商量的

人，商量好后便分派人去挖的。”又称：“贞号（柔远渠共分元亨利贞四号）的众人传占义说，渠内现在水很小，大家到上河里找水去，当时我说哪里去，他说你跟上我们的夫去，我被逼着没有办法，就随着去了，我没有挖，是他们贞号的夫挖的。当时一同去的是王俊儒、宋上清的兄弟宋上孝（贞号）五个民夫，都是贞号的，还有元号的徐增伟（小差）、亨号的杨发祥（小差）。”是不惟将本案情形全盘托出，且已坦白承认，自己参加至王有义、王大福、宋上清、方雨、王俊儒等对于此案虽未明白供认，然均异口同声答以不知事，后亦未问闻。查本案未发生以前，柔远渠之水非常微小，为该被告等所承认，自新工渠被挖以后，其水流入小鲁渠，复由小鲁渠退水闸转入柔远渠以业已干涸之渠，平添他渠之水，凡属渠民，莫不喜出望外。察其所由，而小鲁渠之退水闸距柔远渠办水人员驻居之龙王庙近若咫尺，岂有不知之理。是彼等心中对于此事，早已明若观火，毫无疑义，即令不知，则本案发生后，该渠有切身利害关系，甚属显然，讵能视若等闲，不加问闻，是其讳莫如深之心理，昭然若揭。且有王爱天、权克让之供词，可以佐证，自不能任其空言狡展，脱卸责任。嗣据蓼泉镇公所转报新工渠，此次所受损失前后补修三次，共花费国币三千一百八十万元，再农受旱少收小麦五百余石，稻子八百余石，谷子九百五十余石等情到府，现此案真相业已大白，自应依法处理，以资结案。除会商本县水利委员会，并函高台县府加具处理意见，以谋合理合法解决外，谨将本案审理情形电报鉴核备查。

临泽县长杨居敬秘书王万纪代行法建（36）申齐印

甘肃省主席就临泽县政府电报查办新工渠被高台柔远渠民偷挖渠道事给临泽高台县政府的训令

1947年9月29日　　甘38-1-124

送达机关：临泽、高台县政府

指令水（36）申字第29号

令临泽县政府：

建（36）申字第零五六九号齐代电一件电复“查办该县新工渠，被高台柔远渠民偷挖渠堤一案情形，请鉴核备查”由，代电悉。准予备查。兹仰依法办理报查。此令。

训令水（36）申字第29号

令高台县政府：

前据该县柔远渠民殷朝林等代电称，临泽县政府捕拿驻渠人员，以致无人负责，渠水不流，请转饬释放。兹据临泽县政府代电呈报“高台柔远渠民偷掘该县新工渠传讯情形”等情，经电饬临泽杨县长秉公查办，报核去后，兹据本年九月八日齐代电称“查本县新工渠云云鉴核备查”等情。除指令准予备查，兹饬依法办理报查外，令行令仰知照。兹转饬柔远渠民等知照。此令。

处理意见：

查六七区专员现均赴南京开会，拟俟返任过兰时面洽。此件拟转存。

九月十日

第七区专员就三清渠扯退闸板仍照分水办法严格执行及重拟永久分水办法应俟退水闸建成后再行拟定事给甘肃省主席的代电

1947 年 8 月 26 日　　甘 38-1-124

专二（36）未字第 59 号

甘肃省主席郭钧鉴：

建水（36）未字第五二八六号训令尾开“关于三清渠进水闸二程，已迭电河西水利工程总队，转饬第三分队办理外，至均水问题，合行抄发原案，令仰遵照于重拟永久分水办法时，并案办理具报”等因。奉此自应遵办，惟查原提案建议，不第在三清渠渠口，速建筑进水闸，使该渠流量有所管制，只在均水期间，依照钧府核定分水办法第四条之规定，该渠在建闸未完成前，分水期间距渠口三公里之退水闸，应扯退闸板十二块，使水一部退入黑河，以永绝分水纠纷，盖以该渠负责人张汉儒不遵上项规定，于政府执行退卸闸板十块后，复于次日将扯退之闸板私行偷加于闸上，并捆树枝一大束堵于闸之上面，使下流水量减半，以致大坝渠一带农田仅灌溉十分之八，三处科地点滴未见，酿成旱灾。提请层峰彻底实现。似此情形，该三清渠负责人殊有未合，而鼎新县参议员提请彻底实现，不无理由。自应严格执行，以肃法令。至重拟永久分水办法，应在进水闸建成后方可进行，所拟是否有当，理合电请鉴核示遵为祷。

甘肃省第七区行政督察专员兼保安司令王维墉叩专二（36）未寝印

一九四七年八月二十六日

甘肃省政府就三清渠扯退闸板仍照分水办法严格执行情形及尽快重拟永久分水办法事给第七区专署的代电

1947 年 10 月 17 日　　甘 38-1-124

水三（36）辰字第 77 号

酒泉王专员：

专二（36）未字第五九号寝代电悉，查该区刘前专员呈赍议定高台县新开三清渠芒种节前十日，与正义五堡及鼎新毛、双二屯分水永久办法八条，经核可行，已指令准予试办。旋据临泽县政府呈据，该县小新渠民众呈以小新渠向未封口，且以议定该项办法时，该县并未参加为事情免封口。即该员前在六区专员位时，亦曾电称小新渠口二百年未曾封闭，自与三清渠合用时，亦未闭口。三清渠既不封口，小新渠实无封口理由等语。且三清渠亦因拆除闸板，多有争执，本府为预期下年分水顺利起见，经于本年五月十九日以建二辰感电，饬该区专员公署召集有关人等，重拟具体办法，并迭经令电，催办在案。兹核来电，谨论三清渠未遵办法退卸闸板为不合，应严格执行，而未顾及小新渠口封闭问题，且称重拟永久分水办法，应在进水闸建成后，方克进行等语，殊与实不合，特再明白指示如后：

（一）三清渠渠口修建水闸，察据报，现在黑河河身仍在忽南忽北，不甚稳定之际，进水闸尚无修建必要。

（二）三清渠新修浚水量甚足，灌溉该渠一切农田而有余，故高鼎分水时退卸闸板十二块甚属合理，该渠民众无谓争执，殊属自私自利心太重，应予剀切晓谕，俾使就范。

（三）小新渠与三清渠合口时，所以不加封闭者，原为三清渠灌溉田亩甚多，且距渠口远在百里以外，若再封闭十天，必致影响灌溉。而小新渠于三清渠退出以后，仍用原来渠口，灌溉面积仅有二千余亩，且距渠口甚近，黑河发水随时即可灌足。若于高鼎分水期间，仍任开口畅流，非但浪费，实是影响下游灌溉，亟应晓以大义，却除无谓争执。

基上四点，仍仰遵照。迭令趁兹农隙之际，召集有关人士妥议永久分水办法，呈候核定实施，以免明年分水时，再有争执为要。

省政府水辰筱印

临泽县长杨居敬就惩办柔远渠民偷挖新工渠事给甘肃省主席的代电

1947 年 12 月 26 日　　甘 38－1－124

法建（36）亥字第 0750 号

兰州省政府主席郭钧鉴：

查本县新工渠民呈控高台柔远渠偷挖渠坝一案，业经侦讯明确，本应依法处理，以儆效尤，惟高台地方人士共推该县青年团书记王如九、农会理事长刘定国前来本县从事调解。本府为保持高、临两县友谊起见，于本月二十日调处决定，高台柔远渠赔偿新工渠补修渠堤费四千八百万元，并限于本月二十七日全数交清，以资结案。兹抄呈会议纪录一份，理合电请鉴核备查。附呈会议纪录一份随文。

临泽县县长杨居敬法建（36）

处理意见：

拟准备查。

一九四八年元月七日

甘肃省主席就电报新工渠民呈控高台柔远渠偷挖渠坝调解情形以备查事给临泽县政府的指令

1948 年 1 月 14 日　　甘 38－1－124

水三（37）子字第 1260 号

令临泽县政府：

三十六年十二月二十六日法建（36）亥字第○七五○号寝代电一件“为电报新工渠民，呈控高台柔远渠偷挖渠坝一案，调解情形，请鉴核备查”由。代电暨附件均悉，准予备查。此令。

鼎新县参议会就提前严饬三清渠速建进水闸以节水流及小新渠照例封闭渠口而利下游灌溉事给甘肃省主席的代电

1948 年 1 月 29 日　　甘 38-1-124

鼎参秘（37）子字第 47 号

兰州甘肃省政府主席郭钧鉴：

查黑河上游张临高各县渠口，每年于芒种节前十日照例封闭，以备下游高属上下五堡正义及鼎属毛、双二屯之灌溉，相沿已有二百余年之定案。近如高属三清渠之建设，临属小新渠之创修，足使下游水分影响良深。前经本县再回呈请上峰，准予照例封闭各在案。始于民国三十四年秋季，由第七区专署及有关县长、地方人士在高台订定分水永久办法八条，又经钧府核准，饬遵在案，以俾上下游人民之遵循。但去年均水期间，临泽小新渠仅闭五天，高属三清渠之人民不但仅撤去闸板十块，而该渠人民代表张汉儒等竟聚众相抗，不遵核定之办法。况该渠渠口过大，吸收河水过半，即该渠上游封闭之水，反由该渠吸去。进水量无法管制，而下游人民于均水，有何裨益？况水利关系社会治安，人心稳否，不无有因。揣想，该渠建修渠道原为管制水流，殊意该渠修成后，不但打破数百年之成例，且拖延不修进水闸，又不遵守新订水规办法，而下游人民又焉能轻易放弃成例？是问三清渠之人民政府加以保护，设法调整水利，而下游高属上下五堡正义及鼎属毛双二屯之人民置诸何地？去年均水，时过境迁，至本年均水期间，若仍蹈前辙，则今后之水利何堪设想？理合电请钧府鉴核，准予提前严饬高台县属三清渠速予建修进水闸，以节水流，并实现分水永久办法，及饬临泽小新渠在均水期间照例封闭渠口，以维水规，而利下游人民之灌溉为祷。

鼎新县参议会议长胡生儒　副议长仲系真叩鼎参秘（37）子言印

甘肃省政府就请速建三清渠进水闸及封闭小新渠口事给第七区专署与鼎新县政府的代电

1948 年 2 月 28 日　　甘 38-1-124

送达机关：七区专署 鼎新县府

水三（37）丑字第 1518 号

酒泉王专员：

据鼎新县参议会本年元月二十九日代电称“查黑河上游云云为祷”等因，查此案前据该署三十六年八月二十六日专二（36）未字第五九号寝代电“请于三清渠进水闸建成后，再拟永久分水办法”等情，经于三十六年一月十七日以水三（36）辰字第七七号筱代电，饬仍遵迭令，召集有关人士，妥议永久分水办法，呈候核定实施，以免本年分水时，再有争执在案。兹据前情，仰速妥议呈核，勿延为要。

省政府水三丑俭印

水三（37）丑字第1518号

鼎新县政府：

据该县参议会本年元月二十九日代电称“请提前严饬高台速建三清渠进水闸，并实现新订分水办法，及临泽小新渠照例封闭渠口，以维水规，而利下游灌溉”等情。查此案，本府未免除本年分水时争执起见，经迭电七区专署，召集有关人士令行妥议永久办法，呈报核定执行在案。兹据前情，除电催酒泉王专员迅速妥议呈核外，仰转知该会。

省政府水三丑俭印

鼎新县长就请省府严饬高台县三清渠速建进水闸以节水流及饬临泽小新渠封闭渠口以维水规而利民生事给甘肃省主席的呈文

1948年3月6日　　甘38-1-124

鼎建（37）丑字第20号一九四八年二月二十二日

案准本县参议会鼎参秘（37）子字第三五号咨开“查本会第二届第二次大会郭参议员正厚等提，建议政府转请省府，严饬高台县属三清渠，速予建修进水闸以节水流，并实现分水永久办法，及饬临泽小新渠在均水期间，照例封闭渠口，以维水规而利民生案，当经提交大会郑重审查讨论决议，照原案通过，纪录在案外，相应抄附原提案一份，一并咨请贵府查照采纳执行，并希见复为荷”等由，附提案一份。准此，除咨复并分呈外，理合抄附原提案一份，随文转请钧府鉴核示遵。谨呈甘肃省政府主席郭。附抄呈原提案一份。

代理鼎新县县长陈世光

处理意见：

再催七区王专员速办并转饬临泽。

三月六日

鼎新县参议会第二届第二次大会提案

1948年　　甘38-1-124

提字第1号

案由：建议政府转请省府，严饬高台县属三清渠，速予建修进水闸，以节水流，并实现分水永久办法。及饬临泽小新渠，在均水期间，照例封闭渠口，以维水规，而利民生案。

理由：查照黑河上游张、临、高各县渠口每年于芒种节前十日照例封闭，以备下游高属上下五堡、正义及鼎属毛、双二屯之灌溉，相沿已有二百余年之定案。近如高属三清渠之建设，临属小新渠之创修，足使下游水分影响良深。经本县再四呈请上峰，准予照例封闭各在案。始于民国三十四年秋季，由七区专署及有关县长及地方人士，在高台订定分水之办法八条，又经省府核准，饬遵在案，以保上下游人民之遵循。但去年均水期间，临泽小清渠仅闭五天，高属三清渠之民众不但仅撤去闸板十块，而该渠人民代表张汉儒等竟聚众相抗，不遵规定之办法。况该渠渠口过大，吸收河水过半，即该渠上游封闭水分，尽由该渠吸去，进水量无法管制，下游人民于均水有何裨益？况水利关系社会治安，人心稳定否，不无有因。揣想该渠建修渠道，原为管制水流殊意，该渠修成后，不但打破数百年之成例，且拖延不修进水闸，不遵守新定水规办法，而下游人民又焉能轻易放弃成例。是问三清渠之人民政府加以保护，设法调整水利，而下游高属上下、正义五堡及鼎属毛、双二屯之人民置诸何地？去年均水时过境，达至本年均水期间，务请政府严饬临属小新渠照例封闭渠口，高属三清渠要遵照订定分水办法，且速饬建修进水闸，以管制水量，而利下游人民之灌溉。

办法：

1. 以大会名义咨请县政府，转呈省府及专署严饬高、临两县分别遵办。

2. 并以本会名义电请省府及专署严饬遵办。

提案人　郭正高、郭正厚、胡生儒、仲希莫、陈尧礼、张永寿、丁继志

审查意见：

照原案，交大会讨论。

处理意见：

一致通过。

鼎新县政府就请速建三清渠进水闸妥拟永久分水办法及封闭小新渠口事给第七区专署及鼎新县政府的电令

1948 年 3 月 13 日　　甘 38-1-124

水三（37）寅字第 1625 号

第七区行政督察专员公署王专员：

据鼎新县政府本年二月二十三日呈称“案准本县参议会云云示遵”等情，查此案前据该县参议会电请前情，经于本年二月二十八日以水三（37）丑字第一五一八号俭代电，饬遵迭令召集有关人士，妥拟永久分水办法，呈候核定实施，以免本年分水时，再有争执在案。兹据前情，除指令外，特电抄附原案电仰速办，兹应邀约临泽有关人士参加。附抄原案一件。

省政府水三寅元印

水三（37）寅字第 1625 号

令鼎新县政府：

本年二月二十二日鼎三建（37）丑字第二〇号呈一件“为准参议会咨请，严饬高台速建三清渠进水闸，实现永久分水办法，应封闭小新渠口一案，请核示”由。呈件均悉。已电七区王专员速召集有关人士妥拟矣。此令。

甘肃省政府就速将张临高鼎永久分水办法商妥报核事给酒泉王专员的电报

1948年4月2日　　甘38-1-124

酒泉王专员：

张、临、高、鼎瞬届分水，仰速遵迭令，将三清、小新渠渠口永久分水办法商妥报核。

省政府水寅世印

第七区专员就奉电饬妥议永久分水办法具体详情并请示如何办理事给甘肃省政府的代电

1948年4月8日　　甘38-1-124

二水（37）卯字第830号

甘肃省政府：

（一）水寅世电奉悉。

（二）查此案前奉水（36）酉字第77号筱代电，遵转饬本署视察翟振翩，前往三清渠及小新渠分水地点，详为勘查，并考察以前分水确情，与分水后水量多寡有无妨碍，各方农田具报凭夺后，再行召集有关人士妥议永久分水办法。兹据该员报称“奉钧署三十七年三月十一日二水（37）寅字第五六六号训令，饬往高、临、鼎三县督办妥议永久分水办法，会报核转”等因。旋奉论亲往三清渠、小新渠详为勘查，再行召集妥议永久分水办法，遵即前往三清渠、小新渠实际勘查。黑河河流忽南忽北，向无定所，临高各渠灌溉之水量多少未有限刻，渠口大小亦无规定。系以人力之多寡为水量之增减，有人力者挖渠深而宽，筑坝长而高，因之容纳水量充沛，否则水量细微。小新渠口高、水位低与三清渠未分口时，全赖三清渠人力挖渠筑坝，三清渠能否全部灌溉，而小新渠灌溉不虑匮乏。自三清渠分口后，小新渠限于人力，渠坝无力挖筑，虽则仍用原来渠口，水流无法大量引渡，水量细微，仅占过去原渠口水量十分之二（经去年测量，小新渠与三清渠原渠口宽九点五公尺，深一公尺；现小新渠渠口宽一点八公尺，深零点五公尺）三清渠新渠修成，容纳水量较大。虽则在芒种节前十日退除闸板二分之一，据临泽人士称，其水量仍不减于合口时之水量。而三清渠退出后，小新渠即受影响。去年主张封闭十日，该区民众因水小坚持不闭，用力死争。经临泽杨县长一再晓谕，实行封闭五日。今封闭十日遵照令示办理，抑依据去年封闭五日之办法办理，或择定时间、地点召集有关县长及人士，并电请六区专署派员妥议永久分水办法，如何之处可否，呈请省府核示，理合将实际勘查情形，报请钧座鉴核，查所称各节不无理由，究应如何办理之处，未敢擅专。请鉴核示遵。

甘肃省第七区行政督察专员兼保安司令王维墉

处理意见：

拟饬仍遵前令办理，并速召集有关县长及人士妥议永久分水办法，并合六区专署派员会商保准。

四月十五日

甘肃省政府就三清渠等永久分水办法查报情形及妥议免生纠纷事给七区及六区专员的代电

1948 年 4 月 18 日　　甘 38-1-124

水三（37）卯字第 1919 号

七区专署王专员：

（一）本年四月八日二水（37）卯字第八三〇号代电悉。

（二）仰仍遵照迭令，速即召集有关县长及人士，妥拟永久分水办法，以免本年芒种节前十日（即五月二十七日）分水时，再生纠纷，否则该专员万全负责。

（三）本案并分电六区张专员派员会商。

水三（37）卯字第 1919 号

六区专署张专员：

（一）张掖、临泽、高台、鼎新，本年芒种节前十日分水期瞬届。

（二）已电七区王专员速即召集有关县长及人士，妥议永久分水办法，以免本年分水时，再有纠纷。

（三）仰准呈参加会商。

鼎新县长就均水期近请电饬高台等县事前制止沿途民众掘渠灌湖事给甘肃省主席的电报

1948 年 4 月 16 日　　甘 38-1-124

鼎三建（37）卯字第 441 号

甘肃省政府主席郭：

（一）查本县历年于芒种节前十日，由县长奉令带领民夫亲往高张临等县，会同各该县县长，循例分水灌溉高鼎农田，早已垂为铁案。兹查此案关系本县民生极为需要，去岁并由七区专署派员会同办理，更显郑重。惟过去每在均水期内，各该县沿途民众偷掘渠口，灌泡草湖，习以为常，屡因此事发生纠纷，以致本县农产灌溉不足，大受影响。本年均水期近，自应仍照成案办理。

（二）恭请钧鉴，并恳于本年均水以前，分别电饬高台、张掖、临泽等县县长，届时严令沿途民众坚闭渠口，毋再偷泡草湖，减少下游水量，俾我边远小县普沾水利。

代理鼎新县县长陈世光

处理意见：

拟分□电高张临等县严禁窃水并电王专员事前务将三清、小新二渠问题解决。

四月二十六日

临时并妥办督导，勿使再生纠纷。

四月二十六日

甘肃省政府就鼎新县政府请制止沿途民众窃水泡湖事给张高临鼎四县政府及七区专署的代电

1948年4月27日　　甘38-1-124

水三（37）卯字第2011号

张掖杨县长、高台冯县长、临泽杨县长：

（一）据鼎新县政府本年四月十六日呈称："查本县云云普沾水利"。

（二）仰严禁沿途民众窃水泡湖，小新二渠永久分水办法已迭电七区王专员，召集有关县长、地方人士妥议呈虞核定实行，并仰秉承王专员悉，妥为商议。

（三）本案已分电王专员、高台、临泽、张掖县政府及电复鼎新县政府。

水三（37）卯字第2011号

七区专署王专员：

（一）据鼎新县政府本年四月十六日呈核"查本县云云普沾水利"。

（二）已分电张掖、高台、临泽等县政府严禁沿途民众，窃水泡湖。

（三）关于三清、小新二渠永久分水办法，仰仍遵速电迅速妥办，至妥为督导，勿使再生纠纷。

（四）本案已电复鼎新县政府。

水三（37）卯字第2011号

鼎新县陈县长：

（一）本年四月十六日鼎三建（37）卯字第四四一号呈悉。

（二）已分电张掖、高台、临泽县政府严禁沿途民众，窃水泡湖，并电七区王专员妥为三十日导矣。

（三）关于三清、小新二渠永久分水办法，并迭电七区王专员召集有关县长、地方人士妥议，仰秉承办理。

鼎新县长陈世光就请严电高台县在分水期间撤除闸板事给甘肃省主席的电报

1948年4月29日　　甘38-1-124

兰州省政府郭：

密查本县与高台均水期近，请严电高台县府，切实遵照成案，在分水期间，将距渠口三公里之退水闸，设置闸板撤除二分之一，使渠水一部分退入黑河，以维水规，而救鼎民。

陈世光卯有印

鼎新县长就请严饬高台县遵照拟定分水办法在本年均水期间切实执行以维水规事给甘肃省主席的代电

1948 年 4 月 23 日　　甘 38-1-124

鼎三建（37）卯字第 435 号

甘肃省政府主席郭：

查本县与高台县芒种节前十日均水要案，曾于前年度会同拟定三清渠永久分水办法，经呈“奉钧府指令，准照历次开会商谈结果办理”等因。兹查原办法第四条内载“分水期间暂将距渠口三公里之退水闸设计闸板撤除二分之一（计三层十二块），使渠水一部退入黑河”等语，仍应遵照认真办理。现因距芒种节近，惟恐临时发生意外，难期顺利实行。谨请钧府鉴核，并恳俯赐严电高台县政府在均水期间执行，督饬三清渠人民切实遵照，以维水规。

代理鼎新县县长陈世光

处理意见：

准并令七区专员。

五月五日

鼎新县长就请令饬临泽县政府督饬小新渠农民本年封闭渠口十日以维黑河下游灌溉事给甘肃省主席的电报

1948 年 4 月 24 日　　甘 38-1-124

鼎三建（37）卯字第 519 号

甘肃省政府主席郭：

查高台三清渠，原系借用临泽小新渠口拓辟渠道，合流灌溉。前年三清渠另开渠口一道，而小新渠灌溉面积仅有两千余亩，现仍沿用过去灌溉二万亩之渠道使水，实属虚耗水分，影响下游各渠之田亩灌溉。兹当本年芒种节前均水期间，循例封闭渠口十日，以资下游各地农田灌溉，普沾水利等情。复查临泽小新渠向未封闭渠口，确与三清渠合流之关系。现三清渠既已分流使水，本年自应依照钧府明令核准之高台县新开三清渠，芒种节前十日与正义五堡暨鼎新毛、双二屯分水永久办法第七条之规定，届期予以封闭，以免临时发生纠纷。案关黑河下游均水要政，应即谨请钧府，转饬临泽县政府，届时负责执行，以维水规而重民生。

代理鼎新县县长陈世光

处理意见：

秉承王专员指示。

临泽县长就电请本年三县均水时期保持小新渠不闭口事给甘肃省主席的代电

1948年5月5日　　甘38-1-124

建（37）卯字第0262号

兰州主席郭钧鉴：

案据本县小新渠民众代表马宗位等十五人，四月十三日呈称“呈为保持成例，以维民生，仰乞鉴核，俯准据情转呈”事。查小新渠开自逊清初业，迄今二百余年。每岁高、鼎均水之时，临泽三十六渠中，惟小新渠不闭渠口，相沿至今，垂为铁例，实为高、临、鼎三县人民所周知。细考小新渠不闭渠口之原因，即因渠道甚小，水量颇微，不影响于下游之灌溉，且土地纯属沙壤，不耐受旱，五日无水则苗槁枯，十日无水则无收成之望。职是之故，即于开渠初年，不闭渠口，有案。嗣后高台创修三清渠，以无适当渠口加入本渠后，水量加大，当时即被鼎新民众呈请上峰转饬封闭渠口，小新渠仍以上述理由呈准不闭，是三清渠之不闭渠口者，乃受本渠之惠，实非其固有之例。迨至三十四年三清渠分口以后，该渠渠口过大，几将黑河之水吸收过半，此渠之闭与不闭，影响于下流均水者实大，每年分水之时，高、鼎两县人民所斤斤较量者，即在于此。反观本渠自与三清渠分离后，虽用两渠合用之口，惟因人力薄弱，无法疏浚淤沙，任使渠水自流，且三清渠穿越本渠之处，由水利工程处按照过去水量，搭一木槽，宽仅二尺八寸，高只二尺二寸（均悉市尺），此槽迄未改修。如水量稍一加大，则无法容纳，此为一。极明显之事实，即令开口畅流，何能浪费水量？再六区前专员王去岁视察本县，使派员勘测两渠水深及宽度，得知小新渠与三清渠合用一渠口时，渠宽九公尺五公寸，深度一公尺。自三十四年三清渠另开渠口后，小新渠渠宽仅一公尺八公寸，水深五公寸，而三清渠另辟之渠口宽为一十五公尺，深为一公尺五公寸，反较与小新渠合用之渠口为大，此为勘测所得之事实，并非杜撰之谣言。如不及早修建进水闸，以节水量，则闭与不闭相等，彰彰明甚。去年分水时，三清渠曾拆除闸板十块，而水量如故，即为明证。盖以三清渠人力之众，渠口之上，随时可以加工，去五来五，是今日之闭口与曩昔之不闭，毫无二致，何所损于三清渠？而小新渠之水较之过去并未加大，反遭闭口而置民生于不顾，失平之事，孰甚于此。况省府前已体恤本渠民众艰苦，已以建二水（35）午字第三四九二号指令“在河西水利工程，整个整理工程未完成以前，所有水利规章务须照旧办理，不准稍有更张，以免发生纠纷”等因，政府既有命令，理应遵照办理，何以本县水利计划尚未着手，一切事实均未变更之际，而遽更张小新渠二百余年不闭口之规章。命令之矛盾，前后如是之巨，民等殊难甘服，同时更为保持二百余年之成例，以为民生之保障，誓必全力以争，恳祈转呈省府详察两渠实际水量之大小，而定封闭与否之标准，幸勿以空洞之理想，而遽强制其执行，则民等不胜感戴之至。谨呈等情，并经提交本县水利委员会商讨，结果咸认该渠民众所称各节确属实情，在本年高、鼎、临三县均水时期，应即保持小新渠不闭渠口成例，以利民生。理合电报鉴核示遵。

临泽县长杨居敬建（37）卯回印

一九四八年四月二十四日

处理意见：

并案。

五月五日

甘肃省政府就电饬三清小新两渠本年芒种节前分水仍照往年成案督导妥办事分别给张高鼎临四县及第七区王专员的代电

1948 年 5 月 7 日　　甘 38-1-124

水三（37）辰字第 2083 号

七区专署王专员：

（一）据鼎新县政府四月二十三日、二十四日代电为一件及卯沁电，请严饬高台县政府，遵照拟定三清渠分水办法在案。本年均水期间，切实执行，以维水规，应请令饬临泽县政府，督饬小新渠农民，本年遵照定案，封闭渠口十日，以维黑河下游灌溉。

（二）复据临泽县政府四月二十四日代电，据小新渠民众代表马宗位等，呈请本年高、鼎、临三县均水时期，系转小新渠不闭口成例，以利民生。

（三）查此案已于本年四月二十七日以水三（37）卯字第二零二号代电，饬该专员对于三清渠及小新渠永久分水办法，仍遵迭电迅速妥办临时，并妥为督导，勿使再生纠纷在案。

（四）除再分电张掖、高台、临泽、鼎新等县长本年均水，仍照往年成案，秉承该专员指示办理外，仰仍遵照督导，妥办具报。

代电水三（37）辰字第 2083 号

张掖县杨县长、高台县冯县长：

（一）查本年三清渠及小新渠芒种节前十日均水期已近。

（二）仰遵照本年四月二十七日水三（37）卯字第二〇一一号代电严禁沿途民众窃水泡湖，并秉承七区王专员指示办理。

水三（37）辰字第 2083 号

鼎新县陈县长：

（一）本年四月二十三日鼎三建（37）卯字第四九五号、二十四日五一九号两代电暨三建卯沁、卯有两电均悉。

（二）已电七区王专员，仍照往年成案，督导妥办矣。

（三）仰秉承王专员指示办理。

（四）本案并分电张掖、高台、临泽等县政府。

水三（37）辰字第 2083 号

临泽县杨县长：

（一）本年四月二十四日建（37）卯字第二六二号回代电悉。

（二）已电七区王专员，仍照往年成案，督导妥办。

（三）仰秉承王专员指示办理。

（四）本案已分电张掖、高台、鼎新等县政府。

鼎新县长就均水期近请示处理办法事给甘肃省主席的电报

1948 年 5 月 1 日　　甘 38-1-124

兰州主席郭：

密。本年高、鼎两县均水事宜，关系綦重，自应仍照去年成案，由钧府电饬专署派员会同办理，以昭郑重。现因距芒种渐近，伏乞提前详示一切，俾资准备为祷。

陈世光鼎三建卯沁印

处理意见：

□□□速□联办。

签字：寄峤

五月一日

第七区专员就依照成案办理三县均水事给甘肃水利局长的急电

1948 年　　甘 38-1-124

酒泉黄局长：

□□弟于辰删抵高台，适□七区专署视察，及临、高、鼎三县县长在县商讨小新渠均水办法。据临泽县县长面称“奉省令，遵照往年成案及王专员指示办理”去年小新封闭五日，系由临泽县政府派警强制执行。今奉令遵照经年成案办理，临、鼎二县各有借□坚悉争执，弟拟据去年封闭五日问题□解决，以免临时□□事。可否？请速电复。

弟王维墉辰巧

甘肃省主席关于□给酒泉王专员的专电

1948 年 5 月 19 日　　甘 38-1-124

酒泉王专员：

涵青兄辰巧电敬悉，密请兄全权妥办，弟无成见。

寄峤辰帮

高台县三清渠民众代表张汉儒等就被设阱陷害侵夺水利并希冀改善均水方法事给甘肃省主席的呈文

1948 年 5 月 7 日　　甘 38-1-124

水字第 3507 号

呈为设阱陷害、侵夺水利，恳祈钧座电鉴作主，俯准勘查敝渠实际情形，改善芒种节前均水办法，以免渠民枉遭灾害，俾维生活事：

缘三清渠灌溉田亩三万八千三百余市亩（系测量后人民领获权状之数），全面接近山麓，地势高昂，且以渠口位于临泽县城以东，线长百余华里。自清雍正年间开闸以来，每年芒种节前，鼎、高均水时，敝渠故不闭口分水。惟于三十四年呈准开辟新线之后，因敝渠灌溉面积过多，各使水单位均水，感轮水期间不敷灌溉（原曰设计渠道时，因各种自然阻塞，系按二万三千亩面积开挖），无如鼎新人民纠合本县下游正义五堡，捏造事理，呈请省府勒令本渠于芒种节前，闭口分水。旋由钧座派员来县，会同鼎、高县长及各机关首长，开会商讨，议定均水办法。比因七区专署刘视察□专重偏面理由，不顾本渠实际，而下游鼎新人士信口雌黄，既曰敝渠变成泽国，浸毁交通行车，牲畜溺毙若干，又曰渠口大于黑河数倍，如不封闭渠口，黑河下游滴水不能通流，等等事理相反之要求。刘视察从未加以纠正，代表等观察与会情形，此案难获平等解决，逐即退避其锋。迨至上年芒种节前均水时，代表等始悉本渠已定均水办法（即于均水期间拆除退水闸板一十二块），代表等以本渠新线，系蒙钧府主持开挖，对于闭口分水，自应静候政府裁处。但对均水时，依照该项不平等办法之规定，拆除退水闸板一十二块，则渠水流量纯归黑河，涵洞内滴水不流。当经冯县长同众声□，按照办法减除两（即拆除十块）。讵料均水之后，下游鼎新人民幸灾乐祸，造谣起端，随即控报代表等拥众千余武力拒抗，又报敝渠水利人员偷掩闸板一块，□乃以鼎新张县长□从是非，转咨惩办。及至高、鼎两县政府派员会查，结果维事属子虚，但因迭被陷害，黑白难分，致将代表等蒙陷口线，苦不堪言。尤其拆板均水之后，敝渠下游南岔上下成信各号，夏禾大部遭受旱灾，以致人民十室九空，颠怜无告。兹以芒节快□，大祸将临，代表等深恐前辙复踏，枉遭灾害。除分陈外，谨特呈恳钧座大施仁慈，开一万人之生路，伏乞明察实际，改善水利，借免渠民农田受旱，失依流离，务祈恳准，则代表等幸甚，万民幸甚。谨呈甘肃省政府主席郭。

高台县三清渠民众代表　张汉儒（印章）　鲍鸿章（印章）
罗春云（印章）　苗万新（印章）
吴克新（手印）　许企德（手印）
夏建福（手印）　王三重（手印）
王锦新（印章）　张登国（印章）
王虎臣（手印）　盛尚德（印章）
方志元（印章）　王福安（印章）
张富国（印章）　孟开元（手印）
王维杰（印章）　张成玉（印章）
郭复业（印章）　谢政明（印章）
白成本（手印）　吴开文（手印）
李生隆（印章）　郭万新（手印）
党福文（印章）　王国汉（印章）
刘德新（手印）　薛发善（手印）

一九四八年四月

处理意见：

拟批：仍应恪遵定案□□故违□咎，并令王专员、冯县长严督妥办。

五月七日

准。

五月七日

就三清渠民呈请改善芒种节前均水办法及遵照定案办理勿要违背事给高台县政府与民众代表张汉儒及第七区专署的代电

1948 年 5 月 15 日　　甘 38-1-124

水三（37）辰字第 2133 号

高台县三清渠民众代表张汉儒等：

（一）本年四月□日呈悉。

（二）查该渠本年均水已电七区王专员，仍照定案监督执行。

（三）仰恪遵王专员指示办理，勿使故违干咎。

水三（37）辰字第 2133 号

七区专署王专员、高台县冯县长：

（一）据高台该县三清渠民众代表张汉儒等呈报改善芒种节前均水办法，以免枉遭灾害。

（二）已批示恪遵定案办理，勿使故违干咎。

（三）抄发原呈，仰遵照迭电，秉承王专员指示，严督妥办报查。

（四）本案已分电高台县冯县长、七区王专员。

临泽县长杨居敬赴高台商讨小新渠闭口请鉴备查事给甘肃省主席的电报

1948 年　　甘 38-1-124

兰州主席郭：

密职赴高台商讨小新渠闭口事宜，业已竣事，于号日返县。除会议结果另文会报外，谨电备查。

职杨居敬秘辰号

鼎新县长就奉令前往高台参商均水会议职务由秘书彭盛国代行事给甘肃省主席的电报

1948 年　　甘 38-1-124

鼎秘（37）辰字第六一四号

为奉电前往高台参商均水会议，职务由秘书彭盛国代行，请鉴核备查：

案甘肃省第七区行政督察专员辰齐电饬于本月十日前往高台参商均水会议，遵即前往职务由秘书彭盛国代行。请鉴核备查。

代理鼎新县县长陈世光

五月十一日

鼎新县长陈世光就外出均水期间拟派秘书彭盛国代行事给甘肃省主席的代电

1948年　　甘38－1－124

鼎三建（37）辰字第六一三号

为电报均水起程日期及拟派秘书彭盛国代行各情形，请鉴备由：

查本年度，鼎高两县芒种节前十日均水期近，自应遵照成案办理，业经呈报在案。县长定于本月二十一日率同员警、民夫等前往高台办理均水事宜，计三周内即可返县。在公出期，县饬拟派秘书彭盛国代于代行。谨电报请鉴核备查。

代理鼎新县县长陈世光

五月十一日

高台县长就请饬临泽县政府制止人民破坏三清渠建筑物以资维持水利事给甘肃省主席的呈文

1948年5月7日　　甘38－1－124

三（37）辰字第一一六八号

甘肃省政府主席郭：

案据本县三清渠民众代表张汉儒等呈称，为破坏建筑物，妨害命脉，恳祈钧座电鉴，俯准派警查缉为害人犯，拘案严征，并祈转咨临泽县政府，劝告附近保甲，制止当地人民任意为害，以维水利，延续生命事。窃查本渠于三十四年开挖新线时，因渠道坡度甚微，工程设计于涵洞以上建筑跌水一座，用以促进流速。此项建筑物，实为本渠最主要之工程。历年来，每属冬季，渠民利用沙土埋藏，以资防范破坏，并派民工经常巡护，赖以保全。惟至今年春修渠道，甫将跌水沙土取□，旋于本月十九日（农历三月十一日）晚间，即将跌水桩木悉被损坏，以致镶切石料坚固物品，均失保持。将来开口放水，势必冲刷殆尽，似此致力破坏，则渠民相距涵洞退水渡槽等项建筑物，均远一百余里，言念及此，惊惶莫措，若非呈恳钧座设法维护。而临泽县人民，一旦破坏其他建筑时，不惟断绝敝渠八千余人之生计，深恐小新、临泽两渠人民，枉遭涂炭。事迫不已，谨特呈恳钧座电鉴，伏乞派警前往跌水附近，查缉为害人犯，并祈转咨临泽县政府，制止人民任意破坏，以维水利”等情一案。查三清渠坝建筑工程均由高级技术人员苦心设计，构成确属不易，一旦破坏修复维艰，势必影响临高人民农田灌溉。除饬将跌水部分刻即修复，并加派民夫随时看管，请钧鉴核查。已函转临泽县政府协助保护。

署高台县县长冯周人

一九四八年五月七日

处理意见：

拟饬临泽县协助保护。

五月十四日

甘肃省政府就高台县政府呈报临泽人民破坏三清渠建筑物请饬保护事分别给临泽县长及高台县长的电令

1948 年 5 月 20 日　　甘 38-1-124

水三（37）辰字第 2173 号

临泽县杨县长：

据高台县政府本年五月七日呈称“案据本县三清渠云云协助保护”仰严饬附近保甲长切实保护，本案已指洑高台县政府。

水三（37）辰字第 2173 号

高台县冯县长：

本年五月七日三（37）辰字第一一六八号呈悉，已令临泽县政府，严饬附近保甲长切实保护矣。仰知照。

临泽县长就转请保持小新渠永不闭口事给甘肃省主席的代电

1948 年 5 月 8 日　　甘 38-1-125

三（37）辰字第 0315 号

兰州主席郭钧鉴：

案准本县参议会，函送二届三次大会马参议员提“建议本府，转请省府保持小新渠永不闭口成例一案，嘱查照办理”等由。查此案，前经本府以建（37）卯字第零二六二号回代电请示在案，兹准前由，理合抄同原提案，电请鉴核，迅予示遵。附赍原提案一份。

临泽县县长杨居敬三（37）辰齐印

处理意见：

照案拟。

五月十七日

临泽县参议会第二届第三次大会就保持小新渠永不闭口的提案

1948 年　　甘 38-1-125

案由：

建议县府，转请省府，保持小新渠永不闭口成例案

理由：

（一）小新渠开口在早，渠口甚小，不过一大用水甚少，故不闭渠口后，以三清渠渠

被河水冲断，无相当地点另开渠口，故借用小新渠渠口合并使用，因之三清渠亦援例不封闭渠口，是三清渠不闭口实沾小新渠之惠。

（二）三清渠自三十五年另开渠口后，渠口宽有十五公尺，水深有二公尺。每值春夏之时，河内之水多数被三清渠堵用，下游各渠口均无水可行。故高鼎临三县均水之时，三清渠闭口与否，关系甚大。

（三）小新渠现虽用旧口，但以该渠人力单薄，无力疏浚，致渠口被沙填塞，所进之水甚微，并不如过去之大。

（四）三清渠替小新渠修筑之木渡槽，仅宽约三尺，深约一尺，容水甚小。倘小新渠水大时，木渡槽即不能通过，足证小新渠渠水小。

（五）小新渠之地均接沙漠，不耐受旱，五日不浇水，即有旱死之虞。故不应封闭渠口。

办法：

由县府从速转呈省府，电令临、高、鼎三县遵照保持小新渠永不闭口成例。

决议：

照审查意见通过。

提案人　马万龄

连署人　宋怀礼　曹菊廷

甘肃省政府就转请保持小新渠永不闭口并秉承王专员指示办理事给临泽县长的代电

1948 年 5 月 20 日　　甘 38-1-125

水三（37）辰字第 2166 号

临泽县杨县长：

本年五月八日三（37）辰字第〇三一五号齐代电暨附件均悉。查本案已迭电七区王专员负责督导妥办，并于本年五月七日以水三（37）辰字第二〇八三号代电饬秉承王专员指示办理在案。仰仍遵照前电办理。

鼎新县长就抵达高台县请备查事给甘肃省主席的电报

1948 年 5 月 17 日　　甘 38-1-125

兰州主席郭：

密。职奉令，于元抵高台会商均水事宜，详情另报。

职陈世光辰元

处理意见：

准备查。

五月十七日

甘肃省主席就知悉已抵高台会商均水事给鼎新县长指令

1948 年 5 月 22 日　　甘 38–1–125

人水三（37）第 2187 号
鼎新县陈县长：

辰元电悉，准予备查。

王维墉就抵达高台县请备查事给甘肃省主席的电报

1948 年 5 月 17 日　　甘 38–1–125

兰州省政府：

密。职于辰删抵高，临泽县县长及（六）七专员公署视察均在县商讨小新渠均水办法。职拟仍照去年封闭五日妥拟办法，谨闻。

王维墉辰铣印

处理意见：

准备查。

五月十九日

核复。

寄峤
五月十九日

甘肃省主席就知悉已抵高台会商均水事给七区专署王专员的指令

1948 年 5 月 22 日　　甘 38–1–125

水三（37）辰字第 2197 号
七区专署王专员：

辰铣电悉，准予备查。

临泽县长关于抵达高台请备查一案给甘肃省政府主席郭钧鉴的电报

1948 年 5 月 12 日　　甘 38–1–125

兰州省政府：

密奉专署武二字（37）辰齐电饬赴高台会商三清测勘分水办法等，因职于辰灰会同地方人士前往高台会商。谨电报查。

杨居敬秘辰灰印

处理意见：

阅。

寄峤

五月十三日

准备查。

五月十四日

鼎新县长就抵达高台请备查并职务由秘书彭盛国代行事给甘肃省主席的电报

1948 年 5 月 13 日　　甘 38-1-125

兰州主席郭钧鉴：

密职奉七区专署辰电，饬于灰前往高台参商均水会议，遵即前往。职务由秘书彭盛国代行。

陈世光辰灰印

处理意见：

准备查。

五月十四日

甘肃省主席就赴高台会商三清渠分水办法准备查事给临泽及鼎新县长的电报

1948 年 5 月 25 日　　甘 38-1-125

人水三（37）辰字第 2205 号

临泽县杨县长、鼎新县陈县长：

秘辰灰电悉，准予备查。

高台县长就转请临泽县政府制止人民挖掘三清渠线地界标石办理情形事给甘肃省主席的呈文

1948 年 5 月 17 日　　甘 38-1-125

三（37）辰字第一二八七号

甘肃省政府主席郭：

案据本县三清渠民众代表张汉儒等呈称"呈为挖掘渠界石标，大肆破坏渠物，恳祈设法制止，以维水利事。查本渠跌水前被损毁，代表等业经遵照指示，设法修复。惟以近来临泽刘家湾人民，又将渠线地界标石挖掘六个（开渠时购买地基逐段树立，长三尺八寸之石标，上刻"三地"字样），水点标准石桩三个，渠线里程标石二个。当经邀请该管永丰保保长刘文彬查寻，适有刘光联挖取附近石标二个，用以镶修伊渠桥梁。又有刘上恩挖取下退水石条三条，石槽一个，其余各项石标尚无着落，且以渠民远距一百余里，离乡背境，处处遭受压迫，不堪言喻。尤其是项石标，筹工备料，镌字磨制，所费浩巨，似此无故侵扰，大肆破坏，实令本渠人民，寝馈弗安。情出迫切，用特呈恳钧座俯念民艰，迅予转咨临泽县政府，将该刘光联、刘上恩传案究办，并祈追获其余石标，树立原地，以重信守，俾维渠物”等情一案。已函转临泽县政府派警查寻，并嘱协助保护。请钧鉴核查。

署高台县县长冯周人

处理意见：

准备查。

五月二十六日

就高台县政府请饬临泽县制止人民挖掘三清渠线地界标石事分别给临泽县与高台县的电令

1948年5月31日　　甘38-1-125

水三（37）辰字第2255号

临泽县杨县长：

据高台县政府本年五月十七日呈称："案据本县三清渠云云核查"仰严追法办，并转饬切实协助保护报查。本案已核复高台县政府。

水三（37）辰字第2255号

高台县冯县长：

本年五月十七日三（37）辰字第一二八七号呈悉。已令临泽县政府严追法办，并饬切实协助保护矣。仰知照。

临泽等三县长及第六第七区专署就会商解决临高鼎三县均水办法具体结果事给甘肃省主席的呈文

1948年5月19日　　甘38-1-125

临鼎高会（37）辰字第一三〇七号

甘肃省政府主席郭：

层奉钧府水三（37）卯字第一九一九号代电奉悉。职等遵即于五月十日，先后率同有关代表齐集高台县府，经连日会商，已顺利解决。

商决办法：

（一）鼎高分水期内，小新渠封闭渠口五日（前五日）。

（二）三清渠仍遵照三十五年钧府核定，退水二分之一。

（三）三清渠修筑小新渠渡槽事，由临、高两县令案会商办理。

本案会议纪录除检赍第（六）七区专署外，由鼎、高、临三县府各抄存一份以备考查。谨检呈会议纪录随文，祈鉴核备查。

第六区专员公署视察　王　政
第七区专员公署视察　翟振翮
临泽县县长　杨居敬
鼎新县县长　陈世光
高台县县长　冯周人

处理意见：

准备查。

五月二十七日

高台、鼎新、临泽商讨三清渠及小新渠均水会议纪录（一）

1948 年　　甘 38-1-125

时间：三十七年五月十七日晚九时
地点：高台县政府会议室
出席者：

王政（六区专署视察）　翟振翮（七区专署视察）　杨居敬（临泽县长）
陈世光（鼎新县长）　冯周人（高台县长）　窦天祁（临泽县参议会代表）
胡生儒（鼎新县参议会议长）　王占科（高台县参议会议长）
李正品（临泽县代表）　尹书元（临泽县代表）　赵毓瑗（临泽县代表）
蔺腾芬（鼎新县代表）　郭正高（鼎新县代表）　陈登礼（鼎新县代表）
胡生江（鼎新县代表）　葛兴成（高台县代表）　程居正（高台县代表）
主席：翟振翮
记录：王燕萍

甲、开会如仪

乙、报告事项

（一）主席报告

1. 七区专署派本人，并有六区专署王视察，召集临、高、鼎三县县长及地方有关人士来商讨小新渠均水办法，希望各代表尽量发表意见，以求圆满解决。

2. 水是生命缘，尤其在河西。河西天高、地大、人少，因为地大，而水量常感缺乏，故各地时有水利纠纷发生。不过希望各代表能以恕字，来商讨均水问题，不会顺利解决的事。本人上次奉命亲赴临泽小新渠实地勘查，陈述三点意见，呈报省府。省令未有明白指示，仍饬召集有关县长及地方人士商讨均水办法，现在请各代表发表意见。

（二）鼎新胡议长报告

鼎新位于河流末尾，全县土地□亩，每年总以水量不足，农田不能全部浇灌，曾请省府以三清渠另辟渠口及根据实际，将小新渠口封闭十天，现在希望各位予以适当解决。

（三）鼎新陈代表登礼报告

过去小新渠未闭口，因三清渠未开新口。现三清渠口另开，比原来案多开一渠口，再以下游农田□万余亩，于上游地亩比较，要多出□倍。二百多年前之成案不闭口，实因三清渠与小新渠并流水原因。现三清渠另开口，小新渠应当要封闭。

（四）高台五堡代表程居正报告

二百多年前，上游仅有柔远渠、小新渠不闭口，原因三清渠同小新渠水流为一渠口，现三清渠另开新口，小新渠自当封闭。

（五）临泽代表赵毓瑗报告

小新渠二百多年以来，因所灌田地接近沙漠，大质不好，复以地势甚高，不耐受旱，故原定不封渠口。民三十四年，因三清渠另开渠口始起纠纷，现在小新渠人力单薄，无法疏浚渠口淤塞，水量仅有过去十分之一，且因水全系漏沙水，并不影响大河水源，又因小新渠木渡槽宽仅2.8尺，高2尺，亦无浪费河水情形。故无封闭之必要。

（六）临泽县政府三科尹科长报告

小新渠二百多年前因渠口甚小，水量颇微，故呈准不闭渠口。三十五年，复奉省府指令，以河西整个工程未整理完成以前，小新渠可援照过去成例，不闭口。三十六年，因三清渠要撤除闸板十二块，有关三县会商办法，始经提起小新渠闭口，但临泽未派代表参加，绝难承认。本年奉省府电令，仍以小新渠应照例年成案办理，自应依据二百多年前之例，不应闭口。

（七）高台王议长报告

方才各代表报告小新、三清等渠过去不闭口，因当时三清渠土地系驻军屯垦，再以当时人烟稀少，需水无多。嗣后三清土地归为民有，以另开渠口不易，故借用小新渠。现在三清渠另开渠，小新渠不闭口并无事实，但柔远渠不闭口实因地亩过多，渠身太远。如果封闭，则全渠地亩一个月不能见水，故有不闭口之决定。

（八）鼎新陈县长报告

鼎新位于国防之重要及当初设县之性质，原定水规之严重，本人代表鼎新绝对同意高台王议长的报告小新渠开口。

（九）临泽杨县长报告

小新渠过去以土质过坏，不耐久旱，二百年来不闭口。上年王专员亲莅本县，派员勘测，小新渠水量甚少，曾呈请省府不必封闭渠口。最近又奉省府令饬仍按往年成案办理。过去小新渠既不闭口，自应遵照省府命令办理。

（十）高台冯县长报告

三清渠因渠水不足实用水量，故呈请重开新渠完成，水量较前增加，下游始有请求闭口之举。再以两年来分水经过，拟订办法呈请省府，但所拟办法八项，省府业经核准饬令执行。在本人立场，只有遵令执行。关于临泽小新渠闭口问题以资实际情形而论，确有不封闭之必要，至于封闭与否，请大家按合理方法解决。

（十一）鼎新胡代表提议

请主席遵照省府指示执行办法，及多数代表意见应将小新渠完全封闭。

（十二）临泽李书记长报告

三清渠未借小新渠口前，小新渠是否闭口应加考虑。惟本年省府指示应照成案办理，当然为二百年前不封闭渠口之旧例。如果要推翻过去成案，新拟办法封闭，则其他各渠务必纷起，不遵成章。倘以后再发生意外纠纷，临泽所来代表决不敢负责。

（十三）王视察报告

奉命来高出席商讨均水办法，请各位代表应本互助亲善为让原则，开诚布公，各抒意见，希望勿过事，坚持接受上峰指示，总以会议能完满开成功为总好。

（十四）高台王议长报告

小新渠灌溉地亩仅二千余亩，而下游五堡及鼎新地亩共十余万亩。如果顾小而失大，则于国家、民族利益有何设想，本人意思三清渠既能撤板一部，小新渠实有封闭之必要。

（十五）临泽窦代表报告

小新、三清等渠开辟历史，省府自有案卷，毋庸争执。惟以小新渠目前所处地位，二百多年不闭口事实证明，如果将小新渠闭口，则该渠未受闭口之习惯，大地势必完全荒废。

（十六）鼎新陈县长报告

王专员指示关于小新渠全闭十天，似觉不可能。可是完全不封闭，亦觉不合。可于高、临两县长商以适当办法。

（十七）临泽杨县长报告

王专员去年在六区专署任内，曾主张小新渠不闭口，今年当然亦不能主张完全封闭，应如何办理，仍须各县代表，依照实际情形，详细研讨。至去年封闭渠口五天，系县政府派警强迫封闭，小新渠并未承认，自不能实为定案。

（十八）主席报告

本案当初本人奉命勘查经过，及专署先后呈请奉省府核示情形，并各县县长、各位代表报告对本案意见综合折衷，提出讨论。

丙、讨论事项

（一）主席提议

依据王专员指示及上年分水事实，将两方面的意见折衷，即将十天封闭时间改为五天，可否决定案。

（二）决议

暂时休会，俟明日再议。

丁、散会

高台、鼎新、临泽商讨三清渠及小新渠均水会议纪录（二）

1948 年　　甘 38－1－125

时间：三十七年五月十八日上午十一时

地点：高台县政府会议室

出席者：

王政（六区专署视察）	翟振翮（七区专署视察）	杨居敬（临泽县长）
陈世光（鼎新县长）	冯周人（高台县长）	窦天祁（临泽县参议会代表）
胡生儒（鼎新县参议会议长）	王占科（高台县参议会议长）	
李正品（临泽县代表）	尹书元（临泽县代表）	赵毓瑗（临泽县代表）
蔺腾芬（鼎新县代表）	郭正高（鼎新县代表）	陈登礼（鼎新县代表）
胡生江（鼎新县代表）	葛兴成（高台县代表）	程居正（高台县代表）

主席：翟振翮

甲、开会如仪

乙、主席报告

（一）各位代表昨晚休息一夜，经长时间之考虑，必有完善。既不损人而有利己之办法。

（二）希望代表拿上顾全大我，牺牲小我，互助谦让之精神，以求问题顺利解决。

（三）希望各代表说话要接近问题，问题以外的少谈，再者说话的以理智说话，听话的以理智听话。免除无味误会。

丙、报告事项

（一）鼎新陈县长发言

水利是很重要的一件事情，鼎新需水紧急，希望分水总能封闭十日。若不如此，则使鼎新必受旱灾，上年即其例。

（二）临泽杨县长发言

1. 小新渠用石渡槽尚未修建，水量很小，不足灌溉；2. 三清渠自另辟渠口，水量很大，使临泽上游各渠水量不足，进水闸从速建修之必要，今既研究永久均水办法，可将上项问题同时予以解决。

（三）临泽赵代表发言

1. 小新渠涵洞必须修理；2. 小新渠封水，俟涵洞修竣后再行封闭。

（四）六区王视察发言

遵照王专员指示，小新渠应封闭五日最为公遵，折衷固可遵行，但要永久免除纠纷，必须解决修做水闸及渡槽问题。可否将修做水闸问题提出，并案讨论。

（五）高台冯县长发言

1. 修建小新渠问题可以另案解决；2. 小新渠闭口问题应与各渠同样不得例外，希望今日会议先解决小新渠闭口问题，然后再另案解决修槽修闸问题。

（六）临泽窦代表发言

小新渠水量很小，不足灌溉。若不先修渡槽，小新渠所灌地亩必受旱灾，应先解决小新渠修槽问题，然后解决封水问题。

丁、讨论事项

（一）六区王视察提议，三清渠修进水闸及小新渠修渡槽问题可否由高台、临泽两县会同另案办理。

决议：通过。

（二）主席提议

1. 小新渠是否遵照王专员指示折中封闭五日（封闭前五日）；2. 三清渠仍遵省府核定退水二分之一（即拆除闸板十二块）。

决议：通过。

戊、散会

甘肃省政府就报会商解决临高鼎三县均水办法准办查事分别给三县政府及第六区与第七区专署的电令

1948 年 6 月 3 日　　甘 38-1-125

水三（37）巳字第 2267 号

临泽杨县长、高台县冯县长、鼎新陈县长：

（一）本年五月十九日临鼎高会（37）辰字第一三〇七号代电暨附件均悉。

（二）准予备查。

（三）本案已转令（六）七区专署，高台、鼎新、临泽县政府。

水三（37）巳字第 2267 号

六、七区专署张、王专员：

（一）据该署及（六）七区专员视察翟振翮、王政，临泽县杨县长、鼎新县陈县长、高台县冯县长本年五月十九日呈称“原案均府云云备查”。

（二）已指令准予备查。

（三）仰知照。

王维墉关就议定小新渠与三清渠水利纠纷结果详细事给甘肃省主席的电报

1948 年 5 月 26 日　　甘 38-1-125

甘肃省政府：

密。查本年度临高鼎三县，于芒种节前十日封闭小新渠及三清渠扯退闸板一案，业经会同临高鼎三县县长及士绅等商决办法。鼎高分水期内，小新渠封闭渠口五日（前五日山西扣苗），三清渠仍遵照民国三十五年省府核定上旬水二分之一除期，会同有关署派员监办，谨电请核备。

职王维墉卯辰养

张作谋就小新渠于辰沁始闭口五日给甘肃省主席的电报

1948 年 6 月 4 日　　甘 38-1-125

兰州省政府郭：

密遵令本署派员，并会同临、高、鼎三县县长及七区翟视察依照规定，三清渠拆除进水闸板十二块，小新渠闭口五天，于辰沁顺利闭讫。谨闻。

张作谋武二水巳东印

临泽县长就小新渠闭口顺利解决事给甘肃省主席的电报

1948 年 6 月 4 日　　甘 38-1-125

兰州主席郭：

密查本年小新渠闭口事业已顺利完成，谨电报查。

职杨居敬三巳冬印

甘肃省政府就报三清渠拆除闸板十二块与小新渠闭口五天顺利完成备查事给六区专署及临泽县政府的电令

1948 年 6 月 10 日　　甘 38-1-125

指令水三（37）巳字第 2327 号

六区专署张专员 临泽县杨县长：

武二水巳冬、三巳冬电悉，准予备查。

第六区专员就议定小新渠与三清渠水利纠纷结果详细备查事给甘肃省政府的代电

1948 年 6 月 1 日　　甘 38-1-125

武二水巳字第一八〇八号

甘肃省政府：

案查前奉钧府水三（37）卯字第一九一九号代电“饬派员会商张、临、高、鼎永久分水办法”等因，遵经派本署视察王政，并分电有关各县会办各在案。兹据第七区专署视察翟振翮、临泽县长杨居敬、鼎新县长陈世光、高台县长冯周人及本署视察王政本年五月十九日临高鼎会（37）辰字一三零七号代电称“（一）层奉省府水三（37）卯字第一九一九号代电奉悉。（二）职等遵即于五月十日先后，率同有关代表齐集高台县府，经连日会商已顺利解决。（三）商决办法：（1）鼎高分水期内，小新渠封闭渠口五日（前五日）；（2）三清渠仍遵照三十五年省府核定退水二分之一；（3）三清渠修筑小新渠渡槽事，由临、高两县另案会商办理；（4）本案会议纪录除检赍省政府、第七区专署外，由临、鼎、高三县各抄存一份，以备查考；（5）谨检呈会议纪录，祈鉴核备查"。

除会议纪录抽存外，谨电核备。

甘肃省第六区行政督察专员兼保安司令张作谋

处理意见：

准备查。

六月八日

甘肃省主席就电报派员会商张临高鼎永久分水办法情形备查事给第六区专署的电令

1948 年 6 月 17 日　　甘 38–1–125

水三（37）巳字第 2391 号

六区专署张专员：

本年六月一日武二水巳字第一八〇八号代电悉，准予备查。

鼎新县长就商讨均水期间具体情形事给甘肃省主席的代电

1948 年 6 月 11 日　　甘 38–1–125

甘肃省鼎新县政府代电　鼎高水（37）巳字第 817 号

甘肃省政府主席郭：

（一）职于五月□日，由县启程前往高台，参加本年均水会议暨办理均水事宜，业经电报在案。

（二）兹于五月十三日到达高台，除会同本区专署翟视察及高台冯县长认真执行。

（三）五月二十五日，在高台县城汇点民夫二十六日前往临泽县境，视察向不闭口之柔远渠，水量宽窄、深浅书明标尺，树立渠岸，以资遵守，并饬令民夫小心看守。

（四）据派民夫前往指定各渠口，届期监视封闭，并派员警前往上游张、高、临各县妥慎巡查。

（五）谨电报请鉴核备查。

代理鼎新县县长陈世光

处理意见：

□并指。

六月二十二日

鼎新县长就本年均水期间正义五堡灌溉情形事给甘肃省主席的代电

1948 年 6 月 11 日　　甘 38-1-125

鼎高水（37）巳字第 818 号

甘肃省政府主席郭：

（一）职遵照成案，由鼎来高办理本年均水事宜，所有经过各情形均经电报在案。

（二）本年和水下流比较，上年稍大，高台县属正义五堡应分前七日之水，旬五月二十七日起至六月二日止，所有各该处夏禾田苗，据报因该处位居上游，均已浇满灌足。

（三）至本县毛双二屯灌溉情形，令行报核外。

（四）谨请鉴核备查。

代理鼎新县县长陈世光

处理意见：

□并办。

鼎新县长就本年均水封闭各渠口日期及顺利办理情形事给甘肃省主席的代电

1948 年 6 月 11 日　　甘 38-1-125

鼎高水（37）巳字第 815 号

甘肃省政府主席郭：

（一）查本年度鼎、高两县芒种节前十日均水，关于张掖、高台、临泽等县各渠口均于五月二十七日寅时初刻，遵例一律封闭，以资灌溉高属正义五堡，及本县毛、双二屯田亩。

（二）关于高台三清渠退卸闸板，已遵令如期扯去闸板十二块。

（三）临泽小新渠已遵令封闭五天。

（四）办理情形尚称顺利，并未发生纠纷。

（五）谨电报请鉴核备查。

代理鼎新县县长陈世光

处理意见：

准备查。

六月二十二日

甘肃省主席就本年均水封闭各渠口日期及顺利办理情形事给鼎新县长的电令

1948 年 6 月 30 日　　甘 38-1-125

水（37）巳字第 2483 号

鼎新县陈县长：

本年六月十一日鼎高水（37）巳字第八零（一）八一八、八一七号代电均悉，准备查。

处理意见：

本渡槽设计图（正设计中）向□□等工程所□覆。

六月四日

需于七月五日再制，孰交□。

七月五日

□该处石料途距远达20公里，应□工程（需款约5.6亿元）颇不经□。原木渡槽因结构不妥，修□甚烈。且已损坏不堪使用。拟□渡□仍采木料。准由河西水利专款项下□。须澈底重建（需款约五亿元）。

六月四日

为拟将木渡槽标准□□高台□辰删□□酌办。

万里

六月四日

查三清渠、小新渠石渡槽工程设计图暨二十六年十二月份及三一七年五月份工程费预以具表，业已绘成，造就敬请鉴核。

五月十三日

临泽县长就电请转饬高台三清渠建修小新渠石涵洞以昭信守事给甘肃省主席的代电

1948年4月26日　　甘38-1-125

建（37）卯字第0266号

兰州主席郭钧鉴：

查本府于三月二十九日召开第三次水利委员会时，据小新渠民众代表赵毓琨等十三人提议，以高台三清渠原修该渠之木渡槽现已破坏不堪应用，请呈请省府转饬该渠履行合同条约，于本年内另修石涵洞，以符原案，而昭信守等情一案，提会研究，确有另修之必要，理合电请钧府鉴核，俯准令饬高台，转饬该渠兴修，以重水规为祷。

临泽县县长杨居敬建（37）卯寝印

处理意见：

（一）拟□准转函水利□甘肃河西水利工程处，请于本年度拨款重建。

（二）查本案电请河西水利工程处，于本年度河西水利专□拨款核办。

五月七日

萧主任核示意见。

签字：万里

五月十日

拟准令高台、鼎新饬萨宁去遵□办理□□□。

五月六日

甘肃省主席就小新渠石渡槽由河西水利专款内拨款建修事分别给河西工程处及临泽县政府的电令

1948 年 5 月 8 日　　甘 38-1-125

水二（37）辰字第□号

水利部甘肃河西水利工程处黄处长：

据临泽县政府本年四月二十六日寝代电称“查本府于三月二十九日云云为祷”，查该项石渡槽工程，经于1946年□□□行总□□变价收二千万元，迭电前甘肃河西水利工程总队办理在案。请查照于本年度河西专款内拨款建修，并希见复。本案已□□该县政府。

水二（37）辰字第□号

临泽县杨县长：

本年四月二十六日建（37）卯字第〇二六六号寝代电悉，已电水利部甘肃河西水利工程处于本年度河西水利专款内拨款建修。仰知照。

临泽县长就准参议会令饬高台三清渠速建小新渠涵洞事给甘肃省主席的电报

1948 年 5 月 6 日　　甘 38-1-125

兰州主席郭钧鉴：

案准本县参议会函送二届三次大会提案，为“建议本府呈请省府令饬高台三清渠速建小新渠涵洞一案，嘱查照办理”等由。理合抄同提案一份，电请鉴核。转饬该渠建修，以重水规，而符原案。附赍原提案一件。

临泽县长杨居敬三（37）辰鱼印

处理意见：

拟并水□3476 案办。

六月四日

如拟。

万里

六月四日

临泽县参议会第二届第三次大会提案

1948 年　　甘 38-1-125

案由：建议县府转请省府，令饬高台三清渠速建小新渠涵洞案。

理由：查高台三清去岁横穿本县小新渠，因妨害小新渠水利，故于三十四年，由高台三清渠搭以木槽以通，小新渠水流刻下木槽破坏，将小新渠水多数漏于三清渠以致小新渠灌地亩水量不足，影响民生，不堪设想。应请上峰速饬三清渠修筑钢固水泥涵洞以通水利而裕民生。

办法：由县府转呈省府速饬高台三清渠遵照前立合同办理。

决议：

通过。

提案人　马万龄

连署人　宋怀礼　曹菊廷

甘肃省主席就修筑石渡槽需款甚重将仍用木料重建渡槽事分别给高台马尾湖水库工程处及临泽县政府的训令

1948 年 7 月 5 日　　甘 38–1–125

水二（37）午字第 2548 号

高台马尾湖水库工程处萧处长：

（一）据临泽县政府迭电，以高台三清渠原修之木渡槽，现已破坏，不堪应用。请另修石涵洞。

（二）经核，该处石料运距远达二十公里，石砌渡槽需款甚巨，一时无法照办。原木渡槽因结构不妥，渗漏甚烈且已损坏，不堪应用。经令行设计，仍采木料重建渡槽。

（三）附发木渡槽设计图一份，仰由该处□□工□派员斟酌办理报查。

（四）本案已令知临泽县政府。

水二（37）午字第 2548 号

临泽县杨县长：

（一）本年四月二十六日建（37）卯字第〇二六六号寝代电、五月六日三（37）辰字第〇二九九号鱼代电、附件均悉。

（二）经核，该处石料运距远达廿公里，石砌渡槽需款甚巨，一时无法照办。原木渡槽因结构不妥，渗漏甚烈且已损坏，不堪应用。经令行设计，仍采木料重建。

（三）已令高台马尾湖水库工程处垫拨工款，派员斟酌办理矣。

（四）仰知照。

第七区专员王维墉就三清渠均水情形及拟补救均水办法事给甘肃省主席的代电

1948 年 6 月 16 日　　甘 38–1–125

二（37）巳字第 1475 号

甘肃省政府主席郭：

（一）查临泽、高台、鼎新三县于芒种节前封闭三清、小新等渠均水一案，经派本署视察翟振翮会同有关署县派员监办，并以二（37）辰养电报请核备在案。兹据该员报告称"奉令会同监办三清渠、小新渠均水事宜，适于五月二十六日到柔远渠验水，二十七日到三清渠拆除闸板十二块，到小新渠封闭渠口五日，均皆顺利完成，各渠亦无偷水情形，此种情况为数年为罕有。再查在芒种节前十日，各渠封闭期间，高台正义五堡灌溉前七日，鼎新毛、双二屯灌溉后三日，今小新渠封闭前五日，鼎新毛、双二屯点滴水益无机容受。日前开会商讨，仅顾及封口便利问题，而未顾到正义五堡及毛、双二屯均水时期，成分情形。为补救此层遗缺起见，拟自三十八年起，仍派照去年封闭后五日之办法办理，则高台正义五堡，及鼎新毛、双二屯，利益均沾，尚为公允，可否报请省府核夺，转令临泽、高台、鼎新三县遵行办理之处理，合呈报钧座电鉴核夺，谨呈”等情。

（二）该员所称补救均水办法尚属公允，应如何办理，请核示。

甘肃省第七区行政督察专员兼保安司令王维墉

处理意见：

拟准照办。

六月二十八日

□□□已转饬□呈核。

万里

七月二日

如拟。

万里

七月二日

应依照去年封闭后五日之办法办理。

七月二日

甘肃省主席就报三清渠均水情形及拟补救均水办法可行事分别给第七区专署及临高鼎三县的电令

1948年7月9日　　甘38-1-125

水三（37）午字第2588号

临泽县袁县长、高台县冯县长、鼎新县陈县长：

（一）据七区专署本年六月十六日代电称：“（一）查临泽、高台、鼎新云云请核示。”

（二）经核补救均水办法尚属公允，应准照办。

（三）仰遵照于一九四九年起，仍照去年小新渠封闭后五日之办法办理。

（四）本案已分令高台、鼎新、临泽县政府并指复七区专署。

水三（37）午字第2588号

七区专署王专员：

（一）本年六月十六日二（37）巳字第1475号代电悉。

（二）经核补救均水办法尚属公允，应准照办并分令临泽、高台、鼎新等县政府遵办矣。

（三）仰知照。

鼎新县长就将鼎高两县分水工作进度按日汇报事给甘肃省主席的电报

1948 年 6 月 30 日　　甘 38-1-125

鼎一（37）巳字第 939 号

甘肃省政府主席郭：

兹谨将本县本年度办理鼎高两县均水工作进度，分日详实缮造报告表一份随文。谨请鉴核备查。

代理鼎新县县长陈世光

处理意见：

准备查。

七月十二日

附：鼎新县三十七年度办理鼎高两县均水工作进度报告表。

鼎新县三十七年度办理鼎高两县均水工作进度报告表	
日期	工作进度情形
五月十日	由县起程，前往高台参商均水会议，晚住双树保
五月十一日	由双树保起程，晚住高台县属之正义保
五月十二日	由正义保起程，晚住临河保
五月十三日	由临河保起程，到达高台县城
五月十四日	住候参加会议各代表
五月十五日	同
五月十六日	同
五月十七日	在高台县政府会议室，商讨水案至十一时休会
五月十八日	上午十一时商讨水案结果，三清渠拆除闸板十二块，小新渠口封闭前五日。至二时散会，本日又点验本县均水民夫四十一名水甲二□
五月十九日	准备启口工作
五月二十日	同
五月二十一日	本日由本府第一科科长殷尚礼等，率同员警民夫等，由鼎起程，至双树保住
五月二十二日	由双树保起程，至高台县属之正义保，点验正谊常丰河西民夫共六十名
五月二十三日	由正义保起程，至午到该保之上下堡点民夫四十名，下午至临河点民夫四十名
五月二十四日	由临河保起程，抵达高台县城，同日商讨均水问题
五月二十五日	汇点鼎高民夫一八三名，应分派各民夫前往指定渠口
五月二十六日	赴临泽县境高台之柔远渠视察水量深浅，树立标尺后并赴三清渠办理分水事宜
五月二十七日	本日寅时初刻，照例封闭张临高各渠口，应派员警巡查封闭情形
五月二十八日	巡查各渠口
五月二十九日	同
五月三十日	同
五月三十一日	巡查正义上下五堡等地不得浇泡草湖
六月一日	同
六月二日	巡查各渠口，本日下午酉时，正义五堡七天水期届满，封闭该各渠口逼水下流
六月三日	本县三天均水到临，并派员警分赴正义五堡等渠口巡查，不得再启口重浇
六月四日	巡查
六月五日	巡查
六月六日	芒种节，本日卯时初刻，张临高各渠口一律开放至七时，由高起程返鼎，晚住临河保
六月七日	由临河保起程，晚住正义保
六月八日	由正义起程，晚住本县属之双树保
六月九日	由双树保起程返回县城

甘肃省主席就本年办理鼎高两县均水情形报告表已收悉事给鼎新县长的电报

1948 年 7 月 15 日　　甘 38-1-125

水三（37）午字第 2670 号

鼎新县陈县长：

本年六月卅日鼎一建（37）巳字第九三九号呈件均悉，准予备查。

鼎新县政府就科地未浇系由高台上下堡等地擅自用水影响事给甘肃省主席的代电

1948 年 6 月 26 日　　甘 38-1-125

鼎三（37）巳字第 933 号

甘肃省政府主席郭：

查本年芒种节前十日均水，于六月三日水流到渠，而本县应分后三日之水。虽因三清渠拆闸板十二块，小新渠闭口五天，惟以水量不甚过大，屯地尚未完全灌足，科地丝毫未浇。所幸继续均水之后，洪水发下屯地均已浇讫，科地尚浇十分之六七，推其水量不慎过大之，缘由系受高台县属上下堡浇泡草湖之影响，同时亦受本县科地济急保，擅行截河堵坝，强浇均水之影响。谨请鉴核备查。

甘肃省鼎新县政府

处理意见：

（一）浇泡草湖本府迭经明令禁止，该县长保监视分水人员，有上项情事，何不当时制止。

（二）□急保擅行截河，何以不□予纠正，以致耽误放灌田禾，大属非是，嗣后负责。

七月七日

如拟。

万里

七月七日

就鼎新县今年均水灌溉情形擅自用水处理情形事给鼎新县长的代电

1948 年 7 月 13 日　　甘 38-1-125

水三（37）午字第 2622 号

鼎新县陈县长：

（一）本年六月二十六日鼎三（37）巳字第九三三号代电悉。

（二）浇泡草湖，本府迭经明令禁止。该县长保监视分水人员，既有上项情事，当时何不制止？

（三）济急保擅行截河，何不□予纠正，任其耽误放灌田禾，大属非是。

（四）仰遵照嗣后，应切实负责办理。

临泽县长就刘家湾挖掘三清渠界石调查情形并转饬此后切实保护事给甘肃省主席的电报

1948 年 7 月 23 日　　甘 38-1-125

三（37）午字第 129 号

甘肃省政府主席郭：

钧府本年五月三十日水三（37）辰字第二二五五号训令奉悉。查此案经令饬本县蓼昃镇镇长查保报去后，兹据报称“（一）三清渠界石标二个，虽由刘光联无意掘取，已由该保长刘文彬处分，将原标镶立原地，并责斥该民以后对三清渠建筑物绝对保护。（二）三清渠呈报刘上恩挖取该渠退水石条三条，经由该保保长及该保户民刘进义、刘光泰证明，确系栽情诬赖，并无挖取情事。并取获该户民证明书二纸，报请鉴核转报”等情。据此除证明书存查，并令饬永丰保保长今后对三清渠建筑物，晓谕各户民切实保护外，理合理将调查斯案始末情形，具文呈报钧府鉴核凭覆。除函覆高台县府，并严令该镇转饬附近保甲长晓谕户民，以后对高台三清渠各项建筑物切实保护外。请鉴核备查。

临泽县长袁第锐

甘肃省主席就临泽政府呈请制止该县人民挖掘高台三清渠地界标石办理情形备查事给高台临泽县长的训令

1948 年 7 月 31 日　　甘 38-1-125

水三（37）午字第 2809 号

高台县冯县长：

（一）前据该府呈请转饬临泽县政府，制止人民挖掘三清渠地界标石一案，经令临泽县政府严追法办，并切实保护去后，兹据该府本年七月廿二日呈称“查此案云云备查”。

（二）除指令外，仰知照。

水三（37）午字第 2809 号

临泽县袁县长：

（一）本年七月廿三日三（37）午字第一二九号呈悉。

（二）准予备查，并令高台县政府知照矣。

（三）仰知照。

鼎新县长陈世光就咨请令饬临泽县小新渠封闭十日事给甘肃省主席的代电

1948 年 8 月 28 日　　甘 38-1-125

鼎三建（37）未字第 1417 号

甘肃省政府主席郭：

案准本县参议会鼎参秘（37）午字第八七号咨开“（一）本会二届四次大会王参议员

尚同提，建议政府转请省府，令饬临泽小新渠在均水期间，照例封闭十天，以维水规。案经交大会讨论决议通过等语，纪录在卷。（二）兹抄原提案一份三请查照采纳执行，见复”除函复外，理合抄同原提案一份，随电赍请鉴核施行。

代理鼎新县县长陈世光

处理意见：

□照案指。

九月八日

鼎新县参议会第二届四次大会提案

1948 年　　甘 38-1-125

提字第 2 号

案由：建议政府转请省府，令饬临泽小新渠在均水期间，照例封闭十天，以维水规案。

理由：查小新渠与三清渠合口时，在芒种节前均水期间不加封闭者，纯为三清渠地亩甚多，渠身穹远之关系，已成二百多年之定案。现在三清渠另辟新渠，业已退出原渠后，而小新渠仍用原来渠灌溉田苗，面积仅有二千余亩，且距渠口甚近，黑河发水与否随时可以灌足。本年虽经政府召集会商结果，封闭五天，本县毛、双二屯仍于失灌，科地滴水未见。但小新渠仍任意闭口畅流五天，非但无用，而且浪费有用之水，实属影响本县毛、双二屯之灌溉甚大。该渠人民理应深明大义，慷慨封闭十天，于情于义，均属相宜。

办法：咨请县府转请省府，严饬临泽小新渠在均水期间，照例封闭十天，以维水规。

审查意见：修正通过。

提案人　王尚同

连署人　张永寿　李　蕙　仲希真

甘肃省主席就临泽小清渠在均水期间封闭十日仍遵前令核定封闭后五日办法事给鼎新县政府的代电

1948 年 9 月 11 日　　甘 38-1-125

水三（37）申字第 3081 号

鼎新县陈县长：

（一）本年八月廿三日鼎三建（37）未字第一四一七号代电暨附件均悉。

（二）查本案前据七区专署电报，拟自 1949 年起，仍照去年封闭后五日之办法办理，经核尚属公允，应准照办。经于本年七月九日以水三（37）午字第二五八八号训。

（三）令饬遵在案。

（四）仰仍遵照前令办理。

临泽县长就小新渠民众赵延寿等呈请依照原定合约拨款兴修石涵洞一案给甘肃省主席的代电

1948 年 9 月 1 日　　甘 38-1-125

临泽县政府代电 三（37）申字第 264 号

甘肃省政府主席郭：

（一）案据本县小新渠民众赵延寿等呈称："为恳祈转呈省府督促高台三清渠负责建修小新渠石涵洞以符订约而垂永久事。窃查高台三清渠于民国三十三年另辟新渠，破坏临泽、小新两渠渠身，当时两渠民众绝难承认，六区何专员承奉前任谷主席命令代表主席躬亲来县，绝对要让三清渠另辟新渠不得借词阻挠，至破坏两渠渠身之处，亦不让临泽、小新两渠有所损失。商谈再三，民众只有信仰政府服从命令，由何专员、主席取得各方同意会同高临两县县长订立合约呈报各级政府在案。临泽渠涵洞于破坏后即特修竣，惟小新渠涵洞因人单势微，暂搭木渡槽以便灌溉，迄今事隔数载，石涵洞仍未修筑，木渡槽漏水不堪，形将破坏，又况两岸纯属流沙，一旦发生危险定将小新渠人民旱死，顷者高台马尾湖水库工程处派员莅县查勘仍说补救木槽，大失民望，钧座覆新勤求民隐恳祈为民作主，检阅前卷，根据何专员原订合约，民等感恩于再造矣"等情一案。

（二）查该渠石涵洞关系水利至大，依照三十三年度原定合约应由高台三清渠负责兴修。

（三）请鉴核俯准令饬高台县政府转饬三清渠拨款兴修以垂永久而利民生。

临泽县长袁第锐（秘代）

甘肃省主席就兴修三清渠石涵洞不可已令高台马尾湖水库工程处仍采木料重建事给临泽县政府的电令

1948 年 9 月 14 日　　甘 38-1-125

水二（37）申字第 3112 号

临泽县袁县长：

（一）本年九月一日三（37）申字第二六四号代电悉。

（二）查本案前据该府卯寝、鱼两代电，前据经核，该处石料运距远达廿公里，石砌渡槽，需款甚巨，一时无法照办。原木渡槽因结构不妥，渗漏甚烈，且已损坏不堪应用，经令行设计，采木料重建。已令高台马尾湖水库工程处，垫拨工款，派员酌办，并于七月五日以水二（37）午字第二五四八号指令，饬知在案。

（三）仰仍遵照前令办理。

某单位就三清渠建闸不应在此时进行事的批示

1948 年　　甘 38-1-125

查黑河河身迁徙无常，而三清渠渠口一带时被流沙淤没，因而建闸工程甚为困难。该县提案内□称上游河身石底居多，然在三清渠口一带之黑河，则毫无石底行迹可见。故省府前次指示，并□推诿之词，实因工程较难。再查黑河水量不敷分配，□在逐生改善，为进行中□马尾湖水库□计划中，□大河□□义，情为水等工程，皆为解决黑河水利问题。故现行均水规例，不久□业经□变更。兹以三清渠建闸一节不应于此时积极进行，以免徒劳。

九月十一日

鼎新县长就转请严饬高台三清渠迅予建修进水闸以利均水事给甘肃省主席的代电

1948 年 8 月 23 日　　甘 38-1-125

鼎三建（37）未字第 1426 号

甘肃省政府主席郭：

案准本县参议会鼎参秘（37）午字第八一号公函开“（一）本会第二届第四次大会郭参议员正厚提，建议政府转请省府，严饬高台三清渠速予建修进水闸，以维水规，而利民生案，经提交大会审查讨论决议，照原案通过等语记录在卷；（二）兹抄原提案一份；（三）请查照采纳执行见复”，除函复外，理合拟同原提案一份随电，赍请鉴核，严饬高台县三清渠迅予建修进水闸，以利均水，而维下游民生。

代理鼎新县县长陈世光

处理意见：

□照案指。

九月八日

鼎新县参议会第二届第四次大会会议纪录

1948 年　　甘 38-1-125

提字第 1 号

案由：建议政府转请省府，严饬高台三清渠速予建修进水闸，以维水规而利民生案。

理由：查鼎新位居黑河下游，每年均水在芒种节前十日，照例封闭张、临、高各县渠口，使水下流，灌溉高属上下五堡及鼎新毛、双二屯之田苗，已有二百多年之成案。近因高台所属之三清渠新创渠道，吸收水量很多，影响下游灌溉甚大。于民国三十四年，由七区专员公署，召集有关县长及地方人士在高订定分水办法八条，又经省府核准，饬遵各在案。但本年均水期间，三清渠虽撤去闸板十二块，毛双二屯仍未灌足，其原因以进水闸未修，使水量无从管制所致。前者省府指示核报，现在黑河河身仍在忽南忽北，不甚稳定之际，进水闸尚无检修必要一节。查上游河身石底居多，不过该渠借词推委而已，再查，渠身既隐，而进水闸焉有不能修建之理，假进水闸若不修建，所定分水办法恐始终不能澈底实行，欲免双方争执，速修进水闸较为相宜。

办法：同案由。

审查意见：照原案通过。

提案人　郭正厚

连署人　郭正高　胡生儒　顾永才　王尚同　仲希真　丁继志　张永寿

就建修三清渠进水闸因目前黑河河身未定尚无检修必要事给鼎新县长的代电

1948 年 9 月 8 日　　甘 38-1-125

水三（37）申字第□号

鼎新县陈县长：

本年八月廿三日鼎三建（37）未字第一四二六号代电暨附件均悉。查关于三清渠渠口建修进水闸案，据报现在黑河河身仍在忽南忽北，不甚稳定之际，尚无修建必要。仰即转知。

处理意见：

拟核意不妥。

九月八日

三□重拟。

签字：万里

九月八日

就建修三清渠进水闸因建闸工程困难不宜积极进行以免徒劳事给鼎新县长的电令

1948 年 9 月 14 日　　甘 38-1-125

水三（37）申字第 3109 号

鼎新县陈县长：

本年八月廿三日鼎三建（37）未字第一四二六号代电暨附件均悉。查黑河河身迁徙靡常，而三清渠渠口一带，时被流沙淤没，因而建闸工程甚为困难。该县参议会提案内妄称上游河身石底居多，然在三清渠渠口一带之黑河，则毫无石底行迹可见。故前令并非推诿之词，实因工程困难。再黑河水量不敷分配，正在逐步改善，为现正进行中之高台马尾湖水库与计划中之高台大湖湾，该县正义湖蓄水库等工程，皆为解决黑河水利问题。故现行均水规例，俟整个整理就绪，特□水量充足，自可变更。是以三清渠建闸一节，不应于此时积极进行，以免徒劳。仰知照并转知。

甘肃省政府就兴修三清渠石涵洞事给临泽袁县长的指令

1948 年 9 月 14 日　　张 3-129

水二（37）申字第 3112 号指令

临泽县袁县长：

据请兴修三清渠石涵洞一案，已令高台马尾湖水库工程处仍采木料重建，仰仍遵照前令办理由：

本年九月一日三（37）申字第二六号代电悉。查本案前据该府卯寝查鱼两代电前情，经核该处石料运距远达二十公里，砌渡槽需款甚巨，一时无法照办。原木渡槽因结构不妥，渗漏甚烈，且已损坏不堪应用。经另行设计，仍采木料重建。已令高台马尾湖水库工程处□□工□派员酌办，并于七月五日以水二（37）午字第二四八号指令饬知在案。仰仍遵照前令办理。

主席郭寄峤

民国三十七年九月十四日

处理意见：

拟转函参议会查照，并令小新渠水利办事处知照。

第锐

九月二十四日

临泽县政府就小新渠涵洞重建事给临泽县参议会的公函

1948 年 9 月 29 日　　张 3-129

三（37）申字第 205 号

临泽县参议会：

为函知小新渠石涵洞奉令已由高台马尾湖水库工程处仍采料重建请查照由：

查关于小新渠人民呈请本府转请省府“令饬高台三清渠拨款，兴修小新渠石涵洞”一案。经呈奉甘肃省政府九月十四日水二（37）申字第三二二号指令开，入原文。除令小新渠水利办事处知照外，请查照。

县长袁

民国三十七年九月二十九日

临泽县政府就小新渠石涵洞重建事给蓼泉镇小新渠水利办事处的训令

1948 年 9 月 29 日　　张 3–129

三（37）申字第□□号训令

蓼泉镇小新渠水利办事处：

为令知该渠石涵洞奉令已由高台马尾湖水库工程处仍采木料重建仰知照由：

查该渠前呈本府转请省府“拨款兴修石涵洞”一案。经呈奉甘肃省政府九月十四日水二（37）申字第三二二号指令开，入原文，除函参议会查照外，仰知照。

县长袁

民国三十七年九月二十九日

高台县政府就督修小新渠渡槽改建涵洞事给临泽袁县长的公函

1948 年 11 月 2 日　　张 3–129

三（37）戌字第 3053 号

临泽县政府袁县长：

为函复“督修小新渠渡槽改建涵洞”一案情形希查照由：

本年十一月一日三（37）酉字第二二三号公函敬悉。查“小新渠渡槽改建涵洞，以工程浩大必需技术人员测量设计。本府业经洽商河西水利工程处驻本县办事处，派员勘测设计。去后旋由周工程师颂面谈于马尾湖水库，石工告竣即行着手开办”等语兹准前由函请河西水利工程处提前办理工程计划图表，以利进行外，并饬三清渠代表，先行筹备卵石材料。复请查照。本案已饬三清渠代表遵办，并函河西水利工程处查照。

县长冯周人

民国三十七年十一月二日

处理意见：

拟转函参议会，并令小新渠水利办事处知照。

第锐

十一月六日

临泽县政府就督修小新渠渡槽改建涵洞事给临泽县参议会等的代电

1948 年 11 月 14 日　　张 3–129

三（37）戌字第 321 号代电

临泽县参议会、蓼泉镇小新渠水利办事处

为准高台函复督修小新渠渡槽改建涵洞一案情形请查仰知照由：

查关于“小新渠渡槽改建涵洞”一案，经函准高台县府十一月二日三（37）戌字第三〇五三号公函开，入原文，请查仰知照。

县长袁第锐

民国三十七年十一月十四日

临泽县参议会就二届五次大会决议案事给临泽县长政府的公函

1948 年 11 月 9 日　　张 3-129

泽参戌字第 331 号

临泽县政府：

函送本会二届五次大会议决案请查照办理见复由：

查本会二届五次大会罗参议员增华提议建议县府转呈省府令饬高台县三清渠，履行合约，修筑小新渠涵洞，以重水利一案。当经提交本会讨论议决“照原案通过函请县政府办理”等语，记录在卷。兹照抄原提案一份，函请查照办理见复。附提案一份。

议长罗兴章、申元新

民国三十七年十一月九日

处理意见：

专案呈请。

第锐

十一月十三日

临泽县参议会议员罗增华等就高台县三清渠履行修建小新渠涵洞事的提案

1948 年　　张 3-129

建议省府转呈省府令饬高台县三清渠履行小新渠涵洞以重水利案：

高台三清渠为本县小新渠涵洞一节，系三十四年会同六、七区两区专署派员及两渠民众代表，订立合约，分别呈报省府专署，并双方持约遵守。事隔四载，尚未履行合约。该渠民众逐次呈请省府训令“□□办”，而三清渠民众始终置诸不理，以致影响小新渠水利不浅。兹办减□□众被害及履行合约起见，该三清渠对小新渠涵洞极应积极修建。

办法：1. 县府电请省府及专署转饬高台三清渠，履行合约建修。2. 如拖不建修，明年分水时小新渠不予闭口。

提案人　罗增华

连署人　宋怀礼　马万龄

日期不详

临泽县政府就改修小新渠渡槽事给临泽县参议会的公函

1948 年 7 月 14 日　　张 3–129

三（37）午字第 35 号

临泽县参议会

函知改修小新渠渡槽一案奉令已由高台马尾湖水库工程处办理请查照由：

案查前准贵会建议“呈请省府令饬高台改修小新渠跨越三清渠大渡槽”一案。经呈奉甘肃省政府水二（37）午字第 2548 号指令开，入原文。除函请高台马尾湖水库工程处派员来县办理外，仰即知照。

县长袁第锐

民国三十七年七月十四日

临泽县政府就请派员来县重建小新渠跨越三清渠之木渡槽事给高台马尾湖水库工程处的公函

1948 年 7 月 14 日　　张 3–129

三（37）午字第 36 号

高台马尾湖水库工程处

函请“贵处派员来县重建小新渠跨越三清渠之木渡槽”由：

案查前准本县参议会建议转请省府“令饬高台县政府建修小新渠跨越三清渠之木渡槽”一案。经呈奉甘肃省政府水二（37）午字第 2548 号指令开，入原文。查本案关系小新渠水利甚巨，除函知本县参议会知照外，请查照准予派员来县，早日兴工办理为荷。

县长袁第锐

民国三十七年七月十四日

小新渠民众赵延寿等就督促高台三清渠负责建修小新渠石涵洞事给临泽袁县长的呈文

1948 年　　张 3–129

为恳祈祷呈：

省府督促高台三清渠负责建修小新渠石涵洞，以符订约，而垂永久事。窃查“高台三清渠于民国三十三年，另辟新渠，破坏临泽、小新两渠渠身，当时两渠民众绝难承认。”六区何专员呈奉“前经谷主席命令代表主席躬亲来县，绝对要让三清渠另辟新渠，不得借词阻挠至破坏。两渠渠身之处亦让临泽、小新两渠有所损失。商谈再三，民众只有信仰政府、服从命令。”由何专员主席取得各方同意，会同高、临两县县长订立合约，呈报各级政府在案。临泽渠涵洞于破坏后即时修竣，惟小新渠涵洞因人单势微暂□木渡槽以便灌溉。迄今事隔数载，石涵洞仍未修筑，木渡槽漏水不堪行将破坏，又况两岸纯属流沙，一旦发生危险，定将小新渠人民旱□顷者。高台马尾湖水库工程处派员莅县查勘，仍说补修木槽，大失民望。钧座履新求民隐恳祁为民作主。检阅前卷，据何专员原订合约，请求省府督促高台三清渠负责建修小新渠涵洞，践履前言、符合订约，民等感恩于再造矣。谨呈临泽县县长袁。

小新渠民众 赵延寿（印） 刘占元（印） 牛致健（印）
罗增恒（印） 魏百强（印） 刘明新（印）
赵毓琨（印） 李发愤（印） 闫天赐（印）
王学敏（印） 刘光祯（印） 赵毓泉（印）
民国三十七年

临泽县政府就小新渠民众赵延寿等呈请依照原定合约拨款兴修石涵洞事给甘肃省主席的代电

1948年9月1日　　张3-129

三（37）申字第264号

甘肃省主席郭

据本县小新渠民众赵延寿等呈请“依照原定合约拨款兴修石涵洞”一案请鉴核由：

案据本县小新渠民众赵延寿等呈称等情一案。查该渠石涵洞，关系水利至大，依照三十三年原定合约，应由高台三清渠负责兴修。请鉴核俯准，令饬高台县政府转饬三清渠拨款兴修，以垂永久而利民生。

临泽县长袁第锐
民国三十七年九月一日

临泽县政府就小新渠民众赵延寿等呈请依照原定合约拨款兴修石涵洞事给高台马尾湖水库水利工程处的公函

1948年9月1日　　张3-129

三（37）申字第148号

高台马尾湖水利工程处

据本县小新渠民众赵延寿等呈请“依照原定合约拨款兴修石涵洞”一案请查照由：

案据本县小新渠民众赵延寿等呈称，入原文，等情一案。请查照会同高台县政府商洽，依照三十三年原定合约拨款兴修石涵洞，以利民生，而增农产为荐荷。

县长袁第锐
民国三十七年九月一日

临泽县政府就依照原定合约拨款实修石涵洞事给小新渠民众赵延寿等的电报

1948 年 9 月　　张 3–129

三（37）申字第 622 号

小新渠民众赵延寿等

据呈请依照原定合约拨款实修石涵洞一案仰知照由：

三十七年八月日呈悉。已转请省府及高台马尾湖水利工程处，依照三十三年原定合约拨款兴修。仰知照。

县长袁

中华民国三十七年九月

甘肃省政府就令泽人民破坏三清渠建筑物请饬保护事给临泽县长的训令

1948 年 5 月 20 日　　张 3–128

水三（37）辰字第 2173 号训令

临泽县杨县长

据高台县政府呈报临泽人民破坏三清渠建筑物，请饬保护一案，仰转饬切实保护由：

据高台县政府本年五月七日呈称："案据本县三清渠民众代表张汉儒等呈称'为破坏建筑物，妨害命脉，恳祁钧座电鉴俯准派警查缉为害人犯，拘案严讯，并祈转咨饬临泽县政府，劝告附近保甲，制止当地人民任意为害，以维水利、延续生命事。窃查本渠于三四年开挖新线时，因渠道坡度甚微，工程设计于涵洞以上建筑跌水坡一座，用以促进流速。此项建物实为水渠最主要之工程，历年来每届冬季渠民利用沙土埋藏，以资防范破坏，并派民工经常巡护赖以保全。惟至今年春修渠道，甫将跌水沙土取罄。旋于本月十九日（农历三月十一日），即将跌水桩木夜被损坏，以致镶砌石料坚固物品均失保持。将来开口放水，势必冲刷殆尽，似此致力破坏，则渠民相距涵洞退水渡槽等项建筑物，均远一百余里。言念及此，惊慌莫措。若非呈恳钧座设法维护，而临泽县人民一旦破坏其他建筑时，不惟断绝敝渠八千余人之生计，深恐小新、临泽两渠人民枉遭涂炭等事迫不已。谨特呈恳钧座电鉴俯乞派警前往跌水附近查缉为害人犯，并祁转咨临泽县政府，制止人民任意破坏，以维水利'等情一案。查三清渠坝建筑工程，均由高级技工人员苦心设计构成，确属不易，一旦破坏修复维艰，势必影响临、高人民农田灌溉。除饬将跌水部分刻即修复，并加派民夫随时看管。请钧鉴核查"。已函转临泽县政府协助保护。仰严饬附近保甲长切实保护。本案已□复高台县政府。

主席郭寄峤

民国三十七年五月二十日

处理意见：

令转蓼泉镇查饬属，切实保护并呈复。

五月二十日

高台县政府就小新临泽两渠首人勒索水利差徭事给临泽县政府的公函

1948 年 6 月 15 日　　张 3-128

三（37）巳字第 1599 号

临泽县政府

为据本县三清渠民众代表王维杰等呈请制止小新、临泽两渠首人勒索水利差徭一案，函请查照核办并希见复由：

本年五月二十日，案据本县三清渠民众代表王维杰等呈称以该渠新线占用地亩，近有临泽、小新两渠人民勒索水差杂款，呈请转咨贵府核办，以免纠纷一案。查三清渠新线占用土地，曾奉省府电令免除一切负担。兹照录临泽、小新各渠首人讨款花名单一纸，随函附赍。请查照核办，惠予制止面滋纠纷，并希见复。附花名清单一纸。

县长冯周人

民国三十七年六月十五日

处理意见：

是否有此事实拟令蓼泉镇公所查报凭办。

六月十五日

附　临泽渠讨款花名清单：

刘先道地收亩、刘进业地收亩，二人出洋五十万元。

刘先谋地收亩出洋二十八万八千元。

刘先仁地收亩出洋二十六万一千元。

刘光炳地收亩出洋六万四千八百元。

刘光太地收亩出洋三万六千元。

附　小新渠讨款花名清单：

刘光谋地收亩、刘光品地收亩二人出洋五十万元。

罗增恒地收亩出洋八万七千三百元。

刘新年地收亩出洋五万零四百元。

甘肃省政府就临泽县政府制止人民挖掘三清渠沿线地界标石事给临泽县长的训令

1948 年 5 月 21 日　　张 3-128

水三（37）辰字第 2255 号训令

临泽县杨县长

拟高台县政府请饬该县政府制止人民挖掘三清渠沿线地界标石一案仰遵办由：

拟高台县政府本年五月十七日呈称“（一）案据本县三清渠民众代表张汉儒等呈称‘呈为挖掘渠界石标大肆破坏渠物，恳祁设法制止，以维水利事’。查本渠跌水前被损毁，代表等业经遵照指示设法修复。惟以近来临泽县属刘家湾人民，又将渠线地界标石挖掘六个（开渠时购买地基，逐段树立三尺八寸之石标，上刻三地字样）水点标准石桩三个，渠线里程标石三个。当经邀请该县永丰保保长刘文彬查寻，适有刘光联挖取附近石标二个，用以镶修尹渠桥梁；又有刘上悬挖取下退水石条三条、石槽一个，其余各项石标尚无着落。该渠民远居一百余里，离乡背境，处处遭受压迫，不堪言喻。尤其是项石标筹工备料，镌字磨制，所费浩巨，似此无故侵扰、大肆破坏，实令本渠人民寝食弗安。情出迫切，用特呈恳钧座俯念民艰□，予转咨临泽县政府将该刘光联、刘上悬传案究罪。并祁追获其余石标，树立原地，以重信守，俾维渠物等情一案。（二）已函转临泽县政府派警查寻，并嘱协助保护。（三）请钧鉴核查"。仰严追法罪，并转饬切实协助保护备查。本案已指复高台县政府。

主席郭寄峤

民国三十七年五月二十一日

处理意见：

令蓼泉镇公所查办具报，以凭声复。

五月二十二日

高台县政府就鲍鸿章等呈报刘光辉等阻挠修建看护涵洞民工住房破坏水利事给临泽县政府的公函

1948 年 6 月 29 日　　张 3-128

三（37）巳字第 1734 号

临泽县政府

据本县三清渠民众代表鲍鸿章等呈报贵治刘光辉等阻挠修建看护涵洞民工住房、破坏水利，转请制止一案，希查照见复由：

案据本县三清渠民众代表鲍鸿章等呈称"呈为阻挠修建看护涵洞民工住房，希图破坏水利事。缘本渠经过临泽渠之涵洞，上部为临泽渠渡以工程艰巨，每年各渠开口放水，必得派征民工，昼夜坐地看护。惟逢天阴降雨，民工身无遮蔽，殊有遗误看护之虞。代表等深恐临泽渠放水较大，漏水冲毁涵洞。且以本年入春以来，该处人民对于本渠一切建筑工程，时谋破坏，看护实感困难。旋于本年五月二十八日，拟在涵洞附近本渠购就地内，修建民工住宿小房一间，以资蔽风遮雨，便利看护。讵意施工未几，实有该处户民刘光辉挺身阻挠，并将土坯砌作墙壁立即摧毁殆尽，不让修筑。此无理破坏，致使涵洞不能周密看护。若一旦兹生祸患，不惟本渠人民遭殃，则临泽渠民众亦受无限之灾难。事关两渠水利，谨特呈恳县长电鉴主持建修，俯准转咨临泽县政府，严饬该民刘光辉毋再节外生枝，贻害将来"等情一案。请查照惠予制止，并希见复。

县长冯周人

民国三十七年六月二十九日

处理意见：

三清渠办水□员，每因小放时与临泽渠民众发生争端。本案除令蓼泉镇公所转饬制止外，并函复高台县政府，以后对于三清渠所呈琐碎事件，应事前派员详查是否属实，不得听信一面之词，屡屡函□，致伤两县人民情感。至该渠所称临泽渠民众时谋破坏建筑工程一节，实属含沙射影，无故生端，本县人民绝难承认。先令蓼泉镇公所查照户民刘光辉究竟有无阻挠情节，据实呈复后，再作核罪，为后核罪。

第锐

七月二八日

临泽县蓼泉镇公所就查明刘光辉等阻挠三清渠修建看护民工住房事给临泽袁县长的呈文

1948年7月12日　　张3-128

蓼（37）午字第706号

案奉：

钧府三（37）午字第九一号训令饬查镇属永丰保户民刘光辉等阻挠高台三清渠修建看护涵洞民工住房一案。经查该渠拟建之民工住房，在涵洞西面，该渠北岸。其西不远即刘光辉庄院，据该民称与住居庄落大有防碍。该民曾以合理手续托人商办，并未有任何举动等，□既如该处建修与附近居民住宅有碍。涵洞东面、该渠南北两岸，亦有较阔地势，建修于此较为适宜。况该渠前已买就四亩大庄院一处，数年以来经常住人看护。如该渠另行兴修渠房，应以彼此无碍为佳。理合具文呈复钧府，电鉴核夺。谨呈临泽县政府县长袁。

蓼泉镇公所鲁璠

副镇长康茂林（代行）

中华民国三十七年七月十二日

处理意见：

为拟□复。

函复高台县府转饬三清渠，另勘适宜地点建修。

七月十三日

临泽县蓼泉镇公所九刘光道等向三清渠勒索水徭杂款事给临泽县政府的呈文

1948年7月12日　　张3-128

蓼（37）午字第705号

临泽县政府

为呈报小新、临泽两渠户民刘光道等向三清渠勒索水徭杂款一案情形由：

案奉钧府三（37）午字第九〇号训令开“准高台县政府函转三清渠代表呈‘临泽小新两渠人民勒索水徭杂款’一案。兹抄原花名单一纸。仰即澈查报”等因。附原名单一纸。奉此经查三清渠新线占用小新、临泽两渠户民刘先道、刘先谋等良田二十余亩，省府虽将田赋豁免，但小新、临泽两渠每年挖渠夫可仍按以前成案办理。该三清渠新线占用之地尚未刚除，逐次追免该民等讨要之款。按小新、临泽两渠沟价规定数目相符，内中并无其他杂款。谨将调查情形，理合具文呈报钧府电鉴核夺。谨呈临泽县政府县长袁。

蓼泉镇公所　鲁　潘

副镇长　康茂林（代行）

中华民国三十七年七月十二日

处理意见：

三清渠新线占用田亩，既经豁免田赋，则其他款项亦应援例免除。拟令该镇转饬制止，并函复高台县府查照。

七月十三日

临泽县蓼泉镇公所就刘光辉等呈报三清渠新建渠房与该民有碍一案给临泽袁县长的呈文

1948年7月14日　　张3-128

蓼（37）午字第七〇九号

据情转呈"刘光辉等呈报三清渠新建渠房与该民有碍"一案：

案据镇属永丰保户民刘光辉、刘光禄等呈称"查三清渠于本年五月二十八在涵洞附近西端建修民工住房一间，以资看护涵洞"等语。民等以建房之地附近民等住庄，对于民等阳宅及农事方面有碍。托刘光义与该负责人商办，而该渠负责人推不接受、任意妄为、不识用意何在。若谓修房看守涵洞，而该渠前已买下四亩多大渠房，即在涵洞东面距离不远，经常均住人看护涵洞。况涵洞东面附近空地颇多，紧接该渠庄后墙修房若干都能容下，曷况一间民房。故意在涵洞西端建修，防碍民等居住及农事为难。民等世居此地，该渠□□新开渠道时即（依省府势力）将本渠耕地坟庄路道挖断。现又在民等住庄附近建修民房，不知该渠将民等置于何地。民无法，只得谨将案情具文呈报镇长电鉴，准予转请县政府函转。高台县令饬该渠负责人在该渠现住渠庄后面建修，以免民等受碍谨呈等情。据此，理合具文呈报钧府电鉴核夺。谨呈临泽县政府县长袁。

鲁潘

中华民国三十七年七月十四日

处理意见：

函转高台县政府令饬三清渠另觅适宜地址建修，并指复。

七月十七日

临泽县政府就高台三清渠建修小新渠石涵洞以昭信守事给酒泉王专员等的代电

1948年4月　　张3-128

建（37）卯字第〇二六六号

兰州主席郭、酒泉王专员钧鉴

电请转饬高台三清渠建修小新渠石涵洞以昭信守请鉴核由：

查本府于三月二十九日召开第三次水利委员会时，据小新渠民众代表赵毓琨等十二人提议“以高台三清渠原修该渠之木渡槽，现已破坏不堪应用。请呈请省府转饬该渠履行合同条约，于本年内另修石涵洞，以符原案二昭信守”等情一案。经提会研讨，确有另修之必要。现合电请钧署府鉴核俯准令饬高台转饬该渠兴修，以重水规为祷。另附表格四张。

临泽县长杨

中华民国三十七年四月□□

临泽县政府就修固河堤事给平川乡公所的代电

1948年4月8日　　张3-128

三（37）卯字〇七一号

平川乡公所览

案奉甘肃省政府水三（37）寅字第（1097）号训令开“准水利部，本年三月十日寅□代电‘查江河堤之安危，关系国计民生至大、亟应未雨绸缪、力求巩固。应年修守事宜，均经电请查照办理’在案。本年度各河流堤埝应趁此枯水时期，普遍勘测培修完固。一面种草植树以资保护，所有防汛料物，并应预储充裕，以应汛期需要。除令饬本部所属各流域□关注意办理，并分电外，愿应电请查照饬电办理，见复为荷。仰遵照注意办理”等因。奉此除分电外，合亟电该乡遵照办理为要。

县长杨居三（37）卯齐（印）

中华民国三十七年四月八日

临泽县政府就派员勘查各渠工程以便转请拨款兴修事给平川乡公所的训令

1948年6月2日　　张3-128

三（37）巳字第〇五九二号训令

平川乡公所

令饬派员勘查各渠工程以便转请拨款兴修仰遵具报由：

案据乡参议会参秘（37）钧□电，建议“本府呈请上峰拨款兴修□□□□□□[①]，查照乡各渠工程派员勘查”等由。除饬令外，合行抄原提案，令仰该乡派员前往各渠实地勘查，并绘具详备报府，以凭转请拨款兴修。

县长杨居敬

民国三十七年六月二日

① 编者按：此处原文档漫漶，不可识。

临泽县政府就沿途民众偷掘渠口偷泡草湖事给平川乡公所的代电

1948 年 5 月 15 日　　张 3–128

三（37）辰字第〇五〇八号

平川乡公所

案奉甘肃省水三（37）卯字第二零一一号代电开“据鼎新县政府本年四月十六日呈称‘查本县历年于□□前□□县长命令，□□民夫。亲往高、张、临等县，会同各县县长循例分水，张、高、鼎农田已变为□□□□①，此举关系本县民生亟为要重□□，并七区专署专员会同办理’。□□□□□□□□□②均水，虽内谷该县沿途民众偷掘渠口，泡草湖碧水为常屡。故此事发生纠纷，以致本县农产灌溉不足，大受影响。不过均水期近，自应仍照成案办理。恭请钧鉴开恩，于本年均水以前，分别电饬高台、张掖、临泽等县县长，届时严令沿途坚开口、勿再偷泡草湖。减少下游水量，俾我边远小县普沾水利。仰严渠沿途民众窃水泡湖□□□□□□□③专员，张掖、高台县政府及电复鼎新县政府”等因。除仰告，并分电齐合行电，仰该乡遵照。电饬所属各保及各水渠严加制止为要。

县长袁居敬 三（37）辰印

中华民国三十七年五月十五日

处理意见：

令饬各保遵照。

五月十五日

甘肃省政府就临泽县小新渠石渡槽已令高台县三清渠办理事给临泽袁县长的训令

1948 年 12 月 31 日　　张 3–129

水（37）亥字第 3643 号

临泽县袁县长

为该县小新渠石渡槽已令高台县三清渠办理仰知照由：

该县小新渠石渡槽工程，已由水利局设计图样。令饬高台县政府转饬三清渠备料，以便修筑矣。仰知照。

主席郭寄峤

民国三十七年十二月三十一日

① 编者按：此处原文档漫漶，不可识。

② 编者按：此处原文档漫漶，不可识。

③ 编者按：此处原文档漫漶，不可识。

处理意见：

拟转参议会及小新渠水利办事处知照。

十二月三十一日

临泽县政府就高台三清渠履行合同修筑小新渠涵洞事给甘肃省主席的呈文

1948 年 11 月 29 日　　张 3–129

三（37）戍字第四八九号

甘肃省政府主席郭

为电报本县参议会，函送罗参议员增华提建议“县府转省府令饬高台三清渠履行合同修筑小新渠涵洞”请鉴：

准本县参议会泽参戍字第三三一号公函开，入原文，兹照抄原提案一份，随附赍请鉴核，准予令饬高台三清渠履行合同，修筑小新渠，以增农产，而利民生。

临泽县长袁第锐

民国三十七年十一月二十九日

临泽县政府就高台三清渠履行合同修筑小新渠涵洞事给临泽县参议会的公函

1948 年 12 月 20 日　　张 3–129

三（37）亥字第 390 号

临泽县参议会

函复贵会建议转呈省府令饬高台三清渠履行合同修筑小新渠涵洞一案，执行情形请查照由：

贵会十一月九日泽参戍字第三三一号公函及提案转呈称“查此案本府基于十一月二十九日以三（37）戍字第四八九号代电‘呈原提案’，呈请省府核办”在案。□□俟核示到府，即专案函复外，请查照。

县长袁第锐

民国三十七年十二月二十日

甘肃省政府就高台三清渠修筑小新渠涵洞事给临泽袁县长的指令

1948 年 12 月 24 日　　张 3–129

水二（37）亥字第 3540 号

临泽县袁县长

据请令饬“高台三清渠修筑小新渠涵洞”一案，现正设计，俟设计完成，转饬办理仰知照由：

本年十一月二十九日三（37）戍字第四八九号代电暨附□□□□①。查本案前经水利

① 编者按：此处原文档漫漶，不可识。

局设计，因石料需疑甚巨，一时□□仍采用本质渡槽。令饬高台马尾湖水库工程处协助办理在案。嗣后政府亦主张修筑石渡槽，以求永固。现设正由水利局设计中，俟设计完毕，即令高台县政府转呈三清渠备料兴修。仰知照。

主席郭寄峤

民国三十七年十二月二十四日

处理意见：

拟函转县参议会查照并令转小新渠□□。

第锐

十二月二十五日

临泽县政府就奉令修筑小新渠涵洞改正设计事给临泽县参议会的公函

1948 年 12 月 31 日　　张 3-129

三（37）亥字□□□

临泽县参议会

为奉令修筑小新渠涵洞一案改正设计办理请查照由

案查前准贵会二届五次大会建议“本府□□□府会饬高台三清渠履行合约，修筑小新渠涵洞”一案。经呈奉甘肃省政府十二月十四日水二（37）亥字第三四五〇号指令开，入原文，除令饬小新渠知照外，附请查照外，仰知照。

县长袁第锐

民国三十七年十二月三十一日

本书由以下项目资助

国家“十三五” 重点研发计划“西北典型地区节水与生态修复技术集成提升与规模示范”
(2016YFC0402900)

国家自然科学基金重大研究计划“黑河流域生态-水文过程集成研究”重点项目
“水权框架下黑河流域治理的水文-生态-经济过程耦合与演化”
(91125018)

国家社科基金青年项目“晚清以来祁连山—河西走廊水环境演化与社会变迁研究”
(18CZ068)

甘肃省社科规划重点招标课题“甘肃黄河文化保护、传承与弘扬的战略定位和实施体系研究”
(20ZD014)

“十三五”国家重点出版物出版规划项目

国家出版基金项目
NATIONAL PUBLICATION FOUNDATION

黑河流域生态-水文过程集成研究

河西走廊水利史文献类编·黑河卷

（三）

张景平　王忠静　陈乐道　吴居善　主编

科学出版社　龍門書局

北京

内 容 简 介

《河西走廊水利史文献类编·黑河卷》是"黑河流域生态-水文过程集成研究"丛书的组成部分。本书收录方志、游记与考察报告、民国工程计划书、民国报刊、民国档案、中华人民共和国时期档案、民间收藏水利史资料等7类历史文献，涉及历史时期黑河流域水系变迁、水利建设、水利管理、水利纠纷与水利文化等方面的各类一手资料。

本书既可作为原始史料，供历史学、水科学、环境学、经济学、社会学等相关学科研究者使用，亦可为流域水资源开发管理与社会经济发展提供必要的参考。

图书在版编目(CIP)数据

河西走廊水利史文献类编. 黑河卷（全四册）/ 张景平等主编. —北京：龙门书局，2020. 11

（黑河流域生态-水文过程集成研究）

"十三五"国家重点出版物出版规划项目　国家出版基金项目

ISBN 978-7-5088-5803-6

Ⅰ. ①河…　Ⅱ. ①张…　Ⅲ. ①河西走廊-水利史　Ⅳ. ①TV-092

中国版本图书馆 CIP 数据核字（2020）第 178947 号

责任编辑：李晓娟 / 责任校对：樊雅琼

责任印制：肖　兴 / 封面设计：黄华斌

科学出版社　龍門書局　出版

北京东黄城根北街 16 号

邮政编码：100717

http://www.sciencep.com

中国科学院印刷厂　印刷

科学出版社发行　各地新华书店经销

*

2020 年 11 月第　一　版　开本：787×1092　1/16

2020 年 11 月第一次印刷　印张：127 1/4　插页：2

字数：3 090 000

定价：1890.00 元（全四册）

（如有印装质量问题，我社负责调换）

《黑河流域生态-水文过程集成研究》编委会

主　编　程国栋

副主编　傅伯杰　宋长青　肖洪浪　李秀彬

编　委　(按姓氏笔画排序)

于静洁　王　建　王　毅　王忠静

王彦辉　邓祥征　延晓冬　刘世荣

刘俊国　安黎哲　苏培玺　李　双

李　新　李小雁　杨大文　杨文娟

肖生春　肖笃宁　吴炳方　冷疏影

张大伟　张甘霖　张廷军　周成虎

郑　一　郑元润　郑春苗　胡晓农

柳钦火　贺缠生　贾　立　夏　军

柴育成　徐宗学　康绍忠　尉永平

颉耀文　蒋晓辉　谢正辉　熊　喆

《河西走廊水利史文献类编·黑河卷》

编纂委员会

主　　任　王忠静　卢琼华　谢继忠
委　　员　赵国强　杨永生　崔云胜　张景平
　　　　　陈乐道　吴居善　梁永芳　郑　航
主　　编　张景平　王忠静　陈乐道　吴居善

参与编纂单位

主持单位　清华大学
　　　　　甘肃省档案馆
合作单位　河西学院
　　　　　张掖市档案馆

总　　序

20 世纪后半叶以来，陆地表层系统研究成为地球系统中重要的研究领域。流域是自然界的基本单元，又具有陆地表层系统所有的复杂性，是适合开展陆地表层地球系统科学实践的绝佳单元，流域科学是流域尺度上的地球系统科学。流域内，水是主线。水资源短缺所引发的生产、生活和生态等问题引起国际社会的高度重视；与此同时，以流域为研究对象的流域科学也日益受到关注，研究的重点逐渐转向以流域为单元的生态-水文过程集成研究。

我国的内陆河流域占全国陆地面积 1/3，集中分布在西北干旱区。水资源短缺、生态环境恶化问题日益严峻，引起政府和学术界的极大关注。十几年来，国家先后投入巨资进行生态环境治理，缓解经济社会发展的水资源需求与生态环境保护间日益激化的矛盾。水资源是联系经济发展和生态环境建设的纽带，理解水资源问题是解决水与生态之间矛盾的核心。面对区域发展对科学的需求和学科自身发展的需要，开展内陆河流域生态-水文过程集成研究，旨在从水-生态-经济的角度为管好水、用好水提供科学依据。

国家自然科学基金重大研究计划，是为了利于集成不同学科背景、不同学术思想和不同层次的项目，形成具有统一目标的项目群，给予相对长期的资助；重大研究计划坚持在顶层设计下自由申请，针对核心科学问题，以提高我国基础研究在具有重要科学意义的研究方向上的自主创新、源头创新能力。流域生态-水文过程集成研究面临认识复杂系统、实现尺度转换和模拟人-自然系统协同演进等困难，这些困难的核心是方法论的困难。为了解决这些困难，更好地理解和预测流域复杂系统的行为，同时服务于流域可持续发展，国家自然科学基金 2010 年度重大研究计划“黑河流域生态-水文过程集成研究”（以下简称黑河计划）启动，执行期为 2011~2018 年。

该重大研究计划以我国黑河流域为典型研究区，从系统论思维角度出发，探讨我国干旱区内陆河流域生态-水-经济的相互联系。通过黑河计划集成研究，建立我国内陆河流域科学观测-试验、数据-模拟研究平台，认识内陆河流域生态系统与水文系统相互作用的过程和机理，提高内陆河流域水-生态-经济系统演变的综合分析与预测预报能力，为国家内陆河流域水安全、生态安全以及经济的可持续发展提供基础理论和科技支撑，形成干旱区内陆河流域研究的方法、技术体系，使我国流域生态水文研究进入国际先进行列。

为实现上述科学目标，黑河计划集中多学科的队伍和研究手段，建立了联结观测、试验、模拟、情景分析以及决策支持等科学研究各个环节的“以水为中心的过程模拟集成研究平台”。该平台以流域为单元，以生态-水文过程的分布式模拟为核心，重视生态、大

气、水文及人文等过程特征尺度的数据转换和同化以及不确定性问题的处理。按模型驱动数据集、参数数据集及验证数据集建设的要求，布设野外地面观测和遥感观测，开展典型流域的地空同步实验。依托该平台，围绕以下四个方面的核心科学问题开展交叉研究：①干旱环境下植物水分利用效率及其对水分胁迫的适应机制；②地表-地下水相互作用机理及其生态水文效应；③不同尺度生态-水文过程机理与尺度转换方法；④气候变化和人类活动影响下流域生态-水文过程的响应机制。

黑河计划强化顶层设计，突出集成特点；在充分发挥指导专家组作用的基础上特邀项目跟踪专家，实施过程管理；建立数据平台，推动数据共享；对有创新苗头的项目和关键项目给予延续资助，培养新的生长点；重视学术交流，开展“国际集成”。完成的项目，涵盖了地球科学的地理学、地质学、地球化学、大气科学以及生命科学的植物学、生态学、微生物学、分子生物学等学科与研究领域，充分体现了重大研究计划多学科、交叉与融合的协同攻关特色。

经过连续八年的攻关，黑河计划在生态水文观测科学数据、流域生态-水文过程耦合机理、地表水-地下水耦合模型、植物对水分胁迫的适应机制、绿洲系统的水资源利用效率、荒漠植被的生态需水及气候变化和人类活动对水资源演变的影响机制等方面，都取得了突破性的进展，正在搭起整体和还原方法之间的桥梁，构建起一个兼顾硬集成和软集成，既考虑自然系统又考虑人文系统，并在实践上可操作的研究方法体系，同时产出了一批国际瞩目的研究成果，在国际同行中产生了较大的影响。

该系列丛书就是在这些成果的基础上，进一步集成、凝练、提升形成的。

作为地学领域中第一个内陆河方面的国家自然科学基金重大研究计划，黑河计划不仅培育了一支致力于中国内陆河流域环境和生态科学研究队伍，取得了丰硕的科研成果，也探索出了与这一新型科研组织形式相适应的管理模式。这要感谢黑河计划各项目组、科学指导与评估专家组及为此付出辛勤劳动的管理团队。在此，谨向他们表示诚挚的谢意！

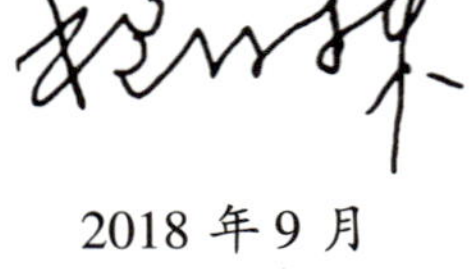

2018 年 9 月

叙　记

《河西走廊水利史文献类编·黑河卷》既是“黑河流域生态-水文过程集成研究”丛书的组成部分，也是“河西走廊水利史文献类编”丛书的第二部成果，其篇幅在两大丛书中都是最巨大的。为方便读者阅读与使用这一文献整理成果，编者在此谨对黑河流域水利开发的历史与现状进行简要介绍，并对本书编纂缘起与经过等相关问题略做说明。

一

黑河是我国第二大内陆河，流域跨青海、甘肃、内蒙古三省区。黑河干流上游分为二源。西源野牛沟发源于青海省祁连县八一冰川，东源八宝河发源于青海省门源县景阳岭。二源在祁连县城所在地八宝镇西北汇合后，在黄藏寺附近流入甘肃省境内，向东北方切穿祁连山脉中的走廊南山，经肃南裕固族自治县境，出莺落峡进入河西走廊。其后，黑河干流北流至张掖市甘州区乌江镇一带，山丹河及其支流从山丹、民乐县汇入黑河；干流继续经临泽、高台二县，左岸相继有沙河、梨园河（又称响山河）、摆浪河等支流汇入，至正义峡转向北流并切穿合黎山。其后，黑河干流经大墩门进入甘肃省金塔县境内，转向东北流，又称弱水。在金塔县鼎新镇一带接纳自酒泉、嘉峪关流来的第一大支流讨赖河，至狼心山附近，进入内蒙古自治区额济纳旗境内，又称额济纳河，分为东、西二河，分别注入东居延海（又称苏古淖尔）与西居延海（又称嘎顺淖尔）。黑河干流全长821公里，在上游山区形成的径流总量15.8亿立方米。其中，莺落峡以上为上游，莺落峡与正义峡之间为中游，正义峡以下为下游。

黑河流域在西、东、东南三个方向分别与石羊河流域、疏勒河流域、黄河流域相邻，北部与蒙古国接壤。黑河流域总面积约14.29万平方公里。其中，青海省1.04万平方公里，甘肃省6.18万平方公里，内蒙古自治区约7.07万平方公里。黑河支流众多，除较大的山丹河、沙河、梨园河、摆浪河、讨赖河以外，还有马蹄河、海潮河、酥油口河等不与干流发生直接水力联系的大量浅山短流。全流域中集水面积大于100平方公里的河流有18条，地表径流量大于1000万立方米的河流有24条。其中，中游地区灌溉发达，渠网、塘坝、水库密布，干支流河道的渠系化特征十分明显。

黑河流域在整体上属于温带大陆性气候。南部祁连山区海拔2600—3200米，年平均气温2.0—1.5℃，年降水量在200毫米以上，最高达700毫米，相对湿度约60%，蒸发量约700毫米，气候冷凉，但相对湿润。高山区现代冰川普遍发育，宽阔河谷多高山草甸，有较丰富的森林资源，是流域主要的产流区。中部河西走廊平原区平均海拔1500米左右，年平均气温2.8—7.6℃，降水量由东部的250毫米向西部递减为50毫米

以下，蒸发量则由东向西递增，自 2000 毫米以下增至 4000 毫米以上，光热资源丰富，日照时间长达 3000—4000 小时，绿洲、戈壁、沙丘渐次分布。黑河流域下游额济纳平原平均海拔 1000 米左右，年平均气温 8.9℃，年降水量 35 毫米，年日照时间最高可达 3600 小时，是中国日照最多的地区之一，流沙戈壁与湿地湖泊并存。

黑河水系的历史演化较为复杂。环境科学的有关研究表明，地质时期，黑河流域水量充沛，古居延海面积巨大，更有径流从居延海盆地东北方向溢出并深入蒙古高原，最东可到达呼伦贝尔盆地。后伴随青藏高原不断隆起，阻挡季风进入内陆，流域气候日益干旱，径流量逐渐减少，黑河干流长度缩短，居延海变为尾闾湖。进入历史时期，人类活动对于流域环境的塑造不断强化，加之流域气候存在周期性变化，下游居延海面积盈缩，中游绿洲分布格局亦处于动态过程。20 世纪后半叶，全球工业化迅猛推进，导致全球气候变化加剧，黑河流域社会经济快速发展，导致祁连山局部生态破坏，大量水资源在中游被消耗甚至浪费，直接引发黑河诸支流与干流相继失去水力联系，进入下游的水量不断减少，西居延海和东居延海先后于 1961 年、1992 年干枯，引发严重的生态问题。自 2000 年开始，由国务院统一部署的黑河干流水量调度工作启动，黑河干流开始根据制度安排向下游定期、定量输水。经过持续努力，黑河下游生态明显改善。2017 年 10 月东居延海水面恢复至 66.3 平方公里，为近一百年来最大面积。

黑河流域自古以来即处于沟通中原与西域、内蒙古高原与青藏高原的十字路口位置，战略地位十分重要。黑河流域是当前中国重要的生态功能区、中国制种农业的主要基地之一、历史文化资源的富集区与重要的旅游目的地。具体而言，上游的祁连山脉是中国西北最重要的水源涵养区之一，中游的河西走廊中部绿洲是中国著名的灌溉农业区、中国最大的玉米制种基地与“丝绸之路”经济带上的重要通道，下游的居延海地区是中国防治沙漠化与抑制沙尘暴的桥头堡之一。兰新铁路、兰新铁路第二双线、临哈铁路、连霍高速公路（G30）、京新高速公路（G7）呈东西向横贯流域，交通便利。流域总人口 133.8 万（2016 年），包含汉、蒙、藏、回、裕固等诸多民族，其中 90% 以上分布在中游地区。黑河流域的主要城市都在甘肃省，有张掖市、酒泉市、嘉峪关市；县级城市有青海省祁连县，甘肃省肃南裕固族自治县、山丹县、民乐县、临泽县、高台县、金塔县，内蒙古自治区额济纳旗。黑河流域拥有张掖大佛寺、肃南马蹄寺石窟与文殊山石窟、汉长城、明长城、黑城、骆驼城、魏晋壁画墓等重要文物古迹，以及祁连县卓尔山、张掖丹霞地貌、山丹军马场、额济纳与金塔胡杨林等著名风景区。此外，著名的酒泉卫星发射基地亦位于黑河干流附近。

需要特别说明的是，黑河第一大支流讨赖河流域因流域面积大，水量较大，且社会经济格局自成一体，在水利事业中通常被视为独立流域，“河西走廊水利史文献类编”丛书独立安排《讨赖河卷》，已于 2016 年由科学出版社出版。因此，《河西走廊水利史文献类编 · 黑河卷》刊布史料涉及的地理范围，包括黑河干流流域及除讨赖河外的全部支流流域。

二

以《史记》为代表的传世文献记载，黑河流域的大规模开发始于公元前2世纪汉武帝对河西走廊的征服活动。考古发掘则显示，从新石器时代直到青铜时代，黑河流域一直有先民从事规模化的生产活动。考古挖掘提供的证据显示，黑河流域存在分属马家窑文化马厂类型与四坝文化类型的考古遗址，农业生产在这些考古文化的经济生活中占有决定性的地位。位于黑河流域东部山丹河流域的民乐县东灰山遗址曾发现距今4000年左右的小麦、大麦、高粱、粟和稷五种农作物碳化籽粒以及石磨、石镰等石质农具，证明黑河流域是我国最早引种小麦这一外来作物的区域。畜牧业方面，东灰山遗址等出土大量羊、猪等家畜骨殖，黑河流域的祁连山山前草原以及下游居延海一带自古就是肥美牧场，在战国时代处于乌孙、月氏两大游牧部族的结合部，存在较发达的游牧经济。在手工业特别是在青铜冶炼方面，黑河流域是中亚、印度青铜冶炼技术传入中原的重要通道。近年来新挖掘的张掖西城驿遗址显示，黑河流域在距今4100—3600年已经存在较大规模的青铜冶炼基地，呈现出较高的社会分工水平。这些考古文化中，必然有与水资源开发相关的内容，故《尚书·夏书·禹贡》中有关大禹“导弱水，至于合黎，余波入于流沙”的记载虽系上古传说，未必没有实际映射的历史事实。

西汉王朝设立河西四郡后，今日黑河流域在彼时主要属于张掖郡管辖。与郡县设立相伴随的是大规模的人口迁移。故两汉时期，黑河流域掀起了第一个水利开发高潮。《汉书·地理志》记载，张掖觻得县附近有千金渠，可能就是中游地区的骨干灌溉工程。又据学界对居延汉简的研究，当时在下游居延海地区亦有规模庞大的农业开发，并设有隶属大司农的“都水”及其统辖下的各种水利职官、“河渠卒”等数量庞大的水利人员。同时，畜牧业在流域内部也占有重要地位。祁连山山前草原水草丰美，众所周知的匈奴歌谣中的“失我祁连山，使我六畜不蕃息”，应是指今黑河流域的大马营草原而言。太史公谓凉州“畜牧为天下饶”，黑河流域实为中心。

公元4世纪初，中原地区因所谓“五胡乱华”而再次陷入大动乱时，包括黑河流域在内的河西走廊却在其后一个世纪的时间内保持了相对的安定与繁荣，成为中国北方保存汉、晋文明成果的最主要区域，其人才与文化储备为后世隋唐帝国重建大一统做出了重要贡献。公元301—439年，黑河流域先后为前凉、前秦、后凉、北凉等政权占据。其中，北凉政权为世居黑河之畔的匈奴别部卢水胡建立。大量西迁避难的中原民众迁入黑河流域，农牧业进一步发展，居于青海湟水流域的南凉秃发部经常越过祁连山，到张掖一带抢割庄稼，抄掠牲畜，证明黑河流域是农牧产品丰饶的膏腴之地。

公元589年，隋王朝统一全国，各地经济普遍发展，户口数量与粮食产量都有很大提升。公元609年，隋炀帝亲自巡视河西，在黑河流域的焉支山下大会西域各国首领与商贾，成为流域历史中一件重要的国际外交与贸易事件。唐王朝建立后，一直十分重视黑河流域的经济开发特别是农业的建设。唐前期，甘州人口稀少，劳动力资源极为匮乏，尚有大量未获开辟的土地，故陈子昂极力建议向甘州大量移民，大兴水利。至8世纪中叶的唐玄宗时期，包括黑河流域在内的河西走廊已经成为一个粮食产量极高的地区。当帝国都城所在的关中平原遭遇饥荒时，往往将河西生产的富余粮食陆运至灵州（今宁夏灵武）一带，装船沿黄河、渭河进入关中。唐代黑河流域的畜牧业仍然保持兴旺，在吐蕃对唐的几次偷袭中，劫夺甘州牲畜都是吐蕃的目的之一。

公元755年，“安史之乱”爆发，唐帝国由盛转衰；在此后数个世纪中，中原王朝失去对河西走廊的控制，黑河流域先后为吐蕃、回鹘占领。由于这两个政权都具有不同程度的游牧属性，黑河流域的农业开发衰落。公元11世纪，西夏占领黑河流域后，开始大力发展农业，并在居延海附近进行垦殖。元朝时期，在河西走廊设立甘肃等处行中书省（甘肃行省），黑河流域为其中心。因皇室崇尚藏传佛教，西藏高僧常常沿黑河经居延前往蒙古草原深处的哈拉和林，故朝廷比较重视对黑河流域的开发。其时，甘州、肃州（今酒泉市肃州区）、亦集乃（今额济纳旗黑城遗址）等城市都十分繁荣，马可·波罗在其游记中对此进行了特别的赞扬。另一位意大利修士鄂多立克则在游记中提到，甘肃行省是“世界上第二个最好的省”，出产大量粮食，其中最主要的作物是粟。马可·波罗与鄂多立克都提到，甘州、肃州南部的祁连山区盛产大黄，是黑河流域重要的输出商品。

1372年，明王朝占领河西，在肃州城西修筑嘉峪关，并以此作为帝国直接控制区的西北门户，黑河流域遂成为明王朝版图中的西北极边之区。为缩短军事防线，明王朝放弃了黑河下游广大地区，集中力量在黑河中游地区开发屯田，并以军、民双轨制的方式引入农业移民。明代黑河流域在河西走廊的贸易地位较为突出，由于边境的收缩与贸易政策的调整，肃州、甘州成为明帝国在西北方面的两个最重要口岸，新疆与中亚、西亚商人的许多贸易活动被指定在这两座城市中进行。15世纪上半叶，帖木儿帝国君主沙哈鲁派遣使团前往北京，沿途经过许多大城市，但所撰写的行纪材料只对甘州、肃州这两座城市中的市场进行了特别记载，通过许多细节描述盛赞这些市场规模宏大，管理有序，并认为这两座城市所能提供物资种类的丰富程度令人吃惊。

今日黑河中游地区灌溉系统的骨架自明代开始形成，主要渠道的沿革可追溯至明初，包括复杂的山地引水系统、泉水贮存系统以及平原渡槽系统。流域中游形成东部的山丹–民乐绿洲、中部的张掖绿洲、西部的高台–临泽绿洲三大灌溉农业区，人口缓慢增长。清代，在维持明代基本灌溉格局的基础上，对老渠系加密、改建，提高了老垦区的水资源利用率，形成了当时甘肃境内唯一的大面积稻作农业区；同时在下游大举屯田，使得流域人口在整个18世纪中后期快速增长，从1730年前后的不足10万人增加到1810年前后的60万人以上。这一时期，黑河流域历史上第一次出现了因局部人口过剩而向新疆等地输出移民的状况。人口的快速增殖导致了耕地面积的迅速扩大，祁连山山前草场以及高台等地的盐碱地、沼泽地都被开垦。至19世纪初期，流域耕地总面积已超过200万亩。其中，三分之二集中在黑河干流中游的张掖、山丹、民乐、临泽、高台等地。当时甘肃巡抚以区域平均土地单产为依据，将田赋等级自高至低依次定为“金、银、铜、铁”四等，甘州等地被定为“金”等，后世所谓“金张掖”之名即从此处得来。

灌溉面积的扩大造成了灌溉高峰时期流域水资源的紧张。早在康熙五十四年（1715年），镇彝堡农民阎如岳等人已经开始向当局请愿，要求在黑河流域诸县之间“均分水

利”。雍正四年（1726 年），川陕总督岳钟琪在一份奏折中承认，每年夏初灌溉高峰，黑河正义峡以下已经没有径流通过。康熙、雍正之际，两任川陕总督年羹尧、岳钟琪对此事极为重视，多次亲自实地考察，或派员督办。在此前后，著名的黑河均水制度出台，其核心是每年芒种前十日寅时起至芒种当日卯时，高台镇江渠以上河段全线闭口，其间由高台镇彝五堡与更下游的毛目、双树墩灌区独享水源。其中，高台镇彝五堡使用七天，毛目、双树墩灌区使用三天，由驻军监督实施。这一制度的核心是：以独占灌溉时间为单位，规定了灌溉高峰期流域中、下游之间各自的水权配额，其灵感明显来源于流域广泛存在的轮灌制度。同时，县级行政区在水权博弈中居于主体地位。在将“时间”作为水权计算主要依据的同时，将“水量”作为水权的重要补充计算方法。雍正、乾隆之际，作为生产军粮的屯田灌区，黑河中游的三清渠取得了闭口期。经过长时间的完善，到民国时期，黑河流域已形成一套以“均水制”为核心的复杂水权制度，并“制造”出一种“阎如岳康熙告状，年羹尧雍正均水”的经典论述，某些具体的制度安排一直沿用至今。

19 世纪 60 年代，中国大地内忧外患。各种战乱给黑河流域社会经济造成了毁灭性破坏，使得流域人口大量损失。晚清、民国时期的黑河流域绝非一个正常的、有着光明前途的区域社会，而是处处呈现着一种凋敝、衰落的景象。沉重的赋役负担、鸦片泛滥等造成了严重的社会危机，整个社会趋于贫困化。著名记者范长江用《金张掖脱了金帽子》这样的标题来描述张掖，其文字对流域社会经济状况有着犀利敏锐的洞察：“要论张掖的街道，……并不见得很差”，但“没有裤子穿的朋友太多了，十四五岁以下的小孩，十之七八没有裤子”。直至 1949 年中华人民共和国成立后，黑河流域的社会经济才步入快速发展的轨道，水利事业也获得了长足发展。

三

长期以来，历史时期黑河流域的水资源开发问题在屯田史、边疆开发史以及历史地理相关学科框架下得到前辈学者的专门讨论。既有研究在两个方向取得了较高水平的研究成果：一是利用汉简资料对汉代水利制度的研究，二是综合运用中国第一历史档案馆藏清代档案与地方志材料对清代屯田水利的研究。然而，在水利社会史领域与水利环境史领域，黑河流域的相关研究步履维艰。其中原因复杂，与河西走廊其他流域一样，“微观”文献的匮乏无疑是重要的阻碍因素。

《河西走廊水利史文献类编·黑河卷》编纂自 2014 年 8 月正式启动。编者首先对黑河流域水利史文献的“家底”进行了约一年的系统摸底调查，认为要在碑刻等金石材料与渠册等民间文书的搜集方面达到岭南、江南、山陕的水平，完全不可能。这是近世以来黑河流域相对落后的社会发展水平所致，更是干旱区水利社会的特性所定。因此，《河西走廊水利史文献类编·黑河卷》在基本继承《河西走廊水利史文献类编·讨赖河卷》编写思路的前提下，将重点放在档案材料的整理上。《河西走廊水利史文献类编·黑河卷》所收录档案以张掖市档案局藏民国档案、甘肃省档案局藏民国档案为主，兼收部分酒泉市档案局藏民国档案。特别是张掖市档案局藏民国档案，多数尚未完成编目，未向公众开放，其史料价值十分珍贵。黑河流域民国水利档案中保留的历史信息，在细节的丰富、内容的多样方面居河西走廊之冠，就是在全国范围内也是不遑多让的，完全可以胜任社会史、环境史、经济史等研究领域的史料需求。其中，不仅涉及民国水利史本身，更有不少可回溯至清代，而这些清代史料的原始载体本身已经消失，故其史料学价值更加凸显。

近年来，史料的出版刊布特别是数字化进程明显加快，这对我们搜集整理干旱区水利文献提出了新的要求。编者认为，在维持基本全面的史料框架基础上，应更加自觉地把精力集中于独家、一手文献的整理刊布上，可以通过数据库检索、阅读的文献一般不再收录。因此，与《河西走廊水利史文献类编·讨赖河卷》相比，《河西走廊水利史文献类编·黑河卷》缩小了民国报刊类文献的取材范围，所收录都是不见于各类数据库或有独特价值者；取消了读者已经可以较容易觅得的清代奏折类文献单元。明清到达黑河流域的知名人士甚多，其文集中未有直接、正面记录水利问题者；但大量一般性的河流水利描述，如李渔甘州诸诗，皆可在古籍数据库中觅得，故取消私家著述类文献单元。黑河流域水利碑刻录文散见于方志、档案者大大超过了讨赖河流域，但没有一座原碑刻存留，因此不再另设碑刻类文献单元。编者曾在流域进行过数次较大规模的口述史采访，但所得信息之丰富、准确、详赡，未能超过档案文献提供的范围，故取消。1949 年后，各种档案资料统一合并为中华人民共和国时期档案文献单元，以五六十年代文献为主。根据《河西走廊水利史文献类编·讨赖河卷》出版后的读者意见，取消文史资料类文献单元，增设民间收藏水利文献单元。

《河西走廊水利史文献类编·黑河卷》的编纂过程得到了各有关方面的大力支持。甘肃省档案局作为本书牵头单位之一，依据双方协议开放了相关档案的刊布授权，并在时任甘肃省委副秘书长兼甘肃省档案局局长赵国强同志的亲自关心下，积极协调有关部门完成了开放权限审核，甘肃省档案馆馆长卢琼华同志以及各相关处室领导在档案整理中给予了宝贵支持。本书合作单位河西学院历史文化与旅游学院动员学生完成了近 1/4 档案的初录工作，更创造各种生活方面的便利条件，使编纂人员在繁重枯燥的工作中倍感温暖。中共张掖市委常委、宣传部部长李润强同志多次过问编纂情况并提供了宝贵支持。张掖市档案馆两任馆长梁永芳同志、吴居善同志以极为高远的文化眼光，保证了张掖市档案馆藏民国档案对课题组的开放。酒泉市人大副秘书长杨永生先生提供了有关民间收藏水利文献的重要线索。2018 年 1 月和 2019 年 3 月，编者邀请相关专家、领导，对本书先后进行了初稿审查和定稿审查，北京大学韩茂莉教授，清华大学仲伟民教授、梅雪芹教授，中国人民大学夏明方教授，北京师范大学徐宗学教授，南开大学王利华教授，山西大学胡英泽教授以及原水利部办公厅主任顾浩教授、水利部宣教中心纪委书记王乃岳研究员、中国水利学会副秘书长吴伯健教授级高级工程师等专家、领导先后莅临指导，对于本书的编纂提出了大量意见与建议。在此，谨向所有关心、支持《河西走廊水利史文献类编·黑河卷》编纂的各位专家、各位领导、各位同仁表示诚挚的感谢。

清华大学土木水利学院副院长王忠静教授作为《河西走廊水利史文献类编·黑河卷》

编纂委员会主任与主编，一直为黑河流域水利史文献的搜集整理提供完全经费保障，并对编纂过程给予全面指导。甘肃省档案馆馆长卢琼华同志作为本书编纂委员会主任，对于本书的编纂工作尤其是民国档案部分的整理提供了各种支持。河西学院历史文化与旅游学院院长谢继忠教授作为本书编纂委员会主任，参与制定了本书体例，并具体组织了书中部分文献的初录工作。《河西走廊水利史文献类编·黑河卷》的编纂框架制定、史料甄别筛选、重点文献录入和全书统稿工作，由本书第一主编张景平完成。其中，主要工作系张景平在清华大学土木水利学院水利水电工程系从事博士后研究时完成，少量收尾工作系2019年3月调任兰州大学历史文化学院研究员后完成。甘肃省档案馆开发利用处处长陈乐道研究馆员、张掖市档案馆馆长吴居善同志作为本书主编，也为本书的编纂尤其是民国档案部分的整理做了许多具体工作。

在《河西走廊水利史文献类编·黑河卷》的编纂工作中，东莞理工学院郑航副教授、西北师范大学王新春副教授、厦门大学王炳文助理教授，曾在清华大学土木水利学院水利水电工程系攻读博士学位的朱金峰、郑志磊、蒋光昱、徐国胤、张子雄诸君，都给予了不同形式的宝贵帮助。兰州大学的马艳艳、毛建荣同学，西北师范大学的常美玲、陈如、陈晓娜、董静贤、杲立亮、郜荟慧、郭永霞、李雅婕、李霞、柳文武、马元军、王丽晓、王瑞雪、王恩博、许凌馨、于增秀、赵琪伟、周雪娇、周玮等同学，河西学院的袁璐、高文虔、贾永翔、祁才中、唐瑞、王明、王亚楠、徐迪先、张烨等同学在不同阶段先后承担了部分档案的馆内数字化、部分原始文献的录入等工作。在此，向这些同仁致以诚挚的感谢。

《河西走廊水利史文献类编·黑河卷》是王忠静教授主持的国家自然科学基金重大研究计划重点项目“水权框架下黑河流域治理的水文–生态–经济过程耦合与演化”（91125018）的重要成果。2019年，《河西走廊水利史文献类编·黑河卷》作为“黑河流域生态–水文过程集成研究”丛书中的一部重要专著，列入国家出版基金项目。为了保持与“黑河流域生态–水文过程集成研究”丛书的一致性，《河西走廊水利史文献类编·黑河卷》整体内容在沿袭“河西走廊水利史文献类编”丛书基本风格与规范的基础上做了一些调整，删去了“河西走廊水利史文献类编”丛书编纂指导委员会名单①、丛书主编署

① “河西走廊水利史文献类编”丛书编纂指导委员会
主　任　雷志栋　刘昌明
顾　问　（按姓名笔划排序）
王　浩　王光谦　张建云　张楚汉
陈志恺　胡四一　顾淦臣　康绍忠
程国栋　傅伯杰
委　员　（按姓名笔划排序）
马俊亚　王乃昂　王利华　王希隆
王忠静　厉　声　田　澍　朱诗鳌
仲伟民　李并成　杨诗秀　辛德勇
张国刚　周魁一　郑炳林　钞晓鸿
袁　林　夏明方　梅雪芹　韩茂莉
谭徐明

名①、丛书总序以及本书附录等内容，同时根据有关政策规定未保留有关可能引发争议的地图等信息，留待日后修订再版时予以补全。

本书索引收录流域重要河流渠道名称，便于读者检索有关信息。

张景平代表本书编纂委员会执笔于金城诚意斋

2020 年 6 月 16 日

① “河西走廊水利史文献类编”丛书主编　王忠静　张国刚

凡 例

尽可能多地保留原始文献信息，是《河西走廊水利史文献类编·黑河卷》编纂过程中的第一原则。故本书对于原始文献内容一般不予改动，以期最大限度地保留原貌。但因为本书所收录原始文献时间跨度大，类型差异明显，为保证内部统一，并符合当今出版规范，经编者与出版方反复协商，本书在许多具体细节方面进行了类型化处理，分别阐述如下。

一、关于文献录文与编者按的问题。对原始史料的录文构成本书绝对主体，同时以脚注形式加编者按。文献录文依照历史文献学一般原则进行。对于字迹难以辨认的内容，用方框代替。出现大量缺页、污损和删节时，用编者按说明。

二、关于原文献中的繁体字、异体字问题。原文献多采用繁体字书写，其中不乏异体字。对于繁体字，本书都直接改为简体字。对于异体字，除人名保留外，本书都直接改为正体字。

三、关于原文献中词汇的不统一、不规范问题。本书所收录文献不但有文言、白话，还有口语化的方言。许多词汇存在两种甚至更多的书写方式，如“彻查”又作“澈查”，“干打实塞”又作“干挞实塞”。对于一些专用名词，民国时期与当今的表达方式不同，如在某些文献中，“海拔”又作“拔海”，等等。人名方面的差异亦大，因旧时乡村社会中文盲比例极高，故许多呈文、诉状中，姓名书写极为随意；两个相近的姓名，有时难以判定：究竟是同一人姓名之误写，还是不同的两个人。地名方面的问题：首先，表现为音近字异，如“大都麻河”又作“大堵麻河”，“昔喇渠”又作“西腊渠”；其次，表现为历史文献地名不符合今日规范，如“内蒙古自治区”不应简化为“内蒙”，但在20世纪50、60年代文献中，“内蒙”相当普遍。上述这些不统一、不规范不但出现在不同文献之间，而且在同一文献内部亦颇有参差。这种不统一、不规范，本身就是重要的历史现象，不应以今责古。故编者对于此类问题皆照录，不刻意统一、规范。

四、关于原文献中的数字形式问题。原文献中数字形式极为复杂。在序号方面，原文献有阿拉伯数字，带圈、带括号的阿拉伯数字和小写、大写汉字数字，带括号的汉字数字等多种类型，且层级运用不统一。在表示量的数字书写方面，亦存在多种书写方式。假设有数字1,740.1，也会写作1740.1、一千七百四十点一、一七四〇点一等。上述各种形式的数字，在全书中皆有出现。对此，编者不做整体统一，基本维持原貌。但为避免读者误会，对同一文献内部易造成理解混乱的地方酌情进行调整。

五、关于原文献中的标点问题。原文献多数没有标点，少数有标点者亦与当今使用规范存在较大差别。编者在整理中，一律使用规范的标点符号进行断句，以逗号、句号为主，对疑问句用问号，对层次关系明显的语句必要时用分号。尽量不使用省略号、破折号、感叹号、冒号、括号，此五类符号出现，若未作注说明，皆为原文自带。断句时亦不轻易使用引号，书中出现者多数为原文自带。编者主动使用引号的情况，集中于民国档案文献中标识公文多层嵌套式结构。由于前人在引用书名、文献时多不规范，多数直接加书名号，如《书》系《尚书》，《汉志》系《汉书·地理志》。但遇到以“汉地理志”指代《汉书·地理志》这样较罕见的简称时，为避免误会，标作“汉《地理志》”，而非《汉地理志》，读者可根据上下文意判断。

六、关于计量单位使用方面的问题。原文献类型多样，形成年代不同，计量单位使用比较复杂，如中国传统的尺、寸、亩、石、斗、斤、两等，英制的英寸、英尺、马力等，公制的米、千米、千克、千瓦等，皆有使用。具体书写时，同一种计量单位存在不同的书写方式，如“英寸”又作“吋”，“毫米”又作“公厘”，“千米”又作“公里”“km”，等等。同一文件内部，亦未能完全一致，对此均维持文献原貌。

七、关于各级标题问题。本书所收录各种类型的原文献标题层级很多，表现方式差异很大，排列分散，影响到阅读效果，故全书统一了各级标题的基本层级，同时保留了原文献各种标题的多样性。为了保持相似文献标题的一致性，有时会省略一级标题。如本书中的诗文标题按三级标题设置，部分内容省略二级标题；档案类文献按三级标题设置，部分内容省略二级标题。

八、关于原文献正文的字体、字号等体例问题。原文献多数为手写，字体复杂，但普遍存在以不同字体、字号区别不同类型内容的现象，也存在大量传统书写格式。在整理中，对绝大多数正文字体统一为宋体，字号统一为五号，但遇古籍中某些起注释、提示、补充作用的小号字以及民国档案中的处理意见，为便于读者区分，改用楷体。排版方面，一律按当前通行的横排标准处理。对于传统书写格式中表尊敬的转行、提格等形式，表谦逊的小号字、侧写等形式，本书未予保留。将夹批、眉批、双行注释等内容改作脚注，并以“原注”表示，或在编者按中介绍其原形态。

九、关于表格的问题。本书涉及表格类型比较复杂，形态差异极大。编者本着尽量接近原始文献形态的原则，按照“黑河流域生态-水文过程集成研究”丛书统一表格版式进行微调，保留其数据、内容的历史原貌。

十、关于民国纪年问题。本书收录史料中涉及的民国纪年书写方式不尽统一。如“中华民国××年”，也会写作“民国××年”、“××年”、“民××”等。其中，“××”之书写形式，亦有汉字数字、阿拉伯数字两种形式。“二十”也会写作“廿”，“三十”也会写作卅。编者对此皆维持现状，读者可根据上下文判断其具体含义。

十一、关于各单元本类文献提要及原始文献作者、整理者信息的问题。各单元本类文献提要的编写目的主要是介绍文献的保存、流传、版本等信息，对整理中遇到的主要问题进行说明。为与各种原始文献区分，本类文献提要中的文字排仿宋体。各种原始文献的作者、整理者信息，已在本类文献提要中说明的，原始文献中不再显示；本类文献提要未予

说明的，在原始文献脚注中以编者按显示；档案文献中，不论原文件是否有具体署名，均在命名中体现责任人。

十二、关于历史文献中的时代局限以及不符合当前出版规定的问题。由于时代局限，历史文献中有极个别文字，存在地域歧视、特定历史条件下的意识形态痕迹、对兄弟民族的不公正态度、宗教矛盾等问题，为符合当前出版规定，编者进行了遮蔽处理，并在遮蔽处以编者按形式注明。对于遮蔽处涉及关键时间与事件节点以致影响阅读的内容，以规范语言转述其重要信息。

十三、部分民国文献对时任官吏颇有谀辞，不尽符合历史事实　但考虑到维持原文献的完整性，未予删改。

十四、本书索引为流域重要河流渠道名索引，但“黑河”因贯穿全书，不再收录。

目　　录

壹　方志类文献

贰　游记与考察报告类文献

叁　民国工程文献

肆　民国报刊文献

伍　民国档案文献

上

中

下

陆　中华人民共和国时期档案文献

柒　民间收藏水利文献

中

马尾湖水库档

高台县政府就建修马尾湖水库事给常明乡盛乡长的指令

1948 年 6 月 29 日　　张 2-416

三（37）巳字第□号

常明乡盛乡长：

建修马尾湖水库工程，定于七月一日展开工作，关于配征民工以及各种用具，业经分电遵照依限督征赶办在案。兹为把握工程进度效率起见，特派警察前往该乡协助督促。转将配征民工用具，依照分配标准按期到达工地，毋稍延忽，并不得有短少情事。仰即遵照协同去警切实赶办。本府已派指导员李效儒担任民工总管理员并□依限前往工地服务。

县长（印）

民国三十七年六月二十九日

处理意见：

遵办。

七月四日

高台县政府就建修水库招工事给常明盛乡长的电报

1948 年 7 月 3 日　　张 2-416

乡长钧鉴：

令已城工完结，兹函呈报大概。县府派警，修城之本，□短两辆　此外再勿用途。职自古四月□九日开招工作，谨将各保夫名列下，共用车夫八十二辆，人夫八十四名，另外之车辆人夫一应在内。需用芨九十一斤，草绳发票前呈，其余结束手续后，正式呈报，敬请公安。定宁保车十二名、定安保人夫八十二名，站北保人夫二十一名，又车夫十一名，柴□保车夫二十名，定平保车夫二十二名，永丰保车夫二十名，人夫十一名。

职盛相邦（印）

民国三十七年七月三日

处理意见：

存案。

七月三日

高台县政府就建修水库民工周转食补事给常明乡公所的代电

1948 年 6 月 25 日　　张 2-416

三（37）巳字第 1717 号代电

常明乡公所：

为电转依照表列□□□颂□□友民工周转食补一案仰即遵照办理由：

建修马尾湖水库工程征雇民工，业经分电遵办。并限于七月一日开工以前全部到达工地，以利进行在案。

现以青黄不接，民工口粮自筹维艰，经洽商，工程处提前借发食粮一百五十□石，以作民工开始周转食用。□计每名借发七市斗五升，以俟工程处验收民工作成土方发给领粮□□，即行扣还。兹据征雇工款缮列借粮□配表一份，随电附发。仰即依照表列数字及说明注意事项赶遵办理。

民国三十七年六月二十五日

<table>
<tr><th>说明</th><th>合计</th><th>四维乡</th><th>常明乡</th><th>柔远乡</th><th>建康镇</th><th>乡镇</th><th rowspan="5">高台县政府借发建修马尾湖水库征雇民工食粮分配表</th></tr>
<tr><td rowspan="4">1. 该项借到专供征雇民工开始周转食用，每名分配 7 市斗 5 升，约需一月。先由乡镇长备据，向工程处总领，一次装运。据照民工配额，迅即分发，以俟工程处验收作成土方发给领粮凭证，即行扣还。
2. 民工作工系□作土方发给□，如有期内土方不足情事，仍□无条件，补足切实转告各民工周知。</td><td>200</td><td>14</td><td>62</td><td>82</td><td>42</td><td>征雇民工数</td></tr>
<tr><td>150 石</td><td>10 石 5 斗</td><td>46 石 5 斗</td><td>61 石 5 斗</td><td>31 石 5 斗</td><td>借发食粮数</td></tr>
<tr><td></td><td>同右</td><td>高台县城仓库</td><td>临泽县城仓库装运 80 石 5 斗</td><td>临泽县城仓库</td><td>装运地点</td></tr>
<tr><td></td><td>同右</td><td>无运费</td><td>除由临泽仓库装运外，除由高台县城仓库装运</td><td>每市石由工程处发给运费 8 万元</td><td>备考</td></tr>
</table>

常明乡盛乡长就建修水库民工周转食补事给各保训令

1948 年 7 月 4 日　　张 2-416

□（37）午字第 35 号训令

令各保：

奉高台县政府三（37）巳字第一七一七号代电“建修马尾湖水库工程征雇民工业经遵办”在案。现以青黄不接，民工口粮自筹维艰，经协商工程处提前借发食粮一百五十市石，以作民工开始周转食用。估计每名借发七市斗五升，以俟工程处民工作成土方发给领粮凭单，即行扣还。兹该乡配发十□四十六石□□。仰即赶速办理。

查本乡民工六十二人，监工员一人，计六十三人。□□□□□□[1]及乡民代表，联名向本所写一借条，以凭转发。民工一人先行借发七市斗三□八□，该保民工……[2]县长于本月七日，由各乡□□□□□□□[3]仰即赶速办理。

乡长盛有聪

民国三十七年七月四日

高台县政府就发动民工车辆建修马尾湖水库事给常明乡公所的代电

1948 年 6 月 25 日　　张 2–416

三（37）巳字第 1718 号代电

常明乡公所：

为电饬依限发动民工、车辆建修马尾湖水库工程一案仰即遵照办理由：

建修马尾湖水库工程，迭经会议决定施工方式，并定于本年七月一日展开工作。兹依决定方式，按照各乡镇直接及间接受益地亩总额，缮到征雇民工车辆配当表一份，随电附发。仰即遵照表列民工车辆数字，并依照说明之要点，切实办理。本案已分别函电各乡镇及工程处。

县长冯周人

民国三十七年六月二十五日

处理意见：

遵照办理。

六月二十六日

① 编者按：此处原文档漫漶，不可识。

② 编者按：此处文档有残缺。

③ 编者按：此处原文档漫漶，不可识。

附件　征雇民工车辆配当表一份①

合计	四维乡		常明乡	柔远乡	建康镇	乡镇	高台建修马尾湖水库征雇民工车辆配当表
	雇工	征工	雇工	雇工	雇工	类别	
	□□□	□□□	□□□	□□□	□□□	地亩总额/亩	
	□□□	□□□	□□□	□□□	□□□	分配标准/亩	
400名	民工14名	民工200名 牛车60辆	民工62名	民工82名	民工42名	每日征工车工数目	
		5人	1人	2人	1人	专任民工管理员人数	
		车夫在民工数内，车夫以民工分配标准两倍计算	河子沟不在黑河受益免征			备考	

注意事项：

1. 直接受益区域为四维乡，属正义常丰河，临河、四维城、万开各渠；其余红山等渠及建康、柔远、常明所属各渠均为间接受益区域。

2. 直接受益区域，系义务征工，由工程处拨借口粮秋收后无息归还；而间接受益区域民工车辆，系属征雇，由工程处按照作成发给工资，每公方发给小麦一市升十二两，征雇牛车工作一日，发给小麦七市升。

3. 各乡镇民工车辆，由乡镇公所选派地方热心公益事业之人，为专任管理，负责点名记工，管理民工诸事。

4. 每配民工十名，由乡镇长督导保长配备木铣二张、铁铣六张、锄锹二把、芨芨草编车□二□长□八尺、木棍四根、民工吃饭锅碗及遮蔽风雨搭棚材料。

5. 民工车辆以及各种工具，均限于六月三十日到达马尾湖工地（间接受益区域征雇车辆，另令饬知）。

6. 民工需用燃料由民工自备。

7. 各乡镇民工管理员姓名简历，于七月五日以前报府，以凭案转。

高台县政府就催促马尾湖民工车辆迅赴工地事给常明公所的训令

1948年7月15日　　张2-416

三（37）午字第1995号训令

令常明乡公所：

令为催促马尾湖民工、车辆迅赴工地：

准马尾湖水库工程处高（37）午字第二五号函“1. 实到工地民夫364人，牛车60辆，与规定之数尚差实多。2. 民夫多不带工具，均以无县府公文为辞。3. 民夫工粮经本处贷借，而各乡镇公所均未转发”一案。查民工携带工具，经以三（37）第一七一八号代电附表说明遵办在案。仰即催促民工迅赴工地并随时转发民工食粮以利工作。

县长冯周人

民国三十七年七月十五日

① 编者按：表中数字有部分不清晰。

高台县政府就速征民工督修赴马尾湖必经大道事给常明乡公所的代电

1948 年 7 月 20 日　　张 2–416

三（37）午字第 2051 号代电

常明乡公所

速征民工督修赴马尾湖必经大道由：

奉电。主席郭不日赴河西视察。到本县后即视察马尾湖水库工程，该乡赴马尾湖必经大道，应速征集民工协同本府派员赵铣，火速督修平坦，务于最短期完成，以便通行汽车，并收□道标，请星夜办修，未成□林株，即行拔去。此为关系重要，请速切实分别速办。

县长冯周人

民国三十七年七月二十日

高台县政府就发动民工车辆依期前往马尾湖水库工作事给常明乡公所的代电

1948 年 8 月 12 日　　张 2–416

一三（37）未字第 2265 号

常明乡公所

为电饬发动民工、车辆依期前往马尾湖水库进行工作一案仰遵照办理由：

准高尾湖水库工程处高（37）午字第三五号公函"以水库土方除由直接受益人民工作八万二千公方外，其余十万公方嘱即发动民夫二千人、牛车五百辆，以期早日完成"一案。经提交第二十三次县政会议决议，依照上次民工数额加倍配征等语，记录在卷。本府根据各乡黑河流域区分直接及间接受益地亩，发动民工八百名，牛车二百辆，连同车夫共计一千名，兹缮列民工车辆配当表一份，随电附发。仰即遵照办理。并于本月二十日（农历七月十六日）前一日，民工车辆全数到达马尾湖工作，毋稍延忽。本案已分电马尾湖工程处及各乡镇公所办理。

县长冯周人

民国三十七年八月十二日

处理意见：

1. 直接受益区域为四维乡，属正义常丰河，临河、四维城、万开等渠开工。后经测量该乡红山渠亦能直接受益，不在间接受益区域内计算。

2. 各乡镇民工车辆仍由乡镇公所参配实际情形，选派得力人员为切实管理负责督工，并将姓名年龄籍贯提前具报核备。

3. 民工每十名配备铁锨六张、木锨二张、锄锹二把、手挽小车四辆，连同民工吃饭锅碗及住宿所需之物随时携带。

4. 间接受益征雇民工，按照作成土方每公方发给小麦一市斤十二两，车夫向工程处签账，随时领取工作证件以凭领发工资。各乡镇长须严切劝导管理员遵办勿忽。

5. 民工管理员姓名简历，务于八月二十日以前报府，以凭案转。

常明乡乡长就民工车辆依期前往马尾湖水库事给各保的训令

1948 年 8 月 15 日　　张 2-416

常（37）未字第 34 号训令

令各保：

奉高台县政府一三（37）未字第二二六五号训令开“准高尾湖水库工程处高（37）午字第三五号公函‘以水库土方除由直接受益人民工作八万二千公方外，其余十万公方嘱即发动民夫二千人、牛车五百辆，以期早日完成’一案。经提交第二十三次县政会议决议，依照上次民工数额加倍配征”等语，记录在卷。本府根据各乡黑河流域区分直接及间接受益地亩，发动民工八百名、牛车二石辆，连同车夫共计一千名，兹缮列民工车辆配当表一份，随电附发。仰即遵照办理并于本月二十日（农历七月十六日）前一日，民工车辆全数到达马尾湖工作，毋稍延忽。每民夫十名配备铁铣六张、木铣二张、锄锹二把、手挽小车四辆，连同民工吃饭锅碗及住宿所需之物随时携带。间接受益征雇民工，按照作成土方每公方发给小麦一市斤十二两，牛车及车夫工作一日发给小麦七市斤，由各该管理员指导率夫向工程处签账，随时领取工作证件，以凭领发工资。以地亩三百五十亩征雇民工一名，一千四百亩征雇牛车一辆。该保应征雇民工□名，铁铣□张，木铣□张，锄锹□个，手挽小车□个，牛车□。仰该保长遵照上项，配定民夫、车辆、工具、燃料等物，统于本月十九日（即古历七月十五日），民工车辆全数到达马尾湖工程处。勿稍延忽为要。本案已分令各保。

乡长盛

中华民国三十七年八月十五日

职员张积福就管理马尾湖水库民工修筑水库事给常明乡长的报告

1948 年 8 月 6 日　　张 2-416

窃职于七月二日奉钧座面谕“前往马尾湖水库工地管理民工六十二名修筑水库”一案。经职于七月二日起至八月一日停工止，共计人工一千八百六十十天，除误工一百零六天及厨夫六十七天外，共计实作一千六百八十七天。兹缮就误夫花名单一纸，及检同工程处工作人夫清单一纸、及发粮证明单二纸，一并具文呈赍钧座，鉴核备查。谨呈常明乡乡长盛。

附呈赍误夫花名单一纸、工程处工作人夫清单一纸、发粮证明单二纸。

职张积福（印）

三十七年八月六日

高台县政府就派濮发璧为马尾湖水库民工总管理员事给常明乡公所的训令

1948 年 8 月 19 日　　张 2-416

五三（37）未字第 2357 号训令

常明乡公所

为令知本府派自卫队分队长濮发璧为马尾湖水库民工总管理员仰遵照由：

兹派本府自卫队分队长濮发璧兼任马尾湖水库民工总管理员，负责办理督征民工事宜。除令行外，仰即知照，并转知各乡镇民工管理员遵照。

县长冯周人

民国三十七年八月十九日

高台县政府就督征民工车辆齐到工地并造列表事给常明乡公所的代电

1948 年 8 月 24 日　　张 2-416

三（37）未字第 2419 号代电

常明乡公所

代电饬速依照配额督征民工、车辆齐到工地以利进行一案仰遵照赶办由：

本月二十三日准马尾湖工程处转送监工员报告"经查建康、柔远两乡镇民夫、车辆竟未依期到达工地；常明、四维两乡民夫、车辆虽已开始工作，但未按照配额督征齐全，殊堪影响工程进度。除派警察分赴各该乡镇协助督征外，合亟电饬，切实督征，□于施工期间依照配额全数到工，勿得有短"等情事。仰即遵照赶办，并将管理人员姓名，连同分配各保民工、车辆数字及保长姓名，于电到三日内分别列表具报核办。

县长冯周人

民国三十七年八月二十四日

常明乡乡长就督征民工车来辆齐到工地并将列表上呈事给高台县政府的呈文

1948 年 9 月 2 日　　张 2-416

□（37）□字第 83 号

八月二十七日，奉钧府三（37）未字第二四一九号代电"饬速依照配额督征建修马尾湖民工、车辆齐到工地，并将管理人员姓名，连同分配各保民工、车辆数字及保长姓名，分别列表具报核办"等因。奉此，遵查本乡民工管理员姓名，业已于本年八月二十五日以常（37）未字第七四号呈文呈报在案。兹谨造本乡具各保保长姓名及民工、车辆分配表一份，理合备查。谨呈县长冯。

乡长盛

民国三十七年九月二日

职员就调派人夫事给常明乡长的呈文

1948 年　　张 2-416

常明乡长大鉴：

此次祁修联营工厂人夫，先后共计一十七名。昨（四日）又先停工，请阁下着派干员速催，即日来城赶做，以便早日完工。大约再有三、五日即可竣工，为人夫不能来时，可着改车夫三、二名亦可。每车夫（一辆）做两日，可折人夫五日，因内部有砖瓦废土，拟拉送城外，以清除内部，否则着人夫来城另觅□地，工具运送可□□。此敬请顺祝为要。附已支人夫名单一纸。

弟□□□敬祈

高台县政府就马尾湖民工管理员简历事给常明乡公所的指令

1948 年 9 月 7 日　　张 2-416

三（37）申字第 2588 号指令

常明乡公所

据呈赍马尾湖民工管理员简历表请核派一案指令知照由：

常（37）未字第七三号呈悉，准予照派随令附发派令一件、注意事项一份。仰即转发。附发派令一件、注意事项一件。

县长冯周人

民国三十七年九月七日

高台县政府就催促督征民工车辆事给常明乡公所的训令

1948 年 9 月 10 日　　张 2-416

三（37）申字第 2612 号训令

常明乡公所

为令饬迅即派员坐催各保督征民工、车辆一案仰速遵办具报由：

准高台马尾湖水库工程处高库字第七号申支代电“迭奉省令严催促□完成土方工程，惟各乡镇征雇民工、车辆，自复工以来迄未□照配额到齐。截至八月三十日共□民夫二九二三二、车辆九一五天，嘱连派员赴各乡镇坐催。并将短缺民夫、车辆一律补齐，以利工程”等由到府。查兴修水利乃发展经济建设三首要，本县地居黑河下游，建修水库尤为当前三急，盼各乡长对于马尾湖水库征工，虽已尽相当之力，但到工人夫、车辆未能按照配额督催齐全，尚不彻底。兹照抄民工、车辆统计表一份，随令附发。迅查工地需工孔急，除派警前往该乡协助督修外，仰即加派干员，依照表列数字漏应守催。并将积欠民工、车辆，按规定加征督，随时责成亏欠各保迅即加征补员。倘有督工不力之保长，准即送府惩办，幸勿延误。仰该乡长遵照赶办，并将督工情形分别“应征”“加征”详报核查。

县长冯周人

民国三十七年九月十日

高台县政府就工程处调拨车辆事给常明乡公所的指令

1948 年 9 月 15 日　　张 2-416

三（37）申字第 2663 号指令

常明乡公所

为准工程处函复调拨车辆一案仰知照由：

本年八月二十七日会签呈悉“本府经以三（37）未字第二五一四号函‘转马尾湖工程处查照。并嘱制止调拨车辆’。去后旋准高库字第一〇号函复‘以下水库沙底部分修之围堤，必需由远距离运土坝填筑，此为事实需要，为本处原定计划。各乡镇长所称车辆配合民工’一节，实无必要”等由到府。查发动民力旨在完成水库工程，该处既为适应工地需要，而各乡镇车辆仍应交由工程处运用。仰即知照，并转饬各民工管理员遵照。附派令一件。

县长冯周人

民国三十七年九月十五日

处理意见：

知照。并转饬民工管理员知照。

九月十七日

高台县政府建修马尾湖水库督征管理民工注意事项

1948 年　　张 2-416

建修马尾湖水库工程督征民工，按直接受益和间接受益两部分进行之。

甲、直接受益区域为四维乡属正义常丰河，西罗城、红山、临河、万开各渠皆义务征工。

乙、间接受益区域为四维乡，属七、八、九、十坝，水远、镇鲁、镇江各渠及建康、柔远、常明（河子沟受益农户免征）所属各渠民工、车辆，均系征雇民工。由工程处验作成土方，每公方发给小麦一斤十二两、牛车每日发给小麦七市斤。

民工车辆到达工地，由管理员分别征集、征雇。列表登记证明，民工姓名、年龄、住址，由总管理员于开工前一星期内呈报县政府核查。总管理员由县政府委派高级职员兼代，乡镇民工管理人员由乡镇公所□选中正人士，呈报县政府核查，接受总管理员之监督指挥，办理督工事宜。车辆自开始工作之日起，由管理人员切实登记。下午停工时径向工程处扯取工作证，以便领发工粮。并将民工车辆□旬表，报县府查□□□□□[1]。

各级管理员执掌事务为左：

1. 每日早晨清点民工、车辆，随时登记并报工程处核查。
2. 督察民工之勤、惰及公共卫生。
3. 检查民工所需工具是否完备。
4. 料理民工住食及保护事项。
5. 领导民工每日交验作成土方，并注意劳作及休息时间。
6. 办理民工更换（新工未到，旧工不许先退），应切实登记。
7. 监视民工分配工作，力求平均平匀。

各级管理人员非重大事项请准假外，一律不得擅自离开工地。如有故违情事，由总管理员呈报县政府核办。

总管理员对于配征民工及其工具应切实检查，如有短少情事，随时呈报县政府核办。必要时须回县府面报工进概况，以便改进。

乡镇管理员自开工之日起，由总管理员严密考核，分别勤惰□旬表报县政府备查，由县政府按照工作成绩分别奖惩。

民工于休息时间，不得玩弄任何赌具或其不正当之行动。如有，一经查觉，各级管理人员得受连带处分。

民国三十七年

高台县政府就选派管理员及呈送民工分配表事给常明乡公所的指令

1948年9月15日　　张2-416

三（37）申字第2664号指令

常明乡公所

据呈报选派马尾湖水库民工管理员姓名，并赍民工分配表一案指令知照由：

本年九月二日常（37）申字第八三号呈件均悉。民工车辆分配表，已抄转总管理员李效儒照表分别点收在案。仰即知照，并按配表切实督催，勿得有短少情事。

县长冯周人

民国三十七年九月十五日

处理意见：

遵办。

九月十七日

① 编者按：此处原文档漫漶，不可识。

高台县政府就加征民工依期前往马尾湖工作事给常明乡长的代电

1948 年 9 月 16 日　　张 2-416

一三（37）申字第 2678 号代电

常明乡盛乡长

为电饬加征民工依期前往马尾湖加强工作一案仰即遵照办理由：

建修马尾湖水库民工，按照工程处施工计划，分两个阶段完工。经提会决议“采取第二个阶段，于明年四月完工。惟已发动民工、车辆尚不足用。近奉省主席郭函电‘□勉加紧工作如限完成’。依照工程实际需要，尚不敷。民工五百六十名，经召集临时会议决议，仍按受益地亩如数发动，以利进行”等语，记录在卷。兹将各乡镇增加民工，缮列分配表一份，随电附发。仰即遵照办理，务于本月二十日（农历八月十八日），全数到达马尾湖工作。本案已函达马尾湖工程处查照。附加征民工分配表一份。

县长冯周人

民国三十七年九月十六日

处理意见：

遵照，依限发人、车到达工地工作。

九月二十一日

高台县马尾湖水库工程处就加征民工事给常明乡公所的公函

1948 年 9 月 24 日　　张 2-416

高库字第 24 号公函

常明乡公所：

准高台县政府九月十六日申字第二六七八号公函“以经县府临时会议议决，增加民工五百六十名，分由各乡受益地亩配征，并限本月二十日到工。”贵乡应征及加征民工共二〇三名，现实到工人一四二名，未到工人六一名，应请速饬到工。征雇民工需用芨芨由处供给（征工部仍除外），交由民工自编抬笆，木榁自带，以后征雇民工应配编筐工人，免误工程。请迅即查照办理为荷。

处长施彭龄

民国三十七年九月二十四日

高台县政府就四维乡长督工不力予以申斥事给常明乡长的训令

1948 年 9 月 22 日　　张 2-416

秘人三（37）申字第 2707 号训令

常明乡盛乡长

为四维乡长对于建修马尾湖水库督工不力着予申斥令仰知照由：

本年九月八日，案准马尾湖水库工程处公函“以四维乡民夫、车辆均未按照配额到齐，影响工程甚巨。嘱即转饬，加紧督齐，并补足缺工，以利进行等”一案。本府当以三(37)申字第二五九九号代电“转饬迅予督征，并补征缺工”在案。进查民工总管理员李效儒报告“经核该乡民夫、车辆不但缺工未能补充外，配额亦未督其促征”。该乡长不顾大义，未能认真办理，应予申斥，以观后效。仰即知照。本府即分令各乡镇公所知照。

县长冯周人

民国三十七年九月二十二日

高台县政府就常明乡八九保民工配征不均事给常明盛乡长的训令

1948年9月25日　　张2-416

三(37)申字第27号训令

常明乡盛乡长

为据报告该乡八、九保民工配征不均等情一案令仰查明纠正由：

据马尾湖民工管理员报告称“以据该乡八、九保民夫王业基、史得桂、王业才等十五人声称，该保长配征不均，未按粮赋或地亩分配，只征穷家小户。□民轮流工作十日，无力支持等语，且该民等即于八月二十三日完全逃走”等情到府。建修水库民夫、车辆应以农民耕地亩数为配征之标准。该各保长如果按照户口分配，殊有未合，应即查明，切实纠正。仰即遵照办理。

县长冯周人

民国三十七年九月二十五日

高台县政府就督造各保民工清单事给常明乡公所的代电

1948年10月14日　　张2-416

三(37)酉字第2931号代电

常明乡公所

代电饬“速督造各保民工清单”仰遵照由：

查建修马尾湖水库土方工程快将告一段落，关于民夫、车辆工作成绩，务应力求确实，以免向隅。前制定民夫、车辆清单式样一份，随电附发。仰该乡长遵照，迅即督饬所属各保依式填送保管理员，□送总督工员案办，以凭发放工资。勿误。本案已分电民工、管理人员遵照。

县长冯周人

民国三十七年十月十四日

处理意见：

饬各保依式填送管理员，□送总督工员案办，发放工资。

十月二十二日

附件　附表一份

附注	合计			乡镇别	高台县建修马尾湖水库民工车辆数目清单
类别栏内填“征”“雇”，如系征工，即发工资次可填“征”字，如建康、柔远、常明各乡，完全系雇工，可填“雇”字，四维乡七坝等村系雇工。 工别栏内可填民工或车辆，本单由保长负责填送工地交保管理员□送总督工员。				类别	
				工别	
				民工姓名	
				住址（保甲）	
				工作日数	
				工作起始期	
				备考	

常明盛乡长就督造民夫车辆清单事给各保长的训令

1948 年 10 月 21 日　　张 2-416

常（37）西字第 61 号训令

令各保：

奉高台县政府三（37）西字第二九三一号代电“一、查建修马尾湖水库土方工程，快将告一段落。关于民夫、车辆工作成绩，务应力求确实，以免向隅。二、前制定民夫、车辆清单式样一份，随电附发。三、仰该乡长遵照，迅即督饬所属各保依式填送保管理员，□送总督工员案办，以凭发放工资，勿误。兹照抄原单式样一份，随令附发”。仰该保长遵照，迅即于二日内依式填送民工管理员，□送总督工员案办，发放工资为要。本案已分令各保。

乡长盛

中华民国三十七年十月二十一日

附注	合计			乡镇别	高台县建修马尾湖水库民工车辆数目清单
一、类别栏内填“雇”字。 二、工别栏内可填民工或车辆。 三、造单用川孚纸六开，附注不要填列。 四、六月份工作民工姓名及工作日数不在此单内列，依本单式另造一单。 五、本丹由保长负责填送工地管理员□送总督工员。				类别	
				工别	
				民工姓名	
				住址（保甲）	
				工作日数	
				工作起始期	
				备考	

高台县政府就增加马尾湖水库拉运石料工资事给常明盛乡长的训令

1948 年 10 月 27 日　　张 2-416

一三（37）戌字第 3280 号训令

常明乡盛乡长

为呈准“增加马尾湖水库拉运石料工资”一案仰知照由：

查马尾湖水库运输石料牛车工资，每日发给小麦五市升。经呈，本省府水三（37）西字第三三五七号指令“准将运输石料车价，每日增加七市升，并规定每辆牛车每日拉运石料五百市斤。如不足五百市斤者，按照定额折合发放。务于本年黑河封冻期赶运完毕”。除分令外仰即遵照。

县长冯周人

民国三十七年十一月二十七日

处理意见：

转知所属各保遵照。

十一月二十八日

高台县政府就水库工程处检送民工管理员津贴表事给常明乡政府的训令

1948 年 11 月 4 日　　张 2-416

三（37）戌字第 3084 号训令

常明乡政府

准水库工程处检送民工管理员津贴表，仰遵照洽领由：

准水库工程处高库第三四号代电“民工管理员津贴，系按每期完成土方数计算，并无固定数目。计算方法仍与按方计量折算相同”。兹将九月十六日至十月十日，各乡镇完成土方数及应得津贴检表一份，请查照办理。兹抄原表一份，随令附发。仰即遵转饬具报。

县长冯周人

民国三十七年十一月四日

高台县政府就制止各保放水散流漫淹道路妨害下游事给常明乡长的代电

1948 年 11 月 2 日　　张 2-416

三（37）戌字第 3146 号代电

常明乡盛乡长

为电饬“策动保甲制止放水散流、维□□道路渠堤、以利灌溉各水”一案，仰遵办具报由：

查农田灌溉各水，关系春耕、至为重要。近来各渠上游人民灌田后，往往放水散流，以致漫淹道路、妨碍交通。且影响下游农田浇溉，为害甚巨，应即分别制止。仰速发动所属各保甲，迅即按段修筑水毁道路，并防止人民任意放水。同时沿渠附近人民，于灌溉冬水期间，切实防护各大渠堤，勿得失水成灾。电仰遵照办理，并将办理情形具报。

县长冯周人

民国三十七年十一月二日

高台县政府就采购马尾湖水库需用木料事给常明乡公所的训令

1948年11月11日　　张2-416

三（37）戌字3153号

常明乡公所

为令饬“遵照配数采购马尾湖水库需用木料”一案由：

准高台马尾湖水库工程处高库字第三五号公函“以水库建筑物需用木料在即，附送木料数量及单价一份，嘱查照采购并交马尾湖工地备用”一案。是项木料经提本府第二十六次会议决议“按照原表列数字，除尺度较小木料由祁连乡采购外，其余尺度较大木料，由建康、柔远、常明、四维各乡分配购买”等语，记录在案。并照原表数字，缮列采购木料分配表一份，随令附发。仰即遵照办理，并仰转知民众，于木料交到随时洽领价麦。附表一份。

县长冯周人

民国三十七年十一月十一日

处理意见：

遵照办理并转知民众木料运到随时洽领价麦。

十一月三十日

附表　高台县政府配购建修马尾湖水库木料及单价表

中径尺寸及长度	分配数量/根	单价/(元/根)	小计（小麦市斗)/元	屯积地点	运到期限	备考
0.75公寸×13.5公寸	12	0.47	5.64	临河保张家□	本年十二月中	
0.75公寸×10.5公寸	2	0.38	0.76	同上	同上	
0.60公寸×13.8公寸	6	0.43	2.58	同上		
0.60公寸×6.0公寸	14	0.20	3.20	同上	同上	

常明盛乡长就马尾湖水库需用木料事给各保长的通知

1948年11月1日　　张2-416

□（37）戌字第69号

奉高台县政府三（37）戌字第三一五三号训令“以马尾湖水库建筑物需用木料在急，兹缮列木料分配表一份，仰即遵照办理。兹转知民众，于木料交到随时洽领价麦。”兹分配该保采购□直径、长度、每根价麦市斤、根及直径、长度、每根价麦市斤外，合希即送交木料随将交到时，价麦具□。希即照办。此致各保保长。

乡长盛

民国三十七年十一月一日

高台县政府就查核马尾湖水库修建情况给常明盛乡长的训令

1947 年 11 月 17 日　　张 2–416

三（37）戌字第 3195 号训令

常明乡盛乡长

为准函马尾湖水库建修水库土方工作情况表，令仰照表查核数字由：

准高台马尾湖水库高库字第三六号公函“以水库土方工程，因气候寒冷，业于十月三十一日停止。并送各乡镇民夫、车辆工作情况表一份，嘱查照”一案。查原表所列各乡镇民夫、车辆工作数字，是否确实，应即彻底清查。兹照抄原表一份，随令附发。仰即按照表数字，切实清查、有无错误、迅为详报，并将缺工责成各该保长翔实登记，以备来年复工补足。

县长冯周人

民国三十七年十一月十七日

高台县政府就补整马尾湖水库征工方式一案给常明乡长的训令

1948 年 11 月 27 日　　张 2–416

一三（37）□字第 3279 号

常明乡盛乡长

为奉令“补整马尾湖水库征工方式”一案，令仰遵照办理由：

建修马尾湖水库直接受益民工，呈请改为雇，并请增加雇工工资。去后兹奉省府水三（37）戌字第三三九三号指令“以四维乡直接受益，应征筑土方一万二千方。该乡明年尚须续做未完征土方，约三万一千方内，除本年该乡来□工或出工不发□□，仍应查明责令征工办理外，其余土方准改为雇工、征雇土方，因限于工程费预算，所请加价未便照准”等因到府。查各乡镇短工，本府业以一三戌字第三一九五号训令“饬即查考翔实登记以备□□□□[①]”仰遵照，并将所属各保短工登记情形，具报备查。

县长冯周人

民国三十七年十一月二十七日

处理意见：

遵照转饬各保，短工情形具报。

十二月五日

① 编者按：此处原文档漫漶，不可识。

高台县政府就九月十六日以前民工管理员津贴碍难发给事给常明乡长的训令

1948 年 11 月 30 日　　张 2-416

三（37）戌字第 3287 号训令

常明乡盛乡长

为准“水库工程处函复九月十六日以前，民工、管理员津贴碍难发给”一案，仰知照由：

查水库民工、管理员津贴以三（37）酉字第三〇八四号训令‘饬遵洽领”在案。兹函准工程处高库第四〇号函复“九月十六日以前，各乡镇民工、管理员津贴，因无是项预算及府令碍难发给”。仰即转饬知照。

县长冯周人

民国三十七年十一月三十日

处理意见：

遵即转饬知照。

十一月五日

高台县政府就速派干员传唤逃回试工一案给常明乡长的命令

1948 年 12 月 11 日　　张 2-416

三（37）亥字第 3397 号

常明乡盛乡长

为令饬“速派干练人员传唤逃回石工”一案仰遵办具报由：

准马尾湖水库工程处高库字第四四号公函“以本县参加工作石工无故逃走，致使开石工作大受影响，嗣后愿尽可能改进石工切身问题。附送逃工名单一纸，□从速派员追回工作”一案。查石工逃走，考其原因，不外工资较低或离家过久，未予调整之故发。经洽商工程处拟定调整原则：（一）工资按照工作实际情况从优调整，并对努力夫随时横□成绩给予奖金。（二）石工到达工地后每月准予给假五日轮流归家。□□□□□□□□[①]多数工人之同意，尽量改善。（四）住宿方面，夫对尽量改进，以夜间不收寒冷为标准。（五）石工管理，由县政府派员监督，不准工人牵制。兹抄民工名单一纸，随令附发。仰即选派干员，专传逃回石工，务于本月二十一日一律复工。并将拟定调整原则，划切宣传，以免石工顾虑不前。兹照办理情形，随时报查。附石工名单一纸。

县长冯周人

民国三十七年十二月十一日

① 编者按：此处原文档漫漶，不可识。

常明乡逃回石工名单

1948 年　　张 2-416

蒲登余　永丰保　蒲永盛　永丰保　盛立寅　永丰保　孙成春　定安保
王成年　定安保　许占均　乐善保　许占成　乐善保　许占贵　乐善保
许占立　乐善保　许立业　乐善保　赵德修　站南岔　李业仁　黑□保

高台县政府就发动车辆依期运输马尾湖水库料石事给常明乡公所的训令

1948 年 12 月 23 日　　张 2-416

一三（37）亥字第 3528 号训令
常明乡公所
为令饬发动车辆依期运输马尾湖水库料石一案仰遵照切实办理由：

查建修马尾湖水库运输料石车夫工资支给标准，本府业以一三九〇号训令饬知在案。现以黑河封冻，所有开成料石，亟应把握时机，赶运完成。兹依石场现成料石数，缮制起运配当表一份，随令附发。即遵照表列各项，切实赶办。惟车价为简化手续实惠及民起见，由本府派员监视，按照运到之日，时价折发金圆券，并仰转知为要。本案已函马尾湖工程处查照。

县长冯周人
民国三十七年十二月二十三日

<table>
<tr><th>附记</th><th>合计</th><th>四维乡</th><th>常明乡</th><th>柔远乡</th><th>建康镇</th><th>乡镇</th><th rowspan="6">高台县建修马尾湖水库各乡镇运输料石配当表</th></tr>
<tr><td rowspan="5">一、运输料石车辆，由各乡镇长按照配额参酌运输期限，划保分批相继起运。并于施运期间，务必把握规定程序按期到达，以免装运时发生拥挤纷扰。
二、每辆牛车，规定载运料石500市斤，如有超运或装运不足500市斤则按规定工资标准增减折实发放。
三、拉运料石工资，于运到时，由本府派员监视随时按照应发小麦数量依时价一律折发金圆券，倘有低价折发情事由各保选派代表随时报告县政府洽办。</td><td>1,500,000</td><td>270,000</td><td>390,000</td><td>560,000</td><td>280,000</td><td>拉运数量</td></tr>
<tr><td>3000</td><td>540</td><td>680</td><td>1220</td><td>560</td><td>车辆总量/辆</td></tr>
<tr><td></td><td>同右</td><td>同右</td><td>同右</td><td>每辆连同放空发给小麦一市斗四升</td><td>牛车单价</td></tr>
<tr><td></td><td>1949 年 1 月 1 日至 1 月 12 日</td><td>1949 年 1 月 11 日至 1 月 20 日</td><td>1949 年 1 月 11 日至 1 月 20 日</td><td>1949 年 1 月 1 日至 1 月 11 日</td><td>运输期限</td></tr>
<tr><td></td><td></td><td>河子沟受益免征</td><td></td><td>每辆牛车载运 500 市斤</td><td>备考</td></tr>
</table>

高台县政府就前往临泽县田粮处领取工粮事给常明乡长的训令

1948 年 12 月 27 日　　张 2–416

三（37）亥字第 3523 号

常明乡盛乡长：

为准函会饬□□□□□□□①据前往临泽县田粮处提取工粮一案仰即遵办由：

准马尾湖水库工程处高库字第四九号公函"嘱转各乡镇从速派员，携带本处发给提粮凭单，前往临泽县田粮处提取工，以资清结手续"一案。提取是项二粮运费，业经治由工程处拟定支给标准，呈报上级核定，俟复后另案饬知。仰该乡长先行派员□据，前往临泽提取工粮。

县长冯周人

民国三十七年十二月二十七日

常明乡乡长就民工管理员月支口粮事给各保长的训令

1948 年 8 月 18 日　　张 2–416

常（37）未字第 43 号训令

各保：

查本乡前奉明令指派建修马尾湖水库民工管理员一人，月支□□。业已据三个月筹支在案。现时民工数量增加，又增设管理员一人，月支口粮一市石五斗、办公费三市斗，暂以二个月筹□□小麦三市石□斗。本所招待及办公费一万五千元，本乡办理户口动态□□、各种表工本费七千万元，以上共计小麦三市石□斗四二，总二千万元。经提交本府第二届第五次乡民代表会议议决"按照本乡田赋粮额配筹"等语，记录在卷。兹配该保□。仰即遵照办理。本件已分令各保。

乡长盛

民国三十七年八月十八日

常明乡长就建修马尾湖水库民夫车辆信息是否有误事给各保长的通知

1948 年　　张 2–416

常（37）戌字第 79 号

奉高台县政府三（37）戌字第三一九号训令"以照抄发马尾湖水库函送各乡镇建修水库民夫、车辆有无错误，迅为详报。并将缺工责成各该保长详实登记，以备来年复

① 编者按：此处原文档漫漶，不可识。

工补足”一案。经本乡民工监工员张积福依表详查，是项民夫、车辆均属无纸。本乡作成土方，工资小麦，该水库业已付给，□□□□□□□①仓库领取运费，由该库据路途计算补发。兹将该保已作成土方及缺工，连同应领工资等随通知，缮制数量表一份，仰遵照前往拉运。仰该保长将缺工数字详查登记，以备来年补工。此致第□保保长。附送表一份。

乡长盛

民国三十七年

常明乡长就马尾湖水库管理员事给盛有兴等的训令稿

1948年1月15日　　张2-416

常（37）□字第40号训令

令马尾湖水库管理员盛有兴、张积福：

奉高台县政府秘人一三（37）未字二七五七号训令“为派本府自卫队分队长濮发璧，兼任马尾湖水库民工总管理员，负责办理督征民工事宜。除分别外，仰即知照，呈转知各乡镇民工管理员遵照”。除遵照外，仰该员等一体知照。

乡长盛

民国三十七年一月二十五日

盛有兴	张积福	姓名	高台县常明乡建修马尾湖水库民工管理员简历表
三九	二七	年龄	
高台	高台	籍贯	
常明乡□□保	常明乡黑□保	住址	
初小肄业，曾任青复军连长等职。	高台县县立高校毕业，曾在甘肃油矿局司事，中国石油有限公司甘肃分公司助理管理员等职。	简历	
		备考	

常明乡长关于征雇马尾湖水库运输料石车辆事的公函

1948年　　张2-416

常（37）亥字第101号

为“征雇马尾湖水库运输料石车辆”一案：

奉县府一三（37）亥字第三五二八号训令“以征雇建修马尾湖水库运输料石车辆七、八十辆，每辆每日载运料石五石斤，连同放空费计发给小麦一市斗四两，并按照运到日时折发金圆券。自三十八年元月十一日起运到元月二十日运结”一案。查本乡载运料石车辆，按照各

① 编者按：此处原文档漫漶，不可识。

保耕地配雇，除河子沟受益耕地免征外。兹分配□保是项牛车□□□[1]辆，希即斟酌情形。

乡长盛

日期不详

高台马尾湖水库工程处就本年完成与短少土方工作给常明乡公所的公函

1948 年 11 月 3 日　　张 2–416

高库字第 36 号

常明乡公所：

函送本年完成与短少土方情形表希查照由：

查本处水库工程，因天气寒冷，业于十月三十一日全部暂停。兹将本年内各乡镇所做土方数与运土车工等工作情况，列表随函抄送两份。查照为荷。附表两份。

处长吴尚贤代（印）

民国三十七年十一月三日发

高台马尾湖水库工程处就工程进度及农忙情况调整施工进度事给常明乡公所的公函

1948 年 7 月 29 日　　张 2–416

高（37）午字第 37 号

函复可自八月一日至十五日停工，惟须由贵乡公所负责，自八月十六日加倍人数到工由：

高台常明乡公所：

建（37）午字第八位号公函敬悉。为工程及农忙兼顾计，可自八月一日至十五日停工，惟须由贵乡公所负责督催民夫，于八月十六日起加倍人数，依限到工。特复请查照。

处长萧永龄

民国三十七年七月二十九日

甘肃省政府就三十七年度工作提案给临泽袁县长的训令

1948 年 11 月 1 日　　张 3–129

水三（37）亥字第 3641 号训令

令临泽县袁县长

为本府三十七年度工作检讨会水利局提案，请令“施工各县协助征雇工人及协购工粮两案”，仰遵照办理由：

查本府三十七年度工作检讨会水利局提案“（一）各工程处雇工、征工，皆感困难。拟

① 编者按：此处原文档漫漶，不可识。

请由府严令工程所在地各县尽力协助案，经决议通过送请省府办理。（二）各工程处筹备工粮困难，拟请令饬施工各县设法就当地富有者，采购案经决议，原则通过送省府核办各在案”。兹核该两渠尚局切要，除分令外，合行抄发原提案，令仰遵照，分别切实协助办理。

主席郭寄峤

民国三十七年十一月一日

处理意见：

拟遵照协助附卷在查。

十一月

<table>
<tr><td>水利局</td><td>水利局</td><td>提案单位</td><td rowspan="5">水利类</td><td rowspan="5">甘肃省政府三十七度工作检讨会提案</td></tr>
<tr><td>各工程处筹备工粮困难，拟请令饬施工各县设法就当地富有者采购由</td><td>各工程处招工征工皆感困难，拟请由府严令工程所在地各县，尽力协助由</td><td>案由</td></tr>
<tr><td>各工程施工□县份，当地购粮每感不易。明春兴工时，拟请由府令饬当地县政府，设法就该县富有者，采购以供当地工人食用，而利工程速进</td><td>各工程处施工时所需工人，无论雇工或征工皆感困难，以致工进迟缓。明春兴工时所需民工，拟请由府严令工程所在地□各县政府，认真协助，限期征雇并准专案呈请奖惩，以资激励</td><td>办法</td></tr>
<tr><td>原则通过送请省府核办</td><td>通过送请省府办理</td><td>决议</td></tr>
<tr><td></td><td></td><td>备考</td></tr>
</table>

高台马尾湖水库工程处就速催石工来处工作事给临泽县长政府的公函

1949 年 1 月 14 日　　张 3–129

高库字第五七号

临泽县政府

为函请速催石工来处工作以利工进由：

迭奉省政府水二（37）亥字第3528号训令及水（38）子字第3646号训令，着由贵县征雇石工十名，迄未来处工作，以致工进大受阻滞。石工待遇调整原则经省府批准四项办法：（一）工资从优支付，每月伙食不计外，实发小麦二市石，并对努力工人酌给奖金。（二）石工到达工地，每月准休五日，轮流归家，并于农历年节放假十日。（三）伙食取决多数工人之同意尽量改善。（四）住宿由工程处尽量改进，以夜间不受寒冷为标准。至该石工所得工粮，可在各该县仓本处存粮食项下，按月拨交。请即选雇技艺优良之石工十名，速来工作，以便呈复省府而利工进。即希见复。

处长代

民国三十八年一月十四日

处理意见：

拟严令各县工人联合会，速遵前令为数征齐，送该处工作。第十五页和第十六页相同。

第锐

一月二十三日

甘肃省政府就征雇石工交马尾湖水库赶工事给临泽袁县长的训令

1948 年 12 月 10 日　　张 3–130

□□□[①]第 3528 号

临泽县袁县长

为高台马尾湖水库积极赶工，仰该县长负责于十二月二十日以前征雇石工十人，送交工地由：

查高台马尾湖水库工程需用石料为□□□[②]期及如期完成利用起见，必需增□□□[③]。仰该县长负责，于本年十二月二十日以前征雇石工十人，送交工程处，取据报查。该石工到工程处及准酌支旅费，并由该处设置御寒设备，工资从优支付（工作成绩优良者，无工可给约一市斗至二市斗小麦）。

主席郭寄峤

民国三十七年十二月十日

处理意见：

即速办理。

第锐

一二月十八日

临泽县各业工人联合会就免征高台马尾湖水库石工以资建修县中事给临泽县在政府的呈文

1948 年 12 月　　张 3–130

亥字第□号

临泽县政府

呈请转呈省府准予免征高台马尾湖建修水库工程石工，以资建修县中而免顾此失彼由：

奉钧府三（37）亥字第一四八一号训令"饬征雇石工十人来府报到，以便送交高台马尾湖水库工程处工作"等因。奉此查本会石工为数甚少，且均系家计贫寒，率多为救目前生计，故无法远行。况本县县中建修在即，本会石工已将该校应作石条、石墩等工程，限明春包做完竣，是以无法征雇调用。奉令前因，理合呈请钧府鉴核俯准转呈省府，准予免征，以资本县石工安心建修县中，而免顾此失彼为祷。

临泽县各业工人联合会理事长鲁永邦（印）

民国三十七年十二月

---

① 编者按：此处原文档漫漶，不可识。

② 编者按：此处原文档漫漶，不可识。

③ 编者按：此处原文档漫漶，不可识。

处理意见：

该□石工□布若干，给县中工作者多少，拟饬该会将实情呈复后，再作核夺。

一月十二日

□令太□为后拟速办。

第锐

一月十五日

拟遵省府水三（38）子3646号训令“严令征雇”。

一月十九日

高台马尾湖水库工程处就征雇石工到工程处工作事给临泽县政府的公函

1948年6月24日　　张3–130

高（37）巳字第十号

临泽县政府

为函请贵府征雇石工三十名来处工作请查照办理由：

本处水库石方工程亟需开采条石以资应用。函请贵府征雇石工三十名，随带手锤、小钻等工具，至于撬棍、大锤、铜钻、铁尖等由本处购备。石工工资以每条0.3公尺×0.3公尺×0.6公尺条石计算，每条发给小麦□升。请速饬石工来处报到。相应函请查照办理为荷。

处长萧永龄

民国三十七年六月二十四日

处理意见：

本县仅有石工四、五人，均散居在各乡自谋生活，召集不易，且多不愿出外工作。该处所嘱征雇石工三十名一节，碍难办理。拟函复向他县征雇。

七月一日

为拟速复。

七月二日

临泽县政府就征雇石工赴工程处工作事给高台马尾湖水库工程处的公函

1948年7月8日　　张3–130

三（37）午字第22号

高台马尾湖水库工程处：

准贵处本年六月二十四日高（37）巳字第10号公函敬悉。查本县仅有石工四、五人，均散居各乡自谋生活，当前召集不易，且均因负担家计过重，不愿出外工作。该处所嘱征雇石工三十名一节，实属无法办理。请查照向他县征雇。

县长袁第锐

民国三十七年七月八日

高台马尾湖水库工程处就招集仅有石工赴工地工作事给临泽县政府的公函

1948年7月9日　　张3-130

高（37）午字第二十六号

临泽县政府

请招集贵县仅有之四、五名石工，于本月十四日到工，并调整其工资请查照由：

准贵县本月八日三（37）午字第二十二号公函敬悉。本处水库工程为争取时机限期迫急，高台全县石工现已悉□□□[①]集到工，然为增速效率计，除分函附近各县为征雇外、转请贵县将此仅有之四、五石工招致来工。现将0.30公尺×0.30公尺×0.60公尺料石，每块工资增为小麦三市升。请招集□□石工，限本月十四日，各带工具到本处张家墩工地报到。相应函请查照，并所见复。

处长菁永龄

民国三十七年七月九日

处理意见：

代为招雇不必严限，为拟。

七月十六日

令各业工人联合会限一周内，招雇石工四名，前往该处工作。

七月十三日

临泽县政府就招雇石工四名来府报名前往高台水库工作事给各业工人联合会理事长鲁永邦等的训令

1948年7月20日　　张3-130

三（37）午字第190号训令

各业工人联合会理事长鲁永邦

为令饬该会招雇石工四名来府报名前往高台水库工作由：

准高台马尾湖水库工程处，本年七月九日高（37）午字第六号函开，入原文，仰该会迅予招雇石工四名来府报到，前往高台工作。

县长袁第锐

民国三十七年七月二十日

① 编者按：此处原文档漫漶，不可识。

高台马尾湖水库工程处就派员协修小新渠渡槽并督催石工到工事给临泽县政府的公函

1948年7月15日　　张3-130

高（37）午字第三十二号

临泽县政府

函复以俟本处人员略暇即派员前往协修小新渠渡槽并杜惠予督催水库需用石工到工由：

准贵府本月十四日三（37）午字第三十六号公函敬悉。查“整修小新渠，跨越三清渠木渡槽”一案。本处已奉甘肃省政府本月五日水二（37）午字第2548号训令饬遵，惟以本处现时人员不敷分配□□□□①，即派员前往会同查勘旧渡槽损毁情形，以凭编拟工程费预算□□□②。本处水库工程需用石工孔急，仍希查照前案，惠予征雇迅饬携带工具来工报到，共策进行是本。相应函复即请查照。

处长萧家影

民国三十七年七月十五日

处理意见：

1. 第二项转知小新渠水利办事处知照。
2. 第三项再催各业工人联合会迅速征雇。

七月二十三日

临泽县政府就高台马尾湖水库工程处派员协修事给小新渠水利办事处的代电

1948年7月26日　　张3-130

三（37）午字第241号

小新渠水利办事处

准高台马尾湖水库工程处函复，俟本处人员略暇即派员前来协修该渠渡槽，电仰知照由：

准高台马尾湖水库工程处本月十五日高（37）午字第（32）号公函开“查整修小新渠跨越三清渠木渡槽”一案。本处已奉甘肃省政府本月五日水二（37）午字第2548号训令饬遵。惟以本处现时人员不敷分配，以俟略暇即当派员前往，会同查勘旧渡槽损毁情形，以凭编拟工程费预算呈核。电仰知照。

县长袁第锐

民国三十七年七月二十六日

① 编者按：此处原文档漫漶，不可识。

② 编者按：此处原文档漫漶，不可识。

临泽县政府就速征雇石工到水库工作事给各业工人联合会的代电

1948 年 7 月 26 日　　张 3-130

三（37）午字第 246 号

各业工人联合会鲁理事长

为电催“该会速征雇石工四名来府报名后，前往高台水库工作”由：

准高台马尾湖水库工程处，本年七月十五日高（37）午字第（32）号公函开“本处水库工程，需用石工孔急，仍希查照前案，惠予征雇迅饬携带应用工具来工报到，共策进行是本”。查此案前经本府以三（37）午字第 1901 号训令饬遵办在案，迄今尚未□征雇到府。合再电催，仰该理事长遵照前令，□即如数征雇，于本月二十九日来府报到后，前往该处工作。勿得再延。

县长袁第锐

民国三十七年七月二十六日

临泽县政府就代雇石工三名前往报道事给高台马尾湖水库工程处的公函

1948 年 7 月 21 日　　张 3-130

三（37）午字第 79 号

高台马尾湖水库工程处

为函送本县代雇石工三名前往报到请查照由：

准贵处高（37）午字第 32 号公函“嘱将本县代雇石工督催来工报到”一案。查本县地域狭小，又值收割夏禾农忙之时。在万分困难中□□雇到石工三名。兹命各该工，于本月三十一日起程前来报到。请查照分配工作，并将各该工到工日期，见复为荷。

尤正本	祁全德	安学云	姓名	临泽县政府代雇高台马尾湖水库工程处石工报名表
38	44	28	年龄	
沙河乡九保	昭武乡七保	宣威乡一保	籍贯及住地	
同右	同右	1948 年 7 月 31 日	起程日期	
			备改	

临泽县政府就代征石工三名赴工地报到的证明书

1948 年 7 月 28 日　　张 3-130

三（37）午字第 296 号

兹有本县石工安学云、祁全德、尤正本等三名，于七月三十一日起程，携带工具、行李等件，前往高台马尾湖水库工程处报到工作。希沿途军警关卡查验放行，幸勿留难为荷。右给：安学云、祁全德、尤正本收执，限到达日撤销。

县长袁第锐

中华民国三十七年七月二十八日

处理意见：

拟将本县征雇石工困难情形呈复并令催各业工人联合会速将已催石工催促来府报到前往高台工作。

七月二十八日

征雇石工名单

1948年8月1日　　张3-130

宋儒太	马生□	刘天才	陈好学	赵永凤	祁全德	安学云	龙正本
沙河七保	蓼泉八保	板桥乡四保	平川乡六保	蓼泉镇二保	昭武乡七保	宣威乡一保	沙河乡九保

高台马尾湖水库工程处

民国三十七年八月一日

高台马尾湖水库工程处就督催石工尤正本等速来报道事会给临泽县政府的公函

1948年8月10日　　张3-130

高（37）未字第42号

临泽县政府

函请督催“石工尤正本等即日来高工作”请查照由：

准贵府三（37）午字第79号公函敬悉。承代雇石工尤正本、安学云、祁全德三人，已于本月二日来本县报到。惟以适值农忙，本县为顾及农民收割夏禾，停工时期，当饬该工等暂时返里协助收割。限其于本月八日到工，迄今仍未到，祁贵府惠予派警督催饬其即日前来。函请查照。

处长吴尚贤代（印）

民国三十七年八月十日

处理意见：

派警督催石工尤正本等，即日前往高台工作，并函复查照。

八月十八日

临泽县政府就送石工赵永凤等三名前去工作事给高台马尾湖水库工程处的公函

1948 年 9 月 3 日　　张 3-130

三（37）申字第 157 号
高台马尾湖水库工程处
为函送“石工赵永凤等三名前来工作”请查照由：

准贵处八月十日高（37）未字第四二号公函敬悉。兹派本县石工赵永凤、陈好学、刘天才等三名于本月三日先行来处报到工作。请查照分配工作，并希将各该工到工日期见复为荷。

县长袁第锐
民国三十七年九月三日

临泽县政府给石工赵永凤等前去工作的路证

1948 年 9 月 3 日　　张 3-130

三（37）申字第 645 号

兹有本县石工赵永凤、陈好学、刘天才等三名各携带工具前往高台马尾湖水库工程处报到工作，希沿途军警关卡查验放行，幸勿留难，特此证明。

县长袁第锐
民国三十七年九月三日

处理意见：

限到达日撤销。

九月三日

临泽县政府就送石工等前去工作事给高台马尾湖水库工程处的公函

1948 年 9 月 6 日　　张 3-130

三（37）申字第 161 号
高台马尾湖水库工程处
为函送石工、安学云等三名前来工作请查照由：

查本县前往代雇石工赵永凤等三名，业于九月三日到高台，并以三（37）申字第一五七号函知在案。兹再派石工宋儒太、安学云、祁全德等三名，于本月六日起身前来报到工作。请查照分配工作，并希将各该工到工日期见复为荷。

县长袁第锐
民国三十七年九月六日

临泽县政府给石工安学云等前去工作的路证

1948 年 9 月 6 日　　张 3–130

三（37）申字第 666 号

兹有本县石工安学云、宋儒太、祁全德等三名各携带工具前往高台马尾湖水库工程处报到工作，希沿途军警关卡查验放行，幸勿留难，特此证明。

县长袁第锐

中华民国三十七年九月六日

处理意见：

限到达日撤销。路证交有关各业工人联合会鲁永邦收转。

九月六日

高台马尾湖水库工程处就石工赵永凤等到达日期事给临泽袁县长的公函

1948 年 9 月 11 日　　张 3–130

高库字第 12 号

临泽县袁县长

为函复“石工赵永凤等到工日期”一案请查照由：

准贵府本年（37）申字第（157）（161）号两函敬悉。贵县派来石工赵永凤、陈好学、刘天才、宋儒太、安学云、祁全德等六名，业已先后于本月十日前到达本处，经带率前赴石场工作。相应函复查照为荷。

处长施彭龄

民国三十七年九月十一日

高台马尾湖水库工程处就石工赵永凤等逃回请再行追回工作事给临泽县政府的公函

1948 年 9 月 22 日　　张 3–130

高库字第 18 号

临泽县政府

函请将贵府前派石工赵永凤等五名再行追回工作：

承贵府协助派遣石工赵永凤、陈好学、安学云、刘天才、宋儒泰、祁全德等六人前来工作，至深公感。兹该石工等除祁全德一名仍在工地工作外，其余赵永凤等五名到工以后，仅工作数日，即潜逃回县。拟请贵府惠予转饬该石工等，或另派石工前来工作。请查照办理赐复。

处长施彭龄

民国三十七年九月二十二日

处理意见：

拟派警协同各业工人联合会鲁理事长永邦，前赴各乡寻找追回，并函复。令鲁理事长办理并复。

十月六日

临泽县政府就将石工赵永凤等找回以便前往工作事给各业工人联合会鲁理事长鲁永邦的训令

1948 年 10 月 11 日　　张 3-130

三（37）西字第 969 号

各业工人联合会鲁理事长鲁永邦

为令饬“将前派石工赵永凤等找回，以便前往工作”由：

案催高台马尾湖水库工程处，九月二十一日高库字第一八号公函开，入原文。仰该理事长遵照前往各乡，将各该石工找回，或另派石工前往高台工作，并将办理情形具报为要。

县长袁第锐

民国三十七年十月十一日

临泽县政府就石工赵永凤等再行追回工作一案给高台马尾湖水利工程处公函

1948 年 10 月 11 日　　张 3-130

三（37）西字第 222 号

高台马尾湖水利工程处

为准函收“前派石工赵永凤等再行追回工作”一案，已令各业工人联合会办理请查照由：

贵处本年九月二十一日高库字第一八号公函敬悉。本县石工多系单丁独户，维持家庭生计，故到工不久不免有潜逃情事。复以本年建修中学，亦需用石工。查关于另派石工一节，已严饬本县各业工人联合会遵照办理。请查照。

县长袁第锐

民国三十七年十月十一日

临泽县政府就请免征高台马尾湖石工一案事给各业工人联合会的指令

1949 年 1 月 10 日　　张 3-130

三（38）子字第 0073 号指令

各业工人联合会鲁理事长

据请免征高台马尾湖石工一案仰遵照由：

本年元月七日呈悉。查高台马尾湖所需石工，经年省令催促甚急，所请免征一节，碍难照准。仰仍遵照前令迅予征雇，并限最短期内征齐送府报到为要。

县长袁第锐

民国三十八年一月十日

甘肃省政府就征雇马尾湖水库石工迅速送交报查事给临泽县袁县长的训令

1949 年 1 月 5 日　　张 3-130

水三（38）子字第 3646 号训令

临泽县袁县长

令将征雇马尾湖水库石工迅速送交报查由：

三十七年十二月十日水二（37）亥字第三五二八号训令计达。查马尾湖水库工程需用石工甚急，仰遵照前令，迅将该县征雇石工十人，速送工程处取据报查。

主席郭寄峤

民国三十八年一月五日

处理意见：

拟严令各业工人联合会理事长鲁永邦，限一周内如数征齐送府报到，前往工作。

一月十三日

临泽县政府就征雇石工限一周内征齐报到事给各业工人联合会理事长的训令

1949 年 1 月 17 日　　张 3-130

三（38）子字第 0046 号

各业工人联合会理事长鲁永邦

令速催将征雇高台马尾湖水库石工，限一周内如数征齐送府报到：

奉甘肃省政府水三（38）子第三六四号训令开，入原文，查此案前以三（37）亥字第一四八一训令饬遵办在案。兹特限令到一周内如数征齐，送府报到，以便送交，前往工作。仰遵办具报。

县长袁第锐

民国三十八年一月十七日

临泽县政府就速催石工前往高台工作事给各业工人联合会的训令

1949 年 1 月 28 日　　张 3-130

三（38）子字第〇一三七号训令

各业工人联合会鲁永邦

令知速催石工前往高台工作由：

准高台马尾湖水库工程处高库字第五七号公函开，入原文，查关于征雇石工一案。前曾以三（38）子字第 0073 号训令饬迅予征雇，送府报到在案。仰仍遵照前令，于二月五日以前如数征齐，送府报到为要。

县长袁第锐

民国三十八年一月二十八日

临泽县政府就征雇石工事给高台马尾湖水库工程处的公函

1949 年 1 月 28 日　　张 3-130

三（38）子字第〇〇二八号

高台马尾湖水库工程处

为函复贵处征雇石工已令本县各业工人联合会办理矣请查照由：

准贵处元月十四日高库第五七号公函敬悉。查本县石工多均系自谋生活，独负家庭生计，前被县立中学建筑委员会调用，赶修建校工程。现以农历年节，即属各返原籍，一时不易集中。兹准前由除各业工人联合会与二月五日以前征齐送府报到，再行转送贵处工作外。函复查照。

县长袁第锐

民国三十八年一月二十八日

临泽县政府就本县石工到工程处工作请查收交与收据事给高台马尾湖水库工程处公函

1949 年 2 月 14 日　　张 3-130

三（380）丑字第〇〇二三号

高台马尾湖水库工程处

为函送本县石工来贵处请查收据由：

案查前准贵处高库字第五七号公函嘱征雇石工十名送处工作一案。查本县石工多均系自谋生活，独负家庭生计，不愿出外工作，复以建修县立中学需用，石工征雇不易。前曾以三（38）子字第〇〇二八号公函将困难情形，函复在案。兹于万难中已令饬本县各业工人联合会雇到石工五名，诚恐中途脱逃，并派本府警士前来护送。请查收□与收据，交就□带回，以便转报为荷。再本县前雇石工遗留工具筒子六个、锥子五个，请交此次送来工人应用。

县长袁第锐

民国三十八年二月十四日

附件　石工名册一份

刘利志	宋生银	张恒	尤正本	张可才	姓名	临泽县政府代雇高台马尾湖水库工程处征雇石工名册
52	48	50	30	52	年龄	
临泽	临泽	临泽	临泽	临泽	籍贯	
平川乡五保	平川乡九保	昭武乡五保	同右	沙河乡九保	详细住址	
					备改	

临泽县政府就征雇高台马尾湖水库工程处石工收据请核备事给省主席的呈文

1949 年 3 月 1 日　　张 3-130

三（38）寅字第 0170 号

省政府主席郭

为呈报征雇高台马尾湖水库工程处石工收据请核备由：

案查前奉钧府水二（37）亥字第三五二八号及水三（38）子字第三六四六号训令“饬代高台马尾湖水库工程处，征雇石工十名，送到工地工作，并取收据报查”一案。查“本县石工多均系自谋生活，独负家庭生计，复以建修县立中学需用石工。故于万难中仅雇到石工五名，业于二月十四日以三（38）丑字第〇〇三三号公函派警专送高台，并取获收据一纸。”兹将原收据随文呈赍。请鉴核备查。附据一纸。

临泽县长袁第锐

民国三十八年三月一日

甘肃省政府就改修三清渠渡槽已令马尾湖水库工程处办理事给临泽县杨县长的指令

1948 年 7 月 5 日　　张 3-128

水二（37）巳字第 2548 号

临泽县杨县长

据请改修三清渠渡槽一案已令高台马尾湖水库工程处办理由：

本年四月二十六日建（37）卯字第〇二六六号□代电，暨五月六日三（37）辰字第〇二九九号□代电、附件均悉。经核该处石料运距远达二十八里，石砌渡槽需款过巨，一时无法照办。原木渡槽因结构不妥，渗漏甚烈，且已损坏，不堪应用。经另行设计，仍采木料重建。已令高台马尾湖工程水利处垫拨工款，派员斟酌办理矣。仰知照。

主席郭寄峤

中华民国三十七年七月五日发

处理意见：

水利。

1. 函知参议令查照；2. 令小新渠水利办事处知照。

七月十一日

高台县政府就依照令配数量积极催促车辆赶运料石事给建康镇许镇长等的命令

1949 年 1 月 6 日　　张 2-346

高台县政府字第 34 号命令
建康镇许镇长、柔远乡方乡长、常明乡盛乡长、四维乡杨乡长
为准函饬速依照令配数量积极催促车辆赶运料石一案仰遵办具报由：

一、准马尾湖水库工程处吴处长手函"以各乡镇拉运料石车辆，迄未开始起运，殊堪影响工程进度。嘱速转饬各乡镇长，依期督运"等由到府。

二、查拉运石料，迭奉省府电令务于黑河凝冻期间全部运结。本府业以一三（37）亥字第三五二八号训令饬依规定期限办理在案。惟查建康、四维两乡镇车辆未能依期开运，殊属非宜。

三、仰即切实把握时机、依期督运、慎勿延误，并将办理情形或有建议事项随时具报。

县长冯代（印）
民国三十八年一月六日

高台县政府就积极征雇民工率交正义石场取据报查事给四维乡杨乡长的命令

1949 年 1 月 5 日　　张 2-346

高台县政府子字第 34 号
四维乡杨乡长
为准函饬速遵照前会积极征雇民工率交正义石场取据报查一案仰遵办由：

一、查搬运料石需用民工，本府业以三（37）亥字第三三八六号训令"饬即征雇民工二十名，率交工地在案，近由工程处吴处长迭催，以该项民工竟未征雇齐全"等语。

二、仰该乡长迅即征雇齐全，率交工地取据报核。毋得延误为要。

县长冯代（印）
民国三十八年一月五日

高台县政府就正义石场购备一切用物事给的保安团罗队长的代电

1949 年 1 月 19 日　　张 2-346

高台县政府一五三（38）子字号
保安团罗队长占魁

一、查正义石场地处边陲，关于购备一切用物，深感不便。兹为避免纷扰，便利施工起见，令派本县保安团罗队长占魁，驻在工地协助进行。

二、贵排施工期间，工兵食需面粉，比照普通磨户交面重量，着由该队长会同保甲发动保民领麦磨粉，供给食用。并对其他应办事项，希即迳洽该员办理。

三、电请查照。

县长冯周人

民国三十八年一月十九日

高台县政府指出协助工兵连开采料石的注意事项

1949 年 1 月 19 日　　张 2-346

一、工兵需用造膳大锅、风箱，由工程处设备。所需碗、盏零星用具，由工兵连自备。

二、工兵开石工具，由工程处供给八磅锤一十五个、钢钎一十个，余由工兵连准备。

三、工兵连到达工地时，先有工程处酌给小麦磨粉，供给食用，以维生活。

四、工兵食用面粉，由该队长商同附近保长发动保民领麦磨粉，供给食用。其交面重量，比照普通磨户交面数量办理（每老斗小麦交面二十四斤）。

五、保民领麦交面，均由该队长列账登记，数字务求确实，不得稍事含混。

六、工兵需用油盐菜醋，由该队长就附近保内，按照当地市价介绍购买。但不得有摊派、勒买或假手舞弊情事。

七、工兵购买日用物品，以其附近保民所有自愿出售者为限。由该队长尽量介绍购买之，但不得引导工兵乱入民舍，致滋纷扰。

八、民介绍工兵购买物品，均须列账登记，并注明物品单价，于每月终了，详报核查。

九、遇有疑难问题，或情节重大事件发生，须即列举实事，详报核示后办理。

十、该队长食宿接洽工程处办理，不得向保民有任何需索情事。

县长冯

民国三十八年一月十九日

处理意见：

并公布。

周人

一月十九日

高台县政府就依照令配数量积极催促车辆赶运料石事给常明乡的命令

1949 年 1 月 6 日　　张 2-346

高台县政府子字第 34 号

常明乡盛乡长

为准函饬速依照令配数量积极催促车辆赶运料石一案仰遵办具报由：

一、准马尾湖水库工程处吴处长手函“以各乡镇拉运料石车辆，迄未开始起运，殊堪影响工程进度。嘱速转饬各乡镇长，依期督运”等由到府。

二、查拉运石料，迭奉省府电令“务于黑河凝冻期间全部运结”。本府业以一三（37）亥字第二五二八号训令“饬依规定期限办理”在案。惟查建康、四维两乡镇车辆未能依限开运，殊属非宜。

三、仰即切实把握时机、依期督运、慎勿延误，并将办理情形或有建议等项随时具报。

县长冯周人（印）

民国三十八年一月六日

处理意见：

督促拉运。

一月一日

高台县政府就拨派距城近的运石车辆到县城带运工粮至正义石场事给建康镇许镇长等的代电

1949 年 1 月 15 日　　张 2-346

高台县政府子字第 122 号代电

建康镇许镇长、柔远乡方乡长

为准函电饬迅拨距城附近运石车辆前来县城，乘便带运工粮至正义一案，仰即遵照办理由：

一、准马尾湖水库工程处高库字第五八号函“以正义石场需用工粮在即，嘱饬建康、柔远两乡镇，由距县城二十华里各保、署，各运石车辆于空驶正义之便，来城带运工粮一百五十市石。每车装运小麦三市石二斗，即发运价小麦一市斗四升或折发金元，听其车主自便”等由一案。

二、查带运是项工粮，实为远途放空之调济办法。际此年关迫近，公私两有裨益，应即照办。

三、电仰该乡镇长遵照，迅派干员漏夜督促距城附近各保运户前来装运。并将给予运价标准，切实阐明，以免顾虑不前为要。

四、本案已分电各乡镇长遵办，并函工程处查照。

县长冯代（印）

民国三十八年一月十五日

处理意见（批眉）：

签稿并呈，限本日下午发出。

一月十五日

高台县政府就拨派距城近的运石车辆到县城带运工粮至正义石场事给高台马尾湖水库工程处吴处长公函

1949 年 1 月 15 日　　张 2-346

高台马尾湖水库工程处吴处长：

为电覆函嘱令饬建康、柔远距县二十华里各保运石车辆前来县城，乘便带运工粮至正义石场一案，请查照由：

一、高库字第五八号公函敬悉。

二、查运石车辆带运工粮，此为远途放空之调整办法。际此农历年关迫近，公私两有裨益，自应照办。

三、已电饬建康、柔远乡镇长赶办在案。

四、复请查照。

县长冯代（印）

民国三十八年一月十五日

高台马尾湖水库工程处就运石车带运石工粮事给高台县政府的公函

1949 年 1 月 14 日　　张 2-346

高库字第五八号

高台县政府

为函请着令建康、柔远二乡以运石车之便，代本处运石工食粮一百五十市石，至正义石场由：

一、本处正义石场为工兵食粮及现有石工食粮，急需小麦一百五十市石，拟请贵府着令建康、柔远二乡在县城周围二十华里以内各保运石车辆，于空驶正义之便，将此项食粮运去。至于运价仍按每车装三市石二市斗，每天给付小麦七市升，由城至正义应按二车夫计算。即付车价一市斗四市升，或按市价折发金元，听其车主自便。

二、函请即时协助办理，以应急需为荷。

处长代（印）

民国三十八年一月十四日

处理意见：

速饬建、柔两乡镇长照办，并见覆。

代（印）

一月十五日

高台县政府就知晓拨运临泽工粮支付运费标准给建康镇许镇长等的训令

1949 年 1 月 20 日　　张 2-346

高台县政府子字第 150 号
建康镇许镇长、柔远乡方乡长、常明乡盛乡长
为令知拨运临泽工粮支付运费标准由：

一、准马尾湖水库工程处高库第五五号公函"以拨运临泽工粮、支付运费标准，按三十七年六月下旬，每市石津贴九万元，折合小麦。再按现在市价折算金元。俟款拨到后，将津贴各乡镇款数备函，分别迳送各乡镇转发"等由一案。

二、仰即转饬知照。

县长冯代（印）
民国三十八年一月二十日

马尾湖水库工程处就给拨运临泽工粮支付运价标准事给高台县政府的公函

1949 年 1 月 14 日　　张 2-346

高库字第五五号
高台县政府
为函复"拨运临泽工粮支付运价标准"由：

一、三（37）亥字第 3563 号函敬悉。

二、本处拨发各乡镇临泽县存工粮运费支付标准，按三十七年六月下旬，每市石津贴九万元之数，折合小麦。再按现在市价折算金元。俟款到后，本处将津贴各乡钱数备函，分别迳送各乡。

三、即希查照。

处长代（印）
民国三十八年一月十四日

处理意见：

分令各乡镇长知照。

代（印）
一月十五日

高台县政府就派员前往正义石场协助工兵连开采料石注意事项布告周知事给四维乡公所等的布告

1949 年 1 月 24 日　　张 2–346

高台县政府子字第 201 号

四维乡公所、正义保办公处

为派员前往正义石场协助工兵连开采料石注意事项布告周知由：

一、建修马尾湖水库所需料石，业经呈请专员转请河西警备总司令部，调拨工兵来县开采。兹以工兵连官兵，前往正义石场开始工作。对于工兵食需面粉，应由附近保民领麦磨交，供给需用。

二、本府为谋免除纷扰，增强工兵施工效率起见。兹拟定协助工兵施工注意事项：（一）工兵需用造膳大锅、风箱由工程处设备，至碗、筷零星用具，由工兵连自备；（二）工兵开石工具，由工程处及工兵连准备；（三）工兵食需面粉，由本府派员会同附近保长，发动保民领麦磨交供给食用。其交面重量，比照普通磨户交面数量办理（每老斗小麦交面二十四斤）；（四）保民领麦交面，均由来员列账登记，数字务求确实，不得稍事含混；（五）工兵如需油盐菜醋，由本府派定人员就附近保内，按照当地时价介绍购买，但不得有摊派、勒索或假手舞弊等情事；（六）工兵购买日用物品，以其附近保民自愿出售者为限。由本府派定人员尽量介绍购用。但不得引导工兵乱入民舍，致滋纷扰；（七）本府派定人员对于介绍购买物品，均需随时列账登记。注明当时单价，每于月终报府核查；（八）本府派定人员遇有疑难或情节重大事件，须即列举实事，报告县府核办；（九）本府派定人员之食、宿洽同工程处设备，不得向保民由任何需索情事。以上各项已令派本县保安团分队长罗占魁前往工地，遵办在案。

三、各行布告周知。

县长冯代（印）

民国三十八年一月二十四

高台县政府就催派车辆到库事给建康镇许镇长等的公函

1949 年 2 月 5 日　　张 2–346

高台县政府丑字第 217 号

建康镇许镇长、柔远乡方乡长、常明乡盛乡长、四维乡杨乡长

为准函“令饬严催第一期配运马尾湖水库料石未到车辆，并依限发动第二期车辆”一案，仰即遵办由：

1. 建康镇到四二六辆，未到一三四辆。柔远乡到六八六辆，未到四三四辆。常明乡到七二九辆，未到五一辆。四维乡到四三九辆，未到一〇一辆。共计未到大车七二〇辆。

第二期续运料石计需大车五，□□□[1]辆，应于黑河解冻前施运结束，嘱分别转饬各乡镇督运等由到府。

2. 查第一期配运料石车辆，现已逾限良久，应即严饬欠车各保甲长，星夜督促迅速拉运。兹将第二期发动车辆，依照第二十八次县政会议决定原则"以总数三分之一由工地附近四维乡民众拉运"。缮列车辆分配表一份，随令附发。

3. 仰即遵照表列第二批配运数字，依期发动。并将第一期未到车辆加紧督催，务于二月二十二日以前，全部运清为要。

4. 本件已函达工程处查照。

县长冯周人

民国三十八年二月五日

高台县政府就发动拉运料石车辆事给高台马尾湖水库工程处吴处长的训令

1949 年 2 月 5 日　　张 2-346

高台县政府丑字第 217 号

高台马尾湖水库工程处吴处长：

1. 本年二月二日高库字第六〇号公函敬悉。

2. 除分饬各乡镇长，严饬各保甲长星夜督促第一期未到车辆，赶速拉运外。兹检同发动车辆分配表一份，随函附寄。

3. 近据各乡镇长报称"以拉运料石车辆收据，因领价交销车夫手无存据，督运未到车辆，深感困难"等语。请即改善收据式样，使车夫一联领价、一联交该□保长存查，以利进行。

4. 复请查照办理见后。

县长冯周人

民国三十八年二月五日

高台马尾湖水库工程处就派第二期运石车辆事给高台县政府的公函

1949 年 2 月 2 日　　张 2-346

高库字第六〇号

高台县政府

函请派第二期运石车辆由：

1. 查本处运石已届第二期，需车 5,000 辆。请贵府速饬各乡镇派车赴正义石场拉运。

2. 各乡镇第一次应派运石车 3,000 辆。兹据本处正义石场统计，常明乡到 729 辆、建

[1] 编者按：此处原文档漫漶，不可识。

康镇到426辆、四维乡到439辆、柔远乡到686辆□□□[①]辆，未到之720辆，并请转饬各乡镇于此次补充。希于二月底前将第一、二两期应运石料运完，以利工进。

3. 希请查照见覆。

处长（印）

民国三十八年二月二日

处理意见：

依照会议决定方式，分配各乡镇从速发动车辆，加紧拉运。并覆。

周人（印）

二月三日

高台县政府就拉运料石车辆事给建康镇许镇长等的训令

1949年3月9日　　张2-346

高台县政府寅字第524号

建康镇许镇长、柔远乡方乡长、常明乡盛乡长、四维乡杨乡长

为令饬迅即查明马尾湖水库拉运料石未到车辆数字列册具报以凭核转由：

1. 据本府指导员李效儒签报，以奉令在马尾湖水库监运料石，现因黑河解冻，不能通车，停止拉运。查一、二两批发动车辆，统计建康镇各保到达牛车五三六辆、柔远乡各保一四七〇辆，常明乡各保一一〇二辆、四维乡各保二三八〇辆，等情到府。

2. 查该乡（镇）拉运料石未到车辆，应派干练人员详查登记，并限于本月二十日以前，将各保未到车数列报凭核。

3. 仰即遵照办理。

县长冯周人

民国三十八年三月九日

高台县四维乡长就调查本乡各保欠运石料车辆事给高台县政府的公函

1949年4月23日　　张2-346

四卯字第9号

高台县政府县长冯

呈赍调查本乡各保欠运石料车辆数目表一份请鉴核由：

1. 接管卷内一三（38）寅字第五二四号训令奉悉。

2. 本乡计配拉运马尾湖工程处料石牛车贰仟陆佰陆拾陆辆，各保已运拉料石车贰仟叁佰捌拾辆，尚欠贰佰捌拾陆辆。经派员前往各保调查，结果欠数不差。除严饬各保欠运保积极拉送外，遂缮造欠运名单一份，备文呈赍。

① 编者按：此处原文档漫漶，不可识。

3. 仰祈鉴核备查。

高台县四维乡乡长赵兴隆（印）
民国三十八年四月二十三日

处理意见：

连同此次新配车辆务，于黑河水小时期，加紧督运。指令。

五月四日

附件　车辆数目表一份

高台县四维乡欠运石料车数表	保别	□新保	永远保	万开保	红山保	罗城保	正义保	镇江保	临河保	河西保	常丰保	合计
	原配车数/辆	290	102	111	350	374	350	20	312	296	273	2666
	欠运车数/辆	47	5	9	120	65	40	无	无	无	无	286
	备考											

高台县政府就征集民工排除马尾湖积水事给四维杨乡长的训令

1949 年 3 月 22 日　　张 2-346

高台县政府寅字第 624 号训令
四维乡杨乡长
为令饬征集民工排除马尾湖积水一案仰即遵办由：

1. 查建修马尾湖水库，行将开始工作。惟湖中积水汪洋，应予提前排除，以利工程进行。

2. 仰由水库附近临河保内征召民夫三十名，务于本月二十五日率交工程处，以便派员指导排除积水。至工作数字，将由土方工作内扣除。

3. 令仰遵照办理。

县长冯周人
民国三十八年三月二十二日

处理意见（批眉）：

本件送工程处带交。

三月二十二日

高台县政府就依限督交马尾湖水库需用木料事给建康镇许镇长等的训令

1949 年 3 月 31 日　　张 2-346

高台县政府寅字第 695 号
各乡镇长
为令饬催依限督交马尾湖水库需用木料一案仰速遵照办理：

1. 准马尾湖水库工程处高库寅字第六二号公函“以水库建筑物所需木料，急待应用。

嘱转饬各乡镇，务于四月十日前送到工地。至木价款小麦，俟木料交到后，即行清付”等由到府。

2. 查事项木料。本府业以一三（37）戌字第三一五三号训令，附发采购木料分配表一份，饬遵办理在案。

3. 现以水库施工在即，是项建筑木料需用迫切，仰速遵照前发表列数字采购齐全，务于四月十日以前，送到工地，以资应用。

县长冯代（印）

民国三十八年三月三十一日

高台县政府就采购水库所需木料事给高台马尾湖水库工程处的公函

1949 年 3 月 31 日　　张 2–346

高台县政府寅字第 695 号

高台马尾湖水库工程处

为函复“采购水库所需木料”一案希查照：

1. 高库寅字第六二号公函敬悉。
2. 已令饬各乡镇长，依照表列数字从速采购，并限于四月十日以前督交工地在案。
3. 复请查照。

县长冯代（印）

民国三十八年三月三十一日

高台马尾湖水库工程处给高台县政府的公函及高台县政府的批示

1949 年 3 月 24 日　　张 2–346

高库寅字第 62 号

高台县政府

函请“依照本处前送征购木料表，速为配购，希请于四月十日前送到工地”由：

1. 查本处复工在即，各建筑物所需木料急待应用。请速按本处前送征购木料表，转饬各乡镇务于四月十日前送到工地。征购木价俟送到后即行清付，免误工程为荷。

2. 希将办理情形见覆。

处长（印）

民国三十八年三月二十四日

处理意见：

分饬各乡镇长速办，并覆。

代（印）

三月二十八日

高台县政府就发动民工车辆建修马尾湖水库未完土方工程事给建康镇许镇长等的训令

1949 年 4 月 5 日　　张 2-346

高台县政府卯字第 724 号

建康镇许镇长、柔远乡方乡长、常明乡盛乡长、四维乡赵乡长

为电饬准备发动民工车辆建修马尾湖水库未完土方工程一案仰遵照办理由：

1. 本年三月二十六日，案准高台马尾湖水库工程处高库寅字第六三号公函“以水库未完土方约十二万方，计划于本年五月底完成。计自开工起，每日需要民夫一千四百名、牛车一百二十辆。嘱饬各乡镇预为准备，并将征雇民夫、车辆列册见覆”等由到府。

2. 兹根据第二十八次县政会议决议分配标准，并按照各乡镇黑河收益田亩连同上年短欠民工数量。缮制民夫、车辆分配表一份，随电附发。

3. 仰即遵照表列数字分别提前发动，以备解冻时即行开工，并将征雇工人名册先行具报，以凭核转。

4. 本件已函工程处查照。

县长冯代（印）

民国三十八年四月五日

高台县政府就提前征雇土工及车辆以备解冻开工事给马尾湖工程处的公函

1949 年 4 月 6 日　　张 2-346

高台县政府卯字第 724 号

高台马尾湖水库工程处施处长

为函嘱提前征雇土工及车辆以备解冻开工一案电复查照由：

1. 本年三月二十四日高库寅字第六三号公函敬悉。

2. 除根据本府第二十八次县政会议决议征雇民工分配标准，并按各乡镇黑河收益田亩，连同上年短欠民工数字，缮列分配表。分电各乡镇长提前发动，听候开工外。兹检同民工、车辆分配表一份，随电附寄。

3. 电复查照。

县长冯代（印）

民国三十八年四月六日

高台马尾湖水库工程处就征雇土工及牛车事给高台县政府的公函

1949年3月24日　　张2-346

高库寅字第63号

高台县政府

函请征雇土工及牛车由：

1. 本处未完土方月十二万方，计划于五月底前完工，需要土工1,400名、牛车120辆，请速按照所需数量分配各乡。并饬预为准备，一俟解冻，即行复工（复工日期另行通知）。

2. 希将征雇情形及各乡征雇工人名册列来，见复为荷。

处长（印）

民国三十八年三月二十四日

处理意见：

分饬各乡镇照办，并将征工名册赍府凭转。

代（印）

三月二十八日

高台县政府就建修马尾湖水库定于本月十五日开工事给建康镇许镇长等的代电

1949年4月6日　　张2-346

高台县政府卯字第731号

建康镇许镇长、柔远乡方乡长、常明乡盛乡长、四维乡赵乡长

代电饬知建修马尾湖水库定于本月十五日开工仰即遵照办理由：

1. 本年四月五日，案准高台马尾湖水库工程处高库字第六五号公函以建修水库未完土方工程，准于四月十一日复工。嘱饬各乡镇如期发动民夫、车辆，以利进行。

2. 本府为顾及春耕，把握时机起见，兹展定于本月十五日开工。

3. 仰该乡镇长遵照，迅即按照前电附发配表所列民夫、车辆数量，依期发动，毋稍延误。并将办理情形及乡镇民工管理员姓名，详报核查。

4. 本件已分电各乡镇办理并函工程处查照。

县长冯代（印）

民国三十八年四月六日

高台县政府就发动民夫车辆复工日期事给马尾湖工程处的公函

1949 年 4 月 7 日　　张 2-346

高台县政府卯字第 731 号

高台马尾湖水库工程处施处长

为电复“发动民夫车辆复工日期”由：

1. 本年四月五日高库字第六五号公函敬悉。

2. 本府为顾及少数农户春耕，并为把握时效起见，展定于四月十五日开工，已分电各乡镇长，切实遵办在案。

3. 电复查照。

县长冯代（印）

民国三十八年四月七日

高台马尾湖水库工程处就复工日期给高台县政府的公函

1949 年 4 月 5 日　　张 2-346

高库字第 65 号

高台县政府

为函知复工日期由：

1. 马尾湖水库工程复工准备工作，早于上月开始，并多已办理停妥。

2. 为利用农闲期速完成，计准于四月十一日复工。

3. 函请严饬各乡，如期复工。

处长（印）

民国三十八年四月五日

处理意见：

速饬各乡镇长，遵照前电附发民夫、车辆分配表列数字，务于本月十五日一律派员率往工地。并将所派管理人员姓名具报核查。

代（印）

四月六日

建康镇长就呈报本镇马尾湖水库民工管理员请予核委给高台县政府的呈文

1949 年 4 月 14 日　　张 2-346

建卯字第 78 号

高台县政府县长冯

呈报本镇马尾湖水库民工管理员请予核委：

1. 一三（38）卯字第七三一号代电奉悉。

2. 查“民工管理员待遇，□有本所负责，惟本年民众负担亟其繁重，无法再事配筹。并于本月十一日，签请由工程处负担”在案。兹为顾及实事起见，本镇民工管理员，仍由雷兴邦充任。

3. 恭祈核委。

建康镇镇长许正荣（印）

民国三十八年四月十四日

处理意见：

准予备查。

代（印）

四月二十一日

高台县政府就遴派民工管理员迅赴水库工地督征民工事给建康镇许镇长等的训令

1949年4月8日　　张2-346

高台县政府卯字第762号

建、柔、常、四各乡长

为令饬遴派民工管理员迅赴水库工地督征民工由：

1. 本年建修马尾湖水库未完工程，定于四月十五日开工。业以一三（38）卯字第七四三号代电饬遵办理在案。

2. 仰即遴派民工管理员二人，迅赴工地，依照上年抄原注意等项，切实督征，以利工近。并将该乡（镇）民工管理员姓名列表，报核。

县长冯代（印）

民国三十八年四月八日

许正荣等就马尾湖水库工程事给高台县长冯的呈文

1949年4月11日　　张2-346

签呈：

查马尾湖水库工程已奉令定于本月十五日开工，兹将应需改进事宜恭呈如下：

1. 各乡镇民工管理员待遇，乡镇绝难再事摊派。按理应比照马尾湖水库工程处事务员或雇员支给，并由工程处全部负担。

2. 各乡镇征雇民工工粮应再予以合理调整，以维生活，俾免各保再事补贴。

3. 各民工于应做时日完满后，即由工程处分别付给工作日数凭单，以便稽查延误，并凭此发给工粮。

4. 民工工粮应予一月完满后即行清发。

以上四点敬祈钧鉴赐办为祷。谨呈县长冯。

职许正荣、盛有聪、方新明（印）

民国三十八年四月十一日

处理意见：

函转马尾湖水库工程处，查照办理。

四月十一日

柔远乡长就续修马尾湖水库民工数目及管理员姓名表给高台县政府的呈文

1949 年 4 月 18 日　　张 2–346

柔卯字第 38 号

高台县政府县长冯

呈报“各保配雇续修马尾湖水库民工数目及管理员姓名”请鉴核备查：

1. 钧府三（38）卯字第 724、731、762 号代电奉悉。

2. 遵即将本乡征雇建修马尾湖民夫四三一名，按地亩标准分配各保征雇。限本月十五日以前到达工地，并派王之信、蔡迁让二人为民工管理员。该员工粮请函工程处，比照县级待遇按月发给。

3. 各保民夫由保长，按地亩数额向户民轮流征雇。工作日期多寡不等，无固定之姓名，工人名册无法造报。谨缮造各保征雇民夫分配表一份。备文呈报。

4. 请电鉴核办。

柔远乡乡长方新明（印）

民国三十八年四月十八日

处理意见：

民工管理员暨征工情形，准予备查。至管理员待遇，俟函洽工程处见覆后，另案饬□□。

四月十八日

常明乡长就本乡续修马尾湖水库民工管理员姓名表给高台县政府的呈文

1949 年 4 月 16 日　　张 2–346

常卯字第 87 号

高台县政府县长冯

为呈报“本乡续修马尾湖水库民工管理员姓名”请备查由：

1. 三（38）卯字第七六二号训令奉悉。

2. 查本乡续修马尾湖水库民工管理员，仍遴派张积福、盛有兴二人业已于本月十四日到达工地督工。

3. 恭请备查。

常明乡乡长盛有聪（印）

民国三十八年四月十六日

处理意见：

准予备。指令。

代（印）

四月二十一日

四维乡长就本乡马尾湖水库民工管理员姓名表给高台县政府的呈文

1949 年 4 月 13 日　　张 2-346

四卯字第 3 号

高台县政府县长冯

呈报本乡马尾湖水库民工管理员姓名表一份请核查由：

1. 三（38）卯字第七六二号代电奉悉。

2. 续修马尾湖水库工程应配本乡征雇工及牛车数量，业经遵照三（38）卯字第七二四号代电，分别平均分配。并饬刻即前往工地工作在案。兹缮造各该保民工管理员姓名表一份，备文呈赍。

3. 请鉴核备查。

高台县四维乡乡长赵兴隆（印）

民国三十八年四月十三日

批示：

准予备查。指令。

代（印）

四月廿一日

附件　民工管理员姓名表一份

高台县四维乡所属各保续修马尾湖水库民工管理员姓名表	乡镇保别	四维乡总监工员	第一保	第二保	第三保	第四保	第五保	第六保	第七保	第八保	第九保
	监工员姓名	葛彦盛	张万平	杜正海	蔺永仁	王自元	杨生霖	罗文盛	王万生	杨馥芳	蔺守昌
	备考										

高台县政府就该乡（镇）主任干事迅赴马尾湖工地监督民工事给建康镇许镇长的代电

1949 年 4 月 14 日　　张 2-346

高台县政府卯字第 814 号

建、柔、常、四各乡镇长

代电饬该乡（镇）主任干事迅赴马尾湖工地监督民工由：

1. 查马尾湖水库工程，本县长在省奉主席面谕“□□于六月底完成”等因。

2. 兹为谋工程进度如期完成起见，□□各乡（镇）主任干事一律迅即前往水库工地监督民工，以利工作。

3. 仰遵照办理，并将该乡主任干事前往日期具报备查。

县长冯代（印）

民国三十八年四月十四日

建康镇长就本镇主任干事赴马尾湖水库日期事给高台县政府的呈文

1949 年 4 月 22 日　　张 2-346

建卯字第 94 号

高台县政府县长冯

呈报本镇主任干事赴马尾湖水库日期请核查：

1. 三（38）卯字第八一四号代电奉悉。

2. 查本镇主任干事段从儒，已遵令于二十二日前往马尾湖督工。

3. 谨报请核查。

建康镇镇长许正荣（印）

民国三十八年四月二十二日

处理意见：

准予备查。指令。

周人（印）

四月廿七日

柔远乡长就干事田舜华赴马尾湖督工事给高台县政府的呈文

1949 年 4 月 22 日　　张 2-346

柔卯字

高台县政府县长冯

呈报主任干事田舜华赴马尾湖督工请鉴备查由：

1. 三（38）卯字第八一四号训令奉悉。

2. 遵饬主任干事田舜华已于本月二十二日前往马尾湖督工。

3. 请鉴备查。

柔远乡乡长方新明（印）

民国三十八年四月二十二日

处理意见：

准予备查。指令。

周人（印）

四月二十七日

常明乡长就本乡主任干事王万钧前往马尾湖工地督工事给高台县政府的呈文

1949年4月23日　　张2–346

常卯字第96号

高台县政府县长冯

为呈报本乡主任干事王万钧已于本月二十二日前往马尾湖工地督工奉请备查由：

1. 三（38）卯字第八一四号代电奉悉。

2. 本乡主任干事王万钧，遵即于本月二十二日前往马尾湖水库工地监督民工，以利工作。

3. 恭请备查。

常明乡乡长盛有聪（印）

民国三十八年四月二十三日

处理意见：

准予备查。指令。

周人（印）

四月二十八日

四维乡长就本所主任干事赴马尾湖工地监督民工日期给高台县政府的呈文

1949年4月23日　　张2–346

四卯字第10号

高台县政府县长冯

呈报本所主任干事赴马尾湖工地监督民工日期由：

1. 三（38）卯字第八一四号代电奉悉。

2. 本所主任干事遵于本月二十四日，前往马尾湖工地监督民工，促使工程如期完成。

3. 祈鉴核备查。

高台县四维乡乡长赵兴隆（印）

民国三十八年四月二十三日

处理意见：

准予备查。

周人（印）

五月四日

高台县政府就依限督交马尾湖水库需用木料事给建康镇许镇长等的训令

1949 年 4 月 14 日　　张 2-346

高台县政府卯字第 828 号

建、常、柔、四、祁各乡镇长

为令催饬依限督交马尾湖水库需用木料一案仰速遵照办理：

1. 查采购马尾湖水库需用木料，本府经以三（38）寅字第六九五号训令“饬遵办理”在案。

2. 兹准水库工程处高库字第六八号函“以各乡分配木料，除少数乡镇送到一部分外，多未如期如数送到。嘱转饬各乡镇，展限于四月廿五日前，依照配额全数送交工地，以利工进”等由到府。

3. 现以水库业已展开工作，亟需□□较大木料，仰派干警，星夜督运工地，先行需用。四月廿五日以前，全数送到□□□□[①]用，甚勿延误。

县长冯代（印）

民国三十八年四月十四日

高台县政府就马尾湖水库需用木料事给马尾湖水库工程处的公函

1949 年 4 月 14 日　　张 2-346

高台县政府卯字第 828 号

马尾湖水库工程处

函复□□□□□□[②]需木料一案希查照由：

1. 高库第六八号公函敬悉。

2. 已令饬各乡镇长依限督交在案。

3. 复请查照。

县长冯代（印）

民国三十八年四月十四日

① 编者按：此处原文档漫漶，不可识。

② 编者按：此处原文档漫漶，不可识。

高台县政府就建修马尾湖水库民工数目及管理员姓名事给柔远乡的指令

1949 年 4 月 27 日　　张 2-346

高台县政府卯字第 926 号指令
柔远乡方乡长
据呈报配雇建修马尾湖水库民工数目及管理员姓名请鉴核一案指令知照由：

1. 本年四月十八日柔（38）卯字第三八号呈附表均悉。

2. 民工管理员及征工情形准予备查，至管理员待遇，俟函洽工程处见覆后，另案饬知。

3. 仰知照。

县长冯周人（印）
民国三十八年四月二十七日

高台县政府就发动车辆前往临泽威狄堡装运水库需用石灰食给补给站的公函

1949 年 5 月 3 日　　张 2-346

高台县政府辰字第 959 号
补给站王站长
为准函令饬发动车辆前往临泽威狄堡装运水库需用石灰由：

1. 本月二日，案准高台马尾湖水库工程处高库（38）新字第六号公函“以在临泽威狄堡购就石灰，需用迫切。嘱代雇牛车三十八辆，运灰至工地，按六个车夫，计发小麦三市斗”等由到府。

2. 仰即接续上年度配雇车辆号次，发动牛车三十八辆，务于本月六日齐集县城内水库工程处，以便派员率往施运。

3. 本案已函工程处查照。

县长冯周人（印）
民国三十八年五月三日

高台县政府就雇拉运石灰车辆事给尾湖水库工程处的公函

1949 年 5 月 4 日　　张 2-346

高台县政府辰字第 959 号
高台马尾湖水库工程处施处长
为函覆嘱雇拉运石灰车辆一案请查照由：

1. 本年四月三十日高库（38）新字第六号公函敬悉。

2. 已饬发动牛车三十八辆，并限于本月六日齐集县城内贵处，听候施运。

3. 覆请查照。

县长冯周人（印）

民国三十八年五月四日

高台马尾湖水库工程处就派车三十八辆赴临泽威狄堡装运石灰到达工地事给高台县政府的公函

1949 年 4 月 30 日　　张 2–346

高库新字第 6 号

高台冯县长

函请“派车三十八辆赴临泽威狄堡装运石灰到达工地”由：

1. 本处前在临泽威狄堡所购石灰，兹以需用迫切。拟请贵处迅派牛车三十八辆，前往运回工地。

2. 每车装重以五百市斤为准。来回六个车夫，每车运价小麦三市斗。

3. 请查照办理，见覆为荷。

处长施彭龄（印）

民国三十八年四月三十日

处理意见：

令补给站，接续上年配车号次，如数发动，并限于本月六日齐集水库工程处。并覆。

周人（印）

五月二日

高台县政府就转拨贷四维乡各保无息工粮事给高台县田粮处的公函

1949 年 5 月 2 日　　张 2–347

高台县政府辰字第 964 号

高台县田粮处副并处长白、冯

为函转“拨贷四维乡各保无息工粮”一案请查照由：

1. 前准贵处田二（38）寅字第一四四公函“嘱追交拨贷四维乡各保，建修马尾湖水库工粮三百市石”一案。

2. 本府当以三（38）寅字第六九〇号函达“马尾湖水库工程处，清理手续”去后。兹准高库字（38）新八号函覆“以四维乡临河等保贷借无息工粮，决定由各该保应□之民工土方及车天所得工粮内，直接扣还”等由到府。

3. 复请查照。

县长冯周人

民国三十八年五月二日

高台县政府就发动车辆依期赶运水库需用料石事给建康镇许镇长等的代电

1949 年 5 月 6 日　　张 2–347

高台县政府辰字第 985 号

建康镇许镇长、柔远乡方乡长、常明乡盛乡长、四维乡赵乡长

代电饬“速照表发动车辆，依期赶运水库需用料石”一案仰即遵办由：

1. 案准高台马尾湖水库工程处公函“以留存石场料石六百公方，需要牛车壹万贰仟车天。必须于河水断流期间抢运藏事。嘱即派员分赴各乡镇，督导配雇，以期河水停流时集中拉运，以免遗误时机”等由到府。

2. 查黑河流水自五月六日上游各渠开口河水枯竭，截至二十六日芒种节前均水止，时间至为迫促。关于运输料石车辆，亟应加紧督雇，依期施运。兹依议定直接受益人民负担三分之一标准，配雇第三批牛车四千零三十二辆，连同一、二两批次欠运车，共计发动牛车六千辆（即一万二千车天）。缮制数量表一份，并抄各乡镇、保已运车辆统计表一份，随电附发。

3. 电仰该乡镇长遵照，迅即依照表列数字及说明事项规定保运时间，严饬所属各保甲长，务将欠车及新配一次发动，准时集运。并仰加派干练员警星夜督促，免误时机，慎勿延忽为要。

4. 本案已分电各乡镇遵办，并函参议会及工程处查照。

县长冯周人

民国三十八年五月六日

高台县政府就发动车辆于河水枯竭期间抢运料石事给马尾湖水库工程处的公函

1949 年 5 月 6 日　　张 2–347

高台县政府辰字第 986 号

高台马尾湖水库工程处施处长

为函覆“发动车辆于河水枯竭期间抢运料石”一案请查照由：

1. 本年四月十三日高库字（38）新字第一号公函敬悉。

2. 本件依照议定直接收益人民负担三分之一标准，配雇牛车四千零三十二辆，连同一、二两批次欠运车辆，共计发动牛车六千辆，即一万二千车天。业经分电各乡镇赶速办理。兹检同发动车辆数量表一份，随函附寄。

3. 复请查照。

县长冯周人

民国三十八年五月六日

高台县政府就发动车辆于河水枯竭期间抢运料石事给高台县参议会的公函

1949 年 5 月 6 日　　张 2-347

高台县政府辰字第 987 号

高台县参议会

为准函“发动车辆于河水枯竭时期抢运水库需用料石”一案请查照由：

1. 案准高台马尾湖水库工程处高库字（38）新字第一号公函“以留存石场料石六百公方，需要牛车壹万贰仟车天，必须于河水断流期间抢运藏事。嘱即从速配雇，以期河水停流时，集中拉运，免误时机”等由一案。

2. 查黑河流水自五月六日上游各渠开口，河水枯竭，截至二十六日芒种节前，均水时间有限。兹依议定直接受益人民负担三分之一标准，配雇牛车四千零三十二辆，连同一、二两批次欠运车辆，共计发动牛车六千辆，计一万二千车天。兹检同发动车辆数量表一份，随函附寄。

3. 本案已分电各乡镇办理并函工程处查照。

县长冯周人

民国三十八年五月六日

附表　高台县建修马尾湖水库拉运石料配雇车辆数量表（三十八年五月六日）

乡镇名称	地亩总数/亩	已配车辆数			已运数	欠运数	第三批配雇车辆数	河水微小期间施运数（第三批及欠数）/辆
		第一批	第二批	小计				
建康镇	30,130	560	696	1,256	853	403	633	1,036
柔远乡	58,231	1,120	1,308	2,428	1,735	693	1,224	1,917
常明乡	40,600	780	870	1,650	1,133	517	831	1,348
四维乡	26,259	540	2,126	2,666	2,311	355	1,344	1,699
合计	155,251	3,000	5,000	8,000	6,032	1,968	4,032	6,000
说明	1. 河水微小期间拉运料石六百工方，需要牛车六千辆。兹按直接受益人民负担三分之一比例。发动牛车四千零三十二辆，连同一、二两批配征欠车一千九百六十八辆（各保欠数详见附表）。合计如上数 2. 河水微小时间自五月六日起至二十六日止至为短促，每日平均装运三百个车方可济事。兹分划四维乡自五月八日至十三日，常明乡自五月十四日至十七日，柔远乡自五月十八日至二十三日，建康镇自五月二十四日至二十六日。务须把握时间、切实负责督运 3. 各乡镇应按配雇车数及时间规定各保施运日期，务须按照每月装运三百辆之标准，严饬各该保长将该保欠车及新配车辆一次发动，依限赶运，切勿稍事延忽，遗误工进至要							

高台马尾湖水库工程处就配雇车辆运输石料事给高台县政府的公函

1949 年 4 月 13 日　　张 2–347

高库字第新 1 号

高台县冯县长

为函请配雇车辆运输石料并请将办理情形见覆由：

查本处建筑物石料尚有六百公方留存石场，须运工地，估计需要壹万贰仟车天。必须于本年黑河断流之三十天内抢运藏事，否则本处石方工程本年无法竣工。关系巨大，为特函请贵府尽事实可能从多核定车额，派员分赴各乡督导配雇。以期黑河一行停流，即行集中抢运，免误时机，以竟全功。仍请将办理情形，见覆为荷。

处长施彭龄（印）

民国三十八年四月十三日

高台马尾湖水库工程处就加紧发动运石牛车免失时机事给高台县政府的公函

1949 年 5 月 13 日　　张 2–347

高库辰字第 13 号

高台冯县长

函请"加紧发动运石牛车免失时机影响工程"由：

1. 查本处建筑物石料，为配合工作进度，适应事实环境，迭经函请于黑河断流期间加紧抢运，业经贵府分配，并准辰字（986）号公函覆在案。

2. 兹黑河断流已经旬余，而各乡镇牛车迄多未到工，仅有四维乡牛车三数十辆，运输中若按现时进度计算，此项石料需要年余始能运完，显不能配合实际需要。何况黑河断流时日短促，若不及时抢运，机会稍纵即逝。

3. 现本处石工因运料未到，不得已局部停工，影响工作情形严重。

4. 请讯赐有效措置，集中力量抢运石料，免失时机，影响工程。

处长施彭龄

民国三十八年五月十三日

处理意见：

严饬各乡镇长遵照前配数量时间，切实督促拉运，并覆。

代（印）

五月十八日

高台县政府就将延欠水库建筑物木料仰星夜运送工地应用给建康镇许镇长等的代电

1949 年 5 月 4 日　　张 2–347

高台县政府辰字第 1001 号

建、柔、常、四、祁各乡镇长

电饬迅将延欠水库建筑物木料仰星夜运送工地应用由：

1. 本年四月三十日，准马尾湖水库工程处高库（38）新第七号公函"以各乡镇所送木料相差甚多，至工程进展受到牵掣，影响颇巨。附送各乡镇已送、未送木料数量表一份，嘱转饬各乡镇刻即赶运，俾利工进"一案。

2. 兹抄发原表一份，随电附赍。

3. 迅将延欠木料，督饬各该保甲长星夜运送工地，以资应用，毋误延误。

县长冯周人

民国三十八年五月四日

高台县政府就催交建筑水库木料事给高台马尾湖水库工程处的代电

1949 年 5 月 4 日　　张 2–347

高台县政府辰字第 1001 号

高台马尾湖水库工程处施处长

为函覆催交建筑水库木料一案请查照由：

1. 本月四月二十七日高库（38）新第七号公函敬悉。

2. 已分电各乡镇长督饬各该欠料保甲长星夜赶运在案。

3. 覆请查照。

县长冯周人

民国三十八年五月四日

高台县政府就运输石料车辆赴工之便带运洋灰至工地事给建康镇、柔远乡的训令

1949 年 5 月 9 日　　张 2–347

高台县政府辰字第 1019 号

建康镇许镇长、柔远乡方乡长

为准"□运输石料车辆赴工之便带运洋灰至工地"一案，仰遵照办理：

1. 案准高台马尾湖水库工程处高库（38）新字第四号公函。兹有本处洋灰一百二一包，必须运送工地应用。嘱转饬建康、柔远两乡镇所拨派运输石料车辆，就便带运工地，每包发给运费小麦二市升。

2. 查运输石料配雇车辆，本府业以三（38）辰字第九八五号代电饬遵办理在案。

3. 仰该乡（镇）长遵照，迅即转饬附近各保车户，就赴工地之便，前往城内工程处带运洋灰至工地，并将费随时领用。

县长冯周人

民国三十八年五月九日

高台马尾湖水库工程处就征雇运石牛车就便带运洋灰至工地给高台县政府的公函

1949 年 4 月 20 日　　张 2-347

高台县政府新字第 4 号

高台县冯县长

为函请转饬“建康、柔远二乡征雇运石牛车就便带运洋灰至工地”由：

1. 本处兹有洋灰一百二十包，须由高台城内运送工地。拟请转饬建康、柔远二乡所派运输石料车辆就便带运，每包仍给运费二市升小麦付价。

2. 请查照办理为荷。

处长施彭龄

民国三十八年四月二十日

处理意见：

令建康、柔远二乡镇长转饬运输料石车户便中带运，并覆。

四月二十七日

高台县政府就民工管理员待遇事给建康镇许镇长等的训令

1949 年 5 月 12 日　　张 2-347

高台县政府辰字第 1065 号

建、柔、常、四各乡镇长

为转饬民工管理员待遇一案仰知照由：

1. 查“马尾湖水库民工管理员调整待遇”一案。本府以三（38）卯字第八三八号函达“水库工程处查照办理”去后。兹准高库（38）新字第九号函覆“以各乡镇民工管理员津贴，准以土方每百工方津贴小麦二市升五合。征雇土方单价系由省府核定。且本处公款限于预算，无从增加。各乡镇民工工作工数之稽考及证明，应由各乡镇民工管理员自行办理。各乡镇逐由工作人数仍由本处□清点登记，土方公粮每隔一月，即有本处清发”等由到府。

2. 仰即遵照并转知。

3. 本件已分令各乡镇遵照在案。

县长冯周人

民国三十八年五月十二日

高台县政府就民工管理员待遇事给高台县参议会的公函

1949 年 5 月 12 日　　张 2-347

高台县政府辰字第 1065 号
高台县参议会
为函转“库民工管理员待遇”一案，请查照由：

1. 前据建康镇长许正荣、柔远乡长方新明、常明乡乡长盛有聪等签呈称“（一）以乡镇民工管理员待遇，比照水库工程处事务员或雇员支给或由工程处全部负担；（二）各乡镇征雇民工公粮予以合理调整，俾免各保再事补贴；（三）各民工应作时日完满后，由工程处分别付给工作日数凭单，以便稽考延误，并凭此发给工粮；（四）民工工粮应于一月完满后即行清发。以上四点请函转马尾湖水库工程处查照办理”等情一案。

2. 本府当以三（38）卯字第八三八号函转马尾湖水库工程处查照办理去后。兹准高库（38）新字第九号公函，入原函，等由到府。

3. 处转饬各乡镇长知照外，用转函请查照。

县长冯周人
民国三十八年五月十二日

高台马尾湖水库工程处就复民工管理员待遇事给高台县政府的公函

1949 年 5 月 3 日　　张 2-347

高库新字第 9 函
高台冯县长
为函复民工管理员待遇一案，请查照转知由：

1. 贵府三 38 卯字第 838 号公函敬悉。
2. 各乡镇民工管理员津贴，准以土方每百公方，津贴小麦二市升五合。
3. 征雇土方单价，系由省府核定，且本处公款限于预算，无从增加。
4. 各乡民工工作工数之稽考及证明，应由各乡镇民工管理员自行办理，至各乡逐日工作人数，仍由本处逐日清点登记。
5. 土方工粮每隔一月，即由本处清发。
6. 请查照转知为荷。

处长施彭龄
民国三十八年五月三日

处理意见：

分饬各乡镇遵照，转知函参议会查照，并覆。

（印）
五月六日

高台县政府就员工管理员督修马尾湖水库工程以期早日完工而节民力事给建康镇许镇长等的训令

1949年5月19日　　张2-347

高台县政府辰字第□号

建、柔、常、四各乡镇长

为准函转饬“水库员工管理员积极督修马尾湖水库工程，以期早日完成工程而节民力”一案，仰即遵照办理由：

1. 准本县参议会高参秘（38）辰字第一二〇号函送二届六次大会案议员赵长年等提议“建议县府转饬各乡镇民工管理员，积极督修马尾湖水库工程，以期早日完成而节民力。附原提案一份嘱查照办理”等由到府。

2. 兹抄原提案一份随令附发。

3. 仰转饬所属民工管理员加紧督修，以期早日完成。

县长冯代（印）

民国三十八年五月十九日

高台县政府就乡镇民工管理员积极督修水库工程事给高台县参议会的公函

1949年5月19日　　张2-347

高台县政府辰字第□号

高台县参议会

函复转饬“乡镇民工管理员积极督修水库工程”一案请查照：

1. 高参秘（38）子字第四二号公函敬悉。

2. 已照抄原提案转饬各乡镇长遵照督办在案。

3. 复请查照。

县长冯代（印）

民国三十八年五月十九日

高台县参议会就严饬各乡镇民工管理员积极督工事给高台县政府的公函

1949年5月6日　　张2-347

高参秘（38）辰字第120号

高台县政府

函送本会二届六次大会参议员赵长年提函“请县府严饬各乡镇民工管理员，积极督修马尾湖水库工程，以期早日完成而节民力”一案请查照办理见覆由：

1. 本会二届六次大会，参议员赵长年提函“请县府严饬各乡镇民工管理员，积极督修马尾湖水库工程，以期早日完成而节民力”一案。

2. 经提交本会二届六次大会决议，以大会名义函请县府“严令各乡民工管理员积极□□□□□[①]镇民工管理员。如有失职情事，应予以惩戒处分，以期加强工作效率”等语记录在卷。兹抄原案一份，随函寄送。

3. 请查照办理见覆。

议长王占科

民国三十八年五月六日

处理意见：

分令各乡镇长转饬各民工管理员遵照，并覆。

五月十三日

高台县参议员赵长丰等就严饬民工管理员积极督修事的提案

1949 年　　张 2-347

函请县府严饬各乡镇民工管理员，积极督修马尾湖水库工程，以期早日完成而节民力案：

查马尾湖水库工程浩大，所有各乡镇征雇之民夫车辆，汇集一处。若指挥不当，监督欠周，难免有因循疏忽，而有偷闲怠工情事。兹为把握时机，力求加强工作效率起见，应责成各乡镇民工管理员积极督修。用比赛方式，按各单位之工作成绩，分别奖惩。以期早日完成，而免虚耗民力。

办法：（一）以大会名义函请县府严令各乡镇民工管理员积极督修；（二）各乡镇民工管理员如有失职情事，应予以惩戒处分，以期加强工作效率。

提案人　赵长年

连署人　程居正　刘□国　殷文炜

民国三十八年

高台县政府就续征民夫抢修马尾湖水库未完土方事给建康镇许镇长等的代电

1949 年 5 月 30 日　　张 2-347

高台县政府辰字第 1243 号

建康镇许镇长、柔远乡方乡长、常明乡盏乡长、四维乡赵乡长

代电饬速续征民夫抢修马尾湖书库未完土方一案仰即遵办由：

1. 本年度建修马尾湖水库第一期征雇民夫工作期限，行将届满，顷准工程处公函以水库未完土方，第一期民夫仅作成一半。嘱“继续发动民夫一千四百名，以期加紧工作，依限完成”等由到府。

2. 兹依议定征工标准（直接受益人民负担总额三分之一），按照各乡镇黑河受益田亩

① 编者按：此处原文档漫漶，不可识。

平均分配。缮制督工表一份，随电附发。

3. 仰即遵照表列数字及说明切实督办。

4. 本案已分令各乡镇遵照并函工程处及参议会查照。

县长冯周人

民国三十八年五月三十日

高台县政府就发动第二期民工续修水库未完土方事给高台马尾湖水库施处长的公函

1949 年 5 月 30 日　　张 2-347

高台县政府辰字第 1243 号

高台马尾湖水库施处长

为发动第二期民工续修水库未完土方一案函请查照由：

1. 查建修马尾湖水库未完土方，第一期征雇民夫工作期满，应即发动第二期继续工作。兹抄检督征民工分配表一份，随函附寄。

2. 函请查照，并希将第一期民夫工作成果及短工惠予见覆。

3. 本案已分令各乡镇遵办，并函县参议会查照协助在案。

县长冯周人

民国三十八年五月三十日

高台县政府就发动民工续修水库未完土方事给高台县参议会王议长的公函

1949 年 5 月 30 日　　张 2-347

高台县政府辰字第 1243 号

高台县参议会王议长

为函送发动民工续修马尾湖水库未完土方一案，请查照由：

1. 查建修马尾湖水库未完土方，第一期征雇民夫工作期满，顷由工程处吴工程师来府谈，以水库未完土方第一期民夫仅作成一半，嘱再发动民夫一千四百名工作四十五日继续工作，以期依限完成等语前来。本府为把握时机起见，援例配雇民夫一千四百名工作四十日，已分令各乡镇遵办在案。

2. 兹抄检督雇民夫分配表一份随函附送。

3. 请查照。

县长冯周人

民国三十八年五月三十日

关于以运送洋灰抵补欠征石工车辆事给范立贤的信件

1948 年 6 月 2 日　　张 2–347

立贤吾兄：

顷接工地来函云，运石料虽停，但均改为土方工作。将按每二车夫给予运石一车之工粮。如此办法则 45 天之外续派之土工车，即可不必再派了。查建康、柔远两乡运石车均尚各欠百余辆，祈转知两乡若车辆由城内带运洋灰三包（480 市斤），即可抵补一辆运石料车，为此双方便利，想两乡镇亦均乐与也。弟因拟□日去临泽，不克专商转此函，记吾兄将此意转达，以促工进是感。

祝公安。

弟

六月二日

处理意见：

呈核。

六月三日

高台县政府就水库民工急需担土工具事给建康镇许镇长等的训令

1949 年 5 月 31 日　　张 2–347

高台县政府辰字第 1244 号训令

建、柔、常、四各乡镇长

令为饬知水库民工急需担土工具一案仰转饬知照由：

1. 前据该乡镇长呈请函转“水库工程处备发民工所需担土工具”一案。

2. 本府当以三（38）辰字第一〇九一号函转马尾湖水库工程处查照办理去后。兹准高库（38）辰字第一七号函覆，以各乡民工需用草筐，应由本处供给。惟因全部需用数量颇巨，事实上未能全部购到，故不能全部供应。五月份以前民工需月之芨芨草绳筐笆，早由本处通知各乡镇公函承领转发，自六月份起停止供给，改由本处按每百方折价小麦七市升。

3. 仰即转饬知照。

县长冯周人

民国三十八年五月二十八日

高台马尾湖水库工程处就复民工担土工具事给高台县政府的公函

1949 年 5 月 23 日　　张 2-347

高库辰字第 17 号

高台冯县长

为函复民工担土工具一案请查照转知由：

1. 贵府三（38）辰字第（1091）号函敬悉。

2. 各乡民工需用芨芨草筐，原则应由本处供给惟因全部需用数量颇巨。事实上未能全部购到，故不能全部供应。

3. 五月份以前需用之芨芨草绳筐笆，早由本处通知各乡镇公所承领转发，自六月份起停止供给，改由本处按每百方折价小麦七市升。

4. 函请转知为荷。

处长施彭龄

民国三十八年五月二十三日

处理意见：

分饬各乡镇长遵照转知。

周人

五月二十五日

高台县政府就张嘉善等控保长孙多福侵吞粮款事给常明乡盛乡长的训令

1949 年 5 月 31 日　　张 2-347

高台县政府辰字第 1245 号训令

常明乡盛乡长

据该乡第五保户民张嘉善等呈控保长孙多福侵吞粮款借公肥己一案，仰秉公处理具报查由：

1. 本月二十五日，据该乡第五保户民张嘉善等呈“控保长孙多福侵吞粮款，借公肥己，请求提案讯究清算账目”等情到府。

2. 查该民所称侵吞粮款一节，是否实在□□考察。兹原呈一件，随令附发。

3. 仰该乡长传集两造到场，当事有关人证，清算账目、秉公调解。并将办理情形具报核查。

县长冯周人

民国三十八年五月三十一日

常明乡第五保户民张嘉善等就保长孙多福侵吞粮款事给高台县政府的呈文

1949 年 5 月　　张 2-347

呈为侵占粮款、借公肥己、鱼肉乡民、忍作残害，仰祈钧鉴作主，以儆刁恶、而安民善事：

情因常明乡第五保保长孙多福，侵蚀水农站粮麦老斗六石余斗。民众颗粒未见，吞入私囊，一至隐恶不出，民等以在势迫之下，敢怒而不敢言。该恶保长充任一年，按每石粮摊老斗小麦一斗九升九合，又每石粮一百七十七元。本年全月间，每石粮捐金元四元五角，土劣孙多福毒辣手段，武断乡曲、劣索金元。该劣保长，奉令水农站拉石头车下余四十二辆，按每辆车诈取小麦一升。前次三十二年欠工价小麦六石余斗，每石粮摊粮价小麦老升二升五合。该保长阔摊六斗有余，共摊七老石有余，侵蚀公粮款、抗欠粮价。恶保长将上项开支用一取十，贪婪无厌，并不念民生之苦，串通乡民代表郭长泰伸手遮天、舞弊公粮、损人利己，民等无法可施，只得呈请县长案下，电鉴作主提案讯究，清算账目。则民等实沾鸿恩，生生世世矣。谨呈高台县长冯。

原呈人常明乡第五保民等　张嘉善（印）　刘天佑（印）

武尚德（印）　孙秉常（印）

被呈人常明乡第五保保长　孙多福

中华民国三十八年五月

高台县政府就督促马尾湖运石未到车辆来城装运洋灰事给建康的训令

1949 年 6 月 3 日　　张 2-347

高台县政府巳字第 1288 号

建康镇许镇长、柔远乡方乡长

为准函“令知迅即督促马尾湖运石未到车辆来城装运洋灰”仰遵办由：

1. 本月三日，准马尾湖水库工程处函“以配运料石车辆未到工地施运者，改为土方工作。查建康、柔远两乡镇欠车甚多。兹以工地需用洋灰在急，嘱即转知督促欠车来城装运洋灰。辆运洋灰三包，计四百八十市斤，即抵补运石料车一辆价，亦照运料石车发给”等由到府。

2. 仰该乡（镇）长，迅即督促运输料石欠车，前往县城内工程处，装运洋灰，勿延为要。

3. 本件已函复工程处查照。

县长冯质人

民国三十八年六月三日

高台县政府就督促马尾湖运石未到车辆来城装运洋灰事给高台马尾湖水库工程处的公函

1949年6月3日　　张2-347

高台县政府巳字第1288号

高台马尾湖水库工程处施处长

为函复转饬“建康、柔远两乡镇长督促运石欠车来县装运洋灰”一案，希查照由：

1. 本月三日，据本府第三科案呈贵处周工程师笺函“以工地需用洋在急，嘱转饬督促拉运料石欠车，来县装运洋灰。每辆装运洋灰三包，计四百八十市斤，抵补运料石车一辆，价亦照运料石车发给”等由到府。

2. 已分饬“建康、柔远两乡镇长从速督促各欠车赶运”在案。

3. 函请查照。

县长冯周人

民国三十八年六月三日

高台县政府就拉运石料牛车到工表一份并嘱民夫携带工具事给建康镇许镇长等的训令

1949年6月11日　　张2-347

高台县政府巳字第1374号

建、柔、常、四各乡镇长

为准水库工程处函送拉运石料牛车到工表一份，并嘱民夫携带工具一案仰遵办由：

1. 准马尾湖水库工程处高库（38）巳字第二二及二三号公函“（一）拉运石料牛车。兹因变更计划，数量减少。请转饬各乡镇按分配数量六成，结算短欠车辆，各改运土方，以车夫两日折抵一辆，按运土车价支付。（二）第一期工作业已届满，各乡分配土方及铺砌草皮工作均未竣工，仍请转饬派工随带工具，继续工作”等由到府。

2. 兹抄原表一份，随令附发。

3. 仰即遵照办理。

县长冯周人

民国三十八年六月十一日

高台马尾湖水库工程处就派工随带工具继续工作事给高台县政府的公函

1949年6月1日　　张2-347

高库巳字第22号

高台县政府：

1. 贵府征雇民工第一期工作，业已届满，而各乡分配土方及铺砌草皮工作，均未竣工，仍请转饬派工随带工具继续工作。

2. 请查照办理。

处长施彭龄

民国三十八年六月一日

处理意见：

分令各乡镇遵照。

六月三日

高台马尾湖水库工程处就派装运石料牛车随带运土工具事给高台县政府的公函

1949 年 6 月 1 日　　张 2-347

高库巳字第 23 号

高台县政府：

1. 本处前预算拉运石料牛车。兹因变更计划数量减少，请转饬各乡镇按分配数量六成，派车前来工作，随带运土工具。如改运土方一车天，两天折抵一车，按运土车价支付。

2. 请查照办理。

附送装运石料牛车到工表一份。

处长施彭龄

民国三十八年六月一日

处理意见：

并案饬知，并覆。

六月三日

高台县政府就呈送第一期民夫车辆到工及欠工数量表给建康镇许镇长等的训令

1949 年 6 月 15 日　　张 2-347

高台县政府巳字第 1402 号

建、柔、常、四各乡镇长

准水库工程处函送第一期民夫、车辆到工及欠工数量表一份，仰加紧督催由：

1. 本月八日，案准马尾湖水库工程处高库（38）巳字第二七号公函，附送第一期民夫车辆到工及欠工数量表一份，请转饬遵照一案。

2. 兹抄原表一份，随令附发。

3. 仰遵照表列欠工数字，加紧督促补足，以期早告厥成。

县长冯周人

民国三十八年六月十五日

高台马尾湖水库工程处就第一期民夫工作及欠工事给高台县政府的公函

1949年6月6日　　张2-347

高库巳字第27号

高台冯县长：

函复嘱将第一期民夫工作及欠工情形一案请查照由：

1. 本年五月三十一日（38）辰字一二四三号公函敬悉。
2. 兹将贵属各乡镇第一期民工、车辆到工及欠工数量表随函抄送。
3. 复请查照。

附表一份。

处长施彭龄

民国三十八年六月六日

处理意见：

转饬各乡镇，迅将欠工督促补足，以期早告厥成。

（印）

六月八日

高台县政府就加紧督征马尾湖短欠民夫刻即到工事给建康镇许镇长等的训令

1949年6月15日　　张2-347

高台县政府巳字第1409号

建、柔、常、四各乡镇长

为准函令饬加紧督征马尾湖短欠民夫刻即到工，以免延长工程期限，仰遵办具报由：

1. 本月十二日，准马尾湖水库工程处笺函“以水库刻正加速进行，石方工程六月底可望完成。惟土方工程进来各乡镇民夫，未能全部到达，且于土堤铺砌草皮工作，决定继续完成，不另发动民夫。嘱转各乡镇长依照配额，星夜督促各保短欠民夫，赶速到工，以免延长工程期限”等由到府。

2. 查建修马尾湖水库第二期发动民夫工作，期限行将届满，该乡（镇）尤应特别注意农事收割，把握时机加紧推行。并对少数不良分子，应即鞭策前进，不容任其玩疲，影响整个工进效率。

3. 仰该乡（镇）长遵照，迅即遴派干员，星夜赴保专责督催。并将各保短工勒令负责人，务于六月份加工补足，毋得稍事延误。仍将督办成果具报核凭。

县长冯代（印）

民国三十八年六月十五日

高台县政府就积欠运石车辆依表列数字督促前往马尾湖补工事给建抗镇许镇长的代电

1949 年 6 月 21 日　　张 2-347

高台县政府巳字第 1450 号

建、柔、常、四各乡镇长

为电饬迅将积欠运石车辆依表列数字督促前往马尾湖补工仰即遵照办理：

1. 本月十八日，准马尾湖水库工程处高库（38）巳字第三一号公函，附送六月十四日以前石料车到工数量表一份。嘱严饬最近期内如数补齐，免误工程进度等由到府。

2. 兹照抄运石牛车到工数量表一份，随电附发。

3. 仰该乡镇长遵照，迅即依照表列数字针对配额，严饬保长星夜督催，务于六月底以期如数补齐，勿延为要。

县长冯周人

民国三十八年六月二十一日

处理意见（批眉）：

速缮发。

六月二十三日

高台县政府就督饬各乡镇严催运石欠车事给高台马尾湖水库工程处的公函

1949 年 6 月 21 日　　张 2-347

高台县政府巳字第 1450 号

高台马尾湖水库工程处吴处长

为函覆"督饬各乡镇严催运石欠车"一案希查照由：

1. 本年六月十七日高库（38）巳字第三一号函及附表敬悉。

2. 拉运料石短欠车辆，已分电各乡镇加紧督催，并限于本月底以前各照欠数全部补齐。

3. 函覆查照。

县长冯周人

民国三十八年六月二十一日

高台马尾湖水库工程处就积欠车辆函请于短期内如数补齐事给高台县政府的公函

1949 年 6 月 17 日　　张 2–347

高库巳字第 31 号

高台县政府

为积欠车辆函请于短期内如数补齐以利工进由：

1. 贵属各乡镇积欠石料车辆为数尚多，拟函请严饬并限最近期内如数补齐。兹检附六月十四日以前石料车到工数量表，抄送一份。

2. 请查照办理为荷。

处长施彭龄
副处长吴尚贤代
民国三十八年六月十七日

处理意见（批眉）：

速严催。

六月十七日

分饬各乡镇已期赶办，并覆。

六月十八日

高台县政府就组织马尾湖水库水董会事给四维赵乡长的指令稿

1949 年 7 月 14 日　　张 2–347

高台县政府午字第 1606 号指令

四维乡赵乡长

为据报组织马尾湖水库水董会一案指令遵照由：

1. 本年七月八日四（38）午字第号呈，暨附近均悉。

2. 水董简历及办理情形已转报省政府备查。

3. 马尾湖水库放水典礼日期，已电省府核定，仰速召开水董会议商讨应办事宜。

4. 仰即遵照，仍将办理情形随时报核。

县长冯周人
民国三十八年七月十四日

高台县四维乡公所给高台县政府的公函及高台县政府的批示

1949 年 7 月 8 日　　张 2-347

四维乡公所午字

高台县政府冯县长

呈报遵照水利组织规程依法成立水董会并组织管理所各情形祈鉴转由：

1. 秘人三（38）巳字第一五一八号代电暨附水董会等组织规程三份奉悉。

2. 遵照水渠水董会及管理所组织规程，本所派员分赴各受益区、保，依法分别监选完毕。并缮造水董会水董简历表二份，备文呈赍。

3. 恭请鉴核转报。

高台县四维乡乡长赵兴隆（印）

民国三十八年七月八日

处理意见：

转报省府核查，并指令饬速召开会议，商讨应办事宜。

周人（印）

七月十二日

高台马尾湖水库组织水董会水董简历表	姓名	许懋观	赵兴隆	杨沾霖	蔺成业	冠永发	张天禧	张登泮
	年龄	43	31	28	43	45	55	47
	住址	四维乡河西保	四维乡常丰保	四维乡正义保	四维乡红山保	四维乡罗城保	四维乡万万保	四维乡临河保
	简历	省立第九师范肄业，曾任区公所助理员，四维乡农会理事，乡民代表。	酒泉师范肄业，现任四维乡长。	酒泉师范肄业，现任四维乡主任干事。	酒泉师范学校毕业，曾任小学教员及县参议员等职。	完全小学毕业，曾任保长。	小学肄业曾充保长。	酒泉师训办毕业，曾任小学教员，乡民代表。
	备考							

高台县政府就从速清理水库订购小麦事给祁连王乡长的训令

1949 年 7 月 20 日　　张 2-347

高台县政府午字第 1687 号

祁连乡王乡长

为准函令饬从速清理水库订购小麦一案仰遵办具报由：

1. 本月十五日，准马尾湖水库工程处高库（38）巳字第四〇号公函“以该处结束在即，经办事务亟待清理。惟祁连乡曾于昨年与本处洽订小麦六老石五斗，迄今尚欠六老石迭催未交。嘱转饬该乡前乡长收欠粮，务于短期内为数送到，以清手续”等由到府。

2. 仰该乡长遵照迅予清理以结手续，并将清理情形报凭，勿得迫误为要。

县长冯周人

民国三十八年七月二十日

高台马尾湖水库工程处就祁连乡将昨年订购粮限期交清事给高台县政府的公函

1949 年 7 月 10 日　　张 2–347

高库巳字第 40 号

高台冯县长

函请转饬祁连乡将昨年订购粮限期交清由：

1. 本处行将结束在即，经办事务均待清理。兹查贵属祁连乡，曾于昨年与本处洽订小麦六老石五斗，迄今尚欠付六老石迭催未交。拟请转饬该乡前乡长，限于本月二十日以前将欠粮如数送到，以清手续。

2. 请查照惠予办理为荷。

处长施彭龄

民国三十八年七月十日

处理意见：

令祁连乡公所，迅予清理。

周人（印）

七月十五日

高台县政府就发动马尾湖短工集力整修库堤事给建康镇许镇长等的训令

1949 年 8 月 17 日　　张 2–347

高台县政府未字第 1890 号

建、柔、常、四各乡镇长

为令饬“以期发动马尾湖短工集力整修库堤”一案仰即遵照办理由：

1. 准马尾湖水库工程处高库（38）未字第四九号公函“以水库试放水后堤被波浪冲刷，亟应添铺草皮整修坡度。嘱每日征雇民夫三百名、牛车五十辆，工作十五日”等由到府。

2. 是项补修工程，应由各乡镇短欠民工完成。兹按本年度一、二两期各乡镇短工数量，缮列分配表一份，随令附发。

3. 仰该乡（镇）长遵照，迅即依照表列数字，如期如数赶办。

县长冯（印）

民国三十八年八月十七日

高台县政府就发动补筑库堤民夫车辆事给高台马尾湖水库工程处的公函

1949 年 8 月 17 日　　张 2–347

高台县政府未字第 1890 号

马尾湖水库工程处施处长

为函覆发动补筑库堤民夫车辆一案，希查照由：

1. 本年八月十二日高库（38）未字第四九号公函敬悉。

2. 查补修库堤工程，应由各乡镇短欠车工负责完成。兹按各乡镇一、二两期短欠工额，缮列分配表。已分饬各乡镇长遵照规定日期办理在案。

3. 兹抄录发动民夫车辆分配表一份，随函附送。

4. 函覆查照。

县长冯（印）

民国三十八年八月十七日

高台马尾湖水库工程处就派民夫车辆加固水库堤身事给高台县政府的公函

1949 年 8 月 12 日　　张 2–347

高库未字第 49 号

高台冯县长：

1. 贵府本年八月八日三（38）未字第（1794）号公函敬悉。

2. 本处为防护波浪冲洗水库堤身起见，特添铺草皮整理坡度。拟请贵府每日派夫三百名、牛车五十辆，约需十五日竣工。计民夫四千五百名、牛车七百五十辆。

3. 俟工竣再行奉告完成日期，俾举办放水典礼。

4. 复请查照办理为荷。

处长施彭龄

民国三十八年八月十二日

处理意见：

整修库堤所需民夫、车辆，迅由短欠各乡镇如数发动。并覆。

八月十五日

高台县建康镇长就运输马尾湖水库石料车辆应对直接受益区加倍征召事给高台县政府的公函

1949 年 1 月 22 日　　张 2-347

建康镇公所子字第 12 号

高台县政府县长冯

呈请运输马尾湖水库石料车辆应对直接受益区加倍征召：

1. 上年十二月二十三日一三（37）亥字第三五二八号训令，暨配当表奉悉。

2. 查上项配当表所列各乡镇车辆数字，似以田赋为根据，按诸上年会议决定“应以直接受益区加倍征召”。兹若不分直接、间接，遽令平均负担，自与上年议案不符，亦且无以区分。

3. 恭祈鉴核。

建康镇镇长许正荣（印）

处理意见：

是项车辆仅运料石三百公方，尚有五百公方，计需大车五千辆，留待提会共同商讨发动方式。

周人（印）

一月二十二日

高台县建康镇公所就三十七年马尾湖水库管理员薪粮事给高台县政府的公函

1949 年 7 月 1 日　　张 2-347

建康镇公所午字第 149 号

高台县政府县长冯

呈覆三十七年马尾湖水库管理员薪粮情形请核查：

1. 二三四五一（38）巳字第一四三四号指令内指示“关于配筹三十七年度马尾湖水库民工管理员薪粮专案详报”一案。

2. 前项民工管理员，当时拟以民工兼任。惟因做工日期多寡不定及多数人无此项能力之故改为专任。计四个月，需粮薪三石二斗，提经镇民代表大会二届二次大会通过，照筹有案。

3. 谨附列配筹表一份。

4. 恭祈核查。

建康镇镇长许正荣（印）

民国三十八年七月一日

处理意见：

准予备查。

周人（印）

七月十二日

临河保民众程鹤年等就马尾湖水库建筑不平妨害民渠事给高台县政府的呈文

1949 年 5 月　　张 2-347

呈为马尾湖水库建筑不平、妨害民渠，仰祈钧座俯准咨行，大施工程、以除民渠障碍事：

查马尾湖水库泄水道，于□夏有水利工程处黄局长暨处长工师诸员测画，定时在敝渠渠房（保公所）集会宣言泄水道由敝渠渠底修穿洞好极，又言好极之意义：一不损伤临河渠底、渠面、渠垣之高低上下阔狭原有之形态，决不致接触间稍生变象；二不损伤一撮之土、一勺之水；三不损伤渠之体格机构，水之流行深浅缓急原有之精神。亦决不致接触间稍出异情。此不但筑涵洞事上于临河渠无鑯毫之妨害，且住临河地面于居民水利建筑灾旱情事，当积极维护，不遗余力等情。保长与民众敬聆之下，一一喜眉安心，确实老信不疑，将晋一载。忽于日前，工程处召保长等，以示变议。要率易原测定标，将前议在敝沟底下画修之穿洞，今议在敝沟底以上，非冒修出洞脊若干公寸，不能所释不能之原因。谓“泄水道处，发生泉水，近难低下掘平。故穿洞之建筑不得不提高度数，倘如欲以平之，则工程必多费”云云。保长等闻之曷胜惶惑，夫沟洫渐步低下顺水性也，若我沟中冒出驼峰之洞脊，使水就上非水性也，势必流行缓慢，延误灌溉之时日，不知若干。又驼峰洞壅滞沟中，则流沙水溯洄上淤远达渠口之淤高，尤不知若干，此不过□撮。其现今显然妨害敝沟渠之二点，其未来之隐痛，不一而足也。矧其地下三尺有水，河西同情，不得谓敝处多泉水，该穿洞难以低下，又况损一益一，仁者不忍，利遐害尔，知者必虑。保长等伏念沟渠，是农人之命脉，□不忍其稍生障碍物。理合呈请均座电鉴体恤敝保沟洫之艰难，详审该穿洞之危害。是以保百家之大，恳祈恩准。咨行马尾湖水库工程处，予沛进初定达筑涵洞计画之标，勿取简速成工，以顾意外之见，俾敝沟渠不受障碍之影响，则感激无涯矣。谨呈高台县县长冯。

临河保保甲长、民众代表　程鹤年（印）　曹增祺（印）

王大同（印）　王维德（印）

王维章（印）　马成福（印）

王占先（印）　雷生慈（印）

中华民国三十八年五月

处理意见：

函工程处查照，改进目前措施，履践原来计画，以免该渠发生障碍。批示知照。

五月廿八日

柔远乡信立保民众王国杰等就王毓文呈诉追要马尾湖水库工程库发给民夫工资粮麦事给高台县政府的呈文

1949 年 4 月　　张 2-347

具辩诉人柔远乡信立保保长王国杰实诉到县长案下。情因本保户民王毓文呈诉“追要马尾湖水库工程库发给三十七年民夫工资粮麦”一案。民尚在未经开庭之先，民只得具文陈诉原情。系因“于三十八年元月保长接办以来，此宗工资粮麦有前任保长王锡文负责办理，并有乡民代表刘得新等为三十七年田赋，分别上、下两半保注意涉讼。有方兴周等六人带镣拘押之际，有王锡文经理此宗之粮，会同地方绅民代表八人通过议决‘此粮自临泽拉回垫上三十七年尾欠田赋，以资垫公，毫无盈余。’尤其三十七年民夫工资，有前任保长王锡文负责办理，与民毫无干涉。”民思之，情出迫切，只得具文陈述县长案下鉴核作主，准予传案为乡民代表并王锡文是问，此粮有王锡文指示，与民以清手续。则民实沾恩德不浅矣。谨呈高台县政府县长冯。

具辩诉人柔远乡信立保保长　王国杰（印）

被辩诉人（同上）绅民　刘得新　王福安　方兴周　万兴福

王福祯　王锡文　王和年　万兴才

民国三十八年四月

处理意见：

仰候传案讯夺。

四月二十一日

柔远乡长就赴马尾湖慰劳民工日期给高台县政府的呈文

1949 年 5 月 8 日　　张 2-347

柔远乡公所辰字第 43 号

高台县政府县长冯

呈报乡长赴马尾湖慰劳民工日期请鉴核备查：

1. 建修马尾湖水库工作，自开始迄今计已两旬有奇。
2. 兹以各保民夫挑渠筑堤，备极辛苦。职等拟于本月八日，购备物品前往工地慰劳。
3. 请鉴核备查。

柔远乡乡长方新明（印）

民国三十八年五月八日

处理意见：

仰将慰劳情形详报核查。指令。

（印）

五月十三日

水利部甘肃河西水利工程处张掖工程区就会期已过未便派员参加事给临泽县政府的公函

1948 年 11 月 10 日　　张 2-291

张戌字第 40 号

临泽县政府

为函复会期已过，未便派员参加，并希早日通知执行日期，以便派员协助由：

1. 三（37）西字第 276 号函敬悉。

2. 贵县公函于十一月二日收到会期已过，未便派员参加。

3. 请早日通知执行日期，以便派员前往协助。

4. 希查照。

主任周颂（印）

民国三十七年十一月十日

处理意见：

转送发及□□□□①查签。

第锐

十一月十五日

临泽县政府就派员来县勘测本县九眼渠五眼渠水量事给水利部河西工程处张掖工程区的公函

1948 年 7 月 19 日　　张 2–291

临泽县政府午字第 55 号

水利部河西工程处张掖工程区：

函请派员来县勘测本县九五眼渠水利纠纷情形请查照由：

1. 据本县五眼渠民众代表李祯荣等，本年七月八日呈称“为呈请函催张掖工程区，速即派员来县勘测平均水量，以便灌溉，而救民命”等情一案。

2. 查该案前经本府于六月九日以三（37）巳字第（0171）号函“请派员来县勘测”在案。尚未准复。

县长（印）

民国三十七年七月十九日

临泽县政府就函催张掖工程区派员勘测水量一案给昭武乡五泉保民众代表李祯荣等的批文

1948 年 7 月 19 日　　张 2–291

临泽县政府午字第 407 号

昭武乡五泉保民众代表李祯荣等六人

据呈请“函催张掖工程区派员勘测水量”一案仰知照由：

1. 本年七月八日呈悉。

2. 查此案，前经本府于六月九日以三（37）巳字第 0171 号函“请张掖工程区迅速派员来县测量”在案。迄未见复。

---

① 编者按：此处原文档漫漶，不可识。

3. 除再函催派员来县勘测外。

4. 仰知照。

县长袁（印）

民国三十七年七月十九日

水利部甘肃河西水利工程处张掖工程区就五眼渠另改渠道事给临泽县政府的公函

1948 年 9 月 29 日　　张 2–291

张申字第 33 号

临泽县政府

为函复“五眼渠另改渠道”一案，俟奉指示后即派妥员前往贵县协助工进由：

1. 准马尾湖水库工程处移转本区，贵县三（37）申字第一八一号公函敬悉。

2. 查“五眼渠另改渠道”一案。前据吴工程师尚贤前往查勘，业经拟具计划呈请“河西水利工程处核示”，尚未奉到指复。本区刻又呈催。再本区所有技术人员，均忙于赶修马尾湖水库工程及测量工作。以俟奉指前送计划后，即将抽派妥员前往贵县，协导工进。

3. 相应函复即请查照。

主任周颂

民国三十七年九月二十九日

处理意见：

拟转令五眼渠知照，先□工作。

十月七日

甘肃省政府就高台县请示砍伐马尾湖木料事给高台县冯县长的指令

1948 年 8 月 5 日　　张 2–284

甘肃省政府水建四未字第 4901 号

高台县冯县长

据电“请示砍伐马尾湖木料”一案仰遵照：

一、本年七月十五日三（37）午字第一八九二号代电悉。

二、查河西农田灌溉水源，出自祁连山森林。该县因兴水利而砍伐森林，妨碍水源，殊有未当，所请未便照准。

三、仰遵照。

主席　郭寄峤

建设厅厅长　洛力学

民国三十七年八月五日

处理意见：

附卷。

冯周人（印）

八月十七日

高台县政府就砍伐马尾湖木料向甘肃省政府的请示

1948 年 7 月 13 日　　张 2-284

一八九三号

致电省府请示砍伐马尾湖木料由：

兰州（4164）马尾湖水库需木料（890）根，购买不易，拟由祁连山林区雇工砍伐，是否可行？请示遵高台（4905）三□□。

科长（印）

秘书（印）

县长冯（印）

民国三十七年七月十三日

高台马尾湖水库工程处就各乡镇代为征购木料事给高台县政府的公函

1948 年 7 月 8 日　　张 2-284

马尾湖工程处高午字第 23 号

高台县政府

函送木料预算表一纸，请分饬各乡镇代为征购，限期送工，并祈见复由：

一、本处水库工程各建筑物所需木料数量，现已计算妥当。兹依照六月廿三日开会议决单价填列木料预算一纸，送请贵府以征购方式迅饬各乡镇代为购买。

二、木料以榆杨木而无罅裂疤痕者为合格。

三、为争取时机赶工，计木料限本月十八日送到工地。

四、木料价粮，俟贵府分配复示后，由本处一次发给领粮证一部分粮，请分配时可至临泽县仓提用。

五、相应检送木料预算表，函请查照并祈见复。

处长萧永龄

民国三十七年七月八日

处理意见：

电请省府拟由祁连山森林砍伐。

（印）

七月九日

附件　高台马尾湖水库工程处木料数量预算表（民国三十七年七月八日）

木料尺度/公尺		单位/根	数量/市斗	单计	总计	备注
梢径 φ	长度			小麦/市斗	小麦/市石	
0.30	4.00		14	5.00	7.00	
0.25	2.00		28	2.00	5.60	
0.25	3.00		18	2.30	4.14	
0.20	5.00		24	4.50	10.80	
0.20	4.00		28	4.00	11.20	
0.20	3.00		17	2.50	4.25	
0.20	2.00		121	1.60	19.36	
0.15	4.00		16	2.80	4.48	
0.15	2.50		38	1.50	5.70	
0.15	2.00		34	1.00	3.40	
0.12	2.00		500	0.40	20.00	
0.10	2.80		26	0.60	1.56	
0.10	2.00		26	0.40	1.04	
总计					98.53	

附件　甘肃高台马尾湖水库工程处高台四维乡征工部分37年度工作情况表（民国三十七年七月十三日）

保别	土方工								车工			
	分配方数	完成方数	完成百分数/%	效率（每工方数）	应到工数	实到工数	伙夫工数	欠缺工数	分配数	实到数	超出数	应领小麦/市斗
罗城	14,700	9,552	64.90	1.74	8,168	5,482	361	2,325	1,026	1,518.5	492.5	246.25
正义	13,600	6,767	49.50	1.78	7,998	3,805	253	3,940	959	1,238.5	279.5	139.75
河西	11,600	6,135	52.80	1.32	6,858			1,927	754	1,127.0	373	186.5
常丰	10,400	6,144	59.00	1.47	6,246	4,173	277	1,796	685	770	85	42.5
临河	11,960	10,025	83.00	1.75	7,101	5,727	382	992	822	1,392.5	570.5	285.25
万开	2,940	2,410.5	82.60	1.80	1,977	1,337	89	551	274	352.5	78.5	39.25
红山	6,800	4,376	64.40	1.50	3,669	2,901	193	575	480	605	125	62.5

注：正义保石场工作人数车工未列入表内。

高台县政府就购买石工住房材料给四维乡长的训令

1948 年 10 月 18 日　　张 2-284

高台县政府一三西字第 2913 号训令
四维乡杨乡长
为令饬代马尾湖工程处购买石工住房材料一案仰遵办具报由：

一、查马尾湖工程处，筹建冬季开采石料工人住房所需材料，为节省输力起见，应由附近各保购买。

二、仰该乡长迅即正义保长按照市价代购房屋三间，迳向工程处洽发价款，并将办理情形具报查考。

三、本案已函马尾湖工程处查照。

县长冯周人
民国三十七年十月十八日

高台县政府就购买石工住房材料给马尾湖水库施处长的公函

1948 年 10 月 18 日　　张 2-284

高台县政府一三西字第 2913 号
高台马尾湖水库工程处施处长：
为筹建石工冬季住房协购材料一案函请查照由：

一、贵处筹建石工冬季住房材料。本府业已令饬四维乡长责成正义保长等按照市价从速购买房屋三间，以资修造在案。

二、拟由贵处派员前往正义，合同该保长等购买，以利进行。

三、函请查照。

县长冯周人
民国三十七年十月十八日

高台县政府就令饬各乡镇遵照配数采购马尾湖水库需用木料事给各乡镇长的训令

1948 年 11 月 9 日　　张 2-284

高台县政府一三戌字第 3153 号训令
各乡镇长
为令饬“遵照配数采购马尾湖水库需用木料”一案由：

一、准高台马尾湖水库工程处高库字第三五号公函“以水库建筑物需用木料在即。附送木料数量及单价表一份，嘱查照采购，并运交马尾湖工地备用”一案。

二、是项木料径提本府第二十六次县务会议决议“按照原表所列数字，除尺度较小木料，由祁连乡采购外，其余尺度较大木料由建康、柔远、常明、四维各乡镇分配购买”等语记录在卷。

三、兹照原表数字，缮列采购木料分配表一份，随令附发。

四、仰即遵照办理。并仰转知民众于木料交到随时洽领价麦。

县长冯周人

民国三十七年十一月九日

高台县政府就采购水库需用木料事给高台马尾湖水库工程处施处长的公函

1948年11月9日　　张2-284

高台县政府一三戌字第3153号

高台马尾湖水库工程处施处长

为准函嘱“采购水库需用木料”一案复请查照由：

一、本年十月七日高库字第三五号函暨附表敬悉。

二、经提本府第二十六次县务会议决议“按照表列数字，除尺度较小木料由祁连乡采购外，其余尺度较大木料由建康、柔远、常明、四维各乡镇配购”等语记录在卷。

三、兹将令饬各乡镇采购木料缮列分配表一份，随函附送。

四、复请查照。

县长冯周人

民国三十七年十一月九日

高台马尾湖水库工程处为函请征购木料给高台冯县长的公函及相关决议

1948年10月7日　　张2-284

马尾湖工程处高库字第35号

高台冯县长

为函请征购木料由：

一、查本处建筑物需用木料。兹列表送请按数配购木料，单价系按会议决定单价比例推算。上项木料，务请于三十八年一月三十一日前送达工地。

二、请查照征购，并将分配情形见覆。

处长施彭龄

民国三十七年十月七日

附件　木料数量及价目表一份

木料数量及价目表			
尺度	根数	单价/市石	共价/元
φ0.75 市尺×13.5 市尺	30	0.47	14.1
φ0.75 市尺×10.5 市尺	8	0.38	3.04
φ0.60 市尺×13.3 市尺	12	0.43	5.16
φ0.60 市尺×11.1 市尺	8	0.40	3.20
φ0.60 市尺×96 市尺	20	0.33	6.60
φ0.60 市尺×90 市尺	8	0.32	2.56
φ0.60 市尺×7.2 市尺	65	0.30	19.50
φ0.60 市尺×6.0 市尺	55	0.20	11.00
φ0.48 市尺×9.0 市尺	16	0.26	4.16
φ0.24 市尺×10.5 市尺	106	0.09	9.54
φ0.24 市尺×9.0 市尺	75	0.08	6.00
合计			84.86

处理意见：

木料按各乡分配购交，并提会报告。

十月十二日

主席提议：第三科签呈以准马尾湖工程处函“附送木料数量及单价表一份，嘱征购”一案。查是项木料大小十一种，计四百〇四根，究应如何配购？请公决案。

决议：

除中径六寸七尺二寸长木料及中径中径二寸四分木料由祁连乡代购外，余由城川各乡镇配筹。

高台县政府为本年度修建水库土方工作给有关乡镇的训令

1948 年 11 月 13 日　　张 2-284

高台县政府一三戌字第 3195 号

建康镇许镇长、柔远乡方乡长、常明乡盛乡长、四维乡杨乡长

为准函送“本年建修水库土方工作情况表”令仰遵照表查校数字由：

一、准高台马尾湖水库高库字第三六号公函“以水库土方工程，因气候寒冷，业于十月三十一日停止。并送各乡镇民夫、车辆工作情况表一份，嘱查照”一案。

二、查原表所列各乡镇民夫、车辆工作数字，是否确实，应即澈底清查。兹照抄原表一份，随令附发。

三、仰即按照表数字，切实清查有无错误？迅为详报。并将缺工人责成各该保长翔实登记，以备来年复工补足。

县长冯（印）

民国三十七年十一月十三日

高台马尾湖水库工程处就本年度修建水库土方工作给高台县政府的公函

1948年11月3日　　张2-284

高库字第36号

高台县政府：

一、查本处水库工程因天气寒冷，业于本年十月三十一日全部暂停。兹将本年内贵属各乡镇所做土方数，暨运土车工等工作情况列表，随函抄送二份。

二、请查照为何。

处长杨尚贤代（印）

民国三十七年十一月三日

处理意见：

分令各乡镇长，照表查核工数是否确实，具报核查。

周人（印）

十一月八日

甘肃省政府就牛车装运石料载重数量事给高台县冯县长的指令

1948年11月13日　　张2-284

甘肃省政府水戌字第3415号

高台县冯县长

令饬规定牛车装运石料载重数量仰遵照办理由：

一、查前□□府代电请增加拉运石料牛□□□□□□①年十月廿九日，以水三（37）西字第三三五七号指令"核准牛车工资，增加为每日每车小麦七市升，饬遵照"在案。

二、兹为增高运输效率，特规定每车载重五百市斤。如有超重或装运不足五百市斤，则按核定工资比例增减其运输。受理办法，由工程处草拟洽办。

三、除分令工程处外，仰遵照办理。

主席郭寄峤（印）

民国三十七年十一月十三日

处理意见：

遵照并转知。

十一月二十五日

此件已并案令知。附卷。

十一月二十七日

① 编者按：此处原文档漫漶，不可识。

高台县政府就运石车工管理办法给高台县马尾湖水库工程处的公函

1948 年 12 月 18 日　　张 2–284

（一）各乡、镇拉运斤数：①

各乡数量/斤			
建康	柔远	常明	四维

（二）车工组织：以乡镇为大单位、以保为小单位，各乡设管理员一人，协同工程处办理，以免错误。

（三）石料起卸点及路线：各乡车工迳赴正义峡工程处石场，由工程处负责人将石料装交妥当后，即沿图示路线送交张家垎。

（四）每车运量以五百斤为准，有超出或不足者，其运价依比例增减。

（五）起卸办法：由石场负责人按各保到达石场先后，依次装车，并填给运单交各该保车工头持存。运至张家垎后，由工程处及各该乡管理员，协同按运单验收。如无错误，即在运单加盖图章后，仍交该保车工头持存。以为领粮之依据。

（六）运价之计称奖给付：运价即按每保所持运单上所列斤数计称，由各乡负责人造备车夫花名清册。将斤数逐次登记清楚，每十日持运单，向工程处换取领粮凭条。

工程处之正式领粮凭条，由各乡负责人员口于各车主应口数，以各乡管理人员名册为本。□由高台县仓给付，各车工于工作期满时，由各乡负责人出给证明。

（七）石车之起卸：随到随起、随到随卸，务使行车快速，工程□□与各乡管理人员应相互监督，如有□故□□□□□□②。

周人

民国三十七年十二月十八日

高台县政府就发动车辆依期运输马尾湖水库料石事给建康镇许镇长等的训令

1948 年 12 月 23 日　　张 2–284

高台县政府一三亥字第 3528 号

建康镇许镇长、常明乡盛乡长、柔远乡方乡长、四维乡杨乡长

为令饬“发动车辆依期运输马尾湖水库料石”一案，仰遵照切实办理曰：

一、查建修马尾湖水库运输料石车夫工资支给标准。本府业以一三（37）戌字第三二九号训令饬“知”在案。现以黑河封冻，所有开成料石，亟应把握时机赶运完成。

二、兹依石场现成料石数量，缮制起运配当表一份，随令附发。

① 编者按：下表内容。

② 编者按：此处原文档漫漶，不可识。

三、仰即遵照表列各项切实赶办。惟车价为简化手续，实惠及民起见，由本府派员监视，按照运到之日时价折发金圆券，并仰转知为要。

四、本案已函马尾湖工程处查照。

县长冯代（印）

民国三十七年十二月二十三日

高台县政府就发动车辆依期运输马尾湖水库料石事给高台马尾湖水库工程处吴处长的公函

1948 年 12 月 23 日　　张 2-284

高台县政府一三亥字第 3528 号

高台马尾湖水库工程处吴处长

为发动车辆拉运料石一案函请查照由：

一、查黑河业届封冻，建修水库需用料石，自应把握时机开始运输。兹依石场现成料石三百工方，按照地方输力情形，缮制配当表一份。业于分令各乡镇长发动车辆从事起运。

二、是项输力工资，为简化领放手续，实惠及民起见，由本府派员监视，按照运到料石之日时价折发金圆。已令饬各乡镇长转告民众周知在案。

三、兹照录运输料石配当表一份，随函附寄。

四、函请查照。

县长冯代（印）

民国三十七年十二月二十三日

附件　高台县建修马尾湖水库运输料石配当表

附说	合计	四维乡	常明乡	柔远镇	建康镇	乡镇别	
一、运输料石车辆，由各乡镇长按照配额参酌运输期限，划保分批相继起运。并于施运期间务必把握规定程序按期到达，以免装运时发生拥挤纷扰。 二、每辆牛车规定载运料石 500 斤，如有超重或装运不足 500 市斤，则按规定工资标准增减折实发放。 三、拉运料石工资于运到时，由本府派员监视随时按照应发小麦数量依照时价，一律折发金圆券。倘有低价折发情事，由各保指派代表随时报告县政府洽办。	1,500,000	270,000	390,000	560,000	280,000	拉运数量/市斤	高台县建修马尾湖水库各乡镇运输料石配当表
	3,000	540	780	1,120	560	车辆总数/辆	
					每辆连同放空放给小麦一市四升	牛车单价	
		1949 年 1 月 1 日至 1 月 11 日	1949 年 1 月 11 日至 1 月 20 日	1949 年 1 月 11 日至 1 月 20 日	1949 年 1 月 1 日至 1 月 11 日	运输期限	
					每辆牛车载运 500 斤	备考	

高台县政府就马尾湖工程处须发电报奉令由本县电台拍发事给高台无线电台的训令

1948年7月14日　　张2-284

高台县政府秘三午字第1891号

高台无线电台

马尾湖工程处须发电报奉令由本县电台即知照由：

一、准马尾湖水库工程处函请“该处工程等项电报径交本县电台拍发”一案。呈奉省府水午文电准口函照办。

二、该处口有工程电报，仰即遵照拍发。

县长冯代（印）

民国三十七年七月十四日

水库：

兰州（4164）准，本县马尾湖水库工程处函请“该处工程电报迳交本县电台拍发”是否如函照办？抑由该处将电稿送本府盖章后，再交台拍发。祈电示，高台（4905）秘□□。

县长冯（印）

民国三十七年二月二十九日

高台马尾湖水库工程处就本处有紧急之工程事项需发电水利局请示可由本处径送无线电台拍发事给高台县政府的公函

1948年6月28日　　张2-284

马尾湖工程处高巳字第12号

高台县政府

为本处有紧急之工程事项需发电水利局请示，可由本处迳送无线电台拍发，请查照由：

一、本处因有紧急之工程事项必须发电呈请水利局指示。

二、由本处径送高台无线电台拍发。

三、函请查照为荷。

处长萧家影

民国三十七年六月二十八日

处理意见：

转张台长照办。

代（印）

六月二十九日

高台县政府就建议工程处改善的水库工程意见事给四维乡第六保镇江村保长杨应华的批稿

1948 年 7 月 23 日　　张 2-284

高台县政府三午字第 2077 号

四维乡第六保镇江村保长杨应华

据呈请建议工程处改善的水库工程意见一案批示知照由：

一、本年七月八日呈悉。

二、据呈请建议“马尾湖水库工程处改善工程意见五点，姑准函请工程处酌情办理。至水库工程占用民田，得优先承垦水库下游公荒抵补。在未垦荒抵补以前□□，应纳粮赋，由工程处测算清楚后，应予核实减免。如系已耕农田其青苗损失，由工程处按照收益付价。业经集会议决”记录在卷。

三、仰该保长等知照，并转告保民周知。

四、本案已函请高台马尾湖水库工程处查照办理。

县长冯代（印）

民国三十七年七月二十三日

高台县政府就建议工程处改善的水库工程意见事给四维乡第六保镇江村保长杨应华的批答

1948 年 7 月 23 日　　张 2-284

高台县政府三午字第 2077 号

高台马尾湖水库工程处

为据“四维乡第六保镇江村民众呈请建议改善水库工程意见”一案，请查照惠予酌情办理见复由：

一、案据本县四维乡第六保镇江村保长杨应华等，呈请“建议贵处改善水库工程意见”一案。兹照录原呈随函附送。

二、请查照，至希按照工程实际需要，参酌该保民众声请意见，惠予改善办理，并盼见复。

三、办案关于水库工程占用民田，业经依照本年六月二十三日会议决定原则，批饬该保长等转告保民知照。

县长冯代（印）

民国三十七年七月二十三日

四维乡第六保镇江村保长杨应华等关于建修水库事给高台县政府的建议

1948 年 7 月 8 日　　张 2-284

高台县冯县长：

呈请本府建议马尾湖水库工程处改善工程各口，准予函请该处查照办理。至水库所占湖田粮赋差役，应由工程处于工程完竣时测算评报，予以核减。仰即知照，并转保民知照。

呈为“建议马尾湖水库工程处将水库耕地予以筑堤隔断，以免潮蚀耕地”由。呈为恳请建议马尾湖水库工程处，将水库耕地予以筑堤隔断，以免将来水库之水潮蚀耕地等实情。叩乞钧府电建准予办理事。兹谨将请求事宜分五部分详陈于后。

一、本县土壤系平土，水汽蔓延最易。属村地质之潮湿，是因北靠黑河。查修筑水库，意在为人民谋福利，以兴利除弊为宗旨。今在属村西南耕地旁修筑水库，该处意在俭省人工，而未若不修筑土堤隔断水库，预计水汽将必潮蚀耕地。属村耕地三面临水，将来潮蚀不堪设想。为谋防制将来酿成人力不可抵抗之灾害起见，恳祈钧府，建议该处工作工程处主管人员，将水库耕地予以筑堤隔断，以免将来水库之水潮蚀耕地，使村民将来无法生存。

二、该处意在俭省人工近查工程处，为取土便利计，拟在民田中筑库堤，掘挖民田中之土。查而拟筑之库地，长约六华里，环包属村半面，若如此修筑，将来属村半数耕地必被挖毁。恳祈钧府建议该处，在耕地垠坡下之草湖中，修筑库堤，掘取湖中之土，以维民生。

三、查属村辖境内之草湖，乃村民所有私产，是有收益。纳赋税应差役等之草湖，并非公荒，且非水荡。今该处划为水库，不许村民放水长草。不惟村民生畜现在无处放牧，且冬季饲养牲畜之草，亦大失所望。而此湖赋税差役尚身在村民之身，恳祈钧府，将此草湖，俯赐标划一部分为水库，以留一部分留给村民春夏畜牧，秋后割草，以备冬季饲养牲畜，以防牲畜无草疲毙，妨碍耕耘。至标划水库境界内之草湖，并祈钧府评价，由该处收买，并准予豁免赋税差役等项。以示公允，而免赔累。

四、查该工程处意在俭省人工，直从属村小地名之白家地民田中，开挖水道，不惟此口耕地，将来必受水道侵蚀潮蚀。且灌溉此地之使水沟，而被挖断，将来无法灌溉，势必致此良好耕地，变成不毛之土。恳祈钧府建议该处，无以直径开挖，以曲线避过此地，从草湖兴修。不但不损民田，将来亦可润大水道。

五、修筑县乡村道，便利交通，为中心工作之核心工作。该处将属村通乡公所要道，划作水库境界。将来对传达政府公令，大有妨碍，恳祈钧府建议该处，无损毁此处要道，以利交通。

上述五项系显而易见损害，先行具实分别用是详呈。愿祈钧府电鉴作主，俯赐依恳求意见，准予办理，实无任屏口叩恳鸿慈大德之至。谨呈高台县长冯。

具恳请人四维乡镇江村（第六保）保长　杨应华（印）

副保长　罗文智

乡镇代表　罗文秀（印）　赵世德（印）

民国三十七年七月八日

高台县政府就杨应华等关于修建水库受害并建议改善事给四维乡乡长的训令

1948年8月20号　　张2-284

高台县政府三未字第2399号训令

四维乡长杨之藩

为据该乡镇江保长等申请建修水库受害情形一案令仰遵照转知由：

一、本年七月八日案据该乡第六保（镇江村）保长杨应华、乡民代表罗文秀等，建议改善马尾湖水库工程意见五点。□□本府业以三（37）午字第二〇七七号函“转工程处查照办理，并批示知照”在案。兹于本月十七日复“据该保长等申请，该保连年受灾及建修水库被害情形，请极救”等情到府。

二、兹照抄申请书及批示各一份，随令附发。

三、仰将批示迅予转发，并遵照批答原则恳劝该保人民一体周知。

县长冯周人（印）

民国三十七年八月二十日

高台县政府就杨应华等报受害情形并请免征人夫事给四维乡镇江保保长杨应华的批稿

1948年9月28日　　张2-284

高台县政府三（37）申字

四维乡镇江保保长杨应华

据报“该保人民受害情形并请免征人夫”一案批示知照由：

一、本年九月十九日报告，以建修马尾湖水库，该保人民遭遇烦扰，请求免征民夫，各节均悉。

二、建修水库兴工期间，该保距近人民所受烦扰之处，势所难免。但兴修水利，旨在解决大多数人民之生活问题，该保长应以身作则，务须随时随地劝导保民明了斯意。并在顾全大我，牺牲小我原则之下，仍应努力出工。至该保土地受损一节。本府业以三（37）午字第二〇七七号批示在案。

三、所请免征民工一节，事关通案，碍难照准。

四、仰即遵照，并转饬保民遵照。

县长冯周人（印）

民国三十七年九月二十八日

常明乡明德保常永祥等关于修建水库妨害民生事的声明书

1948 年 10 月 4 日　　张 2-284

为声明事：

民祖居常明乡明德保，务农为业。突于本年九月二十七日，由马尾湖水库工程处，因挑挖水渠，将民之田地八亩有奇，悉数挑挖。伏思民全家数口，皆赖此地维持生活。今被挑挖成渠，则民全家生计，临于绝境。再四思维，理合。具恳钧座电鉴作主，俯赐生路，而苏合家生命。则民感戴大德，不啻再造矣。谨呈高台县长冯。

具呈人常明乡明德保农民常永祥

民国三十七年十月四日

处理意见：

函工程处测量渠线，占用土地亩数统筹弥补。

周人（印）

十一月五日

四维乡罗城保杨福等就罗城保保长寇永法派夫不均事给高台县政府的呈文

1948 年 9 月　　张 2-284

为派夫不公、肥己病民、苦乐不均，叩祈钧鉴作主准予提案查办，以防弊害事：

窃因民等世居四维乡罗城保，均务农为业，逢公急办，不敢违抗。查本保比次应派修马尾湖水库人夫，有本保保长寇永法派夫不公，而按锅底起夫，不按地粮所派。避轻夺重，应支人夫者，均系亦贫小户，实难聊生。况查该保长冠永法依势抗不出人夫，屡次将夫派于小户应挡。口人此种不公之弊害，情难甘忍。势出无奈，联名具报，呈请县长电鉴作主，准予提案查办，以救民众痛苦，实沾德便。谨呈高台县长冯。

具呈人　杨福（印）　孙正基（印）

冠永仕（印）　冠永余（印）

冠学义（印）　冠永会（印）

宋加茂（印）　均住罗城保

被呈人　冠永法

民国三十七年九月

处理意见：

令四维乡长核办查照。

九月

高台县户名就民众困难和修水库受害情形给高台县政府的申请书

1948年8月16日　　张2-284

申请书

呈为申请连年受灾人民生活困难，恳祈解除负担以救蚁命事：

谨将职保户民困难和修水库受害情形分别谨呈于后。

一、职保连年受灾旱，田禾不收，粮食缺乏，户民啼饥号寒。

二、职保不满六甲，而承一保。有时征配款项，按保负担，民实难聊生。

三、职保土地自清丈后，地处咸潮，科则过高，粮赋过重，保民无法赔纳。

四、地方户民原来均为贫寒，连年采购军粮，及时完纳田赋，保民确难负担。

五、职保户民连被受旱灾。近数年来，对于种子食粮，均向他方告贷，约有一千余市石，所以每年收益，□□□[①]。

六、职保口湖完全测水库□□□□□□[②]许放水，草苗□□不能发育。修筑成功草湖所为公有，□□收草，不但无草，而牲畜无处牧放，保民只有卖畜弃农，湖粮无法完纳。

七、职村南部被水库筑堤，口民良田一百余亩，均挖土筑堤不能耕种，立逼民生流离。

八、修水库开渠，占民田约有三十余亩。

九、靠南堤耕地约有八百余亩，均受潮湿不能生植。不但耕种生计，而田赋如何完纳。

十、职保原有通河一条大道，东西往返便利，而保民均在黑河拉运河沙亦乘其便，今被建筑水库，不但道路不通，而保民之拉运河沙不能通过。故保民坏口无沙，农业不易生产，更迫保民贫困。

以上等情艰难困苦恳祈钧座鉴核，怜念下情准予解除民痛，拯救蚁命。则职保民等均沾鸿德，永垂不朽矣。谨呈高台县县长冯。

民国三十七年八月十六日

处理意见：

查会议决议批知。

周人

八月十七日

---

① 编者按：此处原文档漫漶，不可识。

② 编者按：此处原文档漫漶，不可识。

高台县政府就严惩杨福违抗民工事给四维乡公所的指令

1948 年 9 月 8 日　　张 2-284

高台县政府三申字 2604 号指令

四维乡公所

据呈请“严惩杨福违抗民工”一案指令知照由：

一、四（37）未字第五四号呈悉。

二、准予传府究办。

三、仰即知照。

县长冯周人

民国三十七年九月八日

第三科就杨福对马尾湖征工捏造谣言煽惑民心请传讯严惩事给高台县县长冯周人的呈文

1948 年 10 月 1 日　　张 2-284

案据四维乡公所四（37）未字第五四号呈“转报第四保户民杨福对马尾湖征工捏造谣言、煽惑民心，请传讯严惩”一案。兹经质询，该杨福声称“马尾湖工程要做三年五年，不是一年可以完成的。该保保长将种几亩地的人，一律派征出夫，地多的人每亩小麦三合津贴贫民做工，每人工作五日，得小麦四升二合（老升），就是大户亦派征出夫”等语。是该杨福似有造谣恐吓人民，畏惧工程之嫌疑。拟押五日禁闭，以资儆戎，当否？敬请钧鉴核夺！谨呈县长冯。

第三科谨呈

民国三十七年十月一日

处理意见：

罚工作一周，并饬告工地。

周人（印）

十月二日

高台县四维乡长就严惩违抗马尾湖工程民工刁徒事给高台县政府的呈文

1948 年 8 月 30 日　　张 2-284

四维乡公所四未字第五四号

高台县政府县长冯

为转请严惩违抗马尾湖工程民工刁徒以儆效尤由：

一、据本乡第四保保长寇永发呈称“呈为破坏风俗捣乱社会事。窃因职等奉令征集民夫一节，召开大会，摊派民工，首推甲户长发言，各个讨论，按照门牌，逐户征派。大会通过决案之际，有无赖分子杨福等煽惑民心，捣乱社会，阻止公令。邀求民夫食粮缺乏，职等不忍破坏，邀求各首长，按照本保地亩，每亩摊派小麦三合，每个夫一次发给小麦四升二合。当会通过，现有保民大会记录为证。均赴水库工作，不意又有不法分子杨福等目无法纪，在水库工作之际，夤夜领定民夫多数逃避家中，妨害公务，责任甚重。职等负担不起，只得申请钧座电鉴将该杨福等传所，以破坏秩序严办，以儆效尤成风。若不遵守，请转县府实为公便矣”等情一案。

二、查该民杨福等，捣乱地方，违抗民工，确系实情。如不严予惩办，效尤成风，将何以堪。谨据前情备文转请。

三、俯准饬提严惩，以警刁恶而安地方。

高台县四维乡乡长杨之藩（印）

民国三十七年八月三十日

处理意见：

准予传府究办。指令。知照。

周人（印）

九月二日

高台县政府就惩办户民杨福阻挠马尾湖征工事给马尾湖工地的布告

1948 年 10 月 5 日　　张 2-284

高台县政府一三酉字第 2829 号

马尾湖工地

为据四维乡公所呈请“惩办户民杨福阻挠马尾湖征工”一案仰告周知由：

一、案据四维乡公所四（37）未字第五四号呈称“称以据该乡第四保保长寇永法呈报户民杨福煽惑人民，捣乱保民大会议决马尾湖征工办法，阻挠征工。呈请依法惩办”等情一案。

二、兹讯据该民声称“马尾湖工程浩大，保长征工不按地亩粮石平均分配，无论贫富，均按门牌派夫，委实不公，贫民无力支持，请求查办”等语。除将保长征工不均一节，另案查明核办外，姑念该民杨福欠明大义，从轻处罚□□五日用示儆戒。倘再违误者，即严惩不贷。

三、除训饬即刻前往工地工作。并令杨仰之执行外，仰众周知。

县长冯周人

民国三十七年十月五日

高台县政府就惩办户民杨福阻挠马尾湖征工事给四维杨乡长的训令

1948 年 10 月 4 日　　张 2–284

高台县政府一三酉字第 2829 号

四维乡杨乡长

为据转呈“户民杨福阻挠马尾湖征工请惩办”一案令仰遵照由：

一、前据转呈该乡第四保户民杨福阻挠马尾湖征工，呈请传府惩办一案。兹将该民传府，讯据该民声称，以马尾湖工程浩大，保长征工不按地亩粮石平均分配，贫富均按门牌征夫，贫民委实无力支持，请求查办等语。同时并据杨福、孙正基、寇永仕、寇永余、寇学义、寇永会、宋加茂等呈称，一保长寇永发，派夫不公，肥己病民，请求提案讯办等情到府。

二、兹将杨福处罚劳作五日，以示儆戒。惟保长寇永发征工不公各节，应即查明，据实具报。

三、附发布告一份，仰即张贴工地附近通衢，俾众周知。

四、仰该乡长分别遵办，并将保长寇永发征工不公情形限于本月十五日以前据实具报勿误。

县长冯周人

民国三十七年十月四日

高台县政府就筹交为闫大田购置棺木借款事给四维乡公所的训令

1948 年 7 月 20 日　　张 2–284

高台县政府三午字 2050 号训令

四维乡公所

令饬筹交该乡常顺保闫大田，因病死亡购备棺木价款仰速筹交，以便转发由：

一、查该乡常顺保户民闫大田，因前往威狄堡拉运马尾湖水库石灰，不意，外在县城因病死亡（本月十九日）。当即购备棺木一副，计四一千口百万元。

二、上项棺木价款，应由该乡公所负担，仰速筹交来府，以便转发。

三、速饬其家属将遗尸运回葬埋。

四、仰遵照速办，勿延。

县长冯代（印）

民国三十七年七月二十日

张登朝就棺木款项的领据

1948 年 7 月 19 日　　张 2-284

今领到：

高台县政府发给棺木一具，资工国币一千四百万元。

张登朝（印）

民国三十七年七月十九日

处理意见：

价款由该乡公所负担，速送府转办。

九月十九日

高台县政府就催缴亡故民工闫大田购买棺木价款事给四维乡公所的训令

1948 年 7 月 31 日　　张 2-284

高台县政府三午字第 2171 号训令

四维乡公所

代电催缴“该乡亡故民工闫大田购买棺木价款”仰即遵办由：

1. 该乡常丰保户民闫大田，在马尾湖水库工程处前往威狄堡拉运石灰中途病故后，由本府警察队代购棺木葬埋，费用国币一千四百三十六万元（内烧纸费用三十六万元）。本府业以三（37）午字第二〇五〇号训令饬筹解缴在案。

2. 现以物价波动，木工商号讨款在急，应速筹足交府以凭转发。

3. 忘故民工遗尸以及车辆、石灰、罗锅、磁碗、油瓶、旧皮袄等件，均由该家属分别具领。惟念该家属家计贫寒，除函洽工程处酌给恤金外，转知前往工程处洽领。

4. 仰该乡长分别遵办。

县长冯代（印）

民国三十七年七月三十一日

高台县政府就拉运石灰病故民工家属贫苦请酌予恤金事给高台马尾湖水库工程处的训令

1948 年 7 月 31 日　　张 2-284

高台县政府三午字第 2171 号训令

高台马尾湖水库工程处

函“为拉运石灰病故民工家属贫苦请酌予恤金”希查照见覆由：

1. 本年七月五日案准贵处高（37）午字第二〇号函嘱征雇牛车六十辆前往临泽威狄堡拉运石灰一案。

2. 查是项输力，径发动饬赴威狄堡拉运石灰去后。旋于七月十九日有四维乡常丰保户民闫大田到达县城，因病死亡。当由本府警察队代购棺木□时埋葬，计□棺木价款一千四百万元，烧纸费三十六元。惟查该故工人家计贫寒，除临时埋葬费用，饬由该□乡公所捐筹外，该民因公殒命，其家遗老父年迈，苦贫□□予以抚恤。

3. 电请查照，至希惠予酌给恤金，用资安慰，并希见覆。

4. 本案已饬四维乡公所转告故工家属知照。

县长冯代（印）

民国三十七年七月三十一日

高台马尾湖工程处就因病死亡运灰车夫已饬其家属迳向本处领恤共一千万元给高台县政府的公函

1948 年 8 月 8 日　　张 2-284

高台马尾湖工程处高未字第 40 号

高台县政府

函覆“四维乡因病死亡运灰车夫已饬其家属迳向本处领恤共一千万元”请查照由：

1. 准贵府一三 37 未字号第二一七一号公函敬悉。

2. 查四维乡车夫闫大田因公殒命，因前往该工家属运送石灰至工地时，已给予抚恤四百万元，项又由工次饬其家属具领六百万元以慰死者。

3. 除呈报甘肃水利局备查外，复请查照。

代处长吴尚贤（印）

处理意见：

转饬该故民工家属具领。

八月十一日

高台县政府就迅转闫大田家属向马尾湖工程处领取恤金事给四维乡公所的训令

1948 年 8 月 23 日　　张 2-284

高台县政府一三（37）未字第 2421 号训令

四维乡公所

为令饬“迅转该乡故工闫大田家属径向马尾湖水库工程处洽领恤金”一案仰遵照办理：

1. 查“前补给站征雇该乡常丰渠户民闫大田牛栏，马尾湖水库工程处赴威狄堡拉运石灰”一案，旋以该民闫大田运灰返抵县城因病死亡。本府姑念该民因公殒命，当以一三（37）午字第二一七一号函达工程处酌给恤金去后。兹准高（37）未字第四〇号函覆“除于该故民工家属已给临时抚恤国币四百万元外，再给国币六百万元”等由到府。

2. 仰即转饬该故民工家属径向马尾湖工程处洽领。并将办理情形具报备查。

县长冯周人

民国三十七年八月二十三日

甘肃省政府就马尾湖蓄水库工款不敷需用民力协助完成事给高台县冯县长的训令

1948年5月20日　　张2-284

甘肃省政府水三辰字第2172号

高台县冯县长

为马尾湖蓄水库工款不敷，需用民力协助完成，仰征询地方人士意见具报由：

1. 本年河西水利专款，即配该县马尾湖蓄水库一百五十亿元。

2. 以目前计算该工程需款四百亿元，相距甚巨。必须援照前修三清渠成例，由该县长责负，尽量征用民力协助完成。

3. 仰先征询地方人士意见，具报备□意，共襄此举。本府当另择工程办理。

主席郭寄峤

处理意见：

本案业已由水利局黄局长亲临主持，召集有关县、区地方各机关首长开会，商妥施工办法。呈覆备查。

日期不详

高台县政府就洽领督工管理费事给马尾湖水库工程处的公函

1948年6月21日　　张2-284

高台县政府三巳字第1696号

马尾湖水库工程处

为备具洽领督工管理费请查照核发由：

1. 高（37）巳字第四号公函敬悉。

2. 兹备收据一纸，随函附寄。

3. 请查照。

县长冯周人

民国三十七年六月二十一日

高台县政府收到马尾湖水库工程处拨付督工管理費的收据

1948 年 6 月 21 日　　张 2–284

今收到：

高台马尾湖水库工程处拨付督工管理费九千〇九十万元整。

周人

民国三十七年六月二十一日

高台县政府派员赴马尾湖督工事给的指导员李效儒的派令

1948 年 6 月 21 日　　张 2–284

派本府指导员李效儒，为马尾湖水库总督工，着即前负责。并将督办情形按时报核。

周人

民国三十七年六月二十一日

马尾湖工程处就函准贵县督工管理费预算书事给高台县政府的公函

1948 年 6 月 18 日　　张 2–284

马尾湖工程处高巳字第四号

高台县政府

为函准贵县督工管理费预算书请查照由：

1. 案准贵县一二三（37）巳字第一五一五号公函所拟督工管理费预算书，准备查。

2. 请即日备据来处洽领为荷。

此致

敬礼

处长萧永龄（印）

民国三十七年六月十八日

处理意见：

依照预算范围备据函后拨付。

六月十九日

高台县政府就所拟督工管理费预算书事给马尾湖水库工程处的公函

1948 年 6 月 7 日　　张 2–284

高台县政府三巳字 1515 号

水利部河西水利工程队马尾湖工程处

为函送“督工管理费预算书一份”请查照并希见覆由：

1. 查建修马尾湖水库工程，于本年五月二十七日由水利局黄局长来县，主持召集有关县长及地方人士开会，商讨施工办法第五点“由工程处拨二亿元交县政府，作为督工管理费”等语，记录在卷。

2. 现以施工期限将届。兹按实际需要拟就管理费用预算书一份，随函附寄。

3. 请查照见覆，并希提前拨款，以利进行。

附高台县政府协修马尾湖水库工程督工管理费预算书。

县长冯代（印）

民国三十七年六月七日

甘肃省主席就修建马尾湖蓄水库工程事的提案

日期不详　　张 2–284

主席提议：□秘书室第三科会签，以准水利局函“举办马尾湖蓄水库工程，计划四百余亿元完成，惟水利专款仅能分配一百余亿。”奉郭主席提示“援照三清渠例，征集义务劳动办理”等情。究应如何办理，请公决议。

决议：除征集义务劳动外，照口骞池办法，征集上下游民工修筑。

日期不详

梁植等就修建马尾湖水库需用义务劳动事给高台县政府的呈文

1948 年 5 月 20 日　　张 2–284

本月十九日奉钧座面谕，以准水利局黄局长手函“本年河西水利举办本县马尾湖蓄水库工程，计划四百余亿元完成。但以奉拨水利专款数额计算，仅能分配一百数十亿元，其不敷之数，经主席提示援照三清渠例，需用民力义务劳动办理”一节。饬拟进行方式具报核覆。查三清渠工程事属一渠人民收益，性质比较单纯。而马尾湖水库事关黑河下游各渠水利，是项义务劳动，关切人民负担。拟请提交县参议会议讨论进行，当否，钧鉴核夺。谨呈县长冯。

梁植（印）范立贤（印）

民国三十七年五月二十日

处理意见：

提会。

五月二十一日

甘肃省政府就派高台县长兼任高台马尾湖水库工程处副处长的训令①

1948 年 7 月 20 日　　张 2-285

高台县冯县长：

一、查该县马尾湖水库工程即将开工，为□量利□□□□□□②该县张兼任高台马尾湖水库工程处副处长，专员征工□□□□□□□③。

二、派令随发仰查收，只领随时洽商议，处长切实辩理具报。

三、本案已令知工程处。

甘肃省政府（印）
主席郭寄峤
秘书代
民国三十七年七月二十日

甘肃省政府给濮发壁兼任马尾湖水库民工总受理员的派令④

1948 年 8 月 19 日　　张 2-285

派令秘人五三（37）未字第 2357 号

本府自卫队分队长濮发壁：

一、兹派该员兼任马尾湖水库民工总受理员。

二、仰即切实负责办理，并将督工情形按旬报核。

三、附发督征民工受理事项及征工当表书一份。

四、仰即遵照。

甘肃省政府（印）
中华民国三十七年八月十九日

高台县政府就派驻濮发壁事给马尾湖水库工程处的公函⑤

1948 年 8 月 17 日　　张 2-285

秘人五三（37）未字第□号

高台马尾湖水库工程处：

一、兹派本府派驻贵处自卫分队长濮发壁，兼任马尾湖水库民工总受理员，负责办理

---

① 编者按：卷内目录原为"为派该县长兼任高台马尾湖水库工程处副处长仰遵照由"。

② 编者按：此处原文档漫漶，不可识。

③ 编者按：此处原文档漫漶，不可识。

④ 编者按：卷内目录原为"为令派该员兼任马尾湖水库民工总受理员由"。

⑤ 编者按：卷内目录原为"为函达本府令派驻在贵处自卫分队长濮发壁兼任民工总受理员负责办理督工事宜希查照由"。

督征民工事宜。

二、函请查照。

县长冯周人

民国三十七年八月十七

高台县政府就派濮发璧兼任民工总受理员事给建康镇公署的训令[①]

1948 年 8 月 17 日　　张 2–285

秘人五三（37）未字第号训令

建康、柔远、常明、冬乡镇公署

为令知“本府派自卫分队长濮发璧为马尾湖水库民工总受理员”仰遵照由：

一、兹派本府自卫队分队长濮发璧，兼任马尾湖水库民工总受理员，负责办理督征民工事宜。

二、除分行处，仰即知照，兼转知冬乡镇民工受理员遵照。

秘书会第五科人事室撰稿

民国三十七年八月十七日

县长冯周人

民国三十七年八月十七日

高台县政府就派指导员李效儒为马尾湖水库民工总负理员事给高台马尾湖水库工程处的公函

1948 年 6 月 29 日　　张 2–285

秘人 37 己字第 1713 号

高台马尾湖水库工程处：

一、兹派本府指导员李效儒为马尾湖水库民工总负理员。

二、希即查照。

本府指导员李效儒：

一、兹派该员兼任马尾湖水库民工总负理员。

二、仰即前往负责办理并昭办理情形按旬报核。

三、附发督征民工管理手续一份。

四、仰即知照。

县长冯

民国三十七年六月二十九日

---

① 编者按：卷内目录原为“为函达本府令派驻在贵处自卫分队长濮发璧兼任民工总受理员负责办理督工事宜希查照由”。

民工总管李效儒就征集民夫车辆到达情况给高台县第三科科长的报告①

1948 年 7 月 2 日　　张 2-285

七月二日于张家墩

第三科：

秘人（37）已字第一七五五号训令奉悉。遵即前往马尾湖管理，并接洽工程处。查各乡镇民夫、车辆按时到达者固多，而玩忽不前者亦复不少。四维乡共五保按本府配补数均到，惟红山保一夫未到。常明尽到四人，尚无管理员。柔远一夫未到，建康到半数，请派警严催。据工人面报"每日上午六时起工，十二时下工，下午二时起八时止，工作时间太长"。请由本府规定工作休息时间，函知工程处。请鉴备查。谨呈冯县长。

民工总管理员李效儒

民国三十七年七月二日

高台县政府就建康镇公所呈报核派马尾湖水库民工管理员事给建康镇公民的电报

1948 年 8 月　　张 2-285

建康镇公所：

建（37）未字第九六号呈悉。准予照派兹□□令，附发派令一件，注意事项一份。仰即转发。

县长冯周人

秘书代

中华民国三七年八月

建康镇许镇长就核派本镇马尾湖水库民工管理员事给高台县政府的呈文

1948 年 8 月 11 日　　张 2-285

尾（37）未字第九六号

高台县政府冯县长：

一、查本镇马尾湖水库民工管理员，前经暂派雷兴邦充任。

二、报请备查并准予核派。

建康镇镇长许正崇

民国三十七年八月十一日

① 编者按：卷内原目录为：呈贵马尾湖水库工程处各乡镇民夫车辆到达情况由。

处理意见：

准予照派指令。

八月十三日

高台县政府就派核马尾湖工程管理员事给常明乡公所的指令

1948年9月10日　　张2-285

三（37）申字第588号指令

常明乡公所：

常（37）未字第七三号呈悉。准予照派，随令附发派令一件，注意事项一份。仰即转发。

县长冯周人（秘书）

民国三十七年九月十日

常明乡长就建修马尾湖水库民工管理员简历表给高台冯县长的呈文

1948年8月24日　　张2-285

当（37）未字第七三号

高台县政府县长冯：

案奉钧府一三（37）未字第二二六五号代电开"已将建修马尾湖水库，民工管理员姓名简历，务于八月二十日以前报府，以资案转"等因奉此。遵即造就本乡建修马尾湖水库民工管理员张释福等简历表一份。理合备文呈赍钧府鉴核备查。谨呈高台县政府县长冯。附马尾湖水库民工管理员简历表一份。

常明乡乡长盛有聪

民国三十七年八月二十四日发

附表　高台县常明乡建修马尾湖水库民工管理员简历表

姓名	年龄	籍贯	住址	简历	备考
张积福	27	高台	常明乡黑泉保	高台县立高校肄业，曾任甘肃油矿局司事，中国石油有限公司甘青分公司助理管理员等职。	
盛有兴	39	高台	常明乡宣化保	初小肄业曾任八二军连长等职。	

高台县政府就派房学儒兼任马尾湖水库总督工员的派令

1948年9月3日　　张2-285

田秘人三（37）申字第765号派令

房督征员学儒：

兹派该员兼任马尾湖水库民工总督工员。查各乡镇短欠民工，迭经分电严催，迄未全数到齐。当今提交第二十五次县政会议决议"兹于先后发动民工、车辆，于十月一日起一律督征齐全。嗣后不得短欠，并对以往短工自十月一日起于二十日内加工补足"等语。兹将应办事项缮写一份，随令附发。仰即遵照规定事项，星夜赶办，并将督办情形随时报查。本案已函马尾湖工程处查照，并公令各乡镇长遵照。

县长冯

中华民国三十七年九月三日

高台县政府就特派督工员房学儒前往四维乡坐催民工事给马尾湖水库工程处的公函

1948 年 9 月 29 日　　张 2–285

稿秘人一三（37）甲字第号

高台马尾湖水库工程处施处长：

一、查各乡镇短工，迭经分饬严切督催，竟未全数到齐。兹为把握时机加强工作效率起见，调派本县田粮处督征员房学儒，为马尾湖总督工，前往四维乡属各保，坐催短欠民工。

二、本府发动民工、车辆分配表，业经先后函寄在案。希将各乡镇民夫、车辆欠数分别列表，临时交由该员以照督催。并于该员到达后，务将每日到工民夫、车辆数字，惠予逐日列送该员查考，以免脱节。

三、函请查照。

本案已派该员前往办理，并令各乡镇长遵照。

县长冯周人

民国三十七年九月二十九日

高台县政府建修马尾湖水库民工总督工应办事项

1948 年 9 月 29 日　　张 2–285

各乡镇民夫、车辆欠数，即向工程处清查。已函工程处于该员到达随时列表付给在案。

督征民工应办事项如下：

1. 民夫短工一日，加倍处罚，做工两日准大户短工一日，处罚做工五日。如有违忤情事，准由该员送该受乡公厅押办，或送县政府惩办。但情节重大者，保甲长得受连带之处分。

2. 各乡镇短工，统限于十月一日补足，嗣后不得短欠。以往短欠民工自十月一日起于二十日内，加征补齐。

3. 四维乡民夫、车辆以及短工，自十月一日起由房总督工专办。如因时间不敷支配时，可随时调拨驻在自卫队协助，向濮分队长发璧竣办。

4. 各保甲长如有督征不力情事，准由该员签明事实，随时派警押送来府讯办。

5. 民工需用芨芨筐子及柗笆草绳，统由工程处制备。

6. 民所需铁铣工具，由乡镇受理员负责向工程处领用。

督工人员应思负严催，不得稍有循情，致误工程。

督工情形按旬列表报府，并将工程处逐日统计表妥存。俟工程告一段落一并检报来府，以备查考。并饬李指导员遵照。

周人

民国三十七年九月二十九日

甘肃山丹截引地下水工程处职工表高台马尾湖水库工程处职工表马尾湖水库工程处三十七年度工作情况表

1948 年 11 月 2 日　　张 2–285

山丹截引地下水工程处现有职员名册

职别	姓名	年龄	籍贯	经学历	现支薪额	到职日期	备注
处长	杨秀文	34	四川秀山	四川水利人员训练所毕业，曾任四川水利局助理工程司，甘肃河西工程队副工程师	340	1948 年 7 月	河西工程处张掖工程区工程司兼
副处长	顾泰	31	江苏奂县	国立西南联大毕业，甘肃河西水利工程处副工程师	300	1948 年 4 月	张掖工程区副工程师兼
副工程师	张绍基	30	浙江勤县	国立中央大学毕业，军委外事局翻译官，水利委员会技佐水利部河西水利工程总队副工程师	260	1948 年 4 月	同右
助理工程师	邓福彩	33	河北正定	河北省立正定职业学校肄业，川康盐管局工务员，四川水利局技佐水利部甘肃河西工程总队助理工程师	140	1948 年 4 月	张掖工程区助理工程师兼
	童世笃	44	成都市	四川潼职中肄业，四川水利局工务员	180	1948 年 3 月	同右
会计员	李建邦	29	甘肃榆中	兰州师范学校毕业，曾任湟惠渠管理处会计员	140	1948 年 7 月	专任
出纳	刘瑞英	30	湖南长沙	国立梓潼师范毕业，重庆交通部扶轮小学教导主任，上海市警察总局统计室执事员	120	1948 年 4 月	专任（现已离职）
事务员	黄苍朔	33	四川秀山	四川教育学院肄业，曾任事务员	200	1948 年 5 月 20 日	张掖工程区事务员兼
监工	耿佩	43	甘肃临夏	初级师范毕业，曾任永丰渠技佐	80	1948 年 4 月	专任
	沈生顺	26	甘肃武威	省立武威师范毕业，曾任小学教员，充当六年测工	40	1948 年 4 月	专任
雇员	金生海	23	甘肃会川	会川中学毕业	60	1948 年 6 月 2 日	专任

甘肃高台马尾湖水库工程处三十七年度雇员工作情况表

项目年月 乡保		应到作工工数				到工工数			欠缺工数		完成土方数		交小麦总数/市斗	效速方/工	备注
		7月1至31日	8月16至18日	9月20至30日	总计	实到工地工数	□□工数	总数	工数	工作效率/%	7月1至20日	9月21日至10月30日			
建康镇		42	89	151	10,759	8,450	563	9,013	1 746	16.25	5.756	8.059	1,847,620	1.63	
常明乡		62	119	203	14,631	12,427	895	14,322	281	1.92	12.089	14.354(填) 4.300(拉)	4,058,885	3.59	字迹不清
柔远乡		82	171	290	20,707	15,990	1,066	17,056	2 651	17.65	7.669	15.919	3,187,005	1.43	
四维乡	镇江	—	10	20	1,190	180	52	832	358	32.40	30	1.250		1.50	
	柔远	—	10	10	770	738	49	787	超17	2.21	514	712		1.05	
	鼎新	—	20	20	1,540	1 008	67	1,035	465	30.02	506	1,128.5		1.62	

甘肃高台马尾湖水库工程处三十七年度工作情况表

乡保		应到车夫			实到车夫			不足车夫		□□□	9、10两月交粮总数	备注
		7月1至31日		总计	8月	9、10两月	总计	数目	□□□			
建康镇		22	22	1.694	139.5	1.215	1,354.5	239.5	20.00	□□□	607.5	
常明乡		30	30	2.310	240.5	1.756	2,016.5	293.5	12.70	103.42	878.0	
柔远乡		43	43	2.311	238.5	2.416	2,654.5	656.5	19.80	102.50	1.2080	
四维乡	镇江	—	4	168	—	127	129.0	117.0	24.40	—	65.5	
	柔远	—	2	84	—	106	106.0	超22.0	26.20	—	53.0	
	鼎新	—	5	210	—	103	123.0	□□□	50.30	—	51.0	

八、九、十三月，计工资小麦493石6885，除已领小麦45石756外，实□小麦447石9325。①

1. 每日运土十车为一车夫。

2. 每车夫工资，小麦5市升。

3. 建常柔三乡应解车夫，以高台县府分配者为准。四维乡各保应解车夫以□□□分配为准。

民国三十七年十一月二日

甘肃省主席就呈请增加马尾湖征雇民工分配表事给高台县政府的训令

1948年10月12日　　张2-285

甘肃省政府水三（37）西字第3280号指令

高台县冯县长：

水利局案呈"本年九月三十日一三（37）申字二七六八号呈件"均悉。

① 编者按：原文如此。

准予备查。附卷。

主席郭寄峤

民国三十七年十月十二日发

甘肃省主席就加征石工修建水库事给高台冯县长的指令

1948年12月10日　　张2-285

甘肃省政府水二（37）亥字第3528号训令

高台县冯县长：

一、函高台马尾湖水库工程处，需用石料颇巨。为把握运输时期，及如期完成利用起见，必须增加石工，积极赶办。

二、仰该县长负责，于本年十二月二十日以前征雇石工二十五人，送交工程处取据报函。

三、该石工到工程处，准钧支旅费。并由该处设置御寒设备，工资从优支付（工作成绩优良者，按工可给一市斗至二市斗小枣）。并由该府派自卫驻扎工地，严密防范，避免潜逃。

主席郭寄峤

民国三十七年十二月十日

处理意见：

按照石工待遇标准，派警分赴传唤该工，并函工程处印，付石工到工收据。呈复。

秘书（代）

十二月二十日

甘肃省主席就加速整修高台县车道事给高台冯县长的指令

1948年6月25日　　张2-285

指令：

马尾湖为视察区域，并饬希还常明、四维各乡长从速整修高台县道通车路线，俟严处长等到县随时协助视察。

主席郭寄峤

委员兼秘书长宜中代拆代行

民国三十七年六月二十五

甘肃省主席就加征民工事给高台冯县长的指令

1949 年 1 月 12 日　　张 2–285

现以农历年关迫近，工地石工行待放假，俟度年关，把握时机从事征雇。

民国三十八年一月十二日

处理意见：

本府照注意办理，不要过年派□照不理。

一月十二日

高台县长冯周人就增加民工工资及督征马尾湖水库技术石工事给甘肃省主席的呈文

1948 年 12 月 20 日　　张 2–285

三（37）亥字第 3547 号代电稿

甘肃省政府主席郭：

一、本年十二月十三日水二（37）亥字第三五二八号训令奉悉。

二、查本县府有技术石工为数甚少。业于本年七月一日，马尾湖水库工程展开伊始，全数征送工地。惟一般石工近来相继潜逃，考其主因，纯系工资低微及离家过久未予调整之故。当经商洽，工程处拟定石工待遇调整原则：（一）工资从优支付，每月伙食不计外，实发小麦三市石，并对努力工人酌给奖金；（二）石工到达工地，每月准假五日，轮流回家，并于农历年节放假十日；（三）伙食取决多数工人之同意□量改善；（四）住宿由工程处尽量改进，以夜间不受寒冷为标准；（五）受理由县政府派员监督，不准工人互相牵制。以上各照已饬各乡镇长选派干员。一面切实宣传，以免石工顾虑不前。二面督征逃回石工，从速复工。同时为谋积极赶做石料，配合全部工程进度起见，并以本月十八日以三（37）亥字第三四六四号代电呈请酒泉王专员接洽河西警备总司令部，调拨工七团技术工兵一排，来县协助，以俟复有效果另案报核。

三、本县石工待遇既经予以调整。兹经澈底劝导，保其复工之后，并由本府派员会同工程处人员驻在石场负责受理。嗣后石场逃风自能停息。

四、请钧鉴核查。

县长冯周人（秘书）

民国三十七年十二月二十日

甘肃省主席郭增加民工食粮及开工日期事给高台冯县长的训令

1948 年 6 月 17 日　　张 2-285

甘肃省政府建水二（37）己字第 2389 号训令

高台县冯县长：

一、兹据水利局黄局长呈本年五月二十七日□□□□□□□□□□[1]高台两县长及地方人事，会商兴修马尾湖土方工程，□□□□□□[2]十条，经核均履妥善，准予备查。

二、仰遵照递给工程处理，随时报查。

主席郭寄峤

民国三十七年六月十七日

处理意见：

将征集民工配拨食粮及开工日期，抄检会议记录，呈报核查。

六月二十六日

高台县长就建修马尾湖水库征雇民工方式事给甘肃省主席的代电

1948 年 6 月 28 日　　张 2-285

三（37）巳字第 1774 号代电

甘肃省政府主席郭：

一、本年六月十七日建水二（37）巳字第二三八九号训令奉悉。

二、建修马尾湖水库工程，复经召集会议，决定征工方式“本县直接受益区域征集义务民工两百名，完成土方七万两千公方，由工程处拨借民工粮食三百市石，本年秋收后无息归还。间接受益区域征雇民工两百名，按照作成土方，每公方发给小麦一市斤十二两，由工程处提前备发。民工开始调替食量一百五十市石，俟工程处验收土方发给领粮凭单，即行扣还”等语，记录在卷。

三、事项民工、牛车，业经分电各乡镇公厅，切实以照规定分别赶办，并定于七月一日起展开工作。

四、兹谨抄检会议记录二份，随电附发。

五、请钧鉴核查。

六、本案已分函水库工程处及县参议会查照。

县长冯（秘书撰稿）

民国三十七年六月二八日

---

① 编者按：此处原文档漫漶，不可识。

② 编者按：此处原文档漫漶，不可识。

高台县政府就建修马尾湖水库征集民工会议的记录

1948 年 6 月 21 日　　张 2-285

时间：中华民国三十七年六月二十一日上午十一时

地点：县政府会议室

出席者兼各县：王兆德　方新昭　刘定国　王占科代王度勤　成有聪
许区业　周兼业　许警□　崔　义　张振基　白岩基
趋照□　范主贤　梁　植　郑之科

记录：范主贤

主席：梁植

甲、开会如仪；乙、报告事项；丙、榷议事项。从略。

1. 主席提议：建修马尾湖水库征集民工，业于本年五月二十七日，由水利局黄局长来县主持，合开会议决定，原则直接受益区域和间接受益区域分两部分，各征集民工两百名，共计每日配征民工四百名。兹以开工在即，民工应如何配征请公决议。

决议：

（一）直接受益区域为四维乡属正义、常丰、河西、罗城、临河、万开（丰保）、共计五保丰应配民工两百名；（二）间接受益区域为四维乡属红山、镇江、七八九十坝、胭脂（永远）、镇鲁，除盐池保不征民工外，计三保丰连同建康、柔远、常明（河子湾免征）各乡镇保均按民工作工数量，依照地亩平均配征民工两百名，每十名配备牛车三辆。惟间接受益区域大部距离工地甚远，兹于配备牛车，由四维乡属间接受益区域及常明乡属附近各保配征（纯征牛车及车夫）；（三）牛车及车夫工作一日以二日计算，所有征集民工一律限于六月二十七日开工前一日，到达工地，较远民工至迟不得逾六月三十日。民工工作数量均以完成土方计算，由工程人员奖记统计。

2. 主席提议：奉令拨借民工粮食，应如何支配，请公决议。

决议：

（一）民工借粮每日以三市斤为原则，按照配征民数量照三埒计算一次，发放由乡镇民代表及具名，借发由乡镇长及各保殷实之户为承还保人。此项借粮专供参加工作民工食用，不得他人借故挪用。（二）借粮输力，由被征民工该受保长统算车辆拉还，装粮仓库无论远近，一律平均分配。

3. 主席提议：工程需用技术工人，如木土石工应如何征雇，请公决议。

决议：

（一）木工由县政府介给，工资由工程处发给。（二）石工本县甚少，且多属贫寒之户，所需工具除手锤、包钻由工人自备外，其余破料所需大锤、撬棍、铜钎、铁楔由工程处制备。

民国三一七年六月二十一日

建修马尾湖水库工程征雇民工购备材料会议录

1948 年 6 月 23 日　　张 2–285

时间：中华民国三十七年六月二十三日上午十一时
地点：县政府会议室
出席者：杨子英　王兆德　萧冬影　王占科　冯周人　吴尚贤　蔺　业　郭长镇
主席：杨子英
记录：范主贤
会议结论：

（一）土方：除征工完成八万三千方以外，部分约十五万方，由县政府负责征雇全县民工完成之。土方单价每公方小麦一市斤十二两。

（二）运输：除义务劳动牛车五千四百辆（即五千四百个工作日）以外，约需牛车一万辆（即一万个工作日），由县政府征雇全县牛车负责运输，每辆付小麦七市斤。

（三）木料采购单价：

（1）稍径九市寸，长一丈三尺，每根单价小麦五市斗；

（2）稍径六市寸，长一丈五尺，每根单价小麦四市斗七升；

（3）稍径六市寸，长一丈三尺，每根单价小麦四市斗；

（4）稍径四市寸五分，长一丈五尺，每根单价小麦三市斗五升；

（5）稍径三市寸，长六尺，每根单价小麦四市升。

以上各种木料单价包括运往工地之运费在内。

（四）占用民田之处理：

1. 民引水渠、圈堤给水渠等占用民田约三十余亩，得侯先承保水库下游公荒抵补，在未承保抵补以前，所有应纳粮赋由政府豁免。

2. 已耕种未收获之地，其青苗损失按收益付价。

（五）散会。

民国三十七年六月二十三日

建修马尾湖会议记录

1948 年 5 月 27 日　　张 2–285

时间：中华民国三十七年五月二七日上午八时
地点：高台县政府会议室
出席者：陈世光（鼎新县长）　胡生儒（鼎新参议会议长）　徐正荣（建康县长）
方新明（柔远长）　盛有聘（常明乡长）　水生白　冯周人
王光博（参议会代表人）　黄义里　程华光　吴尚贤　蔺景
胡生儒　王兆德（水委会主任专员）　赵量（副乡长）
柏之□（四维乡长）　程居正（参议员）　蔺腾芳（四维乡农会理事长）

葛兴成（正义保代表） 阎文煜（保长） 蔺嘉善（乡民代表）

主席：黄万里

甲、开会；乙、主席提议；丙、讨论商决。

1. 一致决定省府地方协力完竣马尾湖水库工程。

2. 政府即拨现款一百五十亿元，设立工程处，督修全部工程，政府负责修建所有建筑物。

3. 土方工程：高台县直接受益区负责修建三万六千公方，高台间接受益区负责修建三万六千公方。以上由高台县政府负责督修，出工完竣之。鼎新直接受益区负责修建一万公方，由鼎新县政府负责督修，出工完竣之（以上共计八万二千公方）。所有食寝二具等概由出工一百日付（直接受益区为马尾湖水库浇溉之区，间接受益区为高台县内黑河浇溉区），出工多少按各区地亩分配，由工程处划分地亩分记各区工作。所有土方工作由工程处验收，县府给验收证明称完竣。

4. 政府负责修建地方出工以外之全部土方工程。

5. 工程处拨两亿元，交付政府作为督工管理费。

6. 地方出工直接受益区约需两百人工作九十天，间接受益区约需两百人工作九十天，鼎新约需一百人工作五十天，各区责任仍按前列规定之完竣方数为标准。

7. 在新麦收获前，各地工缺乏粮食，仍由县政府向工程处借粮。前约小麦一千市石，俟本一年新麦收获后，按十月底前由县政府负责归还。

8. 工程处拨款四亿一千万元，交付工程处，特五千元一方，随时验方，□□作为奖励金。

9. 工程完竣后，其利益出力各堡分享之。

10. 本决议案由水利局呈省政府核报备查。

散会。

民国三十七年五月二七日

甘肃省主席就马尾湖水库工程征雇民工事给高台县长的指令

1948 年 7 月 15 日　　张 2-285

甘肃省政府水三（37）午字第 2665 号指令

高台县冯县长：

一、本年六月三日三（37）已字第一七七四号代电及附件均悉。

二、准予备查。高台县府马尾湖水库正在赶工，急需石工。饬速代雇二十人速送工程处报核政府。

主席郭寄峤（秘书代）

民国三十七年七月十五日

处理意见：

速征雇具报。

七月二十三日

甘肃省主席就建修马尾湖水库事给高台冯县长的指令

1948 年 6 月 19 日　　张 2–285

甘肃省政府水二（37）已字第 2606 号指令

高台冯县长：

一、本年六月四日三（37）已字第一四九三号呈件均悉。

二、准予备查，并仰遵照本年六月十七日建水二（37）已字第二三八九号训令处理。

主席郭寄峤

民国三十七年六月十九日

高台马尾湖水库工程处就马尾湖水库土方工程开工日期事给高台县政府的公函

1948 年 6 月 16 日　　张 2–285

高台马尾湖水库工程处高（37）已字第 2 号公函

高台县政府：

1. 马尾湖水库土方工程定于本月二十七日开工。
2. 烦请贵县速征民夫，以利工进。
3. 相应函请查照办理，见复为何。

此致。

处长萧永龄

民国三七年六月十六日

处理意见：

提会商讨督征民工实施办法。

六月十九日

为派警前往各乡镇征雇石工匠前往马尾湖水库工程处开采石料的传票

1948 年 6 月 29 日　　张 2–285

三（37）巳字第 1762 号

警察：

一、准高台马尾湖水库工程处高（37）巳字第一〇号公函“（一）建修马尾湖水库工程亟需开采条石。嘱征雇石工二十名随带手锤、小钻等工具，其余撬棍、大锤、钢钻、铁尖由工程处购备；（二）工资按宽一市尺、厚一市尺、长二市尺之条石计算，每块发经□□三五合”等由一案。

二、兹派警前往建康、柔远、常明各乡镇，征雇石工二十名，随带手锤、小钻工具，并由各乡镇长随时协助依限征雇齐全。

三、石工工资由工程处发给，保内不得摊款。并仰该警前往三清渠，会同石工王之富务于七月五日以前征雇齐全，前往工程处报到，勿稍延误。

民国三十七年六月二十九日

高台县政府就嘱征雇石工匠二十名事给高台马尾湖水库工程处的公函

1948 年 6 月 29 日　　张 2-285

三（37）巳字第 1763 号公函

高台马尾湖水库工程处：

一、高（37）巳字第一□□□号公函均悉。

二、函嘱征雇石工二十名本府业派警察前往建康、柔远、常明各乡镇觅雇，并饬去警转告工人携带手锤、小钻限于七月五日一律前往贵处报到。

三、复请查照。

县长冯

民国三十七年六月二十九日

高台马尾湖水库工程处就征雇石工二十名到库工作事给高台县政府的公函

1948 年 6 月 24 日　　张 2-285

高台马尾湖水库工程处高（37）巳字第十号公函

高台县政府：

一、本处水库石方工程亟需开采条石以资应用。

二、函请贵府征雇石工二十名，随带手锤、小钻等工具，至于撬棍、大锤、钢钻、铁尖等由本处购备。

三、石工工资以每条 0. 3×0. 3×0. 6 公尺条石计算，每条发给小麦 1. 5 老升。

四、请速饬石工来处报到。

五、相应函请查照办理为荷。

处长萧永龄

民国三十七年六月二十四日

处理意见：

派警分赴各乡镇，传唤前往工程处报到。

六月二十五日

高台县长就马尾湖水库工程处请征雇石工事给祁连乡公所的代电

1948 年 7 月 17 日　　张 2-285

三（37）午字第 2022 号代电
祁连乡公所：

一、准马尾湖水库工程处高（37）巳字第一〇号公函“（一）建修马尾湖水库工程亟需开采条石。嘱征雇石工二十名随带手锤、小钻等工具，其余撬棍、大锤、钢钻、铁尖由工程处购备；（二）工资按宽一尺、厚一市尺、长二市尺之条石计算，每块发给小麦一老升三五合”等由一案。

二、石工工资由工程处发给，保内不得有摊派情等。

三、仰速征雇石工六名，于五日内征雇齐全，指派专人押送来府，毋得延误。

县长冯

民国三十七年七月十七日

高台县长就派警催征民工事给警察队滕队长的电报

1948 年 6 月 29 日　　张 2-285

建修马尾湖水库工程，定于七月一日开工。顷奉县座面谕“急！着派警分赴各乡镇保，严催民工依期到达施工”等因，相应函请查照至希迅予派警前往建康镇，守催民工四十二名，受理员一人，随带前电分配各种器具等件，务于七月一日到达马尾湖工地。

此致警察队滕队长。

高台县冯县长

民国三七年六月二十九日特发

处理意见：

着田□前往。

六月二十九

高台县长就派警催征民工车辆事给警察队藤队长的电报

1948 年 6 月 29 日　　张 2-285

建修马尾湖水库工程定于七月一日开工，顷奉县座面谕“急！着派警分赴各乡镇保严催民工依期到达工地”等因，相应函请查照至希迅予派警前往四维乡，守催民工二百一十四名（内间接区域十四名），牛车六十辆，受理员四人，随带各种器具务于七月一日到达马尾湖工地。

此致警察队藤队长。

民国三十七年六月二十九日特发

处理意见：

着祁万福前往。

六月二十九日

高台县长就催足马尾湖民工车辆赶赴工地事给建康等镇公所的训令

1948 年 7 月 15 日　　张 2–285

三（37）午字第 1995 号训令

柔、建、常、四各乡镇公所：

一、准马尾湖水库工程处高（37）午字第二号函“1. 实到工地民夫 364 人，牛车 60 辆，与规定之数尚属实务。2. 民夫勿不带工具，均以照县府公文告趕。3. 民夫工粮，经本处贷借而各乡镇公所均未转拨”等情。

二、查民工携带工具□以三（37）第一七一八号代电附表，说按遵办在案。

三、仰即催足民工、车辆迅赴工地，并随时转发民工食粮以利工作。

县长冯

民国三七年七月十三日

高台县政府就催促民工并征购木料事给高台马尾湖水库工程处的公函

1948 年 7 月 13 日　　张 2–285

三（37）午字第号公函

高台马尾湖水库工程处：

一、高（37）午字第二三号及三五号函均悉。

二、未到来工地民夫及所带工具，转发民工工粮各情，已全饬各乡镇公所遵照办理。

三、嘱代购木料八九〇根，因购买不易，业经电请省府拟电祁连山林区雇工砍伐，俟核复再当函达。

四、复请查照。

县长冯（秘书代）

民国三十七年七月十三日

高台马尾湖水库工程处就催促民夫速送工具速发各民夫工粮事给高台县政府的公函

1948年7月9日　　张2-285

高台马尾湖水库工程处高（37）午字第二十五号公函

高台县政府：

一、近日工地实到贵县民夫364人，牛车60辆，与预算人数尚差36人。请饬各乡镇速拨分配人数，催促到工。

二、民夫多不带工具，各乡均以无县府公文为辞。请饬各乡镇速送运土工具，记为十人，铁铣五张，挑土筐担七套（或抬笆推土车均可，木铣不必带），以利工进。

三、本处贷给或预发各乡镇民夫工粮，均经光政贷借有案，而各乡镇公所均未转发民夫食用，请贵府查照饬速转，以免生弊端。

四、相应函请查照并转见复。

处长萧家影

民国三十七年七月九日

处理意见：

速饬各乡镇，依照规定必需携带齐全。并将民工食粮，随时发给，以利工作。

秘书（代）

七月十二日

高台县四维乡长就所属红山保大渠民工改雇为征事给高台县政府的呈文

1948年7月30日　　张2-285

四（37）午字第四七号

高台县政府冯县长：

一、准高台马尾湖水库工程处，函开"以拨本处测量结果，红山大渠进水口碓在水库给水渠之下游。应予征派义务民工，借资完成工程"等由一案。

二、经与该处刘工程师测量结果，本乡所属红山大渠碓能进水口，小渠更不发生问题，应请将雇民工改为征工，以资完成大工而昭公允。

三、仰祈指示遵行。

高台县四维乡乡长杨之藩

民国三十七年七月三十日

处理意见：

准予照办指令。

八月五日

高台县政府就建修马尾湖水库督征民工及民工管理人员薪饷筹措事给甘肃省主席的呈文

1948 年 8 月 18 日　　张 2-285

一三（37）未字第 2039 号代电

甘肃省政府主席郭：

一、建修马尾湖水库工程依照会议决定方式，本县民力以直接受益区域为征工，由工程处垂息拨借民工食粮。间接受益区域为雇工，民夫按做成土方每公方发给小麦一市斤十二两，牛车每辆工作一日发放小麦七市斤。

二、本府自七月一日起，由直接受益区域，发动民夫两百名、牛车六十辆，同时洽由工程处拨借无息小麦三百市石。并由间接受益区域督征民夫两百名，集力工作至七月二十六日。时属夏禾收割，农忙之际，暂予停工。旋由本府合集会议决议复工民夫按照于工征雇数量，加一倍发动。衡诸地方实际情况，以直接受益区域夏禾收割较早，即发动民夫四百名，牛车一百辆，已于八月十五日开始工作。由间接受益区域督征民夫四百名，牛车一百辆定于八月二十日复工。现以民夫、车辆分别督征齐全，依期到达，展开工作。

三、查征雇民夫车辆参酌实际需要，如设受理员一人，只能照受民夫五十人，兹以加征民夫须得增设受理人员。惟工程处前拨受理费二亿元，以物价波动，仅能供应办公用具及交付督工人员旅费之用，对于乡镇公所选派管理民工人员薪饷，实属无着。当经提交县府会议决议，乡镇民工受理人员薪饷呈请省政府核示等语，记录在卷。

四、兹谨抄检征雇民夫、车辆配当表，随电附发。

五、请钧鉴核查并祈示遵。

县长冯周人（秘书代）

中华民国三十七年八月十八日

高台县政府就新兵大队参加建修马尾湖水库工作并准备工具事给高台马尾湖水库工程处的公函

1948 年 8 月 28 日　　张 2-285

三（37）未字第 2445 号公函

高台马尾湖水库工程处：

一、为谋，加速水库工程效率起见，业经商妥驻本县接受新兵大队，现有新兵四十名参加工作，该队驻酒泉新兵一连，亦可前来实施兵工。

二、希即筹备兵工所需工具铁铣、锄锹、饭锅等项以备需用。

三、请查照办理并希见覆。

县长冯周人（秘书代）

民国三十七年八月二十八日

关于马尾湖水库不能按期进行的文件

1948 年 8 月 26 日　　张 2-285

马尾湖水库工程结函八月中旬剩余工程估计

工段名称	土工方数（去土方）	估需工数/（天·工）	备注
引水渠填方	400,000	3000	
引水渠挖方	2,632,560	17,000	
上库未完方数	12,800,000	85,000	
下库未完方数	5,000,000	33,000	
给水渠挖方	570,000	3800	
合计	141,800 天·工		

（1）全部工程假定本年十月底完竣。九月一日加工到齐，计工作 60 天。

每天需工 141,800/60≈2363 人。

（2）假定时年四月完成，计共工作 105 天。

每天需工 141,800/105≈1350 人。

（3）运送土方 20,000 公方，需 20,000/1. 20≈16,667 车·天。

计需牛车 300 辆。

（4）若本年十月底完成土工时，一切均宽活而按理想。若延迟至年四月时，则管理费大增，且时天放水受影响，减少一年收益殊不值何。

主席提议：第三科签呈“据马尾湖水库工程处石处长，俟以此次发动民夫八万名，牛车二百辆尚实数交配，嘱照加征，究应如何办理法”公决案：

决议：

（一）加征民工，近因征兵等导致民力不逮，是以工程处定按照第四月底完成。（二）此次发动民夫八万名、牛车二百辆，应如何征呈。暂停加征以免份授。（三）民夫需用工具由工程处制备，以纾民困。查建修马尾湖水库工程，业由工程处结算，截至八月中旬尚未做土方，需民工一十四万一千八百工。工程期限按六十日完竣，每日必需民夫二千三百六十人、牛车四百五十两。若延长工程期限至明（三八）年四月完工，目前施工每日须要民夫一千三百六十人、牛车三百辆。近由工程处施处长彭龄面洽“以此次发动民夫八百名、牛车二百辆相差甚巨，不敷支配，嘱迅为加征”等语。究应如何办理。

恳祈钧鉴核夺。谨呈县长冯周人。

第三科谨签

民国三十七年八月二十六日

关于民工工具的文件

1948 年 8 月 26 日　　张 2-285

主席提议："第三科签呈据'马尾湖工程处民工报表，附注民夫未带土筐、抬笆等工具'，以致影响工作效率。但各乡镇上下咸谬，应由该工程处购制，以纾民用"等语。应如何办理，请公决案。

决议：

并第三案办。准马尾湖水库工程处民工报表，附注"各乡镇民夫未带土筐、抬笆等工具，以致影工作效率。惟各乡镇长咸谓民夫工资按照作成土方发给　其规定待遇标准甚低，工食尚咸不足，上项工具以物价昂贵，人民无力负担。应由工程处够制，以予民困"等语，究应如何办理。

恳祈钧鉴核示。谨呈县长冯周人提会。

第三科谨签

民国三十七年八月二十七日

高台县政府就加征建修水库民夫事给高台马尾湖水库工程处的公函

1948 年 8 月 31 日　　张 2-285

三（37）未字第 2465 号公函

高台马尾湖水库工程处：

一、本月二十三日核准"贵处结算截至八月中旬剩余土方估计表，并说明征雇民夫二千三百六十名，自九月一日起至十月底完工。如于明年四月完成，可征民夫一千三百六十名、牛车三百辆"一案。

二、当经提交本府第二十四次县政会议决议"（一）加征民工，近因征兵等关系民力不逮，是项工程决定于明年四月完成。（二）此次发动民夫八百名及牛车二百辆，应如数征足，暂停续征以免纠葛。（三）民工需用土筐、抬笆工具由工程处制备，以解民困"等语，记录在卷。

三、本府为加速工程进度起见，业径商妥驻本县新兵大队拨兵参加工作，同时令饬各乡镇长，对于配征民夫、车辆积极督征齐全，并派员下乡协助办理。

四、请查照。

县长冯周人（秘书代）

民国三十七年八月三十一日

高台县政府就代雇石工前往工程处工作事给祁连乡公所的训令

1948 年 9 月 6 日　　张 2-285

三（37）申字第 2522 号训令

祁连乡公所：

一、准马尾湖水库工程处函送“该乡石工名单，嘱即代雇以利工进”等由。当需本府派警前往该乡觅雇，旋据该警称“该乡石工避不在家，无法觅雇”等语前来。

二、查石工工资，三方公寸长大公寸之条石，每条发给小麦一老升五两，径交涉增为四老升，现以工地需工孔急。

三、仰该乡长迅即征雇石工十名，限于九月十日以前率交工程处报到施工，勿稍延误。

县长冯

中华民国三十七年九月六日

高台县政府就暂催征雇石工事给马尾湖水库工程处的公函

1948 年 9 月 2 日　　张 2-285

三（37）申字第号公函

马尾湖水库工程处：

一、准贵处（37）未字第四三号公函“附送石工名单，嘱即暂催到工”一案。

二、本府当即派警分别暂催。旋据赴祁连乡觅雇警察签报“以该乡单列石工，因家计贫寒，前往西山、酒泉县处各地谋生，无法觅雇”等情前来。

三、除令饬“祁连乡长，限于九月十日以前征雇十名，送交前来外，并嘱警随时暂催其它各乡未到石工”在案。

四、复请查照。

县长冯周人（秘书代）

民国三十七年九月二日

警察队就赴各乡督催石工事给警察队滕队长高台县冯县长的呈文

1948 年 8 月 31 日　　张 2-285

一、干警奉令前往祁连乡，催征马尾湖水库石工事。

二、警于本月二十二日刻即前往该乡督催。不料到达后，所列之石工家中贫寒，并无在家，据家中女人声称均不在家。日前赴酒泉各地做活，警无法催办。

三、谨将实情及原令一并签请。

四、钧座鉴核。

谨呈滕队长、冯县长。

警察队

民国三十七年八月三十一日

处理意见：

迅饬祁连乡长，切实代雇，并函工程处查照。

冯周人

八月三一日

祁连乡镇夷保保长等关于石匠情况的证明

1948 年 8 月 24 日　　张 2-285

具证明人祁连乡镇夷、红崖、霞光三保保长盛成德、闫嘉实、邓应科等今：

蒙钧府票传“石匠王延年等，因王章录、肖石匠前四月间已出走酒泉，周万虞年逾六十，现又染疾在床，不能服工役等”具实申明。钧府电鉴核夺，准予免传，实沾公便矣。谨呈高台县冯县长。

祁连乡镇夷盛成德

红崖邓应科

霞光闫嘉实（代）

民国三十七年八月二十四日

甘肃省政府就征工情况以及征工管理人员的工资事给高台县冯县长的指令①

1948 年 9 月 14 日　　张 2-286

水三申字 3108 号指令

高台县冯县长

呈报“征工情形及管理人员薪饷如何筹给”一案准由工程费内津贴由：

本年八月二十八日一三（37）未字第二四五九号代电暨附件钧悉。征工管理人员，准由工程费内酌量支付津贴。其应津贴人数及每人应津贴，全额已令工程局核报。仰知照由。

主席郭寄峤

民国三十七年九月十四日

处理意见：

函工程局洽商办理。

九月二十日

---

① 编者按：卷内目录原为“呈报征工情形及管理人员薪饷如何筹给一案准由工程费内事贴由”。

高台县政府就从优核定征工管理人员津贴给高台马尾湖水库工程局施局长公函①

1948 年 9 月 24 日　　张 2-286

三申字 2744 号

高台马尾湖水库工程局施局长

为奉令函请"从优核定征工管理人员津贴"一案希查照见覆由：

一、本县征工受理人员薪饷，呈奉甘肃省政府水三（37）申字第三一六八号指令"准由工程费内酌量支付，其应津贴人数及每人应津贴金额。饬洽贵局核办具报"一案。

二、查征雇民工，依照法令规定每征民夫五十名，须设受理员一人。本府为节省财力起见，业饬各乡镇长斟酌实际需要，设员最少。如建、柔、常三乡镇仅设四人，惟四维乡属管理人员尚未具报前来。现以各该管理员工作以达三月，而对薪饷迄无着落。拟请参酌工地实有人数，惠予从优核定，以资维持生活，免受苦累。

三、函请查照见覆。

县长冯（秘书）

民国三十七年九月二十四日

甘肃省政府就增加运石牛车工资给高台县冯县长的指令②

1948 年 10 月 29 日　　张 2-286

水三西字 3357 号指令

高台县冯县长

拟电请"增加运石牛车工资"一案，准增为每日每车小麦七市升，仰遵照赶办由：

本年十月十八日，一三（37）西字第二九一四号代电暨水利局案呈前电均悉。准将运输石料牛车工资增加为每日每车小麦七市升。仰遵照。由该府负责征雇牛车二百辆，务于本年黑河封冻期间赶运完毕，以利明年赶工。本案已分令该库工程局遵照。

主席郭寄峤

民国三十七年十月二十九日

处理意见：

转饬知照。

周人

十一月十二日

① 编者按：卷内目录原为"为奉令函请从优核定征工管理人员津贴一案希查照见覆由"。

② 编者按：卷内目录原为"拟电请增加运石牛车工资一案准增为每日每车小麦七市升仰遵照赶办由"。

高台县政府就增加马尾湖水库拉运石料工资事给甘肃省主席及省水利局长的代电[①]

1948 年 10 月 15 日　　张 2-286

三西字 2914 号代电

甘肃省政府主席郭、甘肃省水利局长黄

为电请“增加拉运石料牛车工资以维民难”一案请钧鉴核示由：

查建修马尾湖水库征雇输力，经集会议定“牛车工作一日，发放工资小麦上市斤，业已报核”在案。惟近据各乡镇民众代表来府请愿“以拉运石料，适值草干水冻时期，人畜均得携带食物，兼以车辆工具消耗损失，照例发给工资，委系不能维持现状，请求增加工资以维民艰”等情到府。经提交临时县政会议决议“按照实际情形，在牲畜不能利用牧草期间，牛车工作一日应给工资小麦十市斤，以纾民困由。县政府呈请上级官署核增”等语，已记录在卷。

电请钧鉴核办示遵。

县长冯周人

民国三十七年十月十五日

高台县政府就同意增加马尾湖水库拉运石料工资事给各乡长的训令[②]

1948 年 11 月 27 日　　张 2-286

三戌字 3280 号训令

建康镇许镇长、柔远乡方乡长、四维乡杨乡长、常明乡盛乡长

为呈准“增加马尾湖水库拉运石料工资”一案，仰知照由：

查马尾湖水库运输石料牛车工资，原定每日发给小麦五市升。经呈奉省府水三（37）酉字第三三五七号指令，准将运输石料车价，每日增加为七市升，并规定每辆牛车每日拉运石料五百市斤。如不足五百市斤者，按照定额折合发放。务于本年黑河封冻期间赶运完毕。

除分令外仰即遵照。

县长冯周人

民国三十七年十一月二十二日

处理意见：

会一科。

十一月二十六日

---

① 编者按：卷内目录原为“为电请增加拉运石料牛车工资以维民难一案请钧鉴核示由”。

② 编者按：卷内目录原为“为呈准增加马尾湖水库拉运石料工资一案仰知照由”。

甘肃省政府关于调整民夫工资一案的给高台县冯县长的指令①

1948 年 11 月 8 日　　张 2–286

水三戌字 3393 号指令

高台县冯县长

据请“调整民夫工资”一案，仰遵照指示办理由：

本年十月二十六日一三（37）西字第二九九七号代电，暨水利局案呈前电均悉。查马尾湖水库土方，四维乡应征筑七万二千方，该乡明年尚须续做未完征工土方约三万一千方。内除本年该乡未出工或出工不公各户，仍应由该府查明责令征工办理外，其余土方准改征为雇。征雇土方，因限于工程费预算，所请加价未便照准。仰遵照办理。本案已分令该工程局遵照。

主席郭寄峤

民国三十七年十一月八日

处理意见：

分令各乡镇知照。

周人

十一月十七日

高台县政府就征工方式改征为雇以及调整民夫工资标准事给甘肃省主席郭与省水利局长的代电②

1948 年 10 月 22 日　　张 2–286

三西字 2997 号代电

甘肃省政府主席郭、甘肃省水利局局长黄

为“马尾湖水库直接受益人民生计迫促，请于翌年开工改征为雇，并祈调整民夫工资标准，以维民困俾竟全工”一案，请钧鉴核示由：

查本县建修马尾湖水库，征工原则及民夫工资标准，业经报核在案。惟直接受益区域占四维乡面积十分之七，全乡人口九六五三，内除女性一半及老幼男子不能参加工作外，余约二千余人。此须建修水库依照议定方式自七月一日开工，由直接受益区域发动民夫二百六十名、牛车六十辆。自八月十五日起加征一倍，民夫二百四十名、牛车四十辆。复于九月二十日起，加征民夫二百八十名。先后发动该区每日出征民夫七八〇名，牛车一〇〇辆。该区人民咸以兼顾务农，困苦不堪，频之请愿。县长为明了实际情况起见，曾于本月六日邀约地方首人前往工地，一面慰劳民工劝勉加紧工作，一面考查直接受益人民之困苦

① 编者按：卷内目录原为“据请调整民夫工资一案仰遵照指示办理由”。

② 编者按：卷内目录原为“代电为马尾湖水库直接受益人民生计迫促请于翌年开工改征为雇并祈调整民夫工资标准以维民困俾竟全工一案请钧鉴核示由”。

情形。兹悉该区农户如有耕地一百市亩，每日得出民夫二名、牛车一辆。按纯尽义务最低估计，民夫每月耗费小麦四老斗五升，牛车九斗（连同驾驶人）。则种地百亩之户，每月共计耗费小麦一石八斗。倘雇人代替必须加耗一倍。是以直接受益人民长期义务作工。确系力所难能，兼以秋末被狂风打击，米谷歉收，而一般小户势有逃亡之虞，拟请与翌年开始工作，一律改征为雇以资调济民生，俾竟全功。间接受益人民出工，系按作成土方发给工资，每公方小麦一市斤十二两。在会议商定工资标准时，系按民夫每日作成土方二公方半计算。但开工后实地查验，确因取土关系民工每日仅能作成一公方半，所得工资均感不敷口食之用，且以距离工地甚远，民夫十名平均需要运送口食燃料月具民夫二名、牛车二辆，当然不在应征工额之内。故前定工资标准，比较低微。衡诸实际情况，民夫工资每公方似须发给小麦二市斤四两。电请钧鉴府赐，分别核办指令祗遵。

县长冯司人

民国三十七年十月二十二日

处理意见。

会一科

高台县政府就调整马尾湖水库征工方式遵照办理事给甘肃省主席与省水利局长的呈文[①]

1948年11月27日　　张2-286

三戌字3279号

甘肃省政府主席郭、甘肃省水利局局长黄

为奉令“调整马尾湖水库征工方式”一案令仰遵照办理由：

建修马尾湖水库直接受益民工，呈请“改征为雇，并请增加雇工工资”去后。兹奉省府水三（37）戌字第三三九三号指令“以四维乡直接受益，应征筑土方七万二千方。该乡明年尚须续做未完征土方约三万一千方，内除本年该乡未出工或出工不公，各户仍应查明责令征工办理外，其余土方准改征为雇。至征雇土方因限于工程费预算，所请加价，未便照准”等因到府。查各乡镇短工，本府业以一三（37）戌字第三一九五号训令饬即查考翔实登记，以备来年复工补足在案。仰遵照。并将所属各保短工登记情形，具报备查。

县长冯周人

民国三十七年十一月二十二日

处理意见：

会一科。

十一月二十六日

① 编者按：卷内目录原为“为奉令调整马尾湖水库征工方式一案令仰遵照办理由”。

高台马尾湖水库工程处就石工工资调整情况以及督促未到的石工速到事给甘肃省政府主席与省水利局局长的公函①

1948年8月19日　　张2-286

高未字43号公函

甘肃省政府主席郭、甘肃省水利局局长黄

函复本处“对石工工资调整情形并请督促未到石工速予到工”由：

按三（37）未字第二三〇六号公文函敬悉。查本处征雇各石工工资，前经本年六月二十三日，会同贵府拓集各有关方面开会决议为“0.3×0.30×0.60公尺料石，每块工资1.50市升麟。以本处按实际情形，兼顾及石工生活起见。经呈本甘肃省政府水三（37）未字第二八四七号指令‘准予每块调整为小麦3.0市升已予增加一倍’，准函前由麟后，当视工进情形随时予以合理调整”。现时已到石工仅十八人，仍烦请督催未到各工（日前据范科长，有未到各石工姓名、住址单）速予到工以增工进。转函复请查照。

处长施彭龄

民国三十七年八月十九日

处理意见：

转告石工知照，并派警传唤未到工地石工，从速到达马尾湖工作。

周人

八月二十日

附：高台县祁连乡石工名单（民国三十七年）

乡镇	保	石工姓名			
祁连乡	元子山	贾福年	贾洪年	张武林	李石匠
	新浦	盛开宝			
	赵公坝	周福道	周洪道	周文道	另有三人周姓石匠不知其名工六人
	新坝	于子华	杨得茂	杨向茂	
	红崖字	周石匠（二坝）	王章禄	萧石匠	王延年
	冬院	裴加兴			
	何西坝	郑石匠	向石匠		
常明乡	乐善保	许占云	许占桂	许立业	
	定平保	孙桂年			
	站北保	闫祥志			
柔远乡	信号	薛法秀			
	八保	朱登全			
	西八里堡	陈文德			

① 编者按：卷内目录原为“函复本处对石工工资调整情形并请督促未到石工速予到工由”。

高台县政府就石工陈永茂等呈请增加工资事给马尾湖水库工程处的公函[①]

1948 年 8 月 13 日　　张 2-286

三未字 2306 号公函
马尾湖水库工程局
为据石工陈永茂等呈请“增加工资以维生活”一案，希查照见覆由：

本月十日据石工陈永茂呈称“入原呈……实为公便”等情，到府。查该民等所称各节，尚属实在。函希参酌实际情形，惠予调整工资，以维生活而利工作。请查照并希见复。本案已批示该石工等知照。

县长冯
民国三十七年八月十三日

高台县政府就石匠朱万宝等呈请增加工资事的批示[②]

1948 年 8 月 13 日　　张 2-286

石匠朱万宝等：

呈希。已商洽，马尾湖水库工程局酌予增加工资，俟覆另……[③]。仰即知照由。

县长冯
民国三十七年八月十三日

石工朱万宝等就增加工资事给高台县政府的呈文[④]

1948 年 8 月　　张 2-286

呈为申请下情，以兹工人等困苦，而免赔累，仰乞钧府鉴核，准予调济，而顾生活事：

窃因工人等奉令以往镇义北山（青花山）开工取石，以顾马尾湖水库工程需用。自古六月初四日起身进山，至初七日在山开工，不料该山石性不佳，天然歹石，下钻多烂，做不成功，不像南山及六坝直山之硬石。自动工以来，共做工一十六天，计工一百七十七个，仅做成石方……粮外，赔累不堪，该山……[⑤]费工不小，不但费工，非耽误大工

① 编者按：卷内目录原为“为据石工陈永茂等呈请增加工资以维生活一案希查照见覆由”。
② 编者按：卷内目录原为“高台县政府据呈请增加工资以维生活一案仰知照由”。
③ 编者按：此处原文档有残缺。
④ 编者按：卷内目录原为“陈永茂呈为体恤下情以苏工人等困苦而免赔累由”。
⑤ 编者按：此处原文档有残缺。

不……[1]不能出活……[2]将全县石……[3]赴山，合力工作，勉能进步，若不召集全县石匠合作工，工非落后不可。再者工人等全属单身独力，负担一家之生活。对于政府发给之工资，较之现在之生活，不敷甚巨。若在开取原山之石，赔累不堪。为此呈请县长鉴核俯准垂怜工人困苦，予以增加工资，以顾生计。并许马尾湖水库工程局交涉，转择南山或六坝直山开工，俾免赔累费工，实为公便。

本县石匠领工总甲　陈占元　张好学

朱万宝（印）　陈文德

陈永茂

民国三十七年八月

处理意见：

准予函转马尾湖水库工程局，参酌实际情形增加工资。批示知照。

八月十日

甘肃省政府就增加工资及实行以工代赈事给高台县冯县长的指令[4]

1948年9月20日　　张2–286

水三申字3144号指令

高台县冯县长

据请“增加马尾湖水库民工工资，征召贫民以工代赈”一案仰与县府洽商报核：

本年九月六日一三（37）申字第二五七一号代电暨附件均悉。已令马尾湖水库工程库径洽该府报核矣。仰知照并径洽报核。

甘肃省政府主席郭寄峤

民国三十七年九月二十日

处理意见：

派范科长商洽办理。

周人

九月三十日

① 编者按：此处原文档有残缺。

② 编者按：此处原文档有残缺。

③ 编者按：此处原文档有残缺。

④ 编者按：卷内目录原为“据请增加马尾湖水库民工工资征召贫民以工代赈一案仰与县府洽商报核”。

高台县政府就增加马尾湖水库民工工资征召贫民以工代赈事给甘肃省政府主席与省水利局长黄代电[①]

1948 年 9 月 6 日　　张 2-286

三申字 2571 号代电

甘肃省政府主席郭、甘肃省水利局长黄

为准本县参议会函送提议“增加马尾湖水库民工工资，征召贫民实施工赈”一案电请核示由：

一、本年八月二十五日，案准本县参议会，高参秘（37）未字第一九〇号公函“以召开二届四次大会参议员刘润等提议‘增加马尾湖水库工人工资，召集贫民实施以工代赈，附送提议案’嘱查照办理”一案。

二、查本县建修马尾湖水库工程，经会议决定直接受益人民，纯系义务征工，但一般贫寒农户，咸感口食不接。而间接受益民工，按照作成土方发给工资，因工地取土困难，每人每日作不到两方，未达预计标准，所得工资亦不足维持生活。

三、按本县实际情况，实施以工代赈，每公方似须发给工资小麦二市斤四两，得能维持民工口食。

四、兹谨抄检原提案一件，随电呈赍。

五、请钧鉴核示。

县长冯周人

民国三十七年九月六日

高台县政府就增加工人工资召集贫民以工代赈事给高台县参议会的公函[②]

1948 年 9 月 6 日　　张 2-286

申字第□号

高台县参议会

为准函送提议案“增加马尾湖工人工资召集贫民实施工赈，嘱查照办理”一案请查照由：

高参秘（37）未字第一九〇号公函暨附件敬悉。当即依照提案办法，甲项已分陈省府暨水利局核办；乙项俟省峰核示后实施；丙项已饬各级民工管理员遵照办理在案。复请查照。

县长冯周人

民国三十七年九月六日

---

① 编者按：卷内目录原为“为准本县参议会函送提议增加马尾湖水库民工工资征召贫民实施工赈一案电请核示由”。

② 编者按：卷内目录原为“为准函送提议案增加马尾湖工人工资召集贫民实施工赈嘱查照办理一案请查照由”。

高台县参议会参议员刘润等就增加工资及实施以工代赈事给高台县政府的公函[①]

1948 年 8 月 24 日　　张 2-286

参秘未字 190 号公函

高台县政府

函送本会二届四次大会参议员刘润等提议“增加修筑马尾湖水库工资，征召饥民实施以工代赈，俾资早日完竣工程”一案，请查照办理见覆由：

查本会二届四次大会参议员刘润等提议“建议县府电请省府，增加马尾湖水库工人工资，实施以工代赈，俾资早日竣工”一案。经提交大会决议“（一）以大会名义，函请县府电请省府充分增加工资，征召饥民，实施以工代赈，俾资早日完工。（二）建议县政府责成主管科，在此农闲时期，广为征召贫民赶修，促其早日竣工。（三）建议县府饬令监督人员切实负责。若有怠工情事，监工人员应予惩罚处分，以警顽忽”等语，纪录在卷。相应照抄原提案一份，一并随函送。请贵府查照办理，并希将执行情形惠予见覆为荷。此致高台县政府。附抄送原提案一份。

议长王占科

副议长杜梓枬

民国三十七年八月二十四日

附：建议县府电请“省府增加修筑马尾湖水库工人劳资，征召饥民实施以工代赈，俾资早日完竣工程”案

查现值夏末秋初冬令瞬，届本县马尾湖水库工程，尚未完成半数。兹为把握时机，促其早日完成工程计，只有增加劳资以资鼓励。兹如目下修筑水库工人，每日所得工资，以不足维持个人生活。因之工人均不踊跃，应请县府电请省府充分增加工资，征召饥民实施以工代赈，使一般贫民乐于应征，俾便该项工程早日完成。

（一）以大会名义，函请县府电请省府充分增加工资，征召饥民实施以工代赈俾资早日完工。

（二）建议县政府责成主管科，在此农闲时期，广为征召贫民，抢修该项工程，促其早日竣工。

（三）建议县府饬令监督人员，切实负责。若有怠工情事，监工人员应予惩罚处分，以警顽忽。

提案人　刘　润　许贺龄

连署人　刘定国　程启正

---

① 编者按：卷内目录原为“函送本会二届四次大会参议员刘润等提议增加修筑马尾湖水库工资征召饥民实施以工代赈俾资早日完竣工程一案请查照办理见覆由”。

处理意见：

提案办法一项转请省政府核办，两项待省府核准以工代赈后实施，三项照办并函复。

周人

八月二十五日

高台县政府就归还贷借工粮事给四维乡公所的代电①

1948 年 9 月 10 日　　张 2-286

三申字 2630 号代电

四维乡公所

为电饬“归还贷借工粮”一案仰遵照由：

查马尾湖直接受益区域人民借拨工粮，本府业以三（37）未字第二三六号训令饬遵“偿还交仓”在案。该乡夏禾早已收割完毕，仰即督促各保负责人员，按照贷借数目，迅即扫数交由县城田粮仓库收讫，以结手续。仰速遵照办理，并将追交情形，先行报查。

县长冯周人

民国三十七年九月十日

马尾湖水库民工车辆统计表

1948 年 8 月 25 日　　张 2-286

高台马尾湖水库民工车辆统计表（民国三十七年八月二十五日）

乡镇保名称	民工应到数	民工实到数	车辆应到数	车辆实到数
建康镇	89	83	22	20
常明乡	119	106	30	24
柔远乡	171	140	43	41
临河保	65	58	12	11
河西保	63	29	11	12
常丰保	56	48	10	10
正义保	74	42	14	8
罗城保	80	43	15	14
红山保	37	31	7	7
万开保	16	14	4	
永远保	10	10		
镇江保	10			
七坝	20	14		

① 编者按：卷内目录原为“为电饬归还贷借工粮一案仰遵照由”。

处理意见：

交第三科办。

周人

八月二十六日

高台县政府就详示核定民工管理人员津贴数目事给高台马尾湖水库工程局施局长的代电[①]

1948 年 10 月 11 日　　张 2-286

三西字 2883 号代电

高台马尾湖水库工程局施局长

代电“复请详示核定民工管理人员津贴数目”一案希查照见覆由：

本年九月三十日高库字第二七号公函敬悉。民工管理人员津贴决定自九月十六日起，一律按每十公方金圆一分五厘单价发付一节。按照工地实有人员，每人每月给津贴究系若干，无法计算。电请查照，至希惠予详示，以便分饬各乡镇长遵照。

县长冯周人

民国三十七年十月十一日

高台马尾湖水库就征工受理人员津贴事给高台县政府的公函[②]

1948 年 9 月 30 日　　张 2-286

高库字 27 号公函

高台县政府

函复“征工管理人员津贴”一案请查照由：

奉省府水三（37）申字第三一〇八号指令嘱酌支民工管理员津贴，又准贵府同由前来。兹经本处处务会议议决，各乡民工管理人员津贴，自本年九月十六日起，一律按每十公方以金圆一分五厘之单价按方发付。相应函请查照转知为荷。

处长施彭龄

民国三十七年九月三十日

处理意见：

分令各乡镇长知照。并向工程局查明以此标准，按照现有人数，每人每月若干。

周人

十月十五日

---

① 编者按：卷内目录原为“代电复请详示核定民工管理人员津贴数目一案希查照见覆由”。

② 编者按：卷内目录原为“函复征工受理人员津贴一案请查照由”。

高台县政府就检送民工管理员津贴表事给各乡镇长的训令①

1948 年 11 月 4 日　　张 2-286

三西字 3084 号训令

各乡镇长

准水库工程处检送民工管理员津贴表，仰遵照洽领由：

准水库工程处高库第三四号代电“民工管理员津贴，系按每期完成土方数计算，并无固定数目。计算方法仍然按方计量，折算相同。兹将九月十六日至十月十日各乡镇完成土方数，及应得津贴检表一份，请查照办理”一案。兹抄原表一份，随令附发。仰即遵转饬具领。

县长冯周人

民国三十七年十一月二日

高台县政府就询问民工管理员津贴事给马尾湖水库工程处的公函②

1948 年 11 月 2 日　　张 2-286

马尾湖水库工程处施处长

为函“询民工管理员津贴”一案希查照见覆由：

高库三四号代电敬悉。民工管理员津贴，已照抄原表，分令各乡镇转饬具领在案。九月十六日以前，各乡镇民工管理员，是否发给津贴，函希见覆，以便饬知。复请查照。

县长冯周人

民国三十七年十一月二日

高台马尾湖水库工程处就检送民管理人员津贴发放表给高台县冯县长的代电③

1948 年 10 月 20 日　　张 2-286

高库字 34 号代电

高台县冯县长

为“检送民工管理人员津贴发放表”电复查照由：

本年十月十一日一三（37）西字第 2883 号代电敬悉。查民工管理员津贴，系按每期完成土方数计算，以示奖励，并无固定数目。至于计算方法，仍与按方计粮折算相同。兹将九月十六日至十月十日、二十五日内，各乡镇完成土方数及应得津贴发放表，随电附

① 编者按：卷内目录原为“准水库工程处检送民工管理员津贴表仰遵照洽领由”。

② 编者按：卷内目录原为“为函询民工管理员津贴一案希查照见覆由”。

③ 编者按：卷内目录原为“为检送民管理人员津贴发放表电复查照由”。

上。复请查照。检附津贴表一份。

处长吴尚贤（代）

民国三十七年十月二十日

处理意见：

九月十六日至十月十一日，配发管理员津贴数字。分令各乡镇长转饬洽领，为九月十六日以前有无津，则函工程局查照覆。

周人

十月二十六日

附：民工管理人员津贴表（自1948年9月16日至1948年10月10日止）

乡镇别	保别	本期完成土方数	津贴单价	应领津贴	拨数	民管人员姓名表	备考
建康		4,241	0.0015		636	雷实邦	25天
柔远		8,525	0.0015		1,279	王之信	25天
常明		7,913	0.0015		1,187	盛有实	25天
四维	罗城	2,009	0.0015		301	冠任选	25天
	正义	1,451	0.0015		218	杨生霖	25天
	河西	1,365	0.0015		205	杨馥芳	25天
	常丰	1,567	0.0015		235	蔺守常	25天
	临河	2,473	0.0015		386	王万生	25天
	万开	543	0.0015		081	杜正海	25天
	红山	1,268	0.0015		190	蔺占年	25天
	镇江	530	0.0015		0.80	缺	25天

高台马尾湖水库工程处就九月十六日以前发给民工管理员津贴事给高台县政府回复的公函①

1948年11月10日　　张2-286

高库字40号公函

高台县政府

为“函复九月十六日以前，民工管理员津贴碍难发给”希查照由：

三（37）戌字第3084号敬悉。九月十六日以前，各乡镇民工管理员津贴，因无此项预算及府令碍难发给。希查照。

处长吴尚贤（代）

民国三十七年十一月十日

① 编者按：卷内目录原为“为函复九月十六日以前民工管理员津贴碍难发给希查照由”。

高台县政府就水库工程处回复发给民工管理员津贴事给各乡长的电报[①]

1948 年 11 月 28 日　　张 2–286

建康镇许镇长、常明乡盛乡长、柔远乡方乡长、四维乡杨乡长

为准“水库工程处函复九月十六日前，民工管理员津贴碍难发给”一案仰知照由：

查水库民工管理员津贴，以三（37）酉字第三〇八七号训令饬“遵洽领”在案。兹函准工程处高库第 40 号函复，九月十六日以前，各乡镇民工管理员津贴，因无此项预算及社会碍难发给。仰即转饬知照。

县长冯周人

民国三十七年十一月二十八日

高台县政府就督导该乡正义等渠贷领民工食粮事给四维乡公所的代电[②]

1948 年 6 月 25 日　　张 2–286

三巳字 1716 号代电

四维乡公所

代电饬“速督导该乡正义等渠迅即贷领民工食粮”一案由：

查建修马尾湖水库工程，本县直接受益区域，迭经会议决定，纯系义务征工。每日征集民工二百名，完成土方七万二千公方。牛车六十辆，拉运五千四百个工作日。由工程局拨借民工食粮三百市石，并由乡民代表及殷实之户书名具领，乡镇长保长负承还之责等语记录在卷。兹以开工在即，仰速督导直接受益各保乡民代表等，务于本月底前发动输力，前来县城仓库装运，毋得延误。本案已电高台马尾湖水库工程处查照。

县长冯

民国三十七年六月二十五日

① 编者按：卷内目录原为“为准水库工程处函复九月十六日前民工管理员津贴碍难发给一案仰知照由”。

② 编者按：卷内目录原为“代电饬速督导该乡正义等渠迅即贷领民工食粮一案由”。

建修马尾湖水库征雇民工食粮分配表

1948 年　　张 2–286

乡镇	征雇民工数/名	借发食粮数	装运地点	备考
建康镇	42	31 石 5 市斗	临泽县城仓库	每市石工程局发给运费八万元
柔远乡	82	61 石 5 市斗	临泽县城仓库	除由临泽仓库装运外，余由高台县城仓库装运
常明乡	62	46 石 5 市斗	高台县城仓库	无运费
四维乡	14	10 石 5 市斗	同上	同上
合计	200	150 石		
说明	此项借粮供征雇民工开始周转食用，每名分配七市斗五升约需一月，先由乡镇长备据向工程局总领一次装运，按照民工配额迅即分发以俟工程局验收作成土方，发给领粮凭证即行扣还。民工作工系按作成土方发价，如有期满土方不足情事，仍得无条件补足，切实转告各民工周知。直接受益区域贷借民工食粮三石市业已分电该管乡公所。			

高台县政府就依照表列数字转发民工周转食粮事给建康等镇公所的代电[①]

1948 年 6 月 25 日　　张 2–286

三巳字 1717 号代电

建康、柔远、常明、四维乡镇公所

为电饬“依照表列数字，总令转发民工周转食粮”一案，仰即遵照办理由：

建修马尾湖水库工程征雇民工，业经分电遵办。并限于七月一日开工以前，全部到达工地，以利进行在案。现以青黄不接，民工口粮自筹维艰。经洽商工程局提前借发食粮一百五十新石，以作民工开始周转食用，估计每名借发七市斗五升，以俟工程局验收民工作成土方发给领粮凭单，即行扣还。兹按征雇工额，缮列借粮分配表一份，随电附发。仰即依照表列数字及说明注意事项，赶速办理。本案已分电工程局及各乡镇公所办理。

县长冯

民国三十七年六月二十五日

① 编者按：卷内目录原为“为电饬依照表列数字总令转发民工周转食粮一案仰即遵照办理由”。

高台县政府就拨付建修马尾湖水库民工食粮事给高台县田赋粮食管理局的公函[①]

1948 年 7 月 2 日　　张 2-286

三午字 1796 号公函

高台县田赋粮食管理局

为函请“拨付建修马尾湖水库民工食粮”一案请查照由：

准高台马尾湖水库工程局高（37）巳字第一三号公函“（一）奉甘肃省水利局水酉字第二二九七号训令已建修高台马尾湖水库购存工粮六百市石。业奉省政府本年五月二十八日代电，已饬如‘数拨交工程局接收，并于收讫后报查。兹备六百市石收据一纸请查收。（二）本局工程定于七月一日开工，值此新粮未收之前民工食粮当感缺乏。属遵照五月二十七日议决案‘贷于直接受益区域民工食粮三石市石，及间接受益区域民工借发工资小麦一百五十市石’。查是项贷借食粮即四维乡属正义、常丰、河西、罗城、临河、万开各渠为直接受益区域贷粮三百市石，于本年秋收后无息归还。四维乡属七、八、九、十坝、永远镇、江镇、鲁红山等渠连同建康、柔远、常明所属各渠为间接受益区域，借发民工开始周转工资食粮一百五十市石。由工程局验收作成土方，随时扣还。业经分电各乡镇公所督导，各该负责人员分别备据洽领发放”在案。兹检取原收据一纸，随函附送。请查照惠予随时发放以利进行。

县长冯

民国三十七年七月二日

高台县政府就贷借民工食粮事给高台马尾湖水库工程局的公函[②]

1948 年 7 月 2 日　　张 2-286

午字第 1797 号公函

高台马尾湖水库工程局

为函复贷借民工食粮一案请查照由：

本年六月二十八日高（37）巳字第一三号公函敬悉。查“是项贷借工粮，计分配直接受益区域征工贷粮三百市石，于本年秋收后无息归还。间接受益区域雇工借发食粮一百五十市石，由贵局验收作成土方随时扣还。业经分电各乡镇负责人员分别备据具领发放”在案。复请查照并附送收据一纸。计贷工粮三百市石，至希惠予随时发放，以利进行。本案已检原收据，函转本县田赋粮食管理局查照。

县长冯

民国三十七年七月二日

① 编者按：卷内目录原为“为函请拨付建修马尾湖水库民工食粮一案请查照由”。

② 编者按：卷内目录原为“为函复贷借民工食粮一案请查照由”。

高台县政府就拨贷工粮收据的存根

1948 年 7 月 2 日　　张 2-286

兹收到高台马尾湖水库工程局，拨贷无息工粮三百市石整。

高台县长冯周人

民国三十七年七月二日

高台田赋粮食处就拨交马尾湖工程处工粮具体事项给高台县政府的公函①

1948 年 8 月 2 日　　张 2-286

田二未字 516 号公函

高台县政府

函复"拨交马尾湖工程处工粮，准按每市斗十四市斤秤发"请查照由：

三（37）午字第 2147 号公函敬悉。业饬本处县城办事处，对于尚未拨支马尾湖工粮，每市斗按十四市斤过秤拨支在案。复请查照。

兼处长冯周人

民国三十七年八月五日

高台田赋粮食处关于马尾湖工粮嗣发每市斗以十四市斤过秤拨给高台县政府的公函②

1948 年 7 月 30 日　　张 2-286

三午字 2147 号公函

高台县政府

为函"转马尾湖工粮嗣发每市斗以十四市斤过秤拨交"由：

本月二十七日，准马尾湖水库工程处高（37）午字第三四号公函"转拨工粮六百市石。前经先后提用，惟因收验结果差量为百分之五强，无法报销。殊感困难，嘱函转贵处嗣后工粮提取，拟照每市斗以十四市斤过秤拨付出仓"等由一案。除函复外，希查照办理见复。

县长冯

民国三十七年七月三十日

---

① 编者按：卷内目录原为"函复拨交马尾湖工程处工粮准按每市斗十四市斤秤发请查照由"。

② 编者按：卷内目录原为"为函转马尾湖工粮嗣发每市斗以十四市斤过秤拨交由"。

高台县政府就拟按每市斗十四市斤过秤拨付事给马尾湖水库工程处的公函[①]

1948 年 7 月 30 日　　张 2–286

马尾湖水库工程处

函复“马尾湖工粮拟按每市斗十四市斤过秤拨付”一案希查照由：

高（37）午字第三四号公函敬悉。业经函转本县田粮局查照办理。复请查照。

县长冯

民国三十七年七月三十日

高台马尾湖水库就田粮处嗣后拨交计量方式事给高台县政府的公函[②]

1948 年 7 月 26 日　　张 2–286

高午字 39 号公函

高台县政府

函请转饬“田粮处嗣后，凡本处提用工粮以每市斗十四市斤称量拨交”由：

查本处承贵县转拨工粮六百市石，前经先后提用，惟因过去收验结果，差量短少为百分之五强，本处无法报销。殊感困难。嗣后凡工粮提取，拟照每市斗十四市斤过秤拨付出仓。除分函外，特请转饬田粮处查照。

处长萧永龄

民国三十七年七月二十六日

高台县政府就依限偿还无息借贷工粮事给四维乡公所的训令[③]

1948 年 8 月 29 日　　张 2–286

三未字 2365 号训令

四维乡公所

为令饬“依限偿还无息借贷工粮”一案仰遵照由：

查建修马尾湖水库开工伊始，时值青黄不接，直接受益区域征工，以人民食粮自筹维艰，本府洽借无息贷放工粮三百市石。计临河保贷借小麦五十六石，河西保贷借小麦五十六石，罗城保贷借小麦五十六石，常丰保贷借小麦五十六石，正义保贷借小麦五十六石，万开保贷借小

① 编者按：卷内目录原为“函复马尾湖工粮拟按每市斗十四市斤过秤拨付一案希查照由”。

② 编者按：卷内目录原为“函请转饬田粮处嗣后凡本处提用工粮以每市斗十四市斤称量拨交由”。

③ 编者按：卷内目录原为“为令饬依限偿还无息借贷工粮一案仰遵照由”。

麦二十石。现该乡夏末，业已收割完毕，应将前项借粮如数归还，以清手续。仰该乡长遵照，迅即督促各保负责人员按照贷借数，务于本月底前，悉数交由县城田粮仓库据报。勿误。

县长冯周人

民国三十七年八月十九日

高台县政府就马尾湖函购省田粮处小麦事给高台县田赋粮食管理处的公函①

1948 年 9 月 30 日　　张 2–286

三西字 2804 号公函

高台县田赋粮食管理处

为准函“马尾湖函购，就省田粮处小麦一千市石，嘱拨支”一案，函请查照由：

本年九月二十六日，准高台马尾湖水库工程处高库第一四号公函“以本甘肃河西水利工程处，第三四四号申冬代电开‘兹以单价金圆六圆五角，购就省田粮处小麦一千市石’，该项小麦由本处出具领据以后，加盖本处关防及本处长私章拨支”一案。兹协同原纸，随函附寄。函请查照办理。

县长冯周人

民国三十七年九月三十日

高台县政府就拨粮事给高台马尾湖水库工程处的公函②

1948 年 9 月 30 日　　张 2–286

高台马尾湖水库工程处

为函复“拨粮”一案，希查照由：

高库第一四号函敬悉。已协同原件，函送本县田赋粮食管理处，查照办理。复请查照。

高台县县长冯周人

民国三十七年九月三十日

高台马尾湖水库工程处就拨粮凭发粮证提拨事给高台县政府的公函③

1948 年 9 月 17 日　　张 2–286

高库字 14 号公函

高台县政府

函请“拨粮以凭发粮证提拨”由：

奉甘肃河西水利工程处第三四四号申冬代电开“兹以单价金圆六圆五角，购就省田粮

① 编者按：卷内目录原为“为准函马尾湖函购就省田粮处小麦一千市石嘱拨支一案函请查照由”。

② 编者按：卷内目录原为“为函复拨粮一案希查照由”。

③ 编者按：卷内目录原为“函请拨粮以凭发粮证提拨由”。

处小麦高台县政府一千市石，仰即洽收报查。”该项小麦，兹由本处出具领据，送交贵府。此粮仍暂存贵府，以后凭加盖本处关防及本处长私章之拨粮单拨支。即请查照见复为荷。

附领据一纸、印模一纸。

处长施彭龄

民国三十七年九月十七日

处理意见：

函转田粮局查照，附件检寄，并复。

周人

九月二十七日

高台县政府就派员携据前往临泽县田粮处提取工粮事给建康镇许镇长等的训令①

1948 年 12 月 28 日　　张 2-286

三亥字 3562 号训令

建康镇许镇长、柔远乡方乡长、常明乡盛乡长

为准函令饬“从速派员携据前往临泽县田粮处提取工粮”一案，仰即遵办由：

准马尾湖水库工程局高库字第四九号公函“嘱转各乡镇从速派员，携带本局发给提粮凭单，前往临泽县田粮局提取工粮，以资清结手续”一案。提取是项工粮运费，业经洽由工程局拟定支给标准，呈报上级核定俟覆后，另案饬知。仰该乡、镇长先行派员携据前往临泽提取工粮。

县长冯周人

民国三十七年十二月二十八日

高台县政府就前往临泽提取工粮时支付提粮运费事给高台马尾湖水库工程处的公函②

1948 年 12 月 28 日　　张 2-286

高台马尾湖水库工程处吴处长

为函复转饬“各乡镇前往临泽提取工粮”一案，请时支给提粮运旅费，标准见覆凭转：

高库字第四九号公函敬悉。临泽存储工粮，已分饬各乡镇长从速派员携据前往提取。请将核定提取工粮运费支付标准惠予见告，以便转知具领。复请查照。

县长冯周人

民国三十七年十二月二十八日

---

① 编者按：卷内目录原为“为准函令饬从速派员携据前往临泽县田粮处提取工粮一案仰即遵办由”。

② 编者按：卷内目录原为“为函复转饬各乡镇前往临泽提取工粮一案请时支给提粮运旅费标准见覆凭转”。

高台马尾湖水库工程处就各乡镇速到临泽县提取工粮给高台县政府的公函[①]

1948 年 12 月 18 日　　张 2–286

高库字 49 号公函

高台县政府

函请转饬“各乡镇从速往临泽县提取工粮”由：

准临泽田粮处田二（37）亥字第 1212 号代电谓“与省处价购小麦一千市石，经奉电饬拨发”在案。请即派员前来与上半年所拨工粮，一并从速大量提领，以便结报，特电查照。请转饬各乡镇从速派员，持本处发给提粮凭条，前往临泽提取工粮，以便本处清理，同该县手续为荷。希请查照。兹将应领工粮乡镇，附列于后：建康镇、柔远乡、常明乡。

处长

民国三十七年十二月十八日

处理意见：

分饬从速领取，并复。

十二月二十日

高台马尾湖水库关于奉令接收高台县工粮小麦五百市石的公函[②]

1948 年 6 月 18 日　　张 2–286

高巳字 3 号公函

高台县政府

为奉令“接收贵县工粮小麦五百市石”请查照办理由：

1. 案奉：甘肃省水利局训令：“一、查在高台、临泽为马尾湖水库，各购存工粮新小麦六百市石。业于五月十七日，以原条代电通知”在案。二、兹奉省政府本年五月二十八日代电开“已饬永靖等七县县长将工粮照数拨交，各该工程局局长接收，速饬各工程局长备据接收，并于收讫后报查。三、仰遵照洽办（最好将手续办过粮仍存仓，由县府负责保管随时取用）报查。”

2. 函请查照办理为荷。

此致。

处长萧永龄

民国三十七年六月十八日

---

① 编者按：卷内目录原为“函请转饬各乡镇从速往临泽县提取工粮由”。

② 编者按：“为奉令接收贵县工粮小麦五百市石请查照办理由”。

高台马尾湖水库工程处就送交工粮收据一纸并请在开工前贷给民工工粮事给高台县政府的公函①

1948 年 6 月 28 日　　张 2-286

高已字 13 号公函

高台县政府

函送工粮收据一纸，并请于开工前贷给民工工粮由：

奉甘肃省水利局水西字第二二九七号训令开“查在高台为马尾湖水库存购工粮小麦六百市石。业奉省府本年八月二十八日代电谓‘已饬县府将工粮如数拨交，工程处存据接收，并于收讫后报查等因。兹并六百市石工粮收据一纸，请查收”。本处工程已决定于七月一日开工，值此新粮未收之前，民夫食粮当感缺乏。请于开工前先行遵照五月二十七日议决业贷于直接受益区域小麦三百市石，并请贵府惠予借据，以凭存查。征雇民工预发工粮，拟暂时预发一百五十市石（内一百市石由高台仓支，五十市石由临泽仓支）。相应函请查照迅予见复。

处长萧永龄

民国三十七年六月二十八日

许正荣希望省府转饬河工处田粮价发给食粮及工具损耗费的呈文②

1948 年 9 月 27 日　　张 2-286

据马尾湖水库管理员张积福等报称“工程处近将工人及车辆应发食粮，按每老斗小麦以六五十万元折合法币发价。经送交乡民代表会讨论，转发去后。兹准乡镇民代表会公函开‘查本年夏末歉收，民人除上纳各种粮外，目下乡即缺乏食粮。是项工程食粮，每月应提前发给实物，使民受其实惠。方不负上峰征雇民工之意义。以目下发价较市价甚巨。分明有顾民人，再工人用俱。’闻上峰均由工程费项下准备。自兴工以来，工具均由工人自备。如推车、铣锄等项使用破坏者。仍由工人另担。向工程处领用之筐子篱笆，每个索偿芨芨七斤。不知工程费开支何项。为此函请贵所函转县政府鉴核，转呈省政府转饬工程处收回粮价，每月提前发给食粮及工具，以恤民艰”等由。理合联名签请钧座电鉴核转体恤民艰。谨呈县长冯。

建康镇镇长　许正荣（印）

柔远乡乡长　方新民（印）

常明乡乡长　盛有聪（印）

四维乡乡长　杨芝藩（印）

民国三十七年九月二十七日

---

① 编者按：卷内目录原为“函送工粮收据一纸并请于开工前贷给民工工粮由”。

② 编者按：卷内目录原为“为转呈省府转饬河工处田粮价发给食粮及工具损耗费以恤民难由”。

处理意见：

提令商讨后，函工程局以前，会议决议办理。

九月二十七日

高台县政府就依限发动民工车辆建修马尾湖水库事给各乡镇及工程处的电报

1948 年 6 月 25 日　　张 2-287

建巳字第 1718 号

建修马尾湖水库工程，迭经会议决定施工方式，并定于本年七月一日展开工作。兹依决定方式按照各乡镇直接及间接受益地亩总额，缮列征顾民工、车辆配当表一份。随电附发。仰即遵照表，列民工、车辆数字，并依说明注意要点，切实办理。本案已分别函电各乡镇及工程处。

县长冯心丰秘书

民国三十七年六月二十五日

附：高台建修马尾湖水库征顾民工车辆配当表

乡镇	类别	地亩总额/亩	分配标准	每日征雇车、工数目	专任民工受理员人数/人	备考	合计	注意
建康镇	雇工	30,130.26	707.6	民工 42 名	1 人			直接受益区域为四维乡，属正义常丰河西部河四维城万开多渠其余红山等渠，及建康、柔远常明将属各渠均马间接受益区域 直接受益区域系义务征工由工程口拨借口粮，秋收缴无息归还，而间接受益区域民工车辆系属征雇，由工程处按照作成土方发给工资，每公方发放小麦口市□□二口征雇牛车工作一日发给小麦 7 市斤 久乡镇民工车辆由乡镇公行遴派地方热心公益事业之人为专任受理员负责点名视工受理民工诸事 每配民工 10 名由乡镇长配备木铁二张铁洗六张锄锹，二秏芨芨草编车席二页，长经八尺木棍四根，民工吃饭锅碗及遮蔽风雨搭棚材料 民工车辆以及各种工具均限于 7 月 30 日到达马尾湖工地（间接受益区域征雇车辆另令饬知） 民工需用燃料由民工自备 各乡镇民工受理员姓名简历于 7 月 5 日以前报府。冯心丰专案
柔远乡	雇工	58,231.95	707.6	民工 82 名	2 人			
常明乡	雇工	42,696.0	707.6	民工 63 名	1 人	河子沟不在黑河受益，免征	400 名	
四维乡	征工	15,880.84	61.08	民工 200 名、牛车 60 辆	5 人	车夫在民工数内，车夫以民工分配标准两倍计算		
	雇工	10,464.97	707.6	民工 14 名				

建康镇　地 30,130 亩 26。

柔远乡　地 58,231 亩 95。

常明乡　地 42,696 亩，外河子沟地 72 亩。

四维乡　间接地 10,464.97 亩，直接地 15,880.84 亩，万开地 340 亩。又盐池地 85 亩 58。统共 26,351.39 亩

直接受益区域每 610 亩零 8 毫厘地配征民夫 1 名，共地 15,880.84 亩。

间接受益区域每 707 亩 6 分地配民夫 1 名，共地 141,523.18 亩。

柔远方乡长就建修马尾湖水库民工启程日期事给高台县政府的呈文

1948 年 7 月 5 日　　张 2-287

建午字第 55 号

高台县政府：

奉钧府三（38）巳字第一七一八号训令饬“征雇建修马尾湖水库民工八十三名，并派管理员管理民工”一案。遵即按照地亩标准，将各保民工于本月三日齐派管理员徐永龄率领，前往工程地点施工。谨将民工启程日期，并缮具管理员各历表一份，备文呈报。请鉴核。

柔远乡乡长方新民

民国三十七年七月五日

附：高台县柔远乡建修马尾湖水库民工管理员履历表

姓名	年龄	籍贯	略历	备考
徐永龄	23	高台	高级小学毕业，青年军，曾任柔远乡公所干事	

高台县政府就征雇民工车辆建修马尾湖水库事给马尾湖水库工程处等的公函

1948 年　　张 2-287

建巳字第 1739 号

高台县马尾湖水库工程处、高台县代议会：

建修马尾湖水库工程所需民工车辆，业经依照会议决定方式“按直接及间接所盖区域地亩总额配征”并缮列配当表，电饬各乡镇公所遵照发动，依限到达工地，后施工在案。兹检同发动民工征雇配当表一份，随电附寄。请查照。

高台县政府

民国三十七年

高台县政府就为征雇民工食粮事给马尾湖水库工程处及高台县代议会的公函

1948 年　　张 2-287

建巳字第 1740 号

高台马尾湖水库水库工程处、高台县参议会：

建修马尾湖水库工程，迭经会议决定“直接变盖区域纯系义务征工。由贵工程处提前拨借民工一百五十市石，以做民工开始周转食用。以俟贵工程处验收二方，发经领粮凭单，即行扣还。业经按照征雇工额，缮列备发食粮分配表。速同直接受益区域贷粮三石，分别电饬各乡镇公所赶速先领转发”在案。兹抄检借发食粮分配表一份，随电附寄。请查照，惠予分别拨发以刊进行。本案已分电各乡镇公所，分别具领拨发暨县参议会查照、分别具领拨发，并函高台马尾湖水库工程查照。

县长冯心丰

民国三十七年

高台县政府就派警前往协助督催民工事给各乡长的训令

1948 年　　张 2-287

许乡长、方乡长、盛乡长、杨乡长：

建修马尾湖水库工程，于七月一日晨间工作。并于配征民工以及各种用具，业经分电遵照依限督征赶办在案。兹为把握工程进度效率起见，特派警察前往该乡镇协助督促。务将配征民工用具，依照分配标准按期到达工地，毋稍疏忽，并不得有短少情事。仰即遵照，协同去警切实赶办。本府已派指导员李效儒担任民工总督理员，并饬依限前往工地服务。

县长冯

民国三十七年

第三科特警就派警督催民工事给各乡长的电报

1948 年 6 月 29 日　　张 2-287

县座面谕“急！着派警分赴各乡镇，促其催民工依期到达工地”等。再相应函请查照，函希讯予派警前往建、柔、常、四各乡镇，守催民工十名、受理员一人。随即前往，分配各种器具等件务检。七月一日前到马尾湖工地。

第三科特警

民国三十七年六月二十九日

马尾湖水库工程处就农忙期间停工后加征民工事给高台县政府的公函

1948 年　　张 2-287

建未字第 39 号

高台县政府：

准贵府三（37）午字第二一四五号公函敬意。查由“收禾停工事”。前据各乡请求本函以农忙期间实属必要之举，四维乡于七月二十六日至八月十日为停工期，建康、柔远、常明三乡镇八月一日至十五日为停工期。复工时均需人数加倍到工，现已分别通知次第停工矣。届复工前二日，仍请贵府督催为期加倍人数到工，免有拖延。复请查照。

代处长吴尚贤

民国三十七年

高台县政府就停工以资收割夏禾事给四维乡公所的指令

1948 年　　张 2-287

建午字第 2145 号

四维乡公所：

本年七月二十七日四（37）午字第四三号呈悉。准予函令马尾湖水库工程处迅予停止土方工作俟复饬知，但未经明令停工以前仍应继续进行。仰即知照。本案已函工程处查照。

县长冯

民国三十七年

高台政府就暂停土方工进俾各民工收割夏禾事给尾湖水库工程处的公函

1948 年　　张 2-287

建午字第号

高台马尾湖水库工程处：

本年七月二十八日，案据本县四维乡公所呈称“据本乡所承各保长会陈：现值夏季农田收割时期，请速设法停止马尾湖土方工作，借资收割夏禾，以雇人民生活。恳请马尾湖水库工程处暂予停工，俾资收割夏禾以俟农事完毕，仍原加捕缺额”等情。同时并据建康、柔远、常明各乡镇长面陈情节事同前由。现以夏季农作物收割在即，农民辛勤所望在。兹函请迅予停止土方工作，俾各民工归家收割夏禾，以俟收割完毕，速同函嘱续征民工加倍征雇赶竞事功。请查照见覆。

县长冯心丰秘书

民国三十七年

高台县四维乡长就停止马尾湖工程以资收割夏田事给高台县政府的呈文

1948 年　　张 2-287

建午字第 43 号

高台县政府县长冯：

据本乡所属各保长称“现值收割，夏天农忙万分。请速设法停止马尾湖工程，借资收获。而顾生活”等情一案。恳请命令早颁函至马尾湖工程处，于本月二十六日前积极停止民工。俾便收割夏田，勿失农时，至秋仍频加补缺额。仰祈鉴核俯准。

高台县四维乡乡长杨之藩

民国三十七年

民工管理人李占海就现值农忙时期民工已散事给高台冯县长的呈文

1948 年　　张 2-287

奉命赴马尾湖督促各乡镇民工，督修工程。现农忙时期，该工程处会民艰，暂行放工半月。业于七月二十六、三十、三十一日前后散工，理合报请。钧座核备。谨呈县长冯。

民工管理人李占海

民国三十七年

处理意见：

令各仰艰，俟收获即仍将散工时人数补征，加工赶齐，并函知工程处。

日期不详

高台县政府就监督民工事给马尾湖总监工李占海等的指令

1948 年　　张 2-287

建午字第 2146 号

马尾湖总监工李占海：

七月二十四日报先悉。

兹分别指示如下：

（1）民工车辆，务应切实管理，随时竭诚勤业说明工程进度。叩值农田收割时期，在未奉省停止工作命令前，仍应继续工作，并不及有短少情事。

（2）普导各乡镇民工受理人员，对经所受民工工食宿，务须随时注意改善，并检休眠时间，不能发生赌博或其他不正当之行动。

（3）民工工资按休成土方发往，每公方发给小麦一斤十二两。交验土方时，各该受理人员务请切实监视。

仰遵照办理，仍将监工情形随时报查。

县长冯心丰秘书

民国三十七年

代理总监工就监工情况给高台县政府的呈文

1948 年　　张 2-287

窃职奉令前往马尾湖代理总监工一节，职遵即于本月十九日返往该工地监督。兹将情形呈述于下：

上水库镇江湖，由柔远、建康、常明三乡镇开工建。奉令已半月，共计民工一百八十六名，夫名向各保追要。

花墙子下水库由四维乡建康民工二百名、牛车六十两。上、下两库工作时间每日九时有余，四维乡工作民夫与家接近。每晚工毕返家，每早四时到二地施工，多夫前往张家墩。

水库上、下工作十二分紧张，工程处监工员上、下点名，凡缺失慢夫不到，由乡镇监工员函请该管乡镇公所严加传办，并加倍罚双夫。各乡镇监工员各置借民夫工作收据□作，日蒲各镇为收据□□□□□①。

水库工作民夫借夏禾收割之际，不但慢工颇多，几来工地者，常向职再三邀求暂缓工作日数。上项情形，职碍难准行，除劝导民夫工作外，谨将农忙误工以及监督请求暂缓建筑情形，依实呈报可否。敬祈钧座批示祗遵。谨呈县长冯。

总监工

民国三十七年

处理意见：

民工车辆，务应切实受理，随时竭诚勤导，说明工程进度。即值农事收割时期，仍应继续工作，并不得有短少情事。

各乡镇民工受理人员，对于所受民工之食宿，务须随时改善。并于休眠时间，不得发生赌博或其他不正当之行动。

民工工资，按作成土方发给，每公方发小麦壹斤十二两。交验土方时，应该受理人员务须切实监视。

仍将督工情形随时报查。

仰即遵照。

县长冯

日期不详

高台县政府及民工车辆依期工作事给各乡长的电报

1948 年　　张 2-287

当经提交本府第二十三次县级会议决议“依照上次民工数额加倍征雇”等语，记录在

① 编者按：此处原文件残缺。

卷。兹发动民夫八百名、牛车二百辆，连同车夫共计民工一千名。缮列民工车辆配当表一份，随电附寄，电请查照。本案已分电各乡镇公所依照民工车辆配额，限于本月二十日（农历七月十六日）全数列建工作在案。

县长冯心丰

民国三十七年

高台县政府就发动民工车辆依期前往马尾湖水库进行工作事给建康镇许镇长等的指令

1948 年　　张 2-287

建未字第 263 号指令

建康、柔远、常明、四维各乡镇公所：

准高台马尾湖水库工程处高（37）午字第三五号公函“以水库土方除由直接受益人民工作八万二千公方外，其余十万公方嘱即发动民夫二千人、牛车五百辆，以期早日完成”一案。经提交第二十三次县务会议决议“依照上次民工数额加倍配征”等语，记录在卷。本府根据各乡镇黑河流域区分直接及间接受益地亩，发动民工八百名、牛车二百辆，连同车夫共计民一千名。兹缮列民工、车辆配数表一份，随电附发。仰即遵照办理，并于本月二十日（农历七月十六日）前一日，民工、车辆全数到达马尾湖工作。勿稍延忽。本案本已分电马尾湖工程处及各乡镇公所办理。

县长

民国三十七年

高台县政府就发动民工车辆事给马尾湖水库工程处的公函

1948 年　　张 2-287

建未字第□□号

高台马尾湖水库工程处：

本年七月二十六日高（37）午字第三五号公函悉。当经提交本府第二十三次县务会议决议“依照上次民工数额加倍征雇”等语，记录在卷。兹发动民夫八百名、牛车二百辆，连同车夫共计民工一千名。缮列民工、车辆配数表一份随电附寄。电请查照。本案已公电各乡镇公所，依照民工、车辆配额，限于本月二十日（农历七月十六日）全数到达工作在案。

县长冯心丰

民国三十七年

附：高台县建修马尾湖水库征雇民工车辆配当表

<table>
<tr><th rowspan="2">征雇
乡镇</th><th rowspan="2">类别</th><th rowspan="2">地亩总额</th><th rowspan="2">配征
民工</th><th rowspan="2">标准车辆</th><th colspan="2">每日车工数目</th><th rowspan="2">备考</th><th rowspan="2">注意要点</th></tr>
<tr><th>民工/名</th><th>车辆/辆</th></tr>
<tr><td>建康镇</td><td>雇工</td><td>30,130 亩</td><td>340 亩 5</td><td></td><td>89</td><td>23</td><td></td><td rowspan="6">1. 直接受益区域，原为四维乡属正义常丰河四维城临河、万开等渠，开工流经测量该乡红山渠亦能直接受益，不在间接受益区域内计算
2. 各乡镇民工车辆仍由乡镇公所参酌实际情形，选派得力人员切实受理负责督工，并将姓名、年龄、籍贯提前具报拉备
3. 民夫每10名配备铁锨张木锨两张、镢锹两把、手挽小车四辆。速同民工吃饭家碗及住宿所需之物随时携带
4. 间接受益征雇民工，按照作成土方，每公方发给小麦1万□斤□牛车及车夫工作一日发给……*向工程处登帐随时领取工作证件……** 切协遵受理遵办勿误
5. 民工受理员姓名简历，务于8月20日以前报府以资业转</td></tr>
<tr><td>柔远乡</td><td>雇工</td><td>58,231 亩</td><td>340 亩 5</td><td>按民夫 4 名分配牛车 1 辆</td><td>171</td><td>43</td><td></td></tr>
<tr><td rowspan="2">常明乡</td><td>雇工</td><td>40,600 亩</td><td>340 亩 5</td><td>同上</td><td>119</td><td>30</td><td>河子沟受益地 2167 亩零 1 厘免配</td></tr>
<tr><td>雇工</td><td>7,274 亩</td><td>340 亩 5</td><td>同上</td><td>21</td><td>5</td><td>盐池保地 85 亩 8 分免配</td></tr>
<tr><td>四维乡</td><td>征工</td><td>18,985 亩</td><td>47 亩 4</td><td>同上</td><td>400</td><td>100</td><td></td></tr>
<tr><td>合计</td><td></td><td></td><td></td><td></td><td>800</td><td>200</td><td>车夫随车配征不在民工数内计算</td></tr>
</table>

＊编者按：此处原文件残缺。

＊＊编者按：此处原文件残缺。

加征民工分配标准：

建康镇：共地 30,130 亩 26。

柔远乡：共地 58,231 亩 95。

常明乡：共地 42,678 亩，内除河子沟上游陈家寨子地 1,623 亩 41，下游孙家河下游西地 543 亩 6，共 2,167 亩 10。实 40.600 亩 99。

四维乡：共地 26,345 亩 81，内直接受益地 18,985 亩 97，内增红山保地 3,105 亩 13，间接受益地 7,359 亩 84，又除盐地保地 85 亩 58，实为 7,274 亩 26。

以上共计直接受益地 18,985 亩 97，间接受益地 136,237 亩 46。

间接受益地 30,040 亩□□□配民夫 1 名，4 个民夫配牛车 1 辆。直接受益地 47 亩 4 分，配民夫 1 名，4 个民夫配牛车 1 辆。

为分配各乡镇应做水库工程土方以外之方数所需民夫牛车并依限完成事给高台县政府的公函

1948 年　　张 2-287

建午字第三五号

高台县政府：

查本年水库工程土方部分，前继六月二十三日开会议决，除高台、鼎新两县以征工征雇办法完成八亿二千公方以外部分，约十五亿公方由高台县政府负责征雇全县民夫二千人、牛车完成一辆。限时秋分即将收割，此项工程应出人车应早日规划分配。本年为适应实际情形，现估计除八亿二千方外，除数土工程为十亿公方，拟发动民夫工作等办日（每人应作五十公方，每人每日以二公方计，不日即可完成）牛车五百辆工作七日（合为一整个工作日），以期完成全部土工。土工民夫二千人、牛车五百辆，请着建康、柔远、常明、四维镇地亩多寡平均分担，单价照义决案土工公方小麦〇．一二五市斗（合一市斤十二两），牛车每辆每日小麦〇．五市斗（合七市斤）计算，柔远乡留有祁连山林木料时征用。前项多乡镇应分配方数决定，请责成各县乡镇公所，以色公方式负责完成。工粮担数由本月视其工作进度，分期发给领粮证，由民夫代表亲自征领。为使农民收割秋分时期宽裕计，各民夫牛车统限于国历八月二十五日，务必全部到工。民夫五十人须各自带铁铣六张、挑筐七套或推土小车四辆，以利工作。相应函请查照办理，并所将分配情形见复为荷。

民国三十七年

高台县政府就建修马尾湖水库牛车由工地附近配征事给建康镇镇长许正荣等的指令

1948 年　　张 2–287

建未字第 2326 号

建康镇镇长许正荣、柔远乡乡长方新民：

本年八月十四日答呈悉。建修马尾湖水库征雇民工车辆，系根据核实会议决案，依照国民义务劳动法之办理。水库土方工程浩大，应使某保民夫即与某保车辆合作，俾便管理，以及互相督促竞赛工作之效。再民夫工资依照作成土方计算，车辆系按日数计算，经核数目相较差异，应予平均分配以示公允。本年六月二十二日口时会议决定“牛车一辆折抵民夫二名，由工地附近各保征雇牛车”一节原系变通办法，现值秋收旺月，牲畜所用牧草可作饲料，应即雇全农田翻耕业务，依法配征。所请纯由工地附近各保征雇牛车之处，碍难照办。除分会外，仰即遵照前电配额切实督征，依限办理，勿稍迅误。

县长冯心丰秘书

民国三十七年

呈为建康等地距工地路途遥远给养无法输送拟由工地附近人夫折合配征事给高台县政府的呈文

1948 年　　张 2–287

本月十二日奉钧府一三（37）未字第二二六五号训令“以第二十三次县务会议决定，加倍配征马尾湖水库民工，并在该乡镇配征牛车一部”等因，自应办理。惟以建康、柔远二乡镇路途穷远，给养无法输送。例如每车一辆，配工作十天，来回即需时十五日，所有人之伙食、牛之饲料，绝非本车所能装载。如以工作五日计，来回亦需十日之久，牲畜已繁不堪繁此，不但加重督促监工劳役等人之责，实与工程进度亦大有妨碍。故于初次及本次县务会议时，均以此事为最大问题。末后经决定每车一辆，作抵人夫二名，由工地附近各保配征人夫，由建康、柔远折合配征，均经记录有案。兹恐延误工程进度，不得不预为申述。理合答请。钧核，俯准依照会议决定办理，不胜企要。谨呈县长冯。

民国三十七年

处理意见：

（一）该乡镇牛车固路途遥远，运输给养困难一节，本府亦见及此。

（二）民夫工作土方必需车辆拉运取土，如甲乡配工，乙乡配车，在工作时每天分割车辆其受理人员有限，颇兹结忧，且以民工车辆如不能打成一片，势必影响工作效率。

（三）工资：民工以作成土方算发，车辆系按日数发给，应使某保民夫即与某保车辆合作，才能互相督促以收竞赛工作之效。

（四）秋收与翻耕田地为农人之主要业务，如果车辆纯由马尾湖附近乡保雇征，势必影响其农人之耕作。对于作工务农，应双方兼顾。

（五）仰即加紧督征以赴事功。

日期不详

高台县政府就依照配额督征民夫车辆齐到工地事给建康等乡公所等的代电

1948 年　　张 2-287

建未字第 2419 号

建康、柔远、常明、四维各乡镇公所：

本月二十三日，准马尾湖工程处转送监工员报告“经查建康、柔远两乡镇民夫车辆竟未依期到达工地。而常明、四维两乡民夫、车辆虽已开始工作，但未按照配额督征齐全，殊堪影响工程进度”。除派警察分赴各该乡镇协助督征外，合亟电饬切实督征。务于放工期间，依照配额全数到工。勿得有短少情事。仰即遵照赶办，并仰将受理人员姓名，连同分配各保民工、车辆数字及保长姓名，于电到三日内分别列表，具报核办。

县长冯心丰

民国三十七年

高台县政府就代雇牛车拉运煤料事给补给站的公函

1948 年　　张 2-287

建未字第 2432 号

补给站：

本年八月二十日，准马尾湖水库工程处高（37）未字第四六号公函以订购煤渣三十老石，已运交工地。重拾四石四斗，尚栓重石工石六斗，急代运用。代雇牛车十三辆，前往南山煤窑拉运。每辆牛车发给小麦四十市斤（三市斗），于本月二十八日齐集本家，以便派差押运。至运常小麦起运时，现行发往等由一案。仰即配征牛车十三辆，务经八月三十日集交城内工程处。

县长冯

民国三十七年

高台马尾湖水库工程处就征雇牛车十三辆于本月二十八日齐集城内运送煤渣事给高台县政府的公函

1948 年　　张 2-287

建未字第 46 号

高台县政府：

本至前承贵府范科长，代为订购煤渣三十老石。并已运交工地四十四石四斗，尚余十五石六斗急运用。请代征雇牛车十三辆运送该项煤渣，由南山煤窑至张家墩工地。每车装运十市斗，往返六日，依照规定每车发给小麦四十二市斤（三市斗）。饬各车于本月二十八日齐集城内，由本处派差前往押运。运费小麦共三市石九市斗，于往返时一次先行发给。函请查照办理。

处长施彭龄

民国三十七年

高台县政府就马尾湖工程处函嘱代雇马车运送大铁磙于工地事给补给站的公函

1948 年　　张 2-287

建未字第 2443 号

补给站：

准马尾湖水库工程处“嘱代雇马车三辆，运送大铁磙至工地需用”等由一案。应即亲自空给与代雇，于本月三十日到达城内，交由工程处，以兹拉运。仰遵照办理。

县长冯

民国三十七年

职员范立贤就代雇骡马车辆运送大铁磙至工事给高台县长的呈文

1948 年　　张 2-287

顷接马尾湖工程处便函以日前周工程师面洽，钧座允准“代雇骡马车三辆，运送大铁磙至工地需用”等语，可否照数发动。现祈核示。谨呈。

职范立贤

民国三十七年

柔远乡乡长等就代雇骡马车三辆运送大铁磙至工事给高台冯县长的呈文

1948 年　　张 2-287

函马尾湖工程处，迅将某保牛车仍交某保民工配合做工，别再乱拉乱拨徒滋纷扰由：

顷据本乡镇马尾湖民工管理员雷兴邦、许永龄等先后报告“以此配征之牛车，悉数拨至四维乡工地工作，不能与民夫配合误工甚据。且以距离穷远，无法管理”等情。查前项车辆，原为本乡镇民工增多，配合工作起见，方有足项计划。兹若划拨别地工作，则本乡镇应做工程，决虽如期完成，据报前情，理合会答钧核，俯准将函工程处，将上项车辆分别拨归本乡镇工地，以资配合俾便管理。谨呈县长冯。

柔远乡乡长　方新民

常明乡乡长　盛有琨

建康镇镇长　许正荣

民国三十七年

高台县政府就调拨车辆以便管理事给马尾湖水库工程处的公函

1948 年　　张 2-287

建未字第 2514 号

高台马尾湖水库工程处：

据本县建康镇、柔远、常明各乡镇长联呈称“以据该各乡镇民工管理员雷兴邦、许永龄等先后报告‘入全文……’俾便受理，以免影响本乡镇负担土方工作效率”等情一案。查本府发动民力，愿以民夫四人配备牛车一辆，规定某保民夫即与某保牛车合作，用以实施竞赛加强工作效率。即四维乡直接受益区域之民力亦系四人一车之配备，该乡车辆倘有短少情事。希即转告本府，所派民工管理人员随时督征，幸勿调拨，俾便受理。请查照办理。

县长冯秘书

民国三十七年

高台县政府就准工程处函复调拨车辆事给建康镇许镇长等的训令

1948 年　　张 2-287

建申字第 2663 号

建康镇许镇长、常明乡盛乡长：

本年八月二十七日会答呈悉。本府经以三（37）未字第二五一四号函转马尾湖工程处查照，并嘱制止调拨车辆去□。旋准高库字第一〇号函复“以下水库沙底部分主围堤，必须由远距离运土填筑。此为事实需要，为本处原定计划，各乡镇长所称车辆配合民工一节，实无必要”报由到府。查发动民力上日在完成水库工程。该处即为应工地需要，而各乡镇车辆仍应交由工程处运用。仰即知照并转饬各民工受理员遵照。

县长冯

民国三十七年

高台县政府就切实负责督征民工车辆事给四维乡杨乡长的指令

1948 年　　张 2–287

建申字第 2599 号

四维乡杨乡长：

准马尾湖水库工程处高库字第五号公函“以该乡民工暨车辆，迄未按照配额到齐。未到民工车辆为数庞大，影响工程至深且巨。嘱饬该乡长迅将应征民工、车辆负责催到，并将欠数补足”等由一案。兹照抄民工、车辆统计表一份，随电附发。应即加派专员，依照表列数字星夜守催。并将积欠民工车数，责成亏欠各保长加征补足。同时通知监工员分别登记，如再拖延，即为该乡长是问。仰速遵照赶办，并将督征情形限文到一周内分别应征加征，详报核查。

县长冯

民国三十七年

为准函嘱转饬四维乡乡长迅即催齐民工车辆一案复请查照由

1948 年　　张 2–287

建申字第□□号

高台马尾湖水库工程处施处长：

本年九月一日高库字第五号公函兹悉。查四维乡民工车辆，本府迭经督饬该乡乡长切实负责办理，同时责成各保长依照表列积欠民工、车数加征补呈在案。电复查照，并请转饬监工员分别“应征”“加征”登记以便查考。

县长冯

民国三十七年

高台马尾湖水库工程处就催齐民工暨车辆如数到工地事给高台县长的公函

1948 年　　张 2–287

建库字第五号

高台县冯县长：

查本处工程现正紧急，惟四维乡民工暨车辆，迄今未能如数到达。该乡未到民工及车辆为数庞大，影响工程至深且巨。即请令饬该乡长负责将应征民工及车辆前来补做。请即查照办理见复为荷。附表一件。

处长施彭龄

民国三十七年

处理意见：

受饬四维乡长，迅予征工补足缺额，并复。

日期不详

附：四维乡各保应补民工暨车辆统表（自八月十六日至八月三十日计十五天）

保别	每日应到民工车辆数	八月十六日至三十日应到民工车辆数	八月十六日至三十日实到民工车辆数	十六日至三十日计十五天应补民工及车辆数	备考
临河	65	975	912	63	工
	12	180	134.5	45.5	车夫
河西	63	825	633	192	工
	11	165	142.5	22.5	车夫
常丰	56	840	587	253	工
	10	150	97	53	车夫
正义	74	1,110	467	643	工
	14	210	89	121	车夫
罗城	80	1,200	557	643	工
	15	225	131.5	93.5	车夫
经山	37	554	323	232	工
	7	105	52	53	车夫
万开	16	240	157	83	工
	4	60	265	33.5	车夫
永远	10	150	90	60	工
鼎新	30	300	206	94	工
合计	421	5,745	3,932	2,253	工
	73	1,095	673	423	车夫

高台马尾湖水库工程处就各乡镇征雇石工事给高台县冯县长的公函

1948 年　　张 2-287

建库字第四号

高台县冯县长：

查各乡石工，前经查明列表送请贵府转饬“各乡、保征雇前来工作。”该项石工或有迄未前来工作者，或有到工数日即擅自停工者，应请贵府采取敢为措置。凡饬各乡保负责征雇前来工作，则现有石工，势将相继效由，将对工程于停顿。石工亘个由本处提高每方开清按小麦□□□市石，折□□□即三公寸见方。条石每公寸长度按五合折算。拟请责府迅即派员赴各乡督征。请即见复为荷。附未到石工名单一份。

处长施彭龄

民国三十七年

附：未到石工花名单。

姓名	住址
程盈寿 程盈茂	柔远乡西八里堡 柔远乡西八里堡
朱登全 许万明	柔远乡镇元保 柔远乡礼盛堡
张生胜 陈国福	柔远乡南湾 四维乡正义保
陈国有 白石匠 孙石匠	四维乡正义保 四维乡河西保 四维乡红山保
李登仁 孙贵年	常明乡黑泉保 常明乡定平保
闫祥志 许占均	常明乡川新保 常明乡乐
许占贵 许占云	常明乡□□□ 常明乡□□□
许占成 许立业	常明乡□□□ 常明乡□□□
濮文盛	建康镇五坝
雷兴旺	建康镇五坝
郭天有	建康镇五坝
……	……*

*编者按：此文件不全

高台县政府就管理民工车辆工资事给甘肃省主席的呈文

1948 年　　张 2-287

按准马尾湖水库工程处高（37）午字第二六号公函“以水库土方工程共为一十八万二千公方，除直接受益区域民工完成八万二千公方（内鼎新县人民工作一万公方）外，其余一十万方，嘱由间接受益区域（建、柔、常）征雇民工二千人工作二十五日、牛车五百辆工作二十日。工资民工按作成土方，每方给小麦一斤十二两，牛车每日发给小麦七市斤。民夫车辆统于八月二十五日到达施工”一案。近由工程处吴代处长面洽，嘱“将十万土方，由间接受益各乡镇长负责完成，并于各保指定代表领发工粮，以资简化手续”等语。惟查此项工程庞大，究应如何办理。呈请钧鉴核夺。

县长冯

民国三十七年

高台县政府就派员坐催各保积欠民工车辆事给建康许镇长等的指令

1948 年　　张 2–287

建申字第 2162 号

建康镇许镇长、四维乡杨乡长：

准高台马尾湖水库工程处高库字第七号申支代电“以迭奉省会严催促，以期完成土方工程。惟各乡镇征雇民工车辆，自复工以来，迄未按照配额到齐。截至八月三十一日，共差民夫二九二三工、车辆九〇二五天。嘱速派员赴各乡镇坐催，并将短缺民工、车辆一律补齐水利工程”等由到府。查兴修水利乃发展经济建设之首要，本县地居黑河下游，建修水库尤为当前之急务。各乡长对于马尾湖水库征工，虽系已书相当之力，但到工人夫、车辆，未能按照配额督催齐全，尚不彻底。兹照抄民工车辆统计表一份，随令附发。近查工地需工孔急，除派警前往该乡镇协助督催外，仰即加派专员依照表列数字，漏夜守催。并将积欠民工、车辆规定加征数目，随时责成亏欠各保，迅即加征部足。倘有督工不力之保长，准即送府惩办，幸勿延误。仰该乡镇长遵照赶办，并将督工情形分别“应征”“加征”详报核查。

县长冯

民国三十七年

关于派警坐催民工车辆石工事给警员孙建察的指令

1948 年　　张 2–287

建申字第□□号

孙建察：

准马尾湖水库工程处公函“以工地需用孔急，各乡镇征雇民夫、车辆，迄未按照配额到齐。即石工亦未全部到达，影响工程甚巨，嘱即派员下乡坐催，并将逃工拘府法办”等由一案。兹派该警前往建康镇、柔远、常明、四维乡公所查明各保欠工、车数及补工加征民夫、车辆，随时到保督催。但保长如有推诿情事，准由该警带府惩办。石工按作成三平方公寸长六公寸条石，每块发放小麦□□□□□合。工资已达十足标准，保内不得摊款。兹抄录石工名单一纸，随令附发。仰即前往分别督催，务将该乡车辆石工一律催交工程处验收交。返府销差，毋得借故敷衍干咎。附发石工名单一纸（民夫、车辆欠款及补工加征人夫、车辆，由该乡镇长开付清单）。

民国三十八年

建康镇	柔远乡	常明乡	四维乡
濮文盛	程应寿	李登仁	陈国福
雷兴旺	朱登全	孙贵年	陈国有
郭天有	许万明	许占均	白石匠
	张得胜	许占贵	孙石匠
		许占成	
		许立业	

高台县政府就督催积欠民夫车辆及征雇石工事给马尾湖水库工程处的公函

1948 年　　张 2-287

建申字第□□□号

高台马尾湖水库工程处施处长：

本年九月一日，高库字第四号公函暨第七号申交代电附表悉，未到民夫、车辆已严饬各该乡镇按照配额切实督催，石工以及民夫车辆迅即到在案。附请查照。

县长冯

民国三十八年

高台县马尾湖水库工程处就派员坐催民工车辆到齐并补做缺工车辆事给高台县政府的公函

1948 年　　张 2-287

建库字第□□□号

高台县政府冯县长：

查本处工程迭奉省令严电催促限期完成，查贵属各乡镇，征雇民工自八月十六日府工以来，迄未按额到齐，截至八月三十一日止，共差民工二九二三工、车辆九〇一五车天，即请派员坐催。各乡镇速将应到民工及车辆按额如数到齐，并将复工以来所少民工及车辆天数一律补齐，以利工程。

甘肃高台马尾湖水库工程处处长施彭龄申支（印）

民国三十七年

处理意见：

电饬各该乡镇长，督雇补缺少人夫车辆，并派警察分赴各乡加紧督催。

日期不详

为派警前往各乡镇保坐催民工车辆石工并缉捕逃工事给警察赵国玉的电报

1948 年　　张 2-287

建申字第 2612 号

警察赵国玉：

准马尾湖水库工程处公函“以工地需用孔急，各乡镇征雇民夫、车辆，迄未按照配额补齐，即石工亦未全部到达影响甚巨。嘱即派员下乡坐催并将逃工拘留法办”一案。兹派警前往建康镇公所，查经各保欠工、车数及补工加征民夫、车辆，随时到保督催。但保长如有推诿情事，准由候警常府延办。石工按佐成三方共长六公寸，保互每块发放小麦一升一合工资，已达十足标准，保内不得摊派。兹标准、石工名单，随会附发。

民国三十七年

高台县长冯就建修马尾湖水库督工事给建康镇许镇长等的电报

1948 年　　张 2-287

建申字第 2717 号

建康镇许镇长、四维乡杨乡长：

本年九月八日案准“马尾湖水库工程处公函‘以四维乡民夫、车辆，均未按照配额到齐，影响工程甚巨。嘱其转饬加紧督齐，并补足缺工以利进行’等由一案，本府当以三(37)申字第二五九九号代电转饬，迅予督征并补征缺工”在案。近查民工总受理员李效儒报告，经核该乡民夫、车辆，不但缺工未能补充，即配额亦未督齐。足惟该乡长不顾大义，未能认真办理，应予申斥，以观兹效。仰即知照。本件已分令各乡镇公所。四点在四维乡长会文中免录。

县长冯

民国三十七年

高台县政府就督催民工及管理民工情形具报事给马尾湖李总管理员的电报

1948 年　　张 2-287

马尾湖李总管理员：

本年九月十一日报告及附表均悉。各乡镇延欠民夫、车辆，迭经严饬镇长加紧督催，同时并加派警察分赴各乡、镇、保守催”在案。四维乡欠工甚多，足见该村乡长未能认真办理，应予申斥。嗣后对于督工不力各保甲长，由该员严密考核，随时送府纠办。本府已派自卫分队长濮发璧率兵十五名，前往工地协助督工及警衛事宜，应随时妥取联系，加紧督催，倘再发生误工情事，即为该员是问。仰即遵照指示赶办，并将督工情形按旬据报。

县长冯

民国三十七年

建康镇镇长等就马尾湖工程处不当乱拉民工以免延误工期事给高台县长的电报

1948 年　　张 2–287

县长冯：

据马尾湖工程管理员张积福等报称“数日来，工地工人由工程处每日拉派数十人，协助木工做工，牛车两日抵项一工”等情前来。查此项工程浩大，非短期可以完成，如此拉差日久，不可计算。且工程按照民工多寡分配土方，工人拉做他工，土方怎能如期完成？现值民人负担过重，牛车两日抵项一工，有数民人，即将来工程费不敷时，由工程处会同地方，再行呈请增加，以免勤扣民人吃亏，为此答请钧座电鉴，准予函转马尾湖工程处，其他工作为雇工人、牛车按日开工，以恤民意。谨呈。

建康镇镇长许正荣

常明乡乡长盛有聪

民国三十七年

处理意见：

速函工程处查照，嘱将土方民工挪用他工之发放工资标准，见覆核办。

日期不详

民工管理员李效儒就马尾湖水库工作情况给高台县政府的报告

1948 年 9 月 30 日　　张 2–287

县长冯：

窃查建康、柔远、常明三乡镇民夫、车辆，按原配数及新增数到建修工地作工，仅有短欠少许。四维乡所属各保原配数尚未到齐，增加数置之罔闻。职再三派自衡队兵追催，仍然抵抗不到。肯职无奈，只得报告恳乞。将罗城保长寇永发、红山保长兰朝芳、临河保长王维敬、正义保长闫守文、常丰保长兰嘉、善河西保长许茂观六人票传到府，管押严办，以儆效尤，而利工务。本月中旬，职返府业面报不再填表，谨将下旬各乡镇民夫、车辆数次报告表，填造一份随文发。并祈将建康、柔远、常明三乡镇增加民夫、车辆数示知。请鉴备查。

总管理员李效儒

民国三十七年九月三十日

处理意见：

四维乡抗欠民工，保长寇永发等令饬房督工员查明，送府究办。增工数量应依前令领发配表办理，指令知照。

日期不详

总督工房学儒等就马尾湖水库督工工作情况给高台县冯县长的呈文

1948 年 10 月 11 日　　张 2-287

县长冯：

窃职奉命兼马尾湖水库总督工员，管理民工人数、车辆登记。经查各乡保民工人数及车辆较上月增加一倍，而工地民工效果良佳。并造报表一份，随文备查。

房学儒

民国三十七年十月十一日

高台县政府就各乡镇民夫车辆数目及督工事给总督工员房学儒的指令

1948 年　　张 2-287

建西字第 2964 号

马尾湖房总督工员学儒：

本月十一日报告暨附表均悉。查各乡镇本月一日以前短工，迭经分饬“各乡镇长依限补足”在案，而本月上旬民夫、车辆自应超过原配额数。兹核实表，各乡镇仍有短工。应即责成保受理员等从速清查，迅向各保索讨征工花名清册，切实督促补足。仰即遵办，并将督工情形按旬报核。

县长冯

民国三十七年

高台县政府就马尾湖土方停工移驻石场维护治安事给马尾湖自卫队分队长濮发壁的指令

1948 年　　张 2-287

建西字第 2969 号

马尾湖自卫队分队长濮发壁：

马尾湖水库土方工程告一段落，民夫车辆即行遣散。惟开采石料工作，仍须继续进行。而对石场警卫治安，尤应特别注重。兹派该队长于土方工作停止时，衡诸当地实际情况，率兵前往，驻在石场，切实维护治安。仰即遵照，并将移驻石场情形，随时报查。本案已函工程处查照。

县长冯

民国三十七年

高台县政府就马尾湖土方停工移驻石场维护治安事给高台马尾湖水库工程处的公函

1948 年　　张 2-287

建酉字第□□号

高台马尾湖水库工程处处长：

查马尾湖水库土方工程停止。民夫遣散后，于石场警卫治安，应即提前设备。本府为保护石场工人安全起见，业经立本府自卫分队长濮发璧，于土方工作停止时，率兵前往，驻在石场，以资维护治安。函请查照。

县长冯

民国三十七年

高台县政府就征雇牛车前往马尾湖水库拉运石料事给四维乡杨乡长的训令

1948 年　　张 2-287

建戌字第 3145 号

四维乡杨乡长：

案准高台马尾湖水库工程处高库字第三二号公函“以水库建筑物需用石料约六百万，于黑河封冻期间全部运屯工地。计需牛车二百辆，每辆工作一日，发给小麦五市斤，嘱配征拉运”一案。是项车辆，应于距离较近各保发动，以资节省，放空劳力。仰该乡长遵照，务于相距运输起、讫地点较近各保，衡诸地方实际情形，如数配征。于黑河封冻时全部发动，集力拉运。并将办理情形，随时报查。本件已函工程处查照。

县长冯

民国三十七年

高台县政府就征雇牛车拉运石方事给高台马尾湖水库工程处的公函

1948 年　　张 2-287

建戌字第□□□号

高台马尾湖水库工程处施处长：

本年十月六日高库字第三二号公函悉。水库建筑物需用石料六百万，计需转运牛车二百辆。已令“四维乡公所，就于相距运输石料起、讫地点较近各保，如数征雇，于黑河封冻时加紧起运”在案。复请查照。

县长冯

民国三十七年

高台县马尾湖水库工程处就征雇牛车二百辆运输石料事给高台县政府的公函

1948 年　　张 2–287

建高库字第 32 号

高台县政府：

本处建筑物需用石料约六百方，须于黑河封冻期间，全部由正义石厂运抵工地，计需牛车 200 辆。上项车辆须于十二月一日到齐，仍按每一车天小麦五市斤计价。请即查照分配征雇，并将分配情形见覆。

处长施彭龄

民国三十七年

处理意见：

车辆依期如数发动。惟运价小麦每天七市斤，为函谓“每天小麦五市斤与原案不符”，函复仍按七市斤发放。

日期不详

高台县政府就调拨牛车拉运石场料石至河畔囤放以便冬季转运工地事给四维乡杨乡长的训令

1948 年　　张 2–287

建西字第 3008 号

四维乡杨乡长：

查马尾湖水库工程建筑物需用石料，现已开采一部约六百公方。亟应调拨，轮力运囤黑河北岸，以便冬季转运工地。速将该乡正义、常丰两保运土牛车，一律拨赴石场，开始装运，囤积于黑河封冻交通要点，以利转运。仰即遵照办理，并将办理情形报查。本案已函工程处查。

县长冯

民国三十七年

高台县政府就征雇牛车运输石料事给高台县马尾湖水库工程处的公函

1948 年　　张 2-287

建西字第□□□号

高台马尾湖水库工程处施处长：

贵处开采建筑物需用石料，拟由运土车辆中调拨一部分，现由石场运往黑河北岸，以便冬季转运。本府已令饬“四维乡长速将该乡正义、常丰两保牛车一律拨赴石场起运”在案。函请查照，至希洽商办理。

县长冯

民国三十七年

高台县冯县长就气候严寒施工困难恳请转马尾湖工程处及早停工事给甘肃省主席郭的呈文

1948 年　　张 2-287

查现时气候乍寒，马尾湖民工作工诸多不便。应作之土方，将过半数完成尚早，应补之民工、车辆，因气候关系，实难补齐。现民工作工情形，昼间犹可，晚间伏卧平地，终夜难寝。以此苦情，确经目观，贫寒无衣者，终夜冷冻，实难忍受。恳请钧座准予函请马尾湖工程处及早停工，以俟明春提前开始工作，俾完土方。兹据前情，理合恳请鉴核俯准。谨呈。

县长冯

民国三十七年

处理意见：

据房总督工员函报，土方工作已于本月一日停工。

日期不详

甘肃省主席郭就马尾湖水库停工情形并责征工及作成土方数目统计表给高台冯县长的电报

1948 年　　张 2-287

建戌字第 3408 号

高台县冯县长：

本年十一月十六日一三（37）戌字第三一八六号代电暨附件。并据水利局向案呈前电均悉。准予备查。

主席郭

民国三十七年

专员王维墉就修筑马尾湖水库停工及工作成绩给高台冯县长的电报

1948 年　　张 2-287

建戌字第 3131 号

高台县冯县长：

三（37）戌字第三一八六号代电及附件均悉。准予备查。

专员王维墉

民国三十七年

高台县冯县长就建修马尾湖水库停工及工程进度事给甘肃省第七区专员等的电报

1948 年　　张 2-287

建戌字第 3196 号

甘肃省第七区行政督察专员兼保安司令王、甘肃省政府主席郭、甘肃省水利局局长黄：

查本县建修马尾湖水库工程，自本年七月一日起，由直接受益区域发动民工二百六一名、牛车六十辆；由间接受益区域征雇民夫二百名，展开工作。截至七月二十六日，以夏禾收割农事冗忙，停工两周。于八月十五日起复工，民夫车辆各加一倍。计由直接受益区域发动民工五百名、牛车一万辆，间接受益征雇民夫五百名、牛车一百辆。旋以工程浩大，参酌预完工计划民工力量，配合工程进度，深感不足。复经劝导各乡镇人民，自九月二十日起按照直接、间接受益两区，平均加征民工五百六十名，共计民夫一千五百六一名、牛车二百辆。为谋加强工作效率起见，并于十月六日邀约地方首人，会同前往工地分别慰劳、勤勉加紧工作。至十月三十一日因气候寒冷，遂告停工。统计需用民夫七万二千余工、牛车一万三千余天，完成土方一十一万七千余公方。兹谨缮列统计表一份，随电复发。请钧鉴核查。本件已分陈省府水利局、专署及水利局、省府及专署。

县长冯

民国三十七年

民工管理员房学儒就马尾湖水库督工总结给高台县政府的呈文

1948 年　　张 2-287

职奉命赴马尾湖水库工程督工。兹以天寒，业已停工。谨将督工数月来见及征工复二各单及明年开工单，分别详述于后。谨请鉴核。

一、缺点：

1. 本年征雇民夫手续未具完善，以致苦乐不均，影响工作效率。

2. 完成土方最少者为四维乡，因该乡征集民夫、车辆多不公允。致应配工数不能如数到齐，致使分配土方不能如限完成。

3. 本年所发民工食粮，系由工程处直接发予各乡保管工人员。闻有未与民工发足之情形，影响工作。每匪浅详，明年开工如发粮时，可直接发给民工，以期得沐实惠。

二、优点

1. 本年完成土方，全县以常明乡为优。查该乡误工很少，所做土方不仅多而整齐。

2. 四维乡完成土方以临河保为冠，该保方法颇属平均所配民夫、车辆，均能如数到齐，误工亦少，分配土方亦如很完成。

三、改革

1. 明年在未开工前，宜事先征雇民工、车辆并乡于各乡保管工人员商得，相当合理。督促管理之手续及方法，其征集民夫，尤需以公允为原则，不致苦乐失均之余。

2. 本年工程处管工人员，多有殴打民工情事，似属不当。如明年开工，必得向工程处交涉，再不得由该处管工者殴打民夫，以惟保障人民身体之权。

四、意见

1. 明年开工及雇工少征民工，如征工较多，其食用定而困难之亦受影响。故多雇雇工，少征民工，不但减少负担而能增进工作效率。即少征民工时，亦应拟定工年合理征工办法，以免苦乐不均。

2. 明年征集民夫、车辆可分三期，每期以一个月为限。其征集方法，以派□式抽签内定之，以免争先恐后，先富逸贫苦之弊。

房学儒

民国三十七年

高台县马尾湖水库工程处就调拨车辆事给高台县政府的公函

1948 年　　张 2-287

建库字第 10 号

高台县政府：

贵府三（37）未字第四一四号函悉。查下水库沙底部分围堤，必须由远距运土填筑。此为事实需要，为本处原定之计划。今从各乡车辆集中运土，犹恐不能如期运至。各乡所称配合民工，应用一节，实无必要。函复查照转知为荷。

处长施彭龄

民国三十七年

处理意见：

分令各该乡乡长知照。

日期不详

建康镇许镇长就本镇马尾湖水库民工、车辆数目清册表给高台县政府的呈文

1948 年　　张 2-287

建戌字第 180 号

高台县政府县长冯：

三（37）酉字第二九三一号训令奉悉。遵即依照奉颁表方式，缮就高台县建修马尾湖水库民工、车辆数目清册一份。仰祈核查。

建康镇镇长许正荣

民国三十七年

甘肃省政府就水利局提案请令施工各县协助征雇工人及协购公粮两案给高台县县长的电报

1948 年　　张 2-289

一、查本府三十七年度工作检讨会水利局提案“（一）各工程处催工征工皆感困难，拟请由府严令工程所在地各县尽力协助。案经决议通过，送请省府办理。（二）各工程处筹备工粮困难，拟请令饬‘施工各县设法就当地富有者采购案’经决议‘原则通过送省府核办’”各在案。

二、兹核该两案尚属切要。除分令外，合行抄发原提案，令仰遵照分别切实协助办理。

郭寄峤

民国三十七年

甘肃省政府三十七年度工作检讨会中水利局的提案

1948 年　　张 2-289

水利局提案：

各工程处招工征工皆感困难，拟请由府严令工程所在地各县尽力协助。

省转……①无论催工或征工皆感困难，以致工应达……②工时，应属拟请由府严令工程所在地及各地政府认真协助，限期征催并往。专案呈请奖惩，以资激励。

决议：

通过，送请省府办理。

水利局提案：

各工程处筹备工粮困难，拟请令饬施工各县，设法就当地富有者采购由。

---

① 编者按：此处原文档有残缺。

② 编者按：此处原文档有残缺。

各工程施工之县份当地购粮无感不易。明春决兴工时，拟请由府令饬当地县政府采购，以供当地工人食，用而利工程速进。

决议：

原则通过，送请省府核办。

民国三十七年

甘肃省政府就高台县政府三十七年度工作报告水利部分令高台冯县长仰遵照指示办理的公文

1949 年 2 月 28 日　　张 2–289

甘肃省政府水三（38）丑字第 3794 号指令

高台冯县长：

一、本年九月二十五日秘（38）子字第一七〇号代电“呈赍三十七年度工作报告”水利部分悉。

二、兹核示如后：

（1）柔远渠利号水闸，应速妥商解决。技术方面可径洽张掖工程区，指导办理。

（2）小新渠渡槽工程，应遵照三十七年十二月二十一日水一（37）亥字第三六四三号训令办理。

（3）余准备查。

三、仰遵照。

主席郭寄峤

民国三十八年二月二十八日

甘肃省政府就督征民工车辆续修马尾湖水库事及呈报民工数量表给高台县政府的指令

1949 年 5 月 14 日　　张 2–341

建三（38）辰字 1776 号

高台县冯县长

据报督征民工、车辆续修马尾湖水库情形，并赍民工数量表准备查。并仰认真督促由：

本年五月三日一三（38）辰字第九四五号代电暨附件均悉。

准予备查，并仰认真督促，务期依限完成。仍将办理情形，随时报查。

主席郭寄峤

民国三十八年五月十四日

高台县政府就督征民工车辆续修马尾湖水库事及呈报民工数量表给甘肃省主席郭等的代电

1949 年 5 月 3 日　　张 2–341

一三（38）辰字第 945 号

甘肃省政府主席郭、甘肃省第七区行政督察专员兼保安司令王

代电呈报督征民工、车辆续修马尾湖水库未完工程情形，并赍发动民工数量表一份，请钧鉴核查由：

本年三月二十六日案准高台马尾湖水库工程处高库寅字第六三号公函，以水库未完土方约十二万公方，计划于五月底完工。需要民夫一千四百名、牛车一百二十辆。”嘱按所需数量分饬各乡镇预为准备。一俟解冻即行复工。旋于本月五日，准工程处高库字第六五号公函谓复工准备事项均已办妥，准于四月十一日开始工作。

查上年征工，系依决议案由直接受益与间接受益人民平均负担，检讨结果以直接受益民力有限欠工甚多，当经提交本府第二十八次□政会议决议，调整本年征工，由直接受益人民负担总额三分之一。此次征工，按照各乡镇里受益田亩，连同上年短欠工数，共计发动民夫一千四百名，牛车一百二十辆。兹谨缮民夫车辆数量表一份，随电附赍。

本府为把握时机依期完工起见，经派本府主管科长及各乡镇主任干事下乡督征，所有民夫已于本月十五日到达，开始工作。同时并派各乡镇主任、干事驻在工地，负责管理。工作情绪较前良好。

请钧鉴核查。

县长冯

中华民国三十八年五月三日

甘肃省政府主席郭等就先行成立水董会及组织管理所以便工程结束后接受管理养护事给高台县政府的训令

1949 年 6 月 14 日　　张 2–341

建五（38）巳字第 2201 号训令

高台县冯县长

为该县马尾湖水库工程即将结束，仰遵照先行成立水董会及组织管理所，以便接受管理养护由：

查该县马尾湖水库工程现正赶工，期于本月七月底完成。

该工程完成后，应由该府督饬受益人民成立水董会，并组织管理，以负责管理及养护等事宜。

兹抄发管理此组织规程一份，并仰遵照三十七年十月三十一日建二水（三十四）□字第七一七七号训令颁发之《甘肃省水渠水董会组织规程》。先行督饬，分别组织成立，以

便完工后接管。及遵照前令颁发之《甘肃省水渠灌溉管理规则》《甘肃省水渠养护修理及防范办法》《甘肃省水渠灌溉引水规则》等□放办理。

管理此经费及养护等费，由灌区内受益地亩分担，□征收一次或两次，但总数不得超过每亩小麦二市斗。详细办法由水董会制订，报由该府转本府备查。

交接后关于工程技术事宜，已洽由河西水利工程处张掖工程区，随时派员指导。

仰遵照仍将办理情形随时报查。

主席　郭寄峤

建设厅厅长　骆力学

民国三十八年六月十四日

处理意见：

派员前往四维乡公所，遵照各项规程及有关法令，分别组成具报核转。

六月十一日

□□渠管理所组织规程

1949 年　　张 2-341

为养护渠道管理用水特设□□渠管理所（以下简称本所）。

本所置所长一人，总务员、工务员各一人。均由水董会聘请有水利经验，并备相当技术人员充之。

所长承水利专员之指导，指挥并监督所属，总理全所所务。

总务员掌理全渠水量、斗夫渠丁之人事管理、水费征解、用水登记、用水纠纷之解决及其他不属于工务事项。

工务员掌理全渠水量之分配管理，用水方法之指导，闸门斗口之启闭，渠道及建筑物之养护修理，及有关防范等事项。

本所经费，由灌溉区受益田亩分担之。

本规程自呈准日施行。

民国三十八年

高台县县长就先行成立水董会及组织管理所以便工程结束后接受管理养护事给四维乡杨乡长的电报

1949 年 7 月 2 日　　张 2-341

秘人三（38）巳字第 1518 号

四维乡赵乡长

为马尾湖水库工程行将结束，仰即遵照先行成立水董会及组织管理所，以便接受养护由：

本年六月二十一日案奉甘肃省政府建五（38）巳字第二二〇一号训令“以马尾湖水库工程期于本年七月底完成。（一）该工程完成后，应由县府督饬受益人民成立水董会，并组织管理所，负责管理及养护事宜。(二) 抄发管理所组织规程一份，并仰遵照三十四年十月三十一日建二水（34）酉字第七一七七号训令，颁发水董会组织规程及灌溉管理规则，先行督饬分别组织成立以便完工后接管。(三) 管理所经费及养护等费，由灌溉渠受益地亩分担。每年征收一次或两次，但总数不得超过每亩小麦二市斗。详细办法由水董会制订，报由县府转呈省府备查。(四) 交接后关于工程技术事宜，由河西水利工程处派员指导。(五) 仰遵照办理随时报查”等因到府。

兹抄发水库管理所组织规程及水董会组织规程灌溉管理规则，各一份，随电附赍。

仰该乡长遵照，迅即依照规程分别组织成立。并将办理情形，务于七月十五日以前，缮列具简历表各二份。呈报本府，以凭核转。

县长冯周人

中华民国三十八年七月二日

甘肃省政府主席就建修马尾湖水库民工车辆事给高台县冯县长的指令

1949 年 6 月 18 日　　张 2-341

工建五（38）巳字第 2267 号

高台县冯县长

据拨本年建修马尾湖水库督征民工、车辆情形准备查由：

本年六月十日三（38）巳字第一三五一号代电暨附件均悉。

准予备查。

附卷。

主席　郭寄峤

委员兼秘书长　丁宜中代拆代行

建设厅厅长　骆力学

民国三十八年六月十八日

高台县政府就本年建修马尾湖水库督征民工车辆情形给甘肃省主席郭等的代电

1949 年 6 月 10 日　　张 2-341

一三（38）巳字第 1351 号

甘肃省政府主席郭、甘肃省第七区行政督察专员暨保安司令王

代电呈报本年建修马尾湖水库督征民工、车辆情形请鉴核备查由：

查本县本年度建修马尾湖水库未完土方、督征民工、车辆情形，业以一三（38）辰字第九四五号代电报核在案。

本年四月二十一日案准马尾湖水库工程处公函，以留存正义石场料石六百公方，需要

牛车一万二千车夫，于河水断流期间抢运藏事等由。本府当以三（38）辰字第九八五号代电，配雇牛车四千四千零三十二辆，连同上年一二两批欠运牛车一千九百六十八辆，共计发动牛车六千辆，计一万二千车夫。自五月六日超运至五月二十七日止抢运藏事，并于五月二十八日检讨未完土方。第一期发动民工仅作成一半，当即依照议定征工标准，发动第二期民工，计一千四百名。自六月一日起工作四十日，刻正加紧督修中。

兹谨抄检拉运料石车辆数量表及本年第二期督工配当表，各一份，随电附赍。

请钧鉴核查。

县长冯周人

民国三十八年六月十日

甘肃省政府就马尾湖水库水董会组织情形给高台县政府的指令

1949 年 7 月 6 日　　张 2-341

工建五（38）午字第 2751 号

高台县冯县长

据报马尾湖水库水董会组织情形，准予备查并检□管理钤记式样，自行刊用报查由：

本年七月十五日三（38）午字第一六一九号代电暨附件均悉。

水董会组织情形准予备查。

管理所印信□检□管理钤记式样一纸，仰转饬自行刊用，即将印模连同该所组织情形，一并报查。

主席　郭寄峤

委员兼秘书长　丁宜中代拆代行

建设厅厅长　骆力学

民国三十八年七月六日

处理意见：

依式刊发并饬具领启用。

八月六日

高台县政府就组织马尾湖水库管理机构事给甘肃省主席的呈文

1949 年 7 月 15 日　　张 2-341

三（38）午字第 1619 号

甘肃省政府主席郭

代电呈复遵令“组织马尾湖水库管理机构”一案请钧鉴核示由：

本年六月二十一日案奉钧府建五（38）巳字第二二〇一号训令“以马尾湖水库工程期于七月底完成，饬依附发管理所组织规程及前颁水董会组织规程，先行分别组成具报核查”一案。

本府当以秘人三（38）巳字第一五一八号代电，附发各项组织规程，转饬四维乡长赵兴隆，督导直接受益各渠农户依法组织成立。同时并派本府第三科科长范立贤前往协助办理。去后旋据该员呈复，查马尾湖水库直接受益为四维乡，属临河长□河西、正义、罗城、红山、万开等七渠，依照自然环境划为七个单位，业将各单位水董物色就绪。适以山洪暴发，河水阻搁，无法召开水董会议，以致管理所机构尚未组成，惟据一半水董提供意见，关于管理所长职务拟聘程居正担任等语。谨检水董简历表一份，请鉴核等情到府。

兹以马尾湖水库完工在即，本府为顾及便利赶办接管手续起见，已派工地附近现任县参议员程居正代理管理所长职务。除饬该员遵照附发组织规程，迅即健全管理机构开始工作外，谨检水董简历表一份，随电附赍。

请钧鉴核查，再马尾湖水库管理所组成后，是否颁发印信，以昭信守之处，恳祈核示祗遵。

县长冯

中华民国三十八年七月十五日

甘肃省政府就地镌刻马尾湖水库纪实碑铭事给高台县政府的训令

1949 年 8 月 10 日　　张 2–341

建五（38）未字 2961 号

高台县冯县长

为颁发马尾湖水库碑铭仰就地镌刻由：

建五午号电到达。

兹颁发马尾湖水库纪实碑铭一份。

仰查收就地镌刻。

主席　郭寄峤

委员兼秘书长　丁宜中代拆代行

建设厅厅长　骆力学

民国三十八年八月十日

处理意见：

令四维乡公所，督促水库负责人员，迅将碑料筹制妥善运府，以便指导开刻。

高台马尾湖水库纪实碑铭并序

1949 年　　张 2–341

祁连山横亘河西，岧峣雄峙，雪融成溪，佩带而成河谷，不可悉数。衍为巨流者，称黑河，长四百余公里，经山丹、民乐、张掖、临泽、高台、鼎新、金塔而注入居延海。阚骃《十三州志》，汉武帝使伏波将军路博德，筑遮虏障、居延城。班书卫霍传附路博德传记之甚详。近年，居延海发现汉木简逾万条，有甲渠、肩水都尉、肩水广地诸简，汉代西陲水利之史绩，历历俱在。历代以来，西北每感雨量稀少，荒旱立致，沿河诸县，当殷需灌溉之际，则涓滴相争，于充沛霖泽之时，则汪洋滥肆。乃谋以科学方法，营筑蓄水库，效速而用宏。比年既于金塔修成鸳鸯池水库，余尝详记其始末矣。踵而兴起者，为高台马尾湖水库，不可以无述。初，民国三十四年行政院水利委员会令甘肃河西水利工程总队，为谋调剂水量、减少争灌纠纷，派员勘查，以高台城西三十五里之马尾湖建筑蓄水库，救济下游需水耕地。三十六年春，本省水利局长黄万里兼长总队后，即派队测量设计，请拨工款，并商同省府组设高台马尾湖水库工程处。洽定建筑物由奉拨专款兴办，土方由高台民众负担，鼎新人民协助，并由工程费内分拨食粮，以济民工。议既决，乃于三十七年七月一日兴工，逾年告竣。历时十三月，先后负工程实施责任者为工程师萧永龄、施彭龄、吴尚贤。征雇民工者，为高台县长冯周人、鼎新县长陈世光，均能勤厥职司、殊堪嘉尚。至水库全型，分上库、下库。其工程范围，为围堤总长九公里又八百六十六公尺，顶宽二至三公尺，高度最大者为四六公尺，闸门五座，车桥二座。引水渠二千零五十六公尺，给水渠五百六十七公尺，计挖土三万一千六百六十一立方公尺，夯填土二十三万零六百二十八立方公尺，铺草皮六万四千零二十平方公尺，圬土一千一百五十五立方公尺。共用工程费约折合小麦一万三千一百市石，技工一十万零七百工，民工一十六万零一百四十七工，民工食粮小麦二千九百二十五市石，运输民车三万六千一百六十四辆，民车食粮小麦一千九百八十市石，洋灰三百八十一袋。总蓄水量七百八十七万五千七百立方公尺，除蒸发渗漏及输水损失外，有效灌溉水量为三百五十二万立方公尺。足可充分济灌三万三千亩，耕地无缺水之虞，年可增产小麦二万六千四百余石。余因慨时代演进，利用厚生之道，在乎竭人力以反天穹，转巨惠而为大利。试思千余年前，疏渠置官，自今视之，极为平凡。值此科学日竟不息，原子能运用，日有发明，不十年后，化瘠索为膏腴，起荒废为琅环，福利民生，不可思议，当亦与犹今视昔之感欤。故余惟笃望陇上人士，绩学致用，争先一着也。爰为铭曰："河西四郡坤为乾，东西交通汉晋传。膏腴润泽首酒泉，雪霁溪深成百川。皑皑屏障望祁连，塞上长城溯居延。汉简遗文史绩全，高台马尾湖如弦。斯库水灌万顷田，始知人力可胜天。科学昌明此蹄筌，人才勃兴固吾□，波靖利溥万斯年。

甘肃省政府主席郭寄峤撰并书

民国三十八年

高台县政府就马尾湖水库碑铭就地镌刻事给四维乡赵乡长等的训令

1949年8月26日　　张2-341

三（38）未字第921号

四维乡赵乡长、马尾湖水库管理所所长程

为奉令颁发马尾湖水库碑铭就地镌刻一案仰速遵办由：

本年八月十二日案奉甘肃省政府建五（38）未字第二九六一号训令"兹颁发马尾湖水库纪实碑铭一份，铭印就地镌刻"一案。

仰该乡长遵照迅即督促水库人员，将筹制碑料赶速运府，以便指导镌刻。

县长冯周人

中华民国三十八年八月二十六日

甘肃省政府就督征马尾湖水库石工事给高台县政府的指令

1949 年 1 月 5 日　　张 2–341

水三（38）子字第 3546 号

高台县冯县长

据电复督征马尾湖水库石工情形仰遵照指示速办由：

三十七年十二月十四日三（37）亥字第三五四〇号代电悉。

兹核示为后："（1）石工待遇调整原则尚□□合，详细办法可与工程处商定后实行。（2）仍遵照三十七年十二月十日水二（37）亥字第三五二八号训令'迅即征雇石工三十五人（前往二十五人系笔误）径至马尾湖水库工程处，取搜报查。'（3）以后石工为仍有潜逃情形，仍由该府调拨自卫队驻扎工地防范。"

除电令工程处外，仰即遵照办理。

主席　郭寄峤

委员兼秘书长　丁宜中代拆代行

民国三十八年元月五日

甘肃省政府就征雇车辆运输马尾湖水库料石暨派员协助工兵开石事给高台冯县长的指令

1949 年 2 月 23 日　　张 2–341

水三（38）丑字第 3770 号

高台县冯县长

据报征雇车辆运输马尾湖水库料石暨派员协助工兵开石情形准备查由：

本年元月二十五日三（38）子字第一六八号代电暨附件均悉。

准予备查。

附卷。

主席郭寄峤

民国三十八年二月二十三日

高台县政府就征雇运石车辆暨派员协助工七团工兵开采石方事给甘肃省主席的代电

1949 年 1 月 25 日　　张 2–341

三（38）子字第 168 号

甘肃省政府主席郭

代电呈报征雇车辆运输马尾湖水库料石暨派员协助工七团工兵开采石方情形请钧鉴核查由：

建修马尾湖水库料石案准工程处通知已开成三石公方。业于上年十二月二十三日以一三（37）亥字第三五二六号训令会饬各乡镇长，发动牛车三千辆装运料石，五石市斤发给空运费小麦一市斗四升。自本年元月十一日开始，赶运并派本府指导员李效儒前往石场监督刻正加紧运输中。

为把握时机完成料石起见，曾于上年十二月十八日以三（37）亥字第三四六号代电呈请七区王专员商洽酒泉河西警备总部，调拨工七团工兵一排，来县协助开石。兹以工兵排于本月二十二日到达县城，旋由本府发动车辆，已于二十四日送往工地。同时拟定注意事项，令派本县保安团分队长罗占魁，随同前往辅导进行，谨抄注意事项随电附赍。

请钧鉴核查。

县长冯

民国三十八年一月二十五日

甘肃省政府就增加马尾湖水库工资事给高台县政府的指令

1949 年 3 月 1 日　　张 2-341

水二（38）丑字第 3825 号

高台县冯县长

据请增加马尾湖水库工资一案，因限于工程费预算未便照准由：

本年二月十六日三（38）丑字第三二九号呈件均悉。

所请增加土方单价，因限于工程费预算未便照准。

仰知照，并转知该县参议会。

主席郭寄峤

民国三十八年三月一日

处理意见：

函县参议会查照。

三月八日

高台县政府就转请省府增加修筑马尾湖水库工人工资事给甘肃省主席郭的呈文

1949 年 2 月 16 日　　张 2-341

三（38）丑字第 329 号

甘肃省政府主席郭

为转呈本县参议会二届五次大会建议“县府转请省府增加修筑马尾湖水库工人工资，以资早日完成工程”一案，请钧鉴核示由：

准本县参议会高泰秘（38）子字第四二号函送二届五次大会参议员程居正等提议“县府转请省府增加修筑马尾湖水库工人工资，以期早日完成工程，附原提案一份。嘱查照办理”等由到府。

兹抄原提案一份，随文附赍。

请钧鉴核示。

县长冯

民国三十八年二月十六日

高台县政府就增加修筑马尾湖水库工人工资事给高台参议会的公函

1949 年 2 月 14 日　　张 2-341

三（38）丑字第□□号

为“函复转呈省府增加修筑马尾湖水库工人工资”一案请查照由：

高参秘子字第四二号公函敬悉。

已照抄原提案一份，特呈省府核办在案。

复请查照。

县长冯周人

民国三十八年二月十四日

高台县参议会就建议县政府转请省府增加工资事给高台县政府的公函

1949 年 1 月 19 日　　张 2-341

高参秘（38）子字第 42 号

高台县政府

函送本会二届五次大会参议员程居正等提议“建议政府转请省府增加修筑马尾湖水库工人工资，以资早日完成工程”一案请查照办理由：

查本会二届五次大会参议员程居正等提议“建议政府转请省府增加修筑马尾湖水库工人工资，以资早日完成工程”一案。

经提交本会二届五次大会决议“以大会名义函请县府电请省府，酌予提高工资，以利工程”等语记录在卷。兹照抄原提案一份附送。

请查照办理见复。

议长王占科

民国三十八年一月十九日

处理意见：

转呈省政府核办见复。

一月二十二日

参议会议员程居正等就增加修筑马尾湖水库工人工资事的提案

1949 年 6 月 14 日　　张 2-341

建议政府转请省府增加修筑马尾湖水库工人工资，以资早日完成工程案：

查本县建备马尾湖水库工人工资，如上年每人每日按作一土方半，发给工资小麦一斤十二□；牛车一辆每日每辆发工资小麦七市升，实不足以惟工人一日之生活，难免不无怠工情事。现该湖工人改为雇工制，若照上年工资招雇，惟恐不能招雇大量工人。兹为促进工程早日完成，计工资应请酌予增加，使工人踊跃应招，促进工作效率，以便工程早日完竣。

以大会名义函请县府电请省府，酌予提高工资，以利工程。

提案人　程居正

联署人　刘　润　赵长平　殷文炜

民国三十八年六月十四日

甘肃省政府就调工兵开采马尾湖水库所需料石事给高台县政府的指令

1949 年 4 月 9 日　　张 2-341

水三（38）卯字第 950 号

高台县冯县长

据报洽调工兵开采马尾湖水库所需料石情形准备查由：

本年三月二十五日三（38）寅字第六五五号代电悉。

准予备查。

主席郭寄峤

民国三十八年四月九日

处理意见：

附卷。

四月二十一日

高台县政府就调工兵开采马尾湖水库所需料石事给甘肃省省主席郭等的代电

1949 年 3 月 23 日　　张 2-341

三（38）寅字第六五五号

甘肃省政府主席郭、甘肃省第七区行政督察专员兼保安司令王

代电呈报洽调工兵开采马尾湖水库所需料石情形请鉴核由：

建修马尾湖水库，以本县技术石工不敷供用。本府经以三（37）亥字第三四六四号电请“酒泉王专员，钧署商洽河西警备总部，调拨工七团工兵来县协助开采石方”一案。

查工七团工兵一排于本年六月二十日到达县城。旋于二十四日前往正义石场开始工

作。截至三月十三日该排奉命令归建，经工程总处验收共计开成片石二百六十公方，并该排工作期间，有本府派员协助工作，情绪至为良好，未完石方仍由雇用工人继续赶作。

电请钧鉴核查。

县长冯

民国三十八年三月二十三日

水库总则

1949年　　张2-341

水库蓄水前应详细检验各部工程，如有损坏，务于蓄水前修复。

蓄水之前应先冲洗库址积水。

水库蓄水位最高不得超过设计水位，使用初年应酌为减低，视风浪情形再定应蓄之水位高程。

蓄水时期应逐日记载水位，测验水库蒸发、渗漏情形。

蓄水期间水量之蒸发、渗漏自所不免，如有可能应设法补充。

土堤之保管：

土堤宽度、高度及侧坡应保持一定标准。如因风雨、风浪之剥蚀时应随时修复，以维原状。

特别指定牲畜车辆通行之路口，除着当地住户、保甲长及畜主具结保护外尤应随时检查。

土堤以上严禁牲畜、车辆通行，违者责令修复并酌情惩处。

随时检查土堤是否被穴居动物穿洞情形，以防灾害。

围堤如有缺口排注农田余水入库者，应于蓄水前通知各口封闭。

建筑物附近土堤应加意保护。

一、建筑物之保护：

建筑物如有走裂、剥落或侵蚀时应于水库空时检修之。

所有闸门及押板均应于蓄水前，详细检查。如有损亏，应即更换。

启闭机施用前须加滑油，平时每月涂油一次，以防锈蚀。

水库空时，闸门应悬空提起，免受反向之压力。

闸门漏水亟须严防，蓄水之前对于防止漏水各部，应详加检查。如蓄水期间仍有漏水情形，则应用油毛毡，不得已时填土堵塞之。

二、引水渠给水渠之管理：

渠道如发生冲淤情形，则冲刷处铺砌草皮，淤积处浚挖至设计高度。

渠水位应利用闸门调节之，使水位勿超出设计水位。

各渠非必要时以少过水位原则。

建筑物附近渠道应加意保护。

三、各水闸之使用时间及方法：

防洪闸、进水闸。

甲、水库引水时全部开启，至水满时全部封闭。惟引水时间如黑河水位过高，为维持引水渠设计水位，仍酌为封闭。

乙、水库蓄之需要高程，后如有倒流出库危险时，应将进水闸口尾押板极严密封。闭其时开启泄水闸，以排泄注入引水渠口之泄水。

上库给水闸。

甲、开始蓄水时全部开启，至下库水满后，即行关闭。

乙、放水时至下水库水面降落露出洞顶时，即可开启闸门。如上游水位过高，为限制洞内流速过大，以免冲刷起见，仍局部开启。

下库给水闸。

甲、蓄水前将闸门关闭。

乙、启闸放水时，须将临河渠渡槽水位维持至六公寸深，方可启闸以策安全。

丙、启闸时双孔齐开。

临河渠给水闸于下库水闸开启前三天启闸放水，平时应将闸板严密封闭勿渗漏。

四、蓄水时间及设计水位

黑河解冻即引水冲洗，然后蓄水。上库设计蓄水高度为13160①，下库设计蓄水高度为131370，引水渠进水闸处设计水位131611，给水渠下库给水闸出口处设计水位131030，均以不超过为原则。尤以蓄水高度及给水高度更应严密注意。

民国三十八年

建修马尾湖水库碑记

1949年6月14日　　张2-341

本县地当黑河下游，向赖引水入渠，资以灌田。每因上游截引，水源缺乏为患已久。前清年羹尧将军抚甘时，曾规定于芒种前十日，将上游渠口封闭，限期十日，专供本县西部及鼎新灌田之用。然此仅为消极之限制，非彻底解决之办法也。至三十七年五月，省府主席郭公有鉴及此，特饬水利局黄局长万里及水利部河西工程处派员来县考察，佥以马尾湖一带低洼之地，土质既劣，荒芜已久，且距河身近堪为蓄水之用，于是拨发巨款鸠工兴建。计自三十七年七月一日至三十八年七月底完成，其中自三十七年十一月一日至三十八年四月十五日，因天寒地冻尚有短期停工。总计全部工程历时一年又一月，测身长近五公里宽，平均八百公尺，蓄水量七八七五七〇〇立方公尺。除渗透蒸发外，有效灌溉水量为三五二〇〇〇〇立方公尺，可灌田三三〇〇〇市亩，从此春间无用之水可以蓄供芒种夏至之用，人民生计得有攸赖利益之溥，殆无与伦比矣。余以三十五年三月奉命承之高台县政，迄今三年有余。故于马尾湖水库工程之建修，始终其事，爰于完成之日，纪其大略，以垂永久。又此次工程主其事者，施处长彭龄、吴副处长尚贤，工程师刘登济、张守宽、

① 编者按：本段数字无单位。

张子良等，莫不亲赴工地实地指挥。本县国大代表王兆德，参议会议长王占科及士绅孙延龄等对于工程亦皆热心赞助，弥值钦佩云。中华民国三十八年七月实授高台县县长庆阳冯周人谨识。

民国三十八年六月十四日

高台县政府就调工兵开采马尾湖水库所需料石事给甘肃省第七区专员的代电

1949 年 8 月 25 日　　张 2-341

三（38）寅字第六五五号

甘肃省政府第七区行政督察专员兼保安司令王

代电呈报洽调工兵开采马尾湖水库所需料石情形请鉴核由：

建修马尾湖水库，以本县技术石工不敷供□□□□□□□①四号毛钧署“商洽河西警备总部调拨助□□□□□□□②开采石方”一案。

查工七团工兵一排于本年六月二十日到□□□□□□□③正义石场开始工作。截至三月十三日改排奉命令归建，经工程总处验收□□□□□□□④八十公方，并该排工作期间，有本府派员协助工作，情绪至为良好。未完石方仍由雇用工人继续赶作。

电请钧鉴核查。

高台县长冯周人

民国三十八年三月二十五日

处理意见：

备查。

四月六日

高台县政府就本年建修马尾湖水库督征民工车辆情形给甘肃省第七区专员的代电

1949 年 6 月 10 日　　张 2-341

三（38）巳字第一三五一号

甘肃省政府第七区行政督察专员兼保安司令王

代电呈报“本年建修马尾湖水库督征民工车辆情形”请鉴核备查由

查本县本年度建修马尾湖水库工程，未完土方，督征民工、车辆，业以一三（38）辰

---

① 编者按：此处原文档漫漶，不可识。

② 编者按：此处原文档漫漶，不可识。

③ 编者按：此处原文档漫漶，不可识。

④ 编者按：此处原文档漫漶，不可识。

字第九四五号代电报核在案。

本年四月二十一日案准马尾湖水库工程处公函“以留存正义石场料石六百公方，需要牛车一万二千车夫，于河水断流期间抢运藏事”等由。本府当以三（38）辰字九八五号代电“配雇牛车四千零三十二辆，连同上年一、二两批欠运牛车一千九百六十八辆，共计发动牛车六千辆，计一万二千车夫。自五月六日起运至五月二十七日止，抢运藏事”。并于五月二十八日检讨未完土方，第一期发动民工仅作成一半，当即依照议定征标准，发动第二期民工计一千四百名，自六月一日赶工作四十日刻正加紧督修中。

兹谨抄检拉运料石车辆数量表及本年第二期督工配当表，各一份，随电附赍。

请钧鉴核查。

高台县长冯周人

民国三十八年六月十日

处理意见：

备查。

六月十九日

附表　高台建修马尾湖水库第二期督工配当表

附记	合计	四维乡		常明乡	柔远乡	建康镇	乡镇	高台建修马尾湖水库第二期督工配当表
		直接	间接	间接	间接	间接	区别	
民夫工作期限暂定为四十日，所需运土车辆由拉运料石剩余项下随时调用	155,220	18,985	7274	426,960	5,823,195	30,130亩26	地亩总额/亩	
	1400	50	466	278	399	207	每日应到工数/名	
			每40亩7分地配雇民工1名，自六月一日起施工			每145亩九分地配雇民夫1名，自六月一日起施工	备考	

附表　高台建修马尾湖水库各乡镇运输料石车辆分配表

说明	合计	四维乡	常明乡	柔远乡	建康镇	乡镇别	高台建修马尾湖水库各乡镇运输料石车辆分配表
拉运料石共800方，需用大车800辆，每辆装运500市斤。兹依第二次县政会议决议案各乡镇负责车辆如上数		26,359	40,600	58,231	30,130	地亩总额/亩	
	8000	2666	1650	2428	1256	配车数量	
	3000	540	780	1120	560	第一批已运数	
	5000	2126	870	1308	696	第二批已运数	
	同右	同右	同右	同右	每辆往返发小麦1市斗4升	牛车单价	
	同右	同右	同右	同右	二月九日起至二十二日	运输期限	
						备考	

高台县政府就工七团派赴协助开采本县水库石料工兵业已归建事给酒泉警备总司令的代电

1949 年 3 月 28 日　　张 2-341

三（38）寅字第 665 号

河西警备总司令李：

代电呈复“工七团派赴协助开采本县水库石料工兵业已归建”请查核：

本年三月十四日民中第一〇三号代电均悉。

查工七团派赴本县开采水库石料工兵一排，业于本月十三日由正义石场起程赴酒归建。

除已函复工七团外，所核备请核查。

县长马

民国三十八年三月二十八日

河西警备总司令部就工七团派赴修建马尾湖各库士兵一排即日归建事给高台县政府的代电

1949 年 3 月 14 日　　张 2-341

民中字第 103 号

高台县府冯县长

电请转饬“工七团派赴修建马尾湖各库士兵一排即日归建”并报备由：

据工七团三十八年三月九日酒泉字第〇三七号代电称“奉长官公署轩一天字第 0184 号代电饬本团警酒之特务连第六连及团部一部人员即开兰归建。遣电请钧部速饬高台县政府将本团第六连赴高台协助建修马尾湖水库士兵一排即日归建，以便全部开兰。”希即查照转饬该排即日归建并复。

总司令李铁军

民国三十八年三月十四日

处理意见：

工兵排业已归建即日复查。

三月二十二日

水利部甘肃河西水利工程处张掖工程区就筹组水董会及管理所以便工程结束后负责工程养护事宜给高台县政府的公函

1949 年 6 月 28 日　　张 2-341

张（38）巳字第 013 号

高台县政府

函请督饬马尾湖蓄水库工程受益人民径速筹组水董会及管理所，以便负责工程养护事宜，并转请筹组情形及成立日期见示由：

案奉经济部甘肃河西水利工程处本年六月十一日工（38）巳字第 657 号训令开“查马尾湖蓄水库工程即将结束，由县府督饬受益人民组织水董会及管理养护之责。关于技术事宜，由该区随时派员指导”等因。

查高台马尾湖水库工程即将竣工，现正着手赶办工程处结束，请贵府督饬受益人民径速筹备组织管理所，以便接受免碍养护。

嗣后有关养护方面技术事宜，请转饬管理所与本区随时取得联络，俾便协助。

函请查照，并转将组织情形及成立日期见示为荷。

主任周项

民国三十八年六月二十八日

处理意见：

督导受益人民，从速组织管理机构并将成立日期复查。

七月二日

高台县政府就增加马尾湖水库工资事给高台县参议会的公函

1949 年 3 月 14 日　　张 2-341

三（38）寅字第 569 号

高台县参议会

为准函呈请“增加马尾湖水库工资”一案复请查照：

前准贵会高参秘（38）子字第四二号公函“附送转请省府增加修建马尾湖水库工人工资，以期早日完成工程”一案。

本府尝以三（38）丑字第三二九号呈奉“甘肃省政府水二（38）丑字第三八二五号指令‘增加建修马尾湖水库单价’一节，因限于工程费预算转请未便照准。”

复函查照。

县长冯周人

民国三十八年三月十四日

高台县政府就水库工程处备发民工所需工具事给高台县参议会的公函

1949 年 5 月 20 日　　张 2-341

三（38）辰字第 1132 号

高台县参议会

函复转函水库工程处备发民工所需工具一案请查照由：

高泰秘（38）辰字第一一九号公函敬悉。

查此案前据“各乡镇长事因前由”呈请到府。本府业以三（38）辰字第一〇九一号函达“马尾湖水库工程处查照办理”在案。

复请查照。

县长马

民国三十八年五月二十日

高台县参议会就水库工程处备发民工所需工具事给高台县政府的公函

1949 年 5 月　　张 2-341

议文第 157 号

高台县政府

函送本会二届六次大会参议员王庆春提建议“县府函请马尾湖工程处建修民夫需用工具，应由该处备发应用，以轻民累”一案，请查照办理见复由：

本会二届六次大会参议员王庆春提建议“县府函请马尾湖工程处建修民夫需用工具，应由该处备发应用，以轻民累”一案。

经交本会二届六次大会决议“以大会名义函请县政府转函马尾湖工程处准备各项工具，分发修库民工使用，以轻民累”等语，记录在卷。兹拟原提案一份，随文附送。

请查照办理见复。

议长王占科

民国三十八年五月

处理意见：

函工程处查照办理，并复。

五月十三日

议员王庆春等就政府函请水库工程处备发民工所需工具事的提案

1949 年　　张 2-341

建议县府函请马尾湖工程处修库民工需用工具，应由该处备发应用，以轻民累案：

本县马尾湖水库工程浩大，民夫集中修筑，关于所用工具如铁铣、草框、抬笆、扁担等工具，除水库供给及民夫少数携带者外，其他民夫多则赤手空拳，无法工作，以致空耗民力，耽延时间，莫此为甚。兹为该库工作效率加强起见，应由该库对于民夫使用所缺工具，尽量供应，俾得早日完成而节省民力。自应专案提交大会讨论并希公决。

以大会名义函请县政府转函马尾湖工程处准备各项工具，分发修库民夫使用，以轻民累，并在水利专款下拨支民工管理员伙食费用。

提案人　王庆春　许鹤龄

连署人　程居正　刘定国

民国三十八年

高台县政府就马尾湖水库工程处运输火药证明事给甘肃省保安第三团冯团长的公函

1949 年 3 月 3 日　　张 2–341

三（38）寅字第 440 号

甘肃省保安第三团冯团长

请函请惠予证明马尾湖水库工程处运输火药一案，希查照办理见复由：

准本县马尾湖水库工程处公函“以在兰购买炸药二万六十公斤□，由贵团杨君普洲押运。惟至河口汽车抛锚，杨君即将火药等放河口车站近，据杨君声称是相项火药，诚恐沿途军警发生误会，嘱转请贵团惠予证明。俾早日运来，以利工程进行”等由到府。

查是项火药确系水库所需料石之用，现在需用迫切。

函请查照，函希惠予迅给证明文件，以便施运，并盼见复。

县长冯周人

民国三十八年三月三日

甘肃省保安团第三团冯团长就马尾湖工程处运输火药事给高台县政府的公函

1949 年 3 月 9 日　　张 2–341

保伸书寅字第 126 号

高台县政府冯县长

为马尾湖工程处运输火药一案，俟水利局来函证明后，即行发还由：

顷准贵政府三十八年三月三日寅字第四四〇号公函敬悉。

查马尾湖水库工程处运输火药一案。事先与本团并未商洽，于起运后亦未接获该工程处函告。该车行至河口车站，因绳磨断，将箱摔下，始知箱内所装者全系违禁物品火药。因本团为名誉及责任关系，当时查询起运原因，未曾得到正确报告。只有将该火药转存河口车站，查明原因后再行处理。正在调查期间，前准贵府参议会党部，及今日贵政府来函证明。本应如嘱照办，因在河口众目共睹之下，发现贩运违禁物品，责任所在，未便擅自处分，俟水利局来函证明后，即行发还。

兹准前因相应函复，即希查照为荷。

团长宋耀华
民国三十八年三月九日

处理意见：
函工程处查照。

三月十六日

高台县政府等就派刘桂胜协助工程处开采料石事给陆军工兵第七团宋团长的代电

1949 年 1 月 12 日　　张 2-341

高库三（38）子字第 85 号
陆军工兵第七团宋团长
为“电复惠派刘连副桂胜来县，协助马尾湖水库工程处开采料石”一案请查照由：
本年九月八日酒泉字第〇三一三代电敬悉。
□集工程有四人员，会同专员刘连副桂胜商讨施工进行步骤：“（1）工兵全排来高，由马尾湖水库工程处补助车费金圆一千六百元；（2）工兵施工期间食需面粉，比照普通磨户交面重量，由工地附近保民领麦磨粉供给食用；（3）工兵待遇是由工程处验收开成石方后，比照本县普通石工开石工资标准，随时给予。但在未开成石方前，先由工程处酌给小麦，以维工兵生活；（4）所需头具、大锅、风箱，由工程处筹备。至开石工具，除工程处现有八磅锤一十五个、钢钎一十根外，其余所需工具均有工兵连准备”等语。
用转电请查照，至希惠予饬速前来工作，实纫公谊。

高台县县长　冯国人
高台马尾湖水库工程处长　吴尚贤
中华民国三十八年元月十二日

陆军工兵第七团宋团长就派刘桂胜至工程处协助开采料石事给高台县政府的代电

1949 年 1 月 8 日　　张 2-341

酒泉字第 0313 号
高台县政府：
奉河西总部三十八年一月四日民延字第 001 号代电开：“（一）据七区专署二（37）亥字三四八二号代电称据高台县政府冯县长三（37）亥字第（3464）号代电‘查六成惟本县所有技术石工，为数甚少，长期作工，诸多逃避，致将所需料石迄未完成十分之三，深感影响工进效率。兹以工七团宋团长因公来县，经洽请调拨二兵一排以资赶作料石，惟准宋团长面复，拟调工兵一排须要呈准上级以命令行之’等语，拟恳钧署转请河西警备总司令部，饬调拨技术工兵一排来县协助，以利工进，否则此项工程诚恐不能按期完成。（二）工兵待遇经商马尾湖工程处议定标准，按照开成片石每公方发奖小麦三市斗五升。（三）请钧鉴核办示遵。”

该县所称属实，拟请准予转饬工七团派兵一排前往高台协助，以利工作。希径到七区专署洽办，并复。兹派本团第六连连副刘桂胜，前往贵府洽办，请赐予指示，以便派队前往工作为荷。

团长宋耀华（印）

民国三十八年一月八日

处理意见：

吴处长办理，并复。

周人

一月十一日

高台县政府就工兵排来高补助汽车油资查收给据事给陆军工兵第七团宋团长公函

1949 年 2 月 3 日　　张 2-341

三（38）丑字第 200 号

陆军工兵第七团宋团长

为函送工兵排来高补助汽车油资二千八百元请查收给据由：

本年元月十二日三（38）子字第八五号代电到达。惠派工兵排已于本年元月二十二日到达县城，旋于二十四日，由本府发动大车送往正义石场。同时遴选本县保安团分队长罗占魁，会同前往常明驻在协助进行。兹由马尾湖水库工程处依照商定进行步骤，第一项规定送来工兵来县汽车油资二千八百元，如数购买汇票随函附寄。函请查收，并希锡据见复。

县长冯周人

民国三十八年二月三日

陆军工兵第七团就受到汽车有资收据事给高台县政府的公函

1949 年 2 月 8 日　　张 2-341

酒泉字第 0325 号

高台县政府：

三十八年二月三日三（38）丑字第 200 号公函敬悉。由省行汇来之汽车油资二千八百元已如数收到。兹将收据一纸随电附上。请查收为荷。附据一纸。

团长宋耀华（印）

民国三十八年二月八日

处理意见：

附卷并送工程处一图，收据送工程处收讫。

周人

二月九日

高台县长政府就拨派协助开采本县水库石料工兵业已赴酒归建事给陆军第七团宋团长的公函

1949 年 3 月 22 日　　张 2-341

三（38）寅字第 625 号

陆军工兵第七团宋团长

为函复“贵团拨派协助开采本县水库石料工兵业已赴酒”请查照：

酒泉字第〇三四〇号代电敬悉。查“贵团拨派开采本县水库石料工兵一排，业于本月十三日由正义赴酒归建。”复请查照。

县长冯周人

民国三八年三月二十二日

陆军工兵第七团就派协助工程处开采料石兵归建事给高台县政府的代电

1949 年 3 月 9 日　　张 2-341

酒泉字第 0340 号

高台县政府：

奉长官公署轩一天字第 0184 号代电饬本团留酒之特务连，第六连及团部一部人员即开兰归建。请贵县速饬本团第六连开赴贵县马尾湖协助建修水库之士兵一排，即日开酒归建，以便开兰为荷。

团长宋耀华

民国三十八年三月九日

高台县政府就派员前往正义石场协助工兵派开采料石事给队长罗占魁的指令

1949 年 6 月 19 日　　张 2-341

一五三（38）子字第 139 号

罗队长占魁

为令派员前往正义石场协助工兵排开采料石一案，仰遵照办理，并将协助情形随时报核由：

建修马尾湖水库所需料石，业经洽由工七团拨派工兵一排，前往正义石场协助开采。

惟对工兵需用面粉等物，为避免纷扰民众起见。兹派该队长前往正义石场监视办理，并拟定注意事项一份，随令附发。仰即前往正义峡石场，径洽工兵排刘连附桂胜依照注意事项，妥慎办理，并将协办情形随时报核。本案已分电工程处及工兵排查照。

县长冯

民国三十八年一月十九日

高台县政府就保安队罗队长前往正义石场协助工兵派开采料石事给高台马尾湖水库工程处的代电

1949 年　　张 2-341

一五三（38）子字第号

高台马尾湖水库工程处吴处长

为令派本县保安团队罗队长，前往正义石场，协助工兵施工一案，希查照随时协助由：

查工兵前往正义峡协开料石，对于施工期间兵工食需面粉等项，为避免纷扰，进行便利。迄今已派本县保安团分队长罗占魁，前往工地依照会发注意事项，接洽办理。电请查照，希于该员到达工地，随时协助以利进行。本案除饬该队长迅即前往工作外，并电工兵排查照。

县长冯

民国三十八年

保安队长罗占魁就协助工兵排开采料石及工兵排食用面粉账单给高台县政府的签呈

1949 年 3 月 16 日　　张 2-341

案奉钧府本年元月十九日一五三子字第 139 号派令“派罗占魁前往正义石场，协助工兵排开采料石，并将协助情形，随时报查”。职遵于元月二十日前往该地协办。现是项工程业已完成，该工兵排风纪甚佳，并无纷扰民众情事。附四维乡第五保结具一纸。惟该排菜全系实物兑换面粉开支情形，由职详列账目附后。请鉴核备查。谨呈县长冯。附工兵排食用面粉账目及保内结具各一纸。

职罗占魁（印）呈

民国三十八年三月十六日

附：开支工兵排食用面粉清单

共领小麦一十一石正（老斗）。

共磨面粉二千六百四十斤（老斤）。

共发面粉二千六百四十斤（老斤）。

上项所；领小麦一石共磨面粉二千六百四十斤，全部用罄无余。

经收人罗占魁（印）呈

民国三十八年三月十六日

处理意见：

摘要转报省府核查。

周人

三月十九

高台县政府就筹工兵排返程拉运行李车辆事给陆军工兵第七团的公函

1949 年 3 月 5 日　　张 2-341

三（38）寅字第 479 号

为函复嘱筹返程拉运行李车辆一案希查照由：

本年三月四日笺函敬悉。关于此次马尾湖开采料石工，程承贵团协助□□□感。但前何指导员来府面谈，于最近限内完成三百公方，本府已将告知工程处该处，亦殷切希望达到此项数字。拟仍需□勉为其难，发挥军民合作精神，完成上项数字。贵部返程运输行装车辆，当于工作手续办竣时，请惠予函复即行发动，用转饬工地承运。函复查照。

县长冯周人

民国三十八年三月五日

工兵刘桂胜就筹工兵排返程拉运行李车辆事给高台县政府的电报

1949 年 3 月 4 日　　张 2-341

县座钧鉴：

敬启者，自来正义迄今月余，日在忙判中，但不及函复，极为原谅。关于开取石方工作，在日内即可完成。约二□□之□□，但未完全经工程处收方。敝部队处工作手续交清后，决定由正义出发，经□池、临水近酒泉防地，但路途需用运器具行李之车辆，但用汽车对油料方面实感困难。请贵县派大车八辆，以资输用，并交来人带回正义为要。敝人当来贵县面谈，言不多叙，并见复为感。敬仰，进步。

三六连连副刘桂胜（印）

民国三十八年三月四日

民工管理员李效儒就到工车辆及运费事给高台县政府的呈文

1949 年 1 月 17 日　　张 2-342

仅将各乡实到车辆详列于后。计建康镇已到二三八辆、柔远仅到五九辆、常明到五八一辆、四维实到四四一辆，祈派员前往柔远督催。按本府规定日期运完，免受拖累。据四维乡各保长面称，该保上年均借工程处小麦尚未交还，由此次运费项下顶还，而工程处不愿由运费项下顶还，请函洽吴处长是否顶还。十二号所发建康、常明两乡镇运费折合发钱，不知按何价发付。每辆车只发二十五元，众车夫议论纷纷均嫌吃亏。最近无款发付暂停，俟款到再发。究按何价发给？祈示祗遵。请鉴核查。

职李效儒（印）

民国三十八年一月十七日于马尾湖

处理意见：

附卷。

一月十九日

交第三科，已分别处理在案。

周人

一月二十日

高台县政府就征雇石工事给马尾湖水库工程处的公函

1949年1月21日　　张2-342

三（38）子字第151号

马尾湖水库工程处吴处长

函复“催促石工”一案希查照由：

高库字第五七号公函敬悉。兹以农历年关已近，刻印暂催石工，恐难如期到达。拟于年节过后，即加紧发动，以赴事功。复请查照。

县长冯

民国三十八年一月二十一日

高台马尾湖水库工程处就催征石工到工程处工作事给高台县政府的公函

1949年1月14日　　张2-342

高库字第五七号

高台县政府

为函请“速催石工来处工作以利工进”由：

迭奉省政府水二（37）亥字第3258号训令及水（38）子字第3646号训令，着由贵县征雇石工三五名，迄未来处工作，以致工进大受阻滞。石工待遇调整原则经省政府批准四项办法：（一）工资从优支付，每月伙食不计外，实发小麦二市石，并对努力工人酌给奖金。（二）石工到达工地每月准假五日，轮流归家，并于农历年节放假十日。（三）伙食取决多数工人之同意尽量改善。（四）住宿由工程处尽量改进，以夜间不受寒冷为标准，至各该石工所得工粮，可在各该县仓本处存粮项下按月拨交。请即选雇技艺优良之石工三五名，速来工作，以便呈复省府而利工进。即希见复。

处长（印）代

民国三十八年一月十四日

处理意见：

兹以农历年关迫近，刻即督催石工，恐难生效。拟于年节后加紧发动，以赴事功，函复查照。

一月十五日

高台政府就祁连乡公所呈报征雇石工事给高台马尾湖水库工程处的公函

1949 年 3 月 1 日　　张 2-342

三（38）寅字第 429 号

高台马尾湖水库工程处吴处长

为据祁连乡公所呈报征雇石工情形请查照由：

本年二月二十二日，案据本县祁连乡公所祁（38）丑字第二号呈称，入原文，等情到府。查该乡石工向未登记，难免名不符实。已令饬该乡长阐明石工待遇调整标准，切实调整征雇，迅即补充在案。函请查照。

县长冯

民国三十八年三月一日

高台县政府就征雇石工事给祁连乡周乡长的指令

1949 年 2 月 23 日　　张 2-342

三（38）丑字第□□□号

祁连乡周代乡长

据转呈征雇石工情形一案仰遵照办理具报由：

本年二月十八日祁（38）丑字第二号呈悉。

查该乡石工尚未办理登记前传名单，系一般工人检举，难免不无遗漏。兹以石工待遇，迭经调整最低限度，每名每月除伙食费一市石六斗外，获给工资小麦二市石。

仰该乡澈查征雇，迅将该乡配额（十名）照数补足，勿误。并将办理情况，具报为要。

县长冯周人

民国三十八年二月二十三日

高台县祁连乡周乡长所就征雇石工情形给高台县政府的呈文

1949 年 2 月 18 日　　张 2-342

祁（38）丑字第 2 号

高台县政府县长冯

为据请转呈祈核查由：

据本乡户民王延年、周文道、于自华等呈“以奉命传集民等到马尾湖做石工等情。查民等并非石工，请查明核转，免予征集”一案。查该民等所称并非石工确系实情，如王延年其父王朝弼虽系石工早已亡故，其子并未继业。杨相□、余自华亦同是，他如□传之张武林、李石匠、王章禄等亦已亡故。如何弘道、莆石匠等九人又早逃他方，贾洪年向石匠病在危急，均无法传集。兹将本乡实有石工，杨得民、周连道、贾福年三人传交来警郑文昭前来工作。祈核查。

代理祁连乡乡长周万年（印）

民国三十八年二月十八日

处理意见：

函转工程处查照并指令知照。

周人

二月二十三日

高台县政府就发还水库工程处拨粮收据两联事给高台马尾湖水库工程处的公函

1949 年 3 月 12 日　　张 2-342

三（38）寅字第 542 号

高台马尾湖水库工程处

为准函发还水库工程处拨粮收据两联：

一、本月五日准本县田赋粮食管理处田二（38）希查照存档由。寅字第一一九号代电“以拨粮。马尾湖水库工程处工粮一千市石，除已照数拨粮，并将收据一、二两联由启分别存档外。兹将三、四两联随电退还，嘱查照收转”一案。

二、兹检同原档两联随电附寄。

三、请查照存档。

县长冯周人

民国三十八年三月十二日

高台田赋粮食管理处就发还水库工程处拨粮收据两联事给高台县政府的代电

1949 年 3 月 4 日　　张 2-342

田二（38）寅字第 119 号

高台县政府：

一、三（37）酉字第二八〇四号公函，附送领据印模名一纸，敬悉。

二、拨发马尾湖工程处食粮一千石，除已令饬本处县城办事处照数拨发，并将收据一、二两联由处分别存转外，兹将三四两联随电退还，希查收凭转。

三、特电查照。

兼处长冯周人

民国三十八年三月四日

处理意见：

检同原据函工程处转报。

周人

三月七日

高台县政府就催交拨贷四维乡各保借粮以清手续事给高台马尾湖水库工程处的公函

1949 年 3 月 5 日　　张 2–342

三（38）寅字第 690 号

高台马尾湖水库工程处

为准函“催交拨贷四维乡各保借粮以清手续”一案请查照见复由：

一、准本县田粮处，本年三月十四日田二（38）寅字第一四四号公函‘以据县城办事处呈以三十七年仓存项下拨贷四维乡各保，建修马尾湖水库民工食粮三百石。内四维城临河、常丰、河西、正义等保各借五十六石。□开借粮或检石，此项借据是否催交收田或作正开支？嘱查照清理手续”等由到府。

二、查四维乡临河等保贷借无息工粮，曾经贵处吴处长面谈“由该乡各保民夫工资项下扣抵”等语，故府是项贷粮未予追交？

三、函请查照，希将扣抵手续办竣见复，以便结束。

县长冯

民国三十八年四月一日

高台县政府就催清交借粮以清手续事给柔远方乡长的训令

1949 年 3 月　　张 2–342

五三（38）寅字第□□□号

柔远乡方乡长

为令催清交□□□□□□□□[①]：

一、准本县田赋粮食管理处，田二（38）寅字第一四四号公函‘以三十七年仓存项下借给铁匠做矛头费小麦一十五市石。吴处夫曾经办，无法清追。嘱清追交”一案。

二、查矛头费小麦一十五市石，临河、常明各保是否业已交仓□□。惟该乡是否迄未交仓，再令仰该乡长遵照，迅予交仓，并具报凭转。

县长冯

民国三十八年三月

---

① 编者按：此处原文档漫漶，不可识。

马尾湖水库工程处就贷借无息工粮由民工土方及车夫应得工粮内直接扣还事给高台县政府的公函

1949 年 4 月 29 日　　张 2-342

高库字第（38）新字第 8 号

高台县冯县长

为函复“贷借无息工粮，决由各该保应得民工土方及车夫应得工粮内直接扣还”由：

一、贵府（38）卯字第六九〇号公函敬悉。

二、四维乡临河各保贷借之无息工粮，决定由各该保应将民工土方及车夫所得工粮内，直接扣还。

三、函复查照。

处长施彭龄

民国三十八年四月二十九日

处理意见：

函转田粮处查照。

五月二日

高台田赋粮食管理处就催交四维乡各保借粮以清手续事给高台县政府的公函

1949 年 3 月 14 日　　张 2-342

田二（38）寅字第 144 号

高台县政府

函请“催交四维乡各保借粮以清手续”由：

一、据本处县城办事处田办丑字第（111）号呈开：一、查三十七年仓存项下借给四维乡各保，马尾湖工程处拨贷民工食粮三百石。内罗城、临河、常丰、河西、正义各保各借五十六石，万开借粮二十石。此项借粮是否催交收回或作正开支。二、查三十七年仓存项下借给铁匠做锚头费粮一十五石，由各乡镇公摊归还。

二、该项借粮及借做锚头费粮，本处未曾经办，无法清追。

三、特请贵府抄原借数量，分别追交，以清手续。

兼处长冯周人

民国三十八年三月十四日

处理意见：

1. 查矛项费十五石，建康常明各五石，据查已交仓□□，唯柔远仰五石尚未交仓，令催速交以清手续。

2. 四维乡临河保等贷借无息工粮，曾洽工程处由该各保民夫工资项下扣抵。函工程处办理手续见复凭转。

三月二十二日

高台县政府就调整民工管理员待遇事给高台马尾湖水库工程处的公函

1949 年 4 月 13 日　　张 2-342

三（38）卯字第 838 号

高台马尾湖水库工程处

为据情函转“调整民工管理员待遇”一案，希查照见复由：

一、本月十二日据建康镇长许正荣、柔远乡长方新明、常明乡长盏百聪等签呈称，入原文，等情到府。

二、函希查照办理，并见复为荷。

县长冯

民国三十八年四月十三日

高台县政府就民工已到工地并发给民工工具事给高台马尾湖水库工程处的公函

1949 年 5 月 16 日　　张 2-342

三（38）□字第 1091 号

高台马尾湖水库工程处施处长：

一、案据本县建康、柔远、常明各乡镇长联名签呈“以建筑马尾湖水库，发动各乡镇民夫，均已到达工地。惟平乡镇虽列为间接受益区域，已使民众加重负担，对于民工需用工具，除铁铣外，其余草框、抬笆实非农家普通所产之物。应由工程处置备发给使用，以资调节民力”等情到府。

二、查该乡镇长所称情节，确属实在，应予照办。

三、函查照办理，见复。

县长冯周人

民国三十八年五月十六日

建康镇许镇长等就发给民工工具事给高台县政府的呈文

1949 年 4 月 20 日　　张 2-342

一、查马尾湖水库工程处，已于本月二十五日正式开工。所有各乡镇民夫，均已先后到达。

二、本乡虽列为间接受益区，仅应之民夫，已使民众加重负担不少，故民工需用工具，除铁铣外，其余草框、抬笆等均应由工程处直接发给，以便节省民力。

三、请即速转工程处办理。

谨呈县长冯。

建康镇镇长　许正荣（印）

柔远乡乡长　方新民（印）

民国三十八年四月二十日

高台县政府就发动车辆前往临泽威狄堡装运水库需用石灰事给补给站长的公函

1949 年 5 月 25 日　　张 2-342

三（38）寅字第 1175 号

补给站王站长

为准函令饬"发动车辆前往临泽威狄堡装运水库需用石灰"由：

一、本年二月十一日案准高台马尾湖水库工程处□（38）寅字第一五号公函"以在临泽威狄堡购就石灰，需用迫切，嘱代雇牛车五十辆。"

二、仰接续上年度配雇车辆号次，发动牛五十辆。于本月二十八齐集县城内水库工程处，以便派运员押运。

三、本案已函工程处查照。

县长冯

民国三十八年五月二十五日

高台县政府就雇拉运石灰车辆事给高台马尾湖水库工程处的公函

1949 年 5 月 24 日　　张 2-342

三（38）寅字第□□□号

高台马尾湖水库工程处施处长

为函复"嘱雇拉运石灰车辆"一案，请查照由：

一、本年五月二十一日高库（38）寅字第一五号公函敬悉。

二、已饬补给站发动牛车五十辆，并限于本月二十八日齐集县城内，贵处听候施运。

三、复请查照。

县长冯周人

民国三十八年五月二十四日

高台马尾湖水库工程处就再派牛车赴临泽威狄堡装运石灰到达三地事给高台县政府的公函

1949 年 5 月 19 日　　张 2-342

高库字字第（38）辰字 15 号

高台冯县长

函请“再派牛车五十辆，赴临泽威狄堡装运石灰到达三地”由：

一、本处前在临泽威狄堡所购石灰，兹以需用迫切。拟请贵府迅派牛车五十辆，前往装运工地。

二、每车运价，仍照上次规定给小麦三市斗正。

三、请查照办理，见复为荷

处长施彭龄（印）

民国三十八年五月十九日

处理意见：

饬补给站，依次发动。并限于本月二十五日齐集县城内工程处，并复。

五月二十一日

高台县政府就王大同等呈称马尾湖水库涵洞建筑不平妨害该渠事给高台马尾湖水库工程处的公函

1949 年 6 月 6 日　　张 2-342

三（38）巳字第 1291 号

高台马尾湖水库工程处施处长

为据四维乡临河保民众代表王大同等呈“以建筑水库涵洞影响该渠水利，请函转工程处依照原来计划履践”一案，请查照办理见复由：

一、本年五月二十八日案据“四维乡临河保民众代表王大同等呈以建筑水库涵洞影响该渠水利，请函转工程处，依照原来测量计划实施建筑，以免发生障碍，影响水利”一案。

二、兹抄原呈一件，随函附送。

三、函请查照办理，并希见复。

县长冯

民国三十八年六月六日

高台县政府就王大同等呈马尾湖水库涵洞建筑不平妨害该渠事给高台县参议会王议长的公函

1949 年　　张 2–342

三（38）巳字第□□□号

高台县参议会王议长

为函复临河保民王大同等“为马尾湖水库涵洞建筑不平妨害该渠”一案请查照由：

一、本年五月二十八日高众秘（38）字第一四七号公函敬悉。

二、已函高台马尾湖水库工程处，查照办理。

三、复请查照。

县长冯周人

民国三十八年

高台县参议会就王大同等为马尾湖水库涵洞建筑不平妨害该渠事给高台县政府的公函

1949 年 5 月 18 日　　张 2–342

高参秘（38）辰字第 147 号

高台县政府

据请函转“本县四维乡临河保保长王大同，为马尾湖水库涵洞建筑不平妨害民渠，仰祈转请核办”一案，请查照办理见复由：

一、案据“本县四维乡临河保保长王大同，为马尾湖水库涵洞建筑不平妨害民渠，仰祈转请核办”一案。

二、该保长所呈“涵洞建筑不平妨碍水流各节”，只以实际情形未详，相应照拟原呈一件，随函附送。

三、请查照转达马尾湖水库工程处查核办理，并希见复。

议长王占科

民国三十八年五月二十八日

处理意见：

已函工程处，查照办理，函复。

五月二十一日

四维乡临河保保长王大同等就马尾水库涵洞建筑不平妨害民渠事给高台县政府的原呈

1949 年　　张 2-342

呈为马尾水库涵洞建筑不平妨害民渠，仰祈钧会电鉴俯准宏施谊□，大加维持，俾民均享水利事：

窃查马尾湖水库泄水道。往夏有水利工程处黄局长暨处长工师请员测量，定时在敝渠渠房保公所集会，宣言“泄水道由敝渠底修穿洞好极，又言好极之意义：一不损伤临河渠底，渠面，渠□之高低上、下涧狭原有之形态，决不致接触间稍生变象；二不损伤一撮之土一勺之水；三不损伤渠之体格机构，水之流行深浅缓急，原有之精神亦决不致接触间稍出异情。此不但筑涵洞事上于临河渠无丝毫之妨害，且住临河地面于居民水利建筑灾旱情事，当积极维护不遗余力”等情。保长与民众敬聆之下，一一喜屋安心，确实老信不疑。将晋一载，忽于日前工程处各保长等以示变议要率易原测定标，将前议在敝沟底以下画修之穿洞，今议在敝沟底以上非冒修出洞脊石若干公寸，不能所释不能之原因。谓“泄水道处发生泉水，近难低下掘平，故穿洞之建筑不得不提高度数。倘如欲以平之，则工程必多贵”云云。保长等闻之曷胜惶惑。夫沟□渐渐步低下顺水性也，若我沟中冒出驼峰之洞脊，使水就上，非水性也流行缓慢，延误灌溉之时日不知若干。又驼峰洞□滞沟中，则流沙水溯洄淤远达，渠口之淤高尤不知若干。此不过撮其现今显然妨害敝沟渠之二点。其未来之隐痛不一而足也，□其地下三尺有水，河西同情不得，谓敝处多泉水，该穿洞难以低下，又况损一益一仁者，不忍利遐害□知者必虑。保长等伏念沟渠是农人之命脉，决不忍其稍生障碍物。理合。呈请钧会电鉴。伏念水利关系之巨，体察敝渠受害之处大施宏□，为民竞前□患恳乞准予转咨马尾湖水库工程处。沛进初步定建筑涵洞计划之标，勿取简工速成，以顾意外之见，俾敝沟渠不受障害之影响，则感激无涯矣。

四维乡临河保保长王大同、程鹤年

民国三十八年

高台县政府就改派水库民工管理员事给高台马尾湖水库工程处的公函

1949 年 5 月 22 日　　张 2-342

三（38）辰字第 1247 号

高台马尾湖水库工程处施处长

据建康镇公所呈报“改派水库民工管理员”一案请查照：

一、据本县建康镇公所报称“水库民工管理员，以业经报请雷兴邦核委在案。事后以事实需要，又指派万登第协助办理。兹以工程艰巨，为免除浪费民工起见，万登第免职，续派王积善为民工管理员，请函转水库工程处查照”一案。

二、除核令知照外，用特函请查照。

县长冯

民国三十八年五月二十二日

高台县政府就增派水库民工管理员事给建康镇许镇长的指令

1949 年 5 月 28 日　　张 2-342

三（38）辰字第□□□号

建康镇许镇长

据呈报“增派水库民工管理员”一案仰知照：

一、本年五月十七号建（38）辰字第一一八号呈悉。

二、已函转马尾湖水库工程处查照在案。

三、仰即知照。

县长冯周人

民国三十八年五月二十八日

高台县建康镇许镇长就增加马尾湖水库民工管理员事给高台县政府的呈文

1949 年 5 月 17 日　　张 2-342

建（38）辰字第 118 号

高台县政府县长冯

呈报“本镇增加马尾湖水库民工管理员”请核查：

一、查本镇马尾湖水库民工管理员，业经报请雷兴邦核委在案。事后以事实需要，又指派万登第协助办理。

二、兹以工程艰巨，为免除浪费民工起见，将万登第免职，续派王积善为管理员。

三、恭祈核查并请转知工程处。

建康镇镇长许正荣（印）

民国三十八年五月十七日

处理意见：

转工程处查照并指令。

五月十八日

高台县政府就发动牛车前往威狄堡拉运石灰至水库工地事给高台军民招待站刘站长训令

1949 年 2 月　　张 2–342

三（38）巳字第 1465 号

高台军民招待站刘站长

为令饬“发动牛车一十三辆，前往威狄堡拉运石灰至水库工地”由：

一、本月二十三日准：马尾湖水库工程处高库（38）巳字第三二号公函“嘱派牛车一十三辆，前往威狄堡拉运石灰，以应急需。运价照售发给”等由到府。

二、仰即发动牛车一十一辆，并催七坝村欠车二辆，于本月二十六日农历一月初一日齐集县城水库工程处，以便派员押运。

三、本案以呈工程处查照。

县长冯

民国三十八年二月

高台县政府就雇拉运石灰车辆事给高台马尾湖水库工程处的公函

1949 年 2 月 13 日　　张 2–342

三（38）巳字第　号

高台马尾湖水库工程处吴处长

函复“嘱雇拉运石灰车辆”一案请查照由：

一、高库（38）巳字第三二号公函敬悉。

二、已饬本县军民招待站，发动牛车一十一辆，连同七坝村欠车二辆，并定于本月二十六日齐集县城内，贵府听候施运。

三、复请查照。

县长冯

民国三十八年二月十三日

高台马尾湖水库工程处就再速派牛车一十三辆拉运石灰以应急需事给高台县政府的公函

1949 年 6 月 21 日　　张 2–342

高库字第（38）巳字第 32 号

高台冯县长

函请“再速派牛车一十三辆拉运石灰以应急需”由：

一、本处涵洞工程尚未修竣，需用石灰异常迫切。拟请再派牛车一十三辆，前往威狄铺拉运石灰来处应用。并请即日派出，于六月底以前运迄。运价照旧发给。

二、请查照办理为荷。

处长　施彭龄公出
副处长　吴尚贤代
民国三十八年六月二十一日

处理意见：

令军民招待站依期发动，并复。

周人
六月二十四日

高台县政府就派程正居代理马尾湖水库管理所职务事的训令

1949年7月14日　　张2-342

秘人三（38）午字第160号

高台马尾湖水库管理所程所长

为令"派该员代理马尾湖水库管理所职务"仰遵照由：

一、查马尾湖水库完工在即，为顾及便利接管工程起见，兹派该员代理管理所长职务。

二、附发派令一件，管理所组织规程一份。

三、仰即遵照规程组织成立，并将成立日期且报备查。

四、□□已函工程处查照，并令四维乡公所，随时协助在案。

县长冯
民国三十八年七月十四日

高台县政府就派程居正代理高台马尾湖水库管理所所长事的派令

1949年　　张2-342

秘人三（38）午字第□□□号

程居正：

兹派该员代理高台马尾湖水库管理所长。仰知照。

县长冯
民国三十八年

高台县政府就派程居正代理马尾湖水库管理所所长事给四维乡赵乡长的训令

1949 年　　张 2-342

秘人三（38）午字第 608 号

四维乡赵乡长

为派程居正代理马尾湖水库管理所所长一案仰知照由：

一、查马尾湖水库完工在即。本府为顾及便利，赶办接管工程手续起见。兹派程居正代理管理所所长职务。

二、仰遵照随时协助。

三、本件已呈报省政府核查，并已函工程处查照。

县长冯

民国三十八年

高台马尾湖水库管理所所长程居正就组织成立管理所及增加事务员事给高台县政府的呈文

1949 年 7 月 29 日　　张 2-342

奉钧府秘人三（38）午字第一六零七号训令附发派令一件，管理所组织规程一份，饬依法组织成立具报核查一案。遵即依照管理所规，规于本月二十五日组织成立。除二务员一职，因本地缺如技术人才。若就经办水库工程人员中聘任，而每月待遇得交给八麦四市石五斗，尚属悬置外；至总务员一职，已由下游常丰渠农户马兴鸣担任。惟查水库工程甫竣之后，关于库堤及上、下闸各建筑物之看管、养护工作备极重要，且以库面辽阔，必得酌量添用人员。提事务员一人，协理会计及庶务事宜。所丁二名，长工四人，经常看护上、下水闸及随时补修库堤水泛工程，以资树立安全。所陈是否有当？恭请鉴核示遵。

高台马尾湖水库管理所所长程居正（印）

民国三十八年七月二十九日

处理意见：

1. 工务员一职，转请省府核办并复后，另令饬知。

2. 组成管理情形准予备查，至添用事务员及所丁长工启提交大董会决议，仍将办理情形，具报备查。

八月三日

高台县政府就组织成立水库管理所及选派所长事给高台马尾湖水库工程处的公函

1949 年　　张 2-342

秘人三（38）午字第 1308 号

高台马尾湖水库工程处施处长：

一、本年六月二十八日高库（38）巳字第三三号公函敬悉。

二、查马尾湖水库管理机构，经饬“四维乡赵乡长督导受益，各渠人民依法组织。”同时并派本府第三科科长范立贤，前往协办。去后。兹据该员呈复“以马尾湖水库直接受益为临河、常丰、河西、正义、罗城、红山、万开等七渠，依自然环境划为七个单位，亦将各单位水董物色就绪。适以山洪暴发，河水阻搁，无法召开水董会议，以致管理所机构尚未组成”等情到府。

三、马尾湖水库完工在即，管理机构应速组成。本府为顾及便利赶办接管手续起见，已派工地附近现任县参议员程居正暂代理管理所长职务，除饬该员依照组织规程，迅即健全人事，函请查照。

县长冯周人

民国三十八年

就组织马尾湖水库管理机构事及管理所长人选事给高台县政府的呈文

1949 年 7 月 12 日　　张 2-342

查奉省府令饬“组织马尾湖水库管理机构”一案。职于本月四日前往四维乡督导，直接受益人民，业将各单位水董物色就绪。惟因河水狂涨，渡水困难，该会成立会议尚未举行，故管理所长人选没有决定。兹请将请示及核备事项分陈如次：

一、管理所长一职（依法应由水董会聘请），但因河水阻搁关系，无法产生。据一半水董提供意见“均惟程居正（现县参议员）担任”等语。兹以马尾湖工程行将告竣，管理所应于本月二十五日以前组织成立，拟请核定人员以命令行之。

二、放水典礼以工程处意见“因限于经费及全部人员不久即离工地之关系”不举行仪式，职征求受益方面之人士意见。如□钧鉴主持举行典礼，则开会需用一切，均由受益人民负担，惟举办规模大、小得事前通知及早准备。究应如何举行典礼之处？请核示。

三、主席志铭施处长云已函兰州有关人士商办中，惟受益区域人士要求立碑，用以表明工程经过，拟请钧鉴主持为文。制碑工本费，由受益区负担当否？请核示。

四、管理办公房间，经与施处长洽谈结果，由工程处津贴银币三十元，并将余存本科全交移管理所，负责建修房屋九间，以资办公请核查。

以上各点敬祈钧鉴分别核示。

谨呈县长冯。

民国三十八年七月十二日

处理意见：

成立水董会推选所长。

放水典礼及志铭请示。

受益区人民制碑查照办。

周人

七月十三日

高台马尾湖水库工程处就从速组织管理机构俾便接管水库事给高台县政府的公函

1949 年 6 月 28 日　　张 2–342

高库（38）巳字第 33 号

高台冯县长

函请从速组织管理机构俾便接管由：

一、奉省府本年六月十四日建五（38）巳字第（2200）号训令略开“该处工程完成后，即由高台县政府接受管理”等因。查本处各项工程结束在即，相应函请从速组织管理机构，并派员参加工作，俾便接受管理。

二、请查照办理为荷。

处长　施彭龄

副处长　吴尚贤（代）

民国三十八年六月二十八日

处理意见：

派范科长前往管理机构组织成立，并指导一切进行事宜。呈核。

周人

六月三十日

高台县政府就发动车辆前往威狄堡装运水库需用石灰事给常明乡公所等的训令

1949 年 7 月 15 日　　张 2–342

三（38）午字第 1327 号

为准函令饬“发动车辆前往威狄堡装运水库需用石灰”由：

一、本月十四日案准马尾湖水库工程处高库（38）巳字第四一号公函“以水库放水尚需石灰，并为留交管理机构备用起见。嘱代雇牛车二十辆，前往临泽威狄堡拉运，并于本月二十五日以前运竣”由到府。

二、仰即发动牛车二十辆，务于本月十八日齐集县城内水库工程处，以便派员率往施运。再常明乡九、十三、十四各保及柔远乡八、十四保等从未拉运石头，应即注意，以昭公允。

三、本案已函工程处查照。

县长冯

民国三十八年七月十六日

高台县政府就嘱代雇拉运石灰车辆事高台马尾湖水库工程处的公函

1949 年　　张 2-342

三（38）午字第□□□号

高台马尾湖水库工程处施处长

为函复“嘱代雇拉运石灰车辆”一案请查照由：

本年七月十日高库（38）巳字第四一号公函敬悉。

已饬发动牛车二十辆，并限于本月十八日齐集县城内，贵听候施运。

函复查照。

县长冯周人

民国三十八年

高台县政府第三科科长就代雇拉运石灰车辆事高台马尾湖水库工程处的公函

1949 年 1 月 18 日　　张 2-342

查前准马尾湖水库工程处高库字第四一号公函“以正义石场作成石料一部分，计三百公方。嘱即发动车辆，于黑河封冻期间运往工地”一案。为谋把握时机起见，业经按照黑河受益各乡镇地亩平均发动牛车三千辆，已于元月一日开始运输在案。惟查工程处继续开采石料，又有五百公方，计需大车五千辆。究应如何配征敬祈钧鉴核夺。谨呈冯县长。

第三科谨签

民国三十八年一月十八日

处理意见：

提会。

一月十八日

高台马尾湖水库工程处就迅派牛车二十辆拉运石灰以应急需事给高台县政府的公函

1949 年 7 月 10 日　　张 2–342

高库字第（38）巳字第 41 号

高台冯县长

函请“迅派牛车二十辆拉运石灰以应急需”由：

一、兹本处石料工程尚须酌用石灰，且因为备试水以后，留交管理机构应用起见。拟再请贵府即派牛车二十辆往威狄堡拉运散灰，并希在本月二十五日以前运毕。

二、贵府前征派各乡运石车辆，经查常明乡第九保、十三保、十四保暨柔远乡第八保、十四保迄未派出一辆，请转饬该乡速酌派牛车拉运石灰俾昭公允。

三、请查照惠予办理为荷。

处长施彭龄

民国三十八年七月十三

处理意见：

令招待站迅即发动并复。

周人

七月十四日

高台县政府就依法物色水董参加管理马尾湖水库工程事给鼎新县政府陈县长的公函

1949 年 7 月 22 日　　张 2–342

三（38）午字第 1688 号

鼎新县政府陈县长

为函请“依法物色水董，参加管理马尾湖水库工程”一案请查照见复由：

一、奉省府建五（38）巳字第二二〇一号训令“（1）查马尾湖水库工程现正赶工期，于本年七月底完成。(2)［录全文］报查”一案。

二、本府当以秘人三（38）巳字第一五一八号代电“附发组织规程，转饬‘本县四维乡长赵兴隆，督导直接受区域各渠农户依法组织。’同时并派本府第三科长范立贤前往协助办理。去后旋据该员报告，以马尾湖水库本县直接受益区域依照自然环境，衡诸工程数量，及其受益程度划为七个单位，物色水董七人。适因山洪暴发，河水阻搁，一时无法召开水董会议，致管理所机构尚未组成”等情到府。

三、查马尾湖水库完工在即，本府为顾便利赶办接管手续起见，已派工地附近现任县参议员程居正暂代管理所长职务。饬依组织规程，健全机构开始工作，并将办理情形呈报省府核查在案。

四、马尾湖水库，贵县受益颇大，应由受益人民推选水董二人参加工作，以昭公允。兹照录管理所组织规程一份，随电附寄。

五、函请查照。本案已电请省府核查。

县长冯周人

民国三十八年七月二十二日

鼎新县政府就选就马尾湖水库水董人员事及水库水董人员表给高台县政府的公函

1949 年 8 月 20 日　　张 2-342

鼎三建（38）未字第 1510 号

高台县政府冯县长

□□□□□□□[1]：

三（38）未字第一七六号代电敬悉。

查本县选就马尾湖水库水董人员，本府曾以鼎三建（38）未字第一三九八号函达在案。兹再开具简历表一份。相应函复希即查照。附发简历表一份。

县长陈世兴

民国三十八年八月二十日

陈登礼	胡生儒	姓名	鼎新县管理高台马尾湖水库水董人员简历表
49	36	年龄	
鼎新	鼎新	籍贯	
初小毕业	国立肃州师范学校毕业	学历	
曾任县农会会长、乡长，水利委员会主任委员等职	曾任甘肃省油矿局事务员，县督学小学校长等职，现任县参议会议长	经历	
		备考	

高台县政府就选派马尾湖水库管理所水董姓名事给鼎新县府的公函

1949 年 8 月 5 日　　张 2-342

三（38）未字第 1789 号

鼎新县政府陈县长

为函请“速将选就马尾湖水库水董姓名惠予告知，以便转知召集会议”希查照见复由：

一、本府本年七月二十二日三（38）午字第一六八八号代电计达。

① 编者按：此处原文档漫漶，不可识。

二、查马尾湖水库全部工程业已告竣，遵照省府指示，丞启健全管理机构，以资办理接收诸备器材及策划今后管理工程，各项事宜。

三、希将贵治选就水董姓名简历，惠予迅复，以便转知各□水董会议。

四、请查照见复。

县长冯周人

民国三十八年八月五日

高台县政府就水库工程完成日期见告以便准备举行放水典礼事给马尾湖水库工程处的公函

1949 年 8 月 8 日　　张 2-342

三（38）未字第 1794 号

马尾湖水库工程处

为函请"惠将呈报全部工程完成日期，先行见告，以便准备举行放水典礼"希查照见复由：

一、查马尾湖工程业已完成，希将试水情形及呈报全部工程日期，惠予提前见告，以便准备举行放水典礼专项。

二、请查照惠复。

县长冯周人

民国三十八年八月八日

高台县政府就请派工程人员驻在马尾湖水库办理养护工务事给甘肃省政府的呈文

1949 年 8 月 11 日　　张 2-342

三（38）未字第 1838 号

甘肃省政府主席郭

代电"转请核派工程人员驻在马尾湖水库，办理养护工务事宜"请鉴核示遵由：

一、案据马尾湖水库管理所长程居正呈称"以该所业于七月二十三日组织成立，惟工务员一职，因本地缺如水利工程技术人才，尚属悬置。且以工程甫竣，关于养护库堤及启闭门均需技术指导备极重要。呈请洽派工程人员负责指导，以便办理工务事宜。"

二、查该工程落成逾时未久，对于所筑堤坝及各建筑物尚未稳固，殊有调派技术人员指导养护之必要。拟请钧府准予洽派工程人员，驻在水库监督指导，以免发生意外，策工安全。

三、电请钧鉴核示祗遵。

县长冯

民国三十八年八月十一日

高台县政府就管理所组成日期及添置人事一案给马尾湖水库管理所程所长的指令

1949 年 8 月 9 日　　张 2-342

三（38）未字第号

马尾湖水库管理所程所长

为据呈报“管理所组成日期及添置人事”一案指令遵照由：

一、本年七月二十九日签呈悉。

二、该所组织成立日期，准予备查。至缺工务员一人，已电请省政府接洽调派工程人员在案。俟复另令饬知。

三、该所添置事务员一人、所丁二名、长工四名，应提水董会表决，并列职员名，再具报核查。

四、仰遵照办理。

县长冯周人

民国三十八年八月九日

高台县政府就颁发水库管理所钤记及委状事给马尾湖水库管理所程所长的训令

1949 年 8 月 18 日　　张 2-342

三（38）未字第 1891 号

马尾湖水库管理所程所长

为令“颁发钤记及委状”一件，仰遵照具报由：

一、案奉甘肃省政府工建五（38）午字第二七五一号指令“以具报水董会组织情形，准予备查。至管理所印信，附发钤记式样一纸，饬刊发启用。并将印模及管理所组织情形，具报备查。”

二、兹依式刊刻木质钤记一颗，文曰“马尾湖水库管理所钤记”。并检同委任状一件，随令附发。

三、仰将启用钤记日期及印模，连同该所职工名册各两份，一并具报，以凭转核。

县长冯

民国三十八年八月十八日

高台马尾湖水库工程处就各乡保运输石料车辆统计表备参考事给高台县政府的公函

1949 年 4 月 23 日　　张 2-342

高库字第（38）新字第 5 号

高台县冯县长

为“函送各乡保运输石料车辆统计表备参考”由：

一、查三十七年十二月至三十八年二月各乡保运输石料，实到车辆。兹统计列表，用备此次装运石料配雇车辆之参考。

二、请查照。附表一份。

处长施彭龄

民国三十八年四月二十三日

处理意见：

依照表列数字，分饬各乡镇提前准备。以俟河水微小，即行拉运。并复。

周人

四月二十八日

高台马尾湖水库工程处就水库工程进度情形及地方治安事给高台县政府的公函

1949 年 6 月 11 日　　张 2-342

周人县长吾兄：

兹陈者，水库工程刻在加速进行中，土石方工程六月底可望完成。惟近日来民工到工情形不若以往，恐完工日期□将因之受延迟，尚望吾公向各乡长再予督责，幸其速成。呈备执事者之利，无非家地方之利也，函于土堤铺砌草皮工作，决定继续完成，不另举动。再者距工地五公里处西沙窝，于前日发现骑马土匪三人，携有手枪两架，长枪三支。经驻此自卫队及居民数十人赶至鸣枪后，匪始远去。并向自卫队还击七枪，闯逃至十□库之卫队人数。弟等并不因此惊惶，因之人甚强，防力之必要可否之处敬祈裁夺，端此顺向公祺。

弟吴尚贤敬上

民国三十八年六月十一日

处理意见：

1. 兵已发派。
2. 工已请督催。

周人

六月十一日

高台马尾湖水库工程处就水库水董组织事给高台县政府的公函

1949 年 7 月 18 日　　张 2-342

周人县长吾兄勋鉴：

关于马尾湖水库水董组织，似应有鼎新人员参加方臻妥善，可至由贵府函请鼎新县府转饬携派，请斟酌决定。顺颂勋安。

弟施彭龄敬悉

七月十八日

处理意见：

1. 一面电请省府，一面函达鼎新。

2. 复已照办。

周人

七月二十日

高台马尾湖水库工程处就民工表和领粮表及运石表给高台县政府的公函

1949 年 8 月 3 日　　张 2-342

高库字第（38）未 48 号

高台县冯县长

函送“民工表领粮表暨运石统计表”由：

兹将贵□□□[①]镇本年度征雇民工工作情况表及领粮表、数量统计表、运石牛车数量统计表，业经造就。各检送一份。

请查照为荷。

处长施彭龄

民国三十八年八月三日

处理意见：

一、照抄工粮表及车辆统计表，分饬各乡镇澈底清查，核实具报。

二、统计各乡镇短欠民工、车辆数字，提交县政会讨论□□办法。

三、提前抄录各表，分报专署省府备查。

八月八日

高台县政府就马尾湖水库工程完工事给甘肃省第七区专员王的电报

1949 年 7 月 13 日　　张 2-342

高台（4905）秘三午号

一、马尾湖水库工程于午有全部完工。

二、请钧座颁题志铭以垂永久。

三、放水典礼何日举行祈电示。

四、请钧座亲临主持以示郑重。

县长冯周人

民国三十八年七月十三日

处理意见：

移还三科。

日期不详

---

① 编者按：此处原文档漫漶，不可识。

高台县政府就出具购买军火证明领回军火事给保安团的电报

1949年3月5日　　张2–342

兹有本处在兰购买火药260公斤，托保三团杨普洲启押运。运至河口以汽车抛锚，杨君即将火药存放河口车站。刻据杨启来称“是项火药，惟恐军警发生误会，并讫贵府惠予证明，早日运来，以利工程进行”为荷。此请冯县长函保三团证明。

民国三十八年二月二十二日

高台县水库工程处就征派石工到工事给马尾湖水库工程处的公函

1949年3月4日　　张2–342

马尾湖水库工程处立贤科长：

一、一市升即一公斤此二单位相等。

二、石工请再出票催，已兴盛队长洽妥征人到，经工程处证明不能缴销传票。

三、正义保小工再三不到，对于开石运石工作极为困难。请科长予以有效之措施。

四、牛车运石，尚未开动，□请着警察往催。

端此顺向、刻安。

弟尚贤上

民国三十八年三月四日

处理意见：

1. 派驻工地人员，希即派妥，以便明日（五日）九时动身，赴工地。

三月四日

2. 兹证明石匠盛立寅，已到工程处。确司有病，令其返家，不再追传。此证。

日期不详

高台县马尾湖工程处就严饬各乡依限送齐配购材料事给高台县政府的公函

1949年4月13日　　张2–342

高库字第68号

高台县政府：

一、函请“严饬各乡展限四月二十五日前送齐配购木料”由：

二、各乡分配木料除少数乡镇送到一部外，多未如数如期送到。

三、请严饬各乡展限四月二十五日前依配额全数送交工地以利工进。

处长（印）

民国三一八年四月十三日

处理意见：

令催各乡镇长速办，并复。

四月十四日（代）

第三科就催缴石工盛立寅等借发工粮事给高台县政府的公函

1949年2月28日　　张2-342

昨日张工程师面谈，以石工盛立寅等借发工粮后，未到工地。拟请派警传府押，追超借工粮等语。附送逃工名单一纸，拟分别派警传府讯究，当各镇敬祈钧鉴核示谨呈县长冯。附呈原名单一纸。

第三科（印）

民国三十八年二月二十八日

第三科就催缴石工盛立寅等借发工粮事给高台县政府的公函

1949年3月4日　　张2-342

查李指导员签称"一、二两项"，拟分饬各乡镇长，从速清查各保欠运车辆数字列表报查，以备黑河水小时期即行补运。惟"第三点据报保长侵占民夫工粮"一节，近闻各乡镇保长，强占不顾实际，而把工粮挪垫公用，但小数土劣既不出工，还可从中受益，以致平民发生物异者甚多。拟将该两，选传案侦查讯明核办，以儆效尤。当□□敬祈钧鉴核夺。谨呈县长冯。

第三科（印）谨签

民国三十八年三月四日

处理意见：

传讯。

周人

三月四日

职员李效儒就黑河水小再拉运石料及常明乡第六保保长未按实际发放工粮事给高台县政府的呈文

1949年3月4日　　张2-342

一、职在马尾湖监建石料，现值春天惊蛰来临，黑河水开不能通车。只得暂停，俟河水稍小，再续拉运。

二、谨将"一、二两批各乡镇实运牛车详报核查。计建康镇五三六辆，柔远乡一四七零辆，常明乡一一零二辆，四维乡二三八零辆。"

三、昨值由工地返府，途经常明乡，所属第六保民王初文等面报"该保保长顾生模，业将去岁在马尾湖作工之民工、车辆土方费及此次运石费，计两次领取小麦五老石，余竟入囊肥己，户民未见升合”等语。似此保长，政府若不严办，诚恐户民吃亏不少。

四、祈核夺。谨呈县长冯。

职李效儒（印）谨签

民国三十八年三月四日于本府

处理意见：

交第三科核办。

周人

三月五日

高台县政府就派警前往催征石工迅即复工及石工待遇事给督催石工警察的传票

1949 年 2 月 3 日　　张 2-342

三（38）丑字 202 号

本府警察

为“派警前往催征石工迅即复工”一案由：

一、建修马尾湖水库石工待遇经，洽工程处议定调整原则：（一）工作从优支给每月除伙食外，每名最低限度发给小麦二市石，并对努力工人随时给予奖金。（二）工人到达工地，每月准假五日轮流归家。（三）石工伙食，每月准小麦一市斗六升，并取决多数工人之同意尽量改善。（四）住宿由工程处设备以夜间不受寒冷为标准。（五）石工管理由县政府派员监督，不准工人互相牵制。

二、兹抄录石工名单一纸，粘贴票后，仰该警迅即前往传集石工前来工程处报到，随时扯取工程处收据，交案凭转。并将调整待遇标准，切实转告石工周知为要。

三、所有票列石工，统限于本月五日齐集县城工程处报到，取据凭核，勿稍延误。

县长冯周人

民国三十八年二月三日

民乐山丹两县水利档

甘肃省政府建设厅关于速填造渠道表给东乐县长的呈文[①]

1929年12月5日　　张未编号档案9-1

甘肃省政府建设厅指令第3168号

令东乐县县长潘吉康呈赍河渠调查表请鉴核汇办由：

呈表均悉，查原表内河流渠道双方并列，自应依照原定各栏分别填造。该县洪河沿岸既称，灌溉田四千余亩必有渠道，应即一并填列，俾便查考。兹阅来表，只填造河流一项，殊属遗漏，其余尚合。除暂存备查外，仰即遵照原发表式，将该县所有渠道另行填造，迅赍来厅，以凭汇办。此令。表存。

甘肃省政府建设厅（印）

厅长　杨幕时（印）

监印　王家宾（印）

民国十八年十二月五日

处理意见：

令速填造渠道表赍厅由。

民国十九年一月一日

甘肃省政府民政厅建设厅关于开渠挖井及修蓄水池以防干旱给东乐县长的训令[②]

1929年3月1日　　张未编号档案9-2

甘肃省政府民政、建设厅训令第429号

令东乐县长：

为令行事。案查前奉省政府第四六二〇号训令开，开渠挖井以及修筑蓄水池，均系预防旱，潦之必要等件。令仰会同拟定详细切实办法，转饬各县……[③]遵办具报等因。当经会同拟定，提倡水利并奖励人民自发详备办法，通饬各县认真倡办。分别速报函呈请省政

---

① 编者按：原案卷目录题名《令速填造渠道表赍由》，目录文件字号3168。

② 编者按：原案卷目录题名《开渠挖井及修蓄水池以防干旱由》，目录文件字号429。

③ 编者按：此处有三字漫漶，不可识。

府，鉴核在案。兹奉指令开呈暨办法均悉。查此案业经本府第七十次省务会议决，原案通过，由该两厅切实办理等因，仰即遵照，令知所属切实提倡，以收实效为要。此令等因，奉此。除分行外，合亟令仰该县长遵照前发办法，切实提倡认真办理。除收实效并依该办法后列表式，刻速查填分报，以凭核办，是为至要，切。此令。

叶　荣　杨慕时

民国十八年二月九日

处理意见：

遵办。

三月一日

甘肃省政府财政厅关于保护与水利有关系之官产给东乐县的训令①

1929 年 5 月 11 日　　张未编号档案 10-1

甘肃省政府财政厅训令第 1371 号

令东乐县：

为令行事。案奉财政部第七五二四号训令内开“为通令事。准内政部咨开，准行政院秘书处函开，已奉院长发下中央政治会议函，据戴委员传贤在席，提议五项办法，一并交院核办函一件。奉谕分交各主管部妥办具复，其第五项办法交由内政部办理，抄同原件函达查照等因，准此。按中央政治会议原函，戴委员所提第五项，系保护与水利有关系之公产事项。查与水利有关系之公产，如河岸地及湖泽池沼等，对于护岸、护堤及含蓄涨水关系河流安危，至为重大。近年以来，各省因处理官产，对于岸地公产及湖泽池沼多有放领开垦情事，一旦洪流泛涨，水无所容，发生灾害，殊为可虑。自应由本部饬令建设厅，将与水利有关系之公产沼泽确实测定，划归水利机关负责保管。除函复并分别咨令外，相应咨请查照，并饬知所属办理官产各局、所一体遵照办理，以重宣防等因。到部，除通令遵照外，合行令仰该厅一体遵照办理，此令”等因奉此，除分别咨令外，合亟令仰该县遵照，刻将该县有无与水利有关系之官产，查明呈复，以凭核办毋延。此令。

甘肃省政府财政厅（印）

厅长李象臣

民国十八年四月二十七日

处理意见：

核发。

五月十一日

① 编者按：原案卷目录题名《保护与水利有关系之官产由》，目录文件字号 1371。

东乐县长关于查复有无与水利有关系之官产情形给甘肃省政府财政厅长的呈文①

1929 年 5 月 16 日　　张未编号档案 10-1

呈第一二一号在案知县潘奉令查复有无与水利有关系之官产情形请鉴核由：

呈为呈复事，案奉钧府第一三七一号训令，转奉内政部第七五二四号训令，饬查保护与水利有关系之公产事项一案。除原文□免在案外，尾开“合亟令仰该县遵照，刻将该县有无与水利有关系之官产，查明呈复，以凭核办毋延。此令”等因奉此。□查东乐原系张掖分县，民国初年始改县治，且南界番境，北连沙漠，虽有少数水利，均属泉流，天旱则涸，其水利附近并无官产。奉令前因，理合具文呈请钧府鉴核，谨呈甘肃省政府财政厅长李。

县长潘（印）

民国十八年五月十六日

甘肃省政府建设厅关于据报与水利有关之公产保管方法给东乐县长的训令②

1929 年 4 月 25 日　　张未编号档案 9-3

甘肃省政府建设厅训令第 1149 号

令东乐县县长：

为令行事案。奉内政部土字第一九号训令开，案准行政院秘书处函开“已奉院长。发下中央政治会议函，据北平临时政治分会呈报，办理河北永清县初级小学校学田一案，并戴委员会传贤在席，提议五项办法，一并交院核办函一件。奉谕分交各主管部妥办，具报其五项办法，交由内政部办理，抄同原件函达查照等因，准此。按中央政治会议原函，戴委员所提第五项，系保护兴水利有关系之公产事项。查与水利有关系之公产，如河岸地及湖泽池沼等，对于护岸、护堤及含蓄涨水，关系河流安危，至为重大。近年以来，各省处理官产，对于岸地公产及湖泽池沼，多视放领圈垦情事。一旦洪流泛涨，水无所容，发生灾害，殊为可虑。自应由本部饬令建设厅，将与水利有关系之公产池沼，确实测定，划归水利机关负责保管。并咨财政部及各省市政府，饬知所属办理官产各局、所一体遵照，以重宣防。除分别咨令外，仰即遵照办理，并将测定与水利有关系之公产，报部备案，附抄原件二纸。此令”等因。计抄原件二纸，奉此。除遵并办理分行外，合亟抄发原件。令仰该县长，遵照办理，迅将所属境内测定与水利有关系之公产，切实保管，并将保管方法及处数面积迅报。……③

---

① 编者按：原案卷目录题名《查复有无与水利有关系之官产情形请鉴核由》，目录未标注文件字号。

② 编者按：原案卷目录题名《据报与水利有关之公产保管方法由》，目录文件字号 1149。

③ 编者按：此处案卷破损。

据此令，计抄发原件二纸。

厅长　杨慕时（印）

监印　贾毓□（印）

校对　朱建桢（印）

民国十八年四月二十三日

抄原函：

经会者校北平临时政治分会呈称，据河北省永清县初级小学校校长朱其炜等代电，称教育基金学款不准动挪，迭奉明文备案。乃近有嗜利奸民，胆敢将租种各校学田，向县内官产处徼价苗置，倘不严加制止，必致销售殆尽，请速领明，令饬县将已卖学田迅速收回，未卖请永远保护等情。经属会第三十四次常会决议，交河北省政府饬办，查照收回，并加以保护，一面函知河北官产惩处。对于请求函置学田，请严厉批驳，再另案建议中央，凡关于类似学田之地方公产……①，地方政府主持未便，由各官产局、所处分，以明系统等语在案。查……②恐亦难免，拟请转饬财政、教育两部会商。既发生分举田情，他……③是若有书，请核议等情。当经提出本会议第一万七十……④讨论，法通行各省遵照，会谓保障教育基金，通令禁止变卖学田及其他原有教育款，应实为目前要政。同时并准戴委员传贤在席，提议（一）改革以卖产为目的之官产变。（二）保护学田及其他原有之教育金等。（三）各县仓立及校场不得变卖，已变卖请原价赎回。（四）保护森林。（五）保护与水利有关之公产，请连同北平临时政治分会呈请案，一并交行政院核办。当经决议交行政院核办，除函复北平临时分会外，相应录案，并应仔细讨论情形。检附北平临时政府分会原呈，抄件函达。请慎核办，见复为荷。此致行政院。附北平临时政治分会呈抄件一件。

中央执行委员会政治会议

十八年一月三十一日

抄原呈北平临时政治分会主席张继建议书：

呈为建议书，要据河北省永清县初级小学校长朱其炜等代电，称国家命脉在教育，教育命脉在基金学款，不准动挪。迭……⑤条例第四条所载，关系文化古镇，慈善基金将准保□已通行在案，是不啻昭然若揭。乃现查不及利奸民租种各校学田，竟胆敢向县内官产处徼价苗置……⑥贪一时之小利，睬治酌大太亦竟显达，法令收价出售，倘不严饬制止，必致销售殆尽。……⑦后雇其患弥穷，为此合词陈请速领明。令饬县将已卖学田迅令收回，

---

① 编者按：此处案卷破损。

② 编者按：此处案卷破损。

③ 编者按：此处案卷破损。

④ 编者按：此处有五字漫漶，不可识。

⑤ 编者按：此处文档扫描时缺行。

⑥ 编者按：此处案卷破损。

⑦ 编者按：此处案卷破损。

未卖者永远保护，以重国本等情。据此，当经属会第三十四次常会提出，报告此决议，交河北省政府饬局、所查照收回，并加以保护，一面函知河北官产惩处。对于请求函置学田，请严厉批驳，再另案建议中央，凡关于类似学田之地方公产，应由地方政府主持，未便，由各官产局、所处分，以明系统等因。复查普及教育，乃实行民治之权兴，而各项学田，实普及教育之基金。现该县既发生……①情事，他交恐亦难免……②未便忽视。除分函知照外，理合。具文呈请钧会鉴核，转饬财、教两部，会商保管办法。通行各省政府，遵照教育前途，实利赖之。谨呈中央政治会议。

中央政治会议北平临时分会主席委员张继

民国十八年一月十八日

东乐县泰和村村长刘汉应等关于请派警至口安准磨眼以重水利事给东乐县长的呈文③

1931 年 6 月 16 日　　张未编号档案 11-1

呈为呈请事：

情因敝村灌田号水泉源在于山丹东首，更古以来，每逢敝村水期，山丹四坝沟口上安石磨一眼，具周围打实，无少遗漏，敝村之水始能足力。近数年来，四坝恶民竟将伊之沟口开展，用石条塞高敝村沟口，伊沟磨眼悬放，上下两傍均皆流水，致使敝村水力不足。天旱路遥，定有亢旱田苗之患，是以村长惊……④。请县长备文转移山丹县长，请派妥警至口安准磨眼，以重水利。村长幸甚，民众幸甚。此呈。

泰和村村长刘应汉　副村长李华荣

民国二十年古五月

处理意见：

移山丹县。

六月十六日

东乐县长关于整顿水利以重民脉事给山丹县长的咨文⑤

1931 年 6 月 19 日　　张未编号档案 11-2

“……⑥荣郭修家、王宗国等呈请整顿水利，以重民脉事。因民等灌田之水源在山

① 编者按：此处案卷破损。

② 编者按：此处有五字漫漶，不可识。

③ 编者按：原案卷目录题名《呈为请派警至口安准磨眼以重水利事》，目录未标注文件字号。

④ 编者按：此处文档扫描时缺行。

⑤ 编者按：原案卷目录题名《为咨请整顿水利以重民脉事》，目录未标注文件字号。

⑥ 编者按：此处文档扫描时缺行。

丹，共有二十一条沟口，云云，无涯矣”等情到县。据此，相应备文咨请贵县。并请烦查照饬差将四坝之民张成祥，买水之民周天祥传案质讯，以整渠规而维水利。并希见发为荷。此咨山丹县长马。

县长陈

民国二十年六月十九日

东乐县泰和村民众王宗国等关于整顿水利以重民脉事给东乐县长的呈文[1]

1931 年 6 月 18 日　　张未编号档案 11–3

呈为呈请整顿水利以重民脉事：

窃民等灌田之水源在山丹，共有二十一条沟口。每逢下坝水期，上坝皆自固其口，无少遗漏，备有官案，亦无卖钱之说。不意近月初一日，正挨民等二轮苗水，忽减水势，派人去看，方知是山丹四坝刁民张成祥偷扒水口，将水卖与该处周天祥浇灌园地，渔利肥己。嗟乎！勿论紊乱旧章，而且天旱火着，亢害禾苗。若此居心，天理、国法何在？民众等要不呈请整顿下轮之水，何以灌溉？养家事小，国赋安求事关重要。理合敬呈县长大人，伏乞费神以重水利而足民脉，民等沾岁于无涯矣。

东乐泰和村民众　刘应汉　李华荣　郭修家　王宗国

民国二十年古五月

处理意见：

并案移山丹县交涉，以派水利科遵办。

六月十八日

东乐县二区区长张连汉等关于禁伐山林以护水源给东乐县政府主席的呈文[2]

1931 年 11 月 3 日　　张未编号档案 11–4

呈为禁伐山林以护水源呈请鉴核委任干员俾专员责成借保山林事：

窃查敝县洪水大河口一带之山林，为六大坝之水源攸关。向年严厉禁伐山林森严，不遭旱潦之灾。自前清光绪末叶，有沿山附近不肖之徒，专为一己之利，任意偷伐山林，……[3]河口一带山林保护水源，公推李含菁为大河口一带护林人，王钦宾、展兴诗、刘朝瑞、展益善、克成让等为大河口一带保……[4]，拟呈报外，所有各职员姓名，理合备文呈

---

① 编者按：原案卷目录题名《呈请整顿水利以重民脉事》，目录未标注文件字号。

② 编者按：原案卷目录题名《为咨请整顿水利以重民脉事》，目录未标注文件字号。

③ 编者按：此处文档扫描时缺行。

④ 编者按：此处案卷破损。

请钧府电鉴，发给委任，俾专责成以资进行，实为公便。谨呈东乐县政府主席陈。

东乐县二区区长　张连汉（印）

助理　胡天秩

暨公民　李兴后（印）　张明德　王立贤　赵多儒　程子箴　朱遇隆

民国二十年古九月

处理意见：

准委。

十一月三日

姚希颜等关于调查鹿洞沟村民张明生身死一案给东乐县县长呈文[①]

1931 年 7 月 8 日　　张未编号档案 11-5

呈为呈报事：

窃科警等顷奉县长朱票饬令调查鹿沟村民人张明生身死一案，科警等遵即前往该村，会同村长张全生，正绅王维清、樊化春、何见业、胡作善、张和中、许致锡，又同区长张学诗等。查得已死张明生，于本月初七日因分水不均，在河口与郑兰品口角相争，韩姓闻听不忍，上前排解其难，该张明生不识好歹，绝然将韩姓一头撞倒，旁有董文贤、郑有典、张明让，随即解散，韩姓并未动手，两造各自回家。于初八日，张明生反将韩姓首在农官张尚中、水差郑有典处理论。是日该农官张尚中将张明生隔别调停，俟水灌已毕，再行理论。至十一日，该张明生与伊弟张明谋，因家中私忿，兄弟口角相争，明生一时忿气难忍，自行服毒。彼时昏迷不醒，伊弟张明谋觉事不好，率子张学成、张学贵乘机借韩姓事未了局，将明生背送韩姓家中，意图拼命取财，而又地方邻佑不忍旁观，一面央人中间调和，一面用药灌救，无效，气绝身亡。两造赴案呈诉间，又有尸亲杨永年、张学文等揽讲息讼。张姓仍不约束，不论其理，自说其利，韩姓处于无奈，奔案投诉，以伸冤抑。再查村长张全生呈，称张明谋等邀请五户百余人，在韩姓家中自办自食等情，是否属实？查起初虽有尸亲二十多人，并未越理妄行，所有查得张明生服毒自尽，祸贻韩姓情形。具实呈报县长鉴核查考，谨呈东乐县县长陈。

计呈缴原状三纸。

科员　姚希颜

警察　姚希舜　傅进禧

民国二十四年七月

处理意见：

速检验，提一干人证到案传讯。

七月四日

如果系服毒自尽，何得误赖人命。

七月八日

---

① 编者按：原案卷目录题名《呈饬令调查鹿洞沟村民张明生身死一案》，目录未标注文件字号。

甘肃省政府建设厅令转饬所属水利机关从四月一日起由内政部管四月一日前由建设厅管给东乐县政府的训令[①]

1931 年 7 月 4 日　　张未编号档案 13-1

甘肃省政府建设厅训令第 2301 号

令东乐县政府：

为令知事。案奉内政部土字第九号训令开“为令知事。案查前奉行政院第二〇三号训令，以关于建设委员会经办之各项水利事业，经第八次国务会议决议，划归本部主管办理等因。业经本部派员，将该会经办之各项水利卷宗，点收清楚。并经部会商定办法，所有附属机关之经费领发与指挥监督事宜，在三月底以前，由建设委员会负责，四月一日起，由本部负责在案。除呈报并分行外，合亟令仰该厅知照，并发饬所属水利机关知照。此令”等因，奉此，除分行外，合行令仰该县政府知照，并转饬所属水利机关一体知照。此令。

甘肃省政府建设厅（印）

厅长张维

民国二十年六月二十九日

处理意见：

□农会。

七月四日

东乐县姜家庄民姜多士关于永和村民黄伏成等恃众压人紊乱水章亢旱禾稼捏词反控事给东乐县县长的诉状[②]

1932 年 6 月　　张未编号档案 26-1

呈为恃众压人紊乱水章亢旱禾稼捏词反控事：

情因小的原与永和十七坝同沟使水，亘古以来小的打水之时，在该水后清晨山红，燃香烧过一柱八寸，小的既开口打水。及今岁春水头轮各水均如是行，不意近挨二轮排水，该见天旱水小，延迟不来点香。是日天虽阴霾，时人能目。小的见时已过仍待不至，不得已，邀同姚家居民杨起宝及姚户之人燃香一柱，意俟彼来，再行换点。烧将须臾，香着七分，黄刘二领水驰至，以迟相诘，并催换香。黄刘二人答云，无香，且说还早，竟蹲一旁。比小的所点之香，烧足八寸，忽而日现，已有六七丈之高。该领水刘姓始从袖内出香点烧，此时小的见时错多，彼香又从袖出，被汗润湿，火烧必慢，云气炎旱，丢地无疑。

① 编者按：原案卷目录题名《令转饬所属水利机关知照从四月一日起由内政部管四月一日前由建设厅管仰知照》，目录文件字号 2301。

② 编者按：原案卷目录题名《为持众压人紊乱水章亢旱禾稼捏词反控之诉状》，目录未标注文件字号。

用是小的遂与交代曰：小的之地浇过勿论，若其干旱，照雨理论。既此一语，该刘姓便即骂而走去，未及一时，复同黄村长伏成，即黄得财、黄国清等六人，如狼而至，各执木棍，即欲逞凶。小的呈询初到无香，及后袖内出香之事，黄伏成反骂小的比见该香烧方二柱八刻，小的之香烧有三柱八刻有奇，却又反口勒逼小的两认其香。小的不应彼，即破口大骂，且云小的坝业已起夫，即使领水速去催来，务要各家一人。小的诘问，起夫何意？该言不与打水，又说定石粮滩洋十元，要买小的狗命，并率其下扑打小的，当时旁再无人，只有杨、姚、张三人劝解。小的被攒打，六叔祖、八叔祖忽至，然皆五六十岁老年，同善社念经之人与之下情不迭，何敢结伙？小的卒受其打，腿被棍伤。幸而姚、杨、张劝阻，小的遂乘间走脱，势迫不已。出首于本村村长牌下，黄伏成见民出首，却不待等理论，竟亦回白县署差传。小的正在俟讯，小的家人来说水已干尽，丢地数石。小的事急，请警回明。蒙恩派警查看，丢地足有两石有奇，复蒙脂令找借水利。接县府之鸿庇，措得水利，将就灌溉，卒剩涝池一处，地四五亩。惜乎现时天旱炎，若雷火望、雨不得，指水保全，兹无水浇，岂有希望养身？是小赋安求？再向者小的出首村公所，下雨时泰和村村长，因催兵跕出乡。未即传谕月之十七日，邀集该村长黄伏成、刘晋文、黄得佩等到所，欲解此纷。便即面叮小的所首迟时袖香、打架丢地之事。该等初应均实后却信口混搅，又因袖香之事，刘姓未曾到场，遂说黄村长等务于次日，同领水刘姓到所面质。如果属实，水利自有程章，各散出所。谁知黄村长等意怀奸诈，反捏控聚众夺水等情，呈程案下，欲图蒙混。嗟乎！青天白日，撕打口角者小的一人，劝解者杨、张、姚三人，后来小的二爷皆属老人，聚众之说由何而起？再占人之水时，而日人夺已水。如此无良，是可忍也孰不可忍也！兹则小的唯恐口诉弗明，备具前后实在情形。敬呈县长大人，伏祈神夺以分清浊，并倍旱禾，以重国赋。是为公便，小的亦沾大德矣。

证人　杨其宝　张兴礼

公鉴　村长复　姚希尧　张洪新

具状人　姜多士

民国二十一年六月

东乐县政府关于状讯刘维汉以劫浇水利持采逞刁等情到府不得徇情缓延切切给李科员的训令①

1932 年 9 月 12 日　　张未编号档案 25-1

东乐县政府委任令第　号

令科员李长龄：

为令委调查□案查，前据第二□□仁村公民等，状诉刘维汉以劫浇水利持财逞刁等情。本府当□传案庭讯，该两造各执一词，不昭真相。讯据该刘维汉供称，所用之水系赵

① 编者按：原案卷目录题名《状讯刘维汉以劫浇水利持财逞刁等情到府不得徇情缓延切切此令》，目录未标注文件字号。

岗寨所买等情。除堂判分合及令委该员前往该村切实查照。该刘维汉所浇水究竟何村所卖，详细具覆来府再纠讯判。该员亦不可徇情缓延切。此令，计发原誊一宗。

县长王（印）

民国二十一年九月十二日

山丹县黑城村民杨富国等控诉遭县府科长王子久借勘察水利行勒索事给甘肃省民政厅长的呈文

1932年8月16日　　甘15-5-105

泣禀人山丹县第三区黑城村民人杨富国（印）、村长杨再清（印）、民人杨发荣（印）等年各不同，现住张掖县第一区油坊街门牌号第九号赵家院内，为因公借讼，敲肤吸髓，仰乞天恩作主，以苏民生事：

缘有小的杨富国之族人杨发清于本年五月初旬，灌苗荒水，被总甲白正廉控诉县案，小的等亦被株栽词内。小的杨富国不忍纠讼，央区长拦解，乃卢收发员勒索和息洋二百元，小的无项可给，又思理直听其提判。蒙县长委科长王子久赴村提款代查讼事，房吏、班役、警士十余人，预至小的家中，待等七日科长方到，及至小的家中又迟延数日，始云验苗要上地规矩洋一百三十元，斜布一匹。此项有前任区长杜长清并现任村长普延祯过付为证。及验讫，在小的之家设堂讯判，原被对质，小的等均各无干。该科长不论由直，勒罚小的等大洋二百八十元，又索和息洋一百七十元，拘令小的等结案。其罚款比追不缓，无奈折变借贷，共现交二百六十八元，下欠限期交清，起落已逾两旬。始出小的家门，赴村提款。该科长又以罚洋作本，迫令纳户与伊支豆，每洋一元支豆一斗，共支豆子三十石，限九月间搜送永昌。小的等被罚，家倾无项交纳公款，亦逼令与伊支豆子一十石。窃思王科长不能效力党国，竟敢苛索为怀，如此苛诈盘剥，则民无生路矣。事出迫不得已，无奈具情哀呈厅长电核，伏乞准究出民于水火之中，而登衽席之上，则小的等感戴鸿恩于再造矣。被禀人王子久系科长。

铺保张掖商号永庆德号

处理意见：

此案现奉省政府训令到厅应并案核办。

王秉桢（印）

八月二十四日

甘肃省主席就关于调查控诉王子久勒索事给甘肃省民政厅的训令

1932年8月24日　　甘15-5-105

甘肃省政府训令秘字第一九五五号

令民政厅：

为令行事。查据山丹孙第三区黑城村民杨富国等电称“山丹县府科长王子久前月奉委查勘水利，向民众勒索和息洋一百七十元，又苛上地规费洋一百三十元，最后伪借名义，私苛罚洋一百八十元，并苛诈莞豆十石。及以上各款比追到手，仍于贫民每洋一元支豆一斗有余。敲诈各款，有□付人证，有受害民可查，事属确凿有据。经前情邮诉，现该威逼危急，民众不能支。似此危害地方，有玷官威。迫不及待，无奈择其大要，电悉总座垂怜，恩准调省法办，袪莠培芳，以清吏治而救民”等情，又据案同前情，已代电复办，合亟抄发原案，令仰该厅并即从速澈查究办。计抄发原案一件。

甘肃省主席邵力子

附原呈：

泣禀人杨富国、杨再清、杨发荣系山丹第三区黑城村民，现住张掖第一区油房街赵家院，为借势勒索、嗑诈虐民，乞天作主、以援民命等事：

小的杨富国之族叔杨发清，于本年五月十三日据水浇苗，尾水流入烟苗地内，奈有差甲白正廉云称荒水，恶骂殴辱，酿起争端，经有方老和解等事。逾数日间，水挨该伊白水例轮，被该白正廉破坏越工而入下沟，使中腰之户田苗亢旱。有该户族白寅廉无水灌苗，咸受旱害，推原其改，实由该恶损害。因而白寅廉等□我，其意该白正廉白别沟借水以符渠规，而灌旱苗，俾救其急。该恶白正廉素行不孚，不但不允别沟借水，而上且恶言詈骂，自剪羊毛，不顾民急。经白寅廉等催促，该恶白正廉暴虐横施，自行放水，意遮其恶。而白寅廉等出于无奈，将该之羊赶来，意骛其恶。奈该自知理曲，无言可答纳户，陡生毒心，复将前次与杨发清争端情由提起，又将小的杨富国暨杨发荣并同姓不宗现任村长杨再清等牵连在内，捏造虚词，扨诉山丹县长案下。内诬小的杨富国主谋，赶羊套装兵站豆籽四斗，余麦面二斗有零，意在诬赖，欲施先发制人手段。小的系属乡村首领，不忍坐视地方纠讼，赴丹央请本区区长石天璇向县府拦讲，意欲分明是非。乃收发员受该运嘱，声言县长以吩示，着要拦讲非要和息大洋五百元；再三邀求，只少二百元。小的无项可给，又思理直气壮，只得听候提判，必然水落石出。

追至六月初九，蒙县长发原，将房班警士多人前来，住站小的家中七日，苛求索费，苦不堪言。又言科长在□，继委科长王子久查办白正廉控诉小的等之情形，又嘱代领警士房役先后共计二十余人，来到敝村居住，小的家中延留五日，日索浩繁，将查验之事置若罔闻。小的支应不起，央请前往区长杜长清邀求，始而上地查验未浇田苗。比及允许查验，始终迟延不验，以后又请，该科长始言，非要上地规矩大洋五百元。转杜长清等再三邀求减少，小的等付给大洋一百三十元，洋斜一匹，有杜长清等过付，方证始而上地查验。比及查验以后，又迟延数日，即在小的家中设置公案，坐堂讯问，追笔转告小的主谋□案专□各□均属子虚。该科长明知故昧，不究诬告，直抱嗑洋念头，将法律、天理、良心置之度外，不畏、不惧、不分曲直，将小的等反而勒罚大洋二百八十元，又勒索和息大洋一百七十元，又勒索房班开销大洋一百八十元，并索费用供支各项，均有清单为凭，比及嗑诈满意，勒令具结完案。所罚之款，拘囿比追，刻不容缓，由心不应，被处强迫威逼之下，小的无法可施，暂行应承支粮借贷，共现付大洋二百六十八元，下欠之数限期追交。该科长带领房班方去，小的家门暂免目前之危，不然完遭强迫之害。

比及至街随做生意，每洋一元支莞豆一斗，不但嗑诈小的等之洋，而且前次五月间将本村何兴科因与黄姓涉讼，依官挟势，酷刑拷吊，威逼嗑诈大洋三百五四元，红马一匹。有张克荣过付为证。

小的等默思农人争夺水利系出常情，而子久身为科长，将旱苗查明，毫无补救，诬告小的各情，已虚而不惩究，竟反嗑索贿，是非颠倒，不明不伸，立逼农民财困力乏，无生路矣。而照小的等田苗晒槁，所欠公款又无物变交，糊口实无依赖，又遭嗑诈之害，民生难活，令人莫不惨伤。况该民国肇建以来，原为铲除恶霸、废除不平等条约。今该科长不能与民分解屈怨，反以嗑诈银洋为怀，陷民冤沉海底，黑暗□天，遮蔽□日。

素悉主席荣甘以来，除敝推新，视恶如仇，整顿官威，不稍涉含糊。今小的等遭逢科长势力强害，定当解救，不致冤遭覆盆之下，是以不避斧钺之诛，谨敢冒死泣案伏乞主席辕下，电请作主，慈悲是念，恻隐为怀，俯念冤情，发政施仁，恩准发令，提辕依法开审，以证嗑诈，而伸屈冤。此次主席若不作主，倘若批饬山丹县府，则小的等冤屈沉海，完无伸雪之路。不独小的等受害，有命难活，将来一村定受其害，不能活命。如蒙恩允准救，则小的等三生有幸，真如拨开云雾见青天，性命得活。感沐鸿恩于万代，颂祝法泽于千秋。将来结草卸环，怀报不忘，暨我主席亦留芳名于千古，永垂不朽，种奇法于□□，世世永邀，福荫施行。

被案人王科长系子久，白正廉系差甲。

中华民国二十一年八月

计开供支食物清单：

羯羊三只	合洋一十四元
羊羔两只	合洋三元
小麦一石	合洋七十四元
清油三十斤	合洋一十二元
线烟一案	合洋三元
官茶一封	合洋七元
烟土四十两	合洋二十三元
料豆四斗	合洋一十二元
麦面三斗	合洋三元
毛红布二匹	合洋二元
鸡儿二只	合洋一元
鸡蛋一百个	合洋二元
烟灰二十两	合洋三一元
	零星大洋三元
	共合洋一百七十元

甘肃省建设厅关于派员调查祁连山水源修整河渠给东乐县长的训令[①]

1932 年 11 月 15 日　　张未编号档案 6-1

甘肃省建设厅训令第 2073 号

令东乐县长：

为令行事案查省政府秘字第三三六一号训令开“为令行事。案查前据第十九区视察员魏炳章呈具视察意见书，节称查西路各县河流皆发源于祁连山脉，近因连年亢旱，渠水□少。如东乐二区必田，数年以来，未能引水灌溉，竟成焦土。虽系天旱所致，亦由该处河身过宽，水流经过辙被沙土吸渗。以故，上坝口必田，尚能见水，下坝口连年失种。急应倡办工帐，河身使窄，渠堤使坚，庶遇少量之水可也……[②]办理东乐河渠尚为要举，及应迅速筹办，以利民田。合行令仰该厅遵即查照核办，具复察夺为要。此令”等因。东乐县呈复外，合及令仰该县长遵照。会具备洗预算，呈候核办为要。此令。

甘肃省建设厅（印）

厅长（印）

校对　田　煜（印）

监印　郭志华（印）

民国二十一年十一月十五日

甘肃省建设厅关于设置雨量站委定气象观测员安装气象观测仪器给民乐县长的训令[③]

1932 年 11 月 28 日　　张未编号档案 6-2

甘肃省建设厅训令第 2231 号

令民乐县长：

为令遵事。案据兰州气象测候厅长朱允明呈称“呈为呈请事。案查自奉令筹设雨量站以来，迄今多日现仪器带去以计有定西等二十四县，业经呈报查案。但各县委定气象记录员以仅有西和、庄浪、镇原等三县，余均□□函报前来，殊难指导，有碍测候。并玉门等二十六县始终未有气象报告，藐视气象，违令建设，殊有未合理。开具县名，一并呈赍恳□鉴核，严令催促各县，迅予委定气象记录员，限令本年底雨量站一律成立。二十二年元月一日开始正式记录，以利测真实为公便”等情。并附呈未有气象报告县名单一份，据此查观测气象鉴记录雨量，关系农业，极为重要。本厅前经令饬各县等筹设雨量站，并委定气象观测员于日报告，以便案转中央统计在案。前据前情，各该县对于前令视为具文，殊

① 编者按：原案卷目录题名《令派水利专员调查祁连山水源由》，目录文件字号 2073。

② 编者按：此处文档扫描时缺行。

③ 编者按：原案卷目录题名《令各县调查雨量设立雨量站由》，目录文件字号 2231。

处不合。除指令外，合及令仰该县遵照速为派员领取仪器，委定记录员，并气象观测员按月认真记录□办核该厅，以凭案办事关要政，毋再玩忽，致干未便。此令。

甘肃省建设厅（印）

厅长（印）

民国二十一年十一月二十八日

东乐县政府关于气象观测记录事给建设局的训令①

1932 年　　张未编号档案 6-3

东乐县政府训令第□□号

令建设局长：

为令遵事。案奉甘肃省建设厅第八一五号训令内开“为令遵事。案查兰州气象测候厅所长朱允明称，呈为呈赍气象报告暂行记录办法，恳请鉴核转发各县俾资遵行事案查本县前制定气象报告表呈请钧厅转发各县按月填造在案。顷准各县报告前来，诸多错讹，不能以资综合研究。故本厅为求记录真确而收统一之收，特拟定各县气象报告暂行记录法八条，恳请钧厅转发各县俾资进行，而免错误可否之处。理合呈请鉴核酌夺施行等情。□②呈赍各县气象报告暂行记录办法一纸，据此除指令呈暨附件均悉查各项办法，业经本县第□□厅务会议通过准予分行，令仰知照此令即发并分行外，合及即发原办法一纸，令仰该县长遵照办理切，此令”等因。计发各县气象报告暂行纪律办法一纸。奉此，合及检发原办法一纸，令仰该局长切实遵照办理，毋违切，此令。计检发原各县气象局报告暂行记录办法一纸。

县长张履中（印）

民国二十一年

民乐县政府为马建雄私种农场等形情之传案③

1933 年 3 月 16 日　张未编号档案 7-14

民乐县政府为差传事

建设局长刘希雨呈称马建勋希图鱼混私种农场等情，列府除批示外，合行差传。为此，仰警前赴该处。即将□开，原被传案究追，去警不得索延，干咎不贷，切。此票计传原呈刘希禹、被呈马建勋。

民国二十二年三月一六日差传　进才传

县长　王

① 编者按：原案卷目录题名《令县建设局调查气候雨量填报由》，目录未标注文件字号。附各县气象局报告暂行记录办法未见。

② 编者按：此处案卷破损。

③ 编者按：原案卷目录题名《为马建雄私种农场等形情之传案》，目录未标注文件字号。

处理意见：

准。

三月十六日

民乐建设局局长关于马建雄私种农场等形情给民乐县长的呈文①

1933年3月9日　　张未编号档案7-15

呈为呈请事：

案奉钧府训令内开，为令行遵辨事。案奉建设厅第一〇二一号训令内开，案据甘凉区建设事业视察员权国庆呈报，该员视察该县旧有农事试验场，自县治前次迁移后，该场遂为私人鱼混，公家不复种植。又该县本年所植树株因乏浇灌，强半枯死，并开具视察员意见，内称查该县既地利维艰，且现已明令迁治，已于八月一日南移洪水。该县长王履中对于建设尚属热心，令后用武有地，自宜加紧从事督催该县建设局积极整顿，将新县治切实建设，则该县建设前途殊有望。至旧治东乐城西郊农事试验场场地究竟情形，该县长宜早查明收复，勿使鱼混湮灭等情。据此，除指令外，该县既经迁移洪水，所有旧日农场自应查明兴复。若认为管理不便，不妨准标卖，另在洪水觅地开办，总期农场、苗圃，一并成立，以重要政。再该县地既干旱对于植树造林尤应特别注意，仰即遵照。以上各节，分别讯办具复察夺切切。此令等因，奉此。合及令仰该局长遵照令内各节，分别查办具报来府，以凭转报勿延为要切切。此令等因，奉此。查前局长胡文铨业已询查明，确实被东乐民人马建勋鱼混耕种，现值春初苗圃尤为进行之际，该马建勋前奉公函，数次竟然置之不理。仰此系希图鱼混，何以呈请将价出卖。在洪水觅地开办农场，以期农业发达，是否有当？理合，备文呈请鉴核。准将马建勋提案严办，以儆鱼混而办农场，是为公便。谨呈民乐县县长王。

民乐建设局（印）

建设局局长刘希禹（印）

民国二十二年三月九日

处理意见：

呈悉该局长既经查明，马建勋混转耕种，准即差提马建勋到案。究进仍仰该局长推定。并拟据赍此召推定，并日刻即呈报本府，以便按示指责及关要。饬仰即遵查照递切。此令。

三月十四日

① 编者按：原案卷目录无标题，目录未标注文件字号。

就民乐县长呈报整顿水利情形并抄令稿及轮水办法清褶事分别给县长及甘肃省建设厅的指令与咨议

1933 年 7 月 7 日　　甘 15-13-264

指令第 387 号

令民乐县长王秉桢：

“呈明振顿水利情形，并抄录令稿及轮水办法清褶，请鉴核立案’由。呈暨清褶均悉，据称重申水规，严令遵守各节，□□□心民等，惟水利系隶建设厅专管饬以昭慎重，仰即知照，此令报存。

咨第 111 号

为咨请事案据民乐县长王秉桢呈称录，如原文，等情，附呈清褶二扣，据此除指令云云至印发外，相应抄录原清褶，咨请查照，希即主稿会饬，实纫公谊，此咨甘肃省建设厅。

中华民国二十二年七月十日

甘肃省建设厅就民乐呈报整顿水利情形查照见覆事给甘肃省民政厅的咨议

1933 年 7 月 24 日　　甘 15-13-264

甘肃省建设厅咨：

为咨据民乐县县长王秉桢呈报“整顿水利情形，并抄送原清褶二扣，咨请主稿会令”等由，准此，查此案前，据该县长进呈到厅，业经指令，并饬将所拟罚办章程，补呈一份以凭核夺在案。现尚未据呈覆准咨，前由因否再行会饬之处，相应咨请贵厅查照见覆，实纫公谊。此咨甘肃省民政厅。

厅长 刘汝璠

处理意见：

拟办，既经指令遵办，不必再饬。

就民乐县呈报整顿水利情形毋庸再行会饬事给甘肃省建设厅的咨议

1933 年 7 月 27 日　　甘 15-13-264

咨第 171 号

为咨覆事：

案准贵厅咨覆民乐县长王秉桢呈称“整顿水利情形一案，业经指令在案，应否再行会饬请查照见覆”等由。维此查，此案既经贵厅指令遵办，自毋庸再行会饬，以□□，相应咨覆。查照为办。此咨甘肃省建设厅。

中华民国二十二年七月二十七日

郭文海等关于窦尚贤等私开沟口紊乱水利事的诉状[①]

1934 年 7 月 13 日　　张未编号档案 14-1

具办诉人二区民治乡民张积福等为私开沟口紊乱水利事：

情因小的等敝寨水利，先年有议定章程，每轮浇灌，拈香均水，由下轮上而浇，不得紊乱。今于古五月二十九日申时下二刻，小的等接水。议定每石粮点香一寸五分，挨户浇灌。有土沟拈香人胡兴福、宋元利二人经理，在下游与窦尚贤点香七寸，伊嫌水小未浇多地，着小的等让去香四寸，净记三寸。随着刘吉元上去寻水，适有伊子窦好诗与妹夫张保善不遵水利，私行肥己，由土沟去开上尖嘴口，因小的等上去诘询。伊子霸浇不舍，小的等与伊子两造相持，撕打几下，伊子回家。次日因有伊父，将小的等喊控在案，小的等不得不将实在情形，祈诉于县长大人案下作主，以分泾渭，而维水利，则小的等沾恩不浅矣。

原诉人　张积福　韩有道　郭文海　李兴成　李积善　王贡德　郭之汉

被诉人　窦尚贤

民国二十三年古六月二日

处理意见：

诉案□□之日并案讯究可也。此批。

七月十三日

姚仲武等关于张积福等为水利殴打窦好诗等给民乐县长的呈文[②]

1934 年 5 月 30 日　　张未编号档案 14-2

为呈报事：

昨奉县长面谕“带同书吏驰往民治乡李尤寨，查验民人窦尚贤喊诉张积福等，为水殴打窦尚贤之子窦好诗一案，着即切实调查，验明伤痕，具复核夺”等因，奉此。职遵即前赴该处详细查勘。查得古五月二十九日申时下二刻，应挨李尤寨号水，共七时二刻。按照旧章，每轮均系点香灌溉，不得紊乱。此次之水，所幸天降大雨，河水涨发满溢甚多，迥非平常可比。以该窦尚贤之意，不再点香，以图便利，其经众议定，仍然按照旧章每石粮点香一寸五分，自下至上轮流均灌，皆无异议。讵窦尚贤之子窦好诗，因见上游红沟湾、骆驼脖等处，各沟口均被他人开拖，自行浇灌，遂领其妹夫张保善，曾将土沟上游之尖嘴口，拖开引水浇灌。其事被巡水人刘吉元查觉，报于李兴成等知晓，张积福、郭之汉、李兴云、李兴得四人前去质问，当将窦好诗、张保善二人实施殴打。此本案起□之原因也。伏查窦尚贤在上游尖嘴口之另开水口，本属不合，但此刻下游号水，应挨该民浇灌，究与

---

① 编者按：原案卷目录题名《为私开沟口紊乱水利事》，目录未标注文件字号。

② 编者按：原案卷目录题名《为水利殴打事》，目录未标注文件字号。附伤单一纸未见。

妨害他人水利者有别，况天降霖雨，河水亟大，并不缺乏。该张积福等未免借故生事，除验明伤单，另开附呈外，理合将查明情形，具文呈报县长电鉴核判施行。附呈伤单一纸。

书记　张有栋

职　姚仲武

民国二十三年夏历五月三十日

关于张积福等因号水打伤窦好诗等案判决意见[①]

1934 年 7 月 13 日　　张未编号档案 14-3

胡兴福讯得古五月二十九日申时二刻李尤寨轮浇号水，该窦尚贤之子窦好诗等，因见水大满溢，从上游之尖嘴口挖浇水利，以致下游刘吉元等查觉报于张积福等前去质问，发生口角，将好诗及张宝善，均被殴伤。着将张积福等责惩，以儆效尤，并各罚洋一元，作为赔偿打伤张宝善医药之费，交胡兴福转给，而免争竞。至窦尚贤嗣后应按拈香浇水，不准借口偷开沟口浇水。其余之人，亦不准开口，以重水利。两造悦服，各具结了案，此判。

原差　王成基

原告　窦尚贤

伤人　窦好诗　张宝善

被告　张积福　郭之汉　李兴成　李兴德

民国二十三年七月十三日

张积福等关于窦尚贤所诉打人案具结状[②]

1934 年 7 月 13 日　　张未编号档案 14-4

具结人李尤寨民张积福等今具到：

县长大人案下依奉结得，情因有窦尚贤状诉民等为聚众成刁无故打人一案，蒙恩当庭讯得古五月二十九日申时二刻，李尤寨轮浇号水，该窦尚贤之子窦好诗因见水大满溢，从上游之尖嘴口挖浇水利，以致下游刘吉元查觉，报于张积福等前去质问，发生口角，将好诗及张宝善，均被殴伤。着将张积福等责惩，以儆效尤，并各罚洋一元，作为赔偿打伤张宝善医药之费，交胡兴福转给而免争竞。至窦尚贤嗣后应按拈香浇水，不准借口偷开沟口浇水，其余之人，亦不准开口，以重水利。两造悦服，各具结了案，此判。民等遵服，不敢借端打人，按拈香浇水并不敢开口。倘若以后反复者，照律领罪，所具甘结是实。

具结人张积福、郭之汉、李兴成、李兴德

民国二十三年七月十三日

---

① 编者按：原案卷目录题名《为聚众成刁无故打人案》，目录未标注文件字号。

② 编者按：原案卷目录题名《为水利伤害事》，目录未标注文件字号。

处理意见：

附誊。

七月二十一日

窦尚贤等关于诉状张积福等打人案具结状[①]

1934年7月13日　　张未编号档案14-5

具遵结人李尤寨民窦尚贤等今结到：

县长大人案下依奉结得，情因小的状诉张积福等为聚众成刁无故打人一案。蒙恩开庭讯得故五月二十九日申时二刻，李尤寨轮浇号水，该窦尚贤之子窦好诗，因见水大满溢，从上游之尖嘴口挖浇水利，以致下游刘吉元等觉察报于张积福等，前去质问，发生口角，将好诗及张宝善，均被殴伤。着将张积福等责惩，以儆效尤，并各罚洋一元，作为赔偿打伤张宝善医药之费，交胡兴福转给，而免争竞。至窦尚贤嗣后应按拈香浇水，不准借口偷开沟口浇水，其余之人，亦不准开口，以重水利。两造悦服，各具结了案，此判。小民遵判悦服，以后按章拈香浇水，再不敢开口，并无反复。倘若反复，愿甘领罪，所具遵结是实。

具结人　窦尚贤　窦好诗　张保善

民国二十三年七月十三日

陈三魁等关于王耀文等诉为夺浇苗水反行控告事的诉状[②]

1934年6月11日　　张未编号档案14-6

具诉状人一区永寿村民人陈三魁、陈好善、陈缴娃子、陈有娃子诉为夺浇苗水，反行控告事：

情因古四月二十五日，敝村挨浇童子坝头轮山水。敝坝渠规，大轮水下往上浇，小轮水上往下浇。此次挨小轮山水，差甲经理点香，按章程应当上往下浇。伊王耀文田地在上，使浇水伙计赵应昌、王灵文、刘工人、展工人等五人，已将自己点香时刻水浇过，又去夺浇西沟之水，被西沟人挡回。去夺浇小沙河之水，小沙河人与伊等，撕打一阵。伊又来夺浇东沟之水，当时民等东沟应挨香浇水者，只有二人，初赴上头掉水。伊王耀文之伙计五人，盘踞上游，不准此二人往下掉水。民恐迂绕点香时辰错过，苗不得水，贻害非轻。领了年幼四五人，赴上游，将水扒下，即迂绕时刻甚大，点香促尽，所以剩下未浇田苗甚多。民等有冤未诉，而王耀文恃势不忍，直将民等及弟侄辈呈禀县府，且将二十五日未去浇水之陈缴娃子、陈有娃子、陈积禄子等三人亦捏名误告在案，冤枉一切。伏恳县长大人电鉴作主，差提领水差甲陈延龄到案证明虚实，则民等沾县长典直得分之恩。谨呈民

① 编者按：原案卷目录题名《为聚众成刁无故打人案》，目录未标注文件字号。

② 编者按：原案卷目录题名《诉为夺浇苗水反行控告事》，目录未标注文件字号。

乐县政府县长王。

具状人　陈三魁　陈好善

诉状人民乐县永寿村　陈三魁（三十五岁，民乐）　陈好善（三十四岁）

陈缴娃（十八岁）　陈有娃（十九岁）

被诉人民乐县永寿村农民　王耀文　赵应昌　王灵文　展工人　刘工人

民国二十三年六月十一日

处理意见：

状案□□之日并案讯传究办。此批。

六月二日

王得全等关于祁玉斌侵吞水利紊乱渠规事的诉状[①]

1934 年 6 月 6 日　　张未编号档案 14-7

呈为侵吞水利，紊乱渠规事。

窃有本城头坝耆民祁玉斌负水利之责，为现年之领袖，适于本四月之二一日，率领头坝之夫，约有一百余人，修理河道，巧用计谋，别开渡口，将民等津漏之水一概截去灌溉，是谓上挡下死。小民无水浇灌，迫于情急，遂首明水市绅耆六坝王廷滋、三坝王得文等至河口查验理论。该伊某等，一坝不能别开二口，且某等恃财妄作　不惟将民之水夺去灌溉洋溢。而前此兑换津漏水之字据，生今反古，不以为凭，至今民等点滴不到，则苗而不秀。国课身家指何顾纳，小民情既迫于不已势亦处于难甘，为此具呈。伏乞钧府作主电验，迅速差提以怜懦弱，而儆强暴。则泾渭自分，民等沾恩于不朽矣。谨呈民乐县县长王。

具状人　丁九成　王得全　马长材　刘兴国　王永祯

原呈民乐县　王得全　马长材　丁九成　刘兴国　王永祯

被呈民乐县　祁王斌

民国二十三年六月

处理意见：

状案速派县□□□□□□□验明，报查究办。此批。

六月六日

① 编者按：原案卷目录题名《为侵吞水利紊乱渠规事》，目录未标注文件字号。

甘肃省建设厅关于填报河渠调查表给民乐县长的训令[①]

1935年5月3日　　张未编号档案5-2

甘肃省建设厅训令第9195号

令民乐县县长：

案查河渠关系农田水患，綦为重要，自应切实调查，以厚民生，前经本厅制定河渠调查表式，令发各县。详填送厅，以凭核办在案，详查遵令填赍此固已颇多。而迄今延未填报，此仍属不少。现该项调查表，急待查办，未便再延，合再令催该县长遵照。迅将前项表式，限文到三日内，逐一详细查填送厅。勿延，切切！此令。

厅长许□□（甘肃省建设厅长印）

中华民国二十四年四月

处理意见：

送甘科员查照此表，呈经填过。如未填报，仰即赶填。如已报过，而应叙稿呈昭□要。

五月三日

甘肃省建设厅关于公布实施兴办水利奖励条例转饬所属一体知照事给民乐县长的训令[②]

1935年5月　　张未编号档案5-1

甘肃省建设厅训令第10192号

令民乐县长：

案奉甘肃省建字第二八七五号训令开，案奉行政院第二零五三号训令开，案奉国民政府二十四年四月四日第二七八号训令开，查兴办水利奖励条例。前经制定，明令公布在案。兹将该条例酌加修正，应再通饬施行。除分令外，合行抄发修正条例，令仰知照，并转饬所属一体知照等因。并抄发修正兴办水利奖励一份，奉此。正核办间，又准全国经济委员会西北办事处，函送此项条例，并给奖章程各一份准此。令行抄发原件合仰该厅，遵即转饬所属一体知照。此令等因。并抄发原条例及章程各一份，奉此，除分行外，合行抄发原条例及章程各一份，令仰该县长知照。此令。

厅长许□□

民国二十四年五月

附修正兴办水利给奖章程：

第一条　凡依兴办水利奖励条例（以下简称原条例），应予给奖者，依本章程办

① 编者按：原案卷目录题名《为填报河渠调查表训令》，目录文件字号9195。

② 编者按：原案卷目录题名《为公布实施兴办水利奖励条例转饬所属一体知照训令》，目录文件字号10192。

理之。

第二条　褒扬方法如左：一、建碑。二、匾额。

第三条　水利奖章分宝光、金色、银色三种，各分为三等，如附图。①

第四条　凡合于原条例第三条，各款经全国经济委员会审核，得呈请国民政府颁发匾额。其事绩经全国经济委员会审核，认为足资模式并重大递上，得呈请国民政府建立纪念碑碣。

第五条　凡合于原条例第四条第一节、第二两款，应给奖章者，依左列之规定：

（一）捐助一百元以上或经募五百元以上者，给三等银色水利奖章。

（二）捐助三百元以上或经募一千元以上者，给二等银色水利奖章。

（三）捐助五百元以上或经募一千五百元以上者，给一等银色水利奖章。

（四）捐助一千元以上或经募三千元以上者，给三等金色水利奖章。

（五）捐助二千元以上或经募六千元以上者，给二等金色水利奖章。

（六）捐助三千元以上或经募一万元以上者，给一等金色水利奖章。

（七）捐助四千元以上或经募一万二千元以上者，给三等宝光水利奖章。

（八）捐助五千元以上或经募一万五千元以上者，给二等宝光水利奖章。

（九）捐助六千元以上或经募二万元以上者，给一等宝光水利奖章。

第六条　凡捐助材料者、出助夫役者、供给劳力者，应由主管机关酌定价格工资，折合银元数目，依前条例分别给奖，其无可折算者，由全国经济委员会审查事实，酌量核奖。

第七条　凡合于原条例第四条第三款，应予给奖者，依左列之规定：

（一）沿河湖独立植树，成活达三千株者，给三等银色水利奖章，每增五千株，加一等给奖。

（二）劝导居民沿河湖植树，成活达一万株者，给三等银色水利奖章，每增二万株，加一等给奖。在荒山平地或海岸植树，经水利主管机关查核，认为有裨水利考，得依前项规定给奖。关于上项各规定，其植树地段及方法，应受当地水利森林机关之指导。

第八条　水利官员于其应尽义务外，经主管长官认为特殊劳绩合于原条例第三、第四两条列举各款者，得请给奖。

第九条　水利官员因劳绩初受奖章，简任以上自一、二等金色水利奖章起得，累进至一等宝光水利奖章。荐任自一、二等银色水利奖章起得，累进至二等宝光水利奖章。委任自三等银色水利奖章起得，累进至一等金色水利奖章。

第十条　对于一人在一年内不得给奖两次，同一事实不得受两种奖励。

第十一条　凡依原条例，应准给奖者，无论内外国人，均得给予。

第十二条　颁给水利奖章，应附给执照，执照式附后。

第十三条　凡核给奖章填发执照，除执照，随收纸张印花等费一元外，奖章应依左列规定缴纳铸造费，但特准免费者不在此限。

① 编者按：附图未见。

（一）宝光水利奖章三元。

（二）金色光水利奖章二元。

（三）金色水利奖章一元。

第十四条　凡已受奖人，进给奖章者于给奖时，应依照第十三条，随收铸造印花等费，原领奖章及执照，应缴会注销。

第十五条　凡遗失奖章或执照者，应准声明事实，取具证书并依第十三条之规定，补缴铸造印花等费，呈由主管机关核明，递转全国经济委员会补给。

第十六条　奖章得终身佩戴之，但因刑事处分受剥夺公权之宣告，应于裁判确定核，将所得奖章及执照一律追徼。

第十七条　依原条例规定之奖励，除特予褒扬者，应随时专案办理外，其余每年分二次，分别汇案办理，前半年为五月底，后半年为十一月底。

第十八条　由全国经济委员会发给之奖章，每年终分别汇报国民政府存案。

第十九条　主管机关请奖励，按全国经济委员会规定表式填报，表式附后。

第二十条　本章程自公布日施行。

修正兴办水利奖励条例：

第一条　凡兴办水利确有成绩或于水利上有重大贡献者，得依本条例奖励之。

第二条　奖励分左列二种：（一）褒扬。（二）奖章。

第三条　办理水利有左列事实之一者，特予褒扬。

（一）捐助款项一万元以上者。

（二）征募款项三万元以上者。

（三）河塘堤埝发出非常，竭力抢堵消减重大危险者。

（四）办理堵口大工，特著高能减轻灾害者。

（五）对于水利学术有特殊发明者。

第四条　办理水利有左列之实之一者，酌给奖章。

（一）捐助款项者。

（二）征募款项者。

（三）种植森林有裨水利者。

（四）抢险出力者。

（五）革除河工积弊者。

（六）办理河湖修防三汛安澜者。

（七）办理大工计划适当，工料坚实者。

（八）水利著述有特殊贡献者。

第五条　凡前两条所未列举而其事实相等，适合于奖励者，由全国经济委员会比照前两条之规定，分别核定奖励之。

第六条　凡依本条例请奖者，由主管机关叙列其履历，递报全国经济委员会核办。

第七条　凡应予褒扬者，由全国经济委员会审核，专案呈报国民政府行之。颁给奖章由全国经济委员会核办，汇案呈国民政府存案。

第八条　各省市单行兴办水利奖励章则，经中央核准有案，而与本条例无抵触者，仍将适用。

第九条　本条例自公布日施行。

民国二十四年四月四日公布

处理意见：

仰科员案特别存誊以备查阅。

六月十七日

刘玉瑾等关于李积山等上挡下死截浇水利事给民乐县县长的呈文①

1935年9月12日　　张未编号档案53-1

为上挡下死截浇水利乞恩作主以救民生事：

情因于月之初一日，应挨敝邑承粮号水一轮，敝邑饥民小户均赖此水，以待来年春耕之基，俗言一载无冬水，二年无饭吃，诚斯言也。孰知今夏天旱不雨，河水干涸，所有冬水计合未浇，民等无法可想，幸逢此水浇灌以安来年之业。有李仁寨富豪李积山等，系洪水镇无虞渠所辖之民，浇灌无虞渠之水。民等浇灌大河头坝之水，承纳官粮三十余石，全靠水利以供国赋而养民生。谁知富豪李积山等将民等之上截浇灌，民等未见水滴，遣人沿沟寻坝，竟被伊等上波坝堤浇灌地亩十数余石。民心想破坝夺水，时刻方尽，即便邀请李尤寨韩家仁、窦好诗、韩学书视看为证，民等窃思自民五以来，旱灾叠作年不及年，又被恶劣不论渠规上挡下死，隔坝截水，将来我邑无敢住之民矣。公民等焦思，似此恶霸，天理何在？国法奚存？民等无奈，只得据情呈明钧恩作主。俯念敝邑今夏受灾，大施鸿慈，追还水利而安民生，则敝邑民均沾恩再造矣。谨呈民乐县县长张。

原告　刘玉瑾　刘三俭　刘池等
被告　李积山　杨怀金　李生仁
县长　张
承安员
书记
民国二十四年九月

处理意见：

呈悉候传案讯夺可也。此批。

九月十二日

① 编者按：原案卷目录题名《为李积山等上挡下死截浇水利由》，目录未标注文件字号。

李积山等关于刘玉瑾等无故妄控讹磕良民事给民乐县县长的呈文①

1935 年 9 月　　张未编号档案 53-3

为无故妄控讹磕良民伏乞鉴核作主恩准澈查以分水利而明揽赖事：

情因敝处之田地所用无虞渠之水在下游，于古七月二十九日，所幸天降甘霖，河水涨发，其水应挨宋家闸之号水，而宋家闸灌富，所撒满溢下流之水，民等灌泡冬水杀地，于古七月三十日之晚已经将地浇就。伊等所用洪水大河之水，于古八月初一日辰时由县城西门外接水投入西大沟，伊等灌溉冬水杀地。谁知伊等心起不良，好肉生疮，见民等浇就无虞渠所属宋家闸满溢之水，反行揽赖，无故讹磕浇伊等之水，硬教民等承认纳租。民等窃思，况伊等所用洪水大河之水，接水在古八月初一日辰时，民等所用无虞渠之水，浇水在古七月三十日晚，焉有浇伊等之水？伊等别开生面，无故混赖，讹磕纳租，情理难甘。只得诉祈县长大人案下电鉴作主，准澈查以明真相而惩苛索，则民等感激不胜之至。谨呈民乐县县长张。

具状人　杨怀锦

被诉　刘玉瑾　刘玉俭　刘　池

原诉　李积山　杨怀锦　李生兰

民国二十四年九月

民乐县政府关于李积山等控刘玉瑾等无故妄控讹磕良民事给原被告及证人的传票②

1935 年 9 月 13 日　　张未编号档案 53-4

民乐县政府为差传事：

案据洪海乡刘总旗民人刘玉俭等告诉杨怀金等为上挡下死，截浇水利等情到府。据此，除批示外，合行差传。为此，仰鉴警前往该处，即将浚开，原被以及证人等刻速传案听候讯夺。去警不得迟延，致于重咎不贷切。此票计传：

原告：刘玉俭、刘玉瑾、刘池；

被告：李积山、杨怀金、李生仁、李生兰；

证人：韩家仁、窦好诗、韩学书。

民国二十四年九月十三日传学友传距城二十里限二日销

① 编者按：原案卷目录题名《为刘玉瑾等无故妄控讹磕良民由》，目录未标注文件字号。

② 编者按：原案卷目录题名《传票》，目录未标注文件字号。

民乐县县长关于派员调查水利涉讼一案的委令①

1935 年 9 月 20 日　　张未编号档案 53-5

民乐县政府委令

为令委调查事：

案据洪海乡民人刘玉俭等状诉李积山等以上挡下死，截浇水利等情到府。据此，当经本县专开庭审讯，惟两造各执一词，究竟谁是谁非，难明真相，非派员调查不足以明真相。为专令仰该员前往该处，履亩切查水道。详细调查，据实呈报来府，以凭审讯而资结案。该员毋及隐贿徇情切为要。专令。附发原卷一宗办毕仍缴。

县长张

民国二十四年九月二十日

沈文浚关于调查水利涉讼一案的结果给民乐县县长的呈文②

1935 年 9 月 27 日　　张未编号档案 53-6

为呈复事：

案奉县长委令调查洪海乡民人刘玉俭等状诉李积山等以上挡下死，截浇水利等情到府。据此，当经职前往明密调查，实地履勘。兹查得李仁寨之水，系经无虞渠河内流入李仁寨地界，各户轮浇田地。该渠河流有上、下两沟，与刘总旗之孙家沟毗连。每逢各村行水之期，务要将两沟相连之沟口互相截堵，用人看守，否则一经被水冲开或被人偷将沟口挖开，即起争端。查此次兴讼之由，系因旧历七月二十九日上午子时，适值李仁寨行水之期，是日早辰时，又该刘总旗行水之期，两村各有各沟，各行各水，本无发生冲突之问题。祈因刘总旗各户正在灌田之间，至午后未时水势忽而中止，当时浇田各户即约同该村众人刘玉俭等，沿沟向上流寻找，寻至李仁寨正南偏西约半里地，见孙家沟之水正往向与李仁寨相通两沟而流，刘总旗众人看见，遂疑为李仁寨之人将沟口挖开，有心偷水。当时有西李尤寨众人韩家仁在该处拔田，即约同前往上、下两沟寨看，作为证人，比及看毕，将沟口堵上，已到日落时候。窃查由水止至将沟口堵上时，其间所隔约有两个时刻，无论该沟口是被水冲开或是被人偷挖开，在此两个时刻之间，李仁寨所浇之田不过两石有奇，刘玉俭等所开浇田十余石之数甚不实确。况此次李仁寨应轮无虞渠之水经职往叶官寨及文家庄等处详细调查，咸云此次水势很大，足够泡田之用，不致有偷浇刘总旗号水之情事。据职察看，无虞渠河较孙家沟地势稍低，沟口被水冲开，两沟之水混合而流，李仁寨之人祈顾浇田，并不知两沟之水混合而流之情形。嗣被刘总旗人寻见沟开，水向李仁寨内而流，致疑为李仁寨人有意偷水，将沟口挖开，遂起争端。以上各情形，经职明密详细调查

---

① 编者按：原案卷目录题名《为派员调查水利案由》，目录未标注文件字号。

② 编者按：原案卷目录题名《为呈复调查结具》，目录未标注文件字号。

之实在情形，理合具文呈请鉴核。谨呈民乐县县长张。附呈缴原卷一宗。

沈文浚（印）谨呈

民国二十四年九月二十七日

民乐县政府审判水利涉讼一案[①]

1935 年 9 月 27 日　　张未编号档案 53-7

本案据此次派出实地调之沈委员报告，古七月二十九子时李仁寨民接受叶官寨无虞渠号水属实，刘总旗民所轮是日辰时孙家沟号水亦属实，……[②]不□祈缘两沟之水，以在李仁寨地方混合汇流，致起争端。七月二十九日未时，孙家沟水忽而中断，循渠察看，查沟上游之渠坝大开地，孙家沟之水流入无虞渠之内，时间只有二时，灌地最多不过两石有余，究竟其坝口为李仁寨偷开，抑系自行冲刷，无法辨析等情。据此，本庭查核，权利义务原属对等，该李仁寨民既经浇用刘总旗号水属实，自应按照所浇地亩着补赔水伕银洋一十元正。惟是否偷浇无法辨别，着免处罚，水伕银限五日内交府县发刘总旗民具领。仰各遵照，具结完案。此判讼费六十角，李积山等负担。

原告　刘玉俭　刘玉瑾　刘　池（未到）

被告　李积山　杨怄锦　李生兰

证人　韩家仁　窦好诗（不到）　韩学书（不到）

民国二十四年九月二十七日

民乐县司法处暂代柏永俊等与张秀林等为平地风波越境行凶持势打人搗乱水利事的状纸[③]

1936 年 7 月 14 日　　张未编号档案 30-1

民乐县民字第 8 号、民乐县司法处第 2 号

司法处暂代刑事状纸俟状纸奉到再行更换

呈为平地风波、越境行凶、持势打人、搗乱水利事：

窃敝村二轮号水三十二时，于本月十八日午时接水，头帖八时，适逢洋池沟与沿沟两沟分使，率由旧章，自下而上，按粮均水，照时点香，不得以强凌弱、以富欺贫。兹有张满寨刁民张秀林等心残性暴，凶恶之至。缘敝村洋池沟水粮内，有张凤鸣名下实纳粮三斗七升，所受水量照粮多寡按时点香，即同沟人民悉遵陈规旧例浇灌田苗，伊等毫无纠葛。而伊洋池沟之地，通水沟道早年被水侵蚀中断，伊好逸恶劳，既不能补修，而反起其毒心，打就乱水目的，当此浇水之时，任意改移沟道。有经理点香水头张成兴，以水规重

---

① 编者按：原案卷目录无标题，目录未标注文件字号。

② 编者按：此处文档扫描时缺行。

③ 编者按：原案卷目录题名《水利案：原告柏永俊、被告张秀林》，目录未标注文件字号。

要，若随便改移，必有叵测之争，非经大众许可，故不敢私容。伊存心悍恶、出言凶暴、损人肥己、利一害众，立逼水头随伊之愿，另行沟道，别开生面。因敝村水利世世依规，沟沟照章，不但此沟之水不准，另行他沟即本沟之水应行直沟者，不得擅行横沟，恐紊乱渠规，引起风潮，未免危弊。伊不遵水规，颇发野心，访分水之口，越界横闸。况洋池沟与沿沟同时使之水，同点香，各巡各沟，各守各口。不料伊逞横行凶，直赴沿沟地界，将点香民人胡尔炽不分泾渭、弗问皂白，特发野心，仅使辣手，持铁锨抓石竭力饱打，詈骂不息，洋洋而去。并且未到伊受水之时，正值席姓之时似此紊乱水规，法律何在？公民等穷思，水系人之命脉，诚重且大。今刁民张秀林等目无法度，放荡无羁，殴打滋闹，捣乱水利，可恶已极，阴险叵测，令人难度。公民等冤沉海底，名没涂炭，投生无路，呼□无门，处于无奈。特据实在情形呈明县长案下，施恩作主，严惩刁恶，以维水规而利民生。则不特公民等沾再造之宏恩，即一方之愚氓均不胜欢欣雀跃，感激莫名矣。谨呈民乐县县长张。

原呈人　柏永俊　庞辅汉　张全才　杨兴隆　胡尔炽　马成功

证人　马得功

被呈人　张秀林

民国二十五年七月十四日

处理意见：

兹悉所称，为俟候传讯核夺。可也。此批。

七月十四日

民乐县司法处审判柏永俊等与张秀林等水利涉讼一案的笔录①

1936 年 7 月 16 日　　张未编号档案 30-2

原告：柏永俊、张全才、马成功

被告：张秀林

证人：马得功

右列当事人因民国二十五年民字第八号，民乐县司法处于七月十六日下午三点时开庭询问。在席职员如左：

审判官：李德禄

书记官：廖章清

审判官命原告柏永俊等到庭：

问：姓名、年岁、籍贯、住址、职业？

答：我叫柏永俊，年三十五岁，本县第二区人，住白庙村，业农。

问：你告张秀林，为的什么事呢？

答：我告张秀林将我们的点香人胡尔炽打下了。

① 编者按：原案卷目录无标题，目录未标注文件字号。

问：他为什么事将你们的点香人打下了？

答：因为本月十八日，逢敝等号水，所有受水的户民遵照水规章程，按粮点香受水，以下往往不须他人紊乱。不料有张满村刁往，张秀林不问青红皂白，将点香人胡尔炽打一顿，詈骂而去。因此将伊告到案下。

审判官命被告张秀林到庭：

问：你姓名、年岁、籍贯、住址、职业？

答：我叫张秀林，年三十二岁，第二区人，住张满村，农。

问：你为什么打人家呢？

答：我未打过人家。

问：你未打人家，他何能把你告下呢？

答：我是人使的人，我未打过人。

问：你是人使的人，谁教你打骂？

答：我不知道。

审判官命证人马得功到庭：

问：你名就叫马得功么？年多少岁数？哪里的人？

答：我名叫马得功，年四十六岁，白庙村人。

问：柏永俊告的张秀林，你知道么？

答：我知道。

问：张秀林打胡尔炽，你知道不知道？

答：我见张秀林用拳打胡尔炽，我到跟前，解散去了。

问：他为什么事打架呢？

答：我不知道一切的详细情形，他们口内骂说是为水的事争论的话。

审判官宣言命当事人退庭。仰候派员调查呈复，再行核判。

右列笔录经书记官当庭朗读后问记载，有差错误被讯人承认差讹，审判官命捺大指纹。

原告　柏永俊等（指印）

被告　张秀林等（指印）

证人　马得功（指印）

书记官　廖章清（印）

审判官　李德禄（印）

民国二十五年七月十六日

处理意见：

仰□派员前往会同查。

七月十六日

民乐县司法处审判官委派景新春调查柏永俊等与张秀林等水利涉讼一案的命令①

1936 年 7 月 16 日　　张未编号档案 30-3

民乐司法处委令

令委景就委为令委调查□案：

据第二区民人柏永俊等控诉张秀林为越境行凶，捣乱水利等情一案。据此当往票传开庭审讯，情该两造互相争论，各执一词，本庭长碍难悉揣，□问水利派委调查，不足以昭真相。合行令仰该员，驰即带法警前往该处，会同地方保甲长，履亩协查。究竟有三十八开水道，浸沿水利情形及斗□各缘因。详细查明，据实呈报来处，以凭核办，而便讯传。该员亦不可隐贿徇情，致干查究。此令。

审判官李

民国二十五年七月十六日

民乐县司法处委员景新春关于调查柏永俊与张秀林水利涉讼一事给司法处庭长的报告②

1936 年 7 月 22 日　　张未编号档案 30-4

为报告事项奉钧座委令调查第二区民人柏永俊等控诉张秀林为越境行凶捣乱水利一案：

委员遵即带同法警前往该处，会同张满村头人姚兴宝，并白庄村保长冯国士及原诉人张全才、柏永俊，齐至洋池沟界，挨次勘查。兹查得洋池沟沿沟由直沟分水于本月初八日接水，遵照水规章程，以下往上，按粮点香，使水不能紊乱。张秀林应纳张凤鸣名下实粮三斗七升，应使由大洋沟分张家沟水三寸多香，戌时灌溉。因张秀林之水沟早年被水冲断，尚未修理。旁有何姓地二块，上块有水沟形样，系浇下块。自沟前一年张秀林在此沟借灌一次，本年张秀林之地未下种子，全数荒芜。是日席光国在沿沟浇水，张秀林妄听他人唆使，假冒传会长伙计，随带不认识的一人来，向沿沟之地不问清分皂白，持铣抓石，将看香人胡尔炽饱打一顿，詈骂而去，洋洋得意。胡尔炽将香匣弃过而走。况姓使水挨戌时，席姓灌水申时。理合将实在情形，附图说一纸，具情报告于钧座鉴核讯判，实为公便。谨呈民乐县司法处庭长李。附图说一纸。

委员景新春（印）

民国二十五年七月二十二日

处理意见：

开庭讯判。

七月二十二日

---

① 编者按：原案卷目录无标题，目录未标注文件字号。

② 编者按：原案卷目录无标题，目录未标注文件字号。附图说未见。

柏永俊等关于水利涉讼一事请求准予撤销和解给民乐县司法处审判官的呈文[①]

1936 年 7 月 25 日　　张未编号档案 30–5

呈为撤销前案允准和解事：

缘公民以水利纠葛，呈诉张秀林到案。已蒙朱票传讯间，适有邻村公民王丕绩、赵□普等情关乡谊，不忍坐视，从中调解。该被告张秀林自知理愧，情愿认错。双方咸服。和平了结。恳祈钧处允准撤销前案，以免两造缠讼，是为德便。谨呈民乐县司法处审判官李。

呈请人　柏永俊　张全才　庞辅汉　马成功　杨兴隆　胡尔炽

处理意见：

状悉准予和解销案，此批。

七月二十五日

民乐县海潮坝西渠渠长张毓铎关于姚学泰王加瑞拖欠夫名紊乱渠规事给民乐县县长的呈文[②]

1938 年 2 月 27 日　　张未编号档案 56–1

具呈人第二区海潮坝西渠渠长张毓铎呈为拖欠夫名紊乱渠规事：

缘因有张满寨小甲姚学泰拖欠渠夫洋一十八元，白庙村小甲王加瑞拖欠渠夫洋三元。敝渠连办几次，伊抗违不动，非紊乱渠规而何？事处如此，只得呈明于县长，整顿渠规，疏通水利，是为至望。谨呈民乐县县长林。

原禀敝渠长　张毓铎

被禀张满村小甲姚学泰　白庙村小甲王加瑞

民国二十七年二月

处理意见：

案悉准予传案讯究，以正渠规。此批。

二月二十七日

① 编者按：原案卷目录无标题，目录未标注文件字号。

② 编者按：原案卷目录题名《呈控姚学泰、王加瑞拖欠夫名紊乱渠规一案由》，目录未标注文件字号。

民乐县县长林关于张毓铎控姚学泰王加瑞拖欠名夫紊乱渠规事给原被告人的传票①

1938 年 3 月 15 日　　张未编号档案 56-2

为差传：

案据第二区还差坝西渠渠长张毓铎控拖欠夫名紊乱渠规等情，呈诉张满村小甲姚学泰、白庙村小甲王加瑞一案到府。据此，除批示外，合行差传。为此，仰警前往该处，即将原、被人等，限三日内刻速传案，听候质讯。去警向需索，迟延广咎切。此票计传：

原呈人　张毓铎；

被呈人　姚学泰，王加瑞。

县长林

民国二十七年三月十五日

民乐县县长林关于贾中礼控邓怀壁借端生事抢夺驴子事给原被告人的传票②

1938 年 2 月 23 日　　张未编号档案 56-3

为差提了案：

据第一区杨家树庄民贾中礼呈诉邓恒壁为借端生事抢夺驴子一案等情到府。据此，除批示外，合行差提。为此，仰警前赴该处，即将浚开原、被人等限六日内逐名提案，口质讯究。去警向得别票，迟延致干重咎切。此票计提：

原告人：贾中礼；

被告人：邓怀壁。

县长林

民国二十七年二月二十三日

张掖县政府关于查勘情形给民乐县县长的咨文③

1938 年 5 月 8 日　　张未编号档案 57-3

张掖县政府咨县字第 713 号

案查接管卷内前任马县长呈报查勘盈科下七中沈家闸被水冲坏，跌地亩清折略图祈鉴核委员复勘结报一案，已奉省府令委贵县复勘在案，现已会勘完毕，敝县当经饬科照依土

① 编者按：原案卷目录无标题，目录未标注文件字号。

② 编者按：原案卷目录题名《呈诉邓恒壁为借端生事抢夺驴子一案由》，目录未标注文件字号。

③ 编者按：原案卷目录无标题，目录未标注文件字号。相应附属文件均未见。

地赋税减免规程，造具清册一本，简明表五份，相应咨请贵县长查照，希即钤印盖章，将签明各件抽存备案，其余各件并希……①此咨民乐县县长林。计咨送清册一本，简明表五份，底稿二件，呈文一件、封袋一个、底册二本、地表二份。

县长马继周（印）

民国二十七年五月八日

民乐县童子坝渠民边登檀等关于损害水源粮草无着口出刁言紊乱渠规事给民乐县县长的呈文②

1938年5月20日　　张未编号档案58-1

具呈人民乐县第一区童子坝渠农边登坛、公民刘兴苾等为损害水源，粮草无着，口出刁言，紊乱渠规事：

窃查属坝田苗全赖泉水灌溉，水之长流，总不应挖去筏皮为要。如稍加掘挖，水即干涸。所有湖窝筏皮，按历年之旧规，当地居民均负保护之责，倘有不法之徒有意掘挖，已经发觉，非依渠规整理，实难缄默。查东湖有水磨九座，系接属坝水利推行，属坝每轮修渠，各磨户应出帮坝河夫九名，致属坝之夫，亦住宿于此，以便修渠垒坝。此系双双之便，亦系历年之旧规，对于该处筏皮，实难辞其保护之责。民等照旧历年渠规，率领河夫七十二名，修理河道。至东湖，不意有刁民张成禄等生今反古，心怀叵测，掘挖筏皮，砌垫阶□，对于应帮河夫，亦系抗违，与伊等有益，与水源大有损害。伊等掘筏水涸，敝坝田苗立有亢旱之虞，所有完纳之国赋公款，从何着落。民等目睹挖筏情势，应按渠规整理，伊等不惟，不遵反咬，泼妇破口谩骂，复扬言非叫军人不足以紊乱渠规。民思百姓以渠规为重，国家以法律为宗，似此无法无理，只得呈明县长大人案下电鉴作主，提案惩究，以儆效尤。则阖坝人民沾恩无极矣。谨呈民乐县县长。

原呈人　童子坝渠农边登檀总甲　吴三纲　刘天经

公民　陈积龄　张建贤　张之屏　刘兴苾　邵天纲　张崇德

姜有贤　王守重　刘积仁　郭积祥　陈闻善　朱永新　张以诚

黄河明　黄懋德　高廷选　杨作梁　朱正儒　杨以文　马玉文

王习真　张肇铭　尚克让　吴三甲　夏怀才　吴克昌

尚其资　边登元　陈万新　李文德　王登朝

被呈人　张成禄　石文英　张培中　孙兆福　李□春

民国二十七年古四月

处理意见：

补贴，印呈。传讯核夺。

五月二十日

---

① 编者按：此处文档扫描时缺行。

② 编者按：原案卷目录题名《为损害水源粮草无着口出刁言紊乱渠规事》，目录未标注文件字号。

王怀仁关于韩积德等偷卖号水隐昧浇地呈请派员履亩查验赔偿水价事给民乐县司法处审判官的呈文[①]

1938 年 10 月　　张未编号档案 57－1

呈为偷卖号水隐昧浇地呈请派员履亩查验赔偿水价事：

情因于本月十六、十七日晚挨逢民人号水，有韩积德将水偷卖与上游列沟王恒炽、尚得仁等浇苗地八十余块，西迫沟韩修善、韩中文等浇地数十块。俟午时水潮，民人使人上游去看，而列沟西迫沟二处直接开口浇灌，履亩查验，伊等已浇多数。询问其由，实系韩积德作主卖给，伊等以钱买浇。敝处水规，若挨号水，各有时刻，无粮之沟万不能开口浇灌，若有违犯情事，小则持树条上门殴打，大则拔割青苗后说水价。如此触犯，理应按照水规所办，恐闹是非。窃思该韩积德紊乱渠规，私行偷卖号水，胆妄已极，自行犯法，又报告浇地不过二十余块，欲从中取利，谁能缄默？只得呈明于庭长案下府准迅速派员履亩勘查，并提伊等到案，依法严办，整理渠规，赔偿水价，以儆效尤。实沾德便。谨呈民乐县司法处审判官徐。

原呈人　王怀仁

被呈人　韩积德　王恒炽　尚得仁　韩修善　韩中文

民国二十七年七月

处理意见：

状悉仰候派员勘验，并传案集讯核夺。此批。

七月十六日

民乐县司法处关于王怀仁等控韩积德等偷卖号水隐昧浇地事给原被告等的传票[②]

1938 年 7 月 16 日　　张未编号档案 57－2

甘肃省民乐县司法处传票：

因偷卖号水隐昧浇地一案件，提行传唤左开人等讯问，定于七月二十四日午时，亲到本处民事庭候讯，勿得故违，致干句扰切切。

原告　王怀仁；

被告　韩积德、王恒炽、尚得仁、韩修善、韩中文。

审判官

书记官

民国二十七年七月十六日

---

① 编者按：原案卷目录题名《水利涉讼偷卖号水隐昧浇地一案》，目录未标注文件字号。

② 编者按：原案卷目录无标题，目录未标注文件字号。

民乐县第一二两保保长关于陈情池水移漏碍难顾需挑垫坚固水清不浊事给民乐县县长的呈文①

1938 年 9 月 12 日　　张未编号档案 55-1

呈为陈情池水移漏碍难顾需挑垫坚固水清不浊事：

窃因敝处南池历年无漏水之故，于民国初年有一妇入池淹死，城中百姓使该妇夫主祭神挑池换放新水。由此，挑漏池塘很漏。数年后，又放水陆续澄住池底，再不移漏。至去年军队驻扎城衷，不管好殆，拆平池沿损坏水桥栏杆，军人任意饮马洗澡，当作饮马池塘。谁料不但饮马而又洗马，有种性野之马，穿东过两胡踏横，搔将池底踏破，池水不站，随放随干，无法筑垫。乘今池水又干，民等按户口起夫挑垫。不料有各机关人数，不应口夫，估抗不管，众民户照样而行，民等无法。理合，呈请钧鉴饬差确办。挑垫紧急，不然农忙又至恐误，日期耽延，池塘不能放水。实为德便。谨呈民乐县县长林。

民乐县第一、二两保保长惠德义、陈克炽（印）

民国二十六年古七月十八日

处理意见：

派差确办。

九月十二日

杨联芳等为修筑公路隔断沟渠妨害民地粮草无着事给民乐县政府的呈文②

1939 年 4 月 26 日　　张未编号档案 32-4

呈为修筑公路隔断沟渠妨害民地粮草无着呈请电鉴转呈上峰准予豁免以救民困：

窃因敝邑之东，民地数段约下籽种一十九石八斗二升，应额民粮四石九斗五升五合。于民国二十一年及二十二年，两次奉令修筑甘青汽车公路，从此地之中筑修公路南北长有九里五分，所有两旁之地尽成废置，不能耕种。所有公路占用民地，沿路两旁不能耕种详情，已蒙科长大人履地勘查，毫无含糊。现值民穷财尽，加以旱涝不均，有地之粮无法应付，焉能顾及无地粮款差徭。理合，具造花名清册，呈请钧府电鉴体恤民艰，准予转请上峰豁免此项粮草差徭，则公民等不胜感德，待命之至。谨呈民乐县政府。

具呈人　杨起芳（印）、雷发龙、杨润材、王毓钟、杨联芳（印）、杨梓才

民国二十八年四月二十六日

处理意见：

附汽路占用民地表内。

四月二十六日

---

① 编者按：原案卷目录题名《呈为陈情池水移漏碍难顾需挑垫坚固水清不浊事》，目录未标注文件字号。

② 编者按：原案卷目录题名《呈为修筑公路隔断沟渠妨害民地粮草无着呈情转呈》，目录未标注文件字号。

甘肃民乐县任官村民徐殿元等为旱灾频仍水利不行人民逃流款项无着事给民乐县代行县长的呈文[1]

1939 年 6 月 14 日　　张未编号档案 32-3

呈为旱灾频仍、水利不行、人民逃流、款项无着，恳乞鉴核、准予派员履地勘查、蠲免杂款以济灾余而活蚁命事：

窃敝处自民五以后，天道尤旱，年甚一年。人民强半逃流，地亩多数荒芜。至去岁，冬水稀少，今春已种者头轮号水未行，未德浇灌，苗形几苦，未种考不得勘言状。以致小康之家变为赤贫，赤贫之户尽数逃流，嗷嗷待哺哀鸿遍野，所得剩者，逐日被各机关催办。正杂各款人员鞭笞之，比无法□持，欲死不得，欲逃不能。不得已只得将历历灾情，理合具文呈请钧府鉴核准予派员履地勘查，饬令蠲免杂款以济灾余而活蚁命，实为恩便。谨呈民乐县代行县长蒋。

第二区第六保任官村公民　徐殿元　展立昌（印）　刘兴国（印）　展芝林
王万顺（印）　刘靖国（印）　刘亘德　王守业　展明亮
民国二十八年古四月二十二日

处理意见：

田地荒芜情形及民生困苦状况，□□悯怜即请派员办理之，悉□□办到，应并呈报省府核夺示遵，此批。

六月十四日

民乐县长王秉桢就呈明振坝水利情形并抄录令稿及轮水办法事给甘肃省民政厅长的呈文

1939 年 7 月 8 日　　甘 15-13-264

遵照旧规办理，当安维水利，向隶建设厅专管应复查商主稿会协，为呈请立案事：

窃照职县自民一九迄于去岁，连年亢旱，各坝渠沟涸干无水灌溉，本年仰托福庇雨泽应时，渠水畅流。惟农民鉴于历年天旱，无到自己号水时刻，率领多人用强暴手段偷挖渠口横坝，希图浇灌己田，不顾他人田禾亢旱受重大之损失，以致发生斗殴与讼之事，纷至水回来。虽经县长随时审判，免受拖累，若不设法预为制止，则因水利，终恐闹成人命重案。询据土人云，洪城外龙王庙有旧日规定轮流灌浇田水规定匾额一方，县长当即躬身细阅办法，甚属平妥，饬科抄来已。于六月十八日，分水各坝绅农亘申水规，严重遵守外，所有抢坝水利情形抄录，令稿及从前均水办法，清褶各一纸。理合备文，呈请钧厅鉴核立案指令饬遵。谨呈甘肃省政府民政厅厅长林附呈清褶二扣。

民乐县长王秉桢

---

① 编者按：原案卷目录题名《为旱灾频仍水利不行人民逃流款项无着恳乞》，目录未标注文件字号。

甘肃省赈济会关于民乐县定丰村民李兴俊等呈报旱灾奇重等情给民乐县政府的训令①

1939 年 8 月 17 日　　张耒编号档案 32–1

甘肃省赈济会赈筹字第 126 号训令

令民乐县政府：

案据该县第二区定丰村民众代表李含菁、李兴俊、武开昌等呈以旱灾奇重，秋夏失种，恳蠲免粮款并赐振济一案。除蠲免粮款一层已据情转呈请省政府核办外，至被灾情形，应查明详情……②告表赍会，再行核办。据呈前情，合及令仰该县遵照，切实查明具报为要。此令。

主任委员朱绍良

民国二十八年八月二日

处理意见：

令查勘委员许凌翔将查明详情填造灾害损失报告表，以便分别呈报。

八月十七日

民乐县政府就重申水规并饬各绅农严格遵守的清褶

1939 年 10 月　　张耒编号档案 32–2

民乐县政府训令第 63 号

令头二、三、四、五、六坝各绅农：

为令知重申水规，严重遵守事。照得农田水利与民生极有关系，稍有越章行为，轻则发生斗殴，重则闹成命案。本县长来自田间，知水最稔，故下车伊始，对于水利讼案莫不兢兢审判。如前日，文明村农民王爱宝、王荷昌、徐万桢等与四坝绅士李含菁、武羡善、张丕沟等互诉，藐法乱章，偷开沟口，□沾水利。一经本县长派员调查，明确将王爱宝等审罚在案。惟现在田禾须水孔急之时，特恐别村将来亦有因水争斗情事，自应预为告诫，消患未形，查洪城外龙王庙悬有清光绪三年，经各坝水利农官张学书等商同众人，依据康熙年间，定制按粮数之多寡，计路程之远近，不偏不倚，仍照三十三昼夜公平，定立各坝用水时长，以杜争心而垂久远。匾额一方，本县逐项细阅办法，甚属周密妥善，各坝理应遵循而免不肖愚民，借端阻挠紊乱。除分水外，合及重申水规，令仰该坝各村农民遵照。嗣后，倘有不逞之徒未到自己号水时期，仗势偷开横沟渠口，灌溉自家田禾，致他人受损失者，一经告发，定按六坝无量庙内众人拟判罚办章程，按前偷灌田苗之多寡，从严处罚，充作修渠之用，决不宽假凛之，慎之切切。此令。

中华民国二十二年六月十八日

---

① 编者按：原案卷目录题名《据核具第二区定丰村民众呈报被旱情形令仰查明填表赍会再行核办由》，目录文件字号 126。

② 编者按：此处文档扫描时缺字。

光绪年间各坝分水办法的清褶

夫六大坝，其初均水真仁人也，真神人也，按粮赋之多寡，计路程之远近，不偏不倚，无反无侧，而均水公而中乎民情也。故康熙年间，各坝定制水簿印册，各注水之时，刻粮之数目，是为陈规。洪水六丈大坝，龙王庙照悬匾额，历年久远，未之或易。迨至同治四年，□□□□①，毁覆其庙，神像匾额，焚烧殆尽，继年各坝受害者不一而足。至光绪年间，大兵西进，而境域始安，适有躬任水利农官六坝张学书、五坝流半四、四坝使一位、三坝王法禹、二坝展长龄、头坝陈登鉴等倡，首复新庙免神像，其功将戍，恐惧各坝使水，众姓争心，易职旧章必紊乱。遂将先辈至今使水陈规，旧章开明于后，以垂永远不朽矣云。

六坝应使水六昼夜。

王官寨应使水一十一个时。

六过五应使水一十四个时。

东三伙应使水一十九个时。

柴家庄应使水一昼夜。

四坝堡、山、黑应使水四昼夜零六个时。

任官寨应使水一十三个时。

三坝闸、下应使水一十四个时。

中闸应使水一十六个六刻时。

二坝子、寨、下应使水七个时。

全家营应使水四个时。

胡家庄应使水一个时二刻。

单家庄应使水一个时。

秦王应使水三个时。

陈家庄应使水二十四个四刻时。

刘户应使水九个四刻时。

小西河应使水六个时。

中加沟应使水五个时。

徐家寨应使水七个二刻时。

宏土闸应使水六个时。

上闸应使水一十四个二刻时。

上寨子、展家庄应使水二个四时。

丁刘庄应使水一个时。

下闸应使水五个六刻时。

---

① 编者按：为符合当今有关出版规定，此处略去数字。

苏家庄应使水一个四刻时。

头坝旗、吾、下应使水九个时。

陈户应使水六个时。

马均闸应使水二个六刻时。

张家闸应使水七个二刻时。

谨详先辈，各坝各闸均使三十三昼夜，水内公除洪水总龙王庙香火水二个时，此五坝时刻之内，各坝各闸租使，异日不能紊乱旧章。外有明洞渠水利系六大坝沟溢水。

龙王庙香资长□地中家沟，一段其地，东至沟西头坝。河西南至沟北路，闸子沟地一段，约下坝种子一石二斗，随代管学秀官粮参斗五升。并草其他班，东至管沟，西至李姓，南至官沟张姓，共地大小二十八块。

大清光绪三年岁次丁丑林钟月穀旦

民国二十二年六月

中华民国二十八年十二月二十六日

民乐县民杨如椿等关于柏永俊李自禄等结伙率众打死人命事给民乐县县长的呈文[①]

1940年6月　　张未编号档案65-1

具喊冤人第二区第一联保第二保小民杨如椿等：

情因海潮坝山口前会议与水源有重大关系，议决禁断数十年矣。每年选保林所长二名，负责禁止。去年保林所长柏永俊、韩清二人不但不负责禁伐山林，而且今春私通伐木刁徒开山伐木，着不计其数，况山中并无大树，略有小树以聚水源。有联保主任前三日发函于各保禁山，小民文亲尊函之下赴麻马山禁山。谁知柏永俊、韩清结合张满村刁徒赵生模、傅仓清，白庙村刁徒陶万禄，卧马山刁徒李自功、李自禄、韩有绪、韩有朋、刘世铭等率领伐木人三百余名，小民父亲目视寡不敌众，由板橙门速跑至王家庄门前，伊等结伙赶来，将小民父亲猛棍立打重伤命亡。小民等冤沉海底，忙具喊状，喊呈县长按下作主验尸。附粘单一纸。

喊冤人　杨如彬　杨大材　杨聘　杨如椿　外甥雷元天

被喊人　李自禄　韩有绪　赵生模　韩清　柏永俊　傅仓清　陶万禄

李自功　韩有朋　刘世铭　张尚成　张有成率领背木人三百余人

证人　鲁文福　陈得福

民国二十九年六月

① 编者按：原案卷目录题名《具状告李自禄结伙率众打死人命案》，目录未标注文件字号。

民乐县民杨如椿等关于柏永俊李自禄等结伙率众打死人命事给民乐县县长的呈文[①]

1940 年 6 月 2 日　　张未编号档案 65-2

具喊冤人第一联保第二保小民杨如椿、杨聘、杨如彬、杨大材等：

情因海潮坝山口前会议与水源有重大关系，议决禁断数十年矣。每年选保林所长二名负责禁止，去年保林所长柏永俊、韩清二人不但不负责禁断山口，而且今春私通伐木刁徒开伐山木，着不计其数，况我山中并无大树，略有小树以聚水源。有联保主任前三日发函于各保禁山，小民文亲尊函之下赴麻马山禁山。谁知柏永俊、韩清结合张满村刁徒赵生模、傅仓清，白庙村刁徒陶万禄，卧马山刁徒李自功、李自禄、韩有绪、韩有朋、刘世铭等率领伐木人三百余名，小民父亲目视寡不敌众，由板橙门速跑至三家庄门前，伊等结伙赶来，将小民父亲猛棍立打重伤命亡。小民等冤沉海底，忙具喊状，喊呈县长按下作主验尸。

附：右禄点名单一纸。

刘世铭椽子二百四十个。

李自禄椽子四十个。

李自功椽子二十个。

张尚成椽子四十个。

张有成椽子五十个。

傅仓清、赵生模、陶万禄三人使双套骡车三辆，率背上椽子人三百余名。

韩清椽子四百个。

喊冤人　杨如椿　杨如彬　杨　聘　杨大材　外甥雷元天

被喊人　柏永俊　韩　清　赵生模　韩有绪　傅仓清

陶万禄　李自禄　李自功　韩有朋　刘世铭

证人　鲁文福　陈得富

民国二十九年四月二十五日

处理意见：

状悉。候派员带同吏警前往检验，一面赶速缉凶，依法究办，仰即知照。此批。

科长虞代

六月一日

派柳科长前往检验。

六月二日

① 编者按：原案卷目录无标题，目录未标注文件字号。

杨如椿等关于呈为勾结异党捣乱后方破坏森林杜绝水源啸聚暴动杖毙兄命事给民乐县县长的呈文①

1940 年 6 月 12 日　　张未编号档案 65–5

呈为勾结异党捣乱后方，破坏森林杜绝水源，啸聚暴动杖毙兄命，祈恩作主昭雪海冤，扑歼异党，安谧后方事：

窃有党首柏英俊等三百余人密不干阴图暴动，蓄怀已久，无间暴发。兹因小民居住之坝名曰海潮，水源不时发生干涸问题，乡民脑筋简单，不知水源干涸之由。适奉功令保护森林而蓄水源，地方绅耆亦有干旱水溢社稷受置之感想，始将旧社稷坛迁修于海潮山口。呈请县府备案，改设保林所，每岁公选所长保护森林，弥禁砍伐。近年以来，经十余改选，森林阴翳，水源洪发。不幸于去岁谬选柏英俊、韩清等为保林所长，自接办以来，阴使异党往来山林，先而小伐后乃大砍，大批运木，公然向各地贩卖。绅耆等眼见碍害人民，积极于今春公议改选张志、张兴桂二人为保林所长。而柏英俊故不与新任交代，声言图记遗失，延至四月念四日，经联保处发起公函，召开保林会议。各村保甲长及绅耆纷纷到所，未及讨论，而柏英俊、赵生模、傅仓清、韩清、柏万海、陶万禄等啸率异党三百余人，从山内暴出运输林木，车载人背无计其数，一面直驱保林所而来，一面大呼围杀保甲长、绅耆等。眼见异党暴动，必出意外，积极越墙逭避。党首率领余党手执梃杖在后追赶，喊杀连天，一时逭避不及，急向闾阎躲藏。惟小民家兄杨如桂年近六旬，眼目昏花，精神疲弱，奔殿蹀□，逭至卧马山王姓庄前，即被团围殴打，血流殷地，刻时命毙。余党又向各家各户排闼倒墙，折房掘地而搜，一时哀声震地，尘霾蔽天，数村人民惊惶震动，而异党等又将逃脱，人所抛之被褥、衣服、用斧及石坎扯片绺。似此乘间暴动捣乱后方，小民不能不将特殊暴动条条上呈。小民家兄素性诚实，对公益事业毫不惮劳。当迁修保林所时，终日督促工人工作，虽遇酷日暴雨中，尚赤足抱石泥墙，经三年之久，将工告竣，方才归家。今又为公被党首等杖毙，经县府检验，全身青肿，两腋打断，纯系受伤身亡。家兄遭此不白奇冤，小民不能不哀哀上吁。而柏英俊跋扈职权，破坏森林，实出有意借此扩张，乘间暴动，素行不轨，忤逆不孝。去岁将生身母亲饱打，屡次冤之，再冤而死，早为天人共鉴。以不孝做出不法，如此党首若不及早歼除，将来暴动滋漫难图。小民一为公共除害，一为家兄雪冤。除呈县府及各上峰外，匍匐……②民乐县农林技佐曹（印）转呈县长陈。

民乐县第二区第一联保第二保小民　杨如椿（指印）　杨如彬（指印）

雷元天（指印）　杨如棠（指印）　杨大材（指印）　杨聘（指印）

暴动党首　柏英俊　傅仓清　赵生模　陶万禄　赵家福

刘世铭　张尚成　韩有朋　张有成　刘迁上　李自禄

民国二十九年六月

① 编者按：原案卷目录题名《呈为勾结异党捣乱后方破坏森林杜绝水源啸聚暴动杖毙兄命案》，目录未标注文件字号。

② 编者按：此处文档扫描时缺行。

处理意见：

派干警五名票拘依法讯办。

六月十二日

傅仓清关于申明原情以鸣海冤事给民乐县县长的呈文①

1940年6月12日　　张未编号档案65-6

呈为申明原情以鸣海冤事：

情因四月二十五日，……②走至横路，往东而行到卧马山，看见人民熙熙攘攘。前行数步，遇见联保主任张其文一人言，说伊等挡山，两方相持不下，央小民通知背椽子人，将椽子与伊等放下，名姓纪录才放回家。小民细思人微言轻，又加山场之地，人民众多，不敢去说。回首即走，不知何时，背椽子人将杨如桂殴毙。小民一字不知，该杨如春等含沙射影，株连好人，不知是何居心，将小民诬控命案。况小民素日小心，不与人争口角，何能殴打好人。现时凶手即获李代桃僵，实在冤沉海底。恳请县长大人明密访查，以分泾渭，而鸣海冤。则小民沾恩再造矣。谨呈民乐县县长陈。

具申明书人傅仓清

民国二十九年五月一日

处理意见：

兹缉□案讯办。

六月十二日

民乐县政府关于杨如春控柏永俊等殴毙兄命事给原、被及证人的传票③

1940年6月15日　　张未编号档案65-7

呈开：

原喊冤人：杨如春、杨如彬、杨大财、杨聘、外甥雷大财（元天）；

被喊冤人：柏永俊、赵生模、傅仓清、柏万海、陶万禄、任清成、刘世栋、赵生福、王秀林、张兴义、张兴正、韩有绪、韩有堂、张培玉。

票拘讯办在堂。

讯传原被两造，因砍木滋事聚众行凶，原告所控各节情形大都不虚。而被告人柏荣俊等均分别询问，情词尚未一致，除载连无幸，人民着准交保外，其在逃各犯亟应票拘庭讯

① 编者按：原案卷目录题名《为申明原情以鸣海冤事》，目录未标注文件字号。

② 编者按：此处文档扫描时缺行。

③ 编者按：原案卷目录题名《呈开》，目录未标注文件字号。

实在再办。问有嫌疑人应分别另派委员侦查，以明真相，免均株连，无……①人均票传庭……②

刘世铭、韩清、候立生、赵家福、韩有朋、张尚成、刘迁上、张有成、李自禄、何多宾，以上十人拘。

传票：卧马山王在堂、……③

为差缉了案：

据第二区一联保第二保小民杨如椿等喊控异状诉柏永俊、韩清、赵生模等率领三百余人各执松杆打死伊兄一案。据经验明核讯，有在逃之刘世铭等几经缉获归案，不能判结。合行仰警前往该处，协同当地保甲长等严密提缉，务获到案，以凭法办。去警勿冯胁从漏网，致干法纪。切。此票计缉：

刘世铭、韩清、韩有朋、候立生、赵家福、张尚成、张有成、李自禄、何多宾、刘迁善。

为差传了案：

据第二区一联保第二保民人杨如椿、杨聘、杨如彬等告控柏永俊等率领多众打死兄命一案。据经堂讯，据原告供称滋事时有卧马山王在堂、□□□、刘同善、刘三爷在场，仰票前往讯传该民等传案，以资证明，勿冯滋扰。切。计传：

王在堂、刘同善、刘三爷。

科长虞核（印）

民国二十九年六月十五日

县长陈

民国二十九年六月十五日

民乐县政府审讯杨如春控柏永俊等殴毙兄命事的询问笔录④

1940年6月15日　　张未编号档案65-8

问：你是哪里人？我是白庙人，务农，名叫柏万海，二十六岁。我因为家里穷，迫为拿椽子，因遇见杨区长为挡我拿的椽子一根，我没有打。有张满寨何姓打的太奎，白庙杨作贵、刘建勋、张文彪四人，各用山木杆子打死，王秀林在旁，其余打的人他知道。有柏永俊在山头上乱喊拿木人一齐下山。

柏万海（指印）

问：你是什么人？我是农人。你的名字叫什么？名叫任清成。多大岁数？我五十三岁。张满村海潮坝事你知道么？我的儿子去背椽子，我去迎接在王家庄子。

任清成（指印）

① 编者按：此处文档扫描时缺行。

② 编者按：此处文档扫描时缺行。

③ 编者按：此处文档扫描时缺行。

④ 编者按：原案卷目录题名《为差缉柏永俊等（的笔录）》，目录未标注文件字号。

问：你是什么人？我是农人。你名字叫什么？名叫陶万禄。多少岁数？四十二岁，白庙人。海潮坝你知道？我的儿子去背椽子，我去迎接，有拿木人挡小人，合集一处，有很多人找联保主任，我解劝未找，对打杨区长事不知。

陶万禄（指印）

问：刘世栋，哪里人？卧马山人，务农，年二十九。海潮坝事你知道么？我不知道。告的是我的兄刘世明。找保。

刘世栋

问：你是哪里人？刘庄子，年五十七，务农，名张兴义。海潮坝事你知道么？我不知道，我的两个儿，一个在民团上，一个与马良贤佣工，对于打人事不知。找保。

张兴义

问：你是哪里人？刘庄子，年三十五岁，名张兴正，作付应事，务农。海潮坝事你知道么？我不知道，我是甲长。找保。

张兴正

问：你是哪里人？卧马山，年四十八岁。名叫什么？韩有绪。做什么事？务农。海潮坝，你知道么？我不知道。暂押澈查。

韩有绪（指印）

问：你是哪里人？卧马山人，年三十四岁，名韩有堂，务农。海潮坝事你知道么？我不知道，韩清是你的什么？

韩有堂（指印）

问：雷元天，你多少岁？我三十九岁，我是杨如桂的外甥，与舅舅挡山，行至卧马山板橙门被柏永俊等打死。

雷元天（指印）

问：你是什么人？我是农人，名叫王秀林，年二十二。海潮坝事你知道？我知道。我背椽子，我向杨区长作揖。有柏义海亦打我，打在杨区长的腿上，后才有张满村何多宾打得最早。

王秀林（指印）

问：你是哪里人？张满人，年三十五岁，务农，叫赵生福。海潮坝事你知道么？我背椽子去来，打杨区长我不知道。

赵生福

第二区第一联保原告人杨如春。问：你为什么事情？答：我的家兄被拿木头人打。为什么事打死？为保护森林发张水源，发启召集开会挡山。因时有刘应乾等行至板橙沟门，被海西白庙柏永俊、傅仓清、赵生模，未护韩清。

杨如春（指印）

问：杨如彬，你多少年龄？我四十岁。你为什么喊冤？我的兄为保护森林被人打死。当场有王在堂为证。

杨如彬（指印）

问：杨聘，你作什么？我在第一校念书。你为什么告人？我的父亲为保林被柏永俊等赶在王在堂庄前打死。

杨聘（指印）

被告：问：你什么名字？我叫柏永俊。你到山上作什么？我到山里种田。有挡山的数人，行至狼洞沟，遇见拿木头的人，遂即乱打。

我先任保林所长因有穷人偷拿木料，有张继川当即挡获。后将保林所长换与张浚，遂即召集开会，更换所长。有海东杨如桂等挡山，随即被拿木料人等乱打毙命。遂即拿上抵挡，追赶开死凶首，有陶万禄正去背椽子，其父去迎。问你杨区长你见过么？我没有见，我在狼洞沟，杨区长在板橙沟。

柏永俊（指印）

问：你什么名字？叫赵生模。作什么事？我务农。你多大岁数？我二十九岁。你知道挡山事？我知道。我往板橙沟骆磨，遇见挡山的人，我没有打过。我前三天赴海潮坝山拿椽子数背。

赵生模（指印）

问：你叫什么？叫傅仓清。作什么？务农。多大岁数？二十二岁。海潮坝事你知道么？我压马时遇见挡山的人，有联保主任张其文同在板橙沟门前，遇见十二时，打骂事我不知道。联保主任叫我调和事，我知道。我遇见赵生模拿椽，任清成子拿椽子。

傅仓清

问：联保主任张其文，你将挡山事说一遍？说因避免旱灾计，遂即开会保林。后为保林计建修保林所一处，二十八年举柏永俊担任保林事，因保林成绩不佳，大家□见及此，遂将所长改换为张浚。有柏永俊交代不清，因致就所长，未向接交。后召集开会时，有杨区长见到，公开砍伐。我见有三十九背椽子，有三个车驼木，赵生模一套。有杨区长眼见公开所伐大正，遂即亲自去挡，当被打死。有傅仓清压马，我叫他们与拿木人调和，傅仓清不肯。后有山上拿木人乱喊，我已在别人庄内，遂将杨区长赶上打死。刘同善驻板橙沟，中刘三爷遂即叫喊不要再打，有雷文袖、陈俊福当场劝解。

张其文

问：你是哪里人？卧马山人，年三十五岁，名张培五，务农。海潮坝事你知道么？我去种田，我不知道。

张培五（指印）

问：你是哪里人？名雷文袖，年，工作。海潮坝事你知道么？我知道。海西人拿木，有海东人去挡，两家发生口角，我就在旁。

雷文袖

民国二十九年六月十五日

甘肃省政府关于张其文控柏永俊等砍伐森林殴打杨如桂身死事给民乐县代理县长的训令①

1940 年 7 月 10 日　　张未编号档案 65-9

甘肃省政府巳诉字第 398 号

令代理民乐县县长陈玠：

案据该县第二区第一联保主任张其文，呈为柏英俊等砍伐森林殴打杨如桂身死，乞法办等情。据此，除以来呈无铺保印花，本应不理。惟核所称名义，即该柏英俊身为保林所长，不惟不顾小益，反而率众伐林，殴打人命。如果不处，实属不法。既据呈称业经县政府检验有案，将准令行该县县长，迅速查照法□□②报核夺等语批示外，合亟抄发原呈，令仰该县长，遵即查照确情，依法办理具报，以凭核查。毋延为要。此令。计抄发原呈一纸。

主席　朱绍良（印）

监印　蒋元棻（印）

校对　张云铎、罗文湘

民国二十九年六月二十七日

处理意见：

详情拟复。

七月十日

张其文关于柏永俊等砍伐森林殴打杨如桂身死事给民乐县县长的呈文③

1940 年 5 月 2 日　　张未编号档案 65-10

为报告事：

第二区所属海潮坝地处山陬，人民以农为业，保护森林涵养水源，与人民大有关系。自先年山林伐尽，水利不兴，人民多受昇旱之灾。于十九年全区开会决议，禁森林免除残摧，是以具文呈县转报并案。至二十三年，又经全坝人民推二区区长杨如桂，为建修保林公所总理事之责。该人热心公益，体怜人民，素专保护森林，协同所长，严禁砍伐。迄今，数年以来，则森林虽未聚成大材，而水利颇生效力，农民均沾其泽。谁知二十八年，谬选柏英俊为保林所长。其人接事以来，敷衍塞责，不顾公务私买山林，阴使人违禁砍伐，渐至结成异党，挟势凌人，明以车载林木。乃有杨如桂坐视不忍，前往

---

① 编者按：原案卷目录题名《据该县联保主任张其文呈为柏英俊等砍伐森林殴打杨如桂身死乞法一案令仰查办复核由》，目录文件字号 398。

② 编者按：此处案卷破损。

③ 编者按：原案卷目录题名《呈》，目录未标注文件字号。

保林所参加保林会议。遭遇柏英俊等率人伐木，杨如桂逃凶不及，谆谆告劝，竟被伐木之暴索殴毙，不特家属子弟惨伤难忍，即全区人民实知，为以身亡冤沉海底，已呈请县府当场检验。实系受伤身亡，腰受伤，两肋挞断，肌肤青肿。如此，得造不幸，士民职系联保，自得具实情报明钧鉴。而柏英俊等聚众成刁，挞伤毙命，若早不按律征办，依法消残，将来养成巨祸，则杨如桂冤虽申，致地方人民将来受暴凌之大害。士民不揣冒昧，理合具报申明钧座鉴核，伏乞除暴安良，维护森林，以鸣海冤。则地方感享幸福，而死者安瞑目于九泉。实除报告县政府暨司法官办理外，谨具实情报告甘肃省政府主席朱。

第二区第一联保主任张其文
民国二十九年古五月初二

民乐县政府关于杨如彬控柏永俊等砍伐森林殴打杨如桂身死案澈查具复事给甘肃省政府主席的呈文①

1940年11月16日　　张未编号档案65-11

为经案呈复杨如彬等呈诉柏英俊殴毙兄命饬查具复由：

钧府本年六月二十七日诉字第398号训令开：为据前联保主任张其文呈诉柏永俊等砍伐森林殴打杨如桂身死一案。复奉本年七月五日，建三午字第1500号训令开，为据县民杨如彬等呈同前情。曾任县长于本年七月二十三日，将此案情形，据实报请鉴核在卷。旋奉钧府本年八月十日诉字第668号指令开：呈悉该柏英俊身为保林所长，对于伐林民众不加阻止，反唱令将杨如桂殴打身死。殊属不法，仰速侦审明确，依法办理，并将人犯严加缉捕，务获讯究为要等因。正尊令依法缉办，间又奉钧府本年九月十一日建二申字第1861号训令开，案据该县第二区第一联保第四五保民柏英俊等辩诉，刘世元等聚众斗殴，阴谋陷害，请派员查办等情。查此案，前据杨如彬等以破坏森林，杖毙兄命等情呈诉该柏英俊等到府。业于本年七月五日，以建字第192号训令，该县长查复立案。兹据前情，合亟抄发原呈，令仰刻即并案，澈查明确，据实呈复，以凭核办，勿延为要。等因。计抄发原呈一件，奉此……②经多数月，案连多人，纤请互诉，各执一词。若非钧府难民更始之意。惟查海潮坝山林，确关两方农业水源，而该山林木，拱抱成材。又素为该两方人民所渔利，因是两方时起争端，积成仇恨，互看械斗殴毙人命情事。厥后公议设立保林公所，借息争端，两解仇恨。其保林所长，即按年度轮任，由双方公选，法本至善，然利之所在，人各觊觎，选任不良，转滋伪护。去年本轮海西人为保林所长，于是海西公选柏英俊，海东所公选韩清。韩清海西人，对于海东人民，偷伐山林，韩清稽查较严，不免怀恨。其实双方皆有偷伐之事，只看轮摊所长为何方，对于本方人民，偷伐森林，即明知故昧耳。今

---

① 编者按：原案卷目录题名《训令为据前联保张其文呈柏英俊等砍伐森林殴打杨如桂身亡一案》，目录文件字号398。

② 编者按：此处案卷破损。

海东人既怀恨在心，无法报复，只将俟海东人轮任保林所长之时，再泄此愤恨。故今春改选保林所长，海东人张志、张兴桂，同样经双方选出，行将就任，而海西人民，惟照保林所长非本方人担任，利将骤失。故乘此未交任之先，一般穷愚之人，潜往砍伐，乃一往众随，乱声传播。海东人改啧有烦言，然暂时就任所长，当未接任，不便遂行职权。而死者杨如桂，即以海东人资格，又自居系立保林公所之人，负有双方信□，即挺身调集民众数十人，自章前往禁护。其意伊一至山，海西人又相率逃避，不敢砍伐。谁料斯时海西一班愚众，亟砍伐后掩迹。正纷驼运在途，瞥见海东人掩至，一时无法卸责，又恐人藏现活，罚办正严。情急之下，各自关免，遂肇此不幸之事，愚众均逃逸无踪。设若此时杨如桂难即大胆前往，而使彼众知是杨长老如桂无二，不致愈加伤害。嗣后海西人知是杨如桂，因伤致死，无皆同深惮惜，但不知是何蠢人，下此毒手，很难根究。曾经海西绅民邀约城乡绅学各界，对杨如桂本人又用致痛惜。一面大做佛事，超度亡魂，一面对其家室，公出赡养费以前七百五十元，双方当众承认具领，查押自行和解在案。今其族弟杨如彬，忽因此事未经伊在场承认，又猛分钱不众，无泾泄气，颇表不满。复联合其亲族，每人具诉钧府，恳饬查法办。□节外生枝，而柏英俊辩诉呈向云杨如桂受伤未死之前，在王在堂家中，安居无故，饮食如常。在夜半有刘世元、张其文、张志等到王在堂家中与之谈话吸烟后，即神昏身死，被毒害等诬语。坐有此因，查无佐证，总之此案是杨如桂，自负声望，冒险率人轻往禁伐山林，一时为愚众强伤而死。柏英俊据供虽身处保林所长，亦时常迫护此山，防人偷伐。是日，在山见集有多人，抢运砍伐林木，一时情急喊打拿贼之声，未绝于口，是诚有之，但非喊打杨如桂，更非喊打海东之人。如果如杨如彬等所诉，则预谋集众三百余人，谁能独伤一杨如桂，情词似极近理，其所被告赵生模、傅仓清、柏万海、韩清等，到无真凶实犯，在被指为对杨攻之，同据县长明密 侦得殴毙杨如桂。具此案，若照寻常案法办，则原告既经得钱，承认私解，而又告诉，更难免法律制裁，正凶确系何人？奉令前因，理合据将此案经过详情，并陈鉴核，究竟如何办理之处，县长未敢擅专，伏乞训示祈遵。谨呈甘肃省政府主席朱。

科长虞拟

民国二十九年十一月十六日

县长陈

民国二十九年十一月十六日

民乐县政府关于杨如椿呈诉柏永俊殴毙杨如桂一案请鉴核事给甘肃省政府主席的呈文①

1940 年 7 月 24 日　　张未编号档案 65－12

呈复杨如椿等呈诉柏英俊殴毙杨如桂一案情形请鉴核由：

本年七月十日奉钧府诉字第 398 号训令节开，案据该县第二区第一联保主任张其文呈

① 编者按：原案卷目录题名《呈复杨如椿等呈诉柏英俊殴毙杨如桂一案情形请鉴核由》，目录未标注文件字号。

控为柏英俊等砍伐森林殴打杨如桂身死，乞法办票传一案。除原文有案不再整录外，尾开令亟抄发原呈，令仰该县专遵即查明确，情依法办理具报，以凭核夺，此令等因。计抄发原呈一纸，奉此县专正已办问。又奉钧府建三午字第1500号训令，据该县第二区第二联保民杨如彬等呈为柏英俊等破坏森林杖兄毙命，祈予昭雪事情（原文），此令等因。计抄发原呈一纸，奉此遵查呈案。曾于本年六月间据抄属海潮坝民人杨如椿等呈诉柏英俊、韩清等率领三百余人砍伐海潮坝森林，民兄杨如桂向为办理保林公所首倡者，闻其砍伐，前往禁止，竟被该柏英俊等喝众手执木棍赶打毙命，请求检验雪冤。并据该处民众呈报到县，迩时县长出巡三区参加南古民众补习班毕业典礼，由一科科长张奎武代行科长，柳丙照率带吏警驰往检验。验得杨如桂确系打断肋胁身死，当场填具尸格呈案。一面遴派干警缉拿究办，当缉获首犯柏英俊，从犯赵生模、柏万海、陶万禄、任清成、傅仓清，韩有堂等十余人到县。经县长详细审讯，该首犯柏英俊尚未供认。系均供词狡展，坚不承认。除将无辜株连，暂予保出，并严缉在逃人犯，务获究办外，所有首犯柏英俊依事忍予羁押，一俟侦审明确，再行提起公诉，依法判处。惟查该海潮坝地方中，隔一河，河之东曰海东，河之西曰海西，河之两岸系有山核绕，名之曰海潮坝山。山之□一可以苗木，以聚水源而盖农产。故民杨如桂系海东人，向对地方热心公益，办理不遗余力，对于山林尤首先创改保林公所，禁止砍伐，加意保护。近十数年来，森林已渐前茂盛，满山葱壮可爱，水源因此□聚，农产获益非浅。上年比英俊被推为保林公所所长，放弃砍责，任令偷伐。是以地方另行改选，借任林务，讵在此就交清所长，交按转辖时期。而海东海西无知乡民始则私偷，继则明伐，大有不可制止之势。该处联保主任张其文见此情势，诚恐伐木过多，有害水源，分函各村绅老头人，均定夏历五月二十六日在联保处开会讨论禁山办法。一般民众得此消息，以为此后再无伐木机会，不约而同，均于先一日赴山砍伐木椽，以备需用。是日，杨如桂闻情，即率海东民众数十人驰往禁伐。而海西在山伐木民众，一见海东人未同海西人按期禁山，各抱抵抗之念。其时柏英俊又过在山巅以海东人逞兹时，由后山偷伐，均未干涉气见，一声喝打，蜂拥而下。海东人少，诚恐受害，均急驰而去，只有杨如桂一人，年老气衰，逃避不及，竟被众人赶追至王在堂门前，手持木椽打倒在地，晚问即死。此是案肇事之详情也，至杨如彬等原呈所称柏英俊密谋不轨，结党暴动等情，县长明密访查，实属零讲，有害陷于法，加以严惩。兹奉前因，除依法……①会先具文呈复，仰祈钧府鉴核。谨呈甘肃省政府主席朱。

科长　拟

县长　陈

民国二十九年七月二十三日

① 编者按：此处案卷破损。

甘肃省政府关于杨如椿呈诉柏永俊殴毙杨如桂一案仰查复核夺事给民乐县县长的训令[①]

1940 年 7 月 5 日　　张未编号档案 65–13

甘肃省政府建午字第 1500 号训令

令民乐县政府：

案据该县第二区第一联保第二保民杨如桂等呈为柏英俊等破坏森林杖毙兄命祈予昭雪等情，除批示外，合行抄发原呈。令仰该县迅即查明实在情形，及所控柏英俊等秘密不轨结党暴动有无其事。详细具复，以凭核夺。此令。

主席　朱绍良（印）

建设厅厅长　李兴军（印）

监印　蒋元棻（印）

民国二十九年七月五日

柏英俊等关于张其文等聚众斗殴阴谋陷害暗毒殒命反行栽赖事给民乐县县长的呈文[②]

1940 年 8 月 14 日　　张未编号档案 65–15

具辩诉人海西第四五保小民柏英俊、赵生模、傅沧清、陶万禄、王秀林等为聚众斗殴阴谋陷害，暗毒殒命及行栽赖，乞恩作主以明冤抑事：

情因海潮坝水源两流，河东为海东，河西为海西。光绪末年因发生命案，将林政废弛。人民渐次砍伐，十余年之间，即将林木砍伐净尽，水利大受影响。于民国二十年，有东西两坝绅董及老人齐发善愿，将社稷坛移于坝口，附设保林所，修正保林章则……[③]钧府备案。公议推举所长二人专务挡山，保护森林以蓄水源。如黄仲玉为保林所长之时，有张志之叔砍伐松树，阻塞西坝之口偷盗水利，被黄所长查获。该张志心怀不良，公然起其民夫百余名，包围保林所。黄所长看事不好，即行匿避免遭毒手，该恶等将磨面之王希庚饱打一顿。经过所长，无一不受劣绅刘世元、张其文、张志三人之主使欺辱。去岁，海西推小民柏英俊、海东推韩清，二人为保林所长，对于林政亦竭尽其职。至下半年，有张其文之叔地痞张伏宽率领多人伐山，被小民柏英俊、韩清二人捉获，理应送县，依照破坏林政惩办，有地方绅士杨辑五、王静山拦讲，照保林章则处置。谁知，该张伏宽依侄张其文势力，将所丁饱打，又将所长辱骂不堪。俾小民柏英俊、韩清二人难尽其责，

① 编者按：原案卷目录题名《据该县民杨如彬等呈诉柏英俊等破坏森林殴打杨如桂身死等情仰查复核夺由》，目录未标注文件字号。

② 编者按：原案卷目录题名《具辩为聚众斗殴阴谋陷害暗毒殒命反行栽赖事》，目录未标注文件字号。

③ 编者按：此处文档扫描时缺行。

无奈将图记章则即交张伏宽之手。至本年春，保林所召集开会，两坝绅董公议推举张志、张兴贵为所长，该张伏宽居心叵测，将图记章则隐匿不交，而张志故意敷延时日，不任其职。推缘其故，实系与刘世元、张其文、杨如桂鼻出一气，串通做弊。因伊等大兴土木，建庙盖庭，希图利己，暗中主张，不但伊等依势砍伐森林，而海东人民附伊等之势力，逐渐砍伐林木。先用人力而背，继以驴驼车载，踵趾而接，无人过问。因引起海西贫民眼热，为度糊口起见，渐次偷伐。迄于近日，该刘世元等土木虽云告竣，而贪心日益愈炽，乃使联保主任张其文，于古四月二十四日发起公函，通知全坝各村二十六日在保林所开会，商议挡山事务。公函内言词与小民柏英俊、韩清有为难之语，并未提明预期挡山之话。不料，于二十五日，联保主任张其文、刘世元、张志、杨如桂等豺狼，其性贪婪无厌，公然聚众号招民夫数百余名，明为挡山，暗图渔利，麇集保林所，私心滔滔，不讲公道。正口内有海东运木车驴，掩目不挡，扬长经过，反将民夫带到海西卧马山，遇人便打，逢家便搜。适遇遍山板腾沟背椽之人下山，……①杨如桂等率领民夫及家丁上前劫掠椽子，两方斗殴之际，杨如桂即逃避于王在堂之家中，安居无故，饮食如常，至夜半有张其文、刘世元等到王在堂家中与杨如桂喧话，并拿去洋烟灯吸烟，已毕，神昏不明，当即身死。于二十六日开会时，张其文同场所说众人皆知。度此情理，不知张其文、刘世元等暗用何物毒死杨如桂，其弟杨如椿反行栽赖小民等殴打毙命，喊控钧府。业蒙派员诣验，检验官本原控殴打毙命，只验得尸体两肋木器伤一处，非系致命之穴，上下唇脂并十指甲青色，实有服毒之证。当场并未验明。恳祈钧座秦镜高悬，亲身诣验以明栽赖，而免陷害。况海西背椽之人，虽集山林，出于无形无心，而联保长串通刘世元等，公然号招民夫数百名，聚众斗殴，暗毒殒命，出于有形有心，人所共知。彼时小民柏英俊闻刘世元等聚众寻觅，恐遭毒手，回避山穴，幸免其死。小民赵生模，赴板腾沟武姓家中，拽磨回时，与张其文、杨如桂见面后即时返家。傅沧清实系压新膳之马道经横路，该张其文等央请说和，而傅沧清年幼识短，无说和之能力，当即返家，并不知殴打事故。陶万禄之子背椽，闻得挡山，恐有是非，前去看视其子，看事不佳，由后山逃避，未见子面，亦即回家。至于柏万海、王秀林等见杨如桂等率领民夫，蜂拥而来，自图掠夺，不主公道，遂心起不平之气，与伊对殴。该杨如椿等将兄杨如桂之死，不寻张其文等之暗毒根由，反行诬赖小民等打死，实在冤沉海底。只得将详情，含哀具实呈明县长案下电鉴作主提案质讯，以明皂白而脱海冤。则小民等沾恩再造矣。谨呈民乐县县长陈。

原诉人　柏英俊（印）　傅沧清（指印）　柏万海（指印）
赵生模（指印）　陶万禄（指印）　王秀林（指印）
被诉人　张其文　杨如椿　杨如彬　张　志　张伏宽　张其俭　刘世元
雷元天　杨　俊
民国二十九年古七月

处理意见：

八月十四日

① 编者按：此处文档扫描时缺字。

甘肃省政府关于侦讯柏永俊等殴毙杨如桂一案情形遵照办理事给民乐县县长的指令[①]

1940 年 8 月 18 日　　张耒编号档案 65-16

甘肃省政府诉字第 668 号指令

令代理民乐县县长陈：

本年七月二十三日，呈一件为复讯柏英俊等殴毙杨如桂一案情形请鉴核由，呈悉。该柏英俊身为保林所长，对于伐林民众不加阻止，反唱令将杨如桂殴打身死，殊属不法，仰速侦审明确，依法办理，并将在逃人犯严加缉捕，务获讯究，为要。此令。

主席　朱绍良

监印　蒋元棻

校对　张云铎　罗文相

民国二十九年八月十日

处理意见：

遵办。

八月十八日

柏英俊等关于张其文等狼狈同谋诈欺取财事给民乐县县长的呈文[②]

1940 年 9 月 23 日　　张耒编号档案 65-17

具复诉人海西第四五保民人柏英俊、赵生模、傅沧清、陶万禄、柏万海、王秀林、张兴义、韩有序、韩有汤、张丕玉为狼狈同谋诈欺取财祈恩作主以惩不法事：

情因有联保主任张其文，于古四月二十四日，发起公函通知各村于二十六日，在保林所开会，商议挡山事务。孰知二十五日，该联保主任张其文串通劣绅刘世元、张志、杨如桂等，公然号招民夫数百名，带到海西卧马山，名为挡山，暗怀渔利。该杨如桂看见板腾沟背椽子之人，带领民夫蜂拥而来，上前劫夺椽子。不知何人殴打，而杨如桂即走于王在堂家中。至夜半张其文同刘世元至王在堂家看视，并拿去洋烟吸食，已毕，当即身死。此话系张其文二十六日，在保林所开会时对出席者所说之语，人所共知。该杨如椿、杨聘、杨如彬不说张其文毒害之话，与伊等狼狈喊控钧府。业蒙派员在卧马山王在堂家中检验，而检验官本杨如椿一面之诉，自验尸体，两肋木器伤一处，而上下唇吮

① 编者按：原案卷目录题名《据呈复侦讯柏英俊等殴毙杨如桂一案情形请鉴核等情指令遵照由》，目录文件字号 668。

② 编者按：原案卷目录题名《为狼狈同谋诈欺取财一案》，目录未标注文件字号。

并十指甲青色，系服毒之证。未经验明，并将小民等带案管押。蒙钧座堂讯，后有地方绅士樊得春拦解，央请全县绅董赵致中、李兴俊、朱遇祥、陈权中等数十人，在教育局同场说和，证明杨如桂接二十五日率领民夫挡山之，因暴疾而亡。同场共议，小民等与杨如桂之家出养赡费洋一千七百五十元，其弟杨如椿、子杨聘、杨霁、杨□等愿意和平。小民当即拆家变产，将洋凑齐，同赵致中、施涛、陈权中、杨国瑞当面交过。两造具和解甘结状，呈递钧府……[1]不将此案撤销，反捏造黑白，控告省政府建设厅法办。该杨如椿、杨聘、张其文等诈术多端，诡计莫测，陷害小民受法律之裁判，又受伊等诈欺取财之术，将小民等房屋拆变田地典卖，家产始尽。父母妻子既无房屋居住，又无田地可耕。因伊等之诈欺陷害，迫小民损坏建筑物，并倾家荡产，实在冤上加冤。小民等即赴九泉，亦难瞑目。恳祈钧府电鉴作主，提案依法惩办。则小民阖家沾恩再造矣。谨呈民乐县县长陈。

原诉人　柏英俊（印）　柏万海（指印）　傅沧清（指印）　韩有汤（印）　王秀林（指印）
赵生模（指印）　张兴义（指印）　陶万禄（指印）　张丕玉（印）　韩有序（指印）

被诉人　张其文　杨　聘　张　志　杨　□　杨如椿
刘世元　杨　霁　杨如彬　张伏宽　雷元天

民国二十九年七月

处理意见：

传讯。

九月二十三日

柏英俊等关于羁押日久恳请速办事给民乐县县长的呈文[2]

1940年9月1日　　张未编号档案65-18

具声请书人羁押冤民柏英俊、赵生模、傅沧清等为羁押日久恳请速办事：

窃思联保主任张其文，素与劣绅刘世元、张志、杨如桂等朋比为奸，嗑诈为技。于本年四月间，伊等兴修土木建筑房屋，名为挡山，暗图渔利。不通知全坝各村，由海东二坝单独号招民夫一百余名，直驱海西卧马山劫夺椽子，而背椽贫民恐遭毒手，为防范自卫计，两方斗殴，何人打伤杨如桂，不得而知。该杨如椿将小民诬控县长案下，蒙委柳科长验尸，由王在堂家中舁尸一具，检验尸体，惟左肋有木器伤痕一处，十指甲并上下唇脂皆青，确系服毒之证明。而柳科长据一面之诉，自验打伤，服毒之证，未验出服毒之死情形。并杨如椿、杨聘与张其文同谋诈取各情，均呈明钧府电鉴冰判在案，至今羁押四月之久，未蒙县长侦查明确。小民所受不白之冤，死于缧绁之中，亦难瞑目。按照刑事诉讼法，第一百零八条，侦查羁押期满，未经起诉或裁判者，视为撤销羁押。小民羁押四月之久，侦查并延长期俟应俱满，恳请县长从速办理，以免冤上加冤，抑或撤销羁押，以符法

① 编者按：此处文档扫描时缺行。
② 编者按：原案卷目录题名《具声请为羁押日久恳请速办事》，目录未标注文件字号。

令而助农桑。则小民感恩再造矣。谨呈民乐县县长陈。

羁押冤民　柏英俊（印）　傅沧清（印）　赵生模（印）　柏万海（指印）

陶万禄（指印）　张丕玉（印）　张兴义（指印）

韩有序（指印）　王秀林（指印）　韩有汤（指印）

民国二十九年古九月一日

□□□关于部下雷恒天呈控柏英俊等殴毙其舅事给民乐县县长的公函[①]

1940 年 9 月 28 日　　张未编号档案 65－19

陆军骑兵第五军司令部公函法字第 135 号：

案据本部暂编骑兵第二师士兵雷恒天呈控柏英俊等暗结冤恨殴毙舅命，恳祈究办等情一案到部。据此，查该士兵所控各节是否实在，相应照抄原呈一纸，函请贵县长详细查明见复，以凭核办为荷。此致民乐县县长。附抄原呈一纸。

军长□□□

抄原呈：

谨呈者部下，随军参战瞬经三载，今春整编，部下仍供原职，矢勤矢慎，幸未陨越。舍舅杨如桂久居家园，赋性更直，处事公正。因民乐海潮坝森林履久，树木甚多而无人经管，故不时被地方土棍窃取自利。因舍舅素望，地方公推管理，对该林颇尽职责，并对破伐树木之徒，常以不客气之态度加以斥责，致于海西坝劣绅柏英俊、傅沧清等暗结冤恨。不意竟于本年四月间，率众三百截至卧马山，在乱棍之下殒命，情甚惨伤。查森林一项，调和地方气候，即关重要，况政府三令五申，责成保护。该柏英俊等，竟敢聚众行凶殴死良民，属殊目无纪纲。若不从严惩办，将来该林不堪设想矣。部下民乐之一，公私方面均应出首，维此恳祈钧座传讯惩办，以安闾阎而伸法纪。感恩之处，不但亡者九泉冥目，则全家生者已不啻身受也。谨呈陆军骑兵第五军军长马。

部下陆军暂编骑兵第二师补充二连四班班长雷恒天

民国二十九年九月十日

处理意见：

将事实核复。

九月二十八日

① 编者按：原案卷目录题名《函请查复士兵雷恒天呈控柏英俊等暗结冤恨殴毙舅命等情一案由》，目录文件字号 135。

洪水镇汤立章等关于差甲把持水利借公肥己紊乱渠规欺压平民事给民乐县县长的呈文[①]

1941年8月10日　　张未编号档案63-1

呈为把持水利借公肥己紊乱渠规欺压平民仰诉钧鉴准予委员上地检验以正水利而救平弱事：

窃民等渠号下兴闸，历年以来渠规水章，按三沟水二十四帖，及二十四昼夜轮流浇灌五轮到底。民等汤家庄使水一沟，按二十四帖以内使水一十一贴及一十一昼夜。不料今夏天不落雨，田苗干旱十有九死，民无聊生之计。而差甲魏兴盛不思民众之痛苦，迫卖水利，希图肥己。前四月一日将水贴批开，浇过一轮，将号水停止，任性所卖，每三沟水一昼夜卖水租洋一百二十元，始终卖水七十五天，不与民等卖水灌田。民等急中生策，向伊恳求买水救苗干旱，伊等自许可一昼夜。似此迫欺，民等实无法可施。窃思水利系是生人命脉，该差甲乱章卖水，图绝民命，不但民无生路，而且国赋何以应纳？情急迫切，致民等赤手无策。不得已，只得谨具实情呈明于县长鉴核府准作主，委员上地检验，明密访询，以儆奸贪而救平弱。实沾德便。谨呈民乐县县长朱。

原告民乐县洪水镇汤家庄民众　汤立章　汤立伦　汤来魁　许官国

汤立正　汤述善　汤立义

被告民乐县洪水镇义兴村差甲　魏兴盛

民国三十年八月

处理意见：

传府讯夺。

八月十日

关于汤来魁等控魏兴盛一案涉讼人员询问笔录[②]

1941年8月　　张未编号档案63-2

许官国年三八岁，汤家庄人，务农，因告魏兴盛为水利五轮到底，谷雨前批水，四月间过一轮水，伊一概卖过。现在六日间又批开浇水十二天，敝处十一贴水，一受□水一昼水卖洋一百二十元，共水七十几天。前过一轮水，伊罚少的等一百二十元水钱，伊说是无水了，少的无百二十元之钱。自过一昼夜，半水未过，四昼夜索水。开会汤立伦到会的议论，过四昼夜与一昼夜，自与一昼，未有与过。

许官国

汤来魁，年四九岁，唐家庄人，务农，发赴九斗几升。因告被告为水利就沟分三沟

① 编者按：原案卷目录题名《呈为把持水利借公肥己紊乱渠规欺压平民事》，目录未标注文件字号。
② 编者按：原案卷目录无标题，目录未标注文件字号。

水，谷前水批开，伊卖春水，敝处十二昼夜。四月间又批开水，过十二帖，六月十三日批开的年五轮到底，自过一轮。现在才又批开，过了十天了，亦不够五轮到底。水批开就够了，以往上推浇水，赶水二面四沟半水。

汤来魁

汤立义，年三十三岁，汤家庄人，务农。因被告谷雨前批开水五轮到底，一概卖过。自四月间过一轮，一概卖过七十几天。

汤立义

汤立正，年四三岁，汤家庄，务农。因告被告为水利，敝处使十一昼夜。自四月间过一轮，尽皆卖过了。

汤立正

魏兴盛，年五八岁，住城南义兴村，当的差甲。去年七月向抄差令，七月卸义兴村。汤家庄九昼夜，其余六十几昼夜。后少的请众人议论由下往上推的浇水，后该庄人截过，浇一轮。众人议论卖水一过去之时，就有水无粮，卖水垫补。协差惩敝村六十几石粮二十四帖，照旧日规，据该村有地少的亦不详。该庄十几家人，官粮十几石粮。他未有者，应敝村补开会，在第五保众施校长、臧同德等农官，蔡美保举经理水人王大富……[①]，命六月十三日起，批他们水十二昼夜水，由众人民议论过的……[②]一当差王三俭领差甲内水钱的，他们夺浇，水坝冲坏，大众回训……[③]少的亦未有向要过推浇四沟半水，四昼夜一沟水，浇一昼半，推浇共公二十九天。

魏兴盛

洪水镇下兴渠差甲魏兴盛关于汤立章所控诉申明冤抑伏乞澈查究办事给民乐县县长的呈文[④]

1941年8月15日　　张未编号档案63-3

呈为诉申明冤抑伏乞澈查究办以分泾渭事：

窃因小甲本年任当洪水镇义兴村下兴渠差务兼经理本渠水利事宜，因下兴渠号水原分为东中西三沟，浇灌列为二十四帖为一轮，全计七十二沟，共浇灌六十余石官粮之田地。因下兴号水旧规，先辈创始水不跟粮，而一般有粮无水之民户，每年浇水从二十四帖号水轮底，着由差甲提出公项水数昼夜通融均卖，俾有粮无水之民户，以资浇灌。其所卖之水洋，尽数佃补公项，此系自古迄今官有成案，民为奉行。不急今夏天旱，村民纷纷告惊求买浇水，小甲因请地方绅民等，令传三号民户齐集第五保公所开会酌议，三面议定条例，又推举检视领水人王大富保长命石玉玺等专负水责，仍将渠水按三号各分

---

① 编者按：此处案卷破损。

② 编者按：此处案卷破损。

③ 编者按：此处案卷破损。

④ 编者按：原案卷目录题名《为呈诉申明冤抑伏祈澈查究办以分泾渭事》，目录未标注文件字号。

一沟均匀浇灌。该汤家庄原日旧有号水八沟半，因于前六月初三日，众人汤立伦、汤来魁、许官国等紊乱渠规，率众四五十人，将水夺去，私行浇灌，以致将坝倾倒。小甲召集民夫补修，仍照旧例而行。该众汤立伦等又将渠水夺去，共计独霸占浇四昼夜，以致其他各号民户田苦不得而浇。似此情形，强横已极，而今又无故反将小甲以霸持水利紊乱渠规等情，捏词误控。小甲窃思该等久惯讼棍之徒，若不究办，害无底止。小甲不得已，具一切详情呈明钧座作主，恳乞澈查究办，以分泾渭。则小甲沾恩无极矣。谨呈民乐县县长朱。

原诉下兴渠小甲魏兴盛（印）呈
被诉汤家庄汤来魁　汤立伦　许官国等
民国三十年八月十五日

处理意见：

并案审明再夺。

八月十五日

汤来魁等关于魏兴盛把持水利借公肥己文乱渠规欺压平民事给民乐县县长的呈文①

1941年8月17日　　张未编号档案63-4

呈为把持水利借公肥己紊乱渠规欺压平民仰祈鉴核准派员上地查验以正水利而救弱平事：

民等渠号下兴闸，历年以来渠规水章，按三沟水二十四帖，及二十四昼夜轮流浇灌五轮到底。民等汤家庄使水一沟，按二十四帖以内使水十一帖及十一昼夜。不料今夏天旱不雨，田禾干旱十有九死，民等无聊生之计。而差甲魏兴盛不思民众之痛苦，迫卖水利，希图肥己。前四月一日将水贴批开，浇过一轮，伊乘天旱之极，立将号水停止，任性所卖，每三沟水一昼夜卖水租洋一百二十元，始终卖水七十五天，不与民等卖水灌田。民等急中生策，向伊恳求买水救苦干旱，伊自许可，水推延不给。民无法可施，实无法办理。至后六月十三日将水批开，此时田苦已经晒枯，浇灌亦不济。民等窃思水利系是生人命脉，该差甲乱章卖水，图绝民命，不但民无生路，而且国赋何以应纳？情急迫切，谨具实情呈明于县长作主，派员上地检验，以兴伊之田禾，比较上下并将民等田地推与伊等耕种，应纳粮草，完纳国赋，民等沾恩再造矣。谨呈民乐县县长朱。

原告汤家庄民　汤来魁　汤立伦　汤立正　许官国　汤立章　汤立义
民国三十年八月

处理意见：

准予派员验明再行核夺。

八月十七日

---

① 编者按：原案卷目录题名《呈为把持水利借公肥己文乱渠规欺压平民事》，目录未标注文件字号。

洪水镇义兴村公民杨震等关于汤来魁等所控诉为申明妄控情事给民乐县县长的呈文[①]

1941 年 8 月 17 日　　张未编号档案 63-5

呈为申明妄控情事：

窃缘本村下兴闸水利渠规原定全渠分为二十四帖号水轮浇，分二一四天轮一次，而有粮无水之民户，多居其半，每轮一次，例由差甲提卖水数昼夜，以补无水之民浇灌。所卖之水款，佃作公项。历年以来按旧规遵行，经官备案，不得紊乱。今岁天遭奇旱，无水之民户，青苗始枯，民情大慌，纷纷向差甲魏兴盛处要求买水。公民等为救亡图存，便于民生计，召集全村绅民及汤家庄众等在第一保开会。经公议决将全渠水平均，无论有水无水之民，自下而上轮浇。按已浇之亩数估价，规定无水有水之民，每亩地出水价洋一元，其款佃作公款之用。经公众通过，差甲并无弊窦。不意有讼棍汤来魁、汤立伦、许官国于中阻扰，率众逞刁，屡次将渠水截去，私行浇灌，反将差甲魏兴盛起诉在案，公民等以事关民生，不忍坐视。理合，将实情申明钧座伏乞鉴核查究，以分泾渭。实为公便。谨呈民乐县县长朱。

民乐县洪水镇义兴村公民　杨　震（印）　李金寿（印）　保长庚（指印）　臧同德（印）
卢景秀（印）　李明道　施□（印）　史箴（印）
吴延清　于积禄（印）　张锡龄（印）　臧承祖（指印）
张英　杜秀芝（印）　陈万化（指印）　施守铭（印）
王玉凤　蔡万清（指印）　李先植（指印）　李兴旺（指印）
任兴有（印）　张显铭　程永贵（指印）　王三□（指印）
陈克炽（印）　魏清贤（印）　邓兴儒（印）　臧绳祖（印）
张万禄（指印）　施克勤（指印）
民国三十年八月

处理意见：

准予备查，以为研讯此案之根据。

八月十七日

民乐县政府为查验以整水利而救弱民一案给张有栋的委令[②]

1941 年 8 月 19 日　　张未编号档案 63-6

民乐县政府委令民未字第□号

令张有栋：

案据本县洪水镇汤家庄民汤来魁等以把持水利借公肥己等情，呈诉差甲魏兴盛，请乞上地查验，以正水利而救弱民一案。正核办间，又据义兴村公民杨震、施□、臧同德等申

① 编者按：原案卷目录题名《呈为申明妄控情事》，目录未标注文件字号。

② 编者按：原案卷目录题名《为查验以整水利而救弱民一案》，目录未标注文件字号。

明，本村下兴闸水利渠规原定全渠分为二十四帖号水轮流，分二十四天轮一次，各等情。据此，合亟检□[①]原呈，令仰该员遵照前往该渠严密详查，据实具报来府。以凭核夺，勿稍迟延为要。此令。附发原卷一宗，查毕仍缴。

秘书　段核

科长　陈核

县长　朱

民国三十年八月十九日拟

汤来魁等关于魏兴盛等串通一气狼狈同奸借水取利害众成家事给民乐县县长的呈文[②]

1941 年 8 月 18 日　　张未编号档案 63-7

具复呈人系民乐县洪水镇汤家庄民汤立伦、汤立义、汤来魁、许官国等为串通一气狼狈同奸借水取利害众成家事：

窃民等前以把持水利，借公肥己，紊乱渠规，卖水取利，欺压平民等情，状诉魏兴盛，当蒙堂讯，令行调查以明水利，奉判之下民等静遵。缘因下兴闸历按三沟水二十四天所行，民等敝庄使水一沟，二十四天以内浇灌一十一天。该土豪魏兴盛素习奸贪，串通一气，预想争夺敝庄之水，与义兴村永久浇灌。伊每年以当差为生活，数十年光景，借水取利，将家业骤然大兴，人共皆知。该伊愈图愈肥，今夏天旱不雨，各苗干旱，民无聊生之计，民众盼水如盼命相似。该魏兴盛计出千条，乘其天旱之极，将号水停止，任由自卖附近村民，许卖浇尽，敝庄号水不许浇灌，以致庄田立刻晒尽，民众十有九流之意。况前光绪年间河水涨发，冲断渠坝，工程甚大，即难固行，即起号水，人夫由半崖掏开洞子行水浇灌，每昼夜摊钱八十余串。后至民国十五年，本闸洞子又被水冲断，按号起夫修理坚固，以固号水轮流浇灌。斯时，伊当领夫之首，压死敝庄民夫汤新娃，公等开会议决，无论何人当差不准乱章卖水，以图便利，该魏兴盛才广势大，任性乱卖，关系非浅。民等虽受伊害，无可奈何。只得谨具实情复呈于县长鉴核恩施格外，准予委员上地检验以明薄弱，以儆迫切而救生存，实为德便。谨呈民乐县县长朱。

复呈人　汤来魁　汤立义　汤立伦　许官国　汤立章

汤述明　王学儒　许培祥　汤顺魁　汤克珍

汤述善　汤克家　汤文举　汤文祥　许培禄

被呈人　魏兴盛

民国三十年八月十八日

处理意见：

并案查办。

八月十八日

① 编者按：此处案卷破损。

② 编者按：原案卷目录题名《为串通一气狼狈同奸借水取利害众成家事》，目录未标注文件字号。

杨震关于汤来魁等与魏兴盛因农田灌溉涉讼事给民乐县县长的呈文①

1941 年 8 月　　张未编号档案 64-1

具复呈系属一区义兴村公民杨震、施□、臧同德等为恳恩俯准呈请差提复讯以明误被控诉事：

窃以本村下兴渠住民二百余家，应粮六十余石。每年浇灌田苗，有粮无水之民居过其半，其于轮流号水中间提公水以灌无水之田。诚恐为粮草拖累起见，今岁自春及夏天灾奇旱，四月二十日间，二十四昼夜号水行过一轮之际，有粮无水之民众皆发急速浇水之慌心累。次两造交涉不定，水难轮流挨行。公民连汤家庄暨一村民众一次开会议决号水，碍难轮流，当以有水……②民众和平均匀浇灌办法，公举领水灌田头人三名，并无差甲魏兴盛一人擅专之权。五月二十九日水行四昼夜之期，值旧历六月初三日，汤家庄民众即浇三沟，并一全坝水一昼夜。又数日值六月初十日，汤家庄民众又浇全坝水一昼夜。不料伊等不谅渠洞子口大内小，装水甚多，又无看坝之人夫，一时泛滥，渠坝不能行水。公民等传集人夫二百余名将坝修起，又以汤家庄众等不派人夫看坝之错误，公罚大洋一百元，伊等分文未出。窃想以下兴渠之民浇下兴渠之水者出钱佃公，不过村民之私议，犹竟未及确实施行。试问汤家庄之民浇水数昼夜，向谁出交分文国币以佃公项，再论汤家庄之民既有无虞渠之水，又有义得渠之水，兼有下兴新沟渠之水。不料伊等心思奸巧，每年炎夏之间，先将无虞渠之水卖给水固城人民浇灌，继将义得渠之水卖给总城闸人民浇灌，逐年视为常例，彰彰在人耳目，仅以下兴闸微数无多之水浇灌。伊先辈创置三山口渠水浇灌之地，兼逢今岁大旱之年，地多水少，田苗不能周遍得水，焉能不被晒而薄？况我下兴渠之成规古来及今，按东、中、西三号轮水，行则同行，止则同止，并无彼此不同，任意紊乱之条例。伊汤家庄人民数家种下兴渠之地，浇灌下兴渠之水，不纳下兴闸升合官粮，奸猾国民，违法已极。且以把持水利借公肥己呈禀差甲魏兴盛，是又捏词误控。公民等不忍哑然坐视，谨于备文呈明后，恳乞钧座电核差提复询，以明冤抑而判曲直，实为沾恩之至。谨呈民乐县县长朱。

洪水镇义兴村公民	杨　震（印）	施　□（印）	王大富（印）	臧同德（印）
	于积禄（印）	李金寿（印）	邓兴儒（印）	张锡龄（印）
	程永贵（指印）	李先植（指印）	史　箴（印）	卢景秀（印）
	杜秀芝（印）	任兴有（印）	施守铭（印）	卢廷荣（印）
	保长庚（指印）	石玉玺（指印）	蔡万清（指印）	保长命（印）
	陈克炽（印）	魏清贤（印）	吴延清（指印）	张　英（印）
		陈万化（指印）	王三□（指印）	保长生（印）
民众户长	王玉隆（指印）	尚开文（指印）	施克勤（指印）	张万禄（指印）
	邓有朝（印）	李兴旺（指印）	李嘉植（指印）	韩兴文（指印）
	臧承祖（指印）	施述彭（指印）	尚清善（指印）	宗缅泽（指印）

民国三十年八月

---

① 编者按：原案卷目录题名《为农田灌溉事》，目录未标注文件字号。

② 编者按：此处案卷破损。

汤来魁等关于魏兴盛夺卖汤家庄苗水一案给民乐县县长的领状[1]

1941年10月23日　　张未编号档案66-1

领状

具领状人系洪水镇汤家庄民众汤来魁、许官国、汤立伦等依奉领到县长案下：

窃因义兴村差甲魏兴盛夺卖敝庄之苗水，民等前经在案。幸蒙县长明镜高悬，查明详情，堂判魏兴盛出水租洋三百元，令敝庄民众领受以顾生活。迄今民不聊生。谨具领状呈请县长鉴准领受，以顾生活。实沾德便，谨呈县长朱。

具领状人众　汤来魁（指印）　许官国（指印）　汤立伦（指印）

民国三十年古十月十四日

处理意见：

状悉，候查案核夺。此批。

十月二十三日

民乐县政府关于洪水镇吴保基等控蔡万清霸持水利一案给原被告的传票[2]

1941年8月29日　　张未编号档案66-2

为差传了案：

据洪水镇吴加庄民吴保基等以霸持水利等情呈诉蔡万清等一案，合亟票仰该警将原被人等一并传案，听候质讯，勿自违延干咎，切。此票计开：

原告：吴保基、吴兴虎、吴彭基；

被告：蔡万清、魏长命。

县长朱

民国三十年八月拟

民国三十年八月二十九日并核

---

① 编者按：原案卷目录题名《为夺卖苗水的领状》，目录未标注文件字号。

② 编者按：原案卷目录题名《为为蔡万青等人水利案差传》，目录未标注文件字号。

民乐县长审理洪水镇吴保基等控蔡万清霸持水利一案[1]

1941 年 9 月 11 日　　张未编号档案 66-3

呈开：

原告：吴保基年四十七岁，住吴家庄，农。吴彭基年四十七岁。

　　吴兴虎年四十岁，吴家庄，农。

被告：蔡万清年四十八岁，住义兴村，农官。

　　魏长命年四十八岁，小甲。

添传人：吴兴义年六十一岁，蔡庄。

　　张黄粉即张宗儒，年四十三岁，农。

讯夺下兴闸之水（……[2]家叶村），本年因天气亢旱，经农开会商讨改变浇水办法，自下而上。吴家庄业经派人参加，且因历年旧办法，水过吴家庄相交剥□。再查据控蔡农官等卖水，原告等均未能指出卖与何人，应予免究。以后关于水利问题，着采取众人意见，秉公办理，应诉偏颇正，吴家庄人果受□□，据实呈报，以凭依例核办。此谕。

民国三十年九月十一日

洪水镇吴保基等控蔡万清霸持水利一案的询问笔录[3]

1941 年 9 月 11 日　　张未编号档案 66-4

吴保基：供四十七岁，住吴家庄，务农。我们使义新村之水，每轮使水四十一时辰，自浇过二次。

吴保基

吴彭基：供四十七岁，住吴家庄，务农。我们使新沟水，每轮使四十一个时辰，自使与二轮，其余之水尽卖过。

吴彭基

吴兴虎：供四十岁，住吴家庄，务农。我们使新沟水五轮，自使过一轮，其余我们之水卖向义兴村户民浇过了。

吴兴虎

蔡万清：供四十八岁，住义兴村，当农官。他吴家庄使水共总二昼夜，今年往众人开会决议平均，无水之人往下以上浇灌。

蔡万清

魏长命：供□□岁，住义兴村当差甲。自卖水二十九天。

魏长命

---

① 编者按：原案卷目录无标题，目录未标注文件字号。

② 编者按：此处有五字漫漶，不可识。

③ 编者按：原案卷目录题名《询问笔录》，目录未标注文件字号。

吴兴义：供六十一岁，住吴家庄，作皮货。小的种地一石余斗，系次未买浇过，下次过浇了二三斗之地。……①

民乐县洪水镇吴保基等关于蔡万清霸持水利借公肥己事给民乐县县长的呈文②

1941 年 8 月　　张未编号档案 66-5

具呈人县属洪水镇吴家庄民吴保基、吴兴虎等为霸持水利借公肥己伏乞恩鉴以惩强霸而维渠规事：

窃因敝庄处辖下兴闸东号，民等应使号水四昼夜，历有年矣。前该闸水利开批按刻浇灌，不料今夏天旱不雨，苗禾焦干，十有九死，民无聊生之计。谁知有本闸农官蔡万清擅管水利，并有小甲魏长命心怀叵测，狼狈为奸，串通一气，结连本闸绅董会同卖水，借此肥己，害众成家，不批号水于民灌溉。民等屡次上门求水，并未付给刻厘，只得忍气抗晒苗禾。民等俯思水利关于国科，当此苗禾干涸，一无收望仰，而国赋无供，俯思俱家何顾？处于无奈之际，只得谨具详情，呈明县长案下电鉴作主，以儆强霸而维水利。是为德便。谨呈民乐县县长朱。

原呈人　吴保基　吴彭基　吴兴虎

被呈人　蔡万清　魏长命

民国三十年八月

处理意见：

传府讯办。

八月二十四日

民乐县洪水镇蔡万清等关于吴保基等所控其霸持水利借公肥己事给民乐县县长的呈文③

1941 年 9 月 7 日　　张未编号档案 66-6

呈诉人吴家庄讼棍吴保基、吴兴虎、吴彭基等为因恶帮软处掘土利已损人反而欺良事：

原因小民与下兴渠绅民协同领水众人王大富、保长命等自下而上，俟此轮浇苗水。此系经会议决，绅民共知。小民照例而行，完全无弊。该吴家庄吴保基等屡次将水截夺，紊乱渠规，已经绅民调解数回，共浇过号水两昼夜整。今该等无水起波，冷灰生烟，无故反将小民以霸持水利等情，明故揣肥捏瘦，欺良压善。小民不得已，谨俱一切细情哀鸣钧座作主，仰祈澈查究办，惩强恶以扶良善。则小民沾恩无既矣。谨呈民乐县

① 编者按：此处文档扫描时缺行。

② 编者按：原案卷目录题名《为蔡万清等人水利案的状》，目录未标注文件字号。

③ 编者按：原案卷目录题名《为吴保基等人水利案的状》，目录未标注文件字号。

县长朱。

原诉　小民蔡万清（印）　魏长命（印）

被诉　吴家庄　吴保基　吴彭基　吴兴虎

民国三十年九月七日

处理意见：

并案讯办。

九月七日

洪水镇吴保基蔡万清等水利涉讼一案的询问笔录①

1941年9月　　张未编号档案66-7

原告吴保基四十七岁，吴家庄人，务农。我们告农官蔡万清、魏长命，义兴闸水二十四贴内，我们使水三沟，其水尽属伊等卖过，我们未及浇地。

吴保基

吴本基：供年三十七岁，住同前。批与我水一昼夜，原被张黄粉、吴兴义截浇过了，我们一点未曾浇过。

吴本基

吴兴虎：供年三十四岁，住同前，务农。蔡农官将水卖了二个月，多浇了一点地。

吴兴虎

蔡万清：供四十七岁，当农官。我当农官自照兴修坝卖水之事，有领水之人王大福、保长命，经理卖之吴家庄浇水二次，一次五月二十九日，二次六月一日。

蔡万清

魏长命：供二十五岁，东门外人，当小差。吴家庄浇水二次，一次五月二十九日，二次在六月初十日浇。

魏长命

山丹县政府关于赵广庆控丁文奎等觊觎水利上挡下死事处理情形给民乐县县长的咨文②

1941年9月15日　　张未编号档案64-2

山丹县政府咨

案准贵政府第25号咨开案据本县东乐堡南峰村公民赵广庆等以觊觎水利上挡下死等情，呈诉山丹农民丁文奎等一案尾开。相应咨请查照，希将该被告关传过县，以便侦讯。等因。准此，查此案前于薛县长任内，据该呈诉人等起诉有案，行以新旧交替未及结束。

① 编者按：原案卷目录题名《询问笔录》，目录未标注文件字号。

② 编者按：原案卷目录题名《为水利纠纷委赔款通知书》，目录未标注文件字号。

兹准前因当即差传该被告等到案，正解送间，乃据被告情愿认赔水价二百元，请免送民以省拖累，并将赔款交存本县天兴泰号内，以备取用。兹为息事宁人起见，将取获该号条据，随文寄上。相应咨请贵政府查照核收，转发该呈人赵广庆来县领取，以偿损失为荷。此咨民乐县县长朱。附送二百元条据一件。

县长赵雅庱（印）

民国三十年九月十一日

处理意见：

传府具领。

九月十五日

警佐郑伯洲关于李正华控文化同阻挡灌田水沟流行一案给民乐县县长的调查报告①

1941 年 7 月 27 日　　张未编号档案 64-3

第 6 号报告：

窃警佐奉令详查洪水镇永固村民李正华控文化同阻挡灌田水沟流行一案，遵即前往该村实地勘察。并经该村绅民曹统先等调解具结，文化同地头水沟准由李正华用石闸垫好，通行水流不得再阻，两造均服了息。奉派前因，理合将详查情形检同调解切结一纸，并请钧座鉴核。谨呈县长朱。附呈切结一纸。

警佐郑伯洲（印）

民国三十年七月二十七日

处理意见：

立写年事切结中调解人应补盖名案，存查。

七月二十七日

洪水镇里仁村李生峻等关于本村李天锡等依财仗势强夺水利事给民乐县县长的呈文②

1941 年 11 月 14 日　　张未编号档案 62-1

呈为依财仗势强夺水利事：

情因敝村历年行水按东西两班轮流浇灌，前于去年六月十一日，正挨民东班之苗水，不意敝村恶霸李天锡不遵水章，依势压欺，率领家丁数名迫夺东班之苗水，任性浇灌，共浇苗地四石有奇，以致民田完全干旱。该绅诡计多端，将水浇足，洋洋得意，况水利系生人命脉，似此霸浇图绝民命。民窃思难忍，情急迫切，赤手无策，刻即起诉，被方人调

① 编者按：原案卷目录题名《为调解水渠灌溉事》，目录未标注文件字号。

② 编者按：原案卷目录题名《呈为依财仗势强夺水利事》，目录未标注文件字号。

解。该伊等自觉难言，即应愿补水租洋一百元买粮，顾其民田之旱。谁知伊计出二条，同场应许，事后不还，民乃懦弱，未敢迫讨，祈得由伊发还。谁料伊不久归还，旋因今夏点雨未落，各禾晒完。民族人等前受伊夺水之影响，今又遇天旱灾，无法维持生活，俱有逃流之情，所派采买军粮及大粮无着承上，民拮据万难之中，祈得讨要伊交水租之项，以顶采买之粮。该绅不惟不付，而且由口支吾。况去年百元足购六石粮，伊抗延不付，致民无法讨还。迄今采买军粮催迫紧急，民无可奈。只得谨具实情，呈明于钧府鉴核府准作主，差提究办，判还水租之粮顶纳采买之粮。实沾公德两便矣。谨呈民乐县县长朱。

原呈洪水镇里仁村民　李生峻

被呈洪水镇里仁村民　李天锡

民国三十年十一月十四日

处理意见：

传府讯夺。

十一月十四日

甘肃各县市局及乡镇兴修水利道路公用设备征收特赋暂行办法

1942年12月17日　　甘4-8-644

秘法字第460号公布令公布

第一条　本县为促进各县交通水利设施及公共设备起见，特依据“改定收支系粮食实施纲要”及土地法234条之规定，订本办法。

第二条　县市局及乡镇征收特赋，应视其性质及范围，分别列入县总预算及乡镇单位概算，并以办理左列事项为限：

（一）修建县乡道路及桥梁渡口；

（二）开渠凿井；

（三）建筑水车磨碾；

（四）利生工地，新修市区房屋。

前项各款工程所需劳力除技术工人应按时发给工资外，其余皆以就近利用义务劳力为原则，其需用材料及私人不能具备之工具，由县市政府（设治局）及乡镇公所购办。

第三条　县市局及乡镇征收特赋，应向受益之居户征收之。其征收标准，应斟酌各居户，因建修工程所受利益之程度及富力状况定之。

民乐县县长关于令发河西水利原提案及决议案给甘肃省政府主席的呈文①

1943 年 1 月 17 日　　张未编号档案 49-1

民建字第 177 号

令发具解河西水利原提案及决议案仰办理由：

案奉钧府民建二亥字第 1212 号训令即开“令发兴办河西水利原提案及决议案各一件，令仰遵照该组织大纲即行改组，并将改组情形及原组织规程修正报查为要”等因。计抄发原提案及决议案各一件，组织大纲一份。奉此，查本县水利委员会业经组织成立，遵即依照此次新发组织大纲重行修正。奉令前因理合，将水利委员会各员姓、历履表填造一份呈赍钧府鉴核。校委任以专责成。谨呈甘肃省政府主席谷。附姓名表一份。

县长　朱

科长　拟

民国三十二年元月十七日

附表　民乐县水利委员会职员姓名简历表

姓名	职别	年龄	籍贯	履历	备改
朱魁	主任委员	35	浙江	现任民乐县县长	
程宗四	副主任委员	47	民乐	民乐县□生保三长	
陈权中	副主任委员	45	民乐	曾任民乐县农会长	
胡尔昌	委员	49	民乐	曾任民乐县洪水镇乡乡长	
展学孔	委员	44	民乐	曾任民乐县第三区区长	
张连汉	委员	48	民乐	曾任民乐县农会干事长	
杨震	委员	46	民乐	现任民乐县农会干事长	
李有多	委员	47	民勤	现任民乐县商会主席	
李兴俊	委员	42	民乐	现任民乐县教育会会长	

洪水镇民王登朝王三思关于时逢浇灌田苗不能奉差事给民乐县县长的呈文②

1943 年 4 月　　张未编号档案 68-4

陈为呈明洪水镇王郎村民人王登朝、王三思：

情因警役奉命差提，小村时逢号水，浇灌田苗，正当切要之水，小民不能分身，岂能抗违公命。调查王占积与钱项一节，说钱之时小民同知，交钱之时并不知晓。小民逢水不

① 编者按：原案卷目录题名《令发具解河西水利原提案及决议案仰办理由》，目录未标注文件字号。
② 编者按：原案卷目录题名《呈为时逢浇灌田苗不能奉差》，目录未标注文件字号。

能分身，只得具实是前后情形呈明于县长大人案下恩准施行。则小民沾恩矣。

具呈民王登朝（指印）、王三思（指印）

民国三十二年古四月

沐化乡新田村民杨如桐关于王家庄民王化昌等上挡下死截浇水利事给民乐县县长的呈文①

1943 年 7 月 11 日　　张未编号档案 68-1

为上挡下死截夺水利事：

窃于本月三日本村挨灌头轮苗水，上汀下接，决无紊乱之弊。因民有号水三个时辰，上订辰时接水，午时尽水。民将接水时水已干尽，顺沟寻上至王家庄，已有五里之远，不意彼庄王化昌截浇民水，约足一石余地。民以好言讯情，不料本村刁民薛生滋亦在此间，詈言伊许浇灌。该恶野蛮已极，说话其间，不但恶言辱骂而且依势殴打，民诚恐受辱，刻即返回，及至村中时过水尽，致民点水未见。况水利是生人命脉，似此紊乱截夺，不但民无生路，国赋何以应纳。民窃思难忍，情急迫切，赤手无策。不得已，只得谨具实情，哀泣于钧座鉴核俯准作主，警提惩办，判明水利，赔偿损失。则民沾感再造矣。谨呈民乐县县长朱。

原告　沐化乡新田村民杨如桐（指印）

被告　沐化乡王家庄民王化昌　薛生滋

民国三十二年七月

处理意见：

传府办理。

七月一一日

沐化乡民薛生梓关于杨如桐为截水行凶滋闹事给民乐县县长的呈文②

1943 年 7 月 21 日　　张未编号档案 68-2

具呈诉状人系沐化乡新添村民薛生梓呈诉本村土豪杨如桐为以上截水早接时刻反为行凶滋闹事：

因于本月初二日，应挨小的东利沟六班号水九个时辰，自本日未时至初三日卯时止。伊杨姓应接辰时，当日夜深天降猛雨，山水陡增发，小的诚恐水火无情，淹压地邻田禾，冲破下班沟道。小的窃思前次倒坝之时，家无食用，无力修坝，适有邻村王化昌怜念小的贫苦，告贷无门，装给小的小麦五升，以资修坝。此时沟道峡小，水散遍野，小的扒分一半租与王化昌浇苗，以赏修坝之债，一半小的留浇。孰料该伊等将至日出卯

① 编者按：原案卷目录题名《诉为王华昌等截夺水利事》，目录未标注文件字号。

② 编者按：原案卷目录题名《诉为杨如桐截水事》，目录未标注文件字号。

时，以为小的卖水，就将沟水以上截去，斯时王化昌将水早退下流。该伊一面使人浇水，一面率领弟兄四五，手拿猛棍在王化昌之家行凶滋闹，打人损物。小的无法可施，呈首于乡长。该伊不遵公论，不受调解。事处无奈，只得将实情呈诉于钧府案下，电请作主迅判是非，理论曲直，以惊地方效尤而维水利程规。则民感恩无量矣。谨呈民乐县县长朱。

呈诉人薛生梓

民国三十二年七月

处理意见：

仰候质讯。

七月二十一日

沐化乡公民周春华等关于呈请查清砍伐木料修盖学校事并转呈省府给民乐县县长的呈文①

1943年11月22日　　张耒编号档案68-3

呈为府念民艰并顾全事实准予据情转呈事：

查去春一百师奉命开拔时，乃将其所砍伐未及卖过之木料一百根，勒卖于小都麻口附近龙眼台、江山墩湾等处之居民。该处居民又将所买之木料集中龙眼台孙振家门前，全数捐出以作本地创修国民学校之用。不料正拟动工时，忽有金视察员路过此地，瞥见木料堆积，询问路人知庄院为孙振家所有，并未根究木料究竟谁属，率尔以孙振家私伐山林等情呈准省府令饬钧府查封保存，旋又明令揽归祁连山林区管理处。催缴甚紧，查此项木料已于本年四五月间民众修盖学校时，全数用过。刻经催缴，殊觉无法遵行，仰祈怜念愚昧，据实转呈省政府准予豁免赔累，庶行将垂成之国民学校，不至再行拆变而合保一百余家之子弟，亦获免永远，沦为文盲矣。为此，具呈切祈鉴核赐准。谨呈民乐县政府县长朱。

具呈沐化乡第一保公民　周春华（印）　胡日成　常艾年（印）　孙振家（指印）

吴克宽（指印）　□□□②　周春轩　姚学孔（印）

薛朝珍（印）　姚天相（印）　姚中君（印）　葛发端（指印）

□□□③　杜进科（印）　穆成珠（印）　郑守堂（印）

周占富（指印）

民国三十二年十月

处理意见：

建查鉴再核。

十一月二十二日

---

① 编者按：原案卷目录题名《查砍伐木料修盖学校用完事》，目录未标注文件字号。

② 编者按：此处文档扫描时缺行。

③ 编者按：此处文档扫描时缺行。

甘肃省政府关于检发水利法浅释等希照办给民乐县政府的训令①

1944 年 1 月 15 日　　张未编号档案 47–1

甘肃省政府训令建二字第 314 号

令民乐县政府：

案准行政院水利委员会十一月二十五日 32 号字第 3379 号公函开，本会因水利法实行伊始，深恐一般民众未能彻底了解。经编印水利法浅释一种，分发全国各县、市政府各级水利机构及各民众团体，普遍宣传，借以推广水利事业。除分行外，特检附该书一百五十册，随函送请察照恩予转发各县、市政府广为宣传，并先见复为荷。

查本会第三次全体委员会议第十四号提案“水利法实行伊始，亟应普遍宣传，并谋彻底执行”一案。经决议修正通过，并记录在卷。除办法内第二、三两项，已函请司法行政部转饬所属各省司法机关查照办理外，关于第一、四、五各项，相应抄同原提案一份，函请察照办理，并饬属办理为荷。

抄送原提案一份，各等因准此自应照办，除函复并分行外，合行检原水利法浅释一册，并抄同原提案一份，令仰遵照办理，具报为要。此令。附检附原水利法浅释一册，附抄附原提案一份。

函请　谷正伦

建设厅厅长　张

民国三十三年一月十五日

附：

由：水利法实行伊始并应普遍宣传并谋彻底执行案。

查水利法已奉令于本年四月一日起施行，此后水利事业之进行，水利行政之设施，一切悉应遵照该法规办理惟是。水利法在我国系属创举，人民尚多未能明了。如水权之登记，本为保障人民权利，如果人民不知底蕴，或转疑为扰民之举。又加提倡民营水利事业，为水利法原则之一。而如何鼓励人民积极奋起，亦有待于各级主管水利机关之倡导，乃指示要之水利法施行以后各级主管水利机关，亟应为普遍之宣传，以谋推行之顺利，而执行此项法令。如办理水权登记，尤应力求迅捷公平，以取得人民之信仰。至县政府为地方行政基层组织，对于人民最为接近，在水利方面则为县主管机关，此后水利事业日益开展，水利行政亦将日益增繁，自应于省政府内增加水利技术人员，俾更随时派赴各县督导办理水利事业。庶几水利法得以彻底执行，而水利事业远得以普遍发展。敬拟办法如下：

一、请地方各级政府，对于水利法为切实及普遍之宣传，使人民咸能了然于本法之要旨。

二、水利法施行细则，规定在水利法施行前已取得之水权，应于水利法施行后六个月内补行登记。现在限期已满，惟除此交通不便之时，人民或尚未能周知，现在呈院请予展

① 编者按：原案卷目录题名《检发水利法浅释等希照办由》，目录文件字号 314。

限一年。如奉核准，请省市政府积极督促查催，务期如限办竣，以维人民权益。

三、水利法为水利根本大法，此后在行政司法各方面，凡有关水利事项，应以水利法为根据，由各该主管机关分别妥速处理，以重法治。

四、水利法注重提倡民管水利，此后应请各级地方政府积极发动民力，倡导民管以谋水利事业之普遍发展。

五、各省政府应充实水利技术人员，随时派赴各县督导办理水利事业。

以上所拟是否有当，敬候……①

规：

……②

第一条　社会部、农林部为共同促进农会健全组织，完成训练并□□③利及目的事业，以资示范，特会周定个办法。

第二条　示范农会之组训福利及一般活动由社会部主管，目的事业由农林部主管。

第三条　示范农会以组织健全，农务□□④之县农会或乡农会为对象。

第四条　示范农会由省、县政府选择，并由省政府分报农林部、林会部核定，或由农林部、社会部会同指定之。

第五条　示范农会之工除应依照农会法规定各项任务办理外，并应以左列各项为主要工作。

甲、关于组训福利及一般生活者。

一、健全乡农会及其小组组织。

二、厉行强□入会与限制退会办法。

三、照章征收会员会费。

四、采用小组课堂、集会等方式举办会员训练，并以民权训练、生活训练为重心。

五、按期举行各种会议。

六、设立农民福利社。

七、厉行合作组织与农会配合推进办法。

八、推行新生活运动。

九、协助推行兵役、驿运、粮政及义务劳动。

乙、关于目的事业者。

一、设置示范农田。

二、推广优良种子、农具及肥料。

三、防治农作物病虫害及兽疫。

四、繁殖优良种子、种苗及树苗。

---

① 编者按：此处文档扫描时缺行。

② 编者按：此处文档扫描时缺行。

③ 编者按：此处有两字漫漶，不可识。

④ 编者按：此处有两字漫漶，不可识。

五、倡导公共造产。

六、改良农场经营。

七、提倡农村副业。

八、举行农业讲习会，农产竞赛会或农产展览会。

九、推行冬耕及增产竞赛違□。

十、其他关于农林、畜牧之发展改良推广事项。

第六条　示范农会应依照本办法第五条之规定，分别拟具工作计划（含括过去概况、实施、进度及经费概算），各具两条分呈县政府递转农林部、社会部备案。其计划表式另订之。

第七条　示范农会应于每半年终了后十日内，依照计划进度编造工作报告及收支报告，并各具两份呈由县政府递转农林部、社会部备查，其报告表式另订之。

第八条　示范农会之工作应由省□□[①]政府派员指导外，农林部、社会部得派员协助指导。

第九条　示范农会经费由主管部及省、县政府视其事实需要酌为补助，俟团体经费能自给时停止之，但最多以三年为度，受补助之农会应按照指定用途东用，否则随时停止之，并追回原补助费之全部。

第十条　示范农会经营事业之资金不足时，应由县政府或农林机关指导或协助向农业、金融机关申请贷款。

第十一条　示范农会之工作于年度终了时，由农林部、社会部分别孜核□□□[②]，特优者予以奖励，无成绩者予以□□[③]。

第十二条　本办法由农林部、社会部颁行。

民乐县长关于发给农官委状的批令[④]

1944 年 2 月 26 日　　张未编号档案 2–20

本府指令建丑字第 33 号

令洪水镇义兴村西兴闸公民邓安□等：

本年六七日呈一件呈为发给农官委状一案，呈悉。经核此种呈文殊不□体制，应予□斥。仰另行呈文呈传再核，此批。

科员拟

县长　朱

民国三十三年二月二十六日

---

① 编者按：此处有两字漫漶，不可识。

② 编者按：此处有三字漫漶，不可识。

③ 编者按：此处有两字漫漶，不可识。

④ 编者按：原案卷目录题名《奉令转发各级水利机关评议委员会组织规程令仰知照由》，目录未标注文件字号。

甘肃省政府关于转发各级水利机关评议委员会组织规程给民乐县政府的训令[①]

1944年3月7日　　张未编号档案2-17

甘肃省政府训令建二丑字第□号

令民乐县政府：

案奉行政院三十二年十二月四日仁肆字第二六七五四号训令内开：查各级水利主管机关评议委员会组织规程，业经本院制定公布，应即通饬施行。除分行外，合行抄发该规程令仰知照并转饬所属，一体知照等因。附抄发各级水利主管机关评议委员会组织规程一份。奉此除分行外，合行抄附原件，令仰知照。此令。

附抄发原规程一份：

各级水利主管机关评议委员会组织规程：

第一条　本规程依水利法施行细则第十二条及第二十七条规定制定之。

第二条　依水利法第三条，系定各级主管机关组织各级评议委员会，均以委员五人组织之。除各级主办部分官长为当然委员外，其余由各级机关长官，就所属高级人员及有关水利或自治团体负责人，且素著信誉者遴派之，并指定一人为主席。前项主席如因事故不能出席时，得由各该级机关长官指定委员一人，临时代理之。

第三条　各级评议委员会为办理会协及记录事宜，得由各该级机关长官，就所属职员指派兼办之。

第四条　各级评议委员会，均由各该级机关长官指挥监督及召集之。

第五条　各级评议委员会开会时，以出席委员过半数为足法定人数，评议问题以多数议决之。

第六条　凡评议事件□出席委员过半数决议，认为内容尚有调查必要者，应即决定调查事项，指定委员调查之。前项调查应于七日内日办理完，议提出的告书，但有特殊情形得酌量延长之。

第七条　开会时与本案有关人士得列席说明。

第八条　凡经详定之案件，应制定成会议记录，并即移付主办部分，从□作成决定书。前项会议记录及决定书，属本会由出席委员分别签名，盖章照呈。由本机关长官核定之。

第九条　决定书应载左列事项：一、案由及关系人或抗议人。二、主文。三、事实及理由。

民国三十三年二月十日

处理意见：

函知。

三月七日

---

① 编者按：原案卷目录题名《奉令转发各级水利机关评议委员会组织规程令仰知照由》，目录未标注文件字号。

甘肃省政第六区行政专员兼司令关于水利林牧公司寻找防沙办法给民乐县长的训令①

1944 年 3 月 21 日　　张未编号档案 2–28

甘肃省第六区行政督察专员兼保安司令公署训令字第 147 号

令民乐县长朱魁：

甘肃省政府建二酉字第三三号训令开，案查前准本省临时参议会查转参议员张屏达等，屡议防止本省河西沙灾，以……②加生产一案，嘱查照办理等由。经分别电令本省水利林牧公司农业改进所，会拟实施计划。云后，嗣据农业改进所拟具防沙造林办法，到府业已函请农林部查照设机……③案。兹又据建设厅……④呈水利林牧公司函复研究防止沙灾情形。除分行及资违参议会外，合行抄……⑤及原函，令仰遵照协案办理。具报鉴核，并搜集有关防沙资料，贵府恳转为要等因，计抄获防沙造林办法，水利林牧公司原函各一件，奉此查正外，各件查经省府迄萋在案。除分令外，仰饬县长详查该县有……⑥公里，正搜集有关防沙资料，据实呈报，以恳核转为要。此令。

专员兼司令

何昌荣

民国三十三年三月十七日

处理意见：

建办。

三月二十五日

义得渠总成闸农民张作善关于鉴核发给西兴闸农民张元龄义得渠水利农官委状给民乐县长的呈文⑦

1944 年 3 月 9 日　　张未编号档案 2–19

为呈请鉴核发给委状事：

窃缘职于去年春奉承委令，修理义得渠渠坝水利一年期满，理应卸责。兹据义得渠西兴闸公民邓兴儒等，开会议决，职名书促公推举西兴闸农民张元龄，年龄相当，体格健强，以素通水利之才堪任义得渠水利农官之职。肃此，呈请钧府鉴核。发给委状，以资接

① 编者按：原案卷目录无标题，目录未标注文件字号。

② 编者按：此处有五字漫漶，不可识。

③ 编者按：此处有四字漫漶，不可识。

④ 编者按：此处有两字漫漶，不可识。

⑤ 编者按：此处有四字漫漶，不可识。

⑥ 编者按：此处有六字漫漶，不可识。

⑦ 编者按：原案卷目录无标题，目录未标注文件字号。

承，而专职务，是为公便。谨呈县长朱。

义得渠总成闸卸职农民张作善谨呈

民国三十三年三月

处理意见：

建□见再核。

三月九日

沐化乡第十第十一保保长关于费玉槐等偷浇号水给民乐县长的呈文[①]

1944 年 4 月 8 日　　张未编号档案 2-21

呈为偷浇号水不按时刻，祈恩钧鉴以分，究争穷事：

查职保所属头沟下，历年以来三月一日水上渠坝轮流浇灌顺序而推，适有水磨上刁民费玉莪于本月初八日不挨昼，但以上截下。受水民薛成理将地剩下，上去看视，该刁费玉槐，不但截下，反率费玉莪父子二人，将薛成理横打一顿。至初九日，又从水磨下来故意找事，不分皂白，依强欺弱，返将薛成理义打一顿。幸有邻人解说而散，薛成理呈首职保，该刁抗达不遵、逃避不见。理合呈明钧府鉴核。谨呈民乐县政府县长朱。

沐化乡第十保保长段恒山、第十一保保长陈自兴

民国三十三年四月

处理意见：

存查。

四月八日

洪水镇义兴村关于请求县府令饬保甲起夫抢修河口的呈文[②]

1944 年 4 月 8 日　　张未编号档案 2-22

呈为呈请鉴准令饬保甲起夫修坝以顾口水事：

情因下兴闸之河口坝塌十数余丈，□急难上。职率水名人夫四十余名，已修半月之期，不能上水恳求县长鉴核作主，恩准令饬保甲起夫修河，以顾口水，实为公便。谨呈民乐县县长朱。

具呈请洪水镇义兴村下兴闸农民魏亲贤（印）

民国三十三年四月

处理意见：

派警立确起夫。

四月八日

---

① 编者按：原案卷目录无标题，目录未标注文件字号。

② 编者按：原案卷目录无标题，目录未标注文件字号。

马玉良为杨联芳等具保状[1]

1944 年 4 月 28 日　　张未编号档案 1–5

具保状人本城西街马遇良今保到县长案下：

依奉保得杨梓材、杨联芳二人应交钧府法币陆仟元，限闰四月二十九日交到贰仟元，限五月初十交到四千元。若有不交情形，一面有保人负清交。所具保状是实。

具保人：马遇良（指印）

对保人：王元林（指印）

民国三十三年闰四月二十八日

民乐县东二坝民众代表谢育恩等关于西二坝毁堤争水事给民乐县长的呈文[2]

1944 年 6 月 14 日　　张未编号档案 1–1

呈为隔坝拆堤强截水利上挡下死事：

情因本月十三日晚，为敝坝满遗号水，幸而河水大发，居民皆万分欢喜，预备浇灌田苗。不意有西河二坝寨恶霸雷发龙等，因旱见水，急中生智，陡起野心，拆坏敝坝河堤将水截去，所有该寨沿河及汽路以东之地，全数浇灌净尽，致害敝坝之田苗有水不得浇灌……[3]影响田苗被旱成灾，荒歉已成。固定田赋何以完纳？民命何以生存？损失之巨难以数计。况敝坝河渠，地处该寨附近河堤，蜿蜒陡切，防不胜防。每有大水，即被该寨暗中遣人拆坏河堤、截去浇灌。敝坝常受此害，有冤莫伸，只得具此实情，呈请钧府鉴核，亲临勘验。俾令该处保护河渠，免得敝坝常受损失，不胜感激，待命之至。谨呈民乐县政府县长张。

原呈东二坝民　谢育恩（印）　张述舜（指印）　魏增策　韩登相

赵承礼　张凤朝（指印）

被呈西二坝　雷发龙　杨起芳　杨萼芳　杨梓才　杨联芳

民国三十三年六月十四日

处理意见：

业已传讯仰即候审可也。

六月十五日

---

① 编者按：原案卷目录题名《为杨联芳等具保状》，目录未标注文件字号。

② 编者按：原案卷目录题名《呈为隔坝拆提强截水利上挡下死由》，目录未标注文件字号。

③ 编者按：此处缺行。

民乐县东二坝五庄子民王开文等关于西二坝寨雷发龙等紊乱渠规坏堤截水事给民乐县长的呈文[①]

1944年6月16日　　张未编号档案1–2

鉴核判令保护渠坝事：

情因二坝寨在西二坝行使水利，敝坝在东二坝行使水利，惟敝坝之河道附近二坝寨南面，河堤蜿蜒陡切，每逢水发时，即被该寨之恶霸暗地遣人拆坏河堤，截去浇灌。比及民等知觉，而坝倒堤决，水势泛滥，遏止不住。敝坝防不胜防，常受其害。此次又将东韩庄之号水截去，冲断河堤数丈。工程浩大，无法修理。敝坝二轮号水，已经挨到，必从此破滥之处横流，不得浇灌。民等穷思该寨以西河之人，常坏东河之坝，截东河之水，紊乱渠规，上挡下死，若不依法惩治，则我下坝之田地，不能佃种。民命国赋，胥将奚赖？民等情处无奈，只得具此实情，呈请钧府鉴核，准予提案讯究，判令保护河堤，以整渠规，不胜感戴之至矣。谨呈民乐县政府县长张。

原呈东二坝五庄子民　王开文　王玉位　马朝福　王开印　刘得章　姚希开　姚国忠

被呈西二坝寨　雷发龙　杨萼芳　杨梓才　杨润林　杨联芳

民国三十三年又四月

处理意见：

此案业已断。交水租洋陆仟元，了案□□之处应勿庸议。

六月十七日

民乐县西二坝民雷发龙等与东韩庄谢育恩等为水利争执立具甘结[②]

1944年6月18日　　张未编号档案1–3

立具了案：

甘结人雷发龙、杨联芳、杨梓材、杨萼芳等，因为与东韩庄谢育恩等为水利争执一节，蒙县长明断。该东韩庄实系不修渠坝，任水滥流，有意起端争讼，民人出水洋六千元，双方了案。嗣后，该东韩庄挨水之日自行寻河看护坝堤，不可任水横流，借端滋事。民人等若有偷决坝堤情形，按水利章程严办。所具了案甘结是实。

立具了案甘结人　雷发龙（印）　杨联芳（印）　杨萼芳（指印）　杨梓材（指印）

民国三十三年闰四月二十七日

处理意见：

存查。

六月十九日

---

① 编者按：原案卷目录题名《呈为紊乱渠规坏堤截水由》，目录未标注文件字号。

② 编者按：原案卷目录题名《为水利争执立具甘结》，目录未标注文件字号。

民乐县东二坝韩家庄民谢育恩等与二坝寨民为水利争执具结状[①]

1944 年 6 月 19 日　　张未编号档案 1–4

具结状人东二坝韩家庄民谢育恩今具到：

县长案下依奉结得，民等与二坝寨，因水利争讼一案，蒙恩堂断。云二坝寨子浇水之家应与韩家庄子出水租洋陆仟元，至于渠堤，应由韩家庄自行加修，挨水时派人看护，若二坝寨民人再有挖堤情事，应从重严办不贷等因。奉此，民等遵依堂断，愿甘了案，所具结状是实。

具结状人东二坝韩家庄民　谢育恩（印）　张凤朝（印）　魏增策（印）

赵承礼（印）

民国三十三年六月十九日

处理意见：

附誊存查。

七月一日

穆燕天给民乐县长呈报学校被水磨抢事[②]

1944 年 7 月 6 日　　张未编号档案 1–6

呈为呈报事：

窃职校管理之兴利水磨，忽于废历四月六日深夜，突去四人，口音均系本地音。将看磨工役老李绑吊，抢去新口袋一根，毛毡一条，铁铣一个，牛皮一张，皮袄一件，被子一个，法币三百元，铁锅□子一个，尽数抢去。此等贼子，竟结伙明抢去公物，毫无畏惧，理合。具文呈报县长鉴核，饬警查缉，以惩匪类而安闾阎。实为公便，谨呈民乐县长张。

沐化乡第三保保校校长穆燕天（印）

民国三十三年七月

处理意见：

准予派警察缉。

七月六日

---

① 编者按：原案卷目录无标题，目录未标注文件字号。

② 编者按：原案卷目录题名《为呈报学校被抢由》，目录未标注文件字号。

刘维汉等为刘讲学等恃势呈刁强霸号水给民乐县长的喊状[①]

1944年6月2日　　张未编号档案1-10

喊状：

具喊状人，系六东乡徐家寨民人刘维汉、金三钧、黎大福、金生湘、刘维新等为恃势逞，刁强霸号水事。情因敝寨自生民以来，所应该堡使水官粮壹拾石有零。该堡行使于三坝河行使，敝寨行使下牛沟行使，每年浇灌此沟，与彼坝按粮三股均分，烧香浇灌。水利，先王之遗嘱，该伊等生乎今之世，反古之道，别出势力。现于本月初十日埃逢头轮号水，该伊等与敝寨送函文一件，通知于十日辰特接水。敝寨民人赴至河口候接浇灌，孰料伊等心怀不良，阳送函文，阴陷害人。伊等率领民夫百十余人，心如豺狼，意似虎兕，有的收执军器，有的收执猛棍，将敝寨小民逼赶，弃抛号水，含泪而归。伊等恃强凌弱，依众暴寡，该伊等于正月间捏词辱控，将敝寨小民控明在案。六坝约与敝寨提扒水利，适有六坝约绅耆，秉公理论水利一节。历代以来，人行古事，水流旧沟，提扒水利，此事难通其事，□至如今，并未呈明。该伊等藐视渠规，强霸号水，小民等细思弃抛号水一轮，立杀万民之命矣。小民勺水未得，室家不能相保，田赋何能完纳？该伊等明系敝寨软弱无能，真令人情急意□，无路投申，不得不具实情喊明于民乐县县长。案下作主施行，惩明水利，则小民等先逝者感恩结草，而在生者戴德如天矣。

原呈人　刘维汉　金生湘　黎大福　金三钧　刘维新

被呈人　刘讲学　刘共学　卜新禧　程子典　朱得琛　朱遇铨

民国三十三年六月二日

处理意见：

拘讯。

六月六日

六大坝总农官张联书给民乐县长呈报三堡与徐家寨水利争执案[②]

1944年6月10日　　张未编号档案1-11

呈为呈报事前奉：

县长百谕调解三堡与徐家寨为水利争执一案，业由农官召集两造，在六大坝龙王庙，邀请张维统、李兴俊、王悦仁等当调解。该两造公民等双方谅解以后，每挨号水，仍照旧章和平浇灌，再不借端滋事。同时了局。再无异言，用将两造了事之情，理合备文呈报钧府准予备案，并将两造所立合同字据二张一并呈上，请盖县印，以昭慎重，是为公私两便。

---

① 编者按：原案卷目录题名《为卜新禧等持势呈刁强霸号水由》，目录未标注文件字号。

② 编者按：原案卷目录题名《为呈报水利争执案由》，目录未标注文件字号。

谨呈民乐县长张。

六大坝总农官张联书（印）

民国三十三年六月八日

处理意见：

拘讯。既□□双方谅解，仰持乡两造呈递和息，准予结案。至合同字据，请盖县印一节，未复照准，合发还原被人等。自行订定妥协时，分别权执可也，仰功即查照。

六月十日

姚文荣等为水利争讼具甘结[①]

1944 年 6 月 5 日　　张未编号档案 1–12

立具甘结：

沐化乡第三保姚家村民姚文荣、姚文华、姚文芳今具到县长案下伏奉结得，因两造为水利争讼一案，经县长堂讯，愿受罚款，以保永远再无争论，两造自知理愧，所具甘结是实。

具结人　姚文荣（指印）　姚文华（指印）　姚文芳（指印）

民国三十三年古四月十二日

甘肃省政府令民乐县政府务切实保护水渠的训令[②]

1944 年 2 月　　张未编号档案 2–1

甘肃省政府令建二丑字第 1182 号

令民乐县政府：

查甘肃水利林牧公司承受本府委托，□理□□水利工程，愿为防止旱灾。勘权案□□□[③]公强断在地，政府民众均切实协助保护。迭经令饬遵县府案，凡灌溉区内受益民众，更应如何切实维护协助，以期顺利早成，方为正办。惟据状一般民众仍负示明利害，对于工程不但不予协助保护，而且阻碍进到□于冬□足算。讵料将已成足算物，甚至径意摧毁，如不严密防止，于水利之发展影响甚大。□□□□□□令仰遵照，切实宣导水利工程之重要。禆民众一种深刻□识。自能得其助力，并责成□在地，乡镇保甲长切实负责保护足算材料。凡已成建筑物，倘嗣后再有被窃毁情节，即责成该官乡镇保甲长负责按时催发赏，并从严惩处，以资儆戒，仍将办理情形，具状遵照。此令。

建设厅厅长　张

主席　谷正伦（印）

杨文源（印）

民国三十三年二月

① 编者按：原案卷目录题名《为水利争讼具甘结》，目录未标注文件字号。

② 编者按：原案卷目录题名《令务切实保护水渠足算物由》，目录未标注文件字号。

③ 编者按：此处有三字漫漶，不可识。

处理意见：

建遵。

三月九日

张掖民乐县政府给甘肃省政府主席会报宣政东渠不许下坪而西渠则以成案下坪请鉴核派员处理的呈文①

1944年9月11日　　张未编号档案2-5

张掖民乐县政府呈建申字第8249号

会报宣政东渠不许下坪而西渠则以成案下坪请鉴核派员处理由：

案查县属苏油口河口宽三丈六尺，出水分为宣改东西渠。而东渠属民乐口，宽一丈二尺，应使水三分。西渠属张掖口，宽两丈四尺，应使水七分。在清康熙五十二年，立有合同字据在案，后至民国十一年，又为下坪而起争端。经张掖、民乐两县长判决，原照成案处理之，立有合同字据在案。今又因下坪两造遂起纠纷，各执意见，分别呈请本府。曾经双方派员履地勘查下坪，该两造坚持不许，无法解决。并请事强迫，又恐发生意外。理合，具文呈请钧府鉴核，派员处理为祷。谨呈甘肃省政府主席谷。

代理　张掖县长何　民乐县长张

科员（印）

秘书

民国三十三年九月十一日

张掖县政府为函送会衔呈文稿给民乐县政府的公函②

1944年9月28日　　张未编号档案2-6

张掖县政府公函建申第528号

为函送会衔呈文稿纸一份请查收由：

案准贵府本年九月十一日建申字第八二五零号公函，送宣政东西两渠水利问题会衔呈文一件，原稿二纸，嘱查照签发，并将原稿寄回一份，以便存誊等由。准此，除将呈文签发外，相应检同原稿一纸相应函复。查收为荷。此致民乐县政府。

附原稿一纸。

县长何

民国三十三年九月二十三日

① 编者按：原案卷目录题名《会报宣改东渠不许下坪而西渠则以成案下坪请鉴核派员处理由》，目录未标注文件字号。

② 编者按：原案卷目录题名《为函送会衔呈文稿纸一份请查收由》，目录未标注文件字号。

处理意见：

准誊。

九月二十八日

洪海乡第八保全家营吴余年等为与柴述颜等水利纠纷事给民乐县长的呈文①

1944 年 7 月 21 日　　张未编号档案 1–7

呈为依案复陈伏乞：

恩准垂照，以雪冤抑事。缘六大坝之水利，头二坝时刻少，三、四、五、六坝时刻多。原日头二坝居民，全赖下坝津漏水贴补浇灌。水挨下坝时，头二坝河口叠落石坝，由石隙所漏之水，是为津漏。每昼夜津漏水，五轮到底，出租科麦六石有奇。不料今岁五月间，应挨四坝号水，而津漏水马明镜与民租使浇灌。其水时刻，自五月初三日酉时起至次日酉时止，熟知柴述颜等无故苛诈，将民呈首朱农官，取罚小民六千元。民只得向四坝众等农官询问时刻，而李农官张维统言其水不与柴姓干涉，伊言垫塞沟道。民即不敢与伊众租，民每月浇水，垫塞沟道，何能生存？昨蒙恩开庭讯结，理宜谨守　曷敢违逆，但似此生端，不惟小民不敢居住，及一邑亦无敢住之民矣。伏乞钧府鉴核恩准垂照，判明水利，而明真众，以雪冤抑，则民实再生有造之至。谨呈民乐县长张。

原呈人洪海乡第八保全家营　吴余年（指印）　吴加年（指印）　吴鹤年

被呈人　柴述颜　白兴秋　王述颜　马朋林

证人　李德林

民国三十三年六月

处理意见：

该渠沟道通行已久，如果有塞沟情事，准即法办理。

赵□普为吴余年水利案给民乐县长立具保状②

1944 年 7 月 22 日　　张未编号档案 1–8

具保状人赵□普今保到县长案下：

依奉保得吴余年，因水利被押在班，本人情愿保伊出班调解，除调解情形容后报告外，理合具文呈请钧座核，准予保出。以后吴余年如有不到情事，惟保人负责。谨呈民乐县长张。

具保人：赵□普（印）

被保人：吴余年　马明镜

民国三十三年七月二十二日

---

① 编者按：原案卷目录题名《为复呈水利纠纷由》，目录未标注文件字号。

② 编者按：原案卷目录题名《为吴余年水利案立具保状》，目录未标注文件字号。

处理意见：

准予调解。

七月二十四日

赵□普为吴余年柴述明等水利纠纷具和解状①

1944 年 8 月 10 日　　张未编号档案 1–9

和息：

具和解状人白兴秋、王述颜、柴述明、吴余年、吴耕年、吴贺年等，因水利涉讼一案，已蒙农会会长审讯明确，和平调解。着吴余年出水租洋二千元，以后全家营应恪遵六大坝水利章程，以免紊乱水章，而违法纪。两造均各说服，再无异言。所具和息是实。

调解人　赵□普（印）　刘勖学

具和息人　吴余年　白兴秋（印）　柴述明（指印）　吴贺年　吴耕年

王述颜（指印）

民国三十三年八月十日

处理意见：

既经具和准予免究，和息存案。

八月十二日

民乐县政府关于准勘查蓄水库地址备查照协助事给青海省祁连县政府的公函②

1944 年 5 月 16 日　　张未编号档案 2–41

本府公函建辰字第 133 号

案据本县农会理事长刘世元呈称，如原文，等情。列府查修兴水利一案，遵奉上令举办派原函外，应函请查照并希函复。此致青海省祁连县政府。

县长　张

民国三十三年五月十六日拟

① 编者按：原案卷目录题名《为水利纠纷具和解状》，目录未标注文件字号。

② 编者按：原案卷目录无标题，目录未标注文件字号。

民乐县政府关于准勘查蓄水库地址备查照协助事给青海省八宝驻防营长的公函[①]

1944 年 5 月 17 日　　张未编号档案 2-43

本府公函建辰字第 135 号

案据本县农会理事长刘世元呈称如原文，等情。列府据此查修兴水利一案，系奉上令举办，要派分函外，应函请查照协助为荷。此致青海省八宝驻防营长治。

县长　张

民国三十三年五月十六日

民国三十三年五月十七日拟

民乐县县农会理事长刘世元关于进山勘查蓄水库地址希望民乐县政府转函青海省八宝治团长及祁连门源两县知晓而利行事给民乐县长的呈文[②]

1944 年 5 月 15 日　　张未编号档案 2-44

呈请钧府转函八宝治团长及祁连、门源两县县长，准予进山查勘蓄水库地址，以救万民事：

窃查河西水源素称缺乏，而民乐尤甚。今春张掖水利工作站谭三任来县，即作进山表水计划，并嘱农会筹备帐篷等项应用物品，准予六月初来县。去山预定路线由扁都口进山，由黑河口出山，查勘水源情形，以便向中央政府请款，完成五年内开发河西二百万亩生荒之计划。但以其地属青海地区，恐生误会，特嘱职会转呈钧府，予以通知而利进行。事关万民，请即转函通知，实为公便。谨呈民乐县长张。

民乐县县农会理事长　刘世元（印）

民乐县政府印

民国三十三年五月

处理意见：

准予分别函达。

五月十五日

① 编者按：原案卷目录无标题，目录未标注文件字号。

② 编者按：原案卷目录无标题，目录未标注文件字号。

民乐县政府为照准进山勘查蓄水库地址给农会的训令①

1944年6月13日　　张未编号档案2-2

本府训令建正字第727号

令县农会：

准陆军第八十二军骑兵团团字第四五号公函开，顷据贵府建辰字第一三四号公函内开据贵县农会理事长呈请函转，准予进山勘查蓄水库地址等情。查祁连山与民乐势处唇齿，即系事关万民，准予勘查，转仰知照。

县长张

民国三十三年六月十三日

处理意见：

该令遵照切实办理。问农田水利□□玩忽，仰即知照为要。此令。

六月十三日

陆军第八十二军骑兵团关于复照准进山勘查蓄水库地址给民乐县长的公函②

1944年6月8日　　张未编号档案2-3

陆军第八十二军骑兵团公函团字第四五号：

径启者：

顷接贵府建辰字第一三四号公函略开据本县农会理事长刘世元呈请函转，准予进山勘查蓄水库地址等情。查祁连山与民乐势处唇齿，既系事关万民，又奉上命，举办无□会之必要。合及照准进山勘查，仰转饬知照可也。此致民乐县政府县长张。

团长　冶长生

民国三十三年六月八日

处理意见：

令甘农会知照由。

六月十三日

① 编者按：原案卷目录无标题，目录未标注文件字号。

② 编者按：原案卷目录题名《函复照准进山勘查蓄水库地址仰转知照由》，目录未标注文件字号。

门源县政府关于勘查蓄水库地址工程人员协助一案至民乐县政府公函①

1944 年 7 月 19 日　　张未编号档案 2–16

门源县政府公函乙民字第 2136 号

案查前准贵县函，嘱对勘查蓄水库址工程人员协助一案。惟事关兴修水利要政，当经本府呈请核示，开函达各在案顷奉青海省政府本年七月一日元建农字第六二二号指令关呈悉，所称各节事关水利要政，准予协助，仰即知照，此令等因，奉此相应函达，希查照办理为荷。此致甘肃民乐县政府。

县长（印）

民国三十三年七月十九日

处理意见：

存查。

八月三日

民乐县政府关于准勘查蓄水库地址备查照协助事给青海省门源县政府的公函②

1944 年 8 月 17 日　　张未编号档案 2–42

本府公函建辰字第 134 号

函达勘查蓄水库地址备查照由：

案据本县农会理事长刘世元呈称，如原文，等情。列府据此查本县修兴水利一案，造奉严令办理要县分函外，应函请查照并希协助为荷，见复。此致青海省门源县政府。

县长张

民国三十三年五月十六日

民乐县政府关于各部队伐用林木事给沐化乡公所的训令③

1944 年 5 月 11 日　　张未编号档案 47–16

令沐化乡公所：

案奉甘肃省政府辰请特急转电开，入原文，等由。奉此请派员前来督催砍伐，合亟令仰该乡公所遵照。刻仰征集民夫二百名，自备口食，在大都麻山口，负责依照令由立经长

① 编者按：原案卷目录题名《函达对勘查蓄水库地址工程人员协助等情应与协助希查照办理由》，目录未标注文件字号。

② 编者按：原案卷目录无标题，目录未标注文件字号。

③ 编者按：原案卷目录无标题，目录未标注文件字号。

度尺寸督砍伐木杆□千□石根等为要，兹将遵办情形具报查核为要。此令。

科员拟

民国三十三年五月十一日

农林部祁连山国有林区管理处关于奉令从严执行保护祁连山森林一案给民乐县政府的公函①

1944年5月1日　　张未编号档案47–18

农林部祁连山国有林区管理处公函山技字第620号

奉令从严执行保护祁连山森林一案函请查照惠予协助由：

案奉甘肃省政府民建四丑俭电节开关于限制祁连山林区每年最多之采伐量一案。前经该处拟定数目分报军事委员会、行政院、农林部备查，并以民建四佳代电，请自本年需从严执行各在案。兹奉军委会办四二经子虞代电，饬切实执行保护，另奉行政院仁参字28423号指令，准予备查各等因。特电达查照并希切实办理为要等因。查祁连山森林关系河西各县农田水利至大且重，并经核准绝对禁止采伐。凡于森林窃取其主副产物者，暨知为森林窃盗之赃物而收受搬运寄藏收买或为牙保者，均须依照森林法处以徒刑，并科罚金。本处职司保护，自应从严执行。除分别函令外，相应函达即希查照惠予协助为荷。此致。

处长徐国杰

民国三十三年五月一日

处理意见：

民乐县政府协办。

五月二日

民乐县政府关于保护祁连山口附近森林事给各乡镇公所的训令稿②

1944年5月4日　　张未编号档案47–19

本府训令

令各乡镇公所：

案准农林部祁连山国有林区管理处山技字第620号公函，入原文，此致，等由，准此查本县附近山口时有私行盗伐，派协助外，合行令仰该乡镇长，刻即转饬所属保甲一体遵照。事关林政与□玩忽，切之为要。

民国三十三年五月四日拟

① 编者按：原案卷目录无标题，目录未标注文件字号。

② 编者按：原案卷目录无标题，目录未标注文件字号。

农林部祁连山国有林区管理处关于拍卖木料价款会报请主稿见覆给民乐县政府的公函①

1945 年 1 月 17 日　　张未编号档案 47–22

农林部祁连山国有林区管理处公函山技字第 1056 号

为奉令将拍卖木料价款会报请主稿见覆由：

案奉甘肃省政府建四亥养代电即开“据报民乐县境查获木料经过及执行情形，请鉴核等情。拍卖价款准补助该县造林费用，仰会同民乐县府将拍卖价款数目报府备查”等因，奉此，查本案前经本处会同贵县府呈报在案，奉令前因相应函请贵府将该项木料拍卖所得价款数目主稿，会同本处呈报甘肃省政府备查，并希见覆为荷。此致民乐县政府。

处长徐国杰

民国三十四年元月十七日

处理意见：

迅将木料分别统计，以便商讨价格拍卖，并会衔呈报。

一月二十日

农林部祁连山国有林区管理处与民乐县关于民乐县境内没收木料拍卖价款补助本县造林费用给甘肃省政府的呈文②

1944 年 6 月 13 日　　张未编号档案 47–23

农林部祁连山国有林区管理处发文山技字第 703 号

呈拟将在民乐境没收木料交县府□便补助本县造林经费请鉴核示遵由：

令呈案查本处上年在民乐县境□处查获云杉桁条一百五十四根，椽子一百四十根。遵照伐木查□规则第十三条之规定，会同民乐县府予以没收，并拟将该项木料交由县府公开拍卖，以所收价款补助本县本年造林费用，是否有当，理合具文呈报，仰转鉴核示遵。谨呈甘肃省政府主席谷。

处长徐国杰

县长张声威

民国三十三年六月十三日

① 编者按：原案卷目录题名《为奉令将拍卖木料价款会报请稿见复由》，目录文件字号 1056。

② 编者按：原案卷目录无标题，目录未标注文件字号。

农林部祁连山国有林区管理处与民乐县关于酒猩长途电话须用电杆民乐县不敷情形请转呈点政局增加给甘肃省政府主席的呈文①

1944 年 6 月 13 日　　张未编号档案 47–24

农林部祁连山国有林区管理处发文山技字第 707 号

呈酒猩长途电话你需用电杆原定民乐县境内砍运费不敷拟总转呈电杆乃增加请鉴核示遵由：

令呈谨查酒猩长途电话，你所需电杆一千二百根。前奉钧府核准在民乐大都马林场砍伐，现由甘宁青电政局砍。该局茶饬员金佩育等，到民乐□办。维原定每根砍伐和皮工资三十元，由山林运至张掖运费三百二十元，即每根砍运费共计三百五十元，较之实际需要相□过巨。像电杆长七公尺半，均生于高山深沟中，砍伐□皮，须两个工。由林场运至山口，不能利用牲畜，须用八人肩抬出山。征用民，使不予工资，无必使其每日□及一□用人力既多，则耗费之食用即巨。再由山口运至张掖一段，以民乐地瘠民贫，输力缺乏，□由各乡征集士，本必须向邻县傍依，因此耗费无巨。若原定民乐境内砍运费不增，则地方须力行摊派，现款五十余美元，抬可完成。此事除由县府征夫砍伐外，即有砍运费不敷情形，拟恳钧府转呈电政局。须恤念民艰，详细□计状予增加，以减民重负担，是否有当，鉴候示遵。谨呈甘肃省政府主席谷。

全衔示呈　徐

民乐县长呈　张

民国三十三年六月十三日

甘肃省政府关于农林部函送增殖保护兵工用材林木办法给民乐县政府的训令②

1944 年 10 月 7 日　　张未编号档案 47–12

甘肃省政府农申字第 7029 号训令

令民乐县政府：

准农林部章予林字第 7928 号公函开，增殖保护兵工用材林木办法一种，呈报行政院协准于三十二年八月三日公布施行，同时于前实业部颁订之培植保护特种林木监督办法，备止在案。除分函外，相应检呈增殖保护兵工用材林木办法一份。函请查照参酌，转饬办理为荷等由。附增殖保护兵工用材林木办法一份，准此。查增殖及保护兵工用材林木关系事内及人民经济甚大，亟应切实倡办，分令遵行外，合行抄发原办法一份，令仰该县遵照认真

① 编者按：原案卷目录无标题，目录未标注文件字号。

② 编者按：原案卷目录题名《准农林部函送增殖保护兵工用材林木办法令仰知照由》，目录文件字号 7029。

倡导办理为要。此令。附发原办法一份。

主席谷正伦

监印杨文源

建设厅厅长张心一

民国三十三年九月二十一日

处理意见：

遵照倡导。

十月七日

附增殖保护兵工用材林木办法

一、凡兵工用材林木之增殖及保护，除依森林法之规定外，依本办法之规定。

二、兵工用材林木之种须由农林部定之（原附表）。

三、凡宜栽植兵工用材林木地带之国有、公有林场，应将林地五分之一以上培植兵工用材林木，并多育是项苗木，除供本场造林外，无偿推广予人民，指导种植。

四、私人经营兵工用材林木者，如依砍林办法之规定，承领森林用地时，得可无偿取得之优先利益。

五、私人经营兵工用材林木者，自开始造林之日起，政府于三十年内免其造林地区之税（本条说明：森林法五十三条规定得于三十年以内免造林地区之税，此处用其最高限度）。

六、国有公有林场兵工用材林木之采伐，应呈请农林部核准于人民经营者之采林伐，应呈请公有当地主管署之核准。

七、经营兵工用才林木者，应选定用于林产物之记号或印章，报请当地警察官署或地方政府，特予保护之。

八、兵工用才林木之采伐更新，除枯死及患病虫害者外，核桃类不得在树龄三十年以下行之，其他种类不得在二十年以下行之。

九、于兵工用材林木犯有森林法第六十条至六十三条之罪者，应从重处罚。

十、依本办法第四项优先承领森林用地，或第五项经政府免造林地区之税，未经呈准而中途改营他种林业者，得撤销其承领权，并追缴其免收税额。

十一、各林业机关及农贷机关办理林业贷款时，仅先分配予兵工用材林木经营者。

十二、本办法自公布日施行。

民国三十三年八月三日部令公布

附：兵工用材林木表。

树名	别名	学名	备考
核桃	胡桃、家胡桃		□□□□□□□□□□木材为枪托及兵工上军用品制造要材
核桃楸	满洲胡桃、变种名麻胡桃		木材之功用，用核桃材质尤佳，果仁较小，亦可食
野核桃	野胡桃、华胡桃		木材及果仁之用途，用核桃惟树较小亦可食
山核桃	山橡、山地胡		木材可作各种器具柄，果仁为优，民食品果□□□□□□□□□□①
扬枣木			木材可制枪托
白桦木	桦皮树		木材可制各种兵器木柄

甘肃省政府关于各部队伐用林木事给民乐县政府的训令②

1944 年 11 月 18 日　　张未编号档案 47-14

甘肃省政府训令建四（三十三）戌字第 81 号

令民乐县政府

……③

案查前据化平县呈请转呈通□④各部队机关，不得任意伐用树木，以维林政而苏民困□⑤情。当即据情电请第一、第八战区司令长官部通令驻甘各队，以后需用木材应按规定手续申请办理在案。兹奉第八战区司令部副日字第 289 号再住华珩代电复，已通令驻甘各部队遵照等因。除分行外，合行令仰该县遵照转饬所属各、镇、保一体遵照为要。此令。

主席　谷正伦

建设厅厅长　张心一

民国三十三年十一月三日

处理意见：

遵。

十一月十八日

① 编者按：此处有十字漫漶，不可识。

② 编者按：原案卷目录无标题，目录未标注文件字号。

③ 编者按：此处文档扫描时缺行。

④ 编者按：此处有一字漫漶，不可识。

⑤ 编者按：此处案卷破损。

河西师管区司令副司令关于催报调查境内经济农林水利工矿等机关团体给民乐县长的代电①

1944 年 6 月 8 日　　张未编号档案 2–30

军建三十三练辰字第 1307 号

民乐张县长：

案查，调查境内经济、交通、农林水利工矿等机关团体，原为便利复员时退伍员兵就业之分配，特规定表式限期饬报在案。惟查该县迄未报有碍，常转印于电，到日查报凭转，嗣后并须按期造报，勿再有迟延为要。

河西师官区司令杨显　副司令李耀祖代（三十三）练辰回印

民国三十三年五月二十四日

处理意见：

查复。

六月八日

民乐县政府关于河西师管区司令副司令给民乐县长请调查民乐县经济交通农林水利工矿等调查表未曾奉列讫鉴核备查的代电稿②

1944 年 6 月 17 日　　张未编号档案 2–32

本府快邮代电建巳字第 265 号

本县经济交通农林水利工矿等调查表未曾奉列讫鉴核备查由：

河西师管区司令杨、副司令李核鉴：

（三十三）练辰回代电奉悉。遵查本县关于经济、交通、农林、水利、工矿等机关调查表，未经奉列依法填报，理合电复鉴核补发表式，以便填报。代理民乐县长张建巳铣印。

科员（印）拟

民国三十三年六月十七日

① 编者按：原案卷目录无标题，目录未标注文件字号。

② 编者按：原案卷目录无标题，目录未标注文件字号。

张掖县政府关于派员会同监视下坪给民乐县政府的公函①

1944 年 6 月 16 日　　张未编号档案 2–33

张掖县政府公函建巳字第 607 号

为函请派员会同监视下坪由：

案据本县安阳乡、均坂、安民三坝民众代表张进禧、贺竹林、禅恩先、帖顺兴等呈称为复呈平均水利以资灌溉，而恤民生事。窃安阳乡、均坂、安民三坝民众代表张进禧、禅恩先、戴义紝等，前以请下水平等情，具呈水鉴，已蒙钧座咨请民乐县政府，饬令该民听候派员监视下平以昭公允，而兹生长等。因之下民等，自应静候曷，敢烦渎第。现值禾苗需水之段，若不均速下水平，均匀水利，借资生长，势必受其枯旱。事关水利民生，是以沥情复呈。县长垂怜民生，破格轸恤，俯准速咨民乐县长，转饬该民听候，并请派员会通风监视下平，以杜争执，而资浇灌，不胜感戴谨呈等情。查此案，曾以建辰字第号函请派员会同监视下坪在案，兹按前情除先派员前往监视外，相应复请贵府从速派员会同办理为荷。此致民乐县政府。

县长张仰文（印）

民国三十三年六月十六日

处理意见：

派张副乡长缅候，会同当地绅耆监督下坪……②

六月二十二日

张掖县政府关于为电催速派员前来会同监视依照成案下坪事给民乐县长的代电③

1944 年 6 月 23 日　　张未编号档案 48–9

张掖县政府快邮代电建巳字第 690 号

为电催速派员前来会同监视依照成案下坪由：

民乐张县长勋鉴：

案据本县安阳乡宣政渠民众代表张进禧、帖顺兴、刘学仁等，于五月九日暨六月十三日两呈称，为呈请依照成案，下坪分水以均浇溉而利民生案等情到府。当经以建辰字第 354 号及建巳字第 607 号函，请派员会同监视下坪各在案。兹为明了实际情形起见，派本府建设科长袁士□前往勘查。兹据签报：一、宣政渠系黑河支流，由苏油口经流，在该渠以东为宣政河东坝，是民乐人民浇田；在渠以西为板均、安、民三坝，是本县人民浇田。二、板均、安、民三坝水口宽二丈四尺，使水七分。河东坝民乐河口宽一丈二尺，使水三分。由该渠庙内木匾可查。三、民十一年，由张掖王县长会同东乐徐县长监视下，木坪分

---

① 编者按：原案卷目录题名《为函请派员会同监视下坪由》，目录未标注文件字号。

② 编者按：此处文档扫描时缺行。

③ 编者按：原案卷目录题名《为电催速派员前来会同监视依照成案下坪由》，目录未标注文件字号。

水按照尺寸。历年木坪备损，再未下坪。四、近年以来，河东坝民乐河口使水较多，以致板均、安、民三坝农民受旱，刻下青苗头水未浇者尚多，立待浇灌。故本县农民帖顺兴等，屡次呈请下坪仍照旧规分水。五、拟再函催民乐县政府，速派妥员前来会同监视下坪，以解除农民痛苦等情。特再电请从速派员前来会同办理为荷。

县长张仰文建巳梗印

民国三十三年六月二十三日

处理意见：

派陈科长会同该官□长定期前往办理并复。

七月一日

沐化乡关于会同张掖派员监视下坪以昭公允而免争执给民乐县长的呈文①

1944 年 7 月 23 日　　张未编号档案 2-25

报告于沐化乡公所

奉命会同张掖派员监视下坪以昭公允而免争执等由：

遵即于七月二日前往敝乡所属第十三保，当即调查有该处绅士范从孝、李反菊、王玮林等，声称因地形高下水势缓急更加。古今有证有例，如乾隆年间均坂等坝，与宣政东渠，即有此下坪一举，各坝公民和解立书，绸轴字据。书明各坝水份，此一证也。于民国十一年又起争执，有均坂、宣政等坝公民杨文焕、葛生汉、张进禧、冯得国、贺儒林等，延请外坝绅士刘选关、维汉毕、佐同、杨怀德等从中和解，立合同字据。又于河口龙王庙悬挂匾额，俱书明粮数、水份，各执合同字据和平解决，又一证件。俱系查问属实，当即职同民政科长，于即日亲履河口查验水形地势。苏油口水源素分坂安民坝、宣政东渠水形。直向北流者为均坂安民坝，向东北斜伸者为宣政东渠。均坂等坝与宣政渠、均坂等坝之水由石崖前瀑布下流，水势急骤。宣政东渠由东北斜伸，河身渐高，水势延缓，为蜿蜒势。后具略图并备文呈报钧府鉴核。谨呈民乐县县长张。

附略图一张。

沐化乡副乡长张缅候（印）

民国三十三年七月十六日

处理意见：

存查。

七月二十三日

① 编者按：原案卷目录无标题，目录未标注文件字号。附略图未见。

朱端正对于未完成明洞渠修建渠坝及渡槽修建事给民乐县长的呈文[①]

1944年9月22日　　张未编号档案2-34

谨签者：

查明洞渠之修理渠坝及渡槽，前经呈准上奉拨款兴修，业经大部完成。后因农忙及赴将各种公工程，农官疏于督率，致功亏一篑。前经农会查情，呈报钧府，议处农官，促其完成工程。已将该渠二农官张凤来、张尚荣传县，未蒙训示。今二农官自知失职，前来将再三请束转呈。钧府宽宥，俯念农情，准予田收毕限期完成。职姑允请示，俟田收毕有职负监督之责，限十月十五以前完成该项工程。是否有当，理合签请钧府鉴核示遵。谨呈县长张。

职朱端正（印）签

民国三十三年九月二十日

处理意见：

准如所拟办理。

九月三十日（代）

甘肃省第六区专员建兼司令何昌荣关于民乐县并未发生沤波渠水利纠纷一案给民乐县政府的指令[②]

1944年9月29日　　张未编号档案2-35

指令二申字第430号

令民乐县政府：

本月二十一日建申字第八二八七号呈一件，为呈复本县并未发生沤波渠水利纠纷由，呈悉。查此案系缮发错误，除查案正更外，仰即知照。此令。

专员兼司令何昌荣

民国三十三年九月二十九日

处理意见：

知照。

十月九日（代）

---

① 编者按：原案卷目录无标题，目录未标注文件字号。

② 编者按：原案卷目录无标题，目录未标注文件字号。

甘肃省政府代电准行政院水利委员会检发水利常识一百册请广为宣传一案令发一册仰遵照由[①]

1944 年 10 月 25 日　　张未编号档案 2–36

甘肃省政府代电建二西字第 7448 号

民乐县政府：

案准行政水利委员会，三十三年八月十六日……[②]字西八八二号函开，查县内水利当紧关系，攸关民生。惟一般民众对于水利常识，尚多未能深刻认识，亟应普遍宣传以利推进，兹维编印水利常识一种，除分行外，特检附该书一百册，随函送请登照，复予转发各县市政府，广为宣传，并见复签名由。附水利常识一百册，准此，除函复并分发外，合行检发该项常识一份，仰即遵照办理。甘肃省政府建二三三酉微印，附发水利常识一份。

甘肃省政府（印）

民国三十三年十月二十五日

处理意见：

遵办水利常识附誊。

十月二十五日

张掖县政府关于函复宣政东渠水利问题请由贵府主稿令衔转呈甘肃省政府给民乐县政府的公函[③]

1944 年 8 月 23 日　　张未编号档案 2–37

张掖县政府公建未字第函 226 号

为函复宣政东渠水利问题请由贵府主稿令衔转呈由：

案准贵府建未字第八零九三号函，以嘱宣政东渠坚持不许下坪。嘱查照并协助转呈省府派员处理等由。准此，查此案系关两县水利，匀应转呈省府核办。即请贵府主稿会衔转呈为荷。此致民乐县政府。

县长何□

三十三年八月二十日

处理意见：

主案拟办。

八月二十三日

---

① 编者按：原案卷目录无标题，目录未标注文件字号。

② 编者按：此处有三字漫漶，不可识。

③ 编者按：原案卷目录无标题，目录未标注文件字号。

刘世元关于收电杆的情形给民乐县长的呈文[①]

1944 年 6 月 18 日　　张未编号档案 2-38

县长大人勋鉴：

敬肃者□，自六月六日至大渚床坝床经收电杆，一旬有余收就电杆数目详细呈明。洪海乡已收过电杆一百八十五个，上六东乡收过电杆八十一个，沐化乡收过电杆二百八十一个，洪水镇收过电杆五十二个一、二、三保及十保交的，其他各保尚未来人砍伐，以上共收电杆五百九十九个。东乐各保，如六保即十四坝已来夫进山砍伐，其余三保即七、八等保未来一人砍伐。未交之杆，洪海上六、东两乡，一、二日定能如数交清，沐化乡所欠之杆□清单。函通黄乡长加催，各保夫名逐日进山。为洪水镇、东乐欠杆相差最多。恳祈县长大人遣人速催王镇长，及东乐砍杆夫名，及车辆速即来山砍伐。现已运张掖（六东乡）之杆一十八个，沐化乡运杆二十个，洪海乡运送张掖之杆三十二个，以上即日运杆共七十个。未收之杆沐化乡十八个，洪海乡十个，六坝乡十个，均系寸小尺短，不足其数，将来此木何处所运。祈县长大人于□来奉命，示知农会之一切事宜，完全遣□水利工程，即进山测量规定。古五月初一日一呈请县长大人饬令军用代办所办理需用各项，以顾测量本应□来城详细报告。只几日各乡车辆夫名逐日来山，□运□早之进山收杆装车，□上至岔家保住宿，相距十五里之地，旦之来往查收，山内天阴即雨，逐日非进不可。祈县长大人，农会之事令杨墨□暂行办理为盼，敬录勋安。

电政局周先生同□收杆，念人夫困难，方小颈寸大长□□□之杆，均已收过三十人。

刘世元（印）谨上

民国三十三年六月十八日

处理意见：

存查。

六月十八日

民乐县长关于所需电杆已砍运事给甘肃省政府主席的呈文[②]

1944 年 6 月 30 日　　张未编号档案 2-39

本府鉴核代电建巳字第 991 号

需发电杆已砍运由：

甘肃省政府主席谷铣誉建二巳善代电，奉恳遵查本县应交电杆，已于五月二十七日开于砍伐，现已运去交发，刻仍赶运。理合电呈鉴核备查，代理民乐县长张。□□建巳佳仰。

县长张（印）

民国三十三年六月二十九日

---

① 编者按：原案卷目录无标题，目录未标注文件字号。

② 编者按：原案卷目录无标题，目录未标注文件字号。

甘肃省第六区专员兼司令何昌荣关于民乐县长电催速运酒猩电杆一案给甘肃省政府的电报[①]

1944 年 6 月 22 日　　张未编号档案 2–40

建巳 291 号

电催速运酒猩线电杆一案严限克日办竣勿误并具报凭核由：

民乐张县长奉甘肃省政府建二巳发电（建二巳冬电），开计达訇据猩长途电话施工。日促电桶杆砍运事务，仰严限催办克日完成，勿稍贻误为要等因。查此案前曾本署，于本年六月八日以二巳字第二七九号齐代电催办在案，兹奉前因合再电催严限克日办理完竣。事关军讯，勿稍贻误，并将办理情形具报凭核为要。

专员司令何昌荣二巳筱印

六东乡乡长易其恒给民乐县长关于砍运电杆的报告[②]

1944 年 7 月 11 日　　张未编号档案 2–8

报告：

县长钧鉴，上半乡应扒砍运电杆一百一十六根，除砍伐运讫张掖电杆，统计一百零六根外，有条为凭，下欠未运讫电杆一十根。早往职督，催到山砍运，惟以阴雨连绵，砍伐不便，人夫车辆在山等候良久。想最近两三日内定完，如数砍运清楚。肃此报告谨呈民乐县县长张。

六东乡乡长易其恒（印）

民国三十三年七月八日

处理意见：

存查。

七月十日

民乐县政府关于民乐县农会呈请饬筹备工程师勘查水源应用等项给民乐县农会的指令[③]

1944 年 6 月 12 日　　张未编号档案 2–31

本府指令辰巳字第 218 号

令民乐县农会：

本月七日呈一件，请饬筹备工程师勘查水源应用等项由，呈悉。查应用驴子准饬代办

① 编者按：原案卷目录无标题，目录未标注文件字号。

② 编者按：原案卷目录无标题，目录未标注文件字号。

③ 编者按：原案卷目录无标题，目录未标注文件字号。

所照雇，帐棚准派人向秦永熙家借用，惟代购麦粉、白米及筹款等项未便照准。仰向县参议会及地方热心人士，会商筹集，后呈报备查可也，仰即知照由。此令。

科员拟
科长代
秘书（印）
民国三十三年六月九日（拟）
民国三十三年六月十二日（发）

民乐县农会关于请饬军用所代办所筹各项以资工程师赴大通河勘查水源给民乐县长的呈文①

1944年6月6日　　张未编号档案2-29

民乐县农会呈农已字第□号
请饬代办所筹各项以资工程师赴大通河勘查水源应用由：

查水利工程师赴大通河勘查水源，定于六月二十六日起程，业经推定刘兴苾、钱鹏天二人同水利工程师前去查验。惟公役及驴子尚未指派，所需帐棚及食用亦未筹备。拟请钧府令饬军用代办所，代购干麦四百斤、百米一斗，暂筹零用洋一千元，公役二名及驴子十头，亦由代办所负责代雇。至于帐棚拟向永固秦家借用，以免临时掣肘可否之处。谨候裁夺，并乞指令祇遵。谨呈民乐县长张。

民乐县农会理事长刘世元（印②）代
民国三十三年六月六日

处理意见：

驴子准饬代办所照雇，帐棚准派人向秦家借用，惟代购麦粉、白米及筹款之要未便照准。仰向县参议会及地方热心人士会商筹集，后呈案备查可也。

六月十八日（代）

民乐县政府给县农会理事长刘世元关于验查河坝修兴水利补助物项一案的指令③

1944年5月17日　　张未编号档案2-46

本府指令建辰字第56号
令县农会理事长刘世元：

本年五月十五日呈一件，呈报查验河坝修兴水利补助物项一案呈悉。该会所报各河坝

① 编者按：原案卷目录无标题，目录未标注文件字号。
② 编者按：印章名为杨轮林章。
③ 编者按：原案卷目录无标题，目录未标注文件字号。

物项数字与上年度报案数字不合。仰仍照办理情形，具报核查为要。此令。

县长张

民国三十三年五月十七日拟

甘肃省政府关于各乡（镇）依国民义务劳动法切实遵办下列计划所应行之事宜给各乡（镇）长的训令[①]

1944 年 7 月 21 日　　张未编号档案 48-5

本府训令……[②]

转饬该乡（镇）依国民义务劳动法切实遵办下列计划所应行之事宜由：

奉本甘肃省政府建社二巳字第 2305 号训令略开：饬本县依照国民义务劳动法，速拟具计划呈报来府以凭鉴核为要。办法：附抄发原发国民义务劳动法实行细则一份。本县依照此项，拟就计划如下：一、该乡（镇）长转各所属将栽就之树木切实保护。二、该乡促予未经修兴水利之地方督促加修之。三、每村必须人畜分饮，督促人民另筑涝池。四、该乡（镇）保苗圃内育就之苗，转各所属加以保护。五、饬保甲长发动人民拔除科麦黑穗病以增粮食生产。六、上列各点仰该乡（镇）长切实遵照办理，勿稍玩忽，并具报来府，派员查验切为要。此令县长张。附表一份。

民国三十三年七月二十一日

民乐县县长关于本县依照国民义务劳动法拟就计划请鉴核备查事给甘肃省政府主席的呈文[③]

1944 年 7 月 25 日　　张未编号档案 48-6

……[④]

呈报本县依照国民义务劳动法拟就计划请鉴核备查由：

案奉钧府建社二巳字第 2305 号训令略开，饬本县遵照义务劳动法速拟计划，呈核为要等因。附发义务劳动法实行细则一份。奉此本县遵照上列办法所出之计划如次：一、令各乡（镇）转饬所属人民保护各处原有及本来栽就之树木，不得损失。二、本县召未经兴修水利之地方，饬所属督促以补修之。三、本县各处召未经修之涝池，人畜久未分设分饮，另筑池塘。保长征召人民，限期完成。四、本县保苗圃内育就之苗，饬所属加以保护，不得任意攀玩。五、本县派各学校员并县府指导员督促人民拔除麦稞黑穗病，以增粮

① 编者按：原案卷目录题名《转饬该乡镇依国民义路劳动法切实遵罚下到计划所应行之事宜由》，目录未标注文件字号。

② 编者按：此处文档扫描时缺行。

③ 编者按：原案卷目录题名《呈报本县依照国民义务劳动法拟就计划请鉴核备查由》，目录未标注文件字号。

④ 编者按：此处文档扫描时缺行。

食生产。六、还原乡（镇）造产，因时举办，应使人民无冗闲。理合具文呈覆，鉴核备查。谨呈甘肃省政府主席谷。

科员（印）拟

科长核

秘书核

民国三十三年七月二十二日

民乐县县长关于本县强制修筑塘坝水井办法事给甘肃省政府的呈文①

1944年7月14日　　张未编号档案48-7

本府建午字第387号呈文

呈报本县强制修筑塘坝水井办法请鉴核备查由：

案奉钧府地建二卯字第2851号训令略开，饬将本县所属各村择适当地方，配合民力强制修筑塘坝水井等因。附发暂行办法及意见四项各一份，奉此。查本县以上各项工作，前奉令本府转饬所属，利用农隙时配合民力，依原定办法，切实强制修筑。理合具文呈报鉴核备查。谨呈甘肃省政府主席谷。

县长　张

民国三十三年七月十四日

民乐县政府关于强制修筑塘坝水井办法切实办理事给各乡（镇）长的训令②

1944年7月15日　　张未编号档案48-8

本府训令

令各乡（镇）长

为转令强制修筑塘坝水井办法仰遵照切实办理由：

奉本甘肃省政府地建二卯字第2851号训令略开，为要等因。附发办法及意见四项各一份，奉此。以上工作早经本府饬该乡（镇）长转饬所属保甲遵办在案，前令仰该乡（镇）长复饬所属配合民力强制修筑塘坝水井，克日完竣。呈报来府，以凭核转为要。此令。附办法及意见四项各一份。

县长　张

民国三十三年七月十五日

① 编者按：原案卷目录题名《本县强制修筑塘坝水井办法请鉴核备查由》，目录未标注文件字号。

② 编者按：原案卷目录无标题，目录未标注文件字号。

民乐县政府关于派唐继威勘查李成和呈请建修水磨是否妨碍他人利益事给指导员唐继威的训令[①]

1944 年 8 月 11 日　　张未编号档案 48-1

本府建未字第 471 号训令

令指导员唐继威

令该员勘查李成和在沐化乡大都马冰嘴本村河滩呈请建修水磨是否妨碍他人利益报复由：

案据李成和呈称“冰咀，本村有隙地一处，毗连水道，乞建修水磨一座，以裕民生”等情。据查，应予查勘后再夺。办法：仰该员前往勘查是否妨碍他人利益并报复，以凭指复。专令。

县长张

民国三十三年八月十一日

李成和关于在大都马嘴本村河滩隙地建修水磨事给民乐县长的呈文[②]

1944 年 8 月 5 日　　张未编号档案 48-2

具呈请人李成和，现年五十六岁，住大都马冰嘴。本村河滩有隙地一处，毗连水道，面积约半亩许。恳请县长案下俯准小民建修水磨一座，以裕税收而加强抗战力量。所请是否有当，理合乞请青天县长示遵无任盼祷之至。谨呈县长张。

具呈人李成和

民国三十三年七月二十九日

处理意见：

据唐指导员查，果无妨碍他人利益。准印建修。

八月五日

① 编者按：原案卷目录题名《令该员勘查李成和在沐化乡大都马冰嘴本村河滩呈请建修水磨是否妨碍他人利益报复由》，目录未标注文件字号。

② 编者按：原案卷目录无标题，目录未标注文件字号。

民乐县长关于建造蓄水池木栅木匠工资由民乐县洪水镇第一二保筹办具报事给洪水镇第一二保保长的训令①

1944 年 8 月 31 日　　张未编号档案 48-3

本府民未字第 522 号训令

令洪水镇第一、二两保长张毓秀、王应乾：

查本城内南涝池、北涝地前有木栅，因年久损坏，浪猪野狗入内污澡秽。查累积害人受理防害，卫生殊水浅鲜。本府业经派员监造木栅，所用的木料已由本府筹发，木匠工资由该两保筹办开支。办法：一、修造木栅由该保长协办助理，木匠工资向各甲筹办开支。二、把办理的情形及开支工资的数目，详细呈报本府备查。此令。

县长张

民国三十三年八月三十日

李知白关于建造蓄水池木栅木匠工资由民乐县洪水镇第一二保筹办具报事给民乐县长的签呈②

1944 年 8 月 29 日　　张未编号档案 48-4

本府民未字第 522 号训令

签呈

查本城蓄水池建造木栅四处，已呈准办理。惟该项木匠工资，拟请令洪水镇第一、二两保筹办开支。当否，敬请鉴核示遵。谨呈县长张。

职李知白（印）呈

民国三十三年八月二十九日

处理意见：

如拟，并饬将办理情形详复备核。

八月二十九日

民乐县洪水镇义得渠下兴闸改造新沟渠坝计划③

时间不详　　张未编号档案 2-18

民乐洪水镇义得渠，起于明之万历年间，至清顺治初年，遂分列义得渠之下尾水，及柏树洼、黎华山、水沟河之水。由大河东岸开凿明渠一道，名曰新沟。其水由玉带河汇流洪水大河，在今县南十里之地，分渠水沟，除供全城军民口水外，仅浇灌田地五百六十余石，承

---

① 编者按：原案卷目录题名《为建造蓄水池木栅木匠二资由保筹办具报由》，目录未标注文件字号。

② 编者按：原案卷目录无标题，目录未标注文件字号。

③ 编者按：原案卷目录无标题，目录未标注文件字号。

约屯粮一百四十六石有奇。嗣因年沿日久，河水涨发，至清末光绪年间，将渠沿泛滥冲没。一般老农为救济干旱起见，向悬崖凿洞引水，借顾一时眉急。嗣后每岁旧守此法，若遇河水涨发，时感洞渠倒塌，常抱干旱之虞。村民朝修暮溃，苦累何堪言状。而自民国十九年，县治移设洪水，民生日繁需水甚广。凡苗圃树林，在造需水，但此种渠坝已经年久，且系走沙，虽经屡坏屡修，危险甚虞。如本年四五月间，正宜需水，适值渠坝两次倒塌，不特禾稼大受干旱，而树林池塘，数度枯涸。事实俱在，无可讳言。倘再延沿，则新沟田地，势将废变为干旱不毛之地。而各机关及人民饮水，又将奚赖。曾经邀请县长及林牧公司工程人员勘验，实有从新改造必要，乃就不妨碍他人水利为原则之下，拟自县城南二十里，西湾以南，开口引水，是移口上游，水量如故。其渠身由西湾下流，既无洞渠之险，更少堤坝倒塌之虞。惟兹事较大，非经专门人员测验不足以真确，尤非公款之机发难，期兴工以改造，及就实际需要计划如下：

一、工程设施。渠身自南至北约长二十华里，但自开口处引入郑家庄以上之红石嘴草沟，约五华里。此五华里，即得开凿约五公尺宽、二公尺深、其余利用邓家庄之旧草沟，加以挑掘，即可通水。惟渠身占民田约一百亩，以其价购需款一万元。

二、工程估计。按照实际需款人工三千名，每工计洋三十元，共需洋九万元，铁镢铁锹草筐及一切物品，需费二万元。

三、工程进度。先由新口开凿，自上至下，每天雇小工百名，约三月而成功。综上各点系大概计划。

伏乞派员测量，谅能指示详确办法，渠既完成。虽仍浇灌旧有田地五千六百余亩，可免渠坝倒塌之虞。曷胜待兴之至。

民乐县政府关于造新沟渠计划的处理意见给甘肃省政府主席及甘肃省第六区行政督查专员的呈文①

1944 年 9 月 11 日　　张未编号档案 2–27

本府呈文建申字第□号

案据本县洪水镇义兴村下兴闸民家代表施传等呈称入原文云等情。附呈文造新沟渠计划一份，据此等因，农村水利令行抄录原呈，并计划出一并备呈钧府鉴核示遵。谨呈甘肃省政府主席谷、甘肃省第六区行政督查专员，并系保护。

县长矢

秘书核

科员核（印）

民国三十三年九月十一日

处理意见：

该项计划是否可行，该科应详加研核，加具意见再行核转。

九月十一日

① 编者按：原案卷目录无标题，目录未标注文件字号。

民乐县政府关于协助建修马蹄河渠及泉沟渠工程给甘肃省政府的呈文[1]

1944 年 8 月 15 日　　张未编号档案 2-23

本府呈建字第 8138 号

呈复本县协助建修马蹄河渠及泉沟渠工程请登核备案查由：

案奉钧府建（二三三）午字第五六一四号训令，饬本县利用农隙时发动马蹄河灌田之人民，由旧渠岸旁凿一渠，渠底坚硬，渗漏全□水量自然不减，浇灌有余，泉沟以泉水灌田水量甚微。利用农民在泉口附近，驾成一座蓄水池，将冬季不用之水可以储存，以作来年灌田之用等因，奉此，除遵照协助建修上列河渠，并令乡长将饬该渠人民限本年底一般全竣工外。今具文呈复，鉴核备查。此致甘肃省政府主席谷。

县长张

民国三十三年八月十五日

民乐县关于饬沐化乡民协助建修马蹄河及泉沟渠给沐化乡长的训令[2]

1944 年 8 月 15 日　　张未编号档案 2-24

本府训令

令沐化乡长：

奉命甘肃省政府建（二三三）字第五六一四号训令略开，据张掖工作站报告，查马蹄河西岸地面凿开半公尺许，即为红砂石层，对于渗漏可保无虞，开成一渠，水量自然丰富。泉沟渠水量甚微，再无良策。派民在泉沟口门筑成一小型之蓄水池，冬季之水可以蓄藏，以待灌田之用等因。办法：查建修河渠工作早经本府通令在案，并在转令该乡长饬该渠农民赶快建修上列各渠，以兴水利而益人民事。并将办理情形，具实备案，因要政勿再拖延为要。此令。

科员（印）拟

秘书（印）

县长　张

民国三十三年八月十五日

---

① 编者按：原案卷目录无标题，目录未标注文件字号。

② 编者按：原案卷目录无标题，目录未标注文件字号。

甘肃省政府关于建修马蹄河渠及泉沟渠工程一案给民乐县政府的训令①

1944 年 8 月 12 日　　张未编号档案 2–27

甘肃省政府训令建（二三三）午字第 5614 号

令民乐县政府：

建设厅案呈甘肃水利林牧公司本年七月七日函称，据张掖工作站报告，此次派员赴民乐县建修各渠坝临时修理工程时，查勘马蹄河渠及泉沟渠情形，分述于后。

一、马蹄河渠。引用马蹄河山水管马蹄寨、甘家城、闫家寨、彭家庄等处台地六千亩。河道为砂底，漏水特甚，水出后，行三百公尺即完全渗入地下，非有洪水，不能浇灌田禾。惟河西沿岸地面，下半公尺，即为红砂石层，对于渗漏，可保护无虞。拟由两岸开去一千五百公尺引水渠一道，接通泉水渠。每小时可引河水，经泉水渠而灌田，水大时放水入河以泄洪。工程甚小，获益极宏。

二、泉沟渠。引泉沟渠泉水灌溉□□□，田地约七万余亩，流量甚微，仅零点零一秒立方公尺，不足引灌，田禾大半干枯。在冬季不用水时，全行溢去，该泉出于山坡，疏虑浚困难……②

民国三十年八月十二日

甘肃省政府水利令民乐县政府为协助建修马蹄河渠及泉沟渠工程一案的指令③

1944 年 10 月 13 日　　张未编号档案 2–9

甘肃省政府指令建（二三三）申字第 7300 号

令民乐县政府：

三十三年八月十七日建未字第 8138 号呈一件，为呈复协助修马蹄河渠及泉沟渠情形，请备查由，呈悉，准予备查除电知水利公司外，仰将办理情形随时报查。此令。

主席谷正伦（印）

建设厅厅长　张□

监印　杨文源

民国三十三年九月二日

---

① 编者按：原案卷目录无标题，目录未标注文件字号。

② 编者按：原案卷有破损。

③ 编者按：原案卷目录题名《据呈复协助建修马蹄河渠及西水沟渠工程等情形一案准备查由》，目录未标注文件字号。

处理意见：

将遵办情形呈复。

十月十三日

民乐县政府关于宣政东西两渠水利问题拟稿并转呈办理致张掖县政府的公函[①]

1944年9月11日　　张未编号档案2-26

本府公函建申字第5231号

函送宣政东、西两渠水利问题，呈办本府拟稿，就希查照删削，并令衔办理转呈由：

案准贵府建未字第二二六号函，嘱宣政东、西两渠水利问题，由本府主稿令衔等由，均应照办。相应道函送上原稿二份，呈文一件，业由本府将稿主就贵府呈请，应当查照办理签发，希将原稿寄回一份，以便存誊为荷。此致张掖县政府。

附件如文。

科员（印）拟

秘书（印）

县长　张（印）

民国三十三年九月五日

甘肃省政府就处理宣政东西两渠水利纠纷一案给民乐县政府的指令[②]

1944年10月11日　　张未编号档案2-10

甘肃省政府指令建（二三二）酉字第7590号

令民乐县政府：

三十三年九月十九日建申字第8249号会呈报宣政东西两渠水利纠纷无法解决，请鉴核派员处理由，会呈悉，应仍照成案即合同处理，如有需要技术指导之处，可商请张掖工作站协助。除令第六区行政督察专员督处理外，仰即遵照报查。此令。

主席谷正伦

监印杨文源

民国三十三年十月十一日

处理意见：

遵办报核。

十月二十五日

---

① 编者按：原案卷目录无标题，目录未标注文件字号。

② 编者按：原案卷目录题名《据会呈报宣政东西两渠水利纠纷无法解决请派员处理一案仰遵示办理严查由》，目录未标注文件字号。

张掖县政府关于处理宣政东西两渠水利纠纷一案给民乐县政府公函[①]

1944 年 11 月 16 日　　张未编号档案 2–11

张掖县政府公函建戌（33）字第 786 号

为奉令宣政东、西渠水利纠纷仍照成案办理报查一案希查照会同办理由：

案奉甘肃省政府建（三三）西字第七五九号指令内开，三十三年九月十九日建申字第八二四九号会呈，一件为呈报宣政东、西两渠水利纠纷无法解决，请鉴核派员处理。会呈悉，应仍照成既会同办理。如有需要技术指导之处，请商请张掖水利工作站协助，除令第六区行政督察专员督同办理外，仰即遵办报查等因。奉此，相应函请贵府，查照会办，见复为荷。此致民乐县政府。

县长何□

民国三十三年十一月六日

处理意见：

并专署令办理并复。

十一月九日

民乐县长关于山丹县与东乐乡水利纠纷案给第六区专员的代电[②]

1944 年 7 月 18 日　　张未编号档案 2–12

民乐县政府代电民法（34）午字第 986 号

甘肃省第六区行政督察专员兼保安司令王钧鉴：

（二三四）午冬电，□悉查此种纠纷发生后，曾由本府函请山丹县府秉公处理，并派六东乡副乡长调查，截浇号水属实，并由县长于本月上旬赴东乐巡视时□加调查，山丹县民众截浇东乐号水均属实在。现在时间已长，浇地已轮。派员会同此案已难昭真相，而山丹县将截浇号水人赵□发，究竟何□□，迄未见后举□前由，理合电复钧座鉴核。令山丹县府饬六、七两坝民众遵守旧章，再勿发生紊□渠规情事，并将截浇号水人严加惩处，以维法益而免扩大纠纷。

县长张（印）

民国三十三年七月十八日

① 编者按：原案卷目录题名《为奉令宣政东西渠水利纠纷仍照成案办理报查一案希查照会同办理由》，目录未标注文件字号。

② 编者按：原案卷目录无标题，目录未标注文件字号。

民乐县政府第九次会议[①]

1945 年 5 月 21 日　　张未编号档案 34

时间：三十四年五月二十一日下午三时

地点：本府会议室

出席人：朱遇祥、张义禄、赵感普、刘□□、樊乃年、张耀威、黄毓亨、臧成浚、张志滕、王曰祥、陈克荣、李振唐

主席者：张县长

记录：孟嘉谟

甲、开会如仪

乙、报事项（略）

丙、讨论事项

1. 主席提议：奉令拍卖几条 154 根，椽子 141 根，其几条价 40 元，椽 10 元。应如何拍卖？请公决案。

决议：为决议拍卖建修中学，令其价洋交县苗圃，俟作有苗住责。通过。

2. 现县苗圃修理安善内中应修房数间，以备保护人员之宿。所用木料究应如何筹措案？

决议：备文与材各需会衔呈请，通过。

3. 去岁与国防工程行购青砖，现与张掖窑厅经理交涉，应如何点收？

决议：由赵参议员感普与□副议长威滇，公所职员，前往张掖现点收现拍卖。通过。

4. 本县仓库移作中学地址现正□天之陛，究应如何修理案？

决议：俟上峰之令，再夺通过。

5. 本城人饮水涝池现淤泥太浅，究应如何挑修案？

决议：所需人夫，由洪水镇征集；所需驮黄胶泥驴子由洪海、沐化、六东三乡征用；掘出来之土，由中学校拉垫中学地址；所需麦子由县农会供；需再洪水镇每保征集人夫□随带推车、铁锨、口食等物；洪海、沐化、六东三乡每保驮黄胶泥驴子二十九。通过。

6. 奉省物价官制委员会电配赋，本县平价布 1548 丈，究应如何备价平购案？

决议：县府职员所购布价由本府负责筹垫，□□□所购布价由□□□王科长负责筹垫，各乡镇公所职员购布价由各乡镇长负责筹垫。在预算所到者为原则。通过。

7. 奉全照地价税献□，其案究竟如何办理案？

……[②]

民国三十四年五月二十一日

---

① 编者按：原案卷目录题名《民乐县政府会议记录》，目录未标注文件字号。

② 编者按：原案卷有残缺。

民乐县洪海乡民陈生华陈生世关于水利涉讼一案具和息甘结状[①]

1948 年 5 月 24 日　　张未编号档案 45-5

具此事和息甘结人陈生华、陈生世今结到：

乡长案下依奉结得，因生华为灌溉田苗，言语不……[②]，将生世呈控在案。乡长当既理论，而两造田苗均已浇灌结束。在无别的事故发生。所具甘结是实。

具甘结人陈生华　陈生士

民国三十七年农历五月二十四日

民乐县洪海乡民陈生华关于胡天固等不讲公理霸占水利事给洪海乡乡长的呈文[③]

1948 年 6 月 27 日　　张未编号档案 45-6

为呈请不讲公理霸占水利等情：

窃民陈生华，本乡□□寨人，因此次挨本村号水，由地方众等立章，由下沟往上沟浇田禾。不意正值民点香浇苗之时，有本地刁徒胡天固、陈生世从心不良，由上沟将水截去。民全数只种二斗地，及而剩一斗有余。况且胡天固与陈生世系为管水之人，尤其如此，似不公之理。……[④]号哭无门，只得理合具文呈于钧座与民争理，是为德便。谨呈洪海乡乡长刘、张。

原呈人　陈生华

被呈人　陈生世　胡天固

民国三十七年六月二十七日

处理意见：

传讯。

六月二十五日

民乐县临时议会关于王官村与任官村水利一案至民乐县政府公函[⑤]

1945 年 6 月 26 日　　张未编号档案 2-14

民乐县临时参议会公函民参已字第 791 号

为函复王官村与任官村水利一案调解尚未结束由：

本年六月十七日案准贵府函开，案查六东乡王官村与任官村为水利涉讼一案等由，准

---

① 编者按：原案卷目录题名《和息甘结》，目录未标注文件字号。

② 编者按：此处文档扫描时缺字。

③ 编者按：原案卷目录题名《为呈请不讲公理霸占水利等情事》，目录未标注文件字号。

④ 编者按：此处文档扫描时缺字。

⑤ 编者按：原案卷目录无标题，目录未标注文件字号。

此。查此案经本会详查调解尚未结束，兹照抄水约卷宗一并函复。贵府依法办理以昭平允至纫公宣。此致民乐县政府。

附原卷一宗照抄水约卷一宗。

议长朱遇祥

民国三十四年六月二十六日

民乐县王官村民韩金山等呈请六大坝总农官张准予转详县府提案讯办与任官村民展芝林等水利纠纷而整水利一案的呈文①

1945 年 6 月 16 日　　张未编号档案 2-15

呈请鉴核准予转详县府提案讯办而整水利事：

窃民等于农历四月初四日，呈首任官村西三伙刁民展芝林、刘兴国、刘兴俭、姚希千等狼狈为奸，捣乱渠规，请传所讯办而整水利一案，当于初九日，蒙将两造传听询问详情。拟次日始行理论，孰意任官村西三伙刁民等不遵守理论，私行潜逃，意欲横闹。蒙贵农官不忍坐视，呈禀县府提案讯办。复蒙县长批谕，本坝总林农官详确调处具报。兹于四月□②日，经农官调集各坝农官，并邀请公正士绅在大坝庙秉公调处。西三伙刁民等于前一日业已潜逃，有任官村王守业慨允刻即找寻有关人等以便理论。至二十九日任官村刁民王守业等亦一并潜逃，似此藐视长官儿戏渠规，将何以处理水利使之平允、各得其所？公民等值此农忙期届号水将至迁延时日，无法设想。理合具详情呈请农官转详县府提案讯究，实治恩便。谨呈六大坝总农官张。

原呈王官寨公民　韩金山（印）　王明经（印）　王立位（印）

王坊（印）　程得□③　王运智（印）

被呈任官寨、西三伙刁民　展芝林　刘兴国　王守业　刘兴俭

刘恒德　刘治国……④

处理意见：

业已下条传案候，待到即讯。

六月十六日

---

① 编者按：原案卷目录无标题，目录未标注文件字号。

② 编者按：此处案卷破损。

③ 编者按：此处案卷破损。

④ 编者按：此处文档扫描时缺行。

民乐县六东乡韩武庄民韩国兴关于韩国祯等妨害水利赔偿损失事给民乐县司法处审判官的呈文[①]

1945 年 6 月 18 日　　张未编号档案 33－1

诉为妨害水利赔偿损失事：

情因本月初五日，敝处挨灌本粮号水，户民等拈香浇灌。不意族兄韩国祯、韩进唐等恃强欺弱，强夺水利，以致民等滴水未见。况水利系是生人命脉，似此夺浇，不但民无生路，国赋将何以应纳。民等窃思艰忍，情急迫切，赤手无策。不得已，只得谨具确情，陈诉于钧府鉴核作主，依法惩办，以儆夺灌而维水利。则民等沾感于再造矣。谨呈民乐县司法审判官荀。

僐检字二百□洋六十元。

具状人　韩国兴

被告人　韩国祯　韩进唐

民国三十四年六月十八日

处理意见：

状悉，准传案讯明，核办。

六月十八日

民乐县水利委员会关于王官寨与任官寨水利涉讼一案给民乐县长兼水利委员会主任委员的签呈[②]

1945 年 8 月 3 日　　张未编号档案 2－13

民乐县水利委员会签呈：

本年六月二七日案奉钧府谕令内开，查本府受理王官寨涉讼一案，事关水利纠纷不能□加论判，相应连同原案送交水利委员会秉公处决等因。奉此案查王官寨每轮正粮号水仅一十一个时，而原额屯粮则八十余石。按照六坝配水旧例，每五石粮使水一个时。王官寨则粮多水少，六坝一昼夜只分两帖。王官寨一昼夜尚缺一个时，则逐轮号水，分作三帖，实际浇灌一昼夜又半。此中理由因邵杨原有号水行使于头坝，仅有一个时，又六刻及东乐水二个时，河自既远且狭不便行使，昔年告争府县。即蒙批示，六坝乡铎绅衿讲和。由王官寨原额号水十三时内，折与邵杨二个时上于头坝。头坝上过剩下之水子寅至午全换归王官寨行使，西三伙自午时开东二坝。东二坝坝外下流之水自午至酉归王官寨行使，时短水长之实情始能相符。西三伙继邵杨掇水于头坝之时长，系为酉时任官寨租使。西三伙最下津漏于四坝河内，其路程相距有四十里之窎远。亦在本日酉时一并掇坝，即时浇灌。斯时

---

① 编者按：原案卷目录题名《妨害水利案》，目录未标注文件字号。

② 编者按：原案卷目录无标题，目录未标注文件字号。附原卷宗未见。

正坝之水始进河口，王官寨水尾犹未尽也矣。王官寨水尾流完以至黑夜三更，延六大坝彼此掇水时间，俱在卯酉。各时并无黑夜之规例，兹经本会详为考究，论决任官寨在四坝河内租使，西三伙津漏即定在酉时掇坝行使，王官寨再不得借水尾争论。任官寨在四坝河正粮号水，由河口上过之外，所有坝外津漏满溢，概归王官寨永远承受浇灌，任官寨亦不得租卖别处，两造再无异词，惟愿依据决判申请。钧府与两造发给判案各一份，以俾永远遵守。除令两造具了事甘结另呈外，理合具情签呈钧府查核备案，并请饬科抄发判案各一份，以俾永远遵守，是为公私两便。签呈民乐县县长兼水利委员会主任委员张。

附呈原案卷一宗。

副主任委员　程宗四（印）

民国三十四年八月

处理意见：

赵承审员依照该会处理原则，给两造发判案，为一纸以资遵守为要。

八月三日

民乐县库驼寨民人杨永芳等关于全家营吴尚文不分曲直诬赖事给保长的呈文[①]

1948 年 5 月 3 日　　张未编号档案 45-1

呈为鉴核转呈以分曲直而免诬赖事：

缘因民人地居头坝之基，所种田地及灌之水均系管辖。于四月二十六日，适挨民人号水，民人所种田苗已经浇完。二十七日水已上，头东二坝津漏，全家营吴尚文等行使。适值天气猛热，山水暴发，已将头二两坝冲断。东二坝沟水势浩大，溢于各沟，将民人胡麻、青稞、山药地及已浇过麦子地复为淹没。有吴尚文等诬赖民人浇灌，事出难忍。理合，具情呈请保长鉴核转呈县府，以分屈直，而免诬赖，则民人沾恩不浅矣。谨呈保长陈。

库驼寨民人　杨永芳（指印）丁自成（指印）

民国三十七年五月初三日

民乐县全家营民吴尚文等关于库驼寨丁自成等截夺水利紊乱渠规事给保长的呈文[②]

1948 年 5 月　　张未编号档案 45-2

呈为截夺水利紊乱渠规而绝民命事：

窃于古四月二十七日夜晚，时值头坝尾水将及民之地。谁料上有库驼寨无赖丁自

---

① 编者按：原案卷目录题名《呈以分屈直而免诬赖事》，目录未标注文件字号。

② 编者按：原案卷目录题名《呈为截夺水利紊乱渠规而绝民命事》，目录未标注文件字号。

成，特生非计，依穷恃势，率领富豪张得义、杨永芳等上挡下死，将水尽数暗夺。刻即水涸，被民突处旱台，本地不但生民几绝，而且此水乃以科麦租买，无水其租由何而着？时处无奈，俟至天命，将水跟于张、杨。伊等之地共灌田苗一十九块，约下籽种二石有余，杨、张二姓庇护无赖，负后图穷，独当如此。水不由主，渠规何存？只得谨呈钧保查核，即将实情备文转呈水利委员会会长案下，鸿施仁恩，作主济民，追租有着，则民沾恩再造矣。

原呈　吴尚文（指印）　王垂统（指印）　吴进贤（指印）　吴鹤年（指印）

被呈　丁自成　张得义　杨永芳

民国三十七年古五月

民乐县洪海乡第十一保保长陈广文关于吴尚文等控告丁自成等截夺水利紊乱渠规一案给洪海乡公所的呈文①

1948 年 6 月 21 日　　张未编号档案 45–3

呈为转呈事：

窃因有职保全家营民人吴尚文、王垂统等控告库驼寨民人张得义、丁自成、杨永芳等截夺水利紊乱渠规一案。职即刻差人查看所浇灌之地，共计一十九块。其地之中亦有以前浇过数块，其余之地均是全家营之水所浇。职将两家传保，以理调解，按照一十五块纳租。民杨永芳等不懂水利，不给租麦。职只得转呈钧所，以水利渠规判决，分曲直而息讼端。谨呈民乐县洪海乡乡长刘、张。

具转呈人洪海乡第十一保保长　陈广文（印）

民国三十七年六月二十一日

民乐县吴尚文丁自成等关于水利涉讼一案立具甘结状②

1948 年 5 月 24 日　　张未编号档案 45–4

立具了案甘结人吴尚文、王顺德、丁自成、张得义、杨永芳今具到乡座案下：

依奉结得，情因有吴尚文、王顺德控告丁自成、张得义、杨永芳为淹灌浇水利等情呈诉在案。今蒙钧座依法公断，水租小麦五斗，月限九月底交清。具系两家情愿永无反悔。所具甘结实是。谨呈洪海乡长刘、张。

立具了事甘结人　吴尚文（指印）　王顺德（指印）　丁自成（指印）

杨永芳（指印）　张得义（指印）

民国三十七年五月二十四日

① 编者按：原案卷目录题名《呈为转呈事》，目录未标注文件字号。

② 编者按：原案卷目录题名《立具甘结》，目录未标注文件字号。

民乐县全家营民吴世烈关于库驼寨民张得明栽赖水利妨害自由事给民乐县司法处的呈文①

1945年6月18日　　张未编号档案33-2

诉为栽赖水利妨害自由事：

情因古四月二十五日，民将自有之田苗完全浇尽。不料库驼寨民人张得明，至二十七日租浇洋湖五庄之水，将苗浇完，不向大河退水，即将遗水退入民沟，复淹民麦数升。至今洋湖五庄之众人查地说水，即言民偷浇号水，起夫横闹。民向被告张得明订对水时，该伊由口胡狡，栽赖于民。民恐起夫到家，诬受其祸。只得具实始终确情，诉于钧处电鉴作主，依法决判，以儆栽赖，而免事端，实沾德便。谨呈民乐县司法处公鉴。

具状人　吴世烈

被告人　张得明

审判官　苟秉忠

书记官　张郁哉

民国三十四年六月十一日

处理意见：

状悉，准予传讯。

六月十一日

民乐县库驼寨民张得明关于全家营民吴世烈妨害水利事给民乐县司法处长的呈文②

1945年6月12日　　张未编号档案33-3

具诉人洪海乡库驼寨民张得明具诉于处长案下：

情因东三伙新沟之水，民与敝村丁自成、张得义承沟所使，于古四月二十七日晚是东三伙头坝满溢水，民等承沟保坝。闻听河口石块响声，即便赴河看守。有全家营吴世烈率领四人，已在河口顺坝。该吴姓言说，东三伙头坝满溢水许给他们。在二十六日早晨，有东三伙众人王祥林、王希千、王择志等根据水干，民向王祥林等说明吴世烈顺水情形。有东三伙众人王祥林、王希千、王择志等言说，新沟民承保焉，何被吴姓顺水，逼民顺水跟地，已跟在吴世烈地中。仅灌田一石有余，民只得将详情理合。具诉于厅长大人，以判是非，实为德便。谨呈民乐县司法处长苟。

红海乡库驼寨民　张得明（指印）诉

被诉人　吴世烈

民国三十四年古五月初三

① 编者按：原案卷目录题名《妨害水利案》，目录未标注文件字号。

② 编者按：原案卷目录无标题，目录未标注文件字号。案卷中所有“处长”字样原作“厅长”。

处理意见：

状悉，仰速来案对质可也。

六月十二日

民乐县司法处审判全家营民吴世烈诉库驼寨民张得明妨害水利一案的记录①

1945 年 6 月 12 日　　张未编号档案 33-4

自诉人：吴世烈

被告：张得明

中华民国三十四年六月十二日张炳坤传。

吴世烈，三十六岁、全家营，因水利事诉库驼寨民人张得明。

张得明，三十七岁、库驼寨，我是古四月二十七日浇的水。我没有浇地，东伙的沟由我负责任保管。

既然你保管，因何水到吴世烈的地内？

吴世烈：被告在上，我在下，他不允许我不能分水。

消来几斗地？

张德明：水是吴世烈分去的。古四月二十七日晚上交的水。

具结了案人　吴廿烈（指印）

张得明（指印）

民国三十四年六月十二日

民乐县洪海乡公所关于朱成文与温其昌水利涉讼一案给民乐县政府的呈文②

1945 年 8 月 11 日　　张未编号档案 36-1

于洪海乡公所报告

钧命秉公调查洪海乡合作社呈控成文破坏合作社刁伤屋主一案：

时适我赴县城办公，返所时□知此事发生。今秦命调查，理合将起因及经过情形列报，核夺。

一、起事因由。为水利牛成文诸人，上温其昌门找，因致起词讼。

二、损坏合作社货物与伤人情形。查合作社设在经理人温其昌家中，牛、温两家闹事。适在堆货之室，同时只有牛、温两家打架，并□。旁人在中作证，货物之损坏，屋主之刀伤属实，究不知那方，□从调查。但以牛成文素日对地作事之行为与个人之品行考查，此次事情应由牛成文负责，并事后当众扬言戳死众□□，据顺化堡长的口传，在他家打人时说的。至掠货之举，牛成文□□抢人之人。

① 编者按：原案卷目录无标题，目录未标注文件字号。

② 编者按：原案卷目录题名《为水利纠纷一案》，目录未标注文件字号。

三、水利情形。查顺化堡水利规矩，水小则点系浇灌，水大则量受水之多寡分浇水，组织尚可。前次挨牛家号水，正值天雨水涨，自己田地浇过，领水还一三十万元。据旁观各之评论，为水利而起争讼，为牛成文之不是。几经滋闹，其他受水□，余□话可说。为闹水，牛成文把堂兄牛天汉侮辱几次，足证牛成文之不忍事。又据主持公道之人□牛成文，能把水让别人浇。温其昌为号内受水□，余浇之众不犯水规，且温其昌地在上，牛成文地在下，在上下之间众有人浇水，要错都错，不错都不错，专门与温其昌闹因为牛成文之不是。握此致并情形调查，这次事切□生为牛成文之不理。现温其昌厚疮伤深重，货物如芋类损坏很多。理合将起因及经过情形，如具报钧座核夺。谨呈县长张。

朱

民国三十四年八月十一日

陶廷贞及妻子王氏关于水利纠纷具甘结状①

1945 年 5 月 29 日　　张未编号档案 36-2

具甘结人陶廷贞及妻王氏今具到乡长按下：

因浇灌田苗与族叔陶季禹嘲闹等情行。经乡长了事，判决自此以后再无嘲闹等情。若以后再发生不理之事，照此甘结为证。

具甘结人　夫陶廷贞　妻王氏

民国三十四年五月二十九日

易在级等关于苏三元等为肥已损人捷浇水利搗乱渠规事给民乐县县长的呈文②

1945 年 7 月 18 日　　张未编号档案 36-3

具诉状人系民乐县六东乡居仁保新庄村民易在级等为肥已损人捷浇水利搗乱渠规事：

缘因敝村纯系大河渠坝，每一月零三天挨西伙贴补津漏水一昼夜。今逢四轮西伙号水，天降猛雨，敝村池水干涸，实想河水涨发，以糊口水。熟料适有洪水镇单家庄户民单成德、单培来等率领十余人，截干灌溉荒芜地二十余石，民等寻水，仅捉获浇水二名，并接铁铣两张。据伊云，其水不与敝庄相干，有苏家庄苏三元一面承卖。民等即将单家庄姓二人及铁铣交付苏姓保管。翌日，民等即问该苏姓，苏姓又是从中作谋，串通单姓等一律逃避。素仰我县长下车以来，爱民如子，处处与民排艰解纷，敝村实系池水干涸，缺乏口水在急。民等迫于无奈，只得具实恳乞县长电鉴作主，饬警将苏三元、单成德、单培来等提案讯

---

① 编者按：原案卷目录题名《具甘结》，目录未标注文件字号。

② 编者按：原案卷目录题名《为肥已损人捷浇水利搗乱渠规事》，目录未标注文件字号。

究，以儆效尤，而扶水规，救小民于水火之中，则民等沾恩再造矣。谨呈民乐县县长张。

原告人　易在级（指印）　易在轴（指印）　刘朝瑞（指印）
易佩玑（指印）　刘念祖（印）　易其秀（印）
刘朝贵（印）　易其茂
被告人　苏三元　单戌德　单培来
民国三十四年古七月十八日

处理意见：

传讯。

八月二日

苏述善等关于易其秀等为妄生枝节借词误控事给民乐县县长的呈文[1]

1945年9月2日　　张未编号档案36-4

辩诉为妄生枝节借词误控仰祈钧鉴准予详查讯究以明底蕴而儆妄告事：

情因敝庄租灌西伙津漏遗水，年远日久，每年立约承租，任由本庄浇灌，别村外寨不得干涉妄争。惟单家庄与敝庄毗连相近，而且一源相关，每轮挨浇水末，稍能司容浇灌尾水，其余村寨不敢乱规偷浇。讵料，胡家庄民人顾克明等，素行野蛮，不守规道，去年窃偷敝庄津漏遗水。查获时首明水利领袖，责罚顾克明等赔偿水租国币二千元、小麦一斗，以备修河之需费，规定该庄下不为例。谁知顾克明等刁猾成性，□本年七月十五日，又窃偷本庄之水，水份之人查获，不忍刻即起诉。顾克明等自知愧理，再三下话，愿甘承租，查水之人未能答允。间适有三坝上河之人瞧见胡家庄民等窃水浇灌，公然夺去铁铣，动起人夫易其茂、刘念祖、易其秀、刘朝瑞等八人，至胡家庄横行乱嗑，诈取胡家庄水租洋二万余元。窃查胡家庄民人顾克明等，究竟窃水浇□，实系敝庄之水，与伊等新庄毫无相干，况伊等接水之源，以在蛇尾坝庙下，于敝庄水源大失要点，显系不实，焉能隔界强苛胡家庄窃偷敝庄之津漏。该伊等贪心无厌，愈磕愈肥，不但妄磕胡家庄两万余元，而且将民等两庄之人误控在案。今奉传票之下，谨具实情，辩诉于钧座鉴核佩准作主，详查讯究，判明接水之源，以明水落石显，实沾德便。谨呈民乐县县长张。

原辩诉人苏家庄民众　苏述善（指印）　苏三元（指印）
苏三中（指印）　苏三刚（指印）
被辩诉人新庄村民　易其秀　易其茂　刘念祖　刘朝瑞
民国三十四年九月一日

处理意见：

此案各执一词，渠口出处不甚明了，殊艰讯断。应将原呈送交水利委员会程会长，秉公处理结案后具复备查。

县长

九月二日

---

① 编者按：原案卷目录题名《为妄生枝节借词误控事》，目录未标注文件字号。

苏家庄单家庄及新庄民众为水利纠纷具和息甘结状[①]

1945年8月11日　　张未编号档案36-5

具和息结状人苏家庄、单家庄及新庄众等：

情因争持西二坝、西伙津漏水利呈控县长案下，蒙令水利委员会秉公议处。当经水委会处决，自今以后，西二坝、西伙津漏水利租与河西者，河东不得浇灌；租与河东者，河西不得浇灌。两造情愿遵依判决了事，恐后无凭，所具和息甘结是实。

具和息甘结状人　苏三元（印）　刘朝贵（印）　易佩玑（印）

易其秀（印）　刘念祖（印）　苏三刚（印）

苏三中（指印）　苏述善（指印）　杨润新（印）

单培莱（印）　单登汶（印）　单成德（指印）

民国三十四年古八月十一日

张芳林关于武财善等毒打伤害事给民乐县司法审判处审判官的呈文[②]

1945年9月26日　　张未编号档案37-1

诉为毒打伤害事：

情因民之场垣与被告武财善场垣毗连，不意于昨天降猛雨，所有民在上之地雨水，全流民之场垣以内。民场地与被告之地较高，水势流溢被告场内，民诚恐淹没被告之麦垛，发生事故。今早民从被告之场内空地，开一水道放水，两有裨益。谁意该被告不分好歹，手持铁铣将民头部打破。□[③]当即晕倒，并将民所拿铁铣夺去。伊弟武俊善又将民脚□[④]住横拉。幸经张武伦、郑老三二人上前劝住，民始脱危险。窃思该伊如此野蛮，实难容忍。理合具状谨诉钧处鉴核作主，依法惩办，以儆刁风，而安良民，实沾恩德便。谨呈民乐县司法处审判官荀。

自诉人　张芳林

被告　武财善　武俊善

审判官　荀秉忠

书记官　张郁哉

民国三十四年九月二十六日

处理意见：

状悉，仰候传案讯夺。

九月二十六日

---

① 编者按：原案卷目录题名《具和息甘结》，目录未标注文件字号。

② 编者按：原案卷目录题名《伤害案》，目录未标注文件字号。

③ 编者按：此处案卷破损。

④ 编者按：此处案卷破损。

民乐县司法审判处审理张芳林告武财善毒打伤害一案的笔录[1]

1945 年 10 月 1 日　　张未编号档案 37–2

名单：

原告：张芳林

被告：武财善、武俊善

中华民国三十四年十月一日雷文煜传。

自诉人：张芳林

被告：武财善、武俊善

又列当事人间，因伤害一案，本处于三十四年十月一日在刑庭公开审理，出席职员如左：

审判官：苟秉忠

书记官：张郁哉

命引张芳林入庭。

问：姓名、年龄、籍贯、住址、职业？

答：张芳林，四十二，民乐六东乡张连庄。

问：你告武财善等因为什么事情？

答：我告武财善等因为他打伤我。

问：那一天打你的？

答：古八月二十二日。

问：是谁打的？用什么东西打的？

答：武财善，用铁铣打的。

问：你的上在何处？是否检验？

答：头部有打伤，业经检验，有伤单在案。

命引武财善入庭。

问：姓名、年龄、籍贯、住址、职业？

答：武财善，二十三，民乐县张连庄，农。

问：你因何事打伤张芳林？

答：我没打伤他，他将水引到我的场上，将我的田禾独泾了。我与他理论，他反而将我告了。

命引张俊善入庭。

问：姓名、年龄、籍贯、住址、职业？

答：武俊善，四十，民乐县张连庄，农。

问：你打张芳林否？他们是怎样一回事情？你详细说。

---

① 编者按：原案卷目录无标题，目录未标注文件字号。

答：张芳林的场在上，武财善的场在下。张芳林场上的水淌到武财善的场上，被武财善将铁锨夺去。他们互相滋闹，我去劝解，没有打他。

问：武财善，你打伤张芳林，我要处罚你呢？

答：我确实没有打他，请庭长原谅吧。

问：张芳林，被告武财善是否打你？要说实话。

答：他确实将我打来一下。

问：你们双方具结以后，再不准滋事，这次免议。

全答：我们 情愿具结，以后再不闹事，请当庭撤销了案吧。

张芳林（指印）、武财善（指印）、武俊善（指印）

右笔录，经书记官当庭朗读，两造均称无误，各在名字下捺盖指纹印。

审判官宣言，本案当事人请求当庭撤销原案，准予撤销。退庭。此记。

书记官　张郁哉

审判官　苟秉忠

民国三十四年十月一日

张芳林武财善就用水纠纷的甘结[①]

1945 年 10 月 1 日　　张未编号档案 37-3

庭长案下：

情因民等以水道口角兴讼到案，幸蒙当庭准予撤销原案，民等感恩。奚似以后，张芳林场院之水不能流至武财善场院内，武财善亦不能节外生枝，滋闹事端。双方情愿甘结了案。

具甘结了案　张芳林（指印）　武财善（指印）　武俊善（指印）

民国三十四年十月一日

顾克明等请求判处水利事给民乐县司法处的呈文[②]

1945 年 8 月 28 日　　张未编号档案 18-9

诉为请求判处水利事：

情因古七月十七日，敝庄租灌苏家庄津漏遗水，所承租粮一斗。敝庄户民浇灌之际，忽有三坝上河之日人，强夺铁锨，声言津漏遗水，系是三坝所有，被民等私自截浇。即起人夫数十名，临村理论。因民等租浇苏家庄津漏遗水，年远日久，并不知三坝人有此津漏遗水。民等与三坝人妄承水租二万余元，似此陷害，情实难甘。民等只得具状谨诉于钧处

① 编者按：原案卷目录无标题，目录未标注文件字号。

② 编者按：原案卷目录题名《水利案》，目录未标注文件字号。

鉴核作主，依法水判，以收主权，而维水利。实沾感德便。谨呈。

原告　顾克明　杨茂林

被告　苏三仁　苏三家等

民国三十四年八月二十八日

处理意见：

状悉，仰实传案讯将核办。

八月二十八日

苏三刚等反诉为妨害水利赔偿损失事给民乐县司法处的呈文[①]

1945 年 8 月 29 日　　张未编号档案 18-10

反诉为妨害水利，赔偿损失事：

情因敝庄租灌西伙人津漏水十三个时辰，约据五轮到底，承纳租粮六石五斗。究竟王轮水干到底，租粮决不减少，如数交清不欠。不意胡家庄民人顾克明、杨茂林等去年六月间，偷浇敝庄之津漏。查获时，呈首水利领袖，依渠规责罚。讵料伊等横行兴恶，不守规道。今于古七月十七日，又偷敝庄津漏遗水，民等查获，刻即起诉。该伊等愿甘承偿与敝庄，赔偿水租粮一斗，今又反复狡诈。民等只得具文状反诉于钧处鉴核作主。依法水判，以儆惯偷，而维权利。实感德便。谨呈。

具反诉状人　苏三刚（指印）　苏三仁（指印）　苏三义（指印）　苏述善（指印）

民国三十四年八月二十九日

处理意见：

状悉，仰来案质讯可也。

八月二十九日

甘肃省民乐县司法处审理顾克明与苏三家等关于水利损失一案的笔录[②]

1945 年 8 月 31 日　　张未编号档案 18-11

民国三十四年未字第 43 号

因水利一案：

民国三十四年八月三十日苏长生传单到：

原告：顾克明

被告：苏三家、苏三义、苏述善、苏三刚

右列当事人间，因水利损失一案，本处于三十四年八月三十日在民庭公开审理，出席职员如左：

① 编者按：原案卷目录无标题，目录未标注文件字号。

② 编者按：原案卷目录无标题，目录未标注文件字号。

审判官：苟秉忠

书记官：张郁哉

命引顾克明入庭。

问：姓名、年龄、籍贯、住址、职业？

答：顾克明，三十四岁，民乐县，胡家庄，农。

问：你因何事告状呢？

答：我告被告等，因水利事。被告在我庄之上，伊等往常浇灌西河水。本年七月十五日，我向被告等，去向他们大家允许，我才去浇。不料正浇水时，忽有易家新庄的人来将我们阻挡，所以告他们要赔偿，与易家新庄出的损失呢？

问：你们浇水的人共几家，出易家新庄的人出了多少水钱？

答：我们三家出了二万四千元。

命引苏三家入庭。

问：姓名、年龄、籍贯、住址、职业？

答：苏三家，六十一岁，民乐县，苏家庄，农。

问：你与原告允许他浇水吗？

答：原告等莫有问过我们，决不知道，我们莫有水。

命引苏三义入庭。

问：姓名、年龄、籍贯、住址、职业？

答：苏三义，四十七岁，民乐县，苏家庄，农。

问：你允许原告浇灌你们的水吗？

答：我们使的三坝五庄西河水，我们再没水，是他们偷浇。

命引苏述善入庭。

问：姓名、年龄、籍贯、住址、职业？

答：苏述善，五十五岁，民乐县，苏家庄，农。

问：你与原告允许浇水吗？

答：是原告偷浇的，我们莫有与他允许过。

问：原告是那一天浇的？共浇了由几个时辰？

答：古七月十四日晓上偷浇的，约偷了五个时辰。

命引苏三刚入庭。

问：姓名、年龄、籍贯、住址、职业？

答：苏三刚，五十六岁，民乐县，苏家庄，农。

问：你答应过原告浇你们的水吗？

答：我莫答应过，他也莫问过我们，是偷浇的。

问：你们应挨的水那一天？某时起止？原告浇的何处的水？

答：我们的时辰是十四日酉时起至十五日酉时止，使的是西和二坝的津漏。原告偷浇的是西河东河的津漏，应由易家新庄浇灌，不与我们相干。

问：顾克明，他们都说你莫问过。你问的是那一个？

答：我问的是苏三义、苏三刚。

问：你同何人去问，某月日时，在何处地方？

答：我同杨连芳，问是七月十四日正午时候，在被告的庄上。

问：你浇过水以后，被告何人去你家内说了多少水租？

答：我浇过水以后，他们来说水时有苏述善、苏三义等，说了一斗青稞，吃了两只鸡子。

问：你既问被告等，又出了水租，因何又与易家新庄说水租呢？

答：易家新庄的人来追问，我们就去请被告。他们不管了，逼的我们无法，才与易姓说水规出了一万元，出了一万四千元的凭条。

问：你们与易家新庄出两万四千元，有人证否？

答：由杨才芳评说的为证。

问：你能将一干人证传到案质讯吗？

答：限我两日准将一干人证传案质讯。

顾克明（指印）、苏三义（指印）、苏三家（指印）、苏三刚（指印）、苏述善（指印）

审判官言本案将人证添传到案，证明后，再引核办。退庭。此记。

书记官　张郁哉（印）

审判官　苟秉忠

民国三十四年八月三十一日

甘肃省民乐县司法处再审理顾克明与苏三仁等关于水利损失一案的笔录①

1945 年 9 月 3 日　　张未编号档案 18-12

民国三十四年九月三日张美金传单到：

原告：顾克明、杨茂林

被告：苏三仁、苏三家、苏三义、苏述善

证人：杨材芳、杨常芳

右列当事人间，因水利损失一案，本处于中华民国三十四年九月三日，在民庭开庭审理，出席职员为左：

审判官：苟秉忠

书记官：张郁哉

命引顾克明入庭。

问：姓名、年龄、籍贯、住址、职业？

答：顾克明，三十四岁，民乐县，胡家庄，农。

问：你就是顾克明吗？

答：就是。

问：你们浇苏家庄的水，他们究竟允许过没有？

① 编者按：原案卷目录无标题，目录未标注文件字号。

答：他们都允许我们浇的。
问：你们是何时何日浇他们水的？
答：是七月十五浇他们水的。
问：你问他们谁允许你浇的？
答：就是他苏三义等允许浇的。
命引杨茂林入庭。
问：姓名、年龄、籍贯、住址、职业？
答：杨茂林，四十六岁，民乐县，胡家庄，农。
问：你们浇他水约有几个时辰？
答：约有一个时辰。
问：共浇多少地？
答：共计浇了五亩多地。
问：你们出了多少水租？
答：出了二万四千元的水租。
命引苏三义入庭。
问：姓名、年龄、籍贯、住址、职业？
答：苏三义，四十七岁，民乐县，苏家庄，农。
问：你们是否允许他们浇你们的水没有？
答：我们没有答应他们，浇水的是他们偷浇的。
问：顾克明，你到他们地方问水的是哪一天，什么时候？
答：是七月十五日的上午十时。
命引苏三家入庭。
问：姓名、年龄、籍贯、住址、职业？
答：苏三家，六十一岁，民乐县，胡家庄，农。
问：你就是苏三家吗？
答：就是的。
问：你们答应顾克明浇水，为何说没有呢？
答：我们始终没有答应过。
命引杨材芳入庭。
问：姓名、年龄、籍贯、住址、职业？
答：杨材芳，民乐县，胡家庄，农。
问：你来当人证要说实话呢。
答：当据实陈述，并无匿饬增减等语。如有虚伪，以伪证罪论。
问：他顾克明等与苏家庄的民苏三仁等，你都认识吗？
答：都认识。
问：他顾克明浇苏家庄的水，你知道吗？
答：我甚不详细，杨常芳知道的。

命引杨常芳入庭。

问：姓名、年龄、籍贯、住址、职业？

答：杨常芳，二十五岁，民乐县，苏（胡）家庄，求学。

问：你与他们原被两造，都认识吗？

答：都认识。

问：你与他们有亲戚关系没有？

答：没有亲戚关系。

问：他顾克明与苏三仁为浇水的事，你知道吗？

答：我从苏家庄因事回来，把他们顾克明与杨联芳碰到路上。我曾问他们干什么去，他说到苏家庄去问水的。事究不知他是否去，问成了没有，我亦不晓的。

问：那天问的？

答：七月十五的那天，我碰见他们二人到苏家庄去问的。

问：在说话的场中，你知道否？

答：我是把他们碰到路上的，在说话的当中，我不知道。

问：你说的□话都是实话吗？

答：都是实话。

问：你们敢具结否？

答：我们愿敢具结，如有虚伪，依法处理。

问：顾克明，你再有说的话没有？

答：再没说的话，请庭长与我们判断損失吧。

顾克明（指印）、杨茂林（指印）、苏三仁（指印）、苏三义（指印）、苏三家（指印）、苏述善（指印）、杨材芳（指印）、杨常芳（指印）

右笔录经书记官当庭朗读，原被告及人证均称无讹。饬在各名下捺盖指纹印。

审判官宣言，本案俟派员明确调查后，再行核办。退庭。此记。

书记官：张郁哉

审判官：苟秉忠

民国三十四年九月三日

杨常芳等关于顾克明与苏三仁等因水利损失涉讼一案具甘结①

1945 年 8 月 28 日　　张未编号档案 18－13

具甘结人杨常芳、杨材芳今具到庭长案下：

情因顾克明、杨茂林与苏三仁等，因水利损失一案。添传民当证人，民当据实陈述，并无匿饬增减等语。如有虚伪，以伪证罪论。所具甘结是实。

具甘结人　杨常芳（指印）　杨材芳（指印）

① 编者按：原案卷目录无标题，目录未标注文件字号。

金立世奉命调查顾克明与苏三仁等因水利损失涉讼一案给民乐县司法处审判官的呈文[①]

1945 年 9 月 12 日　　张未编号档案 18-14

报告：

窃职奉命调查，胡家庄民人顾克明等与苏家庄民人苏三刚、苏三仁等，因水利一案。职遵即前往该地详查。据苏家庄头人杨润新云“我们往年承浇西河水，每年出给水租六石五斗。不幸今年雨水缺少，以致田苗枯槁。至本年七月十五日，河水涨发，本庄人民正在夜晚浇水之际，该胡家庄头人顾克明率领民夫将水偷去，自行浇灌。至次日，本庄人民查获，该顾克明自知理曲，情愿赔偿损失，致于事前他顾姓来本村问水的话，是莫有的”等语。职复往胡家庄详查，据该地公正人士杨茂亭、杨秀林云：“他们到苏家庄去问水，确系实在。但不知苏家庄的人允许否？我们不知道。”职复查属实，理合具实报告钧座核办。谨呈庭长苟。

职　金立世（印）

民国三十四年九月十二日

处理意见：

本案应函请参议会或农会公平和解了息，以杜争端。

附誊。

九月十二日

顾克明等与苏三仁等因水利损失涉讼一案复请派员查验给民乐县司法处审判官的呈文[②]

1945 年 9 月 10 日　　张未编号档案 18-15

复诉：

复诉为含冤未明，碍难情服，仰祈钧鉴准予详查复讯，以明底蕴事。情因敝庄历租西伙人贴补津漏五轮到底，每轮一月零三天，挨灌一次，共承租粮六石五斗，别村外寨不敢偷浇。讵料胡家庄民人顾克明等素不端正，常将津漏窃偷浇灌，去年六月间，偷水浇灌查获时，首明水利领袖，以在大坝龙王庙同罚胡家庄国币二千元、小麦一斗，以备修河之需费。共同议定，永不准偷。孰料顾克明等恶心不改，至本年古七月十五日，又偷敝庄津漏水，任性浇灌。民等负其水责，查获伊等窃水乱浇，刻即起诉。伊等自知愧理，再三下话，愿承水租。民等未敢允诺，伊等反生不良之心，串结三坝人假接铁铣，设计愚弄。谁知天理照章，弄假成真，三坝人当真将伊等罚办水租洋二万余元，且将敝庄控诉县政府。两造审讯，批谕水利委员会调解了息。该伊等将民等又控诉在处，昨蒙庭讯，未明底蕴，

① 编者按：原案卷目录无标题，目录未标注文件字号。
② 编者按：原案卷目录无标题，目录未标注文件字号。

令民等出洋六千元。实关水利有害，碍难情服。恳求庭长作主复讯，准予委员查验，以明水利，而儆诬告。则民等沾感于万载矣。谨呈民乐县司法处审判官荀。

原复诉人苏家庄民　苏述善　苏三仁　苏三义　苏三刚

被复诉人胡家庄民　顾克明　杨茂林

民国三十四年九月九日

处理意见：

此案，金立世前往该处切实调查明确，具实呈报。

准派员调查明确，再行核办，仰即知照。

九月十日

李天锡等关于水利一案具揽词①

1945 年 9 月 13 日　　张未编号档案 18-16

具揽词人李天锡、滕诠善、王明德今揽到庭长案下：

情因屯粮村民王守琪等呈诉姜有贤等，因水利一节到案已蒙票传，公民等不忍坐视，情愿揽下，秉公和解，以断葛藤。所具揽词是实。

具揽词人　李天锡（印）　王明德（印）　滕全善（指印）

被揽人　王守琪　姜有贤

民国三十四年九月十三日

处理意见：

声请悉准调解了息，惟将了息情形应呈案备查，并仰知照。

九月十二日

洪水镇樊希原具保状②

日期不详　　张未编号档案 18-17

具保状人洪水镇樊家庄民樊希原今保到庭长按下：

依奉保将卸任保长杨泽、陈宪文，有库驼寨张得义控告一案，所具保状实是。

汤立章等关于赵良晋等截浇号水事给民乐县司法处呈文③

1945 年 8 月 21 日　　张未编号档案 18-1

诉为妨害水利赔偿损失事：

情因古历七月七日，敝村挨灌本粮号水，即二十一个时辰，至初九日。被黄青村恶劣

① 编者按：原案卷目录题名《水利案》，目录未标注文件字号。

② 编者按：原案卷目录无标题，目录未标注文件字号。

③ 编者按：原案卷目录题名《水利案》，目录未标注文件字号。

杨培林等六人上挡下死，即将敝村号水由上截浇，以致敝村十苗九旱。民等将伊等经明水利农官秉公理论，着被告等与民等照地赔偿水租，熟料伊等口是心非，抗不给租。害民等无法可施，只得具状谨诉于钧处鉴核作主。准予依法判处水租，以维生命。则民等沾恩不尽矣。谨呈。

原告　汤立章　汤立伦　汤文举　汤顺奎

被告　杨万林　赵良晋　张成林　杨培林

民国三十四年八月二十一日

处理意见：

状悉，准传案讯将核办。

六月二十一日

甘肃省民乐县司法处审理汤立章等告赵良晋等截浇号水妨害水利一案①

1945 年 8 月 23 日　　张未编号档案 18-2

妨害水利一案：

具状人：汤立章（指印）、汤立伦（指印）、汤文举（指印）、汤顺奎（指印）

民国三十四年八月二十一日

民国三十四年八月二十三日史洪财传单到：

原告：汤立章、汤立伦、汤文举、汤顺奎

被告：杨培林、杨万林、赵良晋、张成林、张永生

右列当事人间，因请求赔偿损失一案，本处于三十四年八月二十三日在民庭公开审理。出席职员如左：

审判官：苟秉忠

书记官：张郁哉

命引汤立章入庭。

问：姓名、年龄、籍贯、住址、职业？

答：汤立章、四十四岁、民乐县、汤家庄、农。

问：你告杨培林等因何事情？

答：水利事，古七月初七酉时至初九日卯时，是我们的正轮水，被告等由上截浇。因此告他呢。

问：截浇了你们的几个时辰？

答：截浇了三个时辰。

问：你们去验否？浇的地约有若干亩？

答：我们将被告浇的已去勘验，约有十余亩。

---

① 编者按：原案卷目录无标题，目录未标注文件字号。

命引汤顺奎入庭。
问：姓名、年龄、籍贯、住址、职业？
答：汤顺奎、五十一岁、民乐县、汤家庄、农。
问：你们挨浇的水是哪一天？某时辰？
答：古七月初七酉时挨我们的水。
问：被告等浇的是哪一天？什么时辰？
答：初九日截浇丑、寅、卯三个时辰。
问：你去勘验否？是否就是他们几人浇的？
答：我们将被告浇的地完全勘验了。
命引杨培林入庭。
问：姓名、年龄、籍贯、住址、职业？
答：杨培林、二十四岁、民乐县、黄青村、农。
问：原告等的挨轮水是哪一天？有几个时辰？你知道吗？
答：原告的挨水是七月初七日酉时，是二十一个时辰。
问：你浇的是哪一天？挨何人的水？
答：我浇的是初十日，他的时辰水已过，是可王村的水。
命引张永生入庭。
问：姓名、年龄、籍贯、住址、职业？
答：张永生、二十四岁、民乐县、黄青村、农。
问：你是那一天浇的水？要说实话，我与你当庭和解。
答：我浇的是七月初十日辰时的水。他们将水卖于永固村，我们才浇了些山药。
命引杨万林入庭。
问：姓名、年龄、籍贯、住址、职业？
答：杨万林、二十八岁、民乐县、黄青村。
问：你浇的是哪里的水？
答：我们浇的是初十日可王村的水。
命引赵良普入庭。
问：姓名、年龄、籍贯、住址、职业？
答：赵良普，三十八岁、民乐县、黄青村、农。
问：你浇原告的挨轮水吗？
答：我莫浇原告的水，是水自行淌入地的。
命引张成林入庭。
问：姓名、年龄、籍贯、住址、职业？
答：张成林、五十五岁、民乐县、黄青村、农。
问：你是那一日浇的水？
答：我们时七月初十日浇的水。

问：原告说他们初九日的三个时辰，你们截浇了？

答：初九日丑、寅、卯三个时辰的水，原告卖与永固村。

问：杨立章，你们初九日水尽。到了初十日是挨那里的水？

答：初十日可王村的水，亦是我们使用。

问：被告浇灌的什么田地？

答：被告浇的山药荒地等。

问：被告浇了你们的水，有人评息否？

答：有水利农官评论赔偿，被告坚不承认，我们才告的。

问：杨培林，水是你们几人浇灌了？

答：我们村子里的大半都浇了，他全不告，只告我们几人，请调查。

问：汤立章，再的人你因何不告呢？

答：具余的人，有的我们允许了，有的承认水租了。

汤立章（指印）、杨立伦（指印）、汤顺奎（指印）、杨培林（指印）、张永生（指印）、杨万林（指印）、赵良普（指印）、张成林（指印）

右笔录经当庭朗读，两造均称无误。各在名下打指纹。审判官宣告本案俟派员调查后，再引核办。退庭。此记。

甘肃民乐司法处民庭

书记官　张郁哉

审判官　苟秉忠

民国三十四年八月二十三日

赵良圣等关于请求驳回汤立章等告赵良晋等截浇号水妨害水利一案原诉给民乐县司法处审判官的诉状①

1945年8月23日　　张未编号档案18-3

诉为独霸利益磕诈水利请求驳回原诉以儆告事：

情因本村黄青闸与中位闸应浇号水时间相连，民闸黄青闸每轮号水浇过十个时辰后，由中位闸接浇二十一个时辰，再由可王闸接浇，又由永固闸接灌，再挨叶官闸接浇，毫不紊乱。不意，该中位闸刁民汤顺奎等生性刁悍，无论何闸号水，所遗遗漏之水，被人浇用者，伊则出而干涉。强夺利益，借故磕诈，每亩地磕洋数千元。如人民有熟通水利者，伊便不敢过问，若人民懦弱者，伊等任意磕诈，以致该刁习惯成性。如此次，永固闸，本月初十辰时挨逢号水浇灌田苗，所遗漏溢水，由民灌浇。此水沿渠各闸之人，均可浇灌。并无水租，历有成案，人皆共知。不料该刁等磕讹成性，想就发财之心，向民村前来磕诈索财。经民等坚决交涉，该伊以磕诈未遂，将民闸一般无知青年诬告案下。昨蒙审讯，派委调查。民等未敢缄默，理合谨具参加诉讼一切详情，声请于钧

① 编者按：原案卷目录无标题，目录未标注文件字号。

处鉴核作主，准予传讯，依法水判，以儆磕诈而安良善。实沾德便。谨呈民乐县司法处审判官苟。

具状人　赵良圣　贾有谟　刘吉祥　韩克兴　赵良荣　张延林
赵良恒　杨发寅　薛振威　张　浩
被诉人　汤立章　汤顺奎　汤立浩　汤立伦　汤文举　汤立会
民国三十四年古七月月十六日

处理意见：

状悉。本案已派员调查在案。俟呈报后，再行核办仰即知照。

八月二十四日

审判官苟秉忠关于调解汤立章等与杨培林等因水利涉讼一案给参议会议长的呈文[①]

1945 年 8 月 28 日　　张未编号档案 18-4

函请调解汤立章等与杨培林等因水利一案由：

查本处受理洪水镇汤家庄民人汤立章等与黄青村民人杨培林等，因水利涉讼一案，当经开庭审理一次，并派员查明原被等所争之水利，确系可王闸与永固闸之漏水，并非两造之正轮号水，究应何方浇灌，可否照偿损失也？相应函请贵会，公平调解了息为荷。比致参议会议长朱。

审判官苟
民国三十四年八月二十八日

民乐县参议会议长朱遇祥关于调解汤立章等与杨培林等因水利涉讼一案给民乐县司法处的公函[②]

1945 年 12 月 16 日　　张未编号档案 18-5

民乐县参议会公函民参亥字第 38 号

案准贵处乐字第 266 号公函内开，查本处受理洪水镇汤家庄民人汤立章等与黄青村民人杨培林等，因水利涉讼一案。当经开庭审理一次，并派员查明原被等所争之水，确系可王闸与永固闸之漏水，并非两造之正轮水，究应何方浇灌，可否赔偿损失？相应函请贵会，公平调解了息为荷等因，准此。查汤立章等与黄青村民人杨培林等所争水利地域情形，双方应该平均灌溉，以昭公平为荷。此致民乐县司法庭。

议长朱遇祥
民国三十四年十二月十四日

① 编者按：原案卷目录无标题，目录未标注文件字号。

② 编者按：原案卷目录无标题，目录未标注文件字号。

处理意见：

附誊。

八月十六日

汤立章等关于请求赔偿水利损失以顾田赋给民乐县司法处的呈文[①]

1945年12月16日　　张未编号档案18-6

诉为水利损失粮草无着准予请求赔偿损失以顾田赋事：

情因前七月间，该黄青村民人杨培林等五人，由上截浇敝村本粮之号水三个时辰。民等即时起诉在案。当蒙庭讯，被告等狡诈异常，殊批参议会理论曲直，赔偿损失。该被告等利口强辩，不遵理论。议长无分谁是谁非，以作罢论。窃思水利事关重要，伊等截水浇灌，晒干民等之苗，十无一收。迄今田粮无法完纳。只得具状复诉于钧处，格外怜恤，依法判追水租，以顾完纳田赋。实沾公德两便。谨呈。

原告　汤立伦　汤立章　汤文举　汤顺奎

被告　杨万林　杨培林　张成林　张永生　赵良普

民国三十四年十二月十六日

处理意见：

状悉。准传案讯究。

十二月十六日

甘肃省民乐县司法处审理汤立章请求赔偿损失一案[②]

1946年1月3日　　张未编号档案18-7

赔偿损失一案：

原告：汤立伦、汤立章、汤文举、汤顺魁

被告：杨万林、杨培林、张培林、张成林、张永森、赵良普

右列当事人间，因水利涉讼一案，于民国三十四年十二月三十日在本处民庭公开审理，出庭职员如左：

审判官：苟秉忠

书记官：张郁哉

命引汤立伦入庭。

问：姓名、年龄、籍贯、住址、职业？

---

① 编者按：原案卷目录无标题，目录未标注文件字号。

② 编者按：原案卷目录无标题，目录未标注文件字号。

答：汤立伦、四十七岁、民乐县、汤家庄、农。

问：你告杨万林等，因为什么事情？

答：详细情形我推汤立章回答，因我有病，不能多说话。

命引汤立章入庭。

问：姓名、年龄、籍贯、住址、职业？

答：汤立章。

问：你等告杨培林等，因水利究竟如何情形？

答：可王闸的十个时辰水内所有漏水，自古及今，系我村应有利益。不意本年被被告等截浇，我们才请求赔偿呢。

命引汤文举入庭。

问：你就是汤文举吗？

答：汤文举。

问：你说是怎样一回事情？

答：可王闸的十个润河水，应由我们浇灌，被告等本年夏间截浇。因此，我们受的损失过大，要他们赔偿呢。

问：被告等浇了几个时辰？

答：浇灌了三个时辰。

命引汤顺魁入庭。

问：你就是汤顺魁吗？

答：汤顺魁。

问：你与汤立章等是否是一个情形？

答：是一个事情，我再也没说的。

命引杨万林入庭。

问：你就是杨万林吗？

答：杨万林。

问：你因何截浇原告等应有之水呢？

答：我们浇灌的三个时辰水是可王闸的漏水，不是原告的正轮水，亦不是我们的正轮水。因可王闸在我村与原告之前漏下来，应由我们大家浇灌。

命引杨培林、张成林、张永森、赵良普入庭：

问：你们就是杨培林、张成林、张永森、赵良普吗？

全答：杨培林、张成林、张永森、赵良普。

问：你们共同说的话是否与杨万林不同，参议会与你们如何调解？

全答：我们浇水的情形，共同回答的如杨万林所述，至经参议会调解，应由我们双方浇灌，原被应各有五个时辰。

问：原告等，既然议会与你们调解，双方各有五个时辰，你们也可以允许的。并不是你们的正轮水，亦无凭证可考。

全答：我们是不允许的。

问：被告等，你们将原告之水完全截浇，本处要处罚的。

全答：谨遵判决。

汤立伦（指印） 汤立章（指印） 汤文举（指印） 汤顺魁（指印） 杨万林（指印）
杨培林（指印） 张培林（指印） 张成林（指印） 张永森（指印） 赵良普（指印）

右笔录经当庭朗读，当事人咸称无误。各在名下打指印。

审判官宣言。

甘肃民乐司法处民庭
书记官 张郁哉（印）
审判官 苟秉忠

具结了案人 汤立伦 汤立章 汤文举 汤顺魁
杨万林（指印） 杨培林（指印） 张培林（指印） 张成林（指印）
张永森（指印） 赵良普（指印）

民国三十五年元月三日

审判官苟秉忠关于调解汤立章等与杨万林等因水利涉讼一案给参议会议长的呈文[①]

1946 年 1 月 15 日 张未编号档案 18-8

函请调解汤立章等与杨万林等因水利一案由：

查本处受理洪水镇汤家庄民人汤立章等与黄青村民人杨万林等，因水利涉讼一案。当经一再开庭审理，并派员查明原被等所争之水利，确系可王闸之漏水。究应何方浇灌，双方均无凭据，碍难判决。相应函请台端，公平调解了息为荷。此致陈会长子衡。

审判官苟

民国三十五年一月十五日

甘肃省政府就参议员陈世光等建议省府兴修山丹水利及提前修筑玉门水利事给甘肃省临时参议会的咨文

1946 年 2 月 20 日 甘 14-2-325

甘肃省政府咨建二（35）字第 951 号

前准贵会咨送陈参议员世光及郑参议员延寿提“建议省府兴修山丹水利及提前修筑玉门水利等案嘱办理见复”等由，当经咨复并转饬甘肃水利林牧公司照办。兹据建设厅案呈

① 编者按：原案卷目录无标题，目录未标注文件字号。

“该公司本年元月十四日函复称‘当经饬由第三分队派工程师宋建庭于三十四年十二月四日前往查勘咨据详报查，勘所得情形如下：

（一）山丹头坝泉。该泉远于道光元年，一度断流三十年，又复旧观。民国十六年因地震影响，水量锐减。迨至二十一年，则不堪引用矣。此次查勘时，泉面固结厚冰，约二平方公尺，地冻土坚，缺之排水工具，未得试挖。惟据前此试□结果，确知泉流充沛，其所以不能尽量涌出水头低落者约有三因：（1）泉眼淤塞水流不畅；（2）泉流脉络因地震关系，折曲分歧水力消散；（3）地下水脉所经地层因地震影响发生变动，以致阻多流滞。治理之方，应就三因兼顾并施、浚旧凿新为宜。旧泉浚深工简易举约需工五十名，迨至冬泉眼涌流出路能办时，就主要泉眼加下木管，则对流量及水位当可增加提高，如水量仍不敷用再行截流汇水，庶能收更大之成效。所谓凿新者，即在旧泉上游附近地带，就多草含碱地面试挽新泉择多处同时并进，方可有济初挽。或感无从下手，必须耐心续进，庶能发现更佳之泉流。此项工程俟本年度河西水利工程费核定即可与办。

（二）玉门赤金青山坡工程已饬甘肃河西水利工程第五分队详细查勘具报。

（三）玉门昌马坝工程早经列入本年度河西水利工程计划内俟工程费核定即行具办’”等情，相应咨请查照为荷。此咨甘肃省参议会。

主席　谷正伦（印）

建设厅厅长　张心一（印）

民乐县六大坝保林公所长及公民张连汉等就关于六大坝水源处不应开垦事给甘肃省参议会的呈文

1946年5月6日　　甘14-1-247

呈为水源关重，不应开垦，恳乞电鉴作主，俯准详查民情，饬令停开，以保水源，而重民生事：

窃缘我县党团参议会借红泉场为题，借公众有垦荒名义，不顾有伤水源，以几个人私见，欲开我六大坝水源山场，以为上奉公令、下有议案，而于民众利害水源攸关，次不顾及公民及民众等。递闻之下，不胜骇异，随时即由民众公推公民等，急向县府党团参议会各界，面恳交涉，停止开垦，收回成案，以保水源而重民生。惟我县党团参会各界首领面谕以“此案系奉上宪公令开垦，事在必行，碍难挽回”等语，惟上宪功令，究未见党团参会向我六大坝公所明文公布，似此蒙蔽愚弄民生，将何以堪。公民等呼吁无门，只有哀恳钧会电鉴作主，以救民命。

窃查此红泉山场原系我六大坝民众水源命脉所在。伊古以来，我六河口水利春资雪液，夏赖雨泽，众流入于河，民众得以灌溉，夏时半月不雨，地方即遭亢旱之灾。在前清时，原以开垦妨害水源之故，番汉涉讼，历经几次，结果由甘州府鲍山丹县熊奉各地上宪批断，曾经断定在该水源处分有上、下、中横路。在下横路以南，作为番民游牧、汉民水源，下横路以北只许番民自耕自种，两造各守，遵结完案。又复筑墩铸碑，资防微杜渐，以垂永远而保水源。在光绪年间，又经甘州府龙断如前案，迄今有案可稽，而载著县志，又历历可考。

我钧会想情水源所在，即民众命脉攸关。而红泉马场原在我六大坝水案以内，牧权虽系在番，而水份仍属六大坝。况游牧无妨与水源，在公在私，双方有益。而提议开此荒者，借公家垦荒名义，借红泉马场为题，竟欲开辟我六大坝水源山场，名为增加生产，裨益民众，其实破坏水源，不过任意偏袒，营私利己而已。谨将开垦此山，大伤水源之主要理由略具数点。

查此山一旦开垦，则土质锄松，草皮不结，天有阴雨，则尽渗入于土中，水即不能聚而成流，此不应开垦之一也。

六大坝田地所浇灌之水全系洪水大河，而此河河身宽大，距三四五六坝窎远，全赖此山雨雪、积水浇灌而已，是以春资雪液、夏恃天雨。以春天言，倘积雪满山，一逢天热则积雪融化，百川聚流，其归宿之处尽倾入于大河之中，洪水满坝始得各坝浇灌。以夏天言，一旦大雨如注，则各川汇聚前山，水先流里山，水复续接续不断，始得上下同流，而均沾实惠。若一经开垦，必置六大坝于旱台之上，此不应开垦之二也。

且草皮最能含养水分，凝结露珠，遇冷则凝，遇热则涨，涓涓不竭，终成江河，乃得畎亩浸润，民命攸关，赖若一旦草皮斩伐，则水必滞而不流，此不应开垦之三也。

况彼提议开此山场者，原系与六大坝民众痛痒无关，而附和者不过附近之居民，希图利而已。以个人之私见，妨大多数民众之生产，纵时势有因革，而国家对于民生问题尤较前注重，垦荒固为国家中心工作之要政，而损伤水源妨害生产，谅必又在所不许。况水源乃民生千百年之关重，开辟此山即大损水源，即推根本而论，此山新开一顷，我六大坝即干旱百亩，垦生荒，以废熟地，疲乏民力有损无益，此不应开垦之四也。

况此山场即使全数开垦，不过六大坝熟耕田地百分之二，以此较量，轻重公亏国赋，私妨民生，显系就小而弃大，益少而损多，此不应开垦之五也。

素稔我钧会恫瘝在抱，不时深求民隐，饥溺为怀，不啻视民如伤，明鉴所及，烛照无遗。公民等只以此山水源攸关，国赋民命，所关亟重，呼吁无门，只得不揣冒昧，谨具迫切情形呈恳我钧会电鉴作主，俯准体恤下情，饬令停开，以保水源而活民命，不胜感戴，迫切待命之至。谨呈甘肃省参议会议长张。

民乐县六大坝保林公所所长　王悦仁

公民　张连汉（印）　朱遇隆（印）　易其恒（印）　□　□（印）　刘勖学（印）
钱增富（印）　钟得义（印）　张维统（印）　张世勋（印）　谢育恩（印）
李频森（印）　史登候（印）　张如琦（印）　王立仁（印）　章兴文（印）
刘元麟（印）　柴述校（印）　赵俊德（印）　汪得琮（印）　刘治国（印）
王万镒（印）　王明经（印）　李得林（印）　柴述颜（印）　王　坊（印）
王建梓（印）　姚怀颜（印）　李兴茂（印）　武尚福（印）　王开印（印）
任彰德（印）　柴文高（印）　杨聚林（印）　周至德（印）　安永康（印）
王配礼（印）　赵文炳（印）　赵进德（印）　张文通（印）　魏建弼（印）

刘维新（印）	张怀德（印）	展兴诗（印）	姚真善（印）	武俊功（印）
武尚贤（印）	武学诗（印）	刘得蜀（印）	韩登柜（印）	王兴善（印）
武治国（印）	武乐功（印）	武尚达（印）	张连室（印）	王　俊（印）
钱有望（印）	王进礼（印）	钟学先（印）	钟开先（印）	张博龄（印）
武赞功（印）	韩治堂（印）	张兴赓（印）	张立功（印）	武建勋（印）
武学孔（印）	胡全德（印）	易在级（印）	王开第（印）	周相国（印）
张成刚（印）	朱立正（印）	张展威（印）	柴富年（印）	钟绪光（印）
王兆贤（印）	柴述典（印）	白兴秋（印）	金三让（印）	韩学孟（印）
王致骏（印）	朱永治（印）	张世蕃（印）	金三钧（印）	王先天（印）
张连斗（印）	何守家（印）	王配齐（印）	王积礼（印）	钟长秀（印）
刘念祖（印）	韩昇堂（印）	王著善（印）	王　昰	王万灵
王好贤	朱遇铨	刘乐年	雷发龙	程子典
杨起芳	吴世勋	刘一元	刘讲学	陈兆元
刘共学	克成家	樊家泰	吴余年	韩金山
杨　泽	展益善	吴世隆	吴尚文	

民国三十五年五月

附碑案一纸：

特授甘肃甘州府正堂军功，随带加九级纪录十次，鲍钦加知州衔，山丹县正堂加衔随带加二级纪录四次，熊为遵照断案，公立界碑，以垂永远，而保水源事：

案据咸丰十一年，有番目庆木厥多布旦等在府，具控东乐六大坝士民王致中、王乘龙、张日东等攘夺审地等情一案。蒙批本县讯断详报，随卷查道光十四年前，府宪奉各上宪批断详报，有生员韩景泰、王汝翼、张人琦、马天秩等与洪水番目铁令夺尔吉控争水源，曾经断定下横路以南作为番民游牧、汉民水源，下横路以北只许番民自耕自种，有案可稽。今番目庆木厥多布旦系铁令多尔吉之子，将下横路以南游牧之地，以至于中横路亦租于张应时，任意开挖耕种，是以王致中等查知，有伤水源，致起争端。经本县秉公酌断，饬令张应时等此后不准耕种番地，只准庆木厥多布旦等在下横路以南游牧，下横路以北自耕自种，永不准汉民耕种审地，亦不得番汉交趾，致滋事端，倘蹈故辙，按律究办。两造各具，遵结完案，并令交界之处立碑打墩，防微杜渐，以垂久远。详蒙府县批断尔，士民自应照此断案立碑打墩，免滋事端，永远遵守毋违。须至勒碑者。

六大坝士庶韩兴龙、王肇义、柏景春等五十余人

同治元年三月二十日

处理意见：

第十四次会议决议，咨省政府核办。

议长张

甘肃省政府就拟派员调查民乐县六大坝水源林开垦事给甘肃省参议会的咨文

1946年6月11日　　甘14-1-247

地建水二（卅五）字第3205号

案准贵会本年五月二十八日议辰字第三八四号咨“据民乐县六大坝保林公所所长王悦仁等请愿‘为水源关重不应开垦’等情抄附原件，嘱核办见复”等由，查此案，前据民乐县政府呈请将该荒地放领开垦、增加生产，经核尚可行，电复准予照办，并饬绘具面积略图，呈核在案。旋据该县六大坝民众代表张连汉等先后电呈前情到府，除已令第六区行政督察专员王维墉，会同河西水利工程第三四分队派员前往勘查俟，核办据报另案咨达外，相应复请查照为荷。此咨甘肃省参议会。

主席　谷正伦

建设厅厅长　张心一

甘肃省政府就调查民乐县六大坝水源林开垦结果事给甘肃省参议会的咨文

1946年8月9日　　甘14-1-247

地建水二（卅五）字第4657号

前准贵会咨转民乐县六大坝保林公所所长王悦仁等请愿为水源关重，不应开垦一案。经电据第六区行政督察专员公署本年七月真代电称“查此案前据民乐六大坝民众代表王悦仁等电请‘转令该县参议会停开六大坝附近荒地，以免妨害该坝水源’等情到署，业经令派本署视察孙振林前往勘查，奉令前因经令孙视察并案会同查勘具报。兹据该员本年六月二十四日签呈称‘案奉钧署本年五月二十四日二辰字第460号训令以据民乐六大坝民众王悦仁等电请‘停开六大坝水源附近荒地，以免妨害该坝水源一案，饬会勘查，报以凭核夺’等因，附发全卷一案。奉此，遵即前往民乐，会同该县张县长声威、县党部书记长兼县参会副议长韩从善、县参议会议长朱遇祥、青年团筹备主任陈克荣及六大坝民众代表王悦仁、李得林等六人，至红水大河（即六大坝水源）南城子、双城子、红泉马场一带详细勘查。兹查该六大坝水源即红水大河上游，穿过祁连山脉至西水关，每年春，祁连山脉积雪融化，赖以灌溉，惟水量不充，难期普遍灌溉，水利甚微。其枝流干木头河、鹿沟另正河，香沟河，古城沟等上接祁连山脉，流经红水泉马场、南城子、双城子、古城沟等地，两岸童山濯濯，山麓坡度甚小，绿草茸茸，形成草原苔地，地皮坚硬，夏秋天雨，两岸山坡流水，即循此山坡顺流谷底，各支流汇积流向红水大河，前后继续不断，水量充足，六大坝田苗赖以普遍灌溉。据该县参议会前曾决议在红泉马场一代开垦，复经该县政府查报，认为无妨该六大坝水源，致引起六大坝民众之控诉。查该红泉马场一带，在清道光、同治曾因垦荒，两度引起争端，番汉失和。旋经甘州府宪及甘州正堂勘查批断，佥认有伤水源，断定横路以南准审民游牧，横路以北自耕自种，不准汉民耕种审地，并立碑打墩以垂久远。其以开辟者不过数十余亩，卒因纠纷迭起，未能耕种，现已野草丛生，田坡迹显然。复查民乐县志水利篇，亦详载此案始末，足证在该横路以南耕种，实属有妨水源，且易滋生事端。现经详细勘查，倘案县参议会议决，在红泉马场一带开荒草苔山坡，一经垦熟，地皮松软，即或淫雨连旬，结果均将渗入地中，不能入谷底，事理明显，无待办置此实妨害水源，自无疑义。自参议会提议所开垦者，其面积约八百余亩，拟登记招垦，征收租益，充作教育基金，此事毫无困难，全部垦熟，每年除歇地免赋外，以每年四百亩计，每亩田赋粮五合（按三等三则计）教育租益五升，总计每年不过二一二市石，收益甚微。而因此妨害水源，水量不充，六大坝耕地五万余亩之灌溉自将大受影响，致妨八千余人口之生命国赋，恐亦受其影响，无法征足，实属舍本而逐末，弃大而就小，得益少而贻害甚大，以极少数利益而妨害多数利益，诚属不智，且恐因此引起南城子一带番民，援例开荒。一俟该六大坝水利问题得到合理之解决后，再行开垦，不应鲁莽从事，致启争端。奉令前因，理合将勘查该红泉马场一带不应开垦详情，连勘查图案一份、碑文一纸，并签请核。惟经通知张掖河西水利工程队第三、四分队派员会同勘查，据该队主任谭其芳面称刻因有要公准备赴兰，无法会同前往合并签明各等情，据此经核尚属实情，似应暂缓开垦，以保水源，免启争端，除令民乐县政府外，理合转报钧府鉴核示遵”等情，经核既经查明妨害水源，自应暂缓开垦，除指令并令民乐县政府遵照，及牌示该民等知照外，相应咨请查照为荷。此咨甘肃省参议会。

主席　谷正伦

建设厅厅长　张心一

山丹县参议会就控诉该县大马营军牧场长宋涛滥用职权等事给甘肃省参议会的呈文

1946 年 6 月 1 日　　甘 14-1-255

丹参代巳字第 99 号

兰州省参议会议长张钧鉴：

查山丹县大马营军牧场场长宋涛自长场务以来，假称委座赘婿之名，肆意为非，无恶不作，排斥异己，任用私人蛀国殃民，敛财肥己，欺压弱小，阻挠畜牧之种种罪恶罄竹难书。兹将荦荦较大、骇人听闻之劣款□露如次。

甲、宋涛自接事以后，俨然以军事行政长官自居，私设班房，擅用匪刑，辄以要求不随，攫取不获之故，将本县绅民封如璧，牛兆虎，杨再清等八九人先后擅行逮捕，关押暗室施用毒刑，禁闭绝食。该等之性命几丧宋涛之手。滥用职权，此一证也。

乙、查军牧场全部地址在壕沟以南，猴姑以北，除大马营城址以外，均为人民间歇耕种之地，而宋涛自称驸马，威权在手，嗾使以下官兵挟嫌欺辱。每值春种秋收时，纵马成群，践食田苗而其兵士又乘见搜索附近住户，如郭家谋，封如璧等家之食粮、柴草，甚伙至于大马营附近三十华里以内之民家贮积喂畜之草，强半被其搜拽殆尽。纵兵殃民，此二证也。

丙、查大马营军牧场亦系机关之一，关于土木砖石一切营房等等，建筑，费用之收入支出，总不外与山丹、民乐、永昌等县农商工贾以有易无。讵料宋涛妙想天开，利令智昏，假刊某某木场，某某商号图章名义，隐集柜中，随时盖用。况山丹、民乐、永昌根本就无木场及伪造商号倘使侦查对照，则马蹄备露，无可讳言。私刊号章，此三证也。

丁、查军牧场营房办公室宿舍马号，在朱主任涤新任内，创建一百四十间之多，建筑费谅亦随时发清。自宋涛接办以后，蒙上欺下，骗领国帑，至所需木料及砖石土墼，除马军长韩师长函送木料外，其余用品均出诸民间，试问宋涛于报销内各项收支粘据件上印盖号章之真伪，并开支数字之虚实，诚恐三曹对案时，则宋涛之假面具定映诸作孽镜中，不讯自明。捏造报销，此四证也。

戊、查自抗战兴军以来，军事旁午供给浩繁，关于纳田赋，服兵役，出军马，供马干一及储蓄救国、赴难毁家种种义务，全国上下一致拥护中央，竭力输将可谓之不乏。其地不乏，其人总之一锱一铢取诸民间，即如军牧场领取各款，每月数字须达一千七八万之多，除任意发给官兵新饷外，凡有结余，宋涛贪口一张，毛骨并吞。窃思以国家正用之帑，人民血汗之资，岂能令其饕餮任意挥霍，病公肥己。鲸吞国款，此五证也。

已、查大马营军牧场公畜之马，总额在九千匹以上，除新疆送来之马及援车之骡马，共计二百四五十匹，大约喂给马干，其余无论春夏秋冬，除点眼药榻火印外，均收于滩上，并未闻以马干喂养。盖宋涛则诡诈百出，一闻军政部马政派员查验消息，即手忙脚乱，胆跳心惊，迫令官兵在大河坝、黑城东西沟、甘泉子大马营等处不分星夜，泥砌马槽，多数预将马干以种藏式之举动，抛弃各处，复将始终未□笼□野性之马，邀集槽前，鸣蹄旋跳破群而出，不识豆料为何物，而宋涛临时粉□搪塞委员，究竟领下数字庞大之马干费与掌靡费，作何用途，谅宋涛及爪牙定悉端倪。没食马干，此六证也。

庚、查大马营军政牧场四至内之地址均在壕沟界以南，壕沟以北除大马营城址外，均属民地。前因公私争持关系，经军政部马政司、省政府、县政府派员会查，以壕沟为天然界线绘图说明，呈请层宪备查在案。惟宋涛势焰熏天，不顾公令，嚣张蛮横，欺压小民，将大马营城内居住之民张鸿异、张宝鉴及毛姓等各户均被宋涛全家驱出所住房屋地基，勒令书契据归公公有，并将城门外居民郭家谋之地基侵占，其半水磨地址亦被霸有，复在壕沟北人民地间，如东西沟甘泉子黑城大马村等处建筑营房、马圈多间，凡属近住户耕种之地辄被军马践踏将尽，即该户家中之食粮物品，亦当被兵士强取食用，敢怒而不敢言，侵害弱小民族只得率眷远逃，流离失所。侵占民地，此七证也。

辛、查大马营东南之石卷子及东沟葵家湖甘泉子等处，所以之泉源均为农民灌溉田地之水利。向来大马营牧场之主管因饮马关系，负有协浚泉源之责。惟宋涛则不然，反纵军马多群，整日践踏，壅塞影响水利，家诸历年以来，旱灾频仍，收获失望，哀鸿嗷嗷，告贷无门。最可恨者大马村塌岸泉所出之水，确为农民浇田之流，而宋涛只知利己，不顾民隐，自春至冬，永远堵用，并扬言军物场公署之前，设无湍绕清流，如何点缀风景等语。噫嘻以农民公共灌田之水，霸作栽花种竹之需，搔首问天，奈不言何。独霸水源，此八证也。

壬、查作风公令向民间征收公荒牧租，意在提倡畜牧，发展生产，充裕经济，复兴农村。如大马营军牧场之面积，东西二百华里，以全国各牧场面积比较，可谓有一无二，其中所长之草密而且朝茎该尺余，木木于万匹以上，亦不算多。惟宋涛以感情用事，夙抱诡诈主意，沟通逢迎之徒，组织会社悦己者，听其牧放，拂意者制止畜上滩，亦不准在上年规划民牧区域内牧放，以致山丹虞家堡畜牧合作社之马羊缺草倒闭，而社员半数退股。至于大马营黑城东西沟及其他各处人民之牛马驼，因去岁旱灾过巨，粮草感缺，关系六畜倒闭十分之四。假令长此以往，影响实大。妨害民牧，此九证也。

癸、查军牧场自建筑工程开始之后，关于雇佣工匠之工资，不按当时情形发给工资，有时发八成，有时发五成，有时全数勒扣，分毫不发，如打墙之土，洗毡之毛匠，织幢房之褐匠，多被宋涛饬令牧兵乘马持在各乡村按户搜缉，鞭打拴以避逃。论罪多者，禁闭十日，少者严管三天才准做工。迄工满领价时，而宋涛按时主管工程人员借故恫吓，少发工价，甚则不发。如仙堤乡位奇寨石匠刘兆佩、张勋、吴宗国等八人，在秋收之际，被军牧场牧兵由田间绑传北山勒令凿做打场，□牛石□子四十二条砌皆石条六七十丈，该石匠等连领五次，分文未发，怨声自是载道。勒扣工资，此十证也。

兹于本会首届第二次大会全体参议员对此提出专案，弹劾复经第六次会议决议：

（一）以大会名义，电请军政部西北行营、甘宁青监察使署、甘肃省政府参议会武威专员公署，遴派韩员，澈查法办。

（二）函请县政府转报究究办，以安民生等记录在卷。除分别电呈外，请钧座鉴核饬派廉员澈查法办，以肃贪风，而安民生，无任待命之至。

甘肃省山丹县参议会第一届第二次大会

议　长　郭多鼎

副议长　彭盛国

暨全体参议员东叩丹县参秘巳

民乐县沐化乡垦荒委员会委员穆燕天等就将本乡公荒追作乡镇产并禁止刁民开耕大都麻水源事给甘肃省参议会的呈文

1946 年 6 月 7 日　　甘 14－1－247

呈为呈请鉴核，准予本乡公荒追作乡镇造，以资扩充，并禁止刁民李成祯，开耕大都水源冰嘴儿山地，以利民生，而维垦政事：

窃查本乡所属公荒山地，除马场附近外，如冰嘴儿滩、泥沟、黄牛沟、西坪、柏杨沟、营盘台、毛沟等一带公荒，均系坝里水源，并非番族地盘。去岁奉令开垦荒地、扩充造产时，由乡公所召集本乡坝里人民开会商讨，组织开垦委员会主持勘查，经履查后，划分各保，仍由坝里人民开垦，并呈报政府有案。因一百师驻防时，有青海无业刁民李成祯等形同匪类，无处寄居，盘踞大都麻，强占大头目圈滩，偷开坝里水源冰嘴儿山地。前民乐朱县长魁时，坝里人民呈报县府，已令饬禁止该民在冰嘴儿开垦，有案可查。至今该民遽然把持本乡水源地权，以为己有，任意租开，野暴横行，有何可证，真谓无法无天。由其恳祈钧会澈查该民究系何种何族，是否清白良民，为何假充番族在大都麻就有地权乎？

因此去岁划分西二保荒地后，有该绅民朱兰林意欲把持西二保已分之荒地，给张掖奸民邢万隆开垦。邢氏系朱兰林之岳父，而西二保人民不允此情，故该民于无弄之际，暗捣刁民李成祯肆性妄为，强夺地权，似此上峰如不依法严惩，并禁止该民开垦坝里水源，将来本乡人民实难缄默，恐挺而走险，大起纠纷。是以理合具文呈请钧会鉴核作主，准予本乡水源公荒追作本乡镇产，并祈禁止刁民李成祯开耕大都水源冰嘴儿山地，以利民生，实为功德无量。谨呈甘肃省省参议会会议长张。

民乐县沐化乡垦荒委员会委员　穆燕天（印）　钱积珍（印）　陈峻德（印）
李凰仪（印）　张继侯（印）　杜生潼（印）
腰立名（印）　赵福贵（印）　马成骕（印）
金永世（印）　王治商（印）　李逢金（印）

中华民国三十五年古五月

处理意见：

民乐大都麻开垦仍归垦荒委员会看守办理，禁止李成祯借端召户开荒，以免滋扰。况该李成祯系青海流民□非真，若不严加制止，恐将大都麻□□，匪巨影响经济，利害岂鲜□□。请充分加注意见咨送省府。马蹄寺请蠲免田赋案，请加注保转该寺，原为安定附近番汉居住起见，并保降祁连山一带藏胞，不致再发生意外。

张

甘肃省政府就拟派员调查民乐县大都麻水源开垦事给甘肃省参议会的咨文

1946年7月12日　　甘14-1-247

甘肃省政府咨民二（35）午字第4405号

案准贵会本年七月一日议午字第六三四号咨“转民乐县沐化乡垦荒委员会‘请将水源公荒追作乡镇造产，禁止李成祯开耕水源山地’一案嘱查照办见复”等由，准此，除令饬民乐县政府派员澈查，具覆再行核办外，相应咨复查照为荷。此咨甘肃省参议会。

主席　谷正伦（印）
民政厅厅长　马缮同（印）

农林部长周致春就蓝有武等呈控祝荣先违法私伐山林妨害水源事给山丹县政府的公函

1946年9月8日　　甘27-1-527

农林部公函：

案据甘肃省山丹县封云乡第二保公民蓝有武等十四人，三十五年六月二十九日呈控“祝荣先私伐山林，妨害水源，藐法违律，破坏林政，恳请究办”等情，据此查所称各节是否属实，本部武松悬揣核办，相应抄同原呈函请查照，转饬山丹县政府查明办理，并希见复为荷。此致甘肃省政府。附抄原呈一份，检抄原呈，令县澈查，依法办理，具报核查。

部长周致春

中华民国三十五年九月九日

附原呈：

具公呈民蓝有武等呈为私伐山林，妨害水源，藐法违律，破坏林政事：

窃有民保恶劣之徒祝荣先，心腹骄悍，贪婪成性，在充当民保保长时，依借公事，擅派苛收，计伊任内私收屯马粮兵站莞豆六百斤，在办理土地登记，伊苛收洋六万元，不知作何而用，不向保民交代。至后办理车马登记，在应交之牌照费外，伊等浮外苛收洋数万元，此具借公贪污、剥削民众之劣迹，已属大干法纪，岂知伊骄横之势，日甚一日，触犯法律，毫无畏忌。查山中林木关系本乡各保水源农田所系，口水所赖，冬积冰雪，春夏融消发出。流水既灌农田，又充口水，上关国课，下养民命，至重且要，俗所云“水能生万物”者是也，不能轻视。政府明鉴及此，再公告明，令晓谕，对于林木务令特加保护，竭力培养，不准私自砍伐，折损枝叶并定立保护查禁奖惩条款，颁行各地，令饬遵守。且又组设林部专员灌林政法令极严厉，任人不能轻忍。不料该劣祝荣先去岁，即偷伐山木，修改房屋数间，自此为始。以未受法律惩处，自以为法可尝试，山林可伐，现又公然无忌，愍不畏法，大肆砍伐。民等闻知，以林木为本乡水源之根本，农田胥赖是焉，若令砍伐，则枝叶稀疏，不能积藏冰雪，水源势必干涸，遂亲向伊家检查，计查获有伐来之椽子五十多根，大木料十余根在伊家藏匿，并闻所伐多数之大木料已转运到别处匿藏，无法查获。似此骄悍恶劣、藐视法令，私伐山林，破坏林政，妨害水源，实有触犯林政禁章条款之行为，若不依法惩办，按照条款科处罪刑，而人皆效尤，群相效仿，山中林木如何保护？为此联名公呈，伏乞钧座鉴核详查，恩准究办，按律科处，以维林政，而保护水源项戴二天矣。请呈农林部部长。

具公呈人　甘肃省山丹县封云乡第二保公民　王廷龄　周明文　祝嘉瑞

尹存仁　朱家诰　周奇文　蓝有武

孙多文　朱兴切　祝嘉智　唐元朝

李玉栋　何希善

被呈人　祝荣先　□□□

中华民国三十五年六月二十九日

甘肃省政府就山丹县公民蓝有武等呈控祝荣先违法私伐山林妨害水源事给山丹县政府及农林部的训令及公函

1946 年 9 月 19 日　　甘 27-1-527

建四（35）申字第 5677 号

令山丹县政府：

案准农林部本年八月二十三日农京林（1946）字第五八五三号公函为开“案据甘

肃省山丹县封云乡照叙至，并希见复为荷”等由。附抄原呈一件，准此除函复外，合行抄发原呈一件，令仰遵照，迅即澈查，依法办理，具报核夺为要。此令。附抄发原呈一件。

建四（35）申字第5677号

案准贵部本年八月二十三日由农京林（1946）字第五八五三号函“以据山丹县封云乡公民蓝有武等呈控祝荣先违法私伐山林，妨害水源一案，嘱转饬山丹县政府查明办理见复”等由，除已令查照为荷。此致农林部。

杨文源（监印）

甘肃省参议会参议员王家彦等建议凿引大通河水解决张掖以西各县水利问题给甘肃省政府的提案

1946年9月7日　　甘14-2-128

张掖八宝山内之大通河与黑河毗连，其水位较黑河水位高五十公尺以上，一经凿开，即与黑河连通。不但张掖所有熟荒二十万亩可以耕种，即张掖以西若干县份之生荒亦可借以开辟。其在经济上民生上之价值甚大，亟应积极凿开，以资增加生产，而裕民生。所拟办法：（一）由省府饬令水利局根据勘测结果详细计划，定期施工；（二）工程费专案报请中央划拨。

提案人　王家彦　陈尧荣

连署人　王学□　张尧宽　吴希□　杜凰彩　和系蒸　李系□

甘肃省参议会参议员陈尧荣等建议迅饬水利局实现民乐蓄水库及整修河道工程给甘肃省政府的提案

1946年9月7日　　甘14-2-190

民乐土地肥沃，水利缺乏，以致民不聊生，地方日益窘苦。为本年五月间，正值浇灌之际，河堤冲破，工程浩大，需时费力，故不待言，及抢修工竣，灌溉以失时期，损失之巨，何可胜计。年来政府对河西水利，不遗余力，而民乐之修筑蓄水库，整理河道不在计划之中。惟未见讯实行，民生无所攸赖，涉失政府顾念河西水利之意合。建议省府迅饬水利局，派员测勘民乐蓄水库地址，及洪水大河修筑河堤工程，从速实施，以顾信用。

提案人　陈尧荣

连署人　张尧宽　朱连芳　亢胜斗　雷恒□　辛从革

何多宾关于卢俊鹏率众逞凶持石殴打强浇号水事给民乐县县长的呈文[①]

1946 年 7 月 28 日　　张未编号档案 46-1

票传讯问

民国三十五年八月二十四

为呈控率众逞凶持石殴打强浇号水事：

窃民挨水泡地，适有刁徒卢俊鹏借强势率领壮丁五六人至沟，将水夺扒。民则问其原因，该等口出恶言，未分皂白，辱骂贼长贼短。并民今岁包制新铁车，伊亦骂抢上的等语。民拼命扒水，该等持石向民腿上打伤，疼痛难忍，呻吟哀啼，几乎毙命。民喊冤覆盆，水被夺浇，反以殴打致伤，实系业不由主强者得生而弱者可死，暗无天日，无路投生，只得具状实情申鸣于县长大人案下作主传讯，恩准严惩刁恶，以苏民命。则民沾恩矣。谨呈民乐县县长张。

具原呈人　何多宾（指印）

被呈人　卢俊鹏

民国三十五年古七月二十八日

卢俊鹏何多宾等关于率众逞凶持石殴打强浇号水事具和息状给民乐县县长的呈文[②]

1946 年 8 月 28 日　　张未编号档案 46-2

具和息人系洪海乡张满保民卢俊朋、何多宾：

情因为水利争讼控告在案，有当地公民王曰祥、传湖清等不忍坐视，揽出在外双方调解。情通理顺，民等甘心依解了案，再不发生事端。所具和息实是。谨呈县长兼军法官张。

具和息　卢俊朋（指印）　何多宾（指印）

调解人　王曰祥（印）　傅湖清（印）

民国三十五年八月二十八日

甘肃省主席就调查大马营军牧场场长宋涛滥用职权等结果情形事给甘肃省参议会的咨文[③]

1947 年 1 月 17 日　　甘 14-1-255

甘肃省政府咨建水二（36）子字第 354 号

查前准贵会上年六月二十六日议巳字第六一四号咨转山丹县参议会电，陈大马营军牧

---

① 编者按：原案卷目录题名《为呈控率众逞凶持石殴打强浇号水事》，目录未标注文件字号。

② 编者按：原案卷目录题名《具和息状》，目录未标注文件字号。

③ 编者按：该咨文所引用之第六区专署调查报告中所附提到证件簿，案卷中无反映。

场场长宋涛滥用职权、种种不法一案，经以建四（35）午字第四〇〇七号之复并经令饬第六区专署澈查，具复以凭核办各在案。兹据该专署上年十一月二十一日代电略称“山丹军牧场场长宋涛滥用职权、擅押人民、纵兵殃民及勒扣工资各节经查均属实，在约束部下不惩。该场兵士舞弊扰民，亦署明显。至私刊号章、捏造报销、没食马干，系该场内部秘密，局外人自无从查悉。至侵占民地、独霸水源、妨害民牧各节均无实，捡同原证件赍请鉴核”等情，并附证件簿一册。查该场长宋涛业经离职，已将本案经过一并咨送国防部联合勤务总司令部核办矣，相应咨请，查照为荷。此致甘肃省参议会。

主席　郭寄峤（印）

建设厅主任秘书代行厅长职务　□□□（印）

甘肃省政府就中国分署艾克顿先生来甘勘察灌溉并予以协助事分别给河西工程总队及甘肃水利林牧公司的代电

1947年2月22日　　甘38-1-81

建二水（36）丑字第1150号

公谊救□队阿尔车先生鉴前谨□函“除转请□总派工程师来甘，利用山丹县已有水源设计工程计划，增加灌溉区域面积”一节，□凭本府函准□总中国分署□长艾克顿先生，函复“入原函”等由。除电甘肃水利林牧公司，特饬河西水利工程总队办理外，特复查照。

甘肃省政府建二水印

建二水（36）丑字第1150号

甘肃水利林牧公司：

前准公谊□□□队阿尔车先生函“以山丹县附近，拟利用已由水源拟定工程计划，增加灌溉面积□□聊联总派工程师协助”等由，需经函准□总中国分署□长艾克顿先生函复“入原函”等由。除函复外，特□□检同原□，希而转饬河西水利工程总队遵照协办。□□查。检附原函一件。

甘肃省政府建二水（36）印

郭主席：

元月九日接奉去岁十一月二十九日惠□，询及有关山丹县灌溉区域问题。兹敬复者吾人对贵省灌溉问题，极感兴趣。且已从各方得悉一二，惟吾人深引遗憾者，即战争期间，中国境内未被敌人侵占之区域，联总不得供给工作人员。今特建议，请适咨请南京水利委员会水道工程管理处协助为盼。请寄□人为联总中国分署□长。

艾克顿敬复于上海

元月十六日

处理意见：

建设□查□□□元□□元□。

原件已检送公司。

二十七上午

三青团民乐县支团为洪水镇聚瑞保户民杨蔚林等呈控站役樊希隆诈财重伤一案给民乐县政府的公函①

1947 年 2 月 6 日　　张未编号档案 19–11

青民字第 35 号

为洪水镇聚瑞保户民杨蔚林等呈控站役樊希隆诈财重伤一案请查照由：

案据洪水镇聚瑞保西村子民杨蔚林、陈克刚、张玉玟等呈称“呈为借公诈财，重打伤害事。情因敝村缺乏口水，均向永固索饮，牲畜来往足有十余里之遥。不意本年元月初八日，有站役樊希隆至敝村，要马二匹支应差务。彼时村中马匹饮去未回，该樊希隆不容刻缓，即将亲戚所乘之马，强迫□拉。亲戚无法，即以好言相告，该站役樊希隆不容分说，即将亲戚打一顿，决不释放，以致民无法设想。该云欲放亲戚之马，非以数万元不可，民等无可奈何。祈得付给一万元，□容放还亲戚之马。霎时之间，村人杨萱林饮马返回，差甲陈克喜要马支差。该站役樊希隆不分好殆，持棒滥打，即将杨萱林打伤甚重，血流不止，晕迭不省人事。今已数日，愈加沉重，似有性命关系。及至次早，该樊希隆手执派条，向敝村又索要大锅一口，又取诈票洋二千元。至今受伤人不好，家长与差甲抬送。民等勿敢负担，只得呈请钧处鉴核作主，依法惩办，以儆诈欺，而维法纪。实沾德便等情，据此相应函请查照办讯为荷。

主任　陈克荣（印）

书记　裴书兴

民国三十六年二月六日

张世勋等关于查无赖横行扰害秩序影响公务六坝赶放池塘口水事给民乐县县长的呈文②

1947 年 4 月 1 日　　张未编号档案 50–1

县长钧鉴敬南者此次为六坝赶放池塘口水，我公大……③下率拖鸿福，已将口水赶到庄村及城上池塘，各放其一。人民均形雀跃，颂德莫名。惟日前将水未赶到时，群以为日已久，仅流到王官寨以上而已，以敌人心慌恐，异常着急。职等因六坝众等公议，以为六坝城上距水□远，如果能赶到王官以下为欠，急计暂行。先将庄村池塘放满一个，以安人心而顾眉急，然后再往下赶倘，即赶不到底。暂先总有大吃计划，如此同参一改，同时即将此事责成保长仓官小甲等率同民众吃紧，小心赶放，幸于前晚将水赶到

① 编者按：原案卷目录题名《为洪水镇聚瑞保户民杨蔚林等呈控站役樊希布隆诈财重伤一案请查照由由》，目录未注明文件字号。

② 编者按：原案卷目录题名《查无赖横行扰害秩序影响公务六坝赶放池塘口水由》，目录未标注文件字号。

③ 编者按：此处有五字漫漶，不可识。

王官寨以下。由副保长韩□瑞睹形量势，即将尚家庄池塘放漏，六坝大多数民众均感有水可吃。即别村附近庄村，亦即闻风雀跃。孰意有城内刁徒韩有礼、王将贤、汪积福等晕头晕脑，不计大体，以自私利起见，竟敢谣言搧动，聚众逞刁，率领城内附近池塘民众百余人包围公所，咆哮叫骂，立逼副保长踰垣逃避学校，而该刁等尚不稍减其势焰。查六坝乃系过往甘青大道，并非无天日之所呈赖横行，扰害秩序，影响非浅。我公若不查明神速，严加惩创，以儆效尤，将来地方公事谁能敢办？谁敢主持？嗣后，即政府一切要公，均实难以推行。职等身负教责，坐视难忍，且以地方人资格，只得不揣宥昧，呈报我县长明密调查详确，严惩无赖，以儆效尤，而利公务，地方幸甚，人民幸甚。事专密报，敬请钧安。

职　张世勋（印）　王悦仁（印）

民国三十六年四月一日

夏永生立具甘结[①]

1947年4月19日　　张未编号档案20-8

立具甘结人顾家村民夏永生今具到：

县长按下依奉结得，因有童子坝渠农高凌台呈报顾家村误河夫一名，限定二轮河夫捕夫三名，若不到者，以为甘结具问为实。

立具甘结人　夏永生（印）　夏正芳（印）　周显文（指印）

民国三十六年古四月十九日

处理意见：

附水利卷。

六月八日

六东乡镇保五坝公民赵俊德等关于赵据德纵暴逞能捣乱社会事给民乐县教育科科长的呈文[②]

1947年5月12日　　张未编号档案20-1

呈为纵暴逞能捣乱社会事：

因本处于去年腊月间池水干涸，地方众等同会议决，禁止店户，不准招留往来商客住宿。其余店户俱各禀遵，惟逞刁店户赵据德，不顾公益自图私为，偷留往来旅客，时常谋利。当该刁盘利屡常，而地方民众接此。呈所同公益理论，窃思池水本生命关系，况地方民众向别处租买水活命，而该刁偷谋私利，于理实属不合。众等按公理取回，讨该刁自承认小麦二石六斗，随时出条，助本地保校开用。嗣后遣人去讨，而该刁阳顺阴违，决意推

---

① 编者按：原案卷目录题名《立具甘结事》，目录未标注文件字号。

② 编者按：原案卷目录题名《呈为纵暴逞能捣乱社会事》，目录未标注文件字号。

抗不与，后犹找至公所，色厉辞暴，仍抗不与。公民等无法所办，备文呈报科长鉴核，准提惩办，以儆暴而正捣乱。实为公便。谨呈民乐县教育科科长施。

六东乡镇保五坝村公民　赵俊德（印）　赵进德（印）　郑起香（印）
周至德（印）　陈大景（印）　赵文炳（印）
民国三十六年五月十二日

处理意见：

附水利卷。

五月十二日

六东乡镇平保人陈良琛等关于赵据德为诈取民财呈控周至德等一案具揽词和解①

1947 年 5 月 12 日　　张未编号档案 20-2

具揽词人六东乡镇平保人陈良琛、刘业建今揽到：

钧府按下，兹因赵据德为诈取民财，呈控周至德、赵进德到府一案。经地方公民不忍坐视，揽外和解。恳祈鉴核，准予揽解，以杜争端。

具揽词人　陈良琛、刘登建
民国三十六年五月十二日

处理意见：

准。

五月十二日

史文明关于开掘泉岸断绝水源妨害灌溉事给民乐县县长的呈文②

1947 年 5 月 22 日　　张未编号档案 20-11

呈为开掘泉岸断绝水源妨害灌溉事：

窃职保灌溉水源均系泉水，有大泉、千佛洞泉、屈龙沟泉等三泉之水会合为一，方能济事。若断绝一泉，则职保人民多无法浇灌。现有祁连甲番民铁铃吡叶，将职保水源屈龙沟租于西二保民杜苍开掘泉岸、木柴用火焚尽，泉水业已干涸。保民失此命脉，为害不浅。职等有见于此，理合备文恳祈钧府派员查验，禁止开垦，而利水源。是为公便。谨呈民乐县县长张。

四维保保长史文明（印）
民国三十六年五月

① 编者按：原案卷目录题名《具揽词和解事》，目录未标注文件字号。

② 编者按：原案卷目录题名《呈为开掘泉岸断绝水源妨害灌溉事》，目录未标注文件字号。

处理意见：

派李科长查处核夺。

附水利卷。

五月二十二日

赵天德等关于聚众逞刁殴打伤害沿沟掘坑妨害水利事给民乐县县长的呈文①

1947 年 5 月 21 日　　张未编号档案 20-14

呈为聚众逞刁殴打伤害沿沟掘坑妨害水利事：

呈为聚众逞刁殴打上害沿沟掘坑妨害水利，乞恩鉴核作主，依法惩办而儆强暴事。缘因本村挨逢头轮苗水，接沿沟时到民等地水，看水流之势，足能浇灌。民等巡至新民甲，讵料该地刁恶钟长泰等，沿沟掘下沙坑二十余处，将民等所接之水尽灌沙坑之内，以致上挡下死。当时沟水不能流通，田苗更不灌溉。民等向该处何文炳家中询问，不意刁恶钟长泰率领数十人，手执猛棍形如狼虎，不分皂白撒野毒打。将巡水之人打伤六人，周身受伤甚重，头破血流，人事不醒。幸有地方人等阻挡，不然身命难保。民等窃思该恶似此横行，天理何在？法律奚存？民等无法只得奔案呈明于县长，按下作主，验明伤人，以惩不法。则民等均沾恩不尽矣。谨呈民乐县县长张。

原呈人五坝甲民　赵天德（指印）　赵峻德（指印）　赵进德（指印）

被呈新民甲　钟长秀　钟长泰　钟长祥　钟学俭　何来哇

钟五哇　乔建功　何天久　杨毛哇

民国三十六年五月

处理意见：

并案查验核办。

五月二十一日

周至德等关于钟长秀等接故逞刁事给民乐县县长的呈文②

1947 年 5 月 21 日　　张未编号档案 20-12

呈为接故逞刁据情转呈事：

因本保所属镇平甲民赵天德等呈，首新民甲民钟长泰、钟长秀等据云，为沿沟掘坑，

① 编者按：原案卷目录题名《呈为聚众逞刁殴打伤害沿沟掘坑妨害水利事》，目录未标注文件字号。

② 编者按：原案卷目录题名《呈为接故逞刁据情转呈事》，目录未标注文件字号。

上挡下干，毒害水利事。因本村挨逢头轮号水，民挨接沿沟时刻按水流之势足能浇灌。谁料新民甲毒害，沿沟掘下沙坑二十余坑，沟内所接之水尽灌沙坑，毒害民人，上挡下干，以致号水不能行流，此沟所有之苗更不浇灌。民人等刻即向往伊处问明此事，民等将至伊处何文炳家中询问。不意该甲恶刁钟长泰、钟长秀等率领数十人，手执猛棍、榔头，不分皂白，撒野毒打，破首损躯以及肋臂打坏者实有六人，况此沟尤无伊等使水情事，如此刁恶呈凶截挡，毒害民等，所属此沟，田地决不能浇灌。职等刻即亲处民甲连同甲长查验该六人受伤太重，周身青肿，头破血流。惟赵明德肋骨受伤，饮食难进。职等责有攸关，只得备情谨呈民乐县县长张。

六东乡镇平保保长周至德（印）、何守家

民国三十六年古四月初一

处理意见：

会同党团、参会详查后，依法解决。票传。

五月二十一日

周至德等关于水利殴打事给民乐县县长的呈文①

1947 年 5 月 26 日　　张未编号档案 20-13

呈为呈报事：

窃职保新民甲于古三月二十九日为水利事宜，殴打镇平甲民人。六人呈首在所，而新民甲何文彩亦来保口首，钟长泰在伊家打下二人，受伤甚重。职等即刻亲赴该甲，连同会甲长查验，六人确有打伤，并无报明拔伤树苗情事，刻下政府派员来保验伤并查拔伤树苗等情。职思方验伤时，钟姓绝无报明拔损树苗，该甲长更无呈报此事。至今来员查验，职亦难明，况今春培植树苗公令万分繁严，虽愚民小夫力加保护。而赵姓等本为水利起见，焉能拔损树苗？职于树苗责任在身，只得备文早为呈报。谨呈民乐县县长张。

六东乡镇平保保长周至德、何守家

民国三十六年五月二十五日

处理意见：

并案讯办。

五月二十六日

① 编者按：原案卷目录题名《为呈报为水利殴打事》，目录未标注文件字号。

廖章清等奉谕会同党团参会查验赵天德等与钟长秀等妨害水利损坏树苗及伤害一案给民乐县县长的呈文[①]

1947 年 5 月 26 日　　张未编号档案 20-15

窃职奉钧府手谕会同党团、参议会查验六东乡镇平保民人赵天德等与钟长秀等，以妨害水利损坏树苗及伤害一案。职奉谕之下，遵即会同党部武干事、参会杨事务员，驰赴原被告肇事地点。除将伤害部分详确伤痕填单呈阅外，兹将会查妨害水利损坏树苗及伤害各情形，分呈于下：

（1）妨害水利部分：查本年农历四月一日，逢原告赵天德等头轮号水浇灌禾苗。因水势过小，受伤人赵修德等九八人，前往训视水道有无被滞溢水情。恰铨将村民将历年所有挨沟沙坑，均各放水储坑澄沙，共记沙坑一十四池，计流灌水者十一池，未放入水者三池。

（2）损坏树苗部分：查有栽树苗挖坑之沟约长三华里，从头至尾计损坏树苗一十八株，距离甚远，所有查获数目当经本地保长共同勘查，属实。至损坏原因并无确切证人，证明何人损坏。

（3）伤害部分原因：查受伤人赵明德等六人巡水时，见沟旁挖有沙坑，储水甚多。即向就近地内农作何天久之子询问，孰人所挑之沙坑？何天久之子自认伊家所挑之沙坑。受伤人因水乏关系，气愤不过，用拳头将何儿便打。何儿飞跑，逢人便告原告之野蛮，寻打我村挖有沙坑之人。该钟长秀导等均各挖有沙坑，闻言丧胆，备械预为自卫，值受伤人赵明德等前来，铨将村内，寻人理论。被告等误为原告等前来寻打，伊等及至见面时不分皂白，当将赵修德等用棒打伤六人，被告一人亦受有轻伤二处。所受伤痕有验伤单可考，奉谕前因理合，连同原卷及伤单一并具文呈报钧座鉴核裁夺。谨呈县长兼检察官张。

计呈原卷一宗。

伤单二纸：

验得……[②]赵明德年五十八岁，六东乡五坝镇平保人。仰面：额头有木器打伤一处深抵骨，宽三分长五分，血流。又有肋有木器打伤一处，浓肿。内损左□肋接连合面有木器打伤一处，青肿。余无故。

验得……[③]赵元卿年二十二岁，令合面：左额角有木器撞伤一处，皮破血结。又左胳膊有木器伤一处，青肿。余无故。

---

① 编者按：原案卷目录题名《奉谕会同党团参会，查验六东乡镇本保民赵天德等与钟长秀等，妨害水利损坏树苗及伤害一案（附伤单及报告）》，目录未标注文件字号。

② 编者按：此处有四字漫漶，不可识。

③ 编者按：此处有四字漫漶，不可识。

验得……[①]赵荣德年四十岁，令仰面：左胳膊有木器伤一处，皮破血流彐肿。右大腿有木器打伤一处，余无故。

验得……[②]赵宪娃年二十二岁，令仰面：左肩甲有木器伤一处，接连胳膊微肿，右眼胞有拳伤一处，青肿。余无故。

检验员廖章清（印）

民国三十六年五月二十三日

验得赵元爱年二十七岁，六东乡五坝镇平村人。仰面：右臁肕有木器打伤一处，接连合面，腿肚微重。余无故。

验得赵修德年四十七岁，令合面：右胳膊有木器打伤一处，青肿。右胯接连大腿有木器打伤一处，青肿。余无故。

验得钟长泰六东乡铨将村人。仰面：前额有碰伤一处，已结痂。右腿□□有木器伤一处，青肿。

检验员廖章清（印）

民国三十六年五月二十三日

职　廖章清（印）

武建勋（印）

杨钟馥（印）

民国三十六年五月二十三日

处理意见：

被告管押讯办。

五月二十六日

唐国智奉谕查验赵天德等与钟长秀等妨害水利损坏树苗及伤害一案给民乐县县长的呈文[③]

1947 年 5 月 27 日　　张未编号档案 20-16

案奉钧座手谕，饬彻查六东乡属五坝与铨将民人钟长秀等与赵修德等，为水利互相斗殴，致伤树苗一案，并将详情具报核办等因。职遵于五月四日达到该处，正两日始调查确实。兹将详情分陈于后：

1. 远因：（一）查铨将与五坝均使洪水大河之水，铨将在上，五坝在下，而铨将人历年为浇五坝开坝水，曾屡承租于五坝。（二）本年元月间，五坝人因缺乏口水为吃铨

① 编者按：此处有四字漫漶，不可识。

② 编者按：此处有四字漫漶，不可识。

③ 编者按：原案卷目录无标题，目录未标注文件字号。

将……[1]人赵修德等多次还打过架。此因本为双方众人互相有隙，但此案之发生，双方均系私滋是非，并不与双方众人相干。

2. 近因：（一）五月二十日正挨五坝人赵修德等，应浇之沿沟水时间未完而水干了。该赵修德等率领十人上来看时，水被铨将人钟长秀等放了沙坑。经职亲往查验，大水共计四个沙坑均不过二尺深，内有十个沙坑，进过水以职估计约有一亩地之面积。再查水纹约一尺深，按普通地吃水五寸，约可浇二亩地。（二）赵修德等看四处沙坑后，手执榆树条子打走铨将人何天久犁地之子，此时愈上了气。

3. 打架：赵修德往铨将村内寻找有沙坑之家，至何文才家内，声言要打有沙坑之人。斯时有钟长秀集合五人乱打，乃将赵修德等打伤六人，其余四人逃走。

4. 损伤树苗一节：经职在两村内调查，双方家人各执一词，又密讯旁人。因无人在场，均言不知。职验得树苗损伤者十一株（内有两株能活），拔者七株，均已发芽，职已命饬复栽矣。又讯附近村庄民人云，听到赵修德等在沿沟看沙坑时，曾问何天久之娃子树苗是何人在的？娃子云，靠谁的沙坑或附近谁的地者，就是谁栽的。当时赵修德等气极了，一半人赶打娃子，一半人拆伤树苗并言树苗吸收水分等语。因此他等未曾在场，再三问不说姓名。但赵修德等已被打伤多数，若是拿树苗打人，自己不致受伤太多，况讯该保甲长言所损伤之树苗都由沿沟上拿来的，在街上并未见损伤树苗等语。可是树苗在沟上，而打架在街上，沟距街约一华里之远。又据被伤人赵修德称，他是被树苗打伤的等语。此节以职研究所得，该赵修德等因气将树苗损伤一部分，钟长秀等因打伤人自知太过，借此机会，他们亦拔了一部分，以为栽赖。

以上三点均属实情，惟树苗一节虽明，一则损时无人看见，二则赵修德称被树苗打伤，但打架时天气黑了，亦无人看见过。究系何人持树苗打人，未明真相。职因公令在身，不能面陈，理合。谨将调查并研究所得详情，具实报告鉴核，并乞示遵为祷。谨呈县长张。

职　汤国智

民国三十六年五月二十日

处理意见：

讯究。

五月二十七日

赵峻德等关于钟长秀等水利涉讼案具和息甘结[2]

1947 年 6 月 2 日　　张未编号档案 20-10

具和息甘结人赵峻德、赵进德、钟长秀、钟长泰、何天久等今具到：

县长案下依奉结得，情因有钟长秀等为沿沟挑挖沙坑，有赵峻德等因挨号水，水放沙

① 编者按：此处扫描时缺行。

② 编者按：原案卷目录题名《具和息甘结》，目录未标注文件字号。

坑。彼此致起口角，而钟长秀等年青愚横，任意争闹，不意打伤数人。因此无法，并损坏树苗，借以为赖，有赵峻德等呈控在案。蒙钧座堂讯，示明是非。该钟长秀等暂出药资洋一十八万元，并管押在班。幸有当地头人钟学先不忍坐视，揽讲和解。央请书记长、施科长、程会长等秉公理论。该钟长秀等无故损坏树苗，自知理亏，追悔前非，自结以后，每逢小水，该钟长秀等不许在沙坑放水。两造情愿遵……①，理论，愿敢具结了案。所具和息甘结是实。

揽讨人　钟雪先代（印）

具和息解人　赵峻德（印）　赵进德（印）　钟长秀（指印）

钟长泰（指印）　何天久（指印）

民国三十六年六月二日

处理意见：

准。

六月二日

张毓灵关于苏长生等截浇水利辱骂良民事给民乐县县长的呈文②

1947年6月7日　张未编号档案20-6

呈为截浇水利辱骂良民事：

情因本日挨民之本粮号水，有苏长生、苏玉林上当截浇，不与民丁口所浇。尤且率领妇人孺子，将民辱骂，百般不堪，愧不克当。有现任保长樊占泰在场。民窃思浇水之权，民历年所有，焉能不叫民开口，伊任其浇灌。恳乞县长作主水判，分其泾渭，以儆效尤。则民沾恩不尽矣。谨呈民乐县县长张。

原呈人系洪水镇二保民　张毓灵（印）

被呈人系洪水镇四保民　苏长生　苏玉林

民国三十六年六月

处理意见：

附水利卷。

准传究。

六月七日

① 编者按：此处案卷破损。

② 编者按：原案卷目录题名《呈为截浇水利辱骂良民事》，目录未标注文件字号。

甘肃省高等法院第三分院关于受理山丹县民孙志和与山丹县政府确认买卖契约无效上诉事给民乐县政府的公函①

1947 年 6 月 14 日　　张未编号档案 19-1

甘肃省高等法院第三分院公函字第 407 号

案查本院受理山丹县民孙志和与山丹县政府确认买卖契约无效上诉事件。其系争之南大街房院，乃前山丹县属无去公有财产，经划归贵府时，所有该区原有公有财产，例如上项区署办公处所，是否一并册划归。相应函请，查照见复。如将上项财产划归，请将原有清册，照抄一份一并函送过院，以凭核办为荷。此致民乐县政府。

□□□

民国三十六年六月十日

处理意见：

查明函处。

六月十四日

陈扬善关于刘兴汉持刀行凶强霸水利事给民乐县县长的呈文②

1947 年 6 月 18 日　　张未编号档案 20-9

具情人洪水镇聚瑞保刘山庄民陈扬善，为持刀行凶，强霸水利事。窃因民所浇之水系室弟戴作霖余剩之水，与刘兴汉毫无关系。而伊系本年管水绅士，每分水浇地四五斗谱，亦是亲口核出。伊使水不过二厘五毫，已浇地三四斗，而伊仅以民浇水不宜，持刀与民行凶。似此强横，民何堪受？只得具情呈明县长案下作主，抑强扶弱，则民沾恩矣。谨呈民乐县县长张。

原呈人　陈扬善

被呈人　刘兴汉

民国三十六年六月十八日

处理意见：

讯究。

六月十九日

---

① 编者按：原案卷目录题名《查本院受理山丹县民孙志和与山丹县政府确认买卖契约无效上诉事》，目录文件字号 407。

② 编者按：原案卷目录题名《为持刀行凶强霸水利事》，目录未标注文件字号。

刘兴瑞等关于刘兴汉等水利纠葛具和息[1]

1947年6月22日　　张未编号档案20-4

和息：

具和息，与事人刘兴汉、陈扬善为水利致起纠葛，适有本地人士田生芬、刘兴瑞等搅外秉公调和，排解了案。各认其咎，双方永无滋闹之故。所具和息属实。谨呈民乐县县长张。

调解人　刘兴瑞　田生芬

和息人　陈扬善　刘兴汉

民国三十六年六月二十二日

处理意见：

准。

六月二十二日

田生芳等关于陈扬善呈控刘兴汉水利一案具揽和息[2]

1947年6月20日　　张未编号档案20-5

具揽解和息人田生芬、刘兴瑞、张得孝今揽到：

县长按下依奉揽得，陈扬善呈控刘兴汉水利等情一案。民等不忍坐视，愿才揽解说和了事，理合。备文具揽词呈请钧座鉴核。谨呈县长张。

具揽解和息人　田生芬（指印）、刘兴瑞（指印）、张得孝（指印）

民国三十六年六月

处理意见：

准予揽解。

六月二十日

钱有望关于沈法同等水利争讼具保状[3]

1947年7月21日　　张未编号档案20-3

具保状人钱有望今保到：

县长按下依奉保得，情因有六坝农官沈法同掌渠，乔大年为水利争讼。蒙恩管押在班民愿敢作保，在外听候堂讯。随传随到，所具保状是实。谨呈民乐县县长张。

具保状人　钱有望（印）

被保人　沈法同　乔大年

民国三十六年七月

---

① 编者按：原案卷目录题名《具和息状》，目录未标注文件字号。

② 编者按：原案卷目录题名《具揽解和息状》，目录未标注文件字号。

③ 编者按：原案卷目录题名《具保沈法同事》，目录未标注文件字号。

处理意见：

经讯，据该沈法同并称，本案……[①]县长亲自处理，禾后何见解，第返县尚待时日，已饬该等径向刁法处呈诉矣。此件附誊。

七月二十一日

民乐县政府关于贺存兴刘永善殴打事给相关人员的传票[②]

1947年8月　　张未编号档案19-14

民乐县政府传票法36申字第□□□号

贺存兴与刘永善殴打关系：

应传请人：

康向荣（新庄）、刘余善、胡天吉、马佐汉、刘文茂、马良将、陈盛世、刘培法、张培法、陈应治、胡美荣、马治汉。

限即日传到。

差警郑德明

民国三十六年八月

民乐县洪海乡公所关于何迎宾等呈控张兴泰等为依财仗势率众逞刁抢夺水利断绝民命事给民乐县长的呈文[③]

1947年9月12日　　张未编号档案20-17

窃职于本月十日奉钧座交下何迎宾等四人呈控张兴泰、刘作善、张兴福、贺天乐等为依财仗势，率众逞刁，抢夺水利，断绝民命，饬查复讯夺等因，遵于本月十一日前往该等处调查情形。缘于古七月二十四日午时起至二十七日午时止，计水三昼夜，应挨白庙张满和使，白庙将两昼夜水出卖于张兴泰等浇灌，由二十四日午时起至二十六日午时止，共计卖国币一百五十万元。张满村使水自午时至太阳出，应使八时。怀于白庙水内数年挨使一次，其使水时刻轮流而定，由白庙人照水册上指使，又有四时轮规，使于三昼夜之最后尚无搅处，迨二十四日赶水时，张兴泰等按白庙卖给时间强将水截赶是实。何迎宾等推送人口上门滋闹，张兴泰等将白庙卖水人呈首张满保郝保长，遂传白庙金重福、闫长禄质讯。乃二人面述其八时水应使于先，由张满、张瑞林、傅保清换过后使，又据白庙人述张满村使水八时，应于两昼夜之最后，并有使水水册注明。当特该等推诿俟，不敢出水册，无法查明何迎宾等使水之先后，谨将调查原委之情形。理合，呈报钧座鉴核。除原被传集外，

---

① 编者按：此处案卷破损。

② 编者按：原案卷目录题名《贺存兴与刘永善殴打事》，目录未注明文件字号。

③ 编者按：原案卷目录题名《何迎宾等呈控张兴泰等为依财仗势率众逞刁抢夺水利断绝民命报告（附原呈）》，目录未标注文件字号。

准将白庙头人传案，拿出水册，订明使水之先后，则能分辨曲直。实为公便。谨呈县长张。附原呈一件。

职刘清（印）

民国三十六年九月十二日

处理意见：

水利卷。

准为所请。

九月十二日

何迎宾等呈控张兴泰等为依财仗势率众逞刁抢夺水利断绝民命给民乐县长的呈文[①]

1947 年 10 月 10 日　　张未编号档案 20–18

呈为倚财仗势率众逞刁抢夺水利断绝民命事：

缘有本保涌泉村刁横张兴泰、刘作善、贺天乐、张兴福等于本月二十四日挨水，民等使水自午起至太阳出，应使八时，其四时应由白庙村使，计合使一昼夜。民等至期，修坝赶水，蒙由该刁率领数十人，陡风起波心怀不良叵测，强打拆坝，将水尽截。民等欲谬，赶水人单力微，该伊等势威胁吓，不能赶水。民等自夏徂秋，旱灾奇亘，禾稼被枯，终未灌溉，田四地干，无路投生。伏乞钧府怀念民艰，恩准派员澈查。民等含冤传讯惩办刁横，以宁地方水规，而免紊乱。则民等沾恩无涯矣。谨呈民乐县县长张。

原呈人　何迎宾（印）　朱婷祯　王聚宾　陈万福

被呈人　张兴泰　刘作喜　张兴福　贺天乐

民国三十六年古七月二十五日

理意见：

秉公查复后讯夺，可也。

十月十日

刘作善等呈控何迎宾等无故骚闹乞恩分别水利解除强暴事给民乐县长的呈文[②]

1947 年 10 月 10 日　　张未编号档案 20–19

呈为虺蜴为心、豺狼成性、无故骚闹，乞恩准究，分别水利，解除强暴事：

窃因现年天旱池水已涸，民刘作善等向白庙村买来四轮号水两昼夜，本月二十四日午时起，二十六日午时止，同董事人员傅生清、张文耀、杨长缘等言定，租价票洋一百午时

① 编者按：原案卷目录无标题，目录未标注文件字号。

② 编者按：原案卷目录题名《呈为豺狼成性无故骚闹乞恩分别水利解除强暴事（附原呈）》，目录未标注文件字号。

万元整，以有同人为证，二有水约可凭。水将临村，不了有张满村土豪朱廷祯、黄凝德等来村上门骚闹。民等执字明保，见人退回，未曾理论。孰知土豪以虺蜴为心，豺狼成性，控告恩府。民等切思买别村之水，而张满村土豪朱廷祯无故控告斯，所谓城楼起火，殃及池鱼，冤沉海底小民，束手无策，被文恩府。恩主案下车，一来明断胜于包公，折狱不亚恶子路。伏望天慈昭造，垂怜下艰，提案解除强暴，扶往弱民，则小民点恩靡涯矣。谨呈民乐县县主席张。

原呈人　刘作善（印）　贺天乐（指印）　张兴泰（指印）　张兴富（指印）

被呈人　何迎宾　王聚宾　陈万富　朱廷祯

民国三十六年八月

李三乐关于农民保世祯等偷水浇灌事给民乐县县长的呈文①

1947年7月18日　　张未编号档案20-7

查本县之苗圃于昨日下午一时浇灌树苗时，适有东门外农民保世祯、保世祥，私掘沟口偷浇山药。经查，保世祯约浇山药地四升（老升）、保世祥约浇山药六升。除将该民拘捕管押在案外，理合。报请钧座依法惩办，以儆效尤。是为公便。谨呈代县长牛。

职李三乐呈

民国三十六年七月十八日

处理意见：

附水利卷。

保世祥、保世祯处罚劳役。

示薄惩罚饬取保服役。

六月四日

七月十八日

李三乐关于根据旧章水帖规定处理白庙与张满水利纠纷一案给民乐县长的呈文②

1947年9月23日　　张未编号档案20-20

签呈：

查白庙与张满水利纠纷一案，依照白庙堡受水簿内列水帖规定，自清嘉庆十七年起（分为头三轮，二四轮），至二十四年止，共计八年算为一周，斯此转逐年推算毫无错讹。经查该水册内依八年为一周推算，自嘉庆十七年起至民国三十六年止（一三六年），共计转十七周，如上计算使水，本年应挨张满四轮头班，尚合水帖规定，不致有误。官刘紊乱

① 编者按：原案卷目录题名《呈农民保世祯等偷水浇灌事》，目录未标注文件字号。

② 编者按：原案卷目录题名《签呈查白庙兴张满水利纠纷一案》，目录未标注文件字号。

旧章无法核办，理合具情签请钧夺。谨呈代县长牛。附原卷一宗。

职李三乐

民国三十六年九月二十三日

理意见：

允查错误着饬两造遵照，并令该官保关查此。

九月二十三日

民乐县政府关于抢夺水利纠纷事给民乐洪海乡长的训令①

1947年10月10日　　张未编号档案20-21

本府训令建法36申字第124号

令洪海乡长刘：

案据该乡张满件民何迎宾、朱廷祯呈控涌泉民刘作善、张兴太、抢夺水利一案，本府经传讯原被两造及白庙公民闫长禄等。后依据白庙堡受水花名簿内列水帖规定，自嘉庆十七年起（分为头三轮，二四轮），至二十四年，共计八年定为一周，为此周转推行毫无错乱。当即面同白庙公民闫长禄等，依照水册规定推算，自嘉庆十七年至民国三十六年（一三六年）止，共转为十七周。如此推算，本年应挨张满四轮头班使水，尚承水册之规定，除批示外，合亟仰该乡长转分白庙保依照，张满应使水分赔偿水租，以昭公允，而杜争端等。

民国三十六年九月二十五日

民乐县政府处理依财仗势率众逞刁抢夺水利断绝民命事②

1947年10月10日　　张未编号档案20-23

本府批示建法36申字第

洪海乡张满□民何迎宾、朱廷祯本年七月二十五日呈一件，为依财仗势率众逞刁抢夺水利断绝民命由。呈悉，经传讯被告张兴太及白庙公民闫长禄、庞卷法等，后依据白庙堡受水花名簿内列水帖规定，自嘉庆十七年起（分为头三轮，二四轮）至二十四年止，共计八年订为一周，为此周转推行毫无错乱。当即面同白庙公民闫长禄等，依照水册规定推算，自嘉庆十七年至民国三十六年（一三六年）止，共转为十七周。为此计算本年使水，应核张满四轮头班，尚合水册之规定。并令饬该乡之长知照，并转饬白庙保追偿水租外，仰即知照。此批。

民国三十六年九月二十五日

① 编者按：原案卷目录题名《案据抢夺水利纠纷事》，目录注件字号124。

② 编者按：原案卷目录题名《为依财仗势率众逞刁抢夺水利断绝民命由》，目录未标注文件字号。

联勤总司令部就派员就勘探并设计山丹军牧场凿井等工程事给甘肃省主席的代电

1947 年 11 月 29 日　　甘 38-1-81

工程字第 4630 号

甘肃省政府郭主席勋鉴：

发本部第八补给区司令部西□工垒元代电开“案据山丹牧场公务改进建议书第十四项呈称‘本牧场区广袤，草原茂盛，惟中滩水源奇缺，致大片草原未能尽量利用，殊为憾事。今后无论牧务发展或农事经营，均应积极兴修水利。本年本场虽诚凿井土数口，迄无成就。因办水利需款浩大，责任过重，拟请准予转请联勤总部，转饬工程□速派员莅场勘查设计，凿取水井或开浚渠水，以利场务。一旦水源问题解决，非特全部草原场可利用，使场务前途蒸蒸日上，且每年冬春补饲马林费用即可减免，实为本场目前刻不容缓之要图，亦本场事业成败之关键也’等情。查凿设水井及开浚渠水，有利该场业务之进展甚巨，理合据转电请鉴核”等情。查丹山军牧场，实应尽量利用该项凿井及开浚渠水等工程，为求迅予改善计□，请责府就近派员代勘设计，赐□为荷。

郭忏卅（六）戌工程印

甘肃省政府就勘探设计山丹军牧场凿井浚渠具体情形事给联勤总司令部的代电

1947 年 12 月 11 日　　甘 38-1-81

水二（36）亥字第 239 号

联合勤务总司令部公鉴：

（卅六）戌迴工程字第四六三〇号代电“嘱派员就近代勘，并设计山丹军牧场凿井浚渠等工程”一案敬悉。查山丹牧场水源问题，曾由水利部甘肃河西水利工程总队第三分队派员查勘，该场中滩地下水位甚低，不宜凿井，唯一办法，自白石崖口岸防漏渠约三十公里引至马营河，但仅为畜牧饮料，需用流率极微，单独办理，诚无经济价值。兹该队正在拟具引取全部流率兼灌二墩旱地计划，除俟拟就另案□□外，特电后请查照为发。

甘肃省政府水二亥印

为请派员设计山丹军牧场凿井等工程由

1947 年 12 月 10 日　　甘 38-1-81

工字第 1313 号

联合勤务总司令部第八补给区司令部代电

本市甘肃省政府主席郭钧鉴：

案奉联勤总部（36）工字第（4630）号酉回代电开山丹军牧场请派员设计凿井或开

浚渠水一案，除请甘肃省政府就近派员代勘并设计外，特复知照等因，除饬山丹军牧场派员径洽外，谨电核示。

兰职陈长捷（36）亥（冬）工垒元

甘肃省政府就拟定引取全部流率兼灌二墩旱地计划事给联勤总部第八补给区司令部的代电

1947 年 12 月 15 日　　甘 38－1－81

水二（36）亥字第 249 号

联合勤务总司令部第八补给区司令部：

本年十二月工字第 1313 号亥冬工垒元代电悉。查此案已准联合勤务总司令部（卅六）戌迴工程字第四六三〇号代电到府□电复查山丹牧场水源问题，曾由水利部甘肃河西水利工程总队第三分队派员查勘，该场中滩地下水位甚低，不宜凿井，唯一办法自白石岩口案防漏渠，约卅公里引至马营河，但仅为畜牧饮料，需用流率极微，单独办理，诚无经济价值。兹该队正在拟具引取全部流率兼灌二墩旱地计划。除俟拟就另送等语外，特电后请查照。

甘肃省政府水二亥印

山丹军牧场长就本场亟须凿筑洋井以利收务请派员莅场勘查设计事给甘肃省主席的代电

1947 年 12 月 27 日　　甘 38－1－81

甘肃省政府主席郭钧鉴：

查本场牧区广袤，牧草茂盛，唯水源奇缺致，大好草原未能尽量利用，影响场务发展至巨，迭经呈请凿筑洋井以谋补救而利牧务在案。顷奉第八补给区工垒元字第（1314）号亥冬代电开“查该场业务改进建议书第十四项，请派员莅场设计凿井或开浚渠水”一案。经呈奉总部（卅六）工程字第（4630）号戌回代电开‘已请甘肃省政府就近派员代勘设计’等因，特电知照并希派员径洽”等因。奉此，理合电请钧府鉴核，准予迅赐派员莅场勘查设计为祷。

山丹军牧场场长石庭桂叩亥（□）山总

处理意见：

拟办，拟查案核复。

计划□□查案办。

甘肃省政府就拟定引取全部流率兼灌二墩旱地计划处理意见事给山丹军牧场的代电

1947 年 1 月 3 日　　甘 38-1-81

水二（36）亥字第 1227 号

山丹军牧场石场长：

本年十二月二十日（1696）号亥□山总代电，悉查此案已准联合勤务总司令部及第八补给区司令部先后代电到府。经电后，查山丹牧场水源问题，曾由水利部甘肃河西水利工程总队第三分队派员查勘，该场中滩地下水位甚低，不宜凿井，唯一办法自白石岩口案防漏渠约卅公里引至马营河，但仅为畜牧饮料，需用流率极微，单独办理，诚无经济价值。兹该队正在拟具引取全部流率兼灌二墩旱地计划。特后知照。

甘肃省政府水二亥印

国民政府西北行辕主任张治中就为饬知开浚山丹牧场水源事给甘肃省主席的代电

1948 年 7 月 22 日　　甘 38-1-81

□一兰字第 5069 号

甘省府郭兼司令：

（一）据联勤□部西北马政局表局长一九四八年七月视察山丹军牧场业务报告书改善意见，请开浚该牧区水源，以利牧马及农事经营一项，□□南□需要。

（二）请洽该场勘查修浚，以利农事，而便畜牧。

（三）本件已抄副本送山丹军牧场。

主任张治中

处理意见：

河西工□已拟就计划送交马政局，日前需□□二千二百□元，呈请军措另办。

万里

七月二十六日

甘肃省政府就开浚山丹牧区水源已由河西工程处拟就计划及工程款无法筹措事给西北行辕的代电

1948 年 7 月 31 日　　甘 38-1-81

水二（37）午字第 2815 号

西北行辕主任张：

（一）本年七月二十二日漫一兰字第五〇六九号代电□悉。

（二）查本案已由水利部甘肃河西水利工程□，拟就计划送交马政局，商请□牧办理。（计划□□办□□经□□。）

（三）兹据目前物价计算需工程约二千二百□元，唯款额□巨，河西工程□无法筹措，本府亦无□□援。

（四）请鉴核。

联合勤务总司令部西北马政局长就山丹军牧场白石崖河灌溉工程计划书请准兴办事给甘肃省主席的代电

1948年8月26日　　甘38-1-81

兰需（研）齐字第2870号

甘肃省政府主席郭：

准水利部甘肃河西水利工程处，本年八月五日工（37）□字第（□）号□□□送□□□白石崖河灌溉给水工程计划书嘱参放。如认为可办，即请呈商□系机□设法筹款办理。经核，所拟计划可使广大荒滩化为畜牧农作中心区域，此种利国福民事业亟应兴办。除送报国防部咨请水利部核办，并分报西北军政长官公署备查外，谨抄原件一份，请鉴核示遵。

局长麦世昌

处理意见：

阅。

万里

八月二十七日

该项工程颇具价值，拟□水利部□□核贷□复。

甘肃省政府就白石崖河灌溉给水工程计划确实可行已请水利部核贷兴办事给水利部和西北马政局的代电

1948年9月4日　　甘38-1-81

水二（37）申字第3037号

水利部公鉴：

据联合勤务总司令部西北马政局代电"以准贵部甘肃河西水利工程处，函送山丹白石崖河灌溉给水工程计划书，□□改为□为□办，即请设法□□办理一案　据核，□拟计划可使广大荒滩化为畜牧农作中心区域，此种利国福民之业亟应兴办，请鉴核"等情。到府经核，该项工程预算按民国二十六年物价计算，需工程费壹拾贰万七千元，以□折合金元或十五万四千元，能年增产小麦二万六千石、马二千匹，颇具经济价值。核电□送原计划□请查照□，予核贷工□以便兴办□后为□。附计划书一份。

甘肃省政府水（37）申支□

水二（37）未字第3037号
联合勤务总司令部西北马政局麦局长：

本年八月二十一日（1948）兰需（研）齐字第2870号代电资附件均悉。经核该工程颇具价值，已电请水利部核贷工□矣。希查照。

第六区专员就山丹县请拨款兴修大马营水利提案事给甘肃省政府的电报

1948年7月2日　　甘38-1-81

武二（37）午字第二一九三号
甘肃省政府：

（一）本区行政检讨会议据山丹县长赵佩琴提议，建议省府转请中央筹拨专款兴修该县大马营水利案，经决议通过，呈请省府核办，记录在卷。

（二）谨将原提案照缮一份，随电赍呈鉴核示遵。

（三）附原提案一份。

甘肃省第六区行政督察专员兼保安司令张作谋

处理意见：

查该县白石崖河水利，河西工程□已设计有工程计划，已送水利部请核拟中。

八月十日

山丹县长就请拨款兴修大马营水利提案事给甘肃省政府的呈文

1948年7月2日　　甘38-1-81

建议省府，转请中央筹拨专款，兴修本县大马营水利，以增加粮食生产，而利移民案：
理由：（一）大马营草原广袤百余华里。
（二）白石崖和流经该草原内未能利用。
（三）兴修后可能开垦灌溉二十余万亩，每人以三亩计，能增加七八万人口。
办法：请省府一面派工程师勘测，一面报请中央筹拨大批专款早日兴修。
决议：通过呈请省府核示。

山丹县县长赵佩琴

甘肃省主席就山丹县长请兴修大马营水利已由河西水利工程拟具计划事给六区专署的指令

1948年8月13日　　甘38-1-81

水三（37）未字第2915号
六区专署张专员：

本年七月二日武二（37）午字第二一九三号代电□附件均悉。查该县白石崖河水利，已由水利部甘肃河西水利工程电拟有计划呈送，请水利部核发工□中一后□到即为兴办。仰知照。山丹牧场水源问题，曾由水利部河西水利工程总队第三分队□□查勘。据示该场中滩地下水位甚低，不宜凿井。唯一办法自白石岩筑防漏渠约三十公里，引马营河水，但仅为畜牧饮料，需用流率极微，单独办理，诚无经济价值。兹该队正拟具引取全部流率，兼灌二墩旱地计划中。拟代电复并。

处理意见：

先会后送副稿函。

河西工程总队

如拟。

万里

十二月五日

西北军政长官公署张治中就请拨工款兴办山丹水利牧场事给国防部的代电

1948 年 9 月 4 日　　甘 38-1-81

(37) □一兰字 5996 号

国防部：

前据西北马政局呈报三十七年七月，视察山丹永登两军牧场农务报告书改善意见，请开浚该牧场区水源，以利牧马及农事经营一项。经转，据甘肃省政府报称，本案已由水利部甘肃河西水利工程处拟就计划，送交马政局商请筹款办理，惟按目前物价需公款过巨，工程处无法筹措，本处亦无款可拨。

据马政局八月二十一日（37）兰马□□2870 号代电，查河西水利工程处函送山丹白石崖河灌溉给水工程计划书，经核，□拟可使广大荒滩化为畜牧农作中心区域，此种利国福民之业亟应兴办。除已送报国防部，咨请水利部核办并分报甘肃省政府备查外，谨捡呈原件，请核示。

查开浚水利事□生产在西北荒漠地带亟属需要，惟以工款过巨，照所拟计划书估列数字条，按三十六年抗战以前法币一十二万七千元计算者，依目前币制改革，应以银币一元折合金圆二元计，应需工款二十五万四千金圆，此项巨款地方机关无法筹措，拟请由中央另拨专款，以资兴办。敬电赐办□复为祷。本件已抄副本送西北马政局及甘肃省政府与水利部河西水利工程处。

长官张治中

处理意见：

拟存查。

万里

九月二日

副本已送甘肃省政府。

西北军政长官公署张治中就抄发国防部代电为请拨兴办山丹水利牧场工款希知照事给水利局的代电

1948年9月27日　　甘38-1-81

兰字第6545号

水利局：

兹拟发国防部九月十六日（39）□铨字第（6235）号代电副本一件。特电知照。

长官张治中

处理意见：

拟存查。

九月二十九日

如拟。

九月卅日

西北军政长官公署就需拨专款兴办山丹水利牧场事的代电

1948年　　甘38-1-81

案准西北军政长官公署（1948）漫一兰字第五九九六号代电开“（一）前据西北马政局呈报三十七年七月视察山丹、永登两军牧场农务报告书改善意见，请开浚该牧场区水源，以利牧马及农事经营一项，经转，据甘肃省政府报称“本案已由水利部甘肃河西水利工程处拟就计划，送交马政局商请筹款办理，惟按目前物价需公款过巨，工程处无法筹措，本处亦无款可拨。（二）据马政局八月二十一日（1948）兰马研齐二八七〇号代电，查河西水利工程处函送山丹白石崖河灌溉给水工程计划书，经核，□拟可使广大荒滩化为畜牧农作中心区域，此种利国福民之业亟应兴办。除已送报国防部咨请水利部核办，并分报甘肃省政府备查外，谨捡呈原件，请核示。（三）查开浚水利事关生产，在西北荒漠地带亟属需要惟以工款过巨，照所拟计划书估列数字条，按二十六年抗战以前法币一十二万七千元计算者，依目前币制改革，应以银币一元折合金圆二元计，应需工款二十五万四千金圆，此项巨款地方机关无法筹措，拟请由中央另拨专款以资兴办”等由。查上项费款本部本下半年度未列是项预算，无从筹拨。理合备文转请钧院赐拨专款以资兴办，并祈示遵为祷。

水利部山丹白石崖河灌溉给水工程计划准予核贷事给甘肃省政府的公文

1948年9月29日　　甘38-1-81

（1948）水部渠字第51374号

甘肃省政府公鉴：

水（37）申支代电暨附件均敬悉。经核尚属可行，业已捡同原件函请中农行核贷。又此项工程应依法办理水权登记，相应检同水权登记声请书格式一份，电请查照，转饬办理为荷。附检送水权登记声请书格式一份。

水利部渠一印

民国三十七年年九月□日

处理意见：

拟办：查本计划牧马场系为营事业，现且专款兴办，水权登记似不需要，拟电复。

十月五日

水权登记声请书格式

声请人	姓名	性别	籍贯	年龄	住所	职业	备注
权利人或代理人							如系代理人应依法附具委任书
义务人或代理人（如无可不填）							如系代理人应依法附具委任书
水权来源	水权状　号或其他参省施行细则第十九条						
登记原因	取得或移转变更或消减（水利法第二十四条）						
水权标的	给水农田用水工业用水水运或其他（水利法第十五条）						
水权所在地	省　县　区　镇乡　保　甲						
用水地点	地域之四至　运送之起讫及长短　水利之水头及其真高等						
所有权来历	用水地点所有权之买或租押年月及税契年月						
引用水源	江河名称						
引用地点	某县某乡某地						
引用水量	时间	年　月　日起至　年　月　日止 每日　小时　每夜　小时				数量	每分秒钟　立方公尺加仑
其他记载	如有其他权利人应填入此栏						
附呈有关证明文件	共　件						

谨呈

机关

声请人　　　　签名盖章

声请登记日期　　年　　月　　日

甘肃省政府就办理山丹白石崖河灌溉工程不需水权登记事给水利部的代电

1948 年 10 月 13 日　　甘 38-1-81

水二（37）□字第 3277 号

水利部分鉴：

本年九月二十九日（1948）水部渠字第三一三七四号渠一申敬代电鉴附件均敬悉。查本计划牧马场系公营之业，不适用农贷办法，且工□尚无工□兴办嘱办水权登记□□似不需要，特电后请查照为□。

甘肃省政府水（37）□印

水利部就无转款可贷山丹白石崖河灌溉给水工程事给甘肃省政府的公函

1948 年 10 月 20 日　　甘 38-1-81

（1948）水部渠第 53554 号

甘肃省政府公鉴：

案查前“贵省政府电送山丹白石崖河灌溉给水工程计划，请转洽核贷”等由，当经函转中农总处核办在案。兹准该处函复“以查甘肃省山丹白石崖河灌溉给水工程，系以解决草原牧马场饮水问题为主，非全属农田水利范围，该项工程似应由贵部指拨专款办理”等由。查本部农田水利基金，业已分配无余，无款可资核贷，除遇机舟行注意办理外，相应电请查照为荷。

水利部渠一印

民国三十七年十月二十日

处理意见：

拟办，存查。

万里

十月二十日

西北军政长官公署张治中就山丹县请制止截引白石崖水流事给甘肃省政府的代电

1948 年 10 月 15 日　　甘 38-1-81

□□兰字第 6954 号

甘省府：

（一）据山丹县参议会丹条秘（37）申 101 呈文节称：“查祁连山麓白石崖口站出之水，确为仙堤封云两乡人民灌溉田亩之水源，有县志及暖泉坝水利红册可据。兹闻水利工程处会同军牧场，有截引白石崖口水利之举，该两乡人民闻之殊为惊骇。假使上源水势被分，下流定然微细，影响灌溉实深且巨，恭请制止。”

（二）希核办迳复。

（三）本件已抄副本送河西水利工程处、山丹军牧场及山丹县参议会。

长官张治中

处理意见：

□照案复

十月十五日

西北军政长官公署张治中就山丹县请制止截引白石崖水流事给甘肃省政府的代电

1948 年 10 月 13 日　　档案号不详

□□兰字第 6954 号

甘省府：

（一）据山丹县参议会丹条秘（37）申 101 呈文节称“查祁连山麓白石崖口站出之水确为仙堤封云两乡人民灌溉田亩之水源，有县志及暖泉坝水利红册可据。兹闻水利工程处会同军牧场有截引白石崖口水利之举，该两乡人民闻之殊为惊骇。假使上源水势被分，下流定然微细，影响灌溉实深且巨，恭请制止。”

（二）希核办径复。

（三）本件已抄副本送河西水利工程处、山丹军牧场及山丹县参议会。

长官张治中

处理意见：

照案办。

十月十三日

副本送河西水利工程处。

白石崖灌溉给水工程补给仙堤封云两乡灌溉用水量勘测情形事的代电

10 月 12 日　　甘 38-1-81

照□山丹参议会呈九月等为甘冬秘（37）申字第 101 号（条文参还□会□），查白石崖河岸地质松软易于渗漏，故水出崖口，未及数公里，即已断流。卅六年七月，河西水利工程第三分队测得崖口流率为 0.05 秒立方公尺。同时，在离白石崖口四十余公里马营河之二马营，测得泉水流量为 1.32 秒立方公尺，大于白石崖河之流率 2.54 倍。由是乃知马营河之泉水，非尽来自白石崖河渗入地下之水也。若谓泉水来源，必有一部分系自白石崖河渗漏而来者，以白石崖河水量之小，河床之宽，地质之松，路程之远。此种判断仍能可靠河西水利工程处拟至白石崖口筑一拦水坝，截引全部枯水流率，由防漏□渠及木制轮水□引水至三□，以灌溉三□至大马营间之荒地。灌溉以后，渗漏地下之水，可以增加马营河之泉水而补助下游仙堤乡封云乡灌溉之不足。水由木增引来□水由地下渗漏而来，熟为可靠。且三□大马营间之荒地，靠近马营河，灌溉以后，渗入马营河之水，参与由白石崖口经□远□大之地层渗漏而来之水□又熟为大，故白石崖可灌溉给水工程之计划，对仙堤封云两乡确有补给灌溉之用水量，而无分水减流之害。

陈□□

十月十二日

甘肃省政府就关于白石崖灌溉给水工程确系补给仙堤封云两乡灌溉用水事给长官公署与山丹县长的代电和训令

1948 年 10 月 21 日　　甘 38-1-81

水二（37）□字第 3320 号

西北军政长官公署长官张：

本年十月十二日（1948）□一兰字第六九五四号代电□悉。查山丹白石崖河一岸地质松软易于渗漏，故水出崖口，未及数公里，即已断流。卅六年七月，河西水利工程第三分队测得崖口流率为 0.05 秒立方公尺。同时，在离白石崖口四十余公里马营河之二马营，测得泉水流量为 1.32 秒立方公尺，大于白石崖河之流率 2.54 倍。由是乃知马营河之泉水，非尽来自白石崖河渗入地下之水也。若谓泉水来源，必有一部分系自白石崖河渗漏而来者，以白石崖河水量之小，河床之宽，地质之松，路程之远，该县参议会□称上源水势被分，下游定然微细，影响仙堤、封云两乡灌溉季节，绝不可触。后查，本案河西工程处拟在白石崖口筑一拦水坝，截引全部枯水流率，由防漏渠及木制轮水管引水至三□，以灌溉三□至大马营间之荒地，灌溉以后，渗漏地下之水，可以增加马营河之泉水，而补助下游仙堤乡封云乡灌溉之不足。且三□大马营间之荒地，靠近马营河，灌溉以后，渗入马营河之水量，□白石崖口经□远□大之地层渗漏而来之水量又大，故白石崖可灌溉给水工程之计划，对仙堤、封云两乡并无分水减流之害。除迳后外，谨电后鉴核备查。

水二（37）□字第□号

山丹县赵县长：

□西北军政长官公署代电，以据该县参议会具条秘（37）申 101 呈文节称："查祁连山云云，希核办适后。"查山丹白石崖河一岸，□□□□□并无分水减流之害。除后兹发公署外，合行令仰特函该会□照。

西北马政局长就山丹场白石崖口给水工程已函农行贷款事给甘肃省主席的代电

1948 年　　甘 38-1-81

甘肃省政府主席郭：

前奉钧府本年九月四日水二（37）申字第（3037）号代电敬悉。经分呈去后，兹复奉联勤总部（1948）禹漏字第（3214）号代电略开准水利部复电"已函请农民银行总管理处核贷"等因。

谨电报闻。

局长麦世昌

处理意见：

函复：核贷农行因本工程性质并非全为增加农产，其对象亦非为农民，故不适于农贷条例而拒贷。如贵局认为本工程十分切要，似宜舟呈国防部及长官公署设法拨给专款。

存查。

万呈

十一月十七日

西北马政局长就山丹场白石崖口给水工程贷款详情事给甘肃省主席的代电

1948 年 12 月 15 日　　甘 38－1－81

总司令郭：

□钧部三十七年九月十八日□□字第 3214 号代电□悉，□兹奉□兰省政府水二（37）戊字第 3454 号代电：

（一）本年六月十六日（三七）兰需齐字第 003640 号代电悉。

（二）查本案经本府电□水利部本年九月□四日□寒代电开“案查前准贵省政府电送山丹白石崖河灌溉给水工程计划，请转洽核贷”等由，当经函转中农总处核办在案。兹准该处函复“以查甘肃省山丹白石崖河灌溉给水工程系以解决草原牧马场饮水问题为主，非全属农田水利范围，该项工程似应由贵部指拨专款办理”等由，查本部农田水利基金，业已分配无余，无款可资核贷，除遇机舟行注意办理外，相应电请查照为荷。

（三）本案农行既因本工程性质并非全为增加农产，其对象亦非为农民，故不适于农贷条例而拒贷，水利部亦无款可贷。如贵局认为本工程十分切要，似宜舟呈国防部及西北长官公署设法拨给专款办理。

（四）希查照办理。

后准水利部甘肃河西水利工程总队工（37）戌字第 459 代电案由同前。查白石崖河给水工程非仅可供牧场马匹饮水，并可垦殖农田数万亩，福国利民之举而使。拟请转呈国防部□赐分资水利部提前兴办，□观□成。本案抄副本分呈西北军政长官公署甘肃省政府备查，并送水利部甘肃河西水利工程总队查照。

局长麦世昌

处理意见：

呈甘肃省政府。

存卷。

十二月十五日

水利部就山丹白石崖河给水工程农行拒不贷款水利部亦无款可贷事给西北马政局的代电

1948 年 11 月 22 日　　甘 38－1－81

水二（37）戌字第 3454 号

联合勤务总司令部西北马政局麦局长：

本年十一月十三日（三七）兰需齐字第〇〇三六四〇号代电悉。查本案经本府电准水利部本年十月十四日□案代电开“案查前准贵省政府电送山丹白石崖河灌溉给水工程计划，请转洽核贷”等由，当经函转中农总处核办在案。兹准该处函复“以查甘省山丹白石崖河灌溉给水工程，系以解决草原牧马场饮水问题为主，非全属农田水利范围，该项工程似应由贵部指拨专款办理”等由，查本部农田水利基金，业已分配无余，无款可资核贷，除遇机舟行注意办理外，相应电请查照为荷。本案农行既因本工程性质并非全为增加农产，其对象亦非为农民，故不适于农贷条例而拒贷，水利部亦无款可贷。如贵局认为本工程十分切要，似宜舟呈国防部及西北军政长官公署设法拨给专款办理。希查照办理。

民乐县里仁村民李怀锦等关于叶家村胡得儒等借词生端行凶懒命事给民乐县县长的呈文①

1948年5月7日　　张未编号档案44-1

为借词生端行凶懒命事：

窃民村与叶家村所浇之水同出一源，两地尤处下闸名为叶家闸。按地形彼上我下，依陈规，逢该村之水，民村浇灌所承租者，仅芦家沟而已，余皆系满溢之水，无承租之例。况彼村粮轻水足，每年除自浇外，多半卖给上闸，赖水涣利，而民村则粮重水轻，灌溉尚且不足，嘉禾常受亢旱，此以往之不均。民等忍气吞声，以为陈规难改，孰意人心愈同而愈巧，所为之事，亦愈出而愈毒。于古三月二十三日逢彼村之水，适水大有溢，民村所浇地不过石，而被村顽恶胡广学等以利为义，强行使民村承租。民思彼背理取利，未经认可，而该恶以暴力为滋事工具，以人命做取利先锋，招集强突五十余人，手执猛棍，并领老弱妇孺十余人，在民村行凶懒命，幸有邻村陈和中等揽解，该恶等聆利甚命。未遵调和，且切口仍然行凶懒命。民思事关生命，遗祸非轻，实处无法，只得呈请钧座电鉴，恳速饬役提案法究，论曲直而分泾渭，惩强徒而维国法，则民感再造之德矣。谨呈民乐县县长张。

原呈人洪水镇第五保里仁寨民杨怀锦　李生庭　李天锡　李生兰

被呈人洪水镇第五保叶官寨刁民胡得儒　胡登官　胡广学　胡登荣

民国三十七年五月六日

处理意见：

传讯。

五月七日

① 编者按：原案卷目录题名《为借词生端行凶懒命事》，目录未标注文件字号。

民乐县叶官村胡广学等关于里仁村李天锡等依势欺压聚伙行凶紊乱渠规抢夺水利事给民乐县县长的呈文①

1948 年 5 月 8 日　　张未编号档案 44-2

呈为依势欺压聚伙行凶紊乱渠规抢夺水利事：

窃于古三月二十三日，挨逢本村号水，正灌地亩，忽水干落。民等前往巡查，不意有劣绅李天锡率领无赖之徒李生兰等数人，势如强匪，手执步枪一支，其余之人各执木棍，扬言劫水，情况可怕。民等见势凶恶，不敢阻挡，任伊灌溉一昼夜。至次日，民踩其被劫行踪，挖断泊沟，上丢大沙坝，下庙家坝，将民等之地，一概丢干。民等无奈，于二十五日，央请地方公民至伊家从中理论。不料，该恶等心怀鬼蜮，暗设圈套手执枪棍，反将民百般辱骂，将枪击射一次。民等惊骇，不敢停息，当即本案谨状呈请县长案下作主，迅予差警传案，依法惩办，而重水利，则阖村老幼均感德再造矣。谨呈民乐县县长张。

原呈人洪水镇叶官村民　胡广学（印）　张得孝（印）
张全积（印）胡登荣（印）　张多积
被呈人里仁村　李天锡　李生兰　李生莛　杨怀秀　李怀锦
民国三十七年五月七日

处理意见：

并案讯办。

五月八日

民乐县六东乡民金生礼关于金生瑞打伤人抢浇水利事给民乐县县长的呈文②

1948 年 5 月 21 日　　张未编号档案 44-32

呈为打伤人重抢浇水利事：

窃因敝村刁民金生瑞心怀不良，时谋害人，不但将民打伤，并将小民之水抢去浇完。小民无法，只得呈请县长作主法办，以儆刁横，实感恩便。谨呈民乐县县长张。

原呈人　六东乡徐家寨民金生礼
被呈人　金生瑞
民国三十七年古四月二十二日

处理意见：

传讯。

五月二十一日

---

① 编者按：原案卷目录题名《呈为依势欺压聚众行凶紊乱渠规事》，目录未标注文件字号。

② 编者按：原案卷目录题名《呈为打伤人重抢浇水利事》，目录未标注文件字号。

民乐县六东乡民黎学舜关于金生水呈金生利为浇灌水利涉讼一案给民乐县县长的呈文①

1948年5月31日　　张未编号档案44-33

具呈人系六东乡第六保徐家寨甲长黎学舜今呈到县长案下，为浇灌水利一事：

缘因有敝处金生水、金生利二人，为水口角相争，两造撕打，有金生利率领妻女、孩子上门□辱。有金生水情理难耽，呈明在甲。刻下将两造传齐，秉公理论调查。确实该金生利心怀不忍，拿去金生水谷子四斗之谱，黄米二、三升之谱，又将头项之内自割其伤。俱各认真承实外，有拿去干面、炒面若干之数。两造咬赖，疑惑未定，难以和解。似此情形，该金生利横行胡闹，现拘公所看好，民不能一时耽负。即将调查情形，理合。具文谨呈民乐县县长张。

附呈原件一纸。

原呈人　金生水

被呈人　金生利

民国三十七年古四月二十一日

处理意见：

并案讯。

五月三十一日

民乐县六东乡民金生水关于金生藜为强浇苗水送人滋闹盗物揣命事给民乐县县长的呈文②

1948年5月31日　　张未编号档案44-34

诉为强浇苗水送人滋闹盗物揣命事：

窃于古四月二十一日，辰刻挨逢头轮苗水，按粮分水，各自浇灌。不料，有金生藜横行刁恶，将民号水以上截下，任意强浇。民田亢旱，以致与伊户口角相争，被人解劝，民思浇水在急，前往扒水灌田。谁知，该伊返家，起心不良，私谋偷盗，希图揣命而又送人滋闹。且将民家谷子四斗，米五升，干、炒面各十余斤偷盗。伊家反而自刎项头，图赖种命。民无奈，将伊首明保甲公所，查情理论。而保甲长秉公查询，该伊将盗去米、面各情虽经承认，心实不悦立逼。民事出无法，只得奔案，具状诉请县长案下作主，传讯以儆强

---

① 编者按：原案卷目录题名《为浇灌水利事》，目录未标注文件字号。此文件中金生水与金生利二人，在后二份文件中又称金生瑞与金生藜、金生礼。

② 编者按：原案卷目录题名《诉为强浇苗水送人滋闹盗物揣命事》，目录未标注文件字号。

横而重水利，实胜感德。谨呈民乐县县县长张。

原呈人六东乡徐家村民　金生水

被呈人　金生藜

民国三十七年五月

处理意见：

并案办。

五月三十一日

民乐县六东乡民展兴诗关于金生礼呈控金生瑞一案具揽词状①

1948 年 5 月 31 日　　张未编号档案 44–35

具揽词人六东乡徐家寨民人展兴诗今揽到：

县长案下依奉揽得，情因有敝村民人金生礼为浇水不均，将金生瑞呈告钧府案下。小民愿将两造揽讲调解，以息讼端，实感恩便。谨呈民乐县县长张。

具揽词人展兴诗（指印）

民国三十七年四月

处理意见：

准揽。

五月三十一日

民乐县六东乡民金生礼金生瑞关于水利涉讼一案具和息状②

1948 年 6 月 2 日　　张未编号档案 44–36

具和息人六东乡徐家寨民人金生礼、金生瑞今具到：

县长案下依奉具得，情因小民二人为浇水不公，被控在案。经当地绅公调解，双方均愿了结。呈请注销原案，恳祈恩准。实为公便。谨呈民乐县县长张。

具和息人　金生礼、金生瑞

民国三十七年古四月

处理意见：

附卷。

六月二日

---

① 编者按：原案卷目录题名《为金生礼等具揽词》，目录未标注文件字号。

② 编者按：原案卷目录题名《具和息状》，目录未标注文件字号。

民乐县六东乡新庄村民易好学关于易佩英等借水利聚众暴动任意滋闹事给民乐县县长的呈文[①]

1948年5月22日　　张未编号档案44-37

为借故水利聚众暴动任意滋闹恳乞钧座电鉴作主依法严办以儆不法而维良善事：

窃缘于古四月五日晚，挨敝村西伙津漏溢水，因水势过大，所有无租不应浇灌之地，经地方绅董公议，准予通融浇灌，以后按浇地多寡，公论给地方承租。迨至水后，所浇无租之地，计有八九户内有有局面与无担负之人，浇灌得当，置之不提。惟民计浇租之地，仅有二亩。不意，有地方刁徒易佩英、刘家祖、易其秀、刘重姓等敲钟为号，集聚无知人民二十余名，将民招至一块，设心毒打。适有族叔易其恒及邻村公民章兴民、章兴学、张建业、展立议等听此消息，不忍坐视，履场以善言解劝。伊等乱口嚣嚣，恶言强抗，不遵公理，立逼小民，无奈。祈得具实情呈报县长电鉴作主，准将刁徒易佩英等四人拘案，依法惩办，以儆聚众暴动不法之行为，而安良善，则民沾恩再造矣。谨呈民乐县县长张。

六东乡新庄村原呈人　易好学

被呈人　易佩英　易其秀　刘家祖　刘重娃

民国三十七年五月二十一日

处理意见：

附案讯办。本案已和息了案存。

五月二十二日

民乐县参议会关于六东乡新庄村民易好学呈控易佩英等借水利聚众滋闹一案转给民乐县政府的公函[②]

1948年5月25日　　张未编号档案44-38

民乐县参议会参辰字第123号

为据情函转贵府将易佩英等传案讯办由：

案据六东乡新庄村民易好学呈称：呈为借故水利聚众暴动任意滋闹事，呈请议长电鉴转呈县长作主，传案明讯，以儆不法，而维良善事。窃缘古四月五日晚，挨至敝村西伙津漏溢水，因水势甚大，所有无租不当浇灌之地，经地方头人公议通过，准其浇灌，以后按地方浇地多寡，分论承出水租。迨至水后，计浇无租之地，共七、八户内有有局面与无担负之人所浇之地，置之不提。惟小民计浇无租之地，只二亩许。不意，有地方刁横易佩英、刘家祖、

① 编者按：原案卷目录题名《为借故水利聚众暴动任意滋闹事》，目录未标注文件字号。

② 编者按：原案卷目录题名《为据情函转贵府将易佩英等传案讯办由》，目录文件字号123。

易其秀、刘重娃等，居心不良，串连无知愚民，敲钟为号，集聚民众二十余……①

民国三十七年五月二十五日

民乐县参议会关于六东乡新庄村民易好学呈控易佩英等借水利聚众滋闹一案转给民乐县政府的公函②

1948 年 5 月 31 日　　张未编号档案 44–39

具和息切结人系六东乡第六保新庄民刘加祖、易佩英、易好学等，依奉结得：

情因敝甲为争闹水利，控告在案。请众揽讲说和，以后若有争闹，此次水利情事为具结人是问，立具和息切结是实。

具结人　刘加祖　　易其秀（印）　易佩英

刘念祖（印）　易佩玫（印）　易好学（指印）

调解人　程子典（印）　朱遇祥（印）　程子箴（印）　易其恒（印）

民国三十七年四月二十日

处理意见：

附卷。

五月三十一日

民乐县六东乡六坝民武缵祥关于六坝民曾居志等素行恶赖久以逞刁打落门牙强夺铁锨毡袄事给民乐县县长的呈文③

1948 年 6 月 8 日　　张未编号档案 44–3

呈为素行恶赖久以逞刁打落门牙强夺铁锨毡袄事：

缘因于本月二十八日，挨逢敝处掇顺四坝。是夜，河水大发，各沟满盈，农民都浇。次日早，民人到沟口淹水。不料有刁徒曾居志、秦学书等，率领弟兄，破口辱骂。伊等者浇，民人言说如此。发水人皆浇灌，我何不浇？伊等便将民人撕倒在地，手执铁锨石头乱打，打落门牙一个，抢去铁锨毡袄等物。斯时民人昏倒在地，片时过来不见伊等。似此野蛮，撕打逞刁，使人忍无可忍，又加疼痛难受。只得呈明于县长案下作主，伏祈提案讯究，以惩刁恶而维法律，追交抢物，则民人沾恩无涯矣。谨呈民乐县县长张。

原呈人六东乡六坝民人　武缵祥

被呈人六东乡六坝刁民　曾居志　秦换喜　秦学书

民国三十七年六月

---

① 此文档扫描时缺页。

② 编者按：原案卷目录题名《具和息甘结》，目录未标注文件字号。

③ 编者按：原案卷目录题名《为借词生端行凶懒命事》，目录未标注文件字号。

处理意见：

传讯。

六月八日

民乐县六东乡六坝保民武缵祥、秦学书等关于水利涉讼事具和息状①

1948年6月15日　　张未编号档案44-4

具和息人系六东乡六坝保户民武缵祥、秦学书、曾居志今具到县长案下：

依奉具得，情因有武缵祥，为浇灌水利等情，呈控秦学书、曾居志等在案。蒙恩票传，奉令之下，幸有当地士绅张连汉、王致骏等从中揽请，秉公调解。两造各知理屈，愿敢了局，以息讼端，再不争讼。所具和息甘结是实。谨呈民乐县县长张。

具和息人　武缵祥（印）　秦学书（印）　曾居志（指印）　秦换哇（指印）

调解人　张连汉（印）　武赞功（印）　武治国（指印）　钱有望（印）

武建勋（印）　王致骏（印）　乐　功（指印）

武学孔（指印）　王万镒　张银翎

民国三十七年六月

处理意见：

附卷。

六月十五日

民乐县洪海乡善家庄民单登盛关于单培怀等为浇水打伤事给民乐县县长的呈文②

1948年6月22日　　张未编号档案44-30

呈为浇水打伤事：

情因本月十四日，民应浇之水。正浇之时，忽有单培怀父子二人，强迫挖坝，民好言相说。不意，彼父子二人不说理由，将民已打伤，不省人事，庄村众人将民抬到村庄。昨日，自觉未死，民家贫，无法这得。呈青天大人作主，传案审讯。谨呈民乐县政府县长张。

原呈人　单登盛（指印）

被呈人　单培怀　单登廷

民国三十七年古五月十六日

附验伤单：

单登盛年三十六岁，洪海乡善家庄人。

仰面：头部偏左有铁器砍伤一处，斜长一寸八分，横阔三分，深抵骨，皮破血结、围

① 编者按：原案卷目录题名《为借词生端行凶懒命事》，目录未标注文件字号。

② 编者按：原案卷目录题名《呈为浇水打伤事（附验伤单）》，目录未标注文件字号。

肿，左腿有铁器打伤一处，青肿，余无故。

检验员廖章清

民国三十七年六月二十二日

处理意见：

传讯。

六月二十二日（代）

民乐县洪海乡民陈广文等关于单登盛等为浇水打伤事具揽词状①

1948 年 6 月 28 日　　张未编号档案 44-31

具揽词人洪海乡头二坝保保长陈广文今揽到县长案下：

谨揽得，有本保单家庄单登盛，呈控单培怀为水利滋事等情一案。地方人等不忍坐视，愿将揽解调和。所具揽词是实，谨呈民乐县县长张。

具揽词人　陈广文（印）、单学祥（指印）

民国三一七年六月二十九日

处理意见：

准。

六月二十八日（代）

民乐县沐化乡张桐林关于毛增辉损人利己陷害民生事给民乐县县长的呈文②

1948 年 6 月 16 日　　张未编号档案 43-7

具呈人民乐县沐化乡毛城子张桐林呈为损人利己陷害民生事：

窃有本村刁民毛增辉，久为地痞，素行诬赖，借以钱多势广，率领火计数人强由民地挖成一道新沟，意欲经流水。日久水冲沙淤，使民田地绝耕。逼民无立足之地，显系故意陷害良民，则民忍让不得，实处无奈，只得据情恳祈钧府鉴核传讯，以分泾渭，而利民生，实为功德无量。谨呈民乐县县长张。

原呈人　张桐林（指印）

被呈人　毛增辉

民国三一七年古六月十日

处理意见：

附卷。

六月十六日

---

① 编者按：原案卷目录题名《具揽词》，目录未标注文件字号。

② 编者按：原案卷目录题名《为损人利己陷害民生的呈》，目录未标注文件字号。

民乐县沐化乡张桐林毛增辉关于水利涉讼一案具和息甘结[①]

1948 年 7 月 26 日　　张未编号档案 43-8

具和息甘结人毛增辉、张桐林今具到县长案下：

依奉结得，情因毛增辉为浇水挑沟事，被张桐林呈控在案。幸有地方绅董王俊德、李三乐等秉公调解，两造各咎其非。双方情愿了事，再无反言。所具和息甘结是实。谨呈民乐县县长张。

具和息结人　毛增辉（指印）、张桐林（指印）

民国三十七年七月二十六日

处理意见：

附卷。

七月二十六日

民乐县县政府关于沐化乡民武之烈控杨华芳一案给沐化乡乡长的训令[②]

1948 年 6 月 25 日　　张未编号档案 44-19

民乐县政府法（37）巳字第 2232 号训令

沐化杨乡长

随令附发该乡民武之烈控杨华芳等借水陷害良善一案原呈仰遵办具报（附发原呈二纸）：

一、据该乡思维保杨家河民武之烈，呈控杨华芳、杨伏长等六人，借水陷害良善，请惩办一案。

二、前随令附发原呈二纸。

三、仰该乡长查照明严处，至将处理情形速合原呈一并具报核夺。

县长张（代）

民国三十七年六月二十五日

民乐县沐化乡公所关于处理该乡民武之烈控杨华芳一案给民乐县县长呈文[③]

1948 年 7 月 24 日　　张未编号档案 44-20

民乐县沐化乡公所沐（37）午字第 80 号

呈民乐县县长张

为呈报处理武之烈控杨华芳等借水陷害良善一案（附原呈一件）：

一、钧府法（37）已字第二二三二号训令奉悉。

---

① 编者按：原案卷目录无标题，目录未标注文件字号。

② 编者按：原案卷目录题名《随令附发该乡民武之烈控杨华芳等借水陷害良善一案原呈仰遵办具报》，目录文件字号 2232。

③ 编者按：原案卷目录题名《为呈报处理武之烈控杨华芳等借水陷害良善一案》，目录文件字号 80。

二、遵即就近详查处理武之烈所呈，损伤器物均系捏词。实系以上截下自召其祸，但所浇地亩谨五六升。以该渠水利规程，武之烈给杨姓赔偿小麦一斗。双方依解了案，再无反复等情。

三、兹将处理情形及原呈一并呈赍鉴核。

沐化乡乡长杨文郁（印）

民国三十七年七月二十日

处理意见：

准备查。

七月二十四日

民乐县沐化乡民武之烈等关于杨华芳等聚众成群私入民家事给民乐县县长的呈文[①]

1948 年 6 月 25 日　　张未编号档案 44-21

呈为聚众成群私入民家事：

古五月初十日，天气热烈，雪消水发。马蹄河号水，轮流杨家庄，水涨沟溢，冲流民沿沟之地，灌溉数□[②]。杨家庄刁民杨华芳、杨腾芳等聚民夫五十余人，各将民家务□[③]踏，围困民家，二天不能退去。在无法中，……[④]绅董孙敏见事不忍，揽去在敝邑调解，民不能调解。原呈到钧府案下作主判断。则民感恩不尽矣。谨呈民乐县县长张。

原呈人　武之烈（沐化乡）　杨伏余

被呈人　杨华芳　杨伏荣　杨桂芳　杨腾芳　杨伏昌　杨生芳

民国三十七年古五月

处理意见：

交杨乡长详查处理具报。

六月二十五日（代）

民乐县沐化乡民武之烈关于杨华芳等借水陷害良民事给民乐县县长的呈文[⑤]

1948 年 6 月 25 日　　张未编号档案 44-22

具呈人民乐县沐化乡四维保杨武家河民武之烈呈为借水陷害良民事：

窃民居于杨家庄之上，该庄之水沟由民地方经过。于本月十七日，适逢该庄之号水。是日，天气炎热，山中雪消，沟洫皆盈。沟满将水溢于民地，约淹没三升地。该庄之刁民

① 编者按：原案卷目录题名《呈为借水陷害良善事》，目录未标注文件字号。

② 编者按：此处文档扫描时缺字。

③ 编者按：此处文档扫描时缺字。

④ 编者按：此处案卷破损。

⑤ 编者按：原案卷目录题名《呈为借水陷害良善事》，目录未标注文件字号。

杨华芳、杨联芳率领五十八人，直入民家，把民全家人口逐出门外。宰羊破物，行似徒匪，胡骂横闹，势如恶豪。使民处于无奈，星夜来洪喊冤。正在申冤之际，幸蒙县长面饬本保公民孙敏秉公调解。熟料，该刁野蛮，不遵礼法，未能和解。只得仍具实情，呈请鉴核作主传讯，以分泾渭，而利民生实为功德无量。谨呈民乐代县长史。

附被坏器物单一纸。

原呈人　武之烈（指印）谨呈

被呈人　杨华芳　杨伏长　杨腾芳　杨伏荣　杨伏佘　杨桂芳

民国三十七年古五月

处理意见：

交杨乡长详明严处石□，再由本府传讯。

六月二十五日（代）

民乐县政府关于沐化乡民张长禧控张进荣等夺浇水利一案给沐化乡公所的训令①

1948年6月24日　　张未编号档案44-23

民乐县政府法（37）巳字第2312号训令

沐化乡公所

随令附发该乡民张长禧控张进荣等夺浇水利一案仰遵办具报（附发原呈二纸）：

一、具该乡第二保马均村民张长禧，呈控张进荣、张进化、张进贵、积绪哇、得哇子等五人，夺浇水利，请惩办一案。

二、并附发原呈二纸。

三、仰该乡长查明，就近调处具报。

县长　张（代）

秘书

科长

民国三十七年六月二十四日

民乐县沐化乡公所关于调处张长禧控张进荣等夺浇水利一案给民乐县县长的呈文②

1948年7月24日　　张未编号档案44-24

民乐县沐化乡公所沐（37）午字第82号

呈民乐县县长张

为呈报调处马均子民张长禧控张进荣夺浇水利一案（附原呈一件）：

一、钧府（37）午字第二三一二号训令奉悉。

---

① 编者按：原案卷目录题名《随令附发该乡民张长禧控张进荣等夺浇水利一案仰遵办具报》，目录文件字号2312。

② 编者按：原案卷目录题名《为呈报调处马均子民张长禧控张进荣夺浇水利一案》，目录文件字号82。

二、遵将该张长禧、张进荣等传所详讯。该张进荣夺浇水利，冒言骂人，自知其非，愿负荆请罪与张长禧，赔款认错，而张长禧也气顺心平，双方愿甘具结了案。

三、兹将调处情形，检同原呈一并呈报鉴核。

沐化乡长杨文郁（印）

民国三十七年七月二十日

处理意见：

准。备查。

七月二十四日

民乐县沐化乡民张长禧关于张进荣等夺浇水利一案给民乐县县长的呈文①

1948 年 6 月 23 日　　张未编号档案 44-25

具呈人民乐县沐化乡第二保马均村公民张长禧，呈为依势逞刁，以上截下，夺浇水利，损人利己，祈恩作主，严办刁恶，以儆效尤，而维水利事：

窃有本村刁恶张进荣等弟兄五人，素不安分，奸诈业生。于月之初九日，即时正值民水时刻，不意，该刁等以上截下，夺浇民水，将伊之地强夺浇清。公民按时应浇之地，以致剩洒数斗，当时公民央得点香中人杨发文验明证据。该刁亦自认其非，愿赔偿水利浇灌。熟料，该刁等怙恶不悛，暗设鬼计。率领弟兄五人，手执木石，尧狗一气，猫鼠同穴，将公民揽路包围，殴打一顿。当时公民以寡不敌众，只得忍辱受气。所幸他处浇水之人，竟奔命解劝。该刁等始率逃往。窃思粮有升合水有时刻，理之固然。该刁等不惟夺浇其水，反来撕打，足见无法无天。并查该刁亡父张全善，生为盗贼，劣迹不枚举。拖累地方，其害非浅。伊生贼子，亦是累次行凶。如去岁，麦秋偷放农民陈积先田禾，被陈捉获，经公所受严重处分。父子盗贼逞凶，人所共知，更兼该刁兄弟五人均系年龄壮丁，每逢征兵逃避无影，打人成群，结伙赌盗，竟成惯例。如此不法之徒，若不早为征办，恶于地方，风俗理法大为攸关。素悉我县长莅任以来，廉洁在抱，痛痒相关，对此不法之徒，定能予以严厉处分。只得具实情理，呈明钧座电鉴作主，亲赐天颜玉斧，水断而培水分，以维权利。则公民感恩再造矣。谨呈民乐县县长张。

原呈　张长禧

被呈　张进荣　张进贵　张进化　积绪哇　得哇子

民国三十七年古五月初十

处理意见：

传讯。

六月十八日

令沐化乡公所就近调处具报。

六月二十三日（代）

---

① 编者按：原案卷目录无标题，目录未标注文件字号。

民乐县沐化乡民张长禧张进荣等关于夺浇水利一案具和息状[①]

1948 年 7 月 14 日　　张未编号档案 44–26

具无事和息人张长禧、张进荣等今具到乡公所案下：

依奉和得情，因为截浇水利一节呈控县府转批钧所处理具报当今乡长，秉公处理，双方各认其过，甘愿了事，再勿发生异外情事。所具和息是实。谨呈沐化乡长杨。

具和息人　张长禧　张进荣　张进化　张进贵

民国三十七年七月十四日

民乐县政府关于洪海乡民王义统控吴余年妨害水利一案给该公所的训令[②]

1948 年 6 月 2 日　　张未编号档案 22–23

民乐县政府巳字第 1998 号

令洪海乡公所

随令附发该乡民王义统控吴余年妨害水利一案原呈仰遵照由：

一、据该仰全家营民，王义统呈控吴余年妨害水利，请赔偿损失一案。

二、并随令附发原呈一纸。

三、仰该乡长详查淹没地若干，酌情予以赔偿，并具报核夺。

县长张（印）

秘书（印）

民国三十七年六月二日

处理意见：

令饬乡公所调查淹没地后予以赔偿。

六月一日

洪海乡公所关于本乡民王一统呈控吴余年妨害水利一案给民乐县政府的呈文[③]

1948 年 6 月 18 日　　张未编号档案 22–24

民乐县洪海乡公所海（37）巳字第 462 号

为呈报本乡民王一统呈控吴余年妨害水利一案：

一、奉钧府民法己字第 1998 号训令：1. 据该乡全家营民王一统控吴余年妨害水利，请饬赔偿一案。2. 兹随令附发原呈一纸。3. 仰该乡长详查淹没地若干，酌情予以赔偿，

① 编者按：原案卷目录题名《具和息状》，目录未标注文件字号。

② 编者按：原案卷目录题名《随令附发该乡民王义统控吴余年妨害水利一案原呈仰遵照由》，目录文件字号 1998。

③ 编者按：原案卷目录题名《为呈报本乡民王一统呈控吴余年妨害水利一案》，目录文件字号 462。

并举报核夺。

二、遵即亲赴该地调查吴余年灌地时，淹没王一统谷地二升。俟地干时，吴余年即与王一统种上。当职调查时，谷苗已经与淹之苗无异。职思王一统生活太艰，又令吴余年赔给谷子一斗。该一统愿敢顺让，以昭永久和平，双方具结了案。

三、请钧府鉴核备查。

洪海乡乡长刘清（印）

民国三十七年六月十六日

处理意见：

准备查。

六月十八日

洪海乡公所民王一统关于吴余年贻误田地如杀生命依势欺压刻剥贫民事给民乐县政府的呈文①

1948年7月19日　　张未编号档案22-25

具呈人属洪海乡第十保全家营民人王一统，呈为贻误田地如杀生命，依势欺压刻剥贫民事：

窃因有敝处富豪吴余年，久以盘剥贫民，豪富一乡，并依财仗势，横欺贫民。敝处贫民受其压迫毒打者颇多，历年放账重利盘剥，以富而不仁，人皆共知。民人历年亦借伊粮，今春放账，不与民人借给。民人无法，将耕牛卖过，以顾种子，而伊将民人所种之谷子水淹一斗有奇，前已呈明县长大人究办在案。至今依势压抗，不赔偿损失，更可痛心者，民人有旱茬地五斗，今春伊承认伙种胡麻，伊已引水将地浇灌，又不犁地种，以致此地荒废，秋收无望。民人此种损失不下二石，更甚于水淹谷子。民人生路被伊断绝，本应早申此冤，又因老母病故，方寸已乱，未遑申诉。目下老母无法殡葬，并且一家数口即无糊口之资，又无秋收之望，痛心号泣，惟有待毙。民人情急，只得哀恳县长大人作主，提案讯究，赔偿损失。则民人之亡母，及一家数口殁存，均感恩矣。谨呈民乐县县长张。

原呈全家营民　王一统

被呈人全家营民　吴余年

民国是三一七年七月十九日

计开点单：

原呈王一统。

被呈吴余年。

七月

① 编者按：原案卷目录题名《呈为贻误田地如杀生命依势欺压刻剥贫民事》，目录未标注文件字号。

处理意见：

着令吴余年赔偿谷子五斗。

七月

民乐县政府关于沐化乡民柴作京等控柴文高等苛索贫民一案给沐化乡王乡长的训令①

1948 年 7 月 3 日　　张未编号档案 44-27

民乐县政府法（37）午字第 2290 号训令

六东乡王乡长

随令附发该乡民柴作京等控柴文高等苛索贫民一案原呈迎遵办（附原呈一纸）：

一、据该乡柴家庄民柴作京、白兴成、马朋林等呈控柴文高、柴述校等苛索贫民，请惩办一案。

二、并随令附发原呈乙纸。

三、仰该乡公所查情处理，连同原呈具报凭核。

县长　张

民国三十七年七月三日

民乐县六东乡公所关于处理柴作京为水利呈控柴文高一案给民乐县县长的呈文②

1948 年 7 月 14 日　　张未编号档案 44-28

民乐县六东乡公所六（37）午字第 2199 号

呈民乐县政府县长张

为呈报处理本乡柴作京为水呈控柴文高等一案由（附原呈一案）：

一、奉钧府法（37）午字第 2990 号训令，饬职查情处理柴作京等呈控柴文高等苛索贫民一案。

二、遵即将两造传所质讯。查该村买三堡村尾水，全村悉数清浇。在议出水钱时，决定由地方使水粮额数目摊收抵交。当时，柴作京、白兴成等未在，不任其可。业经本所劝解，其中摊出水钱，按粮按地收抵，均属相宜已。不诉讼至修理二坝河钧府发给仓粮已有经理人员如数发放，并无私吞等情。原被明其利害，各自遵依□③局。

三、除令饬该原被出具了案和息甘结存查外，兹将处理情形具报。

---

① 编者按：原案卷目录题名《随令附发该乡民柴作京等控柴文高等苛索贫民一案原呈迎遵办》，目录文件字号 2290。

② 编者按：原案卷目录题名《为呈报处理本乡柴作京为水呈控柴文高等一案由》，目录文件字号 2199。

③ 编者按：此处案卷破损。

四、请电鉴备查。

乡长王坊（印）

民国三十七年七月十二日

处理意见：

准予备查。

七月十四日

民乐县六东乡民白兴成柴作京等为柴文高等剥削不已民贫难支事给民乐县县长的呈文①

1948年7月2日　　张未编号档案44-29

具呈情人六东乡柴家庄众民白兴成、柴作京等为剥削不已民贫难支事：

窃恳祈钧府作主，切查惩究朦胧是非，严儆地痞，以生灾民。因有本庄地痞柴文高等，朋党作恶，苦害贫民。敝邑头轮号水未行，困至极，将有逃往。不意，天气暑热，河水猛涨，将二坝冲断。民无希望，已有逃流之。思有三坝父老，不忍将敝邑灾黎饥饿逃流，将三坝津漏卖与敝邑浇灌田苗，价麦一十石，现出四石。此乃三坝父老，格外之鸿恩，不胜言矣。不意，有地痞劣绅等，早怀奸恶，所浇之水钱，不按苗之多寡均摊，按粮分派。今春贫民种籽艰难，苗田稀少，粮数甚重。有纳官粮石余之户，播种不过三、四斗，而劣绅等播种七、八石，纳粮三、四石。似此较天地悬隔，鱼肉贫民，势如瓜分，难以经过。若无水钱之户，每家安置水主子一人，硬要。再若不与，有牲畜者，强打硬扯。一般赤贫之民，无法赏纳，竟已逃避，家内尽丢，老弱幼子，饥饿难度。再者有敝邑压坝一节，而奸党也要贪图取利，加害穷黎民夫等。饥饿无料，充饥无法，几乎二坝不能走水，将有墟土……②。钧府大施鸿恩，格外体恤，准予发给仓粮，以顾眉急。而劣绅等也要剥取，每人暂给一升，下余尽入私囊。每日逼役民夫，腰不能伸，在于赤光，严日之不运石，所睁之夫，不按人数均摊，由劣绅等发落，多寡不一。而劣绅等每天高坐闲谈，每人上夫不下十几名，不知此夫从何而来。众民等昼夜焦思，苦害贫民难睹天日，无法可使。民等无可奈何，只得具实情呈于县长大人案下作主，切实查究，严惩劣绅，除逐朋党，而舒民力。则民等不胜沾恩再造矣。谨呈民乐县县长张。

原呈人　柴作京　白兴成（印）　马朋林　柴述禹

被呈人　柴文高　柴述校

民国三十七年五月二十日

处理意见：

交王乡长查情处理，具报。

七月二日（代）

① 编者按：原案卷目录无标题，目录未标注文件字号。

② 编者按：此处案卷破损。

民乐县政府关于洪海乡民刘监元等控祁天德等不守水规一案给该公所的训令[①]

1948年6月25日　　张未编号档案44-14

民乐县政府法（37）己字第2230号

令洪海乡公所

随鉴附发该乡民刘监元等控祁天德等不守水规一案原呈仰遵办具报：

一、据该乡刘总旗民刘监元、刘体元、刘乾元等，呈控洪水镇中兴保民祈天德、郭进朝等，不守水规，擅自侵犯，请惩办一案。

二、前随令附发原呈二纸。

三、杨该乡所调处具报再夺。

县长　张

秘书

科长

民国三十七年六月二十四日

处理意见：

先行缮发后再补充。

六月二十五日

民乐县洪水镇公所关于祁天德所出之款已作赔偿水利损失事给民乐县县长的呈文[②]

1948年7月21日　　张未编号档案44-15

洪水镇洪（37）午字第201号

呈民乐县县长张

为报祁天德所出之款已作赔偿水利之损失请鉴核备查由：

一、奉钧府法（37）午字第二四四一号指令：着缴国币一千万元作何处理。

二、缴出之款即付刘监元作赔偿水利之损失，已由刘监元收讫，并附收条一纸。

三、请鉴核备查。

民乐县洪水镇镇长　何成麟（印）

民乐县洪海乡乡长　刘清

民国三十七年七月十七日

处理意见：

准备查。

七月二十一日

---

① 编者按：原案卷目录题名《随鉴附发该乡民刘监元等控祁天德不守水规一案呈仰遵办具报》，目录文件字号2230。

② 编者按：原案卷目录题名《为报祁天德所出之款已作赔偿水利之损失请鉴核备查由》，目录文件字号201。

民乐县洪水镇公所关于祁天德所出之款已作赔偿水利损失事给民乐县县长的呈文①

1948 年 7 月 13 日　　张未编号档案 44–15

洪水镇乡公所洪（37）午字第 194 号
呈民乐县县长张
调解刘监元、祁天德为水利讼案情形请核夺由（附原呈一纸）：

一、法（37）巳字第（2230）号令，饬调解刘监元等与祁天德等为水利讼案。

二、经调解结果，该祁天德等私自越时间放沟口。实属有乱水规着，即缴出国币一千万元，以示儆戒。双方愿敢接受，了案并取和息存案。

三、请核夺。

民乐县洪水镇镇长　何成麟（印）
民乐县洪海乡乡长　刘清（印）
民国三十七年七月十一日

处理意见：

缴出国币一千万元作何处理？

七月十三日

民乐县洪海乡刘总旗民刘监元等关于洪水镇中兴保民祁天德等水利涉讼事给民乐县县长的呈文②

1948 年 6 月 24 日　　张未编号档案 44–17

为不遵水规早接时刻利己损人事：

窃民等所使柴庄子津漏水利二轮，时刻起自本月十六日辰时，止于十七日辰时。以下时刻，有中兴保民祁天德、郭进朝等接浇。每逢接水之时，两方必有争叮将时刻。双方启沟口民村照例，遣刘洁前往，时方至号初刻，而水早已接过并浇田苗数石，有樊希禄、樊至奉可为铁证。实想今夏天旱尤加，正轮号水将坝堤冲断，田苗完全未浇，人民生计陷于绝望。此水暂溉大豆、青手果以顾糊口。该恶竟不管他人生死，只图自己福利，骤怀鬼胎，狼狈为奸，早接时刻一个有奇。民等不但少浇苗田，生命难保，即客岁所出水租小麦十数石，亦无法设想。处此绝境，只得由呈请钧府严惩损人利己之刁徒，赔偿早接时刻。

---

① 编者按：原案卷目录题名《调解刘监元祁天德为水利讼案情形请核夺由》，目录文件字号 194。

② 编者按：原案卷目录无标题，目录未标注文件字号。

民沾恩再造矣。谨呈民乐县县长张。

原呈人红海乡刘总旗民　刘监元　刘乾元　刘体元　刘　澄

被呈人洪水镇中兴保　祈天德　郭进明

证人　樊希禄　樊至泰

民国三十七年古五月十八日

处理意见：

交何镇长、刘乡长调处。

六月二十四日（代）

民乐县政府关于调解刘监元控祁天德不遵水规一案给洪水镇公所的指令①

1948年7月13日　　张未编号档案44-18

民乐县政府法（37）午字第2441号指令

洪水镇公所

呈报奉饬调解刘监元等控祁天德不遵水规一案令仰知照由：

一、洪（37）午字第（194）号呈，及附件均悉。

二、着缴出国币一千万元作何处理？

三、仰即报核。

县长　张（印）

秘书（印）

科长（印）

民国三十七年七月十三日

洪海乡民刘正国诉为持刀专横势借水利欺压良弱事给民乐县县长的呈文②

1948年7月6日　　张未编号档案21-21

第829号

诉为持刀专横势借水利欺压良弱事：

缘因本村刁徒张培德素行不正，生性横暴，专一欺凌吓舍地方老幼，不敢与伊滋闹。于本年古五月十七日挨逢本村二轮号水四昼夜，应着张……③马三户均使，民因旱苗在急，与伊兄面商，希欲浇灌。伊兄允许民，又亲向伊请求……④料。伊不惟将东西两沟水口阻住，不让民浇，反而出口恶言，辱骂不堪。民恐生事，容忍再四，任伊辱骂。况本租例同

① 编者按：原案卷目录题名《呈报奉饬调解刘监元等控祁天德不遵水规一案令仰知照》，目录文件字号2241。

② 编者按：原案卷目录题名《诉为持刀专横势借水利欺压良弱事》，目录未注明文件字号。

③ 编者按：此处案卷破损。

④ 编者按：此处案卷破损。

众说和灌青……[1]。又依满溢之水串灌民地三川之谱，民承认按地出租，不但利口伤人……[2]租麦三斗。窃思该恶似此侮辱良弱，不惟妨害名誉，捣乱水利，且对地方风化有碍民实难容忍，只得谨状诉请县长电鉴作主，迅予传案依法惩办而重水利，实胜感戴。谨呈民乐县县长张。

原呈人洪海乡涌泉村民刘国正（印）

民国三十七年七月五日

处理意见：

传讯。

七月六日

洪海乡涌泉村民张培德诉为刘德善等霸占水利以势压人事给民乐县县长的呈文[3]

1948 年 7 月 13 日　　张未编号档案 21-22

第 842 号

诉为霸占水利以势压人恳祈鉴核作主准予传讯以明海冤事：

窃有敝村刁恶刘德善，素性暴虐，武断乡里，不竟小民累受压迫，即地方人士亦受欺侮。缘于农历五月十七日，敝邑二轮四昼夜号水，依地方旧例，有粮者浇灌而无粮者不能以上截下。该刁恶财大势广，以强欺弱，上挡下截，将号水完全浇灌，约田苗八斗有奇。小民应纳此昼夜粮租一石一斗七升，所种下下之地而田苗升合未浇，值此亢旱之际，田苗几乎枯死。至写水承租时，该刁恶仅承地租二斗，以地方公轮，每斗地出租小麦六升，而刁恶出小麦一斗二升。迄今小民讨要租麦，以顾糊口，该刁恶不惟不与，口出不逊，反将小民诬告在案，清夜自思，天理何存？国法何在？只得将详情诉明于钧座恩准调查，以分泾渭而辨曲直。则小民恩感再造矣。谨呈民乐县县长张。

原诉人洪海乡涌泉村民　张培德

被诉人　刘德善　刘国政　刘国位

民国三十七年七月

处理意见：

附卷。

七月十三日

---

① 编者按：此处案卷破损。

② 编者按：此处案卷破损。

③ 编者按：原案卷目录题名《诉为霸占水利以势压人事》，目录未注明文件字号。

洪海乡涌泉村民张培德刘国正具和息状①

1948 年 7 月 13 日　　张未编号档案 21-23

具和息状人刘国正、张培德依奉结到县长案下事：

因刘国正呈张培德势借水利辱侮良弱等情，有王俊德、韩从善、秦德新于中调解，张培德自知理愧，知错认错。今后水利再不紊乱，两造保持和平，当面服和了案。所具和息结状是实。谨呈民乐县县长张。

具和息结状人洪海乡涌泉村民张培德（指印）　刘国正（印）

民国三十七年七月

处理意见：

附卷。

七月十三日

民乐县长关于六东乡民张如正等控张如湖私截水利一案给六东乡公所的训令②

1948 年 7 月 22 日　　张未编号档案 22-1

民乐县政府午 2500 号

六东乡公所：

令发该乡民乐张如正等控张如湖私截水利一案仰遵照具报：

一、据该乡张连庄民张如正、张如尧等四人呈控张如湖私截水利，请惩处一案。

二、前饬令附发原呈几纸。

三、仰该乡公所秉公调处。具报。

县长　张

秘书（印）

科长（印）

民国三十七年七月二十二日

① 编者按：原案卷目录题名《附和息甘结》，目录未注明文件字号。

② 编者按：原案卷目录题名《令发该乡民乐张如正等控张如湖私截水利一案仰遵照具报由》，目录文件字号2500。

民乐县六东乡公所关于处理张如正等控张如湖私截水利一案给民乐县县长的呈文①

1948 年 8 月 28 日　　张未编号档案 22-2

民乐县乡公所六（37）未 338 号
民乐县县长张
为呈报处理张如正等呈控张如湖私截水利一案情形由：

1. 奉钧府法（37）午字第 2500 号令饬秉中调处张如正等呈控张如湖私截水利一案。

2. 因水利情形各地复进将原案转送四坝保，邀请该村绅董李含菁等秉中调处。

3. 兹于八月十四日，据调处人报陈查该庄租使头坝津漏共按一十五份行使，但准使若干，并无根据。若逢有水浇灌，自然紊乱，以故致起讼端。经此次调解，该原被两造均愿重，异日使水册。据□免今后再行滋闹，两造均服调解了案，并将原案随文呈赍。

4. 请鉴核备查。

附原案一件。

六东乡乡长王坊（印）
民国三十七年八月二十四日

处理意见：
备查。

八月二十八日

民乐县政府关于沐化乡公所民刘佐汉等控李凤威违犯水规一案给沐化乡公所的训令②

1948 年 7 月 29 日　　张未编号档案 44-6

民乐县政府令沐化乡公所
令发该所民刘佐汉等控李凤威违犯水规一案原呈仰遵办由：

一、据该乡第二保民刘佐汉、刘天相、刘学仁等三人呈李凤威上截下水违反水规请惩办一案。

二、前据令附发原呈二纸。

三、仰该乡公所调查具报县长张。

县长　张
秘书
民国三十七年七月二十九日

---

① 编者按：原案卷目录题名《为呈报处理张如正等呈控张如湖私截水利一案情形》，目录文件字号 338。

② 编者按：原案卷目录题名《令发该所民刘佐汉等控李凤威违犯水规一案仰遵办由》，目录未标注文件字号。

民乐县沐化乡公所计开点单[①]

1948 年 7 月 28 日　　张未编号档案 44-7

民乐县沐化乡公所
训开点单：

原呈：刘佐汉、刘学仁、刘天相（未到）。

被呈：李凤威。

七月日讯

处理意见：

交乡公所调查具报。

七月二十八日

民乐县沐化乡公关于调查刘佐汉呈控李凤威违犯水规一案给民乐县县长的呈文[②]

1948 年 8 月 5 日　　张未编号档案 44-8

民乐县沐化乡公所字号沐（37）未字第 100 号
为呈报调查刘佐汉呈控李凤威违反水规一案：

一、钧府民法（37）午字第二五六九号训令奉悉。

二、遵经详确调查，该民等所呈打人截水各节，虽属实情，但也无关重要。并前经本所调解，双方相抵，唯一目的在争沟。该刘佐汉等灌溉所用之水沟，原有大河，此沟为大河之支流。自李家庄分支，西向直达刘家庄，全流从李家庄地边经过，于刘家庄之灌溉为害非浅。偶遇天雨水涨时，该刘家庄如从此沟灌溉，则沟浍盈溢，有溃堤冲地之虞，于李家庄也固有碍。

三、该刘家庄水小时，从此沟经过，水涨时由大河灌溉，于李家庄无损，又于刘家庄灌溉有益。

四、兹将调查情形及原呈一并呈赍鉴核。

沐化乡乡长杨文郁
民国三十七年八月五日

处理意见：

传究。

八月五日

---

① 编者按：原案卷目录题名《计开点单》，目录未标注文件字号。

② 编者按：原案卷目录题名《为呈报调查刘佐汉呈控李凤威违犯水规一案》，目录文件字号 100。

沐化乡刘家庄民刘佐汉等关于李凤威等为抢沟依势逞刁上截下水病民利己事给民乐县县长的呈文[①]

1948 年 7 月 21 日　　张未编号档案 44-9

诉为抢沟自有依势逞刁上截下水病民利己事：

窃有吴油寨李家庄刁恶李凤威，缘于农六月一日，挨本庄苗水，至未时，还剩六个时刻。不料，渠野心似宪，以上截下，将水夺去，民等之田苗所浇，所浇寥寥。自得向该询问，徒然劫水，是何理由？该不识好歹，口劣詈言，我浇我沟之水，与汝毫没有关系。似此屡次咬赖，业经数年。有时肯害弱等，不但不能灌田，且口水亦不得常在远方取水而饮，买水而浇，其害非一言克可尽。语云：民无水火不生活，岂不信欤？理合具文恳祈鉴核传案讯究，判此沟为共有，除民害于一旦，以免年年发生轮水致起争端，实为德便。谨呈民乐县县长张。

具呈人沐化乡第二保刘家庄民众刘佐汉（指印）　刘学仁　刘天相（指印）

民国三十七年六月

处理意见：

传讯。

七月二十一日

沐化乡第二保山寨子公民张多志等关于刘佐汉控李凤威抢沟一案具揽词状[②]

1948 年 8 月 10 日　　张未编号档案 44-10

具揽词人沐化乡第二保山寨子公民张多志、康延年、刘树勋等今揽到钧府案下情：

因有本保刘家庄民刘佐汉呈，为李家庄李凤威为通水沟一节。业已呈控在案，有地方公民坐视不忍，揽请调和。双方了结，以免拖累，是为恩德两便。谨呈民乐县县长张。

具揽词人　张多志（指印）　康延年（印）　刘树勋（指印）

民国三十七年八月五日

处理意见：

准揽。

八月十日

---

① 编者按：原案卷目录题名《为呈报调查刘佐汉呈控李凤威违犯水规一案》，目录未标注文件字号。

② 编者按：原案卷目录题名《具揽刘学仁抢沟事》，目录未标注文件字号。

沐化乡刘家庄民刘佐汉等关于李家庄民李凤威等上挡下死妨害水利事复给民乐县县长的呈文①

1948 年 8 月 2 日　　张未编号档案 44-11

复呈为上挡下死妨害水利仰祈钧鉴恩准委员临沟查验以明底蕴事：

情因敝庄历年以来浇田灌池，即从边沟行水，大河不能行水，彼此毫无异言。争质缘因五月一日，民由公沟行水浇地，不意有该民人李凤威等，由以上截浇，以致民各苗旱枯。实难忍受，即将该伊等控诉在案。昨蒙钧府堂讯之际，该被告等由口狡诈，难以分清。况水利即是生人命脉，似此强沟截浇，不但民无生路，国赋何以应纳，民焦思无策，惟恳求我县长鉴核作主，恩准委员临境查验水沟及枯之苗，以救蚁命，则民沾恩不尽矣。谨呈民乐县县长张。

原复呈人沐化乡刘家庄民刘学仁（指印）　刘佐汉（印）　刘天相（指印）

民国三十七年七月三十一日

处理意见：

已令乡公所查报，俟查报后并案处理。

八月二日

沐化乡李家庄民李凤威等关于刘家庄民刘佐汉等水利涉讼一案给民乐县县长的呈文②

1948 年 7 月 28 日　　张未编号档案 44-12

呈为居心叵测恩反成怒借沟灌溉打伤人重恳祈钧座鉴核作主以分泾渭而维权利事：

窃因民等地亩、水沟与刘家庄毗连，去年该庄放口水时，曾向民等借沟走水。民等以亢旱水乏，尤属上庄下邻，不能不许可通行。本年上月下旬，该庄轮至号水，为恐水小渗河，意图仍借民等私有水沟通变成美，民等复又许可。不意，夤夜水渐大发势，将洪浪沿沟田亩及陆地，竟被流灌数亩。当时有本庄民人李凤威，自行前往退水，谁料该庄刁恶刘天相、刘学信等率领数十人，各执棒棍，不问皂白，将李凤威围打重伤，又将伤人抬回该家扣留。不但如此，反将民等呈控本乡乡公所。经公所派员王多魁，亲临本处，验明放水流过之地及伤痕，当即传集两造解决此事。该刁等野心勃勃，抢夺民等所有粮草，水沟作为该庄永远公然流灌之渠。势必备案，方可了结。民等以权利利害尤关，不能潦草承认，又被该刁等误控在案。似此依势行凶，抢夺权利，可谓有强权无公理。民等处于无奈，只得将实情具文呈明县长案下电鉴作主，严惩不法，而伸公理，以维权利，则民等沾恩再造

① 编者按：原案卷目录题名《为抢沟依势逞刁上截下水病民利己事》，目录未标注文件字号。

② 编者按：原案卷目录题名《为居心叵测恩反成怒借沟灌溉打伤人事》，目录未标注文件字号。

矣。谨呈县长张。

原呈人沐化乡李家庄民　李凤翔　李凤威　李凤德

被呈人刘家庄　刘天相　刘天心　刘作汉　刘学仁　刘学信　刘元功

民国三十七年古六月二十二日

处理意见：

传讯。

七月二十八日

沐化乡李家庄民李凤威刘家庄民刘佐汉等具和息甘结状①

1948 年 8 月 10 日　　张未编号档案 44-13

具和息结人沐化乡小木上保民刘佐汉、李凤威等今具到县长案下：

兹有刘佐汉因水利控告李凤威一案，蒙准揽解。当即延请议长穆燕天及地方头人，在参议会秉公和解。今后该保属刘家庄，每逢春、秋二季，放涝池水或遇夏季□②细小时，当即报知该保保长，均由李家庄，属实杜子沟通行。该庄民人不得任意截浇，至沟道如有水冲损坏等处，刘家庄人民负责补修，若水大时，仍由王连沟河道通行。双方认可，愿甘和解了案，以息讼争。所具和结实是。谨呈民乐县县长张。

具和息结人　李凤辉（指印）　李凤威（指印）　刘佐汉（指印）

刘培材（印）　刘学仁（印）

调解人　穆燕天（印）　李三乐（印）　王俊德（印）　康延年（印）

民国三十七年八月十日

处理意见：

准和，附卷。

八月十日

民乐县义兴村水利农官程永贵关于差甲陈克润等妨害水利紊乱渠规害公肥己苦害良民事给民乐县县长的呈文③

1948 年 7 月 17 日　　张未编号档案 40-1

诉为妨害水利紊乱渠规害公肥己苦害良民事：

窃民经本村公推为义兴村水利农官。自接事之后，大众开会公议，必在本渠建修龙王庙一座，着民经理建修。所有修建费用由本村二十四昼夜号水内出卖六昼夜水价，作为建修费用。此款由差甲经手，每昼夜定价三千六百万元，共计水价二亿一千六百万元。计修

① 编者按：原案卷目录题名《具和息甘结》，目录未标注文件字号。

② 编者按：此书文档扫描时缺字。

③ 编者按：原案卷目录题名《诉为妨害水利紊乱渠规害公肥己苦害良民事》，目录未标注文件字号。

庙房间共费各项，洋六千一百六十五万元。不料该差甲李明道、陈克润、卢锦绣三人狼狈为奸，同通舞弊，将所得……①，只付建修费五千万元，下一千一百六十五万元抗违不付，害民垫付。伊等因卖水时多卖……②天两夜，所得水钱尽入私囊。经民知觉，将伊阻住，不准再行出卖。须要按时分给花户……③时浇灌。谁意该差甲陈克润等怀恨在心，至古六月初六日，挨逢苗圃号水，伊等又出卖一份……④，苗圃中学校园分配一份。该差甲等除自己三水五水浇灌外，其余只准卖给有钱有势……⑤户。如贫穷弱民，有钱亦不能卖到。现时仍有一水未曾入地者，多数此种劣弊，令人闻之无不痛心。民因素性懦弱，虽曰身任水利农官，水利仍然操纵差甲之手，民地至今一水未……⑥给现价，当即捏造黑白，向施科长报告……⑦押在班。该差甲从此胆大包天，已无忌惮。于昨又出卖号水数昼夜，前后总计十三昼夜。除浇苗圃涝池外，实卖水一十一昼夜，共计卖获水价，洋硬币二十四元法币，法币三亿七千二百万元，完全由该差甲等肥分。民窃思该刁等如此行为，目无法纪，害民身入囹圄。伊等逍遥法外，午夜焦思，无法设施。素仰我县长下车，伊始兴利除弊，执法如山，守身如玉，人民有口皆碑，定能与民雪冤。理合具状谨诉钧座鉴核作主，准予拘案，依法惩办，以维水利，而伸冤抑。则民及弱小民众，沾恩再造矣。谨呈民乐县县长张。

原告　程永贵（印）

被告　陈克润　李明道　卢锦秀

民国三十七年七月十七日

处理意见：

候讯。

七月十七日

拟传讯。

七月二十一日

民乐县义兴村民程永贵与陈克润等关于水利涉讼一案具和息状⑧

1948年7月26日　　张未编号档案40-2

具和息人系洪水镇第三保户民程永贵、陈克润、李明道、卢景秀等今具到：

县长案下依奉具得，情因陈克润等原负义兴村小甲之责，掌理水利一切事宜，被水利农官程永贵为支卖使水等情，控告在案。幸有杨绍伯等不忍坐视，从中揽讲说和，两造自

① 编者按：此处案卷破损。
② 编者按：此处文档扫描时缺字。
③ 编者按：此处案卷破损。
④ 编者按：此处案卷破损。
⑤ 编者按：此处案卷破损。
⑥ 编者按：此处扫描时缺行。
⑦ 编者按：此处扫描时缺行。
⑧ 编者按：原案卷目录题名《具和息状》，目录未标注文件字号。

知理亏，愿甘了案，斩断葛藤。所具和息是实。谨呈民乐县县长张。

具和息人　程永贵（印）　陈克润（指印）

李明道（指印）　卢景秀（指印）

民国三十七年七月二十六日

处理意见：

附卷。

七月二十七日

民乐县义兴村程永贵与李明道等关于水利涉讼一案具和息状[①]

1948 年 7 月 28 日　　张未编号档案 40–5

具和息人程永贵、李明道等今具到县长案下：

情因程永贵卖苗圃水与差甲李明道争讼一案。经地方人士揽解调和，结果程永贵出国币八百万元，追作苗圃，动用以资儆戒。双方情愿了案。所具和息是实。谨呈民乐县县长张。

具和息人　程永贵　李明道

民国三十七年七月二十九日

处理意见：

第三天赔偿款全由苗圃具领。

七月二十九日

民乐县义兴村民张瀛等关于程永贵与李明道等水利涉讼一案具揽词状[②]

1948 年 7 月 24 日　　张未编号档案 40–3

具揽词人张瀛等今揽到：

县长案下依奉揽得敝村水利委员程永贵、小甲李明道等，为水利呈控在案。公民等不忍坐视，只得出名揽讲调解，以断两造葛藤，而息争讼。所具揽词是实。谨呈县长张。

具揽词人　张　瀛（印）　王得全（印）

贾仲礼（印）　卢廷荣（印）　张　蕙

民国三十七年七月二十三日

处理意见：

传……[③]

七月二十四日

---

① 编者按：原案卷目录题名《呈为私卖苗圃灌水捣乱渠规事》，目录未标注文件字号。

② 编者按：原案卷目录题名《具揽词》，目录未标注文件字号。

③ 编者按：此处扫描时缺行。

民乐县义兴村差甲卢景秀等关于程永贵呈控水利涉讼一案具揽词状[①]

1948年7月28日　　张未编号档案40-4

具揽词人张瀛等今揽到恩澈查究办以明冤抑事：

因为本城新沟渠水规分三股浇田，计二十四昼夜为一轮，在十二天当中有苗圃池水一昼夜。多年以来，官为令行，民为遵守。不意本年农官程永贵妙想天开，于前古五月十一日，从六昼夜后，勒要苗圃水一昼夜。谁知伊指东咋西将此水私卖肥已，反而将差甲以妨害水利等情诬控在案。似此捣乱水规，借公肥己。差甲等不得已，谨具一切详情，呈明钧座作主究判，恩准将程永贵以私卖公水处办，以儆效尤，而明冤抑。则差甲等恩被上天矣。谨呈民乐县县长张。

原呈新沟渠差甲　卢景秀（印）　李明道（指印）　陈克润（指印）

被　程永贵

民国三十七年七月二十八日

处理意见：

前案如何办理。

七月二十八日

民乐县义兴村程永贵李明道等关于水利涉讼一案具和息状[②]

1948年7月28日　　张未编号档案40-5

具和息人程永贵、李明道等今具到县长案下：

情因程永贵卖苗圃水与差甲李明道争讼一案。经地方人士揽解调和，结果程永贵出国币八百万元，追作苗圃，动用以资儆戒。双方情愿了案。所具和息是实。谨呈民乐县县长张。

具和息人　程永贵　李明道

民国三十七年七月二十九日

处理意见：

第三天赔偿款全由苗圃具领。

七月二十九日

---

① 编者按：原案卷目录题名《具揽词》，目录未标注文件字号。

② 编者按：原案卷目录题名《呈为私卖苗圃灌水捣乱渠规事》，目录未标注文件字号。

民乐县沐化乡羊坊村民尚积贵等关于杨文郁以势欺人以公报私事给民乐县县长的呈文[1]

1948 年 7 月 17 日　　张未编号档案 41-1

诉为以上截下依势压民事：

窃有现任本乡乡长杨文郁依势欺人，以公报私。于五月三十日挨属村轮号，以点香浇灌田苗。该文郁田地在上，民等田地在下。该文郁不遵水规，以上截下，将民等之时刻水上完数截浇，民等田苗尽都晒枯。民想该文郁现任乡长之职，势力重大，将民号水截浇也罢。不料，该文郁用运杜生铫、何文义反诬告民等于乡公所，该公所派乡丁数人来属村提民等。民细思不能往乡公去，如到乡公所，必受该乡长重责，不敢前去辩论，因此该公所将民等转呈钧府。民等无法设想，只得谨具详情恳乞县长大人，大施鸿恩，将杨乡长及杜生铫、何文义传案讯究，以活蚁命，则民等沾恩再造矣。谨呈民乐县县长张。

原诉人沐化乡羊坊民　尚积贵（印）　朱子敏（印）　王致福（印）　何鸿定

民国三十七年古六月九日

处理意见：

附卷。

七月十七日

民乐县沐化乡羊坊村民王致福等关于杨增福因浇地欺压弱小事给民乐县县长的呈文[2]

1948 年 6 月　　张未编号档案 41-2

呈为以上截下依势压民事：

窃于本月三十日，挨属村三轮正粮号水，以点香浇灌为例。不料有刁民杨增福，不遵水例，依势欺压弱小。除将挨本人之时刻，点香浇过，并把民等之时刻号水，亦截去完数浇过。该刁民田苗浇清，而民等田苗完数晒枯。尤其去岁，遭受奇灾，民等借债过巨，不但明年不能维持生活，就是现时亦艰保生命。恳乞县长大人作主，将杨某人传案讯究，叫谈买水与小民等浇灌苗田，以备秋后还账，而维蚁命，则民等沾恩无涯矣。谨呈民乐县长张。

原呈人沐化乡羊坊村民　王致福（印）　何鸿定（指印）

被呈人　杨增福

民国三十七年六月

处理意见：

传案系讯问前呈，抑讯问后呈。

六月

① 编者按：原案卷目录题名《诉为杨文郁依势欺人以公报私事》，目录未标注文件字号。

② 编者按：原案卷目录题名《呈为杨增福因浇地欺压弱小事》，目录未标注文件字号。

臧迁善声请依法判处事给民乐县县长的申请书①

1948 年 8 月 26 日　　张未编号档案 42-1

为声请依法判处事：

情因房客曹氏、王氏赁住民房，素不和睦，月前曹、王两家互相争吵。该王氏自行投入东关外之池塘，众人等不悦。即令曹氏祭神清池。曹氏抗违不理，众人等声言找客有主，不与曹氏等理论，即将民起诉在案。幸蒙钧府传案讯究，办罚法币二千万元，着曹、王二姓各负担款七百万，民负担六百万元。不料曹、王两家抗违不纳，意欲迫民一人负担。窃思伊等相互吵闹，祸及于民，不惟民所不忍，及他人未必肯忍。且王氏赁住民房年久，房价分毫不给，曹氏赁住三年有奇，两年付给房价，现年房价毫不付给。民乃弱小民族，无法设想，惟恳求我县长鉴核作主，怜念下情，恩施格外，准予令饬曹王两家纳出罚款，并交付房价以维生计，则民沾恩于再造矣。谨呈民乐县县长张。

具声请人本城仓院巷民　臧迁善（指印）

被声请人　曹辛氏　王樊氏

民国三十七年八月

处理意见：

进缴。

八月二十六日

民乐县六东乡公所张如正等再控张如湖私截水利一案给民乐县县长的呈文②

1948 年 7 月 17 日　　张未编号档案 22-3

呈复诉为依强欺弱上挡下私截浇水利事：

情因有被告张如湖于古四月二十七日，依势将民等苗水，强开沟道六处浇灌伊之苗地，民等苗地全数剩下前，经民等将伊控诉钧座案下，票传该伊到案询问间，适有本处民人李得林揽解调和。谁料该等同通作弊，调解时伊不与民等负赔偿之责，而且……③

处理意见：

该乡公所秉公调处。

七月十七日

---

① 编者按：原案卷目录题名《为声请依法判处的申请书》，目录未标注文件字号。

② 编者按：原案卷目录无标题，目录未标注文件字号。

③ 编者按：此处文档扫描时缺行。

民乐县六东乡公所张如镇等关于张如潮以财仗势依力压人抢夺水利事给民乐县县长的呈文[①]

1948 年 7 月 5 日　　张未编号档案 22-4

呈为民乐县六东乡四坝保张连庄民众张如镇、张如相、张如尧等情，因有张如潮以财仗势、依力压人抢夺水力，乞恩作主惩强恶以扶惴弱。原因众民使头坝津漏，纳租按照三十二分水均摊，赔租十数余年。今年以来，行一伦尾水凶徒上挡下死一人，抢夺肥已害人，苦乐不均。惴民田苗业已全旱，不但民生命而且国科要紧，众民生命就在旦夕。第二节三十三年渡采买军粮，私自独吞，众民不欲呈情。县长案下讯究数次，各绅以重览请调解，赔偿军粮三十二石八斗，罚羊牲一只，延至现今抗违，分毫不追。无耻之徒以财仗势力压人民，上天无路入地无门，只得匍匐呈请县长青天大人案下作主，平均水利一追军粮，以苏民生，则民沾恩再造矣。

原呈人　张如相　张如镇　张如琨　张如尧 等

被呈人　张如潮

民国三十七年五月十七日

处理意见：

传讯。

七月五日

民乐县六东乡公所李得林等关于张如正与张如潮水利案具揽词[②]

1948 年 7 月 12 日　　张未编号档案 22-5

具揽词人六东乡四坝村水利农官李得林、张兴镜、张立功今揽到县长案下：

依奉揽得情，因有本村张连庄民张如正等与张如潮，两造水利呈告在案。蒙钧府票传，民等愿将揽出调和，以息讼端。所具揽词是实。谨呈民乐县县长张。

具揽词人　李得林（指印）　张兴镜（指印）　张立功（指印）

民国三十七年七月

处理意见：

不准。

七月十二日

① 编者按：原案卷目录题名《为呈张如潮以财仗势依力压人抢夺水利事》，目录未标注文件字号。

② 编者按：原案卷目录题名《具揽张如正水利事》，目录未标注文件字号。

民乐县六东乡徐万祯等关于张兴镜等聚众暴动任意刁抢夺家财有碍浇灌给民乐县长的呈文①

1948 年 5 月　　张未编号档案 22-9

呈为聚伙暴动任意刁抢夺家财有碍浇灌呈请钧所鉴核府准转详县府提案惩办而苏民命事：

窃于古五月二十三日正逢任官寨号水，民人先祖先年应纳任官寨使水官粮一石二斗，现有契约可据。民人等正在浇灌之际，弗意有定礼村刁民张兴镜、张玉镜、史元有、任和德、任国祥等率领夫民三十余人，各执棍棒一阵横打，即时将民人等赶散，随及妇人孩子，无不头破血流，实处无奈呈请钧所讯办。适逢钧座下乡公干，亲为排解。该刁民等阳奉阴违，钧座去将民人之驴及亲戚骑来驴两头，一并拉去，复将家财亦为驭去，另有失物单可呈。即至二十四日，有钧所复差人传所讯究。民人等即时到所听讯，该刁民等抗不奉命，将民人所畜鸡只杀食殆尽。此种详情早在钧座调鉴之中，似此苦情实难忍受，除喊诉县府外，理合具文呈请钧所鉴核俯准转详县府提案讯办，以息刁风，而苏民命。实沾恩便。谨呈六东乡乡长王。

原呈人　徐伏礼（指印）　徐万祯（指印）　徐伏宝（指印）　瞿安华（指印）

被呈人　张兴镜　张玉镜　任国祥　任和德　史元有

民国三十七年古五月

民乐县六东乡徐万祯等关于张兴镜等聚众暴动任意刁抢夺家财给民乐县长的喊状②

1948 年 7 月 5 日　　张未编号档案 22-8

喊状：

喊冤人六东乡王官寨民人徐万祯、瞿安华、徐伏礼、徐伏宝等情，因于古五月二十三日正逢任官寨号水，民人应纳该处使水官粮一石二斗，现有契约可据。正在浇灌田苗之际，有定礼村刁民张兴镜、张玉镜、史元有、任和德、任国祥等率领三十余人，手执棍棒，不分男女老幼，一阵横打，并皆头破血流，现有女人两口生死未卜，将民人赶散。民人处于无奈，即时呈报六东乡公所，适逢乡长下乡公干，亲赴调解。该刁民阳奉阴违，乡长去后，该刁民等强将民人驴子及亲戚骑来之驴两头拉去，并将家内物件一并抢去，有清

① 编者按：原案卷目录题名《呈为聚众暴动任意刁抢夺家财有疑浇灌呈请》，目录未标注文件字号。

② 编者按：原案卷目录无标题，目录未标注文件字号。

单另呈。即至二十四日，有乡公所差人传两造到所听讯。民人即时赴乡公所听讯，该刁民抗不奉命，仍在民人家中滋闹，所畜之鸡杀食殆尽。似此聚伙暴动，任意逞刁有误民人。田苗浇灌不惟，生计无着，即国赋将无所纳。民人实处无奈，只得将实情哀喊于县长案下，提案惩办而苏民命，实沾恩便。

喊冤人　徐万祯（指印）　徐伏礼（指印）　徐伏宝（指印）　瞿安华（指印）

被喊人　张兴镜　史元有　张玉镜　任和德　任国祥

民国三十七年古五月

附呈失物单：

白草驴一头、皮袄三件、白褐子二十三丈、糜子一斗、铲子二把、紫布一丈一尺、黑叫驴一头、褐被三条、口袋一条、斧头一把、铁铣一张。

处理意见：

传案讯办。

七月五日

民乐县六东乡史元有等关于徐万珍等为截浇水利紊乱渠规事给民乐县长的呈文①

1948 年 7 月 9 日　　张未编号档案 22-10

诉为截浇水利紊乱渠规伏祈恩鉴作主明断，郑重水利，整理渠规，而免上挡下死，以苏民生事情：

因有徐万珍等所属六坝管区地处敝沟，盘踞上流屡次发生截浇水利之敝，以致敝沟民众往往受此巨害。今岁两轮行水一次，即被徐万珍等截浇水利。此系任官寨满溢津漏，应有敝沟承受浇灌，而徐家庄在六坝号水内，承粮行使浇灌地亩，在此时之水，徐姓决不能开沟口。并于民国九年经县府判决，同众秉公排解，有案可考。而徐万珍等见水起意，野心颇大，公然开沟截浇敝沟水利，民众精旱异常，无法可施，只得量地承租。而徐万珍等截水浇田，避藏不见，遂将所浇地亩调查详确，应浇地亩五石八斗九升，列单陈附。理合详具实情哀恳钧府电鉴作主明断，依案判决处惩刁恶，而整渠规。则民等沾恩无涯矣。谨呈民乐县县长张。

原诉人　史元有　张兴镜　张玉镜　任和德　任国祥

被诉人　徐伏宝　徐伏礼　瞿安华　徐万珍

民国三十七年七月九日

① 编者按：原案卷目录题名《为截浇水利紊乱渠规事》，目录未标注文件字号。

民乐县县长关于徐万祯等呈控张兴镜等殴人一案给民乐县六东乡公所的训令①

1948年7月22日　　张未编号档案22-6

民乐县政府法午2501号训令

六东乡公所：

随令发该民徐万祯等控张兴镜等殴人一案原呈仰遵办具报：

一、据该乡任徐寨民徐万祯、徐伏□等呈控张兴镜、史元有等以浇号水，仗棒打闹等情，请照办一案。

二、经本府传讯该两造互相狡赖，其中详情，殊难臆揣。

三、兹请全附发原呈三纸，水规契约二纸。

四、仰该公所秉公调处，并将所隐情形连同原呈一并报附核夺。

县长　张（印）

秘书（印）

科员（印）

民国三十七年七月二十二日

民乐县六东乡公所关于奉令处理万祯等呈控张兴镜等率众殴人一案了局情形给民乐县长得呈文②

1948年8月28日　　张未编号档案22-7

民乐县六东乡公所六未339号

为奉令处理徐万祯等呈控张兴镜等率众殴人一案了局情形由：

一、奉钧府法（37）午字第2501号，令饬处理徐万祯等呈控张兴镜等率众殴人一案。

二、遵即将两造传所质训，查此案。依据该两造民国九年七月二日订立合同字据，任、徐二寨满溢津漏水利，由徐万贞等张兴镜双方按粮行使，所开沟道水从四坝河来，徐姓仅能浇灌涝池沟地，东沟郭家沟来水任浇何地浇灌。此次东沟固然来水，但以按定官粮而论徐万祯等，仅有粮一斗有奇，灌地过多；张兴镜有粮二石有奇，灌地较少。调解结果，徐万祯等与张兴镜等补出科麦九斗，作为农民祭祀农神之费。以后四坝河来水，双方按粮分扒；东沟郭家沟来水，双方按水酌扒，再不准聚起民夫撕打横闹，两造均各愿服。除取具和息甘结存所外，将原案随文并呈赍。

三、水规约一纸，业有张兴镜领讫，领据在乡公所存查。

---

① 编者按：原案卷目录题名《随令发该民徐万祯等控张兴镜等殴人一案原呈仰遵办具报》，目录文件字号2501。

② 编者按：原案卷目录题名《为奉令处理徐万祯等呈控张兴镜等率众殴人一案了局情形由》，目录文件字号339。

四、请鉴核备查。

六东乡乡长王坊（印）

民国三十七年八月二十四日（附原案）

处理意见：

备查。

八月二十八日

洪海乡白庙保民闫长禄关于为节外生枝聚众暴动持刀行凶上门滋闹以图利己事给民乐县县长的呈文①

1948 年 7 月 12 日　　张未编号档案 21–17

具喊状：

具喊状人系洪海乡白庙保民金重福、闫长禄、陶万祥、柏万玉等为节外生枝，聚众暴动，持刀凶上门滋闹，以图利己事。窃因本月初五日，系刘庄村老粮号水，适天降大雨。晚间河水发，该伊之沟为正河之东沙坝沟，其水满溢于新沟，敝保民浇灌田苗之各沟满溢，将已浇及未浇之田均有浇灌。意于初六日早，该刘庄村刁民刘升学、刘振学、刘积禄等率领男女七八十人，不顾理论，行死轮活。民等出于危急，只得具实喊明于县长大人案下作主，电情火速领票差警，将该刁等擅压退回，再行决判，以分泾渭。实沾德便。谨呈民乐县县长张。

具喊状人洪海乡白庙保民　闫长禄（印）　金重福（印）

柏万玉（印）　陶万祥（印）

民国三十七年六月

处理意见：

传案讯究。

七月十二日

洪海乡白庙保保长朵开来关于刘庄子民刘积禄等暴动持刀行凶辱骂不休上门滋闹事给民乐县县长的呈文②

1948 年 7 月 13 日　　张未编号档案 21–18

第 859 号

呈为呈报事：

兹因古六月初五日适逢刘庄村号水，天降大雨，河水涨发，各沟均有满溢。白庙民众因旱将遗漏之水浇过，于初六日有刘庄子刘积禄、刘正学、刘生学、刘积寿等，在刘庄子

---

① 编者按：原案卷目录题名《为节外生枝聚众暴动持刀行凶上门滋闹以图利己事》，目录未注明文件字号。

② 编者按：原案卷目录题名《为呈报行凶辱骂事》，目录未注明文件字号。

照烟洞起夫。不但在刘庄子起夫，而且将沐化乡姚庄子吴长有弟兄二人，俱已陆续率领男女七八人，送于本保行凶，辱骂不休，并检察出刀子二把。敝保长恐骧巨祸，只得将滋闹情形呈报。县长案下作主并祈派员弹压为祷。谨呈民乐县县长张。

洪海乡白庙保保长朵开来（印）

民国三十七年七月

处理意见：

附卷。

七月十三日

洪海乡白庙保民金重福等与刘庄村民刘正学等关于水利滋闹事具和息甘结①

1948年7月15日　　张未编号档案21-19

第867号

具和息甘结系洪海乡白庙保民金重福、陶万祥、闫长禄、柏万玉及刘庄村民刘正学、刘升学、刘积禄等今具到：

县长大人案下依奉和息情，因于本月初五晚间，刘庄村三轮老粮号水，满溢于新沟，流至白庙灌田。各沟白庙保民金重福等因水至沟不得不浇灌田苗，至初六早，有刘庄村民刘升学等率领烟洞民夫男女七八十人，上白庙保。公民传生清之家，行凶滋事。白庙保民等出于危急，具情喊明钧座。即蒙恩派警前来压退人口，以代决判。适有新庄村绅董武沛、张正鸿、王希陵等揽讲调和，按照水利章程，秉公理论。白庙保、刘庄村民等，双方遵依了事，一和永和，再无纠葛。所具和息甘结是实。

具和息甘结人　金重福（印）　闫长禄（印）　柏万玉（印）　陶万祥（印）

刘升学（指印）　刘积禄（指印）　刘正学（指印）

民国三十七年七月十四日

处理意见：

附卷。

七月十五日

民乐县洪海乡白庙保保长朵开来关于刘庄子刘积禄等滋闹事给洪海乡乡长并转呈民乐县县长的呈文②

1948年7月　　张未编号档案45-7

呈为呈报事：

兹因古六月初五日，适逢刘庄村号水，天降大雨，河水涨发，各沟均有满溢。白庙民

① 编者按：原案卷目录题名《为和息甘结》，目录未注明文件字号。

② 编者按：原案卷目录题名《呈为呈报事》，目录未标注文件字号。

众因旱，将遗漏之水浇过。于初六日，有刘庄子刘积禄、刘正学、刘生学、刘积寿等，在刘庄子照烟洞起夫。不但在刘庄子起夫，而且将沐化乡姚庄子吴长有、哇弟兄二人，俱已陆续率领男女七八十人，送于本保滋闹行凶。辱骂不休，并检察出刀子二把。敝保长恐酿巨祸，只得将滋闹情形呈报乡长，亲临敝保，查明实情。转呈县长案下作主，并祈派员弹压为祷。谨呈民乐县洪海乡乡长刘。

洪海乡白盾保保长朵开来（印）

民国三十七年七月

民乐县长关于洪海乡民陈同元呈控吴尚文等紊乱渠规一案连同原呈具报[①]

1948年7月22日　　张未编号档案21-10

民乐县政府法（37）午字第2502号

令发该乡民陈同元等控吴尚文等紊乱渠规一案，原呈仰遵办具报洪海乡公所：一、核该仰陈家庄民陈同元、陈万安、陈得俊等呈控吴尚文、刘宝善、丁燏南等紊乱渠规，强浇水利，不出租等情，请惩罚一案。二、该地水规完系差何殊难照断。三、并随令附发原呈三纸。四、仰该县长就近查调具报，并照办理情形，连同原呈一并具报县长张。

县长　张（印）

秘书（印）

科员（印）

民国三十七年七月二十二日

洪海乡乡长刘清关于调处陈同元等紊乱水规事给民乐县政府的呈文[②]

1948年7月31日　　张未编号档案21-11

民乐县洪海乡公所海（37）午字第501号

为呈报调处陈同元、吴尚文等紊乱水规由：

一、本月二十五日，奉钧府法（37）午字第1507号训令，据该乡陈家庄民陈同元、陈万安、陈得俊等呈控吴尚文、刘宝善、丁燏南等紊乱渠规强浇水利并不出租等情，请惩办一案。

二、遵即于二十七日将原被两造传集第十一、十二保办公处讯究。

三、经职详讯查陈家庄流水之沟虽在全家营丁刘庄之上，该两处灌田太多，尤其吴尚文先时愿与陈家庄出租，后来反言实系由口搅赖，而丁刘庄灌田不下六石之谱（老石）。经职判断吴尚文与陈家庄出租二斗（王垂统等在外），丁刘庄与陈家庄出租六斗，该丁燏

---

① 编者按：原案卷目录题名《令发该乡民陈同元等控吴尚文等紊乱渠规一案原呈仰遵办具报》，目录文件字号法午2502。

② 编者按：原案卷目录题名《为呈报调处陈同元吴尚文等紊乱水规由》，目录文件字号海午501。

南等愿受罚而不出租。

四、请钧座传府核夺。

洪海乡乡长刘清（印）

民国三十七年七月三十日

处理意见：

传讯。

七月三十一日

陈万安等关于紊乱渠规强截水利估不成伤事给民乐县县长的呈文[①]

1948年7月13日　　张耒编号档案21-12

第871号

呈为紊乱渠规强截水利估不成伤事：

窃因敝处所使四坝之津漏三昼夜，出租麦一十八石六斗，于本月二十日挨至二轮号水将已接浇。孰意有丁刘庄刁恶丁燏南、刘宝善将水截去，敝处之苗以悬干岸。民等当时呈首于二坝农官委下，经农官将所浇之地如数验讫，该恶等由口横说估不承认。似此刁恶行为，目无法律，何有农人渠规？不但敝处田苗干旱，人之生命难保，又兼十八石六斗之租麦，存何而出？民等只得具始末情形，哀呈于县长案下作主，惩办刁恶，归还截浇之水，而维渠规。则民沾恩无涯矣。谨呈民乐县县长张。

原呈人陈家庄民　陈万安　陈得俊（指印）　陈同元

被呈人丁刘庄　刘宝善　丁燏南

民国三十七年六月

处理意见：

传讯。

七月十三日

陈万安等关于吴尚文等强浇水利估不出租事给民乐县县长的呈文[②]

1948年7月13日　　张耒编号档案21-13

第849号

呈为强浇水利估不出租事，窃因有全家营之富户吴尚文，于本月二十日将敝处所使之四坝津漏水截浇田苗四石有余。该自知愧理犯规，将敝处之民检同二坝农官等邀至其家承认说水租小麦三石、法币四百万圆，即至水已说毕，不知该有存何心，估抗不给租麦，返

① 编者按：原案卷目录无标题，目录未注明文件字号。

② 编者按：原案卷目录无标题，目录未注明文件字号。

将民等控首。似此狡猾行为，民等只得呈于县长案下作主，惩办归其水租而分泾渭。则民沾恩无极矣。谨呈民乐县县长张。

原呈人陈家庄民　陈万安　陈得俊（指印）　陈同元

被呈人全家营　吴尚文

民国三十七年六月

处理意见：

传讯。

七月十三日

民县乐六大坝水利农官赵国仁关于陈万安等水利纠纷事转给民乐县长张的呈文①

1948 年 7 月 15 日　　张未编号档案 21–14

第 871 号

为据情转呈恳祈钧府鉴提案判断事：

窃据敝坝所属陈家庄民陈同元、陈万安、陈得俊等呈首顶刘庄民刘宝善、丁燏南等为紊乱渠规、强截水利，估不成伤事；同时又呈首全家营民吴尚文为强浇水利，估不出租事。旋据丁刘庄民刘宝善呈诉陈家庄民陈兆元等为依强凌弱，越过渠规，诬控贫民事；又据全家营民吴尚文、王垂统等呈首陈家庄民陈上元等为哄鱼上钩，送人滋闹。各等情到约。职当即将该三处公民等传集约内，查讯查得陈家庄租使四坝之津漏水，其流行之沟名曰新沟，地点曰丁刘庄全家营，沟口之上古五月二十一日天降大雨，河水涨发。陈家庄之沟渠已满，剩余之水经丁刘庄、全家营二处浇灌，陈家庄即向该二处执租，该二处决不出租，两造相持不下。职无法解决，为此据情转呈县长大人鉴核饬警提案判断，是为公便。谨呈民县政府县长张。

附开呈陈家庄民陈上元、陈兆元、陈万安、陈万智，丁刘庄民刘宝善、丁燏南，全家营民吴尚文、王垂统、吴仲年、王致德。

民县乐六大坝水利农官赵国仁（印）

处理意见：

传案讯判。

七月十五日

① 编者按：原案卷目录无标题，目录未注明文件字号。

陈万安等关于截浇水利事立具甘结①

1948 年 8 月 11 日　　张未编号档案 21-15

立具甘结人陈同元、陈万安、陈得俊今具到县长案下：

因有吴尚文、丁燏南、刘宝善将二轮号水截浇水利，有县长当堂判断，二家情愿了事，以后决不能截浇。若有截浇等情，立具甘结是实。谨呈民乐县县长张。

具甘结人洪海乡陈家庄陈万安（指印）　陈得俊（指印）　陈同元（指印）

民国三十七年七月

处理意见：

附卷。

八月十一日

吴尚文等关于截浇水利事立具甘结②

1948 年 8 月 11 日　　张未编号档案 21-16

第 980 号

立具甘结人洪海乡全家营丁刘庄吴尚文、丁燏南今具到：

县长大人按下依奉结得，与陈家庄陈万安、陈同元等为新沟满溢水利争讼，业已谨遵县长决判了事。民等愿甘结得，并无反复纠葛情弊。立具甘结是实。

具结人吴尚文（指印）　丁燏南（指印）

民国三十七年古七月

处理意见：

附卷。

八月十一日

黄九林等关于黄河元等因浇灌永寿村水需交粮草恳钧作主等庄稼收获立将交清事给民乐县长的呈文③

1948 年 7 月 22 日　　张未编号档案 21-7

第 896 号

洪水镇第十五保黄庄村民黄九林、黄河林、黄川林等情，因浇灌永寿村水共地四石

① 编者按：原案卷目录题名《立具甘结》，目录未注明文件字号。

② 编者按：原案卷目录题名《立具甘结》，目录未注明文件字号。

③ 编者按：原案卷目录题名《因浇灌永寿村水需交粮草恳钧作主等庄稼收获立将交清由》，目录未标注文件字号。

四斗，当地大众公议每斗地出小麦六斗，每石地又出麦草五车。有村中富户黄河元、黄发林、黄贤林等同通作谋，将老牛、驴子抵顶永寿村之人。立逼贫民交给小麦，在斯两黄不接十室不能九炊，当地内青苗□给亦不授。贫民等实在处于无法，惟有恳乞县长作主。俟有弥月庄稼收获，即当如数将小麦浇清，则贫民均沾鸿恩。谨呈民乐县县长张。

原告人　黄九林（指印）　黄河林（指印）　黄川林（指印）　黄进香　黄河培　黄米林

被告人　黄河元　黄发林　黄贤林　黄河发　黄至林

民国三十七年古六月十六日

处理意见：

俟秋收后归还。

七月二十八日

黄发林等关于陈松林等讨要水租事给民乐县长的呈文①

1948 年 7 月 27 日　　张未编号档案 21-8

第 910 号

立呈诉词人洪水镇十五保黄庄村民黄河元、黄发林、黄贤林等情，因浇灌张明村水共出租小麦四石。五月二十二日浇灌顾家村水共地四石四斗，再有永寿村陈永藩、陈松林、王加文等随领民夫九十多人来到，不说浇水之事，将村中头人牲畜赶赴朱家庄朱恒文家中，拘留半日，同中作谋，共出水租小麦一十五石、麦草二十车。因庄稼两黄不接抵顶牛四只、驴子一头合小麦十石，下欠五石，本利出凭条一十石，秋后归还。民回来村公议，每斗地出小麦六斗，每石地出麦草五车，向村中之户讨要再三不出。呈恳县长案下作主将永寿村等提案，以律公断，则民均沾鸿恩矣。谨呈民乐县长张。

原呈人　黄发林　黄贤林　黄河元　黄河发　黄至林

被呈人　陈松林　陈永藩　王加文　陈三奎

民国三十七年古六月二十日

处理意见：

判令黄家村此后不准截浇永寿村号水，方达完予重办。如系满溢，仍可浇灌，但顶水租。

八月二日

① 编者按：原案卷目录无标题，目录未标注文件字号。

黄发林等关于水利纠纷涉讼一案立具甘结①

1948年8月3日　　张未编号档案21-9

第937号甘结：

立具甘结人洪水镇联合民黄芝林等今具到县长案下：

依奉结得情，因水利纠葛与永寿村民王家文等争讼一案，蒙钧座堂断了案，民等以后不得上截下轮号水，若遇满溢浇灌者，但愿承租。双方禀遵，不得故意违犯水规章程。谨具甘结是实。谨呈民乐县县长张。

具甘结人黄芝林（指印）　黄发林（指印）

民国三十七年八月

处理意见：

附卷。

八月三日

民乐县政府职员查张有桂等三人抢夺号水一案给民乐县县长的呈文②

1948年8月21日　　张未编号档案22-26

签呈县长张：

一、奉谕勘查张孙庄民张兴诗控张有桂等三人强夺号水一案。

二、遵于本月二十日前往该地详密勘查，谨将查得详情分条呈列于后：

1. 该地水利纠葛兴讼时届两年有余，均无具体解决。适于本年六月间，因强夺号水之争，又兴讼端。

2. 该被告号水，正渠为东沟，西渠多为张兴诗所有，分水口约距该庄五里之远。据云若遇兴水利，则由水口分东、西两股灌溉较宜。但水小，则润沟不及，何谈灌溉，此为被告所持之理。若仅由西沟放水，分水口恰在原告张兴诗地头。若双方和睦，商议行之亦可；若不睦，由该处分水，形成多寡不均，情似势所难免。若不判令由原水口分水，该处水为肇事之源。

3. 本年二轮号水，张兴诗确少浇地亩，至多少，难以确定数字。仅以乡公所调查结果，为七斗六升，每斗论定以四升出租，共出租三斗零四合，少浇七斗六升。双方均愿承认，惟张兴诗以水租太少，似不乐意。

4. 被告张有桂、张廷相之小水渠，系在张兴诗之地边。该地边因受河水之侵蚀时，在向里倒塌，该水渠亦遂之向里侵占。若不修浚河道，从根本治理，为此生波，亦所难免。

---

① 编者按：原案卷目录题名《立具甘结》，目录未标注文件字号。

② 编者按：原案卷目录题名《查张有桂等三人抢夺号水一案》，目录未标注文件字号。

三、谨拟办法三项供讯判之资料：

1. 应饬原、被两造嗣后号水，均应由原分水口处，按应得之水份分之。形成各水走各渠道，免生纠葛，而息讼端闹。

2. 乡公所既论定被告，应出租三斗零四合，而原告不服，应增断为四斗，以顾事实，而警戒紊乱水规又来滋。

3. 原告应在自己地边给被告予以水渠，被告应修浚该水渠下之河道，勿使再度侵蚀，致该地边之水渠，再度向里倒塌。

四、谨祈鉴核讯办。

职黄镇（印）

民国三十七年八月二十一日

民乐县洪海乡公所关于张兴诗呈控张有贵等夺水殴打不遵调处事给民乐县县长的呈文①

1948 年 7 月 31 日　　张未编号档案 22-27

洪海乡公所海（37）午字第 500 号

为呈报张兴诗呈控张有桂等夺水殴打不遵调处由：

一、本月三日奉钧府法（37）字第 2231 号训令，据该乡长张家庄民张兴诗呈控张有桂等三人强夺水利事。

二、遵即于本月十八日将原、被两造传所讯究，经职详讯，当初原、被两造同声一气，将水赶至甲沟灌浇。至中途时期，该张兴诗心起奸意，私行将水截至乙沟灌浇。但张有挂等绝不甘心，强又将截夺甲沟。两造互相争嚷吵闹，并未致起撕打情事，结果张兴诗少浇地七斗六升，着即判处有桂等与兴诗每斗地出租四升，共合出租麦三斗零四合，限至本月二十五日如数交清。有桂等愿敢承认出租了结此案，而兴诗坚意不从，未便了结。但兴诗自去年职办理乡务以来，屡次兴讼互相滋闹，实属蛮横无理已极。若不严加制裁，终难臻于良善地步，讼端亦渐无一日息矣。

三、请钧座判处。

洪海乡乡长　刘清（印）

民国三十七年七月三十日

处理意见：

传讯。

七月三十一日

① 编者按：原案卷目录题名《为呈报张兴诗呈控张有贵等夺水殴打不遵调处由》，目录未标注文件字号。

民乐县洪海乡张兴诗呈控张有桂等强浇号水反行殴打事给民乐县县长的呈文[①]

1948 年 8 月 7 日　　张未编号档案 22–28

诉为强浇号水反行殴打事情：

因于古本月十五日，民应挨水浇地，不意有被告张有桂率领母王氏及张廷相、来娃子等至沟，将民浇水堵坝撤□。民等上前阻挡，该伊等调母跳水行死，害民无法，只得将水撤至伊灌浇。民等只得返回家中，不一时，突有被告等来至民家，手执草绳，将民父子毒打一顿，并且将民等赶至地上，撤上小便浇地，复有将民父子撤回。穷思该等实系目无法纪，情理难容。理合具状诉请钧府鉴核作主，依法惩办，以儆野蛮而付法纪。实沾恩德便。谨呈民乐县县长张。

原呈人　洪海乡张家庄民　张兴诗（指印）

民国三十七年六月二十三日

处理意见：

交刘乡长查照具报。

六月二十三日

计开点单：

原呈张兴诗。

被呈张廷相、张有桂。

八月

处理意见：

黄租长去查，俟派员查昭后再夺。

八月七日

民乐县洪海乡张有桂张兴诗等具切结状[②]

1948 年 8 月 29 日　　张未编号档案 22–29

具遵判切结人洪海乡张宋庄民张有桂、张兴诗、张廷献今具到：

县长案下依奉结得情，因有张兴诗呈控张有桂等为水利等情一案。蒙恩断判得，张有桂等长浇水地出给水租，下面之沿沟从张兴诗地旁，改造张兴诗地旁公路沟要子地方。众等浇水时，双方商议明确，始不愿，竟各浇各沟。民等情愿悦服，所具遵判切结是实。

具切结人　张有桂（指印）　占廷张（指印）　张兴诗（指印）

民国三十七年八月二十八日

---

① 编者按：原案卷目录题名《诉为强浇号水反行殴打事》，目录未标注文件字号。

② 编者按：原案卷目录题名《张兴诗、张有桂、张廷献等具切结事》，目录未标注文件字号。

处理意见：

附誊。

八月二十九日

民乐县沐化乡民杜学孟关于杜学尧私开沟道放水淹苗事给民乐县县长的呈文[①]

1948 年 8 月 11 日　　张未编号档案 22-30

呈为私开沟道放水淹苗事：

窃缘于古七月初四日时逢号水，白天挨上边连沟，民将所种之苗浇完。夜晚，应挨下边连沟浇灌，该沟民无水份，封口回家。孰料当地刁横杜学尧，不同民知，私开上边连沟串浇。下边连沟之苗，因水大各处满溢在民之苗地，并将沿沟之苗连根掘挖打沟。次日，民前去以善言去问，伊不允分说，被言斗骂，手持铁铣扑前迎打。斯时浇水户民很多，拉劝息打。窃思自古至今，伊浇水应由河顺水至下边连沟，决不能从上沟串浇。今则该伊依势私开沟道，紊乱渠规，放水淹没苗。民皆忍气吞声，反以破口斗骂。实属情理难容，只得具实呈明于县长按下电情作主，以分泾渭。则民感恩再造矣。谨呈民乐县县长张。

原呈人沐化乡西二保民　杜学孟

被呈人沐化乡西二保民　杜学尧

民国三十七年八月十日

处理意见：

传讯。

八月十一日

民乐县沐化乡杜学信等为申请撤消杜学孟控告杜学尧为开沟淹苗一案给民乐县县长的呈文[②]

1948 年 8 月 23 日　　张未编号档案 22-31

为申请撤消杜学孟控告杜学尧为开沟淹苗一案祈鉴核准予撤消以维农事：

窃职等体念该两家关系亲族，为开沟放水，因一时之贪，致起争端。职等坐视不忍，调解说合。双方各依调处，愿甘了事，再无反言。理合具文呈请钧座备查撤消是案，以维地方和平。实感恩德便。谨呈民乐县县长张。

具申请人沐化乡公所文化干事　杜学信（印）

第九保保长　王文举（印）

第九保户籍员　杜学纪（印）

民国三十七年八月

① 编者按：原案卷目录题名《呈为私开沟道放水淹苗事》，目录未标注文件字号。

② 编者按：原案卷目录题名《为申请撤消杜学孟控告杜学尧为开沟淹苗一案》，目录未标注文件字号。

处理意见：

准。

八月二十三日

民乐县沐化乡杜学孟、杜学尧为开沟淹苗一案具和息状①

1948 年 8 月　　张未编号档案 22-32

为具和息切结事今结到：

钧府案下依奉结得情，因杜学孟控告杜学尧，为开沟淹苗，两家口言不睦，致起鼠牙雀角之争。今经地方负责人杜学信、王文举、杜学纪等调解说合，两家各知理愧，愿甘结了事，再无反言情事。所具和息是实。

具和息切结人　第九保民　杜学孟（印）　杜学尧（印）

民国三十七年八月

民乐县洪水镇顾家村夏怀新关于明克成弟兄逞兄截夺水利事给民乐县县长的呈文②

1948 年 8 月 11 日　　张未编号档案 21-1

法第 982 号

呈为明克成弟兄逞凶截夺水利伏乞恩鉴以儆刁横事：

缘于本月初五日挨至本村号水，各户以拈香为凭。不料有明克成乃借人多势重，将民应浇之水依势截浇，手执铁铣，反将民之小儿右腿所破伤痕过重。民将该恶弟兄呈首本保保长委下，该恶等猛气横飞，不服理论。惟查该恶等视民软弱累行横暴，并非一次欺压良善以紊乱水规。民因所浇之水被夺，田苗干枯、国课身家指何顾纳。情急势迫，出于无法，只得具情呈明钧府恩鉴，差提法办以儆将来，则民戴德无量矣。谨呈民乐县县长张。

原呈民　洪水镇顾家村　夏怀新（指印）

被呈本村　明克成　明克仁　明克勤

民国三十七年七月

处理意见：

传讯。

八月十一日

① 编者按：原案卷目录题名《为具和息状》，目录未标注文件字号。

② 编者按：原案卷目录题名《呈为明克成弟兄逞兄截夺水利事》。

明克成关于夏芹生呈控民等为独霸水利紊乱渠规事给民乐县县长的诉词①

1948 年 8 月 14 日　　张未编号档案 21-2

法第 990 号

诉词人县属洪水镇乡联合保顾村民明克成诉为独霸水利紊乱渠规乞恩鉴核而安良民事：

窃因本月初四日俟至本村山水，众等议论点香俟次所浇。有夏芹生依财仗势，目无法规，将水偷浇山药又浇田苗数亩。民因天气亢旱，场圃不能按挞将水扒来浇场，伊仍然把水挞去又把涝池放池塘口水亦夺去，两沟并浇使。民不敢仰视，该伊心满意足，反而将民控呈保长委下理论，伊言民与争斗，依赖民把挞下伤号保长调查，并无此情。伊不遵法规又将民等呈控在案，民只得具实情诉明于县长案下作主施行，民沾恩无极矣。

诉词人　明克成（印）

原告人　夏芹生

民国三十七年七月八日

处理意见：

并案讯。

八月十四日

张福善等关于夏怀新呈控明克成为独霸水利紊乱渠规事给民乐县县长的揽词②

1948 年 8 月 17 日　　张未编号档案 21-3

第 1021 号

具揽词调解人洪水镇顾家村张福善、夏正芳、夏怀才等近揽到：

县长案下依奉揽得夏怀新控告明克成为水撕打一案，昨蒙讯示派员调查。民等不忍旁观坐视，恳祈钧座念下情，准予揽出，秉公调解以息词讼，是为德便。谨呈民乐县县长张。

具揽词人　张福善（指印）　夏怀才（指印）　夏正芳（指印）

民国三十七年八月

处理意见：

准揽解。

八月十七日

---

① 编者按：原案卷目录题名《为独霸水利紊乱渠规事》，目录未标注文件字号。

② 编者按：原案卷目录题名《具揽词》，目录未标注文件字号。

刘兆捷关于夏怀新的保状[①]

1948 年 8 月 14 日　　张未编号档案 21-4

法第 1018 号

具保状民乐县洪水镇第一保民刘兆捷今保到县长案下：

依奉保得，本镇联合农民夏怀新因为截夺水利一事控诉在案，蒙恩传讯保出外，俟后派员调查，随传随到。若有逃避情形，惟保人是问，所具保状是实。谨呈民乐县县长张。

具保状人　刘兆捷（印）

对保人　侯述学（指印）

民国三十七年古七月十二日

马怀金关于明克成等的保状[②]

1948 年 8 月 17 日　　张未编号档案 21-5

法第 1017 号

具保状人马怀金今保到县长案下：

依奉保得明克成、明克仁为争浇水利一案，蒙钧府调查随传随到，若不到者，惟保人负完全责任。所具保状实是。

具保状人　马怀金（指印）

被保人　明克成　明克仁

对保人　王多礼（指印）

民国三十七年八月

民乐县县长关于夏怀新呈控明克成等逞凶请惩办一案给洪水镇镇长的训令[③]

1948 年 8 月 17 日　　张未编号档案 22-33

民乐县政府民法（37）未字第训令

□□洪水镇何镇长：

一、据该镇顾家村夏怀新呈控明克成□□□逞凶截夺号水请惩办一案。

二、并遵令附发原呈二纸。

---

① 编者按：原案卷目录题名《具保夏怀新》，目录未标注文件字号。

② 编者按：原案卷目录题名《具保明克成》，目录未标注文件字号。

③ 编者按：原案卷目录题名《夏怀新呈控明克成等逞凶请惩办一案》，目录未标注文件字号。

三、仰该镇长调处，连同原呈一并具报核夺。

县长张（印）
秘书（印）
民国三十七年八月十七日

计开点单：

原呈夏怀新。

被呈明克成、明克仁。

八月

处理意见：

交何镇长调处具报。

八月十七日

夏怀才等关于夏怀新明克成等水利纠纷的和息状[①]

1948 年 8 月 21 日　　张未编号档案 21-6

第 1035 号

具和息人洪水镇顾家村民夏怀新、明克成、明克仁等今具到：

县长案下依奉具得情，因民等两造为水呈控在案，经公民夏怀才、夏正芳、张福善等承揽调解，秉公理论，各自遵依，情愿双方了事，再无异言等情。所具和息是实。谨呈民乐县县长张。

具和息人　洪水镇顾家村民　夏怀新（指印）　明克成（指印）　明克仁（指印）
承揽调解人　夏怀才（指印）　夏正芳（指印）　张福善（指印）
民国三十七年古七月

处理意见：

附卷。

八月二十一日

王得全等关于臧迁善逼污池塘事给民乐县县长的呈文[②]

1948 年 8 月 17 日　　张未编号档案 43-2

为复呈事：

窃因民众前呈，臧迁善为拷打王兴才之妻，立逼身跳池塘污浊池水，妨碍卫生一节等情到案。至今未见提询，而臧迁善恃富傲人，置若罔闻，抗违不清池塘。实属可恶已极。民众等为预防万民卫生起见，并非好事妄作，无故起诉，况且下池水污坏，臭不堪饮。在

① 编者按：原案卷目录题名《具和息状》，目录未标注文件字号。
② 编者按：原案卷目录题名《为伤害事呈》，目录未标注文件字号。

前亦有定论，是以民众等只得附呈县座案下，恩准将臧迁善提案究办。俾后来者不敢效尤，清池水以便口饮。则千家百户沾恩再造矣。谨呈民乐县县长张。

原呈第三保民众　王得全（印）　李明道（指印）　卢景秀（印）　张　蕙（指印）
张　瀛（印）　王承新（印）　陈克润（指印）　保长名（指印）等

被告　臧迁善

民国三十七年八月

处理意见：

交镇公所依照地方习惯调处。

八月十七日

陈国昌关于王得全诉臧迁善逼污池塘事具保状①

1948年8月25日　　张未编号档案43-3

具保条人陈国昌今保到县长案下：

王得全诉臧迁善为逼污池塘事经讯罚洋二千万元，以资儆戒。但伊手中空虚，一时无法伏祈，宽限十二日，以便周转。倘有逃避及抗延情事，有保人责为全负。所具保条是实。谨呈民乐县县长张。

具保人　陈国昌（印）

被保人　臧迁善（指印）

对保人　祈顺德

民国三十七年八月二十三日

臧迁善关于清池水交罚金事给民乐县长的恳请书②

1948年8月31日　　张未编号档案43-4

为恳乞顾恤民众……③罚金以全蚁命事：

窃民因逼污池水一案之嫌，牵涉在内，蒙……④钧座传讯，罚洋二千万元，以调众口，应即遵命。无奈家计萧条，又无生计，心有余而力不足。目下生活尚不能维持，安有余资以纳是项罚金。且此事之发生，实系曹、王两家所为，众人不察，诉民到案。民实弱者，自度难以与人争持，只有恳乞钧座怜念下情，准予减轻罚款之半数，并令饬该曹、王两家各自负担十分之四，民负担十分之二，则民感德无涯矣。谨呈民乐县县长张。

具恳请书人　臧迁善

民国三十七年

---

① 编者按：原案卷目录题名《为逼污池塘事保状》，目录未标注文件字号。

② 编者按：原案卷目录题名《……的呈》，目录未标注文件字号。

③ 编者按：此处案卷破损。

④ 编者按：此处案卷破损。

姜夺魁关于调查郑廷福等上门滋闹一案给民乐县县长的呈文①

1948 年 8 月 31 日　　张未编号档案 22–15

报告于八月三十一日，职奉命当即率警前往六东乡四堡，详查任国儒呈控郑廷福、任国弼等上门滋闹一案。职查得郑廷福等赶水到此，不意水被任国儒截去浇灌。郑廷福等众向李家说水承租，因李姓房屋稀少，分一半人等上任家中住宿一夜，次日以早等众走去，职明密调查，并无滋闹等情。今将经过情形查确属实，理合具文报。谨呈代县长史。

职　姜夺魁（印）

民国三十七年八月三十一日

任国儒关于调查郑廷福聚众逞刁登门滋闹事给民乐县县长的呈文②

1948 年 8 月 30 日　　张未编号档案 22–16

呈为聚伙逞刁登门滋闹事情：

因于古七月二十三日午时，适逢柴家庄号水，民亦使。津漏满溢，河水涨发，民即着人浇灌。不意有敝处刁徒郑廷春、郑上元哇二人，将民铁铣抢劫一张，该刁贪心不足，复于古七月二十四日午时，又劫去铁铣一张；且聚联郑廷福、郑廷寅、郑廷喜、郑生哇等四人，肆行横打。将民暴打一顿，并将民门齿打伤甚重，并将沟口闸坝全数拆坏，且于昨晚夜深聚伙二十余人，突至民家肆行无恶处。民无法，只得伏乞县长大人作主，饬警传案讯究，依法惩办，以儆效尤。则民沾恩再造矣。谨呈民乐县县长张。

原呈人　六东乡四坝村民　任国儒

被呈人　六东乡四坝村刁民　郑廷春　郑廷福　郑廷禧　郑廷寅
郑生哇　郑上元哇　任国弼　任万德等

民国三十七年七月二十三日

处理意见：

派姜延友前往评查并将滋闹首人拘府。

八月三十日

郑廷福等关于截浇水利紊乱渠规事给民乐县县长的呈文③

1948 年 9 月 1 日　　张未编号档案 22–17

诉为截浇水利紊乱渠规、伏祈恩鉴作主明断、以整水利维持渠规而免上挡下死，救民命事情：

因敝任国儒依财仗势，欺压良民于本月二十三日，适逢敝甲东伙满溢津漏，此水肆拾五份，每年出租六石有奇。该任国儒盘踞上流，地处水口，不分水份多寡，将各沟口开挖浇灌

① 编者按：原案卷目录题名《命当即摔警详查郑廷福》，目录未标注文件字号。

② 编者按：原案卷目录题名《诉为截浇水利紊乱渠规事》，目录未标注文件字号。

③ 编者按：原案卷目录题名《为聚众逞刁登门滋闹事》，目录未标注文件字号。

地亩四石有余。民等沟道远下地亩难浇处于无法，只得上地查看地亩。讵意任国儒心怀鬼蜮，避藏不见，反将民等控告在此，种种行为实属难容。民等将实情诉明钧府电鉴作主明断，依案判决以整水利，维持渠规而免欺压以救蚁命。则民等沾恩再造矣。谨呈民乐县政府县长张。

原诉人　郑廷辅（指印）　郑廷龙（印）　任国弼（指印）　沈东同（指印）
任蔼德（指印）　郑建益（指印）　郑建栋（指印）　郑廷禧（指印）
张希明（指印）　郑廷弼（指印）　沈积禧（指印）　郑建文（指印）

民国三十七年九月一日

处理意见：

并案办。

八月二十八日

李振唐关于任国儒水利事具保任国儒状[①]

1948 年 9 月 1 日　　张未编号档案 22-18

具保状人李振唐今保到县长案下：

依奉保得任国儒，因为水利一案，蒙钧座查明后询问。民今愿具保，以资听候传讯。谨呈县长张。

具保状人　李振唐（印）

被保人　任国儒

民国三十七年古七月二十八日

处理意见：

准保。

九月一日

洪水城赵文明关于任国弼等水利事具保任国弼等状[②]

1948 年 9 月 1 日　　张未编号档案 22-19

具保状人洪水城内赵文明今保到县长案下：

依奉保得情，因有任国弼等三人与任国儒两造水利讼事。蒙县长判断，未经了案。民愿将保出在外，随传遂到，有保人负责。谨呈民乐县县长张。

具保状人　赵文明（双印）

被保人　任国弼　郑廷辅　郑廷椿

对保人　马建坚

民国三十七年九月一日

① 编者按：原案卷目录题名《具保任国儒水利事》，目录未标注文件字号。

② 编者按：原案卷目录题名《具保任国弼等状》，目录未标注文件字号。

处理意见：

准保。

九月一日

张维统关于任国儒与任国弼等为水利一案具揽词[①]

1948 年 9 月 4 日　　张未编号档案 22–20

具揽词人张维统今揽到县长案下：

依奉揽得，任国儒控告任国弼、郑廷辅等为水利一案。蒙钧座堂讯，尚未了案。民情愿揽讲，央众调解，以作了事。所具揽词是实。谨呈民乐县县长张。

具揽词人　张维统

民国三十七年九月三日

任国儒等关于水利涉讼一案具和息结状[②]

1948 年 9 月 21 日　　张未编号档案 22–21

具和息结人任国儒、郑廷辅、任国弼等今具到：

县长案下依奉结得事情，因民等为水利兴讼一案。幸有当地头人张维统揽讲，并邀李会长在场调解，秉公理论。两造各咎其非，双方情愿了事自结，之后再无反言。所具和息结是实。谨呈民乐县县长张。

具和息结人　郑廷辅（指印）　任国弼（指印）　任国儒（指印）

民国三十七年九月十五日

六东乡任国弼等关于水利涉讼一案具和息结状[③]

1948 年 9 月 21 日　　张未编号档案 22–22

立具和息无事甘结人任国弼、任国儒等今具到：

县长案下依奉具得情，因民等两造浇水呈控县长案下。蒙县长判断，未即了案。目下经当地人士调解，无事，双方了案，以息讼端。所具和息是实。谨呈民乐县县长张。

具和息人六东乡四坝村民　任国弼　任国儒等

民国三十七年古八月十四日

---

① 编者按：原案卷目录题名《具揽任国弼等状》，目录未标注文件字号。

② 编者按：原案卷目录题名《具和息甘结》，目录未标注文件字号。

③ 编者按：原案卷目录无标题，目录未标注文件字号。

民乐县县长关于洪水镇王郎中等控东鹁鸪民帖学舜等抢夺水利聚众行凶一案请洪水镇公所查办①

1948 年 9 月 10 日　　张未编号档案 22-11

民乐县政府法（37）申字第 3038 号

令洪海乡公所：

一、具该镇王郎中、民王学让等呈控，东鹁鸪民帖学舜等数十余人，抢夺水利，聚伙行凶，请法办一案。

二、经讯两造互相狡赖，内中详情，殊难昭瞭。

三、仰遵令附发原卷四纸。

四、仰该镇长迅速亲往该地详实勘查调处，并将处理情形连同原卷一并具报核夺。向及稽迫。

县长张

秘书史代拟

民国三十七年九月十日

民乐县洪水镇公所关于呈复王郎中与东鹁鸪村水利调处情形请核示事给民乐县长的呈文②

1948 年 9 月 17 日　　张未编号档案 22-12

洪水镇公所洪（37）申字第 277 号

呈复王郎中与东鹁鸪村水利调处情形请核示由：

一、奉民法（37）申字第 3038 号令饬亲往王郎中东鹁鸪村详密勘查，调处王学让呈控帖学舜等抢夺水利一案。

二、遵即亲往边该地洞悉水利主要人员，秉公调处其要旨。原系分配水利实占三分之一，该东鹁鸪村人民强拉王郎中骡马，除以五百万元之四□□，两造均愿了案，并取具且结留本所存查。

三、仅将原卷一宗及罚款五百万元随文呈赍，是否有当？请鉴核示遵。

……③

民国三十七年九月十七日

---

① 编者按：原案卷目录题名《据该镇王朗中民等控鹁鸪民帖学舜等抢夺水利聚众行凶一案请查办》，目录文件字号 3038。

② 编者按：原案卷目录题名《呈复王郎中兴东鹁鸪村水利调处情形请核示由》，目录文件字号 277。

③ 此处文档扫描时缺行。

民乐县洪水镇王朗中等关于东鹁鸪村民聚众行凶借水抢夺事给民乐县长的呈文①

1948年9月5日　　张未编号档案22-13

呈为聚伙行凶借水抢夺事情：

因于古八月二日，挨逢本村五轮号水。自古至今，以下浇上，此次水势甚大，民等正在浇灌秋禾，忽至下午水干，民等巡查被东鹁鸪上挡下死，民等以在屯粮村央请王乡长询问，不意有刁恶帖学舜率领恶横数十人，手执铁铣，势如狼虎，将民等绑定抬至河坝，乱打一顿，周身成伤，卧倒在地，昏迷不醒。幸未致命，醒来不见同抬王全喜，生死如何？民等所骑骡马二匹，鞍子上搭毡衣一件，小袄一件，铣两张，随小马一匹，尽行抢去。窃思该等截浇号水，反行抢夺行凶，法律何在？民等情急迫切，只得奔案呈请县长案下作主，讯予提案以法惩办而重水利。谨呈民乐县县长张。

原呈人王郎中民　王学让（指印）　王三德（指印）

民国三十七年九月五日

附验伤报告：

验得王学让年四十岁，洪水镇王朗村人。

前额头有拳打伤一处，皮破血污围肿。

右面颊有铁器伤一处，青紫。

左大腿有铁器伤一处，青紫色。

余无故。

检验员廖章清

民国三十七年九月五日

处理意见：

传帖学舜讯后再查详情。

九月五日

王全贞等关于王郎中与东鹁鸪村水利争讼一案请准揽和状②

1948年9月8日　　张未编号档案22-14

呈为恳祈恩准揽和水利事：

窃王郎中与东鹁鸪查为水利争持，致起讼端。民等地处邻村，不忍坐视，事先预设

① 编者按：原案卷目录题名《为聚众行凶借水抢夺事》，目录未标注文件字号。

② 编者按：原案卷目录题名《呈为揽和水利事》，目录未标注文件字号。

两造，均愿调和。理合具文恳祈准予和解，是为德便。谨呈民乐县县长张。

揽和人　王全贞（指印）　姜有德（指印）　王守重（指印）

邢克明（指印）　马德生（指印）

民国三十七年九月七日

处理意见：

准。

九月八日

张万全王三德等关于水利兴讼事甘结状[①]

1948年9月16日　　张未编号档案42–1

立具无事甘结人东鹁鸪村、王郎中村民王三德、帖学舜等今具到：

镇长案下依奉结得，情因以水利兴讼，两造各据一端。蒙本渠绅董调解和平，两造自知理愧，以了此事。所具甘结是实。谨呈鉴核。

具结人东鹁鸪村　张万铨（指印）　杨以□（指印）　帖学舜（指印）

王郎中村　王三德（指印）　王学让（指印）

民国三十七年古八月

关于王郎中与东鹁鸪村水利调处情形请民乐县县长核示事[②]

1948年9月16日　　张未编号档案42–2

洪水镇洪（37）申277号

呈复王郎中与东鹁鸪村水利调处情形请核示由：

民乐县县长张：

一、奉民法（37）申字第3038号令饬亲往王郎中、东鹁鸪村详家勘查，调处王学让呈控帖学舜等抢夺水利一案。

二、遵即亲往邀核地调悉水利。主要人员秉公调处。其要旨原系分配水分，实系两处平均。因东鹁鸪村打伤王朗村人，王郎中占三分之二，东鹁鸪村占三分之一，该东鹁鸪村人民强拉王郎中聘马，需以五百万元之回讨款。两造均愿了案，并取具切结留本县存查。

三、将原卷一宗及回讨款五百万元随文呈赉，是否有当，请鉴核示过。

镇长何

□□张□□□

民国三十七年九月十六日

① 编者按：原案卷目录题名《为水利事的甘结》，目录未标注文件字号。

② 编者按：原案卷目录题名《呈复王郎中与东鹁鸪村水利调处情形请合核示由》，目录文件字号277。

克成家刘一元等关于浇田苗共立水租字据[①]

1949 年 1 月 25 日　　张未编号档案 44-5

立租末尾满溢水利字据人玒坝众人克成家杨绍伯、刘一元等，今将本坝除三坝使过津漏外，下余末尾满溢，因搭驼河河道众，共商议情愿出租与六坝武缵绪、张建汉、杓永亨、武先功、王恪仁、武缵祥、武学孔、张世勋、钱有望、□正□、杓美荣、武学贤、□正勋、钱增祖、尚兴隆、武学仁、王万镒等名下行使浇灌良苗。其水时原自午时起至第三日至时止，五轮到底，每年出水租糜子一石正。其火食、踏费均在外，自租之后，任武缵绪等各河沟分□浇灌，不与他人干涉。若有人强浇，任意滋闹，专有玒坝众等承当，不与受主干涉。恐后无据，立此字据为照。

立租水利字据人　克成家（印）　刘一元（印）　杨绍伯　樊希昌（印）等

立租末尾满溢水利承受合同为证

同中人　杨兴稚　杨如英　邢逢考

民国三十八年元月二十五日

① 编者按：原案卷目录题名《为浇田苗共立水租字据事》，目录未标注文件字号。